달인의 띄어쓰기·맞춤법

한국인이 가장 잘 틀리는 우리말 7700제

최종희

KBS
우리말겨루기
도전 필독서

이 책의 나이가 벌써 10살이 되었습니다. 하나의 책자가 여섯 번에 걸친 개정판으로 태어난다는 것은 참으로 대견한 일이자 기쁜 일입니다.

무엇보다도 기쁜 것은 20여 년을 넘기고 있는 KBS의 인기 장수 프로그램인 〈우리말 겨루기〉에서 자신 있게 우수한 성적을 내고 계시는 분들의 폭넓은 사랑을 받고 있다는 점입니다. 가장 까다로운 맞춤법.띄어쓰기 부분의 문제들 중 90% 이상을 이 책의 내용으로 해설이 가능해서일 것입니다.

이번 개정판에서 신경을 쓴 것으로는 다음과 같은 것들이 있습니다.

우선 문례를 대폭 추가하였습니다. 지금까지 꾸준히 그래 왔지만, 이제 활용 문례가 7000개를 넘기게 되었습니다.

국립국어원에서 꾸준히 보완하고 있는 최신 사전 정보를 최대한 반영하였습니다. 특히 지난해에 대거 보완한 500여 개의 표준어는 물론이고 올해 추가한 128개도 부록에 담았습니다.

다른 항목에서 참고로 다룬 것들을 독립 항목으로 편제한 것도 있습니다. 가나다순으로 찾아보기를 쉽게 할 수 있도록 하기 위해서입니다. 즉 참고로 다룬 것들을 가나다순으로 찾아보기를 하면 나오지 않는다는 이용자들의 의견을 반영하였습니다.

요즘은 인공지능(AI) 시대입니다. AI는 모르는 게 없는(無所不知) 다문박식형의 만물박사이자 척척박사로 받들립니다. 그로부터 하지 못할 게 없는(無所不爲) 놀랍고 두려운 존재로 무섭게 다가오고 있습니다. 가히 AI 만능 시대입니다. 그러다 보니 AI를 전지전능/만능으로 과신하거나 맹신하는 사태도 흔합니다. 즉 AI를 무오류(無誤謬)의 존재로 잘못 믿는 일도 벌어지고 있습니다. 과연 그럴까요.

AI에게 우리말 관련 질문을 던져보면 황당할 정도의 답변을 듣기가 예사입니다. 아래에 두어 가지만 예를 들어보겠습니다.

[질문] 다음 중 띄어쓰기가 잘못된 것은 무엇인가요?: '신경쓰다, 인상 쓰다, 떼쓰다, 손 쓰다, 바가지 쓰다. 힘 쓰다'. 잘못이라면 그 이유도 상세히 설명해 주세요.

[답] '떼쓰다'가 잘못되었습니다. '떼'는 명사이고 '쓰다'는 동사이기 때문에 '떼 쓰다'로 적어야 합니다. 다른 것들은 모두 바른 띄어쓰기입니다.

혹시나 싶어서 똑같은 질문을 한 번 더 해봤습니다. 그랬더니 다음과 같은 답이 왔습니다.

"주어진 문장들 중에서 띄어쓰기가 잘못된 것은 '바가지 쓰다'입니다. 원래의 문장은 '바가지쓰다'가 아니라 '바가지 쓰다'로 띄어쓰기가 되어야 합니다. '바가지'와 '쓰다'는 각각 명사와 동사로서, '바가지'는 특정한 동작을 나타내는 명사이므로 이 둘 사이에는 띄어쓰기가 필요합니다. 그 외의 다른 문장들 '신경쓰다', '인상 쓰다', '떼쓰다', '손 쓰다', '힘 쓰다'는 모두 올바르게 띄어쓰기가 되어 있습니다."

깜짝 놀랐습니다. 같은 질문에 대해 답이 이처럼 다르다니... 게다가 이 두 가지 답변 모두 엉터리였습니다. 정답부터 말하자면 '인상 쓰다, 떼쓰다, 바가지 쓰다'는 바른 띄어쓰기이고, '신경쓰다, 손 쓰다, 힘 쓰다'는 '신경 쓰다, 손쓰다, 힘쓰다'로 적어야 바릅니다. 그 이유를 상세히 이곳에 적을 수 없습니다만, 본문의 해당 항목을 보면 아실 수 있습니다.

그 밖에도 AI의 답변 중에는 기절초풍할 내용도 있었습니다. 자기소개서를 다듬어달라고 하자, "서울대졸이다. 조실부모 하여 백부댁에 부쳐지내면서 알바를 했다."라는 대목을 "서울대를 졸업한 후, 조부모님의 가르침 아래 백주부에 피를 들여 살았습니다."라는 기상천외한 외계어('백주부에 피를 들여')로 고쳐 표기한 것을 보내오기도 했습니다.

이러한 문제들은 AI의 최대 장점인 자가 심층 학습(deep learning) 과정에서 입력된 정보들이 잘못된 것들이기 때문이지요. 이른바 garbage in, garbage out(쓰레기를 넣으면 쓰레기가 나온다) 현상인데, 현재 AI 관련 전문가들이 가장 어려워하는 machine bias(학습 데이터에 따른 기계의 편향)의 문제이기도 합니다.

이럴 때도 그 으뜸 해결책은 제대로 준비된 우리말 실력입니다. AI 시대를 헤어나가는 힘도 우리말 실력에서 나온다는 점을 잊지 마시기들 바랍니다. 그리하여 새 힘들을 얻으시길 희원합니다. 고맙습니다.

파주의 오두막에서 최종희

이 책이 세상에 처음 나온 지도 벌써 7년이 지났군요. 5차 개정판을 낸다는 것은 여간 만한 기쁨이 아닙니다. 무엇보다도 이 책을 사랑해 주신 분들의 덕분입니다.

KBS1의 〈우리말 겨루기〉에서 배출되는 달인이나 우승자들의 상당수가 이 책자의 도움을 크게 받았다고 고마워할 때면 저자로서 뿌듯해집니다. 달인 등극의 꿈을 향해 열심히 몰두하고 있는 이들의 서가에서 이 책을 발견하는 것 또한 작지 않은 기쁨입니다.

제가 위의 프로그램 문제 풀이를 9년째 해 오고 있는데, 출제된 문제들의 대부분을 제 책자 해설 자료를 전재하는 것으로 대신할 때, 거듭 보람을 느끼곤 합니다.

**

이번 개정판 작업에서 특히 신경을 써서 챙긴 것들은 다음과 같습니다.

– 국내 유일의 최신 맞춤법 정보 수록 책자: 2021.7.27. 공지분까지 수록

이 책의 최대 특장점이기도 하죠. 국립국어원에서 매해 분기별로 발표하는 《표준국어대사전》 정보 변경(수정/추가/삭제) 내용을 모두 반영해 왔습니다. 이번에도 2021.7.27.에 발표된 내용까지 반영하였습니다. 이러한 최신 정보를 수록한 맞춤법 관련 책자는 현재 우리나라에서 이 책이 유일합니다.

– 띄어쓰기 예제와 복합어 추가, 사례 해당 낱말 추가, 예문 보충... 등

책 제목이 '띄어쓰기·맞춤법'일 만치, 다른 맞춤법 책자들에서는 다루지 않는 띄어쓰기를 함께 다룬 유일한 책이기도 합니다. 띄어쓰기는 일상생활 속에서 실제로 부딪치는 것들을 통해서 익히고 바로잡는 훈련이 가장 효과적이죠. 문제 지문들을 실생활에서 흔히 대하는 것들로 좀 더 많이 보충했습니다. 아울러 띄어쓰기에서 가장 문제가 되는 복합어 부분도 추가했고, 문제적 낱말들도 늘렸습니다.

언어가 그 사람입니다. 그의 모든 것이 언어에 담기고 언어에서 드러납니다. 예전의 인물 판별 기준이었던 신언서판(身言書判) 중 세 가지가 언어와 관련되는데요. 낡은 유물이 아니라, 오늘날의 자기소개서와 각종 면접(심층/집단) 등에 고스란히 살아있습니다. 언어의 힘은 시대 불변입니다. 우리말 실력이 밥 먹여줍니다.

우리말 쓰기에서 가장 만만치 않은 부분이 띄어쓰기인데요. 띄어쓰기 실력은 하루아침에 완성하기 어렵습니다. 일상생활에서 부딪는 것들에 주목하는 것이 가장 효과적인 듯합니다. 예를 들면 문자나 '카톡'을 할 때, 긴가민가하는 것이 있으면 맞춤법을 꼭 검색해 보세요. 그걸 습관화하면 됩니다! 그보다 훨씬 더 좋은 방법은 글쓰기를 해보는 것이고요. 짧은 일기나 수필을 쓰면서, 그때마다 맞춤법/띄어쓰기를 확인하게 되면 확실해집니다(일기는 매일 써야 하기 때문에 두어 단락 이내가 좋습니다. 문제적 표기가 많아지면 검색+공부가 귀찮아져 포기하게 되기 때문이죠.) 실은 저 또한 모든 글쓰기에서 늘 그리하고 있습니다.

그만큼 항상 끊임없이 노력해야 합니다. 요체는 평소의 언어생활에서 부딪는 일상적인 것들을 챙겨 보는 일인데, 몸수고는 필수입니다. 띄어쓰기 공부는 머리로만 할 수 있는 일이 결코 아닙니다! 단, 반드시 맞춤법/띄어쓰기에 관한 기본 원칙/원리들을 1차 공부한 뒤에요. 낱개의 문제적 낱말들만 외우려 들면 중도에 쉬 포기하게 되고, 활용 문제 등(띄어쓰기와 표준 표기)에서 전혀 힘을 못 씁니다.

이 책을 이용하시는 분들 모두가 맞춤법에 관한 한 자신 있는 우리말 사용자들이 되시길 축원합니다. 띄어쓰기는 맞춤법 규정의 일부(한글맞춤법 규정 제5장)라는 것도 잊지 마시고요.

파주의 운정(雲井)에서, 최 종 희

4차 개정판을 내게 되어 여러모로 무척 기쁩니다. 개정판 출간이란 책자의 소용이 독자의 필요와 맞고 그만한 가치가 있을 때만 흔하지 않게 이뤄지는 일인데, 그 흔치 않은 일을 벌써 네 번째나 하고 있습니다. 순전히 이 책에 관심하시고 아껴주신 분들의 덕택입니다.

두 번째 기쁨이라면 이 책자 발간과 더불어 그동안 여러 길로 꾸준히 책자 내용의 게재를 통하여 강조한 것들이 조금씩 이뤄져 가고 있는 일입니다. 일례로, 수능 시험이 치러지는 날이면 매스컴에서 흔히 구분 없이 잘못 쓰이던 '난이도(難易度. 어려움과 쉬움의 정도)/난도(難度. 어려움의 정도)/고난도(高難度. 어려움의 정도가 매우 큼. 또는 그런 것)' 등의 낱말들이 조금씩 제자리를 찾아가 쓰이고 있음을 봅니다. 참고로, 이 말들은 다음과 같이 쓰여야 바릅니다.

  – 이번 시험은 난이도(×)/난도(○)가 높았어 ⇦ 난이도는 어려움과 쉬움의 정도.
  – 이번 시험은 난이도(○)의 균형이 잘 어울렸어 (올바른 표현)
  – 5번 문제는 난이도(×)/난도(○)가 아주 높았던 고난도(○) 문제였어.

세 번째의 기쁨은 한글의 빼어남을 널리 알리고 우리말 공부를 성원하고자 오래 전부터 방송되고 있는 KBS1의 〈우리말 겨루기〉에서 배출되는 달인들의 99%가 이 책자의 도움을 크게 받았다고 고마워하는 일입니다. 달인 등극의 꿈을 안고 열심히 공부하고 있는 이들의 서가에서 이 책들을 발견하는 것 또한 작지 않은 기쁨입니다.

**

이번 개정판 작업에서 특히 신경을 쓴 것들은 다음과 같습니다.

– 국내 유일의 최신 맞춤법 정보 수록 책자: 2019.9.18. 공지분까지 수록

이 책의 최대 특장점이라고도 할 수 있겠습니다. 국립국어원에서 해마다 분기별로 발표하는 ≪표준국어대사전≫ 정보 변경(수정/추가/삭제) 내용을 거름 없이 모두 수록해 왔습니다. 이번 개정에서도 2019.9.18.에 발표된 내용들까지 모두 반영하였습니다. 이러한 최신 정보를 수록한 맞춤법 관련 책자는 현재 우리나라에서 이 책이 유일합니다.

– 시의어(時宜語)의 띄어쓰기 반영: '촛불 문화제, 취업 준비생, 주꾸미 축제' 등

이 책은 책자 제목에서도 '띄어쓰기·맞춤법'이라 했을 정도로, 다른 맞춤법 책자들에서는 다루지 않는 띄어쓰기를 함께 다룬 유일한 책이기도 합니다. 띄어쓰기는 일상생활 언어 속에서 바르게 적는 것이 그 실제 쓰임이자 공부 목적이기도 하고요.

이번 개정에서는 일상언어로 편입된 다음과 같은 말들의 띄어쓰기도 다뤘습니다: '촛불 문화제, 촛불 시위, 취업 준비생, 전어/주꾸미 축제…' 등과 성형 수술에서 쓰이는 '얼굴 점/입술 점/코 점…' 따위.

– 왜 잘못된 것인지에 대한 설명 추가: 공부는 모르는 것을 깨우치는 것

어째서 잘못인지를 모른 채 무조건 암기만 해서는 공부가 늘지도 않지만, 제대로 기억되지도 않습니다. 공부란 모르는 것을 새로 깨우치는 것일 뿐만 아니라, 잘못된 것들의 이유를 살피는 일이기도 합니다. 이번 개정에서는 잘못된 것들의 이유 설명에 좀 더 신경을 썼습니다. 욱여넣기 식 암기를 하지 않아도 되도록요.

– 일부 고난도 낱말 중 일상적으로 쓰이는 것 반영: 〈예〉 바보 축구(畜狗)

낱말 중 몹시 까다롭거나 전문적인 수준을 보이는 것들은 삭제하고, 그 대신 고난도 낱말이라도 뜻을 잘 모른 채 일상적으로 쓰이는 것은 다뤘습니다. 일례로 '바보 축구(畜狗)'에 보이는 '축구(畜狗)'는 '축생(畜生)'과 같은 말로 '사람답지 못한 짓을 하는 사람'을 낮잡는 말인데요. 일상에서 쓰이므로 뜻을 바르게 알고 쓰자는 취지에서 그런 것들은 다뤘습니다.

– 활용 '–아/–어' 뒤에서의 보조용언 붙여쓰기 허용: 일관성 유지

활용 '–아/–어' 뒤에서의 보조용언은 원칙적으로 띄어 쓰지만 예외적으로 붙여쓰기도 허용됩니다. 이 조항이 문제되는 것은 '보다/주다/오다/가다…' 등과 같이 널리 쓰이는 보조용언들이 '~의 구성으로' 쓰일 때인데요. 원칙적으로 구성에 충실하게 띄어 쓸 때와 예외적인 붙여쓰기 허용 사례가 다소 복잡하게 설명돼 있던 것을 '원칙적으로 띄어 쓰되 예외적으로 붙여쓰기도 허용한다'로 통일하였습니다.

아울러 사소한 것이기는 하지만, '아리아리'처럼 고유어도 뭣도 아닌 전거(典據) 불명의 말을 고유어로 잘못 알고 있는 것들도 이참에 더 보완하였습니다. ('사투리로 잘못 알고 있는 표준어' 항목)

지성의 꽃은 언어입니다. 지성인의 열매는 바르고 아름다운 언어 뭉치로 맺습니다. 언어가 그 사람입니다. 그 사람의 모든 것이 언어에 담깁니다. 바른 말을 찾아 쓰는 이들을 보면 행동거지까지도 바릅니다. 여러분 모두가 아름다운 언어의 주인이 되어 알속이 튼실한 삶의 주인공들로 오롯이 빛나시길 축원합니다.

2020. 1.

파주의 운정(雲井)에서, 최종희

◎ 이 책이 처음 세상에 나온 것이 2014년 4월이니 벌써 네 살이 되었습니다. 이제 그 3번째 개정판을 출간하게 되어 여러모로 여간 기쁘지 않습니다.

첫째는 이 책을 처음 펴낼 때 책자 제목을 《달인의 띄어쓰기·맞춤법》으로 하면서까지 담았던 바람이 어느 정도 이뤄져 가고 있어서, 기쁩니다. 통상 쓰여 온 〈맞춤법·띄어쓰기〉라는 어순을 바꾸면서까지 담고 싶었던 것은 띄어쓰기 부분도 중요하다는 점을 부각시키기 위해서였습니다. 이제 어느 정도 그 바람이 조금씩 이뤄져 가고 있음이 반갑고 기쁩니다. 띄어쓰기에 관심하는 분들도 알게 모르게 많이 늘어나고 계십니다.

본래 띄어쓰기는 맞춤법 규정의 일부이긴 하지만, 맞춤법은 주로 비표준어 표기를 바로잡는 데에 쓰여 온 덕분에 중시되었지만, 띄어쓰기는 경시된 편이었습니다. 이 책자에서는 다른 맞춤법 교재와 달리 일상 언어생활에서 흔히 틀리기 쉬운 띄어쓰기를 최대한 다뤘었지요. 그 점이 독자들에게 요긴했던 듯합니다.

두 번째로는 독자의 성원 덕택에 최신 정보를 제때 반영해 올 수 있었다는 점입니다. 기존 맞춤법 책자들은 한번 출간되고 나면 대체로 개정판 대신 중쇄(重刷)/증쇄(增刷)(더 늘려 인쇄함)를 해 왔습니다. 그 반면 국립국어원에서 관리하는 〈표준국어대사전〉의 정보는 매년 조금씩 바뀌어 왔습니다. 2011년 '짜장면/자장면', '허접쓰레기/허섭스레기', '후텁지근하다/후텁지근하다' 등의 복수표준어 인정과 같은 것들을 필두로, 예전에는 비표준어였던 시적 표현 '내음/나래' 등도 표준어 대열에 끼게 된 것 등이 대표적입니다. 그러한 변화들이 지난 7년 동안에 이뤄진 것만 100여 가지가 넘습니다.

그럼에도 다른 책들은 그러한 변화들을 반영하지 않은 채 오래 전의 내용대로 중쇄만을 해 와서 독자들에게 불편을 끼치는 일이 잦았습니다. 반면에 이 책자는 거의 매년 개정판을 간행하여 바로 직전 해까지의 변경 사항을 반영해 왔습니다. 독자들에게 때가 지난 잘못된 정보를 전달하지 않아야하는 것이 저자의 할 일이라는 생각으로요. 그런 책임을 다해 온 것 또한 작지 않은 기쁨입니다. 모두 이 책을 아껴주신 분들의 덕분입니다.

**

이번 개정판 작업에서는 2018년 현재까지[2018.3.9] 공지된 정보 수정 내용을 반영하고 몇몇 주요 항목을 추가 보정하는 한편, 책의 두께를 줄이기 위해서도 노력하였습니다. 이 책을 처음부터 끝까지 독파하시는 분들을 위해서입니다.

—공부의 편의와 집중력 향상을 위해, 지나치게 전문적이거나 쓰임이 적은 것들은 삭제하였습니다: 〈예〉비문(非文)이나 어원 관련 사항, 나이 표기에서의 '유학(幼學)/애년(艾年)/산수(傘壽)', 광물 표기인 수수돌, '오라비'의 어원… 따위.

—현대 언어생활에서 쓰임이 드문 것들도 삭제하였습니다: 〈예〉두 길마 보기, 감발저뀌, 기롱지거리, 동자치, 따끔령, 배내털, 외자상투… 따위.

—책의 두께(공부 부담량)를 줄이기 위하여 노력하였습니다. 1)같은 내용이 표제어 순서를 따르기 위해 재배치된 것들은 뒤의 것들을 삭제하였습니다: 〈예〉'낱알/낟알'이 가나다순에 따라 '낟알/낱알'로 나올 때 다시 설명되는 일. 2)설명에 꼭 필요한 뜻풀이가 아닌 일반적인 낱말 뜻풀이도 삭제하였습니다: 〈예〉노랫말/가사, 녹록하다, 병신노릇… 등. 3)관련어 설명 중 지나치게 전문적인 것도 삭제하였습니다: 〈예〉세간살이에 살림의 뜻 유무, '봉우리'의 세 가지 어원 설명… 등등.

어두운 밤길에서 갈 길을 제대로 비춰주는 것은 여러분의 손에 들린 작은 플래시입니다. 대형 조명등은 때때로 필요한 구석까지 비춰주지는 못합니다. 모쪼록 이 책이 여러분들로 하여금 〈띄어쓰기·맞춤법〉에 관한 한 어디서고 큰소리를 칠 수 있게 해주는 요긴한 길잡이가 되기를 소망합니다. 고맙습니다.

2018. 3.

최종희

⊠ 이 책의 특·장점부터 적어야 할 듯하다. 근래 들어 적지 않은 맞춤법 관련 책들이 발간되었거나 유통되고 있는데, 그러한 책들과 무엇이 다른지 독자들이 얼른 알 수 있게 하는 것이 저자로서의 기본 책무인 듯도 하므로. 특·장점을 요약하면 아래와 같은데, 세 목별 내용은 해당 항목에 적었다.

– 맞춤법 책자 중, 띄어쓰기와 맞춤법을 함께 다룬 유일한 책

– 2015년 말까지 이뤄진 국립국어원의 최신 수정 정보를 반영한 유일한 책

· 그동안 2회(2011년. 2014년)에 걸쳐 큰 폭으로 수정된 표준어 관련 내용을 반영한 유일한 맞춤법 책.

· 국립국어원에서 2015년부터 시행하기로 한, 문장부호 개정안 내용을 담고, 반영한 유일한 책.

· 국립국어원에서 정기적으로 발표하는 〈표준국어대사전〉의 문헌 정보 수정 내용을 2015년 4분기 공고분까지 반영한 유일한 책.

– 특기할 만한 수록 내용들

· 〈표준국어대사전〉의 실수/오류, 누락분들

· 실생활에서 흔히 대하지만, 일반 맞춤법 책에서 잘 다뤄지지 않았던 말들

· 사투리로 착각하기 쉬운 표준어들

· 널리 잘못 유포된 북한말들

– 실생활 중심의 가나다순 색인식 최대 5500제 수록

– 띄어쓰기의 함정 격인 복합어 관련 사항의 상세한 설명: 집중적 해설 및 개별 낱말 복습

– 접사와 의존명사, 두음법칙, 사이시옷… 등의 집중적 해설 및 개별 낱말 복습

– 기본적인 문법 용어 해설 부록 처리 및 일반인용과 고급 내용 동시 포괄

○ **띄어쓰기와 맞춤법을 함께 다룬 유일한 책:**

띄어쓰기는 한글맞춤법 규정 중의 일부다. 따라서 광의의 맞춤법에는 띄어쓰기가 포함되는데, 실생활에서는 이 두 가지를 편의상 구분하여 쓰고 있다. 맞춤법이라 하면 대체

로 비표준어나 어법에 어긋나는 표현 등을 뜻한다.

실제로도 맞춤법이란 말이 들어간 책에서는 어휘(비표준어)만을 다루고, 띄어쓰기를 다룬 것은 두꺼운 사전류로만 출간되어 있다. 띄어쓰기의 모든 사례를 다 다루려면 그 분량이 만만치 않기 때문이다. 이 책에서는 잘못된 어법들을 포함하여 띄어쓰기도 다뤘다. 흔히 실수하거나 많이 헷갈리는 것들을 가려 뽑았다. 띄어쓰기와 맞춤법을 함께 다룬 책자로는 국내 유일하다. 책 이름에 '맞춤법·띄어쓰기'라 하지 않고 '띄어쓰기·맞춤법'이라 한 것도 그 때문이다.

○ 최신 국립국어원 수정 정보를 모두 반영한 유일한 책:

숙원이던 우리말 준거 사전 〈표준국어대사전〉을 국가기관인 국립국어원이 처음으로 편간한 것은 1999년이다. 그 뒤 2008년의 개정 작업을 거쳐, 이후로도 부분적인 문헌 정보 수정이 끊임없이 이어져 왔다.

2011년 8월 이래 두 번에 걸쳐 큰 폭으로 복수표준어가 개정되었고, 뜻풀이도 끊임없이 수정되었거나 추가되었다. **'짜장/자장,' '허접쓰레기/허섭스레기,' '딴지/딴죽,' '삐지다/삐치다,' '꼬시다/꾀다,' '개기다/개개다'** 등이 크게 달라진 복수표준어들의 좋은 예다. 빗금 앞의 표기가 예전에는 비표준어였지만, 지금은 둘 다 표준어이다.

그 밖에도 최근 부분적으로 뜻풀이가 바뀌거나 새로운 표제어로 추가된 〈표준국어대사전〉의 문헌 정보 수정 내용은 적지 않다. **'구안괘사(口眼喎斜)'** 하나의 표기만 올바른 것으로 인정되어 오는 바람에 흔히 쓰는 **'구안와사'**는 잘못으로 삼았던 것을 이제는 같은 말로 인정한 것도 그 좋은 예라 할 수 있겠다.

이처럼 지난 10여 년간에 걸쳐 복수표준어로 인정되거나, 사전에서 삭제된 말, 새로 추가된 말, 뜻풀이가 바뀌거나 보완된 말들은 300여 개나 된다. 우리말로 순화되어 쓰여야 할 말들로 문화체육관광부 장관이 2013년에 법령[문체부고시 제2013-9호]으로 고시

한 말들도 312개나 되고. 이 때문에 그동안 발간된 책자들은 잘못된 정보를 그대로 담고 있다. 수정된 낱말들을 모두 찾아내기 어렵고, 한번 발간된 책자들의 개정 작업 역시 손쉽게 이뤄질 수 있는 일이 아니기 때문이다.

필자는 이러한 변화 내용들을 비교적 소상히 알고 있다. 2013년 이후 마지막으로 국립도서관에 납본된 유일한 종이 사전으로 기록되고 있는 〈고급 한국어 학습 사전〉 작업을 통해서 1차적으로 변경 사항 등을 반영했고, 2015년 발행된 개정판을 통해 그 이후의 변경 사항 등을 철저하게 추적하여 수록한 덕분이다.

그 덕에 이 책은 현재 우리나라에서 간행된 맞춤법 관련 서적 중 유일하게 2015년 말까지 이뤄진 모든 변경 사항을 반영하게 되었다. 2015.1.1.부터 시행되는 문장부호 변경 내용도 포함된 것은 물론이다. 여타의 맞춤법 관련 책자들이 이러한 변화를 반영하지 못한 채 잘못된 예전의 정보로 안내하고 있음은 무척 가슴 아픈 일이다. 독자들에게 잘못된 내용을 가르치고 있음과 마찬가지이기 때문이다.

몹시 부끄러운 일이지만, 여러분들이 사용하고 있을 국어사전은 모두 이러한 수정 변경 사항들이 반영되어 있지 않은 것들이다. 그동안 사전 출판으로 이름이 나 있던 유명 출판사들이 이제는 더 이상 새로운 국어사전을 만들지 않으며 기존 국어사전을 증보하지도 않고 있기 때문이다. 아래에서 보듯, 유명 사전들이 모두 10여 년 전 출간되거나 증보된 후 별다른 보완이나 고침이 없이 그저 중쇄(더 늘려 찍기)만 되풀이하고 있다. 사전 편집팀들은 모두 해체되었고, 영업팀만 남아 있다고 한다.

> 동아 새국어사전/2003년 8월 5판 개정(1989년 1월 초판)
> 교학사 한국어사전/2004년 1월 초판
> 교학사 뉴에이지 새국어사전(사진)/1989년 2월 초판
> 금성 콘사이스 국어사전/2005년 1월 3판
> YBM 엘리트 국어사전/2006년 1월 초판
> 민중서림 엣센스 국어사전/2006년 1월 5판 개정(1974년 11월 초판 출간)
> [출처: 세계일보 2014.7.4.]

국립국어원이 2014년에 발표한 복수표준어와 관련된 사항은 특별히 부록에 따로 담았다. 최근 변경사항일수록 더욱 헷갈리기 쉽고, 별도 설명이 필요한 부분도 있기 때문이다. 도움들이 되시길 바란다.

○ 〈표준국어대사전〉의 실수/오류, 누락분들도 다뤘다:

위에도 간단히 적었듯 〈표준국어대사전〉(이하 《표준》으로 약칭)은 우리말 준거 사전이다. 준거 사전이란 우리말의 뜻풀이를 비롯한 모든 풀이를 할 때 그 근거나 기준이 되는 사전이란 뜻이다. 이 사전은 국가기관인 국립국어원이 펴냈고, 다른 민간 기관(출판사)들이 펴내는 사전들은 이 〈표준국어대사전〉의 내용에서 벗어나지 않아야 한다.

그럼에도 사전 편찬이란 사람이 하는 일이다 보니, 실수나 오류는 있게 마련. 〈표준국어대사전〉에도 적지 않은 오류나 실수가 보이고, 부주의로 누락된 표제어들이 적지 않다. 이를테면 '**한목**'은 명사이고 '**한꺼번에**'는 부사인데, 두 말을 동의어로 처리한 것이나, '**승부차기**'의 올바른 영어 표기는 페널티킥이 아니라 페널티슈팅(penalty shooting)이므로 그 준말 표기에서도 '**PK전**'이 아니라 '**PS전**'이 되어야 하는데, '**PK전**'으로 표기되어 있는 것들이 그런 예다. 이처럼 오류에 속하는 것들이 제법 된다.

뜻풀이에서도 잘못된 것들이 보인다. 일례를 들면 '**닭잦추다**'를 '새벽에 닭이 홰를 치며 울다'로 해놓은 것은 잘못이다. '새벽에 닭이 날개를 치며 울다'가 적절한 것이, 닭이 꼭 '홰(새장/닭장 속에 새/닭이 올라앉게 가로질러 놓은 나무 막대)'를 치며 우는 것은 아니기 때문이다. 새벽에 홰를 치지 않고도 땅바닥에서 날개를 치며 우는 닭들도 적지 않다. 요즘 분기별로 표제어들의 뜻풀이가 수정/삭제/첨가되고 있는데, 아직도 이 말만은 요지부동이다.

덧댄 한자 표기가 잘못된 경우도 있다. '**삼청냉돌(三廳冷突**. 금군(禁軍)의 삼청은 불을 때지 않아서 차다는 뜻으로, 몹시 찬 방을 이르는 말)'의 경우, '**냉돌(冷埃**. 불기 없는 찬 온돌)'의 한자가 뜬금없이 '冷**突**'로 된 것은 명백한 잘못이다.

당연히 표제어에 있어야 할 말이 누락된 경우도 적지 않다. 외래어 표기 원칙에 사용된 **'원지음(原地音)'**이란 법적 용어도 빠져 있고, 일부 학자들이 '사투리' 대신 중립적 용어로 쓰고 있는 **'고장말'**도 표준어로서 흠이 전혀 없는데 표제어에서 누락되어 있다. **'진기록감'**은 있는데 막상 **'진기록'**은 보이지 않는다. **'투덜이/역량껏/강기침머리/인사체면치레'** 따위도 너끈히 표제어로 올라도 좋은 올바른 말들인데, 아직은 빠져 있다. **'까막뒤짐'**의 상대어인 **'원뒤짐'**도 없다. '제집/제자리'에서처럼 비교적 널리 쓰이는 접두사 **'제-'**도 아직은 표제어에서 버려져 있다.

이 밖에도 《표준》에서 제대로 눈길을 받지 못하고 있거나, 명백히 오류인 것이 적지 않은데, 그것들도 이 책에서 다뤘다. 다만 현행 《표준》의 규정을 존중하여 해당란에 [의견] 표지를 덧붙이고 설명을 달았다.

○ 실생활에서 흔히 대하지만, 맞춤법 책에서 잘 다뤄지지 않았던 말들도 포함했다:

'가온/다솜/그니/그림내/단미/미리내/살사리꽃' 따위는 이따금 실생활 주변에서 대하기도 하는 말들이다. 하지만, 이 말들은 모두 아직은 표준어가 아니다. 그 이유는 여러 가지가 있기에 그 까닭을 상세히 밝혔다. 아울러 '새끼(子)'들의 명칭과 단위를 나타내는 고유어 모음 등은 어느 책에서도 볼 수 없는 최대량이다.

○ 사투리로 착각하기 쉬운 표준어들도 다뤘다:

'거시기/식겁/후딱'등과 같이 언뜻 보아 사투리인 듯하지만 표준어인 것들도 제법 된다. **'얼추/대충/되게≒되우/호되게/참말로≒참말/짜장'** 등도 표준어이고, **'꼽사리/뻥땅/짝퉁/얍삽하다'** 역시 어엿한 표준어다. 이와 비슷한 **'무르팍'** 역시 **'무릎'**의 속어일 뿐 사투리는 아니다.

이처럼 헷갈리기 쉬운 것들도 빼놓지 않고 담았다. 실제의 언어생활에서 올바른 말을 바르게 적고 쓰기 위함이 우리말을 공부하는 가장 실질적인 목적이기도 하므로.

○ 널리 잘못 유포된 북한말도 다뤘다:

'**신들메/줄창/달큰하다/쫄다/쩔다/퍼뜩이다/희희덕대다/섬찟하다/까리까리하다**' 따위는 북한어. 그중에서도 '신들메'는 성경에서조차 버젓이 쓰이고 있어서 표준어인 듯싶지만, 아니다. '신이 벗어지지 않도록 신을 발에다 동여매는 끈'을 뜻하는 표준어는 '**들메끈**'이다.

이처럼, 널리 유포되어 있어서 표준어로 착각하기 쉬운 북한말들도 제법 되기에, 해당 항목에서 최대한 다뤘다.

○ **실생활 중심의 가나다순 색인식 최대 5500제 수록:**

그동안 맞춤법 관련 책자들은 적지 않게 간행되었다. 하지만, 몇 가지 불편이 눈에 띄고 무엇보다도 다룬 낱말들의 숫자가 적었다.

우선, 찾아보기가 어렵거나 불편했다. 읽을 때는 재미있게 보는데 나중에 문제 낱말이 떠올라 찾아보려면 색인이 없는 경우도 흔하고, 색인을 이용해도 불편할 때가 많았다. 한 페이지 전체를 뒤져야 그게 보이거나, 찾아낸 낱말도 뜻풀이나 문제 풀이와 무관하게 설명에만 쓰인 경우도 흔해서, 여러 군데를 들춰야 했다. 늘 곁에 두고 때때로 궁금한 것들을 찾아보는 쓰임에서는 무척 불편했다. 그러다 보니, 수시로 띄어쓰기·맞춤법을 점검하는 일이 귀찮아지고 결국은 꾸준히 관심해야만 실력이 온전해지는 띄어쓰기·맞춤법에서 멀어지게 되기도 했다. 이 책에서 문제 낱말을 가나다순으로 편제한 주요 이유다.

그 다음으로 아쉽고 불편한 것은, 궁금한 말들은 많은데 막상 찾아보면 책자에서 다뤄지지 않은 것들이 많았다. 문제 낱말로 겨우 수십 개에서 수백 개 정도를 다룬 것들이 대부분이었기 때문이다. 단행본이 지닌 한계이자, 독자들에게 지루하지 않고 재미있게 다가가려고 하다 보니 어쩔 수 없이 그런 일들은 생기게 마련이었다. 여러 권의 시리즈 형태로 발간된 것들도 거기서 크게 벗어나지 못했다.

　일선 교육 현장에서 애쓰시는 분들에게 실례가 되기에 몹시 저어되는 이야기이긴 하지만, 여러 해 전에 조사된 우리나라 초·중·고 교사들의 국어 능력은 100점 기준으로 환산했을 때 평균 65점이었다. [서울대 윤여탁 교수 팀이 국립국어원의 의뢰를 받아 2009년 12월 제출한 '교사의 국어능력 실태 조사' 보고서.] 이처럼 창피스러운 결과를 낳게 한 주범 중의 하나가 바로 띄어쓰기·맞춤법 부문이었다.

　이러한 점들을 감안하여, 실생활에서 대하게 되는 문제적 사례들을 중심으로, 작가/기자/교사/편집자/시인 들과 같이 전문적으로 글을 다루는 이들이 맞닥뜨릴 수 있는 사례들은 물론, 〈우리말 겨루기〉에 참가하는 이들에게 필요한 높은 수준까지 담으려고 애썼다. 이 책에서 다룬 사례는 약 5500개쯤 된다. 단행본에 담긴 맞춤법 관련 사례들로서도 국내 최대다.

　이 책은 학습과 쓰임에서 사용자에게 조금이라도 더 실용적이고 실질적으로 도움이 되었으면 하는 것을 으뜸 목적으로 삼았다. 문제되는 말들을 최대한 담고, 궁금한 것이 있을 때면 얼른 쉽게 찾아볼 수 있도록 최대한 노력했다. 그러다 보니, 흥밋거리 이야기들이 희생되어 딱딱한 책이 되었다. 잘못된 이유의 설명에서 핵심적인 것으로만 압축한 것도 그와 관련된다. 한번 읽고 마는 책이 아니라 곁에 두고 필요할 때마다 찾아보고, 그럴 때 빠진 것들이 최소한이 되도록 하기 위해서 내 깐에는 최대한 애를 썼다.

○ 복합어 관련 사항의 설명에 힘을 썼다:

　띄어쓰기에서 가장 까다로운 부분 중의 하나이자 최대 함정이라 할 만한 것이 복합어다. 전문가들조차도 헷갈릴 정도로 어렵다. 그리고, 이에 해당되는 낱말들을 모두 암기하는 건 무리다. 이러한 점을 감안하여 복합어로 다뤄지는 이유의 설명에 애를 써서, 원칙적인 이해를 넓히는 데에 도움이 되도록 도처에서 신경을 썼다. 모아서도 다뤘고, 개별 낱말로도 다뤘다.

○ 접사와 의존명사, 두음법칙, 사이시옷… 등을 집중적으로 다뤘다:

띄어쓰기에서 두 번째로 까다로운 것이 접사와 의존명사의 올바른 처리다. 또한 두음 법칙과 사이시옷 등과 같은 것들도 올바른 표기에서 은근히 신경을 써야 할 부분들이다. 이러한 것들은 한곳에 몰아서 집중적으로 다뤘다. 원리와 원칙의 이해에서는 한꺼번에 비 교하여 다루는 것이 익히는 데에 도움이 되기 때문이다. 이에 해당되는 개별 낱말들을 다 시 가나다순으로도 다룬 것은 복습과 적용의 효과를 거두기 위해서다.

○ 기본적인 문법 용어 해설 부록 처리 및 일반인용과 고급 내용 동시 포괄:

이 책의 독자로서 일반인과 전문가들을 아우르다 보니 기본적인 문법 용어를 알아야 만 명확하게 이해될 수 있는 설명들도 적지 않게 쓰였다. 문법 용어 익히기가 필요한 학생 들과 일반인을 위해서 [부록]으로 도움말을 붙였다. 필요할 때마다 수시로 이용하면 확실 하게 이해하는 데에 도움이 되리라 생각한다.

국어학적 접근이 필요한 경우들도 들어 있는데, 그런 것에는 표제어 앞에 [고급] 표지 를 붙였다. 일반인들에게 처음엔 버거울 수도 있으므로 그 부분은 건너뛰고, 어느 정도 문 법 체계가 자리 잡은 뒤에 다시 살펴보기를 권하고 싶다.

⊠ 인터넷과 이동통신의 보편화로 SNS에 둘러싸이게 된 현대인의 삶은 글쓰기의 지 형까지 통째로 바꾸었다. 예전엔 여간해서 일반인들이 글을 쓸 일이 드물었고, 더구나 그 걸 남에게 드러낼 일은 거의 없었다. 하지만, 이제는 누구나 수시로 글을 써서 올리고 그걸 쉽게 공유한다. 그러다 보니 지금까지 제대로 눈길을 주지 않았던 맞춤법에 대해서도 두 가지 시선이 생겨났다.

처음의 태도는 맞춤법 따위에 아랑곳하지 않는 쪽이다. 아랑곳하기는커녕 맞춤법 파 괴에 가깝게 '학대'를 일삼으며 즐기기도 한다. 놀이처럼 번지기도 한다.

그 반대편도 있다. 의도적이든 아니든, 지나치게 맞춤법에 어긋나는 글은 마치 눈에 거슬리는 옷을 아무렇게나 되는 대로 걸쳐 입은 것만치나 보는 사람의 시선을 불편하게 만들기도 한다는 생각에 동조하는 이들이 점차 늘어나면서, 맞춤법 경시나 무시 분위기에 반기를 드는 움직임들이 뚜렷해졌다. 나아가, 맞춤법 무시나 경시의 태도에서 본질적으로 더 큰 문제는 맞춤법에 어긋나게 쓰는 것보다도 그것이 틀린 것인지도 모르는 채 쓰고 있는 것이라는 목소리가 설득력을 얻고 있다. 그것이 구동력이 되어 맞춤법 회복은 물론 맞춤법 지키기로 번지는 자정 노력으로도 이어지고 있다.

실제로 삶의 현장에서도 맞춤법이 중대한 일이 되었다. 여러 곳에서 실체적인 역량 평가와 직결되고 있어서다. 각급 학교에서 치러지는 수많은 서술형 시험과 논술 문제에서 맞춤법이 틀릴 때마다 감점 처리된다. 경쟁이 치열한 대기업일수록 입사 지원서나 자기소개서에서 드러나는 엉터리 맞춤법은 당락으로 쉽게 연결된다. 평가에서 가장 중요시하는 '기본 갖추기'조차 잘 안 된 것으로 보이기 때문이다.

그뿐만이 아니다. 업무용 이메일이나 기안 문서에서 맞춤법의 오류가 자주 눈에 띌수록 중견 사원 자리에 한두 해 더 머물러 있게 되는 일은 아주 흔하다. 제대로 된 대형 조직에서일수록. 근무 평정에서 가장 중요한 요소인 기본적 역량의 결함으로 여겨지는 탓이다.

▨ 인간은 사고한 내용을 언어로 표현하고, 언어를 통해 사고하고, 나아가 언어를 창조한다. 이것은 곧 출간될 또 다른 졸저의 머리말에 적힌 말이기도 하다. '언어는 그 사람이다'와 '인간은 언어의 산물'이란 말과 함께 지은이가 자주 하는 말이기도 하다.

개인적 기록 수단으로 압박해오는 SNS 물결에 휩쓸려 언어를 섣불리 내뱉고, 쫓기듯 바삐 대충 적는 이들이 늘다 보니 소음에 가까운 말들이 문자의 홍수를 이루기도 한다. 생각을 다듬지 않은 채 소통시키려는 성급한 어법이 조립한 헌물 언어들이 사람의 행위를(인간사를) 오염시키거나 잘못 이끌기도 한다. 종국에는 사람 사이에 담을 쌓기도 하고, 소리 없는 총이나 평생 뽑히지 않는 가시도 되는 것, 그건 정제되지 않은 언어의 잔재이자 부유물이다.

그런 헤침의 시대에 사람들이 제자리를 지키며 살아가는 데에 이 책자가 조금이라도 도움이 되었으면 좋겠다. 올곧은 생각으로 우리말 하나라도 바르게 하고 적으려는 사람의 삶이 다른 이들에게도 힘이 되고 빛이 된다. 뭇 사람까지는 몰라도 최소한 그 주변 사람들에게는…… 나는 그렇다고 신앙한다. 작은 손전등은 어둠 속에서 길을 찾는 데에 요긴하고, 대형 조명등은 검거나 색출에 더 많이 쓰여 왔다는 말로 그런 이들을 성원하고 싶다.

⊠ 작년에 1500쪽이 넘는 〈고급 한국어 학습사전〉 개정판의 머리말을 썼다. 몇 달 뒤 다시 제법 두꺼운 책자에 머리말을 적는 것도 정말 큰 복이다. 이런 일이 가능하도록 배포 있게 문화 사업을 결행하시는 국민출판사의 김영철 사장님과 그 뜻에 맞춰 몸수고로 이 책을 만들어낸 직원들의 고마움을 깊이 높이 오래 새기고 싶다.

가족들에게도 고마움을 전하고 싶다. 늘 밥만 먹으면 도서관으로 가방을 메고 오가는 가장의 모습에 가족들이 잔소리 하나 매달지 않는 것은 소리 없는 박수 이상이다. 여러 해째 하루 10시간 이상 컴퓨터 키보드에 매달리면서도 잘 버텨오고 있는 건 오롯하게 그 성원의 힘 덕분이다. 갈수록 그걸 확실하게 깨달아 간다. 늦철이라도 드니 참 다행이다.

2016. 1.

파주의 한구석에서, 최종희

1. 편제

–검토해야 할 표기나 낱말은 **가나다순**으로 실었다. 항목 표기가 긴 경우에는 핵심 낱말을 기준으로 가나다순을 적용하였으며, 핵심 낱말에는 밑줄을 그어 핵심 낱말임을 밝혔다. 즉, 볼드체에 밑줄이 그어진 것이 표제어다. 밑줄은 있되 볼드체가 아닌 것은 그 말이 들어가야 할 가나다순을 따라 따로 배치되었다.

〈예〉 ♣'**ㅣ'모음 역행동화 관련, 틀리기 쉬운 낱말들** 항목 참조: 이 항목의 핵심 낱말은 '**ㅣ'모음**으로 가나다순에 따라 '**ㅣ'모음** 차례에 있음을 뜻함.

–잘못된 표기나 낱말을 중심으로 예문을 제시하였고 그 오른편에 올바른 표기를 제시하였다. 잘못된 표기나 올바른 표기 모두, 해당 부분에는 밑줄과 더불어 볼드체 처리를 하여 알아보기 쉽도록 하였다.

〈예〉 ◆**가능하느냐고** 물어왔다: **가능하냐**의 잘못.

–대체적인 편제는 예제(例題)를 제시한 후 [설명]란을 두어 간단한 설명을 붙였고, 필요한 경우 [참고], [주의], [의견], [활용] 등을 붙여 관련 사항을 좀 더 깊이 있게, 폭넓게 살펴볼 수 있도록 하였다. 예제(例題) 중에도 주의해야 하거나 다른 것과 구분해야 할 경우, [비교], [유사], [주의] 등의 항목을 추가하였으며, 내용 중 강조사항에는 밑줄을 그어 표시하였다.

– 해당 항목의 설명만으로 부족하거나, 추가적인 학습/검토가 필요한 경우에는 '☞ (혹은 ☜)'을 두어 다른 항목을 참고하도록 하였다.

〈예〉 ☞♣**부사에 붙을 수 있는 보조사와, 붙이면 안 되는 부사격조사** 항목 참조.

–국어학 지식이 필요할 정도의 분석이나 심층 접근이 필요한 항목 앞에는 [고급] 표지를 붙였다. 일반적인 맞춤법과 띄어쓰기를 익히려는 이들에게는 다소 버거울 수도 있

으므로 처음에는 이러한 부분은 건너뛰거나 참고적으로만 이용하고, 어느 정도의 익힘이 이뤄진 뒤에 정독해 보길 권한다.

특히, 기본적인 문법 용어와 기능에 대해 도움이 필요한 이들은 **【부록 3】 맞춤법 공부에 도움이 되는 문법 용어 몇 가지**를 참고하시기 바란다. 어느 정도의 국어학 지식을 지닌 이들도 이 부분을 수시로 참고하면 좀 더 명확한 이해에 도움이 되리라 본다.

〈예〉◆[고급] 요즘 잘 지내나 **보는구나**: **보구나**의 잘못. ⇐**보더구나**도 가능.
　　[설명] '-는구나'는 동사 어간에, '-구나'는 형용사 어간에 붙는 종결어미. 예컨대 '잘 지내나 보다'에 쓰인 '보다'는 앞말이 뜻하는 행동/상태를 추측하거나 어렴풋이 인식하고 있음을 나타내는 보조형용사이므로, 이 '보다'에는 '-구나'가 결합하여야 함. 즉, '잘 지내나 보구나'가 올바른 활용이며, '잘 지내나 보는구나'는 잘못.
　　[참고] 위의 예문에서는 '보구나' 대신 '보더구나'도 가능한데, 이때 쓰인 '-더구나'는 동사/형용사 구분 없이 쓰일 수 있는 종결어미임.

아울러, 아무 때고 부록에 담긴 〈한글 맞춤법 규정 해설〉과 〈표준어 규정 해설〉을 자주 참고하시길 권한다. 원칙을 알아두면 우리말의 올바른 표기를 익히는 데에 크게 도움이 된다.

－암기에 도움이 되도록 **[암기도우미]**를 두기도 하였다. 이것은 편자가 제시하는 한 가지 방법일 뿐, 이용자들이 더 효과적인 방안을 강구하여 첨가하면 암기 효율이 더욱 늘어나리라 본다.

〈예〉◆**구태여** 내가 거기까지 가서 말해야 할까?: **구태여**의 잘못.
　　[암기도우미] '구틔여'가 '구태여'의 옛말이므로 '굳('굳이'의 어근)+하여'→구태여(굳이 애써서)로 변화. 고로, '-하여'의 형태에서 '-어'가 아닌 '-여'.

–해당 항목 말미에는 뜻풀이가 필요한 낱말들을 배치하였다. 올바른 표기 이유를 파악하는 데에 도움을 주기 위해서지만, 낱말 익히기에도 보탬이 되었으면 해서다.

〈예〉 ◆겨우 **옥가락지** 고리 하나 달랑 끼워주고서는 생색은: **옥반지**의 잘못.

[설명] 고리가 하나일 때는 '반지'. 두 개일 때만 '가락지' 혹은 '쌍가락지'를 씀.

가락지〔명〕 ①주로 여자가 장식으로 손가락에 끼는 두 짝의 고리. ②기둥머리/막대기 따위의 둘레를 둘러 감은 쇠테.

쌍가락지[雙−]〔명〕 '가락지'의 강조어.

2. 표기법

–예제 예문 표기: 지면 절약을 위해, 예문 표기는 문제적 표기를 중심으로 최대한 간략한 표현으로 압축했다. 그 때문에 반드시 필요한 주어/목적어 등이 빠졌거나 완성되지 않은 불완전 문장도 많다. 이 점 미리 양해를 구한다.

–문장 부호: ①마지막 문장을 제외하고는, 모든 예문의 말미에 물음표(?)나 느낌표(!)를 제외한 마침표(.)는 가독성 향상을 위해 생략하였다. 날짜/연도 등의 표기 또한 그리하였다. 〈예〉 [국립국어원 개정. 2014]. ②두 개 이상의 예문이 구/절/문장의 형태로 나올 때, 가독성을 높이기 위해 그 예문 간의 구분은 쌍반점(;)으로 통일하였다.

〈예1〉 '달다'의 보조동사 용법: 말하는 이가 듣는 이에게 앞말이 뜻하는 행동을 해줄 것을 요구하는 말. ¶아는 이에게 일자리를 구해 달라고 했다; 책을 좀 빌려 달라고 간청하다; 친구에게 와 달라고 부탁했다.

〈예2〉 '어지르다'는 'ㄹ' 불규칙동사. '어지르–+–어→어질러'; '어지르–+–었–+–다→어질렀다'; '어지르–+–어지다→어질러지다'; '어지르–+–ㄴ→어지른'; '어지르–+–니→어지르니'로 활용.

–띄어쓰기: 예문이나 본문 설명 등에서는 띄어쓰기 원칙을 따랐으나, 일부 약호 표기 등은 지면 절약과 가독성을 위해 따르지 아니하였다. 예컨대, 〈예 1〉과 〈예 2〉가 올

바른 표기지만 이를 〈예1〉과 〈예2〉로 붙여 적은 것이나, 새로운 단락 앞에 붙인 붙임표(-)나 1)과 같은 번호 다음에 한 칸 띄우기 따위를 지키지 않은 것 등이 그러한 경우에 해당된다.

-한자 표기:

1)한자는 한글 표기 뒤에 [ ]에 넣어 표기하였다. 〈예〉가가대소[呵呵大笑]

  * 주의: [ ] 안에 한글로 표기된 것은 바꿔 쓸 수 있음을 뜻함.

    〈예〉 부서뜨[트]리다: '부서뜨리다'와 '부서트리다'가 가능하다는 뜻.

2)본문에서는 원칙적으로 ( )안에 표기하였으나, 괄호 사용이 겹친다든지 할 때처럼 부득이한 경우에는 예외적으로 [ ]를 사용하기도 하였다.

3)한자어와 한글이 결합한 경우에는 한자만 표기하고, 한글 부분은 한글 자수와 무관하게 '-'로 표기하였다. 〈예〉소갈비구이[素-], 비녀목[-木].

-발음 표기:

1)주의해야 할 낱말에만 { } 안에 한글로 그 발음을 표기하였다. 〈예〉개숫물{개순물}/개수대{개수대}. 예사말(例事-){예:사말}; 좀체말{좀:체말}; 치렛말{치렌말}.

2)주의해야 할 낱말 중에서도 특히 주의해야 할 발음 부분은 볼드체로 처리하였다.

    〈예〉 머리말{머**리**말}/머리글자{머**리**글짜}/머리기사{머**리**기사}.

3)장모음(長母音): 주의해야 할 낱말에만 표기하였다. 〈예〉'동네일(洞-)'은 발음이 {동:네일}.

-같은 표제어 항목에서 되풀이되어 나오는 동일어근/형태소는 생략하기도 하였으며, 생략된 부분은 '~'나 '-'로 표기하였다.

    〈예1〉 ○-**같다**: 감쪽같다/감태-/개좆-/개코-/굴뚝-/굴왕신(屈枉神)-/귀신- ⇒
            '감태-/개좆-' 등은 '감태같다/개좆같다'를 뜻함.

    〈예2〉 **도다녀가다[~오다]**: '도다녀가다'와 '도다녀오다'를 뜻함.

        반말질[半-]몡 반말을 하는 짓. ¶**~하다**동: '반말질하다'를 뜻함.

3. 약호 및 약어

‑품사 등의 표기 약호

- **감**: 감탄사 **관**: 관형사 **대**: 대명사 **동**: 동사 **명**: 명사 **부**: 부사 **보**: 보조사

  수: 수사 **접**: 접사 **조**: 조사 **미**: 어미 **의**: 의존명사 **형**: 형용사 **신**: 신어

- **속**: 속담 **관**: 관용구 **준**: 준말 **보동**: 보조동사 **보형**: 보조형용사

- [원]: 용언의 원형/기본형.

  [유]: 유의어. 즉 뜻이 비슷한 말.

‑기타 표기

- ↔: 두 말이 서로 반대말이거나 상대어 관계임을 뜻함.

- ⟵: 문제된 말의 원형/기본형을 뜻함.

  〈예〉 승패를 **가름짓는/갈음짓는** 중요한 한 판: **가름하는**의 잘못. ⟵**가름하다**[원].

- ⟸ 혹은 ⟹: 간단한 이유/까닭의 설명.

  〈예〉 내 성은 **김 가**라고 하오: **김가**의 잘못. ⟸'가(哥)'는 접사.

- →: 주로 활용이나 변화 또는 구성의 꼴을 보임. 혹은 구/절의 올바른 쓰임을 보이기 위해서도 사용됨.

  〈예〉 '고기를 구워: 굽‑+‑어→구워'; '녹슬은(x) 기찻길→녹슨(○) 기찻길'

- /: '및', 혹은 상황에 따라서 '혹은, 와, ~(이)나'를 뜻하는 표기임.

  〈예〉 길이/장단: '길이나 장단', 혹은 '길이와 장단'

- ~ 혹은 ‑: 앞에 보인 동일 어근이나 실질형태소가 되풀이되어 나올 때의 생략 표지임.

  〈예〉 이것으로 인사**에 가름하겠습니다**: **~를 갈음하겠습니다**의 잘못. ⟹~를'은 '인사를'을 뜻함.

- 〉 혹은 〈: 센말/거센말, 큰말 등을 뜻함.

- ≒: '뜻이 같은 말'을 뜻함.

- ¶: 활용 예문, 또는 표제어가 들어간 파생어, 합성어 등의 활용어를 뜻함.

- ☞ 혹은 ☜: 관련 부분에 대한 참고/참조 등을 뜻함.

- ___(밑줄): 유의해서 살펴볼 부분이라는 뜻.
- 《표준》: '표준국어대사전'(인터넷 판)을 뜻함.

달인의
띄어쓰기·맞춤법

ㄱ

◆♣'−가(邊)'의 띄어쓰기

[예제] 홍수 때 **한강가**에 사는 이들은 물난리 걱정: **한강 가**의 잘못.

　　　　보리밭가에 무성한 잡초들: **보리밭 가**의 잘못. ⇐복합어가 아님.

　　　　난로 가에서 나누는 얘기를 노변정담(爐邊情談)이라 해: **난롯가**의 잘못.

[설명] ①굳어진 복합어는 붙여 씀: '눈가/입가/귓가; 강가/갯가/길가/냇가/물가/늪가/못가/바닷가; 무덤

　　가/샘물가/우물가/창가(窓−)/창문가/난롯가; 부둣가/연못가/나룻가' 따위.

　　②굳어진 말이라도, 전체를 꾸미는 말이 올 때는 붙여 쓰지만, 앞 말만 꾸미는 말이 오면 붙여 쓰지

　　아니하고 띄어 씀. [띄어쓰기의 일반 원칙임. 예컨대 '범람하고 있는 강가'로 붙여 쓰면 '강'이 범람하고

　　있는 게 아니라 '강가'가 범람하게 되어 의미가 이상해지기 때문.] ¶불 있는 난로 가에서; 범람하고 있

　　는 강 가에 사는 이들; 아마존 강 가에 서식하는 희귀동물들; 비 내리는 부둣가; 새로 건립된 부두

　　가 한쪽에 세워진 대형 크레인.

　　③다음의 예처럼, 위의 ①에 예거되지 않은 말들은 대부분 '가'를 띄어 씀. ¶두만강 가; 압록강 가; 백

　　마강 가; 한길 가; 건물 가; 담장 가; 마을 가; 보리밭 가.

[참고1] '도롯가, 마룻가' 등은 현재 《표준》의 표제어에 없는 말들이지만, 사이시옷의 일반적인 기능과 '−

　　가'의 생산성을 인정하여, 복합어로 인정하고 있음. ☞아래 낱말 뜻풀이 중 ④항목 참조.

[참고2] 생산성: 복합어를 만들어내는 파생력을 뜻하는데, 여기에는 사전에 접사로 규정된 말들(예: '−

　　성(性)/−적(的)/−실(室)/−다랗다/−답' 따위)이 있고, 명사나 의존명사로만 규정되었지만 생산성이 부

　　여된 말들도 있음. (예: '먹을거리'에서 '−거리'는 의존명사. '신랑감/장군감' 등에서의 '−감'은 명사). 이

　　'−가(邊)'의 경우는 후자의 예로서, 명사지만 일부 명사 뒤에서 생산성이 있는 말로 인정하는 경우

　　임.

[암기도우미] '가'의 본래 의미가 아래와 같이 조금 떨어져 있음을 뜻하므로, 띄어 적는 경우가 더 많다

　　고 기억하면 도움이 됨.

가圓 ①경계에 가까운 바깥쪽 부분. ②어떤 중심 되는 곳에서 가까운 부분. ③그릇 따위의 아가리의 주

　　변. ④(일부 명사 뒤에 붙어) '주변'의 뜻을 나타내는 말. ¶강가/냇가/우물가. ⇐즉 위의 설명에서 복합

　　어로 예시된 말들.

노변정담[爐邊情談]≒노변담圓 화롯가에 둘러앉아서 서로 한가롭게 주고받는 이야기.

◆♣'가[哥]'와 '씨[氏]'의 띄어쓰기

[예제] 내 성은 **김 가**라고 하오: **김가**의 잘못. ⇐'가(哥)'는 접사.

　　　　그는 **박 씨** 가문 사람이야: **박씨**의 잘못. ⇐'씨'는 접사.

　　　　그건 **정임씨**에게 맡기세요: **정임 씨**의 잘못. ⇐'씨'는 의존명사.

　　　　김군. 이리 좀 오게: **김 군**의 잘못. ⇐'군'은 의존명사.

　　　　저 **김양**은 아가씨인데도 힘이 세: **김 양**의 잘못. ⇐'양'은 의존명사.

[설명] ①성 뒤에 붙는 '가(哥)'와 '씨(氏)'는 접사. ¶김가/이가; 이씨 집성촌. 이씨조선. ②나머지 '씨, 공,

　　옹, 군, 양' 등은 의존명사이므로 띄어 씀. ¶이희정 씨(○); 김 군(○)/김군(×); 김 옹(○)/김옹(×); 이진승

　　양(○)/이진승양(×).

[주의] '씨(氏)'의 경우는 두 가지임. 성(姓)을 가리킬 때는 접사로서 붙여 쓰고, 의존명사일 때는 띄어 씀. ¶그의 성은 이씨다; 박씨네 집성촌. ¶그런 일이라면 이 씨가 아주 잘한다(의존명사); 문재인 씨가 대통령이 되었다.

[참고] 의존명사로 쓰일 때의 '씨'는 공식적·사무적인 자리나 다수의 독자를 대상으로 하는 글에서가 아닌 한 윗사람에게는 쓰기 어려운 말로, 대체로 동료나 아랫사람에게 씀. 높임말은 '님'. 주의할 점은 의존명사이므로 반드시 띄어 적어야 한다는 것. ¶문재인 님께서 입장하셨습니다; 로즈 님이 오셨습니다.

◆'**케네디 가**' 사람들은 모두 저격당하여 가문이 끝장났다: **케네디가**의 잘못.

[설명] 이때의 '-가(家)'는 '가문'의 뜻을 더하는 접미사. ¶명문가/세도가/재상가/케네디가.

◆♣'**-가게**'의 띄어쓰기

♣ [예제] **담뱃가게/담배가게**에 가서 담배 좀 사오렴: **담배 가게**의 잘못.

반찬가게랑 **꽃가게**에 들렀다 올게: **반찬 가게**, **꽃 가게**의 잘못.

[설명] ①위의 말들은 한 낱말의 복합어가 아닌 구 구성이므로 띄어 씀[한글 맞춤법 제2항]. ②복합어로서 붙여 쓰는 '-가게': 구멍가게/만홧가게/쌀가게/고물가게[古物-]/땜가게/뜸가게/엇가게/헛가게/난가게/삯가게/셋가게[貰-]/이엉가게≒곡초전.

[주의] 우리가 일상생활에서 흔히 쓰는, 파는 물건 중심으로 이름 지어진 점포들은 거의 모두 '가게'를 띄어 씀. 〈예〉가방 가게, 거울 가게, 담배 가게, 생선 가게, 모자 가게, 옷 가게, 채소 가게, 반찬 가게, 책 가게. ☞일부 사전에 '꽃가게, 찬가게, 반찬가게'의 표기가 있으나 '꽃 가게', '찬 가게', '반찬 가게'의 잘못.

[참고] 이와 같은 가게의 의미로는 다음과 같이 '집'도 많이 쓰임. 이때의 '집'은 '물건을 팔거나 영업을 하는 가게'를 뜻하는 명사로서 합성어를 만드는 형태소임. ¶꽃집≒꽃방(-房)/중국집/일식집/왜식집/분식집(粉食-)/대폿집/병술집/잔술집/국숫집/기생집(妓生-)/여관집(旅館-)/요릿집(料理-)/가겟집/색싯집/약국집/양복집/선술집/소줏집/갈빗집/음식집/잔칫집/맥줏집(麥酒-)/통닭집/한식집(韓食-)/한정식집/흑염솟집. ☞'**집**' 항목 참조.

엇가게몡 지붕 가운데에서 마루가 지지 아니하고 한쪽으로 어슷하게 기울게 하여 덮은 헛가게.

헛가게몡 때에 따라 벌였다 걷었다 하는 가게.

난가게몡 ①일정한 건물 없이 소규모로 물건을 벌이어 놓고 파는 가게. ②≒**난전(亂廛)**.

◆**가게집**에 딸린 방 한 칸에서 온 식구가 지낸다: **가겟집**의 잘못.

요즘 **가게세**도 제대로 못 내고 있어: **가겟세**의 잘못.

[설명] '가겟방/가겟세/가겟집' 등에 받친 사이시옷은 소유격 기능으로서, 가게가 {갸:게}로 길게 발음됨에 따라 뒤에 오는 형태소들을 경음화함. 〈예〉{갸:게빵}.

◆이제 집에 **가고파/가고프다**: 맞음. [2016년 개정]

[설명] 예전에는 잘못이었으나, '고프다'를 '~고 싶다'의 준말로 인정하였음. 이에 따라, '-고파, -고파서, -고프나…' 등도 쓸 수 있게 되었음.

◆**가까이에서도** 잘 보이거든: 맞음. 아래 설명 참조.

멀리에서도 잘 보이니?: **먼 데서도**의 잘못. ⇐에서는 체언에만 붙는 부사격조사.

멀리도 갔구나: 맞음. ⇐'도'는 부사에 붙을 수 있는 보조사.

멀리만 던진다고 좋은 건 아니야: 맞음. ⇐'만'은 부사에 붙을 수 있는 보조사.

좁게는 우리 동네에서부터: 맞음. ⇐'는'은 부사에 붙을 수 있는 보조사.

[설명] ①조사는 크게 격조사, 접속조사, 보조사로 나뉨. ②모든 보조사가 부사에 붙을 수 있는 건 아님. 부사에 붙을 수 있는 보조사로는 '은/는/도/만' 정도. ③체언에 붙어 체언을 부사어로 만드는 조사를 부사격조사(副詞格助詞)라 하며, 이에 해당되는 조사는 '에/에서/(으)로/와/과/보다' 따위가 있음. 부사격조사라도 격조사이므로 부사에 붙여 쓸 수 없고, 체언에만 붙음. ☞♣**부사에 붙을 수 있는 보조사와, 붙이면 안 되는 부사격조사** 항목 참조.

[보충] 위의 예문 중 '가까이에서도 잘 보인다'의 경우, '가까이'는 부사이기도 하지만 '가까운 곳'이라는 뜻의 명사이기도 해서, 위와 같은 부사격조사 '에서'를 붙일 수 있는 특수한 경우임. ☞♣**보조사 종합 정리** 항목 참조.

가까이閉 ①한 지점에서 거리가 조금 떨어져 있는 상태로. ②일정한 때를 기준으로 그때에 약간 못 미치는 상태로. 圆 가까운 곳.

◆**가꾸로박혀서** 기분 좋을 사람 없다: **가꾸로 박혀서**의 잘못.

[주의] **꺼꾸로** 박혀서 기분 좋을 리가: **까꾸로**의 잘못.

[설명] ①'가꾸로〈거꾸로〈까꾸로'의 관계이며, '까꾸로'는 없는 말. ②'거꾸로[가꾸로]박히다'는 없는 말로, '거꾸로[가꾸로] 박히다'의 잘못.

◆숨소리가 **가느랗게** 들려 왔다: **가느닿게**의 잘못.

가늘다란 회초리 하나 꺾어오너라: **가느다란**의 잘못.

[설명] ①'가느다랗다'의 준말은 준말 만들기의 원칙에 따라 줄어드는 말의 흔적을 밝히기 위해 그 받침을 어근에 붙여야 하므로, '가느랗다'가 아니라 '가느닿다'임. 즉, '가느다랗다→가느다+랗+다→가느닿다'. 〈예〉가리가리→갈가리(O)/갈갈이(×). ②'가늘다랗다'는 '가느다랗다'의 잘못.

◆**가능하느냐고** 물어왔다: **가능하냐**의 잘못.

[설명] 형용사 의문형에서, 받침이 없을 때는 '~냐?'이며, '~느냐?'는 잘못.

[정리] 받침이 없을 때는 '-냐' ¶꽃이 예쁘냐?; 이게 다냐?

받침이 있으면 '-으냐' ¶물이 깊으냐? (깊냐 ×). ☞'**-냐/느냐**' 항목 참조.

◆[고급] **가능한 빨리** 오너라: **가능한 한 빨리**의 잘못.

[설명] 예문의 '가능한'은 '가능한 일, 가능한 때에, 가능한 시간'에서와 같은 관형형이므로 '가능한' 다음에는 수식을 받는 명사나 의존명사가 와야 하는데, 예문에는 '가능한 빨리'의 꼴로 '가능한' 다음에 수식을 받는 명사/의존명사가 없는 부적절한 문장이 되었음. 상황에 어울리는 명사 '한(限)'이 들어가야 올바른 문장이 됨. ¶특별한 변수가 없는 한 회담은; 내 힘이 닿는 한; 내가 아는 한에는.

◆그 친구가 **높지가니** 버티고 앉아 있더군: **높지거니**의 잘못.

급한 일도 아닌데 **늦이거니/느지가니** 나서서 뭘: **느지거니**의 잘못.

일찍하니 도착해서 기다렸지: **일찍거니**의 잘못.

[설명] ①높-/늦-/일찍- 등에 붙어 부사화하는 것은 '-거니'이며 '-가니'는 잘못('-가니'는 '-거니'의 옛말로 규정되어 버려진 말. '-거니'도 어미 '-는데'의 뜻으로는 옛말임). ②이럴 경우, 어근을 밝히지 않

고 소리 나는 대로 적음. 〈예〉높지거니(○); 늦이거니(×)/느지거니(○)≒늦이감치(×)/느지감치(○); 이드거니(○); 일찍하니(×)/일찌거니(○).

[주의] '높직하니(○)'는 '높직하다(↔나직하다)'의 활용형.

이드거니[부] 충분한 분량으로 만족스러운 모양.

◆♣'**-가다**'가 들어간 복합어 중 유의해야 할 말들: 복합어이므로 붙여 써야 하며 띄어 쓰면 잘못.

[예제] 사람이니 **간혹 가다가** 실수할 때도 있지: **간혹가다가**의 잘못. ⇐한 낱말.

　　숨넘어 가듯이 조르지 좀 마라: **숨넘어가듯이**의 잘못. ← **숨넘어가다**[원]

[참고][중요] 파생어/합성어는 전부 사전에 표제어로 오르는가? 사전에 오르지 않는 말은 파생어로 인정되지 않는가?: 그렇지 않음. '사전에 실려 있지 않다 해도, 어근이나 단어에 생산성이 있는 접사가 붙거나 복합어를 만드는 요소들이 결합하여 조어(造語)할 수 있는 말은 파생어거나, 합성어임'. (질의에 대한 국립국어원의 회시 내용임) ☞[주의] 그러므로 더더욱 사전의 표제어로 오른 파생어는 최소한의 사례이므로 붙여 써야 함.

○**-가다**: 가끔가다≒가끔가다가[부]; 가다가다[부]; 간혹(間或)가다≒<u>간혹가다가</u>[부]/가져-/값-≒값나-/건너-/걸어-/곁-/굴러-/기어-/끌려-/끌어-/나아-/난질-/날아-/남아돌아-≒남아돌다/내-/내려-/놓아-/넘어-1/넘어-2/다가-/다녀-/단(單)벌-/달려-/대-/데려-/<u>도다녀</u>/도망-/돌라-/돌아-/되돌아-/되들어-/되올라-/되짚어-/둑-/뒤따라-/들고나-/들어-1/들어-2/들여-/따라-/때-/떠-/떠나-/떠내려-/뛰어-/막-/몰려-1/몰려-2/몰아-/<u>무르와-≒무롸-</u>/묵어-/묶어-/묻어-/물러-/밀려-/번-/〈뻗-(센)/벗-≒벗나-/빗-≒빗나-/비껴-/살아-/설-/수양(收養)-/<u>숨넘어-</u>/시(媤)집-/싸데려-/<u>얼넘어-</u>/엇-/에돌아-/에워-/오-/오다-/오래-/올라-/옮아-/위요(圍繞)-/잡아-/잡혀-/장가-/제일(第一)-/으뜸-/첫째-/다음-/둘째-/버금-/좇아-/줌뒤-/줌앞-/지나-/질러-/쫓아-/차-/찾아-/첫물-≒첫물지다/쳐들어-/축(縮)-≒축나다/태-/한물-/훑어-/휘어-/<u>휘어넘어-</u>/흘러-/흠(欠)-.

도다녀가다[~오다][동] 왔다가[갔다가] 머무를 사이 없이 빨리 돌아가다[~오다].

무르와가다 ㈜**무롸가다**[동] 윗사람 앞에서 물러가다.

얼넘어가다[동] 일을 대충 얼버무려 넘어가다. 또는 그렇게 되게 하다.

휘어넘어가다[동] ①남의 꾐에 빠져 속아 넘어가다. ②힘이 모자라서 남에게 굴복하게 되다.

◆재떨이에 **가득찬** 꽁초: **가득 찬**의 잘못. ⇐'가득[부] +'차다'[동]

[설명] '가득차다'는 없는 말. '가득[부] +'차다'[동]의 두 낱말. 상대어인 '텅 비다'가 '텅'[부] +'비다'[동]임을 떠올리면 이해가 쉬움.《표준》의 예문들에 가끔 나오는 '가득차다'는《표준》의 편집 실무상 실수로 보임. 다음과 같이 써야 함. 〈예〉버스에 가득 찬 손님들; 바구니에 가득 찬 사랑.

[참고] '가득하다/한가득하다'[형]는 한 낱말. '가득 찬' 대신 '가득한/한가득한'을 사용해도 됨. ¶버스에 가득한 손님들; 바구니에 가득한(한가득한) 사랑.

◆**가뜩가뜩히/가뜩히** 싣도록!: **가뜩가뜩이/가뜩이**의 잘못. ←**가뜩가뜩하다**[원]

그뜩그뜩히/그뜩히 싣도록!: **그뜩그뜩이/그뜩이**의 잘못. ←**그뜩그뜩하다**[원]

[주의] **가득가득히/가득히** (또는 **그득그득히/그득히**) 싣도록!: 맞음.

[설명] ①'가뜩가뜩하다/가뜩하다'는 '가득가득하다/가득하다'의 센말이며, 이 말들은 어간 받침에 'ㄱ'이 있고 표준 발음이 '이'인 것들로서 부사형에서 '-이'로 표기함[규정]. ②'가득가득히/가득히'는 각각 '가득가득하다/가득하다'의 활용형 부사가 아니라, 본래부터 '가득가득히≒가득가득, 가득히≒가득'의 관계인 부사로서 표준 발음도 '-히'임. '그득그득히/그득히' 또한 '가득가득히/가득히'의 큰말로서,

'그득그득/그득'과 동의어 부사임.

◆30대에 **가락머리**라니 좀 그렇다: **가랑머리**(혹은 **갈래머리/양태머리**)의 잘못.
　가랑머리≒갈래머리/양태머리명 두 가랑이로 갈라땋아 늘인 머리.
　[참고] 외가닥이나 쪽 찐 머리로는 '모두머리(여자의 머리털을 외가닥으로 땋아서 쪽을 찐 머리)', '외태머
　리(주로 처녀들이 한 가닥으로 땋아 늘인 머리)', '낭자머리(쪽 찐 머리)' 등이 있음.

◆그렇게 자꾸 **가락오락** 할 거야?: **오락가락**의 잘못.
　[설명] '오락가락'을 '가락오락'으로 어순을 바꿔 쓸 수 없는 경우임.
　[유사] 갈데올데없다(×)/올데갈데없다(○); 쥐락펴락(○)/펴락쥐락(×); 붉으락푸르락(○)/푸르락붉으락(×).
　☞**'온데간데없다'** 항목 참조.
　[주의] '간데온데없다'(○)≒'온데간데없다'(○).

◆겨우 **옥가락지** 고리 하나 달랑 끼워주고서는 생색은: **옥반지**의 잘못.
　[설명] 고리가 하나일 때는 '반지'. 두 개일 때만 '가락지' 혹은 '쌍가락지'를 씀.
　가락지명 ①주로 여자가 장식으로 손가락에 끼는 두 짝의 고리. ②기둥머리/막대기 따위의 둘레를 둘러 감
　은 쇠테.
　쌍가락지[雙—]명 '가락지'의 강조어.

◆**가래톳**이 **부었다**: 가래톳이 **섰다**의 잘못. ⇐관용적 표현에서의 지배 동사.
　[비교] 사례에 **걸렸어**: **~가 걸렸어**의 잘못.
　[설명] 이는 관용적 표현에서 어떤 명사가 특정 동사를 지배하는 관계라 할 수 있음. 이러한 관계의 동
　사를 일부에서는 지배동사라고도 함. 〈예〉사례가 들다(≒사례들다/사례들리다); 솜을 두다; 댕기를
　드리다; 꼬리(를) 치다; 발을 끊다; 눈에 밟히다; 손을 벌리다; 솜을 두다; 운(韻)을 떼다; 쪽을 찐다;
　구더기가 슬다; 상투를 틀다; 누에를 치다; 지붕을 이엉으로 이다; 화살을 메기다; 활을 얹다/지우다.

◆[중요] 뱁새가 황새를 좇다간 **가랭이**가 찢어지지: **가랑이**의 잘못.
　[설명] ①'ㅣ' 모음 역행동화를 인정하지 않는 경우로서, 다음과 같은 낱말들이 여기에 속함: 잠뱅이(×)/
　잠방이(○); 오래비(×)/오라비(○); 올개미(×)/올가미(○); 놈팽이(×)/놈팡이(○); 지팽이(×)/지팡이(○); 홀애
　비(×)/홀아비(○); 외눈백이(×)/외눈박이(○); (오이)소백이(×)/(오이)소박이(○); 노랭이(×)/노랑이(○). ②반
　면, 다음과 같이 'ㅣ' 모음 역행동화를 인정하는 경우도 있음: 시골나기(×)/서울나기(×)/시골내기(○)/서
　울내기(○); 소금장이(×)/소금쟁이(○); 신출나기(×)/신출내기(○); 빚장이(×)/빚쟁이(○); 풋나기(×)/풋내기
　(○); 중매장이(×)/중매쟁이(○); 조무라기(×)/조무래기(○); 다드라기(×)/다드래기(○).
　[암기도우미] ①의 경우는 역행동화를 인정하면, 어근의 의미가 심각하게 손상될 수도 있음. 예컨대, '잠
　뱅이/오래비'를 인정할 경우, '잠방'이나 '오라'의 의미가 사라지고, 전혀 무의미해지거나('잠뱅'), 뜻이
　전혀 다른('오래') 의미소가 될 수 있음. 반면 ②의 경우는 역행동화를 인정해도 의미소에 별다른 변
　화가 없음: 시골내기/서울내기/신출내기; 소금쟁이/빚쟁이/중매쟁이. ☞**'ㅣ' 모음 역행동화 관련, 틀리기
　쉬운 낱말들** 항목 참조.

◆한 되 **가량**이나 겨우 될까: **한 되가량**의 잘못. ⇐'가량'은 접사.
　가량접 수량을 나타내는 단위 뒤에 붙는 접사. 당연히 붙여 씀. 〈예〉10%가량, 한 시간가량, 30세가량.

[주의] 이 '가량'은 명사로, '얼마(정도)쯤 되리라고 짐작하여 봄'의 의미로 쓰일 때도 있음. ¶밑천에서 몇 배의 이익을 남길 가량으로 가게를 샀다; 만약 김 사장 가량대로 그것이 일등품이었다면 소득이 적어도….

◆**가루것**을 그토록 좋아하던 그이였는데: **가루붙이**(혹은 **가루음식**)의 잘못.
　　가루붙이몜 ①음식물의 재료가 되는 가루. ②≒**가루음식**. 가루로 만든 음식.

◆요즘은 제대로 된 **수숫가루** 구하기도 힘들어: **수수 가루**의 잘못. 없는 말.
　　[설명] ①'-가루'가 들어간 합성어들이 제법 되지만, '수수 가루'와 같이 사용 빈도가 적은 경우에는 합성어가 아님. ②'-가루'가 들어간 주요 합성어들: 밀가루/빵-/쌀-/떡-/깻-/금(金)-/은(銀)-/뼛-/잣-/꽃-/분(粉)-/탄-/눈-/날-/막-/속-/겉-/속-/고춧가루/녹말-/찹쌀-/계핏(桂皮)-/후춧-/메줏-/날콩-/달걀-/멥쌀-/미숫-/메밀-/보릿-/번-/박산-/무릿-.
　　번가루몜 곡식의 가루를 반죽할 때에 물손을 맞추어 가며 덧치는 가루.
　　박산가루몜 깨어져 산산이 부서진 가루.
　　무릿가루몜 무리를 말린 흰 가루.

◆**가리마**가 가지런해서 더욱 이뻤던 그녀: **가르마**의 잘못.
　　[설명] '가르마'는 '이마에서 정수리까지의 머리카락을 양쪽으로 갈랐을 때 생기는 금'으로 앞가르마와 뒷가르마가 있음.

◆승패를 **가름짓는/갈음짓는/가늠짓는** 중요한 한 판: **가름하는**의 잘못. ←**가름하다**[원]
　　[설명] ①'가름짓다'는 없는 말. '가름하다'의 잘못. '가름'은 '가르다'에서 온 말로 '가름이 나다', '가름이 되다' 등으로 사용. ②'갈음'은 다른 것으로 바꾸어 대신한다는 뜻. ¶그는 웃음으로 답변을 갈음했다. ③'가늠'은 헤아려본다는 뜻이므로 가늠을 지을 수는 없고 가늠을 잡거나 가늠을 보는 것임. 따라서 '가늠짓다'는 없는 말이며, '가늠하다, 가늠(을) 보다/잡다' 등으로 씀. 승패는 승과 패로 가르는 것이므로 '가늠하다'는 부적절.
　　가름몜 ①쪼개거나 나누어 따로따로 되게 하는 일. ②승부/등수 따위를 정함. ¶**뭇가름하다/속가름하다/판가름하다**동
　　가늠하다동 ①목표/기준에 맞고 안 맞음을 헤아려 보다. ②사물을 어림잡아 헤아리다.

◆이것으로 인사에 **가름하겠습니다**: ~를 **갈음하겠습니다**의 잘못. ←**갈음하다**[원]
　　이것으로 축사에 **가름합니다**: ~를 **갈음합니다**의 잘못.
　　[설명] ①'가름하다'는 '갈음하다'의 잘못. 그리고 '갈음하다'는 사동사. ②'가름'은 '가르다'의 어간에 '-ㅁ'이 붙은 것이며, '갈음'은 '갈다(代替)'의 어간에 '-음'이 붙은 형태. '가름'은 나누는 것을, '갈음'은 대신하는 것, 대체하는 것을 뜻함.
　　갈음하다동 다른 것으로 바꾸어 대신하다.
　　갈음몜 ①다른 것으로 바꾸어 대신함. ②≒**갈음옷**(일한 뒤나 외출할 때 갈아입는 옷).

◆앞 사람이 **가리우는** 바람에 그를 못 봤다: **가리는**의 잘못. ←**가리다**[원]
　　달이 구름이 **가리워지는** 바람에 그만: **가려지는**의 잘못. ⇐'가리어지는'의 준말.
　　[설명] ①'가리워지다'는 '가려지다'의 잘못. 없는 말. '우'는 불필요한 사동 보조어간의 추가 삽입. 이것은

'가리우다'를 떠올린 때문인데, '가리우다' 역시 '가리다(보이거나 통하지 못하도록 막다)'의 잘못. 없는 말. ②'가려지네'는 '가리+어지다→가리어지다→가려지다'의 과정을 거친 준말.

◆**모르면 가만 있어**, 이럴 땐 **가만 있는** 게 최고: **가만있어, 가만있는**의 잘못. ←**가만있다**[원]

  [보충] 위의 예문에서 '가만(≒가만히)'을 부사로 볼 경우, 틀린 문장은 아님. 다만, 언어 경제적 측면에서 같은 의미일 때 굳이 두 낱말로 늘려 쓸 이유는 없음. 위의 문장을 부사로 명확히 구분하여 표기하면 다음과 같이 됨. ¶모르면 가만히(≒가만) 있어; 이럴 땐 가만히(≒가만) 있는 게 최고.

  가만[부] ①움직이지 않거나 아무 말 없이. ②어떤 대책을 세우거나 손을 쓰지 않고 그냥 그대로. **[갑]** 남의 말/행동을 막을 때 쓰는 말. [유]가만히.

◆**가만있거라**, 이게 누구더라: 가능(혹은 **가만있자**). ←**가만있다**[원]

  [설명] 예전에 '-거라'는 '가다'나 '가다'로 끝나는 동사 어간 뒤에만 붙을 수 있었으나, 이제는 '오다'를 제외한 용언의 어간에 두루 붙을 수 있으므로 가능한 표현임[국립국어원 개정. 2014]. ¶이제 가거라; 물러가거라; 많이 먹거라; 그만 두거라.

◆얼굴이 **가무틱틱(거무틱틱)/거무티티**해서 건강해 보이더군: **가무퇴퇴/거무튀튀**의 잘못.

  [설명] ①'가무틱틱하다〈거무틱틱~' 등은 없는 말. ②'거무티티'는 '거무튀튀'의 잘못.

  가무퇴퇴하다〈거무튀튀하다[형] 너저분해 보일 정도로 탁하게 가무스름하다.

◆비가 안 와서 겨우겨우 **가물못자리**로 때웠어: **가뭄못자리**의 잘못.

  가뭄못자리[명] 가뭄에 겨우 물을 실어 만든 못자리. [참고] 일부 사전에 '가물못자리'가 있으나,《표준》에서는 불인정.

◆**가본듯** 하다/**가본적** 없다: '**가 본 듯**하다/**가 본 적** 없다'의 잘못. [원칙]

  가볼 만하다/**가봄 직**하다: '**가 볼 만**하다/**가 봄 직**하다'의 잘못. [원칙]

  [설명] ①'듯하다/만하다/직하다'는 보조형용사. 앞 말과는 띄어 적음. ☞상세 설명은 각각 **~만하다, ~직하다** 항목 참조. ②'가 본 적 없다'에서의 '적'은 의존명사. 그러므로 띄어 적어야 함.

  [참고] 보조용언 붙여쓰기 허용과의 관계: 예문의 '가 보다'에 쓰인 '보다'는 어떤 것을 경험했거나 시험 삼아 해봄을 뜻하는 보조동사지만, '-어 보다'는 구성(틀)이어서 붙여 적기가 허용되지 않음.

◆에에 또 **가설라무네**, 그리곤 한잔 잘 먹고 잘 놀았지: **가설랑은**의 잘못.

  해설라무네, 하고 싶은 말이 뭔가: **해설랑은**의 잘못. ⇐'하여'가 더 적절함.

  [설명] ①'가설라무네'에 쓰인 '-설라무네'는 '-설랑은'의 잘못. 방언. '설랑은'은 격조사 '서'와 보조사 'ㄹ랑'이 결합한 '-설랑'에 보조사 '은'이 결합한 말. ②그러나, '가설랑은'의 경우, 체언에 붙을 수 있는 격조사가 어근 '가'에 붙었으므로 맞춤법상 용언의 활용으로 볼 수 없으므로 '가설랑은' 전체를 군소리의 감탄사로 봄('해설랑은' 역시 어법에 맞지 않는 말이어서 '하여*'로 대치한 것임). 예문에 보이는 '에에'도 군소리이며, 군소리로 쓰일 때의 '거시기'도 감탄사임(이름이 얼른 생각나지 않거나 바로 말하기 곤란한 사람/사물을 가리킬 때는 대명사).

  [참고] '하여'는 '하다'의 용법 중 문장 앞에서 '하나/하니/하면/하여/한데/해서' 따위의 꼴로 쓰여 각각 '그러나/그러니/그러면/그리하여/그런데/그래서'의 뜻을 나타내는 쓰임이 있음. [국립국어원 질의응답]

가설랑은≒가설랑[감] 글을 읽거나 말을 할 때, 또는 말을 하다가 막힐 때 중간에 덧붙여 내는 군소리.
에에≒에[감] 다음 말이 곧 나오지 아니할 때, 또는 주저할 때 내는 군소리.

◆나무의 **가스라기/가시랑이**에 손등이 긁혔어: **가시랭이**의 잘못.
　[비교] 손톱에 **꺼스러기**가 생겨서 신경 쓰인다: **거스러미**의 잘못.
　가시랭이[명] 풀/나무의 가시 부스러기.
　까끄라기⟨꺼끄러기[명] 벼/보리 따위의 낟알 껍질에 붙은 깔끄러운 수염. 그 동강이.
　꺼스러기[명] '거스러미'의 잘못.
　거스러미[명] ①손발톱 뒤의 살 껍질이나 나무의 결 따위가 가시처럼 얇게 터져 일어나는 부분. ②기계의
　　부품을 자르거나 깎은 뒤에 제품에 아직 그대로 붙어 남아 있는 쇳밥.
　손거스러미[명] 손톱이 박힌 자리 주변에 살갗이 일어난 것.

◆**가슴노리** 근처가 아파: **가슴놀이**(가슴의 맥박이 뛰는 곳)의 잘못. [참고] 관자놀이(O).
　[설명] 맥박이 뛰고, 관자가 움직이는 곳이므로, '-놀-'. 반면, 움직이지 않는 곳은 '노리'. 〈예〉배꼽노리
　　(O)/무릎노리(O)/콧등노리(O).
　관자놀이[貫子-][명] 귀와 눈 사이의 맥박이 뛰는 곳. 그곳에서 맥박이 뛸 때 관자가 움직인다는 데서 나
　　온 말.

◆**해저문** 부둣가에서 **가슴아프게**: **해 저문**, **가슴 아프게**의 잘못.
　[설명] '해저물다', '가슴아프다'는 없는 말들.
　[참고] 가슴깊이(X) 안고서: 가슴 깊이(O). '가슴깊이'는 명사로서 다른 뜻.
　가슴깊이≒흉심(胸深)[명] 가슴의 깊이. 동물에 씀.

◆**가시내/가스나**가 그리 촐싹거리고 다니니 원: **계집아이**의 잘못. 방언.
　가시내[명] '계집아이'의 방언(경상, 전라).

◆**가시랑이**는 전부 깨끗이 잘라내게: **가시랭이**의 잘못. ☞**'가스라기'** 항목 참조.

◆옷감 표면이 무척 **가실가실하다**: 가슬가슬하다의 잘못. ←**가슬가슬하다**[원]
　새 밥솥을 쓰니 밥이 **가슬가슬하군**: **고슬고슬하군**의 잘못. ←**고슬고슬하다**[원]
　욕실에는 늘 **고슬고슬한** 수건이 있었다: **가슬가슬한**의 잘못.
　[참고] **꼬슬꼬슬/꼬실꼬실**한 밥이 제일이야. 되지도 질지도 않은 밥: **고슬고슬**의 잘못. '꼬실꼬실/꼬슬꼬
　　슬'은 모두 없는 말.
　[설명] '_' 모음이 쓰여야 할 곳에 'ㅣ' 모음이 잘못 쓰인 경우임. 유사 낱말의 경우에도 '-실'은 '-슬'의 잘
　　못인 경우가 많음. 〈예〉까실하다(X)/까슬하다(O); '어실하다(X)/어슬하다(조금 어둡다)(O)'; '포실포
　　실하다(X)/포슬포슬하다(O)'. [유사]으시대다(X)/으스대다(O); 뭉기적대다(X)/뭉그적대다(O); 바리집다
　　(X)/바르집다(O). ☞**'_' 모음이 쓰여야 할 곳에 'ㅣ' 모음이 잘못 쓰인 경우들** 항목 참조.
　가슬가슬하다⟨까슬까슬하다[형] ①살결/물건의 거죽이 매끄럽지 않고 가칠하거나 빳빳하다. ②성질이 보
　　드랍지 못하고 매우 까다롭다.
　고슬고슬하다1[형] 밥 따위가 되지도 질지도 아니하고 알맞다.
　고슬고슬하다2[형] 털 따위가 조금 고불고불하게 말려 있다.

◆그가 그 모임의 **가온머리격**이야: **가온머리 격**의 잘못. ⇐격은 의존명사.
　　가온머리[신] 공항의 관제탑처럼 일 전체를 총괄하여 중심적인 역할을 하는 사람/조직/기구. '컨트롤 타
　　워'의 순화어. '가온'은 '가운데'를 뜻하는 옛말의 일부분일 뿐으로 온전한 명사가 아니며, 접두어로만
　　쓰임. ☞♣**잘못되었거나 공인되지 않은 토박이말** 항목 참조.

◆**가외일**이긴 하지만 예사일이 아니었어: **가욋일**, **예삿일**의 잘못.
　　[비교] **동넷일**이라고 대충 해서야 되나: **동네일**의 잘못.
　　[설명] ①-일의 합성어 중 사이시옷을 받쳐 적는 말에는 다음과 같은 것이 있음. 〈예〉나랏일/두렛일/부
　　　좃일(扶助-)/앞뒷일/좀쳇일/사삿일(私私-). ②'동네일(洞-)'은 발음이 {동:네일}로, 사이시옷을 쓰면
　　　잘못.
　　동네일[洞-]{동:네일}[명] 동네에서 벌어지거나 동네와 관련되는 일.
　　부좃일[扶助-][명] 큰일이나 어려운 일을 치르는 집에 가서 일을 도와주는 일.

◆중성(中聲)의 고유어는 **가운데소리**다: **가운뎃소리**의 잘못. 북한어.
　　[유사] '가운뎃다리/가운뎃마디/가운뎃발가락/가운뎃가락/가운뎃점'(O).
　　[주의] 편짓글: '편지글'의 잘못. ⇐발음 시 {편진끌}로 읽을 이유가 없음.
　　　　　인삿말: '인사말'의 잘못.

◆**'가위표'? '가새표'?**: 둘 다 쓸 수 있음.
　　[설명] 본래 '가위표'는 '가새표'의 잘못이지만 '가새표'보다는 '가위표'를 훨씬 더 많이 쓰기 때문에 잘못
　　　으로 처리하기 어려워, 복수준어로 인정된 것. ☞'**복수표준어**' 항목 참조.

◆**가을내** 거두고 **겨울내** 갈무리하느라 바빴지: **가으내**[부], **겨우내**[부]의 잘못.
　　[비교] **가을내내** 바빴어: **가을 내내**의 잘못. '내내'는 독립부사.
　　[설명] '-내'는 '내내'를 뜻하는 부사적 접사. '내내'의 뜻을 갖는 말로는 '삼동내(三冬-)/여름내' 등도 있으
　　　나, '가으내/겨우내'는 'ㄹ' 탈락 낱말이므로 유의! '내내'는 아래에서 보듯, '처음부터 끝까지 계속해서'
　　　를 뜻하는 독립 부사.
　　가으내[부] 가을 내내, 한가을 내내.
　　삼동내[三冬-][부] 추운 겨울 석 달 내내.

◆**가이없는** 하늘가: **가없는**의 잘못. ←**가이없다**[형] '가없다'의 잘못.
　　가없다[형] 끝이 없다. [유]끝없다/무궁무진하다/무한하다.
　　가[명] ①경계에 가까운 바깥쪽 부분. ②어떤 중심 되는 곳에서 가까운 부분. ③그릇 따위의 아가리의 주
　　　변. ④(일부 명사 뒤에 붙어)'주변'의 뜻을 나타내는 말. ¶강가/냇가/우물가. ☞♣'-가(邊)'의 띄어쓰기 항
　　　목 참조.

◆**가재미** 값이 싸더군: **가자미**의 잘못.
　　가재미식해/가자미식혜 맛 정말 좋지, 새콤달콤해서: **가자미식해**의 잘못.
　　[참고] **간재미**는 가오리 새끼를 이르는 말이야: **간자미**의 잘못.
　　[설명] ①'가재미'는 '가자미'의 잘못. 그릇된 'ㅣ'모음 역행동화. ②식해/식혜/감주는 아래와 같이 다름.
　　식해[食醢][명] 생선에 약간의 소금과 밥을 섞어 숙성시킨 식품. 명태식해, 가자미식해 등이 있음.

식혜[食醯]명 전통 음료의 하나로, 엿기름을 우린 웃물에 쌀밥을 말아 독에 넣어 더운 방에 삭히면 밥
알이 뜨는데, 거기에 설탕을 넣고 <u>끓여</u> 차게 식혀 먹음. 요즘에는 전기밥솥을 이용해 밥알을 쉽게 삭히
기도 함.
감주[甘酒]≒단술명 엿기름을 우린 물에 밥알을 넣어 식혜처럼 <u>삭혀서</u> 끓인 음식.

◆물건을 썼으면 **가즈런히** 정리하는 버릇을: **가지런히**의 잘못.
[설명] '가즈런하다/간즈런하다. 간지런히 하다'는 각각 '가지런하다', '가지런히 하다'의 잘못. ♣'ㅡ' 모음
이 쓰여야 할 곳에 'ㅣ' 모음이 잘못 쓰인 경우들 중 [주의] 항목 참조.

◆예서 **가즉한** 곳에 상점이 하나 있느니: **가직한**의 잘못. ←**가직하다**[원]
가직하다형 거리가 조금 가깝다.

◆그 물건을 **가질러** 내가 직접 갔다: **가지러**의 잘못. ←**가지다. 준갖다**[원]
[설명] '가지다'는 '가지어/가져/가지니/가지러' 등으로 활용하며 '가질러'는 '가지러' 꼴에 특별한 이유 없
이 불필요한 'ㄹ'이 덧붙여진 것. 예컨대, '거르다/나르다'의 활용 '거르고/나르고'에서 이를 각각 '걸르
고/날르고' 등으로 잘못 쓰는 것과 마찬가지임. 상세한 내역은 ♣특별한 이유 없이 'ㄹ'을 덧대어, 흔
히 잘못 쓰는 낱말들 항목 참조.

◆담배 한 **가치**; 장작 두어 **개피**: **개비**의 잘못.
[주의] '낱담배(갑에 넣지 않고 낱개로 파는 담배)'의 뜻으로 '가치담배'만은 인정.

◆언덕이 **가파라서**: **가팔라서**의 잘못. ←**가파르다**[원]
가파로운 산길: **가파른**[혹은 **강파른**]의 잘못. '가파롭다'는 없는 말.
[설명] '가파르다'는 '가파르고/-니/-면; 가팔라/가팔라서/가팔라도'로 활용. 즉, 어간의 끝음절 '르'가 어
미 '-아/-어' 앞에서 'ㄹㄹ'로 바뀌는 '르' 불규칙활용. 각각 '흘러/길러/말라/갈라/몰라/배불러'로 활용
하는 '흐르다/기르다/마르다/가르다/모르다/배부르다' 따위가 이에 속함. ☞추가 설명은 **올바랐다** 항
목 참조.
강파르다형 ①몸이 야위고 파리하다. ②≒**강팔지다**. 성질이 까다롭고 괴팍하다 ③인정이 메마르고 야
박하다. ④≒**가파르다**(산/길이 몹시 비탈지다).

◆언덕이 **가팔졌어**: **가풀막졌어**의 잘못. ←**가풀막지다**[원]. ←'가팔지다'는 없는 말.
가풀막명 몹시 가파르게 비탈진 곳.
가풀막지다형 ①땅바닥이 가파르게 비탈져 있다. ②눈앞이 아찔하며 어지럽다.

◆전국 8도 **각도**의 특산품을 한곳에 모아: **각 도**의 잘못. '각'은 관형사.
각 가정과 **각 학교**에서 모두 한마음으로 노력하면: 맞음.

◆**각 가지**를 제대로 올바로 구분하여 정돈하도록: **각가지**의 잘못.
[설명] '네 가지, 한 가지'에서의 '가지'는 사물을 그 성질/특징에 따라 종류별로 낱낱이 헤아리는 의존명
사지만, '**각가지/갖가지/가지가지; 마찬가지/매한가지/한가지; 속옷가지/의복가지/옷가지/그릇가지**'는
한 낱말로 굳어진 복합어들.

[주의] '여러 가지'는 띄어 씀. '여러'는 관형사. 단, '여러모로'는 한 낱말.

◆밤새 **각작거리는/각죽거리는** 소리에: **갉작거리는/갉죽거리는**의 잘못.
  갉작거리다/~대다[통] ①날카롭고 뾰족한 끝으로 바닥/거죽을 자꾸 문지르다. ②되는대로 글/그림 따위를 자꾸 쓰거나 그리다.
  갉죽거리다/~대다[통] 자꾸 무디게 갉다.

◆**각티슈**? **꽉티슈**? **갑티슈**?: 모두 잘못.
  [설명] '꽉'은 '물건을 담는 작은 상자'인 '갑'을 잘못 표기한 것. 굳이 이 말을 쓴다면 '꽉 티슈'가 아닌 '갑 티슈'라고 써야 함. [참고] '티슈'도 '화장지'로 순화 대상임.

◆[중요] 지난 **10여년 간**에 벌어진: **10여 년간**에의 잘못. ⇐'여'와 '간'은 접미사.
  부산에서 **10년 간** 사는 동안에: **10년간**의 잘못. ⇐'간'은 접미사.
  서울(과) 부산간 열차: **서울(과) 부산 간**의 잘못. ⇐'간'은 의존명사.
  남녀간의 사귐에서 가장 중요한 건 정직: **남녀 간**의 잘못. ⇐'간'은 의존명사.
  형제와 자매간의 소송이라니: **형제와 자매 간**의 잘못. ⇐'간'은 의존명사.
  형제 간의 우애와 **부자 간**의 효친: **형제간, 부자간**의 잘못 ⇐복합어.
  [설명] ①'간'은 '-년간/방앗간'에서와 같이 '동안/장소'를 뜻할 때만 접사이며 그 밖의 경우는 의존명사. ② 단, '부자간/형제간' 등과 같이 복합어로 굳어진 것들이 일부 있음. ¶다자간(多者間)/국제간/부부간(夫婦間)/내외간/고부간/부자간/모자간/모녀간/부녀간/자매간/남매간/형제간/동기간/동배간(同輩間)/조손간(祖孫間)/노소간(老少間)/인척간(姻戚間). ③[주의] 그럼에도 '남녀 간, 사제 간' 등과 같은 말들은 한 낱말(복합어)이 아니므로 띄어 적어야 하며, '형제와 자매 간의 소송'과 같이 의존명사로 쓰인 경우 ('형제와 자매'가 '간'을 수식)에는 특히 주의!
  간[間][의] ①한 대상에서 다른 대상까지의 사이. ¶서울과 부산 간 야간열차. ②'관계'의 뜻을 나타내는 말. ¶부모와 자식 간에도 예의를 지켜야 한다. ③앞에 나열된 말 가운데 어느 쪽인지를 가리지 않는다는 뜻을 나타내는 말. ¶공부를 하든지 운동을 하든지 간에 열심히만 해라.
  [참고] '잘잘못간에'와 같은 경우는 복합어이므로 한 낱말이며 '하여간에/죽밥간에' 등도 마찬가지.
  간[間][접] ①'동안'의 뜻을 더함. ¶이틀간; 한 달간; 삼십 일간. ②(몇몇 명사 뒤에 붙어) '장소'의 뜻을 더함. ¶대장간; 외양간.
  [고급] 접미사 '여(餘)'와 '간'이 함께 쓰일 때, 접미사는 앞 말에 붙여 적으므로 그 원칙에 따라 적으면 됨. 단, '-여간(餘間)'의 꼴일 때는 둘 다 접사이므로 앞 말에 모두 붙여 씀. ¶10여 일간; 36여 년간. 단, 10일여간; 36년여간.
  [참고] **'년간(年間)'**: '일정한 기준을 중심으로 가까운 몇 해 동안'의 의미가 있으나 이는 북한어이며, 일반적으로 통용/허용되는 의미가 아님.
  [중요] **'혈육 간'**인가, **'혈육간'**인가?: '부자간, 모녀간, 형제간, 자매간'과 같이 한 낱말로 굳어져 쓰임에 따라 복합어로 인정된 경우에만 붙여 적음. 위의 경우는 '혈육'과 '간'이 각각의 낱말이므로, '혈육 간'과 같이 띄어 적어야 함. 즉, 파생어로 굳어진 경우에는 접미사이지만, 그렇지 않은 경우는 별개의 낱말로 보아야 함. '부모 자식 간'에서의 의존명사 기능과 유사하다고 볼 수 있음.

◆방 **두 간짜리**의 **단간방**: **두 칸짜리, 단칸방**의 잘못.
  단간방살림(x)/**단간방살림**(x): **단칸살림**(혹은 **단칸방 살림**)의 잘못. '단칸방살림'(x)은 북한어.

[설명] ①'간' 대신 '칸'을 표준어로 채택하였음. ¶책장 맨 아래 칸에만 책이 꽂혀 있고; 앞칸 객차 지붕 위에 있던 남자들이 이동했다; 시험지 칸을 채우느라고 진땀 뺐다; 두 칸짜리 방; 한 칸 방. ②칸은 '공간(空間)'의 구획/넓이'를 나타내는 말로, 원래는 한자어 '간(間)'이었지만, 발음이 뚜렷하게 변하여 더 이상 고형(古形)을 유지할 수 없어 새 형태를 표준어로 삼은 것[표준어 규정 제3항]. 따라서 '칸막이/빈칸/방 한 칸' 등과 같이 써야 함. 다만, '초가삼간(草家三間)'과 '윗간(온돌방에서 아궁이로부터 먼 부분)'과 같이 관습적으로 굳어진 표현만 '간'.

◆맛이 **간간짭잘한** 게 먹을 만했어: **간간짭짤한**의 잘못. ←**간간짭짤하다**[원]
　[참조] 소금도 안 들어갔는데 꽤나 **짭짜름**하구먼: 맞음.
　　　　아 그것 참 **짭쪼롬해서/짭조롬해서** 입맛 당기는데: **짭조름해서**의 잘못.
　[설명] '짭잘–(×)/짭짤–(○)', '짭자름–(×)/짭짜름–(○)', '쌉사름(×)/쌉싸름(○)' 등에서 보듯 특별한 의미 구분(특정)의 필요가 없을 경우, 소리 나는 대로 유사 동음어(경음)를 채택하는 것이 원칙임. 그러나 '짭쪼롬–(×)/짭조롬–(×)/짭조름–(○)'인 것은 '짭조름하다'의 뜻이 '짭짜름하다'와 조금 다르기 때문임(의미 특정).
간간짭짤하다[형] 음식이 조금 짠 듯하면서도 입에 적당하다. ¶~히[부]
짭짜름하다[형] ≒**짭짜래하다**(좀 짠맛이나 냄새가 풍기다).
짭조름하다[형] 조금 짠맛이 있다.

◆**간고등어/간조기** 두 마리만 사와: **자반고등어/자반조기**의 잘못.
　[비교] **얼간고등어/얼간조기** 두 마리: **얼간 고등어/얼간 조기**의 잘못.
　[설명] ①'간'을 '얼간'과 같은 것으로 착각하기 쉬우나, '간'은 음식물에 짠맛을 내는 물질로 소금/간장/된장 따위를 통틀어 이르는 말. 〈예〉간을 넣다/치다; 미역국은 조선간장으로 간을 해야. ②'얼간'은 '소금을 약간 뿌려서 조금 절인 간'이므로 '소금을 조금 뿌려 절인' 상태라는 뜻이 포함된 말. '얼간쌈' 등이 좋은 예임. ③'자반고등어'와 '얼간 고등어'는 비슷한 말. 서로 바꿔 쓸 수 있음.
　[주의] ①'얼간쌈/얼간구이'를 제외하고는 글자 그대로의 뜻뿐인 것은 '얼간 조기' 등처럼 띄어 적음. 한 낱말이 아님. 그러나 '자반'의 경우는 합성어로서 붙여 적음. ¶자반갈치/자반조기. ②'자반고등어'와 '고등어자반'은 좀 다름. 자반 상태의 고등어가 '자반고등어(소금에 절인 고등어)'이고, '고등어자반'은 자반고등어를 조리하여 만든, 완성된 '반찬'을 뜻함. 아래 뜻풀이 참조.
　[규정] '자반'의 의미로 '간고기, 간생선'을 쓰는 경우가 있으나 '자반'만 표준어로 삼는다. (표준어 규정 제25항)
자반[명] ①생선을 소금에 절여서 만든 반찬감. 또는 그것을 굽거나 쪄서 만든 반찬. ②조금 짭짤하게 졸이거나 무쳐서 만든 반찬. ③나물/해산물 따위에 간장/찹쌀 풀 따위의 양념을 발라 말린 것을 굽거나 기름에 튀겨서 만든 반찬. 한자를 빌려 '佐飯'으로 적기도 함.
자반갈치[명] 소금에 절인 갈치.
갈치자반[명] 소금에 절인 갈치를 토막 내어 굽거나 쪄서 만든 반찬.
얼간하다[동] 소금을 약간 뿌려서 조금 절이다.
얼간쌈[명] 가을에 배추의 속대를 소금에 절여 두었다가 겨울에 쌈으로 먹는 음식.
얼간구이[명] 소금을 약간 뿌려 절인 생선을 구운 음식.

◆**간난이 치고는** 울음소리가 아주 큰 걸: **갓난이치고는**의 잘못.
　[설명] ①'간난애/간난아이/간난이'는 '갓난애/갓난아이/갓난이'의 잘못. 여기서 '갓난'은 '태어난 지 얼마

되지 아니한'이라는 뜻. ②'치고(는)'는 보조사. '치고'(보조사)+'는'(보조사)→'치고는'(보조사)으로서, 셋 다 보조사임.

[참고] ①'치고'가 보조사일 때 ¶부모치고 자식 안 아끼는 사람은; 겨울 날씨치고는 마치 봄 같아. ② '치고'가 동사일 때 ¶전부 쳐서 얼마야?; 그렇다 치고, 그 다음은?; 명예를 최고로 치고; 너까지 쳐야만.

◈사형수 목숨은 항상 **간당간당/간댕간댕**: 둘 다 쓸 수 있음.
  간당간당[부] ①달려 있는 작은 물체가 자꾸 가볍게 흔들리는 모양. ②물건 따위를 거의 다 써서 얼마 남지 않게 된 상태. ③목숨이 거의 다 되어 얼마 남지 않게 된 상태. ¶**간당거리다, 간당간당하다**[통]
  간댕간댕하다[통] ①느슨하게 달려 있는 작은 물체가 자꾸 조금 위태롭게 흔들리다. ②물건 따위를 많이 써서 거의 남지 않은 상태가 되다. ③목숨이 얼마 남지 않은 상태가 되다.
  [참고] 일부 사전에서는 '간당간당'을 '간댕간댕〈근뎅근뎅〉'의 잘못으로 잘못 해설하기도 하나, 《표준》에서는 둘 다 표준어.

◈일을 하다 중간에 **간두면** 어떡해: 맞음. ←**간두다**[원]
  일을 하다 중간에 **걍두면** 안되지: **간두면**의 잘못.
  이제 **관두고** 좀 쉬지: 맞음. ⇐**관두다**[원]
  간두다[통] '그만두다'의 준말. 표준어.
  관두다[통] '고만두다'의 준말. 표준어.

◈**간들어지게** 허리를 꼬던 그 여자 말이지? 싸구려야: **간드러지게**의 잘못.
  간드러지는 목소리로 꼬드길 때 알아봤지: **간드러진**의 잘못.
  노래가 사내치고는 너무 **건드러지는** 목소리라서 원: **건드러진**의 잘못.
  [비교] **멋드러지게** 노래를 부르더군: **멋들어지게**의 잘못. ←**멋들어지다**[원]
  [설명] ①'간들어지게'는 '간드러지게'의 잘못. '간드러지게'는 형용사인 '간드러지다'의 부사형. 형용사는 어간에 어미 '-는'을 붙일 수 없고 '-ㄴ'과 결합하므로, '간드러지'(어간)+'-ㄴ'→간드러진. ☞어간에 '-는'을 붙여 말이 되는 것은 동사임. ②[주의] '간드러지게'와 유사한 '멋들어지게'는 '멋들다/멋들어지다' 등에서는 '멋들-'을 의미소로 인정. 그러나, '간드러지다/건드러지다'의 경우에서는 '간들-/건들-'의 본래 의미와 멀어져 소리 나는 대로 적음. 이와 같이 동사 뒤에서 보조용언 '-(어)지다'의 변화형인 '-(러)지다'와 결합할 때 소리 나는 대로 표기하는 것들 중 대표적인 것으로는 다음과 같은 말들이 있음. (괄호 안에 표기된 것들이 거리가 멀어진 본래 어근들): 어우러지다('어울-'); 흐트러지다('흩-'); 구부러지다('굽-'); 수그러지다('숙-'); 둥그러지다('둥글-'); 버드러지다('벋-'); 아우러지다('아울-'); 얼크러지다('얽-'); 문드러지다('문들-'); 가무러지다('가물-'); 거스러지다('거슬-'). [예외] '엎질러지다'는 어근 '엎지르'를 살린 꼴에 '-러지다'를 결합한 뒤 축약하여 '엎질러-'가 된 경우임. 즉, 결과만 보면 'ㄹ'이 첨가된 격이 되었음.
  [참고] 보조용언 '-(어/아) 지다'는 어떤 경우든 본용언에 붙여 적음. 〈예〉먹고 싶어지다; 깨끗해지다/더러워지다; 커지다/작아지다; 배고파지다.
  건드러지다[형] 목소리/맵시 따위가 아름다우며 멋들어지게 부드럽고 가늘다.
  간드러지다[형] 목소리/맵시 따위가 마음을 녹일 듯이 예쁘고 애교가 있으며, 멋들어지게 보드랍고 가늘다.
  건들건들〉간들간들[부] ①바람이 부드럽게 살랑거리며 부는 모양. ②사람이 건드러진 태도로 되바라지게 행동하는 모양. ③일이 없거나 착실하지 않아 빈둥빈둥하는 모양.

◆소고깃국 중에서는 **간막탕** 맛이 별미지: **간막국**의 잘못.

  [참고] **토란대**로 끓인 **토란탕**도 일품이지: '토란대'는 맞음. **토란국**의 잘못.

  [설명] ①'-탕'이 붙는 말과 '-국'이 붙는 말: '탕(湯)'은 '탕국'과 동의어로서 '제사에 쓰는, 건더기가 많고 국물이 적은 국'을 뜻함. 즉, '국(고기/생선/채소 따위에 물을 많이 붓고 간을 맞추어 끓인 음식)' 중에서도 제사용으로 만든 것이 '탕'. 예컨대 '간막국'은 맛이 있어도 제사상에 오를 수는 없기 때문에 '간막탕'으로 불릴 수 없음. 또한 '닭볶음탕'과 같은 경우는 건더기가 많고 국물이 적기 때문에 '국'이 아닌 '탕'임. 대체로 '-탕(湯)'은 한자어와 결합될 때가 많지만, '꺽지탕/꺽저기탕/닭탕/갈비탕'과 같은 것들도 있음. ②예전에는 '토란대'가 '고운대'의 잘못이었으나, 복수표준어로 인정되었음.

  탕국[湯-]≒탕圐 제사에 쓰는, 건더기가 많고 국물이 적은 국.

  간막국圐 소의 머리/꼬리/가슴/등/볼기/뼈/족/허파/염통/간/처녑/콩팥 따위를 조금씩 고루 다 넣고 끓인 국.

  닭탕[-湯]圐 잘게 토막 친 닭고기를 양념에 재웠다가 끓인 탕국.

◆**간살**을 드문드문 지르면 뼈대가 약해지지: **칸살**의 잘못.

  [설명] '간(間)'은 '칸'의 잘못(표준어 규정 제3항)이므로, '간살'도 마찬가지로 '칸살'의 잘못. 〈예〉'간수(間數)'(×)/'칸수(칸살의 수)'(○). '간통'(×)/'칸통'(○).

  칸살圐 일정한 간격으로 어떤 건물이나 물건에 사이를 갈라서 나누는 살.

  칸통回 넓이의 단위. 한 칸통은 집의 몇 칸쯤 되는 넓이.

◆저 **간이휴게소**에서 잠시 쉬어 가자: **간이 휴게소**의 잘못. ⇐두 낱말.

  간이화장실 치고는 깨끗한데: **간이 화장실치고는**의 잘못. ⇐'치고는'은 보조사.

  [설명] '간이 화장실/간이 휴게소/간이 숙박소/간이 옷장' 등은 현재 합성어로 인정되지 않은 말들로 띄어 적음. 합성어로 사전 표제어로 오른 것들은 다음과 같이, 굳어진 말들과 전문용어들임. 〈예〉간이역/간이식당/간이음식점/간이주점/간이매점/간이식사/간이침대/간이생활(簡易生活); 간이수도(簡易水道)〈토목〉/간이무선(簡易無線)〈통신〉/간이언어(簡易言語)〈컴퓨터〉/간이온실(簡易溫室)〈농업〉/간이인도(簡易引渡)〈법〉/간이과세(簡易課稅)〈법〉/간이치료(簡易治療)〈의〉/간이진료소(簡易診療所)〈의〉/간이세율(簡易稅率)〈경제〉/간이보험(簡易保險)〈경제〉.

◆**간장단지**랑 **된장단지**랑 다 챙겼니?: **간장 단지**, **된장 단지**의 잘못.

  [설명] '장 단지, 고추장 단지, 간장 단지' 등은 모두 한 낱말의 합성어가 아님. 이 모두를 합성어로 인정할 경우, 수도 없이 늘어나기 때문.

  [참고] '-단지'의 합성어들: 애물단지/보물-/눈물-/야발-≒야발쟁이/얌전-/요물-/고물-/골비-/반찬-/맹물-/문어[文魚]-/신줏-/조상-/용[龍]-/세존[世尊]-≒부릿-≒시좃-≒제석[帝釋]-≒할매-/철륜[鐵輪]-≒청룡-≒철융-/약-/부항[附缸]-/솥-/굽-/돌-/꿀-/뼈-/수은[水銀]-/오지-.

  야발단지≒야발쟁이圐 야발스러운(보기에 야살스럽고 되바라진)사람을 낮잡는 말.

  세존[世尊]단지≒부릿~/시좃~/제석[帝釋]~/할매~圐 경상도/전라도에서 농신(農神)에게 바치는 뜻으로 가을에 제일 먼저 거둔 햇곡식을 넣어 모시는 단지.

  용단지[龍-]圐 가신(家神)을 모시는 신체(神體)의 하나. 풍년과 집안의 평안을 비는 뜻으로 벼를 넣어서 부엌/창고/다락에 모시는 단지.

철륜[鐵輪]단지≒**청룡~/철융~**몡 주로 호남에서 모시는 가신(家神)의 신체(神體). 쌀/한지(韓紙)를 넣고 주저리를 덮어 집 뒤꼍의 나무 밑에 묻음.

◆그렇게 **간지럽히지마**. **간질이지** 말라니까: 둘 다 쓸 수 있음.
　간지름을 **태지** 마: **간지럼**. **태우지**의 잘못.
　간지르다통 '간질이다'의 잘못.
　[설명] 예전에는 '간지럽히다'가 '간질이다'의 잘못이었으나 복수표준어로 인정. 그러나 '간지르다'는 잘못. 단, '간지럼'(○). '간지럼을 타다/태우다'(○)이며 '간지럼을 태다'는 없는 표현으로 잘못.

◆저 녀석 옆구리를 **간질러** 주어라: **간질여**의 잘못. ←**간질이다**[원]
　[설명] ①'간질이다'는 '간질이-'가 어간이므로 '간질이는/간질이고/간질이니/간질이면'으로 규칙 활용. 따라서 '간질이+어→간질이어→간질여'가 되어야 함. ②'간질러'가 되려면 '간질르다'가 원형이어야 하는데, 이는 특별한 이유 없이 'ㄹ'이 잘못 덧붙여지는 경우에 해당되어 잘못. ☞**특별한 이유 없이 'ㄹ'이 잘못 덧붙여지는 경우** 참조.

◆짜장면이 표준어가 됐으니 **간짜장**도 맞는 것 아닌가: 맞음.
　[설명] ①'간짜장[乾▽炸醬]'은 '간자장'과 동의어로 복수표준어임. ②'간짜장'에서의 '간'은 '乾'에서 온 말로, 물을 붓지 않고 볶는다는 뜻임.

◆**갈가치니까** 딴 데 가서 놀아라: **가치작거리니까/거치적거리니까**의 잘못.
　걸리적거리니까 딴 데 가서 놀아라: 맞음. 복수표준어로 인정되었음.
　갈가치다통 '가치작거리다'의 잘못.
　걸리적거리다통 '거치적거리다'와 복수표준어. 단, 미세한 어감/뜻 차이 있음.
　걸거치다통 '거치적거리다'의 방언(경남).
　가치작거리다/가치작대다통 조금 거추장스럽게 자꾸 여기저기 걸리거나 닿다.
　거치적거리다/~대다통 거추장스럽게 자꾸 여기저기 걸리거나 닿다.
　걸리적거리다통 거추장스럽게 여기저기 걸리거나 닿아서 신경에 쓰이다.

◆가슴이 **갈갈이** 찢어지는 듯하더군: **갈가리**의 잘못.
　[설명] '가리+가리→갈+가리→갈가리'. 즉, '갈가리'는 '가리가리'의 준말. '갈'은 줄기 전의 어원 '가리'를 밝히고자 초성 'ㄹ'을 살려 적은 것. '가지가지'의 준말인 '갖가지'도 이와 같으며, '어제저녁'→'엊저녁', '고루고루'→'골고루'도 비슷한 경우로, 줄어든 말의 초성을 받침으로 표기한 것.
　[참고] 명사로 '갈갈이'는 '가을갈이(다음 해의 농사에 대비하여, 가을에 논밭을 미리 갈아 두는 일)'의 준말로, 옳은 말.
　[암기도우미] '갈가리'는 '가리가리'의 준말. 고로 '갈+가리'.

◆그 줄기 잘라서 **갈구지**로 쓰면 딱 제 격이겠어: **갈고지**의 잘못.
　소금 가마니는 쇠**갈구리**로 찍어 들면 편하지: 쇠**갈고리**의 잘못.
　[참고] 예전에 상이군인들이 손에 하고 다니던 무서운 쇠**갈쿠리**: 쇠**갈고리**의 잘못.
　갈고지≒**갈고쟁이**몡 가장귀가 진 나무의 옹이와 우듬지를 잘라 버리고 만든 갈고랑이.
　갈고리≒**갈고랑이**몡 ①끝이 뾰족하고 꼬부라진 물건. ②긴 나무 자루에 갈고랑쇠를 박은 무기.

◆**갈길**이 머니 얼른 출발하지요: **갈 길**의 잘못.

그 **먼길**을 **갈일**이 꿈만 같다: **먼 길, 갈 일**의 잘못.

[참고] 이렇게 **먼걸음**을 하시게 해서 죄송해요: **먼 걸음**의 잘못.

[유사] **할일[할말]**이 많은 사람: **할 일[할 말]**의 잘못.

그게 네가 **할짓[할소리]**이냐: **할 짓[할 소리]**의 잘못.

[비교] 차를 잡으려면 **큰 길**로 나가야지: **큰길**의 잘못. ⇐의미 특정.

아이들 데리고 **살 길**이 막막합니다: **살길**의 잘못. ⇐의미 특정.

[설명] ①'제 갈 길'이나 '먼 길'과 같이 글자 그대로의 뜻뿐인 것은 띄어 적음. 즉, 한 낱말의 복합어가 아님. ¶먼 길을 떠나는 그대; 나그네 떠나갈 길을. ②그러나 '길'에는 다음과 같이 의미 특정에 의하여 한 낱말로 인정되는 복합어가 상당히 많으므로 주의! 〈예〉큰길/된길/살길/생길(生−)/헛길/첫길/산길 (山−)/둑길/꽃길/한길/촌길(村−)/흙길/땅길. ③'할 일/말/짓/소리' 등도 글자 그대로의 뜻뿐인 말들이 므로 한 낱말의 복합어가 아님.

큰길몡 ①≒**대로(大路)**. 크고 넓은 길. ②사람들과 자동차의 통행량이 많은 큰 도로.

한길1몡 사람이나 차가 많이 다니는 넓은 길.

한길2몡 하나의 길. 또는 같은 길.

된길몡 몹시 힘이 드는 길.

살길몡 살아가기 위한 방도. [유]활로/끈/장래.

생길(生−)몡 길이 없던 곳에 처음으로 낸 길.

헛길몡 목적하는 바를 이루지 못하고 걷는 길.

첫길몡 ①처음으로 가 보는 길. 또는 막 나서는 길. ②시집가거나 장가들러 가는 길.

◆영락없이 **갈 데 없는** 건달이로군: **갈데없는**의 잘못. ←**갈데없다**[원]

갈데없다혱 오직 그렇게밖에는 달리 될 수 없다.

올데갈데없다혱 ①사람이 머물러 살 곳이나 의지할 곳이 없다. ②어찌할 도리가 없다. 다른 여지가 없다. ☞[주의] ¶갈 데 없는 신세; 갈 데 없는 사람이 웬 차림은 그리.

◆졸지에 **갈데올데없는** 신세가 되어버렸어: **갈 데 올 데 없는**의 잘못.

[설명] '올데갈데없다'는 사전에 있는 말이지만, 이것을 '갈데올데없다'로 어순을 바꿔 쓸 수는 없음. 굳이 쓰려면 '갈 데 올 데 없다'로 띄어 써야 함.

[유사] '쥐락펴락(O)/펴락쥐락(X)'; '붉으락푸르락(O)/푸르락붉으락(X)'; '가락오락(X)/오락가락(O)'

[주의] '간데온데없다'(O)≒'온데간데없다'(O)지만, '올데갈데없다'(O)/'갈데올데없다'(X). ☞**명사(형)에 '없다' 와 '있다'가 붙은 복합어의 띄어쓰기** 항목 참조.

◆**갈등(葛藤)**을 겨우 **봉합하여** 해결했다: **풀어**(혹은 **수습하여**)로 하여야 옳음.

[설명] '갈등(葛藤)'은 칡과 등나무. 칡은 위로 왼쪽으로 감아 올라가고, 등나무는 옆으로 오른쪽으로 감아 올라가므로 이것이 얽히면 참으로 풀기 어려움. 그러므로 봉합해서는 안 되고 애써서 풀어야 함. '봉합'은 어울리지 않는 말.

◆인생의 **갈랫길/갈래길**에서 망설이는 이들: **갈림길**(혹은 **갈래 길**)의 잘못.

[설명] '갈랫길'은 없는 말. '갈림길'이 표준어. 그러나 '세/네 갈래 길'과 같이 실제로 갈라진 길의 경우에 는 '갈래 길'로 표기. ⇐'갈래길'은 북한어.

[참고] '갈랫길'이 사용된 경우: **쌍갈랫길[雙-]**명 두 방향으로 갈라져 나간 길.

　'쌍갈랫길'을 인정한 이유: '쌍갈래'가 있기 때문. 즉, '쌍갈래+길→쌍갈랫길'이며 '쌍+갈랫길'이 아님.

◆갈비에 붙은 **갈빗살**을 뜯어먹는 맛도 일품이지: **갈비새김**의 잘못.

[설명] '갈비'는 '소/돼지/닭 따위의 가슴통을 이루는 좌우 열두 개의 굽은 **뼈와 살**을 식용으로 이르는 말'이므로, 위의 경우와 같이 갈비뼈에 붙은 살만을 특정하지 않을 때는 '갈비'라 해도 되지만(예: '갈비를 뜯다'), '갈빗살'은 잘못임.

갈비새김명 갈비에서 발라낸 고기.

갈빗살명 물건의 힘을 받치고 모양을 유지시키는 살의 하나. ☞[주의] 흔히 쓰는 말이지만, '갈빗살'은 이와 같은 뜻을 지니고 있으며, 바른 말은 위에 보인 '갈비새김'임.

◆각자의 몫을 이렇게 **갈음하겠습니다**: **가름하겠습니다**(혹은 **가르겠습니다**)의 잘못. ⇐'갈음'과 '가름'은 뜻이 다른 말들.

가름하다통 ①쪼개거나 나누어 따로따로 되게 하다. ②승부/등수 따위를 정하다. ¶**못가름하다/속가름하다/판가름하다**통

갈음하다통 다른 것으로 바꾸어 대신하다. [유]대신하다.

◆갈대를 엮어 만들었으니 **갈자리** 아닌가?: **삿자리**의 잘못.

삿자리명 갈대를 엮어서 만든 자리. [유]삿/돗자리.

◆**갈짓자**로 걷는 걸음을 **갈짓자 걸음**이라 하지: **갈 지 자, 갈지자걸음**의 잘못.

갈지 자로 걸을 때 취한 줄 알아봤어: **갈지자**의 잘못. ⇐'갈지자'는 명사.

[참고] **큰댓 자**조차 모른다니 말이 되나: **큰 대 자**의 잘못.

　　놀랄 노자(字)네: **놀랄 노 자(字)**의 잘못.

[비교] 양이 많아서 **대 자**(혹은 **댓자**)하나도 셋이 다 못 먹어: **대짜**의 잘못.

[설명] ①'갈지자'는 '之'의 뜻풀이가 아니라, 그 모양으로 굽어 있거나 걷는 모양을 뜻하는 특정 명사임. 단순히 '之'의 명칭을 뜻할 때는 '갈 지 자'로 적음(원칙. '大'를 '큰 대 자'로 적는 것과 마찬가지). 단, 연속되는 단음절어는 붙여 적을 수 있기 때문에 '갈지자'도 가능함. 그러나 이 붙여적기는 편의상의 허용일 뿐이므로, 이때는 사이시옷 표기가 허용되지 않아서, '갈짓자(×)'는 잘못. ②'놀랄 노 자(字)'의 경우, '놀랄 노' 전체가 '자(字)'를 수식하므로 띄어 씀. 또한, '갈 지 자'로 표기한 경우에도 '자(字)'는 명사이므로 낱말은 띄어 쓴다는 원칙에 따라 띄어 적은 것. 즉, 접사가 아니므로 글자의 이름이 아무리 길어도 그 이름 뒤에 '자'를 띄어 적음. ③최근[2014년] 복합어로 인정된 '큰대자'는 '한자 '大' 자와 같이 팔과 다리를 양쪽으로 크게 벌린 모양'을 뜻함.

자(字)명 ①≒글자. ¶하늘 천 자; 무슨 자인지 모르겠다; 병 자 항렬. ②(수량을 나타내는 말 뒤에 쓰여) 글자를 세는 단위. ¶이름 석 자. ③날짜를 나타내는 말. ¶3월 15일 자 신문.

갈지자[-之字]명 (비유) 이리저리 굽어 있거나 좌우로 내디디며 걷는 모양. 한자 '之'의 모양에서 유래한 말.

대짜[大-]명 큰 것.

중짜[中-]명 중간인 것.

◆내 가서 버릇을 **갈치고** 올게: 맞음. ('갈치다'는 '가르치다'의 준말).

[주의] 그가 **갈키는** 대로 갔다가 길을 잃었다: **가리키는**의 잘못. 방언(경상도).

　　　그가 **가르키는** 대로 갔다가 길을 잃었다: **가리키는**의 잘못.

[참고] 바람이 **갈앉는** 대로 배를 띄운다네: 맞음. ('갈앉다'는 '가라앉다'의 준말).

　　　갈걷이 때는 부지깽이도 바쁜 법이지: 맞음. ('**가을걷이**'의 준말).

[설명] ①'갈치다/갈앉다'의 경우는 각각 '가르-/가라-'가 '갈-'로 준 흔치 않은 경우임. ②'가르키다'는 없는 말로, '가리키다' 혹은 '가르치다'의 잘못.

갈앉다[통] '가라앉다(①물 따위에 떠 있거나 섞여 있는 것이 밑바닥으로 내려앉다. ②안개/연기 따위가 낮게 드리우다. ③바람/물결이 잠잠해지다)'의 준말.

가리키다[통] ①손가락 따위로 어떤 방향이나 대상을 집어서 보이거나 말하거나 알리다. ②어떤 대상을 특별히 집어서 두드러지게 나타내다.

◆♣'**갑**'의 **기능과 활용**: ①명사로서 파생어를 만듦. ②의존명사 기능. ③접사.

[예제] 그 녀석 정말 **장군 감**이야: **장군감**의 잘못.

　　　그 애라면 **며느리감**으로 아주 좋아요: **며느릿감**의 잘못.

　　　이 양복지면 양복 **한 벌감**으로 차고 남지: **한 벌 감**의 잘못.

[설명] ①**명사**로, 일부 명사 등에 붙어 복합어를 만듦. ¶한복감/양복감; 신랑감/며느릿감/사윗감/장군감/대통령감; 구경감/놀림감/땔감. ②의존명사처럼, 옷감을 세는 단위로도 씀. ¶치마 한 감을 떴다; 이 비단은 한복 한 감이 되고도 남는다. ③느낌을 뜻하는 경우는 접미사. 이때는 한자어 '-감(感)'. ¶우월감/책임감/초조감.

◆그녀는 푼돈에도 눈을 밝히는 **감도리**였지: **감돌이**의 잘못.

감돌이[명] 사소한 이익을 탐내어 덤비는 사람을 낮잡는 말.

[참고] '삼돌이': '감돌이, 베돌이(배돌이), 악돌이'를 아우르는 말.

베돌이(≒배돌이)[명] 일을 하는데 한데 어울려 하지 않고 따로 행동하는 사람.

악돌이[명] 악을 쓰며 모질게 덤비기 잘하는 사람.

[암기도우미] 모두 '-돌이'임. '쇠돌이'나 '돌이장군'에서처럼 사람을 낮추거나 하게체로 평이하게 부르기 위해 붙인 이름을 떠올리면 도움이 됨. 이와 달리, '감바리'의 경우는 '밝히다'의 의미소가 반영된 것으로 유추하여 구분하면 편리: '-밝이'→'-발이'→'-바리'. ('-리'로 끝나므로 소리 나는 대로 표기).

◆여인은 아주 잇속 밝히는 데는 그악스런 **감발이**었다: **감바리**의 잘못.

[원칙] '-음(-ㅁ)' 이외의 모음으로 시작되는 접미사가 붙는 명사형은 소리 나는 대로 적는다.

감바리[명] 잇속을 노리고 약삭빠르게 달라붙는 사람.

◆**갑작스런** 그의 사망 소식에 모두들 깜짝 놀랐다: **갑작스러운**의 잘못.

[설명] '-스럽다' 형의 형용사들은 'ㅂ' 불규칙용언이어서 '-스러워/-스러우니/-스러운'으로 활용하므로 (파생어 부사는 '-스레'), 어간 '갑작스럽-' 뒤에 모음으로 시작하는 어미 '-은'이 붙으면, '갑작스러운'의 형태로 활용. '-스런'의 형태는 잘못. 없는 활용. 〈예〉고급스런(×)/고급스러운(○); 자연스런(×)/자연스러운(○); 천연덕스런(×)/천연덕스러운(○); 자랑스런(×)/자랑스러운(○); 조심스런(×)/조심스러운(○); 걱정스런(×)/걱정스러운(○); 근심스런(×)/근심스러운(○); 사랑스런(×)/사랑스러운(○); 촌스런(×)/촌스러운(○); 고통스런(×)/고통스러운(○); 만족스런(×)/만족스러운(○). ☞'**-스럽다**' 꼴의 형용사들의 활용 중

유의해야 할 사항 항목 참조.

[참고] 'ㅂ' 불규칙활용: 어간의 끝음인 'ㅂ'이 '아'나 '아'로 시작되는 어미 앞에서는 '오'로, '어'나 '어'로 시작되는 어미 및 매개 모음을 요구하는 어미 앞에서는 '우'로 변하는 불규칙활용. [주의] 모음이 'ㅗ'인 **단음절 어간** 뒤에 결합하는 '-아'의 경우만 '와'로 적고, 그 밖의 경우는 모두 '워'로 적음. ¶돕다→도와, 곱다→고와, 두껍다→두꺼워.

◆몇 **갑절**, 열 **갑절**이나 되는: 몇 **곱절**, 열 **곱절**의 잘못.
　[설명] ①'갑절'은 2배라는 뜻만 가지고 있기 때문에(처음부터 배(倍)라는 뜻으로 제한되어 있기 때문에), 수사/관형사의 꾸밈을 받지 못함. ②'갑절'과 '곱절'의 차이: '갑절'은 어떤 수량을 두 번 합친다는 뜻을 가지고 있지만 '곱절'은 같은 수량을 몇 번이고 합친다는 뜻을 가지고 있음. 즉, '곱절'은 '세 곱절, 네 곱절' 등과 같이 배수(倍數)를 세는 단위로 사용. 그러므로 '두 갑절'이라는 표현은 2배의 뜻을 이미 가지고 있는 '갑절'이라는 말에 다시 수량을 나타내는 '두'라는 불필요한 수사를 덧대기한 꼴.

◆**갓스물**이 되다: **갓 스물**의 잘못.
　[설명] '갓스물'로 적으려면 '갓'이 접두사이어야 하는데, '갓'은 부사.
　[예외] 드물게, 부사가 체언을 수식하는 경우도 있음. 단, 수량/정도/위치에만 한정. ¶겨우 셋을 가지고 자랑이냐?; 그는 아주 부자가 되었다; 저기가 바로 남대문이다.

◆**강강수월래**와 술래잡기는 어원이 같은 건가?: **강강술래**, **술래잡기**의 잘못.
　[설명] ①'강강수월래(-水越來)'는 한자를 빌려 쓴 말 중 맞춤법에 어긋나는 대표적인 예. '강강술래'가 옳은 말. 이처럼 한자를 빌려 쓴 말이 맞춤법에 어긋난 예로는 '막사(莫斯)(×)/막새(○)', '비갑(非甲)(×)/비가비(○)' 등도 있음. ②'술래잡기'를 '술레잡기'로 잘못 표기하기도 하는데, 이는 '강강술레(×)/강강술래(○)' 등에서 영향 받은 때문임.
　막새몡 처마 끝에 놓는 수막새와 암막새의 총칭.
　비가비몡 조선 후기에, 학식 있는 상민으로서 판소리를 배우는 사람.

◆♣**강도 짓**과 **강도짓**
　[예제] 그건 **날강도짓**이라고 해야 해: **날강도 짓**의 잘못. ⇐두 낱말.
　　　　그런 **망나니 짓**이 있나: **망나니짓**의 잘못. ⇐한 낱말.
　[설명] '강도'와 '짓'은 별개의 명사. 그러나 《표준》에서는 '강도짓'을 신어로 인정하고, '강도질'과 동의어로 취급(주의: 아직 정식 표제어로 오르지는 않은 상태). 그러나, '날강도 짓'과 같은 말은 '-짓'을 접사로 인정하지 않고 있어서 여전히 두 낱말. 즉, 글자 그대로의 의미일 때는 한 낱말의 복합어가 아님.
　[참고] 아래 낱말들은 '~짓'이 들어간 복합어들임.
　　①일반적인 것: 몸짓/손짓/눈짓/날갯짓/팔짓/고갯짓/턱짓/머릿짓/발짓/다릿짓.
　　②사이시옷 관련하여, 주의해야 할 말: 걸음짓/어깻-/활갯-/바보-/망나니-/헛-/손사랫-/어릿광대-/딴-/배냇-/궁둥잇-/늑엉덩잇-/등신-/반편(半偏)-/허튼-/꿍꿍이-/별-곤댓-/곤두-/눈짓콧-/입-/개-/군-/노랑이-/고린-/도깨비-/상모(象毛)-/웃음엣-/우스갯-.

◆**강서리**에 배추들이 녹았어: **된서리**의 잘못. 없는 말.

[유사] 이와 비슷한 '된−'의 쓰임으로는 '된추위, 된바람' 등이 있음.

된서리명 ①늦가을에 아주 되게 내리는 서리. ②(비유) 모진 재앙/타격.

된추위명 몹시 심한 추위.

[암기도우미] 아무리 서리가 강해도, '강서리'가 아닌 '된서리'로 적어야 함.

[참고] '강추위'에는 아래와 같은 두 가지 다른 뜻이 있음.

강추위명 눈도 오지 않고 바람도 불지 않으면서 몹시 매운 추위. [위]혹한.

강추위[强−]명 눈이 오고 매운바람이 부는 심한 추위.

◆켜지 않고 그대로 크게 굳힌 **강엿** 맛은 별미지: **검은엿(갱엿)**의 잘못.

　　검은엿≒갱엿명 푹 고아 여러 번 켜지 않고 그대로 굳혀 만든, 검붉은 빛깔의 엿.

◆멋을 낸다고 한껏 **갖춰** 입은 옷이 되레 꼴불견: **갖추**가 나음.

　　[참고] 가자미식해가 잔치에 쓰게 **알맞춰** 익었다: **알맞추**(혹은 **알맞게**)의 잘못.

　　[설명] ①갖추다는 '의관을/서류를 갖추다'에서 보듯 '있어야 할 것을 가지거나 차리다'의 뜻. 위의 문맥으로 보아서는 지나치게 이것저것 입은 걸 뜻하므로 '갖추'가 적절함. '갖추'의 강조형은 '갖추갖추'. ②'알맞춰'는 '알맞추다'가 없는 말이므로, 잘못. '알맞게'나 '알맞추'가 적절함.

　　갖추부 고루 있는 대로.

　　갖추갖추부 여럿이 모두 있는 대로.

　　알맞추부 일정한 기준/조건/정도에 적당하게.

◆한자를 약자로 **날려쓰지** 말고 제대로 **갖춰쓰도록**: **갈겨쓰지**, **갖추쓰도록**의 잘못.

　　[설명] '갖춰쓰다'는 '갖추쓰다'의 잘못. '날려쓰다'는 '갈겨쓰다'의 잘못.

　　[참고] ①우리말에서 '−추쓰다'의 어형을 가진 낱말은 '갖추쓰다'뿐임. 나머지는 모두 '맞춰 쓰다/낮춰 쓰다/꿰맞춰 쓰다'처럼 '−춰 쓰다'로 띄어 씀. 그 이유는 '쓰다'가 보조용언이 아니므로 보조용언 붙여쓰기 허용에도 해당되지 않기 때문임. ②'갖추쓰다'의 어형을 유지한 것은 '갖추−'가 '갖추다'의 어근일뿐만 아니라, '갖추(고루 있는 대로)'와 '갖추갖추(여럿이 모두 있는 대로)'라는 부사로까지 활용되고 있기 때문에 그 의미를 반영하고자 한 것임.

　　갖추쓰다동 글자, 특히 한자를 약자체로 쓰지 않고 원글자대로 획을 갖추어 쓰다.

　　날려쓰다동 '갈겨쓰다'의 잘못.

　　모아쓰다동 한글 자모를 가로세로로 묶어서 쓰다.

　　풀어쓰다동 한글의 현행 자형을 풀어서 초성, 중성, 종성의 차례대로 늘어놓아 쓰다.

　　갈겨쓰다동 글씨를 아무렇게나 마구 쓰다.

◆[고급]♣'−같다'가 명사 뒤에 붙어 만들어진 복합어들: 띄어 쓰면 잘못.

　　[예제] 아 정말 **개코 같아서**. 더럽다 더러워: **개코같아서**의 잘못. ⇐한 낱말.

　　　　　좆[개좆] 같은 인생이로군: **좆[개좆]같은**의 잘못. ⇐한 낱말.

　　　　　아 **개떡같은** 인생이야: **개떡 같은**의 잘못. ⇐두 낱말.

　　　　　그는 **대쪽같은** 사람이야: **대쪽 같은**의 잘못 ⇐두 낱말.

　　　　　그는 **번개같은** 한 방으로 끝장을 냈다: **번개 같은**의 잘못. ⇐두 낱말.

　　○−같다: 감쪽같다/감태−/개좆−/개코−/굴뚝−/굴왕신(屈枉神)−/귀신−/금(金)쪽−/꿈−/끌날−/납덩이−/다락−/당금(唐錦)−/댕돌−/득달−/득돌−/떡판−/똑−/뚱딴지−/목석−/무쪽−/바둑판−/박속−/벼락−/

벽력-/분통(粉桶)-/불-/불꽃-/불티-/비호-/생(生)때-/생(生)파리-/성화(星火)-/신청부-/실낱-/쏜살-/악착-/억척-/옴포동이-/왕청-≒왕청되다/장승-/전반(剪板▽)-/좆-/주옥-/쥐좆-≒쥐뿔-/찰떡-/철통(鐵桶)-/철벽-/철석-/철화(鐵火)-/추상-/하나-/한결-.

①**띄어 써야 하는 말들**: 흔히 쓰는 '대쪽같다/번개같다/지랄같다/개떡같다'는 없는 말. '대쪽 같다, 번개 같다, 지랄 같다, 개떡 같다'의 잘못. '개똥같다/둥덩산같다/호박같다' 역시 잘못. 없는 말. 모두 띄어 써야 함. 그 밖에 띄어 써야 하는 말들. 〈예〉가시 같다/감방 -/강철 -/개 -/개돼지 -/개미 떼 -/개 -/발싸개 -/거미줄 -/거울 -/거인 -/거지 -/거지발싸개 -/거짓말 -/거품 -/걸레 -/곤죽 -/하늘-.

②'-같다'가 붙어 만들어진 파생어들은 이미 형용사이므로, '~같은'의 꼴로 활용할 때에도 띄어 쓰지 않지만, 파생어가 아닌 것들은 반드시 띄어 적어야 함! ¶도둑놈같은 소리만 하고 있네(×) →도둑놈 같은 소리만 하고 있네(○); 굴왕신 같은 차림새(×) →굴왕신같은 차림새(○).

③파생어들은 모두 접미어 '~같다'를 '~같이'로 바꾸면, 부사어가 됨. 그러나 아래의 세 낱말은 '~같다'형의 형용사가 없이 부사로만 쓰임.

　　이같이/그같이/저같이[부] 이/그/저 모양으로. 이렇게/그렇게/저렇게. 각각 '이와 같이/그와 같이/저와 같이'의 준말. [주의]다같이(×)/다 같이(○) ☜[암기도우미] 다함께(×)/다 함께(○)

　　새벽같이[부] 아침에 아주 일찍이.

　　딴통같이[부] 전혀 엉뚱하게.

[주의] 위와 같이 '~ 같은'의 꼴일 때는 띄어 쓰지만 '명사+-같이'의 꼴로 부사어로 쓰일 때는 붙여 적음. 이때의 '-같이'는 명사 뒤에 붙어 부사 기능을 만드는 격조사이기 때문. 즉, '꽃같이, 얼음장같이, 도둑놈같이, 번개같이'로 붙여 적음. 이와 같은 기능으로는 격조사 '처럼'도 있음. ☞**'같이'와 '같은/같다'의 띄어쓰기** 항목 참조.

　　같이[조] ①'앞말이 보이는 전형적인 어떤 특징처럼'의 뜻을 나타내는 격조사. ¶얼음장같이 차가운 방바닥; 눈같이 흰 박꽃; 소같이 일만 하다; 나같이 해도 돼; 마음같이 그리 쉽게 될까. ②앞말이 나타내는 그때를 강조하는 격조사. ¶새벽같이 떠나다; 매일같이 지각하다. 즉, 격조사이므로 당연히 체언에 붙여 쓰고, '~같은'의 꼴로 활용하지는 못함.

〈뜻풀이에 유의해야 할 말들〉

감태같다[형] 머리털이 까맣고 윤기가 있다.

끌날같다[형] 씩씩하고 끌끌하다.

분통(粉桶)같다[형] (비유) 도배를 새로 하여 방이 아주 깨끗하다.

댕돌같다[형] ①물체/몸이 돌과 같이 야무지고 단단하다. ②기세 따위가 아주 강하다.

신청부같다[형] ①근심/걱정이 너무 많아서 사소한 일을 돌아볼 여유가 없다. ②사물이 너무 적거나 모자라서 마음에 차지 아니하다.

왕청같다[형] ≒왕청되다(차이가 엄청나다).

득돌같다[형] ①뜻에 꼭꼭 잘 맞다. ②조금도 지체함이 없다.

생(生)때같다[형] 몸이 튼튼하고 병이 없다. [유]건강하다.

생(生)파리같다[형] ①남이 조금도 가까이할 수 없을 만큼 까다롭고 쌀쌀하다. ②이곳저곳으로 곧잘 나다니며 한곳에 점잖게 있지 못하는 면이 있다.

떡판(板)같다[형] (비유) 굳세고 든든하다. 크고 넓적하다.

전반(剪板▽)같다[형] (비유) 머리를 땋아 늘인 여자의 머리채가 숱이 많고 치렁치렁함.

억척같다[형] 몹시 모질고 끈덕지다. [유]악착같다/억척스럽다.

옴포동이같다[형] ①어린아이가 살이 올라 보드랍고 통통하다. ②한복 따위에 솜을 두툼하게 두어 옷을 입은 맵시가 통통하다. [주의] '옴포동같다'는 잘못!

◆그대가 보기에 그 사람 미국인 **같애**?: **같아**의 잘못. ⇐'-애'는 없는 어미.

　당신 눈으로는 **무쪽같애** 보여?: **무쪽같아**의 잘못. ⇐'-애'는 없는 어미.

　오늘 몇 시에 끝날 것 **같애요**?: **같아요**의 잘못. ⇐'-애'는 없는 어미.

　[설명] '같다'는 형용사이며 일부 명사 뒤에 붙어 형용사로 만드는 접미사 역할을 하기도 하는 말. 어미에 '-아'를 쓴 '같아' 대신에 '-애'를 쓴 '같애'를 허용하면 같은 형용사인 '옳다/궁상맞다/심술궂다/걱정스럽다' 등도 '옳애/궁상맞애/심술궂애/걱정스럽애'로 쓰게 됨. 즉, '-애'는 현대어에는 없는 어미. 여기서 쓰인 '-아'는 해할 자리 중 양성모음 뒤에 쓰여, 어떤 사실을 서술하거나 물음/명령/청유를 나타내는 종결어미이며, 이것을 '-애'로 쓰는 것은 잘못. ¶그가 한 말이 맞아; 무얼 찾아?; 깨끗이 닦아.

　[참고] 이 '-아'와 똑같이, 해할 자리에 쓰여 어떤 사실을 서술하거나 물음/명령/청유를 나타내는 종결어미로는 음성모음 뒤에 쓰이는 '-어'도 있으며, 모음조화에 따라 '-아(어)'가 선택적으로 쓰임. ¶나 지금 밥 먹어; 아이, 예뻐; 뭐가 그리 우스워?

무쪽같다〔형〕①(속) 사람의 생김새가 몹시 못난 것(흔히 여자의 경우). ②하는 행동이 변변치 못함을 이르는 말.

◆[고급]♣'같이'와 '같은/같다'의 띄어쓰기

　[예제] **번개같은** 동작으로 적을 해치웠다: **번개 같은**의 잘못. ⇐두 낱말.

　　번개 같이 순식간에 공격했다: **번개같이**의 잘못. ⇐'같이'는 조사.

　　양귀비같은 얼굴: **양 귀비 같은**의 잘못. ⇐'같은'은 형용사 활용.

　　신청부 같은 걸 선물이라 보내오다니: **신청부같은**의 잘못. ⇐파생어.

(1)같이

　〔부〕①둘 이상의 사람/사물이 함께. ¶친구와 같이 사업을 하다. ②어떤 상황/행동 따위와 다름이 없이. ¶선생님이 하는 것과 같이 하세요; 세월이 물과 같이 흐른다; 예상한 바와 같이 주가가 크게 떨어졌다.

　〔조〕①앞말이 보이는 <u>전형적인 어떤 특징처럼</u>의 뜻을 나타내는 격조사. ¶얼음장같이 차가운 방바닥; 눈같이 흰 박꽃; 소같이 일만 하다; 나같이 해도 돼; 마음같이 그리 쉽게 될까. ②앞말이 나타내는 <u>그때를 강조</u>하는 격조사. ¶새벽같이 떠나다; 매일같이 지각하다. 단, 격조사이므로 당연히 체언에 붙여 써야 하고 '~같은'의 꼴로 활용하지는 못함.

　[주의] '같이하다〔동〕(≒함께하다)'와 '그가 하는 것과 같이 합시다'의 경우 구별: '같이하다'는 한 낱말. '같이 합시다'에서는 부사.

같이하다〔동〕①경험/생활 따위를 얼마 동안 더불어 하다. ②서로 어떤 뜻이나 행동 또는 때 따위를 동일하게 가지다.

(2)같은: 형용사 '같다'의 활용형. ⇐반드시 띄어 씀.

　①서로 다르지 않고 하나이다. ¶나는 그와 키가 같다; 우리는 같은 학교에 다닌다.

　②다른 것과 비교하여 그것과 다르지 않거나, 그런 부류에 속한다는 뜻. ¶백옥 같은 피부; 양 귀비 같은 얼굴; 꿈속 같다; 마음이 비단 같다. ¶으레 제주도나 설악산 같은 곳에 가야 한다는 고정 관념이 있다; 우리 선생님 같은 분은 세상에 또 없을 거야. [주의] 체언 바로 아래에 쓰이고 있으나, 위의 격조사 '같이'와 달리 '같은'임. 즉, 형용사 활용형으로서 '같은'이며, 위의 격조사 '같이'와는 뿌리가 다름. [구별] 백옥같이 새하얀 피부; 양 귀비같이 호리호리한 여인.

　③'-라면'의 뜻을 나타내는 말. ¶옛날 같으면 남녀가 한자리에 앉는 건 상상도 못 한다; 맑은 날 같으

면 남산이 보일 텐데 오늘은 흐려서 보이지 않는다.

－'기준에 합당한'의 뜻을 나타내는 말. ¶말 같은 말을 해야지; 사람 같은 사람이라야 상대를 하지; 군인 같은 군인.

－'지금의 마음/형편에 따르자면'의 뜻으로 쓰여 실제로는 그렇지 못함을 나타내는 말. ¶마음 같아서는 물에 뛰어들고 싶은데; 욕심 같아서는 모두 사주고 싶지만 그럴 형편이 못 됨.

－'그 시간에 벌어진 일/상황 따위가 계속된다면'의 뜻으로 쓰여 그러한 상황이 지속되지 않기를 바라는 마음을 나타내는 말. ¶요즘 같아서는 살맛이 안 난다; 오늘 같아서는 도저히 장사를 할 수가 없다; 정말이지 어젯밤 같아서는 꼭 죽는 줄로만 알았다.

－혼잣말로 남을 욕할 때, 그 말과 다름없다는 뜻을 나타내는 말. ¶몹쓸 놈 같으니; 나쁜 자식 같으니라고; 날강도 같으니라고.

④추측, 불확실한 단정을 나타내는 말. ¶연락이 없는 걸 보니 무슨 사고가 난 것 같다; 비가 올 것 같다.

◆♣접두사 '개-'가 붙은 말

[예제] 집에 들어 있는 채로, 거르지 않은 꿀을 **개꿀**이라 해: 맞음.

너 그 **개나발** 부는 **개버릇** 빨리 고쳐: 맞음(개나발), **개 버릇**의 잘못. 없는 말. ☜[주의] 충분히 복합어 자격을 갖추고 있는 말임에도 두 낱말임.

개-젭 ①(일부 명사 앞에 붙어) '야생 상태의' 또는 '질이 떨어지는', '흡사하지만 다른'의 뜻을 더하는 접두사. ¶개꿀/개떡/개살구/개철쭉. ②(일부 명사 앞에 붙어) '헛된', '쓸데없는'의 뜻을 더하는 접두사. ¶개꿈/개나발/개수작/개죽음. ③ (부정적 뜻을 가지는 일부 명사 앞에 붙어) '정도가 심한'의 뜻을 더하는 접두사. ¶개망나니/개잡놈/개짓/개짓거리.

◆그 애 말이지? **걔**는 정말 못됐어: **개**의 잘못.

[설명] '그 아이'의 준말은 '걔'이며 '개'는 잘못. [유사] 얘(○); 쟤(○)/재(×). ⇐'저 아이'.

◆먹지도 않은 **개값** 물게 생겼네: **개 값**의 잘못.

오늘 **차값[음식 값]**은 내가 낼게: **찻값[음식값]**의 잘못.

[설명] ①'형편없이 헐한 값'이라는 뜻으로의 '개값'은 '갯값'으로 표기함. ②'값'은 '일부 명사' 뒤에 붙어서 복합어를 이루지만, '일부 명사'의 범위가 모호함. '기름값/물값/물건값/부식값/신문값/우윳값/음식값' 등은 있으나 '소 값, 그릇 값…' 등은 없어서 띄어 써야 하는 불편이 있음.

◆아이가 **개구진** 짓을 여간 많이 해야지: **짓궂은**의 잘못.

[설명] '짓궂다'는 아래와 같이 부정적인 의미가 많은 말로서, 예문에서 쓰인 '개구지다'와 같이 흔히 '장난이 지나쳐 말썽을 부리는 면이 있지만 그다지 미운 정도는 아닌' 그런 의미와는 거리가 있음. 그러나, 현재 《표준》에는 '개구지다'라는 말이 없으며, '짓궂다'의 잘못으로 규정.

짓궂다혱 장난스럽게 남을 괴롭고 귀찮게 하여 달갑지 아니하다. [유]심술궂다/얄궂다.

◆너 거기서 그렇게 **개기면서** 사람 애먹일래?: 쓸 수 있음.

[설명] 예전에는 '개기다'를 '개개다'의 잘못으로 보았으나, '(속되게) 명령이나 지시를 따르지 않고 버티거나 반항하다'를 뜻하는 표준어로 인정하였음. [국립국어원. 2014]

개개다통 ①자꾸 맞닿아 마찰이 일어나면서 표면이 닳거나 해어지거나 벗어지거나 하다. ②성가시게 달라붙어 손해를 끼치다.

◆**개나리봇짐** 둘러매고 서울행: **괴나리봇짐**의 잘못. ⇐'개나리'와는 전혀 무관.
 [참고] '이쁜이도 금순이도 **단봇짐**을 쌌다네': 맞음.
 괴나리≒괴나리봇짐명 걸어서 먼 길을 떠날 때에 보자기에 싸서 어깨에 메는 작은 짐.
 단봇짐[單褓-]명 아주 간단하게 꾸린 하나의 봇짐.

◆지금 **개네(들)**을 싸잡아서 말하는 건가: 3인칭 복수 **게네(들)**의 잘못.
 [비교] **걔들**을 지금 쫓아가면 잡을 수 있겠나: 맞음. ⇐'걔'의 복수 꼴.
 게네대 말하는 이와 듣는 이가 아닌 사람의 무리를 조금 낮잡아 이르는 삼인칭 대명사. '그네(들)'의 낮
  춤말. ¶게네가 나쁘지, 너희는 아무 잘못이 없다; 무슨 일이 있어도 게네들한테는 굽실거리지 마라.
 [참고] **걔/쟤**준 '그/저 아이'의 준말. [아이≒애. 그+아이≒걔. 저+아이≒쟤]

◆**개똥벌레**: 맞음. **반딧불이**와 동의어.
 [주의] '반딧불'은 반딧불**이**의 꽁무니에서 나오는 빛.

◆**개발새발** 긁적인 건 글이 아니라 그림이라 해야 맞는다: 맞음.
 개발쇠발 긁적인 걸 글이랍시고: **괴발개발**의 잘못.
 개발괴발 낙서한 것에 불과해: **괴발개발**의 잘못. 없는 말. ⇐'괴-'가 먼저임.
 이런 **괴발글씨**를 어떻게 알아보나?: **게발글씨**의 잘못. 없는 말
 [참고] **쇠발개발**의 꼴로 어딜 들어오니?: 맞음. ⇐'아주 더러운 발'이라는 뜻.
 [설명] ①예전에는 '괴발개발'만 인정하였으나, '개발새발'을 별개의 낱말로 인정. 그러나 '괴발개발'과
  '개발새발'의 본뜻은 다름. ②'괴발-'의 '괴'는 '고양이', '쇠발-'의 '쇠'는 소를 뜻함. ③[주의] '개발괴
  발(×)/괴발개발(○)'이지만, '개소리괴소리(○)/괴소리개소리(×)'임. 즉, 이때는 '개-'가 '괴(고양이)-'보
  다 먼저 옴. ④[주의] '게발글씨'는 있으나 '괴발글씨'는 사전에 없는 말임.
 개발새발명 ≒괴발개발. 개의 발과 새의 발이라는 뜻으로 글씨를 되는대로 아무렇게나 써 놓은 모양.
 괴발개발명 '고양이'의 발과 개의 발이라는 뜻으로, 글씨를 되는대로 아무렇게나 써 놓은 모양.
 쇠발개발명 (비유) 소의 발과 개의 발이라는 뜻으로, 아주 더러운 발.
 게발글씨명 아무렇게나 또는 서투르게 써 알아보기 힘든 글씨.

◆**개백장**이나 **개백정**이나 그 말이 그 말 아닌가: 둘 다 쓸 수 있음.
 개백정[-白丁]≒개백장명 ①개를 잡는 일을 업으로 하는 사람. ②말/행동이 막된 사람을 욕하여 이르
  는 말. [주의] 일부 사전에, '개백정'은 '개백장의 잘못'으로 잘못 나와 있으나, 복수표준어.

◆여자만 보면 찔벅거리는 것도 **개버릇**이야: **집적거리는**, **개 버릇**의 잘못.
 [설명] ①'개버릇'은 흔히 쓰는 말이지만, 사전에 없는 말. 굳이 쓰려면 '개 버릇'. 그러나, '개짓/개짓거리'
  등은 표준어. ☞[의견] '개버릇(사람의 도리에서 벗어난 못된 버릇)'은 사용 빈도와 분포로 보아 사전
  에 올려야 할 말임. ♣접두사 '**개-**'가 붙은 말 항목 참조. ②'찔벅거리다'는 '집적거리다'의 전남 방언.
 집적거리다/~대다동 ①아무 일에나 함부로 자꾸 손대거나 참견하다. ②말/행동으로 자꾸 남을 건드려
  성가시게 하다.

◆웬 **개뼈다구** 같은 놈이 무슨 소릴 하는 거야: **개뼈다귀**의 잘못.

　　개뼈다귀명 ①개의 뼈다귀. ②별 볼 일 없으면서 끼어드는 사람을 경멸하는 태도로 속되게 이르는 말.

◆**개소리쇠소리** 그만 하고: **개소리괴소리 그만하고**의 잘못.

　　[설명] ①'괴발개발'과 달리 '개소리'가 '괴소리'보다 먼저 옴. 즉, '개발괴발(×)/괴발개발(○)', '개소리괴소리 (○)/괴소리개소리(×)'. ②'그만하다'형동, '그만두다'동, '그만그만하다'형는 모두 한 낱말.

　　개소리괴소리명 (속) 개 짖는 소리와 고양이 우는 소리라는 뜻으로, 조리 없이 되는대로 마구 지껄이는 말. [유]횡설수설.

◆**개숫대**가 깨끗해야지: **개수대**의 잘못. 발음 {개수대}. 사이시옷 불필요.

　　[설명] ①개수대는 {개순물}로 발음하는 '개숫물'과 달리, {개수대}로 발음되므로 사이시옷 불필요. ② '개수대'는 '개숫간'보다 늦게 근래에 인정된 표준어.

　　개수대[-臺]명 부엌에서 물을 받거나 흘려보내며 그릇/음식물을 닦고 씻을 수 있도록 한 대(臺). [유]싱 크대.

　　개숫간[-間]명 설거지하는 곳.

　　개수통[-桶]≒설거지통명 음식 그릇을 씻을 때 쓰는, 물을 담는 통.

◆그게 몇 개인지 **갯수** 하나도 제대로 못 세니?: **개수**의 잘못.

　　[설명] '개수(個數)'는 {개:쑤}로 발음되지만 한자어이므로 사이시옷을 받칠 수 없음. 예외적으로 한자어 중 사이시옷을 받칠 수 있는 것은 다음의 6개뿐임: **곳간, 셋방, 숫자, 찻간, 툇간, 횟수.**

　　[활용] 아래에 보이는 '촛병마개', '촛점' 등도 발음은 각각 {초뼝}과 {초쩜}으로 되지만, 마찬가지 이유로 사이시옷을 받치면 잘못.

　　　　¶년 **촛병마개**냐, 죄다 시큰둥하게: **초병마개(醋瓶-)**의 잘못.

　　　　¶**촛점** 없는 눈으로 쳐다보던 그녀: **초점**의 잘못.

◆드라마의 여인들을 보면 **개염나는** 일이 어디 한두 가지랴: **게염나는**의 잘못.

　　게염나다동 부러운 마음으로 샘을 내어 탐내는 마음이 생기다.

　　게염내다동 '게염나다'의 사동사. '개염내다'는 잘못.

◆집 옆의 **개울창**에 빠져 옷을 다 버렸다: **개골창**의 잘못.

　　개골창명 수채 물이 흐르는 작은 도랑. [유]구거(溝渠).

◆날이 **개이고** 나면: **개고**의 잘못. ←개다[원]. ♠**피동형 어간 '이'를 잘못 남용하는 사례들** 항목 참조.

◆♣**'개재/게재/게시'의 쓰임**

　　[예제] 결혼 문제에서 당사자 사이에 **게재**해선 안 된다: **개재**의 잘못.

　　　　　신문에 **개재**한 광고 문안에 오자가 있어서야: **게재**의 잘못.

　　　　　대형 전광판에 **게재**할 홍보 문안을 기한 내 제출하세요: **게시**가 적절.

　　개재하다[介在-]동 ≒개재되다(어떤 것들 사이에 끼여 있다.)

　　개재하다[開齋-]동 〈가톨릭〉 단식재와 금육재 기간이 지나다.

　　게재하다[揭載-]동 글/그림 따위를 신문/잡지 따위에 싣다.

게시하다[揭示-]**동** 여러 사람에게 알리기 위하여 내붙이거나 내걸어 두루 보게 하다.

◆물이 빠진 **개펄**에 나가 굴도 따고 게도 잡고 조개도 캤다: 쓸 수 있음.
  [설명] 예전에는 '개펄(갯가의 개흙이 깔린 벌판)'과 '갯벌(바닷물이 드나드는 모래톱. 그 주변의 넓은 땅)'을 달리 보았으나 현재는 '개펄'을 '갯벌'의 동의어로 보고 있음.
  갯벌명 ≒개펄. 밀물 때는 물에 잠기고 썰물 때는 물 밖으로 드러나는 모래 점토질의 평탄한 땅. 펄 갯벌, 혼성 갯벌, 모래 갯벌 따위가 있으며 생물상이 다양하게 분포한다. **개펄**명 ≒**갯벌**. ☞[주의] '갯벌/개펄'은 뜻풀이가 수정된 말들임.
  펄명 ①≒**갯벌**. ②갯가의 개흙.

◆**객적은** 소리 그만하게나: **객쩍은**의 잘못. ⇐'객적다'에서 '적(少)'의 의미 없음.
  객적다[客-]형 '객쩍다'의 잘못. ☞'**~적다/쩍다**의 주의 낱말' 항목 참조.

◆**갯내음** 물씬 풍기는 갯가에서: **갯내**의 잘못.
  [설명] ①'내음(향기롭거나 나쁘지 않은 기운)'은 최근 표준어로 편입되었으나, '갯내음'은 없는 말. ②'내음'을 붙여 쓸 경우에도 나쁘지 않은 기운에만 가능.
  갯내명 바닷물이 드나드는 곳에서 나는 짭짤하고 비릿한 냄새.

◆신기록을 **갱신**하였다: **경신**의 잘못.
  운전면허를 **갱신**해야 한다: 맞음.
  [설명] 한자 '更'은 '고친다'는 뜻으로는 '경'으로, '다시'라는 뜻으로는 '갱'으로 읽힘. '경신(更新)'은 '이미 있던 것을 고쳐 새롭게 함'이라는 뜻이 있는데, 이런 의미일 때는 '갱신'과 의미가 다르지 않음. 그러나 '신기록 경신'과 같은 경우에는 '경신'으로 써야 하며 이러한 의미는 '갱신'에는 없는 의미.
  [주의] '갱년기(更年期)'는 '경년기'로 읽어야 순리적이나(인체가 성숙기에서 노년기로 접어드는 시기로, 신체의 변화와 관련된 것이므로), 관습적으로 굳어진 발음이므로 그대로 인용(認容).
  경신(更新)명 ①이미 있던 것을 고쳐 새롭게 함. '고침'으로 순화. ②기록 경기 따위에서, 종전의 기록을 깨뜨림.
  갱신(更新)명 ①≒**경신(更新)**(이미 있던 것을 고쳐 새롭게 함). ②법률관계의 존속 기간이 끝났을 때 그 기간을 연장하는 일. ¶계약 갱신/비자 갱신/면허 갱신.

◆코스모스와 같이 너무나 **갸날파** 보이는 몸: **가냘파**의 잘못. ←**가냘프다**[원]
  또래에 비해 **가냘퍼** 보이는 딸: **가냘파**의 잘못. ←모음조화

◆**갹출(醵出)**인가 **거출**인가: 둘 다 쓸 수 있음. ⇐醵은 '갹'과 '거'의 두 가지로 발음.
  갹출(醵出)≒거출명 같은 목적을 위하여 여러 사람이 돈을 나누어 냄. '나누어 냄', '추렴', '추렴함'으로 순화.

◆그렇게 꼬치꼬치 **내거[꺼] 네거[꺼]** 따질래?: **내 거 네 거**의 잘못[원칙].
  [참고] 그건 **내꺼**야: **내 거**의 잘못.
  [설명] '거'는 의존명사 '것'의 구어체. 의존명사이므로 띄어 써야 함[원칙]. 연속되는 단음절 낱말의 붙여 쓰기 허용에 따라 '내거 네거'로 적을 수도 있음.

◆그 사람 살림 다 **거덜났어**; **거덜내고** 말았지: **거덜 났어**, **거덜 내고**의 잘못.

  [설명] '거덜나다/거덜내다'는 '거덜 나다/~내다'의 잘못. 없는 말. 그러나 이와 유사한 의미의 '결딴나다/~내다'는 한 낱말.

◆**거드럼께나** 피우더니만: **거드름께나**의 잘못. ⇐'-께나'는 -'깨나'㋵의 잘못.

◆상관 마. 내 맘대로 할 거**거던**: 할 거**거든**의 잘못(구어체).

  오늘 그것 학교에서 배웠**거던**: 배웠**거든**의 잘못.

  [설명] ①'-거든'은 청자가 모르고 있을 내용을 가르쳐 주거나, 앞으로 할 어떤 이야기의 전제로 베풀어 놓음을 나타내는 종결어미인데, 위의 경우는 '거'(의존명사 '것'의 구어체)+'이'(서술격조사)+'거든'(종결어미)의 꼴에서, '이'가 생략된 구어체. ②'-거던'은 잘못이며 연결어미든 종결어미든 어미로는 '-거든' 꼴만 인정함. ¶이것 좀 봐. 아무리 보아도 이상하거든; 오늘 수업시간에 그걸 배웠거든. 그런데 집에 와서 해보니 아무리 해도 안 되는 거야.

◆그 패물들 얼른 **거든거리려무나[거둥거리려무나]**: **거든그리려무나**의 잘못.

  [설명] '거든**거**리다/거**둥거**리다'는 '거**든그**리다'의 잘못.

  거든그리다통 거든하게 거두어 싸다.

◆심부름 좀 다녀오**거라**: **다녀오너라**의 잘못.

  제발 문 좀 **닫거라**. 무기여 잘 **있거라**: 모두 가능.

  [설명] '-거라'는 '오다를 제외한 동사의 어간에 붙어 두루 쓰일 수 있음[국립국어원 개정. 2014]. '-너라'는 '오다'나 '오다'로 끝나는 말 뒤에 붙어 쓰이는 말. ¶이리 오너라; 들어오너라; 이제 올라오너라; 그만 돌아오너라.

◆그러다가는 **거렁뱅이** 되기 십상: **비렁뱅이**의 잘못. 없는 말.

  [암기도우미] '비럭질은 있는 말이라 '비렁뱅이'가 있으나, '거럭질'은 없으니 '거렁뱅이'도 없다.

◆♣'-거리'가 붙은 한 낱말 중 사이시옷이 들어간 낱말들

  [예제] 정치판 얘기는 사내들의 **안주거리**로 최고지: **안줏거리**의 잘못.

        그 친구는 어딜 가든 **골치거리/골칫꺼리**야: **골칫거리**의 잘못.

        집에는 **끼니거리** 하나 없었다: **끼닛거리**의 잘못.

        황색 **기사거리**를 찾아 헤매는 승냥이 같은 녀석들: **기삿거리**의 잘못.

        심심한데 **놀이거리**라도 있었으면: **놀잇거리**의 잘못.

  [설명] 위의 복합어들에 쓰인 '거리'는 본래 '내용이 될 만한 재료/소재'를 뜻하는 의존명사.

  [참고] ①'저잣거리'는 '거리'의 의미가 위와 다르나 사이시옷이 쓰인 경우임. ②'-거리'가 들어간 말 중 사이시옷이 받쳐진 것들: 저잣거리/솟~/덧~/땟~/골칫~/기삿~[記事-]/시빗~[是非-]/문젯~[問題-]/얘깃~/김칫~/흥밋~[興味-]/개짓~/꾸밋~/끼닛~/비솟~[誹笑-]/안줏~[按酒-]/요깃~[療飢-]/입맷~/재밋~/행셋~[行世-]/우셋~/증것~[證據-]/치렛~/놀잇~/눈요깃~[-療飢-]늑눈요깃감.

◆[고급] 코로나19 시대의 **거리두기**는 기본: **거리 두기**의 잘못

  [유사] **개구리주차하기**도 허용된다: **개구리 주차 하기**의 잘못.

[해설] ①원칙적으로 명사형은 그에 해당되는 동사가 있어야 함. 즉 '거리두기'가 성립하려면 '거리두다'라는 동사가 있어야 하나, 없으므로 '거리두기'는 잘못. 단, 행정/법규 용어를 포함한 전문용어는 복합어 대우를 받으므로, 현실적으로 전문용어일 때는 붙여적기인 '거리두기'도 허용됨. ②개구리 주차는 현재 한 낱말의 표준어로 인정받고 있지 못하므로 그 명사형도 '하다'의 띄어쓰기 규정('하다' 앞에 수식구가 있을 때는 앞말과 띄어 적는다)에 따라서 위와 같이 띄어 적어야 함. 단, '개구리주차'가 한 낱말의 복합어로 인정될 경우에는 그 동사형 '개구리주차하다'가 파생어이므로 그 명사형인 '개구리주차하기'도 성립함.

◆이제 그 **거무틱틱한** 옷 좀 그만 입지그래: **거무튀튀한**의 잘못. 없는 말.
  [주의] **거무잡잡한** 얼굴: **가무잡잡한**의 잘못. '거무잡잡하다'는 없는 말.

◆**거북치** 않게 대한다는 게 도리어: **거북지**의 잘못. ⇐'하' 앞 어간이 ㄱ/ㅂ/ㅅ에 해당. '거북하+지→거북지'.
  ☞상세 설명은 **어간 '-하'의 단축형** 항목 참조.
  [유사] '익숙치(×)/익숙지(○) 않다; '넉넉치(×)/넉넉지(○) 않다.
      생각타(×) 못해 이렇게 뛰어왔습니다: **생각다**(○). ⇐'하다' 앞이 'ㄱ' 받침.

◆♣'**거스르다**'와 '**거슬리다**'
  [예제] 그는 귀에 **거스리는** 말만 해댔다: **거슬리는**의 잘못. ←**거슬리다**[원]
        상관의 명령을 **거슬르는** 행동: **거스르는**의 잘못. ←**거스르다**[원]
  [설명] '거스르다'는 사동사이고, '거슬리다'는 자동사임.
  거스르다[통] 일이 돌아가는 상황/흐름과 반대되거나 어긋나는 태도, 또는 남의 말/가르침/명령 따위와 어긋나는 태도를 취하거나, 남의 마음을 언짢게 하거나 기분을 상하게 하다. ¶부모님의 뜻을 거스를 수 없었다; 그는 멋대로 행동함으로써 모두의 뜻을 거슬렀다.
  거슬리다[통] 순순히 받아들여지지 않고 언짢은 느낌이 들며 기분이 상하다. ¶그의 말이 귀에 거슬렸다; 또 내 눈에 거슬리는 행동을 하면, 그땐 용서 없다.

◆막상 하려니 기분이 좀 **거시기하구먼**: 쓸 수 있음. ←**거시기하다**[원]
  그것 그냥 **거시기하면** 돼, 간단해: 쓸 수 있음. ←**거시기하다**[원]
  [설명] 예전에는 '거시기'가 대명사/감탄사로만 규정되었지만, 2023.10. '거시기하다'가 표준어로 편입되어 쓸 수 있는 말이 되었음.
  거시기하다≒거식하다[통][형] 말하는 중에 표현하려는 동사/형용사가 얼른 생각이 나지 않거나 바로 말하기 곤란할 때에, 그 대신으로 쓰는 말. ¶빨리 거시기하자는데 왜 이렇게 늑장을 부리니?; 지금은 상황이 거시기하니까 나중에 이야기하자.

◆**거에요/것예요**: **거예요/것이에요(것이어요)**의 잘못.
  [설명] ①'거예요'는 '것이에요'의 구어체 준말. '것이에요'는 '것'+'이'(서술격 조사 '이다'의 어간)+'에요'(어미)로 분석되고, 어법상 조사 어간 '이'의 앞 말이 자음일 때는 '-이에요'로, 모음일 때는 '-예요'로 표기하도록 되어 있으므로 앞 말이 모음인 '거'의 경우에는 '거예요'로, 자음인 '것'의 경우에는 '것이에요'로 표기하여야 함. ☞**준말의 원칙** 항목 참조. ②'거여요'는 '거'+'이어'+'요'에서 '이어→여'로의 단순한 줄이기이며, '-이에요'와 '이어요'는 복수표준어. ☞**'이에요'** 항목 참조.

◆회원들 **거의가** 왔다: 맞음. ⇐'거의'는 명사.

　우리가 한 일이 **거의가** 잘못이야: **거의**의 잘못. ⇐부사는 주어가 될 수 없음.

　거의[명] 어느 한도에 매우 가까운 정도. [부] 어느 한도에 매우 가까운 정도로. [유]대부분/얼추/거반.

◆'**거의 다되다**'와 '**거의 다 되다**'

　[예제] 근친상간이라니 그 집안도 **다 됐군**: **다됐군**의 잘못. ←**다되다**[원]

　　　　　밥이 거의 **다됐는데** 어디 가: **다 됐는데**의 잘못. ⇐ '다'는 부사.

　다되다[형] 완전히 그르친 상태에 있다.

　다[부] ①남거나 빠진 것이 없이 모두. ¶갈 사람은 다 갔다; 내가 다 책임지면 되잖아. ②행동/상태의 정도가 한도(限度)에 이르렀음을 나타내는 말. ¶사람이 다 죽게 된 판에 웬 뚱딴지?; 나는 다 죽은 목숨이다; 연료가 다 떨어져가는데. ③ 일이 뜻밖의 지경(地境)에 미침을 나타내는 말. 가벼운 놀람, 감탄, 비꼼 따위의 뜻을 나타냄. ¶듣자 듣자 하니 정말 별소리를 다 하네; 별꼴 다 보겠군; 원 별 말씀을 다 하십니다; 웬일로 나를 다 찾으시오? ④실현할 수 없게 된 앞일을 이미 이루어진 것처럼 반어적으로 나타내는 말. ¶이걸 끝내자면 잠은 다 잤다; 비가 오니 여행은 다 갔다; 날이 이래서야 오늘 장사는 다 했다.

　　[명] ①남거나 빠짐없는 모든 것. ¶내가 네게 해 줄 건 이게 다다; 이것이 그가 숨기고 있는 것의 다는 아니다; 그게 다냐; 나도 다는 몰라. ②더할 나위 없는 최상의 것. ¶인생에서 돈이 다가 아니라는 건, 뒤늦게야들 안다.

◆목적지에 **거진** 다 왔다: **거지반**(혹은 **거반**)의 잘못.

　거지반[居之半]≒**거반**[居半][명] 거의 절반. [부] 거의 절반 가까이. [유]얼추/거의.

◆**거치장스러운** 건 모두 벗어버리고: **거추장스러운**의 잘못. ←거**추**장스럽다[원]

◆총 다섯 시간에 **거친** 마라톤 회의 끝에: **걸친**의 잘못. ←**걸치다**[원]

　대구를 **거쳐** 부산으로 갔다: 맞음 ←**거치다**[원]

　[참고] 요샌 세금이 잘 **걷친다고/거친다고** 한다: **걷힌다고**의 잘못. ←**걷히다**[원]

　[구별] ①고등학교를 **거쳐**(○) 대학으로 간다. ②여러 차례에 **걸쳐**(○) 뇌물을 받은 그; 열 시간에 **걸쳐**(○) 회의가 진행되었다.

　거치다[동] ①무엇에 걸리거나 막히다. ¶칡덩굴이 발에 거치다. 돌멩이에 거치다. ②마음에 거리끼거나 꺼리다. ¶이제 특별히 거칠 문제는 없다. ③오가는 도중에 어디를 지나거나 들르다. ¶대구를 거쳐 부산으로 가다; 목로주점을 거쳐 장터거리로 나섰다. ④어떤 과정/단계를 겪거나 밟다. ¶학생들은 초등학교, 중학교, 고등학교를 거쳐 대학에 입학하게 된다; 심사를 거치다. ⑤'손을'과 함께 쓰여, 검사하거나 살펴보다. ¶편지는 사감 선생님의 손을 거쳐야 했다; 푼돈마저도 할아버지의 손을 거치게끔 돼 있었다.

　걸치다[동] ①지는 해/달이 산/고개 따위에 얹히다. ¶서산 마루에 걸쳐 있는 해. ②일정한 횟수나 시간/공간을 거쳐 이어지다. ¶이틀에 걸친 전투는 끝이 났다. ③가로질러 걸리다. ¶빨랫줄이 마당에 걸쳐 있다; 전선이 전봇대 사이에 걸쳐 있다. ③어떤 물체를 다른 물체에 얹어 놓다. ¶탁자 사이에 판자를 걸치다. ④옷/착용구/이불 따위를 아무렇게나 입거나 덮다. ¶몸에 누더기를 걸친 걸인; 실오라기 하나 걸치지 않은 알몸; 급한 나머지 속옷 위에 그냥 외투를 걸치고 나갔다. ⑤음식을 아무렇게나 대충 먹다. ¶술 한잔을 걸치다; 아침을 대충 걸치다.

걷히다동 ①'걷다(구름/안개 따위가 흩어져 없어지다. 비가 그치고 맑게 개다)'의 피동사. ②'걷다(늘어진 것을 말아 올리거나 가려진 것을 치우다. 깔려 있는 것을 접거나 개키다)'의 피동사. ③'걷다('거두다'의 준말)'의 피동사.

◆**거치른** 벌판으로 달려가자: **거친**의 잘못. ←**거칠다**[원]
   [설명] '거칠다'는 'ㄹ' 불규칙용언으로, '거칠어/거치니/거치오/거친' 등으로 활용. '거치르다'는 없는 말. ☞
      상세 내역은 '**ㄹ' 불규칙용언** 항목 참조.
   [참고] 'ㄹ' 불규칙용언: 어간의 끝소리인 'ㄹ'이 'ㄴ/ㄹ/ㅂ/오/시' 앞에서 탈락하는 용언. '길다'가 '기니', '깁니다', '기오'로 바뀌는 따위.

◆내 오늘 **거하게** 한잔 사지: **건하게**의 잘못. ←**건하다**[원]
   [참고] 내 오늘 **찐하게** 한잔 사지: **진하게**(혹은 건하게)의 잘못.
   [설명] ①술을 사거나 할 때 흔히 잘못 쓰는 '찐하게/거하게'는 '건하게'로 쓰는 것이 어울리는 말. 아래에 보인 것처럼 '거하다'의 의미도 흔히 짐작하는 것과는 많이 다르며, 한자 '거(巨)'가 들어가지 않은 고유어임. ②'찐하다'는 아래 뜻풀이와 같이 전혀 다른 의미로 쓰이는 말로, 흔히 쓰는 '짠하다'의 큰말임.
   거하다형 ①산 따위가 크고 웅장하다. ②나무/풀 따위가 우거지다. ③지형이 깊어 으슥하다.
   건하다형 ①아주 넉넉하다. ②'거나하다(술 따위에 어지간히 취한 상태에 있다)'의 준말. ③≒흥건하다 (물 따위가 푹 잠기거나 고일 정도로 많다).
   찐하다>짠하다형 안타깝게 뉘우쳐져 마음이 언짢고 아프다.
   진하다[津-]형 어떤 정도가 보통보다 더 세거나 강하다.

◆**쪼달리다** 보니 늘 **돈걱정**일세: **쪼들리다**, **돈 걱정**의 잘못. 없는 말.
   내일 **출근걱정**으로 잠이 안 와: **출근 걱정**의 잘못.
   잔 걱정 따위로 잠못자서야: **잔걱정**, **잠 못 자서야**의 잘못. '잠못자다'는 없는 말.
   [설명] ①'돈 걱정/출근 걱정'은 글자 그대로의 뜻뿐이므로 복합어가 아님. (예) 합격 걱정, 목숨 걱정. ② '잔걱정'은 글자 그대로 걱정의 크고 작음을 이르는 게 아니라 '자질구레한 걱정'을 뜻하므로 한 낱말의 복합어.
   군걱정: ≒기우(杞憂)(앞일에 대해 쓸데없는 걱정을 함).
   뒷걱정: 뒤에 벌어질 일이나 뒤로 미루어 둔 일에 대하여 걱정함. 또는 그런 걱정.
   밥걱정: 일상생활에서 끼니를 먹는 일에 대한 걱정.
   별걱정(別-): 1. 쓸데없는 걱정. 2. 갖가지 별다른 걱정.
   생걱정(生-): 별일 아닌 것을 가지고 공연히 마음을 썩임. 또는 그런 걱정.
   입걱정: 먹을 걱정을 일상적으로 이르는 말.
   잔걱정: 자질구레한 걱정. ←글자 그대로 '작은 걱정'이라는 뜻이 아님.

◆개울 건너 저 산 아래 **건년집**에 좀 다녀와라: **건넛집**의 잘못.
   건년집명 이웃하여 있는 집들 가운데 한 집 또는 몇 집 건너서 있는 집.
   건넛집명 건너편에 있는 집.
   건년방[-房]명 안방에서 대청을 건너 맞은편에 있는 방.
   건넛방[-房]/건넛산[-山]명 건너편에 있는 방/산.
   건넛마을명 건너편에 있는 마을.

◆대꾸할 **건덕지**도 없어: **건더기**의 잘못.

  건데기라고는 하나도 없는 멀건 국: **건더기**의 잘못.

  [설명] '건덕지/건데기'는 '건더기'의 잘못. 방언임.

◆장성택은 박수를 **건덩건덩** 치다가 미운털이 박혔다: **건성건성**의 잘못. 없는 말.

  [참고] 중요한 일을 그처럼 **싱둥겅둥** 해서야 원: **건성건성**의 잘못.

  [설명] '건덩건덩'이나 '싱둥겅둥'은 모두 없는 말로 '건성건성(정성을 들이지 않고 대강대강 일을 하는 모양)'의 잘못.

◆**건데/근데** 말이야. 더 재미있는 건 그 뒤의 얘기야: 맞음. ⇐'그런데'의 준말.

  [설명] '건데/근데'는 둘 다 '그런데'의 준말로 부사.

  [주의] ①'그러하다/고러하다'(○)→'그러다/고러다'(○)/'그런데'(○)지만 '고런데'(×)는 없는 말. ②예문에 쓰인 '말이야'는, 주로 '말이야/말이죠/말이지/말인데' 꼴로 쓰여, 어감을 고르게 할 때 쓰는 <u>군말로 어미가 아니므로 띄어 씀</u>.

◆건들거릴 때부터 그걸 **건들일** 줄 알았어: **건드릴/건들**의 잘못.

  [설명] '건들이다'는 '건드리다'의 잘못. '<u>건드리다'의 준말이</u> '건들다'. 주의해야 함. '건들거리다/-대다'는 '건드리다/건들다'와는 뜻이 다른 말. ⇐[암기도우미] '건들이다'로 적으면 '건드리이다'가 된다!

◆**건뜻하면[건듯 하면]** 그 말을 꺼내곤 하는데: **걸핏하면**의 잘못. 없는 말.

  [설명] '건뜻>건듯'은 부사이며, '건뜻하면'은 없는 말. ☞상세 비교 설명은 '**걸핏하면**' 항목 참조.

  걸핏하면≒제꺽하면/뻔쩍하면/쩍하면♥ 조금이라도 일이 있기만 하면 곧.

◆젊은이들의 피로 지켜낸 소중한 '나라**건만**'/'나라**이건만**': '나라**이건만**'이 옳음[원칙]. 다만, 모음 뒤에서 '이'는 생략 가능함.

  [설명] '-건만'은 어미인데, 어미가 체언 뒤에 바로 붙을 수 없으므로, 서술격조사 '-이'가 쓰인 '나라이건만'이 원칙적으로 맞는 표기. 다만 서술격조사 어간 '-이-'는 '나라/친구/사과'와 같이 모음으로 끝나는 체언 뒤에 올 경우, '나라건만/친구면/사과다'와 같이 생략되는 경우가 있음.

◆너만 혼자 **건몸달지** 말고 시원히 털어놔 봐: **건몸(을) 달지**의 잘못. ⇐관용구.

  건몸(을) 달다㉿ 공연히 혼자서만 애쓰며 안달하다.

  건몸몡 공연히 혼자서만 애쓰며 안달하는 일.

◆흙이 묻은 아이들 옷을 대충 **건빨래**했다: **마른빨래**의 잘못. 없는 말.

  마른빨래몡 ①흙 묻은 옷을 말려서 비벼 깨끗하게 하는 일. ②휘발유/벤젠 따위의 약품으로 옷의 때를 지워 빼는 일. ③새 옷을 입은 사람 곁에서 잠으로써, 자기 옷의 이를 옮기게 하여 없애는 일.

◆자릿세를 **걷어들이느라** 바빴어: **거둬들이느라**의 잘못. ⇐[거두 + '어' + 들이다]

  가을엔 곡식을 **걷느라(고)** 바쁘다: 맞음. ⇐'걷' + '-느라(고)'. 자음과 결합.

  [비교] 늘어진 커튼을 위로 좀 **거둬올리지** 그래: **걷어 올리지**의 잘못.

  [설명] '걷다'에는 여러 가지 뜻이 있음. 주의할 것은 '거두다'의 준말(≒걷다)일 때. 준말 꼴 '걷다'에 모음

이 결합할 때는 원말과 결합해야 하므로 '거두-'의 꼴로만 결합함. ☞♣**준말 용언의 활용형 연결** 항목 참조.

걷다[동] ①늘어진 것을 말아 올리거나 가려진 것을 치우다. ②깔려 있는 것을 접거나 개키다. ③일/일손을 끝내거나 멈추다.

걷다≒**거두다**[동] ①곡식/열매 따위를 수확하다. ②흩어져 있는 물건 따위를 한데 모으다. ③여러 사람에게서 돈/물건 따위를 받아들이다.

걷어들다[동] 거두어서 손에 들다.

거둬들이다[준] '거두어들이다'의 준말.

◆팔을 **걷어부치고** 나섰다: **소매를 걷어붙이고**의 잘못. ←걷어**붙이다**[원]
 소매 좀 **걷어올리고** 달려들어: **걷어 올리고**의 잘못. ⇐'걷어올리다'는 없는 말.
 [설명] ①'팔'은 걷어붙일 수 없으며 소매는 가능함. ②걷어부치다(×)/걷어붙이다(○). ☞**'부치다'와 '붙이다'** 항목 참조. ③'올리다'는 보조용언으로는 안 쓰임.

◆세상에 **걷어채이는** 게 여자인데 그깟 여인 하나로 그리 찡찡대니?: **걷어채는** (혹은 **걷어차이는**)의 잘못.
 [설명] ①'차이다'의 준말이 '채다'이므로 '걷어채이다'는 '걷어채다('걷어차다'의 피동사)'의 잘못. 없는 말. '걷어채이다'는 북한어. ②'채다'의 원말이 '차이다'이므로 '걷어채다'의 원말로 '걷어차이다'도 당연히 인정되어야 하나 현재 《표준》의 표제어로는 '걷어채다'만 있음. 《표준》의 편집 실무상 실수로 보이며, '걷어차이는/걷어채는'은 모두 옳은 표현으로 보아야 함.

걷어채이다[동] '걷어채다'의 잘못. 북한어.

걷어채다[동] '걷어차다(①발을 들어서 세게 차다 ②저버리어 내치다)'의 피동사.

◆야, 그딴 소리 하려거든 **걷어쳐라**. **걷어쳐**: **걷어치워라**. **걷어치워**의 잘못.
 [참고] 답답하니까 그 휘장 좀 **걷어올리지그래**?: **걷어 올리지 그래**(혹은 **걷어지르지 그래**)의 잘못.
  '걷어-'가 쓰인 복합어들의 예: 걷어질리다/걷어매다/걷어잡다/걷어지르다/걷어붙이다.
 [설명] ①'걷어치다'는 없는 말로 '걷어치우다'의 잘못. ②'걷어~'가 들어간 복합어: 걷어차다/-붙이다/-치우다/-들다/-매다/-입다/-잡다/-질리다/-채다/-안다/-쥐다≒-잡다/-지르다. 즉, 이러한 복합어 외의 것들은 원칙적으로는 띄어 써야 하고, 허용에 따라 붙일 수 있음. ③'걷어 올리다'의 경우는 '올리다'가 보조동사가 아니므로 ('걷다/올리다' 둘 다 본동사), 붙여쓰기가 허용되지 않음.

◆**걷잡아도** 백 명은 넘겠다: **겉잡아도**의 잘못. ←**겉잡다**[원]
 겉잡을 수 없이 차오르는 분노: **걷잡을**의 잘못. ←**걷잡다**[원]
 [설명] ①'걷잡다'는 '걷(어) 잡다'의 뜻으로, '겉(표면/거죽)'과는 무관하므로 '걷-'. ②'겉잡다'는 '겉으로 보아 어림잡다'와 비슷한 뜻이며, 겉으로 보고 헤아리므로 '겉-'.

걷잡다[동] ①한 방향으로 치우쳐 흘러가는 형세 따위를 붙들어 잡다. ②마음을 진정하거나 억제하다.

겉잡다[동] 겉으로 보고 대강 짐작하여 헤아리다. [유]어림짐작하다/어림잡다/짐작하다.

◆**걸거치지** 말고 비켜: **거치적거리지**의 잘못. ←**거치적거리다**[원]
 걸리적거리지 말고 저리 가라: 맞음. ←**걸리적거리다**[원]
 [설명] '걸리적거리다'가 '거치적거리다'의 복수표준어로 인정되었으나, '걸거치다'는 여전히 비표준어. 그러나 두 말 사이에는 미세한 어감/뜻 차이가 있음.

거치적거리다/~대다图 거추장스럽게 자꾸 여기저기 걸리거나 닿다. 장롱을 버리고 나니 거치적거리는 게 없어 좋다.

걸리적거리다图 거추장스럽게 여기저기 걸리거나 닿아서 신경에 쓰이다.

◆이게 마지막이**걸랑요**: ~마지막이**거든요**의 잘못. ⇐'~걸랑요'는 비표준어.
　[설명] '–거든'은 종결어미. '요'는 보조사. 즉 '마지막+이(서술격조사)+거든+요'.

◆이번 달에는 **걸를까** 싶어: **거를까**의 잘못. ←**거**르다[원]. '걸르다'는 잘못.

◆**걸맞는** 옷차림: **걸맞은**의 잘못. ⇐'걸맞다'는 형용사. '–는'은 동사와 결합.
　[유사] '알맞은(○)/**알맞는**(×) 옷차림'. ☜♣흔히 잘 틀리는 관형형 항목 참조.
　[설명] ①어간에 '–는'을 붙여 말이 되는 것은 동사, 안 되는 것이 형용사임. 단, '–있다'가 붙어 만들어진 형용사는 제외. 〈예〉'작는(×) 사람' ⇒고로 '작다'는 형용사. '죽는(○) 사람' ⇒고로 '죽다'는 동사. ②위의 경우는 '걸맞다'를 동사로 착각하여 일어난 현상이며, 이와 같이 헷갈리는 형용사에는 '힘들다/알맞다/기막히다' 등이 있음. 즉, '힘드는(×)/알맞는(×)/기막히는(×)'이며 '힘든(○)/알맞은(○)/기막힌(○)' 임. 단, '멋있는(○) ⇐'있다'가 붙어 만들어진 형용사이기 때문.

◆**걸죽한** 막걸리 한잔 했으면: **걸쭉한**의 잘못. ←**걸쭉하다〉갈쭉하다**[원]
　갈쭉하고 푸짐하게 한 상 잘 차려왔더군: **갈쭉하고**의 잘못. ←**갈쭉하다**[원]
　걸쭉하다〉갈쭉하다휑 ①액체가 묽지 않고 꽤 걸다. ②말 따위가 매우 푸지고 외설스럽다. ③음식 따위가 매우 푸지다.

◆모두 궁시렁거리니 좀 **걸쩍지근[껠쩍지근]하군**: **구시렁거리니**의 잘못. '걸쩍지근'은 아래 설명 참조. ←**구시렁거리다**[원] '궁시렁거리다'는 방언(강원).
　[유사] 링거 맞은 자리가 **우리하다**: 없는 말. '좀 아릿하게 욱신거린다'가 적절.
　[설명] ①'껠쩍지근하다'는 방언(전라도). '걸쩍지근하다'는 아래와 같은 뜻을 지닌 말로, 예문의 의도와는 전혀 어울리지 않으며 '께름칙하다/꺼림칙하다'가 문맥에 가까움. ②'우리하다' 역시 경상도 방언으로 '걸쩍지근하다'와 같이 이에 정확하게 합치되는 표준어가 없는 형편임.
　걸쩍지근하다휑 ①다소 푸짐하고 배부르다. ②말 따위가 다소 거리낌이 없고 푸지다.
　[참고] **걸쩍거리다**图 활달하고 시원스럽게 행동하다.

◆막걸리는 **걸찍해야** 보기에도 좋지: **걸쭉해야**의 잘못. ←**걸쭉하다**[원]

◆음식 한번 **걸판지게** 먹었다; **걸판진** 몸집이군: **거방지게, 거방진**의 잘못. ←**거방지다**[원]
　[설명] '걸판지다'는 '거방지다'의 잘못으로 없는 말(북한어와 연관됨).
　거방지다휑 ①몸집이 크다. ②≒드레지다. 하는 짓이 점잖고 무게가 있다. ③매우 푸지다.

◆사내들은 **걸핏 하면** 여자들 귓볼을 깨문다: **걸핏하면, 귓불**의 잘못.
　[주의] **건뜻하면** 삐치는 변덕쟁이: **건뜻 하면**의 잘못. ⇐'건뜻'은 부사.
　[참고] **꺼떡하면** 선생님께 이르는 고자질쟁이: **걸핏하면**(혹은 **제꺽하면**)의 잘못.
　[유사] '툭 하면(×)/툭하면(○)'; '제꺽 하면(×)/제꺽하면(○)'; 언뜻 하면(×)/언뜻하면(○). ☞'~하면'이 들어간

복합어 항목 참조.

[설명] ①'건뜻'을 제외하고 위의 네 낱말은 아주 비슷. 특히 '제꺽하면≒걸핏하면≒뻔쩍하면/쩍하면', '툭하면'도 유의어. ②'꺼떡하면/뻔떡하면/뻔뜩하면'(x): 모두 없는 말로 '걸핏하면'이나 '뻔쩍하면'의 잘못. ③'얼핏하면'은 없는 말로 '걸핏하면'의 잘못. '언뜻하면'과는 다름. 아래 뜻풀이 참조.

제꺽하면≒걸핏하면/뻔쩍하면/쩍하면閏 조금이라도 일이 있기만 하면 곧.

툭하면閏 조금이라도 일이 있기만 하면 버릇처럼 곧.

언뜻하면閏 ①무엇이 지나가는 결에 잠깐 나타나기만 하면. ②무슨 생각/기억 따위가 문득 떠오르기만 하면.

건뜻>건듯閏 행동/상황 따위가 갑작스럽게 일어나거나 바뀌는 모양.

◆몇 시간째 놀고 있으니 그놈 오늘 숙제는 다 **했겄다**: **했것다**의 잘못.

네가 날 속이려 **들었겠다**?: **들었것다**의 잘못.

[설명] ①'-것다'는 예스러운 표현으로, 경험/이치로 미루어 틀림없이 그러할 것임을 추측/다짐하는 뜻을 나타내는 종결어미. ②두 번째 예문에서 '-겠'만을 떼어 추정을 뜻하는 어미로 보려 할 수도 있으나, 문맥상 이미 과거의 일을 지칭하고 있으므로 미래 시제 선어말어미 '-겠'은 어울리지 않으며, '-것다'의 잘못으로 보는 것이 자연스러움.

[참고] '-것다'와 같이 쓰이는 혼잣말 어미들의 공통점은 사용되는 받침이 'ㅆ'이 아니라 'ㅅ'이라는 것. ¶너 오늘도 또 과자를 너 혼자만 살짝 먹었**것**다. (두고 보자.); 네 죄를 네가 **알렷**다; 네가 이렇게 만들어 놓았으**렷**다; 어허, 조용히 앉아 있으**렷**다; 내일은 비가 오**것**다.

◆그 친구 이번에 보니 **겉똑똑이**더구먼: **헛똑똑이**(혹은 **과똑똑이**)의 잘못.

잔머리 굴리기가 버릇인 여인은 **겉똑똑이**의 표본 격이었다: **헛똑똑이**의 잘못.

[참고] 예문에 쓰인 '격'은 의존명사. 그러므로 띄어 씀.

과똑똑이[過—]몡 ①지나치게 똑똑함. 그런 사람에 대한 놀림조 말. ②실제는 보잘것없으면서 겉으로만 똑똑한 체하는 사람.

헛똑똑이몡 겉으로는 아는 것이 많아 보이나, 정작 알아야 하는 것은 모르거나 어떤 것을 선택해야 하는 상황에서 판단을 제대로 하지 못하는 사람.

◆**게껍데기**만 한 집을 갖고서 무슨 제집 자랑?: **게딱지**의 잘못.

[설명] '게'의 경우, 껍질과 껍데기의 구분으로 보아서는 껍데기에 속하지만, 게의 등딱지를 이르는 말이 있으므로, '게딱지'가 더 적절함.

게딱지몡 ①게의 등딱지. ②(비유) 집이 작고 허술함.

게꽁지몡 (비유) 지식/재주 따위가 아주 짧거나 보잘것없는 것.

◆**게꼬리** 같은 지식을 개꼬리처럼 흔들고 다니는: **게꽁지**의 잘못.

[설명] 꼬리는 제대로 된 동물에만 붙음.

게꽁지몡 (비유) 지식/재주 따위가 아주 짧거나 보잘것없는 것.

꽁지몡 ①새의 꽁무니에 붙은 깃. ②'꼬리'의 낮잡음 말. ③사물의 맨 끝을 낮잡는 말.

◆[고급] **~하신 게로구먼**: **~하신 거로구먼**의 잘못.

[설명] 의존명사 '것'의 구어적 형태 '거'는 <u>주격조사</u> '이'와 연결될 때에는 함께 축약되어 '게'(예: 먹을 <u>게</u>

62

없군; 이런 게 사랑인가 봐)가 됨. 그러나, 서술격조사 '이다'와 연결될 때에는 '거'가 받침 없는 낱말이므로 '이'가 생략되어 '거'(예: 이제 갈 거다)가 됨. 이에 따르면 '하신 거로구면'은 '거'(의존명사)+'이-'(서술격조사)+'-로구면'(어미)→'거이로구면'에서 '이'가 생략되어 '거로구면'이 된 것.

◆그는 **계면쩍은** 웃음을 흘렸다: **계면쩍은**의 잘못. ←**계면쩍다**[원]
　[설명] '계면쩍다'는 '**겸**연(慊然)쩍다'의 변한 말. 그러므로 복모음 '-ㅖ'로 표기.
　겸연쩍다[慊然-]≒계면쩍다[형] 쑥스럽거나 미안하여 어색하다.

◆술에 취한 그 **게슴치레한** 눈빛: **게슴츠레한**의 잘못. ←**게슴츠레하다**[원]
　게슴츠레한 눈빛으로 바라보는데 정나미가 떨어지더군: 맞음. ⇐**거슴츠레한/가슴~/게슴~** 모두 맞음.
　[설명] 틀린 말이 아니며, 셋 다 맞음. '거슴츠레하다/가슴츠레~/게슴츠레~'(O).

◆트럭이 지나가**게시리** 비켰다: 지나가**게끔**의 잘못.
　개라도 먹**게스리** 거기 두지: 먹**게끔**의 잘못.
　[설명] '-게시리/게스리'는 '-게끔'의 잘못. '-하게끔' 대신 '-하겠금'을 쓰는 경우도 잘못. ¶남은 밥을 다른 이도 먹게시리(×)/먹게스리(×) 깨끗이 먹어라: 먹게끔(O)(먹도록). 다른 이들도 따라하게시리(×): 따라 하게끔(O).
　[주의] ①'따라하다'는 없는 말. 그러나 '따라-' 형태는 많음. 주의! ¶따라가다/-나서다/-다니다/-붙다/-서다/-오다/-잡다/-잡히다[동]. 그럼에도, 《표준》에서 관용구 '뜻(을) 받다'의 뜻풀이에서 '남의 뜻을 이어받아서 그대로 따라하다'로 오기하고 있음.《표준》의 실수로 보임. (다만 보조용언 붙여쓰기를 적용한 것으로 볼 때는 '하다'가 보조용언이므로 허용되는 표기지만, 사전에서는 붙여쓰기를 적용하지 않음.) ②흔히 오용하는 '따라마시다≒따라먹다'는 '앞지르다'의 잘못.
　따라붙다[동] ①앞선 것을 바짝 뒤따르다. ②현상/조건/물건/사람 따위가 늘 붙어 다니다.
　따라서다[동] ①뒤에서 쫓아가서 나란히 되다. ②남이 가는 데에 좀 뒤에서 같이 나서다.

◆젊은 녀석이 그리 **게을러 빠져서야**: 게을러빠져서야의 잘못. ←**게을러빠지다**[원]
　그리 **게을러 터져** 어따 쓸까: 게을러터져, 언다의 잘못. ←**게을러터지다**[원]
　겔러빠진 놈; **겔러터진** 녀석: 맞음.
　[설명] '게을러빠지다'와 '게을러터지다'는 복수표준어. 그 준말이 각각 '겔러빠지다/겔러터지다'임. ☞[참고] '게으름'의 준말은 '게름'.

◆그는 우리 모임의 **대표격**이야: **대표 격**의 잘못. ⇐'격'은 의존명사.

◆숙박비를 신용카드로 **결재**했다: **결제**의 잘못.
　결제하다[決濟-][동] ①일을 처리하여 끝을 내다. ②증권/대금을 주고받아 매매 당사자 사이의 거래 관계를 끝맺다.
　결재[決裁][명] 결정할 권한이 있는 상관이 부하가 제출한 안건을 검토하여 허가하거나 승인함. '재가(裁可)로 순화. [유]재결.

◆**과장겸 국장**; 친구도 **만날겸** 구경도 **할겸**: **과장 겸 국장**; **만날 겸, 할 겸**의 잘못.
　[설명] '겸'은 의존명사. 〈예〉장관 겸 부총리; 뽕도 딸 겸 임도 볼 겸.

◆[고급]♣**겹받침 'ᆪ, ᆬ, ᆲ, ᆳ, ᆴ, ᆹ'의 발음: 표준 발음법 제10항**

　[예제] '한 곬으로'는 **[한 고쓰로]**로 읽는다: **[한 골쓰로]**의 잘못.

　　　　'밟는'의 올바른 발음은 **[밤:른]**이다: **[밥:는]**의 잘못.

　[설명] ①어말/자음 앞에서 겹받침 'ᆪ/ᆬ/ᆲ/ᆳ/ᆴ/ᆹ'은 각각 {ㄱ/ㄴ/ㄹ/ㅂ}으로 발음함. 즉, 'ᆪ'은 {ㄱ}으로, 'ᆬ'은 {ㄴ}으로 발음되고, 'ᆲ/ᆳ/ᆴ'은 {ㄹ}로 발음되며, 'ᆹ'은 {ㅂ}으로 발음되는 것으로 겹받침에서 둘째 받침이 탈락하는 경우들임. 〈예〉넋{넉}/넋과{넉꽈}/몫{목}/몫도{목또}/몫까지{목까지}; 앉다{안따}/앉다{언따}/앉지{언찌}/앉고{언꼬}; 여덟{여덜}/넓다{널따}/얇다{얄:따}/얇지{얄:찌}/얇고{얄:꼬}; 외곬{외골}/한 곬으로{한골쓰로}/외곬으로{외골쓰로}; 핥다{할따}/훑다{훌따}/훑지{훌찌}/훑고{훌꼬}; 값{갑}/없다{업:따}. ②단, '밟-'은 자음 앞에서 {밥}으로 발음하고, '넓-'은 파생어/합성어의 경우에 {넙}으로 발음함. 〈예〉㉮밟다{밥:따}/밟소{밥:쏘}/밟지{밥:찌}/밟는{밥:는→밤:는}(○)/밟른(×)/밟게{밥:께}/밟고{밥:꼬}. ㉯넓다'의 경우에도 {ㄹ}로 발음하여야 하지만, 파생어나 합성어의 경우에 '넙'으로 표기된 것은 {넙}으로 발음함. 〈예〉넓적하다{넙쩌카다}, 넓죽하다{넙쭈카다}, 넓둥글다{넙뚱글다}' 등. {ㄹ}로 발음되는 경우에는 아예 '널따랗다/널찍하다/짤따랗다/짤막하다/얄따랗다/얄찍하다/얄팍하다' 등과 같이 표기하도록 한글 맞춤법 제21항에서 규정하고 있음. 즉, '널따-/널찍-/짤따-/짤막-/얄따-/얄찍-/얄팍-' 등의 새로운 어근을 인정하는 것. ☞♣**'-다랗다'가 들어간 말 중 주의해야 할 것들** 항목 참조.

◆[고급]♣**겹받침 'ᆰ, ᆱ, ᆵ'의 발음: 표준 발음법 제11항**

　[예제] '읊지/읊고'는 **[읍찌/읍꼬]**로 읽는다: **[읖찌/읖꼬]**의 잘못.

　　　　'맑지/붉고'는 **[말찌/북꼬]**로 읽는다: **[막찌/불꼬]**의 잘못.

　[설명] ①어말/자음 앞에서 겹받침 'ᆰ/ᆱ/ᆵ'은 'ㄹ'을 탈락시키고 각각 {ㄱ/ㅁ/ㅂ}으로 발음함. 〈예〉흙{흑}/흙도{흑또}/흙까지{흑까지}; 삶{삼:}/삶도{삼:도}/삶과{삼:과}; 닭다{닥따}/닭지{닥찌}/닭고{닥꼬}; 읊다{읍따}/읊지{읍찌}/읊고{읍꼬}. ②단, 'ᆰ'만은 위에 예시한 체언의 경우와 달리, 용언의 경우에는 뒤에 오는 자음의 종류에 따라 두 가지로 발음됨. 즉 'ㄷ/ㅈ/ㅅ' 앞에서는 {ㄱ}으로 발음하지만, 'ㄱ' 앞에서만은 이와 동일한 'ㄱ'은 탈락시키고 {ㄹ}로 발음함.

　(1){ㄱ}으로 발음하는 경우: 맑다{막따}/맑지{막찌}/맑습니다{막씀니다}; 늙다{늑따}/늙지{늑찌}/늙습니다{늑씀니다}; 붉다{북따}/붉지{북찌}.

　(2){ㄹ}로 발음하는 경우: 맑게{말께}/맑고{말꼬}/맑거나{말꺼나}; 늙게{늘께}/늙고{늘꼬}/늙거나{늘꺼나}; 붉게{불께}/붉고{불꼬}/붉거나{불꺼나}.

　[활용] 파생어인 '갉작갉작하다/갉작거리다/굵다랗다/굵직하다/긁적거리다/늙수그레하다/늙정이/얽죽얽죽하다' 등의 경우에도 'ㄱ' 앞이 아니므로 역시 {ㄱ}으로 발음함. {ㄹ}로 발음되는 경우에는 한글 맞춤법 제21항에서 아예 '말끔하다/말쑥하다/말쌍하다' 등과 같이 'ᆰ'을 버리고 'ㄹ'만 받침으로 적도록('맑'→'말') 규정하였음.

◆♣**겹받침 뒤에서의 음운 표기 원칙**

　[예제] 그처럼 **짤다란** 걸로 뭘 하나: **짤따란**의 잘못. ←**짤따랗다**[원]

　　　　붉으스름한[불그레한] 해[얼굴]: **불그스름한[발그레한]**의 잘못.

　　　　널다란 곳에 가서 놀아라: **널따란**의 잘못. ←**널따랗다**[원]

　　　　너무 **달디단** 건 이에 안 좋다: **다디단**의 잘못 ←**다디달다**[원]

　　　　그건 너무 **가느다느다랗다**: **가늘디가늘다**의 잘못 ←**가늘디가늘다**[원]

　[설명] ①'ㅂ' 받침 탈락: 겹받침 'ᆲ'에서 의미소의 흔적인 뒤의 받침이 발음되지 않을 때. 〈예〉넓다{널

따)→널찍하다; 얇다{얄따}→얄팍하다/얄찍하다; 짧다{짤따}→**짤따**랗다. 즉, 원형 어간 받침 −ㄿ−에서 −ㅂ−이 탈락하면서 그 다음의 격음/경음(ㅉ/ㅍ/ㄸ)과 연결되는 형식. 즉, 받침이 'ㄿ'일 때만 적용됨. ②음운 표기 일반 원칙: 겹받침에서 뒤의 받침이 발음될 때는 원형을 밝혀 적음. 〈예〉굵다{국따}: 겹받침 −ㄺ−의 뒤인 −ㄱ−이 발음되므로, '굵다랗다'. 〈예〉굵적거리다/굵죽대다/넓적하다/넓죽하다/늙수그레하다/얽죽얽죽하다'. 반대로, 의미와 거리가 먼 앞의 받침이 발음되면 소리 나는 대로 적음. 〈예〉넓다{널따}→**널따**랗다/널찍하다; 말끔하다/말쑥하다/말짱하다; 발{불}그스름하다; **얄따**랗다/얄팍하다; **짤따**랗다/짤막하다. 그러므로, 정확한 발음 습관 중요함: 얇다{얄따}/짧다{짤따} ☞♣'−다랗다'가 들어간 말 중 주의해야 할 것들 및 ♣원형을 밝혀 적는 것과 밝혀 적지 않는 것 항목 참조. [중요] 이러한 어근 표기 변화는 어미와 연결될 때가 아니라, 접미사류와 결합할 때 생기는 현상임. 〈예〉넓은/널따랗다; 얇고/얄팍하다; 붉은/불그레하다. ③[고급] 다디달다(○); 머다랗다(○); 자디잘다(○)의 경우는 단음절 어근('달−', '멀−', '잘−')이 그 다음에 '디−/다−' 등과 결합하여 동일 계열의 발음이 되풀이될 때, −ㄹ−이 탈락된 연결형을 채택하여 새로운 원형을 만든 것. [주의] '가늘디가는'의 경우는 '가늘'의 의미소(어근)를 살리기 위하여 '가늘디가늘다'를 원형으로 유지한 것. ☞♣겹받침 'ㄳ, ㄵ, ㄼ, ㄽ, ㄾ, ㅄ'의 발음 및 ♣겹받침 'ㄹ, ㄻ, ㄿ'의 발음 항목 참조.

◆♣겹피동(이중 피동)으로 쓰지 않아도 될 데서 흔히 잘못 쓰는 표현들
[예제] 내쳐진 여인보다 **잊혀진** 여인이 더 불쌍하다: **잊힌**의 잘못.
　　　　한 번 잘못 **엮여지면** 신세 망칠 수도 있지: **엮이면**의 잘못.
　　　　그렇게 **생각되어질** 수도 있지요: **생각될**의 잘못.
[설명] 피동사 '잊히다'에 또 다른 피동형 '−어지다'가 보태져 '잊혀지다'를 만든 것처럼 잘못된 이중피동 사례: 잊혀지다(×)/잊히다(○); 얽혀지다(×)/얽히다(○); 엮여지다(×)/엮이다(○); 읽혀지다(×)/읽히다(○); 불리어지다(×)/불리다(○); 생각되어지다(×)/생각되다(○); 극복되어지다(×)/극복되다(○). ☞상세한 사항은 ♣이중 피동의 잘못된 쓰임들 항목 참조.
[예외] '−어지다'가 쓰인 경우지만, '**알려지다/밝혀지다**' 등의 낱말은 예외임.

◆**2월말경께** 전부 해결해 드리겠습니다: **2월말경**(혹은 **2월말께**)의 잘못.
[설명] '경(頃)'과 '께'는 '무렵/쯤'을 뜻하는 같은 의미의 접사. 둘 중 하나만 써도 족하며, 겹쳐 쓰는 것은 불필요한 중복이자 잘못.

◆벌써 **경노당**에 드나들 나이는 아니잖은가: **경로당**의 잘못.
[참고] 인간의 **생노병사**는 하늘의 뜻: **생로병사**의 잘못.
[설명] 단어의 첫머리가 아니므로 모두 두음법칙에 따라 본음대로 적음. 그러나 '경로'의 발음은 {경노}임! 〈예〉초노(初老)(×)/초로(初老)(○); 촌노(村老)(×)/촌로(村老){촐:로}(○); 연노(年老)(×)/연로(年老){열로}(○).

◆요즘 세상에 **경우바른** 이 드물다: **경우 바른**의 잘못. ⇐'경우(가) 바르다'관.
　경위 바른 사람인줄 알았는데 영 아니군: **경우 바른**의 잘못.
　사건의 앞뒤 **경우**도 모르는 사람이 그걸 처리하겠다고?: **경위**가 적절함.
[설명] ①'경우'는 '놓여 있는 조건이나 놓이게 된 형편/사정'의 뜻 외에도, '사리/도리'를 뜻하는 말로서, '경우가 아니다(옳다/서다)', '경우에 닿다(마땅하다/맞다/틀리다)' 등으로 쓰임. 한편, '경위(經緯)'는 '직물(織物)의 날과 씨를 아우르는 말'이기도 하지만 '일이 진행되어 온 과정을 뜻하기도 함. 〈예〉사건

의 경위도 모르는 사람이 나서서 설친다.

◆사건의 연속이라 지금은 **경적다[景-]**: '**경황없다**'의 잘못. 없는 말.
　경황없다〈형〉 몹시 괴롭거나 바쁘거나 하여 다른 일을 생각할 겨를/흥미가 전혀 없다.

◆어휴. 그 여자 **곁땀내** 한 번 지독하더군: **암내**의 잘못. 없는 말.
　[설명] '곁땀내'는 없는 말. '곁땀'(겨드랑이에서 나오는 땀)에는 '암내'의 의미가 없음.
　암내1〈명〉 체질적으로 겨드랑이에서 나는 고약한 냄새.
　암내2〈명〉 암컷의 몸에서 나는 냄새. 발정기에 수컷을 유혹하기 위한 것.

◆회장님의 말씀이 **계시겠습니다**: **있겠습니다**의 잘못. ⇐대우법 잘못.

◆**계피떡** 맛있지. 특히 봄철의 **쑥계피떡**은 우리 집 별미야: **개피떡**의 잘못.
　쑥 철이니 **쑥개떡**이나 만들어 먹을까: **쑥개피떡**(혹은 **쑥 개떡**)의 잘못.
　[설명] ①'개피떡'은 계피(桂皮)와는 전혀 무관함. 참기름 발린 반달 모양의, 쌀로 만든 떡임. ②'개떡'은
　쌀이 아닌 재료로 아무렇게나 반대기를 지어 찐 떡으로 맛과 질에서 쌀로 만든 '개피떡'에 한참 뒤짐.
　'쑥 개떡'도 굳이 만들자면 만들 수는 있으나, 개떡에 쑥까지 챙겨 넣는 일은 아주 드묾.
　개피떡〈명〉 흰떡/쑥떡/송기떡을 얇게 밀어 콩가루나 팥으로 소를 넣고 오목한 그릇 같은 것으로 반달 모
　양으로 찍어 만든 떡. ¶쑥개피떡, 송기개피떡[松肌-]〈명〉.
　개떡〈명〉 ①노개/나개/보릿겨 따위를 반죽하여 아무렇게나 반대기를 지어 찐 떡. ②(비유) 못생기거나 나
　쁘거나 마음에 들지 않는 것.

◆여기 이 방은 어찌 이리 **추울고?**: **추울꼬?**의 잘못.
　[유사] 네가 감히 나에게 덤빌**소냐?**: 덤빌**쏘냐?**의 잘못.
　[설명] 의문 종결어미에서 경음을 사용하는 것으로는 '**-ㄹ까/-ㄹ꼬/-ㄹ쏘냐/-ㄹ깝쇼**' 등이 있음.
　[참고] 쥐면 터질**쎄**라(×)/터질세라(○); 불면 날아갈**쎄**라(×)/날아갈세라(○); 어디 한번 해볼**껀**나(×)/해볼거
　나(○); 여기설**라문**(×)/여기설랑은(○) 뛰지 마라.

◆[주의] **~고 지고**: 띄어 씀.
　[설명] ①'천년만년 살고 지고; 다시 한 번 보고 지고; 내 고향에 가고 지고'와 같이 '-고 지고' 구성으로
　쓰이는 말. 여기서 '지다'는 예스러운 표현으로, 앞말이 나타내는 동작을 소망함을 이르는 보조형용
　사임. ②[고급] 기원을 나타내는 '하여 지이다; 이뤄 지이다'와 같은 예스러운 표현에서는 앞말이 '-
　아/-어' 활용이므로 '하여지이다/이뤄지이다'와 같은 붙여쓰기도 허용된다고 보아야 할 것임. '~고 지
　고'는 이에 해당되지 않으므로, 반드시 띄어 씀.

◆**고개**가 땅에 닿을 정도로 허리를 굽혔다: **머리**가 나으나, '고개'도 가능함.
　[설명] '고개'는 엄밀히 말하면 '목의 뒷등이 되는 부분'으로서 누워야만 땅에 닿을 수 있는 부분이지만,
　'머리 부분'을 뜻하는 말로도 쓰이므로 사용 가능함.
　고개〈명〉 ①목의 뒷등이 되는 부분. ②사람/동물의, 목을 포함한 머리 부분. ¶고개를 내저었다; 뒤에서
　부르는 것 같아 고개를 돌렸다.

◆**고급스런** 집과 차만 있다고 사람도 고급인가: **고급스러운**의 잘못.

　[설명] '-스럽다' 형의 형용사들은 '-스러워/-스러우니/-스러운'으로 활용하므로(파생어 부사는 '-스레'), '-스런'의 형태는 잘못. 없는 활용임. ☞**'-스럽다' 꼴의 형용사들의 활용 중 유의해야 할 사항** 항목 참조.

◆이제 **고기국 깨나** 먹게 되었다고 거드름을 피우나: **고깃국깨나**의 잘못.

　[설명] ①'-국' 앞에 받침이 없는 말이 올 때는 예외 없이 사이시옷을 받침: 냉이국(×)/냉잇국(○); 시래기국(×)/시래깃국(○); 근대국(×)/근댓국(○); 무국(×)/뭇국(○); 동태국(×)/동탯국(○); 북어국(×)/북엇국(○); 선지국(×)/선짓국(○); 순대국(×)/순댓국(○); 우거지국(×)/우거짓국(○); 김치국(×)/김칫국. ②'깨나'는 조사.

◆**고까옷**이나 **꼬까옷**이나 **때때옷**이나: 맞음. 모두 복수표준어.

　때때옷/고까옷/꼬까옷몡 알록달록하게 곱게 만든 아이의 옷을 이르는 어린아이의 말.

◆**고냉지** 배추: **고랭지(高冷地)**의 잘못. (**고랭지**: 저위도+표고 600미터 이상+한랭한 곳).

　[유사] 공냉식(×)/수냉식(×)도 각각 '공랭식(空冷式)/수랭식(水冷式)'의 잘못. ☞**'두음법칙'** 항목 중 표기 주의 낱말 참조.

◆나날이 **고달퍼지는** 우리들의 삶: **고달파지는**의 잘못. ⇐ 모음조화.

　[설명] '고달프다'는 모음조화에 따라 '고달파, 고달프니' 등으로 활용함. '-프-'에 쓰인 'ㅡ' 모음은 모음조화에서는 기능하지 않으며(중립), 그 앞 음절의 '-달-'이 양성모음이므로 '퍼(×)/파(○)'임. ☞♠**모음조화의 활용 예** 항목 참조.

◆술밥으로 쓰려면 **고두밥**이어야 해: **지에밥**의 잘못.

　[설명] '고두밥'은 고들고들한 밥이고 시루에 찐 밥은 '지에밥'. 술밑은 지에밥으로 함.

　고두밥몡 ①아주 되게 지어져 고들고들한 밥. ②'지에밥(찹쌀/멥쌀을 물에 불려서 시루에 찐 밥)'의 잘못.

　지에밥몡 찹쌀/멥쌀을 물에 불려서 <u>시루에 찐 밥</u>. 약밥/인절미를 만들거나 술밑으로 씀.

◆**고래등 같은** 기와집에서 살던 사람이: **고래 등 같은**의 잘못.

　[설명] ①흔히 쓰는 '고래등 같다'는 '고래 등 같다'를 잘못 쓴 것이며, 일부 사전에서 '고래등같다'를 한 낱말로 다루기도 하나 이는 잘못. ②'고래등'은 '고랫등'의 북한어.

　고랫등몡 구들장을 올려놓는 방고래와 방고래 사이의 약간 두두룩한 곳.

　고래 등 같다괜 주로 기와집이 덩그렇게 높고 큼을 이르는 말.

◆그건 아주 옛날 **고리짝** 시절 얘기지: **고릿적**의 잘못.

　[참고] **소시짝/소시쩍**엔 나도 힘 좀 썼지: **소싯적**의 잘못.

　[설명] 여기서 쓰인 '적'은 지나간 어떤 때/시절을 뜻하는 말로서(의존명사), 복합어를 만드는 데 쓰였음.

　[보충] 일부 책자에서는 고려 시대를 뜻하는 '고려(高麗)적'이라는 말이 '고리짝'으로 전와했다는 설명도 있음.

　고릿적몡 옛날의 때.

소싯적[少時-]몡 젊었을 때.

◆참으로 엄청 **고생고생 했다**: **고생 고생 했다**로 띄어 써야 함.

  [설명] 일부 사전에는 '고생고생'이 부사로 나오지만, 《표준》엔 없음. 명사의 부사적 용법, 곧 부사어 첩어 사용으로서 일반적으로 붙여 써야 할 듯하지만, 아직은 표제어에 없고 용례에도 보이지 않음.

  [참고] 현재 부사어로 부사성 구 형태('먹을 만큼 먹었다'에서의 '먹을 만큼', '하고 싶은 대로 하렴'에서의 '하고 싶은 대로' 따위)까지는 인정되고 있으나 '고생고생'과 같은 명사 첩어 형태의 부사어는 '간간(間間)' 등과 같이 정식 부사 인정된 경우를 제외하고는 공식적으로 인정되고 있지 아니함.

◆**고손[高孫]**과 **현손[玄孫]**은 엄연히 다른 말이야: 동의어임.

  [설명] 일부 사전에, '고손'을 '현손의 잘못'으로 잘못 규정.

  고손[高孫]≒현손[玄孫]몡 증손자의 아들.

◆가뭄 탓인지 꽃들이 **고스라지네**: **고스러지네**의 잘못. ←고스러지다[원]

  고스러지다통 ①꽃/벼 따위가 고부라져 앙상하게 되다. ②나이가 들거나 병에 걸려 기운이 빠지다.

◆욕실엔 늘 **고슬고슬**한 수건이 있었다: **가슬가슬한**의 잘못. ←**가슬가슬**하다[원]

  새로 산 솥을 쓰니 밥이 **가슬가슬하군**: **고슬고슬하군**의 잘못. ⇐**가실가실** 항목 참조. '가실가실하다' 〈까실까실~〉는 북한어.

◆♣**고유명사의 띄어쓰기와 붙여쓰기 허용**

  [예제] **국립중앙박물관**이 맞나, **국립 중앙 박물관**이 맞나: 둘 다 쓸 수 있음.

        예술의전당이라고 붙여 쓸 수 있나: **예술의 전당**으로 써야 함.

  [설명] 한글 맞춤법 제49항에서 성명 이외의 고유명사는 낱말별로 띄어 씀을 원칙으로 하되, 단위별로 띄어 쓸 수 있다고 규정. (여기서 '단위'는 '독립적인 지시 대상물'을 뜻함). 예컨대, 낱말별로 띄어 쓴 '한국 상업 은행 명동 지점 적금계'의 경우 '한국 상업 은행/명동 지점/적금계'의 세 단위로 나뉘므로, '한국상업은행 명동지점 적금계'로 붙여 적을 수 있음(허용). 그러나 '예술의 전당'처럼 조사나 용언의 활용형으로 연결된 고유명사는 한 단위라 할지라도 '예술의전당'으로 붙여 쓸 수 없음. 〈예〉월드컵 공원/예술의 전당/한옥 마을/국립 중앙 박물관/광화문 광장(원칙) ⇒월드컵공원/한옥마을/국립중앙박물관/광화문광장'(○)(허용). 예술의전당(×)/서울시민의공원(×).

◆사골을 **고으면**: **고면**의 잘못. ←**고다**[원]

  [설명] '사골을(소주를) 고다'에서 보듯 '고다'는 규칙동사로서, 활용은 '고니/고면/고네'(○)이며 '고으니/고으면/고으네'(×).

  고다통 ①고기/뼈 따위를 무르거나 진액이 빠지도록 끓는 물에 푹 삶다. ②졸아서 진하게 엉기도록 끓이다. ③술 따위를 얻기 위하여 김을 내어 증류하다.

◆할머니께 특별히 **고임**을 받다: **굄**의 잘못. ←**괴다**[원]. '**고이다**'가 아님.

  [참고] 젯상에 저 **괴임새**가 도대체 뭐냐: **제상(祭床)**, **고임새(굄새)**의 잘못.

  [설명] ①사랑과 관련된 말은 원형이 '괴다'. 그런데, '고이다'의 준말도 '괴다'여서 '굄'은 두 말의 명사형이기도 함. ②'고임새'는 고임('고이다'의 명사형. 준말은 '굄')+새(접사)로 이뤄진 말.

괴다[통] (예스러운 표현으로) 특별히 귀여워하고 사랑하다.

고이다≒**괴다**[통] ①기울어지거나 쓰러지지 않도록 아래를 받쳐 안정시키다. ②의식/잔칫상에 쓰는 음식이나 장작, 꼴 따위를 차곡차곡 쌓아 올리다. ③웃어른의 직함을 받들어 쓰다.

◆요즘 누가 **고장난** 시계를 고쳐서 쓰나: **고장 난**의 잘못.

　[참고] 갑자기 방에서 **소리나는** 바람에: **소리 나는**의 잘못.

　[설명] '고장나다'는 없는 말. '고장 나다'의 잘못. '소리나다' 또한 없는 말임.

◆무료로 배포하**고저**/배포하**고져** 하오니: **-고자**의 잘못. ⇐모음조화.

　[설명] '-고자'는 어떤 행동을 할 의도/욕망을 가지고 있음을 나타내는 연결어미로서, '-고저/-고져'는 잘못.

◆**고즈넉히(고즈너기)** 내 말을 듣고만 있던 그가 갑자기: **고즈넉이**의 잘못.

　[설명] ①'고즈넉이'와 같이 '-이'를 붙여 부사화할 때 어원(의미소)이 분명하면 밝혀 적음: 〈예〉일찍이/ 외톨이/생긋이/어렴풋이/오뚝이. ②'고즈넉하다'이므로, 일반 원칙대로라면 '고즈넉히'가 맞으나, 어간 끝받침이 'ㄱ'인데다 실제 발음도 {고즈넉이}로 발음. ☞♣**'-이'로 끝나는 부사들 중 유의해야 하는 것들** 항목 참조.

◆**고함소리**에 잠을 깨고 보니: **고함**의 잘못. ⇐없는 말.

　[설명] '고함'에는 '소리'가 주된 의미로 포함됨. 명백한 중복. 그럼에도 《표준》에는 고함질을 '고함 소리를 내는 짓'으로 풀이. ☞**기합 소리** 항목 참조.

　고함[高喊][명] 크게 부르짖거나 외치는 소리.

◆♣**'곤경/곤욕/곤혹'의 쓰임**

　[예제] 내가 그 질문을 하면 그를 ( )에 빠뜨릴 것 같았다: **곤경**이 적절.

　　　　내게 몹시 ( )스러운 질문만 골라서 하더군: **곤혹**이 적절.

　　　　그런 심한 ( )을 당하고도 의연하더군: **곤욕**이 적절.

　[설명] **곤경(困境)**: 어려운 형편/처지. ¶곤경에 빠뜨리다.

　　　　곤욕(困辱): 심한 모욕. 또는 참기 힘든 일. ¶곤욕을 치르다/~을 겪다/~을 당하다.

　　　　곤혹(困惑): 곤란한 일을 당하여 어찌할 바를 모름. ¶곤혹을 느끼다.

◆거꾸로 **곤두박힌** 채 꼼짝 못했다: **곤두박인**의 잘못. ←곤두박**이**다(피동).

　[참고] 그 자리에 **붙박힌** 듯 꼼짝하지 못했다: **붙박인** 듯의 잘못.

　[설명] '곤두박다(높은 데서 거꾸로 내리박다)'의 피동은 '곤두박이다'. 〈예〉곤두박이[명] 높은 데서 떨어지는 일. 또는 그런 상태)'. '곤두박이치다'[통]

　[주의] '박다'의 피동형은 '박히다'. 그리고 파생어들도 '-박히다'가 많음: '뿌리박히다/내리박히다/들이박히다'. 그러나, '붙박이다/곤두박이다/명씨박이다'만은 '-박이다'임. 특히, 주의할 것으로, 사진을 '박다'에서 피동형은 '박히다'이지만, 사동형은 '박이다'임. ¶여인은 첫딸을 사진관으로 데려가 사진을 박였다.

◆그 사건이 자꾸 **떠오르곤했다**: **떠오르곤 했다**의 잘못.

[설명] '떠오르곤'에 쓰인 '-ㄴ'는 앞말이 관형어 구실을 하게 하는 어미로, 반드시 뒤의 '하다'와는 띄어 적음. 이는 '하다' 앞에서 구의 형태로 수식하는 구조와도 흡사하다 볼 수 있음. (예): 자주 먹곤 하다, 가끔 오가곤 하다, 하곤 하다

◆뭘 그리 **골돌히** 생각하고 있는고?: **골똘히**의 잘못. ⇐소리 나는 대로 쓰기 원칙.
   [설명] 이와 비슷한 '골몰(汨沒)하다'는 한자어에서 온 말이지만, '골똘'은 어원에서 멀어진 말이므로 소리 나는 대로 적음.

◆그 **골목장이** 끝집이 바로 **개녜** 집이야: **골목쟁이**, **개네** 집의 잘못.
   [설명] 'ㅣ' 모음 역행동화 관련어 처리에서, 역행동화를 허용해도 어근의 의미에 변화가 없거나 영향이 적은 경우 (위의 경우는 '골목'), 역행동화를 허용함. ☞**'ㅣ' 모음 역행동화** 항목 참조.

◆코골이가 심한 녀석이 술에 **골아떨어졌으니**, 그 소리야 말 안 해도: **곯아떨어졌으니**의 잘못. ⟵**곯**아떨어지다[원]
   사업에서 크게 **골아 떨어지고** 나면 충격이 크지: **곯아떨어지고**의 잘못.
   [설명] 두 개의 용언이 어울려 한 개의 용언이 될 적에 앞말의 본뜻이 유지되고 있는 것은 그 원형을 밝히어 적음. 즉, '곯아떨어지다'의 경우 '곯다'의 의미가 유지되므로 '곯아떨어지다'로 적고, '골아떨어지다'는 버림.
   곯다[통] ①속이 물크러져 상하다. ②(비유)은근히 해를 입어 골병이 들다.
   곯아떨어지다[통] ①몹시 곤하거나 술에 취하여 정신을 잃고 자다. ¶졸음을 이기지 못하고 잠에 곯아떨어지다. ②크게 손해를 입거나 낭패를 당하다.

◆상처가 **곪기지** 않게 어서 병원에 가봐: **곰기지**(혹은 **곪지**)의 잘못. ⟵**곰기다/곪다**[원]
   [설명] '곪다'와 '곰기다'는 아래와 같이 뜻이 다르며, '곪기다'는 '곰기다'의 잘못.
      곪다: 상처에 염증이 생겨 <u>고름이 들게</u> 되다.
      곰기다: 곪은 자리에 딴딴한 <u>멍울이 생기</u>다.

◆**곰곰히** 생각해 봤는데, 도저히 안 되겠더군: **곰곰이**(**곰곰**)의 잘못.
   [비교] 일을 좀 더 **꼼꼼이** 하도록: **꼼꼼히**의 잘못. 규칙 활용. ⟵**꼼꼼하다**[형]
   [설명] '곰곰이'는 '곰곰'이라는 부사 뒤에 '-이'가 덧붙은 것임. 이 같은 부사들: 곰곰이/더욱이/오뚝이/일찍이… ☞**'-이'로 끝나는 부사들** 항목 참조.

◆그년이 사내 앞에서 얼마나 **곰살맞게** 구는지: **곰살궂게**(혹은 **곰살갑게**)의 잘못.
   [암기도우미] '곰살갑다'에 쓰인 '-살갑다'는 있어도 '곰살맞다'의 '-살맞다'는 우리말에 없는 말.
   곰살갑다[형] 성질이 보기보다 상냥하고 부드럽다.
   곰살궂다[형] ①태도/성질이 부드럽고 친절하다. ②꼼꼼하고 자세하다.

◆비타민 결핍증으로 **곱사병**도 있지: **곱삿병**(≒구루병)의 잘못.

◆**곱질린** 다리를 그리 써서야: **접질린**(혹은 **겹질린**)의 잘못. ⟵**접질리다/겹**~[원]
   [설명] '곱질리다'는 '접질리다/겹질리다'의 잘못. '접질리다/겹질리다'와 비슷한 '곱디디다'와 혼동해서 생기

는 현상.

[암기도우미] 곱디디는 바람에 왼발을 접질렸다/겹질렸다.

겹질리다통 몸의 근육/관절이 제 방향대로 움직이지 않거나 지나치게 빨리 움직여서 다치다.

접질리다통 ①심한 충격으로 지나치게 접혀서 삔 지경에 이르다. ②(비유) 기가 꺾이다. [유]삐다.

곱디디다통 발을 접질리게 디디다.

◆♣**돼지 곱창**은 없다?: 현재의 《표준》에 의하면 '돼지 곱창'은 잘못.

[설명] '곱창'은 '소의 작은창자'. 따라서 돼지의 경우는 곱창이 있을 수 없음. '돼지 작은창자(소장)' 정도임.

[참고] 어원 정보에 의하면, '곱창'은 의미적으로 '기름'이라는 뜻의 '곱'과 '창자'의 '창'이 결합하여 만들어진 낱말로 보임(출처: 21세기 세종계획, 한민족 언어 정보 검색). 따라서 뜻풀이를 '소/돼지의 작은창자' 등으로 조금만 바꾸면 '돼지 곱창'을 허용할 수도 있을 듯함.

◆정성껏 한땀한땀 **공그리는** 여인의 모습: **한 땀 한 땀**, **공그르는**의 잘못. ←**공그르다**[원]

그는 마음을 단단히 **공그리며** 복수를 별렀다: **공글리며**의 잘못. ←**공글리다**[원]

공그르다통 형겊의 시접을 접어 맞대어 바늘을 양쪽의 접힌 시접 속으로 번갈아 넣어가며 실 땀이 겉으로 드러나지 않게 속으로 떠서 꿰매다.

공글리다통 ①바닥 따위를 단단하게 다지다. ②일을 틀림없이 잘 마무리하다. ③흩어져있는 것을 가지런히 하다. ④마음/생각 따위를 흔들리지 않도록 다잡다.

◆**공냉식/수냉식**: **공랭식(空冷式)/수랭식**의 잘못.

[유사] '고냉지': 고랭지(高冷地)의 잘못. ☞♣**두음법칙과 한자어 및 특수한 고유어/외래어** 항목 참조.

◆여태 **공념불**만 한 셈이지: **공염불**의 잘못. ☞♣**두음법칙과 한자어 및 특수한 고유어/외래어** 항목 참조.

◆**공작부인(公爵夫人)**이라고 해서 다 공작부인(孔雀夫人)은 아니지: **공작(公爵) 부인(夫人)**의 잘못.

[설명] ①공작부인(孔雀夫人)은 합성어지만, 작위를 이르는 '공작(公爵)'과 '부인(夫人)'은 각각의 낱말이므로 띄어 씀. ②'백작 부인', '남작 부인' 등도 마찬가지로 띄어 적음. ③-부인'의 대표적 합성어로는 '유한부인(有閑夫人)/정실부인(正室夫人)/정절부인(貞節夫人)/동영부인(同令夫人)' 등이 있음.

[참고] '양귀비'나 '장희빈'의 경우도 '귀비/희빈'은 작위이므로 '양 귀비'와 '장 희빈'으로 띄어 적어야 올바름.

공작부인(孔雀夫人)명 (비유) 화려하게 차린 아름다운 여인.

동영부인(同令夫人)명 존경하는 부인과 함께라는 뜻으로, 초청장 따위에서 부부 동반을 이름. '동령부인'은 잘못이며 북한어.

◆**비오는** 날은 **공 치는** 날: **비 오는**, **공치는**의 잘못. ⇐'비오다'는 없는 말.

공치다[空-]≒공때리다[空-]통 무슨 일을 하려다가 목적을 이루지 못하고 허탕 치다.

◆선거에서 **과반 이상**의 의석을 차지했다: **과반**으로 족함.

과반수 이상의 찬성으로 가결되었다: **과반수**로 족함.

[설명] '과반(過半)'은 '절반이 넘음'을 뜻하므로, 이미 절반 이상이라는 의미가 그 안에 담겨 있는 말. 따

라서 '이상'이라는 말은 불필요한 중복이자 덧대기. 그러나 이미 굳어 있는 관용 표현이므로 허용하자는 의견도 있음.

◆그 집 **과즐**은 맛도 좋고 정성이 돋보이지: **과줄**의 잘못.
　　과줄[명] ①꿀과 기름을 섞은 밀가루 반죽을 판에 박아서 모양을 낸 후 기름에 지진 과자. ②강정/다식(茶食)/약과(藥果)/정과(正果) 따위의 총칭.

◆성냥**곽** 같은 아파트들. 비눗**곽**에 남은 조각 비누: 성냥☒, 비눗☒의 잘못.
　　[설명] 여기서 쓰인 '곽'은 '갑(匣)(물건을 담는 작은 상자)'의 잘못. 본래 '곽(槨)'은 '널(시체를 넣는 관/곽 따위의 총칭)을 넣기 위해 따로 짜 맞춘 매장(埋葬) 시설로서 일반적으로 나무로 만들어진 것'을 뜻하며, 다른 뜻으로는 쓰이지 않는 말.

◆선생님께서 말씀하시는 중에 이렇게 자꾸 **관여**하시면 곤란합니다: **간여**의 잘못.
　　관여[關與]: 관계하여 참여. ¶이번 일에 관여한 사람들은 백 명도 더 된다.
　　간여[干與]: 관계하여 참견. ¶말씀 중에 간여하시면 안 되죠.

◆♣[주의] 띄어쓰기에서 관용구와 헷갈리기 쉬운 것들
　　[예제] 워낙 **발빠른** 친구라서: **발(이) 빠른**의 잘못. 관용구.
　　　　얼른 **정신차리시게**: **정신(을) 차리시게**의 잘못. 관용구.
　　　　한번 **맛들이면** 끊기 어렵지: **맛(을) 들이면**의 잘못. 관용구.
　　　　참 **속탈** 노릇: **속(이) 탈**의 잘못. 관용구.
　　　　말많은 사람: **말(이) 많은**의 잘못. 관용구.
　　　　멍지도록 맞았다: **멍(이) 지도록**의 잘못. 관용구.
　　　　금간 그릇: **금(이) 간**의 잘못. 관용구.
　　　　뜸들이지 말고 얼른: **뜸(을) 들이지**의 잘못. 관용구.
　　　　거기서 이미 **손씻었어**: **손(을) 씻었어**의 잘못. 관용구.
　　　　똑부러지는 대답: **똑 부러지는**의 잘못. 두 낱말.
　　　　육갑떨고 있네: **육갑(을) 떨고**의 잘못. 두 낱말.
　　　　싫증내지 말고 해: **싫증 내지**의 잘못. 두 낱말.
　　　　내 **못박아** 말하지: **못(을) 박아**의 잘못. 관용구
　　　　신경쓰지 말고 냅두시게: **신경 쓰지**의 잘못. 관용구.
　　　　인상쓰지 좀 마: **인상 쓰지**의 잘못. 관용구.
　　　　뜸[땀]들이고서 하세: **뜸[땀] 들이고**의 잘못. 관용구
　　[설명] 위의 것들은 관용구이거나 두 낱말이어서 띄어쓰기에서 특히 조심해야 함. '육갑 떨다'는 '육갑하다'와 동의어이며, '똑 부러지다≒딱 부러지다'임.
　　[의견] ①위와 같은 관용구의 경우, 붙여 적을 때는 한 낱말의 복합어로 인정하고, 관용구로 띄어 적을 수도 있게 하는 것이 언중에게 편의를 제공하고 혼란을 방지할 수 있을 것임. 현행 접사의 요건을 완화하거나 예외로 인정하면 됨. 실제로도 '싫증 나다'는 두 낱말이지만, '생각나다/기억나다/소문~/끝장~/재미~/냄새~/약비~' 등은 한 낱말임.: (예) 발빠르다≒발(이) 빠르다. 속타다≒속(이) 타다. 손씻다≒손(을) 씻다. ②관용구가 아닌 '똑[딱]부러지다/육갑떨다/싫증내다/싫증나다...' 따위는 한 낱말로 인정. ③'신경(을) 쓰다, 인상(을) 쓰다, 뜸[땀]을 들이다, 눈독(을) 들이다' 등도 '을/를'을 붙인 관용구

형태로는 띄어 적고, '신경쓰다/인상쓰다/뜸[땀/눈독]들이다'의 형태에서는 한 낱말로 인정하는 것이 현재 한 낱말의 복합어로 삼고 있는 '애쓰다/힘쓰다/길들이다/정들이다/힘들이다...'등과의 형평성에서도 적절하고 언중의 불편을 덜 것임.

◆**관자노리**가 지끈거려오는 터라서: **관자놀이**의 잘못. ⇐관자가 '노는' 곳.
　[설명] '놀이'는 '가슴놀이/관자놀이'와 같이 움직일(놀) 수 있는 곳에 붙이며, '~노리'는 꿰어 있거나 매달려 있는 곳, 틈서리나 사이, 그 밖의 관용어에 붙임.
　콧등노리몡 갈퀴의 가운데치마를 맨 자리.
　각시노리몡 가래의 양편에 있는 군둣구멍을 얼러 꿴 새끼줄이 가랫장부의 목을 감아 돌아간 부분.
　배꼽노리몡 배꼽이 있는 언저리나 그 부위. [비교]**관자놀이**몡.
　무릎노리몡 다리에서 무릎마디가 있는 자리.

◆♣**관형사(이/그/저/아무)+의존명사(분/쪽/편)가 한 낱말로 굳어진 말들**
　[예제] **이 분**으로 말씀드릴 것 같으면: **이분**의 잘못. ⇐한 낱말.
　　　　저 쪽으로 멀찍이 놓게: **저쪽**의 잘못. ⇐한 낱말.
　①(인칭)대명사화: **이분/그분/저분; 이이/그이/저이; 이것[거]/그것[거]/저것[거]**
　②방향명사화: **이쪽/그쪽/저쪽, 양쪽**(≒두 쪽). ⇐'이짝/저짝/그짝'은 없음. '양짝'도 있으나 '두 짝'의 의미이며 '양쪽 다'의 의미는 아님.
　③편짝: **이편/그편/저편, 양편, 양편짝**(≒양편쪽. 서로 상대가 되는 두 편짝).
　④[주의] '아무'는 '아무개/아무거/아무것/아무짝(방면)/아무아무'의 경우를 제외하고는 관형사로만 쓰임. 즉, 한 낱말의 복합어로는 이 말들뿐임. 이와 비슷한 '어느것'(×)의 경우는 '어느 것'(○). '어떤것'(×)/'어떤 것'(○)과 같이 이때의 '어느/어떤'을 관형사로 봄.

◆♠**관형사가 접두어로 변하여 한 낱말이 된 것들**
　[예제] **첫 아기**를 낳았을 때가 가장 기억에 남지: **첫아기**의 잘못. ⇐한 낱말.
　　　　첫 행보치고는 소득이 컸어: **첫행보**의 잘못. ⇐한 낱말.
　　　　첫단추를 잘 꿰야 해: **첫 단추**의 잘못. ⇐두 낱말.
　[비교] 큰길 **한 가운데**서 버티고 서서: **한가운데**의 잘못. ⇐한 낱말.
　[설명] '첫'은 맨 처음을 뜻하는 관형사인데 명사의 앞에 놓여 접두사로 기능할 때도 있음. '한-'은 이와 달리 처음부터 '큰/정확한/한창인/같은'의 뜻을 더하는 접두사.

　○'**첫-**': 첫가을/-겨울/-여름; 첫더위/-추위/-눈; 첫도/-개/-걸/-윷; 첫길/-걸음/-나들이/-행보; 첫딸/-배/-아들/-아기/-돌/-해산/-국밥; 첫날/-새벽, 첫판/-소리/-솜씨/-술/-낯/-마디; 첫인상/-사랑/-혼인/-기제.
　○'**한-**': (1)한가운데/-복판/-가을/-겨울/-밤중/-중간/-허리.
　　　　　(2)한가지(=同一)/-길/-동생/-밑천/-집안/-통/-종일/-패.
　　　　　(3)한고비/-걱정(=大念慮)/-동안/-숨/-풀.

◆♣**2~3음절의 관형사 중, 띄어쓰기에서 주의해야 할 것들**
　[예제] 전직 대통령이란 자가 **이 따위** 짓을 하다니: **이따위**의 잘못.
　[설명] '이따위'는 한 낱말의 관형사.

[예제] **이내몸** 하나가 뭘 그리 소중할까 보냐: **이내 몸**의 잘못.
[설명] '이내'는 '나의'를 강조하여 이르는 관형사. ¶외로운 이내 신세; 기박한 이내 팔자; 억울한 이내 사정 좀 들어 보시오.

[예제] **여러가지**를 한꺼번에 받아 오면 **여러 모로** 쓸모가 있다: **여러 가지**, **여러모로**의 잘못.
[설명] '여러'도 관형사. 한 낱말의 복합어로는 '여러분/여러모로/여러모꼴(≒다각형)/여러해살이/여러그루 짓기(≒다모작)' 정도이며, '여러 가지'는 복합어가 아님. [주의] 위의 예제를 '여러 모에 걸쳐 쓸모가 있다'의 경우에는 '여러 모'를 띄어 적어야 함.

[예제] **그 까짓 것**, 좀 없어도 돼. **까짓거야** 뭐: **그까짓 것**, **까짓 거야**의 잘못. ⇐'까짓/그까짓은 관형사.
그깐[그깟]놈 따위를 내가 일일이 상대할까: **그깐[그깟] 놈**의 잘못.
저 까짓 놈 따위가 감히 내게: **저까짓 놈**의 잘못. ⇐'저까짓'도 한 낱말의 관형사.
[설명] '그깐 놈/그깟 놈'은 '그까짓 놈'의 준말이고 '그까짓'은 한 낱말의 관형사이므로 '그깐/그깟'도 붙여 적음. 마찬가지로, '제깐놈/제깟 놈'도 '저까짓 놈'의 준말.

[예제] 제 맞상대로는 **아무놈**이든 상관없습니다: **아무 놈**의 잘못. ⇐관형사.
아무때나 와도 돼: **아무 때**의 잘못.
[설명] ①'아무': 어떤 사람/사물 따위를 특별히 정하지 않았거나, '아무런'(전혀 어떠한)이라는 의미로 사용될 때는 관형사. 즉, '아무개/아무거/아무것/아무짝/아무아무' 외의 말들에서는 관형사로 씀. ¶아무 의사라도 좋으니 빨리 좀; 아무 사람이나 만나서는 안 된다; 아무 말이나 마구 지껄이면 안 된다; 아무 때라도 좋으니까 저한테 좀 연락을 주십시오; 아무 도장이래도 상관없습니다. ②'아무'의 구어체 준말 꼴로 '암'을 사용하고 있으나(예: 암때) 비표준어임.

[예제] **어느날** 어느때 오시는지요?: **어느 날**, **어느 때**의 잘못. ⇐관형사.
어느틈에 벌써 일이 끝나고 말았다: **어느 틈**의 잘못. ⇐관형사.
[주의] **언 놈**이 뭐라 했는가?: **언놈**의 잘못. ⇐'어느 놈'의 준말이 아님!
언놈↔언년명 손아래의 사내아이를 귀엽게 부르는 말.
[설명] '어느 날/때/틈'은 모두 두 낱말로 '어느'는 관형사. '어느-'가 접두어로 쓰인 것은 '어느새'와 '어느 덧'뿐임.

[예제] 감히 **어떤놈**이 그런 소리를 하던?: **어떤 놈**의 잘못.
[설명] '어떤'은 관형사로서, 관형사의 고유어 표기인 '어떤씨'를 빼고는 '어떤-'이 들어간 복합어는 없음.

◆[중요]♣흔히 잘 틀리는 **관형형**: 주로 'ㄹ' 불규칙용언들임.
[예제] **가늘은** 철사 좀(×) →**가는** 철사 좀(○).
거칠은 벌판으로(×) →**거친** 벌판으로(○).
걸맞는 말이로군그래(×) →**걸맞은** 말이로군그래(○).
웬 **낯설은** 사람이(×) →웬 **낯선** 사람이(○).
콩밭에서 **뒹굴은** 사람들(×) →콩밭에서 **뒹군** 사람들(○).
햇볕에 **그을은** 얼굴(×) →햇볕에 **그은** 얼굴(○).
외따른 동네에 살다 보니(×): **외딴** 동네에 살다 보니(○).

<u>**힘드는**</u> 일이라면 내게(×) →**힘든** 일이라면 내게(○).
<u>**녹슬은**</u> 기찻길아(×) →**녹슨** 기찻길아(○).
때에 <u>**절은**</u> 옷가지들(×) →때에 **전** 옷가지들(○).
<u>**허물은**</u> 담장 너머로(×) →**허문** 담장 너머로(○).
<u>**서둘은**</u> 발걸음이었는데도(×) →<u>**서둔/서두른**</u> 발걸음이었는데도(○).

[설명] ①어간에 '-는'을 붙여 말이 되는 것은 동사. 안 되는 것은 형용사. 단, '-있다'가 붙어 만들어진 형용사는 제외. 〈예〉작는(×) 사람 →고로 '작다'는 형용사. 죽는(○) 사람 →고로 '죽다'는 동사. '걸맞는(×)/걸맞은(○)'의 경우는 '걸맞다'를 동사로 착각하여 일어난 현상이며, 이와 같이 헷갈리는 형용사에는 '힘들다/알맞다/기막히다' 등이 있음. 즉, '힘드<u>는</u>(×)/알맞<u>는</u>(×)/기막히<u>는</u>(×)'이며 '힘든(○)/알맞은(○)/기막힌(○)'. ②'힘들다/녹슬다/허물다/서둘다/그을다' 등과 같이 어간 끝받침에 'ㄹ'이 있는 말들에 '-ㄴ/-은'의 활용형이 결합하면 'ㄹ'이 탈락하여 각각 '힘든/알맞은/허문/서둔/그은'이 됨. (이와 같이 어간의 끝소리인 'ㄹ'이 '-ㄴ/-ㄹ/-ㅂ/-오/-시' 앞에서 탈락하는 것을 'ㄹ' 불규칙용언이라 함). 특히, '그을은'은 '그은'의 잘못. '서두른'의 경우는 원형이 '서둘다'가 아닌 '서두르다'의 활용.

◆겉만 보고 **괄세**해선 안 돼. 남들 <u>못지 않는</u> 자존심이 있는데: **괄시**, **못지않은**의 잘못. ⇐**못지않다**[원]
 괄시[恝視]명 업신여겨 하찮게 대함. [유] **괄대/홀대**. ¶~**하다**통

◆횟집에서 먹는 '**광어**'와 '**넙치**'는 사실 동의어야: 맞음.
 [설명] 동의어지만, '광어(廣魚)'에는 '짜개어 말린 넙치'라는 뜻도 들어 있음.

◆**광우리**에 가득 담긴 사과: **광주리**의 잘못.

◆**괘괘떼는** 그가 **괫씸하기** 짝이 없어서: **괘괘이떼는/괘괘떼는**(옳음), **괘씸**의 잘못.
 [설명] '괘괘이떼다'가 원형이지만, '괘괘떼다'도 가능함. 준말.
 괘괘이떼다, 준괘괘떼다통 단호히 거절하다.

◆**팬시리** <u>얽한</u> 사람 잡지 말고 잠이나 자: **팬스레**(혹은 **팬히**), **애먼**의 잘못.
 [설명] '-시리'는 '-스레'의 잘못. 〈예〉남우세시리(×)/남우세스레(○); 거드름시리(×)/거드름스레(○); 날파람시리(×)/날파람스레(○).

◆**괴나리보따리** 을러메고: **괴나리**(혹은 **괴나리봇짐**) **걸머메고**(혹은, **걸메고**)의 잘못. ⇐'괴나리[개나리]보따리'는 없는 말.
 [설명] '**을러메다≒을러대다**(위협적인 언동으로 을러서 남을 억누르다)'이므로, '걸머메다'의 의미와는 전혀 다른 뜻이 됨. 괴나리≒괴나리봇짐.
 걸머메다통 ≒**걸메다**(한쪽 어깨에 걸치어 놓다).

◆젯상에 저 **괴임새**가 도대체 뭐냐: **제상(祭床)**, **고임새(굄새)**의 잘못.
 [설명] ①'고임새'는 '고임('고이다'의 명사형. 준말은 '굄')+새(접사)로 이뤄진 말. ②'제상(祭床)'은 한자어로 사이시옷을 받치지 못함. ☞**사이시옷** 항목 참조.

◆사람이 그리 **괴팍해서야**: **괴팍해서야**의 잘못. ⇐표준어 선정에서 단모음 선택.

[설명] '강퍅(剛愎), 퍅성(愎性)' 등은 유효. 표준어. ☞♣모음 단순화 형태를 표준어로 삼은 예들 항목 참조.

◆**영어교사, 체육교수, 미술강사**: **영어 교사, 체육 교수, 미술 강사**의 잘못.

[설명] 위의 말들은 모두 글자 그대로의 뜻뿐이므로 띄어 씀. 반면 '담임교사'는 글자 그대로가 아니라 '한 반의 학생을 전적으로 책임지고 맡아 지도하는 교사'이므로 한 낱말의 복합어. '가정교사/양호교사/보건교사' 등도 이와 같아서 복합어임. 교수나 강사 등의 띄어쓰기도 이와 같은 기준에 따라 '대학교수/정치교수/정교수/평교수' 등은 한 낱말의 복합어이고, 담당 영역/업무별 교수는 모두 띄어 씀.

◆원고대로 **교정(校訂)**이나 제대로 하게. 문장까지 뜯어고치는 **교정(校正)**까지 하려 들지 말고: **교정(校正)**, **교정(校訂)**의 잘못.

교정[校訂]圄 남의 문장 또는 출판물의 잘못된 글자/글귀 따위를 바르게 고침.

교정[校正]圄 교정쇄와 원고를 대조하여 오자/오식/배열/색 따위를 바르게 고침.

교열[校閱]圄 문서/원고의 내용 가운데 잘못된 것을 바로잡아 고치며 검열함.

◆♣'**-구나**'와 '**-로구나**': 둘 다 쓸 수 있음.

[설명] '그는 멋쟁이로구나'와 '그는 멋쟁이구나'에 쓰인 '-로구나'와 '-구나'는 감탄의 뜻을 수반하여 화자가 새롭게 알게 된 사실에 주목함을 나타내는 종결어미인 점에서는 차이가 없음. 다만 '-로구나'가 '-구나'에 비해 더 예스러운 표현이며, 더 분명한 표현임.

◆**구멍난[구멍뚫린]** 양말: **구멍 난/구멍 뚫린**의 잘못. 없는 말.

[설명] '구멍나다, 구멍뚫리다'는 없는 말로 한 낱말이 아님. 그러나 일각에서는 '구멍나다'를 '해이해져 느슨하고 허술하게 되다'의 뜻으로 복합어로 삼으려는 움직임도 있으며[고려대사전], 언중의 관행을 존중하는 점에서 타당해 보임.

◆**구시민회관** 앞에서 보자. 예전의 시민회관 말이야: **구 시민회관**의 잘못.

[참고] **신구법규** 대조를 해놓으면 편리한데: **신구 법규**의 잘못. ⇐**신구**는 명사.

[설명] '구(舊)'는 관형사이므로 다음 말과 띄어 적음. '예전'과 '신구'는 명사.

구[舊]괜 지난날의. 지금은 없는. ¶구 시청 자리; 구 특허법; 구 법규.

신구[新舊]圄 새것과 헌것을 아우르는 말. ¶신구 논쟁; 신구 법률; 신구서적圄

◆[고급] 요즘 잘 지내나 **보는구나**: **보구나**의 잘못. ⇐**보더구나**도 가능함.

[설명] '-는구나'는 동사 어간에, '-구나'는 형용사 어간에 붙는 종결어미. 예컨대 '잘 지내나 보다'에 쓰인 '보다'는 앞말이 뜻하는 행동/상태를 추측하거나 어렴풋이 인식하고 있음을 나타내는 <u>보조형용사</u>이므로, 이 '보다'에는 형용사 어간에 붙는 종결어미 '-구나'가 결합하여야 함.

[참고] 위의 예문에서는 '보구나' 대신 '보더구나'도 가능한데, 이때 쓰인 <u>-더구나</u>는 동사/형용사 구분 없이 쓰일 수 있는 종결어미임.

-더구나圆 '이다'의 어간, 용언의 어간 또는 어미 '-으시-/-었-/-겠-' 뒤에 붙어, 과거 어느 때에 직접 경험하여 새로 알게 된 사실을 현재의 말하는 장면에 그대로 옮겨 와서 전달하며, 그 알게 된 사실에 주목함을 나타내는 종결어미. 흔히 감탄의 뜻이 수반됨. ¶그건 밤에 꽃이 피더구나; 신붓감이 생각보다 참하더구나; 선생님께서 무척 기분이 좋으시더구나.

◆누군가 했더니만, 당신이 **구랴**: '당신이**구려**'의 잘못. ⇐모음조화.
  [참고] 그 사람이 바로 당신이 **구만 그래**: 당신이**구먼그래**의 잘못. ⇐모음조화.
       아들은 벌써 밥을 먹었다는**구료**: **먹었다는구려**의 잘못. ⇐모음조화.

◆'**~구레하다**': '**~그레하다**'의 잘못.
  [예제] **늙수구레하게** 보인다: **늙수그레하게**의 잘못.
  [비교] **자질구레한** 것들로 골라라: 맞음. ←**자질구레하다**[원]
  [설명] ①아래 낱말들과 같이 '~그레하다'의 앞 음절에 'ㅜ' 모음이 들어간 경우, 발음 관행상 흔히 '~
       구레하다'로 잘못 쓰기 쉬움. ♣'ㅡ' **모음 낱말과 'ㅜ/ㅗ' 모음 낱말의 구분** 항목 참조. ②'-구레하다'
       는 '자질[지질]**구**레하다' 하나만 올바른 말임. ③표제어에는 없으나, '-수그레'는 접미사로 봄. [국립국
       어원, 우리말 바로 쓰기] ☞[활용] '불그레하다/뺑그레하다/씽그레하다' 등에서 보이는 '-그레하다' 역시
       표제어에는 없으나, 생산성이 있는 접미사로 볼 수 있음: 〈예〉늙수그레하다/반주그레하다/속소그레하
       다/숙수그레하다〈쑥수그레하다/희번주그레하다/희불그레하다. 참고로 이와 비슷한 뜻을 지닌 '-스레
       하다/-스름하다'는 복수 접미사로 인정하고 있음.

◆그 친구 **구렛나루**는 일품이지: **구레나룻**의 잘못.
  [설명] 나룻≒수염. ¶가잠나룻/다박~/답삭~/탑삭~/텁석~**명** ¶나룻이 석 자라도 먹어야 산다.

◆아들은 벌써 밥을 먹었다는**×××**: **먹었다는구려**의 잘못. ⇐모음조화.
  [설명] '-는구려'는 어미. 화자가 새롭게 알게 된 사실에 주목함을 나타내는 종결어미로 흔히 감탄의 뜻
       이 수반됨.

◆냄새가 어찌나 **구리구리한지** 역겹더군: **구린지**의 잘못. 북한어. ←**구리다**[원]
  [설명] ①'구리구리하다'는 '냄새가 몹시 구리다'의 북한어. 또는 '퀴퀴하다'의 제주 방언. ②'구리다'의 관련
       어로는 '고리다'가 있으며, 이 두 말의 센말은 각각 '쿠리다'와 '코리다'. 따라서, '쿠리쿠리하다/코리코리
       하다' 역시 북한어. ☞'**코리코리/꼬리꼬리**' 항목 참조.
  구리다〈쿠리다[형] ①똥/방귀 냄새와 같다. ②하는 짓이 더럽고 지저분하다. ③행동이 떳떳하지 못하고 의심
       스럽다.
  고리다〈코리다[형] ①썩은 풀/달걀 따위에서 나는 냄새와 같다. ②마음씨나 하는 짓이 아니꼬울 정도로
       옹졸하고 인색하다.

◆그 사람이 바로 당신이**구만 그래**: 당신이**구먼그래**의 잘못. ⇐모음조화.
  [참고] 누군가 했더니만, 당신이**구랴**: '당신이**구려**'의 잘못. ⇐모음조화.
       아들은 벌써 밥을 먹었다는**구료**: **먹었다는구려**의 잘못. ⇐모음조화.

◆유유히 **구비구비** 흐르는 강물은: **굽이굽이**의 잘못. ⇐'굽'의 의미소 밝혀 적음.
  [설명] 아무런 이유 없이 소리 나는 대로 잘못 표기한 경우임. 명사가 전화된 부사이거나 첩어 부사인 경우
       에는 의미 어원('굽')을 살려 적어야 함. ¶일찍이/오뚝이/삐죽이/곳곳이/낱낱이/집집이/몫몫이.

◆**구설수**에 오르다: '**구설**에 오르다'의 잘못. (혹은 맞음). ⇐설명 참조.
  [설명] '구설수'는 구설을 듣게 될 운수이므로 이를 엄격히 해석하는 측에서는 위의 예문과 같은 경우,

'구설'의 잘못으로 설명해 왔으나 〈국립국어원〉에서는 '구설수'와 관련된 다음과 같은 관행적 용례를 인정하여, 위의 표현도 쓸 수 있는 것으로 봄: 구설수가 들다/구설수가 있다/구설수에 오르다/구설수에 휘말리다.

구설[口舌]몡 시비하거나 헐뜯는 말. ⇐구설수: 구설을 듣게 될 운수.

◆**구성지다, 귀성지다**: 둘 다 표준어. 단, 의미는 조금 다름. '귀성지다'는 주의.

구성지다혱 천연스럽고 구수하며 멋지다. ¶구성진 노랫소리; 구성진 입담; 구성지게 들려오는 통소 소리.

귀성지다혱 제법 엇구수하다.

◆여자 **구스리는/구슬르는** 데에는 도가 튼 자네가: **구슬리는**의 잘못. ←**구슬리다**[원]

슬슬 **구슬러서 잘좀** 해봐: **구슬려서, 잘 좀**의 잘못. ⇐'좀'은 부사.

울러도 보고 **구슬러도** 봤지만 당최: **구슬려도**의 잘못.

[설명] '구슬리다'의 활용은 '구슬리+어 ⇒구슬려'. 따라서 '구슬리+어서, 구슬리+어도'는 각각 '구슬려서, 구슬려도'가 됨. ☜[주의]원형: **구슬르다**(×)/**구슬리다**(○).

◆그런 데 **구애받아서야** 어디 사내 대장부라고 하겠나: **구애되어서야**(혹은 **얽매여서야**), **사내대장부**의 잘못.

[설명] '구애(拘礙)'는 '거리끼거나 얽매임'이므로, '구애받다'는 '거리낌(을) 받다'가 되어 말이 되지 않음. 따라서, '구애받다'는 잘못이며, '얽매이다'로 대치하거나 '구애되다'로 쓰는 것이 적절함.

[참고] 이와 같이 한자 뜻을 제대로 살펴서 접사를 바르게 붙여야 하는 말로는 '자문/조난/봉변/난항' 등이 있음. ☞상세 설명은 **'자문을 구하다'** 항목 참조.

구애하다[拘礙-]동 거리끼거나 얽매이다.

구애되다[拘礙-]동 거리끼거나 얽매이게 되다.

◆생선은 **구어 먹어야** 더 맛있다: **구워 먹어야**의 잘못. ←**굽다**[원]

빵을 **구으면** 맛이 더 좋다: **구우면**의 잘못. ⇐'ㅂ' 불규칙용언.

[설명] ①'불에 익히다'라는 뜻을 나타내는 동사 '굽다'는 어간의 끝소리 'ㅂ'이 모음 앞에서 '오/우'로 바뀌는 'ㅂ' 불규칙용언으로, 다음과 같이 활용함. 〈예〉고기를 구워: 굽-+-어→구워; '빵을 구우면: 굽-+-으면→구우면'. ②이와 같은 'ㅂ' 불규칙용언에는 '굽다/눕다/줍다/돕다/곱다' 등이 있으며, '구우면/누우면/주우면/도우면'으로 활용함. '-워'와 결합할 때는 '돕다/곱다'만 '도와/고와'이고 나머지는 '구워/누워/주워'로 활용. 즉, 모음이 'ㅗ'인 **단음절 어간** 뒤에 결합하는 '-아'의 경우만 '와'로 적고, 그 밖의 경우는 모두 '워'로 적음. [한글 맞춤법 제18항 6. 예외 규정]

◆♣**구어체 표현 중 흔히 잘못 쓰는 것들**

[예제] 일찍 **잘래야** 잠이 와야 말이지: **자려야**의 잘못. ⇐불필요한 '-ㄹ'의 덧대기. '-ㄹ래야'는 어미 '-려야'의 잘못.

갈려면 일찍 가, 안 늦게: **가려면**의 잘못. ⇐'-ㄹ려면'은 '-려면'의 잘못.

[설명] 위의 예문 외에 다음과 같은 것들이 흔히 잘못 쓰이고 있음. 〈예〉오려면(○)/올려면(×) 빨리 오고; 자려야(○)/잘래야(×) 잠이 와야지; 모르려야(○)/모를래야(×) ; 그렇게 불리고(○)/불리우고(×) 있지; 친구 집에 들르다(○)/들리다(×); 맘이 설레다(○)/설레이다(×) ; 문을 부수다(○)/부시다(×); 내 거(○)/내

78

꺼(×); 곧 갈게(○)/갈께(×); 먹으려고(○)/먹을려고(×) 샀다; 가려면(○)/갈려면(×) 가. ☞**특별한 이유 없이 'ㄹ'을 덧대어 잘못 쓰는 말들** 항목 참조.

[주의] '-ㄹ래야'가 아닌 '-래야' 꼴은 '-라고 해야'가 줄어든 말로서, 다음과 같이 쓰임. ¶집이**래야** 방 하나에 부엌 하나; 그는 누가 오**래야** 오는 사람이야.

◆그를 보면 저절로 **구역질난다**: **구역난다**의 잘못. 혹은 '구역질이 난다'(○).

그를 보면 저절로 **욕지기난다**: 맞음.

[설명] ①'-질'은 어떤 **행위**를 비하하는 접미사('고자질/걸레질/도둑질/목수질/부채질/싸움질/자랑질')이므로, 행위와 연관되는 '-하다'와 연결되어야 자연스러운 말임. 따라서 '구역질난다'는 없는 말이며, '구역나다/욕지기나다/구역질이 나다'로 써야 함. ②'욕지기나다'는 표준어. '구역나다. 구역질하다. 구역질이 나다' 등과 동의어.

[참고] '-질'의 구분: ①'그 도구를 가지고 하는 일'. ¶가위질/걸레질/망치질/부채질. ②'그 신체 부위를 이용한 어떤 행위'의 뜻을 더하는 접미사. 곁눈질/손가락질/입질/주먹질. ③직업/직책에 비하하는 뜻을 더하는 접미사. ¶선생질/순사질/목수질/회장질. ④주로 좋지 않은 행위에 비하하는 뜻을 더하는 접미사. ¶계집질/노름질/서방질/싸움질/자랑질. ⑤'그것을 가지고 하는 일' 또는 '그것과 관계된 일'의 뜻을 더하는 접미사. ¶톱질/물질/불질/풀질/흙질. ⑥(몇몇 의성어 또는 어근 뒤에 붙어) '그런 소리를 내는 행위'의 뜻을 더하는 접미사. ¶딸꾹질/뚝딱질/수군덕질.

◆내가 **구워박힌** 몸인지라: **구어박힌**의 잘못. ←**구어박다**[원].

이제 그 아이 그만 좀 **구워박고** 풀어주렴: **구어박고**의 잘못.

구어박다[통] ①한곳에서 꼼짝 못하고 지내다. 혹은 그렇게 하다. ②쐐기 따위를, 단단히 끼어 있게 하기 위하여 불에 쬐어서 박다. ③이자 놓는 돈을 한곳에 잡아두고 더 이상 늘리지 않다. ☞[피동사] 구어박히다.

◆**구은소금**도 **군소금**도 아직 사전엔 없다: '구은소금/군소금'은 사전에 없는 말.

[설명] '구워서 만든 소금'이라는 뜻으로 '구은소금'을 쓰고 있으나 굳이 사용하려면 '군밤/군두부/군참새'처럼 '군소금'이 되어야 하는데, 아직 두 말 모두 사전에 없음. 한편, 고아서 만든 '곤소금'은 사전에 있음.

곤소금[명] 천일염을 물에 풀어서 잡물을 거르고 고아서 깨끗하게 만든 소금. 빛깔이 희고 맛이 약간 씀. ⇐칼과 태가 '고운' 소금이라는 뜻이 아님.

◆**구태어** 내가 거기까지 가서 말해야 할까?: **구태여**의 잘못.

[암기도우미] '구틔여'가 '구태여'의 옛말이므로 '굳('굳이'의 어근)+하여→구태여(굳이 애써서)로 변화. 고로, '-하여'의 형태에서 '-어'가 아닌 '-여'.

◆그딴 건 굳이 **궤념**할 필요가 없어: **괘념**[掛念]의 잘못.

[참고] 학습실에 가서 조류(鳥類) **궤도** 좀 가져 오렴: **괘도**[掛圖]의 잘못.

[설명] '궤념'은 없는 말로 '괘념[掛念. 마음에 두고 걱정하거나 잊지 않음]'의 잘못. 掛는 걸어둔다는 뜻으로 괘념을 직역하면 마음에 걸어 두기.

괘도[掛圖][명] ≒걸그림. 벽에 걸어 놓고 보는 학습용 그림/지도.

◆이 동네엔 맛있는 **국수집**이 없는 것 같아: **국숫집**의 잘못.

  [설명] 올바른 발음은 {국쑤찝/국쑫찝}이므로 사이시옷을 붙임. 이와 비슷하게 실수하기 쉬운 낱말: 길 갓집(O)/길가집(×)⇐발음 {길까집}(×)/{길까찝}(O).

◆외국어사전은 많으면서 변변한 **국어 사전** 하나 없냐: **외국어 사전, 국어사전**의 잘못.

  [설명] '국어사전'에 쓰인 '국어'는 '한국어'를 우리나라 사람이 이르는 말임. 글자 그대로의 뜻, 곧 '한 나라의 국민이 쓰는 말'을 뜻하지 않음. 따라서 '국어사전'은 한 낱말의 복합어. 하지만, '외국어/중국어/독일어/프랑스어 사전' 등은 글자 그대로의 뜻밖에 없기 때문에 모두 두 낱말로 띄어 적음.

◆♣**'군(君)'**의 띄어쓰기: 의존명사이므로 반드시 띄어 씀.

  [예제] **김군**과 **이군**. 이리 좀 오지: **김 군, 이 군**의 잘못.

       형수군, 어디를 그리 급히 가나?: **형수 군**의 잘못.

◆대대로 천석군 집안: **천석꾼**의 잘못. ⇐'군(軍)'과는 무관. 그냥 '−꾼'.

  [설명] '−꾼'은 '어떤 일을 전문적으로 하거나 잘하는 사람', '어떤 일을 습관적으로 하거나 즐겨하는 사람', '어떤 일 때문에 모인 사람'의 뜻을 더하는 접미사로, '장사꾼/낚시꾼/구경꾼/사기꾼/타짜꾼/지게꾼/소리꾼/재주꾼/재간꾼/나무꾼' 등으로 쓰임. 특히 전문적으로 하는 '파수꾼/농사꾼/야경(夜警)꾼' 등의 경우에도 이 '−꾼'을 씀.

  [주의] '순라**군**(巡邏軍)≒졸경**군**(卒更軍)'의 경우에는 '도둑·화재 따위를 경계하기 위하여 밤에 궁중과 장안 안팎을 순찰하던 **군졸**'이었으므로 '순라꾼/졸경꾼'이라 하지 않고 어원을 밝혀 '−군(軍)'으로 표기함.

◆그것참 신통하**군 그래**. 그 물건 자네가 사겠다고 **하지그래**: 하**군그래**, 하지 그래의 잘못.

  [설명] '~그래': 보조사. ('−구면, −군'과 같은 해할 자리의 일부 종결 어미 뒤에 붙어) 문장의 내용을 강조하는 의미로 쓰임. 그러나 종결어미가 아닌 '~지 그래' 등의 형태에서는 '그래'가 '그래요/그랬어' 등으로도 활용되므로 보조사가 아님. ☞'~그래' 항목 참조.

◆이건 **군둥내/군동내**가 심해서 못 먹겠다: **군내**의 잘못. 없는 말.

  군내몡 본래의 제맛이 변하여 나는 좋지 아니한 냄새.

◆**군발이**들 하는 짓이 다 그렇지 뭐: **군바리**의 잘못.

  [참고] 너 같은 **하빨이/하빠리**가 감히: **하바리**의 잘못.

  [설명] '군바리'에서의 '바리'는 '쪽발이'에서 보이는 '발(足)이'와는 무관하며, 아래의 '하바리/꼼바리/애바리'에서 보이는 낮잡음의 뜻을 지닌 말. '하바리'의 올바른 발음은 {하:바리}.

  하바리[下−]몡 품위/지위가 낮은 사람을 낮잡는 말.

  꼼바리몡 마음이 좁고 지나치게 인색한 사람을 낮잡는 말.

  애바리몡 애바른 사람을 낮잡는 말.

  어바리몡 어리석고 멍청한 사람.

◆그만 **군시렁거리고/궁시렁거리고** 일이나 하게: **구시렁거리고**의 잘못. ←**구시렁**거리다[원]. 구시렁거리다[−대다]>고시랑거리다[−대다]

◆호박이 넝쿨째 **굴러들어** 왔다: **굴러 들어**의 잘못.
　어디서 **굴러 들어온** 지도 모르는 녀석: **굴러들어 온**의 잘못. ←**굴러들다**[원]
　호박이 넝쿨째 **굴러 떨어진** 셈: **굴러떨어진**의 잘못. ←**굴러떨어지다**[원]
　[설명] ①'굴러들어오다'는 한 낱말이 아니며, 문맥에 따라 띄어쓰기가 달라짐. (데굴데굴) 굴러서 들어온 경우는 '굴러 들어오다'이고 **굴러들어** 온 경우는 '굴러들어 오다'임. ¶호박이 넝쿨째 굴러 들어오다; 어디서 굴러들어 온 지도 모르는 녀석. ②'굴러떨어지다'는 한 낱말.
　굴러들다통 이리저리 옮겨 다니던 사람/물건이 일정한 곳으로 들어와 자리를 잡다.
　굴러떨어지다통 ①바퀴처럼 돌면서 위에서 아래로 내려가다. ②별 노력을 들이지 아니하고 좋은 것이 거저 생기다. ③처지가 매우 나빠지거나 수준이 매우 낮아지다.

◆**굴삭기**[掘削機] 소리가 요란했다: **굴착기**의 일본어 투. 순화 대상 용어.
　굴착기(掘鑿機)명 땅/암석 따위를 파거나 파낸 것을 처리하는 기계의 총칭.
　[참고] 포크레인(×)/포클레인(poclain)(○)을 '굴착기'로 순화하려고도 하지만 이는 무리임. 굴착기(계)에는 포클레인 외에도 주요 기능이 조금씩 다른 백호(backhoe), 터널을 파는 TBM, 소형인 보브캣(bobcat) 등 수많은 기종이 있음.
　[주의] 설명에 쓰인 '일본어 투'에서의 '투(말/글/행동 따위에서 버릇처럼 일정하게 굳어진 본새/방식)'는 의존명사. '어투(語套)'는 '말투'와 동의어로 '말을 하는 버릇/본새'를 뜻하므로 '일본 어투/번역 어투'는 잘못이고 '일본어 투/번역어 투'가 올바른 표현.

◆동작이 그렇게 **굼띠어서야** 원: **굼떠서야**의 잘못. ←**굼뜨다**[원]
　굼띤 사람하고는 일을 같이 말아야 해: **굼뜬**의 잘못.
　[설명] ①'굼뜨다'는 '굼떠/굼뜨니/굼뜬'으로 활용. '굼띠다'는 없는 말. ②'굼떠서야'는 '굼뜨(어간)'+'−어서(이유/근거를 나타내는 연결어미)'+'야(보조사. 강조)'.

◆**굼뱅이**도 꿈틀하는 재주가 있지: **굼벵이**의 잘못.
　골뱅이 무침은 술안주로 그만이지: **골뱅이무침**의 잘못.
　[참고] **돌맹이**도 **돌멩이**의 잘못.
　[설명] ①'골뱅이'는 '뱅뱅이'에서 보이는 것과 같이 뱅글뱅글 도는 것을 뜻하는 접미어 '뱅이'와 관련이 되기 때문에 '−벵이'는 잘못임. ②[참고] 골뱅이 무침(×)/골뱅이무침(○). '무침'은 일부 명사 뒤에 붙어 '양념을 해서 무친 반찬'의 뜻을 나타내는 말. 〈예〉시금치무침/북어무침/골뱅이무침/파래무침.
　[암기도우미] '−뱅이'는 몇몇 명사 뒤에 붙어서 '그것을 특성으로 가진 사람'의 뜻을 더하는 접미사. 즉, 거기서 벗어나지 못하고 뱅뱅 돈다는 뜻이 담겨 있음. ¶가난뱅이/게으름뱅이/안달뱅이/주정뱅이/좁쌀뱅이. '굼벵이'의 경우는 이와 무관하고, 나아가 '사람'이 아니므로, '−벵이'.

◆요즘은 **굽갈리장수**도 앉은장사만 하지: **굽갈이장수**의 잘못.
　[주의] '구두 따위의 닳은 굽을 새것으로 갈아 대는 일'은 '굽갈이'임.

◆만삭이라서 몸을 **굼닐기**가 쉽지 않다: **굼닐기**의 잘못. ←**굼닐다**[원]
　굼닐다통 몸이 굽어졌다 일어섰다 하거나 몸을 굽혔다 일으켰다 하다.
　굽닐다통 '굼닐다'의 옛말. ←고어(古語)이므로 '굽닐다'를 쓰면 잘못.

◆**굽돌이** 색깔이 벽지와 안 맞아: **굽도리**의 잘못.
  [설명] 어간에 '-이/-음(-ㅁ)'이 붙어서 명사로 바뀐 것이라도 그 어간의 뜻과 멀어진 것은 원형을 밝혀
    적지 아니하고 소리 나는 대로 적는다. [원칙: 한글 맞춤법 제19항] 〈예〉굽도리/다리[髢]/목거리(목병)/
    무녀리/코끼리/거름(비료)/고름[膿]/노름(도박)'.

◆더 이상 **굽신거리지** 말고 당당하게: 맞음. 혹은 **굽실거리지**.
  상사에게 늘 **굽신거리는** 사람은: 맞음. 혹은 **굽실거리는**.
  무슨 죄를 졌다고 그리 **굽신굽신**하는가: 맞음. 혹은 **굽실굽실**.
  [주의] 머리카락이 어찌나 **굽(곱)실거리는지**, 늘 펴 줘야 해: **굽(곱)슬거리다**(○).
  [설명] 예전에는 '굽신거리다(×)/굽실거리다(○)'였으나 최근(2014) 두 말은 복수표준어가 되었음.

◆그 여편네 **궁뎅이** 한 번 실하구먼그래: **궁둥이**의 잘못.

◆**궁둥방아** 소리 한 번 우람하더군. 하하하: 맞음. '엉덩방아와 같은 의미.
  무조건 궁둥이를 흔든다고 다 **궁둥이춤**이 되진 않는다: **엉덩춤/엉덩이춤**의 잘못.
  [주의] 궁둥춤≒엉덩춤/엉덩이춤. 그러나, '궁둥이춤'은 '엉덩춤/엉덩이춤'의 잘못.
  [설명] **엉덩이**: 볼기의 윗부분≒둔부/히프. 또는 볼기의 윗부분과 아랫부분의 총칭. ¶엉덩이가 무거워
      행동이 굼뜨다. ☜[2019.9.18. 국립국어원 수정 사항]
    궁둥이: 앉을 때 닿는 부분. ¶궁둥이 붙일 데도 없을 만큼 좁은 방.
    방둥이: 길짐승의 엉덩이. ¶방둥이 마른 소가 일을 잘한다.

◆이제 그만 **궁시렁거리지그래**: **구시렁거리지 그래**〉**고시랑거리지 그래**의 잘못.
  [설명] '궁시렁거리다'는 없는 말. 이때의 '그래'는 보조사가 아님. ☞'그래' 항목 참조.

◆**권커니 자커니/작거니** 하다 보니 취했지 뭐: **권커니 잣거니[잡거니]**의 잘못.
  [의견] 현재 《표준》에서는 '권커니 잣거니[잡거니]'를 바른 표현으로 삼고 있으나, '잣거니[잡거니]'에 쓰인
    '잣-/잡-'의 출처도 불명하며 명쾌히 이해되지 않음. 그것보다는 '작(酌)하거니→자커니'로 하는 것이
    앞의 '권(勸)커니'와도 운율과 조어 면에서 자연스러운 듯함.
    권커니 잣거니[잡거니]慣 술 따위를 남에게 권하기도 하고 자기도 받아 마시기도 하며 계속하여 먹는
      모양.

◆귀에 장식하는 것은 '**귀고리**'인가, '**귀걸이**'인가?: 둘 다 쓸 수 있음.
  [설명] 본래 여자들이 장식으로 귀에 다는 것은 '귀고리'이고, 귀가 시리지 않도록 귀에 거는 물건이 '귀걸
    이'였음. 그러나 장식으로 다는 '귀고리' 대신에 '귀걸이'라는 말을 더 많이 쓰고 있기 때문에 이를 비
    표준어로 인정하기 어려운 실정. 복수표준어임.

◆진즉에 **귀띰**을 해줬더라면 좋았을 텐데: **진즉**(부), **귀띔**의 잘못.
  [설명] ①'진즉'은 부사. 고로 격조사 '-에'를 붙일 수 없음. ☞**진즉에** 항목 참조. ②'진즉(趁卽)'은 '진작
    (좀 더 일찍이)'과 동의어. 단, '진작'은 고유어임.

◆**귀 사**의 무궁한 발전을 기원합니다: **귀사(貴社)**의 잘못. 한 낱말.

귀원의 발전을 기원합니다: **귀 원(院)**의 잘못.

[설명] ①이 '귀(貴)'는 일부 한자어 명사 앞에 쓰여 상대편이나 그 소속체를 높이는 뜻을 나타내는 말로서 띄어 씀(관련 규범: 한글 맞춤법 제2항). 즉, 관형사로 맞춤법에 규정된 말. ¶귀 신문사, 귀 원(院). ②단, '귀사(貴社)/귀소(貴所)/귀교(貴校)/귀측(貴側)/귀댁(貴宅)/귀지(貴誌)/귀국(貴國)' 등은 한 낱말.

◆본격적인 **귀성 행렬**이 시작되고 있습니다: **귀향(귀성)**의 잘못. ⇐관용적 오류.

[설명] 귀성 '행렬'은 시작될 수가 없고, '귀성' 혹은 '귀향'이 시작될 뿐임. 굳이 '귀성 행렬'을 사용하려면 '(길게 늘어서는) 귀성 행렬 짓기가 시작되었습니다.' 식으로 달리 표현.

귀성[歸省]閏 부모를 뵙기 위하여 객지에서 고향으로 돌아가거나 돌아옴.

◆금강산은 **귀암절벽**이 많기로도 유명하지: **기암절벽**의 잘못.

[설명] '귀암'은 기암(奇巖. 기이하게 생긴 바위)의 잘못으로, 흔히 기암괴석(奇巖怪石)이나 기암절벽(奇巖絶壁) 등으로 쓰임.

[참고] 흔히 잘못 쓰기 쉬운 한자 성구로는 다음과 같은 것들도 있음: 후안무치[厚顏無恥](○)/후안무취(×), 동고동락[同苦同樂](○)/동거동락(×), 환골탈태[換骨奪胎](○)/환골탈퇴(×), 사자성어[四字成語](○)/사지선다(×), 새옹지마[塞翁之馬](○)/세옹지마(×), 구상유취[口尚乳臭](○)/구상유치(×), 횡격막[橫膈膜/橫隔膜](○)/횡경막(×).

구상유취[口尚乳臭]閏 입에서 아직 젖내가 난다는 뜻으로, 말/행동이 유치함.

횡격막[橫膈膜/橫隔膜]閏 ≒가로막(배와 가슴 사이를 분리하는 근육).

◆**귀(가) 잡수셨나**, 왜 대답이 없으셔?: **귀먹으셨나**의 잘못.

[설명] '귀먹다통'의 존칭어를 굳이 사용하려면 '귀먹으셨다'가 옳으며, '귀 잡수셨다'는 잘못. ⇐대우법 오용.

◆이 **귀절**이 이 시의 핵심 **시귀/싯귀**: 구절, 시구의 잘못.

[비교] 글구들을 하나하나 똑바로 확인해 봐: **글귀**의 잘못.

[설명] 한자 '구(句)'가 붙어서 이루어진 단어는 '귀'로 읽는 것을 인정하지 아니하고, '구'로 통일함. [맞춤법 규정 제13항] 〈예〉구법(句法)(○)/귀법(×); 구절(句節)(○)/귀절(×); 구점(句點)(○)/귀점(×); 결구(結句)(○)/결귀(×); 경구(警句)(○)/경귀(×); 경인구(警人句)(○)/경인귀(×); 난구(難句)(○)/난귀(×); 단구(短句)(○)/단귀(×); 단명구(短命句)(○)/단명귀(×); 대구(對句)[~법(對句法)](○)/대귀(×); 문구(文句)(○)/문귀(×); 성구(成句)[~어(成句語)](○)/성귀(×); 시구(詩句)(○)/시귀(×); 어구(語句)(○)/어귀(×); 연구(聯句)(○)/연귀(×); 인용구(引用句)(○)/인용귀(×); 절구(絶句)(○)/절귀(×). 다만, 다음 단어는 '귀'로 발음되는 형태를 표준어로 삼음. 〈예〉귀글(○)/구글(×); 글귀(○)/글구(×).

[참고] 규정에 보이는 '경인구(警人句)'는 어법상으로는 '경인구(驚人句)'로 표기돼야 올바름. 규정 제정자의 오기(誤記)임.

◆**귀후비개** 좀 갖다 줄래?: **귀이개**의 잘못.

귓밥/귀에지 좀 파려고 하는데: **귀지**의 잘못.

[설명] '귓밥'은 '귓불(귓바퀴의 아래쪽에 붙어 있는 **살**)'과 동의어인데, '귀지'의 뜻으로 잘못 쓰일 때도 있음.

◆**귓대기**를 한 대 올리지 그랬나?: **귀때기**의 잘못.

[설명] '-때기'는 비하의 뜻을 나타내는 접사로 초성이 이미 경음이므로 사이시옷과 무관. ¶배때기/귀때기/볼때기; 가마때기/거적때기/판자때기.

[주의] ①'밭떼기/차떼기'에서처럼 어떤 상태 채로 한꺼번에 사들이는 일은 '-떼기'. ②'부엌데기/새침데기/소박데기/푼수데기/얌심데기'에서처럼 어떤 사람을 낮잡는 뜻으로는 '-데기'이며 발음은 {-떼기}임. (단, '늙으데기/늙은데기' 등은 {-데기}). ☞♣'~떼기', '~데기'와 '-때기' 항목 참조.

◆**귓머리**에 벌써 흰머리가: **귀밑머리**의 잘못. 없는 말.

◆**귓방망이**를 한 대 올려붙이려다 참았지: **귀싸대기**의 잘못. 없는 말.
  귀쌈을 한 대 **올려부치다**: **귀싸대기, 올려붙이다**의 잘못.
  [참고] **빰때기/빰따구**를 한 대 갈겨주지 그랬어: **빰따귀**(혹은 **따귀**)의 잘못.
  귀싸대기명 귀와 빰의 어름을 낮잡는 말.
  따귀≒빰따귀명 '빰'의 비속어.

◆**귓방울** 한번 참 실하고 이쁘게 생겼구먼: **귓밥/귓불**의 잘못.
  [설명] '귓방울'은 없는 말이며 '귓밥/귓불'(귓바퀴 아래쪽 살)의 잘못.

◆사내들은 걸핏 하면 여자들 **귓볼**을 깨문다: **걸핏하면, 귓불**의 잘못.
  [설명] '귓불'은 '귀불알'이 줄어든 말. '귀+불알'→귓불. '쥐의 불알'을 '쥐불알'이라 하는 것과 같음. 아래의 활용어 참조.
  발챗불명 ≒**걸챗불**(걸채에 물건을 넣을 수 있도록 옹구처럼 달린 물건).
  삼태불명 콩나물/숙주 따위에 지저분하게 많이 나 있는 잔뿌리.
  귀불명 단청에서, 주렴(珠簾)에 달려 있는 술과 같은 모양의 무늬.
  염불명 여자의 음문(陰門) 밖으로 비어져 나온 자궁.
  말괴불명 매우 큰 괴불주머니.
  괴불≒괴불주머니명 어린아이가 주머니 끈 끝에 차는 세모 모양의 조그만 노리개.

◆♣'그-'가 들어간 복합어들의 예: 당연히 한 낱말! 띄어 쓰면 잘못.
  [예제] 그 같이 해서야 언제 일을 마치나: **그같이**부의 잘못. ⟸한 낱말.
    그것 참, 사정이 딱하게 됐군그래: **그것참**의 잘못. ⟸'그것참'은 감탄사.
    그냥 저냥 되는 대로 하시게: **그냥저냥**부의 잘못. ⟸한 낱말.
    그 동안 잘 있었나: **그동안**명의 잘못. ⟸한 낱말.
    그 다음 프로그램은 뭔가: **그다음**명의 잘못. ⟸한 낱말.
    그러나 저러나 뒷마무리는 잘했나: **그러나저러나**부의 잘못. ⟸한 낱말.
    그런 고로[그런 즉] 사형감이지: **그런고로[그런즉]**부의 잘못. ⟸한 낱말.
    그 만큼[만치] 힘이 들었어: **그만큼[그만치]**부의 잘못. ⟸한 낱말.
  [설명] ♣'이-/그-/저-'가 들어간 낱말 중 주의해야 할 복합어들 항목 참조.
  그같이부 그 모양으로. 그렇게. ¶**이같이/저같이**(○).
  그거대 '그것'을 구어적으로 이름. 주격조사 '이'가 붙을 때에는 '그게'의 형태로 바뀐다. ¶**이거/저거**(○).
  그것대 ①듣는 이에게 가까이 있거나 듣는 이가 생각하고 있는 사물을 가리키는 지시 대명사. ②앞에서 이미 이야기한 대상을 가리키는 지시 대명사. ③'그 사람'을 낮잡는 삼인칭 대명사. ④'그 아이'를 귀엽게 이르는 삼인칭 대명사.

그것참[감] 사정이 매우 딱하거나 어이가 없을 때, 뜻밖에도 일이 잘되었을 때 내는 소리. ¶이것참(×)/**이 것 참**(○); 저것참(×)/**저것 참**(○).

그곳[대] ⇐'이곳', '저곳'도 대명사임.

그길로[부] ①어떤 장소에 도착한 그 걸음으로. ②어떤 일이 있은 다음 곧. ¶이길로(×)/**이 길로**(○).

그까지로[부] 겨우 그만한 정도로. ¶**이까지로/저까지로**(○).

그까짓[관] 겨우 그만한 정도의. ¶**이까짓/저까짓/고까짓**(○).

그깟[관] '그까짓'의 준말. ¶**이깟/저깟**(○).

그나마[부] ①좋지 않거나 모자라기는 하지만 그것이나마. ②좋지 않거나 모자라는데 그것마저도. ¶**이나 마/저나마**(○).

그나저나[부] '그러나저러나'의 준말. ¶**이나저나**(○), 저나그나(×).

그날[명] 앞에서 이미 이야기한 날. ¶**이날**(○), 저날(×)/**저 날**(○).

그날그날[명] 각각 해당한 그 날짜. [부] 각각 해당한 그 날짜마다.

그냥저냥[부] 그러저러한 모양으로 그저 그렇게. ¶**이냥저냥**(○).

그네[대] ①듣는 이에게 가까이 있거나 듣는 이가 생각하고 있는 사람들을 가리키는 삼인칭 대명사. ② 앞에서 이미 이야기한 사람들을 가리키는 삼인칭 대명사. ¶**이네/저네**(○).

그년/그놈[대] ①듣는 이에게 가까이 있거나 듣는 이가 생각하고 있는 여자/남자를 비속하게 이르는 삼 인칭 대명사. ②앞에서 이미 이야기한 여자/남자를 비속하게 이르는 삼인칭 대명사. ③'그 여자아이/ 남자아이'를 비속하게 이르는 삼인칭 대명사. ¶**이년/저년/이놈/저놈**(○).

그다음[명] 그것에 뒤이어 오는 때나 자리. ¶**이다음**(○), 저다음(×)/**저 다음**(○).

그달[명] 앞에서 이미 이야기한 달. ¶**이달**(○), 저달(×)/**저 달**(○)≒**지난달**(○).

그담[명] '그다음'의 준말. ¶**이담**(○), 저담(×)/저 다음(○).

그대[대] ①듣는 이가 친구나 아랫사람인 경우, 그 사람을 높이는 이인칭 대명사. ②주로 글에서, 상대편 을 친근하게 이르는 이인칭 대명사.

그대로[부] ①변함없이 그 모양으로. ②그것과 똑같이. ¶**이대로/저대로**(○).

그덧[명] 잠시 그동안.

그동안[명] 앞에서 이미 이야기한 만큼의 시간적 길이. 다시 만나거나 연락하기 이전의 일정한 기간 동안. ≒이왕[以往].

그따위[대] 그러한 부류의 대상을 낮잡아 이르는 지시 대명사. [관] (낮잡아) 그러한 부류의. ¶**저따위/이따 위**(○).

그딴[관] '그따위'를 구어적으로 이름. ¶**이딴/저딴**(○).

그때[명] 앞에서 이미 이야기한 시간상의 어떤 점/부분. ¶**이때**(○), 저때(×)/접때(○).

그때그때[명] 일이 벌어지거나 기회가 주어지는 때. [부] 일이 벌어지거나 기회가 주어지는 때마다.

그때껏[부] 앞에서 이미 이야기한 시간상의 어떤 점/부분까지 내내. ¶**이때껏**(○), 접때껏(×). ⇐없는 말.

그래저래[부] 그러하고 저러한 모양으로. 그런저런 이유로. ¶**이래저래**(○).

그랬다저랬다[준] '그리하였다가 저리하였다가'가 줄어든 말. ¶**이랬다저랬다**(○).

그러나저러나[부] 그것은 그렇다 치고. [준] ①'그리하나 저리하나'의 준말 ②'그러하나 저러하나'의 준말. ¶ **이러나저러나**(○), 저러나그러나(×). ⇐없는 말.

그러니저러니[준] '그러하다느니 저러하다느니'가 줄어든 말. ¶**이러니저러니**(○).

그러저러[부] 그러하고 저러한 모양. ¶**이러저러**(○).

그러저러다[동] 그렇게 하기도 하고 저렇게 하기도 하다. ¶**이러저러다**(○), 저러그러다(×).

그런고로️️📖 그러한 까닭으로. ¶**이런고로**(○), 저런고로(×). ⇐없는 말.

그런대로📖 만족스럽지는 아니하지만 그러한 정도로. ¶**이런대로/저런대로**(○).

그런저런️️📖 그러하고 저러한. ¶**이런저런**(○).

그런즉️️📖 '그러한즉'이 줄어든 말. ¶**이런즉**(○), **저런즉**(×). [주의] ①이때 쓰인 '-ㄴ즉'은 '…로 말하면', '…를 보자면', '…를 듣자면' 따위의 뜻을 나타내는 보조사가 아니며, 앞 절의 일이 뒤 절의 근거나 이유임을 나타내는 연결어미로 보아야 할 것임. ¶이건 비교적 쉽게 쓰인 **책인즉** 이해하기가 쉬울 것이야. ②보조사로 쓰일 때는 체언에 붙여 쓰임. ¶이야긴즉 옳구먼그래. ③또, 낱말로서의 '즉(卽)'도 있지만 그럴 경우에도 '즉(卽)'은 의존명사가 아닌 부사이므로, '그런 즉/그러한 즉'으로 띄어 적더라도 말이 되지 않으므로, '그런즉/그러한즉'으로 붙여 적는 것임. '그런고로' 또한 이 같은 조어법으로 만들어진 말임.

그럴듯하다≒그럴싸하다📖 ①제법 그렇다고 여길 만하다. ②제법 훌륭하다.

그럭하다️️📖 '그렇게 하다'가 줄어든 말. ¶**이럭하다/저럭하다**(○).

그렇듯️️📖 '그러하듯'이 줄어든 말. ¶**이렇듯/저렇듯**(○).

그렇듯이️️📖 '그러하듯이'가 줄어든 말. ¶**이렇듯이/저렇듯이**(○).

그만큼≒그만치📖 그만한 정도로. 📖 그만한 정도. ¶**이만큼/저만큼**(○), ¶**이만치/저만치**(○).

그맘때📖 그만큼 된 때. ¶**이맘때/저맘때**(○).

그사이📖 조금 멀어진 어느 때부터 다른 어느 때까지의 비교적 짧은 동안. ≒**그간**. ¶**이사이**(○), 저사이(×)/저 사이.

그새📖 '그사이'의 준말. ¶**이새**(○)≒**이사이**, 저새(×)/저 사이(○).

그적📖 말하는 이와 듣는 이가 알고 있는 어느 시점. 주로 과거의 시점을 이름. ¶**이적(≒현재)**(○), 저적(×).

그즈음📖 과거의 어느 때부터 어느 때까지의 무렵. ¶**이즈음**(○), 저즈음(×).

그쪽️️ ¶**이쪽/저쪽**(○).

그자[-者]️️ '그 사람'을 조금 낮잡아 이르는 삼인칭 대명사. ¶**이자/저자**(○).

그치️️ '그 사람'의 낮잡음 말. 이르는 삼인칭 대명사. ¶**이치/저치**(○).

◆**그것 밖에는** 몰라. 다른 건 감감: **그것밖에는**의 잘못. ⇐~밖에는은 조사.

　그것밖에도 다른 게 많더군: **그것 밖에도**의 잘못. ⇐밖은 명사.

　[유사] 그곳에 가니 **그밖엔** 아는 이가 없더군. ('밖엔': 조사).

　　　　그 밖에 예를 더 들자면 ('밖': 명사).

　[설명] ①조사로 쓰이는 '-밖에(는)'의 경우, 그 뒤에 반드시 부정의 의미가 따름. '-밖에는'에 쓰인 '-는'은 강조 보조사. ②명사로 쓰인 '밖'은 '외(外)'로 바꿔도 뜻이 자연스럽게 통함.

◆그건 **그그러께**, 그러니까 3년 전의 일이야: **그끄러께**의 잘못. 북한어.

　3일 전, 그러니까 **그그제**에 일어난 일을 기억 못 하다니: **그끄제**의 잘못.

　그끄저께📖📖 그저께의 전날[에]. 준말은 '그끄제'.

　그끄러께📖📖 그러께의 바로 전 해[에]. 올해로부터 3년 전의 해[에].

◆입원했단 말을 듣곤 **그 길로** 병원으로 향했다: **그길로**(독립어. 부사)의 잘못.

　[구별] 아까 왔던 **그 길로** 그대로 돌아가면 돼(○).

　그길로📖 ①어떤 장소에 도착한 그 걸음으로. ②어떤 일이 있은 다음 곧. ¶**이길로**(×)/**이 길로**(○). ☞♣

'그-'가 들어간 복합어들의 예 항목 참조.

◆**그깐** 일로 그처럼 성질을 부렸단 말인가: **그깟**의 잘못.

[주의] **그딴** 일로 그처럼 성질을 부렸는가: 맞음. ⇐'그 따위'의 준말.

[설명] ①'그까짓→그깟'. 줄 때는 의미소와 관련된 부분을 살림. ②'그딴 일'에서의 '그딴'은 '그 따위'의 준말(구어체). '이딴/저딴(○)'도 마찬가지. [주의] 그러나, '이 딴 식으로 일을 할 건가?'와 같은 경우는 '따위'의 잘못. ☞**딴** 항목 참조.

그깟판 '그까짓(겨우 그만한 정도의)'의 준말.

◆초상집에 **그냥** 갈 수 있나, 뭐라도 갖고 가야지: **거저**의 잘못.

[설명] '그냥'에는 '빈손으로'라는 의미가 없으나, '거저'에는 '공짜로' 외에 '빈손(맨손)'의 의미도 있음.

그냥틧 ①더 이상의 변화 없이 그 상태 그대로. ¶그냥 가만히 있을 거야? ②그런 모양으로 줄곧. ¶하루 종일 그냥 울고만 있다. ③아무런 대가/조건 또는 의미 따위가 없이. ¶그냥 주는 거야, 공짜로.

거저틧 ①아무런 노력/대가 없이. ②아무것도 가지지 않고 빈손으로.

◆**그냥 저냥** 때우기만 해서야 되나: **그냥저냥**의 잘못. 한 낱말.

저 친구는 일을 꼭 **저냥으로** 한단 말이야: **저냥**틧의 잘못. ⇐'으로'는 체언에만 붙을 수 있는 격조사. '저냥'은 부사.

[설명] ①♣'그-'가 들어간 복합어들의 예 항목 참조. ②'으로'는 움직임/변화의 방향/경로를 나타내는 격조사이므로 부사에 붙여 쓸 수 없음.

[참고] 격조사[格助詞]: 체언이나 체언 구실을 하는 말 뒤에 붙어 앞말이 다른 말에 대하여 갖는 일정한 자격을 나타내는 조사. 주격조사, 서술격조사, 목적격조사, 보격조사, 관형격조사, 부사격조사, 호격조사 따위가 있음. ☞①조사와 보조사 항목 및 ♣부사에 붙을 수 있는 보조사와, 붙이면 안 되는 부사격조사 항목 참조. ②좀 더 상세한 내용은 [부록3] 맞춤법 공부에 도움이 되는 문법 용어 몇 가지 참조.

그냥저냥틧 그러저러한 모양으로 그저 그렇게. [유]그럭저럭.

이냥저냥틧 이러저러한 모양으로 그저 그렇게.

◆그 말은 **그닥** 좋은 말이라고 하기엔 좀 그렇군: **그다지**틧의 잘못. 비표준어.

◆**그 동안** 적조해서 미안해: **그동안**몡의 잘못.

[설명] '그동안'은 한 낱말. 이와 유사한 낱말들은 '**그간/그때/그날/그해/그사이/그다음/그즈음/그맘때**' 등이 있음. ☞♣'그-'가 들어간 복합어들의 예 항목 참조.

◆맞는 말이**구먼 그래**, 금방 **간다지그래**: '말이**구먼그래**', 간다지 그래의 잘못.

그것 참 신통하군 그래: **그것참** 신통하**군그래**'의 잘못. ⇐'그것참'은 감탄사.

[주의] **[가만있]지그래[그랬어/그래요]**: **[가만있]지 그래[그랬어/그래요]**의 잘못.

[설명] '그래'는 ('-구먼, -군'과 같은 해할 자리의 일부 종결어미 뒤에 붙어) 청자에게 문장의 내용을 강조함을 나타내는 보조사. 하지만, '가만있지 그래'와 같은 경우는 '-지'가 종결어미가 아닌 연결어미일 뿐만 아니라, '그래'가 '그랬어/그래요' 등으로도 활용되므로 보조사가 아님. 따라서 띄어 적어야 함.

그것참캄 사정이 매우 딱하거나 어이가 없을 때, 또는 뜻밖에도 일이 잘되었을 때 내는 소리.

[주의] 흔히 쓰는 '나 참/원 참/허 참/나 원 참/참 내' 등은 한 낱말의 감탄사가 아님. '–참' 꼴의 감탄사
는 현재로는 '아이참/그것참/아니참'의 세 낱말뿐임.

◆**그래봤자** 기껏 해야 졸부일 뿐 아닌가: **그래 봤자**, **기껏해야**의 잘못.
　　그래봬도 그 사람 거기서 **한가닥하는** 사람이야: **그래 봬도**, **한가락 하는**의 잘못.
　　[설명] ①'그래봤자/그래봬도'는 없는 말. 모두 띄어 적어야 함. '그래 봤자'는 관용구. '그래'는 '그리하여/
　　　　그러하여'의 준말. ②'기껏해야'는 한 낱말의 부사. 그러나 '기껏 해봤자'는 띄어 적어야 함. ③'한가닥'
　　　　은 '한가락'의 잘못. '한가닥하다'는 없는 말. '한가락 하다'(○)는 준관용구.
　　그래 봤자團 ①일/행동을 해도. ②아무리 한다고 해도.
　　한가락團 어떤 방면에서 썩 훌륭한 재주/솜씨.

◆[고급] '**그러고 나서**'와 '**그리고 나서**': '**그러고 나서**'가 맞는 표현.
　　'**그리고는**': '**그리고는**'의 잘못. ⇐접속부사 뒤에는 보조사가 붙지 못함.
　　[유사] '그러나지만'(×); '그런데여서'(×); '그러므로니까'(×).
　　[설명] ①'그러고 나서'는 '그리하다'의 준말이자 '그렇게 말하다'를 뜻하는 동사 '그러다'에 '–고 나서'가 연
　　　　결된 말로, '–고'는 연결어미이고 '나서'는 동사 '나다'에 '–서'가 붙은 활용형. 이때의 동사 '나다'는 본
　　　　동사 다음에 쓰여 뜻을 더해 주는 보조동사. 이처럼 '–고 나서'는 '먹고 나서/ 자고 나서/씻고 나서'와
　　　　같이 동사에 연결되어 동작의 완료를 나타냄. 보통 '이/ 그/저'는 계열을 이루고 있는데 '그러고 나서'
　　　　또한 '이러고 나서', '저러고 나서'와 한 계열. ②'그리고 나서'는 문법적으로 설명이 안 되는 문장. '그리
　　　　고'는 문장과 문장을 연결해 주는 접속부사인데 우리말에서는 '그리고 나서'처럼 접속부사 다음에 보
　　　　조동사가 결합하는 일이 없음. 그렇다고 '그리–+–고 나서'로 분석할 수도 없음. '–고 나서'의 앞에는
　　　　동사가 와야 하는데 '그리–'는 '그림을 그리다/연인을 그리다'와 같은 경우밖에 없어서 의미가 맞지
　　　　않음. 게다가 이때는 계열 변화인 '이리고 나서/저리고 나서'와 같은 표현도 불가능함. ③따라서, '그리
　　　　고 나서'는 '그러고 나서'의 잘못이라는 것을 알 수 있음. 이와 비슷한 경우로 '그리고는'이라는 말을
　　　　쓰는 일도 있으나 이 말 또한 '그리고는'의 잘못. 나아가, '그리고' 다음에는 '–는'이 연결될 수 없다는
　　　　것은 이와 비슷한 다른 꼴들을 보면 알 수 있음. 즉, '그러나/그런데/그러므로' 뒤에는 이 '는'이 연결
　　　　되지 못함.

◆**그러던 말던** 앞으로 네 마음대로 해: **그러건 말건**의 잘못.
　　[설명] '그러던'만 예를 들어 설명하자면, 이는 '그러(어간)+던(과거 또는 미완의 뜻을 나타내는 어미)'으로
　　　　분석되는 바, '–던'은 미래를 뜻하는 문맥과는 어울리지 않는 어형임. 그러나 '그러건'은 '그러거나'의
　　　　준말로서 위의 문맥에 적절한 표현. 그 때문에 이를 '그러든(지) 말든(지)'와 같이 단순 선택을 나타내
　　　　는 어미 '–든(지)'로 사용할 때는 쓸 수 있는 표현이 됨.
　　그러다퇑 ①'그리하다'의 준말. ②그렇게 말하다.

◆**그러리 말 리** 하면서 시간을 끌었어, 괜히: **그러리 말리**의 잘못. ⇐관용구임.
　　그러리 말리團 그리하겠다느니 말겠다느니 하여 일정하지 아니하게.

◆♣**그러모으다**와 **긁어모으다**의 차이
　　[설명] 모두 표준어로서 아래의 뜻풀이와 용례에서 보듯 두 말 사이에 큰 의미 차이가 있는 것은 아니
　　　　며, '긁어모으다'는 '그러모으다'에 비하여 모으는 과정에 '긁는 뜻'이 더해지는 정도임.

그러모으다통 ①흩어져 있는 사람/사물 따위를 거두어 <u>한곳에 모으다</u>. ¶풀을 베어 덮고 그 위에 진흙을 그러모았다; 여러 곳에서 조금씩 그러모아 보냈다. ②이러저러한 수단과 방법으로 재물을 <u>모아들이다</u>. ¶가난하게 자란 그는 악착같이 돈을 그러모았다; 그런 짓으로 그는 한밑천을 순식간에 그러모을 수가 있었다.

긁어모으다통 ①물건을 긁어서 한데 모으다. ¶갈퀴로 낙엽을 긁어모으다; 부지깽이로 숯덩이들을 솥 아래로 긁어모았다. ②수단과 방법을 이리저리 써서 재물을 모아들이다. ¶사기를 쳐서 재물을 긁어모았다; 몸을 팔아 긁어모은 돈이랬자 뻔했다; 있는 돈, 없는 돈 긁어모아 달려갔지만 허사였다.

◆**그러찮아도/그렇찮아도** 한 번 오려던 참이었어: **그러잖아도**의 잘못.
  [설명] '그러하지만→그렇지만(ㅇ)'. '그러지 않아도→그렇잖아도(×)/그러잖아도(ㅇ)'에서 보듯 <u>'그렇다'는</u> '그러하다', '그러잖다'는 '그러지 않다'가 준 꼴. (즉, '그러하다'는 '그렇다'형의 본말.) '그렇다'의 경우는 앞에 '하'가 어간으로 있으나, '그러잖다'엔 없음. 그러므로, '그러지 않아도'가 '그러찮아도/그렇찮아도'로 축약될 이유가 없음. 요약하면, <u>'잖다'는 '지 않다'의 준말</u>이므로, <u>'찮다'로 되면</u> 잘못.
  [유사] 그렇지 않다→그렇찮다(×)/그렇잖다(ㅇ); 그렇지 않아도→그렇찮아도(×)/그렇잖아도(ㅇ). ☜축약 과정: '그러하지+않아도' →'그렇지+않아도' →'그렇잖아도'
  [참고] **어간 '-하'**의 단축형(뒤에서 줄거나, 'ㅏ'가 줄 때) 문제와 구별해야 함.

◆**그럭 하다가는** 다 망친다: **그럭하다가는**의 잘못.
  [설명] ①**그럭하다**준 '그렇게 하다'의 준말. **저럭하다**준 '저렇게 하다'의 준말. **이럭하다/어떡~**준 '이렇게 하다/어떻게 ~'의 준말. ¶어떻게 하다→어떠+게 하다→어떡하다준. ②즉, '이럭하다/그럭하다/저럭하다'는 '이렇/그렇/저렇'의 'ㅎ'이 탈락하고 뒤의 'ㄱ'이 받침으로 온 것. ⇐준말은 준 대로 적는다!
  [참고] 파생어는 붙여 씀: 이럭저럭/그럭저럭≒이렁저렁/그렁저렁. 이 말들에 '-하다'가 붙어 동사가 되어도 마찬가지. '-하다'는 접사이고, 접사는 앞말에 붙여 적으므로. 〈예〉이럭저럭하다. 그럭저럭하다.

◆**그런가하면** 그는 엉뚱한 짓으로: **그런가 하면**의 잘못.
  [구별] **그런 고로**(×) 그는 학교 대신에: **그런고로**부

◆**그런 고로** 그 일은 대단히 잘못된 일이야: **그런고로**부의 잘못. ⇐한 낱말.
  그런 대로 땜질은 겨우 한 셈이지: **그런대로**부의 잘못. ⇐한 낱말.
  그런 즉, 일이 화급하게 되었네: **그런즉**부의 잘못. ⇐'그러한즉'의 준말.
  ☞**'그-'가 들어간 복합어들의 예** 항목 참조.

◆**그런 대로** 해나가고 있어, 그냥저냥: **그런대로**부의 잘못.
  [주의] '대로'가 의존명사일 때는 띄어 써야 함. ¶기회 있는 대로; 지칠 대로 지쳐서; 될 수 있는 대로 빨리; 본 대로 느낀 대로.
  [정리] '그런~'이 붙은 파생어들은 4낱말밖에 없음: **그런대로**부, **그런저런**관, **그런고로**부, **그런즉**준

◆그리 차려 입으니 **그럴 듯하구나**: **그럴듯하구나**의 잘못. ⇐한 낱말.
  [참고] 아무리 급해도 그리 **오복조르듯 해서야**: **오복조르듯해서야**의 잘못. ⇐한 낱말.

[설명] 다음의 네 낱말은 '-듯하다'가 접사로 사용된 말 중에서도 특히 유의해야 하는 한 낱말들: **그럴 듯하다**≒**그럴싸하다**; **부다듯하다**(몸에 열이 나서 불이 달듯 하게 몹시 뜨겁다); **어연번듯하다**(세상에 드러내 보이기에 아주 떳떳하고 번듯하다); **오복조르듯하다**(몹시 조르다).

◆[고급] 듣고 보니 **그렇네**: 맞음(혹은 **그러네**). [2015년 개정]
 지금 네 형편이 **그렇냐**?: **그러냐**의 잘못. ⇐어간 'ㅎ'이 준 대로 적음.
 [설명] ①예전에는 형용사의 어간 끝 받침 'ㅎ'이 어미 '-네/니/냐' 등이나 모음 앞에서 줄어지는 경우, 준 대로 적었으나(한글 맞춤법 제18항), '-네'의 경우만은 두 가지 모두 허용[2015년 개정]. 즉, 다음의 두 가지 표기 모두 가능함: 그렇네/그러네; 까맣네/까마네; 동그랗네/동그라네; 퍼렇네/퍼러네; 하얗네/하야네; 누러네/누렇네. ②[주의] 그럼에도 원형은 '그렇다'[형]이지 '그러다'[동]가 아님.

◆[고급] 그러니 안 되는 거야, 안 **그렇니**?: **그러니**?의 잘못. ←**그렇다**[형]
 [참고] 넌 어째서 하는 짓마다 결과가 **그렇냐**?: **그러냐**의 잘못. ←**그렇다**[형]
  어째서 그런 짓을? 도대체 왜 **그러냐**?: **그러느냐**의 잘못. ←**그러다**[동]
  그럴려면 그만둬라: **그러려면**의 잘못. ←**그러다**[동]
 [설명] ①형용사의 어간 끝 받침 'ㅎ'이 모음 앞에서 줄어지는 경우, 준 대로 적음. 즉, '그렇다'의 어간 '그렇-' 뒤에 연결어미 '-(으)니'가 붙은, 종결어미 '-(으)니'가 붙은, '그러니'와 같이 활용함. 형용사 '그렇다'의 어간 뒤에 어미 '-느냐/-으냐'가 붙으면, '그러냐'로 활용됨. (한글 맞춤법 제18항.) ②'그렇다'로 줄기 전의 '그러하다'를 떠올리면 이 활용을 좀 더 이해하기 쉬움. 즉, '그러하-(어간)+(으)니(어미)→ '**그러**('ㅎ' 탈락)+(으)**니**→'그러니'. ③한편, 동사 '그러다'의 어간 뒤에 어미 '-느냐/-으냐'가 붙으면, '그러느냐'로 활용됨. ☞**용언의 ~(으)냐 형 변화** 항목 참조.

◆[고급] **그렇잖아도** 방을 치우려던 참이었어: **그러잖아도**의 잘못. ←**그러다**[동]
  그러잖아도 예쁘다고 할 참이었다: **그렇잖아도**의 잘못. ←**그렇다**[형]
 [참고] 그가 지금 그렇게 어렵다. **그렇단** 말이지?: 맞음. ←**그렇다**[형]
  그가 지금 말도 안 되는 소릴 하고 있다. **그런단** 말이지?: 맞음. ←**그러다**[동]
  내 키가 작은데 아이도 **그런다**: **그렇다**의 잘못. ←**그렇다**[형]
  내가 **그렇듯** 아이도 음식을 가린다: **그러듯**의 잘못. ←**그러다**[동]
 [설명] ①좀 까다로운 문제. '그러다'는 '상태/모양/성질 따위가 그렇게 되게 하다'라는 뜻의 동사이고, '그렇다'는 '상태/모양/성질 따위가 그와 같다'라는 뜻의 형용사. 따라서 '그렇잖다'는 '상태가 그와 같지 않다'라는 뜻이며, '그러잖다'는 '상태가 그렇게 되게 하지 않다'라는 뜻. ②그러므로, 각각 '(말하고 있는) 그런 것과 같은 상태가 아니라고 할지라도'라면 '그렇잖아도'를, '(말하고 있는) 그런 것으로 되게 하라고 아니 하더라도'라면 '그러잖아도'를 사용함. 즉, 형용사적 상태 상황이 주된 의미인지, 동사 적 행동 상황이 주된 의미인지를 구분하여 그에 따라 상태의 경우에는 형용사 '그렇다'를 활용한 '그 렇잖아도'를, 행동과 관련된 경우에는 동사 '그러다'를 활용한 '그러잖아도'를 사용함. ③좀 더 설명하면, 형용사를 가리키는 맥락에서는 '그렇든 그렇지 않든'과 같이 형용사 '그렇다'를, 동사를 가리키는 맥락에서는 '그러든 그러지 않든'과 같이 동사 '그러다'를 쓰는 것이 적절함. 예컨대, 형용사 '예쁘다'를 쓴 '예쁘든 예쁘지 않든'에 대하여는 형용사 '그렇다'를 써서 '그렇든(→예쁘든) 그렇지(→예쁘지) 않든' 으로 표현할 수 있고, 동사 '먹다'를 쓴 '먹든 먹지 않든'에 대하여는 동사 '그러다'를 써서 '그러든(→먹든) 그러지(→먹지) 않든'으로 표현할 수 있음.
 [요약] **그렇잖다**: 형용사 '그렇다'의 부정 활용형. ⇐'그렇지 않다'의 준말.

그러잖다: 동사 '그러다'의 부정 활용형. ⇐'그러지 않다'의 준말.
[참고] ①그렇다[형]그러하다. 그러다[통] ≒그리하다/그렇게 하다. ②그러지 않아도≒그러잖아도. 즉, '-잖아≒-지 않아'. '그렇지 않아도≒그렇잖아도'('-지 않아'→'-잖아'는 같음).

◆**그리고나서/그리고는** 학교로 가서 공부했지: **그러고 나서/그러고는**의 잘못.
[참고] 접속부사 '그리고' 뒤에는 보조사(~나서, 은/는 따위)를 붙일 수 없음. 그러고는≒그리하고는, 그러고≒그리하고. [원형: 그리하다/그러다] ☞[주의] '그리 하다'가 아님. '그리하다'는 한 낱말. ☞상세 설명은 '**그러고 나서**'와 '**그리고 나서**' 항목 참조.

◆오늘 같은 날은 그 친구가 더 **그리웁네요**: **그립네요**의 잘못. ←**그립다**[원]
[설명] '그리운'에서 잘못 유추한 용법. 아주 흔한 사례. 〈예〉'가여웁네요/서러웁네요/졸리웁네요'(×) →'가엽네요(가엾네요)/서럽네요/졸립네요'의 잘못.
[주의] '가여운 아이≒가엾은 아이'. 둘 다 쓸 수 있음. 복수표준어.

◆개소리쇠소리 **그만 하고**: **개소리괴소리 그만하고**의 잘못.
[설명] **그만하다**[형][통], **그만두다**[통], **그만그만하다**[형]는 모두 한 낱말.

◆이제 됐으니까 **그만 하지그래**: **그만하지 그래**의 잘못.
[설명] '그만하다'는 한 낱말. '그래'는 보조사.
그만하다/이만~/고만~[통] 하던 일을 그만[이만/고만] 멈추다.
[참고] '가만하다'도 한 낱말. 단, 형용사.
가만하다[형] ①움직이지 않거나 아무 말도 하지 아니한 상태에 있다. ②어떤 대책을 세우거나 손을 쓰지 아니하고 그대로 있다. ③움직임 따위가 그다지 드러나지 않을 만큼 조용하고 은은하다.

◆그 만큼(그 만치) 안겨 줬으면 이젠 알아서 해야지: **그만큼(그만치)**[부]의 잘못.
[주의] **조그만치**만 줘도 돼: **조그만큼**만의 잘못. ⇐'만치≒만큼'이지만, 이 말만은 '조그만큼'만 표준어임.
[설명] '그만큼/그만치'는 모두 한 낱말. 나아가, '조그만큼'과 '그맘때(그만큼 된 때)'도 한 낱말. ☞'**그-**'가 들어간 복합어들의 예 참조.
[주의] '그런 만큼, 이런 만큼'의 경우, '그런/이런'은 관형사이므로 띄어 적음.

◆**그봐**, 내 말이 맞잖아: **거봐**의 잘못. 없는 말.
[설명] ①그봐'는 일견 '그것 봐'의 준말일 듯하나, 사전에 없는 말이며 잘못. '그것'의 구어체인 '**그거**'가 줄면 '거'이고 '그'가 아님. ②이와 유사한 '이봐'는 듣는 이를 부를 때에 쓰는 말로, '거봐'와는 기능/뜻이 많이 다름.
거봐[감] 해할 자리에서, 어떤 일이 자신의 말대로 되었음을 나타낼 때 쓰는 말.
이봐[감] 해할 자리에서, 듣는 이를 부를 때 쓰는 말.

◆비가 오면 생각나는 **그사람**: **그 사람**의 잘못.
[설명] '그놈/그년/그분/그이/그자/그치': 한 낱말의 대명사. 그러나, '**그사람**'(×).

◆햇빛에 얼굴이 **그슬려** 검게 됐어: **그을어**의 잘못. ←**그을다**[원]

선탠은 일부러 얼굴과 몸을 **그슬리는** 일: **그을리는**의 잘못. ←**그을리다**[원]

얼굴이 햇빛이 **그으르니** 꼭 깜둥이 같다: **그으니**의 잘못. ←**그을다**[원]

[설명] ①햇빛으로 일부러 얼굴 거죽만 약게 타게 할 수는 없고('그을려', 사동사 '그을리다'의 활용), 저절로 탄 것이므로 자동사 '그을다'를 사용하는 것이 뜻에 부합. ②'그을다'는 '그을러(x)/그을어(o)', '그으르니(x)/그으니(o)', '그으르오(x)/그으오(o)'로 활용하며, '그으르니' 등에서의 '-르-'는 이유 없이 매개모음 '-으-'를 잘못 삽입한 것.

그을다[통] 햇볕/불/연기 따위를 오래 쬐어 검게 되다. 자동사.

그슬다[통] 불에 겉만 약간 타게 하다. [주의] '그을다/그슬다'의 사동사는 각각 '그을리다/그슬리다.'

◈**그애**와 나랑은 비밀이 있었네: **그 애**(혹은 **그 아이**)의 잘못. ⇐준말은 '걔'.

◈그토록 쏘다니더니 **그에/그애** 탈이 나고 말았다: **그예**의 잘못.

[참고] **기여히** 사건을 치는군: **기어(期於)이**의 잘못.

그예[부] 마지막에 가서는 기어이. [어원] **그여이**<**긔여이**←**긔어(期於)**+-이.

◈등잔불은 **그으름/끄름**이 많아서: **그을음**의 잘못. ←**그을다**[원]

◈**그저/거저 먹으려** 해서야 쓰나: **거저먹으려**의 잘못. ←**거저먹다**[원]

거저먹다≒공먹다[통] 힘을 들이지 아니하고 일을 해내거나 어떤 것을 차지하다. ¶생일이 섣달이라 나이 한 살을 거저먹은[공먹은] 셈이다.

◈[고급] 저건 너무 심한 거 아닌가요? **그죠?**: **그렇죠**의 잘못.

[참고] 저게 바로 얘기하던 그것 맞죠? **기죠?**: 맞음.

[설명] ①'-죠'는 종결어미 '-지'에 보조사 '요'가 결합하여 이루어진 '-지요'의 준말. '-죠'가 결합할 때에는 어간과 어미가 결합하는 형식, 곧 '그렇'(어간)+'-죠'이어야 하므로, '그렇죠'가 올바른 표현임. ②여기서 한발 더 나아가 구어체로서 '그렇죠'의 준말을 군이 표기한다면 '그죠'가 되어야 하나, '그죠'는 현재 사전에 없는 말. ③[참고] 예문에 보이는 '기죠'는 '기다('그것이다'의 준말)'의 어간 '기-'에 '-죠'가 결합한 것이므로 올바른 표현임.

◈**그 중**에는 없다. **이 중**에도 없다: **그중**의 잘못. **이 중**은 맞음.

[설명] '그중'은 한 낱말이지만, '이 중'은 두 낱말. 이때의 '중'은 의존명사.

그중[-中]명] 범위가 정해진 여럿 가운데.

◈**그 쯤** 해두지 그래: '**그쯤**[부]'의 잘못.

그쯤하면 될 일. **그만 하시게**: **그만하면**, **그만하시게**의 잘못. ←**그만하다**[원]

그 쯤에서 그만 둬라: **그쯤에서**, **그만둬라**의 잘못. ←**그만두다**[원]

[참고] 이제 **그만 해 둬도** 충분하니 **그만 해라**: 앞은 맞음. 뒤는 **그만해라**의 잘못. ←**그만**[부] 그 정도로 하고/그 정도까지만).

　　　중간에서 **그만 하면** 어떻게 하나: **그만하면**의 잘못. ←**그만하다**[통]

[설명] ①~쯤은 접사이고, '그쯤'은 [명][부]. ②'그쯤하다'는 '그만하다'의 북한어. ③'그만두다'는 한 낱말. ☞**'그-'가 들어간 복합어들의 예** 항목 참조.

그만하다1퇸 하던 일을 그만 멈추다.

그만하다2휑 상태/모양/성질 따위의 정도가 그러하다. [유]어연간하다/어지간하다/웬만하다.

◆**그후에** 그가 한 말들은 가관이었다: **그 후에**의 잘못. ⇐관형사 '그'+'후'(명사).

　그뒤의 얘기가 더 궁금하군: **그 뒤의**의 잘못. ⇐관형사 '그'+'뒤'(명사).

　[참고] **이후에** 벌어진 일들이 더 재밌어: 맞음. ⇐'이후'는 한 낱말.

◆그는 고관직 제의를 **극구사양했다**: **극구 사양했다**의 잘못.

　[설명] '극구(極口)'는 '온갖 말을 다하여'를 뜻하는 부사. '극구사양'은 없는 말.

◆입맛 없을 때 먹는 **근대국** 맛은 끝내주지: **근댓국**의 잘못.

　[설명] '–국' 앞에 받침이 없는 말이 올 때는 예외 없이 사이시옷을 받침: 시래기국(×)/시래깃국(○); 고기국(×)/고깃국(○); 무국(×)/뭇국(○); 동태국(×)/동탯국(○); 북어국(×)/북엇국(○); 우거지국(×)/우거짓국(○).

◆**근데** 말이야; **건데** 그건 그렇다 치고 이건 뭐야: 맞음. ⇐둘 다 '그런데'의 준말.

　[설명] '근데/건데' 모두 '그런데'의 준말이나, 축약 과정이 서로 다름. '근데'는 '그런데'의 두 번째 음절의 '러'가 빠지고 나머지 것들이 축약되어 생긴 것이고, '건데'는 첫 번째 음절 '그'에서 'ㅡ'가 빠지고 두 번째 음절 '런'에서 'ㄹ'이 빠진 다음 나머지 것들이 축약되어 형성된 것.

◆그 일은 애시당초 **글러 먹은** 일이었어: **애당초**의 잘못. '**글러 먹은**'은 맞음.

　[설명] '글러 먹다'는 '글러(본동사)+먹다(보조용언)'의 꼴로서, '글러'는 '글러/그르니' 등으로 활용하는 '그르다'의 활용형.

　먹다뵘퇸 일부 동사 뒤에서 '–어 먹다' 구성*으로 쓰여, 앞말이 뜻하는 행동을 강조하는 말로서, 주로 그 행동이나 그 행동과 관련된 상황이 마음에 들지 않을 때 씀. ¶서약까지 해놓고도 까맣게 잊어 먹다; 하인처럼 부려 먹다.

　***구성**: 보통 둘 또는 그 이상의 단어로 형성된 통사론적 구성, 즉 어구(phrase)를 뜻하며, 이러한 구성은 어순이라는 관용적/문법적 방식에 따라 이뤄지므로 임의로 변경하여 사용할 수 없음.

◆원고지에서 **글쓴 이**의 이름은 한 칸 아래에 적는다: **글쓴이**의 잘못. ⇐한 낱말.

　[설명] '글쓴이/지은이/엮은이' 등은 한 낱말. 위와 같이, 관형형+'이'의 꼴로 한 낱말인 것들이 제법 있음: 젊은이/늙은이/낡은이/놈놀이; 맴돌이/맛난이/못난이; 큰아이/갓난이≒갓난아이/갓난쟁이; 깐깐이/납작이/넓적이/넓죽이/답답이/껄떡이/껄렁이.

　[주의] '**받는이**'의 이름은 봉투에 크게 써라와 같은 경우는 '**받는 이**'의 잘못이지만, 남의 장기(臟器)를 받는 사람은 '**받는이**(≒**수용자**)'로 붙여 적음(한 낱말). 그러나 장기 기증자의 경우는 '주는이'로 표기하지 않음. 법규상 매매가 금지되어 '거저 주어야' 하기 때문에 굳이 표기하려면 '거저 주는이'라고 해야 뜻이 명확해지는데 '거저 주는이'라는 표현도 올바른 표기가 아니기 때문. ☜[의견] '수신인/수신자'를 뜻하는 '받는이'는 사전의 표제어로 올려야 마땅함.

◆오늘 장에서 **쌀 금**(=쌀값)이 어떻던가?: **쌀금**의 잘못. 한 낱말.

　요즘 누에고치 **고칫금**이 엉망이라며?: **고치 금**의 잘못. 두 낱말.

요즘 금값이 **똥금**이라며?: 맞음. ⇐'똥값'과 동의어.

[설명] '값'의 뜻으로 쓰이는 고유어 '–금'이 붙은 주요 복합어들: 아래 참조.

[참고] '–값'의 붙여쓰기: 일부 명사 뒤에 붙어 '가격/대금/비용'의 뜻을 더하는 '값'은, 앞말이 순우리말이든 한자어이든 앞말에 붙여 씀. 〈예〉신문값/우유값.

금멸 ①시세/흥정에 따라 결정되는 물건의 값. ②≒**인금**(사람의 가치나 인격적인 됨됨이). [참고] **사람값**멸 사람으로서의 가치/구실.

똥금≒**똥값**멸 (속) 터무니없이 싼 값.

쌀금≒**쌀값**멸 쌀을 팔고 사는 값.

장금[場–]멸 장에서 물건을 팔고 사는 시세.

놀금멸 물건을 살 때에, 팔지 않으려면 그만두라고 썩 낮게 부른 값.

먹은금멸 물건을 살 때에 든 돈.

댓금[大–]멸 물건값의 높은 시세.

뜬금멸 일정하지 않고 시세에 따라 달라지는 값.

반금[半–]≒**반값**멸 본래의 값의 절반.

통금멸 ①이것저것 한데 몰아친 값. ②물건을 통거리로 파는 값.

시겟금멸 시장에서 파는 곡식의 시세.

본금[本–]≒**본금새**멸 본값의 높고 낮은 정도.

쟁깃금[–金]멸 쟁기고기로 치는 값.

◆그의 대통령 비하의 발언은 정치적 **금도**를 넘었다: '위험수위' 등의 다른 표현으로 바꾸는 게 적절함.

[설명] ①'금도(襟度)'는 마음속을 뜻하는 '금(襟)'과 국량(局量, 남의 잘못을 이해하고 감싸주며 일을 능히 처리하는 힘)을 뜻하는 '도(度)'가 결합한 것으로서, '다른 사람을 포용할 만한 도량'을 뜻하는 말. ②그러므로, 예문과 같이 쓰는 것은 본래의 말 '금도(襟度)'의 정확한 의미를 모른 채, '금도(禁度/禁道)' 정도로 섣불리 유추하여 없는 말을 사용하는 잘못된 경우임. '넘지 말아야 할 선'이나 '적정선(適正線)' 또는 '위험수위' 등의 다른 표현으로 바꾸어서 사용해야 함. ☜[의견] 그러나 현재 언중의 관행으로 보아 '넘지 말아야 할 선/정도'의 뜻으로 '금도(禁度/禁道)'를 인정하고 새로운 표제어로 삼아야 할 말임.

금도[襟度]멸 다른 사람을 포용할 만한 도량. ¶사람들은 그의 크고 너른 배포와 금도에 감격하였다.

포용[包容]멸 남을 너그럽게 감싸 주거나 받아들임. '감쌈', '덮어 줌'으로 순화.

관용[寬容]멸 남의 잘못을 너그럽게 받아들이거나 용서함. 그런 용서.

아량[雅量]멸 너그럽고 속이 깊은 마음씨.

◆**금새** 갈게: **금세**의 잘못. [←금시(今時) + 에]

금세부 지금 바로. '**금시(今時)에**'가 줄어든 말. [주의] '어느새'에 이끌려 '금새'라고 적는 경우가 있으므로 주의. '어느새'는 '어느 사이'의 준말.

금새멸 물건의 값(금). 물건값의 비싸고 싼 정도.

◆**금슬(琴瑟)** 좋은 부부는 금실로 엮인다: 맞음. '**금실**'도 가능함.

[설명] '금슬'은 '금실'의 원말로 복수표준어. 그러나 관련어의 경우에는 '금실'로 표기. 〈예〉'금실지락[琴瑟▽之樂]≒금실(琴瑟)'(부부간의 사랑). 단, 거문고와 비파의 의미로는 여전히 '금슬'.

[유사] 초승달(○)/초생달(×); 이승/저승(○); 금승말(○).

금슬(琴瑟)명 ①거문고와 비파를 아우르는 말. ②'금실(부부간의 사랑)'의 원말.

금실(琴瑟▽)명 부부간의 사랑. [유]금실지락/부부애/정분.

◈**금초**나 **벌초**나 **사초**나 그게 그거 아닌가: '금초/벌초'와 '사초'는 뜻이 조금 다름.

[설명] '금초(禁草)'는 '금화벌초(禁火伐草)'의 준말로, 무덤에 불조심하고 때맞추어 풀을 베어 잔디를 잘 가꾼다는 뜻의 말. '벌초(伐草)'는 무덤의 풀을 깎아 깨끗이 한다는 뜻이며 '사초(莎草)'는 무덤에 떼를 입히어 잘 다듬는 일을 이르는 말. 일반적으로 음력 7월 하순경 산소의 풀을 깎고 깨끗이 손질하는 건 '벌초'라고 하는 것이 알맞음. 즉, 추석 전(장마철 끝난 뒤)에 무덤의 풀을 깎는 일은 '벌초'로, 한식(寒食) 때 하는 벌초는 '금초'로 표현할 만함.

◈♣**'-기(機)'와 '-기(器)'의 쓰임 구분**

[예제] **녹음기**의 한자 표기는 錄音器인가, 錄音機인가: 錄音器임.

　　　복사기와 **계산기**의 한자 표기는?: 複寫機/複寫器와 計算器/計算機 병용.

[설명] ①'-기(機)'는 동력을 사용하거나, 대체로 설비/장치의 크기가 크거나 부속 장치들이 많아 구조가 복잡하고, 제조/생산을 목적으로 사용하는 장치에 붙임. 특히 동력 사용과 무관하게 기계류에 편입되거나 복잡한 장치의 총칭으로 사용될 경우, '-기(機)'가 쓰임. 한편 '-기(器)'는 그와 달리 장치가 크지 않거나 구조가 비교적 간단하고 작동 원리가 복잡하지 않으며 특정된 단순 기능만을 수행하는 연장/연모/그릇/기구/기관(器官) 따위에 붙임. ②그러나, 현재의 실질적인 쓰임새로 볼 때는 당초 출현/제작 당시의 상황과 무척 달라져 표기를 수정해야 할 필요가 있는 것들도 적지 않으며(예: 유성기(留聲機)/축음기(蓄音機)/녹음기(錄音器)는 각각 '留聲器/蓄音器/錄音機'로, 크기가 수 킬로미터에도 이르는 입자 가속기(加速器)에서의 가속기(加速器)는 가속기(加速機)로, 공장 규모의 태양광 축전기(蓄電器)에서의 축전기는 축전기(蓄電機)로), 그 기능이 복잡해지고 장치가 대형화된 것들도 있어서 실제로 혼용 표기하는 사례도 있음. 〈예〉복사기(複寫機)/복사기(複寫器)/계산기(計算器/計算機). 또한, 현재 《표준》의 표제어에 '녹즙기(綠汁機)'로 표기되어 있는 경우는 《표준》의 실수로 보임. 특정된 단순 기능만을 수행하는 기구일 뿐만 아니라 '조리기(調理器)' 표기 등과의 통일성 유지를 고려해서도 '녹즙기(綠汁器)'로 표기되어야 함.

(1)'-기(機)'로 표기하는 것들

－동력 사용 혹은 기계류 관련: 비행기(飛行機)/세탁기(洗濯機)/선풍기(扇風機)/발전기(發電機)/타자기(打字機)/무전기(無電機)/유성기(留聲機)/축음기(蓄音機) *녹음기(錄音器)/사식기(寫植機)/굴착기(掘鑿機)/분쇄기(粉碎機)/양화기(揚貨機)/기중기(起重機)/전동기(電動機)/절단기(切斷機)/연마기(研磨機)/분말기(粉末機)/식자기(植字機)/발동기(發動機)/승강기(昇降機)/정미기(精米機)/발매기(發賣機)/방적기(紡績機)/송풍기(送風機)/녹즙기(綠汁機).

－시스템 혹은 장치의 총칭: 촬영기(撮影機)/사진기(寫眞機)/복사기(複寫機/複寫器)/전화기(電話機)/계산기(計算器/計算機)/자판기(自販機)/단말기(端末機)/신호기(信號機)/탐지기(探知機)/판독기(判讀機)/압출기(壓出機)/압축기(壓縮機)/송신기(送信機)/수상기(受像機)/번역기(飜譯機)/교환기(交換機).

(2)'-기(器)'로 표기하는 것들

－기관/악기/그릇: 호흡기(呼吸器)/생식기(生殖器)/소화기(消化器)/비뇨기(泌尿器); 현악기(絃樂器)/관악기(管樂器); 구석기(舊石器)/청동기(靑銅器)/도자기(陶瓷器)/금속기(金屬器).

－기능 특정: 측정기(測定器)/감지기(感知器)/녹음기(錄音器)/조리기(調理器)/측우기(測雨器)/조절기(調節器)/각도기(角度器)/관측기(觀測器)/가습기(加濕器)/온수기(溫水器)/분석기(分析器)/샤워기

(shower器)/세면기(洗面器)/승압기(昇壓器)/여과기(濾過器)/용접기(鎔接器)/의료기(醫療器)/확성기(擴聲器)/방사기(放射器)/분무기(噴霧器)/소화기(消火器)/주사기(注射器)/가속기(加速器)/수화기(受話器)/경보기(警報器)/축전기(蓄電器).

- 구조/기능/크기 변화에 따른 복수 표기 허용: 복사기(複寫機/複寫器)/계산기(計算器/計算機).

기계(機械)똉 동력을 써서 움직이거나 일을 하는 장치.

기계(器械)똉 ①연장/연모/그릇/기구 따위의 총칭. ②구조가 간단하며 제조/생산을 목적으로 하지 아니하고 사용하는 도구의 총칭.

기구(器具)똉 세간/도구/기계 따위의 총칭.

도구(道具)똉 일을 할 때 쓰는 연장의 총칭.

장치(裝置)똉 어떤 목적에 따라 기능하도록 기계/도구 따위를 그 장소에 장착함. 또는 그 기계/도구/설비.

◆1년 반이라는 **기간 동안**에: '**기간**'이나 '**동안**' 중 하나만 사용(의미 중복).

기간[期間]똉 어느 일정한 시기부터 다른 어느 일정한 시기까지의 <u>사이</u>.

기간[其間]똉 어느 때부터 다른 어느 때까지의 <u>동안</u>.

동안똉 어느 한때에서 다른 한때까지 시간의 <u>길이</u>.

◆예전엔 **기계충**에 걸려 머리 밑이 허연 애들 많았어: **기계충**의 잘못.

[설명] '기계충[機械-]'은 '두부백선'을 일상적으로 이르는 말.

두부백선[頭部白癬]똉 머리 밑에 피부 사상균이 침입하여 일어나는 피부병. 머리털이 나 있는 부분에 둥그런 홍반이 생기고 피부가 벗어지며 그 부분의 머리털이 윤기를 잃고 부스러지는 형태와, 경계가 뚜렷하지 않고 모양이 일정하지 않게 피부가 벗겨지며 머리털이 끊어져 검게 변하는 형태가 있다.

◆모처럼 **기껏** 애써서 만든 기회인데: **일껏**뚜이 더 나음.

명색이 전국 집회인데도 **기껏 해야** 백 명이나 모였을까: '**기껏해야**뚜'의 잘못.

기껏해 봤자 거기서 거기 아닌가?: '**기껏 해봤자**'의 잘못. ⇐'**기껏하다**'는 없는 말. [구별] **기꺼하다**≒기꺼워하다뚱 기껍게 여기다.

[설명] '기껏'은 부사. '기껏하다'는 없는 말이지만, '기껏해야'는 부사. 즉, '기껏하다'는 없는 말이므로 '기껏 한다고 한 일' 등으로 띄어 적어야 하지만, '기껏해야'는 독립부사이므로 '기껏해야 백여 명' 등으로 쓸 수 있음.

[참고] '-껏'은 일부 명사 뒤에 붙어, '그것이 닿는 데까지'의 뜻을 더하고 부사를 만드는 접미사. 이 접미사 '-껏'이 붙어 만들어진 말에는 '기껏' 외에도 '마음껏/성의껏/열성껏/욕심껏/정성껏/지성껏/힘껏' 등이 있으며, 사전에 없는 말 '역량껏' 등도 이러한 생산성과 부합되므로 쓸 수 있는 말.

일껏뚜 모처럼. 애써서. ¶그는 일껏 마련한 좋은 기회를 놓쳤다; 일껏 음식을 만들어 주었더니 맛이 없다고 불평이다.

기껏뚜 힘/정도가 미치는 데까지. [유]겨우/힘껏/고작.

기껏해야뚜 ①아무리 한다고 해야. ②아무리 높거나 많게 잡아도. 최대한도로 하여도. [유]고작/기껏/불과.

◆**기다**가 표준어인지를 두고 **기다** 아니다 다투지 마. '기다'도 표준어야: 맞음.

열쇠나 쇳대 모두 그것이 그것인데. <u>쇳대</u>도 **긴데**: <u>열쇠</u>의 잘못. 맞음. ⇐'긴데'는 '그것인데'의 준말.

[설명] '기다'는 '그것이다'의 준말로 표준어.
쇳대명 '열쇠'의 방언(강원, 경기, 경상, 전라, 충남, 함경).

◆**기다리며는** 기회가 오기 마련: **기다리면**(혹은, **기다리면은**)의 잘못.
  [설명] ①'-며는'은 없는 말로, 어미 '-면'의 잘못. ②'-면은'은 '-면'의 강조. 이때 쓰인 '-은'은 받침 있는 체언/부사어, 일부 연결어미 뒤에 붙어 강조의 뜻을 나타내는 보조사. ¶네게도 잘못은 있다; 열심히 하면은 좋은 일이 있을 거야.

◆이건 짧으니 조금만 더 **기다만한** 걸로 가져오렴: **기다마한**(혹은 **기다만**)의 잘못.
  장대가 조금 더 **길다란** 건 없니?: **기다란**의 잘못. ←**기다랗다**[원]
  조금 더 **기단** 게 있으면 좋으련만: 맞음. ←**기닿다**[원]
  그것 생각 외로 엄청 **길다랗군**: **기다랗군**의 잘못. ←**기다랗다**[원]
  [설명] ①'기다맣다'는 '기다마하다'의 준말로 '기다매/기다마니/기다만' 등으로 활용. ②'길다랗다'는 '기다랗다'의 잘못. 없는 말. 어근 '길(長)-'에 '-다랗다'가 결합하여 'ㄹ'이 탈락하면서 새로운 어간 '기다랗-'을 만든 경우임. ☞♣**'-다랗다'가 들어간 말 중 주의해야 할 것들** 항목 참조. ③'기닿다'는 '기대/기다니/기단' 등으로 활용.
  [주의] '기다랗다'의 상대어는 '**짤다랗다**'(×)/'**짤따랗다**'(○)(매우 짧거나 생각보다 짧다)임.
  기다맣다형 '**기다마하다**(꽤 길다)'의 준말.
  기닿다형 ①'**기다랗다**(매우 길거나 생각보다 길다)'의 준말. ②'**기다맣다**('기다마하다'의 준말)'의 준말.
  [참고] '기다마하다'의 활용: '기다마하여(기다마해)/기다마하니'.
      '기다맣다'의 활용: '기다매/기다마니/기다맣소'.
      '기다랗다'의 활용: '기다래/기다라니/기다랗소'.
      '기닿다'의 활용: '기대/기다니/기닿소'.

◆당신의 변화 모습이 무척 **기대되요**: **기대돼요**의 잘못.
  어릴 적 신동이었던 그의 성장이 **기대되었다**: **기대되었다/기대됐다**의 잘못.
  그의 성장이 무척 **기대돼다**: **기대된다**의 잘못.
  [설명] 'ㅚ'와 'ㅓ'가 결합하여 줄면 'ㅙ'가 됨. 그러므로, 어간 '기대되-' 뒤에 어미 '-어'가 붙은 '기대되어'는 '기대돼'와 같이 줄어 쓰일 수 있고, '기대돼' 뒤에 보조사 '-요'가 붙으면 '기대돼요'로 적음. 하지만, 어간 '기대되-' 뒤에 어미 '-ㄴ다'가 붙으면, 준 것이 아니므로 '기대된다'와 같이 적어야 올바름.

◆연예인들의 차림새를 보면 따라 **하기 마련**: **하기[게] 마련**. 둘 다 쓸 수 있음.
  [설명] 일부 사전에서는 '하기 마련'은 잘못이고 '하게 마련'이 맞다고 하나, 《표준》은 둘 다 맞다고 하면서도 '하기 마련'이 낫다고 결론. ('마련'과 비슷한 '나름/때문/십상' 등과 함께 고려할 때) 아래 세 가지 문형 모두 가능함.
    – 하기 나름이다 – 하게 나름이다 – 하도록 나름이다.
    – 하기 때문이다 – 하게 때문이다 – 하도록 때문이다.
    – 하기 십상(十常)이다 – 하게 십상이다 – 하도록 십상이다.
    – 하기 마련이다 – 하게 마련이다 – 하도록 마련이다.

◆정말 **기막히는** 얘기로군: **기막힌**(혹은 **기가 막히는**)의 잘못. ←**기막히다**형

[설명] '기막히다'는 형용사로서, 어미 '-ㄴ' 앞에서 '기막힌'이 됨. 즉, '기막히어≒기막혀/기막히니/기막힌'으로 활용함. '기막히는'은 '기막히다'를 동사로 착각하여 일어나는 잘못된 활용임.

[암기도우미] 어간에 '-는'을 붙여 말이 안 되는 것은 형용사임. 단, '-있다'가 붙어 만들어진 형용사는 제외. 〈예〉'작는(×) 사람'이므로 '작다'는 형용사. '죽는(○) 사람'이므로 '죽다'는 동사. 위의 예와 같이 자주 헷갈리는 형용사에는 '걸맞다/알맞다/힘들다' 등이 있음. 즉, '걸맞<u>는</u>(×)/알맞<u>는</u>(×)/힘드<u>는</u>(×)'이며 '걸맞은/알맞은/힘든'으로 적어야 함.

◆그 자투리땅은 시에 **기부체납**하는 걸로 처리됐어: **기부 채납**의 잘못.

  [설명] '기부 **채납**'은 '기부 **채납**'의 잘못. '체납(滯納)'은 '세금 따위를 기한까지 내지 못하여 밀림'의 뜻이고, '채납(採納)'은 의견이나 사람/물건 등을 받아들인다는 뜻. 따라서 '기부 체납(滯納)'과 '기부 채납(採納)'은 전혀 다른 뜻이 됨.

  기부 채납[寄附採納]뗑 〈법〉 국가 외의 자가 재산의 소유권을 무상으로 국가에 이전하여 국가가 이를 받아들여 취득하는 것. land donation.

◆<u>기브스</u>를 한 몸으로 어딜 가려고?: **깁스**의 잘못. ☞**외래어 표기** 항목 참조.

◆양옥 지붕의 **기스락물**과 초가지붕의 **기지랑물**은 달라: **낙숫물**, **지지랑물/지랑물**의 잘못.

  기스락물뗑 '낙숫물'의 북한어.

  지지랑[지랑]물뗑 비가 온 뒤에 썩은 초가집 처마에서 떨어지는 검붉은 빛깔의 낙숫물.

◆예전엔 구멍 난 양말을 **기우는** 일이 잦았지: **깁는**의 잘못. ←**깁다**[원]

  어머니는 헤진 치마를 **기워** 입곤 하셨다: **해진**의 잘못. 맞음.

  [설명] '기우다'는 '깁다'의 잘못이며, '깁다'는 '기우니/깁는/기워서'로 활용.

◆도장 안에서는 **기합 소리**가 우렁찼다: 쓸 수 있음. ⇐설명 참조.

  [설명] ①'기합'은 '어떤 특별한 힘을 내기 위한 정신과 힘의 집중. 또는 <u>그런 집중을 위해 내는 소리</u>'이므로 기합 자체에 그 소리가 포함되어 있다고 볼 경우에는 중복으로 보이기도 하나, 여기서 '소리'는 부차적인 의미일 뿐만 아니라, 관행적으로 '기합 소리'가 널리 쓰이고 있고, 《표준》의 예문에도 '기합 소리'가 쓰이고 있음. ②나아가 '기 넣기'가 '기합'의 순화어이므로 '기 넣기'로 할 경우에는 '기합 소리'는 '기 넣기 소리'이므로, '기합 소리'도 가능한 표현임.

  [주의] '고함 소리', '함성 소리' 등의 경우는 '소리'가 '고함/함성'의 주된 의미이므로 명백한 중복. '고함/함성'만으로 족함.

  고함[高喊]뗑 크게 부르짖거나 외치는 <u>소리</u>.

  함성[喊聲]뗑 여러 사람이 함께 외치거나 지르는 <u>소리</u>.

◆♣**긴치마**와 **긴 치마**

  [예제] 이 더위에 **긴 치마**를 입다니: **긴치마**가 적절함.

        키도 작은 사람이 너무 **긴치마**를 입었어: **긴 치마**의 잘못.

  [설명] '긴치마'는 처음부터 발목까지 가리도록 길게 만든 치마이고, '긴 치마'는 제 키에 맞지 않게 치수가 긴 치마를 뜻함.

◆♣[주의] '**길**'의 **복합어** 중 앞말에 받침이 없을 때는 {-낄}로 발음되므로 사이시옷을 받침!

[예제] **귀가 길**에서는 특히 차 조심!: **귀갓길**의 잘못.

　　　등·하교길에서 불량 식품을 파는 이들: **등·하굣길**의 잘못.

　　　시집 제목으로도 쓰인 **황토길**은 (　)의 잘못이야: **황톳길**.

[참고] 이때의 '-길'은 몇몇 명사 뒤에 붙어 '과정/도중/중간'의 뜻을 나타내는 접사적 기능. ¶출근길/퇴근길/산책길/시장길.

O가욋(加外)길/고깃길/고빗길/공깃(空氣)길/굽잇길/귀갓(歸家)길/기찻길/나그넷길/나룻길/나뭇길/농삿(農事)길/눈사탯길/답삿(踏査)길/도붓(到付)길/두멧길/등굣(登校)길/등굽잇길/마찻길/먼짓길/명삿(鳴沙)길/모랫길/무덤사잇길/바윗길/밭머릿길/벌잇길/벼룻길/사랫길/사릿길/사잇길/소맷길/수렛길/쌍갈랫길/썰맷길/안돌잇길/열찻길/우잣(字)길/장삿길/적톳(赤土)길/전찻길/잿길/지돌잇길/찻(車)길/출셋길/콧길/하굣(下校)길/하룻길/혼삿길/황톳길/후밋길.

◆사람이 어디 그리 쉽게 **길들여지는** 법인가: 맞음.

길들이다[통] 어떤 일에 익숙하게 하다.

길들다[통] 어떤 일에 익숙하게 되다.

[설명] '길들여지다'라는 동사는 표제어에 없음. 그러나, '지다'는 보조용언으로서, 띄어 쓰지 않고 용언 뒤에서 '-어지다'의 구성으로 한 낱말을 이루는 특징이 있음. 즉 '보태어지다/늦쳐지다/만들어지다/믿어지다/느껴지다/빗겨지다/따뜻해지다/고와지다'. 따라서 '길들여지다=길들이+어지다'꼴로서, 가능한 표현임.

◆그러**길래** 내 뭐랬니? 네가 한다**길래** 그냥 뒀지: 맞음. (그러기에, 한다기에).

막무가내로 떼 쓰**길래** 혼냈지 뭐: 맞음.

[설명] '~길래'는 '~기에'의 구어체 표현. 복수표준어로 인정. [2011.8.31]

[구별] 갈래야(×) 갈 수 없는 고향→가려야(○); 잘 할래도(×) 시끄러워서 말이야→잘하려도(하려 해도)(○). ☞'잘하다'는 한 낱말.

◆우물로 물 **길러** 가는 길에: **길으러**의 잘못. ⇐'ㄷ' 불규칙용언의 모음 앞 변화.

동이로 물을 **길러서** 올 때 따리를 쓰면 편리해: **길어서**의 잘못. ⇐위와 같음.

[설명] ①긷다/묻다/듣다와 같은 'ㄷ' 불규칙용언은 모음 활용형 앞에서 '-ㄷ-'이 '-ㄹ-'로 바뀌기 때문에 '-으러-'가 쓰임. ¶짐을 실으러(싣다); 길을 물으러(묻다); 강의를 들으러(듣다). ②'-으니/-어서' 등의 활용에서도 마찬가지임. ¶짐을 실으니; 강의를 들으니; 길을 물어(서) 갔다; 얘기를 들어 알았다.

◆오이는 **길죽한** 게 물이 많아 시원해: **길쭉한**의 잘못. ←**길쭉하다**[원]

[설명] 유성자음 받침 'ㄴ/ㄹ/ㅁ/ㅇ'의 뒤에서는 소리 나는 대로(경음) 적음. 〈예〉샐죽(×)/샐쭉(○); 듬북(×)/듬뿍(○); 얄죽얄죽(×)/얄쭉얄쭉(○).

[주의] 받침 'ㅂ' 뒤에서는 다름. 〈예〉넙죽넙죽(○)/넙쭉넙쭉(×); 덥석덥석(○)/덥썩덥썩(×). 덥적덥적(○)/덥쩍덥쩍(×)

◆**김새지** 않게 단단히 막게: **김(이) 새지**의 잘못.

김이 새서 더 못 놀겠군: **김새서**의 잘못. ←**김새다**[원]

김새다통 흥이 깨지거나 맥이 빠져 싱겁게 되다.

김빠지다통 ①음료 따위의 본래 맛/향이 없어져서 맛없게 되다. ②의욕/흥미가 사라져서 재미없게 되다.

김(이) 새다: ¶김이 새지 않도록 단단히 뚜껑을 봉하게.

◆♣'**김치 속**'과 '**김치 소**': **김칫속**(x)/**김치 속**(x)→**김칫소**(o)(혹은 '김치 소').

[예제] 김치를 담글 때 배추 속에 버무려 넣는 **김칫속**: **김칫소**의 잘못.

만두에 김치를 잘게 썰어 만든 **김칫소**를 넣으면 맛있다: **김치소**의 잘못.

[설명] ①김치를 담글 때 배추/무에 넣는 것은 '-속'이 아닌 '-소'임. 즉 '김칫속'이 아닌 '김칫소'('김치소'는 다른 뜻으로 솟거리의 주재료가 김치라는 뜻)가 올바른 표기. 통김치/오이소박이김치 따위의 속에 넣는 여러 가지 **고명**을 '소'라 하며, 송편/만두 등을 만들 때 맛을 내기 위해 익히기 전에 속에 넣는 여러 가지 재료도 '소'임. 즉, 송편 속에 들어가는 팥·콩·대추·밤 등은 '송편 소'이고 만두 속에 들어가는 고기·두부·채소 등은 '만두 소'임. ②배추로 포기김치를 담글 때 배추 잎 사이에 넣는 **양념**만을 '배춧 속'이라 함.

[정리] '김칫속'은 없는 말. 김장 때 배추 속에 넣는 것은 '김칫소' 혹은 '배춧속'.

김칫소명 김치를 담글 때, 파·무채·젓갈 따위의 고명을 고춧가루에 버무려 절인 배추나 무에 넣는 소.

김치소명 김치를 잘게 썰어서 두부, 기름, 양념 따위와 함께 섞어 만든 **솟거리**.

배춧속명 ①배추에서 겉잎에 싸여 있는 속의 연한 잎. ②배추로 포기김치를 담글 때 배추 잎 사이에 넣는 양념.

소명 통김치/오이소박이 등의 속에 넣는 여러 가지 재료(고명).

솟거리≒속거리명 김치, 떡, 만두 따위의 소를 만드는 재료.

◆영혼이 **깃들인** 음악이란 바로 저런 음악: **깃든**의 잘못. ←**깃들다**[원]

어둠이 **깃들이고** 있는 들판: **깃들고**의 잘못. ←**깃들다**[원]

새들이 **깃들고** 있는 둥지에는: **깃들이고**의 잘못. ←**깃들이다**[원]

깃들이다통 ①짐승이 보금자리를 만들어 그 속에 들어 살다. ②사람/건물 따위가 어디에 살거나 그곳에 자리 잡다. ¶까마귀가 버드나무에 깃들였다; 여우도 새도 제 깃들일 굴과 둥우리가 있다; 우리 명산에는 곳곳에 유명사찰이 깃들여 있다.

깃들다통 ①아늑하게 서려 들다. ②감정/생각/노력 따위가 어리거나 스미다. ¶어둠/황혼이 깃든 방 안; 봄기운이 깃든 꽃밭; 노여움이 깃든 얼굴.

◆**깊어가는** 시간 속에: **깊어 가는**(원칙).

[설명] 맞춤법 규정에 의하면 보조용언 붙여쓰기 허용 대상이지만, 《표준》에서는 '-어 가다'를 구성으로 보아 띄어 쓰도록 하고 있음. 〈예〉식어 가다; 읽어 가다; 잘돼 가다; 쉬어 가며 해라; 시들어 간다; 회복되어 간다. 단, '높아만 간다' 따위는 본용언 활용에 보조사 '만'이 붙었기 때문에 어떤 경우에도 붙여쓰기를 할 수 없음. ☞**보조용언 붙여쓰기** 항목 참조.

◆그와는 **까끄러운/꺼끄러운** 사이라서 부탁하기가 좀: **깔끄러운/껄끄러운**의 잘못.

까끄럽다/꺼끄럽다형 '깔끄럽다/껄끄럽다'의 잘못.

◆몸이 자꾸만 **까라앉아서** 누워 있었어: **가라앉아서**의 잘못. ←**가라앉다**[원]

[주의] 몸이 자꾸만 **깔아져서** 힘들어: **까라져서**의 잘못. ←**까라지다**[원]

[설명] ①'깔아앉다'는 없는 말. 가장 근사한 표현은 '가라앉다'. ②'깔아앉다' 대신 쓸 수 있는 말이 '까라지다'임.

까라지다[통] 기운이 빠져 축 늘어지다.

가라앉다[통] ①물 따위에 떠 있거나 섞여 있는 것이 밑바닥으로 내려앉다. ②안개/연기 따위가 낮게 드리우다. ③바람/물결이 잠잠해지다. ④흥분/아픔, 괴로움 따위가 수그러들거나 사라지다. ⑤숨결/기침 따위가 순하게 되다. ⑥붓거나 부풀었던 것이 줄어들어 본래의 모습대로 되다. ⑦떠들썩하던 것이 조용해지다. ⑧세차게 일어나던 것이 뜸해지다. ⑨성하던 것이 활기를 잃은 상태로 되다.

◆기억이 **까리까리해서** 도무지 생각이 안 나는군: 없는 말. **북한어**.

[설명] '까리까리하다'는 북한어. 문맥에 따라서, '어렴풋하다/어슴푸레하다/희미하다/헷갈리다/섞갈리다/아리송하다(≒알쏭하다)/알쏭달쏭하다' 등의 적절한 다른 말을 써야 함.

아리송하다≒알쏭하다[형] ①그런 것 같기도 하고 그렇지 않은 것 같기도 하여 분간하기 어렵다. ②기억/생각 따위가 떠오를 듯하면서도 떠오르지 않다.

알쏭달쏭하다[형] ①여러 가지 빛깔로 된 점/줄이 고르지 않게 뒤섞여 무늬를 이룬 상태이다. ②그런 것 같기도 하고 그렇지 않은 것 같기도 하여 얼른 분간이 안 되는 상태이다.

◆까마중의 열매는 참으로 **까맙니다**: **까맣습니다**의 잘못.

[유사] 아이 얼굴이 참 예쁘고 **동그랍니다**: **동그랗습니다**의 잘못.

[설명] 표준어 규정 제17항에서 자음 뒤의 '-읍니다' 대신 '-습니다'가 표준어로 결정되었기 때문에, 한글 맞춤법 제18항의 3에 있던 '그럽니다/까맙니다/동그랍니다/퍼럽니다/하얍니다' 등의 용례는 삭제되었음[1994.12.16.]. 이에 따라 '그렇습니다/까맣습니다/동그랗습니다/퍼렇습니다/하얗습니다/빨갛습니다'가 표준어.

◆안색도 어두운데 옷도 **까맣니까**[**퍼렇니까**] 이상해: **까마니까**[**퍼러니까**]의 잘못.

넌 왜 얼굴색이 그리 **까마니**[**누러니/부여니**]?: **까맣니**[**누렇니/부옇니**]의 잘못.

[유사] 이렇게 와 보니 기분이 **어떠냐**, **좋으냐**: **어떻냐**, **좋냐**의 잘못.

[설명] ①'까맣-'+'-으니까'('ㄹ'을 제외한 받침 있는 어간과 결합)→'까마니까'. 이것은 '까맣다/부옇다/누렇다/노랗다/하얗다/그렇다/저렇다' 등의 모든 ㅎ불규칙용언에 적용되는 변화. ②[주의] '까맣-'+'-니'→'까맣니'의 경우에는 '-으니'와의 결합이 아니라 '-니'와 결합하기 때문에 'ㅎ'이 탈락되지 않음. 이 '-니'는 받침과 무관하게 어간과 결합하는 의문형 어미. 〈예〉먹니?; 왔니?; 오시니?; 오셨니?; 어떻니?; 좋니?

◆그가 그런 짓을 했다니 **까무라칠** 일이로군: **까무러칠**의 잘못. ←**까무러치다**[원]

[참고] 촛불이 **까무러지려고** 하네: 맞음. ←**까무러지다**[원]

[설명] ①'까무라치다'는 없는 말. '까무러치다'의 잘못. ⇐모음조화. '가무러치다〈까무러치다'의 관계. ②'까무러치다'와 '까무러지다'는 의미 차이가 있는 말. '가무러지다〈까무러지다'의 관계이며, 뜻풀이는 아래 참조.

까무러치다〉가무러치다[통] 얼마 동안 정신을 잃고 죽은 사람처럼 되다.

까무러지다〉가무러지다[통] ①정신이 가물가물해지다. ②촛불/등잔불 따위가 약해져서 꺼질 듯 말 듯 하게 되다.

◆그는 회사 일을 죄 **까발기는** 입이 싼 사람이라서 말야: **까발리는**의 잘못.

　까발리다[통] ①껍데기를 벌려 젖히고 속의 것을 드러나게 하다. ②비밀 따위를 속속들이 들추어내다. [유]드러내다/폭로하다.

◆낙방한 뒤로 아이가 점점 **까부려져** 가더군: **까부라져**의 잘못. ←까부**라**지다[원]

　[비교] 낙방 소식에 정신이 **까무라졌다**: **까무러졌다**의 잘못. ←까**무러**지다[원]

　[설명] ①까부**러**지다: '까부**라**지다'의 잘못. ②'까부라지다'는 정신이 가물가물해지는 '까무러지다〉가무러지다'나, 정신을 잃고 쓰러지는 '까무러치다〉가무러치다'와는 다름. 아래 뜻풀이 참고.

　까부라지다1[통] ①높이/부피 따위가 점점 줄어지다. ②기운이 빠져 몸이 고부라지거나 생기가 없이 나른해지다.

　까부라지다2〉고부라지다[통] ①작은 물건의 운두 따위가 조금 구부러지다. ②성격이 바르지 않게 되다.

　까무러지다〉가무러지다[통] ①정신이 가물가물하여지다. ②촛불/등잔불 따위가 약해져서 꺼질 듯 말 듯 하게 되다.

　까무러치다〉가무러치다[통] 얼마 동안 정신을 잃고 죽은 사람처럼 되다.

◆내가 **까빡**하는 바람에 약속을 잊었어: **깜박**의 잘못. 방언. ←**깜박하다**[원]

　[참고] **꼬빡** 밤을 새웠지 뭐야: 맞음. '꼬박(어떤 상태를 고스란히 그대로)'의 센말.

　깜박〈껌벅/깜빡[부] ①불빛/별빛 따위가 잠깐 어두워졌다 밝아지는 모양. 또는 밝아졌다 어두워지는 모양. ②눈이 잠깐 감겼다 뜨이는 모양. ③기억/의식 따위가 잠깐 흐려지는 모양. ¶**~하다**[통]

◆철사를 만지다 이곳저곳 **까져서** 약을 발랐다: **제켜서**가 옳은 말. ←**제키다**[원]

　[설명] ①흔히 쓰는 '까지다'는 <u>껍질</u> 따위가 벗겨지는 것. 사람의 경우에는 껍질이 아닌 '살갗'이므로 '까지다'를 쓰는 것은 부적절함. ②'제키다'는 자동사이므로 굳이 피동형 '제켜지다'를 쓸 필요는 없음(의미 중복).

　제키다[통] **살갗**이 조금 다쳐서 벗겨지다. ☞[주의] '젖히다'가 쓰일 자리에서 잘못 사용되기도 함.

　젖히다[통] ①뒤로 기울이다. ②안쪽이 겉으로 나오게 하다.

　까지다[통] ①<u>껍질</u> 따위가 벗겨지다. ②재물 따위가 줄어들다.

◆**까짓거**, 이 정도야 식은죽 먹지: **까짓**[감](혹은 **까짓것**[감]), **식은 죽** 먹기의 잘못.

　[주의] 그**까짓 거**야 단번에 작살낼 수 있어: 맞음. ←'까짓/그까짓' 모두 관형사.

　[설명] ①감탄사로서의 '까짓거'는 '까짓' 또는 '까짓것'의 잘못. ②'까짓'은 관형사와 감탄사로 쓰임. '그까짓/까짓 거야'에서의 '까짓/그까짓' 모두 관형사이며, '거'는 의존명사 '것'의 구어적 표현.

　까짓것[명] 별것 아닌 것. [감] ≒까짓.

　까짓[관] 별것 아닌. 또는 하찮은. [감] 별것 아니라는 뜻으로, 무엇을 포기하거나 용기를 낼 때 하는 말.

　그까짓[관] 겨우 그만한 정도의. [유]고깟.

◆얼굴이 몹시 **까치런**[**꺼치런**]하더군: **까칠**[**꺼칠**]의 잘못. ←**까칠**[**꺼칠**]**하다**[원]

　[참고] 성격이 저리 **까칠해서야** 원: 부적합한 말. (혹은 **거칠어서야**) 설명 참조.

　[설명] '까치런하다'는 '까칠하다'의 잘못으로 없는 말. 그런데, 《표준》에 따르면 '까칠하다'는 '살갗/털이 윤기가 없고 거칠다'는 뜻으로 외모에 쓰이는 말이며, 성격에는 쓸 수 없음. 이 경우에 딱 맞는 표준어가 현재로는 없으며, '거칠다(행동이나 성격이 사납고 공격적인 면이 있다/인정이 메마르고 살기에

험악하다)'나 '강퍅(剛愎)하다(성격이 까다롭고 고집이 세다)' 정도로 대체하는 수밖에 없음.

까칠하다/가칠하다[휑] 야위거나 메말라 살갗/털이 윤기가 없고 조금 거칠다. [유]꺼칠하다>거칠다.

◆제발 **까탈스럽게** 굴지 마셔: **까다롭게**(또는 **가탈스럽게**)의 잘못.

그 사람이 좀 **까탈스러워야** 말이지: **까다로워야**(또는 **가탈스러워야**)의 잘못.

[설명] ①'까탈스럽다'는 '까다롭다'의 잘못. ▣[주의] '까탈>가탈'이라는 명사가 있고, 대개 명사 뒤에 '~스럽다'가 붙을 수 있지만, 아직까지 '까탈스럽다'만은 예외임. ②'가탈스럽다'는 '까다롭다'의 잘못이었으나 2017년 1월 국립국어원에서 '까다롭다'와 뜻에 차이가 있는 것으로 판단하여 표준어로 인정하였음.

까탈[명] '가탈(① 일이 순조롭게 나아가는 것을 방해하는 조건. ②이리저리 트집을 잡아 까다롭게 구는 일)'의 센말.

가탈스럽다[휑] ①조건/규정 따위가 복잡하고 엄격하여 적응하거나 적용하기에 어려운 데가 있다. ②성미/취향 따위가 원만하지 않고 별스러워 맞춰 주기에 어려운 데가 있다.

◆달려드는 **깍다귀** 떼들이 어지간해야 말이지: **각다귀**(혹은 **꾸정모기**)의 잘못.

각다귀[명] ①≒**꾸정모기**. 각다귓과 곤충의 총칭. 모양은 모기와 비슷하나 크기는 조금 더 큼. ②(비유) 남의 것을 뜯어먹고 사는 사람.

◆여기 **깍뚜기** 좀 더 주세요: **깍두기**의 잘못.

[참고] **늦깍이** 대학생: **늦깎이**의 잘못.

[설명] ①'깍두기'의 '깍'은 '깎다'와 무관하고 네모나게 각이 진 것과 관련됨. ②'늦깎이'는 나이가 들어 늦게 머리를 깎은 스님으로부터 연유된 말이어서 '깎다'와 관련되므로 '깎'.

[암기도우미] 발음할 때, 힘을 주어서 해야만 {깍뚜기}가 됨. 정상적인 발음은 '뚜'에 가까운 '두'.

◆**깍두기**처럼 깎은 머리를 '**깎둑머리**'라 해도 될까?: **깍두기**, '**깍둑 머리**'의 잘못.

[설명] ①'깍두기/깍둑~/깍듯이'의 '깍'은 모두 '깎다'와는 무관. 따라서 '**깍**'. ¶깍둑썰기 ②'깍둑머리'는 없는 말. 가장 근사한 말로는 '상고머리'가 있음.

상고머리[명] 머리 모양의 하나. 앞머리만 약간 길게 놓아두고 옆머리와 뒷머리를 짧게 치켜 올려 깎고 정수리 부분은 편평하게 다듬음.

◆지나치게 **깎듯이** 인사를 차리면 거북스러워: **깍듯이**의 잘못.

[설명] '깎다'라는 뜻의 의미소 '깎'과 무관하므로 '깍'.

◆♣[주의] '**-깎이**'와 '**-깎기**'

[예제] **손톱깎기** 날이 너무 무디다: **손톱깎이**의 잘못.

굽깎이를 잘해야 모양새가 난다: **굽깎기**의 잘못.

굽돌이에는 다른 색깔로 도배했다: **굽도리**의 잘못.

[설명] ①'-깎이': 깎는 이/기구의 의미. ¶손톱-깎이/연필-깎이. 이와 같은 뜻으로 쓰이는 것에는 '-깎개'도 있음. ¶머리깎개/공구깎개

②'-깎기': 깎는 행위. ¶갈아깎기/굽깎기/다듬깎기/돌려~/땅~/막~/모~/밑~. 고로, '손톱깎기'(×)는 손톱을 깎는 일'이 됨.

[참고] ①'쓰레받기': '쓰레받이'(×)로 하면, 쓰레기를 받는 사람(늑이)이 될 수도 있음. ②'굽도리': '굽돌이' (×)로 할 경우, 돌아간 것(늑굽 자체)이 될 수도 있고, '굽도리'는 의미소 '돌(回)'과 무관. (한쪽 벽만 할 수도 있으므로).

◆키도 작은 사람이 옷을 너무 **간동하게** 입었군: **깡똥(강동)하게**의 잘못.
　옷매무새가 **깡동해서** 보기에 좋군: **간동(간동)해서**의 잘못.
　[설명] '깡똥(강동)하다〉강동하다'와 '깐동하다〉간동하다'는 모두 표준어이지만 뜻은 아래와 같이 다름.
　깡똥(강동)하다〉강동하다[형] 입은 옷이, 아랫도리나 속옷이 드러날 정도로 <u>짧다</u>.
　깡똥하다2[형] 생긴 모양이 <u>몽똑하다</u>.
　깐동하다〉간동하다[형] 흐트러짐이 없이 잘 정돈되어 단출하다.

◆사람을 외양만 보고서 그리 **깐보면** 안 되지: **깔보면**의 잘못. ←**깔보다**[원]
　눈치꾼인 그는 일을 **깐보고** 시작하는 게 버릇: 맞음
　[설명] '깐보다'는 아래와 같이 '깔보다(얕잡아 보다)'와는 전혀 다른 뜻. 시중에서 '깐보다'의 의미로 쓰는 '간보다'는 방언. '깐보다'의 '깐'은 '일의 형편 따위를 속으로 헤아려 보는 생각이나 가늠'을 뜻하는 명사.
　깐보다[동] 어떤 형편/기회에 대하여 마음속으로 가늠하다. 속을 떠보다.

◆**깐죽이다, 깐죽거리다/~대다**: 모두 표준어. ⇐**'깐족거리다'/~대다'**(○)의 센말.
　깐죽거리다/~대다[동] 쓸데없는 소리를 밉살스럽고 짓궂게 들러붙어 계속 지껄이다.
　깐죽이다〉깐족이다[동] 쓸데없는 소리를 밉살스럽고 짓궂게 들러붙어 지껄이다.

◆실험실에 가서 **깔대기/깔데기** 하나 가져오너라: **깔때기**의 잘못.
　[설명] '깔대기/깔데기'에 쓰인 '대/데'는 의미소와 무관한 말. 따라서 소리 나는 적음. ☜♣**원형을 밝혀 적는 것과 밝혀 적지 않는 것** 항목 참조.
　깔때기1[명] 병 따위에 꽂아 놓고 액체를 붓는 데 쓰는 나팔 모양의 기구.
　깔때기2[명] 〈역〉①기름종이를 부채 모양으로 접어 만든 바가지. ②(속) '군뢰복다기(군뢰가 군장(軍裝)을 할 때에 쓰던 붉은 갓)'.

◆회전할 때는 반드시 **깜박이**를 켜는 버릇을 들여야: **깜빡이(등)**의 잘못.
　[주의] 동사로는 '깜박이다〈깜빡이다'이고 부사도 '깜박깜박〉깜빡깜빡'이지만, 방향지시등만은 '깜**빡**이' 를 씀.

◆내가 눈 하나 **깜짝 할** 줄 알았더냐: **깜짝할**이 나음. ←**깜짝하다**[원]
　[설명] '눈 하나 깜짝 하다'처럼 '깜짝'을 부사로 쓸 수 없는 것은 아니지만, '깜짝하다'라는 동사가 있으 므로 붙여 적는 것이 언어 경제적으로 이득.
　깜짝하다〉깜작~[동] 눈이 살짝 감겼다 뜨이다. 또는 그렇게 되게 하다. ¶**깜짝〉깜작**[부]. **깜짝깜짝하다〉깜 작깜작~**[동]. **깜짝거리다/깜짝대다**[동]

◆어쩌면 그리 **깜쪽같이** 거짓말을 여러 해 동안 해왔는지: **감쪽같이**의 잘못.
　감쪽같다[형] 꾸미거나 고친 것이 전혀 알아챌 수 없을 정도로 티 나지 아니하다.

◆그 집 내외 **깡다구**는 알아줘야 해. 마누라가 되레 더 센 **깡순이**야: 모두 맞음.

깡다구≒**깡**명 (속) 악착같이 버티어 나가는 오기. [유]깡/배짱/오기.

깡순이명 (속) 깡다구가 센 여자.

◆**깡마른** 논바닥: 가능한 표현.

[주의] 성격이 저리 **깡말라서야**: 강말라서야의 잘못. ←**깡마르다**[원]

[설명] ①일부 사전에서는 '깡마르다'를 사람에게만 쓸 수 있는 것으로 잘못 한정. ②강마르다〈깡마르다〉지만, '강마르다'에는 아래와 같이 '깡마르다'에는 없는 '성미가 부드럽지 못하고 메마르다'의 의미가 있음.

깡마르다〉**강마르다**형 ①물기가 없이 바싹 메마르다. ②살이 없이 몹시 수척하다. ¶가뭄으로 온 대지가 깡말라 있다; 깡마른 체구; 깡마른 한토(寒土)에….

강마르다형 성미가 부드럽지 못하고 메마르다.

◆**깡술**엔 **깡보리밥** 끼니 때우기도 감지덕지지 뭐: **강술, 꽁보리밥**의 잘못.

호박잎 쌈밥엔 **깡된장**이 제 격이지: **강된장**의 잘못.

깡다짐으로 시킬 일, 될 일이 따로 있지: **강다짐**의 잘못.

[설명] '깡술/깡소주/깡된장/깡조밥'(×)은 각각 '강술/강소주/강된장/강조밥'(○)의 잘못이지만, '깡보리밥'(×)은 '꽁보리밥'(○)의 잘못.

강된장[-醬]명 쇠고기, 표고버섯 등의 건더기에 된장을 많이 넣고 육수를 자작하게 부어 되직하게 끓인 것.

강다짐명 ①밥을 국/물 없이, 또는 반찬 없이 그냥 먹음. ②남을 보수도 주지 아니하고 억지로 부림. ③억지로 또는 강압적으로 함.

◆[고급]♣'**깡쫑깡쫑/깡충깡충/깡총깡총/껑충**'과 '**깡총하다**'

[예제] 산토끼는 **깡총깡총** 뛰어야 모음조화에 맞는 표현이다: **깡충깡충**의 잘못.

봉급이 **깡충** 뛰어올랐다: **껑충**의 잘못.

큰 키에 비해 바지가 짧아 **깡충해** 보인다: **깡총해**의 잘못.

깡쫑깡쫑≒**깡충깡충**〉**강중강중**부 짧은 다리를 모으고 자꾸 힘 있게 솟구쳐 뛰는 모양. '깡충깡충'의 큰말은 '껑충껑충'.

깡총깡총부 '깡충깡충'의 잘못.

깡총하다형 ①키가 작은 데 비하여 다리가 좀 길다. ②치마/바지 따위의 옷이 좀 짧다.

껑충부 ①긴 다리를 모으고 힘 있게 높이 솟구쳐 뛰는 모양. ②어떠한 단계/순서를 단번에 높이 건너뛰는 모양.

깡충부 짧은 다리를 모으고 힘 있게 <u>솟구쳐 뛰는</u> 모양.

깡충하다형 '깡총하다'의 잘못.

[설명] '깡총깡총'이 '깡충깡충'의 잘못인 것은 표준어 규정 때문. [표준어 규정 제8항: 양성 모음이 음성 모음으로 바뀌어 굳어진 낱말은 음성 모음 형태를 표준어로 삼는다] 이에 따라 '깡충깡충'으로 굳어진 것을 표준어로 삼은 것.

[정리] ①'깡쫑깡쫑≒깡충깡충'. 둘 다 가능함. ②'**깡총깡총**'은 '깡충깡충'의 잘못으로 사용해서는 안 됨. ③'봉급이 껑충 뛰어 오르다'에는 '깡충'을 못 씀. ④'깡총하다'의 자리에 '깡충하다'는 쓰지 못함.

◆**깨끗찮은** 사람과는 아예 상종을 말게: **깨끗잖은**의 잘못.
  [설명] '깨끗잖은'은 '깨끗하지 않은→깨끗지 않은→깨끗잖은'의 과정을 거쳐 준 말. 이 밖에도 '거북하지
  않다→거북지 않다→거북잖다'와 '섭섭하지 않다→섭섭지 않다→섭섭잖다' 등과 같이 'ㄱ/ㅂ/ㅅ 등의
  무성 자음'이 앞에 올 때에는 '하'가 아주 줄어 거센소리로 나지 않으므로 '지'와 곧장 결합하는 것.
  참고로, '-지 않-'이 한 음절로 줄어지는 경우는 '-잖'으로 적음. (한글 맞춤법 제39항, 제40항). ☞♣
  어간 '-하'의 단축형 항목 참조.

◆**깨방정**을 떨고 있군그래. 채신머리없이: 없는 말. 혹은 '**개방정**'의 잘못.
  [참고] **오도방정** 떨지 말라고 해: **오두방정**의 잘못.
  개방정몡 온갖 점잖지 못한 말/행동을 낮잡는 말.
  방정몡 찬찬하지 못하고 몹시 가볍고 점잖지 못하게 하는 말/행동.
  오두방정몡 몹시 방정맞은 행동.

◆8월 말**깨**, 서울역**깨**: '-**께**'의 잘못. 접미사로 앞말에 붙여 씀.
  8월 말경깨: 8월 말경(혹은 **8월 말께**)의 잘못. ⇐동의 접사 중복.
  [설명] '-께': 시간/공간을 나타내는 일부 명사 뒤에 붙어, '그때/그 장소에서 가까운 범위'의 뜻을 더하는
  접미사. ¶이달 말께; 마산역께.

◆뭘 그리 **깨까다롭게/꽤~/께~** 따지나?: **꾀까다롭게〉괴~**의 잘못.
  꾀까다롭다〉괴~≒괴까닭스럽다혱 괴상하고 별스럽게 까다로운 데가 있다.
  [주의] **괴까다롭다≒괴까닭스럽다**이지만 '꾀까닭스럽다'는 서해안 지방의 방언임.

◆그런 걸 언제쯤이나 **깨우칠** 수 있으려나: **깨칠**의 잘못. ←**깨치다**[원]. 자동사.
  그는 면벽수도 10년에 스스로 도를 **깨우쳤다**: **깨쳤다**의 잘못.
  누나가 동생의 잘못을 **깨쳐** 주었다: **깨우쳐**의 잘못. ←**깨우치다**[원]. 사동사.
  깨치다통 일의 이치 따위를 깨달아 알다. 자동사. [유]눈뜨다/습득하다/깨닫다.
  깨우치다통 깨달아 알게 하다. 타동사. [유]고유하다/교도하다/교화하다.

◆**깨운하게** 씻고 나오렴: **개운하게**의 잘못. ⇐'개운하게'의 큰말/거센 말은 없음.

◆**가꾸로박혀서** 기분 좋을 사람 없다: **가꾸로 박혀서**의 잘못. 두 낱말
  [주의] **꺼꾸로** 박혀서 기분 좋을 리가: **까꾸로**의 잘못.
  [설명] ①'가꾸로〈거꾸로〈까꾸로'의 관계이며, '까꾸로'는 없는 말. ②'거꾸로[가꾸로]박히다'는 없는 말로,
  '거꾸로[가꾸로] 박히다'의 잘못.

◆모두들 **꺼려하는** 일을 왜 굳이 하려고 하니?: 맞음. 혹은 **꺼리는**. ←**꺼리다**[원]
  [주의] 표준어는 '꺼리다'이지만, '꺼려하다'가 꼭 틀린 건 아님. 아래 설명 참조.
  [설명] '-어 하다'가 대부분 형용사 어간에 붙기는 하지만 꼭 그런 것만은 아님. '그는 어쩔 줄을 몰라 한
  다'와 같은 예가 그런 경우. 사동사에 붙는 것이 일반적인 현상은 아니지만 '꺼려하다'의 경우는 일반
  적으로 널리 쓰이기 때문에 비표준어라고 하기 어려움. [국립국어원 해설]

◆뭐랄까, **꺼름직하고 께름직하다**고나 할까: **꺼림칙하고 께름칙하다**의 잘못.

  [설명] 예전에는 '-직'이 쓰인 '꺼림직-/께름직-' 등이 북한어로 분류되어 잘못이었으나, 이제는 '-칙'이 쓰인 '꺼림칙-/께름칙-' 등과 동의어로 인정되었음[국립국어원 2018.10.]

  [주의] ①'꺼림-, 께름-' 불문하고 '~칙'이며 '꺼림칙, 께름칙'에서처럼 '-칙'만 인정함. 이유: '께름하다〈꺼림하다'이기 때문. ②이 '-칙'과 달리 '-측(測)'을 써야 할 경우가 있는데 모두 '망측(罔測. 말할 수 없이)'과 관련된 한자어에서 왔음. 한자어의 경우는 본디 발음이 '측(測)'임. 즉, '흉칙(×) →흉측(凶測)'(O); '망칙(×) →망측(罔測)'(O). ☞'흉측(凶測)'은 '흉악망측(凶惡罔測)'의 준말로, '흉악함이 이루 말할 수 없다'로부터 '몹시 흉악하다'를 뜻하게 되었음.

◆언제 어디서나 **꺼리낌** 없이 행동하는 게 좋은 일만은 아니다: **거리낌**의 잘못. ←**거리끼다**[원]

  [참고] 하긴 한다만 어쩐지 좀 **께름직**하군: 맞음.

  [설명] ①'거리낌'은 '거리끼다'의 명사형. '꺼리낌'이 쓰이려면 '꺼리끼다'가 있어야 하는데 없는 말. 대신, '꺼리다'가 있으며 이의 명사형 '꺼림'은 '꺼림하다/꺼림칙하다' 등에 쓰임. ②'꺼림하다/꺼림칙하다'와 '께름하다/께름칙하다'는 모두 표준어임. '꺼림하다≒께름하다, 꺼림칙하다≒께름칙하다'로 서로 동의임. 예전에는 '-직'이 쓰인 '꺼림직-/께름직-' 등이 북한어로 분류되어 잘못이었으나, 이제는 '-칙'이 쓰인 '꺼림칙-/께름칙-' 등과 동의어로 인정되었음[국립국어원 2018.10.]

◆공짜 술이라면 **꺼벅** 죽는 그 사람: **껌뻑**의 잘못. (**깜빡**도 가능).

  [설명] '**껌뻑 죽다≒깜빡 죽다**관는 아래의 뜻풀이에서 보듯, 관용적 용법으로 쓰이는 말. ¶그는 어머니가 만든 된장찌개라면 껌뻑 죽는다; 아버지는 아들의 재롱이면 깜빡 죽는다.

  껌뻑 죽다≒깜빡 죽다관 지나치게 좋아하거나 중요하게 생각하여 사리 분별을 못하다.

  꺼벅㕮 머리/몸을 멋지게 한 번 숙였다 드는 모양.

  깜박〈껌벅〈껌뻑㕮 ①불빛/별빛 따위가 잠깐 어두워졌다 밝아지는 모양. 밝아졌다 어두워지는 모양. ②눈이 잠깐 감겼다 뜨이는 모양. [유]깜빡.

◆문서 아래 빈 칸에는 꼭 **꺽자를 치도록**: **꺾자를 놓도록**의 잘못.

  [설명] '꺾자'는 'ㄱ'자 꺾음이므로 '꺾'이고, '꺾자(를) 놓다'는 관용 표현.

◆**꺽여진** 곳 바로 거기야: **꺾어진**, (혹은 **꺾인**)의 잘못. ←**꺾어지다, 꺾이다**[원]

  [설명] '꺾여지다'는 이중 피동[←'꺾이(다)'+'-어지다']. '꺾다'의 피동형 '꺾이다'나 '꺾어지다'[←'꺾(다)'+'-어지다'] 중 하나로 충분.

◆**돼지 껍데기** 먹으러 갈까? 부드럽고 맛있거든: **돼지 껍질**의 잘못.

  바나나 **껍데기**를 잘못 밟아서 미끄러졌어: **껍질**의 잘못.

  귤을 먹고 난 후 귤의 껍질을 **껍데기**라고 해도 되나요?: 부적절함. 설명 참조.

  [설명] ①'돼지 껍질'과 '바나나 껍질'은 둘 다 '딱딱하지 않은 물체의 겉을 싸고 있는 질긴 물질의 켜'에 해당하므로 '껍질'을 써야 알맞음. ②귤을 먹고 난 뒤의 껍질이라도 그것은 껍데기가 아닌 껍질이며 그것을 '귤껍질'로 부르기도 함. '껍데기'에는 '알맹이를 빼내고 겉에 <u>남은 물건</u>'이라는 뜻도 있으나, 아래의 용례에서 보듯 '귤껍질'의 뜻과는 다름.

  껍데기명 ①달걀/조개 따위의 겉을 싸고 있는 <u>단단한 물질</u>. ≒**각(殼)**. ②알맹이를 빼내고 겉에 남은 물건. ¶이불의 껍데기를 깔다; 베개 껍데기를 벗겼다; 속에 든 과자는 다 먹고 껍데기만 남았다.

[참고] '-껍질'이 들어간 복합어들. 〈예〉겉껍질/속-/굴(橘)-/밤-/씨-/등-/땅-/물-/낟-/나무-/조개-≒ 조개껍데기/메밀-/두부-(豆腐-)/왕골-/열매-≒과피(果皮)/나무속-.

등껍질몡 (속) 등가죽/등의 살갗.

물껍질몡 왕골/부들 따위의 물속에 잠긴 줄기 부분을 둘러싼 껍질.

◆아예 **껍데기**를 벗겨서 보내지 그랬어? 한 푼도 없이: **깝대기**의 잘못.

[설명] '껍데기'와 '깝대기'는 동의어지만, '깝대기를 벗기다'는 관용구로 쓰이는 한편, '껍데기를 벗기다'에 는 관용구의 의미가 없음.

깝대기〈껍데기몡 ①달걀/조개 따위의 겉을 싸고 있는 단단한 물질. ②알맹이를 빼고 남은 것.

깝대기(를) 벗기다 관 ①입은 옷을 강제로 벗겨 버리다. ②가진 것을 모두 빼앗다.

◆바나나 **껍데기**를 아무데나 버리면 어떡해: **껍질, 아무 데**의 잘못.

껍질(皮): 딱딱하지 않은 물체의 겉을 싸고 있는 질긴 물질의 켜.

껍데기(殼): 달걀/조개 따위의 겉을 싸고 있는 단단한 물질.

[주의] '조개껍질'과 '조개껍데기'는 동의어. ☞**조개껍질** 및 **복수표준어** 항목 참조.

◆이번에는 잊지 않고 꼭 **가져올께: 가져올게**의 잘못.

[설명] 어떤 행동을 할 것을 약속하는 뜻을 나타내는 종결어미는 '-ㄹ게'. '-ㄹ게요' 꼴도 마찬가지로 '-ㄹ께요(×)/-ㄹ게요(○)'. [참고] 종결어미에서 경음을 사용하는 것으로는 '**-ㄹ까/-ㄹ꼬/-ㄹ쏘냐/-ㄹ깝 쇼**' 등 정도임.

◆거드름**깨나** 피우더군: 거드름**깨나**의 잘못. ⇐'-깨나'는 '-깨나'(보조사)의 잘못.

돈푼**꽤나** 있다고 꽤나 뻐기더군: 돈푼**깨나**의 잘못.

이제는 밥술 **깨나** 뜬다고: 밥술**깨나**의 잘못.

[설명] '깨나'는 보조사. '꽤나'는 부사 '꽤' 뒤에 보조사 '나'(수량/정도를 나타내는, 받침 없는 체언이나 부 사어 뒤에 붙어 수량이 크거나 많음, 또는 정도가 높음을 강조함)가 붙은 부사어임. ¶그렇게나 많 이; 다섯 배씩이나.

◆그건 두 분**께오서** 알아서 하시죠: **께옵서**의 잘못.

[참고] 그건 **둘이서** 알아서 하시게나: **둘이**의 잘못.

[설명] ①'께오서'는 '께옵서('께서'의 높임말)'의 잘못. ②'-이서'는 없는 말로 주격조사 '이'의 잘못.

◆생일 때 썼던 그 **꼬깔** 쓰고 나와 봐, 어서: **고깔**의 잘못.

그 **꼬깔모자**가 정말 예쁘던데: **고깔모자**의 잘못.

고깔몡 승려/무당/농악대들이 머리에 쓰는, 위 끝이 뾰족하게 생긴 모자.

◆**꼬다리/꼬달이**를 잡고 들면 편해: **고달이**의 잘못. ⇐[고+달이].

난 김밥의 **꼬다리** 쪽이 더 맛있더라: **꽁다리**의 잘못.

[참고] **꽁무니**가 빠지게 도망가더군: **꽁지**가 나음.

[설명] '꽁다리/꽁무니/꽁지/꼬랑지' 등은 다음과 같이 구분됨.

고몡 ①옷고름/노끈 따위의 매듭이 풀리지 않도록 한 가닥을 고리처럼 맨 것. ②상투를 틀 때 머리털을 고리처럼 되도록 감아 넘긴 것.

고달이몡 노끈/줄 따위로 물건을 묶을 때, 고리처럼 고를 내어놓은 것. 물건을 들거나 걸어 놓을 때 사용함.
　☞[암기도우미] '고'를 달아 놓은 것.

꽁다리몡 짤막하게 남은 동강이나 끄트머리.

꽁무니몡 ①동물의 등마루를 이루는 뼈의 끝이 되는 부분이나 곤충의 배 끝부분. ②엉덩이를 중심으로
한, 몸의 뒷부분. ③사물의 맨 뒤나 맨 끝.

꽁지몡 ①새의 꽁무니에 붙은 깃. ②주로 기다란 물체/몸통의 맨 끝부분.

꼬랑지몡 '꽁지'를 낮잡는 말.

◆이 참 **꼬돌꼬돌하게** 잘 됐네: **꼬들꼬들하게**〉고들고들하게의 잘못. ☞더 많은 유사 사례들은 ♣'ㅗ' 모음
낱말과 'ㅜ/ㅗ' 모음 낱말의 구분 항목 참조.

◆아이고, **꼬라지 하고는**. 참 꼴 좋다: **꼬락서니**(혹은 **꼴)하고는**의 잘못.
　그 못된 **꼬라지**는 여전하구먼: **성깔/성질(머리)**의 잘못.
　[설명] ①'꼬라지'는 '꼬락서니'의 잘못. ②'하고는'은 보조사. 얕잡아 보거나 못마땅하여 지적하는 대상
　을 나타내는 말에 붙어 '~은 (정말 못나서)'의 뜻을 나타내는, 입말에 쓰이는 보조사. 〈예〉성질머리하
　고는; 하는 짓하고는; 원, 사람하고는. ☞[주의] ①'표정/태도 따위를 짓거나 나타내다'는 뜻의 본동사
　'하다'일 때는 띄어 써야 함. 〈예〉어두운 얼굴을 하고는 날 바라보았다. ②다음과 같이 의성어나 인용
　문 뒤에서 본동사로 쓰일 때도 띄어 써야 함. 〈예〉천장에서 쿵 하고 소리가 났다; 보초가 "손들어!"
　하고 크게 외쳤다.
　[의견] '싸가지'를 '싹수'의 방언으로 보는 것과 마찬가지로 '꼬라지'는 현재 '꼬락서니/성깔의 방언'으로 처
　리하고 있으나, 다른 표준어 인정 사례와는 다소 차이를 보이고 있음. 즉, '싸가지'와 '꼬라지'는 현재
　표준어로 인정되고 있는 모가지(←'목+아지'. 목의 속칭), 소가지(←'속+아지'. 심성의 속칭), 손모가
　지(←'손목+아지'. 손목의 속칭) 등과 마찬가지로 각각 '싹+아지', '꼴+아지'의 형태이므로 이를 '싹'과
　'꼴'의 속칭으로 인정해도 무방할 듯함.

◆**꼬들빼기/꼬들배기**김치는 실은 씀바귀김치의 전라도 사투리다: **고들빼기**의 잘못.
　고들빼기몡 국화과의 두해살이풀. 높이는 60cm 정도이며, 어린잎과 뿌리는 식용한다. 왕고들빼기, 두메
　고들빼기 등의 여러 아종이 있다.

◆공작은 수컷의 **꼬리깃**이 단연 일품이지: **꽁지깃**의 잘못.
　[설명] 새는 '꽁지(꼬랑지)'. 무/배추는 '꼬리(꼬랑이)'. 새에 '꼬리'를 쓰면 안 됨. 게 따위도 마찬가지: 게꼬
　리(×)/게꽁지(○).

◆그처럼 여편네가 사내들한테 **꼬리치고** 다닐 때 알아봤어: **꼬리 치고**의 잘못.
　[설명] '꼬리치다'는 관용구 '꼬리(를) 치다'의 잘못. 없는 말.
　꼬리(를) 치다관 (속) 아양을 떨다.

◆**꼬릿말** 달기를 해보는 건 어때?: **꼬리말**의 잘못. ⇐발음 {꼬리말}.
　[주의] '꼬릿소리'(ㄴ받침)는 사이시옷을 받침. '꼬릿매/꼬릿박'도 있으나 모두 방언. ☞머리말/꼬리말/예사
　말(○): 특히 주의! 단, '예삿일/예삿날'은 사이시옷 필요. '시쳇말'도 마찬가지. ☞**'~말'이 들어간 주의해**

야 할 말들 항목 참조.

◆놈은 여자들 **꼬시는/꾀이는** 데엔 일가견이 있어: '꼬시는'은 쓸 수 있음. 혹은 **꼬이는/꾀는**(혹은 **꼬드기는**). 그의 **꾀임**에 넘어가지 마라: **꼬임/꾐**의 잘못. ←**꼬이다/꾀다**[원]
　[설명] 예전에는 '꼬시다'가 '꼬이다/꾀다'의 잘못이었으나, '꾀다'의 속어로 인정되었음. [2014년]
　꼬이다[동] ≒**꾀다**(그럴듯한 말/행동으로 남을 속이거나 부추겨서 자기 생각대로 끌다).
　꼬드기다[동] ①연 놀이를 할 때, 연이 높이 올라가도록 연줄을 잡아 젖히다. ②어떠한 일을 하도록 남의 마음을 꾀어 부추기다.

◆뭐든지 **꼬아바치는** 그런 입 싼 친구: **까바치는**의 잘못. ←**까바치다**[원]
　[설명] '꼬아바치다'는 없는 말로, '까바치다'의 잘못.
　까바치다[동] 비밀 따위를 속속들이 들추어내어 일러바치다.

◆**꼬창이**로 구멍을 만들어 심는 모를 **꼬창모**라 함: **꼬챙이**의 잘못. '꼬창모'는 맞음. ⇐꼬창모'는 예문대로의 의미.
　[활용] '쇠꼬창이'는 '쇠꼬챙이'의 잘못.

◆어쩌면 그리 **꼭같을까**. 영낙없군그래: **똑같을까**. **영락없군그래**의 잘못.
　[참고] **꼭맞는** 시간에 나타나셨군: **마침맞은**의 잘못. ←**마침맞다**[원]
　[설명] ①'꼭같다'는 없는 말. '꼭 같다'로는 쓸 수 있으나, 위의 경우는 문맥상 '똑같다'가 나음. ②'꼭맞다'는 없는 말로 '마침맞다'의 방언. ③'영락없다'는 '늠름/냉랭/낙락장송' 등의 발음 {늠:늠/냉:냉/낭낙짱송}처럼 {영나겁따}로 발음되지만 이것은 둘째 음절의 'ㄹ'이 앞 음절의 'ㅁ/ㅇ/ㄱ'에 동화되어 'ㄴ'으로 나는 것일 뿐이지 본음이 그러한 것은 아니기 때문에 본음대로 적는 것임. ☞♣**두음법칙 관련 종합 정리** 항목 참조.
　똑같다[형] ①모양/성질/분량 따위가 조금도 다른 데가 없다. ②모양/태도/행동 따위가 아주 비슷하게 닮다. ③새롭거나 특별한 것이 없다.
　마침맞다[형] 어떤 경우/기회에 꼭 알맞다.
　영락없다[零落―][형] 조금도 틀리지 아니하고 꼭 들어맞다.

◆긴 머리 여자는 뒤통수 **꼭두잡이**를 하면 꼼짝 못해: **꼭뒤잡이**의 잘못.
　꼭뒤잡이[명] ①뒤통수를 중심으로 머리나 깃고대를 잡아채는 짓. ②≒**상투잡이**. 씨름에서, 상대의 바깥다리를 피하면서 샅바를 쥐지 아니한 손으로 상대편의 꼭뒤를 짚어 누르며 넘어뜨리는 공격 기술.

◆그 **꼭둑각시** 노릇을 언제까지 할 건가?: **꼭두각시**의 잘못.

◆이별이 아쉬워 **꼭잡았나**: **꼭 잡았나**의 잘못. ⇐꼭잡다'는 없는 말.

◆삼각형의 **꼭지점**은 셋이다: **꼭짓점**의 잘못. ☞♣**사이시옷 주의해야 할 말들** 참고.
　[유사] 등교길(×)/등굣길(○); 하교길(×)/하굣길(○).

◆네가 날 **꼰아보면/꿇아보면** 어쩔 건데: **꼬나보면**의 잘못. ←**꼬나보다**[원]

담배를 건방지게 **꼰아물고선/꿇아물고선**: **꼬나물고선**의 잘못 ←**꼬나물다**[원]

[비교] 창을 **꿇아** 쥐고서 곰을 노렸다: **꼬나**의 잘못. ←**꼬느다**[원]

[설명] ①꼰아보다[물다]/꿇아보다[물다] 등은 '꼬나보다[물다]'의 잘못. ②꿇다'에는 아래 예문에서 보듯 '잘잘못을 따져서 평가하다'라는 뜻만 있음.

꼬나물다[통] (낮잡는 뜻) 담배/물부리 따위를 입에 물다.

꼬나보다[통] (낮잡는 뜻) 눈을 모로 뜨고 못마땅한 듯이 사람을 노려보다.

꼬나들다[통] 힘 있게 손에 들다.

꼬느다[통] ①무게가 좀 나가는 물건의 한쪽 끝을 쥐고 치켜들어서 내뻗치다. ¶창을 꼬나 쥐다; 긴 칼을 꼬나 잡다. ②마음을 잔뜩 가다듬고 연필 따위를 힘주어 쥐다. 나는 연필을 꼬느고 시험지가 배부되기를 초조히 기다렸다.

꿇다[통] 잘잘못을 따져서 평가하다. ¶담임 선생님께서 개인별로 시험 점수 변화를 꿇기에 피로가 쌓였다.

◆살다 보니 정말 별 **꼴** 다 보는군: **별꼴**의 잘못. 한 낱말.

그 걸쳐 입은 **옷꼴**이 그게 뭐냐: **옷 꼴**의 잘못. 없는 말.

글꼴은 **글자 꼴**을 이르는 말이다: **글자꼴**의 잘못. 한 낱말.

한 개에 10원 **꼴**; 한 방에 한 명 **꼴**; 10원에 한 개 **꼴**: 10원꼴, 한 명꼴, 한 개꼴의 잘못. 이때의 '꼴'은 접사.

꼴[명] ①사물의 모양새/됨됨이. ②사물의 모양새/됨됨이를 낮잡는 말. ③어떤 형편/처지 따위를 낮잡는 말. ¶도대체 그 꼴이 뭐냐?

꼴[접] '그 수량만큼 해당함'의 뜻을 더하는 접미사.

별꼴[別─][명] 별나게 이상하거나 아니꼬워 눈에 거슬리는 꼬락서니.

볼꼴[명] 남의 눈에 비치는 겉모양.

글꼴[명] ≒서체(자형의 양식).

글자꼴[─字─][명] 글자의 모양.

◆나랏**꼴**/나라**꼴**이 이렇게 엉망이어서야: **나라 꼴**의 잘못. 없는 말.

집안**꼴**이 이래서야 어디: **집안 꼴**의 잘못. 없는 말.

삼각형**꼴**에서 빗변이란?: **삼각형 꼴**의 잘못. 없는 말.

[설명] ①흔히 쓰는 말들이지만, 모두 합성어가 아닌 두 낱말이므로 띄어 적음. 이때의 '꼴'은 '사물의 모양새/됨됨이 또는 그것을 낮잡는 말로서 명사임. ②'이등변삼각형'처럼 '○○○삼각형'과 같은 전문용어는 글자 수에 상관없이 한 낱말.

◆포장마차에 가서 **꼼장어**구이 어때?: **곰장어**[혹은 **먹장어**]의 잘못.

[설명] '꼼장어'는 '곰장어를 불필요하게 세게 발음한 것. '곰장어'는 아래와 같이 '먹장어'의 뜻도 가지고 있음.

곰장어[─長魚][명] ①'먹장어'의 일상적 명칭. ②'갯장어(갯장어과의 바닷물고기)'의 잘못.

◆그 친구 하는 짓이 딱 **꼼쟁이/꼼쥐**야: **꼼바리**의 잘못. '꼼쟁이/꼼쥐'는 없는 말.

꼼바리[명] 마음이 좁고 인색한 사람. ⇐'─바리'는 하대어. ☞**군바리** 항목 참조.

◈**꼽슬머리**나 고수머리나 다 같은 말 아닌가: **곱슬머리**의 잘못.

[설명] ①'곱슬머리≒고수머리'로 동의어. '고수머리'는 양털처럼 고불고불 말려 있어서 '양(羊)머리'로도 불림. ②'꼽슬머리'는 '곱슬머리'의 불필요한 경음화.

[주의] 그러나, 곱슬곱슬<꼽슬꼽슬(○), 곱실곱실<꼽실꼽실(○)임.

고수머리≒곱슬머리명 고불고불하게 말려 있는 머리털. 또는 그런 머리털을 가진 사람.

양머리(洋-)명 ①서양식으로 단장한 여자의 머리. ②'고수머리'를 달리 이르는 말.

◈작가들까지도 흔히 **꽁뜨**라고 쓰는 건 잘못이야: **콩트**의 잘못.

[설명] 외래어 표기의 가장 기본적인 원칙인 원지음(原地音)에 가깝게 쓰려면 Paris/conte/report/Moscow는 각각 '빠리/꽁뜨/르뽀/모스끄바'가 더 가깝지만 외래어 표기법에 따라 '파리/콩트/르포/모스크바'로 씀. 외래어 표기법 제4항: "파열음 표기에는 된소리를 쓰지 않는 것을 원칙으로 한다." ☞ **♣주의해야 할 외래어 표기들** 항목 참조.

[참고] 프랑스의 '**공**쿠르상(Le Prix de Goncourt)': 프랑스의 아카데미 공쿠르(Academie Goncourt)가 해마다 프랑스에서 가장 우수한 소설 작품 하나를 뽑아 수여하는 대표적인 문학상. 올바른 표기는 '**콩**쿠르'가 아닌 '**공**쿠르'(Goncourt)임.

◈**꽁수** 쓰지 마라. 그건 잔머리 굴리는 짓이야: **꼼수**의 잘못. '잔머리'는 맞음.

꼼수명 쩨쩨한 수단/방법.

꽁수명 연의 방구멍 밑의 부분.

잔머리명 ①'잔꾀'의 속칭. ②머리에서 몇 오라기 빠져나온 짧고 가는 머리카락.

◈뒤에서 불어오는 **꽁지바람**이 하도 세서: **꽁무니바람**의 잘못. 없는 말.

◈**꽃무늬띠**를 둘러 놓으니 참 보기 좋구먼: **꽃무늬 띠**의 잘못.

[설명] '꽃무늬띠'는 없는 말.

◈그 어린 **꽃봉우리**를 무참히 꺾다니: **꽃봉오리**의 잘못.

그 꽃은 **봉우리**도 참 예쁘구나: **봉오리**의 잘못.

꽃봉오리≒봉오리/꽃봉명 망울만 맺히고 아직 피지 아니한 꽃.

봉우리/산봉명 ≒**산봉우리**(산에서 뾰족하게 높이 솟은 부분).

◈**꽃턱** 중에는 꽃잎처럼 보이는 것들도 간혹 있지: **꽃받침**(혹은 **화탁**)의 잘못.

[설명] '꽃턱'은 '화탁'에서 잘못 유추한 말.

화탁[花托]명 ≒**꽃받침**(꽃의 구성 요소 중에서 가장 바깥쪽에 꽃잎을 받치고 있는 꽃의 보호 기관의 하나).

◈**꽹가리/꾕가리**와 징 등을 갖고: **꽹과리**의 잘못.

[주의] 흔히 잘못 쓰기 쉬운 악기 이름들: 장고(×)/장구(○); 바이얼린(×)/바이올린(○); 섹스폰(×)/색서폰(×)/색소폰(○); 플룻(×)/플루트(○); 심볼즈(×)/심벌즈(○).

◈**꾀까닭스럽게** 굴지 마라: **꾀까다롭게**의 잘못. ←**꾀까다롭다**[원]

그는 **꾀까다롭기로** 유명한 사람: 맞음. ←**꾀까다롭다**〉**괴까다롭다**[원]

[참고] **꽤까탈스러운** 사람: **꾀까다로운/꽤 까다로운/꽤 까탈스러운**의 잘못.

[설명] ①'꾀까닭스럽다'는 '꾀까다롭다'의 방언(전남/충남/황해). 단, '괴까닭스럽다≒괴까다롭다'. '괴까닭' 도 명사가 아닌 것은 '꾀까닭'과 마찬가지이나(명사형이 없음). '괴까닭스럽다'는 처음부터 형용사로 존 재하였으므로, 인정. ②'꽤까탈스럽다'는 없는 말로 '꾀까다롭다'의 잘못. 굳이 쓰려면 '꽤(나) 까다롭 다'로 띄어 적어야 함. '꽤'는 부사.

괴까닭스럽다[형] ≒**괴까다롭다**. 단, '괴까탈스럽다'는 잘못.

까탈스럽다〉**가탈스럽다**[형] ①조건/규정 따위가 복잡하고 엄격하여 적응하거나 적용하기에 어려운 데가 있다. ②성미/취향 따위가 원만하지 않고 별스러워 맞춰 주기에 어려운 데가 있다.

◆명태 두 마리를 끈으로 꿰어 한 **꾸러미**로 들고 갔다: **꿰미**의 잘못.

조기 한 **줄/꾸러미**만 사오렴: **두름**의 잘못. 설명 참조.

[설명] ①끈 따위로 꿴 것은 '꿰미'이며(예: 구슬꿰미/엽전 꿰미/돈꿰미), '꾸러미'는 꾸리어 싼 것. 〈예〉 선물 꾸러미/소포 한 꾸러미/달걀 두 꾸러미. ②조기 따위는 한 줄에 열 마리씩 두 줄로 엮은 '두름'이라는 단위를 써 왔음. ▣[참고] 북어 20마리는 1쾌, 오징어 20마리는 1축이라는 다른 말 로 부름.

◆하늘이 **꾸물꾸물하더니** 드디어 비를 뿌리기 시작했다: **끄물끄물하더니**의 잘못.

날이 어째 **꾸무리한** 게 비가 올려나: **끄무레한, 오려나**의 잘못.

[설명] ①'꾸물꾸물하다'와 '끄물끄물하다'는 아래와 같이 뜻이 다른 말. ②'꾸무리하다'(×)/'끄무레하다' (○)이며, '꾸무레하다/꾸무리하다'는 없는 말. ☞'끄무레-' 항목 참조.

끄물끄물하다〉**그물그물하다**[동] ①날씨가 활짝 개지 않고 몹시 흐려지다. ②불빛 따위가 밝게 비치지 않 고 몹시 침침해지다.

꾸물꾸물하다[동] ①매우 자꾸 느리게 움직이다. ②굼뜨고 게으르게 행동하다. ③신체 일부를 자꾸 느리 게 움직이다.

◆영원한 꿈을 이제는 같이 **꾸워요**: **꾸어요/꿔요**의 잘못. ←**꾸다**[꾸어≒꿔].

[설명] '굽다'의 활용형인 '구워' 등과의 착각이며, '꾸다'는 규칙동사. '꿈꾸다'도 한 낱말.

◆[고급] 그 돈 **꾸어준** 게 언젠데 아직도 안 갚냐?: **꿔어준**의 잘못. ←**꾸어주다**(×)/**꿔어주다**(○).

[설명] ①'꾸다'는 '뒤에 도로 갚기로 하고 남의 것을 얼마 동안 빌려 쓰다'이므로 '꾸어주다'는 '남의 것을 빌려서(→꾸어) 주다의 뜻이 됨. '꿔이다'는 '꾸다'의 사동사이므로 '꿔어주다'는 '꾸어(꿔)주다'의 사역형 인데, 익숙하지 않은 활용이어서 다소 까다로운 편임. 사동사의 두 가지 역할, 곧 남에게 시키는 경우 와 남을 위해 무엇인가를 해주는 경우 중 후자에 속함. 이와 같이 남을 위해 해주는 경우에는 사동 사 혹은 사역 활용형으로 표기하여야 하며 그렇지 않으면 문장 자체가 성립하지 않음.

　나는 아이에게 밥을 <u>먹어</u> 주었다(×) ↔ ~ 밥을 <u>먹여</u> 주었다(○).

　나는 딸아이에게 옷을 <u>입어</u> 주었다(×) ↔ ~옷을 <u>입혀</u> 주었다(○).

　나는 그녀의 옷을 <u>벗어</u> 주었다. ↔ ~옷을 <u>벗겨</u> 주었다(○).

②이처럼 흔히 쓰이는 '빗다/입다/먹다/벗다'의 사동사들은 각각 '빗기다/입히다/먹이다/벗기다'이며, 이의 '사동사+주다' 꼴의 활용형은 '빗겨 주다/입혀 주다/먹여 주다/벗겨 주다'임. ③그중에서도 이 '꾸다'의 사동사 활용 예는 아주 까다로운 편임: 자신이 빌리는 경우는 '꾸다'이고, 그 사동사(남을 위해 무엇

인가를 해주는 경우)는 '꾸이다'이므로 남에게 돈/물건을 빌려준 경우에는 '꾸이다'를 사용해야 함. ☞ **♣흔히 실수하기 쉬운 사역형 동사 활용** 항목 참조.

〈예〉**뀌준** 돈이나 얼른 갚아: **뀌어준** 돈의 잘못. ⇐'빌려준' 사람이 하는 말.

　　나 돈 좀 **뀌줘***: **뀌어줘**의 잘못. ⇐'빌리는' 사람은 할 수 없는 말.

　　나 너한테 돈 좀 **꿀게**: 맞음. ⇐ '빌리는' 사람이 할 수 있는 말.

　　뀌 간 돈이나 얼른 갚아: 맞음. ⇐빌려간 사람이 상대방이므로.

[*참고] 얼른 이해되지 않을 수 있는데, 다음의 두 가지 예문을 천천히 비교해서 살펴보면 도움이 됨: 1) '나에게 돈 좀 (네가) 뀌어 줘'. 2) '내가 너에게 돈 좀 꾸게 해 줘'.

꾸다屠 뒤에 도로 갚기로 하고 남의 것을 얼마 동안 빌려 쓰다.

꾸이다屠 남에게 다음에 받기로 하고 돈/물건 따위를 빌려 주다.

[참고] '꾸다(borrow. 빌리다)'와 '꾸이다(lend. 빌려주다)'의 용법을 좀 더 쉽게 이해하기 위해서는 이에 해당되는 영어 낱말을 이용하는 것도 한 가지 방법임. 위의 예문 중 '**뀌준** 돈이나 얼른 갚아'에서 '**뀌 준**'이 '**뀌어준**'의 잘못인 이유를 영어로 바꾸어 생각해 보면 이와 같음: '뀌준 돈'을 직역하면, '꾸다'는 borrow이므로 the money that I borrowed가 되는데, 이것을 얼른 갚으라는 말은 '내가 빌려온 돈을 (네가) 얼른 갚아'가 되어 말이 되지 않음을 알 수 있음. 그러므로 the money that I lent you가 되려면 lend의 우리말인 '꾸이다'를 써야 함을 알 수 있음. 마찬가지로, '나 너한테 돈 좀 **꿀게**'의 경우에서도 '꾸다'는 borrow이므로 영어로 바꾸면 Let me borrow money from you가 되는데, 이것은 말이 되므로 '꿀게'가 바르게 쓰인 것을 알 수 있음.

◆눈만 **꿈벅/꿈뻑거리지** 말고 답 좀 해: **끔벅/끔뻑거리지**의 잘못.

[참고] **눈꿈쩍이**처럼 눈만 깜박이지 말고: **눈끔쩍이**의 잘못.

[설명] '끔벅/끔벅끔벅'〈'끔뻑/끔뻑끔뻑'의 관계이며 '꿈-'은 잘못임.

◆날씨가 **꿉꿉해서** 온몸이 끈적인다: 맞음. 혹은 '후텁지근해서'도 가능.

　날이 엄청 **꿉꿉하군**: **꿉꿉하군**의 잘못.

[개정] '꿉꿉하다〉꼽꼽하다'의 뜻풀이에 '날씨/기온이 기분 나쁠 정도로 습하고 덥다'가 추가되었으므로, 위의 표현은 사용해도 무방하게 되었음. [국립국어원. 2014.]

꿉꿉하다〉**꼽꼽하다**휑 ①조금 축축〉촉촉하다. ②날씨/기온이 기분 나쁠 정도로 습하고 덥다. ¶땀이 배어 꿉꿉한〉꼽꼽한 손바닥.

후텁지근하다휑 조금 불쾌할 정도로 끈끈하고 무더운 기운이 있다.

후덥지근하다휑 열기가 차서 조금 답답할 정도로 더운 느낌이 있다.

◆너의 그 시커먼 **꿍꿍잇속**을 모를까봐: **꿍꿍이속**의 잘못.

[설명] 발음을 {꿍꿍잇쏙}으로 할 경우에 생기는 잘못으로 올바른 발음은 {꿍꿍이속}. 따라서 사이시옷이 불필요함. '-잇속'의 꼴로 사이시옷을 받치는 것은 아래의 두 말뿐임.

벌잇속몡 ①벌이를 하여 얻는 실속. ②벌이하는 속내.

우렁잇속몡 ①(비유) 내용이 복잡하여 헤아리기 어려운 일. ②(비유) 품은 생각을 모두 털어놓지 아니하는 의뭉스러운 속마음.

◆그렇게 버티는 네 **꿍심**은 도대체 뭐냐: **꿍꿍이**(혹은 **꿍꿍이셈/꿍꿍이수**)의 잘못.

[설명] '꿍심'은 없는 말. '꿍꿍이≒꿍꿍이셈/꿍꿍이수'는 모두 동의어.

꿍꿍이≒꿍꿍이셈/꿍꿍이수명 남에게 드러내 보이지 아니하고 속으로만 어떤 일을 꾸며 우물쭈물하는 속셈.

◆비열한 방법으로 주인공 자리를 **꿰어찬** 나쁜 녀석: **꿰찬**의 잘못. ←**꿰차다**[원]

  옆구리에 **꿰어찬** 물통: **꿰어 찬**의 잘못. ⇐'꿰어차다'(×)는 없는 말.

  [설명] ①'꿰어차다'(×)는 없는 말. '꿰차다'는 '자기 것으로 만들어 가지다'를 뜻하는 말로, 아래에서 보듯 '꿰어 차다'와는 뜻이 다른 말. '꿰차다'는 한 낱말이며, '꿰어차다'는 없는 말. ②'꿰어 차다에서 '차다'는 본동사로만 쓰이는 말이므로 보조용언 붙여쓰기가 허용되지 않음.

  꿰다통 ①실/끈 따위를 구멍/틈의 한쪽에 넣어 다른 쪽으로 내다. ②옷/신 따위를 입거나 신다. ③어떤 물체를 꼬챙이 따위에 맞뚫려 꽂히게 하다. [유]신다/꽂다/꿰뚫다.

  꿰차다통 (속) 자기 것으로 만들어 가지다.

◆신발을 발에 **꿰어맞추든**, 발을 신발에 **끼워맞추든** 신어 봐: **꿰어 맞추든/끼워 ~** 혹은 **꿰맞추든**의 잘못.

  [설명] ①'**꿰어맞추다**': 없는 말. '꿰맞추다' 혹은 '끼워 맞추다'의 잘못. '끼워맞추다'도 없는 말. ②어떤 곳에 끼워서 맞추다≒끼워 맞추다. 끼어 맞추다≒껴 맞추다['끼우다'의 준말은 '끼다']. 결국 '끼워 맞추다/끼어 맞추다/껴 맞추다'는 같은 뜻이 됨.

  꿰맞추다통 서로 맞지 않는 것을 적당히 갖다 맞추다. ¶서로 말을 꿰맞췄다.

  꿰다통 옷/신 따위를 입거나 신다.

◆첫단추를 잘 **꿰어야** 해: **첫 단추**, **끼워야**의 잘못. ←**끼우다**[원], 꿰다(×).

  [설명] ①단추는 **끼워야** 하고, 실/끈은 **꿰는** 것. ¶실을 바늘에 꿰다; 연탄 한 장을 달랑 새끼에 꿰 가지고 왔다; 바지를 다리에 꿰다. ⇐꿰어≒꿰. ②'첫-'이 접두어로 쓰인 낱말들이 다음과 같이 많지만 흔히 쓰는 '첫 단추'는 복합어가 아님: 첫개/첫가물/첫걸음마/첫고등/첫그물/첫나들이/첫날/첫대목/첫돌/첫딱지/첫비/첫밗(일/행동의 맨 처음 국면)/첫사리(≒초사리)/첫손가락/첫아이/첫울음/첫음절/첫인사/첫자리/첫제사≒첫기제/첫조금/첫추위/첫출발/첫판/첫풀이/첫해/첫행보[-行步].

◆어디서 그런 여잘 하나 **꿰여차고서는**: **꿰차고서는**의 잘못. ←**꿰차다**[원]

  [설명] '꿰어(여)차다'는 '꿰차다'의 잘못. 북한어. ☞**'-차다'의 복합어** 항목 참조.

  꿰차다통 (속) 자기 깃으로 만들어 가지다.

◆전혀 **끄덕없이** 잘만 살아간다네: **끄떡없이**의 잘못. ←**끄떡없다**[원]

  겁박 따위에도 **까닥없이** 버틴 그: **까딱없이**의 잘못. ←**까딱없다**[원]

  [주의] 그런 일엔 **까닥[끄덕]도** 하지 않았다: 맞음. ←**까닥[끄덕]하다**[원]

  [설명] ①'끄덕없다〉까닥없다'는 '끄떡없다〉까딱없다'의 잘못임. ②[주의] 그러나 부사/동사로서는 '끄덕[하다〉끄떡[하다], 까닥[하다〉까딱[하다]'모두 올바른 말들임. '-하다'대신 '-이다'일 때도 마찬가지. 형용사일 때는 의미가 달라짐!

  까딱없다〈끄떡없다형 아무런 변동/탈이 없이 온전하다.

  까닥하다〈까딱하다통 ①고개 따위를 아래위로 가볍게 한 번 움직이다. ②움직이거나 변동되어서는 안 될 것이 조금이라도 움직이거나 잘못 변동되다.

◆날이 어째 **끄무리한/꾸무리한** 게 비가 올려나 보다: **끄무레한**, **오려나**의 잘못.

[설명] ①'-끄/-그**무리**하다'는 '-끄/-그**무레**하다'의 잘못. 〈예〉끄무**리**하다(×)/끄무**레**하다(○); 해끄무**리**하다(×)/해끄무**레**하다(○); 히끄무**리**하다(×)/희끄무**레**하다(○). ☞'**희끄무레-**' 항목 참조. ②'올려나'는 '오려나'의 불필요한 'ㄹ' 첨가.
끄무레하다〉그무레하다[형] 날이 흐리고 어두침침하다.

◆**끄적끄적 끄적거리는** 건 글이 아니다: **끼적끼적**의 잘못. '끄적거리는'은 맞음.
끄적이면 다 글인 줄 아는 이들 정말 많다: **끼적이면**의 잘못. ←**끼적이다**[원]
[설명] ①예전에는 '끄적거리다'가 '끼적거리다'의 잘못이었으나, 복수표준어로 인정. 단, 두 말 사이에는 미세하나마 어감/뜻 차이가 있음. ②그럼에도, '끄적이다'는 여전히 '긁적이다(≒끼적이다)'의 잘못.
끼적이다≒긁적이다[동] 글씨/그림 따위를 아무렇게나 쓰거나 그리다.
끼적거리다1/~대다[동] 글씨/그림 따위를 아무렇게나 자꾸 쓰거나 그리다.
끄적거리다[동] 글씨/그림 따위를 성의 없이 대충 적당히 쓰거나 그리다.

◆**끊겨진** 관계에 연연할 필요 없어: **끊긴/끊어진**의 잘못. ←**끊기다/끊어지다**(○)
[활용] 이미 전부 다 **나뉘어진** 상태야: **나뉜/나누어진**의 잘못. ←**나뉘다/나누어지다**(○)
[설명] ①'끊겨지다'는 '끊기다/끊어지다'(○)의 잘못(이중 피동)으로 없는 말. ②'-어/아 + 지다' 꼴을 이용하여 피동형을 만들 때도, '끊'(어간)+'-어'(활용)+'-지다'(보조동사)→'끊어지다'처럼 반드시 어간과 결합해야 함. 〈예〉이미 **나뉘어진**(×) 상태: **나누어진**(○). 즉, 어간 '나누-'에 '-어지다' 꼴이 결합해야 하므로, '나뉘어지다(×)/나누어지다(○)'임.

◆**끊을래야** 끊을 수 없는 관계야, 우리는: **끊으려야**의 잘못.
[유사] '잊을래야(×)/잊으려야(○)' 잊을 수 없는: '먹을래야(×)/먹으려야(○)'.
[설명] '-려야/-래야'는 없는 말로, '-려야('-려고 하여야'의 준말)'의 잘못. '-(으)려고'는 의도/욕망을 나타내는 연결어미. ☞추가/보완 설명은 '**-ㄹ래야** ('-려야'의 잘못)와 '**-래야**' 항목 참조.

◆**끌르기** 좋게 슬슬 묶어: **끄르기**의 잘못. ←**끄르다**[원]
[설명] '끄르다'가 원형. 단, '끌러(○) 보니까 꽝이더군'. ⇐활용: 끌러/끄르니.

◆**끔찍히도** 사랑하던 손자였는데: **끔찍이도**의 잘못.
[설명] ☞♣'-이'로 끝나는 부사들 중 유의해야 하는 것들 항목 참조.

◆**끝마무르는** 손길치고는 엉성하군: **끝막는/끝맺는** (혹은 **끝마무리(의)**)의 잘못.
[주의] 일을 제대로 **마물려야지: 마물러야지**의 잘못. ←**마무르다**[원]
끝까지 제대로 잘 **마무리는** 게 중요해: **마무르는**의 잘못. ←**마무르다**[원]
끝에 특히 잘 **갈무려야** 해: **갈무리해야**의 잘못. ←**갈무리하다**[원]
[설명] ①'끝마무르다'는 '끝막다/끝맺다/끝내다'의 잘못. 그리고 '끝마무리'는 있으나, '끝마무르기'는 없음. ②'마무다'는 '마무르다'의 잘못. ←주의! 북한어. '마무르다'는 '마물러/마무르니'로 활용. 그러나, '끝마무르다'는 없는 말. 단, '마무리하다/마무리되다'는 옳은 말임. ③'갈무려야'가 성립하려면 '갈무르다'가 있어야 하나 없는 말로 '갈무리하다'의 잘못임.
끝막다[동] 일의 끝을 짓다. [유]아물리다/완결하다/끝맺다/끝내다.

◆**끼는** 청바지; 몸에 **끼지** 않게 헐렁한 옷: **쩨는**(혹은 **쪼이는**), **쩨지**(혹은 **몸이 쪼이지**)의 잘못. ←**쩨다/쪼이다**[원]

[설명] '끼다'는 '끼우다(①벌어진 사이에 무엇을 넣고 죄어서 빠지지 않게 하다. ②무엇에 걸려 있도록 꿰거나 꽂다)'의 준말이면서, '끼이다(①'끼다'의 피동사. ②틈새에 박히다)'의 준말이기도 함. 예문의 문맥은 청바지와 옷이 몸 사이나 틈에 끼거나 꽂힌 것이 아니므로 '끼다'는 표현은 맞지 않으며, '쩨다' 혹은 '쪼이다'의 잘못.

쪼이다〉조이다[동] ①느슨하거나 헐거운 것이 단단하거나 팽팽하게 되다. 또는 그렇게 되게 하다. ¶작년에 산 옷이 허리가 쪼여 못 입겠다; 발이 쪼여서 그 구두는 못 신겠어; 옷을 입을 때 뒤에서 하녀가 허리를 쪼여 주었다. ②차지하고 있는 자리가 공간이 너무 좁아지다. 또는 그렇게 되게 하다. ③마음이 긴장되다. 또는 그렇게 되게 하다.

쩨다[동] 옷/신 따위가 몸이나 발에 조금 작은 듯하다.

◆♣[주의] '**끼다**'는 준말 꼴로 사동사와 피동사를 겸하는 말

[예제] 그 책을 네 겨드랑이에 **끼워라**: **끼어라**의 잘못. ←사동 '끼다'의 활용.

　　　책이 문틈에 **끼어** 있다: **끼여**의 잘못. ←피동 '끼이다'의 활용.

[설명] **끼다**[동] ①'끼우다('끼다'의 적극/사동형)'의 준말. ②'끼이다('끼우다'의 준말인 '끼다'의 피동사)'의 준말. 즉, 준말 '끼다'는 사동사와 피동사를 겸하는 기이한 결과.

[활용] ①¶책을 겨드랑이에 **끼어라**. (네 겨드랑이에. 사동사); 책을 겨드랑이에 **끼워라**. (다른 사람의 겨드랑이에. 사동사). ②¶(네) 손가락에 반지 **꼈니**? ≒반지 **끼웠니**?/반지 **끼었니**?: 둘 다 쓸 수 있음. 그 사람 반지 **끼었니**?(○)/그 사람 반지 **끼웠니**?(×): 그 사람에게 끼워준 게 아니므로. ③¶고춧가루가 잇새에 **끼어** 있다: 맞음. 자동사.

[참고] '끼어'는 '끼이다'의 준말 활용도 됨 ⇒고춧가루가 잇새에 **끼이어** 있다(○).

[주의] ¶반지가 손가락에 잘 **끼이지** 않는다(○): 이것은 준말이 아닌 '끼다'의 피동사인 '끼이다'의 활용형임. 이 경우는 '끼다'로 줄지 않음. 줄면 타동/피동이 같아지므로. ¶책이 문틈에 **끼이어** 있다(○). ←책이 문틈에 **끼어** 있다(×).

◆부부 사이란 알고 보면 남남 **끼리**일 뿐: **남남끼리**의 잘못.

너희들 **끼리 끼리끼리** 잘해 봐: **너희들끼리**의 잘못. '끼리끼리'는 맞음.

[설명] '끼리'는 접사. '끼리끼리'는 부사.

◆깨지는 물건이니 **끼어 들지** 마라: **껴들지**의 잘못. ←**껴들다**[원]

[설명] '끼어들다'에는 팔로 끼어서 든다는 의미가 없음.

껴들다[동] ①팔로 끼어서 들다. ②'끼어들다'의 준말. ③함께 끌려들다. ¶겨드랑이에 핸드백을 껴들다; 남의 일에 껴들다.

끼어들다[동] 자기 순서나 자리가 아닌 틈 사이를 비집고 들어서다. ¶남의 사이에 끼어들다; 대화 중에 불쑥 끼어들다; 군중들 사이를 비집고 끼어들다.

◆아직도 **끼여들기**를 하는 사람들이 적지 않으니, 이거야 원: **끼어들기**의 잘못.

[설명] '끼어들기'는 '끼여들기'와 흔히 혼동하여 쓰는데, 발음이 {끼어들기}/{끼여들기}로 나는 데 그 원인이 있음. '끼어들기'는 '무리하게 비집고 들어서는 일'이란 뜻으로, 능동적인 행동을 나타내는 말. 즉 '끼다+들다'에서 온 말. 그러므로 '끼다'의 피동사인 '끼이다'를 쓴 '끼여들기(끼이어들기)'는 '끼이다+들

다'가 되어 어법에 맞지 않음.

◆값싼 물건을 **끼워** 파는 약싹빠른 상술: **끼어/껴**, **약삭빠른**의 잘못.
　　[설명] '끼워'(←끼우다(구멍에 끼우거나 메우다)는 '끼어/껴'(←끼다)의 잘못.
　　끼다⑧ 다른 것을 덧붙이거나 겹치다. ¶양말 두 켤레를 껴 신다.
　　[암기도우미] 약삭빠른 사람은 소리 안 나게 삭 삭 삭 움직인다.

◆잇새에 **낀/끼인** 고춧가루: 둘 다 쓸 수 있음.
　　끼다1⑧ '끼이다('끼다2'의 피동사. 틈새에 박히다)'의 준말. ¶전철 문에 낀 책가방; 손가락이 굵어져서 반
　　　지가 잘 끼지 않는다; 문틈에 끼다; 어른도 아이들 틈에 끼어 마술 공연을 구경했다.
　　끼다2⑧ ①끼우다(벌어진 사이에 무엇을 넣고 죄어서 빠지지 않게 하다. 무엇에 걸려 있도록 꿰거나 꽂
　　　다)'의 준말. ②팔/손을 서로 걸다.

◆안경을 **낀** 사람들이 늘어간다: 맞음. ⇐'쓴'도 가능함.
　　색안경을 **끼고** 보지 마라: **쓰고**의 잘못. ⇐[색]안경을 쓰다'는 관용구.
　　[설명] '[색]안경(을) 쓰다'는 관용구이며, 그냥 안경일 때는 '끼다/쓰다' 모두 쓸 수 있음.
　　안경을 쓰다㉕ ①있는 그대로 보지 않고 선입견을 가지다. ②술을 한꺼번에 두 잔 받다.
　　색안경(을) 쓰다㉕ 좋지 아니한 감정이나 주관적인 선입관을 가지다.

◆봄이 이미 눈앞에 **왔는 걸**: **왔는걸**의 잘못. ⇐'**-는걸**'은 종결어미.

　[참고] 내 알기로 그는 내일 미국으로 **떠날 걸**: **떠날걸**의 잘못. ⇐'**-ㄹ걸**'은 종결어미.

　　　　나는 그가 내일 **떠날걸로** 알고 있어: **떠날 걸로**의 잘못 ⇐'**걸**'은 의존명사 '거(것)'와 '-을'의 결합.

　　　　알아주지 **않는걸** 어떡해: **않는 걸**의 잘못. ⇐'**걸**'은 '거(의존명사)+을'.

　[설명] ①'**-는걸**': 현재의 사실이 이미 알고 있는 바나 기대와는 다른 것임을 나타내는 종결어미. 당연히 붙여 적음. ¶그때는 아직 서로 얼굴도 모르고 있었는걸; 눈이 많이 쌓였는걸; 아기가 춥겠는걸. ②'**-ㄴ걸**' 역시 '**-는걸**'과 같은 기능의 종결어미. ¶겨우 알 것 같은걸. ③한편, 의존명사 활용 형태인 '**ㄴ(는) 걸**'에서 '**걸**'은 의존명사 '것'의 구어체인 '거'와 '을'이 결합하여 준 '거(것)'+–'을'의 꼴이므로, 띄어 써야 함. ¶내 걸 네 걸 그처럼 따지다니; 내 걸 내가 챙기는 게 어때서? ¶아무리 말해도 안 통하는 걸(것을) 어떡해. (의존명사). [암기도우미] '**걸**'을 '**것**'으로 바꿔서 말이 되면 의존명사.

　[참고] '**-ㄹ걸**': 종결어미인 것은 같음. 붙여 적음.

　①화자의 추측이 상대편이 이미 알고 있는 바나 기대와는 다른 것임을 나타내는 종결어미. 가벼운 반박/감탄의 뜻을 나타냄. ¶그는 내일 미국으로 떠날걸; 너보다 키가 더 클걸.

　②그렇게 했으면 좋았을 것이나 하지 않은 어떤 일에 대해 가벼운 뉘우침/아쉬움을 나타내는 종결어미. ¶차 안에서 미리 자 둘걸; 내가 잘못했다고 먼저 사과할걸.

◆다시 **떠난다해도** 내게 남은 사랑을: **떠난다 해도**의 잘못.

　[설명] '**~ㄴ다 해도**': '해도'의 '하다'는 독립동사이므로 붙여 쓰지 않음. ¶이삭이 여문다 해도; 세월이 변한다 해도.

◆그는 집도 **없는데다가** 직업도 없었다: **없는 데다가**의 잘못. ⇐'**데**'는 의존명사.

재는 공부를 **잘하는데다가** 운동도 잘해요: **잘하는 데다가**의 잘못.

　[비교] 그는 집도 **없는데** 뭘 믿고 돈을 꾸어줘: 맞음. ⇐'**-ㄴ데**'는 어미.

　[설명] ①'**-는 데다가**'는 동사와 '있다/없다' 뒤에 쓰여, '그 위에 더하여(앞의 것은 물론이고 뒤의 것까지)'의 뜻을 나타내는 말. 현재 《표준》에는 설명이 누락되어 있으나 관용적 어법임. ②여기에 쓰인 '데다가'는 의존명사 '데' 뒤에 더해지는 대상을 나타내는 격조사 '에다가'가 붙은 것. 즉, '집도 없는 데(에)다가 →집도 없는 데다가'의 구성임. 〈예〉비가 오는 데(에)다가 바람까지 불기 시작했다; 가난한 데(에)다가 의지할 곳조차 없었다; 이 식당은 음식도 맛있는 데(에)다가 값도 싸서 늘 사람이 많다. ☞[암기도우미] '데' 뒤에 '-에'를 붙여 말이 되면 의존명사임.

　[주의] '**-는 데다가**'의 꼴과 달리, '가게에 **가는데** 뭐 사다 줄까?; 동구나무가 정말 **큰데**.' 등에 쓰인 '**-ㄴ데**'는 각각 연결어미와 종결어미이므로 앞말에 붙여 써야 함. 즉, ①연결어미일 때: 어떤 일을 설명하거나 묻거나 시키거나 제안하기 위하여 그 대상과 상관되는 상황을 미리 말할 때에 쓰임. 〈예〉 네가 무엇인데 그런 말을 하는가?; 날씨가 추운데 외투를 입고 나가도록; 그가 정직하기는 한데 이번 일에는 적합지 않다. ②종결어미일 때: 어떤 일을 감탄하는 뜻을 넣어 서술함으로써 그에 대한 청자의 반응을 기다리는 태도를 나타낼 때 쓰임. 〈예〉 어머님이 정말 미인이신데 (그래).

◆♣'-ㄴ들', '-인들'의 구분

　[예제] **나인들** 그걸 생각하지 못한 건 아니야: **난들**의 잘못.

　　　　낸들 그걸 모를까봐: **난들**의 잘못. ⇐'낸들'은 잘못인 '나인들'이 준 꼴.

　[설명] '-ㄴ들/-인들'은 '-라고 할지라도'의 뜻을 나타내는 보조사로, 받침 없는 체언 뒤에는 '-ㄴ들'이, 받침 있는 체언 뒤에는 '-인들'이 쓰임. 즉, '나'와 가능한 결합은 '-ㄴ들'인데, '나인들'의 준말인 '낸들'은 '-인들'과 결합한 것이므로 잘못. ¶난들 그걸 알 턱이 있나; 배고픈데 풀뿌린들 못 먹으랴; 네 마음인들 오죽했으랴.

　[참고] ①'낸들'의 경우, 이를 '내(대명사)'+'-ㄴ들'의 결합으로 잘못 볼 수도 있으나, '내'는 그 쓰임이 1인칭 대명사 '나'에 주격조사 '-가'나 보격조사 '-가'가 붙을 때의 형태로 제한되어 있기 때문에, '내'로 볼 수가 없음. ②'내'의 용례. ¶내가 그걸 했다(주격조사); 범인은 내가 아니다(보격조사). ③보격조사(補格助詞)란 문장 안에서, 체언이 보어임을 표시하는 격조사. '그는 위대한 학자가 되었다'에서의 '가', '그는 보통 사람이 아니다'에서의 '이' 따위. ◑[주의] '내'는 '나'에 관형격조사 '의'가 결합한 '나의'의 준말이기도 함. ¶내 것.

◆서류를 **검토한 바** 미비 사항들이 있더군: **검토한바**의 잘못. ⇐'-ㄴ바'는 어미.

　내가 **검토한바로는** 완벽했는데: **검토한 바로는**의 잘못. ⇐'바'는 의존명사

　[설명] ①'-ㄴ바'는 어미. '-ㄴ바'는 '서류를 검토한바 미비 사항들이 있었다'와 같이, 뒤 절에서 어떤 사실을 말하기 위하여 그 사실이 있게 된 것과 관련된 과거의 어떤 상황을 미리 제시하거나, '네 죄가 큰바 응당 벌을 받아야지'와 같이, 뒤 절에서 어떤 사실을 말하기 위하여 그 사실이 있게 된 것과 관련된 상황을 제시할 때 씀. ②'바'는 의존명사. '어차피 매를 맞을 바에는 ~', '내가 검토한 바로는 ~' 등에서와 같이 주로 '-은/는/을 바에(는)' 구성으로 쓰여, 앞말이 나타내는 일의 기회나 그리된 형편의 뜻을 나타냄. ☞**'주의해야 할 어미'** 항목 참조.

　바[의] ¶이왕 산 중턱까지 온 바에(는) 꼭대기까지 갑시다; 어차피 매를 맞을 바에는 먼저 맞겠다.

　-ㄴ바[미] '-ㄴ바'의 꼴로 어미. ¶서류를 검토한바 몇 가지 미비한 사항이 발견되었다; 너의 죄가 큰바 응당 벌을 받아야 한다. ⇐관련 사실/상황의 제시.

◆얼마나 **부지런한 지** 벌써 그걸 다 했다: **부지런한지**의 잘못. ⇐'-ㄴ지'는 어미.

　[설명] 여기서 쓰인 '-ㄴ지'는 막연한 의문이 있는 채로 그것을 뒤 절의 사실/판단과 관련시키는 연결어미. 그러나, '-ㄴ지'는 다음과 같이 막연한 의문을 나타내는 종결어미로도 쓰임. ¶부모님들께서도 안녕하신지?

　[주의] '지'만은 기간을 나타내는 의존명사. ¶그가 저처럼 부지런해진 지 오래다.

◆그에게 정말 **크나 큰** 은혜를 입었다: **크나큰**의 잘못. ⇐'-나 -ㄴ'는 연결어미.

　그 **머나 먼** 길을 달려 왔는데: **머나먼**의 잘못. ⇐'-나 -ㄴ'는 연결어미.

　[설명] 예문에 보인 '-나 -ㄴ'의 구성은 형용사 어간을 반복하여 그러한 상태를 강조하는 연결어미. 고로, 앞말에 붙여 씀. 이와 같은 구성으로 새로운 낱말을 만들기도 함. 〈예〉크나크다, 머나멀다. 이와 똑같은 기능을 하는 연결어미로는 '-디 -ㄴ' 꼴이 있음. ¶다디단/곱디고운/크디큰/희디흰/차디찬/넓디넓은.

◆♣'-나가다'가 들어간 복합어 중 유의해야 할 말들: 복합어이므로 붙여 써야 하며 띄어 쓰면 잘못.

　[예제] 어릴 때부터 그리 **어긋 나가더니만**: **어긋나가더니만**의 잘못. 한 낱말.

　　　　그 친구 얼마 전에 이 감옥에서 **풀려 나갔어**: **풀려나갔어**의 잘못.

　　　　정신없이 앞으로 **달려나갔지**: **달려 나갔지**의 잘못. 두 낱말.

아무나 **따라나가면** 되겠니?: **따라 나가면**의 잘못. 두 낱말.

○**'-나가다**: 값나가다/돌쳐-/들고-/떠-/뛰어-/뛰쳐-/벋-/벗-/부루-/빗-/빠져-/어긋-/엇-/잘-/풀려-/헛-.

[주의] '달려나가다, 따라나가다' 등과 같은 말은 띄어 써야 함. ⇐'나가다'가 앞말이 뜻하는 행동을 계속 진행함을 나타내는 말일 때는 보조동사지만(예: 글을 계속 써 나가다/일을 계속 해 나가다), 이와 같은 때에는 보조동사로 보기 어려우므로, 보조용언 붙여쓰기 허용 조건에 해당된다고 보기에 어려움. 즉, 띄어 써야 함.

〈유의해야 할 낱말〉

돌쳐나가다통 들어가다가 돌아서 도로 나가다.

들고나가다통 연을 얼려 줄을 풀어 주다가 줄이 끝났을 때 얼레를 든 채로 연을 따라가다.

벗나가다통 ①테두리 밖으로 벗어나서 나가다. ②성격/행동이 비뚤어지다.

벋나가다통 ①끝이 밖으로 벌어져 나가다. ②옳은 길에서 벗어나 잘못된 행동을 하다.

엇나가다통 ①금/줄 따위가 비뚜로 나가다. ②비위가 틀리어 말/행동이 이치에 어긋나게 비뚜로 나가다. ③일 따위가 계획했던 것과 달리 잘못 되어 가다.

부루나가다통 써서 없어질 물건이 조금 남아 있게 되다.

헛나가다통 아무렇게나 되는대로 나가다.

풀려나가다통 억압받던 상태에서 벗어나 자유로운 상태가 되어서 나가다.

◆겨우 술 몇잔에 **나가 떨어지다니**: **몇 잔, 나가떨어지다니**의 잘못.

그런 청도 못 들어주고 **나가 넘어질** 사람이 아닌데: **나가넘어질**의 잘못.

[참고] 괜히 애먼 사람 **걸고 넘어지는군**: **걸고넘어지는군**의 잘못.

[설명] '나가떨어지다/나가넘어지다/걸고넘어지다'는 다음과 같이 글자 그대로의 뜻이 아닌 특별한 의미를 지니고 있으므로 복합어. ☜[참고] '넘어지다'가 들어간 복합어는 이 두 말뿐임.

나가떨어지다통 ①뒤로 물러나면서 세게 넘어지다. ②(속) 너무 피로하거나 술 따위에 취하여 힘없이 늘어져 눕다. ③(속) 어떤 일에 실패하거나 관계가 끊어지는 따위로 물러서거나 떨어져 나가다.

나가넘어지다통 ①몸이 뒤로 물러나면서 넘어지다. ②남의 청/요구 따위에 응하지 아니하고 아주 물러나 버리는 태도를 취하다.

걸고넘어지다통 자신의 책임/죄에 상관도 없는 사람을 거론하여 트집을 잡다.

◆노력해서 앞으로 **나가려는** 흉내라도 내야 하는 거 아닌가: **나아가려는**의 잘못.

[설명] '나가다'는 안에서 밖으로 이동한다는 단순한 뜻이며, '나아가다'는 '앞으로 향하여 가다'의 뜻. 즉, 위의 예문은 노력해서 밖으로 나가는 게 아니라 한 걸음이라도 앞으로 가려는 것이므로 '나아가다'(○)가 적절함.

[활용] 위의 말들에 '헤쳐-'를 결합하여 '헤쳐나가다/헤쳐나아가다'(×)로 붙여 적을 수 없는데, 그 이유는 '헤쳐나가다/헤쳐나아가다'가 복합어가 아닌 데다가 여기서의 '나가다/나아가다'는 '헤치다'와 동격의 본동사로서 보조동사의 역할이 아니기 때문. [참고] '나아가다'는 본동사로만 쓰이는 말이며, '나가다'는 앞말이 뜻하는 행동을 계속 진행함을 뜻할 때만 보조동사로 쓰일 수 있음. 〈예〉글을 계속 써 나가기 시작했다; 뭐든 쉬지 않고 해 나가다 보면 길이 보일 게다.

◆**나그네길**에 한 잔 술이야말로 최고의 벗이지: **나그넷길**의 잘못.

[설명] '~길'의 복합어 중에는 특히 사이시옷이 들어간 어휘들이 많으므로 주의!

○가욋(加外)길/고깃길/고빗길/공깃(空氣)길/굽잇길/귀갓(歸家)길/기찻길/나그넷길/나룻길/나뭇길/농삿(農事)길/눈사탯길/답삿(踏査)길/도붓(到付)길/두멧길/등굣(登校)길/등굽잇길/마찻길/먼짓길/명삿(鳴沙)길/모랫길/무덤사잇길/바윗길/밭머릿길/별잇길/사랫길/사릿길/사잇길/소맷길/수렛길/쌍갈랫길/썰맷길/안돌잇길/열찻길/우잣(字)길/장삿길/적톳(赤土)길/전찻길/잿길/지돌잇길/찻(車)길/출셋길/콧길/하굣(下校)길/하룻길/혼삿길/황톳길/후밋길.

◆파리를 잽싸게 **나꿔채는** 사마귀: **낚아채는**의 잘못. 없는 말. ←**낚아채다**[원]
머리채를 **나꿔채고는** 사정없이 흔들었다: **낚아채고는**의 잘못.
[설명] ①'**나꿔채다**'는 없는 말이며, '나꿔채다'가 성립되려면 '나꾸다(혹은 낚우다)'가 있어야 하는데, 그런 말은 없음. ②'낚아채다'는 '낚다+채다'의 꼴로 분석되는 말. 즉, 낚시로 낚듯이 한 뒤에 잡아챈다는 뜻이므로 아래와 같은 의미를 갖게 됨.
낚아채다[동] ①낚싯줄을 힘차게 잡아당기다. ②무엇을 갑자기 세차게 잡아당기다. ③남의 물건을 재빨리 빼앗거나 가로채다.
[암기도우미] 유능한 낚시꾼은 잘 낚아서 붙여진 이름.

◆6을 2로 나누면 깨끗하게 **나누어 떨어진다**: **나누어떨어진다**의 잘못.
[설명] '나누어떨어지다'는 수학의 전문 용어(의미가 특정된 말). 붙여 써야 함.

◆♣**−나다**'가 들어간 복합어 중 유의해야 할 말들: 복합어이므로 붙여 써야 하며 띄어 쓰면 잘못.
[예제] 윤기 **나는** 살림살이: 윤기 **나는**의 잘못. ←윤기나다는 없는 말.
　　　살맛**나는** 연기; 살맛**나는** 세상: **실감 나는**, **살맛 나는**의 잘못.
　　　소문 **난** 잔치에 먹을 것 없다더니: **소문난**의 잘못. ←**소문나다**[원]
　　　생각 **난** 김에 해치우자: **생각난**의 잘못. ←**생각나다**[원]
　　　생색 **나는** 일이라면 걷어붙이고 한다: **생색나는**의 잘못 ←**생색나다**[원]
　　　영락없이 바람 **난** 사람처럼 설치더만: **바람난**의 잘못. ←**바람나다**[원]
[설명] 용언 활용형이나 어근에 '−나다'가 붙어 만들어진 복합어(예: 거듭나다/끝나다/드러나다/일어나다/나타나다/생겨나다 등)와, 명사(형) 뒤에 '−나다'가 붙어 만들어진 복합어는 적지 않으나, 그중 명사(형) 뒤에 붙은 복합어들은 아래에서 보듯 일부 명사(형) 뒤에만 제한적으로 붙기 때문에 주의해야 함.

(1)용언 활용형 또는 어근 + '나다' :
○거듭나다/깨−/깨어−/끝−/남아−/나타−/넘−/놀아−/놓여−/늘어−/달아−/달아지−/닮아−/덜−/덧−/덧드러−/돈−/돈아−/돌려−/되살아−/드러−/들고−/들고일어−/들처−/따로−/떠−/뛰어−/뚝별−/마주−/만−/먹어−/몰려−/못−/무너−/묵어−/묻어−/물러−/밀려−/배어−/번질−〈뻔질−≒주살−〈뻔찔−/번−/벗어−/부르터−/불어−/비껴−/빗−≒빗나가다/빼어−/살아−/새−/생겨−/솟−/솟아−/안고−/어긋−/얻어만−/엄청−/열고−/우러−/일떠−1/일떠−2/일어−/자라−/잘−/죽어−/지−/쫓겨−/치어−/타고−/태−≒태어−/풀려−/피어−/헤어−.

(2)명사 또는 한자 어근 + '나다' :
○각별(各別)나다≒각별(各別)하다/갈급령(渴急令)−/감질(疳疾)−/건혼(乾魂)−/겁(怯)−/게염−/겨울−/결−/결판−/결말(結末)−/결판(決判)−/광(光)−/구경−/구역(嘔逆)−/굴축−/궐(闕)−/귀−/규각(圭角)−/금−≒값−/기갈(飢渴)−/기억(記憶)−/길−/끝장−/난봉−/난봉(難捧)−/날−/낯−≒생색−/냄새−/너덜−/

네모-/노망(老妄)-/녹(綠)-≒녹슬다/단물-/달창-/덧-/독(毒)-/독살(毒煞)-/독별(獨別)-/동-/드레-/땀-/맛깔-≒맛깔스럽다/맛-/멱-/면(面)-/모-/몸서리-/무면(無麵)-/미립-/바다-/바람-/방-/방(榜)-≒탁방(坼榜)-/별(別)-/별쭝-/병(病)-/부도(不渡)-/불-/불볕-/불티-/뻔질-/뽀록-/뽕-/뺑-/살인(殺人)-/살판-/새수-/샘-/생각-/생혼(生魂)-/선(禪)-/성-/성미(性味)-/성질(性質)-/세-1/세-2≒천세(千歲)-/세모-/셈-/소문(所聞)-/소수-/손해(損害)-/쇠-/쌍심(雙心)지-≒쌍심지서다/애-/야단(惹端)-/약비-/얄-/엄발-/열(熱)-/요절(撓折)-/욕심(欲心)-/욕지기-≒구역-/위각(違角)-/위착(違錯)-/유별(有別)-/윤(潤)-/의심(疑心)-/이름-/자드락-〈짜드락-(센)/자별(自別)-≒자별(自別)하다/작살-/재미-/저름-/정분(情分)-/조각-/주살-≒뻔질-/줄-/중(中)뿔-/진력(盡力)-/철-/초상(初喪)-/축(縮)-/출말(出末)-/출중(出衆)-/충(蟲)-/층(層)-/탐(貪)-/특별(特別)-/틈-/티격-/판-/패(霸)-/피-/피새(-해-/헛김-/혼(魂)-/혼바람-/혼(魂)쭐-/화(火)-≒골-≒뿔-/흠(欠)-≒흠(欠)가다/흠축(欠縮)-.

〈유의해야 할 낱말들〉

결판나다[決判-]통 옳고 그름/이기고 짐의 최후 결정이 나다.

결딴나다통 ①어떤 일/물건 따위가 아주 망가져서 도무지 손을 쓸 수 없는 상태가 되다. ②살림이 망하여 거덜 나다.

넘나다통 ①하는 짓/말이 분수에 넘치다. ②넘어서 지나다니다.

단물나다통 옷 따위가 낡아 물이 빠지고 바탕이 해지게 되다.

덧드러나다통 숨겨 속인 일이 남에게 알려지다.

드레나다통 바퀴/나사못 따위가 헐거워져서 흔들거리다.

뚝별나다형 아무 일에나 불뚝불뚝 화를 내는 별난 성질이 있다.

미립나다통 경험을 통하여 묘한 이치나 요령이 생기다.

뻔찔나다〉**뻔질나다**〉**번질나다**형 드나드는 것이 매우 잦다.

새수나다통 ①갑자기 좋은 수가 생기다. ②뜻밖에 재물이 생기다.

세나다통 물건 따위가 찾는 사람이 많아서 잘 팔리다.

소수나다통 땅의 농산물 소출이 늘다.

자별나다[自別-]형 ≒**자별하다**(본디부터 남다르고 특별하다).

주살나다형 ≒**뻔질나다**(드나드는 것이 매우 잦다).

천세나다[千歲-]통 ①사물이 잘 쓰여 귀하여지다. ②물건이 잘 쓰여서 찾는 사람이 매우 많아지다.

티격나다통 서로 뜻이 맞지 아니하여 사이가 벌어지다.

피새나다통 숨기던 일이 뜻밖에 발각되다.

게염나다통 부러운 마음으로 샘을 내어 탐내는 마음이 생기다.

약비나다통 정도가 너무 지나쳐서 진저리가 날 만큼 싫증이 나다.

엄발나다통 행동/태도가 남들과 다르게 제 마음대로 빗나가다.

치어나다형 똑똑하고 뛰어나다.

먹어나다통 자꾸 먹어서 습관이 되다.

따로나다통 가족의 일부가 딴살림을 차려 나가다.

◆**나라돈**을 아껴야지. **나라빚**이 얼마인데: **나랏돈, 나랏빚**의 잘못.

　[유사] 나랏무당/나랏밥/나랏일: 모두 사이시옷 들어감.

　[주의] '나랏님'은 '나라님'의 잘못. '나라+님'(접사)은 합성어가 아닌, 접사가 붙는 파생어. 파생어에는 사이시옷을 받치지 못함. 이와 같은 것으로는 '햇님(×)/해님(○), 예숫님(×)/예수님(○)' 등도 있음.

◆'-습니다'를 '-읍니다'로 쓸 만큼 **나랏말**도 제대로 못 하던 **나랏님**이 한 분 있었지: **나라말**, **나라님**의 잘못.
  [설명] '나라말'의 발음은 {나라말}이므로 사이시옷 불필요. 이와 같이 발음이 {나랏-}이 아닌 {나라-}
  이어서 사이시옷을 받치지 않는 '나라-'의 복합어: 나라님/나라꽃≒국화(國花)/나라말≒국어(國語)/
  나라굿/나라글자≒국자(國字).

◆♣'~나마나하다'(x)와 '~나 마나 하다'의 띄어쓰기
  [예제] 국수는 **먹으나마나 하다**: **먹으나 마나 하다**의 잘못.
      하나마나한 인사를 차리려 들었다: **하나 마나 한**의 잘못.
  [비교] 그가 **떠나자 마자** 비가 왔다: **떠나자마자**의 잘못. ⇐'~자마자'는 어미.
  [주의] **자나깨나** 불조심. **앉으나서나** 당신 생각: **자나 깨나**, **앉으나 서나**의 잘못.
  [설명] ①'하나마나하다'(x)에서의 '하나 마나'는 동사 '하다'와 '말다'의 어간에 어미 '-나'가 결합한 뒤에
  이어진 구성임. 따라서 한 낱말이 아니라 세 개의 동사로 이루어진 말이므로 '하나 마나 하다'로 띄어
  적음. 따라서, '보나마나하다/하나마나하다/먹으나마나하다/가나마나하다/들으나마나하다/주나마나
  하다'처럼 붙여 적는 것은 모두 잘못이며 '보나 마나 하다; 하나 마나 하다; 먹으나 마나 하다; 가나
  마나 하다; 들으나 마나 하다; 주나 마나 하다'로 띄어 적어야 함. ②일부 책자에서는 이 말들을 한
  낱말로 처리하기도 하나, 그것은 '-나마나'를 어미로 보고 '하다'를 보조용언 처리할 경우에나 가능한
  데, 《표준》에 따르면 '-나마나'는 어미가 아님. ③'자나 깨나/앉으나 서나'는 관용구이기도 하지만, 글
  자 그대로의 뜻밖에 없으므로 복합어가 아님. 단, '오나가나'는 복합부사.
  [주의] '~자마자'는 어미임: 떠나자마자, 먹자마자, 오자마자.

◆누가 남의 **귀동이**를 **나무래**?: **귀둥이**, **나무라**의 잘못. ←**나무라다**[원]
  [유사] ①**바랠** 걸 바래야지: '**바랄** 걸 바**라**야지'의 잘못. ②'귀둥이'는 '쌍둥이' 항목 참조.

◆희망의 **나래**를 활짝 펴고: 맞음.
  [설명] 예전에는 '나래'가 '날개'의 잘못이었으나, 문학적 표현으로 인정. [2011년]

◆**나래치는** 가슴이 서러워: **나래[날개] 치는**의 잘못.
  [설명] ①'나래치다[날개치다]'는 없는 말. ②나래를 펴다≒날개를 펴다.

◆제 간에는 **나름** 한다고 한 일: **제**(혹은 **그**) **나름**의 잘못. ⇐'나름'은 의존명사.
  나름껏 한다고 한 일인데: 잘못. 없는 말. ⇐'나름'은 의존명사. 설명 참조.
  그 **나름대로** 괜찮은 방법이군: 맞음.
  [비교] **깐에는** 한다고 한 일인데: 맞음. ⇐'깐'은 명사. 뜻풀이 참조.
      딴에는 잘한다고 한 일인데: **제[내] 딴에는**의 잘못. ⇐'딴'은 의존명사.
      딴에는(딴엔) 맞는 말이다: **딴은**(閉)의 잘못. 부사로 '과연/하기는'의 의미.
      딴에는 그도 그럴 듯하군: **딴은**(閉), **그럴듯하군**의 잘못. ⇐**그럴듯하다**[원]
  [설명] ①'나름'은 의존명사이기 때문에 홀로 쓰이지 못하며, 반드시 관형어 아래에 기대어 쓰임. ¶책도
  책 나름; 열심히 하기 나름이다; 제 할 나름이지; 내 나름대로 했다; 자기 나름의 세상을 살기 마련.
  ②'나름껏'은 그 앞에 관형어가 없으므로 잘못일 뿐만 아니라, '-껏'은 '그것이 닿는 데까지/그때까지
  내내'의 뜻을 더하는 접미사지만 '나름'에 붙은 '나름껏'은 사전에 없는 말. ③이와 유사한 것으로는
  '깐'과 '딴'이 있는데, 주의할 것은 **'깐'은 명사**이고 **'딴'은 의존명사**.

[활용] ①'딴에는≒딴(의존명사)+에는(조사)'. 반드시 '딴' 앞에 꾸밈말이 와야 함. ¶제 딴에는 한다고 한 일인데. ②그러나, '딴은'은 **전성 부사**. '딴에는'만을 '딴은'의 대용어로 쓸 수 없을 뿐만 아니라, 쓸 경우에는 반드시 '딴' 앞에 꾸밈말이 와야 함. (위의 경우에는 '제'). ③그럴듯하다≒그럴싸하다. 모두 한 낱말.

[참고] **전성(轉成)≒품사전성(品詞轉成)**: 어미/접사/전성형 등이 작용하여 어떤 품사가 다른 품사로 바뀌는 일. 예를 들어 동사 '울다'가 명사 '울음'으로 바뀌거나, 형용사 '예쁘다'가 '예뻐지다/예뻐하다'의 동사로 바뀌는 따위. '딴은'의 경우에는 의존명사 '딴'에 보조사 '은'이 결합하여 '딴은'이라는 부사로 전성된 것이므로 의존명사 '딴'의 기능과 무관하게 그 앞에 꾸밈말이 없이도 사용할 수 있는 것임.

딴[의] 자기 나름대로의 생각/기준. ¶내 딴엔 최선을 다한 일이다; 제 딴에는 잘하는 일이라고 여기고 한 일이었지만.

깐[명] ①일의 형편 따위를 속으로 헤아려 보는 생각/가늠. ¶어린 깐에도 보통 때와는 다른 것을 알고 목소리를 낮춘다; 미안한 깐에 사과를 안 할 수가 없었다. ②(주로 '깐으로(는)' 꼴로 쓰여) '-한 것 치고는'의 뜻으로, 당연히 그러할 것으로 짐작했던 것과 사실이 다름을 나타내는 말. ¶이부자리는 아주 폭신했지만, 고단한 깐으론 쉬 잠이 올 것 같지가 않았다.

◆**'나만 못하다'**와 **'나만 못 하다'**의 구별

[예제] 그는 나만 **못 한** 사람인데 출세는 빨랐지: **못한**의 잘못. ←**못하다**[원]

　　　 나만 그걸 **못하고** 다른 이들은 다 했어: **못 하고**의 잘못. ⇐'못'은 부사.

[설명] 나만 못하다≒나보다 못하다(비교 대상에 미치지 아니하다).

　　　 나만 못 하다≒나 혼자만 못 하고, 다른 이들은 하다. ☞**'못하다'의 띄어쓰기 (1)** 및 **(2)** 항목 참조.

못하다[동] 어떤 일을 일정한 수준에 못 미치게 하거나, 그 일을 할 능력이 없다. [형] ①비교 대상에 미치지 아니하다. ②아무리 적게 잡아도.

◆그게 **나몰라라할/나몰라라 할** 일이냐: **나 몰라라 할**의 잘못.

[설명] '나 몰라라 하다'는 한 낱말이 아닌 관용구로, '어떤 일에 무관심한 태도로 상관하지도 아니하고 간섭하지도 아니하다'를 뜻함. 이와 비슷하게 띄어쓰기에서 주의해야 할 관용구로는 '너 나 할 것 없이'(누구를 가릴 것 없이 모두), '너니 내니 하다'(서로 책임을 안 지려고 하다) 등도 있음. 한 낱말이 아닌 구이므로, 띄어쓰기 원칙에 따라 각 낱말(어절)을 띄어 적어야 함.

◆그렇게 **나무래지** 말고 좀 다독이게나: **나무라지**의 잘못. ←**나무라다**[원]

나무랠 일이 따로 있지 그런 걸 **나무래면** 어떡하나: **나무랄**, **나무라면**의 잘못.

◆대패질이 끝나면 **나무지저귀**를 깨끗이 치우도록: **지저깨비**의 잘못. 북한어.

지저깨비[명] ①나무를 깎거나 다듬을 때에 생기는 잔조각. ②떨어져 나오는 부스러기나 잔조각.

◆**나뭇잎새** 사이로 햇살이 비치니: **나무 잎새**의 잘못.

나뭇잎새로 햇살이 비치니: **나뭇잎 새(사이)로**의 잘못.

[참고] ①'잎새'는 비표준어였으나, '나무의 잎사귀'를 뜻하는 문학적 용어로 인정되었음[2015.12]. ②'새'는 사이의 준말.

◆**'나뭇통', '아랫층'**: **나무통**, **아래층**의 잘못.

[설명] '통/층'에서 이미 격음화되었으므로, 사이시옷 불필요.

[유사] '아래쪽/위쪽/뒤쪽'의 경우도 같은 이유로 사이시옷 사용 불가.

◆**말도 안 되는 소리**들로 **나발/나팔** 불고 있네: 둘 다 쓸 수 있음.

국악에서 제일 큰 소리가 나는 건 닐리리 해대는 **나팔**이야: **나발**의 잘못.

술을 **병나팔** 불었으니 인사불성일 수밖에: **병나발**의 잘못.

손나팔로 온 동네에 **입나발** 불었군: '입나발'만 **손나발**의 잘못. 없는 말.

[참고] **입나발/입나팔** 불어댈 때 알아봤어: **손나발**의 잘못. '입나발'은 북한어.

[개정] '입나발'은 없는 말. '손나팔'은 예전에 '손나발'의 잘못이었으나, 같은 말로 인정됨. [국립국어원. 2014]

[설명] ①본래 '나발(을) 불다'였으나 언중의 관행을 인용하여 '나발/나팔' 모두 표준어로 채택. ②'나팔' 은 서양의 금속 악기. 국악기는 '나발'. 따라서 '병나발'.

나팔(을) 불다≒나발(을) 불다판 (속되게) 당치 않은 말을 함부로 하다.

나발명 옛 관악기의 하나. 놋쇠로 긴 대롱같이 만들며, 위는 가늘고 끝은 퍼진 모양. '태평소와는 다름.

입나팔[-喇叭]명 '손나발'의 북한어. '입나발'은 없는 말.

◆**나부대지** 말고 얌전히 좀 있어라: 맞음.

[참고] **나대지** 말고 얌전히 좀 있거라: 맞음.

[설명] '나부대다'는 '얌전히 있지 못하고 철없이 촐랑거리다'의 뜻이며, '나대다'와 바꾸어 쓸 수 있는 말.

나부대다통 얌전히 있지 못하고 철없이 촐랑거리다. [유]까불다/나대다.

나대다통 ①깝신거리고 나다니다. ②≒나부대다.

◆영감 **나부랑이**와 붙어 지내며 돈/옷 따위의 단물이나 밝히고: **나부랭이**의 잘못.

[설명] '너부렁이'도 표준어. 'ㅣ' 모음 역행동화를 허용해도 '나부-'의 의미 손상 없음. '나부'는 '나풀'의 전 와음(轉訛音) 표기. ☞'ㅣ' 모음 역행동화 항목 참조.

◆그깟 종이 **나부랑이/나부라기** 갖고 뭘 그리 쨔쨔하게 구냐?: **나부랭이**, **쩨쩨하게**의 잘못.

[설명] '나부라기'도 틀린 말은 아니지만, 표준어 사정에서 '나부랭이'가 '나부라기'보다 더 많이 쓰이기 때 문에 표준어에서 제외되었음. 즉, 어원적으로는 '나풀+아기〉나부라기'이기 때문에 잘못된 표현은 아 니며, 표준어 사정에서 선택 받지 못한 것일 뿐임.

[암기도우미] 마음이 좁은 사람은 '쨔쨔'보다 더 좁은 '쩨쩨'다.

◆이 강의 **나비**는 50미터쯤 된다: **너비**의 잘못.

[비교] 그 옷감은 **너비**가 좁아 치마 한 감으로는 모자란다: **나비**의 잘못.

너비명 평면이나 넓은 물체의 가로로 건너지른 거리.

나비명 피륙/종이 따위의 너비. ¶**가로나비≒횡폭[橫幅]**. ☜'가로너비/가로넓이'는 모두 잘못.

[설명] '나비'는 피륙/종이 따위의 너비에만 쓸 수 있는 말. ¶꺼내온 상답 피륙은 길이가 아홉 자, 나비가 넉 자나 되었다.

◆병이 **나아가고** 있다니 다행이다: **나아 가고**(원칙)의 잘못. [←낫다(아)+가다]

[설명] '나아가다(≒전진)는 한 낱말. 그러나, 예문의 '가다'는 보조용언으로서 붙여 쓸 수도 있는 경우임(허용). ☜ [참고] 한글맞춤법 49항에 따르면 붙여쓰기가 허용되는데, 《표준》에서는 '-아 가다'를 구성으로 봄.

[참고] 보조동사로서의 '가다': 말하는 이, 또는 말하는 이가 정하는 어떤 기준점에서 멀어지면서 앞말이 뜻하는 행동/상태가 계속 진행됨을 나타내는 말.

◆한복에 **나염** 처리된 예쁜 꽃무늬: **날염(捺染)**의 잘못.

　[설명] '나염'은 '날염(捺染)'의 잘못. '날염(捺染)'은 피륙에다 무늬가 새겨진 본을 대고 풀을 섞은 물감을 발라 물을 들이는데, '捺染'을 한자사전에서는 '무늬찍기'라고 할 정도로 누르는 일이 요긴하며, 그래서 **捺**(누를 날)을 씀. 용어 설명 책자에서까지도 '나염'으로 표기된 경우들이 숱할 정도로 많이 실수하는 말. ☞[암기도우미] 도장은 눌러 찍으니까 '**날**인(捺印)'. 눌러서 물들이니까 '**날**염'!

　날염[捺染]명 피륙에 부분적으로 착색하여 무늬가 나타나게 염색하는 방법.

◆♣'**-나오다**'가 들어간 복합어 중 유의해야 할 말들: 복합어이므로 붙여 써야 하며 띄어 쓰면 잘못.

　[예제] 집에서 무작정 **뛰쳐 나온** 아이들: **뛰쳐나온**의 잘못. 한 낱말.

　　　삐죽 **삐져 나온** 철근들이 거치적거렸다: **삐져나온**의 잘못. 한 낱말.

　○'**-나오다**': 놓여나오다/되-/돌쳐-/들고-/뛰어-/뛰쳐-/몰려-/빠져-/삐져-/튀어-/풀려-/우러-/흘러-.

◆[고급] ♣'**-나(요)?**'와 '**-ㄴ가(요)?**'의 구별

　[예제] 그리 하기가 **쉽나요?**: **쉬운가요**의 잘못. 부적절한 용법.

　　　그 꽃 정말 그리 **예쁘나요?**: **예쁜가요**의 잘못. 부적절한 용법.

　　　문제가 그처럼 **어렵나요?**: **어려운가요**의 잘못. 부적절한 용법.

　　　그 꽃이 정말 그리 **예뻤나요?**: 맞음.

　[설명] ①물음을 나타내는 종결어미 '-나'는 주로 **동사** 어간이나 **어미** '-으시/-었/-겠' 뒤에 붙어 쓰임. 따라서, 형용사 '예쁘다/쉽다/어렵다'를 '예뻤나(요)/쉬웠나(요)/어려웠나(요)'와 같이 활용할 수는 있지만, '예쁘나(요)/쉽나(요)/어렵나(요)'(×)와 같이 직접 형용사 어간 뒤에 붙어 활용하는 것은 부적절하며 활용 어미 뒤에 붙여야 함. ②한편, '-ㄴ가'는 '이다'의 어간, 받침 없는 형용사 어간, 'ㄹ' 받침인 형용사 어간 또는 어미 '-으시' 뒤에 붙어, 현재의 사실에 대한 물음을 나타내는 종결어미로 다음과 같이 쓰임. ¶그게 정말인가(요)?; 그가 많이 아픈가(요)?; 아버님은 안녕하신가(요)?

◆더할 **나위없이** 좋은 일이야: **나위 없이**의 잘못.

　[설명] '나위(≒필요, 여지)'는 의존명사. '나위없다'는 '나위(가) 없다'의 잘못.

◆**나이들다, 나이먹다: 나이(를) 먹다, 나이(가) 들다**의 잘못. ⇐없는 말.

　[설명] '나이-'가 들어간 파생 동사는 '나이대접하다' 하나뿐임.

　[참고] 한자어로 표기된 나이: 유학(幼學)→10세; 지[우]학(志[于]學)→15세; 파과(破瓜)→女16세, 男64세; 약관(弱冠)→20세; 이립(而立)→30세; 이모지년(二毛之年)→32세; 불혹(不惑)→40세; 망오(望五)→41세; 상년(桑年)*→48세; 지천명(知天命)/애년(艾年)→50세; 육순(六旬)/이순(耳順)→60세; 환갑(還甲)/회갑(回甲)/화갑(華甲)/망칠(望七)→61세; 진갑(進甲)→62세; 미수(美壽)→66세; 칠질(七秩)*→61~70세; 칠순(七旬)/고희(古稀)→70세; 망팔(望八)→71세; 희수(喜壽)→77세; 팔순(八旬)/중수(中壽)/팔질(八耋)→80세; 망구(望九)→81세; 미수(米壽)→88세; 구순(九旬)→90세; 망백(望百)→91세; 백수(白壽)→99세; 상수(上壽)→100세.

　*흔히 쓰는 '**방년(芳年)**'은 20세 전후의 꽃다운 나이를 이름.

　*'**상년(桑年)**': '桑'의 속자인 桒을 분해하여 보면 '十' 자가 넷이고 '八' 자가 하나인 데서 나온 말.

　'**칠질(七秩)**'에서의 '**질(秩)**': 한 질(秩)은 십 년을 이름.

*미수(美壽:66세)·희수(喜壽:77세)·미수(米壽:88세)·백수(白壽:99세) 등은 일본어에서 유래한 말들임.

◆**저녁 나절, 반 나절**: **저녁나절**과 **반나절**의 잘못.
　[설명] '나절'은 의존명사이긴 하지만 다음 말들은 모두 한 낱말임. ¶반나절, 한나절, 아침나절/점심-/저녁-, 세나절, 하루나절, 나절가웃.
　나절의 ①하룻낮의 절반쯤 되는 동안. ②낮의 어느 무렵이나 동안.
　한나절명 ①≒**반나절**(하룻낮의 반). ②하룻낮 전체.

◆**나즈막한/낮으막한** 집/키, **나즉한** 목소리: 나지막한, **나직한**의 잘못.
　[유사] 느즈막하게(×)/**늦으**막하게(×)/느즈막이(×): 느**지**막하게(○)/**느지**막이(○); 넌즈시(×)/넌**지**시(○); 높즈막한(×)/높**지**막한(○). ☞'**ㅣ' 모음이 쓰여야 할 곳에 'ㅡ' 모음이 잘못 쓰인 경우** 참조.

◆인생 **나침판** 조정은 각자의 몫이지: 맞음. '**나침반**'과 복수표준어.

◆하루 아침에 **낙방거사**가 되었지 뭐야: **하루아침**, **낙방거자**의 잘못.
　[활용] '하루-'가 들어간 복합어: 하루바삐/하루속히≒하루빨리/하루건너≒하루걸러/하루아침/하루하루/하루치/하루돌이/하루살이꽃≒채송화/하루살이꾼/하루살잇과/하루장(-葬)≒일장(-葬)/하루치기/하루먹이양(-量).
　낙방거자[落榜擧子]명 ①과거에 떨어진 선비. ②어떤 일에 참여하려다가 제외된 사람. ☞'낙방거사'는 없는 말로, '낙방거자'의 잘못.
　낙방거지[落榜-]명 '낙방거자'의 놀림조 말.

◆**낙엽이 지다**: 중복이지만, 그대로 인용(認容).
　[설명] 일부 책자에서는 '나뭇잎이 지다'로 바꾸도록 하고 있으나, 널리 쓰이고 굳어진 표현이므로 그대로 인용(認容). 이러한 낱말 중복의 유사 사례로는 '회의를 품다; 결실을 맺다; 시범을 보이다' 등이 있으나, 틀린 표현으로 보지는 않음. 반면, '밖으로 표출되다'와 같은 것은 명백히 불필요한 낱말의 중복으로 봄.

◆**낙엽지면** 그댄 무슨 생각을 하나요; **낙엽지는** 오솔길을: **낙엽 지면, 낙엽 지는**의 잘못.
　[설명] '낙엽 지다'(○). '낙엽지다'(×)는 없는 말. 《표준》의 실수 사례 →빈숲: '낙엽진' 숲으로 잘못 표기. 올바른 표기는 '낙엽 진'.]

◆♣**난(欄)과 두음법칙**(표기법)
　[예제] **독자난/의견난**에 투고하다: **독자란/의견란**의 잘못.
　　　　어린이란을 따로 둔 최초의 신문: **어린이난**의 잘못.
　[설명] 고유어 뒤에서는 '난': 어린이난. 어버이난. ←고유어를 접두어로 봄.
　　　　한자어 뒤에서는 '란': 독자란. 기고란. 의견란. ☞'**두음법칙**' 항목 참조.

◆'**난(亂)'과 '난(難)'의 두음법칙**
　[예제] 그는 6.25사변 때 월남한 **피난민**이었다: **피란민**의 잘못.
　　　　태풍 피해에서 벗어나려는 **피란민**들의 북새통: **피난민**의 잘못.
　[설명] '피란(避亂)/피난(避難)'의 경우에서 보듯, 난리를 뜻하는 '난(亂)'은 두음법칙에 해당함. 즉, 홀로 쓰일 때는 '난(亂)'이지만, 한자어 뒤에서의 '란(亂)'은 독립된 낱말이 아닌 형태소이므로 '란'으로 표기

⇒홍경래의 난; 동란/무신란/임진란.
[주의] 그러나, 재난을 뜻하는 '난(難)'은 두음법칙과 무관하게 본래 '난'. ¶고난/수난/재난.

◆별일도 아니면서 웬 **난리법석**이냐: **난리 법석**의 잘못.
　[설명] ①'난리 법석'은 '야단법석'과 달리 합성어가 아닌 두 낱말로서 '난리(亂離. 작은 소동을 뜻하는 비유어)'와 '법석(소란스럽게 떠드는 모양. 고유어)'을 뜻함.　②'야단법석'에도 아래와 같이 한자어가 다른 두 말이 있음.
　야단법석[惹端─]囤 많은 사람이 모여들어 떠들썩하고 부산스럽게 굶.
　야단법석[野壇法席]囤 〈佛〉야외에서 크게 베푸는 설법의 자리.

◆난상토론은 **난상토론(難上討論)**이다: **난상토론(爛商討論)**의 잘못.
　[설명] '난상토론[爛商─]'의 올바른 뜻: 爛은 샅샅이/충분히. 商은 헤아림/의논. 따라서 '어지러이 격한 논쟁을 벌임'의 뜻이 아니며, 의견을 충분히 나누고 토론한다는 의미.
　난상공론[爛商公論]囤 여러 사람이 모여서 충분히 의논함. 그런 의논.

◆**난자당하기** 일쑤다: **난자 당하기**의 잘못. ⇐혹은 '난자당하기'도 가능함.
　[설명] 원칙적으로는 띄어 써야 하나, '당하다'는 명사 뒤에 붙어 '피동'의 뜻을 더하고 동사를 만드는 접미사이기도 하므로(예: 난자+당하다→난자당하다), 이 경우는 '난자당하다'의 명사형으로 인용(認容)할 수도 있음. 즉, '난자당하기'도 잘못된 것은 아님.

◆그거야말로 **난중지란**이로군: **난중지난(難中之難)**의 잘못.
　[설명] '난중지란'은 없는 말인 '난중지란(卵中之亂)'의 착각으로 '자중지란(自中之亂)' 등에서 잘못 유추한 것임. 難은 본음이 '난'으로 두음법칙과 무관함: (예) 피난(避難), 피란(避亂)
　자중지란[自中之亂]囤 같은 편끼리 하는 싸움.
　난중지난[難中之難]囤 어려운 일 가운데서도 가장 어려움.

◆좁쌀을 **낫알**로 일일이 세느라고: **낟알**의 잘못.
　탈곡을 하지 않고 **낫알** 그대로: **낟알**의 잘못.
　[설명] **낟알**: 껍질을 벗기지 않은 곡식의 알맹이. (낟: 곡식의 알).
　　　낱알: 하나하나 따로따로인 알. (낱: 셀 수 있는 물건의 하나하나).

◆♣'─날'의 띄어쓰기
　[예제] 그래 이삿**날**은 정했니?: **이사 날**의 잘못. ⇐두 낱말. [참고]'이사 철'(O).
　　　소풍 **날**은 정해졌고?: **소풍날**의 잘못. ⇐합성어. 한 낱말.
　　　다음 **날** 보기로 했어: **다음날**의 잘못. ⇐한 낱말.
　　　한여름철 긴긴 **날**엔 무료하기 마련: **긴긴날**의 잘못. ⇐한 낱말.
　[설명] '─날'이 붙은 말 중에는 '혼인날/잔칫날/제삿날/생일날/환갑날/소풍날/단옷날≒단오/봉급날/월급날; 봄날/가을날/겨울날/여름날' 등과 같이 익은 말들도 있지만, '다음날/일깬날/궂은날/긴긴날/마른날/무싯날(無市─)' 등은 주의해야 할 합성어들임. 특히, 흔히 쓰는 '이삿날'은 합성어가 아니므로 '이사 날'로 띄어 적음.
　다음날囤 정하여지지 아니한 미래의 어떤 날. ☞[주의] 오늘의 다음인 '내일'의 뜻으로는 '다음 날'.
　일깬날囤 잠을 일찍 깬 날.

굿은날웹 재난이나 부정이 있다고 믿어 꺼리는 날.
긴긴날웹 ①길고 긴 날. ②낮이 밤보다 썩 긴 여름날.
마른날웹 비나 눈이 내리지 않는 갠 날.
무싯날[無市-]웹 정기적으로 장이 서는 곳에서, 장이 서지 않는 날.

◆**날개돈힌** 듯 팔리는 물건: **날개 돈친**의 잘못.
  [설명] ①'히'는 피동을 뜻하는 접미사. '치'는 강조의 뜻을 더하는 접미사. 여기서는 밖으로 내뻗는 것(내뻗치다). '돋다'는 자동사이므로 피동형을 만들 이유가 없기 때문에 '돋히다'는 잘못. ¶뿔/가시가 돋아 뻗치다≒돋치다. ②'날개돋[치]다'는 없는 말. '날개 돋[치]다'로 적음.

◆내 **날개쭉지**가 가렵다고 하면 웃으려나: **날갯죽지**의 잘못.

◆세상에 **날고 뛰는** 재주가 있다 해도 그건 못해: **날고뛰는**의 잘못. 복합어.
  안 되면 **날고기어서라도** 가야지 뭐: **날고 기어서라도**의 잘못.
  [설명] '날고뛰다'는 글자 그대로의 뜻이 아니라, '(비유적으로) 갖은 재주를 다 부리다. 또는 비상한 재주를 지니다.'를 뜻하는 복합어. 반면, '날고기다'는 '날고 기다'의 잘못. 복합어로 삼으면, 날면서 긴다는 뜻이 되어 의미상으로도 이상하게 되는 말임.

◆그런 **날나리** 인생 집어치워: **날라리**의 잘못.
  이거야 원. **날나리판** 아닌가: **날라리판**의 잘못.
  [설명] '알나리/알나리깔나리'(○)와는 다름. 의미소와 무관하므로 발음대로 표기.
  알나리웹 어리고 키가 작은 사람이 벼슬한 경우의 놀림조 말.

◆**날더러** 빨리 오라며: **나더러**의 잘못.
  날 좀 보소: 맞음.
  [설명] ①'날'은 '나를'의 구어체 준말이고 '더러'는 격조사. '날더러'는 '나를+더러'로 분석되는 바, '를' 역시 목적격조사이므로, '날'은 잘못. 그러나, '날 좀 보소'의 경우는 '나를 좀 보소'로 풀 때, 말이 됨. ②《표준》에는 이 '날'이 '나를'의 구어체 준말이라는 풀이가 없음. 표제어에서 누락.

◆**날라리**를 부는 사람을 낮잡아 **날라리쟁이**라고들 하지: 맞음.
  [설명] 일부 책자에서는 '날라리'를 '태평소'의 잘못으로 잘못 규정하고 있으나, '날라리'는 '태평소'의 다른 이름이며 올바른 표현임.
  날라리1웹 ①언행이 어설프고 들떠서 미덥지 못한 사람을 낮잡는 말. ②아무렇게나 날림으로 하는 일. ③'기둥서방'의 낮잡음 말.
  날라리2웹 ①≒찌날라리(낚시찌의 찌꼬리에 달린 찌고무 꽂이). ②'태평소'를 달리 이르는 말.

◆글자를 **날려쓰지** 말고 제대로 좀 써라: **갈겨쓰지**의 잘못. ←**갈겨쓰다**[원]
  날려쓰다동 '갈겨쓰다'의 잘못. 없는 말.

◆[중요] 짐을 **날르라고** 했지, 너보고 짐 대신 창밖으로 **날라고는** 안 했는데: **나르라고**, **날라고는**의 잘못. ←각각, **나르다**[원], **날다**[원]
  [설명] ①'짐을 나르다'에서의 '나르다'는 '날라/나르니'로 활용하고, '날다(飛)'는 '날아/나니/날아서'로 활

용. ②'나르다'를 '날르다'로 잘못 사용하는 것과 같이 특별한 이유 없이 흔히 'ㄹ'을 덧대어 잘못 쓰는 낱말들로는 다음과 같은 것들이 있음(/의 앞이 잘못된 말들임). 〈예〉굴르다(×)/구르다(○); 눌르다/누르다; 둘르다/두르다; 모잘르다/모자라다; 문질르다/문지르다; 빨르다/빠르다; 별르다/벼르다; 서둘르다/서두르다; 약발르다/약바르다; 일르다/이르다; 저질르다/저지르다; 졸르다/조르다; 추슬리다/추스리다. ☞**특별한 이유 없이 'ㄹ'을 덧대어 잘못 쓰는 말들** 항목 참조.

◆기계 수리에는 완전히 **날무지**가 저걸 고친다고?: **생무지**의 잘못.
   날꾼/날로배기/날무지/생내기[生-]圀 '생무지(어떤 일에 익숙하지 못하고 서투른 사람)'의 잘못.

◆**날바람둥이** 같으니라고, 그리 쏘다니기나 하고: **날파람둥이/~쟁이**의 잘못.
   날파람둥이/~쟁이圀 주책없이 싸다니는 사람.

◆비에 젖은 옷을 걸친 여인의 등짝에서 **날비린내**가 났다: 없는 말.
   [설명] '비린내'는 '피비린내/물비린내/젖비린내≒젖내/갯비린내' 등에서처럼 가공하지 않은 무엇에서 나는 역겹고 매스꺼운 냄새를 뜻하며, '날비린내'는 없는 말. '비린내' 자체가 가공하지 않은 날것에서 나는 냄새이므로 '날비린내'는 불필요한 중복 표현. 위의 경우에는 '비릿한 냄새'와 같은 다른 표현을 생각했어야 함.
   비린내圀 날콩/물고기/동물의 피 따위에서 나는 역겹고 매스꺼운 냄새.

◆슈퍼맨은 '**날으는**' 것인가, '**나는**' 것인가?: **나는** 것이 옳음.
   [참고] 슈퍼맨이 **날으면** 사건이 해결된다: **날면**의 잘못.
   [설명] 어간의 끝소리 'ㄹ'이 '-ㄴ/-ㅂ니다/-오/-시-' 앞에서 탈락하는 현상을 'ㄹ' 불규칙활용이라고 함. '날다' 역시 'ㄹ'을 받침으로 가진 용언이므로 '날다/날고/날지/날면'에서는 'ㄹ'을 유지한 형태로 적고, '나니/납니다/나오/나시오'에서는 'ㄹ'을 탈락한 형태로 씀. 그러므로 '하늘을 <u>날으는</u> 슈퍼맨'은 '하늘을 <u>나는</u> 슈퍼맨'으로 고쳐야 올바른 표현. 이것을 같은 'ㄹ' 불규칙활용 용언인 '(무게를) 달다'에 적용시켜 보면, '(무게를) 달고/다니/다는'으로 활용되기 때문에 '(무게를) 달으니(×)/달으는(×)'는 성립되지 않는다는 걸 쉽게 알 수 있음.

◆여인은 **날이면날마다** 사내를 들볶아댔다: **날이면 날마다**의 잘못. ⇐관용구.
   날이면 날마다袺 매일매일의 모든 날에.

◆이가 빠진 **낡은 그릇들이**: **헌 그릇들이** 더 잘 어울림.
   늙은 것도 서러울 터인데, **낡은이**라면 심한 말 아닌가: 맞음.
   [설명] 식기는 오래 돼도 늘 닦아 쓰기 때문에 너절하다(허름하고 지저분하다)고 할 수 없으므로, '낡은' 그릇보다는 '헌' 그릇이 좀 더 적절한 표현임. ¶낡은 책상; 낡은 집; 낡은 옷.
   헐다휑물건이 오래되거나 많이 써서 낡아지다. ¶헌 천막/옷; 찢어진 헌 우산.
   낡다휑①물건 따위가 오래되어 헐고 너절하다. ¶낡아 빠진 북 하나; 낡은 차. ②생각/제도/문물 따위가 시대에 뒤떨어져 새롭지 못하다.
   낡은이圀 늙은이(나이가 많아 중년이 지난 사람)를 낮잡는 말.

◆남 몰래 흘리는 눈물: **남몰래**의 잘못. 한 낱말.
   [설명] '남+몰래≒남몰래≒몰래'이므로, 띄어 쓸 필요가 없어짐.

◆우리도 **남보란듯이** 살아보자구: **남 보란 듯이**(혹은 '**여봐란듯이**'), **살아보자고**의 잘못.
  [설명] ①'보란듯이'(×) →보란 듯이(○). 관용구임. ¶나 보란 듯이(○); 너 보란 듯이(○). ②'여보란듯이'도
    잘못. 없는 말. ⇐'여(汝) 보란 듯이'로 추정되는 말.
  [활용] **여봐란듯이**[뷔] 우쭐대고 자랑하듯이. **떡하니**[뷔] 보란 듯이 의젓하거나 여유가 있게. ⇐모두 한 낱말.

◆이거 원. **남사스러워서**: 맞음.
  [설명] '남사스럽다'는 2011년 '남세[남우세]스럽다'의 복수표준어로 인정되었음. 단, 명사로서의 '남사'는
    '남세[남우세]'와 동의어가 아니며, 비표준어임(방언).

◆**남아 도는** 음식이니 나눠 먹지: **남아도는**의 잘못. ←**남아돌다**[원]. 한 낱말.
  남아 돌아가는 음식을 썩히지 마라: **남아돌아가는**의 잘못 ←**남아돌아가다**[원]
  남아돌다[통] 아주 넉넉하여 나머지가 많이 있게 되다. [유]남아돌아가다/썩다.

◆**남의집 살이**를 하니까 옷차림이 허출할 밖에: **남의집살이**, **허줄**의 잘못. ←**허줄하다**[원]
  남의집살이[명] 남의 집안일을 하여 주며 그 집에 붙어사는 일. 또는 그런 사람.
  허출하다[형] 허기가 지고 출출하다.
  허줄하다[형] 차림새가 초라하다.

◆**스무 살남짓**, **한 달남짓**: 스무 살 남짓, 한 달 남짓의 잘못.
  [설명] '남짓'은 의존명사. 앞말과 띄어 적음. 이와 비슷한 의미로는 '나마'도 있음. ¶한 말[시간] 남짓 ≒
    한 말[시간] 나마. 단, '나마'는 보조사로도 쓰임. ¶그나마 있으니 다행이지.

◆♣**남편/아내에 대한 표준 호칭**
  [예제] **남편**에게 '**서방님**' 호칭을 쓰면 잘못인가?: 잘못.
  [설명] ①'서방님'은 결혼한 시동생을 이르거나 부르는 말이며, 〈표준 언어 예절〉(국립국어원, 2011)에서
    정한 남편의 표준 호칭어는 다음과 같음.
      -신혼 초: '여보'. 단, 'OO 씨' 허용. 예전에 허용하던 '여봐요'는 삭제.
      -자녀가 있는 젊은 부인: '여보' 또는 'OO 아버지/OO 아빠'. '자기'는 불가.
      -장년층/노년층: '여보'를 쓰되, '영감/OO 할아버지/OO 아버지'도 허용.
    ♣[주의] '서방님'은 남편의 높임말이기도 하므로 호칭어가 아닌 지칭어로는 쓸 수 있음. 〈예〉그대 서방
    님은 요즘도 여전히 늘 바쁘신가? 울 서방님은 오늘도 야근이시라네.
    ②아내에 대한 표준 호칭어: '여보/OO 씨/OO[자녀] 엄마/임자/OO[손주, 외손주] 할머니'.
  [참고] 현재 남편에 대한 호칭으로 일부에서 쓰이고 있는 '오빠'는 표준 화법에서 인정하지 아니하는 호
    칭이지만, 《표준》의 '오빠' 뜻풀이는 다음과 같음. 즉, 연애 시절에는 사용할 수도 있을 것으로 보이
    나, 결혼 후에는 부적절함.
  오빠[명] ①같은 부모에게서 태어난 사이이거나 일가친척 가운데 항렬이 같은 손위 남자 형제를 여동생이
    이르거나 부르는 말. ②남남끼리에서 나이 어린 여자가 손위 남자를 정답게 이르거나 부르는 말.

◆이번 여름철 **납양** 특집으로 세계의 귀신 시리즈가 어떨까: **납량(納凉)**의 잘못.
  [설명] '納凉'은 '납량'으로 쓰고 읽는 말임. 즉, '청량음료(清凉飲料)' 등에서처럼 두음법칙에 따라 어두음
    이 아닐 때는 '凉'은 '량'으로 쓰고 읽음. '염량세태(炎凉世態)'와 같은 경우도 마찬가지임.
  납량[納凉][명] 여름철에 더위를 피하여 서늘한 기운을 느낌.

납량물[納凉物]명 여름철에 무더위를 잊을 만큼 서늘한 기운을 느끼게 하는 내용을 담은 책/영화.

염량세태[炎凉世態]≒세태염량[世態炎凉]명 (비유) 세력이 있을 때는 아첨하여 따르고 세력이 없어지면 푸대접하는 세상인심.

◆맷돌에 **납짝하게** 깔린: **납작하게**의 잘못. ←**납작하다**[원]

이번엔 그 사람 코도 **납짝(넓작)해졌겠구만**: 납작해졌겠구면의 잘못.

[주의] 얼굴이 **넙적한** 사람과 **납작한** 사람: **넓적한**의 잘못. **납작한**은 맞음.

[설명] ①'넓적': 받침 'ㄴ/ㄹ/ㅁ/ㅇ' 때와는 달리, 'ㅂ' 받침 뒤에서는 소리 나는 대로의 경음 표기를 하지 않음. ②'넓적-'과 '납작-'은 어원 자체가 다른 말.

납작하다형 판판하고 얇으면서 좀 넓다.

넙적하다형 '**넓적하다**(편편하고 얇으면서 꽤 넓다)'의 잘못.

◆**낭낭한** 목소리로 차분하게 시낭송을 하더군: **낭랑한**의 잘못.

[설명] 동음반복 한자어일 때, 뒤의 한자는 두음법칙 해당되지 않음. 〈예〉희희낙락. ☞상세 내역은 ♣**두음법칙** 항목 참조.

◆조금만 더 갔더라면 **낭떨어지**와 만날 뻔했지: **낭떠러지**의 잘못.

바닷가로 내려가는 벼루길은 **낭떨어지**야: **벼룻길, 낭떠러지**의 잘못.

[설명] '낭떠러지'의 표기 이유에 대해서는 ♣**보조용언 '-(어/러)지다'와의 결합 시 소리 나는 대로 적기** 항목 참조.

벼룻길명 아래가 강가/바닷가로 통하는 벼랑길.

◆**낮으막한** 산등성이 너머로: **나지막한**의 잘못. ←**나지막하다**[원]

좀 **늦으막하게** 와도 돼: **느지막하게**의 잘못. ←**느지막하다**[원]

[설명] '나지막-'과 '느지막-'을 새로운 어근으로 인정한 것. 상세 설명은 '늘그막' 참조.

[유사] **얕으막한**(×) 언덕 →**야트막한**(○) 언덕.

◆♣'**낯-**'의 복합어들: 당연히 한 낱말로서, 붙여 씀.

[주의] 그는 심하게 **낯 가리는** 편이었다: **낯가리는**의 잘못. ⇐한 낱말.

그는 아주 심하게 **낯을 가리는** 편이었다: 맞음.

낯 모르는 사람과 그처럼 시시덕거리다니: **낯모르는**의 잘못. ⇐한 낱말.

어찌나 **낯뜨겁던지** 원: **낯 뜨겁던지**의 잘못. ⇐두 낱말.

- 낯가리다/~가림하다/~간지럽다/~나다/~내다/~모르다/~부끄럽다/~설다/~알다/~없다[≒면목(이) 없다]/~익다/~익히다/~모르다.

- 낯가림/~가죽/~놀림/~닦음/~바닥/~빛/~짝.

[주의] 일부 책자에 한 낱말로 수록된 '낯깎이다/낯두껍다/낯뜨겁다/낯붉히다'는 아직 《표준》에는 없는 말들.

낯놀림명 어떤 사실에 대하여 그르다는 뜻을 나타낼 때에 얼굴을 살살 흔드는 행동.

낯닦음명 ≒**면치레**(체면이 서도록 일부러 어떤 행동을 함).

◆**낯설은** 타향 땅에: **낯선**의 잘못. ←**낯설다**[원]

낯설은 사람들 앞에서는 낯가림이 심한 편이야, 나는: **낯선**의 잘못.

[유사] 녹슬은(×)/녹슨(○) 기찻길; 점심을 걸르니(×)/거르니(○); 재미있게 놀으니(×)/노니(○); 얼굴이 둥글 으니(×)/둥그니(○); 그거 모잘르면(×)/모자라면(○); 이름을 불르면(×)/부르면(○); 아버지께 일르면(×)/ 이르면(○); 시간이 너무 일르면(×)/이르면(○); 소리를 질르니(×)/지르니(○). ☞♣흔히 잘 틀리는 관형형 항목 참조.

◆사람을 외모만으로 함부로 **낮춰보지** 마라: **낮추보지**의 잘못. ←**낮추보다**[원]
　아무리 **낮춰잡아도** 만 원 이하로는 안돼: **낮추잡아도**의 잘못. ←**낮추잡다**[원]
　[참고] 아무리 **내려매겨도** 만 원 이상일 듯: **내리매겨도**의 잘못.
　　　　비바람이 어찌나 **내려치는지** 꼼짝할 수 없었다: **내리치는지**의 잘못.
　[설명] ①예문에서 '낮춰-'는 '낮추-'의 잘못으로 없는 말. ②참고 예문에서처럼 '내려-'가 다음 말들에서 보이는 '내리-'의 잘못인 경우도 이와 마찬가지임: '내리치다/내리깔다/내리뜨다/내리찍다/내리쬐다/내 리붓다/내리뛰다/내리까다/내리닫다/내리꿰다'(○).
　낮추보다[동] 남을 업신여기어 자기보다 낮게 보다.
　낮추잡다[동] 일정한 기준보다 낮게 잡다.

◆사람의 **낳고** 죽음은 인력으로 어찌하지 못 한다: **나고**의 잘못. ←**나다**[원]
　사람 **낳고** 돈 **낳지**, 돈 **낳고** 사람 **낳냐**?: **나고**, **났지**, **나고**, **났냐**의 잘못.
　[설명] ①'낳다'는 아래의 뜻풀이에서 보듯, '아이/자식/새끼를 낳다; 상호간 불신을 낳다; 우리나라가 낳 은 천재적인 과학자; 명주 한 필을 낳다' 등으로 쓰이는 말. 즉, 타동사. ②한편 '나다'는 아주 많은 뜻이 있는데, 위의 예문에 쓰인 '나다'는 자동사로서 '생명체가 태어나다'는 뜻으로 쓰인 말. ¶나는 서 울에서 나서 시골에서 자랐다; 그는 거기서 나서 평생 그곳에서 살았지; 그는 후처에게서 난 사람이 야. ③'났다'는 '가다'가 '가+았(과거시제 어미)+다'→'갔다'로 활용되는 것처럼, '나다'에 과거를 뜻하는 어미 '았'이 붙은 활용형.
　[참고] '사람의 나고 죽음'에서 '죽음'과 '나고'가 어법상으로는 대등한 동격 활용형인 명사형이어야 하지만 (즉, '사람의 남과 죽음'), 이럴 경우 표현이 극히 어색할 뿐만 아니라 실제 어법에서는 '먹고 감', '보고 옴' 등의 앞에 소유격을 사용하는 경우가 더 자연스럽게 통용되고 있으므로, '나고 죽음'으로 한 것.

◆여름 **내** 한 일이 겨우 이것뿐: <u>여름내</u>의 잘못. ⇐'내'는 접사.
　여름**내내** 한 일이 겨우 그것인가: <u>여름 내내</u>의 잘못. ⇐'내내'는 부사.
　[설명] '내내'는 부사. '여름내'에서 '-내'는 '그 기간의 처음부터 끝까지'를 뜻하는 접사로서 명사에 붙어 <u>부사</u>를 만듦. 그러므로 '여름 내내≒여름내'. '겨울 내내≒겨우내'. '가을 내내≒가으내'.

◆개정안의 이번 임시국회 **회기내** 처리 불투명: **회기 내**의 잘못.
　일주일내로 이 일을 마치도록: **일주일 내로**의 잘못.
　소방관의 화재 **건물내** 진입은 위험천만: **건물 내**의 잘못.
　우리 공장은 **공업단지내**에 있어: **공업단지 내**의 잘못.
　[설명] '여름내'와 같은 경우의 '-내'는 일부 명사 뒤에 붙어 <u>부사를 만드는</u> 접사지만, 예문에 쓰인 '<u>내(內)</u> <u>'</u>는 일정한 범위의 안을 뜻하는 <u>의존명사</u>. 파생명사를 만드는 접사가 아님! '내' 앞에 '회기/일주일/건 물/공업단지' 등의 꾸밈말이 있음을 생각할 것.

◆**내노라하다**: 내로라하다(○)의 잘못. ¶전 세계의 내로라하는 골퍼들이 참가한다.
　[분석] 내로라: '나+이(조사)+오(1인칭 선어말어미)+다(종결어미)'→'나+이+로+라'→'내로라'. '오+다'가 '로

+라로 바뀌는 것은 중세 국어 현상으로, '-오-'가 서술격조사 '이다' 뒤에서 '-로-'로 바뀌고, 평서형 종결어미 '-다'가 선어말어미 '-오-' 뒤에서 '라로 바뀐 것. 중세 국어 선어말어미 '-오-'의 흔적은 현대 국어에도 남아 있는데, '하노라고 한 것이 이 모양이다'에서 '-노라'가 그 좋은 예.

[참고] 종결어미 '-노라'는 오직 자기의 동작을 나타낼 때 적는 종결어미로만 씀. ¶내가 너를 기필코 응징하겠노라; 왔노라. 보았노라. 이겼노라.

◆그는 **내논** 자식이었어: **내놓은**의 잘못. ←**내놓다**[원]

그 내 돈 빨리 **내놓아/내놔**: 맞음. 둘 다 가능함.

[설명] ①'내놓다': 본말은 '내어놓다'이며, '빨갛다→빨간/빨가니' 등으로 활용하는 'ㅎ' 불규칙용언과 달리 '내놓다'는 규칙 용언. 즉, '내놓아(준말은 '내놔')/내놓으니/내놓는/내놓소'로 규칙 활용하므로 어간 '내놓-'에서 'ㅎ'이 탈락한 '내논-'은 잘못. ②'내놓다'의 어간 '내놓-' 뒤에 '-아'가 붙은 '내놓아'가 '내놔'와 같이 줄면 준 대로 적을 수 있으며(한글 맞춤법 제35항, 붙임1), 그중 이 '놓다'의 변화형 '놔'가 준 대로 적는 규정에서 가장 예외적인 표기에 속함('놓다'는 '놓아(놔)/놓으니/놓는/놓소'로 활용). '-놓다'가 쓰인 복합어들은 모두 예외 없이 이 변화를 따른다는 것을 꼭 기억할 필요가 있음. 〈예〉내려놓다/빼놓다/늘어놓다/수놓다(繡-)/까놓다/털어놓다/곱놓다/덧놓다/되놓다/들놓다/들여놓다/뒤놓다/맞놓다/먹놓다/막놓다/빗놓다/뽕놓다/펴놓다/빈놓다/뺑놓다/올려놓다/터놓다 따위.

◆이젠 내 면전에서 **내놓고** 욕을 하더군: **대놓고**가 적절.

경찰 체면에 **대놓고** 밥 좀 달라고 구걸할 수가 없었다: **내놓고**가 적절.

내놓고/대놓고 탓하는 건 좀 심한 일이다: 둘 다 쓸 수 있음.

[설명] '대놓고'는 본래 부사이며, '내놓고'는 동사 '내놓다'의 활용으로 '내놓고'의 꼴로 쓰여서 '사실/행위를 공개적으로 드러내다'의 뜻. 즉, 면전에서 거리낌 없이 함부로 대하는 경우에는 '대놓고'가 적절하고, 감추지 않고 드러내는 경우에는 '내놓고'가 적절함. 그러나 상황에 따라서는 이처럼 명확히 구분하기 어려운 경우도 있을 수 있음. 〈예〉이젠 시어미 앞에서도 내놓고(대놓고) 욕질을 하는구나.

내놓다통 '내놓고'의 꼴로, 사실/행위를 공개적으로 드러내다. ¶이제야 내놓고 하는 말인데 말야; 차마 내놓고 말할 수 없었다.

대놓고부 사람을 앞에 놓고 거리낌 없이 함부로. ¶대놓고 욕을 하다; 대놓고 험담을 하다.

◆♣'-내다'가 들어간 복합어 중 유의해야 할 말들: 복합어이므로 붙여 써야 하며 띄어 쓰면 잘못.

[예제] 내게도 **한턱 낼** 기회 좀 주시게: **한턱낼**의 잘못. ←**한턱내다**[원]

혼쭐 내려고 벼르고 있던 중: **혼쭐내려고**의 잘못. ←**혼쭐내다**[원]

근원을 **들어 내야** 해: 명청이를 **돌려 내야**: **들어내야**. **돌려내야**의 잘못

막아내다/이겨내다/참아내다: **막아 내다/이겨 내다/참아 내다**의 잘못[원칙]

[설명] ①'들어내다, 돌려내다'는 1낱말의 복합어(합성어)이고, '막아 내다, 이겨 내다, 참아 내다'는 본동사와 보조 동사 구성으로서 두 개의 단어. 복합어는 글자 그대로의 의미가 아니어서, '들어내다(물건을 들어서 밖으로 옮기다. 사람을 있는 자리에서 쫓아내다)'와 '돌려내다(남을 그럴듯한 말로 꾀어 있는 곳에서 빼돌려 내다. 한 패에 넣지 않고 따돌리다)'와 같은 것이 그러한 예. ②'-내다'가 들어간 복합어들은 아래와 같이 여러 가지로, 그 숫자가 적지 않으므로 주의. ③[참고] '막아 내다, 이겨 내다, 참아 내다'의 경우, 원칙적으로는 띄어 써야 하지만, 어미 '-아/-어' 활용 뒤에서는 예외적으로 붙여쓰기가 허용되어 '막아내다/이겨내다/참아내다'로 적을 수 있으므로 실익은 없음.

(1)용언 활용형 혹은 어근 + '내다'

○가려내다/갈라−/골라−/구슬려−/그러−/긁어−/꺼−/꾀어−/끄집어−/끌어−/나타−/낚아−/놀려−/달아−/담아−/덧드러−/도려−/돌라−/돌려−/뒤져−/드러−/들그서−/들부셔−/들어−/들춰−늑들추어−/따−/따로−/때려−/떠−/떨어−/뚜드려−/뜯어−/몰아−/무라−늑무르와−/물어−/밀어−/발라−/밝혀−/불러−/빗어−/빨아−/빼−/뽑아−/뿜어−/써−/알아−/얽어−/옮아−/우려−/잡아−/제겨−/지어−/집어−/짜−/쩌−/쫓아−/찾아−/쳐−/처−/캐−/켜−/타−/파−/퍼−/펴−/풀어−/해−/후려−.

(2)명사 또는 한자 명사의 어근 + '내다'

○감내다/감질−/겁−/게염−/게정−/겨냥−/결−/결딴−/결말−/결판−/골−늑화−/광[光]−/궐[闕]−/귀양−/끝장−/낯−늑생색−/내−/덧−/뒤−/면−1/면[面]−2/모−/모양−/바닥−/바람−/방−/병−/부도−/불−/빗−/빛−/뽐−/뿔−/살인−/샘−/선[禪]−/성−/성질−/세[貰]−/소문−/속−/요절−/욕심−/윤[潤]−/일−/작살−/조각−/주[註]−/진력−/체[滯]−/축−/탁방−/탐−/퇴−/틈−/파임−/한턱−/혼꾸멍−늑혼−/혼쭐−/흠[欠]−/힘−.

◆[중요] 이 사회에 첫발을 **내딛으려** 합니다: **내디디려**의 잘못. ←**내디디다**[원]
　　첫걸음을 **내딛었다**: **내디뎠다**의 잘못. ←**내디디다**[원]
　[설명] ①'내딛다'는 '내디디다'의 준말. 준말 꼴은 활용형 연결에서 모음 어미와는 연결할 수 없고, 원말 꼴만 가능함. 〈예〉내디디었다늑내디뎠다/디디려/디디어서늑디뎌서; 딛을방아(×)/디딜방아(○). ②그러나, 자음 활용형 어미와는 결합 가능함: 내딛고/내딛는/내딛지. ☞♣**준말 용언의 활용형 연결** 항목 참조.
　[유사] 갖다/가지다→가져(○)/갖어(×); 가지려(○)/갖으려(×).
　　　　머물다/머무르다→머물러(○)/머물어(×); 머무르려고(○)/머물으려고(×).
　　　　서툴다/서투르다→서툴러(○)/서툴어(×); 서투르니(○)/서툴으니(×).
　　　　헛딛다/헛디디다→헛디뎠다(○)/헛딛었다(×); 헛디뎌서(○)/헛딛어서(×). ☜[참고] '헛딛다'는 어법상 '헛디디다'의 자연스러운 준말임에도(예: 내디디다늑내딛다) ≪표준≫의 표제어에 등재되지 못하다가 2021년 1분기에야 등재되었음.

◆**내땅 네땅/늬땅** 하지 말고: **내 땅 네 땅**의 잘못.
　[설명] '늬': 비표준어. 표준어에는 '늬'가 없음.

◆눈을 그리 **내리떠보면** 어쩌자는 거냐?: **내립떠보면**의 잘못. ←**내립떠보다**[원]
　　눈을 그리 **내립뜨지** 말고 위를 좀 봐라: **내리뜨지**의 잘못. ←**내리뜨다**[원]
　[설명] '내립떠보다'는 아래로 노려보는 뜻이 더해지고, '내리뜨다'는 단순히 눈을 아래쪽으로 뜨는 것.
　내립떠보다통 눈길을 아래로 뜨고 노려보다.
　내리뜨다통 눈을 아래쪽으로 뜨다.

◆**속살을 훤히 내비추는** 그런 옷을 걸치다니: **속살이 훤히 내비치는**의 잘못.
　　그는 출마 의사를 **내비추었다**: **내비치었다(내비쳤다)**의 잘못.
　[설명] '내비추다'는 일견 '내비치다'의 사동사일 듯하나, 없는 말. '의향/생각 따위를 드러내다'의 의미로도 '내비치다'를 씀. 그러나, '비치다/비추다'는 각각 자동사와 타동사.

◆새봄의 **내음**이 온 천지에 가득하다: 맞음.
　[설명] 예전에는 '내음'이 '냄새'의 잘못이었으나, 복수표준어로 인정. 단, '내음'은 향기롭거나 나쁘지 않은 냄새로만 뜻이 제한됨.

◆**하루내지** 이틀이면 충분히 갈 수 있어: **하루 내지**의 잘못. ←'내지'는 부사.

타살 **내지는** 피살이지 뭐: 맞음. ⇐'는'은 부사에 붙은 강조의 보조사.

◆**내쳐** 하는 김에 다 해치우지 뭐: **내처**의 잘못.

  [설명] 예문에서의 '내처'는 '어떤 일 끝에 더 나아가'를 뜻하는 부사로, 동사 '내치다'의 활용과는 무관하며, 활용인 경우에는 '내치+어→내쳐'가 됨.

  내처≒**내처서**[부] ①어떤 일 끝에 더 나아가. ②줄곧 한결같이.

  내치다[통] ①손에 든 것을 뿌리치거나 던지다. ②강제로 밖으로 내쫓다.

◆**낸들** 알아. 말 안 하는데: **난들**의 잘못.

  당사자가 장가들기 싫다는데 **낸들** 어쩌라고: **난들**의 잘못.

  [설명] ①'-ㄴ들/-인들'은 '-라고 할지라도'의 뜻을 나타내는 보조사로, 받침 없는 체언 뒤에는 '-ㄴ들'이, 받침 있는 체언 뒤에는 '-인들'이 쓰임. 이에 따라, 받침 없는 체언인 '나' 뒤에는 '-ㄴ들'이 붙어, '난들'로 씀. 즉, '낸들'은 '나인들'의 준말로, '나+인들' 꼴로 결합한 것이므로 잘못. 〈예〉난들 그 일을 어찌 알겠나; 네 마음<u>인들</u> 오죽 하랴. ②또한, '내'는 '나+의'의 준말이므로 '낸들'이 성립하려면 '나의'+'-ㄴ들'이 되어야 하므로, 잘못임을 알 수 있음. ☜♣'ㄴ들', '인들'의 구분 항목 참조.

◆혀를 **낼름** 내밀며 줄행랑치던 녀석이: **날름**의 잘못.

  [중요] 흔히 표준어와 달리 발음하거나 잘못 쓰는 것들: 건데기(×)/건더기(○); 거무틱틱(×)/거무튀튀(○); 주루룩(×)/주르륵(○); 쭈루룩(×)/쭈르륵(○); 응큼한(×)/엉큼한(○); 허구헌날(×)/허구한 날(○); 하고한날(×)/하고한 날(○)≒하고많은 날. ☞[주의] 하고한날(×) ⇐하고하다[형]≒하고많다. 고로, '하고한 날'(○)임. *굽신거리다(×)/굽실거리다(○)'였으나 최근(2014) 두 말은 복수표준어가 되었음.

◆아무 일에나 **걷어부치고** **냅떠서는/내뜨는** 성미가 문제: **걷어붙이고**, **냅뜨는**의 잘못.

  [설명] '냅떠서다'는 아예 없는 말이며, '냅더서다'는 '냅뜨다'의 북한어. '내뜨다'는 '냅뜨다'의 잘못.

  냅뜨다[통] ①일에 기운차게 앞질러 나서다. ②관계도 없는 일에 불쑥 참견하여 나서다.

◆**냉이국**은 별미이고 말고: **냉잇국**, **별미이고말고**(혹은 **별미다마다**)의 잘못.

  [설명] ①'국'의 앞말이 받침이 없을 때는 예외 없이 사이시옷을 받침. 〈예〉시래기국(×)/시래깃국(○); 근대국(×)/근댓국(○); 무국(×)/뭇국(○); 동태국(×)/동탯국(○); 북어국(×)/북엇국(○); 우거지국(×)/우거짓국(○); 고기국(×)/고깃국(○); 김치국(×)/김칫국(○) ②'~고말고'는 '이고말고'와 '~고말고'의 두 가지 형태 모두 가능한 종결어미. 어미이므로 당연히 붙여 써야 하며, '~고말고≒~다마다'임. ¶기쁜 일이고말고(≒일이다마다); 나야 물론 좋고말고(≒좋다마다); 철수야 말할 것도 없이 오고말고(≒오다마다).

◆♣용언의 ~(으)냐 형 변화

  [예제] 거기 물이 **깊냐**?: **깊으냐**의 잘못. ⇐받침 있는 형용사는 '-으냐' 꼴.

      아버님 지금 집에 **계시냐**?: **계시느냐**의 잘못. ⇐동사는 모두 '-느냐' 꼴.

      지금 그걸 할 수 **있냐**?: **있느냐**의 잘못. ⇐있다/없다는 예외.

      지금 그걸 할 수 **없냐**?: **없느냐**의 잘못. ⇐있다/없다는 예외.

  [설명] ①형용사: 받침이 없을 때는 '-냐'. ¶꽃이 예쁘냐?; 이게 다냐?

              받침이 있으면 '-으냐'. ¶물이 깊으냐? (깊냐 ×)

      ②동사: 받침과 무관. 모두 '-느냐'. ¶계시느냐?; 먹느냐?; 하느냐?

      ③예외: '있다/없다'는 동사와 형용사를 겸하는 말들. 형용사일 경우에도 동사 변화를 따름. ☞♣

'**-느냐**'와 '**-으냐/-냐**'의 **구분** 항목 참조.

[참고] '**좋니?/좋으니?**': 형용사는 의문 종결형에서 '**-니?/-으니?**' 두 가지 모두 가능함. 동사는 '**-니?**'만 가능함. 〈예〉먹으니?(×). ☞용례를 보면 어려운 구분은 아니지만, 형용사는 둘 다 가능하다는 걸 기억!

-느냐回 (있다/없다/계시다의 어간, 동사 어간 또는 어미 -으시-/-었-/-겠- 뒤에 붙어) 해라할 자리에 쓰여, 물음을 나타내는 종결어미. ¶너 지금 무엇을 먹느냐?; 안에 누가 있느냐?; 그때 당시 학생이었느냐?

-냐回 ('이다'의 어간, 받침 없는 형용사 어간, 'ㄹ' 받침인 형용사 어간 또는 어미 '-으시-/-었-/-겠-' 뒤에 붙어) 해라할 자리에 쓰여, 물음을 나타내는 종결어미. ¶바다가 푸르냐?; 애가 네 누이동생이냐?; 그가 바로 네가 말하던 사람이냐?

-으냐回 ('ㄹ'을 제외한 받침 있는 형용사 어간 뒤에 붙어) 해라할 자리에 쓰여, 물음을 나타내는 종결어미. ¶운동장은 넓으냐?; 그 애가 그리도 좋으냐?

◆**너나 할 것없이/너나할 것없이** 다 그렇다: **너 나 할 것 없이**의 잘못.

[주의] **너 나 없이** 똑같은 세상: **너나없이**의 잘못. ←**너나없다**[원]

[설명] '너 나 할 것 없이(누구를 가릴 것 없이 모두)'는 관용구.

너나없다[형] 너나 나나 가릴 것 없이 다 마찬가지이다.

◆**너댓** 사람이면 됐지 뭐: **너덧**(혹은 **너더댓**, **네댓**)의 잘못.

큰 빵 **너댓** 개를 먹었더니만: **네댓**(혹은 **너덧**)의 잘못.

너댓새 사이에 무슨 큰일이야 생길라고: **네댓새**의 잘못.

[주의] '너+덧', '네+댓'의 형태에 유의. '너+댓'은 모음조화 및 발음 편의에 크게 어긋남.

[설명] ①관형사: '한두, 두세, 두서너/두서넛, 서너/서넛, 너덧/네댓/너더댓, 대여섯/대엿, 예닐곱, 일고여덟(일여덟), 엳아홉'. ②흔히 쓰는 '서/너 되쯤의 쌀'이나 '세네 되 되는 보리'는 모두 잘못.

[원칙] ①수사/관형사로서는 '서/석' 및 '너/넉'만 인정하고 '세/네'(×)는 배제. ②인정된 것들도 뒤에 오는 의존명사에 따라 다를 정도로 까다로움.

　-서/너: 서 돈, 너 말, 서 발, 너 푼.

　-석/넉: 석 냥, 넉 되, 석 섬, 넉 자.

　이 중 '냥/섬/자'는 발음 관행상 저절로 구분되나, '되'는 유의+유념.

[암기도우미] '석냥되섬자'(혹은 '서돈말발푼')로 붙여서 한 무더기로 암기.

너덧≒너더댓/네댓[수][관] ≒**네다섯**(넷이나 다섯쯤 되는 수).

◆**산 너머** 산이다: **넘어**의 잘못.

[비교] 뒷산 **너머**에 있는 집: 수평선 **너머**로 해가 지다: 맞음. ⇐'너머'는 명사.

[설명] ①속담으로서 '갈수록 더욱 어려운 지경에 처하게 되는 경우'의 비유이므로 명사 '너머'보다는 동사 '넘어'를 사용하는 것이 속담의 뜻에 더 적합함. ②'너머'는 부사가 아닌 명사임. ♣[참고]'넘어/너머/너무[부]'의 어근 어원은 '넘다'에 보이는 '넘-'임.

[출처] 속담: '산 넘어 산이다'≒'갈수록 태산[수미산/심산](이라)'.

◆아무 데나 '너무'를 붙이는 그대, **너무** 예쁘다!: **아무 데나**의 잘못. **너무**는 부적절.

[참고] **굉장히** 작다: **매우(아주)**의 잘못. ⇐'굉장히'는 부적절.

[설명] '너무'가 예전에는 '일정한 정도나 한계에 지나치게'의 뜻으로 부정적인 뜻과 어울려 쓰였으나, 긍정에도 쓰일 수 있도록 개정되었음[2015년]. 그러나 예문과 같이 긍정적인 문맥에서는 '매우/아주' 등과 같

은 말이 더욱 적절하므로, 지나치게 '너무'를 남발하는 것은 좋지 않음. 참고로 '굉장히'는 '아주 크고 훌륭하게, 보통 이상으로 대단하게'의 뜻으로 긍정적인 뜻과 더 어울리므로 부정적인 문맥에서는 부적절함. ¶그 사람은 굉장히 낙관적이다; 굉장한 용기; 굉장한 돈을 벌었다; 여인은 굉장한 미인이었다.

◆자네 장난치고는 **너무 한 것** 아냐?: **너무한 것**의 잘못. ←**너무하다**[원]
    너무하다[통] 비위에 거슬리는 말/행동을 도에 지나치게 하다. [형] 일정한 정도/한계를 넘어 지나치다. ⇐ '너무하다'는 한 낱말.
    [구별] ¶일을 너무 해서 병이 났어: 너무 (많이) 해서 ⇐'너무'는 부사.

◆**너부대대한** 얼굴이 떡판일세그려: **너부데데한**의 잘못.
    [설명] '너부대대-'는 '너부데데-'의 잘못. '너부데데하다〉나부대대하다'이며, 모음조화에 따른 표기. 준말은 각각 '넙데데하다〉납대대하다'.

◆**너비아니**와 **너비구이**는 같은 것 아닌가: 맞음.
    [설명] '너비아니'는 '얄팍하게 저며 갖은 양념을 하여 구운 쇠고기'를 뜻하며, '너비구이'는 궁중에서 '너비아니'를 이르던 말.
    [참고] '고기저냐'는 쇠고기로 만든 저냐(얇게 저민 고기/생선 따위에 밀가루를 묻히고 달걀 푼 것을 씌워 기름에 지진 음식)로 너비아니처럼 썰어서 부치거나 섭산적처럼 다져서 부침.

◆**넉넉치** 않은 사람이 서슴치 않고 남 따라 하다가: **넉넉지**, **서슴지**의 잘못.
    [설명] '넉넉지'는 '하' 앞 어간이 ㄱ/ㅂ/ㅅ인 경우지만, '서슴지'의 경우는 원형이 '서슴다'로서, 본래 '하'가 없음. ☞**어간 '-하'의 단축형** 항목 참조.

◆그 사람 **넉두리**는 끝이 없어: **넋두리**의 잘못.

◆이 **넉자배기**는 옛 시인의 유명한 시구야: **넉자바기**의 잘못. 북한어.
    넉자바기[-字-]≒**넉자화두**[-字話頭][명] ①네 글자로 된 말마디. ②네 글자로 된 시문(詩文).

◆"그대가 내 곁을 떠나갈 때 마치 **넋이 빠진** 모습으로": 맞음. 정확함.
    넋빠진 년처럼 눈동자가 풀렸더군: **넋 빠진**의 잘못. ⇐'넋빠지다'는 없는 말.
    [설명] 흔히 자주 쓰는 '넋빠진 ○○'은 '넋 빠진'의 잘못. 위의 노래 가사를 기억할 것. ¶넋 빠진 놈처럼; 그는 넋이 빠진 채 멍하니 앉아 있었다.
    [주의] ①유의어인 '얼빠지다'는 한 낱말. ¶얼빠진 사람 같았다; 얼빠진 표정으로. ②이와 같이 '명사/부사(형)+빠지다' 꼴로 유의해야 할 한 낱말의 복합어로는 '귀빠지다/빗-/뽕-/수(手)-/충-/계(契)-/김-/잘-' 등이 있고, 그 밖에 다음과 같은 말들도 한 낱말의 복합어들임. 〈예〉나자빠지다≒나가자빠지다/약아-/도려-〈두려-/말라-/새퉁-/처자-/닳아-/둘러-/게을러-(≒겔러-)/개을러-(≒갤러-).
    빗빠지다[통] 발을 잘못 디디어 구멍 따위에 빠지다.
    뽕빠지다[통] ①밑천이 다 없어지다. ②소득은 없이 손실이나 소모되는 것이 많아 거덜 나다.
    도려빠지다〈**두려빠지다**[통] 한 곳을 중심으로 그 부근이 도려 낸 것처럼 몽땅 빠져 나가다.
    새퉁빠지다[형] 매우 어처구니없이 새삼스럽다.
    둘러빠지다[통] 땅바닥 따위가 빙 둘러서 움쑥 꺼지다.

◆쓰레기들이 **널부러져** 있는 창고: **널브러져**의 잘못. ←**널브러지다**[원]

잡동사니들이 여기저기 **너부려져** 있었다: **널브러져**의 잘못. ←**널브러지다**[원]

여인은 기진맥진하여 바닥에 **널브러져** 있었다: **너부러져**가 더 적절. ←**너부러지다**[원]

[설명] 약간 까다로운 구분인데, 널브러지는 것과 너부러지는(혹은 나부라지는) 것과의 큰 차이는 그 행동의 결과로 (주로 사람의 몸이) 바닥에 닿는지 여부. '널브러지다'는 '너즈러지다'에 가깝게 너저분하게 흩어진 상태가 주된 뜻임.

널브러지다[동] ①너저분하게 흐트러지거나 흩어지다. ②몸에 힘이 빠져 몸을 추스르지 못하고 축 늘어지다.

너부러지다▷나부라지다[동] ①힘없이 너부죽이 바닥에 까부러져 늘어지다. ②(속) 죽어서 넘어지거나 엎어지다.

너즈러지다[동] 여기저기 너저분하게 흩어지다. [형] 여기저기 흩어진 모습이 너저분하다.

◆**널판대기**라고 겨우 이것뿐이니: **널판때기**의 잘못. ⇐'널판+때기'

좀 더 넓은 **널판지**가 있었으면 좋겠는데: **널빤지**(혹은 **널판자**)의 잘못.

[설명] 이 말들은 아래의 낱말 설명에서 보듯, 모두 '널판[-板]'에서 비롯한 말인데도, '널판지'가 '널빤지'의 잘못으로 된 것은 특별한 이유가 있다기보다는 널리 쓰이는 것을 표준어로 삼았기 때문이며, 의미소를 살려야 할 말이 아닌 것은 소리 나는 대로 ('-때기'와 '-빤지' 등) 적는 것을 원칙으로 하였기 때문. 즉, 표준어 규정 제26항은 한 가지 의미를 나타내는 형태 몇 가지가 널리 쓰이며 표준어 규정에 맞으면, 그 모두를 표준어로 삼도록 규정하였는데, 이에 따라, '널판자/널판때기/널빤지' 모두가 표준어로 된 것.

널판[-板][명] ①≒널빤지(판판하고 넓게 켠 나뭇조각). ②≒널(널뛰기할 때에 쓰는 널빤지).

판때기[板-][명] (속) '널빤지'.

[주의] **상판때기[相-]**[명] '상판대기('얼굴'을 속되게 이르는 말)'의 잘못.

◆**넓다란(넓따란)** 벌판에서 맘껏 뛰어볼까: **널따란**의 잘못. ←**널따랗다**[원]

넓다랗다[형] '널따랗다'의 잘못.

짧다랗다[형] '짤따랗다'의 잘못.

[구별] 넙디넓은(×)/널디넓은(×): 넓디넓은(○).

[원칙] 겹받침 'ㄼ'에서 'ㅂ'이 발음되면 표기는 원형인 '넓'을 살려서 적음. 발음되지 않으면 '널'. '넓디넓은'의 발음은 [넙디널븐].

[설명] '널따랗다'는 형용사 어근 '넓-'에 '-다랗'이 결합되면서 'ㅂ'이 탈락하여 '널따랗다'라는 새로운 낱말을 만든 것. 이는 형용사 어근 '길-[長]'에 형용사 파생접미사 '-다랗-'이 결합하면서 'ㄹ'이 탈락하여 '기다랗다'는 새로운 낱말을 만든 것과 같음. ☞♣**겹받침 뒤에서의 음운 표기 원칙** 항목 참조.

[참조] ①이를 경음화 현상과 관련시켜 보면, 받침 'ㄴ/ㄹ/ㅁ/ㅇ' 뒤에 오는 첫소리가 예사소리 'ㄱ/ㄷ/ㅂ/ㅅ/ㅈ' 따위일 때 소리 나는 대로 된소리(경음)로 적는다는 표기 원칙을 따른 것이기도 함(단, 받침 'ㄱ/ㅂ' 뒤에서는 예외). ②이와 같은 경우에는 하나의 형태소로 보며, 앞뒤 말이 별개의 형태소로 분리되지 않는다는 특성을 보임. 〈예〉'털썩/엉뚱/몽땅/뭉뚱/잔뜩/살짝/훨씬/움찔/번쩍/듬뿍/함빡'(○); '법썩/깍뚜기/납짝'(×).

◆그는 왕년에 유명한 **넓이뛰기** 선수였다: **멀리뛰기**의 잘못.

[설명] 예전에는 '넓이뛰기'로 표기하기도 하였으나, '멀리뛰기'를 바른 말로 정함. 뛴 '면적'(넓이)을 보는 게 아니라 '길이'나 '폭'(너비)을 보는 것이므로.

◆소나무 옆의 **넓적바위**; 가끔 낮잠을 자곤 하던 **넓적바위**: **너럭바위**의 잘못.

풀밭에는 **넓적바위(넙적바위)**가 있었어: **너럭바위**의 잘못. 없는 말.

[설명] '넓고 평평한 바위'를 나타내는 말은 '너럭바위'. '넓적바위'는 비표준어. 일부 사전에서 '넓바위'를 '너럭바위'와 동의어라 하고 있으나 잘못. 없는 말.

◈넓죽이 아니랄까 봐 잘도 **넓죽거렸지**: 넙죽거렸지의 잘못. ←**넙죽거리다**[원]
  [설명] ①넓죽거리다/–대다'는 '넙죽~'의 잘못. ②얼굴이 넓죽한 사람은 '넓죽이'가 맞음. 그러나, '넙죽거리다'에는 의미소 '넓–'의 뜻이 전혀 없으며, 도리어 어원은 '넙죽/넙적(부사)'에 가까움.
  [주의] '넙적다리/넙적뼈'는 '넓적다리/넓적뼈'의 잘못. 의미소 '–넓–'을 유지해야 하므로, '넙다듬이(×)/넓다듬이(○); 넙둥글다(×)/넓둥글다(○); 넙죽이(×)/넓죽이ᄝ(○)'도 마찬가지.

◈**넓찍한(넙직한)** 바위는 너럭바위라 하고, **넙적한** 바위는 **넙적바위**라고 하지: 널찍한, 넓적한, 너럭바위의 잘못. ⇐'넙적바위'는 '너럭바위'의 북한어.
  [설명] ①'넓찍/넙직하다(×)/**널찍**하다(○)'; '넙적하다(×)/**넓적**하다(○)'. ②'넓다→널찍하다', '얇다→얄팍하다/얄찍하다', '짧다→짤따랗다'. 이런 예는 원형 어간 받침 –ㄼ–이 탈락하면서 그 다음의 격음/경음(ㅉ/ㅍ/ㄸ)과 연결될 때의 변화임. 즉, 받침이 'ㄼ'일 때만 적용됨. ☞♣**겹받침 뒤에서의 음운 표기 원칙** 항목 참조.
  [암기도우미] 의미소 '넓–{넙}'이 붙으면 평상 발음은 '직'. '널–'로 바뀌면('넓–'의 의미가 줄어들거나 없어지면) 소리 나는 대로 경음화 표기를 하여 '널찍'.

◈함부로 남의 집 담장을 **넘겨보는** 것 아니야: 맞음. **넘겨다보는**으로 고쳐도 됨.
  넘겨[다]보다동 ①≒넘어다보다. 고개를 들어 가리어진 물건 위로 건너 쪽을 보다. ②≒넘보다. 어떤 것을 욕심내어 마음에 두다. ③넘겨짚어서 알아보다. ④어떤 일 따위에 관심을 갖고 슬쩍슬쩍 쳐다보다.

◈좀 큼지막히 **넙적하게** 썰어라: 큼지막이, 넓적하게의 잘못. ⇐앞 받침이 'ㄱ'.
  넙적하고 두툼한 손: 넓적한의 잘못.
  넙적하고 얇아서 방돌로는 제격인데: 넓적하고, **구들장**의 잘못.
  넙적다리: '**넓적다리**'의 잘못. ⇐의미소('넓')를 살려 적음.
  [설명] ①의미소 어간(–넓–)은 밝혀 적음. ②겹받침 'ㄼ'에서 뒤의 받침이 발음되면 원형을 밝혀 적음. ← 밝혀 적지 않으면 'ㅂ'이 있는 줄을 모르게도 되므로. ¶넓둥글다/넓디넓다/넓삐죽하다/넓다듬이/넓살문. ③'큼지막히(×)/큼지막이(○)'의 경우는 앞의 받침('막–')이 'ㄱ'인 때문. ☞♣**'–이'로 끝나는 부사들 중 유의해야 하는 것들** 항목 참조.
  [유사] '넓적다리살', '넓적다리힘살' 등도 마찬가지로 '넓적다리–'로 적음.
  [암기도우미] ①'넓다'의 의미가 살아 있으면 '넓'으로 적고, 그렇지 않으면 '넙'. ②겹받침 'ㄼ'에서 'ㅂ'이 발음되면 표기는 그 'ㅂ'의 존재를 밝히기 위해 원형인 '넓'을 살려 적음.
  [주의] '넓적하다'와 다른 '넙적하다'는 동사로서 아래와 같은 뜻이 있음.
  넙적하다>납작하다동 ①말대답을 하거나 무엇을 받아먹을 때 입을 닁큼 벌렸다가 닫다. ②몸을 바닥에 바짝 대고 닁큼 엎드리다. ③망설이거나 서슴지 않고 선뜻 행동하다.

◈**넙죽이** 엎드려 절부터 올리고 나서: 맞음. ⇐'넙죽이'는 '넙죽'ᄝ의 유의어.
  [참고] **나붓이** 절하는 모습이 숙성했더군: 나부시의 잘못.
       나붓이 흔들리는 하얀 고깔: 나붓나붓(이)의 잘못. 없는 말.
  [고급] 부림을 담아 내오는 그릇은 **나붓이** 생긴 게 좋지: 맞음.
  [설명] ①'넙죽이≒넙죽', '납죽이≒납죽'이며 '넙죽(이)>납죽(이)'ᄝ. ②[주의] 그릇 모양 등에 쓰이는 '나붓

이'는 '나부죽하다(작은 것이 좀 넓고 평평한 듯하다)'에서 온 말로서, '나부시〈너부시〉' 등과는 다른 의미로 쓰이는 말임.

넙죽[부] ①말대답을 하거나 무엇을 받아먹을 때 입을 너부죽하게 닁큼 벌렸다가 닫는 모양. ②몸을 바닥에 너부죽하게 대고 닁큼 엎드리는 모양. ③망설이거나 주저하지 않고 선뜻 행동하는 모양. ☞[주의] ③은 '납죽'에는 없는 뜻임.

나부시〈너부시〉[부] ①작은 사람이 매우 공손하게 머리를 숙여 절하는 모양. ②작은 사람이나 물체가 천천히 땅 쪽으로 내리거나 차분하게 앉는 모양.

나붓나붓이≒나붓나붓[부] 얇은 천이나 종이 따위가 나부끼어 자꾸 흔들리는 모양.

나붓이[부] 조금 나부죽하게(작은 것이 좀 넓고 평평한 듯하게).

◆**네 자신**을 좀 제대로 알았으면 해: **너 자신**의 잘못.

  내 자신을 돌아봐도 부끄럽기만 하군: **나 자신**의 잘못.

  [설명] 앞에서 가리킨 바로 그 사람임을 강조할 때 쓰이는 '자신'은 사람을 가리키는 '나/너/당신/자기' 뒤에서, '나 자신, 너 자신, 당신 자신, 자기 자신'과 같이 쓰임. 위의 예문에 쓰인 '네'와 '내'는 '너'와 '나'에 관형격조사 '의'(또는 주격/보격조사 '가' 등)가 결합하여 줄어든 말이기 때문에 <u>네/내 자신은 각각</u> <u>'너의 자신, 나의 자신'을 뜻하게 되어 어색하고</u>, 본래의 문맥이 손상됨.

◆**넹큼** 엉덩이 들고 뛰어오지 못하겠니?: **냉큼/닁큼**의 잘못.

  [설명] '닁큼'은 '냉큼'의 큰말임.

  냉큼[부] 머뭇거리지 않고 가볍게 빨리. [유]속히/재빨리/즉각.

  닁큼[부] 머뭇거리지 않고 단번에 빨리. ☞**'하늬' 중 '-늬'가 들어간 말들** 항목 참조.

◆[고급] ♣**'년도'와 '연도' 그리고 '연도'의 합성어들**

  [예제] 1988**년도** 출생자/졸업식; 1990**년도** 예산안: 맞음. ⇐'년도'는 의존명사.

    그분 **등단년도/졸업년도**가 언제지?: **등단 연도/졸업 연도**의 잘못.

    설립년도와 사업 개시한 **1차년도**가 같지?: **설립 연도/1차 연도**의 잘못.

    회계년도 내에 집행되어야 할 예산들: **회계연도**의 잘못.

    신연도 사업계획서 작성은 다 됐나?: **신년도**의 잘못.

  [설명] ①'년도'는 '일정한 기간 단위로서의 그해'를 뜻하는 <u>의존명사</u>. 단 그 앞에 표기되는 해가 숫자일 때가 대부분이어서 붙여쓰기(허용)를 하는 것일 뿐임. ②'**연도**(年度)'는 '사무나 회계 결산 따위의 처리를 위하여 편의상 구분한 일 년 동안의 기간 또는 앞의 말에 해당하는 그해'를 뜻하는 <u>일반명사</u>. 한글맞춤법 제10항에는 한자음 '녀/뇨/뉴/니'가 낱말 첫머리에 올 적에는 '여/요/유/이'로 적고, 낱말의 첫머리가 아닐 때에는 본음대로 적도록 되어 있으며, '회계연도'와 같이 '회계+연도'의 <u>합성어일</u> 경우에도 이 <u>두음법칙 원칙이 적용됨.</u> 〈예〉회계년도(×)/회계연도(○). ③'졸업연도/설립연도' 등을 합성어로 볼 것인가의 문제는 있음.《표준》에서는 현재 다음과 같은 전문용어들만 합성어로 인정하고 있으므로 글자 그대로의 뜻뿐인 것들은 '졸업 연도, 설립 연도, 발간 연도'처럼 써야 함. ¶미곡연도(米穀年度)/사업연도≒영업연도/주조연도(酒造年度)/징집연도/행무연도(行務年度)/회계연도/결산연도/식량연도(食糧年度)/시공연도/예산연도/학습연도. ④'신년도(○)/신연도(×)'는 예외적인 경우인데, 이는 '신년(新年)+도(度)'로 분석되기 때문이며, '신+년도'의 구조가 아니기 때문. 즉, '신년'은 뭉치 말로서 두음법칙과 무관함.

  [정리] 단위를 뜻하는 <u>의존명사로서는 '년도'</u>, 그 밖의 경우에는 합성어 여부 불문하고 '연도'. ☞**'년차/연차'** 참조.

년도[年度]의 일정한 기간 단위로서의 그해. ¶그게 몇 년도였지?; 1975년도 출생자/졸업생; 준공 기한은 그해 년도 말까지.

연도[年度]명 사무나 회계 결산 따위의 처리를 위하여 편의상 구분한 일 년 동안의 기간 또는 앞의 말에 해당하는 그해. ¶회계연도, 사업연도, 예산연도.

◆제조 **년월**을 확인해야 해: **연월**의 잘못.
  [설명] '연월'은 보통 명사임. [2016년 국립국어원 신설 낱말]

◆[고급]♠'년차/연차' 그리고 '년대/연대'
  [예제] **3년차** 주부; **오년차** 사원: **3년 차, 오 년 차**의 잘못. ←'차'는 의존명사.
        생존 **년대** 불명: **연대**의 잘못. ←'**연대**'는 일반명사.
        구십 연대 말의 현상: **구십 년대**(혹은 **90년대**)의 잘못. ←'년대'는 의존명사.
  [설명] ①'년차(年次)'는 '연차'의 잘못인데다, '연차'에는 단위의 개념이 없이 단순히 '년(年)'을 단위로 삼는 '차례'를 뜻하는 보통명사임. ②'생존 년대'에 쓰인 '년대'는 '연대'의 잘못으로, 이때의 '연대'는 단순히 '때/시대(년)'를 뜻하는 일반명사. '90년대'에 쓰인 '년대'는 단위로서의 기간을 뜻하는 의존명사.
  [정리] 단위를 뜻하는 의존명사로는 '년대'. 일반명사는 '연대'. 단, '년차'는 의존명사로서는 없는 말이며, 보통명사로 '연차'의 잘못. ☞[암기도우미] 두음법칙이 무시될 경우에는 단위를 뜻하는 의존명사임.
  년대[年代]의 그 단위의 첫 해로부터 다음 단위로 넘어가기 전까지의 기간. ¶80년대 말의 현상.
  연대[年代]명 지나간 시간을 일정한 햇수로 나눈 것. [유]때/세기/시대.
  년차[年次]명 '연차[年次]'의 잘못. 북한어.
  연차[年次]명 나이/햇수의 차례. ¶연차 총회, 연차 예산.
  연래[年來]명 지나간 몇 해. 또는 여러 해 전부터 지금까지 이르는 동안. '년래'는 북한어.

◆똑같이 잘 **노놔서**; 둘로 **노두다**: **노느다, 노나서**의 잘못. ←**노느다**[원]
  여럿이 갈라 나누는 **노나매기**는 아름다운 전통: **노느매기**의 잘못.
  [설명] ①'노누다'는 '노느다(여러 몫으로 갈라 나누다)'의 잘못. '노느다'는 '노나/노느니' 등으로 활용하므로 '노놔서'는 잘못. ②'노나매기'는 잘못인 것이, '노느-'가 어간이므로 '노느+매기' 꼴이 되어야 함.

◆**노다지 돈타령/세월타령**만 할 텐가: **노상**(혹은 **언제나**), **세월 타령**의 잘못.
  [설명] ①'노다지'는 '언제나/노상'의 잘못. ②'돈타령'은 맞음.

◆그 노래는 **노래가사**가 아주 좋더군: 노래 가사(혹은 **노랫말/가사**)의 잘못.
  그 노래는 **노래말**이 참 멋있어: **노랫말**의 잘못. ☞'-말'이 들어간 말 중 사이시옷에 주의해야 할 말들 참조.
  [설명] '노래가사'는 '노랫말'이나 '가사' 중 하나를 쓰는 것이 적절함.

◆그 사람 어찌나 **노랭이**인지: **노랑이**의 잘못.
  [암기도우미] 'l' 모음 역행동화를 허용하면, 어근 (-노랑-)의 뜻이 훼손됨.

◆다 같이 열심히 **노력키로** 다짐하였다: **노력기로**(혹은, **노력하기로**)의 잘못.
  [설명] 받침 'ㄱ/ㅂ/ㅅ' 뒤에서 어간 '하'가 통째로 준 경우임. ☞어간 뒤에서 '하'가 줄 때의 규칙 참조.

◆없으면 **사람노릇** 하기도 쉬운 일이 아니야: **사람 노릇**의 잘못. 없는 말.

소경 노릇 하기가 쉬운 줄 아나 봐: **소경노릇**의 잘못. 한 낱말.

[설명] '병신노릇(≒병신구실)/소경노릇' 등은 한 낱말이지만, '사람노릇'은 없는 말.

소경노릇圈 ①맹인(盲人)이 아닌 사람이 맹인인 척하는 짓. ②몹시 어두워 보이지 아니하는 곳에서 무엇을 더듬어 찾는 일. ③아무 근거 없이 무턱대고 짐작으로 알아맞히는 일.

◆**배우 노릇하다**(×): '**배우 노릇 하다**'의 잘못.

소경노릇하기가 쉬운 줄 아는가 보군: **소경노릇 하기**가의 잘못.

[설명] '노릇하다'라는 동사가 있지만 '배우 노릇, 부장 노릇, 데릴사위 노릇'처럼 그 앞에 꾸밈/한정이 있을 때는 반드시 '노릇(을) 하다'로 띄어 씀. 이것은 '-하다' 꼴의 모든 동사 활용에 적용되는 원칙. (이유: 만약 붙여 적으면 꾸밈말을 포함한 전체가 하나의 동사로 탈바꿈하는 걷잡을 수 없는 사태가 발생할 수도 있기 때문. →대장노릇하다/배우노릇하다(×). ¶대장/머슴/부모/배우/선생 노릇 하다; 이따위 배우 노릇 하기 위해 내가 육사 졸업하고 월남까지 온 줄 알아요?

◆곱게 **노을/놀**이 물드는 바닷가에서: 맞음. ⇐'놀'은 '노을'의 준말.

[주의] 먼바다의 **까치노을**은 정말 장관이지: **까치놀**의 잘못. ⇐준말만 표준어로 인정한 경우임. '먼바다'는 '근해(近海)'의 대응어.

[설명] '놀'은 '노을'의 준말. 그러나, '저녁놀/까치놀' 외에는 준말의 합성어로 일반적으로 통용되지는 않으며 기타의 경우에는 '-노을'로 표기.

꽃노을圈 (비유) 고운 색깔로 붉게 물든 노을.

저녁노을≒**저녁놀**圈 해가 질 때의 노을.

새벽노을圈 날이 샐 무렵에 비치는 노을. 단, 새벽놀(×).

까치놀圈 ①석양을 받은 먼바다의 수평선에서 번득거리는 노을. ②울긋불긋한 노을. [주의] '까치노을'은 표준어에서 배제되었음. 이유: 준말이 널리 쓰이고 본말이 잘 쓰이지 않는 경우에는, 준말만을 표준어로 삼는다(표준어 사정 원칙, 제14항).

◆고삐 **노인** 소; 피댓줄 **노인** 발동기: **놓인**의 잘못. ←**놓이다**[원]

더 들고 가지 말고 거기다 그냥 **놉시다**: **놓읍시다**의 잘못. ←**놓다**[원]

[설명] ①'놓이다'는 '놓다'의 피동사. '노이다'는 잘못. ②'놓읍시다'는 '놓'(어간)+'-읍시다'(종결어미)로 분석됨. '놉시다'는 이와 달리 '놀(다)'+'-ㅂ시다'→'놉시다'로, '놓다'와는 전혀 다른 의미인 '놀다'의 변화 꼴. 여기서의 '놓다'는 '잡거나 쥐고 있던 물체를 일정한 곳에 두다'라는 뜻.

◆그는 상대하기에 **녹녹치/녹녹지** 않은 사람이야: **녹록지**의 잘못.

그는 상대하기에 **녹록치** 않은 사람이야: **녹록지**의 잘못. ← **녹록하다**[원]

[설명] ①'녹녹하다'는 '녹록하다'의 잘못. ☞**'두음법칙'** 참조. ②어간 '녹록'의 'ㄱ' 받침이 '-하다' 앞에서 줄 때는 '-지'. ♣ **어간 '-하'의 단축형** 항목 참조.

◆**녹쓸다**통: '**녹슬다**'의 잘못.

녹슬은 기찻길: **녹슨** 기찻길의 잘못. ☞♣**흔히 잘 틀리는 관형형** 항목 참조.

◆넌 사람 **놀래키는** 데에 뭐 있어. 얼마나 **놀랬는지**: **놀래는, 놀랐는지**의 잘못.

너 자꾸 그리 사람 **놀래킬래**?: **놀랠래**의 잘못. ← **놀래다**[원]

[설명] '놀래키다'는 잘못. 없는 말. '놀래다(≒놀라게 하다)'가 바른 말. '놀라다'의 사동사, 곧 '놀라게 하

다'는 '놀래다'임. ¶아픈 척해서 엄마를 놀래 줘야지.

◆여인의 차림 자체가 사내들의 **놀이개감**을 자처하고 있었다: **노리갯감**의 잘못.
  [설명] '놀이개'는 '노리개'의 잘못. '-감'은 생산성 있는 접사 역할. 〈예〉장군감.

◆감탄어로 사용할 때, **'네이놈/네 이놈/네 이 놈'** 중 어느 게 맞나?: **네 이놈**!
  [설명] '이놈(그놈/저놈)'은 한 낱말. '네이놈'이라는 감탄사는 없음. 그러므로 '네 이놈'.

◆그런 **놈팽이**들과 노상 어울렸으니 몸 망치는 건 당연지사: **놈팡이**의 잘못. ☞**'ㅣ' 모음 역행동화** 항목 참조.

◆**놋사발**에 가득 담긴 밥: **주발**의 잘못. ⇐'사발(沙鉢)'은 사기로 만든 그릇.
  놋주발에 담긴 선지 피: **주발**의 잘못. ⇐'놋-'은 불필요.
  하얀 **사기중발**에 소복이 담긴 쌀: **사기그릇**의 잘못. ⇐중발은 놋그릇.
  [활용] **양은함지**에 가득 담긴 빨래: **양은대야**(혹은 그냥 '**함지**')의 잘못.
  [설명] '주발(周鉢)'은 <u>놋쇠</u>로 만든 밥그릇이며, '사발(沙鉢)'은 <u>사기</u>로 만든 국그릇/밥그릇. '함지'는 <u>나무</u>로 네모지게 짜서 만든 그릇(또는 함지박. 통나무의 속을 파서 큰 바가지같이 만든 그릇). 주발/사발/함지 등은 <u>만든 재료를 뜻하는 의미가 우선</u>이며 대접 등과 같은 모양을 뜻하는 말이 아님.
  중발[中鉢]® 조그마한 주발.

◆시답잖은 **농지꺼리/농씨거리**나 해댈 거야?: **농지거리**의 잘못.
  [주의] '농지거리'의 올바른 발음은 {농:찌꺼리}임.

◆등이 **높직하니/높직허니** 매달려 있다: **높지거니**의 잘못.
  [주의] **멀찍하니**: '**멀찌가니**'의 잘못.
  높지거니® 위치가 꽤 높은 모양. ¶높지거니 매달린 등; 해가 높지거니 떠 있다.
  멀찌가니® ≒멀찌감치. 멀찍이.

◆고객 만족도를 **높히기** 위해서: **높이기**의 잘못. '높히다'는 '높이다'의 잘못.

◆♣**'-놓다'가 들어간 복합어 중 유의해야 할 말들**: 복합어이므로 붙여 써야 하며 띄어 쓰면 잘못.
  [예제] **풀어 놓은** 소처럼 자유롭게 풀을 뜯어먹다: **풀어놓은**의 잘못.
    썰레 놓는 데엔 일가견이 있지, 그 사람: **썰레놓는**의 잘못.

  (1)용언 활용형 + '놓다'
  ○가로놓다/갈라-/곱-/긁어-/까-/날아-/내-/내려-/내어-/내켜-/널어-/눌러-/늘어-/덧-/덮어-/돌라-1/돌라-2/돌려-/되-/둘러-/뒤-/들-1/들-2/들-3/들여-/막-/맞-/밀쳐-/번-/빗-/빼-/어긋-/올려-/접어-/터-/털어-/펴-/풀어-.
  (2)명사(또는 한자어 명사 어근) + '놓다'
  ○기추(騎芻)놓다/끙짜-/먹-/뺑-/뽕-/사(赦)-/세(貰)-/수(繡)-/썰레-/업수-/주(籌)-/침(鍼)-/피새-/하차(下差)-/헛-/헛방-/헛불-.
  〈주의해야 할 말들〉
  돌라놓다® 먹은 것을 다시 토해 내다.

벋놓다동 ①다잡아 기르거나 가르치지 아니하고, 제멋대로 올바른 길에서 벗어나게 내버려두다. ②잠을 자야 할 때에 자지 아니하고 그대로 지나가다.

끙짜놓다동 ①불쾌하게 생각하다. ②즐겨서 듣지 아니하다.

뽕놓다동 (속) 남의 비밀을 드러내다.

썰레놓다동 안 될 일이라도 되도록 마련하다.

피새놓다동 매우 중요하고 필요한 체하며 일에 방해를 놓다.

◆몸이 **뇌작지근**해서 좀 쉬어야겠어: **노작지근**의 잘못. ⇐'녹작지근-'은 맞음.

　노작지근하다형 몸에 힘이 없고 맥이 풀려 나른하다.

　노자근하다형 '노작지근하다'의 준말.

　녹작지근하다≒녹지근하다형 온몸에 힘이 없고 맥이 풀려 몹시 나른하다.

◆**뇌졸증**은 치료가 잘 돼도 반신불수 되기 십상이야: **뇌졸중**(腦卒中)의 잘못.

　[설명] '뇌졸중(腦卒中)'은 뇌에 혈액 공급이 제대로 되지 않아 손발의 마비, 언어 장애, 호흡 곤란 따위를 일으키고 있는 <u>현재 상태</u>이며, '뇌졸증'이라면 이미 뇌가 죽은(卒 =腦死) 것으로 의학적 사망 상태이므로 병명이 될 수가 없음.

◆당신은 **누구시길래**: 맞음. **누구이시길래**(○)도 맞음.

　[설명] '그건 개이다(○)/개다(○)': 모음으로 끝난 말 뒤에 서술격조사 '이다'가 붙을 때 '이'가 생략되기도 하는 것은 주로 구어체에서 많이 나타나는 현상으로, 이는 필연적이 아닌, 수의적인 현상일 뿐임. ['이시다'는 '이다'의 존칭이므로 같은 형태로 변화함: 구어체에서]

◆[고급] 얼굴이 **누렇네**: 맞음. [2015년 개정]

　[설명] ①예전에는 '누렇다/시퍼렇다' 등과 같이 형용사의 어간 끝 받침 'ㅎ'이 어미 '–네/니/냐' 등이나 모음 앞에서 줄어지는 경우, 준 대로 적는 것이 원칙(한글 맞춤법 제18항)이었으나 (예: '시퍼렇–'(어간)+어미 '–으냐'(어미)→'시퍼러냐'. '누렇다'의 활용: 누러네/누런/누러니/누러면/누레/누레지다) ②현재는 모든 ㅎ불규칙용언이 어미 '–네'와 결합할 때는 어간 끝의 'ㅎ'이 탈락하기도 하고 탈락하지 않기도 하는 두 가지 모두를 허용하였음[2015년 개정]. 즉, 다음과 같이 두 가지 표기 모두 허용. ☞**끝 받침 'ㅎ'이 줄 때의 표기** 항목 참조.

　[활용 사례] 그렇다: 그러네.그렇네/그러니/그러냐/그럴/그러면/그러오

　　　　　　까맣다: 까마네.까맣네/까마니/까마냐/까말/까마면/까마오

　　　　　　동그랗다: 동그라네.동그랗네/동그라냐/동그랄/동그라면/동그라오

　　　　　　퍼렇다: 퍼러네.퍼렇네/퍼러니/퍼러냐/퍼럴/퍼러면/퍼러오

　　　　　　하얗다: 하야네.하얗네/하야니/하야냐/하얄/하야면/하야오

　　　　　　누렇다: 누러네.누렇네/누러니/누러냐/누럴/누러면/누러오

◆따뜻한 아랫목에 **누으니** 저절로 졸린다: **누우니**의 잘못. ⇐'ㅂ' 불규칙용언

　침대에 **누어서** 쉬는 사람에게 일을 시키다니: **누워서**의 잘못.

　[설명] 이 '눕다' 외에 '굽다/줍다/순조롭다/아름답다' 등도 '–어/–으면'의 활용은 아래와 같음. 즉, 어간의 끝소리 'ㅂ'이 모음 앞에서 '오/우'로 바뀌는 'ㅂ' 불규칙용언들임.

　'눕–/굽–/줍–/순조롭–/아름답–'+'–어'→'누<u>워</u>/구<u>워</u>/주<u>워</u>/순조로<u>워</u>/아름다<u>워</u>'

　'눕–/굽–/줍–/순조롭–/아름답–'+'–으면'→'누<u>우</u>면/구<u>우</u>면/주<u>우</u>면/순조로<u>우</u>면/아름다<u>우</u>면'. 단, '돕

다/곱다'의 경우에는 '돕-/곱-'+'-아'→'도와/고와'; '돕-/곱-'+'-으면'→'도우면/고우면'. 즉, 모음이 'ㅗ'인 **단음절 어간** 뒤에 결합하는 '-아'의 경우만 '와'로 적고, 그 밖의 경우는 모두 '워'로 적음. [한글 맞춤법 제18항 6. 예외 규정]

◆♣'**누적**'과 '**축적**': 피로 축적? 피로 누적?
 [예제] **피로 누적**인가, **피로 축적**인가: **피로 누적**이 적절함.
   기술 누적인가, **기술 축적**인가: **기술 축적**이 적절함.
 [설명] '누적(累積)'은 시간이 지남에 따라 자연적으로 쌓이는 경우에, '축적(蓄積)'은 의지를 가지고 모으는 경우에 주로 쓰임. 즉, 피로와 불만은 누적되고 지식/경험/자금/기술은 노력에 따라 축적될 수 있음.
 누적[累積]圐 포개어 여러 번 쌓음. 또는 포개져 여러 번 쌓임. [유]누증.
 축적[蓄積]圐 지식/경험/자금 따위를 모아서 쌓음. 또는 모아서 쌓은 것. [유]집적.

◆눈먼 아이처럼, 귀먼 아이처럼. **눈감고** 두 손 모아: **귀 먼**, **눈 감고**의 잘못.
 아랫사람의 잘못에 **눈 감아** 줄 줄도 알아야지: **눈감아**의 잘못. ←**눈감다**[원]
 [설명] ①'눈멀다'圐는 한 낱말. '귀멀다'(×)는 없는 말 →'귀 멀다'(○). ②눈감다: 일반적인 의미로 '눈을 감다'의 경우에는 '눈 감다'.

◆머물다 간 자리에 **눈감아도** 보이는 그 사람: **눈 감아도**의 잘못.
 [설명] 아래와 같이 특정 의미가 아닌, 일반적인 의미로 눈을 감는 것은 띄어 씀.
 눈감다圐 ①사람의 목숨이 끊어지다. ②남의 잘못을 알고도 모르는 체하다. ¶그 사람의 공과는 눈감은 뒤 더 또렷해진다; 이번 한 번만 눈감아 주시게나.

◆**눈까풀**圐 ①≒**눈꺼풀**. 둘 다 쓸 수 있음. 복수표준어.
 [설명] '까풀'은 '꺼풀'과 동의어로서 '쌍까풀/쌍꺼풀' 등도 마찬가지. 단, '외꺼풀'은 '외까풀'의 잘못.

◆그의 **눈꼬리**가 위로 치켜지면서 노기를 뿜었다: 맞음.
 [설명] 예전에는 '눈초리'의 잘못이었으나, 뜻이 다음과 같이 나뉘며 표준어로 인정됨.
 눈초리圐 ①어떤 대상을 바라볼 때 눈에 나타나는 표정 ②≒**눈꼬리**.
 눈꼬리圐 귀 쪽으로 가늘게 좁혀진 눈의 가장자리.

◆정말 **눈꼴 시려서** 못 보겠네: **눈꼴셔서**의 잘못. ←**눈꼴시다**휑[원]
 눈꼴시리는 꼴이라니: **눈꼴신**의 잘못. ←**눈꼴시다**휑[원]
 [설명] '눈꼴시리다'는 없는 말로 '눈꼴시다≒눈꼴틀리다'휑의 잘못. 동사 '시리다'를 써서 '눈꼴 시리다'로 써도 잘못인 것이 '시리다'는 '빛이 강하여 바로 보기 어렵다'는 뜻으로 '눈이 시리도록 푸른 하늘, 눈이 시릴 정도의 미인' 등으로 쓸 수 있는 긍정적인 표현에 쓰이는 말. 그 반면, '시다'는 '발목이/어금니가 시다'처럼 거북한 것을 뜻할 때 쓸 수 있는 말임.
 눈꼴시다≒눈꼴틀리다휑 하는 짓이 거슬리어 보기에 아니꼽다.

◆그 **눈꼽** 좀 떼고 다녀라: **눈곱**의 잘못.
 [참고] 얼굴에 **때꼽/땟꼽** 좀 떼고 다니지: **때꼽**의 잘못. ⇐경음 동음화.
   꼴에 사내 **곱재기/꼽자기**랍시고: **꼽재기**의 잘못.
 [설명] ①'곱'은 본래 기름 또는 그것이 엉겨 굳어진 것을 뜻하며, '곱창'에서의 '곱'도 같은 뜻. 현재는 북

한어로 남아 있음. ②'발곱/눈곱/때꼽' 등에서의 '곱'은 진액과 같은 더러운 '때'를 뜻함. 여기서 발전하여 '때꼽≒때꼽재기/꼽재기/꼽꼽쟁이'에서의 '꼽'은 때나 먼지와 같이 작고 더러운 것이 엉겨 붙은 것을 뜻하게 되었음. 즉, '때꼽/때꼽재기'(○)의 경우는 '땟곱'이 어근을 살리는 표기이긴 하지만, 본뜻과 멀어졌으므로 소리 나는 대로 적는 것을 표준어로 삼은 것임. 특히, '곱재기/곱자기'가 '꼽재기'의 잘못인 것은 '곱'에는 배(倍)/곱절의 뜻도 있어서이며, '곱배기(×)/고빼기(×)/곱빼기(○)'인 것도 그 때문임.

발곱몡 발톱 밑에 끼어 있는 때.

손곱몡 손톱 밑에 끼어 있는 때.

때꼽≒때꼽재기몡 더럽게 엉기어 붙은 때의 조각이나 부스러기.

꼽재기몡 ①때/먼지 따위와 같은 작고 더러운 물건. ②아주 보잘것없고 작은 사물.

◆눈을 그처럼 자꾸 깜작거리면 **눈꿈적이**가 돼: **눈끔적[쩍]이**(혹은 **눈깜작[짝]이**)의 잘못.

[설명] ①(눈을) '끔적이다/깜짝이다'는 있지만, (눈을) '꿈적이다'는 없는 말이므로 '눈꿈적이'도 잘못. ②'꿈적이다'는 **몸**에[을] 둔하고 느리게 움직이는 것.

눈끔적이〈눈끔쩍이몡 ①눈을 자주 끔적거리는 사람. [유]끔적이. ②양주 별산대놀이, 송파 산대놀이 따위의 가면극에 나오는 눈을 끔벅일 수 있도록 만든 탈. 그 탈을 쓴 인물.

눈깜작이〈눈깜짝이몡 눈을 자주 깜작거리는 사람. [유]깜작이.

끔적이다통 큰 눈이 슬쩍 감겼다 뜨였다 하다. 또는 그렇게 되게 하다.

꿈적이다통 몸이 둔하고 느리게 움직이다. 또는 몸을 둔하고 느리게 움직이다.

◆**눈다래끼**에 걸리면 손을 잘 씻어야 해: **다래끼**의 잘못. 없는 말.

다래끼에는 **속다래끼**와 **겉다래끼**가 있다: 맞음.

[설명] '다래끼'는 눈에만 생기는 병임. '눈다래끼'는 중복.

속다래끼몡 눈시울 안에 난 다래끼.

겉다래끼몡 눈시울 겉에 난 다래끼.

◆**눈맞춤**이 입맞춤으로 흔히 이어지곤 하지: **눈 맞춤**의 잘못.

[설명] 현재로는 '눈맞춤'은 글자 그대로의 의미로만 인정하여 두 낱말. 한 낱말의 복합어로 인정되고 있는 것은 '입맞춤/찌맞춤/자(字)맞춤/전(廛)맞춤' 등을 빼고는 대부분 건설 용어임: '되맞춤/통맞춤/뼈맞춤/턱맞춤'

찌맞춤몡 봉돌과 찌의 균형을 맞추는 일.

자(字)맞춤몡 ①책이나 써 놓은 글 가운데서 나란히 있는 같은 글자 둘을 찾아내어, 그 수효에 따라 이기고 짐을 겨루는 놀이. ②예전에, 아이들이 한시(漢詩) 짓기를 익히기 위하여 한자를 되는대로 모아서 말을 만들던 일.

전(廛)맞춤몡 가게에서 팔기 위하여 공장에 주문하여 날림치보다 낫게 만든 물건

◆**눈 멀고 귀 멀면** 그런 답답이도 없지: **눈멀고**의 잘못. 맞음. ←**눈멀다**[원]

[참고] '귀 멀다'는 '귀먹다'의 방언이지만 위의 예문은 '눈 멀다'에 대한 대구로 쓰인 것임.

◆**눈물 지으며** 힘없이. **눈물보이고** 돌아서면 잊어버리는: **눈물지으며**, **눈물 보이고**의 잘못.

[설명] '눈물짓다/눈물지다/눈물겹다'만 한 낱말. '눈물 보이다/표정 짓다/눈물 흘리다' 등은 모두 두 낱말.

눈물짓다통 눈물을 흘리다. 또는 눈물이 고이다.

눈물지다통 눈물이 흐르다.

◆한 번 **눈밖**에 나면 회복하기 힘들지: **한번**, **눈 밖**의 잘못.

  [설명] ①'눈밖'은 없는 말로 '눈 밖'의 잘못. '눈 밖에 나다'는 관용구. 속담 '물 밖에 난 고기'의 경우에도, '물 밖'으로 띄어 적음. ②명확히 횟수를 나타내는 경우에는 '한 번'을 쓸 수도 있으나, 이 경우에는 '어쩌다 한 번, 때마침, 기회 있을 때' 등의 의미가 강하므로, '한번'이 더 적합함.

◆너 오길 **눈빠지게** 기다렸다: **눈 빠지게**의 잘못. ⇐'눈빠지다'는 없는 말.

  눈이 빠지게[빠지도록] 기다리다 〖관〗 몹시 애타게 오랫동안 기다리다.

◆**눈빨**을 곤두세우고서는: **눈발**의 잘못.

  [설명] 여기서 '-발'은 '기세/힘' 또는 '효과'의 뜻을 더하는 접미사. 따라서, 받침 'ㄴ/ㄹ/ㅁ/ㅇ' 뒤에 오는 예사소리의 경음 표기 원칙에 해당되지 않음.

◆**눈쌀** 찌푸릴 일이로군: **눈살**의 잘못.

  [비교] **눈설미** 하나는 알아줘야 해: **눈썰미**의 잘못.

       하도 아이들 **등살**에 시달려 살이 빠졌어: **등쌀**의 잘못.

  [설명] ①'눈꼽'(×)/'눈곱'(○)과 마찬가지로 의미소 '살'을 살림. 받침 'ㄴ/ㄹ/ㅁ/ㅇ' 뒤에 오는 예사소리의 경음 표기 원칙이 적용되지 않음. 그러나, '눈살'의 발음은 {눈쌀}임. ☞[주의]. ②'눈썰미/귀썰미'의 경우는 한번 보거나 들은 것을 기억하는 재주로서의 '-썰미'. 형태소 '-설미'와 무관하므로, '-썰미'임. ③ '등쌀에 시달리다'와 같은 경우는 '등쌀'. 의미소 '살'과 무관하기 때문. 의미소 '살'을 살리면 '등에 있는 살'이 되며, 발음은 {등쌀}.

  [암기도우미] **눈쌀/눈살**: 눈에는 '쌀'이 없고 '살'은 있다.

  눈살1〖명〗 두 눈썹 사이에 잡히는 주름.

  눈살2〖명〗 ①≒**눈총**. ②애정 있게 쳐다보는 눈.

  등살{등쌀}〖명〗 등에 있는 근육.

◆넌 **눈에가시/눈의가시** 같은 존재야: **눈엣가시**의 잘못.

  삵은 그 동네 사람들에게 **눈의가시**였다: **눈엣가시**의 잘못.

◆쟤는 **눈치도 없고 코치도** 없어: **눈치**(혹은 **눈치코치**)도의 잘못. ⇐설명 참조.

  눈치코치없이 끼어든다: **눈치코치 없이**의 잘못.

  [설명] '눈치코치('눈치'의 속어)'는 한 낱말이며, '코치'는 없는 말. 그러나 예외적으로 <u>구어체로는</u> 일부러 말을 재미있게 하기 위해서 한 낱말임에도 이를 분리하여 사용할 수는 있음. 단, 문어체에서는 잘못. 예: '미주알도 없는데 고주알까지 내놓으라 하더군.' ⇐'미주알고주알'은 한 낱말의 부사(명사가 아님).

◆이미 **눈치 채셨겠지만요**, 그는: **눈치채셨겠지만요**의 잘못. ←**눈치채다**[원]

  눈치빠른 여인은 이미 양다리를 걸치고 있었다: **눈치 빠른**의 잘못.

  눈치보아 요령 부리는 데엔 귀신: **눈치 보아**의 잘못. ⇐눈치(를) 보다.

  [설명] '눈치채다'는 한 낱말이지만, '눈치(가) 빠르다/눈치(를) 보다'는 관용구.

  눈치(가) 빠르다〖관〗 남의 마음을 남다르게 빨리 알아채다.

  눈치(를) 보다〖관〗 남의 마음과 태도를 살피다.

◆**눈칫꾼/눈칫군**: **눈치꾼**의 잘못. ⇐'꾼'으로 이미 경음화.

　눈치밥 얻어먹은 게 어디 하루<u>이틀</u>인가: **눈칫밥**, **하루 이틀**의 잘못.

　눈치싸움 하나는 끝내주지: **눈치 싸움**의 잘못. ⇐복합어가 아님.

　[설명] '~싸움'이 들어간 다음의 말들은 한 낱말의 복합어임. 그 이유는 글자 그대로의 뜻이 아니기 때문. '눈치 싸움'의 경우는 글자 그대로의 뜻만 있음: 사랑싸움~/개~/감정~/감투~/자리~/결판~/단판~/머리~/사상~/삼각~/어깨~/숨은~/판가리~/물똥~… 등등.

◆**눈 코 뜰 새없이** 바빴어: **눈코 뜰 새 없이**의 잘못. ⇐'눈코'는 한 낱말.

　[설명] '눈코'는 눈과 코를 아우르는 말.

　눈코 사이〈관〉 썩 가까운 거리.

◆**눈텡이/눈탱이**가 밤탱이 되도록 맞았다: **눈퉁이**의 잘못.

　눈잔등이 잔뜩 멍든 채로: **눈두덩, 멍 든**의 잘못. '눈잔등'은 없는 말.

　[참고] ①'밤탱이' 역시 비표준어로서 군이 올바른 표기를 찾으려면 '밤퉁이'여야 하나, '밤퉁이' 역시 사전에 없는 말임. '~퉁이'는 '귀퉁이/모퉁이', '부루퉁이(불룩하게 내밀거나 솟은 물건)' 등에서 쓰이듯, 불룩하게 내밀거나 약간 튀어나온 뜻을 더하는 접사적 기능어임. ②[주의] 한 낱말의 '멍들다'는 '마음속에 쓰라린 고통의 흔적이 남다. 일이 속으로 탈이 생기다'를 뜻하며 실제로 멍이 들 때는 '멍(이) 들다'로 띄어 적어야 함.

　눈퉁이〈명〉 눈두덩의 불룩한 곳을 속되게 이르는 말.

◆밥 솥바닥에 **눌러붙은** 건 **눌은밥**: **눌어붙은, 누룽지**의 잘못. ←**눌어붙다**[원]

　밥솥 바닥에 **늘어붙은** 게 누룽지라니까: **눌어붙은**의 잘못.

　그 집에 아예 **눌러붙어서** 애먹일 작정이군: **눌러앉아서**의 잘못. ←**눌러앉다**[원]

　[설명] ①'눌러붙다'는 아예 없는 말. '눌어붙다' 혹은 '눌러앉다'의 잘못. '눌어붙다'는 '눋+어+붙다'로 분석되는데, '눋다'에서 온 말. 따라서 발음도 {누러분따}. '눌러붙다'를 쓰게 되는 이유에는 잘못된 발음의 영향도 있음. ②'눌은밥'과 '누룽지'는 아래의 뜻풀이에서 보듯 서로 다름.

　눌어붙다〈통〉 ①뜨거운 바닥에 조금 타서 붙다. ②한곳에 오래 있으면서 떠나지 아니하다. [유]눋다.

　눌러앉다〈통〉 ①같은 장소에 계속 머무르다. ②같은 직위/직무에 계속 머무르다.

　누룽지〈명〉 ①솥 바닥에 눌어붙은 밥. ②'눌은밥'의 잘못.

　눌은밥〈명〉 솥 바닥에 눌어붙은 밥에 물을 부어 불려서 긁은 밥.

◆한 번만 살짝 **눌르면** 돼: **누르면**의 잘못. ←**누르다**[원]

　[설명] '(짐을) 나르다'를 '날르다'로 잘못 사용하는 것과 같이 특별한 이유 없이 'ㄹ'을 덧대어 잘못 쓰는 경우임. 이러한 낱말들로는 다음과 같은 것들이 있음(/의 앞이 잘못된 말들임). 〈예〉굴르다(×)/구르다(○); 눌르다/누르다; 둘르다/두르다; 모잘라다/모자라다; 문질르다/문지르다; 빨르다/빠르다; 별르다/벼르다; 서둘르다/서두르다; 약발르다/약바르다; 일르다/이르다; 저질르다/저지르다; 졸르다/조르다; 추슬리다/추스리다. ☞♠**특별한 이유 없이 'ㄹ'을 덧대어, 흔히 잘못 쓰는 낱말들** 항목 참조.

◆오줌은 싸는 것도 **놓는** 것도 아니다: **누는**의 잘못. ←**누다**[원]

　[설명] 오줌을 놓다(×)/누다(○). 놓다: '(오줌을) 누다'의 방언(이북/강원).

◆해가 서산에 **뉘엇뉘엇** 넘어갈 무렵에: **뉘엿뉘엿**의 잘못.

　뉘엿뉘엿匣 ①해가 곧 지려고 산이나 지평선 너머로 조금씩 차츰 넘어가는 모양.　②속이 몹시 메스꺼워 자꾸 토할 듯한 상태.

◆[고급] 여인은 아이를 안아 **뉘였다**: **뉘었다**의 잘못. ⇐뉘+었→뉘**었**(○)/뉘**였**(×).

　여인은 아이를 안아 **누이였다**: **누였다**의 잘못. ⇐누이+었→누**였**(○)/누이**였**(×).

　[활용] 풍상을 겪어 움푹 **패인** 얼굴: **파인/팬**의 잘못. ⇐파이다(○)/패다(○)/패이다(×).

　[설명] '누이다'의 준말은 '뉘다'. 그런데 이의 활용에서, 모음 어간('ㅏ'나 'ㅜ' 등) 뒤에 접미사 '-이'가 결합하여 'ㅐ'나 'ㅟ'로 줄여지는 경우는, 활용어미 '어'가 줄여지지 않는 게 원칙(한글 맞춤법 제34항 붙임1)이기 때문에 '뉘다'는 '뉘어/뉘었다' 등으로 활용하며, '뉘였다'는 잘못. ②이와 같은 활용을 하는 것으로는 '차이다→채다(준말)'에서 '차였다≒채었다(←차이었다)'와 '파이다→패다(준말)'에서 '패었다≒파였다(←파이었다)' 등이 있음. ☞♣**이중 피동의 잘못된 쓰임들** 항목 참조.

◆겨울 날씨 치고는 많이 **느긋해졌다**: **날씨치고는**, **누긋해졌다**의 잘못.

　[참고] 좀 지긋이 참고 **누긋해져** 봐: 쓸 수 있음. 느긋해져도 가능.

　[설명] ①'느긋해지다'는 '마음에 흡족하여 여유가 있고 넉넉해지다. 먹은 것이 내려가지 아니하여 속이 느끼해지다'를 뜻함. 한편 '누긋해지다'는 '추위가 약간 풀리게 되다. 메마르지 않고 좀 눅눅하다. 성질/태도가 좀 부드럽고 순하다'의 의미. 날씨에는 '누긋-'이 적절. ②참고 예문의 경우는 둘 다 쓸 수 있음.

◆[고급] ♣**'-느냐'와 '-으냐/-냐'의 구분**

　[예제]

　・ 너 지금 가진 돈 **없냐**?: **없느냐**?의 잘못. ⇐'없다'는 형용사지만 여기서는 '-느냐'와 결합(이러한 예외에 해당되는 것들: 있다/없다/계시다).

　・ 돌을 먹을 수야 **없지 않느냐**: **없지 않으냐**의 잘못. ⇐본용언 '없다(형용사)의 활용에 따르므로, '-으냐'.

　・ 지금 네가 말대꾸를 하지 **않냐**: **않느냐**의 잘못. ⇐본용언 '하다(동사)의 활용에 따름.

　・ 그 꽃이 예쁘지 **않느냐**: **않으냐**의 잘못. ⇐본용언 '예쁘다'의 활용에 따름.

　・ 네 말이 옳지 **않느냐**?: **않으냐**의 잘못. ⇐본용언 '옳다'의 활용에 따름.

　[설명] ①해라체에서, **'있다/없다/계시다'에는**(각각 '있다'는 동사 겸 형용사이고, '없다'는 형용사, '계시다'는 동사지만, 이러한 품사 구분과는 관계없이) ~느냐가 붙음. 즉, '계시냐'는 잘못이고 '계시느냐'가 맞음. 마찬가지로, '없냐'도 잘못이고 '없느냐'가 맞음. ②'-지 않다'에서처럼 '않다'가 보조용언으로 쓰인 경우에는 '않다'가 보조동사이자 보조형용사이기도 하므로 앞 용언의 품사에 따라 '않으냐/않느냐'로 활용함. 즉, 앞 용언이 형용사인 경우에는 '않으냐'이고 동사이면 '않느냐'. ③'옳지 않지 않느냐'의 경우, 뒤의 두 '않-' 모두 보조용언이며, 본용언인 '옳다'가 형용사이므로 '않으냐'를 씀.

　-느냐미 (있다/없다/계시다의 어간, 동사 어간 또는 어미 -으시-/-었-/-겠 뒤에 붙어) 해라할 자리에 쓰여, 물음을 나타내는 종결어미. ¶너 지금 무엇을 먹느냐?; 안에 누가 있느냐?; 그때 당시 학생이었느냐?

　-냐미 ('이다'의 어간, 받침 없는 형용사 어간, 'ㄹ' 받침인 형용사 어간 또는 어미 '-으시-/-었-/-겠-' 뒤에 붙어) 해라할 자리에 쓰여, 물음을 나타내는 종결어미. ¶바다가 푸르냐?; 애가 네 누이동생이냐?; 그가 바로 네가 말하던 사람이냐?

　-으냐미 ('ㄹ'을 제외한 받침 있는 형용사 어간 뒤에 붙어) 해라할 자리에 쓰여, 물음을 나타내는 종결어미. ¶운동장은 넓으냐?; 그 애가 그리도 좋으냐?

◆초상집에 안 가볼 수 **없잖냐**?: **없잖으냐**의 잘못. ←본용언 '없다'(형용사)의 활용에 따름.
  [설명] '없지 않다'의 어미는 본용언 '없다'의 품사에 따라 활용하므로, '없지 않다'의 물음을 나타내는 종결어미는 'ㄹ'을 제외한 받침 있는 형용사 어간 뒤에 붙는 '-으냐'임. 고로, '없지 않으냐'가 올바르며 그 준말은 '없잖으냐'임.

◆♣'**-느내**'에서 '**-느니만큼**'까지의 띄어쓰기: 어미이므로 당연히 붙여 씀.
  [예제] 가보기로 **했으니 만큼** 일단 가보자: **했으니만큼**의 잘못.
        어른이 **계시니 만치** 조용히 해라: **계시느니만치**의 잘못.
  -느내回 '-느냐고 해'가 줄어든 말. ¶너 어제 공원에 갔었느내.
  -느내요回 '-느냐고 해요'가 줄어든 말 ¶어제 서울에 갔었느내요; 사정이 급하다며 돈 좀 없느내요.
  -느니만치≒-느니만큼回 ¶집에 어른이 계시느니만치 조용히들 있어라.
  -느니만큼回 앞말이 뒷말의 원인/근거가 됨을 나타내는 연결어미. ¶열심히 공부하느니만큼 좋은 결과가 기대된다; 모든 걸 직시하고 있느니만큼 거짓말이 통할 리 없지.
  [구별] ①해보기로 '정했으니 만큼(×) 최선을 다하자.' →'정했으니만큼(○). [(으)니만큼: 어미] ②'일하는만큼'(×) 돈을 받아야지 →'일하는 만큼'(○). 이때의 '만큼'은 의존명사.

◆눈길을 **걷느라니** 옛 여인 생각이 나더군: **걷노라니**의 잘못.
  [설명] '~느라니/~느라면': '~노라니/~노라면'의 잘못. ¶사느라면(×)/사노라면(○). ☞'-노라-'에 관해서는 '**내로라하다**' 항목 설명 참조.

◆취한 그는 **느[그/기]적거리며** 걸어갔다: **는적거리며**의 잘못. ←**는적거리다**[원]
  [설명] '느그적거리다/느기적거리다'는 없는 말로, '는적거리다'의 잘못.
  는적거리다동 물체가 자꾸 힘없이 축 처지거나 물러지다.

◆자꾸 그렇게 **늑장부리다간** 정말 파장 늦장 본다: **늑장 부리다간**의 잘못.
  [설명] ①'늦장'과 '늑장'은 복수표준어: 느릿느릿 꾸물거리는 것. ②'늦장'에는 '늑장'에 없는 뜻이 있음: ㉠느직하게 보러 가는 장. ㉡거의 다 파할 무렵의 장.

◆[중요] '**-는가 하다**', '**-는가 싶다**', '**-는가 보다**'의 띄어쓰기
  [예제] 겨우 잠이 **드는가싶더니만**: **드는가 싶더니만**의 잘못.
        이제 **자는가보다**: **자는가 보다**의 잘못.
        이제야 **먹으려나봐**: **먹으려나 봐**의 잘못.
  [설명] 이것은 모두 '**-는가** 하다/싶다/보다'의 구성으로 쓰여 자기 스스로에게 묻는 물음/추측을 나타내는 종결어미. 이때 뒤의 '하다', '싶다', '보다' 등은 보조용언이지만 구성의 일부이므로 띄어 적음. ¶저 애가 왜 저러는가 했지; 무슨 일이 있었는가 싶었다; 거긴 비가 많이 왔는가 보다; 거기는 꽤 더운가 보다. ☞상세 설명은 ♣**보조용언 붙여쓰기 허용** 항목 참조.

◆봄이 이미 눈앞에 **왔는 걸**: **왔는걸**의 잘못. ←'-는걸'은 종결어미.
  [참고] 내 알기로 그는 내일 미국으로 **떠날 걸**: **떠날걸**의 잘못. ←'-ㄹ걸'은 종결어미.
        나는 그가 내일 **떠날걸로** 알고 있어: **떠날 걸로**의 잘못. ←'걸'은 의존명사 '거(것)'와 '-을'의 결합.
        알아주지 **않는걸** 어떡해: **않는 걸**의 잘못. ←'걸'은 '거'(의존명사)+'을'.

[설명] ①**'-는걸'**: 현재의 사실이 이미 알고 있는 바나 기대와는 다른 것임을 나타내는 <u>종결어미</u>. 당연히 붙여 적음. ¶그때는 아직 서로 얼굴도 모르고 있었는걸; 눈이 많이 쌓였는걸; 아기가 춥겠는걸. ② **'-ㄴ걸'** 역시 **'-는걸'**과 같은 기능의 종결어미. ¶겨우 알 것 같은걸. ③한편, 의존명사 활용 형태인 **'ㄴ (는) 걸'**에서 '걸'은 의존명사 '것'의 구어체인 '거'와 '을'이 결합하여 준 '거(것)'+'-을'의 꼴이므로, 떼어 써야 함. ¶내 걸 네 걸 그처럼 따지다니; 내 걸 내가 챙기는 게 어때서? ¶아무리 말해도 안 통하는 걸(것을) 어떡해. (의존명사). [암기도우미] '<u>걸</u>'을 '<u>것</u>'으로 바꿔서 말이 되면 의존명사.

[참고] **'-ㄹ걸'**: 종결어미인 것은 같음. 붙여 적음.
①화자의 추측이 상대편이 이미 알고 있는 바나 기대와는 다른 것임을 나타내는 종결어미. 가벼운 반박/감탄의 뜻을 나타냄. ¶그는 내일 미국으로 떠날걸; 너보다 키가 더 클걸.
②그렇게 했으면 좋았을 것이나 하지 않은 어떤 일에 대해 가벼운 뉘우침/아쉬움을 나타내는 종결어미. ¶차 안에서 미리 자 둘걸; 내가 잘못했다고 먼저 사과할걸.

◆그가 드디어 온다**는구료**㊤ : **'-는구려'**의 잘못. ⇐모음조화 위배.

◆네 말이 **맞다면** 손에 장을 지진다: **맞는다면**의 잘못. ⇐'맞다'는 동사.
　네 말이 **옳다면** 밥을 사마: 맞음. ⇐'옳다'는 형용사.
[설명] ①**'-는다면'**의 원말은 '-는다고 하면'인데, '-는다고'는 'ㄹ'을 제외한 받침 있는 동사 어간 뒤에 붙여 쓰임(받침이 없는 경우와 'ㄹ' 받침이 있는 경우에는 '-ㄴ다면' 꼴과 결합함: '오다'+'-ㄴ다면'→'온다면'; 울다'+'-ㄴ다면'→'운다면'). ②반면, '-다면'의 원말은 '-다고 하면'인데, '-다고'는 **형용사** 어간 뒤에 붙여 쓰임.
[암기도우미] 동사와 형용사의 간편 구분: 어미 활용에서 는(혹은 'ㄴ')이 붙어 말이 되면 동사임. 단, '-있다'가 붙어 만들어진 형용사는 제외. ⇒먹는/오는/가는; 알맞는(×)/걸맞는(×)/멋있는(○).

◆그는 집도 **없는데다가** 직업도 없었다: **없는 데다가**의 잘못. ⇐'데'는 의존명사.
　쟤는 공부를 잘하는데다가 운동도 잘해요: **잘하는 데다가**의 잘못.
[비교] 그는 집도 **없는데** 뭘 믿고 돈을 꿔줘?: 맞음. ⇐'-ㄴ데'는 어미.
[설명] ①'-는 데다가'는 동사와 '있다/없다' 뒤에 쓰여, '그 위에 더하여(앞의 것은 물론이고 뒤의 것까지)'의 뜻을 나타내는 말. 현재 《표준》에는 설명이 누락되어 있으나 관용적 어법임. ②여기에 쓰인 '데다가'는 의존명사 '데' 뒤에 더해지는 대상을 나타내는 격조사 '에다가'가 붙은 것. 즉, '집도 없는 데(에)다가→집도 없는 데다가'의 구성임. 〈예〉비가 오는 데(에)다가 바람까지 불기 시작했다; 가난한 데(에)다가 의지할 곳조차 없었다; 이 식당은 음식도 맛있는 데(에)다가 값도 싸서 늘 사람이 많다. ☞[암기도우미] '데' 뒤에 '-에'를 붙여 말이 되면 의존명사임.
[주의] '-는 데다가'의 꼴과 달리, '가게에 가는데 뭐 사다 줄까?'; 동구나무가 정말 큰데,' 등에 쓰인 '-ㄴ데'는 각각 연결어미와 종결어미이므로 앞말에 붙여 써야 함. 즉, ①연결어미일 때: 어떤 일을 설명하거나 묻거나 시키거나 제안하기 위하여 그 대상과 상관되는 상황을 미리 말할 때에 쓰임. 〈예〉네가 무엇인데 그런 말을 하는가?; 날씨가 추운데 외투를 입고 나가도록; 그가 정직하기는 한데 이번 일에는 적합지 않다. ②종결어미일 때: 어떤 일을 감탄하는 뜻을 넣어 서술함으로써 그에 대한 청자의 반응을 기다리는 태도를 나타낼 때 쓰임. 〈예〉어머님이 정말 미인이신데(그래).

◆그리 **말하는 데야** 어쩔 수 없지: **말하는데야**의 잘못.
[설명] '는데'는 연결어미. '는데야'는 연결어미에 보조사 '야'가 붙은 것. ☞**주의해야 할 어미** 항목 참조.

◆내 눈으로 **확인한 바** 사실이었네: **확인한바**의 잘못.

[설명] **~는바**ⓜ 어미이므로 붙여 씀. 의존명사 '바'와 구분하여야 함!! 뒤 절에서 어떤 사실을 말하기 위하여 그 사실이 있게 된 것과 관련된 상황을 제시하는 데 쓰는 연결어미로서, '-는즉'과 비슷하며, 반드시 붙여 씀. ¶시험이 곧 실시되는바 모두 자리에 앉을 것; 내가 읽은바 정말로 감동적이었네; 음식을 먹어 본즉(≒먹어 본바) 다 좋더군; 위험한 고비는 넘겼은즉(≒넘긴바) 안심하시게.

[비교] **~는 바에(는)**ⓘ 앞말이 나타내는 일의 기회나 그리된 형편의 뜻을 나타내는 말. '바'는 의존명사이므로 당연히 떼어 씀. ¶이왕 산 중턱까지 온 바에 꼭대기까지 올라갑시다; 어차피 매를 맞을 바에는 먼저 맞겠다; 이렇게 억지 부릴 바에는 다 그만두자.

[구별] 어미 '**~는바**'는 '바'가 의존명사일 때의 아래 구성들과 구별하여야 함.
① '**~ㄴ 바**': 앞에서 말한 내용 그 자체나 일 따위를 나타낼 때. ¶오늘 느낀 바를 말하라; 각자 맡은 바 책임을 다하라; 내가 알던 바와는 많이 다르다; 그건 여인이 일찍 경험한 바가 없는 일이었다.
② '**~ㄹ 바**': 어미 '-을'뒤에 쓰여, 일의 방법이나 방도를 뜻할 때. ¶어디에 눈 둘 바를 몰랐다; 나아갈 바를 밝히는 바이다; 자신이 해야 할 바를 잘 알고 있었다; 갈 바를 몰라 헤매다.
③ '**-은/는/을 바에(는)**': 앞말이 나타내는 일의 기회나 그리된 형편의 뜻을 나타낼 때. ¶이왕 산 중턱까지 온 바에 꼭대기까지 올라가지 뭐; 어차피 매를 맞을 바에는 먼저 맞는 게 낫다; 이렇게 억지 부릴 바에는 다 그만둡시다.
④ '**-는 바이다**': 일인칭을 주어로 사용하여 자기주장을 단언적으로 강조하여 나타내는 말. ¶이제 우리는 우리의 굳건한 의지를 내외에 천명하는 바이다; 나는 금번 사태에 통한의 눈물을 금치 못하는 바이다.

◆돕기는 **커녕** 되레 빈정거리기만 하더군: **돕기는커녕**의 잘못.

[설명] **-는커녕**ⓩ 앞말을 지정하여 어떤 사실을 부정하는 뜻을 강조하는 보조사. 보조사 '는'에 보조사 '커녕'이 결합한 말. ¶그 녀석 고마워하기는커녕 아는 체도 않더라; 빨리는커녕 천천히도 못 걷겠다.
☞**보조사 종합 정리** 항목 참조.

◆시간을 '**늘리다**'인가, '**늘이다**'인가?: **늘리다**가 맞음.
그 끈 길이를 조금만 **늘려라**: 늘여라의 잘못. ←**늘이다**[원]
방학을 더 **늘일** 수는 없다. 양식을 **늘이는** 방법: **늘릴, 늘리는**의 잘못.
[설명] ①**늘이다**: 길이를 늘이는 것. (엿가락/고무줄 따위.) ¶고무줄을 늘이다; 연설을 엿가락처럼 늘여 되풀이하는 바람에 지루했다. 발음 {느리다}.
　　늘리다: 증가/증대 계통(부피/수량 등). ¶학생 수를 늘리다; 적은 세력을 늘린 후 다시 침범하였다; 실력을 늘려 다음에 다시 도전해 보세요; 재산을 늘려 부자가 되었다; 쉬는 시간을 늘려야. 발음 {늘리다}.
②'늘이다'는 '본디보다 더 길게 하다'라는 뜻과 '아래로 길게 처지다'라는 뜻을 가진 말로, '엿가락/고무줄을 늘이다'와 '주렴/밧줄을 늘이다'처럼 쓰임. '늘리다'는 '물체의 길이/넓이/부피 따위를 커지게 하다. 수/분량이 본디보다 많아지게 하다. 힘/기운 따위를 큰 상태가 되게 하다. 재주/능력 따위를 나아지게 하다. 시간/기간을 길어지게 하다.'라는 뜻을 지녔음. ¶바지허리/몸무게/세력/실력을[를] 늘리다.
③박자의 경우에는, 음악적 시간을 구성하는 기본적 단위이므로, '늘리다'로 표현하는 것이 적절함.
[암기도우미] 길이[긴 것]에는 '늘이다'를 쓰고, 나머지에는 '늘리다'.
늘이다1ⓣ ①본디보다 더 길게 하다. ②선 따위를 연장하여 계속 긋다. ¶고무줄을 늘이다; 엿가락을 늘이다.
늘이다2ⓣ ①아래로 길게 처지게 하다. ②넓게 벌여 놓다.

◆그는 **늘상** 웃는 표정이다: **늘**(또는 **언제나/노상/만날**)의 잘못. 없는 말.

늘상 하는 소리지만, 제발 좀 작작 밝혀라: **늘**의 잘못. 없는 말.

[설명] 위의 예문에서 경우에 따라서는 '노상/항상(恒常)/언제나/변함없이/만날/항용/으레' 등과 바꾸어 쓸 수도 있지만, 기본적으로 '늘상'은 '늘'의 잘못. '늘'을 뜻하는 한자어 '상(常)'이 중복되어 쓰인 경우임. 그러므로 '늘상'을 인정하면 '늘늘'이 됨.

◆사람이 어찌나 끈진지 한번 **늘어붙으면** 떨어지질 않아: **들러붙으면**의 잘못.

[설명] '늘어붙다'는 방언임.

달라붙다〈들러붙다[통] ①끈기 있게 찰싹 붙다. ②한곳에 머물러 자리를 뜨지 않다. ③어떤 일에 매우 열중하다.

◆요즘 부쩍 실력이 **늘은** 것 같아요: **는**의 잘못. ⇐'늘고/느니/는'으로 활용.

[참고] 소득이 **는** 만큼 지출도 **는다**: 맞음. ←**늘다**[원]. 'ㄹ' 불규칙용언.

[설명] ①'늘다'는 'ㄹ' 불규칙용언으로 '늘고/늘어/느니/는/느오' 등으로 활용. ② '는'에 쓰인 '-ㄴ'은 받침 없는 동사 어간, 'ㄹ' 받침인 동사 어간 또는 어미 '-으시-' 뒤에 붙어 앞말이 관형어 구실을 하게 하고, 사건/행위가 과거 또는 말하는 이가 상정한 기준 시점보다 과거에 일어남을 나타내는 어미. ¶어제 떠난 사람; 깨끗이 턴 이불; 불에 덴 사람.

◆**늙수구레한** 중년 남자: **늙수그레한**의 잘못. ←**늙수그레하다**[원]

늙스레한 남자: **늙수레한**의 잘못. ←**늙수레하다≒늙수그레하다**[원]

[참고] 굵은 감자들이 **숙수구레하게** 고르더군: **숙수그레하게**의 잘못.

[설명] ①'늙+수그레(접사)+하다(접사)→'늙수그레하다'. 이 '늙'의 표기는 '명사나 용언의 어간 뒤에 자음으로 시작된 접미사가 붙어서 된 말은 그 명사나 어간의 원형을 밝혀 적는다'는 원칙(한글 맞춤법 제21항)에 따라, 어간의 원형 '늙'을 밝혀 적은 것. 〈예〉어간 뒤에 자음으로 시작된 접미사가 붙어서 된 것: 낚시/늙정이/덮개/뜯게질/갉작갉작하다/갉작거리다/뜯적거리다/뜯적뜯적하다/굵다랗다/굵직하다/깊숙하다/넓적하다/높다랗다/늙수그레하다/얽죽얽죽하다. ☜♣**원형을 밝혀 적는 것과 밝혀 적지 않는 것** 항목 참조. ②'-수그레'는 접사인데, '-수구레'는 잘못으로 없는 말. ☜♣**'ㅡ' 모음 낱말과 'ㅜ/ㅗ' 모음 낱말의 구분** 항목 참조. ③'-수레하다'는 '-수그레하다'의 제한적 쓰임과 마찬가지로, '늙수레하다(≒늙수그레하다)'와 '둥글뭉수레하다(끝이 둥글고 뭉툭하다)'에서만 보이는 특수한 형태의 접사 결합임.

숙수그레하다〈쑥수그레하다[형] 조금 굵은 여러 개의 물건이 크기가 거의 고르다.

◆[중요] **늙으막**에 이 무슨 부끄러운 꼴이란 말인가: **늘그막**의 잘못.

[참고] **낮으막한** 목소리; **늦이막한/느즈막한** 출근: **나지막한**, **느지막한**의 잘못.

[설명] ①'늙으막'은 '늘그막(늙어 가는 무렵)'의 잘못. ⇐접사 '-막'은 '-이/-음' 이외의 경우이므로 소리 나는 대로 적음. [주의] 이 '늘그막'의 준말인 '늙마'에서는 '늙'의 의미소를 살림. ⇐준말에서의 어근(어원) 살리기 원칙. ②'늙으막'에 쓰인 '-막'은 '때나 곳의 뜻을 더하는 접사. 〈예〉오르막/내리막/가풀막/돈들막; 요즈막/이즈막/마지막. ③'~으막/~이막/~지막' 등이 붙어 '그 즈음'이나 '꽤/매우'의 의미를 더하게 되면 어근/의미소를 밝히지 않고 소리 나는 대로 적음. 〈예〉늙+으막→늘그막(늙어 가는 무렵); 요즘+으막→요즈막(바로 얼마 전부터 이제까지에 이르는 가까운 때); 이즘+으막→이즈막(얼마 전부터 이제까지에 이르는 가까운 때); 낮+이막+하다→나지막하다(위치/소리가 꽤 나직하다); 높+지막+하다→높지막하다(위치가 꽤 높직하다)'의 어근; 늦+이막+하다→느지막하다(시간/기한이 매우 늦다); 큼+지막+하다→큼지막하다(꽤 큼직하다). ④주의할 것은 어근 말미가 '즘'으로 명확히 끝나지

않는 것들은 모두 '∼즈'가 아닌 '∼지'로 연결된다는 것: 나즈막(×)/나지막(○); 느즈막(×)/느지막(○) 단, 요즈막(○)/요지막(×).

[보충] 비교적 널리(여러 어간에) 결합하는 '-이/-음'과는 달리, 불규칙적으로 결합하는, 모음으로 시작된 접미사가 붙어서 다른 품사로 바뀐 것은, 그 원형을 밝히지 않고 소리 나는 대로 적는다 [한글 맞춤법 제19항]: (꾸짖웅) 꾸중/(남어지) 나머지/(눈웅지) 누룽지/(늙으막) 늘그막/(돌앙) 도랑/(돌오래) 도르래/(동글아미) 동그라미/(붉엉이) 불겅이/(뻗으렁) 뻐드렁니/(옭아미) 올가미/(짚앙이) 지팡이/(뚫에) 코뚜레.

◆장교 복장의 **늠늠한** 그의 모습에 반했다: **늠름한**의 잘못. ☞**두음법칙** 항목 참조.

◆**동구능**과 **홍능**을 돌고 왔지: **동구릉**과 **홍릉**(○). ⇐두음법칙에서 단어의 첫머리 이외의 경우에는 본음대로 적음. '동구'와 '홍'은 접두어가 아니며, '동구릉'과 '홍릉' 자체가 뭉치 말. ☞발음도 {동구릉}{홍릉}이며 {동구능}{홍능}은 잘못.

◆**늦으막히/늦이가니/늦이감치** 집을 나섰다: **느지막히/느지거니/느지감치**의 잘못.
  [참고] **낮으막한/낮이막한** 의자: **나지막한**의 잘못.
  [설명] ①'늦으막하다': '느지막하다'의 잘못. 없는 말. 표준어 선정에서 전자를 버리고 후자를 표준어로 삼았음. '늦이가니/느지가니': '느지거니'의 잘못. '느지거니=느지감치'. ②'느지가니(×)/느지거니(○)'와 비슷한 '일찌가니(×)/일찌거니(○)'의 경우에도 모음조화에 어긋나는 '가'를 버리고 '거'를 택함. ☞[주의] '느지막하게/나지막하게'는 '느지막하다/나지막하다'의 부사어이고, '느지막이/나지막이'는 독립부사.
  [참고] ¶**일찍가니**(×)/**일찌거니**(×) 밥을 먹고 자리에 들었다: 일찌감치(일찌거니)(○) ↔ 느지감치(○).

◆[고급] 지금 가면 너무 **늦은데** 어떻게 할까?: **늦는데**의 잘못.
  [설명] ①'-은데/-는데'는 모두 뒤 절에서 어떤 일을 설명하거나 묻거나 시키거나 제안하기 위하여 그 대상과 상관되는 상황을 미리 말할 때에 쓰이는 연결어미. '있다/없다/계시다'의 어간, 동사 어간 또는 어미 '-으시-/-었-/-겠-'의 뒤에서는 '-는데'를 사용함. ②'늦다'는 동사와 형용사로 쓰이는 말인데, 예문에서는 동사로서 '정해진 때보다 지나다'의 뜻으로 쓰였으므로 '-는데'가 적절함. ¶볼 건 **많은데** 시간이 모자란다 ⇐형용사. 방이 **좁은데** 사람이 너무 많다 ⇐형용사. ¶영화를 보고 **있는데** 불이 났다 ⇐'있다'. 노래는 잘 **부르는데** 춤은 잘 못 춘다 ⇐동사. 눈이 **오는데** 차를 몰고 나가도 될까? ⇐동사.
  늦다[동] 정해진 때보다 지나다. [형] ①기준이 되는 때보다 뒤져 있다. ②시간이 알맞을 때를 지나 있다. 또는 시기가 한창인 때를 지나 있다. ¶늦은 점심; 지금도 늦은데 더 기다리자니 말도 안 돼. ③곡조/동작 따위의 속도가 느리다.

◆**늬 오래비** 좀 오라고 해라: **네**(혹은 **너의**), **오라비**의 잘못.
  늬들 집에 금송아지가 있다고?: **너희들**의 잘못.
  늬 집에 한번 가보고 싶구나: **너의** (혹은 **네**)의 잘못.
  [설명] '늬'는 없는 말로, '너희/너의/네'의 잘못. '네'는 '너+의(격조사)'의 준말.

◆음식이 쌈박하지 못하고 좀 **닝닝하구나**: **느끼하구나**(혹은 **밍밍하구나**)의 잘못.
  밍밍하다〉맹맹하다[형] ①음식 따위가 제맛이 나지 않고 몹시 싱겁다. ¶국이 너무 밍밍해 간장으로 간을 맞추었다. ②술/담배의 맛이 독하지 않고 몹시 싱겁다. ③마음이 몹시 허전하고 싱겁다. [유]미지근하다.
  느끼하다[형] ①비위에 맞지 아니할 만큼 음식에 기름기가 많다. ②기름기 많은 음식을 많이 먹어서 비위에 거슬리는 느낌이 있다. ③맛/냄새 따위가 비위에 맞지 아니하다.

◆응시해보기로 **정했으니 만큼** 최선을 다하도록: **정했으니만큼**의 잘못.
  [설명] '-(으)니만큼': 어미. 유의어인 '-(으)니만치'도 어미.
  [구별] **일하느니만큼** 일당을 받아야지(×): **일한 만큼**(○)의 잘못. (이때의 '만큼'은 의존명사).

◆**'닐니리야'**와 **'닐니리타령'**은 같은 말이야: **'늴리리야', '늴리리타령'**의 잘못.
  늴리리/늴니리 맘보로군그래: **늴리리**의 잘못.
  닐니리胃 '늴리리'의 잘못.
  늴리리胃 퉁소/나발/피리 따위 관악기의 소리를 흉내 낸 소리.

◆**대통령 님**과 **문재인님**의 올바른 띄어쓰기는?: **대통령님, 문재인 님**의 잘못.
  [설명] '대통령님'에서의 '님'은 '사장님/회장님'과 같이 접미사. 그러나, '아무개 님'의 경우에는 의존명사로서 '홍길동 님, 이승진 님, 문재인 님' 처럼 띄어 씀. (두음법칙의 예외). 인터넷상의 별명 뒤에서도 마찬가지임: 하늘바람 님; 바늘과실 님; 어제그사람 님.
  님1접 ¶사장님, 회장님, 대통령님.
  님2의 ¶홍길동 님, 김아무개 님.
  님3의 바느질에 쓰는 토막 친 실을 세는 단위. ¶한 님, 두 님.

◆**님**께서 가신 그 길은 영광의 길이었기에: **임**의 잘못.
  시집 〈**님**의 침묵〉: 〈**임**의 침묵〉이 옳으나 작품 제목이므로 그대로 인용.
  임명 사모하는 사람. (일반명사임)

◆**'님'**과 **'닢'**: 특수 단위들(의존명사)로서 두음법칙의 예외. ☞**두음법칙** 항목 참조.
  닢: 고공품을 세는 단위. ¶가마니/돗자리/멍석 세 닢.
  님: 바느질에 쓰는 토막 친 실을 세는 단위. ¶한 님, 두 님.

◆**저희 아버님께서는 어머님께** 항상 존댓말을 쓰셨습니다. ⇐과도한 존칭 사용.
  [설명] 자신의 부모를 남 앞에서 극존칭을 쓰는[하는] 것은 오히려 결례. '저희 아버지(께서)는 저의 어머니께 항상' 정도로 낮춰야 자연스러움. [주의] '존칭하다'는 한 낱말. '극존칭하다'는 없는 말.

◆국물 맛이 왜 이렇게 **닝닝해**?: **밍밍해**의 잘못. ←**밍밍하다**[원]
  술이 김이 빠졌나, 무척 **닝닝한데**?: **밍밍한데**의 잘못.
  [참고] **코멩멩이** 소리 말고: **코맹맹이**의 잘못. ←**맹맹하다**[원]
  [설명] ①닝닝하다/닝닝하다'는 방언사전에도 없는 말. '밍밍하다'가 표준어. ②'코맹맹이'의 '맹맹'은 '맹맹하다(코가 막히어 말을 할 때 코의 울림 소리가 나면서 갑갑하다)'의 어근으로, '밍밍하다〉맹맹하다'와는 무관한 말.
  밍밍하다〉맹맹하다형 ①음식 따위가 제맛이 나지 않고 몹시 싱겁다. ¶국이 너무 밍밍해 간장으로 간을 맞추었다. ②술/담배의 맛이 독하지 않고 몹시 싱겁다. ¶술이 김이 다 빠져 밍밍하다. ③마음이 몹시 허전하고 싱겁다. [유]미지근하다.

◆그처럼 곗돈을 **다가쓰면** 요긴할 때 못 쓰잖아: **당겨쓰면**의 잘못.
  다가쓰다[통] '당겨쓰다(돈/물건 따위를 원래 쓰기로 한 때보다 미리 쓰다)'의 잘못.

◆모두 **다같이**: **다 같이**의 잘못. ⇐'둘 다, 다 함께'를 띄어 쓰는 것과 같음.
  [참고] **모두다** 부러워하는 신의 직장이라는 은행원: **모두 다**의 잘못.
  [참고] **다함께** 노력하면 안 될 게 없지: **다 함께**의 잘못.
  [보충] '전부 다, 모두 다'의 경우도 띄어 씀. 이때의 '전부', '모두' '다'는 부사지만, 간혹 문맥에 따라 '다'가
    명사일 수도 있음. 아래 뜻풀이 중 '다'의 명사 기능 참조.
  [설명] '다같이'는 《표준》의 표제어에 없는 말. 일부 예문에 붙여 쓴 것이 있으나 현재로는 잘못. ¶술잔
    을 들고 다 같이 건배합시다; 다 같이 힘들게 결정해 놓은 일이 그의 변심으로 허사로 돌아갔다; 다
    같이 잘못을 했는데 나만 혼내다니 이럴 수가. ☞[의견] 언어 현실을 감안하여, 표준어로 채택/정리하
    여야 할 낱말임.
  다[뷔] ①남거나 빠진 것이 없이 모두. ¶올 사람은 다 왔다; 줄 것은 다 주고. ②행동/상태의 정도가 한도
    (限度)에 이르렀음을 나타내는 말. ¶기운이 다 빠졌다; 사람이 다 죽게 생긴 판인데. ③일이 뜻밖의 지
    경(地境)에 미침을 나타내는 말. 가벼운 놀람, 감탄, 비꼼 따위의 뜻을 나타낸다. ¶원, 별꼴 다 보겠네;
    네가 이 시각에 집에 오다니, 이게 웬일이냐?; 세상에, 그런 일이 다 있군그래; 우리 형편에 자가용이
    다 무어냐; 듣자 듣자 하니 별소리를 다 하는구나. ④실현할 수 없게 된 앞일을 이미 이루어진 것처럼
    반어적으로 나타내는 말. ¶숙제를 하자면 오늘밤 잠은 다 잤다; 비가 이렇게 오는데 소풍은 다 갔다.
    [명] ①남거나 빠짐없는 모든 것. ¶그년이 한 짓은 이게 다가 아니야. 다 알면 기절초풍할 걸; 네 가진 것
    전부 다를 달라는 건 아니야. ②더할 나위 없는 최상의 것. ¶인생에서 돈이 다가 아닌데도, 거기에 매
    여서 인생 망치는 사람들 참 많지.
  [주의] '같이'가 다음과 같이 격조사로 쓰일 때도 있으나 이때에도 '다 같이'에서의 '다'는 명사로 쓰인 것
    이 아니므로, 띄어 적어야 함. ☞**'같이'와 '같은/같다'의 띄어쓰기** 항목 참조.
  같이[조] ①앞말이 보이는 전형적인 어떤 특징처럼'의 뜻을 나타내는 격조사. ¶얼음장같이 차가운 방바
    닥; 눈같이 흰 박꽃; 소같이 일만 하다; 나같이 해도 돼; 마음같이 그리 쉽게 될까. ②앞말이 나타내
    는 그때를 강조하는 격조사. ¶새벽같이 떠나다; 매일같이 지각하다. 단, 격조사이므로 당연히 체언에
    붙여 써야 하고, '~같은'의 꼴로 활용하지 못함.

◆심부름 좀 **다녀오거라**: **다녀오너라**의 잘못.
  춘향아, 그걸 이리 들고 **오거라**: **오너라**의 잘못.
  [설명] '-거라'는 '오다'를 제외한 동사의 어간에 붙을 수 있으며[국립국어원 개정. 2014], '-너라'는 '오다'나
    '오다'로 끝나는 말 뒤에 붙어 쓰이는 말.

◆♣'-다니다'가 들어간 복합어 중 유의해야 할 말들: 복합어이므로 붙여 써야 하며 띄어 쓰면 잘못.
  [예제] **떠돌아 다니니까** 떠돌이라 하지: **떠돌아다니니까**의 잘못. ⇐한 낱말.
    제발 **싸돌아 다니지** 좀 마라: **싸돌아다니지**의 잘못. ⇐한 낱말.

○**'-다니다'**: 건너다니다/굴러-/끌려-/나-/날아-/넘나-/돌아-/따라-/떠-/떠돌아-/뛰어-/몰려-/밀려-/싸-/싸돌아-/쏘-/지나-/쫓아-/찾아-/휘돌아-.

◈**울다웃다** 하면 어디에 털 나: **울다(가) 웃다(가)**의 잘못.
　[설명] **~다가**: 두 가지 이상의 사실이 번갈아 일어남을 나타내는 연결어미. ¶날씨가 덥다가 춥다가 한다; 아기가 자다가 깨다가 한다; 그녀는 책을 읽으며 울다가 웃다가 시간 가는 줄 몰랐다.

◈**다다음주**에 갈게: **다음다음 주**(혹은 **담담 주**)의 잘못.
　다다음달이 만기야: **다음다음 달** (혹은 **담담 달**)의 잘못.
　[설명] ①이번으로부터 두 번째 되는 차례를 이르는 말은 '다음다음'과, '다음다음'의 준말인 '담담'이며, '다다음'은 없는 말. ②'다음다음', '담담', '주/달'은 각각의 낱말이므로, '다음다음 주/달, 담담 주/달'과 같이 띄어 적음. ☞**'지지난주'** 항목 참조.

◈먼저 **다달았으니** 다 먹어도 뭐: **다다랐으니**의 잘못. ←**다다르다**[원]
　[설명] '다닫다/다달으다' 모두 비표준어로 규정(표준어규정 제17항). 즉 '다다르다'의 준말로 '다닫다'를 쓰기도 하나 '다닫다'는 비표준어로 규정됨.

◈여기 **다데기/다대기** 좀 더 주세요: **다지기**(혹은 **다진 양념**)의 잘못.
　[설명] ①'다데기'는 일본식 양념 '다다기'의 오기이며《표준》에서는 이를 '다대기'(외래어)로 표기하고 그 순화어로 '다진 양념' 혹은 '다짐'을 제시하고 있음. (그런데 막상 '다짐'의 뜻풀이에서는 이러한 의미가 누락되어 있음.) ②'다지기'는 아래 뜻풀이에서 보듯 고유어임.
　다지기[명] ①고기/채소/양념감 따위를 여러 번 칼질하여 잘게 만드는 일. ②파/고추/마늘 따위를 함께 섞어 다진 양념의 하나. ¶설렁탕에 다지기를 풀다. ③흙 따위를 누르거나 밟거나 쳐서 단단하게 하는 일.

◈♣**'-다랗다'**가 들어간 말 중 주의해야 할 것들
　[예제] **짧다란/짤다란** 사람이 버티고 섰더군: **짤따란**의 잘못. ←**짤따랗다**(○).
　　　　 돈 봉투치고는 아주 **얇다랬어**: **얄따랬어**의 잘못. ←**얄따랗다**(○).
　　　　 멀다랗게 보이는 산: **머다랗게**의 잘못. ←**머다랗다**(○)/**멀다랗다**(×).
　[설명] '-다랗다'는 '그 정도가 꽤 뚜렷함'의 뜻을 더하는 접미사인데, 일부 단어와 결합할 때, 두 가지 방식이 있음.
　①본래의 어근과 결합하는 경우: 높<u>다랗다</u>/좁<u>다랗다</u>/굵<u>다랗다</u>/곱<u>다랗다</u>/깊<u>다랗다</u>/두껍<u>다랗다</u>.
　②'-ㄹ 탈락', '겹받침의 소리대로' 등을 따라 만들어진 새로운 어근과 결합하는 경우: 길<u>다랗다</u>(×)/기<u>다랗다</u>(○), 넓<u>다랗다</u>(×)/널<u>따랗다</u>(○), 짧<u>다랗다</u>(×)/짤<u>다랗다</u>(×)/짤<u>따랗다</u>(○), 참<u>다랗다</u>(×)/참<u>따랗다</u>(○), 얇<u>다랗다</u>(×)/얄<u>따랗다</u>(○), 멀<u>다랗다</u>(×)/머<u>다랗다</u>(○), 가늘<u>다랗다</u>(×)/가느<u>다랗다</u>(○), 잘<u>다랗다</u>(×)/잗<u>다랗다</u>(○). ☞♣**겹받침 뒤에서의 음운 표기 원칙** 항목 참조.
　참따랗다[형] 딴생각 없이 아주 진실하고 올바르다.

◈**다름아니라** 내 말은 바로 그걸세: **다름 아니라**의 잘못. ⇐관용구.
　다름아닌 바로 그것이었네: **다름 아닌**의 잘못. ⇐관용구.
　그건 또 다른 형태의 **폭력에 다름 아니다**: **폭력과 다름없다**가 적절함.
　보기엔 그럴듯해도 실제론 거지와 **다름 없이** 가난한 사람이야: **다름없이**의 잘못.

[설명] ①'다름(이) 아니라', '다름 아닌'은 모두 관용구로서 띄어 적음. ②'-에 다름 아니다'는 일어식 표현으로 '-과 다름없다'로 쓰는 것이 좋음. ③'다름없다[형], 다름없이[부]'는 모두 한 낱말.

다름 아닌관 다른 것이 아니라 바로.

다름없다[형] 견주어 보아 같거나 비슷하다. [유]동일하다/틀림없다/같다.

◆간장을 **다리면** 부엌에 냄새가 밴다: **달이면**의 잘못. ←**달이다**[원]

　양복을 **달이는** 다림질은 은근히 어렵다: **다리는**의 잘못. ←**다리다**[원]

[설명] '다리다'는 '다리미로 문지르다'란 뜻을, '달이다'는 '끓여서 진하게 하다, 약제에 물을 부어 끓게 하다'란 뜻을 나타냄. 《예》다리다→양복을 다린다. 다리미질; 달이다→간장을 달인다. 한약을 달인다.

◆**다리힘**이 하나도 없어서 더 못 걷겠다: **다릿심**의 잘못.

[참조] **팔힘/뒷힘**이 그리 약해서야: **팔심/뒷심**의 잘못.

[참고] 이와 같이, '힘'의 뜻을 '심'으로 표기하는 말들에는 '팔심/뚝심/뱃심/뒷심/뼛심/입심/허릿심/고갯심/알심/헛심/붓심≒필력(筆力)/쇠심=소심/윗심/좃심/활심' 등이 있음.

◆**다림질판**이 어디 있지?: **다리미판/다림판**의 잘못.

[설명] '다림질'은 '다리미질(다리미로 옷이나 천 따위를 다리는 일)'의 준말이지만, '다림질판'은 없는 말.

[주의] 단, '다림판'에는 '다림대'의 의미도 있음.

다림대[명] ≒다림판2(물체/바닥 따위가 수평으로 되었는가를 살펴보는 기구).

◆그쯤이야 **아다 마다**; 암 **먹다 마다**: **알다마다, 먹다마다**의 잘못.

[설명] '-다마다'는 '-고말고'과 같은 뜻의 어미. 고로, 어간에 붙여 씀.

◆[고급] ♣'~다 못해'와 '보다못해(×), 마지못해'(○)의 띄어쓰기

[예제] **보다못해** 큰 소리로 말렸다: **보다 못해**의 잘못. ⇐두 낱말.

　　　듣다 못해 자리에서 일어섰다: **듣다못해**의 잘못. ⇐한 낱말.

　　　마지못하여 먹는 척했다: 맞음. ⇐한 낱말.

[설명] ①'희다 못해 푸른빛이 도는 치아; 먹다 못해 음식을 남기다; 보다 못하여 간섭을 하다; 기다리다 못하여 돌아갔다; 배가 고프다 못하여 아프다' 등에서 보이는 '~못하다'는 보조형용사임. 따라서, 원칙적으로 띄어 써야 하며, '다(가)못해'의 구성으로 쓰이고 있으므로 띄어 적어야 함. ②그러나, 일부 낱말의 경우는 아예 파생어로 설정하려는 학자들도 있음. 위의 '보다못해'와 '마지못해'가 그러한 예인데, 《표준》은 '보다 못해'로 분리하고 있음. ③《표준》에 따르면 현재 '~못해'가 붙은 부사로 표제어에 오른 것은 '하다못해, 듣다못해'의 두 가지뿐임. 그럼에도 아래 뜻풀이에 보인 낱말들은 파생어(한 낱말)로 처리하고 있음.

[의견] '마지못해/참다못해'와 '되지못하게'는 아래의 다른 말들과는 달리 활용형 부사 꼴로 ('마지못해/참다못해'는 각각 '마지못하여'와 '참다못하여'의 준말 꼴) 실제 생활에서 널리 쓰이고 있고, 《표준》에서도 이 세 가지는 활용 예문에 활용하고 있으므로, 정식 파생 부사로 인정하여 표제어로 등재함이 마땅함.

마지못하다[형] 마음이 내키지는 아니하지만 사정에 따라서 그렇게 하지 아니할 수 없음. [유]부득이하다.

되지못하다[형] 옳지 못하거나 보잘것없다.

참다못하다[통] 참을 만큼 참다가 더 이상 참을 수 없다.

새수못하다[통] 손을 대지 못하다.

안절부절못하다图 마음이 초조하고 불안하여 어찌할 바를 모르다. [유]안달하다/조바심하다/초조하다.

◆**다섯살** 꼬맹이의 손; **댓살박이**가 뭘 알까: **다섯 살, 댓 살배기**의 잘못.

[설명] ①'댓 살배기'(o)나 되었을까?; '댓 살쯤'(o)이나 될까; '댓 사람'(o): '댓'은 '다섯쯤 되는'을 뜻하는 수/관형사. '-배기'는 접사. ②준말이라 할지라도, 복합어로 인정되지 않은 것들은 띄어 써야 함. ¶울 엄마(×)/울학교(×) →울 엄마(o)/울 학교(o).

◆그런 바보 짓도 **다시 없다**: **바보짓, 다시없다**의 잘못.

[참고] '바보상자, 바보짓, 까막바보, 바보온달'은 모두 한 낱말.

다시없다图 그보다 더 나은 것이 없다.

◆그는 약속대로 바로 하루 뒤 **다음날** 돈을 돌려주었다: **다음 날**의 잘못.

그는 시간이 나는 대로 언제 **다음 날**에 다시 보자고 했다: **다음날**의 잘못.

[참고] 그는 약속대로 하루 뒤인 **그 다음날**에 나타났다: **그다음 날**의 잘못.

[설명] ①오늘의 다음인 내일, 즉 그다음 날을 가리킬 때는 '다음 날'. 그러나 '정하여지지 아니한 미래의 어떤 날'은 '다음날'임. 즉, '뒷날/훗날'로 바꾸어 써도 될 경우에는 '다음날'. '다음날'의 준말은 '담날'. ②참고 예문의 경우는 '그다음 날'을 이튿날로 바꿔 쓸 수 있음. 즉, '그다음'은 '그것에 뒤이어 오는 때/자리'를 뜻하는 한 낱말.

이튿날图 어떤 일이 있은 <u>그다음의 날.</u>

◆[고급] **다음분** 나오세요: **다음 분**의 잘못.

다음번 분 올라오세요: **다음 번 분**의 잘못.

우리 **다음 번**에 만나서 다시 얘기하지: **다음번**의 잘못. ⇐아래 설명 참조.

[설명] ①'분'이 <u>사람의 뜻을 나타내는 일부 명사</u> 앞에서 '높임'의 뜻을 더하는 접미사로 쓰일 때는 앞말에 붙여 써야 함. 〈예〉아내분/남편분/친구분/환자분. 그러나 의존명사의 경우에는 띄어 씀. ②'다음 번'은 '<u>정해지지 않은 미래에 올 차례</u>'를 뜻할 때는 한 낱말. 그러나, 차례가 특정된 경우, 즉 바로 뒤이어 오는 차례에는 '다음 번'. ¶이제 네가 다음 번이야; 우리 다음번에 보면 그때 다시 얘기하지.

[참고] '분'은 다음 예문에서와 같이 의존명사이기도 함. 그러므로, 접사인지 의존명사인지는 그 앞말이 명사인지 관형형인지, 그리고 사람을 나타내는 명사인지에 따라 구분. ¶①반대하시는 분 계십니까?; 어떤 분이 선생님을 찾아오셨습니다; 여기 계신 분이 먼저 오셨습니다; 아까 왔던 장 형사라는 분, 잘 아시는 분인가요? ⇐앞말이 모두 관형형이므로, 이때의 '분'은 의존명사. ②의사분/환자분/친구분은 모두 사람을 나타내는 명사이므로, 접사. 그러나 '고향 분/강원도 분' 등의 '고향/강원도'는 이에 해당되지 않으므로 의존명사.

◆**별 말씀**을 **다하십니다**: **별말씀, 다 하십니다**의 잘못.

[설명] ①'별말씀'은 '별말(≒별소리. 뜻밖의 별난 말, 혹은 별다른 말)'의 높임말. ②'다 하다'의 '다'는 다음 낱말들의 뜻풀이에서 보듯, 부사임: 전완하다(全完-. 어떤 일을 모두 이루거나 <u>다 하다</u>) 즐풍목우하다(櫛風沐雨-. 오랜 세월을 객지에서 방랑하며 온갖 고생을 다 하다).

◆[고급] 이렇게 비가 오니 오늘 장사는 **다했다**: **다 했다**의 잘못. ⇐'다'는 부사.

이제 운이 **다 했나** 보다: **다했나**의 잘못. ←**다하다**[원]

겨울이 **다 하고** 봄이 왔다: **다하고**의 잘못. ←**다하다**[원]

[설명] '오늘 장사는 다 했다'에서 쓰인 '다 하다'와 '운이 다하다'에서 쓰인 '다하다'는 띄어쓰기뿐만 아니라 용례에서도 다름. 즉 부사로 쓰인 '다'는 <u>실현할 수 없게 된 앞일을 이미 이루어진 것처럼 반어적으로</u> 나타내는 말로서, '어떤 것이 끝나거나 남아 있지 아니하다/어떤 현상이 끝나다/부여받은 수명 따위가 끝나거나 또는 일생을 마치다'의 뜻으로 쓰이는 '다하다'와는 쓰임이 아래와 같이 다름.

   1)부사로서의 '다'가 쓰인 '다 하다': ¶비가 오니 소풍은 다 갔다; 몸이 이렇게 아프니 오늘 장사는 다 했다. ⇐가지 않은 소풍, 하지 않은 장사에 대해 반어적으로 표현

   2)'다하다'통: ①어떤 것이 끝나거나 남아 있지 아니하다. ¶기름이/군량이/기력이/운이 다하다. ②어떤 현상이 끝난다. ¶겨울이 다하고 봄이 왔다; 방학이 다해 간다; 올해도 다해 간다. ③부여받은 수명 따위가 끝나거나 또는 일생을 마치다. ¶배터리 수명이 다하다; 목숨이 다하는 순간까지; 천명을 다하다.

◆지금 이제야 **닥달**한다고 해서 뭐가 되나?: **닦달**의 잘못. ←**닦달하다**[원]

  그리 **닥달한다고** 일이 빨리 되는가?: **닦달한다고**의 잘못.

[참고] **몸 닥달** 없이 훈련이 제대로 될까: **몸닦달**의 잘못. 한 낱말.

[암기도우미] '닦다'에는 '품행/도덕을 바르게 다스려 기르다. ¶효행/행실을 닦다', '치밀하게 따져 자세히 밝히다', '휘몰아서 나무라다'와 같은 뜻도 있다.

닦달≒닦달질명 ①남을 단단히 윽박질러서 혼을 냄. ②물건을 손질하고 매만짐. ③음식물로 쓸 것을 요리하기 좋게 다듬음. ¶~하다통

몸닦달하다통 ①몸을 튼튼하게 단련하기 위하여 견디기 어려운 것을 참아 가며 훈련을 받다. ②≒**몸단속하다**(옷차림을 제대로 하다).

◆시작 전 **단도리**를 단단히 하고 해: **채비**의 잘못. ←잘못된 일어 투

  차림이 그게 뭐냐. **몸 단도리**나 좀 하고 하지: **몸단속**의 잘못. ←잘못된 일어 투

[유사] 사람이 **유두리**가 있어야지, 빡빡하기는: **여유**(또는) **융통성**의 잘못.

[설명] ①'단도리'는 일본어 だんどり[段取(り)]에서 와전된 말로, 일어에서는 일을 진행시키는 순서/방도/절차를 뜻하지만, 우리나라에 들어와서는 '준비/채비/단속'등의 의미로 쓰이는 속어임. 즉 잘못된 일어 투의 표현으로, '채비'나 '단속(團束. 주의를 기울여 다잡거나 보살핌)'으로 쓰는 게 바름. ②'유두리'는 '시간/금전/힘 등의 여유'를 뜻하는 일본어 'ゆとり(유토리)'에서 와전된 말로, 우리말로는 '여유/융통성'등이 적절함.

몸단속[-團束]명 ①위험에 처하거나 병에 걸리지 않도록 미리 조심함. ②옷차림을 제대로 함.

◆**단 둘이서** 중국 여행이라니. 남녀가?: **단둘이서**(혹은 **단둘이**)의 잘못.

  [참고] **단하나밖에** 없는; **단한발의** 총탄: **단 하나밖에**, **단 한 발의**의 잘못.

[설명] ①'단둘'은 '단 두 사람'을 뜻하는 명사. '단 하나밖에'에서의 '단'은 관형사. ②'단둘이서'에서의 '−이서'는 받침 있는 체언 뒤에 붙어 그 말이 주어임을 나타내는 격조사. 받침 없는 체언 뒤에서는 '−서'가 쓰임. ¶아이가 혼자서 집을 지키고 있다; 아내와 아이 둘, 그렇게 셋이서 여행을 떠났다.

◆그는 **단언코** 찬성했다: **단연코**가 적절

[설명] '−코'는 한자 어근이나 명사 뒤에 붙어 부사를 만드는 접미사. '단언(斷言)'은 '주저하지 아니하고 딱 잘라 말함'인데, 이 경우는 문맥상 거절/거부/단정 등의 부정적 상황이 아니므로, '단연코(斷然−)'가 적절함.

단연코(斷然−)부 확실히 단정할 만하게.

◆예전에 **단오날**이면 그네를 뛰곤 했는데: **단옷날**의 잘못.

   [설명] ①한자어+우리말 꼴에서 뒷소리가 'ㄴ'으로 덧나는 경우임. 즉, '동짓날/잔칫날/두렛날/닷샛날/무싯날'처럼 '-날'의 앞말에 받침이 없으므로 사이시옷 적용. ☞♣**사이시옷에서 주의해야 할 말들** 참조. ②'단오'와 '단옷날'은 복수표준어.

◆♣**단위**에 쓰이는 고유어들 ♣

(1) 농수·축산물/식품류

손: 한 손에 잡을 만한 분량을 세는 단위. 조기/고등어/배추 따위 한 손은 큰 것 하나와 작은 것 하나를 합한 것을 이르고, 미나리/파 따위 한 손은 한 줌 분량을 이른다.

  외동덤: 작은 새끼자반 한 마리를 끼워 넣은 것.

  남매덤: 두 마리를 끼워 넣은 것.

  서방덤: 거의 같은 크기를 넣은 것.

쾌: 북어 20마리.

죽: 말린 오징어 20마리, 옷/그릇 따위의 10벌.

톳: 김 100장.

축: 오징어 스무 마리.

접: 사과·배 등 과일/무·배추 등의 100개(오이·가지 등의 50개는 '거리').

담불: 벼 100섬.

편거리[片-]: 인삼을 한 근씩 골라 맞출 때 그 개수를 세는 단위.

  가리1: 삼을 널어 말리려고 몇 꼭지씩 한데 묶은 것을 세는 단위.

  가리2: 곡식/장작 따위의 더미를 세는 단위. 한 가리는 스무 단.

보: 웅담/저담을 세는 단위.

고리: 소주 열 사발.

모숨: 잎담배 같은 길고 가느다란 물건의, 한 줌 안에 들어올 만한 분량을 세는 단위.

  모춤: 서너 움큼씩 묶은 볏모/모종의 단.

  춤: 가늘고 기름한 물건을 한 손으로 쥐어 세는 단위.

자밤: 양념 따위를 엄지·검지·장지 세 손가락 끝으로 집을 만한 분량. ¶데친 미나리는 간장 대신 깨소금 두어 자밤으로 무쳐라.

쾌기: 데친 나물 같은 것을 주먹만 하게 짜서 뭉쳐 놓은 덩이.

옴큼〈**움큼**: 한 손으로 옴켜쥘 만한 분량을 세는 단위.

거듬: 팔 따위로 한 몫에 거두어들일 만한 분량을 세는 단위.

갓: 조기/굴비 따위의 해산물이나 고비/고사리 따위를 묶은 단위로 해산물은 열 마리, 나물 종류는 열 모숨을 한 줄로 엮은 것.

뭇: ①채소/짚/잎나무/장작의 작은 묶음. ②볏단을 세는 단위. ③생선/미역 같은 것의 묶음을 세는 단위로, 생선은 열 마리, 미역은 열 장.

뭇가름: 묶음으로 된 물건의 수효를 늘리려고 더 작게 갈라 묶음. 또는 그런 일. ¶미나리 장수가 미나리 두 단을 석 단으로 뭇가름하였다.

(2)수공품/공산품/가공품

새≒**승(升)**: 피륙의 날을 세는 단위. 날실 80올이 한 새.

통: ①광목/옥양목/당목 따위를 일정한 크기로 끊어 놓은 것을 세는 단위. ②배추/박 따위를 세는 단위.

모: 모시실을 묶어 세는 단위. 한 모는 모시실 열 올.

가마: 갈모/쌈지 따위를 세는 단위. 한 가마는 갈모/쌈지 백 개.

쌈: 바늘 24개. 금 백 냥쭝.

땀: 실을 꿴 바늘로 한 번 뜬 자국을 세는 단위.

테: 서려 놓은 실의 묶음을 세는 단위.

바람: 실/새끼 같은 것의 한 발쯤 되는 길이. (실 두 바람/세 바람의 새끼)

토리: 실몽당이를 세는 단위.

오리: 실, 나무, 대 따위의 가늘고 긴 조각을 세는 단위.

사리: 국수/새끼/실 따위의 뭉치를 세는 단위.

마름: 이엉을 엮어서 말아 놓은 단을 세는 단위.

님: 바느질할 때 쓰는 토막친 실을 세는 단위. (한 님, 두 님…)

낲: 납작한 물건을 세는 단위. 흔히 돈/가마니/멍석 따위를 셀 때 씀.

우리: 기와 2천 장.

괴: 창호지 2천 장.

죽: 옷, 그릇 따위의 열 벌을 묶어 세는 단위.

조짐: 쪼갠 장작을 세는 단위.

강다리: 장작 100개비.

전: 땔나무를 갈퀴와 손으로 한 번에 껴안을 만한 분량을 세는 단위.

채: 집/이불이나 큰 기구, 기물, 가구 따위를 세는 단위.

바리: ①마소의 등에 잔뜩 실은 짐을 세는 단위. ②윷놀이에서, 말 한 개.

두레: 둥근 켜로 된 덩어리를 세는 단위.

가래: 토막 낸 떡/엿 따위를 세는 단위.

모태: 안반에 놓고 한 번에 칠 만한 분량의 떡 덩이를 세는 단위.

뭉치: 한데 뭉치거나 말린 덩이를 세는 단위.

  무더기: 한데 수북이 쌓였거나 뭉쳐 있는 더미/무리를 세는 단위.

(3) 기타: 횟수/단위

거리: 탈놀음, 꼭두각시놀음, 굿 따위에서, 장(場)을 세는 단위.

동무니: 윷놀이에서, 한 개의 말에 어우른 말을 세는 단위.

벌: 같은 일을 거듭해서 할 때에 거듭되는 일의 하나하나를 세는 단위. ¶김을 세 벌 매다; 소독을 세 벌 이나 하다; 두벌일.

퉁구리: ①일정한 크기로 묶거나 사리어 감거나 싼 덩어리. ②일정한 크기로 묶은 덩어리를 세는 단위.

마장: 오 리나 십 리가 못 되는 거리.

보지락: 비가 온 양을 나타내는 단위. 보습이 들어갈 만큼 빗물이 땅에 스며든 정도.

꿰미: 노끈/꼬챙이 같은 것에 꿰어 놓은 물건을 세는 단위. 노끈에 꿰어져 있는 엽전이나, 철사 줄에 꿰어 파는 낙지/주꾸미를 세는 단위. 산적 같은 것도 해당.

병: 사냥에서, 매를 세는 단위.

활: 돛을 세는 단위.

촉: 난초의 포기를 세는 단위.

힘: 활의 탄력을 나타내는 단위.

자래: 쌍으로 된 생선의 알상자를 세는 단위.

박: 노름에서 여러 번 지른 판돈을 세는 단위.
켜: 포개어진 물건 하나하나의 층을 세는 단위.
수동이: 광석의 무게를 나타내는 단위. 37.5kg(10관)에 해당.
직: 학질 따위의 병이 발작하는 차례를 나타내는 단위.
숭어리: 꽃/열매 따위가 굵게 모여 달린 덩어리를 세는 단위.

[참고1] 한자어 중 비교적 까다로운 것
타[朶]: 꽃송이나 꽃가지를 세는 단위.
미[尾]: 물고기나 벌레 따위를 세는 단위.
각[刻]: 국악에서, 장단을 세는 단위.
지[指]: 붕어 따위의 길이를 재는 단위.
탄[彈]: 시리즈의 차례를 나타내는 단위.
포[包]: 일정한 양으로 싼 인삼을 세는 단위.
주[周]: 어떤 것의 둘레를 돈 횟수를 세는 단위.
편[片]: 저울에 달아 파는 인삼의 낱개를 세는 단위.
마신[馬身]: 경마에서, 말과 말 사이의 거리를 나타내는 단위.

[참고2] 단위로 쓰이는 것들은 대부분 의존명사지만, 다음과 같이 명사이면서 명사의 기능이 우선하고 부가적으로 단위로 쓰이는 명사들도 많음: 동[棟]/자[字]/주일[週日]/쌍[雙]/끼/쪽/차선[車線]/건[件]/방울/발자국/곳/과[科]/세기[世紀]/그릇/학년/젓가락/가지/봉지/송이/인[人]/조[組]/식기[食器]/상[床]/바구니/갑[匣]/덩어리/바퀴/바가지/가래/고랑/토리/종류/굽이/배미/다랑이/갈래/촉/힘/톳/꾸러미/묶음/도막/통/각[刻]/담불/아름/올/지[指]/탄[彈]/고랑배미/동강/두레/장[章]/포[包]/패[敗]/가래/덩이/뭉치/무더기/자래/승[勝]/주[周]/꾸리/바리/단[段]/개비/다발/포기/죽/퉁구리/사리/떨기/마름/박/상자/포대/다래끼/단/켜/땀/선[選]/편[片]/돌림/꿰미/광주리/자루/구럭/뙈기/수동이/중발[中鉢]/코/열[列]/오리/마신[馬身]/춤/달구지/갖바리/동이/직/꺼풀/사발/목판[木板]/되들이/타래/보시기/숭어리/대접/가리/모태/돌기/지게/국자/목기[木器]/쌈지/탕기[湯器]/가마니/오라기/송아리/기[期]/삽/주간/구기/종지/전/수[手]/가리/종구라기/초롱/매끼/모숨/홰/삼태기/돌/통/책[冊]/표[票]/잔[盞]/차례/등[等]/주먹/줄/줄기/그루.

◈♣<u>단음절어</u>가 연속될 때 붙여쓰기 허용: 모든 경우에 허용되지는 않는다!

[예제1] 훨씬 **<u>더큰 새집</u>**으로 이사 간다: **<u>더 큰 새 집</u>**의 잘못.
[예제2] **<u>좀더 큰 것</u>**을 다오: **<u>좀 더 큰 것</u>** 혹은 **<u>좀더 큰것</u>**의 잘못.
[규정] 한글 맞춤법 제46항: 단음절로 된 낱말이 연이어 나타날 적에는 붙여 쓸 수 있다.
[설명] ①예제1의 경우: 이 허용 규정은 단음절어인 관형사와 명사, 부사와 부사가 연결되는 경우와 같이 <u>자연스럽게 의미적으로 한 덩이를 이룰 수 있는 구조에만 적용되는 것</u>이므로, '훨씬 더 큰 새 집 →훨씬 <u>더큰</u> <u>새집</u>(×)'; '더 큰 이 새 의자 →<u>더큰</u> <u>이새</u> 의자(×)'와 같은 경우에조차 무조건 붙여 쓸 수 있는 것이 아님. 또한 단음절어이면서 관형어나 부사인 경우라도, 관형어와 관형어, 부사와 관형어는 원칙적으로 띄어 쓰며, 부사와 부사가 연결되는 경우에도 '더 못 먹겠다/간다 →더못(×) 먹겠다/간다'; '꽤 안 든다/온다 →꽤안(×) 든다/온다'; '늘 더 애먹인다/먹는다 →늘더(×) 애먹인다/먹는다'와 같이, 의미적 유형이 다른 낱말끼리는 붙여 쓰지 않는 게 원칙임.
②예제2의 경우: 예외적으로 붙여쓰기를 허용한 이유는 읽기와 쓰기에서 자연스럽게 하려는 것이 목적인데, '좀 더 큰 것'의 경우 '좀더 큰 것'이나 '좀 더 큰것'을 허용할 경우, 도리어 띄어쓰기와 의미 구분에서

불편과 혼란을 야기할 수 있으므로 붙여 쓸 때는 허용된 만큼은 모두를 통일되게 붙여 써야 함.

◆[고급] ♣띄어쓰기에서 주의해야 할 단음절의 관형사들과 복합어 구분 문제

[예제] 70대 영감탱이와 40대 유부녀가 **단두사람이** 중국 여행을 갔다 왔단 말이지? 이제 그 둘은 **볼장**을 제대로 봤고, 여인 남편은 **볼장** 다 봤군그래: **단둘이서**(혹은 **단 두 사람이**), **볼 장**, **볼 장**의 잘못.

[설명] '단(單)'은 관형사. 단, '단둘'은 명사. '볼장': 없는 말로 '볼 장'의 잘못.

[참고] '볼 장 보다(①해야 할 일을 알아서 하다. ②하고자 하는 바를 이루다.)'와 '볼 장(을) 다 보다(일이 더 손댈 것도 없이 틀어지다.)'는 관용구.

[예제] **당열차는** 서울 행 열차입니다: **당 열차**, **서울행**의 잘못.

[설명] '당(當)': 관형사. '시간당 요금은 천 원입니다'에서의 '당'은 접사. '서울행'에서의 '행(行)'은 접사.

[예제] **만나이**로는 미성년입니다. **만하룻동안** 꼬박 걸었죠: **만 나이**, **만 하루 동안**의 잘못.

[설명] '만(滿)'은 관형사. '하룻동안'은 '하루 동안'의 잘못.

[참고] '동안'이 들어간 복합어로는 '그동안/한동안(꽤 오랫동안)/오랫동안'의 세 낱말뿐. [주의] 요즈음 인터넷에서 마구 쓰이는 '동안 연락 못 했어' 등의 표현은 엉터리 어법이므로('그동안' 또는 '한동안'의 잘못), 쓰지 않는 것이 격식 있는 언어생활임.

[예제] 전국 8도의 **각도**에서는 도의 특산품들을 출품했다: **각 도**의 잘못.

[설명] '각(各)': 관형사. ¶각 가정, 각 학교. ☞[주의] '각국(各國)'은 한 낱말이지만, '각 나라'는 띄어 적어야 하는 것처럼, 이와 비슷한 경우들이 적지 않음.

[예제] **첫단추**를 잘 꿰어야 하는 법, 여인들은 **첫경험**을 잊지 못하지: **첫 단추**, **끼워야**, **첫 경험**의 잘못.

[설명] ①'첫': 관형사. 그러나 '첫걸음(마)/첫출발/첫차/첫날/첫돌/첫손가락/첫아이/첫울음/첫음절/첫인사/첫제사≒첫기제/첫출발/첫판/첫행보[−行步]' 등은 복합어로 한 낱말. ②'꿰어야'는 '끼워야'의 잘못. 단추는 끼워야 하고, 실/끈은 꿰는 것.

[예제] 내 **한가지** 일러 주지. 어쩌면 결과는 **매 한 가지**일지 모르지만: **한 가지**, **매한가지**의 잘못.

[설명] 앞의 '한'은 '하나'를 뜻하는 관형사. 뒤의 '한'은 '같은'을 뜻하는 접두사. '매한가지(결국 서로 같음. 매일반)'는 한 낱말의 복합어.

[예제] **이애**가 네 아들이니?: **이 애**의 잘못.

[설명] '이'는 관형사. ☞[참고] '이 애'는 '이 아이'의 준말인데, 더 줄이면 '얘'가 됨. '저 아이'의 준말은 '쟤'이며 '재'가 아님. 관형사 '이/그/저'는 이 점에서는 똑같음. ☞[주의] '이애저애하다('이 애' 또는 '저 애'라는 말을 쓰면서 듣는 이를 마구 얕잡아 부르다)'에서는 한 낱말의 전성동사이므로 붙여 씀.

[예제] **그후로**는 아무 말도 안 했다. **그뒤로** 만난 적이 없어서: **그 후로**, **그 뒤로**의 잘못.
　　　　이/그 만치 내가 타일렀건만: **이만치[그만치]**의 잘못.

[설명] '그 후/뒤'에서의 '그'는 관형사. 그러나, '이/그/저'가 접두사로 쓰인 말들도 아주 많으므로 주의해야 함. '이만치/그만치/저만치' 같은 경우도 그 일례.

[예제] **이 놈**을 단단히 혼내서 보내라: **이놈**의 잘못. '이놈'은 인칭대명사.

　　　이녀석을 단단히 혼줄좀 내주어라: **이 녀석, 혼쭐 좀**의 잘못.

[설명] ①'이놈'은 '저놈/그놈'과 더불어 문맥에 따라 1~3인칭으로 다양하게 쓰이는 대명사. 이와 비슷한 대명사로는 '이년/저년/그년; 이분/그분/저분' 등 외에, '이손('이이'를 조금 낮추어 이르는 말)/이이/이 자[-者]/이치('이 사람'을 낮잡는 삼인칭 대명사)' 등도 있음. ②이와 같이 '이/그/저'가 관형사가 아닌 접두사로 쓰여 한 낱말을 이루는 것들로는 '이분/그분/저분; 이이/그이/저이; 이것[거]/그것[거]/저것 [거]; 이쪽/그쪽/저쪽; 이편/그편/저편(여기서 '편'은 '편짝'의 의미.)' 등도 있음. ③'혼줄'은 없는 말로 '혼 쭐('혼'의 낮춤말)'의 잘못. '좀'은 부사이므로 띄어 적어야 함.

[예제] **매끼니**마다 어떻게 고기를 먹나; **매경기**마다 이길 순 없지: **매 끼니, 매 경기**의 잘못. ⇐'매'는 관형사.

　　　매 시간마다 내게 알려주게: **매시간**의 잘못. ⇐명사와 부사를 겸하는 복합어

　　　매순간마다 긴장했지: **매 순간**의 잘못. ⇐글자 그대로의 뜻뿐. 관형사

[설명] '매(每)'는 관형사. 그러나, '매시간'은 명사로서는 '한 시간 한 시간'을 뜻하고 부사로서는 '한 시간 한 시간마다'를 뜻하는 복합어. '매년/매번/매일반/매한가지'도 한 낱말의 복합어.

[예제] **맨처음**이 중요하지. **맨꼭대기**에 있는 집: **맨 처음, 맨 꼭대기**의 잘못. ⇐관형사.

　　　그곳은 **맨모래[맨나무]**뿐이더군: **맨 모래[맨 나무]**의 잘못. ⇐부사.

　　　맨 주먹, 맨 손으로 뭘 해보겠다고 나 원 참: **맨주먹, 맨손**⇐접두사.

[설명] ① '맨'이 '맨 처음/맨 꼭대기/맨 먼저/맨 구석' 등에서처럼, 더 할 수 없을 정도/경지에 있음을 나 타낼 때는 관형사. ②'맨'이 '다른 것은 섞이지 아니하고 온통'을 뜻할 때는 부사. ③'맨주먹/맨손'에서 처럼 '비다(空)'의 뜻으로는 접두사. ☜[정리] '가장'의 뜻으로는 관형사, '온통'의 의미로는 부사이고, '비다(空)'의 뜻으로는 접두사.

[참고] '나 원 참'이나 '원참'은 한 낱말의 감탄사나 두 낱말의 감탄사로 다뤄도 될 말들이지만, 현재 〈표 준국어대사전〉에 없으므로 모두 띄어 적어야 하는 말. 북한어 사전인 〈조선말 대사전〉에는 '원참'이 한 낱말의 감탄사로 등재되어 있음.

[예제] 만날 장소는 옛날 시민회관, **구시민회관**으로 하지: **구 시민회관**의 잘못.

[설명] '구(舊)'는 관형사. ¶구 시청 자리; 구 특허법; 구 법규.

[예제] **전(前)전대통령**이야말로 여러모로 유명한 사람이지: **전(前) 전 대통령**의 잘못.

[설명] '전(前)'은 위의 '구'처럼 관형사. 직위 앞의 성이나 이름 표기도 띄어 적는다. ¶교장 선생님, 전 총 장, 박 대통령.

[예제] **귀사[귀원]**의 무궁한 발전을 기원합니다: 맞음. ⇐복합어.

　　　귀연구소의 무궁한 발전을 기원합니다: **귀 연구소**의 잘못. ⇐관형사.

[설명] '귀(貴)'는 관형사. '귀사/귀원/귀소'와 같이 한 낱말로 정해진 것은 붙여 적지만, '귀연구소'와 같이 사전에 한 낱말로 오르지 않은 것들은 관형사일 뿐이므로 띄어 적음. 주의!

[예제] 이 지도는 정확히 **몇천(만) 분**의 일짜리지?: **몇 천(만) 분**의 잘못. ⇐관형사.

　　　뒤늦게 **몇 천, 몇 만** 개가 있으면 뭐 하나: **몇천, 몇만**의 잘못. ⇐접두사.

[설명] 정확하게 얼마인지를 뜻할 때의 '몇'은 관형사. ②그러나, '몇천, 몇만 개면 뭐 하나; 겨우 몇십/몇백 명의 사람이 모여서; 몇억 원 정도; 몇십 대 일의 경쟁률'에서처럼 '그리 많지 않은 얼마만큼의 수'라는 뜻으로 '십/백/억' 등의 수사 앞에 오는 '몇'은 접사 기능임. ¶몇몇 사람; 몇십 개; 몇백 년; 몇십만 원.

[예제] **수미터**에 이르는 나무 높이; **수킬로**에 이르는 송수관: **수 미터, 수 킬로**의 잘못. ⇐관형사.
　　　수 백만의 사람들이 **수 차례**에 걸쳐 청원한 일: **수백만, 수차례**의 잘못. ⇐접사.
[설명] 위의 '몇'과 같이, 명확한 수량을 뜻할 때는 '수(數)'가 관형사지만, '몇/여러/약간'의 뜻으로는 접두사임. 즉, ①수량을 뜻하는 관형사로서의 '수': ¶수 미터; 수 채의 초가; 송아지 수 마리; 수 마디의 말들. ②'몇', '여러', '약간'의 뜻을 더하는 접두사로서의 '수-': ¶수개월/수월/수년; 수차례; 수백만/수십만/수만/수천/수백/수십; 수만금.

[예제] **모재벌가**의 상속자: **모 재벌가**의 잘못.
　　　모씨의 핵심 증언이 관건: **모 씨**의 잘못.
[설명] '모(某)'는 관형사. 〈예〉유력한 모 인사의 언질. 단, '모인(某人)/모처(某處)' 등은 한 낱말.

[예제] **본사건**을 **본법정**에서 다루는 이유는: **본 사건, 본 법정**의 잘못. ⇐관형사.
　　　본건을 **본법정**에서 다루는 것은⋯: **본건, 본 법정**의 잘못 ⇐접사.
[설명] '본 사건'에서의 '본(本)'은 어떤 대상이 말하는 이와 직접 관련되어 있음을 나타내는 관형사이므로 띄어 적음. ¶본 협회; 본 법정; 본 변호인; 본 연구원; 본 사건. 그러나, '본건'에서는 한 낱말을 만드는 접두사. '본'이 접두사로 쓰일 때는 두 가지 뜻이 있음. ㉠'바탕이 되는'의 뜻을 더하는 접두사. ¶본건/본안/본계약/본동사/본줄기/본회의. ㉡'애초부터 바탕이 되는'의 뜻을 더하는 접두사. ¶본뜻/본고장/본데/본서방/본바탕/본마음.

[예제] **근열 시간**에 걸쳐 **근 백릿길**을 걸었다: **근 열 시간, 근 백 리 길**의 잘못. ⇐관형사.
[설명] '근(近)'은 '그 수량에 거의 가까움'을 뜻하는 관형사. [참고] '백릿길'은 한 낱말이 아니라 '백(수사), 리(단위를 뜻하는 의존명사), 길(명사)'이므로 규정대로 '백 리 길'로 띄어 적어야 한다.

[예제] **양끝**을 맞대보면 가운데를 금방 알 수 있다: **양 끝**의 잘못.
　　　양갈랫길에서 어디로 가야 할지: **양 갈래 길**(혹은 **갈림길**)의 잘못.
[설명] '양(兩)'은 관형사. [참고] '갈래길/갈랫길'은 없는 말로 '갈림길'의 북한어. 굳이 쓰려면 '양 갈래 길'로 적어야 하나, '갈림길'이라는 낱말 하나로 충분하므로 '양 갈래 길'보다는 '갈림길'로 단순화하는 것이 좋음.

[예제] **연 인원**으로 보면 **연30만 명**이 동원되었다: **연인원, 연 30만 명**의 잘못. ⇐뒤의 '연'은 관형사.
[설명] '연(延)'은 어떤 일에 관련된 인원/시간/금액 따위를 모두 합친 전체를 가리키는 관형사. 단, '연인원/연건평' 등에서는 접두어.

[예제] **옛친구**와 얘기하느라 시간 가는 줄 몰랐다: **옛 친구**의 잘못. ⇐관형사.
　　　옛스러움을 그대로 간직한 고택: **예스러움**의 잘못. ⇐'예'는 명사.
[설명] '옛'은 관형사이고 '예'가 명사. '-스럽다'는 관형사 뒤에 붙지 못하고 명사 뒤에만 붙을 수 있다. 단, '옛날/옛적' 등은 한 낱말의 복합어.

ㄷ

[예제] **온가족**과 함께 **전세계[온세계]**를 돌아보고 싶어요: **온 가족, 전 세계[온 세계]**의 잘못. ⇐관형사.
　　　전교생이 알 수 있게 **전학급** 교실에 빠짐없이 게시할 것: **전 학급**의 잘못.
[설명] '온'과 '전(全)'은 관형사인데 복합어의 접두어로 쓰인 경우들이 많아서 띄어쓰기에서 실수하기 쉬
　　　움. '모두'를 뜻할 때는 관형사이고, '완전한/전부의'의 의미로는 접두어로 기억해 두면 요긴함. ①'온종
　　　일/온채' 등에 쓰인 '온-'은 '꽉 찬/완전한/전부의' 따위의 뜻을 더하는 접두사. 〈예〉온몸/온종일/온이
　　　부/온새미/온마리/온천히**부**/온천하다**형**/온채/온챗집/온살/온품/온골/온장(-張)/온필(-疋)/온밤/온
　　　달1/온달2/온음(-音)/온벽(-壁)/온공일(-空日)/온바탕/온허락(-許諾▽)/온진품(-眞品)/온승낙하다.
　　　②'온 힘, 온 집안, 온 누리, 온 세상, 온 천하' 등에서의 '온'은 '전부/모두의'를 뜻하는 관형사. 따라서
　　　띄어 적어야 함.

[예제] 이게 **웬 일**이야, 이게 **웬떡**인고?: **웬일, 웬 떡**의 잘못.
[설명] '웬 떡'에서의 '웬'은 관형사. '웬일'의 '웬'은 접두어. 한 낱말 여부를 떠올리면 구별하는 데에 도움이
　　　됨. '웬일/웬셈/웬걸(감탄사)/웬만큼≒웬만치(부사)/웬간(어근)' 등에서만 접두어이고, 그 밖의 경우는
　　　관형사로 기억해 두면 도움이 됨.

[예제] **제딴**엔 제탓이 아니라고 하지만 발뺌한다고 될 일인가: **제 딴, 제 탓** ⇐관형사.
　　　제깐에는 뭘 좀 안답시고: **제 깐** ⇐관형사. '깐'은 명사.
　　　제깜냥에는 뭘 좀 해보겠답시고 한 일인데: **제 깜냥**의 잘못. ⇐관형사. '깜냥'은 명사.
　　　제 시간에 도착해야 할 거 아닌가?: **제시간**의 잘못. ⇐접사. 복합어
　　　감옥을 **제 집** 드나들 듯 하던 녀석: **제집**의 잘못. ⇐'제집'은 복합어. '듯≒듯이'는 어미.
　　　여기가 바로 **제집**입니다: **제 집**(혹은 **저의 집**)의 잘못. ⇐관형사.
[설명] 제: '저'에 관형격조사 '의'가 붙어 줄어든 말. 즉 '저의→제'. 이와 같은 준말에는 품사 지정이 애매하
　　　여 사전에는 표기하지 않음. '관형형, 관형사적 기능'으로만 표기. '제딴'은 '제 딴'의 잘못. ⇐'딴'은 의존명
　　　사. '제깐/제깜냥'은 제 깐/제 깜냥의 잘못. '깐/깜냥'은 명사. '제 시간'은 복합어 '제시간'의 잘못.
[참고] '제'가 접두사로 쓰인 경우는 두 가지가 있음. ①'제'가 '제대로 (된)/자신의'의 뜻으로 접두사로 쓰
　　　인 다음 말들은 한 낱말: 제시간(-時間]/제구실/제정신(-精神]/제날짜/제바람/제소리/제가락/제고장
　　　≒본고장/제잡이(스스로 자기 자신을 망치는 일)/제바닥/제살붙이(혈통이 같은 가까운 겨레붙이)/제
　　　자리걸음. ②'제'가 '본래의/자기의/제대로의/미리 정해진/다른 것이 섞이지 않은' 등의 뜻을 더하는 접
　　　두사: 제가락/제각기/제각각/제값/제격/제골/제곳/제고장≒본고장/제구실/제고물/제국/제날1≒제날
　　　짜/제날2/제달/제시간/제철/제맛/제명[-命]/제물/제물땜/제물장[-欌]/제물국수/제바람/제바닥/제붙
　　　이≒제살붙이/제살이/제소리1/제소리2/제자리/제잡이/제정신/제지레≒지렛대/제집1/제집2≒기와집/제
　　　짝/제턱/제판/제힘.
제집명 자기의 집. [주의] '제 집'은 '저의 집'.

[예제] **주무기**로 내세울 만한 **주 특기**가 있어야지: **주 무기, 주특기**의 잘못.
　　　체조 중에서 그의 **주종목**은 철봉이야: **주 종목**의 잘못.
　　　주고객층을 상대로 하는 것을 핵심 상품이라 한다: **주 고객층**의 잘못.
[설명] 좀 까다로운 문제. '주 고객층, 주 무기' 등에서는 '주'는 '주요한/일차적인'의 뜻을 지닌 관형사. 그
　　　러나, 다음 말들에서는 복합어의 접두사로 쓰여서 한 낱말: 주원인(主原因)/주성분(主成分)/주재료
　　　(主材料)/주목표(主目標)/주특기(主特技).

◆식구야 아주 **단촐한** 편이지: **단출한**의 잘못. ☞'단촐하다'는 북한어.

[설명] 모음조화가 무시되는 드문 경우임. [유사] 모춤하다(×)/모춤하다(○). 몽오리(×)/몽우리(○).

[참고] ①소곤거리다(○)〈수군~'(○); 소곤소곤(○)〈수군수군'(○); '아옹다옹-(○)〈아옹다웅-(○)'; '오손도손(○)〈오순도순(○). 단, '소근소근(×)〈수근수근(×). ②소곤소근(×)/소곤소곤(○); '송글송글(×)/송골송골(○)'; '쫑긋쫑긋(○). ③비슷한 어의일 경우, 모음조화에 어긋나는 것은 잘못. 그러나, 2011년에 복수표준어로 인정된 '아옹다옹'은 '아옹다웅'의 큰말로 인정된 것이고, '오손도손' 역시 '오순도순'의 작은말로 인정되면서 모음조화 원칙의 회복에 해당.

모춤하다[형] 길이/분량이 어떤 한도보다 조금 지나치다.

◆단추는 **단춧고**에 걸어 **꿰야지**: **단춧고리, 끼워야지**의 잘못.

눈이 꼭 **단추구멍 만해서**: **단춧구멍만 해서**의 잘못.

[설명] ①'상툿고'는 있으나, '단춧고'는 없는 말. ②'고'는 매듭이 풀리지 않도록 고리처럼 맨 것이므로, 단추를 끼우기 위해서는 '고리'여야 함. ③'~만 하다에서 '만'은 보조사. 따라서 앞말에 붙여 써야 함. (예) 파도가 집채만 하다

고[명] ①옷고름/노끈 따위의 매듭이 풀리지 않도록 한 가닥을 고리처럼 맨 것. ②상투를 틀 때 머리털을 고리처럼 되도록 감아 넘긴 것.

상툿고[명] 상투의 틀어 감은 부분.

단춧고리[명] 단추를 끼우기 위하여 헝겊/끈으로 만든 고리.

◆**단칸방살림**에 웬 짐은 그리 많은지: **단칸살림**(혹은, **단칸방 살림**)의 잘못.

[설명] '간'은 '칸'으로 통일함. 단, 굳어진 한자어 성어는 제외. ⇒초가삼간(○).

◆음식 맛이 **달달하다**: **달콤하다**(혹은 **좀 달다**)의 잘못. ☜'달달하다'는 방언.

음식 맛이 **달큰한** 게 좋군: **달콤한**의 잘못. ☜**달큼하다**[원]

[참조] 음식 맛이 **들척지근/들쩍지근**하군: 맞음. ☜**들척지근하다〉들쩍지근~**[원]

　　　　맛이 좀 **달착지근/달짝지근**하군: 맞음. ☜**달착지근하다〉달짝지근~**[원]

[설명] ①음식 맛과 관련된 '달달하다'는 방언. 동사 '달달하다'는 다른 뜻임. ②[주의] 흔히 쓰는 '달큰하다'는 '달큼하다'의 북한어.

[의견] 현재 '달달하다'는 사전에 없으나, '짜다'와 '짭짤하다(감칠맛 있게 짜다)'가 사전에 올라 있듯이 '달달하다(조금 달다. 감칠맛 있게 달다. 꿀/설탕의 맛과 같이 달다)'도 표준어로 등재되어도 좋은 말.

달큼하다〉달금하다[형] 감칠맛이 있게 꽤 달다. [유]달콤하다/들쩍지근하다.

달콤하다〉달곰하다[형] 감칠맛이 있게 달다.

달달하다[동] ①춥거나 무서워서 몸이 떨리다. 또는 몸을 떨다. ②작은 바퀴가 단단한 바닥을 구르며 흔들리는 소리가 잇따라 나다. 그런 소리를 잇따라 내다.

들척지근하다〉들쩍지근하다[형] 약간 들큼한 맛이 있다.

달착지근하다〉달짝지근하다[형] 약간 달콤한 맛이 있다.

◆뒷전에서 맴돌지 말고 앞장서서 제대로 **달라붙어** 해보렴: **달려들어**의 잘못.

그는 한자리에 **달라붙어** 일을 끝낼 때까지 일어서지 않았다: 맞음.

[참고] 사람이 어찌나 끈진지 한번 **늘어붙으면** 떨어지질 않아: **들러붙으면**의 잘못. 없는 말(방언).

달라붙다〈들러붙다[동] ①끈기 있게 찰싹 붙다. ②한곳에 머물러 자리를 뜨지 않다. ③어떤 일에 매우 열중하다.

◆좀 떼어 **달라하지/달라 하지** 그러냐: **달라지**(혹은 **'달라고 하지'**)의 잘못.

  [설명] '달라(고) 하다'의 준말은 '달라다'. '달라하다'는 없는 말.

◆한 달을 넘긴 32일간은 **달포**에 속한다: 맞음.

  달반 만에 보는 건가? 한 달은 좋이 넘은 것 같은데?: **한 달 반**의 잘못.

  [설명] ①'달포'는 '한 달이 조금 넘는 기간'을 뜻하므로 '한 달 반'이 아니며, 비슷한 말로는 **'달소수**(한 달
이 조금 넘는 동안)'가 있음. '소수'는 본래 '조금 넘음'을 뜻하는 의존명사. ②'달반'이란 말은 없으며
'한 달 반'의 잘못. 유의할 말로는 한 달의 반인 15일을 뜻하는 '월반(月半)'이 있음. '거의 한 달 기간'
을 뜻하는 말은 '달장'이며, 꽉 찬 한 달은 '온달', 한 달을 조금 넘기는 것은 '달포/달소수'임. 따라서
기간의 크기순으로 보면, '월반〈달장〈온달(한 달)〈달포≒달소수'가 됨.

  달포≒삭여[朔餘]/월경[月頃]/월여[月餘]명 한 달이 조금 넘는 기간.

  달소수명 한 달이 조금 넘는 동안.

  소수의 몇 냥, 몇 말, 몇 달에 조금 넘음을 나타내는 말.

  달장명 날짜로 거의 한 달 기간.

  달장근[-將近]명 지나간 날짜가 거의 한 달이 가까이 됨. 그런 기간.

  해포명 한 해가 조금 넘는 기간.

◆**닭고깃국**: 닭국(≒**계탕**)의 잘못. [고깃국 ≒고기를 넣고 끓인 국] ⇐의미 중복.

◆올해는 **닭띠 해**: 닭해(혹은 **닭의 해**)의 잘못. ⇐의미 중복.

  [설명] '닭띠'는 닭해에 태어난 사람의 띠. 따라서 '닭해(혹은 닭의 해)'로도 충분.

◆**닭요리** 좀 해 달래지 그랬어: **닭 요리**의 잘못. 없는 말.

  [설명] 요리 앞에 재료 명을 붙일 때 '복요리'를 빼고는 모두 띄어 적음. 단, '찬요리/일품요리/중국요리/서
양요리…' 등은 재료와 무관한 한 낱말의 복합어.

  중국요리[中國料理]≒중화요리[中華料理]명 ①중국 고유의 요리. ②우리나라 사람의 입맛에 맞게 변형
하여 토착화시킨 중국식 요리.

◆저 두 수학선생들은 수학의 닮은꼴처럼 **닮은꼴**이야: **닮은 꼴**의 잘못.

  그 아비에 그 아들이라고 딱 **닮은꼴**이야: **닮은 꼴**의 잘못.

  [설명] '닮은 모양이나 상태'는 수학에서의 '도형'이 아니므로 '닮은 꼴'로 적음.

  닮은꼴명 〈수학〉 크기만 다르고 모양이 같은 둘 이상의 도형.

◆**닳고단** 도끼라서 나무가 잘 안 쪼개졌다: **닳고 닳은**의 잘못. ←**닳다**[원]

  밑창이 다 **단** 신발을 신고: **닳은**의 잘못. ←**닳다**[원]

  그 여자는 그 바닥에서 **닳고 단** 사람이야: **닳고 닳은**의 잘못.

  [설명] ①'ㄹ' 불규칙활용 동사인 '달다'는 '달아/다니/다는/다오'로 활용하는 데에 반해서, '닳다'는 'ㄹ' 불
규칙활용 동사가 아니어서 '닳아/닳으니/닳은/닳소'로 활용함. 고로, 닳(다)+-은→'닳은'. 즉, '달다'는
{달다}로 발음하지만 '닳다'는 {달타}로 발음되는 데서 드러나듯 받침이 -ㄹ-이 아닌 'ㄶ'이므로 'ㄹ' 불
규칙활용 동사가 아니라, 규칙동사인 것임. 따라서, 닳아{다라}/닳으니{다르니}/닳는{달른}/닳소{달쏘}
로 활용. ②'닳고닳다'는 없는 말. '닳고 닳다'라는 관용구임.

◆김치를 **담궈** 먹다: **담가**의 잘못. ←**담그다**[원]

어제는 김치를 **담궜지**: **담갔지**의 잘못. ←**담그다**[원]

[참고] 의자를 창가 쪽으로 조금만 **닥아/다겨** 둬라: **다가**의 잘못. ←**다그다**[원]

[유사] 문을 <u>잠궜다</u>(×)/잠갔다(○).

[설명] '김치를 담궈 먹다'라고 하는 경우가 있지만 이는 잘못. '문을 잠궜다'라는 말도 '문을 잠갔다'로 해야 옳음. 어간이 '으'로 끝나는 '담그-, 잠그-, 쓰-'와 같은 것들은 '-아/어, -았/었-'의 어미가 결합하면 '으'가 탈락해 '담가/담갔-; 잠가/잠갔-; 써/썼-'으로 됨.

〈예〉 담그다: 담-가(←담그-+-아), 담갔다(←담그-+-았다).
　　　잠그다: 잠-가(←잠그-+-아), 잠갔다(←잠그-+-았다).
　　　쓰다: 써(←쓰-+-어), 썼다(←쓰-+-었다).

다그다[동] ①물건 따위를 어떤 방향으로 가까이 옮기다. ②시간/날짜를 예정보다 앞당기다. ③어떤 일을 서두르다. [유]당기다.

◆간장을 **담기** 위해 띄우는 메주: **담그기**의 잘못. ←**담그다**[원]

[설명] '담다'는 아래 뜻풀이에서 보듯 단순히 그릇 따위에 넣는다는 뜻뿐이어서, 위의 예문대로 하면 간장을 그릇 따위에 넣기 위해서 띄우는 메주가 되어 버림.

담그다[동] ①액체 속에 넣다. ¶시냇물에 발을 담그다; 떡쌀을 두 되 담그다; 비눗물에 빨래를 한참 담갔다. ②김치/술/장/젓갈 따위를 만드는 재료를 버무리거나 물을 부어서, 익거나 삭도록 그릇에 넣어 두다. ¶김치를 담그다; 된장을 담그다.

담다[동] ①어떤 물건을 그릇 따위에 넣다. ②어떤 내용/사상을 그림/글/말/표정 따위 속에 포함/반영하다.

◆**담배연기**에 눈을 뜰 수가 없었다: **담배 연기**의 잘못.

[설명] ①상용어이기는 하지만 합성어로 특정할 필요가 크지 않으므로. ②'-연기[-煙氣]'가 접미어로 사용된 낱말은 아래의 둘뿐임.

저녁연기[-煙氣][명] 저녁밥을 지을 때 굴뚝에서 피어오르는 연기.

실연기[-煙氣][명] 실처럼 가는 연기.

◆**담뱃가게/담배가게**에 가서 담배 좀 사오렴: **담배 가게**의 잘못. ←합성어가 아님. ☞'**가게**' 항목 참조.

◆**담벽**에 낙서하지 마라: **담벼락**의 잘못. 없는 말.

남의 집 **담장벽**을 뛰어넘으니 도둑놈이지: **담장**의 잘못.

[설명] ①'담'은 '담장'과 유의어로 '울담'과 비슷함. 그러나 '담벽/담장벽'은 없는 말. ②'담 벽': '담벽'은 '담벼락'의 잘못으로 사전에 명시되어 있고, '담벼락'이라는 표준어가 있는 한 굳이 '담 벽'이라는 말을 쓸 필요는 없음.

담장[-牆][명] ≒담(집의 둘레나 일정한 공간을 둘러막기 위하여 흙/돌/벽돌 따위로 쌓아 올린 것). [유]울담/울타리.

◆**답싹** 안아들고는 냅다 뛰었지: **답삭**〈**덥석**의 잘못. '덥석' 참고.

◆**시간 당** 요금은 얼마인가요?: **시간당**의 잘못.

[설명] '당(當)'은 접미사. 그러나, 아래와 같이 관형사로 쓰일 경우도 있음.

당(當)관 ①'그/바로 그/이/지금의'의 뜻을 나타내는 말. ¶당 열차는 서울행입니다; 당 공장은 오늘부터 쉽니다. ②당시의 나이를 나타내는 말. ¶당 42세.

◆**당금질**은 사람이든 쇠든 단련시키는 데 최고: **담금질**의 잘못.

  [설명] **당금질/달굼질/달금질**명 '담금질/단근질'의 잘못.

  단근질≒낙형명 불에 달군 쇠로 몸을 지지는 일.

  담금질명 ①고온으로 열처리한 금속 재료를 물/기름 속에 담가 식히는 일. ②(비유) 부단하게 훈련을 시킴. ③낚시를 물에 담갔다가 건졌다가 하는 일.

◆♣'-**당기다**'가 들어간 복합어 중 유의해야 할 말들: 띄어 쓰면 잘못.

  [예제] 끌어 당길 때 끌려가는 것도 요령: **끌어당길**의 잘못. ←**끌어당기다**[원]

        마구잡이로 **잡아 당기면** 안 돼: **잡아당기면**의 잘못. ←**잡아당기다**[원]

  ○'-**당기다**': 감아당기다/거머-/그러-/긁어-/꺼-/끌어-/도-/맞-/미-/붙-/앞-/애-/잡아-.

  도당기다통 다그치거나 서둘러 당기다.

  애당기다통 마음에 끌리다.

  붙당기다통 ①붙잡아서 당기다. ②남을 자기편으로 끌어들이다.

◆아무 것도 안 바르니 얼굴이 **당긴다/땡긴다**: **아무것**, **땅긴다**의 잘못. ←**땅기다**[원]

  구미가 **땡기는** 음식: **당기는**의 잘못. ←**당기다**[원]

  불을 잘 **땡기려면** 마른 종이를 써야 해: **댕기려면**의 잘못. ←**댕기다**[원]

  땅기다통 몹시 단단하고 팽팽하게 되다.

  땡기다통 '당기다'의 잘못. 없는 말.

  당기다통 ①좋아하는 마음이 일어나 저절로 끌리다. ②입맛이 돋우어지다. ③물건 따위를 힘을 주어 자기 쪽이나 일정한 방향으로 가까이 오게 하다.

  댕기다통 불이 옮아 붙다. 또는 그렇게 하다.

◆지금 무슨 소리를 하고 있는 건지 **당체/당췌** 알 수가 없구나: **당최**의 잘못.

  [설명] '당체/당췌'는 없는 말로 '당최'의 잘못. '당최'는 '당초(當初)+에→당최'의 꼴로 변화된 것으로, 애초에 '당초(當初)'는 '일이 생기기 시작한 처음'을 뜻하였으나, 현재 '당최'는 '도무지, 영'을 뜻하는 부사.

◆그리 **이용 당하고서도**, 그는 억울하게 **사형 당했다**: **이용당하고서도**, **사형당했다**의 잘못.

  [설명] ①-당하다: 서술성* 명사 뒤에 붙어 피동형 동사로 만드는 접미사. ¶강요당하다/무시당하다/이용당하다/거절당하다/사형당하다/우롱당하다. ②-되다'가 붙을 수도 있으나 뜻이 일치하지는 않음: 사형되다. 이용되다.

  [참고] '서술성'이란 낱말 또는 낱말의 결합이 문장에서 '사건/생각 따위를 차례대로 말하거나 적는' 서술적 기능을 수행하는 특성을 말함. 예컨대 '강요'는 명사지만, 서술어로 사용되는 동사와 비슷한 성격을 가지고 있기 때문에, '-당하다'를 붙여 '강요당하다'라는 동사를 만들 수 있을 뿐 아니라 '남편의 아내에 대한 강요'에서와 같이 '남편' 및 '아내'라는 성분을 의미적으로 요구하는 서술어와 같은 기능을 함. 서술성 명사에는 '-당하다'뿐만 아니라 '-받다/-하다/-되다' 따위를 붙여 동사를 만들 수 있음. 〈예〉동사화되다/이용되다/무시되다/사랑받다/사랑하다/강요하다/선물받다/선물하다. ☞**'-받다'** 및 ♣'-**화 되다'와 '-화되다'** 항목 참조.

◆이 통장 발행에 대하여 **당 행**은 일절 책임이 없습니다: **당행**이 적절함.

　　당 공장은 오늘부터 폐쇄됩니다: 맞음.

　　[설명] ①'당(當)'은 '그/바로 그/이/지금의'를 뜻하는 관형사. ¶당 열차는 1분 뒤 출발합니다. ②'당 행'의 경우, '당(當)'이 관형사로 쓰이려면 '행(行)'이 은행을 뜻하는 독립명사이어야 하는데 '행(行)'에는 그런 뜻이 없으므로, '당(當)'은 접사적 역할을 하는 것으로 보아야 할 것임. 〈예〉당사(當社), 당사(當寺), 당자(當者).

◆♣'-대'와 '-데'; '-(하였)대'와 '-(했)데'

　　[예제] 오늘따라 왜 이렇게 일이 **많데**(×)/**많대**(○)? ⇐의문/못마땅함의 종결어미.

　　　　들으니까, 개가 **낙제했데**(×)/**낙제했대**(○). ⇐'낙제했다고 하더만'의 준말.

　　　　가서 보니까, 개가 정말 **홀쭉해졌대**(×)/**홀쭉해졌데**(○). ⇐홀쭉해졌더구먼.

　　[설명] ①'-대'는 종결어미로 쓰일 때와 준말로 쓰일 때의 뜻이 다르므로 유의해야 함. ②'다고 해'의 준말로 쓰일 때도, '-더구먼'의 뜻으로 쓰이는 '-데'와 구분해야 함.

　　-대미 어떤 사실을 주어진 것으로 치고 그 사실에 대한 의문을 나타내는 종결어미. 놀라거나 못마땅하게 여기는 뜻이 섞여 있음. ¶왜 이렇게 일이 많대?; 신랑이 어쩜 이렇게 잘생겼대?; 입춘이 지났는데 왜 이렇게 춥대?

　　-대준 '-다고 해'가 줄어든 말. ¶사람이 아주 똑똑하대; 철수도 오겠대?

　　[구별] -대: '다고 해'. 따라서 전언(傳言) 방식.

　　　　　-데: 자신이 직접 경험한 것을 전달/확인하는 방식; '(가서 보니) ~하(이)더구먼/~하(이)더라'의 의미.

　　[설명] '-대'는 직접 경험한 사실이 아니라, '-다고 해'의 의미에서 보듯, 남이 말한 내용을 간접적으로 전달할 때 쓰이고, '-데'는 화자가 직접 경험한 사실을 나중에 보고하듯이 말할 때 쓰이는 말로 '-더라'와 같은 의미를 전달하는 데 쓰임.

◆그는 **수억 대**의 비자금을 빼돌린 혐의로 체포되었다: **수억대**의 잘못.

　　대[臺]접 '그 값 수를 넘어선 대강의 범위'의 뜻을 더하는 접미사. ¶만 원대; 백삼십만 원대; 수천억대.

　　[주의] 사십대(×)/사십 대(○) 중년: 이때는 '대(代)'.

◆**사십대** 중년; **사오십대** 중장년: **사십 대**, **사오십 대**의 잘못. ⇐'대'는 의존명사.

　　조선은 **고종대**에 들어서 문호를 개방했다: **고종 대**의 잘못. ⇐'대'는 명사.

　　이 도자기는 **삼대째** 가보: **삼 대째**(혹은 **3대째**)의 잘못. ⇐'대'는 명사.

　　[설명] 이 '대(代)'는 명사 또는 의존명사로 쓰이므로 어떤 경우든 띄어 적음. 뜻풀이의 예문 참조. 단, 그 앞에 숫자가 올 경우는 붙여쓰기 허용. 〈예〉이십 대 처녀 ↔ 20대 처녀; 사십 대 남자 ↔ 40대 남자.

　　대[代]명 ①한 집안에서 이어 내려오는 혈통/계보. ②지위/시대가 이어지고 있는 동안. ¶조선 세종 대에 학문이 발달했다; 중국은 청 대에 문호 개방.

　　　　의①사람의 나이를 십 년 단위로 끊어 나타내는 말. ¶십 대 청소년들의 방황; 10대 청소년들의 방황. ②가계/지위를 이어받은 순서를 나타내는 단위. ¶집안의 오 대 할아버지; 세종은 조선의 4대 임금; 삼 대째 가보. ☜[주의] 할아버지로부터 받은 것을 흔히 '삼 대째'라 하는데 잘못임. 나와 아버지가 1대, 아버지와 할아버지가 1대이므로, '이 대째'라 해야 올바름. '삼 대째'가 되려면 증조부까지 올라가야 함.

◆혼수 비용으로 수억을 **썼대나봐**: **썼다나 봐**의 잘못. ⇐어미 '-다나'의 잘못.

　　잘못한 게 전혀 **없대나 뭐래나**: **없다나 뭐라나**의 잘못. ⇐어미 '-다나/라나'의 잘못.

　　[설명] ①'-대나'는 없는 말. 간접 인용절에 쓰여, 인용되는 내용이 못마땅하거나 귀찮거나 함을 나타내

는 구어체 종결어미는 '-다나/-ㄴ다나'임. ②어미 '-다나' 뒤에서는 보조용언 붙여쓰기가 허용되지 않으므로 '봐'를 띄어 적음. ③'뭐래나'에 쓰인 '-래나'도 없는 말. 인용되는 내용에 스스로 가벼운 의문을 가진다든가 그 내용에 별 관심이 없다는 뜻을 나타내는 어미는 '-라나'임. 즉, '뭐래나(×)/뭐라나(○)'.

◆장군은 그 보고를 받자 **대노(大怒)**했다: **대로(大怒)**의 잘못.
  [설명] '노(怒)'의 경우, 사자성어 등의 경우가 아니고는 (예: 희로애락) 본음대로 '노'로 적음. 〈예〉분노(忿怒,憤怒)/격노(激怒)/공노(共怒). 그러나 이 '대로(大怒)'만은 예외적으로 속음인 '로'로 적고 {대:로}로 발음함. ☞**두음법칙** 항목 참조.

◆♣보조용언 **'-대다'**의 띄어쓰기: 원칙적으로 띄어 쓰나, 붙여쓰기 허용.
  [설명]〈예〉떠들어 대다(쌓다), 우겨 대다(쌓다), 웃겨 대다(쌓다), 웃어 대다(쌓다), 울어 대다(쌓다), 짖어 대다(쌓다): 즉 '-아/어' 뒤에서는 보조용언 붙여쓰기가 허용되고, 이 문형들은 이 규정에 합당하므로 붙여 쓸 수 있음. ☞《표준》에서는 '-어 대다'의 구성으로 묶어놓고 있으나, 이 경우는 맞춤법 규정대로 처리하는 편이 여러모로 편리함.
  [참고] 위에서 보듯, '-대다' 대신에 '-쌓다'를 넣어도 같음. '쌓다'는 앞말이 뜻하는 행동을 반복하거나 그 행동의 정도가 심함을 나타내는 보조동사.

◆○○비엔날레가 개막식을 시작으로 그 **대단원의 막**이 올랐다: **서막**의 잘못.
  [설명] '대단원'은 어떤 일의 맨 마지막을 뜻하는 말이므로 대단원의 막은 내리는 것이지 올리는 것이 아님. 대단원의 막이 내리면 일이 끝난 것이며 시작되는 것이 아님. 시작의 의미로는 '서막'을 써야 함.
  대단원[大團圓]명 ①≒**대미[大尾]**(어떤 일의 맨 마지막). ②연극/소설 따위에서, 모든 사건을 해결하고 끝을 내는 마지막 장면.

◆대동강변이나 **대동강가**나 그게 그거지 뭐: **대동강 가**의 잘못.
  [설명] 합성어로 굳어진 다음과 같은 말 외에는 '가'를 띄어 씀: 강가/길가/물가/못가/바닷가/무덤가/샘물가/우물가/창문가/부둣가/연못가/한길가/마룻가/난롯가. ☞**'-가'의 띄어쓰기** 항목 참조.
  [참고] '대동강변/한강변/낙동강변' 등에서의 '-강변' 표기에 관해서는 명시적인 규정이 없으나, 동의어인 '강가'와 달리 '강변(江邊)'이 한자어여서 한자어 성어 표기 관행에 따라 예시와 같이 관행적으로 붙여 써 오고 있음.
    •한자어 성어 표기와 고유어 표기의 예: 태백산+산맥→'태백산맥'. 태백+산줄기 [혹은 태백산+줄기]→'태백 산줄기' [혹은 '태백산 줄기']. ('산줄기'는 '산맥'의 순화어. '줄기'는 '산줄기'와 유의어).

◆♣**'대로'의 띄어쓰기**: 의존명사일 때와 조사일 때의 두 가지가 있음.
  [예제] 큰 건 큰 **것 대로** 따로 모아라: **것대로**의 잘못. ⇐'대로'는 조사.
     거기 적힌 대로, **법 대로** 해라: **법대로**의 잘못. ⇐'대로'는 조사.
     지칠대로 지친: **지칠 대로**의 잘못. ⇐'대로'는 의존명사.
  대로의 ①어떤 모양/상태와 같이. ¶본 대로; 느낀 대로; 그린 대로; 들은 대로 ②어떤 상태/행동이 나타나는 그 즉시. ¶도착하는 대로 편지를 쓰다; 내일 동이 트는 대로 떠나겠다. ③어떤 상태/행동이 나타나는 족족. ¶기회 있는 대로 정리하는 메모; 틈나는 대로 찾아보다; 달라는 대로 다 주다. ④어떤 상태이 매우 심하다는 뜻을 나타내는 말. ¶지칠 대로 지친 마음; 약해질 대로 약해지다; 그 둘의 애정은 식을 대로 식었다. ⑤할 수 있는 만큼 최대한. ¶될 수 있는 대로 빨리 오다; 들 수 있는 대로 들어라.

−대로조 ①앞에 오는 말에 근거하거나 달라짐이 없음을 나타내는 보조사. ¶법대로 해라. ②따로따로 구별됨을 나타내는 보조사. ¶작은 건 작은 것대로 따로 모아 두다; 너는 너대로 나는 나대로 살자.

◆**대립각**을 세우다: 맞음.
  [설명] '대립각'을 합성어로 인정하지 않던 예전에는 '대립 각'으로 표기하도록 하였으나 지금은 한 낱말.
  대립각(對立角)명 (비유) 의견/처지/속성 따위가 서로 반대되거나 모순되어 생긴 감정.

◆**대싸리** 동구라: **댑싸리**의 잘못. ⇐'대싸리'는 없는 말.
  댑싸리명 명아줏과의 한해살이풀. 높이는 1미터 정도. 한여름에 연한 녹색의 꽃이 피며 줄기는 비를 만
  드는 재료로 쓰임.

◆이 중에서 제일 큰 **대 짜**(혹은 **댓자**)로 주세요: **대짜**의 잘못.
  [비교] 양이 많아서 **중 자** 하나도 셋이 다 못 먹어: **중짜**의 잘못.
  대짜[大−]명 큰 것.
  중짜[中−]명 중간인 것.

◆그는 이 시대의 마지막 선비랄 정도로 **대쪽같은** 사람: **대쪽 같은**의 잘못.
  날래기도 해라. 정말 **번개같은** 사람이로군: **번개 같은**의 잘못.
  [설명] 흔히 쓰는 '대쪽같다, 번개같다'는 아직 복합어로 인정되지 못한 말들.
  [참고] '번개같이'부의 경우, 표제어에는 없으나 《표준》의 본문 설명에는 자주 등장함. 〈예〉'전격적[電擊
  的]: 번개같이 급작스럽게 들이치는. 또는 그런 것'. 《표준》의 실수이거나, 혹은 명사+'같이'(격조사)의
  꼴로 사용한 듯함. ☞'**같이/같다**' 항목 참조.

◆**외삼촌댁**에서 묵었다: **외삼촌 댁**의 잘못. ⇐'댁'은 '집'의 높임말.
  홍길동씨 댁을 찾고 있습니다만: **홍길동 씨 댁**의 잘못. ⇐'씨'는 의존명사.
  뉘댁이신지요?: **뉘 댁**명의 잘못. '남의 집/가정의 높임말'. 아래 참고 설명 참조.
  [설명] ①'외삼촌 댁'이나 '홍길동 씨 댁'에서의 '댁(宅)'은 '집'의 높임말이며, '외삼촌댁'은 '외숙모'라는 뜻임.
  즉, 외삼촌댁≒외숙모. '댁(宅)'은 아래의 뜻풀이에서 보듯, 명사/대명사/접사의 세 가지 기능이 있음.
  ②위에서 쓰인 '씨'는 그 사람을 높이거나 대접하여 부르거나 이르는 의존명사. ☞[주의] '씨'가 '그 사
  람을 높여 이르는 3인칭 대명사'로 쓰일 때도 있음. ¶씨는 한국 문단의 권위자; 씨가 그해에 발표한
  논문은 큰 반향을 불러 왔다.
  댁[宅]명 ①남의 집/가정의 높임말. ¶선생님 댁에 가는 길; 아주머님은 지금 댁에 계신가; 여기가 최 교
  수님 댁인가요. ②남의 아내를 대접하여 이르는 말. 주로 대등한 관계에 있는 사람이나 아랫사람의
  아내를 이름. ¶이 사람이 동생의 댁일세; 네 댁은 무탈하고?; 저 사람이 그대의 댁인가.
  대 듣는 이가 대등한 관계에 있는 사람이나 아랫사람인 경우, 그 사람을 높여 이르는 이인칭 대명사.
  ¶댁의 남편이 저 사람이오?; 그런 말을 하는 댁은 누구요?; 내가 댁한테 신세진 거라도 있소?
  −댁[宅]접 '아내' 혹은 '그 지역에서 시집온 여자'의 뜻을 더하는 접미사. ¶처남댁, 오라버니댁, 큰댁, 평
  양댁, 마산댁.
  [참고] ①'댁'이 명사일 때는 띄어 쓰고, 접미사일 때는 붙여 씀. ②접미사의 경우에는 대등하거나 아랫사
  람에게만 쓰임. 따라서, '선생님댁'의 표현은 사용할 수 없고, '선생님 댁(집)'으로만 쓸 수 있음. ③'남
  의 집/가정의 높임말'로 쓰인 '뉘 댁'의 경우에도 엄밀히 말하면 '뉘 댁이신지요?'의 표현은 쓸 수 없고,

'뉘 댁의 내행이신가. 뉘 댁의 자제인가?' 등으로 구체화하여 사용해야 함. ④[주의] '병수댁'은 붙여 쓰지만, 이의 예사말인 '병수 댁네'는 띄어 써야 함. '댁네'는 접미사가 아닌 명사/대명사이기 때문.

댁네[宅−]囝떼 '댁'을 예사로 이르는 말.

◆**댑다** 큰소리만 **대빵** 친다고 되는 건 아니지: **딥다**(혹은 **들입다**)의 잘못. 맞음.

댑다 힘드는 거나 **딥다** 힘든 거나 그게 그거지: **딥다**의 잘못. 맞음.

[설명] '댑다'는 없는 말이므로 잘못이며, '딥다'는 '들입다(세차게 마구)의 준말. '대빵'도 은어이긴 하지만, 쓸 수 있는 말(다만, 상황을 가려서).

대빵囲 은어로, '크게 또는 할 수 있는 데까지 한껏'이라는 뜻.

◆**댓돌[臺−]**: 맞음. 표준어.

댓돌[臺−]囿 ①집채의 낙숫물이 떨어지는 곳 안쪽으로 돌려 가며 놓은 돌. [유]툇돌. ②≒**섬돌**. [주의] 일부 사전에서는 '댓돌'을 '섬돌(步石, 石階)'의 잘못으로 규정하나, 《표준》은 둘 다 표준어로 인정.

◆될수록 큰 병에, 한 되짜리 **댓병**으로 가득 담아 와라: **됫병**의 잘못. 없는 말.

[설명] ①'댓병'은 없는 말. 크기가 큰 병(瓶)이라는 뜻의 '댓병(大瓶)'일 경우에도 한자어이므로 사이시옷 표기는 불가능. '대병'으로 표기하더라도 현재는 '대병(大病)/대병(大兵)≒대군(大軍)/대병(大柄)'의 세 말뿐으로, '대병(大瓶)'은 없는 말. ②'됫병'은 '한 되를 담을 수 있는 분량의 병'을 뜻하는 말로, '되들잇병[−瓶]/한됫병[−瓶]/대두병[大斗瓶]'으로도 불림.

◆**댓발**이나 나온 입. 길이가 **댓자. 댓살**쯤 된 아이: **댓 발, 댓 자, 댓 살**의 잘못.

[참고] **댓살배기**가 깜찍하기도 해라: **댓 살배기**의 잘못. ⇐'−배기'는 접사.

[설명] '댓'은 '다섯쯤 되는 수. 또는 그런 수의'를 뜻하는 수사 겸 관형사. 따라서 단위를 뜻하는 '발/자/살'과는 띄어 적어야 함.

◆**좀더** 주세요; 더 이상은 안 돼; **한번 더: 좀 더, 한 번 더**의 잘못.

[설명] ①'더'는 부사. 따라서 원칙적으로 띄어 써야 함. ②단음절 낱말이 연속될 때는 붙여쓰기를 허용하므로, 그때는 붙여 쓸 수 있음.

〈예〉[원칙] '그 때 그 곳; 좀 더 큰 것; 이 말 저 말; 한 잎 두 잎'.

　　[허용] '그때 그곳; 좀더 큰것; 이말 저말; 한잎 두잎'.

◆**−더구료: '−더구려**'의 잘못. (−더구려 ≒이더구려) ¶벌써 다녀가셨더구려.

−더구만/−더구먼: '−더구먼'의 잘못. ¶키가 무척 크더구만(×)/크더구먼(○); 그가 죽었다더만(×)/죽었다더구먼(○). [참고] **−더구나≒−더군**준 ¶힘께나 쓰겠더구나(≒쓰겠더군).

−더냐구: '−더냐고'의 잘못. ¶할 만하겠더냐구(×)/하겠더냐고(○) 물었다.

−더내: '−더냐고 해가 줄어든 말. ¶돌아오니 바깥세상은 어떻더내.

◆때가 덕지덕지 **더껑이/더껭이**로 앉은 기계: **더께**의 잘못.

[참고] **더깨**로 쌓여 있군: **더께**의 잘못.

[설명] '때'와 '더껑이'는 전혀 무관하며, '더께'의 잘못. '더께'가 모이면 '주버기'.

더껑이囿 걸쭉한 액체의 거죽에 엉겨 굳거나 말라서 생긴 꺼풀. ¶팥죽 더껑이.

더께몡 ①몹시 찌든 물건에 앉은 거친 때. ②겹으로 쌓이거나 붙은 것. 또는 겹이 되게 덧붙은 것.
주버기몡 많이 모인 더께.
버캐몡 ①액체 속에 들었던 소금기가 엉겨 생긴 찌끼. ¶소금버캐/오줌버캐. ②(비유) 엉겨서 굳어진 감정.

◆교사라면 **더 더욱이나** 맞춤법에 신경 써야지: **더더욱이나**의 잘못.
　좀 더, **더욱 더**, 더 많이, 더 높이, **한번 더**: **더욱더, 한 번 더**의 잘못.
　[참고] **더이상** 참을 수 없다: **더 이상**의 잘못. '더이상'은 없는 말.
　더욱더≒더더욱몀 '더욱'을 강조하여 이르는 말.
　[설명] '더더욱'은 '더욱'의 강조. '-이나'는 보조사. '더더욱'은 '더더욱'의 동의어. ⇐[유사]**더더군다나**몀 '더
　　군다나'의 강조. 이와 같이 '더-'를 덧붙여 뒷말을 강조하는 것으로는 '더더욱/더더구나/더더군다나'
　　등이 있음.

◆너무 어린 데다 **더우기** 계집애였다: **더욱이**의 잘못.
　[참고] **더 더구나** 피해자는 미성년자였다: **더더구나**의 잘못. 한 낱말.
　　더 더욱 문제가 된 것은...: **더더욱**의 잘못. 한 낱말.
　[원칙] 어근에 파생 접미사 '-이'가 붙어서 부사가 된 말은 원형을 밝혀 적으며, '더욱이'는 부사 '더욱'에
　　접사 '-이'가 결합한 것. 〈유사〉지긋이/오뚝이/일찍이/고즈넉이/길쭉이/멀찍이. ☞♣**원형을 밝혀 적는**
　　것과 밝혀 적지 않는 것 항목 참조.

◆풀이 **더부룩히** 자라도록 내버려두다니: **더부룩이**의 잘못. ←**더부룩하다**[원]
　[설명] 형용사는 '더부룩하다'지만 부사는 '더부룩이'. 어간 끝 받침이 'ㄱ'.
　[유사] '두둑히(×)/두둑이(○) ←**두둑하다**[원]. ☞♣**'-이'로 끝나는 부사들 중 유의해야 하는 것들** 항목 참조.

◆너무 어린데다 **더우기** 계집애였다: **더욱이**의 잘못.
　[원칙] 어근에 파생 접미사 '-이'가 붙어서 부사가 된 말은 원형을 밝혀 적으며, '더욱이'는 부사 '더욱'에
　　접사 '-이'가 결합한 것. 〈유사〉지긋이/오뚝이/일찍이/고즈넉이/길쭉이/멀찍이. ☞♣**원형을 밝혀 적는**
　　것과 밝혀 적지 않는 것 항목 참조.

◆이런 때는 **더운 물**이 제 격인데: **더운물**의 잘못.
　[참고] 이렇게 **찬물**에 어떻게 목욕을: **찬 물**의 잘못. ⇐'이렇게'가 '찬'을 수식.
　　　　이런 **찬 물**에 어떻게 목욕을: **찬물**의 잘못. 한 낱말('차가운 물').
　[설명] '더운-'의 복합어: 당연히 한 낱말. ¶더운갈이/더운무대/더운물/더운물베개/더운밥/더운약/더운
　　점심/더운찜질/더운피.
　더운물몡 따뜻하게 데워진 물. 상대어: **찬물**('차가운 물').

◆네 욕심이 돼지보다 **더 하더라**: **더하더라**의 잘못. ←**더하다**[원]
　까짓거 죽기보다 **더 하겠나**: **까짓것**(혹은 **까짓**), **더하겠나**의 잘못. ←**더하다**[원]
　기왕 늦었으니 일을 **더하고** 가렴: **더 하고**의 잘못. ⇐**더 하다.**
　더하다혱 어떤 기준보다 정도가 심하다. ¶병세가 더하다; 네 조건은 악덕 채권업자보다 더하다.
　　동 ①더 보태어 늘리거나 많게 하다. ②어떤 요소가 더 있게 하다. ¶10에 10을 더하다; 갈수록 추위가
　　더하다.

더 하다: '좀 더 많이 하다' '잇달아 하다'의 뜻. ¶공부를 더 하고 갈게.
[유사] '더해 주다'(≒보태주다)와 '더 해 주다'도 마찬가지.

◆**가던지 오던지** 맘대로 해라: **가든지 오든지**의 잘못.
그날 따라 날씨는 어찌 그리 **춥든지**: **그날따라, 춥던지**의 잘못.
[설명] ①'-든지'(보조사 혹은 어미)와 '-던지'(어미)는 형태와 의미 모두 다른 말들임. '-든지'는 '-든'으로 바꿔 쓸 수도 있음. ②보조사로 쓰일 때의 '든지'는 '어느 것이 선택되어도 차이가 없는 둘 이상의 일을 나열함'을 나타냄. 〈예〉배든지 사과든지 마음대로 먹어라; 배든 사과든 마음대로 먹어라. ③'-든지'가 연결어미로 쓰일 때는 '나열된 동작/상태/대상들 중에서 어느 것이든 선택될 수 있음을 나타내거나 실제로 일어날 수 있는 여러 가지 중에서 어느 것이 일어나도 뒤 절의 내용이 성립하는 데 아무런 상관이 없음'을 나타냄. 〈예〉가든지 오든지 마음대로 해라; 가든 오든 마음대로 해라. ④반면에 '-던지'는 막연한 의문이 있는 채로 그것을 뒤 절의 사실이나 판단과 관련시키는 데 쓰는 연결어미로서 대체로 과거의 사실을 뜻함. 〈예〉그날 저녁 누가 왔던지 생각이 납니까?; 얼마나 울었던지 눈이 통통 부었다. ⑤[참고] '그날따라'에서의 '따라'는 '특별한 이유 없이 그 경우에만 공교롭게'의 뜻을 나타내는 보조사.

◆애먼 사람에게 **덤테기** 씌우지 마라: **덤터기**의 잘못.
[참고] 이와 같이 '-터기'로 끝나는 말에는 '그루터기/마루터기(산마루/용마루 따위의 두드러진 턱)/산마루터기'가 있음.
덤터기몡 ①남에게 넘겨씌우거나 남에게서 넘겨받은 허물/걱정거리. ¶빚보증으로 덤터기를 썼다. ②억울한 누명/오명. ¶힘없는 이에게 덤터기를 씌우지 마라.

◆**덤풀** 속에는 산새들이 많았다: **덤불**의 잘못.

◆지금 먹는 게 **덥밥**이야?: **덧밥**(덧식사. 더 먹는 밥) 혹은 **덮밥**(조리 방식)의 잘못. ⇐'덥밥'은 없는 말.

◆**덥수룩**하게 자란 수염을 깎지도 않은 채: **덥수룩/텁수룩/더부룩** 모두 맞음. '덮수룩'은 잘못.
덥수룩히/더부룩히 자란 수염: **덥수룩이/더부룩이**의 잘못. ⇐어간 끝이 'ㄱ'
[설명] '텁수룩-' 외에 '더부룩-'도 쓸 수도 있으나, '더부룩하다'에는 또 다른 뜻이 있음.
더부룩하다1혱 소화가 잘 안되어 배 속이 거북하다.
더부룩하다2혱 ①풀/나무 따위가 거칠게 수북하다. ②수염/머리털 따위가 좀 길고 촘촘하게 많이 나서 어지럽다.
덥수룩하다〈텁수룩~〉혱 더부룩하게 많이 난 수염/머리털이 어수선하게 덮여 있다.

◆여인의 손을 **덥썩**〉**답싹** 잡았다: **덥석**〉**답삭**의 잘못. ⇐불필요한 경음화.

◆세월이 유수라더니 **어느 덧** 걔가 벌써 장가를 들 나이라니: **어느덧**의 잘못.
[설명] '덧'은 명사이긴 하나 아래에서 보듯 홀로 쓰이는 경우가 드문 낱말. '어느덧'은 복합어 부사.
덧몡 얼마 안 되는 퍽 짧은 시간. ¶**어느덧**부, **그덧**몡
그덧몡 잠시 그동안.
어느덧부 어느 사이인지도 모르는 동안에. [유]어느새/어언/어언간.
햇덧몡 ①해가 지는 짧은 동안. ②일하는 데에 해가 주는 혜택.

◆이미 큰 포스터가 있는데, 거기에 웬 간판으로 **덧개비** 칠?: **덧게비**의 잘못.
　　덧게비몡 이미 있는 것에 (덧얹어) 덧대거나 덧보탬. 그런 일/물건.

◆보기 싫은 앞니 **덧이빨**은 빨리 손봐야 해: **덧니빨**의 잘못.
　　[참고] **금니빨** 하려면 돈이 꽤 들지: **금이빨**의 잘못.
　　　　　앞니빨/앞이빨은 될수록 빨리 고쳐야 해: **앞 이빨**의 잘못.
　　[설명] '덧니빨'은 '덧니'의 속어. '금니/앞니'는 있으나, '금니빨/앞니빨'은 각각 '금이빨'과 '앞 이빨'의 잘못.
　　　　'앞이빨' 또한 한 낱말의 복합어가 아니며 '앞 이빨'로 적어야 함. 띄어 적어도 비문법적 속어 표현.

◆그리 하면 병이 **덧치고** 말지: **더치고**의 잘못. ←**더치다**[원]
　　더치다통 낫거나 나아가던 병세가 다시 더하여지다.

◆깨진 벽거울 하나만 **덩그라니** 남아 있더군: **덩그러니**의 잘못. ⇐모음조화.
　　집이 **덩다라서** 동네에 전혀 어울리지 않았다: **덩다래서**의 잘못. ←**덩다랗다**[원]
　　청승맞게 **덩그멓게** 서 있더군: **덩그맣게**의 잘못. ←**덩그맣다**[원]
　　[설명] ①'덩그**라**니'는 '덩그**러**니'의 잘못으로 모음조화 위배. ②'덩다랗다'는 '덩다**래**/덩다라니/덩다랗소'로
　　　　활용. '덩그맣다'의 활용은 '덩그매/덩그마니/덩그맣소'.
　　덩그러니븜 ①홀로 우뚝 드러난 모양 ②넓은 공간이 텅 비어 쓸쓸한 모양.
　　덩다랗다혱 덩그렇게 커다랗다.
　　덩그맣다혱 홀로 떨어져 있다.

◆♣'**덩이**'와 '**덩어리**'
　　[예제] 어린 녀석이 여간 **재간덩이**여야지: **재간둥이**의 잘못.
　　　　　머리끄뎅이를 잡고 싸웠지: **머리끄덩이**의 잘못.
　　　　　녀석은 아주 **골치덩이**야: **골칫덩이(골칫덩어리)**의 잘못.
　　　　　여간 고집이 세야지. **고집덩이**야: **고집쟁이**의 잘못.
　　　　　소박 맞고 쫓겨 온 **소박덩이**: **소박맞고**, **소박데기**의 잘못. ←**소박맞다**[원]
　　　　　진흙덩어리들이 길을 막고 있었다: **진흙 덩어리**의 잘못.
　　　　　찬밥덩어리 좀 있으면 두어 개 주지 그래: **찬밥 덩어리**의 잘못.
　　[설명] '-뎅이'가 '덩어리/멍울/묶음' 등의 의미로 쓰일 때는 예외 없이 '-덩이'의 잘못. 〈예〉'간뎅이/끄뎅이/
　　　　숯뎅이/메줏뎅이'(×); '간덩이/끄덩이/숯덩이/메줏덩이'(○).
　　[주의] '-쟁이/-데기/-둥이' 등과 결합해야 할 경우에도 '-덩이'와 결합시켜 잘못 쓰는 일도 흔함. 〈예〉고
　　　　집덩이(×)/고집쟁이(○)/고집덩어리(○); 소박데기(○)/소박덩이(×); 푼수데기(○)/푼수덩이(×)/푼수덩어리
　　　　(×); 재간덩이(×)/재간둥이(○).
　　[고급] ①'-덩이' 대신 '-덩어리'가 결합할 경우에는 '그러한 성질을 가지거나 그런 일을 일으키는 사람/사
　　　　물을 나타내는 말', 곧 '~인 사람, 또는 그런 사람/것의 비유적 표현'이 되므로, 쓸 수 있는 경우가 많
　　　　음. 〈예〉'심술덩어리/애굣덩어리/재주덩어리/근심덩어리/메줏덩어리/비곗덩어리/고집덩어리'(○). 그러나
　　　　'-덩어리'를 붙였을 때 '푼수덩어리(푼수데기'의 잘못)'와 같이 쓸 수 없는 말도 있고, 골칫덩이(○)/골칫
　　　　덩어리(○), 메줏덩이(○)/메줏덩어리(○)와 같이 '~인 사람'의 의미로 둘 다 쓸 수 있는 말들도 있으므로
　　　　주의! ②한편, '덩어리'가 구체적인 어떤 사물(예: 진흙, 밥, 얼음, 바위 등)이 크게 뭉쳐서 이뤄진 것을
　　　　뜻할 때는 위와 같은 합성어가 아니라 두 개의 낱말임: 진흙 덩어리; 찬밥 덩어리.

[참고] '덩이/덩어리'가 붙은 사람들: 메줏덩이[~덩어리]/골칫덩이[~덩어리]/비곗덩이[~덩어리]/걱정덩어리/고집덩어리(固執-)/주쳇덩어리.

◆**덩쿨/넝굴**: '**덩굴/넝쿨**'의 잘못. **넝쿨≒덩굴**.

[암기도우미] **덩**굴에 넝**쿨**을 교잡시켜 만든 '덩쿨/넝굴'은 아무 것도 되지 못한다!

넌출명 길게 뻗어 나가 늘어진 식물의 줄기. 등/다래/칡의 줄기 따위.

넝쿨≒덩굴명 길게 뻗어 나가면서 다른 물건을 감기도 하고 땅바닥에 퍼지기도 하는 식물의 줄기.

◆**덮어 놓고** 돈부터 갚으라니 무슨 소린가: **덮어놓고**의 잘못. 한 낱말의 부사.

◆눈 **덮힌** 겨울산은: **덮인**의 잘못. ←**덮이다**[원]

겨울 오는 한라산에 눈이 **덮혀도**: **덮여도**의 잘못.

베일에 **덮혀** 있던 사건이 드디어: **덮여**의 잘못.

[참고] 침묵으로 **뒤덮혀** 있던 비밀: **뒤덮여**의 잘못. ←**뒤덮이**다[원]

[설명] 발음 관행과 착각으로 대부분 '덮히다'를 잘못 사용함. '덮히다'는 '덮이다'의 잘못. '덮다'의 피동은 예외 없이 '덮히다'가 아닌 '덮이다'. ¶이불에 덮여 있는 아기; 온 세상이 하얀 눈에 덮여 있는.

덥히다통 '덥다(①기온이 높거나 기타의 이유로 몸에 느끼는 기운이 뜨겁다. ②사물의 온도가 높다)'의 사동사.

◆키도 **큰데다가** 목소리도 커서: **큰 데다가**의 잘못. ⇐**큰 데에다가**'의 축약.

[주의] 키는 **큰데** 옷은 작고: 맞음. 서술격 조사 '(이)다'에 어미 '-ㄴ데'의 연결형.

[설명] '데다가'는 의존명사 '데'에 대상을 나타나는 격조사 '에다가'가 결합한 뒤, 준 꼴임. 즉, '데+에다가'→'데다가'. 〈예〉얼굴도 예쁜 데다가→얼굴도 예쁜 데다가. 이때의 '데'는 의존명사로, 다음과 같이 쓰임: ①'곳/장소' (예) 가 본 데; 의지할 데; 들를 데. ②'일/것' (예) 그 일을 끝내는 데 삼 일; 오직 졸업장을 따는 데 목적이 있는 듯; 마음에 찔리는 데가 있어. ③'경우/처지' (예) 머리 아픈 데 먹는 약; 손님 대접하는 데에; 이렇게 고마울 데가.

[참고] 의존명사 '데'가 곳/장소 외의 용도로 쓰일 때는 대체로 '~는 데에(도), ~는 데에(는)'의 꼴로 쓰일 때가 많음. 의존명사인지 헷갈릴 때에는 '데에' 꼴로 바꾸어 보면, 판별이 쉬울 때가 많음. (예) 끝내는 데(에); 머리 아픈 데(에); 졸업장을 따는 데(에); 일이 이렇게 된 데(에)는.

◆♣'**-데기**'와 '**-떼기**' 그리고 '**-때기**'

[예제] **새침떼기/푼수떼기**: **새침데기/푼수데기**의 잘못.

　　　뱃때기/볼떼기/거적떼기: **배때기/볼때기/거적때기**의 잘못.

[설명] ①'부엌데기/새침데기/소박데기/푼수데기/얌심데기'에서처럼 어떤 사람을 낮잡는 뜻으로는 '-데기'이며 발음은 {-떼기}. (단, '늙으데기/늙은데기' 등은 {-데기}). ②'-때기'는 비하의 뜻을 나타내는 접사. ¶배때기/귀때기/볼때기; 가마때기/거적때기. ③'밭떼기/차떼기'에서처럼 어떤 상태 채로 한꺼번에 사들이는 일은 '-떼기'.

밭떼기명 밭에서 나는 작물을 밭에 나 있는 채로 몽땅 사는 일.

차떼기[車-]명 화물차 한 대분의 상품을 한꺼번에 사들이는 일. 또는 그렇게 하기 위한 흥정.

늙으데기≒늙은데기명 '늙은이(나이가 많아 중년이 지난 사람)'를 낮잡는 말.

얌심데기명 몹시 샘바르고 시기하는 마음이 있는 듯한 행동을 자꾸 하는 사람을 낮잡는 말.

◆**데설맞다**[혱: '**데설궂다**'의 잘못.

　[설명] '-맞다'는 '그것을 지니고 있음'의 뜻을 더하고 형용사를 만드는 접미사. 한편 '-궂다'는 '매우 ~스럽다', 즉 '그러한 성질이 매우 많음'의 뜻을 더하는데, 이 두 말이 붙는 말들은 대체로 구분되어 쓰임. 다만, 아래의 말들만 서로 유의어로 쓰임: **곰살맞다≒곰살궂다, 청승맞다≒청승궂다, 새실맞다/새살-/시설-≒새실궂다/새살-/시설-.**

　데설궂다〈테설궂다(센)[혱] 성질이 털털하고 걸걸하여 꼼꼼하지 못하다. ¶저 아이는 성격이 데설궂어 터진 옷을 며칠째 입고 다닌다.

　시설맞다[혱] 성질이 차분하지 못하고 수다스러워 실없이 수선 부리기를 좋아하는 태도가 있다.

◆추운 데서 일하고 오는 사람들을 위해 방 좀 **뎁혀/데펴** 놔라: **덥혀**의 잘못.

　손님이 오시니 그동안 쓰지 않았던 건넌방 좀 미리 **데워** 놓으렴: 맞음.

　[설명] '덥히다'와 '데우다'는 표준말이며, 뜻은 아래와 같이 조금 다름.

　덥히다[동] ①'덥다(기온이 높거나 기타의 이유로 몸에 느끼는 기운이 뜨겁다. 또는 사물의 온도가 높다)'의 사동사. ②마음/감정 따위를 푸근하고 흐뭇하게 하다.

　데우다[동] 식었거나 찬 것을 덥게 하다. [유]가열하다.

◆[고급]♣'-ㄴ 데다가 '와 '-ㄴ데'의 띄어쓰기

　[예제] 얼굴도 **예쁜데다가** 똑똑했다: **예쁜 데다가**의 잘못. ⇐'데'는 의존명사.

　　　　바쁜데다가 할 일도 산더미같아서: **바쁜 데다가, 산더미 같아서**의 잘못.

　　　　얼굴은 **예쁜 데,** 하는 짓은 완전히 반대였다: **예쁜데**의 잘못. ⇐어미 '-ㄴ데'.

　[설명] ①연결어미 '-ㄴ데': 이어지는 말이 앞말과 다른 방향이거나 상반된 내용임을 나타냄. ②예문의 '예쁜 데다가/바쁜 데다가'는 다음과 같이 분석됨: '예쁜/바쁜'('예쁘다/바쁘다'의 관형형)+'데'(의존명사)+'에'(앞말에 무엇이 더하여지는 뜻의 부사어임을 나타내는 격조사)+'다가'(강조 보조사)→예쁜/바쁜 데에다가→예쁜 데다가/바쁜 데다가(축약).

　[주의] '-ㄴ데'는 종결어미이기도 함: 어떤 일을 감탄하는 뜻을 넣어 서술함으로써 그에 대한 청자의 반응을 기다리는 태도를 나타내는 종결어미. ¶건물 높이가 정말 높은데; 와, 자네 어머님이 정말 미인이신데.

◆**도나 개나/도나개나** 씨부리면 말 되는 줄 아는군: **도나캐나, 씨불이면**의 잘못.

　도나캐나[부] 하찮은 아무나. 또는 무엇이나. 씨부리다(×)/씨불이다(○).

◆이거야 원 **도로아미타불** 아닌가: **도로 아미타불**의 잘못.

　[설명] 관용구지만, 한 낱말이 아님. '도로'는 부사.

　[암기도우미] 도로 그 자리로 돌아가니까 '도로'[부] 아미타불.

◆예전에는 큰 두레박을 올릴 때 **도르레**를 쓰기도 했지: **도르래**의 잘못.

　[참고] 물래가 돌아야 실을 잣지: **물레**의 잘못. ⇐모음조화.

　　　　요즘에는 **물래방아** 구경하기 힘들다: **물레방아**의 잘못. ⇐모음조화.

　　　　손사례를 치며 선물을 사양했다: **손사래**의 잘못. ⇐모음조화.

　[설명] ①'도르래'의 어원은 [돌으래]이나 원형을 밝히지 않고 소리 나는 대로 적음: 한글맞춤법 제19항, 예외. ②'돌으래'는 '돌'(어간, 回)+'으'(조음소. 두 자음 사이에 끼여 음을 고르게 하는 모음)+'-래'(접사)로 분석되는데, '-래'는 접미사 '애'의 변형. 고어의 변화 '날'+'-애'→'날개'에서 보이는 '애'는 현재 표

준어에서는 옛말로 처리되어 있고, 북한어에서만 행동을 하는 데 쓰는 도구/기구, 그 밖의 생활 수단을 나타내는 명사를 만드는 접미사로 인정되고 있음. ☜[암기도우미] 어원이 [돌-+-애]인 '도래(소/염소 따위의 고삐가 자유롭게 돌 수 있도록 굴레/목사리와 고삐 사이에 단 쇠/나무로 된 고리 비슷한 물건)'처럼, 양성모음 뒤에 오므로 접미사는 '-레'가 아니라 '-애'의 변형인 '-래'. ③'물레/물레방아'의 경우는 '-레'의 앞이 음성모음이므로 '수레바퀴'에서처럼 '-래'가 아닌 '-레'. ☜[암기도우미] '둘레/수레/물레/얼레' 등과 같이 둥근 테와 관련된 것은 '-레'. '되레' 항목 참조.

◆**도리질치다**(×): **도리질(을) 치다**(≒**도리머리하다**)의 잘못.
　　도리질 하는 사람을 간신히 돌려세웠다: **도리질하는**의 잘못. 한 낱말.
　　[설명] ①'도리질치다'는 없는 말. '도리질하다'는 한 낱말. '-질'은 행위이므로 주로 접사 '-하다'와 결합함. 상세 설명은 '발버둥질/버둥질'이나 '뒷걸음질', 혹은 '구역질난다' 항목 참조. ②아래 뜻풀이에서 보듯 '도리질'에는 두 가지 뜻이 있음.
　　도리질하다[동] ①말귀를 겨우 알아듣는 어린아이가 어른이 시키는 대로 머리를 좌우로 흔드는 재롱을 부리다. ②≒**도리머리하다**(머리를 좌우로 흔들어 싫다거나 아니라는 뜻을 표시하다).

◆우리까지 **도맷금**으로 죄인 취급을 하다니: **도매금**(都賣金)의 잘못. ⇐한자어.
　　도매급으로 싸게 팔아 치웠다: **도매금**의 잘못. 없는 말.
　　[설명] 다음의 2음절 낱말들 외에는 한자어에서 사이시옷을 받치지 못함: 곳간(庫間)/셋방(貰房)/숫자(數字)/찻간(車間)/툇간(退間)/횟수(回數).

◆♠'**도우미**'의 띄어쓰기
　　[예제] 파출부 대신 요즘은 **가사 도우미**라고들 해: **가사도우미**의 잘못.
　　[설명] 현재 신어 목록에 올라 있는 '도우미'의 합성어는 '가사도우미/길도우미/경로도우미' 정도이며, 그 밖에 실제로 사용되고 있는 것으로는 '민원도우미(옴부즈맨의 순화어)' 등이 있음. 계속 늘어날 것으로 예상되는데, 사용 빈도에 따라 우리말로 등재될 가능성이 높음(예: 행사도우미). 원칙적으로 합성어에 속하므로, 사전의 표제어 표기에서 보듯 붙여 써야 함.
　　길도우미[신][명] '내비게이션(navigation)'의 순화어.

◆신기술을 **도입키로** 하였습니다: **도입기로**의 잘못.
　　[설명] '도입하기로'에서 '도입'이 무성음 받침('ㅂ')으로 끝나, '하'가 아주 줄므로, '도입기로'로 적음. ⇐받침이 'ㄱ/ㅂ/ㅅ'로 끝날 때. ☞**어간 '하'의 단축형** 항목 참조.

◆그거야 **도진개진(도찐개찐)**이지 뭐: **도긴개긴**의 잘못.
　　[설명] 예전에 '도긴개긴'은 '도 긴 개 긴'의 잘못이었으나, 2015.6. 국립국어원의 문헌정보 수정으로 표준어로 인정됨. 단, '도찐개찐'은 비표준어.
　　도긴개긴[명] 윷놀이에서 도로 남의 말을 잡을 수 있는 거리나 개로 남의 말을 잡을 수 있는 거리는 별반 차이가 없다는 뜻으로, 조금 낫고 못한 정도의 차이는 있으나 본질적으로는 비슷비슷하여 견주어 볼 필요가 없음을 이르는 말.
　　긴[명] 윷놀이에서, 자기 말로 남의 말을 쫓아 잡을 수 있는 거리.

◆**도컬칸**이니 하나만 잡아도 돼: '**도컬간**(-間)'의 잘못.

[비교] 비좁은 **단간방**에서의 **단간방살림**: 단칸방, 단칸살림의 잘못. 북한어들.

[설명] ①'도킬**間**'이기 때문에 '간'으로 적고 '간'으로 발음. 이때의 '간(間)'은 '사이' 또는 '앞에 나열된 말 가운데 어느 쪽인지를 가리지 않는다는 뜻'을 나타내는 의존명사로서, '단**간**방/단**간**방살림(×)/단**칸** 방/단**칸**살림(○)의 경우와는 정반대. ②그 이유는 '단칸방/단칸살림'의 경우에 쓰인 '칸'의 의미가 '도 킬**간**(-間)'에서 쓰인 '간(間)'의 뜻과 다르기 때문. 즉, '칸'은 공간(空間)의 구획이나 넓이를 나타내는 말로, 원래는 한자어 '간(間)'이었지만, 발음이 뚜렷하게 변하여 더 이상 고형(古形)을 유지할 수 없어 새 형태를 표준으로 삼은 것. 다만, '초가삼간(草家三間)'과 '윗간(온돌방에서 아궁이로부터 먼 부분)' 과 같이 관습적으로 굳어진 표현은 '간'. [표준어 규정 제3항]

도킬간(-間)® 윷놀이에서, 도나 걸의 둘 가운데 하나.

◆우정을 **도타히** 하는 의미에서 딱 **술한잔만** 더 하세: 도타이, 술 한 잔만의 잘못.

[설명] ①'도타이〈두터이〉는 본래부터 독립부사. ②'한잔'과 '한 잔': '승리를 위해 한잔; 오늘 간단히 한잔 하세나; 한잔 술' 등의 경우는 붙임. 그러나, '딱 한 잔만 하고 가세'처럼 명확히 1잔일 때는 띄어 씀. '한잔하다'는 복합어!

도타이〈두터이〉위 서로의 관계에 사랑/인정이 많고 깊게. ← **도탑다〈두텁다〉**®

한잔하다통 간단하게 한 차례 차/술 따위를 마시다.

◆**독대**로 개천에서 고기를 잡다: **반두**(혹은 **족대**)의 잘못. 없는 말.

반두® 양쪽 끝에 가늘고 긴 막대로 손잡이를 만든 그물. 주로 얕은 개울에서 물고기를 몰아 잡음. [위]족산대.

족대® 물고기를 잡는 기구의 하나. 작은 반두와 비슷하나 그물의 가운데가 처져 있음.

◆겨우 **돈 백** 정도 갖고 **큰소리 치기는**: 돈백, 큰소리치기는의 잘못.

돈 천이 어디 작은 돈이냐. 내게는 거금: 돈천의 잘못.

돈백만 원이면 내겐 한 달 생활비: 돈 백만 원의 잘못.

[설명] ①'돈백/돈천' 등에 쓰인 '돈'은 뒤에 붙는 단위만큼 되는 돈이라는 뜻으로, 합성어의 형태소 역할. 길게 발음되며 뒤에 오는 무성자음 'ㄱ/ㄷ/ㅂ'을 경음화함. 〈예〉돈푼/돈관/돈백/돈천/돈만. ②'돈 백만 원'의 경우는, 이와 달리 '돈으로 백만 원'이라는 뜻.

돈백[-百]〈돈:빼〉® 백으로 헤아릴 정도의 적지 아니한 돈.

돈천[-千]〈돈:천〉® 천으로 헤아릴 만큼 적지 아니한 돈.

◆식욕을 **돋군다**; 내 화를 **돋구지** 마라: 돋운다, 돋우지의 잘못. ← **돋우다**[원]

[설명] 흔히 잘못 쓰는 '돋구다'는 아래에서 보듯 '안경의 도수 따위를 더 높게 하다'는 뜻임.

돋구다통 안경의 도수 따위를 더 높게 하다.

돋우다1® 물건값이 좀 높거나 비싸다.

돋우다2통 ①위로 끌어 올려 도드라지거나 높아지게 하다. ②밑을 괴거나 쌓아 올려 도드라지거나 높아 지게 하다. ③'돋다'의 사동사. ¶신바람을 돋우는 풍물 한 마당; 호롱불의 심지를 돋우다; 여인은 발 끝을 돋우어 창밖을 내다보았다; 벽돌을 돋우다.

◆**돋나물/돗나물/돈나물**로 물김치를 만들어도 맛있지: 돌나물의 잘못. 방언.

[암기도우미] '돌나물'을 한자로는 '석상채(石上菜)'로 적기도 함. 돌 위에서 자랄 때가 많아서. 이름에 '돌

(石)'이 쓰인 이유임.

◆그럴 때 그가 어찌나 **돋우보이는지**: **도두보이는지**(혹은 **돋보이는지**)의 잘못. ←**도두보이다**[원]

[설명] '도두보이다'는 '돋보이다'의 본말. '돋우보이다'에서의 '-우-'는 불필요한 덧대기. '도두보이다'나 '돋보이다' 중 하나의 꼴만 선택해야 함.

◆**날개돋힌** 듯 팔리는 물건: **날개 돋친**의 잘못. ←**돋다**[원]

[설명] ①'날개돋히다/날개돋치다' 모두 없는 말. ②'돋히다/돋치다'에서 '히'는 피동 어간. '-치'는 강세 접사로 밖으로 내뻗는 것(내뻗치다). ¶뿔/가시가 돋아 뻗치다(≒돋치다).

◆겨우 아랫입술만 **달삭이더군**: **달싹이더군**의 잘못. ←**달싹이다[거리다]** [원]

겨우 입술만 **달막거릴** 정도: 맞음. ←**달막이다[거리다]** [원]

[설명] '달싹이다[거리다]/달막이다[거리다]〉들먹이다[거리다]' 등은 뜻이 비슷한 말로, 위와 같은 문맥에서는 두루 쓰일 수 있음. 단, '달막이다'에는 '달싹이다'에 없는 뜻들도 있음. 아래 뜻풀이 참조.

달싹이다통 ①가벼운 물건이 떠들렸다 하다. 또는 그렇게 되게 하다. ②어깨/엉덩이/입술 따위가 가볍게 들렸다 놓였다 하다. 또는 그렇게 되게 하다. ③마음이 좀 들떠서 움직이다. 또는 그렇게 하다.

달막이다〈들먹이다. **딸막이다**통 ①가벼운 물체 따위가 들렸다 내려앉았다 하다. 또는 그렇게 되게 하다. ②어깨/엉덩이 따위가 가볍게 들렸다 놓였다 하다. 또는 그렇게 되게 하다. ③마음이 조금 설레다. 또는 그렇게 되게 하다. ④말할 듯이 입술이 가볍게 열렸다 닫혔다 하다. 또는 그렇게 되게 하다. ⑤남에 대하여 들추어 말하다. ⑥가격이 조금 오르려는 기세를 보이다. ⑦다친 데나 헌데가 곪느라고 조금 쑤시다.

◆**돌곪은** 종기는 골칫거리다: **돌곰긴**의 잘못. ←**돌곰기다**[원]

[설명] '곰기다'는 곪은 자리에 멍울이 생기는 것으로 '곪다'와 다름.

곪다통 상처에 염증이 생겨 고름이 들게 되다.

곰기다통 곪은 자리에 딴딴한 멍울이 생기다.

돌곰기다통 종기가 겉으로는 딴딴하고 속으로만 심하게 곰기다.

◆덕수궁 **돌담길**엔 낙엽만 수북이: **돌담 길**의 잘못. 사전에 없는 말.

[참고] '**성못길/휴갓길**'이라는 말을 쓸 수 있는가?: 가능함.

[설명] ①-길은 굳어진 복합어(시골길/골목길/황톳길 등등)의 경우에 접사 역할을 하며, 이런 경우 사전에 표제어로 오름. 그러나 재료별로 세분화하여 복합어로 인정하기는 어려움. 〈예〉콘크리트길(×)/콘크리트 길(○). ②'산책길/시장길' 등과 같이 일부 명사 뒤에 붙어 '과정/도중/중간'의 뜻을 나타내는 경우에는 합성어로 쓰일 수 있으므로 '성못길/휴갓길' 등과 같은 쓰임도 가능함.

[참고] '**~길**'이 들어간 복합어들: 가르맛길/가시밭-/가욋(加外)-/갈림-/갓-/강둑-/강물-/강변-/거동(擧動▽)-/곁-/고갯-/고깃-/고부랑-/고빗-/고샅-≒고샅길-/고생-/곧은-/골목-/곱-/공깃(空氣)-/공중(空中)돌-/구둣발-/구름-/구부렁-/구실-/굴(窟)-/굿-≒갱도(坑道)-/굽잇-/귀갓-/귀경-신/귀국-신/귀성-신/귀향-/극락-/기찻-/까막-/꼬부랑-/꽃-/꾸부렁-/꿈-/나그넷-/나룻-/나름-≒운-/나뭇-/낙(落)-/남행(南行)-/낭-/내리막-/널-/녹색(綠色)-/논-/논두렁-/논둑-/논틀-/논틀밭틀-/농삿-/눈구멍-/눈1-/눈2-/눈물-/눈사탯-/달림-≒트랙(track)/답삿(踏査)-/덤불-/도붓(到付)-/돈-/돌1-/돌2-/돌너덜-/돌림-/된-/두렁-/두멧-/둑-/둔덕-/뒤안-/뒷-1/뒷-2/뒷-3/뒷발-/들-/등굣-/등굽잇-/등반(登攀)-/등산-/등판-/뗏-/마당-/마찻-/막장-/말-/망종(亡終)-/먼짓-

멱-≒멱/명삿(鳴沙)-/모랫-/무덤-≒묘도(墓道)/무덤사잇-/문(門)-/물고기-/물1-/물2-/뭇발-/뭍-/
바깥-/바닷-/바람-/바른-/바윗-/발-/밤-/방랑-/방문-방천(防川)-/밭-/밭둑-/밭머릿-/밭틀-/
배움-/뱃-/벌잇-≒벌잇줄/벌판-/벼랑-/벼슬-/복판-/본(本)-/봇(洑)둑-/북-/북향(北向)-/북행(北
行)-/분(粉)-≒분결/불-/비탈-/비행-≒비행로/빗-/빙판-/사랫-/사릿-/사양(斜陽)-/사잇-/산골-/
산(山)-/살1-/살2-/새벽-/샛-/생(生)-/생(生)눈-/서덜-/선-≒선걸음/세상-/소맷-/손-/수렛-/수림
(樹林)-/숨-≒기도(氣道)/순방-[신]숫눈-/숲-/시골-/신행(新行)-≒혼행-/쌈-≒싸움-/쌍갈랫-/썰
맷-/아랫-/안-/앞1-/앞2-/안돌잇-/앞발-/어둠-/언덕-/얼음-/엇-/에움-/여행-/연전(揀箭)-/열명-
≒저승-/열찻-[신]열흘-/옆-/옛-/오르막-/오름-/오솔-/오줌-≒요도/외-/외딴-/외통(通)-≒외-/
용왕(龍王)-/우물-/우잣(字)-/운(運)-/유학-/이끎-≒유도로/이끎물-≒유도 수로/이슬-/인생-/입
1-/입2-/자갈-/자동-[신]≒무빙워크/자드락-/장삿-/저승-/적톳(赤土)-/전찻-/잿-/죽음-/지돌잇-/
지름-/진창-/찻(車)-/천-/만-/철(鐵)-≒철도/철둑-/첫-/초행-/촌-/출근-/출산(出産)-≒산도/출
셋-/출입-/출장-/출퇴근-/춤-/친행(親行)-/콧-/큰-/토끼-[신]퇴근-/토막-/포장-/푸섶-/피난-/
피란-/하곳-/하늘-/하룻-/하산-[신]한1-/한2-/헛-/혼삿-≒혼인-/혼행-/화살-≒살-/황천-/황
톳-/후밋-/흐름-≒유로(流路)/흙-/흙탕-.

[주의] 다음 말들은 사이시옷을 받치므로 특히 유의해야 함: 가욋(加外)길/고깃길/고빗길/공깃(空氣)길/
굽잇길/귀갓(歸家)길/기찻길/나그넷길,나룻길/나뭇길/농삿길/눈사탯길/답삿(踏査)길/도붓(到付)길/
두멧길/등굣길/등굽잇길/마찻길/먼짓길/명삿(鳴沙)길/모랫길/무덤사잇길/바윗길/밭머릿길/벌잇길/사
랫길/사릿길/사잇길/소맷길/수렛길/쌍갈랫길/썰맷길/안돌잇길/열찻길/우잣(字)길/장삿길/적톳(赤土)
길/전찻길/잿길/지돌잇길/찻(車)길/출셋길/콧길/하곳길/하룻길/혼삿길/황톳길/후밋길.

◆없는 것들은 대충 다른 걸로 **돌려맞췄다**: 돌라맞췄다의 잘못. ⇐**돌라맞추다**[동]

　　[참고] 제 잘못을 남에게 **돌려씌우다**나: 맞음. ⇐**돌려씌우다**[동]

　　[설명] ①'돌라맞추다〉둘러맞추다'는 '1.다른 물건으로 대신하여 맞추다. 2.그럴듯한 말로 이리저리 꾸며
　　대다'를 뜻하는 말로, 2의 뜻으로는 '둘러대다'의 유의어. ②'돌려씌우다(자기의 책임/허물 따위를 남에
　　게 덮어씌우다)'와 '둘러씌우다(남에게 허물이나 책임을 떠넘기다)'은 서로 근사(近似)한 말임.

◆유물 발굴에서는 **돌맹이**라고 해서 함부로 다뤄선 안 돼: 돌멩이의 잘못.

　　[참고] **굼뱅이**도 구르는 재주가 있다: 굼벵이의 잘못.

　　[설명] ①'굼뱅이'는 '굼벵이'의 잘못. 상세 설명은 '**굼벵이**' 항목 참조. ②'-멩이'가 들어간 말은 '돌멩이' 관
　　련어뿐임. 그에 비하여 '-맹이'의 경우는 유의미한 의미소: '알맹이/꼬맹이/개맹이(똘똘한 기운/정신)'.

◆겨우 **돌배기**가 저리 잘 걷는다고?: 돌잡이/돌쟁이/돌짜리의 잘못.

　　[설명] '돌배기'는 아직은 ≪표준≫에 없는 말.

◆걸리는 **돌뿌리**에 발은 아파도: 돌부리의 잘못. 발음은 모두 {-뿌리}.

　　돌뿌리를 걷어차 봐야 네 발만 아프지 뭐: 돌부리의 잘못.

　　[참고] 부리는 새의 주둥이와 같이 '어떤 물건의 끝이 뾰족한 부분'을 뜻하는 말로 다음과 같은 합성어
　　들이 있음: **가막부리**≒**새부리**≒**오구**(烏口)(제도할 때에 쓰는 기구의 하나)**/손부리/윗부리/젖부리/턱부
　　리/고삭부리**(①음식을 많이 먹지 못하는 사람. ②몸이 약하여서 늘 병치레를 하는 사람)**/끝동부리/
　　꽁지부리**≒**고물**(배의 뒷부분).

◆**돌파리** 주제에 뭘 한다고: **돌팔이**의 잘못.

　[암기도우미] '돌팔이'의 본래 뜻이 '돌'아다니며 물건 따위를 '팔'면서 사는 이를 뜻하므로, '돌+팔'의 의미소를 살림.

◆**돗데기시장[-市場]**명 **'도떼기시장'**의 잘못.

　[설명] 이 말의 어원에 대해, 일본어에서 나이를 셀 때 '~까지 쳐서'를 뜻하는 '돗데(とって, 取って)'에서 왔다는 혹설에서부터 여러 주장이 있으나 모두 전거가 부족함. 필자의 경우는 이 시장이 해방 후 일본인들이 패주하면서 궤짝 채로 자신들의 짐을 헐값에 넘기고 간 것을 팔기 시작하면서, 없는 것 없이 모든 걸 사고[떼어다] 판다는 뜻을 지니게 된 것이므로, 이것을 '도(都)떼기'로 봄. '도맡다/도갓집(都家-)/도대체(都大體)…' 등에 흔적으로 남아 있는 '도(都)'가 바로 그런 뜻인데, 확정적 전거 부족일 때는 한글로 적는다는 원칙에 따라 한자 표기를 못하고 있는 말로 봄.

　[암기도우미] 이것저것(都) 뒤섞여 있는 시장임을 떠올릴 것.

◆**동거동락**을 해 온 우리 사이에 이럴 수 있는가: **동고동락**의 잘못.

　[설명] '동거동락'은 없는 말로 '동고동락'의 잘못.

　동고동락[同苦同樂]명 괴로움도 즐거움도 함께함.

◆**동내방내[洞-坊-]**명 **'동네방네'**의 잘못.

　[설명] '동내(洞內) 방내(坊內)'로 착각한 경우임. 잘못.

◆**동냥꾼**: **동냥아치/동냥치**의 잘못.

　동냥보내다: **'동냥을 보내다'**(관용구)의 잘못.

　동냥(을) 가다[보내다]관 귀/눈/손 따위의 말과 함께 흔히 의문문으로 쓰여, 제대로 듣고 보지 못하거나 손을 놀리기 싫어하는 사람을 타박하는 말.

◆그런 **동떨어지는** 소리나 하려면 가라: **동떨어진**의 잘못. ⇐**동떨어지다**형

　[참고] 저런 **덜떨어진** 놈 같으니라고: 맞음. ⇐**덜떨어지다**형

　　　　그런 **정떨어지는** 소리는 아예 하지도 말게: 맞음. ⇐**정떨어지다**동

　[설명] 활용에서 '-는'이 붙어 말이 되면 동사이나, '동떨어지다/덜떨어지다/메떨어지다'는 형용사. '-떨어지다'가 들어간 동사로는 '외떨어지다/뒤떨어지다/똑떨어지다/정떨어지다' 등과 같은 것들이 있음. ☞**'멋들어지게'** 항목 참조.

◆**동령부인**으로 초대장을 발송하였습니다: **동영부인**의 잘못. 북한어. ⇐두음법칙.

　[설명] '동(同)-'은 '영부인'을 수식하는 접두어. 접두사로 한자가 쓰인 경우에는 주요 의미부의 낱말에 두음법칙을 적용. ☞♣**두음법칙과 한자어…** 항목 참조.

　동영부인(同令夫人)명 존경하는 부인과 함께라는 뜻으로, 초청장 따위에서 부부 동반을 이름.

◆**동병상린**: **동병상련[同病相憐]**의 발음 잘못.

　[설명] '憐'은 두음이나 한문인 아닌 경우에는 '련'으로만 읽히며, 이와 비슷한 '隣(인)'과 혼동한 때문. 〈예〉연민(憐憫); 걸인연천(乞人憐天: 거지가 하늘을 불쌍히 여긴다는 속담(俗談)의 한역).

◆한꺼번에 다 묶어. **넉 동사니**로 한번에 가게: **업어, 넉동사니(넉동무니)**의 잘못.

  [설명] ①의존명사로서의 '동사니'는 예전엔 '동무니'의 잘못이었으나 현재는 동의어. 단, 다음과 같은 쓰임에서는 한 낱말의 복합어임. 〈예〉두동사니≒두동무니; 석동사니≒석동무니; 넉동사니≒넉동무니. ②윷놀이의 말을 아우르는 것은 '업다'가 적절. ☞♣윷과 말판 쓰기에서 조심해야 할 말들 참조.

  동무니回 ≒**동사니**. 한 개의 말에 어우른 말을 세는 단위. ¶넉동무니(○)/넉동사니(○).

◆**그 동안** 뭐 하고 지냈나?: **그동안**명의 잘못.

  [설명] '그동안'은 '동안' 앞에 다른 꾸밈말이 없이 주로 '그 동안'으로만 쓰여 왔기 때문. 아울러 다음 말들과도 형평을 맞춤: **오랫동안/한동안**명

  [참고] **이왕[以往]**명 ≒**그동안**(앞에서 이미 이야기한 만큼의 시간적 길이).

    그덧명 잠시 그동안.

◆**동앗줄**: **동아줄**의 잘못. ⇐올바른 발음은 {동아줄}. {동앗줄}이 아님.

◆**동 틀 녘**엔 별빛들이 스러진다: **동틀 녘**의 잘못. ←**동트다**[원]

  [주의] **해뜰 녘**의 상대어는 **해질 녘**이다: **해 뜰 녘, 해 질 녘**의 잘못.

  [주의] **저물 녘**이 곧 어슬녘이다: **저물녘**의 잘못.

  [설명] ①'동트다'는 '동쪽 하늘이 훤하게 밝아 오다'로, 글자 그대로의 의미가 아니므로, 한 낱말의 복합어. 그러나 '해뜨다/해지다'는 글자 그대로의 뜻뿐이므로 한 낱말의 복합어가 되지 못함. 즉 '해 뜰 녘, 해 질 녘'이지만 '동틀 녘' ②새벽녘/샐녘/어슬녘/저녁녘/저물녘/동녘/서녘/남녘/북녘은 모두 한 낱말임.

◆그렇게 하면 **돼냐**?: **되냐**? (혹은 **돼**?)의 잘못. ⇐'되'(어간)+'-냐'(어미).

  절대로 그렇게 하면 안 **돼죠**: **되죠**의 잘못. ⇐'되'(어간)+'-지오'(어미).

  [비교] 눈치가 **뵈서** 앉아 있을 수가 없었다: **봬서**의 잘못. ⇐'뵈어서'의 준말.

  [설명] ①'되다'의 어간 '되-' 뒤에 자음으로 시작하는 어미 '-고/-냐/-니/-면/-지오' 등이 오는 경우에는 '되고/되냐/되니/되면/되지오' 등과 같이 적음. 즉, '돼죠'에서 '돼'는 '되어'의 준말이므로 '돼죠'는 '되어죠'가 되어 잘못임. 이는 '되'(어간)+'-지오'(결합형 어미)→**되지오** (어미 중 자음으로 시작도'므로, '되')→되죠'인 까닭임. ②'돼'는 '되어'의 준말이므로 말이 되는지 안 되는지는 '돼' 대신 '되어'를 넣어보면 알 수 있음. ¶'그렇게 하면 **되어냐**?(×)'. 고로, '돼'는 '되'로 바뀌어야 함. '되냐' 대신 '돼'는 가능함. ③ '뵈다'는 '보이다'의 준말이며, '뵈다의 활용 '**뵈어**'서의 준말은 '**봬**'서이므로 '뵈서'는 잘못.

  [참고] '그렇게 하면 **안 되**(×)': '**안 돼**'(○)의 잘못. ⇐돼≒되어.

◆앞으로 어찌 **돼든** 나야 상관없어: **되든**의 잘못. ⇐'돼'='되'(다)+'-어'(어미).

  어찌 **됬던** 지난 일인데 뭐: **됐든**의 잘못. ⇐'돼'+'었'+'-든'(어미).

  [설명] ①'돼'는 '돼'는 어간 '되-' 뒤에 어미 '-어'가 붙은 '되어'가 줄어든 형태인데, '어찌 되든'의 경우는 이러한 활용형이 쓰인 경우가 아니고, 어간 '되-' 뒤에 자음으로 시작되는 어미 '-든'이 붙은 경우이므로, '어찌 되든'과 같이 씀. ②'어찌 됐든'의 경우는 어간 '되+'어'(활용어미)+'었'(과거 시제 요소)+'든'(어미)의 꼴로서, '돼'('되-' 뒤에 어미 '-어'가 붙은 '되어'가 줄어든 형태)에 과거 시제 보조어간과 어미가 붙어 준 것. 즉, '돼'+'었'+'-든'(어미)→'됐'+'든'→됐든.

◆**돼먹지** 못한 사람 같으니라고: 맞음. ['돼먹다': '되다'를 속되게 이르는 말]

　[참고] '돼라≒되어라; 됐다≒되었다'는 모두 맞음. '돼먹다'는 '되어 먹다'의 준말.

◆**돼지고기 수육, 개고기 수육**: 맞음. 쓸 수 있음.

　[설명] 이 '수육'은 '숙육(熟肉)'에서 온 말로 예전에는 육(肉)을 쇠고기로 한정하여 '삶아 익힌 쇠고기'로만 규정하였으므로 '개고기 수육' 등은 잘못된 표현이었으나, 현재는《표준》에서 '삶아 내어 물기를 뺀 고기'로 뜻을 넓혔기 때문에, 쇠고기뿐만 아니라 다른 동물들의 고기도 포함하게 되었음. 다만, '육즙/육개장' 등에서는 현재도 본래의 쇠고기 뜻을 유지하고 있으며, '육포'의 경우에는 재료 이름을 그 앞에 붙여 구분함.

◆선진국의 공통점은 교육이 잘 **되** 있는 것: **돼**의 잘못. ⇐'되'는 '되다'의 어간.

　내일 시간 **되**? 안 **되**?: **돼**의 잘못. ⇐'되'는 '되다'의 어간.

　잘 **뙬** 거야, 잘 **돼고 말고**: **될, 되고말고**의 잘못. ⇐'되'(어간)+'-ㄹ'(관형형).

　내가 너의 우산이 **되** 줄게: **돼** (혹은 **되어**)의 잘못.

　어른이 **되서** 하는 짓이 그래서야: **돼서**의 잘못.

　밥이 아직 안 **되서** 좀 기다려야 해: **돼서**의 잘못.

　착한 사람이 **되라**: **돼라(되어라)**의 잘못.

　형이 **되서** 그러면 안 되지: **돼서(되어서)**의 잘못.

　[설명] ①'되'는 '되다'의 어간인데, 어미 없이 어간만으로 독립적으로 쓸 수는 없음. 마치 '밥 먹어'를 '밥 먹'으로 끝내는 것과 같은 것. ②'돼'는 '되어'의 준말 꼴. 그러므로, '되어'를 넣어 말이 되면 '돼'임. 위의 예문에서 '돼고'는 '되어고'의 준말인데, 말이 안 되므로 '되고'의 잘못임을 알 수 있음. 즉, '되다'의 어간 '되-' 뒤에 자음으로 시작하는 어미 '-고/-니/-면' 등이 오는 경우에는 '되고/되니/되면'과 같이 적는 것.

◆그렇다고 그걸 그대로 **되갚음** 해서야 쓰나: **대갚음해서야**의 잘못. 없는 말.

　여인의 그 난잡한 화냥질은 첫 사내의 배반에 대한 **되갚기**에서 비롯되었다: **대갚음**의 잘못.

　[설명] ①흔히 쓰는 '되갚다/되갚기'라는 말은 없는 말. 따라서 '되갚음'도 표준어가 아니며 '대갚음'이 올바른 말. '대갚음'의 동사형은 '대갚음하다'이며 '대갚다'라는 말도 잘못. 없는 말. ②비슷한 형태로 '되받이'가 있으나 뜻은 다름.

　대갚음[對-]⟨명⟩ 남에게 입은 은혜나 남에게 당한 원한을 잊지 않고 그대로 갚음.

　되받이⟨명⟩ ①남에게서 얻들은 말을 또다시 써먹는 일. ②남이 받은 물건을 다시 곧 넘겨받는 일.

◆그 자리에서 되파는 **되거리장사**야 누워 떡먹기지: **되넘기장사**의 잘못.

　되거리/되거리장사/되거리판매⟨명⟩ 모두 '되넘기/되넘기장사'의 잘못.

　되넘기장사⟨명⟩ 물건을 사서 곧바로 다른 곳으로 넘겨 파는 장사.

◆그는 몇 번이고 그 말을 **되뇌이곤** 했다: **되뇌곤**의 잘못. ←**되뇌다**⟨원⟩

　[설명] '되뇌이다'라는 말 자체가 없는 말. '되뇌다'의 잘못.

◆대충 **되는 대로** 해. 너무 뜸 들이지 말고: **되는대로**의 잘못.

　[설명] '되는대로'는 한 낱말의 부사임.

　되는대로⟨부⟩ ①아무렇게나 함부로. ②사정/형편에 따라. ③가능한 한 최대로.

◆그건 집안 대대로 **되물림** 돼 온 가보야: **대물림**의 잘못.

　[설명] '되물림'은 없는 말로, '대물림'의 잘못.

　대물림[代-]명 사물/가업 따위를 후대의 자손에게 남겨 주어 자손이 그것을 이어 나감. 그런 물건.

◆키는 작지만 **되람직**한 얼굴과 몸매가 착해 보였다: **도람직/되람직**의 잘못.

　[설명] '도람직하다/되람직하다'는 둘 다 '도리암직하다'의 준말이지만, '되람직하다'는 없는 말. 북한어.

　도리암직하다형 동글납작한 얼굴에 키가 자그마하고 몸매가 얌전하다.

◆[고급] 아니 그년이 **되려** 큰소리를 치더란 말이냐: **되레**의 잘못. 없는 말.

　[주의] 네가 잘못하고도 **외레** 큰소리를 치다니: **외려**의 잘못.

　[설명] ①'되레'는 '도리어'의 준말. '되려'를 인정하면 '도리여'를 인정하는 셈이 됨. ②'으**레**, 지**레**(미리), 되**레**('도리어'의 준말)는 '-레'로 표기하지만, '외**려**'('오히려'의 준말)'만은 '-려'임. 이와 같이 '-레'로 표기되는 낱말 중 주의할 것으로는 '사레/찔레/우레(≒천둥)/이레(7일)/치레/두레/부레/얼레/굴레/써레/물레/흘레(≒교미)/거레(까닭 없이 지체하며 매우 느리게 움직임)/구레(지대가 낮아서 물이 늘 괴어 있는 땅)/드레(인격적으로 점잖은 무게)/미레(≒멱미레. 소의 턱 밑 고기)/투레(≒투레질. 젖먹이가 두 입술을 떨며 투루루 소리를 내는 짓. 말/당나귀가 코로 숨을 급히 내쉬며 투루루 소리를 내는 일)' 등이 있음.

◆**되먹지** 못한 놈 같으니라구: **돼먹지, 같으니라고**의 잘못. ←**돼먹다**[원]

　[참고] **못되먹은** 놈 같으니라고: **못돼 먹은**의 잘못. ←**못되다**[원]

　[설명] ①'되먹다'는 '먹다 둔 것을 다시 먹다'의 뜻이고, '돼먹다'는 '되다'의 속어. 또한 '돼먹지 못하다[않다]'는 관용구로서 '사람이 말/행동이 사리에 어긋난 데가 있다'는 뜻이므로, '돼먹지 못한'이 올바름. ②'못되먹은'의 경우는 "성질이나 품행 따위가 좋지 않거나 고약하다."라는 뜻을 나타내는 '못되다' 뒤에 보조 용언 '먹다'가 이어진 것으로 분석되므로, '못돼 먹다'와 같이 써야 하며, '못 돼 먹다'로 써서는 '못 되다(되지 아니하다)'의 의미가 되므로 곤란함. 단, '못돼 먹다'의 경우, 보조용언 '먹다'는 일부 동사 뒤에서 쓰이므로 '못되다'는 형용사여서 문제가 될 수 있는데, 이에 대해서는 '못되다'가 어원적으로는 부사 '못'과 동사 '되다'가 결합하여 만들어진 말임을 고려해야 할 것임.

◆**되밑**까지 털어가면 어떡해: **됫밑**의 잘못. (북한어). [참고]**됫박질**명 ⇐사이시옷.

　됫밑명 곡식을 되로 되고 난 뒤에 조금 남은 분량.

◆좋은 하루 **되십시오**: **보내십시오**가 적절함. ⇐주술 호응의 잘못.

　편안한 밤 **되시기 바랍니다**: **보내시기 바랍니다**가 적절함.

　행복하고 즐거운 **시간 되시길 바랍니다**: **시간 보내시기 바랍니다**가 적절함.

　[설명] 듣는 사람이 문장의 주어가 되는 경우, '좋은 하루 되십시오'라는 말은 '(당신이) 좋은 하루 되십시오'가 되어 주어와 서술어의 의미상 호응이라는 문법적 기준을 적용할 때 적절하지 않은 문장. 그러므로, '(당신이) 좋은 하루 보내십시오' '(당신이) 편안한 밤 보내시기 바랍니다' '(당신이) 행복하고 즐거운 시간 보내시기 바랍니다' 등으로 쓰는 것이 적절함.

◆그는 속이 깊고 뙴됨이를 제대로 갖춘 **된사람**이야: **큰사람**(혹은 **참사람**)의 잘못.

　그는 학식 하나는 넘쳐나는 **든사람**이지: 없는 말. (혹은 **난사람**의 잘못).

　[설명] 흔히 쓰는 '된사람/든사람'은 없는 말. 굳이 쓰고자 하면 '된 사람'이나 '든 사람' 등으로 띄어 적거

나, 아래 말들 중 적절한 것으로 써야 함.

큰사람圄 됨됨이가 뛰어나고 훌륭한 사람. 또는 큰일을 해내거나 위대한 사람.

참사람圄 마음이나 행동이 진실하고 올바른 사람.

난사람圄 남보다 두드러지게 잘난 사람.

◆아무리 노력해도 **될락말락하다**: 될동말동하다의(혹은 **될락 말락 하다**)의 잘못.

　나이가 스물이나 **될락 말락 하는** 여인: **될락 말락 하는**의 잘못.

　[설명] ①'-락 -락 하다'는 받침 없는 용언의 어간이나 'ㄹ' 받침인 용언의 어간 뒤에 붙어 뜻이 상대되는 두 동작/상태가 번갈아 되풀이됨을 나타내는 연결어미. 〈예〉파도 소리가 들릴락 말락 하였다; 막 봉오리가 맺을락 말락 하는 꽃; 나이가 스물이나 될락 말락 하는 처녀; 대학에 붙을락 말락 하는 점수. ②고로, '될락말락하다'는 '될락 말락 하다'의 잘못. 그러나, 이보다는 '될동말동하다'라는 낱말이 있으므로 이를 쓰는 것이 언어 경제적으로 적절함.

　될동말동하다屠 일 따위가 어떤 수준/정도에 이를 듯 말 듯 하다.

◆**될 성 부른** 나무는 떡잎 때부터 다르다: **될성부른**의 잘못. ←**될성부르다**[원]

　이번엔 잘하면 **될성싶다**: 될 성싶다의 잘못[원칙]. ⇐'성싶다'는 보조형용사.

　[설명] 보조용언은 원칙적으로 띄어 쓰지만 의존명사에 '-하다'나 '-싶다'가 붙어서 된 보조용언은 붙여 쓰기가 허용되므로, 붙여 쓸 수도 있음. '성싶다/성하다/듯싶다/듯하다' 등이 이에 해당됨. 즉, 위에서는 '될성싶다'의 표기도 허용됨. ☞상세 설명은 ♣보조용언 붙여쓰기 허용 항목 참조.

　될성부르다匽 잘될 가망이 있어 보이다.

◆**될수록** 빨리 일을 끝내자: **되도록**의 잘못.

　[참고] **되도록이면** 빨리 일을 끝내자: 맞음. ⇐부사 '되도록'+이면(서술격 조사 '이다'의 활용).

　[설명] ①'되도록'은 '될 수 있는 대로'의 뜻을 지닌 독립 부사로서, 한자어인 '가급적'의 순화어이기도 함. '-ㄹ수록'은 연결어미. ②'될수록'은 점층의 뜻을 지닌 연결어미 '~ㄹ수록'의 꼴. 즉, '시간이 될수록 초조감은 늘어만 갔다.' 등으로 쓸 수 있음. '~ㄹ수록'의 꼴로 많이 쓰이는 형태로는 '~일수록', '~할수록' 등이 있음. ¶고학년이 될수록 학업량은 늘어가기 마련; 암 치료 환자일수록 영양식이 많이 필요하다; 높이 올라갈수록 기온은 떨어진다; 공부는 하면 할수록 어렵기 마련이다. ③[고급] '되도록이면'은 부사 '되도록'+이면(서술격 조사 '이다'의 활용)의 꼴. 특히 서술격 조사 '이다'는 활용을 통하여 어떤 주제에 대하여 문제가 되는 사실을 밝히는 서술어를 만드는 기능을 하는데, 이럴 때는 체언 외에도 조사나 부사, 용언의 어미 뒤에도 붙을 수 있음.

◆**두더쥐**같이 땅만 파고 산다: **두더지**의 잘못. ⇐[주의] '쥐'와 무관!

　[설명] 쥐와 두더지는 각각 쥐목 쥐과, 땃쥐목 두더지과에 속하는 별개의 포유류.

◆피의자들의 답변이 서로 **두동지는** 것들이어서: **두 동이 지는**의 잘못. 관용구.

　두 동(이) 지다閞 서로 모순이 되어 앞뒤가 맞지 않다. ¶여인의 말대꾸가 두 동 지고 졸가리가 없어서, 사내는 코웃음을 치고 말았다.

◆문은 **두들기는** 것인가, **두드려야** 하는가?: **두드리다**가 부드러움.

　[설명] '두들기다'도 틀린 것은 아님. 그러나, '방문을 똑똑 두드리는 소리가 난다'의 경우에서 '두들기다'

로 바꾸면 거친 표현이 됨.

두들기다〈**뚜들기다**통〉①소리가 나도록 잇따라 세게 치거나 때리다. ②(속) 마구 때리거나 큰 타격을 주다. ③크게 감동을 주거나 격동시키다. ¶종을 두들기다; 문을 쿵쿵 두들겼다; 대문을 두들기다.

두드리다통 ①소리가 나도록 잇따라 치거나 때리다. ②(속) 때리거나 타격을 주다. ③감동을 주거나 격동시키다. ¶어깨를 두드리다; 방문을 두드리다; 목탁을 두드리다.

◆**시루떡 한 켜**를 일컫는 말은?: **두레**.
  두레명 ①둥근 켜로 된 시루떡 덩이. ②둥근 켜로 된 덩어리를 세는 단위.

◆**두레반상**에 둘러앉아 먹다: **두레상**(혹은 **두리반**)의 잘못.《표준》에 없는 말.
  [설명] ①'두레반상'은 북한어로서, '두레상/두리반'의 잘못. ②'두레상'은 여럿이 둘러앉아 먹을 수 있는 '큰 상'이며, '두리반'은 그런 상 중에서 둥근 모양을 갖춘 것을 특정한 말. '두레반상'은 '두레상+[두리]반→두레반상'의 언어 교잡 형태로 만들어진 말로서, 현재는 비표준어.
  두레상[-床]명 여러 사람이 둘러앉아 먹을 수 있게 만든 큰 상. ¶두레상을 맞들어 아랫목에 갖다 놓았다; 일가친척들이 두레상에 둘러앉아 밥을 먹었다. ▣[주의] 일부 사전에 '두레반상'을 표준어로 잘못 설정.
  두리반[-盤]명 여럿이 둘러앉아 먹을 수 있는, 크고 둥근 상.

◆두루 만 것이니까 **두루말이**여야 하는 것 아닌가?: **두루마리**의 잘못.
  [설명] '-이/-음(-ㅁ)' 이외의 모음으로 시작되는 접미사가 붙어서 된 말은 그 원형을 밝혀 적지 않는 원칙에 따라(위의 경우는 '리') '두루마리'로 적음. '두루말다'는 '두루 말다'의 잘못으로 없는 말이며, '두루마리'는 '두루 말이'와는 별도로 의미가 분화/특정된 것. ☞♣**원형을 밝혀 적는 것과 밝혀 적지 않는 것** 항목 참조.
  [유사] 떠버리(O)/매가리(O)/쪼가리(O)/오가리(O).

◆뭐든 **두루뭉실**하게, **두루뭉시리/두루뭉실히** 하는 게 최고야: **두루뭉술[두리뭉실]**, **두루뭉수리**의 잘못.
  그냥 **두리뭉실**하게 사시게. 그래도 되네: 맞음.
  [설명] 예전에는 '두리뭉실하다'가 '두루뭉술하다'의 잘못이었으나, 복수표준어로 인정. 두 말 사이에는 어감/뜻에서 미세한 차이가 있음. 그러나, '두루뭉실하다'는 여전히 잘못. [암기도우미] 두루는 뭉술과, 두리는 뭉실과 친하다.
  두루뭉수리명 ①말/행동이 분명하지 아니한 상태. ②말/행동이 변변하지 못한 사람을 놀림조로 이르는 말.
  두루뭉술하다형 ①모나거나 튀지 않고 둥그스름하다. ②말/행동 따위가 철저하거나 분명하지 아니하다. [유]어중간하다.
  두리뭉실하다형 말/행동 따위가 철저하지 아니하여 맺고 끊음이 분명하지 않다.
  [참고] '두루뭉술'+'-이'→두루뭉수리. '두루뭉술'+'-하다'→두루뭉술하다.

◆조기 한 **두릅**만 사갖고 갈까: **두름**의 잘못.
  [설명] '두릅'은 두릅나무의 어린순으로 즐겨 먹는 봄나물의 하나를 이름.
  두름명 ①조기 따위의 물고기를 짚으로 한 줄에 열 마리씩 두 줄로 엮은 것. ②고사리 따위의 산나물을 열 모숨 정도로 엮은 것.

◆**두 말 할 것** 없이 지금 당장 와; **두말 없이** 따라왔다: **두말할 것**, **두말없이**의 잘못. ←**두말하다**[원]

두말 할 나위없다: **두말할 나위 없다**의 잘못. ⇐'나위없다'는 없는 말.

[참고] 그는 **말 없이** 듣고만 있었다: **말없이**의 잘못. 이때는 부사

그는 **말없는** 사람 쪽에 속한다: **말 없는**의 잘못. '**말없다'는** 없는 말.

[설명] ①'**두말**'명, '**두말하다**'동, '**두말없다**'형는 모두 독립어들. 따라서, '두말할 나위 없이'≒두말없이. ② 부사 '말없이'에는 '아무런 말도 아니 하고. 아무 사고나 말썽이 없이'의 의미가 있어서 한 낱말의 복합어. 그러나 이 기준만으로는 구별하기 힘든 경우가 많음. 상세한 것은 ◈[중요]♣명사(형)에 '**없다**'와 '**있다**'가 붙은 복합어의 띄어쓰기 항목 참조.

◈**두번일/두번 일** 하게 할 거야?: **두벌일**의 잘못.

두벌일명 처음에 한 일이 잘못되어 다시 하는 일.

◈[중요]♣**두음법칙 관련 종합 정리: 한자어 및 특수한 고유어/외래어 등.**

[예제] '등용문'인가 '등룡문'인가: 등**용**문. ⇐'등'은 접두어.

'실락원'인가 '실낙원'인가: 실**낙**원. ⇐'실'은 접두어.

'전나체(全裸體)'인데, '전라(全裸)'인가 '전나(全裸)'인가: 전**라**. ⇐뭉치 말.

'공냉식(空冷式)'인가, '공랭식'인가: 공**랭**식. ⇐'공랭+식'.

'대노(大怒)'일까, '대로(大怒)'일까: 대**로** ⇐예외적인 경우임.

'피란민(避亂民)'? '피난민(避難民)'?: 피**란**민(避亂民). ⇐피**난**민(避難民).

'모델료(−料)'일까, '모델요'일까: 모델**료**. ⇐예외적인 외래어 용례.

'찰라'일까, '찰나'일까: 찰**나**(刹那). ⇐두음법칙과 무관. 본래 '那'는 '나'.

(1)접두사로 한자가 쓰인 경우에는 주요 의미부의 낱말에 두음법칙 적용

−등**용**문(○)/등룡문(×): '등(登)−'은 접두어. 주요 의미부는 용문(龍門).

−연**녹**색(○)/연록색(×): '연(軟)−'은 접두어. '담녹색/회녹색'도 마찬가지.

[참조] 단, '청록(○)/청록색(○)'. 이유는 '청'이 '록'의 접두어가 아니라, '청록' 자체를 하나의 독립된 색으로 인정하기 때문. ☞'**색깔 표기**' 항목 참조.

−사**육**신(死六臣)/생**육**신(○), '사륙신/생륙신(×)': '사(死)/생(生)−'은 접두어.

−실**낙**원(失樂園)/복**낙**원(○), '실락원/복락원(×)': '실(失)/복(復)−'도 접두어.

−신**여**성(新女性)(○)/신녀성(×): '신(新)+여성(女性)'. '신(新)−'은 접두어.

−동**영**부인(同令夫人)(○)/동령부인(×): '동(同)+영부인'. '동(同)−'은 접두어.

[설명] 이유는 주요 의미부의 낱말들이 이미 두음법칙의 적용을 받아 독립적으로 쓰일 수 있는 말들에 (밑줄 처리) 접두사나 다른 말이 결합한 것으로 보기 때문. 〈예〉공**염**불/남존**여**비/역**이**용/연**이**율/열**역**학/해외**여**행/상**노**인(上老人)/중**노**동/비**논**리적'.

[주의1] **접두어 판별에서 주의해야 할 말들:**

①전**라**(全裸)(○)/전나(×); 전**나**체(全裸體)(○)/전라체(×): '전라(全裸)'에서의 '전(全)'은 접사가 아니며 '전라(全裸)'를 '알몸(=아무것도 입지 않은 몸)'과 동의어인 뭉치 말로 본 것이고, '전나체(全裸體)'의 경우, '전(全)'은 '나체(裸體)'를 수식하는 접두사.

②수냉식(×)/수**랭**식(○), 공냉식(×)/공**랭**식(○), 고냉지(×)/고**랭**지(○): 각각 '수랭(水冷)'+−식(접사), '공랭(空冷)'+−식(접사)으로 이뤄진 말이며 '수−'와 '공−'이 접두어로 작용하는 경우가 아님. '고랭지'의 경우도 '고랭(高冷)'+−지'로 보며, 위의 '전라(全裸)'와 비슷한 경우임.

③연**륙**교(連陸橋)(○)/연육교(×): '연륙'+교'로 분석되고, '연륙'이 무더기로 의미소 역할을 하므로 '연륙'

④<u>연년생</u>(年年生)(○)/연연생(×): '연년(年年)+생'으로 분석되며, '연(年)+년생(年生)'이 아니므로 '연년'.

⑤<u>신년도</u>(新年度)(○)/신연도(×): '신(新)+년도(年度)'가 아닌, '신년(新年)+도(度)'로 분석되므로, '신년'.

⑥<u>내내월</u>(來來月)(○)/내래월(×): 위와는 반대로, '내내월'은 '다음달(내월)' 다음에 오는 달이므로, '내(來)+내월(來月)'로 분석됨. 따라서 두음법칙 적용. 이는 사육신(死六臣)/생육신(生六臣)에서의 '사(死)/생(生)-', 실낙원(失樂園)/복낙원(復樂園)에서의 '실(失)/복(復)-', 신여성(新女性)에서의 '신(新)-'과 같이, '내(來)-'가 접두어로 기능하는 경우임.

[주의2] **'연도(年度)'와 관련된 주의 사항**: 설립연도(○)/설립년도(×); 일차연도(○)/일차년도(×). 이것은 '연도'가 독립적으로 쓰일 수 있는 말로서 이미 두음법칙의 적용을 받은 뒤 앞말과 결합한 형태, 곧 '설립+년도, 일차+년도'로 분석되기 때문임. 그러나 '신년도(○)/신연도(×)'의 경우에는 '신년+도'로 분석되기 때문에('신+년도'가 아님) 신연도(×). 단, '2013년도 업무 계획'에서의 '년도'는 의존명사.

[예외] **'몰염치[沒廉恥]'와 '파렴치[破廉恥]'**의 경우, '몰-'과 '파-'는 접두어. 원칙상 둘 다 '몰염치/파염치'로 적어야 하지만, 사람들의 발음이 [파렴치]로 굳어져 있으므로 '몰염치/파렴치'(○)로 적음. 이와 같은 경우로 '수류탄(手榴彈)'(○) ↔ '총유탄[銃榴彈]'(○)과 '미립자(微粒子)'(○) ↔ '입자(粒子)'(○), '누누이(屢屢-/累累-)'(○)도 있음. 원칙상 '수류탄/미입자/누루이' 등이 옳은 표기이나 {수류탄/미립자/누누이} 등으로 발음이 굳어져 발음대로 적는 예외적인 경우임.

[비교] '유유상종(類類相從)/연연불망(戀戀不忘)/누누이(屢屢-)'와 '늠름(凜凜){늠:늠}/냉랭(冷冷){냉:냉}/녹록(碌碌){농:녹}/낙락장송(낙낙짱송)/영락(零落)없다(영나겁따)/열렬(烈烈){열렬}/낭랑(朗朗){낭랑}.

[설명] ①굳어진 발음이 각각 '유유상종/연연불망/누누이'… 등임. 여기서 '연연불망/유유상종'에 두음법칙을 적용하면, '연련불망/유류상종'이 되어 언중의 발음 관행과 맞지 않음. 따라서 굳어진 발음대로 표기를 허용한 것. ②또한, '연연불망(戀戀不忘)/유유상종(類類相從)/누누이(屢屢-)' 등은 '한 낱말 안에서 같은 음절이나 비슷한 음절이 겹쳐 나는 부분은 같은 글자로 적는다'(한글맞춤법)는 원칙을 따른 것으로 볼 수도 있음. ③한편, '늠름/냉랭/낙락장송/영락없다' 등은 각각 {늠:늠/냉:냉/낭낙짱송/영나겁따}으로 발음되는데 이것은 둘째 음절의 'ㄹ'이 앞 음절의 'ㅁ/ㅇ/ㄱ'에 동화되어 'ㄴ'으로 나는 것일 뿐이지 본음이 그러한 것은 아니기 때문에 본음대로 적는 것임. '열렬/낭랑' 등의 경우는 발음도 {열렬/낭랑}.

(2)대등한 독립어 또는 첩어 구조의 복합어인 경우에는 낱말별로 적용함

〈예〉①수학+여행→수학여행. 회계+연도→회계연도. 졸업+연도→졸업연도. 생년+월일→생년월일. 몰년+월일→몰년월일. 단, 2010년도(年度). ⇐'년도' 앞이 숫자이고 '년도(年度)'가 의존명사이므로. ☞[주의] '제조 연월'의 경우, 년월(×)/연월(○). [2016년 국립국어원 신설 낱말] '연월'은 보통명사. ②첩어 구조: 희희낙락(喜喜樂樂)/흔흔낙락(欣欣樂樂)/쇄쇄낙락(灑灑落落/洒洒落落).

(3)사자성구는 (띄어 쓰지 않으므로) 두음법칙 적용대상 아님: 견마지로. 청출어람. ☞[비교] 희희낙낙(喜喜樂樂); 희로애락(喜怒哀樂); 분노(忿怒,憤怒)/격노(激怒)/공노(共怒). ☞[주의] 단, 대로(大怒▽)는 예외임.

(4)특수 사례: '난(欄)/양(量)'과 같은 한자어

– 고유어 뒤에서는 '난': 어린이난/어버이난. ⇐고유어를 접두어로 봄.

– 한자어 뒤에서는 '란/량', 고유어 및 외래어 뒤에서는 '난/양': 독자란/기고란/의견란 ↔ 가십난/칼로리난. ¶강수량/수확량 ↔ 구름양/일양/흐름양(유체량)/알칼리양.

(5)헷갈리기 쉬운 '난(亂)'과 '난(難)'

– '피란(避亂)'과 같이 난리를 뜻하는 '난(亂)'은 두음법칙에 해당함. 즉, 홀로 쓰일 때는 '난(亂)'이지만, 한자어 뒤에서의 '란(亂)'은 독립된 낱말이 아닌 형태소이므로 '란'으로 표기 ⇒홍경래의 난; 동란/무신란/임진란.

– 그러나 '난(難)'은 두음법칙과 무관함: 피난(避難)/고난(苦難)/수난(受難)/재난(災難)/환난(患難).

(6)두음법칙에서 제외되는 우리말들:

¶두 냥; 몇 년; 리(몇 리, 그럴 리가); 녀석; 닢; 님(실 한 님, 홍길동 님); 냠냠이.

(7)'율/률'(率)과 '율/률'(律), '열/렬'(列)과 '열/렬'(烈) 및 '열/렬'(裂)의 표기

'率'과 '律', '烈'과 '裂' 및 '列'은 두음 법칙에 따라 낱말의 첫머리 이외의 경우에는 본음대로 적음. 다만 모음이나 'ㄴ' 받침 뒤에서는 '율, 열로 적음. ¶열사/강렬/나열/분열, 율격/취업률/비율/선율.

(8)외래어와 연결되는 한자어 중 상당수는 '난(欄)/양(量)'의 경우와 달리 예외로 인정

율리우스력(-曆); 펀치력(-力)/슈팅력(-力); 가스로(-爐); 모델료(-料)/컨설팅료(-料); 파이론(-論); 햄릿류(-類); 테헤란로(-路)/조깅로(-路).

◆♣[주의] '둘째'와 '두째'의 구별

[예제] 이달 **두째** 일요일에 보자: **둘째**의 잘못. ⇐'두째'는 아예 없는 말.
　　　　열둘째 아이를 낳다 돌아가셨다: **열두째**의 잘못. ⇐관형사로는 '열두째'.
　　　　두째네 집에 다녀오는 길이다: **둘째네**의 잘못. ⇐관형사로도 '둘째'.

두째[수][관][명] '둘째'의 잘못. 특히, 수사/관형사로 쓰이는 '스물두째/열두째/한두째'와 구별! ⇐발음 편의상, '두째' 대신 '둘째'로 통일한 것.

열둘째[명] 맨 앞에서부터 세어 모두 열두 개째가 됨을 이름. 그러나 수사/관형사로서는 잘못. 수사/관형사로는 '열두째'가 되어야 함.

열두째[수][관] 순서가 열두 번째가 되는 차례. 그런 차례의.

　[참고] '열둘째'와 '열두째': 수량 단위 명사로는 예외 없이 '둘째/열둘째/스물둘째'. 차례의 수사/관형사로는 '열두째/스물두째/서른두째'. 단, '두째'(×).

스물둘째[명] 맨 앞에서부터 세어 모두 스물두 개가 됨을 이름.

스물둘째[수][관] '스물두째'의 잘못.

한두째[수][관] 순서가 첫 번째나 두 번째쯤 되는 차례. 그런 차례의. ¶둘째네 집에 다녀왔다(○); 두째네 가서 얻어왔다(×). '두째가다'(×), '두째아버지'(×) ⇒'둘째가다'(○), '둘째아버지'(○).

[정리] '둘째'를 빼고는 모두, '-둘째'는 명사에, '-두째'는 수사/관형사에 쓰임.

◆날이 무척 추워서 옷을 **두텁게** 입었다: **두껍게**의 잘못.

고객들의 **두터운** 신뢰를 기반으로: 맞음.

고객층이 **두텁다**: **두껍다** 쪽이 더 어울림. 아래 뜻풀이 ②번 참조.

[설명] '두텁다'는 '신의/믿음/관계/인정 따위가 굳고 깊다'는 뜻뿐이며, '두툼하다'는 뜻으로는 '두껍다'를 써야 함.

두껍다[형] ①두께가 보통의 정도보다 크다. ②층을 이루는 사물의 높이나 집단의 규모가 보통의 정도보다 크다. ③어둠/안개/그늘 따위가 짙다. [유]도톰하다/두툼하다/염치없다.

◆**둘다** 잘 한 것 없어: **둘 다**의 잘못. '둘다'는 없는 낱말이고 명사도 아님.

[참고] **모두다** 여기로 모이시오: **모두 다**의 잘못. ⇐'다'는 부사.

◆너무 서두르다 보면 가방을 **둘러매게** 된다: **둘러메게**의 잘못. ←**둘러메다**[원]

[설명] '매다'는 '묶다'의 뜻이 주이며, '어깨에 걸치거나 올려놓다'는 '메다'.

[참고] 동작 중 어깨와 관련된 것에 쓰이는 것은 모두 '매'가 아닌 '메'임: 메치다≒메어치다/둘러메치다/

메다꽂다/메다[어]붙이다/걸머메다≒걸메다/둘러메다/엇메다/을러메다≒을러대다.

◆허리띠를 단단히 **둘르고** 나오시게: **두르고**의 잘못. ←**두르다**[원]

◆**둘째 가라면** 서럽지: **둘째가라면**의 잘못. ←**둘째가다**[원]

◆**둥글래차**는 구수하지: **둥굴레차**의 잘못.
　[참고] **족도리**풀은 꽃 모양이 딱 **족도리**야: **족두리**의 잘못.
　[비교] **산비들기** 구구구: **산비둘기**의 잘못.
　　　개똥지바퀴는 지저분하게 운다: **개똥지빠귀**의 잘못.
　　　뻐꾹이는 뻐꾹뻐꾹 운다: **뻐꾸기**의 잘못.
　[설명] ①'둥글래'는 '둥글(다)+래'의 결합으로 조어법상으로 맞는 표기이나 동식물의 이름은 고유명사
　　이므로 어법을 벗어난 표기인 '둥굴레'도 허용됨. '-래'는 '진달래/개다래/양다래/도르래' 등에서 보이
　　는 것과 유사한 기능. '비들기(x)/비둘기(o)'와 개똥지바퀴(x)/개똥지빠귀(o)' 역시 같은 이유. ②'족도리'
　　는 '족두리'의 사투리. ③'뻐꾹이(x)/뻐꾸기(o)'는 다음과 같은 맞춤법 규정 23항 단서 조항에 따른 표
　　기임: **제23항 '-하다'나 '-거리다'가 붙는 어근에 '-이'가 붙어서 명사가 된 것은 그 원형을 밝히어 적**
　　는다. 〈예〉깔쭉이(o)/깔쭈기(x); 살살이(o)/살사리(x); 꿀꿀이(o)/꿀꾸리(x); 쌕쌕이(o)/쌕쌔기(x); 눈깜짝
　　이(o)/눈깜짜기(x); 오뚝이(o)/오뚜기(x); 더펄이(o)/더퍼리(x); 코납작이(o)/코납자기(x); 배불뚝이(o)/배
　　불뚜기(x); 푸석이(o)/푸서기(x); 삐죽이(o)/삐주기(x); 홀쭉이(o)/홀쭈기(x). [붙임] '-하다'나 '-거리다'가
　　붙을 수 없는 어근에 '-이'나 또는 다른 모음으로 시작되는 접미사가 붙어서 명사가 된 것은 그 원형
　　을 밝히어 적지 아니한다. 〈예〉개구리/귀뚜라미/기러기/깍두기/꽹과리/날라리/누더기/동그라미/두드
　　러기/딱따구리/매미/부스러기/뻐꾸기/얼루기/칼싹두기.

◆그렇게 꼭 **뒤꼭지** 처대기를 할 거야?: **꼭뒤/뒤통수**의 잘못.
　그 친구. 사람 **뒤꼭지치는** 데엔 일가견이 있지: **뒤통수치는**의 잘못.
　[설명] ①'뒤꼭지'는 '꼭뒤(뒤통수의 한가운데)'와 '뒤통수(머리의 뒷부분)'의 방언(전남). ②'뒤꼭지치다': '뒤
　　통수치다[통]의 잘못. 한 낱말.

◆**뒤덜미**를 거머잡고 끌고 왔다: **뒷덜미**의 잘못. 북한어.
　[참고] **꼭뒤**를 정통으로 맞았다: 맞음.
　　　꼭뒤를 잡혔다: **덜미**(≒목덜미)의 잘못. ←'꼭뒤(뒤통수의 한가운데)'는 신체 구조상 물리적으로 웬
　　　만해서는 잡을 수가 없음.
　뒷덜미[명] 목덜미 아래의 양 어깻죽지 사이.
　꼭뒤[명] 뒤통수의 한가운데.
　덜미[명] ①≒목덜미(목의 뒤쪽 부분과 그 아래 근처). ②몸과 아주 가까운 뒤쪽.

◆얼른 **뒤미쳐** 따라가려고 서두르긴 했는데: **뒤미처**[부]의 잘못.
　일을 그르칠지도 모른다는 생각이 **뒤미쳤다: 뒤미쳤다**의 잘못. ←**뒤미치다**[원]
　[설명] ①'뒤미처'는 '곧'을 뜻하는 부사. ¶비가 오고 뒤미처(=곧) 바람도 불기 시작하였다. ②'뒤미치다'는
　　동사로서 활용에서 '뒤미치+어'→'뒤미쳐'가 됨.
　뒤미치다[통] 뒤이어 곧 정하여 둔 곳이나 범주에 이르다.

뒤미처🗐 그 뒤에 곧 잇따라. [유]곧.

◆저녁에 우리 집 **뒤안**으로 와: **뒤꼍/뒤란**의 잘못. 없는 말.

  [설명] '뒤꼍/뒤란' 대신 '후정(後庭)'도 가능함. ☞단, **뒤안길**(○).

  뒤안길🗐 ①늘어선 집들의 뒤쪽으로 나 있는 길. ②다른 것에 가려서 관심을 끌지 못하는 쓸쓸한 생활/처지. ¶역사/인생의 뒤안길.

◆그런 짓을 해대니 성적이 **뒤쳐질** 수밖에: **뒤처질**의 잘못. ←**뒤처지다**[원]

  [설명] '뒤+처지다' 꼴을 떠올리면 구분이 쉬움. '쳐지다'가 아니므로. 그러나, '뒤쳐지다'도 있음. '뒤치어(≒뒤쳐)+지다' 꼴로서, 뜻은 전혀 다름. ☞'**뒤미치다**' 항목 참조.

  뒤처지다🗐 어떤 수준/대열에 들지 못하고 뒤로 처지거나 남게 되다.

  뒤쳐-지다🗐 물건이 뒤집혀서 젖혀지다.

  뒤치다🗐 엎어진 것을 젖혀 놓거나 자빠진 것을 엎어 놓다.

◆네 **뒤치닥거리**엔 이젠 나도 질렸다: **뒤치다꺼리**의 잘못. ←'뒤치닥'은 없는 말.

  [참고] '뒤치다꺼리'는 '뒤+치다꺼리'로 분석되며, '-꺼리'가 들어간 말은 '치다꺼리/뒤치다꺼리/입치다꺼리' 뿐이고, 나머지는 '-거리'.

◆[고급] **뒷걸음질치는** 건 자신감 상실의 표본: **뒷걸음질 치는**의 잘못.

  [설명] '-질은 행위 명사이므로 '하다'와 결합하며 '뒷걸음질하다'는 한 낱말. 그러나 '뒷걸음질 치다'는 관용구. 이와 같이 일부 명사에 정해진 동사(이 경우는 '치다')만 쓰이는 경우는 관용구일 때가 많지만, 사용 빈도와 편의에 따라서는 한 낱말로 인정한 경우도 많음. 〈예〉사례가 들다(○); 사례들다(○) ≒사례들리다(○).

  [참고1] '뒷걸음'의 경우에는 '하다'와 어울리는 '뒷걸음질'과 달리, 아래에서 보듯 '뒷걸음하다'와 '뒷걸음치다' 모두를 한 낱말로 인정하고 있음. 즉, 사용 빈도가 높고 굳어진 어투인 '뒷걸음질 치다'를 관용구로 처리하여 복합어에서 제외한 것과는 대조적임. 아울러, '도망질치다/달음박질치다'와 '도망치다/달음질치다' 모두를 한 낱말로 통일되게 인정한 것과도 대조적임. (-질치다'에는 이 밖에 '곤두박질치다'도 있음).

  [참고2] 다음의 예에서 보듯, '명사(형)+-치다'는 대부분 한 낱말로 인정하고 있음. 〈예〉몸부림치다≒몸부림하다/큰소리≒큰소리하다/땡땡이/몸서리≒몸서리나다/아우성/뒷걸음/맞장구/메아리/용솟음/줄행랑/조바심/회오리/달음질≒달음박질하다≒달음박질/동댕이/줄달음/간나위/덧게비/덧뵈기/도망질/도망/돌라방/뒤재주/뒤통수/등걸음/매장(買贓)이/물장구/어녹이/엔굽이/우물당/재(再)장구/재곤두/죽살이/털써기/패대기/평미리/평다리/헛걸음/홀랑이/훌렁이/가동이/눈웃음/뒤넘기/맴돌이/뺑소니/선(先)소리/소용돌이/곤두박질≒곤두박질하다/내동댕이/비비대기/비틀걸음/왜장독장/곤두박이. ☞낱말 뜻풀이는 **명사(형)+-치다'의 낱말들** 항목 참조.

◆**뒷굼치**랑 **팔굼치**랑 안 아픈 데가 없어: **뒤꿈치, 팔꿈치**의 잘못.

  [참고] **팔굽**이 몹시 아파: **팔꿈치**의 잘못. ←북한어.

  [설명] '꿈치'에서의 '꿈'은 '굽'과 연관이 있으나 어원과 멀어졌으므로 소리 나는 대로 적음. 예: 발꿈치(○). '굽'은 '동물의 발끝에 있는 크고 단단한 <u>발톱</u>'.

◆**뒷문장**과 **앞문장** 사이에는 마침표가 있어야 해: **뒤 문장**, **앞 문장**의 잘못.
  [주의] '앞말, 뒷말'은 한 낱말이지만, '앞 문장, 뒤 문장'은 한 낱말이 아님.

◆[고급] **뒷바람**이 워낙 세서 떠밀리듯 왔어: **꽁무니바람**(혹은 **뒤바람**)의 잘못.
  [설명] ①뒤에서 부는 바람이라는 뜻으로는 '꽁무니바람'이 옳은 표현이며, 북풍이라는 뜻으로는 '뒤바
람'이 맞는 표현. '뒷바람'은 어느 경우에도 없는 말. ②'바람'의 정상적인 발음은 {바람}이므로 '뒤바람'
으로 표기. '뒷바람'의 발음은 {뒤빠람}.
  [의견] 그러나 마파람/역풍의 뜻으로 쓰이는 '앞바람'도 있고, 돛에 옆으로 부는 '옆바람'도 있으며 진행
방향과 반대 방향으로 부는 '맞바람/맞은바람'도 있고, 아래쪽에서 불어오는 '아랫바람'도 있으므로,
뒤에서 불어오는 바람의 뜻으로 '뒷바람'도 꽁무니바람의 복수표준어로 인용되어야 할 것임. (사이시
옷에는 '−의'의 뜻도 있으므로 '뒷바람'은 뒤에서 불어오는 바람이라는 뜻과도 일치함).
  뒤바람≒북풍(北風)[명] 북쪽에서 불어오는 바람.
  꽁무니바람[명] 뒤쪽에서 불어오는 바람.

◆닭싸움에서 **뒷발톱**에 갈고리 칼을 달기도 해: **며느리발톱**의 잘못. 없는 말.
  [설명] '뒷발톱'은 '며느리발톱'의 잘못. '앞발톱/뒷발톱' 등은 없는 말이며, '앞 발톱/뒤 발톱'으로 띄어 적
거나, '뒷발톱'만을 뜻하려면 '며느리발톱'으로 적어야 함.
  [주의] 초식동물의 앞 발톱은 '발굽'임.
  며느리발톱[명] ①새끼발톱 뒤에 덧달린 작은 발톱. ②말/소 따위 짐승의 뒷발에 달린 발톱. ③새 수컷의
다리 뒤쪽에 있는 각질의 돌기물.

◆**앞서거니 뒷서거니** 하면서 달렸다: 맞음. **뒤서거니**의 잘못. ←**뒤서다**[원]
  [설명] ①'앞서다/뒤서다'의 활용. 즉 '앞서(어간)+−거니(연결어미)'→'앞서거니'. ②'뒤서거니'에서의 '뒤−'는 '뒤
지다/뒤쫓다/뒤밟다' 등에서 보이는 '뒤−'와 같은 쓰임이며, '뒷−' 형태는 복합명사에서 쓰임. 〈예〉뒷마
당/뒷모습/뒷바퀴/뒷마음/뒷심/뒷손.

◆**뒷편**에 쌓여 있는 걸 보지 못하다니: **뒤편**의 잘못. ←'편'은 이미 격음. 사이시옷 불필요.
  [유사] **뒷뜰**에 매어 놓은 송아지: **뒤뜰**의 잘못. ←'뜰'의 초성은 경음.

◆모임에 **뒷풀이**가 빠진다는 건 **만두속** 없는 만두 꼴이지: **뒤풀이**, **만두소**의 잘못.
  [설명] ①'뒷풀이'에서 '−풀'은 격음. 따라서 사이시옷 불필요. ☞♣**사이시옷에서 주의해야 할 말들** 참조
    ②'만두속'은 '만두소'의 잘못. 없는 말. ☞'**김치소**' 항목 참조.
  만두소(饅頭−)[명] 만두 속에 넣는 재료. 주로 고기/두부/김치/나물 따위를 다진 뒤 양념을 쳐서 한데 버무려 만듦.

◆사람이 **뒷힘**이 있어야 뒷배를 봐주든가 말든가 하지: **뒷심**의 잘못.
  [참고] 이와 같이, '힘'의 뜻을 '심'으로 표기하는 말들에는 '팔심/뚝심/다릿심/뱃심/뒷심/뼛심/입심/허릿
심/고갯심/알심/헛심/붓심≒필력(筆力)/쇠심=소심/윗심/좆심/활심' 등이 있음.

◆[고급]자기 집 **드나들 듯이** 편안한 마음으로 드나들었다: **드나들듯이**가 적절함.
  [설명] ①'듯이'를 의존명사의 활용으로 보느냐, 어미로 볼 것이냐의 문제. 예문에서는 뒤 절의 내용이 앞
절의 내용과 거의 같음을 나타내고 있으므로 이때는 그러한 뜻으로 쓰이는 연결어미 '−듯이'를 붙인

'드나들듯이'를 쓰는 것이 문맥상 적절함. ②'-듯이'를 '~는 것처럼'으로 바꿔 보아 말이 되면 연결형 어미. 즉, '~듯ㄴ~듯이ㄴ~는 것처럼'의 뜻으로는 연결형 어미. 이때의 '-듯이'는 보조용언 '듯하다'의 기능과는 무관하며, '이다'의 어간, 용언의 어간, 어미 '-으시-/-었-/-겠-' 뒤에 붙어, 뒤 절의 내용이 앞 절의 내용과 거의 같음을 나타내는 **연결어미**. ¶눈물이 비오듯이; 죽순이 돋듯이; 생김새가 다르듯이; 물밀듯이; 벼락(이) 치듯이; 불(이) 일듯이; 요롷듯이; 이렇듯이; 쥐 잡듯이. [참고] '물밀듯이'의 경우, 원형은 물밀다(o). 고로 물밀(다)+듯이→물밀듯이(o). '물 밀듯이'(×)가 잘못인 것은 '물밀다'가 단일 동사이기 때문에 어간 '물밀'이 어미 '듯이'와 결합하여야 하므로. ☞상세 추가 설명은 '**-듯이**' 항목 참조.

◆♣'**-드리다**'가 들어간 복합어 중 유의해야 할 말들.

[예제] 이처럼 어렵게 **말씀 드립니다만**: **말씀드립니다만**의 잘못. ⇐한 낱말.

어렵게 **부탁 드립니다**: **부탁드립니다**의 잘못. ⇐한 낱말.

여기서 **부탁 말씀드려도** 될는지요: **부탁 말씀 드려도**의 잘못. ⇐'말씀드리다'는 한 낱말이지만, '말씀' 앞에 꾸밈말인 '부탁'이 있을 때는 띄어 적음.

[설명1] '-드리다'에는 두 가지 기능이 있음.

①보조용언: '도와 드리다, 내 드리다, 집어 드리다, 건네 드리다' 등에서는 '드리다'가 보조용언임. 이때는 원칙적으로 띄어 쓰지만, '-아/어' 뒤에서 보조용언은 붙여쓰기가 허용되므로 붙여 쓸 수도 있음.

②접미사: '부탁드리다, 말씀드리다, 감사드리다, 인사드리다, 축하드리다, 약속드리다, 문의드리다'와 같은 경우에서의 '-드리다'는 몇몇 행위성 명사 뒤에 붙어 '공손한 행위'의 뜻을 더하고 동사를 만드는 접미사임. 이때는 복합어이므로 어근에 반드시 붙여 써야 함.

[주의1] '부탁드리다'(동사)의 경우에는 어근에 붙여 쓰지만, '부탁(을) 드리다'(명사+동사)의 구성에서는 '부탁(을) 드리다'로 띄어 써야 함. ¶어려운 부탁(을) 드립니다.

[설명2] 존칭 접미사 '-드리다'가 붙을 수 있는 명사들은 행위성 명사*로서 다음과 같은 것들이 있음: '감사드리다/답변-/말씀-/문안-/부탁-/불공-ㄴ공양-/사과-/사죄-/약속-/인사-/세배-/예배-/질문-/축하-'. ☞[주의2] '-드리다'는 행위성 명사*와 결합하여 동사로 만드는 접미사이므로, 위의 낱말들 외에도 파생어는 더 있을 수 있음.

*'**행위성 명사**와 **서술성 명사**: 행위성 명사란 사람이 의지를 가지고 하는 성질이 있는 명사로 행동이 핵심 요소임. 이와 상대적인 '서술성 명사'는 '사건/생각 따위를 차례대로 말하거나 적는 것'을 뜻하며, 설명적인 것이 그 핵심 요소라 할 수 있음. 서술성 명사는 그 뒤에 피동 접미사 '-받는다/-되다/-당하다' 등을 붙여 피동형을 만들 때 쓰이는 것이 대표적 사례임. 〈예〉오해받다/오해되다; 생각되다'.

[어법] 예전에는 '축하드리다/감사드리다'가 불필요한 공대라고 하여 '축하하다/감사하다'로만 쓰도록 하였던 것을, '축하합니다/감사합니다'와 함께 높임을 더욱 분명히 드러낸 '축하드립니다/감사드립니다'도 쓸 수 있는 표현으로 인정하였음. 〈표준 언어 예절〉(국립국어원, 2011).

◆처음부터 **드립다/디립다** 처먹어 댈 때 알아봤어: **들입다**(혹은 **딥다**)의 잘못.

[설명] ① '들-'은 '무리하게 힘을 들여/마구/몹시'의 뜻을 더하는 접두사. 〈예〉들볶다/들쑤시다/들끓다. ②'들이-'역시 '몹시/마구/갑자기'의 뜻을 더하는 접두사. 〈예〉들이갈기다/들이대다/들이밀다. ③또한 '들이'는 부사로서 '들입다'와 같은 말이며, '딥다'는 '들입다'의 준말. 즉, '들이ㄴ들입다 ⇒딥다'이며, 비슷한 말은 '냅다'.

들입다ㄴ**들이**[부] 세차게 마구. 준말은 '**딥다**'. [유]냅다/막/마구.

냅다[부] 몹시 빠르고 세찬 모양.

◈시간 많으니 천천히 **드셔요**: 맞음.
　체하지 않도록 천천히 **드세요**: 맞음.
　[설명] ①'-셔요'와 '-세요'는 모두 표준어 활용 꼴(어미)이며 동의어이므로 둘 다 쓸 수 있음. 즉, -세요[어미]≒-셔요. ②이와 같은 활용인 '-으세요' 역시 '-으셔요'와 동의어로서, 다음과 같이 서로 바꾸어 쓸 수 있음. ¶이리 앉으세요≒이리 앉으셔요; 제발 참으세요≒제발 참으셔요; 그렇게 좋으세요?≒그렇게 좋으셔요?

◈**득돌같이** 달려와라, 지금 곧: 맞음. 혹은 '**득달같이**'도 쓸 수 있음.
　득돌같다[형] ①뜻에 꼭꼭 잘맞다. ¶그는 득돌같아서 일에 실수가 거의 없다. ②조금도 지체함이 없다.
　득달같다[형] 잠시도 늦추지 않다.

◈**득되는** 일이라면 눈이 커지던 여인: **득(이) 되는**의 잘못. ⇐득(이) 되다.
　[설명] '득되다/득보다'라는 낱말은 없음.

◈잘 **듣기게** 똑바로 좀 말해라: **들리게**의 잘못. ←**들리다**[원]
　재미있는 얘기 좀 **듣겨 줘**: **들려 줘**의 잘못.
　[설명] '듣기다'는 '들리다'의 방언. 이 '들리다'는 '듣다'의 피동사와 사동사를 겸하는 말.
　　〈예〉피동사: 어디서 음악 소리가 들린다; 밤새 천둥소리가 들렸다.
　　　　사동사: 아이들에게 재미있는 이야기를 들렸더니 너무 좋아하더군.

◈잘 듣는 이들은 **듣는 힘**이 좋지: **듣는힘**(≒청력)의 잘못. ⇐한 낱말.

◈[고급] **듣다 못해** 자리를 박차고 일어났다: **듣다못해**[부]의 잘못. 한 낱말.
　[유사] 여자가 없으면 **하다 못해** 박색이라도 좋다: **하다못해**[부]의 잘못.
　듣다못해[부] 어떠한 말을 듣고 있다가 더 이상 참을 수가 없어서. 띄어쓰기 주의!
　[설명] '~못해'가 붙은 파생어 부사는 '하다못해/듣다못해'의 두 가지뿐임. 그러나 '-못하다'가 붙은 형용사/동사 파생어는 다음의 다섯 낱말: **마지못하다/되지못하다/참다못하다/새수못하다**(손을 대지 못하다)**/안절부절못하다/하다못해.**
　[주의] 이 말들에 '-게'나 '-여'를 붙여서 '마지못하여'나 '되지못하게'를 만들 수 있으나, 이때 쓰인 '-게'나 '-여'는 연결어미이므로 부사어는 될 수 있으나 곧바로 부사로 전성되지는 못함('하다못해, 듣다못해'는 부사어가 아닌 정식 부사).
　-게[어미] 앞의 내용이 뒤에서 가리키는 사태의 목적/결과/방식/정도 따위가 됨을 나타내는 **연결어미**. 뒤에 '는/도/까지' 따위의 보조사가 올 수도 있음. ¶되지못하게 설치지 마라; 따뜻하게 입어; 든든하게 먹어야지; 행복하게 살아라.
　-여[어미] 까닭/근거 따위를 나타내는 **연결어미**. ¶마지못하여 응했다; 참다못하여 외쳤다; 안절부절못하여 벌떡 일어섰다.
　[의견] '하다못해, 듣다못해' 외에, '마지못해/참다못해'와 '되지못하게'는 활용형 부사 꼴로 실제 생활에서 널리 쓰이고, 《표준》에서도 활용 예문으로 쓰이고 있으며, 복합어 요건도 갖추고 있으므로, 표제어로 인정해야 함. 즉, 최소한 이 세 가지는 《표준》의 실수로 표제어에서 누락된 것으로 보임.

◈'**듣자 하니, 듣자니**' 중 어느 게 맞는가: 둘 다 맞음. 단, '듣자하니'는 잘못.

[설명] ①'-자니'는 '-자 하니'의 준말. '듣자 하니(듣-+-자 하-+-니)→ '듣자니(듣-+-자니)'. 그러나 '듣자하니'는 잘못이며 '듣자 하니'로 띄어 써야 함. ②'듣자 하니'에서의 '-자'는 어미(어떤 행동을 할 의도나 욕망을 가지고 있음을 나타내는 연결어미)이고 '하니'는 보조용언 '하다'의 활용이지만, 보조용언 붙여쓰기의 조건에 해당되지 않으므로 붙여 쓰지 못하는 것임.

[참고] 이와 같이, 준말 꼴의 경우에 사전에 모든 준말 꼴이 표제어로 오르지 않는 일이 흔하므로, 원말 꼴을 찾아 확인해야 함.

◆**주저말고 물어들 보세요**: **주저 말고**의 잘못. 맞음.
　여러분, **안녕들하십니까?**: **안녕들 하십니까**의 잘못.
[설명] 여기서 '들'은 보조사. 체언, 부사어, 연결어미 '-아(-어)/-게/-지/-고', 합성동사의 선행 요소(예컨대, '물어보다'의 '물어-' 따위), 문장의 끝 따위의 뒤에 붙어서, 그 문장의 주어가 복수임을 나타내는 보조사임. 〈예〉 밥을 먹어들 보아라; 다들 일어서라. ②복합용언의 선행요소에 보조사 '들'이 붙으면 두 어절로 나뉨. 〈예〉 다 떠나들 갔구나(←떠나가다); 안녕들 하세요?(←안녕하다)

◆개구리, 미꾸라지, **붕어들을** 잡았습니다: **붕어 들을**의 잘못. ⇐'들'은 의존명사.
　물고기와 여러 종류의 **곤충들을** 잡았지: 문맥에 따라 달라질 수 있음.
　어린이와 청소년들을 대상으로 한 프로그램: **어린이들과 청소년들**이 적절.
[설명] ①'들'은 의존명사와 접미사의 두 가지 기능이 있음. 즉, 개구리/미꾸라지/붕어 모두를 가리키는 경우에는 의존명사이며, '등'과 같은 뜻. ②그러므로, '여러 종류의 곤충'만을 뜻하는 경우에는 '곤충' 뒤에 '복수(複數)'의 뜻을 더하는 접미사인 '-들'을 붙여 '곤충들'과 같이 쓰고, 물고기와 곤충을 모두 가리키고자 할 경우에는 '물고기와 여러 종류의 곤충 들'과 같이 의존명사로 써서 띄어 적는 것이 의미 전달이 분명해짐. 의존명사로 사용된 '들'은 두 개 이상의 사물을 나열할 때, 그 열거한 사물 모두를 가리키거나, 그 밖에 같은 종류의 사물이 더 있음을 나타냄. ③'어린이와 청소년들'의 경우는 앞말도 복수형이 되어야 자연스러우므로 '어린이들과 청소년들'이 적절함[국립국어원 답].

◆사람들이 벌떼같이 **들고 일어나더군**: **들고일어나더군**의 잘못. 한 낱말.
[설명] '들고일어나다'는 한 낱말의 복합어. ♣**복합용언 중 띄어쓰기에서 주의해야 할 말들 〈예〉** 항목 참조.

◆**들깝작거리지좀** 말고 차분하게 있어라: **들갑작거리지 좀**의 잘못.
[설명] '들깝작거리다'는 없는 말. 어근이 '들깝-'인 것은 없으며 '들까부르다' 계통뿐임. '좀'은 말을 부드럽게 하기 위해 넣는 부사.
　들갑작거리다[통] 몸을 몹시 흔들며 까불거리다.

◆이름만 **들날리기** 위해 애쓰는 게 무에 그리 중요한가: 맞음. '드날리기'와 같음.
　들날리다≒드날리다1[통] 세력/명성 따위가 크게 드러나 널리 떨치다. 그렇게 되게 하다.
　드날리다2[통] 손으로 들어서 날리다.

◆퇴근길에 가게에 **들려** 두부 한 모만 사와라: **들러**의 잘못. ←**들르다**[원]
[설명] '들르(다)+어→들러'로 활용. '들려'는 '들리(다)+어'의 꼴로 다른 뜻.
　들리다[통] ①'듣다'의 피동사/사동사. ②'들다'의 피동사/사동사. ③물건의 뒤가 끊어져 다 없어지다. ④병에 걸리다. 귀신/넋 따위가 덮치다.

◆♣'-들다'가 들어간 복합어 중 유의해야 할 말들: 복합어이므로 붙여 써야 하며 띄어 쓰면 잘못.

[예제] 병자를 **수발 드는** 일은 쉬운 일이 아니다: **수발드는**의 잘못. ⇐한 낱말.

강물이 **되흘러 드는** 곳엔 고기가 많다: **되흘러드는**의 잘못. ⇐한 낱말.

골병 드는 건 나쁘고, **병 들면** 고생이야: **골병드는**, **병드는**의 잘못.

나이들면 철 들기 마련이지: **나이 들면**, **철들기**의 잘못.

세들어 사는지라 애들이 **맘놓고** 놀지 못해서: **세 들어**, **맘 놓고**의 잘못.

(1)용언 활용형 + '~들다'

○감겨들다/감돌아ー/감싸ー/갈아ー/거ー1/거ー2/걷어ー/걸려ー/고부라ー/곤추ー/곱아ー/괴어ー늑모여ー/구부러ー/굴러ー/기어ー/깃ー/꺼ー/껴붙ー/꼬나ー/꼬부라ー/꼽ー/꾀어ー/꿰ー/끌려ー/끼어ー/나ー늑드나ー/날아ー/내ー/넘나ー/녹아ー/누그러ー늑누그러지다/다가ー/닥쳐ー/달려ー/대ー/덤벼ー/덧ー1/덧ー2/덮쳐ー/돌아ー/되말려ー/되ー/되돌아ー/되흘러ー/뒵ー/드나ー/들떠ー/뜀ー/말려ー/맞대ー/먹혀ー1/먹혀ー2/모아ー/모여ー/몰려ー/몰아ー/물ー/밀려ー/배어ー/빗ー/빠져ー/수그러ー/숨어ー/스며ー/시ー/얼어ー/엉겨ー/엉켜ー/오그라ー〈우그러ー/오므라ー/옭혀ー/옴츠러ー/움츠러ー/외와ー/우므러ー/욱여ー/울려ー/자지러ー/잡아ー/잦아ー/접어ー/조여ー늑죄어ー/졸아ー/좨ー/죄어ー/짜ー/쪼그라ー/쪼크라ー/쭈그러ー/쭈크러ー/찌ー/찾아ー/타ー/파고ー/흘러ー/휘어ー.

○들어 올리다 계통: 되들다2/떠ー2/맞ー/받ー/떠받ー/치받ー/붙ー/맞붙ー/비껴ー1/비켜ー2/쳐ー/추켜ー/치ー늑치켜ー1.

(2)명사 등 + '-들다'

○갈마들다/개암ー/게걸ー/게ー/곁ー/고뿔ー/골병ー/곱나ー/곱ー/공(功)ー/길ー/노망ー/놀ー/농(膿)ー/늦ー/멋ー/명ー/밑ー/밤ー/번갈아ー/병ー/봉죽ー/뼈ー/사레ー늑사레들리다/산ー/새ー/선(禪)ー/셈ー/수발ー/승겁ー/시중ー/알ー/앞ー/역성ー/연ー/옆ー/위ー/은결ー/잠ー/장가ー/정ー/조잡ー/졸ー/주릅ー/철ー/초ー/판ー/편ー/하리ー/헛ー/황(黃)ー.

〈주의해야 할 말들〉

거들다통 근거를 보이거나 증명하기 위하여 보이다.

꿰들다통 남의 허물/약점 같은 것을 들추어내다.

덧들다통 깊이 들지 않은 잠이 깨어서 다시 잘 들지 않다.

먹혀들다통 빼앗기거나 남의 차지가 되다.

빗들다통 마음/생각 따위가 잘못 들다.

개암들다통 아이를 낳은 뒤에 잡병이 생기다.

게들다통 기를 쓰며 달려들다.

곱나들다통 종기/부스럼 따위가 자주 곪다.

뼈들다통 ①힘만 들고 끝이 나지 아니하여 오래 걸리다. ②연장을 가지고 손장난을 하다.

산들다통 바라던 일/소망이 틀어지다.

승겁들다통 힘을 들이지 않고 저절로 이루다. 형 초조해하는 기색이 없이 천연스럽다.

은결들다통 ①상처가 내부에 생기다. ②원통한 일로 남모르게 속이 상하다.

◆**들랑날랑 하지** 말고 한 자리에 좀 있어라: **들랑날랑하지/들락날락하지**의 잘못.

[유사] **우왕좌왕 하지** 말고; **티격태격 하지** 마라; **울고불고 하기** 전에: **우왕좌왕하지**, **티격태격하지**, **울고불고하기**의 잘못. ⇐모두 한 낱말.

[참고] **들락날랑**하지 마라: **들락날락/들랑날랑**의 잘못. ⇐'들락날락/들랑날랑'은 복수표준어.

[설명] ①'들랑날랑늑들락날락'**부**에 '~하다'가 붙으면 한 낱말의 동사. 이와 같이 준첩어 부사 또는 부

사어에 '~하다'를 붙여 용언을 만드는 조어법에 해당하는 것들로는 '아기자기하다/우왕좌왕–/오밀조밀–/티격태격–/비일비재–/두루뭉술–/옥신각신–/울고불고–/혼비백산–' 등 무수히 많음. ☞**'준첩어'** 항목 참조. ②'들랑날랑': 틀린 말이 아님.

[주의] '첩어/준첩어 + 하다'의 구성일지라도 관용구일 때는 의미가 특정되어 일반적인 뜻이 아니므로, 붙여 쓰지 아니함. 〈예〉'보자 보자 하다⑭(마음에 들지 않지만 참고 또 참다)'; '오라 가라 하다⑭(어떤 사람이 다른 사람을 성가시게 오가게 하다)'; '왔다 갔다 하다⑭(정신이 맑았다 흐렸다 하다)'; '난다 긴다 하다⑭(재주나 능력이 남보다 뛰어나다)'; '늘고 줄고 하다⑭(융통성이 있다는 말)'; '뭐라 뭐라 하다⑭(똑똑히 알 수 없게 무어라고 말하다)'.

◆지금 물때는 물이 들어오는 **들물**이야: **밀물**의 잘못. (정확히는 **초들물**).
　초들물[初–]몡 밀물이 들기 시작할 때. ≒들머리.
　밀물몡 조수의 간만으로 해면이 상승하는 현상.

◆양동이에 달린 **들손잡이 한 쪽**이 깨졌어: **들손**, **한쪽**의 잘못. ⇐'들손잡이'는 없는 말.
　들손몡 그릇 따위의 옆에 달린 반달 모양의 손잡이.
　[참고] '들손'의 '–손'과 같이 손잡이를 뜻하는 말로 쓰인 경우로는 다음과 같은 낱말들이 있음: **쥘손**(① 어떤 물건을 들 때에, 손으로 쥐는 데 편리하게 된 부분. ②어떤 일을 하는 도구/수단의 비유)/**맷손**/ **가위손**몡 (①삿자리 따위의 둘레에 천 같은 것을 빙 돌려 댄 부분. 그 천. ②그릇/냄비 따위의 손잡이)/**노손[櫓–]/대팻손/부뚜손/씨아손/키손**(키의 손잡이)/**탁잣손[卓子–]/당길손**(대팻집의 아래쪽에 붙은 손잡이)/**톱손**.

◆아직까지 승객들이 피해를 얼마나 입었는지 소식이 **들어오고(x)** 있지 않습니다: **들어와(○)** 있지 않습니다. ⇐실현되지 않은 상태이므로 조리에 맞지 않는 표현.
　[참고] 피해 소식이 본부에 지금 **들어오고** 있습니다: 맞음. '–고'는 연결어미.

◆떡메는 힘차게 **들어쳐야지** 그처럼 맥아리 없게 쳐서야: **둘러쳐야지**(혹은 **메어쳐야지**), **매가리**의 잘못.
　[설명] ①'들어치다'는 없는 말. '들어 치다'는 '맷돌을 들어 치다'의 경우 '맷돌을 위로 들어서 아래로 내치다'의 뜻이 되는 것처럼, 휘둘러 친다는 뜻이 없음. ②이 경우는 문맥상, '메어치다'가 더 적절한 낱말.
　둘러치다통 ①<u>휘둘러</u> 세차게 내던진다. ②메/몽둥이 따위를 <u>휘둘러</u> 세게 내리친다.
　메어치다통 어깨 너머로 둘러메어 힘껏 내리친다.

◆그리 마구 **들여마시다간** 사레 걸리고 말지: **들이마시다간**, **사레들리고**의 잘못.
　안쪽으로 조금만 **들여쌓지** 그래: 맞음. (**들이쌓지**도 가능).
　[참고] 그리 마구 **들이키다간** 사레들리지: **들이켜다간**의 잘못. ← **들이켜다**웬
　[설명] ①'들여마시다'는 '들이마시다'의 북한어. '들이키다'는 없는 말로 '들이켜다'의 잘못. ②'들이쌓다'와 '들이쌓다'는 유의어. '들여–'와 '들이–'의 구분은 용례를 보고 익히는 방법 외에는 명시적 기준이 없음. 굳이 구분하자면 '들여–'는 '들여놓다/들여가다'에서처럼 '밖에서 안으로' 단순히 방향을 바꾸는 가시적 공간 이동 행위에 주로 쓰이고, '들이–'는 '들이켜다/들이마시다'에서처럼 '밖에서 속/안으로 (더 안쪽으로)' 옮기면서 그 행위의 결과가 가시적이지 않을 때가 많음. ③하지만, 이러한 구분이 절대적인 것이 아니며, '들이긋다/들이곱다'에서처럼 그 결과가 여전히 외부로 드러나 남는 가시적인 경우들도 많으므로 참고적일 뿐임. 특히, 아래에서 보듯 '들여세우다'와 '들이세우다'처럼 그 구체적 공간

이동 행위에서는 구분하기가 쉽지 않은 경우도 있고, '들여쌓다'와 '들이쌓다'는 아예 동의어임.

[참고] ①'들이-'는 위와 같은 기능 외에 '몹시/마구/갑자기'의 뜻을 더하는 접두사이기도 함. 〈예〉들이받다/들이대다/들이붓다/들이박다/들이뛰다/들이돋다(마구 돋다). ②'**들이키다**'는 '안쪽으로 가까이 옮기다'의 뜻뿐이며, 물 등을 단숨에 마구 마시는 것은 '**들이켜다**'임.

들이세우다통 ①안쪽으로 들어서 세우다. ②어떤 자리에 들여보내어 그 역할/일을 맡게 하다.

들여세우다통 ①안쪽으로 바짝 세우다. ②후보자를 골라 계통을 잇게 하다.

들여쌓다≒들이쌓다통 안쪽으로 쌓다.

들이다통 ①'들다(밖에서 속/안으로 향해 가거나 오거나 하다)'의 사동사. ②'들다(빛/볕/물 따위가 안으로 들어오다)'의 사동사. ③'들다(방/집 따위에 있거나 거처를 정해 머무르게 되다)'의 사동사.

들이켜다통 ①물/술 따위의 액체를 단숨에 마구 마시다. ②공기/숨 따위를 몹시 세차게 들이마시다.

들이키다통 안쪽으로 가까이 옮기다.

들이마시다통 ①물/술 따위를 목구멍 안으로 빨아들이다. ②공기/냄새 따위를 입/코로 빨아들이다.

들이긋다통 금을 안쪽으로 긋다.

들이켜다통 숨/연기 따위를 들이켜다.

들이밀다통 ①안쪽으로 밀어 넣거나 들여보내다. ②바싹 갖다 대다. ③어떤 일에 돈/건 따위를 제공하다.

들이쉬다통 숨을 몸 안으로 들여보내다.

◆물은 **들여마신다**가 맞는가, **들이마신다**고 해야 하는가: **들이마신다**가 맞음.

[설명] '안쪽으로'의 뜻은 '들이-'. '들여마시다'는 북한어.

◆뒤에서 마구 **들여미는** 바람에: **들이미는**의 잘못. ←**들이밀다**[원]

좁은 방안으로 **들여밀다**: **들이밀다**의 잘못.

문짝을 조금만 안으로 **들여세워** 봐: **들이세워/들여세워** 둘 다 쓸 수 있음.

플래시를 안으로 **들여비춰** 봤지만: **들이비춰**의 잘못. ←**들이비추다**[원]

[주의] '안쪽으로'의 의미를 갖는 '들이-'가 접두어로 쓰인 말 중에서, '들여세우다'만 '들이세우다'와 함께 쓸 수 있는 말이며, 나머지 '들여-'는 대부분 잘못. ☞'**들여마시다**' 항목의 설명 참조.

◆**들은척**도 안 하고 가더군: **들은 척**의 잘못. ←'척'은 의존명사.

[설명] 한 낱말인 '알은척' 외의 다른 '관형형+척'의 낱말들은 띄어 씀.

◆♣'**-들이다**'가 들어간 복합어 중 유의해야 할 말들: 복합어이므로 붙여 써야 하며 띄어 쓰면 잘못.

[예제] **장가 들이는** 게 그리 쉬운 일인가: **장가들이는**의 잘못. ←한 낱말.

　　　　그 친구 얼른 **불러 들이게**: **불러들이게**의 잘못. ←한 낱말.

　　　　힘든 건 **번갈아 들이는 게** 좋을 듯하군: **번갈아들이는**의 잘못.

○'-들이다': 거둬들이다≒거두어-/거머-/걸터-/곁-/공-/그러-/길-/깃-/꺼-/끄집어-/끌어-/덧-/맞아-/모아-/몰아-/물어-/받아-/벌어-/불러-/빨아-/사-/잡아-/정-/처-/홀라-〈홀라-/흙-/힘-; 갈마들이다/갈아-/곱-/꼽-/덧-/모아-/물-/번갈아-/선(禪)-/움츠러-/장가-.

[참고] '들이다'에는 크게 다음의 두 가지 뜻이 있음: 1)들다(①밖에서 속/안으로 향해 가거나 오거나 하다. ②물감/색깔/물기/소금기가 스미거나 배다. ③빛/볕/물 따위가 안으로 들어오다. ④과일, 음식의 맛 따위가 익어서 알맞게 되다. ⑤어떤 일에 돈/시간/노력/물자 따위가 쓰이다. ⑥버릇/습관이 몸에 배다. ⑦방/집 따위에 있거나 거처를 정해 머무르게 되다. ⑧어떤 조직체에 가입하여 구성원이 되다.)'의

사동사. 2)①물건을 안으로 가져오다. ②식구를 새로 맞이하다. ③집 안에서 부릴 사람을 고용하다.
〈주의해야 할 말들〉
꺼들이다통 ①물체/사람 따위를 당겨서 안/속으로 들어오게 하다. ②원료/연료/제품 따위를 확보하여 두다.
덧들이다통 ①남을 건드려서 언짢게 하다. ②병 따위를 덧나게 하다.
홀라들이다<홀라들이다통 ①함부로 마구 쑤시거나 훑다. ②조금 자주 드나들게 하다.
거머들이다통 휘몰아 들이다.
걸터들이다통 이것저것 가리지 않고 휘몰아 들이다.
몰아들이다통 ①몰아서 억지로 들어오게 하다. ②있는 대로 모두 들어오게 하다.
갈마들이다통 '갈마들다(서로 번갈아들다)'의 사동사.

◆그곳은 한 칸 **들이쓰기**를 해야 좋을 듯하구나: **들여쓰기**의 잘못. 없는 말.
　[설명] 밖에서 안으로의 구체적인 이동에는 '들여-'를 씀. '들이쓰기'는 없음.

◆문을 조금만 안쪽으로 **들이켜면** 좋겠는데: **들이키면**의 잘못. ←**들이키다**[원]
　들이켜다통 ①물/술 따위의 액체를 단숨에 마구 마시다. ②공기/숨 따위를 몹시 세차게 들이마시다. '들여마시다'(×).
　들이키다통 안쪽으로 가까이 옮기다.

◆그리 급하게 물을 **들이키면** 사례 걸리기 십상이야: **들이켜면 사레들기**의 잘못.
　[설명] ①들이키다: 안쪽으로 가까이 옮기다. 들이켜다: 세게 들이마시다. ②'사레 걸리다'는 잘못. '사레들다/사레들리다'통가 있을 정도로, 사레는 드는 것. '사레들[리]다'로 붙여 써야 하고, 명사형도 '사레들[리]기'.

◆일하는 게 그리 **들쭝날쭝**해서야 되겠나: **들쑥날쑥/들쭉날쭉**의 잘못.
　들쑥날쑥≒들쭉날쭉뷔 들어가기도 하고 나오기도 하여 가지런하지 않은 모양. ¶~**하다**통

◆아이를 **들쳐업고** 냅다 뛰었지: **둘러업고**의 잘못. 없는 말.
　[설명] ①'들쳐업고'[들치다+업다≒물건의 한 쪽 머리를 쳐들어(≒들치다)+업다] ⇒말이 안 됨. '들춰업다'[들추다+업다≒들추어 업다] ⇒말이 안 됨. 고로, 둘 다 없는 말. ②'둘러업다'⇒번쩍 들어 올려서 업다. [비교] '둘러메다': 번쩍 들어 올려 메다.
　[참고] 동작 중 어깨와 관련된 것에 쓰이는 것은 모두 '매'가 아닌 '메'임: '메치다≒메어치다/둘러메치다/메다꽂다/메다[어]붙이다/걸머메다≒걸메다/둘러메다/엇메다/을러메다≒을러대다'.

◆이불 한 끝을 살짝 **들추니** 쾨쾨한 냄새가 났다: **들치니**의 잘못. ←**들치다**[원]
　여학생 치마를 **들추는** 건 장난치곤 심한 장난: **들치는**의 잘못.
　[설명] ①'들치다'는 '물건의 한쪽을 들어 올리다'라는 뜻. ¶이불을 들치다. 한편, '들추다'는 '무엇을 뒤지다, 숨은 일을 드러나게 하다'라는 뜻. 그러나 이 두 가지가 명확히 구분하기 어려운 경우도 있음. 예컨대, '이불을 한참 들추니 방귀 냄새가 났다'의 경우, 방귀 냄새를 찾기 위해서 이불을 들어 올리듯 하면서 샅샅이 찾을 정도라면 '들추다'가 어울리고, 단순히 그저 이불 끝을 들어 올리니 방귀 냄새가 났을 경우에는 '들치다'가 더 어울림. 즉, 문맥에 따라 사용하여야 하는데, 위 예문의 경우는 냄새를 찾기 위함보다는 이불 한 끝을 살짝 들어 올린 것이 더 주안점이므로 '들치다'가 적절함. ②여학생 치마를 '들치는' 건 몰라도 '들추게' 되면 그것은 폭력이 될 수도 있으므로, '들추는' 건 곤란함.

들추다⑧ ①속이 드러나게 들어 올리다. ②무엇을 찾으려고 자꾸 뒤지다. ③숨은 일, 지난 일, 잊은 일 따위를 끄집어내어 드러나게 하다.

들치다⑧ 물건의 한쪽 끝을 쳐들다.

◆[고급] 물밀 **듯** 쳐들어오는 적군: 물밀**듯**의 잘못. ←**물밀다**[원]

　　　　끊일 **듯 말듯** 이어지던 피리 소리가 뚝 끊겼다: 끊일 <u>듯 말 듯</u>의 잘못.

[설명] ①의존명사 '듯'과 연결어미 '듯'을 구별하는 까다로운 문제임: '듯'은 '짐작이나 추측의 뜻을 나타내는 말'로 선행하는 형식이 관형형이며, 어미 '–듯'은 '뒤 절의 내용이 앞 절의 내용과 거의 같음을 나타내는 연결어미'로 선행하는 형식이 어간임. 즉 선행하는 형식과 의미를 기준으로 '듯'의 용법을 구별함. 위의 첫 예문에서 쓰인 '듯'은, '물밀듯'과 '쳐들어오는'이 거의 같음을 나타내는 연결어미로 쓰인 경우이고 (이때는 '–(는) 것처럼'으로 바꿔 보아 말이 통함), '끊일 듯 말 듯'에서는 의존명사로 쓰인 경우로서, '말'은 어간이 아니라 관형형임. ②이와 같이 어간과 관형형이 같은 말로는 어간 받침이 'ㄹ'인 경우가 많은데, 구별에 유의해야 함. 〈예〉살다/말다/걸다/울다' 등등. ¶못 <u>살듯</u> 울부짖던 여인(어간에 붙은 어미)/살 듯 못 살 듯 했었는데(관형형. 의존명사); 그 짓을 <u>말듯</u> 하던 그(어간에 붙은 어미)/할 듯 <u>말 듯</u> 한 것 같았는데(관형형. 의존명사). ☞'**드나들듯이**' 및 '**듯이**' 항목 참조.

◆[고급] 새가 날 **듯이** 나도 날아봤으면: **날듯이**의 잘못. ⇐'–듯이'는 어미.

[비교] 하늘을 <u>날 듯이</u> 상쾌한 기분: '–듯이'의 '–듯'은 의존명사. ¶뛸 듯이 기뻐하다; 아는 듯이 말했다; 말만 듣고도 본 듯이 그랬다; 잡아먹을 듯이 으르렁거렸다; 금방이라도 나갈 듯이.

[암기도우미] 의존명사로 쓰일 때는 그 앞의 활용형이 '–(으)ㄴ/–는/–(으)ㄹ'.

[설명] '~듯≒~듯이≒<u>~는 것처럼</u>'의 뜻으로는 연결어미로서, 보조용언 기능과는 무관함. '이다'의 어간, 용언의 어간, 어미 '–으시–/–었–/–겠–' 뒤에 붙어, 뒤 절의 내용이 앞 절의 내용과 거의 같음을 나타내는 **연결어미**. ¶눈물이 비오듯이; 죽순이 돋듯이; 생김새가 다르듯이; 물밀듯이; 벼락(이) 치듯이; 불(이) 일듯이; 요롱듯이; 이렇듯이; 쥐 잡듯이. ☞'벼락치다/불일다'(x)는 없는 말. '물밀듯이'의 경우, 원형은 '물밀다'. 고로 '물밀(다)+듯이→물밀듯이'(O). '물 밀듯이'(x)가 잘못인 것은 '물밀다'가 단일 동사로서 어미 '듯이'가 어간에 결합한 것이므로. 즉, '물밀(어간)+듯이(어미)'→'물밀듯이'.

[참고1] 연결형 어미인지를 알아보려면, ①앞의 활용형을 볼 것: '–(으)ㄴ/–는/–(으)ㄹ'이면 아님. ②'~는 것처럼'으로 바꿔 볼 것. 말이 되면 연결형 어미. 위의 예문에서 '쥐 잡을 듯이'가 되면 의존명사가 됨. ☜[구별] 보조용언 '듯하다'의 꼴은 앞말과 붙여 쓸 수 있다. ¶쥐 죽은 듯하다 ⇒죽은듯하다; 눈이 내릴 듯하다 ⇒내릴듯하다.

[주의1] '~듯이'와 비슷한 어미로, '~듯 하다'가 있음. '듯' 뒤에서 띄어 쓰며, <u>띄어 쓴 형태인 '듯 하다' 꼴</u>로 어미이며, '듯하다' 꼴이 아님. ¶쥐 잡듯이 한다; 땀이 비 오듯 한다; 사시나무 떨듯 했다.

[주의2] 다음과 같은 경우에서는 밑줄 그은 부분들이 부사구(절)의 형태로 뒤에 오는 동사 '한, 하다'를 꾸며주므로 동사 앞에서 반드시 띄어야 함. ¶갈 듯 말 듯 한 태도로; <u>생각이 날 듯 말 듯 하다</u>; 숨이 <u>끊어질 듯 말 듯 하다</u>; 올 듯 말 듯 한 사람은 기다릴 필요 없어.

[암기도우미] '듯' 다음에 '이(도)'를 넣어 ('듯이/듯도) 말이 되면 띄어 씀. 〈예〉쥐 잡듯(이) 한다; 비 오듯 (이) 한다; 갈 듯 말 듯(이) 하는 태도로; 올 듯 말 듯(도) 한; 끊어질 듯 말 듯(이) 하는.

[참고2] 연이어 한 글자 낱말이 나올 때는 붙여 쓸 수 있다는 예외 규정에 따라서 '갈듯 말 듯 한 태도로'를 바꿔 쓸 때는 '갈듯 말듯 한 태도로' 쓸 수 있음.

◆♣'**듯이**'의 관용적 용법 중 띄어쓰기 주의 :

[예제] 거짓말을 **떡먹듯이** 하는 녀석이야: **떡 먹듯**의 잘못.

　　　 너 그 자리에서 **쥐죽은듯이** 가만히 있어: **쥐 죽은 듯**의 잘못.

[참고] 바깥세상은 **쥐죽은듯하였다**: **쥐 죽은 듯하였다**(쥐 죽은듯하였다)의 잘못.

[설명] ①흔히 쓰는 말들이지만 '떡먹듯이/쥐죽은듯이'는 파생어가 아닌 관용구로서, 정확한 표기는 '떡 먹듯/쥐 죽은 듯'이며, '-듯이'가 들어간 파생어는 '여봐란듯이'뿐임. ②예문만으로는 연결어미 '-듯이'를 사용하여 '떡 먹듯이'를 사용할 수도 있으나, 그런 경우에도 '쥐 죽은듯이'는 성립되지 않으며 (어간 '죽'에 어미 '듯이'가 연결되어야 하므로), 무엇보다도 관용구로서 굳어진 표현이기 때문에 임의로 바꿀 수가 없음. ③[주의] '듯이'와 달리 보조용언 '듯하다'의 꼴은 앞말과 붙여 쓸 수 있음(허용). ¶쥐 죽은 듯하다 ⇒죽은듯하다; 눈이 내릴 듯하다 ⇒내릴듯하다.

◈♣[참고] '-듯싶다, 듯하다, 것 같다, 성싶다'

[예제] 보아하니 나쁜 사람은 아닌 **성 싶다**: **성싶다**의 잘못. ⇐한 낱말.

　　　 보아하니 좋은 사람인 **듯 싶다**: **듯싶다**의 잘못. ⇐한 낱말.

①**성싶다≒성부르다/성하다**[보][형] 앞말이 뜻하는 상태를 어느 정도 느끼고 있거나 짐작함을 나타내는 보조형용사. 앞말과는 띄어 씀[원칙]. ¶보아하니 나쁜 사람은 아닌 성싶다; 밖에 비가 오는 성싶다; 여간해서 잠이 올 성싶지 않다; 자리를 뜨는 게 좋을 성싶어 일어섰다. [이유] 의존명사에 '-하다'나 '-싶다'가 붙어서 된 보조용언은 붙여쓰기가 허용되므로, 붙여 쓸 수도 있기 때문에 한 낱말로 취급하게 된 것. '성싶다/성하다/듯싶다/듯하다' 등이 이에 해당됨.

②**듯싶다/듯하다≒성싶다**[보][형]: 의미/기능 모두 '성싶다'와 거의 같음. ¶평일이라 결혼식에 하객이 많지 않을 듯싶다(듯하다, 성싶다); 그의 표정을 보니 내가 실수한 듯싶었다; 얼굴을 자세히 보니까 그녀도 예전에는 제법 예뻤던 듯싶다; 이 책은 나에게 매우 유익한 책인 듯싶다.

③[주의] '**것 같다**': 의미상으로는 '듯하다'와 비슷하나, 두 낱말. '것'은 의존명사. ¶비가 올 것 같다; 연락이 없는 걸 보니 사고가 난 것 같다; 속이 활딱 뒤집힐 것 같다; 허기져 쓰러질 것 같다; 날이 흐린 게 눈이 올 것 같다.

◈♣[참고] '-듯하다'가 접사로 사용된 말 중 유의해야 할 것들

[예제] 꾸밈새로 보아하니 **그럴 듯하구나**: **그럴듯하구나**의 잘못. ⇐한 낱말.

　　　 아무리 급해도 그리 **오복조르듯 해서야**: **오복조르듯해서야**의 잘못. ⇐한 낱말.

[설명] 다음의 네 낱말은 '-듯하다'가 접사로 사용된 말 중에서도 특히 유의해야 할 말들. 모두 한 낱말임.

그럴듯하다≒그럴싸하다[형] ①제법 그렇다고 여길 만하다. ②제법 훌륭하다.

부다듯하다[형] 몸에 열이 나서 불이 달듯 하게 몹시 뜨겁다.

어연번듯하다[형] 세상에 드러내 보이기에 아주 떳떳하고 번듯하다.

오복조르듯하다[동] 몹시 조르다.

◈**등교길/하교길**에 아이를 데리고 오가는 일은: **등굣길/하굣길**의 잘못.

[주의] '~길'의 복합어 중에는 다음과 같이 사이시옷이 받쳐진 어휘들이 많으므로 주의: 가욋(加外)길/고깃길/고빗길/공깃(空氣)길/굽잇길/귀갓길/기찻길/나그넷길/나룻길/나뭇길/농삿길/눈사탯길/답삿(踏査)길/도붓(到付)길/두멧길/등굣길/등굽잇길/마찻길/먼짓길/명삿(鳴沙)길/모랫길/무덤사잇길/바윗길/밭머릿길/벌잇길/사랫길/사릿길/사잇길/소맷길/수렛길/쌍갈랫길/썰맷길/안돌잇길/열찻길/우잣(字)길/장삿길/적톳(赤土)길/전찻길/잿길/지돌잇길/찻(車)길/줄셋길/콧길/하굣길/하룻길/혼삿길/황톳길/후밋길.

[참고] '등굣길'과 '하굣길'을 묶어서 말할 때는 '등·하굣길'과 같이 가운뎃점을 사용하여 표기할 수 있

음. ¶초·중생; 초·중고 교사; 초·중등학교.

◆이럴 땐 시원한 **등물**이 최고지: 맞음.

개울로 가서 **등멱**이나 하고 오자: **등물/목물**의 잘못.

[설명] 예전엔 '등물'이 '목물의 잘못이었으나 2011.8.31. 현재 복수표준어.

◆오래 함께 한 이와 그리 쉽게 **등돌리다니**: **등(을) 돌리다니**의 잘못.

[주의] '등돌리다'는 없는 말. 유사 낱말인 '등지다'는 한 낱말.

등지다[동] ①서로 사이가 나빠지다. ②등 뒤에 두다. ③관계를 끊고 멀리하거나 떠나다.

◆그 **등살**에 네가 견딜 성싶지 않구나: **등쌀**의 잘못.

[설명] 이때의 '쌀'은 의미소와 무관함. 그러나 '등의 살(근육)'이라는 뜻으로는 '등살'이며 발음은 {등쌀}.

[주의] '눈살을 찌푸리다'에서는, '눈꼽(×)/눈곱(○)'에서의 '곱'과 마찬가지로 의미소 '살'을 살림. 그러나 '눈썹'(○). ⇐썹은 의미와 무관하므로.

◆**등어리** 좀 긁어줘. 손이 안 닿아서: **등허리**의 잘못. 방언. ⇐등+허리.

[참고] **몸뚱아리**를 그리 내돌렸으니: **몸뚱어리**('몸뚱이'의 속칭)의 잘못. ⇐모음조화. '덩**어**리/숭**어**리'(○) 등과 마찬가지.

등허리[명] ①등의 허리 쪽 부분. ②등과 허리를 아울러 이르는 말.

◆저 친구 **등치**만 컸다 뿐이지 힘은 젬병이야: **덩치**의 잘못.

덩치≒몸집[명] 몸의 부피.

◆**푸르디 푸른** 산; **희디 흰** 들판: **푸르디푸른**, **희디흰**의 잘못.

가느디가는 몸매로 뭘 하겠다고: **가늘디가는**의 잘못. ←가늘다[원]

넙디넓은(×)/**널디넓은**(×): **넓디넓은**(○) ←넓다[원]

누리디누렇다(×): **누렇디누렇다**(○) ←누렇다[원]

파라디파랗다(×): **파랗디파랗다**(○) ←파랗다[원]

하야디하얗다(×): **하얗디하얗다**(○) ←하얗다[원]

[주의1] 위와 반대되는 경우도 있음. 〈예〉**넓직하다**(×): **널찍하다**의 잘못.

[주의2] **달디달다**(×)/**다디달다**(○); **멀다랗다**(×)/**머다랗다**(○); **잘디잘다**(×)/**자디잘다**(○). 가늘다랗다(×)/가느다랗다(○). ☞'**-다랗다**가 들어간 말 중 주의해야 할 것들' 항목 참조.

[설명1] '-디'는 '-디-은'의 구성으로 쓰여 형용사 어간을 반복하여 그 뜻을 강조하는 연결어미. ¶차디찬 손; 희디흰 눈; 넓디넓은 바다; 좁디좁은 단칸방; 푸르디푸른 하늘; 높디높은 산; 깊디깊은 우물; 쓰디쓴 한약. ☜[참고] 이와 똑같은 기능을 하는 연결어미로는 '-나 -ㄴ'의 꼴이 있음. ¶크나큰, 머나먼.

[설명2] ①'ㅂ' 받침 탈락 후 새 어근 만들기: 겹받침 'ㄼ'에서 뒤의 받침이 발음되지 않을 때. 〈예〉넓다{널따}→**널찍**하다; 얇다{얄따}→**얄팍**하다/**얄찍**하다; 짧다{짤따}→**짤따**랗다. 즉, 원형 어간 받침 ―ㄼ―에서 ―ㅂ이 탈락하면서 그 다음의 격음/경음(ㅉ/ㅍ/ㄸ)과 연결되는 형식. 즉, 받침이 'ㄼ'일 때만 적용됨.

②음운 표기 원칙: 겹받침에서 뒤의 받침이 발음될 때는 원형을 밝혀 적음. 〈예〉굵다{국따}: 겹받침 ―ㄺ―의 뒤인 ―ㄱ―이 발음되므로, '굵다랗다'. 〈예〉굵적거리다/굵죽대다/넓적하다/넓죽하다/늙수그레하다/얽죽얽죽하다'. 반대로, 앞의 받침이 발음되면 소리 나는 대로 적음. 〈예〉넓다{널따}**널따**랗다/**널찍**

하다; 말끔하다/말쑥하다/말짱하다; **얄따**랗다/**얄팍**하다; **짤따**랗다/**짤막**하다. ☞정확한 발음 습관 중요함: 얇다(얄따)/짧다(짤따). ☞♣원형을 밝혀 적는 것과 밝혀 적지 않는 것 항목 참조.

③[고급]다디달다(○); 머다랗다(○); 자디잘다(○)의 경우는 단음절 어근이('달–', '멀–', '잘–') 그 다음에 '디–' '다–' 등과 결합하여 동일 계열의 발음이 되풀이될 때, –ㄹ–이 탈락된 연결형을 채택하여 새로운 원형을 만든 것. [주의] '가늘디가는'의 경우는 '가늘'의 의미소(어근)를 살리기 위하여 '가늘다가늘다'를 원형으로 유지한 것. ☞♣**겹받침 'ㄳ, ㄵ, ㄼ, ㄽ, ㄾ, ㅄ'의 발음** 및 ♣**겹받침 'ㄺ, ㄻ, ㄿ'의 발음** 항목 참조.

◆진창을 **딛었다**: **디뎠다**의 잘못. [상세 설명은 '**내딛다**' 항목 참조]
　　[설명] '딛다'는 '디디다'의 준말로서, '내딛다≒내디디다'. 그러나, 활용에서 모음 앞에서는 준말 형태를 유지할 수 없음. ¶'딛어(×) →디디어(○)≒디뎌(○); 딛으니(×) →디디니(○); 딛으면(×) →디디면(○); 딛음(×) →디딤(○)'. 이와 같은 것으로는 '갖다/머물다/서툴다' 등이 있음: '갖어'(×) →'가져'(○).
　　[예외] 준말의 활용형이 인정되는 것도 있음: '북돋아≒북돋워; 외는≒외우는'. 이 두 낱말은 각각 '북돋다←북돋우다', '외다←외우다' 꼴의 준말.

◆낙엽이 **딩구는** 길에서: **뒹구는**의 잘못. ←**뒹굴다**[원]

◆앗 **따가라**! 가시에 찔렸네: **따가워라**의 잘못. ←**따갑다**[원]
　　[유사] 앗 **뜨거라**, 델 뻔했다: **뜨거워라**의 잘못. ←**뜨겁다**[원]
　　[설명] ①'따갑다'는 '따갑고/따가워/따가우니'로 활용하므로, '따가워라'여야 함. ②위와 같은 현상은 'ㅂ' 불규칙 활용용언에서 나타나는 것으로, 어간 말음 'ㅂ'이 활용어미 '–어' 앞에서 'ㅜ'로 바뀌고 어미와 축약되어 '–워'가 된 뒤, 거기에 감탄의 종결어미 '–(어)라'가 결합한 것. 〈예〉'반갑다'의 경우: '반갑(어간)+어(어미)+라(어미)'→'반가+워+라'→'반가워라'.

◆**따논/떼논** 당상: **따 놓은**(혹은 **떼어 놓은**)의 잘못.
　　[설명] '따논/떼논'이 성립하려면, '따노다/떼노다'라는 말이 있어야 함. 왜냐하면 '따놓다'라는 낱말이 있다고 할 경우도 그 활용형은 '따놓은'이지 '따논'이 아니므로. 그러나 '따놓다/떼놓다'라는 말도 없으므로, 각각 '따 놓다'와 '떼어 놓다'의 활용형인 '따 놓은'이나 '떼어 놓은'을 써야 하는 것.
　　[활용] ¶실수만 없으면 금메달은 '따논 당상(×)/따 놓은 당상(○)'; 이미 컴퓨터 분야는 '떼논 당상(×)/떼어 놓은 당상(○)'이고; 종로에 출마한다면 '따논 당상(×)/따 놓은 당상(○)'이라는 말도 들었지만 그는 정계 은퇴를 선언했다.

◆앞뒤를 잘 알지도 못하는 사람이 **따따부따** 하기는: **가타부타**(혹은 **왈가왈부하기는**)의 잘못. ⇐논리적 오류.←**왈가왈부하다**[통]
　　[설명] ①'가타부타[可–否–]≒왈가왈부'는 명사로서 옳고 그름을 따지는 것이고, '따따부따'는 따지는 내용이 아니라 말씨/태도를 뜻하는 부사. 위의 문맥에서는 정작 '따따부따' 해야 할 내용은 생략되고 태도만 드러나서 논리적으로 어울리지 않음. ②'왈가왈부하다[통]는 한 낱말. 단, '가타부타 하다'.
　　가타부타[可–否–][명] 어떤 일에 대하여 옳다느니 그르다느니 함.
　　왈가왈부[명] 어떤 일에 대하여 옳거나 옳지 아니하거니 하고 말함.
　　따따부따[부] 딱딱한 말씨로 따지고 다투는 소리. 그 모양.
　　따따부따하다[통] 딱딱한 말씨로 따지고 다투다.

◆**그 날 따라** 어쩐지 고기가 잘 잡혔어: **그날따라**의 잘못.

　오늘 따라 기분이 참 요상하군: **오늘따라, 이상하군**의 잘못.

　[설명] '~따라'는 조사. '그날/이날'도 한 낱말. [참고] 저 날(o)/저날(×).

　[주의] 낙엽 따라(o), 세월 따라(o) ⇐각각 '낙엽(을) 따라(서)', '세월(을) 따라(서)'의 준 꼴. '따라'는 동사 '따르다'의 활용.

　*[의견] '요상(妖常)하다'는 현재 '이상(異常)하다'의 잘못으로 되어 있으나, 실제로는 '이상하다'와는 달리 '정상적인 것과 달리 뭔가 좀 괴이하고 색다르다'라는 뜻으로 쓰이고 있고 조어법상으로도 어울리므로, 표준어로 인용되어야 할 말임.

◆남들도 네가 하는 걸 보고 **따라하게시리** 제대로 해라: **따라 하게끔**의 잘못.

　따라할 게 따로 있지, 도둑질까지 하다니: **따라 할 게**의 잘못[원칙].

　따라하지마/따라하지 마/따라 하지 마: **따라 하지 마**가 옳음[원칙].

　[설명] ①'따라하다'는 없는 말. 그러나 '따르다+하다'의 형태로는 낱개의 낱말들의 결합이므로 '따라 하다'는 가능함. 그리고 보조용언 붙여쓰기 허용 조건에 해당하므로 '따라하지'도 가능함. 그러나, 보조용언 붙여쓰기는 보조용언 하나에만 적용되는 원칙이므로 붙여 쓰더라도 '따라하지 마'로 띄어 적어야 함. ☜ 상세 설명은 ♣**보조용언 붙여쓰기 허용** 항목 참조. ②참고로, '따라–' 형태의 파생어(한 낱말)는 제법 됨. 주의. ¶**따라가다/따라나서다/따라다니다/따라붙다/따라서다/따라오다/따라잡다/따라잡히다**[동]

　[주의] '따라마시다(×)/따라먹다(×)': '앞지르다'의 잘못.

　따라붙다[동] ①앞선 것을 바짝 뒤따르다. ②현상/조건/물건/사람 따위가 늘 붙어 다니다.

　따라서다[동] ①뒤에서 쫓아가서 나란히 되다. ②남이 가는 데에 좀 뒤에서 같이 나서다.

◆**따신** 밥 먹고 **따신** 방에 누워 한다는 말이 고작…: **따스한/따스운**(혹은 **따뜻한**)의 잘못. ⇐**따습다**[원]

　[참고] **뜨신** 밥: **뜨스운**의 잘못. ⇐**뜨습다**〈**따습다**[원]

　[비교] **따슨** 방: **따스운**의 잘못. ⇐**따습다**[원]

　[설명] ①'따신'이 성립하려면 '따시다'란 말이 있어야 하는데, 없는 말. 옳은 말로는 '따습다/따스하다' 등이 있으며 '따뜻하다'도 쓸 수 있음. '따습다'는 '따스우니/따스운' 등으로 활용함. ②'뜨습다〈따습다'이며, 이 말들의 활용은 '우습다'를 떠올리면 편리함: 우스운/우스우니/우스우면.

　따습다[**뜨습다**]〉**다습다**[형] 알맞게 따뜻하다[뜨뜻하다].

　따스하다[형] 조금 다습다.

◆♣**온점**[마침표]**은 따옴표 안에 쓰는가, 밖에 쓰는가**: 안에 찍음

　[예문] 그는 연단으로 뛰어 올라가 "여러분! 차분히 마음을 가라앉히고 힘내십시오. '하늘이 무너져도 솟아날 구멍이 있다.'고 하지 않습니까."라고 외쳤다.

　[설명] 온점(.)은 **문장의 끝에 쓰므로**, 문장의 끝이 따옴표 안에 위치하면 그 끝에 씀. 〈예〉(1)"네가 온다고 해서 미리 준비했다."라고 그녀가 말했다. (2)"여러분! 침착해야 합니다. '하늘이 무너져도 솟아날 구멍이 있다.'고 합니다."

　[주의] ①지금까지는 문장부호 (.)를 '온점'이라고만 하고 '마침표'는 잘못된 것으로 삼아 왔으나 문장부호 개정으로 '마침표'로도 부를 수 있게 되었음[2015.1.1.]. ②'마침표'는 문장을 끝맺을 때 쓰는 부호의 총칭으로서, 여기에는 '온점(.)/느낌표(!)/물음표(?)/고리점(。)' 등이 있음. 즉, 온점[마침표]은 마침표 중의 하나임.

◆**딱다구리**: **딱따구리**의 잘못.

[설명] 'ㄱ/ㅂ' 받침 뒤에서 같은 음절이나 비슷한 음절이 겹쳐 나면 된소리로 적음. [한글 맞춤법 제5항] ¶짭잘하다(×)/짭짤하다(○); 곱배기(×)/곱빼기(○).

◆**'딱딱이'**: 딱따기의 잘못.
[설명] ①'이/음' 이외의 접사가 붙을 때는 원형을 밝혀 적지 않는다는 원칙에 따라, 위의 경우는 접사가 '기'이므로. ②표기 간소화: '짝짝꿍'(×)/'짝짜꿍'(○), 쿵덕쿵(×)/쿵더쿵(○). ☞♣**원형을 밝혀 적는 것과 밝혀 적지 않는 것** 항목 참조.
딱따기몡 ①밤에 야경(夜警)을 돌 때 서로 마주 쳐서 '딱딱' 소리를 내게 만든 두 짝의 나무토막. ②≒**딱따기꾼**. ③예전에, 극장에서 막을 올릴 때 신호로 치던 나무토막.
[보충] **짤짤이**몡 ①주책없이 자꾸 이리저리 바삐 싸다니는 사람에 대한 놀림조 말. ②발끝만 꿰어 신게 된 실내용의 단순한 신. ◈이걸 '짤짜리'로 바꾸면 짤짤거리고(반의성어) 쏘다닌다는 의미가 없어짐. '짤짤–'은 의미소. ☞♣**의미소[意味素]의 특징과 활용** 항목 참조.
[보충2] **'짝짜기'**와 **'짝짝이'**: 두 가지 표기가 있음. 캐스터네츠와 같이 짝짝 소리를 내는 물건인 경우는 원형을 밝혀 적지 않는 원칙을 따라 '짝짜기'로 적음. 그러나 '서로 **짝**이 아닌 것끼리 합하여 이루어진 한 벌'을 뜻할 때는 주된 의미소가 서로 짝을 뜻하는 '짝짝'이므로, 위의 '짤짤이'와 마찬가지로 원형을 밝혀 '짝짝이'로 적음.

◆정말 그 상황에 **딱맞는**, 아주 **알맞는** 말이군: **딱 맞는**, **알맞은**의 잘못.
[설명] ①'딱맞다'는 없는 말 ⇒'딱'(부사)+'맞다'(동사). '딱–'이 들어간 부사는 '딱히/딱딱/딱따그르르/딱따글딱따글' 정도. ②'맞는'(○): '맞다'는 동사. 동사에 붙는 어미는 '–는'. [비교] '알맞은'(○)/'걸맞은'(○): '알맞다/걸맞다'는 형용사.

◆구걸하는 여인이 **딱히** 보여서 몇 푼을 건넸다: 맞음.
딱이 뭐라고 꼬집어 말할 수는 없지만: **딱히**의 잘못.
[설명] '딱히'는 '–하다'가 붙은 형용사를 부사화하는 '–히'가 붙은 꼴. 즉, '딱하다'에서 온 말. 이와 같은 말로는 '익히/특히' 등이 있음. 뒤의 두 말은 각각 '익숙하다→익숙+히→익히'로, '특별하다→특별+히→특히'로 줄어든 것.
[원칙] '–하다'나 '–없다'가 붙어서 된 말은 원형을 밝히어 적는다: 한글 맞춤법 제26항.
딱히1튀 ①사정/처지가 애처롭고 가엾게. ②일을 처리하기가 난처하게.
딱히2튀 정확하게 꼭 집어서.

◆**딴기쩍다**: **'딴기적다'**의 잘못. ⇐'적(少)'의 의미소를 살림.
딴기적다[–氣–]혱 기력이 약하여 힘차게 앞질러 나서는 기운이 없다.

◆**딴뜻**이 있어서 그랬을 게야: **딴 뜻**의 잘못.
상황이 이러니 **딴 소리** 말고 내 말대로 하도록: **딴소리**의 잘못.
물결 소리 말고 **딴소리**는 안 들리는데: **딴 소리**의 잘못.
엉뚱하게 **딴사람**을 잡고 하소연했다: **딴 사람**의 잘못.
[설명] '딴것/딴판/딴말/딴생각/딴소리/딴사람/딴전(딴청)' 등은 한 낱말.
[주의] '딴사람/딴말/딴소리' 등에서도 '딴'이 단순히 '다른'의 뜻일 때는 띄어 써야 함. 활용 예: 딴세상(×)/딴 세상(○)

딴사람図 모습/행위/신분 따위가 전과는 달라진 사람.
딴소리≒딴말図 ①주어진 상황과 아무런 관련이 없는 말. ②미리 정해진 것이나 본뜻에 어긋나는 말.

◆**딴에는(딴엔)** 맞는 말이다: **딴은**의 잘못. 부사로 '과연/하기는'의 의미.
　딴에는 그도 **그럴 듯하군**: **딴은, 그럴듯하군**의 잘못. ⇐**그럴듯하다**[원]
　딴엔 한다고 한 일인데: **제 딴엔**의 잘못. ⇐'딴'은 의존명사. 관형어 필요.
　[고급] 그 **딴** 식으로 일할 건가?: 그 **따위**(혹은 **그딴**)의 잘못. ⇐설명 ② 참조.
　[비교] **깐에는** 한다고 한 일인데: 맞음. ⇐'깐'은 명사. 뜻풀이 참조.
　[참고] 제 깐에는 **나름** 한다고 한 일인데: **그 나름**의 잘못. ⇐'나름'은 의존명사.
　[설명] ①'딴에는≒딴(의존명사)+에는(조사)'. 의존명사로 쓰일 경우에는 '딴'의 앞에 관형형이 있어야 함. ¶
　　제 딴에는 한다고 한 일인데. 그러나, '딴은'은 부사. '딴에는'을 '딴은'의 대용어로 쓸 수 없을 뿐만 아니라,
　　'딴'은 의존명사이므로 반드시 그 앞에 꾸밈말이 와야 함. (위의 경우에는 '제'). ②'그딴/이딴/저딴'은 각각
　　'그 따위/이 따위/저 따위'의 구어체 준말로 한 낱말. 그러나 '그 따위 식'의 뜻일 때 이를 '그 딴 식'으로 표
　　기하면 잘못임. 즉, '딴'을 '따위'의 준말로 독립하여 사용할 수가 없음. '그딴 식'으로는 가능함(이때의 '식'
　　은 '일정하게 굳어진 말투/본새/방식'을 뜻하는 의존명사). ③**그럴듯하다≒그럴싸하다**. 모두 한 낱말.
　[주의] 위의 첫 두 예문의 경우와, '제 딴에는 한다고 했다'의 경우는 의미와 기능이 서로 다름. 즉 앞의
　　경우는 부사로 굳어진 경우이고, 뒤의 경우는 의존명사로 쓰인 것. 이와 비슷한 말로는 '깐'과 '나름'
　　이 있는데 각각 명사와 의존명사. 특히 '나름'은 의존명사이므로 반드시 관형어를 필요로 함.
딴의 자기 나름대로의 생각/기준. ¶내 딴엔 최선을 다한 일이다; 제 딴에는 잘하는 일이라고 여기고 한
　　일이지만, 우리에겐 골칫거리였다.
깐図 ①일의 형편 따위를 속으로 헤아려 보는 생각/가늠. ¶어린 깐에도 보통 때와는 다른 것을 알고
　　목소리를 낮춘다; 미안한 깐에 사과를 안 할 수가 없었다. ②(주로 '깐으로(는)' 꼴로 쓰여) '-한 것 치
　　고는'의 뜻으로, 당연히 그러할 것으로 짐작했던 것과 사실이 다름을 나타내는 말. ¶이부자리는 아
　　주 폭신했지만, 고단한 깐으론 쉬 잠이 올 것 같지가 않았다.
나름의 ①그 됨됨이나 하기에 달림을 나타내는 말. ②각자가 가지고 있는 방식/깜냥.

◆사내들 앞에서는 소곳한 여인이 돌아서기만 하면 뒷전에서 **딴주머니** 차는 게 장기였다: **딴 주머니**의 잘
　못. ⇐'**딴주머니**'는 없는 말.

◆**딴지**를 걸다: 쓸 수 있음.
　[주의] 예전에는 '**딴죽**'의 잘못이었으나, '딴죽'과 일부 뜻을 구분하여 두 말을 모두 표준어로 인정[국립
　　국어원 개정. 2014].
　괜히 **딴죽**을 치지 마라: 맞음.
　[참고] 흔히 '딴죽을 치다/걸다'로 쓰임.
딴죽図 ①씨름/태껸에서, 발로 상대편의 다리를 옆으로 치거나 끌어당겨 넘어뜨리는 기술. ②(비유) 이
　　미 동의하거나 약속한 일에 대하여 딴전을 부림.
딴지図 일이 순순히 진행되지 못하도록 훼방을 놓거나 어기대는 것.

◆그렇게 **딴짓거리**로 시간 낭비 할 테냐: **딴전**의 잘못. ⇐방언(전남).
　이 판국에 그처럼 엉뚱한 **딴짓**을 하다니: 맞음. '딴짓'은 표준어.
딴전図 어떤 일을 하는 데 그 일과는 전혀 관계없는 일/행동.

딴짓명 어떤 일을 하고 있을 때에 그 일과는 전혀 관계없는 행동을 함. 또는 그런 행동.

◆남산골의 **딸각발이**처럼: **딸깍발이**의 잘못. ⇐'딸깍샌님'은 '딸깍발이'의 북한어.
　딸깍발이명 ①일상적으로 신을 신을 없어 맑은 날에도 나막신을 신는다는 뜻으로, 가난한 선비를 낮잡는 말. ②일본 사람을 낮잡는 말.
　남산골딸깍발이(南山−)명 가난한 선비를 낮잡는 말.

◆막 걷기 시작한 우리 집 **딸래미**: **딸내미**의 잘못. [유]'아들래미(×)/아들내미(○)'.
　[비교] 온 **정내미**가 뚝 떨어졌다: **정나미**의 잘못. ⇐'ㅣ' 모음 역행동화 불인정.
　[주의] 이가 다 빠진 **오무라미**라서: **오무래미**의 잘못. ⇐'ㅣ' 모음 역행동화 인정.
　[설명] '딸내미'에서의 '−내미'는 '−나미[남(生)+이]'에서 온 것으로 추정되나 어원이 불분명하고 'ㅣ' 모음 역행동화를 인정해도 뜻이 손상되거나 혼란이 오지 않음. '오무래미'의 경우도 마찬가지. 한편, '정나미'의 경우에는 애착이 생기는(**나**는) 의미가 살아 있으므로, 'ㅣ' 모음 역행동화를 인정하지 아니하는 것. ☞'**피라미**' 항목 참조.
　오무래미명 이가 다 빠진 입으로 늘 오물거리는 늙은이를 낮잡는 말.

◆힘이 **딸려서** 도저히 어떻게 해볼 수가 없었다: **달려서**의 잘못. ←**달리다**[원]
　달리다통 재물/기술, 힘 따위가 모자라다.
　딸리다통 ①어떤 것에 매이거나 붙어 있다. ②어떤 부서/종류에 속하다. ¶**곁딸리다/뒤딸리다/붙딸리다**통

◆십여년 간 몸을 망친 정신의 **때국물**이 빠지려면 20년도 모자라: **십여 년간**, **땟국물**의 잘못. ⇐'여(餘)/간(間)'은 접미사.

◆**때꺼리**도 없는데 무슨 영화 구경?: **땟거리/끼닛거리**의 잘못.
　땟거리명 끼니를 때울 만한 먹을 것.
　끼닛거리≒조석거리[朝夕−]명 끼니로 할 음식감.

◆정말이지 널 **때려주고/때려 주고(패 주고)** 싶다: **때리고(패고)**의 잘못.
　딱 한 번만 잘 좀 **봐 줘**; 나 정신 차리게 한 대만 **때려 줘**: 맞음.
　[설명] '주다'에는 보조동사로서 '다른 사람을 위하여 어떤 행동을 함'의 뜻이 있으나, 첫 예문의 경우에는 상대방을 위하여 때리는 것이 아니므로 적절하지 않으며, 흔히 잘못 쓰이고 있는 예. 두 번째 예문의 경우에는 가능함.
　[유사] 내가 좋은 사람을 **소개시켜** 주마: **소개해** 주마의 잘못.
　　　법원은 소송 소요기간을 **단축시킬** 예정이다: **단축할**의 잘못.
　　　그런 거짓말 좀 **시키지 마**. 그것 버릇된다.: **하지 마**의 잘못.
　　　야, 저 멍청한 신병 교육 좀 잘 **시켜**: **해**의 잘못.
　[설명] 사역형의 오용으로, '시키다'의 자리에 '하게 하다'를 넣어서 어색하지 않을 때만 '시키다'를 사용하는 것이 적절함.

◆**때묻지** 않은 순결한 아이 같다: **때 묻지**의 잘못.
　[참고] **코묻은** 돈 알겨먹기지 뭐: **코 묻은**의 잘못. ←'코묻다'는 없는 말.

[설명] '때묻지'가 성립하려면 '때묻다'가 있어야 하는데, 없는 말. 복합어 요건인 특정 의미(글자 그대로의 뜻 외의 다른 뜻)가 없음. 즉, '때묻다'는 '때 묻다'의 잘못. '살림때가 묻다'와 같은 경우를 생각해 보면, '때(가) 묻다→때 묻다'의 두 낱말임을 쉽게 알 수 있음. '코 묻다' 역시 이와 같음.

◆**때빼고 꽝 낸다고** 뭐가 달라지냐: **때 빼고 꽝낸다고**의 잘못. ←**꽝내다**[원]
  [설명] ①'때빼다'는 없는 말. 글자 그대로 '때를 빼다'의 뜻이므로. '꽝내다'는 '꽝나다(윤이 나다/빛이 나다)'의 사동사. ②'때 빼고 꽝내다'는 '몸치장을 하고 멋을 내다'를 뜻하는 관용구이기도 함.

◆엉뚱하게 **때 아닌** 표절 논쟁이 벌어졌다: **때아닌**의 잘못. ←**때아니다**[원]
  때 아니게 겨울에 웬 꽃?: **때아니게**의 잘못.
  [참고] **때 늦게** 뭔 소리야: **때늦게**의 잘못. ←**때늦다**[원]
      때 이른 봄 손님: **때 이른**의 잘못. ←'때이르다'는 없는 말.
  [설명] '때아니다/때늦다'는 한 낱말이지만, '때이르다'는 없는 말로 '때 이르다'의 잘못. 특히 '때늦다'와 같이 쓰이던 '때겹다'는 표준어 사정에서 제외된 말임. [표준어 규정 3장 4절 25항]
  때아니다[형] 때에 어울리지 않거나 적당한 시기가 아니다.
  때늦다[형] ①정한 시간보다 늦다. ②마땅한 시기가 지나다. ③제철보다 늦다.

◆봄철이 되니 입맛이 **땡긴다/댕긴다**: **당긴다**의 잘못. ←**당기다**[원]
  날짜를 좀 **앞땡길** 수 없겠는가?: **앞당길**의 잘못. ←**앞당기다**[원]
  그는 질끈 눈을 감고 방아쇠를 **땡겼다**: **당겼다**의 잘못.
  [참고] 아무것도 안 바르니 얼굴이 **당긴다/댕긴다**: **땅긴다**의 잘못. ←**땅기다**[원]
      불을 잘 **땡기려면** 마른 종이를 써야: **댕기려면**의 잘못. ←**댕기다**[원]
  [설명] 구미가 당기는 경우와 배가 땅기는 경우, 그리고 불을 댕기는 경우는 각각 그 원형이 '당기다/땅기다/댕기다'임. 아래 뜻풀이 참조.
  당기다[통] ①좋아하는 마음이 일어나 저절로 끌리다. ¶구미가 당기다; 호기심이 당겼다. ②입맛이 돋우어지다. ¶식욕이 당기다. ③물건 따위를 힘을 주어 자기 쪽이나 일정한 방향으로 가까이 오게 하다. ¶그물/방아쇠/고삐를 당기다. ④정한 시간/기일을 앞으로 옮기거나 줄이다. ¶결혼 날짜를 5월로 당겼다. [유]견인하다/동하다/다그다.
  땅기다[통] 몹시 단단하고 팽팽하게 되다.
  댕기다[통] 불이 옮아 붙다. 또는 그렇게 하다.

◆**땡깡**도 부릴 자리에서 부려야: **생떼**의 잘못. 없는 말.
  깡다구≒깡[명] (속) 악착같이 버티어 나가는 오기. [유]배짱/오기.

◆**땡땡이 가라/무늬**의 원피스를 입은 그녀: **물방울**(혹은 **점박이**) **무늬**의 잘못.
  [설명] ①우리말에서의 '땡땡이'란 다음 세 가지를 뜻하며, 그 어느 것이나 '점(點)이나 물방울 모양'을 뜻하는 말은 없음. ②이 말은 일본어의 '덴덴(點點)'에서 유래한 것으로 발음만 유사하게 바꾼 것이기 때문에 뜻과는 무관함.
  땡땡이1[명] (속) 해야 할 일을 하지 않고 눈을 피하여 게으름을 피우는 짓, 또는 그런 사람.
  땡땡이2[명] ≒땡땡이중(꽹과리를 치면서 동냥이나 다니는 중답지 못한 중).
  땡땡이3[명] ①흔들면 땡땡하는 소리가 나게 만든 아이들의 장난감. ②(속)≒종(鐘). ③(속)≒전차(電車).

◆**땡삐**한테 쏘였어: **땅벌**(혹은 **땅말벌/바더리**)의 잘못. 없는 말.
　땅벌閨 ①땅속에 집을 짓고 사는 벌. ②말벌과의 벌.
　바더리閨 ①≒**꼬마쌍살벌**. ②≒**땅벌**(말벌과의 벌).

◆**굿바이하며 떠나 가버린** 고운님의 모습: **굿바이 하며, 떠나가 버린, 고운 임**의 잘못.
　[설명] ①'굿바이하다', '고운님': 없는 말. '굿바이 하며'를 정확하게 표기하면 '"굿바이" 하며'임. ②'떠나가
　　다'는 한 낱말. '버리다'가 보조용언이므로 '떠나가+버린'(원칙).

◆가게를 그리 크게 **떠벌려** 놓으면 어떡하나: **떠벌여**의 잘못. ←**떠벌이다**[원]
　사람이 그리 말 많은 **떠벌이**이어서야 원: **떠버리**의 잘못.
　[설명] ①'떠벌이'로 접사 '-이'를 붙여 명사형으로 만들 수도 있겠으나 그러면 '떠벌이'가 되어, 일을 크게
　　벌이는 사람이 되므로(아래의 동사 뜻풀이 참조), '떠버리'로 적음. ②접사 '-리'를 붙여 명사형을 만
　　들 때는 원형을 밝혀 적지 않는다는 원칙에 따라 '떠버-'를 택한 것. [유사] 두루마리(O)/매가리(O)/쪼
　　가리(O)/오가리(O). ☞♣**원형을 밝혀 적는 것과 밝혀 적지 않는 것 항목 참조.**
　떠벌리다동 이야기를 과장하여 늘어놓다.
　떠벌이다동 굉장한 규모로 차리다.

◆**떡볶기/떡복이**는 겨울에 먹어야 더 맛있지: **떡볶이**의 잘못.
　[설명] ①떡을 볶는 것이므로 어근 '볶'을 살리는 것. ②'떡볶이'와 '떡볶기'를 굳이 구분하자면, '떡볶이'는
　　음식 이름이고 '떡볶기'는 떡을 볶는 일이 됨. 즉, '밥을 잘 볶기도 쉽지 않아'라고 말할 때, '떡 잘 볶
　　기도 쉽지 않아'로 바꾸어 보면 이 구분법의 이해가 빠름. '손톱 깎기'와 '손톱깎이'의 구분에도 유효.

◆**떡 하니** 버티고 선 꼴이 꼭: **떡하니**의 잘못. ←한 낱말.
　문간을 **딱하니** 가로막고 나서는 녀석이 있었다: **떡하니**의 잘못. 없는 말.
　[참고] '-하니'가 들어간 파생어 부사들: **멍하니/떡하니/봐하니≒보아하니/휑하니/설마하니.**
　떡하니튀 보란 듯이 의젓하거나 여유가 있게.

◆여인은 머리를 **떨군** 채 눈물만 흘렸다: 맞음. 혹은 **떨어뜨린/수그린**도 가능함.
　고개를 **떨구다**: 맞음.
　[설명] 예전에는 '떨구다'가 '떨어뜨리다'의 잘못이었으나, '시선을 아래로 향하다'의 뜻을 세분화하여, 표
　　준어로 인정. [2011.8.31]

◆맺지 못할 꿈일랑 **떨궈버리려**: **떨어 버리려**의 잘못. ←**떨어 버리다**[원]
　[설명] 이때의 '떨구다'는 '떨어뜨리다'의 잘못. 이를 적용하면 '떨어뜨려 버리려'가 되기 때문에 부적절한
　　표현임.
　[주의] '떨어버리다'는 없는 말로, '돈/물건 따위를 다 써서 없애다'라는 뜻의 북한어. 그러나 '떨어 버리다'
　　의 경우, 원칙적으로는 두 낱말이므로 띄어 써야 하지만, '버리다'는 앞말이 나타내는 행동이 이미 끝
　　났음을 나타내는 보조동사이고, 보조용언 붙여쓰기가 허용되는 조건에 해당되므로 '떨어버리려'로
　　붙여 쓸 수도 있음[허용]. ☞《표준》에서는 '-어 버리다'를 구성으로 규정.

◆♣**'-떨다'가 접사로 활용된 주요 낱말들**: 한 낱말이므로 붙여 써야 함.

215

[예제] 이제 그만 **궁상 떨고** 얼굴 좀 펴: **궁상떨고**의 잘못. ⇐한 낱말.

사람이 그렇게 **자발 떨어서야** 원: **자발떨어서야**의 잘못. ⇐한 낱말.

수다떨지 말고 조용히 해라: **수다 떨지**의 잘못. '수다떨다'는 없는 말.

시건방/건방떨지 마라: **건방 떨지**의 잘못. '시건방/건방떨다'는 없는 말.

○'**-떨다**': 궁상떨다(窮狀-)/극성-/기승-≒~부리다/들이-/새실-/새살-/시설-/엄살-/자발-/재롱-≒~부리다/주접-/허겁-/조라-.

새실떨다/새살-/시설-통 성질이 차분하지 못하고 수다스러워 수선을 부리다.

자발떨다통 행동이 가볍고 참을성이 없음을 겉으로 나타내다.

조라떨다통 일을 망치도록 경망스럽게 굴다.

◈♣'**-떨어지다**'가 접사로 활용된 주요 낱말들: 한 낱말이므로 붙여 써야 함.

[예제] 그는 정말 **정 떨어지는** 사람이야: **정떨어지는**의 잘못.

그는 완전히 그 여자에게 **녹아 떨어졌더군**: **녹아떨어졌더군**의 잘못.

이 세상에 딱 **맞아 떨어지는** 짝이 있나: **맞아떨어지는**의 잘못.

그이야말로 그 일에 **똑 떨어지는** 사람이지: **똑떨어지는**의 잘못.

그거야말로 **굴러 떨어진** 호박 같은 행운이다: **굴러떨어진**의 잘못.

당신과의 셈은 **맞비겨 떨어진** 셈이다: **맞비겨떨어진**의 잘못.

○'**-떨어지다**': 나가떨어지다≒나떨어지다/동-/덜-/외-/정-/메-/똑-/맞아-/곯아-/녹아-/굴러-/나누어- ㉥나눠-/맞비겨-.

메떨어지다형 모양/말/행동 따위가 세련되지 못하여 어울리지 않고 촌스럽다.

똑떨어지다통 ①꼭 일치하다. ②말/행동 따위가 분명하게 되다.

맞아떨어지다통 ①어떤 기준에 꼭 맞아 남거나 모자람이 없다. ②음악 따위에서, 가락/호흡이 잘 어울려 조화를 이루다.

녹아떨어지다통 ①몹시 힘이 들거나 나른하여 정신을 잃고 자다. ②어떤 대상에 몹시 반하여 정신을 못 차리다.

굴러떨어지다통 ①바퀴처럼 돌면서 위에서 아래로 내려가다. ②별 노력을 들이지 아니하고 좋은 것이 거저 생기다. ③처지가 매우 나빠지거나 수준이 매우 낮아지다.

맞비겨떨어지다통 상대되는 두 가지 셈이 서로 남거나 모자람이 없이 꼭 맞다.

◈**웬지 떫떠름하다**: **왠지, 떨떠름하다**의 잘못.

[설명] 소리 나는 대로 적는 경우 중의 하나로서, 어간이나 명사 뒤에 자음으로 시작된 접미사가 붙어서 된 말 중 겹받침의 끝소리가 드러나지 아니하는 경우임: ¶널따랗다/널찍하다; 말끔하다/말쑥하다/말 짱하다; 얄따랗다/얄팍하다; 짤따랗다/짤막하다; 떨떠름하다. ☞♣**원형을 밝혀 적는 것과 밝혀 적지 않는 것** 항목 참조.

◈♣'**-떨이**'와 '**-털이**'의 구분

[예제] 담뱃재는 떠는 거지 터는 게 아니니까, **재떨이**가 맞을 걸: 맞음.

먼지는 흔들어서도 떨어지니까 **먼지털이**도 맞는 말 아닌가: **먼지떨이**의 잘못.

[설명] 예문 자체가 재털이(×)/재떨이(○)의 이유를 설명하고 있음. 즉, '털다'는 '밤을 털다/이불을 털다'에 서처럼 '달려 있는 것, 붙어 있는 것 따위가 떨어지게 <u>흔들거나 치거나</u> 하다'이고, '떨다'는 '달려 있거 나 붙어 있는 것을 <u>쳐서 떼어 내다</u>'는 뜻이므로, 담뱃재가 떨어지도록 하기 위하여 담배를 붙들거나

잡고서 '흔들거나 칠(≒'털') 필요가 없음. 담뱃재가 아닌 다른 것들의 경우에는 단순히 털기만 해서 떨어지지 않는 경우도 있으므로 '털다' 대신 '떨다'를 선택하여 '재+떨이=담뱃재+떨이'로 한 것. '옷/이불을 털어 먼지를 떨다'와 '밤은 털고, 콩/깨는 떨다'를 생각해보면 이 두 말의 차이점이 명확해질 것임. 즉, <u>단순히 흔들거나 치는 동작뿐만 아니라 '떼어내는' 결과까지 아우르는 말이 '떨다'</u>이므로 '-떨이'를 택한 것. 그러므로, '먼지떨이'(먼지를 떠는 기구) 역시 털어서 떨어내는 것이므로 '먼지떨이'여야 함.

[참고] 현재 '-털이'를 붙인 것은 훔치는 것과 연관된 것들뿐임. ¶밤털이≒밤도둑/은행털이/빈집털이.

이슬떨이명 ①≒이슬받이(이슬이 내린 길을 갈 때에 맨 앞에 서서 가는 사람). ②이슬을 떠는 막대기.

주머니떨이명 ①여러 사람의 주머니에 있는 돈을 모두 내어, 술 따위를 사 먹는 장난. ②주머니 속의 물건을 훔침. 또는 그런 짓을 하는 사람.

◆양치기 소년이 **양떼**를 몰고 나타났다: **양 떼**의 잘못.

젊은이 **한떼**가 몰려왔다: **한 떼**의 잘못.

[설명] '떼'는 '목적/행동을 같이하는 무리'를 뜻하는 명사. 일반적으로는 띄어 적어야 함. 현재 '-떼'가 쓰인 복합어는 '**개떼**(한꺼번에 몰려다니는 무리의 비유어)/**모기떼/강도떼**…' 따위임.

◆**떼거지**로 몰려오는 추격대의 모습이 보였다: **패거리**(혹은 **떼**)의 잘못.

너희들은 왜 노상 **떼거지**로 몰려다니느냐?: **패거리**(혹은 **떼거리/떼**)의 잘못.

처갓집 **떼거리**의 **등살**에 못 살겠다: **떨거지**가 더 나음, **등쌀**의 잘못.

[설명] ①'떼거지'는 '거지 떼'. ②'떼거리'에는 아래에 보이는 것과 같이 두 가지 의미가 있음. ③'제 붙이에 딸리는 무리'의 낮춤말로는 '떨거지'가 더 적절함.

떼거리명 ①≒패[패거리]. '떼'의 속된 표현. 목적과 행동을 같이하는 무리. ②≒떼/생떼/생떼거리. 부당한 요구/청을 들어 달라고 고집하는 짓.

떼거지명 떼를 지어 다니는 거지 혹은 졸지에 거지가 된 많은 사람들.

패≒**패거리**명 몇 사람이 모인 동아리나 무리.

떼명 목적과 행동을 같이하는 무리.

떨거지명 제 붙이에 딸리는 무리(겨레붙이/한통속)의 낮춤말. ¶처갓집 떨거지가 손 내미는 일이 잦아서 골치야.

◆**떼거지**를 쓸 일이 따로 있지, 어디서 억지 생떼를 부리고 있나?: **떼거리**(생떼)의 잘못.

◆쏟아진 구슬들이 **떼구르르** 굴러갔다: **떼구루루**의 잘못. ⇐모음조화!

◆♣'~떼기', '~데기'와 '-때기'

[예제] **새침떼기/푼수떼기**: **새침데기/푼수데기**의 잘못. ⇐발음은 {-떼기}.

　　　　뱃때기/볼떼기/거적떼기: **배때기/볼때기/거적때기**의 잘못.

[설명] '~떼기'와 '~데기'

①'~떼기': 거래 방식('밭떼기/차떼기'에서처럼 어떤 상태 채로 한꺼번에 사들이는 일)이나 목공 관련, 떼어 내기(고적이나 젖떼기 등)에 쓰임.

　　-거래 방식 ¶밭떼기/가마떼기/상자떼기[箱子-]/차떼기[車-].

　　-목공 관련 ¶바데떼기/볼떼기/그레떼기≒그레질.

②'~데기': 사람의 낮잡음 말 혹은 대충 꾸린 조각/뭉텅이를 뜻함.

－사람 관련 낮잡음 말 ¶부엌데기/새침데기/푼수데기/늙으데기≒늙은데기/바리데기/소박데기[疏薄－]/얌
심데기.

－대충 꾸린 조각/뭉텅이 ¶우데기/죽데기/짚북데기/북데기.

[주의] '부엌데기/새침데기/소박데기/푼수데기/얌심데기'에서처럼 어떤 사람을 낮잡는 뜻으로는 '－데기'
이며 발음은 {－떼기}임. (단, '늙으데기/늙은데기' 등은 {－데기}).

③'－때기'는 비하의 뜻을 나타내는 접사임. ¶배때기/귀때기/볼때기; 가마때기/거적때기.

◆며칠을 굶었는지 눈이 **때꾼했다**: 맞음. ←**떼꾼/때꾼하다**[원]

[비교] 여러 날 굶은 듯 눈이 **대꾼했다**: 맞음. ←**대꾼하다**[원]

[설명] '대꾼하다〈때꾼하다, 데꾼하다〈떼꾼하다'의 관계로 모두 맞는 말이며, '때꾼하다'는 '눈이 **쏙** 들어
가고 생기가 없다'로, '떼꾼하다'는 '눈이 **쑥** 들어가고 생기가 없다'로 해설됨.

◆너같이 생떼를 쓰는 **떼보**는[**떼꾼**은] 처음이다: 떼쟁이[**떼꾸러기**]의 잘못.

떼꾼≒떼몰이꾼[명] 떼몰이를 직업으로 하는 사람. ☞이와 같이, '떼꾼'을 쓰면 엉뚱한 뜻이 됨. '떼꾸러기'
는 '떼쟁이'의 낮춤말.

◆그 돈 **떼어/띠어 먹으면** 잘 살 줄 알았니?: 떼어먹으면, 잘살 줄의 잘못.

[설명] '떼어먹다/잘살다'는 한 낱말. '띠어 먹다'는 '떼어먹다'의 잘못. 없는 말.

떼어먹다[동] ①남에게 갚아 주어야 할 것을 갚지 않다. ②남의 몫으로 주어진 것을 중간에서 부당하게
가로채다. [유]갈겨먹다/횡령하다/착복하다.

잘살다[동] 부유하게 살다. [유]떵떵대다/풍요하다/호의호식하다.

◆**뗄라고 해야** 뗄 수가 없다.: **떼려고 해야** (혹은 **떼려야**)의 잘못. ←**떼다**[원]

뗄래야/뗄레야 뗄 수 없는 관계: **떼려야**의 잘못.

[설명] ①'－려고 하여야'가 준 말은 '－려야'이며, '－ㄹ래야'는 잘못. 없는 말. ☞**'－ㄹ래야'**('－려야'의 잘못)와
'－래야' 항목 참조. ②'뗄라고/뗄래야' 등은 특별한 이유 없이 '－ㄹ'이 잘못 덧대진 경우이기도 함.

◆**또다른** 아픔을 남겨 주는데: **또 다른**의 잘못. 없는 말.

[비교] **또 다시** 이런 짓을 하기만 해 봐라: **또다시**의 잘못. 한 낱말.

◆내일 **또 다시** 태양은 떠오르는가: **또다시**의 잘못. 한 낱말.

[설명] ①관용적 사용 굳어지기로서, '또 다시'로 띄어 쓸 실익이 없음. ②그러나, '다시 또'(O)/'다시또'(×).
이때의 '또'는 '어떤 일이 거듭하여. 그 밖에 더. 그럼에도 불구하고'를 뜻하는 부사.

[정리] '또다시' 외에는 되풀이/중복의 의미로 '또~'를 붙여 쓰는 낱말이 없음.

◆어린애인데도 **또박이** 인사를 잘한다: **또바기**의 잘못.

버릇없이 어른에게 **또박또박** 말대꾸를 하다니: **꼬박꼬박**의 잘못.

[설명] '또박이'를 허용하면 '또박또박한 사람/물건'으로 오인될 수도 있음. ⇐[원칙] '이/음' 이외의 소리로
끝나는 명사형은 어근을 밝혀 적지 않는다.

또바기≒또박[부] 언제나 한결같이 꼭 그렇게.

꼬박꼬박〈**꼬빡꼬빡**[부] ①조금도 어김없이 고대로 계속하는 모양. ②남이 시키는 대로 따르는 모양.

또박또박하다[형] 말/글씨 따위가 흐리터분하지 않고 조리 있고 또렷하다.

◆너 참으로 **똑똑이**로구나: 맞음.
  [참고] '과똑똑이/윤똑똑이' 등도 있음. '겉똑똑이'는 잘못.
  겉똑똑이[명] '헛똑똑이' 혹은 '과똑똑이'의 잘못. 없는 말.
  헛똑똑이[명] 겉으로는 아는 것이 많아 보이나, 정작 알아야 하는 것은 모르거나 어떤 것을 선택해야 하
    는 상황에서 판단을 제대로 하지 못하는 사람에 대한 놀림조 말.
  과똑똑이[過-][명] ①지나치게 똑똑함. 그런 사람에 대한 놀림조 말. ②실제는 보잘것없으면서 겉으로만
    똑똑한 체하는 사람.

◆행동이 지나치게 **똑바라** 그는 외톨이가 되었다: **똑발라**의 잘못. ←**똑바르다**[원]
  [참고] 그의 사태 수습 방식은 **올바랐다**: **올발랐다**의 잘못. ←**올바르다**[원]
  [설명] '똑바르다'는 '똑바르니/똑발라(서)/똑발랐다' 등으로 활용함. 이른바 '르' 불규칙활용. 이 '르' 불규
    칙활용 용언은 어간의 끝음절 '르'가 어미 '-아/-어' 앞에서 'ㄹㄹ'로 바뀌는 것으로, 각각 '흘러/길러/
    말라/갈라'로 활용하는 '흐르다/기르다/마르다/가르다' 따위가 이에 속함.
  [유사] '르' 불규칙활용 용언의 예: '부르다(불러/불렀다), 가르다(갈라/갈랐다), 거르다(걸러/걸렀다), 오
    르다(올라/올랐다), 구르다(굴러/굴렀다), 이르다(일러/일렀다), 바르다(발라/발랐다), 벼르다(별러/별렀
    다), 지르다(질러/질렀다), 너르다(널러/널렀다), 모르다(몰라/몰랐다), 가파르다(가팔라/가팔랐다)' 등
    이 있음. [규정: 한글맞춤법 제18항 이]
  [주의] 'ㄹ' 불규칙활용과의 관계: 무관함. 지금까지는 어간의 끝소리인 'ㄹ'이 'ㄴ/ㄹ/ㅂ/오/시'앞에서 탈락
    하는 활용, 즉 '길다'가 '기니/깁니다/기오'로 바뀌는 따위를 'ㄹ불규칙활용'으로 보았으나, 어간의 끝소
    리인 'ㄹ'이 'ㄴ/ㄹ/ㅂ/오/시'앞에서 무조건 탈락하기 때문에 지금은 불규칙활용으로 보지 않고 단순 탈
    락으로 봄(국립국어원).

◆그는 일을 **똑부러지게** 해낸다: **똑 부러지게**의 잘못. ⇐똑 부러지다.
  사람이 **똑부러지는** 맛이 있어야지 어중띠어서야 원: **똑 부러지는**, **어중되어서야**의 잘못. ←**어중되다**[원]
  어물어물하지 말고 **똑부러지게** 대답해: **딱 부러지게**의 잘못.
  [설명] '똑 부러지다'에서 '똑'은 '조금도 틀림이 없이'를 뜻하는 부사. '똑부러지다'는 없는 말. 단 '딱 부러
    지게'는 '아주 단호하게'를 뜻하는 관용구.
  부러지다[통] ①단단한 물체가 꺾여서 둘로 겹쳐지거나 동강이 나다. ②말/행동 따위를 확실하고 단호하
    게 하다.

◆일처리 하나는 **똑소리나게** 잘한다: **일 처리**, **똑소리 나게**의 잘못.
  똑소리나는 살림꾼: **똑소리 나는**의 잘못.
  [참고] **딱소리/쪽소리** 나게 일하는 사람: **똑소리**의 잘못.
  [설명] ①'일처리'와 '똑소리나다'는 각각 '일 처리', '똑소리 나다'의 잘못. ☞[참고]'열처리/재처리' 등과 같은
    전문용어를 제외하면 '뒤처리≒후처리', '땡처리' 정도만 '-처리'의 합성어임. ②'딱소리/쪽소리'는 없는
    말로 '똑소리'의 잘못.
  똑소리[명] 말/행동 따위를 똑똑하게 하는 일.

◆어린 녀석이 아주 **똘방똘방** 말을 잘하네: **또랑또랑**의 잘못.

그 녀석 참 **똘망똘망하게** 생겼다: 없는 말. (혹은 **똘똘하게**).

[설명] '똘방똘방/똘망똘망'은 모두 사전에 없는 말로, 야무지고 똑똑하거나, 똑똑하고 영리하며 야무진 경우에 쓰는 방언. 《표준》에서 '똘방똘방'은 '또랑또랑'의 잘못으로 규정하고 있으나 실제의 쓰임(똑똑하고 야무지다는 뜻)과는 다소 거리가 있음. '똘망똘망하다'에 대해서는 《표준》에 설명이 없으나, 문맥에 따라 표준어 '똘똘하다'를 쓸 수 있을 것으로도 보임.

또랑또랑하다[형] 조금도 흐리지 않고 아주 밝고 똑똑하다.

똘똘하다[형] ①매우 똑똑하고 영리하다. ②단단하고 실하다.

◈**똥그랑땡**은 값도 싸지만 막걸리 안주로 제 격이지: **동그랑땡**(=**돈저냐**)의 잘못.

◈그렇게 **똥뱃장/똥배장**을 내민다고 될 일이냐: **똥배짱**의 잘못.

[참고] 우리말에서 '–짱'이 쓰이는 3음절어는 '똥배짱'을 포함, 4낱말뿐임.

비위짱(脾胃–)[명] '비위'(脾胃)의 속칭.

쇠울짱[명] 쇠로 만든 말뚝 같은 것을 죽 늘여 박은 울타리.

개비짱[명] '신사/청년/아버지/사회인'을 이르는 말. ¶난 개비짱의 얼굴도 모른다.

◈**밭뙤기**, **논뙤기** 좀 있다고 거들먹거리기는: **밭뙈기**, **논뙈기**의 잘못.

귀때기만 한 논밭을 가지고 자랑하기는: **귀뙈기**의 잘못.

[설명] 비유적으로 '귀의 속어'인 '귀때기'를 뜻할 경우는 위의 예문도 사용 가능하지만, 명확히 아주 작은 논밭의 일부를 뜻하는 '귀뙈기'가 더 적절함.

뙈기[명] ①경계를 지어 놓은 논밭의 구획. ②일정하게 경계를 지은 논밭의 구획을 세는 단위.

귀뙈기[명] 일정하게 경계를 지은 논밭의 아주 작은 구역.

◈그 **뙤놈/떼놈/때놈**들 하는 짓이 다 그렇지 뭐: **되놈**의 잘못.

[설명] '되놈'은 본래 만주 지방에 살던 여진족을 낮잡는 말이었으나 지금은 중국인을 낮잡는 말.

◈그 **뚜껑머리** 꼴이 그게 뭐냐, 볼썽사납게: **뚜께머리**의 잘못.

바닥이 훤히 보이는 **뚜껑버선** 꼬라지하고는: **뚜께버선**, **꼬락서니**의 잘못.

뚜께머리[명] 머리털을 층이 지게 잘못 깎아서 뚜껑을 덮은 것처럼 된 머리.

뚜께버선[명] 바닥이 다 해져서 발등만 덮게 된 버선.

꼬라지[명] '꼬락서니' 혹은 '성깔'의 방언. ☞'**꼬라지**' 항목 참조.

◈낮잠에서 깨어난 아이가 어리둥절하여 **뚜레뚜레** 살폈다: **뚜렛뚜렛**의 잘못.

뚜렛뚜렛[부] 어리둥절하여 눈을 이리저리 굴리는 모양.

◈사방을 **뚤레뚤레** 두리번거렸다: **둘레둘레**(혹은 **뚜렛뚜렛**)의 잘못. 방언.

뚜렛뚜렛[부] 어리둥절하여 눈을 이리저리 굴리는 모양.

◈이런 **뚱땡이/뚱띵이** 꼬라지하고는: **뚱뚱이**(**뚱뚱보/뚱보**), **꼬락서니**의 잘못.

◈앗 **뜨거라**, 하마트면 델 뻔했다: **뜨거워라**, **하마터면**의 잘못. ←**뜨겁다**[원]

[유사] 앗 **따가라!** 가시에 찔렸네: **따가워라**의 잘못. ←**따갑다**[원]

[설명] ①'뜨겁다'는 '뜨겁고/뜨거워/뜨거우니'로 활용하므로, '뜨거워라'여야 함. ②이와 같은 현상은 'ㅂ' 불규칙 활용용언에서 나타나는 것으로, 어간 말음 'ㅂ'이 활용어미 '-어' 앞에서 'ㅜ'로 바뀌고 어미와 축약되어 '-워'가 된 뒤, 거기에 감탄의 종결어미 '-(어)라'가 결합한 것. 〈예〉'반갑다'의 경우: '반갑(어 간)+어(어미)+라(어미)→'반가'+워+라'→'반가워라'.

[고급] '뜨거라/따가라'가 잘못인 것은 어미로 쓰인 '-라'가 쓰임에 걸맞지 않기 때문임. '-라'는 '이다/아니 다'의 어간이나, 어미 '-으시-/-더-/-으리-' 뒤에 붙어서, 현재 사건/사실을 서술하는 뜻을 나타내는 예스러운 종결어미로서, '성은 홍이요, 이름은 길동이라', '그걸 내 모르는 바 아니라' 등처럼 쓰임. 즉, '뜨거라/따가라'처럼 어간에 붙는 경우는 '이다/아니다'의 어간일 때뿐임. '따가워라' 대신 '따가라'를 인 정하면, '반가워라'에서 '반가라'를 인정하는 것과 같게 됨.

[주의] '**어마뜨거라**(매우 무섭거나 꺼리는 것을 만났을 때 놀라서 내는 소리)'와 '**에끄거라**(혼날 뻔하였다 는 뜻으로 내는 소리)'는 각각 한 낱말의 감탄사이기 때문에, '-뜨거라' 표기가 인용됨.

◆손수 **뜨게옷**을 만들면 정말 좋지: **뜨개옷**의 잘못.

뜨게질로 무료함을 달랬다: **뜨개질**의 잘못.

[참고] 있는 일 없는 일을 일러바치는 **쏘게질**이나 해대고: **쏘개질**의 잘못.

[암기도우미] '-**개**질'은 다음 예에서 보듯, 직업/직책에 비하하는 뜻을 더하는 접미사인 '-질'보다는 윗길 이지만, '어떤 일을 '짓'으로 낮추거나 속되게 하는 뜻을 더하는 접사적 기능이 있음. 〈예〉둥개질/쏘 개질/젓개질/팡개질/팽개질/싸개질1/싸개질2/싸개질3/갈개질/뒤집개질/부침개질/손뜨개질/쑤시개질.

젓개질[명] 액체/가루 따위를 식히거나 섞기 위하여 휘젓는 짓.

팽개질[명] 짜증이 나거나 못마땅하여 어떤 일이나 물건을 내던지거나 내버리는 짓.

쏘개질[명] 있는 일 없는 일을 읽어서 일러바치는 짓.

싸개질1[명] ①물건을 포장하는 일. ②의자/침대 따위의, 눕거나 앉을 자리를 헝겊/가죽 따위로 싸는 일.

싸개질2[명] 젖먹이가 똥오줌을 가리지 못하고 마구 싸는 짓.

싸개질3[명] 여러 사람이 둘러싸고 다투며 승강이를 하는 짓.

팡개질[명] 팡개로 흙이나 돌멩이를 찍어 던지는 일.

갈개질[명] ①남의 일에 훼방을 놓는 짓 ②버릇없거나 사납게 행동하는 짓 ③맹수 따위가 이리저리 설치는 짓

◆사람이 어째 그리 **뜨뜨미지근**한가: **뜨뜻미지근**의 잘못. ←**뜨뜻미지근하다**[원]

방이 **뜨뜨무레**하니 잠이 솔솔 온다: **뜨뜻무레**의 잘못. ←**뜨뜻무레하다**[원]

[참고] 방이 겨우 **뜨듯할** 정도라서 좀 그렇군: 맞음. ←**뜨듯하다**[원]

[설명] '따듯하다〈따뜻하다, 뜨듯하다〈뜨뜻하다'의 관계로 '따듯/따뜻, 뜨듯/뜨뜻'은 모두 의미소이므로 이를 살려 적어야 함. 따라서 '뜨뜨'는 '뜨뜻'의 잘못.

뜨뜻미지근하다[형] ①온도가 아주 뜨겁지도 않고 차지도 않다. ②하는 일이나 성격이 분명하지 못하다.

뜨뜻무레하다[형] 뜨뜻한 기운이 있다.

뜨뜻하다[형] ①뜨겁지 않을 정도로 온도가 알맞게 높다. ②부끄럽거나 무안하여 얼굴이나 귀에 열이 오르다.

◆내 영혼의 **뜨락**에 당신의 추억을: 맞음.

뒤뜨락/앞뜨락[명] '뒤뜰/앞뜰'의 잘못. 북한어.

[설명] 예전에는 '뜨락'이 '뜰'의 잘못이었으나, 표준어. 아래에서 보듯, 추상적 공간의 의미가 덧붙어 있 음. 단, '-뜨락'이 들어간 복합어는 잘못.

뜨락⃞ ①≒뜰. ②(비유) 주로 '~의 뜨락' 구성으로 쓰여, 앞말이 가리키는 것이 존재하거나 깃들어 있는 추상적 공간.

◆여인은 사내의 말에 **뜨아한/뜨직한/뜨억한** 표정을 지었다: **뜨악한**의 잘못. ←**뜨악하다**[원]
　주인은 내 말에 **뜨지근한** 반응을 보였다: **뜨악한**의 잘못.
　[설명] '뜨아하다/뜨억하다/뜨직하다/뜨지근하다'는 모두 '뜨악하다'의 잘못임.
　뜨악하다⃞ ①마음이 선뜻 내키지 않아 꺼림칙하고 싫다. ②마음/분위기가 맞지 않아 서먹하다. 또는 사귀는 사이가 떠서 서먹하다.

◆♣**뜯기다**: '뜯다'의 피동사이자 사동사이기도 함. 용례 별로 주의!
　[예제] 소에게 물어 **뜯인** 풀들이 보였다: **뜯긴**의 잘못. ⇐피동사도 '뜯기다'임.
　뜯기다⃞≒'뜯다'의 사동사. ¶나물을 뜯으러 간다고 핑계를 대고 나왔지만, 나물은 진이에게 뜯기고 나는 놀았다; 아이들에게 갈비를 뜯기다.
　뜯기다⃞≒'뜯다'의 피동사. ¶장사를 해도 깡패들에게 돈을 뜯기고 나면 남는 게 없었다. ①털 따위가 뽑히다. ¶녀석은 동네 아이들에게 머리카락이 여기저기 뜯긴 채 혼자 울고 있었다. ②¶편지 봉투가 뜯긴 채 펼쳐져 있었다; 자물쇠가 누군가에게 뜯긴 자국이 나있었다. ③¶철거반 직원에게 뜯겨 버린 판잣집의 잔해가 널려 있었다; 숙직실이 뜯긴 대신 이런 큰 방으로 옮기었다. ④¶밤새 모기한테 뜯기느라 한잠도 못 잤다; 간밤에 풀모기에 뜯겼던지 팔 다리가 영 엉망이었다.

◆너무 **뜸들이지** 말고, 되는대로 해: **뜸 들이지**의 잘못. 관용구.
　[참고] 그거 한번 **맛들이면** 끊기 힘들지: **맛 들이면**의 잘못. 관용구.
　　　　눈독들일 게 따로 있지, 그건 금기야: **눈독 들일**의 잘못. 관용구.
　[비교] **힘 들이고 정 들여서** 마련했던 야학 교실: **힘들이고**, **정들여서**의 잘못.
　　　　네가 아이들을 **물 들일까** 그것이 걱정이다: **물들일까**의 잘못.
　[설명] '뜸들이다'는 없는 말. '뜸(을) 들이다'⃞임. 이와 같이 '들이다'가 들어간 관용구로는 '맛(을) 들이다, 땀을 들이다, 눈독(을) 들이다' 등이 있음. 반면, '물들이다/힘들이다/공들이다/정들이다' 등은 복합동사임.

◆깡패 **뜸 떠 먹을** 놈 같으니라구: **뜸떠 먹을**의 잘못. ←**뜸뜨다**[원]
　뜸뜰 때는 좀 따끔거리는 법이야: **뜸 뜰**(혹은 **뜸질할**)의 잘못. ⇐**뜸을 뜨다**.
　[설명] 한의학의 뜸은 '뜸(을) 뜨다'이며 '뜸뜨다'는 아래에서 보듯 전혀 다른 뜻.
　뜸뜨다⃞ 결코 못지않다. 비견할 만하다. [참고] '뜸을 뜨다≒뜸질하다'.

◆책상 사이를 **띄워라**, 책상 사이를 **띄어라** 중 어느 것이 맞나?: 둘 다 가능.
　조사이므로 괄호와 **띄지/띄우지** 않고 붙여 적는다: 둘 다 쓸 수 있음.
　[참고] 그는 학교에서 쉽게 눈에 **띄지/뜨이지** 않는 사람이었다: 둘 다 가능.
　[설명] '띄다'는 '뜨이다'의 준말이지만, '띄우다'의 준말이기도 함. '뜨다(간격이 벌어지다)'의 사동형인 '띄우다'가 다시 줄어들어 '띄다'가 된 것. 그러므로 '책상 사이를 띄워라/띄어라'의 두 가지 모두 가능함.
　[활용] '띄어 쓰다'에서의 '띄어/띄워'도 이에 해당함. 다만, '띄어쓰기'의 경우에는 한 낱말의 복합어가 있으므로 굳이 '띄워 쓰기'로 적을 이유는 없음.

◆♣'**띠다**'와 '**띄다**', '**띄우다**'의 구분

[예제] 찾던 물건이 눈에 **띄었다**: **띠었다**의 잘못. ←**띠다**[원]

    귀가 번쩍 **뜨이다/띄다**: 맞음. ←'띄다'는 '뜨이다'의 준말.

    붉고 푸른빛을 **띤** 희한한 장미꽃을 봤어: **띤**의 잘못. ←**띠다**[원]

    그는 미소를 **띄고/띄우며** 손님을 맞았다: **띠고/띠며**의 잘못. ←**띠다**[원]

[설명] '띠다'와 '띄다', '띄우다'의 용례.

'띠다': 두르거나 지니거나 감정 따위를 나타낼 경우. ¶미소/노기를 띠다; 임무를 띠다; 푸른빛을 띠다; 활기/살기를 띠다.

'띄다': ①뜨이다('뜨다'의 피동사)의 준말. ¶아침 늦게야 눈이 뜨였다(띄었다); 아이의 귀가 뜨이다(띄다); 귀가 번쩍 띄는 이야기 ②눈에 보이다. ¶사람들이 드문드문 눈에 뜨였다(띄었다); 남의 눈에 뜨이지(띄지) 않게 밤에 오시게; 원고에 오자가 눈에 띈다. ③남보다 훨씬 두드러지다. ¶지난 몇 년간 우리 사회는 눈에 뜨이는(띄는) 발전을 이뤘다; 그녀는 보기 드물게 눈에 뜨이는(띄는) 미인이다; 행동이 눈에 띄게 달라졌다.

'띄우다¹': '뜨다(①물속/지면 따위에서 가라앉거나 내려앉지 않고 물 위나 공중에 있거나 위쪽으로 솟아 오르다. ②차분하지 못하고 어수선하게 들떠 가라앉지 않게 되다. ③빌려 준 것을 돌려받지 못하다)'의 사동사. ¶배를 강물에 띄우다; 누룩을 띄워 술을 담갔다; 아이들을 너무 띄우면 버릇이 없어진다.

'띄우다²': 편지/소포 따위를 부치거나 전하여 줄 사람을 보내다. ¶친구에게 편지를 띄우다; 집에 전보를 띄웠다.

'띄우다³': '뜨다(공간적으로 거리가 꽤 멀다. 시간적으로 동안이 오래다)'의 사동사.

띠다[통] ①띠/끈 따위를 두르다. ¶허리에 띠를 띠다. ②물건을 몸에 지니다. ¶추천서를 띠고 회사를 찾아가라; 사내는 품에 칼을 띠고 있었다. ③용무/직책/사명 따위를 지니다. ¶중대한 임무를 띠다; 특수한 임무를 띠고 온 간첩; 우리는 역사적 사명을 띠고 이 땅에 태어났다. ④빛깔/색채 따위를 가지다. ¶붉은빛을 띤 장미; 얼굴에 홍조를 띠면서 역설하다. ⑤감정/기운 따위를 나타내다. ¶노기를 띤 얼굴; 얼굴에 미소를 띠다; 열기를 띠기 시작한 대화; 살기/활기를 띠다. ⑥어떤 성질을 가지다. ¶보수적 성격을 띠다; 전문성을 띠다.

◆징검돌들이 **띠엄띠엄** 놓여 있었다: **띄엄띄엄**의 잘못.

[참고] 집들이 **뜨문뜨문/드문드문** 들어서 있었다: 맞음. ←뜨문뜨문〉드문드문

[설명] 이 말은 '띄우다('뜨다'의 사동사)'와 연관되므로 어근을 살려 '띄-'로 표기하는 것임.

ㄹ

◈♣**특별한 이유 없이 'ㄹ'을 덧대어, 흔히 잘못 쓰는 낱말들**

  [예제] 짐을 **날를** 때는 허리 조심: **나를**의 잘못. ←**나르다**[원]

   한두 번 학교를 **걸르면** 그것도 버릇 돼: **거르면**의 잘못. ←**거르다**[원]

   물건을 **가질러** 내가 직접 갔다: **가지러**의 잘못. ←**갖다**[원]

   소리를 **질르니** 좀 시원하냐: **지르니**의 잘못. ←**지르다**[원]

   벌은 죄를 **저질른** 사람이 받아야지: **저지른**의 잘못. ←**저지르다**[원]

   그럴려면 하지 마라: **그러려면**의 잘못. ←**그러다/그리하다**[원]

   뗄래야 뗄 수 없는 관계: **떼려야**의 잘못. ←**떼다**[원]

   어쩌실려고 그러십니까: **어쩌시려고**의 잘못. ⇐'어쩌(어간)+시+려고'.

  [설명] ①'짐을 나르다에서 '나르다'를 '날르다'로 잘못 사용하는 것과 같이, 특별한 이유 없이 'ㄹ'을 덧대
   어 흔히 잘못 쓰는 낱말들이 많음. 〈예〉(짐을)가질러(×)/가지러(○); 걸르다(×)/거르다(○); 굴르다(×)/구
   르다(○); 재미있게 놀으니(×)/노니(○); 눌르다(×)/누르다(○); 둘르다(×)/두르다(○); 뗄려면(×)/떼려면(○);
   그거 모잘르면(×)/모자라면(○); 문질르다(×)/문지르다(○); 이름을 불르면(×)/부르면(○); 빨르다(×)/빠
   르다(○); 별르다(×)/벼르다(○); 서둘르다(×)/서두르다(○); 아버지께 일르면(×)/이르면(○); 시간이 너무
   일르면(×)/이르면(○); 약발르다(×)/약바르다(○); 저질르다(×)/저지르다(○); 졸르다(×)/조르다(○); 소리
   를 질르니(×)/지르니(○); 추슬르다(×)/추스르다(○); 할려면(×)/하려면(○). ②'어쩌시려고'의 경우는, '어
   쩌(어간)+시(상위자와 관련됨을 나타내는 어미)+려고'→어쩌시려고'로 분석되며, '어쩌다'는 '어찌하
   다'의 준말. 따라서 '어쩌실려고'에서의 '–실–'은 어미 '시'에 불필요하게 'ㄹ'을 덧댄 경우로, 잘못.

◈난 거기 안 **갈거야**: **안 갈 거야**의 잘못. ⇐'안'은 부사.

  [설명] '~ㄹ 거야'로 띄어 씀. '거'는 '것'의 구어체. ¶저렇게 말솜씨가 좋은 걸 보면 분명 열인을 많이 한
   사람일 거야; 나는 조금 있다가 갈 거야; 그쪽은 다들 뭘 시킬 거야?; 맞아, 나도 그렇게 할 거야; 그
   들은 내가 잡지며 극단을 휘두를 거라 속단한 거야; 나도 이제부터는 사랑을 할 거야.

◈저놈을 어떻게 **할갑쇼**? 단매로 다스릴**갑쇼**?: **–ㄹ갑쇼**의 잘못.

  –ㄹ갑쇼/을갑쇼回 하인이 상전에게, 상인이 손님에게 상대의 의향을 물어보는 예스러운 종결어미.

◈♣**'~ㄹ게'와 '~께'**

  [예제] 말할게(○); 말하께(×). ←[주의] '말하께'는 구어체로만 허용.

  [설명] ①'말할께/줄께/볼께'(×)는 '말할게/줄게/볼게'의 잘못. 이때의 '~ㄹ게'는 종결어미임. ②굳이 '~께'
   로 적으려면 표기는 할 수 있음. 즉, '~ㄹ게'를 '께'로 줄이면 가능함. ⇒'말하께/주께/보께'. 단, 이는
   구어체 표기로만 허용.

◈이 일을 어찌 **할고**?: **할꼬**?의 잘못.

  [설명] '–ㄹ고'回는 '–ㄹ꼬'의 잘못.

  [참고] 의문 종결어미에서 경음을 사용하는 것으로는 '**–ㄹ까/–ㄹ꼬/–ㄹ쏘냐/–ㄹ갑쇼**' 등이 있음.

◆어디라도 한번 **나갈라 치면** 애들이 난리라서: **나갈라치면**의 잘못. ⇐'-ㄹ라치면'은 어미. ☞**주의해야 할 어미** 항목 참조.

[비교] **끗발로치면** 가보가 제일: **끗발로 치면**의 잘못. ⇐'치다'는 본동사.

[설명] '**-ㄹ라치면**'은 앞 절의 일이, 그 일이 있으면 으레 어떤 결과가 따르는 것을 경험한 데에서 하나의 조건으로 추상화해 낸 것임을 나타내는 연결어미. ¶어른이 한번 <u>외출하실라치면</u> 온 집 안이 들썩들 썩하곤 했다.

[참고] 이와 비슷한 유형으로 '-다손' + '치더라도[하더라도]'의 꼴이 있으나 이는 앞말이 나타내는 상황 이 사실임을 인정하여 <u>양보</u>하는 뜻을 나타내는 연결어미로서, 어미 '-ㄴ다'에 보조사 '손'이 결합한 것. 어미 '-다손' 뒤에 오는 '치다/하다'를 반드시 띄어 적어야 하는 점이 크게 다름. '-ㄹ라치면'은 한 뭉텅이로 어미. ¶지금은 그가 있어 그럭저럭 해결한다손 치더라도 나중에는 어떻게 하나?; 그가 제 시간에 온다손 하더라도 달라지는 건 없다.

◆**보일락말락**; **먹을락말락**: **보일락 말락**, **먹을락 말락**의 잘못. ⇐'-(으)ㄹ락'

[참고] 꼬리가 **보일랑 말랑**: **보일락 말락**의 잘못.

[설명] ①'-(으)ㄹ락'은 거의 그렇게 되려는 모양을 나타내는 연결어미지만, '-ㄹ락 말락' 구성으로 쓰이기 때문에 '먹을락 말락'과 같이 띄어 적음. ②'-ㄹ랑'은 '-ㄹ락'의 잘못. 〈예〉먹을랑 말랑(×)/먹을락 말 락(○), 갈랑 말랑(×)/갈락 말락(○)

◆[고급] ♣'**-ㄹ래야**'('-려야'의 잘못)와 '**-래야**'

[예제] **감출래야** 감출 수 없는 진실: **감추려야**의 잘못. ⇐'-ㄹ래야'는 잘못.

　　　　숨길래야 숨길 수도 없더군: **숨기려야**의 잘못. ⇐'-려야'가 표준어.

　　　　볼래야 볼 수 없는 사람: **보려야**의 잘못.

　　　　뗄래야 뗄 수 없는 사이: **떼려야**의 잘못. ⇐**떼다**[원]

[유사] **참을라고** 해도 참을 수가 있어야지: **참으려고**의 잘못.

　　　　아무리 **숨길라고** 해도 숨길 수가 없더군: **숨기려고**의 잘못.

[비교] 성인**이래야만** 들어갈 수 있다더군: 성인**이라야만**의 잘못.

[설명] ①'-ㄹ래야'가 아닌 '-려야'가 표준어. 즉, '-ㄹ래야'는 불필요하게 'ㄹ'이 덧대지면서 표기까지 바꾼 꼴임. '-려야'는 받침 없는 동사 어간, 'ㄹ' 받침인 동사 어간 또는 어미 '-으시-' 뒤에서, '-려고 하여 야'의 준말. ¶그 사람은 성격이 좋아 미워하려야 미워할 수 없다; 먹으려고 해야 뭐라도 먹이지; 숨기 려고 해야 소용없어. ②'-(으)려-'가 들어간 말은 다음과 같이 줄어듦. 〈예〉무엇을 먹으려느냐? (←먹 으려고 하느냐); 일어서려는데 (←일어서려고 하는데) 전화가 왔다; 고향을 떠나려니 (←떠나려고 하 니) 발이 떨어지지 않는다.

[주의] ①'-ㄹ래야'는 '-려야'의 잘못이지만, '**-래야**'는 '**-라고 해야**'의 준말로 다음과 같이 전혀 달리 쓰임: ㉮'이다', '아니다'의 어간이나 어미 '-으시-/-더-/-으리-' 뒤에 붙어서, '<u>집이래야</u> 방 하나에 부엌이 있 을 뿐'. ㉯받침 없는 동사 어간, 'ㄹ' 받침인 동사 어간 또는 어미 '-으시-' 뒤에 붙어서, '그 사람은 누 가 오래야 오는 사람이야'.

　　②'**-라야**': 꼭 그러해야 함. ¶대학 졸업자라야 응시자격이 있음; 아버지라야 한다; 18세 이상이라야.

[정리] ①'-려야'는 '-려고 하여야'의 준말. '-래야'는 잘못. ¶숨기려야 숨길 수 없는. ②'**-래야**'는 '라고 **해**야'의 준말. ¶집이래야 뭐; 오래야 오는 사람. ③'**-라야**': 꼭 그러해야 함. ¶대학 졸업자라야 응시 자격이 있음; 18세 이상이라야.

◆나 이만 **갈란다**: **가련다**의 잘못. ⇐방언.

[설명] '-ㄹ란다'는 '-련다'의 방언(경상. 전라). ☜[암기도우미] 가련다, 떠나련다

◆비가 **올런지/올른지[~ㄹ런지/~ㄹ른지]** 날이 흐리다: **올는지**의 잘못. ←'-는지'

[설명] ①'올는지'를 '올런지/올른지'로 쓰는 것은 '어디로 갈런가, 올 이가 몇이나 될런고?'에서 쓰인 '-런가/-런고'의 어미들에서 유추해 쓰기 때문. '-런가/-런고'는 기원적으로 'ㄹ' 다음에 **과거** 회상 시제 선어말어미 '-더-'가 결합하면서 '-러-'로 변한 경우임. 그러나 <u>-는지</u>는 **미래**의 일에 대한 <u>실현 가능성에 대한 의문을 나타내는 것으로 회상의 선어말어미 '-더-'와는 무관함.</u> ② '비가 올는지 ~'에서 '-는지'는 비가 오는 사실에 실현 가능성에 대한 의문을 나타내는 어미로 다음과 같이 연결 어미와 종결어미로 쓰임. (1)어떤 일의 실현 가능성에 대한 의문을 나타내는 연결어미. ¶눈이 올는지 날씨가 흐리다; ~이 끝났는지 방안이 조용했다. (2)어떤 불확실한 사실의 실현 가능성에 대한 의문을 나타내는 종결어미. ¶그가 과연 내일 올는지; 새 선생님이 훌륭한 교사일는지.

[주의] '~일라/~일라나/~일러니/~일러라/~일런고'의 경우에는, 모두 'ㄴ'이 아닌 'ㄹ'임.

~ㄹ는지[미] ①뒤 절이 나타내는 일과 상관이 있는 어떤 일의 실현 가능성에 대한 의문을 나타내는 <u>연결 어미</u>. ¶비가 올는지 습한 바람이 불기 시작했다. ②어떤 불확실한 사실의 실현 가능성에 대한 의문 을 나타내는 <u>종결어미</u>. ¶그 사람이 과연 올는지; 그녀도 같이 떠날는지. ③ 앎이나 판단·추측 등의 대상이 되는 명사절에서 어떤 불확실한 사실의 실현 가능성에 대한 의문을 나타내는 <u>종결어미</u>. ¶무 슨 일이 일어날는지 누가 알겠는가?

◆시키는 대로 **할 밖에**: **할밖에**의 잘못. ⇐이 경우는 '~ㄹ밖에'가 어미.

다른 게 없으니 그거라도 **쓸 수밖에**: **쓸밖에** (혹은 **쓸 수밖에 없어**)의 잘못.

[설명][중요] '-ㄹ밖에'는 '-ㄹ 수밖에 다른 수가 **없다**'의 뜻을 나타내는 <u>종결어미</u>임. 즉, '쓸 수밖에'만의 표현으로는 문장을 종결지을 수 없기 때문에 ('~ 수밖에'는 종결어미가 아니므로), 완결된 문장을 만 들기 위해서는 종결어미인 '-ㄹ밖에'를 쓰거나, 혹은 '-ㄹ 수밖에 다른 수가 없다'를 써야 함. 위의 문 맥에서는 이 둘 중 하나의 표현을 써야 하며, '~ 수밖에'로는 문장을 종결지을 수가 없음. (참고: '종 결짓다[終結-]'는 한 낱말). ☞**주의해야 할 어미** 항목 참조.

◆예뻐**할 뿐더러**, 뒷바라지도 잘한다: **예뻐할뿐더러**의 잘못. ⇐'~ㄹ뿐더러'는 어미

예뻐할뿐만 아니라 뒷바라지도 빈틈없다: **예뻐할 뿐만 아니라**의 잘못.

일터에서 뿐만 아니라, 집에서도: **일터에서뿐만**의 잘못. ⇐'뿐'은 보조사.

[설명] ①'~ㄹ뿐더러'는 연결어미. 앞말에 반드시 붙여 씀. '예뻐할 뿐만 아니라'의 '뿐'은 의존명사. '일터에 서뿐만'에서의 보조사 '뿐'은 체언 외에 부사어 뒤에도 붙음. ②'일터에서뿐만'의 경우는 '에서(격조사)/ 뿐(보조사)/만(보조사)'이라는 조사 세 개가 연달아 쓰인 것. ☜♣**조사가 여러 개 올 때의 띄어쓰기** 항목 참조. ③[중요] **~ㄹ뿐더러/~을뿐더러[미]** 어떤 일이 그것만으로 그치지 아니하고 나아가 다른 일 이 더 있음을 나타내는 연결어미. 어미이므로 반드시 앞말에 붙여 씀. ¶그는 재산이 많을뿐더러 재 능도 남에게 뒤질 것 없는 사람이다; 라일락은 꽃이 예쁠뿐더러 향기도 좋다; 그는 그런 일을 감당할 만한 능력도 없을뿐더러 감당할 의사도 없다. ☞**주의해야 할 어미** 항목 참조.

[유사] '~ㄹ망정'도 어미. ¶가난할망정/가난할뿐더러/가난할 뿐 아니라.

◆♣'~ㄹ 뿐(만) 아니라'와 '~ㄹ뿐더러'

[예제] **늦었을뿐만** 아니라 날도 추우니: **늦었을 뿐만**의 잘못. ⇐'뿐'은 의존명사.

마음 뿐 아니라 물질적인 도움도 컸다: **마음뿐**의 잘못. ⇐'뿐'은 보조사.

그녀는 **예쁠 뿐더러** 맘도 착하다: **예쁠뿐더러**의 잘못. ⇐'~ㄹ뿐더러'는 어미.

[설명] ①'~ㄹ 뿐(만) 아니라'는 다만 어떠하거나 어찌할 따름이라는 뜻을 나타내는 의존명사 '뿐'의 '뿐이다/뿐 아니다'의 활용형으로, 연결을 위해 '~ㄹ'과 결합한 형태. ¶그 방은 바닥이 따뜻할 뿐 아니라 공기도 훈훈했다; 옷이 진흙투성이가 되었을 뿐 아니라; 지금 밖은 심한 우무로 어두울 뿐 아니라 춥기도 하다. ②한편 '라일락은 꽃이 예쁠뿐더러 향기도 좋다'에 쓰인 '~ㄹ뿐더러'는 연결어미. 고로 붙여 써야 함. 다만 이 문장을 '~ㄹ 뿐(만) 아니라'의 꼴로 바꿔서 '라일락은 꽃이 예쁠 뿐만 아니라 향기도 좋다'라고 써도, 나타내는 뜻에는 별 차이가 없음.

뿐[의] ①어미 '-을' 뒤에서, 다만 어떠하거나 어찌할 따름이라는 뜻. ¶소문으로만 들었을 뿐이네; 그는 웃고만 있을 뿐이지 싫다 좋다 말이 없다; 모두들 구경만 할 뿐 누구 하나 거드는 이가 없었다. ②'-다 뿐이지'의 구성으로, 오직 그렇게 하거나 그러하다. ¶이름이 나지 않았다 뿐이지 참 성실한 사람이야; 시간만 보냈다 뿐이지 한 일은 없어; 말을 하지 않았다 뿐이지 속인 건 절대 아니다.

◆날씨가 **추울새라** 두꺼운 옷을 준비했다: **추울세라**의 잘못.

손에 쥐면 **터질 세라** 바람 불면 **날아갈 세라**: **터질세라, 날아갈세라**의 잘못.

[설명] '~ㄹ세라'는 다음과 같이 쓰이는 어미임: ①뒤 절 일의 이유/근거로 혹시 그러할까 염려하는 뜻을 나타내는 연결 어미. ②해라할 자리에 쓰여, 혹시 그러할까 염려하는 뜻을 나타내는 종결 어미. ③감탄의 뜻을 나타내는 종결 어미. ¶다정도 하실세라, 우리 누님.

◆**~ㄹ세 말이지**: **'~ㄹ세말이지'**의 잘못. ⇐종결어미이므로 붙여 씀. ¶글쎄, 내가 주인일세말이지; 누구냐 자꾸 묻는데 그게 내 아는 여자일세말이지.

-ㄹ세말이지[미] 남이 말한 전제 조건을 <u>객관적으로</u> 부인하는 종결어미.

◆그래도 뱀까지 잡아먹을**소냐**: 잡아먹을**쏘냐**의 잘못. ⇐'잡아먹다'는 한 낱말.

[설명] '~ㄹ쏘냐'는 종결어미이므로 (어색하더라도) 당연히 어간에 붙여 씀. 〈예〉보일쏘냐; 먹을쏘냐; 울쏘냐. ☞**주의해야 할 어미** 항목 참조.

[참고] 이와 같이, 의문 종결어미에서 경음을 사용하는 것으로는 '**-ㄹ까/-ㄹ꼬/-ㄹ쏘냐/-ㄹ깝쇼**' 등이 있음.

◆뭘 해야 **할 지** 몰라 덤벙거리기만 했다: **할지**의 잘못. ⇐'-ㄹ지'는 어미.

[참고] 뭘 **했는 지** 생각이 전혀 안 나: **했는지**의 잘못. ⇐'-는지'는 어미.

[주의] 밥 **먹었는지** 10시간 지났어: **먹은 지**의 잘못. ⇐'지'는 의존명사.

-ㄹ지[미] ①추측에 대한 막연한 의문이 있는 채로 그것을 뒤 절의 사실/판단과 관련시키는 데 쓰는 연결어미. ¶무엇부터 해야 할지 덤벙거리기만 했다; 얼마나 날씨가 추울지 바람이 굉장히 불어; 내가 몇 등일지 걱정이 가득했다. ②추측에 대한 막연한 의문을 나타내는 종결어미. 뒤에 보조사 '요'가 오기도 함. ¶이 그림이 심사 위원들의 마음에 들지(요)?; 도서관은 시원할지(요)?; 그분이 혹시 너의 아빠가 아니실지?

◆♣**-ㄹ 탈락현상**♣

[예제] **찰진** 떡: 맞음. 쓸 수 있음. [2015년 개정]

[설명] ①'찰지다'는 '차지다'의 원형으로, 예전에는 이를 잘못으로 삼았으나 복수표준어로 인정[2015년]. ② '차지다'일 때와 같이 'ㄹ'이 탈락한 형태를 표준어형으로 삼는 낱말들[한글 맞춤법 제28항]: '다달이/따님/마되/마소/무논/무자위/미닫이/부넘기/부삽/부손/싸전/아드님/하느님/여닫이' 등.

◆그는 **"예." 라고** 대답했다: **"예."라고**의 잘못. ⇐'라고'는 격조사.

  [구별] **"쉿"하고** 내가 말했다: **"쉿" 하고**의 잘못. ⇐이때의 '하고'는 격조사가 아닌 본동사. 반드시 띄어 써야 함.

  '빈수레가 요란하다' 라는 말이 있습니다: **'빈 수레가 요란하다'라는**의 잘못. ⇐'라는'은 연결어미.

  [설명] ①**-라고**: '-라고'는 격조사, 보조사, 종결어미로서 아래와 같이 상당히 그 용례가 복잡한 말. 위의 예문에서는 격조사로 쓰였음. 그러나 모두 앞말에 붙여 적는다는 점에서는 동일함. ②**-(이)라는**: 연결어미이므로 앞말에 붙여 써야 함. ¶탄광으로 갈 것이라는 이도 있었다; 스크린 빛깔보다 더 흴 거라는 생각이 들었다. ☜[주의] '라는'은 '라고 하는'의 준말. 그러나, 본말 '라고 하는'의 경우는 띄어 씀. ¶탄광으로 갈 것이라는 이도 있었다.→갈 것이라고 하는 이도 있었다.

  [고급] (1)**-라고**: **격조사.** 원래 말해진 그대로 인용됨을 나타냄. ¶여인이 "많이 드세요."라고 권했다; 조카가 "삼촌은 비 내리는 소리가 좋으세요?"라고 물었다.

  (2)**-라고**: **보조사.** ①탐탁지 않게 생각하는 대상임을 나타냄. ¶아우라고 하나 있는 게; 여기서 꽤 오래 농사라고 지어 봤지만. ②뒤에 오는 내용의 원인/이유라는 뜻을 나타냄. ¶시골 아이라고 그것도 모르랴?; 박사라고 해서 무어든 다 알 수야. ③'예외 없이 다 마찬가지로'의 뜻을 나타냄. ¶누구라고 감히 당신 말을 어길까? 여기가 어디라고 함부로 떠드냐? ④강조하여 지정하는 뜻을 나타냄. ¶한 달 내내 비라고는 한 방울도 내리지 않았다.

  (3)**어미 + 격조사 '고'**의 결합인 '**-라고**': ①'이다/아니다'가 활용한 형태인 어미 '이라/아니라'의 '-라'에 격조사 '고'가 결합한 말. 간접적으로 인용됨을 나타냄. ¶여인은 자기가 절대 범인이 아니라고 주장했다. ②어미 '-라'에 인용을 나타내는 격조사 '고'가 결합한 말. ¶할 일이 있다고 나보고 먼저 가라고 하더군.

  (4)**종결어미**로서의 '**-라고**': ¶그건 내 잘못이 아니라고.; 그게 내 잘못이라고? 나참; 난 또 저 꼬마가 널 때린 사람이라고.; 바쁘면 어서 가 보라고. 가라고.

◆♣'**~라기**'와 '**~래기**'의 낱말 구분

  (1)'**~래기**': 겹다드래기/늘옴치래기/다드래기/무따래기/뭇따래기/소맷배래기/조무래기/혀짜래기.

  (2)'**~라기**': 가무라기/가스라기/고무라기/간장 종구라기*/간지라기/개밥바라기/까끄라기/나지라기/배따라기/해오라기.

  ☞①이와 관련된 설명은 'ㅣ' 모음 역행동화 참조. ②'간장 종구라기'는 두 낱말.

◆생일파티**라야** 뭐 **별 거** 있나?: **래야, 별거**의 잘못.

  성인**이래야만** 들어갈 수 있다더군: 성인**이라야만**의 잘못.

  [설명] ①'**-래야**': '-라고 **해야**'의 준말. '-라야'와 '-래야'의 구별이 잘 안 될 때는 '-라고 해야'를 넣어 보면 됨. ② '**-라야**': 꼭 그러해야 함. ¶대학 졸업자라야 응시자격이 있음; 아버지라야 한다; 18세 이상이라야.

  [참고] '별거'는 '별것'의 구어적 표현. '별것'도 한 낱말이므로 '별거'도 한 낱말. '별걸'은 '별거+를'의 준말이므로, 역시 한 낱말임.

228

◆피리 소리가 **들립락말락** 하였다: **들릴락 말락**의 잘못.
　나이 스물이 **될락말락하는** 처녀: **될락 말락 하는**의 잘못 ⇐'구(句)'로 수식.
　앞에서 정신없게 **오락가락 할** 테냐: **오락가락할**의 잘못. ←**오락가락하다**[원]
　한참 **엎치락 뒤치락 하더니** 잠잠해졌다: **엎치락뒤치락하더니**의 잘못. 한 낱말.
　[설명] '-락 -락'은 받침 없는 용언의 어간이나 'ㄹ' 받침인 용언의 어간 뒤에 붙어 뜻이 상대되는 두 동
　　작/상태가 번갈아 되풀이됨을 나타내는 연결어미. 그러나 '-락 -락'의 구성이므로 띄어 적어야 함.
　　〈예〉파도 소리가 들릴락 말락 하였다; 막 봉오리가 맺을락 말락 하는 꽃; 나이가 스물이나 될락 말
　　락 하는 처녀; 대학에 붙을락 말락 하는 점수. ②'-ㄹ락 -ㄹ락' 뒤에 '하다'가 올 때는 '-락 -락'의 부
　　사구 꼴로 '하다'를 수식하기 때문에, '-ㄹ락 -ㄹ락'과 '하다' 사이를 띄어 적는 것임. ③[주의] 그러나,
　　'-ㄹ락-락하다'의 꼴로 한 낱말인 것들은 그렇지 않음. 위의 '-ㄹ락 -ㄹ락' 꼴과 다른 점은 '-락-락'과
　　결합하는 것은 '-ㄹ' 꼴이 아니라 <u>어근</u>이라는 것. 〈예〉오락가락하다/들락날락하다/쥐락펴락하다/오
　　르락내리락하다/엎치락뒤치락[잦히락]하다≒뒤치락엎치락하다/내치락들치락하다/높으락낮으락하다
　　[형]/누르락붉으락[푸르락]하다/푸르락누르락하다/붉으락푸르락하다/밀치락달치락하다/얼락배락하다.
　엎치락뒤치락[잦히락]하다≒뒤치락엎치락하다[통] 연방 엎치었다가 뒤치었다가[잦히었다] 하다.
　내치락들치락하다[통] '**내치락들이치락하다**(①마음이 변덕스럽게 내켰다 내키지 않았다 하다. ②병세가
　　심해졌다 수그러들었다 하다)'의 준말.
　누르락붉으락[푸르락]하다[통] 몹시 화가 나서 얼굴빛이 누르렀다 붉었다[푸르렀다] 하다.
　밀치락달치락하다[통] 자꾸 밀고 잡아당기고 하다.
　얼락배락하다[통] 성했다 망했다 하다.

◆제가 무슨 회사의 회장이**래나** 뭐**래나** 하더군: **라나**의 잘못. ⇐어미 '-라나'.
　[설명] '-래나'는 '-라나'의 잘못. '-라나'는 가벼운 의문을 가진다든가 그 내용에 별 관심이 없다는 뜻을
　　나타내는 연결어미.

◆**어쩌실려고** 그러시는지 원: **어쩌시려고**의 잘못. ⇐'-려고'가 맞는 어미.
　[설명] ①어떤 주어진 사태에 대하여 의심과 반문을 나타내는 어미는 '-려고'이며, '-ㄹ려고'는 잘못(특별
　　한 이유 없이 'ㄹ'이 덧대진 경우임). ②'어쩌다'는 '어찌하다'의 준말이며, '어쩌+시'(상위자와 관련됨)
　　을 나타내는 어미)+'-려고'→'어쩌시려고'.

◆우리말이 의사소통의 **도구로서는/도구로써는**: **도구로서는**이 적절함.
　[설명] 우리말의 지위가 의사소통의 도구라는 뜻을 나타내는 문맥이므로, 지위/신분/자격을 나타내는
　　격 조사 '-로서'를 붙이는 것이 맞음. '-로써'가 붙을 수 있는 문맥으로는 '우리말이 도구로써 편리하
　　게 소통한다'와 같은 것이 있을 수 있음. 〈손쉬운 구별법〉'용사로서/죽음으로써 나라를 지키자!'

◆비가 **올런지** 날씨가 흐리다: **올는지**의 잘못. ←'-ㄹ는지'
　[설명] ①'올는지'를 '올런지'로 쓰는 것은 '어디로 갈런가, 올 이가 몇이나 될런고?'에서 쓰인 '-ㄹ런가/-
　　ㄹ런고'의 어미들에서 유추해 쓰기 때문. '-ㄹ런가/-ㄹ런고'는 기원적으로 'ㄹ' 다음에 회상(과거) 시제
　　선어말어미 '-더-'가 결합하면서 '-러-'로 변한 경우임. 그러나 '<u>-ㄹ는지</u>'는 미래의 일에 대한 실현 가
　　능성에 대한 의문을 나타내는 것으로 회상의 선어말어미 '-더-'와는 무관함. ②'비가 올는지~'에서
　　'-ㄹ는지'는 비가 오는 사실에 실현 가능성에 대한 의문을 나타내는 어미로 다음과 같이 연결어미와
　　종결어미로 쓰임. (1)어떤 일의 실현 가능성에 대한 의문을 나타내는 연결어미. ¶눈이 올는지 날씨가

흐리다; ~이 끝났는지 방안이 조용했다. ⑵어떤 불확실한 사실의 실현 가능성에 대한 의문을 나타내는 종결어미. ¶그가 과연 내일 올는지; 새 선생님이 훌륭한 교사일는지.

◆맞춤법/띄어쓰기 좀 무시**하기로소니** 어디가 덧나나: **하기로서니**의 잘못.

  [설명] '-기로소니'에 쓰인 '-로소니/-소니'는 각각 '-오니/-니'의 옛말 꼴. 현대어의 올바른 표기는 '-로서니'. '-기로서니'는 '-기로서'를 강조하여 이르는 어미임. 〈예〉아무리 사장이기로서니 아버지뻘인 사람에게 반말을 해서야 쓰나.

◆♣'르' 불규칙활용 용언

  [예제] 그는 언행이 올곧고 **똑바랐다**: **똑발랐다**의 잘못. ←**똑바르다**[원]

        생각이 **올바라야** 일도 제대로 된다: **올발라야**의 잘못. ←**올바르다**[원]

        뜻을 **받드려면** 실천해야지: **받들려면**의 잘못. ←**받들다**[원]

  [설명] ①'르' 불규칙활용 용언은 어간의 끝음절 '르'가 어미 '-아/-어' 앞에서 'ㄹㄹ'로 바뀌는 것으로, 각각 '흘러/길러/말라/갈라'로 활용하는 '흐르다/기르다/마르다/가르다' 따위가 이에 속함. ②'르' 불규칙 활용 용언의 예: '가르다(갈라/갈랐다); 거르다(걸러/걸렀다); 구르다(굴러/굴렀다); 기르다(길러/길렀다); [메][목]마르다([메][목]말라/[메][목]말랐다); [짓]무르다([짓]물러/[짓]물렀다); [올][똑]바르다([올][똑]발라/[올][똑]발랐다); 벼르다(별러/별렀다); [선][까]부르다([선][까]불러/[선][까]불렀다); [떠][타]오르다([떠][타]올라/[떠][타]올랐다); [타]이르다([타]일러/[타]일렀다); [앞]지르다([앞]질러/[앞]질렀다); 흐르다(흘러/흘렀다)' 등이 있음. [규정: 한글 맞춤법 제4장 2절 18항 의 ③'받들다'의 경우는 'ㄹ'불규칙활용 용언이지만, 'ㄴ/ㄹ/ㅂ/오/시' 앞이 아니므로 '받들-'. 이와 같은 것은 '만들다/흔들다/힘들다/떠들다/잠들다...' 등에서처럼 매우 흔함.

  [주의] 'ㄹ' 불규칙활용과의 관계; 무관함. 지금까지는 어간의 끝소리인 'ㄹ'이 'ㄴ/ㄹ/ㅂ/오/시' 앞에서 탈락하는 활용, 즉 '길다'가 '기니/깁니다/기오'로 바뀌는 따위를 'ㄹ불규칙활용'으로 보았으나, 어간의 끝소리인 'ㄹ'이 'ㄴ/ㄹ/ㅂ/오/시' 앞에서는 무조건 탈락하기 때문에 지금은 불규칙활용으로 보지 않고 단순 탈락으로 봄(국립국어원).

◆선생님은 언제 **떠나실른고**?: **떠나실런가**?의 잘못. ⇐'-런가'가 맞는 어미.

  [설명] '**~런가**'는 어미. 이보다 더 예스러운 표현은 '~런고'. 그러나, '~른고'는 어디에도 없는 꼴. 잘못. 어미도 뭣도 아님. ¶어디로 갈런가?; 자네 한번 볼런가?; 선생님은 언제 떠나실런가?; 그것이 꿈일런가 생시일런가 하노라; 저곳이 내 고향이런가?

◆한 걸음도 걷지 **못하리 만큼** 지쳤다: **못하리만큼**의 잘못. ⇐'-리만큼'은 어미.

  지나치리 만치 혹독하게 대했다: **지나치리만치**의 잘못. ⇐'-리만치'는 어미.

  [주의] **지나칠만큼** 가혹한 처사: **지나칠 만큼**의 잘못. ⇐'만큼'은 의존명사.

  [설명] ①'-리만큼≒-리만치'는 '-ㄹ 정도로'의 뜻을 나타내는 연결어미. 어미이므로 앞말에 붙여 써야 함. 아래 예문 참조. ☞**주의해야 할 어미** 항목 참조. ②'-리만치'는 어미지만, '~ㄹ 만큼'에서처럼 '만큼'의 앞에 '만큼'을 수식하는 관형형이 올 때는 의존명사임.

  -이(니)만큼≒-이(니)만치/-리만큼≒-리만치[미] 연결어미. ¶너는 학생이니만큼 학업에 힘써야 한다; 지나치리만큼 친절하다.

ㅁ

◆그처럼 생각 없이 **마구다지**로 일을 벌여서야: **마구잡이**의 잘못. 명사임.
　　마구잡이명 이것저것 생각하지 아니하고 닥치는 대로 마구 하는 짓.

◆그 말은 지금 **마굿간**에 있어: **마구간(馬廄間)**의 잘못.
　　[설명] 한자어이므로 사이시옷 불가함.

◆**먹으나마나, 하나마나, 보나마나**: **먹으나 마나, 하나 마나, 보나 마나**의 잘못.
　　[설명] 이것들은 모두 별개의 동사인 '먹다/하다/보다'와 '말다'의 어간에 '-(으)나'의 활용어미가 붙은 것
　　　　　들로서 각각의 낱말 연결일 뿐임. 낱말들은 띄어 적는다는 원칙에 따라서 띄어 적어야 함. 즉, '-나
　　　　　마나'로 적어야 함.
　　[주의] '-자마자'는 어미임: '떠나자마자/먹자마자/오자마자'.

◆하녀인 주제에 마치 주인마님**마냥** 행세하더군: **처럼**의 잘못.
　　마냥조 '처럼(모양이 서로 비슷하거나 같음을 나타내는 격조사)'의 잘못. 방언임.

◆♣'**-(다)마는**'과 '**-(다)만**'
　　[예제] 먹고 **싶다마는(싶다만)**; 먹고 **싶지마는(싶지만)** 돈이 없다: 맞음.
　　　　　죄송합니다마는(죄송합니다만)/죄송하지마는(죄송하지만) 좀 기다리십시오: 맞음.
　　　　　먹고 **싶지만** 돈이 없다: **싶지만[싶지마는]**의 잘못.
　　[설명] ①'-마는'은 종결어미 '-다/-냐/-자/-지' 따위의 뒤에 붙어 앞의 사실을 인정을 하면서도 그에 대
　　　　　한 의문이나 그와 어긋나는 상황 따위를 나타내는 보조사. '만'은 '마는'의 준말. 따라서 모두 맞는 표
　　　　　현임. ②그러나 '-만은'은 한정/제한을 뜻하는 보조사 '만'에 강세 조사가 붙은 꼴로서 '마는(-만)'의
　　　　　잘못. ☞♣**-만'이 조사로 쓰이는 경우들** 항목 참조.

◆**마늘쫑/마늘공**도 좋은 안주지: **마늘종**의 잘못. 방언.

◆그 좋은 자리를 **마다 하다니**, 세상에: **마다하다니**의 잘못. ←**마다하다**[원]
　　[비교] 그걸 **하다말고** 왜 딴 걸 손대니?: **하다 말고**의 잘못. '하다말다'는 없음.

◆[고급] 일을 하려면 끝까지 해야지 **하다 마다** 해서야: **하다 말다**의 잘못.
　　하다만 사랑처럼 서운한 건 없지: **하다 만**의 잘못. ←**하다 말다**.
　　[설명] ① '하다말다'는 '하다 말다'의 잘못. 없는 말. ②어간 끝 받침 'ㄹ'은 'ㄷ/ㅈ/아' 앞에서 줄지 않는 게
　　　　　원칙인데, **관용상 'ㄹ'이 줄어진 형태가 굳어져** 쓰이는 것은 준 대로 적는다는 원칙에 따라, '-지 말아
　　　　　라/말라/말아요'의 경우, '-지 마라/마/마요'로 준 형태를 표준어로 택하였으나 줄지 않은 형태도 표준
　　　　　어로 보기로 변경(2015.12). ③'말지 못하다/말지 않다/멀지 않아' 대신 '마지못하다/마지않다/머지않아'
　　　　　를, 표준어로 택하였음. 나아가, '~다 말다'의 경우도 '-다마다'를 표준어로 택하였음. ←한글 맞춤법

제18항 [붙임]. 그러나, 주의할 것은 '−다마다'가 '−고말고'와 같은 <u>관용적</u> 뜻일 때는 붙여 적지만 '하다 마다'에서처럼 '하다가 말다가'의 뜻일 때는 '하다 말다'로 적고 띄어 써야 함. ☜[주의] 이처럼, '말다'에서 어간의 받침 'ㄹ'이 탈락한 형태를 표준어로 삼는 것은 <u>관용상 'ㄹ'이 줄어진 형태가 굳어져 쓰이는 것에 한하고</u>, 그 밖의 경우에는 원칙대로 어간 '말'에 어미를 결합하여야 함. 여기서 관용상 'ㄹ'이 줄어진 형태가 굳어져 쓰이는 것이라 함은 '말다'에 명령형어미 '−아/−아라/−아요' 등이 결합할 때 <u>보이는 '말아/말아라/말아요'와 '마/마라/마요'를 뜻함.</u> 즉, 이러한 명령형어미의 경우에는 두 가지 표기를 복수표준어로 인정함[2015년 개정].

◆자네 말 **마따나** 사실 그년은 완전한 사기꾼이었다네: **말마따나**의 잘못.
　마따나조 '말한 대로, 말한 바와 같이' 따위의 뜻을 나타내는 격조사.

◆**마뜩챦아도** 할 수 없어. 그의 말을 따라야 해: **마뜩잖아도**의 잘못.
　[설명] 어미 '−지' 뒤에 '않−'이 어울려 '−잖−'이 되고, <u>어간의 끝음절 '하'가 아주 줄어드는 경우이므로</u>, '마뜩하지 않다'와 '마뜩하지'의 준말은 각각 '마뜩잖다', '마뜩지'의 형태로 적음. 즉, '마뜩챦다'가 아님. ⇐어간 '하'가 'ㄱ/ㅂ/ㅅ'와 같은 무성자음 받침 뒤에서 줄 때의 원칙. [한글 맞춤법 제39항/제40항 붙임2]
　[유사] '깨끗하지 않다→깨끗지 않다→깨끗잖다'; '거북하지 않다→거북지 않다→거북잖다'; '섭섭하지 않다→섭섭지 않다→섭섭잖다'. ☞**어간 '−하'의 단축형** 항목 참조.

◆[고급] 네가 뭔데 하라 **마라야**[해라 **마라야**]: 가능.
　사장이 그에게 '그걸 하지 **마라**'라고 짚어 말했다: 가능.
　[설명] 간접명령을 나타나는 종결어미 <u>'−라(−으라/−시라/−으시라)'</u>는 어간 뒤에 붙으므로 '말다'의 어간 '말−'과 결합해야 옳음. 특정인을 상대하는 직접명령의 경우에는 '−어라/−아라'의 종결어미를 사용하지만, 이 또한 어미이므로 반드시 어간에 붙여 적어야 함. 즉 '말(어간)+아라→말아라'임. 그러나 '말다'에 명령형어미 '−아/−아라/−아요' 등이 결합할 때 나타나는 '말아/말아라/말아요'와 '마/마라/마요'는 두 가지 표기를 복수표준어로 인정함[2015년 개정]. 주의할 것은 이 세 가지 '−아/−아라/−아요' 어미와 결합할 때만 복수표준어로 인정하고, 그 밖의 경우는 기존 원칙대로라는 점.
　[참고] '−어라/−아라'형: '직접명령'이며, 특정 상대를 하대(下待)할 때. ¶써라; 적어라; (하지) 말아라; 주어라(→줘라㈜); 들어라.
　　　　'−(으)라'형: '간접명령'으로, 불특정 다수에게 객관적으로 말할 때. ¶쓰라; 적으라; (하지) 말라; 주라; (귀 있는 자는) 들으라.
　[주의] 위의 경우는 각각 직접명령과 간접명령의 종결어미인 **'−어라/−아라'** 및 **'−(으)라'**와 결합할 때로서 어간이 변하지 않은 채로 어미와 결합하는 원칙적인 경우를 예로 든 것임. '말다'는 예외.

◆굳이 밤새워 하지 **마란** 말이야: **말란**의 잘못. ⇐'말'(어간)+'−란'.
　굳이 밤새우지 **마라는** 말이야: **말라는**의 잘못. ⇐'말'(어간)+'−라는'.
　[설명] '−란'은 '−라고 한'이 줄어든 것이고, '−라는'은 '−라고 하는'이 줄어든 것. 따라서 '말다'의 어간 '말'에 이들이 붙은 것이므로, 각각 '말란'과 '말라는'으로 씀. 즉, 관용상의 'ㄹ' 받침 탈락 인정 대상이 아님.

◆너무 **걱정마렴**: **걱정 말렴**의 잘못.
　너무 **걱정마(라)**: **걱정 마(라)**의 잘못. ⇐관용상의 'ㄹ' 받침 탈락 인정.

[설명] ①'말렴'은 '말다'의 어간 '말-' 뒤에, 부드러운 명령/허락을 나타내는 종결어미인 '-렴'이 붙은 것. 관용상의 'ㄹ' 받침 탈락 인정 대상이 아님. ②'걱정 말다'는 하나의 낱말이 아니므로, '걱정 말렴'으로 띄어 씀.

◆**마수 없이** 무슨 소릴 하는 거야?: **마수없이**의 잘못.

　　마수없이[튀] 갑자기 난데없이.

　　[참고] **마수걸이 치고는** 영 형편없었다: **마수걸이치고는**의 잘못.: ⇐'치고'는 조사. '치고+는(보조사)'의 형태. ¶새끼치고는 예쁘지 않은 것이 없다; 젊은 사람치고는 점잖다.

　　마수[명] ①처음에 팔리는 것으로 미루어 예측하는 그날의 장사 운. ②≒**마수걸이**(맨 처음으로 물건을 파는 일).

◆아빠는 **마술장이**, 엄마는 **요술장이**: **마술쟁이**, **요술쟁이**의 잘못.

　　[설명] 표준어 규정 제9항: '기술자에게는 '-장이'를 쓰고 그 외는 (모두, 예외 없이) '-쟁이'를 쓴다.' 여기서 기술자라 함은 전문적인 기술을 갖춘 제조 분야의 장인(匠人)을 뜻하며, 재주나 단순한 특기를 지닌 정도로는 장인으로 보지 않음. 특히, 그 직업인을 낮잡아 이를 때는 '-쟁이'로 적음. 따라서, 마술/요술, 글, 그림, 관상/점, 이발 등을 잘하는 이들도 '-장이'가 아닌 '-쟁이'로 적음: 마술쟁이/요술쟁이, 글쟁이, 그림쟁이/환쟁이, 관상쟁이, 점쟁이, 이발쟁이. ☞♣'-쟁이'로 표기하는 경우들 항목 참조.

◆'그러지 **마요**'와 '그러지 **말아요**' 중 맞는 것은?: 둘 다 가능.

　　[설명] '말다'에 명령형어미 '-아/-아라/-아요' 등이 결합할 때 나타나는 '말아/말아라/말아요'와 '마/마라/마요'는 두 가지 표기를 용인함[2015년 개정]. 주의할 것은 이 세 가지 '-아/-아라/-아요' 어미와 결합할 때만 복수표준어로 인정하고, 그 밖의 경우는 기존 원칙대로라는 점.

◆누가 **마음놓고** 들어와 앉아 불어도 좋을 짓대 하나: **마음 놓고**의 잘못.

　　마음 먹고 한 일인데: **마음먹고**의 잘못. ←**마음먹다**[원]. 준말은 '맘먹다'.

　　마음 잡고 달려들어도 모자란데: **마음잡고**의 잘못. ←**마음잡다**[원]

　　큰 맘먹고 한 일이야: **큰 맘 먹고**의 잘못. '큰'이 '맘'을 수식.

　　[참고] **마음 고생**이 심했을 텐데: **마음고생**의 잘못. 한 낱말.

　　　　뭣보다도 **마음 가짐**이 중요해: **마음가짐**의 잘못. 한 낱말

　　[설명] '마음놓다'는 없는 말. '마음(을) 놓다(≒안심하다)'로 표기하여야 함. ②'큰 맘먹고'로 적으면 '큰'이 '맘먹고'를 수식하는 어색한 표현이 됨. '맘먹고'로 적으려면 동사를 수식하는 부사 꼴로 바꾸어 '크게 맘먹고'로 적어야 함.

　　마음먹다[동] 무엇을 하겠다는 생각을 하다.

◆**마주앉아** 이야기하니 오해가 풀리더군: **마주 앉아**의 잘못.

　　마주보며 애기하는 편이 낫지: **마주 보며**의 잘못. '마주보다'는 없는 말.

　　매일 **마주 하는** 처지야: **마주하는**의 잘못. ←**마주하다**[원]

　　[참고] 그냥 편히 **걸터 앉아도** 돼: **걸터앉아도**의 잘못. ←**걸터앉다**[원]

　　[설명] ①'마주앉다'는 없는 말. 글자 그대로의 의미뿐이므로 한 낱말의 복합어가 되지 못함. 한편 '걸터앉다'는 '어떤 물체에 온몸의 무게를 실어 걸치고 앉다'이므로 글자 그대로의 의미가 아니어서 한 낱말의 복합어임. '-앉다'가 들어간 복합어들의 예: 주저앉다/가라~/내려~/물러~/눌러~/꿇어~/둘러~/옮아~/삭아~. ②'마주하다'는 '마주 대하다'를 뜻하는 복합어.

◆앞일을 알 수가 있나. **마침 몰라/마치몰라** 하는 얘기야: **마침몰라**의 잘못. ⇐한 낱말.
　[설명] '마침몰라'는 '−몰라'가 들어간 유일한 파생어임. '마침맞게'는 '마침맞다'의 부사어.
　마침몰라[부] 그때를 당하면 어찌 될지 모르나.
　마침맞다[형] 어떤 경우/기회에 꼭 알맞다.

◆**막내 마저** 출가하니 몹시 허전하군: **막내마저**의 잘못. ⇐'마저'는 보조사.
　[주의] **마저** 다 해치우지 왜 그걸 남기나?: 이때의 '**마저**'는 부사임.

◆사위 중에서는 **막내 사위/막내사위**가 제일 귀엽지: **막냇사위**의 잘못.
　[참고] **맏 사위**가 제일 듬직한 법: **맏사위**의 잘못.
　[설명] ①'막내'는 '여러 형제/자매 중 맨 나중에 난 사람'을 사람'을 뜻하지만, 순서상 맨 나중의 사람을
　　뜻하는 접두어 성격으로도 쓰임. 상대어는 '맏−'. (예) 막냇사위/막내며느리. ②'막내−'가 들어간 말
　　중에는 사이시옷을 붙이는 것과 그렇지 않은 것들이 뒤섞여 있음. 이것은 뒤에 오는 말이 한자어인지
　　와는 무관하며 발음 관행상 생기는 현상으로, {망내−}로만 발음되는 것은 사이시옷을 붙이지 않
　　나(예: '막내아들/막내둥이/막내아우/막내며느리'), '막냇사위'{망내싸위/망낻싸위}에서처럼 {망내−}
　　와 {망낻−}의 두 가지로 발음되면서 {망내−} 뒤에서 경음 발음이 나거나 '−ㄴ−ㄴ'으로 발음되는 경우
　　는 사이시옷을 붙임(예: 막냇삼촌/막냇누이/막냇사위/막냇손자/막냇자식/막냇동생≒막내아우). ☞♣
　　사이시옷에서 주의해야 할 말들 항목 참조.
　막내[명] 여러 형제/자매 중에서 맨 나중에 난 사람. [유]막내둥이/막냇자식/막둥이. ↔맏아이/맏이/맏자식

◆그 말을 듣자마자 **막바로** 나선 참일세: **막 바로**(혹은 **곧바로/바로**)의 잘못.
　[설명] '막바로'는 없는 말. '막'과 '바로'의 두 낱말. '막'은 '곧/갓/딱' 등과 같은 단음절 부사.
　[참고] 다음 말들은 '−바로'가 들어간 한 낱말이며, '손바로'만 명사이고 나머지는 부사들: **손바로**(손이
　　닿을 만한 가까운 데)/**곧바로/길바로**(길을 제대로 잡아들어서)/**맞바로/면바로**[面−]①바로 정면으로.
　　②어떤 겨냥/판단이 어김없이 똑바로)/**똑바로/바로바로.**

◆♣'−**만**'이 조사로 쓰이는 경우들
　[예제] **얼마 만한** 크기인지: **얼마만 한**의 잘못. ⇐'만'이 조사이므로 붙여 씀.
　　　　형만한 아우 없다: **형만 한**의 잘못. ⇐'형만 하다'의 활용.
　　　　집채만한 파도: **집채만 한**의 잘못. ⇐'집채만 하다'의 활용.
　만[보조사]: ①다른 것으로부터 제한하여 어느 것을 한정함을 나타내는 보조사. ¶그는 웃기만 할 뿐
　　아무 말이 없었다; 하루 종일 잠만 잤더니 머리가 띵했다. ②무엇을 강조하는 뜻을 나타내는 보조
　　사. ¶그녀를 만나야만 모든 문제가 해결될 수 있다; 어머니 허락을 받아야만 함. ③화자가 기대하는
　　마지막 선을 나타내는 보조사. ¶열 장의 복권 중에서 하나만 당첨되어도 바랄 것이 없겠다. ④앞말
　　이 나타내는 대상이나 내용 정도에 달함을 나타내는 보조사. ¶집채만 한 파도가 몰려온다; 청군이
　　백군만 못하다; 안 가느니만 못하다. ⑤어떤 것이 이루어지거나 어떤 상태가 되기 위한 조건을 나타
　　내는 보조사. ¶너무 피곤해서 눈만 감아도 잠이 올 것 같다; 아버지는 나만 보면 못마땅한 듯 얼굴
　　을 찌푸리셨다.
　[띄어쓰기 유의 사례] ¶공부만 한다; 밥을 먹을 만하다; 짐승만도 못하다; 형만 한 아우 없다; 집채/주
　　먹/감자/콩알만 하다.

◆♣**의존명사로서의 '만'**

　[예제] 온 지 **한 시간만**에 가다니: **한 시간 만**의 잘못. ⇐'만'은 의존명사.

　　　　우리 이게 **얼마만인가**: **얼마 만인가**의 잘못. ⇐'만'은 의존명사.

　만[의존명사]: ①앞말이 뜻하는 동작/행동에 타당한 <u>이유</u>가 있음을 나타내는 말. ¶아내가 화를 낼 만

　　도 했다; 듣고 보니 좋아할 만은 한 이야기로군. ②앞말이 뜻하는 동작/행동이 <u>가능함</u>을 나타내는

　　말. ¶그냥 모르는 척 할 만도 한데 말이야; 그가 그러는 것도 이해할 만은 하다. ③<u>동안</u>이 얼마간

　　계속되었음을 나타내는 말. ¶이십 년 만의 귀국; 친구는 도착한 지 한 시간 만에 서둘러 떠났다; 단

　　두 걸음 만에 따라 잡았다; 이게 얼마 만인가; 그때 이후 삼 년 만이다.

◆♣**관형사/명사로서의 '만'**

　[예제] **만나이로는** 15세: **만 나이로는**의 잘못. ⇐'만'은 관형사.

　　　　만10년만에 완성한 책: **만 10년 만에**의 잘못. ⇐ 앞의 '만'은 관형사. 뒤의 '만'은 의존명사.

　[설명] '정해진 기간이 꽉 참'의 뜻으로 쓰임. ¶만 38세; 만 나이로는 십오 세; 그 일을 만 49시간에 다 끝

　　냈다; 보고서를 만 3주 만에 완성했다.

　[주의] 주로 '만으로' 꼴로, 명사로도 쓰임. ¶올해 만으로 20세; 만으로 딱 3년 만에 귀국했다; 만으로 치

　　면 올해 나이가 몇 살이지?; 고향을 떠난 지가 만으로 3년, 햇수로는 4년째다.

　[참고] '만 나이'의 상대어는 '세는나이(태어난 해를 1년으로 쳐서 함께 세는 나이)'이며, 흔히 쓰는 '우리

　　나이, 한국 나이' 등은 임시 방편식 조어.

　[정리] '만'은 의존명사/조사/관형사/명사 등의 여러 기능이 있음.

　만[의] ¶단 두 걸음 만에 따라 잡았다; 일 년 만에 돌아오다; 닷새 만에 돌아오다.

　만[조] ¶닷새만 기다려라; 일 년만 기다려라; 단 두 걸음만 걸으면 되는 걸; 너만 와라; 짐승만도 못한; 오

　　래간만에 가 보다.

　만[관] ¶만 38세; 만 9개월 만에 구조.

　만[명] ¶고향을 떠난 지가 만으로 3년, 햇수로는 4년째다.

◆비로소 **만나지는** 진실이 내 앞에 흩어지고: **만나는**의 잘못. ⇐불필요한 피동형.

◆모임에 뒷풀이가 빠진다는 건 **만두속** 없는 만두 꼴이지: **뒤풀이, 만두소**의 잘못.

　[설명] ①'뒷풀이'에서 '-풀'은 격음. 따라서 사이시옷 불필요. ②'만두속'은 '만두소'의 잘못. 없는 말. ☞**'김

　　치소'** 항목 참조.

◆**만듬새**가 거칠다: **만듦새**의 잘못.

　[설명] '만들다'의 명사형은 '만듦'.

　[유사] 슬픈 영화를 보고 **울음**: '~를 보고 **욺**'의 잘못.

　[참고] 명사형 만들기: '어간+ㅁ(음: 'ㄹ' 이외의 받침이 있을 때)' ⇒'만들+ㅁ→만듦.

　　　〈예〉'알다'의 명사형은 ①**앎**(≒지식, 알고 있음). ②**알음**(≒면식)

　　　　　서울에서 3년간 살음(×) →서울에서 3년간 삶(○). ⇐살(다)+ㅁ.

　　　　　오늘은 밥을 많이 먹음(○). ⇐먹(다)+음.

◆내가 그리 **만만더기(만만데기)**로 보이던가: **만만쟁이**의 잘못. 없는 말들.

　만만쟁이[명] 남에게 만만하게 보이는 사람을 낮잡는 말.

◆그 말을 듣자 즐거운 기색이 **만연했다**: **만면했다**의 잘못. ←**만면하다**[원]

그 사상에 동조하는 사회 분위기가 **만면했다**: **만연했다**의 잘못. ←**만연하다**[원]

이제 봄기운이 **만연하다**: **완연하다**가 더 적절함. ←**완연하다**[원]

[설명] '만연하다[蔓延/蔓衍–]'는 본래 식물의 줄기가 널리 뻗는다는 뜻에서 나온 말로, 비유적으로 전
염병이나 나쁜 현상이 널리 퍼지는 것을 뜻하고, '만면하다[滿面–]'는 '얼굴에 가득하게 드러나 있다'
는 뜻으로 '득의만면하다/희색만면하다' 등으로 쓰인다. '완연하다[宛然–]'는 1.눈에 보이는 것처럼 아
주 뚜렷하다. 2.모양이 서로 비슷하다.

◆**만의 하나** 큰돈이 생긴다면 그땐 그러마: **만에 하나**의 잘못.

만에하나 그런 일이 생긴다면: **만에 하나**의 잘못.

[참고] **약방의** 감초(속담): **약방에**의 잘못. ☞주의!

[설명] ①'만에 하나'는 관용구로서 띄어 씀. '열에 아홉'도 관용구. '만에 하나'와 비슷한 관용구로는 '천
[백]에 하나'도 있음. ②만분의 1과 같은 정확한 수치를 뜻할 때는 '만의 하나'로 표기할 수도 있음.

[주의] 비슷한 의미의 '만분지일(萬分之一)'은 한 낱말. '십중팔구'도 한 낱말.

◆[고급] 이/그 **만큼** 잘하는 사람 있으면 나와 보라고 해: **이만큼**, **그만큼**의 잘못.

이런–/그런**만큼**의 욕심쯤이야 죄 갖고 있잖아: **이런/그런 만큼**의 잘못.

이만침 했으면 됐어: **이만큼[이만치]**의 잘못.

웬 **만큼** 욕했으면 이제 그만 하지 그래: **웬만큼**의 잘못.

'얼마만큼'의 준말은 **얼만큼**인가 얼마큼인가: **얼마큼**의 잘못.

너 **만큼** 이토록 못하는 사람이 또 있겠니: **너만큼**의 잘못. ⇐'만큼'은 조사.

한 걸음도 더 걷지 못하**리 만큼** 지쳤다: **못하리만큼**의 잘못. ⇐'–리만큼'은 어미.

어린애**이니 만큼** 사정을 봐줘: 어린애**이니만큼**의 잘못. ⇐'–이니만큼'은 어미.

[설명] ①'이런 만큼'에서의 '만큼'은 의존명사지만, '이만큼/그–/고–/저–/요–/웬–/조그–'는 모두 한 낱말.
'얼마만큼'은 《표준》의 표제어에 없으나 한 낱말. ②'–리만큼/–이니만큼'은 어미이므로 붙여 씀. ③의
존명사와 조사로서는 '만큼≒만치'임. 즉, 동의어.

[정리] ①'**만큼≒만치**'는 의존명사 또는 조사. '**–이(니)만큼≒–이(니)만치/–리만큼≒–리만치**'는 연결어미.
②'만침/마침'은 '만큼/만치'의 잘못. 예: 이[요]만침(×)/이[요]마침(×)/이(요)만큼[만치](○)

◆[고급] ♣'**~만하다**'(보조형용사)와 '**~만 하다**'(조사 '만'+하다)

[예제] **먹어볼만한** 것: **먹어 볼 만한**(혹은 **먹어볼 만한**)의 잘못. ←**만하다**[원]

볼 만한 구경거리더군: **볼만한**의 잘못 ←**볼만하다**[원]

집채 만한 파도: **집채만 한**의 잘못. ⇐'만'은 보조사.

콧구멍 만하다: **콧구멍만 하다**의 잘못. ⇐'만'은 보조사.

만하다[보][형] ①어떤 대상이 앞말이 뜻하는 행동을 할 타당한 이유를 가질 정도로 가치가 있음을 나타
내는 말. ¶가 볼 만한 장소; 세계에서 손꼽힐 만한 문화재; 주목할 만한 성과; 1년 동안 괄목할 만한
성장을 이루었다; 믿을 만한 소식통이 전해준 거야; 이 음식은 정말 먹을 만하다. ②앞말이 뜻하는
행동을 하는 것이 가능함을 나타내는 말. ¶여인은 새 차를 살 만한 형편이 못 되었다; 우리에겐 그
를 저지할 만한 힘이 없었다; 그런 것쯤은 참을 만하다.

[띄어쓰기] ①보조형용사이므로 원칙적으로 띄어 쓰지만 붙여쓰기도 허용함. 특히, '만하다/듯하다'와
같이 의존명사에 '–하다'가 붙어서 된 보조용언은 본용언에 붙여 적는 것이 허용됨(한글 맞춤법 제47

항). ¶'그럴 만하다/그럴 듯하다'[원칙] →'그럴만하다/그럴듯하다'[허용]. ☞[주의] 위의 예제에 보인 '먹어 볼 만하다'의 경우, 보조용언 붙여쓰기 허용에 따라 붙여 쓸 때에도, '먹어볼 만하다'(○)/'먹어볼만하다'(×)임. 붙여쓰기 허용은 보조용언 하나에만 적용되기 때문에 연달아 두 개 모두를 붙여 쓸 수는 없음. ②'-만 하다/-만 못하다': 조사임. 따라서 '만'과 '하다/못하다'를 띄어 써야 함. ¶집채만 한 파도. (집채만 한); 세금폭탄만 한 충격도 없다; 아이만도 못한 놈. ☞이때의 '못하다'에서 '못'은 부사가 아니라, '못하다'로 쓰이는 한 낱말. ③'알만 하다'와 '알 만하다': ¶참새 알만 하다(알 정도의 크기. '알'은 명사). ¶무슨 짓을 했는지 알 만하다('알'은 동사 어간).

[주의/중요] ①복합어(한 낱말)로 굳어져 반드시 붙여 써야 하는 것들: '볼만하다/눈곱만하다/눈곱자기만하다/대문짝만하다/쥐방울만하다/꿈만하다/볼만장만하다'. ②보조형용사일 때는 모두 '만'의 앞이 용언의 관형형이라는 특징이 있음.

[중요] '만'과 '하다' 사이에 조사가 삽입되면 붙이지 못하고 띄어 써야 함. ¶알 만은 해; 알 만도 하지.

◆♣'-만하다'의 복합어 중 유의해야 할 말들: 한 낱말이므로 띄어쓰기 유의!

[예제] **눈곱자기만 한** 녀석이 까불기는: **눈곱자기만한**의 잘못. ⇐한 낱말.
그때를 생각하면 **꿈만 하더이다**: **꿈만하더이다**의 잘못. ⇐한 낱말.
그때를 생각하면 **꿈만 같더이다**: 맞음.
암만 해도 길이 안 보여: **암만해도**의 잘못. ⇐한 낱말.

[정리] 한 낱말의 복합어들: **볼만하다/눈곱만하다/눈곱자기만하다/대문짝만하다[大門-]/꿈만하다**(어찌하여야 할지 몰라 막막하다)/**암만하다**(①이러저러하게 애를 쓰거나 노력을 들이다. ②이리저리 생각하여 보다).

◆조금씩 말고 **많이씩** 좀 주세요: 맞음. 설명 참조.

[설명] '많이씩'[屋]은 사전에 없는 말. 그러나 '조금씩'에서 보듯, '-씩'은 수량을 나타내는 말 뒤에 붙어 '그 수량/크기로 나뉘거나 되풀이됨'의 뜻을 더하는 접미사이므로 '많이씩'은 가능한 조어. '조금씩'[屋]과 상대어로도 잘 어울림. ☞[참고] 이 '-씩'이 붙으면 모두 부사 또는 부사구가 됨. ¶조금씩; 며칠씩; 하나씩; 두 사람씩; 열 그릇씩; 다섯 마리씩.

◆**맏상주**가 겨우 이제 갓 스물이더군: **맏상제**[혹은 **상주**]의 잘못.
상주들은 다 어디 갔는지 영안실이 텅 비었네그려: **상제**의 잘못.

[설명] '상주(喪主)'는 '상제(喪制)' 중 주가 되는 사람으로 하나뿐임. 다른 이들은 '상제'. 그러므로 '맏상주'는 '맏상제'의 잘못. '상주'는 '맏상제/원상제'라고도 함.

◆[중요] ♣'~말'이 들어간 말 중 사이시옷에 주의해야 할 말들

[예제] **머릿말**에서부터 실수를 해서야: **머리말**의 잘못.
인삿말은 신경 써서 작성해야 해: **인사말**의 잘못.
예삿말, **시쳇말**, **좀쳇말** 들은 틀리기 쉬운 말: **예사말**의 잘못, 맞음, **좀체말**의 잘못.

①사이시옷이 없는 말: 머리말/꼬리말/좀체말/인사말/예사말/반대말. [참고] ①'편지글/머리글'(○) ②'아랫말'은 '아래 마을'의 의미 외에는 붙여 쓸 수 없으며 '아래 말'로 띄어 써야 함.

②사이시옷이 있는 말: '아랫말(≒아래 마을)/치렛말/귓속말/몸짓말/혼잣말/노랫말/존댓말/귀엣말/요샛말/시쳇말(時體-)/고삿말(告祀-)/먼뎃말/본딧말/이젯말/웃음엣말/댓말(對-)/혼삿말(婚事-)'.

[참고] 《표준》에는 '아랫말'이 '아래 마을'의 뜻으로는 나오지만, '아래의 말'이라는 뜻으로 풀이된 낱말은

'아랫말/아래말' 중 어느 것으로도 나오지 않음. 또한 '아래의 말'의 대응어인 '위의 말'에 해당되는 말도 없는 것으로 보아, 각각 '아래 말, 위 말'로 표기하자는 의도인 듯하나 이는 언어 경제적으로 손실임. 발음 관행을 수용하여 '윗말/아랫말'을 인용(認容)할 필요가 있음.

  ☞[발음 주의] 예사말(例事-){예:사말}; 반대말{반:대말}; 좀체말{좀:체말}; 치렛말{치렌말}. 머리말{머리말}/머리글자{머**리**글짜}/머리기사{머**리**기사} ⇐고로, 사이시옷 불가함.

◆제발 떠들지 좀 **말거라**: 맞음. **마라**도 가능.
  한꺼번에 많이 먹지 **말아라**: 가능. **먹지 마(라)**도 가능.
  쓸데없는 걱정들 하지 **말아라**: 가능. **하지 마(라)**도 가능.
  거긴 제발 가지 **말아라**: 가능. **가지 마(라)**도 가능.
  제발 그 짓만은 하지 **말아요**: 가능. **하지 마요**도 가능.
  [설명] 그동안 '말다'가 명령형으로 쓰일 때는 'ㄹ'을 탈락시켜 '(잊지) 마/마라'와 같이 써야 했으나, 현실의 쓰임을 반영하여 '(잊지) 말아/말아라'와 같이 'ㄹ'을 탈락시키지 않고 쓰는 것도 인정하기로 하였음 [국립국어원. 2015.12]. 즉 '말다'에 명령형어미 '-아/-아라/-아요' 등이 결합할 때 나타나는 '말아/말아라/말아요'와 '마/마라/마요'는 두 가지를 복수표준어로 인정함. 주의할 것은 이 세 가지 '-아/-아라/-아요' 어미와 결합할 때만 복수표준어이고, 그 밖의 경우는 기존 원칙대로라는 점.

◆**매케**한 연기가 자욱했다: **매캐**의 잘못. ⇐모음조화
  [참고] **메캐**한 연기: **메케**의 잘못. ⇐모음조화
  [설명] '매캐하다〈메케하다'의 관계이며, 모음조화에 따른 표기.

◆건더기 하나 없이 싱거운 **맨탕**이로군: **맹탕**의 잘못.
  연장도 없이 **맨탕** 뭘 한다고: **맹탕**의 잘못.
  [설명] 아래 뜻풀이 참고.
  맹탕[-湯]명 ①맹물처럼 아주 싱거운 국. ②옹골차지 못하고 싱거운 일/사람의 비유. 부 무턱대고 그냥.

◆**말굽쇠** 자석이 요즘도 있는지?: **편자**의 잘못. ⇐[참고] '편자 자석'도 없는 말.

◆**말되는** 소릴 해. 그런 괴변 늘어놓지 말고: **말 되는**, **궤변**의 잘못.
  [설명] ①'말(이) 되다'는 관용구. '말되다'는 없는 말. ②괴변(怪變)은 예상하지 못한 괴상한 재난/사고. '궤변(詭辯)'은 상대편의 사고(思考)를 혼란시키거나 감정을 격앙시켜 거짓을 참인 것처럼 꾸며 대는 논법.

◆**말못하는** 내 가슴은: **말 못하는**의 잘못. ←**못하다**통
  [설명] 여기서 쓰인 '못하다'는 '어떤 일을 일정한 수준에 못 미치게 하거나, 그 일을 할 능력이 없다'는 뜻으로 쓰인 본동사. ¶노래를 못하다/술을 ~/말을 ~/답을 ~/구실을 ~/출세를 ~/공부를 ~/졸업을 ~/도리를 ~/결정을 못하다. ☞상세 설명은 '못하다' 항목 참조.

◆**말본전**도 못 찾았네그려: **말밑천**의 잘못. 없는 말(북한어).
  말밑천명 ①말을 끊지 아니하고 계속 이어 갈 수 있는 재료. ②말하는 데 들인 노력.

◆'**제 말씀**은요'. '**저의 말씀**' 좀 들어보셔요: 바른 말.

238

[설명] '말씀'에는 상대방의 말을 높이는 기능과 자신의 말을 낮추는 두 가지 기능이 있음. 〈예〉'말씀 드릴 게 있습니다': 겸양어. '할아버지의 말씀': 존대어. 위의 예문은 겸양어에 해당함.

◆그런 말 하지 **말아요**. 너무 슬퍼하지 **말아라**: 맞음. **마요, 마라**도 가능.
　제발 그런 짓 좀 **하지 말아라. (하지 말아.)**: 맞음. **하지 마, 하지 마라**도 가능.
　[설명] '말다'에 명령형어미 '-아/-아라/-아요' 등이 결합할 때 나타나는 '말아/말아라/말아요'와 '마/마라/마요'는 두 가지 표기를 용인함[2015년 개정]. 주의할 것은 이 세 가지 '-아/-아라/-아요' 어미와 결합할 때만 복수표준어로 인정하고, 그 밖의 경우는 기존 원칙대로라는 점.
　[주의] 한글맞춤법 제18항[붙임] 다음과 같은 말들은 'ㄹ'이 준 대로 적는다. ⇒마지못하다/마지않다/(하)다마다/(하)자마자.

◆**그런데말이야.** 그 집 음식도 **맛있고말야**: 그런데 말이야, 맛있고 말야의 잘못.
　[참고] 저, **거시기**, 죄송합니다만: **거시기는** 군소리로 감탄사.
　　　　잔돈푼을 걸다가, **가설랑은**, 가진 돈 전부 확 질렀지: '가설랑[은]'도 군소리로 쓰인 감탄사.
　[설명] ①'말이야/말야'는 '말이야/말야/말이죠/말이지/말인데' 등의 꼴로 쓰여, 어감을 고르게 할 때 쓰는 구 형태의 군말(하지 않아도 좋을 쓸데없는 군더더기 말)로, 조사가 아님. 띄어 써야 함. ¶하지만 말이죠; 내가 말이지 어제 낚시를 갔는데 말이지; 우리끼리라서 말인데. ②이와 비슷한 군말/군소리(하지 아니하여도 좋을 쓸데없는 말)로는 '거시기/가설랑[은]/가서' 등의 감탄사도 있음. [주의] 흔히 쓰는 '가설라무네' 등은 사투리.

◆그년은 인간이랄 수도 없어. **말종 인간**이랄까, **인간 말짜**라고나 할까: **망종, 인간말짜**의 잘못.
　[설명] 흔히 쓰는 '말종'은 '망종'의 잘못. '인간말짜'는 한 낱말.
　망종[亡種]몡 아주 몹쓸 종자란 뜻으로, 행실이 아주 못된 사람을 낮잡는 말.
　인간말째[人間末-]몡 아주 못된 사람이나 쓸모없는 인간을 이르는 말.

◆겉보기엔 **말짱한[멀쩡한]** 사람이 그런 정신 나간 짓을 해?: 맞음.
　보기엔 **멀쩡해도** 속이 여간 야문 사람이 아니야: **말짱해도**의 잘못.
　말짱[멀쩡] 도루묵이야: **말짱**은 적절하나 **멀쩡**은 잘못.
　[설명] ①'말짱하다'에는 두 가지 뜻이 있음. '멀쩡하다'의 작은말이기도 하지만 사람이 무던하거나 물러서 만만한 것도 '말짱하다/말짱말짱하다'고 함. ②'말짱'은 '속속들이 모두'를 뜻하는 독립부사지만 '멀쩡'은 없는 말. 부사형은 '멀쩡히'로 적어야 함.
　멀쩡하다]말짱하다혱 ①흠이 없고 아주 온전하다. ②정신이 아주 맑고 또렷하다. ③지저분한 것이 없고 아주 깨끗하다. [유]성하다/온전하다. ¶멀쩡히튀
　말짱[말짱말짱]하다혱 사람의 성미가 [매우] 무르고 만만하다. [유]무르다/무던하다.

◆내 **맘속**에는 네가 살아 있어, 아직도: 맞음.
　[설명] '맘'은 '마음'의 준말로 표준어이며, 다음의 두 말은 복합어임. ¶맘속(=마음속), 참맘(=참마음).

◆**맛같잖은/맛갖찮은** 소릴 듣고 있으려니까: **맛갖잖은**의 잘못.
　[설명] ①'맛같잖다': 없는 말. 굳이 쓰려면 '맛 같잖다'(≒전혀 맛과는 거리가 멀다) ②**'맛갖잖다'**혱 마음/입맛에 맞지 아니하다. ⇐**맛**갖찮다'는 틀린 말. '~잖다'는 '~지 않다'의 준말. '~찮다'는 잘못. 즉, '맛

갖잖다≒맞갖지 않다. [암기도우미] '맞(마주하다, 맞다)+갖(갖추다)+잖다(~지 아니하다)'→마주할('맞') 거리가('갖') 못 된다→(마주할 거리가 못 될 정도로) 마음/입맛 따위에 맞지 않다.

◆음식이 참으로 **맛깔지더구나**: **맛깔스럽더구나**의 잘못.
  [참고] 참 **재미지다**: **재미있다**의 잘못. 비표준어.
  [설명] ①'맛깔지다'는 '맛깔스럽다'의 잘못. 없는 말. 한편 '맛깔나다'는 표준어로 '입에 당길 만큼 음식의 맛이 있다'의 뜻. ②명사(또는 어근)+'-지다(접사)'의 꼴로 형용사를 만드는 것으로는 '값지다/후미지다/기름지다/건방지다/네모지다/세모지다/앙칼지다/암팡지다/구성지다' 등이 대표적이며, 동사로는 '그늘지다/경사지다/비탈지다/책임지다' 등이 있음.

◆**맛같잖은/맛갖찮**은 소릴 듣고 있으려니까: **맛갖잖은**의 잘못.
  [주의] **갖잖은/갓잖은** 소리 하지 말고: **같잖은**의 잘못.
  [설명] ①'맛같다': 없는 말. 굳이 쓰려면 '맛 같잖다(≒전혀 맛과는 거리가 멀다) ②'**맛갖잖다**'혱 마음/입맛에 맞지 아니하다. ⇐'맛갖찮다'는 틀린 말. '~잖다'는 '~지 않다'의 준말. '~찮다'는 잘못. 즉, '맛갖잖다≒**맞갖**지 않다'. [암기도우미] '맞(마주하다, 맞다)+갖(갖추다)+잖다(~지 아니하다)' →마주할('맞') 거리가('갖') 못 된다 →(마주할 거리가 못 될 정도로) 마음/입맛 따위에 맞지 않다.
  같잖다혱 ①하는 짓/꼴이 제격에 맞지 않고 눈꼴사납다. ②말하거나 생각할 거리도 못 되다. ¶꼴같잖다혱

◆요즘 한창 골프에 **맛들렸다**며/**맛 들렸다**며?: **맛 들였다**의 잘못. 관용구.
  [설명] ①'맛(을) 들이다'는 관용구로서, '맛들이다'도 잘못. 없는 말. ②여기서 쓰인 '들이다'는 '들다(버릇/습관이 몸에 배다)'의 사동사이고, '들리다'는 자동사로서 '병이 걸리다/귀신이나 넋 따위가 덮치다'의 뜻. ¶새 차에 길을 들이다; 여인은 강아지에게 정을 들이고 살아 왔다; 컴퓨터 게임에 재미를 들인 그는 밤을 새운다. ¶귀신 들린 여자; 아이가 감기에 들렸어.

◆독서에 **맛들이면** 시간 가는 줄 모르지: **맛 들이면**의 잘못. ⇐'맛(을) 들이다'.
  [설명] '좋아하거나 즐기다'라는 뜻으로 '맛들다'라는 멋진 말이 있었으나 〈옛말〉로 분류되어 있으며, 그 대신 같은 뜻으로 '맛(을) 들이다'라는 관용구를 인정.
  맛(을) 들이다관 좋아하거나 즐기다.

◆**맛뵈기/맛배기**로 조금씩 먹어 보았다: **맛보기**의 잘못.
  [설명] '맛보다(음식의 맛을 알기 위하여 먹어 보다)'의 명사형임.
  맛보다동 ①음식의 맛을 알기 위하여 먹어 보다. ②몸소 겪어 보다. ③몹시 혼나다.

◆어머니는 그 음식을 얼마나 **맛있어 하셨는지** 몰라: **맛있어하셨는지**의 잘못.
  [주의] 하루가 **멀다하고**: **멀다 하고**의 잘못. '-다 하다'의 구성.
  [설명] 보조용언 중 '-지다/-아/어 하다'는 띄어 쓰지 못하고 (처음부터 띄어쓰기가 허용되지 않음) 본용언에 붙여 써야 함. 〈예〉써지다/예뻐지다/예뻐하다/행복해하다/부끄러워하다/몰라하다/맛있어하다/겁나하다. ☜[주의] 그러나, '-아/어 하다'의 보조용언 구성이 구(句)에 통합되거나 연결되는 경우에는 띄어 씀. 밑줄 그은 부분이 구 형태로 '하다'를 수식하므로. 〈예〉구하고 싶어 하다; 마음에 들어 하다; 어쩔 줄 몰라 하다. ☜♣**보조용언 붙여쓰기** 항목 참조. [주의] 이와 비슷한 '-다 하다'는 구성

으로 띄어 써야 함. 단, '다 하고'가 될 때는 준말 꼴 '–다고'가 되어 한 낱말이 됨. 〈예〉하루가 멀다 하고 (멀다고); 죽어도 먹자 하고 대들다; 두고 보자 하더니.

◆벌써 **망녕부릴[망녕날]** 나이가 아닌데: **망령 부릴[망령 날]**의 잘못.
 [설명] '망녕부리다/–나다'는 없는 말. →'망령(을) 부리다, 망령(이) 나다'(ㅇ).

◆바다낚시 초보에게는 **망둥어** 낚시가 최고지: **망둥이(망둑어)**의 잘못. 없는 말.
 [유사] **놀래미/놀래기**는 어디서고 쉽게 잡혀: **노래미**의 잘못
　　　 부산 별미는 **꼼장어**구이: **곰장어**의 잘못. ←불필요한 경음화
 [참고] ①같은 망둥엇과인 '짱뚱어'는 표준어. 한자어인 '망동어(望瞳魚)'도 망둥이를 뜻하는 표준어.
　　　 ②단, '노래기'는 노래미의 새끼 명칭임.

◆**망칙하게** 대낮에 그게 무슨 짓이냐: **망측하게**의 잘못. ←**망측하다**[원]
 원 **괴상망칙한** 것도 유분수지 그게 도대체: **괴상망측한**의 잘못.
 [설명] '괴상망측하다'에서 쓰인 '망측(罔測)'은 몹시 심해서 이루 말할(測) 수 없다(罔)는 뜻으로, 의미
　　　 소는 '칙'이 아닌 '측'으로 본디 발음이 '측(測)'임.
 [유사] '–망측'이 들어간 말들: '해괴(駭怪)망측하다/괴상(怪常)–/기구(崎嶇)–/기괴(奇怪)–/흉악(凶惡)–/
　　　 괴괴(怪怪)–/괴악(怪惡)–'. '흉측(凶測)'은 '흉악망측(凶惡罔測)'의 준말.

◆재 말이 **맞냐**? 사실이야?: 쓸 수 있음. 구어체로는 '–냐/–니' 모두 가능. '–느냐'도 가능하며, 예스러운 느낌.
 지금 제 기억이 **맞다면요** 그건 ○○이었어요: **맞는다면요**의 잘못. ←'맞다'는 동사.
 내 대답에 그는 **맞다며** 고개를 끄덕였다: **맞는다며**의 잘못. ←'맞다'는 동사.
 [비교] 지금 제 말이 **틀린다면** 손에 장을 지지겠다: 맞음. ←'틀리다'도 동사.
 [설명] ①'–냐'와 '–느냐'는 해라체에서 모두 물음을 나타내는 종결어미인데, '–느냐'는 '–냐'에 비해 예스
　　　 러운 느낌을 줌. ②'맞다'는 동사이므로, 현재 사건/사실을 서술하는 뜻을 나타내는 경우에는 'ㄹ'을
　　　 제외한 받침 있는 동사 어간 뒤에 붙이는 종결어미 '–는다'를 써서 '네 말이 맞는다/음식 맛이 내 입
　　　 에 맞는다/반지가 손가락에 맞는다'와 같이 적음. '틀리다' 역시 동사이므로, 현재 사건/사실을 서술
　　　 하는 뜻을 나타내는 경우에는 받침 없는 동사 어간 뒤에 붙이는 종결어미 '–ㄴ다'를 붙여 '틀린다'로
　　　 적고, 활용 중에서 기본형을 나타내는 경우에는 종결어미 '–다'를 붙여 '틀리다'로 적음. ③'맞는다면'
　　　 에서의 '–는다면'의 원말은 '–는다고 하면'인데, '–는다고'는 'ㄹ'을 제외한 받침 있는 동사 어간 뒤에
　　　 붙는 어미이므로, '맞'(어간)+'–는다고 하면'(어미)→'맞는다고 하면'→'맞는다면'의 꼴로 변화한 것. '맞
　　　 는다며' 역시 이와 비슷한 변화이며, '맞다면'은 잘못.
 [참고] '맞다'가 동사인 이유: '맞다'는 '틀리지 아니하다/틀림이 없다'의 뜻을 나타내어 형용사와 흡사하지
　　　 만, '맞으니/맞는', '맞자/맞아라'와 같은 활용 양상을 보이므로, 동사로 보는 것. '틀리다' 역시 동사임.
 [예제] 그가 옳다면(ㅇ) ←형용사. 그가 틀리다면(×)/그가 틀린다면(ㅇ) ←동사.
　　　 짐작이 빗맞는다면(ㅇ) ←동사. 짐작이 얼맞다면(ㅇ) ←형용사.
 [정리] **–ㄴ다고**: 받침 없는 동사 어간, 'ㄹ' 받침인 동사 어간 또는 어미 '–으시–' 뒤에 붙음. 〈예〉좋아한다
　　　 고(←좋아하다); 안다고(←알다).
　　　 –는다고: 'ㄹ'을 제외한 받침 있는 동사 어간 뒤에 붙음. ¶읽는다고; 듣는다고.

◆**맞은켠**에 세운 차. **맞은켠** 집: 모두 **맞은편**의 잘못. 북한어.

[참고] **건넌편/건넛편**에 있는 저 집: **건너편**의 잘못.

[주의] 마주 대하고 있는 저편은 '**건너편**'이지만, 건너편에 있는 집/방/산/마을은 모두 '건너-'가 아닌 '건
넛-' 꼴을 씀. ¶건**넛**집/건**넛**방/건**넛**산/건**넛**마을.

건넌방[명] 안방에서 대청을 건너 맞은편에 있는 방.

건넛방[명] 건너편에 있는 방.

맞은편[-便][명] ①서로 마주 바라보이는 편. 건너편. ②상대가 되는 사람. 상대편/상대자.

◆**사위맞이**는 제일 까다로운 **손님 맞이**: 사위 맞이, 손님맞이의 잘못.

[해설] '-맞이'는 어떠한 날이나 일/사람/사물 따위를 맞는다는 뜻을 더하는 접미사로 쓰임. 예: '달맞이/
돌맞이/물맞이/봄맞이/해맞이/손맞이/설맞이/장맞이/넋맞이/신맞이...'등등. 그러나 '사위 맞이'와 같
이 널리 보편화되지 않은 것들에게까지 쓰이지는 않으며 '맞다(≒맞이하다)'의 명사형 어미('-이/-기')를
채택하여 두 낱말로 적음: '사위 맞이'또는 '사위 맞기'.

장맞이[명] 사람을 만나려고 길목을 지키고 기다리는 일.

손맞이[명] ≒**손님맞이**. 오는 손님을 맞아들이는 일.

◆지루한 입씨름 대신 차라리 **맞장** 한번 **붙어** 가리자: 맞짱, 떠(서)의 잘못.

[설명] '맞짱'은 일대일로 대결하여 우열/승패를 가리는 일로, 장기의 '맞장기'와는 다른 의미. '맞짱 뜨다'
는 '누가 이기나 한번 붙어 보다'.

[참고] 장기를 둘 때, 궁이 서로 맞보는 자리에 서게 되는 것을 뜻하는 '맞장'은 《표준》에 없는 말.

맞짱[명] (속) 일대일로 맞서 싸우는 것.

맞장기(-將棋)[명] 실력이 비슷한 사람끼리 두는 장기.

◆퀴즈의 답을 **맞추다**: 맞히다의 잘못.

[설명] '맞추다'는 '기준이나 다른 것에 같게 한다'이고, '맞히다'는 '여럿 중에서 하나를 골라낸다'는 의미.
고로, '퀴즈의 답을 맞히다'가 옳고 '퀴즈의 답을 맞추다'는 옳지 않음. '맞추다'는 '답안지를 정답과 맞
추다'와 같이 다른 대상과 견주어 본다는 의미일 때는 맞지만, 답을 알아 말하는 경우는 '답을 맞히
다'를 써야 함. ¶퀴즈의 답을 맞혀(O)/맞춰(×) 보세요; 자기 답을 정답과 맞춰(O) 봐.

[유사] 내가 문제 낼 테니 **알아맞춰 봐**: 알아맞혀 봐의 잘못.

[설명] '알아맞추다'는 없는 말. 또, '알아 맞히다'로 띄어 쓰는 경우가 있는데 '알아맞히다'는 한 낱말이
므로 잘못. '알아맞히다'는 정답을 맞히는 것이므로, 어떤 것에 다른 것을 맞댄다는 '맞추다'를 쓴 '알
아맞추다'는 옳지 않음. ¶철수가 문제의 답을 알아맞혔다(O)/알아맞췄다(×).

◆♣[활용] '맞추다'와 '맞히다'

[예제] 정답만 모두 딱딱 **맞추다니**: 맞히다니의 잘못. ←맞히다[원]

과녁에 딱딱 **맞췄다**: 맞혔다의 잘못. ←맞히다[원]

마른 곡식에 비를 **맞치다니**: 맞히다니의 잘못. ←맞히다[원]

정답과 답안을 **맞혀** 보자: 맞춰의 잘못. ←맞추다[원]

맞추다[동] ①서로 떨어져 있는 부분을 제자리에 맞게 대어 붙이다. ②둘 이상의 일정한 대상들을 나란
히 놓고 비교하여 살피다. ③서로 어긋남이 없이 조화를 이루다.

맞히다[동] '맞다(①문제에 대한 답이 틀리지 아니하다. ②말/육감/사실 따위가 틀림이 없다. ③'그렇다' 또
는 '옳다'의 뜻을 나타내는 말. ④자연 현상에 따라 내리는 눈/비 따위의 닿음을 받다. ⑤어떤 좋지

아니한 일을 당하다. ⑥침/주사 따위로 치료를 받다)'의 사동사.

◆서두르다 보면 가방을 어깨에 둘러**매게** 된다: 둘러**메게**의 잘못.
  [설명] 어깨에 걸치거나 올려놓는 것은 모두 '–메다'임. '매다'는 '묶다'. ¶떠메다/걸메다≒걸머메다/엇메다/
  둘러메다. ¶메치다≒메어치다/둘러메치다/메다꽂다/메다[어]붙이다. 단, '을러**메**다≒을러대다'는 이 '–
  메다'와 무관.

◆그는 **매경기**를 모두 우승했다; **매끼니**마다 고기: 매 경기, 매 끼니의 잘못.
  [설명] '매'는 '하나하나의 모든. 또는 각각의'를 뜻하는 관형사. ¶매 회계 연도. 단, '매년/매번/매시간/매
  한가지≒매일반' 등에서의 '매–'는 접두사.

◆♣'–매다'가 들어간 복합어 중 유의해야 할 말들: 복합어이므로 붙여 써야 하며 띄어 쓰면 잘못.
  [예제] 고삐를 단단히 **비끌어 매도록**: 비끄러매도록의 잘못. ⇐**비끄러매다**[원]
        그 친구 어쩔 줄 몰라 **뻥뻥 매고** 있더군: **뻥뻥매고**의 잘못. ⇐한 낱말.
  [비교] 허리띠를 **졸라메고** 이를 악물었다: **졸라매고**의 잘못.
        구호가 적힌 머리띠를 머리에 **둘러메고** 거리로 나섰다: **둘러매고**의 잘못.
  [참고] '메다'는 어깨에 걸거나 올리는 행위에 쓰이는 말이며, 그 밖의 경우에는 아래와 같이 '매다'를 씀.
  매다통 ①끈/줄 따위의 두 끝을 엇걸고 잡아당기어 풀어지지 아니하게 마디를 만들다. ¶옷고름/매듭/
  신발 끈을 매다. ②끈/줄 따위로 꿰매거나 동이거나 하여 무엇을 만들다. ¶붓/책을 매다. ③끈/줄 따
  위를 몸에 두르거나 감아 잘 풀어지지 아니하게 마디를 만들다. ¶전대/대님/넥타이/안전띠/허리띠를
  매다. ④달아나지 못하도록 고정된 것에 끈/줄 따위로 잇대어 묶다. ¶소를 말뚝에 매다.
  ○'–매다': 갈아매다/걷어–/꿰–/끌어–/내–/달아–/덧–/돌라–/동여–/둘러–/맞–≒목매달다/비끄
  러–/뻥뻥–/싸–/어긋–/얼싸–/얽–≒얽어–/옭–/옭아–/잘라–/잘잘–〈짤짤–(센)/절절–/잡–/잡아–/졸
  라–/중(中)판–/징거–/찍어–/처–/추켜–/훌쳐–.
  ○'김매다(≒제초하다)' 계통: 김매다; 논–; 맞–; 밭–.
  〈주의해야 할 말들〉
  걷어매다통 일을 하다가 중간에서 대충 끝맺다.
  중(中)판매다통 하던 일을 도중에 그만두다.
  둘러매다통 한 바퀴 둘러서 두 끝을 마주 매다.
  맞매다통 논/밭을 마지막으로 매다.
  훌쳐매다통 풀리지 아니하도록 단단히 잡아매다.
  돌라매다통 ①한 바퀴 돌려서 두 끝을 마주 매다. ②이자 따위를 본전에 합하여 새로 본전으로 삼다.
  뻥뻥매다통 어쩔 줄을 몰라 쩔쩔매면서 돌아다니다.

◆**매마른** 땅에 제 아무리 거름을 주고 해봐도: **메마른**의 잘못. ←**메**마르다[원]

◆그 옷은 **매무시**가 별로라 모양새가 안 나네: **매무새**의 잘못.
  가기 전 **매무새**를 좀 하고 나가라: **매무시**의 잘못.
  [설명] '매무새'는 옷/머리 따위를 수습하여 입거나 손질한 모양새. '매무시'는 '옷매무시'와 같은 말로, '옷
  을 입을 때 매고 여미는 따위의 **뒷단속**'을 뜻함. ☞[암기도우미]: 매무<u>새</u>→모양<u>새</u>.

◆**매우매우** 즐거운 시간이었습니다: 없는 말. 그러나, **아주아주**는 가능함.

　[비교] 해도 해도 **너무 너무** 하더군: **너무너무**의 잘못. ⇐한 낱말의 부사.

　　　　그녀는 **아주 아주** 엄청 예뻤어: **아주아주**의 잘못. ⇐한 낱말의 부사.

　[의견] '아주아주'는 사전에 있는 말이지만, '매우매우'는 아직 없음. 그러나 첩어는 붙여 쓸 수 있고, 이 두 말의 사용 빈도와 뜻에도 큰 차이가 없으므로 형평/통일을 위해서도, 인정해야 할 듯함.

◆[고급] 홈런 한 방으로 경기를 **매조지 했다**: **매조졌다**의 잘못. ⇐**매조지다**[원]

　그가 **매조지 하는** 솜씨는 마무리 분야의 으뜸이야: **매조지는**의 잘못.

　[설명] '매조지'는 '일의 끝을 단단히 단속하여 마무리하는 일'이므로 일견 '매조지하다'라고 쓸 수도 있을 듯하나, 잘못. 그 이유는 ①우선 동사 꼴로 '매조지다'가 규정되어 있을 뿐만 아니라, '매조지하다'로 쓰면 '~을 단단히 단속하여 마무리하는 일을 하다'가 되어 이미 마무리한 일을 또 하는 격이 됨. 즉 뜻풀이에서 어색해짐. ②이와 같이 명사에 붙어서 동사로 만드는 접사 '-다'가 붙는 말들로는 '가물다(←가뭄[명]), 누비다(←누비[명]), 부풀다>보풀다(←부풀)보풀[명]), 띠다(←띠[명]), 배다(←배[명]), 빗다(←빗[명]), 신다(←신[명]), 품다(←품[명]) 등이 있으며, 이들과 똑같이 변화함. 즉, '매조지하다'가 잘못인 것은 같은 계열의 낱말인 '(날씨가) 가물다'와 '(이불을) 누비다'를 각각 '(날씨가) 가물하니', '(이불을) 누비하여'로 쓰는 경우처럼 말이 안 되는 일이 되기 때문. ③이와는 다르지만, '삼가하다(×)/삼가다(○)'는 원형이 '삼가다'이며, '삼가'라는 명사가 없기 때문임. ☞[주의] 반대로, '점잔(점잖은 태도)'이라는 명사가 있지만 행위성 명사가 아니므로 '점잔하다'라는 낱말은 없고, 대신 '점잖다'를 원형으로 삼는 경우도 있음.

　매조지다[통] 일의 끝을 단단히 단속하여 마무리하다. ☞[암기도우미] '맺음+지다'→'맺음+지다'→'매조지다'.

◆유도의 한판승 기술의 백미는 **매치기**라 할 수 있지: **메치기**의 잘못.

　[설명] ①'메치기'는 '메어+치기'의 준말로도 볼 수 있을 정도로 메는 것이 중요. '메다'는 어깨에 걸거나 올리는 행위. ②동작 중 어깨와 관련된 것에 쓰이는 것은 모두 '매'가 아닌 '메'임: '메치다≒메어치다/둘러메치다/메다꽂다/메다[어]붙이다/걸머메다≒걸메다/둘러메다/엇메다/을러메다≒을러대다'.

◆어찌 해도 **매 한 가지**야. 달리 수가 없어: **매한가지**의 잘못. ⇐한 낱말.

　어찌 해도 **매 일반**이야. 마찬가지라니까: **매일반**의 잘못. ⇐한 낱말.

　[설명] ①'매한가지≒매일반'은 '매년/매번/매시간' 등과 같이 복합어. 단, '매 경기/매 끼니마다 쌀밥' 등에서의 '매'는 관형사. ②유의어로는 '마찬가지/피장파장/피차일반' 등이 있음.

　매한가지[명] 결국 서로 같음. [유]마찬가지/매일반.

◆사내 자식이 그처럼 **맥아리**가 없어서야 원: **사내자식**, **매가리**의 잘못.

　[설명] 원칙: '-이/-음(-ㅁ)' 이외의 모음으로 시작되는 접미사가 붙어서 된 말은 그 원형을 밝혀 적지 않음. 〈예〉떠버리(○)/두루마리(○)/쪼가리(○)/오가리(○). ☞♣**원형을 밝혀 적는 것과 밝혀 적지 않는 것** 항목 참조.

　매가리[명] '맥(기운이나 힘)'(脈)의 낮잡음 말.

　[참고] ①'맥+아리→매가리'와 똑같이 의미소를 무시하고 소리 나는 대로 적는 것에는 '쪼가리/오가리' 등도 있음: '쪽+아리→쪼가리', '옥+아리→오가리'. ('옥'의 의미는 아직도 '옥다'와 같은 말에 남아 있음.) ②이때 쓰인 접사 '-아리'는 '항아리/병아리' 등에서도 보이지만 어원이 불분명함.

◆퇴근길 한잔 어때? **맥주집**과 **소주집** 중 어디로?: **맥줏집**, **소줏집**의 잘못.

　[설명] 한자어와 우리말로 된 합성어로서, 된소리 {-쩝}으로 나므로 사이시옷 필요. ☞♣**사이시옷에서**

주의해야 할 말들 항목 참조.

◆♣**관형사, 부사, 접사인 '맨'의 띄어쓰기**

  [예제] **맨처음**이 중요하지. **맨꼭대기**에 있는 집: **맨 처음, 맨 꼭대기**의 잘못.

        그곳은 **맨모래[맨나무]**뿐이더군: **맨 모래[맨 나무]**의 잘못.

        맨 주먹, 맨 손으로 뭘 해보겠다고: **맨주먹, 맨손**의 잘못.

        카메라 없이 **맨 연습**을 해볼까: **맨연습**의 잘못. ←복합어: 카메라 없이 하는 예행연습.

  [설명] ①'맨'이 '맨 처음/맨 꼭대기/맨 먼저/맨 구석/맨 앞[뒤]' 등에서처럼, 더 할 수 없을 정도나 경지에 있음을 나타낼 때는 관형사. ②'맨'이 '다른 것은 섞이지 아니하고 온통'을 뜻할 때는 부사. ③'맨주먹/맨손'에서처럼 '비다(空)'의 뜻으로는 접두사. ☞[정리] '가장'의 뜻으로는 관형사, '온통'의 의미로는 부사이고, '비다(空)'의 뜻으로는 접두사. 즉, '맨'은 다음과 같이 관형사, 접두사, 부사의 기능이 있음.

  맨관 (온통, 더할 수 없이 가장): 맨 처음[앞], 맨 끝[뒤], 맨 꼴찌, 맨 나중

  맨-접 ('다른 것이 없는'): 맨땅/~발/~살/~몸/~손/~입/~주먹/~대가리/~연습

  맨부 다른 것은 섞이지 아니하고 온통. ¶이 산에는 맨 소나무뿐; 녀석은 맨 놀기만 하고 책은 들여다보지도 않았다.

◆**맨날** 어딜 그리 쏘다니냐: 맞음(날마다, 매일같이).

  [설명] 예전에는 '만날'의 잘못이었으나 현재는 복수표준어.

◆화장도 안 하고 **맨낯**으로 사람들 보기가: **민낯**의 잘못. 없는 말.

  맨얼굴도 그 정도면 대단한데 뭘: **민얼굴**의 잘못.

  아무것도 없는 **맨판**에다 뭘 심어 가꾸라고: **민판**의 잘못.

  이 추운 날씨에 **맨소매** 차림이라니: **민소매**의 잘못.

  [참고] '민-'이 들어간 복합어들의 예: **민낯/민얼굴/민판**(아무것도 없는 들판)/**민소매/민값**(물건을 받기 전에 먼저 주는 물건값)/**민짜≒민패**(아무 꾸밈새가 없는 물건)/**민그림≒소묘(素描)/민머리**(①≒백두(탕건(宕巾)을 쓰지 못하였다는 뜻으로, 지체는 높으나 벼슬하지 못한 이). ②정수리까지 벗어진 대머리. ③쪽 찌지 않은 머리)/**민모습/민무늬/민코**(흔적만 나타날 만큼 아주 밋밋하게 생긴 코).

◆술을 꽤 했는데도 오늘은 정신이 **맨숭맨숭/맹숭맹숭**해: 맞음.

  [설명] 예전에는 '맨숭맨숭/맹숭맹숭'은 '맨송맨송'의 잘못이었으나 복수표준어로 인정. 그러나, 어감/뜻에서는 미세한 차이가 있음.

  맨송맨송하다〈**민숭민숭~≒민둥민둥~**〉형 ①몸에 털이 있어야 할 곳에 털이 없어 반반하다. ②산 따위에 나무/풀이 우거지지 아니하여 반반하다. ③술을 마시고도 **취하지** 아니하여 정신이 말짱하다.

  맨숭맨숭하다형 ①몸에 털이 있어야 할 곳에 털이 없어 밋밋하고 반반하다. ②산 따위에 나무/풀이 우거지지 아니하여 밋밋하고 반반하다. ③술을 마시고도 **거의 취하지** 아니하여 정신이 말짱하다. ¶맨숭맨숭부. 맹숭맹숭부

◆표면이 매끄럽고 **맨질맨질하다**: **만질만질하다**의 잘못. ←**만질만질하다**[원]

  [유사] 표면이 **뺀질뺀질하다**: **반질반질하다**의 잘못. ←**반질반질하다**[원]

  [설명] 잘못된 'ㅣ' 모음 역행동화. '빼질빼질(O)〈빠질빠질(O)'인 경우와 대조적임.

245

만질만질하다형 만지거나 주무르기 좋게 연하고 보드랍다.
반질반질하다통 게으름을 몹시 피우며 맡은 일을 잘 하지 아니하다. 형 ①거죽이 윤기가 흐르고 매우 매끄럽다. ②성품이 매우 빤빤스럽고 유들유들하다.

◆제 아무리 꾸며봐야 그 **맵씨**가 어딜 가나: **맵시**의 잘못.

◆여인들은 **머리끄뎅이/머리 끄덩이**를 잡고 싸웠다: **머리끄덩이**의 잘못.
 [설명] '머리끄덩이'가 옳은 말이며, 한 낱말이므로 붙여 적음.

◆글깨나 쓴다는 사람의 **편짓글** 중에서도 **머릿글**이 그 모양이어서야: **편지글, 머리글**의 잘못. 발음이 각각 {편:지글}과 {머리글}임.

◆[주의] 네 **머릿속**에는 도대체 뭐가 들어 있냐, 돌?: **머리 속**의 잘못.
 [설명] ①'머릿속'과 '머리 속'은 문맥에 따라 둘 다 가능함. ¶머릿속 생각들; 머리 속의 암 덩어리들을 손을 넣어 잡아 꺼낼 수만 있다면 정말 좋겠어.
  −추상적인 공간 혹은 물리적 획정/구획이 불가능 공간은 복합어 가능: 마음속≒가슴속/뱃속(≒마음)/뼛속/꿈속/물속/빗속/바닷속/땅속.
  −물리적으로 처리(구분/구획) 가능한 공간은 독립된 낱말들: 숲 속(구분/획정가능); 어둠 속; 머리 속(구체적 영역 획정 가능); 배 속.

◆**머문** 자리는 아름다워야 해: **머문/머무른(머물렀던)** 가능함.
 [설명] '머무르다≒준머물다'. 따라서 '머무른/머문' 모두 옳음.
 [유사] '서두르다≒준서둘다'→'서두르는/서두는'; '서투르다≒준서툴다'→'서투른/서툰'.
 [주의] 준말에는 모음 연결이 제한됨. 〈예〉서둘+어(×)/머물+어(×)/서툴+어(×)→'서둘러/머물러/서툴러'(O).
 [예외] '북돋다'와 '외다'는 모음 연결 허용.

◆내 곁에 **머물러달라고** 했을 뿐인데: **머물러 달라고**(원칙).
 [설명] ①~달라'의 원형은 '달다'. 특수하게 쓰이는 동사. 보조동사로 더 많이 쓰임. ②'−아/−어' 어미 뒤의 보조용언 붙여쓰기 허용에 따라 '머물러달라'도 가능.
 달다통 '달라/다오' 꼴로 쓰여, 말하는 이가 듣는 이에게 어떤 것을 주도록 요구하다. ¶다 큰 녀석이 용돈을 달라니; 옷을 다오; 대관절 얼마를 달라는 거야?
 [참고] '달다'의 보조동사 용법: 말하는 이가 듣는 이에게 앞말이 뜻하는 행동을 해줄 것을 요구하는 말. ¶아는 이에게 일자리를 구해 달라고 했다; 책을 좀 빌려 달라고 간청하다; 친구에게 와 달라고 부탁했다.

◆**머뭄 터**에 더러운 흔적은 남기지 마라: **머무름 터** (혹은 **머묾 터**)의 잘못.
 [설명] '머무르다'의 명사형: 머무름. '머물다'의 명사형: 머묾. ⇐'머뭄'은 없는 말.

◆**머스마**들이 얼마나 못되게 구는지: **머슴애**의 잘못. 방언(강원/경남/전북/충청).
 여자 애들도 아닌 **머스매**들이 뭐 그러냐: **머슴애**의 잘못.
 [참고] 말 만한 **기집애**들이 부끄럼도 모르고: **말만 한, 계집애**의 잘못.
 머슴애명 '머슴아이(①머슴살이를 하는 아이 ②남자아이를 낮잡는 말)'의 준말.

◆지금 **머시기가** 문제지?: **머시**('무엇이'의 준말)의 잘못.

　그, **머시냐**, 그러니까 돈이 문제다 이거지: **머시**(감탄사)의 잘못.

머시1㈜ '무엇이'의 준말.

머시2㉧ 말하는 도중에 어떤 사람/사물의 이름이 얼른 떠오르지 않거나, 그것을 밝혀 말하기 곤란할 때 쓰는 말. ¶전에 얘기하던 그, 머시, 있잖아?

머시냐㉧ '머시2'의 잘못.

◆**먹거리**가 뭣보다도 중요한 건 불문가지: 맞음.

　[설명] ①예전에는 '먹거리'가 '먹을거리'의 잘못이었으나 다음과 같이 뜻이 나뉘며 표준어로 인정됨. ②전에 '먹거리'가 표준어로 인정되지 않았던 것은 '볼거리/쓸거리' 등과 같이 관형형+'-거리'의 꼴을 갖추지 않았던 때문이었음.

먹거리⑲ 사람이 살아가기 위하여 먹는 음식의 총칭.

먹을거리≒식물[食物]⑲ 먹을 수 있거나 먹을 만한 음식 식품. [유]식량/음식.

◆칠판은 **먹걸레**로 닦아야지: **먹수건**의 잘못. 없는 말.

먹수건[-手巾]⑲ ①분판(粉板)의 글씨를 지우고 닦는 헝겊. ②먹물을 닦는 헝겊.

◆넌 왜 밥을 그 모양으로 **먹냐**?: **먹느냐**(혹은 **먹니**)의 잘못.

　그처럼 노상 놀아서야 **쓰냐**?: **쓰느냐** (혹은 **쓰니**, **쓰냐**)의 잘못.

　잠은 제대로 자기나 **하냐**?: **하느냐** (혹은 **하니**)의 잘못.

　[중요][고급] '-냐'는 해라할 자리에서, '이다'의 어간, 받침 없는 형용사 어간, 'ㄹ' 받침인 형용사 어간 또는 어미 '-으시-/-었-/-겠-' 뒤에서만 쓸 수 있는 종결어미. 일반 동사의 경우에는 '-느냐'를 써야 하며, 그런 표현이 부적절할 때에는 다른 어미형('-니')으로 바꿔서 씀 (위의 경우에는 '먹니/쓰니/하니?'). ¶바다가 푸르냐?; 그가 바로 네가 얘기하던 사람이냐?; 너는 도대체 누구냐?

◆♠'-먹다'가 들어간 복합어 중 유의해야 할 말들: 복합어이므로 붙여 써야 하며 띄어 쓰면 잘못.

　[예제] 편싸움이란 **편 먹고** 하는 쌈질: **편먹고**의 잘못. ←**편먹다**[원]

　　　가는귀 먹은 노인네: **가는귀먹은**의 잘못. ←**가는귀먹다**[원]

　　　막돼 먹은 놈 같으니라고: **막돼먹은**의 잘못. ←**막돼먹다**[원]

　　　굴타리 먹은 호박은 버리게: **굴타리먹은**의 잘못. ←**굴타리먹다**[원]

　　　핀잔 먹는 일을 왜 자청하나: **핀잔먹는**의 잘못. ←**핀잔먹다**[원]

　　　한턱 먹기 참 힘드네: **한턱먹기**의 잘못. ←**한턱먹다**[원]

　　　그런 일이야말로 **욕 먹는** 일이지: **욕먹는**의 잘못. ←**욕먹다**[원]

　○'-먹다': 가는귀먹다/갉겨-/갈아-/갊아-/개-/거머-/거저-/걸-≒언걸-/걸터-/겁-/게-/고쳐-/곱-/굴러-/굴타리-/귀-/그러-/긁어-/까-/내리-/내-/놀고-/놀아-/놓아-/누워-/눌러-/늣-/당겨-/닳아-/덜-1/딜-2/돌려-/동-/돼-/되-/들-/들어-/들이-/따라-/따-/떠-/떼-≒떼어-/뜯어-/마석(石)-/막굴러-/막돼-/막베-/말아-/맘-≒마음-/맞-/면-/물-/받아-/발라-/배라-/벌어-/볼-/불어-/붙어-1/붙어-2/비루-/빌어-/빗-/빨아-/빼-/생-/설-/수리-/시-/써-/알겨-/알아-1/알아-2/애-/얻어-/얼-≒언걸-/얼러-/엇-1/엇-2/엎어-/욕-/우려-/잘라-/잡아-/좀-/지어-/질러-/집어-/짓먹다↔설먹다/처-/치먹다↔내리먹다/털어-/틀려-/파-/팔아-/퍼-/편-/풀어-≒써-/핀잔-/한동-/한턱-/핥아-/헛-/헤-.

〈주의해야 할 말들〉

개먹다[통] 자꾸 맞닿아서 몹시 <u>닳다</u>.

게먹다[통] 상대편에게 지근덕지근덕 <u>따지고 들다</u>.

굴타리먹다[통] 참외/호박/수박 따위가 땅에 닿아 썩은 부분을 벌레가 파먹다.

들먹다[형] 못나고도 마음이 올바르지 못하다.

덜먹다[형] 하는 짓이 온당하지 못하고 제멋대로 함부로 나가다.

시먹다[형] 버릇이 못되게 들어 <u>남의 말을 듣지 않는</u> 경향이 있다.

늧먹다[통] 마음을 느긋하게 가지다.

헤먹다[형] ①들어 있는 물건보다 <u>공간이 넓어서</u> 자연스럽지 아니하다. ②일/행동이 기대나 상황과 맞지 않아 <u>어색하다</u>. [유]헐겁다.

면먹다[통] ①여러 사람이 내기 따위를 할 때, 어떤 두 사람 사이만은 승부 계산을 따지지 않다. ②편이 되다.

생(生)먹다[통] ①남이 하는 말을 잘 듣지 않다. ②일부러 모르는 체하다. ③매 따위를 사냥을 위하여서 가르쳐도 길이 잘 들지 않다.

◈[고급] **먹을만한** 크기로 자르도록: 허용(**먹을 만한**은 원칙적 표기).

　고구마가 **먹을만하게** 잘 익었다: 허용(**먹을 만하게**는 원칙적 표기).

　[비교] 저 감자가 참 **먹음 직하게** 잘 익었다: **먹음직하게**의 잘못. ⇐'먹음직하다'는 '먹음직'(어근)에 '하다'(접사)가 붙은 한 낱말.

　[설명] ①의존명사에 '−하다'가 붙어서 된 보조용언은 본용언에 붙여 적는 것이 허용됨(한글 맞춤법 제47항). 따라서 '−만하다'는 의존명사 '만'에 '−하다'가 붙은 것이므로 '먹을 **만**한(원칙)', '먹을**만**한(허용)' 모두 가능함. ②'−직하다'는 용언이나 '이다' 뒤에서 '−ㅁ/음 직하다' 구성으로 쓰여, 앞말이 뜻하는 내용이 발생할 가능성이 많음을 나타내는 보조형용사. 그러나 보조용언 붙여쓰기 허용 조건에 맞지 않으므로 붙여 쓸 수 없으며 띄어 적어야 함. ¶배고픈 새가 모이를 먹었음 직한데; 웬만하면 믿음 직한데 속지 않는다; 그 사람이 사표를 냈다는 것이 사실임 직하다. ③한편 위의 예문 '감자가 참 먹음 직하게 잘 익었다'에서 보이는 '먹음직하다'는 이 '−ㅁ/음 직하다'의 구성과는 무관하게, '먹음직'이라는 어근 뒤에 접사 '−하다'가 붙어 만들어진 (혹은 '−ㅁ/−음직하'를 접미어로 보기도 함) 파생형용사로서 한 낱말. 이와 같이 '−ㅁ/−음직+'하다' 꼴의 파생형용사로는 다음과 같은 것들이 있음. 단, 흔히 쓰는 '여차직하다'는 '여차하다'의 잘못으로 없는 말: 바람직하다≒바람직스럽다/믿음직하다≒믿음직스럽다/먹음직하다≒먹음직스럽다/도리암직하다≒되람직하다/그림직하다/보암직하다/들음직하다/하염직하다. ☞상세 사항은 '**−직하다**'와 '**−ㅁ직하다/−음직하다**' 항목 참조.

◈♣'**먹이다**'와 '**메기다/매기다**'

　[예제] 톱질은 톱을 잘 **먹이는** 사람과 해야 힘이 덜 든다: **메기는**의 잘못.

　　　　베실에 풀을 잘 **메겨야** 끊어지지 않는다: **먹여야**의 잘못.

　　　　점수를 제대로 **메겨야** 할 텐데: **매겨야**의 잘못.

먹이다[통] '먹다'의 사동사. ¶풀을 먹이다(≒푸새하다); 장판에 들기름을 먹이다; 연실에 사금파리를 먹이다; 자동차에 왁스를 먹이다; 집수리에 많은 돈을 먹이다(돈/자금을 들이다); 작두에 풀을 먹이다가 손 잘리는 일이 흔하다.

메기다[통] ①살을 시위에 물리다. ¶메긴 활은 팽팽하게 얹어야 맛이다. ②(윷) 말을 날밭까지 옮겨 놓다. ¶메긴 다음에는 못 물림. ③(노래/소리) <u>받아 부르게 먼저 부르다</u>. ¶소리 잘 메기는 사람. ④(맞톱질)

톱을 밀다. ¶톱을 잘 메기는 사람과 짝을 해야 힘이 덜 든다.

매기다⑧ ①일정한 기준에 따라 사물의 값이나 등수 따위를 정하다. ≒매다. ¶과일에 등급을 매기다. ②일정한 숫자/표지를 적어 넣다. ¶응모 작품에 점수를 매기다.

◆멀고 **먼곳**에 있지 않아요. 그대 마음은 아주 **먼곳**에 있지만: **먼 곳**의 잘못.
　[설명] '머나먼'을 빼고는 '먼 곳'은 멀고 먼 곳이든, 그냥 먼 곳이든 띄어 씀.

◆**먼저 번**에 한번 말한 적이 있잖아요: **먼젓번**의 잘못.
　[참고] **지난 번**에도 말했는데요: **지난번**의 잘못.
　　　　다음 번 분 앞으로 나오세요: **다음번 분**의 잘못.
　　　　골백 번은 말했을 텐데: **골백번**의 잘못.
　[설명] '먼젓번'은 '지난번'과 같은 말로 한 낱말(복합어). '다음번' 역시 한 낱말의 복합어이며, '골백번'도 마찬가지임.

◆**멀끄러미** 바라만 보다가: **물끄러미**[혹은 **말끄러미**]의 잘못
　[주의] **멀끔히** 생긴 사람: **멀끔히**의 잘못.
　[설명] ①'멀끄러미'는 '물끄러미'의 잘못이며, '말끄러미〈물끄러미'의 관계. ②'멀끔히'는 '지저분하지 않고 훤하게 깨끗하게'를 뜻하는 말로, '멀끔'이 어근.
　물끄러미⑨ 우두커니 한곳만 바라보는 모양.
　말끄러미⑨ 눈을 똑바로 뜨고 오도카니 한곳만 바라보는 모양.

◆**멀다**와 **만들다**의 명사형은?: **멂**, **만듦**
　[참고] 아래 낱말들은 명사형에서 주의: '낯설다→낯섦(o); 머물다→머묾(머뭄 ×); 시들다→시듦(시듬×); 알다→앎(o)/알음(o)'.

◆**멀다랗게** 보이는 산: **머다랗게**의 잘못. ←**머다랗다**(o)/**멀다랗다**(×).
　[유사] 길다랗다(×)/**기**다랗다(o), 짧다랗다(×)/**짤다랗다**(×)/**짤따랗다**(o), 얇다랗다(×)/**얄따랗다**(o). ☞**'ㅡ 다랗다'가 들어간 말 중 주의해야 할 것들** 및 ♣**겹받침 뒤에서의 음운 표기 원칙** 항목 참조.
　머다랗다⑲ 생각보다 꽤 멀다.

◆하루가 **멀다하고** 찾아오던 그녀: **멀다 하고**의 잘못. ⇐관용구로서 띄어 씀.
　[참고] '멀고먼'(×) 길을 돌아오다: '멀고 먼'의 잘못. ↔ '머나 먼'(×) 길을 돌아오다: '머나먼'(o) ←**머나멀다**[원]. '멀고멀다'는 없는 말.

◆**멀디먼/머디먼** 길: **머나먼**의 잘못. ⇐'멀디멀다/머디멀다'는 둘 다 없는 말. '머나멀다'(o).

◆**멀리에서** 보면 다정하지만 다가서면 외롭게 해: **먼 데서**의 잘못.
　[설명] '~에서'는 체언에만 붙일 수 있는 부사격조사. 부사인 '멀리'에는 붙이지 못함. '~서'도 마찬가지. 이유는 '~에서'의 준말인 까닭.
　[참고] ①체언에 붙어 체언을 부사어로 만드는 조사를 부사**격**조사(副詞格助詞)라 하며, 이에 해당되는 조사는 '에/에서/(으)로/와/과/보다' 따위가 있음. ②부사에 붙을 수 있는 보조사로는 '은/는/도/만'

정도. 참고로, 조사는 크게 격조사/접속조사/보조사의 3가지로 나뉘는데, 격조사는 체언 또는 체언 구실을 하는 말 뒤에만 붙음. ☞**부사에 붙일 수 있는 보조사** 항목 참조.

◆우리가 잘 살게 될 날도 **멀지 않았어**. **머지않아** 잘 살게 될 거야: 모두 맞음.

[설명] ①'머지않아'(시간)는 부사. 붙여 씀. '멀지 않아'(거리)는 띄어 씀. ¶머리 위에 무쇠 두껑이 내릴 때가 멀지 않았다(俗). ②그러나, 위의 예문에서는 '~잘 살게 될 날도 머지않았어.'로 쓰는 게 나음. '멀지 않다'는 주로 공간 개념임.

머지않다{형} 시간적으로 멀지 않다.

멀다{형} ①거리가 많이 떨어져 있다. ②어떤 기준점에 모자라다. ¶고수가 되려면 아직도 멀었다. ③서로의 사이가 다정하지 않고 서먹서먹하다. ④시간적으로 사이가 길거나 오래다. ¶먼 훗날; 멀고 먼 옛날. ⑤촌수가 매우 뜨다. ¶먼 일가친척. ⑥(비유) 어떤 시간이나 거리가 채 되기도 전. ¶사흘이 멀다 하고 오갔다.

◆**멀찍하니/멀찌거니**: **멀찌가니**의 잘못. '높직하니'가 '높지가니'의 잘못인 것과 같음. ☜[주의] 단, '일찌가니'는 '일찌감치'의 방언. '멀찌감치(≒멀찌가니)'도 옳은 말.

[주의] 그러나, '멀찍하다/높직하다'는 올바른 말들임.

[암기도우미] '멀찍하니/높직하니'를 인정할 경우, 형용사에서 전화한 부사형 '멀찍하게/높직하게'와 구분이 되지 않으므로 소리 나는 대로 적어서, 구분.

◆걷어붙이고 일을 해야지 그처럼 **멀춤하고** 있을 건가: **머춤하고**(혹은 **무르춤하고**)의 잘못. ←**머춤하다**[원], **무르춤하다**[원]

멀쯤하게 서 있지만 말고 달려들어서 해: **뻘쭘하게**(혹은 **머춤하게**)의 잘못. ←**뻘쭘하다**[원]

머춤하다{동} 잠깐 멈칫하다.

무르춤하다{동} 뜻밖의 사실에 놀라 뒤로 물러서려는 듯이 하여 행동을 갑자기 멈추다.

뻘쭘하다{형} (속) 어색하고 민망하다.

◆**멋드러지게** 한판 놀아볼까?: **멋들어지게**의 잘못. ←**멋들어지다**[원].

[주의] **간들어지게** 넘어가는 목소리: **간드러지게**의 잘못. ←**간드러지다**[원]

[설명] ①'멋들어지다'는 '멋들다'라는 동사에 보조용언 '-(어)지다'가 붙어 형용사가 된 것. '-들어지다'가 붙어 동사가 된 것으로는 '빠들어지다(칼/낫 같은 연장의 날이 무디어져서 잘 들지 아니하게 되다)'와 '힘들어지다' 따위가 있음. ②참고로, 이와 비슷하게 '-떨어지다'가 붙어 이뤄진 형용사로는 '동떨어지다/덜떨어지다/메떨어지다'가 있으며, 동사로는 '외떨어지다/뒤떨어지다/똑떨어지다/정떨어지다' 등과 같은 것들이 있음. ③'간들어지다'는 '간드러지다'의 잘못으로 '건드러지다>간드러지다'. '흐드러지다/선드러지다>산드러지다'도 '-드러지다'임.

[중요] 보조용언 '-(어)지다'는 예외 없이 어떤 경우든 본용언에 붙여 적음. 〈예〉울고 싶어지다; 깨끗해지다; 조용해지다; 커지다/작아지다.

멋들다{동} 멋이 생기다. **멋들어지다**{형} 아주 멋있다.

메떨어지다{형} 모양/말/행동 따위가 세련되지 못하여 어울리지 않고 촌스럽다.

산드러지다{형} ①태도가 맵시 있고 말쑥하다. ②≒**간드러지다**(목소리/맵시 따위가 마음을 녹일 듯이 예쁘고 애교가 있으며, 멋들어지게 보드랍고 가늘다).

선드러지다{형} 태도가 경쾌하고 맵시가 있다.

250

◆**멋 없는** 사람 같으니라고: **멋없는**의 잘못.

[설명] '멋있다/맛있다/재미있다'는 복합어. '멋없다/맛없다/재미없다' 역시 같음. 그러나, '흥미 없다/~ 있다'는 띄어 씀. '힘없다(○)'지만, 힘있다(×)/<u>힘 있다</u>(○).

◆**멋적다**(어색하고 쑥스럽다)는 언행이 격에 어울리지 않아서이므로, 멋이 적어서라고 생각하여 **멋적(少)다**로 적어도 될 것 같은데?: 둘 다 **멋쩍다**의 잘못.

[설명] '적다(少)'의 의미가 명확할 때만 살리고 나머지는 '-쩍다'임.
　－**적다**: 괘다리적다/괘달머리적다/열퉁적다/맛적다/재미적다/퉁어리적다.
　－**쩍다**: 객쩍다/갱충쩍다/맥쩍다/멋쩍다/미심쩍다/수상쩍다/겸연쩍다/의심쩍다/귀살쩍다/귀살머리쩍다/행망쩍다.

◆**멋하다, 뭣하다**: 둘 다 표준어로서, 모두 '무엇하다'의 준말.

멋하다통 '무엇하다'의 준말. 형 '무엇하다'의 준말. ¶멋한다고 여태 집에 있었누? 일찍 좀 와서 돕지; 그 순간에 내 입장이 멋해서 자리를 떴다; 자리에 앉아 있기가 멋해서 일어섰다.

무엇하다통 어떤 일 따위에 이용하거나 목적으로 하다. 형 언짢은 느낌을 알맞게 형용하기 어렵거나 그것을 표현할 말이 생각나지 않을 때 암시적으로 둘러서 쓰는 말. 주로 '거북하다/곤란하다/난처하다/딱하다/미안하다/싫다' 따위의 느낌을 나타낼 때 씀.

[주의] **멋멋하다**형 아무것도 하는 일이 없어 맨송맨송하다.

◆**콩볶는** 듯한 총소리에 귀가 **멍멍해졌다**: 콩 볶는, **먹먹해졌다**의 잘못.

여인의 눈물 어린 이야기가 끝나자 가슴이 **먹먹해져왔다**: 맞음.

갑작스러운 그의 사망 소식에 한동안 **멍멍했다**: 맞음.

[참고] 징소리에 귀가 **맹맹해졌다**: **먹먹해졌다**의 잘못.

[설명] ①'멍멍하다'는 정신이 어리벙벙한 것이고, 귀가 잘 들리지 않는 것은 '먹먹하다'임. ②'맹맹하다'는 '코가 막히어 말을 할 때 코의 울림 소리가 나면서 갑갑하다'를 뜻하는 말로 코와 관련되며, 귀와 관련되는 '멍멍하다'와는 거리가 먼 말.

멍멍하다형 정신이 빠진 것같이 어리벙벙하다.

먹먹하다통 ①갑자기 귀가 막힌 듯이 소리가 잘 들리지 않다. ②체한 것같이 가슴이 답답하다.

◆우유 속에 **멍우리**가 적잖게 들어 있다: **멍울/망울**의 잘못. 없는 말.

망울명 ①≒멍울(우유나 풀 따위 속에 작고 동글게 엉겨 굳은 덩이). ②≒몽우리/꽃망울(아직 피지 않은 어린 꽃봉오리). ③≒눈망울(눈알 앞쪽의 도톰한 곳).

◆이달 마이너스는 보너스로 겨우 **메꿨어**: 쓸 수 있음. **메웠어**도 가능.

이번 달 생활비는 그냥저냥 **메꿨어**: 쓸 수 있음. **메웠어**도 가능.

할 일 없을 땐 게임으로 시간을 **메꾸는** 게 최고지: 맞음.

[설명] 예전에는 '메꾸다'가 '메우다'의 잘못이었으나, '무료한 시간을 적당히 그럭저럭 흘러가게 하다.'라는 뜻으로는 표준어로 인정[2011.8.31].하고, 아래와 같이 '부족하거나 모자라는 것을 채우다. 뚫려 있거나 비어 있는 곳을 막거나 채우다. 시간을 적당히 또는 그럭저럭 보내다.' 등의 의미로는 두 말을 동의어로 인정.

메꾸다통 ①시간을 적당히 또는 그럭저럭 보내다. ②부족하거나 모자라는 것을 채우다. ③뚫려 있거나 비어 있는 곳을 막거나 채우다. '메다'의 사동사.

메우다[통] ①뚫려 있거나 비어 있는 곳을 막거나 채우다. '메다'의 사동사. ②어떤 장소를 가득 채우다. '메다'의 사동사. ③부족하거나 모자라는 것을 채우다. ④시간을 적당히 또는 그럭저럭 보내다.

◆요즘 **메생이국**이 인기지: **매생잇국**의 잘못.
  [설명] ①'메생이'는 '매생이'의 잘못. ②'-국' 앞에 받침이 없는 말이 올 때는 예외 없이 사이시옷이 붙음: 시래기국(×)/시래깃국(○); 동태국(×)/동탯국(○); 고기국(×)/고깃국(○); 우거지국(×)/우거짓국(○).
  [참고] 정약전의 〈자산어보〉에 **매**산태(苺山苔)로 표기될 정도로 본래부터 '매'였음.

◆자꾸만 속이 **메식[미식]거리는구나**: **메슥거리는구나**의 잘못. ←**메슥거리다**[원]
  [설명] ♣'_' 모음이 쓰여야 할 곳에 'ㅣ' 모음이 잘못 쓰인 경우들 항목 참조.

◆방안으로 들어오니 속이 몹시 **메식껍다/메시껍다**: **메스껍다**의 잘못. '**매스껍다**'도 쓸 수 있음. '메스껍다〉매스껍다'.
  메스껍다〉매스껍다[형] ①먹은 것이 되넘어 올 것같이 속이 몹시 울렁거리는 느낌이 있다. ②태도/행동 따위가 비위에 거슬리게 몹시 아니꼽다.

◆가서 보고 **아니며는** 그냥 와: **아니면은**의 잘못.
  그냥 열심히 **하며는** 좋은 결과가 있을 거야: **하면은**의 잘못.
  거울 앞에 앉아서 물어보**며는**; 꽃송이같이 곱게 피**며는**: '**~면은**'의 잘못.
  길으면 잘라라. 입에 대고 **불으면** 돼: **길면, 불면**의 잘못. ⇐'길다/불다' + '-면'.
  [설명] ①'-면은'은 연결어미 '-면' 뒤에 보조사 '-은'이 붙은, '-면'의 힘줌말. '아니다'의 어간 '아니-' 뒤에 이 '-면은'이 붙으면, '아니면은'으로 적음. '-며는'은 어법에 없는 말로 '-면은'의 잘못. 연결어미로서의 '-며'는 그 뒤에 붙일 수 있는 보조사가 없으며 '-면서'로 바꾸어 쓰는 수는 있음. 즉, '-며'와 '-면서'는 동의어임. 〈예〉음악을 들으며(들으면서) 공부를 한다; 그는 시인이며(시인이면서) 교수이다. ②'은'은 받침 있는 체언/부사어, 또는 일부 연결어미 뒤에 붙어 강조의 뜻을 나타내는 보조사. ¶무엇이든 열심히 하면은 좋은 일이 있을 것이다; 공부만 하지 말고 가끔은 쉬기도 해라; 너에게도 잘못은 있다. ③'ㄹ' 받침 용언의 어간 뒤에 붙는 어미는 '-으면'이 아닌 '-면'임. 〈예〉길으면(×)/길면(○); 불으면(×)/불면(○). ☞[주의] '걷다/붇다/긷다' 등처럼 어간 받침이 ㄷ인 경우의 활용형이 '-으면'과 결합할 때는 각각 '걸으면/불으면/길으면'이 바른 표기임.

◆이 달 **며칠날** 올 거야?: **이달, 며친날**의 잘못.
  귀국한 지 **몇일**이나 됐지?: **며칠**의 잘못.
  [참고] **몇날 몇일**이고 기다릴 거야: **몇 날 며칠**의 잘못.
  [설명] ①'이달/그달은 모두 한 낱말. ②'며친날'은 '며칠(≒그달의 몇째 되는 날)'의 본말. '며칠날'은 없는 말. ③'몇날'이란 말은 없으며 '몇 날'이 바른 말. '몇 날'을 뜻하는 경우도 '며칠'이며, '몇일'은 잘못. ← 한글 맞춤법 제27항[붙임 2]: 어원이 분명하지 아니한 것은 원형을 밝히어 적지 아니한다. ♣[참고]'몇 일'로 적으면 발음도 {며딜}이 되어야 함.
  [주의] '저달'은 '지난달'의 잘못으로 방언(강원).
  며칠[명] ①그달의 몇째 되는 날. ②몇 날.

◆언어 경제**면**에서 볼 때도 짧은 표현이 낫다: **언어 경제 면**의 잘못.

　오늘 신문의 경제나 사회 **면**을 보면: **경제나 사회면**의 잘못.

　승군 천여 명을 거느리고 서북**면**을 향했다: **서북 면**의 잘못.

　책상면이 긁히지 않도록 유리 깔판을 깔았다: **책상 면**의 잘못.

　[설명] 신문 등의 '경제면, 사회면' 등은 복합어로 한 낱말. 그러나 '경제적인 면', '책상 면' 등과 같은 문장에서는 '면'은 독립 명사. 의존명사도 아님.

　면[面]명 ①어떤 측면/방면. ¶긍정적인 면과 부정적인 면; 그에게 그런 꼼꼼한 면이 있는 줄은 몰랐다; 오늘날 여러 나라는 경제적인 면에서 더욱 긴밀하게 얽혀있다. ②무엇을 향하고 있는 쪽. ¶일본군은 동북 면을 향했다. ③입체의 평면/표면. ④'체면'(體面)을 예스럽게 이르는 말. ¶면치레. ⑤책/신문 따위의 지면을 세는 단위. ¶그 사건은 신문 몇 면에 실렸지?

◆내가 이번 일로 자네에게 **면목없게** 됐네: **면목(이) 없게**의 잘못. ⇐관용구.

　[설명] '면목없다'는 없는 말. 관용구로 '면목(이) 없다'이며 유의어는 '낯없다'.

　낯없다형 마음에 너무 미안하고 부끄러워 남을 대하기에 떳떳하지 않다.

◆♣명사형 복합어의 띄어쓰기 중 까다로운 것들

　[예제] 거울을 가지고 **거울 놀이**를 하고 놀았다: **거울놀이**의 잘못.

　　　　노래 부르기 시간에 엉뚱한 짓을 하지 마라: **노래부르기**의 잘못.

　　　　앞으로 나란히 하나도 제대로 못 하나: **앞으로나란히**의 잘못.

　　　　풍신수길이 임란을 일으켰다: **도요토미 히데요시**의 잘못.

　[설명]

　　①'놀이'는 붙여 씀. 단, 윗말이 두 개 이상의 낱말로 띄어 쓰고 두 말에 걸리는 '놀이'는 띄어 씀. 〈예〉시소놀이/거울놀이/물놀이; 말 떠올리기 놀이.

　　②어말에 '-기'를 붙여, 동작/작업/상태/놀이를 나타낼 때는 술어도 붙여 씀. 〈예〉까막잡기/가지고르기/거름주기/노래부르기/높이뛰기/씨뿌리기/모따기(面取)/메쌓기(空積)/말려파기/더돋기/듣고부르기/벌치기(養蜂)/사이짓기(間作)/이어달리기/외어부르기/켜쌓기/채소가꾸기/흙쌓기/돌쌓기. [주의] 단, 띄어 쓴 두 말에 걸리거나, 꾸미는 말, 한정하는 말이 있을 때는 띄어 씀. 〈예〉여름 채소 가꾸기; 아름다운 노래 부르기; 닭과 돼지 치기; 범창을 듣고 부르기; 바닷말과 물고기 키우기; 아기 양말 뜨기.

　　③여러 구절로 된 경우에는 단계별로 붙여 씀. 〈예〉손짚고 엎드려 다리굽히기, 두팔들어 가슴절하기, 나무에 못박아 굽히기; 목 뒤로굽히기.

　　④하나의 구령은 붙여 쓸 수 있음. 〈예〉우향우/좌향좌; 뒤로돌아가; 제자리에서; 앞으로나란히; 앞으로가; 엎드려쏴/앉아쏴.

　　⑤외국인 중 중국인명과 일본인명 표기는 다름.

　　　-중국인: '등소평(鄧小平)'이나 '덩 샤오핑', '장개석(蔣介石)'과 '장 제스' 모두 가능.

　　　-일본인: '加藤清正/豊臣秀吉'로 적으면, '가등청정/풍신수길'로 읽는 것을 원칙적으로 허용치 않음. 그러므로 한글 표기 시에는 '가등청정/풍신수길'로 적으면 안 되며, '加藤清正/豊臣秀吉'로 표기하더라도 '가토 기요마사, 도요토미 히데요시'로만 읽어야 함. 즉, 표기는 '加藤清正/豊臣秀吉'과 '가토 기요마사, 도요토미 히데요시'의 두 가지를 허용하지만, 읽을 때는 '가토 기요마사, 도요토미 히데요시'만 가능함.

◆우리나라의 티브이는 **명실 공히** 세계 1위다: **명실공히**의 잘못.

[설명] '명실공히'는 한 낱말의 부사.
명실공히[名實共─]! 겉으로나 실제에서나 다 같이.

◆흰 점이 눈에 그렇게 크게 **명씨박히면** 실명하기 쉬운데: **명씨박이면**의 잘못.
명씨박이다[동] 눈병으로 말미암아 눈동자에 하얀 점이 생기어 시력을 잃다.

◆[고급] ♣'**몇 개**'와 '**몇십 개**': 관형사일 때의 '**몇**'과 접사적 기능일 때의 '**몇**'
[예제1] 오늘 온 사람은 정확히 **몇천** 명쯤이나 될까요: **몇 천**의 잘못.
[예제2] 축척은 대체로 **몇 천**분의 일이나 **몇 만**분의 일로 표기한다; 수천수만(數千數萬)이란 **몇 천**이나 **몇 만**쯤 되는 많은 수를 뜻한다: 모두 **몇천**, **몇만**의 잘못.
[예제3] 트로피도 **몇 십만/몇십 만 원**이면 만들어: **몇십만 원**의 잘못.
[예제4] **이백몇십** 명이나 참석했다: **이백 몇십**의 잘못.
[설명] ①'몇'은 수사 및 관형사인데, 다른 수사 앞에 올 때는 접사적으로 기능함. 특히 이 '몇'은 의문문일 때와 그렇지 않을 때 그 쓰임이 달라지며, 의미도 두 가지를 겸하고 있음. 즉, 그리 많지 않은 수로서 대충/막연히 짐작은 가지만 정확히는 모르는 수[Ⅰ형. 대충 짐작 수]와 그야말로 깜깜하게 전혀 모르는 수[Ⅱ형. 깜깜 수. 주로 의문문에 쓰인다] '이것 모두 몇 개지?; 몇 사람 왔어?; 오늘 모인 사람은 몇 명쯤이나 될까?'와 같이 전혀 모를 때[Ⅱ형. 깜깜 수]의 '몇'은 관형사. 고로 띄어 씀. [예제1]의 경우가 이에 해당함. ②'겨우 몇십/몇백 명의 사람이 모여서; 몇억 원 정도; 몇십 대 일의 경쟁률'에서처럼 '십/백/억' 등의 수사 앞에 오는 '몇'은 접사 기능임. 막연히 '그리 많지 않은 얼마만큼의 수'라는 뜻[Ⅰ형. 대충 짐작 수]. [예제2]의 경우가 이에 해당함. ¶몇몇 사람; 몇십 개; 몇백 년; 몇십만 원. ③또한 '십몇 대 일'이라고 할 때도 '몇'은 접사적 기능을 하고 있는 말로[Ⅰ형. 대충 짐작 수], 11에서 19 사이의 숫자라는 건 알고 있으나 특정하지 않는다는 의미. 이처럼 쓰이는 '몇천, 몇만' 등은 ≪표준≫의 표제어에 없고 본문 설명에만 사용하고 있으며, 접사 형태의 표제어로는 '몇몇'만 보이는데 이때는 수사로 '몇'의 강조어. ④'이백 몇십'의 경우에는 붙여 적으면 가독력이 떨어지므로 편의상 '이백'과 '몇십'을 낱말로 보아 띄어 적은 것.
[암기도우미] '몇십/백몇' 등은 명확히 표기되지 못했을 뿐 숫자이며, 숫자는 한 낱말. 따라서 붙여 적음.

◆고위 공무원 **박모 씨**의 뇌물 사건: **박 모 씨**의 잘못. ⇐모는 대명사.
[설명] '모'가 대명사 또는 관형사로 쓰일 때는 띄어 적어야 함. 단, 복합어인 경우는 예외: 모종(某種)/모처(某處)/모년(某年)/모월(某月)/모일(某日) 등. '박모 씨'에서 쓰인 '씨'는 높이거나 대접하여 이를 때 쓰는 의존명사.
모[대] 주로 성(姓) 뒤에 쓰여, '아무개'의 뜻을 나타내는 말. 누구인지 확실하지 않거나 굳이 밝히려고 하지 않을 때 씀. ¶김 모가 뒤에서 조종한 일이라 하더군. [관]'아무/어떤'의 뜻을 나타내는 말. 명확하지 않거나 또는 구체적으로 밝힐 필요가 없는 대상 앞에 씀. ¶모 은행가의 행적; 모 재벌그룹 총수의 비리.

◆우린 **모든것** 다 주어요. 그대는 나의 인생이기에: **모든 것**의 잘못.
[비교] **어느것**이든 다 줄게: **어느 것**의 잘못. ⇐어느는 관형사.
[설명] ①'모든'은 관형사. 고로 '모든 것'으로 띄어 씀. '어느 것'도 마찬가지. '아무것'과는 다름. ②'아무': 어떤 사람/사물 따위를 특별히 정하지 않았거나, '아무런'(전혀 어떠한)이라는 의미로 사용될 때는 관형사. 즉, '**아무개/아무거/아무것/아무짝(방면)/아무아무**' 외의 말들에서는 관형사로 씀. ¶아무 의사라도 좋으니 빨리 좀; 아무 사람이나 만나서는 안 된다; 아무 거나 맛있는 걸 먹고 싶다; 아무 말이

나 마구 지껄이면 안 된다; 아무 때라도 좋으니까 저한테 좀 연락을 주십시오; 아무 도장이래도 상관 없습니다. ☞'**아무**' 항목 참조.

[주의] ①'아무거'는 '아무것'의 구어적 표현으로서, 위의 예문에서 관형사로 쓰인 '아무 거'와는 다름. ② '어느것(×)/어느 것(○)', '어떤것(×)/어떤 것(○)'과 같이 '아무것'과 달리 복합어가 아님.

아무것명 ①특별히 정해지지 않은 어떤 것 일체. ¶살아남기 위해서는 아무것이나(아무거나) 닥치는 대로 해야 했다; 아무거나 얼른 줘. ②주로 '아니다'와 함께 쓰여, 대단하거나 특별한 어떤 것. ¶아무것 도 아닌 일로 대판 싸웠다.

◆음식 재료가 많으니 오늘은 **모듬냄비**를 해먹자꾸나: **모둠냄비**의 잘못.

모둠전이 맞나, **모듬전**이 맞나?: **모둠전**이 맞음. ⟸'모듬-'은 없는 말.

[설명] '모둠'은 현대국어 '모으다'의 옛말인 '모드다/모두다'의 어간에 명사형 어미(또는 명사 파생 접미사) '-ㅁ'이 붙어서 형성된 것이라고 보는 견해가 있음. 어원적으로는 '모둠/모듬'이 다 가능한 것으로 보 나, '모둠꽃밭/모둠냄비/모둠발/모둠밥'과 같이 '모둠'이 들어 있는 여러 낱말이 이미 존재하기 때문에 '모둠'을 표준으로 보고 표준어 사정에서 '모듬'을 버렸음.

[참고] 현재 사전에는 '모둠회/모둠안주' 등이 복합어로 올라와 있지 않으나 아래 말들에서처럼 '모둠-' 의 생산력이 있으므로, 쓸 수 있는 말임.

모둠냄비명 국물을 많이 넣은 냄비에 해산물이나 야채 따위의 여러 가지 재료를 넣고 끓이면서 먹는 일 본식 요리.

모둠밥명 여러 사람이 모두 먹기 위하여 함께 담은 밥.

모둠꽃밭명 정원 한옆에 둥글거나 모지게 만든 꽃밭. 중앙에 키가 큰 화초를 심고 둘레 쪽으로 차차 키 가 작은 화초를 심어 어디에서 보아도 어울리도록 함.

◆이처럼 쌀에 모래가 절반이니 **모래반지기**로구나: **돌반지기**의 잘못.

[설명] 모래가 아무리 많이 섞여도 '돌반지기'이며, '모래반지기'는 없는 말.

돌반지기[-半-]명 잔돌/모래가 섞인 쌀.

◆이 너른 **모랫벌**에서 어떻게 귀걸이를 찾냐: **모래벌판**의 잘못. 없는 말.

개펄 중에서도 하구 **모랫벌**에는 방게가 많이 살지: **모래펄**의 잘못.

[참고] **개뻘/갯뻘**에서 먹고 사는 이들: **갯벌**의 잘못. 없는 말. '개펄'은 다른 뜻.

[설명] '모랫벌'은 없는 말. 문맥에 따라 적절한 말로 써야 함. '모래-'가 들어가 있는 주요 낱말들은 다음 과 같음. 〈예〉모래밭/모래비/모래기{모래끼}/모래알/모래성(-城)/모래땅/모래집1/모래집2/모래판/모래 톱≒모래사장/모래흙/모래터/모래섬≒사주(沙洲)/모래찜질/모래시계/모래사막.

갯벌명 밀물 때는 물에 잠기고 썰물 때는 물 밖으로 드러나는 모래 점토질의 평탄한 땅. 펄 갯벌, 혼성 갯벌, 모래 갯벌 따위가 있으며 생물상이 다양하게 분포. **개펄**명 ≒**갯벌**. ☜[주의] '갯벌/개펄'은 뜻풀 이가 수정된 말들임.

모래펄명 ①모래가 덮인 개펄. ②'모래톱'의 잘못.

모래벌판명 모래가 덮여 있는 벌판.

◆지금껏 **모아진/모여진** 돈이 이 만큼: 맞음. 혹은 **모은/모인**도 맞음. ⟵**모다**[원]

관심이 **모아지고/모이고** 있다: 둘 다 쓸 수 있음. ⟸'모다'+'-어(아)지다'.

[설명] '모으다'의 준말로 '모다'가 있으며 ('모아/모니' 등으로 활용), '모다'의 어간에 앞말이 뜻하는 대로 하

게 됨을 나타내는 '–어(아)지다' 구성을 결합하여 '모아지다'와 같이 표현할 수 있음. 따라서, '관심이 모아진다/모아지고 있다'와 같은 표현도 가능함. '모으다'의 피동사인 '모이다'를 써서 '관심이 모이고 있다'와 같이 쓸 수도 있음.

◆♣'–모으다'가 들어간 복합어 중 유의해야 할 말: 복합어이므로 붙여 써야 하며 띄어 쓰면 잘못임: '그러모으다/긁어모으다/끌어모으다'.

◆♣모음 단순화 형태를 표준어로 삼은 예들 [표준어 규정 제10항]
  [예제] 사람이 그리 **괴팍해서야**: **괴곽해서야**의 잘못.
       미류나무 끝에 걸린 연: **미루나무**의 잘못.
       케케묵은 얘기를 또 꺼내시나: **케케묵은**의 잘못.
       여늬 때와 영 다른 어조로 말을 꺼냈다: **여느 때**의 잘못.
  [설명] 위와 같이 모음이 단순화된 형태를 표준어로 삼은 것들: '괴팍하다(○)/괴곽하다(×) ; –구면(○)/–구면(×); 미루나무(○)/미류나무(×); 미륵(○)/미력[←彌勒](×); 여느(○)/여늬(×); 온달(○)/욀달(×); 으레(○)/으례(×); 케케묵다(○)/켸켸묵다(×); 허우대(○)/허위대(×); 허우적허우적(○)/허위적허위적(×)'.
  [예외] ①'퍅성[愎性]/퍅하다/강퍅~/암퍅~/오퍅~/한퍅~'과 '콩켸팥켸' 등은 여전히 복모음 인정. ②'갸–/걍–/뱌–/뱐–/뱝–' 등을 살려서 표기해야 하는 경우: 걍기≒교기(驕氣)(남을 업신여기고 잘난 체하며 뽐내는 태도); 갸름컁컁하다(갸름하고 파리하다); 갸웃≒갸웃이; 갸자[架▽子](음식을 나르는데 쓰는 들것)/갸자꾼[架▽子–]; 걍출[釀出]; 뱌비다/뱌비치다(두 물체를 맞대어 가볍게 문지르다)/'뱌빗–(어근)'; 뱌미주룩하다(어떤 물체의 밋밋한 끝이 조금 내밀어져 있다); 뱌슬뱌슬(착 덤벼들지 않고 계속 슬슬 피하는 모양); 뱐뱐하다(됨됨이/생김새 따위가 별로 흠이 없고 웬만하다); 뱐주그레하다(얼굴 생김새가 그런대로 깜찍하게 반반하다); 뱐죽거리다(반반하게 생긴 사람이 자꾸 이죽이죽하면서 느물거리다)/뱐죽뱐죽; 뱐하다〈빤하다(조금 반하다); 뱝뛰다(깡충깡충 뛰다).

◆♣모음조화의 활용 예
  [예제] 나날이 **고달퍼지는** 우리들의 삶: **고달파지는**의 잘못. ⇐ 모음조화.
       몸뚱아리를 그렇게 내돌렸으니 그런 소릴 듣지: **몸뚱어리**(혹은 **몸뚱이**)의 잘못. ⇐모음조화.
       작은 꽃들은 **꽃송아리**로 보아야 더 예뻐: **꽃송어리**의 잘못.
       너부대대한 얼굴이 떡판일세그려: **너부데데한**의 잘못. ⇐모음조화.
       누군가 했더니만, 당신이**구랴**: '당신이**구려**'의 잘못. ⇐모음조화.
       무료로 배포하**고저**/배포하**고져** 하오니: **–고자**의 잘못. ⇐모음조화.
       꽃몽오리들이 **맺히기** 시작했다: **몽우리**의 잘못. **맺기**가 더 나음. ⇐모음조화의 예외.
       문제**라구요**. 문제**이구요**. 먹기도 **하구요**: 각각 **라고요**, **이고요**, **하고요**의 잘못. ⇐모음조화 위배. 이러한 것을 습관음이라 함.
  [설명] ①'고달프다'는 모음조화에 따라 '고달파/고달프니' 등으로 활용함. '–프–'에 쓰인 'ㅡ' 모음은 모음조화에서는 기능하지 않으며(중립), 그 앞 음절의 '–달–'이 양성모음이므로 '퍼(×)/파(○)'임. 상세 사항은 아래 [참고] 설명 참조. ②[예외] '꽃몽오리'(×)/'몽우리'(○)의 경우는 '몽우리' 자체가 꽃망울의 뜻이며, 모음조화를 벗어나는 말. 이와 유사한 경우로는 '모촉하다(×)/모춖하다(○); 단출하다(×)/단춖하다(○)' 등도 있음.
  [참고] 모음조화란 같은 느낌을 가지는 모음들끼리 어울리는 현상으로 양성모음은 양성모음끼리, 음성모음은 음성모음끼리 어울리는 것을 뜻함.

우리말에는 단모음이 10개 있는데, 그중 'ㅏ/ㅗ/ㅐ'는 밝고 가벼운 느낌을 가지는 양성모음이고, 'ㅓ/ㅜ/ㅔ'는 상대적으로 어둡고 무거운 느낌을 가지는 음성모음. 'ㅏ'는 'ㅓ'와 서로 상대되는 짝이고, 'ㅗ'는 'ㅜ'와, 'ㅐ'는 'ㅔ'와 상대되는 짝임.

이들 단모음을 표로 나타내면 이러한 상대성을 쉽게 알 수 있는데, 서로 상대되는 짝이 위아래에 위치하고 있음.

	앞 혀(前舌母音)		뒤 혀 (後舌母音)	
	입술 그대로 (平脣)	입술 둥글게 (圓脣)	입술 그대로 (平脣)	입술 둥글게 (圓脣)
혀가 맨 위로	ㅣ	ㅟ	ㅡ	ㅜ
혀가 중간으로	ㅔ	ㅚ	ㅓ	ㅗ
혀가 아래로	ㅐ		ㅏ	

10개의 단모음 중에서 양성과 음성의 짝을 이루지 못한 모음은 'ㅣ/ㅡ/ㅟ/ㅚ'의 네 개인데, 그중 'ㅣ'는 중성모음이어서 음성이나 양성모음 모두와 잘 어울릴 수 있음. 'ㅣ' 모음은 옛날부터 중성모음.

'ㅟ'와 'ㅚ'는 서로 상대되는 짝이기는 하지만 비교적 최근에 생긴 단모음이기 때문에 모음조화에서 대립되어 나타나지 않음. 'ㅡ'는 옛날에 'ㆍ'(아래아)와 상대되는 짝이었으나 'ㆍ'가 없어지면서 짝도 없어져 모음조화에는 쓰이지 않게 되었음.

◆엄마는 **계모임**에 가셨다: **계 모임**의 잘못. 한 낱말이 아님.
　이번 **파장 모임**에서는 재미를 못 봤어: **파장모임**의 잘못. 한 낱말
　우리 **동화 모임**에는 직장인들도 많이 와: **동화모임**의 잘못. 한 낱말
　[설명] '모임'이 합성어의 형태소로 쓰이는 말들은 다음과 같은 것들이 있음. 대부분 글자 그대로의 뜻들이 아님. 예컨대 '동화모임'은 글자 그대로 동화가 모인 게 아니라 '동화를 이야기하고 감상하는 모임': (예)소모임/독자모임/구름모임/고별(告別)모임/글자모임≒문자모임/파장(罷場)모임.
　구름모임명 〈佛〉 법회에 참석하는 대중이 구름처럼 많이 모여든 것.
　글자모임명 ≒문자모임. 컴퓨터 언어에서 문자와 숫자, 기타 기호들의 총칭.
　파장모임[罷場-]명 〈經〉 매달 맨 마지막에 이루어지는 증권 거래.

◆그는 잠이 **모자르다고/모잘르다고** 했다: **모자라다고**의 잘못. ←**모자라다**[원]
　[설명] 모자르다(×). 모잘르다(×)는 특별한 이유 없이 'ㄹ'이 덧대진 것.

◆예전엔 **모재비헤엄/모자비헤엄**들을 많이 쳤는데: **모잽이헤엄**의 잘못.
　[설명] ①'모+잡이(의미소 '잡') 꼴의 회복 후 의미 특정을 위해 'ㅣ' 모음 역행동화 허용. →[모+잽이(−잡이)]. ②'모잽이[≒옆쪽]'라는 명사가 존재함.
　[주의] '장구잽이(×)/장구잡이(×)/장구재비(○)'의 경우와 구별해야 함. 이때의 '재비'는 국악에서, 악기를

연주하거나 노래를 부르거나 춤을 추는 <u>예능 기능자</u>를 특정하는 말. 즉, '무엇을 잡는 일'이나 '무엇을 다루는 사람'의 뜻을 일반적으로 더하는 접미사 '-잡이'와 다름. ☞**♣'-쟁이'**, **'재비'**, 그리고 '**-잡이**' 항목 참조.

◆<u>모지</u>[-指]로 찍는 걸 무인(拇印) 찍는다고 하지: **무지(拇指)**의 잘못.
　　무지(拇指)⑲ ≒**엄지손가락**(손가락 가운데 가장 짧고 굵은 첫째 손가락).

◆<u>모쪼록</u> 결례가 많았습니다: '모쪼록('될 수 있는 대로')'의 뜻 잘못 이해.
　　모쪼록/아무쪼록 잘 부탁합니다: 맞음.
　　[설명] '**모쪼록**≒**아무쪼록**'은 '될 수 있는 대로'의 뜻으로 '모쪼록 몸조심해라.' 등으로 쓸 수 있음. 그러나 '모쪼록 결례가 많았다'는 말은 '모쪼록'의 뜻과 전혀 어울리지 않는 부적절한 용례임.

◆그 옷이 네겐 **모촘**하구나: **모춤**의 잘못. ⇐'단촐하다(×)/단출하다(○)'와 흡사.
　　모춤하다⑲ 길이/분량이 어떤 한도보다 조금 지나치다.

◆그 사람 억지가 보통 아냐. **목고지**거든: **목곧이**(억지가 센 사람)의 잘못.

◆그 감격에 **목메인** 목소리로 노래를 불렀지: **목멘**의 잘못. ←**목메다**[원]
　　안 떨어지려고 어찌나 **목메여** 울던지: **목메어**의 잘못. ←**목메다**[원]
　　[활용] 30년 만에 **목멘소리**로 어머니를 불렀다: **목멘 소리**의 잘못.
　　[비교] **목놓아** 불러보는 이름: **목 놓아**의 잘못. ⇐'목놓다'는 없는 말.
　　[설명] '목메이다'는 '목메다'의 비표준어. 잘못. '목메다'는 '기쁨/설움 따위의 감정이 북받쳐 솟아올라 그 기운이 목에 엉기어 막히다'라는 의미로 자체에 피동의 의미를 가지고 있으므로 '목메다'에 피동의 '-이-'를 덧댈 필요가 없음. 즉, '목메이다(×)/목메다(○) →목메여(×)≒목메이어(×)/목메어(○)'.
　　[참고] **목이 메여** 불러 본다: **목이 메어**의 잘못. 그러나 **목메어**도 가능함.

◆우린 **목발/지게목발**을 두드리며 신세타령을 하곤 했지: **지겟다리**의 방언(경상).
　　지겟다리⑲ 지게 몸체의 맨 아랫부분에 있는 양쪽 다리.

◆**목재**[철재] 의자라서 잘 부서진다: **목제**[철제] 의자의 잘못.
　　목제상[철제상]에 가서 철물[재목]을 찾으면 어떡하나: **목재상**[철재상]의 잘못.
　　[설명] '목제(木製)'는 '나무로 물건을 만듦. 또는 그 물건'의 뜻으로 '목제품'과 동의어. 한편, '목재(木材)'는 '나무로 된 재료'. '철제'와 '철재'도 이와 같이 구분됨.

◆**목젖**이 유난히 크게 튀어나온 사람: **울대뼈**(혹은 **후골**)의 잘못.
　　사내의 **목젖**이 크게 꿀꺽거리는 게 맞은편의 여인 눈에 들어왔다: **울대뼈**(**후골**)의 잘못.
　　[설명] 흔히 잘못 쓰는 말. '목젖'은 목구멍 안쪽 깊이 있어서 밖에서 보이지 않음. '울대뼈≒후골[喉骨]'이 올바른 명칭.
　　목젖⑲ 목구멍의 안쪽 뒤 끝에 위에서부터 아래로 내민 둥그름한 살.
　　울대뼈≒**후골**[喉骨]/**후두 융기**⑲ 성년 남자의 목의 정면 중앙에 방패 연골의 양쪽 판이 만나 솟아난 부분.

◆**뭉돈**이 들어갈 일이 한두 가지라야지: **목돈**의 잘못.
  [설명] '뭉돈'은 없는 말. '뭇 돈'은 여럿으로 나누어 가지는(뭇) 돈의 각 부분.
  목돈≒뭉칫돈圈 한몫이 될 만한, 비교적 많은 돈.

◆내 **뭇아치**는 어디 있나?: **모가치**의 잘못.
  모가치圈 몫으로 돌아오는 물건.
  [설명] 본래 '몫+아치'에서 온 말이지만, '-아치' 등과 같은 변화('-이/-음'을 제외한 기타 접미사가 붙는
    변화)에서는 원형을 밝혀 적지 않는다는 원칙에 따라, 소리 나는 대로 적음. ¶꼬락서니/끄트머리/바
    가지/바깥/사타구니/싸라기/이파리/지붕/지푸라기/짜개 등. ☞♣**의미소[意味素]의 특징과 활용** 및 ♣
    원형을 밝혀 적는 것과 밝혀 적지 않는 것 항목 참조.

◆그 순간 어찌나 창피한지 **몸둘 바**를 모르겠더군: **몸 둘 바**의 잘못.
  [설명] '몸두다'는 없는 말. '바'는 의존명사. 고로, '몸 둘 바'로 적어야 함.

◆**몸뚱아리**를 그렇게 내돌렸으니 그런 소릴 듣지: **몸뚱어리**(혹은 **몸뚱이**)의 잘못.
  [설명] '-뚱-'은 음성모음. 고로 '어'. 모음조화! [참고] '꽃송아리/꽃숭어리'(O).
  몸뚱어리圈 '몸뚱이'의 속칭.

◆♣'**못**'의 띄어쓰기: 부사로서의 '못'과 접두어로서의 '못', 두 가지 기능.
  [예제] **못다한** 이야기: **못다 한**의 잘못. ⇐'못다'는 부사. '못다하다'는 없는 말.
      그 놈은 아무도 **못말려**: **그놈**, **못 말려**의 잘못. ⇐'못말리다'는 없는 말.
      못 생긴 것도 죄인가: **못생긴**의 잘못. ←**못생기다**[원]
      나 또한 분한 건 그에 **못지 않아**: **못지않아**의 잘못. ←**못지않다**[원]
      날 이 모양 가난뱅이로 **못 살게** 만든 그놈: **못살게**의 잘못. ←**못살다**[원]
  못튀 동사가 나타내는 동작을 할 수 없다거나 상태가 이루어지지 않았다는 부정의 뜻을 나타내는 말.
    주로 해당 동사 바로 앞에 놓임. ¶술을 못 마시다; 초등학교도 못 마치다; 잠을 통 못 자다; 그는 아
    무도 못 말린다; 사십 리가 좀 못 되었다. ¶못 가다, 못 먹다, 못 보다.
  [주의] 다음의 복합어들은 관용적 사용으로 한 낱말로 굳어진 것들임.: 못하다/못나다/못되다/못미처/
    못살다/못생기다/못쓰다/못지않다.
  [참고] '못하다'는 보조동사(부정)와 보조형용사(우열을 나타낼 때) 두 가지로 쓰임. 단, 복합동사의 어간
    과 어미의 활용형 사이에 부정의 의미로 들어가서 '못 하다'의 형태를 갖춘 것에 대해서는 띄어 씀. ¶
    가까이 못 하다. 단, '가까이하다'는 한 낱말.
  [보충] '가까이 안 하다'의 경우, ①'안하다'라는 낱말이 없고 ②'안'은 부사 '아니'의 준말이므로, 낱말은
    띄어 쓰는 원칙에 따라, 띄어 씀. 그러나, '아니+하다'의 꼴일 때는 '아니하다'가 보조동사이므로(한 낱
    말) '가까이 아니하다'임.
  [정리] '못'이 들어간 복합어들: 띄어 쓰면 잘못.
    못다튀 '다하지 못함'을 나타내는 말. ¶못다 이룬 꿈; 못다 읽은 책; 못다 한 사랑; 못다 한 이야기.
    못내튀 ①자꾸 마음에 두거나 잊지 못하는 모양. ②이루 다 말할 수 없이. ¶못내 그리워하다; 못내
      아쉽다; 못내 눈물짓다.
    못미처圈 일정한 곳까지 채 이르지 못한 거리나 지점. [주의] '못 미**처**'와 구분!
    못하다동 어떤 일을 일정한 수준에 못 미치게 하거나, 그 일을 할 능력이 없음. 圈 ①비교 대상에 미

치지 아니하다. ②아무리 적게 잡아도.

못되다형 ①성질/품행 따위가 좋지 않거나 고약하다. ②일이 뜻대로 되지 않은 상태에 있다.

못쓰다통 ①얼굴/몸이 축나다. ②옳지 않다. 바람직한 상태가 아니다.

못생기다형 생김새가 보통보다 못하다.

못나다형 ①얼굴이 잘나거나 예쁘지 않다. ②능력이 모자라거나 어리석다.

못마땅하다형 마음에 들지 않아 좋지 않다. ¶**못마땅히**부

못지않다형 '못지아니하다(일정한 수준/정도에 뒤지지 않다)'의 준말.

못살다통 ①가난하게 살다. ②성가시고 견디기 어렵게 하다.

◆**못견디게** 보고 싶은; **못견뎌하는** 바람에: **못 견디게**, **못 견뎌하는**의 잘못. ⇐한 낱말이 아님. 즉, '못견디다'라는 낱말이 없음.

◆**못되 먹은** 녀석: **못돼 먹은** (혹은 **못돼먹은**)의 잘못. ⇐못되다+먹다.

　못돼먹은 놈 같으니라고: **못된** 놈. (혹은, 맞음).

　[설명] ①'못되다'에 보조용언 '먹다'가 결합한 활용형이므로, '못되어+먹은'→'못돼 먹은'으로 쓸 수 있음. (혹은, 보조용언 붙이기를 허용하면 '못돼먹은') ②[의견] 현재의 《표준》에 따르면 '못돼먹다'는 사전에 없는 말이기는 하나, 쓸 수 있는 말. 《표준》은 '돼먹다'를 '되다'의 속칭으로 설명하고 있고, '막돼먹다'까지 표제어로 선정하고 있는 까닭에, '못되다'의 속칭인 '못돼먹다'가 오르지 못할 이유가 없음. 문제가 되는 것은 '못되다'가 형용사이고 '먹다'는 동사에 쓰이는 보조용언이라는 점이지만, '못되다'는 본래 어원적으로 동사 '되다'에 부사 '못'이 결합한 것임을 고려할 필요가 있음.

　돼먹다통 '되다'의 속칭. ⇐되어 먹다.

　못되다형 ①성질/품행 따위가 좋지 않거나 고약하다. ②일이 뜻대로 되지 않은 상태에 있다.

　막돼먹다형 '막되다'의 속칭.

◆그 영화는 우리 기대에 한참이나 **못미쳤다**: **못 미쳤다**의 잘못.

　기준에 **못미칠** 경우에는 예외 없이 탈락이다: **못 미칠**의 잘못.

　우리는 선생님의 기대에 **못 미쳐** 부끄러웠다: 맞음. [못+미치다→못 미쳐]

　우리 집은 큰길 **못미처에** 있다: 맞음. ⇐이때는 '못미처'가 명사.

　[설명] ①'못미치다'는 없음. '못 미치다'로 씀. ¶**넘고처지다**통 한편으로는 기준에 넘치고 다른 한편으로는 기준에 못 미치다. ②**못미처**명 일정한 곳까지 채 이르지 못한 거리/지점. ⇐부사가 아님. ¶그 건물은 우체국 못미처에 있다. ⇐대부분 '-에'가 붙음. ③[주의] '못미**처**'는 명사로서, '못 미**쳐**'와 구분해야 함. '못 미**쳐**'에서의 '-쳐'는 동사 '미치다'의 활용으로 '미치(어간)+어(어미)'→'미쳐'가 된 것.

◆그렇게 **못박는** 말을 해야 속이 시원하냐: **못 박는**의 잘못. ⇐관용구임.

　한 자 한 자 **못박아** 말을 뱉었다: **못 박아**의 잘못. ⇐관용구임.

　[설명] ①'못박다'는 없는 말. '못(을) 박다'라는 관용구에서 온 말이므로 띄어 적음. ②[참고] 현재 '-박다'가 들어간 복합어들은 '처박다/윽박다/붙박다/되박다/맞박다/몰박다' 등에서 보이는 것처럼 부사적 의미를 지닌 접사들임. '명사+박다'의 꼴로는 '뿌리박다'가 유일함.

　못(을) 박다관 ①다른 사람에게 원통한 생각을 마음속 깊이 맺히게 하다. ②어떤 사실을 꼭 집어 분명하게 하다.

◆정말 나 없으면 죽고 **못산다**는 말 맞아?: **못 산다**의 잘못.

◆얼마 **못살고** 갈 놈이 욕심은: **못 살고**의 잘못.
  못 사는 녀석들이 겉꾸밈이 심하기 마련: **못사는**의 잘못. ←**못살다**[원]
  [구분] **못살다**통 가난하게 살다. 견디기 어렵게 하다. ¶못사는 형편에 웬 대형차?
      못 살다 ¶5년밖에 못 살 운명이었구면. ←'못'은 부사.
  [활용]
  못하다통형 ¶공부/술/노래를 못하다; 먹지 못하다; 동생만 못하다; 좋지 못하다.
  못 하다: '못'은 부사. ¶영어를 모르면 취직을 못 한다; 아파서 일을 못 하다.
  못쓰다통 ①몸이 축나다. ②옳지 않다. ③바람직하지 않다.
  못 쓰다: '못'은 부사. ①쓰지 못하다. ②쓸모없다. ③글씨/글을 (바르게) 쓸 수 없다.
  못미처명 명사임. ¶그 집은 우체국 못미처에 있다. ← 대부분 '-에'가 붙음.
  못 미쳐: '못'은 부사. ¶힘에 못 미쳐 지고 말았다; 우체국 못 미쳐 작은 가게가 있다. [참고] '못 미**쳐**'에서
      의 '-쳐'는 동사 '미치다'의 활용으로 '미치(어간)+어(어미)'→'미쳐'가 된 것.
  잘되다통 일/현상/물건 따위가 썩 좋게 이루어지다. ¶이야기가 아주 잘되었다; 그 사람 정말 잘된 일
      이야.
  잘 되다: '잘'은 부사. ¶이 기계는 조그만 충격에도 파손이 잘 된다.
  안되다통 ①섭섭하거나 가엾어 마음이 언짢다. ②근심/병 따위로 얼굴이 많이 상하다. ¶못 도와줘 어
      찌나 안됐던지; 자네 얼굴이 안됐군.
  안 되다: '안'은 부사('아니'의 준말). 위의 두 가지 의미를 제외하고는 모두 띄어 써야 함.

◆그런 **못쓸** 소리는 하지도 마라: **몹쓸**이 나음.
  [설명] '못쓸'을 전혀 쓸 수 없는 건 아니나, 문맥상 '악독하고 고약한'을 뜻하는 관형사 '몹쓸'이 자연스러
      움. '못쓸'을 쓰면 옳지 않거나 바람직하지 않다는 뜻이 됨.
  몹쓸관 악독하고 고약한. ¶몹쓸 것; 몹쓸 곳; 몹쓸 말; 몹쓸 병; 몹쓸 사람; 나는 술이 취해 아이에게
      몹쓸 소리를 마구 해 대고 말았다.
  못쓰다통 얼굴/몸이 축나다. 옳지 않다. 바람직한 상태가 아니다. ¶얼굴이 못쓰게 상하다; 거짓말을 하
      면 못써; 너무 게을러서 못쓰겠다.

◆다시 **못올** 것에 대하여, 낭만에 대하여: **못 올**의 잘못.
  [설명] '못오다'는 없는 말. '못'은 부사.

◆어른 **못지 않은** 힘을 쓰더군. 어른 뜸 떠먹을 녀석이야: **못지않은**, **뜸떠 먹을**의 잘못.
  뜸뜨다통 결코 못지않다. 비견할 만하다. ¶어른 뜸떠 먹을 녀석.

◆[중요][고급] ♣**'못하다'의 띄어쓰기(1)**
  [예제] 그는 지금도 술을 전혀 **못 해**: **못해**의 잘못. ←**못하다**[원]
      그건 시간 맞춰 **못하더라도** 괜찮아: **못 하더라도**의 잘못. ←'못'은 부사.
      시간 내에 하지 **못 하더라도** 괜찮아: **못하더라도**의 잘못. ←설명 참고.
      결국 **참다 못해** 일어섰다: **참다못해**의 잘못. ←**참다못하다**[원]
      안절부절하더군: **안절부절못하더군**의 잘못. ←'안절부절하다'는 잘못.

[설명] ①일반 원칙: '못'은 부정을 뜻하는 부사. ¶술을 못 마시다; 잠을 통 못 자다. ②'못하다'로 붙여 쓰는 경우는 세 가지: ㉮하나의 복합어로 굳어져 뜻이 변한 경우는 붙여 씀. ¶⑧술을[노래를] 못하다; 음식 맛이 예전보다 못하다. ¶⑲잡은 고기가 못해도 열 마리는 되겠지. 이때의 '못하다'는 '어떤 일을 일정한 수준에 못 미치게 하거나, 그 일을 할 능력이 없다.'는 뜻. ㉯보조용언으로서 '~지 못하다'의 꼴로 쓰일 때. ¶말을 잇지 못하다; 동창회에 가지 못했다; 편안하지 못하다; 아름답지 못하다. ㉰'못하다'가 접사 기능으로 바뀐 다음의 다섯 말들은 항상 붙여 씀: '마지못하다/되지못하다/참다못하다/새수못하다(손을 대지 못하다)/안절부절못하다'. [주의] '하다못하다/듣다못하다'는 없는 말이지만 '하다못해/듣다못해'는 독립부사임.

◆[중요][고급] ♣'못하다'의 띄어쓰기(2)
[예제] 술이 들어가니 **못하는** 말이 없네: **못 하는**의 잘못. ⇐'못'은 부사.
　　　못 해도 너무 **못 하는군**: **못해도, 못하는군**의 잘못. ←**못하다**⑧
　　　아무리 **못 해도** 열 명은 더 될걸: **못해도**의 잘못. ←**못하다**⑲
　　　보다못해 소매를 걷어붙였다: **보다 못해**의 잘못. ←**못하다**⑲⑲
　　　하다 못해 박색이라도 좋다: **하다못해**의 잘못 ←**하다못해**⑲
　　　참다 못해 소리를 꽥 질렀다: **참다못해**의 잘못 ←**참다못하다**[원]
　　　병이 나서 일을 **못했다**: **못 했다**의 잘못. ⇐하지 못했다. '못'은 부사.
　　　그건 생각 **못했다**: **못 했다**의 잘못. ⇐생각하지 못했다. '못'은 부사.
　　　그는 술을 전혀 **못 해**: **못해**의 잘못. ←**못하다**⑧
　　　나이가 들으니 건강이 젊은 시절보다 **못 해**: **못해**의 잘못. ←**못하다**⑲
[참고] '~다 못해'의 띄어쓰기에 대해서는 ♣'~다 못해'와 '보다못해(x), 마지못해'(○)의 띄어쓰기 항목 참조.

못하다⑧ 어떤 일을 일정한 수준에 못 미치게 하거나, 그 일을 할 능력이 없다. ¶노래를 못하다/술을 ~/말을 ~/답을 ~/구실을 ~/출세를 ~/공부를 ~/졸업을 ~/도리를 ~/결정을 못하다.
　⑲ ①비교 대상에 미치지 아니하다. ¶맛이 예전보다 훨씬 못하군; 건강이 젊은 시절만 못하다. ②아무리 적게 잡아도. ¶잡은 고기가 못해도 스무 마리는 넘을걸; 아무리 못해도 스무 명은 족히 넘을 거야.
　⑲⑧(동사 뒤에서 '**-지 못하다**'의 꼴로) 앞말이 뜻하는 행동에 대하여 그것이 이루어지지 않거나 그것을 이룰 능력이 없음을 나타내는 말. ¶기침 때문에 말을 잇지 못하다; 바빠서 결혼식에 가지 못했다; 배가 아파서 한 술도 뜨지 못했다.
　⑲⑲①(형용사 뒤에서 '**-지 못하다**'의 꼴로) 앞말이 뜻하는 상태에 미치지 아니함을 나타내는 말. ¶편안하지 못하다; 아름답지 못하다; 음식 맛이 썩 좋지 못한 편; 그런 태도는 옳지 못하다. ②('**-다(가) 못하여**'의 꼴로) 앞말이 뜻하는 행동/상태가 극에 달해 그것을 더 이상 유지할 수 없음을 나타내는 말. ¶희다 못해 푸른빛이 도는 치아; 먹다 못해 음식을 남기다; 보다 못해 간섭을 하고 말았다.
[설명] ①'노래를/술을/말을 못하다'에서처럼 '~을/를' 할 능력이 없는 경우나 비교 대상에 미치지 못할 때에는 '못하다'이며, 어떤 사유로 하지 못하거나 이뤄지지 않았을 때 부정의 뜻으로 사용하는 부사 '못'의 경우에는 '못 하다'임. 즉, '하다'를 부정하는 부사로서 '못'을 사용하여 '~를 하지 못하다'를 뜻할 때는 띄어 씀. ¶그 바람에 공부를 (하지) 못 했다; 가지를 못 했다; 먹지를 못 했다. ②[주의] 그러나 '못하다'가 '~지 못하다'의 꼴로 쓰일 때는 '못하다'로 붙여 씀: 이때는 보조용언으로서 각각 보조동사와 보조형용사로 기능함. ¶먹지 못했다; 하지 못했다; 가지 못하다; 웃지 못하다; 일어서지 못하

다; 편안하지 못하다; 아름답지 못하다; 좋지 못하다; 옳지 못하다.

[정리] ①'~지 못했다' 꼴의 보조용언일 때는 무조건 붙여 쓰고 ②본동사 '하다'의 앞에 쓰여('못 하다') 부사로서 '못≒안'의 기능일 때는 띄어 씀. ③본동사로 쓰인 경우라 하더라도 할 능력이 없는 단순 불능의 경우에는 한 낱말이므로 붙여 씀.

[보충] '못하다' '못살다' '못쓰다'를 빼고는, 다른 경우의 동사에서는 '못'은 부사. ¶술을 못 마시다; 초등학교도 못 마치다; 잠을 통 못 자다; 아무도 못 말린다. 그러나, 형용사는 조금 더 있음: **못되다/못나다/못마땅하다/못생기다/못지않다(≒못지아니하다)**혱

[정리] ①기준/능력에 미치지 못하는 의미로는 '못하다'. ⇐'잘하다'의 상대어.
②일반 부정의 의미로는 '못 하다'. ⇐'하다'의 부정 표현.
③그러나 '~지 못하다'의 꼴일 때는 붙여 적는다. ⇐예외.
④그 밖에 예외적으로 복합어들도 좀 있음: '못살다/못쓰다' 외에도.

하다못해튀 제일 나쁜 경우라고 하더라도.

◆출근을 **못할** 것 같아, 그 짓도 참 **못할** 일이야: **못 할**의 잘못. '못'은 부사.

[주의] 가지 못할 듯. 하지 못할 일. 웃지 못할 일: '~지 못할'에서는 보조용언. 동사 어간 활용형 '-지' 뒤에서 '-지 못하다'의 꼴로 이뤄지는 특수한 현상.

[정리] ①'~지 못하다'의 꼴의 보조용언일 때는 무조건 붙여 쓰고 ②본동사와 함께 쓰인 경우, 부사로서 '못≒안'의 기능일 때는 띄어 씀. ③본동사로서 할 능력이 없거나 비교 대상에 미치지 못하는 '~을/를 못하는' 꼴일 때는 붙여 씀. ④[주의] '먹지를/가지를 못 했다'의 꼴에서는 ③항의 '~을/를 못하는' 꼴과는 달리 '못'을 부사로 보아 '못 하다'로 띄어 씀.

◆**보다못해/생각다못해** 그가 소매를 걷어붙였다: **보다 못해/생각다 못해**의 잘못[원칙]. ⇐'못하다'는 보조형용사.

[설명] '~못해'가 붙은 파생 부사는 '하다못해/듣다못해' 등임. 부사어로는 '참다못하다'에서 온 '참다못해'도 있음. ☞'-다 못해' 참조.

◆그 사람은 몽짜(몽니) 잘 부리는 **몽니꾼**이야: **몽니쟁이**의 잘못. 없는 말.

몽니몡 정당한 대우를 받지 못할 때 권리를 주장하기 위하여 심술을 부리는 성질. ¶몽니쟁이; 몽니(가) 궂다[사납다]관; 몽 사납다관

◆꽃몽오리들이 **맺히기** 시작했다: **몽우리**의 잘못. **맺기**가 더 나음.

[설명] ①'몽우리' 자체가 꽃망울의 뜻으로, 본래 모음조화를 벗어나는 말: '몽오리'(x). ⇐[유사] 모촘하다(x)/모춤하다(o); 단촐하다(x)/단출하다(o). ②'맺다' 자체가 자동사이므로 굳이 피동형을 쓸 필요가 없음. 그러나 피동형을 쓸 수도 있음. 잘못은 아님.

[암기도우미] '몽**우리**'는 '망**울**'과 사촌이므로 '몽**오리**'가 아닌 '우' 자 계보.

맺다동 열매/꽃망울 따위가 생겨나거나 그것을 이루다. ¶몽우리가 맺다.

맺히다동 ①'맺다(끄나풀, 실, 노끈 따위를 얽어 매듭을 만들다. 물방울/땀방울 따위가 생겨나 매달리다. 열매/꽃망울 따위가 생겨나거나 그것을 이루다)'의 피동사. ¶맺힌 매듭을 풀어야 한다; 꽃잎에 이슬이 맺히다; 장미에 꽃망울이 맺히다. ②살 속에 피가 뭉치다. ¶종아리에 피가 맺히도록 맞다. ③마음속에 잊히지 않는 응어리가 되어 남아 있다. ¶가슴에 맺힌 한.

[참고] **뭉우리≒뭉우리돌**몡 모난 데가 없이 둥글둥글하게 생긴 큼지막한 돌.

◆**묘령**의 중년 여인: '묘령'이 잘못 쓰였음.

　[설명] '묘령(妙齡)'은 '방년(芳年)'과 마찬가지로 '스무 살 안팎의 여자 나이'를 뜻하므로, 중년 여인과는
　　전혀 어울리지 않음.

　[참고] '재원(才媛)'은 '재주가 뛰어난 젊은 여자'를 뜻하므로 남자에게는 사용할 수가 없음. '규수(閨秀)'
　　에는 '남의 집 처녀; 학문과 재주가 뛰어난 여자'의 두 가지 뜻이 있어서, 꼭 처녀에게만 사용할 수 있
　　는 말은 아님. 후자의 뜻으로는 여류(어떤 전문적인 일에 능숙한 여자)와 비슷함.

　방년[芳年]명 이십 세 전후의 한창 젊은 꽃다운 나이.

　중년[中年]명 ①마흔 살 안팎의 나이. 또는 그 나이의 사람. 청년과 노년의 중간을 이르며, 때로 50대까
　　지도 포함함. ②사람의 일생에서 중기, 곧 장년·중년의 시절.

◆**못자리**는 **뭐니뭐니해도** 볕이 잘 들어야: **못자리**는 맞음. **뭐니 뭐니 해도**의 잘못.

　[설명] ①예전에는 '못자리'가 '묏자리'의 잘못이었으나, 2011.8.31. 현재 복수표준어. ②'뭐니 뭐니'는 붙여
　　쓰는 첩어가 아니며 관용구의 일부. 〈예〉'뭐라뭐라(×) 하다' →'뭐라 뭐라 하다(○)'. ☜♣**첩어와 준첩어**
　　항목 참조.

◆무로 끓인 **무국** 시원하고 좋지: **뭇국**의 잘못.

　[설명] '−국' 앞에 받침이 없는 말이 올 때는 예외 없이 사이시옷을 받침: '시래기국(×)/시래깃국(○); 동태
　　국(×)/동탯국(○); 고기국(×)/고깃국(○); 우거지국(×)/우거짓국(○)'.

◆논두렁 **무넘이**가 상해서 손보러 가는 길이야: **무넘기**의 잘못.

　무넘기≒무넘깃둑명 ①논에 물이 알맞게 고이고 남은 물이 흘러넘쳐 빠질 수 있도록 만든 둑. ②봇물
　　을 대기 위하여 만든 둑.

◆끝이 **무드러진** 걸로 하니까, 잘 안 되지: **무지러진**의 잘못. ←**무지러지다**[원]

　[설명] '무드러지다'는 북한어. '무지러지다'는 '무지르(다)'+'−어지다'의 구성.

　무지러지다통 ①물건의 끝이 몹시 닳거나 잘리어 없어지다. ②중간이 끊어져서 두 동강이 나다.

　문드러지다통 ①썩거나 물러서 힘없이 처져 ~~떨어지다.~~ ②몹시 속이 상하여 견디기 어렵게 되다.

◆어린애를 함부로 **무등**을 태우면 위험해: **목말**의 잘못. 강원/경기/충북의 방언.

　목말명 남의 어깨 위에 두 다리를 벌리고 올라타는 일.

　무동[舞童]명 ①≒꽃나비. 조선조에, 궁중의 잔치 때 춤을 추고 노래를 부르던 아이. ②농악대/걸립패
　　따위에서, 상쇠의 목말을 타고 춤추고 재주 부리던 아이. ③북청 사자놀음에 등장하는 인물의 하나.

◆집안 반대를 **무릎쓰고** 한 결혼인데: **무릅쓰고**의 잘못. ←**무릅쓰다**[원]

　온갖 어려움을 **무릅쓰고 라도**: **무릅쓰고라도**의 잘못. ⇐'라도'는 보조사.

　[참고] '무릅쓰고라도'에서의 '라도'는 '썩 좋은 것은 아니나 그런대로 괜찮음'을 나타내는 보조사임. 이와
　　유사하게 '꾸지람을 듣더라도'에 쓰인 '−더라도'는 가정이나 양보의 뜻을 나타내는 연결어미. 둘 다 붙
　　여 쓰지만 품사는 다름.

◆**무릎팍** 도사는 티브이가 만들어낸 최고의 엉터리 말이야: **무르팍**의 잘못.

　무릎팍걸음으로 조심스럽게 물러 나왔지: **무르팍걸음**의 잘못.

[설명] '무르팍'은 '무릎'의 속칭. 그러므로 '무릎걸음'의 속칭도 '무르팍걸음'으로 적으며, 이것을 제외한 말들은 모두 '무릎'으로 표기함. ¶무릎도리/무릎방아/무릎걸음/무릎길이/무릎꿇림/무릎깍지/무릎노리/무릎베개/무릎장단.

◆사람을 그토록 **무색케 하는** 법이 어디 있나: **무색게 하는**의 잘못.

  [설명] '무색하게 하다'에서 본용언 어간(무색하-)의 '하'가 줄 때는 앞의 받침이 무성자음(ㄱ/ㅂ/ㅅ)이므로 '무색게 하다'가 됨. ☞**어간 '하'의 단축형** 항목 참조.

◆군이 그거 사서 **무엇[뭐]하게**?: **무엇[뭐] 하게**의 잘못.

  집에 있지 **무엇[뭐]하러** 왔어: **무엇[뭐] 하러**의 잘못.

  개 전화번호는 알아서 **뭐 하려고**?: 맞음.

  너 지금 **뭐하고** 있나?: **뭐 하고**의 잘못. ⇐'무엇(을) 하고'

  [참고] 지금 내 상황으로는 참 **무엇하군**: 맞음.

  [설명] ①모르고 있는 그 무엇을 구체적으로 물을 때에는, 모르는 사실/사물을 가리키는 지시 대명사 '뭐/뭣/무엇'을 써서 '뭐/뭣/무엇 하고', '뭐/뭣/무엇 하러'와 같이 표현함. ②그 밖의 경우, 아래의 뜻풀이와 같은 의미에서는 '무엇하다≒㉰뭐하다'를 씀. [참고]'무어≒뭐≒무엇≒뭣'. '뭐'는 '무어'의, '뭣'은 '무엇'의 준말.

  무엇하다≒㉰뭐하다휑 언짢은 느낌을 알맞게 형용하기 어렵거나 그것을 표현할 말이 생각나지 않을 때 암시적으로 둘러서 쓰는 말.

◆사람 말을 중간에서 **무질르면** 중동무니가 되잖아: **무지르면**, **중동무이**의 잘못.

  무지르다1통 ①한 부분을 잘라 버리다. ②말을 중간에서 끊다. ③가로질러 가다.

  무지르다2통 닥치는 대로 막 밀거나 제기다. ☞피동형은 둘 다 '**무질리다**'임.

◆**짠지** 중에서는 **묵은지**가 단연 최고라고 해야 할까: 맞음.

  싱건지도 현재 표준어야: 맞음.

  [설명] 현재의 《표준》에서는 '무를 통째로 소금에 짜게 절여서 묵혀 두고 먹는 김치'만을 '짠지'로 인정하고 있으며, 고장말로 널리 쓰이는 '(무 배추 구분 없이) 짠 밑반찬'이라는 넓은 뜻으로는 인정하지 않고 있음. ♣'묵은지'도 최근 표준어로 인정되었음[2015년].

  짠지≒무짠지명 무를 통째로 소금에 짜게 절여서 묵혀 두고 먹는 김치.

  싱건지≒싱건김치명 소금물에 삼삼하게 담근 무김치.

  왜짠지(倭-)명 ≒왜무짠지('단무지'를 달리 이르는 말).

◆허구한 날 골방에서 **묵장치고** 지내던 그: **묵새기던**의 잘못. ←**묵새기다**[원]

  [설명] '묵장치다'는 없는 말이며, '묵장(-將)'은 장기에서, 쌍방이 모두 모르고 지나쳐 넘긴 장군이나 한 수 이상 지나쳐 넘긴 장군을 이름. '묵은장[-將]/묵은장군[-將軍]'과 동의어.

  묵새기다통 ①별로 하는 일 없이 한곳에서 오래 묵으며 날을 보내다. ②마음의 고충/흥분 따위를 애써 참으며 넘겨 버리다.

◆♣**문장부호 뒤에서의 띄어쓰기**

  [예제] 이달 구호는 '**친절 봉사**' **입니다**: '**친절 봉사**'**입니다**의 잘못.

"죽어도 해낼 **거야," 라고** 그가 말했다: **거야."라고**의 잘못.

[설명] 문장부호 뒤의 띄어쓰기는 그 부호 뒤에 오는 말에 따라 정해짐. 예문에 보이는 '입니다'는 서술격**조사** '이다'의 활용형이며, '라고' 역시 조사. 조사는 윗말에 붙여 쓰므로, 모두 문장부호 뒤에 붙여 적는 것.

[참고] 따옴표와 문장부호의 위치: ①문장부호는 문장의 형태를 정하므로, 문장부호가 먼저 쓰인 뒤 그 문장을 따옴표로 처리하는 것이 순서임. ¶"너 그걸 꼭 해야 하겠니?"라고 어머니가 못 박듯이 물었다; "난 기어코 그 일을 해내고야 말겠어." 그것이 그가 마지막으로 한 말이었다. ②따옴표 안의 인용문에도 온점(.)을 찍음. ¶"자 모두들 진정하자고. '하늘이 무너져도 솟아날 구멍이 있다.'고 했잖아." ☞[주의] 온점(.)은 마침표 중의 하나이며, 마침표에는 그 밖에 고리점(。), 물음표(?), 느낌표(!) 등이 있는 것으로 되었으나, 〈문장 부호〉 개정안(2015.1.1. 시행)에서는 온점(.)을 '마침표'로 부를 수 있도록 허용하였음. 반점(,) 역시 '쉼표'로 부를 수 있음.

◆애당초 **문제거리**를 만들지 말았어야지: **문젯거리**의 잘못. ⇐**'문제 거리'**로 써도 잘못. 한 낱말. ☞**'-거리'가 붙은 한 낱말 중 사이시옷이 들어간 낱말들** 항목 참조.

◆이번에 **문제된** 사람들은 인사에서 제외된다: **문제 된**의 잘못. ⇐'문제 되다'.

[설명] '문제되다'는 없는 말. '문제(가) 되다'를 생각해보면 이해가 쉬움. 이때의 '문제'는 '논쟁/논의/연구 따위의 대상이 되는 것; 해결하기 어렵거나 난처한 대상. 또는 그런 일; 귀찮은 일이나 말썽' 등을 뜻함.

◆일을 그리 **문칫문칫** 해대서야 언제 마치나?: **문칫문칫**의 잘못.

[설명] '문칫문칫'의 본말은 '문치적문치적'임. ∴ㅅ 받침. ☞'바릇거리다' 참고.

문칫문칫昌 일을 결단성 있게 하지 못하고 자꾸 어물어물 끌어가기만 하는 모양. ¶**문칫문칫하다**통 문치적거리다/~대다통.

◆요즘 **물가뭄**이 어찌나 심한지: **물가난**의 잘못. 없는 말.

물가난명 물이 적거나 없어서 겪게 되는 어려움. 또는 그런 상태.

◆비난 여론이 **물 끓 듯하다**: **물 끓듯 하다**의 잘못.

[설명] '물끓다'는 없는 말이므로 '물 끓다'로 띄어 적으며, '물 끓듯'이 구 형태로 '하다'를 수식하고 있으므로 '하다' 앞에……서 띄어 씀. 여기서의 '듯'은 대등 연결어미 '-듯이'의 준말이므로 어간 '끓-'에 붙여서 '끓듯'으로 적음.

◆**'물매가 뜨다**(≒완만하다)'의 반대말은?: **'물매가 싸다'**(≒가파르다).

[참고] '물매'는 '수평을 기준으로 한 경사도'라는 뜻.

◆**'물매미'와 '물맴이'** 중 맞는 것은?: **'물맴이'**.

[설명] '물맴이'는 매미와는 무관하게 물 위를 뱅뱅 도는 습성이 있어, 이러한 습성에서 그 명칭이 유래. '물에서 맴을 돈다'는 뜻이므로 원형을 밝혀 '물맴이'로 적음. ⇐의미소를 살려 적음.

◆탈당했으면 이번 선거에서 **물 먹기** 십상이었지: **물먹기**의 잘못. ← **물먹다**[원]

물먹다통 ①식물이 물을 양분으로 빨아들이다. ②종이/헝겊 따위에 물이 배어서 젖다. ③시험에서 떨어지거나 직위에서 떨리어 나다. ¶물먹은 솜/적삼; 이번으로 시험에서 세 번째 물먹었어.

◆**물사마귀**⑲ ≒**무사마귀**. 잘못된 말이 아님. 복수표준어.

◆젊은 사람의 근육이 어째 그리 물렁물렁 **물살**이야?: **무살**의 잘못.
　　물자맥질/물자위/물삶이: **무자맥질/무자위/무삶이**의 잘못.
　　무살⑲ 단단하지 못하고 물렁물렁하게 찐 살. [어원: ←물+살(㓞)]
　　물살⑲ 물이 흘러 내뻗는 힘.
　　무자맥질⑲ 물속에서 팔다리를 놀리며 떴다 잠겼다 하는 짓.
　　무자위⑲ 물을 높은 곳으로 퍼 올리는 기계.
　　무삶이⑲ 논에 물을 대어 써레질을 하고 나래로 고르는 일. 또는 물을 대어 써레질을 한 논.

◆**물 샐 틈 없이** 경계 중: **물샐틈없이**의 잘못. ←**물샐틈없다**[원]
　　보잘 것 없는 사람을 반겨주시니: **보잘것없는**의 잘못. ←**보잘것없다**[원]
　　[비교] **쉴새없이** 떨어지는 물: **쉴 새 없이**의 잘못. 복합용언이 아님.
　　　　철딱서니없는 사람 같으니라고: **철딱서니 없는**의 잘못. 두 낱말.
　　　　흥허물없이 지내는 사이입니다: **흥허물 없이**의 잘못. 단, '허물없다'는 한 낱말.
　　[설명] ①'없다(없이)'가 붙어 한 낱말을 이룬 복합형용사/복합부사는 '보잘것없다(보잘것없이)/터무니~/하잘것~/물샐틈~/만유루[萬遺漏]~/스스럼~/아랑곳~/엉터리~/위불위~/옴나위~' 정도임. 즉, '물샐틈없다'는 한 낱말의 복합용언이지만, '쉴 새 없다'는 세 낱말. 이러한 구분은 '물샐틈없다'는 '물을 부어도 샐 틈이 없다는 뜻으로, 조금도 빈틈이 없음'을 뜻하는 특정 의미가 있는 비유어지만, '쉴 새 없다'는 글자 그대로의 뜻 이외의 다른 뜻이 없는 말이기 때문에 (즉, 별달리 특정할 의미가 없기 때문에) 복합어로 인정하지 아니한 것임. ②이와 같이 조심해야 할 것들로는 다음과 같은 것이 있음: '밑도끝도없다'(×)/'밑도 끝도 없다'(○); '쉴새없다'(×)/'쉴 새 없다'(○); '철딱서니없다'(×)/'철딱서니 없다'(○); '흥허물없다'(×)/'흥허물 없다'(○). 단, 허물없다(○).

◆요즘 세상에 **물수발** 하는 마누라들 없지: **물시중/물심부름**의 잘못. 없는 말.
　　물시중≒**물심부름**⑲ 세숫물이나 숭늉 따위를 떠다 줌.

◆그리 짜게 먹었으니 **물 켜는** 건 당연: **물켜는**의 잘못. ←**물켜다**⑧
　　물켜다⑧ 물을 한꺼번에 많이 마시다.

◆이제 그만 **뭉기적[밍기적]거리고** 일어서지: **뭉그적거리고**의 잘못. ←**뭉그적거리다**[원]
　　[설명] '-기적-(×)/-그적-'(○). 즉, 'ㅡ' 모음이 쓰여야 할 곳에 'ㅣ' 모음이 잘못 쓰인 경우 중의 하나. 〈예〉가실가실〈까실까실(×)/가슬가슬〈까슬까슬(○); 고실고실(×)/고슬고슬(○); 포실포실(×)/포슬포슬(○); 어실하다(×)/어슬하다(○, 조금 어둡다); 으시대다(×)/으스대다(○); 바리집다(×)/바르집다(○). ☞♣**'ㅡ' 모음이 쓰여야 할 곳에 'ㅣ' 모음이 잘못 쓰인 경우들** 항목 참조.
　　[주의] 이와는 반대로 다음 낱말들은 '-그적-(×)/-기적-'(○)이므로 주의!: 어기적거리다/꾸기적거리다〉구기적거리다/엉기적거리다.

◆그 친구 시치미 딱 떼고 **뭉따는** 데는 도사지: **몽따는**(혹은 **몽때리는**)의 잘못.

[설명] 흔히 틀리기 쉬운 말. '뭉따다'는 없는 말. '몽따다/뭉때리다'가 맞음.

뭉때리다[통] 능청맞게 시치미를 떼거나 묵살해 버리다.

몽따다[통] 알고 있으면서 일부러 모르는 체하다.

◆한 덩어리 **뭉떡/뭉턱** 떼어 주지 그래: **뭉떵/뭉텅**의 잘못.

[설명] 흔히 쓰는 '뭉턱[뭉턱뭉턱]'은 '뭉텅[뭉텅뭉텅]'의 북한어이고, '뭉떵뭉떵〈뭉텅뭉텅'의 관계임.

뭉떵[부] 한 부분이 대번에 제법 크게 잘리거나 끊어지는 모양. ¶**뭉떵뭉떵**[부]

◆추운 데 뒤야지, 더운 데서는 금방 **뭉클어진다**: **뭉크러진다**의 잘못.

[비교] **미끌어지다**(×)/**미끄러지다**(○): 준말의 모음 연결 시 원형 활용.

　　　비끌어매다(×)/**비끄러매다**(○): 어근과 멀어져 소리 나는 대로.

　　　들어나다(×)/**드러나다**(○): 본뜻에서 멀어져 소리 나는 대로.

[설명] ①'미끌-'은 '미끄럽다'의 어간 '미끄럽-'의 준말 꼴에서 나온 것이므로, '-어지다'의 모음과 연결될 때는 원형의 활용형과 연결되어야 하기 때문에 '미끄러+지다'가 된 것이며, 소리 나는 대로 표기하는 원칙과도 부합됨. ②'뭉크러지다'의 경우는 아래에서 보듯 어근 '뭉클-'과 거리가 멀어져 소리 나는 대로 적게 된 것. 이와 같이 <u>동사 뒤에서 보조용언 '-(어)지다'의 변화형인 '-(러)지다'와 결합</u>할 때 소리 나는 대로 표기하는 것들 중 대표적인 것으로는 다음과 같은 것들이 있음. (괄호 안에 표기된 것들이 거리가 멀어진 어근들): 어우러지다('어울-'); 흐트러지다('흩-'); 구부러지다('굽-'); 수그러지다('숙-'); 간드러지다('간들-'); 둥그러지다('둥글-'); 버드러지다('번-'); 아우러지다('아울-'); 얼크러지다('얽-'); 문드러지다('문들-'); 가무러지다('가물-'); 거스러지다('거슬-'). [예외] '엎질러지다'는 어근 '엎지르-'를 살린 꼴에 '-러지다'를 결합한 뒤 축약하여 '엎질러-'가 된 경우임. 즉, 결과만 보면 'ㄹ'이 첨가된 격이 되었음. ☞♣**보조용언 '-(어/러)지다'와의 결합 시 소리 나는 대로 적기** 항목 참조. ③위의 경우와 비슷하지만 좀 더 일반적인 경우로서, 두 용언이 결합하여 만들어진 말이지만 본뜻에서 멀어진 것들은 소리 나는 대로 적음: 〈예〉드러나다/사라지다/쓰러지다'.

뭉크러지다〉뭉그러지다[통] 몹시 썩거나 지나치게 물러서 본모양이 없어지게 되다.

◆한 **뭉테기/뭉터기** 떼어 주면 어때서: **뭉치/뭉텅이**의 잘못.

핏자국을 **솜뭉텅이**로 닦아냈다: **솜 뭉텅이**(혹은 **솜뭉치**)의 잘못. ⇐없는 말.

종이뭉텅이째로 버렸는데 그 안에 문서가 들어 있었다: **종이 뭉텅이**의 잘못.

그때는 돈이 매일 **뭉터기돈/뭉테기돈**으로 쏟아져 들어왔어: **뭉칫돈**의 잘못.

[설명] '흙뭉텅이' 외에는 '-뭉텅이'가 붙은 합성어가 없음. 그 대신 '솜뭉치/쇠뭉치/흙뭉치/사고뭉치/시래기뭉치' 등이 있음.

뭉칫돈[명] ①뭉치로 된 돈. ②≒**목돈**(한몫이 될 만한, 비교적 많은 돈).

◆대충 **뭉퉁그리지** 말고 누구 누구인지 찍어서 말해 봐: **뭉뚱그리지**, **누구누구**의 잘못.

옷과 책들을 **몽똥그려** 쌌다: **몽뚱그려**의 잘못. ← **몽뚱그리다/뭉뚱그리다**[원].

[설명] ①'뭉퉁그리다'는 '뭉뚱그리다'의 잘못. '뭉퉁'은 부사로도 없으며, '뭉툭'의 잘못. '몽뚱그리다/뭉뚱~'는 모음조화 ②'누구누구'는 한 낱말. ☞**첩어와 준첩어** 항목 참조.

뭉뚝[부] 굵은 사물의 끝이 아주 짧고 무딘 모양.

◆사랑이 **뭐길래**: 맞음. 혹은 **뭐기에** (←무엇이기에)

[설명] 예전에는 '~길래'는 '~기에'의 잘못이었으나 복수표준어(구어체)로 인정.

[주의] **길래**[튀] 오래도록 길게. ¶길래 써 오던 망치; 그런 버릇을 길래 가져서는 안 된다.

◆**뭐니뭐니** 해도 구관이 명관: **뭐니 뭐니**의 잘못.

뭐라뭐라 하긴 하더라만: **뭐라 뭐라**의 잘못.

[설명] ①붙여 쓰는 첩어가 아니며, 관용구의 일부임. ②'~해도'가 붙은 복합어는 없으며, 모두 띄어 적음. ¶해도 해도 너무한다; 먹고 죽자 해도 없다; '도무지'는 '아무리 해도'란 뜻이다. ☞**첩어와 준첩어** 항목 참조.

◆그게 **뭐에요**?: **뭐예요**의 잘못.

[설명] '무어+이에요'의 준말이며, '뭐+이에+요'→'뭐+예+요'로 분석됨.

[비교] ①다음과 같은 경우에 쓰인 '-에요'는 해요할 자리에 쓰여 설명·의문의 뜻을 나타내는 종결어미. ¶그건 내가 한 게 아니<u>에</u>요(O); 그 아이는 학생<u>이</u>에요(O). '학생이에요'에서 나온 '-이에요'는 '이어요'와 복수표준어인데, '이에요/이어요'에서 '이'는 서술격<u>조사</u>이고 '-에요/-어요'가 <u>어미</u>. 그러므로 '이에요/이어요'는 '학생이에요'에서처럼 명사와 결합하고 (이때의 준말이 각각 '예요/여요'이며, 위의 예문 '뭐예요'에 보인 '-예요'도 바로 이것임), '한 게 아니에요'와 같이 용언의 어간에 직접 결합할 때는 서술격조사 없이 '-에요/-어요'가 결합함. ②'책이에요'의 경우를 들어 다시 설명하면 아래와 같음. ☞상세한 결합 유형에 대해서는 '**이에요/이어요**' 항목 참조.

㉮책+이에요→책이에요.

㉯책+이어요→책이어요. ⇐고로 '책이예요'와 '책이여요'로 적는 것은 잘못.

◆내놓고 말하기가 참 **뭘하구만**: **뭣(무엇)하구면/멋하구면**의 잘못.

사람을 **뭘로** 보고: **뭐로**(혹은 **무어로**)의 잘못. ⇐'뭘로'는 '무엇을로'가 됨.

[설명] **뭘**: '무엇을'의 준말. **뭐**: '무어'의 준말. **뭣**: '무엇'의 준말.

뭣하다≒멋하다/뭐하다[통] '무엇하다'의 준말. [형] '무엇하다(언짢은 느낌을 알맞게 형용하기 어렵거나 그것을 표현할 말이 생각나지 않을 때 암시적으로 둘러서 쓰는 말)'의 준말. ¶멋한다고 여태 집에 있었누? 일찍 좀 와서 돕지; 그 순간에 내 입장이 뭣해서 자리를 떴다; 자리에 앉아 있기가 멋해서 일어섰다.

◆**뭣모르고** 거길 갔다가 생욕만 먹고 왔다: **멋모르고**의 잘못. ←**멋모르다**[원]

뭘 모른 채 함부로 나서면 곤란하지: 쓸 수 있음.

멋모르다[통] 까닭/영문/내막 따위를 잘 알지 못하다.

◆♣**'-므로'의 연결 시 주의사항**

[예제] 그가 지금은 **서투르므로** 일을 많이 주진 말게: **서툴므로**의 잘못.

지금 그가 몹시 **힘드므로** 좀 도와주게나: **힘들므로**의 잘못.

수업시간마다 **졸으므로/조르므로** 성적이 오르지 않는다: **졸므로**의 잘못

[설명] '-므로'가 붙는 위치: 까닭/근거를 나타내는 연결<u>어미</u>로서, ①'이다'의 어간. ¶상대가 아주 힘이 세고 기술이 좋은 선수<u>이</u>므로 조심해야 해. ②받침 없는 용언의 어간. ¶그는 엄청 부지런<u>하</u>므로 곧 성공할 것이다; 그 사람은 은근히 게으<u>르</u>므로 감독을 철저히 하도록; 비가 <u>오</u>므로 외출하지 않았다. ③'ㄹ' 받침인 용언의 어간. ¶아직 모든 게 서<u>툴</u>므로 일은 조금만 시키도록. ④어미 '-으시-' 뒤에 붙음. ¶선생은 인격이 높<u>으시</u>므로 생전에도 많은 존경을 받았다.

[설명2] 즉, 어미 '-므로'는 '서툴다/힘들다/졸다'와 같이 'ㄹ' 받침이 있는 용언의 경우에 어간 뒤에 바로 붙으므로(위의 설명에서 ③항) '힘들'(어간)+'므로'(어미)→'힘들므로'; '서툴'(어간)+'므로'(어미)→'서툴므로'; '졸'(어간)+'므로'(어미)→'졸므로'가 됨. 따라서, 어간에서 'ㄹ'이 탈락한 '서투르므로/힘드므로/조르므로'는 잘못.

◆길이 미끌미끌하니까 **미끌어지지** 말게: **미끄러지지**의 잘못. ←**미끄러지다**[원].
　미끄럼이나 **미끄러움**이나 같은 말 아닌가: 다름. ⇐설명 참조.
　[설명] ①'미끌-'은 '미끄럽다'의 어간 '미끄럽-'의 준말 꼴에서 나온 것이므로, '-어지다'의 모음과 연결될 때는 원형의 활용형과 연결되어야 하기 때문에 '미끄러+지다'가 됨. 또한 소리 나는 대로 표기하는 원칙과도 부합됨. 〈예〉'뭉클어지다(×)/뭉크러지다(○)'. ②'미끄럼'은 '미끄럽다'의 명사형 '미끄러움'의 준말이 아니며, '미끄러운 곳에서 미끄러지는 일. 또는 그런 놀이'라는 뜻을 나타내는 별개의 명사. [주의] '부끄러움'을 '부끄럼'으로 줄여 쓰는 방식이 두루 널리 나타나므로, '부끄럼'을 부끄러움의 준말로 인정한 것과는 다름.

◆**미나리깡**에서 일하려면 긴 장화는 필수품: **미나리꽝**의 잘못.
　미나리꽝몡 미나리를 심는 논.
　[기억도우미] '미나리꽝'은 '미나리의 광(곳간/창고처럼 미나리가 많은 곳)' →'미나릿광' →'미나리꽝'으로 변전했다는 속설이 있음.

◆**미루나무**는 본래의 어원인 **미류(美柳)나무**가 표준어 아닌가: **미루나무**가 맞음.
　[설명] 《표준어 규정》 제10항에서, 일부 낱말에 대하여 모음이 단순화한 형태를 표준어로 삼도록 규정. '미루나무'는 '미국 버들'을 뜻하는 '미류(美柳)-'에서 온 것이기는 하지만 지금은 '미루나무'로 널리 쓰이므로 '미루나무'를 표준어로 삼은 것. ⇐모음 단순화.
　[참고] 이러한 **모음 단순화 형태를 표준어로 삼은 예들**: '괴팍하다(○)/괴퍅하다(×) ; -구먼(○)/-구면(×); 미륵(○)/미력[←彌勒](×); 여느(○)/여늬(×); 온달(○)/왼달(×); 으레(○)/으례(×); 케케묵다(○)/켸켸묵다(×); 허우대(○)/허위대(×); 허우적허우적(○)/허위적허위적(×)'. 단, '퍅성/퍅하다/강퍅' 등은 여전히 복모음 인정.

◆**미싯가루**를 마시고 출근했다: **미숫가루**의 잘못. ⇐'마시고'는 사용할 수 없음.
　[설명] '미숫가루'는 '찹쌀/멥쌀/보리쌀 따위를 찌거나 볶아서 가루로 만든 식품'이므로 그대로 마실 수가 없으며, 물에 타서 마셔야 함. ¶미숫가루를 우유에 타서 마시고 출근했다(○).
　[참고] 미숫가루를 설탕물이나 꿀물에 타면 '미수'가 됨. '미수'는 고유어.
　미수몡 설탕물/꿀물에 미숫가루를 탄 여름철 음료.

◆전철 안은 **미여터질** 듯했다: **미어터질**의 잘못. ←**미어터지다**[원]
　[유사] 갑자기 괴한이 **튀여나왔다: 튀어나왔다**의 잘못. ←**튀어나오다**[원]
　[설명] ①'미어터지다'는 '미어('미다'의 활용+터지다)'의 복합어. 발음은 {미어~}와 {미여~}의 두 가지로 가능하므로 표기에서 이러한 영향을 받아, '미여~'로 잘못 적기도 함. ②'튀여나오다'도 '튀어+나오다'에서 온 복합어. 이 또한 발음이 {튀어~}와 {튀여~}의 두 가지 모두 쓰일 수 있어서 잘못 적기 쉬운 말임.
　미다통 팽팽한 가죽/종이 따위를 잘못 건드려 구멍을 내다.

◆**미웁다고** 어떡할 건데? **미우나고우나** 자식인데: **밉다고**, **미우나 고우나**의 잘못.
  [설명] ①'미웁다'는 표준어 사정에서 제외된 말로, '밉다'의 잘못. ②'밉다'는 '밉고/미워/미우니'로 활용.

◆지금 네 말은 영 **믿겨지지** 않는다: **믿기지**의 잘못. ←**믿기다**[원]
  믿어질 만한 증거를 갖고 와서 얘기해라: 맞음. ←**믿어지다**[원]
  [설명] '믿다'의 피동사로는 '믿기다'와 '믿어지다'의 두 가지가 가능한데, '믿겨지다'는 '믿기다'에 다시 피동
    이(-어지-) 덧대진 이중 피동으로 잘못.

◆칼국수 해 먹게 **밀대방망이** 좀 찾아와라: **밀방망이** 혹은 **밀개**의 잘못.
  [참고] '평미레'를 쓸 자리에 '밀대방망이'를 더 흔히 오용함. '밀대방망이'는 없는 말.
  밀방망이명 반죽을 밀어서 얇고 넓게 펴는 데 쓰는 방망이.
  밀개명 ①밀가루 반죽 따위를 밀어서 얇고 넓게 만드는 기구. ②밀어 주는 작용을 하는 기계 부속품.
  평미레[平─]명 말/되에 곡식을 담고 그 위를 평평하게 밀어 고르게 하는 데 쓰는 방망이 모양의 기구.

◆댓바람에 **밀창/밀창문**을 열고 뛰어나갔다: **미닫이**(혹은 **여닫이창**)의 잘못.
  [설명] '밀창'은 아예 없는 말이며, '밀창문'은 방언(경북/충북). 벽에 달린 작은 창으로 손으로 밀거나 당
    겨서 여닫는 창을 흔히 '밀창'으로 잘못 쓰는데, 올바른 명칭은 '여닫이창'임.
  미닫이명 문/창 따위를 옆으로 밀어서 열고 닫는 방식. 또는 그런 방식의 문/창의 총칭. ¶미닫이문, 미
    닫이창.
  여닫이창[─窓]명 밀거나 당겨서 열고 닫는 창.

◆둘이서 저리 **밀치락들치락**만 한 지 한 시간째다: **밀치락달치락**의 잘못.
  [설명] '밀치락들치락'은 없는 말이며, '밀치락달치락'은 북한어.
  밀치락달치락부 자꾸 밀고 잡아당기고 하는 모양.

◆저 **밉둥스러운** 낯짝 좀 안 볼 수 없을까: **밉살스러운/밉광스러운**의 잘못.
  [설명] '밉둥스럽다'는 없는 말. '밉둥머리스럽다'도 마찬가지로 '밉살머리스럽다'의 잘못. ☜'밉둥(어린아이
    가 하는 미운 짓)'이라는 말이 있으므로 '~스럽다'를 붙여 형용사화 할 수 있으리라고, 지레짐작으로
    잘못 사용하는 말. [참고] '초라스럽다'가 '초라하다'의 북한어이듯이, 표준어에서 배제된 것들도 적지
    않음.
  밉광스럽다형 보기에 매우 밉살스러운 데가 있다.
  밉살스럽다형 보기에 말/행동이 남에게 몹시 미움을 받을 만한 데가 있다.

◆**밍기적거리지** 말고 서둘러라: **뭉그적거리지**(혹은 **미적거리지**)의 잘못.
  [참고] 자꾸 **미루적거리지** 말래도: 맞음. 아래 설명 참조.
  [설명] ①'밍기적거리다'는 '미적거리다'의 방언(경상도). ②'미적거리다/미적대다'에는 여러 가지 뜻이 있는
    데, 그중 하나는 '미루적거리다'와 동의어.
  뭉그적거리다[─대대]통 ①나아가지 못하고 제자리에서 조금 큰 동작으로 자꾸 게으르게 행동하다. ②
    나아가지 못하고 제자리에서 몸이나 몸의 일부를 조금 큰 동작으로 자꾸 느리게 비비대다. [유]머무
    적거리다/머뭇거리다.
  미적대다통 ①늑**미적거리다**(무거운 것을 조금씩 앞으로 밀다). ②늑**미루적거리다**(해야 할 일이나 날짜

따위를 자꾸 미루어 시간을 끌다). ③≒**미적거리다**(꾸물대거나 망설이다).
미루적거리다⑧ 해야 할 일이나 날짜 따위를 자꾸 미루어 시간을 끌다.

◆**밑둥**을 제대로 깨끗이 잘라야지: **밑동/밑둥치**의 잘못. ⇐'둥치'에서 잘못 연상.
　밑동⑲ ①긴 물건의 맨 아랫동아리. ②나무줄기에서 뿌리에 가까운 부분. ③채소 따위 식물의 굵게 살
　　진 뿌리 부분.
　밑둥치⑲ 둥치의 밑부분.
　둥치⑲ 큰 나무의 밑동.

ㅂ

◆♣'ㅂ' 불규칙용언

[예제] 생선은 **구어 먹어야** 더 맛있다: **구워 먹어야**의 잘못. ←**굽다**[원]

빵을 **구으면** 맛이 더 좋다: **구우면**의 잘못. ⇐'ㅂ' 불규칙용언.

잔디밭에 그냥 **누으면** 위험해: **누우면**의 잘못. ⇐'ㅂ' 불규칙용언.

[설명] ①불에 익히다라는 뜻을 나타내는 동사 '굽다'는 어간의 끝소리 'ㅂ'이 모음 앞에서 '오/우'로 바뀌는 'ㅂ' 불규칙용언으로, 다음과 같이 활용함. 〈예〉고기를 구워: '굽-+-어'→구워; 빵을 구우면: '굽-+-으면'→구우면. ②이와 같은 'ㅂ' 불규칙용언에는 굽다/눕다/줍다/돕다/곱다 등이 있으며, '구우면/누우면/주우면/도우면'으로 활용함. '-워'와 결합할 때는 '돕다/곱다'만 '도와/고와'이고 나머지는 '구워/누워/주워'로 활용. 즉, 모음이 'ㅗ'인 **단음절 어간** 뒤에 결합하는 '-아'의 경우만 '와'로 적고, 그 밖의 경우는 모두 '워'로 적음. [한글 맞춤법 제18항 6. 예외 규정]

◆서로 **바꿔진** 걸 모르고 그냥 가져왔네: **바뀐**의 잘못. ←**바뀌다**[원]. 이중피동.

[설명] '바꾸어지다→바꿔지다'는 '바꾸다'의 피동 '바뀌다'에 피동 접사 '-어지다'가 덧붙여진 이중 피동. 특별한 경우가 아니면 사용하지 않는 것이 올바름. '불리워지다'도 마찬가지로 '불리다'의 이중피동.

◆♣바느질 관련 동사들

[예제] 우례는 옷을 마른 뒤 정성껏 감치고 **공글리며** 휘갑까지 쳤다: **공그르며**의 잘못. ←**공그르다**[원]

여인은 시어미 보료의 가장자리에 **상침을 폈다**: **상침을 놓았다**의 잘못. ⇐'상침(을) 놓다'는 관용구.

대충 **징거메도** 될 걸 그리 시간을 끄냐: **징거매도**의 잘못. ←**징거매다**[원]

○ 바느질 관련 동사들: 감치다/공그르다/박다/사뜨다/상침(을) 놓다/징거매다/징그다/호다/휘갑치다.

[주의] 위의 낱말 중 '공그르다'의 경우, '공그리다' 혹은 '공글리다'로 잘못 쓰는 경우가 아주 흔함. '공글리다'는 전혀 다른 의미.

공그르다[통] 헝겊의 시접을 접어 맞대어 바늘을 양쪽의 접힌 시접 속으로 번갈아 넣어가며 실 땀이 겉으로 드러나지 않게 속으로 떠서 꿰매다.

공글리다[통] ①바닥 따위를 단단하게 다지다. ②일을 틀림없이 잘 마무리하다. ③흩어져있는 것을 가지런히 하다. ④마음/생각 따위를 흔들리지 않도록 다잡다.

상침[上針][명] 박아서 지은 겹옷/보료/방석 따위의 가장자리를 실밥이 겉으로 드러나도록 꿰매는 일.

호다[통] 헝겊을 겹쳐 바늘땀을 성기게 꿰매다.

징거매다[통] 옷이 해어지지 아니하게 딴 천을 대고 대강 꿰매다.

징그다[통] ①옷의 해지기 쉬운 부분이 쉽게 해어지지 아니하도록 다른 천을 대고 듬성듬성 꿰매다. ②큰 옷을 줄이기 위하여 접어 넣고 듬성듬성 호다.

◆나무에 매달려 **바둥거리던** 걸 구해 왔다: **바동거리던**의 잘못. ←**바동거리다**[원]

그 친구 매달려서 **바둥거리면서도** 할 소리 다 하더군: **바동(버둥)거리면서도**의 잘못.

바동바동 끝까지 고집을 부려대던 그도 고집을 꺾었다: 맞음.

[설명] ①'**바동**거리다'의 유의어는 '**버둥**거리다'이며, '바둥거리다'가 아님. ②'바둥거리다/바등거리다': 모두

없는 말. ③예전에는 '바둥바둥'의 잘못이던 '바둥바둥'을 복수표준어로 인정[2011년]. 그러나, 어감/뜻은 미세한 차이가 있음. '바둥〈바둥〈버둥'의 관계.

바둥바둥[图] ①덩치가 작은 것이 매달리거나 자빠지거나 주저앉아서 자꾸 팔 다리를 내저으며 움직이는 모양. ②힘에 겨운 처지에서 벗어나려고 애를 바득바득 쓰는 모양.

바둥바둥[图] ①덩치가 크지 않은 것이 매달리거나 자빠지거나 주저앉아서 팔 다리를 자꾸 내저으며 움직이는 모양. ②힘에 겨운 처지에서 벗어나려고 기를 쓰고 바득바득 애쓰는 모양.

아둥바둥[图] '아등바등'의 잘못. ¶아등바등하다[통]

아등바등[图] 무엇을 이루려고 애를 쓰거나 우겨 대는 모양.

◆많은 시청 **바라겠습니다**: 시청 **바랍니다**가 더 명확하고 적절함.

◆지속적인 성원을 **바라마지 않습니다**: 바라 **마지않습니다**의 잘못.
  [설명] '바라다'(본동사)+'마지않다'(보조용언)이므로 띄어 씀. (원칙).
  마지않다[보]〈통〉 '마지아니하다(앞말이 뜻하는 행동을 진심으로 함을 강조하여 나타내는 말)'의 준말.

◆그 학생은 예의가 **바라서** 칭찬감이야: **발라서**의 잘못. ←**바르다**[원]
  [참고] 행동이 **똑바라서** 표창감이야: **똑발라서**의 잘못. ← **똑바르다**[원]
        듬직하고 **올바라서** 존경 받는 것: **올발라서**의 잘못. ← **올바르다**[원]
  [설명] '바르다'는 '르' 불규칙용언이어서 '–아/–어' 앞에서 '르'가 'ㄹㄹ'로 바뀌므로, '바르다'는 '발라서/발랐다'로 활용함. ☞♣'르' **불규칙활용 용언** 항목 참조.

◆워낙 **바람끼**가 많은 여자라서 **바람 난** 게 하등 이상하지 않아: **바람기**(혹은, **끼**), **바람난**의 잘못.
  [설명] '바람나다/바람맞다/(신)바람내다/바람몰이하다': 모두 한 낱말.
  바람기[–氣][명] ①바람이 부는 기운. ②이성과 함부로 사귀거나 관계를 맺는 경향/태도.
  끼[명] ①(속) 연예에 대한 재능/소질. ②≒**바람기**(이성과 함부로 사귀거나 관계를 맺는 경향/태도).

◆첫 데이트에서 **바람 맞은** 사람: **바람맞은**의 잘못. ←**바람맞다**[원]
  [설명] '바람맞다/바람맞히다'는 한 낱말.
  바람맞다[통] ①상대가 만나기로 한 약속을 지키지 아니하여 헛걸음하다. ②풍병에 걸리다. ③몹시 마음이 들뜨다.

◆**바람부는** 제주에는 돌도 많고요: **바람 부는**의 잘못. ⇐'바람불다'는 없는 말.
  발길을 돌리려고 **바람부는** 대로 걸어도: **바람 부는**의 잘못.

◆**바람피는** 이가 예고편 상영하고 하던가: **바람피우는**의 잘못. ←**바람피우다**[원]
  담배 한 대 **피고** 올게: **피우고**의 잘못. ←**피우다**[원]
  소란 **피지** 말고 얌전히 있거라: **피우지**의 잘못.
  [설명] '피다'는 자동사. '피우다'는 타동사. 그러므로 목적어가 있으면 '피우다'. ¶형편/혈색/보풀/곰팡이가 피다; 꽃/불/연기/소란/딴청/거드름/고집/게으름을 피우다.
  [주의] '바람피우다'는 한 낱말. '바람(을) 피우다'도 가능함.

◆광목이 햇볕에 **바래졌다**: **바랬다**의 잘못. ←**바래다**[원]

  [참고] **빛바래진** 사진: **빛바랜**의 잘못. ←**빛바래다**[원]

  [설명] '바래다' 자체가 '볕/습기를 받아 색이 변하다'의 뜻. '바래지다'는 불필요한 이중 피동. '빛바래지다'
  도 마찬가지로 잘못.

◆즐겁게 식사하기를 **바래요**: **바라오/바라요**의 잘못.

  [참고] 그건 나의 **바램**이었어: **바람**의 잘못. ←**바라다**[원]

  [설명] ①원형은 '바라다'이므로 '바래+요'는 잘못이며, '바라(어간)+요(어미)→바라요'. ②'-어(아)요'와 '-
  오'는 모두 가능하므로, 둘 다 사용 가능함. 즉, '바라+오→바라오'; '바라+요→바라요'. ③'바라다'의
  명사형은 '바람'. 흔히 쓰는 '바램'은 잘못.

◆**바랠** 걸 바래야지: **바랄**의 잘못. ←**바라다**[원]

  누가 남의 <u>귀동이</u>를 나무**래**?: **귀동이, 나무라**의 잘못. ←**나무라다**[원]

  [설명] '바라다'와 '나무라다'에서 '-아'가 결합하면 '바래-'와 '나무래-'가 되지 않고 '-아'가 줄어들어 각
  각 '바라(←바라-+-아)'와 '나무라'가 되는 것에 유의. 다음 예문 참고. ¶①누가 너를 나무랐니?(○)/
  나무랬니?(×). ②누가 남의 귀동이를 나무라?(○)/나무래?(×).

◆늘 **바른말 고운말**을 써야: **바른 말 고운 말**의 잘못. '고운말'은 없는 말.

  [주의] 누구도 **바른 말**을 내놓고 못 하던 철권 통치 시절: **바른말**의 잘못.

    KBS의 맞춤법 책자인 〈**바른말 고운말**〉: 쓸 수 있음. 고유명사

  [설명] ①'바른말'은 '이치에 맞는 말'을 뜻하는 한 낱말. ②작품/저서 이름과 같은 고유명사에서는 맞춤
  법과 무관하게 표기할 수 있음.

◆아이가 갑갑한지 팔다리를 **바릇거린다**: 바릇거린다의 잘못. ←**바릇거리다**[원]

  [설명] '바릇거리다'는 '바르작거리다'의 준말. ∴ㅅ 받침. ☞'**문칫문칫**' 항목.

◆그런 걸 **바리집어** 그처럼 크게 떠벌리다니: **바르집어(버르집어)**의 잘못. ☞'**ㅡ' 모음이 쓰여야 할 곳에 'ㅣ'
  모음이 잘못 쓰인 경우들** 항목 참조.

  바르집다≒버르집다[동] ①파서 헤치거나 크게 벌려 놓다. ②숨겨진 일을 밖으로 들추어내다. ③작은 일
  을 크게 부풀려 떠벌리다.

◆그런 **바보 짓**도 다시 없다: **바보짓, 다시없다**의 잘못. 모두 한 낱말.

◆**아이구** 바쁘다 **바뻐, 바뻐** 죽겠네: **아이고, 바빠**의 잘못. ⇐모음조화 위배!

  [참고] '아이구머니'는 '아이고머니'의 잘못.

◆아이가 **바시시** 웃었다: **보시시**(또는 **배시시**)의 잘못.

  [참고] 빗질을 하지 않아 머리가 **바스스**했다: 맞음. 바스스〈부스스.

  [설명] ①'바시시'는 없는 말로 '보시시/배시시'또는 '바스스'의 잘못임. '보시시'는 '살포시(포근하게 살며시)'
  와 동의어. '배시시'는 '입을 조금 벌리고 소리 없이 가볍게 웃는 모양'. ②'바스스'는 '머리카락/털 따위
  가 어지럽게 일어나거나 흐트러져 있는 모양'을 뜻하며, 바스스하다〈부스스하다의 관계임.

◆♣'-바치'로 끝나는 말들 중, 유의해야 할 것들.

[예제] **갓바치/갖받치**의 아들로 태어난 게 죄다: **갓바치**의 잘못.

[설명] ①'갖바치'에서 '갖'은 '가죽'을 뜻하는 말. ②'바치'는 '장이(丈-)'를 뜻하는 우리말 접사로 어원을 몽골어로 추정하나, 다음에서 보듯 독립어로는 쓰이지 않고 있음.: **갓바치/구실바치**≒**구실아치**(각 관아의 벼슬아치 밑에서 일을 보던 사람)/**노릇바치**≒**노릇꾼**('희극 배우'를 예스럽게 이르는 말)/**놀음바치**(광대나 재인)/**동산바치**≒**원예사.**

◆그 친구 **박살났군**: **박살(이) 났군**의 잘못. ⇐'박살나다'는 없는 말.

그 친구 **깨박살/깨박산났대**: 잘못. '깨박살/깨박산' 자체가 없는 말.

그 친구 **작살 나게** 맞았대: **작살나게**의 잘못. ←**작살나다**[원]

[설명] ①흔히 쓰는 '깨박살/깨박산'은 없는 말. '박살(깨어져 산산이 부서지는 것)'은 고유어이며, '박살(이) 나다'로 표기. '박살되다/박살하다'의 경우는 박살(撲殺)임. ②'작살 나다'는 '박살(이) 나다'와 달리 '작살나다'의 잘못.

작살나다[통] ①완전히 깨어지거나 부서지다. ②아주 결딴이 나다. [유]부서지다.

◆힘차게 **박수를 쳤다**: **박수했다**가 나음. ⇐의미 중복.

박수 갈채가 쏟아졌다: **박수갈채**의 잘못. ⇐한 낱말.

[설명] 박수(拍手)'는 '두 손뼉을 마주 침'의 뜻으로, 이미 '치다'라는 의미를 포함하고 있음. 따라서 '박수하다/박수를 보내다' 또는 '손뼉을 치다'와 같이 쓰는 것이 의미상 중복되지 않는 표현. 그러나, '박수를 치다'가 관용상 널리 쓰이고 있으므로 잘못된 표현으로 보기는 어려움.

◆♣'-박이'와 '-배기'

[예제] 한 살**박이**: 한 살**배기**의 잘못.

[설명] ①'-박이': 박는다는 뜻의 의미소 '박'이 살아 있으면 '-박이'(접미사). ¶'오이소박이/차돌박이/덧니박이/고석박이/점박이/금니박이/네눈박이/장승박이/붙박이' 등등.

[분석 적용 예] '오이소박이/오이소배기'의 경우, 오이소박이←'오이+소+박이'의 구조. '오이에 소(만두, 송편, 통김치 등에 넣는 고명)를 박았다'는 뜻이므로, '박'. 그러므로, '오이소박이(O)/오이소배기(×)'.

②'-배기': 그 나이를 먹은 아이, 그것이 들어 있거나 차 있음, 혹은 그런 물건을 뜻할 때 쓰는 접미사. ¶두 살배기/다섯 살배기; 달배기/나이배기; 알배기/공짜배기/대짜배기/진짜배기.

[참고] '-박이'와 '-배기'는 둘 다 접미사이므로 반드시 윗말에 붙여 씀.

달배기[명] 낳은 지 일 년도 채 안 된 자식.

◆어제의 축구는 정말 **박진감** 넘치는 경기였어: 쓸 수 있음.

그 그림은 얼마나 생생한지 **박진감**이 있어: 맞음.

[참고] 예전에 《표준》에는 박진감(迫眞感)이 '진실에 가까운 느낌'이라는 뜻풀이 하나만 있었으나, 현재는 '생동감 있고 활기차고 적극적이어서 현실적으로 느껴지는 느낌'의 뜻풀이를 더했음. 그럼에도 〈우리말 큰사전〉에 보이는 '세차게 밀고 나아가는 느낌'이라는 뜻의 박진감(迫進感)은 아직도 수용되지 않고 있음.

◆머릿속 깊숙이 **박힌** 생각인데 쉽게 바뀔 수 없어: 맞음. ←**박히다**[원]

마디마디 못이 **박힌/배긴** 어머니의 손: **박인**의 잘못. ←**박이다**[원]

노동은 근로자의 손바닥에 굳은살이 **배기게** 하고: **박이게**의 잘못.

틀에 **박인** 직장 생활: **박힌**의 잘못. ←**박히다**[원]

[참고] 종일 누워 있었더니 등이 **배긴다**: 맞음. ←**배기다**[원]

[설명] '박다'의 피동이 '박히다'이며, '박이다'는 자동사.

박이다통 ①버릇/생각/태도 따위가 깊이 배다. ②손바닥/발바닥 따위에 굳은살이 생기다.

박히다통 ①'박다'의 피동. ¶벽에 박힌 못; 손가락에 가시가 박히다; 다이아몬드가 박힌 결혼반지; 물방울무늬가 박힌 블라우스; 옷장 속에 아무렇게나 박혀 있는 옷들; 요직에 박혀 있는 동창들을 잘 활용만 하면; 시선은 허공에 박혀 있었다; 물속에 머리가 박히는 고문; 나무뿌리는 땅속 깊이 박혀 있었다; 명함에는 사장이라는 두 글자가 박혀 있었다. ②사람이 한곳에 들어앉아 나가지 아니하는 상태를 계속하다. ¶시골에 박힌 이후로는 두문불출; 실연 후 방구석에 종일 박혀 있다. ③어떤 모습이 머릿속/마음속에 인상 깊이 새겨지다. ¶날 바라보던 여인의 시선이 뇌리에 박혀 떠나질 않는다. ④머릿속에 어떤 사상/이념 따위가 깊이 자리 잡다. ¶근검절약 정신이 뼛속까지 박힌 사람. ⑤행동/생활이 딱딱하게 느껴질 정도로 <u>규격화되</u>다. ¶틀에 박힌 직장 생활이 그의 체질에는 맞지 않았다. ⑥점/주근깨 따위가 자리 잡다. ¶얼굴에 주근깨가 잔뜩 박혀 있었다.

배기다통 바닥에 닿는 몸의 부분에 단단한 것이 받치는 힘을 느끼게 되다.

◆**그밖에(도)** 여러 가지 사건들이 있었지: **그 밖에(도)**의 잘못.

김용준 총리 내정은 **예상밖의** 인사였다: **예상 밖의** 잘못.

그가 그 사건의 주범일 줄은 참으로 **상상밖**의 일이었다: **상상 밖**의 잘못.

오늘부터 일절 외출금지. **문 밖**을 나서지 마라: **문밖**의 잘못.

[주의] 걔는 **공부 밖에** 모르는 학생: **개, 공부밖에**의 잘못. '밖에'는 조사.

[설명] ①'밖'이 들어간 말 중, 다음 말들을 제외하고는 합성어가 아니므로 띄어 써야 함.: 뜻밖/천만뜻밖/창밖(窓-)/문밖(門-)/판밖/꿈밖. ②뒤에 오는 부정어와 함께 쓰인 '밖에'는 보조사임. '걔'는 '그 아이'의 준말. 그 아이 →그 애 →걔.

[주의] 위의 '예상 밖'과 '상상 밖'을 '외(外)'를 써서 바꾼 '예상외/상상외'는 합성어로서 한 낱말.

문밖[門-]명 ①문의 바깥쪽. ②성문을 벗어난 곳. ③사대문 밖.

판밖명 일이 벌어진 자리 밖.

꿈밖명 꿈에도 생각 못함.

◆**밖쪽**을 보면 새 차가 하나 있을 걸: **밭쪽**(혹은 **바깥쪽**)의 잘못.

밖사돈/밧사돈끼리 한잔 합시다: **밭사돈, 한잔합시다**의 잘못. ←**한잔하다**[원]

[참고] 씨름에서 **밧다리걸기**: **밭다리걸기**의 잘못.

[설명] ①'밭쪽'에서의 '밭'은 '바깥'이 줄어든 꼴로서 준 뒤에도 그 어원과의 연관성을 드러내기 위하여 받침을 'ㅌ'으로 표기하는 것. <예>'밭다리/밭벽/밭부모/밭사돈/밭상제/밭어버이' 등. ②'밖사돈' 대신 '바깥사돈'으로 표기하면 올바름.

밭쪽명 ≒바깥쪽(바깥으로 향하는 쪽).

◆**반댓말**: **반대말**의 잘못. ←발음이 {반:대말}.

[설명] '반대(反對)+말'이므로 형태상으로는 사이시옷 가능함. 그러나, 발음이 '편지글{편:지글}'과 같이 장모음 {반:대말}이므로, 사이시옷이 필요하지 않음. 이와 유사한 것으로 예사말(例事-){예:사말}; 좀체말{좀:체말}이 있으며, '머리말/머리글'도 발음이 {머리말}, {머리글}로서 사이시옷이 필요하

지 않음.

◆일을 하다 말면 **반도막/반토막**이 되잖아: **반동강**의 잘못.
　두동강이 난 연필: **두 동강**의 잘못. 두 낱말.
　[설명] '반도막/반토막'은 없는 말로 '반동강'의 잘못.
　반동강[半-]囹 말/일 따위를 끝맺지 못하고 중간에서 흐지부지 그만두거나 끊어 버림. ¶~**하다**동.

◆**반딧불**이 날며 꽁무니에서 빛을 번쩍였다: 맞음. **반딧불이**(≒**개똥벌레**)도 가능.
　[설명] '반딧불'에는 두 가지 뜻이 있음: ①'반딧불이(개똥벌레)'의 꽁무니에서 번쩍거리는 빛. 즉 개똥벌레
　가 만드는 인화(燐火)·형광(螢光)인데 '개똥불'이라고는 안 함. ②≒**반딧불이**(개똥벌레).

◆어디서 **반말찌거리/반말짓거리**야: **반말지거리**의 잘못. 단, 발음은 {반말찌거리}.
　싸래기만 먹었나, **반말짓**을 해대고: **싸라기**, **반말질**의 잘못. '반말짓'은 없는 말.
　반말질[半-]囹 반말을 하는 짓. ¶~**하다**동
　반말지거리[半-]囹 반말로 함부로 지껄이는 일. 또는 그런 말투. ¶~**하다**동

◆야산의 **반비탈진** 언덕을 일구어: **반비알진**의 잘못. 없는 말. ←**반비알지다**[원]
　[주의] '반비알지다'는 있지만, '반비알'은 없는 말. '비알'은 '비탈(산/언덕 따위가 기울어진 상태/정도)'를
　뜻하는 방언(강원, 경기, 경상, 충청)으로 '산비알'도 방언. '산비탈(산기슭의 비탈진 곳)'이 표준어. '반
　비알지다'는 '비알'이라는 방언을 취하여 만들어진 특이한 표준어이며, 산비탈뿐만 아니라 땅이 약간
　비탈진 곳에는 모두 쓸 수 있는 말.
　반비알지다[半-]동 땅이 약간 비탈지다.

◆그녀이 얼굴 **반주구레한** 것만 믿고 까불더니 결국은: 반주그레한의 잘못. ♣'_' 모음 낱말과 'ㅜ/ㅗ' 모
　음 낱말의 구분 항목 참조.
　반주그레하다〈**번주그레하다**형 생김새가 겉보기에 반반하다.

◆조용필의 콘서트 입장권 연속 매진은 여전한 인기의 좋은 **반증**: **증거**의 잘못.
　그의 콘서트 입장권 연속 매진은 여전한 인기의 좋은 **방증**이고 말고: 맞음.
　[설명] ①'반증(反證)'은 '어떤 사실/주장이 옳지 아니함을 그에 반대되는 근거를 들어 증명함. 또는 그런
　증거/어떤 사실과 모순되는 것 같지만, 오히려 그것을 증명한다고 볼 수 있는 사실'이라는 뜻이므로,
　입장권 연속 매진이라는 사실은 여전한 인기의 증거이지, 그와 반대되는 인기 하락의 증거가 아니므
　로 '반증'은 문맥상 부적합한 표현. ②이와 관련, '반증/방증/증거'를 요약 구분하면 '반증(反證)'은 반
　대되는 증거, '방증(傍證)'은 간접적인 증거, '증거(證據)'는 사실을 증명할 수 있는 근거라 할 수 있음.
　예컨대, 위의 예문에서 문맥상, 어떤 사실이 '식지 않는 인기'를 그대로 보여 주고 있다면 그 어떤 사
　실은 '증거'가 될 것이고, 어떤 사실이 '식지 않는 인기'를 간접적으로 증명하는 증거가 된다면 그 어떤
　사실은 '방증'이 될 것이며, 어떤 사실이 '식지 않는 인기'와 반대되는 것을 보여 준다면 그 '어떤 사실'
　은 '반증'이 될 것임.
　반증[反證]囹 ①어떤 사실/주장이 옳지 아니함을 그에 반대되는 근거를 들어 증명함. 또는 그런 증거.
　②어떤 사실과 모순되는 것 같지만, 오히려 그것을 증명한다고 볼 수 있는 사실.
　방증[傍證]囹 사실을 직접 증명할 수 있는 증거가 되지는 않지만, 주변의 상황을 밝힘으로써 간접적으

로 증명에 도움을 줌. 또는 그 증거.

◆<u>반짓고리</u>: '<u>반짇고리</u>'의 잘못.

[참고] 며칠날: 며칟날의 잘못.

[설명] 원래 'ㄹ'인 말이 딴 말과 어울려 'ㄹ' 소리가 'ㄷ'으로 소리 날 경우에 'ㄷ'으로 적음. 〈예〉반짇고리(바
느질+고리), 사흗날(사흘+날), 이튿날(이틀+날). 이와 같은 말에는 '삼짇날/섣달/숟가락/잗주름/푿
소/섣부르다/잗다듬다/잗다랗다' 등도 있음.

◆♠'<u>-받다</u>'가 들어간 복합어 중 유의해야 할 말들: 복합어이므로 붙여 써야 하며 띄어 쓰면 잘못.

[예제] 전화 받을 때는 공손하게: 전화 받을의 잘못. ⇐'전화받다'는 없는 말.

옷을 선물받았다: 선물 받았다의 잘못. ⇐'선물받다'는 없는 말. '받다'는 '전화 받다'에서처럼 본
동사.

<u>사랑 받을</u> 사람은 어디서고 받기 마련: 사랑받을의 잘못. ←사랑받다[원]

본 받을 걸 본따야지: 본받을, 본떠야지의 잘못. ←본받다/본뜨다[원]

[설명] 접사 '-받다'의 특징: ①접사 '받다'는 서술성을 가지는 몇몇 명사 뒤에 붙어 '피동'의 뜻을 더하고
동사를 만드는 <u>접미사</u>. 여기서 '서술성'이란 단어 또는 단어의 결합이 문장에서 서술적 기능을 수행
하는 특성을 뜻함. 예컨대, '강요/취급/눈총/대우/점검/인정(認定)/사랑/청혼/수업/축복' 등은 명사지
만, 서술어로 사용되는 동사와 비슷한 성격을 가지고 있는데, 이러한 특성을 말하는 것. ②따라서,
'받다' 앞에 서술성/행위성 명사가 아닌 구체적인 사물이 올 때에는 '선물/전화 받다(구체적인 사물로
서의 선물/전화기를 받을 경우)'와 같이 띄어 쓰고(이때는 본동사임), 그 외의 추상적인 단어가 앞에
올 때에는 '-받다'를 접사로 쓸 수 있으므로, '고통받다/눈총받다/버림받다/사랑받다/축복받다/미움
받다'와 같이 붙여 적을 수 있음. 정리하면, 구체적인 사물을 받는다는 뜻을 나타낼 때에는 동사 '받
다'를 써서 띄어 쓰고, <u>행위성/서술성을 지닌 명사 뒤</u>에서 피동의 뜻을 나타낼 때에는 접사 '-받다'를
써서 붙여 적음. ☞'행위성/서술성 명사'에 관한 구분 설명은 부록의 문법 용어편 참조.

○'-받다'가 붙어 한 낱말로 굳어진 복합어들 중 유의해야 할 말들: 강요받다/강종(強從)-/건네-/내
리-/내림-/내-/너름-/넘겨-/대-1/대-2/돌려-/되-/두남-/뒤-1/뒤-2/들이-/딱장-/떠-1/떠-2/맞-/
물려-/물손-/버림-/본-/세(洗)-/씨-/아금-/안-/응-/이어-/인정-/죄-/주고-/창-/치고-/치-1/
치-2/치-3/테-.

〈주의해야 할 말들〉

아금받다[형] ①야무지고 다부지다. ②무슨 기회든지 <u>재빠르게 붙잡아</u> 이용하는 소질이 있다.

테받다[동] 어떤 대상과 <u>같은 모양</u>을 이루다.

두남받다[동] 남다른 도움/사랑을 받다.

딱장받다[동] 도둑에게 온갖 형벌을 주어 가며 <u>죄를 자백하게</u> 하다.

응받다[동] 응석을 받다.

창받다[동] ①신 바닥에 가죽/고무 따위의 조각을 새로 대어 붙이다. ②버선 바닥에 다른 헝겊 조각을
대고 꿰매다.

대받다[동] 남의 말에 <u>반항하여</u> 들이대다.

내받다[동] ①머리/뿔 따위로 힘껏 받다. ②남의 주장/말 따위에 동의하지 아니하고 <u>맞서 버티다</u>.

되받다[동] ①도로 받다. ②상대편의 말의 일부/전부를 <u>되풀이</u>하여 말하다. ③잘못을 지적받거나 꾸중
을 듣고 도리어 말대답을 하며 반항하다.

맞받다[동] ①맞은편을 향하여 정면으로 부딪치다. ②바람/빛 따위를 정면으로 받아들이다. ③남의 말/

노래 따위에 호응하여 그 자리에서 곧바로 <u>뒤따라</u> 하다.

뒤받다图 ①잘못을 지적받거나 꾸중을 듣고 도리어 말대답을 하며 반항하다. ②남의 의견에 반대가 되는 말로 받다.

물손받다图 밭곡식/푸성귀 따위가 물의 해를 입다.

◈[고급] 그건 <u>선물받은</u> 거야: **선물 받은**의 잘못.

그 사람한테서 청혼 **받았어**: **청혼받았어**의 잘못. ⇐**청혼을 받았어**도 가능함.

[설명] '받다'가 '선물'과 같이 <u>구체적인 사물</u>을 받는 행위를 뜻할 때에는 동사로서 그 앞말과 띄어 써야 하지만, '청혼'과 같은 <u>행위성을 지닌 서술성 명사</u> 뒤에서는 피동적인 의미를 나타낼 때에는 접미사로 규정되므로 중간에 조사가 개입되지 않는 한 그 앞말과 붙여 써야 함. 아울러, 구체적인 사물이 아닌 <u>추상적인 낱말</u>이 올 때도 붙여 씀. 즉, 구체적인 사물을 받은 경우와 중간에 조사가 개입된 경우에만 띄어 씀. ¶사랑받다(○)/고통받다(○)/축복받다(○); 축하받다(○)/눈총받다(○)/버림받다(○)/미움받다(○).

◈지역 주민의 <u>사랑을 받을 것을</u> 다짐했습니다: **사랑을 받기로**가 나음.

◈♣받침 'ㄱ/ㅂ' 뒤에서 나는 된소리: 된소리로 적지 않음.

[예제] 참으로 **쑥쓰러운** 일: **쑥스러운**의 잘못.

넙쭉 받아먹을 때 알아봤다: **넙죽**의 잘못.

깍뚝깍뚝 자른 무: **깍둑깍둑**의 잘못.

깍뚜기라 적으면 잘못: **깍두기**의 잘못.

덥썩덥썩/덥쩍덥쩍 받지 마라: **덥석덥석/덥적덥적**의 잘못.

[설명] ①받침 'ㄱ/ㅂ' 뒤에서 나는 된소리는, 같은 음절이나 비슷한 음절이 겹쳐 나는 경우가 아니면 된소리로 적지 아니함. [한글 맞춤법 제5항] 즉, 'ㄱ/ㅂ' 받침 뒤에서는 경음화의 규칙성이 적용되는 환경이므로(자연스럽게 된소리로 소리 나므로), 된소리로 나더라도 된소리로 적지 않는 것. 〈예〉쑥스럽다; 작짝거리다(×)/작작거리다(○); 벅쩍하다(×)/벅적하다(○); 싹뚝(×)/싹둑(○); 삭뚝(×)/삭둑(○); 넙쭉(×)/넙죽(○); 깍뚝깍뚝(×)/깍둑깍둑(○); 씩뚝꺽뚝(×)/씩둑꺽둑(○); 씁쓸하다(예외: 비슷한 음절의 겹침 사례). ②'뚝배기/학배기'(○)도 위와 같은 원칙에 따라 적은 것. 단, '곱빼기'는 'ㅂ' 받침 뒤에서 된소리가 나는 경우지만, '같은 음절이나 비슷한 음절이 겹쳐 나는 경우(받침 ㅂ+초성 ㅃ)에 속하므로 된소리로 적음. 〈예〉'똑딱똑딱/쓱싹쓱싹/쌉쌀하다/씁쓸하다/짭짤하다'(○). 또한 '곱빼기'는 '곱-'(명사)+'-빼기'(접사)라는 별개의 두 형태소의 결합이기도 하므로, 경음화 사례와도 무관함. '억척빼기/밥빼기/얼빼기'(○) 등도 이와 같은 경우임.

◈우산을 서로 받쳐 주고 **받혀 받는** 연인들: **받쳐 받는**(혹은 **받쳐지는**)의 잘못.

쟁반에 **받혀져** 온 커피: **받쳐져**의 잘못. ⇐**받쳐지다**[원]

그 옷에 **받혀 입은** 블라우스가 안 어울린다: **받쳐 입은**의 잘못. ⇐**받쳐 입다.**

'차례상'은 '차렛상'으로 사이시옷을 **받히면** 잘못이다: **받치면**의 잘못.

[설명] ①예문에 쓰인 '받치다에서 보이는 '-치-'는 강세나 피동의 뜻하는/더하는 접사 기능과는 무관하며, '받치다'는 능동사. 즉, '받다(머리/뿔 따위로 세차게 부딪치다)'의 피동사는 '받히다'이므로 '받치다'는 피동과 무관함을 알 수 있음. '받치다'의 피동사로는 보조용언 '-지다'를 붙인 '받치어지다→받쳐지다'를 쓸 수 있음. ②예문에 보이는 능동사 '받치다'에는 아래와 같이 여러 가지 뜻이 있음.

받치다1동 ①어떤 물건의 밑에 다른 물체를 올리거나 대다. ¶쟁반에 커피를 받치고 조심조심 걸어왔다; 공책에 책받침을 받치고 쓰다; 지게에 작대기를 받쳐 놓다. ②겉옷의 안에 다른 옷을 입다. ¶두꺼운 내복을 받쳐 입으면 옷맵시가 나지 않는다. ③옷의 색깔이나 모양이 조화를 이루도록 함께 하다. ¶스커트에 받쳐 입을 마땅한 블라우스가 없다. ④〈언어〉한글로 적을 때 모음 글자 밑에 자음 글자를 붙여 적다. ¶'나'에 'ㅁ'을 받치면 '남'이 된다. ⑤어떤 일을 잘할 수 있도록 뒷받침해 주다. ¶배경 음악이 그 장면을 잘 받쳐 주었다; 투수력이 막강한 타력을 받치지 못해서. ⑥비/햇빛과 같은 것이 통하지 못하도록 우산이나 양산을 펴 들다. ¶연인들이 우산을 함께 받치고 걸어간다.

받히다동 '받다(머리/뿔 따위로 세차게 부딪치다)'의 피동사. ¶들이받히다.

◆그건 체에 **받혀야** 무거리가 제대로 걸러지는데: **밭쳐야**의 잘못. ←**밭치다**[원]

콩을 갈아 체에 **받췄다: 밭쳤다**의 잘못.

아이가 안 보이니 얼마나 애가 **바치는지/밭치는지: 밭는지**의 잘못. ←**밭다1**[원].

그는 여색에 **밭는** 사람: **밭은**의 잘못. ⇐'밭다'는 형용사.

밭치다동 '밭다2'의 강조형.

밭다1동 ①액체가 바싹 졸아서 말라붙다. ②몸에 살이 빠져서 여위다. ③근심/걱정 따위로 몹시 안타깝고 조마조마해지다. ¶간이 바직바직 밭아 올랐다.

밭다2동 건더기/액체가 섞인 것을 체나 거르기 장치에 따라서 액체만을 따로 받아 내다. ≒거르다/여과하다.

밭다3형 ①시간/공간이 다붙어 몹시 가깝다. ②길이가 매우 짧다. ③음식을 가려 먹는 것이 심하거나 먹는 양이 적다.

밭다4형 지나치게 아껴 인색하다.

밭다5형 어떤 사물에 열중하거나 즐기는 정도가 너무 심하다.

◆내복을 **받혀 입어서** 춥지 않다: **받쳐 입어서**의 잘못. ←**받치다1**[원]

바닥에 등이 **받혀서** 깊은 잠을 잘 수가 없었다: **받쳐서**의 잘못. ←**받치다2**[원]

어찌 화가 **받히는지** 밤새 씩씩거렸다: **받치는지**의 잘못. ←**받치다2**[원]

받치다1동 ①어떤 물건의 밑에 다른 물체를 올리거나 대다. ②겉옷의 안에 다른 옷을 입다. ③옷의 색깔/모양이 조화를 이루도록 함께 하다. ④한글로 적을 때 모음 글자 밑에 자음 글자를 붙여 적다. ¶'가'에 'ㅁ'을 받치면 '감'이 된다.

받치다2동 ①먹은 것이 잘 소화되지 않고 위로 치밀다. ②앉거나 누운 자리가 바닥이 딴딴하게 배기다. ③화 따위의 심리적 작용이 강하게 일어나다.

◆발로 밟아서 **발다듬이질**로 하면 구김살이 잘 펴지지: **밟다듬이**의 잘못.

밟다듬이명 피륙/종이 따위를 발로 밟아서 구김살이 펴지게 다듬는 일.

◆손목아지든 **발목장이**든 요절을 내놔야: **손모가지, 발목쟁이(발모가지)**의 잘못.

[설명] ①'손모가지/발모가지'의 경우는 사람의 '목'과는 무관하므로 '-모가지'. ②발목쟁이≒발모가지. 둘 다 '발 혹은 발목의 속칭. '발목'만을 뜻하는 말이 아님.

◆**발버둥친다**고 뭐가 나오나?: **발버둥질한다고, 버둥질한다고**의 잘못.

[설명] ①'발버둥질치다/발버둥이치다'는 잘못. 흔히 쓰는 '발버둥치다'도 잘못. '발버둥질하다/버둥질하다'만 올바른 동사. 즉, '-치다'가 붙은 말은 버리고, '-질'에 '-하다'가 붙은 말만 표준어로 선정. 그

이유는 '도둑질(을) 하다, 구역질(을) 하다'에서처럼 '-질'은 '하는' 것이 자연스러우며, '치다'와의 연결은 부자연스럽기 때문임. 〈예〉헤엄질 치다(×); 구역질 치다(×). ②단, '발버둥(을)/발버둥이(를) 치다'는 가능함. '치다'에는 '몸/몸체를 심하게 움직이다'는 뜻이 있으므로, '요동을 쳤다/몸부림을 쳤다/달음질[달음박질]을 쳤다/곤두박질을 쳤다' 등처럼 쓸 수 있음. 그러나, '요동[몸부림/달음질/곤두박질]을 치다'는 '요동치다/몸부림치다/달음질[달음박질]치다/곤두박질치다'로 줄여 쓸 수 있는 복합어들인데 비하여 '발버둥치다'는 현재 사전에 없는 말. 관행과 '치다'의 생산성을 감안하여 표제어에 편입되어야 할 것임.

[참고] 다음과 같은 말들이 명사+'치다'의 꼴로 많이 쓰이고 있음: 도망치다/헤엄-/야단-/장난-/물결-/공갈-/요동-/고동-/뒷북-/빗발-/파도-/고함-/도련(刀鍊)-/독장(獨場)-/뒤뿔-/물탕(-湯)-/외장-/외판-/왜장-/여울-/질탕(跌宕)-/곤두박질-/곤두박이-/농탕-/눈웃음-/달음질≒달음박질-/도망질-/동댕이-/뒤통수-/땡땡이-/맞장구-/메아리-/몸부림-/몸서리-/물장구-/비틀걸음-/뺑소니-/설레발-/소용돌이-/아우성-/용솟음-/조바심-/죽살이-/줄달음-/줄행랑-/큰소리-/패대기-/헛걸음-/회오리-. ☞'-치다'가 들어간 복합어 중 유의해야 할 말들 항목 참조.

발버둥이≒발버둥/발버둥질명 ①주저앉거나 누워서 두 다리를 번갈아 내뻗었다 오므렸다 하면서 몸부림을 하는 일. ②(비유) 온갖 힘/수단을 다하여 애를 쓰는 일.

◆**발빠르게** 움직였군: **발 빠르게**의 잘못. ←'발 빠르다'는 관용구

  손빠른 사람이 일등: **손 빠른**의 잘못.

  손이 잰 사람은 발도 빠르다: 맞음. '손(이) 재다'는 관용구.

  [설명] ①'발빠르다/손빠르다'는 없는 말로 모두 관용구임. '발(이) 빠르다(알맞은 조치를 신속히 취하다)'에서 비롯하여 '동작/대응 따위가 빠르다'를 뜻하는 말로 '재빠르다'의 유의어. ②'손(이) 빠르다[싸다]'는 '일 처리가 빠르다'는 의미.

◆그 사람 **발자국 소리**를 벌써 들었지: **발걸음 소리**의 잘못.

  발자국 소리에 귀 기울이고 있던 여인은: **발걸음 소리**(혹은 **발소리**)의 잘못.

  발자국소리가 요란했다: **발걸음 소리**[**발소리**]의 잘못.

  [설명] ①발자국은 '발로 밟은 자리에 남는 모양'일 뿐이므로, 논리적으로 소리가 있을 수 없음(모양에 소리가 담기거나 새겨지거나 남을 수 없으므로). 그리하여, 문장 논리상 '발걸음 소리'로 하는 것임. ②그러나, 발자국을 만들 때 소리가 날 수 있고, '자취소리'의 뜻풀이를 '발자국 소리'라 하는 데서 보듯, 관용적으로는 발자국 소리도 인정은 하고 있음.

  [암기도우미] '발자국'은 발로 밟은 자리에 남는 모양. 소리가 있을 수 없음.

  발소리≒족음[足音]명 발을 옮겨 디딜 때 발이 바닥에 닿아 나는 소리.

  자취소리명 발자국 소리.

◆걷는 걸음마다 새겨지는 **발자욱**: **발자국**의 잘못.

  그의 팔엔 불에 덴 **자욱**이 선명했다: **자국**의 잘못.

  [참고] ①시적 허용으로 쓰이던 '발자욱/나래/내음'은 '발자국/날개/냄새'의 비표준어였으나 이 중, '나래'와 '내음'은 표준어로 인정되었음. 그러나, '발자욱'은 여전히 비표준어. ②'자욱'은 '자국'의 잘못.

  자국명 ①다른 물건이 닿거나 묻어서 생긴 자리. 또는 어떤 것에 의하여 원래의 상태가 달라진 흔적. ¶글씨 자국. ②부스럼/상처가 생겼다가 아문 자리. ③발로 밟은 자리에 남은 모양. ¶눈 위에 남은 자국 ④(비유) 무엇이 있었거나 지나가거나 작용하여 남은 결과. ¶6.25전쟁이 역사에 남긴 자국.

◆곰 **발자국**을 따라 사냥꾼의 발자국도: **자귀**가 더 적절함. ⇐짐승 발자국은 '**자귀**'.

자귀1명 개/돼지에 생기는 병의 하나. 흔히 너무 많이 먹어서 생기는 병으로, 배가 붓고 발목이 굽으면서 일어서지 못함. ☜흔히 '짜귀/짜구가 났다' 등으로 오기하는 말.

자귀2명 짐승의 발자국.

◆열 **발자국**쯤 저 편에서 그가 손을 흔들고 있었다: 맞음. (혹은 **발짝**도 가능).

[설명] 현재 '발자국'에는 '발을 한 번 떼어 놓는 걸음을 세는 단위'라는 뜻도 보태어져 있어서 의존명사인 '발짝'과 같은 뜻으로 쓸 수 있음.

◆걷는 걸음마다 새겨지는 **발자욱**: 발자국의 잘못.

[참고] 시적 허용으로 쓰이던 '발자욱/나래/내음'은 '발자국/날개/냄새'의 비표준어였으나 이 중, '나래'와 '내음'은 표준어로 인정되었음. 그러나, '발자욱'은 여전히 비표준어.

◆[고급] 말 나온 김에 **오늘밤**에 해치우자: **오늘 밤**의 잘못. ⇐ 두 낱말.

[참고] **어젯밤**은 정말 좋았는데, **내일밤**도 그랬으면 좋겠다: **내일 밤**의 잘못.

[유사] **지난주**처럼 **이번주**에도 공휴일이 끼면 좋은데: **이번 주**의 잘못.

[설명] ①아래에 보인 것처럼 '어젯밤/지난밤/지난주' 등은 복합어지만, '오늘 밤/내일 밤/이번 주' 등은 두 낱말. '지난주/지난달/지난번/지난해'는 복합어지만 '이번 주'는 두 낱말인 것과도 비슷함⇒'지난-'이 붙은 것들을 복합어로 삼은 이유는 '지난'에 쓰인 '지나다'의 뜻이 본래의 의미와는 달리 쓰이고 있어서임. ¶어젯밤/지난밤; 하룻밤/긴긴밤/단열밤(短-)/첫날밤; 보름밤/구름밤; 겨울밤/여름밤/가을밤. ②'-날'의 복합어들과 흡사하나, 의미의 특정 정도에 따라 똑같은 '오늘-'임에도 '오늘날('지금의 시대'라는 뜻)(O)/오늘밤(×)'과 같이 달라지기도 함.

[참고] '-밤'의 합성어는 다음과 같이 제법 되는데, 그중 유의해야 할 말은 '긴긴밤, 어스름밤/으스름달밤, 지지난밤/저지난밤' 등임. 특히 주의할 것은 '어스름밤(조금 어둑어둑한 저녁)/으스름달밤(달빛이 침침하고 흐릿하게 비치는 밤)'은 합성어로서 한 낱말이지만 '어스름달밤'(×)은 없는 말. ¶어젯밤늑지난밤/간밤; 하룻밤/첫날밤/긴긴밤; 겨울밤/여름밤/가을밤/봄밤; 그믐밤/보름밤; 구름밤/어스름밤/으스름달밤; 지지난밤/저지난밤.

어스름밤명 조금 어둑어둑한 저녁.

으스름달밤명 달빛이 침침하고 흐릿하게 비치는 밤.

단열밤[短-]명 짧은 밤.

◆**밤깊은** 플랫홈에 홀로 앉아: **밤 깊은, 플랫폼**의 잘못.

[설명] '밤깊다'는 없는 말. ¶밤 깊어 갈수록; 밤 깊은 줄도 모르고; 밤 깊도록.

[참고] 플랫폼(platform. 타는 곳)을 줄여 흔히 '홈'으로도 쓰는데 이는 잘못이며, '5번 홈' 등과 같은 말도 영어로는 '5번 트랙(track No.5)'이라 해야 더 잘 통함. '트랙'은 '철길/철로'의 뜻.

◆시험 때 **밤새지** 마라. 다 소용없는 일이야: **밤새우지**의 잘못. ←**밤새우다**[원]

밤새우도록 일했지만 헛일이 되고 말았어: **밤새도록**의 잘못. ←**밤새다**[원]

밤샘 근무가 **밤새우는** 일이지 뭐: 맞음. ⇐'밤샘'은 '밤새움'의 준말.

[설명] '밤새다'는 아래에서 보듯 자동사. 그러나 '밤샘'은 '밤새움'의 준말로서, '밤새다'와는 무관함.

밤새다동 밤이 지나 날이 밝아 오다. 자동사. ⇐주로 '밤새도록'의 꼴로 씀.

밤새우다≒**밤샘하다**[통] 잠을 자지 않고 밤을 보내다. 타동사.
밤재우다[통] 하룻밤이 지날 동안 잘 두다. ¶양념한 고기를 밤재우다.

◆게장은 **밥 도둑**이고말고: **밥도둑**의 잘못.
　밥도둑[명] ①(비유) 일은 하지 않고 놀고먹기만 하는 사람. ②(비유) 입맛을 돋우어 밥을 많이 먹게 하는 반찬 종류.

◆**밥때** 하나 딱딱 못 맞추냐?: 맞음. **밥시간**(혹은 **끼니때**)도 쓸 수 있음.
　밥웃물 넘친다: **밥물**의 잘못.
　밥티 흘리지 말고 먹어라: **밥알**의 잘못.
　[설명] '밥웃물/밥티' 등은 모두 사전에 없는 말. 비표준어. '밥때'는 비표준어였으나, 최근 표준어로 편입되었음[국립국어원. 2015].
　밥시간[－時間]/**밥때**[명] ≒**끼니때**(끼니를 먹을 때).

◆사고 현장은 전쟁터를 **방불케 했다**: **방불했다**로도 충분.
　작전 연습은 실전을 **방불했다**: 맞음.
　[설명] '방불하다[彷彿-/髣髴-. 彷/髣 비슷할 방, 彿/髴 비슷할 불]'자체가 '무엇과 같다고 느끼게 하다'의 뜻이므로, '방불케 하다'대신 '방불하다'로만 써도 족함. 그러나 언중의 관행에 '방불케 하다'가 익은 말이어서 현재는《표준》도 '방불하다'의 뜻풀이에 '(주로 '…을 방불케 하다' 구성으로 쓰여) 무엇과 같다고 느끼게 하다'라 설명하고 있음.

◆보도 못한 걸 멋대로 떠들어대니 딱 **방안 풍수**야: **방 안 풍수**의 잘못. 관용구.
　[참고] **집안** 대청소를 하다: **집 안**의 잘못. ☞집안 항목 참조.
　방 안 풍수(風水)[관] 방 안에 앉아 있으면서 주제넘게 알지도 못하는 바깥 이야기를 늘어놓고 있다는 뜻으로, 자기가 직접 겪어 보지 못했거나 구체적인 실정을 모르는 일에 대하여 마음대로 이러쿵저러쿵 말을 함. ⇐풍수는 '지관[地官](풍수설에 따라 집터/묏자리 따위의 좋고 나쁨을 가려내는 사람)'과 동의어.

◆안짱다리 못지않게 **밭장다리/밭짱다리**도 걸음걸이가 안 좋지: **밭장다리**의 잘못.
　[설명] ①벋정다리≒뻗정다리(O). 뻗정다리(×). 마찬가지로, 발음 {받짱다리}에 이끌려 '밭짱다리'로 할 이유가 없음. ② 바깥쪽으로 벌어졌으므로 '밭장－'.
　밭장다리[명] 두 발끝이 바깥쪽으로 벌어진 다리. 또는 바깥쪽으로 벌어지게 걷는 사람.
　벋정다리<**뻗정다리**[명] ①구부렸다 폈다 하지 못하고 늘 벋어 있는 다리. 또는 그런 다리를 가진 사람. ② 뻣뻣해져서 자유롭게 굽힐 수가 없게 된 물건.

◆**밭두렁콩**도 모으면 수월찮은 양이지: **머드레콩**의 잘못. 없는 말.
　머드레콩[명] 밭가로 둘러 심은 콩.

◆후래자(後來者) 술 **삼배**도 모르나: **삼 배**의 잘못. ⇐'배'는 의존명사
　대통령배 쟁탈 웅변 대회: **대통령 배**, **웅변대회**의 잘못.
　대통령기 전국 수영대회 : 맞음. ⇐'대통령기'는 합성어 대우.

[주의] **사람대 사람**의 관계가 <u>인간 관계</u>: **사람 대 사람**, **인간관계**의 잘못. ⇐'대(對)'는 의존명사

[설명] ①'배(杯)'는 주의해야 할 의존명사로 앞말과 띄어 적어야 함. '대(對)'역시 사물과 사물의 대비/대립을 나타내는 의존명사. ②'웅변대회'는 복합어. '–대회'의 복합어 사례: 보고대회/[전]당대회/[全]黨大會/국민대회/웅변대회≒변론대회/군중대회/시민대회/성토대회... 등등. ③'대통령기'에서의 '기(旗)'는 명사이나, '대통령+기'의 합성어로 대우하여 붙여 적을 수 있음 ⇐〈우리말샘〉.

배[杯/盃]의 ①술/음료를 담은 잔을 세는 단위. ②운동 경기에서 우승한 팀/사람에게 주는 트로피.

◆그토록 **배 곯고** 지냈던 걸 벌써 잊었니?: **배곯고**의 잘못. ←**배곯다**[원]

배곯다동 먹는 것이 적어서 배가 차지 아니하다. 배가 고파 고통을 받다. [유]굶주리다/허기지다/굶다.

◆마디마디마다 **못이 배긴** 어머니의 손: **못이 박인**의 잘못. ←**박이다**[원]

귀에 못이 박히도록 들은 말: 맞음.

[설명] ①'박다'의 피동은 '박히다'이며, '박이다'는 자동사. ②'손에 못이 박이다'의 '못'은 굳은살로서 '귀에 못이 박히다'의 '못'과 의미상 연관성이 멀고, 일반적으로 '귀에 못이 박히다'라는 표현을 많이 쓰기 때문에《표준》에서는 '귀에 못이 박히다'를 관용구 표기로 채택한 듯함. ☞'박이다'와 '박히다'의 차이 및 '박히다'의 광범위한 용도에 대해서는 '**박히다**' 항목 참조.

◆아이의 **배내웃음**을 보면 저절로 행복해져: **배냇짓**의 잘못. 없는 말. ⇐'배냇짓'에는 웃음도 포함됨.

여인에게는 배꼽 옆에 손톱만 한 **배냇점**이 있었다: **배내 점**의 잘못. 없는 말.

배내저고리와 **배냇옷**은 같은 말이야: **배냇저고리**, **배내옷**의 잘못.

[설명] '배냇저고리'는 뒷말이 {쩌}로 경음으로 발음되지만, '배내옷'은 본래대로 {배:내옫}으로 길게 발음되기 때문에 사이시옷을 받치지 않음. '배내털/배내똥'도 마찬가지이며, 이미 뒷말의 첫소리가 각각 격음/경음임.

배내명 날 때부터나 배 안에 있을 때부터 가지고 있음. 또는 그런 것.

배냇짓명 갓난아이가 자면서 웃거나 눈/코/입 따위를 쫑긋거리는 짓.

◆**배알이**를 할 때는 엄마 손이 약손: **배앓이**의 잘못.

◆**배척거리는** 걸음으로 간신히 집에 오다: **배착거리는**의 잘못. ←**배착거리다**[원]

맛이 **배척지근해서** 입에 안 맞더만: **배착지근(배리착지근)해서**의 잘못.

배착거리다동 '배치작거리다(몸을 한쪽으로 약간 배틀거리거나 가볍게 잘룩거리며 계속 걷다)'의 준말.

배착지근하다≒배리착지근하다형 냄새나 맛이 조금 배리다.

◆**배추꼬랑지/배추꼬리/배추꽁지**: **배추꼬랑이**의 잘못.

[설명] ①**꼬랑지**: 꽁지의 속어. **꼬랑이**: 꼬리의 속어. ②주로 동물의 꼬리에는 '꽁지'를 쓰고, 식물의 뿌리에는 '꼬랑이'를 씀. 현재 이런 구분에 따라 한 낱말로 쓰이고 있는 것은 '게꽁지'와 '배추꼬랑이' 두 말뿐임.

꽁지명 ①새의 꽁무니에 붙은 깃. ②'꼬리(동물의 꽁무니나 몸뚱이의 뒤 끝에 붙어서 조금 나와 있는 부분)'를 낮잡는 말.

꼬랑이명 ①'꼬리'를 낮잡는 말. ②배추나 무 따위의 뿌리 끝 부분.

◆**배추잎/배추 잎**으로 쌈 싸 먹어도 맛있어: **배춧잎**의 잘못.
　배추속대로 만든 쌈을 **배추속대 쌈**이라고 하지: **배추속대쌈**의 잘못. ⇐합성어.
　[설명] ①예전에 '배추잎/배춧잎'은 '배추 잎'의 잘못이었으나 최근 합성어로 인정됨[2018]. '배춧잎'을 인정
　　　하지 않았던 까닭은, '상춧잎/뭇잎/부춧잎' 등과 같은 말도 인정해야 하기 때문이었으나 쓰임(빈도/분
　　　포도)을 고려하여 최근 인정. 한편 이와 달리 '고춧잎'은 합성어인데 그것은 '고춧잎나물/고춧잎장아
　　　찌' 등과 같은 특정 낱말들로 연결(활용)되기 때문. ②'배추–'의 주요 합성어로는 '배추김치/배추절임/
　　　배추통/배추꽃/배추쌈/배추찜/배추속대/배추속대쌈/배추속대찜/배추속댓국/배추씨기름/배추장다
　　　리' 등이 있고, '배춧–'에는 '배춧국/배춧속' 등이 있음.

◆**'두 배 하다'**와 **'두 배하다'**의 띄어쓰기: **두 배**(혹은 **2배**) **하다**로 띄어 씀.
　[설명] '두 배(를) 하다'로 이해하면 빠름. '두배하다'는 없는 말.
　[참고] '2승2패'의 경우에도, '2승 2패'로 띄어 써야 옳음.

◆**관리소장 백(白)**, **주인 백(白)**: **관리소장백**, **주인백**의 잘못.
　[설명] 이때의 '–백'은 말하는 사람의 이름 뒤에 붙어 '말씀드리다'는 뜻을 더하는 **접미사**.
　[의견] '관리소'는 아직 《표준》의 표제어에 없는 말이지만, '항로표지관리소' 등과 같은 표기가 가능하고,
　　　'–장(長)'은 생산성이 있는 접사이므로 '관리소장'의 표기도 가능함.

◆[고급] **백 번** 양보하여≒**백보** 양보하여: **백번**, **백 보**의 잘못.
　[설명] 두 말은 같은 뜻의 관용구. 여기서 '백번'은 '백 번/회(回)'를 뜻하는 게 아니라 '여러 번 거듭'을 뜻
　　　하는 **부사**. 한편, 이와 비슷한 뜻으로 쓰이는 '골백번/백날/천백번/천만번' 등은 명사임.
　[주의] 이와 달리 '수천번/수만번'(×) 등은 '수천 번', 수만 번'의 잘못임.
　백번(百番)[부] ①여러 번 거듭. ②전적으로 다.
　골백번(–百番)[명] '여러 번'을 강조하거나 속되게 이르는 말. [유]백날.
　천백번(千百番)[명] ≒천만번(수없이 여러 번).

◆**백주 대낮**에 술에 취하여 거리를 활보한 녀석: **'대낮'**은 불필요. 중복.
　[설명] '백주(白晝)'와 '대낮'은 동의어. 두 말 중 한 말만 쓰는 것이 올바름.

◆**밴뎅이 속알딱지/속알머리** 같으니라고: **밴댕이**, **소갈머리**의 잘못.
　[설명] ①'밴뎅이'는 '밴댕이'의 잘못. '속알딱지/속알머리'는 '소갈딱지/소갈머리'의 잘못. ②'소갈딱지'와 '소
　　　갈머리'는 동의어. ▣[주의] 그러나 《표준》에서는 '밴댕이 소갈머리'만을 관용구로 인정하고, '밴댕이
　　　소갈딱지'는 인정하지 않으므로, 관용구 용법으로는 '밴댕이 소갈머리'만 옳음.
　[참고] '–댕이'로 적는 것으로는 '밴댕이/뱁댕이' 정도이고, '–뎅이'로 표기하는 것으로는 '풍뎅이/더뎅이'
　　　정도임.
　소갈머리≒소갈딱지[명] ①마음/속생각을 낮잡는 말. ②'**마음보**(마음을 쓰는 속 바탕)'를 낮잡는 말.

◆엄청 먹어대더군. **뱃고래**가 좀 커야지: **뱃구레**의 잘못.
　뱃구레[명] (속) 사람/짐승의 배 속.

◆사내가 그런 **뱃장**이 없어서야: **배짱**의 잘못.

◆〈내 무덤에 침을 뱉어라〉에서 **뱉어라**는 잘못 아닌가?: 잘못 아님.

  [참고] 가서 저걸 저놈에게서 **뺏어** 오너라: 맞음. ←**뺏다**[원]. 'ㅐ' 모음.

  [참고] 가서 저걸 저놈에게서 **빼앗아** 오너라: 맞음. ←'**빼앗**'의 '앗'이 'ㅏ' 모음.

  [설명] '—아(라)' 꼴은 어간의 끝 음절 모음이 'ㅏ'와 'ㅗ' 계열일 때만 적용함. 그 밖의 모음은 모두 '—어(라)'. [한글 맞춤법 제16항] 그러므로 'ㅐ' 역시 '—어(라)' 꼴. 단, 'ㅑ'는 '—아(라)' 계열로 봄. ¶얇아(○). ¶웃어라(○)/먹어라(○)↔가라(○)/와라(○).

◆♣'—**버리다**'가 들어간 복합어 중 유의해야 할 말들: 복합어이므로 붙여 써야 하며 띄어 쓰면 잘못.

  [예제] 아이까지 **내 버리는** 극악한 세태: 내버리는의 잘못. ←**내버리다**[원]

      확 **쓸어 버리려다** 말았지: 쓸어버리려다의 잘못. ←**쓸어버리다**[원]

  ○'—**버리다**': 내버리다/돌라버리다/들고버리다/쓸어버리다/야자버리다/잃어버리다/잊어버리다/저버리다/퍼더버리다/품버리다/흘려버리다.

  야자버리다[동] '잊어버리다'를 낮잡는 말.

  퍼더버리다[동] 팔다리를 아무렇게나 편하게 뻗다. [유]퍼지르다.

◆요즘 아이들한테 이상한 **버즘**이 돌고 있던데: **버짐**의 잘못.

  버짐[명] 백선균에 의하여 일어나는 피부병. 마른버짐/진버짐 따위가 있음.

  마른버짐[명] 얼굴 같은 데에 까슬까슬하게 흰 버짐이 번지는 피부병.

◆좁은 골목에 사람들이 **벅실거려서** 오가기가 불편해: **벅신거려서**의 잘못.

  [설명] '득실득실/벅적벅적' 등을 떠올려, '벅실벅실'로 잘못 유추하기 쉬움. '벅실거리다(×)/벅신거리다(○)'. 같은 이유로, '벅실벅실(×)/벅신벅신(○)'임.

  벅신거리다[동] 사람/동물이 제법 넓은 곳에 많이 모여 활발하게 움직이다.

  득실거리다[동] '득시글거리다(사람/동물 따위가 떼로 모여 자꾸 어수선하게 들끓다'의 준말.

◆**번득이는** 기지와 재치; **번뜩이는** 맹수의 눈빛: **번뜩이는**의 잘못; 맞음(혹은 **번득이는**도 가능).

  [주의] 그때 **번득** 생각이 났다: **번뜩**의 잘못.

      증오에 찬 **희번득이는** 눈: **희번덕이는**의 잘못. 북한말. ←**희번덕이다**[원]

  [설명] '번뜩이다'는 '번득이다'의 큰말이긴 하지만, 아래와 같이 그 뜻이 다름. 특히 ②의 의미로 쓰일 때의 부사는 '번뜩'만이 올바르며, '번득'은 없는 말로 잘못.

  번뜩이다[동] ①〉번득이다. 물체 따위에 반사된 큰 빛이 잠깐씩 나타나다. 또는 그렇게 되게 하다. ¶번뜩이는 번개; 두 눈에는 푸른 광채가 번뜩였다. ②생각 따위가 갑자기 머릿속에 떠오르다.

  희번덕이다≒**희번덕거리다/—대다**[동] ①눈을 크게 뜨고 흰자위를 번득이며 움직이다. 또는 그렇게 되게 하다. ②물고기 따위가 몸을 젖히며 번득이다.

◆**번역 어투**의 표현은 자연스럽지가 못해: **번역어 투**(혹은 **번역 투**)의 잘못.

  [설명] '어투(語套)'는 '말투'와 동의어로 '말을 하는 버릇/본새'를 뜻하고, '투'는 '말/글/행동 따위에서 버릇처럼 일정하게 굳어진 본새/방식'을 뜻하는 의존명사. '번역 어투'를 곧이곧대로 풀면, '번역하는[번역에 쓰이는] 말 버릇'이 되어 어색하기 그지없음. '일본 어투(×)/일본어 투(○)의 말 버릇'도 같은 경우임.

◆번죽만 울리며 **번죽거리는/번질거리는** 사람은 보기 싫어: 모두 쓸 수 있음.

번죽거리다[통] 번번하게 생긴 사람이 매우 얄밉게 이죽이죽하면서 느물거리다.

번질거리다[통] ①거죽이 매우 미끄럽게 윤기가 흐르다. ②몹시 게으름을 피우며 맡은 일을 제대로 하지 않다. [유]번질대다/번질번질하다/뺀질거리다.

◆**번쩍하면** 곧장 쪼르르 일러바치거나 해대고: **뻔쩍하면/쩍하면**의 잘못.

뻔쩍하면≒쩍하면[부] 조금이라도 일이 있기만 하면 곧. ⇐'번쩍'과 무관하므로, '뻔'.

걸핏하면≒제꺽하면. 쩍하면/뻔쩍하면[부] 조금이라도 일이 있기만 하면 곧.

툭하면[부] 조금이라도 일이 있기만 하면 버릇처럼 곧.

◆**번장다리**〈**뺀장다리**〉[명] '**번정다리**'〈'**뺀정다리**'의 잘못. ⇐모음조화가 언중의 발음 관행보다 우선. [비교] 밭**장**다리(O) ⇐모음조화.

◆**벌개지다**: '**벌게지다**〉**발개지다**'의 잘못. ⇐'벌–'은 '게'와 어울림. 모음조화.

벌거죽죽한 얼굴: **벌그죽죽한**의 잘못. ←**벌그죽죽하다**[원]

[설명] '벌거죽죽하다'는 '벌그죽죽하다(칙칙하고 고르지 않게 벌그스름하다)'의 잘못.

벌게지다〉**발개지다**[통] 벌겋게〉발갛게 되다.

◆밤송이를 까는 것은 **벌기다**가 맞나, **벌리다**가 맞나: 둘 다 가능함.

벌기다[통] 속에 있는 것이 드러나도록 헤쳐 벌리다. ¶밤송이/조개를 벌기다.

벌리다[통] ①둘 사이를 넓히거나 멀게 하다. ②껍질 따위를 열어 젖혀서 속의 것을 드러내다. ③우므러진 것을 펴지거나 열리게 하다.

◆4월이 되니 사과나무의 꽃망울들이 **벌기** 시작했어: **벙글기**의 잘못.

살짝 **벙근** 입술 사이로 새하얀 치아가 보였다: **벌어진**의 잘못.

[설명] '벙글다'에는 '벌어지다'라는 뜻이 없으며, 아래 풀이된 뜻뿐임.

벙글다[통] 아직 피지 아니한 어린 꽃봉오리가 꽃을 피우기 위해 망울이 생기다.

벌다[통] 식물의 가지 따위가 옆으로 벋다.

◆잔치를 **벌리다**: **벌이다**의 잘못. ←**벌이다**[원]

읍내에 가게를 **벌린다고** 하더니만: **벌인다고**의 잘못.

[참고] 경험도 없는 사람이 처음부터 **떠벌리는** 사업: **떠벌이는**이 적절.

자신의 과거 이력을 **떠벌리는** 사람은 믿기 어렵다: 맞음.

[설명] **벌리다**: 사이를 넓히거나 멀어지게 하는 것.

벌이다: ¶잔치를 벌이다; 논쟁을 벌이다; 시장에 좌판을 벌이다.

벌이다[통] ①일을 계획하여 시작하거나 펼쳐 놓다. ②놀이판/노름판 따위를 차려 놓다. ③여러 가지 물건을 늘어놓다. ④가게를 차리다. ⑤전쟁/말다툼 따위를 하다.

떠벌이다[통] 굉장한 규모로 차리다.

떠벌리다[통] 이야기를 과장하여 늘어놓다.

◆가게 앞 **벌림새**로 보아서는 그럴 듯하긴 하다만: **벌임새, 그럴듯하긴**의 잘못.

[설명] 그럴듯하다≒그럴싸하다(○)/그럴 듯하다(×).

벌림새몡 '벌임새(일/물건을 벌여 놓은 모양새/형편)'의 잘못. 없는 말.

◆그리 엉성하게 **벌림줄**을 얽어서야 그게 버티겠나?: **벌이줄**의 잘못.

벌이줄몡 물건이 버틸 수 있도록 이리저리 얽어매는 줄. [연 머리 줄도 벌이줄]

[설명] ①일반적으로 쓰이는 '벌이다/벌리다'의 의미 구분과 위의 경우는 좀 다름. 주의! ②위와 같은 쓰임에서의 '벌이줄'은 '버팀줄'과 비슷한 말.

◆**벌서는** 게 맞나, **벌쓰는** 게 맞나: 모두 맞음. 문맥에 따라 쓸 수 있음.

[설명] **벌서다**: '잘못을 하여 일정한 곳에서 벌을 받다.'

벌세우다: '벌서다'의 사동사.

벌쓰다: '잘못이 있어 벌을 받다.'

벌씌우다: '벌쓰다'의 사동사.

◆하는 짓도 참 **별쫑나다**: **별쫑나다**의 잘못. ⇐[참고] 별중승(別衆僧)몡

별쫑나다/~맞다혱 말/하는 짓이 아주 별스럽다.

별중승[別衆僧]몡 제멋대로 무리를 만들어 별도로 의식(儀式)을 행하는 승려.

◆사고 현장을 대하자 금방 **눈물 범벅**이 되었다: **눈물범벅**의 잘못. 한 낱말.

[설명] 명사 '범벅'은 비유적으로 '여러 가지 사물이 뒤섞이어 갈피를 잡을 수 없는 상태/질척질척한 것이 몸에 잔뜩 묻은 상태'를 뜻하기도 하고(예: 뒤범벅/피범벅/땀범벅/살범벅), '곡식 가루를 된풀처럼 쑨 음식'을 뜻하기도 하는데, 일부 명사 뒤에 붙어 복합어를 만듦. 후자의 경우에는 거기에 섞는 음식 재료를 덧붙여 적음(예: 보리범벅/호박범벅/밀범벅/꿀범벅/나물범벅 따위).

◆그건 **범 세계적** 현상; **범 태평양** 연합: **범세계적**, **범태평양**의 잘못.

'**범 친박** 모임'이 결성되었다: **범친박**의 잘못.

[설명] '범(凡)-'은 '그것을 모두 아우르는'의 뜻을 더하는 접두사.

◆나이가 드니 자꾸 머리가 **벗겨지면서** 숱이 주는군: **벗어지면서**의 잘못.

바람 때문에 가발이 **벗어졌다**: **벗겨졌다**의 잘못. ⇐피동.

[설명] '벗어지다'와 '벗겨지다'는 실생활에서 무의식중에 자주 잘못 사용하는 말. '벗어지다'는 무의도(無意圖)인 자연적 현상. 따라서 머리를 누가 일부러 벗겨내는 게 아니므로, 벗어지다(○). '벗겨지다'는 피동. ¶신발이 커서 자꾸만 벗어진다; 신발이 꽉 끼어 잘 벗겨지지 않는다.

벗어지다통 흘러내리거나 떨어져 나가다. ⇐무의도(無意圖).

벗겨지다통 외부의 힘에 의하여 떼어지거나 떨어지다. ⇐피동.

◆[고급] **위옷**이 **벗기운** 채로 떨고 있었다: **윗옷**, **벗긴**(혹은 **벗겨진**)의 잘못.

그는 옷까지 **벗어진** 채 묶여 있었다: **벗긴**(혹은 **벗겨진**)의 잘못. ←**벗기다**(피동)

[주의] '벗기다'는 '벗다'의 사동형일 뿐만 아니라 피동형이기도 함.

벗기다1통 '벗다(①사람이 자기 몸 또는 몸의 일부에 착용한 물건을 몸에서 떼어 내다. ②메거나 진 배낭/가방 따위를 몸에서 내려놓다. ③누명/치욕 따위를 씻다)'의 사동사.

벗기다2통 '벗다(사람이 자기 몸 또는 몸의 일부에 착용한 물건을 몸에서 떼어 내다)'의 피동사.

벗겨지다통 ①덮이거나 씌워진 물건이 외부의 힘에 의하여 떼어지거나 떨어지다. ②사실이 밝혀져 죄/누명 따위에서 벗어나다. ☞'벗겨지다'는 '벗기다1'의 피동사.

◆이제 그만 **벗대고** 집으로 들어오너라: **벋대고**의 잘못. ←**벋대다**[원]

　뺏는 게 능사가 아니지: **뻗대는**의 잘못. ←**뻗대다**[원]

　[설명] '벋대다〈뻗대다' 등에 쓰인 '벋-〈뻗-'은 '벋다/벋다리' 등에서 보이는 바와 같이 '바깥쪽이나 버티다'의 뜻을 더하는 접두사적 기능을 하는 의미소이므로, '벗-'은 '벋-'의 잘못. '뻗대다'는 '벋대다'의 센말.

　벋대다〈뻗대다통 ①쉬이 따르지 않고 고집스럽게 버티다. ②넘어지거나 미끄러지지 않으려고 손이나 발을 받치어 대고 고집스럽게 버티다.

◆윗도리를 **벗어제끼고/벗어제치고** 팔을 걷어부치며 달려들었다: **벗어젖히고, 걷어붙이며**의 잘못.

　[설명] '벗어제끼다/벗어제치다'는 모두 '벗어젖히다'의 잘못. 없는 말.

◆꽃망울이 **벙글기** 시작했어: 맞음.

　[설명] 예전에는 벙글다(×)/벌다(○)였으나, 《표준》은 '벙글다'를 인정하고 '벌다'를 버림.

　[참고] 한편 이와는 반대로, 예전에는 영글다(×)/여물다(○)였으나, 지금은 둘 다 표준어.

　벌다통 식물의 가지 따위가 옆으로 벋다.

◆**베개맡**에 자리끼가 있어: **머리맡**의 잘못. 없는 말.

　벼개/베게를 고쳐 베다: **베개**의 잘못.

　베개잇을 잇다: **베갯잇**의 잘못.

　[설명] '베개'에 쓰인 '-개'는 '사람' 또는 '간단한 도구'의 뜻을 더하고 명사를 만드는 접미사. 〈예〉지우개/이쑤시개/덮개/쏘시개.

　베갯머리명 베개를 베고 누웠을 때에 머리가 향한 위쪽의 가까운 곳.

　머리맡명 누웠을 때의 머리 부근.

◆없는 사람들끼리의 **베품**처럼 아름다운 것도 없어: **베풂**의 잘못. ←**베풀다**[원]

　[설명] ①'베품'은 없는 말. 어간 '베풀'에 명사형 어미 '-(으)ㅁ'를 붙임. ②이와 같이 특히 주의해야 할 말로는 '길다/갈다'의 명사형. 각각 '긺/갊'임.

　[유사] '-풀다'가 들어간 다음 말들도 명사형에서 유의해야 함: 보풀다〈부풀다→보풂/부풂; 감풀다→감풂; 되풀다→되풂; 성풀다→성풂; 논풀다→논풂.

　감풀다형 거칠고 사납다.

　성풀다통 일어났던 성을 가라앉히다.

　논풀다통 ①어떤 땅을 논으로 만들다. ②(속) 아기가 기저귀에 오줌을 많이 싸다.

◆요즘은 **벼라별/별에별** 녀석들이 다 설친다니까: **별의별**의 잘못.

　살다 보니 **별별** 소릴 다 듣는군: 맞음.

　거길 가면 **별별것** 다 있어: **별별 것**의 잘못. '별별'은 관형사.

　[참고] 살다 보니 별소리를 다 듣는군: 맞음. 복합어.

　[설명] '벼라별/별에별'은 '별의별'의 잘못이며, '별별'은 '별의별'과 동의어로, 관형사.

별별[別別]≒**별의별[別-別]**관 보통과 다른 갖가지의.

◆**벼란간**명: '**별안간(瞥眼間)**'의 잘못. ⇐한자어. 소리 나는 대로 적을 수 없음.

◆바닷가로 내려가는 저쪽 **벼루길**은 천 길 낭떨어지야: **벼룻길, 낭떠러지**의 잘못.
  [설명] '낭떠러지'의 표기 이유에 대해서는 ♣**보조용언 '-(어/러)지다'와의 결합 시 소리 나는 대로 적기**
    항목 참조.
  벼룻길명 아래가 강가/바닷가로 통하는 벼랑길. ☞'**길'의 복합어** 항목 참조.
  벼루명 강가/바닷가에 있는 벼랑.

◆자리들이 **벼서** 방안이 휑뎅그레해졌다: 맞음. **횅뎅그렁**의 잘못. ⇐**비다**[원]
  주말엔 우리를 위해 시간을 좀 **비어** 놓자: **비워**의 잘못. ⇐**비우다**[원]
  그리 돈을 쓰면 금고는 금방 **비우게** 될 거다: **비게**의 잘못. ⇐'비우다'는 사동사.
  [설명] ①'벼서'는 '비'+'-어서'→'비어서'의 준말. 예컨대, '줄이다'의 어간 '이'에 들어 있는 'ㅣ' 뒤에 '-어'가 와
    서 'ㅕ'로 줄 적에는 준 대로 '줄여'로 적는 것과 마찬가지로, '비-' 뒤에 '-어(서)'가 와서 '벼(서)'로 줄 적
    에는 준 대로 적음. [한글 맞춤법 제36항] ②'비다'는 '비어(벼)/비니'로 활용하며, 사동사는 '비우다'.
  비다통 ①일정한 공간에 사람/사물 따위가 들어 있지 아니하게 되다. ②손에 들거나 몸에 지닌 것이 없
    게 되다. ③할 일이 없거나 할 일을 끝내서 시간이 남다.

◆닭의 **벼슬**이라고?: **볏**의 잘못. ⇐'벼슬'은 '볏'의 방언.
  [설명] 굳이 '닭 볏'이라고 쓸 때는 띄어 써야 함. 각각의 낱말. 그러나 중복.
  볏명 닭/새 따위의 이마 위에 세로로 붙은 살 조각.

◆**변시체**가 맞나, **변사체**가 맞나?: 둘 다 쓸 수 있음.
  [설명] 일부 사전에서 '변사체'를 '변시체'의 잘못으로 해설하기도 하나(변사하면 그게 곧 변시체이므로),
    《표준》은 의미 변이와 언중의 관행을 존중.
  변사체[變死體]명 ①뜻밖의 사고로 죽은 사람의 시체. ②범죄에 의하여 죽었을 것으로 의심이 가는 시체.
  변시체[變屍體]명 변고로 죽은 시체.

◆워낙 **변죽**이 좋아 절간에 가서도 젓국 얻어먹고 남지: **반죽**의 잘못.
  [설명] '뻔뻔스럽거나 비위가 좋아 주어진 상황에 잘 적응하는 성미'를 뜻하는 말은 '반죽'. '변죽'은 '그릇/
    세간/과녁 따위의 가장자리(邊)'를 뜻하는 말.

◆**별 걱정**을 다하는구나. 난 **별걱정** 없이 지낸다: **별걱정, 별 걱정**의 잘못.
  [비교] **별별걱정**을 다하는구나: **별별 걱정**의 잘못. '별별'은 관형사.
  [설명] **별걱정**: 쓸데없는 걱정.
    별 걱정: 특별한/별다른 걱정. 특히 걱정해야 할 일.
    별생각, 별소리(≒**별말/별말씀**): 한 낱말. 이유는 두 가지 뜻 모두 함유하고 있기 때문. 즉, '별생
      각'은 '별의별 생각, 혹은 별다른 생각'. '별소리'는 '뜻밖의 별난 말, 혹은 별다른 말'.
  별[別]관 보통과 다르게 두드러지거나 특별한.
  별별[別別]≒**별의별[別-別]**관 보통과 다른 갖가지의.

◆**별 것**도 아닌 걸 가지고 공치사는: **별것**의 잘못.

　까짓 거, 별 거 아냐: **까짓거, 별거**의 잘못.

　별 걸 다 트집잡고 있네: **별걸, 트집 잡고**의 잘못.

　[설명] ①'별거'는 '별것'의 구어체. '별걸'은 '별거+를'의 준말이므로 한 낱말이나, 현재 《표준》의 표제어엔 없음. '까짓거'는 현재 《표준》에 없는 말이나, '거'는 '것'의 구어체이고, '까짓것'이 표준어이므로 '까짓거'로 표기할 수 있는 낱말임. ②'트집잡다'는 '트집(을) 잡다'의 잘못.

　별것[別−]몡 ①드물고 이상스러운 것. ②여러 가지 것.

　까짓것몡 별것 아닌 것. 깸 ≒**까짓**(별것 아니라는 뜻으로, 무엇을 포기하거나 용기를 낼 때 하는 말).

◆그동안 **별고없었나?: 별고 없었나**의 잘못. ⇐'별고없다'는 없는 말.

　[참고] 요즘 **별일없지?: 별일 없지**의 잘못. ⇐'별일없다'는 없는 말.

◆마침 혼내주려고 **별르던** 참이었다: **벼르던**의 잘못. ←**벼르다**[원]

　마침 혼내주려고 **별렀던** 참이었다: 맞음. ⇐'벼르다'는 '르' 불규칙용언.

　[설명] '별르던'의 경우는 '**특별한 이유 없이 '르'을 덧대어, 흔히 잘못 쓰는 낱말**'에 해당되지만, '벼르다'는 '르' 불규칙용언이므로 '별러/별렀다'로 활용. ☞'**르' 불규칙용언** 항목 참조.

◆자네의 그 **별미적은** 짓 때문에 분위기가 이상해졌어: **별미쩍은**의 잘못.

　[설명] '별미(別味−)'이므로 의미소 '적(少)'일 듯하나, 별미가 많을수록 좋은 것이므로(특별히 좋은 맛/음식), 의미소를 살리면 안 됨. 따라서, 소리만 취한 '쩍'을 취해야 별스럽게 튀는 의미도 살릴 수 있음.

　별미쩍다혱 말/행동이 어울리지 아니하고 멋이 없다.

◆**별볼일/별볼 일** 없는 일로 웬 법석이냐: **별 볼 일**의 잘못.

　[주의] **별볼일/별볼 일**도 없이 얼쩡거리는: **별 볼일**의 잘못.

　[참고] 그를 **볼일**이 난감하기만 하다: **볼 일**의 잘못.

　[설명] '별볼일'은 없는 말. '별볼 일'이 성립하려면 '별보다'가 있어야 하는데, 없는 말. '별 볼 일 없다/있다'는 관용구. 관용구이므로 연속되는 단음절어 붙여 적기 허용도 곤란함. ②'별 볼일'은 관형사 '별(보통과 다르게 두드러지거나 특별한)'이 '볼일(해야 할 일)'을 꾸며주는 형태로서, '특별히 해야 할 일'을 의미하며, 관용구로 쓰일 때의 '별 볼 일'과는 다른 의미임. ③'그를 볼 일'은 글자 그대로의 뜻(面對)으로 '볼일(해야 할 일)'과는 거리가 멂.

　볼일몡 ①해야 할 일. ②'용변(用便)'을 완곡하게 이르는 말.

　별 볼 일 없다퐌 대단하지 않고 하찮다.

　별 볼 일 있다퐌 보통과 구별되게 다르다.

◆**별 수 없이: '별수 없이'**와 '**별 수 없이**' 모두 가능함.

　[설명] 위의 '별걱정/별생각/별소리/별말/별말씀' 등과 같음. 그러나, 실제 용례에 있어서는 '별 수'와 '별수'의 의미 차이가 크지 않으므로, 언어 경제적으로는 '별수 없이'가 나음.

　별수[別−]몡 ①달리 어떻게 할 방법. ②여러 가지 방법.

◆소주를 **병나팔** 불었으니 인사불성일 수밖에: **병나발**의 잘못.

　말도 안 되는 소리들로 **나발/나팔** 불고 있네: 둘 다 쓸 수 있음.

[설명] ①'나팔'은 서양의 금속 악기. 국악기는 '나발'. 따라서 '병나발'. ②'(속되게) 당치 않은 말을 함부로 하다'는 뜻의 관용구로는 당초 지껄이거나 떠들어 대는 입을 속되게 이르는 '나발'만을 기준으로 삼았으나 언중의 관행을 인용하여 '나팔(을) 불다≒나팔(을) 불다' 두 가지 모두를 인정하게 되었음.

나팔(을) 불다≒나발(을) 불다판 (속되게) 당치 않은 말을 함부로 하다.

나발명 옛 관악기의 하나. 놋쇠로 긴 대롱같이 만들며, 위는 가늘고 끝은 퍼진 모양. '태평소'와는 다름.

◆날이 밝으니 **볕귀** 덕분에 사방이 환하군: **햇귀**의 잘못. 없는 말.
　햇귀명 ①해가 처음 솟을 때의 빛. ②≒**햇발**(사방으로 뻗친 햇살).

◆눈이 그치고 **볕기운**이 드니 살 만 하군: **볕기**(햇볕의 기운)의 잘못. 북한말.

◆제막식/현판식을 할 때 천으로 가려 두었다가 걷어내는데, 그런 의식에 사용하는 천으로 만든 제품은 '**보**'인가, '**포**'인가: '제막식 **보**'가 적절함.
　[설명] '포(包)'는 종이/피륙/가죽 따위로 만든 큰 자루로 '포대(包袋)/부대(負袋)'와 동의어이며, '보'는 물건을 싸거나 씌우기 위하여 네모지게 만든 천. 단, '포대(布袋)'는 '베자루(베로 만든 자루)'임.

◆너 지금 그 말 **누구 보고** 하는 말이냐?: **누구보고**의 잘못.
　[설명] ~보고: 조사. 구어체에서 주로 쓰임. ¶누가 너보고 그 일을 하라고 그러더냐?; 누구보고 들으라고 하는 소리야?

◆'보아라, 마라'를 '**보거라, 말거라**'로 쓰면 잘못인가?: 가능.
　[설명] 예전에 '-거라'는 '가거라/물러가거라'처럼 '가다'나 '가다'로 끝나는 동사 어간에만 붙을 수 있는 어미였으나, 이제는 '오다'를 제외한 동사 어간에 두루 붙을 수 있음[국립국어원 수정. 2014].
　[유사] '-너라'는 '오다'나 '오다'로 끝나는 동사 어간에만 붙을 수 있는 어미. 흔히 쓰는 '이리 오너라'를 생각하면 쉬움.

◆♣'-보내다'가 들어간 복합어 중 유의해야 할 말들: 복합어이므로 붙여 써야 하며 띄어 쓰면 잘못.
　[예제] **장가 보내기**가 이리 힘들어서야: **장가보내기**의 잘못. ←**장가보내다**[원]
　○'-보내다': 건너보내다/내려-/내어[내]-/돌려-/들여-/떠나-/시집-/장가-/흘려-.

◆건강한 주말을 **보내시고 저희는** 월요일에 뵙겠습니다: '~ 보내시**기 바랍니다. 저희는** ~'이 옳음. ⇐주어 불일치. 앞말은 듣는 이가, 뒷말은 말하는 이가 주어임.

◆**해보니; 해 본** 사람; **살다 보니**: 맞음.
　[설명] 앞의 두 '보다'는 보조용언이므로 붙여쓰기가 허용됨. 그러나, '살다 보니'의 경우는 '~다 보니'의 구성으로 쓰이는 꼴. 보조용언이라도 일정한 구성으로 쓰일 때는 붙여쓰기가 허용되지 않음. 아래의 예시 참조. ☞싱세 설명은 ♣**보조용언 붙여쓰기 허용** 항목 참조.
　보다보동 ①(시험) ¶먹어 보다; 입어 보다; 말을 들어 보다. ②(경험) ¶당해 보지 않은 사람은 내 심정을 모른다; 불량배에게 맞아 본 적 있다; 그런 책은 읽어 본 적이 없다; 외국에 나가 본 적 있나? ③(알게 됨/상태) ¶마구 때리고 보니 너무 했다는 생각이 들었다; 몇십 년 살고 보면 감각이나 감성이 닳고 낡아 버려져서; 알고 보면 그도 괜찮은 사람이다; 오래 살다 보니; 살다 보면 별의별 일을 다 겪는다;

일을 하다가 보면 요령이 생겨서.

보다(보)형 ①(추측) ¶식구들이 모두 집에 돌아왔나 보다; 열차가 도착했나 보다; 그 사람이 인기가 많은가 보다. ②('-을까 보다') ¶외국으로 떠나 버릴까 보다; 한 대 때릴까 보다; 그냥 먹어 버릴까 보다. ③('-을까 봐', '-을까 봐서') ¶야단맞을까 봐 얘기도 못 꺼냈다; 추울까 봐서 집 안에만 있었다; 강도일까 봐 문을 열지 않았다. ④('-다 보니', '-고 보니') ¶워낙 무겁다 보니; 엄청 중요한 일이다 보니; 기술자이고 보니 그런 영광이 없는 법.

◆♣'-보다'가 들어간 복합어 중 유의해야 할 말들: 복합어이므로 붙여 써야 하며 띄어 쓰면 잘못.
  ㅇ'-보다': 거들떠-/건너다-/굽어-/내다-/내려다-/넘겨-/넘어다-/노려-/눈여겨-/돌아-/돌아다-/돌이켜-/뒤돌아-/둘러-/들여다-/떠-/뜯어-/몰라-/바라-/살펴-/쏘아-/알아-/올려다-.

◆**보다 높이, 보다 더, 보다 멀리: 더 높이, 좀 데[더욱데], 더 멀리**의 잘못.
  [설명] '보다'는 '어떤 수준에 비하여 한층 더'를 뜻하는 부사지만, 일어(日語)식 표현임.

◆**보다못한** 그가 벌떡 일어섰다: **보다 못한**의 잘못. '보다못하다'는 없는 말.
  [참고] ①위의 경우, '보다못해'로 써도 잘못. '보다(가) 못하다'의 활용 꼴인 '보다 못해'로 띄어 적음. '~못해'가 붙은 복합어는 '하다못해/듣다못해'의 둘뿐이며 활용 부사어는 '참다못하다'에서 온 '참다못해'가 있음. ②여기서 쓰인 '못하다'는 보조용언이므로 보조용언 붙여쓰기 허용 조건에 해당될 때는 붙여 적을 수 있는 것으로 볼 수도 있겠으나, '~다(가) 못하다'에 묶인 구성이므로 띄어 쓰고 있음. 〈예〉희다 못해 푸른빛이 도는 치아; 먹다 못해 음식을 남기다; 보다 못해 간섭을 하다; 기다리다 못하여 돌아갔다; 배가 고프다 못하여 아프다.

◆**한 세상 살다보며는: 한세상 살다 보면은**의 잘못. ⇐'한세상'은 한 낱말.
  [설명] ①'살다 보면은'에 쓰인 '보다'는 동사 뒤에서 '-다(가) 보니', '-다(가) 보면'의 구성으로 쓰여 앞말이 뜻하는 행동을 하는 과정에서 뒷말이 뜻하는 사실을 새로 깨닫게 되거나, 뒷말이 뜻하는 상태로 됨을 나타내는 보조동사. ②'~은'은 보조사. 받침 있는 체언/부사어/일부 연결어미 뒤에 붙어 강조의 뜻을 더함. ¶공부만 하지 말고 가끔은 쉬기도 해라; 너에게도 잘못은 있다; 무엇이든 열심히 하면은 좋은 일이 있을 듯.
  한세상[-世上]명 ①한평생 사는 동안. ②한창 잘사는 한때. [유]한평생.

◆**보답코자/보답코저** 하오니: **보답고자(보답하고자)**의 잘못.
  [설명] ①'보답하다'의 어간 '-하'가 무성음('답') 뒤에서 줄 때임. ②'-고저'는 '-고자(연결어미)'의 잘못.

◆**보아[봐] 하니** 나쁜 이 같진 않다: **보아하니[봐하니]**의 잘못. ⇐부사. 한 낱말.
  [설명] '-하니'가 들어간 파생어 부사들: **멍하니/떡하니/봐하니≒보아하니/횅하니/설마하니.**

◆**보잘 것 없는** 놈이 **보일듯말듯** 고개만 내밀고서: **보잘것없는, 보일 듯 말 듯**의 잘못. ⇐**보잘것없다**[원]
  보잘것도없는 주제에: **보잘것도 없는**의 잘못.
  [유사] **하잘 것 없는** 녀석이 감히: **하잘것없는**의 잘못. ⇐**하잘것없다**[원]
  [설명] ①'보잘것없다'가 한 낱말이지만 그 사이에 조사가 끼면 띄어 적음. 주의할 것은 '보잘것'이라는 명사가 있는 것은 아니며, 가독성 편의상 띄어 적는 것일 뿐임. ②마찬가지로 '하잘것없다' 역시 한 낱말

의 형용사.

보잘것없다혱 볼만한 가치가 없을 정도로 하찮다.

하잘것없다혱 시시하여 해 볼 만한 것이 없다. 또는 대수롭지 아니하다.

◆♣**보조사 종합 정리**

[예제] 그것참 **잘됐구먼 그래**: **잘됐구먼그래**의 잘못. ⇐'그래'는 보조사.

　　　세상이 이젠 **망조일세 그려**: **망조일세그려**의 잘못. ⇐'그려'는 보조사.

　　　눈물은 커녕 웃음만 나오더군: **눈물은커녕**의 잘못. ⇐'커녕'은 보조사.

　　　그만하면 **첫행보 치고는** 괜찮아: **첫행보치고는**의 잘못. ⇐'치고는'은 보조사.

　　　월급은 새로에 욕만 먹었다: **월급은새로에**의 잘못. ⇐'새로에'는 보조사.

[설명] ①'보조사(補助詞)'란 체언/부사/**활용어미** 따위에 붙어서 어떤 특별한 의미를 더해 주는 조사. '은/는/도/만/까지/마저/조차/커녕/부터'와 같이 단순한 꼴에서부터 'ㄹ랑은/을랑은/일랑은; 이라야 (만); 야말로/이야말로' 등과 같이 복잡한 형태의 것들도 있음. ②보조사는 조사에 속하는 격조사/접속조사/보조사 중의 하나로서, 조사보다는 하위의 개념임. 그러나 쓰임은 조사 중 가장 광범위함. 즉, 체언이나 체언 구실을 하는 말 뒤에만 붙을 수 있는 것이 격조사이고, 접속조사는 낱말 간에서만 쓰이는 데 비하여, 체언/부사/활용어미 따위에 붙어서 두루 쓰일 수 있는 것이 보조사임. ③따라서 단순히 '조사'라고 포괄적으로 표기할 경우에는 이 세 가지 중 하나를 뜻할 때가 많으므로, 상세 사항을 따져야 할 때는 그것이 격조사/접속조사/보조사 중 어느 것을 뜻하는지도 알아봐야 할 때가 많음. 예컨대, 보조사 중에서도 부사에 붙을 수 있는 것은 '은/는/도/만' 정도이고, '에/에서/(으)로/와[과]/보다'와 같은 부사격조사는 체언에만 붙을 수 있음. ☞추가 설명은 **조 사와 보조사** 항목 참조.

[주의] 보조사와 혼동하기 쉬운 것으로 일부 어미가 있음. 이들 어미는 어간에 붙는다는 점에서 보조사와 구별되며, 보조사는 이들 어미 뒤에도 붙을 수 있음 (예: '할라치면요'; '할밖에요'.⇐'요'는 종결보조사). 괄호 안 표기가 어미임: **크나큰** 은혜('-나 -ㄴ'); **크디큰** 나무('-디 -ㄴ'); 죽**을망정**('-ㄹ망정'); 할**라치면**('-ㄹ라치면'); 내놓**을밖에**('-ㄹ밖에'); 없**을뿐더러**('-ㄹ뿐더러'); 먹지 못하**리만치**(≒못하**리만큼**); 지나치**리만큼**; 학생**이니만큼**; ~만 할**진대**('-ㄹ진대'); ~에 가**거들랑**; 눈치챌**세라**('-ㄹ세라'); 내가 주인**일세말이지**('-ㄹ세말이지'); ~까지 잡아먹**을쏘냐**('-ㄹ쏘냐'); 뭘 해야 할**지** 몰라('-ㄹ지'); 입사하**자마자**('-자마자'); 좋**고말고**('-고말고'); ~ 한이 있**더라도**('-더라도'); 확인**한바**('-ㄴ바'); 곧 해드**릴게**요('-ㄹ게'). ☞**주의해야 할 어미** 항목 참조.

[보조사의 종류] 대체적으로 구분하면 아래와 같음.

－ 단독보조사: '오직 그것만'이나 '오직 그러함만'을 뜻하는 보조사. 〈예〉'-만' 따위. ¶너**만** 좋다면 그렇게 해라; 네가 좋기**만** 하면 그렇게 해라.

－ 선택보조사: 여럿 가운데 하나의 선택을 나타내는 보조사. 〈예〉'-(이)나/-(이)거나' 따위. 흰색이나 검정색**이나** 상관없어; 왼쪽**이거나** 오른쪽**이거나**.

－ 종결보조사: 문장의 종결어미 뒤에만 쓰이는 보조사. 〈예〉'-요/-그래/-그려' 따위. ¶일이 참 잘됐어**요**; 한번 먹어봐**요**; 잘됐구먼**그래**; 망조일세**그려**.

－ 첨가보조사: 무엇을 더하거나 포함하는 뜻이 있는 보조사의 하나. 〈예〉'-조차/-까지(도)(는)' 따위. ¶너**조차** 그럴 줄은 몰랐다; 비**까지** 내리고; 그렇게**까지** 하다니; 장관**까지도** 나왔다고?; 할 수 있는 데**까지는** 해봅시다.

－ 통용보조사: 명사/부사 및 용언의 종결어미에 두루 붙는 보조사. 가장 쓰임이 많고 널리 쓰임. 〈예〉'-커녕/-새로에/-ㄹ(일)(을)랑(은)/-이라야(만)/-(이)야말로/-마다/-엔들/-치고는' 따위. ¶눈물은**커녕**

웃음만 나오더라; 밥은<u>새로에</u> 죽도 못 먹었다; 그놈이<u>야말로</u> 원수; 첫행보<u>치고는</u> 괜찮았다.

- 혼동보조사: 무엇이 여럿 가운데 섞여 있음을 나타내는 보조사. 〈예〉'-서껀' 따위. ¶김 선생<u>서껀</u> 함께 왔다.
- 개산보조사: 마음으로 어림함을 나타내는 보조사. 〈예〉'-(이)나' 따위. ¶돈이 얼마<u>나</u> 될까?; 사람이 몇<u>이나</u> 오려는지 모르겠다.
- 도급보조사: 동작/상태가 미치는 한도를 나타내는 보조사. 〈예〉'까지' 따위. ¶한국에서 미국<u>까지</u>; 할 수 있는 데<u>까지</u> 해 보자.

새로에조 (조사 '는/은'의 뒤에 붙어) '고사하고/그만두고/커녕'의 뜻을 나타내는 보조사.

◆**[고급] ♣보조용언 붙여쓰기 허용**

[원칙1] 보조용언이라고 해서 모든 보조용언을 붙여 쓸 수 있는 것은 아님. 즉, 다음과 같은 두 가지 경우에만 (제한적으로) 허용됨.

①연결어미 '-아/-어(-여)' 뒤에 연결되는 보조용언: 깨어있다/앉아있다/달려있다(○).

②의존명사에 '-하다'나 '-싶다'가 붙어서 된 보조용언: 온 <u>듯</u>하다[원칙]/온듯하다(○)[허용]; 한 <u>듯</u>하다[원칙]/한듯하다(○)[허용]; 갈<u>성</u>싶다(○)[허용]/올<u>성</u>싶다(○)[허용]. 그럴 <u>만</u>하다[원칙]/그럴만하다(○)[허용]; 없는 <u>듯</u>하다[원칙]/없는듯하다(○)[허용]. 모른 <u>양</u>하다[원칙]/모른양하다(○)[허용].

[원칙2] 보조용언이 연속될 때 붙여쓰기 허용은 앞의 보조용언 하나에만 해당:

①그럼 해 봐 봐→[허용]<u>해봐</u> 봐(○)/해봐봐(×).

②솔직해 져 봐→[허용]솔직<u>해져</u> 봐(○)/솔직해져봐(×).

③읽어 볼 만하다→[허용]<u>읽어볼</u> 만하다(○)/읽어볼만하다(×).

④먹어 보지는 않았다→[허용]<u>먹어보지</u>는 않았다(○)/먹어보지는않았다(×)

[예제1] **야단맞을까봐** 얘기도 못 깨냈어: **야단맞을까 봐**의 잘못.

　　　잔칫집 **아니랄까봐** 시끌시끌하더군: **아니랄까 봐**의 잘못.

[설명1] ①**~(을)까 봐** ¶야단맞을까 봐 얘기도 못 꺼냈어; 추울까 봐서 하루 종일 집 안에만 있었다; 누군가가 초인종을 울렸으나 강도일까 봐 문을 열지 않았다. '-을까 봐'의 구성은 종결어미인 '-ㄹ/을까'에 '보다'가 결합한 것이므로 원칙대로 띄어 씀. ②그러나 연결어미 '-아/-어' 뒤에 연결되는 보조용언으로서의 '봐'일 때는 붙여쓰기 허용:

- '이제 가 봐'(원칙)→'이제 가봐'(허용).
- '저것 좀 봐 봐'(원칙)→'저것 좀 봐봐'(허용).
- '이것 좀 어떻게 해 봐 봐'(원칙)→'이것 좀 어떻게 해봐 봐'(허용).

[예제2] 마구 **때리고보니** 너무 했다는 생각이 들었다: **때리고 보니**의 잘못.

　　　같이 몇십 년 **살고보면** 동기간 같아지지: **살고 보면**의 잘못.

[설명2][고급] ①예제에 쓰인 '보다'는 보조동사지만, 동사 뒤에서 '-고 보니', '-고 보면'의 구성으로 쓰여, 앞말이 뜻하는 행동을 하고 난 후에 뒷말이 뜻하는 사실을 새로 깨닫게 되거나, 뒷말이 뜻하는 상태로 됨을 나타내는 말일 뿐만 아니라 어미 '-아/-어' 뒤의 용례도 아니어서, 보조용언 붙여쓰기 허용 대상이 아님. ②이와 같이 보조용언이지만 일정한 구성으로 쓰여, 보조용언 붙여쓰기 허용 대상이 아닌 '보다'의 용례는 아래와 같이 적지 않음.

- ('보다'는 보조동사) 동사 뒤에서 **'-다(가) 보니/-다(가) 보면'**의 구성으로: 앞말이 뜻하는 행동을 하는 과정에서 뒷말이 뜻하는 사실을 새로 깨닫게 되거나, 뒷말이 뜻하는 상태로 됨을 나타내는 말. ¶오래 살다(가) 보니 별일도 다 있네; 일을 하다(가) 보면 요령이 생겨 빨라지는 법.
- ('보다'는 보조형용사) 동사나 형용사 '이다' 뒤에서 **'-은가/는가/나 보다'**의 구성으로: 앞말이 뜻

하는 행동이나 상태를 추측하거나 어렴풋이 인식하고 있음을 나타내는 말. ¶가족들이 모두 집에 돌아왔나 보다; 배가 도착했나 보다; 그 친구 인기가 많은가 보다.

- (보다'는 보조형용사) 동사 뒤에서 '**-을까 보다**' 구성으로: 앞말이 뜻하는 행동을 할 의도를 가지고 있음을 나타내는 말. ¶외국으로 확 떠나 버릴까 보다; 그냥 먹어 치울까 보다.
- (보다'는 보조형용사) 동사나 형용사, '이다' 뒤에서 '**-을까 봐/-을까 봐서**' 구성으로: 앞말이 뜻하는 상황이 될 것 같아 걱정하거나 두려워함을 나타내는 말. ¶야단맞을까 봐 한마디도 못 꺼냈어.
- (보다'는 보조형용사) 형용사나 '이다' 뒤에서 '**-다 보니/-고 보니**' 구성으로: 앞말이 뜻하는 상태가 뒷말의 이유나 원인이 됨을 나타내는 말. ¶짐이 워낙 무겁다 보니 도저히 혼자서 들 수가 없었다.

[결론] '보다'는 보조용언으로 쓰일 때도 어미 '-아/-어' 활용 뒤에서가 아니고는 붙여쓰기가 허용되지 않음: '-어 보다', '-고 보니', '-고 보면', '-다(가) 보니', '-다(가) 보면', '-은가/는가/나 보다', '-을까 보다', '-을까 봐', '-을까 봐서'.

[참고] -솔직해 봐(×)/솔직해봐(×): 둘 다 잘못. '솔직해 봐' 혹은 '솔직해봐'는 형용사의 명령형이므로 모두 잘못이며, 굳이 명령형으로 쓰려면 '솔직해져 봐'로 써야 함. ⇐'솔직해지다'는 동사.

[예제3] 물결이 멀리 **퍼져나갔다**: 퍼져 나갔다의 잘못. ⇐'나가다'는 본동사.
　　　　아무 거나 **집어먹으면** 안 돼: 집어 먹으면의 잘못. ⇐'먹다'는 본동사.
　　　　반죽이 크게 **부풀어올랐다**: 부풀어 올랐다의 잘못. ⇐'오르다'는 본동사.
　　　　사람들이 **쏟아져나왔다**: 쏟아져 나왔다의 잘못. ⇐'나오다'는 본동사.

[원칙3] ①붙여쓰기가 허용되는 경우는 연결어미 '-아/-어/-여' 뒤일지라도 보조용언일 때에만 허용되며, 보조용언이 아닐 때에는 적용되지 않음. 즉, 위의 예제에서 쓰인 '나가다'는 앞말이 뜻하는 행동을 계속 진행함을 나타낼 때만 보조용언으로 인정되는 말인데, 예제에서는 본동사로 쓰였음. ¶(보조용언일 때) 단숨에 글을 써나가기(○) 시작했다; 일을 해나가다(○) 보면 다 풀리게 마련이다. ②'먹다' 역시 보조용언일 때는 일부 동사 뒤에서 '-어 먹다' 구성으로 쓰여 앞말이 뜻하는 행동을 강조하는 말로 '약속을 잊어 먹다/식모처럼 부려 먹다/막일꾼으로 부려 먹다' 등으로 쓰이지만, 예문에서는 이와 달리 본동사로 쓰였음. ③'오르다'와 '나오다'의 경우에는 본래 본동사로만 규정되어 있고 보조용언으로는 규정되어 있지 않은 말들임. 이와 같이 보조용언으로 쓰일 수 있는 말들은 30여 개 안쪽이며, 그 내역은 **【부록 3】 맞춤법 공부에 도움이 되는 문법 용어 몇 가지 중 보조용언** 항목 참조.

[예제4] 그가 아프다니 **찾아가봐야** 하지 않을까: 찾아가 봐야의 잘못.
　　　　책을 **읽어도보고**: 읽어도 보고의 잘못. ⇐중간에 조사 '도'가 있음.
　　　　잘도 **놀아만나는구나**: 놀아만 나는구나의 잘못. ⇐조사 '만'이 들어가 있음.

[원칙4] ①합성 동사 뒤에 보조용언이 올 때는 붙여 쓸 수 없음: 한글 맞춤법 제47항 '다만'에 "앞말에 조사가 붙거나 앞말이 합성 동사인 경우, 그리고 중간에 조사가 들어갈 적에는 그 뒤에 오는 보조용언은 띄어 쓴다."라고 규정되어 있음. ②예제에서 '그가 아프다니 가봐야 하지 않을까'의 경우에도 '가봐야(×)/가 봐야(○)'임. 이유는 여기에 쓰인 '보다'는 '한번 시험 삼아 해보다'라는 뜻의 보조용언이 아니라 본동사로 쓰였기 때문. '가 봐야'를 '가(서) 봐야'로 풀어 보면 이해가 빠름.

[설명4] '찾아가봐야 하지(×)/들어가봐야 해(×)/떠내려가버렸다(×)/떠내려가고야말았다(×)/덤벼들어봐(×)→'찾아가 봐야 하지(○)/들어가 봐야 해(○)/떠내려가 버렸다(○)/떠내려가고야 말았나(○)/덤벼들어 봐(○)'임. 이유는 '들어가다/떠내려가다/덤벼들다'와 같은 합성 동사 뒤에 보조용언을 붙여 쓰면 그 표기 단위가 길어지기 때문에 이를 피하기 위한 것.

[예제5] 아이가 얼마나 **행복해 하는지** 몰라: 행복해하는지의 잘못.
　　　　그 음식을 얼마나 **맛있어 하셨는지**: 맛있어하셨는지의 잘못.

[설명] 보조용언 중 '-지다'와 '-아/어 하다'는 띄어 쓰지 못하고 (처음부터 띄어쓰기가 허용되지 않음) 본용언에 붙여 써야 함. 〈예〉써지다/예뻐지다/예뻐하다/행복해하다/부끄러워하다/몰라하다/맛있어하다/겁나하다. ☞[주의] 그러나, '-아/어 하다'의 보조용언 구성이 구(句)에 통합되거나 구 형태로 수식할 때에는 띄어 씀. 즉 다음과 같이 밑줄 그은 부분들은 구 형태로 '하다'를 수식하고 있음. 〈예〉<u>구하고 싶어</u> 하다; <u>마음에 들어</u> 하다; <u>어쩔 줄 몰라</u> 하다. <u>못 견뎌</u> 하다. <u>못 잊어</u> 한다.

[참고] **복합어 중 명사+접미어 형태에서 유의할 띄어쓰기**: 명사 앞에 꾸밈말이 올 때는 보조용언 붙여쓰기 조건에 부합되더라도 명사와는 띄어 적어야 함.

[예제] ①이름나다: 그 사람은 악독하기로 <u>이름난</u>(○) 사람이야; 더러운 <u>이름나봤자</u>(×)/<u>이름나 봤자</u>(×)/<u>이름 나 봤자</u>(○)/<u>이름 나봤자</u>(○) 자기만 손해. ☞붙여 적으면 '더러운이름 나다/나보다' 꼴이 되므로. ②정들이다: 정 떼기는 <u>정들이기보다도</u>(○) 힘들지; 온갖 정 <u>들이고</u>(○) 나서 헤어지자고?; 온갖 <u>정들여 봤자</u>(×)/<u>정들여 봤자</u>(×)/<u>정 들여 봤자</u>(○)/<u>정 들여봤자</u>(○) 남는 거라고는 가슴 아플뿐.

[설명] 예문 ①의 경우, '이름나다'는 '이름+나다' 꼴의 복합어로 한 낱말. 그러나, '더러운 이름 나봐야'의 경우처럼, 이름 앞에 '더러운'이라는 꾸밈말이 오면, 띄어 씀. '(이름) 나 보다'의 경우, '보다'는 보조용언이고 보조용언 붙여쓰기 허용 조건에 해당하므로 '나보다'로 붙여 적을 수도 있음. 예문 ②의 경우도 '정들이다'는 '정+들이다' 꼴의 복합어지만 '온갖 정 들이고 나서'에서처럼 '온갖'이라는 수식어가 '정' 앞에 올 때는 띄어 써야 함. [이유] 띄어 쓰지 않을 경우에는 각각 '더러운 이름나봐야, 온갖 정들이고나서' 등의 해괴한 동사형들이 만들어질 뿐만 아니라 정작 '더러운, 온갖'이 꾸며야 할 대상들(체언 꼴)이 없어지고, 형용사와 관형사이던 것들이 부사 역할로 바뀌게 됨.

◆**복골복/복걸복**이야, 다 제 운수소관이지 뭐: **복불복**의 잘못.
　　복불복[福不福]명 복분(福分)의 좋고 좋지 않음이라는 뜻으로, 사람의 운수를 이름.

◆종일 사람들에게 **복다기고** 나니 정신이 없다: **복대기고**의 잘못. ←복대기다[원]
　　세상살이에서는 **복닦이는** 일투성이: **복대기는**의 잘못.
　　복대기다통 ①많은 사람들이 복잡하게 떠들어 대거나 왔다 갔다 움직이다. ②정신을 차릴 수 없을 만큼 일이나 사람을 서둘러 죄어치거나 몹시 몰아치다.

◆♣**복수 표기 중 주의 사항**
　　[예제] 열 마리나 되는 **짐승들**이 몰려왔다: **짐승**의 잘못.
　　[설명] 문장 안에 복수를 나타내는 말이 있으면 복수 표기를 하지 않음. 군이 챙겨서 표기하면 도리어 잘못되거나 어색한 문장이 됨. ¶향기로운 꽃이(○)/꽃들이(×) 곳곳에 피어 있다; 열 마리의 강아지가(○)/강아지들이(×) 달려온다.

◆♣**복수표준어**
①다음의 낱말들은 빗금(/)으로 구분한 앞의 말을 원칙으로 하고, 뒷말도 허용함.
네/예
쇠-/소-: ~가죽, ~고기, ~기름, ~머리, ~뼈.
괴다/고이다: 물이 ~, 밑을 ~.
꾀다/꼬이다: 어린애를 ~, 벌레가 ~.
쐬다/쏘이다: 바람을 ~.
죄다/조이다: 나사를 ~.

쬐다/쪼이다: 볕을 ~.

②다음의 낱말들은 복수표준어.

거슴츠레하다≒게슴츠레하다; 고까≒꼬까(~신, ~옷.); 고린내≒코린내, 구린내≒쿠린내; 교기(驕氣)≒갸기(교만한 태도); 가는허리≒잔허리; 가락엿≒가래엿; 가뭄≒가물; 가엾다≒가엽다/가엾어≒가여워/가엾은≒가여운; 감감무소식≒감감소식; 개수통≒설거지통('설겆다'는 '설거지하다'로), 개숫물≒설거지물; 갱엿≒검은엿; ─거리다─대다(가물~, 출렁~); 거위배≒횟배; 것≒해(내 ~, 네 ~, 뉘 ~); 게을러빠지다≒게을러터지다; 고깃간≒푸줏간('고깃관, 푸줏관, 다림방'은 비표준어.); 곰곰≒곰곰이; 관계없다≒상관없다; 구들재≒구재; 교정보다≒준보다; 귀퉁머리≒귀퉁배기('귀퉁이'의 비어.); 극성떨다≒극성부리다; 기세부리다≒기세피우다; 기승떨다≒기승부리다; 깃저고리≒배내옷/배냇저고리; 꼬리별≒살별; 꽃도미≒붉돔; 꺼림하다≒께름하다; 나부랭이≒너부렁이; 나귀≒당나귀; 날걸≒세뿔(윷판의 쨀밭 다음의 셋째 밭); 내리글씨≒세로글씨; 넝쿨≒덩굴('덩쿨'은 비표준어); 녘≒쪽(동~, 서~); 눈대중≒눈어림≒눈짐작; 느리광이≒느림보≒늘보; 늦모≒마냥모(←만이앙모); 다기지다≒다기차다; 다달이≒매달; ─다마다≒─고말고; 다박나룻≒다박수염; 닭의장≒닭장; 댓돌≒툇돌; 덧창≒겉창; 독장치다≒독판치다; 동자기둥≒쪼구미; 돼지감자≒뚱딴지; 되우≒된통≒되게; 두동무니≒두동사니(두 동이 한데 어울려 가는 말;) 뒷갈망≒뒷감당; 뒷말≒뒷소리; 들락거리다≒들랑거리다; 들락날락≒들랑날랑; 딴전≒딴청; 땅콩≒호콩; 땔감≒땔거리; ─뜨리다≒─트리다(깨~, 떨어~, 쏟아~); 뜬것≒뜬귀신; 마룻줄≒용총줄(돛대에 매어 놓은 줄. '이어줄'은 비표준어); 마파람≒앞바람; 만장판≒만장중(滿場中); 만큼≒만치; 말동무≒말벗; 매갈이≒매조미; 매통≒목매; 먹새≒먹음새('먹음먹이'는 비표준어); 멀찌감치≒멀찌가니≒멀찍이; 멱통≒산멱≒산멱통; 면치레≒외면치레; 모내다≒모심다, 모내기≒모심기; 모쪼록≒아무쪼록; 목판되≒모되; 목화씨≒면화씨; 무심결≒무심중; 물봉숭아≒물봉선화; 물부리≒빨부리; 물심부름≒물시중; 물추리나무≒물추리막대; 물타작≒진타작; 민둥산≒벌거숭이산; 밑층≒아래층; 바깥벽≒밭벽; 바른≒오른[右](~손, ~쪽, ~편) ;발모가지≒발목쟁이('발목'의 비속어); 버들강아지≒버들개지; 변덕스럽다≒변덕맞다; 벌레≒버러지('벌거지/벌러지'는 비표준어);보조개≒볼우물; 보통내기≒여간내기≒예사내기('행내기'는 비표준어); 복숭아뼈≒복사뼈; 볼따구니≒볼퉁이≒볼때기('볼'의 비속어); 부침개질≒부침질≒지짐질('부치개질'은 비표준어); 불똥앉다≒등화지다≒등화앉다; 불사르다≒사르다; 비발≒비용(費用); 뾰두라지≒뾰루지; 살쾡이≒삵; 삽살개≒삽사리; 상두꾼≒상여꾼('상도꾼/향도꾼'은 비표준어); 상씨름≒소걸이; 생뿔≒새앙뿔≒생강뿔('쇠뿔'의 형용);생철≒양철(①'서양철'은 비표준어. ②'生鐵'은 '무쇠'); 서럽다≒섧다('설다'는 비표준어); 서방질≒화냥질; 성글다≒성기다; ─(으)세요≒─(으)셔요; 송이≒송이버섯; 수수깡≒수숫대; 술안주≒안주;─스레하다≒─스름하다(거무~, 발그~); 시늉말≒흉내말; 시새≒세사(細沙); 신≒신발; 신주보≒독보(櫝褓); 심술꾸러기≒심술쟁이; 씁쓰레하다≒씁쓰름하다; 아귀세다≒아귀차다; 아래위≒위아래; 아무튼≒어떻든≒어쨌든≒하여튼≒여하튼; 앉음새≒앉음앉음; 알은척≒알은체; 애갈이≒애벌갈이; 양념감≒양념거리; 애꾸눈이≒외눈박이('외대박이, 외눈퉁이'는 비표준어); 어금버금하다≒어금지금하다; 어기여차≒어여차; 어림잡다≒어림치다; 어이없다≒어처구니없다; 어저께≒어제; 언덕바지≒언덕배기; 얼렁뚱땅≒엄벙뗑; 여왕벌≒장수벌; 여쭈다≒여쭙다; 여태≒입때('여직'은 비표준어); 여태껏≒이제껏≒입때껏('여직껏'은 비표준어); 역성들다≒역성하다('편역들다'는 비표준어); 연달다≒잇달다; 엿가락≒엿가래; 엿기름≒엿길금; 엿반대기≒엿자박; 오사리잡놈≒오색잡놈('오합잡놈'은 비표준어); 왕골기직≒왕골자리/중신≒중매; 옥수수≒강냉이(~떡, ~묵, ~밥, ~튀김); 외겹실≒외올실≒홀실('홑겹실/올실'은 비표준어); 외손잡이≒한손잡이; 욕심꾸러기≒욕심쟁이; 우레≒천둥(우렛소리, 천둥소리); 우지≒울보; 을러대다≒을러메다; 의심스럽다≒의심쩍다; ─이에요≒─이어요; 이틀거리≒당고금(학질의 일종); 일일이≒하나하나; 일찌감치≒일찌거니; 입찬말≒입찬소리; 자리옷≒잠옷; 자물쇠≒자물통; 장가가다≒장가들다('서방가다'는 비표준어); 재롱떨다≒재롱부리다; 제가끔≒제각기; 조개

껍질≒조개껍데기; 좀처럼≒좀체('좀체로/좀해선/좀해'는 비표준어); 줄꾼≒줄잡이; 짚단≒짚못:쪽≒편(오른~, 왼~); 차차≒차츰; 책씻이≒책거리; 척≒체(모르는 ~, 잘난 ~); 천연덕스럽다≒천연스럽다; 철따니≒철딱서니≒철딱지('철때기'는 비표준어); 추어올리다≒추어주다('추켜올리다'는 비표준어); 축가다≒축나다; 침놓다≒침주다; 통꼭지≒통젖(통에 붙은 손잡이); 파자쟁이≒해자쟁이(점치는 이); 편지투≒편지틀; 한턱내다≒한턱하다; 해웃값≒해웃돈 ('해우차'는 비표준어); 혼자되다≒홀로되다; 흠가다≒흠나다≒흠지다. ☞최근 추가된 복수표준어에 대해서는 **♣현재의 단수표준어와 비표준어, 그리고 추가된 복수표준어** 항목 참조.

◆**♣복수표준어 중 주의해야 할 말들**(일부)
쬐다≒조이다; 꾀다≒꼬이다; 괴다≒고이다; 네≒예; 쇠고기≒소고기; 가물≒가뭄; 가엾다≒가엽다; 서럽다≒섧다; 신≒신발; 여쭈다≒여쭙다; 옥수수≒강냉이; 거슴츠레/게슴츠레하다; 고까≒꼬까; 고린내〈구린내≒코린내〈쿠린내; 교기≒갸기; 꺼림≒께름; 나부랭이≒너부렁이; 조개껍질≒조개껍데기; 복숭아뼈≒복사뼈.

◆**'복숭아뼈'**가 맞나, **'복사뼈'**가 맞나?: 둘 다 쓸 수 있음.
[설명] 예전에는 '복숭아뼈'가 '복사뼈'의 잘못이었으나, 복수표준어로 인정.

◆아이고, **복창터져** 죽을 일이군: **복장 터져**의 잘못.
[설명] 이때의 '복창'은 '복장(가슴의 한복판. 腹臟으로 적기도 함)'의 잘못이며, '복장터지다'는 없는 말로 관용구 '복장(이) 터지다'의 잘못임.

◆**♣다음절의 복합용언 중 띄어쓰기에서 주의해야 할 말들의 예**
[예제] 감동을 **불러 일으키는** 명연설: **불러일으키는**의 잘못. 한 낱말.
사람들이 벌떼같이 **들고 일어나더군**: **들고일어나더군**의 잘못. 한 낱말.
정말 **정 떨어지더군**: **정떨어지더군**의 잘못. 한 낱말.
4는 2로 **나누어 떨어지지**: **나누어떨어지지**의 잘못. 한 낱말.
곯아 떨어진 사람은 깨우지 마: **곯아떨어진**의 잘못. 한 낱말.
목숨이 **오늘내일 하는** 처지인데: **오늘내일하는**의 잘못. 한 낱말.
울고 불고 할 땐 언제고; **울고불고할**의 잘못. 한 낱말.
얽히고 설킨 것들은 풀어야지: **얽히고설킨**의 잘못. 한 낱말.
[설명] 우리말의 복합어 중에는 다음과 같이 접사적 기능부가 길거나 어근이 복잡하여 선뜻 한 낱말로 보기 어려워 띄어쓰기에서 헷갈릴 수 있는 것들이 많음. 그러나 한 낱말의 복합어이므로 모두 붙여 적어야 함.
①다(多)음절어〈예〉
－일반형: 불러일으키다/들고일어나다/뒤집어씌우다/싸돌아다니다/남아돌아가다≒남아돌다/귀담아듣다/눈여겨보다/귀살머리쩍다≒귀살쩍다/흘러넘치다/넘쳐흐르다/감싸고돌다/끼고돌다/싸고돌다
－'어근/명사(형)'＋'－나다': 겁나다/화~/혼~/신~/층~/기억~/생각~/소문~/별쫑~/난봉~/유별~/정분~/재미~/끝장~/결말~/작살~/결딴~/이름~/냄새~/바람~/유별·독별~
－'어근/활용형'＋'－들이다': 번갈아들이다/거두어(거둬)~/끄집어~/움츠러〉옴츠러~/장가~/갈마~/모아~/몰아~/벌어~/잡아~/홀라〈홀라~.
－'어근/명사(형)'＋'－치다': 엎드려뻗치다/소용돌이치다/내동댕이~/곤두박질[이]~/달음박질~/비비대

기~/비틀걸음~/왜장독장~.

–'어근/활용형/명사(형)' + '–없다': 어처구니없다≒어이없다/터무니~/버릇~/의지(依支)가지~/올데갈데~/정신(精神)~/보잘것~≒볼품~/하잘것~/빈틈~/물샐틈~/간데~/갈데~/간곳~/난데~/온데간데~≒간데온데~/쓸데~/거침~/인정사정(人情事情)~/진배~≒다름~/허물~≒스스럼~/아랑곳~/어처구니~/치신머리~/자발머리~/헐수할수~./다함~

②접사부가 길거나(예: '–떨어지다'/–다[러/라] 보이다'), 까다로운 것(예: '–만하다'/'–그레하다'): 맞아떨어지다/곯아떨어지다/나가떨어지다/정떨어지다/녹아떨어지다/굴러떨어지다/나누어떨어지다≒㉮ 나눠떨어지다/맞비겨떨어지다; 내려다보이다/들여다보이다/건너다보이다/우러러보이다/넘겨다보이다/맞바라보이다/바라다보이다/올려다보이다; 대문짝만하다/눈곱자기만하다; 쌩그레하다>생그레하다/늙수그레하다/맑스그레하다/번주그레하다>반주그레하다>뱐주그레하다/쏙소그레하다>속소그레하다<숙수그레하다/희불그레하다/해반주그레하다/희번주그레하다.

③첩어/준첩어 계열의 어근부에 '–하다'가 결합한 것: 본체만체하다(본척만척하다)/안절부절못하다/오냐오냐하다/우네부네하다≒울고불고하다/오늘내일하다/걱정걱정하다/옥신각신하다/티격태격하다/얽히고설키다/네모반듯하다/반신반의(半信半疑)하다/싱숭생숭하다/허겁지겁하다/귀둥대둥하다. ☞[참고] 이 중 '옥신각신하다/티격태격하다/얽히고설키다/싱숭생숭하다/허겁지겁하다' 등에서처럼 뒤에 보이는 '–각신/–태격/–설키다/–생숭/–지겁' 등은 대체로 뜻이 없이 음조나 운율을 고려하여 비슷한 어조/어세 효과를 위해 대구(對句)로 덧댄 말일 때가 많음. 즉 '옥신옥신하다, 티격을 벌이다, 얽히다, 싱숭하다, 허겁하다' 등은 사전에 있으나 뒤의 말들은 없는 말임.

④어근부가 첩어/준첩어의 부사(구)로, '–하다'와 결합한 것: 오르락내리락하다/엎치락뒤치락하다/이러쿵저러쿵하다/두리번두리번하다/가들막가들막하다/가드락가드락하다/내치락들이치락하다≒들이치락내치락하다/시근벌떡시근벌떡하다>쌔근발딱새근발딱하다<쌔근팔딱쌔근팔딱하다/헐레벌떡헐레벌떡하다>할래발딱할래발딱하다/흘근번쩍흘근번쩍하다<훌근번쩍훌근번쩍하다. ☞**첩어와 준첩어** 항목 및 '**–하다'가 들어간 복합어 중 띄어쓰기에 주의해야 할 말** 항목 참조.

◆콩이 잘 **볶아졌는지** 좀 볼래?: **볶였는지**의 잘못. ⇐'볶아지다(×)/볶이다(○)'.
   [설명] '볶다'의 피동사로 '볶이다'가 있으므로, 굳이 '볶+아지다' 꼴을 쓸 필요 없음. 이는 마치 '보다'의 피동사로 '보이다'가 있는데 이를 '보아지다'로 쓰는 것과도 흡사함.

◆♣'**본건(本件)**'과 '**본 사건**'
   [예제] **본사건**은 본 법정에서 다룰 사안이 아니다: **본 사건**의 잘못.
      본 건의 1차 심리는 타 법정에서 이미: **본건**의 잘못. ⇐'본'은 접두사.
   [설명] ①'본건'에서의 '본–'은 접두어. '본'이 접두사로 쓰일 때는 두 가지 뜻이 있음. ㉠'바탕이 되는'의 뜻을 더하는 접두사. ¶본건/본안/본계약/본동사/본줄기/본회의. ㉡'애초부터 바탕이 되는'의 뜻을 더하는 접두사. ¶본뜻/본고장/본데/본서방/본바탕/본마음. ②'본 사건에서의'의 '본'은 관형사. ¶본 협회; 본 법정; 본 변호인; 본 연구원; 본 사건.
   [암기도우미] '본–'을 붙여 익숙한(자연스런) 한 낱말이면 접두사. ¶본데, 본동사, 본그림자, 본그림.

◆저런 **본 데 없는** 놈이 난 데 없이 나타나서는: **본데없는, 난데없이**의 잘못.
   [비교] 세상에 본디 **난데없는** 인간과 사물이 있으랴: **난 데 없는**의 잘못.
   [설명] ①'본데없다'는 '보고 배운 것이 없다. 또는 행동이 예의범절에 어긋나는 데가 있다.'는 뜻으로 '버릇없다'의 유의어. '난데없다'는 '갑자기 불쑥 나타나 어디서 왔는지 알 수 없다.'를 뜻하며, '갑작스럽다'

와 비슷한 말. 둘 다 한 낱말의 복합어. ②문맥상 '난 데 없다'는 글자 그대로 '낳은/생산된 곳이 없다'를 뜻하므로 한 낱말의 복합어가 아니다. ☞ **'–없다/있다'가 붙은 말들** 항목 참조.

◆여인은 아예 **본둥만둥** 딴전만 부렸다: **본 둥 만 둥** (띄어쓰기만 고친 것임).
 [설명] ①'~ 둥 ~ 둥'의 '둥'은 의존명사. ②위의 예문에서, 좀 더 적절한 표현은 '본숭만숭/볼만장만/본척만척' 중 하나임.
 본숭만숭[부] 건성으로 보는 체만 하고 주의 깊게 보지 않는 모양. ¶**~하다**[동]
 본척만척[부] ≒본체만체(보고도 아니 본 듯이). ¶**~하다**[동]
 볼만장만[부] 보기만 하고 간섭하지 아니하는 모양. ¶**~하다**[동]

◆**본딸** 게 따로 있지, 하필 그 따위 짓들을: **본뜰**의 잘못. ←**본뜨다**[원]
 아이들이 그를 **본따서** 그런 못된 짓들을 했더군: **본떠서**의 잘못. ←**본뜨다**[원]
 [설명] '본따다'는 없는 말. '본뜨다'는 '본뜨니/본떠서' 등으로 활용. ☞[기억도우미] 올바른 활용형 고르기 문제에서는 기본형을 떠올려라!

◆사람을 보고도 **본 체 만 체 하다니** 이럴 수가 있나: **본체만체하다니**의 잘못.
 [설명] '본체만체하다≒본척만척하다'는 한 낱말.
 본척만척[부] ≒본체만체(보고도 아니 본 듯이). ¶**~하다**[동]

◆남들이 **볼까봐**, 남 눈에 **띌까봐 맘졸였어**: **볼까 봐, 띌까 봐, 맘 졸였어**의 잘못.
 [설명] ①'~ㄹ까 봐'는 구성이므로 반드시 띄어 씀. ②'맘졸이다'는 없는 말. '간(을) 졸이다'는 관용구.

◆**볼꼴사납게시리[스리]** 그게 뭐냐?: **볼품[썽]사납게**의 잘못. ←**볼품[썽]사납다**[원]
 참 **볼성사나운** 꼴을 보는구나: **볼썽사나운**의 잘못. ←**볼썽사납다**[형][원]
 [참고] 눈꼴시려서 못 보겠네: 눈꼴셔서의 잘못. ←**눈꼴시다**[원]. '눈꼴시리다'는 없는 말. '눈꼴 시리다'도 잘못. ☞**'눈꼴시려서'** 항목 참조.
 [설명] ①'볼꼴사납다'는 없는 말로, '볼품[썽]사납다'의 잘못. ②'–시리'는 '스레'의 잘못: 괜시리(×)/괜스레(○). ③'–스레'는 '–스럽다'의 의미로 명사 뒤에 붙어, 부사화하는 접사*. '볼품[썽]사납다'는 명사가 아니므로, '–스레'를 붙이지 못함. ¶'부자연스레/부자유스레/믿음직스레/불만스레/비아냥스레/거드름스레/믿음직스레/불만족스레/흉측스레≒흉악망측스레'(○). ☞[참고] 이처럼 체언에 접사가 붙어 체언의 꼴이 바뀌는 것을 '꼴바꿈(변형)'이라 하는데, 이 '–스레'의 접사적 기능에 관하여《표준》에는 용법 해설이 누락되어 있음.
 [참고] '–사납다'가 붙은 복합형용사로는 다음과 같은 것들이 있음. 〈예〉꼴사납다/감–/수[數]–/볼꼴–/볼품–/볼썽–/눈꼴–/감때–/몰골–/소증–/처신–[處身–]≒치신–/채신–/치신머리–.

◆**볼다구니(볼대기)**가 미어터지도록 가득 채우고서 또: **볼따구니/볼때기**의 잘못.
 [설명] ☞♣**된소리(경음)로 적는 접미사들** 항목 및 **'~데기'와 '–때기'** 항목 참조.

◆**볼래야** 볼 수가 있어야지. **볼라고** 해도 코빼기도 볼 수 없으니: **보려야, 보려고**의 잘못. ⇐'–래야/–라고'는 '–려야/–려고'의 잘못.
 [유사] **뗄라고 해야** 뗄 수가 없음.: **떼려고 해야/떼려야**의 잘못.

뗄래야 뗄 수 없는 관계: **떼려야**의 잘못. ☞**'-래야'/ '-려야'**항목 참조.

◆직접 가서 봐. **볼 만한** 구경거리이고말고: **볼만한**의 잘못. ←**볼만하다**[원]
  [설명] '볼만하다'는 한 낱말. '-고말고'는 종결어미로, '-다마다'와 같음.
  볼만하다통 보기만 하고, 시비를 가리거나 참견하지 아니하다.
            형 ①구경거리가 될 만하다. ②보고 얻을 것이 많거나 볼 가치가 있다.

◆예전에 헤진 양말에 헝겊을 덧대어 기운 **볼붙임**도 흔했지: **해진**, **볼받이**의 잘못.
  볼받이명 해진 곳에 헝겊 조각을 덧대어 기운 버선.

◆**볼상사납게/볼성사납게** 그 꼴이 뭐냐: **볼썽사납게**의 잘못. ←**볼썽사납다**[원]
  남볼상/남볼성 없게시리 되었군: **남볼썽, 없게끔**의 잘못. ⇐—게시리(×)/—게끔(○).
  [참고] 본뜻과 멀어졌으므로 소리 나는 대로 적은 '볼썽/남볼썽'을 표준어로 채택하고 있으나, '남볼썽'의
        경우 북한에서는 '남볼성[−性]'으로 표기하고 '남이 보는 성질, 남이 보고 느끼게 되는 특성'으로 풀
        이하고 있음.
  남볼썽명 남을 대하여 볼 면목.

◆집에도 알려졌으니 이젠 **볼장/볼짱 다 본** 꼴이지 뭐: **볼 장 다 본**의 잘못.
  볼 장(을) 다 보다관 일이 더 손댈 것도 없이 틀어지다.
  볼 장 보다관 ①해야 할 일을 알아서 하다. ②하고자 하는 바를 이루다.
  [주의] '볼장'은 한 낱말의 명사가 아님. 본래, 이 말은 '장(場)을 보다'와 관련이 있는 말이지만, 지금은
        '장을 다 보고 마쳤다/끝냈다'는 뜻보다는 일이 틀어진 쪽을 강조하는 말이므로, 굳이 한 낱말로 표
        기할 경우에는 '본래의 뜻과 멀어진 말은 소리 나는 대로 적는다.'는 원칙에 따라 '볼짱'이 되어야 하지
        만, 아직은 그대로 두고 있는 말.

◆그는 **봄학기**부터 강의를 맡게 되었다: **봄 학기**의 잘못. ⇐합성어가 아님.
  [유사] '가을학기(×)/가을 학기(○)'. 단, '신학기/내학기(來學期)/제일학기(第一學期)/계절학기'는 한 낱말.

◆구멍 뚫린 이에 **봉박는** 일부터 하자고: **봉 박는**의 잘못. ←**'봉박다'**는 없는 말.
  [설명] 위의 예문에서 '~ 봉박는 일부터' 대신 '~ 봉박이부터'는 쓸 수 있음.
  봉박이명 이에 봉 박는 합금. 충치에 봉 박는 일.

◆엄마는 **봉숭화꽃**을 무척 좋아한다: **봉숭아꽃**의 잘못. ⇐봉숭화(×)/봉숭아(○).

◆꼭 참외 **봉탱이** 같이 못생긴 놈: **봉퉁이**의 잘못. 방언.
  [설명] '봉탱이'는 '봉퉁이(≒봉퉁아리. 부러진 데에 상처가 나면서 살이 고르지 않게 붙어 도톰해진 것)'의
        방언. ☞[침고] 큰 봉퉁이가 있는 게 배꼽침외임.

◆♣**'-은(는)가 봐(보다)/-나 봐(보다)'의 띄어쓰기**
  [예제] 그는 돈이 아주 **많은가봐**: **많은가 봐**의 잘못.
        사람들이 벌써 **왔나보다**: **왔나 보다**의 잘못.

[설명] 동사나 형용사 뒤에서 <u>-은가 보다/-는가 보다/-나 보다'의 구성</u>으로 앞말이 뜻하는 행동/상태를 추측하거나 어렴풋이 인식하고 있음을 나타내는, 보조형용사 '보다'의 활용. 즉, '모두 집에 돌아왔<u>는가 봐</u>; 도착했<u>나 봐</u>; 인기가 많<u>은가 보다</u>; 했<u>나 봐</u>' 등으로 쓰이며, 이때 '봐/보다'는 '-아/-어' 뒤에 곧바로 연결되는 꼴이 아니어서 보조용언 붙여쓰기 허용 조건에도 해당되지 않으므로 반드시 앞말과 띄어 적음. 그러나 연결어미 '-아/-어' 뒤에 연결되는 보조용언으로서의 '봐'일 때는 붙여쓰기 허용: 〈예〉'이제 가 봐'(원칙)→'이제 가봐'(허용). ☞상세 설명은 ♣보조용언 붙여쓰기 허용 항목 참조.

◆기사 제목에 〈올해 첫 햅쌀, 시장에 선 **뵈**〉가 있더군: **봬**의 잘못. ⇐뵈어.
　눈치가 **뵈서** 더 앉아 있을 수가 없었다: **봬서**의 잘못. ⇐뵈어서.
　이래 **뵈도** 나 한 가닥 하던 사람이야: **봬도**, **한가락**의 잘못. ⇐뵈어도.
　[유사] 어른이 **되서** 그런 짓을 하다니: **돼서**의 잘못. ⇐'되어서'의 준말.
　[설명] ①'봬다'는《표준》에 없는 말. 그러나, '봬'가 잘못된 말은 아님. '봬'는 '보이다'의 준말 '뵈다'의 활용형 '뵈어'의 준말. ②'뵈다'는 '보이다'의 준말. '뵈어서→봬서'이므로 '눈치가 뵈서'의 '뵈서'는 잘못. [유사] '돼'는 '되어'의 준말.
　[참고] 한글 맞춤법 제37항, 표준어규정 제17항: '보이다'의 준말인 '뵈다'에 대해서 '뵈이다'를 쓰는 경우가 있으나 '보이다/뵈다'만 표준어로 삼는다.
　[주의] **뵈다**[동] 웃어른을 대하여 보다. ⇐'보이다'의 준말이 아님!

◆다음에 또 **뵈요**: **뵈어요/봬요**의 잘못.
　[참고] 이래 **뵈도** 난 말이야...: **봬도**의 잘못. ⇐'봬다'의 활용형
　　정말 눈에 **뵈는** 게 없나: **뵈는**의 잘못. ⇐'보이는'의 준말.
　[설명] ①'뵈(다)+어→봬', 즉 '봬'는 '뵈어'의 준말. 이와 같이 준말 꼴로 흔히 쓰이는 것에는 '되어→돼; 쬐어→쫴; 괴어→괘; 쐬어→쐐' 등이 있음. 따라서 이러한 동사들의 '-어요' 꼴은 각각 '돼요/쫴요/괘요/쐐요'가 되어야 하므로, '그건 안 되요(×)/안 돼요(○); 곁불은 안 쬐요(×)/안 쫴요(○); 받침을 안 괴요(×)/안 괘요(○); 바람 좀 쐬요(×)/쐐요(○)'임. ②'뵈이다'는 없는 말로 '보이다'의 잘못. '뵈다'는 '보이다'의 준말이므로 활용형은 '뵈어 →봬(준말)'임.

◆**부나방** 같은 인생을 살아서야: 맞음. '**불나방**'과 복수표준어.
　불나비사랑이 맞나, **부나비사랑**이 맞나: **불나비사랑**이 맞음.
　[설명] '불나비'는 '부나비'의 원말이며, 현재 '불나비/부나비'와 '불나방/부나방' 모두가 표준어. 그러나, '부나비사랑'은 없는 말.
　불나비사랑[명] 감정에 따라 무조건적이고 맹목적으로 하는 열렬한 사랑.

◆덥석 **부둥켜 안고** 춤을 추었다: **부둥켜안고**의 잘못. ⇐복합어.
　부등켜안고 기뻐했다: **부둥켜안고**의 잘못.
　[설명] ①'부둥켜안다'는 '두 팔로 꼭 끌어안다'를 뜻하는 복합어. 이와 비슷한 복합어로는 '끌어안다(①끌어당기어 안다. ②일/책임을 떠맡다)/껴안다(①두 팔로 감싸서 품에 안다. ②혼자서 여러 가지 일을 떠맡다)/그러안다(①두 팔로 싸잡아 껴안다. ②(비유) 어떤 일/생각 따위를 늘 마음속에 간직하다. ③(비유) 어떤 일을 맡다)' 등이 있음. ②'부둥켜안다'는 '부둥켜안다'의 잘못. '부둥키다'와 '안다'의 합성어로 '붙안다'와 이웃 낱말.

◆♣'부딪치다'와 '부딪히다'

[예제] 그의 작중 인물들은 간단한 문제에 **부딪쳐도(×)/부딪혀도(○)** 당황하고 아무런 대책을 세우지 못하는 보잘것없는 일상인이다; 그와는 이 문제를 놓고 언제 **부딪히든지(×)/부딪치든지(○)** 한 번은 **부딪혀야(×)/부딪쳐야(○)** 할 일이었다.

[설명] **부딪다**: '마주 닿다, 마주 대다, 마주 닥뜨리다'.

부딪히다: '부딪다'의 피동형으로서 '부딪음을 당하다'의 뜻. 즉 본인(주어)의 적극적인 행위 없이 일방적으로 '부딪음을 당한' 것. 주로 대상이 움직이는(다가오는) 것에 쓰임. ¶공사장에서 떨어진 나무에 머리를 부딪혔다; 그 배우는 지금까지 별의별 질시와 모함에 부딪혀 왔다; 자전거에 부딪히다.

부딪치다: '부딪다'의 힘줌말. 즉 서로의 행위가 적극적으로 맞닥뜨린 것. '나도 그에게 부딪고, '그'도 나에게 부딪은 것이니 서로가 '부딪친' 것. 주로 대상의 의도와 무관함. ¶저기가 그들의 차가 부딪친 곳이다; 할인 매장에서 그녀와 맞부딪쳤다.

[참고] '–치다'와 '–히다' 꼴은 아래와 같이 대체로 강조와 피동의 뜻으로 쓰이지만, '받치다'와 같이 강조와 무관한 경우도 있고, '맞히다'의 경우와 같이 '–히–'가 사동 접사로만 쓰이는 경우도 있음.

1)**받치다**: ①어떤 물건의 밑에 다른 물체를 올리거나 대다. ②겉옷의 안에 다른 옷을 입다. ③옷의 색깔/모양이 조화를 이루도록 함께 하다.

 받히다: '받다(머리/뿔 따위로 세차게 부딪치다)'의 피동사.

2)**뻗치다**: '뻗다(①가지나 덩굴, 뿌리 따위가 길게 자라나다. 또는 그렇게 하다. ②길/강/산맥 따위의 긴 물체가 어떤 방향으로 길게 이어져 가다. ③기운/사상 따위가 나타나거나 퍼지다)'의 강조.

 뻗히다: '뻗다(오므렸던 것을 펴다)'의 피동사.

3)**맞치다**: 없는 말. 맞추다(①서로 떨어져 있는 부분을 제자리에 맞게 대어 붙이다. ②둘 이상의 일정한 대상들을 나란히 놓고 비교하여 살피다. ③서로 어긋남이 없이 조화를 이루다)의 잘못.

 맞히다: '맞다(문제에 대한 답이 틀리지 아니하다/어떤 좋지 아니한 일을 당하다/ 침, 주사 따위로 치료를 받다/자연 현상에 따라 내리는 눈, 비 따위의 닿음을 받다)'의 사동사.

◆두 눈을 치올려 **부르뜨고는**: **부릅뜨고는**의 잘못. ←**부릅뜨다**[원]

두 눈을 **부라리며** 째려봤다: 맞음. ←**부라리다**[원]

부릅뜨다통 무섭고 사납게 눈을 크게 뜨다. [유]장목하다/부라리다/치뜨다.

부라리다통 눈을 크게 뜨고 눈망울을 사납게 굴리다. [유]부릅뜨다/치뜨다.

◆♣'부리'를 사람에게도 쓸 수 있나?: 쓸 수 있음. ⇐'입'을 낮잡을 때.

[설명] '부리'는 ①새나 일부 짐승의 주둥이. ②어떤 물건의 끝이 뾰족한 부분. ③병과 같이 속이 비고 한 끝이 막혀 있는 물건에서 가느다라며 터진 다른 한끝 부분. ④사람의 입을 낮잡는 말. ¶부리를 닥치도록 해라!: 늘 그놈의 부리가 말썽이다.

[참고] 이와 비슷한 것으로 '주둥이/아가리/대가리'도 있음. '주둥이'는 ①일부 짐승/물고기 따위의 머리에서, 뾰족하게 나온 코/입 주위의 부분. ②병/일부 그릇 따위에서, 좁고 길쭉하게 나온, 담긴 물질을 밖으로 나오게 하는 부분을 뜻하지만, '사람의 입을 속되게 이르는 말'이기도 함. '아가리'는 ①물건을 넣고 내고 하는, 병·그릇·자루 따위의 구멍의 어귀. ②굴/천막/하수구 따위의 드나드는 어귀를 뜻하지만 '입'을 속되게 이르는 말이기도 함. '대가리'도 이와 유사함. ☞(사람) **뼈다귀** 항목 참조.

대가리명 ①동물의 머리. ②(속) 사람의 머리. ③주로 길쭉하게 생긴 물건의 앞이나 윗부분. ¶새대가리/

앞대가리/돌대가리/민대가리/못대가리.

◆♣'-부리다'가 들어간 복합어들: 한 낱말이므로 띄어 쓰면 잘못.

  [예제] **꾀 부리는** 사람치고 진국은 드물다: **꾀부리는**의 잘못. ←**꾀부리다**[원]

      나이가 몇인데 **심술 부리고** 있니?: **심술부리고**의 잘못. ←**심술부리다**[원]

      생청부릴 일이 따로 있지: **생청붙일**의 잘못. ←**생청붙이다**[원]

  ○'**명사(형)+부리다**' 꼴의 복합어들: 꾀-/배짱-/극성(極盛)-늑극성떨다/성미(性味)-/심술(心術)-/재롱(才弄)-/성질(性質)-/욕심(欲心)-/고집(固執)-/기세(氣勢)-/맛-{~뿌리다}/괴덕-{~뿌리다}/덜퍼-/배알-/배상-/새치-/야기-/용심-/주접-/칙살>착살-/퉁명-/간살-/기승(氣勝)-/도섭-{~뿌리다}. ☞일부 낱말들은 {-뿌리다}로 발음됨.

〈주의해야 할 낱말들〉

맛부리다{-뿌리다}[통] 맛없이 싱겁게 굴다.

괴덕부리다{-뿌리다}[통] 수선스럽고 미덥지 않은 짓을 하다.

덜퍽부리다[통] 고함을 지르면서 푸지게 심술을 부리다.

배상부리다[통] 거만한 태도로 자기의 몸을 아껴 할 일을 제대로 하지 않고 꾀만 부리다.

새치부리다[통] 몹시 사양하는 척하다.

생청부리다[통] '생청붙이다(억지스럽게 모순되는 말을 하다)'의 잘못.

야기부리다[통] 불만을 품고 야단을 부리다.

용심부리다[통] 남을 시기하는 심술을 부리다.

칙살부리다>착살부리다[통] 잘고 더러운 짓이나 말 따위를 하다.

퉁명부리다[통] 괜히 불쾌한 말을 하거나 태도를 취하다.

도섭부리다{-뿌리다}[통] ①주책없이 능청맞고 수선스럽게 변덕을 부리다. ②모양을 바꾸어서 원래의 모습과는 전혀 다르게 변하다.

◆**부부동반** 모임: **부부 동반**의 잘못.

  [유사] **부부싸움**도 때로는 필요해: **부부 싸움**의 잘못.

      부부관계는 당사자들만 아는 비밀: **부부 관계**의 잘못.

  [설명] 부부의 복합어로는 '부부지간, 부부지정(夫婦之情), 부부일신(夫婦一身), 부부유별' 등의 한자어 정도이며, 그 밖의 것들은 모두 구(句). ☞[의견] 그러나 '부부 관계'에는 '요즘 부부관계를 통 못하고 있어; 그들은 부부관계야' 등에서 보이듯 '1. 결혼한 남녀의 육체적 행위와 관련된 일체의 것. 2. 법률적으로 사실혼 관계에 있는 남녀'를 뜻하기도 하므로 복합어로 삼는 것이 마땅할 것임.

◆아이의 볼을 한참이나 **부비더니만**: 비비더니만의 잘못. ←**비비다**[원]

  그 좁은 데에 어찌나 사람들이 **부비는지** 원: **붐비는지**의 잘못. ←**붐비다**[원]

  [설명] '부비다'는 '비비다/붐비다'의 잘못. 아예 없는 말.

  붐비다[통] ①좁은 공간에 많은 사람/자동차 따위가 들끓다. ②어떤 일 따위가 복잡하게 돌아가다. [유] 뒤엉키다/들끓다/분잡하다.

◆[중요] ♣주의해야 할 부사/부사어들의 띄어쓰기(1)

  [예제] 이 문제는 **좀더** 시간을 두고 생각해 보기로 하자: **좀 더**의 잘못.

      또 다시 문제를 일으킬 때는 책임을 지도록: **또다시**의 잘못. 한 낱말.

한층더 노력하라는 뜻일 게야: **한층 더**의 잘못. '**더한층**'은 한 낱말.

보다못해 자리를 차고 일어났다: **보다 못해**의 잘못.

아니나다르랴, 그가 또 문제의 근원: **아니나 다르랴**團의 잘못.

적지않이 돈을 주더군: **적지 아니**의 잘못. ⇐'적지 않다'의 활용형.

[설명] 둘 이상의 말이 결합하여 된 부사를 '복합부사'라 하며 '밤낮/한바탕/곧잘' 따위. ①두 개의 부사를 겹친 것으로는 다음과 같은 것들이 있음. 〈예〉곧바로/곧잘/더욱더/더더욱/더한층/똑같이/똑바로/또다시/바로바로/아주아주/너무너무. [주의]좀더(×)/좀 더(○); 한층더(×)/더한층(○)/한층 더(○); 매우매우(×)/매우 매우(○).

[주의] 좀더(×)/좀 더(○); 한층더(×)/더한층(○)/한층 더(○); 다시또(×)/다시 또(○). ②간주 부사: 한 낱말의 부사로 간주하여(대우하여) 붙여 적는 말로, 사전에 부사로 표기되어 있음. 〈예〉곧이어/그런고로/그런대로/덮어놓고/명실공히/세상없이/오랜만에/왜냐하면/이를테면/제멋대로/하루빨리/하루바삐/한시바삐(○). ⇐'오랜만에'는 '오랜만'團+'-에'의 꼴. '덮어놓고'는 '덮어놓다'통의 활용 꼴과 동일.

[주의] 다음 말들은 복합부사가 아니며 두 낱말이거나 관용구임: 보다못해(×)/보다 못해(○); 다름아니라(×)/다름(이) 아니라(○); 아니나다를까[다르랴](×)/아니나 다를까[다르랴](○); 적지않이(×)/적지 아니(○). 특히, '보다못해(×)'와 관련, 현재 '~못해'가 붙은 부사로 표제어에 오른 것은 '하다못해/듣다못해'의 두 가지뿐임. ☞상세 설명은 '**못하다**' 항목 참조.

[참고] '적지 아니'와 '적잖이': '적지 아니'는 '적지 않다'의 본말인 '적지 아니하다'의 활용형에서 온 말이고, '적잖이'는 이로부터 나온 전성부사임. 하지만 이 두 말의 뜻은 아래와 같이 미묘하게 달라서 그 쓰임도 다름.

적지 아니하다[않다]: 수효/정도가 일정한 기준에 미치지 못하지 않다(미치지 못할 정도가 아니다). (예) 의문점/불만이 적지 않다; 퇴출 직원이 적지 않다; 재주 있는 아이가 적지 않다.

적잖이: 1.적지 않은 수나 양으로. 2.소홀히 하거나 대수롭게 여길 만하지 아니하게 (예) 적잖이 거북한 자리; 적잖이 당황했다.

◈[중요] ♣주의해야 할 부사/부사어들의 띄어쓰기(2)

[예제] **이제나 저제나** 하고 기다렸다: **이제나저제나**團의 잘못. ⇐한 낱말.

　　　 이러쿵 저러쿵 어찌나 말이 많은지: **이러쿵저러쿵**團의 잘못. ⇐한 낱말.

　　　 이런 즉, 네가 알아서 하렴: **이런즉**준의 잘못. ⇐부사어. 한 낱말.

　　　 어쩌고 저쩌고 뒷말들이 무성했어: **어쩌고저쩌고**團의 잘못. ⇐한 낱말.

　　　 이렇든저렇든 일단 가고 보자: **이렇든 저렇든**의 잘못. ⇐두 낱말.

　　　 이러니 저러니 하지 말고: **이러니저러니**준의 잘못. ⇐부사어. 한 낱말.

[설명] 유의해야 할 한 낱말의 부사: 이제나저제나(○); 이나 저나(×)/이나저나(○); 이러나저러나(○)/그러나저러나(○); 이러쿵저러쿵(○); 어쩌고저쩌고(○); 이럭저럭(○)/그럭저럭(○)

[유사] 이처럼 유의해야 할 한 낱말의 준말, 관형사 및 명사.

(1)준말: 이런즉준('이러한즉'의 준말)(○). 그런즉준('그러한즉'의 준말)(○); 이러고저러고준(○)/그러고저러고준(○)(각각, '이러하고 저러하고'와 '그러하고 저러하고'가 줄어든 말); 이러니저러니준(○)/그러니저러니준(○)(각각, '이러하다느니 저러하다느니'와 '그리하다느니 저러하다느니'가 줄어든 말). ☜[참고] 준말의 품사 표기: 예컨대 '이러한즉/그러한즉'으로 표기한 경우에도, 조어 과정을 설명하기 위한 것일 뿐 어떠한 품사로 구분하기에는 문제가 있음. 여기에 사용된 '즉(即)'은 '다시 말하여/다른 것이 아니라 바로'를 뜻하는 부사이고, '이러한/그러한'은 각각 형용사 '이렇다/그렇다'의 본말인 '이러하다/그러하다'의 관형형이기 때문임. 따라서 품사 표기를 하지 않고 준말로만 표기하는 것임. '이런즉/그런즉' 등도 이

와 같은 과정을 거친 준말들로서 한 낱말로 적는 부사**어**임.

(2)관형사: 이런저런**판**(o); 그런저런**판**(o).

(3)명사: 이쪽 저쪽(×)/이쪽저쪽**명**(o)≒이편저편**명**(o); 이판 저판(×)/이판저판**명**(o)(≒이런 일 저런 일). 이판 사판(×)/이판사판**명**(o)(≒막다른 데 이르러 어찌할 수 없게 된 지경). ☞♣**'이-/그-/저-'가 들어간 낱말 중 주의해야 할 복합어들** 항목 참조.

◆♣**부사에 붙일 수 있는 보조사와, 붙이면 안 되는 부사격조사**

　[예제] **멀리에서도** 볼 수 있어서 좋구나: **먼 데서도**의 잘못. ⇐'에서는 부사**격**조사. 격조사는 체언이나 체언의 구실을 하는 말에만 붙을 수 있음.

　　　　가까이에서도 잘 보이거든: 맞음. ⇐부사격조사 '에서'+보조사 '도'.

　　　　좀체로 보기 힘들어서: **좀체[좀처럼]**의 잘못. ⇐'로'는 부사격조사.

　　　　멀리도 갔구나: 맞음. ⇐'도'는 부사에 붙을 수 있는 보조사.

　　　　멀리만 던진다고 좋은 건 아니야: 맞음. ⇐'만'은 부사에 붙을 수 있는 보조사.

　　　　좁게는 우리 동네에서부터: 맞음. ⇐'는'은 부사에 붙을 수 있는 보조사.

　[설명] ①조사는 크게 격조사/접속조사/보조사로 나뉨. ②모든 보조사가 부사에 붙을 수 있는 건 아님. 부사에 붙을 수 있는 보조사로는 '은/는/도/만' 정도. ③체언에 붙어 체언을 부사어로 만드는 조사를 부사격조사(副詞格助詞)라 하며, 이에 해당되는 조사는 '에/에서/(으)로/와/과/보다' 따위가 있음. 이 부사격조사는 부사에 붙여 쓸 수 없고, 체언에만 붙일 수 있음. '좀체로'가 잘못인 것은 '좀체'가 부사이므로. ④'먼 데서도/가까이에서도/멀리도' 등에서 쓰인 '-도'는 체언류나 부사어, 연결어미 '-아(어)/-게/-지/-고', 합성 동사의 선행 요소 따위의 뒤에 붙어 쓰일 수 있는 보조사. ☞♣**보조사 종합 정리** 항목 참조.

　[보충] 위의 예문 중 '가까이에서도 잘 보인다'의 경우, '가까이'는 부사이기도 하지만 '가까운 곳'이라는 뜻의 명사이기도 해서, 위와 같은 부사격조사 '에서'를 붙일 수 있는 특수한 경우임.

　가까이閏 ①한 지점에서 거리가 조금 떨어져 있는 상태로. ②일정한 때를 기준으로 그때에 약간 못 미치는 상태로. 명 **가까운 곳**.

◆♣**부사구 형태로 수식할 때의 띄어쓰기**는 다르다! 주의!!

　[예제] ①줄 듯 줄 듯(o) 하면서도 조빼던 녀이; 할 듯 말 듯(o) 하던 친구가 갑자기 급하게; 갈 듯 말 듯(o) 하던 그가 들입다 서둘렀다. ②오라 가라(o) 하다; 왔다 갔다(o) 하다; 오너라 가거라(o) 하다.

　[설명] ①의 경우, 밑줄 그어진 부사구들이 '하다'를 수식하므로 '듯하다'의 붙여쓰기와 달리, 띄어 씀. ②의 예문들도 마찬가지 이유로 띄어 씀. 즉, 붙여 쓰게 되면 부사구가 (여러 개의 낱말들이) 본동사 '하다'를 수식하는 것이 명확해지지 않기 때문.

◆[고급] 산산이 **부숴진** 꿈; 네가 **부숴뜨린** 건 네가 고쳐라: **부서진**, **부서뜨린**의 잘못. ←**부서지다**[원], **부서뜨리다**[원]

　[비교] 아이는 장난감을 **부숴** 버렸다: 맞음. ⇐부숴(←부수어).

　　　　순이가 내 장난감을 **부쉈어**: 맞음. ⇐부쉈어(←부수었어).

　[참고] 산산이 **바서진** 꿈: 맞음. ←**바서지다**〈**부서지다**[원]

　[설명] ①'부수다'는 '단단한 물체를 여러 조각이 나게 두드려 깨뜨리다/만들어진 물건을 두드리거나 깨뜨려 못 쓰게 만들다'를 뜻하는 사동사로서, '부수다'의 활용일 때는 '부숴'로 적지만 '부**서**지다/부**서**뜨리다[부서트리다]'만은 예외적으로 '부서-'로 적음. 그 이유는 옛말 '붓어디다'를 보면 '부수다'가 생겨

나기 이전에 이미 '부서지다'라는 말이 만들어졌음을 알 수 있기 때문임. 즉 '부서지다'는 '부수다'보다 먼저 이미 만들어진 말로 '부수다'에서 파생될 만한 '부쉬지다'의 자리에 이미 자리를 잡고 있던 말이었음. ②'부쉬지다←부수어지다'를 표준어에서 배제한 이유: 동사 뒤에 '-어지다'를 붙여 피동형 낱말을 형성하기도 하므로, '부수다'의 어간 '부수-' 뒤에 '-어지다'를 붙여 피동 표현을 만드는 것도 생각할 수 있지만, '부서지다'가 '부수다'에 대한 피동의 의미를 나타내는 말로 어원상 이미 존재했고, 지금도 그렇게 쓰이고 있으므로, 같은 뜻의 두 말로 복잡하게 만들지 않기 위해 '부수어지다(부쉬지다)'가 아닌 '부서지다'를 선택한 것. ③'바서지다'는 어감상 '바서지다<부서지다'의 느낌이 있는 말이며 '바사지다'는 '바서지다'의 잘못.

[정리] '부수다/부서지다/부서뜨리다[부서트리다]'만 인정. '부쉬지다/부쉬뜨리다[부쉬트리다]'는 잘못. 특히, 예전에 인정되던 '부수어지다'는 '부서지다'로, '부쉬뜨리다[부쉬트리다]'는 '부서뜨리다[부서트리다]'로만 써야 함.

[주의] '부수다'와 헷갈리기도 하는 '부시다' 역시 표준어일 때는 다음과 같은 의미를 갖음: ①그릇 따위를 씻어 깨끗하게 하다. ¶밥솥을 부시다. ②빛/색채가 강렬하여 마주 보기가 어려운 상태에 있다. ¶눈이 부시다. ☞눈부시다

부수다图 ①단단한 물체를 여러 조각이 나게 두드려 깨뜨리다. ②만들어진 물건을 두드리거나 깨뜨려 못 쓰게 만들다. [유]망가뜨리다/바스러뜨리다.

부서트리다≒부서뜨리다图 ①단단한 물체를 깨어서 여러 조각이 나게 하다. ②짜서 만든 물건 따위를 제대로 쓸 수 없게 헐어지거나 깨어지게 하다. ③희망/기대 따위를 무너지게 하다.

◆그 따위 **부스럭지(부스럭이)**나 먹자고 한 짓은 아니야: **부스러기**의 잘못.

[참고] 과자 **보스라기/보스러기** 따위: **바스라기(부스러기)**의 잘못.

[설명] '부스러기'는 잘게 부서진 물건을 뜻하고 '바스라기'는 잘게 바서진 물건을 뜻하는 말로, 부스러기>바스라기의 관계. ☞모음조화 표기에 주의.

◆**부시시**한 차림으로, 서랍 속을 뒤지며 **부시럭거렸다**: **부스스한**, **부스럭거렸다**의 잘못.

[주의] 그렇게 **푸시시**한 머리로 어딜 나가니?: 맞음.

[설명] ①부시시하다는 부스스하다의 잘못. ☞'ㅡ' 모음이 쓰여야 할 곳에 'ㅣ' 모음이 잘못 쓰인 경우들 항목 참조. ②'부스스하다'와 '푸시시하다'는 동의어. 단, '푸스스하다' 역시 '털 따위가 어지럽게 흩어지거나 거칠게 나다[거칠게 나서 더부룩하다]; 물건이 부스러져 허물어지거나 헤어지다.'를 뜻하는 표준어이므로 주의!

[참고] 으**시시**(×)/으**스스**(○). 북**실**북실(×)/북**슬**북슬(○).

부스스하다톔 ≒푸시시하다1. 머리카락/털 따위가 몹시 어지럽게 일어나거나 흐트러져 있다. ☞[주의]'뿌시시하다'는 없는 말.

푸시시하다2图 불기가 있는 물건이 물 따위에 닿는 소리가 나다.

◆**까부시자** 부르주아!: **까부수자**의 잘못. ⇐'까부시다'는 없는 말. '까부수다'(○)

쳐부시자 공산당: **쳐부수자**의 잘못. '쳐부시다(×)/쳐부시자(×)'. ←**쳐부수다**[원].

[참고] **때려부시자** 공산당!: **때려 부수자**의 잘못. ⇐'때려부수다'도 없는 말.

[설명] ①'부시다'는 '부수다'의 잘못. ②'치다'의 활용형 '치어+부수다'→'쳐+부수다'→'쳐부수다'. ③'때려부수다(×)/때려 부수다(○)'인데, 그 이유는 '때려부수다'라는 말이 없을 뿐만 아니라, '때리다'와 '부수다'

가 대등한 동격으로서 '부수다'가 보조용언이 아니기 때문에 붙여 적을 수가 없음.

까부수다[통] 치거나 때리거나 하여 부수다.

◆지금은 **부재 중**이시라서: **부재중**의 잘못.

  [설명] 의존명사 '중'은 띄어 쓰나, 위의 '부재중'은 한 낱말로, '중'은 접미사 역할. ☞①**의존명사 종합정리** 항목 참조. ②♣**중**: '회의 중'과 '부재중' 항목 참조.

◆결혼식 **부주금**: **부조금[부좃돈]**의 잘못.

  초상집 **부주금**: **부의금[조의금/조위금]**의 잘못. '부조금'은 가능.

  [설명] '부조금[扶助金]'은 부조(扶助)로 내는 돈으로 '부좃돈'과 동의어. <u>부조(扶助)는 상부상조(相扶相助)의 준말이므로</u>, 애경사를 불문함. 그중 상가용은 '부의(賻儀)'라 하며 '부의금/부의전/조위금/조의금'으로도 표기함.

  부조[扶助][명] 잔칫집/상가(喪家) 따위에 돈/물건을 보내어 도와줌. 또는 그 돈/물건.

  부의금[賻儀金][명] 부의로 보내는 돈. [유] 부의전/조위금/조의금

◆단번에 부지깽이를 **부지른** 그녀는: **분지른 (부러뜨린)**의 잘못. ←**분지르다**[원]

  닥치는 대로 **부지르면 어떡 하냐**: **분지르면/부러뜨리면, 어떡하냐**의 잘못.

  [설명] '분지르다'와 '부러뜨리다'는 동의어이며, '어떡하다'는 한 낱말.

◆맞춤법을 **공부하고서 부터는** 글쓰기가 주저되더군: **공부하고서부터는**의 잘못.

  [설명] '−고서'는 연결어미. '~부터'는 조사. '는'은 보조사. 고로 모두 윗말에 붙여 써야 함. ⇐공부하고서+부터(는).

  [참고][중요] 조사가 여럿이 올 경우에도 모두 붙여 씀. 예컨대, '서울에서처럼만'은 '에서/처럼/만'이라는 세 개의 조사가 연결되었고 '너까지조차도'는 '까지/조차/도'가 연결된 말. 모두 붙여 써야 함. ☞♣**보조사 종합 정리** 항목 참조.

◆아이를 **부추켜서** 자꾸 못된 짓 하게 할래?: **부추겨서**의 잘못. ←부추**기**다[원]

◆♣**'부치다'와 '붙이다'의 올바른 쓰임**

  [예제] 그건 내 힘에 **붙인** 일이었다: **부친**의 잘못. ⇐비접촉. 추상적.

       안건을 극비에 **붙였다**: **부쳤다**의 잘못. ⇐실제 부착은 아님.

       밥은 당분간 옆집에 **붙여** 먹기로 했다: **부쳐**의 잘못. ⇐위와 같음.

       따귀를 한 대 올려 **부쳤다**: **붙였다**의 잘못. ⇐실제로 접촉. 구체적 행위.

       외로움을 시에 **붙여** 읊었다: **부쳐**의 잘못. ⇐추상적, 심리적 행위.

       살림에 도움이 될까 하여 하숙을 **붙이기로** 했다: **부치기로**의 잘못. ⇐실제 부착이 아닌 추상적 행위.

       소매를 **걷어부치고** 달려들었다: **걷어붙이고**의 잘못. ⇐구체적 접착.

       웃통을 **벗어붙이고**: **벗어부치고**의 잘못. ⇐ 탈착(비부착) 상태이므로.

  [설명] '붙이다'는 사물/대상을 실제로 (혹은 물리적으로) 접촉하거나 접착/부착하는 비교적 구체적/직접적 행위와 관련된 말이고, '부치다'는 사물/대상과의 실체적 접촉이 없이 추상적/간접적/심리적으로 관련시키는 행위와 관련된 말임. 구체적인 적용 사례는 아래 참조.

  [주의] '붙이다'는 '붙다'의 사동사이기도 하지만, '부치다'는 단순히 본뜻과 멀어진 말. 따라서 '−붙이다'

꼴을 활용한 복합어들은 많으나, '−부치다'가 들어간 것으로는 '벗어부치다(힘차게 대들 기세로 벗다)' 정도임: **밀어붙이다/몰아~/쏘아~/갈라~/열어~/흩겨~/갈아~/걷어~/다가~/올려~** 등등.

①부치다: 실제로 접착/부착하지는 않음. 추상적/간접적/심리적 행위

* 편지/물건 따위를 일정한 수단/방법을 써서 상대에게로 보내다. ¶편지를 부치다; 아들에게 학비와 용돈을 부치다; 짐을 외국으로 부치다.
* 어떤 문제를 다른 곳이나 다른 기회로 넘기어 맡기다. ¶안건을 회의에 부치다; 임명 동의안을 표결에 부치다; 재판에 부쳐 처벌하였다.
* 어떤 일을 거론하거나 문제 삼지 아니하는 상태에 있게 하다. ¶회의 내용을 극비에 부치다; 세상에 떠도는 얘기 같은 것 불문에 부치겠다.
* 원고를 인쇄에 넘기다. ¶접수된 원고를 편집하여 인쇄에 부쳤다.
* 마음/정 따위를 다른 것에 의지하여 대신 나타내다. ¶시인은 외로움을 기러기에 부쳐 노래한다.
* 먹고 자는 일을 제집이 아닌 다른 곳에서 하다. ¶삼촌 집에 숙식을 부치다; 당분간만 밥은 주인집에다 부쳐 먹기로 교섭했다.
* 모자라거나 미치지 못하다. ¶힘에 부친 일.
* 논밭을 이용하여 농사를 짓다. ¶밭 한 뙈기를 겨우 부치고 있지.
* 번철/프라이팬 따위에 기름을 바르고 빈대떡/저냐/전병(煎餠) 따위의 음식을 익혀서 만들다. ¶이런 날은 부침개를 부쳐 먹으면 딱인데.
* 부채 따위를 흔들어서 바람을 일으키다. ¶손부채를 부치려니 더 더워졌다.

②붙이다: 실제로 부착/접착/접촉 행위 수반. 물리적/구체적/실체적 행위

* 붙다(맞닿아 떨어지지 아니하다)'의 사동사. ¶봉투에 우표를 붙이다; 메모지를 벽에 덕지덕지 붙이다.
* 붙다(불이 옮아 타기 시작하다)'의 사동사. ¶연탄에 불을 붙이다; 담뱃불을 붙이다.
* 붙다(조건/이유/구실 따위가 따르다)'의 사동사. ¶계약에 조건을 붙이다; 일마다 이유를 꼭 붙여야 직성이 풀린다.
* 붙다(식물이 뿌리가 내려 살다)'의 사동사. ¶땅에 뿌리를 붙이다.
* 붙다(주가 되는 것에 달리거나 딸리다)'의 사동사. ¶주석을 붙이다; 논문 뒤에 부록을 붙였으니 참고하시오; 가사에 곡을 붙이다.
* 내기를 하는 데 돈을 태워 놓다. ¶내기에 1000원을 붙이다.
* 신체의 일부분을 어느 곳에 대다. ¶경찰이 벽에 몸을 바짝 붙이고 범인의 동태를 살폈다.
* 윷놀이에서, 말을 밭에 달다. ¶세 번째 말을 붙이다.
* 붙다(물체와 물체 사람이 서로 바짝 가까이하다)'의 사동사. ¶가구를 벽에 붙이다; 아이를 자기 옆에 딱 붙여 놓고 주위를 살피기 시작했다.
* 붙다(바로 옆에서 돌보다)'의 사동사. ¶중환자에게 간호사를 붙이다; 아이에게 가정교사를 붙여 주다.
* 붙다(어떤 것이 더해지거나 생겨나다)'의 사동사. ¶운동을 해서 다리에 힘을 붙였다; 몸에 살을 붙여야지, 너무 말랐다.
* 붙다'의 시동사. ¶한글 이름을 수출 상품에 붙이다.
* 붙다(어떤 감정/감각이 생겨나다)'의 사동사.
* 말을 걸거나 치근대며 가까이 다가서다. ¶농담을 붙이다; 박 소령과 얼굴이 마주치자 부동자세로 경례를 붙였다.
* 기대나 희망을 걸다. ¶앞날에 대한 희망을 붙이다.

- '붙다(어떤 놀이/일/단체 따위에 참여하다)'의 사동사. ¶너희들끼리만 놀지 말고 나를 좀 붙여 줘라; 그는 재주가 많으니 우리 일에 붙이면 도움이 될 거야.
- '붙다(어떤 것이 더해지거나 생겨나다)'의 사동사. ¶목숨을 붙이기 위해 할 수 있는 일은 다 하였다.
- 남의 뺨/볼기 따위를 세게 때리다. ¶상대편의 따귀를 한 대 붙이다.
- 주로 '번호/순서' 따위와 함께 쓰여, 큰 소리로 구령을 외치다. ¶번호를 붙여서 일렬로 들어간다; 동생이 멋지게 차렷 구령을 붙였다.
- '붙다(겨루는 일 따위가 서로 어울려 시작되다)'의 사동사. ¶흥정을 붙이다; 동네 불량배를 다른 지역 불량배와 싸움을 붙였다.
- '붙다(암컷과 수컷이 교합하다)'의 사동사. ¶튼튼한 놈들끼리 교미를 붙여야 새끼가 튼실하다.
- '붙다((속) 남녀가 가까이 지내거나 성교(性交)하다)'의 사동사. ¶누군가 그 남자를 모함하려고 그 남자를 다른 여자와 붙이려고 한 것 같다.

◆요즘 젊은이들 중에는 **북더기**란 말을 모르는 사람도 많을 걸: **북데기**의 잘못.
　북데기〔명〕 짚/풀 따위가 함부로 뒤섞여서 엉클어진 뭉텅이.

◆[고급] **2인 분** 말고 **3인 분** 부탁합니다: **2인분**, **3인분**의 잘못. ⇐'분'은 접미사.
　4 분지[의] 3이나 되는: **4분지[의]**의 잘못. ⇐'분'은 접미사.
　친구 분 되신다는 **분**께서 오셨어요: **친구분**의 잘못. ⇐'분'은 높임 접미사.
　고향분이 찾아 오셨는데요: **고향 분**의 잘못. ⇐'분'은 의존명사.
　어떤분이 찾아오셨는데요: **어떤 분**의 잘못. ⇐'분'은 의존명사.
　강원도분이시라는데요: **강원도(에서 오신/사시는) 분**의 잘못. ⇐'분'은 의존명사.
　[설명] ①'친구분/아내분'의 '−분'은 사람을 나타내는 일부 명사에 붙어 '높임'의 뜻을 더하는 접미사. ¶남편분, 환자분. 따라서 '고향 분/강원도 분' 등의 경우, '고향/강원도'는 '높임의 뜻'에 해당되지 않으므로 의존명사. ②'어떤 분'의 '분'은 의존명사(꾸밈을 받는 사람을 높여서 이르거나 높이는 사람을 세는 단위). 대체로 딱히 특정하기 곤란한 경우에 흔히 씀. ¶반대하시는 분 계십니까?; 장 형사라는 분 아세요?; 부산 가실 분 빨리 타세요; 손님 다섯 분/어른 두 분을 모시고 모임에 참석했다; 몇 분이나 오셨느냐?

◆오늘 이 자리에 **몇분**이나 오셨는가: **몇 분**의 잘못. ⇐'분'은 의존명사.
　높은분들이 많이 오셨어요: **높은 분**들의 잘못. ⇐'높은분'은 없는 말.
　[설명] 여기서 '분'은 의존명사. 사람을 높여서 이르거나 높이는 사람을 세는 단위로 쓰임.
　[주의] 그러나 다음과 같은 말들은 복합어로서 한 낱말: '이분/그분/저분'; '여러분/내외분(內外−)/모자분(母子−)/양위분(兩位−)'.
　양위분(兩位−)〔명〕 부모나 부모처럼 섬기는 사람의 내외분.

◆주부들이 **분리수거**를 한다고? 그건 불가능한 일이야: **분리 배출**(정확히는 **분류 배출**)의 잘못.
　그것들은 **분리수거함**에 나누어 넣으면 돼: **분리수거 함**의 잘못.
　[설명] ①'분리수거'는 '종류별로 나누어서(분리) 늘어놓은 것을 거두어 감(수거)'을 뜻하므로 이 일은 환경미화원이 하는 것이고 주부가 할 일이 아님. 주부가 하는 일은 쓰레기를 종류별로 나누어서(분리 혹은 분류) 내놓는 것(배출)임. ②[의견] '분리수거'와 '함'은 각각의 낱말로, 현재는 합성어가 아님. 즉, 띄어 적음. 그러나, 현재 '우편투함[郵便投函](고층 건물의 각 층에서 아래층으로 관을 연결하여 우편

물을 내려보내는 장치/우편사서함(郵便私書函)/전자사서함(電子私書函)' 등도 《표준》의 표제어로 등재되어 있고, '유분함(遺粉函)/개표함(開票函)/수납함(受納函)/요금함(料金函)' 등을 신어로 수용 검토하고 있으므로, '분리수거 함'의 사용 빈도를 감안하여 합성어로 인정해도 좋을 말이며, 띄어 적을 실익이 없음.

◆**분명코[分明−]** 그건 사실이야: 맞음(튀 틀림없이 아주 확실하게).

◆**염치 불구**하고, 체면 **불구**하고: **염치 불고**, **체면 불고**의 잘못.
　[주의] **불고 염치하고** 말하겠네: **불고염치하고**의 잘못. ←한 낱말
　[설명] ①'불구(不拘)하고'를 쓰면 '~에도 구애됨이 없이'가 되어, '~를 돌아보지 않고'라는 뜻의 '불고(不顧)'와는 전혀 다른 의미가 됨. '拘'는 잡을 구 →구속(拘束), '顧'는 돌아볼 고 →회고(回顧). ☜[암기도우미] 사용되는 한자를 떠올릴 것. ②'불고염치하다'는 '염치를 불고하다(돌아보지 아니하다)'를 뜻하는 한문의 어순에서 비롯한 한 낱말.
　불구하다[不拘−]图 얽매여 거리끼지 아니하다. [유]무릅쓰다.
　불고하다[不顧−]图 ①돌아보지 아니하다. ②돌보지 아니하다.

◆얼굴이 **불그락푸르락**해지면서 씩씩거리더만: **붉으락푸르락**의 잘못. ←**~하다**[원]
　[참고] 얼굴이 **울그락불그락/울그락붉으락**: **붉으락푸르락**의 잘못.
　[설명] 의미소 '붉'을 살림. ♣**의미소[意味素]의 특징과 활용** 항목 참조.
　[보충] ① '−으락'은 뜻이 상대되는 두 동작/상태가 번갈아 되풀이됨을 나타내는 연결어미. 고로, 참고 예문에서 '붉으락'이 성립되려면 '붉다'가 있어야 하는데 우리말에는 없음. '−으락'이 들어간 말로는 위의 말 외에도 '높으락낮으락/누르락붉으락' 등이 있음. ②'붉으락푸르락'과 비슷한 용도로 쓸 수 있는 말로는 '누르락붉으락'도 있음.

◆[중요] 짜장면은 **불기** 전에 먹어야지, 불으면 영: **붇기**의 잘못. '불으면'은 맞음. ← **붇다**[원]
　　　　팔다리는 **붓는** 거고, 라면은 **붇는** 거야: 맞음.
　[설명] ①'붓다'는 부풀어 오르는 것이고, '붇다'는 물에 젖어 부피가 커지거나, 분량/수효가 늘어나는 데에 씀. ②'붓다'와 '붇다'에 쓰이는 '붓'과 '붇'은 그 다음에 자음이 오면 그 받침('ㅅ'과 'ㄷ')을 살려 적어야 함! 즉, 각각 'ㅅ' 불규칙활용, 'ㄷ' 불규칙활용으로서 어간 말음 'ㅅ'이 모음으로 시작하는 어미 앞에서는 탈락하거나 (예: '젓다→저으니/저어', '낫다→나으니/나아' 따위), 어간 말음 'ㄷ'이 모음으로 시작되는 어미 앞에서 'ㄹ'로 변하는 (예: '묻다→물으니/물어', '듣다→들으니/들어', '붇다→불으니/불어' 따위) 활용 형식이기 때문임. 즉 자음 어미 앞에서는 어간 받침대로, 모음 어미 앞에서는 불규칙으로 활용됨.
　붓다图 ①살가죽이나 어떤 기관이 부풀어 오르다. ②(속) 성이 나서 뾰로통해지다. [유]부풀다/성나다. [활용] 붓고/부어/부으니/붓는. ¶얼굴이 많이 부었구나; 병으로 간이 붓다; 간이 이렇게 붓다니; 그 친구 간덩이가 부었구나.
　붇다图 ①물에 젖어서 부피가 커지다. ②분량/수효기 많아지다. [유]증기히다/커지다. [활용] 붇고/불어/불으니/붇는. ¶개울물이 붇다; 몸이 많이 붇다; 몸이 많이 불었다; 불은 자장면; 체중이 많이 불었구나; 시냇물이 붇기 전에 건너자.

◆하는 짓이 꼭 **불나비** 꼴이로구나: 맞음. 복수표준어.

[설명] '불나비≒부나비', '불나방≒부나방'으로 복수표준어임. ☞**'부나비'** 참조.

[주의] 예문의 '꼴'은 명사. '꼴'이 접사로 쓰일 때도 있음. 〈예〉한 개에 10원꼴; 한 방에 한 명꼴; 10원에 한 개꼴.

◆**불노이**나 하러 가 볼까: **불놓이**의 잘못.
   불놓이명 총으로 사냥하는 일.

◆**불돋우개/심도드개**: '**심돋우개**(등잔의 심지(心-)를 돋우는 쇠꼬챙이)'의 잘못.

◆깨진 **불럭. 블럭** 한 장: 둘 다 **블록**의 잘못. ☞**주의해야 할 외래어** 표기들 항목 참조.

◆'**불리다**'와 '**불리우다**' 중 맞는 것은?: '**불리우다**'는 '불리다'의 잘못.
   이름이 **불리워졌을** 때 깜짝 놀랐다: **불렸을**의 잘못. ⇐3중 피동.
   [설명] ①'불리다'는 '부르다'의 피동사로 여기에 다시 접미사 '-우-'를 넣을 필요가 없음. ¶시상식에서 내 이름이 불리웠을(×)/불렸을(○) 때 깜짝 놀랐다. ③'불리워지다'는 이중 피동을 넘어, 삼중 피동이라 할 정도의 지나친 피동 남용임. 즉, '부르(어간)+리(1차 피동)+우(2차 피동)+어 지다(3차 피동)'→불리 워지다. ☞♣이중 피동의 잘못된 쓰임들 항목 참조.
   [유사] 자르다 – 잘리다: 잘리워(×)/잘려(○); 잘리웠다(×)/잘렸다(○).
        갈다 – 갈리다: 갈리워(×)/갈려(○); 갈리웠다(×)/갈렸다(○).
   [활용] ¶선생님께 불리워(×)/불려(○) 교무실로 갔다: '불리워지다/불리우다'(×)→불리다(○).

◆**불야살야 서둘르긴** 했지: **부랴사랴, 서두르긴**의 잘못.
   불이 나게 뛰어갔다: **부리나케**의 잘못.
   연락을 받고 **불이 나게** 서둘러 출발했다: **부랴부랴**가 더 잘 어울림.
   연락을 받고 발바닥**에 불이 나게** 내달렸다: 맞음. ⇐'~에 불이 나다'는 관용구.
   부랴사랴부 매우 부산하고 급하게 서두르는 모양.
   부랴부랴부 매우 급하게 서두르는 모양.
   부리나케부 서둘러서 아주 급하게.
   [참고] '부랴부랴'와 '불이 나게': 경우에 따라 '불이 나게'도 사용할 수는 있으나, 다음과 같이 뜻이 다름. 즉, '부랴부랴'는 단순히 매우 급하게 서두르는 모양이지만 '불이 나게'의 경우는 감정이 격렬해지거나 눈에 불이 이는 듯한 격렬한 상태를 뜻하며 '-에 불이 나게'의 꼴로 쓰임. ☞[참고] 《표준》에서는 '부리 나케'의 어원을 '불(火)이 낳게'로 봄.
   불이 나다관 ①뜻밖에 몹시 화가 나는 일을 당하여 감정이 격렬해지다. ②몹시 긴장하거나 머리를 얻 어맞거나 하여 눈에 불이 이는 듯하다. [활용] '전화통에 불이 나다→전화통에 불이 나게'; '발바닥에 불이 나게'; '밑구멍에 불이 나다→밑구멍에 불이 나게 뛰었다'.
   전화통에 불이 나다관 전화가 쉴 새 없이 계속 쓰이다.
   발바닥에 불이 일다[나다]관 부리나케 여기저기 돌아다니다.
   밑구멍에 불이 나다속 (비유) 몹시 조급해서 잠시도 앉아 있지 못하고 왔다 갔다 하는 상태.

◆잔뜩 **불어터진** 채로 인상을 쓰고 있더군: **부어터진**의 잘못. ←**부어터지다**[원]
   오래 되어 잔뜩 **불어터진** 국수: **불어 터진**의 잘못.

ㅂ

[설명] '불어터지다'는 '부어터지다(①부풀어서 터지다. ②(속) 잔뜩 화가 나다.)'의 잘못으로 없는 말. 다만, '불어 터진 국수와 같이 '붇다'의 활용형 '불어'에 보조형용사 '터지다'가 결합한 '불어 터지다' 꼴의 의미로는 쓸 수 있으나, 이 경우에도 '-어 터지다' 구성으로 쓰임.

◆호박엿을 보자 그 엿을 좋아하시던 아버님이 **불연듯** 생각났다: **불현듯**의 잘못.
  [설명] '불현듯≒불현듯이'는 불을 **현** 듯이 갑자기 어떤 생각이 떠오르는 데서 연유한 말. '불을 **혀다**'는 '불을 **켜다**'의 고어체 표현.
  불연하다[怫然-]혱 갑자기 불끈 성내는 듯하다. [유]발연하다/분연하다
  불연하다[不然-]혱 그렇지 않다.

◆어둠을 **불태우고** 먼동이 튼다: **불사르고/사르고**(혹은 **태우고**)가 나음.
  투지를 **불태우며** 장래를 기약했다: 맞음.
  [설명] '불사르다'는 태워 없애거나 남김없이 없애는 것, 즉 소각을 뜻하고, '불태우다'는 의욕/정열 따위를 끓어오르게 하는 것을 뜻함. 즉, 단순히 태워 없애는 것은 '불사르다/사르다'이며, '불살라 없애다'로 표현하면 그 없애는 뜻까지 완전하게 담을 수 있음.
  불사르다≒사르다통 ①불에 태워 없애다. ②어떤 것을 남김없이 없애 버리다. [유]방화하다/불태우다/소각하다.
  불태우다통 ①'불타다(불이 붙어서 타다)'의 사동사. ②'불타다(의욕/정열 따위가 끓어오르다)'의 사동사.

◆**불티나게, 불티같이** 잘 팔린다: 둘 다 쓸 수 있음. 모두 표준어.
  [설명] '불티나게'는 '불티나다'의 활용형 부사어.
  불티나다통 물건이 내놓기가 무섭게 빨리 팔리거나 없어지다. ¶불티나게 팔렸다.
  불티같다혱 불티가 이리저리 흩어져 없어지는 것처럼 팔거나 나누어 주는 물건이 내놓기가 무섭게 없어지는 상태에 있다. ¶**불티같이**튀

◆화장용 붓을 **화장붓**으로 쓸 수 있는 거 아닌가: **화장 붓**의 잘못.
  [설명] '납작붓/동글붓/먹붓/모지랑붓/몽당붓'과 같이 의미가 특정되어 한 낱말로 굳어져 쓰이는 경우가 아니므로, 띄어 적어야 함. ¶기름 붓/기름칠 붓/화장 붓/화장용 붓/페인트 붓/페인트칠 붓.

◆종기 주변의 **붓기**가 많이 빠졌다: **부기**의 잘못. ⇐부은 상태는 '부기(浮氣)'.
  [설명] 부은 상태는 '부기(浮氣)'이며, 한자어에서는 사이시옷을 받치지 못함. 단, **붇다**(①물에 젖어서 부피가 커지다. ②분량/수효가 많아지다)'의 명사형으로는 '붇기'지만 그때는 이 부기와는 의미가 다르며, 불어나기(증대/증가)의 뜻임.
  부기[浮氣]명 부종(浮腫)으로 인하여 부은 상태.

◆붓두겁: '붓두껍'의 옛말로서, 잘못.
  [주의] '붓두껍'을 제외하고는 현재 모두 '-두겁'이 표준어. '붓두껍'을 제외하고는 발음도 모두 {-두겁}: 굴대두겁/쇠두겁/연필두겁/인두겁.
  쇠두겁명 쇠로 만든 두겁.
  인두겁[人-]명 사람의 형상이나 탈.
  굴대두겁명 굴대 끝에 씌우는 부속품. 방울을 달기도 함.

◈♣'**-붙다**'가 들어간 복합어 중 유의해야 할 말들: 복합어이므로 붙여 써야 하며 띄어 쓰면 잘못.

[예제] 흘레 붙다 얼어 죽을 녀석: **흘레붙다**의 잘못. ←**흘레붙다**[원]

옷으로 불이 **옮겨 붙었다**: 옮겨붙었다의 잘못. ←**옮겨붙다**[원]

ㅇ'**-붙다**': 곁붙다/나-/내리-/눌어-/다가-/다-/달라-/달-≒달라-/덧-/돌-≒돌라-/돌려-/둘러-/들-≒들러-/들어-/따라-/말라-/맞-/불-/빌-/숙-≒도숙-/얼러-/얼-≒얼어-/엇-/옥-/올라-/옮겨-/접(椄)-/졸아-/치-/흘레-.

〈주의해야 할 말들〉

다가붙다[통] ①어떤 대상이 있는 쪽으로 더 가까이 붙다. ②틈이 없이 서로 가까이 붙다.

다붙다[통] 사이가 뜨지 않게 바싹 다가붙다.

숙붙다≒도숙붙다[통] 머리털이 아래로 나서 이마가 좁게 되다.

접(椄)붙다[통] ①접지나 접눈이 접목에 붙어서 살다. ②(비유) 타고난 성격/버릇이 굳어져 몸에 들러붙다.

돌붙다≒돌라붙다[통] ①기회/형편을 살피어 이로운 쪽으로 붙어 따르다 ②둘레/가장자리를 따라가며 붙다.

◈그 자리에 **붙박힌** 듯 꼼짝하지 못했다: **붙박인** 듯의 잘못. ←**붙박이다**[원]

[참고] 거꾸로 **곤두박힌** 채 꼼짝 못했다: **곤두박인**의 잘못. ←곤두박**이**다(피동).

[설명] '붙박다'의 피동은 '붙박이다'임. '붙박히다'(×). ¶붙박이별/붙박이장.

[주의] '박다'의 피동형은 '박히다'. 복합어들도 '-박히다'가 많음: '뿌리박히다/내리박히다/들이박히다'. 그러나, '붙박이다/곤두박이다/명씨박이다'는 '-박이다'임. 특히, 주의해야 할 것으로, '사진을 '박다'에서 피동형은 '박히다'이지만, 사동형은 '박이다'임. ¶여인은 첫말을 사진관으로 데려가 사진을 박였다.

◈**붙여쓰기**와 **붙여 쓰기** 중 어느 것이 맞나: 둘 다 쓸 수 있음.

[설명] '붙여쓰기'는 '띄어쓰기'의 대응어로서 가능한 표현이며《표준》에서도 한 낱말로 인정. 아울러 '붙여(서) 쓰기'와 같은 뜻으로 사용할 경우에는 띄어 써도 무방함. 다만 용언의 활용형으로 쓸 때는 '붙여쓰다'라는 낱말이 없으므로 띄어 적어야 함. 즉, '붙여 쓰는 것이 올바른 표현임' 등과 같은 경우에는 띄어 적어야 하는데, 여기에 쓰인 '쓰다'는 보조용언이 아니므로 보조용언 붙여쓰기 허용 조건에도 해당되지 않음. '띄어쓰기'의 경우도 마찬가지로, 용언의 활용형일 때는 띄어 써야 함.

◈그 집에서 한 동안 **붙여지냈어**: **한동안**, **부쳐지냈어**의 잘못.

[설명] ①'붙여지내다'는 '붙어살다(○)'의 잘못이며, 예문에서는 '부쳐지내다'(○)가 옳은 말. ②'붙어살다'는 '더부살이하다/얹혀살다'의 뜻이 강하며, '부쳐지내는' 것은 한 집 의미를 강조.

부쳐지내다[통] 한집에 기거하면서 밥을 먹고 살다.

붙어살다[통] ①남에게 의지하여 얹혀살다. ②어떤 곳에 머물러 살다.

[보충] '부치다' 중 아래 뜻은 '붙이다'와 확실하게 구분하여야 함.

①어떤 문제를 다른 곳이나 다른 기회로 넘기어 맡기다. ¶안건을 회의/표결/국민투표에 부치다. ②어떤 일을 거론하거나 문제 삼지 아니하는 상태에 있게 하다. ¶회의 내용을 극비/비밀에 부치다. 불문에 부치겠다. ③원고를 인쇄에 넘기다. ④마음/정 따위를 다른 것에 의지하여 대신 나타내다. ¶시인은 외로움을 기러기에 부쳐 노래한다. ⑤먹고 자는 일을 제집이 아닌 다른 곳에서 하다. ¶삼촌 집에 숙식을 부치다; 병든 몸을 김 씨 집에 부쳐지냈다. 그 집에서 하숙을 부치기로 했다. ⑥어떤 행사/특별한 날에 즈음하여 어떤 의견을 나타내다. 주로 글의 제목/부제(副題)에 많이 쓰는 말. ¶한글날/식목일에 부치는 글; 청년들에게 부치는 서(書).

ㅂ

◆♣'-붙이다'가 들어간 복합어 중 유의해야 할 말들: 복합어이므로 붙여 써야 하며 띄어 쓰면 잘못.

　[예제] 어찌나 분한지 내내 이를 **갈아 붙였다**: **갈아붙였다**의 잘못. ⇐한 낱말.

　　　　　그처럼 **생청 붙이듯** 생떼를 쓰다니: **생청붙이듯**의 잘못. ⇐한 낱말.

　○'**-붙이다**': 갈붙이다/갈라-/갈아-/걷어-/곁-/까-/내려-/내-/다가-/다-/돌려다-/덧-/맞-/매손-/메다-/메-/≒메어-/몰아-/밀어-/발-/배-1/배-2/불-/생청-/쏘아-/≒쏴-/엇-/열어-/올려-/접(椄)-/정(情)-/흘겨-/흘레-/휘어-.

　〈주의해야 할 말들〉

　갈붙이다통 남을 헐뜯어 사이가 벌어지게 하다.

　갈아붙이다통 분함을 억제하지 못할 때나 결심을 굳게 할 때, 독한 마음으로 이를 바짝 갈다.

　내려붙이다통 숯불 따위를 불을 피웠던 자리에서 다리미 따위에 옮겨 담다.

　휘어붙이다통 남을 다루어 굴복하게 하다.

　생청붙이다통 억지스럽게 모순되는 말을 하다.

◆그는 생김새나 하는 짓 모두가 **비곗덩어리/비곗덩이**야: 둘 다 쓸 수 있음.

　비곗덩이명 ①돼지 따위에서 뭉쳐진 비계의 덩이. ⇐'비곗덩어리'는 '~의 덩어리.' ②≒비곗덩어리(몹시 살찐 사람에 대한 비유어). ③≒비곗덩어리(추잡하거나 무능한 사람의 속칭). ☞♣'덩이'와 '덩어리' 항목 참조.

◆낡은 문짝을 열자 **비그덕/삐끄덕** 소리가 났다: **비거덕/삐꺼덕**의 잘못.

　[해설] '비거덕'은 '크고 단단한 물건이 서로 닿아서 갈릴 때 나는 소리'로, '비거덕대다/~하다/~거리다' 등이 있고, '비거덕비거덕/~하다/~대다/~거리다'도 있음. '비거덕〈삐거덕〈삐꺼덕'의 관계.

◆구두를 **비까번쩍하게/삐까번쩍하게** 닦았군그래: **번쩍번쩍하게**의 잘못.

　[설명] '비(삐)까번쩍하다'는 일본어에서 유래한 말로, '번쩍번쩍하다'의 잘못. 우리말에 없는 말.

　[참고] 다음과 같은 말들도 일본어에서 유래한 것들이며 화살표 다음의 표기가 순화어/교체어임: 땡깡 →생떼; 다대기(외래어로 인정) →'다진 양념'(순화어); 닭도리탕 →닭볶음탕; 무데뽀(無鐵砲. 외래어로 인정) →막무가내/무모; 곤색 →감색(紺色); 망년회 →송년회; 견출지(見出紙) →찾아보기 표(순화어); 고참(古參) →선임(先任)/선임자/선참(先站)/선참자(순화어); 땡땡이무늬 →물방울무늬; 시말서 →경위서(순화어); 호치케스(x)/호치키스(o)(외래어로 인정. 상표명임).

◆짐바리를 단단히 **비끌어매도록!**: **비끄러매도록!**의 잘못. ←**비끄러매다**[원]

　[설명] '끌어매다'가 있어서 '비끌어매다'로 착각하기 쉬우나, '끌어매다'는 꿰매는 것이고, 단단히 붙잡아 맨다는 뜻이 아님. 별개의 낱말. '비끌어매다'가 성립하려면 '비끌다+매다'가 성립하여야 하는데, '비끌다'는 없는 말이어서 소리 나는 대로 표기한 것. ☜♣**원형을 밝혀 적는 것과 밝혀 적지 않는 것** 참조.

　비끄러매다통 ①줄/끈 따위로 서로 떨어지지 못하게 붙잡아 매다. ②제멋대로 하지 못하게 강제로 통제하다. [유]동여매다.

　끌어매다통 각 조각을 끌어 대이 아무렇게나 꿰매다.

◆**비끝**이 왜 이리 무거워?; **비끝**이 생각보다도 재네: **빗밑**(비가 개는 속도)의 잘못.

◆**비눗곽**: **비눗갑**의 잘못. ⇐ '곽'은 '갑(匣)(물건을 담는 작은 상자)'의 잘못.

[유사] **성냥곽/우유곽**: **성냥갑/우유갑**의 잘못.

[설명] '곽(槨)'은 '널을 넣기 위해 따로 짜 맞춘 매장(埋葬) 시설'의 뜻뿐임.

◆**비듬나물**은 들기름으로 무치면 안 돼: **비름나물(참비름)**의 잘못.

◆**비러먹을** 놈 같으니라고: **빌어먹을(배라먹을)**의 잘못.

[설명] ①'비러먹을'은 '빌어먹을<u>관</u><u>감</u>'의 잘못. '비러–'에는 어근 '빌–'이 나타나 있지 않으므로. 그러나, '배라먹을'은 어원에서 멀어져 소리 나는 대로 적는 새로운 말. ②'빌어먹을'은 관형사 및 감탄사이며, 동사는 '빌어먹다'. '배라먹다'도 속어이긴 하지만 표준어.

◆**비렁뱅이질**을 할지언정 네 밑으론 안 간다: **비럭질**의 잘못. ⇐[빌(乞)+억+질].

[설명] '비렁뱅이'는 '거지'를 낮잡는 말이므로, '비렁뱅이질'도 쓸 수 있을 것 같지만, '비럭질'이라는 표준어가 있으므로 방언 처리.

비럭질명 남에게 구걸하는 짓을 낮잡는 말.

◆처음부터 **비만인** 사람은 없다. **비만인** 아이들은: **비만한**의 잘못.

[설명] '그는 비만이다'는 '그는 건강이다'라고 말하는 것과 같음. '비만이다'라는 형용사는 없으며 '비만하다'형가 올바른 표현. 그러나 주어와 술어간의 동격일 때 (특히 판정/단정의 의미로)는 '비만명+이다(조사)' 꼴로 쓸 수 있음. 〈예〉판정 기준에 의하면 그는 고도 비만이다.

◆그는 우리 팀의 **비밀병기[무기]**야: **비밀 병기[무기]**의 잘못. ←복합어가 아님.

[설명] ①'비밀 병기[무기]'는 글자 그대로의 뜻으로만 해석해도 되므로 현재로는 복합어가 아님. 훗날 사용 빈도/분포에 따라 한 낱말로 굳어질 수도 있음. ②현재로는 다음 말들이 복합어인데, 이 말들은 '비밀'의 의미가 단순히 '비밀리에'라는 뜻 외에 여러 가지 의미를 담고 있음. 대체로 '공개되어서는 안 될/일부러 공개하지 않는/단단히 숨겨 놓은/일정한 조건하에 공개되는/일반인에게는 공개되지 않는/불법적인…' 등의 의미들이 붙어 있는 것들이며, 언중의 관행(사용 빈도와 분포, 역사성)도 크게 작용하고 있음: 비밀출판/~동맹/~원장(祕密元帳)/~재판/~조약/~선거/~외교/~위성(祕密衛星)/~증서/~첩보/~통신/~투표/~특허/~경찰/~문서/~주의/~과외/~회의/~공작/~번호/~결사/~단체.

◆자꾸 **비쓱대지만** 말고 걷어붙이고 달려들어 봐라: **비슥대지/~거리지**의 잘못.

[설명] 여기서 '비**쓱**대다/~거리다'는 '비**슥**대다/~거리다'의 잘못. '비**쓱**대다/~거리다'는 다른 뜻.

비슥거리다/~대다통 어떠한 일에 대하여 탐탁히 여기지 아니하고 자꾸 따로 떨어져 행동하다.

비쓱거리다/~대다통 쓰러질 듯이 이리저리 자꾸 비틀거리다.

◆그렇게 **비양거리지**만 말고 좀 도와주렴: **비아냥거리지**의 잘못. 방언.

[설명] '비양'이라는 말이 아예 없으며, '비아냥'의 잘못.

◆총알이/눈물이 **비오듯** 쏟아졌다: **비 오듯**의 잘못. ⇐'비오다'는 없는 말.

비 오듯관 ①화살/총알 따위가 많이 날아오거나 떨어지다. ②눈물/땀 따위가 줄줄 많이 쏟아지다.

◆**비윗장/비위장**이 좋기도 하지, 여길 감히 오다니: **비위짱**의 잘못.

[참고] '-짱'이 들어간 3음절어는 다음의 네 낱말: **비위짱(脾胃-)/똥배짱/쇠울짱/개비짱**.
비위짱(脾胃-)[명] '비위'(脾胃)의 속칭.

◆네 양심에 **비쳐** 봐. 거울에 **비쳐** 보든지: **비추어/비춰**의 잘못. ←**비추다**[원]
그 사람은 출마 의사를 **내비췄다**: **내비쳤다(비쳤다)**의 잘못. ←**내비치다**[원]
가로등 불빛에 **비친** 여인의 얼굴은 창백했다: **비추인**의 잘못. ←**비추이다**[원]
가로등이 골목길을 밝게 **비치고** 있다: **비추고**의 잘못. ←**비추다**[원]
햇빛이 쨍쨍 **내려비추고** 있었다: **내리비추고**의 잘못. ←**내리비추다**[원]
　[설명] ①'비추다'는 '비치다'에 비해 적극적으로 빛을 비추거나, 모습이 드러나게 하는 것. '비치다'는 (그 대상만) 환하게 되거나 보이는 것. 〈예〉'내리비추다/들이비추다': 적극적으로 빛을 보내는 행위. '내려비추다'는 '내리비추다'의 잘못 (표준어에서 배제되었음). ②'비추이다': '비추다'의 피동. '비친'(×) 꼴로 잘못 쓰는 예가 흔함. 주의. '비추인'(○)이 올바름.
　비추다[동] ①빛을 내는 대상이 다른 대상에 빛을 보내어 밝게 하다. ¶손전등을 비추다; 새어 나오는 불빛이 마루를 비췄다. ②빛을 받게 하거나 빛이 통하게 하다. ¶햇빛에 색유리를 비추어 보았다. ③빛을 반사하는 물체에 어떤 물체의 모습이 나타나게 하다. ¶거울에 얼굴을 비추다. ④주로 '…에 비추어' 꼴로 쓰여, 어떤 것과 관련하여 견주어 보다. ¶내 경험에 비추어 볼 때; 상식에 비추어 생각해 봐라; 세상 돌아가는 형편에 비추어 볼 때, 이건 무리다.
　비치다[동] ①빛이 나서 환하게 되다. ¶어둠 속에 달빛이 비치다. ②빛을 받아 모양이 나타나 보이다 ¶그의 늠름한 모습이 비치었다. ③물체의 그림자/영상이 나타나 보이다. ¶문에 사람 그림자가 비쳤다; 화면에 비친 조국 강산이 아름답다. ④뜻/마음이 밖으로 드러나 보이다. ¶언뜻 난감해하는 기색이 비치더니 이내. ⑤투명하거나 얇은 것을 통하여 드러나 보이다. ¶속이 비치는 분홍빛 여자 속옷. ⑥사람 몸속의 피가 몸 밖으로 나오는 상태가 되다. ¶가래에 피가 비치다. ⑦무엇으로 보이거나 인식되다. ¶내 눈에는 그의 행동이 상사에 대한 아부로 비쳤다. ⑧얼굴/눈치 따위를 잠시 약간 나타내다. ¶집에 얼굴을 비칠 시간도 없다. ⑨의향을 떠보려고 슬쩍 말을 꺼내거나 의사를 넌지시 깨우쳐 주다. ¶동생에게 결혼 문제를 비쳤더니 그 자리에서 펄쩍 뛰었다.

◆아부로 **비쳐질까 봐** 조심했다: '**비칠까 봐**'로만 써도 충분함.
　[설명] '비치다'를 능동적인 표현이라고 생각하여 피동 표현인 '-지다'를 붙이는 경우가 있는데, 이는 잘못. '비치다'는 그 자체로 '누구에게 무엇으로 보이거나 인식되다'라는 피동 표현임. 즉, '비치다': 무엇으로 보이거나 인식되다. ¶내 눈에는 그의 행동이 상사에 대한 아부로 비쳤다; 내가 다른 사람들에게 그를 무시하는 것으로 비칠까 봐 언행을 조심스럽게 했다; 글씨를 그렇게 흘려서 쓰면 성의 없는 사람으로 비치기 쉽다.
　[유사] '보여지다': '보이다'의 잘못. ☞상세 설명은 '**이중 피동**' 항목 참조.

◆함께 일하자는 뜻을 **비추었다**: **비쳤다**의 잘못.
　[설명] '비치다': 의향을 떠보려고 슬쩍 말을 꺼내거나 의사를 넌지시 깨우쳐 주다.

◆'그대 모습에 **비춰진** 초라한 내 그림자': **비추인**의 잘못. ←**비추이다**[원]
　[설명] 어색한 가사지만, 군이 어법에 맞게 하려면 '비추다'의 피동형이어야 함.

◆술을 안 먹었다곤 하지만 **비칠거리는** 걸음을 보면: 맞음. ←일부 사전에서는 '비틀거리다'의 잘못으로 잘

못 규정.《표준》에서는 표준어로 인정.

[설명] 비칠거리다/–대다 늑비틀거리다/–대다.

◆다행히도 태풍이 한반도를 **비켜갔다**: **비껴갔다**의 잘못. ←**비끼다/비껴가다**[원]

　옆으로 좀 **비껴서라**. 걸리적거리지 않게: **비켜서라**의 잘못. 맞음. ←**비키다/비켜서다**[원]

　[설명] ①'비끼다'는 옆으로 비뚤어지게 비치거나(빛), 비스듬히 놓이거나 늘어지거나, 어떤 것에 대해 비스듬하게 정확한 방향이 아닌 조금 옆으로 벗어난 방향으로 지나가는 경우에 씀. ¶큰 칼을 옆으로 비껴 차고서; 태풍이 일본을 향해 비껴갔다. ②'비키다'는 어떤 것을 (사람/동물이) 적극적으로 피하거나 비키어 가는 경우에 씀. ¶차가 달려들기에 얼른 비켜섰다; 물이 고여 있어서 비켜갔다; 앞에 빚쟁이가 있어서 비켜 갔다.

◆빈손으로 왔다가 **빈몸**으로 돌아가는 인생: **빈 몸**의 잘못.

　아래의 **빈 칸**에 적당한 말로 채우시오: **빈칸**의 잘못. 한 낱말.

　나는 **빈의자**와 같은 사람, 아무나 와서 앉으시오: **빈 의자**의 잘못.

　'빈수레가 요란하다' 라는 말이 있습니다: **빈 수레**, **요란하다'라는**의 잘못. ⇐'라는'은 조사. 그러므로 문장부호와 띄지 않고 붙여 적음.

　[설명] '빈손'은 있으나, '빈몸'(×)은 없는 말. '빈껍데기/빈산/빈손/빈값/빈숲/빈이름/빈자리/빈주먹/빈칸...' 등은 한 낱말. '맨몸/맨손/맨주먹'도 '빈손'과 같이 한 낱말. 모두 글자 그대로가 아닌 의미도 지니고 있음.〈예〉빈주먹: (비유) 어떤 일을 하는데 마땅히 가지고 있어야 할 것이 없는 상태.

　[주의] 흔히 쓰는 '빈 의자', '빈 수레'... 등은 글자 그대로의 의미만 지니고 있으므로 합성어가 아니며, 두 낱말.

◆너 같은 **빈털털이**도 좋다고 하는 걸 보면 사랑하긴 하는가보다: **빈털터리(빈탈타리)**의 잘못. ⇐'-리'로 끝나므로 어원을 밝혀 적지 않음.

　[설명] 명사화 접미사 '-이, -음/ㅁ'이 결합하여 된 단어라도, 그 어간의 본뜻과 멀어진 원형(原形)을 밝힐 필요가 없으므로 소리 나는 대로 적는, 예외에 속하는 말임. '굽도리/다리/목거리/문여리/코끼리/고름/노름'등도 이에 속하며, '너비/도리깨/두루마리/목도리/빈털터리/턱거리(언턱거리, 종기)' 따위도 마찬가지. 한편, '거름[肥料]/노름[賭博]/어름[物界]'등은 '걸음[步]/놀음[遊]/얼음[氷]'과 달리 적는 동음이의어(同音異義語). ☞♠**원형을 밝혀 적는 것과 밝혀 적지 않는 것** 항목 참조.

◆그런 걸 **빌미삼아서야**: **'빌미해서야/빌미잡아서야/빌미(를) 삼아서야**'의 잘못.

　[설명] '빌미삼다'는 없으며 '빌미잡다/빌미하다가 있음. '빌미삼다'를 쓸 경우에는 '빌미(를) 삼다'로 띄어 써야 함.

◆이 자리를 **빌어** 감사드립니다: **빌려**의 잘못. ←**빌리다**[원]

　수필이라는 형식을 **빌어** 이야기를 풀어 나갔다: **빌려**의 잘못. ←**빌리다**[원]

　[설명] '貸/借'는 '빌리다'. '乞/祝'은 '빌다'.

빌리다통 ①남의 물건/돈 따위를 나중에 도로 돌려주거나 대가를 갚기로 하고 얼마 동안 쓰다. ②남의 도움을 받거나 사람/물건 따위를 믿고 기대다. ¶남의 손을 빌려 겨우 마친 일; 머리는 빌릴 수 있으나 건강은 빌릴 수 없다. ③일정한 형식/이론, 또는 남의 말/글 따위를 취하여 따르다. ¶위인들의 말씀을 빌려 설교하다; 그의 표현을 빌리자면 한마디로 엉터리라는 것이었다.

◆머리 **빗어줄게** 이리 와라: **빗겨줄게**의 잘못. ⇐빗기다+주다[원]

    [설명] '빗다'의 사동사는 '빗기다'. ☞♣**흔히 실수하기 쉬운 사역형 동사 활용** 항목 참조.

    빗기다图 ①'빗다(머리털을 빗 따위로 가지런히 고르다)'의 사동사. ②남의 머리털을 빗어 주다.

◆**빗장거리** 한 판으로 쉽게 이겼다: **빗장걸이**의 잘못.

    [설명] ①어근 '걸–'의 의미가 살아 있으므로. ②'빗장거리'는 '+형' 성교 자세.

◆마당을 쓰는 **빗질** 하나도 제대로 못해서야: **비질**의 잘못.

    [설명] '비질'은 '비로 바닥 따위를 쓰는 일'이고, '빗질'은 '머리카락/털 따위를 빗으로 빗음. 또는 그런 일'을 뜻하는 서로 다른 말. 각각 먼지/쓰레기를 쓸어 내는 기구인 '비'와 머리 따위를 빗는 '빗'에 접미사 '–질'이 붙은 것임. ☜[참고] '빗자루'에서 '빗'으로 표기한 것은 사이시옷의 기능 중 하나인 소유의 의미, 즉 '비의 자루'를 뜻하기 위함임.

◆하는 짓이 그러니 **빙충맞이/뱅충맞이** 소릴 듣지: **빙충이**의 잘못.

    [설명] '뱅충이/빙충이'는 표준어. 따라서, '빙충맞다〉뱅충맞다'는 모두 맞는 말이지만, '빙충맞이/뱅충맞이' 등은 잘못.

    빙충이图 똘똘하지 못하고 어리석으며 수줍음을 잘 타는 사람.

    뱅충이图 똘똘하지 못하고 어리석으며 수줍음만 타는 사람.

◆**빚놀이**나 하다니. 그 돈으로 사업을 하지: **돈놀이**의 잘못. 없는 말.

    돈놀이图 남에게 돈을 빌려 주고 이자를 받는 것을 업으로 하는 일.

    사채놀이图 개인이 비교적 많은 자금을 운용하여 벌이는 돈놀이.

◆이런 **빚장이** 꼴로 네 앞에 서서 미안하다만: **빚쟁이**의 잘못.

    [설명] ①'빚쟁이': 돈을 빌려준 사람(채권자)과 빚을 진 사람(≒빚꾸러기), 둘 다 해당하는 말. ②기술자에게만 '–장이'를 쓰고 그 외는(모두, 예외 없이) '–쟁이'를 씀《표준어》 제9 항). 여기서 기술자라 함은 전문적인 기술을 갖춘 제조 분야의 장인(匠人)을 뜻하며, 재주나 단순한 특기를 지닌 정도로는 장인으로 보지 않음. [참고] ☞♣'–쟁이'로 표기하는 경우들 항목 참조.

    [암기도우미] 'ㅣ' 모음 역행동화를 허용해도 어근('빚')의 의미 변화 없음.

◆'–빛'을 붙여 **비누빛/겨자빛**이라고 쓸 수 있는가: **비눗빛/겨잣빛**의 잘못.

    [설명] '비눗빛/겨잣빛'은 사전에 없는 말이지만, 사전에 올라 있는 '장밋빛/황금빛/새벽빛/우윳빛(牛乳–)/초록빛' 등처럼 '물체가 광선을 흡수 또는 반사하여 나타내는 빛깔'을 뜻하는 '–빛'을 붙여 쓸 수 있으며, 이때 사이시옷 규정에 부합되면 사이시옷을 받쳐 표기해야 함. ¶겨잣빛(o). 장밋빛(o).

◆**빛 바랜** 낡은 사진 속에 그대 모습은: **빛바랜**의 잘못. ⇐**빛바래다**[원]

    빛바래다혱 (주로 '빛바랜' 꼴로 쓰여) 낡거나 오래되다. ¶빛바랜 사진; 그 일은 이미 빛바랜 추억이 되고 말았다.

    [참고] '빛(이) 바랜 편지', '빛(이) 바랜 청바지'처럼 띄어 쓸 수도 있음.

◆**빠꼼** 열린 문틈 사이로 얼굴 **반 쪽**만 내밀었다: **빠끔/빼꼼, 반쪽**의 잘못.

    [설명] ①'반쪽'은 한 낱말. 그러나 그 상대어랄 수 있는 '온 쪽'은 없는 말. 띄어 써야 함. ②'빠끔(히)/

빠금(히)/뻐금(히)'와 '빼꼼≒빼꼼히'는 있지만, '빠꼼(히)'은 없는 말(북한어). ⇐모음조화와 무관. 이것은 '빠끔하다/빠금하다/뻐금하다→빠끔(히)/빠금(히)/뻐금(히)'의 과정에서 '빠꼼하다(북한어)' 를 버린 때문. [주의] 예전 자료들에는 '빼꼼하다'를 '빠끔하다'의 잘못으로 잘못 처리하고 있는 경 우가 많음.

빠끔하다1/빠금하다〉빼꼼하다[형] ①작은 구멍/틈 따위가 깊고 또렷하게 나 있다. ②문 따위가 조금 열려 있다. ¶**빼꼼≒빼꼼히**[부]

빠끔하다2[동] ①입을 벌렸다 오므리며 담배를 빨다. ②물고기 따위가 입을 벌렸다 오므리며 물/공기를 들이마시다.

◆이미 다 **빠그러진** 건 버려: **빠그라진**의 잘못. ←**빠그라지다**[원].
　이미 **뻐그라진** 것들도 많네: **뻐그러진**의 잘못 ←**뻐그러지다**[원].
　[설명] 빠그라지다〉바그라지다, 뻐그러지다〉버그러지다의 관계로서 모음조화 관련 문제. 중간에 삽입된 '그'는 자음 충돌을 피하기 위하여 두 자음 사이에 끼워 넣는 매개모음 성격.

◆그 친구가 얼마나 약은지 완전히 **빠끔이**야: **빠꼼이**의 잘못. ⇐의미 특정.
　[주의] '빠꼼(하다)'은 '빠끔(하다)'의 잘못이지만, '빠꼼이'는 있음.
　빠꼼이[명] (속) 어떤 일/사정에 막힘없이 훤하거나 눈치 빠르고 약은 사람.

◆사내의 하관이 좀 **빠른** 것이 맘에 걸렸다: **빤**의 잘못. ←**빨다**[원]
　장길산이는 하관이 쪽 **빨랐다**: **빨았다**의 잘못. ⇐'빨다'의 과거형은 '빨았다'.
　[설명] ①예문의 '빠르다'는 '빨다'의 잘못. ②'빨다'[형]는 '빨아/빠니/빠오/빤' 등으로 활용. 즉, '빨라서' 등 으로 활용하는 '르' 불규칙활용 형용사가 아님. 반면, '빠르다'[형]는 '르' 불규칙활용. ¶여인치고는 걸음 이 무척 빨랐다.
　빨다[형] 끝이 차차 가늘어져 뾰족하다. ¶턱이 빨고 끝이 밖으로 굽은 것은 주걱턱.

◆좀 더 **빠리빠리하게** 움직이렴: **빠릿빠릿하게**의 잘못. ←**빠릿빠릿하다**[원]
　좀 더 **빠리빠리** 움직일 수 없나?: **빠릿빠릿하게**의 잘못. '빠릿빠릿'도 잘못.
　[주의] '빠릿빠릿'도 '빠릿빠릿하다'의 어근일 뿐 부사가 아님. 홀로 쓰이지 못함!
　빠릿빠릿하다[형] 똘똘하고 행동이 날래다.

◆손놀림 좀 **빨리 할** 수 없니: **빨리할**의 잘못. ←**빨리하다**[원]
　[비교] 일을 좀 **빨리빨리하렴**: **빨리빨리 하렴**의 잘못.
　[설명] '빨리하다'는 한 낱말. 여기서 '–하다'는 용언을 만드는 접미사. '빨리빨리하다'는 없는 말. ☞♣**'–화 되다**[하다]'(×)**와 '–화되다**[하다]'(○)' 항목 참조.

◆그 집 큰 아들은 완전히 아비를 **빼다박았어**: 큰아들, **빼닮았어**(**똑땄어**)의 잘못.
　빼다박았군 빼다박았어. 엄마를 **빼박았다**: **빼닮았군 빼닮았어**. **빼쏘았다**의 잘못. ←**빼닮다/빼쏘다**[원]
　[설명] ①**빼다박다/빼박다**: '**빼닮다**(≒**빼쏘다/똑따다**)'의 잘못. ♣[주의] '빼다(가) 박다'라는 관용구가 있 어 헷갈리기 쉬운데, 이것은 '모양/상황 따위가 비슷하다'는 뜻이지, 그대로 닮음을 뜻하는 '빼닮다/ 빼쏘다' 등과는 그 뜻에서 차이가 남. ②큰아들≒맏아들.
　빼닮다[동] 생김새/성품 따위를 그대로 닮다. ¶성격이 엄마를 빼닮은 딸들.

빼쏘다〔동〕 성격/모습이 꼭 닮다. ¶성격이 엄마를 빼쏜 딸들.
똑따다1〔형〕 꼭 맞아 떨어지게 알맞다.
똑따다2〔동〕 찍어 낸 듯이 닮다. ¶딸들의 외모나 하는 짓은 엄마를 똑땄다.

◆[중요] ♣ '–빼기'와 '–배기'의 구별
　[예제] 이 **똑빼기** 요리에도 **곱배기**가 있나요?: **똑배기**, **곱빼기**의 잘못.
　[설명] '–빼기'와 '–배기'의 구별.
　　①소리가 {배기}로 나는 경우 '–배기'로 적음: 한 살배기/공짜배기/진짜배기.
　　②소리가 {빼기}로 나는 경우 :
　　　– {빼기}로 소리 나는 것의 앞 말이 형태를 밝힐 수 있는 것인 경우 '–빼기': 곱빼기/코빼기/<u>이마빼</u>
　　　<u>기</u>/<u>얼룩빼기</u>/<u>그루빼기</u>/머리빼기/고들빼기/<u>대갈</u>빼기.
　　　– 형태를 밝힐 수 없거나, ㄱ/ㅂ 받침 뒤에서는 '배기': 똑배기/학배기.
　　*'**언덕배기**': 형태를 밝힐 수 있고, 발음도 '얼룩빼기'와 같이 {–빼기}임에도 '–배기'로 표기. 이유는 앞
　　　의 받침이 'ㄱ'이기 때문. 아래 보충 설명 참조.
　[보충] ①'똑배기/학배기'와 같이 한 형태소 내부에 있어서 'ㄱ/ㅂ' 받침 뒤에서 {빼기}로 발음되는 경우는
　　　맞춤법 규정에 따라 '–배기'로 적음[한글 맞춤법 제5항: "한 낱말 안에서 'ㄱ/ㅂ' 받침 뒤에서 나는 된
　　　소리는 같은 음절이나 비슷한 음절이 겹쳐 나는 경우가 아니면 된소리로 적지 아니한다.] 유의해야
　　　할 것은, '곱빼기'는 'ㅂ' 받침 뒤에서 된소리가 나는 경우이지만, 앞의 밑줄 친 '같은 음절이나 비슷한
　　　음절이 겹쳐 나는 경우(ㅂ+ㅃ)'에 속하므로 된소리로 적음. ②반면, 다른 형태소 뒤에서 {–빼기}로 발
　　　음되는 것은 모두 '–빼기'로 통일하여 적음. (한글 맞춤법 제54항) 여기에 해당되는 예로는 '고들빼
　　　기/그루빼기/대갈빼기/머리빼기/얼룩빼기/이마빼기/재빼기/코빼기' 등이 있음.
　[정리] {빼기}로 소리 나는 말을 '–배기'로 적을 것인가 '–빼기'로 적을 것인가는 '–배기/–빼기'가 붙는 앞
　　　말이 자립적인 말인가 아닌가와, 받침이 'ㄱ/ㅂ'인가 아닌가에 따라 결정된다고 할 수 있음. 자립적인
　　　말이면 '–빼기', 비자립적이면 '–배기'. 또한 받침보다도 이 자립성 유무가 더 우선함. 받침이 'ㄱ/ㅂ'인
　　　아래 용례 참고. ①비자립적: 똑배기/학배기(잠자리의 애벌레). ②자립적: 밥빼기/악착빼기.
　–빼기〔접〕 ①'그런 특성이 있는 사람/물건'의 뜻을 더하는 접미사. ¶곱빼기/밥빼기/악착빼기. ②'비하'의
　　　뜻을 나타내는 접미사. ¶앍둑빼기/외줄빼기/이마빼기/코빼기.
　–배기〔접〕 ①'그 나이를 먹은 아이'의 뜻을 더하는 접미사. ¶두/다섯 살배기. '–짜리'는 낮춤말. '–배기'는
　　　가치중립적. ②'그것이 들어 있거나 차 있음'의 뜻을 더하는 접미사. ¶나이배기. ③'그런 물건'의 뜻을
　　　더하는 접미사. ¶공짜배기/대짜배기/진짜배기.
　과녁빼기〔명〕 외곬으로 똑바로 건너다보이는 곳. ¶과녁빼기집.
　구석빼기〔명〕 썩 치우쳐 박힌 구석 자리. ¶험하고 우중충한 구석빼기 외딴 곳.
　그루빼기〔명〕 짚단/나뭇단 따위의 그루가 맞대어서 이룬 바닥 부분.

◆**빼다지/빼닫이**가 무척 뻑뻑하군그래: **서랍**의 잘못. ⇐'빼다지/빼닫이'는 방언.
　[설명] 반면, '미닫이/여닫이/반닫이/가로닫이/내리닫이/두껍닫이'는 표준어임.

◆울창한 나무들이 **빽빽히** 들어선 숲: **빽빽이**의 잘못.
　[설명] '빽빽하다'지만 어간 받침이 'ㄱ/ㅂ/ㅅ'이므로, 부사는 발음대로. ☞♣'**–이**'로 끝나는 부사들 중 유의
　　해야 하는 것들 항목 참조.

◆저 녀석은 **빤질빤질** 노는 데만 도가 텄어: 맞음. ←**빤질빤질**〈**빤질빤질**〉[부]

저리 **빤질거리는** 놈을 누가 데려 왔니?: 맞음. ←**빤질거리다**[원]

표면이 매끄럽고 **빤질빤질하군**: **빤질빤질하군**의 잘못 ←**빤질빤질하다**[원]

[설명] '빤질거리다〈빤질거리다〉와 연관되는 부사의 경우에는 'ㅣ' 모음 역행동화를 인정하여, '빤질빤질〈빤질빤질〉 두 말 모두를 표준어로 삼은 드문 예. 그러나, 이와 비슷한 꼴이지만 뜻이 다른 '맨질맨질하다/밴질밴질하다〈빤질빤질하다〉에서는 'ㅣ' 모음 역행동화를 인정하지 아니하고, '만질만질하다/반질반질하다〈빤질빤질하다〉만 표준어로 인정하여, 빤질빤질하다(×)/빤질빤질하다(ㅇ)임. ☜[주의] 이때의 '만질만질-/반질반질-'은 '빤질빤질〈빤질빤질〉과 달리 부사가 아니며, 어간일 뿐임.

빤질빤질〈**빤질빤질**〉[부] 몸을 요리조리 빼면서 계속 일을 열심히 하지 아니하는 모양. ¶**빤질거리다**[동] **빤질거리다**[동]

빤질빤질〉**반질반질**[부] ①거죽이 윤기가 흐르고 매우 매끄러운 모양 ②성품이 매우 빤빤스럽고 유들유들한 모양 ③몹시 게으름을 피우며 맡은 일을 잘 하지 아니하는 모양. ¶**빤질빤질하다**〉**반질반질하다**[동][형]

만질만질하다[형] 만지거나 주무르기 좋게 연하고 보드랍다.

◆가서 저걸 저놈에게서 **뺏어** 오너라: 맞음. ←**뺏다**[원]. '뺏'이 'ㅐ' 모음.

가서 저걸 저놈에게서 **빼앗아** 오너라: 맞음. ←'빼앗'의 '앗'이 'ㅏ' 모음.

〈내 무덤에 침을 뱉어라〉에서 **뱉어라**가 맞는가: 맞음. ←'뱉'이 'ㅐ' 모음.

[설명] '-아(라)' 꼴은 어간의 끝 음절 모음이 'ㅏ(ㅑ)와 'ㅗ' 계열일 때만 적용함. 그 밖의 모음은 모두 '-어(라)'. [한글 맞춤법 제16항] 그러므로 'ㅐ' 역시 '-어(라)' 꼴. 단, 'ㅑ'는 'ㅏ/ㅗ' 계열로 봄. ¶얇아(ㅇ). ¶웃어라(ㅇ)/먹어라(ㅇ)→가라(ㅇ)/와라(ㅇ).

◆'빼앗긴 들'을 줄이면 '**뺏긴** 들'이 된다: **뺏긴**의 잘못. ←**빼앗기다**[원]

[설명] '빼앗기다'의 준말은 '뺏기다'. 줄어든 말의 어근을 살려서 적음.

◆그 자리에서 **뺨다귀**라도 올려붙이려다 참았어: **뺨따귀**[←뺨+따귀]의 잘못.

[주의] 이런 **뼉다귀**/**뼈따구** 따위나 내게 주다니: **뼈다귀**의 잘못. 방언.

[설명] ①'뺨'+'따귀'→뺨따귀. '뺨다귀'는 '뺨'과 '다귀'가 결합한 꼴이므로 잘못. ②한편, '뼈다귀'의 '-다귀'는 '-따귀'와 무관하므로 '뼉따귀'는 잘못.

◆책상다리가 어긋나서 좀 **삐끔하다**: **삐끗하다**의 잘못.

[설명] '맞추어 끼울 물건이 꼭 들어맞지 않고 어긋나는 모양이다'라는 뜻으로 '삐끔하다'를 쓰는 것은 잘못(방언)이며 '삐끗하다〉비끗하다'를 써야 함. '삐끔하다'는 아래와 같이 전혀 다른 뜻. ☜[주의] '삐끗하다'는 맞지만, '삐긋하다'는 없는 말. 나아가 '삐긋이'도 잘못. 없는 말. '삐끗하다' 항목 참조.

삐끔하다1[형] ①큰 구멍/틈 따위가 깊고 뚜렷하게 나 있다. ②문 따위가 조금 많이 열려 있다.

삐끔하다2[동] ①입을 크게 벌렸다 우므리며 담배를 빨다. ②물고기 따위가 입을 벌렸다 우므리며 물/공기를 들이마시다.

◆그 사람 **뻐드렁이**는 보기가 안 좋아: **뻐드렁니**의 잘못.

[참고] '뻐드렁니'는 뻐드렁니가 난 사람.

◆**뻑떡하면**/**뻑뜩하면**/**퍼뜩하면** 부모한테 손 내미는 그 버릇: **뻑쩍하면**(혹은 **걸핏하면**)의 잘못.

뻔뜩하면 집으로 달려오곤 하던 그 애: **뻔쩍하면**(혹은 **걸핏하면**)의 잘못.

[설명] ①'뻔떡하면/뻔뜩하면/퍼뜩하면': '걸핏하면/뻔쩍하면(조금이라도 일이 있기만 하면 곧)'의 잘못. '걸핏하면'과 동의어인 '뻔쩍하면'을 착각한 데서 온 실수. ②'퍼뜩하면'은 '퍼뜩하다'의 활용으로 '어떤 생각이 아주 순간적으로 갑자기 떠오르면'이나 '어떤 물체/빛 따위가 아주 순간적으로 나타나면'이라는 뜻. 따라서 문례와는 전혀 어울리지 않음. 설사 이를 '퍼뜩('갑자기 정신이 드는 모양'을 뜻하는 부사)'+하면'의 꼴로 분석해도 적합하지 않은 문례임.

제꺽하면≒걸핏하면/뻔쩍하면/쩍하면[부] 조금이라도 일이 있기만 하면 곧.

퍼뜩하다[동] ①어떤 생각이 아주 순간적으로 갑자기 떠오르다. ②어떤 물체/빛 따위가 아주 순간적으로 갑자기 나타나다. ¶**퍼뜩**[부]

◆그런 **뻗장다리** 물건을 가져오면 어떻게 접어 쓰나?: **뻗정다리**〉**벋정다리**의 잘못.

◆한식구인데 그리 **뻘춤**할 필요 있나: **뻘쭘**의 잘못. ←**뻘쭘하다**[원]

[참고] 걷어붙이고 일해야지 그처럼 **멀춤하고** 있을 건가: **머춤하고**(혹은 **무르춤하고**)의 잘못. ←**머춤하다**[원], **무르춤하다**[원]

머춤하다[동] 잠깐 멈칫하다.

무르춤하다[동] 뜻밖의 사실에 놀라 뒤로 물러서려는 듯이 하여 행동을 갑자기 멈추다.

뻘쭘하다[형] (속) 어색하고 민망하다.

◆묘지에서 **사람 뼈다귀** 치우는 일이나 했으니, 천한 것들이지: 쓸 수도 있는 말.

[설명] '머리'에 대해서 '대가리'는 동물의 머리를 가리키는 것으로 사람에게 쓸 때에는 비속어로 쓰이고 '주둥이' 역시 동물의 코나 입 주위를 이르지만 사람에게 쓸 때는 비속어로 쓰이듯이, '뼈'에 대해서 '뼈다귀'도 동물에 쓰이는 것인데, 이 말이 사람에게 쓰일 때에는 비속어의 의미를 지님. 따라서, 이 말도 '대가리/주둥이/아가리/부리'의 경우를 좇아 이해해 볼 수 있을 듯. ☞**'부리'** 항목 참조.

◆이런 **뼉다귀/뼉따구** 따위나 내게 주다니: **뼈다귀**의 잘못. 방언.

[참고] 이런 **쇠뼉따귀/개뼉따귀** 같은 놈 하고는: **쇠뼈다귀/개뼈다귀**의 잘못.

◆머리가 **뽀개질/뻐개질** 듯 아프다: **빠개질**의 잘못. ←**빠개지다**[원]

장작 하나 제대로 **뽀개지** 못하나: **빠개지**(혹은 **쪼개지**)의 잘못. ←**빠개다**[원]

[설명] ①장작을 쪼개다'로 표현할 수 없는 것은 아니지만, 장작과 같이 작고 단단한 물건을 두 쪽으로 가르다는 '빠개다'가 더 적합함. ②'쪼개다'에는 속어로 '소리 없이 입을 벌리고 웃다'라는 뜻도 인정하고 있음.

빠개지다〈**뻐개지다**[동] ①작고 단단한 물건이 두 쪽으로 갈라지다. ②거의 다 된 일이 어긋나다.

빠개다〈**뻐개다**[동] ①작고 단단한 물건을 두 쪽으로 가르다. ②작고 단단한 물건의 틈을 넓게 벌리다. ③거의 다 된 일을 어긋나게 하다.

쪼개다[동] ①둘 이상으로 나누다. ②시간/돈 따위를 아끼다. ③(속) 소리 없이 입을 벌리고 웃다. [유]분할하다/빠개다/양분하다.

◆다 **뽀록난** 일을 뒤늦게 감추려 들어서야: 맞음.

[설명] '뽀록나다'는 '숨기던 사실이 드러나다'를 뜻하는 속된 말로 표준어. 본래, '뽀록나다'는 일본어에서 온 말로 '뽀록'은 일본어 '보로'에서 유래하였음. 'ぼろ(襤褸)'는 기본적으로 '넝마/누더기'의 의미이나 파

생적으로 '허술한 데, 결점'의 의미로도 쓰임. 그래서 'ぼろを だ(出)す'라고 하면 '결점을 드러내다/실패하다'의 의미로, 'ぼろを かく(隠)す'라고 하면 '결점을 감추다'의 의미가 됨.

◆불합격 소식을 들으니 **뿌질뿌질** 애가 탔다: **뿌질뿌질**의 잘못.
  [설명] 흔히 쓰는 '뿌질뿌질'은 '뿌질뿌질'의 작은말인 듯하나 없는 말. 북한어.
  뿌질뿌질〉부질부질튄 매우 속이 상하거나 안타까워서 자꾸 몹시 애가 타는 모양.

◆저놈 말하는 **뽄새** 좀 봐라: **본새**의 잘못.
  말뽄새하고는 정말 버릇없네: **말본새**(말: 뽄새의 잘못. '버릇없다'는 한 낱말.
  본새(本-)명 ①어떤 물건의 본디의 생김새. ②어떠한 동작/버릇의 됨됨이.
  말본새명 말하는 태도/모양새. [유]말버릇.

◆**뽑낼 게** 그렇게도 없던가: **뽐낼 게**의 잘못. ←**뽐내다**[원]
  [설명] '뽑내다'는 '뽐내다'의 잘못. ←'뽑다' 계통과는 전혀 무관함.
◆이마에 난 **뾰드락지/뾰드러기**가 신경 쓰이네: **뾰두라지**(혹은 **뾰루지**)의 잘못.
  [설명] '뾰두라지'≒'뾰루지'로서 복수 표준어.

◆**뾰루퉁하다**': '**뾰로통하다〈뿌루퉁하다**'의 잘못. ←모음조화.
  '**뾰루퉁하다**': '**뾰로통하다〈뿌루퉁하다**'의 잘못. ←모음조화.
  뾰로통하다〈뿌루퉁하다형 못마땅하여 얼굴에 성난 빛이 나타나 있다. [유]뾰로통하다.

◆**뾰죽구두**: '**뾰족구두**'의 잘못. ←모음조화.
  뾰죽하게 솟은 못들이 몹시 위험했다: **뾰족하게**의 잘못. ←모음조화.
  뾰죽뾰죽/뾰죽 솟은 못들: **뾰족뾰족/뾰족**의 잘못. ←모음조화.
  [설명] ①위의 경우는 모음조화에 관련된 단순한 문제. ②흔히 '-쭉/-죽'이 '-쪽/-족'의 큰말일 때가 많으나(예: 뿌쭉〉뽀쪽. 깐죽〉깐족), 오히려 '-쭉'을 살리고 접두어를 바꾸어 큰말, 작은말을 구분하는 경우도 적지 않음. 그 이유는 '쭉'이 주된 의미소이기 때문임: '삐쭉〉비쭉〉비죽(o); '씰쭉〉실쭉〉샐쭉(o)/샐쭉(×); '움쭉〉옴쭉(o)/옴죽(×); '뺄쭉〉벌쭉(o). ②[주의] 이와 같은 '-쭉'의 경우는 접두어가 양성모음일 경우에도 모음조화를 따르지 않고 '-쭉'을 따름: 샐쭉(o)/샐쪽(×); 옴쭉(o)/옴죽(×). 〈예외〉'뾰쪽'(×)〉'뾰족'(o), '빼쪽빼쪽'(o).
  뾰족뾰족≒뾰족뾰족이튄 여럿이 다 끝이 점차 가늘어져서 날카로운 모양.

◆꽃이 예쁠 **뿐더러**, 향기도 좋다: **예쁠뿐더러**의 잘못. ←'~ㄹ뿐더러'는 어미.
  예뻐할뿐만 아니라 달래기도 잘한다: **예뻐할 뿐만**의 잘못. ←'뿐'은 의존명사.
  일터에서 뿐만 아니라, 집에서도: **일터에서뿐만 아니라**의 잘못. ←'뿐'은 보조사.
  가족들에게 뿐만 아니라 모두에게: **가족들에게뿐만**의 잘못. ←'뿐'은 보조사.
  [설명] ①'~ㄹ뿐더러'는 '이다'의 어간, 받침 없는 용언의 어간, 'ㄹ' 받침인 용언의 어간 또는 어미 '-으시-' 뒤에 붙어, 어떤 일이 그것만으로 그치지 않고 나아가 다른 일이 더 있음을 나타내는 연결**어미**. 고로 앞말에 반드시 붙여 씀. ¶그는 일도 잘할뿐더러 성격도 좋다. ☞'~ㄹ뿐더러' 항목 참조. ②'예쁠 뿐만 아니라'에서의 '뿐'은 의존명사. 보조사로서의 '뿐'은 체언 외에 부사어와 어미 뒤에도 붙음. ♣**보조사 종합 정리** 항목 참조.

◆[고급] 공부를 잘한다. **뿐만 아니라**: **그뿐만 아니라**의 잘못. ⇐'뿐'은 보조사.

단순히 지적하기 **위해서 뿐만** 아니라 잘못을 고쳐주러 왔다: **위해서뿐만**의 잘못. ⇐'뿐'은 보조사.

바보일 뿐만 아니라...: **바보일뿐만**의 잘못. ⇐'뿐'은 보조사. ☞'일'은 조사 '이다'의 활용.

[참고] **때문에**, 지금 해야 한다: **그 때문에**의 잘못. ⇐'때문'은 의존명사.

[설명] ①뿐만 아니라'는 잘못. 이때의 '뿐'은 보조사. 반드시 대상어(체언/부사어)가 와야 하기 때문에 '그뿐만 아니라로 써야 함. ¶추위와 바람 소리뿐 어디에도 불빛 하나 없었다; 국민은 납세의 의무가 있다. 그뿐만 아니라 국방의 의무도 있다; 학교에서뿐만 아니라 어디에서고. ②'뿐'이 의존명사 용법일 때에도, 의존 명사는 앞말이 있어야만 쓸 수 있으므로 어떤 경우에도 '뿐'을 홀로 쓸 수는 없음. ¶소문으로만 들었을 뿐이야/울고만 있을 뿐이었다/모두들 구경만 할 뿐/한 일은 없고 시간만 보냈다 뿐이었어/말을 하지 않았다 뿐이지 속인 건 절대로 아니었어. ③'위해서 뿐만 아니라'의 경우에도 '뿐'은 보조사. 보조사로서의 '뿐'의 용례는 다음과 같음. ¶가진 것이라곤 불알 두 쪽뿐인 주제에; 녀석은 학교에서뿐만 아니라 집에서도 말썽꾸러기였지; 그녀는 가족에게뿐만 아니라 이웃들에게도 언제나 웃는 얼굴로 대했다. ☞♣**보조사 종합 정리** 및 ♣**~ㄹ뿐더러**' 항목 참조. ④'때문'은 의존명사이기 때문에 반드시 그 앞에 꾸밈말이 와야 함.

[중요] '바보일뿐만 아니라'에서 '뿐'이 보조사인 이유: '뿐'이 보조사로 쓰일 때는 대상어(체언/부사어) 뒤에 서임. '바보일뿐(만)'은 '바보+일(조사 '이다'의 활용)+뿐'으로 분석되는 바, 앞의 조사와 결합할 수 있는 것은 (보)조사이기 때문임. 의존명사의 경우는 앞말이 어미 형태(~할/~을)임과 비교해 보면 이해하기 쉬움.

◆자칫 **삐긋하면** 큰일이야: **삐끗하면**의 잘못. ←**삐끗하다>비끗하다**[원]

그는 문을 **삐긋이** 열었다: **지그시**의 잘못. 없는 말.

[설명] '삐끗하다>비끗하다'는 있지만, '삐긋하다'는 없는 말. 따라서 그 부사형 '삐긋이'도 없는 말이며, '지그시'의 잘못.

삐끗하다>비끗하다[통] ①맞추어 끼울 물건이 꼭 들어맞지 아니하고 어긋나다. ②잘못하여 일이 어긋나다. ③팔/다리 따위가 접질리어 어긋 물리다. 그렇게 하다.

지그시[부] ①슬며시 힘을 주는 모양. ¶지그시 밟다/누르다; 입술을 지그시 깨물다. ②조용히 참고 견디는 모양. ¶아픔을 지그시 참다.

[중요] 슬며시 힘을 줄 때에는 '지그시'로 적고, '지긋하다'의 의미가 살아 있으면 '지긋이'로 적는다. [한글맞춤법 제25항/제57항]

◆병아리는 **삐약삐약** 운다: **삐악삐악**의 잘못.

[참고] 까마귀가 어찌나 **깍깍거리는지**: **깍깍거리는지**의 잘못.

[설명] ①사람/동물이 지르는 소리의 표기에서는 주로 '~악'이 쓰임: ⟨예⟩으악/까악까악≒깍깍/삐악삐악/홍악홍악('응애응애'의 제주도 방언)/흐악('조금 막혔던 날숨을 터뜨리며 크고 요란하게 한 번 웃는 소리. 또는 그 모양'을 뜻하는 북한어). ②'깍깍거리다'는 새소리와 관련되는 '깍깍거리다'와는 무관함. 아래 뜻풀이 참조.

깍깍거리다[통] 사람/짐승 따위가 몹시 놀라거나 죽게 되어 자꾸 소리를 지르다.

깍깍거리다[통] 까마귀/까치 따위가 우는 소리가 자꾸 나다.

캭캭거리다>캑캑거리다[통] 목구멍에 깊이 걸린 것을 목구멍을 바짝 좁혀서 힘 있게 내뱉는 소리를 자꾸 내다.

◆그는 **삐지는** 데에 선수: 쓸 수 있음.

사내가 자꾸 **삐지면** 못써: 가능한 표현.

[설명] 예전에는 '삐지다'는 '삐치다'의 잘못이었으나 '성이 나서 마음이 토라지다'의 뜻으로는 복수 표준어
　가 되었음[국립국어원. 2014].

삐치다图 ①성이 나서 마음이 토라지다. [유]토라지다. ②글씨를 쓸 때 글자의 획을 비스듬히 내려쓰다.
　③일에 시달리어서 몸/마음이 몹시 느른하고 기운이 없어지다.

삐지다图 ①성이 나서 마음이 토라지다. ②칼 따위로 물건을 얇고 비스듬하게 잘라 내다.

◆글씨를 어째 그리 **삐툴빼툴**하게 쓰나: **삐뚤빼뚤**의 잘못. ←**삐뚤빼뚤하다**[원]

　나무가 **삐툴삐툴** 자라서 재목감으로는 영 아니다: **삐뚤삐뚤**의 잘못.

[설명] '비뚤비뚤〈삐뚤삐뚤[비뚤배뚤〈삐뚤빼뚤]'은 물체가 이리저리[이쪽저쪽으로] 기울어지며 자꾸 흔들
　리는 모양이나 물체가 곧지 못하고 이리저리[이쪽저쪽으로] 자꾸 구부러지는 모양을 나타내는 말이
　며, '삐툴삐툴/삐툴빼툴'은 없는 말. 즉, 경음 'ㅃ'의 '삐'는 격음 'ㅌ'이 쓰인 '툴'과는 어울리지 않고, 같은
　경음이 쓰인 '뚤'과 어울림.

[참고] '비뚤비뚤〈삐뚤삐뚤[비뚤배뚤〈삐뚤빼뚤]'图에 '하다'가 붙으면 동사와 형용사를 겸함. 〈예〉**삐뚤빼**
　뚤하다〉비뚤배뚤하다图 ①물체가 이쪽저쪽으로 기울어지며 자꾸 흔들리다. 또는 그렇게 되게 하다.
　②물체가 곧지 못하고 이쪽저쪽으로 자꾸 구부러지다. 또는 그렇게 되게 하다. 휑 물체가 곧지 못하
　고 이쪽저쪽으로 구부러져 있다.

ㅂ

◆넌 **사고덩어리**야, 아예 **내 놓은/내논** 사고뭉치지: **사곳덩어리, 내놓은**의 잘못.
　[설명] ①[참고] 골칫덩이(○)/골치덩어리(×)/골칫덩어리(○). ☜**'덩이'와 '덩어리'** 항목 참조. ②'내놓다': 본
　　말은 '내어놓다'이며, '빨갛다→빨간/빨가니' 등으로 활용하는 'ㅎ' 불규칙용언과 달리 '내놓다'는 규칙
　　용언. 즉, '내놓아/(준말은 '내놔)/내놓으니/내놓는/내놓소'로 활용. ☜**'내놓다'** 항목 참조.
　[참고] '내놓다'의 어간 '내놓—' 뒤에 '—아'가 붙은 '내놓아'가 '내놔'와 같이 줄면, 준 대로 적을 수 있음.
　　[한글 맞춤법 제35항, 붙임1]

◆불길이 다 **사그라들었다**: 쓸 수 있음. 단 '사그**러**들었다'는 잘못.
　사그라들다[통] 예전에는 '사그라**지다**(삭아서 없어지다)'의 잘못이었으나 국립국어원의 문헌정보 수정에
　　따라[2014] '삭아서 없어져 가다'의 뜻으로 쓸 수 있게 되었음.
　[주의] ①참고로, '쪼그라들다〈쭈그러~늑쪼그라지다〈쭈그러~'와 '움〉옴츠러들다늑움츠러지다', '수그러
　　들다늑수그러지다', '누그러들다늑누그러지다' 등은 모두 표준어. '자지러들다'와 '자지러지다'는 아래와
　　같이 뜻 차이가 조금 있음. ②'—들다'가 붙는 말들은 그 앞에 붙는 접두어가 모두 적극적 동사성임.
　　〈예〉오므라들다/감돌아—/고부라—/구부러—/꼬부라—/우므러—/꾸부러—/되말려—/되돌아—.
　수그러들다늑수그러지다[통] ①안으로 굽어 들거나 기울어지다. ②형세/기세가 점점 줄어지다.
　자지러들다[통] 몸/목소리 따위가 움츠러들거나 작아지다.
　자지러지다[통] ①몹시 놀라 몸이 주춤하면서 움츠러들다. ②병/탈이 나서 제대로 자라지 못하고 오그라
　　지다. ③장단/웃음소리/울음소리가 온몸에 짜릿한 느낌이 들 정도로 빠르고 잦게 들리다. ④사람이
　　기운이 다하여 기절하듯이 쓰러지다.

◆그의 집은 대대로 사기를 굽는 **사기쟁이/사기장이** 집안이었다: **사기장**의 잘못.
　사기장[沙器匠][명] 사기그릇 만드는 일을 직업으로 하는 사람.

◆**사나흘/사날/삼사일**이면 끝낼 수 있을 거야: 맞음. (사나흘/삼사일늑사날).
　[참고] **나달**, 즉 **네댓새** 정도면 될 걸: 맞음, **네댓새**의 잘못. ☜주의해야 할 수/관형사들에 대해서는 **네댓**
　　항목 참조.
　사나흘늑사날/삼사일[명] 사흘이나 나흘.
　사나나달[명] 사나흘이나 네댓새. ⟵'나달'은 '사오일/네댓새'를 뜻함.

◆**사날 없는** 사내라 장가도 아직 못 갔어: **사날없는**의 잘못. ⟵**사날없다**[원]
　사날없다[형] 붙임성이 없이 무뚝뚝하다.

◆**사단**이 나도 단단히 났군: **사달**의 잘못.
　사달[명] 사고나 탈. ☜고유어!
　사단[事端][명] ①사건의 단서. 일의 실마리. ②'사달'의 잘못.

◈하마트면 **사레 걸릴 뻔**했잖아: **하마터면**, **사레들 뻔**의 잘못.

[비교] **손사레치다**: **손사래 치다**의 잘못. 관손사래(를) 치다.

[설명] ①관용적 표현에서의 지배 동사 문제. '사레'는 걸리는 게 아니라 드는 것. →사레 걸리다(×), 사레들다(○)/사레들리다(○)[한 낱말임]. 즉, '사레들다=사레들리다. 사레들[리]기'. 단, '사레가 들다/들리다'(○)는 가능. ②'사레'의 경우와 같이 '-래'가 아닌 '-레'로 표기되는 낱말 중 주의할 것으로는 '찔레/우레(≒천둥)/이레(7일)/치레/두레/부레/얼레/굴레/써레/물레/흘레(≒교미)/거레(까닭 없이 지체하며 매우 느리게 움직임)/구레(지대가 낮아서 물이 늘 괴어 있는 땅)/드레(인격적으로 점잖은 무게)/미레(≒먹미레. 소의 턱 밑 고기)/투레(≒투레질. 젖먹이가 두 입술을 떨며 투루루 소리를 내는 짓. 말/당나귀가 코로 숨을 급히 내쉬며 투루루 소리를 내는 일)' 등이 있음. 유의해야 할 부사로는 '으레/지레(미리)/되레('도리어'의 준말)'가 있고, '외려('오히려'의 준말)'만은 '-려'임.

[유사] 운(韻)을 **떼다**; 가래톳이 **섰다**; 솜을 **두다**; 댕기를 **드리다**; 화살을 **메기다**; 활을 **얹다/지우다**; 꼬리(를) **치다**; 발을 **끊다**; 눈에 **밟히다**; 손을 **벌리다**; 쪽을 **찐다**; 구더기가 **슬다**; 상투를 **틀다**; 누에를 **치다**; 지붕을 이엉으로 **이다**.

[참고] 뒷걸음질하다(○), 뒷걸음질 **치다**(○). ←'-질'은 '하다'와 결합.

◈이를 **사려물고** 참고 또 참았다: **사리물고**의 잘못. ←**사리물다**[원]. **사려물다**(×).

마음을 단단히 **사려 먹었다**: 맞음(원칙). ←**사리다**[원]

[설명] ①'사려물다'는 한 낱말인 '사리물다'의 잘못. ②'사려 먹다'는 '사리(다)+어+먹다'로 분석되는 바, 이 때의 '사리다'는 '정신을 바짝 가다듬다'라는 뜻.

사리물다통 힘주어 이를 꼭 물다.

사리다통 ①어떤 일에 적극적으로 나서지 않고 살살 피하며 몸을 아끼다. ②정신을 바짝 가다듬다. ¶여인은 끝장을 내려고 마음을 굳게 사려 먹었다.

◈**사면발이/사면바리**에 걸리면 엄청 가려워: **사면발니**의 잘못.

[암기도우미] 입안의 이(齒)와 사람의 피를 빨아먹는 이(虱)는 그 앞에 받침 있는 말이 올 때는 그 표기가 -니로 됨: 앞니/대문니/어금니/송곳니; 가랑니/수퉁니/돼짓니/솟니/사면발니.

사면발니{사:면발리}명 ①사람 음부의 거웃 속에 기생하고 피를 빨아 먹는데 물리면 가려움과 발진을 일으킴. ②여러 곳으로 다니며 아첨을 잘하는 사람.

◈누나의 시어머니는 **사부인** 아닌가: **사장어른**의 잘못.

[설명] '사부인'은 며느리/사위의 어머니를 부르는 말로 나와 같은 항렬에 대한 명칭/호칭. 나보다 한 항렬이 높은 누나의 시어머니를 '사부인'이라고 하는 것은 잘못. 나보다 항렬이 높은 사돈을 부르는 말은 상대방의 성별에 관계없이 '사장어른'임.

사장어른[査丈-]명 사돈집의 조부모나 동기(同氣) 배우자의 부모를 높여 이르거나 부르는 말.

노사장어른[老査丈-]명 자녀 배우자의 증조부모를 높여 이르는 말.

◈그는 유명 교수에게서 **사사받았다**: **사사했다**의 잘못. ←**사사하다**[원]

[설명] '사사하다(師事-)'는 '스승으로 섬기다. 또는 스승으로 삼고 가르침을 받다'를 뜻하는 말로, 그 말 속에 가르침을 받는다는 뜻이 들어 있음. '사사받다'는 어색한 의미 중복. '事': 섬길 사.

◈[고급] ♣흔히 실수하기 쉬운 **사역형 동사 활용**

[예제] 나는 그녀의 머리를 **빗어** 주었다: **빗겨**의 잘못. ←**빗기다**[원]

　　　꿔 준 돈이나 얼른 갚아: **꿔어 준**의 잘못. ←**꾸이다**[원] ⇐빌려 주다.

　　　이건 내가 네게서 **꾼** 돈이야: 맞음. ←**꾸다**[원] ⇐빌려 쓰다.

[설명] ①사역형 동사에는 두 가지 기능이 있음. 즉, 문장의 주체가 자기 스스로 행하지 않고 남에게 그 행동/동작을 하게 하는 (시키는) 순수한 사동의 역할과, 문장의 주체가 남을 위해 무엇을 해 준다는 뜻이 그것임. 예컨대, '빗다'의 사동사 '빗기다'의 경우, '왕비는 시녀에게 머리를 빗겼다'는 왕비가 시녀로 하여금 자신의 머리를 빗도록 '시켰다'는 의미이며, '왕비가 시녀의 머리를 빗겼다'일 때는 '왕비가 시녀의 머리를 빗는 일을 해 주었다'는 뜻임.

②여기서 흔히 문제가 되는 것은 문장의 주체가 남을 위해 무엇을 해 준다고 할 때의 사역형 표기임. 아래와 같은 경우, 사동사로 표기하지 않으면 (혹은 사역형으로 활용하지 않으면) 문장 자체가 성립하지 않는 것을 알 수 있음.

　　　–나는 아이에게 밥을 <u>먹어</u> 주었다(×) ↔ ~ 밥을 <u>먹여</u> 주었다(○).

　　　나는 딸아이에게 옷을 <u>입어</u> 주었다(×) ↔ ~옷을 <u>입혀</u> 주었다(○).

　　　나는 그녀의 옷을 <u>벗어</u> 주었다. ↔ ~옷을 <u>벗겨</u> 주었다(○).

따라서 위의 경우, 왕비가 시녀를 위해 머리 빗는 일을 해 준 경우를 보면 '왕비는 시녀의 머리를 빗어 주었다'가 성립되지 않으며, ' ~머리를 빗겨 주었다'가 되어야 함을 알 수 있음. 즉, 머리를 '빗'는 것은 자신의 머리일 때이며, 다른 사람의 머리는 '빗겨야' 하는 것.

③이와 같이 흔히 쓰이는 '빗다/입다/먹다/벗다'의 사동사를 보이면 '빗기다/입히다/먹이다/벗기다'이며, 이의 사동사+'주다' 꼴의 활용형은 '빗겨 주다/입혀 주다/먹여 주다/벗겨 주다'임.

[참고] '꾸다'의 사동사 활용 예는 매우 까다로움: 빌려 쓰는 사람의 입장에서는 '꾸다'이고, 그 사동사는 '꾸이다'이므로 남에게 돈/물건을 빌려 주는 사람의 입장에서는 '꾸이다'를 써야 함. 그 준말은 '뀌다'이며, '뀌어'는 '뀌다'의 활용. 추가 상세 설명은 **꾸어준** 항목 참조

[예제] **꿔 준** 돈이나 얼른 갚아: **꿔어 준** 돈의 잘못. ⇐'빌려준' 사람이 하는 말.

　　　나 돈 좀 **꿔 줘**: **꿔어 줘**의 잘못. ⇐'빌리는' 사람은 할 수 없는 말.

　　　나 너한테 돈 좀 **꿀게**: 맞음. ⇐'빌리는' 사람이 할 수 있는 말.

　　　꿔 간 돈이나 얼른 갚아: 맞음. ⇐빌려간 사람이 상대방이므로.

꾸다[통] 뒤에 도로 갚기로 하고 남의 것을 얼마 동안 빌려 쓰다.

꾸이다㉰**뀌다**[통] 남에게 다음에 받기로 하고 돈/물건 따위를 빌려 주다.

◆[중요] ♣**사이시옷에서 주의해야 할 말들**

[예제] **머릿말**을 뭐라 적어야 할까?: **머리말**의 잘못.

　　　머릿글자를 이니셜이라고도 하지: **머리글자**의 잘못.

　　　편짓글에서는 **존대말** 사용이 기본이야: **편지글**, **존댓말**의 잘못.

　　　예삿말과 **예삿소리**에서 사이시옷을 쓰는 이들: **예사말**, **예사소리**의 잘못.

　　　등·하교길에서는 특히 차를 조심해야 해: **등·하굣길**의 잘못.

　　　부조 삼아 하는 일은 **부조일**: **부좃일**(扶助–)의 잘못.

　　　도맷금으로 몰아서 죄인 취급: **도매금**(都賣金)의 잘못. 한자어

　　　홧병이 나고 말았다: **화병**(火病)의 잘못. 한자어

　　　만두국 한 그릇이면 돼: **만둣국**의 잘못.

　　　햇님이 방긋 웃는 이른 아침에: **해님**의 잘못.

　　　나랏님 수랏상에도 올랐던 음식: **나라님**, **수라상**의 잘못.

[원칙] ①뒷말의 첫소리가 된소리로 나지 않거나, 뒷말의 첫소리 'ㄴ/ㅁ' 앞에서 'ㄴ' 소리가 덧나지 않거나, 뒷말의 첫소리 모음 앞에서 'ㄴㄴ' 소리가 덧나지 않는 환경에서는 사이시옷을 받치지 않음. 〈예〉머리글/머리글자/머리말/편지글/꿍꿍이속; 예사말/인사말/반대말. ②반대로, '-길/-국/-값/-감/-점/-집/-짓' 등이 붙어 된소리로 발음되는 경우는 사이시옷을 받쳐 적어야 하는 대표적인 경우라 할 수 있음. 〈예〉등굣길/하굣길/성묫길/휴갓길; 두붓국/만둣국/시래깃국; 기댓값/대푯값/목푯값/극솟값/최댓값; 놀잇감/먹잇감/뜨갯감/신붓감/제삿감/행줏감; 고깃점/꼭짓점/꿍짓점; 갈빗집/부잣집/상갓집/종갓집/외갓집/동넷집/흉갓집/처갓집; 고갯짓/곤댓짓/날갯짓/머릿짓/배냇짓/어깻짓/활갯짓. ③뒷소리에 'ㄴ(혹은 'ㄴㄴ') 소리가 덧나는 경우에도 사이시옷을 받침. 〈예〉단옷날/훗날/제삿날; 노랫말/혼잣말/요샛말/시쳇말/혼삿말/존댓말; 베갯잇. ④사이시옷은 외래어를 제외한 명사끼리 연결되는 합성어에만 받칠 수 있음. 〈예〉나랏님(×)/나라님(○); 피잣집(×)/피자집(○) ⇐'님'은 접사. '피자'는 외래어. ⑤뒷소리가 이미 격음/경음인 경우에는 사이시옷을 받치지 못함. 〈예〉뒷풀이(×)/뒤풀이(○); 뒷쪽(×)/뒤쪽(○); 헛탕(×)/허탕(○).

[규정] 한글 맞춤법 제30항: 사이시옷은 다음과 같은 경우에 받치어 적는다.

(1) 순 우리말로 된 합성어로서 앞말이 모음으로 끝난 경우: ①뒷말의 첫소리가 된소리로 나는 것: 고랫재/귓밥/나룻배/나뭇가지/냇가/댓가지/뒷갈망/마룻바닥/맷돌/머릿기름/모깃불/못자리/바닷가/뱃길/볏가리/부싯돌/선짓국/쇳조각/아랫집/우렁잇속/잇자국/잿더미/조갯살/찻집/쳇바퀴/킷대/핏대/햇볕/혓바늘… ②**뒷말의 첫소리 'ㄴ/ㅁ' 앞에서 'ㄴ' 소리가 덧나는 것**: 멧나물/아랫니/텃마당/아랫마을/뒷머리/잇몸/깻묵/냇물/빗물… ③**뒷말의 첫소리 모음 앞에서 'ㄴㄴ' 소리가 덧나는 것**: 도리깻열/뒷윷/두렛일/뒷일/뒷입맛/베갯잇/욧잇/깻잎/나뭇잎/댓잎…

(2) 순 우리말과 한자어로 된 합성어로서 앞말이 모음으로 끝난 경우: ①뒷말의 첫소리가 된소리로 나는 것: 귓병/머릿방/뱃병/봇둑/사잣밥/샛강/아랫방/자릿세/전셋집/찻잔/찻종/촛국/콧병/탯줄/텃세/핏기/햇수/횟가루/횟배… ②**뒷말의 첫소리 'ㄴ/ㅁ' 앞에서 'ㄴ' 소리가 덧나는 것**: 곗날/제삿날/훗날/툇마루/양칫물… ③**뒷말의 첫소리 모음 앞에서 'ㄴㄴ' 소리가 덧나는 것**: 가욋일/사삿일/예삿일/훗일…

(3) 두 음절로 된 다음 한자어: 곳간(庫間)/셋방(貰房)/숫자(數字)/찻간(車間)/툇간(退間)/횟수(回數). ⇐이 말들 외에는 한자 합성어에 사이시옷을 받치지 못함. ♣[참고] 이 밖에 다음 말들도 한자 계열의 합성어지만 사이시옷을 받쳐 씀. '차(茶)'는 우리말에서 훈('차)과 음('다)을 별개로 보고 있기 때문임: 찻주전자(茶酒煎子)/찻잔(茶盞)/찻상(茶床)/찻종(茶鍾)/찻장(茶欌)/찻방(茶房).

[설명]

머릿글/~말명 '머리글/~말'의 잘못. ⇐발음에서 된소리(경음) 나지 않음.

편짓글명 '편지글'의 잘못. ⇐발음을 {편진끌}로 할 이유가 없음.

윗글↔아랫글명 《표준》에서는 모두 인정. 일부 다른 사전에서는 '위 글'로 분리.

예삿말/예삿소리/예삿내기명 '예사말(例事-)/예사소리/예사내기≒보통내기'의 잘못. 발음이 각각 '{예:사말}/{예:사소리}/{예:사내기}'임.

인삿말명 '인사말'의 잘못. ⇐발음에서 'ㄴㄴ' 소리 나지 않음.

반댓말명 '반대말'의 잘못. ⇐발음에서 'ㄴㄴ' 소리 나지 않음. 올바른 발음은 {반:대말}.

수랏상명 '수라상(水剌床)'의 잘못. ⇐발음은 {수라쌍}이지만, 한자 합성어로 봄. 이와 같이 한자어임에도 흔히 잘못 사이시옷을 받치기 쉬운 것으로는 **촛병/촛점/갯수/차렛상** 등도 있음. 각각 **초병(醋瓶)/초점(焦點)/개수(個數)/차례상(茶禮床)**의 잘못.

가운뎃소리명 ≒중성(中聲). [이웃 낱말] 가운뎃다리/~마디/~발가락/~가락/~점: 모두 사이시옷을 받침.

꿍꿍잇속명 '꿍꿍이속'의 잘못. 발음이 {꿍꿍이속}임.

콧방아/콧배기명 '코방아/코빼기'의 잘못.

낫세(×): 발음대로 '나쎄'로 써야 함. [**나쎄**명 그만한 나이를 속되게 이르는 말]

햇님(x): 대표적인 잘못. '해님'(o). '-님'은 접사. 사이시옷은 명사 사이에만 붙임. '나랏님(x)/나라님(o)'이나 '토낏님(x)/토끼님(o)'의 경우도 마찬가지.

피잣집(x)/피자집(o): 합성어의 요소가 외래어일 때는 사이시옷을 받치지 않음.

[주의] 사이시옷을 받쳐야 하지만, 흔히 실수하는 말들
- 꼭짓점; 날갯짓; 두붓국/만둣국/시래깃국; 머릿돌; 무지갯빛/보랏빛/연둣빛/우윳빛; 시곗바늘; 장맛비; 녹나뭇과: 뒷소리가 경음.
- 노랫말/혼잣말/요샛말/시쳇말/혼삿말/존댓말; 베갯잇: 뒷소리에 'ㄴ' 소리 덧남.
- 포돗빛; 송홧가루; 진돗개; 마릿수; 깃발; 등굣길/하굣길/성묫길/휴갓길; 수돗가; 기댓값/대푯값/목푯값/극솟값/최댓값; 소줏집/맥줏집; 종잣돈: 한자어+우리말이지만 뒷소리가 된소리.
- 단옷날/훗날/제삿날; 양칫물; 예삿일/부좃일(扶助-)/사삿일(私私-): 한자어+우리말이지만 뒷소리에 'ㄴ' 소리가 덧남.

[참고] '나뭇통/아랫층': '나무통/아래층'의 잘못. ⇐'통/층'에서 이미 격음화.

[유사] '아랫쪽/윗쪽/뒷쪽, 헛탕': 이미 경음화/격음화되어 사이시옷은 잘못.

[예외] 서수사들: 셋째, 넷째.

[참고] 사이시옷이 들어가면 뜻이 달라지는 말: '건넛-'과 '건넌-'.
- 건넌방: 잇대어 있는, 다음 방.
- 건넛방: 공간 너머[건너편]에 있는 방. ¶건넛집/~산/~마을.

[주의] 연장 중에는 사이시옷이 들어간 경우도 있고, 없는 경우도 있음. 발음에 주의: ¶가윗날/대팻날/팽잇날: 모두 맞음. ¶자귓날(x)/자귀날(o) ⇐{자권날}로 발음하지 않아야 함. {자귀날}로 발음.

◆♣'-속'이 들어간 말 중 <u>사이시옷</u>이 받쳐진 것들 ⇐추상명사 혹은 분리 불가능.

○머릿속/켯속/장삿속/벌잇속/조홧속[造化-]/마음속/혼잣속//안갯속/에누릿속/야바윗속/우렁잇속/<u>바닷속</u>/베갯속/배춧속/귓속/<u>빗속</u>/뼛속≒골수/핏속/콧속≒코안/뱃속/잇속1/잇속2/잇속3[利-]/벌잇속/댓속/욧속. 단, 꿍꿍잇속(x)/<u>꿍꿍이속</u>(o){꿍꿍이속}.

[참고] '속'이 들어간 말 중에는 '머릿속/뱃속'과 같은 복합어도 있지만, 이것을 '머리 속'과 '배 속'으로 띄어 적어야 하는 경우도 적지 않음. 상세 설명은 ♣속을 붙여 복합어를 만드는 원칙 항목 참조.

◆근 <u>사십릿길</u>의 띄어쓰기: <u>사십 리 길</u>의 잘못. ⇐근(近)'은 관형사.

[참고] <u>천릿길/만릿길</u>도 한 걸음부터: <u>천 리 길/만 리 길</u>의 잘못

[설명] '사십'(수사)+'리'(의존명사)+'길'(명사).

[주의] ①실제의 거리를 표시할 때는 수관형사로 쓰인 것이므로 '사십 리 길, 백 리 길, 천 리 길' 등과 같이 띄어 적음. ②[참고] '천릿길/만릿길'의 경우는 실제의 구체적 거리가 아니라 아주 먼 거리를 뜻하는 비유어로 보아 한 낱말로 삼는 견해도 있음(예: 고려대 한국어대사전).

◆동생하고 <u>사이 좋게</u> 지내라 했건만: <u>사이좋게</u>의 잘못. ←<u>사이좋다</u>[원]

그렇게 둘이서 <u>사이 좋음</u>을 과시하고 싶은 게로군: <u>사이좋음</u>의 잘못.

[설명] '사이좋다'는 글자 그대로가 아니라 '서로 정답다 또는 서로 친하다'를 뜻하는 한 낱말의 형용사. '사이좋음'은 '사이좋다'의 명사형.

◆<u>사잇길</u>로 들어섰더니: 맞음. '<u>샛길</u>(①사이에 난 길. ②큰길에서 갈라져 나간 작은 길)'의 본말.

◈**사잇밥/사잇서방: 곁두리/샛서방**의 잘못.

◈**술이라면 사죽을 못쓰는 그: 사족**의 잘못. ⇐'사족(四足)'에서 온 말.
　사족(을) 못 쓰다≒사지를 못 쓰다[관] 무슨 일에 반하거나 혹하여 꼼짝 못 하다.

◈♠**사투리로 착각하기 쉬운 표준어 중 유의할 것들**
　거시기[대] 이름이 얼른 생각나지 않거나 바로 말하기 곤란한 사람/사물을 가리키는 대명사. [감] 하려는
　　말이 얼른 생각나지 않거나 바로 말하기가 거북할 때 쓰는 군소리.
　　　[주의] '저거시기'도 감탄사로서, 표준어이자 한 낱말.
　　저거시기[감] ①어떤 말이 잘 떠오르지 아니할 때 쓰는 말. ②말을 꺼내기가 거북하거나 곤란할 때 쓰
　　　는 말.
　걸쩍지근하다[형] ①다소 푸짐하고 배부르다. ②말 따위가 다소 거리낌이 없고 푸지다.
　　　[주의] 이와 같이 표준어로서의 '걸쩍지근하다'는, '꺼림칙하다'는 뜻으로 쓰이는 전라도 방언 '껄쩍지
　　　　근하다'와는 그 의미가 다름.
　　껄쩍지근하다[형] '꺼림칙하다(매우 꺼림하다)'의 방언(전남).
　구닥다리[舊-][명] 여러 해 묵어 낡고 시대에 뒤떨어진 사람/사물/생각 따위를 낮잡는 말. ☞[참고] 원말
　　은 '**구년묵이[舊年-]**(①여러 해 묵은 물건. ②어떤 일에 오래 종사한 사람을 낮잡는 말)'.
　기다[준] '그것이다'의 준말. ¶'기다'가 표준어인지를 두고 기다 아니다 다투지 마. '기다'도 표준어야.
　깡그리[부] 하나도 남김없이. '싸그리'는 방언.
　깡다구≒깡[명] (속) 악착같이 버티어 나가는 오기. [유]깡/배짱/오기.
　깡순이[명] (속) 깡다구가 센 여자.
　껄렁하다[형] ①말/행동이 들떠 미덥지 아니하고 허황되다. ②사물이 꼴사납고 너절하다. ¶껄렁껄렁하다.
　　시시껄렁하다[형] 신통한 데가 없이 하찮고 꼴답잖다.
　꼬나들다[동] 힘 있게 손에 들다. ⇐'꼬나-'는 '꼬느다'의 활용.
　꼬나물다[동] (낮잡는 뜻) 담배/물부리 따위를 입에 물다.
　꼬나보다[동] (낮잡는 뜻) 눈을 모로 뜨고 못마땅한 듯이 사람을 노려보다.
　꼰대[명] ①(은어) '늙은이'. ②(학생들의 은어) '선생님'.
　　***은어(隱語)**: 어떤 계층/부류의 사람들이 다른 사람들이 알아듣지 못하도록 자기네 구성원들끼리만
　　　빈번하게 사용하는 말. 상인/학생/군인/노름꾼/부랑배 따위의 각종 집단에 따라 다른데, 의태어/
　　　의성어/전도어(顚倒語)/생략어/수식어 따위로 그 발생을 나눌 수 있음. [유]변말.
　꼽사리[명] 남이 노는 판에 거저 끼어드는 일. ¶꼽사리를 끼다/꼽사리를 붙다.
　대빵[부] (은어) '크게 또는 할 수 있는 데까지 한껏'이라는 뜻.
　되게[부] 아주 몹시. [참고] '호되게(아주 심하게)'는 '호되다'[형]의 부사형.
　똥짜바리[명] 똥구멍의 언저리.
　머시1[준] '무엇이'의 준말. 표준어. ¶지금 머시 문제지?
　머시2[감] 말하는 도중에 어떤 사람/사물의 이름이 얼른 떠오르지 않거나, 그것을 밝혀 말하기 곤란할
　　때 쓰는 말. ¶전에 얘기하던 그, 머시, 있잖아?
　　머시기[대] '무엇'의 잘못. 방언(강원). ¶지금 머시기가 문제야?
　　머시냐[감] '머시2'의 잘못. ¶그 머시냐, 그것 있잖아.
　멋하다[동] '무엇하다'의 준말. [형] '무엇하다'의 준말. ¶멋한다고 여태 집에 있었누? 일찍 좀 와서 돕지; 그
　　순간에 내 입장이 멋해서 자리를 떴다; 자리에 앉아 있기가 멋해서 일어섰다.

무데뽀[無鐵砲/無手法]명 (외래어/속어)일의 앞뒤를 잘 헤아려 깊이 생각하는 신중함이 없음. '막무가내/무모'로 순화.

빠구리명 성교(性交)의 속어.

뽀록나다통 '숨기던 사실이 드러나다'를 뜻하는 속어. ¶금세 뽀록날 일을 거짓말로 때우다니.

삥땅(속) 다른 사람에게 넘겨주어야 할 돈의 일부를 중간에서 가로채는 일.

시방(時方)명 ≒지금(只今)(말하는 바로 이때). 부 ≒지금(말하는 바로 이때에). [유]막/오늘날/지금.
　[주의] 불교 용어로서의 '시방(十▽方)'은 아래와 같이 뜻이 다름.
　시방(十▽方)명 사방(四方), 사우(四隅), 상하(上下)의 총칭.

식겁(食怯)명 뜻밖에 놀라 겁을 먹음. 통∼하다.

실떡거리다통 실없이 웃으며 쓸데없는 말을 자꾸 하다.

쌩쌩하다〉생생하다, 씽씽하다〉싱싱하다형 ①시들거나 상하지 아니하고 생기가 있다. ②힘/기운 따위가 왕성하다. ③빛깔 따위가 맑고 산뜻하다.

씨불씨불부 주책없이 함부로 자꾸 실없이 말하는 모양. 통∼거리다/∼대다

씨부렁씨부렁부 주책없이 쓸데없는 말을 함부로 자꾸 지껄이는 모양. ¶씨부렁거리다통

아따감 ①무엇이 몹시 심하거나 하여 못마땅해서 빈정거릴 때 가볍게 내는 소리. ②어떤 것을 어렵지 아니하게 여기거나 하찮게 여길 때 내는 소리.
　[주의] 가까이 있는 사람에게 무엇을 주면서 하는 말은 '옜다'임. '여기 있다'가 줄어든 말. 기억할 때 이 줄어듦을 떠올리면 편리함. '여기+있다' ⇒여(기)+있+다⇒옜+다.
　옜다감 가까이 있는 사람에게 무엇을 주면서 하는 말. 해라할 자리에 씀.
　아따가라감 '아따'의 방언(제주).
　[주의] 흔히 쓰는 '앗 따가라/뜨거라'는 '앗 따가워라/뜨거워라'의 잘못. '따갑다'는 '따갑고/따가워'로 활용하는 것을 떠올리면 도움이 됨.

야바위명 협잡의 수단으로 그럴듯하게 꾸미는 일.

야리야리하다형 단단하지 못하고 매우 무르다.

야코죽다/야코죽이다통 '기죽다/기죽이다'의 속어. '야코'는 '코'의 속어.

어영부영하다통 뚜렷하거나 적극적인 의지가 없이 되는대로 행동하다.

억수명 ①물을 퍼붓듯이 세차게 내리는 비. ②(비유) 끊임없이 흘러내리는 눈물, 코피 따위. [유]폭우/장대비/호우.
　억수장마명 여러 날 동안 억수로 내리는 장마.
　[주의] '억수같이/억수처럼' 등은 위의 2번 뜻의 의미로 복합어로 쓸 수 있으나, 경상도 지방에서 '아주(무척) 많다'거나 '정말로, 진짜로' 등의 의미로 전와시켜 사용하는 '억수로'는 방언임. 즉, '눈물(콧물)이 억수같이 쏟아졌다'는 맞지만, '억수로 얻어맞았다, 억수로 창피했다' 등의 표현은 잘못.

얼추부 ① 어지간한 정도로 대충. ② 어떤 기준에 거의 가깝게. [유]거반/거지반/거의.

왕창부 (속되게) 엄청나게 큰 규모로.

욕보다(辱−)통 ①부끄러운 일을 당하다. ②몹시 고생스러운 일을 겪다. ③강간을 당하다. [유]고생하다/봉변하다/수고하다.
　[주의] 경상도 지방에서 수고한 것을 두고 '욕봤다'라며 치하하거나 위로할 때가 있는데, 이때의 '욕보다'는 방언. 즉, 그런 쪽의 의미로도 표준어로서의 '욕보다'는 '몹시 고생스러운 일을 겪다'이지, 수고했다는 뜻이 아님.
　욕보다통 '수고하다(일을 하느라고 힘을 들이고 애를 쓰다)'의 방언(경남).

용코로부 (속) '영락없이'. ¶이번엔 용코로 걸려들었다.

[주의] '용코로'는 속어지만 표준어. 그러나 '용코'는 없는 말.

젬병[−餠]명 (속) 형편없는 것.

증하다(憎−)형 모양이 지나치게 크거나 괴상하여 보기에 흉하고 징그럽다.

　[주의] 전라도 지방에서 방언으로 흔히 쓰이는 '징하다'는 하도 되풀이되어 지겹다는 의미에서 전와되어, '징하게'라는 부사 꼴로서 '많이/엄청/상당히' 등의 뜻으로 쓰이고 있음. 하지만, 표준어로서의 '증하다'는 '징그럽다'는 뜻뿐임.

짜장부 과연 정말로.

짝퉁명 (속) 가짜나 모조품.

짠하다형 안타깝게 뉘우쳐져 마음이 조금 언짢고 아프다. [유]안타깝다.

찍자명 (속) 괜한 트집을 잡으며 덤비는 짓. ¶찍자를 놓다/찍자를 부리다/그 쌍것들이 돈이 되는 줄 알고 찍자를 붙자는 짓.

참말로부 사실과 조금도 다름이 없이 과연. [유]정말로/참말/과연.

　[설명] '참말'과 동의어. 즉, **참말로≒참말**이며 둘 다 표준어.

퍼뜩부 ①어떤 생각이 갑자기 아주 순간적으로 떠오르는 모양. ②어떤 물체/빛 따위가 갑자기 아주 순간적으로 나타나는 모양. ③갑자기 정신이 드는 모양.

　[주의] ①일부 문학 작품 등에서 보이는 '퍼뜩이다'는 북한어. 올바른 동사형은 '퍼뜩하다'임. ②'뛰어가서 퍼뜩 가져 오너라'에서처럼 '빨리/속히'라는 뜻으로 쓰일 때는 경상도 방언.

퍼뜩하다동 ①어떤 생각이 아주 순간적으로 갑자기 떠오르다. ②어떤 물체/빛 따위가 아주 순간적으로 갑자기 나타나다.

후딱부 ①매우 날쌔게 행동하는 모양. ②시간이 매우 빠르게 지나가는 모양. [유]빨리/지딱지딱/후닥닥.

　[주의] '싸게/싸게싸게'는 방언.

후지다형 (속) 품질/성능이 다른 것에 비해 뒤떨어지다.

◆늦어도 **사훗날** 아니면 **나흗날**이면 될 거야: **사흗날**, **나흗날**의 잘못. ⇐'삼짇날'도 같음.

　[설명] ①원말인 '사흘/나흘'에 있는 '−ㄹ'의 어원을 살리기 위해 'ㄷ' 받침으로 표기한 것. 〈예〉술+가락→숟가락. 바느질+고리→반짇고리. ②'사흗날'에는 아래와 같이 여러 뜻이 있음. '나흗날'도 마찬가지.

사흗날명 ①셋째 날. ②≒사흘(세 날). ③≒초사흗날(매달 초하룻날부터 헤아려 셋째 되는 날).

◆그처럼 **삭삭**하던 그녀가 하루 아침에 돌변할 줄이야: **싹싹**(혹은 **연삭삭**), **하루아침**의 잘못.

연삭삭하다형 ①≒연삽하다. 부드럽고 사근사근하다. ②붙임성이 있고 나긋나긋하다.

연싹싹하다형 성질이 고분고분하고 상냥하다.

싹싹하다형 눈치가 빠르고 사근사근하다. [유]나긋나긋하다/상냥하다.

◆화를 **삭히려고** 산엘 갔지: **삭이려고**의 잘못. ←**삭이다**[원]

　제대로 잘 **삭힌** 홍어 맛은 기막히지: 맞음. ←**삭히다**[원]

　[참고] **곰삭인** 젓갈이야말로 밥 도둑: **곰삭힌**, **밥도둑**의 잘못. (**곰삭은**도 가능).

　[설명] '삭다'의 사동사에는 그 뜻하는 내용에 따라 '삭이다/삭히다'의 두 가지 꼴이 있음. 아래 뜻풀이 참조.

삭이다동 '삭다(먹은 음식물이 소화되다, 긴장/화가 풀려 마음이 가라앉다, 기침/가래 따위가 잠잠해지거나 가라앉다)'의 사동사.

삭히다동 '삭다(김치/젓갈 따위의 음식물이 발효되어 맛이 들다)'의 사동사.

人

곰삭다图 ①옷 따위가 오래되어서 올이 삭고 질이 약해지다. ②젓갈 따위가 오래되어서 푹 삭다. ③풀/나뭇가지 따위가 썩거나 오래되어 푸슬푸슬해지다.
곰삭히다图 '곰삭다'의 사동사.

◆**삯월세** 방이라도 얻어야 할 텐데: **사글세**의 잘못. 없는 말.
사글세[-貰]图 ①≒월세(집/방을 다달이 빌려 쓰는 일). ②≒월세방(월세를 받고 빌려 주는 방).

◆**산봉오리**엔 흰 구름이 한가로이 떠돌고 있다: **산봉우리**의 잘못.
봉우리≒산봉우리图 산에서 뾰족하게 높이 솟은 부분.
봉오리≒꽃봉오리图 망울만 맺히고 아직 피지 아니한 꽃.

◆**산수갑산**에 가더라도 먹고 죽어야겠다: **삼수갑산**의 잘못.
[설명] '삼수갑산(三水甲山)'은 우리나라에서 가장 험한 산골이라 이르던 함경남도의 '삼수'와 '갑산'이라는 두 곳의 지명을 합쳐 부르는 것. 산수가 빼어난 것처럼 보일 수도 있는 '**산**수갑산(山水 甲山)'이 아님.

◆추어탕에는 **산초가루**가 빠지면 안 되지: **조핏가루**의 잘못.
[설명] 산초나무와 초피나무(제피나무·조피나무)는 비슷하지만, 흔히 쓰는 것은 초피나무의 가루인 조핏가루임. 산초 열매로 만든 가루를 '재피'라고도 하나 이는 경상도 방언이며, 사전에 없는 말.
조핏가루≒천초말[川椒末]图 초피나무 열매를 따서 말린 다음 씨를 빼고 열매껍질로 만든, 아주 잘고 보드라운 가루.

◆안 자는 것 다 알아. **산코골지** 말아라: **헛코골지**, 가능.
[설명] ①산코골다: '헛코골다(자는 체하느라고 일부러 코를 골다)'의 잘못. ②예전에는 '~지 말아/말아라'는 '~지 마/마라'의 잘못이었으나, 어법 수정으로 이 두 가지 모두를 올바른 표기로 인정[국립국어원. 2015.12]. 다만 복합어 등에서는 예전 표기 유지. ⇐한글 맞춤법 제18항 [붙임]. 〈예〉'마지못하다/마지않다/하다 마다 [⇐'하다가 말다가'의 뜻. '-다마다=-고말고'의 꼴이 아님]/하지 마라/하지 마'처럼 'ㄹ'이 줄 때는 준 대로 적음.

◆**살아 생전에** 널 단 한번이라도 보는 게 소원이다: **살아생전에, 단 한 번**의 잘못.
[설명] ①'살아생전'은 한 낱말의 명사임. 고로, '살아생전+에(부사격조사)'의 꼴. '살아-'가 붙은 명사는 그 밖에 살아평생/살아생이별 등이 있음. ②'한번'의 경우는 명확히 1회를 뜻할 때는 '한 번'으로 띄어 씀. [비교] '그냥 되든 안 되든 한번 해보는 거지 뭐(O)'.

◆**살짝이/살짜기** 옵서예: **살짝**(혹은 **살짝궁**)의 잘못.
부끄러워 **살짝꿍** 숨곤 했지: **살짝궁**의 잘못. 북한어.
[설명] '살짝이/살짜기'는 없는 말로 제주 방언도 아님. '살짝궁'은 실직적 의미소인 '살짝'의 강조어이며, '살짝꿍'은 북한어.

◆마당에는 **살찐** 닭 한 마리가 한가롭게: **살진**의 잘못. ←**살지다**[원]. 형용사.
고등어가 참으로 맛있게 **살쪘구나**: 살지구나(혹은 **살져 보이는구나**)의 잘못.

물만 먹어도 **살지는** 체질이라서: **살찌는**의 잘못. ⇐**살찌다**[원] 동사.

살지다[형] ①살이 많고 튼실하다. ②땅이 기름지다. ③과실/식물의 뿌리 따위에 살이 많다. ¶살진 돼지; 살지고 싱싱한 물고기; 살진 황토 흙; 살진 과일.

살찌다[동] ①몸에 살이 필요 이상으로 많아지다. ②(비유) 힘이 강하게 되거나 생활이 풍요로워지다. ¶살쪄서 뚱뚱해지다; 살찐 뚱뚱한 사람; 살쪄서 바지가 작다; 신록을 살찌게 하는 조용한 부슬비.

[설명] 현재 상태에서, '살진 닭(O)/살찌는 닭(x)'; '살찌는 체질(O)/살진 체질(x)'. 필요 이상으로 살이 많아지는 것은 '살찌다'. 제대로 잘 살이 붙은 경우는 '살지다'. ⇐'–는'을 붙여 말이 되면 동사. 단, '–있다/–없다'와 결합한 형용사는 예외. ☞♣**'있다'는 동사인가, 형용사인가?** 항목 참조.

◆**살풀이굿**이라도 한 번 해야지 이거 원: **살풀이**의 잘못.

[설명] 살풀이에 이미 굿의 의미가 있으므로, '살풀이굿'으로 하면 불필요한 중첩.

살풀이[煞–][명] ①타고난 살(煞)을 풀기 위하여 하는 굿. ②≒**살풀이춤**(살풀이장단으로 추는 춤).

◆웃어른에게 곤란한 질문은 **삼간다/삼가해야 한다**: **삼가야 한다**가 적절함.

어른께 곤란한 질문은 **삼가해 주시기** 바랍니다: **삼가 주시기**의 잘못.

[설명] ①'삼가하다'는 없는 말로 '삼가다'의 잘못. ②첫 예문에 쓰인 '–ㄴ다'는 현재의 사건/사실을 서술하는 뜻을 나타내는 종결어미. 〈예〉아기가 웃는다; 책을 읽는다. 따라서 어떤 행동을 하는 것이 필요함을 나타내고자 한다면, '–아야 하다' 구성으로 쓰이는 보조용언 '하다'를 써서, '삼가야 한다'와 같이 표현하는 것이 적절함. ③'삼가다+주다(보조용언) 꼴이므로, '삼가 주시기'가 올바름[원칙].

[참고] 이와 같이 일상적으로 흔히 잘못 쓰는 것들에는 '설레다/설레이다(x), '날다/날으는(x), 매조지다/매조지하다(x)' 등도 있음.

◆쇠스랑은 발이 셋이라 **삼바리**라고도 해: **삼발이**의 잘못. ⇐의미소 '발'을 살림.

[설명] 아래 뜻풀이 중 어떤 것을 뜻하더라도, '삼바리'는 북한어/방언을 빼고는 없는 말. 발이 세 개이므로, 모두 '삼발이'.

삼발이[명] ≒**삼각가**(–架)/**삼각**(≒**삼발이**). 망원경/나침반/사진기 따위를 올려놓는, 발이 세 개 달린 받침대)/**동그랑쇠**(≒**굴렁쇠**, 혹은 둥근 쇠 테두리에 발이 세 개 달린 기구).

◆장난 **삼아서** 한 일을 갖고 뭘 그래: **장난삼아서**의 잘못. ⇐**장난삼다**[원]

참고 **삼아** 얘긴 들어보기로 하겠네: **참고삼아**의 잘못. ⇐**참고삼다**[원]

그걸 핑계**삼아** 눌러앉자는 말이잖아: **핑계 삼아**의 잘못. ⇐'핑계삼다'는 없는 말.

그런 걸 문제**삼을** 필요야: **문제 삼을**의 잘못. ⇐'문제삼다'는 없는 말.

[설명] '–삼다'의 복합어는 다음 말들 정도임. ¶일삼다/자랑삼다/참고삼다/거울삼다/주장삼다(主張–). 현재《표준》에서는 '삼다'의 접사적 기능을 일반적으로는 인정하지 않고 있음 ⇒핑계삼다(x)/핑계 삼다(O); '문제삼다(x)/문제 삼다(O)'.

주장삼다[主張–][동] ①무엇을 위주로 하다. ②유일한 근거/명분으로 믿고 툭하면 그것을 내세우다.

◆**삼줄**을 잘못 끊어서 배꼽놀이에 고름이 잔뜩: **탯줄**, **배꼽노리**의 잘못.

[참고] **산관할미/산구완할미**를 잘못 만나서 고생했어: **삼할미**의 잘못. 방언.

[설명] ①'삼줄'은 없는 말. '삼'은 '태아를 싸고 있는 막과 태반을 아울러 이르는 말인데, 따라서 '삼줄'을 인정하면 융모막(絨毛膜)과 태반 모두를 연결하는 관이어야 하는데 그런 관은 없음. '탯줄'은 태반과

338

태아를 연결하는 관. ②'산관할미/산구완할미'는 '해산(解産)구완≒해산바라지(해산을 돕는 일)'와 연관되는 말로 '해산구완+할미'를 임의로 축약한 것(방언).

삼할미몡 출산 때 아이를 받는 일을 하는 노파를 낮잡는 말.

◆**삼지사방**으로 튀더군: **산지사방(散地四方)**의 잘못. 없는 말.

산지사방[散之四方]≒산지사처[散之四處]몡 사방으로 흩어짐. 또는 흩어져 있는 각 방향. ¶**~하다**통

◆저 연못가의 **삽살이**: **삽사리**의 잘못.

[설명] 어말이 '리'이므로, '악발이(×)/악바리(○)'나 '약빨이(×)/약빠리(○)'와 같이 소리 나는 대로 적음. 명사형을 만들 때 '–이/–음(–ㅁ)' 이외의 모음으로 시작되는 접미사가 붙는 말은 원형을 밝혀 적지 않고, 소리 나는 대로 적는다는 원칙에 따른 것. 단, 명사 뒤에서의 '–이'는 원형(그 명사, 의미소)을 살림. 〈예〉딱딱이(×)/딱따기(○); 짬짬이(×)/짬짜미(○); 굽돌이(×)/굽도리(○); 날나리(×)/날라리(○); 맥아리(×)/매가리(○). ☞♣**원형을 밝혀 적는 것과 밝혀 적지 않는 것** 항목 참조.

삽사리몡 ≒**삽살개**. 우리나라의 토종개. 털이 복슬복슬 많이 나 있다.

◆허름한 **삽짝문**을 발로 걷어차고 안으로 뛰어들었다: **사립문**의 잘못.

[비교] 울바자엔 **삽짝문**이 제 격이지: **삽짝**의 잘못.

[설명] '삽짝**文**'은 없는 말로 '사립**門**'의 잘못. 그러나 '**삽짝**'은 '**사립짝**(나뭇가지를 엮어서 만든 **문짝**)'의 준말로 바른 말. '사립**門**'은 사립짝으로 만든 문. ☞[주의] 사립문을 뜻할 때는 '삽짝'은 사투리로서 잘못.

울바자몡 ①울타리에 쓰는 바자. ② ≒**바자울**(바자로 만든 울타리).

◆**시간 상** 그건 불가능해: **시간상**의 잘못. ⇐ '상'은 접사.

미관 상 좋지 않군: **미관상**의 잘못. ⇐ '상'은 접사.

지구상의 모든 생물들은 생명이 있는 존재: 맞음.

[설명] 예전에는 '상'이 '지구 상의 생물과 같이 지구라는 구체적인 것의 위/위쪽을 뜻할 때는 명사였기 때문에 띄어 써야 했으나, 이제는 그러한 경우도 모두 접미사로 인정하였기 때문에 붙여 써야 함. 이의 대응어인 '하' 또한 마찬가지임. [중요 변경 사항임. 국립국어원. 2017]

◆너와는 **상관 없는** 일이니 끼지 마라: **상관없는**의 잘못. ←**상관없다**[원]

너와는 **아무 상관없는** 일이니 끼지 마라: **아무 상관 없는**의 잘못.

[설명] ①상관없다≒관계없다혱. ②'아무 상관 없다'에서는 '아무'가 '상관'을 수식. 따라서 띄어 적음. '아무'는 부사로는 쓰이지 않는 관형사. ¶아무 도장이라도 상관없습니다; 아무거라도 빨리만 가져 오시면 됩니다. ☞'아무것/아무거/아무개'는 한 낱말. ('아무거'는 '아무것'의 구어체.) ☞♣**명사(형)에 '없다'와 '있다'가 붙은 복합어의 띄어쓰기** 항목 참조.

◆**상도꾼[喪徒–]**몡 '**상두꾼**'의 잘못. ⇐관용 발음 선택.

상두꾼[喪–]몡 ≒**상여꾼**(상여를 메는 사람).

◆**상량대(上樑–)/상량도리**몡 '**마룻대**'(혹은 **상량**)의 잘못. ⇐'–대/–도리'는 중첩.

마룻대≒상량[上樑/上梁]몡 용마루 밑에 서까래가 걸리게 된 도리.

상량[上樑/上梁]몡 ①기둥에 보를 얹고 그 위에 처마 도리와 중도리를 걸고 마지막으로 마룻대를 옮김.

또는 그 일. ②≒마룻대.

◆**상스런** 말을 사용하면 못 써: **상스러운, 못써**의 잘못. (☞'못쓰다' 항목 참조).
　상스러이 그런 말을 하다니: 맞음. ≒**상스레(상스럽게)**.
　[설명] '-스럽다'가 붙은 형용사들의 활용은 '-스런(×)/-스러운(○)'임. ☞**♣'-스럽다' 꼴의 형용사들의 활**
　　용 중 유의해야 할 사항 항목 참조.
　[참고] 걱정스러이≒걱정스레: 명사+'~스레' →부사.
　　　　~스레하다≒~스름하다. ¶불그스레하다≒불그스름하다.

◆요즘 세상에도 가끔 상투를 튼 **상투장이**를 볼 수 있어: **상투쟁이**의 잘못.
　[설명] ①상투는 틀지, 만드는 게 아니므로 '상투장이'는 잘못. '-장이'는 기술자. ②**상투쟁이≒상투잡이**
　　(상투를 튼 사람을 낮잡는 말).

◆**상한발/생안발**도 은근히 고통스럽지: **생인발**의 잘못. (준말은 '**생발**').
　[참고] '생인손'의 준말 ≒'생손'
　생인발명 〈한〉 발가락 끝에 종기가 나서 곪는 병.

◆**샅바 지를 때** 잘해야 해. 첫단추 끼우거니까: **샅바지를 때, 첫 단추**의 잘못.
　[설명] ①**샅바지르다≒샅바채우다**'는 한 낱말. ②'첫 단추': 많이 사용되는 말이지만, 한 낱말이 아님. ☞
　　'**첫~**'이 붙은 말들 항목 참조.
　샅바채우다동 ≒**샅바지르다**(씨름에서, 허리와 다리에 샅바를 둘러서 묶다).

◆그 길은 처음 가보는 **새 길: 새길**의 잘못('새 길'도 상황에 따라서 가능함).
　[설명] ①**새길**: 처음 가는 길, 시집/장가가는 길. ②**새 길**: 새로 만든 길.

◆공작 수컷은 **새꼬리**가 정말 이쁘지: **꽁지**의 잘못.
　[비교] **배추꼬리/배추꼬랑이**도 달고 맛있어: **배추꼬랑지**의 잘못.
　[참고] **꼬랑지**: 꽁지의 속어. **꼬랑이**: 꼬리의 속어. ⇐'꼬리'는 제대로 된 동물에게만 붙임. ¶개 꼬리(○);
　　게꼬리(×)/게꽁지(○); 배추꼬리(×)/배추꼬랑지(○).

◆**♣새끼(子)의 명칭 및 관련어 일부**
　[예제] **꺼벙이**는 꿩 새끼를 뜻한다: **꺼병이**의 잘못.
　　　　서캐와 **가랑니**는 같은 말이다: 다름. 서캐는 이의 알. 가랑니는 서캐에서 갓 깨어난 어린 이를
　　　　　뜻함.
　　　　실치를 말린 것이 뱅어포다: **설치**의 잘못.
　　　　간재미는 가오리 새끼의 이름이다: **간자미**의 잘못.
　　　　명탯국의 일미는 **고니**다: **곤이[鯤鮞]**의 잘못.
　　　　고돌이는 고등어 새끼를 뜻한다: **고도리**의 잘못.
　　　　보라매는 여러 해 된 익숙한 사냥매다: 잘못. 사냥용으로 기른 **어린 매**.
(1) 집승/날집승
　개호주명 범의 새끼.

능소니명 곰의 새끼.

조랑망아지명 조랑말의 새끼.

추앵[雛鶯]명 꾀꼬리의 새끼.

송치명 암소 배 속에 든 새끼

녹태[鹿胎]명 암사슴의 배 속에 든 새끼.

저태[猪胎]명 암퇘지의 배 속에 든 새끼.

애저[-猪]명 어린 새끼 돼지. 고기로 먹을 어린 돼지.

애돝명 한 살이 된 돼지.

꺼병이명 ①꿩의 어린 새끼. ②(비유) 옷차림 따위의 겉모습이 잘 어울리지 않고 거칠게 생긴 사람.

주리끼명 '꺼병이'의 잘못.

열쭝이명 ①겨우 날기 시작한 어린 새. 흔히 잘 자라지 아니하는 병아리. ②(비유) 겁이 많고 나약한 사람.

가랑니명 서캐에서 깨어 나온 지 얼마 안 되는 새끼 이.

잔가랑니↔수퉁니명 아주 가늘고 작은 가랑니. **수퉁니**명 크고 굵고 살진 이.

생마새끼[生馬-]명 ①길들이지 아니한 거친 망아지. ②(속) 버릇없이 자기 멋대로 행동하는 사람.

연추[燕雛]명 제비의 새끼.

이우지자[犂牛之子]명 얼룩소의 새끼. '犂'는 얼룩소 '이'.

규룡[虬龍]명 전설 속의 상상의 동물. 용의 새끼로 빛이 붉고 양쪽에 뿔이 있다 함.

콩부리명 새 새끼의 노란 부리.

육추[育雛]명 알에서 깐 새끼를 키움. 그 새끼. '새끼 기르기'로 순화.

(2) 물고기

노가리명 명태의 새끼.

껄떼기명 농어의 새끼.

마래미명 방어의 새끼.

떡마래미명 마래미보다 작은, 방어의 새끼.

뱅어명 괴도라치의 잔 새끼. ☞[주의] 흔히 쓰는 '실치'는 '설치'의 잘못. 사전에 없는 말.

설치명 ①괴도라치의 새끼. 흰색이며 이것을 말린 것이 뱅어포. ②≒**황어[黃魚]**.

뱅아리명 흰빛을 띠는 베도라치의 새끼.

암치명 민어의 새끼.

간자미명 가오리의 새끼

발강이명 잉어의 새끼.

곤이[鯤鮞]명 ①물고기 배 속의 알. ②물고기의 새끼.

노래기명 노래미의 새끼.

모이명 물고기의 새끼.

실뱀장어[-長魚]명 뱀장어의 새끼.

연어사리[鰱魚-]명 연어의 새끼.

전어사리[錢魚-]명 전어의 새끼.

풀치명 갈치의 새끼.

가사리명 돌고기의 새끼.

열피리명 피라미의 새끼.

팽팽이명 열목어의 어린 새끼.

고도리명 ①고등어의 새끼. ②'고등어'의 옛말.

소고도리⑲ 중간 크기의 고등어 새끼.

모롱이⑲ ①웅어의 새끼. ②≒**모쟁이**(숭어의 새끼).

동어≒모쟁이⑲ 숭어의 새끼.

살모치⑲ 몸길이가 두 치 정도 될 때까지의 새끼 숭어.

보령대구[−大口]⑲ 대구의 작은 것이나 그 새끼.

애기태[−太]⑲ '아기태(어린 명태)'의 잘못.

추라치⑲ 굵고 큰 송사리.

피앵이⑲ 새뱅이의 새끼.

대갈장군/저뀌⑲ 누치의 새끼.

불구지⑲ 새끼가 좀 자라서 중질[中秩]이 된 누치.

풋게⑲ 초가을에 아직 장이 잘 들지 않은 게.

굴뚝청어[−靑魚]⑲ 겨울에 많이 잡히는, 덜 자란 청어.

초사리[初−]≒**첫사리**⑲ 그해 처음으로 시장에 들어오는 첫 조기.

푸조기⑲ 조기의 하나. 보통 조기보다 머리가 작고 몸빛이 희며 살이 단단함.

초고지⑲ 작은 전복. [유]떡조개.　**초꼬지**⑲ 작은 전복을 말린 것.

(3) 매의 종류 ('매'는 크게 '매'와 '새매'로 나뉨)

송골매⑲≒**매**(맷과의 새. 편 날개의 길이는 30cm, 부리의 길이는 7cm 정도로 독수리보다 작으며 등은 회색, 배는 누런 백색). [유]송골(松鶻)·해동청.

새매⑲≒**구지내**(수릿과의 새. 암컷('익더귀')이 수컷('난추니')보다 훨씬 큼).

산지니[山−]↔**수지니**⑲ 산에서 자라 여러 해를 묵은 매/새매.

수지니[手−]⑲ 사람의 손으로 길들인 매/새매.

수진개[手陳−]⑲ 수지니인 매.

육지니[育−]↔**날지니**⑲ 날지 못할 때에 잡아다가 길들인, 한 살이 되지 아니한 매. 사냥할 때 부리기에 좋음.

날지니⑲ 야생의 매.

보라매⑲ 난 지 1년이 안 된 새끼를 잡아 길들여서 사냥에 쓰는 매.

열보라⑲ 비교적 흰빛을 띤 보라매.

참매⑲ 보라매나 송골매를 새매에 상대하는 말.

생매[生−]⑲ 길들이지 아니한 매.

날매⑲ 공중에서 날고 있는 매.

초고리⑲ 작은 매.

난추니≒아골[鴉鶻]↔**익더귀**⑲ 새매의 수컷.

익더귀≒토골[土鶻]⑲ 새매의 암컷.

초지니[初−]≒**초진**[初陳]⑲ 한 해를 묵어서 두 살이 된 매/새매.

묵이매⑲ 낳아서 한 해를 지난 매.

재지니[再−]≒**재진**[再陳]⑲ 두 해를 묵어서 세 살이 된 매/새매.

흰매⑲ 두세 살이 되어서 털이 희어진 매. 다 자란 매.

삼지니[三−]≒**삼진**[三陳]⑲ 세 해를 묵어서 네 살이 된 매/새매. 동작이 느려 사냥에는 쓰지 못함.

◆♣**−새로에**㊂ '고사하고/그만두고/커녕'의 뜻을 나타내는 보조사. ¶예습은새로에 숙제도 다 못 했는걸

요; 점심은새로에 저녁도 못 먹었는걸.

◆오랜만에 보니 모든 게 **새로와**: **새로워**의 잘못.

[설명] '곱다/돕다'의 2낱말 외에는 모두 '−워'로 변화함: 'ㅂ' 불규칙용언들임.
 − 곱다, 돕다→고**와**(서), 도**와**(서).
 − 반갑다, 가깝다, 외롭다→반가**워**, 가까**워**, 외로**워**.

◆그 정도는 **새발에 피**야: **새 발의 피**의 잘못.

[주의] '**옥의 티**': '**옥에 티**'의 잘못. ⇐속담.
  '**열의 아홉**': '**열에 아홉**(거의 모두)'의 잘못. ⇐관용구.

[설명] ①'새발'은 잘못. '새 발'(o). ②'새 발**에** 피'(×)/'새 발**의** 피'(鳥足之血)(o). '새 발의 피'는 속담으로 굳어진 말.

[참고] '옥**에** 티'는 '새 발의 피'와 같이, '옥**에** 티/옥**에도** 티가 있다/옥**에는** 티나 있지' 등의 속담으로 굳어진 말. '열에 아홉'도 마찬가지. ▶[주의] '십중팔구[十中八九](열 가운데 여덟이나 아홉 정도로 거의 대부분이거나 거의 틀림없음)'는 명사임. ☞'**옥에 티/옥의 티**' 항목 참조.

◆일찍 일어나면 요즘 환한 **새벽별**을 볼 수가 있지: **샛별**의 잘못.

[설명] '새벽별'은 새벽에 보이는 별이라는 뜻이 아니며(그럴 경우는 '새벽 별'로 표기), 일상적으로는 금성의 별칭인 '샛별'의 잘못임.

◆**새 색시**는 일부러 **새초롬한(새촘한)**표정을 지으며: **새색시**의 잘못. **새초롬한(새촘한)**은 맞음.

[참고] **새초롬하게** 폼 잡고 있지만 실은 전부 꾸밈일 뿐이야: 맞음. ⇐'새초롬하다'는 예전에 '새치름하다'의 잘못이었으나 복수표준어로 인정됨[2011년]. '새촘하다'는 '새초롬하다'의 준말.

[참고] 모두 한 낱말: 새색시/새댁/새물/새바람/새장가/새살림/새신랑/새서방/새사람/새아기/새아가/새아씨/새언니/새아빠/새집/새살/새잡이.

새잡이명 ①어떤 일을 처음 시작하는 사람. ②다시 새로 시작하는 일.

◆**새악아**: **새아가**의 잘못.

새아가명감 시부모가 새 며느리를 사랑스럽게 이르는[부르는] 말.

◆**새암/새암바리/새암바르다**: '**샘/샘바리/샘바르다**'의 잘못.

샘바르다형 샘이 심하다.

샘바리명 샘이 많아서 안달하는 사람.

◆꼭 물에 빠진 **새앙쥐** 꼴이더구나: **생쥐**의 잘못. 없는 말.

[주의] ①'생쥐'의 뜻으로는 '새앙쥐'가 잘못이지만 '사향뒤쥐(땃쥣과의 하나)'의 뜻으로는 표준어. 이와 비슷한 것으로는 '새앙토끼≒우는토끼(우는토낏과의 포유 류)'도 있음. ②'생강'의 뜻으로는 '새앙'이 복수표준어: 새앙즙(−汁)≒생강즙; 새앙차(−茶)≒생강차; 새앙편≒생강편; 새앙엿≒생강엿; 새앙뿔≒생강뿔; 새앙손이≒생강손이. 단, 새앙물(o)/생강물(×). [주의] '새앙손/생강손이'는 '새앙손이'의 잘못.

새앙손이명 손가락 모양이 생강처럼 생긴 사람.

◈**새침떼기**: **새침데기**의 잘못.

[유사] 부엌떼기(x)/~데기(O); 소박떼기(x)/~데기(O); 얌심떼기(x)/~데기(O).

[주의] 관용구로 '새침을 떼다'가 있으나, 새침을 떼는 사람은 '새침데기'. ☞'**-데기**'와 '**-떼기**' 항목 참조.

◈**새털같이** 많은 날인데 뭘 그리 서두르나?: **쇠털같이**의 잘못.

[주의] ①'쇠털같다'는 없는 말로 '쇠털 같은 날들'로 띄어 적으나, '쇠털같이'에 쓰인 '같이'는 '명사+같이'의 꼴로 쓰여 '앞말이 보이는 <u>전형적인 어떤 특징처럼</u>'의 뜻을 나타내는 격조사. '쇠털같이'는 속담에서 다음과 같이 사용됨: 쇠털같이 많다/쇠털같이 하고많은[허구한] 날.

같이 조 ①'앞말이 보이는 <u>전형적인 어떤 특징처럼</u>'의 뜻을 나타내는 격조사. ¶얼음장같이 차가운 방바닥; 눈같이 흰 박꽃; 소같이 일만 하다; 나같이 해도 돼; 마음같이 그리 쉽게 될까. ②앞말이 나타내는 <u>그때를 강조</u>하는 격조사. ¶새벽같이 떠나다; 매일같이 지각하다. 즉, 격조사이므로 당연히 체언에 붙여 쓰고, '~같은'의 꼴로 활용하지는 못함. ☞♣'**-같다**'가 명사 뒤에 붙어 만들어진 복합어들 항목 참조.

◈♣**색깔 표기에서 유의해야 할 사항**

[예제] 빨간색과 빨강, **빨강색**의 차이점은?: **빨강색**은 잘못. 없는 말.

[설명] '빨간색' 또는 '빨강'이 표준어. 피나 익은 고추와 같이 밝고 짙은 붉은색을 이르는 경우에는 '빨간색'이, 빨간 빛깔/물감을 이르는 경우에는 '빨강'이 쓰이며, 이 두 말은 옳은 말. 그러나 '빨강색'은 잘못으로 '빨강' 혹은 '빨간색' 중 하나로 써야 함. 이러한 것은 노랑/노란색; 파랑/파란색(≒청색); 하양/하얀색(≒백색) 등에서도 마찬가지로 '노랑색/파랑색/하양색'은 잘못.

◈♣**색깔 표기**에서, 두음법칙과 관련하여 유의해야 할 사항.

1) <u>두음법칙 적용</u> 사례: '진록색(x)/진녹색(O)'의 경우에서 '진록색'이 잘못인 이유는 '진(津)–'이 '녹(색)'을 꾸며주는 접두사 역할을 하기 때문. 접사 뒤에서는 두음법칙이 적용됨. '등용문(O)'에서 '등–'이 '용문'을 수식하는 구조인 까닭에 '등룡문'이 잘못인 것과 같음. 이와 같은 경우로는 '연람색(x)/연남색(O); 진람색(x)/진남색(O); 검람색(x)/검남색(O); 회록색(x)/회녹색(O)' 등도 있음. ☜[참고] '진(津)–'은 매우 진함을 뜻하는 접두사로서, '진액/진국/진간장/진보라' 등에서처럼 쓰이는 한자어임.

2) [고급] <u>두음법칙이 배제되는 경우</u>: '청녹(x)/청록(O)'과 같은 경우는 '청'이 '녹(색)'을 수식하는 것으로 보지 않고, '청록'을 '빨강/노랑'처럼 별도의 독립적인 색으로 인정한 때문. 즉, '연녹'이나 '진녹'은 연한 녹색이나 진한 녹색을 뜻하지만, '청록'은 청색과 녹색이 합쳐져 또 다른 색을 만든 독립된 색으로 보아 '청록'을 인정한 것.

◈쉽게 **샐죽** 삐치더니만 이내 눈물이 그렁그렁했다: **샐쭉**의 잘못.

[설명] 유성자음 받침 'ㄴ/ㄹ/ㅁ/ㅇ'의 뒤에서는 소리 나는 대로 적음. 〈예〉길죽길죽(x)/길쭉길쭉(O); '듬북(x)/듬뿍(O)'; '얄죽얄죽(x)/얄쭉얄쭉(O)'.

[주의] 받침 'ㅂ' 뒤에서는 다름. 〈예〉넙죽넙죽(O)/넙쭉넙쭉(x); 덥석덥석(O)/덥썩덥썩(x).

◈**샛발개지다**: '**새빨개지다**'의 잘못. ⇐'빨'로 이미 경음화되어 있으므로.

샛뽀얀 얼굴: '**새뽀얀**'의 잘못. ⇐'뽀'로 경음화되어 있으므로.

샛빨갛다휑 '**새빨갛다**'의 잘못. ⇐'빨'로 이미 경음화되어 있으므로.

샛파랗게 질린 얼굴로: **새파랗게**의 잘못. ⇐'파'는 이미 격음. 사이시옷 불가함.

[설명] '매우 짙고 선명하게'의 뜻을 더하는 접두사로는 '새-'와 '샛-'의 두 가지 형태가 있음. <u>뒤에 오는 어두음이 경음/격음 또는 'ㅎ'일 때는 '새-'</u>를 쓰고 그 밖의 경우에는 '샛-'을 씀. 그 이유는 뒤에 오는 어두음이 경음/격음일 때는 사이시옷을 받치지 못하는 것과 상통함. 〈예〉새까맣다/새빨갛다/새뽀얗다/새카맣다/새하얗다.

[주의] 샛노랗다(○)→샛노래지다(○); 샛말갛다(○)→샛말개지다(○).

[유사] 샛빨갛다(×)/새빨갛다(○); 샛파랗다(×)/새파랗다(○); 샛하얗다(×)/새하얗다(○); 샛까맣다(×)/새까맣다(○).

◆아내가 **샛밥**을 논으로 가져왔다: **곁두리**(**새참/참/중참**)의 잘못(방언).

논에서 먹는 **샛밥**이야말로 꿀맛이지: **곁두리**의 잘못. '샛밥'은 방언(경기/충청).

곁두리명 농사꾼/일꾼들이 끼니 외에 참참이 먹는 음식. ¶아침곁두리/저녁곁두리.

◆**생각컨대** 그건 아닌 것 같아: **생각건대**의 잘못.

[참고] **예컨데**, 그런 경우는 말이야…: **예컨대**의 잘못

　　　　청컨데, 한 번 더 생각해 주시길: **청컨대**의 잘못.

[설명] ①어간 '-하'가 통째로 줄어든 용언은 준 대로 적음. 단, 앞말 받침이 ㄱ/ㅂ/ㅅ일 때: 생각하건대 → 생각건대. ②'-컨대'는 모음이나 'ㄴ/ㄹ/ㅁ/o'으로 끝나는 일부 명사 뒤에서 '-하건대'가 준 말이며 '-컨데'는 잘못.

◆**생각타 못해** 이렇게 찾아왔네: **생각다 못해**의 잘못.

[설명] 어간 '-하'가 통째로 줄어든 용언은 준 대로 적음. 단, 앞말 받침이 ㄱ/ㅂ/ㅅ일 때: 거북하지 않다→거북지 않다; 넉넉하지 않다→넉넉지 않다; 생각하건대→생각건대; 무색하게 하다→무색게 하다; 섭섭하지 않게→섭섭지 않게; 못하지 않다→못지않다; 생각하다 못해→생각다 못해; 깨끗하지 않다→깨끗지 않다; 익숙하지 않다→익숙지 않다; 탐탁하지 않다→탐탁지 않다; 도입하기로→도입기로. ▣[주의] '하' 앞의 어간이 모음이거나, 그 밖의 받침일 때는 -치-로 적는다.: 무심하지 않다→무심치 않다; 허송하지→허송치; 관계하지→관계치. ☞**어간 '-하'의 단축형** 항목 참조.

◆그런 **생것/날것**을 어떻게 먹어: 맞음. '**생짜**'도 가능.

그건 **생 이별**이다; **생 과부** 될 뻔했네; **생 갈치**: 생이별, 생과부, 생갈치의 잘못.

[설명] ①'생짜≒날것'과 '생것' 모두 표준어. ②'생'은 다음과 같이 여러 가지로 일부 명사 앞에 붙어 여러 가지 뜻을 더하는 접두사. 〈예〉'익지 아니한'(생김치/생나물/생쌀); '물기가 아직 마르지 아니한'(생가지/생나무/생장작); '가공하지 아니한'(생가죽/생맥주/생모시); '직접적인 혈연관계인'(생부모/생어머니/생아버지); '억지스러운' 또는 '공연한'(생고생/생과부/생이별/생죽음/생떼/생트집/생초상); '지독한' 또는 는 '혹독한'(생급살/생지옥); '얼리지 아니한'(생고기/생갈치).

◆**생떼같은** 내 자식을 죽음으로 내몰다니: **생때같은**의 잘못. ←**생때같다**[원]

[참고] 그리 **생떼**를 부리면 안 되지: **생떼**의 잘못.

[설명] '생때같다'는 '건강하다'와 비슷한 말로, '생떼같다'는 없는 말. 단, '생떼를 쓰다'에서의 '생떼'는 '억지로 쓰는 떼'를 뜻하며, '생떼거리'는 '생떼'의 속어.

생때같다[生-]형 ①아무 탈 없이 멀쩡하다. ②공을 많이 들여 매우 소중하다. ¶생때같은 내 돈을 다 날렸다.

생떼[生–]명 억지로 쓰는 떼.

◆그 사람 건은 **생무지로** 전혀 모르는 일: **생판**의 잘못. 여기서 '생판'은 부사임.
　[설명] ①예문의 '생무지'는 부사 '생판'의 잘못. 명사로는 아래의 뜻이 있음. ②'생판'도 부사와 명사 두 가지 뜻이 있음.
　생무지1[生–]부 '생판'의 잘못.
　생무지2[生–]≒생꾼/생수[生手]명 어떤 일에 익숙하지 못하고 서투른 사람.
　생판[生–]명 어떤 일에 대하여 전혀 모르거나 상관하지 아니하는 상태.
　　부 ①매우 생소하게. 또는 아무 상관 없게. ②터무니없이 무리하게. [유]백지/백판/전혀.

◆대통령의 사면권은 한마디로 **생사여탈권**이랄 수 있지: **생살여탈권**의 잘못.
　[설명] 죽고 사는 것은 '생사(生死)'지만 죽이고 살리고 하는 것은 '생살(生殺)'임. 죽고 사는 것을 맘대로 하는 권리는 신(神)도 행하기 어려운 권리이지만, '죽이고 살리는 권리, 곧 생살권'은 쓸 수 있는 말. 아래의 뜻풀이 참조. ⇐《표준》에서도 '생사여탈'은 인정하지만, '생사여탈권'은 인정하지 않음.
　생살여탈권[生殺與奪權]명 살리고 죽일 수 있는 권리와 주고 빼앗을 수 있는 권리.
　생사여탈[生死與奪]명 살고 죽는 것과 주고 빼앗는 것.

◆생나무를 심어 만든 울타리니까 **생울타리**가 맞다: **산울타리**의 잘못. 없는 말.
　'생울타리'가 없는 말이라면 **생나무울타리**는 맞겠지?: **산울타리**의 잘못. 북한어.
　[설명] '생울타리[生–]'는 '산울타리(산 나무를 촘촘히 심어 만든 울타리)'의 잘못. '생나무울타리'도 없는 말로 '산울타리'의 북한어.

◆이런 **생짜벼락**을 봤나: **생벼락**(혹은 **날벼락**)의 잘못.
　[설명] '생짜벼락'은 없는 말. 굳이 쓰려면 '생짜 벼락'으로 표기할 수는 있으나, 같은 뜻을 지닌 말로 '생벼락'이 있으므로 언어 경제적으로 부적합.
　생벼락≒날벼락명 ①느닷없이 치는 벼락. ②뜻밖에 당하는 불행/재앙 따위.

◆**직장생활**을 하는 사람이 그처럼 시간관념이 흐릿해서야: **직장 생활**의 잘못.
　회사생활을 무슨 놀이로 아는 건가: **회사 생활**의 잘못.
　수도생활을 쉽게 여기는 사람이 있을 리가: **수도 생활**의 잘못.
　승려생활의 처음은 정말 고달프지: **승려 생활**의 잘못.
　교원생활의 애환을 잘 그린 작품: **교원 생활**(혹은 **교단생활/교편생활**)의 잘못.
　[설명] '–생활'이 붙은 말 중 아래에 열거된 것들을 제외하고는 한 낱말이 아님. 한 낱말로 인정되려면 (방식/내용/수단/장소에 따른) 특정화/추상화의 필요성과 전문성(학문 용어), 특정 용도(책이름), 그리고 사용 빈도에 따른 고정화 필요성 유무의 정도 등이 고려되는 바, 위의 말들을 독립어로 인정할 경우, 그 밖의 온갖 '생활'들, 예컨대 '선원 생활, 거지 생활, 산속 생활, 유학 생활, 독신 생활…' 등의 말도 독립어가 되어야 하는 문제가 따름.
　1) 방식/내용/수단/장소에 따른 특정화/추상화 필요성과 사용 빈도에 따른 고정화 필요에서 합성어로 인정한 말들: 일상생활(日常生活)/실–/성(性)–/식(食)–/의(衣)–/주(住)–/공(公)–/사(私)–/속(俗)–/참–/신(新)–/가정–/가족–/공동–/집단–/사회–/학교–/경제–/언어–/문화–/과외–/금리(金利)–/봉급–/철창–/소비–/내무–/교단–≒교편–/법률–/무대–/자연–/전원–/천연–/단독–/이중–/독립–/물질–/신앙–/감정–/내면–/원

시-/천막-/수상(水上)-/간이-/구구(區區)-.

구구생활(區區生活)[명] 겨우겨우 살아 나가는 변변하지 못한 생활.

2) 전문성 인정(철학/심리학/생물학 등에서의 학문 용어): 미적(美的)생활〈철〉/정신-〈철〉/전적(全的)-〈철〉/제일의적(第一義的)-〈철〉/제이의적(第二義的)-〈철〉/내적(內的)-〈심〉/부착(附着)-〈생〉≒고착-.

3) 책이름 표기: 바른생활/즐거운-/슬기로운-/신(新)-/꿀벌의-/숲속의-.

◈♣'-**서다**'가 들어간 복합어 중 유의해야 할 말들: 복합어이므로 붙여 써야 하며 띄어 쓰면 잘못.

[예제] 갈 데 못 갈 데 안 가리고 아무 데나 냉큼냉큼 **따라 나서지** 마라: **따라나서지**의 잘못. ←**따라나서다**[원]

여보, 우리 애가 오늘 처음 **따로 섰어**: **따로섰어**의 잘못. ←**따로서다**[원]

[설명] '따라나서다'는 한 낱말. '따라+나+서다'로 분석되며 이는 다시 '따라+나서다→따라나서다'의 과정을 거친 것.

ㅇ'-**서다**': 가로-/갈라-/갈-/갈아-/건너-/곤두-/곧추-/기대-/나-/내려-/넘어-/늘어-/다가-/대-/도-1/도-2/돌라-/돌아-/되돌아-/둘러-/뒤돌아-/뒤-/들어-/따라나-/따라-/따로-/떨쳐나-/막-/막아-/맞-/멎어-/모-/몰려-/못-/물구나무-/물러-/번(番)-/벋-〈뻗-(센)/벌(罰)-(보(保)-/빕더-/빗더-/빗-/비켜-/쌍심(雙心)지-/안고나-/앞나-/앞-/앞장-/앵돌아-/엇-/올라-/외어-/위-/일떠-/일어-/추-/치-.

〈주의해야 할 말들〉

도서다1[동] ①가거나 오던 방향에서 되돌아서다. ②바람이 방향을 바꾸다. ③해산할 때에 태아가 자리를 바꾸어 돌다.

도서다2[동] 부스럼, 마마 따위의 고름이 조금 나아서 꺼덕꺼덕해지다.

갈서다[동] ①나란히 서다. ②어떤 점을 기준으로 삼각의 위치에 마주 서다.

갈아서다[동] 묵은 것이 나간 자리에 새것이 대신 들어서다.

일떠서다[동] 기운차게 썩 일어서다.

따로서다[동] 어린아이가 처음으로 딴 것에 의지하지 않고 혼자 서다.

빕더서다[동] ①약속을 어기고 돌아서다. ②≒비켜서다(몸을 옮기어 물러서다).

빗더서다[동] ①방향을 조금 틀어서 서다. ②다른 곳으로 비켜서 서다.

빗서다[준] ①'빗더서다(①방향을 조금 틀어서 서다. ②다른 곳으로 비켜서 서다)'의 준말

외어서다[동] ①길을 비키어 서다. ②방향을 바꾸어 서다.

엇서다[동] 양보하거나 수그리지 않고 맞서다.

벋서다〈뻗서다(센)[동] 버티어 맞서서 겨루다.

◈그런 일을 그처럼 **서빨리** 시작해서야 되겠나: **섣불리**의 잘못.

◈**서슴치** 말고 말해라. **서슴치** 않고 닁큼 올라섰다: **서슴지**의 잘못. ←**서슴다**[원]

[설명] 원형은 '서슴다'임. '서슴하다'도 있었으나 표준어에서 제외. '삼가다'와 같이 불필요한 '하'를 넣어 잘못된 말을 만들 필요 없음.

[참고] '지 않다→잖다; 하지 않다→치 않다→찮다; 그렇지 않다→그렇잖다; 적지 않은→적잖은; 좋지 않은→좋잖은; 만만하지 않다→만만찮다; 변변하지 않다→변변찮다'.

◈♣'빠르다'의 부사형은 '빠르게'와 '빨리'. **'서투르다'의 부사형은?**: 서툴게/서투르게

[설명] 'ㄹ' 불규칙용언의 활용에서 발생하는 현상. '가파르다→가팔라, 머무르다→머물러, 서두르다→서둘러' 등과 같이 '라/러/리' 앞에서 'ㄹ'이 덧붙음. 그러나, '서투르다'의 '리' 앞 변화 '서툴리'는 문맥상 '섣불리'의 잘못으로 판정되기도 하므로, '서투르다'의 준말인 '서툴–'을 활용하여 '서툴게'를 쓰거나 본말을 활용한 '서투르게'를 쓰는 게 안전함. 《표준》에서도 부사 '서툴리'는 '섣불리(솜씨가 설고 어설프게)'의 잘못으로 규정하고 있음.

◆**서툴어서**: **서툴러서**의 잘못. [서툴다: '서투르다'의 준말]
  서툴기 짝이 없는 사람이 **서투른** 짓만 골라 한다: 맞음. **서툰**도 가능.
  [참고] 서툰 사람이 저리 **서두르니**: 맞음. **서두니**도 가능. 아래 설명 참조.
  [설명] ①준말의 활용에서는 모음 어미 활용을 인정하지 않음.
  –머물다〈머무르다: 머물러(서)(○)/머물어(서)(×).
  –서둘다〈서두르다: 서둘러(서)(○)/서둘어(서)(×).
  –서툴+어서→서툴러서(○)/서툴어서(×).
  ②이러한 준말과 본말에 어미 '–ㄴ/–니'가 붙으면 아래와 같이 활용함.
  –서투르다: 서투른/서투르니.   서툴다: 서툰/서투니.
  –서두르다: 서두른/서두르니.   서둘다: 서둔/서두니.
  –머무르다: 머무른/머무르니.   머물다: 머문/머무니.
  [예외] 준말의 모음 어미 활용이 인정되는 것으로 다음 두 말이 있음: '북돋아≒북돋워. 외는≒외우는'. 이것은 각각 '북돋다←북돋우다', '외다←외우다' 꼴의 준말.

◆**입맛 없는 여름철에 섞박김치/석박지는 별미지: 섞박지의 잘못. 북한어.**
  [설명] 배추와 무/오이를 섞어서 만든 것이기 때문에 의미소 '섞'을 살림.
  섞박지명 배추와 무/오이를 절여 넓적하게 썬 다음, 여러 가지 고명에 젓국을 쳐서 한데 버무려 담은 뒤 조기젓 국물을 약간 부어서 익힌 김치.

◆**'선릉'의 표준 발음**은 {선능}인가 {설릉}인가?: {설릉}.
  [설명] 'ㄴ'은 'ㄹ'의 앞/뒤에서 {ㄹ}로 발음함. 〈예〉'난로/신라/천리/광한루/대관령/칼날/물난리/줄넘기' 등. 단, '의견란/임진란/생산량' 등 몇 낱말은 'ㄹ'을 {ㄴ}으로 발음함(표준 발음법 제20항).
  [참고] '능'의 이름에서 '태릉/서오릉/동구릉/온릉'을 {태능/서오능/동구능/온능}으로 적거나 발음하면 잘못. {태릉/서오릉/동구릉/올릉}이 올바른 발음.

◆**한번 선뵈서 무슨 일 나는 건 아니잖아: 선봬서(선보여서)의 잘못. ←선뵈다[원]**
  선뵈다동 '선보이다('선보다'의 사동사)'의 준말. ¶오늘 어머니께 사귀는 사람을 선뵈기로 하였다; 내 정신의 자식들을 한자리에 모아 독자들에게 선뵈는 것도.
  [설명] '선봬서'는 '선뵈어서'의 축약. 즉, '선뵈(어간)+어서(어미)→선뵈어서→선봬서. '–어서'는 시간적 선후 관계, 이유/근거, 수단/방법을 나타내는 연결어미.

◆**담임선생님/교장선생님께 편지를 썼다: 담임 선생님, 교장 선생님의 잘못.**
  [주의] **담임 교사[선생]**는 담임 수당을 받는다: **담임교사[선생]**의 잘못.
  [설명] ①'담임/교장/선생' 등은 각각의 낱말이므로 띄어 적음. ②'담임 선생님'은 '담임'을 높이기 위해 '선생님'을 붙인 것이지만, '담임교사[선생]'는 '초.중.고등학교 따위에서 한 반의 학생을 전적으로 책임

지고 맡아 지도하는 교사라는 직책을 뜻하는 특정 의미가 있기 때문에 복합어임. ☜[주의] 그러나 '국어 교사'와 같이 글자 그대로의 뜻을 지닌 말들은 두 낱말임. '국어 선생님' 역시 마찬가지임.

◆아이를 축구**선수**로 키우려고 그토록 애를 쓰더니만: **축구 선수**의 잘못.

  [설명] 운동선수의 경우, 다음 말들을 제외하고는 종목별 선수의 표기는 띄어 씀: '장거리선수/단거리선수/최우수선수/운동선수/간판선수/만능선수/정선수(正選手)/보결선수/직업선수'.

◆자네 **선친**께서는 참으로 멋진 분이셨지: **선대인**의 잘못.

  여기가 **자당님** 묘소인가: **선대부인**의 잘못.

  [설명] ①선친은 돌아가신 자기 아버지를 이름. 돌아가신 남의 아버지에게는 쓸 수 없으며, '선대인'이 가장 많이 쓰이는 편임. '자당(님)'도 돌아가신 분께는 쓸 수 없으며 '선대부인'이 적절함. ②생존해 계시는 남의 아버지와 어머니의 경우는 각각 '춘부장'과 '자당'이 비교적 널리 쓰이는 높임말임.

  선대인[先大人]≒**선고장[先考丈]/선장[先丈]**명 돌아가신 남의 아버지의 높임말.

  선대부인[先大夫人]명 돌아가신 남의 어머니의 높임말.

  선친[先親]≒**선인[先人]/망부[亡父]/선부[先父]/선군자[先君子]/선엄[先嚴]**명 남에게 돌아가신 자기 아버지를 이름.

  가친[家親]명 남에게 자기 아버지를 높여 이르는 말.

  춘부장(椿府丈)≒**춘당[椿堂/春堂]/춘부[椿府/春府]/춘부대인[椿府大人]/춘장[椿丈/春丈]/영존[令尊]**명 남의 아버지를 높여 이르는 말.

  자당[慈堂]≒**대부인[大夫人]/모당[母堂]/모주[母主]/모부인[母夫人]/영모[令母]**명 남의 어머니를 높여 이르는 말.

◆**선행어가 한자어인지 외래어인지에 따라 띄어쓰기가 달라지는 1음절어들**.

  [예제] 애는 중국어를, 저는 **러시아어**를 전공하고 있습니다: **러시아 어**의 잘못.

        한족과 **몽골족**은 전혀 계통이 다른 민족이다: **몽골 족**의 잘못.

        한국인과 **몽골인**은 외양이 아주 비슷하다: **몽골 인**의 잘못.

  [설명] 선행어가 한자어일 때는 붙여 쓰고, 외래어일 때는 띄어 씀[원칙]. 단, 붙여쓰기도 허용됨.

  인(人): 중국인/한국인/독일인/미국인; 몽골 인/포르투갈 인/쿠바 인/러시아 인.

  어(語): 중국어/한국어/독일어/영어; 몽골 어/포르투갈 어/러시아 어.

  족(族): 한족/조선족/남방족/북방족; 티벳 족/키르키스탄 족/바이킹 족.

◆나보고 **설겆이**를 하라고?: **설거지**의 잘못.

  [설명] '설겆다'를 인정하지 아니하고 '설거지하다'만 인정하는 것과 같음.

  [참고] 표준어 규정 제20항에서, '설거지'를 원래부터 명사인 단일어로 보고 있는데, 이에 대해 다음과 같이 설명하고 있음: "설겆다를 버린 것은 '설겆어라/설겆으니/설겆더니'와 같은 활용형이 안 쓰여 어간 '설겆-'을 추출해 낼 길이 없기 때문이었다. 그리하여 명사 '설거지'를 '설겆-'에서 파생된 것으로 보지 않고 (따라서 표기도 '설겆이'로 하지 않고) 원래부디의 명사로 처리하고 '설거지하다'는 이 명사에 '−하다'가 결합된 것으로 해석하였다."

◆네가 설맞은 건 그 친구가 **설때려서이겠지: 설쳐서겠지**의 잘못. ←**설치다**[원]

  [설명] '설맞다'는 있으나, '설때리다'는 없는 말. '설치다로 표기해야 함.

설치다툉 필요한 정도에 미치지 못한 채로 그만두다.
설맞다툉 ①총알/화살 따위가 급소에 바로 맞지 아니하다. ②매 따위를 덜 맞다.

◈**설레이는** 내 마음에...: **설레는**의 잘못. ←**설레다**[원].
  [설명] '설레이는'이 되려면 '설레이다'가 있어야 하지만 없는 말. 기본형은 '설레다'. 그러므로 명사형도 '설렘(o)/설레임(x)'.

◈자꾸 그렇게 **설레발이/설레바리** 좀 치지 마라: **설레발**의 잘못. 없는 말.
  설레발몡 몹시 서두르며 부산하게 구는 행동.
  설레발치다/~놓다툉 몹시 서두르며 부산하게 굴다.

◈그래도 **설마했지**, 그렇게 되리라고는 생각도: **설마 했지**의 잘못.
  설마설마 하다가 당하고 말았어: **설마설마하다가**의 잘못. ⇐한 낱말.
  설마 한들[하니] 산 입에 거미줄 치겠나: **설마한들[하니]**의 잘못. ⇐한 낱말.
  [설명] ①'설마'는 부사. '설마하다'는 없는 말. '설마설마하다'는 한 낱말. 그러나 '설마설마'라는 부사가 있는 것은 아니며, 어근일 뿐임. ②'설마하니≒설마한들'은 한 낱말의 부사.
  설마하니≒설마한들튀 아무리 그러하기로. ⇐설마 하니(x), 설마 한들(x).
  설마설마하다툉 어떤 일이 일어날 가능성을 계속 부정하다.

◈**설음** 많은 머슴살이에 **서름**이 없다면 말이 안 되지: **설움/서러움**의 잘못.
  [설명] ①'섧다'+'-음'→'설움'. '설움/서러움'은 복수표준어. ②'설음'은 '설음(舌音)'의 의미 외에는 '설움(≒서러움)'의 잘못.

◈제발 **설쳐대지좀** 마라: **설쳐 대지 좀**의 잘못.
  [설명] ①'설쳐 대다'에서 쓰인 '대다'는 '웃어 대다/놀려 대다' 등과 같이 동사 뒤에서 '-어 대다' 구성으로 쓰여 앞말이 뜻하는 행동을 반복하거나 그 행동의 정도가 심함을 나타내는 보조용언. 이 경우의 '-대다'는 '그런 상태가 잇따라 계속됨'의 뜻을 더하고 동사를 만드는 접미사인 '-거리다'와 바꿔 쓸 수 있는 복수 인정 접사는 아님. ②'좀'은 부사. ¶손 좀 빌려 주세요; 이것 좀 드세요; 좀 물어봅시다; 날씨가 좀 추워야 기동을 하지; 사이좋게 지내니 좀 좋으냐?; 말 잘 들으니 좀 훌륭해?
◈황소처럼 눈을 **섬벅대고** 있던 그는: **슴벅대고**의 잘못. ←**슴벅대다**[원]
  [설명] 섬벅섬벅(x)/슴벅슴벅(o). [참고] 섬벅섬벅: 칼로 계속 베는 소리/꼴.
  슴벅〈씀벅거리다/~대다**툉 ①눈꺼풀이 움직이며 눈이 자꾸 감겼다 떠졌다 하다. ②눈/살 속이 찌르듯이 자꾸 시근시근하다. ___

◈**섬찟한(섬쩍한)** 기분이 들어서 돌아보니: 쓸 수 있음.
  해골 모습에 **섬짓**했다: **섬찟**의 잘못.
[설명] ①예전에는 '섬찟하다/섬쩍~'는 모두 북한어 취급을 하였으나, 모두 표준어로 편입됨[2014.8.29.] 즉, 현재는 '섬찟하다/섬쩍하다/섬뜩하다' 모두 표준어임. 다만 아래와 같이 미세한 차이는 있음. **[부록4] 새로 추가된 표준어** 참고. ②섬짓(x)/섬찟(o): 의미소와 무관할 때는 소리 나는 대로 적음.
  섬뜩하다혱 갑자기 소름이 끼치도록 무섭고 끔찍하다. ¶등골이 섬뜩하다.
  섬찟하다혱 ①≒**섬쩍하다**(갑자기 소름이 끼치도록 놀라는 데가 있다). ②≒**섬뜩하다**(갑자기 소름이 끼

350

치도록 무시무시하고 끔찍하다).

◆**섭섭찮게** 해줄 터이니 여기로 옮기시게: **섭섭잖게**의 잘못. ⇐어간 '하' 줆.
  [설명] '섭섭하지 않다→섭섭지 않다→섭섭잖다'로의 변화. 어미 '−지' 뒤에 '않−'이 어울려 '−잖−'이 되고,
  어간의 끝음절 '하'가 아주 줆드는 경우이므로, '섭섭하지 않다/섭섭하지'의 준말은 각각 '섭섭잖다/
  섭섭지'로 적음. 즉, '섭섭찮다'가 아님. ⇐어간 '하'가 'ㄱ/ㅂ/ㅅ'와 같은 무성자음 받침 뒤에서 줄 때의 원
  칙. [한글 맞춤법 제39항/제40항 붙임2] ☞♣**어간 '−하'의 단축형** 항목 참조.

◆말을 들으니 더 **섯갈리고** 헷갈려서 도무지: **섞갈리고**의 잘못. ←**섞갈리다**[원]
  섞갈리다≒헷갈리다/헛갈리다[통] 갈피를 잡지 못하게 여러 가지가 한데 뒤섞이다.

◆게 **섯거라**: **섰거라**의 잘못.
  [유사] 더워야 **물럿거라**: **물렀거라**의 잘못.
        옛소, 가져 가시오: **옜소, 가져가시오**의 잘못. ⇐'가져가다'는 한 낱말.
  [설명] '섯거라/물럿거라/옛소'는 각각 '섰거라/물렀거라/옜소'의 잘못인데, '섰거라/물렀거라/옜소'는 각각
  '서 있거라/물러 있거라/여기 있소'의 준말. 이 준말들은 줄기 전의 본딧말 형태를 유지하여야 하므로,
  모두 '있'에 있는 'ㅆ' 형태를 살려서 적는 것.

◆♣**성에 붙는 '가(哥)'와 '씨(氏)'의 띄어쓰기와 붙여쓰기**
  [설명] ①성에 붙는 '가(哥)'와 '씨(氏)'는 붙여 씀. 이때의 '가(哥)/씨(氏)'는 접사. ¶김가/이가; 김씨/최씨. 이
  씨조선. 이씨 성을 가진 사람. ②의존명사일 때('씨/공/옹/군/양' 등)는 띄어 씀. ¶이희정 씨(O); 김 씨
  (O); 김 군(O)/김군(×); 박 양(O).
  [주의] '씨'의 경우는 두 가지 사례가 가능하므로, 주의. 즉, 단순히 성을 표시하는 경우에는 접사로서 붙여
  쓰지만, 의존명사로 쓰여 그 사람을 높이거나 대접하여 부르거나 이를 때는 띄어 씀. 아래 예문 참고.
        ¶성은 최씨; 이씨 문중, 박씨 부인, 민씨 일파; 최씨 하나가 김씨 넷을 당한다.
        ¶그건 김 씨에게 부탁하자; 이번은 이영애 씨 차례; 그건 승진 씨 몫으로 하자.

◆장작개피를 **성냥개피** 휘두르듯 하더군: **장작개비**, **성냥개비**의 잘못.
  담배 한 **개피/가치**만 주게: **개비**의 잘못. ⇐'개피'는 '개비'의 잘못.
  가치담배≒낱담배[명] 갑에 넣지 않고 낱개로 파는 담배. ⇐언중(言衆)의 관행 존중.

◆그는 역대 대통령의 **성대묘사**를 아주 잘한다: **성대모사**의 잘못.
  [참고] 그는 새소리 흉내에 일가견이 있는 **입내꾼**이다: 맞음.
        다른 가수의 노래를 흉내 내는 것을 **모창**이라 한다: 맞음.
  모사[模寫][명] ①사물을 형체 그대로 그림. 또는 그런 그림. ②원본을 베끼어 씀. ③어떤 그림의 본을 떠
  서 똑같이 그림.
  묘사[描寫][명] 어떤 대상/사물/현상 따위를 언어로 서술하거나 그림을 그려서 표현함.
  성대모사[聲帶模寫][명] 자신의 목소리로 다른 사람의 목소리/새/짐승 따위의 소리를 흉내 내는 일.

◆♣**−성싶다, 듯싶다, 듯하다, 것 같다**
  ①**성싶다≒성부르다/성하다**[보][형] ¶보아하니 나쁜 사람은 아닌 성싶다; 밖에 비가 오는 성싶다; 여간해

서 잠이 올 성싶지 않다.

②**듯싶다, 듯하다**≒**성싶다**⤷⤷ ¶평일이라 결혼식에 하객이 많지 않을 듯싶다(듯하다, 성싶다); 그의 표정을 보니 내가 실수한 듯싶었다.

③**것 같다**: 의미상으로는 '듯하다'와 비슷하나, 두 낱말. '것'은 의존명사. ¶비가 올 것 같다; 연락이 없는 걸 보니 무슨 사고가 난 것 같다; 속이 활딱 뒤집힐 것 같다; 허기져 쓰러질 것 같다.

[주의] 의존명사에 '-하다/-싶다'가 붙어서 된 보조용언은 붙여쓰기가 허용되므로, 붙여 쓸 수도 있음. '성싶다/성하다/듯싶다/듯하다' 등이 이에 해당됨. 그러나 '것 같다'는 이에 해당되지 않음.

◆유리창에 얼어붙는 **성애**가 술대접 **성에**를 알 리가 있나: **성에**, 성애의 잘못.

[설명] 유리창 등에 허옇게 얼어붙은 서릿발은 '성에'임.

성에⤷ ①기온이 영하일 때 유리/벽 따위에 수증기가 허옇게 얼어붙은 서릿발. ②≒**성엣장**(물 위에 떠내려가는 얼음덩이).

성애⤷ ①흥정을 끝낸 증거로 옆에 있는 사람들에게 술/담배 따위를 대접하는 일. ②물건을 살 때 값어치 이외의 다른 물건을 더 얹어 받는 일.

◆그만한 일에 **성질 부려서야** 어른이랄 수 있나: '**성질부려서야**'의 잘못. 한 낱말. ⇐'성질을 부리다'로도 가능함. ☞**'부리다'가 들어간 복합어들** 참조.

[참고] 말도 안 되는 말로 **생청부리고** 있군그래: **생청붙이고**의 잘못. ⇐'생청부리다'는 '생청붙이다'의 잘못으로 없는 말.

성질부리다[性質−]≒**∼내다**⤷ 분노/불만 따위를 이기지 못하고 몹시 화를 내다.

◆**세간살이** 꼴을 보니 정말 기가 막히더군: 맞음.

[설명] 예전에는 '세간살이'가 '세간'의 잘못이었으나, 복수표준어로 인정.

◆양식이래야 **세네** 되쯤의 쌀과 **세네** 말 되는 보리가 전부였다: **서너**의 잘못.

올해 깨 농사는 흉작. 겨우 **세 되**나 될까 말까 해: **석 되**의 잘못.

[원칙] 다음의 8개 단위 명사에 어울리는 수사/관형사로서는 '서/석' 및 '너/넉'만 인정하되 뒤에 오는 단위 명사에 따라 다름.

　-서/너: 서 돈, 너 말, 서 발, 너 푼.

　-석/넉: 석 냥, 넉 되, 석 섬, 넉 자. ☜이 중 '냥/섬/자'는 발음 관행상 저절로 구분되나, '되'는 유의!

[주의] ①'석 되, 넉 되'의 경우는 각각 '석−/넉−'으로 표기하지만, '서너 되'의 경우는 '서너−'로 표기함. 즉, 이때의 '서너'는 그 자체가 셋 또는 넷을 뜻하는 독립된 관형사. ¶서너 사람/집/명. ②제시된 8개의 단위 명사 이외의 경우에는 도리어 '세/네'가 표준어가 됨. 따라서 다른 단위 명사들에 '서/너', '석/넉'도 자연스럽게 쓰인다면 이를 허용함. 〈예〉자동차 세 대(○)⇐표준어; 자동차 석 대(○) ⇐허용.

[심층 학습] 우리말 받침 중 유성음 'ㄴ/ㄹ/ㅁ/ㅇ'은 그 뒤의 초성 발음을 경음화시키는 등 영향력을 행사하는데, 조음 위치에 따라 영향력이 달라짐. 위의 경우로 보면 각각 설단음/설측음인 'ㄴ/ㄹ'과 양순음/설근음인 'ㅁ/ㅇ'으로 나뉘는데, 뒤의 단위 명사가 받침이 없는 것들과 'ㅁ/ㅇ' 받침에는 '석/넉'이, 받침이 있는 것과 받침 'ㄴ/ㄹ'에는 '서/너'가 주로 결합함. 따라서 다른 단위의 경우에도 위의 '차량 석 대'처럼 받침이 없는 것에는 '석/넉'을, 있는 것에는 '서/너'를 쓸 수 있는 것으로 보이나, 정형(定形)은 아님. 〈예〉 시금치 세 단/석 단, 벼 서 뭇, 옷 세 벌, 넉 자 세 치, 석 동.

◆♣'세/네'와 수사

[예제] 길어도 **세 달** 아니면 **네 달** 안에 다 해결할게: **석 달/넉 달**의 잘못.

　　　세째 아들 집에 가는 길에: **셋째 아들**의 잘못. ⇐차례를 뜻하는 관형사.

　　　오늘로 공을 잃어버린 게 벌써 **네째**다: **넷째**의 잘못. ⇐네 개째를 뜻하는 명사.

[원칙] ①관형사로서, 각각 '돈/말/발/푼' 앞과 '냥/되/섬/자' 앞에서는 각각 '서/너'와 '석/넉'. 다른 말들 앞에서는 '세/네'. ¶책 세 권; 네 사람. 그러나 관형사 '서너'는 두루 쓰일 수 있음. ¶서너 되의 쌀. 서너 사람. ②수사로서는 '셋/넷'. ③차례를 뜻하는 수사/관형사로서는 '셋째/넷째'. 특히 서수사로서 '세째/네째'는 잘못. ④'서무날/너무날'과 같은 경우에서의 '서-/너-'는 관용적으로 굳어져 한 낱말을 이루는 접사적 기능.

서/너[관] ('돈/말/발/푼' 앞에 쓰여) ¶금 서 돈; 쌀 서 말; 서 푼; 서 발 장대. 은 너 돈; 콩 너 말; 새끼 너 발; 너 푼.

석/넉[관] ('냥/되/섬/자' 앞에 쓰여) ¶감초 석 냥; 좁쌀 석 되; 쌀 석 섬; 비단 석 자. 금 넉 냥; 콩 넉 되; 보리 넉 섬; 삼베 넉 자.

셋째/넷째[수관] 순서가 세/네 번째가 되는 차례. 그런 차례의. ¶셋째 아들; 셋째 줄에 앉다; 넷째 딸; 위에서 넷째 줄; 오늘 손님 중 넷째 사람; 소수점 이하 넷째 자리; 넷째로 노사 관계를 개선해야 한다; 인생은 다섯 단계를 거치는데, 첫째는 유년기, 둘째는 소년기, 셋째는 청년기, 넷째는 장년기.

　　　[명] 맨 앞에서부터 세어 모두 세/네 개째가 됨을 이름. ¶그 녀석이 깬 유리창이 이걸로 셋째다; 얼마나 배가 고팠는지 앉은 자리에서 빵을 넷째 먹는다.

◆**세무날/네무날**: **서무날(서물)/너무날(너물)**의 잘못.

[설명] 이때의 '서-/너-'는 '무날' 앞에 붙어 굳어진 관용적 표기로서 차례를 뜻하는 수사나 관형사 기능과는 무관함.

서무날≒서물[명] 간만의 차이로 볼 때에, 음력 열이틀과 스무이레를 이름.

너무날≒너물[명] 간만의 차이를 볼 때에, 열사흘과 스무여드레를 이름.

◆[고급] 매월 **세 번째** 일요일에는 쉽니다: **셋째**의 잘못.

[설명] (1)'그는 내게 욕을 다섯 번(이나) 했다': '번'은 단순히 횟수만. (2)'그가 이번에 욕을 하면 다섯 번째다': '번째'는 반복되는 행위의 차례(순서)나 횟수. (3)'첫째 주 토요일에 모임이 있다': '째'는 단순히 순서만. 〈예〉첫째 (주) 토요일에. 첫째 토요일에. ⇒따라서 요일은 반복되는 행위가 아니라 단순한 순서일 뿐이므로, '-째'가 적합.

셋째[수관] 순서가 세 번째가 되는 차례. 또는 그런 차례의. [명] 맨 앞에서부터 세어 모두 세 개째가 됨을 이르는 말.

번째[番-][의] 차례나 횟수를 나타내는 말.

◆눈 감으면 코 베어 먹을 **세상 인심**: **세상인심**의 잘못. ⇐합성어. 한 낱말.

세상 모르는 어린애나 똑같군: **세상모르는**의 잘못. ←세상모르다[원]

세상 없어도 내 딸 너 못 준다: **세상없어도**의 잘못. ⇐복합부사. 한 낱말.

그는 **세상 없을** 효자: **세상없을**의 잘못. ←세상없다[원]

세상 없이 착한 사람: **세상없이**의 잘못. ⇐한 낱말의 복합부사.

[설명] '세상-'이 들어간 한 낱말의 복합어들: 세상일≒세상사/세상맛/세상살이/세상만사/세상인심/세상천지/세상에[감]/세상없다[형]/세상없이[부]/세상모르다[동]/세상없어도[부]

세상없다[世上—]휑 세상에 다시없다. 또는 비할 데 없다. ¶**세상없이**[世上—]튀
세상없어도[世上—]≒**천하없어도**[天下—]튀 무슨 일이 있더라도 꼭.

◆손숫물만이어도 되는데 **세수물**까지나: **세숫물**의 잘못.
  [설명] '세수(洗手)+물'의 합성어로서는 사이시옷 필요. 단, '손숫물/발숫물' 등은 전와된 말로서, 한자어
    와 무관하게 사이시옷 적용.
  손[발]숫물명 손[발]을 씻는 데 쓰는 물.

◆텃밭 채소들이 너무 **세어져** 잎이 뻣뻣했다: **쇠어서**의 잘못. ←**쇠다**[원]
  [비교] 설 잘 **세고** 보세: **쇠고**의 잘못. ←**쇠다**[원]
  쇠다1동 ①채소가 너무 자라서 줄기/잎이 뻣뻣하고 억세게 되다. ②한도를 지나쳐 좋지 않은 쪽으로 점
    점 더 심해지다. ¶병세/감기가 쇠다. ③성질/성품이 나빠지고 비틀어지다.
  쇠다2동 명절/생일/기념일 같은 날을 맞이하여 지내다.

◆**세월아네월아** 하다가 언제 마칠래?: **세월아 네월아**의 잘못.
  [설명] '세월아 네월아'는 시간을 그냥 흘려보낸다는 뜻을 나타내는 경우에 쓰는데,《표준》에서는 관용
    구나 속담으로 인정하지 아니하고 일종의 언어유희로 보고 있음. 그러나, 언중의 사용 빈도를 볼 때
    이는 관용구로 인정해도 좋을 말일 듯함. 여기서 '세월'은 세월(歲月)과는 무관한 말로서 '세'는 '3'을
    뜻하는 '세'이며, '네월'의 '네'는 '4'를 뜻하는 '네'임('세 월과 '네 월'이라는 말이 없기 때문에《표준》에서
    인정받지 못하고 있기도 함).

◆**션찮은** 소리 따위 하지 마: 맞음. 쓸 수 있음.
  [참고] 그다지 **괴찮은** 소리인데 뭘: 맞음. 쓸 수 있음.
  [설명] '션찮다'와 '괴찮다'는 각각 '시원찮다', '괴이찮다'의 준말임.
  괴이찮다[怪異—]휑 그다지 이상하지 아니하다.

◆♣**소–**'와 '**쇠–**': 서로 바꿔 쓸 수도 있으나, 바꿔 쓸 수 없는 말들도 있음.
  [예제] 도대체 그 **소발개발** 꼴이 뭐냐, 좀 씻어라: **쇠발개발**의 잘못.
       소심줄같이 질긴 놈: **쇠심줄**의 잘못.
       소등에 올라타고 돌아왔다: **쇠등**의 잘못. ⇐소를 쓰려면 '소 등'.
  [설명] ①'소≒쇠' 겸용은 대부분 가능하나, 다음 말들은 불가능함. 반드시 '쇠–'로만 씀: 소등(×)/쇠등(○);
    소딱지(×)/쇠딱지(○); 소발개발(×)/쇠발개발(○); 소발굽(×)/쇠발굽(○); 소새끼(×)/쇠새끼(○); 소심줄(×)/
    쇠심줄(○); 소옹두리(×)/쇠옹두리(○); 소파리(×)/쇠파리(○); 소좆매(×)/쇠좆매(○).
  ②다음 말들은 '소–'로만 사용되는 것들로, '쇠–'를 붙이면 어색하거나 익숙하지 않음: 소갈이/소값/소
    거간/소걸음/소걸이/소겨리/소구유/소달구지/소도둑놈/소머리떡/소몰이/소몰이꾼/소바리/소불고기/소
    장수/소힘(≒소심/쇠심)/소놀음굿/소먹이놀이/소바리짐/소바리꾼/소밥주기/소뿔뜸(뜸의 한 가지)/소아
    범(소를 부려 논밭을 가는 사람)

◆오늘은 고기 좀 먹자. **소갈비구이**가 어때?: **갈비구이**의 잘못. (혹은 '**소 갈비구이**')
  [설명] '갈비구이' 자체가 소/돼지 따위의 갈비를 양념해서 구운 음식이며 '소갈비구이'나 '돼지갈비구이'
    는 불필요한 어의 중복. 아래에서 보듯, '소갈비구이'에는 다른 뜻이 있음. ☞[참고] 갈비구이 중 소나

돼지를 특정해야 할 때는 현재로는 '소 갈비구이'나 '돼지 갈비구이'로 쓸 수도 있을 것임.

소갈비구이[素-]명 고기 없이 채소만으로 갈비구이처럼 만든 음식. 나무토막에 여러 가지 채소를 고명하여 대고, 고비나물로 동여매어 구워 냄.

갈비구이명 소/돼지 따위의 갈비를 양념해서 구운 음식.

◆그렇게 둘이서만 **소근거릴래**?: **소곤거릴래**의 잘못. ←**소곤거리다**[원]

뭘 그리 할 말이 많다고 둘이 내내 **소근소근**이야: **소곤소곤**의 잘못.

그렇게 **수근거리지만** 말고 떳떳이 말해: **수군거리다**의 잘못. ←**수군**거리다[원]

[설명] ①소곤거리다(○)〈수군~'(○); '소곤소곤(○)〈수군수군'(○); '아웅다웅(○)〈아웅다웅-(○)'; '오손도손(○)〈오순도순'(○). 단, '소근소근'(×)〈수근수근'(×). ②소근소근(×)/소곤소곤(○); '송글송글(×)/송골송골(○)'; '쫑긋쫑긋'(×). ③비슷한 어의일 경우, 모음조화에 어긋나는 것은 잘못. 그러나, 2011년에 복수표준어로 인정된 '아웅다웅'은 '아웅다웅'의 큰말로 인정된 것이고, '오손도손' 역시 '오순도순'의 작은말로 인정되면서 모음조화 원칙의 회복에 해당.

◆그녀는 나와 **소꼽질/소꼽장난**을 같이 하던 친구야: **소꿉질/소꿉장난**의 잘못.

[설명] '소꼽(×)/소꿉(○)'은 모음조화와 무관한 말. 자질구레한 그릇 따위의 장난감을 이르는 말이 '소꿉'이며, '소꿉질/소꿉장난'은 여기서 나온 말이므로 '소꼽-'은 잘못.

[참고] 모음조화와 무관한 표준어의 예: '단출하다'의 경우는 '간촐하다'에 비해 널리 쓰이므로, '단출하다'를 표준어로 삼은 것. (표준어 규정 제25항: 의미가 똑같은 형태가 몇 가지 있을 경우, 그중 어느 하나가 압도적으로 널리 쓰이면, 그 단어만을 표준어로 삼는다). ☞[참고] 모춤하다(×)/모춤하다(○); 몽오리(×)/몽우리(○).

◆까짓거 이 따위 말 정도야 **못할소냐**?: **까짓**(혹은 **까짓것**), 못 **할쏘냐**의 잘못.

네가 감히 나에게 **덤빌소냐**?: **덤빌쏘냐**의 잘못.

[유사] 여기 이 방은 어찌 이리 **추울고**?: **추울꼬**의 잘못.

[설명] 의문 종결어미에서 경음을 사용하는 것으로는 '**-ㄹ까/-ㄹ꼬/-ㄹ쏘냐/-ㄹ깝쇼**' 등이 있음.

◆불우한 **소년소녀** 가장들: **소년 소녀**의 잘못. 단, '**소년소녀가정**'은 가능

[비교] 그는 어렸을 때부터 **문학 소녀/문학 청년**이었다: **문학소녀/문학청년**의 잘못.

[설명] ①원칙적으로 '소년 소녀 가장'이 바른 띄어 적기지만, 전문 행정용어로도 쓰이므로 '소년소녀가장'의 표기도 가능함. ☞전문용어는 모두 1낱말의 표기가 가능. 단, 현재는 '소년소녀가정'으로 그 표기가 바뀌었음. ②'문학소녀'는 글자 그대로의 의미라면 '문학을 (학문적으로) 공부하는 소녀', '문학 속에 등장하는(살고 있는) 소녀', '문학 같은 소녀' 등이 되어야 하지만, 실제로는 '문학을 좋아하고 문학 작품의 창작에 뜻이 있는 소녀. 또는 문학적 분위기를 좋아하는 낭만적인 소녀'를 뜻하므로 1낱말의 복합어. '문학청년(문학을 좋아하고 문학 작품의 창작에 뜻이 있는 청년. 또는 문학적 분위기를 좋아하는 낭만적인 청년)'이 한 낱말인 것과 같은 이유. ☞[참고] '불량소녀(행실/성품이 나쁜 소녀)'도 한 낱말.

소년소녀가장: (과거의 행정용어) 가정에서 실질적으로 생계를 책임지고 어렵게 생계를 유지하는 소년 및 소녀.

◆**소등**에 올라타는 것도 괜찮지: **쇠등**의 잘못. ☞♣'**소-**'와 '**쇠-**' 항목 참조.

◆그 **소라색**이 네겐 참 잘 어울리는데: **하늘색**의 잘못. 없는 말.

  [설명] '소라색'은 우리말에 없는 말로, 하늘을 뜻하는 일본어 '소라(そら·空)'에서 온 말.

  [유사] ①곤색의 '곤'은 일본어 표기 '紺色(こんいろ)'에서 '紺'을 음독('こん')한 것으로서, 우리말 '감색(紺色)'의 잘못. 그러나, 최근 《표준》에서는 '곤색'을 '감색(紺色. 어두운 남색)'의 뜻으로는 **외래어**로 인정하였음. ②흔히 '카키색'을 '수박색'으로 오인/오용하는데, 두 색은 전혀 다른 색임. 카키(khaki)는 인도의 모래를 뜻하며, 거기서 영국인들이 따온 말로 탁한 황갈색을 이름. 예전에 '국방색'으로 표기하던 색깔이 카키색이며, 영국 군복도 카키색이었음.

  곤색[일본어 kon[紺]色]᠍명 '감색(紺色. 어두운 남색)'의 외래어.

  감색[紺色]명 ①짙은 청색에 적색 빛깔이 풍기는 색. ②어두운 남색.

  카키색[khaki色]명 탁한 황갈색. 주로 군복에 많이 씀.

  국방색[國防色]명 육군의 군복 빛깔과 같은 카키색이나 어두운 녹갈색.

◆물건에 손 하나 대지 않고 **소로시/소롯이** 되돌아왔다: **고스란히**의 잘못. 방언.

  [설명] ①'소로시'는 '고스란히'의 방언(경남)이며 '소롯이'는 없는 말. ②'모자람이 없이 온전하게'를 뜻하는 '오롯이'를 쓸 수도 있으나 '고스란히'가 더 적절함.

  오롯이1부 모자람이 없이 온전하게.

  오롯이2부 고요하고 쓸쓸하게.

◆옆방에서 <u>신음소리</u>가 들려왔다: **신음 소리**의 잘못. ⇐'신음성(呻吟聲)'은 있음.

  멀리서 **나팔소리**가 들려왔다: **나팔 소리**의 잘못.

  혀짜른소리 자꾸 하면 그것도 버릇 된다: **혀짜래기소리**(≒**혀짤배기소리**)의 잘못.

  [설명] '–소리'가 들어간 복합어는 아래에 예시된 것처럼 제법 되지만, '물소리/말소리' 등과 같은 것들을 제외하고는 대부분 의미가 특정된 것들이며 일반적인 소리의 종류에 해당되는 것들은 두 낱말로 띄어 적음. ¶노랫소리/울음–/웃음–/쓴–≒고언(苦言)/혼잣–/상엿(喪輿)–≒요령잡이–/볼멘–/코멘–/우는–/모깃–/발림–/오만(五萬)–/죽는–/바쁜–/천둥–≒우렛–1/우렛–2/한목–/허튼–/갖은–/거짓–≒가성(假聲)/궂은–/궁근–/단골–/자취–/개기침–/외마디–/혀짜래기–≒혀짤배기–/앞짧은–/웃음엣–/숨비–/비빔–.

  갖은소리명 ①쓸데없는 여러 가지 말. ②가진 것도 없으면서 가진 체하며 뻐기는 듯이 하는 말.

  궂은소리명 사람이 죽었다는 소리.

  궁근소리명 웅숭깊은 소리.

  단골소리명 늘 정하여 놓고 하는 말이나 타령.

  바쁜소리명 몹시 급한 형편이나 딱한 사정에 처해서 하는 말.

  개기침소리명 개가 짖는 소리처럼 목 안 깊은 곳에서 나오는 기침. 후두염 환자에게서 많이 볼 수 있음.

  외마디소리명 오직 한결같이 단조로운 소리.

  혀짜래기소리≒혀짤배기소리명 혀가 짧아서 'ㄹ' 받침 소리를 똑똑하게 내지 못하는 말소리.

  앞짧은소리명 ①장래성이 없거나 장래의 불행을 뜻하게 된 말마디. ②앞으로 하지 못할 일을 하겠다고 섣불리 하는 말.

◆**소리나는** 대로 적어라: **소리 나는**의 잘못. ⇐'소리나다'는 없는 말.

  소리내어 울어도 보고, **소리내어** 웃어도 봤지만: **소리 내어**의 잘못.

  소리 쳐 불러봐도 대답 없는 사람: **소리쳐**의 잘못. ←**소리치다**[원]

[참고] **소리없이** 봄비는 내리고. **소리없이** 다가오고: 모두 **소리 없이**의 잘못.

소리소문 없이 일내고 다니는 사람: **소리 소문**의 잘못.

잘 **흉내내는** 것도 재주야: **흉내 내는**의 잘못. '흉내내다'는 없는 말.

그걸로 **생색 내서야**: 생색내서야의 잘못. ←**생색내다**[원]

[설명] ①소리내다/소리나다 모두 없는 말. '큰소리 나다/~내다'를 상기. '소리-'가 들어간 동사는 '소리치다/소리하다' 둘뿐임. ②소리소문 없이'는 관용구 '소리 소문 (도) 없이'(드러남이 없이 슬그머니)'의 잘못. ③'흉내내다' 역시 없는 말이며, '흉내질하다('남의 말/행동을 그대로 잘 옮기다'를 낮잡는 말)'는 한 낱말. 그 반면 '생색내다'는 글자 그대로의 뜻이 아니므로 한 낱말. ④명사 뒤에 '-나다'가 붙어 한 낱말을 이루는 것들로는 '기억나다/생각나다/소문나다' 등이 대표적.

생색내다[生色-]통 다른 사람 앞에 당당히 나서거나 지나치게 자랑하다.

◆**소맷깃**을 **걷어부치고** 달려들더군: **소맷귀**, **걷어붙이고**의 잘못.

[설명] ①소매에는 깃이 없음. '귀'에는 '두루마기나 저고리의 섶 끝 부분'이라는 뜻도 있음. ②걷어서 '부치는(보내는)' 게 아니라, '붙여야' 하므로.

소맷귀몡 소맷부리의 구석 부분. ¶**소맷길/소맷동/소맷등**몡

◆그래 봤자 **소용 없는** 짓이야: **소용없는**의 잘못. ←**소용없다**[원]

[유사] 그거 다 **쓸 데 없는** 짓이야: **쓸데없는**의 잘못. ←**쓸데없다**[원]

[참고] 아무 **소용없는** 짓은 이제 그만 해라: **소용 없는**, **그만해라**의 잘못.

[설명] ①소용없다≒쓸데없다는 한 낱말의 복합어. 이와 같이 '-없다'가 붙어 한 낱말을 이룬 말들이 제법 많음. ☞♣**명사(형)에 '없다'와 '있다'가 붙은 복합어의 띄어쓰기** 항목 참조. ②[주의] 앞에 꾸미는 말이 올 때에는 띄어 씀. 즉, '명사+있다/없다'의 꼴일 때 앞에 꾸밈이 붙는다는 것은 명사의 기능을 살리는 일이 되므로 붙여 쓸 수 없게 되는 것임. 〈예〉아무 쓸데 없는; 별 꾸밈 없이; 아무 끝 없이; 아무런 탈 없이 잘 지내느냐. 즉, 명사에 붙어 동사화하는 '삼다/나다/짓다/들이다'의 경우와 같음.

◆♣**'속'을 붙여 복합어를 만드는 원칙**

[예제] 네 **배 속**을 훤히 들여다보고 있다: **뱃속**의 잘못. ⇐'마음'의 속칭.

네 **뱃속**을 열어 내장을 꺼내 보지 그래: **배 속**의 잘못. ⇐복부의 안.

산속으로 들어가는 것과 **숲속**으로 가는 건 다르다: 맞음.

[설명] ①추상적인 공간 혹은 물리적으로 획정/구획이 불가능한 공간은 복합어 가능함. 〈예〉마음속/**뱃속/꿈속**; **물속/빗속/바닷속/땅속**. ②물리적으로 처리(구분/구획) 가능한 공간은 복합어 불가. 〈예〉머리 속(구체적 영역 획정 가능). 따라서 다음의 두 문례도 가능함. 〈예〉네 머릿속엔 도대체 뭐가 들었기에 그 모양이냐?; 내 머리(두뇌) 속을 내 손으로 열어 암 덩어리들을 박살내고 싶어. ③'숲속/산속'은 물리적 구획이 불가능할 뿐만 아니라, '산속'은 '산중(山中)/산내(山內)'와 동의어로도 쓰이므로, 한 낱말의 복합어로 삼은 것임. ④이러한 구분들이 쉽지 않고 한 낱말의 복합어로 인정될 이유가 없는 것들은 모두 띄어 적음.

[예] '이둠 속'? '어둠속'?: '어둠 속'이 맞음. '어둠속'은 없는 말.

추억속의 그녀: **추억 속**의 잘못.

◆**속고름**부터 찬찬히 매고 나서 겉고름을 매도록: **속옷고름**의 잘못. 없는 말.

[주의] **겉고름**≒**겉옷고름**(겉깃을 여미며 매는 옷고름).

◆하도 **속 상해서** 잠이 안 온다: **속상해서**의 잘못. ←**속상하다**[원]
　속썩이는 짓만 골라서 하는 놈: **속 썩이는**의 잘못.
　[설명] ①다음 말들은 한 낱말임: **속상하다/속없다/속절없다/속풀이하다**. ②'속썩[이]다'는 없는 말로, 속
　　썩[이]다의 잘못.

◆그리 **속속이** 파헤쳐야 시원하냐: **속속들이**의 잘못.
　사람들이 **속속히** 도착했다: 문맥상 **속속**이 나음.
　속속들이[부] 깊은 속까지 샅샅이. [유]고주알미주알/낱낱이/미주알고주알
　속속[續續]부] 자꾸 잇따라서.
　속속[速速]부] 늑속속히. 매우 빨리.

◆그녀는 엉큼한 **속심**이 늘 따로 있는 년이었다: **속마음**의 잘못. '속셈'도 가능.
　속마음[명] 겉으로 드러나지 아니한 실제의 마음.
　속셈[명] 마음속으로 하는 궁리/계획.

◆네가 자식으로 **속앓이**를 해본 적이 있기나 하니?: 맞음.
　[설명] 예전에는 '속앓이'를 '속병'의 잘못으로 규정하였으나 현재는 표준어[2014년]. 한편 위의 문맥에서
　　는 상황에 따라 '냉가슴'도 쓸 수는 있음.
　속앓이[명] ①속이 아픈 병. 또는 속에 병이 생겨 아파하는 일. ②겉으로 드러내지 못하고 속으로 걱정하
　　거나 괴로워하는 일.
　속병[-病]명] ①몸속의 병의 총칭. ②'위장병'의 일상적 표현. ③화가 나거나 속이 상하여 생긴 마음의 심
　　한 아픔. [유]속증/속탈.
　냉가슴[冷-]명] ①몸을 차게 하여 생기는 가슴앓이. ②겉으로 드러내지 않고 혼자서 속으로만 끙끙대고
　　걱정하는 것.

◆내가 정말 **속 없는** 년이지, 놈에게 또 정을 주었으니: **속없는**의 잘못. 한 낱말.
　[참고] **속절 없이** 술만 먹고 지냈다네: **속절없이**의 잘못. 한 낱말.
　속없다[형] ①생각에 줏대가 없다. ②악의가 없다. [유]철없다.
　속절없다[형] 단념할 수밖에 달리 어찌할 도리가 없다. [유]덧없다.

◆♣**속음으로 읽는 한자들과 본음으로 읽는 한자들**
　[예제] 그때 정말 내 입장이 **곤난**했어: **곤란**의 잘못.
　　　　　그 말을 듣자 그는 노발대발 **대노**했다: **대로**의 잘못.
　　　　　부친의 **승락**을 얻는 일이 가장 어려웠다: **승낙**의 잘못.
　　　　　배추는 **고냉지** 채소의 대표 격이야: **고랭지**의 잘못.
　　　　　아직도 **공냉식** 차가 있어: **공랭식**의 잘못.
　[설명] ①**속음으로 읽는 한자들**: 수락(受諾), 쾌락(快諾)/허락(許諾)/내락(內諾), 곤란/논란(論難), 대로
　　　(大怒), 유월(六月), 모과(木▽瓜) 등등.
　②**본음으로 읽는 한자들**: 승낙(承諾)/응낙(應諾), 만난(萬難), 분노(忿怒), 공랭식/수랭식(空冷式/水冷
　　　式), 고랭지(高冷地), 한랭지(寒冷地) 등.
　[주의] 원말의 경우에는 본음으로 읽지만 준말의 경우에는 발음 편의상 속음으로 읽는 것도 있음. (예)

유유낙낙(唯唯諾諾. 명령하는 대로 순종함) →유락(唯諾).

◆내가 잘못을 **했다 손** 치자, 뭐 그게 대수라고: **했다손**의 잘못. '손'은 보조사.
  [설명] '손'은 어미 '-다/-ㄴ다/-는다' 뒤에 붙어, 주로 '치다/하다' 따위의 말 앞에 쓰여 양보의 뜻을 나타
  내는 보조사. '-다손, -ㄴ다손, -라손' 등의 꼴로 쓰임. ¶내가 잘못을 좀 했다손 치자. 그렇다고 의절
  할 것까지야 없잖아.

◆처가라고 모두 **손내미는** 떨거지들뿐이라서 원: **손 내미는**의 잘못.
  [설명] '손내밀다'는 없는 말. 아래 관용구 참조.
  손(을) 내밀다 〈관〉 ①무엇을 달라고 요구하거나 구걸하다. ②도움/간섭 따위의 행위가 어떤 곳에 미치게
  하다.

◆**손닿는** 곳에 두고 써. 애들 **손타는** 곳엔 두지 말고: **손 닿는, 손 타는**의 잘못.
  [설명] '손닿다/손타다': 없는 말. 특히 '손타다'도 《표준》의 표제어에는 없으며, '손(을) 타다'의 꼴로 쓰이
  는 것으로 봄.
  타다〈동〉 ①사람/물건이 많은 사람의 손길이 미쳐 약하여지거나 나빠지다. ¶동네 사람들의 손을 타서 잘
  자라지 않는다; 사람들 손을 타서 반들반들 때가 묻었다. ②물건 따위가 가져가는 사람이 있어 자주
  없어지다.

◆**손목아지**든 발목장이든 요절을 내놔야: **손모가지, 발목쟁이(발모가지)**의 잘못.
  [설명] **발목쟁이≒발모가지**. 둘 다 '발이나 발목의 속칭'.

◆**손사레**를 치며 선물을 사양했다: **손사래**의 잘못. ⇐모음조화. '사'는 양성모음.
  [참고] **도르레**를 이용하여 큰 두레박을 올렸다: **도르래**의 잘못. ⇐모음조화.
    물래방아를 요즘엔 보기 힘들다: **물레방아**의 잘못. ⇐모음조화.
  [참고] ①'손사래'의 올바른 발음은 {손싸래}이며, 준말은 **손살**{손쌀}. 이 '살'은 '부챗살' 등에서 보이는
  뼈대를 뜻하는 말로서, 손을 편 모양이 '살(뼈대)' 같아서 나온 말. '손살+애→손사래'인데, 이때의 '애'
  는 '날+애→날개' 등과 같은 옛말에서 보이듯 동사의 어근 뒤에 붙어 명사로 만드는 접사. 지금도 북
  한어에서는 이 '애'를 '양성 모음으로 끝나는 동사의 어근 뒤에서 명사를 만드는 접미사의 하나. 행동
  을 하는 데 쓰는 도구/기구, 그 밖의 생활 수단을 나타낸다.'고 규정하고 있음. 〈예〉송애는 '갈고랑이'
  의 북한어이며, '바애[보애/뽀애]/방애'는 각각 '팽이/방아'의 함경도 방언임. ②그러므로 '손살+에'의
  꼴인 '손사레'는 모음조화 위배로 잘못. 단, '사레들리다'에 쓰인 '사레'는 이 '살'과는 무관함. '도르레
  (×)/도르래(○)', '물래[방아](×)/물레[방아].'(○) 역시 모음조화의 사례임.

◆**손주**들이 다 모이니 방이 **한가득하더군**: 맞음.
  [설명] 예전에는 '손주'는 비표준어였으나, 표준으로 인정[2011년].
  한가득하다〈형〉 꽉 차도록 가득하다. ≒한가득〈부〉 차다. **가득하다**〈형〉, **가득**〈부〉 차다.

◆**손톱깎기** 좀 빌려주세요: **손톱깎이**의 잘못.
  [설명] '쓰레받기'처럼 '손톱깎기'로도 할 수 있으나, 그럴 경우 '손톱깎기'는 손톱 깎는 일이라는 뜻도 되
  기 때문에 '이'로 끝나는 명사형을 택한 것. ☞♣[주의] **-깎이**와 **-깎기** 항목 참조.

◆**손톱눈**이 초승달처럼 돋아났다: **속손톱**의 잘못. ⇐잘못 안 것.
　손톱눈명 손톱의 좌우 양쪽 가장자리와 살의 **사이**.
　속손톱명 손톱의 뿌리 쪽에 있는 반달 모양의 하얀 부분.

◆송편을 찔 땐 **솔가지/생솔가지**를 솥 안에 넣어야 제 격인데: **청솔가지**의 잘못.
　솔갈비/갈비로 불을 때면 아주 불땀이 좋아: **솔가리**의 잘못.
　[설명] ①'솔가지'는 '땔감으로 쓰려고 꺾어서 말린 소나무 가지'이며, 흔히 쓰는 '생솔가지'도 사전에 없는
　　말로, '청솔가지'의 잘못. ②'솔갈비/갈비'는 없는 말로 '솔가리'의 잘못.
　청솔가지[靑―]명 베어 낸 지 얼마 안 되어 아직 푸른 잎이 마르지 아니한 솔가지.
　솔가리명 ①말라서 땅에 떨어져 쌓인 솔잎. ②소나무의 가지를 땔감으로 쓰려고 묶어 놓은 것.

◆어느 틈에 가진 돈이 **솔랑솔랑** 다 빠져 나갔어: **솔래솔래**의 잘못. 없는 말.
　솔래솔래부 조금씩 조금씩 가만히 빠져나가는 모양.

◆올해 농사는 **솔찮이/솔찬히** 재미 좀 봤지: **적잖이**(혹은 **꽤, 상당히**)의 잘못.
　[설명] '솔찮이/솔찬히' 등은 전라도 방언.

◆이참에 새댁 **음식솜씨** 좀 보세: **음식 솜씨**의 잘못.
　자네 **노래솜씨**가 놀랄 정도라며?: **노래 솜씨**의 잘못.
　첫 솜씨치고는 이만하면 대단한 셈이야: **첫솜씨**의 잘못. 한 낱말.
　[설명] 다음과 같은 말들만 '―솜씨'의 복합어이며, 나머지는 두 낱말. 〈예〉말솜씨/일솜씨/첫솜씨/글솜씨/
　　풋솜씨.
　풋솜씨명 익숙하지 못한 솜씨.

◆진짜 꿀은 **송이꿀**일 때지: **개꿀**의 잘못.
　개꿀명 벌통에서 떠낸, 벌집에 들어 있는 상태의 꿀.

◆**솥검댕**도 쓰기에 따라 약이야: **솥검정**의 잘못. 없는 말.
　[참고] **깜장색[검정색]**은 없는 말이야: **깜장[검정]**(혹은 **깜장[검정] 색)**의 잘못.
　[유사] **까망[꺼멍]** 고무신: **깜장**의 잘못. '깜장〈껌정'의 관계.
　솥검정명 솥 밑에 붙은 그을음.
　검댕명 그을음/연기가 엉겨 생기는, 검은 물질. '솥검댕'은 없는 말.
　깜장명 깜은 빛깔이나 물감. ☞'깜다〉검다'의 관계. 즉 껌정〉깜장〉검정〉감장.
　검은색[―色]명 숯/먹의 빛깔과 같이 어둡고 짙은 색. ≒감은색/검은빛

◆쇳조각이든 **쇠끄트머리/쇠끄트리**든 있는 대로 다 주워라: **쇠끄트러기**의 잘못.
　[참고] ①'―끄트머리'가 들어간 말은 '**말끄트머리**≒**말끝**(한마디 말이나 한 차례 말의 맨 끝)'밖에 없음. ②
　　'끄트리'는 '끄트러기'의 방언(경남).
　끄트머리명 ①맨 끝이 되는 부분. ②일의 실마리. [어원: ←끝+―으머리]
　끄트러기명 ①쓰고 남은 자질구레한 조각. ②깎아 내거나 끊어 내고 남은 자질구레한 나뭇조각.
　쇠끄트러기명 ①물건을 만들고 남은 쇠 부스러기/동강. ②크기가 작은 쇠붙이.

◆설 잘 **쇠라/쇄세요**: **쇄라/쇠세요**의 잘못. ←**쇠다**[원]

  [참고] 착한 사람이 **되라/돼세요**: **돼라/되세요**의 잘못. ←**되다**[원]

  [설명] 실용적 구분법: 기본형 어간에 아/어를 적용한 뒤 어미를 붙여 말이 되면(어색하지 않으면) '어간+아/어+어미'를 쓸 수 있고, 안 되면 '어간+어미' 꼴이 맞는 말임. 예: '쇠+어+라→쇠어라→쇄라'는 말이 되므로 '쇄-'를 쓸 수 있고, '쇠+어+세요→쇠어세요'는 말이 되지 않으므로 '쇄-'를 쓸 수 없음. '되다'의 경우도 마찬가지로, '되어세요'는 말이 되지 않으므로 '되세요(O)/돼세요(×)'임.

◆이런 **쇠빽다귀** 같은 말이 어디 있나: **쇠뼉다귀**('쇠뼈'의 낮은말)의 잘못.

◆나이 삼십에 머리가 벌써 하얗게 **쇠었다**: **세었다**의 잘못. ←**세다**[원]

  [비교] 설 잘 **세고** 보세: **쇠고**의 잘못. ←**쇠다**[원]

        배추가 너무 **세서** 김장용으로는 부적당: **쇠어서**의 잘못. ←**쇠다**[원]

  [설명] 머리가 희어지는 것은 '세다'이고 채소가 뻣뻣하고 억세지는 것은 '쇠다'. 명절을 지내는 것도 '쇠다'.

◆그건 약간 **쇠촘할** 듯하니 좀 작은 걸로 고르렴: **쇰직할**의 잘못. ←**쇰직하다**[원]

  쇰직하다[형] 다른 것보다도 크기/정도가 조금 더 하거나 비슷하다.

◆**수 개월**, **수 백만**: **수개월**, **수백만**의 잘못. ⇐'수'는 접두사!

  수[數][접] '몇/여러/약간'의 뜻을 더하는 접두사.

  [설명] '수'가 들어 있어 착각하기 쉬우나 수사/관형사가 아니고, 접두사임. ¶수백만/수십만/수개월/수만금/수회용/수년/수년래.

◆먼저 퇴근하면서, 아랫사람이 윗사람에게 **수고하십시오/고생하십시오/애쓰십시오**: 부적합한 인사법.

  [설명] ①〈표준 언어 예절〉(국립국어원, 2011)에 따르면 직장에서 다른 사람보다 먼저 퇴근하면서 남아 있는 사람에게 하는 인사는 "먼저 가겠습니다/내일 뵙겠습니다."이며, "먼저 가겠습니다." 대신 "먼저 나가겠습니다/먼저 들어가겠습니다." 등으로도 인사할 수 있다고 되어 있으므로, 이에 따라 쓰는 것이 바람직함. 즉, 수고하십시오/고생하십시오/애쓰십시오 등과 같은 부적절한 표현을 사용할 필요가 없음. ②특히, "먼저 갑니다. 수고하세요."와 같이 '수고'를 쓸 수 있는 경우는 동년배나 아래 직원에게 인사할 때이며, 아랫사람이 윗사람에게 쓸 수 있는 말이 아님. 〈예〉¶수고들 하시게. 나 먼저 가네.

  수고하다[동] 일을 하느라고 힘을 들이고 애를 쓰다. [유]고생하다/힘쓰다/애쓰다.

◆뒤에서 **수근대지** 말고 나와서 떳떳이 얘기해: **수군대지**의 잘못. ←**수군대다**[원]

  그렇게 **수근거리지** 말고 떳떳이 말해: **수군거리지**의 잘못. ←**수군거리다**[원]

  [설명] '수근거리다/~대다'는 '수**군**거리다/~대다'의 잘못. 소**곤**거리다〈수군~(O). 소곤소곤(O)〈수군수군(O). '소근/수근'(×)은 모음조화 위배. ☞**소곤거리다** 항목 참조. ☞**♣'_' 모음 낱말과 'ㅜ/ㅗ' 모음 낱말의 구분** 항목 참조.

◆그렇게 뒷전에서 **수근덕질**이나 하지 말고: **수군덕질**의 잘못. ⇐모음조화.

  수군덕질[명] 남이 알아듣지 못하도록 낮은 목소리로 어수선하게 계속해서 이야기하는 짓.

◆**수냉식[水冷式]/공냉식**: '**수랭식/공랭식**'의 잘못. ☞'**두음법칙**' 참조.

　[설명] '수냉식(×)/수랭식(○)', '공냉식(×)/공랭식(○)': 각각 '수랭'+'−식'(접사), '공랭'+'−식'(접사)으로 이뤄진 말로서 '수−'와 '공−'이 접두어로 작용하는 경우가 아님. '수랭 방식→수랭식'의 변화를 생각하면 이해가 빠름. 이는 '전라(全裸)(○)/전나(×)'와 '전나체(全裸體)(○)/전라체(×)'에서 보이는 '전라(全裸)'처럼 '전라(全裸)'를 '알몸(=아무것도 입지 않은 몸)'과 동의어인 뭉치 말로 본 것과 유사함.

◆**수년 내(數年 內)**의 꿈이 드디어 이뤄졌다: **수년래(數年來)**의 잘못.

　수년래(數年來)에 꿈이 이뤄질 거야: **수년 내(內)**의 잘못. ⇐'내(內)'는 의존명사.

　[설명] ①**수년래[數年來]≒수년지내[數年之內]**명 두서너 해 대여섯 해를 지나서 지금까지 이르러 오는 동안. ②수년 내: (앞으로) 두서너 해 대여섯 해 안.

◆**수다떠느라** 시간 가는 줄도 몰랐네: **수다 떠느라**의 잘못.

　[설명] '수다떨다'는 없는 말. '수다'와 관련해서는, '수다[를] 떨다/수다를 늘어놓다/수다가 늘다/수다를 들어 주다/수다를 부리다' 등으로 띄어 써야 함.

　[참고] '−떨다'가 붙은 복합어: 궁상(窮狀)떨다/극성(極盛)−/엄살−/주접−/새실−/새살−/시설−/자발−/재롱−≒재롱부리다/허겁(虛怯)−/기승(氣勝)−≒기승부리다/조라−. ☞뜻풀이는 ♣**−떨다**'가 접사로 활용된 주요 낱말들 항목 참조.

◆**수두룩히**: **수두룩이**의 잘못. ⇐어간 받침이 'ㄱ'. ☞♣'**−이**'로 끝나는 부사들 중 유의해야 하는 것들 항목 참조.

◆**수백 만 명**이 몰려 **들었다고**?: **수백만 명, 몰려들었다고**의 잘못.

　[설명] '**수**백만', '몰려들다': 모두 한 낱말. ⇐'몇/여러/약간'의 뜻으로의 '수'는 접두어.

　[참고] '수'는 관형사와 접두사로 쓰이는 까다로운 말로서 다음과 같은 용례로 구분하는 수밖에 없음: ①단위/순서 따위를 나타내는 말 앞에 쓰여 수량을 뜻하는 관형사로서의 '수'. ¶수 미터; 수 채의 초가; 송아지 수 마리; 수 마디의 말들; 수 대의 차; 수 명의 학생; 수 발의 총성; 수 분 후 등장. ②'몇/여러/약간'의 뜻을 더하는 접두사로서의 '수−'. ¶수개월/수월/수년; 수차례; 수백만/수십만/수만/수천/수백/수십; 수만금.

　[참고] 숫자의 한글 표기는 만 단위로 띄어 씀:

　　〈예〉10,430,010,000,359

　　　　십조 사천삼백억 천만 삼백오십구

　　　　10조 4300억 1000만 359

　　　　일금 일십조사천삼백억천만삼백오십구원정. ⇐'일금'과 숫자 사이는 띄어 쓰고, '정(整)'은 '그 금액에 한정됨'을 뜻하는 접미사이므로 붙여 씀.

◆**수사선**을 뚫고 도망친 범인: **수사망**의 잘못. 북한어.

◆강강**수월래**와 **술레잡기**는 어원이 같은 건가?: **강강술래, 술래잡기**의 잘못.

　[설명] '술래'의 어원/원말은 '순라(巡邏)'이므로 '술레'는 잘못.

　순라[巡邏]명 ①순라군이 경계하느라고 일정한 지역을 돌아다니거나 지키던 일. ②≒**순라군**. ③'술래(술래잡기 놀이에서, 숨은 아이들을 찾아내는 아이)'의 원말.

◆국내산과 **수입산**을 구분해야: **외국산**(또는 **수입품**)의 잘못.

  [설명] '−산(産)'은 '거기에서 또는 그때에 산출된 물건'을 뜻하는 접미사로, '제주산/한국산/1890년산 포도주' 등과 같이 쓰임. '수입산'은 장소/때 어디에도 해당되지 않으므로 잘못.

◆♣**수자(數字)와 숫자(數字)**

  수자[數字][수:자]몡 두서너 글자.

  숫자[數字][수:짜/숟:짜]몡 ①수를 나타내는 글자. 1, 2, 3, …… 또는 一, 二, 三, …… 따위. ②금전/예산/통계 따위에 숫자로 표시되는 사항. 또는 수량적인 사항. ③사물/사람의 수.

◆이처럼 **수지 맞는** 장사가 또 어디 있겠나: **수지맞는**의 잘못. ←**수지맞다**[원]

  사업에서 **수지 맞치기**처럼 어려운 일도 없지: **수지 맞추기**의 잘못.

  [설명] '수지 맞치기'에서의 '맞치기'는 우리말에 없는 표현. 즉, '맞치다'라는 말이 없음. 따라서 '맞추기'이거나 '맞히기'여야 하는데, 이 경우는 '대상끼리 서로 비교한다'는 뜻의 '맞추다'를 이용한 '맞추기'가 적절함.

  수지맞다동 ①장사/사업 따위에서 이익이 남다. ②뜻하지 않게 좋은 일이 생기다.

◆♣**수컷의 표기에서 '숫'으로 표기되는 것**: 숫양, 숫염소, 숫쥐(3낱말뿐임).

  [설명] '수양/수염소/수쥐'로 표기할 경우 의미 혼동 가능성이 있어서, 사이시옷 기능을 인정한 것임. ⇒ 수양(딸/아들); 수염 달린 소; 수(水)쥐.

◆한 마디만 더 **수 틀리게** 나오면 **가만 있지** 않아: **수틀리게, 가만있지**의 잘못. ←**수틀리다/가만있다**[원]

  수틀리다동 마음에 들지 않다.

  [참고] '가만있다'에서 '−있'은 '살아 있다'에서의 '−있다'(보조용언. 붙여 쓸 수 있음)와 달리, 파생어 접사임. 즉, '가만있다'는 한 낱말. 다음 것들은 모두 '−있다'를 접사로 하는 낱말들. 따라서 항상 붙여 써야 하며, 띄어 쓰면 잘못. ¶재미있다/가만있다/값있다/관계있다≒상관있다/뜻있다/맛있다/멋있다/빛있다. ☞♣명사(형)에 '없다'와 '있다'가 붙은 복합어의 띄어쓰기 항목 참조.

◆♣**수학 용어 중 사이시옷이 들어가는 것**

  [예제] 다음 문제에서 **최대값**과 **최소값**을 구하라: **최댓값, 최솟값**의 잘못.

    꼭지점에서 밑변까지의 거리는?: **꼭짓점**의 잘못.

  [설명] 다음 말들은 사이시옷을 받침: '대푯값/기댓값/함숫값/근삿값/최댓값/최솟값/절댓값/극댓값/극솟값/꼭짓점/자릿점' 등.

◆그는 당연히 표창감이고 그중에서도 **수훈갑**이야: **수훈 갑**의 잘못.

  [설명] '수훈갑'이라는 말은 없으며 수훈 뒤에 '차례나 등급을 매길 때 첫째'를 이르는 **명사** '갑(甲)'을 이어 쓸 수는 있음. 즉, '수훈갑'이라는 한 낱말이 있는 것은 아니므로, 붙여 쓰면 잘못. 한편, 명사 '감'에는 '자격을 갖춘 사람'의 뜻이 있으므로 '수훈감/표창감'은 가능함.

  갑[甲]몡 차례/등급을 매길 때의 첫째를 이름. ¶성적은 6년 동안 내리 갑이었다.

  수훈감(受勳−)몡 훈장을 받을 만한 사람.

◆저절로 고개/머리가 **숙여졌다**: **숙여졌다**(혹은, **고개를 수그렸다**)의 잘못.

  [설명] '숙여졌다'는 '숙이'('숙다'의 <u>사동형 어간</u>)+'어(어미)+졌다'로 부적절함.

숙다[통] ①앞으로나 한쪽으로 기울어지다. ②기운 따위가 줄어지다.
숙이다: '숙다'의 사동사. 즉, 숙게 하다. 기세를 꺾다.
숙어지다: '숙다'의 피동형. 고개/머리 따위가 앞으로 기울어지다. 기세가 꺾이다.
수그리다[통] ①깊이 숙이다. ②형세/기세를 굽히거나 줄이다.

◆통신업, 전자 장비, 건설업 **순으로** 주가가 뛰었다: **건설업순으로**의 잘못.
　키 순과 **나이 순**으로 정리하도록: **키순, 나이순**의 잘못.
　[설명] '순(順)'은 일부 명사 뒤에 붙어 '차례'의 뜻을 더하는 접미사. ¶도착순/선착순/나이순/가나다순.

◆에라, 이 **순날강도놈**아: **순 날강도 (같은) 놈**의 잘못. ⇐순은 부사.
　에라이 순...: **에라, 이 순...** 의 잘못. ⇐'에라'만 감탄사. '에라이'는 없는 말.
　[설명] ①부사는 명사를 꾸밀 수도 있음. 〈예〉순 날강도 같은 놈, 꼭 그곳 (으로), 바로 여기(서) 등. ②'에라, 이 순...'에서 '에라'는 실망의 뜻을 나타낼 때 내는 감탄사. '에라이'는 없는 말로 '에라 이 순 도둑놈 같으니라고'에서처럼 쓰이며, '에라 이 순'은 '도둑놈' 이하를 줄이거나 차마 말하지 못할 때 씀. ¶에라, 이 죽일 놈아; 에라, 이 순 (도둑놈아); 에라 이 자식아, 그걸 일이라고 했니? ③'도둑놈'은 있지만 아직 '강도놈'은 사전에 없는 말. ⇒강도 (같은) 놈.
　순[부] '몹시/아주'의 뜻을 나타내는 말. ¶그놈은 순 도둑놈; 이런 순 거짓말쟁이 같으니라고; 넌 순 악질 이구나.

◆에라 이놈아! **순째/순쩨/수쩨** 날강도 짓을 하지 그러냐: **숫제**의 잘못.
　[설명] '숫제'는 흔히 {수쩨로 발음되지만, 이 경우의 '숫'은 숫-되다, 숫-접다, 숫-지다' 등과 연관되며, '숫접-이→숫저비→숫저이→숫제'처럼 분석되는 것이므로, '수쩨'로 적지 않음. 즉, 어원은 [숫접+이].
　숫제[부] ①순박하고 진실하게. ②처음부터 차라리. 또는 아예 전적으로.

◆**술망태기/술부대/술푸대**: **술고래/고래**의 잘못. 없는 말.
　고래≒술고래[명] (비유) 술을 아주 많이 마시는 사람.

◆그야말로 **숨막히는** 한판이었다: **숨 막히는**의 잘못. ⇐'숨(이) 막히다'[관]
　[유사] **숨가쁘게** 허위허위 달려왔다: **숨 가쁘게**의 잘못. ⇐'숨(이) 가쁘다'[관]

◆**숨박꼭질**도 발음대로 적힌 낱말 아닌가?: **숨바꼭질**의 잘못. 단, 준말은 **숨박질**.
　[참고] 준말이 어원에 가까움: 숨박질<숨막질←숨-+-막+-질(박통사언해).

◆나무에 매달려 **숨진 채 발견**되었다: **숨겨 있는 것이 발견**의 잘못.

◆어른이 되서 **숫가락질**도 제대로 못 하다니: **돼서, 숟가락질**의 잘못.
　[설명] ①'되어+서→돼+서→돼서'. ②다음과 같이, 본래의 'ㄹ' 받침이 다른 말과 결합하면서 'ㄷ'으로 변한 낱말들 중의 하나임: 술+가락→숟가락; 바느질고리→반짇고리; 설 달→섣달; 삼질 날→삼짇날; 이틀 날→이튿날; 사흘 날→사흗날; 풀 소→푿소.

◆그 사람 보기와 달리 완전 **숫배기**야. 아직도 총각일걸: **숫보기**의 잘못.

숫보기[명] ①순진하고 어수룩한 사람. ②숫총각이나 숫처녀.
[참고] 위 예문에서의 '~ㄹ걸'은 종결어미. 의존명사 '거'와는 무관.

◆**숫소**와 **수펄**은 흔히 잘 틀리는 말이기도 해. '수평아리'들과 다른데: **수소, 수벌**의 잘못.
[정리] ①수컷 표기는 접두어 '수-'로 통일. 단, '숫양/숫염소/숫쥐'만 예외. 따라서, '숫소' 등과 같은 관용 발음 우려가 있는 것들의 판별에 적용하면 편리함. ②'수펄'처럼 격음 발음 우려가 있는 것들은 다음 것들로만 한정됨: 암·수캐(암·수캉아지); 암·수탉(암·수평아리); 암·수탕나귀; 암·수퇘지; 암·수키와; 암·수톨쩌귀.
[암기도우미] '개/닭/돼지/당나귀, 기와/돌쩌귀'→'개닭돼당 기쩌(귀)'⇐ "개 닭 되다 기저귀 꼴."

◆**슝한** 소문들이 횡횡하는 세상: **흉한, 횡행**의 잘못.
[설명] '슝하다'는 '흉하다'의 잘못(방언), '횡횡하다'는 '횡행하다'의 잘못.
횡행하다[橫行-][동] ①모로 가다. ②아무 거리낌 없이 제멋대로 행동하다.

◆눈썹이 **숱짙어서/숱 짙어서** 금방 눈에 띄어: **숱져서**의 잘못. ←**숱지다**[원]
숱짙다[형] '숱지다(숱이 많다)'의 잘못.

◆**숲 속**에서 길을 잃으니 참 난감하지: **숲속**의 잘못. ⇐한 낱말.
[비교] **산 속**에서 길을 잃으면 난감하다: **산속**의 잘못. 한 낱말.
[참고] **뱃속**은 열어봐야 알지, 촉진(觸診)으로는 불가능해: **배 속**의 잘못.
[설명] ①'숲속'은 '산속[山-]/물속/땅속/굴속[窟-]/장속[欌-]; 귓속/입속≒입안/콧속; 몸속/품속' 등과 같은 복합어. ②'뱃속'은 '마음'의 속칭이라는 특정된 뜻을 지닌 합성어이며, '배의 속(안쪽)'은 '배 속'으로 띄어 적음. ☞♣**속'을 붙여 복합어를 만드는 원칙** 항목 참조.

◆**쉬임 없이** 일하니까 병 나지: **쉼 없이, 병나지**의 잘못. ←**쉬다/병나다**[원]
[설명] ①'쉬다'의 명사형은 '쉼'이며 '쉬임'은 잘못. ②'병나다'는 한 낱말.
[참고] **다리쉬임≒다리쉼**[명] 오랫동안 길을 걷거나 서서 일을 하다가 잠깐 다리를 쉬는 일. ⇐'쉬임'이 들어간 유일한 낱말.

◆어째 맛이 좀 **쉬치근하네**: **쉬지근하네**의 잘못. ←**쉬지근하다**[원]
팍 쉬어서 맛이 아예 **쉬치근한데**?: **쉬척지근한데**의 잘못. ←**쉬척지근하다**[원]
[설명] '쉬지근하다'를 일부 사전에서 '쉬척지근하다'와 동의어로 풀이하기도 해서, '쉬**치**근〉쉬지근'으로 착각하여 생기는 현상.
쉬지근하다[형] ①맛/냄새가 좀 쉰 듯하다. ②목소리가 좀 쉰 듯하다.
쉬척지근하다[형] 몹시 쉰 듯한 데가 있다.

◆쉰은 **쉬흔**의 준말 아닌가?: **쉰**의 잘못. 준말 아님. ⇐'쉬은/쉬흔' 모두 없는 말.

◆**쉴새없이/쉴틈없이** 일하다: **쉴 새 없이/쉴 틈 없이**의 잘못. 없는 말들.
[설명] '새'는 명사 '사이'의 준말.

◆그런 일은 자칫 물 먹기 **십상**이다: **물먹기**, **십상**의 잘못.

  [설명] '십상(十常)'은 '십상팔구(열에 여덟이나 아홉 정도로 거의 예외가 없음)'와 같은 말. 흔히 '~하기 십 상'의 꼴로 쓰임. ☜**하기 마련** 항목 참조.

◆♣'**-스럽다**' 꼴의 **형용사**들의 활용 중 유의해야 할 사항

  [예제] **자랑스런** 후손으로서: **자랑스러운**의 잘못.

        죄만스런 인생이옵니다: **죄만스러운**의 잘못.

        사랑스런 그대의 모습: **사랑스러운**의 잘못.

        영광스런 대한의 건아들: **영광스러운**의 잘못.

  [설명] '~스러운'은 '그러한 성질이 있음'의 뜻을 더하고 형용사를 만드는 접미사인 '~스럽다'의 활용형. '- 스럽다' 형의 형용사들은 'ㅂ' 불규칙용언이어서 '-스러워/-스러우니/-스러운'으로 활용하므로(**파생어 부사는 '-스레**'), 어간 뒤에 모음으로 시작하는 어미 '-은'이 붙으면, '-스러운'의 형태로 활용함. '**-스 런**'의 형태는 잘못. 없는 활용. 〈예〉고급스런(×)/고급스러운(○); 자연스런(×)/자연스러운(○); 천연덕스런 (×)/천연덕스러운(○); 자랑스런(×)/자랑스러운(○); 조심스런(×)/조심스러운(○); 걱정스런(×)/걱정스러운 (○); 근심스런(×)/근심스러운(○); 사랑스런(×)/사랑스러운(○); 촌스런(×)/촌스러운(○); 고통스런(×)/고 통스러운(○); 만족스런(×)/만족스러운(○).

  [참고] 'ㅂ' 불규칙활용: 어간의 말음인 'ㅂ'이 '아'로 시작되는 어미 앞에서는 '오'로, '어'로 시작되는 어미 및 매개 모음을 요구하는 어미 앞에서는 '우'로 변하는 불규칙활용. ¶돕다→도와, 곱다→고와, 두껍다 →두꺼워. 즉, 모음이 'ㅗ'인 **단음절 어간** 뒤에 결합하는 '-아'의 경우만 '와'로 적고, 그 밖의 경우는 모 두 '워'로 적음. [한글 맞춤법 제18항 6. 예외 규정]

◆그 친구 뭐든 **스리살짝** 해치우는 덴 귀신이야: **스리슬쩍**(혹은 **사리살짝**)의 잘못.

  [설명] '스리살짝'은 없는 말로 '스리슬쩍'이나 '사리살짝'의 잘못. ⇐모음조화!

  사리살짝㊾ 남이 전혀 눈치 못 채는 사이에 아주 잽싸게. [유]스리슬쩍.

◆**스물 두** 번 했다: **스물두** 번의 잘못. ⇐'번'은 의존명사.

  이거 먹으면 **스물한번째**이지?: **스물한 번째**의 잘못. ⇐'번째'는 의존명사.

  이거 먹으면 **스물둘 째**든가?: **스물둘째**의 잘못. ⇐'째'는 접미사.

  [설명] 수사 표기는 모두 붙이고, 의존명사 앞에서는 띄어 씀. ¶스물세 번째; 스물두 개째(차례); 스물둘 째, 스물셋째(수량); 삼천육백오십한 개째.

◆벌레가 **스물스물** 기어가는 느낌이 들었다: **스멀스멀**의 잘못.

  [설명] '스물스물'이라는 말 자체가 없으며, '스멀스멀'의 잘못.

  스멀스멀㊾ 살갗에 벌레가 자꾸 기어가는 것처럼 근질근질한 느낌.

◆썩어가는 상처에 구더기가 **슬었다**: **꾀었다**의 잘못. ⇐**꾀다/꼬이다**[원]

  파리가 장독에 잔뜩 쉬를 **슬었다**: 맞음. ⇐**슬다**[원]. [쉬: 파리의 알]

  [설명] ①'슬다'는 녹/쉬/곰팡이가 생기거나, 벌레/물고기 등이 알을 깔겨 놓는 것을 뜻하며 구더기 등은 '꾀다'와 어울림. ⇐관용적 지배 동사. ②'꾀다'의 본말은 '꼬이다'이며 둘 다 표준어.

  슬다1통 ①쇠붙이에 녹이 생기다. [유]녹슬다. ②곰팡이가 생기다.

  슬다2통 벌레/물고기 따위가 알을 깔기어 놓다.

꾀다[동] ①벌레 따위가 한곳에 많이 모여들어 뒤끓다. ¶음식물에 구더기가 꾀다; 더러우면 파리가 꾀는 법. ②사람이 한곳에 많이 모이다. ¶놀이판에 구경꾼이 꾀다. [유]군집하다/꼬이다/끓다.

◆김치가 좀 **슴슴한** 것 같은데: **심심한**의 잘못.
  [설명] '슴슴하다'는 '심심하다(음식 맛이 조금 싱겁다)'의 잘못으로 북한어.

◆지는 것도 포함하는 '**승부욕**'이란 말을, 쓸 수 있나?: 쓸 수 있음. ⇐관용.
  [설명] '승부(勝負)'는 '이김과 짐'이란 뜻이므로 '이기려는 욕구'의 뜻으로 '승부욕'을 쓰는 것은 의미상 알맞지 않다고 볼 수도 있으나, '승부욕'이라는 낱말이 이미 그러한 의미로 널리 쓰이고 있어서, 잘못된 표현으로 보지 않음.

◆우리 선수들이 **승전보**를 연이어 **울리고** 있습니다: (뒤의 말에 따라) **승전고/승전보**, (앞의 말에 따라) **울리고/보내오고**(혹은 **전해오고/남기고**)의 잘못.
  [설명] '승전보(勝戰譜)'는 기록이므로 울릴 수가 없고, 울릴 수 있는 것은 '승전고(勝戰鼓)'임. 따라서 '승전보는 남기거나/보내오거나 전해오는 것'이어야 적절하고, '승전고는 울린다'로 해야 맞는 표현임.
  승전보[勝戰譜][명] 싸움에 이긴 경과를 적은 기록.
  승전고[勝戰鼓][명] 싸움에 이겼을 때 울리는 북.

◆**귀가시** 혹은 문서 **작성시**에는 웹 서핑 중지: **귀가 시, 작성 시**의 잘못.
  비행시(운전시)에는 휴대 전화 사용 불가: **비행 시, 운전 시**의 잘못.
  [설명] '시(時)': 의존명사. [주의] 하나의 낱말로 굳어진 것은 붙여 씀: **비상시/유사시/평상시≒통상시(通常時)/필요시**; **무상시(無常時)/반전시(半戰時)/준전시(準戰時)/발화시(發話時)/불우시(不遇時)** 등등. '귀가 시(작성 시)'의 경우, '귀가할 때(작성할 때)'로 바꿔 쓰면 띄어쓰기 문제도 해결됨.
  무상시[無常時][명] 일정한 때가 없음.
  반전시[半戰時][명] ①정세가 전쟁이 곧 발발할 것같이 극도로 긴장된 시기. ②(비유) 어떤 일의 상황이 전쟁 때와 같이 혼란스럽고 긴장되어 있음.
  발화시[發話時][명] 〈언어〉 말하는 이가 말을 시작하는 때.
  불우시[不遇時][명] 좋은 때를 만나지 못함.
  통상시[通常時][명] ≒평상시(특별한 일이 없는 보통 때).

◆사람이 그토록 **시간 관념**이 없어서야: **시간관념**의 잘못. 한 낱말.
  [참고] **시간 개념**과 **시간관념**은 같은 말 아닌가: 모두 한 단어지만 뜻은 다름.
  [설명] '시간관념'은 시간에 대한 태도/의식을 뜻하는 말이며, '시간개념'은 시간을 통하여 얻은 지각 개념을 뜻하는 심리학 용어로 서로 그 의미가 다름.
  시간관념[時間觀念][명] 시간을 소중히 여기거나 철저히 지키려는 의식/생각.
  시간개념[時間概念][명] 〈심리〉 시간 지각을 통하여 얻은 개념.

◆**이 시간** 현재 전국은: **이 시각**의 잘못.
  밥을 먹는 **아침시간**에 남의 집 방문은 결례다: **아침 시간**의 잘못. ⇐없는 말.
  우리 간단히 **점심 시간**에 볼까: **점심시간**의 잘못. ⇐한 낱말.
  [설명] ①점심을 먹는 '점심시간'은 보통 낮 열두 시부터 한 시 사이일 정도로 널리 사용되고 있고(빈도)

의미 특정이 가능하지만, '아침/저녁 시간'이라 해서 반드시 식사를 하는 시간이라 할 수 없을 뿐만 아니라, 아침/저녁을 먹기로 정한 시간을 뜻한 '아침/저녁 시간'은 집집마다 다르고 특정할 수 없으므로 한 낱말로 굳어지기 어려움. 따라서 각각의 낱말로 보아 '아침 시간/저녁 시간'으로 띄어 적음. ② '-시간'의 합성어들은 각 분야의 전문용어인 경우가 많으며, 일반적인 것들은 각각의 낱말을 띄어 적음. 〈예〉영업시간〈경제〉/비행시간〈항공〉/가용시간〈화학〉/감각시간〈의〉/거래시간〈경제〉/경화시간〈硬化時間〉〈공업〉/근로시간≒노동시간〈사회〉/근무시간≒구속시간〈拘束時間〉〈사회〉/만조시간〈지리〉/밀물시간↔썰물시간〈지리〉/반응시간〈심리〉/반환시간〈컴〉〈통신〉/생산시간〈경제〉/응답시간〈컴〉/혼잡시간〈교통〉/호출시간〈컴〉/작전시간〈운동〉/추가시간〈운동〉≒인저리 타임(injury time)/전송시간〈컴〉〈통신〉/지연시간〈전기〉.

◆그렇게 **시건방떨다** 큰코다칠 줄 알았어: **건방을 떨다**의 잘못.
　'**시건방춤**'이라는 괴상한 춤이 한때 유행했었지: '시건방'은 없는 말.
　시건방지게 굴지 마: 맞음. ←**시건방지다**[원]
　[설명] ①'시건방떨다'나 '시건방' 모두 없는 말. '**시건방지다**'형만 있음. '건방떨다'도 없으며, '건방'은 명사임. '건방을 떨다'로 적음. ②'시건방춤'에서 '시건방'이 없는 말이므로 '시건방 춤'이라는 것 자체가 말이 되지 않으나, 작품 제목(고유명사)으로 볼 경우는 예외적으로 인정할 수도 있을 듯함.
　건방명 젠체하여 주제넘은 태도.
　시건방지다형 시큰둥하게 건방지다.

◆지금도 **시계바늘**은 부지런히 돌고: **시곗바늘**의 잘못.
　[유사] 낚시바늘(×)/낚싯바늘(○). 주사바늘(注射-)(×)/주삿바늘(○).

◆그때의 **학창시절**이 그립다: **학창 시절**의 잘못.
　[설명] '학창 시절'은 '고교 시절, 학생 시절, 군대 시절, 어린 시절' 등과 같이 글자 그대로의 뜻뿐이므로 한 낱말의 복합어가 아님. 단, '도요시절(桃夭時節), 낙화시절(落花時節), 춘풍시절(春風時節)' 등과 같이 글자 그대로가 아닌 의미가 담긴 것들은 한 낱말.
　도요시절[桃夭時節]명 ①복숭아꽃이 필 무렵이란 뜻으로, 혼인을 올리기 좋은 시절. ②처녀가 나이로 보아 시집가기에 알맞은 때.
　낙화시절[落花時節]명 꽃이 지는 늦봄 무렵.
　춘풍시절[春風時節]명 봄바람이 부는 철.

◆**시골길**은 정든 내 고향: 맞음.
　시골 집/고향집에 오면 맘이 편해진다: **시골집/고향 집**의 잘못.
　[참고] ①'시골-'의 복합어: 시골길/시골구석/시골내기/시골뜨기/시골고라리/시골말/시골집. ☜[주의] '고향 집'은 글자 그대로의 의미뿐이어서 두 낱말. 그 반면 '시골집'에는 '시골 마을에 있는 집'이라는 글자 그대로의 의미 외에 '고향에 있는 집'이라는 두 가지 뜻이 있어서 복합어임. ②복합어, 파생어, 합성어의 구분.
　　–복합어(겹낱말): 파생어+합성어. 즉, 파생어와 합성어의 총칭.
　　–파생어: 형태소에 접사가 붙은 것. ¶덮개(어간+접사), 덧버선(접사+명사), 시골내기(명사+접사), 눈곱만하다(명사+접사적 보조용언)
　　–합성어(겹씨): 형태소+형태소+(형태소) ⇐두 개 이상의 형태소가 결합한 것. ¶돌+다리≒돌다리,

시골+고라리≒시골고라리, 말+소≒마소, 높(다)+푸르다≒높푸르다, 열(다)+닫다≒여닫다.

◆잔칫집 아니랄까봐 **시글버글**하더군: **아니랄까 봐**, **시글시글**〈**시끌시끌**의 잘못.
  [설명] '시글버글하다'는 '시글시글하다'의 잘못. 없는 말. 단, '시끌벅적하다'(o).

◆**'−시대'**의 복합어 중 주의해야 할 말들
  [예제] **고려시대**의 자랑스런 문화재 두 가지는 상감청자와 금속활자: **고려 시대**, **자랑스러운**의 잘못.
     일제시대는 우리말의 **암흑시대**: 둘 다 맞음. 단, '일제시대'는 '일제 강점기'의 전 용어.
     그건 자본에 의한 현대판 **노예시대**랄 수 있다: **노예 시대**의 잘못. 북한어.
  [설명] ①'고려 시대, 조선 시대와 같은 구체적 시대 표기는 모두 띄어 적음. 글자 그대로의 뜻뿐이므로.
    ②그러나 '전성시대/암흑시대' 등과 같이 특정/추상화된 시대는 붙여 적음. '일제시대' 또한 이러한 범
    주로 보아 한 낱말. 단, 현재는 '일제 강점기'로 그 표기가 바뀌었음. 다음 말들이 대표적인 '−시대'의
    합성어: 동시대(同時代)/구시대(舊~)/현시대(現~)/차시대(此~); 전성시대/황금시대/암흑시대/요순시대
    (堯舜~)/신화시대/과두시대(蝌蚪~)≒과두시절/영웅시대/요람시대(搖籃~)≒요람기/과도시대(過渡~)/
    일제시대(日帝~).

◆**시덥다**: **시답다**의 잘못.
  시덥찮은/시덥잖은 친구가 배우를 하겠다고?: **시답잖은**의 잘못. ←**시답잖다**[원]
  [설명] ①'시덥잖다': '시답잖다'의 잘못. 없는 말. ②'시답잖다'에서의 '~**찮**다'는 '~**잖**다'의 잘못. '~잖다'는
    '~지 않다'가 준 것이며, '~하지 않다'가 아님.
  [구분] 시원찮다(o) ←시원하지 않다.
  시답다[實▽−]휑 마음에 차거나 들어서 만족스럽다. ¶시답지 못한 생각; 시답지 않게 생각하다; 별 시
    답지 않은 소리를 다한다.

◆**시도때도없이(시도때도 없이)** 찾아와서는: **시도 때도 없이**의 잘못. ⇐관용구일 뿐임.

◆**시라소니**의 후예들: **스라소니**의 잘못.
  [참고] 이처럼 '스'를 '시'로 잘못 쓰거나 발음하는 사례들이 많음. 예컨대, 부**시시**(×)/부**스스**(o); 부**시**력
    (×)/부**스**력(o); 으**시시**(×)/으**스스**(o); 북**실**북실(×)/북**슬**북슬(o). ☞♣'**_**' 모음이 쓰여야 할 곳에 '**ㅣ**' 모
    음이 잘못 쓰인 경우들 항목 참조.
  [암기도우미] 스라소니가 부스럭거리는 소리에 으스스해졌다.

◆**시레기뭉치 같이** 못 생긴 녀석: **시래기뭉치같이 못생긴**의 잘못. ←**못생기다**[원]
  배고프면 **시레기죽**도 맛있어: **시래기죽**의 잘못.
  [설명] '같이'가 격조사로 쓰일 때: ①앞말이 보이는 전형적인 어떤 특징처럼'의 뜻을 나타내는 격조사. ¶
    얼음장같이 차가운 방바닥; 눈같이 흰 박꽃; 소같이 일만 하다; 나같이 해도 돼; 마음같이 그리 쉽게
    될까. ②앞말이 나타내는 그때를 강조하는 격조사. ¶새벽같이 떠나다; 매일같이 지각하다. 단, 격조
    사이므로 당연히 체언에 붙여 써야 하고, '~같은'의 꼴로 활용하지는 못함.
  [참고] '시레기/씨래기'는 표준어 선정에서 제외된 말. '시래기'는 '실(실같이 가늘고 길게 생긴 것)'+'아기'(어
    린 식물을 귀엽게 이르는 말)→실+아기→실+애기→시래기의 과정을 거친 것으로 추정됨. 이때의 '−
    래기'는 '오라기/싸라기' 등에서 보이는 '−라기'의 'ㅣ' 모음 역행동화(움라우트) 사례로서, '조무래기/무

따라기' 등에서도 나타남.

시래기뭉치[명] (비유) 못생긴 사람.

◆입력 작업을 많이 했더니 손목이 **시리다**: **시다**의 잘못. ←**시다**[원]

발목을 **삐끗**했는데 그 부위가 자꾸 **시리네**: **삐끗했는데**, **시네**의 잘못. ←**시다**[원]. '**삐끗**하다'는 없는 말. '**삐끗**하다〉비끗하다'(○).

[비교] 손이 **시려워**: **시려**의 잘못. ←**시리다**[원]. '시리어(시려)/시리니'로 활용.

시다[형] ①맛이 식초나 설익은 살구와 같다. ②관절 따위가 삐었을 때처럼 거북하게 저리다. ③강한 빛을 받아 눈이 부시어 습벅습벅 찔리는 듯하다. [유] 눈부시다/새금하다/시큰시큰하다.

시리다[형] ①몸의 한 부분이 찬 기운으로 인해 추위를 느낄 정도로 차다. ②찬 것 따위가 닿아 통증이 있다. ③빛이 강하여 바로 보기 어렵다.

◆무슨 죽을 이리 **시멀겋게** 쑤었니? 좀더 진하게 쑤지: **싯멀겋게**, **좀 더**의 잘못. ←**싯멀겋다**[원]

풀이 이렇게 **시멀개서야** 끈기가 없잖니: **싯멀게서야**의 잘못. ←**싯멀게지다**[원]

[설명] ①'새빨갛다(○)/샛빨갛다(×)'와는 반대의 경우로서 '샛노랗다'(○)의 경우와 흡사함. 즉, 유성자음의 초성('ㄴ/ㄹ/ㅁ' 등)이 연결될 때는 사이시옷 강세를 붙인 '싯/샛–' 꼴을 씀. 〈예〉싯누렇다/싯누레지다/샛노랗다; 싯멀겋다/싯멀게지다. ②그러나, 경음/격음 등과 같은 무성자음의 초성이 연결될 때는 '시–'를 씀. 〈예〉시꺼멓다/시뻘겋다/시뿌옇다/시커멓다/시퍼렇다/시허옇다. ③띄어쓰기: '더 이상, 좀 더, 한 번 더'이며, '더'는 부사.

싯멀겋다[형] 보다 진하고 선뜻하게 멀겋다.

시멀개지다(×)/**싯멀게지다**(○)[동] 매우 멀겋게 되다. ⇐모음조화.

◆그게 무슨 **시비거리**나 된다고 그래: **시빗거리**의 잘못.

◆**시시껍적한/시시껍절한** 얘기뿐이었다: **시시껄렁한**의 잘못. ←**시시껄렁하다**[원]

[설명] '시시껍적하다/껍적하다'는 북한말. '시시껍절하다'도 없는 말.

◆내일 10시까지 출두하**시압**: ~**하시압**의 잘못.

–시압[미] 다수의 사람에게 어떤 일을 청하거나 정중한 명령의 뜻을 나타내는 종결어미. 주로 알리는 글 따위에 쓰임.

◆♣'**–시오**'와 '**–세요**': 격식체와 비격식체

[예제] '**미시오/당기시오**'와 '**미세요/당기세요**' 중 어느 말이 맞나: 모두 맞음.

[설명] '미시오/당기시오/드시오'는 격식체인 하오체이며, '미세요/당기세요/드세요'는 비격식체인 해요체임. 격식체인 하오체는 객관적인 느낌을, 비격식체인 해요체는 주관적인 느낌을 주는데, 대중을 대상으로 하여 무엇을 안내하는 문구에는, 비격식체인 '–세요'를 쓰는 것이 틀린 것은 아니지만, 객관적인 느낌을 주는 격식체를 쓰는 것이 더 나음. 즉, '미시오/당기시오/드시오'가 '미세요/당기세요/드세요' 보다 나은 표현임.

◆짙은 안개 때문에 **시정거리**가 20미터 정도이다: **시정**의 잘못. ⇐불필요한 중복.

[설명] 유사한 용도로 쓰여 온 '사정거리'라는 말 때문에 '–거리'가 덧붙여진 말. '시정'만으로 그 뜻이 충분함.

시정[視程]몡 목표물을 명확하게 식별할 수 있는 <u>최대 거리</u>.

사정[射程]≒탄정[彈程]/사거리[射距離]/사정거리몡 탄알/포탄/미사일 따위가 발사되어 도달할 수 있는 곳까지의 거리.

◆일을 그리 **시지부지** 하면 안 되지: **흐지부지**의 잘못(방언).

[설명] '흐지부지'는 부사. '흐지부지되다'[동]. '흐지부지하다'[동][형].

◆그런 집에 **시집 올** 사람이 있을까: **시집올**의 잘못. ←**시집오다**[원]

[참고] **장가 드는** 일이 그처럼 쉽다면야 안 갈 사람 없지: **장가드는**의 잘못.

[설명] ①'시집오다/~가다, 장가가다/~들다'는 모두 한 낱말. ②명사+오다 꼴의 동사로는 이 밖에 '수양 (收養)오다(남의 집에 수양아들이나 수양딸로 오다)' 정도. 명사+가다 꼴로는 '한물가다/제일가다/다음가다/으뜸가다...' 등 제법 많음.

◆시험 삼아 옷을 입는 건 **시착(試着)** 아닌가?: 쓸 수 있음. 설명 참조.

[설명] 현재 《표준》에는 '시착(試着)'이라는 낱말이 올라 있지 않으나, '시험 삼아 맛을 봄'이라는 뜻의 '시미(試味)', '음식의 맛이나 요리 솜씨를 보려고 시험 삼아 먹어 봄'이라는 뜻의 '시식(試食)', '새로운 곡이나 녹음한 내용 따위를 시험 삼아 들어 봄'이라는 뜻의 '시청(試聽)' 등과 같은 말들이 쓰이고 있음을 고려할 때 '시착(試着)'이라는 말도 쓸 수 있을 듯. 나아가, 신어(新語) 목록에 이미 '시착실(試着室)'이라는 낱말이 올라 있으므로 머지않아 표제어 등재도 이뤄질 것으로 추정됨.

[주의] '착의식'과 비슷한 의미로 '착복식'을 사용하는 것은 허용되나, 신발/양말 등과 같은 경우에 '착화식' 등으로 표기하는 것은 아직 허용되지 않음. ⇐《표준》의 표제어에 없는 말들임.

착복식[着服式]몡 ①새 옷을 입은 사람이 주위 사람에게 한턱을 내는 일. ②<가톨릭>≒**착의식**(하느님의 부름을 받은 사람이 성직 또는 수도 생활을 위하여 성직자나 수도자의 옷을 입을 때 하는 의식).

◆♣흔히 잘못 쓰는 '**시키다**'

[예제] 곧 상임위원회를 **가동시킬** 예정이다: '**가동할** 예정이다'의 잘못.

　　　내가 좋은 사람을 **소개시켜** 주마: **소개해** 주마의 잘못.

　　　법원은 소송 소요기간을 **단축시킬** 예정이다: **단축할**의 잘못.

　　　그런 거짓말 좀 **시키지 마**. 그것 버릇된다.: **하지 마**의 잘못.

　　　야, 저 멍청한 신병 교육 좀 잘 **시켜**: **해**의 잘못.

　　　꿈을 **실현시키는** 데에 가장 중요한 건 자신의 의지력: **실현하는**의 잘못.

　　　내 차를 내가 **주차시키고** 나오는데 말야: **주차하고**의 잘못.

　　　그가 올 시즌 30번째 도루를/슛을 **성공시키고** 있다: **성공하고**의 잘못.

　　　위원회는 김 의장을 **해임시킬** 수밖에 없었다: **해임할**의 잘못.

[설명] 사역형의 오용으로, '시키다'의 자리에 '하게 하다'를 넣어서 어색하지 않을 때만 '시키다'를 사용함.

[유사] 정말이지 널 한 대 **때려주고/때려 주고** 싶다: **때리고**의 잘못.

　　　딱 한 번만 잘 좀 **봐 줘**; 나 정신 차리게 한 대만 **때려 줘**: 맞음.

[설명] '주다'에는 보조동사로서 '<u>다른 사람을 위하여</u> 어떤 행동을 함'의 뜻이 있으나, 첫 예문의 경우에는 상대방을 위하여 때리는 것이 아니므로 적절하지 않으며, 흔히 잘못 쓰이고 있는 예. 두 번째 예문의 경우는 가능함.

◆'학교'를 충청도**식**으로 발음하면 '핵교'가 되지: **충청도 식**의 잘못.

　하버드식으로 가르치면 배우기도 수월하지: **하버드 식**의 잘못.

　김장훈 식 콘서트; **유재석 식** 진행: **김장훈식, 유재석식**의 잘못.

　[참고] **일본어투**의 표현; **일본어식** 발음: **일본어 투, 일본어 식**의 잘못.

　[설명] ①식은 의존명사와 접미사의 두 가지 쓰임이 있는 말. '우리 식으로 말하면', '농담 식으로 말하지 마' 등에서는 '일정한 방식/투'를 뜻하는 의존명사. '농담 식'이나 '하버드 식'의 경우, 각각 '농담하는 식', '하버드의 방식' 등으로 풀어서 생각하면 이해가 빠름. 특히 '수박 겉 핥기 식'처럼 구의 형태로 앞에 수식어가 있을 때는 예외 없이 의존명사로 처리함. ②'방식'이나 '의식'을 뜻할 때는 접미사인데, '김장훈식 콘서트' 등의 경우도 접미사로 봄(국립국어원 우리말 바로 쓰기 답변). 다만 '셈식, 계산식' 등과 같이 일부 명사 뒤에 붙어 '수법/수식'을 나타낼 때는 명사. ③'일본어 투'에 쓰인 '투(套)'는 '말/글/행동 따위에서 버릇처럼 일정하게 굳어진 본새/방식'을 뜻하는 의존명사. '일본어 투'는 '일본어 어투'의 준말 식으로 쓰인 것임. '일본어 식'의 '식'은 '농담 식, 하버드 식'과 같은 용도로 쓰인 의존명사임.

　[참고] ①국립국어원 측에서도 그동안 이에 관한 원칙이 불안정하였으나, 앞에 관형어 또는 구 형태의 수식어가 있는 경우에는 의존명사로 규정: '장난하는 식', '농담하는 식'이 줄어든 '농담 식', '수박 겉 핥기* 식'(구의 형태로 수식), '우리/네/내 식'(관형어 꼴), '현 정부 식 대응'… ②'칸트식 논리', '김소월식 시작법'… 등에 관해서는 국립국어원 측의 명확한 입장 표명이 없으나, 체언(인명/지명 포함) 뒤에 붙은 것으로 보아, 접미사로 처리함이 혼란을 줄일 수 있을 듯함.

　－식[式][접] ①'방식'의 뜻을 더하는 접미사. ¶강의식/계단식/고정식/기계식. 강호동식 재치. ②'의식'의 뜻을 더하는 접미사. ¶개관식/개업식/성년식/송별식/수료식.

　식[의] 일정하게 굳어진 말투/본새/방식.

◆**신나서** 뛰어갔다. **신나게** 놀았다: 맞음[국립국어원 수정. 2014].

　[설명] ①예전에는 '신(이) 나다'의 구(句)로 보았으나, 2014년 《표준》에 '신나다'라는 동사를 신설했음. ②'신'과 유사한 뜻의 '신명'은 '신명(이) 나다, 신명(이) 나서' 등으로 띄어 적음. 단, '신명지다'는 한 낱말.

◆**신경써서** 한 일인데; **신경쓸** 일이 하도 많아서: **신경 써서, 신경 쓸**의 잘못.

　[설명] '신경(을) 쓰다'는 관용구. '신경쓰다'라는 낱말은 없음.

◆**신들메**도 감당치 못 하겠노라: **들메끈**의 잘못.

　[설명] '신들메'는 '들메끈'의 북한어.

　들메끈[명] 신이 벗어지지 않도록 신을 발에다 동여매는 끈.

◆그 친구 일이라면 **신물난다. 신물나: 신물(이) 난다. 신물 나**의 잘못.

　[설명] '신물나다'는 없는 말. 명사/한자어에 '－나다'가 붙어 만들어진 복합어 중 다음과 같은 것들은 한 낱말이지만, 그렇지 않은 경우도 많으므로 주의. 〈예〉감질나다/결딴-/결판-/구경-/기억-/끝장-/낮-≒생색-/냄새-/맛깔-≒맛깔스럽다/바닥-/바람-/부도-/불티-/뻔질-/살판-/생각-/성질-/소문-/손해-/야단-/욕심-/욕지기-≒구역-/의심-/이름-/작살-/재미-/정분-/조각-/뻔질-/진력-/터격-/혼(魂)쭐-. ☞♣**'－나다'가 붙은 복합어 중 주의해야 할 말들** 항목 참조.

◆소녀는 새 신발이 하도 예뻐서 **신발코**를 자꾸만 만졌다: **신코**의 잘못. 없는 말.

신코명 신의 앞쪽 끝의 뾰족한 곳.

◆귀에 거슬리는 **신소리**를 칭찬이라고 하다니: 부적절한 표현. 아래 설명 참조.
　방미 선물로 국민 건강을 내던지고 온 이 대통령의 **쉰소리**가 오늘도 이어졌다: **흰소리**의 잘못.
　[설명] ①'신소리'는 '상대편의 말을 슬쩍 받아 엉뚱한 말로 <u>재치 있게 넘기는 말</u>'로 좋은 뜻. 즉, 재치 있
　　는 말인데도 위의 예문에서는 듣기 싫은 소리 정도로 잘못 이해하여, 엉뚱한 문맥에서 부적절하게
　　사용한 경우임. ②'쉰소리'는 없는 말이며, '흰소리'의 오용.
　흰소리명 터무니없이 자랑으로 떠벌리거나 거드럭거리며 허풍을 떠는 말. [유]호언/큰소리/흰수작.

◆이제 **실증날** 때도 되긴 됐지: **싫증 날**의 잘못. ⇐싫증(이) 나다.
　그리 쉽게 **싫증내서야** 어디에 쓰겠나: **싫증 내서야**의 잘못.
　[설명] ①'싫'(형용사 '싫다'의 어근)+'증(症)'이 결합한 합성어이므로, 실질형태소인 '싫'의 원형을 살려 적어
　　야 함. ②'싫증내다/싫증나다'는 없는 말. '싫증 내다/싫증 나다'로 띄어 적어야 함.

◆이런 **신풍스러운** 걸 선물로 보내다니: **신청부같은**의 잘못. ←**신청부같다**[원]
　[주의] '신청부'도 명사로는 없는 말이므로, '신청부스럽다'도 잘못. 없는 말.
　신풍스럽다/신푸넝스럽다형 '신청부같다'의 잘못.
　신청부같다형 ①사물이 너무 적거나 모자라서 마음에 차지 아니하다. ¶금액이 적다고 신청부같게 여기
　　지 말기 바랍니다. ②근심 걱정이 너무 많아서 사소한 일을 돌아볼 여유가 없다.

◆아무한테나 그렇게 **실갱이**를 붙으면 못써: **실랑이(승강이)**의 잘못. 없는 말.
　[참고] 그들은 온종일 **싱갱이**를 벌였다: **승강이**의 잘못. 북한어.
　[설명] '실랑이/승강이'는 옳은 말이지만, '실갱이/싱갱이'는 없는 말.
　실랑이명 ①이러니저러니, 옳으니 그르니 하며 남을 못살게 굴거나 괴롭히는 일. ②≒**승강이/승강**(서로
　　자기주장을 고집하며 옥신각신하는 일).

◆**실뭉치**를 좀 천천히 풀어야 얽히지 않지: 맞음(**실뭉당이**도 가능).
　실뭉치명 실을 한데 뭉치거나 감은 덩이.
　실뭉당이명 실을 꾸려 감은 <u>뭉치</u>.

◆마음이 몹시 **심난한데** 너까지 이러지 마라: **심란한데**의 잘못. ←**심란하다**[원]
　지금 형편이 **심란해서** 등록금 마련이 어려워: **심난해서**의 잘못. ←**심난하다**[원]
　심난하다(甚難─)형 매우 어렵다.
　심란하다(心亂─)형 <u>마음이</u> 어수선하다. [유]뒤숭숭하다/어수선하다.

◆**심살** 맛있는 데로 주세요: **등심**의 잘못. 없는 말.

◆**심지뽑기**로 해서 정하지: **제비뽑기**의 잘못. 방언(경북).

◆**십원짜리**라고 해서 허투로 해선 안 돼: **십 원짜리, 허투루**의 잘못. ⇐'─짜리'는 접미사.

◆아, **보고싶어라**. 꼭 **먹고싶다**: **보고 싶어라**, **먹고 싶다**의 잘못.

  [설명] '싶다'는 보조형용사지만 '-고 싶다'의 구성으로 쓰임. 따라서 붙여 적을 수 없음. 이와 같이 '싶다'가 구성으로 쓰이는 예로는 '-을(ㄹ)까 싶다/-으면 싶다/-이었으면 싶다' 등도 있음. 즉, '싶다'는 붙여 쓰기가 허용되지 않는 특수 보조용언이라고 기억해 둘 필요가 있음. ¶보고 싶다; 꿈인가 싶다; 마지막 기회다 싶어서; 누가 볼까 싶어서; 일찍 잤으면 싶다; 머리도 아픈데 그냥 집에 갈까 싶다.

◆**싸가지** 없는 녀석 같으니라고: **싹수**의 방언(강원, 전남).

◆**싸그리** 쓸어버려야 하는데: **깡그리**의 방언(전라도).

  깡그리图 하나도 남김없이. [유]송두리째/온통/죄다. ☞◆♣**사투리로 착각하기 쉬운 표준어 중 유의할 것들** 항목 참조.

◆일을 그리 **싸드락싸드락** 해대서야: **시위적시위적**의 잘못. 방언.

  [참고] 서둘지 말고 **싸목싸목** 해도 돼: **천천히**의 잘못. 방언.

  [설명] '싸드락싸드락'은 표준어 선정에서 제외된 말로, '싸득싸득/싸목싸목/싸박싸박'과 함께 전라도 방언. **싸드락싸드락**图 '**시위적시위적**(일을 힘들여 하지 아니하고 되는대로 천천히 하는 모양)'의 잘못.

◆**싸래기** 밥만 먹었나. **반말찌거리**야 처음부터: **싸라기밥**, **반말지거리**의 잘못.

  [참고] 눈**싸래기**/눈**싸라기**가 내리고 있다: **싸라기눈**[싸락눈]의 잘못.

  [설명] ①'ㅣ' 모음 역행동화를 인정하면 '쌀+아기→싸라기'에서의 변화 추적이 어려워짐. ☜[주의] '싸래기 노름(창호지를 썰어 녹두알처럼 작게 만들어 접시 위에 놓아두고, 글씨가 씌어 있는 알을 집는 사람이 이기는 노름)'은 실제 '싸라기'로 하는 노름이 아니므로 인정. ②'눈싸래기'는 '다래끼(속눈썹의 뿌리에 균이 들어가 눈시울이 발갛게 붓고 곪아서 생기는 작은 부스럼)'의 북한어.

◆그런 것들은 **싹다** 쓸어버려야 해: **싹 다**의 잘못.

  [설명] '싹다'는 '깡그리/모조리/온통/모두'를 뜻하는 경상도 방언으로 '싹 다'의 잘못. 이때의 싹은 '조금도 남기지 않고 전부'의 뜻.

◆망설임 없이 가위로 **싹똑/싹독** 잘랐다: **싹둑**의 잘못. ⇐받침 'ㄱ/ㅂ'의 뒤에서는 예사소리.

  가위 날이 잘 서서 단번에 **삭독** 잘렸다: **가윗날**, **삭둑**의 잘못.

  저희들끼리 **씩뚝싹똑/씩둑싹둑** 뒷전에서 떠들어대고 있었다: **씩둑씩둑**의 잘못.

  [비교] 절**뚝**거리다/씰**쭉**하다/헤벌**쭉**하다: 맞음. ☜[원칙] 받침 'ㄴ/ㄹ/ㅁ/ㅇ' 뒤의 예사소리는 경음으로 표기함.

  [설명] ①받침 'ㄱ/ㅂ'의 뒤에서는 예사소리로 표기함: 싹뚝(×)/싹둑(○); 삭뚝(×)/삭둑(○); 넙쭉(×)/넙죽(○); 깍뚝깍뚝(×)/깍둑깍둑(○); 씩뚝꺽뚝(×)/씩둑꺽둑(○). ②언중의 발음을 인정한 사례. 단, 모두 '-똑/독'이 아니라 '-둑'임. 주의! ♣**받침 'ㄱ/ㅂ' 뒤에서 나는 된소리** 항목 참조.

  [참고] 모음조화 무시 관련: 샐쭉(○)/샐쪽(×); 옴쭉(○)/옴쪽(×); '삐쭉'비쭉/비죽(○); '씰쭉'실쭉(○)/샐쪽(×); '움쭉'옴쭉(○)/옴쪽(×); '뻘쭉'벌쭉(○). ⇐이러한 쓰임의 '-쭉'의 경우는 접두어나 어근이 양성모음일 경우에도 모음조화를 따르지 않음. ☜**샐쭉** 항목 참조.

  싹둑/삭둑〈**석둑**〉图 어떤 물건을 도구/기계 따위가 해결할 수 있을 만큼의 힘으로 단번에 자르거나 베는 소리. 또는 그 모양.

  씩둑图 쓸데없는 말을 느닷없이 불쑥 하는 모양. ¶씩둑씩둑.

  씩둑꺽둑图 이런 말 저런 말로 쓸데없이 자꾸 지껄이는 모양.

◆보리가 **싹틀** 무렵이면: **싹(이) 틀**의 잘못. ⇐'싹트다'는 다른 뜻.

　싹트다图 어떤 생각/감정/현상 따위가 처음 생겨나다.

　[설명] '식물의 싹/움/순 따위가 벌어지다'라는 뜻에는 명사 '싹'과 동사 '트다'를 써서, '싹(이) 트다'로 적음. ¶봄이 되면 온갖 초목이 물이 오르고 싹이 튼다. ↔ 사랑이 싹트다; 국민들에게서 환경 보존에 대한 인식이 싹텄다.

◆**쌀궤**에 쌀 한 톨 없으니: **뒤주(쌀뒤주)**의 잘못. 없는 말.

　[설명] '돈궤/손궤≒손궤짝/옷궤[-櫃]' 등은 있으나, '쌀궤'는 '뒤주'의 잘못.

　손궤≒손궤짝图 ①손으로 들고 다니기 좋게 만든 작은 궤. ②거처하는 곳 가까이에 두고 쓰는 조그마한 궤.

　옷궤[-櫃]图 옷을 넣어 두는 나무 상자.

◆그 돈이면 **쌀됫박**은 살 수 있을 게야: **쌀되**의 잘못. '쌀됫박'은 북한어.

　쌀되图 ①쌀을 되는 데 쓰는 일정한 크기의 그릇. ②한 되 남짓한 얼마 안 되는 쌀.

◆**쌀박산**이나 해 먹자: **튀밥**의 방언(강원). ⇐'튀긴 쌀/옥수수'는 모두 튀밥.

　튀밥图 ①찰벼를 볶아 튀긴 것. ②튀긴 쌀. ③튀긴 옥수수.

◆**쌈박질/쌈질**이나 하면서 세월 보낼래?: 맞음.

　[설명] '쌈박질은 예전에 '쌈질'의 잘못이었으나 표준어로 인정. '쌈박질/쌈질'은 각각 '싸움박질/싸움질'의 준말.

◆뭐 좀 **쌈빡하게** 맛있는 것 좀 없을까: **쌈박하게**의 잘못. ←**쌈박하다**[원]

　[주의] 눈을 **쌈빡거리더니** 결국 자는군: 맞음. ←**쌈빡거리다**[원]

　[설명] ①'물건/어떤 대상이 시원스럽도록 마음에 들다'의 뜻일 때는 '쌈빡하다'는 '쌈박하다'의 잘못. 즉, 이때의 '쌈빡하다'는 '쌈박하다'의 센말이 아님. 그러나 '눈까풀이 움직이며 눈이 한 번 감겼다 떠지다. 그렇게 눈을 감았다 뜨다'의 의미일 때는 '쌈빡하다>쌈박하다1>삼박하다'의 관계임. ②[주의] '섬벅거리다[하다]/섬뻑~/쎔뻑~'는 모두 북한어임.

　쌈박하다[형] ①물건/어떤 대상이 시원스럽도록 마음에 들다. ②일의 진행/처리 따위가 시원하고 말끔하게 이루어지다.

　쌈빡하다[거리다]>쌈박하다[거리다]2>삼박하다[거리다]图 눈까풀이 움직이며 눈이 한 번 감겼다 떠지다. 그렇게 눈을 감았다 뜨다.

　슴벅거리다[대다]<쎔벅거리다[대다]<쎔뻑거리다[대다]图 ①눈꺼풀이 움직이며 눈이 자꾸 감겼다 떠졌다 하다. 또는 그렇게 되게 하다. ②눈/속이 찌르듯이 자꾸 시근시근하다.

◆'**쌈지무선망**'은 무엇을 순화한 말인가: **블루투스(bluetooth)**.

◆갓김치는 **쌉살한** 맛에 먹는 것 아닌가: **쌉쌀한**의 잘못. ←**쌉쌀하다**[원]

　[참고] 한글 맞춤법 제5항의 단서 규정 및 제13항: 같은 경음으로 표기. 〈예〉짭잘한(×)/짭짤한(○); 찝질하다(×)/찝찔하다(○).

　[규정] 'ㄱ/ㅂ' 받침 뒤에서 나는 된소리는, 같은 음절이나 비슷한 음절이 겹쳐 나는 경우가 아니면 된소리로 적지 아니함[한글 맞춤법 제5항]. 〈예〉싹뚝(×)/싹둑(○); 삭뚝(×)/삭둑(○); 넙쭉(×)/넙죽(○).

　[규정] 한 단어 안에서 같은 음절이나 비슷한 음절이 겹쳐 나는 부분은 같은 글자로 적는다[한글 맞춤

법 제13항] 〈예〉딱딱(○)/딱닥(×); 꼿꼿하다(○)/꼿곳하다(×); 쌕쌕(○)/쌕색(×); 놀놀하다(○)/놀롤하다
(×); 씩씩(○)/씩식(×); 눅눅하다(○)/눙눅하다(×); 똑딱똑딱(○)/똑닥똑닥(×); 밋밋하다(○)/민밋하다(×);
쓱싹쓱싹(○)/쓱삭쓱삭(×); 싹싹하다(○)/싹삭하다(×).

◆**쌉싸레**하고 **쌉쓰름**해서 정말 좋군: **쌉싸래**, **쌉싸름**의 잘못.
　　쌉싸름해서 오히려 좋던데: 맞음.
　　[설명] ①'쌉싸래/쌉싸름' 등과 같이 모두 '쌉싸–'를 쓰며, '쌉쓰–'는 잘못(북한어). ②예전에는 '쌉싸름
　　하다'는 '쌉싸래하다'의 잘못이었으나 복수표준어로 인정[2011년]. ③주의: 쌉**싸래**–(○)/씁**쓰레**–(○)/씁**쓰
　　름**–(○). ⇐모음조화.

◆**쌍꺼풀** 수술이지, 어떻게 **쌍까풀** 수술이냐: **쌍꺼풀/쌍까풀**은 복수표준어.

◆**쌍둥아들/쌍둥딸**: **쌍동아들/쌍동딸**의 잘못.
　　[비교] **초립동이** 춤이 귀엽군: **초립동이**(혹은 **초립동**)의 잘못.
　　[설명] ①쌍동(雙童)의 어근을 꼭 살려야 할 경우에만 '쌍**동**'으로 표기. '쌍둥**이**'에서와 같이 '아이'를 뜻
　　하는 경우에는 예외 없이 모두 '둥'. '쌍둥이'는 당초 한자어 '쌍동(雙童)'으로 썼으나 그 뒤에 그런 사
　　람을 뜻하는 '–이'가 붙으면서 '쌍둥이'로 보편화되고 '동이(童–)'에 특별한 의미가 사라지면서, '–둥이'
　　로 굳어졌음. 즉, '쌍동'만으로도 통하던 한자어에 '–이'가 붙으면서 '–둥이'로 바뀐 것. 따라서, '쌍동'
　　의 의미가 살아있는 말들은 여전히 '쌍동'으로 표기함. 〈예〉쌍동밤/쌍동딸≒쌍생녀[雙生女]/쌍동바람
　　꽃/쌍동배≒쌍동선. ②이에 따라 다음과 같은 말들은 모두 '–둥'으로 적음: 약둥이/귀둥이[貴–]/선둥
　　이[先–]/막둥이/순둥이/해방둥이/재간둥이/귀염둥이/초립둥이.

◆그런 **쌍소리**를 입에 달고 사는 사람은: 쓸 수 있음. '상소리(常–)'의 센말.
　　그런 **쌍놈/상놈**이 아직도 있나: 둘 다 쓸 수 있음. 문맥에 따라 다소 뜻은 다름.
　　검사라는 자가 그런 **쌍욕**을 하다니: 쓸 수 있음. '상욕(常辱)'의 센말.
　　하도 상스러워 **상내**가 풀풀 난다: **쌍내**의 잘못. 없는 말.
　　[설명] ①본데없고 버릇없다는 뜻의 센말 속어로는 '쌍놈'을 쓸 수 있음. ②이와 같이 센말로 '쌍–'을 쓸
　　수 있는 것들: 쌍것〉상것; 쌍년〉상년; 쌍놈〉상놈; 쌍욕〉상욕; 쌍말〉상말; 쌍소리〉상소리. 단, '쌍내'의
　　여린말은 없음.
　　쌍내명 쌍스러운 느낌.

◆**쌍심지 선** 눈으로 째려보더군: **쌍심지선**의 잘못. ←**쌍심지서다**[원]
　　쌍심지 오른 눈으로 어찌나 무섭게 해대던지: **쌍심지오른**의 잘못. ←**쌍심지오르다**[원]
　　[설명] '쌍심지나다/쌍심지서다/쌍심지오르다'는 모두 '두 눈에 불이 일 것처럼 화가 몹시 나다'를 뜻하는
　　같은 말임. 즉, 일반적인 '쌍심지(한 등잔에 있는 두 개의 심지)'의 뜻과는 달리 의미가 특화/특정되었
　　기 때문에 모두 한 낱말의 복합어가 되었음.

◆배가 고프다고 아이는 자꾸만 울어 **쌌는다**: **쌓는다**의 잘못. ←**쌓다**[원]
　　[설명] '쌓는다'는 보조동사 '쌓다'의 활용형. '쌓는/쌓으면/쌓던' 등으로 활용함.
　　쌓다보통 동사 뒤에서 '–어 쌓다' 구성으로 쓰여, 앞말이 뜻하는 행동을 반복하거나 그 행동의 정도가
　　심함을 나타내는 말. ¶아이가 자꾸만 울어 쌓는다; 그렇게 아이를 놀려 쌓으면 못써; 아침부터 울어

쌓던 꼬마는 울음을 그쳤다; 배가 고프다고 울어 쌓는 아이를 보니 여인은 몹시 마음이 아팠다.

◆그런 **쌍판대기** 보기도 싫으니: **상판대기**의 잘못.

　그놈의 **상판때기**는 보기만 해도 이가 갈려: **상판대기**의 잘못.

　[설명] ①'상판대기(얼굴의 속칭)'의 발음은 {상판때기}이지만 '상+판대기'이므로 '-때기'와는 무관함. ②표준어 규정 제17항: 비슷한 발음의 몇 형태가 쓰일 경우, 그 의미에 아무런 차이가 없고, 그중 하나가 더 널리 쓰이면, 그 한 형태만을 표준어로 삼는다.

◆맞춤법 공부에 **담 쌓았다**는 어느 한글학자: **담쌓았다**는의 잘못. ←**담쌓다[원]**

　[비교] 친척들과 **벽쌓고** 지낸 그: **벽(을) 쌓고**의 잘못. 관용구

　[설명] ①'담쌓다는 한 낱말. '벽(을) 쌓다'는 관용구. ②'-쌓다'가 들어간 복합어들은 대부분 다음과 같이 부사(어)들을 접두어로 쓴 것들임: 겹쌓다(여러 겹으로 포개어 쌓다)/덮~/덧~/되~/내~/치~(아래로부터 위로 올리어 ~)/내려~('내리~'의 잘못)/들이~1(한군데에 함부로 많이 ~)/들이~2(안쪽으로 ~).둘러~/들여~≒들이~2/돌라~.

　담쌓다[동] ①담을 만들다. ②관계/인연을 끊다. [유]절교하다/끊다/단절하다

　벽(을) 쌓다[관] 서로 사귀던 관계를 끊다.

◆**쌔고쌘** 게 사내인데: **쌔고 쌘**의 잘못. ['**쌔고쌔다**'는 없는 말. 쌔고+쌔다].

　[설명] ①쌔다: '쌓다'의 피동형인 '쌓이다'의 준말. ②'-고 -ㄴ(는)'의 꼴. 두 낱말이므로 띄어 씀. ¶자고 잔 뒤에; 인생은 끝없이 가고 가는 길.

　쌔다[동] 쌓일 만큼 퍽 흔하고 많이 있다.

◆지금이 그런 **쌩똥맞은** 소릴 할 때냐: **생똥맞은**의 잘못. ⇐잘못된 경음화.

◆꾸물거리지 않고 병원에 **쌩하니** 다녀왔다: **횡하니**(혹은 **쌩하게**)의 잘못.

　[설명] ①'쌩하니[형]에 쓰인 '-(하)니'는 앞말이 뒷말의 원인/근거/전제 따위가 됨을 나타내는 연결어미. '-(하)니'의 연결어미 용례: ¶밖의 바람 소리가 쌩하니, 얼른 창문 닫아라. ☞문제 예문에서 부사어로 쓰려면 부사형 어미(학교 문법에서는 '보조적 연결어미'라 함)인 '아(어)/게/지/고'를 써서 '쌩하게'나 '쌩하고로 적어야 함. ②'쌩하게'의 '-게'는 앞의 내용이 뒤에서 가리키는 사태의 목적/결과/방식/정도 따위가 됨을 나타내는 연결어미.

　[참고] '-하니'가 들어간 파생어 부사들: **멍하니/떡하니/봐하니≒보아하니/횡하니/설마하니**.

　쌩하다[형] ①바람이 세차게 스쳐 지나가는 소리가 나는 듯하다. ②사람/물체가 바람을 일으킬 만큼 빠르게 움직이는 소리가 나는 듯하다.

◆너 정말 엄마 속을 그렇게 **썩힐래**?: **썩일래**의 잘못. ←**썩이다[원]**

　[설명] '썩이다'와 '썩히다': 둘 다 '썩다'의 사동사지만, 의미와 용례가 다름. 잘못된 발음 관행 탓에 '썩이다'로 써야 할 곳에 '썩히다'를 자주 씀. 아래에 보이는 사동사의 용례와 자동사('썩다')의 용례 참고.

　썩이다: '걱정/근심'으로 몹시 괴로운 상태가 되게 한다'는 의미. 사동사. ¶[사]아이가 엄마 속을 썩였다. ↔[자]아이가 공부를 못해서 엄마가 속을 썩었다.

　썩히다: 목적격조사 '을/를'이 분명하게 붙음. ①'유기물을 부패하게 한다'는 뜻. ¶[사]음식물 쓰레기를 썩혀서 거름을 만든다. ↔[자]여름철에는 음식물 쓰레기가 잘 썩는다. ②'물건/사람의 재능 따위가 쓰여

야 할 곳에 제대로 쓰이지 못하고 내버려진 상태에 있게 한다'는 뜻. ¶囮그는 아까운 재능을 썩히고 있다. ← 囵그의 재능은 시골에서 썩기는 아깝다. ③약간 속된 말로 '본인의 의사와 관계없이 어떤 곳에 얽매여 있게 한다'. ¶囮조사를 한다는 명분으로 몇 해이건 재판도 하지 않고 그를 감옥에 넣어 썩힐 수가 있었다. ← 囵그는 군대에서 삼 년 동안 썩었다며 억울해했다.

　[정리] '썩다'의 사동사는 두 가지: '썩히다, 썩이다'.
　썩히다: ¶배추를 썩히다 (부패하게 하다); 재주를 썩히다 (묵히다).
　썩이다: ¶걱정/근심으로 몹시 괴로운 상태가 되게 하다.

◆이렇게 **썰어 주시고요**. 그리고 **삶아 주세요**: **써시고요**, **삶으세요**의 잘못.
　[설명] ①여기서 보조동사로 쓰인 '주다'는 '다른 사람을 위하여 어떤 행동을 함을 나타내는 말'인데, 문맥상 다른 사람을 위해서 쓰는 게 아니므로 부적절한 표현임. ②보조동사 '주다'의 올바른 쓰임. ¶자동차를 수리해 주다; 환자에게 밥을 먹여 주다; 선배의 편지를 부쳐 주었다; 사진을 찍어 주기도 했다; 내 원고 교정 좀 봐 줘; 눈물을 씻어 주었다.

◆그는 황소 눈처럼 큰 눈을 **썸벅썸벅**했다: **씀벅씀벅**의 잘못.
　타가 들어갔는지 눈이 자꾸 **섬벅섬벅한다**: **슴벅슴벅한다**의 잘못.
　[설명] '썸벅썸벅〉섬벅섬벅'은 '베어지는 소리'를 뜻하는 전혀 다른 뜻의 말.
　씀벅씀벅〉슴벅슴벅曱 ①눈꺼풀을 움직이며 눈을 자꾸 감았다 떴다 하는 모양. ②눈이나 살 속이 찌르듯이 자꾸 시근시근한 모양. ¶**씀벅〉슴벅이다/씀벅거리다**동. **~하다**동
　썸벅썸벅〉섬벅섬벅曱 크고 연한 물건이 잘 드는 칼에 쉽게 자꾸 베어지는 소리. 또는 그 모양. ¶**~하다**동

◆바람도 가끔 **쐬야** 해. 늘상 방안에만 있지 말고: **쐐야**, **늘(노상)**의 잘못.
　[설명] '쐬(다)+어→쐐', 즉 '쐐'는 '쐬어'의 준말. 이와 같이 준말 꼴로 흔히 쓰이는 것에는 '돼←되어; 좨←조여; 괘←괴어; 봬←뵈어' 등이 있음. 따라서 이러한 동사들의 '-어요' 꼴은 각각 '돼요/쐐요/괘요/봬요'가 되어야 하므로, '안 되요(×)/안 돼요(○); 불을 안 쐬요(×)/불을 안 쐐요(○); 받침을 안 괴요(×)/받침을 안 괘요(○); 내일 뵈요(×)/내일 봬요(○)'임.

◆벌에 **쐬여** 얼굴이 부었다: **쐬어/쏘여**의 잘못. ←**쐬이다(×)**, **쐬다(○)/쏘이다(○)**.
　벌에 **쐬였을** 때는 병원으로 가야 해: **쏘였을** 때(혹은 **쐬었을** 때)의 잘못.
　[설명] '쐬다'도 '쏘이다('쏘다'의 피동사)'의 준말이기 때문에 쓸 수 있음. 즉, '쐬(다)+어→쐬어'. '쏘이(다)+어→쏘이어→쏘여'.

◆이런 **쑥맥** 하고는: **숙맥(菽麥)하고는**의 잘못.
　[설명] ①콩(菽)과 보리(麥)도 구분하지 못한다는 뜻에서. ②'하고+는'은 조사. 구어체.

◆이것 참 **쑥쓰러워서** 정말 **쓥슬하군**: **쑥스러워서**, **쑵쓸하군**의 잘못.
　[참고/고급] '안쓰럽다'와 '쑥스럽다': ①[원칙] 한 낱말 안에서 뚜렷한 까닭 없이 나는 된소리는 다음 음절의 첫소리를 된소리로 적음. 다만 'ㄱ/ㅂ' 받침 뒤에서 나는 된소리는, 같은 음절이나 비슷한 음절이 겹쳐 나는 경우가 아니면 된소리로 적지 아니함. [한글 맞춤법 제5항] 즉, 'ㄱ/ㅂ' 받침 뒤에서는 경음화의 규칙성이 적용되는 환경이므로, 된소리로 나더라도 된소리로 적지 않음. 〈예〉쑥스럽다; 싹뚝(×)/싹둑(○); 삭뚝(×)/삭둑(○); 넙쭉(×)/넙죽(○); 깍뚝깍뚝(×)/깍둑깍둑(○); 씩뚝꺽뚝(×)/씩둑꺽둑

(○); 쓸쓸하다(예외: 비슷한 음절의 겹침 사례). ②'안쓰럽다'의 경우: 받침 'ㄴ/ㄹ/ㅁ/ㅇ'은 예사소리를 경음화시키는 필연적인 조건이 되지 않기 때문에 '안쓰럽다'로 적음. ③표기법과는 달리, 의미 중심으로 살펴보려는 견해도 있을 수 있음. 즉, '안쓰럽다'의 경우는 안이 쓰리는 것이므로 '안쓰-'를 의미 중심으로 보고, '쑥스럽다'의 경우에는 '쑥+스럽다'로 보는 것. ♣**받침 'ㄱ/ㅂ' 뒤에서 나는 된소리** 항목 참조.

◆♣**'-쓰다'가 들어간 복합어** 중 유의해야 할 말들: 복합어이므로 붙여 써야 하며 띄어 쓰면 잘못.
　[예제] **쓰디 쓴** 실패를 맛본 뒤에야 정신 차렸다: **쓰디쓴**의 잘못. ⇐한 낱말.
　　　　낙서처럼 함부로 **갈겨 쓴** 악필: **갈겨쓴**의 잘못. ←**갈겨쓰다**[원]
　　　　풀어 쓴 게 더 알아보기 어렵더군: **풀어쓴**의 잘못. ←**풀어쓰다**[원]
　○'-쓰다': 갖추쓰다/가로-/갈겨-/검-/꾀-/내려-/내리-/넘겨-/눌러-/다가-/당겨-/덧-1/덧-2/덮어-/돌려-/되-1/되-2/되-3/둘러-≒뒤집어-/뒤어-/뒤-/됩-/들-/떼-/모가-/못-/모아-/무릅-/받아-/벌(罰)-/변-/비껴-/손-/쓰다-/악-/애-/용-/집어-/패(霸)-/풀어-/힘-.

◆[고급] **'쓰다'의 피동 활용으로 '씌여'가 맞나, '쓰여'가 맞나?: '쓰여'**가 맞음. ⇐**씌**를 쓸 때는 '**씌어**'임.
　[설명] ①쓰다의 피동 활용으로는 '씌어/쓰여/써져' 등이 가능함. 즉, '쓰-'형과 '씌-'형 둘 다 가능함. 그 이유는, '쓰다'에 피동 접미사 '-이-'가 붙으면 '쓰이다'가 되는데, 여기에 어미 '-어'가 붙으면 '쓰이어(쓰이-+-어)'가 되고, 이것은 '씌어'나 '쓰여'로 줄 수 있기 때문. (그러나, '씌여'는 잘못.) ②피동 접미사가 아닌 피동 표현으로, '쓰다'에 '-어지다'를 붙인 '써지다'도 가능함. 그러나, 간혹 능동형 '쓰다'가 아닌 '쓰이다'라는 피동 표현에 다시 '-어지다'를 붙이는 경우가 있는데, 이는 이중 피동으로 바람직한 표현이 아님. 따라서, '쓰여져는'는 '씌어/쓰여/써져' 중의 하나로 고쳐 써야 함.
　[활용] 이 칠판은 글씨가 아주 잘 **씌어지는군**: **써지는군**의 잘못. ←**써지다**[원]
　　　　글씨가 예쁘게 **쓰여져 있다**: **씌어/쓰여 있다**(씌어≒쓰이어)의 잘못. ←**쓰이다/씌다**[원]
　[정리] ①쓰다의 피동은 '쓰이다'. 준말은 '씌다'. 준말 활용은 '씌-'+'-어'→'씌어'이고, 본말 활용은 '쓰이-'+'-어'→'쓰이어'→'쓰여/씌어'. ②'쓰(다)'+'-어지다'→'써지다'. 고로, '쓰여지다'는 잘못.

◆고들빼기는 본래 맛이 좀 **쓰드름해/싸드름해**: **쌉싸름해**(혹은 **쌉싸래해**)의 잘못.
　고들빼기가 원래 좀 **씁쓰레한** 맛이 나는 법이야: 맞음.
　[설명] ①'쓰드름-/싸드름-'은 잘못. 없는 말. ②쌉쓰레하다와 쌉쓰름하다는 동의어. 아래 뜻풀이 참조.
　쌉싸래하다≒쌉싸름하다[형] 조금 쓴 맛이 있는 듯하다.
　씁쓰름하다≒씁쓰레하다[형] ①조금 쓴 맛이 나는 듯하다. ②달갑지 아니하여 싫거나 언짢은 기분이 조금 나는 듯하다.

◆♣**'쓰라'와 '써라'의 차이: 간접명령과 직접명령**
　[예제] 문제를 보거든 네가 아는 대로 **쓰라**: **써라**의 잘못.
　　　　기승전결 방식으로 **써시오/써라**: **쓰시오/쓰라**의 잘못.
　[설명] ①두 가지 명령형: '-으라'형과 '-어라/-아라'형
　　　　-'어라'형: '직접명령'이며, 특정 상대를 하대(下待)할 때. ¶써라; (하지) 말아라; 주어라(→줘라쥰); 들어라.
　　　　-'(으)라'형: '간접명령'으로, 불특정 다수에게 객관적으로 말할 때. ¶쓰라; (하지) 말라; 주라; (귀 있는 자는) 들으라.

②(문례)써라: 수험생 하나하나에게 굳이 아랫사람으로 쓰도록 명할 때

써라: 객관적으로 답안 기재를 요구하는 심정일 때.

[참고] ①문제지 등에서 '쓰시오'나 '쓰라'의 어느 것을 사용해도 잘못은 아님. ②다음과 같이 시험 문제 등에서 자주 사용되는 명령형들은 어느 것을 써도 잘못은 아니지만, 한 가지로 통일해서 쓰는 것이 바람직함. ¶관계있는 것끼리 이으라/이어라; 그래프를 그리라/그려라; 알맞은 답을 고르라/골라라; 다음 물음에 답하라/답하여라.

[참고] '말다'에 명령형어미 '-아/-아라/-아요' 등이 결합할 때 나타나는 '말아/말아라/말아요'와 '마/마라/마요'는 두 가지 표기를 용인함[2015년 개정]. 주의할 것은 이 세 가지 '-아/-아라/-아요' 어미와 결합할 때만 복수표준어로 인정하고, 그 밖의 경우는 기존 원칙대로라는 점.

◆**쓰레받이**: **쓰레받기**의 잘못. [주의] 그러나, 다른 것들은 대부분 '-이'. ¶**재떨이/걸레받이/손톱깎이/먼지떨이**.

◆다음과 같이 **쓰여진** 안내문: **쓰인**의 잘못. ←**쓰이다**[원]

그 돈이 제대로 **쓰여졌군그래**: 맞음(認容). (그러나, **쓰였군그래**가 나음).

[설명] ①'쓰이다'는 '쓰다(書)'와 '쓰다(用)'의 피동사를 겸하는 말. ②'바뀌어지다'나 '쓰여지다' 등은 접미사에 의한 피동과 '지다'에 의한 피동이 겹쳐진 것으로 흔히 이중피동이라 부르며, 《표준》에 따르면 피동 표현이 중복되는 느낌이 있으므로 특별한 표현 목적이 없는 한 쓰지 않는 것이 좋음.

쓰이다1[통] '쓰다(①어떤 일을 하는 데에 재료/도구/수단을 이용하다. ②사람에게 일정한 돈을 주고 어떤 일을 하도록 부리다. ③사람을 어떤 일정한 직위/자리에 임명하여 일을 하게 하다. ④어떤 일을 하는 데 시간/돈을 들이다. ⑤힘/노력 따위를 들이다. ⑥어떤 못마땅한 표정을 짓거나 합당치 못한 일을 강하게 요구하다)'의 피동사. ¶그 공사에 인부 열 사람이 쓰였다; 그 사람은 일용직으로 쓰일 것 같아; 이번 수익금은 어려운 이웃을 돕는 기금으로 쓰일 것이다; 자꾸 아내에게 신경이 쓰여 일에 집중할 수가 없었다; 까닭도 없이 그녀에게 인상이 쓰이는 건 아무래도 과거의 나쁜 기억 때문일 것이다.

쓰이다2[통] '쓰다(①붓/펜/연필과 같이 선을 그을 수 있는 도구로 종이 따위에 획을 긋다. ②머릿속의 생각을 종이 혹은 이와 유사한 대상 따위에 글로 나타내다. ③원서/계약서 등과 같은 서류 따위를 작성하거나 일정한 양식을 갖춘 글을 쓰는 작업을 하다.)'의 피동사.

◆**쓰잘데없는** 짓 하지 마라: **쓸데없는**의 잘못. 방언. ←**쓸데없다**[원]

쓰잘데기 없는 소리 하고 있네: **쓰잘머리**의 잘못. 없는 말.

쓰잘머리없는 짓 하지 마: **쓰잘머리 없는**의 잘못.

[설명] '쓸데없다'는 한 낱말이지만, '쓰잘머리없다'는 '쓰잘머리 없다'의 잘못.

쓰잘머리[명] 사람/사물의 쓸모 있는 면모나 유용한 구석. [←쓰+자+하+ㄹ+머리]

◆한 쪽으로 약간 비스듬하게 **쓸어진** 기와지붕: **한쪽**, **쓸린**의 잘못. ←**쓸리다**[원]

쓸리다[통] ①'쓸다'의 피동사. ②풀 먹인 옷 따위에 살이 문질러 살갗이 벗겨지다. ③한쪽으로 비스듬히 기울어지다. ⇐'쓰러지다'는 완전히 기울어진 것.

◆♣'-씌우다'가 들어간 복합어 중 유의해야 할 말들: 복합어이므로 붙여 써야 하며 띄어 쓰면 잘못.

[예제] 애먼 사람에게 **다미 씌우지** 말게: **다미씌우지**의 잘못. ←**다미씌우다**[원]

그건 **덤터기씌우기**지: **덤터기 씌우기**의 잘못. '덤터기씌우다'는 없는 말.

○ '-씌우다': 다미씌우다≒더미-/안다미-/덮어-/뒤집어-/넘겨-/덧-/돌려-/되-/둘러-/들-/벌(罰)-/안다미-/애-.

다미[더미]씌우다[동] 자기의 책임/허물 따위를 남에게 가볍게 넘겨 지우다.

안다미씌우다[동] 자기의 책임을 남에게 지우다.

돌려씌우다[동] 자기의 책임/허물 따위를 남에게 덮어씌우다.

덤터기[명] ①남에게 넘겨씌우거나 남에게서 넘겨받은 허물/걱정거리. ¶빚보증으로 덤터기를 썼다. ②억울한 누명/오명. ¶힘없는 이에게 덤터기를 씌우지 마라.

◆귀신에 **씌우지** 않고서야 어떻게 그런 일이: **씌지**의 잘못. ←**씌다**[원]

네가 귀신에 **씌웠구나**: **씌었구나**의 잘못. ←**씌다**[원]

귀신에 **씌운** 듯이 멍하니: **씐**의 잘못. ←**씌다**[원]

[설명] '귀신 따위에 접하게 되다'는 뜻의 '씌다'는 자동사로서 '씌어/씌니/씐/씌지' 등으로 활용하며, '귀신에 씌다'로 쓰임. '씌우다'는 '덮어씌우다'에서 보듯 '쓰다'의 사동사.

씌우다[동] '쓰다(①모자 따위를 머리에 얹어 덮다. ②얼굴에 어떤 물건을 걸거나 덮어쓰다. ③먼지/가루 따위를 몸에 덮은 상태가 되다.)'의 사동사.

◆김희수**씨**하고 박가하고는 어떤 사이야?: **김희수 씨**의 잘못. ←'씨'는 의존명사

[주의] 그 사람의 본관은 **김해 김 씨**야: **김해 김씨**의 잘못. ←'씨'는 접사

[설명] ①의존명사 '씨': 성년이 된 사람을 높이거나 대접하여 이를 때. 이의 높임말은 '님'. ¶김희수 씨; 김 씨에게 부탁해. 문재인 씨가 왔습니다; 문재인 님께서 참석해 주셨습니다. ②접사 '-씨': 단순한 성씨 표기일 때. '그 성씨 자체' 또는 '그 성씨를 가진 사람'의 뜻을 더하는 접미사로서, '-가(哥)'와 같음. ¶김가나 김씨나 똑같아; 김씨/이씨/박씨들이 흔하지; 김가/이가 둘 중 하나; 김해 김씨/경주 최씨. ☞[주의] '그 사람을 높이거나 대접하여 부르거나 이를 때는 의존명사이므로 띄어 씀. ¶이번 일은 김 씨에게 부탁하자; 문재인 씨가 대통령이 되었다. ③대명사 격으로도 쓸 수 있음. ¶씨는 이 나라 최고의 작곡가였다.

◆추석 명절 좋을**씨고**!: 좋을**시고**의 잘못. ⇐'-ㄹ**씨**고'는 '-ㄹ**시**고'의 잘못.

[설명] '-ㄹ시고'는 감탄의 뜻을 나타내는 종결어미(예스러운 표현).

◆귀신 **씨나락/씬나락** 까먹는 소리하고 있네: **씻나락**의 잘못.

[설명] ①'씻나락'은 좀 까다로운 낱말. '볍씨(못자리에 뿌리는 벼의 씨)'의 방언이지만, 일부 속담이나 관용구에서는 '볍씨'를 이르는 말로 쓰임. 즉 고어/방언이지만 남아 있는 관행적인 쓰임 때문에 살려두고 있는 말임('서울이 낭이라니까 과천[삼십 리]부터 긴다'도 그러한 경우인데, '낭'은 벼랑의 고어/방언.) ②'씻나락'에서 '나락'은 '벼'를 뜻함. '씻나락'은 씨가 되는 벼로서 '볍씨'며, 이때의 사이시옷은 동격 기능.

◆너 지금 그걸 말이라고 **씨부리고** 있는 거냐?: **씨불이고**의 잘못. ←**씨불이다**[원]

도나 개나 **시부렁거리면** 말 되는 줄 아는군: **도나캐나**의 잘못. '시부렁-'은 맞음.

씨불이다[동] 주책없이 함부로 실없는 말을 하다. ⇐'씨부리다'는 없는 말.

씨부렁거리다>시부렁~/~대다[동] 주책없이 쓸데없는 말을 함부로 자꾸 지껄이다.

도나캐나[부] 하찮은 아무나. 또는 무엇이나.

◆**씩찮은** 소리는 그만 하고 밥이나 먹자: **씩잖은**의 잘못. ←**씩잖다**[원]

  씩잖다㉣ '씨식잖다'의 준말(≒같잖고 되잖다). ¶씨식잖게 철딱서니 없는 것들하고 밤낮 어울려 다니고.

◆말을 그렇게 함부로 **씹어 뱉는** 것 아니야: **씹어뱉는**의 잘못. ←**씹어뱉다**[원]

  씹어뱉다图 (속) 말을 아무렇게나 되는대로 지껄이다.

  씹어 뱉다: 씹어서[씹은 뒤에] 뱉다.

○

◆♣'_' 모음 낱말과 'ㅜ/ㅗ' 모음 낱말의 구분

[예제] 늙어서 **쭈굴쭈굴**한 얼굴: **쭈글쭈글**의 잘못.

사람들이 **우루루** 몰려나왔다: **우르르**의 잘못.

얼굴 **찌프리지** 말고 펴: **찌푸리지**의 잘못.

늙수구레한 영감이 나왔다: **늙수그레한**의 잘못.

반주구레한 얼굴이 얼굴값깨나 하게 생겼더군: **반주그레한**의 잘못.

① 오**무**리다(×)→오**므**리다(○)에서처럼 일상생활에서 'ㅜ'로 잘못 쓰기 쉬운 것들 :

아둥바**둥**(×)/아둥바**둥**(○); 수**구**리다(×)/수**그**리다(○); 오**구**리다(×)/오**그**리다(○); 우**루루**(×)/우**르르**(○); 움**추**리다(×)/움**츠**리다(○); 웅**쿠**리다(×)/웅**크**리다(○); 쭈굴쭈굴(×)/쭈글쭈글(○); 담**구**다(×)/담**그**다(○); 널**부**러지다(×)/널**브**러지다(○); (문을) 잠**구**다(×)/잠**그**다(○); 쪼**구**리다〈쭈**구**리다(×)/쪼**그**리다〈쭈**그**리다(○); 쭈**루루**(×)/쭈**르르**(○); 쭈**룩룩**(×)/쭈**르륵**(○); 늙수**구**레하다(×)/늙수**그**레하다(○); 반주**구**레하다(×)/반주**그**레하다(○); 희불**구**레하다(×)/희불**그**레하다(○). [참고] '-구레하다'로는 '자질[지질]**구**레하다' (○) 한 낱말밖에 없음.

② 위와 반대로, 'ㅜ' 모음이 표준어인 것들:

드**물**다(○)/드**믈**다(×); 수**군**거리다[-대다](○)/수**근**거리다[-대다](×); 찌**푸**리다(○)〉째**푸**리다(○)/찌**프**리다(×)〉째**프**리다(×); 어슴**푸**레(○)/어슴**프**레(×); 가**무**리다(○)/후**무**리다(○); 얼버**무**리다(○)/뒤버**무**리다(○); 구**푸**리다(○)〉고**푸**리다(○); 구**프**리다(×)〉고**프**리다(×); 추적추적(○)/**치**적**치**적(×); 핼**쑥**하다(○)/핼**쓱**하다(×); 후**루루**(○)/후**르르**(×); 후**룩룩**(○)/후**르륵**(×); '-구루루'가 붙은 다음의 말들: '때구루루〉대구루루; 떼구루루〉데구루루; 땍대구루루〉댁대구루루; 뗴떼구루루〉뗵데구루루〉덱데구루루'.

③ '_' 모음이 쓰여야 할 곳에 'ㅗ' 모음이 잘못 쓰인 경우: 꼬**돌**꼬**돌**하다(×)/꼬**들**꼬**들**하다(○). 오**돌**오**돌** 떨다(×)/오**들**오**들** 떨다(○).

구푸리다[통] 몸을 앞으로 구부리다.

고푸리다〈꼬푸리다[통] 몸을 앞으로 고부리다.

◆♣'_' 모음이 쓰여야 할 곳에 'ㅣ' 모음이 잘못 쓰인 경우들(전설모음화 현상)

[예제] **고실고실한** 밥이 맛있지: **고슬고슬한**의 잘못.

그렇게 **으시댈** 때 알아봤지: **으스댈**의 잘못.

김동리 소설 속에 등장하는 **시라소니**: **스라소니**의 잘못.

제발 그만 좀 **뭉기적대라**: **뭉그적대라**의 잘못.

부시시한 얼굴로: **부스스한**의 잘못.

어쩐지 **으시시하더라**: **으스스하더라**의 잘못.

몸을 **추시리는** 대로 출근할게: **추스르는**의 잘못.

자꾸만 속이 **메식거린다**: **메슥거린다**의 잘못.

[설명] 이처럼 '스'를 '시'로 흔히 잘못 사용하는 경우가 많은데, 이는 'ㅅ/ㅈ/ㅊ' 등과 같이 혀의 앞쪽에서 발음되는 전설자음에는 같은 자리에서 발음되는 전설모음 'ㅣ'가 오는 게 발음상 편리해서 나타나는 전설모음화 현상 탓임. 〈예〉가실가실〈까실까실(×)/가슬가슬〈까슬까슬(○); 고실고실(×)/고슬고슬(○);

북실북실(×)/북슬북슬(○); 포실포실(×)/포슬포슬(○); 어실하다(×)/어슬하다(○, 조금 어둡다); 으시대다(×)/으스대다(○); 부시시하다(×)/부스스하다(○); 부시럭거리다(×)/부스럭거리다(○); 뭉기적거리다(×)/뭉그적거리다(○); 바리집다(×)/바르집다(○); 추시르다(×)/추스르다(○). [암기도우미] '실(實)'하지 않으니, '부**슬**부**슬** 포**슬**포**슬**' 부스러진다. ☞실하다[형] 든든하고 튼튼하다.'

[주의] '푸시시하다'는 '부스스하다'와 동의어. 즉, 옳은 표기임.

☞'전설모음'에 대한 상세 설명은 **[부록 3] 맞춤법 공부에 도움이 되는 문법 용어 몇 가지** 중 **전설모음과 후설모음** 항목 참조.

[주의] 위와는 반대로 'ㅣ' 모음이 쓰여야 할 곳에 'ㅡ' 모음이 잘못 쓰인 경우. 즉, 이것은 위의 사례와는 반대로 전설모음화 낱말이 비전설모음 낱말을 <u>물리치고</u> 표준말로 채택된 것을 뜻하는 것임. 〈예〉¶ 이즈러진 조각달(×)/이**지**러진 조각달(○); 넌즈시(×)/넌**지**시(○); 늦으막이(×)/느**지**막이(○); 저으기(×)/적이(○); 가즈런하다/간즈런~(×)/가**지**런하다(○); 가즉하다(×)/가**직**하다(거리가 조금 가깝다)(○); 퍽으나(×)/퍽이나(○); 어그적거리다(×)/어**기**적거리다(○).

◆[중요] ♣'ㅣ' 모음 역행동화 관련, 틀리기 쉬운 낱말들

①'ㅣ' 모음 역행동화를 인정하지 않는 경우: 잠뱅이(×)/잠방이(○); 애기(×)/아기(○); 가재미(×)/가자미(○); 오래비(×)/오라비(○); 올개미(×)/올가미(○); 놈팽이(×)/놈팡이(○); 지팽이(×)/지팡이(○); 홀애비(×)/홀아비(○); 외눈백이(×)/외눈박이(○); (오이)소백이(×)/(오이)소박이(○); 노랭이(×)/노랑이(○); 정갱이(×)/정강이(○); 정내미(×)/정나미(○).

②'ㅣ' 모음 역행동화는 다음의 경우 인정: '-내기(○)/-나기(×)'; '-래기'(○); 일부 '-래미'(○); 일부 '-랭이'(○); 냄비(○)/동댕이치다(○); '-장이'가 아닐 경우의 모든 '-쟁이'(○). 〈예〉시골나기(×)/시골내기(○); 서울나기(×)/서울내기(○); 신출나기(×)/신출내기(○); 풋나기(×)/풋내기(○); 조무라기(×)/조무래기(○); 다드라기(×)/다드래기(○); 무따라기(×)/무따래기(○); 너스라미(×)/너스래미(○), 오무라미(×)/오무래미(○); 가시랑이(×)/가시랭이(○); 나부렁이(×)/나부랭이(○); 중매장이(×)/중매쟁이(○); 소금장이(×)/소금쟁이(○); 빛장이(×)/빛쟁이(○).

[암기도우미] ①의 경우는 역행동화를 인정하면, 어근의 의미가 심각하게 손상될 경우가 많음. 예컨대, '잠뱅이/오래비'를 인정할 경우, '잠방'이나 '오라'의 의미가 사라지고, 전혀 무의미하거나('잠뱅' 뜻이 전혀 다른('오래') 의미소가 됨. 반면 ②의 경우는 역행동화를 인정해도 의미소에 영향이 없음. ⇒시골-, 서울-, 소금-, 신출-, 빛-, 중매-'. 즉, 역행동화를 인정해도 의미소에 변화나 영향이 없을 때는 인정.

◆**아구**가 맞다: **아귀**의 잘못.

아귀[명] ①사물의 갈라진 부분. ②두루마기/속곳의 옆을 터 놓은 구멍. ③씨앗/줄기에 싹이 트는 곳.

아귀(가) 맞다[관] ①앞뒤가 빈틈없이 들어맞다. ②일정한 수량 따위가 들어맞다.

◆**아구아구/와귀와귀** 먹어대는 꼴이라니: **아귀아귀**의 잘못.

[참고] **개걸스럽게** 먹어대는 저걸 좀 봐: **게걸스럽게**의 잘못.

걸신 들린 듯 먹어대더군: **걸신들린**의 잘못. ←**걸신들리다**[원]

[설명] '아귀'는 '아귀(餓鬼)'에서 온 말. '걸신(乞神)들리다/게걸스럽다' 등은 모두 한 낱말. 단, '걸귀들리다'는 없는 말로, '걸귀(乞鬼)(가) 들리다[관]의 잘못.

게걸들리다[동] 몹시 먹고 싶거나 하고 싶은 욕심에 사로잡히다.

◆**아구찜**이나 먹을까: **아귀찜**의 잘못.

◆처음 보는 그가 나를 **아는 체**하더군: **알은체**[혹은 **알은척**]의 잘못.
　사안을 잘 알지도 못하면서 **알은체**하는 것도 습관이지: **아는 체**의 잘못.
　그가 날 보더니 **알은 척하더군**: **알은척하더군**의 잘못. ←**알은척하다**[원]
　꽤나 **아는 체 하길래** 면박 좀 줬지: **아는 체하길래**의 잘못. ⇐아는 체[척]하다.
　[참고] 그토록 큰소리로 불렀는데 **들은체**도 안 하더군: **들은 체**의 잘못.
　[설명] ①'알은척[알은체]하다'는 독립동사로 사람을 보고 인사하는 표정을 짓는다는 뜻이며, '아는 체하다'는 알지 못하면서 알고 있는 듯한 태도를 취한다는 뜻. ¶얼굴이 익은 사람 하나가 알은체하며 말을 걸어왔다(○); 친구가 알은척하며 이름을 불렀다(○). ¶모르면 아는 척(체)하지 말고 가만히 있어(○); 낯선 사람 하나가 아는 척하며 내게 말을 걸어 왔다(×). ☞'척', '체'가 의존명사로 쓰일 때는 복수표준어. ②'들은체'는 '알은체'와는 달리 없는 말로, '들은 체'의 잘못. '들은 척' 역시 띄어 적어야 함.
　　알은척≒알은체명 ①어떤 일에 관심을 가지는 듯한 태도를 보임. ②사람을 보고 인사하는 표정을 지음. ¶~하다동

◆**아니고말고** 없어. 무조건 해야 해: **아니고 말고**의 잘못. ⇐'-고말고'와 무관.
　[설명] ①이 경우는 긍정 부가형 종결어미인 '–고말고'와는 무관함. 형용사 '아니다'에 동사 '말다'가 연결된 것. ②'-고말고≒-다마다'는 종결어미. ¶기쁜 일이고말고; 나야 물론 좋고말고; 철수가 오고말고. ☞'–다마다'는 종결어미이므로 그 앞은 반드시 어간이어야 함! 따라서 아다마다(×)/알다마다(○). [유사] '–다시피': 아다시피(×)/알다시피(○)≒아시다시피(○).

◆**아나다르랴/–다를까**. 금새 금값이 폭락하더군: **아나 다르랴/~ 다를까. 금세**의 잘못.
　[설명] ①관용구일 뿐, 띄어쓰기는 원칙대로. ②금세 ⇐금시(今時)+에.
　[참고] '아닌게아니라'(×): '아닌 게 아니라'(○). '아니할말로/아니할 말로'(×): '아니 할 말로'(○). ⇐'아니하다'와 무관. '아니(≒안)'는 부사. ☞**아니 할 말로** 항목 참조.

◆잔칫집 **아니랄까봐 시글버글**하더군: **아니랄까 봐, 시글시글<시끌시끌**의 잘못.
　[설명] '–ㄹ까봐'는 어미가 아니며, '–ㄹ까 보다' 구성의 활용. ☞♣**보조용언 붙여쓰기 허용** 항목 참조.

◆만약 그게 사실이 **아니면는** 어쩔래?: **아니면은**의 잘못.
　[설명] '아니면은'은 '아니다'에 연결어미 '면'과 강세 보조사 '은'이 결합한 것으로 '아니면'의 힘줌말. 즉, '아니'(어간)+'면'(연결어미)+'은'(보조사)→'아니면은'.

◆**'아니에요'**와 **'아니예요'** 중 어느 것이 맞나?: **'아니에요'**
　[설명] ①'아니에요'는 '아니–'라는 형용사의 어간에 '–에요'라는 어미가 결합한 것. 종결어미 '–어요'는 '아니다'와 '–이다' 뒤에 붙을 때는 '–에요'로 나타나기도 하는데, 그 쓰임은 다음과 같음. 〈예〉먹-+–어요→먹어요; 아니-+–어요→아니어요; 아니-+–에요→아니에요; 차남이-+–어요→차남이어요; 차남이-+–에요→차남이에요. ②이처럼, 형용사 어간 '아니–'와 서술격조사 '이–' 다음에는 '–어요/–에요'가 쓰이는데, '아니어요/아니에요'는 '아녀요/아녜요'로 줄어들 수도 있음. 〈예〉아니어요→아녀요(○); 아니에요→아녜요(○). 그러나 선행명사에 받침이 있는 '장남이어요/장남이에요'는 '장남여요/장남예요'

로 줄어들지 않음. 〈예〉'장남이어요→장남여요(×); 장남이에요→장남예요(×)'. ③한편 선행 명사가 받침이 없고, 서술격조사 '이−'에 '−어요/−에요'가 결합되는 경우는 원래 형태는 쓰이지 않고, 줄어든 형태만 쓰임. 〈예〉'영수이어요(×)→영수여요(○); 영수이에요(×)→영수예요(○)'.

종결어미 '−어요/−에요'가 붙는 '아니다/이다'의 쓰임을 정리하면 다음과 같음.
  (1)받침이 없을 때: −예요, 여요. ¶명숙이에요/−여요, 영수예요/−여요.
  (2)받침이 있을 때: −이에요/−이어요. ¶장남−이에요/장남−이어요.
  (3)아니다: 아니에요, 아녜요/아니어요, 아녀요.

◆혹시나 못 본 게 **아니였을까**: **아니었을까**의 잘못. ⇐'아니었다'의 의문형.

◆아래 글을 읽고 예 **아니오**로 답하시오: **아니요**의 잘못.
  내 것은 이것이 **아니요**: **아니오**의 잘못.
  저건 그대에게 줄 게 **아니요**: **아니오**의 잘못.
  [설명] '−이오'와 '이요'
    ①종결형은 발음 불문, '∼이오': 이것은 돌이요(×); 이것은 돌이오(○).
    ②대등연결형은 '이요': 이것은 붓이요, 저건 먹이요, 그건 좋다.
    ③긍정 부정을 뜻하는 '예/아니요'는 '아니오'가 아닌 '아니요': ¶진아 밥 먹었니? 아니요. 아직요. ☜이 '아니요'는 '아뇨'로 줄일 수 있으나, 연결형 어미일 때는 불가함. 〈예〉'아뇨(○). 아직요.' ↔ '저건 먹이 아뇨(×), 좋다.'

◆나 그런 짓 앞으로는 **아니할거야**. **안한대두**: **아니할 거야**. **안 한대도**의 잘못.
  [설명] ①'아니할거야≒아니하(다)ㄹ+거야'는 '아니하다'[동]의 활용형에 '거야'가 붙은 것. '거'는 의존명사. ¶갈 거죠?; 먹을 거니?; 사랑할 거야; 하신 거로구면. ②'아니'[부]의 준말은 '안'이지만, '아니하다'에서는 '안하다'로 줄일 수 없음. '안하다'는 없는 말로, '않다'로만 가능함. 따라서, '못 하다'와 같이 '안 하다' 꼴로 써야 함.
  [참고] '안하다'는 없는 말이지만, '아니하다'를 구어체에서는 '안 하다'로 쓰기도 함. 이는 '아니'의 준말 격인 '안'을 부사로 사용하는 것으로, '심심하다/좋다'의 부정에서 '안 심심하다'와 '안 좋다'를 인정(허용)하는 것과 마찬가지이며 비문법적인 것으로 보지는 않음.

◆**아니할 말로** 그 사람 정말이지 인생말짜야: **아니 할 말로**의 잘못.
  [설명] ①아니하다: 공부를 하지 아니하다(≒않다); 보지 아니하다(≒않다). 그러나, 위의 경우는 '아니할≒않는'의 관계가 성립하지 않음. ②'아니'는 부정의 의미를 갖는 부사. '안'은 그 준말. 그러므로 일반적으로는 '아니/안'은 띄어 씀. 위의 예문을 '아니 할 말=안 할 말'로 바꿔 보면 말이 되는데, 이는 곧 '아니'가 '아니하다'의 어간이 아니라 독립 부사임을 보여주는 예임. '안 하다'는 띄어 쓰며, '아니하다'를 '안하다'로 줄일 수 없고 '않다' 꼴만 가능함.

◆너도 잘 **아다시피**: **알다시피**의 잘못. [참고] 선생님도 잘 **아시다시피**. (존칭)
  [설명] '−다시피'는 어간과 결합하는 어미. 그런데 '알다'는 'ㄴ/ㅂ/−오/−시−' 앞에서 '아는/압니다/아오/아시오' 등처럼 어간의 끝소리인 'ㄹ'이 탈락함. 그러나, 어미 '−다시피' 앞에서는 어간의 끝소리 'ㄹ'이 탈락할 조건이 되지 않음.

◆이런 **아둔망태** 같은 사람을 봤나. 그토록 일렀는데도: **아둔패기**의 잘못.
　　아둔패기≒둔패기명 아둔한 사람을 낮잡는 말.

◆지난 일로 그리 **아둥바둥 하지** 말게: **아등바등하지**의 잘못. ←**아등바등하다**[원]
　　[비교] 빗두루마기에서 벗어나려 **바둥바둥하더군**: 맞음.
　　[설명] ①아둥바둥(×)/아등바등(○). 그러나 '바동바동〈바둥바둥〉(○). ☞♣'_' 모음 낱말과 'ㅜ/ㅗ' 모음 낱
　　　말의 구분 항목 참조.
　　아등바등[부] 무엇을 이루려고 애를 쓰거나 우겨 대는 모양. ¶**아등바등하다**[동]
　　바동바동〈바둥바둥〉[부] ①덩치가 작은 것이 매달리거나 자빠지거나 주저앉아서 자꾸 팔다리를 내저으며
　　　움직이는 모양. ②힘에 겨운 처지에서 벗어나려고 애를 바득바득 쓰는 모양. ¶~하다[동]

◆그 나무는 **아람드리/아름들이**도 넘어: **아름드리**의 잘못.
　　[설명] 이때의 '-드리'는 '되들이(한 되를 담을 수 있는 분량)'와 같은 말에서 보이는 '-들이(그만큼 담을
　　　수 있는 용량의 뜻을 더하는 접미사)'와는 무관함.
　　오금드리[명] 오금까지 이를 만큼 자란 풀/나무.
　　아름드리[명] 둘레가 한 아름이 넘는 것을 나타내는 말.
　　되들이[명] ①한 되를 담을 수 있는 분량. ②곡식/물/술 따위를 되에 담아 그 분량을 세는 단위.

◆오 **아름다와라**, 참으로: **아름다워라**의 잘못. 단, '고와/도와' ←곱다/돕다.
　　[비교] 무서리에도 단풍이 참으로 **고와라**: 맞음.
　　[원칙] '곱다/돕다'를 제외하고는 모든 'ㅂ' 불규칙용언은 '워'. 〈예〉아름답다/차갑다/새롭다/슬기롭다/사납
　　　다/괴롭다/줍다.

◆문간의 나무는 그사이 **아름차게** 자라나 있었다: **아름(에) 차게**의 잘못.
　　막상 끝내고 보니 그건 참으로 **아름찬** 일이었다: 맞음. ←**아름차다**[원]
　　[설명] '아름차다'는 아래와 같은 뜻으로 쓰이며, '한 아름에 가득하다'는 의미로는 북한어. ☞♣'-차다'가
　　　들어간 주요 복합어 항목 참조.
　　아름차다[형] ①힘에 겹다. ②≒**보람차다**(어떤 일을 한 뒤에 결과가 몹시 좋아서 자랑스러움과 자부심을
　　　갖게 할 만큼 만족스럽다). ③[북한어] 두 팔을 벌려 껴안은 둘레의 길이에 가득하다.

◆도무지 **아리까리해서**: **아리송해서**(혹은 **알쏭달쏭해서/알쏭해서**)의 잘못. ←**아리송하다≒알쏭하다**[원]
　　⇐'알쏭'은 '아리송'의 준말.
　　긴가민가 내내 **아리숭해**: **아리송해**의 잘못. ←**아리송하다**[원]

◆그녀가 처녀 시절에는 **아릿답다**는 말로는 부족할 정도였지: **아리땁다**의 잘못.
　　[설명] '아름답다'와 유의어지만, 어원과 멀어져 소리 나는 대로 적음. '-땁다'가 들어간 유일한 말.

◆너와는 **아무 상관없는** 일이니 끼지 마라: **아무 상관 없는**의 잘못.
　　[설명] ①**상관없다≒관계없다**[형]. 한 낱말. ②그러나, '아무 상관 없다'에서는 '아무'[관]가 '상관'[명]을 수식.
　　　따라서 띄어 적음. '아무'는 부사로는 쓰이지 않는 관형사. ¶아무 도장이라도 상관없습니다; 아무거라
　　　도 빨리만 가져 오시면 됩니다.

◆**아무 것**: **아무것**의 잘못. ⇐복합어. 한 낱말.

아무놈이든 걸리기만 해 봐라: **아무 놈**의 잘못.

[비교] **김아무씨**도 오셨더군요: **김 아무 씨**의 잘못. ⇐'아무'는 인칭대명사.

[설명] ①관형사/대명사인 '아무'가 붙어 이뤄진 복합어는 **'아무것(≒아무거)/아무짝(방면)/아무개/아무아무'** 정도임. ☞[주의] '아무'가 대명사로 쓰일 때는 '아무나/아무도/아무라도' 등과 같이 조사와 결합이 가능함. ②'아무것'은 '특별히 정해지지 않은 어떤 것 일체' 혹은 '대단하거나 특별한 어떤 것'이라는 두 가지 뜻을 지니고 있는 데서 보이듯, '어떤 사람/사물 따위를 특별히 정하지 않고 이를 때 쓰는' 말인 '아무'의 의미 이상으로 의미 특정이 이뤄진 말이므로 합성어가 된 것. 그러나 '아무 놈'은 관형사 '아무'와 명사 '놈'의 뜻을 그대로 가진 채, '아무'가 '놈'을 수식하는 구성으로 쓰이므로, 합성어로 보기가 어려워 합성어에서 제외된 것. ③'아무': 어떤 사람/사물 따위를 특별히 정하지 않았거나, '아무런'(전혀 어떠한)이라는 의미로 사용될 때는 관형사. 즉, '아무개/아무거/아무것/아무짝/아무아무' 외의 말들에서는 관형사로 씀. ¶아무 의사라도 좋으니 빨리 좀; 아무 사람이나 만나서는 안 된다; 아무 말이나 마구 지껄이면 안 된다; 아무 때라도 좋으니까 저한테 좀 연락을 주십시오; 아무 도장이래도 상관없습니다.

[주의] '아무거'는 '아무것'의 구어적 표현으로서, 관형사로 쓰일 때의 '아무 거'와는 다름.

아무것[명] ①특별히 정해지지 않은 어떤 것 일체. ¶살아남기 위해서는 아무것이나(아무거나) 닥치는 대로 해야 했다; 아무거나 얼른 줘. ②주로 '아니다'와 함께 쓰여, 대단하거나 특별한 어떤 것. ¶아무것도 아닌 일로 대판 싸웠다.

[주의] '**아무데/아무때/아무편/아무쪽**'은 '아무 데, 아무 때, 아무 편, 아무 쪽의 잘못.

◆**아무데**나 놓으시게: **아무 데**의 잘못.

[설명] ①'아무것'은 '이것/그것/저것'의 연장선에서 한 낱말. 단, '어느것(×)/어느 것(○). ②아무짝≒아무쪽(○). ③'아무데'(×). '이데/그데/저데'(×)가 없는 것과 같음. 당연히, '어느 데'(○).

[참고] '아뭇말(×)/아무 말'(○); '아뭇소리(×)/아무 소리'(○): '아무 데'와 같은 이유.

[주의] '암 말('아무 말'의 준말)(×)/암말'(○): 이유는 준말이기 때문. [참고] 그 밖에 '아무-'가 줄어든 말로는 '암커나'(⇐아무러하거나), '암튼'(⇐아무튼) 등이 있음.

◆[고급] **아무러나**, 자네 마음대로 하시게: **아무려나**의 잘못. 없는 말.

아무려나, 그가 그런 일을 했을라고: **아무려면**의 잘못.

아무려면 그런 일을 그가 했을 리가: **아무려면**(≒아무려니)의 잘못.

[설명] ①'아무려나(감탄사)'와 '아무려면(부사)'은 각각 '아무렇게나'와 '설마'의 뜻에 가까우며, '아무려면'이 본말인 '아무렴'은 강한 긍정을 뜻하는 감탄사임. '아무려나'에 보이는 '-려나'는 흔히 혼잣말에서 추측을 가볍게 묻는 데 쓰이는 종결어미지만 여기서는 감탄사를 만드는 접사 역할. ②'아무려면'에 쓰인 '-면'이 연결어미로 쓰일 때는 '-려면'과 뜻이 같지만, '이다'의 어간, 받침 없는 용언의 어간, 'ㄹ' 받침인 용언의 어간 또는 어미 '-으시-' 뒤에 붙는 것이 다름(그 밖의 경우에는 '-려면'). 그러나, 여기서는 연결어미가 아니라 부사를 만드는 접사 역할. ③'아무러나'는 없는 말.

아무려나[감] 아무렇게나 하고 싶은 대로 하라고 승낙할 때 하는 말. ¶아무려나, 자네 좋을 대로 하게.

아무려면≒**설마**[부] 있기 어려운 경우/상태를 가정하는 뜻을 나타내는 말. 어떤 사실에 대한 확신을 반어적인 의문문으로 나타낼 때 씀. [유]아무렴/암만/암. ¶아무려면 그 애가 도둑질을 했을라고.

[참고] **아무러하다**≒**아무렇다**[형] ①구체적으로 정하지 않은 어떤 상태/조건에 놓여 있다. ②되는대로 막하는 상태에 있다. ③어떤 것에 전혀 손대지 않은 상태에 있다. ¶아무런들≒아무러한들(○)/아무러

한들(×); 암커나≒아무러하거나.

아무려면〔ଥ〕'**아무렴**(말할 나위 없이 그렇다는 뜻으로, 상대편의 말에 <u>강한 긍정</u>을 보일 때 하는 말)'의 본말. ¶아무려면, 자네 부탁인데 안 들어줄 수 있나.

◆**아무러 한들** 그렇게까지 하겠니?: **아무러한들**의 잘못. ←**아무러하다**[원]

　암커나 난 상관없네: 맞음. ⇐'아무러하거나'의 준말.

　[설명] '아무러하다'는 한 낱말. '아무러한들'은 그 활용형이며, '아무렇다'는 준말. 즉, 아무런들≒아무러 한들.

◆**아뭇소리** 하지 말고 시키는 대로 해라: **아무 소리**의 잘못. 없는 말.

　암소리도 못 하고 물러 나왔다: **아무 소리**(혹은 **찍소리/끽소리**)의 잘못.

　[설명] '아무'의 준말 '암-'이 들어간 말은 '암만/암말/암커나/암튼' 정도이며, '아뭇소리/암소리/암겟' 등은 모두 없는 말로 잘못.

　암만〔명〕밝혀 말할 필요가 없는 값/수량을 대신하여 이르는 말.

◆**아뭇튼** 사람이 다치지 않았다니 다행이다: **아무튼**의 잘못.

　암튼 우리 한편이 되었으니 잘해 보자: 맞음. ⇐'아무튼'의 준말.

　[설명] '아뭇튼'에서 사이시옷은 불필요할 뿐만 아니라, '튼'의 초성이 이미 격음이므로 원칙에도 어긋남.

◆**아뿔사/앗불싸/앗뿔싸**, 내가 그걸 집에 두고 왔구나: **아뿔싸**의 잘못.

　[설명] ①세 음운 모두 의미소와 무관하므로 발음대로 표기 ('싸'는 받침 'ㄹ' 뒤에서의 경음 발음 사례). '아뿔사'로 적을 경우, {아뿔+사}로 발음하는 사람이 전혀 없다고 할 수 없음. ②'아뿔싸(○)〈어뿔싸(○)〈허뿔싸(○)'의 관계.

◆**아스라히** 멀어져 간 내 사랑: **아스라이**(혹은 **아스라하게**)의 잘못. ←**아스라하다**[원]. ⇐그러나 부사는 '~이'(혹은 '~하게').

　멀리서 흰 연기가 **아스란히** 피어 올랐다: **아스라이**의 잘못. ⇐북한어.

◆**아스름[어스름]하게** 떠오르는 옛날들: **아[어]슴푸레하게**의 잘못. 북한어.

　학창 시절 기억이 **아스무리**하기만/**아스무레**하기만 해: **아슴푸레**의 잘못. ←**아슴푸레하다**[원]

　그게 <u>언제적</u> 일인지 기억이 **아슴츠레하다**: **언제 적, 아슴푸레하다**의 잘못.

　[설명] '아스름하다/어스름하다', '아스무리하다/아스무레하다', '아슴츠레하다'는 모두 없는 말로, '아슴푸레하다〈어슴푸레하다'의 잘못.

　아슴푸레하다〈어슴푸레~〔형〕①빛이 약하거나 멀어서 조금 어둑하고 희미하다. ② 또렷하게 보이거나 들리지 아니하고 희미하고 흐릿하다. ③기억/의식이 분명하지 못하고 조금 희미하다.

◆꽃은 또 피고 **아양떠는데: 아양 떠는데**의 잘못. ⇐아양을 부리다/떨다.

◆뭘 그깟 일로 **아웅다웅할** 필요가 있나?: 맞음. ←**아웅다웅하다**[원]

　[설명] '아웅다웅'은 '아옹다옹'의 복수표준어로 인정되었으며, '오손도손'도 '오순도순'의 복수표준어로 인정되었음[2011년]. 〈예〉아웅다웅(○)아옹다옹(○); 오순도순(○)오손도손(○).

◆**아이구** 바쁘다 **바뻐, 바뻐** 죽겠네: **아이고, 바빠**의 잘못. ⇐모음조화!

　아이구, 세상에. **아이구마니나: 아이고, 아이고머니나**의 잘못. ⇐모음조화!

　어이쿠 이것 참 야단났네: 맞음. '어이구〈어이쿠'.

　아이구머니나, 세상에 이런 일이: **'어이구머니나/아이고머니나'**의 잘못.

　아이고마니나, 이를 **어쩔고: 아이고머니나, 어쩔꼬**의 잘못.

　에구마니나/애구머니나, 큰 실수를 했네그래: **에구머니나**의 잘못.

　에그머니[나], 이를 어째. 지갑을 놓고 왔네: **에구머니[나]**의 잘못.

　[참고] ①'아이구'는 '아이고〈어이구'의 잘못이며, '아이고머니/아이고머니나'는 각각 '아이고/아이고머니'의 강조형. ②이 말들의 준말 꼴은 '아이고→애고, 어이구→에구'이며, 모음조화가 적용됨. 그러나 지나치게 모음조화를 의식하여 '–머니(나)'까지도 '–마니(나)'로 바꿔서는 안 됨. ③'에그머니[나]'가 '에구머니[나]'의 잘못인 것은 '에그–'가 되려면 줄기 전에 '어이그–' 꼴이 있어야 하나 없기 때문임.

　[암기도우미] 모음조화는 일반적으로 적용됨. ☜[예외] 단촐하다(×)/단출하다(○), 모촘하다(×)/모춤하다(○).

◆**아이 씨[에이 씨],** 정말 짜증나네: **아이씨[에이씨]**로 적어야 함.

　[설명] 현재 《표준》에는 '아이씨/에이씨'가 실려 있지 않으나, 이 또한 '아이/에이' 등과 같은 감탄사이므로, 띄어 적을 특별한 이유가 없음. [국립국어원 해설]

◆**아지랭이: 아지랑이**의 잘못. 'ㅣ' 모음 역행동화를 인정하는 것은 '–내기/냄비/동댕이치다' 계통들 일부뿐임. ☜**'ㅣ' 모음 역행동화 관련, 틀리기 쉬운 낱말들** 항목 참조.

◆**아차하다** 사고 많이 나지: **아차 하다**의 잘못. ⇐'아차하다'는 없는 말.

　아차했을 땐 이미 늦었더군: **아차 했을**의 잘못. ⇐'아차'는 감탄사/부사.

◆그가 온다고 한 날이 여드렛날이었나 **아흘날**이었나: **아흐레(아흐렛날)**의 잘못.

　[설명] 아홉째의 날은 '아흐렛날'이며, '아흘날'은 없는 말. 아홉 날을 뜻할 때는 '아흐레'로 표기하며, '초아흐렛날(매달 초하룻날부터 헤아려 아홉째 되는 날)'의 의미로는 '아흐렛날'도 동의어. 이러한 관계는 '여드렛날'도 마찬가지임.

　아흐렛날명 ①아홉째의 날. ②≒**아흐레**(아홉 날). ③≒**초아흐렛날**(매달 초하룻날부터 헤아려 아홉째 되는 날).

◆**악마구리(엉머구리)**처럼 떠들어대는 통에 정신이 없었어: **악머구리**의 잘못.

　[설명] '악마구리/앙[엉]머구리': '악머구리'의 잘못. '머구리'는 개구리의 옛말.

　[주의] 일부 사전에서 '엉머구리/악머구리' 둘 다 표준어로 인정하나, 《표준》은 '악머구리'만 인정. '머구리'는 개구리의 옛말이므로 '악+머구리'의 구조가 타당함. '악'은 '있는 힘을 다하여 모질게 마구 쓰는 기운'.

◆녀석은 워낙 **악발이**라서 한 번 물고 늘어지면 안 놔: **악바리**의 잘못.

　[설명] '감돌이/베돌이/악돌이/삼돌이' 등은 모두 '–도리'가 아닌 '–돌이'. '돌'의 의미 형태소 유지. '악발이'의 경우에는 '악발'의 명확한 의미와 어원 규정이 어렵고(유추는 가능하나), '꼼바리(마음이 좁고 지나치게 인색한 사람을 낮잡는 말)/샘바리(샘이 많아서 안달하는 사람)', '뭇바리(여러 친구와 동료)/벗

바리(뒷배를 보아 주는 사람)', '군바리(군인'을 낮잡는 말)/하바리(품위/지위가 낮은 사람을 낮잡는 말)' 등의 용례에 맞춰, 원형을 밝히지 않고 소리 나는 대로 '-바리'.

[참고] '악발'을 '악(惡)+발('기세/힘' 또는 '효과의 뜻을 더하는 접미사)'로 분석할 수도 있으나, 현재 사전에 없는 말. 고로 '악발+이'로 보기 어려움. 이와 유사한 '-발(빨)'의 의미를 지닌 것으로는 '끗발/삼발/말발/사진발' 등이 있음.

◆**악천우**로 시합이 연기되었다: **악천후**의 잘못.
　[설명] '악천우'는 없는 말로 '악천후(惡天候)'의 잘못.
　악천후[惡天候]명 몹시 나쁜 날씨. '거친 날씨'로 순화.

◆그는 **방안**이 떠나가도록 큰소리로 웃었다: **방 안, 큰 소리**의 잘못.
　그 순간 **교실안**이 술렁거렸다: **교실 안**의 잘못.
　세상살이는 내 **손 안**에 있소이다: **손안**의 잘못. ⇐합성어.
　집 안 사람들끼리의 이야기에 함부로 끼지 마라: **집안**의 잘못. ⇐합성어.
　집안 청소를 이렇게 안 해서야: **집 안**의 잘못.
　어안이 벙벙하다는 건 **혀안**이 멍해진 걸 뜻한다: **혀 안**의 잘못.
　[설명] '가운데/안쪽'을 뜻하는 '안(內)'이 단순한 장소만을 뜻할 때는 독립명사이며, 의미가 특정된 몇몇 낱말, 곧 '손안/집안/울안/들안' 따위는 합성어임. 특히 '어안'의 경우는 한 낱말의 합성어지만 같은 뜻인 '혀 안'은 두 낱말. '안'의 합성어로는 그 밖에 다음과 같은 말들이 있음: 어안(혀 안)/코안/배안/입안/널안(널의 양면 가운데 나무의 속에 가까운 부분)/세안[歲-](한 해가 끝나기 이전)/얼안(테두리의 안)/해안(해가 떠 있는 동안)/한집안/가슴안/겉볼안(겉을 보면 속은 안 보아도 짐작할 수 있다는 말)/뒤울안≒뒤란(집 뒤 울타리의 안)'의 본말/이불안(이불의 안쪽 천)/돌구멍안[돌:꾸멍안](속. 돌로 쌓은 성문의 안이라는 뜻으로, 서울 성안).
　[참고] 다음과 같은 뜻일 때는 '큰소리'가 한 낱말. 〈예〉①목청을 돋워 가며 야단치는 소리. ¶어른이 계시니 애들 앞에서 큰소리 내지 마시게. ②남 앞에서 잘난 체하며 뱃심 좋게 장담하거나 사실 이상으로 과장하여 하는 말. ¶문제없다고 큰소리를 치긴 쳤다만… ③남한테 고분고분하지 않고 당당히 대하여 하는 말. ¶지은 죄가 있는지라 큰소리도 못 치고 있었다.
　손안≒수중(手中)명 ①손의 안. ②자기가 소유할 수 있거나 권력을 행사할 수 있는 범위. [유]손아귀.
　집안명 가족을 구성원으로 하여 살림을 꾸려 나가는 공동체. 또는 가까운 일가. [유]가내/가문/살붙이.
　울안명 울타리를 둘러친 안.

◆엄마 품에 **안겨지자** 아이는 울음을 그쳤다: **안기자**의 잘못. [안다→안기다]
　[설명] ①'안기다'는 '두 팔을 벌려 가슴 쪽으로 끌어당기거나 그렇게 하여 품 안에 있게 하다'의 뜻인 '안다'의 사동사도 되고 피동사도 되는 말. 문장의 주체가 자기 스스로 행하지 않고 남에게 그 행동/동작을 하게 함을 나타내는 동사가 사동사인데, 사동사 '안기다'는 '어머니 품에 아기를 안겼다'와 같이 쓰임. ②한편 남의 행동을 입어서 행하여지는 동작을 나타내는 동사를 피동사라고 하며, 피동사 '안기다'는 '아이는 어머니에게 안겨서 차에 올랐다'와 같이 쓰임. 위의 예문에서는 피동사로 쓰인 경우로서, '안겨지자'가 성립하려면 '안겨지다'라는 기본형이 있어야 하는데 '안겨지다'는 '안기다'의 잘못으로 (불필요한 이중 피동), 없는 말.

◆♣**'-안다**가 들어간 복합어 중 유의해야 할 말들: 복합어이므로 붙여 써야 하며 띄어 쓰면 잘못.

[예제] 아이를 꽁꽁 **감싸안아** 둘러업었다: **감싸 안아**의 잘못. 두 낱말.

둘이서 **부둥켜 안고서** 엉엉 울었다: **부둥켜안고서**의 잘못. 한 낱말.

[설명] '감싸 안다'가 한 낱말이 되기 어려운 것은 '감싸다'와 '안다'가 거의 대등한 관계, 즉 둘 다 본동사로 기능하고 있기 때문임.

○**-안다**: 가로안다/거머-/걷어-/그러-/껴-/끌-≒끌어-/떠-/받아-/부둥켜-/부여-/붙-/싸-/쓸어-/얼싸-. ☞흔히 쓰는 '감싸안다'는 없는 말. '감싸 안다'의 잘못.

◆죽어도 **안 돼**. 죽어도 **안 해**. 죽어도 **안 될 걸**: 문맥에 따라 띄어쓰기가 달라짐.

[설명] ①'안하다'는 없음. '안'은 부사 '아니'의 준말. 그러므로, '안 하다'이며, '안(아니)'이 부사로 쓰인 경우는 예외 없이 그러함. 단, '안되다'의 경우는 접두사로 쓰인, 극히 예외적인 경우임. ②'안 될 걸'(×): '안될 걸, 안될걸' 등처럼, 문맥에 따라 표기가 달라짐. '안 될 걸'에서의 '걸'은 의존명사 '것'의 구어체 '거'+ㄹ. '안되(다)+~ㄹ걸(어미)'의 형태일 때는 '안될걸'로 붙여 써야 함. ¶그렇게 해서는 올해 농사가 잘 안될걸.

◆그건 절대로 **안되고말고**. **안돼**!: **안 되고말고**. **안 돼**!의 잘못.

[설명] ①~고말고: 어미. 따라서 '~되고말고'. ②'안되다'를 형용사로 쓰는 경우는 '얼굴이 안되다, 마음이 안되다.' 등의 경우에 가능하고(한 낱말), 다른 경우에서는 '안'(부사)+'되다'(동사) 꼴.

[활용] <u>안될리 없다</u>(×): 안 될 리 없다(○).

<u>안해본 일 없다</u>(×): 안 해 본 일 없다(○)→안 해본 일 없다(○).

◆**만난 지 얼마 안되다**: **안 되다**의 잘못.

네다섯 개밖에 **안 되는** 터라서; 600명이 채 **안 되다**: **안되는**, **안되다**의 잘못.

이건 다른 것들과 혼동해서는 **안된다**: **안 된다**의 잘못.

[설명] ①'안-'이 부정의 접두어로 쓰인 말은 '안되다'뿐이며 나머지는 부사('아니'의 준말)로 수식. 즉, '안'은 '아니'의 준말이므로, '아니'로 바꿔도 의미 불변. ¶안 벌고 안 쓰다; 안 춥다; 비가 안 온다; 꼼짝도 안 했다; 이제 다시는 그 사람을 안 만나겠다; 안 먹고는 살 수가 없다. ②그러나, 아래의 뜻풀이에서 보인 것과 같은 뜻의 동사/형용사로서 쓰일 때는 한 낱말이므로 붙여 써야 함.

안되다[동] ①일/현상/물건 따위가 좋게 이루어지지 않다. ¶올해는 비가 너무 많이 와서 과일 농사가 안돼 큰일이다; 공부가 안돼서 잠깐 쉬고 있다. ②사람이 훌륭하게 되지 못하다. ¶자식이 안되기를 바라는 부모는 없다. ③일정한 수준/정도에 이르지 못하다. ¶이번 시험에서 우리 중 안돼도 세 명은 합격할 것 같다.

안되다[형] ①섭섭하거나 가엾어 마음이 언짢다. ②근심/병 따위로 얼굴이 많이 상하다.

[참고] '안되다'의 상대어로서의 '잘되다/잘하다'도 한 낱말.

잘되다: ¶농사가 잘되다; 공부가 잘되다; 훈련이 잘된 군인; 바느질이 아주 잘된 양복; 일이 잘돼 간다; 이야기가 아주 잘되었다.

잘하다(≒좋고 훌륭하게 하다): ¶공부를 잘하다; 살림을 잘하다; 일을 잘하다; 가정에서부터 교육을 잘해야 나라가 산다.

◆더 이상 싸게는 **안 되요**: **안 돼요**의 잘못. ⇐'되어'의 준말은 '돼'.

◆맘에 **안들면** 언제든지 바꿔 드릴게요: **안 들면**의 잘못. ←'안들다'는 없는 말.

◆**안락 의자**와 **안락 정토**: **안락의자**, **안락정토**의 잘못.

◆그 집은 며느리가 **안방차지**를 했다며?: **안방 차지**의 잘못. 두 낱말.
　[설명] 속담 '시어미가 죽으면 안방은 내 차지(시어머니가 죽으면 며느리가 그 자리를 차지하게 된다는 뜻
　　으로, 권력을 잡았던 사람이 없어지면 그 다음 자리에 있던 사람이 권력을 잡게 됨의 비유적 표현)'
　　에서처럼, 안주인이 거처하는 안방을 빌려 집안 살림을 좌우지하는 힘 있는 자리를 차지하는 것을
　　'안방 차지'라 하고 있으나, 아직은 한 낱말(복합어)이 아닌 두 낱말임.

◆영화 **안 본 지** 오래 됐다: **본 지**, **오래됐다**의 잘못. ←**오래되다**[원]
　그를 **못 본 지도** 아주 **오래 됐어**: **본 지도**, **오래됐어**의 잘못.
　회 **안 먹은 지** 오래됐지: **먹은 지**의 잘못.
　[설명] 아주 흔하게 잘못 사용하는 말들임. '영화를 안 본 지 오래됐다'는 말을 글자 그대로 해석하면 바
　　로 조금 전까지도 영화를 봤다는 뜻이 됨. 즉, 오래된 것은 마지막으로 영화를 본 일인데, 위의 문제
　　예문은 그와 반대로 안 본 것을 오래라고 잘못 말한 것. 즉, 예문대로라면 영화를 본 것은 전혀 오래
　　되지 않은 일이니, 얼마 전까지(혹은 조금 전까지도) 영화를 봤다는 뜻이 됨. 다른 예문들도 마찬가
　　지로 논리의 오류. 수정 내역대로 읽어 보면 이해가 빠름.

◆'심심하다'의 부정으로 '**안 심심하다**'가 가능한가?: 가능함.
　[설명] '심심하다'를 부정하는 표현으로는, 보조용언 '않다'를 사용하여 '심심하지 않다'로 쓰거나 부사 '안'
　　을 써서 '안 심심하다'를 쓸 수 있음. '안'은 짧은 부정으로 어울리고 '~지 않다'는 긴 부정 꼴. 그러나
　　정해진 것은 없으므로 편의에 따라 사용하면 됨. 〈예〉몸이 안 좋다(○)/몸이 좋지 않다(○); 안 믿는다
　　(○)/믿기지 않는다(○).

◆그리 **안절부절할** 거면, 뭐 하라: **안절부절못할**(또는 **안전부절 할**)의 잘못. ←**안절부절못하다**[원]
　어쩔 줄 모르며 **안절부절 못 하더군**: **안절부절못하더군**의 잘못. 한 낱말.
　[설명] ①'안절부절하다'는 '안절부절못하다'의 잘못. 이와 비슷한 것으로는 '주책이다(×)/주책없다(○)'가
　　있음. [암기도우미] 안절부절(어쩔 줄)+못하다(모르다). ②[고급] 그러나, '안절부절'은 부사이기도 하므
　　로 다음과 같이 쓰일 수도 있음: '안절부절 어쩔 줄 몰라 했다'; '조바심이 더욱 심해져 안절부절 견딜
　　수가 없었다'.
　안절부절못하다[동] 마음이 초조하고 불안하여 어찌할 바를 모르다.
　안절부절[부] 마음이 초조하고 불안하여 어찌할 바를 모르는 모양. ☞'안절부절'의 본래 뜻은 '초조(焦
　　燥)'. ⇐샤머니즘(귀신)에서 기원.

◆**안질깨**라고 하나 있는 게 너무 작다: **앉을깨**의 잘못. ⇐의미소 '앉'을 살림.
　그네의 **앉을개**가 너무 좁다: **밑싣개**의 잘못. 방언.←[주의] '밑**씻**개가 아님!
　앉을깨[명] ①베틀에서 사람이 앉는 자리. ②걸터앉는 물건의 총칭.
　밑싣개[명] 두 발을 디디거나 앉을 수 있게 그넷줄의 맨 아래에 걸쳐 있는 물건.
　밑씻개[명] 똥을 누고 밑을 씻어 내는 종이 따위.

◆'**안 하다**'의 준말은?: '**않다**' ←'**아니하다**'
　[고급] 울지 **안 하는** 새. **안 우는** 새: **않는**의 잘못. 맞음.

다 끝내지도 **안 한** 채로 어딜 가나: **않은**의 잘못.

표준어로 삼지 **안 했던** 이유: **않았던**의 잘못.

[설명] ①'안 하다'≒'않다'로 줆. 즉, '안 하다≒아니하다→않다'. 제대로 쓸 경우에는 띄어 쓰나, '~지 않다' 꼴을 주로 씀. ¶눈도 깜짝 안 하다/눈 하나 깜짝 안 하다/손끝 하나 까딱 안 하다.→눈도 깜짝하지 않다/눈 하나 깜짝하지 않다/손끝 하나 까딱하지 않다. [참고] '깜짝하다/까딱하다'는 한 낱말. ② [고급] 동사 앞에서는 부정 부사 '안'을 사용하고(예: 안 먹다/울다), 동사 뒤에서는 '~지 않다'의 꼴로 '않다'를 사용함(예: 먹지/울지/오지 않다).

◆♣'-앉다'가 들어간 복합어 중 유의해야 할 말들: 복합어이므로 붙여 써야 하며 띄어 쓰면 잘못.

[예제] 빙 **둘러 앉아서** 이야기꽃을 피웠다: **둘러앉아서**의 잘못. 한 낱말.

　　　올라 앉을 데를 제대로 골라서 올라가야지: **올라앉을**의 잘못. 한 낱말.

　　　한자리 **차고 앉았다고** 으스대는 꼴이라니: **차고앉았다고**의 잘못. 한 낱말.

○'-앉다': 갈앉다≒가라-/건너-/걸-≒걸어-/걸터-/곤추-/꿇-≒꿇어-/기대-/나-/내려-/내-/눌러-/늘어-/다가-/덧-/도두-/돌아-≒돌-/되-/둘러-/돌라-/들-≒들어-/등화(燈花)-≒불똥-/맞-/무너-/물러-≒물-1/물-2/삭아-/앵돌아-/올라-/옮아-/외어-/일어-/주저-/차고-/퍼더-.

〈주의해야 할 말들〉

외어앉다통 ①자리를 비켜 앉다. ②다른 쪽으로 향하여 돌아앉다.

퍼더앉다통 팔다리를 아무렇게나 하고 편히 앉다.

차고앉다통 무슨 일을 맡아서 자리를 잡다.

나앉다통 ①안에서 밖으로 앞쪽에서 뒤쪽으로 자리를 옮겨 앉다. ②살 집을 잃고 쫓겨나거나 어떤 곳으로 물러나서 자리를 잡다. ③하던 일을 그만두거나 직책에서 물러나다.

도두앉다통 퍼더앉지 않고 궁둥이에 발을 괴고 높이 앉다.

◆**앉았다섰다하다**, **앉으나마나하다**, 하나마나하다: **앉았다 섰다 하다**, **앉으나 마나 하다**, 하나 마나 하다의 잘못.

[설명] 모두 별개의 동사들인 '앉다/서다/하다/말다'의 어간에 활용 연결형 어미 '(으)나'가 결합된 것일 뿐이며(예: 앉+으나, 서+나, 하+나, 말+나), 한 낱말로 인정된 것은 없음. 따라서 모두 낱말별로 띄어 써야 함. [주의] '앉으나서나'도 마찬가지. 한 낱말이 아니므로, '앉으나 서나'로 적음.

◆**앉음뱅이**가 앉는 **앉음뱅이**책상: 모두 **앉은뱅이**의 잘못.

앉은뱅이책상명 의자 없이 바닥에 앉아서 쓸 수 있게 만든 낮은 책상.

◆식당 안에 **앉을자리**가 없어서 두리번거리는데: **앉을 자리**의 잘못.

[설명] '앉을자리'와 '앉을 자리'는 아래와 같이 그 뜻이 다름.

앉을자리명 물건이 자리에 놓이게 된 밑바닥. ¶책상 앉을자리를 고르다; 앉을자리가 편평해야 물건이 기우뚱거리지 않는다.

앉을 자리: ¶앉을 자리가 없어 두리번거렸다; 방이 비좁아 앉을 자리가 없다.

◆솥에 밥 **앉히고** 올게. 그 담에 얘기하자: **안치고**의 잘못. ←**안치다**[원]

[설명] ①밥을 안치다(o). ②앉히다: ¶걸상에 앉히다; 도지사 자리에 앉히다.

안치다통 밥/떡/구이/찌개 따위를 만들기 위하여 그 재료를 솥/냄비 따위에 넣고 불 위에 올리다.

394

◆[고급] ♣'**않다**'는 동사 활용 대상인가, 아니면 형용사로 활용하는가?

  [설명] ①'않다'의 본말은 어떤 행동을 안 하다를 뜻하는 '아니하다'임. 즉, '아니하다=않다'는 본래 동사임. ¶여인은 말을 않고 떠났다; 공부는 않고 무얼 하느냐? ②그러나 실제 쓰임에 있어서는 동사나 형용사 뒤에서 '-지 않다'의 구성으로 앞말이 뜻하는 행동/상태를 부정하는 뜻을 나타내는 보조용언으로 더 많이 쓰이고 있음. 그리고 보조용언은 본용언의 품사에 따라 각각 보조동사와 보조형용사가 되기 때문에 활용에서도 각 품사의 규정에 따름. 즉, 같은 '-지 않다'의 구성이라 할지라도 동사 뒤에서 쓰이는 '않다'는 보조동사이고, 형용사 뒤에서 쓰이는 '않다'는 보조형용사이므로, 그 변화도 각각 동사와 형용사의 변화를 따름.

  [활용] ①보조동사로 (동사 뒤에서 '-지 않다' 구성으로) 쓰일 때: '가지 않다/보지 않**는** 채로/묻지 않고/일하지 않**는** 사람은 먹지도 마라/사용하지 않**는** 수건/잊지 않으마/회의에 참석하지 않**는** 사람은 따로 모이도록/일을 시키지 않다/눈에 띄지 않게'. ②보조형용사로 (형용사 뒤에서 '-지 않다' 구성으로) 쓰일 때: 예쁘지 않**은** 사람/옳지 않**은** 일/쉽지 않다/기쁘지 않**은**걸.

  [참고] ☞'**있다**'는 동사인가, 형용사인가 항목 참조.

◆♣'**-않다**'가 들어간 복합어들

  [예제] <u>얼토당토 않은</u> 말 : **얼토당토않은**의 잘못. ←**얼토당토않다**[원]

    마다않고 덥석 받더군 : **마다 않다**의 잘못. 두 낱말.

    좋은 일만 있으시길 **바라마지 않습니다** : **바라 마지않습니다**의 잘못.

  [설명] 다음 말들은 모두 한 낱말의 복합어임: 마지않다('마지아니하다'의 준말), 머지않다, 못지않다('못지아니하다'의 준말), 하차묵지않다, 얼토당토않다.

  하차묵지않다[형] ①품질이 약간 좋다. ②성질이 조금 착하다.

◆**알귀먹을** 사람도 가려야지, 하필 동생 것을: **알겨먹을**의 잘못. ←**알기다**[원]

  [설명] '울귀먹다'가 '우려내다'의 잘못인 것처럼, '알귀먹다'는 '알겨먹다/알겨내다'의 잘못.

  알겨먹다[동] 남의 재물 따위를 <u>좀스러운 말/행위로 꾀어 빼앗아 가지다</u>.

  우려먹다[동] ①음식 따위를 우려서 먹다. ②이미 썼던 내용을 다시 써먹다.

  우려내다[동] ①물체를 액체에 담가 성분/맛/빛깔 따위가 배어들게 하다. ②생각/감정을 끄집어내다. ③<u>꾀거나 위협하거나 하여서 자신에게 필요한 돈/물품을 빼내다</u>.

◆**알라리깔라리/올레리꼴레리**: '**알나리깔나리**'의 잘못. ⇐'알나리깔나리'는 준첩어.

  알나리[명] 어리고 키가 작은 사람이 벼슬한 경우의 놀림조 말. ⇐'알-'은 '작은'을 뜻하는 접사. ¶알요강/알바가지/알항아리.

◆알록달록한 무늬가 있는 그 **알록이** 강아지가 참 귀엽더군: **알로기**의 잘못.

  [참고] 얼굴엔 온통 **얼룩이**가 깔리고, 옷마저: **얼루기(얼룩)**의 잘못.

    어미는 **얼룩이**가 아니었는데 새끼는: **얼루기**의 잘못.

  [설명] ①이 말들은 예전에 통일안에서 '알록이/얼룩이[斑點]/얼루기[斑毛獸]'로 다뤄지던 말인데, 개정('88)에서는 구별 없이 '알로기/얼루기'로 적음. 관련 규정: '-하다'나 '-거리다'가 붙을 수 없는 어근에 '-이'나 또는 다른 모음으로 시작되는 접미사가 붙어서 명사가 된 것은 그 원형을 밝히어 적지 아니함. 〈예〉개구리/귀뚜라미/기러기/깍두기/꽹과리/날라리/누더기/동그라미/두드러기/딱따구리/매미/부스러기/뻐꾸기/얼루기〉알로기/칼싹두기. 단, '-하다'나 '-거리다'가 붙는 어근에 '-이'가 붙어서 명사가

된 것은 그 원형을 밝히어 적음[규정 제23항]. 〈예〉깔쭉이(○)/깔쭈기(×); 살살이(○)/살사리(×); 꿀꿀
이(○)/꿀꾸리(×); 쌕쌕이(○)/쌕쌔기(×); 눈깜짝이(○)/눈깜짜기(×); 오뚝이(○)/오뚜기(×); 더펄이/더퍼
리(×); 코납작이(○)/코납자기(×); 배불뚝이(○)/배불뚜기(×); 푸석이(○)/푸서기(×); 삐죽이(○)/삐주기(×);
홀쭉이(○)/홀쭈기(×). ②'얼루기〉알로기'이며 '알루기'는 없는 말. 북한어.
알로기〈얼루기몡 알록알록한〈얼룩얼룩한 점/무늬. 그 점/무늬가 있는 짐승/물건.

◆그 친구에게 딱 **알맞는/걸맞는** 여인이로군: **알맞은/걸맞은**의 잘못. ¶학생 신분에 알맞은 옷차림; 빈칸
　에 알맞은 말을 넣으시오. ⇐('ㄹ'을 제외한 받침 있는 어간 뒤에서) 형용사에는 '-은'이 쓰이고, '-는'은
　동사에 쓰임. ☞**힘드는** 항목 참조.

◆알이 통통한 **알박이** 생선: **알배기**의 잘못. ☞♣'**-박이**'와 '**-배기**' 항목 참조.
　[설명] 생선에 '-박이'가 사용되는 경우도 있으며('이리박이'), '알박이'만을 홀로 사용할 경우에는 알을
　　박아 만든 것이 될 수도 있음(현재 사전엔 '알박이'가 없음). 아래 낱말 뜻풀이 참조.
　알배기몡 ①알이 들어 배가 부른 생선. ②겉보다 속이 알찬 상태.
　이리박이몡 배 속에 이리가 들어 있는 물고기.
　두톨박이[세톨박이]몡 알이 두[세] 개만 여물어 들어 있는 밤송이/마늘통 따위를 이름. ⇒**차돌박이/오
　　이소박이**.
　박이것몡 ①박아서 만든 물건의 총칭. ②≒**박이옷**(박음질을 하여 지은 옷).

◆아무리 설명을 들어도 **알송달송**하기만 해: **알쏭달쏭**의 잘못.
　[설명] '알쏭'은 '아리송'의 준말인데, 받침 'ㄹ' 뒤에서는 경음으로 발음되며[예: 얼떨결(×)/얼떨결(○)], 이
　　경우 소리 나는 대로의 어근 '알쏭'을 새로 채택한 것. 즉, **아리송하다≒알쏭하다.**

◆그 도둑이 **알심**으로만 골라서 챙겨갔다: **알짬**의 잘못.
　하도 불쌍해서 마음속에 **알짬**이 일었다: **알심**의 잘못.
　[설명] '**알심**'과 '**알짬**': 서로 뜻을 바꾸어 혼동하기 쉬움.
　알심몡 ①은근히 동정하는 마음. ②보기보다 야무진 힘. ¶**알심장사**.
　알짬몡 여럿 가운데에 가장 중요한 내용. ¶여러 집 세간의 알짬만을 훔치다.

◆한번 답을 **알아맞춰** 봐: **알아맞혀**의 잘못. ⇐'알아맞추다'는 없는 말.
　[설명] ①'**맞추다**'는 무엇을 서로 잘 맞게 하다의 단순한 의미. ¶부속품끼리 잘 맞추다/보조를 맞추다/
　　짝을 맞추다. ②'**맞히다**'는 용례가 비교적 다양한 편. ¶답을 맞히다/주사를 맞히다/약속을 바람맞히
　　다/비를 맞히다. ☞'바람맞다/바람맞히다'는 한 낱말.

◆잘은 모르고 **알음알음**으로 좀 알지: **알음알이**의 잘못. ⇐'**알이알이**'도 가능.
　[주의] 일을 건성으로 **알음알음** 해서야: **아름아름**의 잘못.
　[설명] ①'알음알음'은 이미 서로 아는 관계이고, '알음알이(알이알이)'는 내 가까이 있어서 아는 사람 정
　　도를 뜻함. ②'아름아름'의 용법은 아래 뜻풀이 참조.
　알음알음몡 ①서로 아는 관계. ②서로 가진 친분.
　알음알이몡 ①약삭빠른 수단. ②서로 가까이 아는 사람.
　알이알이몡 ①≒**알음알이**. ②어린아이들의 나날이 늘어나는 재주.

아름아름〈어름어름**무**〉 ①말/행동을 분명히 하지 못하고 우물쭈물하는 모양. ②일을 적당히 하고 눈을 속여 넘기는 모양.

◆이제 <u>그만 하면</u> 다 **알쪼** 아닌가: **그만하면**, **알조(≒알괘)**의 잘못.
  [설명] ①'그만하다'는 한 낱말. 특히 동사의 경우, '그만 하다(×)/그만 두다(×)'. ②'알아볼 조'(o)이지만, '알조'는 한 낱말. '알 조'(×). '알괘≒알조(o)'.
  그만하다〈형〉 상태/모양/성질 따위의 정도가 그러하다.
  그만하다〈동〉 하던 일을 멈추다. ≒**그만두다**.
  알괘[−卦]〈명〉 ≒**알조**(알 만한 일).

◆**알타리**로 담갔으니까 **알타리김치**지.: **총각무**, **총각김치**의 잘못. 비표준어.
  이 **알무**들을 깨끗하게 씻어 놓도록: **총각무**의 잘못. 비표준어.
  [설명] '알타리'는 아예 없는 말이며, '알타리무/알무'는 모두 '총각무(무청째로 김치를 담그는, 뿌리가 잔 무)'의 잘못.
  [참고] 뜻이 똑같은 형태가 몇 가지 있을 경우 그중 어느 한 형태가 널리 쓰이면 그 낱말만을 표준어로 삼는다는 표준어 규정 제25항에 따라, '알타리무/알무'보다 더 널리 쓰이는 '총각무'만 표준어로 삼았음.

◆**암때나** 와도 돼: **아무 때나**의 잘못.
  넌 **암짝**에도 못 써: **아무짝**의 잘못. ⇐'아무짝'은 합성어.
  암데라도 함부로 다녀도 좋다는 말은 아니었어: **아무 데**의 잘못.
  그거 싸게 샀어. **암만** 줬으니까: 맞음.
  아무때라도 괜찮아: **아무 때라도**의 잘못.
  [설명] '암때/암데'는 구어체로 가끔 쓰여서, 일견 '아무 때/아무 데'의 준말일 듯도 싶으나 없는 말들임. '아무'는 관형사로서, 준말은 '**암말**(⇐아무 말)/**암튼**(⇐아무튼)/**암커나**(⇐아무러거나)/**암만**' 정도이며 합성어로는 '**아무것≒아무거/아무개/아무짝/아무아무**'가 있음. ☞'**아무것**' 항목 참조.
  [참고] '−때'가 들어간 주요 복합어. 한 낱말이므로 붙여 씀.: **그때/접때/제때/이때/한때/그때그때; 낮때/ 저녁때/점심때(點心−)/새때; 물때1/물때2/벼때.**

◆**암만 해도** 빠져나갈 길이 없어: **암만해도**의 잘못. ←**암만하다**[원]
  암만하다〈동〉 ①이러저러하게 애를 쓰거나 노력을 들이다. ②이리저리 생각하여 보다.

◆♣'**암·수−**' 다음에 격음으로 표기되는 것들: 개(강아지)/닭(병아리)/당나귀/돼지.
  [예제] **암당나귀**가 수컷보다 값이 좀 비싼 편: **암탕나귀**의 잘못.
        암돌쩌귀가 너무 헤벌어져서 문짝이 자주 빠진다: **암톨쩌귀**의 잘못.
  [설명] 다음 낱말들은 '**암·수−**' 다음에 격음으로 표기됨('암컷/수컷'은 당연히 포함됨): 암·수캐(암·수캉 아지)/암·수탉(암·수평아리)/암·수탕나귀/암·수퇘지. 물건으로는 암·수키와/암·수톨쩌귀.

◆그건 써먹지 못하는 지식이니, **암클**이랄 수 있지: **암글**의 잘못.
  [설명] ①예전에는, '암클/수클'을 쓰기도 하였으나, 격음화될 이유가 없음. 발음: {암글/수글}. ②'수클 (×)/수글(o)'.
  암글〈명〉 ①예전에, 여자들이나 쓸 글이라는 뜻으로, 한글을 낮잡는 말. ②배워서 알기는 하나 실제로는

활용할 수 없는 지식을 낮잡는 말.

수글몡 ①배워서 잘 써먹는 글. ②한문을 한글에 상대하여 이르던 말.

◆♣**압존법과 표준 화법: 직장 등에서는 압존법을 쓰지 않는다 (원칙)**

[예제] 사장님. 그건 아까 전무님께서 다 말씀해주신 겁니다.: 맞음.

연대장님. 저희는 대대장님 말씀을 따랐을 뿐입니다.: 맞음.

할아버님. 아까는 아버님 앞이라서 말씀드리기가 그랬습니다.: 허용.

영전을 축하드립니다.: 맞음(허용).

[설명] ①압존법이란 문장의 주체가 말하는 이보다는 높지만 듣는 이보다는 낮을 때 그 주체를 높이지 못하는 어법인데, 현행 언어 현실을 감안하여 그동안 무조건 적용해오던 압존법을 완화하였음. 즉, "가정에서는 압존법을 쓰는 것을 전통으로 하며, 직장 등에서는 쓰지 않는 것을 원칙으로 한다"고 〈표준 언어 예절〉(국립국어원, 2011)에 규정하였음. 즉, 일반 가정에서는 지켜도 좋으나 안 지켜도 잘못된 것으로는 보지 않게 되었음. ②'축하드리다'와 같은 표현도 예전에는 적절치 않은 표현으로 보았으나, '축하+드리다('공손한 행위'의 뜻을 더하고 동사를 만드는 접미사)'의 꼴이 있음에 비추어 허용하게 되었음[2011년].

◆'**앗다/앗따/왓따, 윗따/워따/엇따**' 잔소리 좀 그만!: '**아따**'와 '**어따**'갑의 잘못. ⇐소리 나는 대로.

[설명] 본래 의미를 찾기 어려우므로 소리 나는 대로 적음. ¶어따(아따) 잔소리 좀 그만 해; 어따/아따, 영감님도 참. 시골 부자가 요새는 더 속이 실합니다.

[주의] 이와 달리 '얻다'는 '어디에다'의 준말. ¶얻다 대고 그런 소릴 하는가?; 책을 얻다 두었는지 기억이 나지 않는다.

[주의] 흔히 쓰는 '**앗싸/아싸**'는 둘 다 사전에 없는 말이며, 허용될 경우에도 표기는 '아싸'가 옳음. ⇐-싸'가 이미 경음이므로 사이시옷 불가함.

◆'**앗뜨거라/아뜨거라**': 없는 말들.

[참고] **어뜨거라/엇뜨거라**: 감탄사 **에뜨거라**의 잘못.

어마 뜨거라: **어마뜨거라**의 잘못. 한 낱말의 감탄사.

[설명] ①아래에 보듯 '에뜨거라/어마뜨거라'는 한 낱말의 감탄사들이지만, '앗뜨거라/아뜨거라'는 아직 없는 말. ⇐'뜨거라'가 음성모음이므로 각각 '에-/어마-'와만 결합시킨 것. ②이것을 감탄사가 아닌 형태인 '앗[아!] 뜨거워라'로 적을 수 있으나, 이때도 '앗[아!] 뜨거라'는 잘못. ⇐'뜨거라'는 '뜨거워라'의 잘못. '-라'는 현재 사건/사실을 서술하는 뜻을 예스럽게 나타내는 종결어미로서, 어간에 직접 붙을 수 있는 것은 '이다/아니다'의 경우뿐임. ¶그 유명한 이름은 홍길동이라. ③'에뜨거라'는 '어이(ㅅ)뜨거라→에(ㅅ)뜨거라→에뜨거라'로, '어이'가 '에'로 변화한 것으로 봄. '엇뜨거라'는 '어' 다음에 이미 '뜨'로 경음화되어 있으므로 불필요한 사이시옷 받치기임.

[정리] **어뜨거라**: **에뜨거라**의 잘못. ⇐한 낱말의 감탄사.

어마 뜨거라: **어마뜨거라**의 잘못. ⇐한 낱말의 감탄사.

에뜨거라갑 혼날 뻔하였다는 뜻으로 내는 소리.

어마뜨거라갑 매우 무섭거나 꺼리는 것을 만났을 때 놀라서 내는 소리.

◆'**앗어라 앗어**! 아예 함부로 나서지 마라: **아서라 아서**의 잘못. ⇐소리 나는 대로.

[설명] ①'아서/아서라'는 두 말 모두 그렇게 하지 말라고 금지할 때 쓰는 감탄사. ②소리 나는 대로 + 모

398

음조화 무시: 본래 이 말은 '앗다'의 활용으로 보았으나 금지사(禁止辭) '앗아/앗아라'가 '빼앗는다'는 원뜻과는 멀어져 단지 하지 말라는 뜻일 뿐이므로 발음대로 쓰기로 하고, 다시 언어 현실에 따라 음성 모음 형태를 취하여 '아서/아서라'로 한 것임. [참고: 표준어 규정 제8항]

◆어른이 하는 짓을 보고도 **앙징맞다**고 할 수 있으려나: **앙증맞다**의 잘못.

  [비교] **가징맞은** 인간!: **가증맞은**의 잘못. ←**가증맞다**[원]

  [암기도우미] 작으니까 징그럽지도 않고. 그러니 앙징이 아니라 앙증.

  앙증맞다[형] 작으면서도 갖출 것은 다 갖추어 아주 깜찍하다.

  가증맞다[可憎-][형] 괘씸하고 얄미운 데가 있다.

◆우리 집 **앞골목**에 가게가 있어: **앞 골목**의 잘못. [주의] '뒷골목(O)/앞동산(O)'.

  연평도 **앞바다**에는 조기 떼가 북상 중: 연평도 **앞 바다**의 잘못. ←앞쪽 바다.

  오늘 **앞 바다**의 물결은 3~4미터: **앞바다**의 잘못. ⇐**앞바다**[명] 늑근해.

  [참고] **문앞**에까지 왔다가 그냥 가다니: **문 앞**의 잘못. ⇐'문앞'은 없는 말.

  [설명] ①'-앞'이 들어간 합성어들은 글자 그대로의 뜻 외의 의미들을 갖고 있는 '**눈앞**(아주 가까운 장래)/**코앞**(아주 가까운 곳. 곧 닥칠 미래)/**앞앞**(각 사람의 앞)/**밑앞**(배의 이물)/**줌앞**(활을 쏠 때에 줌통을 쥔 주먹의 안쪽)' 정도이며, 나머지 말들은 글자 그대로의 뜻뿐이므로 '문 앞'처럼 띄어 적어야 함. ②'앞 골목'은 글자 그대로의 뜻뿐이므로 띄어 적음. 그러나 '뒷골목'은 글자 그대로의 뜻 외에 '폭력/매춘 따위의 사건이 많이 일어나는 범죄 세계'를 뜻하기도 하므로 한 낱말의 복합어가 된 것임.

◆**앞날**은 뒤에 가 있고 **뒷날**은 앞에서 온다: 맞음.

  [설명] 앞날: ①그 전날. ¶그 일이 있던 앞날, 나는 집에 있었다. ②막연한 미래. ¶앞날의 일을 누가 단정할 수 있겠나.

    뒷날: 훗날. ¶뒷날 다시 보세; 먼 뒷날(≒훗날)을 기약하면서 악수했다.

  [참고] 앞일: 추상적인 먼 미래의 일.

    뒷일: 뒷갈망. 훗일. 따라서 지나간 일에 관련이 있거나 장차 뒤에 생기는 일. ¶뒷일은 내가 책임질게; 훗일을 미리 걱정할 필요 있나.

◆그토록 **앞뒷말**이 달라서야 되나: **앞말과 뒷말**(혹은 **앞뒤 말**) 잘못.

  [참고] **앞문장**에서 잘못된 부분을 찾아 고쳐 써라: **앞 문장**의 잘못.

    뒷문장에서 잘못된 부분은: **뒤 문장**의 잘못.

  [설명] ①'앞뒷말'은 현재 사전에 없는 말이므로, '앞말'과 '뒷말'로 나눠 써야 함. ②그러나 다음의 예에서 보듯, '앞뒷말'을 인정해도 좋을 듯함. ㉠앞뒷-으로 된 말들(한 낱말): **앞뒷문/앞뒷일/앞뒷질/앞뒷집**. ㉡'앞뒤-'로 된 말들: **앞뒤갈이/앞뒤공정/앞뒤짱구/앞뒤축**. ③'앞문장/뒤문장/뒷문장'은 한 낱말이 아님. 그러므로 '앞 문장', '뒤 문장'으로 띄어 써야 함.

  앞말[명] ①앞에서 한 말. ②앞으로 할 말.

  뒷말1[명] ①계속되는 이야기의 뒤를 이음. 또는 그런 말. ②일이 끝난 뒤에 뒷공론으로 하는 말. [유]숙덕공론/스캔들/쑥덕공론.

  뒷말2[명] 글 뒤에 덧붙이는 글.

◆**앞못보는** 생쥐 같으니라구: **앞 못 보는**의 잘못. '앞못보다'는 없는 말.

앞 못 보는 생쥐㉮ (비유) 정신이 몽롱하여 무엇을 잘 보지 못하는 사람.

◆**앞서거니뒤서거니** 하다: **앞서거니 뒤서거니**의 잘못. ←**앞서다/뒤서다**[원]
　앞서거니 **뒷서거니**: **뒤서거니**의 잘못. ←**뒤서다**[원]

◆**앞이**가 빠지면 보기 흉하지: **앞니**의 잘못.
　[참고] 금이빨은 **금이**인가, **금니**인가?: **금니**가 옳음. '금이빨'은 '금니'의 낮춤말.

◆**애개**, 또 그릇을 깨뜨렸네: **애걔**의 잘못.
　애개개, 겨우 그걸 갖고 그 호들갑이야?: **애걔걔**의 잘못.
　[참고] **에계게**. 겨우 그 정도야?: **에계계**의 잘못. ⇐'애**걔개**〈에**계계**'(○).
　[설명] '애**개**/애**개개**' 등은 감탄사 중 드물게 '-개'로 적는 것으로 작은말 역시 '에**계계**'임. ⇐모음조화!
　애개〈에계〉㉠ ①뉘우치거나 탄식할 때 아주 가볍게 내는 소리. ¶애개, 또 틀렸네; 애개, 또 속았구나. ②
　　대단하지 아니한 것을 보고 업신여기어 내는 소리. ¶애개, 이게 한 명치의 밥이야?
　애개개〈에계계〉㉠ '애개'를 잇따라 내는 소리.
　[암기도우미] '저/그 아이'의 준말은 '쟤/걔'; '아이'의 준말은 '애'.

◆우유를 먹는 아이는 **애기**인가, **아기**인가, **아가**인가: **아기**가 적절함.
　애기를 안고 계신 분들은 요쪽으로 나오세요: **아기**의 잘못.
　[설명] ①'애기'는 '아기'의 잘못. ☞'**ㅣ**' **모음 역행동화** 항목 참조. [유사] 애비(×)/아비(○); 에미(×)/어미(○);
　　오래비(×)/오라비(○). ②'아가'는 명사일 때와 감탄사일 때의 뜻이 다름: 〈명〉어린아이의 말로, '아기'를
　　이르는 말. 〈감〉㉮아기를 부를 때 쓰는 말. ㉯시부모가 젊은 며느리를 친근하게 부르는 말.

◆그토록 슬픈 **애끓는** 이야기를 듣고 나니: **애끊는**의 잘못.
　그렇게 속을 썩이면 **애끊고 속터지지**: **애끊고**, **속 터지지**의 잘못.
　[설] ①슬퍼서 애가 끊어질 정도여서 '애**끊**다[애:끈타]'이고, 답답하거나 안타까워서 애가 끓으니 '애**끓**다
　　[애:끌타]'임. 여기서 '애'는 창자를 뜻하는 옛말. ②'속터지다'는 없는 말. '속(內/心)-'의 주요 복합어로
　　는 **속상하다/속없다/속절없다/속풀이하다** 정도. 그러나, '속셈/속대중' 계통으로는 '속(內/心)-'의 복
　　합어가 제법 많음. ¶속량하다≒속요량하다/속말-/속배포(排布)-/속어림-/속대중-/속가량-/속짐
　　작-/속타산-/속타점(打點)-/속치부-/속가름-/속계산-/속생각-/속다짐-.
　[참고] 내장 관련 토박이말
　　애〈명〉 '창자'의 옛말.
　　배알 〈준〉**밸**〈명〉 '창자'의 비속어. ¶배알[밸]이 꼴리다[뒤틀리다].
　　창알이≒**창알**〈명〉 사람/동물의 창자를 낮잡는 말.
　　부아〈명〉 ≒허파. ¶부아가 뒤집히다.
　　지라〈명〉 ≒비위[脾胃]/비장[脾臟].
　　이자〈명〉 ≒췌장[膵臟].
　　염통〈명〉 ≒심장[心臟].
　　애간장[-肝腸]〈명〉 '애'를 강조하는 말.
　　멱〈명〉 목의 앞쪽.

◆그야말로 그 나이에 그리 죽는 건 **애닲고도 애닲은** 일이지: **애달프고도 애달픈**의 잘못. ←**애달프다**[원]

　　[비교] 그토록 아이가 낙망하는 걸 보니 나도 **애달더군**: 맞음. ←**애달다**[원]

　　[설명] ①애닲다: 고어(古語)로 처리된 말. '애달프다'의 잘못. ②'애달다'는 '마음이 쓰여 속이 달아오르는 듯하게 되다'를 뜻하는 동사로, '애타다/애끓다(몹시 답답하거나 안타까워 속이 끓는 듯하다)'보다 약한 말.

　　[유사] '설거지(O)←설겆다(×)'; '낭떠러지(O)←낭(×)'. ¶서울이 낭이라니까 과천[삼십 리]부터 긴다㊂. [참고] '낭'은 현재 '벼랑'의 방언(전남)으로 남아 있음.

◆그처럼 **애띤** 얼굴 어디에서 그런 독기가 나오는지: **앳된**의 잘못. ←**앳되다**[원]

　　애띤 얼굴인데 하는 말은 <u>어른일세 그려</u>: **앳된**, **어른일세그려**의 잘못. ⇐'-그려'는 보조사.

　　앳되다〔형〕애티가 있어 어려 보이다.

◆잊으려 **애를 써보았지만**.: 맞음. (혹은 **애써 보았지만**도 가능)

　　[설명] 위의 예문은 동사 '애쓰다'를 써서 다음과 같은 과정을 거쳐 '애써봤지만'으로 적어도 됨: '애써('애쓰다'의 활용) 보았지만'→'애써보았지만(보조용언 붙여쓰기)'→'애써봤지만('보았지만'의 줄임)'.

◆그런 딱한 모습을 보니 어찌나 속이 **애리던지**: **아리던지**의 잘못. ←**아리다**[원]

　　어찌나 추운지 살갗이 **애려** 오더군: **아려**의 잘못. ←**아리다**[원]

　　아리다〔형〕①혀끝을 찌를 듯이 알알한 느낌이 있다. ②상처/살갗 따위가 찌르는 듯이 아프다. ③마음이 몹시 고통스럽다.

◆**애밴** 사람을 <u>걷어 차다니</u>, 네가 남편 <u>맞냐</u>?: **애 밴**, **걷어차다니**, **맞느냐**의 잘못.

　　[설명] ①'애배다'는 없는 말. '애(를) 배다'(O). ②'걷어차다'는 복합어로 한 낱말. ③'맞다'는 동사이므로 그 활용은 '맞냐(×)/맞느냐(O)'; '맞다면(×)/맞는다면(O)'.

　　[참고] '**걷어-**'가 들어간 복합어: 걷어차다/-붙이다/-치우다/-들다/-매다/-입다/-잡다/-질리다/-채다/-안다/-쥐다≒-잡다/-지르다.

　　[활용] ①야, 그딴 소리 하려거든 **걷어쳐라**. **걷어쳐**: **걷어치워라**. **걷어치워**의 잘못. '걷어치다'는 없는 말로 '걷어치우다'의 잘못. ②답답하니까 그 휘장 좀 **걷어올리지그래**?: **걷어 올리지 그래**(혹은 **걷어지르지 그래**)의 잘못. 즉, 위에 보인 복합어 외의 것들은 원칙적으로는 띄어 써야 하고, 허용에 따라 붙일 수 있음.

◆이 **애비**가 참 잘못했다: **아비**의 잘못. [활용] 오래비(×)/오라비(O).

　　[참고] '아비'는 '아버지'의 낮춤. 며느리가 시부모 앞에서 사용하는 등 용례 다수. 윗사람의 경우에는 '아범'을 사용(어른이/아랫사람이 남에게).

◆어른이 **애숭이**들 천지인 **애숭이판**에서 놀아 무엇하나: **애송이**, **애송이판**의 잘못.

　　[설명] '애숭이'는 '애송이'의 잘못. 헷갈릴 때는 모음조화 우선. [예외] '-둥이': '약둥이/쌍둥이/선둥이'(O).

　　애송이판〔명〕애송이(애티가 나는 사람/물건)들만 득실거리는 판.

◆그건 **애시당초** 글러 먹은 일이었잖아.: **애당초**의 잘못. ⇐'글러 먹다'는 맞음. ☞**글러 먹다** 항목 참조.

　　[설명] '애시당초(-當初)'는 '애당초'의 잘못이며, '애당초(-當初)'는 '애초(-初)'의 강조. '애초'는 일의 맨 처

음이라는 뜻. '애초(−初)→애당초(−當初)'(○)→'애시당초'(×).

◆**애잡숫다** → **애먹다/애쓰다**의 잘못. 없는 말. ['잡숫다'는 '잡수시다'의 준말]
　[설명] 굳이 존경어로 만들려면 존칭 보조어간 '−시'를 넣을 수도 있겠으나, 그럴 때는, '애먹으시다/애쓰
　　시다' 등이 되어야 함. ⇐원칙적으로 '애쓰다/애먹다' 등은 언어 예절상 윗사람에게 일반적으로 사용
　　할 수 있는 말이 아님.

◆**애저녁**에 글러먹은 일이야: **애초**, **글러 먹은**[원칙]의 잘못. ←**그르다**[원]
　애저녁에 밥을 먹었더니 배가 고프다: **초저녁**의 잘못.
　[설명] ①'애저녁'은 본래 '초저녁'의 잘못인데, 그것이 '애초'를 뜻하는 말로까지 잘못 전와된 것. ②'글러
　　먹다'에서의 '글러'는 '그르다'의 활용인 '글러/그르니'에서 온 말이며, '−어 먹다' 구성이므로 띄어 씀.

◆할머니께 **야단맞았어**: 인용(認容)되는 표현임.
　[설명] 〈표준 언어 예절〉(국립국어원, 2011)에 의하면, 원칙적으로 '야단'은 어른에게 쓸 수 없는 말로 '걱
　　정/꾸중(꾸지람) 들었다'라고 바꿔 말해야 함. 그럼에도, '야단맞다'라는 동사의 뜻은 아래와 같은 의
　　미로 이미 널리 쓰이고 있어서 인용(認容)해야 될 정도이며,《표준》에서도 용례로 사용하고 있음.
　야단맞다(惹端)≒**욕먹다/혼나다**[동] 꾸지람을 듣다. ¶숙제를 안 해서 선생님께 야단맞았다; 너 자꾸 그
　　러면 엄마한테 야단맞는다; 사실대로 말하면 야단맞을까 봐 거짓말을 했다; 고렇다가 야단맞을라.
　[참고] **야단나다**(惹端)≒**뒤집히다**[동] ①좋아서 떠들썩한 일이 벌어지다. ②난처하거나 딱한 일이 벌어지다.

◆자네 정말 **야멸찬** 친구로군. 어찌 그럴 수가: 맞음.
　[설명] 예전에는 '야멸차다'가 '야멸치다'의 잘못이었으나, 복수표준어로 인정됨. '매몰차다/대차다/옹골차
　　다' 등과 형평성에도 맞음. '야멸치다〈야멸차다'의 관계.

◆되바라지게 하는 짓이 야살꾼답게 **야살궂구면**: **야살스럽구면**의 잘못. 없는 말.
　야살스럽다[형] 보기에 얄망궂고 되바라진 데가 있다. '야살궂다'는 북한어.
　[참고] '야살꾼'에서 '얄개'가 나왔음. ¶**야살이**≒**야살쟁이**[명]
　얄개[명] 야살스러운 짓을 하는 아이.

◆큰소리 치며 **야심차게** 첫 사냥에 나섰지만: **큰소리치며**, **야심 차게**의 잘못.
　[설명] ①'큰소리치다'는 글자 그대로의 뜻이 아니라 '남 앞에서 잘난 체하며 뱃심 좋게 장담하거나 사실 이
　　상으로 과장하다'를 뜻하므로, 복합어. ②'야심차다'는 없는 말로 두 낱말. 단, 다음 말들은 한 낱말의
　　복합어로 인정된 것들인데, 주로 언중의 사용 빈도와 분포, 그리고 관행이 고려된 것들이며, '줄기차다'
　　와 '매몰차다'는 복합어 일반 요건(의미 특정)에도 부합됨: '줄기차다/활기~/희망~/기운~/기똥~/매몰~'.
　줄기차다[형] 억세고 세차게 계속되어 끊임없다.
　매몰차다[형] ①인정이나 싹싹한 맛이 없고 아주 쌀쌀맞다. ②목소리가 높고 날카로우며 옹골차다.

◆이제 일어서**야지만**, (집에 가**야지만**) 된다: **~야만**의 잘못. 일어서야만/가야만.
　[설명] ①'−야지만'은 어미 '−야만'의 잘못. '−야만'은 '−아야만/−어야만'이 끝음절의 모음이 'ㅏ/ㅓ'이고 받
　　침이 없는 용언의 어간 뒤에서 '아/어'가 탈락한 형태. ¶이제 집에 가야만 한다; 차가 올 시간이니 빨
　　리 건너야만 한다. [비교] 살려면 먹**어**야만 한다; 적을 막**아**야만 한다. ②'−야지'도 어미지만 '−아[어]

야지'의 '아/어'가 탈락된 종결어미이기 때문에, 예문과 같이 연결어미로 사용할 수는 없음. ¶내가 가야지. 아이보고 거길 가랄 수야 없지.

[참고] '-야': 끝음절의 모음이 'ㅏ/ㅓ'이고 받침이 없는 용언의 어간 뒤에서, 어미 '-아야/-어야'의 '아/어'가 탈락된 꼴. ¶지금 강을 건너야 기차를 탈 수 있다; 아무리 아이를 혼내야 아이를 바꿀 수는 없다.

◆미리 **야코 죽이지마**: **야코죽이지**의 잘못. ⇐'야코죽다/야코죽이다'는 한 낱말.
　　[설명] '야코'는 '코'의 속어로, '야코죽다/야코죽이다'는 '기죽다/기죽이다'의 속어.

◆떠 오른 달이 **야트막히** 동산에 걸려 있었다: **야트막이**의 잘못.
　　[설명] ①-하다'로 끝나는 형용사지만, 어간 받침이 'ㄱ'이므로 '-이'. ②얕음하다(×)/야틈하다(○); '얕으막하다(×)/야트막하다(○)'. '야틈하다'는 '야트막하다'의 준말. 위에서, '야트막하게'도 가능: 야트막하게 ⇐야트막하다.

◆그 사람 정말 **약빨이**로구먼: **약바리**의 잘못.
　　[설명] '약빠르다'→'약빠른 사람'→'약바리'. '약빨이'로 하려면 '약빨르다'가 있어야 함. 또한, '약빨이'가 되면 '약을 빠는 사람/기구'의 의미로도 혼동됨.
　　[참고] '악발이(×)/악바리(○)'. '삽살이(×)/삽사리(○)'. ⇐'약바리/악바리/삽사리' 모두 어말이 '리'이므로 소리 나는 대로 적음.

◆**약싹빠른** 사람은 소리 안 나게 삭삭 움직인다: **약삭빠른**의 잘못.
　　[설명] ☞♣**받침 'ㄱ/ㅂ' 뒤에서 나는 된소리** 항목 참조.

◆잔머리 도사 아니랄까 봐 **약은꾀/약은수** 쓰고 있네: **얕은꾀/얕은수**의 잘못.
　　얕은꾀[얕은수]명 [흔히] 들여다보이는 꾀[수].

◆사내들 앞에서 엉덩이를 **얄죽얄죽** 흔들 때 이미 알아봤지: **얄쭉얄쭉**의 잘못.
　　[설명] 유성자음 받침 'ㄴ/ㄹ/ㅁ/ㅇ'의 뒤에서는 소리 나는 대로 적음. 〈예〉'샐죽(×)/샐쭉(○)'; '듬북(×)/듬뿍(○)'; '길죽길죽(×)/길쭉길쭉(○)'; '얄죽얄죽(×)/얄쭉얄쭉(○)'.
　　[주의] 받침 'ㅂ' 뒤에서는 다름. 〈예〉넙죽넙죽(○)/넙쭉넙쭉(×); 덥석덥석(○)/덥썩덥썩(×); 답삭(○)/답싹(×).

◆이처럼 **얇다란** 종이에다 어떻게 써: **얄따란**의 잘못. ←**얄따랗다**[원]
　　철판은 **얇직한** 편이 가볍고 좋지: **얄찍한**의 잘못. ←**얄찍하다**[원]
　　[설명] ①'얇다랗다'는 없는 말. '얇다랗다'를 규정대로 발음하면 {얍따랃타}이며, {얍따랃타}가 아니므로 발음대로 표기하여 '얄따-'를 어근으로 하는 말을 표준어로 택한 것. ②'얇직하다'도 올바른 발음은 {얄찌카다}이므로 발음대로인 '얄찍-'을 어근으로 하는 '얄찍하다'를 표준어로 삼은 것. ☞[참고] 이와 달리, '얇고/얇네/얇실얇실하다'의 경우도 규정대로 발음하면 각각 {얄꼬}/{얄레}/{얄씰랼씰하다/얄씨랼씰하다}지만, 의미소를 살려 '얇-'으로 표기한 경우임. ☞**겹받침의 발음** 항목 참조.

◆**얇다란** 수작이지 뭐: **얄따란**의 잘못. ←**얄따랗다**〈**열따랗다**(○)[원].
　　얇팍한 속임수: **얄팍한**의 잘못.
　　[설명] 받침 'ㄼ'에서 'ㅂ' 발음이 나지 않으므로, '얄-'.

◆**얇삽한** 인간이 하는 짓이 다 그렇지: **얍삽한**의 잘못. ←**얍삽하다**[원]
　얍삽하다[형] (속) 사람이 얕은꾀를 쓰면서 자신의 이익만을 챙기려는 태도가 있다.

◆두음법칙 원칙상 **얌냠이**가 되어야 맞는 거 아닌가: **냠냠이**의 잘못. [예외]
　이젠 그만 좀 **얌냠거리지** 그러냐: **냠냠거리지**의 잘못.
　[유사] '얌냠(×)〉냠냠(○)'[부]; '얌냠거리다(×)→냠냠거리다(○)'[동]
　냠냠이[명] ①어린아이의 말로, 먹고 싶은 음식을 이르는 말. ②(비유) 맛있는 음식을 먹고 싶어 하는 일.

◆이제 **양**이 찼나?; **양**에 찼어?: 둘 다 쓸 수 있음.
　[설명] ①'양'은 위(胃)를 뜻하는 고유어라고도 하나, 《표준》에서는 소의 위(胃)를 고기로 이를 때만 '양(胖)'이라 함. ②예문에서처럼 고유어로서의 '양'은 '음식을 먹을 수 있는 한도'를 뜻함.
　[참고] '곱창'에서의 '곱'도 고유어(≒기름의 뜻. '눈곱'의 '곱'과 같음).

◆**양곱창**이나 먹으러 가지: **양 곱창**의 잘못. 없는 말.
　[설명] '양(胖)'은 '소의 위(胃)를 고기로 이르는 말'이며 '곱창'은 소의 작은창자'. '양곱창'이란 말은 사전에 없으며, '곱창'을 에둘러 '작은창자'의 뜻으로만 쓸 경우에도, '양 곱창'으로 띄어 적어야 함.

◆**양끝**을 단단히 동여매도록: **양 끝**의 잘못. ⇐합성어가 아님.
　양쪽끝을 단단히 동여매도록: **양쪽 끝**의 잘못. ⇐아래 설명 참조.
　[설명] ①양 갈래, 양 집안, 양 끝에서의 '양'은 관형사. 따라서 낱말별로 띄어 쓴다는 원칙에 따라 '양 갈래/양 집안/양 끝과 같이 띄어 씀. 그러나 '양쪽'은 사전에 등재되어 있는 합성어로 한 낱말이므로 붙여 적음. ②양-'이 붙은 주요 합성어: **양쪽**≒**양측/양옆/양짝/양편짝**≒**양편쪽/양발/양수(兩手)**≒**양손/양턱/양다리/양어깨/양끼**(아침과 저녁의 두 끼니)**/양코**(바둑에서, 상대가 이을 곳을 잘라서 두 점 가운데에 한 점이나 양편 가운데에 한 편을 잡는 수)**/양돈**(한 냥 정도의 돈)**/양중**≒**양중이**(남자 무당의 하나)**/양단/양위(兩位)/양그루**≒**이모작/양곤마(兩困馬)/양단수(兩單手)/양두필(兩頭筆)/양끝못**≒**은혈못**(아래위를 뾰족하게 깎아 만든 나무못) 등.

◆어른 앞에서 **양반다리**는 버릇없이 보여: 쓸 수 있음.
　[설명] 예전에는 책상다리의 잘못으로 삼았으나, 합성어로 인정[2018]. ▩[참고] 앉은뱅이**책상**(의자 없이 바닥에 앉아서 쓸 수 있게 만든 낮은 책상)으로부터 나온 말이므로, 시대의 변천에 따라 바뀌어야 할 말로 필자가 누차 지적했던 말임.

◆**양수겹장**: **양수겸장**의 잘못.
　[설명] 뜻은 둘 다 통하지만, 표준어 사정에서 '양수겹장'을 버린 것. 즉, 현재 '양수겹장'은 '양수겸장'의 잘못.
　양수겸장(兩手兼將)[명] ①장기에서, 두 개의 말이 한꺼번에 장을 부름. ②(비유) 양쪽에서 동시에 하나를 노림.

◆[고급] **양치물** 담는 컵으로나 쓰지 뭐: **양칫물**의 잘못.
　[설명] '양치'는 한자를 빌려 '養齒'로 적기도 하는데(취음), 본래의 어원은 '楊枝'. 이와 같이 본래 어원이 한자어(몽골어 또는 중국어 등)였으나 발음이 변한 경우는 한자어+고유어의 결합으로 보아, 사이시옷을 적용함.

[비교] 한편 '차(茶)'의 경우는 '다(茶)'의 새김[訓]이 '차'였으므로 한자어 '다(茶)'와 구별하여, 이를 고유어로 보아 사이시옷을 적용함. ¶'찻잔/찻종/찻방/찻상/찻장/찻주전자'(○).

◈말을 자꾸 **애두르지/애둘러대지** 말고: **에두르지/에둘러대지**의 잘못. ←**에두르다/에둘러대다**[원]
  [설명] '애두르다/애둘러대다'는 없는 말. '에두르다/에둘러대다'의 잘못. ☜[암기도우미] '에'는 '언저리/테'와 관련되는 말로 모두 'ㅓ/ㅔ'가 쓰임.
  에두르다§ ①에워서 둘러막다. ②늑**에둘러대다/에둘러치다.** 바로 말하지 않고 짐작하여 알아듣도록 둘러대다.

◈♣'**어간**'과 '**어미(語尾)**' 그리고 '**활용**'
  [설명] ①'보다/보니/보고/보며'에서의 '보-', 그리고 '가다/가니/가고/가며'에서 '가-'처럼 변하지 않는 부분이 어간이며, '-다/-니/-고/-며'처럼 변하는 부분이 어미. 이렇게 어간에 여러 어미가 붙으면서 말의 성격이 바뀌는데 이것을 활용이라 하며, 활용을 하는 품사에는 동사, 형용사, 그리고 <u>서술격조사('이다')</u>가 있음. ②활용 시 대체로 어간은 바뀌지 않으나 불규칙활용 용언 중에는 어간도 변하는 것들이 있음. ☞상세한 것은 **[부록 3] 맞춤법 공부에 도움이 되는 문법 용어 몇 가지** 중 '**불규칙활용**' 항목 참조.

◈[중요] ♣**어간 '-하'의 단축형**: 어간 '-하'가 줄거나, 'ㅏ'가 줄 때
  [예제] **섭섭치** 않게 해주게: **섭섭지**의 잘못. ←**섭섭하다**[원]
        생각타 못해 어쩔 수 없이 찾아왔네: **생각다**의 잘못. ←**생각하다**[원]
        넉넉찮은 형편에 벌금이라니: **넉넉잖은**의 잘못. ⇐**넉넉하지 않다.**
        신무기를 **도입키로** 결정하다: **도입기로**의 잘못. ←**도입하다**[원]
  [설명] ①어간 '-하' 뒤에서 줄어든 용언은 준 대로 적음. 단, 앞말 받침이 'ㄱ/ㅂ/ㅅ'일 때: 거북하지 않다→거북지 않다; 넉넉하지 않다→넉넉지 않다; 생각하건대→생각건대; 무색하게 하다→무색게 하다; 섭섭하지 않게→섭섭지 않게; 못하지 않다→못지않다; 생각하다 못해→생각다 못해; 깨끗하지 않다→깨끗지 않다; 익숙하지 않다→익숙지 않다; 탐탁하지 않다→탐탁지 않다; 도입하기로→도입기로; 짐작하건대→짐작건대. ☜[주의] '하' 앞의 어간이 모음이거나, 그 밖의 받침일 때는 -치-로 적음: 무심하지 않다→무심치 않다; 허송하지→허송치; 관계하지→관계치.
  ②어간 끝음절 '-하'에서 'ㅏ'가 줄고 'ㅎ'이 다음 음절의 첫소리와 어울려 거센소리로 될 때는 거센소리로 적음. 단, 앞말의 받침이 'ㄱ/ㅂ/ㅅ'가 아닐 때: 간편하게→간편케; 다정하다/다정하지→다정타/다정치; 연구하도록→연구토록; 정결하다/정결하지→정결타/정결치; 가하다→가타; 흔하다/흔하지→흔타/흔치; 무능하다/무능하지→무능타/무능치; 부지런하다→부지런타; 감탄하게→감탄케; 실망하게→실망케. [관련 규정: 한글 맞춤법 제40항]

◈**어거지** 좀 부리지 마라: **억지**의 잘못. 없는 말.
  억지§ 잘 안될 일을 무리하게 기어이 해내려는 고집.

◈**어그적거리며** 걷는 저 꼴 좀 봐라: **어기적거리며**의 잘못. ←**어기적거리다**[원]
  [주의] '-적-(×)/-기적-'(○). 그러나 아래 예문의 경우에는 반대로 '-기적-(×)/-그적-'(○)이므로 주의! ☜추가 낱말들은 ♣'**_' 모음이 쓰여야 할 곳에 'ㅣ' 모음이 잘못 쓰인 경우들** 항목 참조.
  [비교] 그만 **뭉기적거리고** 일어서지: **뭉그적거리고**의 잘못. ←**뭉그적거리다**[원]
  어기적거리다§ 팔다리를 부자연스럽고 크게 움직이며 천천히 걷다.

어기적거리다2[통] 음식 따위를 입 안에 가득 넣고 천천히 씹어 먹다.

◆둘 다 거기서 거기로, **어금버금**하군 뭐: 맞음. **어금지금**도 가능.
  [설명] '어금버금하다'는 '서로 엇비슷하여 정도나 수준에 큰 차이가 없다.'를 뜻하는 말로, '어금지금하다'
    와 복수표준어임.

◆**어깨 넘어로** 배운 바둑 실력치고는 대단하군: **어깨너머로**의 잘못.
  [비교] 길게 풀린 연(鳶)실을 **어깨 넘어로** 넘긴 뒤 되감았다: 맞음.
  [설명] '어깨너머'는 '옆에서 보거나 듣거나' 하는 것을 이르는 복합어.
  너머[명] 높이/경계로 가로막은 사물의 저쪽. 또는 그 공간.
  어깨너머[명] 남이 하는 것을 옆에서 보거나 듣거나 함.

◆**어느날** 오시는지 알려 주세요: **어느 날**의 잘못. ⇐두 낱말.
  어느때고 아무 때나 오세요: **어느 때**의 잘못. ⇐두 낱말.
  어느틈에 벌써 일이 끝나고 말았다: **어느 틈**의 잘못. ⇐두 낱말.
  [주의] **어느 새** 날이 샜네: **어느새**의 잘못. ⇐한 낱말. 합성부사.
     언 놈이 뭐라고 했는가?: **언놈**의 잘못. ⇐'어느 놈'의 준말이 아님!
  [설명] '어느 날/때/틈'은 모두 두 낱말로 '어느'는 관형사. '어느-'가 접두어로 쓰인 것은 '어느새'와 '어느덧'
    뿐임.
  어느새[부] 어느 틈에 벌써. ⇐명사가 아님. 주의!
  어느덧[부] 어느 사이인지도 모르는 동안에.
  언놈↔언년[명] 손아래의 사내아이를 귀엽게 부르는 말. '어느 놈'의 준말이 아님!

◆**어느 덧** 사라지고: **어느덧**의 잘못. ⇐한 낱말의 복합어로서 부사.
  [설명] '덧'은 홀로 쓰이는 경우가 드문 낱말.
  덧[명] 얼마 안 되는 퍽 짧은 시간. ¶**어느덧**[부], **그덧**[명]
  그덧[명] 잠시 그동안.
  어느덧[부] 어느 사이인지도 모르는 동안에. [유]어느새/어언/어언간.
  햇덧[명] ①해가 지는 짧은 동안. ②일하는 데에 해가 주는 혜택.

◆입학이 엊그젠데 **어느 새** 졸업이구나: **어느새**의 잘못. ⇐한 낱말.
  [고급] 잠시 눈을 붙였는데 **어느 샌가** 새벽일세: **어느샌가**의 잘못.
     어느새엔가 쌀이 떨어졌어: **어느샌가**의 잘못. ⇐'-엔가'는 없는 꼴.
  [설명] ①'어느새'는 '어느+사이'→'어느새'(준말)로, '어느 틈에 벌써'를 뜻하는 부사. 한 낱말. '어느덧'과
    유의어. ②'어느샌가'는 '어느새+이'(서술격조사의 어간. 여기서는 생략되었음)+-ㄴ가(어미) 꼴의 부사
    어. ⇐국립국어원 해설.
  [의견] '어느샌가'에 대하여 이러한 분석이 이뤄지기 위해서는 서술격조사와 관련하여 '어느새'는 체언이어
    야만 하는데 (격조사는 체언에만 붙을 수 있으므로), 현재 《표준》에서는 '어느새'를 부사로만 규정하
    고 있음. 따라서 이러한 분석이 문제없이 이뤄지려면, '어느새'를 명사로도 인정하든가, '어느 사이'+'이'
    (생략됨)+-ㄴ가(어미)로 보아 '어느 사인가'를 거친 뒤 준말 조어 '어느샌가'로 이행하여야 합리적임.

◆**어둑신한** 밤거리를 여자 혼자 걷는 건: **어둑한**의 잘못.

어둑시근해서 길이 잘 안 보였다: **어스레해서**의 잘못. ←**어스레하다**[원]

[설명] '어둑신하다'는 '어둑하다'의 잘못이며 '어둑선하다'는 북한어임.

어둑선하다[형] 무엇을 똑똑히 가려볼 수 없을 만큼 마음에 들지 아니하게 어둑하다.

어둑시근하다[형] **어스레하다**(빛이 조금 어둑하다)의 방언.

◆**어둑컴컴한/어두캄캄한** 밤길: **어두컴컴한**의 잘못. 두 말 모두 북한어.

방 안은 빛이 안 들어 **어둑침침했다**: **어두침침**(혹은 **어둠침침**)의 잘못. 북한어.

먹장구름이 끼어 갑자기 하늘이 **어득어득**해졌다: **어둑어둑**이 더 적절.

어둠침침하다≒어두침침하다[형] 어둡고 침침하다.

어두컴컴하다[형] 어둡고 컴컴하다.

침침하다[沈沈─][형] ①빛이 약하여 어두컴컴하다. ②눈이 어두워 물건이 똑똑히 보이지 아니하고 흐릿하다.

어득어득하다[형] ①보이는 것이나 들리는 것이 몹시 희미하고 멀다. ②까마득히 매우 오래되다. ③앞길이 매우 멀어서 정신이 까무러질 듯하다.

어둑어둑하다[형] 사물을 똑똑히 알아볼 수 없을 만큼 어둡다.

◆고향이 **어드메**냐 물으신다면 살구꽃 피는 데라 할래요: **어디**의 잘못. 북한어.

[설명] '어드메'는 ①'어디'를 구어적으로 이르는 북한어. ②'어디'의 옛말.

◆감히 **어따/엇다** 대고 삿대질이냐: **얻다**의 잘못. ⇐'어디에다'[본말].

어따가/엇다가 고개를 들이미는 거야: **얻다가**의 잘못. ⇐'어디에다가'[본말].

얻다 참, 세상인심이 어찌 이렇소: **어따**의 잘못.

[설명] ①'얻다'는 '어디에다'의 준말이며 '얻다가'는 '어디에다가'의 준말. 모두 표준어임: '어디에다→얻+(에)다→얻다'. [한글 맞춤법 제32항: 낱말의 끝 모음이 줄어지고 자음만 남은 것은 그 앞의 음절에 받침으로 적는다] ②'어따'는 몹시 심하거나 못마땅해서 빈정거릴 때 내는 감탄사로서(작은말은 '아따'), 어원/어근이 불명하므로 소리 나는 대로 적은 것. ¶어따 잔소리 좀 그만하시오.

어따〉아따[감] 무엇이 몹시 심하거나 하여 못마땅해서 빈정거릴 때 내는 소리.

◆[고급] 네가 가고 나면 난 **어떻게?/어떡해?** 중 맞는 표기는?: **어떡해?**

어떡하든 예쁘게만 만들어 봐: **어떻게든**이 더 적절함. ⇐'어떠하게든'[본말].

어떻게든 그가 자수하도록 해야지: **어떡하든**이 더 적절함.

[설명] 1)'어떻게'와 '어떡해'는 다른 말. ①'어떻게'는 '어떠하다'[형]가 줄어든 '어떻다'에+어미 '─게'가 결합하여 부사어로 쓰이는 말. ②'어떡해'는 '어떻게 해'라는 동사구가 줄어든 말.

 −너 어떻게 된 거냐? 이 일을 어떻게 처리하지?: 부사형으로 동사 수식.

 −지금 나 어떡해?(○): 서술어.

 −이 일을 어떡해(×) 처리하지? : 부사형으로 사용. 수식 불가능함.

 2)**어떡하든**: '어떡하다(동사구 '어떠하게 하다'의 준말.)+─든(**어미**)의 꼴로서, '어떠하게 하든'의 뜻. (동사적 활용)

  어떻게든: '어떻게'(형용사 '어떠하다'의 준말인 '어떻다'의 활용형)+든'(**보조사**)의 꼴로서, '어떠하게든'의 뜻. (형용사적 활용) 즉, 이 두 말은 뿌리가 같으나, 그 결과 면에서 동사적 쓰임인지, 형용사적 쓰임인지에 따라서 판단하면 적절함.

◆이번엔 참가하지 않는 게 **어떻니/어떻냐?**: **어떠니/어떠냐**의 잘못. (**어떠하니**도 가능).

  [설명] '어떻다'는 형용사 '어떠하다'의 준말로, 어간 끝 받침 'ㅎ'이 모음 앞에서 줄어지는 경우, 준 대로 적어 활용함. [맞춤법 규정 제40항] 따라서 '어떻-+-으니/어떻-+-으냐'는 '어떠니/어떠냐'가 됨. ¶그간 어떻게 지내셨습니까?; 요즘 몸은 좀 어떠냐?; 네 의견은 어떠니?; 그건 이렇게 하면 어떨까?

  [참고] '어떻다'와 같이 활용되는 말에는 '그렇다/이렇다/저렇다' 등이 있음. 〈예〉그래/그러니/그러냐/그러면; 이래/이러니/이러냐/이러면; 저래/저러니/저러냐/저러면.

  [참고] ㅎ불규칙활용과의 관계: ①ㅎ불규칙활용은 일부 형용사에서 어간의 끝 'ㅎ'이 어미 'ㄴ/ㅁ' 위에서 줄어 활용하는 형식. '파랗다→파라니/파라면/파래', '노랗다→노라니/노라면/노래'로 변하는 것 따위. ⇐어간+어미 모두 변하는 불규칙. ②'그렇다'의 활용은 어간에 있는 'ㅎ'이 받침으로 굳어진 준말 꼴의 활용이라는 점에서 다르지만, 형태상으로 흡사함.

  [고급] **'어떻게든'과 '어떡하든'**: '어떻다'는 '어떠하다'[형]의 준말이고 '어떡하다'는 '어떠하게 하다'의 준말(동사구)이므로 둘 다 잘못된 말은 아님. 그러나 '어떻게든'은 '어떠하게든'의 뜻을 나타내고, '어떡하든'은 '어떠하게 하든'의 뜻을 나타낸다는 점에서 차이가 있음. 더 상세히 구별하면 '<u>어떻게**든**</u>'의 '든'은 연결어미 '-게' 뒤에 붙은 **보조사 '든지**'의 준말이고, '<u>어떡하**든**</u>'의 '든'은 **어미 '든지**'의 준말. 즉, '어떠하게(형용사 '어떠하다'의 활용)+든'→'<u>어떻게</u>+든'. '<u>어떠하게</u>(동사 '어떠하다'의 활용 부사형)+하('하다'의 어간)+든'→'<u>어떡</u>+하+든'.

    ①보조사일 때의 '든/든지': ¶<u>사과든 뭐든</u> 다 좋다; <u>함께든 혼자서든</u> 괜찮아; <u>걸어서든지 달려서든지</u>; 낮게든 높게든 제대로만 던져라.

    ②어미일 때의 '든/든지': ¶집에 <u>가든 말든</u> 맘대로 해; 계속 <u>가든지</u> 여기 있다가 굶어 <u>죽든지</u> 네가 결정해; 노래를 <u>부르든</u> 춤을 <u>추든</u> 간에 네 맘대로 해라; <u>싫든지 좋든지</u> 간에 따를 수밖에 없는 상황이었다; 무엇을 <u>그리든</u> 끝내기만 해라.

  어떠하다[형] '어떻다(의견/성질/형편/상태 따위가 어찌 되어 있다)'의 본말.

  어떡하다[준] '어떠하게 하다'의 준말.

◆<u>**어렵쇼/어랍쇼**</u>: **어럽쇼**의 잘못. ⇐단모음+모음조화.

  어럽쇼[감] '어어'의 속칭.

◆<u>**어름덩쿨**</u>에 열리는 **어름**은 한국의 바나나라고 해도 돼: **으름덩굴**, **으름**의 잘못.

  [주의] ①일부 책자에 '넝쿨'은 '덩굴'의 잘못으로 잘못 설명하고 있으나, '넝쿨'은 '덩굴'과 동의어이며 '넌출'과도 비슷한 말. 그러나 '덩쿨'은 없는 말. ②'으름'의 경우에는 '으름덩굴'이라 하고 '으름넝쿨'이라고는 하지 않음(관행).

  덩굴≒넝쿨[명] 길게 뻗어 나가면서 다른 물건을 감기도 하고 땅바닥에 퍼지기도 하는 식물의 줄기. ¶칡덩굴≒칡넝쿨/등덩굴(藤-)/원두덩굴(園頭-)/으름덩굴/인동덩굴(忍冬-). ¶댕강넝쿨≒댕댕이덩굴/가시넝쿨/담쟁이넝쿨.

  넌출[명] 길게 뻗어 나가 늘어진 식물의 줄기. 등의 줄기, 다래의 줄기, 칡의 줄기 따위. ☜[주의] 그럼에도 '등넌출, 칡넌출, 호박넌출' 등으로 사용할 수는 없으며(아직 사전에 없는 말이므로) '호박 넌출, 칡 넌출, 등 넌출' 등으로 적음. ☜[의견] 《표준》의 실무적 실수로 인한 누락으로 보임.

  원두덩굴[園頭][명] 밭에 심어 기르는 오이/참외/수박/호박 따위의 덩굴.

◆지금도 눈에 **어리는** 그녀의 모습: **어른거리는**의 잘못. ←**어른거리다**[원]

  [설명] 눈에 눈물은 어릴 수 있지만, (과거의) 그녀 모습이 지금 눈에 어릴 수가 없음.

어리다[통] ①눈에 눈물이 조금 고이다. ②어떤 현상/기운/추억 따위가 <u>배어 있거나 은근히 드러나다</u>. ¶정성 어린 선물; 취기가 어린 말투; 입가에 미소가 어리다. ③빛/그림자/모습 따위가 희미하게 비치다. ¶수면에 어리는 그림자. ④연기/안개/구름 따위가 한곳에 모여 나타나다. ¶김이 어리기 시작했다.

어른거리다/~대다[통] ①무엇이 보이다 말다 하다. ②큰 무늬나 희미한 그림자 따위가 물결 지어 자꾸 움직이다. ③물/거울에 비친 그림자가 자꾸 크게 흔들리다.

어룽거리다[통] 뚜렷하지 아니하고 흐리게 어른거리다.

◆지나치게 **어리무던하면 어리숙하게**들 보지: **어련무던하면, 어수룩하게**(혹은 **어리숙하게**)의 잘못. ←**어련무던하다**[원], **어수룩하다/어리숙하다**[원]

어리숙하다고 울궈먹는 데에 맛들인 듯: '**어리숙**' 맞음. **우려내는**의 잘못.

[설명] ①'울그다(×)/우리다(○)'. '울궈먹다'가 성립하려면, '울그다'가 있어야 하는데, '울그다'는 '우리다'의 잘못. ②예전에 '어리숙하다'는 '어수룩하다'의 잘못이었으나, 표준어로 인정. 단, 두 말에 미세한 뜻 차이는 있음. 즉, '어수룩하다'는 '순박함/순진함'의 뜻이 강한 반면에, '어리숙하다'는 '어리석음'의 뜻이 강함.

어련무던하다[형] ①별로 흠잡을 데 없이 무던하다. ②그리 언짢을 것이 없다.

◆술이 취해서 **어리버리한** 그는 쉽게 제압되었다: **어리바리한**의 잘못.

[참고] 그 사람 하는 짓을 보면 **어리버리**야: **어리보기**의 잘못.

[설명] '어리버리하다'는 '어리**바리**하다'의 잘못으로 형용사. 어리바리한 사람을 '어리버리'로 잘못 쓰기도 하는데, 이는 '어리**보기**'의 잘못.

어리보기≒머저리[명] 말/행동이 다부지지 못하고 어리석은 사람에 대한 낮잡음 말.

어리바리하다[형] 정신이 또렷하지 못하거나 기운이 없어 몸을 제대로 놀리지 못하고 있는 상태이다.

◆사람이 그리 **어리숙하기는**: 맞음.

[설명] 예전에는 '어리숙하다'가 '어수룩하다'의 잘못이었으나, 현재는 복수표준어. 그러나 두 말은 아래와 같이 미묘한 차이가 있음.

어리숙하다[형] ①겉모습/언행이 치밀하지 못하여 <u>순진하고 어리석은</u> 데가 있다. ②제도/규율에 의한 통제가 제대로 되지 않아 <u>느슨하다</u>.

어수룩하다[형] ①겉모습/언행이 치밀하지 못하여 <u>순진하고 어설픈</u> 데가 있다. ②제도/규율에 의한 통제가 제대로 되지 않아 <u>매우 느슨하다</u>. [유]빙충맞다/숫하다.

◆**어린나이**에 저 **어린 것**이 쯧쯧쯧: **어린 나이, 어린것**의 잘못.

[설명] '어린이/어린아이/어린애/어린것'은 복합어지만, 어린 나이는 두 낱말.

◆그리 **어물쩡대기만** 하다가 해 지겠다: **어물쩍대기만/어물대기만**의 잘못.

[설명] '**어물쩡대다**'는 '어물쩍대다[-거리다]/어물대다'의 잘못. 혹은 '어물어물하다'의 잘못.

어물거리다/~대다[통] ①보일 듯 말 듯 하게 조금씩 자꾸 움직이다. ②말/행동 따위를 시원스럽게 하지 못하고 꾸물거리다. [유]어물어물하다/어름어름하다.

◆이번에도 **어물쩡해서** 넘어가려 하지 말게: **어물쩍해서**(혹은 **어벌쩡해서**)의 잘못.

그런 거짓말로 **어물쩍한다고** 내가 속을 줄 아는가: **어벌쩡한다고**의 잘못.

[설명] '어물쩍'은 불분명하게 얼버무리는 것. '어벌쩡'은 속이거나 어물거려서 때우고 보려는 것. ☞[암기도

우미] '번쩍(뻔쩍)/슬쩍/꿈쩍/움쩍…' 등과 같은 '-쩍' 계열임.

어물쩍하다툉 말/행동을 일부러 분명하게 하지 아니하고 적당히 살짝 넘기다.

어벌쩡하다툉 제 말/행동을 믿게 하려고 말/행동을 일부러 슬쩍 어물거려 넘기다.

◆♣**주의해야 할 어미**: 어미이므로 어떠한 경우에도 어간에 붙여 적음.

〈예〉**크나큰** 은혜('-나 -ㄴ); **크디큰** 나무('-디 -ㄴ); 얼어 죽**을망정**('-ㄹ망정); 뭐라도 할**라치면**('-ㄹ라치면); 시키는 대로 **할밖에**/내놓으라면 내놓**을밖에**('-ㄹ밖에); 재주도 없**을뿐더러**('-ㄹ뿐더러); 죽을**지언정**('ㄹ지언정); 밥도 먹지 못하**리만치**(≒못하리만큼); 지나치**리만큼** 친절하다; 너는 학생이**니만큼**; 모두 다 내놔야만 **할진대**('-ㄹ진대); 서울에 가**거들랑**('-거들랑); 눈치**챌세라**('-ㄹ세라); 내가 주인**일세말이지**('-ㄹ세말이지); 뱀까지 잡아먹**을쏘냐**('-ㄹ쏘냐); 저걸 드릴**깝쇼**('-ㄹ깝쇼); 뭘 해야 **할지** 몰라('-ㄹ지. '-는지'도 마찬가지로 어미); 모두 다 알**다시피**('-ㄹ다시피); 입사하**자마자**('-자마자) 부도라니; 말할 것도 없이 좋**고말고**('-고말고); 죽는 일이 있**더라도**('-더라도); 확인**한바**('-ㄴ바) 사실이 더군; 곧 해드**릴게**요('-ㄹ게). 이야기를 들어 **본즉슨**('-ㄴ즉슨).

[주의] 어미와 혼동하기 쉬운 것으로 보조사가 있음. 보조사(補助詞)는 체언/부사/활용어미 따위에 붙어서 어떤 특별한 의미를 더해 주는 조사인데, 특히 어미 뒤에도 붙을 수 있기 때문에 어미로 혼동하기 쉬움(예: '해드릴게요'는 '해드릴게'에 존대 보조사 '요'가 붙은 것임). 보조사에는 '-은/요/는/도/만/까지/마저/조차/커녕/부터'와 같이 단순한 꼴에서부터 '-ㄹ랑은/을랑은/일랑은; -이라야(만); -야말로/이야말로' 등과 같이 복잡한 것들도 있어서 주의해야 함. 다만, 앞말에 붙여 적는 점에서는 어미와 똑같기 때문에 띄어쓰기에서는 달리 문제가 없음. ☞**보조사 종합 정리** 항목 참조.

◆자네 **어부인**께서는 요즘 안녕하신가?: **부인**의 잘못.

[설명] '어부인(御夫人)'은 우리말에는 전혀 없는 일본식 억지 조어로서, 농담으로도 쓰일 수 없는 말. 남의 아내를 높이는 말은 '부인(夫人)'임. 일본어에서 '아버지, 어머니'를 표기할 때 '御父さん, 御母さん'로 적는 데서 온 영향인 것으로 보임.

[주의] **부인[婦人]**명 결혼한 여자. [유]부녀자/부녀.

◆생각이 잘 안 나고 **어사모사/어슴어슴**하다: **어사무사**의 잘못.

[설명] '어슴어슴하다'는 '주위가 어슴푸레하다'를 뜻하는 방언(충청). 참고로, '아슴아슴하다'는 '정신이 흐릿하고 몽롱하다'의 뜻.

어사무사하다[於思無思–]툉 생각이 날 듯 말 듯 하다.

◆**어스름달**이 떠 있는 **으스름밤**에는: **으스름달**, **어스름밤(으스름달밤)**의 잘못.

[설명] '어스름밤'은 으스름달과 무관하게 '어둑어둑한 저녁(상태·**때**)'을 이름. 즉, '어스름'은 조금 어둑한 상태·**때**를 말하는 것이므로, '어스름달'은 잘못된 말. '으스름'은 침침하고 흐릿한 상태를 일컫기 때문에, '으스름달'은 가능함. '으스름달'이 있으므로 '으스름달밤'은 저절로 가능함.

[정리] **어스름달**명 '으스름달'의 잘못.

으스름달명 침침하고 흐릿한 빛을 내는 달. ¶**으스름달밤**(○)

으스름명 빛 따위가 침침하고 흐릿한 상태.

어스름명 조금 어둑한 상태. 그런 때. [유]거미.

어스름밤명 조금 어둑어둑한 저녁.

◆가로등이 흐릿해서 **어슥한** 뒷골목: **으슥한**의 잘못.

　[주의] 표고버섯 원목들이 **어슥어슥** 세워져 있었다: 맞음.

　[설명] ①'어슥하다'는 '으슥하다'의 잘못. 또는 '어슷하다(한쪽으로 조금 비뚤다. ⇒'어슷썰기)'의 북한어.
　　②'어슥어슥'은 '여러 개가 모두 한쪽으로 약간 비뚤어져 있는 모양'을 뜻하는 표준어.

◆**어슴프레한** 달빛이 창문으로 새어 들었다: **어슴푸레한**의 잘못. ☞♣'ㅡ' 모음 낱말과 'ㅜ' 모음 낱말의 구
분 항목 참조.

◆**어연간/어연듯** 우리가 졸업한 지도 40년: **어언간(於焉間)**[혹은 **어느덧**]의 잘못.

　[설명] '어**연**간'은 '어**연**간하다('엔간하다'의 본말)'의 어근. '어연듯'은 없는 말.

　어언간[於焉間]┃튄 알지 못하는 동안에 어느덧. [유]어느덧/어느새/어언.

◆**어영차/이어차**: **이영차/이여차(어여차)**의 잘못.

　[참고] ①'영차'와 '여차'는 동의어. 고로, '이영차'≒'이여차'. '어기영차'≒'어기여차'. ②'어여차(ㅇ)'≒'어기여차
　　(ㅇ)': 같은 'ㅡ여차'로 어울리기 위해. ③'에여러차(x)/에여라차(ㅇ)': 힘을 써서('ㅡ라차') '어기여차'를 받는
　　말. ¶어기여차, 에여라차, 줄을 당겨라.

◆참으로 **어의없다**: **어이없다**의 잘못.

　[참고] 정말이지 **어처구니 없다**: **어처구니없다**의 잘못. 한 낱말.

　[설명] ①이때의 '어이'는 '어처구니'와 같은 말. ②'어이가/어처구니가 없다'로 띄어 적을 수도 있으나 주격
　　이 생략되었을 때는 한 낱말.

　어처구니없다≒어이없다┃형 일이 너무 뜻밖이어서 기가 막히는 듯하다.

◆**이제서야/이제야** 소식을 들었다: 맞음.

　[참고] **그제서야/그제야** 말귀를 알아듣는 것 같았다: 맞음.

　[비교] 밥을 먹고 **나서야** 출발했다: 맞음. ⇐이때의 'ㅡ서'는 시간적 선후 관계, 이유/근거, 수단/방법을 나
　　타내는 연결어미(끝음절의 모음이 'ㅏ', 'ㅗ'인 용언의 어간 뒤에서 쓰임. 그 밖의 경우는 'ㅡ어서' 꼴). '야'
　　는 보조사.

　[설명] ①'이제서야야/그제서야'는 각각의 명사 '이제/그제'에 보조사 'ㅡ서야'가 결합한 꼴이고 '이제야/그
　　제야'는 한 낱말의 독립 부사임. ②[고급]'ㅡ서야'는 '에서야'의 준말로, 1)(시간을 나타내는 체언이나 부
　　사어 뒤에 붙어) '그때가 되어 비로소'의 뜻을 나타내는 보조사. ¶엊저녁에서야/지금에서야. 2)격조사
　　'에서'에 보조사 '야'가 결합한 형태. ¶어디 이런 소음에서야 엄두를 낼 수 있나? 등의 두 가지로 쓰임.

◆가난뱅이 주제에 **어줍잖[찮]게** 무슨 외제차?: **어쭙잖게**의 잘못. ←**어쭙잖다**[원]

　일하는 건 **어줍기만** 한 게 금방 끝낸다고 **어줍잖게** 큰소리치기는: 맞음, **어쭙잖게**의 잘못.

　[비교] 그처럼 **어줍기** 짝이 없는 애를 어디다 쓰나: **어쭙기**의 잘못. ←**어쭙다**[원]

　[설명] '하찮다/오죽잖다/대단찮다' 등처럼 줄어들면서 본래의 뜻과 달라져 별개의 단어가 되는 게 적지
　　않은데 [예: '오죽하다(정도가 매우 심하거나 대단하다)'→오죽잖다(예사 정도도 못 될 만큼 변변하지
　　아니하다)'], '어쭙잖다'의 경우는 앞말의 표기까지 '어줍ㅡ'에서 '어쭙ㅡ'으로 바뀌는 예외적인 경우
　　임.

　어줍잖다/어줍찮다┃형 '어쭙잖다'의 잘못.

어줍다[형] ①말/행동이 익숙지 않아 서투르고 어설프다. ②몸의 일부가 자유롭지 못하여 움직임이 자연스럽지 않다. ③어쩔 줄을 몰라 겸연쩍거나 어색하다. ¶아이들은 어줍은 몸짓으로 절을 했다; 첫아이를 낳은 엄마는 아이를 어줍게 안았다; 그 일을 안 한 지 오래되어서 그런지 낯설고 어줍기만 하다; 입이 얼어 발음이 어줍다.

어쭙잖다[형] ①비웃음을 살 만큼 언행이 분수에 넘치는 데가 있다. ②아주 서투르고 어설프다. 아주 시시하고 보잘것없다. ¶가난뱅이 주제에 어쭙잖게 자가용을 산대?; 어쭙잖게 취직하느니보다 막일을 하는 게 나을걸.

◆**암데나 어중띠게** 내걸지 마라: **아무 데, 어중되게**의 잘못. ←**어중되다**[원]
  사람이 **똑부러지는** 맛이 있어야 **어중띠어서야** 원: **똑 부러지는, 어중되어서야**의 잘못. ⇐'똑부러지다'는 없는 말. '똑'은 부사.
  한가지도 제대로 못하는 **어중띠기/어중떼기**여서야: **한 가지, 어중치기**의 잘못.
  [참고] 문상을 가기도 안 가기도 참 **어중뜨네**그려: **어정뜨네**의 잘못. ←**어정뜨다**[원]
  [설명] ①'어중띠다'는 없는 말로 '어중되다'의 잘못. ②'똑부러지다'는 없는 말. '똑'은 '조금도 틀림이 없이'를 뜻하는 부사. 단, '딱 부러지게'는 '아주 단호하게'를 뜻하는 관용구. ③'어정뜨다'는 어중간하다는 뜻이며, '어중(於中)되다'는 어느 것에도 맞지 아니하여 쓸모 따위가 없는 것을 뜻함. ④'어중띠기/어중떼기'는 없는 말로 '어중치기(어중된 물건/사람. 또는 그런 상태)'의 잘못. '한가지'는 '형태/성질/동작 따위가 서로 같은 것'을 뜻하는 복합명사이나, 여기서의 '한-'은 '하나'를 뜻하므로 '한 가지'.
  어정뜨다[형] ①마땅히 해야 할 일을 제대로 하지 않아 탐탁하지 않거나 태도가 분명하지 아니하다. ②이쪽도 저쪽도 아니고 어중간하다.

◆**방안을** 이처럼 **어질른** 녀석이 누구냐: **방 안, 어지른**의 잘못. ←**어지르다**[원]
  이리 **어지러진** 걸 치우려면 하루 종일 걸리겠다: **어질러진**의 잘못.
  [설명] '어지르다'는 '르' 불규칙동사. '어지르-+-어→어질러'; '어지르-+-었-+-다→어질렀다'; '어지르-+-어지다→어질러지다'; '어지르-+-ㄴ→어지른'; '어지르-+-니→어지르니'로 활용.

◆**어쨋든** 잘못은 네가 한 거잖아: **어쨌든**의 잘못.
  [설명] '어찌하여/어찌 했든'의 'ㅎ'이 줄어들어 '어째/어쨌든'으로 나타나는 것이며, 준말을 적을 때에는 원말의 형태를 밝혀 적는 것이 원칙이므로 '어쨌든'으로 적음. 이와 비슷한 것으로 '그랬든(그러했든)/이랬든(이러했든)' 등이 있음. 나아가, '게 섰거라' 또한 '게 서 있거라'에서 온 말이므로 '게 섰거라'가 아니라 '게 섰거라'로 적는 것.

◆뒤에서 **어쩌고 저쩌고** 하지 말고 앞으로 나와서 해: **어쩌고저쩌고**[부]의 잘못.
  너 정말 **이랬다 저랬다** 할래?: **이랬다저랬다**[준]의 잘못. ⇐동사구의 준말.
  너 정말 한말 앞에서 **왔다갔다** 할래?: **왔다 갔다**의 잘못. ⇐두 낱말.
  [참고] '어떻고어떻고(x)/어떻고 어떻고(o)'; '이렇고 저렇고(o)/이렇다 저렇다(o)': 붙여 쓰면 잘못. 이 경우들은 '어떠하다/이러하다/저러하다'의 준말의 활용형일 뿐이며, 관용어법 인정 수준에 이르지 못한 말들임.
  어쩌고저쩌고[부] '이러쿵저러쿵'을 익살스럽게 이르는 말.
  이랬다저랬다[준] '이리하였다가 저리하였다가'가 줄어든 말.

◆일이 이리 됐으니 이걸 **어쩌냐**?: **어쩌느냐**(혹은 **어쩌지**)의 잘못. ⇐'어쩌다'는 '어찌하다'의 준말로 동사. 일반 동사의 활용을 따름.

[설명] 흔한 잘못. '-냐'는 '이다'의 어간, 받침 없는 형용사 어간, 'ㄹ' 받침인 형용사 어간 또는 어미 '-으시-/-었-/-겠-' 뒤에서만 쓸 수 있는 종결어미. 일반 동사의 경우에는 '-느냐'를 써야 하며, 그런 표현이 부적절할 때에는 다른 어미형으로 바꿔서 씀(위의 경우에는 '어쩌지'). ¶바다가 푸르냐?; 얘가 네 누이동생이냐?; 그러는 너는 도대체 누구냐?; 그럼 앞으로는 어쩌겠느냐?

◆[고급] **어쩔 때** 보면 저런 게 어찌 사내인가 싶다가도: 맞음.
　　　　어떤 때는 저런 게 어떻게 사내인가 싶다가도: 맞음.

[설명] ①'어떤 때'와 '어쩔 때'는 상황에 따라 쓸 수 있는 말들. 관련되는 대상이 특별히 제한되지 아니할 때에는 관형사 '어떤'을, '어떠한 방법으로 하다'의 뜻을 나타내는 경우에는 '어찌하다'의 준말인 '어쩌다'를 씀. 〈예〉어떤 때는 친절하게 택시를 잡아 태워 주기도 했다; 어쩔 때 보면 저런 쥐알봉수가 어떻게 이런 큰 무리의 깡패 두목인가 싶기도 했다. ②준말 '어쩌다'는 '어째/어쩌니/어쩐/어쩔' 등으로 활용. 〈예〉미안해서 어쩌나; 어쩔 줄 모르고 우왕좌왕하다; 걔를 사랑하는지 어쩐지 원; 어쩐 일로 전화하셨소?

◆너 앞으로 **어쩔려고** 그래?: **어쩌려고**의 잘못.

[설명] '어쩌려고'는 '어찌하려고'의 준말. '어쩔려고'는 특별한 이유 없이 'ㄹ'이 잘못 덧붙여진 것.

◆[고급] **어쩔줄 몰라하는** 그녀에게 다가가: **어쩔 줄 몰라 하는**의 잘못.
　[주의] 하루가 **멀다하고**: **멀다 하고**의 잘못. '-다 하다'의 구성.

[설명] '몰라하다'는 한 낱말. 즉, '모르다'+'-아 하다'(보조용언)→'몰라하다'. 그러나, 보조용언 '지다'와 '-아/어 하다'의 꼴은 반드시 앞말(본동사)에 붙여 적어야 하지만(예: 예뻐하다/즐거워하다), 그 앞에 '어쩔 줄'이라는 구(句) 구성의 꾸밈말이 있으므로 띄어 적음. ☞♣보조용언 붙여쓰기 항목 참조. [주의] 이와 비슷한 '-다 하다'는 구성이므로 띄어 씀. 단, '다 하고'일 때는 준말 꼴 '-다고'가 가능하므로 한 낱말이 됨. 〈예〉하루가 멀다 하고 (멀다고); 죽어도 먹자 하고 대들다; 두고 보자 하더니.

◆**어쩔씨구/어쩔시구** 옹혜야: **어절씨구**의 잘못

[설명] '어절씨구'는 '얼씨구+절씨구' ⇨'어절씨구'(발음상의 편의를 위해 '얼'의 ㄹ 탈락). '어쩔씨구/어쩔시 구'가 허용되려면 '-쩔씨구/-쩔시구'가 있어야 가능. 하지만, 없으므로 '어쩔씨구/어쩔시구'는 잘못.

◆**어찌 해서** 넌 맨날 그 모양으로 실수만 하니: **어찌해서**의 잘못. ←**어찌하다**[원]
　어찌어찌 하다 보니 이리 돼버렸어: **어찌어찌하다**의 잘못. ←**어찌어찌하다**[원]

[설명] '어찌하다/어찌어찌하다'만 '어찌-'가 들어간 단 두 개의 용언이며, 다른 경우에는 '어찌'가 부사임. ¶어찌 그런 일이 있을 수 있나?
어찌하다[통] ①'어떠한 이유 때문에'의 뜻을 나타냄. ②어떠한 방법으로 하다.
어찌어찌하다[통] 이래저래 어떻게 하다.

◆참으로 **어처구니 없는** 일이로구나: **어처구니없는**의 잘못. ←**어처구니없다**[원]
　[참고] **어처구니**[명] 상상 밖의 엄청나게 큰 사람/사물.

◆**억 대**의 부자 아들이: **억대**의 잘못. ⇐'대(臺)'는 접사.

　수 억 대의 현금을 동원하다: **수억대**의 잘못. ⇐'대(臺)'는 접사. '수'도 접사.

　[설명] ①'억대(億臺)'는 한 낱말. ②접사인 '대(臺)'를 의존명사로 착각하거나(차/기계/악기 따위를 셀 때
　　는 의존명사임), '수 억'의 '수'를 관형사로 여겨서 띄어쓰기를 할 경우의 실수임. 이 '수억'은 한 낱말로
　　서, 수사/관형사임. '수억만(數億萬)/수백만'의 경우도 동일. ⇐숫자/단위 앞의 '수'는 접두어.

　[암기도우미] '수(數)' 뒤에 숫자가 나오면 한 낱말. ☞**수십/수백** 항목 참조.

　[주의] 다음의 경우에는 '수'가 관형사임: ¶수 미터의 깊이; 피해가 수 킬로미터에 달했다; 수 가지의 음식.

　대[臺]접 (값/수를 나타내는 대다수 명사/명사구 뒤에 붙어) '그 값 또는 수를 넘어선 대강의 범위'의 뜻
　　을 더하는 접미사. ¶백만 원대; 수천억대.

◆일을 그렇게 **억망진창**으로 해서야 어쩌누: **엉망진창**의 잘못. ⇐엉망+진창.

◆일상사에 **억매이다** 보면: **얽매이다**의 잘못. ←**얽매이다**[원]

　[비교] 일상사에 **옭매이다** 보면: **옭매이다**의 잘못. ←**옭매이다**[원]

　　　　그렇게 사람을 **옭죄어서야**: **옥죄어서야**의 잘못 ←**옥죄다**[원]

　[설명] '얽매이다'는 '얽매다'의 피동사. '억매다'는 없는 말.

　[참고] 비슷한말인 '옭매다'에는 '얽매다≒얽어매다'와 같은 뜻도 있지만 다음과 같이 '끈/줄 따위가 풀리
　　지 않도록 고를 내지 않고 그대로 꼭 매다'라는 뜻도 있음. 특히, '옥죄다'와는 뜻을 구분하여야 함.
　　'옭다+죄다'로 잘못 생각하기 쉬우나 '옥죄다'는 '옭아조인다'는 뜻이 아니라, '안으로 **옥여** 바싹 죈다'
　　는 뜻. '옭매다(○)/옥매다(×)'이며, '옭죄다'는 '옥죄다'의 잘못.

　[참고] '옥죄다'의 관련 낱말 중 주의해야 할 말들

　옥죄다〈욱죄다통 옥여 바싹 죄다.

　억죄다통 몹시 죄다. ¶그 지옥 생각이 가슴을 억죄어 밥이 안 넘어갔다.

　얽매다≒얽어매다통 ①얽어서 동여 묶다. ②마음대로 행동할 수 없도록 몹시 구속하다.

　옭매다통 ①끈/줄 따위가 풀리지 않도록 고를 내지 않고 그대로 꼭 매다. ②≒옭아매다.

◆**억지 춘양**도 어느 정도지, 생판 초짜에게 그건 무리야: **억지 춘향**의 잘못.

　[설명] '억지 춘향(이)'은 관용구로서, '억지로 어떤 일을 이루게 하거나 어떤 일이 억지로 겨우 이루어지는
　　경우'의 비유어.

◆그런 **억지 투정**을 아무 데서고 부려서야: **억지투정**의 잘못.

　[설명] 그 밖에 '투정'이 들어간 복합어로는 '잠투정/밥투정'이 있음.

　억지투정명 주로 윗사람에게 불만이 있어 떼를 쓰는 짓.

◆**언덕받이**에 있는 게 우리 집이야: **언덕바지**의 잘못.

　[설명] ①'언덕-받이'의 경우 의미소 '받'과 무관. (의미소를 살리면 언덕을 받게 되는, 괴상한 상황이 벌어
　　짐.) ②언덕배기≒언덕바지. ∴ '-바지'가 맞음. ⇐어말이 '이'가 아닐 때는 소리 나는 대로 적는다[원칙].
　　[주의] 언덕빼기(×).

　[비교] 의미소 '받'을 살리는 경우의 표기: 가루받이/가슴-/각성-/개구멍-/거름-/걸레-/꽃가루-/씨-/
　　턱받이. ⇐이 경우는 의미소 '받'이 있어 각각 가루/가슴 등을 받는다는 의미가 드러남. ¶개구멍받이
　　(개구멍으로 받은 아이) ↔ 개구멍바지(개구멍을 낸 바지).

[참고] '바람받이/바람맞이'의 경우에도 의미소 '받/맞'을 살려서 표기. ∴바람바지(×).

◆유리창 밖으로 그가 지나가는 게 **언뜻** 보였다: 맞음. 표준어.

그를 보자 **얼핏** 옛생각이 났다: 맞음. 표준어.

[비교] 때마침 멋진 생각이 **건뜻** 떠올랐다: **언뜻**(혹은 **퍼뜩**)의 잘못.

[설명] ①**언뜻≒얼핏**[부]. 표준어. 단, '펀뜻'은 '언뜻'의 잘못으로 없는 말. '펀뜩'은 '퍼뜩'의 북한어. ②이와 비슷한 꼴의 '건뜻〉건듯[부]'과 '얼결[명]'은 '언뜻≒얼핏'과 뜻이 다르며, 특히 '얼결(≒얼떨결)'은 명사이고 '얼결에(≒얼떨결에)'가 그 부사어임. ☞'**걸핏하면**' 항목 참조.

건뜻〉건듯[부] ①일 따위를 빠르게 대강 하는 모양. ②행동/상황 따위가 갑작스럽게 일어나거나 바뀌는 모양. ③바람이 가볍게 슬쩍 부는 모양.

언뜻≒얼핏[부] ①지나는 결에 잠깐 나타나는 모양. ②생각/기억 따위가 문득 떠오르는 모양. [주의] '언뜻하면'은 한 낱말이지만 '얼핏하면'은 '걸핏하면'의 잘못!

얼결≒얼떨결[명] 뜻밖의 일을 갑자기 당하거나, 여러 가지 일이 너무 복잡하여 정신을 가다듬지 못하는 판. ¶정신없이 얼결에 도장을 찍고 말았다.

퍼뜩[부] ①어떤 생각이 갑자기 아주 순간적으로 떠오르는 모양. ②어떤 물체/빛 따위가 갑자기 아주 순간적으로 나타나는 모양. ③갑자기 정신이 드는 모양.

◆**언제나처럼** 우리 오래 사랑하고 지내자: **언제나**(혹은 **늘/항상**)의 잘못.

[설명] '처럼'은 체언에만 붙을 수 있는 **격조사**. '언제나'는 부사이므로 그 뒤에 붙여 쓰지 못함. 위의 예문에서는 '언제나(때에 따라 달라짐이 없이 항상)'만 사용해도 충분하지만, 바꿔 쓸 때는 '언제까지나/지금까지처럼'(혹은 '늘/항상') 등으로 표현하는 것이 적절함. ⇐'−까지/−나/−처럼'은 각각 보조사와 격조사. 조사는 연이어 붙여 쓸 수 있음. '언제'는 대명사/부사. '지금'은 명사.

◆**얼간고등어** 한 마리만 사 오게: **얼간 고등어**의 잘못. ⇐'자반고등어'도 가능.

[참고] **자반 고등어** 한 마리만: **자반고등어**의 잘못.

[설명] ①'얼간'은 '소금을 약간 뿌려서 조금 절인 간'으로 소금을 조금 뿌려 절인' 상태라는 뜻이 포함된 말로, '얼간쌈(가을에 배추의 속대를 소금에 절여 두었다가 겨울에 쌈으로 먹는 음식)' 등이 좋은 예임. ②'간'을 '얼간'과 같은 것으로 착각하기 쉬우나, '간'은 음식물에 짠맛을 내는 물질로 소금/간장/된장 따위를 통틀어 이르는 말. 〈예〉간을 넣다/치다; 미역국은 조선간장으로 간을 해야. ③'자반고등어'와 '얼간 고등어'는 비슷한 말로 바꿔 써도 됨.

[주의] ①'얼간쌈/얼간구이'를 제외하고는 '얼간 조기' 등처럼 띄어 적음. 한 낱말이 아님. 그러나 '자반'의 경우는 합성어의 형태소로 붙여 적을 수 있음. ¶자반갈치/자반조기. ②'자반고등어'와 '고등어자반'은 좀 다름. 자반 상태의 고등어가 '자반고등어(소금에 절인 고등어)'이고, '고등어자반'은 자반고등어를 조리하여 만든, 완성된 '반찬'을 뜻함. 아래 뜻풀이 참조.

[규정] '자반'의 의미로 '간고기, 간생선'을 쓰는 경우가 있으나 '자반'만 표준어로 삼는다. [표준어 규정 제25항]

자반갈치[명] 소금에 절인 갈치.

갈치자반[명] 소금에 절인 갈치를 토막 내어 굽거나 쪄서 만든 반찬.

◆이런 때 **얼게미**가 있으면 제깍 해 치울 수 있는데: **어레미**, **제꺽**의 잘못.

어레미→고운체[명] 바닥의 구멍이 굵은 체. [유]**도드미**.

제꺽閉 '**제꺼덕**(어떤 일을 아주 시원스럽게 빨리 해치우는 모양)'의 준말.

◈**얼떨김**에 벌어진 일이라서 나도 기억에 없네: **얼떨결**(혹은 **얼김**)의 잘못.
  [설명] '김'은 어떤 일의 기회/계기를 뜻하는 의존명사이나, '술김/홧김(火-)/골김/분김/얼김/결김/내친김/
    부앗김' 등은 한 낱말의 복합어.
  얼김圀 어떤 일이 벌어지는 바람에 자기도 모르게 정신이 얼떨떨한 상태. ¶얼김에. ⇐부사가 아니며, 부
    사어임. 아래의 '얼결에/얼떨결'에도 마찬가지.
  얼결≒얼떨결圀 뜻밖의 일을 갑자기 당하거나, 여러 가지 일이 너무 복잡하여 정신을 가다듬지 못하는
    판. ¶얼결에/얼떨결에.
  [참고] '김'이 의존명사로 쓰일 때는 그 앞에 관형형이 옴. ¶가는 김에 해치우자.

◈하는 짓이 **얼띠게** 그게 뭐냐: **얼뜨게**의 잘못. ←**얼뜨다**[원]
  그렇게 **얼띠니** 언다 쓰랴: **얼뜨니**의 잘못. ⇐'얼떠/얼뜨니/얼뜬'으로 활용.
  그 친구 하는 짓이 **얼띠기**더구먼: **얼뜨기**의 잘못.
  얼뜨다휑 어수룩하고 얼빠진 데가 있다. [참고]얼띠기(×)/얼뜨기(○).

◈이것도 저것도 아니게 일을 **얼띠기**로 해놓다니: **얼치기**의 잘못.
  얼띠기처럼 그리 어수룩하게 할 건가: **얼뜨기**의 잘못.
  얼치기圀 ①이것도 저것도 아닌 중간치. ②이것저것이 조금씩 섞인 것. ③탐탁하지 아니한 사람.
  얼뜨기圀 겁이 많고 어리석으며 다부지지 못하여 어수룩하고 얼빠져 보이는 사람을 낮잡는 말. [유]머
    저리/얼간이/바보.

◈**얼럭말**: **얼룩말**의 복수표준어.

◈**얼렁뚱떙** 넘기려 하지 마: **얼렁뚱땅**의 잘못.
  [참고] **엄벙떙** 넘기려 하지 마: **엄벙뗑**의 잘못.
  [설명] ①'얼렁뚱떙'은 없는 말로 '얼렁뚱땅'의 잘못. 얼렁뚱땅>알랑똥땅의 관계. ②엄벙떙(x)/엄벙뗑(o)으
    로 모음조화 적용.
  얼렁뚱땅>알랑똥땅閉 어떤 상황을 얼김에 슬쩍 넘기는 모양. 또는 남을 엉너리로 슬쩍 속여 넘기게 되는
    모양.
  엄벙뗑閉 어떤 상황을 얼김에 슬쩍 넘기는 모양. 또는 남을 엉너리로 슬쩍 속여 넘기게 되는 모양. [유]
    아름아름/아름작아름작/알랑똥땅

◈**얼르고** **빰** 치는 솜씨가 대단하이: **어르고**, **뺨치는**의 잘못. ←**뺨치다**[원]
  어르다됨 ①몸을 움직여 주거나 무엇을 보여 주거나 들려주어서, 어린아이를 달래거나 기쁘게 하다. ②
    사람/짐승을 놀리며 장난하다. ③어떤 일을 하도록 사람을 구슬리다.
  으르다됨 상대편이 겁을 먹도록 무서운 말/행동으로 위협하다.

◈이거 모두 해서 **얼마에요**?: **얼마예요**의 잘못. ⇐'예요'는 '이에요'의 준말.
  [설명] '얼마' 뒤에 '이에요'의 준말 '예요'가 붙은 것. '이에요'는 서술격조사 어간 '이-' 뒤에 어미 '-에요'가
    붙은 것으로, 줄면 '예요'. <u>모음으로 끝나는 말 뒤에 '이에요'가 붙을 때에는 '예요'로 줄어 쓰임.</u> ¶지우

416

개예요; 사과예요.

[유사] '아니다'의 어간 '아니-' 뒤에 어미 '-에요'가 붙으면, '아니에요'가 되고, 줄면 '아녜요'. 어간 '아니-' 뒤에 어미 '-어요'가 붙은 '아니어요'가 줄면 '아녀요'. ¶걔는 영희가 아녜요; 쟤는 철수가 아녀요.

◆그 정도면 **얼마치**여요?: **얼마어치**의 잘못. ⇐'어치'는 접사.
  [구분] 이 식량은 **며칠치**여요?: **며칠 치**의 잘못. ⇐'치'는 의존명사.
  [설명] '얼마'는 명사. '어치'는 접사. 그러나 '어치'는 준말 꼴이 없는 말이므로 '얼마치'(×). ¶천 원어치; 한 푼어치도 안 된다; 얼마어치.
  [주의] '치'가 다음과 같이 '일정한 몫/양'이라는 뜻의 의존명사로도 쓰이기 때문에 이를 혼동하여 생기는 문제이기도 함. 〈예〉한 달 치 식량; 세 명 치의 품삯.

◆'얼마만큼'이 줄면 **얼만큼**인가, **얼마큼**인가?: **얼마큼**.
  [설명] 준말의 경우, 의미소는 살리고 덧붙는 조사/접사/어미가 변함. 〈예〉얼마+만큼(조사)→얼마+큼; 오래+간(접사)+만(의존명사)→오랜만(O)/오랫만(×).

◆날이 얼마나 추운지 한강에 **얼음이** 얼었어: **물이**의 잘못. ⇐논리의 오류.

◆**얼음타러** 가게 썰매 갖고 오렴: **얼음지치러**의 잘못. ←**얼음지치다**[원]. 한 낱말.

◆초죽음은 심하더라도 **얼죽음** 정도는 만들지 그랬어: **반죽음**의 잘못. ⇐'얼죽음'은 충청도 방언.
  반죽음[半-][명] 거의 죽게 됨. 또는 그런 상태. ¶∼하다/∼되다[동]

◆집 앞에서 **얼찐거리지** 말고 썩 꺼져: **얼씬거리지**의 잘못. ←**얼씬**거리다[원]
  얼찐거리다〈알찐∼〉[동] 남의 비위를 맞추려고 아주 가까이 붙어서 계속 아첨하다.
  얼씬거리다〈알씬∼〉[동] ①조금 큰 것이 잇따라 눈앞에 잠깐씩 나타났다 없어지다. ②교묘한 말/행동으로 잇따라 남의 비위를 똑 맞추다.

◆'기합(氣合)' 대신 '**얼차레**'로 말만 바꾼다고 졸병들의 정신적 고통이 사라지나: **얼차려**의 잘못.
  얼차려[명] 군의 기율을 바로잡기 위하여 상급자가 하급자에게 비폭력적 방법으로 육체적인 고통을 주는 일.
  기합[氣合][명] 사람을 단련한다는 뜻에서 정신적·육체적 고통을 가하는 것. '얼차려'로 순화.

◆**얼키고 설키다** 보면 다 이웃이지 뭐: **얽히고설키다**의 잘못. ←**얽히고설키다**[동]
  일이 한번 **얽혀지고** 나면 영 해결하기 어려워: **얽히고**의 잘못. ←**얽히다**[원]
  아휴 복잡도 하다. 여간 **얽히설키** 해야 말이야: **얼키설키**〉**얼기설기**의 잘못.
  [설명] ①'얽다'의 피동사는 '얽히다'. '얽혀지다'는 '얽히다'에 '-어지다'를 덧댄 이중 피동. ②'얽히설키'(×)/얼키설키(O): ㉮'얼키설키'에서 의미소 '얽은 중요하지만, 문제는 뒤에 연결되는 '설기'와의 부조화. 어울림을 위해서는 '얽히섥히'여야 하는데, 이는 더욱 어색. ∴얼키설키. ㉯[원칙] '얽의 -ㄺ- 받침에서 앞 받침만 발음되므로 소리 나는 대로 표기. ☞♣의미소[意味素]의 특징과 활용 참조.
  얽히고설키다[동] ①가는 것이 이리저리 뒤섞이다. ②관계/일/감정 따위가 이리저리 복잡하게 되다.
  얼키설키하다〉얼기설기∼[형] ①가는 것이 이리저리 뒤섞이어 얽혀 있다. ②엉성하고 조잡하다. ③관계/

일/감정 따위가 복잡하게 얽혀 있다. ¶**얼키설키**〉**얼기설기**[부]

◆**얼핏** 본 것도 같고, **얼핏얼핏** 생각도 나고: 맞음. 혹은 **언뜻**, **언뜻언뜻**도 가능.
얼핏하면 그녀 생각이 어찌 그리 자주 나는지: **걸핏하면**의 잘못. 없는 말.
[설명] 얼핏≒언뜻, 얼핏얼핏≒언뜻언뜻.
[주의] '언뜻하면/걸핏하면'은 한 낱말이지만, '얼핏하면'은 없는 말.
얼핏≒언뜻[부] ①지나는 결에 잠깐 나타나는 모양. ②생각/기억 따위가 문득 떠오르는 모양. [유]문득/설핏. ☞**언뜻≒얼핏** 항목 및 **건뜻/건듯** 항목 참조.

◆어정잡이로 사니 그처럼 살림살이들도 **엄벙부렁한** 것들뿐: **엄범부렁한**의 잘못. ←**엄범부렁하다**[원]
[설명] '엄벙부렁하다'는 '엄범부렁하다(실속은 없이 겉만 크다)'의 북한어.
어정잡이[명] ①겉모양만 꾸미고 실속이 없는 사람. ②됨됨이가 조금 모자라 자기가 맡은 일을 제대로 처리하지 못하는 사람.

◆**괜시리 엄한** 사람 잡지 말고 잠이나 자: **괜스레(괜히)**, **애먼**(혹은 **앰한**)의 잘못.
그 사람 **앰하게** 죄인으로 몰렸어: 맞음. ←**앰하다**[원]
[설명] '엄한' 사람과 '애먼' 사람은 아래와 같이 그 뜻이 다름.
    – 엄한 사람: 매우 엄격하고 바른 사람.
    – 애먼 사람: 억울하게 (혹은, 엉뚱하게) 느껴지는 사람.
애먼[관] 일의 결과가 다른 데로 돌아가 억울하게/엉뚱하게 느껴지는.
앰하다[형] '애매하다(아무 잘못 없이 꾸중을 듣거나 벌을 받아 억울하다)'의 준말.
[참고] **앰한나이↔온살**[명] 연말에 태어나서 얼마 지나지 아니하여 나이 한 살을 더 먹게 된 경우의 나이.

◆가진 게 없다고 **업수이여기면(업수이 여기면)** 못써: **업신여기면**의 잘못.
[설명] '없수이/업수이' 자체가 없는 말. 따라서 '업수이 여기다'(×)도 잘못.

◆[고급] '**없냐/없느냐/않느냐/않으냐**'의 구별
너 지금 가진 돈 **없냐**?: **없느냐**?의 잘못. ⇐'없다[형]'가 보조용언 없이 본용언으로 홀로 쓰일 때는 동사의 활용 꼴인 '-느냐'와 결합. ⇐예외적 결합.
돌을 먹을 수야 **없지 않느냐**: **없지 않으냐**의 잘못. ⇐'-지 않다' 꼴에서는 본용언의 품사에 따르는데, '없다'는 형용사이므로 형용사의 일반 활용에 따름. (즉, '-지 않다' 꼴에서는(보조용언일 때는) '없다'의 특례를 따르지 않고, 앞 용언의 품사에 따라 '않으냐/않느냐'를 정함.)
네가 말대꾸를 하지 **않냐**: **않느냐**의 잘못. ⇐본용언 '하다[동]'의 활용에 따름.
그 꽃이 예쁘지 **않느냐**: **않으냐**의 잘못. ⇐본용언 '예쁘다[형]'의 활용에 따름.
네 말이 옳지 않지 **않느냐**?: **않으냐**의 잘못. ⇐본용언 '옳다[형]'의 활용에 따름.
[설명] ①해라체에서, '**있다**[형][동]/**없다**[형]/**계시다**[동]'에는(품사에 관계없이) ~느냐가 붙음. 즉, '계시냐'는 잘못이고 '계시느냐'가 맞음. 마찬가지로, '없냐'도 잘못이고 '없느냐'가 맞음. ②'-지 않다'에서처럼 '않다'가 보조용언으로 쓰인 경우에는 앞 용언의 품사에 따라 '않으냐/않느냐'로 활용함. 즉, 앞 용언이 형용사인 경우에는 '않으냐'이고, 동사이면 '않느냐'. ③'옳지 않지 않느냐'의 경우, 뒤의 두 '않-' 모두 보조용언이며, 본용언인 '옳다'가 형용사이므로 형용사의 활용 꼴인 '않으냐'를 씀. ☞**-느냐/냐/-으냐** 항목 참조.

◆[중요] ♣명사(형)에 '없다'와 '있다'가 붙은 복합어의 띄어쓰기

[예제] 무슨 일이든 **자신있게** 하렴: **자신 있게**의 잘못. ⇐복합어가 아님.

　　　무슨 일이든 **재미 있게** 하면 돼: **재미있게**의 잘못. ←**재미있다**[원]

　　　보잘 것 없는 주제에 큰소리는: **보잘것없는**의 잘못. ←**보잘것없다**[원]

　　　그건 나하고 **상관 없는** 일이야: **상관없는**의 잘못. ←**상관없다**[원]

　　　온 데 간 데 없는 사람: **온데간데없는**의 잘못. ←**온데간데없다**[원]

　　　필요없는 일을 하고 있네: **필요 없는**의 잘못. ⇐ 복합어가 아님.

(1)'-있다'가 붙은 다음 말들은 복합어. 붙여 쓴다: **값있다/뜻-/맛-/멋-/재미-/가만있다/가만있자**[갑]

[주의] 다음 말들은 흔히 쓰이기는 하지만 복합어가 아니므로 (두 낱말이므로) 반드시 띄어 써야 함: '눈치 있다, 실속 있다, 쓸모 있다, 염치 있다, 의미 있다, 자신 있다, 문제 있다'. ☜이러한 말들은 글자 그대로의 뜻만 갖고 있을 뿐만 아니라 한 낱말을 이루는 것들과는 달리 '나다/지다' 등의 대체어들과 전혀 어울리지 않는다는 특징이 있다. (예) 맛<u>나다</u>/멋<u>지다</u>/재미<u>나다</u>(o) vs. 쓸모[문제] 나다/지다(?). '재미지다'는 현재 방언.

[참고] '재미있다/재미없다'는 복합어인데, '자신 있다/자신 없다'는 왜 복합어가 되지 않는가?: '재미'는 '① 아기자기하게 즐거운 기분/느낌. ②안부를 묻는 인사말에서, 어떤 일/생활의 형편. ③'좋은' 성과/보람'이라는 여러 가지 의미를 지닌 말인데, '재미있다'는 그중에서 '아기자기하게 즐겁고 유쾌한 기분/느낌이 있다'는 한 가지 뜻뿐임. 즉, 안부를 묻는 인사말에서, 어떤 일/생활의 형편의 뜻으로 쓸 때는 '재미(가) 좋다/나쁘다' 등으로 쓰고, '좋은 성과/보람'을 뜻할 때는 '재미(를) 보다' 등으로 쓰는데, 이것을 '재미 있다'로 일반화시키면 의미 특정이 잘되지 못하는 문제가 있음. 즉, '재미있다'라는 복합어는 이러한 재미의 뜻풀이 중 '아기자기하게 즐거운 기분/느낌'을 특정한 것.

한편, '자신(自信)'은 '어떤 일을 해낼 수 있다거나 어떤 일이 꼭 그렇게 되리라는 데 대하여 스스로 굳게 믿음. 또는 그런 믿음'을 뜻하는 말인데, 이를 '자신 있다'로 일반화시키더라도 그 의미에 혼란이 오지 않기 때문에 굳이 복합어로 복잡하게 이끌지 않고 (의미를 특정할 필요가 없으므로) 그대로 사용하는 것. '-없다/-있다'가 붙은 대부분의 복합어들은 (사용 빈도가 높은 말들이라 하더라도) 이러한 공통점이 있음.

(2)'-없다'가 붙은 말들 중

①띄어쓰기에 주의해야 할 낱말들(한 낱말로서, 반드시 붙여 써야 함): 어처구니없다≒어이-/터무니-/버릇-/문제-/의지가지-/정신-/보잘것≒볼품-/빈틈-/물샐틈-/하잘것-/간데-/갈데-/간곳-/난데-/온데간데-≒간데온데-/쓸데-/거침-/인정사정-/진배≒다름-/허물-≒스스럼-/아랑곳-/다함-.

②일반적인 복합어들: 가뭇-/가량-/가없다≒한-/간단(間斷)-/경황-/그지-/기탄-/꼼짝-/꾸밈-/꿈쩍-/끄떡-≒까딱-/끊임-/끝-/낯-/느닷-/다름-/다시-/대중-/더-/덧-/두말-/뜬금-/막힘-/만유루(萬遺漏)-/맛-/맥-/멋-≒구성-/무람-/밥맛-/변함-/부질-/분별-/빠짐-/사정-/상관-≒관계-/서슴-/세월-/소용-≒쓸데-/속-/속절-≒덧-/손색-/수-/숨김-/실-/싹-≒싹수-/아낌-/아랑곳-/얌치-/어김-/어림-/여지-(단, 가차 -)/열-/염치-/영락-≒틀림-/유감-/유례-/일-/자발머리-≒자발-/재미-/ 주책-/지각(知覺)-/채신머리-≒처신-/치신-/채신-/철-/터무니-/턱-/틀림-/하릴-/하염-≒끝-/한량-≒그지-/형편-/힘-.

[주의] 그러나, 앞에 꾸미는 말이 올 때에는 띄어 씀. 즉, 위의 말들은 '명사+있다/없다'의 꼴이기 때문에 앞에 꾸밈이 붙는다는 것은 명사의 기능을 살리는 일이 되므로 붙여 쓸 수 없게 되는 것. 〈예〉아무

쓸데 없는; 별 꾸밈 없이; 아무 끝 없이; 아무런 탈 없이 잘 지내느냐. 즉, 명사에 붙어 동사화하는 '삼다/나다/짓다/들이다'의 경우와 같음.

[주의2] 다음 말들은 흔히 쓰이지만 복합어가 아니므로 띄어 써야 함: '남김 없다; 거리낌 없다; 부담 없다; 필요 없다; 가차 없다; 자신 없다'. 원 없다'. ☞[고급]그러나, '–없이'의 꼴로 결합할 때는 파생어(부사)로 보아 앞말과 붙여 적을 수 있음. ¶남김없이/내남없이/말없이/맥없이/밤낮없이. 즉, '없이'가 단독 부사로 쓰일 때에는 '하는 수 없이 그의 말을 따랐다/사고 없이 공사를 끝내게 되어 다행이다/가차 없이 일벌백계하다/특정한 징후도 없이 우리 사회가 병들고 있다.'와 같이, '없이'를 앞말과 띄어 적지만, 합성부사일 때는 위의 예에서처럼 앞말에 붙여 적음.

◆[고급] 넌 그때 거기에 **없었지 않냐**?: **없지 않았냐**?의 잘못.
  [설명] 시제 선어말어미 '았/었'은 용언과 보조용언이 함께 쓰일 때에 뒤에 오는 보조용언에 붙으며, 이 때문에 '선어말어미'라고 부르는 것.

◆[고급] ♠'없이'의 띄어쓰기 정리(1)
  굿은 사흘 동안 **밤낮없이** 계속되었다: **밤낮 없이**의 잘못. ⇐사흘 밤낮의 의미.
  병은 아무런 **예고없이** 찾아왔다: **예고 없이**의 잘못. ⇐'예고없이'는 없는 말.
  난 **너없이** 못 산다: **너 없이**의 잘못. ⇐'없이'는 부사.
  부모없이, **형제없이** 자라서 **버릇 없는** 놈: **부모 없이**, **형제 없이**, **버릇없는**의 잘못. ⇐'버릇없다'는 한 낱말.
  이유없이 미운 놈: **이유 없이**의 잘못. ⇐'이유없다'는 없는 말.
  [설명] ①'밤낮없이'는 추상적으로 '언제나 늘'을 뜻하는 부사. 그러나 예문에서는 구체적으로 사흘 밤낮을 뜻하므로 붙여 쓸 수 없음. ②–없다'가 붙어 한 낱말을 이룬 복합어들은 적지 않으나 '예고없다/이유없다' 등은 없는 말이므로 '예고없이(×)/이유없이(×)'. (특히, 이 경우의 '예고' 앞에는 '아무런'이라는 수식어가 있으므로 더욱이 띄어야 함). 이때의 '없이'는 부사. 한편, '버릇없다→버릇없이'는 한 낱말. ③'부모[형제] 없이'에 쓰인 '없이'도 '일정한 관계를 가진 사람이 존재하지 않게'를 뜻하는 부사. 띄어 써야 함. ☞♠명사(형)에 '없다'와 '있다'가 붙은 복합어의 띄어쓰기 항목 참조.

없이[부] ①어떤 일/현상/증상 따위가 생겨 나타나지 않게. ¶사고 없이 공사를 끝내게 되어 다행이다. ②어떤 것이 많지 않은 상태로. ¶모셔 놓고 찬 없이 밥상을 차려 죄송합니다. ③재물이 넉넉하지 못하여 가난하게. ¶없이 사는 설움은 겪어 보지 않으면 모르는 법. ④어떤 일이 가능하지 않게. ¶녀석이 자꾸 가라고 해서 할 수 없이 왔다. ⑤사람/사물 또는 어떤 사실/현상 따위가 어떤 곳에 자리나 공간을 차지하고 존재하지 않게. ¶방 안은 먼지 하나 없이 깨끗했다. ⑥어떤 물체를 소유하고 있지 않거나 자격/능력 따위를 갖추고 있지 않게. ¶그녀는 아무 말 없이 앉아 있었다. ⑦일정한 관계를 가진 사람이 존재하지 않게. ¶그는 부모 없이 자랐다; 형제 없이 홀로 자란 아이. ⑧어떤 사람에게 아무 일도 생기지 않게. ¶그는 특별한 일 없이는 절대 전화를 하지 않는다. ⑨이유/근거/구실/가능성 따위가 성립되지 않게. ¶여인은 이유 없이 사내를 박대했다. ⑩상하/좌우/위계 따위가 구별되지 않게. ¶그는 위아래 없이 아무에게나 반말을 한다; 사흘 동안 밤낮 없이 마셔댔다.

◆[고급] ♠'없이'의 띄어쓰기 정리(2)
  [예제] **후회없이** 너 하고 싶은 대로 해: **후회 없이**의 잘못. ⇐'없이'는 부사.
    지체없이 지금 당장 와. **이유없이** 복종하도록. **가차없이** 처벌했다: **지체 없이**, **이유 없이**, **가차 없이**의 잘못. ⇐'없이'는 부사.
    아무 **실수없이** 하려거든 내 말대로 해: **실수 없이**의 잘못. ⇐'실수' 앞에 꾸밈말. '없이'는 부사.

이번 일을 **문제 없이만** 하면 상을 준다: **문제없이만**의 잘못. ⇐**문제없다**[원]는 복합어로 한 낱말.

망설임 없이 선뜻 먹을 때 알아봤다: **망설임없이**의 잘못. ⇐접사적 기능.

아무 **망설임없이** 선뜻 응할 때 이미: **망설임 없이**의 잘못. ⇐'망설임' 앞에 꾸밈말 '아무'가 있음.

바람 **없는** 날; 총 **없는** 군인; 반찬 **없이** 먹는 밥: 모두 맞음. ⇐'없이'는 부사.

[설명] ①'-없다'가 붙어 복합어를 이룬 말들의 활용일 때는 당연히 붙여 씀. ¶쓸데없이←쓸데없다; 문제없이←문제없다; 상관없이←상관없다. [주의] 그러나 이러한 복합어의 경우에도 앞에 꾸밈말이 오면 띄어 적음. 〈예〉아무런 문제없이(×)→아무런 문제 없이(○). 아래 [참고] 설명 참조. ②복합어가 아닌 말에 '없이'가 쓰일 경우는 두 가지 경우가 있음. '하는 수(가) 없이', '사고(가)도 없이 공사를 끝내게 되어 다행이다', '찬(도) 없이 초대해서 미안합니다'에서처럼 <u>'없이'가 명백한 부사로 쓰일 때는 띄어 적으며(이 경우에는 조사가 생략된 것으로 볼 수 있을 때가 많음)</u>, <u>'남김없이/밤낮없이'와 같이 앞말에 결합하는 접사 기능으로 쓰일 때는 붙여 적음.</u> (단, '사흘 밤낮 없이'와 같이 구체적/실체적인 밤낮의 경우에는 띄어 적음) 이 구분이 쉽지 않고 무척 까다로운데, '없이'가 부사로 쓰인 경우에는 그 앞말 뒤에 '-가/-는' 등의 조사를 붙일 때 자연스럽게 어울림을 알 수 있음. 즉, '사고 없이 공사를 끝내게 되어 다행이다'에서, '사고가 없이/사고는 없이' 등으로 문맥이 자연스럽게 통하므로 '없이'는 부사임. (참고: 본래 부사 '없이'는 '없다'에 부사를 만드는 접미사 '-이'가 붙어 된 말이며, 형용사로서의 '없이'는 형용사 '없다'의 활용형 '없고/없으니/없어서/없이' 중의 하나. 그러나, 이러한 구분이 절대적이지 않으므로 혼란과 논란이 있음. 즉, '말없이'는 붙여 써서 부사로 다루면서도, '그는 말 없이 가만있었다'의 경우에 형용사의 활용형 '말(이)(도) 없이'로 볼 때는 띄어 적어야 하는 불편과 혼란이 있음.) ③'-없이'가 접사로 쓰여 복합어를 이룬 낱말 중 몇몇 낱말은 특히 주의해야 함. ¶너나없이≒네오내오-/간곳-/갈데-/난데-/더럴-/드팀-(틈이 생기거나 틀리는 일이 없이. 조금도 흔들림이 없이)/마수-(갑자기 난데없이)/본데-/쓸데-≒소용-/간데온데-≒온데간데-/철-/물샐틈-/하잘것-/보잘것-/어처구니-/아랑곳-/옴나위-/외상-(조금도 틀림이 없거나 어김이 없이).

[주의] 다음 낱말들은 일부 사전에서 복합어로 잘못 규정한 것들임: '밑도끝도없다'(×)/'밑도 끝도 없다'(○); '쉴새없다'(×)/'쉴 새 없다'(○); '철딱서니없다'(×)/'철딱서니 없다'(○); '흥허물없다'(×)/'흥허물 없다'(○). 단, 허물없다(○).

[참고] **복합어 중 명사+접미어 형태에서 유의할 띄어쓰기**: 명사 앞에 꾸밈말이 올 때

[예제] ①이름나다: 그 사람은 악독하기로 <u>이름난</u> 사람이야(○); <u>더러운 이름 나봐야</u> 자기만 손해(○). ②정들이다: 정 떼기는 <u>정들이기보다도</u> 힘들지(○); <u>온갖 정 들이고</u> 나서 헤어지자고?(○)

[설명] 예문 ①의 경우, '이름나다'는 '이름+나다' 꼴의 복합어로 한 낱말. 그러나, '더러운 이름 나봐야'의 경우처럼, 이름 앞에 '더러운'이라는 꾸밈말이 오면, 띄어 씀. 예문 ②의 경우도 '정들이다'는 '정+들이다' 꼴의 복합어지만 '온갖 정 들이고 나서'에서처럼 '온갖'이라는 수식어가 '정' 앞에 올 경우에는 띄어 써야 함. [이유] 띄어 쓰지 않으면 각각 '더러운 이름나봐야, 온갖 정들이고나서' 등의 해괴한 동사형들이 만들어질 뿐만 아니라 정작 '더러운, 온갖'이 꾸며야 할 대상들(체언 꼴)이 없어지고, 형용사와 관형사이던 것들이 부사 역할로 바뀌게 됨.

◆초상집에 안 가볼 수 <u>**없잖냐/없지 않냐**</u>: **없잖으냐/없지 않으냐**의 잘못. ⇐본용언 '없다[형]'의 품사 활용에 따름.

[설명] '없지 않다'의 어미는 본용언 '없다'의 품사(즉, 형용사)에 따라 활용하므로, '없지 않다'의 물음을 나타내는 종결어미는 <u>'ㄹ'을 제외한 받침 있는 형용사 어간 뒤에 붙는 '-으냐'</u>임. 고로, '없지 않으냐'가 올바르며 준말은 '없잖으냐'.

◆텃밭이 있으면 **엇갈이**를 해 먹을 수 있지: **중갈이**(혹은 **얼갈이**)의 잘못. 없는 말.

중갈이[명] 아무 때나 씨를 뿌려 푸성귀를 가꾸어 먹는 일.

얼갈이[명] ①논밭을 겨울에 대강 갈아엎음. ②푸성귀를 늦가을/겨울에 심는 일. 그 푸성귀.

◆나도 모르게 **엉겹결**에 그만 승락하고 말았어: **엉겁결에**, **승낙**의 잘못.

[설명] '엉**겹**'은 뒷말 '-결에 영향 받아 잘못 사용하는 예. 없는 말. ☞**언뜻** 및 **얼떨김** 항목 참조.

◆♣'**엉기다**'와 '**엉키다**'를 바꾸어 쓸 수 있는 경우

[예제] 사람들끼리 서로 **엉켜서** 싸우고 있었다: 맞음. **엉겨서**도 가능.

연줄이 서로 **엉겨서** 풀 길이 없었다: **엉켜서**의 잘못. ←**엉키다**[원]

온갖 냄새가 **엉겨서** 정말 고약하다: 맞음. **엉켜서**도 가능.

[설명] (1)다음과 같은 경우에는 '엉기다'와 '엉키다'를 서로 바꾸어 써도 됨. 즉, **엉기다≒엉키다**. ①점성이 있는 액체/가루 따위가 한 덩어리가 되면서 굳어지다. ¶피가 엉기지 않고 출혈이 계속된다; 다친 상처에는 피가 엉겨 있었다. ②사람/동물 따위가 한 무리를 이루거나 달라붙다. ¶동생이 친구들과 엉겨서 싸우다 울고 들어왔다; 절도 용의자와 엉켜서 싸우는 시민을 보고 경찰이 달려왔다. ③냄새/연기/소리 따위가 한데 섞여 본래의 성질과 달라지다. ¶땀 냄새에 음식 냄새가 엉겨 냄새가 고약하다; 입에서는 음식 냄새가 술 냄새와 엉킨 듯한 고약한 냄새가 났다. ④감정/기운 따위가 한데 뒤섞여 응어리가 생기다. ¶시원함과 아쉬움이 엉긴 묘한 감정이었다; 사랑이 미움과 한꺼번에 엉키다.

(2)'**엉키다**'로만 써야 할 때: '여럿의 실/줄/문제 따위가 풀기 어려울 정도로 서로 얽히다' 등과 같은 몇 가지 경우에. 아래 뜻풀이 참조. ¶연줄이 다른 연줄들과 엉켜 끊어졌다; 여러 가지 문제들이 서로 엉켜 있어서 해결하기가 어렵다.

엉키다≒엉클어지다[동] ① 실/줄/물건 따위가 한데 뒤섞여 어지럽게 되다. ② 일이 서로 뒤섞이고 얽혀 갈피를 잡을 수 없게 되다. ③감정/생각 따위가 갈피를 잡을 수 없을 정도로 얽히다. ④≒**엉기다**.

◆**엉치**가 묵지근한 듯해서 영 몸이 무겁군: **엉덩이**, **무지근**의 잘못.

엉치뼈 근처가 시근시근해: 맞음. '광등뼈'도 가능.

[설명] ①'엉치'는 엉덩이의 사투리. '엉치뼈'는 그동안 '엉치등뼈의 잘못'으로 처리되어 왔으나, 표준어로 인정되었음[2011년]. ②'묵지근하다'는 없는 말로 '무지근하다'의 잘못.

무지근하다[형] ①뒤가 잘 안 나와서 기분이 무겁다. ②머리가 띵하고 무겁거나 가슴/팔다리 따위가 무엇에 눌리는 듯이 무겁다.

엉치뼈≒광등뼈[명] 〈의〉척추의 아래 끝 부분에 있는 이등변삼각형의 뼈. 외측면의 우묵한 곳에서 넙다리뼈와 연결됨.

◆**엉터리같은** 소리 하고 자빠졌네: **엉터리없는**(혹은 **터무니없는**)의 잘못. ⇐'자빠지다'는 맞음. ←**엉터리없다**[원].

[설명] '엉터리**없다**≒터무니**없다**'(o). '엉터리 같은'은 표기법은 맞으나, 없는 말.

엉터리[명] ①대강의 윤곽. [유]골자/윤곽. ②터무니없는 말/행동. 또는 그런 말/행동을 하는 사람. ③보기보다 매우 실속이 없거나 실제와 어긋나는 것. [유]가짜.

◆[고급] 어제와 그제, 그러니까 **엊그제** 그가 다녀갔어: 잘못. ←'엊그제'는 '바로 며칠 전'을 이름.

[설명] '엊그제'는 '엊그저께'의 준말임. 즉, '엊그제'는 '어제(와) 그제'라는 뜻이 아니라, '며칠 지나기는 했
는데 정확하게 언제라고 할 수 없는' 경우에 쓰이는 '엊그저께'의 준말. '며칠 지나기는 했는데 정확하
게 며칠이라고 하기는 어려운, 2~3일 전 혹은 바로 며칠 전의 밤'이라는 뜻의 '저지난밤'에서 쓰이는
'저지난–'과 뜻이 유사함.

[주의] 그러나, 일반적으로 '저지난–'은 '지지난(지난번의 바로 그 전)'의 잘못이므로 사용 시 주의해야
함. '이삼일 전 혹은 엊그제의 밤'의 의미로만 '저지난밤'을 예외적으로 인정할 뿐이며, '저지난달/저지
난해' 등도 마찬가지임. 즉, '지난달/지난해의 바로 전달/전해'를 명확하게 가리킬 때는 '지지난달/지지
난해'를 써야 함. [표준어 규정 제17항: '지지난밤'의 의미로 '저지난밤'을 쓰는 경우가 있으나 '지지난
밤'만 표준어로 삼는다. 다만 '이삼 일 전의 밤'의 의미로 '저지난밤'은 표준어로 인정한다.]

엊그제(명) '엊그저께(바로 며칠 전)'의 준말. (부) '엊그저께(바로 며칠 전에)'의 준말.

저지난밤(명) ①이삼 일 전의 밤. 또는 엊그제(=바로 며칠 전)의 밤. ②'지지난밤(그저께의 밤)'의 잘못.

지지난밤(명) 그저께의 밤. ¶**지지난달/지지난해.**

◆급히 달리다 **엎으러지는** 바람에 그만: **엎어지는/엎드러지는(엎더지는)**의 잘못.

엎으러져서 코가 깨졌어: **엎어져서/엎드러져서**의 잘못. ←**엎어[엎드러]지다**[원]

[설명] '엎으러지다'는 없는 말. '엎어지다'나 '엎드러지다'를 써야 함.

엎어지다(동) 서 있는 사람/물체 따위가 앞으로 넘어지다. [유]거꾸러지다/고꾸라지다/넘어지다.

엎드러지다 (준) **엎더지다**(동) ①잘못하여 앞으로 넘어지다. ②무릎을 구부리고 상반신을 바닥에 대다.

◆둘이서 한참 **엎치락젖히락** 하면서: **엎치락잦히락**의 잘못.

[설명] ①모음조화 부조화 낱말. ②아래 뜻풀이에서 보듯, '젖히다'도 가능하나, '엎치락**젖**히락'은 사전에
없는 말./단, '엎치락덮치락'은 표준어.

잦히다(동) ①'잦다(뒤로 기울다)'의 사동사. ②물건의 안쪽/아래쪽이 겉으로 드러나게 하다.

젖히다(동) ①'젖다(뒤로 기울다)'의 사동사. ②안쪽이 겉으로 나오게 하다. ¶저고리가 젖혀지자 하얀 젖
무덤이 나왔다. ③(보)(동) 앞말이 뜻하는 행동을 막은 데 없이 해치움을 나타내는 말. ¶**밀어젖히다/뒤
젖히다/열어젖히다**(동)

제치다(동) ①거치적거리지 않게 치우다. ¶문지기를 제치고 골을 넣다. ②하던 일을 미루다. ¶집안일을
제쳐두고 놀러만 다니다니. ③상대편을 이겨내다. ¶청군을 제치고 우승하다. ④대상/범위에서 빠지
다. ¶나만 제쳐두고 저희끼리 구경 가다니.

엎치락덮치락(부) 자꾸 엎치었다 덮치었다 하는 모양.

엎치락잦히락(부) 자꾸 엎치었다 잦히었다 하는 모양.

엎치락뒤치락≒뒤치락엎치락(부) 연방 엎치었다가 뒤치었다가 하는 모양. ¶**엎치락뒤치락경기≒시소게임**

◆널 깔보는 **세상에게** 도전하도록!: **세상에**의 잘못.

백제에게 빼앗겼던 땅을 되찾기 위해 나섰다: **백제에**의 잘못.

화분에 물을 주고 나서, **아들에게** 찻물을 주었다: 맞음.

축산 농가에게는 보조금을 지급합니다: **축산 농가에는**의 잘못.

나라에 충성! **부모에** 효도!: **부모에게**의 잘못.

[주의] 애꿎은 **전봇대한테** 화풀이를 하다니: **전봇대에**의 잘못.

[설명] ①'에게'는 동물/사람 등과 같이 감정을 드러낼 수 있는 유정물에 쓰고(이를 유정명사라 함), '에'
는 '세상/백제/화분' 등과 같이 감정을 드러낼 수 없는 무정물(이를 무정명사라 함)에 사용함. 무정명

사에는 명령형이나 청유형을 사용할 수 없으며 사용하면 의인화됨. 이때의 '에'는 부사격조사. ②그러나, '에'가 다음과 같이 접속조사로 쓰일 때도 있음. ¶떡에, 밥에, 국에 실컷 배불리 먹었다. ③'한테'는 '에게'의 구어체이므로, 유정물에만 쓸 수 있음. ¶엄마한테 가서 젖 더 먹고 와.

◆우리가 **인도에게** 6대 0으로 이겼습니다: **인도를**의 잘못. ⇐객술 호응의 잘못.
　현대가 **삼성에게** 3대 2로 이겼습니다: **삼성을**의 잘못.

◆**에고데고** 대성통곡을 하더군: **애고대고**의 잘못.
　[설명] '아이고'의 준말이 '애고'. 따라서 '에고-'는 잘못임. 양성모음 '애고'와 어울리는 '대고'와 결합. '-대고'는 운을 거들기 위해 의미 없이 덧붙인 군소리.

◆모두가 이 **에미** 잘못이다: **어미**의 잘못.
　[설명] 애기(×)/아기(○), 애비(×)/아비(○)와 비슷한 경우임.

◆**집에서 뿐만** 아니라 학교에서도: **집에서뿐만**의 잘못.
　사람들 **앞에서 뿐만아니라** 홀로 있을 때도: **앞에서뿐만 아니라**의 잘못.
　[주의] **그 뿐만** 아니라: **그뿐만**의 잘못. '뿐'은 보조사.
　[설명] ①'에서/뿐/만'은 각각 격조사/보조사/보조사로 모두 조사. 조사가 둘 이상 겹쳐지는 경우 이들을 모두 붙여 적음[한글 맞춤법 제41항]. ②'아니라'는 '아니다'형의 활용형으로 별도의 낱말이므로 띄어 씀.

◆미국**에서처럼** 우리도: '**에서 하는[한] 것처럼**'의 잘못. ⇐문법적으로는 맞는 표기이지만 의미 전달에서는 내용/행위 부분이 누락되어 있음.

◆살을 **에이는** 추위: **을 에는**의 잘못. ⇐'에다'는 타동사. 자동사는 '에이다'.
　[비교] 그의 죽음을 대하니 가슴**이 에이는** 듯했다: 맞음. 자동사.
　[유사] **설레이는** 이 마음을: **설레는**의 잘못. 불필요한 '이' 추가. ←설레다[원]
　　　헤일 수 없이 수많은 밤을: **헬[셀]**의 잘못. 위와 같음. ☞[주의] '헤다'는 '세다(사물의 수효를 헤아리거나 꼽다)'의 방언 및 북한어.
　에다[통] ①칼 따위로 도려내듯 베다. ②마음을 몹시 아프게 하다.
　[주의] '**에이다**': '에다'의 피동사 및 자동사. ¶어찌나 추운지 살이 에이는 듯하다; 가슴이 에이는 듯한 아픔이었다.

◆'홍삼 **엑기스**': **엑기스**만을 모아서 요약하자면: **진액, 진수[정수]**가 적절함.
　[설명] 본래의 어원은 추출물을 뜻하는 영어의 extract. 일본인들의 발음 관행에 따라 '엑기스'로 잘못 축약한 것을 상용하게 된 말. 문맥에 따라 '진액/진수' 등으로 순화하여 사용하는 것이 올바름. '엑스제'로 표기하기도 하나, 잘못임(《표준》의 표제어에는 없는 말). 단, 약학 분야에서는 '건조엑스제(생약의 침출액을 농축하여 50℃ 이하에서 건조한 것을 분쇄하여 균일한 분말로 만든 약제)' 등으로 사용하고 있음.
　진액[津液][명] ①생물의 몸 안에서 생겨나는 액체. 수액/체액 따위. ②재료를 진하게 또는 바짝 졸인 액체. ☞'엑기스'의 순화어.

424

진수[眞髓]團 사물/현상의 가장 중요하고 본질적인 부분.
정수[精髓]團 ①뼈 속에 있는 골수. ②사물의 중심이 되는 골자/요점.

◆**엔간잖은** 놈이니 만만하게 보지 마라: **엔간찮은**의 잘못. ⟵**엔간찮다**[원]
　[설명] '엔간하+지 않다→엔간치 않다→엔간찮다'. 유성음 앞에서는 '하'의 'ㅏ'만 줆.
　엔간찮다[형] 보통이 아니어서 만만하지 않다.

◆서울**엘랑** 가지를 마소: 서울**에는**의 잘못. 없는 말. ⟸조사 '에' + 보조사 '는'.

◆**엥간해야** 참고 봐 주지, 해도 너무 해: **엔간해야**의 잘못. 맞춤법만 고친 것. 설명 참조. ⟵**엔간하다**[원]
　그 정도 씀씀이는 **엥간한** 중산층 수준이지: **엔간한**의 잘못. ⟵**엔간하다**[원]
　[설명] '엥간해야 참고 봐 주지'의 문례에서, 문맥상으로는 '엔간하다'보다 '어지간하다'가 더 적절한 표현임.
　엔간하다[형] 대중으로 보아 정도가 표준에 가깝다.

◆**십 여 년만**의 귀국; **이십 여개국**: **십여 년 만, 이십여 개국**의 잘못. ⟸'여'는 접미사. '만/개국'은 의존명사.
　[설명] '십여 년, 이십여 개국'에서의 '-여(餘)'는 '그 수를 넘음'을 뜻하는 접사. '만'은 동안/거리/횟수를 뜻하는 의존명사. 〈예〉 십 년 만의 귀국; 세 번 만의 합격; 십여 분 만의 숨쉬기. '개국(個國)'도 나라를 세는 단위로서의 의존명사.

◆차렛상을 제대로 차리는 일은 **여간 만한/여간만한** 일이 아니다: **차례상, 여간만 한**의 잘못.
　[설명] ①'여간만하다'는 없는 말. '여간만'은 부사 '여간'의 강조어. 따라서 '여간만 하다'가 옳은 표기. ② '차례상(茶禮床)'은 한자어로 보아, 사이시옷을 받치지 않음. 차렛상은 현재 《표준》에 없는 말.

◆이 분야**는** 핵심적인 농업 문제로 **여겨져** 왔다: 이 분야**를** 농업의 핵심 문제로 **여겨** 왔다(o). ⟸번역 투의 불필요한 피동.
　[참고] 위 설명에서 사용된 '투'는 의존명사.
　투[套]團 말/글/행동 따위에서 버릇처럼 일정하게 굳어진 본새/방식.

◆**여나믄** 사람들이 여전히 남아 있었다: **여남은**의 잘못.
　남은 사람들이 **스무남은** 명쯤이나 되었을까: 맞음.
　동네에 집이라곤 **예수나문** 채나 될까: **예순남은**의 잘못. 없는 말.
　[참고] 그의 나이는 **마흔나문** 정도로 보였다: **마흔 조금 넘어**의 잘못. 없는 말.
　[설명] '여남은/예순남은/스무남은'은 각각 '열/예순/스물이 조금 넘은 수. 또는 그런 수'를 뜻하는 수사·관형사. 현재 《표준》에는 이 세 낱말이 표제어로 올라 있으나, 다른 숫자의 경우에도 '-남은'을 붙여 사용할 수 있을 것으로 보임. 다만 발음 편의를 위한 받침 탈락 등은 추가 고려 사항. 〈예〉쉰남은.
　여남은째 數團 순서가 열 번째가 조금 넘는 차례. 또는 그런 차례의.
　스무남은 數團 스물이 조금 넘은 수. 또는 그런 수의.

◆**여늬** 집 같았으면 벌써 난리났을 걸: **여느, 난리 났을**의 잘못.
　[설명] '난리나다'는 없는 말. '난리(가) 나다'로 띄어 써야 함.

◆**여닐곱** 살 때부터 동네 일을 거들기 시작했지: **예닐곱, 동네일**의 잘못.

[참고] 일 마치는 데 **아으레/아으래** 걸렸다: **아흐레**의 잘못.

[설명] ①'여섯'이 줄어들면 '예~'. 〈예〉예니레(엿새나 이레); '예닐곱'. ②'동네일'과 같이 '~일'이 들어간 한 낱말의 복합어가 제법 있음: 집안일≒가정일/농사일/부엌일/바깥일/안팎일 등. ③그중 '나랏일/두렛일/부좃일(扶助~)/앞뒷일/좀쳇일/사삿일(私私~)' 등은 사이시옷이 붙지만, '동네일(洞~)'은 발음이 {동:네일}로, 사이시옷을 받치면 잘못. ④날의 표기에서는 '~레'를 씀. 〈예〉이레, 여드레, 아흐레, 스무이레, 스무여드레, 스무아흐레

예닐곱[수][관] 여섯이나 일곱쯤 되는 수. 또는 그런 수의.

◆**여러가지**를 한꺼번에 다 하려 들지 말고: **여러 가지**의 잘못. ⇐'여러'는 관형사.

그건 **여러 모로** 쓸모가 많은 물건: **여러모로**[부]의 잘못. 한 낱말인 합성부사.

[비교] **어느모로** 봐도 불합격: **어느 모로**의 잘못. ⇐'어느'는 관형사.

[설명] '여러~'가 들어간 복합어로는 '여러분/여러모로/여러모꼴(≒다각형)/여러해살이/여러그루짓기(≒다모작)' 정도이며, '여러 가지'는 복합어가 아님.

여러모로≒다각도로[부] 여러 방면으로.

◆**여류시인**을 무슨 큰 벼슬로 착각하는 이들도 있다: **여류 시인**의 잘못.

[참고] 김 군은 장래가 촉망되는 **재원**이야: '재원'은 '재주가 뛰어난 젊은 여자'.

[설명] ①'여류'는 '어떤 전문적인 일에 능숙한 여자'를 뜻하는 명사로 뒤의 말과 띄어 적음. 〈예〉여류 문인; 여류 화가; 최초의 여류 비행사. ②'재원(才媛)'은 '재주가 뛰어난 젊은 여자'를 뜻하므로 남자에게는 사용할 수 없음. 한편, 규수(閨秀)에는 '남의 집 처녀. 학문과 재주가 뛰어난 여자'의 두 가지 뜻이 있어서, 꼭 처녀에게만 사용할 수 있는 말은 아님. 후자의 뜻으로는 여류(어떤 전문적인 일에 능숙한 여자)와 비슷함.

◆예전엔 남대문 시장에 **여립꾼**들도 참 많았는데: **여리꾼**의 잘못.

여리꾼[명] 상점 앞에 서서 손님을 끌어들여 물건을 사게 하고 주인에게 삯을 받는 사람.

◆눈이 나빠졌는지 물건들이 자꾸만 **여리여리하게** 보이네: **여릿여릿하게**의 잘못.

[설명] '여리여리하다'는 사전에 없는 말로, '여릿여릿하다(빛깔/소리/형체 따위가 선명하지 못하고 약간 흐리거나 약하다)'의 잘못.

◆우리도 **여보란듯이** 살아보자구: **여봐란듯이, 살아보자고**의 잘못.

[설명] ①보란듯이(×)→보란 듯이(○). ¶나 보란 듯이(○); 너 보란 듯이(○). ②'여보란듯이'는 '여(汝) 보란 듯이' 또는 '여기 보란 듯이'로 추정되지만 없는 말로 '여봐란듯이'의 잘못. '여봐란'은 '여('너'를 뜻하는 汝)' 또는 '여기' + '보아라+는'의 준말 표기로서, '봐는 '보아'의 준말.

◆**여불없이** 딱 그 사람 맞아. 틀림없다니까: **위불없이(위불위없이)**의 잘못.

위불없이[爲不~]≒**위불위없이**[부] 틀림이나 의심이 없이.

◆아이는 부모를 **여윈** 후 혼자 크다시피 했다: **여읜**의 잘못. ←**여의다**[원]

여위다[동] ①몸의 살이 빠져 파리하게 되다. ②살림살이가 매우 가난하고 구차하게 되다. ③빛/소리 따

위가 점점 작아지거나 어렴풋해지다.

여의다[동] ①부모나 사랑하는 사람이 죽어서 이별하다. ②딸을 시집보내다. ③멀리 떠나보내다.

◆뭘 믿고 저리 **여유만만한지**: **여유 만만한지**(혹은 **여유작작한지**)의 잘못.

　참으로 천하태평격으로 **여유낙락/여유낙낙**하구먼: **천하태평 격, 여유작작**의 잘못.

　[설명] ①'여유만만하다'는 없는 말. '여유 만만하다'의 잘못. 그러나, '여유작작하다'는 한 낱말임. ②'여유낙낙'은 없는 말로 '여유작작'의 잘못. '격'은 의존명사.

　[주의] 그러나 다음 말들은 모두 한 낱말임: 자신만만(自信滿滿), 죄송만만(罪悚萬萬, ≒죄송천만), 감사만만(感謝萬萬, ≒감사무지/감사천만), 득의만만(得意滿滿), 치기만만(稚氣滿滿), 불평만만(不平滿滿), 패기만만(霸氣滿滿), 투지만만(鬪志滿滿), 야심만만(野心滿滿). ☞[의견] 고려대한국어사전에서처럼 '여유만만'도 한 낱말로 삼아야... 위의 말들과 조어법이나 의미 특정에서 차이가 없음.

　여유작작하다[餘裕綽綽-][형] 말/행동이 너그럽고 침착하다.

◆그런 일은 **여지껏/여직** 단 한 번도 없었는데: **여태껏/이제껏/여태까지/입때껏**의 잘못.

　여직/여직까지/여지껏/여직껏: '**여태/여태(입때)까지/여태껏(입때껫/이제껫)**'의 잘못.

　여직/여직껏/여지껏[부] '여태/여태껏'의 잘못. 그러나, '입때껏'은 표준어.

　[설명] '여지(껏)/여직(껏)'은 잘못. '여직'[부]은 '여태(지금까지)'의 북한어.

◆**여쭤워/여쭈어** 보아라; **서럽게/섧게** 운다; **가엾은/가여운** 아이: 모두 맞음.

　[설명] ①모두 맞는 말들. 즉, 복수표준어. 특히, '가엾다'의 경우, 예전에는 비표준어였으나 현재는 복수표준어. '여쭙다≒여쭈다, 서럽다≒섧다, 가엾다≒가엽다'임. ②'여쭙다'와 '여쭈다'도 복수표준어로서, '여쭙-'에 '-어'가 연결되면 '여쭈워'가 되고 '여쭈-'에 '-어'가 연결되면 '여쭈어'가 됨.

◆실은 **여차저차해서** 그리 되었다네: **여차여차해서**의 잘못.

　[설명] '여차저차하다'는 '이만저만하다(O)'에서 유추한 말로, '여차여차하다'의 잘못. '여차(如此)'는 말이 되지만 '저차'는 말이 되지 않기 때문인데 언어유희에 가까움. '세월아 네월아'에서 '세월(歲月)'과 무관한 '세(3)월'을 사용하여 '네(4)월'과 대구를 맞춘 '세월아 네월아'를 관용구로 인정하지 아니하는 것과 비슷함.

　여차여차하다[如此如此-]≒**이러이러하다**[형] 이러하고 이러하다. [유]이만저만하다/이러저러하다.

◆**여차직 하면/여차 직하면** 그만 두려 하고 있었어: **여차하면**의 잘못. 한 낱말.

　[설명] '여차직하다'는 '여차하다'의 잘못. 북한어.

　여차하다1[如此-][동] 일이 뜻대로 되지 아니하다.

　여차하다2[如此-]≒**이렇다**[형] 상태/모양/성질 따위가 이와 같다.

◆하나도 **여축없이** 전부 알짜일세그려: **깔축없이**의 잘못. '여축없다'는 전남 방언.

　깔축없다[형] 조금도 축나거나 버릴 것이 없다.

◆**역스럽다**[逆-][형] '**역겹다**'(혹은 **역하다**)의 잘못. 없는 말.

　역겹다[逆-][형] 역정이 나거나 속에 거슬리게 싫다.

　역하다[逆-][형] ①구역날 듯 속이 메슥메슥하다. ②마음에 거슬려 못마땅하다.

◆'**연30만 명**', '**연 인원 30만 명**': 연 30만 명, 연인원 30만 명의 잘못.

  [설명] '연[延]'은 관형사일 때와 접두사일 때 띄어쓰기가 다름. 주의!

  연[延] 관 어떤 일에 관련된 인원/시간/금액 따위를 모두 합친 전체를 가리키는 말. ¶연 10만 명이 동원
    된다.

  연[延] 접 '전체를 다 합친'의 뜻을 더하는 접두사. ¶연건평; 연인원.

  [주의] '연'으로 표기되었지만, 延이 아닌 年, 連 등을 뜻할 때도 있음. 모두 띄어 씀. ¶연(年) 강수량; 연
    (年) 12%의 이율; 그는 연(年) 400%의 보너스를 받는다; 양지 여섯 연(連).

◆소주를 **연거퍼** 두 병을 들이킨 그는: **연거푸**의 잘못.

  [설명] '거푸'는 '잇따라 거듭'을 뜻하는 부사. '거퍼'는 없는 말. ¶**거푸하다**동

◆직장과 사람도 **연대**가 맞아야 해: **연때**의 잘못.

  연때명 인연이 맺어지는 시기/기회.

  [참고] **운때[運–]**명 운이 들어오는 때.

◆**연신** 허리를 굽실거렸다: 맞음.

  재채기가 **연신** 나오는 거야. 참을 수 **없게시리(없게스리)**: 맞음, **없게끔**의 잘못.

  [설명] 예전에는 '연신'이 '연방(連方)'의 잘못이었으나, 표준어로 인정[2011년]. 그러나, 두 말은 뉘앙스에서
    차이가 있음. 즉, '연신'이 반복성을 강조한다면, '연방'은 연속성을 강조함.

◆애들이 **연연생**이야: **연년생(年年生)**의 잘못. ⇐앞의 '연'은 접두어가 아니며 年年으로 '매해'를 뜻하는 말
  로 굳어진 한 낱말. 그러므로 '연년'으로 표기.

  연연세세(年年歲歲) 만수무강하소서: **연년세세**의 잘못. ⇐위와 같음.

  빠짐없이 **연연(年年)이** 선물하는 일도 정성이지: **연년이**의 잘못. ⇐위와 같음.

  [참고] 이와 달리 '연연불망(戀戀不忘)/유유상종(類類相從)/누누이(屢屢–)' 등은 '연련–/유류–/누루–'
    등으로 적지 않는데, 이는 '한 단어 안에서 같은 음절이나 비슷한 음절이 겹쳐 나는 부분은 같은 글
    자로 적는다'는 원칙[한글 맞춤법 제13항]에 따른 것. ☞**두음법칙** 항목 참조.

  연년[年年]≒매해명 한 해 한 해. 부 해마다.

◆**연육교**: **연륙교(連陸橋)**의 잘못. ☜[주의] '연년+생, 신년+도'의 경우와 같이 '연륙'+'교'. '육지와 잇는' 다
  리'이므로 '연륙'에 두음법칙을 적용함. '연육교'의 표기가 성립하려면 '연'+'육교'가 되어야 함. ☞**두음법**
  칙 항목 참조.

◆**학자연 하면서** 어찌나 **으시대던지** 원: **학자연하면서**, **으스대던지**의 잘못.

  [설명] '–연(然)하다'는 접미사. 고로 앞말에 붙여 씀.

◆♣본음이 '렬'인 '열'도 두음법칙의 예외로, '율/률'의 표기 원칙을 따른다.

  [예제] 행군 **행열**을 벗어나지 마라: **행렬**의 잘못.

        합격율을 높이려면: **합격률**의 잘못.

        맹열하게 싸우더군: **맹렬**의 잘못.

        회담은 **결열**되었다: **결렬**의 잘못.

작렬하는 태양볕 아래에서: **작열(**灼熱**)**의 잘못.

작열하는 파편에 맞았다: **작렬(**炸裂**)**의 잘못.

○'율/열'의 표기 예: **모음과 'ㄴ' 받침 다음**에는 본음 대신 '율/열'로 적음. ¶규율/비율/선율/전율; 나열(羅列)/반열(班列)/진열(陳列)/순열(順列); 분열(分裂)/파열(破裂); 치열(熾烈)/선열(先烈); 우열(愚劣)

○그 밖의 경우에는 본음인 '률/렬'로 표기함: ¶능률/확률/합격률/성공률; 맹렬(猛烈)/격렬(激烈)/장렬(壯烈); 행렬(行列); 결렬(決裂); 졸렬(拙劣).

[주의] '작열(灼**熱**)/작렬(炸**裂**)'은 서로 다른 낱말. 열(熱)은 본음이 '열'. 주의! ☞**'두음법칙'** 참조. ☞**'율/률'** 항목 참조.

◆♣**열사(**烈士**)와 의사(**義士**)는 어떻게 구분되는가?**

[설명] ①《표준》에서는 다음과 같이 구분하고 있음.

열사: 나라를 위하여 절의를 굳게 지키며 충성을 다하여 싸운 사람.

의사: 나라와 민족을 위하여 제 몸을 바쳐 일하려는 뜻을 가진 의로운 사람.

이 풀이를 종합하면, '열사'는 '나라를 위하여 이해를 돌아보지 않고 절의를 지킨 사람'이고, '의사'는 '의리와 지조를 굳게 지키며, 때로는 국가/민족을 위해 목숨을 바칠 수도 있는 사람'임. 그러나 이러한 풀이만으로는 '열사'와 '의사'의 뜻을 확연하게 구분하기는 어려움. ②이 양자의 차이에 대하여 국가보훈처에서는 다음과 같이 밝히고 있음.

열사: 맨몸으로써 저항하여 자신의 지조를 나타내는 사람.

의사: 무력(武力)으로써 항거하여 의롭게 죽은 사람.

◆문을 벌컥 **열어제치고** 들어서는 사나이: **열어젖히고**의 잘못. ←**열어젖히다**[원]

문을 그리 **열어재끼는** 걸 보니 성질이 났군: **열어젖히는**의 잘못.

[설명] '열어제치다/열어재끼다/열어재끼다'는 모두 '열어젖히다'의 잘못. '−제치다'는 '−젖히다'의 잘못이지만, '불어제치다(바람이 세차게 불다)/밀어제치다(매우 세차게 밀어 뒤로 가게 하다)'에서처럼 '세차게'의 뜻을 더하는 말로는 올바름. ☞'제치다'와 '젖히다'의 구분은 '**젖히고**'와 '**엎치락젖히락**' 항목 참조.

◆철들면 **열에아홉**은 돈보다 건강을 택하지: **열에 아홉**의 잘못.

[설명] '열에 아홉'은 관용구. '만에 하나'도 관용구.

[주의] 그러나, 비슷한 의미의 '십중팔구'는 한 낱말. '만분지일(萬分之一)'도 한 낱말.

◆실수 때문에 내내 **열적은(열쩍은)** 표정을 지었다: **열없는**의 잘못. ←**열없다**[원]

[설명] '열적다': '열없다'의 잘못.

[주의] '열없다'는 형용사지만 '−없다' 꼴이므로, '열없은'이 아니고 '열없는'.

열없다[형] ①좀 겸연쩍고 부끄럽다. ¶나는 내 실수가 열없어서 얼굴이 붉어졌다. ②담이 작고 겁이 많다. ③성질이 다부지지 못하고 묽다. ④어설프고 짜임새가 없다. ¶열없는 색시 달밤에 삿갓 쓴다. 솙 (비유)정신이 흐려져 망령된 짓을 하는 경우. ¶**열없이**[부]

◆그는 하는 짓이 **열퉁쩍어서** 정이 안 가: **열퉁적어서**의 잘못. ←**열퉁적다**[원]

[참고] '−적다'로 적는 것들: 괘다리적다/괘달머리적다; 열퉁적다; 맛적다; 재미적다; 퉁어리적다.

열퉁적다[형] 언행이 거칠고 미련스럽다.

◆**엿장사** 마음대로: **엿장수**의 잘못.

  [설명] '이익을 얻으려고 물건을 사서 팖. 또는 그런 일'이 장사임: (예) 물장사, 술장사, 옷감 장사, 채소 장사. 장사를 하는 사람은 '장수'임: (예) 엿장수, 약장수, 도붓장수

◆오곡이 **영그는** 계절: 오곡이 **여무는** 계절. ⇐둘 다 가능. **영글다≒여물다.**

  [설명] '영글다, 여물다'는 복수표준어로 인정된 것들.

  [참고] 이와 반대로, 예전에 일반 사전에서는 '꽃봉오리가 벙글다(×)/벌다(○)'였으나, 《표준》은 '벙글다'를 인정하고 '벌다'를 버림: **벌다**툉 식물의 가지 따위가 옆으로 번다. **벙글다**툉 아직 피지 아니한 어린 꽃 <u>봉오리가 꽃을 피우기 위해 망울이 생기다.</u>

◆그런 미친 짓은 **영웅심리**에서 한 짓이지: **영웅심**(혹은 **영웅 심리**)의 잘못.

  [설명] '영웅 심리'는 두 낱말이며 문맥으로 보아 '영웅심'도 어울림. '영웅호걸, 영웅호색' 등은 복합어지 만 '영웅 심리'는 복합어가 아님.

  영웅심[英雄心]몡 비범한 재주와 뛰어난 용기를 나타내려는 마음.

◆그건 지금까지와는 **영판** 다른 소리: **생판**(혹은 **영/전혀/아주**)의 잘못. 없는 말.

  [비교] 그놈은 **원판** 못된 놈이라서 혼내줘야 해: 맞음. ⇐'워낙'과 동의어.

  [설명] ①부사 '영(전혀/도무지. 아주/대단히)'에 불필요한 '−판'을 붙여 도리어 잘못 되었음. ②반대로 이 러한 '−판'을 붙여 만든 올바른 부사로는 '**판판**(전혀. 또는 아주 완전히)/**원판**(워낙)/**백판**(전혀 생소하 게)/**만판**/**생판**'이 있음.

  만판뷔 ①마음껏 넉넉하고 흐뭇하게. ②다른 것은 없이 온통 한가지로. [유]마냥/마음껏.

  생판[生−]몡 어떤 일에 대하여 전혀 모르거나 상관하지 아니하는 상태. 뷔 ①매우 생소하게. 또는 아무 상관 없게. ②터무니없이 무리하게. [유]백판/전혀.

◆이건 짜지도 않고 **옅은맛**이 있어서 좋군: **얕은맛**의 잘못. 없는 말.

  얕은맛몡 진하지 않으면서 산뜻하고 부드러운 맛.

◆**옆눈질/옆눈짓**도 아주 안 좋은 버릇이야: **곁눈질**의 잘못.

  옆눈/옆눈질/옆눈짓 '곁눈/곁눈질'의 잘못. 단, 옆쪽에 있는 눈(=측안[側眼])의 의미로는 '옆눈'도 인정.

  곁눈질몡 ①곁눈으로 보는 일. ②곁눈으로 무슨 뜻을 알리는 일. ¶여인은 내 곁눈질을 알아차리지 못 했다. ③주의를 기울여야 할 곳이 아닌 데에 신경을 쓰는 일. ¶공직 생활 내내 곁눈질 한 번 안 했다.

    ¶~하다툉

◆**옆사람** 것이라도 빌려서 쓰지 그랬어: **옆 사람**의 잘못. 합성어가 아님.

  [비교] **옆 자리**는 비었던가: **옆자리**의 잘못. 한 낱말.

      울 집 **옆지기**에게 물어보고 알려줄게: 아직은 비표준어.

  [설명] '옆−'이 들어간 낱말 중 흔히 쓰는 말은 위의 '옆자리' 외에 '옆모습/옆얼굴/옆머리/옆통수(머리의 옆쪽)/옆트임/옆주름/옆바람' 정도임.

◆예전의 **입법예**를 보고 참고하시기 바랍니다: **입법례**의 잘못.

  [설명] 일부 명사 뒤에 붙어 본보기의 뜻으로 쓰이는 '예(例)'는 명사 뒤에서 본음대로 '−례(例)'로 적음.

〈예〉인용례/판결례/용자례(用字例).

[참고] '상견례/회혼례' 등에 쓰이는 '예(禮)'도 마찬가지. '-례(禮)'로 적음.

◆<u>그거 참</u>. **예사일**이 아니로군: 맞음. (혹은 **그것참**도 가능), **예삿일**의 잘못.

  예삿소리라고 함부로 하면 못 써: **예사소리**, **못써**의 잘못. ⇐'못쓰다'는 한 낱말.

  자네의 그 말은 **예삿말**로 들리지 않는군그래: **예사말**의 잘못.

  [주의] '예사말(例事-)[예:사말]/예사소리[예:사소리]/예사내기≒보통내기' 등은 사이시옷이 없음. 특히, '예사말[예:사말]/예사소리[예:사소리]'의 발음 주의.

  [참고] '-일'의 합성어 중 사이시옷이 들어가는 말들에는 다음과 같은 것이 있음.: 나랏일/두렛일/부좃일(扶助-)/앞뒷일/좀쳇일/사삿일(私私-). ☞♣**사이시옷에서 주의해야 할 말들** 항목 참조.

  [주의] '동네일(洞-)'은 발음이 [동:네일]로, 사이시옷을 받치면 잘못.

  동네일(洞-)[동:네일]**명** 동네에서 벌어지거나 동네와 관련되는 일.

  [참고] '그거 참'의 경우, '참'은 감탄사. '그거 참'의 구(句) 형태로도 쓰임. '그것참'은 한 낱말의 감탄사. ☞'**참**' 항목 참조.

◆중부 지방에는 **소나기가 예상됩니다**: **소나기가 올 것으로 예상됩니다**의 잘못.

  경제가 6% 정도 **성장될 것으로 예상된다**: **성장할 것으로 예상한다**가 나음.

◆**예펀네들**이 밥 먹고 할 일들 없으니깐: **여편(女便)네들**의 잘못.

  [암기도우미] 남자편(男子便)의 상대어는 여자편(女子便)→줄여서 여편(女便)!

◆**옛다**, 돈 받아라: **옜다**의 잘못.

  옛소. 그토록 그대가 갈망해 오던 증서: **옜소**의 잘못.

  [설명] '여기 **있다**→**예 있다**→**옜다**. ¶옜네; 옜소; 옜소이다. [유사] '어디에다'→ '얻다'.

◆**옛부터** 전해오는 이야기가 있지: **예부터/예로부터/옛날부터**의 잘못.

  옛부터 우리 민족은: **예부터/예로부터**의 잘못.

  옛적부터 우리 조상들은: 맞음. ⇐'옛적'은 명사.

  [설명] '옛'은 관형사이며(예: 옛 친구/추억/자취) 격조사인 '부터'는 관형사 뒤에 붙지 못하고 체언에만 붙음. 명사는 '예/옛날/옛적'.

  예명 아주 먼 과거.

  옛적명 ①이미 많은 세월이 지난 오래전 때. ②세태/물정이 아주 다른 때.

  예도옛적명 아주 오래전 옛적.

◆**옛스러운** 맛과 멋이 있어: **예스러운**의 잘못. ⇐'옛'은 관형사. '예'만 명사.

  [설명] ①'옛스럽다': '예스럽다'의 잘못. '-스럽다'는 명사 뒤에서만 쓰임. ②'예'의 명사적 용법 사례 ¶예나 다름없는 소박한 인심; 예로부터 내려온 이야기; 예스러운 멋.

◆이리 오랜만에 **옛친구**를 만나니 정말 반갑네: **옛 친구**의 잘못. 없는 말.

  [설명] 복합어가 아님. ☞흔히 쓰는 '옛 추억, 옛 친구, 옛 기억' 등은 복합어가 아님. 띄어쓰기 주의. 일반적인 뜻으로도 족하며 의미 특정이 불필요하기 때문.

[참고] '옛-'의 주요 복합어: **옛**날/-날이야기/-이야기/-말/-집/-것/-적/-일/-글/-사람/-터/-사랑/-길/-꿈/-시조(時調)/-이웅/-정(情)/-겉질(-質. 계통 발생적으로 가장 오래된, 대뇌 겉질의 일부).

◆그 일은 내가 하겠**오**/하였**오**: 하겠**소**/하였**소**의 잘못.
　[설명] ①'-소': 용언의 어간이나 어미 '-었-/-겠-' 뒤에 붙어 쓰임. ¶먹겠소/오겠소. ②'-오': '이다/아니다'의 어간, 받침 없는 용언의 어간, 'ㄹ' 받침인 용언의 어간 또는 어미 '-으시' 뒤에 붙어, 설명/의문/명령의 뜻을 나타내는 종결어미. ¶그대를 사랑하오; 즉시 하는 게 제일 중요하오; 얼마나 심려가 크시오?

◆서로 자주 **오고가는** 처지에 무슨 인사: **오고 가는**[≒**오가는**]의 잘못.
　오도가도 못하는 신세: **오도 가도 못 하는**의 잘못.
　[주의] **오다 가다** 들러 봤네: **오다가다**의 잘못. ←한 낱말.
　[설명] ①준말이 '오가다'를 사용하지 않는 한은 띄어 써야 함. '오고가다'(×)는 없는 말. ②'오다가다'는 '어쩌다가 가끔. 지나는 길에 우연히'를 뜻하는 부사.

◆저 아래에서 올챙이들이 **오골오골**하네: **오글오글**의 잘못.
　[설명] '오골오골'은 없는 말로, '오글오글'의 잘못. '오글오글〈우글우글의 관계로. 득시글'에서처럼 '글'이 일종의 의미소 역할. '오골대다/오골거리다' 역시 '오글대다/오글거리다'의 잘못.
　오글대다1통 좁은 그릇에서 적은 양의 물이나 찌개 따위가 자꾸 요란스럽게 끓어오르다. [유]오글거리다/오글보글하다/오글오글하다
　오글대다2통 작은 벌레나 짐승, 사람 따위가 한곳에 빽빽하게 많이 모여 자꾸 움직이다. [유]오글거리다/오글오글하다/우글대다

◆**오너라가거라** 하다: **오너라 가거라**(혹은 **오라 가라**)의 잘못.
　오라 가라 하다≒오너라 가거라 하다판 어떤 사람이 다른 사람을 성가시게 오가게 하다.

◆죄지은 것도 없는데 자꾸만 **오금탱이**가 저린다: **오금팽이**의 잘못.
　[설명] 표준어 사정에서 '오금팽이'가 선택되었음. [표준어 규정 제17항] ☞[참고] '영감탱이/바탱이'만 '-탱이'가 들어간 올바른 말.
　오금팽이명 ①구부러진 물건에서 오목하게 굽은 자리의 안쪽. ②오금이나, 오금처럼 오목하게 팬 곳을 낮잡는 말.
　바탱이명 오지그릇의 하나. 중두리와 비슷하나 배가 더 나오고 키가 작으며 아가리가 좁음.

◆**오냐오냐 하니까** 아이들 버릇이 나빠지는 것: **오냐오냐하니까**의 잘못.
　[설명] '오냐오냐하다'는 한 낱말.
　[유사] 오늘내일 하다(×) ≒**오늘내일하다**(○).
　[참고] '오늘내일하다'와 같이 준첩어 성격의 말들에 '-하다'가 붙어 만들어진 용언은 대단히 많음. 다음은 그중 일부의 예임: 티격태격-/본체만체-/들락날락-/옥신각신-/오락가락-/얼키설키-/갈팡질팡-/엎치락뒤치락-/우네부네-≒울고불고-/우물쭈물-/아기자기-/왈가왈부-/네모반듯-/새콤달콤-/무지막지(無知莫知)-/어리둥절-/이러저러-/왁자지껄-/올망졸망-/시시껄렁-/시끌벅적-/아득바득-/오목

조목–/우락부락–/정성드뭇–/긴가민가–/들쑥날쑥–/싱글벙글–/오톨도톨–/이상야릇– 흐리멍덩–/간 간짭짤–. ☞상세 사항은 ♣**첩어와 준첩어** 항목 참조.

◈**오늘밤**은 우리가 영원히 잊지 못할 밤: **오늘 밤**의 잘못.

워낙 위독하셔서 **오늘 내일 하시나** 봐: **오늘내일하시나**의 잘못. 한 낱말.

[설명] ①'오늘밤/내일밤'은 모두 '오늘 밤/내일 밤'으로 띄어 적어야 함. (그러나 '어젯밤'은 한 낱말임). '오 늘'이 들어간 복합어는 '오늘날/오늘내일/오늘껏' 정도. 한편, '어젯날'은 '지난날'과 동의어로 '지나온 과거의 날'을 뜻함. ②'오늘내일하다'는 복합어.

[참고] '–밤'의 합성어는 다음과 같이 제법 되는데, 그중 유의해야 할 말은 '긴긴밤, 어스름밤/으스름달 밤, 지지난밤/저지난밤' 등이며, 특히 '어스름달밤'(×)은 없는 말: 어젯밤≒지난밤/간밤; 하룻밤/첫날/ 긴긴밤; 겨울밤/여름밤/가을밤/봄밤; 그믐밤/보름밤; 구름밤/어스름밤/으스름달밤; 지지난밤/저지 난밤.

지지난밤몡 그저께의 밤.

저지난밤몡 ①이삼 일 전의 밤. 또는 엊그제(=바로 며칠 전)의 밤. ②'지지난밤(그저께의 밤)'의 잘못.

◈♣**'–오다'가 들어간 복합어** 중 유의해야 할 말들: 복합어이므로 붙여 써야 하며 띄어 쓰면 잘못.

[예제] **시집 오는** 날 새색시 등창 난다더니: **시집오는**의 잘못. ←**시집오다**[원]

장가 오는 놈이 뭐 떼어두고 오는 격: **장가오는**의 잘못. ←**장가오다**[원]

떠내려 오는 물건에도 쥔이 있다: **떠내려오는**의 잘못. ←**떠내려오다**[원]

칼 들고 **뒤좇아오는** 강도에게 당했다: **뒤좇아 오는**의 잘못. 두 낱말.

얼른 **갔다와**: **갔다 와**의 잘못. '가다' '오다'는 동격의 본동사.

o**'–오다'**: 가져오다/건너–/걸어1–/걸어2–/금파–/꺼–(물체를 잡아 쥐고 끌어서 오게 하다)**끌려–/끌 어–/나아–/나–/날아–/내려–/내–/넘어–/다가–/다녀–/닥들여–**(어떤 일이 가까이 바싹 닥쳐오다)**닥 쳐–/달려–/데려–/도다녀–**(갔다가 머무를 사이 없이 빨리 돌아오다)**돌아–/되돌아–/되살아–/뒤따 라–/들려–/들–**준늑**들어–/들여–/따라–/따–/떠나–/떠내려–/떠들어–**(정처 없이 떠돌아다니던 사람/ 짐승이 들어오다)**떠–/뛰어–/모여–/몰려–/몰아–/묻어–/물러–/밀려–/보내–/불러–/불어–/살아–/수 양(收養)–/시(媤)집–/올라–/옮아–/외–**휑**울려–/잡수–/장가–/좇아–/지나–/질러–/짐–/짓쳐들어–/ 짜드라–**(많은 수량이 한꺼번에 쏟아져 오다)**쫓아–/찾아–/쳐들어–/흘러–**.

[주의] 일부 사전의 '기어오다/뒤좇아오다/뒤쫓아오다'는 각각 '기어 오다, 뒤좇아 오다, 뒤쫓아 오다'의 잘못. ⇐이 경우는 '–오다'를 보조동사로 보기 어려운 점도 있어서 붙여쓰기 허용 조건에도 부합되지 않음.

[참고] '오다'가 보조용언으로 쓰일 때: 앞말이 뜻하는 행동/상태가 말하는 이 또는 말하는 이가 정하는 기준점으로 가까워지면서 계속 진행됨을 나타냄. 〈예〉날이 밝아 온다; 30년간이나 일해 왔다; 잘 견 뎌 왔다; 날이 어두워 온다.

◈**오도방정**: **오두방정**의 잘못. ☞[주의] 한자어와 무관한 고유어임.

[참고] **깨방정**을 떨고 있네: **개방정**의 잘못. 없는 말.

개방정몡 온갖 점잖지 못한 말/행동을 낮잡는 말.

◈**오돌뼈**는 씹는 재미로 먹지: **오도독뼈**의 잘못.

[암기도우미] 오도독뼈는 씹을 때 '오돌' 소리가 아니라 '오도독' 소리가 난다.

433

◆**오돌오돌** 떨다니. 네가 오도독뼈냐?: **오들오들**의 잘못. ☜'**＿'모음의 낱말들**… 항목 참조.
 [설명] 오도독뼈와 같은 느낌이 있는 것이 '오돌오돌한' 것. 떠는 건 '오들오들'.

◆가려워서 보니 피부가 **오돌토돌/오톨도톨** 부푼 거 있지: 맞음
 [설명] 일부 사전에 잘못으로 나와 있으나, '오톨오톨(×)만 잘못. '오톨오톨'은 북한어.
 오돌토돌툒 거죽/바닥이 고르지 아니하게 군데군데 도드라져 있는 모양.
 오톨도톨툒 물건의 거죽/바닥이 여기저기 잘게 부풀어 올라 고르지 못한 모양.

◆혼자서 **오두커니** 서 있더군: **오도카니**(혹은 **우두커니**)의 잘못. ⇐모음조화!
 우두커니〉**오도카니**툒 [작은 사람이] 넋이 나간 듯이 가만히 한자리에 서 있거나 앉아 있는 모양.

◆**오드득오드득** 소리가 나게 씹었지: **오도독오도독**의 잘못. ⇐모음조화!

◆넘어져도 **오뚜기**처럼 발딱 일어나야지: **오뚝이**의 잘못.
 오똑 솟은 버섯: **오뚝**의 잘못. ←**오뚝하다〈우뚝하다**[원]
 [설명] ①오똑이(×)/오뚝이(○). 모음조화로는 '오똑이'가 맞으나, 이때 쓰인 '뚝'은 '불뚝/우뚝/울뚝' 등에서와 같이 '높이 솟은 모양'을 뜻하는 일종의 의미소임. 그 때문에 '오뚝하다〈우뚝하다'에서도 의미소 '뚝'을 살림. ②'오뚝이'⇐오뚝(의미소)+'이'(접사. 물건/사람).
 [주의] 부사로 '오뚝이(≒오뚝)〈우뚝이(≒우뚝)'도 있으므로, 부사로는 '오뚝이/우뚝이' 모두 맞는 말임.
 오뚝≒오뚝이툒 ①작은 물건이 도드라지게 높이 솟아 있는 모양. ②갑자기 발딱 일어서는 모양. ③조금 높이가 있는 것이 움직이다가 딱 멎는 모양.
 우뚝≒우뚝이툒 ①두드러지게 높이 솟아 있는 모양. ②남보다 뛰어난 모양. ③움직이던 것이 갑자기 멈추는 모양.
 불뚝툒 ①무뚝뚝한 성미로 갑자기 성을 내는 모양. ②갑자기 불룩하게 솟아오른 모양.
 울뚝툒 성미가 급하여 참지 못하고 말/행동이 우악스러운 모양.

◆**오라**, 그래서 그놈이 그처럼 기고만장했군: **옳아**의 잘못.
 오오라. 바로 그게 그년의 짓이었다 그거지: **옳아**의 잘못. 없는 말.
 [설명] 감탄사로 흔히 쓰이는 '오라/오오라'는 없는 말이며, '옳아'의 잘못.
 옳아캄 어떤 사실을 비로소 깨닫거나 납득했을 때 하는 말. 발음: {오라}.

◆'**오락가락 하다**'와 '**오락가락하다**': '**오락가락하다**'로 붙여 씀.
 [참고] 부사 '오락가락'에 동사를 만드는 접미사 '하다'가 결합한 것으로, 형용사의 활용형(부사형 연결어미)을 이용한 복합어 만들기와도 유사함. 〈예〉형용사 활용형 '아/어'+하다'→파생동사. ¶예뻐하다/기뻐하다/좋아하다.
 [주의] 다음의 관용구에서는 띄어 씀 (구(句)의 형태로 '하다'를 꾸미므로): 오라 가라 하다; 왔다 갔다 하다; 오너라 가거라 하다.

◆사업이 아주 **오래 가는** 걸 보니 기쁘군: **오래가는**의 잘못. ←**오래가다**[원]
 그를 못 본 지도 아주 **오래 됐어**: 본 지도. **오래됐어**의 잘못. ←**오래되다**[원]
 [설명] '오래가다/오래되다/오래전/오래오래/오래간만≒오랜만/오래달리기' 등은 '오래–'가 붙어 이뤄진 복

합어들로서 모두 한 낱말.

◆늬 **오래비** 좀 오라고 해라: **네 오라비**의 잘못. [유사]애비(×)/아비(○).
  [설명] '늬'는 없는 말로, '너희/너의/네'의 잘못.

◆그를 본 지도 **오래인지라**: **오랜지라**(혹은 **오래되었는지라**)의 잘못. ←**오래다**[원]
  [설명] '오래이다(×)/오래다(○)'. '오래'는 부사이므로 서술격조사인 '-이다'가 붙을 수도 없거니와(격조사는
    체언에만 붙을 수 있으므로), '오래다(때의 지나간 동안이 길다)'는 한 낱말의 형용사. 대용어: 오래
    되다.
  [참고] 부사가 아닌 명사로서의 '오래'는 아래와 같이 전혀 다른 뜻임.
  오래圈 ①한동네의 몇 집이 한골목이나 한이웃으로 되어 사는 구역 안. ②거리에서 대문으로 통하는
    좁은 길.

◆**오랜동안** 못 봤군: **오랫동안**圈의 잘못.
  오랫만이야: '**오랜만**'의 잘못. ←**오랜만**圈은 '오래간만'의 준말.
  [설명] ①오랫동안: '오랫-'은 접두어. ②오랜 세월 동안: '오랜'은 관형사. ③'오래간만'의 준말은 '오랜만'. ④다
    음 말들은 복합어: 오래간만/오래전/오래다/오래되다/오래가다/오래도록/오래오래/오래달리기/오래뛰기/
    오래매달리기.

◆이거 정말 **오랫만**이군: **오랜만**의 잘못. ←'오랜만'은 '오래간만'의 준말.
  오랜동안 공들여 해온 일이야: **오랫동안**(혹은 **오랜 시간**)의 잘못.
  [설명] 문법적으로는 '오랜 동안'이라는 조어가 불가능한 것은 아님. 그러나 이러한 뜻으로는 '오랫동안'을
    써 왔기 때문에, 이를 올바른 말로 다루는 것임[국립국어원 해설]. 즉, 다음과 같은 활용이 가능함.
    ¶'오랫동안'(○) 해온 일. '오랜 시간'(○) 공들인 일. ←'오랜'은 '오래다'圈의 활용인 '오래고/오래니/오랜'
    에서.

◆♣'**-오르다**'가 들어간 복합어 중 유의해야 할 말들: 복합어이므로 붙여 써야 하며 띄어 쓰면 잘못.
  [예제] 넘치는 기쁨에 그 자리에서 **뛰어 올랐다**: **뛰어올랐다**의 잘못. 한 낱말.
        어찌나 화가 **치밀어오르는지**: **치밀어 오르는지**의 잘못. 두 낱말.
        새가 덤불에서 **날아 올랐다**: **날아올랐다**의 잘못. 한 낱말.
        빵 반죽이 **부풀어올랐다**: **부풀어 올랐다**의 잘못. 두 낱말.
  ○'**-오르다**': 곧아오르다(얼거나 마비되어 꼿꼿하여지거나 뻣뻣하여지다)/괴어-/기어-/끓어-/나-(소문
    따위가 퍼져 자꾸 남의 입에 오르내리다)/날아-/달아-/되-/때-/떠-/뛰어-/물-(①봄철에 나무에 물
    기가 스며 오르다. ②(비유) 사람/동물의 능력/형편/상태가 좋아지다)/벅차-/부어-/불타-/뻗쳐-(센)〉
    벋쳐-/쌍심(雙心)지-≒쌍심지서다/솟아-/옻-/자라-(①자라면서 키가 버쩍버쩍 커지다. ②자라서 늘
    어나거나 높은 수준으로 발전하다)/젖어-/차-/치-/칩떠-/타-/피어-.
  [주의] 일부 사전의 '돌아오르다/부풀어오르다/치밀어오르다'는 각각 '돌아 오르다, 부풀어 오르다, 치밀
    어 오르다'의 잘못. ☞[주의] '오르다'는 본래 보조동사가 아니어서 보조용언 붙여쓰기도 허용되지 않
    는 말.

◆실력이 **오르다**인가, **올라가다**인가: '**올라가다**'가 자연스러움.

연구 효율이 **오르다**인가 **올라가다**인가: '**오르다**'가 자연스러움.

물가/온도가 **오르다**인가 **올라가다**인가: 어느 것을 써도 좋음.

[설명] ①'올라가다'는 '자질/수준, 값/통계치/온도/물가, 기세/기운/열정 따위가 높아지다'라는 뜻을 나타내고, '오르다'는 '실적/능률 따위가 높아지다'라는 뜻을 나타냄. 이러한 뜻풀이를 고려하면, '실력'과 '연구 효율'에 대한 서술어로는 각각 '올라가다'와 '오르다'를 쓰는 것이 자연스러움. ¶수준/실력/성적/계급/압력이 올라가다; 물가/기온/습도가 올라가다. [주의] '올라가다'에는 '밑천/재산이 모두 없어지다'는 뜻도 있음. ¶사기 도박꾼에게 걸려서 내 밑천이 다 올라가고 빚까지 졌다. ②'오르다'에는 위의 뜻 외에도 '값/수치/온도/성적 따위가 이전보다 많아지거나 높아지다. 기운/세력이 왕성하여지다' 등의 뜻도 있으므로, '올라가다'에서 보이는 '값/통계치/온도/물가, 기세/기운/열정 따위가 높아지다와 뚜렷하게 구분하기가 어려움. ¶혈압/체온/등록금이 오르다; 아이의 열/성적/물가/방안 온도/수업료가 오르다; 기세/인기가 오르다; (판매) 실적/(작업) 능률/(연구) 효율/상금이 오르다. ③그러므로 이 '오르다'와 '올라가다'의 용례 구분은 절대적인 것이 아니며 비계량적인 자질/수준과(이때는 '올라가다') 계량적인 실적/능률(이때는 '오르다')처럼 뚜렷이 구분되는 경우를 제외하고는 그 앞의 주어를 고려하여 자연스럽게 어울리는 것을 택하면 무난할 듯함.

◆**오막사리** 집 한 채: **오막살이**의 잘못.

　비록 내 집이 좁은 **오막집**이긴 해도 맘까지 좁진 않네: **오두막집**의 잘못.

　[설명] '오막'은 '오두막'의 준말이지만, '오막집'은 없는 말로 '오두막집'의 잘못.

　[암기도우미] 오막에서 **살**아가므로 '오막살이'.

　오막살이명 ①오두막처럼 작고 초라한 집. 또는 그런 집에서 사는 <u>사람</u>. ②허술하고 초라한 작은 집에서 <u>살아가는</u> 일.

　오두막집[-幕]명 오두막처럼 작고 초라한 집. [유]오막살이집.

　오막살이집[-幕-]명 허술하고 초라한 작은 집.

◆**오만데**를 다 찾아보았지만 허사였다: **오만 데**의 잘못.

　[설명] '오만'은 관형사. ¶오만 잡동사니; 오만 가지 물건; 오만 설움을 겪다.

　오만[五萬]관 매우 종류가 많은 여러 가지를 이르는 말.

◆집을 알았으니 앞으로는 **오면 가면** 들를게: **오면가면**부의 잘못. ⇐한 낱말.

　[참고] 집을 알았으니 **오며가며** 들를게: **오며 가며**의 잘못. ⇐굳이 쓰려면.

　오다 가다 생각나면 들르는 정도: **오다가다**부의 잘못.

　오면가면부 오면서 가면서. ▩[주의] 실제로 오가면서의 뜻.

　오가다부 어쩌다가 가끔. 또는 지나는 길에 우연히. [유]우연히. ▩[주의] 실제로 오간다기보다는 '우연히'의 뜻에 가까움.

◆꽃잎들은 대개 밤이면 **오무라든다**: **오므라든다**의 잘못. ←오**므**라들다[원]

　다리를 **오무리지** 말고 쭉 펴: **오므리지**의 잘못. ←오**므**리다[원]

　[설명] '오[우]**무**리다(×)/오[우]**므**리다(○)'. ¶입술/손을 오므리다. ☞♣'_' 모음 낱말과 'ㅜ' 모음 낱말의 구분 항목 참조.

　[주의] 단, '가**무**리다/후**무**리다/얼버**무**리다/뒤버**무**리다'(○).

　후무리다통 남의 물건을 슬그머니 훔쳐 가지다.

가무리다통 ①몰래 혼자 차지하거나 흔적도 없이 먹어 버리다. ②남이 보지 못하게 숨기다.

◆형제들끼리 **오손도손** 지내면 좀 좋아, 유산 싸움 대신에: 맞음.
  [설명] 예전에는 '오순도순'의 잘못이었으나, 복수표준어로 인정[2011년]. 대표적인 모음조화 예외 사례에
    속했으나, 복수표준어 인정으로 모음조화 원칙에 복귀. ☞오손도손〈오순도순. 아옹다옹〈아옹다옹.
  [주의] 단촐하다(×)/단출하다(○), 모촘하다(×)/모춤하다(○).

◆과장님이 계장님 **오시랍니다**: **오라십니다**의 잘못. ⇐대우법 오용.
  [설명] '오시랍니다'는 청자인 계장을 높이는 결과이고, '오라십니다'는 발화자인 과장을 높이는 말.

◆**오일육** 군사혁명: **오일륙**의 잘못.
  [설명] '오+일륙'이기 때문에 '륙'. '연륙교/연년생/신년도' 등에서 '연륙+교, 연년+생, 신년+도'이므로 '연륙/
    연년/신년'에 두음법칙을 적용하는 것과 같이, '일륙'에 두음법칙 적용. ☞**두음법칙** 항목 참조.

◆[고급] **오지게도** 독하고 야무진 놈: **올지게도**(혹은 **오달지게도**)의 잘못. ← **올지다**㈜/**오달지다**[원] ⇐'-도'
  는 더함의 뜻을 나타내는 보조사.
  째지게 맘에 들어서 **오지게** 좋더라니까: 맞음. ←**오지다**[원]
  [설명] '오달지다'에는 아래에 보인 것처럼 두 가지 뜻이 있으며, 그 동의어와 준말이 각각 '오지다/올지다'
    이기 때문에, 그 올바른 사용이 까다로운 편임.
  오달지다1≒**오지다**휑 마음에 흡족하게 흐뭇하다.
  오달지다2 ㈜**올지다**휑 허술한 데가 없이 야무지고 알차다.

◆[고급] **오징어국? 오징엇국? 오징어 국?**: 현재로는 '**오징어 국**'.
  [설명]《표준》의 사전 편찬 지침에 의하면 '밥/떡/국/죽'이 붙은 말은 음식 이름으로 보지 않으므로 표제
    어 등재 여부에 따라 띄어쓰기가 다르며, 이에 따르면 '오징어 국'은 표제어로 등재되어 있지 않으므
    로, '오징어 국'과 같이 띄어 적어야 함. 표제어로 등재될 경우는 '오징엇국'. ☜[의견]《표준》의 실무상
    실수로 누락된 것으로 보임. '**고기국 깨나**' 항목 참조.

◆**오합잡놈**[烏合雜–]휑 '**오사리잡놈**'의 잘못. ⇐'오합지졸'에서 잘못 유추.
  오사리잡놈[–雜–]휑 ①온갖 못된 짓을 거침없이 하는 잡놈. [유]오가잡탕/오구잡탕/오사리잡탕놈/오색
    잡놈. ②여러 종류의 잡된 무리.
  [암기도우미] 오합(烏合)은 까마귀들만의 모이기. 따라서, 이놈 저놈 다 섞이는 잡놈이 될 수가 없음.

◆**옥석구분을 잘해야** 해: **옥석을 잘 구분해야**의 잘못.
  [설명] '옥석구분'은 본래 '옥석구분(玉石區分)'이란 말이 아니고, '옥석구분(玉石俱焚)', 곧 '옥이나 돌이
    모두 다(俱) 불에 탄다[焚]는 뜻으로, 옳은 사람이나 그른 사람이 구별 없이 모두 재앙을 받음'을 뜻
    하는 고사성어. 따라서, '옥석구분(玉石區分)'의 뜻으로 사용하려면 '옥석을 구분하다'로 써야 함.
  옥석구분[玉石俱焚]≒**옥석동쇄**[玉石同碎]휑 옥/돌이 모두 다 불에 탄다는 뜻으로, 옳은 사람이나 그른
    사람이 구별 없이 모두 재앙을 받음을 이름.

◆'**옥의 티**'인가 '**옥에 티**'인가: 문맥에 따라 사용. ⇐속담 뜻의 활용일 때는 '-에'.

[주의] 그 정도는 **새발에 피**야: **새 발의 피**의 잘못.

[참고] **'열의 아홉':** '**열에 아홉**(거의 모두)'의 잘못. ⇐관용구.

[설명] ①속담에는 '옥에 티/옥에도 티가 있다/옥에는 티나 있지' 등이 있음. 참고로, 관련어 중의 하나인 '옥하금뢰[玉瑕錦纇]'의 뜻풀이는 '옥의 티와 비단의 흠이라는 뜻으로, 훌륭한 것에 있는 흠을 이르는 말'로 되어 있음. 따라서, 속담을 인용할 때는 '옥에 티'로 표현하는 것이 적절함. ②'새 발**에** 피'(×)/'새 발**의** 피'(鳥足之血)(○). '새 발의 피'는 속담으로 굳어진 말.

◆여기엔 **옥파**를 넣어야 제 격인데: **양파**의 방언(전북).

[설명] 파에는 '대파/쪽파/줄파(대파보다는 작고 쪽파보다는 큼)/실파/움파(①겨울에 움 속에서 자란, 빛이 누런 파. ②베어 낸 줄기에서 다시 줄기가 나온 파)/산파(=메파)' 등등이 있고 모두 표준어이지만, '옥파'는 양파의 방언.

◆[고급] ♣'온'이 관형사일 때와 접두사일 때의 용법

[예제] 그걸 쪼개지 말고 **온 마리**째로 주게: **온마리**의 잘못. ⇐'완전한'의 뜻.

　　　　온 몸으로 버텨내더군: **온몸**의 잘못. ⇐'전부의'를 뜻하는 접두사.

　　　　그는 **온힘**을 다하여 애를 썼다: **온 힘**의 잘못. ⇐'전부/모두의'를 뜻하는 관형사.

　　　　사방 **온천지**가 눈 세상; **온세계**가 내 것: **온 천지, 온 세계**의 잘못.

　　　　온천하가 하얀 눈 천지; **온가족**을 거느리고 도망가다: **온 천하, 온 가족**의 잘못.

　　　　온누리에 가득 찬 축복의 날: **온 누리**의 잘못.

　　　　온 집안에 향내가 가득: **온 집 안에**의 잘못. ⇐'온'은 관형사.

[비교] **온 집안**(○) 식구가 다 모였다: 이때의 '집안'은 한 낱말.

[설명] ①'온종일/온채' 등에 쓰인 '온-'은 '꽉 찬/완전한/전부의' 따위의 뜻을 더하는 접두사. 〈예〉온몸/온종일/온이[副]/온새미/온마리/온천히[副]/온천하다[형]/온채/온챗집/온살/온품/온골/온장(-張)/온필(-疋)/온밤/온달1/온달2/온음(-音)/온벽(-壁)/온공일(-空日)/온바탕/온허락(-許諾▽)/온진품(-眞品)/온승낙하다. ②'온 힘, 온 집안, 온 누리, 온 세상, 온 천하' 등에서의 '온'은 '전부/모두의'를 뜻하는 관형사. 따라서 띄어 적어야 함. 이와 비슷한 '전(全)-'을 사용하는 경우에도 마찬가지임. 〈예〉'전세계(×)/전 세계(○)'; '전가족(×)/전 가족(○)'; '전직원(×)/전 직원(○)'.

온이[副] 전부 다.

온새미[명] 가르거나 쪼개지 아니한 생긴 그대로의 상태.

온천히[副] 모아 놓은 물건의 양이 축남이 없이 온전하거나 상당히 많게. ¶**온천하다**[형]

온채[명] 집, 이불, 가마 따위의 전체. ¶**온챗집**[명]

온살→앰한나이[명] 한 해가 시작된 지 얼마 안 되어 태어난 아이가 꽉 차게 먹는 나이.

온품[명] ①온 하루 동안 일하는 품. 또는 그런 품삯. ②온전히 셈하여 받은 품삯.

온밤[명] 온 하룻밤.

온달[명] ①꽉 찬 한 달. ②조금도 이지러진 데 없는 둥근달. 음력 보름날에 뜸.

온벽(-壁)[명] 창/구멍이 없는 벽.

온마리[명] 동물을 가르거나 쪼개지 아니한 통짜.

온허락(-許諾▽)[명] 청하는 일을 완전히 들어줌. 또는 그런 허락. ¶**~하다/되다**[동]

온승낙하다(-承諾-)[동] 아주 확실히 승낙하다.

◆**온가지** 망나니짓: **온갖**의 잘못. [참고] '온가지'[명]는 옛말로 '온갖 종류'.

◆**온 데 간 데 없이** 사라지고 없으니 귀신이 곡할 노릇: **온데간데없이**의 잘못.

  [설명] '온 데 간 데 없다'(×)/'온데간데없다'(○)≒간데온데없다'(○). '올 데 갈 데 없다'(×)/'올데갈데없다'(○).
    ☞**명사(형)에 '없다'와 '있다'가 붙은 복합어의 띄어쓰기** 항목 참조.

  [주의] '갈 데 올 데 없다'(○)/'갈데올데없다'(×). ⇐'올데갈데없다'(○)에서 어순을 바꿔 쓸 수 없는 말이므
    로 띄어 써야 함.

◆**올 데 갈 데 없는** 내 신세: **올데갈데없는**의 잘못. ⇐한 낱말.

  [참고] **갈데올데없는** 놈을 데려다 키웠는데: '**갈 데 올 데 없는**'의 잘못. 즉, '올데갈데없다'는 있어도, '갈
    데올데없다'는 없는 말.

  올데갈데없다[형] ①사람이 머물러 살 곳이나 의지할 곳이 없다. ②어찌할 도리가 없다. 또는 다른 여지
    가 없다. ¶**~없이**[부]

◆**귀쌈**을 한 대 **올려부치려고** 했는데: **귀싸대기**, **올려붙이려고**의 잘못.

  [설명] '귀쌈'은 '귀싸대기(귀와 뺨의 어름을 낮잡는 말)'의 잘못.

  올려붙이다[동] ①아래쪽에 있던 것을 위쪽으로 옮겨 붙게 하다. ②(낮잡아) 손을 들어 거수경례를 하다.
    ③뺨 따위를 손으로 힘껏 때리다.

◆♣**'-올리다'가 들어간 복합어** 중 유의해야 할 말들: 복합어이므로 붙여 써야 하며 띄어 쓰면 잘못.

  [예제] 펌프는 **빨아 올리는** 힘이 생명: **빨아올리는**의 잘못. ←**빨아올리다**[원]
              원치는 **감아 올리는** 기계의 이름: **감아올리는**의 잘못. ←**감아올리다**[원]
              빨리 **쌓아올린다고** 다가 아니야: **쌓아 올린다고**의 잘못. 두 낱말.

  ○**'-올리다'**: 감아올리다/개-/까-/꺼-/끌어-/떠-/불러-/빨아-/안-/자아-/차-/쳐-/추켜-/춰-⊢준⊣≒추
    어-/치-.

  [주의] 일부 사전의 '걷어올리다/들어올리다/받아올리다/쌓아올리다'는 각각 '걷어 올리다, 들어 올리다,
    받아 올리다, 쌓아 올리다'의 잘못. ☞[주의] '올리다'는 보조동사로 쓰이지 않으므로 보조용언 붙여
    쓰기도 허용되지 않음.

  〈주의해야 할 말들〉

  개올리다[동] ①상대편을 높이어 대하다. ②자기 몸을 낮추어 말하다.

  까올리다[동] 재산/돈 따위를 모조리 써 없애다.

  꺼올리다[동] 잡아 쥐고 당겨서 위로 올리다.

  안올리다[동] 기구/그릇 따위의 안쪽을 칠하다.

◆저는 집 주인이 아니라 나그네**올습니다: 집주인**, 나그네**올시다**의 잘못.

  [설명] ①'-올시다'가 합쇼할 자리에 쓰이는 종결어미이므로 격은 맞지만, '-올습니다'는 없는 꼴이어서
    쓸 수가 없는 말. ②**집주인**≒**집임자**. 모두 합성어로 한 낱말.

◆**올 한해 동안**의 계획은 **올해안**에 장가드는 것: **올해**(또는 **한 해**) **동안**, **올해 안**의 잘못.

  올 여름은 유난히 덥군: **올여름**의 잘못. 아래 설명 참조.

  [설명] ①'올한해'는 동의 중복어. ⇐'올'은 '올해'의 준말이므로 '올한해'는 '올해+한 해'. 따라서, '올해' 또는 '한
    해'가 적절함. ¶벌써 12월이네요. '올한해'(×) (→'올해/한 해')잘 마무리 하세요. ②'올해안'은 없는 말로 '올
    해 안'의 잘못. ③'올여름'은 글자 그대로의 앞으로 올 여름이라는 뜻이 아니라 올해 여름을 뜻하므로, 한

낱말의 복합어. 〈예〉올봄/올가을/올겨울.

◆생각 없이 **옳다꾸나** 하고 덥석 달려들 때 이미 알아봤어: **옳다구나**㉵의 잘못.

  [비교] **먹자구나** 소리가 끝나기 무섭게: **먹자꾸나**의 잘못.

    죽자구나 사생결단으로 달려들었지: **죽자꾸나**의 잘못.

  [설명] ①'옳다구나(o)/옳다꾸나(×)': 감탄 종결어미 '-구나' 꼴을 이용하여 만든 별도의 **감탄사**로[전성 감탄사] '옳다'의 강조 꼴. 어미인 '-자꾸나'와는 전혀 무관함. [참고] '-구나'는 감탄의 뜻이 수반되는 혼잣말에 쓰이며, 화자가 새롭게 알게 된 사실에 주목함을 나타내는 종결어미임. 〈예〉네가 이처럼 장성한 줄을 난 까마득히 몰랐구나; 너도 엄마가 무척 미웠겠구나. ②'-자**꾸**나'는 청유형 종결어미 '-자'의 변형. 〈예〉하자→하자꾸나; 이제 그만 가자→이제 그만 가자꾸나.

◆**옴싹달싹/꼼싹달싹**도 못 하겠어: **옴짝달싹/꼼짝달싹**의 잘못.

  도무지 **옴쭉달싹** 할 수가 있어야 말이지: **옴짝달싹**(꼼**짝**달싹)의 잘못.

  [설명] '옴짝-/꼼짝-'과 같이 모두 '-짝'이 맞는 말이며 '-싹/-쭉' 등은 잘못. ☞[암기도우미] '옴짝하다/꼼짝하다'라는 말은 있지만 '옴싹하다/꼼싹하다'라는 말은 없으므로 '옴싹-/꼼싹-'이 잘못된 말이라는 걸 알 수 있음.

  옴쭉달싹㉵ ①'꼼짝달싹'의 잘못. ②'옴짝달싹'의 잘못.

  옴짝달싹㉵ 몸을 몹시 조금 움직이는 모양. ¶**옴짝달싹하다**㉧

  꼼짝달싹㉵ 몸이 아주 조금 움직이거나 들리는 모양. ¶**～하다**㉧

◆그가 잘못을 **옴팡** 뒤집어썼다: **죄다**의 잘못. 경기 방언.

  [주의] 부사로서 '옴팡'은 없는 말. 단, '옴팡하다〈움펑하다'의 어근으로서의 '옴팡〈움펑'은 있지만, 아래와 같이 위의 예문과는 전혀 뜻이 다름.

  옴팡하다〈움펑하다㉫ 가운데가 조금 오목하게[우묵하게] 들어가 있다.

◆아이가 **옴포동 같아서** 보기 좋군: **옴포동이같아서**의 잘못. '옴포동'은 없는 말.

  옴포동이㉱ 살이 올라 보드랍고 통통한 아이.

  옴포동이같다㉫ ①어린아이가 살이 올라 보드랍고 통통하다. ②한복 따위에 솜을 두툼하게 두어 옷을 입은 맵시가 통통하다.

◆터진 옷을 급한 대로 **옵핀**으로 대충 꿰어 메웠다: **안전핀**의 잘못.

  [참고] **실핀**으로 머리 좀 단정하게 모아라: **머리핀**의 잘못. 없는 말.

  가봉할 때는 **하리핀/하루핀**이 꼭 있어야 하는데: **옷핀**의 잘못.

  안전핀[安全-]㉱ 한 쪽 끝이 둥글게 굽어 있어서 찔리지 아니하게 바늘 끝을 숨길 수 있는 핀.

  옷핀㉱ 옷을 여미거나 할 때 꽂아 쓰는 핀.

◆그 사람은 **옷걸이**가 좋아서 아무 거나 입어도 잘 어울려: **옷거리**의 잘못.

  옷거리㉱ 옷을 입은 모양새.

  옷걸이㉱ 옷을 걸어 두도록 만든 물건.

◆**옹심이**는 큰 걸로 넣어주세요: **새알심**의 잘못. '옹심이'는 방언(강원·경기).

440

팥죽에다 **옹심이** 좀 더 넣어드릴까요?: **새알심**의 잘못.

새알심[~心]몡 팥죽 속에 넣어 먹는 새알만 한 덩이.

◈한 **옹큼/옹큼** 크게 해서 주시지: **옴큼/움큼**의 잘못.

크게 **한옴큼**만 주게: **한 움큼**의 잘못. ←복합어로 인정할 이유 없음.

[설명] '움키다〉옴키다(손가락을 우그리어〉오그리어 물건 따위를 놓치지 않도록 힘 있게 잡다)에서 온 말이므로 '옴/움-'.

◈**와다닥** 시원하게 달려들어서 좀 해치우잖고: 맞음. **와닥닥**과 유의어.

[고급] 문을 **와닥닥** 열었더니 녀석들이 얼마나 놀라던지: **와다닥**의 잘못.

[유사] 놀라서 **화다닥** 뛰어나갔더니: **화닥닥**의 잘못. 북한어.

맨발로 **후다닥** 뛰어나갔지 뭐: 맞음. **후닥닥**과 유의어.

[설명] ①갑자기 또는 빠르게 움직이는 뜻으로는 '와다닥/와닥닥'과 '후다닥/후닥닥' 등은 유의어지만, 다른 뜻으로는 의미가 다른 경우도 있음. ②'화다닥'은 '화닥닥'의 잘못으로 북한어. 즉, '와다닥/후다닥'은 표준어로 인정되었지만, '화다닥'은 제외되었음.

와닥닥뷔 ①놀라서 갑자기 뛰어가거나 뛰어오는 소리. 또는 그 모양. ②일을 매우 빠르게 해치우는 모양.

와다닥뷔 ①갑자기 뛰어가거나 뛰어오는 소리. 또는 그 모양. ②문 따위를 갑자기 닫거나 여는 소리. 또는 그 모양.

◈벌써 소문이 동네에 **왁자그르** 했다: **왁자그르르**의 잘못. ⇐'왁자그르'는 북한어.

[설명] 이와 유사한 '왁자지껄'은 표준어. '왁자그르'는 '왁자그르르'의 잘못.

[주의] ①'왁자그르하다' 역시 북한어로, '왁자그르르하다'의 잘못. ②'왁자'는 명사가 아닌 부사로, '정신이 어지러울 만큼 떠드는 모양'.

왁자그르르뷔 ①여럿이 한데 모여 시끄럽게 웃고 떠드는 소리. ②소문이 갑자기 널리 퍼져 떠들썩하거나 시끄러운 모양. ¶~하다통

◈**완전** 좋아. **완전** 멋져: '완전'의 문법적 쓰임새에 맞지 않음.

[설명] 명사 '완전(完全)'은 '필요한 것이 모두 갖추어져 모자람/흠이 없음'의 뜻으로, '주로 일부 명사 앞에 쓰여'라는 문법성을 가지고, '외환 시장의 완전 개방/노사 분규 완전 타결'과 같이 쓰임. 그러므로, '좋아/멋져'와 같은 용언 앞에서 용언을 꾸미는 말로 쓰이는 것은 '완전'의 문법성에 맞지 않으므로 잘못.

◈**왔다리갔다리하지** 말고 한 자리에 좀 앉아 있어라: **왔다 갔다 하지**의 잘못.

[구별] **이랬다 저랬다 하지** 좀 마라: **이랬다저랬다**≒**요랬다조랬다**의 잘못.

[설명] ①'왔다리 갔다리'에 쓰인 '-리'는 어법에 맞는 어미가 아님. '-리'가 종결어미로 쓰일 경우에도 '돌아오리/아름다우리/어찌 하리' 등에서처럼 'ㄹ'을 제외한 받침 없는 어간에만 쓰일 수 있으므로 어간이 아닌 '왔다'에는 쓸 수도 없거니와, 이러한 활용형에 붙일 수 있는 보조사에도 '-리'는 없음('-으리/-리'는 어미로만 쓰임). ②'이[요]랬다저[조]랬다'는 '이[요]리하였다 저[조]리하였다'가 줄어서 한 낱말이 된 말이며, 부사가 아님. 고로, '이랬다저랬다 좀 마라'로 족함.

◈그 사람이야말로 이 영업계에서는 **왕중왕**이라 할 수 있지. **판매왕**만 15년째 차지했으니까: **왕 중 왕**[원칙], 맞음.

[설명] ①'왕 중의 왕'을 뜻하는 '왕중왕'은 현재 사전에 없는 말로서 '왕'은 일반명사이고, '중'은 의존명사. 따라서 한 낱말의 표제어로 인정되기 전까지는 띄어쓰기 어법상 '왕 중(의) 왕'으로 적어야 함. 〈예〉영웅 중의 영웅; 박치기 왕; 주먹 왕; 판매 왕. [의견] 연속되는 단음절은 붙여 적을 수도 있으므로 '왕중왕'을 허용하고, 나아가 표제어로도 삼을 수 있을 것임. ②'판매왕'에 쓰인 '–왕'은 '일정한 분야나 범위 안에서 으뜸이 되는 사람이나 동물'의 뜻을 더하는 접미사. 〈예〉저축왕/발명왕/싸움왕.

◈차이가 조금 나는 게 아니라 **왕청나게** 나는구먼: **왕청되게(왕청같이)**의 잘못.
  차이가 조금 나는 게 아니라 **왕창나는구먼: 왕창 나는구먼**의 잘못.
  [설명] ①'차이가 왕창나다' 등으로 흔히 잘못 쓰는 말 중의 하나. '왕창나다'는 없는 말. 위의 예문은 '차이가 조금이 아니라 왕청뜨는구먼'으로 바꿀 수도 있음. ②'왕창'은 부사(속어)이므로 '왕창 나다'로 적어야 함.
  왕청같다≒왕청되다[형] 차이가 엄청나다.
  왕청뜨다[형] 차이가 매우 엄청나게 나다.
  왕창[부] (속) 엄청나게 큰 규모로. [유]진탕. ¶**왕창왕창**[부]

◈**왜냐면** 그건 외래어 표기법에 어긋나기 때문이야: 맞음.
  못 가. **왜냐 하면** 내게 선약이 있어서야: **왜냐하면**의 잘못.
  [설명] '왜냐면'은 '왜냐고 하면'의 준말. 즉, '왜+–이+–냐면('–냐고 하면'이 줄어든 말)'이 줄어든 말. 이것을 구어체 '–ㄴ고 하니'로 바꿔 보면 '왜인고 하니'가 됨. 한편, '왜냐하면'은 '왜 그러냐 하면'의 뜻을 나타내는 부사. 즉, 한 낱말.

◈**웬만하면** 젊은 사람이 참으시게: **웬만하면**의 잘못. ←**웬만하다**[원]
  웬만한 사람은 다 아는 일인데 뭐: **웬만한**의 잘못.
  [설명] '웬만하다'의 원말은 '우연만하다'. 따라서 준말 표기에서도 이 '우–'의 표기를 살려 '웬–'으로 적기 때문에, '오'의 표기가 들어간 '왠–'은 잘못임.
  웬만하다[형] ①정도/형편이 표준에 가깝거나 그보다 약간 낫다. ¶먹고살기가 웬만하다. ②허용되는 범위에서 크게 벗어나지 아니한 상태에 있다. ¶능력만 웬만히 있으면 한국이란 나라는 살 만한 곳이다.

◈놋 술잔들이 **왱덩그렁** 떨어져 내렸다: **왱댕그랑**의 잘못. ←모음조화.
  놋그릇들이 서로 부딪치며 **왱강댕강** 울었다: 맞음. 원말은 **왱그랑댕그랑**
  [설명] ①'왱뎅그렁'은 북한어로 '왱당그랑'의 잘못. ②'왱강댕강'은 '왱그랑댕그랑'의 준말.
  왱댕그랑[부] 얇은 쇠붙이 따위가 요란스럽게 마구 부딪치는 소리.
  왱그랑댕그랑[부] 작은 방울이나 놋그릇 따위가 마구 부딪치며 요란스럽게 울리는 소리.

◈그 사람 생각이 **외골수**라서: **외곬**(외길, 단 한 가지 생각)의 잘못.
  그 사람은 학자로서 **외곬**이야: **외골수**의 잘못.
  [설명] 사람은 '외골수', 길/생각은 '외곬'. '곬'은 본래 '길'이라는 뜻.
  곬[골][명] ①한쪽으로 트여 나가는 방향/길. ②물고기 떼가 늘 몰려다니는 일정한 길. ③사물의 유래.
  외골수[–骨髓][명] 단 한 곳으로만 파고드는 사람.
  [참고] '외곬'의 발음: 외곬[외골]/외곬으로[외골스로]/외곬이[외골시].

◆달리 말해서 **외눈배기**, 곧 애꾸야: **외눈박이**의 잘못. ☞'**박이**'와 '**배기**' 참조.

◆[고급] 글자 하나 안 틀리고 그 긴 걸 다 **외니**?: 맞음. ⇐'외우니'도 가능함.

그 수학 공식 다 **외었니**? 머릿속에 잘 저장했어?: **외웠니**의 잘못.

필기시험 고득점을 위해서는 그걸 모두 **외어야만** 해: **외워야만**의 잘못.

[설명] ①'글/말을 기억하여 두었다가 한 자도 틀리지 않게 그대로 말하다'를 의미할 때는 '외다'와 '외우다'가 서로 준말과 본말의 관계. 둘 다 쓸 수 있음. ¶천자문을 줄줄 외다(○)/외우다(○). 국민교육헌장을 외다(○)/외우다(○). ②그러나, '말/글 따위를 잊지 않고 기억하여 두다'라는 뜻으로는 '외우다'를 쓰며, '외다'는 잘못. 이 두 말은 활용에서도 다른데, '외다'와 '외우다'의 어간은 각각 '외–', '외우–'이므로, '외다'는 '외어/외니/외고/외는'과 같이 활용하고, '외우다'는 '외워('외우어'의 준말)/외우니/외우고/외우는'과 같이 활용함.

◆며느리는 5남 1녀 집안의 **외동딸**이었다: **고명딸**의 잘못.

[비교] 그 아이는 무남독녀 집안의 **고명딸**이었다: **외동딸**의 잘못.

[설명] 외동딸은 외딸/무남독녀와 같은 말. 고명딸은 '아들 많은 집의 외딸'로 고명과도 같은 존재라는 뜻에서 온 말.

외동딸몡 '외딸'을 귀엽게 이르는 말. [유]독녀/무남독녀/외딸.

◆**외따른** 동네에 살다 보니: **외딴**의 잘못. ←**외딸다**(○)/**외따르다**(×).

[참고] '외딴곳/외딴섬/~집/~길'몡 등은 모두 복합어. 그러나, '외딴 동네'. ☞♣**흔히 잘 틀리는 관형형** 항목 참조.

◆♣**주의해야 할 외래어 표기들**: 빗금 부호 뒤의 것이 옳은 표기임.

[예제] 깨진 **불럭**. **블럭**(block) 한 장. 경제권 **블록**(bloc): 셋 다 **블록**의 잘못.

'크리스마스 **캐롤**'인가, '**캐럴**'인가?: '**캐럴**'이 맞음.

portal은 '**포털**'인가, '**포탈**'인가?: '**포털**'이 맞음.

그는 이제 이 업계에서 **노털**이야: **노틀**의 잘못. ←[중]laotour[老頭兒]

돈까스는 잡종 외래어야: **돈가스**의 잘못. (←[일]ton[豚]+kasu)

[설명] ①'carol'의 'o' 때문에 '캐롤'로 말하거나 적는 경향이 있음. 그러나 외래어 표기법에 따르면 원지음을 기준으로 적어야 하므로 'carol'은 '캐롤'이 아닌 '캐럴'로 적어야 한다. ②외래어 표기는 원지음을 따라 적는 것이 원칙으로서, '포털'의 'ㅓ'는 그에 따른 것. 표기상의 'a'때문에 많은 사람들이 'portal/total/digital/crystal/fundamental'을 '포탈/토탈/디지탈/크리스탈/펀더멘탈'로 쓰기도 하는데, 이는 잘못. 각각 '포털/토털/디지털/크리스털/펀더멘털'로 적어야 맞음. ③'돈가스'는 일본어 'ton[豚]+kasu'에서 온 말로 '포크커틀릿(pork cutlet. 빵가루를 묻힌 돼지고기를 기름에 튀긴 서양 요리)'을 뜻하는 관용적 표기. '돼지고기 너비 튀김', '돼지고기 너비 튀김 밥', '돼지고기 튀김'으로 순화 대상 용어.

노틀(←[중]laotour[老頭兒])몡 (속) 늙은 남자.

[참고] ①외래어는 외래어 표기법에 따라 적어야 한다. 외래어 표기법은 문교부 고시 제85–11호(1986. 1. 7.)로 공표되었고, 동구권/북구권 언어들의 표기법을 추가하기 위해 각각 1992년과 1995년에 문화부 고시 제1992–31호와 문화체육부 고시 제1995–8호가 고시되었음. ②고시 내용 중 중요한 원칙 몇 가지를 간추리면 아래와 같음.

제1항 외래어는 국어의 현용 24자모만으로 적는다.

제2항 외래어의 1음운은 원칙적으로 1기호로 적는다. 〈예〉'노우트(×)/노트(note)(○); 윈도우(×)/윈도(○); 유우머(×)/유머(○); 미이라(×)/미라(○)'. 〈예외〉'레이저(laser)/레이더(radar)'(○) 따위.

제3항 받침에는 'ㄱ,ㄴ,ㄹ,ㅁ,ㅂ,ㅅ,ㅇ'만을 쓴다.

제4항 파열음 표기에는 된소리(경음)를 쓰지 않는 것을 원칙으로 한다. 〈예〉싸이코(×)/사이코(psycho)(○); 싸인(펜)(×)/사인(펜)(○); 쎄느 강(江)(×)/센 강(○); 꽁뜨(×)/콩트(○); 모스끄바(×)/모스크바(○); 째즈(×)/재즈(○)'. 〈예외〉'삐라/껌/히로뽕/빨치산(○)' 따위.

제5항 이미 굳어진 외래어는 관용을 존중하되, 그 범위와 용례는 따로 정한다. 〈예〉'가톨릭/바나나/박스/로켓/오믈렛/사이다/잠바/비로드/오리엔탈/카레(←curry)/돈가스(○)'.

〈**표기 용례**〉: 빗금 부호 뒤의 것이 옳은 표기임.

가디건(×)/**카**디건(○)(cardigan); **가**스켓/**개**스킷(gasket); 가**에**야/가**이**야(Gaea. 대지의 여신); **갈**리버 여행기/**걸**리버(Gulliver) ∼; 구**찌** 백/구**치**(Gucci) 백; 구텐베르**그**/구텐베르**크**([독]B. Gutenberg. 참고: Heidelberg →하이델베르크); **구**피/**거**피(guppy. 열대 담수어); (**글**래스/**글**라스(glass. 단, class 는 '클래스'); **까**나페/**카**나페([프]canapé); **꽁**뜨/**콩**트([프]conte); **나**레이터/**내**레이터; 나**이**롱/나**일**론 (nylon); **내**프킨/**냅**킨; **넌**센스/**난**센스; **넌**픽션/**논**픽션; **넷**워크*/**네트**워크; 노블**리**스 오블리**쥬**/노블레스 오블리**주**([프]noblesse oblige); 노**우**트북/노**트**북; **뉴**앙스/**뉘**앙스([프]nuance); 다이어먼드/다이**아**몬드(diamond); 달**라**화/달**러**(dollar)화; **덕**아웃/**더그**아웃(dugout); **덤**블링/**텀**블링(tumbling); 도**너**츠/**도넛**(doughnut/donut); 도요**다**·**도**요타/**도**요타(とよた); **독**/**도그**(dog); 뒤퐁/듀폰(Du Pont. 영어로 인식); 드라**큐**라/드라**큘**라(Dracula); **드로잉**/**스로인**(throw-in); **드루패스**/**스루패스**(through pass); 디지**탈**/디지**털**(digital); 딤**썸**/딤**섬**([중]← 點心); **똘**레랑스/**톨**레랑스([프]); 라스**베**가스/라스**베이**거스; 라이**센**스/라이**선**스; 라**케**트/라**켓**; 랑데**뷰**/랑데**부**; **런**닝셔츠[메이트]/**러**닝셔츠[메이트]; 레**몬에**이드/**레모네**이드(lemonade); 레이**다**(○)/레이**더**(○) [radar←둘 다 맞음. 2014 개정]; 레인**보우**/레인**보**; **레**포트/**리**포트(report); 렌트카/렌**터**카(rent-a-car); 로**또**/로**토**(lotto); 로빈 **홋**/로빈 **후드**(Robin Hood); 로**보**트/로**봇**; 로켓(×)/로**킷**(×)/로**켓**(관용); 로**숀**/로**션**; 롭스터/**로브**스터(또는 **랍스**터)*; 루**불**/루**블**(rubl'(рубль). 러시아 화폐); **룻**소/**루**소(Rousseau, Jean Jacques); 르**뽀**/르**포**([프]reportage의 줄임말); 리더**쉽**/리더**십**; 리모**콘**/리모**컨**; 링**게**르/링**거**; 말티즈/**몰**티즈(Maltese. 개의 한 품종); **맘모스**/**매머드**(mammoth); **맛**사지/**마**사지; 매니아/**마**니아; **메**뉴얼/**매**뉴얼(manual) 메론/**멜**론(melon); 메**세**지/메**시**지; [와이어]메**쉬**/[와이어]메**시**([wire]mesh); 메카니즘/메커니즘; 미세스/미**시즈**(Mrs.); 메타세**콰**이아/메타세**쿼**이아(Metasequoia); 몽마르**뜨**/몽마르**트르**(Montmartre); 미니애처[취]/미니**어**처(miniature); 미디**아**/미디**어**(media); 미디**움**/미디**엄**(medium); 미스테리/미스**터**리(mystery); 미**이**라/미**라**([포]mirra); 바디가드/**보**디가드(bodyguard); 바**베**큐/바**비**큐(barbecue); 바스킷·배스킷/바스**켓**(basket); 바이얼린/바이**올**린; 바켓[바케스]/버**킷**(bucket); 바톤/바통·배**턴**; **바**란스·**발**란스/**밸**런스(balance); 바**하**/바**흐**([독] J.S.Bach); **발렌**타인데이/**밸런**타인데이(Valentine Day. 단 위스키 Ballantine은 '발렌타인'); **밤바/범퍼**(bumper); 백밀러/백**미**러(back mirror); **뱃**지(**뺏**지)/**배**지(badge); 버본위스키/버**번**위스키(bourbon whiskey); **베**지색/**베이**지(beige)색; 보**봐**르 부인/보**부아**르 ∼(Beauvoir, Simone de); 보스톤/보스**턴**(Boston); 본네트/**보**닛(bonnet); **부**라보/**브**라보(bravo); **부**저/**버**저(buzzer); **부**페/**뷔**페; 불**독**/불**도그**(bulldog. 개의 한 품종); 브**라**자/브**래지어**; 브**라**켓/브**래킷**(bracket); 브**로우**치/브**로**치(brooch. 장신구); 브**릿**지/브**리**지(bridge); 블라디보스톡/블라디보스**토크**(Vladivostok); 블**럭**/블**록**(block, bloc); 비로**도**·빌로**드**/**비**로드([포]veludo. 관

용); 비박/비바크(Biwak. 등산에서, 텐트를 사용하지 않고 지형지물을 이용하여 하룻밤을 지새우는 일); 비스켓/비스킷(bis**cuit**); 비젼/비전; 비즈니스/비즈니스; **빤스/팬츠**(pants)·**팬티**(←panties); **빵꾸/펑크**(←puncture); **사루**비아/**샐**비어; 사이더/사이**다**(cider. 관용); 사이클링히트/사이클히트; 삿**뽀**로/삿포로; **샨[샹]데리아/샹**들리에([프]chandelier); 색스폰/색소폰; 샌달/샌들(sandal); **샷다/셔**터(shutter); 서**므싯 모옴/**서머셋 몸(Somerset Maugham); 선글래스/선글라스; 세리모니/세리**머**니; **세무/새미**(chamois. 무두질한 염소/양의 부드러운 가죽); 세**빌랴**의 이발사/세**비야**(Sevilla)의 ~; 세퍼[파드[트]/**셰**퍼드(shepherd. 개의 한 품종); 소세지/소**시**지; 소킷/소**켓**(socket. 관용); **쇼파/소파**(sofa); **숏**패스/**쇼트**패스; **수틀/스툴**(stool. 등받이와 팔걸이가 없는 서양식의 작은 의자); **쉐**익스피어/**셰**익스피어(Shakespeare); **수**퍼마켓/**슈**퍼-; **쉐타**·스웨**타**/스웨**터**(sweater); **쉐프/셰프**(chef); 스**노우**보드/**스노**보드; **스**리퍼/**슬**리퍼(slipper); 스카**웃**/스카**우트**(scout); 스티로폴/스티로**폼**(styrofoam); **스프·수우프/수프**(soup); 스프링쿨러/스프링클러(sprinkler); **스피카/스피커**(speaker); 슬로**간/슬로건**(slogan); **시[쉬]**바이처[**쩌**]/**슈**바이처(A. Schweitzer); '신드**밧**·신**밧**드의 모험/신드바드(Sindbad)'의 모험; 심볼/심벌; **싸**이코/**사**이코(psycho); **싸**이폰/**사**이펀(siphon); **싸**인(펜)/**사**인(펜); **쌩떽쥐베리·생떽쥐뻬**리/**생텍쥐페**리(Saint-Exupéry); **썸**머·**써**머(스쿨)/**서**머(스쿨); **쎄느** 강(江)/**센** 강; 아이돌스타/아이들스타(idol star); 아이섀**도우**/아이섀**도**; 아인**쉬[시]**타인/아인**슈**타인(A. Einstein); 아일**란**드/아일**랜**드(Ireland. 단, Iceland/Greenland는 아이슬**란**드/그린**란**드); **아쿠아**에어로빅/**애쿼[아쿼]**에어로빅(aqua aerobic); 아킬레스**근**/아킬레스**건**(Achilles腱); **아**프터서비스/**애**프터서비스; **악**세사리/**액**세서리; **악셀/액셀**(accel-.); 알라스카/알래스카; 알미늄/알루미늄; 알미늄 호일/알루미늄 포일; 알카리/알칼리(alkali); 알콜/알코올(alcohol); 앙케이트/앙**케트**([프]enquête); 앙콜/앙**코르**([프]encore); 애드립/애드**리브**; 앰불란스/앰뷸런스; **억**세스/**액**세스(access); **업**사이드/**오프**사이드(offside); **에니**메이션/**애니**메이션; 에**디**오피아/에**티**오피아(Ethiopia); 에어로솔/에어로**졸**(aerosol); 에이프론/에이프**런**(apron); 에**띠**켓[에티**켓**]/에**티켓**([프]étiquette); 엔돌핀/엔**도르**핀(endorphin); 옐로우/옐로; 오랑우**탕**/오랑우**탄**(orangutan); 오렌지(오**린쥐**)/오렌지; 오레곤주/오**리건**(Oregon)주; 오리엔**털**(특급)/오리엔**탈**(관용); 오무라이스/오**므**라이스; 오믈릿/오믈**렛**(관용); **오오**사카/**오**사카(Oosaka[大阪]); **오울**드블랙**조우[죠]/올**드블랙**조**(Old Black Joe); **와**싱톤**[튼]/워**싱턴(Washington); 와이어레스·와이**얼**레스/와이**어리**스(wireless); **완**투[펀치]/**원**투[펀치](one-two punch); 워크샵/워크**숍**(work shop. 참고: coffee shop →커피**숍**); 웰빙/웰**비잉**(well-being); 윈도**우**/윈도; 유로달러[**머**니]/유**러**달러(Eurodollar)[**머**니]; 유**우**머/유머; **자**스민/**재**스민; **자켓/재킷**; 잘바(○)/점퍼(○); **쟝발쟝·쟝발장/쟝**발장(Jean Valjean); 전자**렌지**/전자**레인지**; 쥬스/주스; 지놈/**게**놈([독]Genom); 짚시/**집**시(Gypsy); **째**즈/**재**즈; 초코렛/초콜**릿**(chocolate. 단 violet은 바이올**렛**); 치**이**타/치타(cheetah); **카**라/**칼**라(collar. 옷깃); **카바(카버)/커버**(cover); 카운**셀**링/카운**슬**링; **카**터/**커**터(cutter); **카**터필러/**캐**터필러(caterpillar. 무한궤도); **카[커]텐/커튼**(curtain); **카**톨릭/**가**톨릭(관용); 카페트/카**펫**(carpet. 참고: trumpet 트럼**펫**); 카푸울/카**풀**(car pool); 칼러[라](-판, -필름, -사진)/**컬**러(color); 칼**렌다/캘린더**(calendar); 캐롤/캐럴; 캐**랙**터/캐**릭**터(character); 캐리캐처/캐리**커**처(caricature); 캐시미르/캐시미**어**(cashmere); **챠**라멜/**캐**러멜(caramel); **챠**라반/**캐**러밴(caravan); **커**누/**카**누(canoe); 커피폿/**커**피포트(coffeepot); **컨**닝/**커**닝(cunning); **컨**셉트/**콘**셉트(concept); 컬럼버스/**콜**럼버스([이]Columbus); 컴머셜프로그램/**커**머셜프로그램(commer**c**ial program); 머리 **컷**/커트; 영화 **커트**/컷; **컴**플렉스/**콤**플렉스(complex); 케일/케이크; 코메디/코**미**디; 코**스**모폴리**탄**/코**즈**모폴리**턴**; 코너**웍**/코너**워크**(corner work); 코**사**지/코르**사주**([프]corsage. 장신구); 콘돌/콘**도르**(condor); **콘**테이너/**컨**테이너(container); **콤**파스/**컴**퍼스(compass); 콩쿨/콩쿠르; **큐**바/**쿠**바(Cuba); 크로**바**·클로**바**/클로**버**(clover); 크리스**찬**/크리스**천**; 크리스**탈**/크리스**털**(crystal); 타**켓[겟]**/타**깃**(target); **태스크 포스 팀/태스크 포스**('포스'

에 '팀'의 뜻 포함); **탱크로리 트럭/탱커**(혹은 '탱크로리'나 '탱크트럭'); **턴**널/**터**널(tunnel); **토오**쿄오·**토**쿄/**도**쿄(Tokyo[東京]. 참고: 교토 ←Kyôto[京都]); **토우스트/토스트**(toast); 토**탈**/토**털**(total); 트**롯**/트**로트**(trot); 팀**웍**/팀**워크**(teamwork); 파**커**(parka)/파**카**; **패**러슈트/**파**라슈트(parachute. 단, **패러**글라이딩); **판넬/패널**(panel); 판**타**롱(판탈**론**)/판**탈**롱([프]pantalon); 팜므 파탈/**팜**파탈([프]femme fatale); **팜플렛/팸플릿**(pamphlet); 퍼**머/파마**(관용); 펀**훤**더멘**탈**/펀더 멘**털**(fundamental); 포**탈**/포**털**(portal); 프**레**미엄/프**리**미엄(premium); 프로그**람**/프로그**램**(program); 프로이**드**주의/프로이**트**주의([독] S. Freud); 프**리**젠테이션/프**레**젠 테이션(presentation); 플라**밍**고(플라**멩**고) 춤/플라**멩**코 춤('플라밍고'는 홍학과의 새); 플**랑**카 드/플**래**카드(placard); 플**루우트**/플**루트**(flute); 플루타**크**영웅전/플루타**르크**-(Plutarch); 피라 **밋**/피라**미드**; 피**짜**/피**자**([이]pizza); **픽**업트럭/**픽**업트럭(pickup truck); 하이**덱**거/하이**데**거([독]M. Heidegger); 하이**얏**·하이**얏트**/하이**엇**(Hyatt. 셀룰로이드 발명가); 하이**텍**[**텍**]/하이**테**크(hightech); 하이**화**이브/하이**파**이브(high five); 하**일**라이트*/하**이**라이트; **핼**로우윈/**핼러**윈(Hallowe-e'en); 햄[**함**]벅스테이크/햄**버그**스테이크(hamburg steak); 헬**밋**/헬**멧**(helmet); 호돈(N. Hawthorn)의 주홍글 씨/**호손**의 ~; 호스**테**스/호스**티**스(hostess); **홀**몬/**호르**몬; **후**라이드치킨/**프**라이드치킨; **화**운데이 션/**파**운데이션(foundation); **후**라이팬/**프**라이팬; **후크** (선장)/**혹**(Hooke. 참고: skyhook →스카 이**훅**); **훼**어플레이/**페**어플레이(fair play); **힙**(엉덩이)/**히프**(hip).

[주의사항] ①외래어 표기에서는 **원지음(原地音)**을 따르는 것이 가장 기본이 되는 원칙이다. 예컨대 alcohol의 경우, 영미어 발음에서 모두 '-h-' 발음이 나지만, 이 말은 본래 아랍어인 까닭에 '알코올' 로 적는다.

㉮다만 원지음을 따르더라도 경음(된소리)을 사용해선 안 된다[외래어 표기법 제4항]. 〈예〉빠리 (Paris)(×)/파리(○); 빵떼옹(×)/팡테옹(○); 꽁뜨(×)/콩트(○); 모스끄바(×)/모스크바(○); 째즈(×)/재 즈(○).

㉯같은 영어라 할지라도 원지음이 우선하기 때문에 미국 영어는 미국 발음을 따르고, 영국 영어는 영국 발음을 따른다. 〈예〉영국 영어: 수퍼맨(×)/슈퍼맨(○); 미국 영어: 오레곤주(洲)(×)/오리건주(○). 라스베가스(×)/라스베이거스(○). [주의] 컬럼버스(×)/**콜**럼버스(○)(Columbus) ←영어로 널리 알려진 사람이라 하더라도 이탈리아 사람이므로.

㉰원지음을 따르기 때문에 영어에서 '-mm-'이나 '-nn-'의 경우에는, 각각 'ㅁ' 'ㄴ' 한 음으로만 적는 다. 〈예〉summer: 서머, cunning: 커닝.

㉱원지음을 기준으로 적되, 실제의 표기에서는 〈외래어 표기법 제2장: 표기 일람표〉에 제시된 '국 제음성 기호와 한글 대조표'에 따라 적는다. 예컨대 원지음이 α일 때는 '아'로, ɔ는 '오'로, ʌ/ə/ɤ/ɚ는 모두 '어'로 표기한다. 이에 따라 Valentine의 경우는 -æ-로, Ballantine의 경우는 -ɑ-로 발음되기 때문에 대조표에 따라 각각 '밸-'과 '발-'로 적는다. 'cutter/Gulliver'의 -ʌ- 발 음도 이 규칙에 따라 '카-/갈-'이 아닌 '커-/걸-'로 적는다.

②외래어 표기에서, '오우'로 발음될 경우에도, 표기는 '오'로만 적는다[외래어 표기법 제2항]. 〈예〉레인 보우(×)/레인보(○); 스노우보드(×)/스노보드(○); 아이섀도우(×)/아이섀도(○); 브로우치(×)/브로치 (brooch)(○); 노우트북(×)/노트북(○); 토우스트(×)/토스트(○). ☞[참고] 상세 규정은 외래어 표기법 제 3장[표기 세칙] 제1절[영어] 제8항에 있다. '중모음은 각 단모음의 음가를 살려서 적되, [ou]는 '오'로, [auə]는 '아워'로 적는다': boat[보트], tower[타워].

③외래어 표기에서는 장음으로 적지 않는다[외래어 표기법 제2항]. 〈예〉치이타(×)/치타(○); 미이라(×)/미 라(○); 모옴(×)/몸(○); 오오사카(×)/오사카(○)[大阪]; 유우머(×)/유머(○); 플루우트(×)/플루트(○). ☞[참

고] 상세 규정은 외래어 표기법 제3장[표기 세칙] 제1절[영어] 제7항에 있다. '장모음의 장음은 따로 표기하지 않는다': team[팀], route[루트].

④이미 굳어진 외래어는 관용을 존중하여 표기한다[외래어 표기법 제5항]. 〈예〉**박**스(box.상자)↔**복**스(box.운동)/오믈**렛**(omelet)/로**켓**(rocket)/소**켓**(socket)/**라**디오(radio)/**가**톨릭(Catholic)/**바**나나(banana)/**추리**닝(←training) 등.

⑤'cat'과 'act'는 같은 말음의 't'인데 어째서 각각 '캣'과 '액트'로 적는가?: 외래어 표기법 제3장[표기 세칙] 제1절[영어] 제1항 무성 파열음 ([p], [t], [k])의 규정임. 즉, '1. 짧은 모음 다음의 어말 무성 파열음([p], [t], [k]은 받침으로 적는다': gap[갭], cat[캣], book[북]. '2. 짧은 모음과 유음·비음([l], [r], [m], [n]) 이외의 자음 사이에 오는 무성 파열음([p], [t], [k])은 받침으로 적는다': setback[셋백], act[액트].

⑥'lobster'의 일상적인 발음은 '랍스터/롭스터'인데 왜 '로브스터'로 적는가?: 외래어 표기법 제3장[표기 세칙] 제1절[영어] 제2항의 규정에 따른 것임. 즉, '어말과 모든 자음 앞에 오는 유성 파열음([b], [d], [g])은 '으'를 붙여 적는다': lobster[로브스터]. ♣[참고] 'lobster(바닷가재)'의 경우, 최근 원칙적인 표기 '로브스터'와 관용 표기 '랍스터' 모두를 표준어로 인정(복수 표기)[국립국어원 2016.4].

⑦외국인 인명 표기에서 중국인명과 일본인명 표기는 다르다. 아래 **고유명사의 외래어 표기 띄어쓰기** 항목 참조.

⑧[복합어] 'highlight'의 경우 어중의 [l]이 모음 앞에 오는 경우이므로 원칙상 '하일라이트'로 적어야 한다. 그러나 외래어 표기법에는 따로 설 수 있는 말의 합성으로 이루어진 복합어는 그것을 구성하고 있는 말이 단독으로 쓰일 때의 표기대로 적는다고 규정되어 있고(예: bookend[북엔드]/headlight[헤드라이트]/sit-in[싯인]/topknot[톱놋]), 'highlight'는 'high'와 'light'의 복합어. 따라서 단독으로 쓰일 때의 표기인 '하이'와 '라이트'를 그대로 이어 '하이라이트'로 적음.

⑨[고급] net[네트]와 network[네트워크]의 표기: 짧은 모음 다음에 오는 무성파열음([p],[t],[k])은 '갭(gap)/캣(cat)/북(book)'의 경우와 같이 받침(ㅂ/ㅅ/ㄱ)으로 적게 되어 있어 'net'의 경우 이 원칙에 따르면 '넷'으로 적어야 한다. 그러나 'net'라는 낱말은 이미 '네트'라는 형태로 확고하게 굳어진 말이어서 심의 과정에서 이의 표기를 '네트'로 결정. 그런데 외래어 표기법 제10항에 보면 외래어가 복합어일 경우, 즉 따로 설 수 있는 말의 합성으로 이루어졌을 경우 그 외래어는 그것을 구성하고 있는 말이 단독으로 쓰일 때의 표기대로 적는다고 되어 있으며, 'network'의 경우는 이를 복합어로 보아 복합어 규정을 우선 적용하여 'net' 단독 표기를 'network'에 적용한 결과 '네트워크'로 표기하게 되었음. 그런데 'kidnet'이나 'netday'의 경우는 충분히 복합어로 인식할 수 있는 말들이지만 관용을 존중하여 '키드넷, 넷데이'로 적고 있으며, 'internet'이나 'intranet', 그리고 'netscape' 경우는 복합어로 볼 수 없기 때문에 '네트'의 단독 표기와 관계없이 어말에서 무성파열음이 받침으로 적힌다는 규정과 짧은 모음과 유음, 비음 이외의 자음 사이에 오는 무성파열음은 받침으로 적는다는 규정을 고려하여 '인터넷, 인트라넷, 넷스케이프'로 적은 것임.

◆**고유명사의 <u>외래어</u> 표기 띄어쓰기**: 외래어가 들어가면 띄어 씀! 단, 한자로 취음한 경우에는 우리말처럼 붙여 씀. [출처] 《표준》 사전 편찬 지침.
　①동경역/북경역/서울역; 도쿄 역/베이징 역.
　②영국어/중국어/일본어; 라틴 어, 아라비아 어, 인도유럽 어, 말레이시아 어.
　③압록강/두만강; 양쯔 강, 리오그란데 강, 미시시피 강.

[참고] ①붙여쓰기 허용: 원칙적으로는 위와 같으나, 붙여쓰기도 허용함. ②이와 같이 외래어가 들어가면 띄어 쓰는 것들에는 '인(人)/어(語)/족(族)' 등도 있음: 중국인/몽골 인/유럽 인; 중국어/몽골 어; 한족/몽골 족. 이것들도 원칙적으로는 띄어 쓰나, 붙여쓰기도 허용함.

[주의] 자체(字體)가 다를 때는 붙여 씀: **타이완**섬. **아마존**강. ⇐자체가 달라서 외래어임을 쉽게 알 수 있기 때문.

[주의] 외국인 인명 표기에서 중국인명과 일본인명 표기는 다름.

　－중국인: '등소평(鄧小平)'이나 '덩 샤오핑', '장개석(蔣介石)'과 '장 제스' 모두 가능함.

　－일본인: '加藤淸正/豊臣秀吉'의 경우, '가등청정/풍신수길'로 읽는 것을 원칙적으로 허용치 않음. 따라서 한글 표기 시에는 '가등청정/풍신수길'로 적으면 안 되며, '加藤淸正/豊臣秀吉'로 표기하더라도 '가토 기요마사, 도요토미 히데요시'로만 읽어야 함. 즉, 표기는 '加藤淸正/豊臣秀吉'과 '가토 기요마사, 도요토미 히데요시'의 두 가지를 허용하지만, 읽을 때는 '가토 기요마사, 도요토미 히데요시'만 가능함.

◆아니, 잘못한 녀석이 **외레/외래** 큰소리를 치다니: **외려**의 잘못.

[설명] '외려'는 '오히려'의 준말로, '오**히**+려→와+려→외려'로 준 것(ㅎ탈락).

[참고] ①이와 비슷한 '되레'는 '도리어'의 준말로, 'ㄹ'이 탈락하면서 '되'로 축약되었지만 'ㄹ'이 완전히 탈락한 게 아니라 그 뒷말과도 결합하여 '리+어→레'로 변화한 것. 이 결합 형태는 '도리어'의 옛말 꼴 영향 때문임. [옛말: 도르혀] ②'되레'와 같은 '－레' 꼴의 부사로는 '으레'와 '지레'가 있음.

◆사건은 **상상 외로** 그 파장이 컸다: **상상외로**의 잘못. ⇐'상상외'는 한 낱말.

　출제된 문제들은 거의가 다 **예상 외의** 문제들이었다: **예상외**의 잘못.

[설명] '－외'를 붙여 흔히 쓰는 말로는 '상상외(想像外)/예상외(豫想外)' 두 가지가 합성어이며(철학 용어로는 '존재외'가 있음), 다른 것들은 두 낱말. 그러나 이것도 '밖'을 써서 표현하면 '상상 밖', '예상 밖' 등으로 띄어 써야 함.

◆그는 **외상 없는**, 똑 부러지는 사람이야: **외상없는**의 잘못. ← **외상없다**[원]

　그는 거래에서 **외상 하나 없는** 사람이다: 맞음.

외상없다[형] 조금도 틀림/어김이 없다.

외상 없다: 외상값이 없다. ¶그는 10년 넘게 나하고 거래하는 동안 외상 하나 없는, 외상없는 사람이야.

◆어머니의 외가를 **외외가**라고 한다: 맞음.

외외가[外外家][명] 어머니의 외가. ⇒어머니의 어머니의 친정.

진외가[陳外家][명] 아버지의 외가. ⇒아버지의 어머니의 친정.

외가[外家][명] 어머니의 친정(결혼한 여자의 부모 형제 등이 살고 있는 집).

◆전 의지할 데 하나 없는 **외톨도리**입니다: **외돌토리**(≒**외톨이/외톨/외톨박이**)의 잘못.

외돌토리≒**외톨이/외톨/외톨박이**[명] 매인 데도 없고 의지할 데도 없는 홀몸.

◆[중요] 어디 가세요? 집**이요**: 집**요**의 잘못.

[설명] '－요'는 보조사. 체언/부사/활용어미 따위에 붙어서 두루 쓰일 수 있는 것이 보조사이기는 하나, 격조사에 붙일 수는 없음. 즉, 예문에서처럼 서술격조사 '이(다)' 다음에는 '요'(존대 보조사)가 올 수 없음. ¶어디 가니?: '청계천요(○)/청계천이요(×)'. ⇐여기가 어디냐의 답변. ¶뭘 사셨나요?: '닭요(○)/닭이요(×)'. 그 보석 사셨어요?: 아이고, 보석씩이나요. ☞**보조사 종합 정리** 항목 참조.

[참고] 존대 보조사 '－요'의 용례들: ①종결어미 뒤에 붙어 ¶기차가 참 빨리 가지요; 잠이 안 오는 걸요;

새싹이 돋는군요; 그러다가는 차 시간을 놓치게요?; 언니, 나를 모르겠어요? ②체언/부사어/연결어미 따위의 뒤에 붙어. ¶마음은요 더없이 좋아요; 어서요 읽어 보세요; 그렇게 해 주시기만 하면요 정말 감사하겠어요.

◆♣'요-'로 시작되는 주의해야 할 복합어

[예제] **요런 대로 쓸만한** 편이네요: **요런대로**[부], **쓸 만한**의 잘못.
　　　 요 만치만 깎아주세요: **요만치만**의 잘못. ⇐**요만치**[부]+**만**(보조사).
　　　 요마침이면 되려나: **요쯤**의 잘못. ⇐'마침'은 '쯤'의 비표준어.
　　　 요다지 못생긴 녀석도 산삼 축에 들지요: 맞음.
　　　 딱 **요마마**하더군: **요마마**하더군/**요만**하더군의 잘못.

[설명] ①다음 말들은 모두 한 낱말의 복합어들임: 요것조것/요기조기/요다지≒요리도/요다음/요따위/요래봬도/요럭조럭/요러나조러나/요러니조러니/요런대로/요렁조렁/요만조만/요만치(≒요만큼). ②'요마마하다'는 없는 말로, '요마마하다'또는 '요만하다'의 잘못. ☞[주의] '이마하다'는 없는 말로, '이만하다(상태/모양/성질 따위의 정도가 이러하다)'의 잘못이지만, '이마마하다(이 정도만 하다)'는 바른말.

요마마하다[형] 요 정도만 하다. ¶**이마마하다**.
요만하다[형] 상태/모양/성질 따위의 정도가 요러하다. ¶**이만하다**

◆갈고 덮고 잘 **요떼기/담요떼기**랍시고 이걸 준 거여?: **요때기/담요때기**의 잘못.

[설명] ☞♣'~떼기', '~데기'와 '-때기' 항목 참조.

◆예쁘게 **요목조목** 맞춰 이은 조각보: **오목조목**의 잘못.

[참고] **오묵주묵**하게 파인 땅: **우묵주묵**의 잘못. ☞모음조화
　　　 볼록불룩하게 부푼 빵: **볼록볼록**의 잘못. ☞모음조화.

[설명] ①'오목조목'은 '고르지 아니하게 군데군데 동그스름하게 패거나 들어간 모양. 지그마한 것이 모여서 야무진 느낌을 주는 모양'을 뜻하는 부사로 '오목조목〈우묵주묵의 관계. ②'볼록볼록〈불룩불룩의 관계로 '오목조목〈우묵주묵의 상대어. 모두 모음조화와 관련된 표기.

◆**요상한** 소리들만 골라서 하고 있네: **이상한**의 잘못. 없는 말.

◆엄마는 **요술장이**, 아빠는 **마술장이**: 요술쟁이, 마술쟁이의 잘못. ☞♣'-쟁이'로 표기하는 경우들 항목 참조.

◆그를 보면 저절로 **욕지기난다**: 맞음. ←**욕지기나다**[원]

그를 보면 저절로 **구역질난다**: **구역난다**의 잘못. ⇐군이 쓰려면 '구역질이 난다'.

[설명] ①'욕지기(토할것처럼 메스꺼운 느낌)'와 '구역[嘔逆]'은 동의어이므로, '욕지기질≒구역질'. ②'욕지기나다≒구역나다'는 표준어이므로, '욕지기질하다≒구역질하다[嘔逆-]'도 맞는 말. ③그러나, 흔히 쓰는 '구역질나다'는 없는 말. 군이 쓰려면, '구역질이 나다'로 써야 함. ⇐'구역질'은 '하는' 것이지 '나는' 것이 아니므로. 즉, '-질'은 어떤 **행위**를 비하하는 접미사(고자질/걸레질/도둑질/목수질/부채질/싸움질/자랑질)이므로, 행위와 연관되는 **-하다**와 연결되어야 자연스러운 말임. 〈예)고자질하다(告者-)/걸레질하다/곁눈질하다/부채질하다/저울질하다. 따라서 '구역질나다'는 없는 말이 되는 것이며, '구역나다/욕지기나다/구역질이 나다'로 써야 함. ☞'-질'의 상세 용례에 관해서는 **구역질난다** 항목 참조.

◆녀석은 입이 하도 험해서 아예 **욕지기**를 달고 산다: **욕지거리**의 잘못.
  [설명] '욕지기'는 메스꺼움을 뜻하는 말로, '욕설'의 속칭인 '욕지거리'와는 거리가 멂.

◆이번엔 **용코없이** 걸려들었다: **용코로**의 잘못. ←'용코없다/용코 없다'는 없는 말.
  [설명] '용코없다/용코 없다'는 없는 말로, '용코없이'도 없는 말. '용코로'의 잘못. 즉, '<u>용코</u>'라는 명사는 없
  <u>는 말</u>임. 한편, 이와 비슷한 말로 '쫑코('핀잔'의 속어)', '야코죽이다('기죽이다'의 속어)'의 '야코('콧대'의
  속어)', '개코('개뿔'의 속어)' 등이 있는데 이것들은 모두 명사. ¶쫑코를 주다/먹이다; 그가 개과천선한
  다고? 흥 개코나….
  용코로阜 '영락없이'를 속되게 이르는 말.

◆책을 그렇게 가방에 **우겨넣으면** 어떡하냐: **욱여넣으면**의 잘못. ← **욱여넣다**[원]
  [설명] ①욱여넣다: '주위에서 중심으로 함부로 밀어 넣다'. '우겨싸다(×)/욱여싸다(○)': '가의 것을 욱이어 속
  의 것을 싸다'. ②일부 사전에, '우겨넣다'를 '억지로 집어넣다'로 풀이하고 있으나, 《표준》에는 없는 말.
  [참고] '욱이다>옥이다, 욱죄다>옥죄다'이며, '욱이다/옥이다'는 각각 '안쪽으로 조금 우그러지게/오그라지
  게 하다'의 뜻.

◆그리 누르면 물건들이 **우그러져** 깨지잖아: **으그러져/으끄러져**의 잘못. ←**으그러지다/으끄러지다**[원]
  [설명] 눌러서 부스러지거나 깨지는 것은 '으그러지다/으끄러지다'임.
  우그러지다통 ①물체가 안쪽으로 우묵하게 <u>휘어지다</u>. ②물체의 거죽이 우글쭈글하게 주름이 잡히며 줄
  <u>어들다</u>. ③형세/형편 따위가 전보다 아주 못하여지다.
  으그러지다<으끄러지다통 ①굳은 물건이 눌러서 부스러지다. ②≒**뭉그러지다**(높이 쌓인 물건이 무너져
  서 주저앉다). ③≒**으츠러지다**(연한 것이 다른 것에 부딪히거나 눌려 부스러지다).

◆뒤늦게 **우네 부네**(울고 불고)해 봤자야: **우네부네**(혹은 **울고불고**)의 잘못.
  우네부네하다≒울고불고하다통 소리 내어 야단스럽게 부르짖으며 울다.

◆**우럴어 볼** 사람이 없어: **우러를/우러러볼**의 잘못. ←**우러르다≒우러러보다**[원]
  [설명] ①'우럴다'는 없는 말. '우러르다≒우러러보다'. 고로, '우러러볼(○)/우러러 볼(×)'. ②'우러르다'는 '우
  러러/우러르니/우러를' 등으로 활용.

◆저 친구 속은 **우렁이속**이야, 무슨 꿍꿍잇속인지 원: **우렁잇속, 꿍꿍이속**의 잘못.
  [설명] '우렁잇속'은 '우렁이의 속'이란 뜻으로 이때의 사이시옷은 합성어를 만드는 표지로서 '~의'의 뜻을
  가짐. '꿍꿍잇속'은 발음을 [꿍꿍잇쏙]으로 할 경우에 생기는 잘못으로 올바른 발음은 [꿍꿍이속]. '~
  잇속'의 꼴로 사이시옷이 들어가는 것에는 '**벌잇속**(①벌이를 하여 얻는 실속. ②벌이하는 속내)도 있
  음. ☞♣**사이시옷에서 주의해야 할 말들** 항목 참조.

◆**우뢰**와 같은 박수가 쏟아져 나왔다: **우레**의 잘못.
  [설명] 예전에는 '우뢰(雨雷)'로 쓰기도 했는데 이는 우리말 '우레'를 한자어로 잘못 인식하여 그리된 것.
  '우레'는 '울(다)+에(접사 기능)' 꼴의 우리말로 15세기 이전부터 쓰여 온(금강경/송강가사 등에서), 천
  둥과 동의어. 즉, '우레≒천둥'.

◆사람들이 한꺼번에 **우루루** 쏟아져 나왔다: **우르르**의 잘못.

쌓아놓은 과일이 **우루루루** 무너져 내렸다: **우르르**의 잘못. '우르르르'도 없는 말.

흙담이 갑자기 **우르륵** 무너졌다: **우르르**의 잘못. '우르륵'은 북한어. ☞♣'ㅡ' 모음 낱말과 'ㅜ' 모음 낱말의 **구분** 항목 참조.

◆이건 처음부터 **우리 나라** 사람이 **우리 글**로 쓴 **한글소설**이야: **우리나라, 우리글, 한글 소설**의 잘못.

이건 외국인이 쓴 게 아니라 우리나라 사람이 쓴 **우리글**이야: **우리 글**의 잘못.

우리집에 한번 놀러 와: **우리 집**의 잘못.

[비교] 지금껏 여기서 우리가 나눈 **우리말**들이 죄 거짓말이라고?: **우리 말** (혹은 **우리 얘기**)의 잘못.

[설명] ①**우리글**≒**한글**↔**우리 글**: 우리나라 사람이(혹은 우리가) 쓴 글.

②**우리말**≒**한국말**↔**우리 말**: 우리가 (지금) 하는 말.

[참고] 대명사 '우리'가 들어간 합성어는 현재로는 '우리글/우리말/우리나라/우리사주조합' 등 네 개뿐임. 즉, '우리 집, 우리 학교, 우리 동네...' 등은 모두 글자 그대로의 뜻뿐이므로 두 낱말.

◆비행기를 **우리말**로 하면 '날틀'이 된다: **순우리말/토박이말(고유어)**의 잘못.

[설명] '비행기'나 '철수'도 우리말임. '飛行機'나 '哲秀'로 적으면 아니지만. 즉, 한자어도 한글로 적으면 우리말임. 우리말 여부의 주된 관건은 표기의 문제이며, 외래어도 한글로 적으면 우리말이 됨. 〈예〉빵. 단, 외국어의 한글 표기가 전부 외래어가 되는 것은 아니며, 심의를 거쳐 외래어로 인정이 되어야만 함.

[참고] 위의 '날틀'은 우리말로 인정된 말이 아님. 《표준》에 없는 말.

토박이말[土—]몡 ≒고유어(해당 언어에 본디부터 있던 말이나 그것에 기초하여 새로 만들어진 말).

순우리말[純—]몡 우리말 중에서 고유어만을 이르는 말.

우리말몡 우리나라 사람의 말.

◆**우리편** 이겨라!: **우리 편**의 잘못.

[설명] '-편'이 들어간 말 중에는 띄어 써야 할 것과, 붙여 써야 할 복합어들이 있음.

—띄어 쓰는 것: 어느 편(어느 쪽), 우리 편, 이쪽 편, 한 편(다른 한 편).

—복합어: 이편/그편/저편(=이쪽/그쪽/저쪽), 한편(같은 편몡, 한쪽몡부), 자기편/상대편, 건너편/맞은편, 아래편, 뒤편(≒후편(後便)/뒤편짝), 이편저편≒이쪽저쪽.

◆링거를 맞은 자리가 아직도 **우리하다**: **아리아리하다**(혹은 **욱신욱신하다**)의 잘못.

[설명] 《표준》에서는 '우리하다'를 '몹시 아리거나 또는 욱신욱신하다'를 뜻하는 방언(경상)이라고 풀이하고 있으나, '우리하다'는 그것보다는 '좀 아릿하게 욱신거리는' 상태에 더 많이 쓰이는 말이라 해야 할 것임.

아리아리하다혱 계속해서 아린 느낌이 있다.

욱신욱신하다통 ①여럿이 한데 많이 뒤섞여 매우 수선스럽게 들끓다. ②머리/상처 따위가 자꾸 쑤시는 듯이 아픈 느낌이 들다.

아릿하다혱 조금 아린 느낌이 있다. [유]아리다/어릿하다. ②눈앞에 어려 오는 것이 아렴풋하다.

◆거기서 **우연찮게** 동창을 만났어: **우연히**의 잘못.

[설명] ①'우연찮게'는 '우연하지 않게'이므로 도리어 '우연히'를 부정하는 말. ②그러나, '우연하다'라고 말해야 할 자리에 '우연찮다'는 부정 표현도 널리 사용되고 있으므로, 현재 부정 표현과 긍정 표현 사이

에 의미의 이동이 나타나고 있는 말. 이러한 변화를 반영하여 《표준》에서는 아래와 같이 두 가지 상반된 뜻을 아우르고 있음.

우연찮다(偶然–)[형] 꼭 우연한 것은 아니나 뜻하지도 아니하다.

우연하다(偶然–)[형] 어떤 일이 뜻하지 아니하게 저절로 이루어져 공교롭다.

◆**우왁(살)/우왁스럽다**: **우악살/왁살스럽다**(혹은 '**우악스럽다**')의 잘못.

　우악살스럽다[愚惡–][형] ①보기에 매우 미련하고 험상궂은 데가 있다. ②보기에 대단히 무지하고 포악하며 드센 데가 있다.

　왁살스럽다[형] '우악살스럽다'의 준말.

　우악스럽다[愚惡–][형]①보기에 미련하고 험상궂은 데가 있다. ②보기에 무지하고 포악하며 드센 데가 있다. ¶우악스러운 손/목소리/힘/말씨.

　우악하다[愚惡–][형] ①미련하고 험상궂다. ②무지하고 포악하며 드세다.

　[암기도우미] '우악–/우악–'이 줄어든 '왁'은 '**악(惡)**'의 의미가 살아 있지만, 거기에 '우'가 불필요하게 덧대진 '우**왁**–'은 잘못.

◆시합에서 선배를 **우집었다고** 선배를 **우접으면** 안 되지: **우접었다고, 우집으면**의 잘못. ←**우접다/우집다**[원]

　[설명] ①본래 '우접다'와 '우집다'가 함께 쓰였으나 표준어 사정에서 '우접다'를 택하고 '남을 업신여기다'의 뜻으로만 '우집다'를 인정하였음. ②여기서 '우'는 '**우**러르다'나 '**우**댓사람(《역》 서울 도성 안의 서북쪽 위쪽 지역에 사는 하급 장교 이하 군졸 계급의 사람)'에서 보이는 것과 같이, '위에서 온 말.

　우집다[동] 남을 업신여기다.

　우접다[동] 뛰어나게 되거나 나아가다. 선배를 이기거나 앞서다.

　[참고] **위덮다**[동] 남보다 뛰어나서 그를 능가하다.

◆이 방은 **우풍/윗풍**이 없는 편이군: **웃풍/외풍**의 잘못.

　웃풍[–風][명] ≒웃바람(겨울에, 방 안의 천장/벽 사이로 스며들어 오는 찬 기운).

　외풍[外風][명] ①밖에서 들어오는 바람. ②외국에서 들어온 풍속. ③≒**외표(外表)**(겉에 드러난 풍채).

◆다친 데가 어찌나 **욱씬거리는지** 잠을 못 잤다: **욱신거리는지**의 잘못.

　[원칙] 받침 'ㄱ/ㄷ/ㅂ/ㅅ'와 같은 무성자음 뒤에서는 경음 표기를 하지 않음.

◆운도 때가 있지. **운 때**가 안 맞으면 할 수 없어: **운때**의 잘못. ⇐한 낱말.

　[참고] **연때(緣–)**[명] 인연이 맺어지는 시기/기회.

　[설명] 여기서 쓰인 '때'는 '시간의 어떤 순간이나 부분/끼니 또는 식사 시간/좋은 기회나 알맞은 시기'를 뜻하는 일반적인 말로, '한때/제때/몸때(월경하는 때)/물때/반때[半–](반 시간도 될까 말까 하는 짧은 동안)/벼때(벼가 여물어서 거두어들이게 된 때)/새때(끼니와 끼니의 중간 되는 때)' 등으로 쓰임.

◆질기게 괴롭혀서 **울궈내는** 덴 일가견이 있지: **우려내는**(혹은 **알겨먹는**)의 잘못.

　울궈먹을 사람이 따로 있지, 친척 것을 그리하다니: **우려낼**(혹은 **알겨먹을**)의 잘못. ←**우려내다/알겨먹다**[원]

　[참고] **알궈먹을** 사람도 가려야지, 하필 동생 것을: **알겨먹을**의 잘못. ←**알기다**[원]

　[설명] ①'울궈먹다'는 없는 말. 이 경우는 '우려먹다'도 아닌 '우려내다'가 알맞음. ②'알궈먹다'는 '알겨먹

다/알겨내다'의 잘못.

[주의] 일부 사전에 '울궈먹다'를 '우려먹다'의 잘못이라 한 경우도 있는데,《표준》에는 뜻풀이에 보이듯, '우려먹다'에는 '우려내어(알겨서)' 먹는다는 의미가 없으며 '울궈먹다'라는 낱말 자체가 없음.

우려먹다[동] ①음식 따위를 우려서 먹다. ②이미 썼던 내용을 다시 써먹다.

우려내다[동] ①물체를 액체에 담가 성분/맛/빛깔 따위가 배어들게 하다. ②생각/감정을 끄집어내다. ③꾀거나 위협하거나 하여서 자신에게 필요한 돈/물품을 빼내다.

알겨먹다[동] 남의 재물 따위를 좀스러운 말/행위로 꾀어 빼앗아 가지다.

◆얼굴이 **울그락불그락/울그락붉으락** 해지면서 가관이더군: **붉으락푸르락해지면서**의 잘못. ←**붉으락푸르락하다**[원]

[참고] 얼굴이 **불그락푸르락/푸르락붉으락**해지더만: **붉으락푸르락**의 잘못.

　　　　　내내 **오르락내리락하더니만**: 맞음. ←**오르락내리락하다**[원]

[설명] ①'울그락불그락/울그락붉으락'은 아예 없는 말. '-으락'은 뜻이 상대되는 두 동작/상태가 번갈아 되풀이됨을 나타내는 연결어미이므로, '욹으락'이 성립되려면 '욹다'가 있어야 하는데 우리말에는 없음. ②이 '-으락'이 들어간 말로는 위의 말 외에도 '높으락낮으락/누르락붉으락' 등이 있으며, '붉으락푸르락'과 비슷한 용도로 쓸 수 있는 말은 **누르락붉으락**. ③'붉으락푸르락해지다'는 용언의 '-아/어' 꼴 + 지다→동사화의 과정을 밝은 것임.

[주의] '붉으락푸르락'을 '푸르락붉으락'으로 어순을 바꿔 쓸 수 없음. 얼굴빛이 붉어진 뒤에 푸르게 되기 때문이며, 바꿔 쓰면 북한어가 됨.

◆그만한 일에 **울끈불끈**하다니: **울근불근**(혹은 **불끈불끈**)의 잘못.

[비교] **울끈불끈**한 팔뚝 근육: **울근불근**의 잘못.

　　　　작은 일에도 **볼끈볼끈**한 성격: 맞음.

[설명] ①'울끈불끈하다'는 '울근불근하다'의 잘못으로 북한어. '울근불근하다〉올근볼근하다'이며 아래와 같이 여러 가지 의미가 있음. ②'볼끈볼끈〈불끈불끈, 뽈끈뽈끈〈뿔끈뿔끈'의 관계임.

울근불근하다1〉**올근볼근하다1**[동] 질긴 물건을 입에 넣고 볼을 우물거리며 볼가지게 씹다.

울근불근하다2[동] ①올근볼근하다. 서로 사이가 틀어져서 감정 사납게 맞서서 잘 다투다. ②감정/성격 따위가 평온하지 못하고 순간적으로 치밀다.

울근불근하다3〉**올근볼근하다2**[형] ①몸이 여위어 갈빗대가 드러나 보이는 상태이다. ②근육/힘줄 따위가 고르지 않게 여기저기 조금씩 불거져 나온 데가 있다.

불끈불끈하다〉**볼끈볼끈하다**[동] ①물체 따위가 두드러지게 잇따라 치밀거나 솟아오르거나 떠오르다. ②흥분하여 잇따라 성을 월컥 내다. ③주먹에 힘을 주어 잇따라 꽉 쥐다.

◆큰 녀석은 **울듯말듯하고**, 동생은 **울까말까했다**: **울 듯 말 듯 하고**, **울까 말까 했다**의 잘못.

[설명] ①'울듯말듯하다/울까말까하다'는 모두 없는 말. ②'울 듯 말 듯 하다'는 '울 듯 말 듯'이 구의 꼴로 '하다'를 수식하므로 '하다' 앞에서 띄어 씀. 단음절어 붙여쓰기 허용을 적용하면 '울듯 말듯 하다'.

◆춥다고 **움추리지/움추러들지** 말고: **움츠리지/움츠러들지**의 잘못. ←**움츠리다**[원]

[설명] ①'옴츠리다〈움츠리다'도 표준어. ②'움추리다(×)/움츠리다(○)'에서처럼 일상생활에서 'ㅡ' 모음을 'ㅜ'로 잘못 쓰기 쉬운 것들: 쭈구리다(×)/쭈그리다(○); 오구리다(×)/오그리다(○); 오무리다(×)/오므리다(○); 우루루(×)/우르르(○); 움추리다(×)/움츠리다(○)〉옴츠리다(○); 웅쿠리다(×)/웅크리다(○); 쭈굴

쭈굴(×)/쭈글쭈글(○); 쭈구리다(×)/쭈그리다(○)>쪼그리다(○); 담구다(×)/담그다(○); (문을) 잠구다(×)/
잠그다(○); 쭈루루(×)/쭈르르(○); 쭈루룩(×)/쭈르륵(○). ③위와 반대로, 'ㅜ' 모음 낱말이 표준어인 경
우: 드물다(○)/드믈다(×); 찌푸리다(○)>째푸리다(○)/찌프리다(×)>째프리다(○); 가무리다(○)/얼버무리다
(○); 어슴푸레(○)/어슴프레(×); 구푸리다(○)>고푸리다(○)/구프리다(×)>고프리다(○); 추적추적(○)/**치적치**
적(×); 헬쑥하다(○)/헬쓱하다(×). ☞**'ㅡ' 모음 낱말과 'ㅜ/ㅗ' 모음 낱말의 구분** 항목 참조.
　옴츠리다〈**움츠리다**동〉 ①몸이나 몸의 일부를 오그리어 작아지게 하다. ②겁을 먹거나 위압감 때문에 기
　가 꺾이거나 풀이 죽다.

◆거기 **웃목**은 추우니 여기로 내려오시게나!: **윗목**의 잘못.
　[참고] 이 방은 **윗풍**이 심하구나: **웃풍/웃바람**의 잘못. ⇐'외풍(外風)'과는 다름. '윗풍'의 대응어인 '아랫
　　바람'이 있을 수 없기 때문에 '웃'.
　[설명] ①'웃니/웃도리/웃목' 등은 '윗니/윗도리/윗목'의 잘못. 위 아래로 뚜렷이 대응되는 각각의 두 말.
　　즉 '윗니↔아랫니', '윗도리↔아랫도리', '윗목↔아랫목' 등이 있으면 '윗-'. ②그러나 '윗어른'의 경우에
　　처럼 대응어 '아래어른'이 있을 수 없는 경우에는 '윗-'은 잘못. '웃어른'이 표준어. 〈예〉웃통/웃풍(-風)
　　≒웃바람/웃돈/웃전(-殿)≒대전(大殿).
　[주의] 그러나 '웃물'과 '윗물'처럼 다른 뜻으로 함께 쓰이는 말도 있음.
　웃물명 ①≒**겉물**(잘 섞이지 못하고 위로 떠서 따로 도는 물). ②담가 우리거나 죽 따위가 삭았을 때 위
　　에 생기는 국물. ③'윗물'의 잘못.
　윗물↔아랫물명 ①상류에서 흐르는 물. ②어떤 직급 체계에서의 상위직.
　외풍[外風]명 ①밖에서 들어오는 바람. ②외국에서 들어온 풍속. ③≒**외표(外表)**(겉에 드러난 풍채).
　웃풍[-風]명 ≒**웃바람**(겨울에, 방 안의 천장/벽 사이로 스며들어 오는 찬 기운).

◆**웃음짓는** 얼굴; 그대는 애써 **웃음짓지만**: **웃음 짓는**, **웃음 짓지만**의 잘못.
　[설명] 흔히 쓰이는 말이므로 한 낱말인 듯하나, '웃음짓다'는 없는 말. ⇐'웃음-'이 들어간 용언은 없음.
　　¶쓴웃음을 짓다.

◆**워라말**: '**얼룩말**'의 잘못.

◆건설업계는 올해를 부정 추방 **원년의 해로** 삼았다: **원년으로**로 족함. 중복.
　[설명] '원년': ①임금이 즉위한 해. ¶철종 원년. ②나라를 세운 해. ¶대한민국 원년. ③연호(年號)를 정
　　한 첫해. ¶광무 원년. ④어떤 일이 처음 시작되는 **해**. ⇐'원년' 속에 처음 시작되는 '해'라는 의미가 들
　　어 있기 때문에 '원년의 해'가 되면 '~가 처음 시작되는 해의 해'가 되어 불필요한 중복일 뿐만 아니라
　　어색한 표현이 됨.
　[유사] '올해는 소띠 해'다'로 쓸 때의 '소띠 해'도 문제적 표현. 소띠는 '소해에 태어난 <u>사람의 띠</u>'이므로, '소
　　띠 해'는 '소해에 태어난 사람의 띠의 해'가 됨. 즉, 자칫하면 올해가 소띠 이외의 사람들에게는 전혀
　　해당되지 않는 해, 그래서 아예 없거나 무의미한 한 해가 될 수도 있음. 그러므로, 위의 표현은 '올해
　　는 소해(혹은, 소띠)'다'라고 하거나 '올해는 (띠로 보아) 소의 해'다'라고 해야 본뜻에 적합한 표현이 됨.
　소띠명 소해에 태어난 <u>사람의 띠</u>.
　소해≒축년(丑年)명 지지(地支)가 축(丑)으로 된 <u>해</u>.

◆예전에 살던 **원집**에 가봤더니만: **본집**의 잘못. ⇐'원집'은 아예 없는 말.

[설명] ①비슷한 말로, '원채(原-)'가 있으나 이는 '여러 채로 된 살림집에서 주가 되는 집채'라는 뜻으로 '몸채'라고도 함. ②'한자어 원(原-/元-)+고유어' 형태의 말들은 수백 개에 달하는 '한자어 원(原-/元-)+한자어' 형태에 비하여 그다지 많지 않음: **원뜻(元-/原-)/원줄(原-)/원달(元-)/원말(原-)/원판(元-)/원채(原-)≒몸채/원이름(原-)≒원명(原名)/원바닥**(元-.태어나서 자란 원래의 터전)**/원봇장(原-)/원뿌리(元-)/원가지(原-)/원줄기(元-)/원기둥(原-)/원그림(原-)/원나무(原-)≒원목(原木)/원누에(原-)≒원잠/원무당**(元-. 굿을 할 때, 여러 무당을 거느리고 주장 노릇을 하는 무당) 등등.

◆그놈은 **원칸/원간** 못된 놈이라서 좀 혼내줘야 해: **원판**(또는 **워낙**)의 잘못.
　[설명] '원칸/원간'은 '원판(워낙)'의 방언(전남/경남).

◆♣원형을 밝혀 적는 것과 밝혀 적지 않는 것
　[예제] 더우기(×)/더욱이(○); 일찌기(×)/일찍이(○); 구비구비.고비고비(×)/굽이굽이.곱이곱이(○); 곰곰히(×)/곰곰이(○); 가벼히 (×)/가벼이(○); 딱딱이(×)/딱따기(○); 짝짝이(○)/짝짜기(○)*; 짤짜리(×)/짤짤이(○); 짬짬이(×)/짬짜미(○); 굽돌이(×)/굽도리(○); 잎파리(×)/이파리(○); 떠벌이(×)/떠버리(○); 맥아리(×)/매가리(○); 두루말이(×)/두루마리(○); 몫아치(×)/모가치(○); 넓다랗다(×)/널따랗다(○); 얇팍하다(×)/얄팍하다(○).
　[주의] 특수한 경우로 '**짝짜기**'와 '**짝짝이**'와 같이 두 가지 표기가 허용되는 경우도 있음. 캐스터네츠와 같이 짝짝 소리를 내는 물건인 경우는 원형을 밝혀 적지 않는 원칙을 따라 '짝짜기'로 적음. 그러나 '서로 **짝**이 아닌 것끼리 합하여 이루어진 한 벌'을 뜻할 때는 주된 의미소가 이 '짝'이므로, 위의 짤짤이와 마찬가지로 원형을 밝혀 '짝짝이'로 적음.
　짤짤이명 ①'주책없이 자꾸 이리저리 바삐 싸다니는 사람'의 놀림조 말. ②발끝만 꿰어 신게 된 실내용의 단순한 신.

⑴ 원형을 밝혀 적는 것
　• 어간에 '-이/-음(-ㅁ)'이 결합되어 명사로 된 말: ¶먹이/길이/높이/넓이/깊이/놀이; 하루살이/첩살이/집살이/더부살이; 삼돌이/미닫이; 얌전이/오뚝이/볼록이/ 배불뚝이/홀쭉이; 삶/슬픔/기쁨/웃음/울음/아픔; 놀음/얼음.
　• 어간/어근에 '-이/-히'가 결합되어 부사로 된 말: ¶밝히/익히/작히; 굽이굽이〉곱이곱이.
　• 명사 혹은 어근 뒤에 '-이'가 붙어서 부사로 된 말: ¶겹겹이/나날이/짬짬이; 간간(間間)이/근근(僅僅)이/기어(期於)이.
　• 겹받침에서 뒤의 받침이 발음될 때: ¶굵다/굵다랗다; 긁적거리다/긁죽대다/넓적하다/넓죽하다/늙수그레하다/얽죽얽죽하다; 넓둥글다/넓디넓다/넓삐죽하다/넓다듬이/넓살문.
　• 어간/명사 뒤에 자음으로 시작된 접미사가 붙어서 된 말
　– 명사 뒤에 자음으로 시작된 접미사가 붙어서 된 것: ¶값지다/홑지다/넋두리.
　– 어근이나 어간 뒤에 자음으로 시작된 접미사가 붙어서 된 것: ¶낚시/늙정이/덮개/뜯게질/갉작갉작하다/갉작거리다/뜯적거리다/뜯적뜯적하다/굵다랗다/굵직하다/깊숙하다/넓적하다/높다랗다/늙수그레하다/얽죽얽죽하다.
　단, 다음과 같은 말은 소리 나는 대로 적음.
　　①겹받침의 끝소리가 드러나지 않는 것: ¶할짝거리다/널따랗다/널찍하다.
　　②어원이 분명하지 아니하거나 본뜻에서 멀어진 것: ¶넙치/율무/골막하다/납작하다.
　• '-하다/-거리다'가 붙는 어근에 '-이'가 붙어서 명사가 된 말: ¶까불이/촐랑이/딜렁이/얌전이.

- '-하다'가 붙는 어근에 '-히/-이'가 붙어서 부사가 된 말: 안녕히/분명히/충분히; 고즈넉이/길쭉이/깊숙이/끔찍이/나직이/나지막이/느지막이/멀찍이/빽빽이.
- 부사에 '-이'가 붙어서 부사로 된 말: 곰곰이/더욱이/오뚝이/일찍이.
- 어간에 피동이나 사동 접미사들이 붙어서 된 말: ¶접히다/울리다/보이다.
- 어간에 '-어지다' 등과 같은 접미사들이 붙어서 된 말: ¶벌어지다/헝클어지다.

(2) 원형을 밝혀 적지 않는 것

- 본디 어간이나 형태소의 뜻과 멀어진 것: 굽도리/넙치/율무/다리[髢]/목거리(목병)/무녀리/코끼리/거름(비료)/고름[膿]/노름(도박); 골막하다/납작하다.
- 어간에 '-아/-음' 이외의 모음으로 시작된 접미사가 붙어 다른 품사로 바뀐 것[품사전성]: **주섬주섬**[부](←'줏다'[동]); **굽돌이**(×)/**굽도리**(○)(←'굽이돌다'[동]); **마주** (←'맞-'[동]+'-우'); **부터**(← '붙-'[동]+'-어'); **콩다콩**(○)/**콩닥콩**(×)[부](←'콩닥거리다'[동]). [참고] ①'슬그미/살그미'[부]는 각각 '슬그머니/살그머니'의 준말. ②'콩닥거리다'는 작은 절구나 방아를 찧는 소리가 잇따라 나는 것이고, '콩다콩'은 방아확에 공이를 가볍게 한 번 내리칠 때 나는 소리/모양을 뜻하여, 서로 다름.
- 명사 뒤에 '-이/-음' 이외의 접미사가 붙어서 된 말: ㉮딱딱이(×)/딱따기(○); 짬짬이(×)/짬짜미(○); 굽돌이(×)/굽도리(○); 싹싹이(×)/싹싸기*(○); 잎파리(×)/이파리(○); 떠벌이(×)/떠버리(○); 맥아리(×)/매가리(○); 두루말이(×)/두루마리(○). ㉯마개/얼개/짜개; 깍두기/누더기/부스러기/싸라기/지푸라기; 개구리/기러기; 꼬락서니/사타구니/끄트머리/날라리/쪼가리/오가리; 모가지/바가지/모가치; 지붕/바깥/주검/주먹; 강아지/송아지/망아지.

*싹싸기[명] 굿할 때에 손 비비는 일을 대신해 주는 사람. 손 비비는 소리를 따서 이르는 말.

- 동사 뒤에서 보조용언 '-(어)지다'의 변화형인 '-(러)지다'와 결합할 때 어간과 멀어져 소리 나는 대로 표기하는 경우(괄호 안에 표기된 것들이 거리가 멀어진 어근임): 미끄러지다('미끌-'); 어우러지다('어울-'); 흐트러지다('흩-'); 구부러지다('굽-'); 수그러지다('숙-'); 간드러지다('간들-'); 둥그러지다('둥글-'); 버드러지다('벋-'); 아우러지다('아울-'); 얼크러지다('얽-'); 문드러지다('문들-'); 가무러지다('가물-'); 거스러지다('거슬-').
- 어간이나 명사 뒤에 자음으로 시작된 접미사가 붙어서 된 말 중 겹받침의 끝소리가 드러나지 아니하는 것: ¶널따랗다/널찍하다; 말끔하다/말쑥하다/말짱하다; 얄따랗다/얄팍하다; 짤따랗다/짤막하다; 떨떠름하다.
- '-하다/-거리다'가 붙을 수 없는 어근에 '-이' 또는 다른 접미사가 붙어서 명사가 된 말: 나머지, 매미.
- '-하다'가 붙을 수 없는 어근에 '-이/-히'가 붙어서 부사로 된 말: 가벼이/괴로이/쉬이/외로이.

◆9월의 **월말** 시험은 **9월말**에 본다: **9월 말**의 잘못. ←'말'은 의존명사.
  이달말의 월말 정산: **이달말**까지 꼭 완납하시게: 모두 **이달 말**의 잘못.
  [설명] ①'월말'은 한 낱말. ②'9월 말'에서의 '말'은 의존명사임. ¶학기 말; 고려 말 조선 초; 20세기 말.
  [구별] ①이번 월말 시험은 잘 봐야 해(○); 월말쯤에 한번 보지 뭐(○). ←**월말**[명] 그달(해당월)의 끝.
    ②3월 말경에 보자: '월 말'≒정해진 달의 끝. ←**경**[접] 께, 쯤, 무렵. [주의] '께/쯤'은 접사지만, '무렵'은 의존명사. 반드시 띄어 써야 함. ¶꽃 필 무렵.

◆**웬간해야(연간해야)** 그걸 참아주지, 너무 하더군: **엔간해야**(혹은 **웬만해야**)의 잘못. 맞춤법만 고친 것. 아래 설명 참조. ←**엔간하다/웬만하다**[원]
  [설명] '웬간하다'는 '웬만하다'의 잘못. 위의 문례에서는 '엔간하다'보다는 '어지간하다/웬만하다'가 더 적

절함.

엔간하다[형] 대중으로 보아 정도가 표준에 가깝다. 본말은 '어연간하다'.

웬만하다[형] ①정도/형편이 표준에 가깝거나 그보다 약간 낫다. ②허용되는 범위에서 크게 벗어나지 아니한 상태에 있다.

어지간하다[형] ①수준이 보통에 가깝거나 그보다 약간 더 하다. ②정도/형편이 기준에 크게 벗어나지 아니한 상태에 있다. ③생각보다 꽤 무던하다.

◆**웬 만치/만큼** 잔소리 **했으면** 이제 그만 하지: **웬만치/웬만큼**, 잔소리했으면의 잘못.

그만하면 **웬만침한** 셈 아닌가: **웬만큼/웬만치 한**의 잘못. '웬만침하다'는 북한어.

[설명] '웬만치≒웬만큼[부]', '잔소리하다/잔소리질하다': 모두 한 낱말.

◆와, 이게 **웬떡/왠떡**이냐?: **웬 떡**의 잘못.

웬 일/웬일은 무슨 **웬 일**? 예사 일이지: **웬일**, 예삿일의 잘못.

[설명] '웬'은 관형사인데, '무슨 까닭으로. 어째서'를 뜻하는 '왜'와는 무관함. 복합어로는 '웬일/웬셈/웬걸[감]/웬만큼≒웬만치[부]/웬간(어근)' 등이 있고, 그 밖의 경우는 관형사로 기억해 두면 도움이 됨.

[참고] 웬일인지(O); 왠지(O)/웬지(×).

웬[관] ①어찌 된. ¶웬 영문/– 까닭/– 걱정/– 날벼락/– 눈/– 돈/– 걸음/– 물인지 모르겠다. ②어떠한. ¶웬 낯선 사내와 마주치다; 웬 놈이야, 떠드는 놈이?

◆**웬지** 눈물이 날 것 같아요: **왠지**의 잘못. ⇐'왠지'는 '왜인지'의 준말.

이거 **웬지 으시시하다보니 으실으실**해지는데: **왠지 으스스하다보니, 으슬으슬**의 잘못.

웬지 기분이 이상하다: **왠지**의 잘못.

[설명] '왠지'는 '왜인지'의 준말로서, '왜 그런지 모르게. 또는 뚜렷한 이유도 없이'를 뜻하는 부사. 즉, '**왠지**'는 이유와 관련된 '**왜**'에서 나온 말이며, '웬'은 뜻밖의 일이 일어나거나 일이 기대하던 바와 다르게 전개될 때 '어찌 된'이나 '어떠한'의 의미로 쓰는 관형사. 복합어를 만들기 위해 '웬+지' 꼴을 이루더라도 의미가 없음. 복합명사로는 '웬일/웬셈' 정도. '웬 떡이냐'에서도 관형사. 다만, 복합어로서 '웬만치≒웬만큼'은 한 낱말의 부사이며, '웬걸'은 감탄사.

◆**윗나룻**이 좀 체신머리 없게 났군: **윗수염**, 채신머리없게의 잘못.

[설명] ①'윗나룻/웃나룻'은 없는 말. ⇐'윗나룻/아랫나룻' 등이 잘못된 말은 아니지만 '윗수염/아랫수염'만을 표준어로 인정했기 때문. ②'채신머리사납다/채신머리없다': 모두 한 낱말. '채신'은 '처신(處身)'을 낮잡는 말. 따라서 '체신'(×).

◆너 그거 **윗어른** 승락은 받고 하는 일이냐?: **웃어른**, 승낙의 잘못.

[설명] '아랫어른'이 있을 수 없으므로 '웃–'.

◆**윗칸**으로 가서 찾아보세요: **위 칸**(위에 있는 칸), 혹은 **윗간**(아궁이로부터 먼 곳. '아랫간'의 상대어)의 잘못.

[설명] '윗칸'은 없는 말이므로 위의 두 말 중 하나로 고쳐야 함. '위칸'도 아직은 《표준》의 표제어에 없는 말. 그러므로 《표준》의 '간반통[間半通]' 뜻풀이에 사용된 '위칸'은 위 칸의 잘못.

[의견] 그러나 실생활에서는 '아래칸'에 대응하여 '위칸'을 많이 사용하고 있으므로 '아래칸'과 '위칸' 모두

표제어로 채택하는 것이 옳을 듯함. 이와 유사한 경우로는 '윗줄. 아랫줄(×)'도 있음. 현재는 '위 줄. 아래 줄'로 적어야 함.

간반통[間半通]명 아래칸과 위칸을 칸살을 막지 아니하고 하나로 터서 지은 집/방.

◈**윗통(위통)**을 벗어젖히고 을러대는 꼴이라니: **웃통**의 잘못.

[설명] '웃통'은 두 가지 의미가 있음. 즉, ①몸에서 허리 위의 부분. ②≒**윗옷**(위에 입는 옷). '윗옷'의 의미로는 대응되는 '아래옷'이 있으므로 '위통'이 되어야 하나, '아래통'이라는 말이 없으므로, 대응어인 '위통' 대신 비대응어인 '웃통'을 씀.

[참고] 윗옷(上衣), **웃**옷(表衣, 겉옷).

◈그런 **유도심문**에 넘어가는 이들 많지: **유도신문**의 잘못.

[설명] '신문(訊問)'은 '말로 물어 조사하는 일'이고 '심문(審問)'은 '서면/구두로 개별적으로 진술할 기회를 주는 일'. [참고] '신(訊)'은 '물을 신'.

신문[訊問]명 ①알고 있는 사실을 캐어물음. ②〈법〉법원이나 기타 국가 기관이 어떤 사건에 관하여 증인, 당사자, 피고인 등에게 말로 물어 조사하는 일. ¶경찰[검찰] 신문 조서는 피의자가 법정에서 부인했을 때, 증거가 없으면 자백만으로는 그 효력이 인정되지 아니한다.

심문[審問]명 법원이 당사자나 그 밖에 이해관계가 있는 사람에게 서면/구두로 개별적으로 진술할 기회를 주는 일.

유도신문[誘導訊問]명 〈법〉증인을 신문하는 사람이 희망하는 답변을 암시하면서, 증인이 무의식 중에 원하는 대답을 하도록 꾀어 묻는 일. 직접 신문에 있어서는 원칙적으로 금지됨.

◈이번의 비리 사건은 회사 역사상 **유래**가 없는 일: **유례**의 잘못.

[참고] 이것은 유사 사례가 없는 매우 **이례없는** 사건: **이례적인**이 적절

[설명] 두 가지 예문 모두 문맥상 부적절하게 사용되었음. 특히 이례(異例)는 '상례에서 벗어난 특이한 예'이므로 위의 문맥에서는 이례가 없는 게 아니라 '이례적'이라 해야 적절함. '이례없다'도 없는 말이므로 '이례 없다'가 바른 표기. 단, '유례없다'는 바른 말.

유래[由來]명 사물/일이 생겨남. 또는 그 사물이나 일이 생겨난 바. [유]까닭/연유/유서.

유례[類例]명 ①같거나 비슷한 예. ②≒**전례(前例)**(이전부터 있었던 사례). ¶유례없다[類例-]형

◈한때 유명세를 **타던** 가수: **타던**은 잘못. **치르던/따르던** 등이 적절함.

[설명] '유명세(有名稅)'는 '세상에 이름이 널리 알려져 있는 탓으로 당하는 '불편/곤욕'을 뜻하는 속어로서, 한자를 '有名勢'로 오인해서 생기는 현상. '유명세가 따르다' 혹은 '유명세를 치르다' 등으로 쓰는 것이 적절함.

◈'비슷한 말'은 **유사어(類似語)**라고 해도 돼: **'유의어(類意語)**(뜻이 서로 비슷한 말)'의 잘못. ☞유사어: 현재 ≪표준≫에는 없으나 ≪우리말샘≫에는 '의미가 서로 비슷한 말'로 정의하고 있음.

[참고] **'비슷한말**≒유의어(類意語)'로서 한 낱말. 그러나 '동의어[同義語/同意語]'와 '같은 말'은 한 낱말이 아님. 이유는 '뜻이 같은 말'일 때만 '동의어'이기 때문. 참고로, 북한어에서는 '동의어'를 '뜻같은말'로 표기하고 있음.

동의어[同義語/同意語]명 뜻이 같은 말.

관련어[關聯語]명 동격 관계에 의해 다른 용어와 연결되는 용어.

뒤침말[명] 같은 뜻의 다른 말.

이음동의어[異音同義語][명] 소리는 다르나 뜻이 같은 단어. ↔동음이의어

◆**육갑떨고** 있네: **육갑 떨고**(≒**육갑하고**)의 잘못. ←**육갑하다**[원]

  [설명] ①'육갑'은 '남의 언동'을 뜻하는 비속어로서, '육갑떨다(×)/육갑 떨다(○)'. 그러나 '육갑하다(○)≒육
갑 떨다'. ②'육갑하다'≒육갑 떨다'에서 보듯 '육갑'과 같은 행위성 명사에는 동사를 만드는 접미사 '하
다'가 자연스럽게 결합할 수 있는데, '~질하다' 꼴의 동사들이 대표적이라 할 수 있음. ☞♣'-질하다'
꼴의 복합동사들 항목 참조.

  육갑하다[六甲-][동] (비속어) 어떠한 말/행동을 하다.

◆얼굴에 **윤기나는** 걸 보니: **윤기 나는**(혹은 **윤나는**)의 잘못. ←**윤나다**[원]

  [설명] '윤기 나다≒윤나다'. '윤기 돌다/흐르다/나다' 모두 띄어 씀. '윤나다'만 한 낱말.

◆**♣'율/률(率)'과 율/률(律), '열/렬(列)'과 '열/렬(烈)', '열/렬(裂)'의 표기**

  [예제] 행군 **행열**을 벗어나지 마라: **행렬**의 잘못.

        합격율을 높이려면: **합격률**의 잘못.

        맹열하게 싸우더군: **맹렬**의 잘못.

        회담은 **결열**되었다: **결렬**의 잘못.

        작렬하는 태양볕 아래에서: **작열**(灼熱)의 잘못.

        작열하는 파편에 맞았다: **작렬**(炸裂)의 잘못.

  [설명] '率'과 '律', '列'과 '烈', '裂' 등은 두음 법칙에 따라 낱말의 첫머리 이외의 경우에는 본음대로 적음.
다만 **모음이나 'ㄴ' 받침** 뒤에서는 '율, 열'로 적음.

  '율/률(率)': 비율/효율/고율(高率)/이자율/타율/과세율/배율/수율(收率)/환율/기준율/점유율/증가율/투
표율/득표율/이자율/인과율/지지율/할인율/부도율(不渡率) ↔ 확률/능률/승률/동률(同率)/
곡률(曲率)/취업률/가동률/시청률/성장률/경쟁률/이용률/인상률.

  '율/률(律)': 계율/규율/선율/운율/타율(他律)/자율/조율(調律)/불문율 ↔ 법률/음률(音律)/대명률(大明
律)/형률(刑律)/육률(毈律)[≒부관참시].

  '열/렬(列)': 진열/순열(順列)/대열/배열/나열 ↔ 행렬/일렬/직렬/병렬/정렬(整列)

  '열/렬(烈)': 열사/선열(先烈)/순열(殉烈) ↔ 극렬(極烈/劇烈)/격렬/강렬.

  '열/렬(裂)': 분열/균열/파열(破裂)/괴열(壞裂)/단열(斷裂)/쇄열(碎裂) ↔ 작렬(炸裂)/결렬(決裂)/멸렬(滅
裂)/동렬(凍裂)/빙렬(氷裂). ☞**'두음법칙'** 항목 참조. [주의] '작**열**[灼**熱**]'(불 따위가 이글이글 뜨
겁게 타오름)과 '작**렬**[炸**裂**]'(포탄 따위가 터져서 쫙 퍼짐)은 뜻도 다를 뿐만 아니라, '열(熱)'은
본음 발음 자체가 '열'이므로 두음법칙과는 무관함.

◆**♣윷과 말판 쓰기에서 조심해야 할 말들**

  [예제] 걸로 **방쳐야**만 우리가 이긴다: **방여야**의 잘못. ←**방이다**[원]

        뒷방치기라도 해야 해, 꼭: **뒤방이기**의 잘못. ←**뒤방이다**[원]

        몇 동 남았어? **혼동** 남았나?: **단동**(혹은 **한 동**)의 잘못.

  ①말판의 자리 이름: 도/개/걸/윷/모(이곳을 '첫 밭'이라 함)→뒷도/뒷개/뒷걸/뒷윷/뒷모(이곳을 '뒷밭'이라
함)→찌도/~개/~걸/~윷/~모(이곳을 '쨀밭'이라 함)→날도/~개/~걸/~윷/~모(이곳을 '날밭'혹은 '끝 밭'이
라 함).

②말판 용어

방[명] 윷판의 한가운데 있는 밭. 말판의 정중앙. +자로 갈리는 부분. →<u>방치다</u>(×)/방이다(○).

방이다[동] 말을 방에 놓다. '방치다'는 잘못. '방이어(방여)/방이니' 등으로 활용. ②어떤 부분을 힘 있게 후려치다.

방구다[동] '방이다'의 강원도 방언. ⇐표준어 사정에서 제외되었음.

방을 따다[관] 윷놀이에서, 말을 방에서 첫 밭에 놓다.

뒤방이다[동] 윷놀이에서, 뒷밭을 거쳐 말을 방에 놓다.

업다≒굽다[동] 한 말이 다른 말을 어우르다.

뒷밭[명] 윷판의 둘레를 따라 여섯 번째 자리인 뒷도부터 열 번째 자리인 뒷모까지의 밭.

쨀밭[쨀빧][명] 윷판의 둘레를 따라 처음부터 열한 번째 자리인 찌도부터 열다섯 번째 자리인 찌모까지의 밭.

날밭[날빧][명] 윷판의 둘레를 따라 처음부터 열여섯 번째 자리인 날도부터 스무 번째 자리인 참먹이까지의 밭.

참먹이[명] 윷판의 맨 마지막 자리. 말의 출구로 여기서 먼저 빠져나가는 편이 이김.

안찌[명] 윷판의 방에서 참먹이로 가는 두 번째 밭.

안찌대다[동] 윷놀이할 때에, 안찌에 말을 놓다.

동무니[의]≒동사니 한 개의 말에 어우른 말을 세는 단위. ¶단동무니/넉동무니. '동사니'(×).

[주의] '동사니/동무니'는 의존명사지만 다음과 같은 복합어를 만들기도 함. 〈예〉두동사니≒두동무니; 석동사니≒석동무니; 넉동사니≒넉동무니.

혼동≒혼[명] 윷놀이에서, 말이 하나만(혼자서, 단동 여부 불문) 가는 일.

단동[單─][명] ①윷놀이에서, 말이 첫 밭에서 끝 밭을 거쳐 나가는 첫 번째 차례. 첫 번째 나는 말. ②윷놀이에 쓰는 한 개의 말. ≒홑 말.

◆♣'**으끄러지다**'의 유의어들

[예제] 위에 무거운 책을 놓으면 과자가 **뭉그러지잖아**: **으끄러지잖아**의 잘못.

[설명] '뭉그러지다'는 부스러지는 것이 아니라 무너지는 것. 이러한 의미로는 '으끄러지다'의 복수표준어. [참고] 표준어 규정 제26항: '뭉그러지다'와 '으끄러지다'는 모두 널리 쓰이므로 둘 다 표준어로 삼는다.

으끄러지다〉**으그러지다**[동] 굳은 물건이 눌러서 부스러지다.

으끄러지다≒으츠러지다[동] 연한 것이 다른 것에 부딪히거나 눌려 부스러지다.

뭉그러지다[동] ①≒으끄러지다(높이 쌓인 물건이 무너져서 주저앉다). ②썩거나 지나치게 물러서 본모양이 없어지게 되다.

◆그는 이 나라에서 **으뜸 가는** 재벌이다: **으뜸가는**의 잘못. ←**으뜸가다**[원]

으뜸되는 이를 꼽으라면 단연 그다: **으뜸 되는**의 잘못. 두 낱말.

이 나라에서 **제일 가는** 글쟁이는 이태원: **제일가는**의 잘못 ←**제일가다**[원]

[설명] ①**으뜸가다≒단벌가다/첫째가다/제일가다/일등가다**. ≒첫손(을) 꼽다. ②**으뜸 되다** ≒첫째가 되다.

[암기도우미] '으뜸/첫째' 등에 '─가다'가 붙은 것은 한 낱말.

◆<u>으레히(으레이)/의례</u> 그게 모두 자기 것인 줄만 알아: <u>으레</u>의 잘못. 방언(평북).

잘못되면 그가 <u>으레/의례</u> 하는 그 말 있잖아: <u>으레</u>의 잘못.

지금까지 너는 **의레껏** 내게 그래 왔지: **으레**의 잘못. 없는 말.

그런데도 너는 그걸 **으레이** 당연한 일로만 여겼다: **으레**의 잘못.

[주의] 네가 잘못하고도 **외레** 큰소리를 치다니: **외려**의 잘못.

　　　네가 잘못인데도 **되려** 큰소리를 쳐?: **되레**의 잘못.

[설명] ①이 말은 표준어에서 모음이 단순화한 형태를 선택함에 따라 조정된 것들 중의 하나임[표준어 규정 제10항]: 〈예〉괴팍하다(○)/괴퍅하다/괴팩하다(×); 미루나무(←美柳~)(○)/미류나무(×); 여느(○)/여늬(×); 으레(○)/으례(×); 케케묵다(○)/켸켸묵다(×). ②이와 같이 '-레' 꼴의 유의해야 할 부사로는 '으**레**/지**레**(미리)/되**레**('도리어'의 준말)'가 있고, '외**려**('오히**려**'의 준말)'만은 '-**려**'임. ③'으레껏'에 잘못 쓰인 '껏'은 몇몇 명사와 부사 뒤에 붙어 부사를 만드는 접사. 〈예〉마음껏/성의껏/역량껏/열성껏/욕심껏/정성껏/지성껏/힘껏; 지금껏/아직껏/여태껏/이제껏. 여기서 조심할 것은 부사 뒤에 붙을 수 있는 경우는 '**때**'를 나타내는 몇몇 부사일 때뿐으로, '으레'는 때를 나타내는 부사가 아니라는 것.

◆그건 내가 참참**으로** 한 일이야: 맞음(혹은 **참참이**[부]도 가능).

[설명] '으로'는 격조사이며 '참참(일을 하다가 이따금 쉬는 시간)'은 명사. 아래는 '-으로'가 붙어 만들어진 주요 부사.

국으로[부] 제 생긴 그대로. 자기 주제에 맞게. →**구구로**(×).

건으로[乾-][부] ①≒**터무니없이**(허황하여 전혀 근거가 없이). ②공연히, 실속이 없이 건성으로. ③아무 준비 없이 맨손으로.

공으로[空-][부] 힘을 들이거나 대가를 치르지 않고 거저.

노량으로≒**노량**[부] 어정어정 놀면서 느릿느릿. →**놀량으로**(×).

맛맛으로[부] ①입맛을 새롭게 하기 위하여 여러 가지 음식을 조금씩 바꾸어가며 색다른 맛으로. ②맛있는 대로.

◆**으름짱**을 놓는다고 눈 하나 깜짝 할까?: **으름장**의 잘못.

[참고] '-짱'이 들어간 3음절어는 다음의 네 낱말: 비위짱(脾胃-)/똥배짱/쇠울짱/개비짱.

◆♣'**-(으)므로**'와 '**-[음(ㅁ)으로(써)**'

[예제] 그가 날 **미워함으로** 나도 그를 싫어한다: **미워하므로**의 잘못.

　　　나를 **미워함으로** 그는 내 과거를 매장시켰다: 가능.

[설명] '-(으)므로'는 까닭/근거를 나타내는 **연결어미**. '-[음(ㅁ)으로(써)'는 어떤 물건의 재료/원료, 어떤 일의 수단/도구, 시간을 셈할 때 셈에 넣는 한계를 나타내는 **격조사**(이 때문에 명사형 '-음(ㅁ) 뒤에 붙음). 그런데 이 두 가지는 문맥 활용만으로 쉽게 구분하기 어려울 때도 있음: ①그가 나를 믿으므로 나도 그를 믿는다. ②그는 나를 믿음으로 살아갈 힘을 얻는다. 예문 ②의 경우, '믿음으로'를 '믿으므로'로 바꾸어도 말은 됨. 이럴 때는 '(ㅁ)음으로'의 뒤에 '써'를 넣어((ㅁ)음으로써) 뜻이 통하는지 보면 편리함. 통하면, '-음(ㅁ)으로'.

◆겉과 달리 얼마나 **의뭉한/으뭉스러운** 녀석인데: **의뭉한/의뭉스러운**의 잘못. ←**의뭉하다/의뭉스럽다**[원].

[설명] '으뭉하다/으뭉하다'는 '**의뭉하다**'의 잘못. '-스럽다'가 붙어도 '으뭉'이라는 명사가 없으므로 잘못. 단, '**의뭉스럽다/음흉스럽다**'는 쓸 수 있는 말. ⇐'의뭉/음흉'(명사)+'-스럽다'.

의뭉하다[형] 겉으로는 어리석은 것처럼 보이면서 속으로는 엉큼하다. [유]음흉하다.

음흉스럽다[陰凶−]형 겉으로는 <u>부드러워</u> 보이나 속으로는 엉큼하고 흉악한 데가 있다.

◆괜히 <u>으시대고</u> 있군: <u>으스대고</u>의 잘못. ←<u>으스대다</u>[원]
　[설명] '−시'가 '−스'의 잘못일 때가 많음. 즉, 'ㅡ' 모음이 쓰여야 할 곳에 'ㅣ' 모음이 잘못 쓰인(전설모음화 현상) 경우임. 〈예〉으<u>시</u>시(×)/으<u>스</u>스(○); 으실으실(×)/으슬으슬(○); 부시시(×)/부스스(○); 뭉<u>기</u>적대다(×)/뭉<u>그</u>적대다(○); 바리집다(×)/바르집다(○). ☞전설모음에 대한 상세 설명은 **【부록 3】맞춤법 공부에 도움이 되는 문법 용어 몇 가지** 중 **전설모음과 후설모음** 항목 참조.
　[참고] '−실' 또한 '−슬'의 잘못인 경우가 많음. 즉, 'ㅡ' 모음이 쓰여야 할 곳에 'ㅣ' 모음이 잘못 쓰이는 경우들. 〈예〉가실가실〈까실까실(×)/가슬가슬〈까슬까슬(○); 고실고실(×)/고슬고슬(○); 포실포실(×)/포슬포슬(○); 어실하다(×)/어슬하다(○, 조금 어둡다). [주의] '꼬슬꼬슬'은 없는 말로 '고슬고슬'의 잘못. ☞**'ㅡ' 모음이 쓰여야 할 곳에 'ㅣ' 모음이 잘못 쓰인 경우들** 항목 참조. [암기도우미] **실**(實)하지 않으니, '부<u>슬</u>부<u>슬</u> 포<u>슬</u>포<u>슬</u>' 부스러진다. ☞'실하다형 든든하고 튼튼하다.'

◆어째 좀 <u>으시시</u>하다: <u>으스스</u>의 잘못.
　어째 좀 <u>으실으실</u>한데: <u>으슬으슬</u>의 잘못.
　이거 웬지 <u>으시시하다보니</u> <u>으실으실</u>해지는데: <u>왠지</u>, <u>으스스하다보니</u>, <u>으슬으슬</u>의 잘못. ☞**'ㅡ' 모음이 쓰여야 할 곳에 'ㅣ' 모음이 잘못 쓰인 경우들** 항목 참조.

◆그러니까 <u>미워하면은</u> 안되겠지: <u>미워하면은</u>(맞음). **안 되겠지**의 잘못.
　[설명] ①무엇이든 열심히 하면**은** 좋은 일이 있을 거야: '−은'은 강조 보조사. ②'안되다'의 의미가 아니므로 '안 되다.' '안되다'는 '잘되다'의 상대어.
　[참고] 부사적 용법의 '안': 만난 지 얼마 안 되다; 네다섯 개밖에 안 되다; 10명이 채 안 되다.

◆장물이나 죄인을 <u>은익</u>하면 죄가 크지: <u>은닉</u>[隱匿]의 잘못. ←**두음법칙** 참조.
　[유사] **탐익**[耽溺]명 '**탐닉**'의 잘못.
　[참고] '익명[匿名]/익년[匿年](나이를 속임)'의 경우는 두음이므로 '익'.

◆날씨가 어찌나 <u>을시년스러운지</u>: <u>을씨년스러운지</u>의 잘못.
　[설명] 어원은 '을사년'의 '을사'지만, 어원과 멀어졌으므로 소리대로 적음.
　[유사] '고향만 **같을쏘냐**'의 '쏘'에도 '소(所)'의 의미가 있었던 듯하나, 소리대로 '쏘'.

◆쾌히 <u>응락(승락)</u>하시던가?: <u>응낙/승낙</u>의 잘못.
　[설명] 한자어 '諾'이 들어간 말 중, '응낙/승낙'으로 읽는 경우는 본음으로 읽는 것이며, '수락(受諾)/쾌락(快諾)' 등의 경우는 속음으로 읽은 것. ☞♣**속음으로 읽는 한자들과 본음으로 읽는 한자들** 항목 참조.

◆<u>웅큼</u>하기로는 은근짜 계집들만 한 것도 없지: <u>엉큼</u>의 잘못. ←**엉큼하다**[원]
　그 사람 아주 <u>웅큼한</u> 짓 많이 해: <u>엉큼한</u>의 잘못.
　[참고] 겉과 달리 얼마나 <u>으뭉한/으뭉스러운</u> 녀석인데: <u>의뭉한/의뭉스러운</u>의 잘못. ←**의뭉하다/의뭉스럽다**[원]

◆♣표준 발음법에 의하여 '민주주<u>의의</u> 의의'를 발음하면? [발음 문제]

[설명] ①표준 발음법 제5항: 'ㅑ ㅒ ㅕ ㅖ ㅘ ㅙ ㅛ ㅝ ㅞ ㅠ ㅢ'는 이중 모음으로 발음한다. 다만 낱말의 첫음절 이외의 '의'는 {ㅣ}로, 격조사 '의'는 {ㅔ}로 발음함도 허용한다. ②즉, 이 규정에 따르면 '주의'는 {주의/주이}로, '협의'는 {혀븨/혀비}로, '우리의'는 {우리의/우리에}로, '강의의'는 {강:의의/강:이에}로 발음할 수 있음. 따라서, '민주주의의 의의'는 {민주주의의 의:의}로 '의'를 이중 모음으로 발음하는 것이 원칙이지만, 나머지 다음 발음들도 모두 허용함. 즉, {민주주의의 의:이, 민주주이에 의:의, 민주주이에 의:이, 민주주의의 의:의, 민주주이의 의:이, 민주주의에 의:이, 민주주의에 의:이} 모두 가능함.

[정리] ①자음이 앞에 올 경우 'ㅢ'는 'ㅣ'로 발음. 〈예〉유희/무늬: {유히}/{무니}'(○); {유희}/{무늬}'(×). ②어두에 오는 '의'는 모두 {의-}. 〈예〉의미{의미}(○)/{이미}(×). ⇒'의남매/의무/의붓아버지/의식/의지/의회' 등 모두 {의-}. ③중간이나 끝에 오는 '의'는 {의} 외에 {이}도 허용. 〈예〉논의{논의}(○)/{논이}(○) ⇒심의/주의/협의체/회의' 등. ④소유격 조사 '의'는 {의} 외에 {-에}도 허용. 〈예〉우리의 생각은 이렇습니다': {우리의/우리에}(○). ⑤'하늬바람'과 '늴리리'의 올바른 발음은?: {하니바람} {닐리리}.

◆[중요]♣의미소[意味素]의 특징과 활용
[예제] 별미적다(×)/별미쩍다(○); 오이소배기(×)/오이소박이(○); 언덕받이(×)/언덕바지(○); 오래비(×)/오라비(○); 올개미(×)/올가미(○); 놈팽이(×)/놈팡이(○); 시골나기(×)/서울나기(×)/시골내기(○)/서울내기(○); 불그락푸르락(×)/붉으락푸르락(○); 얽히설키(×)/얼키설키)/얼기설기(○); 구비구비(×)/굽이굽이(○).
○특징: 의미소[意味素]란 낱말에서 실질 의미, 즉 관념을 표시하는 언어 요소로서, 어근/어간과 같음. 독립하여 홀로 쓰이지 못할 경우도 많음.
[참고] 형태소와 실질형태소: 형태소(形態素)는 ①뜻을 가진 가장 작은 말의 단위. '이야기책'의 '이야기/책' 따위. ②문법적 또는 관계적인 뜻만을 나타내는 단어나 단어 성분. 실질형태소는 형태소 중에서 구체적인 대상이나 동작/상태를 표시하는 것으로서, '철수가 책을 읽었다'에서 '철수/책/읽' 따위. 형태소는 최소 단위가 단어나 단어 성분인데, 단어 성분일 때는 '읽었다'의 '읽(어간)'과 같이 의미소와 겹치기도 함.
○활용: 다음과 같이 옳은 말[표기]의 판별과 의미 확정에 크게 도움이 됨.
⑴'-쩍다'와 '-적다'가 붙은 말의 구분/판별에 유용
(활용 예) ①딴기쩍다': '딴기적다'의 잘못. ⇐'적(少)'의 의미소 살림. ②별미적다': '별미쩍다'의 잘못. ⇐별미(別味-)이므로 의미소 '적(少)'일 듯하나, 별미가 많을수록 좋은 것이므로(특별히 좋은 맛/음식), 의미소를 살리면 도리어 반대의 의미가 됨. '칠칠찮다'를 써야 할 경우에 그 반대로 '칠칠맞다'를 흔히 잘못 쓰는 경우와 비슷함.
⇒'-적다': 괘다리적다, 괘달머리적다, 열퉁적다, 맛적다, 재미적다, 퉁어리적다.
'-쩍다': 객쩍다, 갱충쩍다, 맥쩍다, 멋쩍다, 미심쩍다, 수상쩍다, 겸연쩍다/계면쩍다, 의심쩍다, 귀살쩍다/귀살머리쩍다.
⑵'-박이'와 '-배기'의 구분/판별에 유용: '박는다'는 뜻의 의미소 '박-'이 살아 있으면 '-박이'. 〈예〉오이소박이, 차돌박이, 덧니박이, 고석박이, 점박이, 금니박이, 네눈박이, 장승박이, 붙박이 등등.
⑶'-받이'와 '-바지'의 구분/판별에 유용
①'언덕받이'에 있는 게 우리 집: '언덕바지'의 잘못. ⇐언덕받이는 의미소 '받'과 무관한데, 만약 의미소를 살리면 언덕을 (들이)받게 되는, 괴상한 상황이 됨.
②반대로, '가루받이/가슴-/각성-/개구멍-/거름-/걸레-/꽃가루-/씨-/턱받이' 등은 의미소 '받-'이 있어 각각 '가루/가슴' 등을 받는다는 의미가 드러남. 다음의 예를 보면 이 두 가지 경우의 차이가 분명해짐. 〈예〉개구멍받이(개구멍으로 받은 아이) ↔ 개구멍바지(개구멍을 낸 바지).
⑷'ㅣ' 모음 역행동화를 인정하는 경우의 낱말 판별에 유용

①'ㅣ' 모음 역행동화를 인정하지 않는 말들: 잠뱅이(×)/잠방이(○); 오래비(×)/오라비(○); 올개미(×)/올가미(○); 놈팽이(×)/놈팡이(○); 지팽이(×)/지팡이(○); 홀애비(×)/홀아비(○); 외눈백이(×)/외눈박이(○); (오이)소백이(×)/(오이)소박이(○); 노랭이(×)/노랑이(○).

②'ㅣ' 모음 역행동화를 인정하는 말들: '-나기(×)/-내기(○)'; '-쟁이(○)'.

〈예〉시골나기(×)/서울나기(×)/시골내기(○)/서울내기(○); 소금장이(×)/소금쟁이(○); 신출나기(×)/신출내기(○); 빗장이(×)/빗쟁이(○); 풋나기(×)/풋내기(○); 중매장이(×)/중매쟁이(○).

[설명] ①의 경우에서 역행동화를 인정하면, 어근(의미소)의 의미가 심각하게 손상될 경우가 많음. 예컨대, '잠뱅이/오래비'를 인정할 경우, '잠방-'이나 '오라-'의 의미가 사라지고('오라비'의 준말이 '오랍'인 데서도 드러나듯, '오라'의 꼴은 중요*), 전혀 무의미하거나 ('잠뱅') 뜻이 전혀 다른 ('오래') 의미소가 됨. 반면 ②의 경우는 역행동화를 인정해도 의미소에 별다른 변화가 없음. 〈예〉시골-, 서울-, 소금-, 신출-, 빗-, 중매-. 그러므로, 역행동화를 인정해도 의미소에 변화나 영향이 없을 때만 'ㅣ' 모음 역행동화를 인정.

(5) **올바른 어간/어근 파악**에 유용

〈예〉**모재비헤엄/모자비헤엄**(×): '**모잽이헤엄**'의 잘못. ⇐모+잽이(-잡이). 즉 ①모+잡이(의미소 '잡') 꼴의 회복 ('ㅣ' 모음 역행동화 허용). ②모잽이[≒옆쪽]이라는 명사 존재.

〈예〉**불그락푸르락**(×): '**붉으락푸르락**'(○): ⇐의미소 '붉'의 의미를 살림.

〈예〉넘어져도 '**오뚜기**'처럼 일어난다: '**오뚝이**'의 잘못. ⇐의미소 '오뚝+이'(물건/사람).

〈예〉'**넙적뼈/넙적다리**'(×): '**넓적뼈/넓적다리**'의 잘못. ⇐의미소 '넓' 살림.

〈예〉'**눈꼽**' 좀 떼라: '**눈곱**'의 잘못. ⇐의미소 '곱'. ☜[참고] '곱창'에서의 '곱'(≒기름의 뜻)도 고유어.

〈예〉물 위를 뱅뱅 도는 '**물매미**': '**물맴이**'의 잘못. ⇐물 위를 '맴'돌므로. 매미와 무관.

(6) 의미소와 무관하게 소리 나는 대로 적는 것들의 판별에도 유용

〈예〉'**아뿔사**(앗불싸)': '**아뿔싸**'의 잘못. ⇐의미소와 전혀 무관하게 발음대로 적는 경우이므로, 만약 '아뿔사'를 허용하면 실제 발음에서 {아뿔+싸}가 아닌 {아뿔+사}로 발음하는 사람도 있을 수 있음. ⇐받침 'ㄹ' 뒤에서 일반적으로 경음 발음이 되지만, 실제 발음에서는 이를 무시하는 경우도 있음.

〈예〉'**뒤치닥거리**': '**뒤치다꺼리**'의 잘못. '뒤치닥거리'를 인정하려면 '관심거리/웃음거리'나 '먹을거리/볼거리'에서처럼, '뒤치닥'이 명사(형) 또는 관형어가 되어야 하는데, 그에 해당되지 않으므로 소리 나는 대로 적음.

(7) 드물게, 비슷한 구조라 할지라도 의미소 반영이 다를 때도 있음

〈예〉**얼키고 설키다** 보면 다 이웃: '**얽히고설키다**'의 잘못. ←**얽히**고설키다통

일이 일단 '**얼키고**' 나면 영 해결하기 어려워: '**얽히고**'의 잘못.

아휴 복잡해. 여간 '**얽히설키**' 해야 말이지: '**얼키설키**/얼기설기'의 잘못.

[설명] '얼키설키'에서 의미소 '얽'은 중요하지만, 문제는 뒤에 연결되는 '설기'와의 부조화. 어울림을 위해서는 '얽히섥히'여야 하는데, 이는 더욱 어색. 또한 '얽'의 −ㄺ− 받침에서 앞 받침만 발음되므로 소리 나는 대로 표기[원칙]. ∴얼키설키(○).

(8) **올바른 준말**의 구분/판별에도 유용

〈예〉'얼마+만큼→'얼만큼(×)/얼마+큼(○)'; '오래+간+만→'오랫만(×)/오랜만(○).

[설명] 준말에서는 의미소는 살리고 조사/접사/어미 등을 줄임. 위의 경우, '얼마'와 '오래(원형: 오래다)'는 의미소이므로 살리고, '만큼(조사)→큼, 간(접사)+만(의존명사)→만으로 줄인 것.

(9) **명사형 만들기** 원칙에 따라, 의미가 없거나 방해되는 의미소를 배제하여 소리 나는 대로 적을 때도 있음. ⇒[원칙] 명사형을 만들 때 '−이/−음(−ㅁ)' 이외의 모음으로 시작되는 접미사가 붙는 말은 원형을 밝

혀 적지 않고, 소리 나는 대로 적는다.

(예1) 딱딱이(×)/딱따기(○); 짬짬이(×)/짬짜미(○); 굽돌이(×)/<u>굽도리</u>(○); 날나리(×)/<u>날라리</u>(○); 맥아리(×)/<u>매가리</u>(○).

(예2) 꼬락서니, 끄트머리, 바가지, 바깥, 사타구니, 싸라기, 이파리, 지붕, 지푸라기, 짜개, 모가치 등.

[설명] ①예컨대, '딱따기'를 '딱딱이'로 적으면 딱딱거리는 사람이 될 수도 있고, '짬짬이'는 '짬이 나는 대로 그때그때'라는 부사가 됨. '굽돌이' 역시 굽 부분에서 '돌아가는(回)' 것이라는 의미가 되어 '굽도리'의 뜻과는 전혀 다르게 됨. '날나리'에 보이는 '나리' 역시 '알나리깔나리' 등에서 보이는 '-나리'의 뜻과는 전혀 다른 것이어서, '날라리'로 표기하는 게 맞음. '맥아리'를 인정하면, '-아-'의 의미 규정이 이뤄지지 않음. ②예2의 경우, '모가치'는 본래 '몫+아치' 꼴의 말이고, '싸라기'는 '쌀+아기'로 분석되며, 지붕 역시 '집'에서 온 말이지만, 명사형 표기 원칙에 따라 원형을 밝혀 적지 않는 경우들임. ☞♣ **원형을 밝혀 적는 것과 밝혀 적지 않는 것** 항목 참조.

◆♣의존명사 종합 정리

(1)의존명사의 특징:

①<u>홀로 쓰이지 못함. 반드시 그 앞에 꾸밈말이 있어야 함.</u> 꾸밈말은 아래와 같이 관형사, 관형형, 명사 등 다양함.

-관형사: ¶'**딴엔** 잘 해보겠답시고'(×) →'**제 딴엔** 잘 해보겠답시고'(○).

-관형형: ¶그런 **걸** 다 먹니?; <u>읽는 **데**</u>에만 3일; 방법도 여러 **가지**.

-명사: ¶<u>난리 **통**</u>에 뿔뿔이 흩어졌다; <u>번역 **투**</u> 문장; 여자들 놀이 **판**에 낄 수야.

[주의] 이처럼 앞에 꾸밈말이 없이 흔히 잘못 사용하고 있는 예로는 다음과 같은 것들이 있음: **나를** 최선을 다했다(×)→**내 나름** 최선을 ~; **턱도** 없는(×)→**그럴 턱**도 없는/**턱**없는; **딴엔** 최선을 다한 셈(×)→**제 딴에** 최선을 ~.

[의견] 《표준》에서는 '걱정거리/반찬거리/웃음거리; 논쟁거리/연구거리/화젯거리/얘깃거리; 먹을거리/먹거리/볼거리' 등에 쓰인 '거리'를 의존명사로 처리하고 있으나, 이는 ≪표준≫의 실수로 보임. 의존명사는 띄어 써야 한다는 기본 원칙과도 어긋나고, 형태와 기능을 살펴 접사와 의존명사로 나누어 처리하는 것이 적절함('먹을거리/먹거리/볼거리' 등에서는 의존명사 기능을 잃고 접사로 쓰였으며, 특히 '먹거리'의 경우는 어간/어근 뒤에 쓰인 경우로서 의존명사로서는 있을 수 없는 기능임). 〈예〉의존명사일 때: ¶반나절 거리도 안 되는 일을 종일 하고 있네; 한 입 거리밖에 안되는 음식; 한 사람 거리의 일.

②같은 낱말이라도, 의존명사 외에 명사/조사/접사 등의 기능을 겸하고 있는 것들도 있음.

-**대로**: ¶자기가 느낀 **대로**; 내가 명령하는 **대로**; ⇐의존명사.

   ¶선생님의 가르침**대로**; 제상은 격식**대로**; ⇐조사.

-**님**: ¶이진 **님**과 최희종 **님**도 오셨습니다 ⇐의존명사.

   ¶사장**님**, 회장**님**, 대통령**님** ⇐접사.

   ¶검은 실 한 **님** ⇐의존명사. '님'은 바느질에 쓰는 토막 친 실을 세는 단위.

   ¶**님**(×)께서 가신 길; 〈**님**의 침묵〉 ⇐여기서 '님'은 일반명사 '임(사모하는 사람)'의 잘못.

-**수**: ¶살다 보면 그럴 **수**도 있지; 지금은 때를 기다리는 **수**밖에 없다. ⇐의존명사.

   ¶좋은 **수**가 생각나다 ⇐명사.

-**간**: ¶서울 부산 **간**의 거리; 일부든 전부든 **간**에; ⇐의존명사.

   ¶이틀**간**; 한 달**간**; 삼십 일**간** ⇐'기간'을 뜻하는 접사.

   ¶형제**간**, 모자**간**, 부녀**간**, 부부**간** ⇐형태소로 쓰인 의존명사.

-거리: ¶일할 거리가 없다; 오이 한 거리 ⇐의존명사.

　　　　¶먹거리, 볼거리 ⇐복합어를 만드는 형태소 기능. 위 설명 참조.

-뿐: ¶빙긋이 웃기만 할 뿐 이야기를 하질 않아요. ⇐의존명사.

　　　　¶성품이 곧을뿐더러, 효성이 지극하다. ⇐'-을뿐더러'는 연결어미.

　　　　¶막연한 심증뿐 증거가 없었다. ⇐조사.

-분: ¶어떤 분이 찾아오셨는데요. ⇐'분'은 의존명사.

　　　　¶2인분 말고 3인분 부탁합니다. ⇐'분'은 접미사.

　　　　¶친구분 되신다는 분께서 오셨어요. ⇐앞의 '분'은 접미사. 뒤의 '분'은 의존명사.

　　　　¶오늘 몇 분이나 오셨는가. ⇐'분'은 의존명사.

　　　　¶높은 분들과 연세 지긋하신 분들이 오셨어요. ⇐'분'은 의존명사.

③의존명사였지만, 복합어를 이루어 완전히 붙은 꼴로 굳어진 것들도 많음.

　-것: 이것/그것/저것/아무것/별것, 날(未熟)것/생것/산것; 들것(擔架)/탈것.

　-거: 이거, 그거, 저거, 요거.

　-쪽: 동쪽/서쪽/남쪽/북쪽; 앞쪽/뒤쪽; 이쪽/그쪽/저쪽.

　-번: 이번, 저번, 요번.

⑵흔히 쓰는 것 중 주의해야 할 의존명사: 것/거, 걸, 수, 바, 데, 줄 등등

　것[의] ¶아는 것이 힘.

　거[의] ¶장을 미리 봐 놔야 할 거야(≒것이야); 사랑을 할 거야(≒것이야); 나중에 후회할 거다. ☞[구별 요령] '것'과 바꾸어 쓸 수 있으면 의존명사.

　걸[의] ¶그런 걸로 알아라≒그런 것으로 알아라; 후회할 걸 왜 그랬어?≒후회할 것을 왜 그랬어?; 떠나는 걸 보지 못했다≒떠나는 것을 보지 못했다. ⇐'걸'을 의존명사 '것'으로 풀 수 있으면 띄어 써야 함.

　[유사] ¶사랑을 할 거야(←할 것이야); 나중에 후회할 거다(←할 것이다).

　[주의] 그러나, 종결어미 '-ㄹ걸'의 형태로 쓰일 때는 의존명사가 아님. ¶아차! 그렇게 할걸!; 모르긴 해도 그는 틀림없이 거기 갈걸; 자꾸 말려도 계속할걸요; 내 말 안 들었다가는 후회할걸.

　수[의] ¶살다 보면 그럴 수도 있지; 지금은 때를 기다리는 수밖에 없다.

　　[명] ¶좋은 수가 생각나다; 뾰족한 수가 없다; 일찌감치 수를 쓰다.

　데[의] '곳/장소', '일/것' 및 '경우'를 뜻함. ¶다 읽는 데 삼 일이 걸렸다; 사람을 돕는 데에 애 어른이 어디 있나. ¶해장국을 먹는 데(에) 고춧가루를 더 넣었다; 장을 본 데(에) 내 과자도 있었다. ¶종이에 글씨를 쓸 데가 없다; 원본과 부본 중 부본은 쓸 데가 없다. [주의] '쓸데없다', '쓸모없다': 모두 한 낱말인 형용사임. ¶쓸데없는 짓 하지 말고; 쓸모없는 인간 같으니라구.

　　-ㄴ데[미] 연결어미. ¶밥을 먹는데, 영희가 왔다; 네 것까지 사는데, 아무도 말리지 않았다.

　바[의] ¶이왕 산 중턱까지 온 바에(는) 꼭대기까지 갑시다; 어차피 매를 맞을 바에는 먼저 맞겠다.

　　-ㄴ바[미] '-ㄴ바'의 꼴로 어미. ¶서류를 검토한바 몇 가지 미비한 사항이 발견되었다; 너의 죄가 큰 바 응당 벌을 받아야 한다. ⇐관련 사실/상황의 제시.

　지[의] 기간을 뜻하는 의존명사. ¶집 떠난 지; 그를 본 지도 오래 되었다. [주의] '지켜보고 있**은** 지 2일째(×)': '~ 있**는** 지 2일째(○)'.

　　-ㄴ지[미] '-ㄴ지'의 꼴로 어미. ¶그가 도착했는지 모르겠다; 기분이 좋은지 휘파람을 분다; 하고 싶지 않은지; 아는지 모르는지.

　　-ㄹ지[미] ①추측에 대한 막연한 의문이 있는 채로 그것을 뒤 절의 사실/판단과 관련시키는 데 쓰는 연결어미. ¶그가 올지 안 올지 모른다; 무엇부터 해야 할지 덤벙거리기만 했다; 얼마나 날씨가 추울지 바람이 굉장히 불어; 내가 몇 등일지 걱정이 가득했다. ②추측에 대한 막연한 의문을 나

타내는 종결어미. 뒤에 보조사 '요'가 오기도 함. ¶이 그림이 심사 위원들의 마음에 들지?; 도서관은 시원할지?; 그분이 혹시 너의 아빠가 아니실지?

☞[구별 요령] '기간'을 뜻하지 않으면 어미. 구별용 대표적 예문. ¶왜 그런지 모르겠다. ⇐어미. ¶그런 지 10년 만에. ⇐'지'는 의존명사.

(3)**단위로만 쓰이는 것**들은 의존명사. 〈예〉매, 부, 대(차 한 대), 벌 등등. ☞이와 관련된 상세 내역은 ♣**단위에 쓰이는 고유어들** 항목 참조.

개월[의] ¶대한민국의 남자들은 2년 2개월의 의무 군복무 기간이 있다; 몇 개월 동안이나 소식이 없던 친구에게서 편지가 왔다.

벌[의] 같은 일을 거듭해서 할 때에 거듭되는 일의 하나하나를 세는 단위. ¶김을 세 벌 매다; 소독을 세 벌이나 하다; 두벌일.

병[의] 매를 세는 단위.

보[의] 웅담/저담을 세는 단위.

보지락[의] 비가 온 양을 나타내는 단위. 보습이 들어갈 만큼 빗물이 땅에 스며든 정도를 이름.

조짐[의] 쪼갠 장작을 세는 단위.

[예외] 다음과 같이, 명사의 기능이 우선하고 부가적으로 단위로 쓰이는 명사들도 많음: 동[棟]/자[字]/주일[週日]/쌍[雙]/끼/쪽/차선[車線]/건[件]/방울/발자국/곳/과[科]/세기[世紀]/그릇/학년/젓가락/가지/봉지/송이/인[人]/조[組]/식기[食器]/상[床]/바구니/갑[匣]/덩어리/바퀴/바가지/가래/고랑/토리/종류/굽이/배미/다랑이/갈래/촉/힘/톳/꾸러미/묶음/도막/통/각[刻]/담불/아름/올/지[指]/탄[彈]/고랑배미/동강/두레/장[章]/포[包]/패[敗]/가래/덩이/뭉치/무더기/자래/승[勝]/주[周]/꾸리/바리/단[段]/개비/다발/포기/죽/퉁구리/사리/떨기/마름/박/상자/포대/다래끼/단/켜/땀/선[選]/편[片]/돌림/꿰미/광주리/자루/구럭/뙈기/수동이/중발[中鉢]/코/열[列]/오리/마신[馬身]/춤/달구지/갖바리/동이/직/꺼풀/사발/목판[木板]/되들이/타래/보시기/숭어리/대접/가리/모태/돌기/지게/국자/목기[木器]/쌈지/탕기[湯器]/가마니/오라기/송아리/기[期]/삽/주간/구기/종지/전/수[手]/가리/종구라기/초롱/매끼/모숨/홰/삼태기/돌/통/책[冊]/표[票]/잔[盞]/차례/등[等]/주먹/줄/줄기/그루.

〈주요 낱말 뜻풀이〉

토리[명] <u>실뭉당이를</u> 세는 단위.

오리[명] 실, 나무, 대 따위의 가늘고 <u>긴 조각</u>을 세는 단위.

촉[명] 난초의 포기를 세는 단위.

힘[명] 활의 탄력을 나타내는 단위.

톳[명] 김을 묶어 세는 단위. 한 톳은 김 100장.

각[刻][명] 국악에서, <u>장단</u>을 세는 단위.

담불[명] 벼를 백 섬씩 묶어 세는 단위.

지[指][명] 붕어 따위의 길이를 재는 단위.

탄[彈][명] 시리즈의 차례를 나타내는 단위.

두레[명] 둥근 켜로 된 덩어리를 세는 단위.

포[包][명] 일정한 양으로 싼 인삼을 세는 단위.

가래[명] 토막 낸 떡/엿 따위를 세는 단위.

뭉치[명] 한데 뭉치거나 말린 덩이를 세는 단위. ¶**무더기**(한데 수북이 쌓였거나 뭉쳐 있는 더미/무리를 세는 단위).

퉁구리[명] 일정한 크기로 <u>묶은 덩어리</u>를 세는 단위.

자래囲 쌍으로 된 생선의 알상자를 세는 단위.

주[周]囲 어떤 것의 둘레를 돈 횟수를 세는 단위.

바리囲 ①마소의 등에 잔뜩 실은 짐을 세는 단위. ②윷놀이에서, 말 한 개.

죽囲 옷, 그릇 따위의 <u>열 벌</u>을 묶어 세는 단위.

사리囲 국수, 새끼, 실 따위의 뭉치를 세는 단위.

마름囲 이엉을 엮어서 말아 놓은 단을 세는 단위.

박囲 노름에서 여러 번 지른 <u>판돈</u>을 세는 단위.

켜囲 포개어진 물건 하나하나의 층을 세는 단위.

땀囲 실을 꿴 바늘로 한 번 뜬 자국을 세는 단위.

편[片]囲 저울에 달아 파는 인삼의 낱개를 세는 단위.

수동이囲 <u>광석의 무게</u>를 나타내는 단위. 37.5kg(10관)에 해당.

마신[馬身]囲 경마에서, 말과 말 사이의 거리를 나타내는 단위.

춤囲 <u>가늘고 기름한 물건</u>을 <u>한 손으로</u> 쥐어 세는 단위. ¶**모춤**(서너 움큼씩 묶은 볏모/모종의 단).

모숨囲 길고 가느다란 물건의, 한 줌 안에 들어올 만한 분량을 세는 단위.

직囲 학질 따위의 병이 발작하는 차례를 나타내는 단위.

숭어리囲 꽃/열매 따위가 굵게 모여 달린 덩어리를 세는 단위.

가리囲 삼을 넣어 말리려고 몇 꼭지씩 한데 묶은 것을 세는 단위.

모태囲 안반에 놓고 한 번에 칠 만한 분량의 <u>떡 덩이</u>를 세는 단위.

전囲 땔나무를 <u>갈퀴</u>와 손으로 한 번에 껴안을 만한 분량을 세는 단위.

가리囲 곡식/장작 따위의 더미를 세는 단위. 한 가리는 스무 단.

통囲 광목/옥양목, 당목 따위를 일정한 크기로 끊어 놓은 것을 세는 단위.

⑷**열거형 의존명사: 들, 등, 등등, 등속, 등지…**

　들의 ¶소, 말, 돼지, 닭 들을 가축이라 한다. ¶장독대 옆 꽃밭에는 맨드라미, 분꽃, 봉숭아꽃 들을 기르고 있었다; 쌀, 보리, 콩, 조, 기장 들을 오곡이라 한다. ⇐'들'을 '등'으로 바꾸어 쓸 수 있으면 의존명사! [주의] 복수 접미사 '들'과 구별. ¶우리들 ⇐이때의 '들'은 복수접미사.

　등의 ¶울산, 구미, 창원 등과 같은 공업 도시; 전남, 전북, 경남 등의 씨름 선수. [주의] '등'이 꼭 열거한 대상이 복수임을 나타내기만 하는 것은 아님. '그 밖에도 같은 종류의 것이 더 있음'을 나타내는 말로도 쓰임. ¶요금 인상 등의 서민 부담 증가.

　등지의 ¶서울, 경주, 부여 등지를 돌아보고 왔다.

⑸**의존명사 중 두음법칙의 예외**인 것

　냥/냥쭝, 년, 리(里)/리(理): ¶두 냥; 몇 년; 몇 리; 그럴 리가 없다.

　년도: 자립형일 때는 '연도'. 숫자 아래에서는 '년도'. ¶2000년도; 연도별 변화 추이.

⑹**의존명사에 붙여 쓸 수 있도록 허용된 경우**: ①**차례**를 나타내는 수관형사나 아라비아 숫자들뿐이며 **양(수효)**을 나타내는 수사까지도 붙여 쓸 수 있는 것은 아님. 〈예〉삼 대 일(○); 3대 1(○); 제2 차(○)[원칙]/제2차(○)[허용]; 육십킬로미터(×)/육십 킬로미터(○)/60킬로미터(○). ②'제-'가 생략된 경우라도, 차례를 나타내는 말일 때는 붙여 쓸 수 있음. 〈예〉(제)이십칠 대→이십칠대; (제)오십팔 회→오십팔회; (제)육십칠 번→육십칠번; (제)구십삼 차→구십삼차. ③이와 같은 취지에서 '제-'가 생략된 것으로 볼 수 있는 다음과 같은 경우에도 붙여 쓸 수 있음. 〈예〉(제)일 학년→일학년; (제)구 사단→구사단; (제)삼 층→삼층; (제)팔 단→팔단; (제)육 급→육급. ④연월일, 시각 등도 차례를 뜻하는 걸로 보아 붙여 쓸 수 있게 하였음. 〈예〉일천구백팔십팔 년 오 월 이십 일→일천구백팔십팔년 오월 이십일; 여덟 시 오십구 분→여덟시 오십구분. [한글 맞춤법 제43항. 해설 참조]

⑺**의존명사 중 유의해야 할 것들**: 같은 꼴로 다른 품사로 쓰이는 것들도 많음.

가지의 ¶여러 가지 방법; 그 예를 몇 가지 들어 보면; 이걸 몇 가지로 나눌 수 있냐?

간의 ¶서울 부산 간; 일부든 전부든 간에; 사용자들 간에; 질문자 간의 상호 의견.

  간접 ¶이틀간; 한 달간; 삼십 일간. ⟸'기간'을 뜻하는 접미사. [주의]¶참새는 방앗간을 보고 그냥 지나치지 않는다. ⟸접미사로 쓰였음.

  [구분 용례1] ¶어느 나라고 간에 그 나름의 독특한 문화가 형성되어 있다. ⟸의존명사. ¶형제간에는 싸우지 말고 우애 있게 지내야 한다. ⟸이때는 합성어임(한 낱말). 이러한 예로는 '모자간/부녀간/부부간/형제간' 등이 있음.

  [구분 용례2] 자매들과 형제 간에 재산 분할 소송이 붙었다 ⟸이때는 '자매들과 형제'가 '간'을 수식하므로 '간'은 의존명사.

  [구분 용례3] 의존명사지만 다음과 같은 합성부사에서는 형태소임: **잘잘못간에/하여간에**(何如間−)/고락간에(苦樂間−)/죽밥간에(粥−間−)/늑죽식간에(粥食間−)/긴불긴간에(緊不緊間−).

거리의 ¶일할 거리가 없다. 오이 한 거리(50개. 단위를 나타내는 의존명사).

  거리접 ¶걱정거리, 반찬거리, 웃음거리 ¶논쟁거리/연구거리/화젯거리/얘깃거리 ¶**먹**거리 ⟸《표준》에서는 이 경우에도 '거리'를 의존명사로만 표기하고 있으나, 이는 《표준》의 실수로 보임. 접사로 보는 것이 적절함.

격의 ①'셈', '식'의 뜻을 나타내는 말. ¶쇠귀에 경 읽는 격; 손 안 대고 코 푸는 격; 다 된 밥에 재 뿌리는 격. ②'자격'. ¶대표자 격으로 참석하다; 우리의 대장 격.

권(卷)의 ①책을 세는 단위. ②여럿이 모여 한 벌을 이룬 책에서 그 순서를 나타내는 말. ¶임꺽정 제3권; 토지 2부 제3 권. ③'그것씩이나'의 뜻을 나타내는 말. ¶소싯적엔 통감 권이나 읽었지. ④종이를 세는 단위. ¶창호지 네 권.

  권(圈)접 '범위' 또는 '그 범위에 속하는 지역'의 뜻. ¶영향권/대기권.

  권(權)접 '권리'나 '자격'의 뜻. ¶선거권/피선거권.

  권(券)접 '자격/권리를 증명하는 표(票)' 또는 '지폐'의 뜻. ¶입장권/승차권.

나름의 ①그 됨됨이나 하기에 달림을 나타내는 말. ②각자가 가지고 있는 고유의 방식. 또는 그 자체. ¶그 나름의 최선을 다했다; 제 하기 나름이다.

나마의 ≒남짓. ¶그는 총을 맞고도 한 시간 나마 걸려야 하는 진지까지 돌아와서야 고꾸라졌다.

  나마조 부족한 조건이지만 아쉬운 대로 인정됨을 나타내는 보조사. ¶너나마 와 줘서 그나마 다행이다; 먼발치로나마 보게 되어 다행; 네 덕에 늦게나마 일을 마칠 수 있었다.

나위의 더 할 수 있는 여유나 더 해야 할 필요. ¶말할 나위 없이.

나절의 다음 낱말들을 제외하고는 의존명사이므로 띄어 써야 함: ¶반나절/한나절/저녁나절/아침나절/점심나절/세나절/하루나절명

내의 ¶회기 내; 일주일 내; 건물 내; 공업단지 내; 운동장 내에서 놀아라.

  내접 부사를 만드는 접사. ¶여름내, 봄내, 가으내, 겨우내.

녘의 ¶아침 녘; 황혼 녘; 해 뜰 녘; 해 질 녘; 단, '동틀 녘' ('동트다'는 한 낱말). [주의] '새벽녘/샐녘/어슬녘/저물녘/저물녘/동녘/서녘/남녘/북녘'명은 모두 한 낱말.

따름의 오로지 그것뿐이고 그 이상은 아님. ¶앞으로 나아갈 따름.

딴의 ¶제 딴에는; 내 딴엔 한다고 했다. ⟸'딴에는'으로만 쓰면 잘못.

대(代)의 ①사람의 <u>나이</u>를 십 년 <u>단위</u>로 끊어 나타내는 말. ¶십 대 소녀들; 20대 초반; 사십 대는 재출발 인생. ②가계/지위를 이어받은 순서를 나타내는 단위. ¶조선조 4대 임금은 세종; 삼 대째의 가보; 오 대 할아버지가 그분.

대[代]명 ①한 집안에서 이어 내려오는 혈통/계보. ¶대를 잇다/대가 끊기다. ②지위/시대가 이어지고 있는 동안. ¶세종 대; 청 대에 고증학이 발달. ③이어져 내려오는 종족의 한 단계. ¶손자의 대에 가서야 결실을 보다. ④≒세대[世代](어린아이가 성장하여 부모 일을 계승할 때까지의 약 30년 정도 되는 기간). ¶우리 대에서 완전히 끝내야 한다. ☜[참고] 띄어쓰기에서는 의존명사일 때와 똑같이 띄어 쓰므로 문제가 되지 않음.

대[對]의 ①두 짝이 합하여 한 벌이 되는 물건을 세는 단위. 주련 한 대. ②사물과 사물의 대비나 대립을 나타내는 말. ¶민주주의 대 공산주의; 청군 대 백군; 개인 대 개인; 지상 대 공중.

대[臺]명 ①(일부 명사 뒤에 붙어) 받침이 되는 시설/이용물의 뜻을 나타내는 말. ¶급수대/조회대/독서대. ②'억대[億臺](억으로 헤아릴 만함)/수억대'의 경우도 접미사적 기능.

대로의 '관형형+의존명사'의 꼴. ¶자기가 느낀 대로; 내가 명령하는 대로; 학교가 끝나는 대로 즉시; 미국에 도착하는 대로; 지칠 대로 지쳐 있었다; 급한 대로 대충; 손쉬운 대로 만들어서 씀; 될 수 있는 대로.

대로조 '명사+조사'의 꼴로. ¶선생님의 가르침대로; 제상은 격식대로; 사실대로 다 말할 거요; 이 상태대로 정권을 넘긴다면; 매사를 고집대로 하였다; 저마다의 방식대로 살아갈 수밖에; 난은 난대로 좋고 돌은 돌대로 좋아서; 일은 일대로 하고 고생은 고생대로; 좋은 약이 입에 쓰다는 말대로; 멋대로/마음대로; 법대로 해.

둥의 ①무슨 일을 하는 듯도 하고 하지 않는 듯도 함. ②이렇다거니 저렇다거니 하며 말이 많음. ¶하는 둥 마는 둥; 갈 둥 말 둥; 제가 옳다는 둥; 아니라는 둥.

듯의 '듯'이 의존명사이거나 '듯이'의 줄인 말일 때는 띄어 쓰지만, 어미나 보조형용사로 쓰일 때는 붙여 씀. 아래에 보인 바와 같이 다소 복잡함. 이와 같이 보조용언화한 의존명사의 용례로는 '듯하다' 외에도 '만하다/법하다/성싶다/척하다'가 있으며, 이에 대해서는 뒤에 별도 항목으로 상세 설명함.

☞ **보조용언화 된 <u>의존명사</u>의 띄어쓰기** 참조.

〈예〉거짓말을 밥 먹<u>듯</u> 하다. (어미).

　　구름에 달 가<u>듯이</u> 가는 나그네. ('듯이'는 어미).

　　비가 올 <u>듯하다</u>. ('듯하다'는 보조형용사).

　　비가 올 <u>듯 말 듯</u>. (의존명사).

　　화가 난 <u>듯</u> 소리치다. (의존명사. '듯이(≒~것처럼)'와 동일).

[의존명사일 때][고급] 아래의 설명처럼, '듯'이 의존명사로 쓰일 때는 '**~것같이/~것처럼/그런 것처럼 거짓으로 꾸며서/그럴 것 같기도 하고 그렇지 않을 것 같기도 하게/-ㄹ 것처럼**'의 뜻을 지님. 즉, 이와 같은 의미로 바꾸어 말이 되면 의존명사적 용법임: ①(추측) '~것같이' ¶존재의 의미를 어렴풋이 알 듯도 하다; 아무래도 지나친 행동을 한 듯만 싶었다. ②(비슷) '~것처럼' ¶자기도 그쯤은 안다는 듯 고개를 끄덕거렸다; 어깨가 떨어져나갈 듯 아팠다. ③(가장) '그런 것처럼 거짓으로 꾸며서' ¶공부를 아주 잘하는 듯 말했다; 끔찍한 테러를 저지르지 않았다는 듯 멀쩡한 얼굴로. ④('-는 듯 마는 듯, -ㄴ 듯 만 듯, -ㄹ 듯 말 듯'의 꼴이나 대립적 연결) '그럴 것 같기도 하고 그렇지 않을 것 같기도 하게' ¶고개를 보일 듯 말 듯 끄덕이고 있었다; 밥과 국을 떠서 씹는 듯 마는 듯 넘겼다. ⑤(한참) '-ㄹ 것처럼 (보이다)'⇒부사구의 형태로 뒤의 용언을 꾸밈. ¶물은 <u>나올 듯 나올 듯</u> 하면서도 나오지 않았다; <u>말할 듯 말할 듯</u> 하다가 끝내 입을 닫았다.

때문의 ¶내가 그를 사랑하기 때문에 그만큼; 그는 한꺼번에 떠오르는 많은 생각 때문에; 두 사람의 심성이 맑았고 욕심이나 욕망이 없는 때문이 아닐까.

만의 동안이 얼마간 계속되었음. ¶단 두 걸음 만에 따라 잡았다; 일 년 만에 돌아오다; 닷새 만에 돌아오다.

만조 ¶닷새만 기다려라; 일 년만 기다려라; 단 두 걸음만 걸으면 되는 걸; 너만 와라; 짐승만도 못한; 오래간만에 가 보다.

만관 관형사로 쓰일 때도 띄어 씀. ¶만 38세; 만 9개월 만에 구조.

만큼≒만치의 ¶먹을 만큼 먹어라; 일한 만큼만 받겠다; 주는 만큼 받고 받는 만큼 주어야 한다; 나는 갈피를 못 잡을 만큼 당황했다; 한강물이 얼 만큼 추운 날씨였다.

만큼≒만치조 ¶너만큼은 한다; 칸나가 창높이만큼 자라서; 당신만큼 사랑에 목마른 여자입니다.

-이(니)만큼≒-이(니)만치/-리만큼≒-리만치미 '-ㄹ 정도로'를 뜻하는 연결어미. ¶너는 학생이니만큼 학업에 힘써야 한다; 지나치리만큼 친절하다.

말의 ¶학기 말; 고려 말 조선 초; 20세기 말; 평가 시험은 9월 말에 본다; 이달 말까지 완납하도록. [주의] '**월말**(그달(해당월)의 끝)'은 한 낱말. ¶월말 정산; 이번 월말 시험은 잘 봐야 해; 월말쯤에 한번 보지 뭐.

망정의 괜찮거나 잘된 일. ¶마침 너희들이 내 눈에 띄었기에 망정이다; 우리가 한발 앞섰기에 망정이지; 그나마 아비가 논마지기나 갖고 있으니 망정이지.

-ㄹ망정미 연결어미. ¶가난할망정, 내 뜻을 굽히고 굽실거리진 않겠다.

맡의 '그 길로 바로'. ¶집에 막 들어서려는 맡에 사람들이 들이닥쳤다; 영업을 끝내려던 맡인데 손님들이 들어왔다; 부르는 소리를 듣고는 밥숟가락을 놓던 맡으로 뛰어나갔다; 술집으로 들어가는 맡으로 주모에게 술국을 부탁했다.

머리의 까닭/필요. ¶따질 수도 있겠지만 그럴 머리가 도무지 없다; 폐를 끼칠 머리가 없지 않은가?

모춤의 어떤 표준에서 조금 남음. ¶먹고 남길 모춤으로 넉넉하게 준비하게.

모춤하다형 길이/분량이 어떤 한도보다 조금 지나치다.

무렵의 대략 어떤 시기와 일치하는 즈음. ¶동틀 무렵; 새벽 무렵; 끝 무렵.

바람의 ①무슨 일에 더불어 일어나는 기세. ②뒷말의 근거/원인. ¶적삼 바람으로 나왔다; 그 바람에 쫄딱 망했다.

바람2의 실/새끼 따위의 길이의 단위. 한 바람은 한 발 정도의 길이.

보[甫]의 예전에, 나이가 서로 비슷한 벗 사이나 아랫사람을 부를 때에 성(姓)/이름 다음에 붙여 쓰던 말. ¶<소설가 구 보 씨의 하루>는 친구인 구 보의 이야기를 적은 것.

빨의 일이 되어 가는 형편/모양. ¶그 빨로 해서야 어느 세월에 다 마칠 수 있겠나?

뿐의 ①¶빙긋이 웃기만 할 뿐 이야기를 하질 않는다; 소문으로만 들었을 뿐; 웃고만 있을 뿐이지 싫다 좋다 말이 없다; 모두들 구경만 할 뿐 누구 하나. ②['-다 뿐이지'의 꼴로]. ¶출근만 안 한다 뿐이지 할 일은 때맞추어 다 해 주고 있어요; 이름이 나지 않았다 뿐이지; 시간만 보냈다 뿐이지 한 일은 없다; 말을 하지 않았다 뿐이지 속인 건 절대 아니다. ③['-다 뿐이다'의 꼴로] ¶보다 뿐입니까; 알고 싶다 뿐이겠어요; 먹다 뿐인가요?

뿐조 ①¶막연한 심증뿐 증거가 없었다; 추위와 바람소리뿐 어디에도 불빛 하나 없었다; 빗소리뿐 사방이 조용했다. 여인이 신경 쓰고 있는 것은 그의 부재 사실뿐이었다. ②(그)뿐만 아니라 ¶…국가에 요구할 권리도 있다. 그뿐만 아니라 나라의 주인으로서 국가를 이끌어 나가는 일에 참여할 수 있는 권리도 있다; 얼굴뿐 아니라 온몸이 쑤시고 붓고 아파서 몸을 일으킬 수도 없었다; 아들은 공부뿐만 아니라 하는 짓거리도 좀 모자랐다.

'-ㄹ뿐더러'미 '이다'의 어간, 받침 없는 용언의 어간, 'ㄹ' 받침인 용언의 어간 또는 어미 '-으시-' 뒤에 붙어 어떤 일이 그것만으로 그치지 않고 나아가 다른 일이 더 있음을 나타내는 연결어미. ¶일도 잘할뿐더러 성격도 좋다; 꽃이 예쁠뿐더러 향기도 좋다.

설레의 가만히 있지 아니하고 자꾸 움직이는 행동/현상. ¶아이들의 설레에 넋이 다 나갔다.

소사[召史]의 양민의 아내나 과부. (성 아래에 붙임) ¶건넛마을 김 소사는 정말이지 정문감이야. [주의] '신랑감', '대통령감'… 의 경우, '감'은 접사가 아닌 명사이지만 붙여 씀. [주의] 이와 비슷한 경우인 '여사(女史)'는 명사임. ¶김 여사; 박옥순 여사.

소수의 몇 냥/말/달에 조금 넘음을 나타내는 말. ¶두 달 소수가 지나서야 돌아왔다; 닷 말 소수나 되는 곡식을 버리다니.

승(勝)/패(敗)의 운동 경기에서, 이긴/진 횟수를 세는 단위. ¶2승 2패; 이 승 이 패→이승 이패(허용).

시의 ¶환기 시에는 문을 여시오; 귀환 시에는 기차를 이용; 사용 시에는 반드시… ☞[예외]비상시(非常時)/유사시(有事時)/평상시(平常時)/필요시(必要時): 합성어.

식의 (관형사형 다음에 쓰여) 일정한 방식/투. ¶그렇게 농담하는 식으로 말하면 믿음이 가지 않는다. ☞[참고] 2015.6. 국립국어원 뜻풀이 변경.

씨/님의 ¶홍길동 씨, 홍 씨, 길동 씨, 길동 님, 홍길동 님, 홍길동 선생, 홍길동 박사, 홍길동 장군, 최경순 님, 최경순 원장님. ⇐성명/성/이름 뒤에 붙는 호칭/관직명 등은 앞에 오는 고유명사와는 별개의 낱말이므로 띄어 씀. 다만, 성/이름이 아닌 직위/신분을 나타내는 명사 뒤에 붙는 '님'의 경우는 접미사로서 '사장님/총장님/원장님'처럼 앞의 명사와 붙여 씀. 사람이 아닌 일부 명사 뒤에 그 대상을 인격화하여 높여 부르는 '달님/해님/별님/토끼님'의 '님'도 접미사로서, 붙여 써야 함.

양의 ①어떤 모양을 하고 있거나 어떤 행동을 짐짓 취함. ¶자기가 대학자인 양하는 꼴이라니; 얼이 빠진 양했다; 너를 좋아하는 양; 감기라도 걸린 양. ②의향/의도. ¶방해하지 않을 양으로; 고시를 볼 양이면 각오를 단단히 해라; 그리 간단하게 일을 처리할 양이면 내가 하지 왜 자네에게 맡겼겠나?

  양하다보동 앞말이 뜻하는 행동을 짐짓 취함을 나타내는 말. ¶그는 아무것도 모르는 양하며 시치미를 뗐다; 직접 시키신 일을 모른 양하십니까. 보형 앞말이 뜻하는 모양을 하고 있음을 나타내는 말. ¶휘파람을 부는 걸 보니 기분이 좋은 양하다; 소중하게 다루는 것을 보니 귀한 물건인 양하다.

적의 ¶시집 올 적에 가져온 게; 나 어릴 적에 공부 잘했어; 엄마 처녀 적 사진이야; 거기는 가본 적이 없는데.

조의 ①조목, 항목. ¶헌법 제6조; 율곡은 16조로 된 규범의 첫 조에 입지를 강조하고 있다. ②명목/조건. ¶그는 수고비 조로 만 원을 주었다. ③곡조나 소리의 단위. ¶시가의 기본 율조는 4·4조와 34조. ④말투, 태도. ¶꽤나 심각한 조로 물었다; 그는 모인 사람들을 향해 윽박지르는 조로 나왔다.

족족의 ¶보는 족족 먹어치운다; 여인은 영감탱이가 선물이랍시고 주는 족족 거절하는 일 없이 받아들 때 사달이 날 줄 알아봤지.

쪽≒편의 ①방향. ¶멀리 보이는 쪽; 소리 나는 쪽을 보다; 바다 쪽; 문 쪽; 학교 쪽. ②갈라서거나 맞서는 것 하나. ¶이긴 쪽; 약한 쪽; 찬성하는 쪽에 속함. ☞두 번째 경우는 모두 쪽을 '편'으로 대체해도 됨. 그러나 '편쪽'은 잘못이며 '편짝'으로 해야 함. 즉, ¶이 편짝; 서 편짝에 한 표.

줄의 ①그것과 거의 비슷한 수준/정도를 나타내는 말. ¶나이 사십 줄에 겨우 장가들다; 오십 줄이 지나다/~ 줄에 접어들다/~ 줄을 넘어서다; 인품이야 재상 줄에 들고도 남지; 우등생 줄에 들고도 남는 성적. ②모숨모숨 엮어 묶은 두름을 세는 말. ¶잎담배 한 줄.

중의 ¶회의 중; 현재 의논 중임; 이 중에는 없어; 지금 가는 중이야; 수업 중; 근무 중.
  [주의] 다음 말들은 합성어, 곧 한 낱말. 주의! ¶'그중/총망중/허공중/은연중/한밤중/야밤중/부재중/부지불식중/부지중/무망중/무심중/무의식중/무언중/밤중'명

즈음의 ¶그 즈음에 내가 무척 바빴어. ♣준말은 '즘'.

지친것의 어떤 일에 오래 종사하다가 물러난 사람을 낮잡는 말. ¶선생 지친것; 기생 지친것; 화냥년

지친것; 서방질 지친것.

짝의 ①곳. ¶아무 짝에도 쓸모없다. ②'꼴'. ¶쇠뿔도 단숨에 빼라더니 꼭 그 짝이네.

차1의 ①기회/순간. ¶마침 놀던 차에; 고향에 갔던 차에 선을 봤다; 나가 보려던 차에. ②번/차례. [원칙] ¶제2 차 세계 대전; 제2 차 대한고등학교 동창회 ⇒[허용] ¶제2차 세계대전[제2차세계대전]; 제2차 대한고등학교 동창회 ⇐'제2차세계대전'은 전문어이므로, 전체를 붙여 쓸 수도 있음. ③수학의 방정식 차수. ¶삼 차 방정식. [참고] 이와 달리 '차'를 '차례/번'을 뜻하는 접미사로 보는 경우도 있음[연세한국어사전]. 아래의 경우 등에서는 접미사로 보는 것이 일응 타당해 보이며, 특히 수학의 방정식 차수와 같은 경우는 더욱 그러함. ¶제일차; 삼차. ④주기/경과의 해당 시기를 나타내는 말. ¶입사 3년 차; 임신 8주 차.

[주의] 횟수(回數)의 **차례**를 나타낼 때에는 '차'가 의존명사이므로 반드시 앞말과 띄어 적어야 함. 〈예〉 '3회차/4회차'(×); '3회 차/4회 차'(○). '결혼 10년차(×)/10년 차'(○); 주(週)의 **차례**를 나타낼 때도 마찬가지임. 〈예〉'2주차/3주 차'(×); '2주 차/3주 차'(○).

[참고] 한글맞춤법 제43항 단서: **순서**를 나타내는 경우나 **숫자**와 어울리어 쓰이는 경우에는 붙여 쓸 수 있다. 〈예〉제일과; 삼학년; 육층.

차접 ¶연수차 미국으로; 연구차; 인사차; 지방 순회차.

참의 ¶마침 밥을 먹을 참이었어. 뷔 ¶그 사람 참 딱하게 되었어. [주의] ¶한참 기다렸다; 한참에 다 먹었다. ⇐이때의 '한참'명 은 한 낱말!

척/체의 ¶아는 척/체; 모르는 척/체.

축의 ¶젊은 축에 끼고말고; 타조는 날짐승 축에 든다.

측(側)의 ¶미국 측의 무리한 요구; 젊은 측의 거부; 여당 측의 지나친 아부.

[참고] '측(側)'은 '쪽/편'과 똑같이 의존명사로서 위와 같은 예문에서는 띄어 쓰지만, 복합어에서는 '쪽/편'처럼 형태소로 기능. 〈예〉좌측≒왼쪽/왼편/좌편; 우측≒오른쪽/바른편/오른편; 양측≒양쪽/양편/쌍방/양방.

치의 ①'사람'의 낮잡음 말. ¶젊은 치들이 시시덕거리며; 건장한 치가 두목 같아 보였다; 어떤 치들은; 이 치들 지금 애들 쪽에 돈을 걸고 있는 중이야. ②어떠한 특성을 가진 물건/대상. ¶이놈은 어제 치보다 훨씬 크다; 굴비는 영광 치가 단연 으뜸. ③일정한 몫/양. ¶한 달 치의 식량; 세 명 치의 임금; 열흘 치씩 준비하게!

터의 ①예정/추측/의지. ¶내일 갈 터이니 그리 알아라; 시장할 터인데 어서. ②≒터수. 처지/형편. ¶사날을 굶은 터에 찬밥 더운밥 가리랴; 자기 앞가림도 못하는 터에; 그는 겨우 역에 도착했지만 기차는 이미 떠나고 없는 터였다.

㈜**텐데** (의존명사 '터'+'인데') ¶찬밥이 되고 말 텐데; 늦을 텐데.

㈜**테다** (의존명사 '터'+'이다') ¶기어코 하고 말 테다; 가고야 말 테다.

턱의 ①그리하여야 할 까닭/이치. ¶영문을 알 턱이 없다; 그가 나를 속일 턱이 없다; 댁이 무슨 턱에 내 집에 와서 성화요? ②그만한 정도/처지. ¶늘 그 턱일세; 자식들에게 용돈을 꼬박꼬박 받고 사는 턱이라; 반 시간 턱이나 휘더듬어서 겨우 찾아왔다.

템의 생각보다 많은 정도. ¶이내 끝낼 줄 알았는데 한 달 템이나 걸렸다.

판의 ①'처지/판국/형편'. ¶사람이 죽고 사는 판에; 몰매를 맞을 판이다; 죽을 판; 살 판 ②승부. ¶씨름 한 판; 마지막 판; 바둑 한 판 둘레; 당구 한 판.

판명 벌어진 자리/장면. ¶판을 깨다/ 판이 벌어지다; 판에 끼어들다. [주의] '노름판/씨름판/먹자판' 등은 합성어. 그러나, '여자들 판' 등은 각각의 낱말.

편의 ¶어느 편이 이기든.

편짝≒편의 상대하는 두 편 가운데, 어느 한 편. ¶이 편짝; 동 편짝 끝에서부터 서 편짝 창 밑까지 한 일자로 금을 주욱 그었다. [참고] '편쪽'은 잘못이며 '편짝'만 표준어. 즉, 쪽≒편이지만, '편쪽'은 잘못!

통의 어떤 일이 벌어진 환경/판국. ¶난리 통에 뿔뿔이 헤어졌다; 장마 통이라 어찌 할 수가 없었다; 싸우는 통에 도무지; 영감은 하 반가운 통에, 하마터면 색시 손을 덥석 잡을 뻔했다.

투[套]의 말/글/행동 따위에서 버릇처럼 일정하게 굳어진 본새/방식. ¶번역 투의 문장.

해의 '것'. ¶우리 해는 어느 것인가?; 큰 것이 내 해다.

호[號]의 순서나 차례, 신문/잡지 따위의 정기 간행물이 간행된 차례나 그 성격, 또는 캔버스/활자의 크기 등을 나타냄. ¶101호 강의실; 제17권 제2호; 이번 호에 실릴 논문; 신년 특별 호; 5호 활자; 삼십 호 캔버스.

　호[號]접 '그 이름을 가진 것'의 뜻을 더하는 접미사. ¶메이플라워호; 무궁화호.

(8)의존명사로 착각하기 쉬운 것들〈예〉: '하'와 '상', '짜리', '안', '때' 따위

①-하는 접미사. ¶오지 않는다는 판단하에; 그런 전제하에; 식민지하에서; 원칙하에서; 장관의 묵인하에

②-상'도 위의 '하'와 같이 접미사. ¶의미상으로는; 거리상 불가능함. **그러나, '지구 상의 인구' 등과 같은 경우는, 구체적인 지구 위를 뜻하는 일반명사이므로 띄어 씀. 즉, 추상명사와 결합할 때만 접미사.

③짜리'도 접미사. '그만한 수/양/가치를 가진 것' '그런 <u>차림</u>을 한 사람'의 뜻을 더하며, 위에 보인 의존명사 '지친것'과는 다름. ¶백 원짜리; 천만 원짜리 옷; 돌짜리/맥짜리/자짜리/단칸짜리/바구니짜리/대푼짜리/도련님짜리.

④교실 <u>안</u>에서 뛰지 마라; 단지/공장 <u>내</u> 서행 운행' 등의 예에서, 모두 띄어 쓰지만 '안'은 명사이고, '내'는 의존명사. '처녀 적 사진; 소싯적 사진; 처녀 때 사진' 등에서 '적'은 '때'를 나타내는 의존명사이고, '때'는 명사. 단음절 낱말 중에는 이런 것들이 제법 있음. [주의] '황석영 작 〈장길산〉, 안정복 저 〈동사강목〉 등에 쓰인 '작/저'는 의존명사가 아닌 명사임.

(9)의존명사라 하더라도 아래 것들은 윗말과 굳어진 것으로 보아 붙여 씀.

-것: 이것/그것/저것/아무것/별것; 날(未熟)것/생것/산것; 들(擔架)것/탈것.

　거: 이거/그거/저거/요거.

-쪽: 동쪽/서쪽/남쪽/북쪽; 앞쪽/뒤쪽; 이쪽/그쪽/저쪽; 양쪽/한쪽; 반대쪽/오른쪽/왼쪽/맞은쪽/바깥쪽/안쪽/옆쪽/한쪽; 이편(我方人)/저편(彼方人).

-번: 이번/저번/요번.

-분/이: 이분/그분/저분; 이이/그이/저이; 늙은이/젊은이/어린이.

◆♣의존명사 중 주로 단위로만 쓰이는 것들 :

권[卷]/명[名]/살/세[歲]/개[個/箇/介]/년/마리/분/술/군데/주년[周年/週年]/통[通]/척[隻]/채/초[秒]/도[度]/활/박[泊]/리[里]/석[席]/영[令]/장/정[錠]/창/모금/움큼〈움큼/거듭/기[器]/수[首]/구[具]/본[本]/필[匹]/첩/승[乘]/세[世]/위[位]/기[騎]/매/병/평[坪]/마리/엽[葉]/타[朶]/문[門]/범[犯]/발[發]/방[放]/간[間]/필[疋]/잎/테/님/닢/톨/기[基]/미[尾]/보/쇄[刷]/대[臺]/타[打]/량[輛]/첩[貼]/제[劑]/식[息]/마장/발짝/보[步]/교[絞]/괴/우리/뭇/벌/재[才]/톳/필[筆]/동무늬/근[听]/새/편거리[片-]/장[張]/매[枚]/정[町]/장도막[場-]/두[頭]/정[梃]/칸통/짝/축[軸]/축/거리/모/쌈/쾌/장[丈]/바람/탕/벌/문[文]/립[立]/자밤/인[引]/바탕/강다리/조짐/동/가마/접/고리/쟁기/발/동/길/거리/보지락/끗/경[經]/되지기/마지기/섬지기/갓/손/편/분/벌.

〈주요 낱말 뜻풀이〉

강다리의 쪼갠 장작을 묶어 세는 단위. 1강다리는 쪼갠 장작 백 개비.

조짐웹 쪼갠 장작을 세는 단위. 1조짐은 사방 여섯 자 부피로 쌓은 분량의 쪼갠 장작 더미.

우리웹 기와를 세는 단위. 1우리는 기와 2천 장.

마장웹 거리의 단위. 오 리나 십 리가 못 되는 거리.

발짝웹 발을 한 번 떼어 놓는 걸음을 세는 단위.

괴웹 창호지를 세는 단위. 1괴는 2천 장.

뭇웹 ①짚, 장작, 채소 따위의 작은 묶음을 세는 단위. ②볏단을 세는 단위. ③생선을 묶어 세는 단위. 1뭇은 생선 열 마리.

톳웹 김을 묶어 세는 단위. 1톳은 김 100장.

새웹 피륙의 날을 세는 단위. 1새는 날실 여든 올.

장도막[場—]웹 한 장날로부터 다음 장날 사이의 동안을 세는 단위.

축[軸]웹 ①책력을 묶어 세는 단위. 1축은 책력 스무 권. ②종이를 세는 단위. 1축은 한지는 열 권, 두루마리는 하나.

축웹 ①오징어를 묶어 세는 단위. 1축은 오징어 스무 마리. ②일정 횟수나 차례를 나타내는 단위.

매웹 젓가락 1쌍을 세는 단위.

병웹 사냥에서, 매를 세는 단위.

마리웹 ①시(詩)의 편수를 세는 단위. ②실 따위를 세는 단위.

길웹 ①길이의 단위. 1길은 여덟 자 또는 열 자로 약 4미터 또는 3미터. ②길이의 단위. 1길은 사람의 키 정도의 길이.

필[疋]웹 일정한 길이로 말아 놓은 피륙을 세는 단위.

잎웹 ①명주실의 1바람을 세는 단위. ②'낲'의 북한어.

낲웹 납작한 물건을 세는 단위. 흔히 돈/가마니/멍석 따위를 셀 때 씀.

테웹 서려 놓은 실의 묶음을 세는 단위.

님웹 바느질에 쓰는 토막 친 실을 세는 단위.

보웹 웅담/저담 따위를 세는 단위.

제[劑]웹 1제는 탕약(湯藥) 스무 첩.

낲웹 납작한 물건을 세는 단위. 흔히 돈/가마니, 멍석 따위를 셀 때 씀.

동웹 ①물건을 묶어 세는 단위. 1동은 먹 열 장, 붓 열 자루, 생강 열 접, 피륙 50필, 백지 100권, 곶감 10개. ②집채를 세거나 차례를 나타내는 단위. ¶아파트 10동. ③윷놀이에서, 말이 첫 밭에서 끝 밭을 거쳐 나가는 한 차례, 또는 말을 세는 단위. ¶업지 않은 단동, 혼동, 마지막 동.

동무니웹 한 개의 말에 어우른 말을 세는 단위. ¶'넉동무니/넉동사니'(O).

접웹 채소/과일 따위를 묶어 세는 단위. 1접은 채소나 과일 백 개.

거리1웹 오이/가지 따위를 묶어 세는 단위. 1거리는 오이/가지 오십 개.

거리2웹 탈놀음, 꼭두각시놀음, 굿 따위에서, 장(場)을 세는 단위.

모웹 모시실을 묶어 세는 단위. 1모는 모시실 열 올.

쌈웹 ①바늘을 묶어 세는 단위. 1쌈은 바늘 스물네 개. ②옷감/피혁 따위를 알맞은 분량으로 싸 놓은 덩이를 세는 단위. ③금의 무게를 나타내는 단위. 1쌈은 금 백 냥쭝.

쾌웹 북어를 묶어 세는 단위. 1쾌는 북어 스무 마리.

바람웹 길이의 단위. 1바람은 실/새끼 따위 한 발 정도의 길이.

립[立]웹 목재의 부피를 나타내는 단위. 두께/너비에 따라 기준이 다름.

자밤웹 나물/양념 따위를 손가락 끝으로 집을 만한 분량을 세는 단위.

모금웹 액체/기체를 입 안에 한 번 머금는 분량을 세는 단위.

옴큼〈**움큼**〉의 한 손으로 옴켜쥘 만한 분량을 세는 단위.

거듭의 팔 따위로 한 몫에 거두어들일 만한 분량을 세는 단위.

갓의 굴비/비웃 따위나 고비/고사리 따위를 묶어 세는 단위. 1갓은 굴비·비웃 따위 열 마리, 또는 고비·고사리 따위 열 모숨을 1줄로 엮은 것.

손의 한 손에 잡을 만한 분량을 세는 단위. 조기/고등어/배추 따위 1손은 큰 것과 작은 것을 합한 것을 이르고, 미나리/파 따위 1손은 1줌 분량.

고리의 소주를 사발에 담은 것을 묶어 세는 단위. 1고리는 소주 열 사발.

쟁기의 쟁기고기를 세는 단위. 1쟁기는 돼지 1마리를 잡아 여덟 덩이로 나누었을 때 그 한 덩이.

되지기의 논밭 넓이의 단위. 1되지기는 볍씨 1되의 모 또는 씨앗을 심을 만한 넓이로 1마지기의 10분의 1.

섬지기의 논밭 넓이의 단위. 1섬지기는 볍씨 1섬의 모 또는 씨앗을 심을 만한 넓이로 1마지기의 열 배이며 논은 약 2,000평, 밭은 약 1,000평.

보지락의 비가 온 양을 나타내는 단위. 보습이 들어갈 만큼 빗물이 땅에 스며든 정도.

방[放]의 ①총포를 쏘거나 남포 따위를 터뜨리는 횟수를 세는 단위. ②주먹, 방망이 따위로 치는 횟수를 세는 단위. ③사진을 찍는 횟수나 필름의 장수(張數)를 세는 단위.

별의 상투를 짤 때에 고를 돌려 감는 가닥을 세는 단위.

재[才]의 재목의 부피를 나타내는 단위. 1재는 가로와 세로가 모두 1치이고 길이가 열두 자인 재목의 부피로 약 0.00334㎥에 해당.

근[斤]의 무게의 단위. 1근은 양지(洋紙) 500장의 무게.

미[尾]의 물고기/벌레 따위를 세는 단위.

태[朶]의 꽃송이/꽃가지를 세는 단위.

교[絞]의 의존 끈/새끼줄 따위의 가닥을 세는 단위.

식[息]의 거리의 단위. 1식은 30리에 해당.

엽[葉]의 종이/잎 따위를 세는 단위.

경[經]의 그물코의 크기를 나타내는 단위. 1자 일곱 치인 515mm 안에 들어 있는 날실 수로 나타냄.

승[乘]의 수레 따위를 세는 단위.

위[位]의 ①일정한 기준에 의하여 매겨진 등급/등수를 나타내는 단위. ②신주(神主)/위패(位牌)로 모신 신을 세는 단위.

기[騎]의 말을 탄 사람을 세는 단위.

편거리[片─]의 인삼을 1근씩 골라 맞출 때 그 개수를 세는 단위.

인[引]의 무게의 단위. 소금의 무게를 잴 때 씀. 1인은 소금 200근.

바탕의 ①길이의 단위. 1바탕은 활을 쏘아 살이 미치는 거리 정도의 길이. ②어떤 일을 한 차례 끝내는 동안을 세는 단위.

◆♣**보조용언화 된 의존명사의 띄어쓰기**: '듯하다/만하다/법하다/성싶다/척하다'

①'**만하다**'의 띄어쓰기

  [예제] '**알만한 사람**이 왜 그래?': [원칙] '**알 만한 사람**이 왜 그래?'

  [설명] ①앞에 오는 말이 위의 경우처럼 용언의 관형형일 때 '만하다'는 보조용언. 이때는 앞말과 띄어 쓰는 것이 원칙이되 보조용언 붙여쓰기 허용 조건에 해당되면 붙여 쓸 수 있음. 즉, 둘 다 가능함. 그러나 '알 만은 하다', '알 만도 하다'와 같이 중간에 조사가 들어가면 떼어 써야 함. ¶㉮아직 쓸 만한[쓸만한] 걸 왜 버려? ㉯화를 낼 만하니까[낼만하니까] 화를 내겠지. ㉰알 만도 한 사람이 왜 그래? ②한편, '만하다' 앞에 체언이 오는 경우에, '만하다'는 하나의 낱말이 아니라 보조사 '만'과

용언 '하다'로 나누어짐. ¶㉮강아지가 송아지만 하다. ㉯집채만 한 파도가 밀려온다. 이러한 경우의 '만 하다'를 접미사로 다루는 일도 있지만 '만'과 '하다' 사이에 보조사와 부정을 나타내는 부사 '못'이 끼어드는 경우도 있으므로 '만'과 '하다'로 나누어지는 구조라고 보아야 함. ¶형이 아우만도 못할까? ③그러나, 아래와 같이 한 낱말로 굳어진 말들은 띄어 쓰면 안 됨. **볼만하다/눈곱만하다/눈곱자기만하다/대문짝만하다[大門−].**

②**'듯하다'의 띄어쓰기**

[예제] 변덕이 **죽 끓듯하다**: '~이 **죽 끓듯 하다**'의 잘못.

[설명] ①'듯'과 '하다'가 이어져 나타나는 구성에는 두 가지 경우가 있음. 하나는 어간 다음에 바로 결합하는 경우(어미)이고, 다른 하나는 관형형 다음에 오는 경우(의존명사)임. '듯 하다'로 띄어 적는 특수한 경우로 'ㄹ 듯 말 듯'의 구 형태도 있음. 〈예〉㉮변덕이 죽 끓듯 하다. ㉯오늘은 좋은 일이 있을 듯하다[있을듯하다]. ㉰할 듯 말 듯 하다.

㉮의 '듯 하다'는 어미 '듯'과 '하다'로 나누어지는 구조임. 이때의 '듯'은 '구름에 달 가듯 가는 나그네'의 '가듯'과 같은 경우로 어간에 바로 결합함. 그러므로 '끓듯 하다'와 같이 띄어 쓰는 것. ②이에 비해 ㉯의 '듯하다'는 전체가 보조용언임. 보조용언은 앞말과 띄어 쓰는 것이 원칙이되 보조용언 붙여쓰기 허용 조건에 해당되므로 '있을 듯하다[있을듯하다]'와 같이 두 가지 모두 가능함. 보조용언으로 쓰일 때의 특징은 앞말이 언제나 관형형이라는 것. 즉 앞말이 어간이면 '듯'이 어미이고, 관형형이면 '듯하다' 전체가 보조용언이라고 할 수 있음. ③㉰의 경우는 '을 듯 말 듯' 구성으로 쓰이는(의존명사 '듯'이 쓰인) 부사구 '할 듯 말 듯'이 '하다'를 수식하는 구성이므로, '할 듯 말 듯 하다'로 띄어 씀.

[주의] '듯/양/척/체'가 의존명사로 쓰일 경우도 있으므로, 그 경우에는 앞에 오는 수식어 형태를 고찰하여야 함. ¶비가 올 듯하다; 아는 척하는 게 그의 주특기; 가난한 양하다. ☜[참고] ♣**보조용언 붙여쓰기 허용** 항목.

◆그는 **의지가지 없이** 살아왔다: **의지가지없이**의 잘못.

의지가지없이[依支−][[부] 의지할 만한 대상이 없이. 다른 방도가 없이. ¶~없다[형]

◆♣**'−이'로 끝나는 부사들** 중 유의해야 하는 것들

[예제] 모를 너무 **빽빽히** 심었다: **빽빽이**의 잘못. [어간 받침이 'ㄱ']

모를 너무 **촘촘히** 심었다: 맞음. [어간 받침이 'ㅁ'이지만 예외]

근근히 살아가고 있지: **근근이**의 잘못. [한자 첩어+'이']

곰곰히 생각 좀 해 봐: **곰곰이**의 잘못. [부사+'이']

일을 **꼼꼼이** 해야지: **꼼꼼히**의 잘못. ←**꼼꼼하다**[원]

(1)형용사 어미가 '−하다'인 것 중: 표준 발음이 '이'이며, 어간 받침이 각각 'ㄱ/ㅁ/ㅅ'임.

①어간 끝(받침)이 'ㄱ'인 경우: 가뜩이(≒가뜩)/가뜩가뜩이(≒가뜩가뜩)/가직이/갭직이/갭직갭직이(≒갭직갭직)/걀찍이/고즈넉이/그윽이/길쭉이/깊숙이/끔찍이/나직이/나지막이/납작이/느지막이/멀찍이/비죽이/빽빽이/뾰족이/뻐죽이/수북이〉소복이/오뚝이/자옥이/자욱이/축축이〉촉촉이/큼직이/히죽이.

②어간 끝이 'ㅁ'인 경우: 걀쭘이/갸름이/야틈이. 〈예외〉촘촘히(O)/황감히(惶感−)(O)꼼꼼히(O).

③어간 끝이 'ㅅ'인 경우: 가붓이(가뿟이/거뭇거뭇이(≒거뭇거뭇)/깨끗이/꼿꼿이/꿋꿋이/나붓이/남짓이/느긋이/둥긋이/따듯이/따뜻이/또렷이/뚜렷이/반듯이/번듯이/버젓이/비슷이/빳빳이/뻣뻣이/산뜻이/오롯이/오붓이/의젓이/지긋이.

(2)발음이 '이'로 나는 것: 가까이/고이/날카로이/대수로이/두둑이/번거로이/번번이/누누이/산산이/아스

라이/적잖이.

(3)어근이 한자에서 온 것이거나 첩어 뒤: 간간(間間)이/근근(僅僅)이/기어(期於)이/누누(屢屢/累累/纍纍)이/번번(番番)이; 겹겹이/골골샅샅이/곰곰이/곳곳이/길길이/나날이/다달이/땀땀이/몫몫이/산산이/샅샅이/알알이/앞앞이/일일이/틈틈이/짬짬이/철철이/집집이/줄줄이/켜켜이. ♣[주의]꼼꼼히/급급히/넉넉히/답답히/당당히/서서히/섭섭히/숭숭히/쓸쓸히/찬찬히/천천히/촘촘히. ←발음이 '이/히' 두 가지로 나기 때문에 '-히'로 통일한 것임. 맞춤법 규정 제51항. 이 말들은 모두 형용사에서 비롯되었다는 공통점이 있음.

(4)'ㅂ'불규칙용언 뒤: 가벼이/괴로이/가꺼이/너그러이/부드러이/새로이/쉬이/외로이/즐거이/-스러이.

(5)'-하다'가 붙지 않은 용언 어근 뒤: 같이/굳이/길이/깊이/높이/많이/실없이/적이/헛되이.

[주의] 위와 같이 '-하다'가 붙지 않는 어근에 부사화 접미사가 결합한 형태로 분석되더라도, 그 어근 형태소의 본뜻이 유지되고 있지 않거나 줄어든 낱말의 경우는 익어진 발음 형태대로 '히'로 적음: 작히(어찌 조금만큼만, 얼마나); 딱히(정확하게 꼭 집어서); 밝히(일정한 일에 대하여 똑똑하고 분명하게). [준말] 익히 ←익숙히; 특히←특별히; 작히 ←작하나.

(6)부사 뒤: 곰곰이/더욱이/오뚝이/일찍이/히죽이. ←반드시 어근을 살려 적음.

◆[고급] ♣'이-/그-/저-'가 들어간 낱말 중 주의해야 할 복합어들:

[설명] 복합어는 한 낱말이므로 띄어 쓰면 잘못이나, 형태는 비슷해도 복합어가 아닌 두 낱말들도 있어서 띄어 써야 하는 것들도 적지 않음. 특히 '저-'의 형태에서 그러함. 〈예〉이날(○)/그날(○)/**저날**(×)[**저날**(○)]; 이달(○)/그달(○)/**저달**(×)/**저 달**(○)≒지난달; 이해(○)/그해(○)/**저해**(×)[**지난해**(○)]; 이번/저번≒지난번; 이때(○)/그때(○)/**저때**(×)/**접때**(○); 이적/그적🅜/**저적**(×)🅜/**저적에**🅫; 이다음(○)/그다음(○)/**저다음**(×)[**저 다음**(○)]; 이맘때/그맘때/저맘때(○); 이쯤/그쯤/저쯤; 이담≒이다음(○)/그담≒그다음(○)/**저담**(×); 이즘≒이즈음(○)/그즘≒그즈음(○)/**저즘**(×)/**접때**(○)🅜🅫; 이곳/그곳/저곳(○); 이쪽≒이편/그쪽≒그편/저쪽≒저편; 이분/그분/저분(○); 이이/그이/저이(○); 이손/그손/저손(○); 이자(-者)/그자/저자(○); 이치/그치/저치(○); 이놈/그놈/저놈(○); 이년/그년/저년(○); 이네/그네/저네(○); 이런고로(○)/그런고로(○)🅫/**저런고로**(×); 이봐🅚(○)/이보🅚(○)/**이개**🅚(○. 개를 쫓을 때 지르는 소리)/('저개/그개'는 없으며 '저 개, 그 개'); 그것참🅚(○)/그거참(○); **이것참**(×)/**이것 참**(○); **저것참**(×)/**저것 참**(○); 이보시오🅚/저보시오(○); 이보세요🅚/저보세요(○); 그런즉(○)/이런즉(○)🅬/**저런즉**(×); 이사이≒이새(○)🅜/그사이≒그새(○)🅜/**저사이**(×); 이거≒이것/그거≒그것/저거≒저것(○); 이딴≒이따위🅪🅪/그딴≒그따위/저딴≒저따위(○)🅪🅪; 이럼≒이러면/그럼≒그러면/저럼≒저러면(○); 이대로/그대로/저대로(○); 이런대로/그런대로/저런대로🅫(○); 이같이/그같이/저같이(○); 이나저나(○)/그나저나(○)🅫/**저나그나**(×); 이만하다/그만~/저만~(○)🅷; 이까지로/그까지로/저까지로(○)🅫; 이러이러다/그러그러다/저러저러다(○)🅪; 이러이러하다/그러그러~/저러저러~(○)🅷; 이만이만하다(×)/이만하다(○)/그만그만~(○)/저만저만~(○)/그만저만~(○)🅷.

[주의1] '그중'은 한 낱말이나 '이 중' '저 중'은 두 낱말. ¶그중에서 골라 봐. 이 중에는 없는데. 저 중에도 없고.

[주의2] '이적/그적'에 대응하는 '저적'은 없는 말이나, '저적에🅫'는 있음.

[주의3] '저세상≒저승'의 대응어로서 '이세상'은 없으며 '이 세상≒사세[斯世]'.

[주의4] 이 '이-/그-'와 같이 주의해야 할 것들로는 '지난-/다음-' 등과 연결되는 복합어들도 있음. 그 이유는 '지난날'에서 보듯 이때 쓰인 '지난'의 '지나다'는 글자 그대로의 의미 곧, '어디를 거치어 가거나 오거나 하다'의 뜻으로 쓰인 것이 아니라 '시간이 흘러 그 시기에서 벗어나다'의 특정 의미로 쓰였기 때문임. '다음날'의 경우도 '다음'이 '어떤[이번] 차례의 바로 뒤'라는 본래의 의미로 쓰인 것이 아니라 '정

하여지지 아니한 미래의 어떤 날'처럼 '정하여지지 아니한 미래의 어떤'이라는 특정 의미로 쓰였기 때문임. 〈예〉: 지난날/지난주/지난달/지난해/지난번; 다음날/다음번.

그길로튀 ①어떤 장소에 도착한 그 걸음으로. ②어떤 일이 있은 다음 곧. ¶'이길로'(×) ⇐없는 말.

그런즉준 '그러한즉'이 줄어든 말. ¶이런즉(○), 저런즉(×).

◆<u>이같은</u> 일은 **이 같이** 한번에 풀리기도 해: **이 같은, 이같이, 한 번**의 잘못.

[설명] ①'이 같은, 이같이'는 각각 '이+같은형→이 같은'; '이+같이조 →이같이'로 분석됨. ②'한번'은 '한' 대신 '두/세'를 넣어 뜻이 통하면 횟수이므로 '한 번'. 그렇지 않으면 '한번'(일단/우선/언젠가는/그거 하나는).

[참고1] ①**이같이/그같이/저같이**튀 이/그/저 모양으로. '이/그/저렇게'. ②'이 같이': '이와 같이'의 준말로 추정될 경우도 있으나, 이때의 '같이'는 부사이므로 붙여 쓰지 않음. ☞아래 참고2 설명 참조.

[참고2] '이와 같다': 《표준》의 표제어로는 나오지 않음. 표제어 '이렇다'의 설명에 사용되었을 뿐임. 여기서 '이'는 대명사 '이'에서 비롯한 듯하며, '같이'는 부사. 그 때문에 '이(와) 같이'에서도 붙여 쓰지 않음. ☞아래 참고3 설명 참조.

[참고3] '같이'는 조사일 때와 부사일 때, 띄어쓰기에 주의해야 함. ☞좀 더 상세한 설명은 **'같이'와 '같은/ 같다'의 띄어쓰기** 항목 참조.

①조사일 때: '앞말이 보이는 전형적인 어떤 특징처럼'의 뜻을 나타내며, <u>체언 뒤</u>에 붙여 적음. ¶얼음장 같이 차가운 방바닥; 눈같이 흰 박꽃; 소같이 일만 하더니만 결국은 과로사.

②부사일 때: '둘 이상의 사람/사물이 함께' 또는 '어떤 상황/행동 따위와 다름이 없이'라는 뜻으로, 띄어 적음. ¶친구와 같이 사업을 하다; 모두가 예상했던 <u>바와 같이</u> 주가가 급락했다; <u>이와 같이</u>, 그 결말은 참으로 비극적이었습니다.

◆가진 게 **이것 밖에** 없음.: **이것밖에**의 잘못. ⇐'-밖에'는 조사.

단지 내에서만 공장 신설을 허용하고 **이밖의** 지역에서는 금지: **이 밖의**의 잘못.

[설명] 두 번째 예문의 경우는 단지를 벗어난 바깥 다른 지역을 뜻하므로, '일정한 한도/범위에 들지 않는 나머지 다른 부분/일'을 뜻하는 명사인 '밖'에 격조사 '의'가 붙은 것으로 보아야 적절함. ¶그 밖에도 예는 많지만; 이 밖에 지금 우리가 할 수 있는 건 뭐가 있을까.

◆**이것참/이거참** 큰일 났네: **이것 참/이거 참**의 잘못. 없는 말.

[설명] '그것참'은 감탄사지만, '이것참/이거참', '저것참/저거참'은 아직 사전에 없는 말로 '이것 참/이거 참', 혹은 '저것 참/저거 참'으로 띄어 적어야 함. ☞[참고] '이것참'의 경우는 실생활에서 의미상 '그것참'과 대차 없이 쓰이고 있음에도, 현재 사전에는 올라 있지 않음.

그것참≒그거참/거참감 사정이 매우 딱하거나 어이가 없을 때, 또는 뜻밖에도 일이 잘되었을 때 내는 소리.

◆<u>이견</u>을 좁히다: **견해차**의 잘못. ⇐'이견'은 좁힐 수 있는 것이 아니므로.

◆<u>이골물 저골물</u>: **이 골 물 저 골 물**의 잘못. [원칙].

[설명] 단, 낱 낱말이 연속될 때 붙여쓰기도 허용되므로, 예문에서처럼 붙여 쓸 수도 있으나 붙여 쓸 경우, '이골(아주 길이 들어서 몸에 푹 밴 버릇)+물(物. '물건' 또는 '물질'의 뜻을 더하는 접미사)' 등과 같은 억지 조어로 오인될 수도 있으므로 띄어 쓰거나, '이 골물 저 골물' 등으로 적어서 본래 뜻이

통하는 데에 지장이 없도록 하여야 함. ⇐'골물'은 '골짜기에서 흐르는 물'이라는 뜻을 가진 말이기
도 함.

[참고] 이고지고(×)/이고 지고(○); 이일저일(×)/이 일 저 일(○)/이일 저일(○).

[주의] 위와 반대로, 떼어 쓰면 틀리는 말들도 많음: 이제나 저제나(×)/**이제나저제나**(○); 이나 저나(×)/**이
나저나**(○); 이러나 저러나(×)/**이러나저러나**(○); **이러고저러고**(○); **이러니저러니**(○); **이러쿵저러쿵**(○), **어
쩌고저쩌고**(○); **이럭저럭**(○); **이런저런**(○)판, 이쪽 저쪽(×)/**이쪽저쪽**(○)≒**이편저편**(○)명; 이판 저판(×)/
이판저판(○)명(≒이런 일 저런 일); 이판 사판(×)/**이판사판**(○)명*; 이런즉(○)준≒**이러한즉**(○).

*'이판사판'은 '막다른 데 이르러 어찌할 수 없게 된 지경'을 뜻하는 명사.

[참고] ①'이런즉≒이러한즉'이 한 낱말일 수밖에 없는 까닭: '즉'은 부사이며 '이런'은 관형사. 그런데, '즉'
은 명사가 아니므로 '이런 즉'이 될 수가 없음. 어쩔 수 없이 붙여 써서 부사화. ②이때 쓰인 '-ㄴ즉'은
'…로 말하면/…를 보자면/…를 듣자면' 따위의 뜻을 나타내는 보조사로 보이기도 하나(예: 이야기<u>긴즉</u>
옳다. 취<u>진즉</u> 분명하다 등), 보조사 '-ㄴ즉'은 체언에만 붙을 수 있으므로 연결어미로 보아야 할 것임.
¶이건 비교적 쉽게 쓰인 책<u>인즉</u> 이해하기가 쉬울 것이야. ☞**이렇잖아도** 항목 참조.

◆<u>이 날 저 날</u> 하면서 날짜만 질질 끌더니: **이날 저 날**[원칙](혹은 **이날 저날**)의 잘못.

[설명] ①'이 날 저 날→이날 저날'. ⇐연속되는 날 낱말 붙여쓰기 허용. ②'이날'은 바로 앞에서 이야기했
던 특정한 날의 의미로는 붙여 씀. ☞'저 날'은 어떤 경우에도 한 낱말이 아님. 반드시 떼어 씀.

이날명 바로 앞에서 이야기한 날. ¶작년 첫눈 오던 날. 우리는 이날 처음으로 만났다. ¶**이날 이때까
지**관

[참고] **차일피일하다**[此日彼日-]동 이 날 저 날 하고 자꾸 기한을 미루다.

이때 '이 날'인 것은 위에 나온 특정한 날의 의미가 아닌 때문. 그러나, 연속되는 날 낱말들은 붙여 쓸 수
있으므로 '이날 저날 하고(○)도 가능함.《표준》에서는 속담 용례로 '이날'만 붙여 쓰고 있음[원칙]. ¶이날
저 날 한다.

◆<u>이내몸이/이 내 몸이</u> **죽고죽어**: **이내 몸이 죽고 죽어**의 잘못. ⇐'이내'는 관형사.

이내관 '나의'를 강조하여 이르는 말. ¶외로운 이내 신세; 기박한 이내 팔자; 억울한 이내 사정 좀 들어 보
시오.

◆감탄어로 사용할 때, **네이놈, 네 이놈, 네 이 놈** 중 어느 게 맞나?: **네 이놈.**

[설명] '이놈(그놈/저놈)'은 한 낱말. '네이놈'이라는 감탄사는 없음. 그러므로 '네 이놈'.

◆♣**'이다'**는 조사일 뿐만 아니라 파생동사(자동사/사동사/피동사)를 만드는 **접사**이기도 함.

[설명] ①접사로 쓰인 '-이다'의 예: '벌이다/끓이다/축이다/줄이다/끄덕이다/망설이다/반짝이다/속삭이
다/움직이다/출렁이다'. ②서술격조사 '이다'의 예: 이것은 책이다/그는 양심적이었다/마감이 내일까지
이다/그건 지금 전시중이라서이다.

◆<u>이도령</u>과 성춘향: **이 도령**의 잘못.

[설명] '이 도령'은 이씨 성을 가진 총각을 대접하여 이른 것으로, 직함 표기 등과 마찬가지로 떼어 적음.
¶박 낭자; 황 진사 댁의 황 규수; 김 판서네 김 도령. [참고] '희빈/귀비' 등도 직함 표기이므로 떼어
적음: 장 희빈, 양 귀비. ☞[주의] 직함 표기 중 '공작 부인' 등은 한 낱말이 아니므로 떼어 적음. 붙여
쓴 '공작부인(孔雀夫人)'은 '화려하게 차린 아름다운 여인'의 비유어.

도령명 총각을 대접하여 이르는 말. 한자를 빌려 '道令'으로 적기도 함.

◆**이도저도** 아닌 어중간한 태도: **이도 저도**의 잘못.
  [설명] '이도저도'는 없는 말. '이것도 저것도'의 축약 형태인 '이도 저도'의 잘못. 이때의 '이'는 지시대명사.
    ☞[참고] 어중되다(於中-): <u>이도 저도 아니어서</u> 어느 것에도 알맞지 아니하다.

◆[고급] ♣'**이따가**'와 '**있다가**'
  [예제] 지금 바쁘니까 **있다가** 전화하렴: **이따가/이따**의 잘못.
      거기서 **이따가** 전화해: '이따가'도 가능하지만, 문맥상 '있다가'가 나음.
  [설명] ①'지금 바쁘거든. **이따가** 전화해': '이따가/이따'는 '조금 지난 뒤에, 조금 있다가'를 뜻하는 부사.
    ②'나랑 조금만 여기에 더 **있다가** 가/조금 **있다가** 다시 전화해'. ⇒이 두 가지 문례로 미루어, '이따가
    (이따)'는 '조금 있다가, 잠시 뒤에'라는 추상적인 시간 경과의 뜻을 한 낱말로 압축한 것(부사)이고,
    '있다가'는 '있-'이라는 실체적인 행위에 연결어미 '-다가'가 붙어 만들어진 전혀 다른 구조의 말. 따
    라서 이 문례에 쓰인 서술어 '있다가'의 자리에 부사 '이따가'를 넣으면 전혀 말이 되지 않게 됨을 알
    수 있음.
  [요약] '이따가'는 실체적인 '있다'와 무관하게 추상적인 시간의 경과를 주목적으로 하는 부사. '있다가'는
    연결어미가 쓰인 구체적 **서술** 기능의 용언 활용형.

◆**이따금씩** 이런 식으로 놀라게 하는 그: 맞음. ⇐씩은 접사.
  [참고] **얼마쯤씩** 있다가 생각나면 가끔 들르곤 해: 맞음. ⇐씩은 접사.
  [설명] '-씩'은 수량을 나타내는 말 뒤에 붙어서, '그 수량/크기로 나뉘거나 되풀이됨'의 뜻을 더하는 접
    미사인데, 명사뿐만 아니라 시간/공간을 뜻하는 부사 등에도 붙을 수 있음. ¶조금씩/한 그릇씩/한
    번씩/한 걸음씩/이따금씩/얼마쯤씩.
  이따금뷔 얼마쯤씩 있다가 가끔.
  모람모람뷔 <u>이따금씩</u> 한데 몰아서.

◆반지 알이 **이따맣게** 크다고? 거짓말 하지 마: **이만하게**의 잘못. ←**이만하다**[원]
  [설명] '기다맣다/조그맣다〈쪼끄맣다'는 각각 '기다마하다/조그마하다〈쪼끄마하다'의 준말이지만, 이런
    쓰임에 끌려 '이따마하다/이따맣다' 등으로 쓰는 것은 '이만하다'의 잘못. 없는 말로 표준어가 아님.
    이와 비슷한 것으로 '고마마하다(고 정도만 하다)'도 있는데, '고맣다(×)는 없는 말.
  기다맣다혱 **기다마하다**(꽤 길다)'의 준말. ⇐기다매/기다마니/기다맣소로 활용.
  기닿다혱 ①**기다랗다**(매우 길거나 생각보다 길다)'의 준말. ②**기다맣다**('기다마하다'의 준말)'의 준말. ⇐
    '기대/기다니/기닿소로 활용.
  [참고] '기다마하다'의 활용: '기다마하여(기다마해)/기다마하니'.
      '기다랗다'의 활용: '기다래/기다라니/기다랗소'.
      '기다맣다'의 활용: '기다매/기다마니/기다맣소'.

◆**이따위짓/이 따위 짓**을 하려거든 다신 오지 마: **이따위 짓**(≒**이딴 짓**)의 잘못.
  [설명] '이따위'는 대명사와 관형사의 두 가지 기능. 예문에서는 관형사 용법.
  이따위뎨 이러한 부류의 대상을 낮잡는 지시 대명사. ¶뭐 이따위가 다 있어. 뀀 (낮잡는 뜻으로) 이러한
    부류의. ¶감히 어디서 이따위 수작이야?; 나이가 몇인데 이따위 짓을 하나.

◆[고급] 이 일은 꼭 <u>그 사람</u>**이라야** 할 수 있다: 맞음. (혹은, <u>그 사람</u>**이어야**)

그 사람**이래야만** 이걸 해낼 수 있어: ~**이라야만**의 잘못. '만'도 보조사.

집**이라야** 오막살이인 걸: 집**이래야**가 나음. ⇐라고 해야의 준말.

[설명] '-이라야'는 두 가지 의미: ①≒-이어야. ②≒-이라야.

[참고] '-이라야'와 '-이래야(-이-+-래야)'.

‘**-이라야**’조 ①어떤 것을 들어 말하면서 꼭 그것임을 지정하여 말함을 나타내는 <u>보조사</u>. ¶이 일은 그 사람이라야 할 수 있다. ②대수롭지 않게 여기며 그것을 들어 말함을 나타내는 보조사. ¶재산이라야 집 한 채가 전부다; 짐이라야 뭐 있나; 평소에 외출복이라야 이 허름한 잠바 하나뿐인데 뭐.

‘**-(이)래야**(≒-(이)라고 해야)’[고급]: ①'이다/아니다'의 어간이나 어미 '-으시-/-더-/-으리-' 뒤에 붙어 쓰이는, '-<u>라고</u>조 해야'가 줄어든 말. 이때의 '-라고'는 마음에 탐탁지 않게 생각하는 대상임을 나타내는 <u>보조사</u>. ¶집이래야 방 하나에 부엌이 있을 뿐이다. ②받침 없는 동사 어간, 'ㄹ' 받침인 동사 어간 또는 어미 '-으시-' 뒤에 붙어, '-라고 해야'가 줄어든 말. 이때의 '-라고'는 어미 '-라'에 격조사 '-고(앞말이 간접 인용 되는 말임을 나타냄)'가 결합한 <u>특수한</u>* 어미 격 형태. ¶그는 누가 오래야(≒오라고 해야) 오는 사람. ☞*격조사는 체언이나 체언 구실을 하는 말에만 붙을 수 있는데, 이 경우는 어미 '-라'에 붙은 경우로서, '오라'를 간접 인용의 대상(체언 구실)으로 본, 아주 특수한 경우임.

-이라야만조 어떤 일의 조건으로서 그것 이외에 다른 것은 불가능하며 그것이 꼭 필요함을 나타내는 보조사. 보조사 '이라야'와 보조사 '만'이 결합한 말.

-라고 ①'이다/아니다'가 활용한 형태인 어미 '이라/아니라'의 '-라'에 격조사 '고'가 결합한 말. 간접적으로 인용됨을 나타냄. ¶자기는 절대 범인이 아니라고 주장 중이다. ②어미 '-라'에 인용을 나타내는 격조사 '고'가 결합한 말. ¶할 일이 남아 있다고 자네보고 먼저 <u>가라고</u> 하더군.

-라고조 ①마음에 탐탁지 않게 생각하는 대상임을 나타내는 보조사. '이른바'의 뜻. ¶<u>아우라고</u> 하나 있는 게; 농사라고 지어 봤지만. ②뒤에 오는 내용의 원인/이유라는 뜻을 나타내는 보조사. ¶시골 <u>아이라고</u> 그것도 모를까; 박사라고 다 아나. ③'예외 없이 다 마찬가지로'의 뜻을 나타내는 보조사. ¶<u>대통령이라고</u> 욕심이 없을까.

-라고미 ①앞 절의 일을 뒤 절의 까닭이나 근거로 듦을 나타내는 연결어미. ¶친구 <u>사이라고</u> 함부로 해서야. ②흔히 속담과 같은 관용구를 인용하면서 '그 말처럼'의 뜻을 나타내는 연결어미. ¶<u>이웃사촌</u> <u>이라고</u> 먼 친척보다 가까운 이웃이 좋지.

◆<u>이러쿵 저러쿵</u> 어찌나 말이 많은지: **이러쿵저러쿵**의 잘못. ⇐한 낱말. ☞♣**주의해야 할 <u>부사/부사어들의</u> 띄어쓰기** 항목 참조.

◆<u>이런 즉,</u> 더 이상 말할 필요가 없는 일: **이런즉**의 잘못. ☞♣**주의해야 할 <u>부사/부사어들의 띄어쓰기</u>** 항목 참조.

◆네가 내게 **이렇잖아도** 이미 난 끝난 목숨이야: **이러잖아도**의 잘못. ⇐'이러지(이리하지)'동+아니하여도/ 않아도'의 준말. [참고] '**이렇다**'형.'**이러다**'동

상황이 **이러지만 않아도** 그 돈 벌써 다 갚았을 거네: **이렇잖아도**(혹은 **이렇지만 않아도**)의 잘못. ⇐'이러 다'동는 부적절. '이렇다'형의 잘못.

[설명] ①'이러다'는 동사 '이리하다'의 준말. 첫 예문에서 '이렇잖아도'는 형용사 '이렇다('이러하다'의 준말)' 의 부정 표현이므로 부적절. 동사를 사용해야 함. ②두 번째 예문에서는 '상황'이 주어이므로 '이러다'

⑧ 대신 '이렇다'⑱를 사용하는 게 적절함. '이렇지 않아도'가 줄면 '이렇잖아도'. 준말의 어원 밝혀 적기('이렇-')와 앞의 받침이 'ㄱ/ㅂ(ㅅ)'가 아닐 때는 ㅎ 축약이 가능하다는 원칙(이 경우에는 해당되지 않으나)에 의하여, '이렇+지+않아도'는 '이렇잖아도'로 축약됨.

이러다㈜ ①⑧ '이리하다(이렇게 하다)'의 준말 ¶이러다 다치겠다; 이러다가는 시작도 못해 보고 해가 저물겠다; 내가 이런다고 야속해하지 말게; 고기도 넣고 양파도 넣고 이래야 제맛이 나지; 너나 나나 얼른 팔자를 고쳐야지 늘 이러다 말 테냐; 이러다 돌아가시면 어쩌나 싶어 와락 겁이 났다. ②⑧ 이렇게 말하다. ¶얘가 자꾸 놀러 가자고 이러는데 어떻게 하지?

이렇다⑱ 상태/모양/성질 따위가 이와 같다. 본말은 '이러하다'. ¶내가 이럴 줄 알았다니까; 상황이 이러니까 도움을 좀 받았으면 해; 아버지가 화나신 이유는 이래.

◈♣'이루어지다' 혹은 '이루어져야 한다'의 오용 및 남용 사례

[설명] 아래와 같이 잘못 사용하거나 불필요하게 남용하는 일들이 많은데, 가능하면 쉬운 말로 바꾸어 쓰는 것이 좋으며, 꼭 필요한 경우에만 사용.

· 오늘부터 후기 대학의 입학원서 접수가 이루어집니다→입학원서를 접수합니다
· 새해에 <u>뜻이 이루어지시기</u> 위해서 어떤 일을 계획하셨습니까?→<u>뜻을 이루기</u>
· 방침에 따라 지금보다 <u>과세가 철저히 이루어지겠지만</u>→<u>과세를 철저히 하겠지만</u>
· 성공이 이루어졌다→성공했다
· 책임 수행이 이루어져야 합니다→책임을 수행해야[다해야] 합니다
· <u>약속 이행이 이루어져야 합니다</u>→<u>약속을 이행해야[지켜야]</u> 합니다
· 공정한 법 집행이 이루어져야 합니다→법을 공정하게 집행해야 합니다
· 공정한 심판이 이루어져야 합니다→심판을 공정하게 해야 합니다
· <u>부패 척결이 이루어져야 합니다</u>→<u>부패를 척결해야</u> 합니다
· <u>소원 성취가 이루어졌다</u>→<u>소원을 성취했다</u>
· 경기 회복이 빨리 이루어져야 합니다→경기를 빨리 회복해야 합니다
· <u>과감한 개혁이 이루어져야 합니다</u>→가능. 또는 <u>과감하게 개혁해야 합니다</u>
· 정밀한 조사가 이루어져야 합니다→가능. 또는 정밀하게 조사해야 합니다
· <u>성역 없는 수사가 이루어져야 함</u>→가능. 또는 <u>성역 없이 수사해야 함</u>

◈이를 테면 그는 산 역사다: **이를테면**(≒**일테면**)⑨의 잘못.

[구별] '**이를 테면**(○) 일러라, 까짓것': 이르다≒고자질하다. ☞문제의 예문을 띄어 쓰면 이런 문제도 생기므로 붙여 써서 부사화.

◈♣이름과 두음법칙

[예제] 최**룡**해(×)/박**련**희(×): '최**용**해/박**연**희'의 잘못. 이름 표기에는 두음법칙 적용[원칙].
　　　　류길재 통일부 장관, **라**종일 교수: 쓸 수 있음. 성은 두음법칙 예외 가능.
[설명1] '녕(寧)'의 경우, 앞말에 받침이 있으면 본음인 '녕', 없으면 <u>속음</u>인 '령'. 그러나 이것이 절대적인 원칙은 아니며, 습관음 표기임. 아래 설명 참조.
　　　　이숭녕(李崇寧) ↔ 이어령(李御寧)
　　　　충녕대군(忠寧大君)/양녕대군(讓寧大君) ↔ 효령대군(孝寧大君)
　　　　金寧(김녕)/昌寧(창녕) ↔ 載寧(재령)/會寧(회령)/宜寧(의령)
[예외] 언중의 습관음 표기에 따르기: 돈령부[敦▽寧府](○)/돈녕부(×).

[원칙] ①성씨 다음의 <u>이름자</u>는 두음법칙을 따름[원칙].: 박련희(×)/박연희(○); 정락영(×)/정낙영(○); 공로명(×)/공노명(○). ②그러나 발음 편의에 따라 (특히, 앞말에 받침이 있는 경우는) 속음을 적을 수도 있음. ⇐한글 맞춤법 제52항: 한자어에서 본음으로도 나고 속음으로도 나는 것은 각각 그 소리에 따라 적는다. 〈예〉본음으로 나는 것: 안녕(安寧). ↔ 속음으로 나는 것: 의령(宜寧), 회령(會寧).

[설명2] 속음이란 세속에서 <u>널리 사용되는 습관음</u>이므로, 표준어도 속음으로 된 발음 형태를 표준어로 삼게 되어 맞춤법에서도 속음에 따라 적게 됨. 즉, 표의 문자인 한자는 하나하나가 어휘 형태소의 성격을 띠고 있으므로, 본음 형태와 속음 형태는 동일 형태소의 이형태(異形態)로 봄.

[예외] ①성씨의 경우에는 성을 사람의 혈통을 표시하는 고유명사로 보아 '柳(류)·羅(라)·李(리)'처럼 소리 나는 대로 적는 표기를 허용함(대법원 예규 개정, 2007). ②[특칙]특히 이름의 경우에는, 신고자의 선택을 헌법상 기본권인 인격권 또는 자기결정권으로 보아 이를 허용하는 호적법 규정에 따라, 속음으로 적을 수도 있음. 특히 <u>이름이 외자</u>인 경우에는 두 가지 모두 허용: ㉮신고자의 한글 표기 방식 선택 허용: 김덕룡[金德龍](○)/김덕용(○), 박연련[朴蓮練](○)/박연연(○). 이 경우 원칙에 따르면 각각 '김덕룡/박련련'이 옳으나, 신고자의 선택도 허용. [원칙]이후락[李厚洛]/정청래[鄭淸來]/이응로[李應魯]; 김낙산[金洛山]/장내순[張來淳]. ㉯이름이 외자인 경우: 하륜[河崙](○)/하윤(○) ⇐원칙으로는 '하윤'이 옳으나 두 가지 모두 허용. [유사 사례] 신립(申砬)/최린(崔隣)은 속음 표기(허용)이며 원칙은 '신입/최인'.

[주의] 이러한 규정은 <u>한자음의 한글 표기</u>와 관련된 경우에만 적용되는 것이며, 고유어 표기에서는 적용되지 않음. 따라서, '주리니/주리라/주리아' 등처럼 이름이 고유어로 표기된 경우라면 이러한 규정과 전혀 무관하므로, 쓸 수 있음!

◆♣<u>받침 있는 이름 뒤에 '−이'를 붙이는 게 옳은가?</u>

[예제] **홍길동이** 그날 아비를 찾아갔던 일은: **홍길동이가**가 더 적절.

[설명] ①'홍길동이/홍길동은/홍길동을/홍길동의'; '홍길동이가/홍길동이는/홍길동이를/홍길동이의'와 같이 받침 있는 사람의 이름 뒤에 '−이'를 붙여서 표기하는 경우와 그렇지 않은 경우가 있는데, 《표준》에서는 '−이'를 붙여서 표기하는 경우를 일반적인 것으로 인정하고 있음. ②이때의 '−이'는 어조를 고르는 접미사로 봄.

◆♣<u>이름 뒤에 붙이는 '자'의 띄어쓰기</u>

[예제] 부친 성함은 ○**자**, ○**자**입니다: ○ **자**, ○ **자**의 잘못.

그의 이름은 김하늘은하수. **'하'자, '늘'자, '은'자, '하'자, '수'자야**: **'하' 자, '늘' 자, '은' 자, '하' 자, '수' 자야**의 잘못.

우리 대는 지금 **병(炳)자** 항렬이야: **병(炳) 자**의 잘못.

놀랄 노자(字)네: **놀랄 노 자(字)**의 잘못.

[설명] 글자를 뜻하는 '자(字)'는 <u>명사</u>. '놀랄 노 자(字)'의 경우, '놀랄 노' 전체가 '자(字)'를 수식하므로 띄어 씀. '자(字)'는 명사이므로 낱말은 띄어 쓴다는 원칙에 따라 적은 것. 이름이 아무리 길어도 이름 뒤에 '자'를 띄어 적음. ⇐'자(字)'는 어떤 경우에도 접사가 아님을 기억! ☞그 밖의 상세 설명은 '**−자(字)**'항목 참조.

◆나는 그저 **이름없는** 한낱 글쟁이일 뿐: **이름 없는**의 잘못.

내 나름 운수대길이라고 **이름붙인** 날이었다: **이름 붙인**의 잘못.

흰구름으로부터 **이름하야** 백운곡이 되었다: **이름하여**의 잘못. ←**이름하다**[원]

[설명] '이름없다/이름붙이다'는 없는 말. '이름 없이, 이름 붙인'으로 띄어 씀.

◆겨울철에 바싹 구운 **이면수**(-壽) 좋지: **임연수어(林延壽魚)**의 잘못.

◆**이 밖에** 달리 다른 건 없다: **이밖에**의 잘못('이것밖에'의 의미. '–밖에'는 조사).
  [설명] 위의 예문에서 쓰인 '–밖에'는 '그것 말고는/그것 이외에는'의 뜻을 나타내는 <u>조사</u>이며, 뒤에 부정
    을 나타내는 말이 따름. '밖(外)'의 뜻일 때는 명사.
  [구별] '**이 밖에**' 두 가지가 더 있다: '**밖**'은 명사.
  [참고] '관계자 이외(以外)는 들어오지 마시오' ≒ '관계되는 이 외(外)는 들어오지 마시오'.
  이외[以外]몡 일정한 범위나 한도의 밖.

◆**이밤** 한마디 말없이: **이 밤, 말 없이**의 잘못. ←'말없다'는 없는 말.
  [설명] ①'이 밤/오늘 밤/그날 밤' 모두 띄어 씀. 단, '오늘껏/오늘날/오늘내일'몡. ②위의 문장에서는 '한
    마디'와 '한 마디'를 구분하기가 어려움. ③'한마디 말없이'는 문맥상 '한마디의 말도 없이'처럼 한마디
    가 말을 수식하는 구조이므로, '한마디 말 없이'가 어울림.

◆지난주엔 안성에서 낚시 재미 좀 봤지. **이번주**에도 가려고 해: **이번 주**의 잘못.
  [설명] '지난주/지난달/지난해'는 복합어. 여기서 쓰인 '지난'은 '바로 앞의'를 뜻하는데, 이는 동사 '지나다
    (시간이 흘러 그 시기에서 벗어나다)'의 관형형 '지난'의 뜻과는 다르기 때문에 의미 특정에 해당되어
    복합어로 처리된 말들임. 즉, '지난주/지난달/지난해' 따위에 쓰인 '지난'은 그 주/달/해를 벗어났다는
    뜻이 아니라 각각 '이 주/달/해의 <u>바로 앞</u>의 주/달/해'를 뜻함. 그러나 '이번 주, 다음 주' 등은 그렇지
    아니하므로 띄어 써야 함.

◆**이부자리**만 개고 요는 놔 둬라: **이불**의 잘못. ['이부자리' ←'이불+요']

◆**이쁘고 이쁜** 우리 **이쁜이**: 맞음. ←'이쁘다'와 '예쁘다'는 복수표준어[2016년 개정].

◆남**이사** 전봇대로 이를 쑤시든 말든: 남**이야**의 잘못.
  이제**사** 왔어: 이제**야**의 잘못.
  늦게**사** 와서는 수선 피우기는: **늦게(늦게야)**의 잘못.
  [설명] '–사'는 보조사 '–야'의 잘못. '–야'는 받침 없는 체언/부사어/어미 뒤에 붙어 강조의 뜻을 나타냄.
    ¶그야 그렇지; 영어야 걔가 도사지; 이제야 진상이 밝혀지는군; 한 해가 지나서야; 기어코 해내고야
    말리라.

◆**2승1패**로 우리가 이겼다: **2승 1패**의 잘못. ←'승/패'는 의존명사.
  [비교] **이승 일패**로 우리가 이겼다: 쓸 수 있음. '이 승 일 패[원칙]→이승 일패[허용] ← 연속되는 단음절
    낱말 붙여쓰기 허용.
  2남1녀의 단란한 가족: **2남 1녀**의 잘못. ←'2남1녀'라는 낱말은 없음.
  거기에 **2배하면** 그게 네 몫이야: **2배 하면**의 잘못 ←'2배하다'라는 낱말 없음.
  [설명] ①'2남 1녀'에서 '남/녀'는 각각 독립된 명사임. ②'2배하다'를 '두 배하다'로 표기해도 없는 말. '두 배
    하다'로 띄어 적음. 왜냐하면 '배하다(倍–)'는 '어떤 수/양을 두 번 합하다'를 뜻하며, '두 배 하다'와는

구별되는 표기인 까닭임. 즉, 결과로 보면 '두 배(를) 하다'가 '배하다(倍−)'임.

◆이제 그 **이야기 보따리** 좀 풀어봐: **이야기보따리**의 잘못.
  [참고] ①한 낱말인 복합어들: '옛날이야기/이야기꽃/뒷이야기/마주이야기/나무꾼과선녀이야기'. ②유명
  작품 제목 뒤에 '(의)이야기'를 덧붙여 한 낱말 복합어로 만들 수 있음.: '비엔나숲속의이야기'; '새끼사
  슴의이야기'(롤링스의 작품).

◆누군가의 죽음에 빚진 목숨**이어**, 그래서 누우들은…: −**이여**의 잘못.
  하늘**이어**, 임**이어** 우리를 버리지 마소서: −**이여**의 잘못.
  [설명] '−이여'는 받침 있는 체언 뒤에 붙어 정중하게 부르는 뜻을 나타내는 격조사. 〈예〉슬픔이여 안녕;
  젊은 그대들이여. 반면, 받침 없는 체언 뒤에서는 '−여'. 〈예〉겨레여; 그대여; 주여, 잘못을 용서하여 주
  소서.

◆**'−이에요'와 '−에요,' 그리고 '−이예요'**
  [예제] 이곳은 금연 구역**이예요**: '**이에요**(혹은 **예요**)'의 잘못.
       오랜만이네요. 저 갑숙**이에요**: 갑숙**이에요**의 잘못.
  [참고] 저 옛날의 갑숙이 **아니예요**: **아니에요/아녜요**의 잘못.
  [설명] ①'−이에요/−이어요': '이다+−에요/−어요'로 분석되며, 체언 뒤에 붙음. 받침이 없는 체언 뒤에서
  는 '−예요/−여요'로 줄어들기도 함. 즉, 서술격조사 어간 '이−' 뒤에 어미 '에요'가 붙은 '이에요'는 자음
  뒤에서는 그대로 쓰이고, 모음 뒤에서만 '−예요'로 줄어 쓰임. '이에요' 전체가 아닌 '−에요'만 어미이기
  때문에 이와 같은 제한이 따르는 것. 따라서, '밥이에요/김수현이에요', '지우개에요/김현수에요'와 같
  이 써야 함. 〈예〉'지우개이에요/지우개이어요'(○)→'지우개예요/지우개여요'(○); '연필이에요/연필이어요'
  (○)→연필예요(×)/연필여요(×). ②인명일 경우, 받침이 있을 때에는 '−이'가 덧붙으므로('영숙→영숙이')
  받침이 없는 체언과 같아져서 '영숙이에요/영희예요'가 됨. ¶'영숙이+이에요→'영숙이+예요'→'영숙이
  예요'. ③서술격조사 '이다'와는 달리 '아니다'는 용언이므로 '−이에요/−이어요'가 결합하지 않고 어미인
  '−에요/−어요'만 결합하여 '아니에요/아니어요'가 됨. 이들은 '아녜요/아녀요'로 줄어들 수 있음. 흔히
  '아니예요'를 쓰는 일이 있지만 이는 잘못. ¶'제가 아니에요→제가 아녜요(○)/제가 아니예요(×). ☞**아
  니에요'와 '아니에요'**항목 참조.

◆[고급] '**이외에**'와 '**이 외에**'는 어느 것이 맞나?: 경우에 따라, 두 가지 모두 쓰임.
  [설명] '이 외에'로 띄어 써야 할 경우와 '이외에'로 붙여 써야 할 경우가 있음.
    ①¶'연필과 공책이 있다. 이 외에 더 무엇이 필요하겠는가?': 이때의 '이 외에'는 '이것 외에'라는 뜻으
     로, 지시대명사 '이'와 의존명사 '외(外)'가 결합된 경우이므로 띄어 써야 함.
    ②¶'몇 끼를 굶었더니 먹을 것 이외에는 보이지 않는다': '이외(以外: 일정한 범위나 한도의 밖)'가 명사
     로 쓰였으므로 붙여 씀.
  [구분법] ①지시 대명사 '이'에 '외'가 이어진 구성은 문장의 앞에 나오는 반면에, '이외(以外)'는 항상 명사
    다음에 나옴. ②'이 외에'는 '이'를 생략할 수 없지만, '이외(以外)에'는 '이'를 생략하고 '외(外)'에'만을 사
    용해도 의미에 차이가 나지 않음. ③'이외에'의 '이' 대신에 '이것'을 대치해 쓸 수 있지만, '이외에'의 '이'
    는 '이것'과 대치해 쓸 수 없음: ¶'연필과 공책이 있다. 이 외에 더 무엇이 필요하겠는가?'→'연필과 공
    책이 있다. 외에 더 무엇이 필요하겠는가?'(×)→'연필과 공책이 있다. 이것 외에 더 무엇이 필요하겠는
    가?'(○). ¶'몇 끼를 굶었더니 먹을 것 이외에는 보이지 않는다→'몇 끼를 굶었더니 먹을 것 외에는 보

이지 않는다'(○)→'몇 끼를 굶었더니 먹을 것 이것 외에는 보이지 않는다'(×).

◆그리 **이용 당하고서도**, 그는 억울하게 **사형 당했다: 이용당하고서도, 사형당했다**의 잘못.
  [설명] ①'-당하다': 일부 명사 뒤에 붙어 피동형으로 만드는 접미사. 〈예〉'무시당하다/이용당하다/거절당하다/사형당하다'. ②'-되다'가 붙을 수도 있으나 뜻이 일치하지는 않음. 〈예〉'사형되다': 수형자의 목숨이 끊어지다. '사형당하다': 수형자의 목숨이 끊어지는 일을 직접 겪거나 치르다.

◆제 날짜에 딱딱 **이잣돈** 내는 사람 봤나: **제날짜, 이자 돈**(혹은 **이자**)의 잘못.
  [설명] '이잣돈'은 없는 말. 사이시옷이 없는 '이자돈'도 '이자 돈'의 잘못. 이 말이 잘못인 이유는 아래 뜻풀이에서 보듯 '이자'에 '돈'의 의미가 포함되어 있기 때문. 이자를 조건으로 빌리거나 빌려주는 돈을 뜻하는 '변릿돈[邊利-]'과는 구분해야 함.
  이자[利子]명 남에게 돈을 빌려 쓴 대가로 치르는 일정한 비율의 **돈**. '길미/변리'로 순화.
  변릿돈[邊利-]명 변리를 주기로 하고 빌리는 돈. 또는 변리를 받기로 하고 빌려 주는 돈.

◆**이적지** 이걸 끝내지 못했단 말이냐: **이제껏**의 잘못. 방언(경상도).
  그적지 그사람 뭘 하고 있었대?: **그때껏**의 잘못. 없는 말.
  [참고] '이적'은 '현재'의 동의어. 과거의 시점으로는 '그적'이 있음.
  그적명 말하는 이와 듣는 이가 알고 있는 어느 시점. 주로 과거의 시점을 이름.

◆[고급] ♣'이제'와 '인제'
  [설명] 구분이 쉽지 않음. 아래 문례 참고. 둘 다, '바로 지금/이때'라는 뜻인데, '이제'는 구체적인 과거와의 단절 느낌이, '인제'는 상호 연결되어 있는 추상적인 느낌이 강할 뿐임.
  인제명 바로 이때. ¶인제라도 기권하는 것이 어때?; 인제부터 어떻게 할 셈이냐?; 인제는 날씨가 차차 따뜻해지기 때문에 집에서 다녀도 괜찮다. 뷔 이제에 이르러 ¶인제 오니?; 인제 막 가려는 참; 인제 생각하니 후회막급.
  이제명 바로 이때. 지나간 때와 단절. ¶이제부터 이야기를 시작하겠습니다; 입던 옷이 이제는 너무 작다. 뷔바로 이때에. 지나간 때와 단절된 느낌. ¶이제 며칠 후면 졸업이다; 돈도 떨어지고 이제 어떻게 하지?; 할머니 이제 그만 우세요.

◆**이제나 저제나** 하고 기다렸다: **이제나저제나**의 잘못. ⇐한 낱말.
  [유사] **이나 저나** 소식이 와야 뭘 하든가 말든가 하지: **이나저나**의 잘못.
    이러니 저러니 말만 앞세우지 말고 뭐든 해봐라: **이러니저러니**의 잘못.
    이러쿵 저러쿵 어찌나 말이 많은지: **이러쿵저러쿵**의 잘못.
    이럭 저럭 지금까지 버텨 오기는 했는데: **이럭저럭**의 잘못.
  [설명] ☞♣주의해야 할 부사/부사어들의 띄어쓰기 항목 참조.

◆♣이중 피동의 잘못된 쓰임들
  [예제] 죽은 여인보다 더 불쌍한 여인은 **잊혀진** 여인이다: **잊힌**의 잘못.
    잊혀지지 않는 그대 모습이: **잊히지**의 잘못.
  [설명] 이중 피동형의 전형적인 사례: '잊다'의 피동→'잊히다'. 고로 '잊혀진'은 '잊히어진'이므로 불필요한 '지'를 덧댄 이중 피동으로 '잊힌'이 옳은 표현.

[유사] • 마무리가 잘 <u>되어진</u> 일→잘 <u>된</u>[되어지다(×)/되다(○)]

• 단단하게 감<u>겨진</u> 실꾸리→<u>감긴</u>[감겨지다(×)/감기다(○)]

• 망각 속에 <u>묻혀져</u> 사라진 유물들→<u>묻힌</u>[묻혀지다(×)/묻히다(○)]

• 유용하게 <u>쓰여지고</u> 있지→<u>쓰이고</u>[쓰여지다(×)/쓰이다(○)]

• 잘 <u>먹혀지고</u> 있어→<u>먹히고</u>[먹혀지다(×)/먹히다(○)]

• 엄마 품에 <u>안겨진</u> 아이→<u>안긴</u>[안겨지다(×)/안기다(○)]

• 완전히 <u>바뀌어진</u> 거리 풍경→<u>바뀐</u>[바뀌어지다(×)/바뀌다(○)]

• 갈가리 <u>찢겨지는</u> 듯한 가슴→<u>찢기는</u>[찢겨지다(×)/찢기다(○)]

• 지금은 다시 통영으로 <u>불리워지고</u> 있습니다→<u>불리고</u>[불리워지다(×)/불리다(○)]

• 불티나게 <u>읽혀지고</u> 있는 책들이라고 해봐야→<u>읽히고</u>[읽혀지다(×)/읽히다(○)]

• 손에 <u>잡혀지는</u> 대로 꺼내고 보니→<u>잡히는</u>[잡혀지다(×)/잡히다(○)]

• 화면에 <u>보여지는</u> 것들은 모두가 정겹고→<u>보이는</u>[보여지다(×)/보이다(○)]

[예외] ①위 낱말들에 보이는 '-어 지' 꼴은 피동사에 불필요하게 덧댄 이중 피동의 예. 그러나, '**알려지다/밝혀지다**' 등의 낱말은 예외. [알+(리)어지다/밝+(히)어지다]로서 이중 피동이 아니며, 각각 '알리다/밝히다'에 '-어지다'라는 피동형 어미가 연결된 형태임. ¶이미 알려진 바대로; 밝혀진 바에 의하면. ②이러한 부류에 속하는 것들로는 '내려지다/버려지다/흐려지다/또려지다(흐릿하지 않고 분명하다)/가려지다/꺼려지다/느려지다'와 '젖혀지다/잦혀지다' 따위가 있음.

[참고] 이와 관련하여, 아래와 같은 **영어식의 피동형 남용**도 폐해가 큼. 화자(話者)의 자신감 결여로 비치고 글의 힘도 모자라며 주체와 뜻이 불분명해지는 단점이 있고 때로는 어법에도 어긋나므로(관용구나 지배동사 위배 등), 꼭 필요할 때가 아니면 사용하지 않는 것이 좋음.

• 적극적으로 <u>추진되어야</u> 할 것으로 보인다→<u>추진해야 한다</u>. ⇐'적극적으로' 추진하기 위해서는 능동적인 표현이 적절함.

• 큰 사업에는 신중한 <u>선택이 요구된다</u>→<u>선택을 해야 한다</u>. ⇐신뢰도를 높이고 능동적 태도를 확실하게 표현하기 위해서는 능동형으로.

• 평가 결과 60%가 낙제점을 받은 것으로 <u>조사됐다</u>→<u>나타났다</u>. ⇐조사되는 것은 조사의 대상이지 조사 결과가 아니므로.

• 관리에 총체적 부실이 드러나 <u>물의가[말썽이]</u> 빚어진 바 있다.→<u>물의를[말썽을] 빚은</u> 바 있다. ⇐'물의를[말썽을] 빚다/물의를[말썽을] 일으키다'는 자연스럽지만 그 피동형은 몹시 어색한 표현.

• 국민적 관심을 <u>불러일으키게 될</u> 것이고 우리의 수준을 한 단계 <u>끌어올리게 될</u> 것이다→각각 '불러일으키고, 끌어올릴 수 있다'가 더 적절함. ⇐자기 주장이 좀 더 분명해짐.

• 지금은 대부분 <u>민간에 의해 위탁 경영되고</u> 있다→<u>민간이 위탁 경영하고</u> 있다. 가 나음. ⇐'~에 의해 ~되다'는 영어식 피동문의 직역 꼴. '~에 의해'를 굳이 쓸 필요가 없음.

• 입상자에게는 해외 어학 연수의 <u>기회가 주어진다</u>→<u>기회를 준다</u>. ⇐'주어지다' 대신 '주다'로 충분.

◆**이즈러진** 조각달: **이지러진**의 잘못. ←**이지러지다**[원]

[참고] 표정이 **이그러지면서**: **일그러지면서**의 잘못. ←**일그러지다**[원]

[설명] 'ㅣ' 모음이 쓰여야 할 곳에 'ㅡ' 모음이 잘못 쓰인 경우임. ☜♣**'ㅡ' 모음이 쓰여야 할 곳에 'ㅣ' 모음이 잘못 쓰인 경우들** 참조.

이지러지다[통] ①한쪽 귀퉁이가 떨어져 없어지다. ②달 따위가 한쪽이 차지 않다. ③불쾌한 감정 따위로 얼굴이 일그러지다. ☜[주의] 흔히 '-지/시-'가 '-즈/스-'의 잘못일 때가 많은데, 이 경우는 드물게 반대의 경우임.

일그러지다통 물건/얼굴이 비뚤어지거나 우글쭈글하여지다. [유]찌그러지다/비뚤어지다/틀어지다.

◆**이 참에** 나도 옷 한 벌: **이참에**(≒이번에/차제에)의 잘못.
　이참명 ①≒**이번**(곧 돌아오거나 이제 막 지나간 차례). ②마침 이번에 온 기회.

◆**이 충무공**은 이순신을 이름이다: **이충무공**(≒충무공 이순신)의 잘못.
　[설명] 성+이름(호/시호)은 붙여 씀: '이충무공/이퇴계/민충정공; 이퇴계전서/이충무공난중일기초'. 그러나, 시호 등이 앞에 올 때는 띄어 씀: '충무공 이순신; 충무공 이순신 장군; 퇴계 이황; 퇴계 이황 선생'.

◆**이틈**을 타서 한탕 하자[치자]: **이 틈**(≒**이때**)의 잘못.
　[설명] ①'이틈'은 '이(齒)와 이 사이의 틈'을 뜻하는 말. **문틈(門-)/빈틈/실틈**(실같이 좁고 가느다랗게 벌어진 사이)**/이틈/창틈(窓-)/바위틈/북새틈≒북새통/뒤틈**(톱니바퀴가 물릴 때 이와 이 사이의 틈)**/새새틈틈**(모든 사이와 모든 틈). ③'한탕하다/한탕치다'는 없는 말. '한탕 하다[치다]'(O)로 표기.

◆'누구누구'는 동어 반복이므로 붙여 쓰고 '**이판 사판**'은 띄어 써야 해: **이판사판**의 잘못. ⇐준첩어도 붙여 씀.
　[설명] ①동어 반복은 '첩어'라 하며, 붙여 씀. 그러나, 동어 반복이라 해서 모두가 첩어인 것은 아니며, 사전에 인정된 것들만 첩어. 〈예〉누구누구/아주아주/너무너무/더욱더욱(O). 그러나, '매우매우(×)/어디어디'(×)(⇐사전에 없음). 또한 '뭐라 뭐라 하다, 뭐니 뭐니 해도…'에서의 '뭐라 뭐라', '뭐니 뭐니'는 첩어가 아닌 관용구이므로 띄어 적음. ②발음/뜻이 비슷한 말이 겹쳐진 형태는 '준첩어'. 이 또한 붙여 씀. 〈예〉갈팡질팡/허둥지둥/이판사판/올망졸망/미주알고주알. ☞♣**첩어와 준첩어**' 항목 참조.
　[참고] 부사 첩어의 복합어 인정 기준은 뚜렷하지 않지만, '매우(보통 정도보다 훨씬 더)'처럼 이미 극에 이르러 더 갈 데가 없는 단정적인 경우나, '-ㄹ수록 더'와 같은 강조의 의미가 아니라 단순히 중복의 의미만 더해질 경우에는 복합어에서 제외되고 있음. 〈예〉매우매우/극히극히/몹시몹시/별로별로(×).

◆**익숙찮다**: **익숙잖다**의 잘못.
　[설명] '익숙+(하)지 않다→익숙+지 않다→익숙잖다'. (어간 받침 ㄱ/ㅂ/ㅅ 뒤에서 어간 '하'가 줄 때는 준대로 '지'). ☞♣**'-잖/-찮'의 문제(2)** 항목 참조.

◆우리나라의 **인구수**는 5천만이다: **인구**의 잘못. ⇐불필요한 중복.
　[설명] '인구'에 이미 일정한 지역(예: 우리나라)에 사는 사람의 '수'라는 뜻이 있으므로 '-수'는 불필요. 그러나 '인구수' 역시 '일정 지역 안에 사는 사람의 수'라는 뜻이 있어서, 그 명확한 용례 구분이 필요함. 〈예〉혈거시대의 그 지역 인구수는 만 명에도 이르지 못한 것으로 추측된다.
　인구(人口)명 ①일정한 지역에 사는 사람의 **수**. ②세상 사람들의 입. ③어떤 일에 종사하는 사람의 수. 또는 일정한 범주에 속하는 사람의 수.
　인구수(人口數)≒인총수(人總數)/구수(口數)명 일정 지역 안에 사는 사람의 수.

◆**인삿말**만 하고 갈게: **인사말**의 잘못.
　[주의] '-말'이 들어간 복합어 중 사이시옷이 없는 것과 있는 것 구분! ☞♣**'~말'이 들어간 말 중 사이시옷에 주의해야 할 말들** 항목 참조.
　①사이시옷 없는 말: 머리말/꼬리말/좀체말/반대말/인사말/예사말. *'아래 말'

②사이시옷 있는 말: 아랫말(≒아래 마을)/치렛말/귓속말/몸짓말/혼잣말/노랫말/존댓말/귀엣말/요샛말/ 시쳇말(時體-)/고샅말(告祀-)/먼뎃말/본딧말/이젯말/웃음엣말/댓말(對-)/혼삿말(婚事-).

◆**사실인 즉** 말이 안 되는 주장이야: **사실인즉**의 잘못. ⇐'인즉'은 보조사.

  [유사] **그러한 즉** 네가 잘못인 거지: **그러한즉**의 잘못. ⇐'-ㄴ즉'은 연결어미.

  [참고] '-인즉/-ㄴ즉'은 보조사일 때와 연결어미일 때가 있음. 보조사일 때는 '사실인즉'과 같이 체언에 붙어 쓰임. 근거/이유를 뜻하는 연결어미의 용례: '쉽게 풀어 쓴 **책인즉** 이해하기가 쉬울 거야'.

◆♣'**이-**'가 들어간, 주의해야 할 **인칭대명사** 일부

  [예제] **이 분**으로 말씀드릴 것 같으면: **이분**의 잘못. ⇐한 낱말.

      이 치는 그야말로 <u>인간 말종</u>의 표본 격: **이치**, **망종**(혹은 **인간말짜**)의 잘못. ⇐'말종'은 '망종'의 잘못.

      그 분의 경우는 불운의 대표 격: **그분**의 잘못. ⇐한 낱말.

      네이놈! 네 죄를 알렷다: **네 이놈**의 잘못. ⇐네이놈은 없는 말.

이네団 ①말하는 이에게 가까이 있거나 말하는 이가 생각하고 있는 사람들을 가리키는 삼인칭 대명사. ②바로 앞에서 이야기한 사람들을 가리키는 삼인칭 대명사.

이녁団 듣는 이를 조금 낮추어 이르는 이인칭 대명사. 하오할 자리에 씀.

이년団 ①말하는 이에게 가까이 있거나 말하는 이가 생각하고 있는 여자를 비속하게 이르는 삼인칭 대명사. ②여자가 윗사람을 상대하여 자기를 낮추는 일인칭대명사. ③듣는 이가 여자일 때, 그 사람을 비속하게 이르는 이인칭 대명사.

이놈団 ①말하는 이에게 가까이 있거나 말하는 이가 생각하고 있는 남자를 비속하게 이르는 삼인칭 대명사. ②남자가 윗사람을 상대하여 자기를 낮추는 일인칭대명사. ③듣는 이가 남자일 때, 그 사람을 낮잡는 이인칭 대명사.

이분団 '이 사람'을 아주 높이는 삼인칭 대명사.

이손団 '이이'를 조금 낮추어 이르는 말.

이이団 ①'이 사람'을 조금 높이는 삼인칭 대명사. ②여자가 다른 사람을 상대하여 가까이 있는 자기 남편/애인을 가리키는 삼인칭 대명사. ③말하는 이가 듣는 이를 조금 높이는 이인칭 대명사.

이자[-者]団 '이 사람'을 조금 낮잡는 삼인칭 대명사.

이치団 '이 사람'을 낮잡는 삼인칭 대명사.

망종[亡種]명 아주 몹쓸 종자란 뜻으로, 행실이 아주 못된 사람을 낮잡는 말.

인간말짜[人間末-]명 아주 못된 사람이나 쓸모없는 인간을 이르는 말.

◆**가외일**이긴 하지만 예사일이 아니었어: **가욋일**, **예삿일**의 잘못. ☜♣**사이시옷에서 주의해야 할 말들** 항목 참조.

  [참고] '-일'의 합성어 중 사이시옷이 들어가는 말들에는 다음과 같은 것이 있음.

    〈예〉나랏일/두렛일/부좃일(扶助-)/앞뒷일/좀쳇일/사삿일(私私-)/예삿일.

◆**일가 친지[친척]**들만 모시고 혼례를 올렸다: **일가친지[친척]**의 잘못.

  [설명] '일가친지(一家親知)'는 '일가의 친척과 지인들'을 뜻하는 한 낱말임. 이와 관련된 한 낱말들의 예: 일가붙이, 일가식솔[권속], 직계인척(直系姻戚), 일가친척(一家親戚), 인아친척(姻婭親戚), 연인접족(連姻接族. 친척과 인척의 총칭). ♣[주의] ≪표준≫에는 '친인척'이 없음.

◆자식은 **일남일녀**가 딱 알맞지: **일남 일녀**의 잘못.

   [비교] 그는 집에서 **사남**, 즉 **넷째아들**이야: **사남**은 없는 말. **넷째 아들**의 잘못.

       신랑 신부는 묘하게도 집에서 둘 다 **이남**과 **이녀**야: 맞음.

   [설명] ①'일남/일녀'는 각각 한 낱말로서 그 자체가 합성어이며, '일남일녀'는 합성어가 아님. '2남 4녀'의 경우를 생각해 보면, '1남 1녀'라고 해서 붙여 쓸 이유는 없음. ②'일남/이남/삼남'과 '일녀/이녀/삼녀'는 있지만 '사남/사녀'는 없는 말. 아래 설명 참조. ③'첫째아들[딸]/둘째아들[딸]...' 등은 각각의 낱말이므로 '첫째 아들[딸]/둘째 아들[딸]...'로 띄어 적음.

   [참고] ①'일남'에 쓰인 '남(男)'은 '남자(남성(男性)으로 태어난 사람' 혹은 '남성(성(性)의 측면에서 남자를 이르는 말)'과 같은 말. '일녀'에 쓰인 '여(女)'도 그와 똑같이 '여자/여성'과 같은 말. ②'일남'과 '일녀'는 이러한 '남/여'의 뜻풀이에서 한걸음 더 나아가 각각 '아들 한 사람', '딸 한 사람'을 특별히 이르는 합성어. ③[주의] 이와 같이 '아들/딸'의 뜻으로 특정된 경우는 '일남[일녀]/이남[이녀]/삼남[삼녀]'뿐이며, '사남[사녀]/오남[오녀]...' 등은 없는 말. 따라서 '사남삼녀'의 경우는 '일남'이나 '일녀'와 달리, '아들 네 사람과 딸 셋'을 이르는 일반적인 상황이므로 올바른 표기는 '사 남 삼 녀'(혹은 '4남 3녀')이며, 낱낱말 붙여쓰기 허용의 경우에도 '사남 삼녀'로 띄어 적음. 단, '맏아이/맏아들/맏딸...' 등에서처럼 접두사 '맏-'이 쓰인 경우, 접두사는 당연히 뒷말에 붙여 적으므로 한 낱말. 또, '큰아들[딸]/작은아들[딸]' 등도 글자 그대로의 뜻이 아니므로, 한 낱말.

   일남(一男)↔일녀(一女)명 아들 한 사람 ↔딸 한 사람.

   이남(二男)↔이녀(二女)명 둘째 아들 ↔둘째 딸. '두 아들[딸]'의 뜻이 아님.

   삼남(三男)↔삼녀(三女)명 ①셋째 아들 ↔셋째 딸. ②세 아들 ↔세 딸.

◆우리 딱 **1년 간만** 떨어져 지내자: **1년간만**의 잘못.

   [설명] '1년간만'에서 '간'은 접미사이고 '만'은 보조사. 고로 둘 다 붙여 적음.

   [주의] '간'은 다음과 같이 세 가지 기능이 있음.

       ①서울 부산 <u>간</u>의 거리; 일부든 전부든 간에. ⇐의존명사.

       ②이틀간; 한 달간; 삼십 일간. ⇐'기간'을 뜻하는 접사.

       ③형제간, 모자간, 부녀간, 부부간, 형제간. ⇐파생어를 만드는 접사 기능.

◆농민들의 항의 시위로 서울시내 진입로 **일대**가 봉쇄되었다.: **일부 지역**의 잘못.

   태풍으로 **남해안 일대**에 주의보가 발효되었다: 맞음.

   시행사 측은 북한산 **일대** 1만 평의 부지를 매입하였다: **(일부) 지역**의 잘못.

   [설명] '일대(一帶)'는 '일정한 범위의 어느 지역 <u>전부</u>'를 뜻하는 말. 그러므로, '서울시내 <u>진입로 일대</u>'는 서울시내 진입로 전부를 뜻하고 '북한산 일대'는 북한산 지역 전체를 뜻하므로 잘못 쓰인 경우임.

◆두 팀이 **일대 일**로 맞붙어서 우리가 **삼대일**로 졌다: **일대일**, **삼 대 일**의 잘못.

   [설명] 이 경우의 '일대일'은 한 낱말의 명사(합성어)이며, '3:1'과 같이 사물과 사물의 대비/대립을 나타내는 '대'는 의존명사. ¶청군 대 백군; 민주주의 대 공산주의; 개인 대 개인; 사 대 일의 패배. ☞**의존명사 종합 정리** 항목 참조.

   일대일[一對一]명 양쪽이 같은 비율/권리로 상대함. 또는 한 사람이 한 사람을 상대함. ¶일대일로 겨루다/맞서다.

◆**일분 일초**라도 아껴서 노력해야: **일분일초**의 잘못. 한 낱말의 복합어.

일분일초[一分一秒]몡 ≒일각일초[一刻一秒]. 1분과 1초라는 뜻으로, 아주 짧은 시간을 이르는 말.

◆<u>일사분란</u>하게 한 뜻으로 나아가자: **일사불란(一絲不亂)**의 잘못.

　[설명] '일사분란'은 없는 말. 이것을 억지로 한자로 조합하여 말을 만들어 보면 '일사분란(一絲粉亂)' 혹은 '일사분란(一絲紛亂)'이 되는데, '분란(粉亂)'은 우리말에 없는 말이며 '분란(紛亂)'은 '어수선하고 소란스러움'을 뜻함. 그러므로, '한 오리의 실도 엉키지 않아 질서 정연하고 조금도 흐트러지지 않는다'는 것과는 전혀 맞지 않음. 따라서 '-불란(不亂)'으로 써야 함.

◆시합은 **1승2패(일승2패)**로 우리가 졌어: **1승 2패(일승 이패)**의 잘못.

　[설명] '승/패'는 의존명사로 띄어 적음. '일 승 이 패→일승 이패'(허용).

　승[勝]몡 승부 따위에서 이기는 일. 의 운동 경기에서, 이긴 횟수를 세는 <u>단위</u>.

◆이게 오늘 우리가 해야 할 하루의 **일 양[일량]**이야: **일양**의 잘못.

　오늘의 <u>구름**량**</u>은 7입니다: **구름양**(혹은 **운량**)의 잘못.

　[설명] '양[量]'은 명사로서, 명사 뒤에 붙어 분량/수량을 나타내며 두음법칙의 적용을 받음. 즉, 한자어 뒤에서는 '량'으로, 고유어와 외래어 뒤에서는 '양'으로 표기. 〈예〉노동량/업무량; 일양/구름양/알칼리양. 따라서, 동의어인데도 고유어 표기로는 '-양'이 되고 한자어 표기로는 '-량'이 되는 경우도 있음. 〈예〉운량(雲量)/구름양; 유체량(流體量)/흐름양.

◆**일일찻집** 수익금이 얼마나 되지?: **일일 찻집**의 잘못. ⇐없는 말.

　[설명] 아직 사전에 등재되지 않은 말. 현재, '일일(日日)-'이 포함된 말 중 사전에 등재된 것은 의학용어와 사자성어를 제외하고는 대략 다음과 같음. 〈예〉일일화(日日花)/일일신(~新)/일일량(~量)/일일천리(~千里)/일일천추(~千秋)/일일삼추(~三秋)≒일일여삼추/일일생활권(~生活圈)'.

◆♣'**일절**'과 '**일체**'

　[예제] 앞으로는 외상 따위는 **일체** 없다: **일절**이 적절함.

　　　　 오늘부터는 모든 권한을 **일절** 네게 맡기마: **일체**의 잘못.

　[설명] '일체'는 명사와 부사로 쓰이고, <u>일절</u>은 부사로만 쓰임. 부사 '일체'는 '모든 것을 다'의 뜻을 나타내고, '일절'은 '아주/전혀/절대로'의 부정적 뜻을 나타냄. '일절'은 부사 '일체'와 달리 흔히 사물을 부인하거나 행위를 금지할 때에 씀.

　[활용] 명사 '일체'의 쓰임: ①모든 것. ¶사고에 대한 일체의 책임을 지다; 그는 재산 일체를 학교에 기부하였다; 이 가게는 음료 종류 일체를 갖추고 있다; 거기에 따른 일체 비용은 회사가 부담한다. ②('일체로' 꼴로 쓰여) '전부/완전히'의 뜻을 나타내는 말. ¶오늘부터 단속 권한을 일체로 맡길 테니 알아서 하게; 여인은 집안사람들에게 일체로 말조심하라고 단속했다.

　일절[一切]부 아주/전혀/절대로의 뜻으로, 흔히 사물을 부인하거나 행위를 금지할 때에 쓰는 말.

◆저녁을 **일찍가니/일찌가니** 먹고 자리에 들었다: **일찌감치(일찌거니)**의 잘못. ↔느지감치.

　[설명] ①'높-/늦-/일찍-' 등에 붙어서 부사화하는 것은 '-거니'이며 '-가니'는 잘못. ②이럴 경우, 어근을 밝히지 않고 소리 나는 대로 적음. ¶높지거니(O); 늦이거니(×)/느지거니(O)≒늦늦이감치(×)/느지감치(O); 이드거니; 일찍하니(×)/일찌거니(O). 널찌가니(×)/널찌감치(O). 단, '높직하니(O)'는 '높직하다↔나직하다'의 활용형.

미리감치閈 어떤 일이 생기기 훨씬 전에. 어떤 일을 하기에 훨씬 앞서. ¶눈치[거니]채지 못하도록 미리감치 손을 써 둔 가늠이 있어서 참으로 다행이었다.

◆이 책은 **읽는 이**들이 많다: **읽는이**(≒독자)의 잘못.
  [구별] ¶신문을 읽는 이들은 1층으로, 책을 읽는 이들은 2층으로 가세요(○).
  [참고] '듣는이'는 '듣는 이'의 잘못. 속담에 나오는 '들을 이' 역시 띄어 씀. ⇒**들을 이 짐작**㊠ (옆에서 아무리 감언이설로 말을 늘어놓아도 듣는 사람은 자기 나름대로 짐작을 할 것이니 말한 그대로만 될 리는 없다는 말).

◆야 **임마**. 너나 잘해: **인마**의 잘못. ←준말 표기 방식의 예외.
  [설명] '인마'는 '이놈아'의 준말. 표준어 선정에서 '임마'는 버리고 '인마'만 삼았음. 준말 표기의 일반 원칙에 따르면 '임마'를 취해야 하나 다음 말('놈')의 초성을 취하여 '인마'를 표준어로 선정한 것으로 보임. 아래 참고 설명 참조.
  [참고] 준말 표기 방식
    ①받침이 있는 어근(의미소)/형태소일 경우에는 받침(말음)을 취함.
      〈예〉'오래**간**만'→'오**랜**만'(○)/오랫만(×); '여기 **있**다'→'**옜**다'(○)/옛다(×)'.
    ②받침이 없는 어근(의미소)/형태소일 경우에는 초성을 취함.
      〈예〉'가**리**가리'→'**갈**가리'(○)/갈갈이(×)'.

◆놀이시설 이용 시 노약자와 **임산부**는 유의하세요: **임신부**(혹은 **임부**)의 잘못.
  [설명] '임산부'는 '임부'와 '산부'를 아우르는 말. '산부'는 아기를 갓 낳은 여자이기 때문에 위의 문맥과는 어울리지 않음.

◆신약의 효능 검증은 현재 환자에게 **임상 실험** 단계야: **임상 시험**이 더 적절함.
  [설명] '시험'은 구체적인 사물의 기능/성질을 검증하고자 하는 것이고, '실험'은 이론/현상을 검증하고자 하는 것. 따라서 새로 개발한 신약의 효능을 확인하기 위한 절차를 가리킬 때에는 '임상 시험'이 적절하며, 신약 개발을 위하여 예를 들어 바이러스와 면역체와의 관계 등을 파악하기 위해서 행하는 절차를 가리킬 때에는 '임상 실험'이 적절함.

◆마감은 내일까지 **입니다**: 내일까지**입니다**로 붙여 써야 함.
  [설명] '까지'는 보조사. '입니다'는 '이(다)'[조사]+'ㅡㅂ니다'[종결어미] 결합형. 조사(보조사 포함)는 앞말에 붙여 씀.

◆♣'ㅡ입다'가 들어간 복합어들: 띄어 쓰면 잘못임.
  [예제] 얼른 옷 **갈아 입고** 나오렴: **갈아입고**의 잘못. 한 낱말.
         한껏 **차려 입었군그래**: **차려입었군그래**의 잘못. 'ㅡ그래'는 보조사.
         그이 옷으로 **바꿔입으면** 돼: **바꿔 입으면**의 잘못. 두 낱말.
         제 옷은 제가 **챙겨입어야지** 원: **챙겨 입어야지**의 잘못. 두 낱말.
  ㅇ'ㅡ입다': 갈아입다/차려ㅡ/껴ㅡ/덧ㅡ/걷어ㅡ/덧껴ㅡ/떨쳐ㅡ/빼ㅡ/꿰ㅡ/걸ㅡ≒언걸ㅡ/돌라ㅡ/얼[孼]ㅡ/죄[罪]ㅡ≒죄받다/함ㅡ.
  [설명] '바꿔 입다, 챙겨 입다, 치마 입다, 해 입다'의 경우, 모두 띄어 써야 함. '바꿔 입다, 챙겨 입다' 등은

'활용 ─아/어─ 뒤에서 보조용언을 붙여 쓸 수 있다'(허용)에 따라 붙여쓰기도 가능할 듯하나, 문제는 '입다'가 보조용언이 아니라는 것[복합어를 제외하고는 본동사로만 쓰이는 말]. 따라서 띄어 써야 함. '치마 입다'의 경우도 '치마(를) 입다'의 의미이고, '입다'가 보조용언이 아닌 본동사이므로 띄어 써야 하며, '해 입다'의 경우도 '입다'는 본동사이므로 붙여 쓰면 잘못.

◈잘못된 걸 보면 **입빠른** 소리도 해야 해: **입바른**의 잘못. ←입바르다[원]
 입빠른 말버릇은 <u>체신머리없는</u> 일도 돼: 맞음('입빠른'). **채신머리없는**의 잘못. ←입빠르다[원]
 [참고] 아이치고는 엄청 **촉바른** 아이: **촉빠른**의 잘못. ←촉빠르다[원]
 입바르다[형] 바른말을 하는 데 거침이 없다.
 입빠르다[형] 남에게서 들은 말/자신의 생각을 참을성 없이 지껄이는 버릇이 있다.
 촉빠르다[형] 생기가 있고 재치가 빠르다.

◈잘 알지도 못하면서 남의 일로 **입초시** 놀리지 마라: **입길**의 잘못.
 입초시[명] '입길(이러쿵저러쿵 남의 흉을 보는 입의 놀림)'의 방언(강원).

◈**잇달은/잇딴** 사고 소식에 망연자실: **잇단**(혹은, **잇따른**)의 잘못.
 [설명] ①'잇달다'의 활용은 '잇달아/잇다니/잇단/잇다오'로서, '잇달은(×)/잇단(○)'. ②'잇달다'와 '잇따르다'는 동의어. 따라서 '잇달아≒잇따라'의 두 가지 모두 가능. '잇단'과 같은 의미의 '잇따르다' 활용형은 '잇따른'.
 잇따르다≒**뒤닫다/연달다/잇달다**[동] ①움직이는 물체가 다른 물체의 뒤를 이어 따르다. ②어떤 사건/행동 따위가 이어 발생하다. [유]이음달다. ¶대통령의 가두 행진에 보도 차량이 잇따랐다; 비난이/행운이 잇따르다; 각계의 성원이 잇따랐다; 잇따른 범죄 사건 때문에 밤길을 다니기가 두렵다.
 잇달다[동] ①≒잇따르다. ②일정한 모양이 있는 사물을 다른 사물에 이어서 달다. ¶추모행렬이 잇달다; 유권자들이 잇달아 몰려들었다; 잇단 범죄 사건; 실종 사건이 잇달아 발생했다; 주전 선수들의 잇단 부상으로 전력에 문제가 생겼다.
 [참고] 일부 책자에서는 '잇따른'만 올바른 어형으로 제시하고 있으나, '잇달다≒잇따르다'이므로 '잇단'도 가능함.

◈이곳을 선택하시면 **잇점**이 한두 가지가 아닙니다: **이점**(利點)의 잘못.
 [설명] '이점(利點)'의 발음은 {이:쩜}이지만 한자어. 한자어에는 사이시옷을 받치지 못함.

◈잘 **있거라** 나는 간다', 이별의 말도 없이: 맞음. **있어라**도 가능.
 무기여 잘 **있거라**: 맞음. **있어라**도 가능.
 [설명] '─거라'는 예전에 '가다'나 '─가다'로 끝나는 동사의 어간 뒤에만 붙일 수 있는 종결어미였으나, 이제는 '오다'를 제외한 어간에 붙어 두루 쓰일 수 있게 되었음[국립국어원 수정. 2014]. ¶물러가거라/나가거라/돌아가거라; 많이 먹거라. 그만 두거라.

◈[고급] ♣'**있다**'는 동사인가, 형용사인가?
 [예제] 여기에 **있는** 지 한 시간이 넘었다: **있은**이 적절함(설명 참조).
     스키장이 **있는** 곳으로 가고 싶다: 맞음.
     난 갈 테니 넌 여기 **있거라**: 가능.

1. 개괄

①'있다'는 문법가들조차도 명확히 그 소속을 밝히기 어려울 정도로, 그 활용 방식이 일정하지 않은데 다 동사와 형용사의 두 측면을 아울러 지니고 있고 **보조동사**로도 쓰이는 까다로운 말. ②'있다'는 평서형에서 형용사와 같이 활용하지만(예: 이 도시에는 큰 동물원이 있다), 관형형에서는 동사처럼 활용함(예: 큰 동물원이 있는 도시부터 방문하고 싶다). 그런데 의문형에서는 '동사'(있느냐/가느냐)로, 감탄형에서는 '형용사'(있구나/맑구나)처럼 활용함. 또한 형용사에서는 사용할 수 없는 명령형과 청유형도 취할 수 있는 특징이 있음 (예: 여기에 가만히 있어라/같이 있자). ③《표준》에서는 그 활용형을 '있어/있으니/있는'으로 정하고 있으며, 품사별 용례를 아래와 같이 규정하고 있음. ㅡ[주의] 그러나 활용어미가 '-(으)ㄴ'의 꼴일 때는 '있은'도 가능함. 이때의 '-(으)ㄴ'은 앞말이 관형어 구실을 하게 하고, 사건이나 행위가 과거 또는 말하는 이가 상정한 기준 시점보다 과거에 일어남을 나타내는 어미. 〈예〉그 모습을 지켜보고 있은 지가 두 시간이 넘는다(O).

[참고] ①이 때문에, '-있다/-없다'와 결합하여 만들어진 형용사들은 일반 형용사에서 볼 수 없는 '-는'이 사용된 '-있는/-없는'의 활용이 가능함. 〈예〉멋있는/멋없는/맛있는/맛없는/재미있는/재미없는/뜻있는/관계있는/소용없는/틀림없는(O). ②이때의 '-(은)ㄴ'은 앞말이 관형어 구실을 하게 하고 현재의 상태를 나타내는 어미. ¶멋있는 그녀; 맛있는 음식.

2. 동사로서의 '있다'

①사람/동물이 어느 곳에서 떠나거나 벗어나지 아니하고 머물다. ¶나는 집으로 갈 테니 너는 학교에 있어라; 그녀는 내일 집에 있는다 했다; 나는 그가 아직도 집에 있는 줄만 알았다; 이제는 혼자 있는 것이 조금도 무섭지 않다. ②사람이 어떤 직장에 계속 다니다. ¶딴 데 한눈팔 생각 말고 국으로 거기 있어라; 넌 이곳에 계속 있을 필요가 없어; 한 직장에 오래 있어 봤자다. ③'-게 있다'(혹은 '-게' 대신에 '-이/히' 부사 따위나 다른 부사어) 사람/동물이 어떤 상태를 계속 유지하다. ¶장난치지 말고 얌전하게 있어라; 가만히 좀 있어라; 오늘밤엔 우리 모두 여기 함께 있자; 모두 손을 들고 제자리에 조용하게 있어라. ④얼마의 시간이 경과하다. ¶배가 무척 아팠는데 좀 있으니 괜찮아지더군; 앞으로 며칠만 있으면 설이다; 거기 좀 더 있다가 오너라; 밖에서 한참 있다가 들어갔다.

3. 형용사로서의 '있다'

(1) **단순히 '있다'의 꼴로**: ①사람/동물/물체 따위가 실제로 존재하는 상태이다. ¶나는 신도 산타클로스도 있다고 믿는다; 날지 못하는 새도 있다; 우리나라에도 왕이 있었다; 그 아이가 언제 이곳에 있었는지 아는 사람?; 산신령이 있긴 어디 있어? ②어떤 사실/현상이 현실로 존재하는 상태이다. ¶언제고 기회는 있다; 확실한 증거가 있다; 나는 그와 만난 적이 있다. ③어떤 일이 이루어지거나 벌어질 계획이다. ¶곧 모임이 있다; 좋은 일이 있고말고; 오늘 회식이 있으니 전원 참석해; 이번 주말에 동창회 모임이 있다; 오늘 회진은 6시부터 있을 예정이다. ④(주로 '있는' 꼴로) 재물이 넉넉하거나 많다. ¶여인은 아무것도 없으면서 있는 체했다; 그야말로 있는 집 자식이지; 여학생의 차림을 보니 한 눈에 있는 집 자손이라는 것을 알 수 있었다. ⑤('-ㄹ 수 있다' 꼴로) 어떤 일을 이루거나 어떤 일이 발생하는 것이 가능함을 나타내는 말. ¶난 뭐든 할 수 있다; 네게도 그런 일이 일어날 수 있으니 조심해; 작년은 유난히 대형 사고가 많이 있었던 해였다. ⑥(구어체에서, '있잖아', '있지' 꼴로) 어떤 대상/사실을 강조/확인하는 말. ¶그 사람 있잖아 엄청난 부자라더군; 그 소문 있지 정말이래; 있지, 그 소문 너도 들었니?; 걔 있지 미남 배우들만 좋아한대, 주제도 모르고.

(2) **…에+있다'의 꼴로**: ①사람/사물 또는 어떤 사실/현상 따위가 어떤 곳에 자리/공간을 차지하고 존재하는 상태이다. ¶여기는 집이 있었던 자리; 사자는 동물원에 있다; 한 시간 동안 어디 있었니? ②사람/동물이 어느 곳에 머무르거나 사는 상태이다. ¶그는 지금 서울/지방에 있다; 그는 한동안 이 집에 있었다; 그녀는 아들 집에 와 있다. ③사람이 어떤 직장에 다니는 상태이다. ¶그는 지금 철도청/연

구소에 있다; 동창이 은행에 있으니 대출 상담은 수월할걸. ④어떤 처지/상황, 수준/단계에 놓이거나 처한 상태이다. ¶그가 지금 난처한 처지에 있다; 그 일은 현재 진행 중에 있다. ⑤개인/물체의 일부분이 일정한 범위나 전체에 포함된 상태이다. ¶합격자 명단에는 내 이름도 있던가; 취직하러 온 사람 중에는 박사 학위를 받은 사람도 있었다; 이 차에는 각종 첨단 장비들이 있다.

(3)'…에게+있다'의 꼴로: ①어떤 물체를 소유하거나 자격/능력 따위를 가진 상태이다. ¶나에게 만 원[선택권]이 있다; 이 물건은 주인이 있다; 그는 고집/실력이 있다; 아내는 집을 다섯 채 소유하고 있다; 그 정도의 돈쯤이야 내게도 있다. ②일정한 관계를 가진 사람이 존재하는 상태이다. ¶나에게는 아내와 자식들과 동생들이 있다; 가족 말고 나를 알아주는 사람이 있을까?; 친한 친구가 있다. ③어떤 사람에게 무슨 일이 생긴 상태이다. ¶며느리에게 태기가 있다고 무척 기뻐하셨던 어머니; 만일 무슨 일이 있게 되면 곧바로 연락해라; 시누이는 일이 있을 때마다 늘 진이를 찾아갔다.

(4)'…에/에게 (주로)+있어서'의 꼴로: 앞에 오는 명사를 화제/논의의 대상으로 삼은 상태를 나타내는 말. ¶역사의 시대 구분에 있어서의 제 문제; 인간에게 있어서 가장 중요한 건 사랑; 나에게 있어서 아내는 나의 전부.

(5)'…으로+있다'의 꼴로: 사람이 어떤 지위/역할로 존재하는 상태이다. ¶그는 지금 대기업의 간부로 있다; 앞으로 얼마나 더 노처녀로 있어야 하는지 걱정이다; 그는 그 학교의 정교수로 있다; 그는 행정직 공무원으로 있다.

(6)'…이+이유/근거/구실/가능성' 따위와 같은 낱말과 함께 쓰여: 이유/가능성 따위로 성립된 상태이다. ¶아이의 투정은 그럴 만한 이유가 있었다; 그 소문은 근거가 있기나 한 건가?; 이런 사업은 실패할 가능성이 항상 있지.

4. 보조동사로서의 '있다'

①(주로 동사 뒤에서 '-어 있다' 구성으로 쓰여) 앞말이 뜻하는 행동/변화가 끝난 상태가 지속됨을 나타내는 말. ¶깨어 있다; 앉아 있다; 꽃이 피어 있다; 누워 있다. ②(주로 동사 뒤에서 '-고 있다' 구성으로 쓰여) 앞말이 뜻하는 행동이 계속 진행되고 있거나 그 행동의 결과가 지속됨을 나타내는 말. ¶듣고 있다; 먹고 있다; 자고 있다.

◆모임이 **있아오니**: **있사오니**의 잘못.

[설명] 어간 '있'에 활용형 '사오(겸양 어미)+니'가 더해진 꼴. →있+사오니.

[참고] 겸양의 뜻을 더하는 어미로는 '-(으)오-/-(으)옵-/-사옵-/-삽-/-자오-/-자옵-/-잡-' 등이 있음. ¶가오니/읽으오니; 가옵고/읽으옵고; 믿사오며/믿사옵고; 듣자오니/듣자옵고.

◆더 말할(먹을) 사람 **있오? 없오?**: **있소? 없소?**의 잘못.

아이들이 기다릴 터이니 얼른 집으로 돌아가**오**/돌아가**소**: 둘 다 가능.

[설명] ①'-소/-오'는 둘 다 종결어미인데, '소'는 어간에 받침이 있거나 없는 경우를 막론하고 쓸 수 있는 데 비하여, 받침이 없거나 'ㄹ' 받침인 용언에는 '-오'를 쓰는 점이 가장 큰 차이. ②이를 상세히 설명하면 '-소는 용언의 어간이나 어미 '-었/-겠' 뒤에 붙어, 설명/의문/명령의 뜻을 나타내는 종결어미. 즉, 예문에서는 '있/없'(어간)+'-소'(어미)의 꼴. ¶내가 가겠소; 수고가 많았소; 좀 드소; 먼저 <u>가소</u>. ③'돌아가**오**'에 보이는 어미 '-오'는 '이다/아니다'의 어간, <u>받침 없는 용언의 어간('돌아가-'), 'ㄹ' 받침인 용언의 어간 또는 어미 '-으시'</u> 뒤에 붙어서, 설명/의문/명령의 뜻을 나타내는 종결어미. ¶얼마나 심려가 크시오?; 정말로 되는 것이오?; 그대를 사랑하오; 그게 중요하오. ④그런데, 어미 '-소' 역시 용언의 어간('돌아가-')에 붙을 수 있으므로, '돌아가**오**/돌아가**소**' 모두 가능한 표현임.

◆그는 **있으나마나한** 사람이야: **있으나 마나 한**의 잘못.

　[설명] '-나 마나'의 꼴은 두 낱말의 병렬이며 구(句)의 형태로 뒤에 오는 동사 '한'을 수식함. 고로 띄어 쓰며, '하다'가 생략된 꼴로 속담에 그 활용이 자주 보임. ¶소경/장님 잠자나 마나; 뻗정다리 서나 마나; 봉사 안경 쓰나 마나; 아내 없는 처갓집 가나 마나; 갖바치에 풀무는 있으나 마나; 미장이에 호미는 있으나 마나; 귀머거리 들으나 마나; 앉은뱅이 앉으나 마나; 곱사등이 짐 지나 마나; 귀머거리 귀 있으나 마나.

　[유사] 천 년에 하나 **있을까말까한** 사람: **있을까 말까 한**의 잘못.

◆그 모습을 지켜보고 **있는 지**가 두 시간이 넘는다: **있은 지**의 잘못.

　[설명] '있다'의 표준 활용은 동사이므로 '있으니/있는'이지만, 예문에 쓰인 '지'는 어미 '-(으)ㄴ' 뒤에 쓰여 어떤 일이 있었던 때로부터 지금까지의 동안을 나타나는 의존명사이므로 '~ 있은 지가 두 시간이 넘는다'로 쓰는 것이 적절함. 즉, 활용어미가 '-(으)ㄴ'의 꼴일 때는 예외적으로 '있은'도 가능함. 이때의 '-(으)ㄴ'은 앞말이 관형어 구실을 하게 하고, 사건/행위가 과거 또는 말하는 이가 상정한 기준 시점보다 과거에 일어남을 나타내는 어미. ☞**'있다'는 동사인가 형용사인가?** 항목 참조.

◆나라가[그대가] **있음에** 내가 있다: **있으매**의 잘못. ⇐연결어미 '-으매'가 적절.

　강이 **깊음에** 큰 고기가 사느니라: **깊으매**의 잘못. ⇐위와 같음.

　당신이 **있음으로** 내가 있다: **있으므로**의 잘못.

　[설명] ①어떤 일에 대한 원인/근거를 나타날 때는 연결어미 '**-으매**'를 씀. '-(으)므로' 역시 까닭/근거를 나타내는 연결어미. 그러므로 두 말은 서로 바꾸어 쓸 수도 있으며, 그렇게 바꾸어 뜻이 통하면 '-음에'와 '-음으로' 대신 각각 '-으매'와 '-으므로'를 써야 함. ②있음에, 있음으로는 '있+음(명사형 어미)+에/으로'의 꼴로서, '있음'이라는 명사형에 보조사가 붙은 것. 즉, 위의 예문에서는 '있음'이 '존재'의 의미로 쓰인 명사형이므로, 그 꼴대로 쓰면 각각 '나라가 존재에 내가…, 당신이 존재에 내가…'와 같은 괴상한 문장으로 바뀌게 된다는 걸 떠올리면 기억하기 쉬움.

◆생각 없이 살지 말고 생각 좀 **있이** 살아라: **있게** (혹은 **하면서**)의 잘못.

　좀 **있이** 산다고 저리 으스대는 꼴이라니: 맞음.

　없이 살아본 사람만이 그 **설음**을 안다: **없이**(맞음), **설움**의 잘못.

　[설명] '없다'의 반대말은 '있다'로 볼 수 있지만 '없이'의 반대말로 '있이'를 항상 사용할 수는 없음. '없이/있이'는 각각 '재물이 넉넉하지 못하여 가난하게'와 '경제적으로 넉넉하게'의 뜻을 나타내는 경우에만 반대의 뜻을 나타냄.

　있이튄 경제적으로 넉넉하게. ↔**없이**튄

◆버림받은 여인보다 **잊혀진** 여인이 더 불쌍하다: **잊힌**의 잘못. 이중피동.

　[설명] 현재로서는 '잊혀지다'는 '잊히다'의 이중 피동으로 잘못. 즉, 피동사인 '잊히다'가 있음에도 거기에 다시 '-어지다'를 잘못 결합시킨 경우임. 그러나 이러한 (잘못된) 이중 피동 현상이 다른 용도로 독자적인 영역을 구축하고 있다는 견해도 있음. 아래 의견 참조.

　… 피동사 파생이 가능한 동사에도 '-어지다'가 연결되는 수가 없지 않고, 또 피동사에 다시 '-어지다'가 결합되는 수도 있다. '나뉘다, 닫히다'가 있는데, '나누어지다, 닫아지다'가 쓰이고, '보이다, 쓰이다, 잊히다, 찢기다'가 엄연히 있는데 '보여지다, 쓰여지다, 잊혀지다, 찢겨지다'가 쓰이는 것이 그것이

다. 이들은 대부분의 경우 '-어지다'를 잘못 사용한 경우들인데 그러면서도 '잊혀진 일' 등이 자연스럽게 자리를 잡아 가고, '보여지다'와 '쓰여지다'가 각각 '보이다', '쓰이다'와 다른 용도로 독자적인 영역을 구축하려는 듯한 현상을 보인다. 사태를 좀더 지켜보며 무엇이 이런 현상을 일으키는지 그 원인을 캐 보도록 해야 할 것이다. (이익섭/채완, 국어문법론강의, 1999)

◆떨어지는 **잎새** 위로 어리는 얼굴: 쓸 수 있음.

　잎새 뒤에 숨어 숨어 익은 산딸기: 쓸 수 있음. **잎사귀** (혹은 **잎**)도 가능.

　[참고] '잎새'는 비표준어였으나, '나무의 잎사귀'를 뜻하는 문학적 용어로 인정되었음[2015.12.].

ㅈ

◆**놀랄 노자(字)**네: **놀랄 노 자(字)**의 잘못.

　갈지 자로 걷는 걸음을 **갈지자 걸음**이라 하지: **갈지자, 갈지자걸음**의 잘못.

　[주의] '**䇖**은 **매울 신(辛)** 변으로 찾아야 나온다: **매울신**의 잘못. ⇐여기서 '매울신'은 부수 이름이므로 하나의 명사.

　[비교] 양이 많아서 **대 자**(혹은 **댓자**) 하나도 셋이 다 못 먹어: **대짜**의 잘못.

　[설명] ①'놀랄 노 자(字)'의 경우, '놀랄 노' 전체가 '자(字)'를 수식하므로 띄어 씀. 또한, '자(字)'는 명사이므로 낱말은 띄어 쓴다는 원칙에 따라 적은 것. 즉, 접사가 아니므로 이름이 아무리 길어도 이름 뒤에 '자'를 띄어 적음. 아래 어휘 설명 참조. [주의] 그러나 위의 '매울신(辛)'의 예에서처럼 부수 이름으로 쓰인 경우에는 그것이 하나의 명사이므로 붙여 적어야 함. 즉, '매울 신(辛) 자'와 같이 글자 이름을 표기할 때는 '매울'이 관형구이므로 띄어 적지만 부수 명칭일 때는 명사를 이루는 형태소이므로 붙여 적음. ②'갈지자'는 단순히 '之'의 이름이 아니라, 그 모양으로 굽어 있거나 걷는 모양을 뜻하는 명사임. 단순히 '之'의 명칭을 뜻할 때는 '갈 지 자'로 적음. ¶지금 '받을 수 자', 즉 '受'를 말하는 건가?

　[요약] '**갈지자**', '**갈 지**', 그리고 부수 이름인 '**몸기(−己)**': ①'갈지자'는 걷는 모양을 뜻하는 <u>우리말</u>이고, '갈 지'는 한자 '之'를 뜻하는 명칭으로 '之'를 '갈 지 자'라고 함. (이 경우는 붙여 적으면 의미 혼란이 오므로, 붙여 적으면 곤란함). ②'몸기(−己)'는 '己/巴' 등에 들어 있는 <u>한자 부수의 명칭</u>(명사)이므로 붙여서 표기함. 만약 한자 부수에 '之'도 있다면 '갈지'로 표기하는데, 불행히도 '之'의 부수는 삐침별('丿')임.

　자(字)몡 ①≒글자. ¶하늘 천 자; 무슨 자인지 모르겠다; 병 자 항렬. ②(수량을 나타내는 말 뒤에 쓰여) 글자를 세는 단위. ¶이름 석 자. ③날짜를 나타내는 말. ¶3월 15일 자 신문.

　갈지자[−之字]몡 (비유) 이리저리 굽어 있거나 좌우로 내디디며 걷는 모양. 한자 '之'의 모양에서 유래한 말.

　대짜[大−]몡 큰 것.

◆**오늘자**로 면직일세. **오늘자** 신문에 그 기사가 대문짝만 하게 났더군: **오늘 자**의 잘못. 위의 '자(字)' 뜻풀이 참조.

◆당신께서는 생전에 뭐든 올바른 일이라면 **자갸** 고집대로 하셨다: 맞음.

　[설명] '**자갸**'도 표준어. 현대어 '자기야 깜'의 준말이 아니라 '자기'의 예스러운 높임말 대명사.

　자갸[自家▽]대 '자기(自己)'를 예스럽게 조금 높이는 말.

　즈갸대 [옛말] 자기. 당신.

◆놀라지 마시게. 기부금 모인 게 **자그만치**: **자그마치**의 잘못.

　[주의] 나도 **너마치** 많이 먹었다: **너만치**의 잘못. ←'만치'는 격조사.

　[설명] ①표준어 선정에서 '자그만치'는 제외되었음. 표준어 규정 제17항. ②'만치'는 '만큼'과 같은 말로서, 의존명사 및 격조사로 쓰임. 여기서는 앞말과 비슷한 정도/한도임을 나타내는 격조사.

◆사장이 그런 **자그만한** 일에도 일일이 간섭하니?: **자그만**(혹은 **자그마한**)의 잘못.

　[유사] 이런 **조그만한** 데서 열 식구가 산다고?: **조그만**(혹은 **조그마한**)의 잘못.

[설명] '자그만'은 '자그마한'이 준 것. 따라서, '자그만한'은 '자그마한한'이 되는 셈. '자그만하다(×)/자그마하다(○)'. '자그만한(×)/자그마한(○)'. '자그맣다≒자그마하다'. '조그만'도 마찬가지로 '조그마한'이 준것이므로, '조그만한'은 '조그마한한'의 괴상한 꼴이 됨.

◆**자긋이** 참고 견디노라면: **자그시**의 잘못.
　[설명] ①이 '자그시'는 '살며시 힘을 주는 모양', '조용히 참고 견디는 모양'을 뜻하는 부사. '슬며시 힘을 주는 모양'은 '지그시', 즉 자그시(지그시). ②슬며시 힘을 줄 때에는 '지그시'로 적고, '지긋하다(나이가 비교적 많아 듬직하다/참을성 있게 끈지다)'의 의미가 살아 있으면 '지긋이'로 적는다.

◆**자는둥 마는둥** 했더니만: **자는 둥 마는 둥**의 잘못. ⇐'둥'은 의존명사.
　[참고] '먹는 둥 마는 둥, 보는 둥 마는 둥, 하는 둥 마는 둥' 모두 같은 경우임.

◆**자랑스런** 대한민국의 아들 딸로서: **자랑스러운, 아들딸**의 잘못. ←**자랑스럽다**[원]
　[설명] ①'-스럽다'의 활용형은 '-스러운(○)'이며, '-스런(×)은 잘못. 없는 말. ②'아들딸'은 아들과 딸을 한꺼번에 아우르는 한 낱말. 이와 비슷한 말로는 '소생(所生)'이 있으나 자신이 낳은 아들과 딸에만 쓸수 있음.
　[유사] '사랑스런(×)그녀→'사랑스러운(○); 사내답고 '멋스런(×) 행동→'멋스러운(○); 참으로 '안쓰런(×) 광경이었다→'안쓰러운(○). ☞**'-스럽다'** 꼴의 형용사들의 활용 중 유의해야 할 사항 항목 참조.
　[암기도우미] 원형을 먼저 떠올린 뒤 활용형을 되뇌자. ¶안쓰럽다→안쓰러운 일.

◆서울 가서 **자리잡는** 대로 연락할게: **자리 잡는**의 잘못. 없는 말.
　[설명] '자리잡다'는 없는 말이며, 관용구인 '자리(를) 잡다'의 잘못.
　자리(를) 잡다[관] ①일정한 지위/공간을 차지하다. ②생각이 마음속에 뿌리를 박은 듯 계속 남아 있다.

◆전화를 **끊자 마자** 초인종이 울렸다: **끊자마자**의 잘못. ⇐'-자마자'는 어미.
　전화를 **끊자말자** 현관 초인종이 울렸다: **끊자마자**의 잘못.
　[설명] '-자말자'는 '-자마자(연결형 어미)'의 잘못. 없는 말.

◆**자문(諮問)을 구하다**: '~에게 자문하다. 자문에 응하다'로 쓰여야 올바름.
　[참고] **조난 당한** 선원; 뜻밖으로 **봉변 당한** 꼴: **조난한, 봉변한**으로 충분.
　　　　사소한 것에 **구애받지** 말고: **구애되지**의 잘못. 설명 참조.
　[설명] '자문'이라는 낱말의 의미를 정확히 알지 못하고 사용하는 데서 나오는 오용. '자문' 속에 묻는다는 의미가 두 번이나 들어 있을 정도로 묻고 또 묻는다는 뜻임(諮: 물을 자, 問: 물을 문). 그러므로, '자문을 구하다' 대신에 '자문을 하다'가 되어야, 묻는다는 의미가 됨. 아울러, 이 '자문'은 윗사람이 아랫사람의 의견을 묻는 경우에 쓰이는 말로, 아랫사람이 윗사람에게 묻는 게 아님.
　자문[諮問][명] 어떤 일을 좀 더 효율적이고 바르게 처리하려고 그 방면의 전문가나, 전문가들로 이루어진 기구에 의견을 물음. ¶자문에 응하다(○).
　[참고] ①흔히 쓰는 '난항을 겪다'의 경우도 이와 흡사함. 난항 자체에 몹시 어렵게 항행한다는 뜻이 있으므로, '난항하다'로 족한데, '난항을 겪다/치르다' 등으로 덧대고 있음. 〈예〉앞길에 수많은 난항을 치를 것으로 예상됩니다(×)→'앞길에 수많은 난항이 예상됩니다.'가 나음. ②'조난당하다'와 '봉변당하다'도 마찬가지임. '조난'은 '항해/등산 따위를 하는 도중에 재난을 만남(遭)'을 뜻하고, '봉변'은 '뜻밖

의 변이나 망신스러운 일을 당함(逢)의 뜻이므로, 각각 '조난하다/조난되다'나 '봉변하다'로 족함. 그러므로, 군이 '조난당하다/봉변당하다'로 표기할 이유가 없음. ③나아가, '-당하다'는 '거절당하다/무시당하다/이용당하다/체포당하다/혹사당하다'에서처럼 의지적 행위를 나타내는 일부 명사 뒤에 붙어서 '피동'의 뜻을 더하고 동사를 만드는 접미사이므로, 일견 '조난당하다/봉변당하다'와 같이 쓸 수도 있을 듯하나, '조난/봉변'에는 이미 피동의 뜻이 들어가 있을 뿐만 아니라 의지적 행위로 볼 수 없으므로 '-당하다'를 붙이는 것은 부적절함. ④비슷한 이유로 **구애(拘礙)**는 '거리끼거나 얽매임'이므로, '구애받다'는 '거리낌을 받다'가 되어 잘못. **구애되다**로 쓰는 것이 적절함.

난항[難航]몡 ①폭풍우와 같은 나쁜 조건으로 배/항공기가 몹시 어렵게 항행함. ②(비유) 여러 가지 장애 때문에 일이 순조롭게 진행되지 않음.

조난[遭難]몡 항해/등산 따위를 하는 도중에 재난을 만남.

봉변[逢變]몡 뜻밖의 변이나 망신스러운 일을 당함.

◆실연당한 네 큰누나는 요새 **자수놓으며** 소일한다며?: **자수하면서**(혹은 **수놓으면서**)의 잘못.

  [설명] '수놓다'는 있지만, '자수놓다'는 없는 말. '자수'를 쓰려면 '자수하다'로 써야 함.

  수놓다(繡-)통 ①여러 가지 색실을 바늘에 꿰어 피륙에 그림/글씨/무늬 따위를 떠서놓다. ②(비유) 색실로 수를 놓은 것처럼 아름다운 경치를 이루다.

◆**내 자신**을 돌아봐도 잘한 건 없다: **나 자신**의 잘못. ⇐설명 참조.

  네 자신의 것만 챙기지 말고 다른 이들도: **너 자신**의 잘못.

  [참고] **네 자신의 몸부터** 챙기고 나서 봉사해라: **자신의 몸부터**의 잘못. 중복.

  [설명] ①예문 속의 '자신'은 '다름이 아니고 앞에서 가리킨 바로 그 사람임을 강조하여 이르는 말'로 쓰였기 때문에 소유격인 '내/네/그의' 등이 올 수 없음. 〈예〉그 자신/그녀 자신/대통령 자신'(o). 이 경우, '내 자신'과 같이 소유격을 사용해 보면 각각 '그의 자신/그녀의 자신/대통령의 자신'이 되어 문맥이 이상해짐. ②[참고] 예문의 경우는 '자신'이 '그 사람의 몸 또는 바로 그 사람'의 뜻으로 쓰였는데, 이 경우는 군이 '네 자신'이라고 하지 않더라도 대상이 되는 '그' 사람의 몸을 뜻하므로 '네'는 불필요한 중복.

◆**자신없는** 일을 왜 그리 큰소리 쳤나?: **자신 없는**의 잘못. ⇐복합어가 아님.

  자신없으면 미리 도움을 구할 일이지: **자신 없으면**의 잘못. ⇐복합어가 아님.

  자신있다고 큰소리 칠 때는 언제인데: **자신 있다고**의 잘못. ⇐복합어가 아님.

  [설명] '**자신없다**'는 없는 말. '자신(이) 없다' 꼴로 써야 함. '**자신있다**'도 마찬가지로, 없는 말. '자신 있다'로 써야 함. '**자신만만(自信滿滿)하다**'혱와 부사 '**자신만만히**'만, '자신(自信)'의 복합어.

  [참고] '재미있다/재미없다'는 복합어인데, '자신 있다/자신 없다'는 왜 복합어가 되지 않는가?: (1) '재미'는 '㉮아기자기하게 즐거운 기분/느낌. ㉯안부를 묻는 인사말에서, 어떤 일/생활의 형편. ㉰좋은 성과/보람'을 뜻하는 말인데, '재미있다'는 '아기자기하게 즐겁고 유쾌한 기분/느낌이 있다'는 한 가지 뜻뿐임. 즉, 안부를 묻는 인사말에서, 어떤 일/생활의 형편의 뜻으로 쓸 때는 '재미(가) 좋다/나쁘다' 등으로 쓰고, '좋은 성과/보람'을 뜻할 때는 '재미(를) 보다' 등으로 쓰는데, 이것을 '재미 있다'로 일반화시키면 의미 특정이 제대로 되지 못하는 문제가 있음. 즉, '재미있다'라는 복합어는 이러한 재미의 뜻풀이 중 '아기자기하게 즐거운 기분/느낌'만을 특정한 것. (2)한편, '자신(自信)'은 '어떤 일을 해낼 수 있다거나 어떤 일이 꼭 그렇게 되리라는 데 대하여 스스로 굳게 믿음. 또는 그런 믿음'을 뜻하는 말인데, 이를 '자신 있다'로 일반화시키더라도 그 의미에 혼란이 오거나 하지 않기 때문에 군이 복합어로 복잡하게 이끌지 않고 (의미를 특정할 필요가 없으므로) 그대로 사용하는 것. '-없다/-있다'가 붙은 대부분의

복합어들은 (사용 빈도가 높은 말들이라 하더라도) 이러한 공통점이 있음. ☞**명사(형)에 '없다'와 '있다'가 붙은 복합어** 항목 참조.

◆**자잘구레한** 것들이 왜 이리 많은지: **자질구레한**의 잘못. ←**자질구레하다**[원].

　감자 씨알들이 죄다 **자지레한** 것들뿐: **자잘한**이 더 적절함. ←**자잘하다**[원]

　햇감자들이 죄 **자자분해서** 이거 원: **자잘해서**(혹은 **자질구레해서**)의 잘못.

　[설명] ①'자**잘**구레하다/자자분하다/자질부레하다'는 모두 '자질구레하다'의 잘못이며, '자잘구레하다'는 북한어. ②'**자지레하다**'는 '**자질구레하다**'의 준말. ☞추가 사항은 '**-구레하다**'와 '**-그레하다**' 항목 참조.

　자질구레하다≒자차분하다[형] 모두가 잘고 시시하여 대수롭지 아니하다.

　지질구레하다[형] 변변하지 아니하고 지저분하다.

　자잘하다[형] ①여럿이 다 가늘거나 작다. ②여러 가지 물건/일이나 여러 생각/행동 따위가 다 작고 소소하다.

◆그런 비극적 결말은 그가 **자처**한 일이다: **자초(自招)**의 잘못.

　[설명] ①'자처(自處)'와 '자초(自招)'는 아래의 뜻풀이에서 보듯, 전혀 다른 말. ②'자처'에는 '자결(自決)'의 뜻도 있으며, '자초(自招)'는 '스스로 불러옴' 등으로의 순화 대상 낱말.

　자처[自處][명] ①자기를 어떤 사람으로 여겨 그렇게 처신함. ¶그는 그때부터 그 분야의 일인자를 자처했다. ②자기의 일을 스스로 처리함. ③늑자결(自決)(의분을 참지 못하거나 지조를 지키기 위해 스스로 목숨을 끊음). ¶그는 능히 자처라도 할 강단이 있는 사람이다.

　자초[自招][명] 어떤 결과를 자기가 생기게 함. 또는 제 스스로 끌어들임. '가져옴', '불러옴', '스스로 가져옴', '스스로 불러옴'으로 순화.

◆그렇게 **자추면** 일이 더 늦어질 수도 있어: **잦추면**의 잘못. ←**잦추다≒재우치다**[원]

　잦추다≒재우치다[동] 빨리 몰아치거나 재촉하다. ☞부사 '재우'는 '매우 재게'.

◆눈이 겨우 자취만 남는 **자취눈**으로 조금 내렸어: **자국눈**의 잘못. 없는 말.

　자국눈[명] 겨우 발자국이 날 만큼 적게 내린 눈.

◆**자칭타칭** 천재라며 으스대는 꼴이라니: **자칭**의 잘못.

　[설명] '자칭타칭(自稱他稱)/타칭(他稱)'은 없는 말로, '자칭'의 잘못.

　자칭[自稱][명] ①자기 자신이나 자기가 한 일을 스스로 칭찬함. ②자기 자신을 스스로 일컬음. ③실제로 어떻든지 상관하지 아니하고 집단으로 어떤 신분/직함/이름을 가지고 있다고 자기가 스스로 이르는 말. ¶자칭 구세주. ④늑제일인칭 대명사.

◆그는 ○○○ 총재의 **자택**을 방문하여 넙죽 인사를 올렸다: **댁**의 잘못.

　[설명] '자택'은 '자기 집, 내 집'을 뜻하는 말로, '집의 높임말'이 아님. 위의 문맥대로라면 자칫하면 ○○○ 총재의 집이 졸지에 '그'의 집으로 둔갑할 수도 있음. 남의 집/가정을 높여 이르는 말을 쓰고자 한다면, '댁' 정도가 적절함. [주의] 접미사로 쓰이는 '-댁'도 있으므로, 띄어쓰기에 유의!

　댁(宅)[명] ①남의 집/가정을 높여 이르는 말. ¶선생님 댁; 총장님 댁. ②남의 아내를 대접하여 이르는 말. 주로 대등한 관계에 있는 사람이나 아랫사람의 아내를 이름. [유]부인. **대** 듣는 이가 대등한 관계에 있는 사람이나 아랫사람인 경우, 그 사람을 높여 이르는 이인칭 대명사. ¶댁은 뉘시오?

　-댁(宅)[접] ①'아내'의 뜻을 더하는 접미사. ¶오라버니댁/처남댁/철수댁/참봉댁. ②그 지역에서 시집온 여

자'의 뜻을 더하는 접미사. ¶평양댁/여주댁/김천댁.

◆그의 최신작이래야 **2010년작**이다: **2010년 작**의 잘못.

　　황석영작으로 잘못 소개된 〈한강〉은 **조정래작**으로 고쳐져야 한다: **황석영/조정래 작**의 잘못.

　　[설명] ①이때의 '작(作)'은 '작품/저작/제작'을 뜻하는 명사. ②'-작(作)'으로 쓰여 '작품/제작'이나 '농사/작황'의 뜻을 더할 때는 접미사. 〈예〉최신작/당선작/대표작/데뷔작; 평년작/이모작/풍년작.

　　[참고] '안정복 저 동사강목'의 '저(著)'도 '저술/저작'을 뜻하는 명사임.

◆**작딸막한** 사람을 보고 놀릴 때 '**작다리**'라고 하지 뭐래: **작달막한**의 잘못. 맞음.

　　[설명] ①원형은 '작달막하다'. 한 형태소 안에서 무성자음 'ㄱ/ㄷ/ㅂ/ㅅ/ㅈ' 등의 받침 뒤에서는 된소리(→'딸')로 발음되더라도 된소리로 적지 않음 (→'달'). 〈예〉각따분하다(×)/각다분하다(○); 작짝거리다(×)/작작거리다(○); 벅쩍하다(×)/벅적하다(○); 닙죽닙죽(○)/닙쭉닙쭉(×); 딥석딥석(○)/딥썩딥썩(×). 반대로 유성자음 받침의 경우에 된소리로 소리 나면 소리 나는 대로 적음. 〈예〉길죽(×)/길쭉(○); 샐죽(×)/샐쭉(○); 듬북(×)/듬뿍(○); 얄죽얄죽(×)/얄쭉얄쭉(○). ♣**받침 'ㄱ/ㅂ' 뒤에서 나는 된소리** 항목 참조. ②'작다리': '-리'로 끝나므로 원형을 밝혀 적지 않음.

　　작다리↔키다리/꺽다리[명] 키가 작은 사람에 대한 놀림조 말.

◆버릇없게 어른의 **잔등**을 타고 놀다니: **등**의 잘못.

　　아이 업느라고 **잔등이**가 다 **허무렀다**: 맞음. **허물었다**의 잘못. ←**허물다**[원]

　　[설명] '잔등'은 '등'의 잘못이며, '등'의 속어는 '잔등이'. ('잔등'은 표준어 규정에서 제외되었음).

　　[주의] 표준어 규정에는 '잔등어리/잔등/잔등패기… ' 등을 제외하고 '잔등이'만을 표준어로 삼는다고 하였으나, 《표준》에서는 '잔등머리'도 '등'의 속칭으로 인정하고 있음. 《표준》의 실수로 보임. ☞'잔등'이 비표준어이면 그 속칭인 '잔등머리'도 비표준어 처리가 되어야 함.

　　잔등[명] '등'의 잘못.

　　잔등머리≒잔등이[명] '등'의 속칭. ⇐《표준》에 따름.

◆사람이 나이 값도 못하고 그리 **잔망궂어서야**: **나잇값**, **잔망스러워서야**의 잘못.

　　[설명] '잔망궂다'는 '잔망스럽다'의 북한어.

　　잔망스럽다[孱妄-][형] ①보기에 몹시 약하고 가냘픈 데가 있다. ②보기에 태도나 행동이 자질구레하고 가벼운 데가 있다. ③얄밉도록 맹랑한 데가 있다. [유]좀스럽다/잔망하다.

◆**잔전(-錢)**은 그냥 두세요: **잔돈**의 잘못(방언).

◆[고급] '**-잖/-찮**'의 문제(1)

　　[예제] 그는 바깥출입을 **하찮고**(×)/**하잖고**(○) 공부만 했다.

　　　　　그 일에 대해선 더 이상 **생각찮고**(×)/**생각잖고**(○) 앞만 보고 가겠다.

　　[설명] ①한글 맞춤법 제39항 규정에 따르면, '-지 않-'이 줄면 '-잖-'으로, '-치 않-'이 줄면 '-찮-'으로 적도록 되어 있으므로 앞말이 '-지'냐 '-치'냐에 따라 달리 적음. ②'-지'는 '않다/못하다'와 같은 보조동사(보조형용사)와 결합하여 부정(否定)의 의미를 나타내는 데 쓰는 어미. 따라서 모든 어간에는 '-지'가 붙는 것이 원칙. ③'-치'는 '하(다)'로 끝난 어간에 '-지'가 '-하-'와 어울려 줄어든 것.

　　[정리] '하다'가 붙는 말 중 '하다'를 제외한 부분이 'ㄱ/ㄷ/ㅂ/ㅎ'로 끝나지 않는 경우에만 '-찮-'을 쓰고,

나머지는 '-잖-'을 씀!

◆[고급] ♣'-잖/-찮'의 문제(2)

[예제] '익숙찮다(×)/익숙잖다(○); 귀찮찮다(×)/귀찮잖다(○); 점잖찮다(×)/점잖잖다(○); 서슴찮고(×)/서슴
잖고(○); 심심찮다(○)/심심잖다(×); 우연찮다(○)/우연잖다(×); 의젓찮다(×)/의젓잖다(○)'

[설명] ①'익숙지 않다→(지+않→잖)→익숙잖다'. 받침 'ㄱ/ㅂ/ㅅ' 뒤에서 어간 '하'가 줄 때는 격음화가 배제되
어 '익숙지'가 되며, '익숙지 않다'는 어미 '-지' 뒤에 '않-'이 어울려 '-잖-'이 되는 경우이므로, '익숙잖
다'로 표기. ②**대단잖다**(×)/**대단찮다**(○); 심심잖다(×)/심심찮다(○); 만만잖다(×)/만만찮다(○)의 경우에
는 한글 맞춤법 제39항 "어미 '-지' 뒤에 '않-'이 어울려 '-잖-'이 될 적과 '-하지' 뒤에 '않-'이 어울려 '-
찮-'이 될 적에는 준 대로 적는다"라는 규정에 따른 것. 나아가, '귀찮-/점잖-'처럼 어간 끝소리(終聲)
가 'ㅎ'인 경우에 {찬}으로 소리 나더라도, 위의 규정에 따라 (지+않→잖), '귀찮지 않다→귀**찮잖**다, 점잖
지 않다→점**잖잖**다와 같이 표기함. '서슴잖고(○)'의 경우에도 '서슴지 않고→서슴잖고'의 변화이므로 '서
슴찮고(×)는 잘못('서슴찮고'가 성립하려면 '서슴하지 않고'의 꼴이 있어야 하는데, 그런 활용은 없음).

◆손이 그처럼 **잘다래서야**: **잗다라서야**의 잘못. ←**잗**다랗다[원]

잗다랗다[형] ①꽤 잘다. ②아주 자질구레하다.

[설명] 의미소는 '잘+다랗다'. 'ㄹ' 받침 형태소 흔적을 유지하기 위하여 '잗'. 〈예〉반짇고리/숟가락/푿소/며
칟날' 등의 'ㄷ'과 같음.

◆♣'잘-'이 붙어 한 낱말로 쓰이는 것들

[설명] '잘'은 기본적으로 부사로 쓰이는 말이지만, 예외적으로 몇몇 용언의 앞에 붙어 한 낱말로 쓰이기
도 하며, 아래의 뜻으로 쓰일 때 그러함: **잘하다/잘되다/잘살다/잘나다/잘생기다/잘나가다/잘빠지다.**

잘하다[동] ①일반적인 의미들(옳고 바르게 하다/좋고 훌륭하게 하다/익숙하고 능란하게 하다/버릇으로
자주 하다/음식 따위를 즐겨 먹다). ¶그러기에 평소 처신을 잘해야지; 누가 잘하고 잘못 했는지는 금
방 알 일; 공부를/살림을/일을 잘하다; 영어/축구를 잘하다; 오해를 잘하다; 그녀는 웃기를 잘한다;
우리 집 식구들은 외식을 잘한다; 그는 술을 잘한다; 김 선생님께서는 약주도 잘하시네요. ②(반어적
으로) 하는 짓이 못마땅하다는 뜻을 나타냄. ¶잘한다. 일을 이렇게 망쳐 놓다니; 흥, 잘하는 짓이다;
잘하고 자빠졌네. ③'운이나 여건 따위가 좋으면', '여차하면'의 뜻을 나타냄. ¶잘하면 올해도 풍년; 잘
하면 네가 나를 치겠구나; 잘하면 싸움이 나겠다. ④'넉넉잡아서', '넉넉잡아야', '고작'의 뜻. ¶이 정도
면 잘해서 3,500원; 잘해야 열 사람 중 한두 사람쯤; 집구석이라고 찾아들면 잘해야 시래기죽 한 사
발 얻어먹을 뿐. ⑤친절히 성의껏 대하다. ¶남에게 잘해야 자기도 대접을 받는다; 윗사람들에게 잘해
서 출세하였다.

잘되다[동] ①일/현상/물건 따위가 썩 좋게 이루어지다. ②사람이 훌륭하게 되다. ③일정한 수준/정도에
이르다. ④(반어적으로) 결과가 좋지 아니하게 되다. ¶집안 꼴 잘돼 간다.

잘살다[동] 부유하게 살다. [유]떵떵대다/풍요하다/호의호식하다.

잘나다[형] ①얼굴이 잘생기거나 예쁘다. ②똑똑하고 뛰어나다. ③(반어적으로) 변변치 못하거나 대수롭
지 아니하다. [유]빼어나다/잘생기다/똑똑하다.

잘생기다[형] ①사람의 얼굴/풍채가 훤하여 훌륭하다. ②물건의 모양이 미끈하여 보기에 좋다. [유]멋있
다/훤칠하다/미끈하다.

잘나가다[동] 사회적으로 계속 성공하다.

잘빠지다[형] 미끈하게 잘생기어 빼어나다.

ㅈ

◆이야기가 아주 **잘 되었어**: 잘되었어의 잘못. ←**잘되다**[원]

이건 민감해서 조그만 충격에도 파손이 **잘돼**: 잘 돼의 잘못. ⇐'잘'은 부사.

[설명] '잘되다'와 부사로 '잘'이 쓰인 '잘 되다'의 구별 문제. 이와 비슷한 유형의 문제들은 '안되다/잘하다/못쓰다' 등에서도 빈번하게 발생함. 아래 설명 참조.

잘되다[통] ①일/현상/물건 따위가 썩 좋게 이루어지다. ②사람이 훌륭하게 되다. ③일정한 수준/정도에 이르다. ④(반어적으로) 결과가 좋지 아니하게 되다. ¶올해는 농사가 아주 잘되었다; 그 사람 정말 잘된 일이야; 집안 꼴 잘돼 간다.

잘 되다: '잘'은 부사. ¶이 기계는 조그만 충격에도 파손이 잘 된다.

못살다[통] 가난하게 살다. 견디기 어렵게 하다. ¶못사는 형편에 웬 대형차?

못 살다 ¶5년밖에 못 살 운명이었구먼. ←'못'은 부사.

못하다[통] 어떤 일을 일정한 수준에 못 미치게 하거나, 그 일을 할 능력이 없다. ¶공부를/술을/노래를 못하다. [형] ①비교 대상에 미치지 아니하다. ¶동생만 못하다; 좋지 못하다. ②아무리 적게 잡아도. (보)[통][형] 잇지 못하다; 희다 못해.

못 하다: '못'은 부사. ¶컴을 모르면 취직을 못 한다; 아파서 일을 못 하다.

못쓰다[통] ①몸이 축나다. ②옳지 않다. ③바람직하지 않다.

못 쓰다: '못'은 부사. ①쓰지 못하다. ¶녹이 슬어 못 쓸 기계. ②쓸모없다. ¶아무짝에도 못 쓸 고물. ③글씨/글을 (바르게) 쓸 수 없다. ¶중학생이 글씨를 그렇게 못 써서야. ☞'못살다' 혹은 '안되다' 항목 참조.

[참고] 다음과 같은 경우는 '잘'이 부사로 쓰이는 경우임.

잘[부] ①옳고 바르게. ¶마음을 잘 써야 복을 받는다; 아이가 잘 자라주기만 한다면. ②좋고 훌륭하게. ¶두 아들을 모두 잘 키웠다. ③익숙하고 능란하게. ¶그는 난치병 환자를 잘 치료한다. 악기를 잘 다룬다. ④자세하고 정확하게. 또는 분명하고 또렷이. ¶잘 알고 말고; 잘 모르는 사람. ⑤아주 적절하게. 또는 아주 알맞게. ¶잘 익은 수박; 옷이 잘 맞다; 너 마침 잘 왔다. ⑥아무 탈 없이 편하고 순조롭게. ¶잘 가거라/지내라. ⑦버릇으로 자주. ¶잘 놀라다/웃다; 방귀 잘 뀌는 사람. ⑧유감없이 충분하게. ¶깊이 잘 생각해서 결정해라; 담당 직원에게 잘 얘기해 보세요. ⑨아주 만족스럽게. ¶잘 먹었습니다; 잘 놀고 갑니다; 한숨 잘 잤다. ⑩예사롭거나 쉽게. ¶아무 데서나 잘 잔다; 남에게 잘 속는다; 생각이 잘 안 난다. ⑪기능 면에서 아주 만족스럽게. ¶칼이 잘 든다; 이것만큼 잘 듣는 약이 없다; 차가 잘 빠진다. ⑫친절하게 성의껏. ¶잘 대해 주다; 잘 봐주시게. ⑬아주 멋지게. 또는 아름답고 예쁘게. ¶잘 차려입다; 사진이 잘 나왔다. ⑭(흔히 수량을 나타내는 말 뒤에 쓰여) 충분하고 넉넉하게. ¶못 되어도 백 냥은 잘 될 것이다.

◆사람이 그리 **잘디잘아서** 엇다 써먹노?: **자디잘아서**, **얻다**(≒'어디에다'의 준말)의 잘못.

[유사] '달디달다(×)/다디달다(○)'; '멀다랗다(×)/머다랗다(○)'; 단, '가늘디가늘다(○).

[설명] '다디달다(○)/머다랗다(○)/자디잘다(○)'는 **단음절** 어근(달-, 멀-, 잘-)이 그 다음에 '-디/-다' 등과 결합하여 동일 계열의 발음이 되풀이될 때, -ㄹ이 탈락된 연결형을 채택하여 새로운 원형을 만든 것임. ⇐'가늘디가늘'의 경우는 '가늘'(어근이 단음절이 아님)의 의미소를 살리기 위하여 '가늘디가늘다'를 원형으로 유지한 것.

◆나이 40이 넘었는데도 허리가 **잘록한** 게: **잘록한**의 잘못. ⇐모음조화.

[참고] '잘록하다⟨**질룩하다**.'(○) ⇐모음조화.

◆잘못을 그리 하고도 **잘만살더라**: **잘만 살더라**의 잘못. ⇐'잘만'은 부사 '잘'에 강조보조사 '-만'이 덧붙

은 것.

◆넌 내가 **잘못 되기 만을** 바란 놈이잖아: **잘못되기만을**의 잘못.

　자칫 **잘못 하다가는** 절벽으로 굴러 떨어지는 거야: **잘못하다가는**의 잘못.

　[설명] ①'잘못되다'는 한 낱말이며, '잘못되기'는 '잘못되다'의 명사형이므로 한 낱말. ② 아래의 낱말 뜻
　풀이에서 보듯, '올바르게 행동하지 못하고 어물어물하다'의 뜻으로는 '잘못하다'는 한 낱말. 단, '잘하
　지 못하다'의 뜻으로는 '잘 못하다'로 띄어 적음. 위의 '못하다' 설명 참조.

　잘못되다[통] ①어떤 일이 그릇되거나 실패로 돌아가다. ②나쁜 길로 빠지다. ③(완곡한 표현으로) 사람이
　사고/병 따위로 불행하게 죽다. [유]그릇되다/뒤틀리다/파탄하다.

　잘못하다[통] ①틀리거나 그릇되게 하다. ¶셈을 잘못하여 손해를 봤다; 수술을 잘못해서 난 사고다.
　②적당하지 아니하게 하다. ¶말을 잘못하여 큰 싸움이 났다; 보관을 잘못해서 생선이 상했다. ③불
　행하거나 재수가 좋지 아니하게 하다. ¶잘못해서 밀물 때라도 만나면 우린 저 웅덩이에 갇혀. ④(주로
　'잘못하다가는' 꼴로 쓰여) 올바르게 행동하지 못하고 어물어물하다. ¶자칫 잘못하다가는 계곡으로
　굴러 떨어진다. ⑤(주로 '잘못하면' 꼴로 쓰여) 일이 어그러지다. [유]실족하다/그르치다/실수하다.

◆일이 **잘 못되느라고(잘못 되느라고)**: **잘못되느라고**의 잘못. ←**잘못되다**[원]

　[구별] 시청 대신 구청으로 잘 못 갔어(×): 잘못 갔어(○). ←**잘못 가다**
　　　　다리가 아파서 잘 못가겠더라고(×): 잘 못 가겠더라고(○) ←**잘 못 가다**

　[설명] ①'잘못 갔어'에 쓰인 '잘못'은 '틀리거나 그릇되게, 적당하지 아니하게'를 뜻하는 부사. ②'잘 못 하
　다'는 '옳고 바르게, 좋고 훌륭하게, 혹은 익숙하고 능란하게 하지 못하다'라는 뜻. ←'잘 못 하다'의 경
　우에는 '잘(은) 못 하다, 썩 잘 못 하다' 등으로 바꾸어 넣어서 뜻이 통하는지를 보면 이해하기 쉬움.

　[유사] 말을 잘못 들어서 오해했다(○) ↔귀가 어두운 탓에 잘 못 듣는지라(○);
　　　　잘못 먹다↔잘 못 먹다; 잘못 보다↔잘 못 보다; 잘못 살다 ↔잘 못 살다;
　　　　잘못 쓰다↔잘 못 쓰다; 잘못 알아듣다/~보다 ↔잘 못 알아듣다/~보다;
　　　　잘못 타다↔잘 못 타다; 잘못하다 ↔ 잘 못하다; 잘살다↔잘 살다;
　　　　잘생기다↔잘 생기다; 잘못 집다 ↔ 잘 못 집다; 잘빠지다↔잘 빠지다;
　　　　잘못 읽다↔잘 못 읽다; 잘못 키우다↔잘 못 키우다.

　잘못[부] ①틀리거나 그릇되게. ②적당하지 아니하게.

◆길을 **잘못들어서** 그만: **잘못 들어서**의 잘못. ←'잘못들다'는 없는 말.

　생각이 **잘못들면** 오해가 생기는 법: **잘못 들면**의 잘못.

　[설명] '잘못들다'는 없는 말로, '잘못 들다'의 잘못. ♣[참고] 길을 잘못 드는 것을 뜻하는 우리말에는 '**헛
　들다**(가야 할 방향이나 뜻하는 목표에 맞지 아니하게 딴 데로 잘못 들다)'가 있으며, 생각 등이 잘못
　드는 것은 '**빗들다**(마음/생각 따위가 잘못 들다)'임.

◆일 **잘못하는** 놈이 일 **잘못 한다**는 말은 없고: ①맞음. **잘 못한다**의 잘못. ②혹은 **잘 못하는**의 잘못. 맞
　음. ←아래 설명 참조.

　[설명] **일(을) 잘못하다**: 일을 옳게 하지 못하다.
　　　　일(을) 잘 못하다: 일을 솜씨 있게 하지 못하다.

　따라서, 위의 문장은 '일 잘못하는 놈이 일 잘 못한다는 말은 없고 (일을 옳게 하지 못하는 놈이 일
　을 제대로 해내지 못한다는 말은 없고)'도 되고, '일 잘 못하는 놈이 일 잘못한다는 말은 없고 (일을

잘하지 못해서 일을 망친다는 말은 없고)'로도 쓸 수 있음.

◆잘 생긴 얼굴은 꼭 그 **꼴 값**을 해요: **잘생긴, 꼴값**의 잘못. ←**잘생기다**[원]
  [참조] **못 생긴** 게 **꼴값 하기는**: **못생긴, 꼴값하기는**의 잘못. ←**못생기다**[원]
  [설명] ①'잘생기다/못생기다'는 한 낱말. '잘생기다'는 물건에도 씀. 반면에, '못생기다'는 '못나다'의 뜻으로
    만 씀. ②'꼴값'은 '얼굴값'의 속어이기도 하지만, 격에 맞지 않는 행동을 비꼬는 말이기도 함. '꼴값하
    다'는 한 낱말.

◆**잘잘못 간**에 우선 뒷마무리부터 하고 따지지: **잘잘못간에**의 잘못.
  [활용] **자잘못**은 나중에 가리기로 하자: **잘잘못**의 잘못.
  [설명] ①원칙적으로는 이때의 '간'은 의존명사지만, 합성부사로 한 낱말. ②'잘잘못'에서의 '잘'은 '잘못'의
    상대어이므로 의미소를 살려 적음.
  [참고] 이와 같이 의존명사 '간'이 합성부사를 만드는 데 쓰인 예 중 흔히 쓰이는 낱말로는 다음과 같은
    것들이 있음: **하여간에(何如間−)/고락간에(苦樂間−)/죽밥간에(粥−間−)≒죽식간에(粥食間−)/긴불긴
    간에(緊不緊間−).**

◆**잘코뱅이/잘콰니**! 아이고 고소하다. 그놈이 그 꼴 나다니: **잘코사니**의 잘못.
  잘코사니[명] 고소하게 여겨지는 일. 주로 미운 사람이 불행을 당한 경우에 하는 말. [감] 미운 사람의 불
    행을 고소하게 여길 때에 내는 소리.

◆참 **잘 하는** 짓이다: **잘하는**의 잘못. ←**잘하다**[원]
  잘 해야 만 원어치나 될까: **잘해야**의 잘못. ←**잘하다**[원]
  노인에겐 **잘 해드려야** 한다: **잘해 드려야**[원칙](혹은 **잘해드려야**)의 잘못.
  [설명] ①'잘하다'는 위의 '잘못+하다' 꼴과 '잘+못하다'의 차이와는 다르게, '잘하다'와 '잘 하다'로 구분
    되는 일이 없이 언제나 '잘하다'임. ②'잘해드리다'는 '잘하[다]'+'드리다'(보조동사)→'잘해 드리다'→'잘
    해드리다'(보조용언 붙여쓰기 허용)의 결과.

◆그는 이것저것 모두 아주 **잘 한다**: **잘한다**의 잘못. ←**잘하다**[원].
  공부는 **잘 하지만** 운동은 **잘못 한다**: **잘하지만, 잘 못한다**의 잘못. ←**못하다**
  [설명] '잘하지 못 한다'의 의미로서의 '잘못하다'는 없음. '잘 못하다'를 씀.
  잘못하다: '실족하다, 그르치다, 실수하다'의 의미로만 사용.
  못하다[동] 어떤 일을 일정한 수준에 못 미치게 하거나, 그 일을 할 능력이 없다. [형] ①비교 대상에 미치지
    아니하다. ②아무리 적게 잡아도.

◆문 잘 **잠궜니**?; 손 좀 **담구고** 있어라, 열 좀 내리게: **잠갔니, 담그고**의 잘못.
  문을 꼭 **잠궈야** 한다: **잠가야**의 잘못.
  [설명] ①문을 잠궈 둔 채로 →잠가(○). '잠그다'의 활용형에 '잠궈야'는 '잠가야'의 잘못. 아주 흔한 잘못의
    하나. ②김치 담구고 있는 중이야 →담그고(○) ☞동사 원형, **'잠그다/담그다'**를 생각하여 차분하게 활용
    형 교정할 것.

◆**잠깐만** 기다려; **잠깐 만**에 해치웠다: 맞음.

[설명] 앞의 '만'은 보조사. 뒤의 '만'은 의존명사.

◆**잠 드는데에** 시간이 오래 걸렸다: **잠드는 데에**의 잘못. ←**잠들다**[원]

　[참고] **잠 자는** 일도 일: **잠자는**의 잘못. ←**잠자다**[원]

　　　잠 잘자기도 쉽지 않은 일: **잠 잘 자기**의 잘못.

　　　잠 못드는 밤: **잠 못 드는**의 잘못.

　[설명] ①'잠들다/잠자다'는 한 낱말. '잘자다'는 없는 말로 '잘 자다'의 잘못. '잘'은 부사. '데'는 의존명사. ②'(잠) 못들다'도 없는 말로, '(잠) 못 들다'의 잘못. '못'은 부사. ☞이 '못'에 관해서는 ◆♣**'못'의 띄어쓰기: 부사로서의 '못'과 접두어로서의 '못', 두 가지 기능** 항목 참조.

◆**사납던 날씨가 잠포록히** 가라앉았다: **잠포록이**의 잘못. ⇐어간 받침이 'ㄱ'.

　잠포록하다[형] 날이 흐리고 바람기가 없다.

◆♣**'–잡다'가 들어간 복합어** 중 유의해야 할 말들: 복합어이므로 붙여 써야 하며 띄어 쓰면 잘못임.

　[예제] 한참 뒤 여인은 정신을 **걷어 잡고** 일어섰다: **걷어잡고**의 잘못. 한 낱말.

　　　여자란 처음부터 **휘여잡아야** 해: **휘어잡아야**의 잘못. ←**휘어잡다**[원]

　　　겨우 **마음 잡고** 사는가 했더니만: **마음잡고**의 잘못. 한 낱말.

　　　빌미 잡을 게 따로 있지, 그걸 말이라고: **빌미잡을**의 잘못. 한 낱말.

　○'–**잡다**': 가려잡다≒골라–/가로–/개미–/개–/거머–/걷어–/걷–/걸머–/검–㈜≒거머–/겉1–/겉–2/고르–/골라–/곱–/그러–/껴–/끄–/날파람–/남의달–/낫–/낮–/낮추–/넉넉–/넘겨–/늘–/늦–/늦추–/다–/더위–/덧–/덮쳐–/되–/되술래–≒되순라(巡邏)–/뒤–1/들–/따라–/따–/때려–/땅–/맘–㈜≒마음–/맞붙–/맞–1/맞–2/목–/문(門)–/문–/바로–/바–/받–/부여–/붙–/빌미–/사로–/살–/새–1/새–2/설–/손–/싸–/안쫑–/얕–/어림–/얼추–/엇–/옴켜–〈움켜–/우그려–/졸–/종–/좇–/주름–/줄〉졸–/지르–/책(責)–/추켜–/치–/털썩–이–/틀어–/파–/헐(歇)–/헛–/홈켜〈홈켜–/황–/후려–/휘어–/흥–/흠(欠)–.

〈주의해야 할 말들〉

겉잡다[통] 겉으로 보고 대강 짐작하여 헤아리다.

종잡다[통] 대중으로 헤아려 잡다. [유]어림짐작하다.

줄잡다〉**졸잡다**[통] ①어느 표준보다 줄여서 헤아려 보다. ②대강 짐작으로 헤아려 보다.

안쫑잡다[통] ①마음속에 품어 두다. ②겉가량으로 헤아리다.

얼추잡다[통] 대강 짐작하여 정하다.

넘겨잡다[통] 앞질러 미리 짐작하다.

넘겨짚다[통] 남의 생각/행동에 대하여 뚜렷한 근거 없이 짐작으로 판단하다.

날파람잡다[통] 사람이 바람이 들어서 헤매고 돌아다니다.

낫잡다[통] 금액/나이/수량/수효 따위를 계산할 때에, 조금 넉넉하게 치다.

낮추잡다[통] 일정한 기준보다 낮게 잡다.

낮잡다[통] ①실제로 지닌 값보다 낮게 치다. ②사람을 만만히 여기고 함부로 낮추어 대하다. [유]경시하다/넘보다/만만하다.

헐(歇)잡다[통] 셈 어림할 수효를 실제보다 낮게 어림잡다.

되술래잡다≒되순라(巡邏)잡다[통] 범인이 순라군을 잡는다는 뜻으로, 잘못을 빌어야 할 사람이 도리어 남을 나무라다.

따잡다[통] 따져서 엄하게 다잡다.

뒤잡다↔**설잡다**[통] 마구 꽉 잡다.

바잡다[통] ①마음이 자꾸 끌리어 참기 어렵다. ②두렵고 염려스러워 조마조마하다.

새잡다[통] 남의 비밀 이야기를 엿듣다.

털썩이잡다[통] 일을 망치다.

파잡다[통] 결점을 들추어내다.

맞잡다[통] ①마주 잡다. ②힘/가치/수량/정도 따위가 대등하다.

늦잡다[통] ①시간/날짜를 늦추어 헤아리다. ②시간/날짜를 여유 있게 미루어 정하다.

늦추잡다[통] ①시간/기한을 늦게 잡다. ②줄/끈 따위를 조이지 아니하도록 느슨하게 잡다.

늘잡다[통] 기한/길이 따위를 넉넉히 늘려 잡다.

◆'날 잡아 **잡수**' 하면서 버텼지: **잡숴**의 잘못. ←**잡수다**[원]

　　[주의] 그만 괴롭히고 차라리 날 잡아 **잡수시게**: 맞음. ←**잡수시다**[원]

　　[설명] ①동사 '잡수다'의 어간 '잡수-' 뒤에 어미 '-어'가 붙은 뒤 준 꼴. '잡수'(어간)+'어'(어미)→'잡수어'→'잡숴'. 고로, 어간 그대로인 '잡수'는 잘못. ②'잡수다'는 '먹다'의 높임말이나, 이에 더하여 '잡수다'의 높임말로 '잡수시다'를 인정하고 있음. 따라서 '잡수시-'가 어간이므로, '잡수시'(어간)+'게'(어미: 손아래나 허물없는 사이에 무엇을 시키는 뜻을 나타내는 종결어미)의 꼴도 가능함.

◆올해의 천하장사 자리는 **잡치기** 한 판으로 결정되었다: **잡채기**의 잘못.

　　[설명] 씨름 중계에서 흔히 쓰고 있는 '잡치기'는 없는 말. '잡치다'의 명사형으로 보려 해도, 아래에서 보듯 '잡치다'에는 '무엇을 잡아서 챈다'는 뜻은 없음. ☜[주의] '잡채다'라는 동사형이 있는 것은 아니며, '잡채기'는 독립명사.

　　[암기도우미] 샅바를 잡아채니까 '잡채기'야. 잡채기를 당하면 그 씨름 잡치지.

　　잡치다[통] ①일 따위를 그르치다. ②기분/분위기를 좋지 아니하게 하다. [유]망가뜨리다/잡다/잘못하다.

　　잡채기[명] 씨름 기술의 하나. 상대편을 들려고 하면 상대편은 넘어지지 않으려고 밑으로 중심을 잡는데, 이때 상대편의 다리 샅바와 허리 샅바를 왼쪽으로 당겨 넘김.

　　잡아채다[통] ①재빠르게 잡고서 당기거나 추켜올리다. ②남의 물건을 날쌔게 빼앗다.

◆**잡혀먹히면** 끝장이지: **잡아먹히면**의 잘못.

　　[설명] 피동형이나 시제 표기에 있어서, 보조용언/어미에서의 변화 한 번이면 족함. 즉, '잡히다+먹히다→잡혀먹히다'(×)/'잡아먹히다'(○)로 이중 피동 불필요. 시제 표기도 마찬가지. 단순 과거일 때, '넣어 줬(←'주었')+었다→넣어 줬었다'(×)의 경우, 이중 과거. 고로, '넣어 줬다'(○).

　　[참고] ①우리말의 과거완료형: 엄밀히 말하면 우리말에는 과거완료형이나 대과거와 같은 명확한 시제 구분은 없음. 그러나 통상 과거완료형은 과거 시제에 '-었-'을 더하여 표기하는 것으로 정의하고 있음. 즉, 과거 시제 '-었(았)-'에 '-었'을 더한 '-었(았)었-'을 과거완료형으로 봄. 즉, 위의 예문 '넣어 줬었다'와 '그는 왕년에 아주 유명한 배구 선수이었었다'와 같은 데에 쓰인 형태가 '-었었-' 꼴인데, 이는 '현재와 비교하여 다르거나 단절되어 있는 과거의 사건'을 나타내는 선어말 어미임.

◆**잣방울**이 투둑투둑 떨어졌다: **잣송이**의 잘못. ⇐'솔방울'에서 잘못 유추.

　　[설명] 소나무 열매의 송이는 '솔방울'이며, 잣나무의 열매 송이는 '잣송이'임.

◆**장가 드는** 일이 그처럼 쉽다면야 안 갈 사람 없지: **장가드는**의 잘못.

[참고] 그런 집에 **시집 올** 사람이 있을까: **시집올**의 잘못. ←**시집오다**[원]

총각 **장가 들이는** 일은 쉬운 일이 아니다: **장가들이는**의 잘못.

[설명] ①'시집오다/~가다', '장가가다/~들다' 모두 한 낱말. ②'장가들이다'는 '장가들다'의 사동사로 역시 한 낱말.

◈**장고 춤**을 정말 멋드러지게 추더군: **장구춤**, **멋들어지게**의 잘못.

장구잽이가 잘해야 풍물이 살지: **장구재비**의 잘못.

[설명] ①'장고'는 '장구'의 잘못. '장구춤'은 한 낱말. ②'멋들어지게'는 '멋들어지다(=아주 멋있다)'의 부사형으로, '멋들다(=멋이 생기다)'에서와 같이 의미소 '멋들-'이 살아 있는 말.

[주의] '장고(×)/장구(○)'와 같이 흔히 잘못 쓰기 쉬운 악기들: 꽹가리(×)/꾕가리(×)/꽹가리(○); 바이얼린(×)/바이올린(○); 섹스폰(×)/색서폰(×)/색소폰(○); 플룻(×)/플루트(○); 심볼즈(×)/심벌즈(○).

◈된장독은 **장광**에 있지 부엌엔 없어: **장독대**의 잘못.

[설명] '장광(醬-)'은 장을 놓아두는 '광(세간이나 그 밖의 여러 가지 물건을 넣어 두는 곳)'이라는 뜻으로 사용하고 있으나 '광'은 닫힌 곳이며, 장독들은 열린 공간에 놓아두므로 잘못된 말. 그 때문에 표준어 사정에서 제외되었음.

◈여기 오는 택시비가 **장난**이 아니더군; 바람이 **장난**이 아니야: 부적절한 쓰임.

[참고] 아무 데서고 **장난 치면** 안 돼: **장난치면**의 잘못. ←**장난치다**[원]

[설명] ①이 경우 '장난이 아니다'는 '여간이 아니다'의 의미로 쓰이고 있으나, 아직까지는 '장난'은 '①주로 어린아이들이 재미로 하는 짓. 심심풀이 삼아 하는 짓. ②짓궂게 하는 못된 짓'의 뜻으로만 규정돼 있음. 택시비나 바람이 재미/심심풀이로 하는 **짓**도 아니고 못된 **짓**에도 해당되는 것이 아니므로 부적절하게 쓰인 경우임.

앞으로 사전의 뜻풀이가 '('장난이 아니다' 꼴로 쓰여) 평소에 어림으로 생각했거나 짐작으로 알고 있던 것, 예사롭게 여겼던 것들이 생각과 달리 무척 심한 경우에 하는 말'로 바뀔 때까지는 '여간이 아니다('보통이 아니다'를 뜻하는 관용구)'나 혹은 사실대로 '엄청 비싸다, 몹시 심하다' 등으로 표현하는 것이 올바름. ②'장난치다'는 '몹시 장난하다'를 뜻하는 복합어. '~치다' 형태의 복합어들은 '소리-/빗발-/파도-/능갈-/나비-/요동-...'에서 보듯, 적지 않음.

◈내 운전면허는 **장농 면허**라서 운전을 썩 **잘못해**: **장롱면허**, **잘 못해**의 잘못.

[설명] ①법규에서 정한 특수 분야의 면허 종류는 한 낱말로서 붙여 씀: 운전면허/세관~/소형~/수렵~/어업~/제조~/특수~/공동~/보통~/영업~/자동차운전~/제일종운전~/제이종운전~. 그러나 '그건 특수(한) 면허가 아닌 일반 면허야'의 예에서와 같이 특정 법정 면허를 뜻하지 아니할 때에는 띄어 씀. '장롱면허'는 합성어. ②'잘못해'로 붙여 쓰면 '실수하거나 그르친다'는 뜻이 되어, 예문의 경우 '운전을 썩 실수해/그르쳐'라는 괴이한 말이 됨. ③'장롱[欌籠]'은 두음법칙에 따른 표기. 뒤집어 적으면 두음법칙에 따라 '농장[籠欌]'이 됨.

◈비온다. **장단지** 뚜껑 덮어라: **비 온다**, **장 단지**의 잘못.

[비교] 발달된 **장단지** 근육: **장딴지**의 잘못.

[설명] ①'장단지'를 용인하면, '고추장단지(×)/된장단지(×)/간장단지(×)' 등 무수한 '~단지'가 나오게 됨. 그

러나, '장독간/장독대/장독받침/장독소래≒장독소래기/장독풀이' 등은 복합어. ②'비오다'는 없는 말. '비 오다'의 잘못. ③'장딴지'는 의미소의 전거가 불명하므로 소리 나는 대로 적는 말.

[참고] '-단지'의 합성어: 애물단지/보물-/눈물-/야발-≒야발쟁이/얌전-/요물-/고물-/골비-/반찬-/맹물-≒맹물/문어[文魚]-/신줏[神主]-/조상-/용[龍]-/세존[世尊]-≒부릿-≒시좃-≒제석[帝釋]-≒할매-/철륜[鐵輪]-≒청룡[靑龍]-≒철융-/약-/부항[附缸]-/솥-/굽-/돌-/꿀-/뼈-/수은[水銀]-/오지-.

◆**장똑또기[醬-]와 장똑똑이[醬-]**: 미세한 차이는 있으나, 둘 다 쓸 수 있음.
　장똑또기[醬-]≒똑도기자반圏 살코기를 잘게 썰어 갖은양념을 하여 볶은 뒤에 흰깨를 버무린 반찬의 하나.
　장똑똑이[醬-]圏 쇠고기를 채 썰어 갖은양념을 하여 볶은 요리.

◆이 아이가 장차 우리 집안을 일으킬 **장본인**이야: 맞음.
　[참고] **당사자**가 아닌 제삼자는 관여하지 마: 맞음.
　[설명] '장본인(張本人)'은 '어떤 일을 꾀하여 일으킨 **바로 그 사람**'이라는 뜻으로 그 자체에 긍정/부정의 의미를 지니고 있지 않은 말이며, '당사자'와는 의미가 다름. 따라서 위와 같이 쓸 수도 있으며, 부정의 의미로도 쓸 수 있음. 〈예〉그녀의 재기 성공의 장본인이 바로 그였다; 이 모든 사달의 장본인이 바로 그 녀석이었다니까.
　[참고] **당사자(當事者)**圏 어떤 일/사건에 직접 관계가 있거나 관계한 사람.

◆물건을 채곡채곡 잘 **장여야** 쓸 때 좋아: **차곡차곡**, **쟁여야**의 잘못. ←**쟁이다**[원]
　[설명] '쟁이다'는 '쟁이어(쟁여)/쟁이니' 등으로 활용.
　[참고] 물건이란 차곡차곡 잘 **재야** 꺼낼 때 편리해: 맞음. (**재어야**도 가능) ←**재다**[원]. '쟁이다'와 동의어인 '재다'는 '재어/재니' 등으로 활용하므로 '재어'+'야(강조의 뜻을 나타내는 보조사)'가 원말이지만 '-야'는 끝음절의 모음이 'ㅏ', 'ㅓ'인 용언의 어간 뒤에 붙어 '-아야/-어야'의 '아/어'가 탈락된 꼴로 쓰이는 말이므로, '재야'도 맞음.
　-야圙 끝음절의 모음이 'ㅏ', 'ㅓ'인 용언의 어간 뒤에 붙어 '-아야', '-어야'의 '아', '어'가 탈락된 꼴. ¶지금 강을 건너야 기차를 탈 수 있다; 집에 가야 한다; 아무리 아이를 혼내야 아이를 바꿀 수는 없다; 큰 인물이 돼야(←되어야) 한다; 그 분을 봬야(←뵈어야) 한다.
　쟁이다≒재다동 ①물건을 차곡차곡 포개어 쌓아 두다. ②고기 따위의 음식을 양념하여 그릇에 차곡차곡 담아 두다.
　드러쟁이다동 많은 물건이 한군데에 차곡차곡 쌓이다.
　[주의] 흔히 쓰는 '**들이쟁이다**(안쪽으로 또는 마구 쟁이다)'는 북한어. 이에 해당되는 표준어는 현재 없음.

◆**마술장이**, 요술**장이**: 마술**쟁이**, 요술**쟁이**의 잘못. ←제조 기술자가 아니라고 봄.
　☞상세한 사항은 '**쟁이**'로 표기하는 경우들 항목 참조.

◆**장해물** 경기가 곧 시작됩니다: **장애물**의 잘못.
　신체적 **장해**가 발전의 **장해물**이 될 수도 있지요: **장애**의 잘못. ←**장애물**이 나으나 **장해물**도 가능함. 아래 뜻풀이 참조.
　인공적 **장해물**들이 진격을 지연시켰다: **장애물**의 잘못.
　도로의 **장애물**들을 치우기 위해 중장비가 동원되었다: 가능하나 **장해물**이 적절.
　[설명] '장애(障礙)'는 '거치적거리게 하거나 충분한 기능을 하지 못하게 함'을 뜻하고, '장해(障害)'는 '하

고자 하는 일을 막아서 방해함'을 뜻함. 즉, '장애(障礙)'는 '장해(障害)'에 비하여 소극적이거나 우회적/간접적인데, 그 반면 '장해(障害)'는 간섭하거나 막아서 해를 끼치는 방해를 직접 하는 것이기 때문에 의도적이고 직접적이며 적극적인 편임.

하지만 이러한 차이는 실제 상황에서 명확히 구분하기가 어려울 때도 있음. 이를테면 도로에 쌓인 눈은 '장애물'이지만 그 눈을 의도적으로 치우지 않아서 타인들의 통행을 방해하고자 빙벽이 되도록 방치했다면 그것은 '장해물'이기 때문. 따라서 예문처럼 '도로의 장애물을 치우기 위해서'라는 다소 막연한 경우에는 '장해물' 외에 '장애물'을 써도 됨.

장해(障害)뗑 하고자 하는 일을 막아서 방해함. 또는 그런 것. [유]지장.

장해물(障害物)뗑 하고자 하는 일을 막아서 방해하는 일/물건.

장애(障礙)뗑 ①어떤 사물의 진행을 가로막아 거치적거리게 하거나 충분한 기능을 하지 못하게 함. 또는 그런 일. ②신체 기관이 본래의 제 기능을 하지 못하거나 정신 능력에 결함이 있는 상태. ③〈통신〉유선 통신이나 무선 통신에서 유효 신호의 전송을 방해하는 잡음/혼신.

장애물(障礙物)뗑 ①가로막아서 거치적거리게 하는 사물. ②〈군〉전투를 지연시키거나 구속하는 자연적이거나 인공적인 지형지물.

◈새벽도 안 됐는데 닭이 **잦처우네**: **자처우네**의 잘못. ←**자처울다**[원]
  닭잦추다통 새벽에 닭이 홰를 치며 울다.
  자처울다통 닭이 점점 새벽을 재촉하여 울다.

◈죄다 한 마디씩 **재까리는** 바람에 시끄러워서: **재깔이는**의 잘못. ←**재깔이다**[원]
  거기서 **떠지꺼리는** 녀석들이 누구냐: **떠지껄이는**의 잘못. ←**떠지껄이다**[원]
  [주의] 말만 **떠벌이는** 녀석들은 실천이 문제: **떠벌리는**의 잘못. ←**떠벌리다**[원]
  [설명] '재까리다'는 '재깔이다〈지껄이다〉의 잘못. 어근 '재깔'은 '지껄'의 작은 말. '지껄'은 '지껄지껄/떠지껄이다/지껄떠벌리다' 등에서 보듯 어근(의미소)으로 인정된 말이므로 소리 나는 대로 적는 경우에 해당되지 않으며, '재깔'도 마찬가지.
  [참고] '**떠벌리다**(이야기를 과장하여 늘어놓다)'와 '**떠벌이다**(굉장한 규모로 차리다)'는 구분해야 함. ←'판을 크게 벌이다' 등을 떠올리면 도움이 됨. ☞'**떠벌리다**' 항목 참조.
  떠지껄이다통 떠들썩하게 지껄이다.

◈**재미 없는** 소리 그만 좀 하지 그래: **재미없는**의 잘못.
  그 사람 참 **재미있는** 사람이야. 알고 보면: 맞음.
  [설명] '재미있다/재미없다' 및 '재미나다'는 모두 한 낱말. '재미있다'의 준말은 '재밌다'.
  [주의] '흥미 있다/~ 없다' 등과 같은 경우는 두 낱말. ☞'**있다**'와 '**없다**' 항목 참고.

◈[고급] 맛장수란 아무런 멋이나 **재미없이** 싱거운 사람을 뜻하는 말이다: **재미 없이**의 잘못.
  [설명] 이 경우는 위와 달리 '아무런 멋이나 재미(가) 없다'는 뜻으로, '아무런'이라는 관형어가 '멋'과 '재미'라는 두 명사를 꾸며서, 재미뿐만 아니라 멋도 없다는 뜻이므로 띄어 적음. ←붙여 적으면 재미만 없다는 뜻이 되며, 문장도 비문법적인 문장이 됨.

◈양념에 **재인** 불고기; 담뱃대에 **재인** 담배; 탄알이 **재인** 총: **재어진(재워진)**의 잘못.
  [설명] '재다'의 본딧말은 '재우다'. 피동사는 《표준》에 안 보임('재이다/재워지다' 모두 없음: 쓰임새로 보

아 게재되어야 하며,《표준》의 실수로 보임). 그러나, 낱말 설명문에 '재어진'이 보임. 이는 남의 힘에 의하여 앞말이 뜻하는 행동을 입음을 나타내는 '(-어)지다'를 결합한 꼴로 적절함. 그러므로, '재다'와 그 본딧말 '재우다'에 '(-어)지다'를 결합하면 각각 '재어지다'와 '재워지다'가 되므로, 위의 예문에서는 '재어진'과 '재워진' 두 가지 꼴 모두 가능함.

재다1≒재우다[통] ①물건을 차곡차곡 포개어 쌓아 두다. ②고기 따위의 음식을 양념하여 그릇에 차곡 차곡 담아 두다. [유]쟁이다.

재다2≒재우다[통] ①총/포 따위에 화약/탄환을 넣어 끼우다. ②담뱃대에 연초를 넣다. [유]쟁이다.

◆**잘쿠사니!** 그토록 **잰체하더니** 고것 쌤통이다: **잘코사니**, **젠체하더니**의 잘못.

　[참고] 아들이 의사라고 **잰 체하며** 뽐내는 꼴이라니: 맞음.

　[설명] ①'젠체하다'는 '잘난 체하다'를 뜻하는 복합어. '젠체-'는 '저+인 체'의 준말 꼴인데 이때 쓰인 '저' 는 앞에서 이미 말하였거나 나온 바 있는 사람을 도로 가리키는 삼인칭 대명사로서, '자기(自己)'보다 낮잡는 느낌을 줌. 주격 조사 '가'나 보격 조사 '가'가 붙으면 '제'가 됨. ¶제가 잘나면 얼마나 잘났다 고?; 제 좋아서 하는 일을 누가 말려. ②'잰 체하다'에 쓰인 '잰'은 '젠체하다'에 쓰인 '젠'과는 다른 말 로서, 동사 '재다(잘난 척하며 으스대거나 뽐내다)'의 활용형임. ☞'젠체하다'와 '잰 체하다'의 용례 비 교는 아래 낱말들의 뜻풀이 참조.

　건방[명] 젠체하여 주제넘은 태도.

　떠세[명] 재물/힘 따위를 내세워 젠체하고 억지를 씀. 또는 그런 짓.

　교양[驕揚][명] 잰 체하고 뽐냄.

◆**도리도리 잼잼 까꿍!: 죔죔**의 잘못. ⇐**죄암죄암<쥐엄쥐엄**의 준말.

　죔죔[감] '죄암죄암(젖먹이에게 죄암질을 하라는 뜻으로 내는 소리)'의 준말. [명] '죄암죄암(젖먹이가 두 손 을 쥐었다 폈다 하는 동작)'의 준말. ☜[주의] '쥐엄쥐엄'의 준말일 듯한 '쥠쥠'은 없는 말!

◆♣**'-잽이', '-재비', 그리고 '-잡이'**

　[예제] 사물놀이에서는 **장구잽이**가 잘해야 해: **장구재비**의 잘못.

　　　　수영 중에서는 **모재비헤엄**이 제일 쉽지: **모잽이헤엄**의 잘못. 북한어.

　[설명] ①'-재비': '장구잽이(×)/장구재비(○)'와 같이 풍물놀이에서 쇠/북 등을 연주하는 사람은 '-잽이'가 아닌 '-재비'. ¶북재비/쇠재비/삼재비(三-)/수재비(首-). ②'-잽이': 현재 '-잽이'를 허용하고 있는 낱말 은 '모잽이(옆의 방향)'뿐임. ③'-잡이'는 '손잡이'와 같이 실제로 잡거나 잡는 일을 하는 사람을 뜻함. ¶손잡이/길잡이/골잡이(goal-)/총잡이/앞잡이/꿩잡이/매잡이/노잡이(櫓-)/다잡이/단잡이/단(單-)/대잡 이/둘잡이/드잡이/맞잡이/메잡이/모잡이.

　[참고] 예전엔 **모재비헤엄/모자비헤엄**들을 많이 쳤는데: **모잽이헤엄**의 잘못.

　[설명] ①'모+잡이(의미소 '잡') 꼴의 회복 후 'ㅣ' 모음 역행동화 허용. →[모+잽이(-잡이)]. ②'모잽이[≒옆 쪽]'이라는 명사 존재.

　재비[명] 국악에서, 악기를 연주하거나 노래를 부르거나 춤을 추는 기능자.

　삼재비(三-)[명] ①장구재비와 피리 부는 사람, 저 부는 사람의 총칭. ②장구/저/피리의 세 가지로 연주 하는 일.

　수재비(首-)[명] 국악에서, 우두머리 연주자.

　모잽이헤엄[명] 수영에서, 옆으로 누워서 치는 헤엄. ≒사이드스트로크. 횡영[橫泳].

◆도둑질 버릇은 팔목**쟁이**를 부러뜨려서라도 바로잡아야 해: **팔목**의 잘못.

골목**장이**를 돌아가면 끝 집이 바로 그 집이야: **골목쟁이**의 잘못.

가장귀가 진 나무로 만든 **갈고장이**는 쓸모가 많지: **갈고쟁이**의 잘못.

[설명] ①'팔목쟁이'는 '팔목'의 잘못. 없는 말. ☞**팔목쟁이** 항목 참조. ②'골목쟁이/갈고쟁이'에서 보이는 'ㅣ' 모음 역행동화 허용은 역행동화를 허용해도 '골목/갈고랑이' 등의 형태소 의미에 변화가 없기 때문.

갈고쟁이[명] 가장귀가 진 나무의 옹이와 우듬지를 잘라 버리고 만든 갈고랑이.

◆♣'**-쟁이**'로 표기하는 경우들

[예제] 이엉을 엮는 이엉장이도 기술자로 대우하는데, 뜸을 뜨는 **뜸장이**나 점을 보는 **점장이**, 머리를 깎는 **이발장이**, 숯을 굽는 **숯장이**, 침을 놓는 **침장이**도 기술자 수준으로 봐줘야 하는 거 아닌가: **뜸쟁이**, **점쟁이**, **이발쟁이**, **숯쟁이**, **침쟁이**의 잘못.

[설명] ①원칙: 《표준어》 제9항에 기술자에게는 '-장이'를 쓰고 그 외는(모두, 예외 없이) '-쟁이'를 쓴다고 정해져 있음. 여기서 기술자라 함은 전문적인 기술을 갖춘 제조 분야의 장인(匠人)을 뜻하며, 재주나 단순한 특기를 지닌 정도로는 장인으로 보지 않음. 요컨대, 갓을 만드는 것을 업으로 하는 사람은 '갓장이'지만, 갓을 멋들어지게 쓰는 사람은 갓을 만드는 사람과는 무관하므로 '멋쟁이'의 경우에 준하여 '갓쟁이'로 표기함. 즉, 장인(匠人)의 뜻이 명확히 살아 있는 말이 아니면 모두 '-쟁이'로 표기함. ②특히, 그 직업인을 낮잡아 이를 때도 '-쟁이'로 적음. 따라서, 마술/요술, 글, 그림, 관상/점, 이발 등을 잘하는 이들도 '-장이'가 아닌 '-쟁이'로 적음: 마술쟁이/요술쟁이, 글쟁이, 그림쟁이/환쟁이, 관상쟁이, 점쟁이, 이발쟁이. ③태도/성향 등에서 그것이 뜻하는 속성을 많이 갖고 있거나 보이는 경우나, 버릇/습관이 배어 있는 경우에도 '-쟁이'로 표기함. ④그 사람을 낮잡아 이를 때도 '-쟁이'로 표기함.

[표기 사례] (1)직업인을 낮잡아 이를 때: 점쟁이/환쟁이/글쟁이/경쟁이[經-]/뚜쟁이/뜸쟁이/침쟁이[鍼-]/모쟁이/밭쟁이/불쟁이/산쟁이[山-]/숯쟁이/체쟁이[滯-]/밥쟁이/상쟁이[相-]≒관상쟁이/월급쟁이/광산쟁이[鑛山-]/중매쟁이/그림쟁이/이발쟁이/풍수쟁이/풍각쟁이[風角-]/말쟁이2/관상쟁이/굴뚝쟁이/금광쟁이[金鑛-]/글품쟁이/닭이쟁이/대서쟁이[代書-]/도부쟁이[到付-]/똥통쟁이/마술쟁이/별점쟁이[-占-]/봉급쟁이/소설쟁이/손금쟁이/소침쟁이[-鍼-]≒쇠침쟁이/솟대쟁이/신문쟁이/싸전쟁이[-廛-]/일공쟁이[日工-]≒일급쟁이[日給-]/날품팔이꾼/일수쟁이[日收-]/음양쟁이[陰陽-]/요술쟁이/연설쟁이/옥사쟁이[獄-]/주막쟁이/파자쟁이[破字-]≒해자쟁이[解字-]/화초쟁이[花草-]/기계쟁이/노래쟁이/소리쟁이/사주쟁이/복술쟁이[卜術-]/연극쟁이/놀음쟁이/가게쟁이/참기름쟁이/화주역쟁이[畫周易-]/미두쟁이[米豆-]≒미두꾼/반찬쟁이/탄광쟁이/만담쟁이/날라리쟁이/용정쟁이[春精-].

(2)특징적 외모나 차림, 혹은 병을 앓고 있는 사람: 코쟁이/갓쟁이/멋쟁이/난쟁이/땜쟁이/옴쟁이/담쟁이[痰-]/병쟁이[病-]/감투쟁이/담쟁이/망건쟁이[網巾-]/복두쟁이[幞頭-]/대갈쟁이/매독쟁이/방갓쟁이[方-]/배꼽쟁이/속병쟁이/콧벽쟁이[-壁-]/삿갓쟁이/안경쟁이≒안경잡이/양복쟁이/앙상쟁이/염병쟁이/험상쟁이[險狀-]/폐병쟁이/콜록쟁이/상투쟁이/간질쟁이/지랄쟁이/찰담쟁이/여드름쟁이/콧수염쟁이/탕건쟁이[宕巾-].

(3)그 사람 또는 그런 사람을 이르는 말: 신랑쟁이/노구쟁이[老嫗-]/갓난쟁이/돌쟁이/첩쟁이/영감쟁이/예수쟁이[←Jesus-]/천좍쟁이[天-]/동학쟁이[東學-]/할미쟁이/방예쟁이[防豫-]/마누라쟁이/노파쟁이/천주학쟁이[天主學-].

(4)특징적 성깔, 태도, 습관적 행위나 버릇, 또는 재주를 지닌 사람: 겁쟁이/빗쟁이/꾀쟁이≒꾀보/깍쟁이1/떼쟁이/뻥쟁이/말쟁이1/쌈쟁이/욕쟁이/힘쟁이/개구쟁이/고집쟁이/방귀쟁이/변덕쟁이/대포쟁이/수다쟁이/가살쟁이/간살쟁이/개름쟁이/게름쟁이/걸신쟁이/게걸쟁이/고자쟁이[告者-]/구식쟁이/꼼꼼쟁이1/꾀병쟁이/꼼꼼쟁이/내숭쟁이/눈깜쟁이/늦잠쟁이≒늦잠꾸러기/도섭쟁이/돌림쟁이/말썽쟁이≒말썽꾸러기/

매련쟁이/미련쟁이/몽니쟁이/바람쟁이≒바람둥이/발김쟁이/밴덕쟁이/불깍쟁이/사설쟁이[辭說-]/세도쟁이/수선쟁이/외입쟁이[外入-]≒오입쟁이/실없쟁이[實-]/심술쟁이≒심술꾸러기/싸움쟁이/알깍쟁이/야살쟁이/아편쟁이/아첨쟁이≒아첨꾼/싸개쟁이/야발쟁이/암상쟁이≒암상꾸러기/앙탈쟁이/엄살쟁이/야담쟁이[野談-]/억설쟁이[臆說-]/어림쟁이/역성쟁이/열없쟁이/연애쟁이≒연애꾼/요변쟁이[妖變-]/요설쟁이[妖說-]/요설쟁이(饒舌-]/완고쟁이/욕심쟁이≒욕심꾸러기/의심쟁이/웅변쟁이/익살쟁이/잔말쟁이/전깍쟁이[全-]/재롱쟁이/주정쟁이/중독쟁이/찰깍쟁이/트집쟁이/투정쟁이≒투정꾼/하리쟁이/흉내쟁이/극성쟁이/난봉쟁이≒난봉꾼/무식쟁이/만만쟁이/미욱쟁이/뱐덕쟁이/싱검쟁이/유식쟁이/용심쟁이≒용심꾸러기/허풍쟁이/거짓말쟁이/가짓말쟁이/개으름쟁이/게으름쟁이/거드름쟁이/고지식쟁이/뒤스럭쟁이/말공부쟁이/서울깍쟁이/신경질쟁이/어리광쟁이/옹고집쟁이/외고집쟁이/철모르쟁이≒철부지/황고집쟁이/날파람쟁이≒날파람둥이/이야기쟁이/판무식쟁이/고자질쟁이≒고자쟁이/부끄럼쟁이/깜깜무식쟁이/박쥐오입쟁이.

–쟁이[접] '그것이 나타내는 속성을 많이 가진 사람'의 뜻을 더하는 접미사.

코쟁이[명] 코가 크다는 뜻에서 서양 사람을 놀림조로 이르는 말.

담쟁이[痰–][명] 담병(痰病)을 앓는 사람을 낮잡는 말.

땜쟁이[명] 목 언저리에 생기는 부스럼이 곪아 터져서 목에 큰 흠이 생긴 사람을 놀림조로 이르는 말.

말쟁이1[명] 추수 따위에서 마름을 대신하여 품삯을 받고 마질을 하여 주는 사람.

말쟁이2[명] 말이 많거나 말을 잘하는 사람을 낮잡는 말. [유]떠버리/잔소리꾼.

밭쟁이[명] 채소 농사만을 업으로 하는 사람.

불쟁이[명] (속) 영화를 제작하는 사람들 가운데 조명을 맡은 사람.

체쟁이[滯–][명] 체[滯]를 내리게 하는 일을 업으로 하는 사람. 칡대 따위로 목구멍을 쑤시거나 손으로 배를 문지름.

풍각쟁이[風角–][명] 시장/집을 돌아다니면서 노래를 부르거나 악기를 연주하며 돈을 얻으러 다니는 사람.

굴뚝쟁이[명] 굴뚝 청소를 직업으로 하는 사람을 낮잡는 말.

글품쟁이[명] 글 쓰는 데에 드는 품/노력을 파는 사람.

노구쟁이[老嫗–][명] 뚜쟁이 노릇을 하는 노파.

눈깜쟁이[명] 실눈처럼 눈이 매우 작은 사람.

닦이쟁이[명] 닦이질을 직업으로 하는 사람.

도섭쟁이[명] 주책없이 능청맞고 수선스럽게 변덕을 아주 잘 부리는 사람을 낮잡는 말.

돌림쟁이[명] 한 동아리에 들지 못하고 따돌림을 받는 사람을 낮잡는 말

배꼽쟁이[명] 배꼽이 유달리 크게 불쑥 나온 사람을 놀림조로 이르는 말.

발김쟁이[명] 못된 짓을 하며 마구 돌아다니는 사람.

불깍쟁이[명] 아주 지독한 깍쟁이.

소침쟁이[–鍼–]≒**쇠침쟁이**[명] 집짐승에게 침을 놓아 병을 고치는 것을 직업으로 하는 사람을 낮잡는 말.

야살쟁이[명] 보기에 얄망궂고 되바라진 데가 있는 사람을 낮잡는 말.

싸개쟁이[명] 물건을 포장하거나 침대/의자 따위를 싸는 일을 직업으로 하는 사람.

앙상쟁이[명] 살이 빠져 바짝 마른 사람을 낮잡는 말.

어림쟁이[명] 일정한 주견이 없는 어리석은 사람을 낮잡는 말.

열없쟁이[명] 열없는 사람을 낮잡는 말.

전깍쟁이[全–][명] 지독한 깍쟁이.

주막쟁이[酒幕–][명] 주막을 경영하는 사람을 낮잡는 말.

찰깍쟁이[명] 아주 지독한 깍쟁이.

천좍쟁이[天-]囘 예전에, '가톨릭교도'를 낮잡는 뜻으로 이르던 말.

콧벽쟁이[-壁-]囘 콧구멍이 너무 좁아서 숨을 제대로 쉬지 못하는 사람을 놀림조로 이르는 말.

파자쟁이[破字-]≒해자쟁이[解字-] 한자의 자획을 나누거나 합하여 길흉을 점치는 사람.

하리쟁이囘 하리노는 것을 일삼는 사람.

미두쟁이[米효-]≒미두꾼囘 현물 없이 쌀을 팔고 사는 일을 직업으로 하는 사람.

방예쟁이[防豫-]囘 질병 따위를 미리 막기 위한 미신적 행위를 잘하는 사람.

싱검쟁이囘 싱거운 짓/싱거운 소리를 잘하는 사람을 놀림조로 이르는 말.

날라리쟁이囘 태평소를 부는 사람을 낮잡는 말.

뒤스럭쟁이囘 말/하는 짓이 수다스럽고 부산하며 변덕스러운 사람.

말공부쟁이[-工夫-] 실천은 하지 않고 쓸데없이 헛된 이야기만을 일삼는 사람을 낮잡는 말.

날파람쟁이≒날파람둥이囘 주책없이 싸다니는 사람.

판무식쟁이[判無識-]囘 아주 무식한 사람을 낮잡는 말.

박쥐오입쟁이[-誤入-]囘 ①행세를 잘하는 체하면서 남몰래 오입질을 하는 사람. ②낮에는 들어앉았다가 밤이면 놀러 다니는 사람.

◈♣'**저-**'가 '이-/그-'와 달리 접두어로 쓰일 수 없는 말들

[예제] **저것참**. 사정이 딱하게 되었군그래: **저것 참**의 잘못. 단, '그것참'(○).

그날 말고 왜 **저날** 있잖아. 그끄저께 말이야: **저 날**의 잘못.

그건 바로 그 일이 있던 **저때** 일이잖아: **접때**의 잘못. 없는 말.

그새 **저새** 다투는 사이에 다 도망갔어: **저 사이**의 잘못. 없는 말.

[설명] '이-/그-/저-'는 비슷한 환경에서 '이같이/그같이/저같이', '이거/그거/저거'처럼 접두어 역할에서 호환이 되는 경우가 많지만, '저-'는 '이-/그-'와 달리 아래에서처럼 쉽게 바꾸어 쓸 수 없는 경우가 적지 않으므로 주의해야 함. ♣**주의해야 할 부사/부사어들의 띄어쓰기, 관형사, 명사들의 예** 항목 참조.

그나저나囝 '그러나저러나'의 준말. ¶**이나저나**(○)/저나그나(×).

그날囘 앞에서 이미 이야기한 날. ¶**이날**(○)/저날(×)/저 날(○).

그다음囘 그것에 뒤이어 오는 때나 자리. ¶**이다음**(○)/저다음(×)/저 다음(○).

그달囘 앞에서 이미 이야기한 달. ¶**이달**(○)/저달(×)/저 달(○)≒**지난달**.

그담囘 '그다음'의 준말. ¶**이담**(○)/저담(×)/저 다음(○).

그덧囘 잠시 그동안. ¶**이덧**(×)/저덧(×).

그것참囝 사정이 매우 딱하거나 어이가 없을 때, 뜻밖에도 일이 잘되었을 때 내는 소리. ¶**이것참**(×)/이것 참(○); 저것참(×)/저것 참(○).

그길로囝 ①어떤 장소에 도착한 그 걸음으로. ②어떤 일이 있은 다음 곧. ¶**이길로**(×) ⇐없는 말.

그때囘 앞에서 이미 이야기한 시간상의 어떤 점이나 부분. ¶**이때**(○)/저때(×)/**접때**.

그때껏囝 앞에서 이미 이야기한 시간상의 어떤 점/부분까지 내내. ¶**이때껏**(○)/접때껏(×).

그러나저러나囝 그것은 그렇다 치고. 준 ①'그리하나 저리하나'의 준말. ②'그러하나 저러하나'의 준말. ¶**이러나저러나**(○)/저러나그러나(×).

그러저러다동 그렇게 하기도 하고 저렇게 하기도 하다. ¶**이러저러다**(○)/저러그러다(×).

그런고로囝 그러한 까닭으로. ¶**이런고로**(○)/저런고로(×).

그런즉준 '그러한즉'이 줄어든 말. ¶**이런즉**(○), 저런즉(×).

그사이囘 조금 멀어진 어느 때부터 다른 어느 때까지의 비교적 짧은 동안. ≒그간. ¶**이사이**(○), 저사이(×)/저 사이(○).

그새몡 '그 사이'의 준말. ¶**이새**(○)≒**이 사이**, 저새(×)/저 사이(○).

그적몡 말하는 이와 듣는 이가 알고 있는 어느 시점. 주로 과거의 시점을 이름. ¶**이적**(≒현재)(○)/저적(×).

그즈음몡 과거의 어느 때부터 어느 때까지의 무렵. ¶**이즈음**(○)/저즈음(×).

그끄저께몡뿐 그저께의 전날[에]. 준말은 '**그끄제**'.

그끄러께몡뿐 그러께의 바로 전 해[에]. 올해로부터 3년 전의 해[에].

◆**저같은** 일은 벌어지지 말아야: **저런**의 잘못. ⇐어법상 '**저 같은**'이 되어야 하나, 어색함.

　[구별] '저 같은'. ¶저 같은(○) 사람도 그런 일을 할 수 있을까요?

◆**저 거시기**, 말씀 좀 묻겠습니다: **저거시기**의 잘못 ⇐**저거시기**깜 **거시기**때깜

　[설명] '저거시기'는 '거시기'와 쓸모가 비슷한, 한 낱말의 감탄사. 단, '거시기'는 대명사도 겸함. ☜[참고] 감탄사는 한 낱말이므로 모두 붙여 적음.

　거시기때 이름이 얼른 생각나지 않거나 바로 말하기 곤란한 사람/사물을 가리키는 대명사. 깜 하려는 말이 얼른 생각나지 않거나 바로 말하기가 거북할 때 쓰는 군소리.

　저거시기깜 ①어떤 말이 잘 떠오르지 아니할 때 쓰는 말. ②말을 꺼내기가 거북하거나 곤란할 때 쓰는 말.

◆**저것말고** 이것 주세요: **저것 말고**의 잘못. ⇐'말고'는 동사 '말다'의 활용.

　[참고] 더도 **말고** 덜도 **말고** 한가위만 같아라: 맞음. 용법은 위와 같음.

　[설명] '말고'는 주로 명사 뒤에 쓰여서 '아니고'를 뜻함.

◆**저기 저기 저달 좀** 보세요: **저기, 저기 저 달 좀**의 잘못.

　[주의] ①맨 앞의 '저기'는 감탄사. 이때는 문장부호를 찍어야, 뜻이 분명해짐. ②두 번째 '저기'는 '저곳'을 뜻하는 대명사.

◆저 친구는 일을 꼭 **저냥으로** 한단 말이야: **저냥**뿐의 잘못. ⇐'으로'는 체언에만 붙을 수 있는 격조사. '저냥'은 부사.

　그냥 저냥 때우기만 해서야 되나: **그냥저냥**뿐의 잘못. 한 낱말.

　[설명] '으로'는 움직임/변화의 방향/경로를 나타내는 격조사.

　그냥저냥뿐 그러저러한 모양으로 그저 그렇게. [유]그럭저럭.

　이냥저냥뿐 이러저러한 모양으로 그저 그렇게.

◆당신 한 달 전인 **저달**에 왔다 갔잖아: **지난달**몡의 잘못. 없는 말.

　두 달 전, 그러니까 **저지난달**에 왔다 갔으면서: **지지난달**몡의 잘못.

　집세가 **저번달**부터 밀렸다: **저번 달** (혹은 **지난달**이나 **저지난달**)의 잘못.

　저저번 달부터 소식이 끊겼다: **저지난달**몡의 잘못. 없는 말.

　[설명] ①'이달/그달'은 한 낱말이지만, '저달'은 '지난달'의 잘못으로 방언(강원). ②'저지난달'은 2~3개월 전의 달. '지지난달'은 지난 달의 바로 전달. 이와 같이 '**저**지난-'은 '날이나 달이 지나기는 했는데 정확하게 며칠이나 몇 달이라고 하기는 어려운, 2~3일이나 2~3개월 전 혹은 바로 며칠이나 몇 달 전을 뜻하고, '**지**지난-'은 '명확하게 하루나 한 달이 지나고 그 뒤로 또 하루나 한 달이 지난 날/달'을 뜻함. 즉, '지지난-'은 '지나고 또 지난'을 줄인 것.

　저번[這番]몡 ≒지난번(말하는 때 이전의 지나간 차례나 때).

저지난달⑲ ①이삼 개월 전의 달. ②'지지난달(지난달의 바로 전달)'의 잘못.

◈**저 때**는 두 말 없이 잘못 했다고 빌어야지: **저런 때, 두말없이**의 잘못.
  [설명] '이때/그때'는 한 낱말이지만 '저때(×)/접때(○)'. 그러나 위의 문맥에서는 '접때'도 부적합하며, '저런 때'가 적절함.
  접때⑲⑻ 오래지 아니한 과거의 어느 때[에].

◈보기는 그래도 **저런 대로** 살 만은 해: **저런대로**의 잘못. [참고] 이런대로(○)/그런대로(○).

◈**저만때**는 나도 그랬어: **저맘때**⑲의 잘못. ⇐설명 참조.
  [비교] **저만큼**만 있어도 좋겠는데: **저만큼**⑻의 잘못.
  [설명] ①'저맘때'는 '저만큼 된 때': 저+만+큼+때≒저맘+때→저맘때. 조만때(×)도 마찬가지로 조맘때(○)의 잘못. ②'저만큼'은 '저만치'와 동의어. '만치≒만큼'은 의존명사/조사. 그러나 '맘큼'은 없는 말.
  [참고] ①저맘때/저만치/저만큼/저런대로: 모두 한 낱말. ②단, '저래 봬도', '저런 때(에)'는 모두 띄어 씀.

◈노인의 얼굴에는 **저승꽃**이 잔뜩 깔려 있었다: 쓸 수 있는 말.
  저승꽃⑲ (비유) '검버섯(주로 노인의 살갗에 생기는 거무스름한 얼룩)'.

◈**저으기(저윽이)/저으기나** 걱정이 된다: **적이**의 잘못. ⇐모두 없는 말. 북한어.
  [유사] 퍽으나(×)→퍽(○).
  적이⑻ 꽤 어지간한 정도로.
  적이나⑻ 얼마간이라도.
  적이나하면⑻ 형편이 다소나마 된다면.

◈**저지난밤**, 그러니까 그저께 밤의 일이지: **지지난밤**의 잘못.
  이틀 전인 **저지난밤**에 그가 왔었잖아: **지지난밤**의 잘못.
  이틀 전인가 사흘 전인가 **저지난밤**에 왔었잖아: 맞음.
  [설명] ①'지지난밤'은 '(하루) 지나고 또 지난 밤'이므로 이틀 전인 그저께의 밤을 명확하게 이르는 말이고, '저지난밤'은 '며칠 지나기는 했는데 정확하게 며칠이라고 하기는 어려운, 2~3일 전 혹은 바로 며칠 전의 밤'이라는 뜻. '지지난달'과 '저지난달'에서의 구분과 같음. ②이와 함께, 주의해야 할 말로 '**엊그제**'가 있는데 이것은 '어제와 그제'라는 뜻이 아니라('어제그제'라는 말도 없으며, '어제 그제'로 적음) 저지난밤에서 '저지난'과 같이 며칠 지나기는 했는데 정확하게 언제라고 할 수 없는 경우에 쓰이는 '엊그저**께**'의 준말. [암기도우미] '께'는 '쯤/경'을 뜻하는 접사이므로, '엊그제'가 '엊그저께'의 준말이라는 것을 기억하면 구분하기에 도움이 됨. ☞[참고] '엊그저께'의 본말로 최근 '어제그저께'가 표제어로 추가되었음[국립국어원. 2015.12].
  지지난밤⑲ 그저께의 밤.
  저지난밤⑲ ①이삼 일 전의 밤. 또는 엊그제(=바로 며칠 전)의 밤. ②'지지난밤(그저께의 밤)'의 잘못.
  엊그제⑲ '엊그저께(바로 며칠 전)'의 준말. ⑻ '엊그저께(바로 며칠 전에)'의 준말.

◈잘못을 **저질은(저질른)** 사람이 벌을 받아야지: **저지른**의 잘못. ←**저지르다**[원]
  [설명] ☞♣**특별한 이유 없이 'ㄹ'을 덧대어, 흔히 잘못 쓰는 낱말들** 항목 참조.

◆**저희** 어머니이십니다: 맞음. (상대방을 높여 표현해야 하는 상황에서)

저의 어머니이십니다: 맞음. (윗사람 또는 그다지 가깝지 아니한 사람을 상대하여 자기를 낮출 때). ⇐ '저'(대명사)+'의'(조사).

제 집사람입니다: 맞음. ⇐'저'(대명사)+'의'(조사)의 준말.

우리 어머니시라네. **우리** 신랑이야: 맞음. (자기보다 높지 아니한 사람을 상대하여 어떤 대상이 자기와 친밀한 관계임을 나타낼 때).

저희 학교 이름은 ○○대안학교라고 합니다: 맞음. '저희'는 '우리'의 낮춤말.

우리 학교에 한번 들러 주세요. 멋진 학교입니다!(홍보 문구): 맞음. 홍보의 특성상 친밀하고 부드럽게 표현하기 위하여, '저희' 대신 사용할 수도 있음.

[설명] ①'저의'와 '저희'는 모두 쓸 수 있는 말. 다만, '저의'는 '저(대명사)+의(조사)'의 꼴로서, 말하는 이가 윗사람이나 그다지 가깝지 아니한 사람을 상대하여 자기를 낮추어 가리키는 대명사인 '저'에 속격조사 '의'가 붙은 형태. '저희'는 어떤 대상이 자기와 친밀한 관계임을 나타낼 때 쓰는 대명사로, '우리'의 낮춤말임.

제[준] ≒저의. '저+의(조사)'의 준말.

저[대] 윗사람이나 그다지 가깝지 아니한 사람에 대하여 자기를 낮추는 말.

저희[대] ①'우리(말하는 이가 자기와 듣는 이, 또는 자기와 듣는 이를 포함한 여러 사람을 가리키는 일인칭 대명사)'의 낮춤말. ¶저희 때문에 선배님들이 함께 고생하시는군요; 저희를 한번 살려 주시는 셈 치고; 저희 다섯 식구의 목숨은 선생님께 달렸습니다. ②어떤 대상이 자기와 친밀한 관계임을 나타낼 때 쓰는 대명사로 '우리'의 낮춤말. ¶언제라도 저희 학교에 들러 주십시오; 저희 집에 한번 들르셔요; 저희 회사에서 이번에 이걸 만들었습니다. ③앞에서 이미 말하였거나 나온 바 있는 사람들을 도로 가리키는 삼인칭 대명사. ¶그들이 또 찾아 왔지만 저희가 뭐라 해도 난 안 믿어; 외국인들은 저희 나라 말로 수군댔다.

우리[대] ①말하는 이가 자기와 듣는 이, 또는 자기와 듣는 이를 포함한 여러 사람을 가리키는 일인칭 대명사. ②말하는 이가 자기보다 높지 아니한 사람을 상대하여 자기를 포함한 여러 사람을 가리키는 일인칭 대명사. ¶그럼 우리 먼저 간다; 우리 부부가 자네한테 뭘 해준 게 있어야지; 우리가 당신한테 뭘 잘못했기에? ③말하는 이가 자기보다 높지 아니한 사람을 상대하여 어떤 대상이 자기와 친밀한 관계임을 나타낼 때 쓰는 말. ¶우리 엄마; 우리 마누라; 우리 신랑.

◆순식간에 늙어버린 대기의 주름살 속으로 반짝거리며 사라져가는 **태앗적** 내가 보였다: **태아 적**의 잘못. ⇐사전에 없는 말.

이건 내 **아이적**[**처녀적**]의 사진이야: **아이 적**[**처녀 적**]의 잘못.

태고 적의 고요와 적멸 속으로: **태곳적**의 잘못.

[설명] '적'은 '때'를 뜻하는 의존명사이나 다음과 같이 합성어를 만들기도 함. 〈예〉태곳적(太古-); 고릿적(옛날의 때); 배냇적(어머니의 배 속에 들어 있을 때); 소싯적(少時-); 요마적(지나간 얼마 동안의 아주 가까운 때); 이마적(지나간 얼마 동안의 가까운 때). ☞[주의] 그 밖의 경우, 곧 '아이 적, 태아 적, 처녀 적, 언제 적, 어릴 적...' 등은 모두 두 낱말임.

◆♣'-적다/쩍다'가 들어간 유의해야 할 말들

[예제] **객적은** 짓 그만하고 정신 차려: **객쩍은**의 잘못. ←**객쩍다**[원]

　　　겸연적은 표정으로 머쓱했다: **겸연쩍은**의 잘못. ←**겸연쩍다**[원]

　　　큰일을 하기에는 **딴기쩍은** 사람: 딴기적은의 잘못. ←**딴기적다**[원]

[설명] ①'적(少)'의 의미가 없어 '적'으로 적지 않고 소리대로 적는 경우임. ②'-쩍다'는 '그런 것을 느끼게 하는 데가 있음'의 뜻을 더하고 형용사를 만드는 접미사로서, '-스럽다/-맞다' 등과 흡사함.

(1) '-쩍다'로 적어야 하는 것들
객적다[客-]형 '**객쩍다**(행동/말/생각이 쓸데없고 싱겁다.)'의 잘못.
갱충적다형 '**갱충쩍다**(≒**갱충맞다**. 행동 따위가 조심성이 없고 아둔하다)'의 잘못.
괴란적다형 '**괴란쩍다**(얼굴이 붉어지도록 부끄러운 느낌이 있다)'의 잘못.
궤란쩍다형 행동이 건방지거나 주제넘다.
겸연적다형 '**겸연쩍다(계면쩍다**. 쑥스럽거나 미안하여 어색하다)'의 잘못.
구살[귀살]머리적다형 '**구살머리쩍다**(마음에 마땅치 않고 귀찮다)'의 잘못.
귀살적다형 '**귀살쩍다**(일/물건 따위가 마구 얼크러져 정신이 뒤숭숭하거나 산란하다)'의 잘못.
해망적다형 '**해망쩍다**(해망스럽다. 행동이 해괴하고 요망스럽다)'의 잘못.
[암기도우미] '적다'를 버리고 '쩍다'를 택한 경우, 대부분은 '적(少)'과 반대인, '-스럽다/-맞다'의 의미에 가까운 경우가 많거나(해망쩍다/구살머리쩍다/갱충쩍다/괴란쩍다), 앞말 뜻이 불분명하여 소리 나는 대로 적은 경우들임.

(2) '-적다'로 적는 것 중 주의해야 할 것들
괘다리적다(少)형①사람됨이 멋없고 거칠다. ②성미가 무뚝뚝하고 퉁명스럽다. '괘다리'는 아래에 보이는 '고달'이 변한 말.
괘달머리적다형 '괘다리적다'의 속칭.
▷**고달[高達]**명 ①높은 경지에 이름. ②재주가 뛰어나고 사리에 통달함. ③탈속/고풍.
딴기적다[-氣-]형 기력이 약하여 힘차게 앞질러 나서는 기운이 없다.

◆**적이나 하면** 도움을 주고 싶다만: **적이나하면**부의 잘못.
적이나하면부 형편이 다소나마 된다면. ¶사정이 적이나하면 도와주겠다; 적이나하면 쌀가마라도 보태 주었으면 좋겠는데.

◆돈도 **적찮게** 쏟아부었건만: **적잖게**의 잘못.
돈이 **적찮히** 들어간 사업: **적잖이**의 잘못.
[설명] ①'적잖다'는 '적지 아니하다'에서 온 말. 즉 '적-+-지+아니+하다' →'적-+잖+다'→'적잖다'. '-지' 뒤에서 '아니+하'가 'ㅏ+ㄶ'으로 축약된 것이므로 '잖'. '적찮-'이 되려면 '적-+-치'이어야 함. ②'적잖다'는 '-하다'로 끝나는 말이 아닐 뿐만 아니라, '적잖이'는 발음도 명확히 '-이'로 남.

◆**부모님전** 상서: **부모님 전**명의 잘못.
[설명] '전'은 '앞'의 높임말로 명사. '학교 앞, 매표소 앞'처럼, '부모 앞, 노인 앞' 등도 띄어 써야 하므로, '부모님 전'으로 띄어 적는 것.

◆**전가족**을 이끌고 해외여행에 나선 그: **전 가족**의 잘못. ⇐'전'은 관형사.
전세계를 누빈 사람이: **전 세계(온 세계/세상/누리)**의 잘못. ⇐'온-'도 띄어 씀.
전국민의 힘을 모아서: **전 국민**의 잘못. ⇐'전'은 관형사.
전사적(全社的)인 이 운동에 모두 참여: 맞음. ⇐설명 참조.

[설명] '전교생/전국구/전면전/전인격(全人格)/전자동/전체성' 등과 같이 굳어진 말이 아닌 것들은 '전'이 '모든/전체'를 뜻하는 관형사이므로 '전 국토, 전 직원, 전 생애, 전 세계, 전 재산' 등과 같이 띄어 적어야 함. '온−'을 쓸 경우에도 '온종일/온챗집/온마디/온바탕' 등처럼 굳어진 말이 아닌 것은 띄어 적음. 〈예〉온 천지, 온 세상, 온 가족. ☞♣**온'이 관형사일 때와 접두사일 때의 용법** 항목 참조. ♣**띄어쓰기에서 주의해야 할 단음절의 관형사들과 복합어 구분 문제** 항목 참조.

◆상위권을 **휩쓸 전망입니다**: **휩쓸 것으로 전망됩니다**의 잘못. ⇐수식 구성의 오류.

◆♣**전문 용어의 띄어쓰기**
  [예제] 표기에서 **주격조사**가 맞나, **주격 조사**가 맞나: 둘 다 쓸 수 있음.
    종결어미와 **연결어미**의 구분은 중요하다: 붙여 쓴 것도 맞음.
  [설명] 전문 용어는 낱말별로 띄어 씀을 원칙으로 하되, 붙여 쓸 수 있음. [한글 맞춤법 제50항]: 보조 용언(○)/보조용언(○); 의존 명사(○)/의존명사(○).

◆전세집/**전셋방**/세방: **전셋집/전세방/셋방**의 잘못. ☞가장 까다로운 구분 중 하나.
  [설명] 다음과 같이 달리 표기함.
    전세방(傳貰房): '전세+방'은 한자어 복합(합성어). 고로 사이시옷 불가함. '월세방(月貰房)'도 동일.
    전셋집(傳貰−)/전셋값: '전세+집/값'은 한자어+한글. 고로 사이시옷 가능.
    셋방(貰房): '세+방'은 한자어 복합이므로 원칙적으로는 사이시옷 불가함. 그러나 예외적으로 인정.
  [요약] '셋방'은 예외라서 가능하나, '전셋방/월셋방'은 원칙대로 불가능함.
  [중요] 복합한자어 중 사이시옷 규정 예외 6낱말: 곳간/셋방/숫자/찻간(車間)/툇간(退間)/횟수. ☞**사이시옷 정리** 항목 참고.

◆그**전에** 해치웠어야 했는데: **그 전**의 잘못.
  그 **전에** 그가 한번 들른다 했던 것 같은데 언제였더라: **그전**명의 잘못. ⇐'지나간 지 꽤 되는 과거의 어느 시점을 막연하게 이르는 말'.
  그 사람은 조금**전**에 왔다 갔습니다: **조금 전**의 잘못.
  얼마**전**의 일인데: **얼마 전**의 잘못.
  그 일은 **오래 전**의 일인데, 이제 와서: **오래전**명의 잘못. 한 낱말.
  전 해에 비해 올해는 수확이 줄었다: **전해**명의 잘못. 한 낱말.
  전국가원수였던 전(全) 대통령: **전 국가원수**의 잘못.
  [설명] '전(前)'은 다음과 같이 명사/관형사로 쓰이며, 복합어로 굳어진 경우가 아니면 띄어 써야 함.
  ①명사. ¶사흘 전; 10년 전의 모습; 아침을 먹기 전; 얼마 전; 며칠 전; 일을 10월 전까지는 끝내야; 부모님 전 상서(上書).
  ②관형사. ¶전 경찰청 형사과장; 김 전 학장이 총장 후보로 나섰다; 전 국가대표 선수; 얼마 전 퇴임하신 전 교장 선생님의 공적; 전 학기; 전 시대.
  전해[前−]명 ①≒**지난해**(이해의 바로 앞의 해). ②어떤 해의 바로 앞의 해.
  오래전[−前]명 상당한 시간이 지나간 과거.
  그전[−前]명 지나간 지 꽤 되는 과거의 어느 시점을 막연하게 이르는 말. [유]기왕.
  요전[−前]명 지나간 지 얼마 안 되는 과거의 어느 시점을 막연하게 이르는 말. [유]일전/일작.
  기전[紀元前]≒서기전명 기원 원년 이전. 주로 예수가 태어난 해를 원년으로 하는 서력기원을 기준으로 하여 이른다. [유]서력기원전.
부주전[父主前]명 아버지에게 쓰는 편지에서, '아버지께'의 뜻으로 쓰는 말.

◆**전화받으시라고** 해라: **전화 받으시라고**의 잘못.
[설명] '전화받다'는 없는 말. ☞'**-받다**' 항목 참조.

◆대형 태풍 한 번에 올해 농사 **절딴났어**: **결딴났어**의 잘못. ←**결딴나다**[원]
결국 그걸 **절딴내고** 말았어: **결딴내고**의 잘못. ←**결딴내다**[원]
[설명] ①'절딴나다/~내다': '결딴나다/~내다'의 잘못. 즉, '절딴-'이란 말이 없음. ☞비슷한 의미의 '거덜 나다'는 띄어 씀. 한 낱말이 아님. ②'결딴내다'는 '결딴나다'의 사동사.
[참고] '자르거나 베어서 끊음'을 뜻하는 '절단(切斷/截斷)'의 경우는 '절단나다'가 없고, '절단되다'가 있음.
결딴나다통 ①어떤 일/물건 따위가 아주 망가져서 도무지 손을 쓸 수 없는 상태가 되다. ②살림이 망하여 거덜 나다.

◆그는 고개를 **절래절래** 저으며 튀튀 했다: **절레절레**, **퉤퉤했다**의 잘못.
[설명] '퉤하다/퉤퉤하다(침이나 입 안에 든 것을 자꾸 뱉다)'는 각각 한 낱말.

◆요즘 **젊은애들**은 무뇌충인가 봐: **젊은이들**의 잘못. 없는 말.
[설명] 굳이 비하칭으로 하려면 '젊은것들', 혹은 '젊은 애들'. 그러나, 실제로 '어린 애들'은 있어도, '젊은 애들'은 없음! 젊었다 할지라도 이미 어리지 않으므로. ⇐[주의] '어린애들'은 한 낱말이지만, '젊은 애들'의 상대어로 사용한 것임.

◆코에 있는 '**코점/콧점**'을 빼는 김에 '**입술점**'과 '**얼굴점**'도 뺄까 봐: **코 점**, **입술 점**, '**얼굴 점**'의 잘못.
[설명] 이들을 한 낱말로 삼으면 온갖 점들도 그려야 함. 글자 그대로의 뜻뿐이므로 모두 두 낱말. 다만 '흑색점(黑色點. 피부에서 관찰되는 평평하고 둥근 갈색이나 흑색의 색소 모반)'과 '자릿점(-點. 수판에서, 수의 자리를 표시하려고 찍어 놓은 점. 수를 나타낼 때 천 단위마다 찍는 점)' 등과 같은 전문용어는 한 낱말.

◆1.5를 한글로 올바로 적으면 **일점 오다**: **일 점 오**의 잘못.
1.5미터를 한글로 올바로 적으면 **일점 오미터다**: **일 점 오 미터**의 잘못.
[설명] 소수점을 이르는 '점'은 명사. 고로 띄어야 함. '1.5미터'를 붙여 적을 수 있는 것은 단위 앞에서 숫자는 붙여 적을 수 있다는 허용 규정 때문.

◆**점보러** 갈래? 맘도 답답한데: **점 보러**의 잘못. ¶**점치다/점하다**통 그러나, '점(을) 보다'.
점하다[占-]통 ①점을 보다. ②≒**점치다**(앞일을 내다보아 미리 판단하다).

◆보기와 달리 **점잔치(점잖치)** 않은 사람: **점잖지**의 잘못. ←**점잖다**[원]
[활용] **점잖찮은** 사람같으니라고: **점잖잖은**의 잘못.
[설명] ①'점잔치'는 아예 없는 말. 틀린 말이라도 '점잖치'의 꼴로 쓰여야 함. ②그러나, '점잖지 않다: -지 않다→잖다'. 고로, '점잖치'는 '점잖지'의 잘못. 즉, '점잔하다'(×)가 없는 말이므로 '점잔하지 않다'(×)

도 잘못이어서 '점잖다'의 변화를 따르는 것. 따라서 '점잖지 않은'은 '점잖-+-지 않은'인데, '-지 않-'은 '잖'의 형태로 줄므로, '점잖잖은'으로 적음. ♣'-잖/-찮'의 문제(2) 항목 참조.

◆아주 **점잖한** 사람이야: **점잖은**의 잘못. 없는 말. ←점잖다[원]
　까불지 말고 좀 진득하고 **점잔해져라**: **점잖아져라**의 잘못. ←**점잖아지다**[원]
　점잖은 사람을 **점잔이**라고 하지: 맞음. ☞**점잖이**(×)는 잘못.
　까불지 말고 **점잖히/점잔이** 좀 걸어라: **점잖이**의 잘못.
　[설명] ①[중요] '점잔(점잖은 태도)'은 명사이므로 '점잖다←점잔하다'로 축약된 듯하지만, '점잔하다'는 사전에 없는 말로 '점잖다'의 잘못. 이처럼 '-하다'를 붙이면 잘못인 말들로 '삼가다/매조지다' 등도 있음. ☞[암기도우미] '점잔'은 태도일 뿐으로 행위와 거리가 멀어 행위 접미사 '-하다'를 붙이지 못함. ② '점잔하다'라는 말이 없는 말이므로 '점잔하다에 동사를 만드는 '-아/어 지다' 꼴을 붙인 말('점잔해지다')도 틀린 말. '점잖다+-아/어 지다→'점잖아지다'가 올바름. ③'점잖다'는 '-하다' 꼴이 아닌 데다 발음도 '-이'로 나므로, 부사(형)은 '-히'가 아닌 '-이'.

◆♣**동사를 만드는, 유의해야 할 접미사들의 예**
　[예제] 축하합니다(○)/축하**드립니다**(○): 압존법은 제한적으로만 적용(2011년~).
　　　아들 **장가 들이는** 일이 쉬울 리가 있나: **장가들이는**의 잘못. 한 낱말.
　　　그 사람 **교육 받으러** 갔어: **교육받으러**의 잘못. 한 낱말.
　　　그처럼 **이용 당하고도 사형 당했어**: **이용당하고도**, **사형당했어**의 잘못.
　　　그늘 진 얼굴에 수심이 가득하더군: **그늘진**의 잘못. 한 낱말.
　○**-드리다**: '공손한 행위'의 뜻을 더하고, 일부 명사에 붙어 동사를 만드는 접미사. ¶공양드리다/불공드리다/말씀드리다/인사드리다/부탁드리다.
　[참고] ①'용돈 드리다', '선물 드리다'의 경우, '드리다'는 '주다'의 높임말이므로 띄어 써야 함. [원칙] '용돈을 주다→드리다', '선물을 주다→드리다'로 분리하여 생각. 그러나, '인사드리다'의 경우에는 '인사를 주다→드리다'가 성립하지 않으므로, 한 낱말. ②[고급] '선물 드리다'의 경우, '드리다'는 '하다/주다'의 존칭 접미사이므로 붙여 쓸 수도 있는 낱말. 즉, '선물하다'가 한 낱말이므로, 이의 존칭 어법인 '선물드리다' 역시 가능할 수도 있음. 예컨대, '그거 누구에게 선물할 거니? 응, 선생님께 선물드릴 거야.'의 경우에서처럼 '선물드리다' 역시 한 낱말로 인정해야 할 경우도 있음. ③축하드리다와 같은 경우, 예전에는 적절치 않은 표현이라 하였으나 압존법 완화/제한 적용(가정 내에서만 압존법 적용 가능)에 따라 사용 가능하게 되었음. [국립국어원, 언어 예절, 2011 개정]
　○**-들이다**: '들다'의 보조용언 용법에서 나아가 사동(들이다)의 뜻을 더하는 접미사. ¶갈마들이다/갈아들이다/거두어들이다/거둬들이다/거머들이다/걸터들이다/겹들이다/곁들이다/장가들이다.
　○**-시키다**: (몇몇 명사 뒤에 붙어) '사동'의 뜻을 더하고 동사를 만드는 접미사. ¶교육시키다/등록시키다/복직시키다/오염시키다/이해시키다/입원시키다/진정시키다/집합시키다/취소시키다/화해시키다.
　○**-받다**: (몇몇 명사 뒤에 붙어) '피동'의 뜻을 더하고 동사를 만드는 접미사. ¶강요받다/버림받다/교육받다/인정받다/승인받다.
　[설명] ①'받다'가 구체적인 사물을 받는 행위를 뜻할 때에는 동사로서 그 앞말과 띄어 써야 하지만, 행위성을 지닌 동사성 명사 뒤에서 피동적인 의미를 나타낼 때에는 접미사이므로 앞말과 붙여 써야 함. ②'받다'가 '주다'와 대칭적으로 쓸 수 있으면 동사로 봄(예: 편지를 받다/주다; 봉급을 받다/주다; 의 연금을 받다/주다). 그러나 '주다'와 대칭적으로 쓸 수 없거나 접미사 '-하다'와 같은 의미로 쓰면 접미사로 보아 붙여 씀. [한글 맞춤법 제2항 해설: 조사/접미사는 앞말에 붙여 쓴다.]

○ **'-당하다'**: (행위를 나타내는 일부 명사 뒤에 붙어) '피동'의 뜻을 더하고 동사를 만드는 접미사. ¶거절당하다/무시당하다/납치당하다/이용당하다/체포당하다/혹사당하다/사형당하다/창피당하다.

○ **'-부리다'**: (행동/성질 따위를 나타내는 일부 명사 뒤에 붙어) 계속 드러내거나 보이는 뜻을 더하고 동사를 만드는 접사적 기능. ¶꾀부리다/맛부리다/간살부리다/괴덕부리다/덜퍽부리다/도섭부리다/배알부리다/배상부리다/새치부리다/야기부리다/용심부리다/주접부리다/착살부리다/칙살부리다.

○ **'-떨다'**: (동작/성질을 나타내는 일부 명사 뒤에 쓰여) 그런 행동을 경망스럽게 자꾸 하다. 또는 그런 성질을 겉으로 나타내다. ¶궁상떨다(窮狀-)/극성-/기승-≒~부리다/들이-/새실-/새살-/시설-/엄살-/자발-/재롱-≒~부리다/주접-/허겁-/조라-.

◆♣**된소리(경음)로 적는 접미사들**

[예제] 예전엔 **지겟꾼**들이 많았는데: **지게꾼**의 잘못.

　　　　뒷꿈치를 들고 걷지 마라: **뒤꿈치**의 잘못.

　　　　콧빼기를 반짝 치켜들고는: **코빼기**의 잘못.

[설명] 접미사가 이미 경음이므로 사이시옷을 받치면 잘못.

-깔: 때깔/빛-/성-.

-꾼: 심부름꾼/익살-/지게-/일-/장난-/장-.

-꿈치: 팔꿈치/뒤-.

-때기: 귀때기/볼-/판자-.

-빼기: 이마빼기/코-/고들-.

-쩍다: 객쩍다/멋-/겸연-/해망-/맥-/구살머리-/괴란-/궤란-/갱충-. 단, '맛적다, 괴다리적다' 등은 의미소 '적(少)' 유지.

◆[중요] ♣**주의해야 할 접미사 종합 정리**

[예제] 자기가 성을 말할 때는 **이 가**라고 해야 해: **이가**(李哥)의 잘못.

　　　　양식이라고는 겨우 **되 가웃** 되는 쌀뿐: **되가웃**의 잘못.

　　　　90일 간의 세계 일주: **90일간**의 잘못.

　　　　나이가 **서른 살 가량**이나 되려니: **서른 살가량**의 잘못.

　　　　시간 당 얼마 꼴이냐: **시간당 얼마꼴**의 잘못.

　　　　천 원에 **열개 꼴**: **열 개꼴**의 잘못.

　　　　수백 억 대의 비자금: **수백억대**의 잘못. '수백억'은 한 낱말.

　　　　한말 들이 자루: **한 말들이**의 잘못.

　　　　열시 발 부산행 열차: **열 시발**의 잘못.

　　　　이 증권은 오늘 **부로** 무효: **오늘부로**의 잘못.

　　　　몇 분지 일만이라도 나눠주시게: **몇분지**의 잘못.

　　　　인터넷 상에서의 예의: **인터넷상에서의**의 잘못.

　　　　수 백년 생의 소나무 한 그루: **수백 년생**의 잘못.

　　　　나이 순으로 처리합니다: **나이순**으로의 잘못.

　　　　얼마 어치인가요; **만원 어치**만 주세요: **얼마어치, 만 원어치**의 잘못.

　　　　학자연 하면서 얼마나 으스대던지: **학자연하면서**의 잘못.

　　　　일금 **백만원 정**: **백만 원정**의 잘못. ⇐'일금 일백만 원정'이 올바른 표기.

　　　　한 섬 지기 논은 작은 땅이 아냐: **한 섬지기**의 잘못.

'**확인 필**' 도장을 꼭 받아오라고 해서요: **확인필**의 잘못.

흙 투성이의 옷: **흙투성이**의 잘못.

[참고] **접사**: 단독으로 쓰이지 아니하고 항상 다른 어근(語根)이나 단어에 붙어 새로운 단어를 구성하는 부분. 접두사(接頭辭)와 접미사(接尾辭)가 있음. 일반적으로 접사라고 할 때는 단어의 형성에 관여하는 파생접사, 곧 어근에 붙어 그 뜻을 제한하는 주변 부분을 가리킴.

• **접미사**: 파생어를 만드는 접사로, 어근이나 단어의 뒤에 붙어 새로운 단어가 되게 하는 말. 흔히 보는 '선생님/먹보/지우개/손질/송아지'의 '-님/-보/-개/-질/-아지'와 같이 명사 뒤에 붙는 접미사 외에도, '먹히다/보이다'의 '-히/-이', '끄덕이다'의 '-이다', '높다랗다'의 '-다랗다', '꽃답다/정답다'의 '-답다', '복스럽다/다정스럽다'의 '-스럽다', '해롭다/슬기롭다'의 '-롭다', '놓치다/받치다'에서 강세의 뜻을 더하는 '-치-', '갑순이/갑돌이'의 '-이(어조 고르는 기능)', '많이/같이/나날이/다달이'의 '-이' 따위도 있음. 특히, '축하드리다/장가들이다/사랑[본]받다/그늘지다/사형당하다/이용[악용]하다/일반화되다/일반화하다/주장[참고]삼다'에서 각각 보이는 '-드리다/-들이다/-받다/-지다/-당하다/-하다/-화되다/-화하다/-삼다' 등은 어근에 붙어 동사화하는 접미사들로 이런 접미사들이 붙은 것은 모두 한 낱말임. 이 밖에도 용언 어근에 덧붙어서 체언을 만드는 '-(으)ㅁ'(춤/꿈), '-이'(놀이/먹이), '-기'(보기/크기), '-개'(덮개/지우개), '-웅'(맞웅→마중) 따위도 접미사임. 즉, 다른 어근(語根)이나 단어에 접사를 붙여 다양하게 명사/용언/부사 등을 만들거나 뜻을 더하는 데 쓰임. 품사가 바뀌는 품사전성에도 이 접미사들이 쓰이고, 같은 품사 내에서 다른 뜻을 더하기도 함(사동/피동으로의 변화 따위). ☞접사 일반에 관해서는 **[부록 3] 맞춤법 공부에 도움이 되는 문법 용어 몇 가지** 중 **접사** 항목 참조.

접미사 여부를 판별하는 데에 요긴한 것 중의 하나는 연음법칙(連音法則. 앞 음절의 받침에 모음으로 시작되는 형식 형태소가 이어지면, 앞의 받침이 뒤 음절의 첫소리로 발음되는 음운 법칙. '하늘이'가 '하느리'로 소리 나는 것 따위)이 적용되는지 여부. 예컨대, '깨끗이'의 경우 {깨끄시}로 연음되므로 '-이'는 접미사이며, '싫증'의 경우 {실층}으로 연음되지 않으므로 '-증'은 실질형태소이며 '싫증'은 합성어로 분류됨.

[덤] 접미사 '-이'의 경우만 하더라도 다음과 같이 5가지 역할을 한다.

1) 명사를 만듦: 용언/명사 또는 의성 의태어 등의 뒤에 붙어서 그런 속성을 가진 사람/사물이라는 뜻을 더하면서 명사로 만든다. 〈예〉'먹이←먹-+-이', '재떨이←재+떨-+-이', '애꾸눈이←애꾸+눈+-이', '뚱뚱이←뚱뚱+-이'.

2) 부사를 만듦: 형용사나 1음절 명사 반복 구성 등의 뒤에 붙어서 '그러하게', '그와 같게'의 뜻을 더하면서 부사로 만든다. 〈예〉'많이←많-+-이', '같이←같-+-이', '집집이←집+집+-이', '나날이←날+날+-이'.

3) 피동사/사동사를 만듦: 동사 어간에 붙어서 '~어지다', '그런 행동을 당하다'의 뜻을 더하면서 피동사로 만들어 주기도 하고, '~하게 하다', '그렇게 되게 하다'의 뜻을 더하면서 사동사로 만든다. 〈예〉'깎이다←깎-+-이-+-다', '떼이다←떼-+-이-+-다', '기울이다←기울-+-이-+-다', '높이다←높-+-이-+-다'.

4) 받침 있는 사람의 이름 뒤에 붙어서 어조를 고름: 〈예〉'갑돌이를 사랑한 갑순이'에서 '갑돌이, 갑순이'에 붙은 '-이'.

5) 일부 수사의 뒤에 붙어서 '그 수량의 사람'이라는 뜻을 더함: 〈예〉'친구와 둘이 영화를 보러 갔다'에서 '둘이'에 붙은 '-이'.

−가(哥): ¶이가(李哥). 단, '이 씨'('씨'는 명사/의존명사)'.

−가량: ¶10%가량; 한 시간가량; 30세가량(서른 살가량).

 [주의] 명사로 쓰일 때. ¶이익을 남길 가량으로 가게를 샀다; 그의 가량으로는 틀림없이 승산이 있었다.
–가웃: 수량을 나타내는 표현에 사용된 단위의 절반 정도 분량의 뜻. ¶자가웃/말가웃/되가웃.
–간(間): '동안'의 뜻. ¶사흘간; 두 달간; 구십 일간(=90일간). 10여 년간; 십 년여간.
 [설명] '여'와 '간'은 모두 접미사이므로 앞말에 붙여 씀.
 [주의] '가부간(可否間)/얼마간/다소간/좌우간/남매간/형제간/부부간/국제간' 따위는 의존명사 '간(間)'
  이 사용된 복합어.
–감: ①명사인데도 접사처럼 쓰일 때. ¶한복감/양복감; 신랑감/며느릿감/사윗감/장군감/대통령감; 구
  경감/놀림감/땔감. ②의존명사처럼 쓰일 경우. ¶치마 한 감을 떴다; 이 비단은 한복 한 감이 되고도
  남는다. ③느낌을 뜻하는 '–감(感)'의 경우에는 접미사. ¶우월감/책임감/초조감.
–개: '사람' 또는 '간단한 도구'의 뜻을 더함. ¶오줌싸개/코흘리개; 날개/덮개; 지우개/노리개/이쑤시개.
–거리: '주기적으로 일어나는 동안'의 뜻. ¶이틀거리/하루거리/달거리/해거리.
 [주의] '재료'를 뜻하는 명사로 접사적 기능. ¶걱정거리/반찬거리/웃음거리.
–거리다, –스럽다: ¶까드락거리다; 창피스럽다.
–결: '지나가는 사이', '도중'의 뜻. ¶꿈결/얼결/무심결/잠결/얼떨결.
–권(圈): '범위' 또는 '그 범위에 속하는 지역'의 뜻. ¶영향권/대기권.
권(權): '권리'나 '자격'의 뜻. ¶선거권/피선거권.
권(券): '자격/권리를 증명하는 표(票)' 또는 '지폐'의 뜻. ¶입장권/승차권.
 [주의] '권(卷)'은 의존명사: ①책을 세는 단위. ②여럿이 모여 한 벌을 이룬 책에서 그 순서를 나타내는
  말. ¶임꺽정 제3 권(○)/제3권(○); 토지 2부 제3 권(○)/제3권(○). ③'그것씩이나'의 뜻을 나타내는 말.
  ¶소싯적엔 통감 권이나 읽었지. ④종이를 세는 단위. ¶창호지 네 권.
–까짓: '…만 한 정도의'의 뜻. ¶이까짓 고생이야; 저까짓 일로; 그까짓 사랑; 네까짓 놈. [참고] 이들의
  준말은 각각 '이깟/저깟/그깟/네깟'이며, '–깐(×)'.
–깔: ¶맛깔/빛깔/성깔.
–껏: ①'그것이 닿는 데까지'의 뜻. ¶마음껏/성의껏/열성껏/욕심껏/정성껏/지성껏/힘껏. ②'그때까지 내
  내'의 뜻. ¶지금껏/아직껏/여태껏/이제껏.
–께, –경, –쯤, –여(餘): ¶보름께; 월말경; 10월경; 언제쯤/어디쯤; 천여 명; 20년여간('여', '간'은 모두 접사).
–꼴: '그 수량만큼 해당함'. ¶개당 100원꼴; 한 반에 세 명꼴; 열 개꼴로. ¶옷 입은 그 꼴이 뭐냐(이때는 명사).
–꾸러기: ¶잠꾸러기/장난꾸러기.
–끼리: ¶우리끼리/자기들끼리/집안끼리. 단, '끼리끼리'는 부사.
–낳이, –딱지, –뱅이, –앓이, –걷이: ¶봄낳이; 심술딱지; 가난뱅이; 배앓이; 넋걷이.
–내: '그 기간의 처음부터 끝까지'의 뜻을 더하여 부사를 만듦. ¶봄내/여름내/겨우내; 저녁내. ⇐모두 부
  사. [주의] '봄/여름 내내'에서 '내내'는 부사.
–내기: '그 지역에서 태어나고 자라서 그 지역 특성을 지니고 있는 사람' 혹은 '그런 특성을 지닌 사람'.
  ¶서울내기/시골내기; 신출내기/여간내기/풋내기.
–년: ¶안식년/항성년/회귀년.
–님, –들: ¶영감님/대통령님; 우리들.
–답다, –당하다, –받다: ¶어른답다; 봉변당하다; 주목받다.
–당: ¶시간당 금액; 1인당 비용.
–대(臺): '그 값 또는 수를 넘어선 대강의 범위'의 뜻. ¶기십만 원대; 수억대; 수천억대.
–대가리: '비하'의 뜻을 더함. ¶맛대가리/멋대가리/재미대가리.
–들이: ¶한 말들이; 1리터들이. [주의] '통/그릇 따위의 안에 넣을 수 있는 물건 부피의 최댓값'이라는 수

학 용어로 쓰일 때는 명사임. [유]용적.

-류(流)와 -류(類): ¶소월류의 서정시; 낭만파류의 작품; 금속류/식기류/야채류.

-리(裡): '가운데/속'의 뜻. ¶경쟁리/비밀리/성황리.

-말(末), -적(的), -화(化), -종(種), -인(人): ¶세기말; 문화적; 근대화; 황인종; 정치인.

-발: 기세/힘, 효과. ¶끗발/말발; 약발/화장발.

-발(發): 그곳에서 떠남 또는 그 시간에 떠남의 뜻. ¶대전발 특급열차; 1월 1일발 급보; 서울발 내외 통신; 열 시발 열차.

-배기: '그 나이를 먹은 아이', '그것이 들어 있거나 차 있음' 또는 '그런 물건'. ¶두 살배기/다섯 살배기; 나이배기; 공짜배기/대짜배기/진짜배기.

-백(白): '말씀드리다'. ¶관리소장백; 주인백.

-별(別): '그것에 따른'의 뜻. ¶학력별/학년별; 능력별/성별/직업별.

-보: '그것이 쌓여 모인 것'. ¶웃음보/말보/심술보/울음보.

-부(附): '그 날짜에 효력이 발생함' 또는 '그것이 딸림'의 뜻. ¶오늘부로; 1월 1일부로 발효; 권리부 증권; 기한부 유효; 시한부 생명.

-분: '높임'의 뜻을 더함. ¶다음분/다음 번 분; 친구분/환자분; 아내분/남편분 ⇐'다음번'은 한 낱말. ¶손님 다섯 분; 반대하시는 분. ⇐이때는 의존명사.

-분(分): 5일분; 감소분/증가분; 당분/영양분.

-분(分)/분지(分之): ¶3분의 일; 삼분지 일; 몇분지 일이라도.

-붙이: '같은 겨레' 혹은 '딸린 같은 것'. ¶살붙이/피붙이/일가붙이; 쇠붙이/금붙이/고기붙이.

-살이: '어떤 일에 종사하거나 어디에 기거하여 사는 생활'의 뜻. ¶세상살이/시골살이/감옥살이/셋방살이/종살이/타향살이/처가살이/머슴살이/오막살이/시집살이.

-상(上): ①'그것과 관계된 입장' 또는 '그것에 따름'의 뜻. ¶통계상/관계상/예의상/미관상/사실상/외관상/절차상. ②추상적인 공간에서의 한 위치'의 뜻. ¶인터넷상/위치상/거리상/전설상/통신상.

-상(像): 교사상/어머니상/여성상/미래상.

-상(相): 시대상/사회상/생활상/죽을상.

-생(生): '그때에 태어남' 혹은 '그 햇수 동안 자람'. ¶신묘생/1978년 7월 21일생; 1910년생/이백 년생 나무/5년생 수컷.

-순(順): '차례'의 뜻을 더함. ¶도착순/나이순/가나나순; 통신업, 건설업순으로.

-시키다, -시피: ¶격퇴/등록시키다; 아시다시피. [주의] 아다시피(×)/알다시피(○).

-씩: '그 수량이나 크기로 나뉘거나 되풀이됨'의 뜻. ¶조금씩/며칠씩/하나씩; 한 번에 두 사람씩; 둘이서 열 그릇씩 먹다; 1인당 다섯 마리씩 돌아간다; 한 번씩 해봐; 한 걸음씩만 더 나와라; 한 사람 앞에 수건 하나씩.

-어치: '그 값에 해당하는 분량'의 뜻. ¶한 푼어치; 만 원어치; 얼마어치.

[주의] '얼마치'는 '얼마어치'의 잘못.

-연(然)하다: '그것인 체함' 또는 '그것인 것처럼 뽐냄'의 뜻. ¶학자연하다; 천재연하면서 개름 부렸다.

-옹: 단순히 '노인'의 뜻을 더함. <u>존칭 접사가 아님</u>. ¶백두옹; 주인옹.

-왕(王): '일정한 분야나 범위 안에서 으뜸이 되는 사람이나 동물'의 뜻. ¶발명왕/싸움왕/씨름왕/저축왕/컴퓨터왕.

-잡이: 무엇을 '잡는 일'과 '다루는 사람'의 뜻. ¶고기잡이/명태잡이/오징어잡이; 총잡이/칼잡이. [주의] '잽이'는 인정하지 아니하며, '재비'는 이와 다른 뜻임. 아래 설명 참고.

[설명] 장구재비/쇠재비: 풍물놀이에서 장구/쇠(징)을 치는 사람인데, 각각 장구잡이/쇠잡이가 아닌 것

은 '-잡이'를 쓸 경우, 장구/쇠를 다루는 사람이 되어 만들거나 고치는 이도 포함될 수 있기 때문이 며 다음과 같이 '재비'를 예능자로 정의했음. [참고] **재비**명 국악에서, 악기를 연주하거나 노래를 부 르거나 춤을 추는 기능자.

-적(的): '그 성격을 띠는 (것)', '그에 관계된 (것)', '그 상태로 된 (것)'의 뜻을 더함. ¶국가적/문화적/일반 적/관능적 **관** 명. ⇐-적'이 붙으면 대체로 관형사/명사인데, 명사/부사 등과 같은 경우도 있음. 〈예〉 가급적명부.

-정(整): '그 금액에 한정됨'의 뜻. ¶일금 일백만 원정.
 [설명] ①'정'은 접미사이므로 '원'에 붙어 '일금 오백만 원정', '일금 천만 원을 정히 영수함' 등으로 쓰이 나, '일금 천만 원'의 경우는 '일금 일천만 원'으로 명시하여 보태쓰기를 방지하는 것이 나음. ②'일금 오백만 원정'과 '일금 오백만원정':《표준》에는 '일금 오백만 원정'과 같이 띄어 적고 있으나, 한글맞 춤법 제44항 해설에서는 '일금 오백만원정'으로 붙여 적고 있음. 변조 방지를 위한 예외적 표기이므 로 해설에서와 같이 붙여 적는 것이 올바를 듯함.

-제(製): '그것으로 만들어진', '그 나라에서 만들어진'의 뜻. ¶금속제/철제; 미국제/영국제/중국제.

-지기, -지기: ¶한 섬지기; 문지기/청지기/종지기; ⇐'한 섬지기'에서의 '-지기'는 '그 정도 양의 씨앗을 심을 수 있는 논밭의 넓이'의 뜻을 더하는 접미사.

-지다: 몇몇 명사 뒤에 붙어 형용사/동사를 만듦. 즉, 품사 전성 접미사. ¶값지다/후미지다/기름지다/건방 지다/멋지다/네모지다/세모지다/앙칼지다/암팡지다/구성지다; 그늘지다/경사지다/비탈지다/책임지다. ⇐'예뻐지다/좋아지다'의 '지다'는 보조용언으로서 '-어 지다'의 구성으로 한 낱말을 만드는 경우임.

-직하-: (어간 말음이 'ㄹ'이 아닌 몇몇 형용사 어간 뒤에 붙어) '좀 또는 꽤 그러함'의 뜻을 더하는 접미 사. ¶높직하다/굵직하다/되직하다.

-짜리, -짜리, -아치, -껏: ¶양복짜리; 십 원짜리; 자짜리; 벼슬아치; 정성껏.

-째: '그대로', 또는 '전부'의 뜻. ¶그릇째로; 뿌리째로; 껍질째로 먹다.
 째: '차례'의 뜻을 더함. ¶여러 개째; 몇째냐; 사흘째; 며칠째.

-쩍다: ¶미심쩍다.

-쭝[重▽]: '무게'의 뜻을 더함. ¶약재 한 냥쭝; 금 두 돈쭝; 은 세 푼쭝.

-찍하-: 어간 말음이 'ㄹ'인 형용사 어간 뒤에 붙어 '좀 또는 꽤 그러함.'의 뜻을 더하는 접미사. ¶길찍하 다; 널찍하다; 멀찍하다; 얄찍하다.

-채: '구분된 건물 단위'. ¶문간채/별채/사랑채; 안채/바깥채.

-치: '물건/값'의 뜻을 더함. ¶날림치/중간치/버림치. 기대치/최고치/평균치.
 [주의] '한 달 **치**의 식량', '5일 **치**의 임금' 등에서의 '치'는 의존명사. 단, '하루치/보름치'는 복합어로 한 낱말.

-통(通): '정통한 사람' 혹은 '거리'의 뜻을 더함. ¶통상외교통/소식통; 광화문통/종로통.

-투성이: '그것이 너무 많은 상태' 또는 '그런 상태의 사물/사람'의 뜻. ¶땀투성이/흙투성이/피투성이.

-퉁이: '비하' 또는 '그런 태도/성질을 가진 사람'의 뜻을 더함. ¶눈퉁이/배퉁이/젖퉁이; 미련퉁이/매련 퉁이/심술퉁이/방퉁이.
 [주의] '고집퉁이'만은 '고집통이'의 잘못.

-풍(風): '풍속/풍모/양식'의 뜻을 더함. ¶가요풍/건달풍/도회풍.

-필(畢): '이미 마쳤음'의 뜻을 더함. ¶지급필; 확인필.

-하(下): '그것과 관련된 조건/환경'의 뜻. ¶그의 책임하에/묵인하에/판단하에; 그런 전제하에/원칙하에. 식민지하의 지식인;그의 지도하에; 독재 지배하에서.

-하다: 일부 명사[의존명사]/어근/의성.의태어/부사 뒤에 붙어, 동사/형용사를 만듦. ¶빨래하다/건강하

다/체[척]하다; 망하다/착하다; 덜컹덜컹하다/반짝반짝하다; 빨리하다/잘하다.

-행(行): ¶서울행 직행; 목포행 여객선; 경찰서행 걸음; 감옥행 팔자.

-허(許): ①그 거리쯤 되는 곳, 또는 그 시간쯤 걸리는 곳이라는 뜻. ¶낙양성 십 리허에 높고 낮은 저 무덤아; 그 절은 종점에서 십여 분허의 거리에 있다. ②(편지 등에서 평교(平交) 이하의 사람 성명 뒤에 붙어) 그 사람 앞이라는 뜻. ¶김 박사허.

-화(化): '그렇게 만들거나 됨'. ¶상용화/자동화/초토화/대중화/도시화.

◆♣흔적만 남은 **옛말 접미사**들: '-억/-악'

〈예〉줌+억→주먹; 털+억→터럭; 안+악→아낙; 쪽+악→쪼각(북한어)→조각.

◆이제 미국 갈 생각은 **접어 두지** 그래: **접어두지**의 잘못. ←**접어두다**[원]

읽던 페이지를 **접어두었다**: **접어 두었다**의 잘못[원칙]. ←**접어 두다**[원]

그 여자 건은 이미 **접어 놓은** 지 오래야: **접어놓은**의 잘못. ←**접어놓다**[원]

[설명] '**두다/놓다/들다**' 등이 보조동사로 쓰일 때: ①'두다'가 보조동사로 쓰일 때는 앞말이 뜻하는 행동을 끝내고 그 결과를 유지함을 나타내는 말로, 주로 그 행동이 어떤 다른 일에 미리 대비하기 위한 것임을 보일 때 씀. ¶불을 켜 두고 잠이 들었다; 기계를 세워 두면 녹슬게 돼; 밥을 해 둔 지 오래되었다. ②이때 보조용언 붙여쓰기 허용 조건에 해당되므로 붙여 쓸 수도 있으나, '접어두다'의 경우에는 '관심을 두지 않다'는 뜻으로 오해될 수도 있으므로, 혼동할 수도 있을 때는 붙여 쓰지 않는 것이 좋음. 또한, '놓다'의 경우에도 보조동사로 쓰일 수도 있으나 '접어 놓다'와 '접어놓다'의 뜻이 다르므로 의미를 명확히 전달하고자 할 때는 붙여 쓰지 않는 것이 좋음. '들다/주다' 역시 마찬가지.

접어두다[통] 관심을 두지 않다.

접어 두다: ¶책을 읽다가, 책장을 접어 두었다.

접어놓다: 젖혀놓고 관심을 두지 않다. ↔**접어 놓다** (접어서 놓다)

접어들다: 어떤 때/곳에 이르다. ¶장마철에 접어들다; 나이 사십에 접어들다; 샛길에 접어들다. ↔**접어 들다**(접어서 들다)

접어주다: 얼마쯤 너그럽게 대하다. 좋은 조건을 붙여주다. ↔**접어 주다**(접어서 주다)

◆**접지른** 다리를 또 **접질렀으니**: **접질린, 접질렸으니**의 잘못. ←**접질리다**[원]

빙판에 넘어지면서 손목을 **접질렀다**: **접질렸다**의 잘못. ←**접질리다**[원]

곱질린 다리를 그리 써서야: **접질린**(혹은 **겹질린**)의 잘못. ←**겹질리다**[원]

[설명] ①'접지르다'는 사동/타동과 무관하게 아예 없는 말로, '접질리다'의 잘못. '접질리다'의 과거형은 '접질리[어간]+었[과거시제 보조어간]+다'→'접질렸다'. ②'곱질리다' 역시 없는 말로, 그와 비슷한 '겹질리다'와 혼동한데다 '곱디디다'와의 착각이 덧대어져 생기는 실수.

겹질리다1[통] 몸의 근육/관절이 제 방향대로 움직이지 않거나 지나치게 빨리 움직여서 다치다.

접질리다≒겹질리다2[통] ①심한 충격으로 지나치게 접혀서 삔 지경에 이르다. ②(비유) 기가 꺾이다. [유]삐다.

곱디디다[통] 발을 접질리게 디디다.

◆색종이가 아주 잘 **접친다**: 맞음. ←'접치다'의 피동형인 '접치이다'의 준말 꼴.

이 종이는 두껍지만 잘 **접혀진다**: **접힌다**의 잘못. ←이중 피동.

[설명] ①'접다'의 피동사는 '접히다'(O)/'접혀지다'(×). '접혀지다'는 이중 피동. ¶색종이가 아주 잘 접힌다(O)/접혀진다(×). ②접치다: '접다'의 강조형. '-치-'는 강조의 뜻을 더하는 접미사. ③'접치다'의 피동형

은 '접치이다'. [준말]접치다. ¶차곡차곡 잘 접친 옷감.

◆**백만 원 정/백만원 정**: **백만 원정**의 잘못. ⇐'정(整)'은 접사.

　일금 **백만원 정/백만 원 정**이라고 쓰게: **일백만 원정**의 잘못. ⇐첫 '일'은 표기.

　[설명] ①'-정'은 '그 금액에 한정됨'을 뜻하는 접미사이므로 앞말에 붙여 씀. 〈예〉이십만 원정. ②영수증 등에서와 같이 일금을 앞에 붙여 표기할 때는 맨 앞의 표기에는 변조 방지를 위해 '일'을 붙이지만(예: '일백만') 중간에 나오는 경우의 '일'은 표기하지 않아도 됨. 〈예〉'일금 일백<u>일</u>십만일천 원정'(×). '일금 일백<u>십</u>만천 원정'(○).

　[참고] '일금 일백만 원정'과 '일금 일백만원정': 《표준》에서는 '일금 일백만 원정'과 같이 띄어 적고 있으나, 한글맞춤법 제44항 해설에서는 '일금 일백만원정'처럼 붙여 적고 있음. 변조 방지를 위한 예외적 표기이므로 해설에서와 같이 붙여 적는 것이 올바를 듯하며, 관행도 그러함.

◆**4월 정께**나 **12월 정께**: **4월께**[**경**], **12월께**[**경**]의 잘못.

　[설명] ①께는 접미사. '-정께'는 없는 말. ⇐참조 설명 참고. ②'4월경' 혹은 '4월께' 중 하나로 표기해야 바름.

　께젭 '그때 장소에서 가까운 범위'의 뜻을 더하는 접미사. ¶이달 말께; 서울역께.

　[참조] 일부 사전에 보이는 '-정께'는 《표준》에 없는 말. '정'은 '경(頃)'의 와전인 것으로 추정되나, 그러한 경우에도 '-경(頃)'은 '그 시간/날짜에 가까운 때'의 뜻을 더하는 접사로서, '께'와 의미 중복. 더구나, '-경(頃)'은 '께/무렵/쯤'으로 순화되어야 할 대상임. 결론: '정께'는 '-께'의 잘못!

◆그년의 행실을 생각하면 온 **정내미**가 팍 떨어져: **정나미**의 잘못.

　[설명] 불필요한 'ㅣ' 모음 역행동화. 인정하지 않음.

　[유사] 잠뱅이(×)/잠방이(○); 오래비(×)/오라비(○); 올개미(×)/올가미(○); 놈팽이(×)/놈팡이(○); 지팽이(×)/지팡이(○); 홀애비(×)/홀아비(○); 외눈백이(×)/외눈박이(○); (오이)소백이(×)/(오이)소박이(○); 노랭이(×)/노랑이(○); 정갱이(×)/정강이(○). ☞'ㅣ' 모음 **역행동화** 항목 참조.

　[참고] '**ㅣ' 모음 역행동화는 다음의 경우 인정**: ①'-내기(○)/-나기(×)'. ¶시골나기(×)/시골내기(○); 서울나기(×)/서울내기(○); 신출나기(×)/신출내기(○); 풋나기(×)/풋내기(○). ②냄비(○)/동댕이치다(○). ③'-래기(○)': 조무라기(×)/조무래기(○); 다드래기/겹다드래기(○). 일부 '-랭이': 너부렁이〉나부랭이(○). ④'-장(匠)이'가 아닐 경우의 모든 '-쟁이(○)'. ¶중매장이(×)/중매쟁이(○); 소금장이(×)/소금쟁이(○); 골목장이(×)/골목쟁이(○); 갈고장이(×)/갈고쟁이(○).

◆한 **시간정도** 걸었을까?: **시간 정도**의 잘못. ⇐'정도'는 명사.

　한 **시간 가량** 지났을걸: **시간가량**의 잘못. ⇐'가량'은 접미사.

　정도[程度]몡 (수량을 나타내는 말 뒤에 쓰여) 그만큼가량의 분량. ¶30리 정도의 거리; 두 시간 정도의 시간; 서너 사람 정도의 품을 사다.

　가량젭 (수량을 나타내는 명사 또는 명사구 뒤에 붙어) '정도'의 뜻을 더하는 접미사. ¶20%가량; 두 시간가량; 30세가량은 되었을 듯한 이.

◆**정말인즉슨** 그녀가 왔어. 내가 간 게 아니고: 맞음. **정말인즉**의 예스러운 표현.

　[참고] **먹어본 즉슨** 아주 좋은 음식이었다: **먹어 본즉슨**의 잘못.

　[설명] ①'인즉≒인즉슨[조사]. 단, '인즉슨'은 예스러운 표현임. '-인즉슨(×)'. ②'먹어 본즉슨'에서의 '-ㄴ즉슨'은 어미로서, '-ㄴ즉'의 강조형.

◆**정신차려** 이 사람아: **정신 차려**의 잘못. ⇐'정신차리다'는 없는 말.

그동안 정신 빼놓고 **정신 없이** 살았어: **정신없이**의 잘못. ←**정신없다**[원]

아니 그런 짓을 하다니, **제 정신**이야?: **제정신**의 잘못. ⇐한 낱말.

[설명] '정신차리다'는 없는 말이며 관용구 '정신(을) 차리다'에서 온 말. '정신없다/정신없이'만 '정신(精神)-'이 들어간 복합어(명사는 제외).

제정신(-精神)[명] 자기 본래의 바른 정신.

◆의관 **정재**는 예전 선비들의 기본 수행이기도 했지: **정제**의 잘못.

[설명] '정재(淨齋)'는 절에서 밥 짓는 곳을 이르는 말. '정제(淨濟)/정재소(淨齋所)'라고도 하며, '정제(整齊)'는 다른 뜻. '재(齋)'와 '제(齊)'는 한자 꼴이 비슷하여 헷갈리기 쉬우며, 가지런히 한다는 뜻으로는 '제(齊)'를 씀.

정제[整齊][명] ①정돈하여 가지런히 함. ②격식에 맞게 차려입고 매무시를 바르게 함.

◆**정한수/정안수** 떠 놓고 비시던 어머님의 모습: **정화수**의 잘못. 없는 말.

정화수(井華水)[명] 이른 새벽에 길은 우물물. 조왕에게 가족들의 평안을 빌면서 정성을 들이거나 약을 달이는 데 씀.

◆골키퍼를 **젖히고** 한 골 넣었다: **제치고**의 잘못. ←**제치다**[원]

만사 **젖혀 두고** 이것부터 하도록: **제쳐 두고**의 잘못. ←**제치다**[원]

문을 활짝 **열어제치고** 그를 맞았다: **열어젖히고**의 잘못. ←**열어젖히다**[원]

[참고] 노래를 정말 시원하게 불러 **제끼더구먼**: **젖히더구먼**[혹은 **재끼더구먼**]의 잘못.

　　　나만 **제껴놓고** 자기들끼리만 놀러다니다니: **제쳐놓고**의 잘못.

[주의] 급한 성미라 뭐든 잘해 **제끼려** 든다: **재끼려**의 잘못.

[설명] ①'제끼다'는 '젖히다'의 잘못. 아예 없는 말. 비슷한 발음으로 '제치다'가 있음. ②'밀어젖히다/열어~/뒤~/벗어~'는 한 낱말. ③'재끼다'는 '일을 솜씨 있게 쉽게 처리하거나 빨리 해 버림'을 나타내는 보조동사. '-어 재끼다'의 구성으로 쓰임.

제치다[동] ①거치적거리지 않게 치우다. ¶문지기를 제치고 골을 넣다. ②일정한 대상/범위에서 빼다. ¶나만 제쳐두고 저희끼리 구경 가다니. ③경쟁 상대보다 우위에 서다. ¶청군을 제치고 우승하다. ④일을 미루다. ¶집안일을 제쳐 두고 놀러만 다니다니.

젖히다1[동] ①'젖다(뒤로 기울다)'의 사동사. ②안쪽이 겉으로 나오게 하다. ¶저고리가 젖혀지자 하얀 젖무덤이 나왔다. 【보】[동] 앞말이 뜻하는 행동을 막힌 데 없이 해치움을 나타내는 말. ¶**밀어젖히다/뒤젖히다/열어젖히다**[동].

젖히다2[동] 입맛 따위가 싹 없어지다. 입맛을 잃다. ¶편찮으신 아버님은 그날도 입맛을 젖히셨다며, 밥상 앞에서 힘없이 고개를 저으셨다.

◆그 사람 불쌍하니 **천도제(-祭)**나 지내줘야 하지 않겠나: **천도재(-齋)**의 잘못.

49제(-祭)를 지내고 나니, 정말 떠난 사람 같아요: **49재(-齋)**의 잘못.

[설명] '제(祭)'와 '재(齋)'는 행하는 시기/방법/목적 면에서 차이가 있음. 즉, '**제(祭)**'는 제사(祭祀)와 동의어로서, 본래 '신령이나 죽은 사람의 넋에게 음식을 바치어 정성을 나타내는 일'을 뜻하는데, 정해진 날이나 해마다 돌아오는 날(기일(忌日))에 올리며, 자신(들)을 위해서도 지냄. ¶전야제/영화제/추모제/용왕제.

한편, '**재(齋)**'는 주요한 의미로 '①≒**재계[齋戒]**(종교적 의식 따위를 치르기 위하여 몸과 마음을 깨끗이 하고 부정(不淨)한 일을 멀리함). ②본디 삼업(三業)을 정제(整齊)하여 악업을 짓지 아니하는 일. ③성대한 불공이나 죽은 이를 천도(薦度)하는 법회' 등이 있는데, 대체로 목적에 따라 날을 정하여 행하되, 음식을 바치는 제사가 주가 아니며 정신적 행위가 주이고, 주로 타인을 위해서 시행함. ¶사십구재(四十九齋)/백일재(百日齋)/천도재(薦度齋)/금식재(禁食齋)≒단식재(斷食齋).

천도재[薦度齋]몡 죽은 이의 영혼을 극락으로 보내기 위해 치르는 재.

◆이제 각각 **제갈길/제 갈길**을 갑시다: **제 갈 길**의 잘못. ⇐복합어가 아님.
  [유사] **제 할일**(x)을 남에게 미루지 마라: **제 할 일**의 잘못.

◆이런 때 **얼게미**가 있으면 **제깍** 해 치울 수 있는데: **어레미**, **제격**의 잘못.
  [참고] 칼이 있으면 시원하게 **제깍제깍** 자를 텐데: **제깍제깍/제꺽제꺽**의 잘못.
  [설명] 모음조화 관련 문제. 제꺽〉재깍, 제꺽제꺽〉재깍재깍의 관계
  제꺽뿐 ①'제꺼덕(어떤 일을 아주 시원스럽게 빨리 해치우는 모양)'의 준말. ②제꺽〉재깍, 제꺼덕〉재까닥. ⇐모음조화를 생각할 것.
  어레미≒도드미몡 바닥의 구멍이 굵은 체. [유]굵은체.

◆**제깐**에는 뭘 좀 안답시고 나선 일: **제 깐**의 잘못. 없는 말. ☞**'깐'**몡 참조.
  제딴엔 이번에 제대로 해보겠답시고: **제 딴**의 잘못. ⇐'딴'은 의존명사.
  제깜냥에는 뭘 좀 해보겠답시고 한 일인데: **제 깜냥**의 잘못. ⇐'깜냥'은 명사.
  깐몡 ①일의 형편 따위를 속으로 헤아려 보는 생각/가늠. ②-한 것 치고는의 뜻으로, 당연히 그러할 것으로 짐작했던 것과 사실이 다름을 나타내는 말. ¶고단한 깐으론 금방 잠이 들어야 했는데, 좀처럼 잠들지 못했다.
  딴의 자기 나름대로의 생각/기준.
  깜냥몡 스스로 일을 헤아림. 또는 헤아릴 수 있는 능력.

◆**제격 하면** 선생님한테 뛰어가서 이르기나 하는 고자질쟁이: **제격하면**의 잘못.
  [유사] 톡 하면(x)/툭하면(o); 걸핏 하면(x)/걸핏하면(o); 언뜻 하면(x)/언뜻하면(o). 단, 건뜻하면(x)/건뜻하면(o). ☞**'건뜻', '언뜻'** 및 **'편뜩'** 항목 참조.
  [설명] '건뜻'을 제외하고 이 네 낱말은 아주 비슷. 특히 '제꺽하면≒걸핏하면'.

◆**제 달 제 날**에 이잣돈 내는 일은 어렵지: **제달**, **제날**, **이자 (돈)**의 잘못.
  때 맞춰 **제 때** 왔어: **때맞춰**, **제때**의 잘못. ←**때맞추다**[원]
  [설명] ①'제날/제달'은 '제날짜/제때/제철'의 경우와 같이 복합어. 그러나 '제해(x)/제 해(年)(o)'임. ②'이잣돈'은 '이자'의 잘못. '이자(남에게 돈을 빌려 쓴 대가로 치르는 일정한 비율의 돈)'에 돈의 뜻이 들어 있으므로 '이자 돈'도 의미 중복. '이자'만으로 족함.

◆**제 멋대로** 해대더니 결국 일을 망쳤군: **제멋대로**의 잘못. ¶**제멋대로**뿐
  거지 노릇을 해도 **제 멋**이라곤 하지만 그건 좀 심하다: **제멋**몡의 잘못.
  제 바람에 넘어지고 깨지고 패가망신한 거지: **제바람**몡의 잘못.
  제 날짜에 딱딱 맞춰 이잣돈 내는 사람이 어딨나: **제날짜**몡, **이자 (돈)**의 잘못.
  [주의] **제뜻**대로 해대더니만 결국: **제 뜻**의 잘못. ⇐'제뜻'은 없는 말.

결국 **제 자리**로 돌아온 거지: **제자리**의 잘못.

아주 딱 **제 격**이로군: **제격**의 잘못.

저러다 저 친구 **제 명**대로 못 살지: **제명**의 잘못.

[설명] 다음의 말들은 복합어임. 〈예〉제멋/제바람/제자리/제격(-格)/제명(-命)/제집/제값/제멋; 제날짜/제날/제때/제철.

제멋[명] 제 스스로 느끼고 생각하는 멋.

제바람[명] 스스로의 행동에서 생긴 영향.

◆**제 2차** 회의, **제2차** 회의: **제2 차**의 잘못[원칙]. ⇒'제2차'도 허용.

　제 3악장, **제3악장**: **제3 악장**의 잘못[원칙]. ⇒'제3악장'도 허용.

[설명] ①'제-'는 접두사. 그러므로 '제2-'로 붙여 써야 함. ¶제3, 제4의 인물이 나왔을 때; 베토벤 교향곡 제삼 악장; 포유류의 제삼 지와 사 지; 제삼 분대[중대] 쪽에서 일제 사격이 시작됐다[원칙]. ⇒'제삼악장/제삼지와 사지/제삼분대[중대]'(o)[허용]. ②위에 쓰인 '차'는 의존명사. 원칙적으로는 띄어 써야 하지만, 차례를 나타낼 때는 의존명사와는 붙여쓰기를 허용하므로 '제2차'로 붙여 쓸 수 있음. '제3 악장'의 경우에도 '악장'이 의존명사가 아니지만, 아라비아 숫자 뒤에 오는 경우와 '차례를 나타내는 말'을 확장하여 붙여쓰기를 허용하므로 '제3악장'으로 붙여 쓸 수 있음. [한글 맞춤법 제43항 해설]

[참고] 한글맞춤법 제43항 해설 요약: ①수 관형사 뒤에 의존명사가 붙어서 **차례**를 나타내는 경우나, 의존명사가 아라비아 숫자 뒤에 붙는 경우는 붙여 쓸 수 있음. 〈예〉제일 편→제일편; 제삼 장→제삼장; 제칠 항→제칠항. '제-'가 생략된 경우라도, **차례**를 나타내는 말일 때는 붙여 쓸 수 있음. 〈예〉(제)이십칠 대→이십칠대; (제)오십팔 회→오십팔회; (제)육십칠 번→육십칠번; (제)구십삼 차→구십삼차. ② 다음과 같은 경우에도 붙여 쓸 수 있음. 〈예〉(제)일 학년→일학년; (제)구 사단→구사단; (제)칠 연대→칠연대; (제)삼 층→삼층; (제)팔 단→팔단; (제)육 급→육급; (제)16 통→16통; (제)274 번지→274번지; 제1 연구실→제1연구실. ▣[주의] **차례**를 나타낼 경우만이며, 다른 뜻으로 쓰일 때는 의존명사 띄어쓰기 원칙을 따름. 〈예〉'차(次)'의 경우: 입사/결혼 3년 차.

◆떡 벌어지게 **젯상/제삿상**을 차렸군: **제상(祭床)/제사상(祭祀床)**의 잘못.

　오늘이 네 **제사날**이다: **제삿날**의 잘못. ⇐한자어+고유어이므로 사이시옷 가능.

[설명] ①'제삿날/제삿밥/제삿술' 등은 한자어+우리말 꼴로 사이시옷 가능함. ②'제상(祭床)/제사상(祭祀床)'은 한자 복합어. 일상적 발음에 이끌려 '젯상/제삿상'으로 적을 수도 있으니, 주의. 올바른 발음은 {젣쌍}/{제삳쌍}이 아닌 {제:쌍}/{제:사쌍}이므로 더욱 사이시옷 불가함.

◆**제 시간**에 도착해야 할 거 아닌가?: **제시간**[명]의 잘못. 한 낱말.

　그래. 이제야 음식 맛이 **제 맛**이 나는구나: **제맛**[명]의 잘못. 한 낱말.

　모두 각자 처음의 **제 자리**로 돌아가도록: **제자리**[명]의 잘못. 한 낱말.

[설명] ①접두사 '제'는 '본래의/자기의/제대로의/미리 정해진/다른 것이 섞이지 않은' 등의 뜻을 지니고 있음. ②'제'가 접사로 쓰인 다음 말들은 한 낱말임: **제각기/제각각/제자리/제값/제격/제골**(감/모양새가 제격으로 된 물건)**/제국/제구실/제날≒제날짜/제달/제철/제명[-命]/제물**(①음식을 익힐 때 처음부터 부어 둔 물. ②그 자체에서 우러난 물. ③다른 것이 섞이지 않은 순수한 물건)**/제물땜/제물장[-欌.** 방/마루, 부엌 따위에 붙박이로 짜 놓은 장]**/제물국수/제지레≒지렛대/제집/제짝/제턱**(변함이 없는 그대로의 정도/분량)**/제판**(거리낌이 없이 제멋대로 거드럭거리는 판)**/제힘/제정신[-精神]/제고물**(반자를 들이지 않고 서까래 따위에 산자(撒子)를 엮고 흙을 발라 만든 천장)**/제바람/제소리/제가락/제살이

(남에게 <u>의지하지 않고</u> 자기 힘으로 살아감. 또는 그런 살림)**/제곳.제고장≒본고장/제잡이**(스스로 자기
자신을 망치는 일)**/제바닥/제붙이≒제살붙이**(혈통이 같은 가까운 겨레붙이)**/제자리걸음.**

◆**제 아무리** 용빼는 재주가 있다 해도: **제아무리**[甲]의 잘못. 한 낱말.
　제깐놈/제깟놈이 뭘 할 줄 안다는 거야: **제깟 놈**의 잘못.
　[설명] '제깐'은 '제깟'('저까짓'의 준말)의 잘못. '제깟놈'은 '제깟[관] 놈'의 잘못.
　제아무리[甲] 제 딴에는 세상없이(낮잡음 말).

◆**제앞가림 하는** 일쯤은 제가 해야지: **제 앞가림 하는**의 잘못. ←**앞가림하다**[동]
　[설명] '앞가림하다'라는 동사가 있으나, 이 경우는 문맥상 '제'가 '앞가림'을 수식하고 있으므로, '제 앞가
　림 하다'로 띄어 써야 함. ⇐'제 앞가림(을) 하다'.

◆**제 일차** 모임은 내일 갖겠습니다: **제일 차**의 잘못[원칙]. ⇐'제일차'도 허용.
　우선순위 중 **제일 차**는 비리 근절 대책 시행입니다: **제일차**[명]의 잘못. 한 낱말.
　[설명] '제일 차'에서의 '제'는 차례/순번을 뜻하는 접사이므로 띄어 쓸 수 없고, '차'는 '번/차례'의 뜻을
　가진 의존명사. 따라서, '제일 차'로 띄어 적어야 함(원칙). 그러나 차례의 뜻으로 쓰일 때는 뒷말이 의
　존명사일 경우 붙여 쓸 수도 있으므로(허용) '제일차'로도 표기가 가능함.
　[예외] '제일 차 세계대전[원칙]' 등과 같은 경우는 고유명사로 보아 '제일차세계대전'으로 붙여 쓸 수도 있음
　(허용).
　[주의] '제일차/제이차'가 명사일 때는 한 낱말로서 아래와 같은 뜻을 지님.
　제일차[第一次][명] ①여럿 가운데서 으뜸인 것. ②주요하고 근본적인 것.
　제이차[第二次][명] ①여럿 가운데서 버금인 것. ②주요하고 근본적인 것에 비하여 부수적인 것.

◆감옥을 **제 집** 드나들 듯 하던 녀석: **제집**[명], **드나들듯 하던**의 잘못. [듯≒듯이]
　여기가 바로 **제집**입니다: **저의 집**(혹은 **제 집**)의 잘못.
　제집[명] 자기의 집. [주의] '제 집'은 '저의 집'.

◆문짝을 활짝 **제쳐두고**: **젖혀두고**의 잘못. ☞**젖히다** 참조.

◆[고급] **젠장할**: **젠장맞을/젠장칠/난장칠**의 잘못.
　[설명] '젠장'은 아래의 낱말 뜻풀이에서 보듯, 드물게 감탄사 '제기(≒제기랄)'와 명사 '난장[亂杖]'이 결합
　한 뒤 줄어든 말임. 따라서 난장에 어울리는 말은 '(난장을) <u>치다/맞다</u>'인데, '젠장할'은 '제기 난장할'
　이 되므로 적절한 말이 아니며, 위에 보인 말들을 써야 올바름.
　난장[亂杖][명] ①〈역〉고려·조선 시대에, 신체의 부위를 가리지 아니하고 마구 매로 치던 고문. ②≒**몰매**
　(여러 사람이 한꺼번에 덤비어 때리는 매).
　젠장[감] '제기(≒제기랄) 난장'에서 온 말로, 뜻에 맞지 않고 불만스러울 때 혼자 욕으로 하는 말.
　젠장맞을[관][감] 젠장[제기 난장(亂杖)]을 맞을 것이라는 뜻으로, 뜻에 맞지 아니하여 불평스러울 때 혼자
　서 욕으로 하는 말.
　젠장칠[관][감] 젠장[제기 난장(亂杖)]을 칠 것이라는 뜻으로, 뜻에 맞지 아니하여 불평스러울 때 혼자서
　욕으로 하는 말.
　난장칠[亂杖-][관][감] 난장을 **칠** 만하다는 뜻으로, 못마땅할 때 욕으로 하는 말.

◆**농담 조**의 말인데 그걸 오해하다니: **농담조**의 잘못. 한 낱말.

  그 돈은 **계약금조**로 건넨 것이었다: **계약금 조**의 잘못. '조'는 의존명사.

  사정조로 말해도 들어줄까 말까인데 **경멸조**였다: **사정 조. 경멸 조**의 잘못.

  [설명] '조(條)'는 의존명사로만 쓰이지만, '조(組/調)'는 명사와 의존명사로도 쓰이는 말. 특히 의존명사로서 '말투/'태도' 따위의 뜻을 나타내는 '조(調)'의 쓰임에서 꽤 많은 말들이 한 낱말의 복합어지만 글자 그대로의 뜻만으로도 충분한 '사정 조, 경멸 조' 등은 복합어가 아님. ¶경멸 조의 어투. 단, 농담조(弄談調)/개탄조(慨歎調)/민요조(民謠調)/비난조(非難調)/웅변조(雄辯調)/위협조(威脅調)/협박조(脅迫調)/칠오조(七五調)/연설조(演說調)/감탄조(感歎調)/노랫조 등은 한 낱말.

  조[條]의 ①'조목'/'조항'의 뜻을 나타내는 말. ②어떤 명목/조건. ¶그건 계약금 조로 준 돈이었다.

  조[組]명 ①일정한 목적을 위하여 조직된, 적은 사람들의 집단. ②적은 수의 사람들이 모인 집단을 세는 단위. ③(일부 명사 뒤에 붙어) 특정한 임무나 역할을 맡아 수행하기 위하여 조직하는 작은 집단을 나타내는 말. ¶작업조/폭파조.

    의 두 개 이상의 물건이 갖추어 한 벌을 이룰 때, 그 한 벌의 물건을 세는 단위. ¶응접 세트 한 조; 이 공구는 다섯 개가 한 조다.

  조[調]명 ①품격을 높고 깨끗하게 가지려는 행동. ②〈음악〉음을 정리하고 질서 있게 하는 근본이 되는 조직. 조성(調性)이 구체적, 실제적으로 나타나는 상태를 이르는 것으로 장조, 단조 따위가 있다.

    의 ①'말투'/'태도' 따위의 뜻을 나타내는 말. ¶경멸 조의 어투. ②시가/노래의 음수(音數)에 의한 리듬을 나타내는 단위. ¶비꼬는/윽박지르는 조의 말투.

◆갓 캐온 **조가비**를 해감한 뒤 탕을 끓였다: **조개**의 잘못.

  조개껍질 묶어 그녀의 목에 걸고: 맞음. 혹은 **조개껍데기**도 가능.

  [설명] ①'조가비'는 조개의 (알맹이와 무관한) 껍데기. '껍데기'로 탕을 끓일 수는 없음. ②《표준》에서 '조개껍질'과 '조개껍데기'를 동의어로 다루고 있으며, 조개의 경우는 '–껍질'과 '–껍데기'를 엄격하게 구분하지 않음.

  조가비명 조개의 껍데기.

◆**조그만한** 게 까불고 있어: **조그마한**(혹은 **조그만**)의 잘못. ←**조그마하다/조그맣다**[원]

  쪼끄만한 게 까불고 있어: **쪼끄마한**(혹은 **쪼끄만**)의 잘못. ←**쪼끄마하다/쪼끄맣다**[원]

  [설명] ①'조그맣다'는 '조그마하다'의 준말. '조그매/조그마니/조그만' 등으로 활용. '조그마하다'는 '조그마하니/조그마해서/조그마한' 등으로 활용. ②**쪼끄맣다**: '쪼끄마하다'의 준말. 단, '쬐끄맣다'(×). **조끄맣다**: '조끄마하다'의 준말. '조그맣다〈쪼끄맣다〈쪼끄맣다'의 관계.

◆**조근조근** 얘기하면 다 알아들을 일인데, 왜 큰소리부터 치나?: **차근차근** (혹은 **존조리/자분자분**)의 잘못. '**조근조근**'은 방언.

  둘이서 **조곤조곤** 얘기를 나누더니 곧 화해를 했다: 맞음.

  [설명] '조근조근'은 '낮은 목소리로 자세하게 이야기를 하는 모양'을 뜻하는 전남의 방언으로서, 이와 똑같은 뜻을 가진 표준어는 없음. 가장 근접한 것으로는 '존조리' 정도.

  조곤조곤부 성질/태도가 조금 은근하고 끈덕진 모양.

  존조리부 잘 타이르듯이 조리 있고 친절하게.

  자분자분〈**차분차분**부 성질/태도가 부드럽고 조용하며 찬찬한 모양.

  차근차근2부 말/행동 따위를 아주 찬찬하게 순서에 따라 조리 있게 하는 모양.

차근차근1[부] 조금 성가실 정도로 자꾸 은근히 귀찮게 구는 모양.

◆**조난당한** 선박 한 척: **조난한(조난된)**의 잘못. ←**조난하다**[원]

　[유사] 그러다가 **봉변당한** 사람이 여럿이야: **봉변한**의 잘못. ←**봉변하다**[원]

　[설명] ①'조난'의 뜻에 이미 재난('난')을 만나다('조(遭)')가 들어 있으므로 '어떤 형편에 처하게 되다'는 뜻의 '-당하다'를 굳이 덧붙일 필요가 없음. '-당하다'는 '거절/무시/이용/체포/혹사' 등과 같은 적극적 의지적 행위 명사들에만 붙어 피동의 뜻을 더하는 접사이므로, 의지와 무관한 '조난' 등에는 부적절함. ②'봉변' 역시 비슷한 말에 '당변(當變)'이 있을 정도로, 그 말뜻에 '변을 당하다'의 의미를 지니고 있으므로 '봉변당하다'는 부적절한 표현임. 그러나, '봉변이라도 당하면 어쩌려고'와 같은 문장에서는 '봉변'이라는 명사와 어울리는 동사로 '당하다'를 사용한 예이므로 무방할 것으로 보임. ☜추가 설명은 **자문(諮問)을 구하다** 항목 참조. [참고] '조난당하다/봉변당하다'는 사전에 없는 말이나,《표준》의 용례에서는 가끔 보임.《표준》의 실수.

　조난[遭難][명] 항해/등산 따위를 하는 도중에 재난을 **만남**[遭].

　조난하다[遭難-]/〜되다[동] 항해/등산 따위를 하는 도중에 재난을 만나다/만나게 되다.

　봉변[逢變][명] 뜻밖의 변이나 망신스러운 일을 **당함**[逢]. 또는 그 변. [유]당변(當變). ¶**〜하다**[동]

◆**조랭이떡**은 맛도 그렇지만 모양이 이쁘다: **조롱이떡**의 잘못.

　[설명] '조롱이떡'은 흰떡을 조그만 조롱박처럼 허리가 잘록하게 빚어 만든 떡으로 조롱박 모양에서 온 말이므로 의미소 '조롱'을 살려서 적어야 바름.

◆**저 놈의 조둥아리**를 그냥: **저놈의 조동아리**의 잘못. ⇐모음조화.

　[설명] ①'이놈/저놈/그놈'은 한 낱말. 단, '아무 놈'. ②주둥이(○)/주둥아리(○): 둘 다 표준어. '입'의 속칭. ⇐조동이(○)/조동아리(○).

◆**뱃속**에서 **조로록조로록/쪼로록쪼로록** 소리가 났다: **배 속**, **쪼르륵쪼르륵**의 잘못. ☜♣'_' 모음 낱말과 'ㅜ/ㅗ' 모음 낱말의 구분 항목 참조.

　[설명] ①'조**로**록조**로**록'은 '쪼**르**륵조**르**륵'의 잘못. 이와 관련하여 '쪼로록-'의 표기로까지 이어진 것은 올바른 말인 '조르륵조르륵'의 발음이 {조르륵쪼르륵}인 데에도 기인함. ②[주의] 일반적으로는 '조르륵조르륵〈쪼르륵쪼르륵'의 관계이나, '배가 고플 때 배 속에서 자꾸 나는 소리'로는 '쪼르륵쪼르륵'만 옳음. ③'뱃속'이 합성어로서 한 낱말로 인정되는 것은 '마음'의 속칭으로 쓰일 때뿐임. 배(腹)의 안을 가리키는 경우에는 '배 속'과 같이 띄어 적음. ¶임신 일곱 달을 넘기자 뱃속(×)/배 속(○)에서 아이가 발길질을 해대는 게 느껴졌다. ☞상세 설명은 '속' 항목 참조.

　쪼르륵쪼르륵[부] ①〉**조르륵조르륵**. 가는 물줄기 따위가 빠르게 자꾸 흘렀다 그쳤다 하는 소리. 또는 그 모양. ②〉**조르륵조르륵**. 작은 물건 따위가 비탈진 곳에서 빠르게 자꾸 미끄러져 내렸다 멎었다 하는 모양. ③배가 고플 때 배 속에서 자꾸 나는 소리.

◆어린애들의 **조막손**으로 만든 작품들이 깜찍했다: **고사리손**의 잘못.

　조막손[명] 손가락이 없거나 오그라져서 펴지 못하는 손.

　조막손이[명] ①지체 장애인 중에서 손가락이 없거나 오그라져서 펴지 못하는 손을 가진 사람을 낮잡는 말. ②굽은 화살을 펴는 데에 쓰는 연장.

　고사리손[명] (비유) 어린아이의 손.

[주의] **주먹손**몡 주먹을 쥔 손.

◆네 나이가 몇인데 **조무라기**와 놀고 있니?: **조무래기**의 잘못.

조무라기들과 놀면 너도 **조무라기**야: **조무래기**의 잘못.

[비교] 다드래기/겹다드래기(O): 'ㅣ' 모음 역행동화 인정해도 어근에 영향을 끼치지 않음. ☜**'ㅣ' 모음 역행동화** 항목 참조.

[구별] 'ㅣ' 모음 역행동화 불인정: '가무라기/가스라기/간장종구라기/간지라기/개밥바라기/배따라기/해오라기'(O).

[참고] '조무래기'의 경우는 그 어원이 '좀+우래기'로서, 현대어에서는 '-우래기' 꼴을 사용하지 않기 때문에 소리 나는 대로 '조무래기'로 표기한 것임. '-우래기'는 현재 '-오라기(실/헝겊/종이/새끼 따위의 길고 가느다란 조각)'에 그 흔적이 남아 있음.

◆너 자꾸만 그렇게 **조물락거려서** 물건을 망쳐 놓을 테냐: **조몰락거려서**의 잘못.

아이는 사지도 않으면서 물건을 **조물조물** 만졌다: **조몰락조몰락**의 잘못.

[구별] 그녀는 나물을 **조물락조물락** 무쳤다: **조물조물**의 잘못.

　　　대한민국 돈을 **주물럭거리던** 그: **주무르던**의 잘못. ←**주무르다**[원]

[설명] ①'주물럭거리다'는 있지만, '조물락거리다'는 '조몰락거리다'의 잘못. 없는 말. ⇐모음조화. ②'주물럭거리다〉조몰락거리다'는 물건을 주물러 만지작거리는 것이며, 사람/일 따위를 제 마음대로 다루거나 놀리는 뜻으로는 '주무르다'가 어울림.

조몰락조몰락〈주물럭주물럭몭 작은 동작으로 물건 따위를 자꾸 주무르는 모양.

조몰락거리다〈주물럭거리다동 작은 동작으로 물건 따위를 자꾸 주무르다.

조물조물몭 작은 손놀림으로 자꾸 주물러 만지작거리는 모양.

주무르다동 ①손으로 어떤 물건/몸뚱이 따위를 쥐었다 놓았다 하면서 자꾸 만지다. ②자그마한 빨래를 빨기 위하여 손으로 비비거나 쥐어짜다. ③다른 사람/일 따위를 제 마음대로 다루거나 놀리다.

◆♣**조사와 보조사**

[예제] **진즉에/진작에** 말씀드려야 했는데: 맞음[국립국어원 수정. 2014].

　　　그만하면 **첫행보 치고는** 괜찮아: **첫행보치고는**의 잘못. ←'치고는'은 보조사.

[설명] 보조사는 조사의 일부로서, 조사가 보조사보다 광의의 개념임. 즉, 조사란 체언/부사/어미 따위에 붙어 그 말과 다른 말과의 문법적 관계를 표시하거나 그 말의 뜻을 도와주는 품사로, 크게 나누어 격조사, 접속조사, 보조사의 세 가지가 있음. 체언이나 체언 구실을 하는 말 뒤에만 붙을 수 있는 것이 격조사이고, 체언/부사/활용어미 따위에 붙어서 두루 쓰일 수 있는 것이 보조사. 접속조사는 낱말 간에서만 쓰임.

[개정] '진즉에/진작에'는 '진즉/진작'의 잘못이었으나 같은 말로 수정됨[국립국어원. 2014].

(1)격조사(格助詞): 체언이나 체언 구실을 하는 말 뒤에 붙어 앞말이 다른 말에 대하여 갖는 일정한 자격을 나타내는 조사. 주격조사, 서술격조사, 목적격조사, 보격조사, 관형격조사, 부사격조사, 호격조사 따위가 있음. ☞♣**부사에 붙을 수 있는 보조사와, 붙이면 안 되는 부사격조사** 항목 참조.

(2)접속조사(接續助詞): 두 낱말을 같은 자격으로 이어 주는 구실을 하는 조사. '와/과/하고/(이)나/(이)랑' 따위가 있음.

(3)보조사(補助詞): 체언, 부사, 활용어미 따위에 붙어서 어떤 특별한 의미를 더해 주는 조사. '은/는/도/만/까지/마저/조차/부터'와 같이 단순한 꼴에서부터 '-ㄹ랑은/을랑은/일랑은; 이라야(만); 야말로/이야말로'

등과 같이 복잡한 형태의 것들도 있음. ☞**보조사**에 관한 상세 사항은 ♣**보조사 종합 정리** 항목 참조.

◈♣**조사가 여러 개 올 때의 띄어쓰기**

[예제] 맞춤법을 공부하고서 **부터는** 글쓰기가 주저되더군: **공부하고서부터는**의 잘못.

　　　너까지 **조차도** 날 믿지 않는구나: **너까지조차도**의 잘못.

　　　서울에서 **처럼만** 일이 잘되었으면 좋겠다: **서울에서처럼만**의 잘못.

　　　일터에서 **뿐만** 아니라 집에서도: **일터에서뿐만**의 잘못.

　　　사랑하기에 **만도** 모자란 시간: **사랑하기에만도**의 잘못.

[설명] ①'공부하고서부터'에서 '-고서'는 연결어미. '~부터'는 조사. 고로 윗말에 붙여 써야 함. '는'도 조사. ⇐공부하고서+부터(는). ②[중요] 조사는 여럿이 올 경우에도 붙여 씀. 위의 예문에서 '서울에서처럼만'은 '에서(격조사)/처럼(격조사)/만(보조사)'이, '너까지조차도'는 '까지(보조사)/조차(보조사)/도(보조사)'가, '일터에서뿐만'은 '에서(격조사)/뿐(보조사)/만(보조사)'이, '사랑하기에만도'는 '에(격조사)/만(보조사)/도(보조사)'라는 세 개의 조사가 연결된 말이므로 모두 붙여 쓴 것.

◈**조심 조심!** 조심하고 또 조심하도록: **조심조심**[부]의 잘못. ⇐한 낱말.

[설명] '살금살금'과 마찬가지로 '조심조심/조심조심하다/조심조심히'로 붙여 씀. ☞♣**첩어와 준첩어** 항목 참조.

◈**조쌀밥** 한 그릇 하고 가시게: **좁쌀밥**의 잘못. 없는 말.

　　조팝 한 그릇 하고 가시게: **조밥**(≒**좁쌀밥**)의 잘못.

[설명] '좁쌀'은 조의 열매를 찧은 쌀로, '싸라기(부스러진 쌀알)'와 같은 뜻이 아님. 이때의 '쌀'은 벼의 껍질을 벗긴 것만이 아니라, 보리를 찧은 것을 '보리쌀'이라 하는 것처럼, 볏과에 속한 곡식의 껍질을 벗긴 알을 총칭하는 것으로 '쌀/보리쌀/좁쌀/밀쌀' 따위가 있음. '조쌀'(×)은 '좁쌀'의 잘못.

◈**조이** 한 시간쯤은 기다려서야 의사가 나타났다: **좋이**의 잘못.

[설명] '좋이'는 '좋다'에서 파생된 부사. 용언의 어간에 파생접미사가 붙어 이뤄진 말들은 원형을 밝혀 적음. 〈예〉밝히/익히/작히.

　　좋이[부] ①마음에 들게. ②거리/수량/시간 따위가 어느 한도에 미칠 만하게. ③별 탈 없이 잘.

◈**졸파구(쫄파구)** 주제에 무슨: **졸때기**(≒**졸규모**[拙規模])의 잘못.

[주의] '졸규모'는 '졸때기'와 동의어. '-규모'와 무관.

　　졸때기[명] ①≒**졸규모**[拙規模]. (속) 보잘것없을 정도로 분량/규모가 작은 일. ②≒**졸규모**[拙規模]. (속) 지위가 변변하지 못하거나 규모가 크지 못하여 자질구레한 사람. ③(속) 장기의 '졸'(卒).

◈네가 그렇게 **졸른다고** 내가 사줄 듯싶으냐: **조른다고**의 잘못. ←**조르다**[원]

◈얼마나 **졸립고 졸리운지**: 졸리고 졸린지의 잘못. ←**졸리다**[원]

　　막 깨어난 **졸리운** 목소리로; **졸리운** 눈으로 쳐다보았다: **졸리는**의 잘못.

　　어제 늦게 잤더니 **졸리워** 죽겠어: **졸려**의 잘못. ⇐'졸립다'는 없는 말.

[고급] 점심 직후라서 아주 많이 **졸리다**: **졸린다**의 잘못.

[설명] ①'졸립다'는 동사 '졸리다'의 잘못(형용사가 아님)인데, 형용사 '그립다' 등과 동류로 착각한 탓. '졸

리다'는 '졸리어(졸려)/졸리니(○)' 등으로 활용하는데, '졸리운'은 '그립다 →그리운' 꼴에서 영향 받은 것. ②동사 '졸리다'의 현재 상황을 서술하는 것이라면, '졸리다'가 아니라 현재 사건/사실을 서술하는 종결어미 'ㅡㄴ다'를 붙인 '졸린다' 꼴을 써야 함. 〈예〉나는 지금 밥을 먹다(×) ↔나는 지금 밥을 먹는다(○).

[참조] ①밥을 많이 먹게 되면 대개 졸리다. ⇐지금 현재의 상황이 아닌 객관적인 상태의 기술이므로 가능함. ②'졸린'과 '졸리는'은 다름. 'ㅡㄴ'과 'ㅡ는'은 각각 과거와 현재를 나타내는 어미. 그러므로 엄밀하게 말해서 '막 깨어난 졸린 눈'은 '졸렸던' 과거의 연장이므로 가능하지만 같은 문맥에서 '졸리는'을 사용하면 다소 어색할 수도 있음.

[유사] 손이 **시려워**: **시려**(←시리어)의 잘못. ⇐'시렵다'는 형용사 '시리다'의 잘못.

졸리다1통 자고 싶은 느낌이 들다.

졸리다2통 '조르다'의 피동사.

◆통조림/병조림은 제대로 잘 쓰면서 왜 **생선졸임**이라고 쓰냐: **생선조림**의 잘못.

[설명] 생선/고기 등에 양념을 해서 그 양념이 생선/고기에 배어들도록 국물이 거의 없을 정도로 바짝 끓이는 게 '조림'. 즉, 졸이는 것은 국물이 줄어들도록 하는 것. 따라서 '졸임'은 국물을 졸여서 맛을 진하게 만드는 것이고, '조림'은 양념이 배어들도록(스며들 때까지) 바짝 끓이는 것.

졸이다통 ①졸다(찌개/국/한약 따위의 물이 증발하여 분량이 적어지다)의 사동사. ②속을 태우다시피 초조해하다. ¶국물을 졸이다; 마음 졸이다.

조리다통 ①양념을 한 고기/생선/채소 따위를 국물에 넣고 바짝 끓여서 양념이 배어들게 하다. ②식물의 열매/뿌리/줄기 따위를 꿀이나 설탕물 따위에 넣고 계속 끓여서 단맛이 배어들게 하다. ¶너는 통조림/병조림은 제대로 잘 쓰면서 왜 맨날 '생선졸임'이라고 잘못 쓰냐?

◆내 **말좀** 들어봐요. 나는 어떡하라고: **말 좀**의 잘못.

돈좀 빌려 주세요: **돈 좀**의 잘못.

[설명] '좀'은 조사가 아닌 부사. ¶좀 비싸다; 어머니가 좀 편찮으신 것 같다; 좀 천천히 갑시다; 좀 더 열심히 공부해라; 좀 더 주무세요; 좀 늦었습니다; 끝마치려면 시간이 좀 걸릴 것이다; 거기서 좀 기다리세요. ¶손 좀 빌려 주세요; 이것 좀 드세요; 무엇 좀 물어봅시다; 그만 좀 해. ¶날씨가 좀 추워야 기동을 하지; 둘이 그렇게 사이좋게 지내니 좀 좋으냐?; 우리 진이가 좀 예쁜가?

◆**좀더** 하고 쉬는 게 어때?: **좀 더**('조금 더, 조금만 더'도 가능함)의 잘못.

좀만에 이렇게나 많이 했어?: **조금 만에**의 잘못. ⇐'만'은 동안이 얼마간 계속되었음을 나타내는 의존명사.

좀더 큰 것으로 없을까: **좀 더 큰 것**(혹은 **좀더 큰것**)의 잘못.

[설명] '조금'의 준말로서의 '좀'은 명사가 아닌 부사. 그러므로 의존명사 등과 결합할 수 없으며, ['좀만에'(×)], '좀더'를 인정하면 '조금더' 꼴을 인정하는 것이 됨. 보조사와는 결합이 가능하지만 '좀만(조금+만)'(○)은 《표준》에 없고, '조금만'만 설명 용어로 쓰이고 있음. 원말 '조금'은 명사와 부사를 겸하는 말.

[예외/주의] '좀 더'는 반드시 띄어 써야 하지만, 연이어 한 음절 낱말이 나타날 때는 붙여 쓸 수 있음(낱낱말 붙여쓰기 허용 규정): '좀 더 큰 것(○)→좀더 큰것(○).

좀부 ①'조금'의 준말. ②부탁/동의를 구할 때 말을 부드럽게 하기 위하여 삽입하는 말.

◆**좀상스럽게** 잔챙이에 매달리지 마라: **좀스럽게**의 잘못. 없는 말. 북한어.

◆그는 **좀처럼해서(는)** 뇌물에 넘어가지 않아: **좀처럼/좀체**부의 잘못. 없는 말.

[참고] **어지간 해서는** 그는 꿈쩍도 안 할 사람이야: (~가) **어지간해서는** (또는 (~을) **어지간히 해서는**)의 잘못. ⇐'어지간'은 어근일 뿐임.

어지간하다[형] ①수준이 보통에 가깝거나 그보다 약간 더 하다. ②정도/형편이 기준에 크게 벗어나지 아니한 상태에 있다. ③생각보다 꽤 무던하다.

◆장에 가신 어머니가 **좀체로** 돌아오시지 않았다: **좀체(좀처럼)**[부]의 잘못.
　좀해선 안 움직이는 사람이 웬일이야?: **좀처럼/좀체**[부]의 잘못.
　[설명] ①'좀해선'은 '좀처럼'의 잘못. '좀체로/좀해'는 없는 말. ②'좀체'만으로 이미 부사이므로 격조사 '-로'가 붙을 수 없음. 명사에 붙일 수 있는 부사격조사 '으로'와 착각한 탓임: 〈예〉참참으로(o). [참고] '좀'은 '조금'의 준말인데, '좀-'은 좀스러운 것을 뜻하는 접두어로도 쓰임: 좀것/좀꾀/좀녕(좀스러운 사람을 낮잡는 말)/좀짓/좀말; 좀챗것(웬만한 물건)/좀체말/좀챗놈/좀챗일; 좀노릇(좀스러운 일)/좀사내/좀생이/좀생원[-生員]/좀팽이.
　좀체[부] ≒좀처럼. 여간하여서는.
　좀체말[명] 웬만한 말. ¶좀챗것(o)/좀챗놈(o)/좀챗일(o)[명]. 좀체사람(×. 북한어).

◆**주의해야 할 종결어미 연결 문제**: ♣[대원칙] 어미이므로 **어간**과 결합함.
　[예제] 군대 가면 눈치가 많이 **느나/느냐/느니**?: 모두 맞음.
　[설명] '늘다'에 하게체 종결어미 '-나', 해라체 종결어미 '-니/-냐'가 결합한 꼴. 모두 종결어미지만, 이 경우는 해라체가 더 나음.

　[예제] 차 안에서 미리 **자 둘걸**; 내가 먼저 그렇게 **할걸**: 모두 맞음.
　[설명] '두다/하다'+'-ㄹ걸'→'둘걸/할걸'. '-ㄹ걸'은 구어체로 혼잣말에 쓰여, 그렇게 했으면 좋았을 것이나 하지 않은 어떤 일에 대해 가벼운 뉘우침/아쉬움을 나타내는 종결어미.
　[주의] 의존명사 '거' 뒤에 격조사 'ㄹ'이 붙은 '걸'의 경우는 반드시 띄어 씀. ¶총소리가 들린 걸 알고; 그 일에만 전념할 수 없다는 걸 알았지; 여인은 사내가 죽어가고 있다는 걸 받아들일 수 없었다, 어떻게 해도.
　[고급] ¶'그건 제가 해 드릴게요'(o)→'해 드릴 게요'(×). 이때의 '-ㄹ게'는 어떤 행동을 할 것을 약속하는 뜻을 나타내는 종결어미. 고로 원형 '드리다'의 어간 '드리'+'-ㄹ게'(어미)+'요'(존대 보조사)→'드릴게요'가 되어야 하며, 띄어 쓰면 잘못.

　[예제] '활짝 **웃어 주련?**'과 '활짝 **웃어 주렴**': 둘 다 가능함.
　[설명] '-련'은 어떤 행동에 대하여 상대편이 받아들일 것인지를 친근하게 묻는 종결어미. '-렴'은 부드러운 명령/허락을 나타내는 종결어미.

　[예제] 이런 자리에서는 웃지 **마렴**: **말렴**의 잘못. ←**말다**[원]
　　　　　수술 직후에는 그런 걸 먹지 **마렴**: **말렴**의 잘못. ←**말다**[원]
　[설명] '(으)렴'은 해라할 자리에 쓰여, 부드러운 명령/허락을 나타내는 종결어미. 어미이므로 어간 '말-'과 결합함. '(으)렴'은 '-려무나'보다는 친근감이 조금 덜함. ¶많이 놀았으니 이젠 공부를 열심히 하렴.

　[예제] 그럼, **아다마다**: **알다마다**의 잘못.
　[설명] '-다마다'는 종결어미. 어미이므로 원형인 '알다'의 어간 '알-'과 연결.

[예제] **'쓰시오'**와 **'쓰라'**: 둘 다 쓸 수 있음.

[설명] '쓰시오'에서 '−시오'는 하오체 명령형 종결어미. '쓰라'에서 '−라'는 해라체에서 명령의 뜻을 나타내는 종결어미. '−라'의 쓰임으로는 다음의 두 가지가 있음: ①(받침 없는 동사 어간, 'ㄹ' 받침인 동사 어간 또는 어미 '−으시−' 뒤에 붙어) 구체적으로 정해지지 않은 청자/독자에게 책 따위의 매체를 통해 명령의 뜻을 나타내는 종결어미. ¶맞는 답을 골라 쓰라; 너 자신을 알라. ②(모음 'ㅏ/ㅓ/ㅕ/ㅐ/ㅔ/ㅚ'로 끝나는 동사 어간에 붙어) 명령의 뜻을 나타내는 종결어미. 명령형 종결어미 '−아라/어라'의 '아/어'가 떨어진 것. ¶횡단보도를 건널 때는 손을 들고 건너라; 너도 다 컸으니 이젠 네 이불은 네가 개라; 짐이 흔들리지 않도록 밧줄을 좀 더 바싹 쫘라.

[예제] 밤이 깊어 **가누만**: **가누면**의 잘못.

[설명] '−누**면**'은 (어간이나 어미 '−으시−' 뒤에 붙어) 감탄의 뜻을 나타내는 종결어미.

[예제] 이 나이에 내가 설거지를 해야 **하느냐구**: 하느냐고의 잘못.
　　　　지금 내가 무슨 일로 **왔느냐구**?: 왔느냐고의 잘못.

[설명] '−느냐**구**'는 '−느냐**고**'의 잘못. '−느냐고'는 ①거듭 물음을 나타내는 종결어미. ②'너의 물음이 이런 것이냐?'는 뜻으로 반문함을 나타내는 종결어미.

[예제] 날씨가 **추워질려나**: **추워지려나**의 잘못.
　　　　애가 공부를 **잘할려나** 모르겠네: **잘하려나**의 잘못.

[설명] '−려나'는 '이다'의 어간, 받침 없는 용언의 어간, 'ㄹ' 받침인 용언의 어간 또는 어미 '−으시−' 뒤에 붙어, 해할 자리나 혼잣말에 쓰여, 추측을 가볍게 묻는 데 쓰이는 종결어미. 어미이므로 어간과 연결되어야 함: '추워지(어간)+−려나'[추워지다]; '잘하(어간)+−려나'[잘하다]

[예제] 말씀은 드려 보겠네만 승낙을 **하실세 말이지**: 하실세말이지의 잘못.
　　　　말씀은 드려 보겠네만 승낙을 **하실지말이지**: 하실지 말이지의 잘못.

[설명] ①'−ㄹ세말이지'는 '이다'의 어간, 받침 없는 용언의 어간, 'ㄹ' 받침인 용언의 어간 또는 어미 '−으시−' 뒤에 붙어 해할 자리에 쓰여, 남이 말한 전제 조건을 객관적으로 부인하는 종결어미. 그러므로 '하시(어간)+ㄹ세말이지'→'하실세말이지'로 붙여 적음. ②한편 '하실지 말이지'에서의 '−ㄹ지'는 추측에 대한 막연한 의문이 있는 채로 그것을 뒤 절의 사실이나 판단과 관련시키는 데 쓰는 연결어미. ¶뭘 먼저 해야 할지 몰라 시간만 보냈어. ③'하실지 말이지'에서 '**말이지**'는 '말+이+지'로 분석되는 바, '이'는 어조를 고르는 접미사, '−지'는 서술/의문/명령/제안 따위로 두루 쓰이는 종결어미.

[예제] 선생님이 저처럼 엄히 시키는데 **할 밖에**: 할밖에의 잘못.
　　　　어른들이 다 나서시는데 나도 따라서 **갈 밖에**: 갈밖에의 잘못.
　　　　자식들이 속을 썩이니 어머니가 저렇게 **늙으실 밖에**: 늙으실밖에의 잘못.

[설명] '−ㄹ밖에'는 '이다'의 어간, 받침 없는 용언의 어간, 'ㄹ' 받침인 용언의 어간 또는 어미 '−으시−' 뒤에 붙어, 해할 자리에 쓰여, '−ㄹ 수밖에 다른 수가 없다'의 뜻을 나타내는 종결어미.

[예제] 시간 나는 대로 다시 **연락할게**; 내 곧 다시 **올게**: 맞음.

[설명] '−ㄹ게'는 받침 없는 동사 어간이나 'ㄹ' 받침인 동사 어간 뒤에 붙어 해할 자리에 구어체로 쓰여, 어떤 행동을 할 것을 약속하는 뜻을 나타내는 종결어미.

[예제] 엄마. 언니들이 노는데 철수가 자꾸 고무줄을 **끊는 대요**: **끊는대요**의 잘못.

[설명] '**-ㄴ대요**'는 ①어미. 해요할 자리에 쓰여, 어미 '-어요'의 뜻에 더하여, 알고 있는 것을 일러바침을 나타내는 종결어미. 주로 어린이들의 말에 쓰임. ②'-는다고 해요'가 줄어든 말. ¶순희는 동화책을 자기가 읽는대요.

[예제] 이젠 두 번 다시 두말 **못하렸다**: **못하렷다**의 잘못.
　　　　　다시는 내 앞에 나타나지 **말렸다**: **말렷다**의 잘못.

[설명] '**-(으)렷다**'는 ①경험/이치로 미루어 틀림없이 그러할 것임을 추측/다짐하는 뜻을 나타내는 종결어미. ¶너도 책임이 있으렷다; 지금쯤은 그 일을 다 했으렷다. ②명령의 뜻을 나타내는 종결어미. ¶이르는 대로 거행하렷다; 당장 그 죄인을 묶으렷다. [참고] '두 말 못 하다'(×) ⇐두말 못하다(더 이상은 이렇다 저렇다 말하지 못하고 기죽어 있다)'는 관용구.

[예제] 미끄러질 염려가 있으니 손잡이를 꼭 **잡으시앞**: **잡으시압**의 잘못.

[설명] '**(으)시압**'은 다수의 사람에게 어떤 일을 청하거나 정중한 명령의 뜻을 나타내는 종결어미. 주로 알리는 글 따위에 쓰임.

[예제] 너만 재미 보지 말고 나도 좀 **보자구나**: **보자꾸나**의 잘못.

[설명] '**-자꾸나**'는 해라할 자리에 쓰여, 어떤 행동을 함께 하자는 뜻을 나타내는 청유형 종결어미 '-자'를 조금 더 친밀하게 이르는 말. ¶이제 그만 가자꾸나; 너만 먹지 말고 나도 좀 먹자꾸나.

[구별] '옳다구나'**[감**](○)/'옳다꾸나'(×): 감탄 종결어미 '**-구나**' 꼴을 이용하여 만든 전성 감탄사로서('옳다'의 강조 꼴), '-자꾸나'와는 전혀 무관. ☞'**옳다구나**' 항목 참조.

◆이번 구제역에 **종자돼지**까지 씨가 말랐어: 맞음. ≒**씨돼지**.
　종자감자는 상품으로 골라야 해: **씨감자**의 잘못. 없는 말.

[참고] ①'종자-'와 '씨-'는 다음과 같이 두루 붙여 쓸 수 있지만, '종자감자'와 '씨감자'의 경우는 우세어만 표준어로 삼은 것: 종자닭≒씨닭; 종자소(種子-)≒종우(種牛)≒씨소; 종자돼지(種子-)≒씨돼지; 종자벼(種子-)≒씨벼≒볍씨; 종자개(種子-)≒종견(種犬). 단 '씨개'는 없는 말. ②'씨-'가 붙은 말들: 씨암탉/씨감자/씨조개/씨암컷/씨암말/씨수말/씨암소/씨암양(-羊)/씨숫양(-羊)/씨도리/씨돼지/씨암퇘지/씨수퇘지/씨토끼≒종토(種兔)/씨호박/씨수컷/씨황소≒씨수소.

씨도리[명] 씨앗을 받으려고 남겨 둔 배추. 밑동을 뿌리에 붙여서 남기고 잘라냄.

◆그는 이제 망했어. **종친** 인생이야: **종(을) 친**(혹은 **끝난**)의 잘못.

[설명] '종치다'는 없는 말. '종(을) 치다(≒끝나다)'로 써야 함.

◆그는 **좋아라 하면서** 달려들었다: **좋아하면서**의 잘못. ⇐'-아라'는 종결어미.

[설명] ①'-아라/-어라'는 명령/감탄의 **종결어미**이기 때문에 원칙적으로 그 뒤에 또 다른 어미나 활용이 올 수 없음. ¶손을 꼭 잡아라; 이걸 잘 보아라; 꼭꼭 씹어 잘 먹어라; 참, 달도 밝아라; 아이, 좋아라. ②"그는 '아이 좋아라.' 하면서 먹었다."와 같이 쓸 수는 있으나 문제의 예문처럼 쓸 수는 없음. 이는 '나는 무엇을 좋아하다'를 '나는 무엇을 좋아라 하다'로 쓸 수 없음과 같은 이유임.

◆**좌우당간/좌우지당간** 밥이나 먹고 계속하자: **좌우간(좌우지간)**의 잘못. 없는 말.

◆**죄 받을** 짓일랑 애초에 하지 마라: **죄받을**의 잘못. ←**죄받다**(≒**죄입다**)[원]

　죄받다[罪-]동 ≒**죄입다**(죄에 대하여 벌을 받다).

◆중산층의 중년부인들이 이 상품의 **주고객층**이야: **중년 부인**, **주 고객층**의 잘못.

　그 친구는 강속구가 **주무기**지: **주 무기**의 잘못.

　[비교] 생떼를 쓰는 게 그 녀석의 **주특기**야: 맞음. 한 낱말.

　[설명] ①'주 고객층, 주 무기, 주 종목' 등에서의 '주'는 '주요한/일차적인'의 뜻을 지닌 관형사. ☞[주의] 그러나 '주원인(主原因)/주성분(主成分)/주재료(主材料)/주목표(主目標)/주특기(主特技)' 등에서는 복합어로서 한 낱말.

　[참고] 《표준》의 일부 예문에서 다음과 같이 '주무기'를 한 낱말로 제시하고 있으나 이는 《표준》의 실수! 그러나 현재의 쓰임이 글자 그대로의 뜻이 아니므로 조속히 한 낱말로 삼아야 할 말임. ¶그 투수는 강속구가 주무기이다(표제어: 강속구); 그 투수는 빠른 직구가 주무기다(표제어: 빠르다).

◆♣**'주기'와 '주년'의 차이**

　[예제] 올해는 요절한 모차르트의 200**주년**: **주기**의 잘못.

　　　　올해는 모차르트 **서거 200주기**: **서거 200주년**(혹은 **200주기**)의 잘못.

　　　　박정희 전 대통령 **34주년** 추도식: **34주기**의 잘못.

　주기(周忌): '사람의 사후 해마다 돌아오는 그 죽은 날', 즉 '**제삿날**'이라는 의미.

　주년(周年): '일 년을 단위로 돌아오는 **돌**이 돌아온 해'라는 의미. '창립 10주년, 결혼 오십 주년'처럼 일 년을 단위로 **특정한** 날이 해마다 돌아올 때 그 횟수를 세는 단위로서, 그 앞에 창립/탄생/서거 등의 표기가 있어야 그 뜻이 명확해짐.

　[설명] 모차르트가 죽은 지 200년이 될 때 쓸 수 있는 말은 '서거 200주년'과 '200주기'로서, 이 두 가지 표현은 거의 같은 의미. 그러나 이 경우 '탄생'이나 '서거'라는 말이 없이 그냥 '200주년'이라고 하면 그 의미가 불명확해지고, '서거 200주**기**'는 의미 중복임. 즉, '모차르트 200주기', 혹은 '모차르트 서거 200주년'이 정확한 표기.

◆지은 죄도 없는데 그리 **주늑들어** 지나냐: **주눅 들어**의 잘못. ←주눅 들다.

　그리 잘못하고서도 **주눅** 한번 참 뻔뻔한 사람이야: 맞음.

　[설명] ①주늑은 '주눅'의 잘못. ②'주눅'에는 부끄러워하거나 기를 펴지 못한다는 뜻과 부끄러움이 전혀 없다는 상반된 두 가지 뜻이 있음. 아래 뜻풀이 참조.

　주눅명 ①기운을 제대로 펴지 못하고 움츠르드는 태도/성질. ②부끄러움이 없이 언죽번죽한 태도/성질. ¶욕을 하거나 말거나 주눅 좋게 얼렁뚱땅 넘기다.

　주눅(이) 잡히다관 부끄럽거나 무섭거나 하여 기를 펴지 못하고 움츠러들다.

◆♣**'-주다'가 들어간 복합어** 중 유의해야 할 말들: 복합어이므로 붙여 써야 하며 띄어 쓰면 잘못.

　[예제] 거기 장도리 좀 **가져다 줄래**: **가져다줄래**의 잘못. 한 낱말.

　　　　내 진정을 당신이 **몰라 주면** 난 어떡해: **몰라주면**의 잘못. 한 낱말.

　　　　계집들에게 **들고 줘서** 지금은 빈털터리야: **들고줘서**의 잘못. 한 낱말.

　　　　기왕 **보내주는** 것, 고이!: **보내 주는**의 잘못. '보내주다'는 없는 말.

　　　　입에 **먹여줘야** 하나: **먹여 줘야**의 잘못. '먹여주다'는 없는 말.

　[설명] ①예문에 보이는 '가져다주다'는 '①무엇을 옮겨다가 가지게 하다. ②어떤 상태/결과를 낳게 하다.'

의 두 가지 뜻을 갖는데, '①'의 뜻으로는 '갖다'와 '주다'가 거의 대등한 동격으로 둘 다 본동사라 할 수 있음. 하지만, '②'의 뜻과 같은 의미 특정으로 인하여 한 낱말의 복합어가 되었음. 이러한 의미 특정은 복합어들의 공통적인 특징이기도 함. ②'보내 주다, 먹여 주다'의 경우는 글자 그대로의 뜻뿐으로 복합어 요건에 미달할 뿐만 아니라, '보내서/보내어 주다; 먹이어 주다'의 구성. 이때 '주다'를 보조용언으로 본다 해도 원칙적으로 띄어 적어야 하고, 붙여쓰기가 예외적으로 허용되는 것은 완전한 '-어/아' 활용형일 때만이며, 준말이나 축약형은 불가함.

○'**-주다**': 가져다주다/갈아-/-거-ⓒ늑그어-/건네-/겁-/견-/꾸어-/끝내-/내-/넘겨-/노나-/놔-ⓒ늑놓아-/도와-/돌려-/뒤보아-/들고-/들려-/들어-/맞견-/못-/몰라-/몰아-1/몰아-2/물려-/밀어-/바래다-/벌-/별러-/봐-ⓒ늑보아-/세(貰)-/세(洗)-/알아-/우-/접어-/죄-/죽여-/찔러-/쳐-/추어-늑추어올리다/춰-/탑새기-/통겨-/판-/흘려-.

〈주의해야 할 말들〉

그어주다늑ⓒ **거주다**통 ①돈/곡식 가운데서 얼마를 몫으로 떼어 주다. ②돈을 환(換)으로 부치다.

별러주다통 몫으로 나누어 주다.

흘려주다통 여러 번에 조금씩 나누어 주다.

갈아주다통 상인의 물건을 이익을 붙여 주고 사다.

들고주다통 ①'달아나다'의 속칭. ②방탕한 짓을 하느라 있는 재산을 함부로 쓰다.

우주다통 장사판에서 이익을 남겨 주다.

탑새기주다통 남의 일을 방해하여 망치다.

통겨주다통 몰래 알려 주다.

판주다통 그 판에서 가장 뛰어난 사람으로 인정하여 내세우다.

◆[고급] '**주라**'(간접명령)와 '**줘라**'(직접명령)

[예제] 운전기사에게 '그를 내려 **주라**'라고 말했다: **줘라**의 잘못. ⇐직접명령.

운전기사에게 그를 내려 **줘라** 했다: **주라**의 잘못. ⇐간접명령.

[참고] 네가 뭔데 하라 **마라야**: **말라야**의 잘못. ⇐간접명령형 어미 '-라' 역시 어미이므로 어간에 붙음.

[보충] '-어라/-아라'형: '직접명령'이며, 특정 상대를 하대(下待)할 때. ¶써라; 적어라; (하지) 말아라; 주어라(→줘라ⓒ); 들어라.

'-(으)라'형: '간접명령'으로, 불특정 다수에게 객관적으로 말할 때. ¶쓰라; 적으라; (하지) 말라; 주라; (귀 있는 자는) 들으라.

[설명] '주라'는 '주다'의 어간 '주-' 뒤에, 구체적으로 정해지지 않은 청자/독자에게 책 따위의 매체를 통해 간접적인 명령의 뜻을 나타내는 종결어미 '-라'가 붙은 형태(간접명령). 이러한 간접명령 어미로는 '-시라/-으시라' 등도 있음. 한편, 직접명령의 경우에는 종결어미 '-어라'를 붙여서 '주어라(준말: 줘라)'와 같이 쓸 수 있음. ☞'**쓰라**'와 '**써라**'의 차이: 간접명령과 직접명령 항목 참조.

◆[고급] 동네 아이들이 거지를 구경하려고 **주르륵** 몰려나왔다: **주르르**의 잘못.

[비교] 그 짧은 말 한 마디에 눈물이 **주루룩** 흐르더라: **한마디**, **주르륵**의 잘못.

[설명] ①아래에서 보듯 '주르륵'에는 물/물건 따위가 흘러내리거나 미끄러지는 뜻은 있으나 발걸음과 관련된 의미는 갖고 있지 않음. ②'주루룩(×)/쭈루룩(×)'→'주르륵〉조르륵(○)', '쭈르륵〉쪼르륵(○). 단, '주룩주룩〈쭈룩쭈룩(○). ☞'**조로록**' 참조.

주르르〈**쭈르르**〉♥ ①굵은 물줄기 따위가 빠르게 흘러내리는 소리. 그 모양. ②물건 따위가 비탈진 곳에서 빠르게 미끄러져 내리는 모양. ③발걸음을 재게 움직여 걷거나 따라다니는 모양.

주르륵〈**쭈르륵**〉[부] ①굵은 물줄기 따위가 빠르게 잠깐 흐르다가 그치는 소리. 또는 그 모양. ②물건 따위가 비탈진 곳에서 빠르게 잠깐 미끄러져 내리다가 멎는 모양.

◆누가 **주먹힘**이 센가 알아본답시고 한 짓이 그만: **주먹심**의 잘못.
  [설명] ①'주먹힘'은 없는 말. ②'주먹심'에는 주먹 힘 외에 남을 억누르는 힘의 의미도 있어서, '주먹심'을 인정.
  [참고] 이와 같이, '힘'의 뜻을 '심'으로 표기하는 말들에는 '팔심/뚝심/뱃심/뒷심/뼷심/입심/허릿심/고갯심/다릿심/알심/헛심/붓심≒필력(筆力)/쇠심=소심/윗심/좃심/활심' 등이 있음.
  주먹곤죽[-粥][명] 주먹에 몹시 맞아 축 늘어진 상태.

◆대한민국 돈을 **주무럭거리던**: **주물럭거리던**의 잘못. ⇐표기만 수정.
  대한민국 돈을 **주물르던** 그: **주무르던**의 잘못. ← **주무르다**[원]
  [설명] ①위의 문맥으로 보아서는 첫 예문도 '대한민국 돈을 주무르다'가 되어야 적절함. '주물럭거리다'는 구체적인 물건을 자꾸 주무르는 것이므로 맞지 않음. ②'주물르다(×)/'주무르다(○): 불필요한 'ㄹ' 덧붙이기. ☞**조물락거려서** 항목 참조.

◆문간에서 그리 **주삣거리지/쭈삣거리지** 말고 들오시게나: **주뼛거리지/쭈뼛거리지**의 잘못. ←**주뼛거리다**〈**쭈뼛거리다**[원]. '주삣거리다'는 북한어.
  머리끝이 **쭈뼛쭈뼛** 솟았다: 맞음. ←'주뼛주뼛'의 센말.
  쭈뼛〉**주뼛거리다/~대다**[동] ①물건의 끝이 다 차차 가늘어지면서 뾰족뾰족하게 솟아나다. 또는 그렇게 되게 하다. ②무섭거나 놀라서 머리카락이 꼿꼿하게 일어서는 듯한 느낌이 자꾸 들다. ③어줍거나 부끄러워서 자꾸 머뭇거리거나 주저주저하다.

◆**주살 나게** 드나들던 놈이 웬일로 그리 뜸해졌냐: **주살나게**(≒**뻔질나게/불풍나게**)의 잘못.
  [설명] '주살나게'는 독립용언 '주살나다'[형]의 부사형.
  주살나다[형]≒**뻔질나다**(드나드는 것이 매우 잦다).
  불풍나게[부] 매우 잦고도 바쁘게 드나드는 모양.

◆말도 안 되는 핑계를 그리 자꾸 **주어대냐**: **주워대냐**의 잘못. ←**주워대다**[원]
  무슨 핑계를 그리 **주워생기냐?**: **주워섬기냐|생기냐/내생기냐**의 잘못.
  [설명] 흔히 쓰는 '주워생기다/주어생기다'는 '주워섬기다/생기다'의 잘못.
  주워섬기다[동] 들은 대로 본 대로 이러저러한 말을 아무렇게나 늘어놓다.
  주워대다[동] 생각/논리가 없이 제멋대로 이 말 저 말을 하다.
  생기다[동] ①이 말 저 말 자꾸 주워대다. →'주워생기다'(×). ②곁에서 일거리를 잇따라 대어 주다.

◆**주어들은** 것 몽땅 쏟아놔봐라: **주워들은**, **쏟아놔 봐라**의 잘못. ←**주워듣다**[원]
  밤을 **주으러** 온 가족이 나섰다: **주우러**의 잘못. ← **줍다**[원]
  [설명] '줍다'는 'ㅂ'변칙 활용. '주우니/주우러/주워/주우면/주운' 등으로 활용함.
  [주의] 보조용언은 붙여 쓸 수 있지만(허용), 보조용언이 두 개일 때는 앞의 것만 붙일 수 있음. 즉, '쏟아 놔(놓아) 봐라 →쏟아놔 봐라(○) →쏟아놔봐라(×)'; '쏟아 봐라 →쏟아봐라(○)'.
  주워듣다[동] 귓결에 한 마디씩 얻어듣다.

◆여인은 깜짝 놀라 되는 대로 옷을 **주엄주엄** 걸치고는 튀었다: **주섬주섬**의 잘못.

끌려 나온 여인은 말도 안 되는 변명을 **쥐엄쥐엄** 늘어놓았다: **주섬주섬**의 잘못.

[설명] '주엄주엄'은 '주섬주섬'의 잘못. '주섬주섬'은 '줏다'의 어간 '줏+엄(부사를 만드는 활음 접미사)의 꼴로 분석되지만, '어간에 '-이/-음(-ㅁ)' 이외의 모음으로 시작된 접미사가 붙어서 다른 품사로 바뀐 것은 그 어간의 원형을 밝혀 적지 아니한다'는 규정(한글맞춤법 제19항 해설)에 따라 '주섬주섬'으로 적음. ☞[참고] '쥐다'에서 온 '쥐엄쥐엄>죄암죄암(준말은 죔죔)'은 둘 다 표준어로 인정. ☞♠**원형을 밝혀 적는 것과 밝혀 적지 않는 것** 항목 참조.

주섬주섬튀 ①여기저기 널려 있는 물건을 하나하나 주워 거두는 모양 ②조리에 맞지 아니하게 이 말 저 말 하는 모양.

◆**주접드는** 거나 **조잡드는** 거나 그게 그거지 뭐: **주접 드는**의 잘못. 맞음.

[참고] **주접 떨지** 마. **주접 좀 떨지** 마: **주접떨지**의 잘못. 맞음. ←**주접떨다**[원]

[설명] ①'조잡〈주접'으로 추정되나 명사로는 '주접'만 있고, 동사로는 '조잡들다'만 있는 이상한 말. 따라서 '주접(이) 들다'이며 '주접들다'는 없는 말. ②'조잡들다'에는 '주접이 들다'와 비슷한 뜻이 있지만, '주접들다'는 없는 말이며 '주접떨다'와는 전혀 다른 의미. ☞[주의]'조잡/주접'은 고유어로서 어근 '조잡(粗雜)-'과는 무관.

조잡들다통 ①생물체가 잔병이 많아서 잘 자라지 못하거나 생기가 없어지다. ②생활이 어려워지다. ③몸치레/옷이 추접해지다.

주접명 ①여러 가지 이유로 생물체가 제대로 자라지 못하고 쇠하여지는 일. ¶주접이 든 닭. ②옷차림/몸치레가 초라하고 너절한 것.

주접대다≒주접떨다/주접부리다통 ①음식 따위에 대하여 지나치게 욕심을 부리는 짓을 자꾸 하다. ②추하고 염치없는 짓을 자꾸 하다.

◆**주제넓게** 아무 데서나 나서지 마라: **주제넘게**의 잘못. '주제넓다'는 없는 말.

주제넘는 짓인 줄도 모르나: **주제넘은**의 잘못. ←'주제넘다'는 형용사.

[설명] 형용사는 활용에서 '-는'이 아닌 '-은'. 동사에만 '-는'을 붙일 수 있음.

주제넘다형 말/행동이 건방져 분수에 지나친 데가 있다.

◆너도 참 **주책이다. 주책이야: 주책없다. 주책없어**의 잘못.

[설명] '주책'은 아래와 같은 뜻이므로, '주책이다'는 '주책없다'의 잘못. 없는 말.

주책명 ①일정하게 자리 잡은 주장/판단력. ②일정한 줏대가 없이 되는대로 하는 짓.

◆너도 참 **주첵바가지**다: **주책바가지**(≒**주책덩어리**)의 잘못.

◆너 **주태백(주태백이)**라고 소문 났던데: **술고래. 소문났던데**의 잘못. ←**소문나다**[원]

[설명] 흔히 쓰는 '주태백(주태백이)'은 없는 말로, '술고래(혹은 '고래/술독/주호')'의 잘못.

◆**죽사리** 길이 바로 코앞인데: **죽살이**의 잘못. ⇐죽(死)+살(生)+이.

죽살이 치게 애를 썼건만: **죽살이치게**의 잘못. ← **죽살이치다**[원]

죽살이치다통 어떤 일에 모질게 힘을 쓰다. ☞'**-치다**'가 들어간 복합어 중 유의해야 할 말들 항목 참조.

◆얼굴에 **죽은깨**가 깨밭일 정도로 쫙 깔렸어: **주근깨**의 잘못.

◆**죽을동살동** 매달렸지: **죽을 둥 살 둥**의 잘못.
　죽을뻔살뻔했던 고비가 어디 한둘이었던가: **죽을 뻔 살 뻔 했던**의 잘못.
　[설명] '뻔하다'는 한 낱말이지만, '죽을 뻔 살 뻔'이 구의 형태로 '했던'을 수식하므로 띄어 써야 함.

◆**죽자구나** 하고 내내 숨을 참고만 있었다: **죽자꾸나**(혹은 **죽자**)의 잘못.
　먹자구나 하는 소리가 나오기 무섭게: **먹자꾸나**(혹은 **먹자**)의 잘못.
　[설명] '–자꾸나'는 청유형 종결어미 '–자'의 변형. 〈예〉하자→하자꾸나'.
　[참고] '–자꾸나'는 종결어미이므로, 엄밀히 보면 어두나 중간에 올 수 없으므로 따옴표 처리 등을 해야 하지만, '하다'와 연결될 경우에는 몇 가지 종결어미들은 일정한 구성으로 관용적으로 인용되고 있음. 〈예〉먹고 **죽자** 해도 없다; **죽자** 살자 하다; 남자**다** 여자**다** 할 것 없이; 쳤**다** 하면 홈런; 죽어라 헛고생을 하는**구나** 하며 투덜거렸다; 늦었으니 그만 가**자꾸나** 하고 순이가 말했다. ⇐마지막 두 예문에 쓰인 '하다'는 인용하는 기능을 나타내는 말.
　[구별] '옳다구나'(o)/'옳다꾸나'(×): 감탄 종결어미 '–구나' 꼴을 이용하여 만든 **감탄사**로 '옳다'의 강조 꼴. 어미인 '–자꾸나'와는 전혀 무관한 별도의 품사[감탄사]임.

◆두 사람은 **죽자사자/죽자살자 하는** 사이라던데: **죽자 살자[사자] 하는**의 잘못.
　[설명] ①'죽자사자'(혹은 '죽자살자'): 없는 낱말이므로 띄어 적어야 함. '죽자', '살자'는 독립어들임. 다만, '죽자 **사자**[살자] 하다'는 관용구여서 관용구에서만은 '사자[살자]'의 두 가지 표현도 가능함. ②'하다'에는, '하는'의 꼴로 앞의 절 내용을 받아 뒤에 오는 체언을 꾸미는 기능도 있음. 〈예〉내가 거짓말을 했다고 <u>하는</u> 증거가 어디 있냐; 그동안 무엇을 했느냐고 <u>하는</u> 질책에 모두들 찔끔했다.
　죽자 사자[살자] 하다㈎ ①(비유) 있는 힘을 다하여 덤비다. ②서로에게 몹시 정을 쏟아 친하게 지내다.

◆프로급인 사람들은 **준 프로**라고 해야 한다: **준프로**의 잘못. ⇐'준'은 접두사.
　첩어라고 해도 좋은 **준 첩어들**: **준첩어들**의 잘못. '준'은 접두사.
　준–[準]㈏ 일부 명사 앞에 붙어, '구실/자격이 그 명사에는 못 미치나 그에 비길 만한'의 뜻을 더하는 접두사. ¶준결승/준사관/준교사; 준거래(準去來)/준예산(準豫算).
　[참고] 현재 위의 두 말, 즉 '준프로/준첩어'는《표준》에 없으나 실제로 널리 쓰이고 있으며('준첩어'의 경우에는 국립국어원의 맞춤법 설명에 자주 등장함), '준–'은 생산력 있는 접사이므로 사용 가능함.

◆[고급][중요] **준말의 원칙과 적용 사례**
　[예제] 웅덩이가 움푹움푹 **패어/파여** 있었다: 둘 다 쓸 수 있음.
　　　　키가 커서 쉽게 눈에 **띄어/뜨여** 체포됐다: 둘 다 맞음.
　[설명] 한글 맞춤법 제38항: 어간 끝모음 'ㅏ/ㅗ/ㅜ/ㅡ' 뒤에 '–이어'가 결합하여 줄어질 때에는 두 가지 방식이 가능함. 즉, '이'가 앞(어간) 음절에 붙으면서 줄어지기도 하고, 뒤(어미) 음절에 이어지면서 줄어지기도 함. 〈예〉①'짜–'+'–이어'→짜이어→째어/짜여'(o). '파–'+'–이어'→파이어→패어/파여'(o). ②싸이어→째어/싸여'(o); 뜨이어→띄어/뜨여'(o); 보이어→뵈어/보여'(o); 쓰이어→씌어/쓰여'(o); 쏘이어→쐬어/쏘여'(o); 트이어→틔어/트여'(o); 누이어→뉘어/누여'(o). ¶길에는 웅덩이가 우묵우묵 패어(o)/파여(o) 있었다.

　[예제] '비어 있어요'를 줄이면 '**볐어요**'도 가능한가?: 가능함.

[설명] 한글 맞춤법 제36항: 'ㅣ' 뒤에 '-어'가 와서 'ㅕ'로 줄 적에는 준 대로 적을 수 있음. 〈예〉'꾸미-'+'-었어요'→'꾸몄어요'. '누비-'+'-었어요'→'누볐어요'. 따라서, '비어 있어요'의 경우에도, '비어-'+'-있어요'→'볐어요'가 가능함.

[예제] '이에요'가 줄면 '예요'이다. 그러면, '김수현이에요' 대신 **김수현예요**도 가능한가: '-이에요'만 가능함.
[설명] 어법상, 서술격조사 어간 '이-' 뒤에 어미 '에요'가 붙은 '이에요'는 자음 뒤에서는 그대로 쓰이고, 모음 뒤에서만 '-예요'로 줄어 쓰임. 즉, '이에요' 전체가 아닌 '-에요'만 어미이기 때문에 제한이 따르는 것. 따라서, '밥이에요/김수현이에요', '지우개예요/김현수예요'와 같이 써야 함. ☞**이에요** 항목 참조.

[예제] '눈에 **띄다**'와 '**띄어** 쓰다'에 보이는 기본형 **띄다**도 준말인가: 준말.
[설명] '눈에 띄다'에 쓰인 '띄다'는 '뜨이다(눈에 보이다)'의 준말. '띄어 쓰다'에 보이는 '띄다'는 '띄우다'의 준말로 '띄워, 띄우니' 등으로 활용함.

[예제] **'말라고 했지'를 '말랬지'로** 줄여 써도 어법에 맞나: 맞음.
[설명] '-라고 해'의 준말은 '-래'임. 그러므로 '말라고 했지'는 '말랬지'로 쓸 수 있음.

[예제] '숫자를 **세어** 봐' 할 때의 '세어'의 준말은 '세'이고, '세었다'의 준말은 '셌다'인데, '세어 봐'의 경우에 본말인 '세어 봐'와 준말인 '세 봐' 모두를 쓸 수 있는가: 쓸 수 있음.
[설명] 한글 맞춤법 제34항 붙임: 'ㅔ' 뒤에 '-어-었-'이 어울려 줄 적에는 준 대로 적음. 예컨대 '세어'의 준말은 '세'이고, '세었다'의 준말은 '셌다'인데, 본말인 '세어'와 준말인 '세'를 모두 쓸 수 있음.

[예제] **오래간만**이 줄 때 **오랫만**이 아닌 '오랜만'인 이유는?: 줄기 전의 원말의 형태에 들어있는 의미소 어원을 살리기 위해서. 즉, 형태소들이 결합할 때 그 원래 모습을 밝혀 적는 것이 원칙임.
[설명] ①'오래간만'에서 동안/사이를 뜻하는 '간(間)'의 의미가 중요하므로 준 뒤에도 그 어원(어근)을 드러내기 위해서 'ㄴ' 받침을 사용한 것. '조그마하다'의 준말 '조그맣다'와 '못지아니하다'의 준말 '못지않다'에 'ㅎ' 받침을 유지하는 것도 줄기 전의 어간 '하'를 드러내기 위함임. ②또한 '가리가리'의 준말이 '갈갈이'가 아닌 '갈가리'인 것도 줄기 전의 어원 '가리'를 살리기 위함임: '가리+가리→갈+가리→갈가리'. '가지가지'의 준말인 '갖가지'도 이와 같으며, '어제저녁'→'엊저녁', '고루고루'→'골고루'도 비슷한 경우로, 줄어든 말의 초성을 받침으로 표기한 것. ☞한글 맞춤법 제32항 참조.
[유사] '**얻다** 대고 큰소리야?'에서의 '얻다'는 '어디에다'의 준말. 여기서도 '어디'의 준말로 쓰인 '얻'은 '어디'의 제2음절이자 어근인 '-디'의 어원을 살리기 위해서 그 초성 'ㄷ'을 받침에 반영하여 살린 것임: '어디에다→얻+(에)다→얻다. [한글 맞춤법 제32항: 낱말의 끝 모음이 줄어지고 자음만 남은 것은 그 앞의 음절에 받침으로 적는다.]
[비교] '얼마만큼'의 준말은 '얼만큼'이 아닌 '얼마큼'임. 즉, 어근 '얼마'를 살리기 위해서임. 즉, '얼마+만큼'→'얼마+(만)큼'→'얼마큼'.

[예제] 어**쨌**든(×)/어**쨌**든(○); 그**랬**든(×)/그**랬**든(○); 게 **섰**거라(×)/게 **섰**거라(○): 원말의 형태를 밝혀 적음.
[설명] '어쨌든'의 경우는 '어찌**했**든'의 'ㅎ'이 줄어들어 '어째, 어쨌든'으로 나타나는 것이며, 준말을 적을 때에는 원말의 형태를 밝혀 적는 것이 원칙이므로 '어쨌든'으로 적음. 이와 비슷한 것으로 '그랬든(그러했든)', '이랬든(이러했든)' 등이 있음. '게 **섰**거라' 또한 '게 서 있거라'에서 온 말이므로 '게 **섰**거라'가 아니라 '게 **섰**거라'로 적는 것.

[예제] '**엊**그제/**엊**저녁'에서 '**엊**'으로 표기하는 이유: 원말의 모습을 밝혀 적음.

[설명] 엊그제/엊저녁은 '어제그제/어제저녁'에서 '어제'의 'ㅔ'가 줄어든 것인데, 한글 맞춤법 제32항 '<u>낱말의 끝 모음이 줄어지고 자음만 남은 것은 그 앞의 음절에 받침으로 적는다</u>'는 규정에 따라 'ㅈ'을 앞 음절 '어'의 받침으로 적은 것. '가지가지/어떻게 해/어찌하였든' 을 각각 '갖가지/어떡해/어쨌든'으로 적는 것도 바로 이러한 원칙에 의한 것.

[참고] '문치적문치적'의 준말은 '문칮문칮'인데 이처럼 끝말 초성 'ㅈ'의 형태를 살리는 경우도 있음.

[예제] '**슬그머니/살그머니**'의 준말은?: '**슬그미/살그미**'.
　　　 '제깟 놈이…'에서의 '**제깟**'의 원말은?: '**제까짓**'

[설명] '슬그**머니**/살그**머니**→슬그**미**/살그**미**'로 줄어든 과정을 살펴보면, '–머니'의 초성음 'ㅁ'과 말음의 모음 'ㅣ'가 결합한 꼴임. '제**까짓**→제**깟**'의 변화 과정도 이와 같음. 이러한 것들은 주된 의미소인 '슬그–/제–'를 살리고 음소들을 축약시켜 준말을 만든 것임. 즉, 준말에서도 의미소를 살려 적는 원칙이 적용된 것임.

◆♣**준말 표기** 사례

[예제] (무엇을 할) **걸로**/(무엇을 할) **것으로** 예상됩니다: 둘 다 쓸 수 있음.

[설명] '(무엇을 할) 걸로'는 '(무엇을 할) 것으로'의 준말. 한글 맞춤법 제33항 "체언과 조사가 어울려 줄어지는 경우에는 준 대로 적는다."라는 규정에 따라, 체언과 조사가 결합할 때 어떤 음이 줄어지거나 음절의 수가 줄어지는 것은 그 본 모양을 밝히지 않고 준 대로 표기함. 아래의 예시 참조.

〈보기1〉
　　그 애→걔. 그 애는→걔는→걘; 그 애를→걔를→걜.
　　이 애→얘. 이 애는→얘는→얜; 이 애를→얘를→얠.
　　저 애→쟤. 저 애는→쟤는→쟨; 저 애를→쟤를→쟬.

〈보기2〉
　　그리로→글로, 이리로→일로, 저리로→절로, 조리로→졸로.
　　그것으로→그걸로, 이것으로→이걸로, 저것으로→저걸로.

◆<u>준말의 격음화 배제 원칙: 깨끗하지 →**깨끗치**(×)/**깨끗지**(○) ⇐준 대로 적는다!</u>

[예제] **깨끗치** 않은 몸으로 깨끗한 정신을 떠들다니: **깨끗지**의 잘못.

[비교] **대단잖은** 사람이 큰소리를 치기는: **대단찮은**의 잘못.

[설명] 준말의 격음화 배제 현상에 적용되는 것은 앞말의 받침이 'ㄱ/ㅂ/ㅅ'일 때. '대단찮다[←대단+하–+–지+아니+하–]'와 같이, 어간 '하'가 준 뒤에 '지+않 →찮'의 꼴로 줄 때는 <u>소리 나는 대로 적음</u>. ☞'**–잖–/–찮–**' 항목 참조.

◆♣<u>**준말 용언의 활용형 연결: 모음 어미일 때와 자음 어미일 때**</u>

[예제] 이제 그 첫발을 **내딛으려** 합니다: **내디디려**의 잘못. ⇐모음 어미와 연결.
　　　 발을 **헛딛어서** 그만 넘겨졌다: **헛디뎌서**의 잘못. ⇐모음 어미와 연결.
　　　 아직 **서툴어서** 실수가 많다: **서툴러서**의 잘못. ⇐자음 어미와 연결.

[설명] 준말 꼴은 활용형에서 <u>모음 어미와는 연결할 수 없고, 원말 꼴만 가능함.</u>
　〈예〉'내**딛**다'의 경우, 모음 어미와는 원말인 '내디디–'의 꼴로만 연결. 〈예〉내디디었다≒내디뎠다/내디디려/내디디어서≒내디뎌서. '딛다' 역시 '딛을방아'(×)/'디딜방아'(○). 그러나, 자음 어미와는 준말인 '딛–'의 꼴로 결합 가능함. 〈예〉'내딛고/내딛는/내딛지'(○).

[유사] 갖다/가지다→가져(○)/갖어(×); 가지려(○)/갖으려(×).

머물다/머무르다→머물러(○)/머물어(×); 머무르려고(○)/머물으려고(×).

서툴다/서투르다→서툴러(○)/서툴어(×); 서투르니(○)/서툴으니(×).

헛딛다/헛디디다→헛디뎠다(○)/헛딛었다(×); 헛디뎌서(○)/헛딛어서(×).

[예외] 준말의 활용형이 인정되는 것도 있음: '북돋아≒북돋워. 외는≒외우는'. 이 두 낱말만은 각각 '북 돋다←북돋우다', '외다←외우다' 꼴의 준말.

◆[정리] ♣준말 표기에서 조심해야 할 것들

[예제] 효과가 **금새** 나타났다: **금세**의 잘못. ←'금시(今時)+에'의 준말.

오랫만에 보는군: **오랜만**의 잘못. ←'오래간만'의 준말

오늘은 **웬지** 기분이 좋다: **왠지**의 잘못. ←'왜인지'의 준말.

이거 너 **갖어**: **가져**의 잘못.

하도 일에 **서툴어서**: **서툴러서**의 잘못.

둘이 언제부터 **사겼니**?: **사귀었니**의 잘못.

제발 사람 좀 **되라**: **돼라**의 잘못.

생각컨대 자네 말이 맞더군: **생각건대**의 잘못.

아무러튼 빨리 와: **아무렇든/아무튼**의 잘못.

친구에게 연극을 **뵈어주었다/보여주었다**: 둘 다 가능. '보+이어→뵈어/보여'

제대로 **띄워/띄어** 써라: 둘 다 가능. 각각 '띄우다/띄다'의 활용.

[설명] ①'금세'는 '금시(今時)+에'의 준말. '어느새/요새/밤새'의 '새'는 '사이'가 줄어든 것. ②준말의 일반 적인 원칙: 줄어드는 말의 모음(초성)은 생략되고 자음은 앞말의 받침이 됨: '가리가리→갈가리'; '오 래간만→오랜만'. ③'왠지'는 '왜인지'의 준말. '이게 웬 날벼락/떡이냐?'에서의 '웬'은 '어찌 된, 어떠한'을 뜻하는 관형사. 다만, '웬걸/웬만큼/웬일/웬셈' 등에서는 접두어: 봄인데 웬 눈이 이렇게 많이 오지?; 웬 사람이 널 찾아왔어; 웬걸 엉뚱한 소리만 하더군; 웬만하면 부탁을 들어 줘라; 웬만큼 잘하지 않 으면 1등 할 수 없다 ; 웬일이세요? ④'가지다'의 준말 '갖다'에는 모음으로 시작되는 어미가 연결되지 못함: '갖어/갖으니/갖으면(×)→가져/가지니/가지면(○). 이와 같은 것에는 '디디다/딛다'도 있음. ⑤'서 투르다'의 준말 '서툴다'에는 모음으로 시작하는 어미 중 '-어'가 연결되지 못함: '서툴어(×)/서툴러(○)'. 이와 같은 것에는 '머무르다/머물다', '서두르다/서둘다'도 있음. ⑥'사귀다'에 어미 '-어'가 결합한 '사 귀어'는 '사겨/사궈'로 줄어들 수 없음. '바뀌어' 역시 '바껴/바꿔' 등으로 적지 못하며, 이와 같은 것에 는 '나뉘어/야위어'도 있음. ⑦'되다'의 어간에 '어'로 시작하는 어미가 연결되어 줄면 '돼'가 됨: '되-+- 었다→됐다'; '되-+-어서→돼서'; '되-+-어라→돼라'. 따라서 '되라'는 잘못. 주의할 것은 간접 인용 문의 명령형 어미는 '-어라고'가 아니라 '-(으)라고'이며, '되다'의 어간에 '-(으)라고'가 결합하면 '되라 고'가 됨: 어머니는 착한 사람이 돼라고(×)/되라고(○) 말씀하셨다. 이와 같은 변화에 속하는 말들로 는 '괴다/꾀다/뇌다/뵈다/쇠다/쐬다/죄다/쬐다' 등도 있음. ⑧'하다'가 결합하는 앞말의 받침이 'ㄱ/ㄷ/ㅂ' 일 때는 '하'가 통째로 줄고 그 외의 것은 'ㅏ'만 줄고 'ㅎ'이 남아 뒷말이 거센소리가 됨: 거북지/넉넉지/ 깨끗지/섭섭지; 청컨대/무심치/연구토록/간단치. ⑨종래에 '아무든/하영든'으로 쓰던 것을 '아무튼/하 여튼'으로 고쳐 적기로 하였음. '아뭏-, 하옇-'이 다른 어미와 결합하지 못하고 '아뭏-든, 하옇-든'의 형태로만 쓰이고 있으며, 용언의 활용형이 아니라 부사로 굳어졌으므로 원래의 형태와 연결시킬 필요 가 없기 때문임. 다만 '이렇든(지)/저렇든(지)/그렇든(지)/어떻든(지)/아무렇든(지)' 등은 부사로 굳어진 것이 아니라 '이렇다/저렇다/그렇다/어떻다/아무렇다'에 '-든(지)'가 결합한 것이므로 '이러튼/저러튼'과 같이 적지 않고 원형을 밝혀 '-든(지)'로 적음. ⑩'싸다/보다/뜨다'에 '-이어'가 결합할 경우는 두 가지

가 됨. 앞쪽으로 줄어들면 '째어/뵈어/띄어'가 되고, 뒤쪽으로 줄어들면 '싸어/보여/뜨여'가 됨: 연극을 뵈어주다/보여주다; 그것만 눈에 띄어/뜨여. ⑪'띠다'는 서로 다른 두 말, 곧 '뜨이다'와 '띄우다'의 준말임: 눈에 띄는 대로; 띄어 써라. ⑫체언과 조사의 결합형이 줄 때는 격조사와 결합할 때 받침 탈락이 흔함: 이것이 무엇이에요?→이게 뭐에요?; 그것이 뭣이 그리 중해서 무엇을 어찌하자는 건가→그게 무에 그리 중해서 뭘 어쩌자는 건가. 단, 대명사 '무엇'은 'ㅅ'이나 'ㅅ'만 탈락한 '무어'로 줌. 그래서 주격조사가 결합하면 '뭣이/무에'로 줄고, 목적격조사와 결합하면 '뭣을/무엇'→'뭘'이 되기도 함.

◆**줄곳** 노래하듯 재촉해 대던 녀석이: **줄곧**의 잘못. 없는 말.

◆사전에 없는 '**줄도산, 줄사고**' 등의 말을 사용할 수 있는가?: 쓸 수 있음.
　[설명] 다음에 보이듯, '줄-'은 잇따라(잇달아)의 뜻을 더하는 생산성이 있는 접사 기능을 하는 말이므로, 사전에 없는 말이라 하더라도 '줄도산/줄사고' 등은 사용할 수 있음. 그러한 예로, 전에는 《표준》의 표제어에 없던 '줄사표/줄소환/줄파업' 등이 신어 목록에 올라 있음. ⇐이는 표제어 등재 여부와 무관하게 '줄'의 생산성은 인정한 사례. ¶줄행랑/줄담배/줄초상[-初喪]≒연상[連喪]/줄걸음≒줄행랑/줄번개/줄벼락/줄폭탄[-爆彈]/줄포탄[-砲彈]/줄봉사/줄기침/줄방귀/줄따귀/줄도망[-逃亡]/줄도망질/줄초풍[-風]/줄사표[신]/줄파업[신]/줄소환[신].

◆**줄 듯 줄 듯하면서도** 안 내주던 년이: **줄 듯 줄 듯 하면서도**의 잘못.
　[유사] **죽을 뻔 살 뻔하면서** 견뎠다: **죽을 뻔 살 뻔 하면서**의 잘못.
　[설명] '줄 듯 줄 듯'이 부사구로서 '하면서도'를 수식하기 때문에 띄어 씀. '듯'은 의존명사. ☞'**듯**' 항목 및 '**부사구가 수식할 때**' 항목 참조.

◆**줄잇는(줄이은)** 온정의 손길: **줄(을) 이은(≒줄지은)**의 잘못.
　[설명] '줄잇다'(×)는 없는 말: 줄을 잇다(○). '줄짓다[통]는 가능함.
　줄짓다[통] ①줄을 이루다 ②끊이지 않고 잇따르다.

◆**줄창** 침만 흘리고 있던 녀석은: **줄곧**의 잘못. 없는 말(평안도 방언).

◆빨리 **줏어라**. 얼른 **줏어**. 남들이 보기 전에: **주워라**. **주워**의 잘못. ←**줍다**[원]
　주은 돈은 경찰서로: **주운**의 잘못. ←**줍다**[원]
　[설명] '줍다'는 '주우니/주워/주우면/주운' 등으로 활용하는 'ㅂ' 불규칙용언.
　[유사] 춥다→추우니/추워서/추운 날. ☞'ㅂ' **불규칙용언** 항목 참조.

◆♣**중**: '**회의 중**'과 '**부재중**'
　[예제] 사장님은 **휴가중**이십니다: **휴가 중**의 잘못. ⇐두 낱말.
　　　　사건은 그의 **부재 중**에 벌어졌다: **부재중**의 잘못. ⇐복합어.
　　　　이중에서 맘에 드는 걸로 하나만 골라 봐: **이 중**의 잘못. ⇐두 낱말.
　　　　그 중에 그 사람이 있던가?: **그중**의 잘못. 한 낱말.
　[설명] ①복합어로 굳어진 것들은 붙여 씀. 〈예〉**그중**/무심중/무언중/무의식중/밤중/부재중/부지불식중/부지(不知)중/삼복중/야밤중/오밤중/은연중/총망중/한밤중/두밤중/깜깜밤중. ②그 밖의 것들은 띄어 씀. 흔히 쓰는 것들로 글자 그대로의 뜻만을 지닌 것들은 띄어 씀. 일례로 '부재중'은 '(단순 부재가 아

니라) 자기 집이나 직장 따위에 있지 아니한 동안을 뜻함.: 휴가 중, 피난 중, 중식 중, 출장 중, 망중 한 중, 도망 중, 독서 중, 임신 중, 금년 중, 공기 중... 등등. 이때의 '중'은 의존명사로서, 여럿의 가운 데('영웅 중의 영웅'), 무엇을 하는 동안('근무 중/수업 중/회의 중/식사 중'), 어떤 상태에 있는 동안('임 신 중/재학 중/수감 중'), 어떤 시간의 한계를 넘지 않는 동안('내일 중으로/오전 중으로'), 안이나 속 ('해수 중에 녹아 있는 산소/공기 중에 떠다니는 바이러스') 등을 뜻함.

[주의] **그중**에는 없더군. **이 중**에도 없고: '그중'은 복합어. '이 중'은 두 낱말.

그중(－中)圐 범위가 정해진 여럿 가운데.

◆[중요] ♣**불필요한 중복 사례**

[예제] 2월말**경께** 전부 해결하겠습니다: '2월 말**경**'(혹은 2월 말**께**)의 잘못.

[설명] '경(頃)'과 '께'는 '무렵/쯤'을 뜻하는 같은 의미의 접사. 둘 중 하나만 써도 족함.

[예제] 닭 **벼슬: 볏**의 잘못.

[설명] '볏' 자체가 '닭/새 따위의 이마 위에 세로로 붙은 살 조각'을 뜻하므로 덧붙일 필요가 없으나, 군 이 사용하려면 '닭(의) 볏'으로 띄어 적어야 함.

[예제] 요즘 **제수용품(祭需用品)** 가격이 워낙 뛰어서: **제수(祭需)**의 잘못.

[설명] '제수(祭需)'는 그 자체가 '제사에 쓰이는 여러 가지 재료/음식물(祭物)'을 뜻하므로 뒤에 붙는 '용 품'은 군더더기. 그러나 '생활용품/휴가용품/등산용품' 등은 가능함.

[예제] **영업용 택시: 택시**만으로 족함. ⇐자가용 택시, 비영업용 택시는 없으므로.

[예제] 그는 우리나라에서 **최고 갑부: 갑부**만으로 족함.

　　　　그는 이 나라에서 몇 손가락 안에 드는 **갑부: 부호**(혹은 **대부호/부자/거부**)의 잘못.

[설명] '갑부(甲富)'는 부자 중에서도 으뜸(甲)에 드는 부자, 곧 '첫째가는 부자'의 뜻이므로 '최고'는 불필 요한 꾸밈. 그러므로, '몇 손가락 안에 드는 갑부'라는 표현은 말이 안 됨. [주의] '대부호(大富豪)'는 있으나 '대부자(大富者)'는 없는 말.

[예제] 타구가 파울 **라인 선 상**에 떨어졌다: '**상(上)**'은 불필요하며, '라인 선'의 경우도 '라인'이나 '선' 중 하나만으로 족함. 즉, 다음의 한 가지 표현으로도 족함. ①타구가 파울 라인에 떨어졌다. ②타구가 파울 선에 떨어졌다.

[설명] '라인'과 '선'은 동의어이므로 중복할 필요가 없으며, 공이 '라인'(혹은 '선')에 떨어졌다고 하면 족하 며, '라인 상'이나 '선 상'에 떨어졌다고 과잉 묘사할 필요는 없음. 날아오는 공이 선 아래로 파고들거 나 하는 일도 없지만 설령 그런 기상천외의 일이 벌어진다 해도 판정엔 영향이 없음.

[예외] 아내가 귀여우면 **처갓집** 말뚝 보고도 절한다≒의가 좋으면 **처갓집** 말뚝에도 절한다: 맞음.

[설명] '처갓집'은 '처가(妻家)+집'이므로 위의 '라인 선'과 같은 중복 구조지만, 관행적으로 널리 쓰이므로 '처가'의 동의어로 인정되었음. 이와 같이 중복임에도 표준어로 인정된 것에는 '**낙숫물**[落水-](처마 끝 에서 떨어지는 물)/친정집/외갓집'도 있음. 그러나 '역전앞(驛前-)'은 '**역전**(역의 앞쪽)'의 잘못이며, '넓 은 광장', '아침 조반' 등도 유의어 중복으로 잘못.

◆[중복 피동] '**보여지다/쓰여지다**'는 바른 표현인가?: '**보이다/쓰이다**'로 고쳐야 함.

[설명] 피동 표현은 사동사 어간에 '-이/-히/-리/-기' 등의 접미사를 붙이는 경우와 '-어/아 지다'를 붙 이는 두 가지 경우가 있음. '먹이다/잡히다/불리다' 등이 전자의 경우이고, '만들어지다/주어지다/믿어 지다' 등이 후자에 해당. 그런데 접미사에 의한 피동과 '-어 지다'에 의한 피동을 중복하여 쓰면 이는 바른 표현이 아님. 〈예〉쓰여지다/불리워지다/보여지다/바뀌어지다'(×)→'쓰이다/불리다/보이다/바뀌다' (○)로 고쳐 써야 함.

[참고] 현재로서는 위와 같은 중복 피동은 잘못임. 그러나, 상황에 따라서는 앞으로 이들을(일부, 또는 전부) 인용할 가능성도 있음. ☞**잊혀진** 항목 참조.

◆♣‘**-쥐다**’가 들어간 복합어 중 유의해야 할 말들: 복합어이므로 붙여 써야 하며 띄어 쓰면 잘못.

[예제] 치마를 **걷어 쥐고** 개울을 건넜다: **걷어쥐고**의 잘못. 한 낱말.

작은 손을 **옥여 쥐고** 이를 악물었다: **옥여쥐고**의 잘못. 한 낱말.

손에 **옥여쥔** 지폐를 다시 보았다: **옥쥔**의 잘못. ‘옥여쥐다’(x)/‘옥쥐다’(o).

oˊ**-쥐다**: 가로쥐다/갈마-/감아-/걷어-/걸머-/검-준늑거머-/그러-/긁어-/덮싸-/덮쳐-/맞-/싸-/바르-/부르-/사려-/얼싸-/엎어-/옥여-/옥-〈욱-/옴켜-〈움켜-/잡-/잦-/틀어-/홈켜-〈훔켜-/후려-.

〈주의해야 할 말들〉

바르쥐다[통] ①주먹을 불끈 쥐다. ②힘을 주어 움켜쥐다.

잡쥐다[통] 단단히 잡아 틀어쥐다.

갈마쥐다[통] ①한 손에 쥔 것을 다른 손에 **바꾸어 쥐다**. ②쥐고 있던 것을 놓고 다른 것으로 바꾸어 쥐다.

사려쥐다[통] 새끼, 노끈 따위를 빙빙 둘려 포개어 감아 **틀어쥐다**.

옥여쥐다[통] 오그라질 듯이 힘껏 쥐다.

욱쥐다[통] 욱여 꽉 쥐다.

엎어쥐다[통] 손바닥이 밑으로 가게 움켜쥐다.

잦쥐다[통] 손등을 옆으로 돌려서 잦히어 쥐다.

걷어쥐다[통] ①늑걷어잡다(걷어 올려서 잡다). ②늑장악하다(무엇을 마음대로 할 수 있게 휘어잡다).

◆**쥐불놀이**나 **쥐불놓이**나 같은 말 아닌가: 맞음. ⇐복수표준어.

[주의] **쥐불놀이 하러** 가세: **쥐불놀이하러**의 잘못. ←**쥐불놀이하다**[원]

[설명] ①본래 ‘쥐불놓이’로서 정월 첫 자일(子日)에 쥐를 쫓기 위하여 논두렁/밭두렁에 불을 놓는 일이었으나, 현재 《표준》에서는 아래와 같은 뜻으로 정리하여 동의어로 인정. ②‘~놀이하다’는 ‘~놀이를 하다’의 뜻으로, ‘~놀이’가 들어간 말에 공통적으로 적용됨. 〈예〉윷놀이[꽃놀이] 하다(x)/윷놀이[꽃놀이]하다(o). 이에 해당되는 것들: ‘윷놀이하다/탈놀이하다/불놀이하다/말놀이하다/밤놀이하다/낮놀이하다/들놀이하다/설놀이하다... ’ 등등.

쥐불놓이≒**쥐불놀이**[명] 정월 대보름의 전날에 논둑/밭둑에 불을 붙이고 돌아다니며 노는 놀이.

◆**쥐불알 같은** 녀석이 뭘 한다고: **쥐뿔같은**(≒**쥐좆같은**)의 잘못.

[설명] ①‘쥐불알’이 없는 말이므로 ‘쥐불알같다’도 없는 말. ②원칙대로라면 ‘쥐뿔 같은’이어야 하지만, ‘쥐뿔같다’[형]는 한 낱말.

쥐뿔같다≒**쥐좆같다**[형] 아주 보잘것없다.

◆[고급] 손에 굴이라도 **쥐어**(x)/**쥐여**(o) 줄 걸 그랬나봐. ⇐‘쥐여’는 사동사 ‘쥐이다(누가 무엇을 쥐게 하다)’의 활용. ‘주다’는 보조동사.

여인은 만 원짜리 몇 장을 그의 손에 살짝 **쥐어**(o)/**쥐여**(x) 주었다. ⇐‘쥐어’[‘쥐’(어간)+‘어’(연결어미)]는 ‘쥐다’의 활용. ‘주다’는 본동사.

[설명] ①‘쥐**여** 주다(드리다)’와 ‘쥐**어** 주다’는 몹시 까다로운 문제이나, ‘주다’가 본용언인지, 아니면 보조

용언인지에 따라서 구별하면 도움이 됨. 즉, 본용언인 경우에는 '쥐다'와 '주다'가 대등한 동격이므로, '쥐어(서) 드리다/주다'의 의미로는 '(내가/그가) 쥐어(서) 주다'가 자연스러움. 한편, '주다'가 '쥐이다'('쥐다'의 사동사로서, '누가 무엇을 쥐게 하다'의 의미)의 보조용언으로 쓰인 경우에는 '내가 그에게 사탕을 쥐여 주었다(쥐게 해 주었다)'와 같이 '(누가 누구에게) 쥐여 주다'가 올바른 표현. ②둘 다 본용언인 경우에 '쥐어 주다' 꼴로 풀어 보면 '내가 사탕을 쥐어(서), (내가) 그에게 주었다'가 되는데, 이것을 사동사 '쥐이다'에 보조용언 '주다'를 사용한 문장, 곧 '내가 그에게 사탕을 쥐여 주었다(쥐게 해 주었다)'와 비교해 보면, 사탕을 쥔 행위자가 각각 '나'와 '그'로 다름을 알 수 있음.

◆마누라한테 **쥐어 사는** 녀석이 무슨: **쥐여사는**의 잘못. ←**쥐여살다**[원]
　마누라한테 **쥐어 지내는** 녀석이 무슨: **쥐여지내는**(혹은 **쮀지내는**)의 잘못. ←**쮀지내다/쥐여지내다**[원]. 쥐어 ≒쮀.
　[참고] 화나서 한 대 **쥐여박았다**: **쥐어박았다**의 잘못. ←**쥐어박다**[원]
　[설명] ①'쥐여-'는 '쥐('쥐다'의 어간)+이(피동어간)+어(어미)'→'쥐이어'→'쥐여'로 분석되는 말로, '쥐여살다(○)/쥐어살다(×)'이며 한 낱말. 띄어 쓰면 잘못. ②'쮀'는 '쥐어'와 '쥐여' 두 가지 모두의 준 꼴. 즉, ㉮쥐+어≒쮀 ¶쮀뜯다/쮀박다/쮀짜다/쮀흔들다. ㉯쥐여≒쮀 ¶쥐여살다(○)/쮀살다(○). 쥐여지내다(○)/쮀지내다(○). ③'쥐어박다'의 '쥐어-'는 피동어간이 불필요한 말이므로, '쥐('쥐다'의 어간)+어(어미)'→'쥐어'.
　쮀살다[준] **쥐여살다**[통] 다른 사람에게 억눌리어 기를 펴지 못하고 살다.
　쮀지내다[준] **쥐여지내다**[통] 다른 사람에게 눌리어 자기 의견을 제대로 펴지 못하고 지내다.
　쥐어박다[통] ①주먹으로 함부로 내지르듯 때리다. ②면박 따위를 주어 상대를 주눅 들게 하다.

◆[중요] ♣'**즈**(으, _)'(×)와 '**지**(이, ㅣ)'(○): 흔한 잘못. ☞♣'_' 모음이 쓰여야 할 곳에 'ㅣ' 모음이 잘못 쓰인 경우들 항목 참조.
　[예제] **넌즈시** 한마디 해주긴 했는데 모르지: **넌지시**의 잘못.
　　　　그 말을 듣더니 **저으기** 당황하더군: **적이**의 잘못.
　　　　가즈런히 정리 정돈을 하면 좀 좋아: **가지런히**의 잘못.
　넌즈시[부] '넌**지**시'의 잘못.
　늦으막이[부] '느**지**막이'의 잘못. [참고] 느**지**감치[부] 꽤 늦게. [유]느**지**거니.
　저으기[부] '**적이**'의 잘못.
　가즈런하다/간즈런~[형] '가**지**런하다'의 잘못.
　가즉하다[형] '가**직**하다'의 잘못(가직하다: 거리가 조금 가깝다).

◆사뿐히 **즈려[지려]밟으소서**: **지르밟으소서**의 잘못. ←**지르밟다**[원]
　즈려/즈리 눌러 기를 죽이는 게 버릇이지: **지르눌러**의 잘못. ←**지르누르다**[원]
　[암기도우미] 우리말에 '지르다'는 있어도 '즈리다'는 없음. '즈려밟다'가 성립하려면 '즈리다'가 있어야 함. '지르밟다'에 보이는 '지르-'는 '위에서 아래로, 힘을 주어' 등을 뜻함. 예: **지르끼다**(지르듯이 꽂거나 박다), **지르잡다**(옷 따위에서 더러운 것이 묻은 부분만을 걷어쥐고 빨다), **지지르다**(1.기운/의견 따위를 꺾어 누르다. 2.무거운 물건으로 내리누르다)
　즈려밟다[통] '지르밟다(위에서 내리눌러 밟다)'의 잘못.
　지르누르다[통] ≒**지지누르다**(지지르듯이 내리누르다).

◆상은커녕 **즉사하게** 얼어 터졌지: **직사하게**가 적절함. ←'(은)커녕'은 보조사.

외국 가서 고생만 **즉사하게** 했어: **직사하게**가 적절함. 설명 참조.

[설명] ①즉사(卽死)하다'는 '직사(直死)하다(그 자리에서 바로 죽다)'와 같은 의미. 따라서 부사형 '즉사하게'는 '직사하게'와 같이 쓰일 수도 있으나, 뜻은 '그 자리에서 바로 죽을 정도로'가 됨. ②그러나 '직사하다'에는 주로 '직사하게' 꼴로 쓰여 '굉장히/실컷'의 뜻('직사하다'에는 없는 뜻)이 있으므로, 이러한 의미로는 '직사하게'를 쓰는 것이 적절함.

◆[고급] **'지'와 '줄'**: 서로 뒤바뀌어 잘못 쓰일 때가 많음. 주의!

네가 왜 그러는 **줄**(o) 난 알아. ↔ ~ 왜 그러는**지**(o) ⇐연결어미 '-ㄴ지'.

A플 정도는 받았는**지**(×) 알았어. ↔ ~ 받은 **줄**(o) ⇐의존명사(방법/셈속).

네가 돌아온**지**(×) 다 알고 있었어. ↔ ~ 돌아온 **줄**(o) ⇐의존명사(사실/셈속).

그가 그럴**지**(×) 몰랐단 말이야? ↔ ~ 그럴 **줄**(o) ⇐의존명사(방법/셈속).

배가 얼마나 고팠는 **줄**(×) 알아요? ↔ ~ 고팠는**지**(o) ⇐연결어미 '-ㄴ지'.

[설명] ①'-ㄴ지'는 연결어미와 종결어미의 두 가지 기능이 있음. 연결어미로서는 막연한 의문이 있는 채로 그것을 뒤 절의 사실이나 판단과 관련시키는 데 쓰임. ¶왜 그러는지 난 알아; 얼마나 부지런한지 세 사람 몫을 한다니까. ②종결어미로는 간접 인용절에 쓰여서, 막연한 의문을 나타냄. ¶어머님께서도 안녕하신지. ③한편, '줄'의 경우는 의존명사로서 어떤 방법/셈속 따위를 뜻함.

◆**고급지고** 재미**진** 얘기 좀 해 봐: **고급하고(고급스럽고)**, **재미있는**의 잘못.

비얄진/가팔진 언덕을 오르려니 힘들었다: **비탈진**의 잘못. ←**비탈지다**[원]

[설명] ①'고급지다/재미지다'는 현재 비표준어임. ②'비얄지다/가팔지다'는 '비탈지다'의 방언. 이와 유사한 것으로는 '큰물지다(×) →홍수가 나다; 걸팍지다(×) →실팍지다; 어긋지다(×) →어긋나다' 등도 있음. [참고] '-지다'와 결합하여 쓰이는 표준어로는 다음과 같은 것들이 있음. 〈예〉 눈물지다/경사~/옹골~/원수~/강단~/허기~/기름~/거방~/까탈.가탈~

◆그런 짓을 했으니 **지걸입어도** 싸지 싸: **지벌을 입어도**의 잘못.

[설명] '지걸'은 없는 말로 '지벌'의 잘못. '지벌입다'도 없는 말로, '지벌(을) 입다'의 잘못.

지벌[-罰]명 신(神)/부처에게 거슬리는 일을 저질러 당하는 벌.

◆**지게 목발**을 두드리며 구성지게 노래를 부르던 그: **지겟다리**의 잘못.

[참고] **목발** 짚고 다니는 사람들을 놀리지 마라: 맞음.

[설명] '지게 목발'은 없는 말로, '지겟다리'의 잘못. '목발'은 다리가 불편한 사람이 겨드랑이에 끼고 걷는 지팡이를 말하며, '지겟다리'는 지게 몸체의 맨 아랫부분에 있는 양쪽 다리. ☞[주의] '목발'은 근래에 '목다리'의 복수표준어로 인정된 말로서, 예전에는 '목다리'의 잘못으로 풀이되었음.

◆한 곳에 **지그시** 있지 못하겠나?: **한곳**, **지긋이**의 잘못.

지긋이 눈을 감고 음악 감상을 하는데: **지그시**의 잘못.

[참고] 줄이 굽지 않게 **반드시**(×)/**반듯이**(o) 그어라

박봉으로 **바듯이**(o)/**밭듯이**(×) 살아왔다

[설명] ①한곳: 같은 곳. 즉, 한 군데의 장소를 뜻하지 않으므로 붙여 씀. ②지긋이**부** ←**지긋하다형**. ③'반드시'는 '틀림없이 꼭'을, '반듯이'는 '반듯이(번듯이)로서 '작은 물체, 또는 생각/행동 따위가 비뚤어지거나 기울거나 굽지 아니하고 바르게; 생김새가 아담하고 말끔하게'를 뜻함. '바듯이'는 '어떤 한도에 차거

나 꼭 맞아서 빈틈이 없게; 어떤 정도에 겨우 미칠 만하게를 뜻하고 '밭듯이'는 '밭다(시간/공간이 다붙어 몹시 가깝다; 길이가 매우 짧다; 음식을 가려 먹는 것이 심하거나 먹는 양이 적다)'의 부사형.

[원칙] 슬며시 힘을 줄 때에는 '지그시'로 적고, '지긋하다'의 의미가 살아 있으면 '지긋이'로 적음. [한글 맞춤법 제25항, 제57항]

[암기도우미] 지긋한 나이도 아닌데 지그시 눈 감고 오래 버티는 건 힘들다.

지그시튀 ①슬며시 힘을 주는 모양. ¶지그시 밟다/누르다; 입술을 지그시 깨물다. ②조용히 참고 견디는 모양. ¶아픔을 지그시 참다.

지긋이튀 ①나이가 비교적 많아 듬직하게. ②참을성 있게 끈지게. ¶그는 나이가 지긋이 들어 보인다; 아이는 나이답지 않게 어른들 옆에 지긋이 앉아서 기다렸다. ¶**지긋하다**1형

◆예전엔 **한 섬 지기/한섬 지기** 논이 작은 땅이 아니었어: **한 섬지기**의 잘못.

[참고] 그와 나는 **십 년지기/이십년 지기**야: **십년지기/이십 년 지기**의 잘못.

[설명] ①-지기'는 '그 정도 양의 씨앗을 심을 수 있는 논밭의 넓이'의 뜻을 더하는 접미사. ☞**주의해야 할 접미사 종합 정리** 참고. ②'십년지기(十年知己)'는 글자 그대로 알고 지낸 지 십 년이 됐다는 뜻이 아니라 '오래전부터 친히 사귀어 잘 아는 사람'을 뜻하는 복합어. 그러나, 실제로 20[30]년 동안 사귀어 잘 아는 사람의 경우에는 '이십[삼십] 년 지기'임. '20[30]년 지기'로도 표기 가능.

◆♣'지난-'의 복합어들

[예제] 그건 **지난 주[달]**에 방영된 거야: **지난주[지난달]**의 잘못.
　　　지난 여름[해]은 정말 더웠어: **지난여름[지난해]**의 잘못.

[설명] '지난-'이 시간/시기를 나타내는 명사(명사형)와 결합한 낱말들은 대부분 복합어로서, 띄어 쓰면 잘못. 그 이유는 '지나다'의 관형형 '지난'의 뜻과는 다소 거리가 있는 뜻(예: '지난달'의 경우, 글자 그대로의 뜻인 '지나온 과거의 달'이 아니라 '이달의 바로 앞의 달'이라는 뜻)으로 합성어를 이루기 때문임: 지난날/지난주/지난달/지난해; 지난번/지난밤; 지난봄/지난여름/지난겨울/지난가을; 지난적/지난적끝남≒과거완료/지난적나아가기≒과거진행. ☜[참고] 그러나 '이번 주, 다음 주' 등은 글자 그대로의 뜻뿐이므로 띄어 써야 함.

◆♣'-지내다'가 들어간 복합어 중 유의해야 할 말들: 복합어이므로 붙여 써야 하며 띄어 쓰면 잘못.

[예제] 이럴 땐 그저 **죽어 지내는** 게 상책이야: **죽어지내는**의 잘못. 한 낱말.
　　　서로 죽도록 **좋아 지낼** 땐 언제고: **좋아지낼**의 잘못. ←**좋아지내다**[원]

ㅇ'-지내다': 물려지내다/부쳐-/제(祭)-/좋아-/죽어-/줴-⊕≒쥐여-.

〈주의해야 할 말들〉

물려지내다통 남에게 약점/트집을 잡히어 귀찮으면서도 어쩔 수 없이 그냥저냥 지내다.

부쳐지내다통 한집에 기거하면서 밥을 먹고 살다.

◆**지네들끼리** 뭘 한다고 하는 모양이던데: **저희들끼리**의 잘못.

지네만 생각하는 사람들과는 놀지 마: **저희만**의 잘못.

[참고] **늬네/너네/니네** 반에서 뭘 한다며: **너희**의 잘못.

[설명] '지네'는 없는 말로 '저희'의 잘못. '저희'는 '우리'의 낮춤말이기도 하지만, '앞에서 이미 말했거나 나온 바 있는 사람들을 도로 가리키는 삼인칭 대명사'이기도 함.

[참고] ①'저희'와 유사 형태로 '너희'가 있는데, 2인칭 대명사로 단수/복수를 겸함: 〈예〉너희는 모두 예쁜

아이들이구나; 너희 학교에 가봤다. ②'니네(들)/늬네(들)'은 구어체에도 없는 말이므로 모두 '너희(들)'로 써야 올바름. (단, 2인칭 단수 대명사 '너'의 경우에는 '너(의)'로 표기해야 할 경우도 있음.) ⇒ 늬네(×) 집에 한번 가보자/**너희** 집에(○)~ (혹은 '너의 집에 ~'); 늬네(×) 반 애들/**너희** 반 애들(○). ☜[참고] '너희/걔네'와 같이 복수 표기이기도 한 말에 '-들'을 붙이기도 하는데('너희들/걔네들'), 잘못으로 보지 않음. 우리말은 문법적으로 '수의 일치'를 중시하는 언어가 아니어서임.

◆지방세가 우세하지 않나 이렇게 보아**지는군요**: **보이는군요**의 잘못. ⇐능동/피동 오용.
  경제적인 수명도 연장**되어집니다**: **연장됩니다**의 잘못. ⇐이중 피동.

◆♣보조용언 '-(어/러)지다'와의 결합 시 소리 나는 대로 적기
  [예제] **흩으러진** 마음을 추스린 뒤: **흐트러진**의 잘못. ←**흐트러지다**[원]
      미끌어지는 바람에: **미끄러지는**의 잘못. ←**미끄러지다**[원]
      뭉클어진 머리칼: **뭉크러진**의 잘못. ←**뭉크러지다**[원]
      간들어진 웃음발: **간드러진**의 잘못. ←**간드러지다**[원]
      느긋해지고 **둥글어진/둥글러진** 마음: **둥그러진**의 잘못. ←**둥그러지다**[원]
  [주의] **헝크러진** 마음을 추스르고: **헝클어진**의 잘못. ←**헝클어지다**[원]
  [설명] '미끌어지다(×)/미끄러지다(○)'에서처럼 동사 뒤에서 보조용언 '-(어)지다'의 변화형인 '-(러)지다'와 결합할 때, 어근과 거리가 멀어져 소리 나는 대로 표기하는 것들 중 대표적인 것으로는 다음과 같은 것들이 있음. (괄호 안에 표기된 것들이 거리가 멀어진 어근들): 미끄러지다('미끌-'); 뭉크러지다('뭉클-'); 어우러지다('어울-'); 흐트러지다('흩-'); 구부러지다('굽-'); 수그러지다('숙-'); 간드러지다('간들-'); 둥그러지다('둥글-'); 버드러지다('벋-'); 아우러지다('아울-'); 얼크러지다('얽-'); 문드러지다('문들-'); 가무러지다('가물-'); 거스러지다('거슬-'). ②그러나 '헝클어지다'의 경우에는 '헝클다/뒤헝클다'에서 보듯 어근 '헝클-'의 의미가 살아 있으므로, 어근을 살려 표기함. '엉클어지다'의 경우도 마찬가지임.
  [참고] '낭떨어지(×)/낭떠러지(○)'의 경우도 이와 유사한 경우라 할 수 있음. 즉, '낭('벼랑'의 옛말)+떨어지다)'의 꼴에서 소리 나는 대로 표기한 것으로 볼 수 있음. ⇐'낭'은 현재도 '벼랑'의 방언(전남)으로 쓰이고 있으며 '서울이 낭이라니까 과천부터 긴다'라는 속담에도 남아 있는 옛말.

◆**지리한** 전쟁이 끝나자; **지리한** 수업: **지루한**의 잘못. 없는 말! ←**지루**하다[원].

◆억울하**지만서도** 어쩔 수 없는 걸: **억울하지만**의 잘못.
  억울하**지마는** 어쩔 수 없는 일: 맞음. ⇐'-지마는'은 '-지만'의 본말.
  [참고] 그래도 여전히 억울하긴 하**걸랑**: 맞음. ⇐'-걸랑'은 '-거들랑'의 준말.
  -지만서도回 '-지만'의 잘못. 북한어.

◆'**지붕마루**'나 '**용마루**'나 같은 말 아닌가: 맞음.
  [주의] 일부 사전에서는 '지붕마루'를 '용마루'의 잘못으로 잘못 해설.
  지붕마루명 ≒**용마루**(지붕 가운데 부분에 있는 가장 높은 수평 마루).

◆공부하느라 긴 밤을 **지샜다**: **지새웠다**의 잘못. ←**지새우다**[원]
  [참고] **밤 새워** 했더니 몹시 피곤하다: **밤새워**의 잘못. ←**밤새우다**[원]
  지새다: 밤이 새다. ¶긴 밤이 어느새 지샜구나. ⇐자동사.

지새우다: 고스란히 새우다. ¶긴 밤을 꼬박 지새웠더니 이제 졸린다. ⇐사동사.

새다: 날이 밝아 오다. ¶벌써 날이 샜네. ⇐자동사.

새우다: 한숨도 자지 아니하고 밤을 지내다. ¶온 밤을 새웠지; 밤새워 했어. ⇐사동사. '밤새우다'는 한 낱말.

지새다〔동〕 달빛이 사라지면서 밤이 새다.

새다〔동〕 날이 밝아 오다.

밤새우다〔동〕 잠을 자지 않고 밤을 보내다.

◆아직 공항에 도착하고 **있지 않습니다**: **하지 않았습니다**의 잘못. ⇐시제의 오용.

◆소설 같은 거짓말을 **지어 내느라** 애 많이 썼겠구나: **지어내느라**의 잘못.

　옷 한 벌 **지어내기**가 쉬운 줄 아니?: **지어 내기**의 잘못.

　벼르고 별러 **지어 먹었다**는 결심이 결국 그거냐: **지어먹었다**의 잘못.

　[설명] 아래와 같이 한 낱말일 때의 뜻이 각각 다름. 글자 그대로의 뜻이 아닐 때 복합어가 되며 이를 의미 특정(특화)이라 함.

지어내다: 없는 일을 꾸며서 만들다. 거짓으로 감정을 꾸며서 내다.

지어 내다: ¶밤을 새워 옷 한 벌을 지어 내다.

지어먹다: 마음을 다잡아 가지다 ≒**작심하다**. ¶지어먹은 마음이 사흘을 못 갔다.

지어 먹다: ¶농사를 지어 먹으라 말은 했지만; 밥을 지어 먹었다.

◆고춧대는 약해서 꼭 **지줏대**를 세워주어야 한다: **지지대**(혹은 **받침대**)의 잘못.

　[설명] ①흔히 쓰는 '지줏대'는 '지주(支柱)'의 잘못이며('대'는 '주(柱)'의 중복), '지주'는 아래 뜻풀이에서 보듯, '지지대/받침대'와는 의미가 다름. ②고춧대와 같이 가냘픈 식물들을 위한 것으로는 '지지대' 외에 '섶'이라는 좋은 말이 있음.

지주[支柱]〔명〕 ①어떠한 물건이 쓰러지지 아니하도록 버티어 괴는 기둥. '받침대/버팀대'로 순화. ②(비유) 정신적/사상적으로 의지할 수 있는 근거/힘. [유]버팀목.

지줏대〔명〕 '지주[支柱]'의 잘못.

지지대[支持臺]〔명〕 ①무거운 물건을 받쳐 주는 대. ②나무/물건 따위가 휘거나 꺾이거나 넘어지지 아니하도록 하기 위하여 받쳐 주는 대.

섶〔명〕 덩굴지거나 줄기가 가냘픈 식물이 쓰러지지 아니하도록 그 옆에 매거나 꽂아서 세워 두는 막대기.

버팀목〔명〕 ①물건이 쓰러지지 않게 받치어 세우는 나무. ②≒**버팀돌**(외부의 힘/압력에 굴복하지 않고 맞서 견딜 수 있도록 해 주는 것.)

호박손〔명〕 호박 덩굴이 잘 뻗도록 설치하는 나무/새끼 따위의 지지대.

◆**지지난밤** 밤 늦게 그 사람이 찾아왔어: 맞음('이틀 전 밤'의 뜻), **밤늦게**의 잘못.

지지난날 대낮에: **그저께**의 잘못. 없는 말. ⇐특정되지 않은 경우는 **저지난날**도 가능. 설명 참고.

　두 주 전, 그러니까 **지지난주**에 그 사람을 봤지: **지지난 주**의 잘못. 없는 말.

　[설명] ①'지지난밤'은 '(하루) 지나고 또 지난 밤'이므로 이틀 전인 그저께 밤을 명확하게 이르는 말이고, '**저지난밤**'은 '며칠 지나기는 했는데 정확하게 며칠이라고 하기는 어려운, 2~3일 전 혹은 바로 며칠 전의 밤'이라는 뜻. 즉, '지지난-'은 '지나고 또 지난'이라는 뜻이므로 지나간 시간(날짜/달/해 등)이 명확한 경우이고, '저지난-'의 경우는 그 시간을 정확히 획정할 수 없는 경우에 쓰임. ☞'**저달**' 및 '**저지난밤**' 항목 참조. ②'지지난날/지지난주'는 없는 말. 각각 '그저께/지지난 주'의 잘못. 즉, '지지난주/다다음달/다다음해'

(×)와 같은 말들은 사전에 없는 말이며 (특히 '다다음─'이 들어간 말은 합성어는 물론이고 '다다음' 자체가 사전에 실려 있지 않음), 굳이 사용하려면 '지지난'이 관형사이므로, '지지난 주'와 같은 구 구성으로 쓸 수는 있음. '지지난─'의 합성어로는 '지지난**해**(≒재작년)/지지난**달**/지지난**밤**/지지난**번**' 등이 있음. ◙[의견]그러나 **지지난주**가 배제된 것은 납득할 수 없으며, 표제어에 포함되어야 함. ③'밤늦게'**[부]**는 한 낱말. ←**밤늦다[형]** 따라서, '밤늦도록, 밤늦게까지' 등도 한 낱말임. ('─도록'은 어미이고 '─까지'는 보조사임.)

[참고] 아주 오랜 옛날을 뜻하는 말로 흔히 '지지난날'을 사용하기도 하지만, 위와 같은 이유로 사전에 없는 말이며, 대신 쓸 수 있는 올바른 말은 '지난날'임.

지난날[명] ①지나온 과거의 날. 또는 그런 날의 행적. ②역사상의 한 시대.

◆**지질이도** 못난 놈 같으니라구: **지지리(도), 같으니라고**의 잘못.

[설명] ①**지질하다[형]/지질맞다[형]**가 있지만 예문의 '**지지리**(아주 몹시)'**[부]**는 그와는 거리가 있음. ②'지지리도'에서 '─도'는 부사에 붙은 보조사.

지질하다[형] 보잘것없고 변변하지 못하다.

지지리[부] 아주 몹시. 혹은, 지긋지긋하게.

[참고] '찌질이'와 '찌질하다': '찌질하다'는 일견 '지질하다'의 큰말일 듯도 하나, 사전에 없는 말. 그러므로 흔히 쓰는 '찌질이'도 없는 말임.

◆**직무대리**와 **직무대행**은 동의어인가?: 다름. 또한 '직무대행'은 '직무 대행'의 잘못.

[설명] '직무대리'는 '해당 관청이 직무를 행사하지 아니하고 다른 사람으로 하여금 대신 행사하게 하는 일'이라는 뜻의 법률용어로서 한 낱말. '직무 대행'은 '대신하여 직무를 행함' 또는 '대신하여 직무를 행하는 사람'이라는 뜻을 나타내는 두 낱말. 즉, '직무대행'이라는 말은 《표준》의 표제어에 없음. ¶당분간은 직무 대행 체제로 운영한다.

◆엉뚱한 소리 말고 **직바로/직방으로** 말하지 못할까: **똑바로**(혹은 **곧이곧대로**)의 잘못.

[주의] 이 약은 **직방으로** 잘 들어: 맞음. 표기는 '직방(直**方**)(×)/직방(直**放**)(○).

[설명] '직바로(直─)'는 북한어. '직방(直**方**)'은 '곧바로(즉시)'를 짐작만으로 한자화한 잘못된 표기로 없는 말임.

직방[直放][명] 어떤 결과/효과가 지체 없이 곧바로 나타나는 일.

◆**직사게/직살나게/직살맞게/죽살나게/즉살나게** 언어맞았어: **직사하게**(혹은 **즉사하게**)의 잘못.

[설명] ①예문에 보이는 모든 표현은 없는 말들로, '직사하다/즉사하다'에서 온 '직사하게/즉사하게'의 잘못. 그러나 '굉장히/엄청/실컷'의 의미로는 '직사하게'를 쓰는 것이 적절함. ②같은 예문에서 '작살나게'도 쓸 수는 있으나, 이 말은 '직사하게' 맞아서 몸의 일부 또는 전부가 결딴이 날 정도에 해당됨.

직사하다[直死─][동] ①≒즉사하다(그 자리에서 바로 죽다). ②'굉장히', '실컷'의 뜻을 나타낸다.

작살나다[동] ①완전히 깨어지거나 부서지다. ②아주 결딴이 나다. [유]부서지다.

◆[고급] ♠**─직하다**와 '─**ㅁ직하다/음직하다**': '─직하다'는 보조형용사. '─**ㅁ직하다/음직하다**'는 접미어.

[설명] ①둘 다 그 앞에 명사형 어미 '─ㅁ/음'이 옴. 즉 '─ㅁ/음+직하다'의 꼴로 쓰임. 그러나, 형용사일 때와 접미어일 때의 의미가 달라지므로, 띄어쓰기도 달라짐. ㉮먹음직하다; 믿음직하다; 되람직하다(≒도리암직하다). ㉯있음 직하다; 하였음 직하다; 다님 직하다; 먹었음 직하다. ②이를 예문으로 보이면, ㉮씩씩한 모습은 상상만 하여도 믿음직하다(≒믿음직스럽다); 푸짐한 설렁탕이 먹음직하다.(≒먹음직스럽다). ㉯모두들 누가 보나 대기업에 다님 직해 보이는 말끔한 얼굴들이었다; 배고픈 새가 모이를 먹었음

직하다. 여기서, ㉮는 '그렇게 할 만한 가치가 있음'을 뜻하는 접미사 '-음직하-'가 쓰인 예이고, ㉯는 '앞 말이 뜻하는 내용이 발생할 가능성이 많음'을 나타내는 보조형용사 '직하다'가 쓰인 예. 따라서 ㉮는 붙여 써야 하고, ㉯는 띄어 써야 함. ③이 둘은 '-직스럽다'로 바꾸어도 의미가 통하는지의 여부로 구분할 수 있음. 만약 의미가 통하면 접미사로 붙여 쓰고 그렇지 않으면 보조형용사로 띄어 씀. 〈예〉푸짐한 설렁탕이 먹음직하다/먹음직스럽다(O) ⇐접미사. 배고픈 새가 모이를 먹었음 직하다/먹었음 직스럽다.(×) ⇐ 보조형용사. ④또한, 접미사 '-음직하-' 앞에는 선어말어미 '-었-/-겠-' 등과 같은 어미가 붙을 수 없지만, 보조형용사 앞에는 가능함. 따라서 '감나무 끝에 매달린 홍시가 참 먹음직하다'와 같은 예문에서 '먹음직하다'는 '먹음직스럽다'와 교체가 가능하지만 '먹었음직스럽다'는 불가능하므로 접미사가 됨. ③한편 접미사 '-음직하-'가 들어가 만들어진 파생형용사로는 다음과 같은 것들이 있음. 단, 흔히 쓰는 '여차직하다'는 '여차하다'의 잘못으로 없는 말: 바람직하다≒바람직스럽다/믿음직하다≒믿음직스럽다/먹음직하다≒먹음직스럽다/도리암직하다≒되람직하다/그럼직하다/보암직하다/듬음직하다/하염직하다.

[활용] '있(었)음 직한 이야기'의 띄어쓰기: '있(었)음 직한 이야기'로 띄어 씀.

①'있음 직한 얘기'에서는 있을 가능성이 많은 얘기라는 뜻이므로 보조형용사. 반면, '그렇게 할 만한 가치가 있음'의 경우에는 '-음직하-' 꼴인 접미사.

②보조형용사에는 '있었음 직하다'처럼 '음' 앞에 선어말어미가 삽입될 수 있는 반면에, 접미사 '-음직하-'는 접미사 앞에 선어말어미가 붙을 수 없음.

◆**진구렁텅이(진구렁창)**에 빠진 그대를 건져내려 하였건만: **진구렁**의 잘못.
진구렁⬚ ①질척거리는 진흙 구렁. ②(비유) 빠져나오기 어려운 험난한 처지.

◆나대지 말고 **진드기(진득히)** 좀 있어라: **진득이**의 잘못. ←**진득하다**⬚
진드근이 기다려 볼 줄도 알아야지: **진드근히**의 잘못. ←**진드근하다**[원]
[설명] ①'진득하다〈찐득하다⬚. 고로 '진득이〈찐득이'. ⇐앞의 어간 받침이 'ㄱ'. ②그러나, '진드근하다'의 경우에는 앞의 받침이 'ㄴ'이므로 '-히'. ♣**'-이'로 끝나는 부사들 중 유의해야 하는 것들** 항목 참조.
진득하다〈찐득하다⬚ ①성질/행동이 검질기게 끈기가 있다. ②잘 끊어지지 아니할 정도로 녹진하고 차지다.
진드근하다⬚ ①태도/행동이 매우 침착하고 참을성이 많다. ②반죽 따위가 잘 들러붙을 수 있게 매우 녹진하고 차지다.

◆그 친구 몰리자 **진땀흘리는** 꼴이라니: **진땀 흘리는**의 잘못.
정말 **진땀나는** 일이었어: **진땀 나는**의 잘못.
그 친구 **진땀 꽤나** 흘리더군: 문맥상 **진땀깨나**가 적절.
[설명] ①'진땀흘리다'는 없는 말로 '진땀 흘리다'의 잘못. '진땀'이 들어간 한 낱말의 복합어는 없음. 다음의 말들에서 '진땀이[을]' 등으로 조사를 넣어보면 이해가 빠름: 진땀 나다/흘리다/빼다. ②문맥상 접사 '깨나'가 적절함. 단, '진땀을 꽤나 흘리더군'처럼 부사로 쓰일 때는 적절.

◆**진물러** 터진 눈가: **짓물러**의 잘못. ←**짓무르다**[원]
짓물어서 상한 생선: **짓물러서**의 잘못. ←**짓무르다**[원]
짓물은/진무른 과일을 얼른 버리도록. 다른 것들이 상하니까: **짓무른**의 잘못.
[고급] 날이 더워 지금 눈앞에서 참외가 **짓물는다**: **짓무른다**의 잘못.
[설명] ①원형 '짓물다'는 '진무르다'의 북한어. 그러나, 바른 말 '짓무르다'가 '짓물러/짓무르니' 등으로 활용하는 '르' 불규칙용언이므로, 원형으로 쓰이지 않으면 서로 구분하기가 쉽지 않음. ¶안질이 난 것

처럼 눈이 짓물다(×)/짓무르다(○). ②현재 사건/사실을 서술하는 뜻을 나타내는 종결어미 '-는다/-ㄴ다' 중, '받침 없는 동사 어간, 'ㄹ' 받침인 동사 어간 또는 어미 '-으시-' 뒤에서는 '-ㄴ다' 꼴이 쓰이는데, '짓무르다'는 받침 없는 동사이므로 '짓물는다(×)/짓무른다(○)'. ☞[참고] 받침 있는 동사의 예: 아기가 웃는다; 잘도 먹는다; 높이도 쌓는다.

짓무르다⑧ ①살갗이 헐어서 문드러지다. ②채소/과일 따위가 너무 썩거나 무르거나 하여 푹 물크러지다. ③눈자위가 상하여서 핏발이 서고 눈물에 젖다.

◆**진벌**이라는 말 그대로 얼마나 땅이 진 벌이던지: **진펄**의 잘못. 없는 말.

[참고] 물이 빠진 **개뻘**에 나가 조개와 게를 잡았다: **개펄**(또는 **갯벌**)의 잘못.

펄⑲ ①≒개펄. ②갯가의 개흙. ③'**벌**(넓고 평평하게 생긴 땅)'의 거센말.

진펄⑲ 땅이 질어 질퍽한 벌.

개펄⑲ ≒갯벌(밀물 때는 물에 잠기고 썰물 때는 물 밖으로 드러나는 모래 점토질의 평탄한 땅).

개흙⑲ 갯바닥이나 늪 바닥에 있는 거무스름하고 미끈미끈한 고운 흙.

갯벌⑲ 바닷물이 드나드는 모래톱. 또는 그 주변의 넓은 땅.

◆**진실된** 마음으로 좀 할 수 없겠니?: **진실한**의 잘못. ⇐'진실되다'는 없는 말.

[유사] **행복된** 가정을 이루십시오: **행복한**(혹은 **복된**)의 잘못. ⇐'행복되다'는 없는 말.

[설명] ①'진실된'이 올바른 표현이 되려면 '진실되다'라는 복합어가 있거나 인용되어야 하는데, 사전에 없는 말. 그리고 위의 문장에서 '진실한'이 더 잘 어울릴 정도로, '진실된'을 군이 써야 할 이유도 없음. ③더구나, '진실되다'의 경우에는 뜻이 같은 '진실하다'라는 형용사가 이미 있으므로 군이 복합어로 인정되기도 어려움. ⇐[원칙] 같은 뜻의 두 말이 있을 때는 그중 한 가지만을 표준으로 삼는다.

[참고] '-되다'가 붙은 말들: ①'-되다'는 '피동'의 뜻을 더하고 동사 혹은 형용사를 만드는 접미사인데, 이렇게 명사 뒤에 붙어 만들어진 복합어는 대부분 동사: 시작되다(始作-)/계속~(繼續-)/진행~(進行-)/관련~(關聯/關連-)/생각~/발견~(發見-) 등등. ②형용사도 적지 않으나 '속되다(俗-)/복~(福-)/욕~(辱-)/삿~(私-)/삿~(邪-)/암~{-뙤다}/참~/쑥~{-뙤다}/상~(常-)/쌍~{-뙤다}' 등이며, 대부분은 이와 달리 부사/접두사와 결합한 것들임: '오래되다/못~/안~/고~/헛~/호~/앳~/새~/숫~/덜~/다~/볼~/설~'⑧[동형].

◆한 번만이라도 내게 **진실해봐요**. 그게 사랑이야: '**진실하게** 대해(행동해) 봐요.' 혹은 '**진실해져** 봐요.' 등으로 고쳐야 어법에 맞음.

[유사] 아프지 말고 **건강해봐**, 제발: **건강하게 되어**(지내)(혹은 **건강해져**) 봐 등으로 고쳐야 함.

[설명] ①'진실하라(건강하라/씩씩하라)'와 같은 형용사의 명령/청유형은 잘못. 없는 어법. ②'진실해 보다'와 같은 문장이 성립된다면 '진실해 봐요'로 띄어 쓰면 되지만, '진실하다'라는 본동사가 없기 때문에 불가능함. 즉 '~해 보다'의 경우 앞의 '본동사+보다(보조용언)'의 꼴로 쓸 수는 있지만, 앞의 본동사로 '진실하다'라는 말이 없기 때문에 '진실해 보다'라는 꼴을 쓸 수가 없는 것. 반면, '끝까지 해 보다'나 '둘을 비교해 보다'의 경우는 각각 '하다/비교하다(본동사)+보다(보조용언)'의 꼴이므로 가능한 표현인데 이런 경우와 비교해 봐도 그 차이를 알 수 있을 것임. ③'-어/아 지다' 꼴과 결합하여 동사로 만드는 경우도 생각해 볼 수 있으며, 청유/명령형에서는 이러한 형태가 더 어울림. 〈예〉건강해지다/진실해지다/예뻐지다.

◆**진심어린** 눈빛으로 나를 바라보면서: **진심 어린**의 잘못. 없는 말.

[비교] **피어린** 능선 전투가 한두 군데가 아니었지: 맞음. ←**피어리다**[원]

[유사] '눈물어린'(×) →'눈물 어린'(○). '정성어린'(×) →'정성 어린'(○)

[설명] '-어리다'가 들어간 용언으로는 '피어리다/정어리다'의 두 말뿐임.

피어리다[형] 피 흘려 싸우거나 피가 맺히도록 고생한 자취가 깃들어 있다.

정어리다(情-)[형] 정이 드러나 보이거나 가득 담겨 있다.

◆**진작에** 이곳으로 올 걸 그랬어: 맞음.

진즉에 말씀드렸어야 했는데: 맞음.

진작(진즉)부터 그리 생각하고 있었습니다: 맞음. ⇐'부터'는 보조사.

[참고] **좀체**로 이해되지 않는 사건: **좀체**의 잘못 ⇐'로'는 격조사.

[설명] '**진작에/진즉에**': 예전에는 '진작[부]의 뜻 자체가 '좀 더 일찍이'를 뜻하기 때문에 '-에'는 불필요할 뿐만 아니라, '-에'는 체언에만 붙는 격조사여서 이를 인정하지 아니하였으나, 2014년 이들 모두를 맞는 말로 수정하였음. [국립국어원]

◆[고급] 믿어주게. **진정코** 내 말은 사실이니까: **진정**의 잘못. 없는 말.

[설명] 우리말에는 다음의 예에서 보는 바와 같이 '-코'를 붙여 부사화하는 경우가 있는데, 이 '-코'는 '-하고'의 축약형[그러나 부사를 만드는 접사로 고정된 경우는 다름]. 따라서 '-하고'를 붙이려면 앞말이 용언의 어간/어근이거나 명사[형]라야만 함. '진정(眞正. 거짓이 없이 참으로)'은 처음부터 부사적인 뜻만 가진 말로서 이에 해당되지 않는 말임. 명사인 '**진정(眞情**. 참되고 애틋한 정/마음)'과 혼동해서 생기는 현상인데, '진정(眞正. 거짓이 없이 참으로)' 역시 '하다'를 붙여 동사를 만들 수 있는 낱말이 아니므로, '-하고'의 축약형 '-코'를 붙일 수 있는 말이 아님. 그러나 다음과 같은 경우는 부사를 만드는 접사 '-코'를 붙여 처음부터 부사로 고정된 경우임. 〈예〉잠자코/무심코[無心-]/한사코[限死-]/기필코[期必-]/기어코[期於-]/맹세코[盟誓▽-]/결단코[決斷-]/필연코[必然-]/단연코[斷然-]/대정코[大定-]/생심코[生心-]/정녕코[丁寧-]/결사코[決死-]/단정코[斷定-]/분명코[分明-].

진정코[眞正-][부] '진정(거짓이 없이 참으로)'의 잘못.

◆같은 일을 몇 년 하면 **질력나기** 마련이지: **진력나기**의 잘못. ←**진력나다**[원]

진력나다[盡力-][동] 오랫동안 여러 번 하여 힘이 다 빠지고 싫증이 나다.

진력하다[盡力-][동] 있는 힘을 다하다.

◆**질색 팔색/질색팔색**을 하다군: **칠색 팔색**의 잘못. 관용구임

[설명] '칠색(七色)'은 태양광을 스펙트럼으로 나눌 때 나타나는 일곱 가지 빛깔을 뜻하며 이로부터 '칠색 팔색(을) 하다'는 '매우 질색을 하다'를 뜻하는 관용구가 되었음.

◆♣'-질하다' 꼴의 복합동사들

[예제] 그거야말로 채신없이 **개다리질 하는** 꼴: **개다리질하는**의 잘못.

다듬이질 하는 사람이 한눈을 팔아서야: **다듬이질하는**의 잘못.

이 옷감은 **마름질 하는** 사람이 잘못했군: **마름질하는**의 잘못.

[설명] ①명사+질(접미사)+하다(동사를 만드는 접미사)의 꼴로 복합동사를 만들 수 있는데, 우리말에는 이러한 경우에 해당하는 낱말이 900여 개에 이를 정도로 많음. 이러한 쓰임을 살피는 것은 '뒷걸음질하다'는 말이 되지만 '뒷걸음질치다'는 말이 되지 않으므로 군이 쓰려면 '뒷걸음질 치다'로 띄어 적어야 하는 이유와도 통함. '도둑질+하다/박수+하다'는 자연스럽지만, '도둑질 치다(?)'나 '박수 치다'가 한 낱말이 될 수 없는 이유이기도 함. ②'질'은 '그 도구를 가지고 하는 일' 또는 '그 신체 부위를

이용한 어떤 행위'의 뜻을 더하거나 '직업/직책' 등에 비하하는 뜻을 더하는 접미사이므로 기본적으로 '-하다'와 어울리는 말임. ⇒'~질하다'.

[참고] 이와 비슷한 것으로는 '-짓하다'가 있음. ☞♣-짓이 들어간 복합어 중 유의해야 할 말들 항목 참조.

o'-질하다': 다듬이질하다/대걸레-/매-/비-/빗-/욕(辱)-/찜-/키-≒까붐-/낄-/눈-/돌-≒돌멩이-/되-/뒷-(물에 뜬 배가 앞뒤로 흔들리다)/땀-(조각/소목 일 따위에서 칼/끌로 쓸데없는 부분을 떼어 내다)/똥-/뜀-/부채-/저울-/고자(告者)-/걸레-/곁눈-/낚시-/다듬-≒다듬이-/도적(盜賊)-≒도둑-/마름-(옷감/재목 따위를 치수에 맞도록 재거나 자르다)/바느-/손가락-/다듬이-/대걸레-/두레박-/되새김-/뒷걸음-/개다리-(①방정맞고 얄밉게 발길질하다. ②채신없고 얄미운 짓을 하다)/글겅이-/날도둑-≒날도적-/달음박-/덧거리-(정해진 수량 이외에 물건을 덧붙이다)/더운찜-/더듬이-/도리깨-/돌싸움-/돌팔매-/뒤쓰레-(어떤 일을 마친 뒤에 그 자리의 쓰레기를 쓸어 내다)/곁방망이-/군다리미-/기름걸레-/대푼거리-≒푼거리-(몇 푼어치씩 땔나무/물건 따위를 사서 쓰다)/두방망이-/마른가래-/맞도리깨-/모다깃매-≒뭇매-/몽둥이찜-.

◆너끈히 **짐작케** 하는 일 아니겠소?: **짐작게**의 잘못.
　[설명] 앞말 받침 ㄱ/ㅂ/ㅅ 뒤에서 어간 '-하'가 줄 때, 격음으로 표기하지 않음.

◆그 동네에 **친척집**이 있어: **친척 집**의 잘못. ⇐한 낱말이 아님.
　윗편 **이층 집**이 **우리집**이야: **이층집**, **우리 집**의 잘못. ⇐'이층집'은 복합어임.
　중국 **집**에는 중국 요리를 주문해야지: **중국집**의 잘못. ⇐'중국집'은 합성어.
　그 **피잣집** 음식은 맛이 별로던데: **피자집**의 잘못. ⇐합성어 요소가 외래어일 때는 사이시옷을 받칠 수 없음.
　우리 집은 **일층집**이야: **단층집**의 잘못. 굳이 적으려면 '**일층 집**'
　딸랑 한 채 있는 **외딴 집**이 그곳이야: **외딴집**의 잘못. ⇐복합어임.
　그 골목에서 **ㄱ자 집**은 그 집뿐이야: **ㄱ자집**의 잘못. ⇐합성어임.
　[설명] ①'피자집'과 같이 합성어의 요소가 외래어인 경우에는 사이시옷을 받쳐 적지 않음. ②'-집'이 붙은 다음 말들은 복합어이므로 한 낱말. 집의 위치, 용도, 소유자와의 관계, 모양, 건축 재료, 층수 등을 반영한 말들이 대부분임. 〈예〉이웃집/앞뒷-/외딴-/동(洞)넷-/시골-/건넌-/건넛-/아랫-/길갓-/거릿-/골목-/남향-; 가겟집/흉갓(凶家)/초상-/상갓-/상엿-/가정-/사갓-/여염-/여관-; 통닭집/선술-/한식-/한정식-/단골-/대폿-/목로술-/주막-/국숫-/일식-/한복-/기생-/요릿-; 외갓집/주인-/부잣-/양반-/과붓-/처갓-; 공자(工字)집{공짜집}/ㄷ자(字)-/ㄹ자(字)-/ㄱ자(字)-; 기와집/천막-/초가-/벽돌-/양철-/시골-; 단층집/이층-/삼층-. ③'단층집/이층집/삼층집'은 집 형식/구조로 보아 처음부터 다른 것들과는 구분되게 1층/2층/3층으로만 지은 집. 이런 기준으로 볼 때는 4층 이상은 '다층집'으로 끝남. 따라서 '오층집, 육층집' 등은 없는 말로, 각각 '5층 집, 6층 집'의 잘못.

거릿집몡 길거리에 있는 집.
동넷집(洞-)몡 동네에 있는 집. 또는 자기 집 근처에 있는 집.

◆제 **집안** 청소나 잘해 놓고 놀러다닐 일이지: **집 안**의 잘못.
　[비교] 그 **집안**은 위아래 할 것 없이 전부 못돼 먹었어: 맞음.
　[설명] '집안'은 '가족을 구성원으로 하여 살림을 꾸려 나가는 공동체. 또는 가까운 일가'를 뜻함. 구체적인 집의 안(쪽)을 뜻할 때는 '집 안'으로 띄어 적음.

◆글자/지도를 손으로 **집어가며** 가르쳤는데도: **짚어가며**가 나음. ←**짚다**[원]

그 자리에서 배신자를 누구라고 **짚지는** 않았지만: **집지는**이 더 적절. ←**집다**[원]

그는 용의자 중 한 사람을 범인으로 **짚었다**: 맞음.

그녀는 뭐라고 꼭 **짚어** 말할 수 없는 표정을 지었다: **집어**의 잘못.

[설명] ①구분이 쉽지는 않으나, '짚다'는 <u>여럿 중에서 하나를 꼭 집어 가리키다</u>'의 뜻이고, '집다'는 <u>지적</u> <u>하여 가리키다</u>'의 뜻으로 쓰임. 참고로 '꼬집다'는 <u>분명하게 집어서 드러내다</u>'의 뜻을 지니고 있는 것과 관련시켜 보면, <u>분명하게 드러내는</u> 의미가 강하면 '집다'를, 여러 가지(혹은 여럿) 중에서 한 가지를 특 정할 때에는 '짚다'를 쓰는 것이 적절할 듯함. ②문형에 의한 판단도 도움이 됨. 즉, '집다'는 '무엇이 무 엇을 무엇으로 집다/무엇이 무엇을 무엇이라고 집다'와 같은 문형으로 쓰이며, '짚다'는 '무엇이 무엇을 짚다'와 같은 문형으로 많이 쓰임. ③이러한 구분은 참고적이며 절대적인 것은 아니므로, 두 말의 뜻/ 용도를 명백하게 벗어나지 않을 때는 상호 인용되어야 할 것임.

◆그렇게 일일이 **집어뜯으면** 좀 나으냐?: **꼬집으면**의 잘못. ←**꼬집다**[원]

[설명] 위의 예문에 쓰인 '집어뜯다'는 전라도 방언. 그러나 '집어 뜯다'의 형태로 다른 의미로 쓸 수는 있 음. ¶아문 상처를 손으로 집어 뜯으면 덧난다(○).

꼬집다[동] ①손가락/손톱으로 살을 집어서 뜯듯이 당기거나 비틀다. ¶제 볼을 꼬집어보다 ②분명하게 집어서 드러내다. ¶남의 약점을 꼬집어서 놀리는 것은 좋지 않다. ③비위가 상하게 비틀어 말하다. ¶ 그리 꼬집어 말해야 시원하냐?

◆[고급] 아무 것이나 **집어먹으면** 안 돼: **집어 먹으면**의 잘못. ⇐'먹다'는 보조용언이 아님.

땅콩을 주섬주섬 **집어먹었다**: **집어 먹었다**의 잘못. ⇐위와 같은 이유.

겁을 잔뜩 **집어 먹은** 그는 더듬거렸다: **집어먹은**의 잘못. ←**집어먹다**[원]

남의 돈을 **집어 먹으면**[세면] 탈이 나게 마련: **집어먹으면**[세면]의 잘못. ←**집어먹다/집어세다**[원]

그리 심하게 **집어세우면** 따를 마음이 안 생기지: **집어세면**의 잘못. ←**집어세다**[원] ⇐'집어세우다'는 '**집 어세다**(말/행동으로 마구 닦달하다)'의 잘못. 없는 말.

[참고] 저런 **쳐죽일** 놈: **쳐 죽일**의 잘못. ⇐'치다'와 '죽이다'의 대등 연결.

[설명] ①'아무 것[땅콩]을 집어 먹다'는 '아무 것[땅콩]을 집다'와 '아무 것[땅콩]을 먹다'가 연결어미로 대 등하게 연결된 것으로, '집다'와 '먹다'는 본용언과 보조용언의 관계가 아님. 따라서 '집어 먹다'와 같이 반드시 띄어 써야 함. '쳐 죽이다'에서 '치다'와 '죽이다'가 대등한 자격으로 연결된 것도 같은 경우임. ☞**쳐 먹다** 항목 참조. ②반면, '남의 것을 가로채어 제 것으로 만들다', '겁/두려움 따위를 가지게 되 다'의 뜻으로 쓰이는 '집어먹다'는 복합어로서 한 낱말.

[참고] '집어-'가 붙은 주의해야 할 복합어들: **집어내다/~넣다/~던지다/~먹다/~삼키다/~세다/~쓰 다/~치우다/~타다.**

집어넣다[동] 어떤 공간/단체/범위에 들어가게 하다.

집어내다[동] ①집어서 밖으로 내놓다. ②지적하여 밝혀내다.

집어먹다[동] ①남의 것을 가로채어 제 것으로 만들다. ②겁/두려움 따위를 가지게 되다. [유]가로채다/집 어삼키다/먹다.

집어타다[동] '잡아타다(자동차 따위를 세워서 타다)'의 속어.

집어쓰다[동] 돈 따위를 닥치는 대로 쓰다.

집어세다[동] ①체면 없이 마구 먹다. ②말/행동으로 마구 닦달하다. ③남의 것을 마음대로 가지다.

집어삼키다[동] ①거침없이 삼키다. ②남의 것을 부당하게 가로채어 제 것으로 만들다.

◆공부를 중도에 **집어 치우면** 반거들충이가 돼: **집어치우면**의 잘못. 한 낱말.

　집어치우다: 하던 일/하고자 하는 일을 그만두다. ¶학업/가게 일을 집어치우다.

　집어 치우다: 집어서 치우다. ¶쓰레기를 손으로 집어서 치우다.

◆**집채 만한** 파도가 몰려왔다: **집채만 한**의 잘못. ⇐'만'은 보조사.

　[주의] 다음과 같은 경우는 '만하다'가 보조형용사이므로 붙여 적을 수 있음. 이때는 공통적으로 '만하다'의 앞에 관형형이 오는데, 그 이유는 전성 전의 '만'이 의존명사였기 때문임. 즉, '만(의존명사)+하다'→'만하다'(전성 보조형용사).

　①어떤 대상이 앞말이 뜻하는 행동을 할 타당한 이유를 가질 정도로 가치가 있음을 나타낼 때: 볼 만한 영화; 손꼽힐 만한 문화재; 주목할 만한 성과; 괄목할 만한 성장; 믿을 만한 소식통; 먹을 만한 음식. ②앞말이 뜻하는 행동을 하는 것이 가능함을 나타낼 때: 차를 살 만한 형편; 저지할 만한 힘; 참을 만하다. [참고] '의존명사+하다' 꼴의 보조형용사이므로 붙여쓰기도 허용됨: '볼만한, 손꼽힐만한, 괄목할만한, 믿을만한, 살만한…(O)' 등등. ☞**♣보조용언 붙여쓰기 허용** 및 **보조용언화된 의존명사의 띄어쓰기** 항목 참조.

◆♣**'−짓'**이 들어간 복합어 중 유의해야 할 말들

　[예제] 그건 **날강도짓**이라고 해야 해: **날강도 짓**의 잘못. ⇐두 낱말.

　　　　그런 **망나니 짓**이 있나: **망나니짓**의 잘못. ⇐한 낱말.

　[참고] '−짓'은 행동을 낮잡는 말이므로 어울리는 접사는 '−질'과 마찬가지로 '하다'이며, '−치다'가 붙는 말은 '짓치다'뿐임. 그러나 '짓치다(함부로 마구 치다)에 쓰인 '짓−'은 '마구/함부로/몹시'를 뜻하는 접두어로, 이와는 무관한 말임.

　○일반적인 것들: **몸짓/손−/눈−/팔−/턱−/입−/개−/발−/군−/별(別)−/딴−/곤두−/바보−/고린−/등신(等神)−/반편(半偏)−/허튼−/노랑이−/도깨비−/망나니−/꿍꿍이−/어릿광대−.**

　○사이시옷 관련하여 주의해야 할 말들: **걸음짓/어깻−/활갯−/헛−/배냇−/날갯−/고갯−/곤댓−/머릿−/다릿−.눈짓콧−/손사랫−/궁둥잇−≒엉덩잇−/웃음엣−/우스갯−.**

〈뜻풀이에 유의해야 할 말들〉

곤댓짓圐 뽐내어 우쭐거리며 하는 고갯짓.

곤두짓圐 뛰거나 넘거나 거꾸로 서는 따위의 <u>땅재주</u>.

눈짓콧짓圐 <u>온갖 눈짓을 강조하여 이르는 말.</u>

입짓圐 어떤 뜻을 전하거나 무엇을 넌지시 알려 주기 위하여 입을 움직이는 짓.

개짓圐 ①(비유) 사람의 도리에서 벗어난 못된 행동. ②≒개질(적의 앞잡이 노릇의 속칭).

군짓圐 아니하여도 좋을 쓸데없는 짓.

노랑이짓圐 속 좁게 행동하거나 아주 인색하게 마음을 쓰는 짓.

고린짓圐 규모가 작고 시야가 좁으며 안목이 짧은 일.

도깨비짓圐 ①도깨비가 사람을 홀리려고 하는 짓. ②(비유) 주책이 없는 망나니짓.

상모(象毛)짓圐 상모돌리기를 할 때 상모를 이리저리 돌리는 동작.

웃음엣짓圐 웃기느라고 하는 짓.

우스갯짓圐 남을 웃기려고 하는 짓.

강도(強盜)짓신圐 ≒강도(強盜)질.

◆시간 없는데 고스톱보다는 **짓고땡이**로 얼른 끝내지: **짓고땡**의 잘못.

　노름은 **도리짓고땡이**가 화끈하고 재밌지: **도리짓고땡**이의 잘못.

짓고땡[명] ①≒도리짓고땡. 화투 노름의 하나. 다섯 장의 패 가운데 석 장으로 열 또는 스물을 만들고, 남은 두 장으로 땡 잡기를 하거나 끗수를 맞추어 많은 쪽이 이김. ②(속) 하는 일이 뜻대로 잘되어 가는 것.

◆생김생김이나 하는 짓 모두가 **징상맞은** 놈: **증상맞은**의 잘못. ←**증상맞다**[원]
　[설명] '**징상**맞다'는 '**증상**맞다'의 잘못. [암기도우미] 한자 '미울 증(憎)' 기억!
　증상맞다[憎狀−][형]생김새/행동이 징그러울 정도로 밉살맞다.

◆**짖궂게** 그리 할래?: **짓궂게**의 잘못. ⇐하는 **짓**이 궂으므로.
　짖궂은 짓만 골라서 하고 있군: **짓궂은**의 잘못. 위와 같음. ←**짓궂다**[원]
　[설명] '**짓**+**궂**다[언짢고 나쁘다]'의 구성이므로 '짓궂−'으로 표기해야 함.

◆이 **짚북더기**는 쏘시개로나 써야겠어: **짚북데기**의 잘못.

◆〈**짚세기** 신고 왔네〉 라는 드라마가 있었지: **짚신**의 잘못. 북한말.
　예전에 **짚세기** 신고 다니던 시절엔 말야: **짚신**의 잘못.

◆잘게 자른 **짚토막**은 여물로도 쓰고: **짚여물**의 잘못.
　[설명] ①'짚토막'은 없는 말로 '짚단(볏짚을 묶은 단)'의 잘못. 짚을 잘게 자른 것은 '짚여물'임. ②참고로 '−토막'이 들어간 복합어로는 '글토막/말토막/쇠토막/나무토막/바늘토막/토막토막' 따위가 있음.
　짚여물[명] ①볏짚으로 된 마소의 여물. ②짚을 잘게 잘라서 진흙에 섞어 넣어 마를 때 갈라지지 아니하게 하는 미장 재료.

◆얼른 아궁이에 불부터 **짚혀라**: **지펴라**의 잘못. ←**지피다**[원]
　[설명] ①'불을 붙이다'의 의미로는 '지피다'. ②'짚히다'도 '짚이다(헤아려 본 결과 어떠할 것으로 짐작이 가다)'의 잘못. 〈예〉어디 짚이는(○)/짚히는(×) 곳이라도 있는가.

◆그건 억지로 **짜맞춘** 수사의 표본: **짜 맞춘**의 잘못. ⇐아직 한 낱말이 아님.
　짜맞추기 수사와 처벌은 근절되어야 해: **짜 맞추기**의 잘못.
　[참고] '짜 맞추기'는 '알아맞히기'와 함께 '퍼즐'의 순화어이기도 함.

◆차가 담에 부딪혀 왕창 **짜부러졌어.**: **찌부러졌어**의 잘못. ←**찌부러지다**[원]
　앞차를 박아서 내 차가 조금 **찌부라졌어**: **짜부라졌어**의 잘못. ←**짜부라지다**[원]
　[설명] '**짜부라지다**〈**찌부러지다**〉와 모음조화를 알면, 그다지 복잡하지 않은 문제.
　[암기도우미] 왕창 찌부러지고, 조금 짜부라지다!
　짜부라지다〈**찌부러지다**(큰)〉[동] ①물체가 눌리거나 부딪혀서 오그라지다〈우그러지다. ②기운/형세 따위가 꺾이어 약해지다. ③(아주) 망하거나 허물어지다.

◆탄탄하게 잘 **짜여진** 구성: **짜인**의 잘못. ←**짜이다**[원]
　[설명] '짜다'의 피동형은 '짜이다'. '짜여지다'(×): 중복 피동.

◆**짜장면**이나 **자장면**이나 그게 그것인데 뭘: 둘 다 쓸 수 있음.

[설명] '짜장면'도 복수표준어로 인정되었음. [2011.8.31.]

◆정말 **짜증난다, 짜증나**: **짜증 난다, 짜증 나**의 잘못. ⇐'짜증나다'는 없는 말.
  [참고] **신경질/역정/싫증난다**: **신경질/역정/싫증 난다**의 잘못.
  [설명] '짜증나다'는 '짜증(이) 나다'의 잘못. ☞**'-나다'가 붙은 복합어** 항목 참조.

◆**짜집기**가 잘못된 말이라는 건 초등생도 아는 건데: **짜깁기**의 잘못.
  [암기도우미] (실로) 짜서 '깁기'→'짜깁기'.
  짜깁기명 ①직물의 찢어진 곳을 그 감의 올을 살려 본대로 흠집 없이 짜서 깁는 일. ②기존의 글/영
    화 따위를 편집하여 하나의 완성품으로 만드는 일.

◆**짚신 짝**에도 짝이 있다는 말 모르시나: **짚신짝**의 잘못. ⇐'짝'은 접사.
  헌 신짝 같은 신세라고 너무 박대하지 마시게: **헌신짝**의 잘못.
  얼굴 짝을 한 대 패주지 그랬어: **얼굴짝**의 잘못. ⇐'짝'은 접사.
  [설명] ①'짝'은 일부 명사 뒤에 붙어 '비하'의 뜻을 더하는 접미사. ¶낯짝/등짝/볼기짝/신짝/얼굴짝/짚신
    짝/헌신짝. ②'헌신짝'은 '헌+신짝(신+짝)'으로 분석되는 복합어로서 한 낱말.
  헌신짝명 (비유) 값어치가 없어 버려도 아깝지 아니한 것.

◆둘이서 **짝자꿍/짝짝꿍**이 잘 맞더군: **짝짜꿍이**가(혹은 **짝짜꿍+'이**'. 이때의 '이'는 조사)의 잘못.
  [설명] ①'짝짝+꿍→짝짜+꿍. 이것은 소리 나는 대로 적되 표기는 간소화한다는 원칙에 따른 것. 〈예〉
    '딱+딱+이→딱따기'(발음이 '딱따기). '짬+짬+이→짬짜미'(O). 쿵덕쿵(×)/쿵더쿵(O). ☜의미소를 살려
    적는 '짤짤이'와는 반대의 경우임. ②아래에서 보듯, '짝짜꿍이'와 '짝짜꿍'은 근소한 의미 차이가 있으
    며, 위의 예문에서는 문맥상 '짝짜꿍이'가 어울릴 듯하나, '짝짜꿍'도 쓸 수 있음.
  짝짜꿍이명 ①끼리끼리만 내통하거나 어울려서 손발을 맞추는 일. ②옥신각신 다투는 일.
  짝짜꿍명 ①젖먹이가 손뼉을 치는 재롱. ②말/행동에서 서로 짝이 잘 맞는 일. ¶~하다통.

◆**'짝퉁**'은 표준어인가?: 표준어. 다만 속어.
  [설명] '짝퉁'은 '가짜나 모조품의 속칭. 즉, 속어일 뿐이며 표준어가 아닌 것은 아님. 표준어란 전 국민이
    공통적으로 쓸 공용어의 자격을 부여받은 말로, 우리나라에서는 교양 있는 사람들이 두루 쓰는 현
    대 서울말로 정함이 원칙인데, 이 서울말에는 순우리말, 한자어, 외래어* 속어, 비어 등도 포함되기 때
    문에 속어라고 해서 무조건 표준어에서 제외되는 것은 아님. 문학작품 속에서 보이는 속어나 비어 등
    도 그 일례임. 단, '격식 있는 공용어(한 나라 안에서 공식적으로 쓰는 언어)'에서는 제외됨.
  [참고] 외래어란 '외국에서 들어온 말로 국어처럼 쓰이는 단어'인데, 외국 말이 자동적으로 외래어가 되
    는 것은 아니며 심의를 거쳐 외래어 지위를 얻어야 함. 외래어로 인정되려면 대체로 '쓰임의 조건'과 '동
    화의 조건'이라는 기준을 충족해야 함. '쓰임의 조건'이란 우리말 문맥 속에서 널리 일반적으로 사용
    되어야 한다는 것이고, '동화의 조건'은 외국어가 원래 언어에서 지니고 있던 특징(음운, 문법, 의미)을
    잃어버리고 우리말의 특징을 지니게 되어야 함을 뜻함.
  짝퉁명 가짜나 모조품을 속되게 이르는 말.

◆잘게 **짤린** 헝겁 **짜투리들** 하나도 버리지 말게: **잘린**, **헝겊**, **자투리**의 잘못.
  [참고] 혀 **짜른** 소리를 '혀짤배기소리'라 한다: **짧은**의 잘못. ⇐북한어.

[설명] ①'짜르다'[통]는 없는 말로 '자르다'의 잘못. 단, '짧다'[형]의 북한어. ②'짜투리'는 '자투리'의 잘못.
허짤배기소리[명] 혀가 짧아서 'ㄹ' 받침 소리를 똑똑하게 내지 못하는 말소리.

◆**짤짜리**를 밖에까지 신고 나오면 어떡해?: **짤짤이**의 잘못. ⇐의미소를 살림.
짤짤이[명] ①주책없이 자꾸 이리저리 바삐 싸다니는 사람에 대한 놀림조 말. ②발끝만 꿰어 신게 된 실
내용의 단순한 신.
[설명] 이걸 '짤짜리'로 적으면 짤짤거리고 쏘다닌다는 의미가 없어질 뿐만 아니라, 사람을 나타내는 어
말 접사 '이'의 의미도 없어지거나 약해짐. '딱딱이(×)/딱따기(○), 짬짬이(×)/짬짜미(○); 짝짝꿍(×)/짝짜
꿍(○)'처럼 소리 나는 대로 적을 때와는 정반대임.
짤짤거리다/~대다[통] 주책없이 자꾸 이리저리 바삐 싸다니다.

◆**짧다랗다**[형]: **짤따랗다**의 잘못. ⇐겹받침 -ㄼ-에서 -ㅂ-발음이 나지 않으므로.
[유사] **넓다랗다**[형]: '**널따랗다**'의 잘못. ☞♣**겹받침 뒤에서의 음운 표기 원칙** 및 ♣**-다랗다'가 들어간 말
중 주의해야 할 것들** 항목 참조.

◆[중요] '**짧막하다**'(×): **짤막하다**의 잘못.
[설명] 명사 혹은 용언의 어간 뒤에 자음으로 시작된 접미사가 붙어서 된 말은 그 명사나 어간의 원형을
밝혀 적음[원칙].
−명사 뒤에 자음으로 시작된 접미사가 붙어서 된 것: ¶값지다/홑지다/넋두리.
−어간 뒤에 자음으로 시작된 접미사가 붙어서 된 것: ¶낚시/늙정이/덮개.
다만, 다음과 같은 말은 소리 나는 대로 적음.
①겹받침의 끝소리가 드러나지 않는 것: ¶할짝거리다/널따랗다/널찍하다. ☞♣**겹받침 뒤에서의 음운
표기 원칙** 항목 참조.
②어원이 분명하지 아니하거나 본뜻에서 멀어진 것: ¶넙치/율무/골막하다/납작하다. ☞♣**원형을 밝혀
적는 것과 밝혀 적지 않는 것** 항목 참조.

◆**늬들**끼리 **짬짬이**를 했다 이거지: **너희들, 짬짜미**의 잘못.
[설명] '짬짬−'의 뜻과 멀어졌으므로 소리 나는 대로 적음.
짬짜미[명] 남모르게 자기들끼리만 짜고 하는 약속/수작. ¶**~하다**[통].

◆**짭잘한** 게 먹을 만하네: **짭짤한**의 잘못. ⇐유사 동음어(경음) 채택.
[유사] '찝질하다(×)/찝찔하다(○); ¶맛이 쌉살하다(×)/쌉쌀하다(○).
[주의] 'ㄱ/ㅂ' 받침 뒤에서 나는 된소리는, 같은 음절이나 비슷한 음절이 겹쳐 나는 경우('짭짤/찝찔/쌉쌀/
짭짜−/쓱싹' 따위)가 **아니면** 된소리로 적지 아니함. [한글 맞춤법 제5항 예외] 〈예〉깍뚜기(×)/깍두기
(○); 싹뚝(×)/싹둑(○); 법썩(×)/법석(○) 갑짜기(×)/갑자기(○).

◆소금도 안 들어갔는데 꽤나 **짭짜름**하구먼: 맞음.
아 그것 참 **짭쪼롬해서/짭조롬해서** 입맛 당기는데: **짭조름해서**의 잘못.
[설명] ①짭자름(×)/짭짜름(○): '짜다'는 의미소 '짜'를 살려 적는 말. ②'짭쪼[조]롬하다'는 흔히 많이 사용
하고 있지만, 아직은 표준어가 아니며, '짭짜름하다≒짭짜래하다, 짭**조름**하다'만 표준어. ⇐짭**조름**하
다'는 그 뜻이 '짭**짜**름하다'와 조금 달라서 유사 동음어(경음) 채택이 배제된 경우임.

ㅈ

[비교] '짭짜름하다'(○)/'짭쪼름하다'(×)와 달리, 예전에는 '쌉싸름하다'가 표준어가 아니고 '쌉싸래하다'만 표준어였으나 2011년 개정으로, 현재는 둘 다 표준어.

짭짜름하다≒짭짜래하다[형] 좀 짠맛이나 냄새가 풍기다.

짭조름하다[형] 조금 짠맛이 있다.

◆**째째하게** 그게 뭐야, 좀 큰 걸 줘 봐: **쩨쩨하게**의 잘못.

[암기도우미] 잘고 좁으므로 모음이 바깥쪽/밝은 쪽('ㅐ')이 아닌 안쪽('ㅔ').

[참고] **쫀쫀하게/존존하게** 굴지 말고 제대로 한턱 써 봐: 맞음. ←**쫀쫀하다〉존존하다**[원]

생긴 대로 누르고 살아야 해서 **쪼잔해진** 존재들의 슬픔: 맞음. ←**쪼잔하다**[원]

이 땅에서 목숨 연명하고 살려면 **조잔한** 짓도 해야 해: **쪼잔한**의 잘못.

쩨쩨하다[형] ①너무 적거나 하찮아서 시시하고 신통치 않다. ②사람이 잘고 인색하다.

쫀쫀하다[형] ①**〉존존하다.** 피륙의 발 따위가 잘고 곱다. ②소갈머리가 좁고, 인색하며 치사하다. ③행동 따위가 잘고 빈틈이 없다.

쪼잔하다[형] (속) 마음 쓰는 폭이 좁다. 단, '조잔하다'는 방언임.

◆**쨍가당** 하고 유리 깨지는 소리가: **쨍강**의 북한어.

쨍강 얇은 쇠붙이/유리 따위가 가볍게 떨어지거나 부딪쳐 맑게 울리는 소리.

쨍그랑〉쟁그랑 얇은 쇠붙이/유리 따위가 떨어지거나 부딪쳐 맑게 울리는 소리.

쨍그렁 아예 없는 말. [모음조화] 주의!

[참고] 언어 경제 면으로도 '쨍강'. 그리고 가볍게 떨어지는 느낌을 살리기 위해 짧게. ⇐설명에 쓰인 '면'은 명사임. 의존명사가 아니며, 띄어 써야 함.

◆제발 **쨍알거리지** 좀 마라: **짱알거리지**의 잘못. ←**짱알거리다**[원]

그 **쨍알쨍알** 좀 그만 두렴: **짱알짱알**, **그만두렴**의 잘못. ←**그만두다**[원]

◆그 친구는 왜 그리 술에 **쩔었어**?: **절었어**의 잘못. ←**절다**[원]. '쩔다'는 북한어.

절다[동] 술이나 독한 기운에 의하여 영향을 받게 되다.

◆감자는 **쪄먹어야** 맛있지: **쪄 먹어야**의 잘못. ⇐'쪄먹다(×)'는 없는 말.

솥에서 **쪄낸** 술밥은: **쪄 낸**의 잘못. ⇐아래에 보인 '쪄내다'는 다른 의미.

[설명] ①'쪄 먹다/내다'는 '쪄(서) 먹다/내다'이므로 '찌다'와 '먹다/내다'는 보조용언이 아니라 '찌다'와 동격의 본동사. 고로, 붙여 적을 수 없음. ②위와 같은 뜻으로는 '쪄먹다/쪄내다/짜맞추다(×)' 등은 없는 말들. ☞**집어먹다** 항목 참조.

쪄내다[동] 간격이 촘촘하게 자란 나뭇가지나 풀숲을 베어 내다.

◆아주 **쪼끔**만 줘도 돼. **쫌**만 달라니까: '쪼끔'은 맞음. **쫌**은 '**쪼끔/쪼금**'의 잘못.

[설명] ①'쪼끔/쪼금'[부]은 '조금'[부]의 센말. (⇐[주의] 명사가 아님). '만'은 부사에 붙일 수 있는 보조사. ②그러나 '쪼끔/쪼금'의 준말로 흔히 쓰는 '쫌'은 표준어에 없는 말. '조금'[부]의 준말로 '좀'을 인정하고 '쪼끔/쪼금'도 인정하는 것과는 다소 거리가 있으며, '조금'[부]의 센말로 '쫌'을 쓰면 현재로는 잘못.

◆살림이 **쪼달리다** 보면 **사람노릇**도 못 하기 마련: **쪼들리다**, **사람 노릇**의 잘못. ←**쪼들리다**[원]

[참고] **병신 노릇**도 갖가지: **병신노릇**(혹은 **병신구실**)의 잘못.
[설명] '병신노릇/소경노릇'은 한 낱말. ☞**노릇** 항목 참조.

◆그것들이 **쪼로록** 줄 지어 있었다: **쪼로니**의 잘못. 없는 말.
[참고] **주루룩** 미끄러졌다: **쭈르륵**의 잘못. ¶**쭈르륵**〉**쪼르륵**(O). 주르륵〉조르륵(O).
[설명] '쪼로록'은 '쪼르륵'의 잘못. 뜻도 아래 보이는 '쪼로니'와는 전혀 다름.
쪼로니〈**쭈루니**〉[부] 비교적 작은 것들이 <u>가지런하게 줄지어 있는 모양</u>.
쪼르륵〈**쭈르륵**〉[부] ①가는 물줄기 따위가 빠르게 잠깐 흐르다가 그치는 소리. 또는 그 모양. ②작은 물건 따위가 비탈진 곳에서 빠르게 잠깐 미끄러져 내리다가 멎는 모양. ③배가 고플 때 배 속에서 나는 소리.

◆그 친구 부인 앞에서 **쪽못쓰고** 당하더만: **쪽**(도/을) **못 쓰고**의 잘못.
[설명] '쪽못쓰다'는 없는 말. 관용구 '쪽을 못 쓰다'의 잘못.
쪽을 못 쓰다[관] ①기가 눌려 꼼짝 못 하다. ②무엇에 반하여 꼼짝 못 하다.

◆당신은 **쪽진머리**(**쪽찐머리**)일 때가 아주 귀여워: **쪽 찐 머리**의 잘못.
[설명] '-머리'가 많지만 '쪽찐머리'는 없는 말('낭자머리'가 쪽 찐 머리임). 나아가 '쪽찌다/쪽지다'도 없음. '쪽(을) 찌다'(O)임.

◆그 사람 **쪽집게**일세그려: **족집게**의 잘못.
[참고] 요즘 **연탄집개**는 보기 드물어: **연탄집게**의 잘못.
[비교] 갑각류는 **집개발** 맛이 최고지: **집게발**의 잘못. ☞끝이 집게처럼 생겼음.
[설명] '물건을 집는 데 쓰는, 끝이 두 가닥으로 갈라진 도구'는 '집게'임.
☞[암기도우미] 보이는 족족 뽑으므로 '족-'. '쪽집게'는 잘못. 단, '쪽가위'.
족집게장님[명] 길흉을 점칠 때 남의 지낸 일을 잘 알아맞히는 영험한 맹인(盲人).

◆**쫄다구**/**쫄때기** 주제에 감히: **쫄때기**의 잘못.
쫄때기[명] ①(속) 보잘것없을 정도로 분량이나 규모가 작은 일. ②(속) 지위가 변변하지 못하거나 규모가 크지 못하여 자질구레한 사람. ③(속) 장기의 '졸(卒)'.

◆그깐 일로 **쫄지마**: **그깟**, **졸지 마**(라)의 잘못. ⇐'쫄다'는 '졸다'의 북한어.
[참고] 온몸이 땀에 **쩔었어**: **절었어**의 잘못. ←**절다**[원]
[설명] ①'쫄다/쩔다' 등은 불필요한, 잘못된 경음화 표기. ②'졸다'의 뜻풀이에 보이는 '겁을 먹다'는 '겁먹다'로 적을 수도 있음. 즉, '겁먹다'는 한 낱말. ☞[의견]특히 '쫄다'는 '졸다'로 적을 경우, 잠이 드는 상태로 착각하기 쉽고, 현재 언중의 관행으로 보아 '졸다'의 큰말/센말로 인용하는 것이 적절할 듯함.
졸다[동] (속) 위협적이거나 압도하는 대상 앞에서 겁을 먹거나 기를 펴지 못하다.
절다[동] ①푸성귀/생선 따위에 소금기/식초/설탕 따위가 배어들다. ②땀/기름 따위의 더러운 물질이 묻거나 끼어 찌들다. ③사람이 술이나 독한 기운에 의하여 영향을 받게 되다.
그깟[관] '**그까짓**(겨우 그만한 정도의)'의 준말.

◆귀를 **쫑끗** 세우고는: **쫑긋**의 잘못. ⇐유사 동음어(경음) 반복과 무관.
[비교] 여인은 그를 **힐끗**/**힐긋**(**흘긋**/**흘끗**) 흘겨보고는 외면했다: 모두 맞음.

엄마를 보자 아이는 **빙긋/빙끗(방긋/방끗)** 웃었다: 모두 맞음.

[주의] '힐끗〉힐긋/(흘끗〉흘긋)'(O) '빙긋〈빙끗(방긋〈방끗)'(O) 등과는 달리 '쫑긋'의 센말/큰말은 없음.

◆**쬐그[끄]만한** 녀석이 감히: **쪼그마한**(혹은 **쪼그만**)의 잘못. ←**쪼그마하다**[원]

　쪼끄마한 녀석이 어디서: 맞음. ←**쪼끄마하다**[원]

[설명] ①'쬐-'는 잘못: '쬐끔(x)/쬐그맣다(x)'. 그러나 '쪼끔(O)/쪼금(O)**[부]**은 맞는 말. 즉, '쪼금〈쪼끔〈쪼끔' (O). ②'쪼그마하다(쪼그맣다)〈쪼끄마하다(쪼끄맣다)〈쪼끄마하다(쪼끄맣다)'(O)임. '쪼금〈쪼금〈쪼끔' (O)의 관계와 같음. ③'쪼그만〉쪼그만'은 각각 '쪼그맣다〉쪼그맣다'의 활용으로, '쪼그만≒쪼그마한', '쪼그만≒쪼그마한'.

[주의] 쪼끔하다**[형]**는 '쪼끄마하다(조금 작거나 적다)'의 방언(경기)임. 즉, '쪼끄마하다→쪼끄맣다'(O)로 줄 수 있지만, '쪼끔하다'(x)로 줄일 수는 없음. '쪼끔'은 부사.

◆난 죽어도 곁불은 안 **쬐요**: **쐐요**의 잘못. ←'쬐어요'의 준 꼴.

[설명] '쐐요'는 '쬐다'의 활용 '쬐어+요→쐐요'로 분석되는 말. 즉, '쬐어요'의 준 꼴. 이와 같이 준말 꼴로 흔히 쓰이는 것에는 '되어→돼; 쬐어→쐐; 괴어→괘; 쐬어→쐐' 등이 있음. 따라서 이러한 동사들의 '-어요' 꼴은 각각 '돼요/쐐요/괘요/쐐요'가 되어야 하므로, '곁불은 안 쬐요(x)/곁불은 안 쐐요(O)'; '받침을 안 괴요(x)/받침을 안 괘요(O)'; '바람 좀 쐬요(x)/바람 좀 쐐요(O)'로 됨.

◆**[중요]** 왕창 **쭈구러든** 차체: **쭈그러든**의 잘못. ←**쭈그러들다**[원]

[참고] '쭈구리다(x)/쭈그리다(O)' 처럼 흔히 'ㅜ'로 잘못 쓰는 것들: 오구리다(x)/오그리다(O); 오무리다 (x)→오므리다(O)〈우므리다(O); 웅구리다(x)/웅그리다(O); 웅쿠리다(x) →웅크리다(O)〈웅그리다·웅크리다(O)〈웅그리다; 움추리다(x) →움츠리다(O)〈옴츠리다(O); 쭈구리다(x)→쭈그리다(O)〈쪼그리다(O); 쭈굴쭈굴(x)→쭈글쭈글(O); 쭈루루(x)/쭈르르(O); 쭈루룩(x)/쭈르륵(O); 담구다(x)→담그다(O); (문을) 잠구다(x)→잠그다(O).

이와 반대로 'ㅜ' 모음 낱말이 표준어인 경우도 있음. 조심: 드물다(O)/드믈다(x); 찌푸리다(O)/째푸리다(O)/찌프리다(x)/째프리다(x); 구푸리다(O)/고푸리다(O)/구프리다(x)/고프리다(x); 어슴푸레(O)/어슴프레(x). 초적추적(O)/칙적칙적(x); 핼쑥하다(O)/핼쓱하다(x). ☞♣**'_' 모음 낱말과 'ㅜ/ㅗ' 모음 낱말의 구분** 항목 참조.

◆그 **쭈굴쭈굴한** 얼굴로 술장사를 하겠다?: **쭈글쭈글한**의 잘못. ←위의 설명 참조.

◆봄이면 여기저기서 **쭈꾸미** 축제: **주꾸미**의 잘못.

[참고] ①이 주꾸미가 낙지보다 작고 값도 헐해서, 한 번에 열 마리씩 '한 **죽**'으로 '꿰어' 파는 것이라 하여, 이런 이름이 붙었다고도 하는데, 명확한 전거가 있는 것은 아니지만 올바른 표기 기억에는 도움이 됨. 참고로 전라도/충청도에서는 '쭈깨미'라고 하는데, 한 줄로 죽 꿴다는 의미가 들어 있음. ②〈자산어보〉에는 속칭이 죽금어(竹今魚)로 나옴.

죽: 옷/의복 따위의 열 벌을 세는 단위.

꿰미: 노끈에 꿰어져 있는 엽전이나, 철사 줄에 꿰어 파는 낙지/주꾸미를 세는 단위.

◆여기서 물소리가 **쭈루루 쭈루룩** 났다: **쭈르르 쭈르륵**의 잘못.

◆그처럼 **쭈볏쭈볏**하지 말고 당당하게 해: **쭈뼛쭈뼛**의 잘못. ←**쭈뼛쭈뼛하다**[원]

밖에서 **쭈빗**거리지 말고 들어가렴: **쭈뼛**〉**주볏**의 잘못. ←**쭈뼛거리다**[원]

머리칼이 **쭈볏** 일어설 정도로 소름이 끼쳤다: **쭈뼛**의 잘못.

[설명] ①쭈볏쭈볏'은 없는 말. '쭈빗쭈빗'은 북한말. ②쭈뼛쭈뼛하다'에는 다음과 같이 여러 가지 뜻이 있음.

쭈뼛쭈뼛하다〉**주볏주볏하다**[동] ①물건의 끝이 다 차차 가늘어지면서 삐죽삐죽하게 솟다. ②무섭거나 놀라서 머리카락이 자꾸 꼿꼿하게 일어서는 듯한 느낌이 들다. ③ 어줍거나 부끄러워서 자꾸 주저주저하거나 머뭇거리다. ④입술 끝을 비죽 자꾸 내밀다. [형]물건의 끝이 다 차차 가늘어지면서 삐죽삐죽하게 솟아 있다. ¶**쭈뼛쭈뼛**〉**주볏주볏**[부], **쭈뼛**〉**주볏**[부]

◆달려오는 차에 **부딪쳐 어깨쭉지**를 다쳤다: **부딪혀**, **어깻죽지**의 잘못.

쭉지(날개쭉지)를 다친 새: **죽지(날갯죽지)**의 잘못.

죽지[명] ①팔과 어깨가 이어진 부분. ②새의 날개가 몸에 붙은 부분.

부딪히다[동] '부딪다'의 피동사.

부딪다[동] ①무엇과 무엇이 힘 있게 마주 닿거나 마주 대다. ②예상치 못한 일/상황 따위에 직면하다.

부딪치다[동] ①'부딪다'의 강조. ②눈길/시선 따위가 마주치다.

◆요즘 금 **한 돈 쭝** 값이 얼마요?: **한 돈쭝**의 잘못. ⇐'쭝'은 무게를 뜻하는 접사.

◆**어디 쯤** 왔어?; **얼마 쯤**일까: **어디쯤**, **얼마쯤**의 잘못.

[설명] '−쯤'은 접미사. 의존명사/조사 등의 다른 기능은 없으며 오직 접미사 기능뿐임. ¶내일쯤/이쯤/얼마쯤/중간쯤/둘쯤/접때쯤.

◆얼마나 **찌들은** 얼굴인지 처음에는 못 알아볼 정도: **찌든**의 잘못. ←**찌들다**[원]

찌들리는 살림이다 보니 인사는 엄두도 못 냈네: **찌드는**의 잘못. ←**찌들다**[원]

[설명] '찌들리다'는 '찌들다'의 잘못. 없는 말. '찌들어/찌드니/찌든/찌드오'로 활용하며, '찌들은/찌들리는'은 '찌든/찌드는'의 잘못. ⇐'찌들'(어간)+ㄴ(은)'(어미)→'찌든'. '찌들'(어간)+−는'(어미)→'찌드는'.

◆**찌무룩히** 올려다보았다: **찌무룩이**의 잘못. ←**찌무룩하다**[원]

[유사] 시무룩하다→시무룩이. ⇐'찌무룩하다'와 같이 어간 끝 받침이 'ㄱ'.

찌뿌듯하다→찌뿌듯이. ⇐어간 받침이 'ㅅ'. [주의] 찌**부**듯(×)/찌**뿌**듯(○).

찌뿌둥하다→찌뿌둥히. ⇐어간 받침이 'ㅇ'.

찌무룩하다[형] 마음이 시무룩하여 유쾌하지 않다.

시무룩하다〈**쌔무룩하다**[형] 마음에 못마땅하여 말이 없고 얼굴에 언짢은 기색이 있다. [유]**뿌**로통하다〈뿌루퉁하다. 뾰로통하다.

◆**찌부드드한** 기분으론 일이 잘 안 돼: **찌뿌드드한/찌뿌듯한**의 잘못. ⇐경음 통일.

지금 몸이 **찌부드드해서** 말이야: **찌뿌드드해서**의 잘못. ⇐경음 통일.

[설명] '짭짜름−/쌉싸름−'에서 'ㅉ/ㅆ'의 유사 동일어가 반복되듯, '찌뿌−'에서 '찌'와 이어지는 '뿌'도 경음으로 통일: 찌**부**드드(×)/찌**뿌**드드(○); 찌**부**듯(×)/찌**뿌**듯(○), 찌**부**둥(×)/찌**뿌**둥(○). ⇐한글맞춤법 제5항: 한 단어 안에서 뚜렷한 까닭 없이 나는 된소리는 다음 음절의 첫소리를 된소리로 적는다.

◆몸이 **찌뿌둥한** 게 영 안 좋군: 맞음.

[설명] 예전에는 '찌뿌둥하다'가 '찌뿌듯하다'의 잘못이었으나, 복수표준어로 인정[2011년]. 그러나 두 말은 어감/뜻에서 미세한 차이가 있음.

찌뿌둥하다[형] ①몸살/감기 따위로 몸이 조금 무겁고 거북하다. ②표정/기분이 밝지 못하고 조금 언짢거나 무겁다. ③비/눈이 올 것같이 날씨가 조금 흐리다.

찌뿌듯하다≒찌뿌드드~[형] ①몸살/감기 따위로 몸이 조금 무겁고 거북하다. ②표정/기분이 밝지 못하고 조금 언짢다. ③비/눈이 올 것같이 날씨가 조금 흐리다. ¶**찌뿌드드**[부]

◆얼굴 **찌프리지** 말고: **찌푸리지**의 잘못. ←찌**푸**리다[원]

◆풀이 어찌나 **찐덕거리는지**, 떨어지질 않네: **찐득거리는지**의 잘못.

◆녀석이 어찌나 **찐드기** 같던지: **진드기**의 잘못.

[주의] 부사로서는 '찐득이/진득이' 모두 맞음. ←**찐득하다/진득하다**[형].

찐득하다〉진득하다[형] ①성질/행동이 검질기게 끈기가 있다. ②잘 끊어지지 아니할 정도로 녹진하고 차지다. ¶이마에 찐득이 밴 땀.

진드기[명] 진드깃과 절지동물의 총칭.

◆내 오늘 **찐하게** 한잔 사지: **진하게**(혹은 **건하게**)의 잘못. ←**진하다/건하다**[원]

화장이 너무 **찐하게** 된 거 아닌가: **진하게**의 잘못.

가슴 **찐한** 이야기를 듣고 보니 눈물이 어렸다: 맞음. ←**찐**하다[원]

[참고] 술을 사려면 제대로 **거하게** 사야지: **건하게**의 잘못.

[설명] ①'찐하다'는 아래 뜻풀이와 같이, 전혀 다른 의미로 쓰이는 말. ②술을 크게 사거나 할 때 흔히 잘못 쓰는 '찐하게/거하게'는 '건하게'로 쓰는 것이 어울리는 말. 아래에 보인 것처럼 '거하다'의 의미도 흔히 짐작하는 것과는 많이 다르며 한자 '거(巨)'도 들어가지 않는 고유어.

진하다[津-][형] 어떤 정도가 보통보다 더 세거나 강하다.

찐하다〉짠하다[형] 안타깝게 뉘우쳐져 마음이 언짢고 아프다.

거하다[형] ①산 따위가 크고 웅장하다. ②나무/풀 따위가 우거지다. ③지형이 깊어 으슥하다.

건하다[형] ①아주 넉넉하다. ②'거나하다(술 따위에 어지간히 취한 상태에 있다)'의 준말. ③≒흥건하다 (물 따위가 푹 잠기거나 고일 정도로 많다).

◆군고구마가 잘 익었는지 **찔러보았다**: **찔러 보았다**의 잘못[원칙].

[설명] 예문의 '보다'는 시험 삼아 해본다는 뜻의 보조용언이므로 보조용언 붙여쓰기 허용에 따라 '찔러보았다'로 쓸 수도 있으나, 문맥에 따라 뜻이 달라질 수도 있으므로 주의.

찔러보다[동] 어떤 자극을 주어 속마음을 알아보다(≒떠보다).

◆여자만 보면 **찔벅거리는** 것도 개버릇이야: **집적거리는**, **개 버릇**의 잘못.

[참고] 여자만 보면 **찝쩍거리는** 저 버릇: 맞음. ←**찝쩍[집적]거리다/~대다**[원]

[설명] ①'찔벅거리다'는 전남 방언. '찝쩍거리다/-대다'와 '집적거리다/-대다'는 복수 표준어. ②'개버릇'은 흔히 쓰는 말이지만, 사전에 없는 말. 굳이 쓰려면 '개 버릇'. 그러나, '개짓/개짓거리' 등은 표준어. ☞

♣**접두사 '개-'가 붙은 말** 항목 참조.

찝쩍[집적]거리다/~대다[동] ①아무 일에나 함부로 자꾸 손대거나 참견하다. ¶괜히 남의 일에 집적[찝쩍]거리다. ②말/행동으로 자꾸 남을 건드려 성가시게 하다. ¶여자들을 집적[찝쩍]대던 건달 버릇이 남아 있었다.

개짓[명] ①≒개짓거리. (비유) 사람의 도리에서 벗어난 못된 행동. ②≒개질(속). 적의 앞잡이 노릇.

◆**찢겨진** 창문 종이. 갈갈이 **찢기워진** 책보: **찢긴**/**찢어진**, **갈가리**의 잘못.

  [설명] ①'찢겨지다/찢기우다/찢기워지다'는 모두 잘못: '찢기다/찢어지다'(o). ②'갈가리'는 특히 조심. '가리가리'의 준말. 즉, 앞의 '가리'가 '갈'로 줄어서[가리(≒갈)+가리] '갈가리'가 된 것. '갈갈이'는 전혀 다른 뜻.

  갈갈이[명] '가을갈이(다음 해의 농사에 대비하여, 가을에 논밭을 미리 갈아 두는 일)'의 준말.

◆결혼 **3년차** 부부; 입사 **3주차**: 각각 **3년 차**, **3주 차**의 잘못.
　이것은 **2회차** 납입금입니다: **2회 차**의 잘못.
　[주의] **인사 차** 들렀습니다: **인사차**의 잘못. ←'차'는 접미사.
　　　　관광이 아니라 **사업 차** 가는 길: **사업차**의 잘못. ←'차'는 접미사.
　[설명] ①'3년차/2회차'의 '차(次)'는 횟수(回數)의 **차례**를 나타내는 의존명사이므로 반드시 앞말과 띄어
　　　　적어야 함. 〈예〉'3회차/4회차(×); '3회 차/4회 차'(○). '결혼 10년차(×)/10년 차'(○); 주(週)의 **차례**를 나타
　　　　낼 때도 마찬가지임. 〈예〉'2주차/3주 차'(×); '2주 차/3주 차'(○). ②'인사차/연수차/사업차' 등에서의 '차
　　　　(次)'는 목적의 뜻을 더하는 접미사.

◆둘이 수긍하긴 했으나 반응에는 **온도차**가 있었다: **온도 차**의 잘못.
　점수차가 워낙 커서 역전은 불가능했다: **점수 차**의 잘못.
　시간 차 공격이 먹혔다: **시간차공격**의 잘못.
　[설명] ①'온도 차/시간 차/점수 차' 등은 현재 모두 띄어 적음. 그러나 '점수 차'와 같이 명백하게 글자 그
　　　　대로의 뜻만 가지고 있는 경우는 띄어 적어야 하겠으나, '온도차'와 같이 글자 그대로의 의미가 아니
　　　　라, '느낌상의 미묘한 차이'를 뜻하는 경우도 잦으므로, 한 낱말의 복합어로 인정해야 할 것임. ②'시
　　　　간차공격(배구에서, 수비수들이 예상한 스파이크 시간보다 빨리 또는 늦게 하는 공격 방법)'은 전문
　　　　용어이므로 한 낱말.

◆**차가 막혀** 지각했다: **길이 막혀**(혹은 **차가 밀려**)의 잘못. ←말이 안 되는 문장.
　[설명] '차가 많아 길이 막히다'를 '차가 막히다'로 잘못 표현한 것.

◆그 자리를 **차고 앉아서** 잘도 해먹겠군: **차고앉아서**의 잘못. ←**차고앉다**[원]
　차고앉다[통] 일을 맡아 자리를 잡다. ←의미 특정으로 한 낱말. ¶그 웃기는 자리 하나를 차고앉으니까
　　뵈는 게 없던 모양이지?

◆♣'**-차다**'가 들어간 주요 복합어: 한 낱말이므로 붙여 적음.
　[예제] **활기 찬** 하루, **기운 찬** 하루를 보내시길: **활기찬**, **기운찬**의 잘못.
　　　　참으로 **아람찬** 하루였다: **아람찬**의 잘못. ←'아람차다'는 없는 말.
　　　　어디서 그런 여잘 하나 **꿰여차고**서는: **꿰차고**의 잘못. ←**꿰차다**[원]
　　　　가열차게 투쟁합시다: **가열하게**의 잘못. ←'가열차다'는 '가열하다'의 잘못.
　　　　책으로 **가득찬** 서재: **가득 찬**의 잘못. ←'가득차다'는 없는 말.
　[비교] 책으로 가득한 서재: 맞음. ←**가득하다**[원]
　[설명] '-차다'가 명사(형)이나 용언 활용형(-어)에 붙어 만들어진 복합어 중 주요한 것들은 다음과 같으
　　　　며, 흔히 쓰는 말 중에는 북한어들도 적지 않으므로 주의해야 함: **줄기차다/활기-/우렁-/희망-/기
　　　　운-/기똥-/매몰-/보람-/우람-/위엄-/헌걸-**(①매우 풍채가 좋고 의기가 당당한 듯하다. ②기운이
　　　　매우 장하다. ③키가 매우 크다)**/자랑-/가멸-**(재산/자원 따위가 매우 많고 풍족하다)**/기성-**(기력이

매우 왕성하다)/**능글**-/**다기(多氣)**-≒**다기지다**(마음이 굳고 야무지다)/**더넘**-(다루기에 거북할 정도로 벅차다)/**거세**-/**아귀**-/**야멸**-/**의기**-/**이음**-(줄줄이 이어지다)/**아름**-/**기장**-(물건이 곧고 길이가 길다)/**어기**-(한번 마음먹은 뜻을 굽히지 아니하고, 성질이 매우 굳세다)/**옹골**-/**매몰**-/**차디**-/**가로차다**≒**가로채다**/걷어-/들어-/둘러-/들고-/내박-/들이-. ☞[주의해야 할 북한어] **가열(加熱)차다**/위세-/기세-/서슬-/드세-/기승-/꿰여-/걸어-/서리-/영글-/자리-.

◆일동 **차렷/차려**!: 둘 다 맞음.
　[설명] '**차렷**'은 '**차려**캄 몡(제식 훈련에서, 몸과 정신을 바로 차리어 부동자세를 취하라는 구령)'의 강조어.

◆**차렷상** 차리는 법이 지방마다 달라서: **차례상(茶禮床)**의 잘못.
　[설명] '**차례상(茶禮床)**'은 한자어이므로 사이시옷을 받치지 못함. 이와 같이 한자어임에도 흔히 잘못 사이시옷을 받치기 쉬운 것으로는 '**촛병(마개)/갯수/수랏상/도맷금**' 등도 있음. 각각 '**초병(醋瓶)/개수(個數)/수라상(水剌▽床)/도매금(都賣金)**'의 잘못.
　[참고] 괴이하게도 '차례상'은 현재 《표준》의 표제어로 올라 있지 않으나, 한 낱말. 여기서 '상'은 아래의 뜻풀이에 나와 있듯이 접사적 기능을 함.
　상[床] 몡 일부 명사 뒤에 붙어 '상차림'을 나타내는 말. ¶다과상/생신상/차례상.

◆서행하면서 **2차선**으로 달리면 **사고나기** 십상이지: 맞음(또는 **2차로**), **사고 나기**의 잘못.
　[설명] ①예전에는 '차선'은 '차로를 표시한 **차선(금)**'이므로 그 선 위를 달릴 수는 없어서 올바르지 않다고 보았으나, 언어 현실을 반영하여 현재는 쓸 수 있도록 아래와 같이 '차선'과 '차로'의 뜻풀이가 바뀌었음[2017년]. ②'사고나다'는 없는 말. '사고 나다'로 띄어 적음.
　차선[車線] 몡 ①자동차 도로에 주행 방향을 따라 일정한 간격으로 그어 놓은 **선**. ②'차로'를 일상적으로 이르는 말.
　차로[車路] 몡 ①≒**찻길**(사람이 다니는 길 따위와 구분하여 자동차만 다니게 한 길). ②〈법〉차가 한 줄로 정하여진 부분을 통행하도록 차선으로 구분한 찻길의 부분.

◆**차숟가락, 차숟갈**: **찻숟가락, 찻숟갈**의 잘못.
　[주의] 올바른 발음은 {차쏟-}/{찯쏟-}. 사이시옷 필요. {차숟-}이 아님.

◆밥이 너무 **차질어서** 뜨기도 쉽지 않고 비벼먹기도 나쁘다: 맞음.
　멥쌀밥이 이리 **차질다니** 찰밥으로 착각하겠군: 맞음.
　흙도 **찰지고** 밥도 **찰지고**: 맞음. '차지다/찰지다'는 복수표준어[2015년 개정].
　찰밥은 **찰진** 법이다: 맞음.
　[설명] ①ㄹ 탈락현상: '찰지다→'차지다'로의 변화에서처럼, 'ㄹ'은 대체로 'ㄴ/ㄷ/ㅅ/ㅈ' 앞에서 탈락하였는데, 이러한 역사적인 현상으로서 'ㄹ'이 떨어진 말들은 어원적인 형태를 밝혀 적지 않으므로, '찰지다'가 어원임에도 '찰지다'가 아닌 '차지다'를 표준어로 삼아 왔으나, [한글 맞춤법 제28항 참조] 2015년 '차지다/찰지다'를 복수표준어로 삼았음. ②'ㄹ'이 탈락한 형태를 표준어형으로 삼는 낱말들: '다달이/따님/마되/마소/무논/무자위/미닫이/부넘기/부삽/부손/싸전/아드님/하느님/여닫이' 등.
　[주의] '맵쌀'은 '멥쌀'의 잘못. '멥쌀'에서의 '멥'은 '메지다'와 관련된 말로 '끈기가 적다'는 뜻. 즉, '멥쌀'은 끈기가 적은 쌀. 단, '쪄서 약간 말린 다음, 찧어서 껍질을 벗긴 메밀'을 뜻으로는 '맵쌀'이 옳은 말이며, '모밀쌀'은 잘못. 이때의 '맵쌀'은 뫼[山]+쌀[米]'에서 온 말임.

차지다[혱] ①반죽/밥/떡 따위가 끈기가 많다. [←'찰지다'에서 온 말임]. ↔**메지다**. ②성질이 야무지고 까다로우며 빈틈이 없다.

◆대문까지 **착갈해(처깔해)** 둔 걸 보니 세상과 절연한 듯: **차깔해**의 잘못.
　차깔하다[통] 문을 굳게 닫아 잠가 두다.

◆**찬 요리** 더운요리 구분할 필요 있나, 맛있으면 됐지: **찬요리, 더운 요리**의 잘못.
　[설명] ①'찬요리'는 음식이 차다는 일반적인 뜻이 아니라, '차게 하거나 차게 만들어 먹는 음식'으로 의미 특정이 이뤄진 말. ②그에 비하여, 요리는 일반적으로 더운(따뜻한) 상태이므로 '더운요리'라는 말을 특정할 이유가 없음.
　찬요리[명] 차게 하거나 차게 만들어 먹는 음식. 주로 냉채/생회(生膾)를 이름.

◆물속으로 뛰어들려는 **찰라**에: **찰나**의 잘못.
　[설명] 발음에 이끌려 '찰라'로 적기 쉬우나, 찰나(刹那)에 쓰인 한자 '那'는 어떤 경우에도 '나'로 읽음. [참고] ①'서라벌'의 한자 표기 '徐那伐'은 문자를 빌려 쓴 이두식 표기임. ②다음의 경우도 유사한 사례 들임: '단발마(×)/단말마(○)[斷末魔]'; '폭팔물(×)/폭발물(○)'.

◆**'-참'이 쓰인 감탄사 관련어들**
　내원참! 살다 보니 별소릴 다 듣는구나: **내 원 참!**의 잘못.
　하참[거참/허참], 내 정신머리하고는: **하 참, 허 참**의 잘못. '거참'은 맞음.
　참내[내참] 이거 정말 뭐라 말해야 좋을는지: **참 내[내 참]**의 잘못. 없는 말.
　아니 참, 아까 내가 못한 말이 있는데 말이야: **아니참**의 잘못. 한 낱말.
　아이참, 창피해 죽겠네: 맞음. 한 낱말.
　그거참, 일 한번 제대로 했구나: 맞음.
　그것참, 그걸 깜박 잊다니: 맞음. 한 낱말.
　이것참, 내가 실수할 게 따로 있지: **이것 참**의 잘못. 한 낱말이 아님.
　[설명] '참'은 아래와 같은 많은 경우에 쓰이는 감탄사임. 다만, 현재의 《표준》에 의하면 **'아이참/그것참[거참]/아니참'** 정도만　감탄사로 정해져 있고, 다음과 같이 흔히 쓰이는 것들도 한 낱말의 감탄사로 확정되지 않았음: '하 참, 원 참, 그 참, 허 참, 참 내, 내 원 참, 에이 참…'
　그것참 준 **거참**[감] 사정이 매우 딱하거나 어이가 없을 때, 또는 뜻밖에도 일이 잘되었을 때 내는 소리. ¶그것참, 신기하기도 하네; 그것참, 희한한/반가운/딱한 일이로군.
　아니참[감] 어떤 생각이 갑자기 떠올라 말할 때, 그 말 앞에 하는 말.
　아이참[감] 못마땅하거나 초조하거나 수줍을 때 하는 말.

◆요즘에는 제주도에서도 **참다랭이**가 잡힌다더군: **참다랑어**의 잘못.
　[설명] '참다랭이'로 'ㅣ' 모음 역행동화를 허용하면 의미('다랑어')가 달라짐. ¶'다랑어(≒참다랑어)/가다랑어/날개다랑어/눈다랑어(○).

◆**참되히** 자라서 **참되거라**: **참되이, 참된 사람이 되어라/되거라**의 잘못.
　[설명] ①'참되히(×)/참되이(○)'[부]. ②'참되다'는 형용사이며 형용사의 명령형/청유형은 허용되지 않음 ⇒참되어라(×)/참되거라(×). ③형용사+'어 지다'→동사로의 전성도 생각해 볼 수는 있으나, 여기서는 '참되

어지다의 명령형 활용도 썩 어울리지 않음.

[주의] '참되다'의 발음은 {참뙤다/참뛔다}. '참되이/참된'도 {참뙤이/참뛴}.

◈**참새알 물새알**이라는 동요 가사도 있잖아: **참새 알, 물새 알**의 잘못.

 [설명] '참새알' '물새알'이라는 낱말은 없음. 단, '새알'(o).

 [참고] 그러나, '모래알/바둑알(≒바둑돌)/주판알(籌板−)≒수판알/전등알(電燈−)/감자알/고추알…' 등과 같이 '−알'의 합성어는 제법 많음.

◈틈이 날 때마다 그냥 **참참으로** 한 일이야: **참참이**가 나음.

 [설명] '참참'은 명사이고 '−(으)로'는 부사격조사이므로 '참참으로' 자체가 잘못은 아니지만, 이미 '참참이'라는 같은 뜻의 말이 있으므로 불필요하게 '−(으)로'를 붙여 새로 만들 필요는 없음. [유사] '좀체**로**(×)/좀체(o)**부**/좀처럼(o)**부**.

 [구별] 그러나 '−으로'(부사격조사)가 붙어 부사가 된 것도 많음. 이때, '−으로' 앞은 명사: 국으로(o)/구구로(×); 건으로[乾−](o); 공으로[空−](o); 노량으로≒노량(o)/놀량으로(×); 맛맛으로(o). ☞이 말들의 뜻풀이는 '**−으로**' 항목 참조.

◈명란젓도 좋지만 **창란젓**도 괜찮아: **창난젓**의 잘못.

 [설명] '명란(明卵)'은 명태의 알. '창난'은 명태의 창자인데 한자와 무관하며 고유어.

◈세배 차 친척집을 **찾아 갔다**: **세배차, 친척 집, 찾아갔다**의 잘못.

 답을 따라 길을 **찾아가세요**: **찾아 가세요**의 잘못.

 [설명] ①첫 번째 예문에서의 '찾아가다'는 볼일을 보거나 특정한 사람을 만나기 위하여 그와 관련된 곳으로 가다'를 뜻하는 복합동사. 그러나 두 번째의 예문에서는 '찾아서 가다'를 뜻하는 두 개의 본동사로 쓰였음. ②'세배차'의 '−차(次)'는 목적을 뜻하는 접미사. '친척 집'은 글자 그대로의 의미뿐으로 두 낱말.

 찾아가다图 ①볼일을 보거나 특정한 사람을 만나기 위하여 그와 관련된 곳으로 가다. ②잃거나 맡기거나 빌려주었던 것을 돌려받아 가지고 가다.

◈불을 켜니 잘 **찾아져**? 잘 보여?: 맞음. (혹은 **찾겨**도 가능)

 [설명] '찾다'의 피동형은 '찾아지다'와 '찾기다'의 두 가지. 그러나, 실제로 쓰임은 '찾아지다' 꼴이 더 많이 쓰이고 있음.

◈소매치기가 가방을 **채갔다**: **채 갔다**[원칙](혹은 **차갔다**)의 잘못. ←**차가다**[원]

 [설명] ①'채 가다'는 '채다(재빠르게 센 힘으로 빼앗거나 훔치다)+가다(보조동사)'인 바, 이 말과 같은 뜻을 지니고 있는 것이 '차가다'임. 두 가지 표현 모두 가능함. ②'채 가다'는 보조용언 붙여쓰기 허용 조건에 해당하므로 '채가다'로 붙여 적을 수도 있음. ⇐'가다'는 앞말이 뜻하는 행동/상태가 계속 진행됨을 나타내고자 할 경우에 보조용언으로 쓸 수 있음.

 차가다图 무엇을 날쌔게 빼앗거나 움켜 가지고 가다. ¶매가 병아리를 차갔다.

 채다图 ①갑자기 세게 잡아당기다. ¶팔을 채는 바람에 들고 있던 걸 떨어뜨렸다. ②재빠르게 센 힘으로 빼앗거나 훔치다. ¶소매치기가 가방을 채 갔다; 김 진사 댁 머슴이 딸을 채 가지고 도망쳤단다. ③재빠르게 센 힘으로 움직이다.

ㅊ

◆**통채로**: **통째로**의 잘못.

  째<u>접</u> '그대로/전부'의 뜻을 더하는 접사. ¶그릇째/뿌리째/껍질째/통째/밭째/송두리째.

  [주의] 차례를 뜻할 때도 접사임. ¶몇째/며칠째/사흘째/두 잔째/여덟 바퀴째/다섯 달째/둘째.

  채<u>의</u> 이미 있는 상태 그대로 있다는 뜻을 나타내는 말. ¶옷을 입은 채로 잤다; 노루를 산 채로 잡았다; 벽에 기대앉은 채로 잠이 들었다; 고개를 숙인 채 말했다.

◆떡 벌어지게 잘 **채린** 상 앞에서: **차린**의 잘못. ⇒'채림새(×)/차림새(○)'.

◆자신은 사내들을 찼다고 생각하지만 실제로는 먹히고 **채였던** 것: **차였던/채었던**의 잘못. ⇐'차이다'의 준말 '채다'의 과거형은 '채었다'.

  발에 **채이는** 게 여자들인데: **차이는**(혹은 **채는**)의 잘못. ←**차이다**[원], **채다**[준].

  [설명] '채였다': '차였다/채었다'의 잘못. ⇐'차이다'의 과거형은 '차이+었+다→차이었다→차였다'이고, '차이다'의 준말 '채다'의 과거형은 '채었다'임.

  채이다<u>통</u> '차이다'의 잘못.

  차이다<u>통</u> '차다'의 피동사. [준말]**채다** ⇒[활용] **걸어차이다≒걸어채다.**

  걸어채이다<u>통</u> '걸어채다'의 잘못. ⇐'걸어차다'의 피동사는 '걸어채다'. ☜[의견] 《표준》에 의하면 현재 '걸어차다'의 피동사로 '걸어차이다'는 보이지 않고 '걸어채다'만 나옴. 그러나 '차다'의 피동사가 '차이다'이므로 '걸어차다'의 피동사는 '걸어차이다'이고 그 준말이 '걸어채다'임. 따라서 이는 《표준》의 실수로 보이며, '걸어차이다'의 준말이 '걸어채다'이므로 '걸어채다'와 '걸어차이다'는 동의어여야 함.

◆**책갈피**는 **갈피표**와 같은 의미: 맞음.

  [설명] 본래, '책갈피'는 책장과 책장 사이를 뜻하는 말인데, 시류를 따라 '책갈피'도 '갈피표'로 인정.

  책갈피<u>명</u> 읽던 곳이나 필요한 곳을 찾기 쉽도록 책의 낱장 사이에 끼워 두는 물건.

  가름끈≒갈피끈<u>명</u> 읽던 곳이나 특정한 곳을 표시하기 위하여 책갈피에 끼워 넣는 끈.

  보람<u>명</u> ①약간 드러나 보이는 표적. ②다른 물건과 구별하거나 잊지 않기 위하여 표를 해 둠. 그런 표적. ¶**보람 끈.**

  [주의] '책갈피, 가름끈≒갈피끈' 등은 한 낱말이지만, '보람 끈'은 두 낱말.

◆아이고, **챙피하게** 그 꼴이 뭐냐: **창피하게**의 잘못. ←**창**피하다[원]

◆손위처남의 아내에게도 **처남댁**을 쓸 수 있을까?: 없음. **아주머니**가 바른 표현.

  [설명] 손아래 처남의 아내에게는 '처남의 댁', 또는 '처남댁'을 사용하고, 손위처남의 아내에게는 '아주머니'가 적절함(국립국어원, 표준 언어 예절, 2011).

  아주머니<u>명</u> ①부모와 같은 항렬의 여자를 이르거나 부르는 말. ②남자가 같은 항렬의 형뻘이 되는 남자의 아내를 이르거나 부르는 말. ③남남끼리에서 결혼한 여자를 예사롭게 이르거나 부르는 말. ¶주인 아주머니; 하숙집 아주머니; 이웃집 아주머니. ④형의 아내를 이르거나 부르는 말. ¶큰아주머니(=형수). ⑤손위 처남의 아내를 이르거나 부르는 말.

  주인아주머니[主人-]<u>명</u> 젊은 여자 주인이나 주인의 아내를 친근하게 이르는 말.

◆이런 일은 **평생처음/생전처음**이다: 각각 **평생 처음**, **생전 처음**의 잘못.

  난생 처음으로 겪은 일이야: **난생처음**의 잘못.

[설명] '평생 처음'과 '생전 처음'은 글자 그대로의 뜻만으로도 충분하므로 복합어가 아님.

[주의] '난생처음'은 '난생후 처음', 곧 '세상에 태어나서 첫 번째'를 뜻하는 복합 명사이며, '난생'은 '세상에 태어나서 이제까지'를 뜻하는 부사이므로, '난생 처음'으로 띄어 쓸 경우는 부사구가 됨. 즉, 쓰임에 따라 띄어쓰기를 달리할 수도 있는 말임. 부사구 '난생 처음'은 '난생처음으로'와 같은 뜻임.

난생[−生]튀 세상에 태어나서 이제까지.

◆값 좀 후하게 **처주시계나**: **처주시계나**의 잘못. [치(다)+어→쳐] ←**쳐**주다[원]
　처주다통 ①셈을 맞추어 주다. ②인정하여 주다.

◆저런 돌로 **처죽일** 놈이 있나: **쳐 죽일**의 잘못. ←['치'(다)+'어'→'쳐']
　처진/뒤처진 사람: **처진/뒤처진**의 잘못. ←**처**지다/뒤**처**지다[원]
　[참고] 튀밥을 한 움큼 **집어먹었다**: **집어 먹었다**의 잘못. ←'집다'와 '먹다'는 대등 연결.
　[설명] ①'쳐'는 '치어'의 준말(치−+−어 →쳐)임을 기억할 것. ②손이나 손에 든 물건이 세게 닿거나 부딪게 하다'를 뜻하는 '치다(치−+−어→쳐)'와 '생명을 없애거나 끊어지게 하다'를 뜻하는 '죽이다'가 따로 따로, 서로 대등하게 뜻을 나타내므로, '돌로 쳐 죽이다'와 띄어 적어야 함. 즉, 뒤에 오는 '죽이다'가 보조용언이 아니므로, 띄어 적어야 함. 참고 예문의 '집어 먹다'도 '집다'와 '먹다'가 대등하게 연결된 동격의 본동사들.

◆**천 년** 고도 경주; **천 년**의 향기: **천년**의 잘못. ←한 낱말.
　천년이나 된 비석은 글씨가 뭉개져 있었다: **천 년**의 잘못. ←'천'은 수관형사.
　[설명] '천년만년(千年萬年)≒천만년, 천년왕국'에서처럼, 단순히 '오랜 세월'을 뜻하는 '천년(千年)'은 한 낱말. 그러나 수관형사로 '천'이 명사 '년'을 명확히 꾸미는 짜임에서는 '천 년'으로 띄어 씀. ¶수천년(×)/수천 년(○); 수만년(×)/수만 년(○). ←수사 앞에 붙는 '수−'는 접두사.

◆**천둥과 번개**가 한꺼번에 몰아쳤다: **뇌성**(혹은 **천둥소리**)**과 번개**의 잘못.
　밤새 **천둥과 번개**가 하늘을 뒤덮었다: 가능한 표현임.
　[설명] ①'천둥'은 '(우르릉 쿵쾅하는) 뇌성(≒천둥소리)과 (번쩍하는) 번개를 동반하는 대기 중의 방전 현상'. 그러므로 천둥이 칠 때 번개는 천둥 속에 자동적으로 포함되어 있기 마련인데 천둥과 번개가 한꺼번에 몰아친다는 표현은 내용상 어색함. 엄밀하게 말하면 번개의 중복. '뇌성(천둥소리)과 번개(빛)가 한꺼번에 몰아쳤다'이거나 그냥 '천둥이 몰아쳤다'로 바꾸는 것이 올바름. ②두 번째 예문은 드물긴 하지만 번개가 뇌성을 동반하지 않을 수도 있고 동반할 수도 있으며, 그런 현상이 오랜 시간을 두고 되풀이될 수도 있으므로 가능한 표현임.
　[참고] ①'우레'는 뇌성과 번개를 동반하는 '천둥'과 동의어로, '우렛소리≒천둥소리≒뇌성(雷聲)(천둥이 칠 때 나는 소리)'임. ②'번개'는 '구름과 구름, 구름과 대지 사이에서 공중 전기의 방전이 일어나 번쩍이는 불꽃'만을 뜻하는 말.

◆우리 논은 천수답. 하늘만 바라보는 **천둥바라기**: **천둥지기[하늘바라기]**의 잘못.
　[설명] '천둥벌거숭이/천둥지기/하늘바라기'(○). 천둥바라기(×).
　[암기도우미] 천둥을 바라다가는 벼락 맞을! ☞천둥지기≒하늘바라기≠천상바라기
　천둥지기≒하늘바라기명 빗물에 의하여서만 벼를 심어 재배할 수 있는 논.
　천둥벌거숭이명 (비유) 철없이 두려운 줄 모르고 함부로 덤벙거리거나 날뛰는 사람.

◆**천둥 번개가 칩니다**: **천둥이 울고 번개가 칩니다**의 잘못. ⇐잘못된 주술 호응.

[참고] 미세먼지란 입자의 크기가 <u>○○ **이하를 말한다**</u>: ○○ **이하인 것을 말한다**의 잘못. ⇐잘못된 주술 호응.

◆**천만 년**을 기다려 봐라. 나오나: **천만년**의 잘못.

[비교] 이 화석은 **수천만년 전**에 형성된 것: **수천만 년 전**의 잘못.

[설명] ①'천만년'은 실제로 겪을 수 없는 시간. 따라서 <u>추상적으로</u> 아주 오랜 시간을 뜻하는 의미로 특정(과장/부사화). 이때의 '천만'은 '엄청/아주'의 뜻. ②'수천만 년'의 경우는 '수천만'이 수사·관형사로서 '년'을 <u>구체적으로</u> 수식하는 형태. 즉 한 낱말로 특정되지 않은 말.

[유사] '엄청/아주'의 뜻으로 '천만'이 쓰인 낱말들: '천만리/천만번/천만금/천만장자/천만겁/천만군'; '천만다행/천만뜻밖/천만부당/천만당부'; '낙심천만/유감천만/감사천만/기괴천만/위험천만'.

천만년[千萬年]몡 ≒**천년만년**(아주 오랜 세월).

수천만[數千萬]㊍㉎ ①천만의 두서너 배가 되는 수. 또는 그런 수의. ②헤아릴 수 없을 만큼 많은 수. 또는 그런 수의.

◆그가 물러난다고? **천만에** 말씀. 절대 그럴 위인이 아니야: **천만의**의 잘못.

[비교] **천만에**, 내가 그리 쉽게 포기할 줄 알았나: 맞음.

[설명] '천만에 말씀'에서는 '천만에'가 '말씀'을 수식하는 관형어여야 하므로, '천만에(x)/천만의(○)'. 비교 예문의 '천만에'는 부정/겸양을 뜻하는 감탄사.

천만에[千萬-]㉴ 전혀 그렇지 아니하다, 절대 그럴 수 없다는 뜻으로, 상대편의 말을 부정하거나 남이 한 말에 대하여 겸양의 뜻을 나타낼 때 하는 말.

천만의 말[말씀]㉎ ①남의 칭찬/사례에 대하여 사양할 때 당찮음을 이르는 말. ② 남의 주장에 대하여 부정할 때 하는 말.

◆그 여의사도 알고 보면 **천상** 여자지 뭐: **천생**의 잘못.

둘은 **천상연분**이라니까: **천생연분**의 잘못.

[설명] '천생'의 의미로 '천상'을 쓰는 경우가 있으나 '천생'만 표준어로 선정되었음. [표준어 규정 2장 4절 17항]. 단, '천상배필≒천생배필'임.

천생[天生]몡 하늘로부터 타고남. 또는 그런 바탕.

㉴ ①타고난 것처럼 아주. ②이미 정하여진 것처럼 어쩔 수 없이.

◆일제시대에 **천 수백 원**은 큰돈이었지: **천수백 원**의 잘못. ⇐'일제시대'는 한 낱말. ☞'**-시대**'의 복합어 중 주의해야 할 말들 항목 참조.

천 수백 년전의 얘기인데 말이야: **천수백 년 전**의 잘못.

[설명] ①수를 적을 때는 만 단위로 띄어 적으므로, '천수백'으로 적어야 함. ②이때의 '수'는 '몇/여러/약간'의 뜻을 더하는 접두사. ¶수백만/수천/수만/수십만; 수개월, 수만금, 수회용, 수년/수년래. ☞**수개월** 항목 참조.

◆싱싱한 걸로 여기 **천엽** 한 접시 주세요: **처녑**의 잘못.

처녑몡 소/양 따위의 반추 동물의 겹주름위. 잎 모양의 많은 얇은 조각이 있다.

◆**천정** 도배는 높아서 남자들이 해야지: **천장**의 잘못.

[설명] '천정부지(天井不知)'를 제외하고는 '천정'은 '천장(天障)'의 잘못. ⇐표준어 규정 제17항.

◆**천평** 저울은 정확해: **천칭(天秤)**의 잘못. ⇐'칭(秤)'을 '평'으로 잘못 읽은 것.

◆**천하 없어도** 난 그것 구경 갈 거야: **천하없어도**[부](≒**세상없어도**[부])의 잘못.

◆[주의] **냉이철**이 되었으니 냉이 캐러 가자: **냉이 철**의 잘못. ⇐두 낱말.
　　　김장 철이라 배춧값이 올랐다: **김장철**의 잘못. ⇐한 낱말.
　　　이사철에는 미리 예약해야 돼: **이사 철**의 잘못. ⇐두 낱말.
　　　선거 철이 되니 정치 철새들이 또 설친다: **선거철**의 잘못. ⇐한 낱말.
　[설명] ①'냉이철'과 같은 말을 인정하면, '봄나물철/미나리철/감자철/고구마철' 등과 같은 수많은 개별적인 '–철'도 인정해야 함. ②'이사철' 역시 '이사 시기'는 개별적으로 다르기 때문에 '선거철'과 달리 일반적으로 특정할 수 없는 수의적인 것이므로 특정하기 어려움. '식목철'이나 '꽃게철' 등이 아직 사전 표제어는 아니지만 신어 목록에 오를 수 있는 것은 의미 특정이 가능하기 때문이라고 볼 수 있음. ③'–철'이 붙은 주요 복합어: **봄철/제철/사철/한철/꽃철/농철**≒**농사철/여름철/겨울철/선거철/휴가철/가을철/장마철/김장철/가뭄철**≒**가물철/겨를철**≒**농한기/단풍철/더운철/사냥철/생선철[生鮮–]/열매철**≒**결실기/추수철**≒**추수기**≒**가을걷이철/사시사철/혼수철[婚需–]/못자리철**≒**묘판기/밭갈이철/해높은철**≒**고일계/사시장철/복철[伏–]/답청철[踏靑–]/산철[山–]/비철[非–]/식목철**[신]/**꽃게철**[신].

복철[伏–][명] 삼복[三伏]이 든 시기.
답청철[踏靑–][명] 파랗게 난 풀을 밟으며 산책하는 봄철.
산철[山–][명] 산에 오르는 계절.
비철[非–][명] 옷/음식/상품 따위가 제철의 것이 아님.
식목철[植木–][신][명] 나무를 심기에 적당한 계절.
꽃게철[신][명] 꽃게가 많이 잡히는 시기.

◆**철때기/철딱지** 없기는 제 아비나 아들이나: **철딱서니/철따구니**의 잘못.
　철때기 없는 놈. 그 **나이먹고** 하는 짓이란 게: **철[철따구니/철딱서니], 나이(를) 먹고**의 잘못. ⇐'나이먹다'는 없는 말.
　[참고] '철없다'는 한 낱말이지만 '철(이) 없는 놈'의 구조로는 띄어 적을 수 있음.
　철없다[형] 사리를 분별할 만한 지각이 없다.

◆우리 사랑을 그토록 **철썩같이** 맹세했건만: **철석같이**의 잘못. ⇐철석같다[원]
　철석 같은 그 맹세와 약속은 어디 가고: **철석같은**의 잘못. ⇐철석같다[원]
　[설명] '철석같다'는 '철석(鐵石)'에서 온 복합어. ☞**'–같다'의 복합어** 항목 참조.
　철석같다[鐵石–][형] 마음/의지/약속 따위가 매우 굳고 단단하다.

◆[고급] ♣**첩어와 준첩어**
　[예제] **누구 누구**라고 콕 찍어서 말해 봐: **누구누구**의 잘못. 첩어.
　　　무엇무엇인지 얼른 이해가 안 되는군: 맞음. 단, 사전에는 없음.
　　　정말이지 **매우매우** 섭섭했어: **매우**(혹은 **무척**)의 잘못. 없는 말.

너무너무 힘들었어; **아주아주** 뿌듯하더군: 맞음. 모두 첩어 부사.

조심 조심! 또 조심하도록: **조심조심**[부]의 잘못. 첩어.

자나깨나 불조심: **자나 깨나**의 잘못. ⇐관용구임.

본둥 만둥 하더만: **본 둥 만 둥**의 잘못.

본 체 만 체 하는 사람에게: **본체만체하는**의 잘못. ←**본체만체하다**[원]

그 사람 지금 **오늘 내일 하고** 있어: **오늘내일하고**의 잘못. ←**~하다**[원]

네모 반듯하게 자르도록: **네모반듯하게**의 잘못. ←**~하다**[원]

외모는 **예쁘디 예쁜** 사람이 해대는 짓은…: **예쁘디예쁜**의 잘못.

뭐니뭐니 해도; **뭐라뭐라** 해도: **뭐니 뭐니**, **뭐라 뭐라**의 잘못. ⇐관용구.

보자보자 하니까 정말 너무하는군: **보자 보자**의 잘못. ⇐관용구.

[설명1] **첩어**: ①동어 반복. 대부분은 붙여 적으나 사전에 오르지 않은 것은 띄어 적음[원칙]. 그러나 '첩어적 성질'이 있는 말들은 허용하고 있어서 붙여 적을 수 있는 것들도 있음. 〈예〉'무엇무엇'. 한편, 용언의 부사형에서 임의로 붙여 적으면 안 되는 것들이 제법 있음. 아래 예들 참조. ②동어 반복이라 하더라도, 관용구 등에 쓰이는 용언 활용형의 경우는 붙여 적으면 안 됨. 〈예〉'뭐니 뭐니 해도'(○); '뭐라 뭐라 하다'(○).

준첩어: 뜻/발음이 비슷한 것들을 연결한 복합어.

[설명2] **첩어/준첩어의 형태**

①첩어(동어반복): '꼭꼭/누구누구/무엇무엇/가만가만/날름날름/두고두고/두근두근/너울너울/매일매일/조심조심/하루하루/차례차례/하나하나/아주아주/너무너무'. 단, '매우매우(×)/어디어디(×)'는 사전에 없는 말.

②첩어('-디-' 구성의 연결형 형용사): '예쁘**디**예쁘다/높**디**높다/시**디**시다/차**디**차다/짜**디**짜다'.

　　[주의] 높**디**높다(○)/높고높다(×)/높고 높다(○); 곱**디**곱다(○)/곱고곱다(×)/곱고 곱다(○).

③준첩어(대립형). 붙여 씀: '가타부타/가나오나/오나가나/지나새나/이제나저제나/이나저나/이러니저러니/이러쿵저러쿵/이럭저럭'.

　　[주의] 자나 깨나(○); 앉으나 서나(○); 본 둥 만 둥(○); 뭐라 뭐라 해도(○); 뭐니 뭐니 해도(○) ⇐관용구임.

④준첩어(발음/뜻의 유사어 반복): '갈팡질팡/곤드레만드레/동네방네/들락날락/미주알고주알/알나리깔나리/알뜰살뜰/어중이떠중이/얼룩덜룩/엉금썰썰/엉큼성큼/여기저기/올망졸망/왈가닥달가닥/요리조리/이러나저러나/이판사판/일기죽얄기죽/허둥지둥'.

[참고] 준첩어 성격의 말들에 '-하다'가 붙어 만들어진 용언은 대단히 많음. 다음은 그중 일부의 예임: 오늘내일**하다**/티격태격-/본체만체-/들락날락-/옥신각신-/오락가락-/얼키설키-/갈팡질팡-/엎치락뒤치락-/우네부네-늑울고불고-/우물쭈물-/아기자기-/왈가왈부-/네모반듯-/새콤달콤-/무지막지(無知莫知)-/어리둥절-/이러저러-/왁자지껄-/올망졸망-/시시껄렁-/시끌벅적-/아득바득-/오목조목-/우락부락-/경성드뭇-/긴가민가-/들쑥날쑥-/싱글벙글-/오톨도톨-/이상야릇-/흐리멍덩-/간간짭짤-/반신반의(半信半疑)-/싱숭생숭-/허겁지겁-.

[주의] '첩어/준첩어 +하다'의 구성과 비슷하게 보일지라도 관용구일 때는 의미가 특정되어 일반적인 뜻이 아니므로, 붙여 쓰지 아니함. 〈예〉'보자 보자 하다㉿(마음에 들지 않지만 참고 또 참다)'; '오라 가라 하다㉿(어떤 사람이 다른 사람을 성가시게 오가게 하다)'; '왔다 갔다 하다㉿(정신이 맑았다 흐렸다 하다)'; '난다 긴다 하다㉿(재주나 능력이 남보다 뛰어나다)'; '늘고 줄고 하다㉿(융통성이 있다는 말)'; '뭐라 뭐라 하다㉿(똑똑히 알 수 없게 무어라고 말하다)'.

[주의] 용언의 부사형으로 첩어의 형태를 취하는 낱말들, 즉 용언에 부사형 어미 '-아(-어)/-게/-지/-고'

가 붙어 만들어진 부사어는 첩어로 쓸 경우에도 띄어 씀. 문학작품의 상당수에서 붙여 쓴 경우가 있으나,《표준》의 표제어에도 없는 말들임. (⇐그러나, '첩어적 성질'에 관한 정의가 불분명한 문제점이 있음.): '곱게 곱게; 높게 높게; 높고 높다; 곧게 곧게; 싸고 싼(향기); 흘러 흘러'.

◆♣**첩어의 띄어쓰기**

[예제] **먹어도먹어도** 배가 안 부르니 이거야 원: **먹어도 먹어도**의 잘못.

가도가도 끝이 없는 인생길: **가도 가도**의 잘못.

강물은 **흘러흘러** 바다로: **흘러 흘러**의 잘못.

높게높게 떠오르는 방패연: **높게 높게**의 잘못.

늦게늦게 일어난 녀석이 웬 재촉: **늦게 늦게**의 잘못.

뭐니뭐니 해도 현물이 으뜸: **뭐니 뭐니 해도**의 잘못.

[설명] ①첩어/첩층의 경우에도, 동사 활용형은 띄어 씀. 〈예〉가도 가도 (끝이 없다); 자도 자도; 주어도 주어도; 먹어도 먹어도'. ②'흘러/높게/늦게' 등과 같이 용언에 부사형어미 '-아(-어)/-게/-지/-고'가 붙어 만들어진 부사어는 첩어로 쓸 경우에도 띄어 씀. ☜[구별] '가늘다가는/얇디얇은' ⇐'-디 -ㄴ(는)' 구성의 연결형 형용사이므로 붙여 씀. ③관용구의 경우에도 띄어 씀: '뭐라 뭐라 하다'; '뭐니 뭐니 해도'.

◆♣**'첫'이 접두어인 주요 낱말들**

[예제] **첫 아들**은 집안 기둥, **첫 딸**은 집안 재산: **첫아들**, **첫딸**의 잘못.

첫단추를 잘못 끼운 탓: **첫 단추**의 잘못. 두 낱말.

오늘은 **첫출발**의 **첫 걸음**을 떼어놓는 날: 맞음, **첫걸음**의 잘못.

올해 처음으로 시장에 들어오는 **첫조기**: **첫사리**(혹은 **초사리**)의 잘못.

첫경험은 영원히 잊지 않지: **첫 경험**의 잘못. 두 낱말.

○**'첫'이 접두어인 주요 낱말들**: 첫날/첫해/첫봄/첫여름/첫가을/첫겨울/첫서리/첫얼음/첫더위/첫추위/첫가물/첫비/첫눈[雪]/첫눈[眼]/첫딸/첫아기/첫아들/첫아이/첫이레/첫울음/첫닭/첫수(-手)/첫차/첫낯≒초면/첫술/첫말/첫물1/첫물2/첫배/첫치/첫도/첫개/첫걸/첫윷/첫모/첫입/첫젖/첫국/첫길/첫잠/첫손/첫맛/첫밧/첫코/첫판/첫선/첫정(-情)//첫발/첫그물/첫발자국/첫걸음/첫걸음마/첫나들이/첫울음/첫음절/첫출발/첫출사(-出仕)/첫날밤/첫대목/첫머리/첫자리/첫마디/첫사랑/첫새벽/첫소리≒초성/첫인상/첫인사)/첫혼인≒초혼/첫고등/첫국밥/첫제사≒첫기제/첫조금/첫사리≒초사리/첫솜씨/첫풀이/첫행보/첫가지/첫도왕(-王)/첫딱지.

[주의] 흔히 쓰는 다음 말들은 복합어가 아님: '첫단추(×)/첫 단추(○)'; '첫경험(×)/첫 경험(○)'; '첫시험(×)/첫 시험(○)'; '첫출근(×)/첫 출근(○)'.

〈뜻풀이에 유의해야 할 말들〉

첫술명 음식을 먹을 때에, 처음으로 드는 숟갈.

첫말명 처음에 꺼내는 말.

첫물1명 그해에 처음으로 나는 홍수.

첫물2명 옷을 새로 지어 입고 처음으로 빨 때까지의 동안.

첫배명 ①≒맏배(짐승이 새끼를 낳거나 까는 첫째 번). ②한 해에 몇 번 새끼 치는 짐승이 그해에 처음으로 새끼를 치는 일. 또는 그 새끼.

첫입명 ①음식을 첫술로 먹거나 첫 번으로 베어 물어 먹는 입. ②여러 사람 가운데서 처음으로 입을 뗀다는 뜻으로, 첫 번째의 발언을 이름.

첫젖명 ①≒초유(初乳)(분만 후 며칠간 분비되는 노르스름하고 묽은 젖). ②아이나 새끼가 나서 처음 먹는 젓.

첫국圐 빚어 담근 술이 익었을 때, 박아 놓은 용수에서 첫 번으로 떠내는 맑은 **술**.

첫길圐 ①처음으로 가 보는 길. 또는 막 나서는 길. ②시집가거나 장가들러 가는 길.

첫잠圐 ①막 곤하게 든 잠. ②누에가 뽕을 먹기 시작한 후 처음으로 자는 잠.

첫손圐 여럿 가운데 가장 뛰어난 대상.

첫밟圐 일이나 행동의 맨 처음 국면.

첫도왕(-王)圐 윷놀이에서, 첫도를 치면 재수가 있어 이길 수 있음.

첫딱지圐 첫 시작.

첫사리≒초사리圐 그해 처음으로 시장에 들어오는 첫 조기.

첫솜씨圐 경험이 없는 사람이 처음으로 손을 대서 하는 솜씨.

첫풀이圐 새 며느리의 근행(覲行)을 통하여 사돈 사이에 처음으로 주고받는 선물.

첫행보(-行步)圐 ①처음으로 길을 다녀오는 일. ②행상(行商)으로 처음 하는 장사.

첫가지圐 원줄기에서 맨 처음 갈라져 자란 원가지.

첫고등圐 맨 처음의 기회.

첫자리圐 첫째가는 자리나 등급.

◆여인네들의 **첫경험**이야 평생 잊혀지지 않지: **첫 경험, 잊히지**의 잘못.

　　[참고] '잊혀지지'는 '잊히지'의 잘못. 현재로서는 '잊혀지다'는 '잊히다'의 이중 피동으로 잘못. 즉, 피동사인 '잊히다'가 있음에도 거기에 다시 '-어지다'를 잘못 결합시킨 경우임. 그러나 이러한 (잘못된) 이중 피동 현상이 다른 용도로 독자적인 영역을 구축하고 있다는 견해도 있음. ☞**'잊혀진'** 항목 참조.

◆이사 온 **첫날밤**엔 온 가족이 잠을 이루지 못 했다: **첫날 밤**의 잘못.

　　당진으로 이사 와서 맞이하는 **첫여름**은: **첫 여름**의 잘못.

　　[설명] ①예문의 '첫날 밤'은 '결혼한 신랑과 신부가 처음으로 함께 자는 밤'이라는 뜻으로 특정된 '첫날 밤'과는 다르므로 '첫날 밤'으로 띄어 적음. ②처음 맞이하는 '첫 여름'도 '첫여름'으로 붙여 적으면 '여름이 시작되는 첫머리'가 됨.

◆그는 그 분야에서 **첫손꼽는** 이 중 하나다: **첫손 꼽는**의 잘못.

　　[참고] 그는 그 분야에서 **첫째 가는** 사람: **첫째가는**의 잘못. ←**첫째가다**[원]

　　[유의] 그 나라는 세계에서 **손 꼽는** 면화 생산국: **손꼽는**의 잘못. ←**손꼽다**[원]

　　[설명] ①'첫손꼽다'는 없는 말. '첫손(을) 꼽다'의 잘못. '첫손' 자체가 '여럿 가운데 가장 뛰어난 대상'을 이르므로 굳이 '첫손꼽다'를 복합어로 삼을 이유가 적음. ②'첫째가다'는 한 낱말. 유의어로는 '제일가다/으뜸가다/단별가다'. ③'손꼽다'는 손가락을 하나씩 고부리며 수를 헤아린다는 뜻으로는 '손(을) 꼽다'도 가능하지만, 그런 뜻 외에도 '(다섯) 손가락 안에 들 만큼 뛰어나거나 그 수가 적다'거나 '여럿 중에서 뛰어나다고 여기다'라는 뜻으로 추가적 의미가 특화(특정)된 말이므로, 한 낱말의 복합어.

첫째가다圐 무엇보다 우선적으로 꼽히거나 으뜸이 되다.

단별가다[單一]圐 오직 그것 하나뿐으로, 그보다 나은 것이 없다.

손꼽다圐 ①손가락을 하나씩 고부리며 수를 헤아리다. ¶남은 날짜를 손꼽아 세다. ②많은 가운데 다섯 손가락 안에 들 만큼 뛰어나거나 그 수가 적다. ¶철거민용 아파트에 진짜 철거민들은 손꼽을 정도지. ③여럿 중에서 뛰어나다고 여기다. ¶본받을 만한 위인으로 손꼽는 사람 중의 하나.

◆**첫째딸**은 재산 밑천이고 **첫째아들**은 대들보다: **첫째 딸, 첫째 아들**의 잘못.

[참고] 그 집에서는 **둘쨋딸**이 제일 예쁘더군: **둘째 딸**의 잘못.

　　　둘째 가라면 서러운 그다: **둘째가라면**의 잘못. ← **둘째가다**[원]

[설명] ①'첫째 아들/딸, 둘째 아들/딸'의 경우, 한 낱말이 아니므로 띄어 적음. 따라서 사이시옷도 적용되지 않음. 그러나, '첫딸/첫아들'은 한 낱말. ②'첫째-'가 들어간 복합어 중 일반적인 낱말은 '첫째항(-項)/첫째가다'의 두 개뿐임. ③'둘째가다'의 유의어로는 '다음가다/버금가다'.

둘째가라면 서럽다[섧다]판 자타가 공인하는 첫째다.

◆**첫출근 날 출근 길**에서 차 사고를 냈지 뭐야: **첫 출근 날, 출근길**의 잘못.

[설명] ①'첫출근'은 '첫 출근'의 잘못. ②'출근길'은 한 낱말. 이때의 '-길'은 몇몇 명사 뒤에 붙어 '과정/도중/중간'의 뜻을 나타내는 접사적 기능. ¶산책길/시장길.

◆올해의 **청보리** 축제를 시작하겠습니다: 없는 말.

청보리밭신명 봄에 파랗게 싹이 튼 보리밭.

[설명] '청보리 축제': 요즘 흔히 쓰이는데, 문제 있는 말. 보리 축제가 벌어지는 4월말~5월 초순이면 보리는 다 큰 상태로, 봄에 싹이 튼 상태와는 큰 차이가 있음. 즉, 국립국어원의 자료집(신어 자료집, 2004)에 정의된 '청보리밭'과도 거리가 멀어서, 〈청보리밭 축제〉라고 할 수도 없음. 문제는 '청보리'에 관한 다양한 정의가 현재로서는 사전에 올라있지 않다는 것. '청보리'를 '보리가 익기 전의 파란 보리 또는 그런 보릿대'로 정의할 필요가 있음. 현재 〈우리말샘〉에는 '이삭이 완전히 여물지 않은 보리. 또는 여물기 전에 수확한 보리'로 풀이.

◆**청설모**는 참다람쥐의 털을 뜻하는 말이지, 동물 이름이 아니야: [설명] 참조.

[설명] '청설모(靑鼠▽毛)'의 원말은 '청서모(靑鼠毛)'로서, 예전에는 '청설모(靑鼠▽毛)'를 '참다람쥐나 날다람쥐의 **털**'로만 인정하였으나, 현재는 언중들의 사용 실정을 반영하여, 동물 '청서(靑鼠)(다람쥣과의 하나)'와 같은 것으로도 인정.

청설모(靑鼠▽毛)명 ①≒**청서[靑鼠]**(다람쥣과의 하나). ②≒**청모[靑毛]**(참다람쥐나 날다람쥐의 털. 붓을 만드는 데 많이 씀.)

◆거기서 그처럼 **청승궂게** 청승 떨지 말고 이리 와라: 맞음. **청승맞게**도 가능함.

[설명] '-궂다'와 '-맞다'가 붙는 말들은 엄격하게 구분되지만, 다음 말들은 서로 바꿔 쓸 수도 있는 유의어: '곰살맞다≒곰살궂다; 청승맞다≒청승궂다; 새실맞다≒새실궂다; 새살맞다≒새살궂다; 시설맞다≒시설궂다'. ☞**데설궂다** 항목 참조.

◆**체면불구**하고: **체면 불고(不顧)**의 잘못. ⇐띄어쓰기에서 '체면 불고'임.

[설명] ①관용구이며, 한 낱말이 아님. 단, 한글 표기일 때. ②'체면불구(-不拘)'를 인정하면, '체면을 돌아보지 않는다(不顧)'는 의미가 없어지고, '체면에 구애되지 않는다(≒마구잡이로 해댄다)'는 뜻으로 바뀜.

[참고] 한자 성어일 때는 붙여 씀: 체면불고(體面不顧)≒불고체면(不顧體面)≒부지체면(不知體面)

◆다람쥐 **체바퀴** 돌듯: **쳇바퀴**의 잘못. ☞**챗바퀴**는 북한어.

쳇바퀴명 체의 몸이 되는 부분. 얇은 나무나 널빤지를 둥글게 휘어 만든 테로, 이 테에 쳇불을 메워 체를 만든다.

◆얼마나 **체신 없이** 굴면 **체신머리**도 없다 할까: **채신없이**, **채신머리**의 잘못.

공개 사과라니 정말 **체신머리 사나운** 일이로군: **채신머리사나운**의 잘못.

[설명] ①'체신'과 '체신머리'는 각각 '채신(처신/치신)'과 '채신머리'의 잘못. ②'처신≒채신/치신'이므로('채신'과 '치신'은 '처신'을 낮잡는 말) '채신없이≒처신없이≒치신없이'. ③'**채신머리사납다**'는 한 낱말로, '채신사납다(몸가짐을 잘못하여 꼴이 몹시 언짢다)'를 낮잡는 말.

채신≒치신몡 '처신(세상을 살아가는 데 가져야 할 몸가짐/행동)'을 낮잡는 말.

채신머리≒치신머리몡 '처신'의 속칭.

◆아궁이에서 **처내는** 연기 때문에 눈을 뜰 수 없네: **쳐내는**의 잘못. ←**쳐내다**[원]

처내다동 불길/연기 따위가 쏟아져 나오다.

쳐내다1동 깨끗하지 못한 것을 쓸어 모아서 일정한 곳으로 가져가다.

쳐내다2동 체를 흔들어 고운 가루를 뽑아내다.

◆함부로 **처대는** 돈과 시간이 아깝지도 않으냐: **쳐대는**의 잘못. ←**쳐대다**[원]

[설명] '처-'는 '마구', '많이'의 뜻을 더하는 접두사. '쳐-'는 '치다'의 활용형 '치어-'의 준 꼴. '쳐-'의 꼴로 흔히 쓰이는 말에는 '쳐다보다/쳐들다/쳐주다/쳐내다1·2/쳐올리다/쳐들어오다/쳐들어가다' 등이 있음.

처대다1동 함부로 불에 대어서 살라 버리다.

처대다2동 ①함부로 자꾸 대 주다. ②마구 닿게 하다.

◆날 이 촌구석에 **처박아** 놓고: **쳐박아**의 잘못. ←**쳐박다**[원]

널 감옥에 **처넣을** 거야: **쳐넣을**의 잘못. ←**쳐넣다**[원]

[설명] ①'쳐박아'는 '치어박아'의 준 꼴로 분석되는 바, '치다(때리다)+박다'가 되어 말이 되지 않음. ②'쳐넣다' 역시 '치다+넣다'가 되어 '마구/함부로'를 뜻하는 접두사 '처-'와 동떨어짐.

처박다동 ①매우 세게 박다. ②함부로 막 박다. ③마구 쑤셔 넣거나 푹 밀어 넣다.

처넣다동 마구 집어넣다.

◆맨뒤에 **처지는** 사람은 물 떠오기다: **맨 뒤**, **처지는**의 잘못. ←**처지다**[원]

◆학년**초**에는 모두 바쁘다: 학년 **초**의 잘못.

[설명] ①'초'는 의존명사. 따라서 복합어가 아님. ¶조선 초, 20세기 초, 학기 초. ②복합어 접미어로 쓰일 경우에는, 주로 '초(初)'의 의미가 아닌 '-草/-醋' 등으로 쓰임. 단, '애당초(-當初)/말시초(-始初)≒말머리/설시초(設施初)/낙지초(落地初)'.

설시초(設施初)몡 ①처음으로 시설할 때. ②막 베풀어 설비하고 난 그 처음.

낙지초(落地初)몡 세상에 태어난 뒤 처음.

◆영도다리 난간 위에 **초생달**만 외로이 떴다: **초승달**(初生▽-)의 잘못.

[참고] 보름달은 **둥근 달**이라고도 한다: **둥근달**의 잘못. ⇐둘은 비슷한 말.

[해설] ①'초승달'은 '-생(生)'의 굳어진 관행적 발음을 표준어로 인정한 것으로 유사 사례로는 '이승/저승(○); 금승말(○)'등이 있음. ②달과 관련된 한 낱말의 복합어로는, '보름달/둥근달/새벽달/초승달/그믐달/상현달/하현달/눈썹달/조각달...' 등도 있음.

눈썹달몡 눈썹 모양으로 보이는 초승달이나 그믐달.

둥근달휑 음력 보름을 전후하여 둥그렇게 된 달.

보름달휑 음력 보름날 밤에 뜨는 둥근달.

조각달휑 음력 초닷샛날 전후와 스무닷샛날 전후에 뜨는, 반달보다 더 이지러진 달.

◆사내는 그날 **초죽음**이 되도록 얻어 맞았다: **초주검**의 잘못. 없는 말.

[설명] '주검'은 '송장(시체)'과 같은 말로서, '초주검'은 어떤 연유로 '주검'에 가깝게 된 상태를 뜻함. '죽음'은 '죽는 일'이므로 상태와는 어울리지 않는 말임.

초주검[初−]휑 두들겨 맞거나 병이 깊어서 거의 다 죽게 된 <u>상태</u>. 또는 피곤에 지쳐서 꼼짝을 할 수 없게 된 <u>상태</u>.

◆모종을 그렇게 **촘촘이** 심으면 제대로 번지 못하지: **촘촘히**의 잘못.

[설명] 촘촘하다휑의 부사형은 '촘촘히'(규칙변화). '−하다'로 끝나는 형용사 중 표준발음이 '−이'이면서 어간 끝이 'ㅁ'인 경우는 '갈쯤이/갸름이/야틈이'처럼 '−이'로 표기되지만, 예외적으로 '촘촘히'와 같이 표준발음이 '−히'인 것들도 있음. 〈예〉황감히(惶感−)(○). ☞♠**'−이'로 끝나는 부사들 중 유의해야 하는 것들** 항목 참조.

◆넌 **촛병마개**냐, 죄다 시큰둥하게: **초병마개(醋瓶−)**의 잘못.

촛점 없는 눈으로 쳐다보던 그녀: **초점**의 잘못.

[설명] 발음은 각각 {초뼝마개}/{초쩜}이지만, '초병(醋瓶)/초점(焦點)'은 한자어이므로 사이시옷을 받치면 도리어 잘못. '개수(個數)/도매금(都賣金)' 등도 이에 해당.

◆**촛불문화제/촛불시위**가 도처에서 열렸다: **촛불 문화제/촛불 시위**의 잘못.

[설명] 이 말들은 글자 그대로의 뜻뿐이므로 두 낱말. 그러나 고유명사로 쓰일 때는 붙여쓰기가 허용됨. 〈예〉'제3회 민주회복 기원 촛불문화제', '제10회 서천주꾸미축제(○)→제10회 서천 주꾸미 축제(○)'. 이것은 긴 고유명사일 때 의미 구분을 위해 분절을 허용하는 것과 같은 이치임. 〈예〉한국은행광주출장소(○) →한국은행 광주출장소(○).

◆동족끼리 **총뿌리**를 겨누고: **총부리**의 잘못.

[유사] **돌뿌리**에 **발뿌리**가 차여서: **돌부리, 발부리**의 잘못.

[설명] '부리'는 어떤 물건의 끝이 뾰족한 부분. ☞기타 설명은 '**부리**' 항목 참조.

◆'총인구수', '총인구 수', '총 인구수'중 바른 것은?: **총인구수**

[설명] 이때의 '총'은 '전체를 아우르는' 또는 '전체를 합한'의 뜻을 나타내는 접두사. 〈예〉총계/총비용/총수량/총톤수/총본산(總本山).

◆그야 어디서고 여자들한테 **추근거리는/추근대는** 게 주특기 아닌가?: 맞음.

시도 때도 없이 **추근덕거리는** 꼴이라니: **치근덕거리는**의 잘못.

[설명] ①예전에는 '추근거리다'가 '치근거리다'의 잘못이었으나 복수표준어로 인정. 그러나 두 말은 어감/뜻에서 미세한 차이가 있음. ②그러나, **추근덕거리다[대다]**는 **치근덕거리다[대다]**와 달리, 아직 표준어로 인정되지 못한 말. 즉, '치근덕거리다[대다]'의 잘못임.

추근거리다동 성가실 정도로 은근히 끈덕지게 귀찮게 굴다.

치근거리다〉**지근거리다**[통] 성가실 정도로 은근히 자꾸 귀찮게 굴다.
치근덕거리다〉**지근덕거리다**[통] 성가실 정도로 끈덕지게 자꾸 귀찮게 굴다.

◆맥을 못 **추리다**: **추다**의 잘못.
  [설명] '추다'에는 아래의 뜻풀이에서 보듯 '쇠약해진 몸을 똑바로 가누다'의 의미도 있음. '추리다'에는 '섞여 있는 것에서 여럿을 뽑아내거나 골라내다'의 뜻밖에 없음.
  추다[통] ①업거나 지거나 한 것을 치밀어서 올리다. ¶바지춤을 추다 ②어깨를 위로 올리다. ¶어깨를 추면서 덜덜 떨었다. ③쇠약해진 몸을 똑바로 가누다. ¶맥을 추다. ④어떤 사람을 정도 이상으로 크게 칭찬하여 말하다. ¶너무 추어 거들지 말게. ⑤물건을 찾으려고 뒤지다. ¶온 방을 다 추어도 그 책이 없었다. ⑥일정한 목표를 향하여 이동하다. ¶등성이 쪽으로 추어 오르면 적군이 보일 게야.

◆몸을 **추서는** 대로 나갈게: **추세우는(추스르는)**의 잘못. ←**추세우다/추스르다**[원]
  어떻게든 몸을 **추어세워서** 운신하려고 해봐: **추세워서**의 잘못. ←**추세우다**[원]
  [설명] ①'추서다'는 자동사. 이 예문을 '몸이 추서는 대로 ~'로 적으면 맞음. ②'추+세우다'는 '추서다'의 사동사로서 '추세우다(○)/추어세우다(×)'. 단, '추어올리다/추어주다' 등과는 다른 낱말.
  추서다[통] ①병을 앓거나 몹시 지쳐서 허약하여진 몸이 차차 회복되다. ②떨어졌던 원기/기세 따위가 회복되다. ¶몸이 추서는 대로 출근할게.
  추세우다[통] ≒추스르다. '추서다'의 사동사.

◆몸을 **추스리는** 대로 나갈게: **추스르는**의 잘못. ←**추스르다**[원]
  몸이나 **추스린 뒤** 보든가 하자: **추스른 뒤**의 잘못. ♣'ㅡ' 모음이 쓰여야 할 곳에 'ㅣ' 모음이 잘못 쓰인 경우들 항목 참조.
  추스르다[통] ①추어올려 다루다. ②몸을 가누어 움직이다. ③일/생각 따위를 수습하여 처리하다. [유]수습하다/가다듬다.

◆[고급] 잘한다고 **추켜올려주니까** 너무 까분다: **추켜올려 주니까**의 잘못.
  완장을 어깨 쪽으로 바싹 **추켜올렸다**: 맞음. 쓸 수 있음.
  그녀는 **추켜올리는** 말 몇 마디에, **추어올리지** 말아야 할 치마를 활짝 들어 올린 거나 마찬가지: 쓸 수 있음.
  잘한다고 **추켜주니까** 진짜인 줄만 알고서: **추켜세워[올려] 주니까**의 잘못.
  잘한다고 **추켜세우니까**, 아예 깨춤을 추는군: 쓸 수 있음.
  [설명] ①가장 흔히 잘못 쓰고 있는 '추켜주다'는 사전에 없는 말로. '추켜 주다(○)≒위로 올려 들다, 위로 들어 주다≒치키다'임. ②실제보다 높여 칭찬하다'의 뜻으로는 **'추어주다/추켜[추어]올리다/치켜올리다[세우다]'**를 써야 함. [예전에는 '추켜올리다'는 잘못이었으나 국립국어원 수정(2018.10.)] 이에 따라 '치마를 높이 (추켜)올리다. 두 손을 (추켜)올리다'와 같은 경우에도 **'추켜[추어]올리다/치켜[추켜]세우다'** 모두를 쓸 수 있음.
  [정리] 새로 바뀐 뜻풀이를 보이면 아래와 같음.
  추어올리다[통] ①옷/물건, 신체 일부 따위를 위로 가뜬하게 올리다. ≒**추켜올리다**①/**치켜올리다**①. ②실제보다 과장되게 칭찬하다. ≒**추어주다/추켜올리다**②/**치켜올리다**②.
  추켜세우다[통] ① =**치켜세우다**①. ② =**치켜세우다**②. ③〈북한어〉잘 안되고 있는 일을 잘되는 상태로 올려세우다.

치켜세우다⑧ ①옷깃/신체 일부 따위를 위로 가뜬하게 올려 세우다. ≒**추켜세우다**①. ②정도 이상으로 크게 칭찬하다. ≒**추켜세우다**②.

추켜올리다⑧ ①=**추어올리다**①. ②=**추어올리다**②

치켜올리다⑧ ①=**추어올리다**①. ②=**추어올리다**②.

추키다⑧ ①위로 가뜬하게 치올리다. ¶등에 업은 아이를 한번 추킨 뒤에. ②힘 있게 위로 끌어 올리거나 채어 올리다. ¶냅다 멱살을 추켜잡고는. ③값을 많이 올려 매기다. ¶물건 귀할 땐 추킨 값에도 잘 나가. ④부추기다 ¶그 친구는 누가 추키기만 하면 금세.

추기다⑧ 다른 사람을 꾀어서 무엇을 하도록 하다.

부추기다⑧ ①≒**추키다**. 남을 이리저리 들쑤셔서 어떤 일을 하게 만들다. ②감정/상황 따위가 더 심해지도록 영향을 미치다.

치키다⑧ 위로 향하여 끌어 올리다. ¶바지 허리춤을 바짝/바싹 치킨 다음, 힘을 썼다.

치켜세우다⑧ ①옷깃/눈썹 따위를 위쪽으로 올리다. ②정도 이상으로 크게 칭찬하다.

치살리다⑧ 지나치게 치켜세우다. ¶그는 술자리에서 상관을 치살리며 환심을 샀다.

◈놀림말 '바보 **축구**!'에서 '축구'는 축구(蹴球)를 뜻하는가: '바보 축구'는 비하어 '바보 병신!'과 흡사한 말로, '**축구(畜狗)**'는 '사람답지 못한 짓을 하는 사람을 낮잡는 말'임.

◈이것으로 축사**에 가름합니다**: 축사를 **갈음합니다**의 잘못.
  [설명] '가름하다'는 '갈음하다'의 잘못. 그리고, '갈음하다'는 사동사.
  가름하다⑧ ①쪼개거나 나누어 따로따로 되게 하다. ②승부/등수 따위를 정하다.
  갈음하다⑧ 다른 것으로 바꾸어 대신하다.

◈**출세길**이 훤하게 열렸군: **출셋길**의 잘못. ☞'-길'에 붙는 사이시옷에 관해서는 '**나그넷길**' 항목 참조.

◈**출현자**들이 모두 무대에 **출연**했다: **출연자**, **출현**의 잘못.
  출연[出演]몡 연기/공연/연설 따위를 하기 위하여 무대/연단에 나감.
  출현[出現]몡 나타나거나 또는 나타나서 보임.

◈**춥춥스럽게** 날아드는 파리 떼(이효석, 메밀꽃 필 무렵): **춤춤스럽게**의 잘못.
  춤춤스럽다휑 보기에 너절하고 염치없는 데가 있다.

◈소화기 약제를 **충진**할 때가 됐어: **충전**의 잘못. ⇐充塡의 오독.
  소화기 약제를 **충약**하도록: **충전**의 잘못. ⇐'충약'은 아직 사전에 오르지 못한 말.
  [설명] 한자 '充塡'을 잘못 읽어서 생기는 실수. 올바른 발음은 '충전'.
  충전[充塡]몡 ①메워서 채움. ②교통 카드 따위의 결제 수단을 사용할 수 있게 돈이나 그것에 해당하는 것을 채움. ③채굴이 끝난 뒤에 갱의 윗부분을 받치기 위하여, 캐낸 곳을 모래/바위로 메우는 일.

◈**취업준비생/고시준비생. 수험준비생**: **취업 준비생/고시 준비생**의 잘못. **시험 준비생**이 적절함.
  [설명] ①한 단어가 되면 사전의 표제어가 됨. 이것들은 글자 그대로의 뜻뿐이며, 이들을 복합어로 인정하면 분야별 준비생 모두가 한 낱말이 되어야 함. ②'수험'은 '시험을 치름'이므로 '수험 준비생' 보다는 '시험 준비생'이 나으며, '수험생(시험을 치르는 학생)'으로 족할 것으로 생각됨.

◆**학생 치고** 그 선생님을 모른다면 그건: **학생치고**의 잘못. ⇐**'치고'**는 조사.

처음 치고는 아주 잘했어. 눈이 온 **날씨 치고는** 포근해: **처음치고는. 날씨치고는**의 잘못. ⇐**'치고'**는 보조사.

[구별] 잃어버린 셈 <u>치고</u>; 속은 셈 <u>치고</u> 잊어버려라; 그는 명예를 최고로 <u>치고</u> 살아왔다: 이때의 '치고'는 '어떠한 상태라고 인정하거나 사실인 듯 받아들이다'를 뜻하는 동사 '치다'의 활용이므로, 띄어 써야 함.

◆**치고박고** 싸우는 통에 잃어버렸어: **치고받고**의 잘못. 없는 말. ←**치고받다**[원]

치고받다통 서로 말로 다투거나 실제로 때리면서 싸우다.

◆♣**'-치다'가 들어간 복합어** 중 유의해야 할 말들: 복합어이므로 붙여 써야 하며 띄어 쓰면 잘못. 조어 방식에는 두 가지가 있는데 ①용언 어간 또는 어근+'-치다'의 방식과 ②한자, 명사, 혹은 명사형 어근+'-치다' 방식임.

[예제] **눈웃음 치는** 여자들은 근본적으로 문제 여인들: **눈웃음치는**의 잘못. ⇐'눈웃음치다'는 한 낱말.

몸부림 쳐봤자야: 몸부림쳐 봤자야의 잘못. ⇐'몸부림치다'는 한 낱말.

큰소리 칠 때 알아봤지: **큰소리칠 때**의 잘못. ⇐'큰소리치다'는 한 낱말.

버둥질[발버둥질]친다고 뭐가 나오나?: 없는 말. **버둥질[발버둥질]한다**의 잘못. ☞'-질'은 '하다'와의 연결이 자연스러운 말. 상세 설명은 '발버둥질' 혹은 '버둥질' 항목 참조.

[설명] '-치다'가 들어간 복합어 중 주요 낱말: 몸부림치다/큰소리치다/땡땡이/몸서리/아우성/뒷걸음/죽살이/맞장구/메아리/용솟음/줄행랑/조바심/회오리/달음질/달음박질/줄달음/덧게비/덧뵈기/도망질/간나위/돌라방/등걸음/물장구/설레발/손꼽이/얼러방/우물당/재(再)장구/털써기/패대기/평미리/평다리/헛걸음/홀랑이/〈홀렁이/가동이/눈웃음/맴돌이/뺑소니/선(先)소리-.

⑴용언 어간 또는 어근+'-치다'

○감돌아**치다**/감1-/감2-/갑-/검-/겹1-/겹2-/곱이-〈굽이-/곱-〈꼽-/꼬불-/꿍-/나돌아-/내돌-/내동댕이-/내려-/내밀-/내박-/내부딪-/내분-/내뻗-/내1-/내2-/내헤-/늉〉농-/다그-/다닥-/다좆-/닥-/달구-/달-/당-/닿-/대받-/더-/덧엎-/도두-/돌라-〈돌라방-/돌아-/동-/되곱-/되내-/되몰아-/되밀-/되받아-/두르-/둘러메-/둘러1-/둘러2-/둥-/뒤뻗-/뒤-/뒤덮-/뒤떨-/들고-/들이덮-/들이-/떠들-/떠밀-/떨어-/떼뭉-/뚱기-/마주-/망-/맞받아-/맞부딪-/먹여-/메다-/메어-/몰아-/물리-/박-/받아-/밭-/뱌비-/번드-/벋-/볶아-/부딪-/북받-/불어-/빼-/뻗-/뿌리-/설-/소리-/소스-/솟구-/솟-/싸대-/쓸-/안아-/안-/얼러-/엇부딪-/엎-/에둘러-〈에두르다-/에우-/여닫-/열-/엽-/올리뻐-/웃-/잡아엎-/재우-/접1-/접2-/조리-/죄어-/좨-/쥐어-/지-/짓-/쫍-/채1-/채2-/치-/톡탁-〈툭탁-/펼-/풀-/화-/헐-/홀1-/홀2-/휘감-/흩-.

〈주의해야 할 말들〉

감치다통 ①어떤 사람/일/느낌 따위가 눈앞/마음속에서 사라지지 않고 계속 감돌다. ②음식의 맛이 맛깔스러워 당기다.

갑치다통 마구 서둘거나 조르면서 <u>귀찮게 굴다</u>.

검치다통 ①모서리를 중심으로 두 면에 걸치도록 하여 접거나 휘어 붙이다. ②한 물체의 두 곳이나 두 물체를 맞대고 걸쳐서 붙이다.

꿍치다통 조금 세게 동이거나 묶다.

다좆치다통 ①일/말을 섣불리 하지 아니하도록 <u>매우 단단히 주의를 주다</u>. ②일/말을 매우 바짝 재촉하다.

당치다통 꼭꼭 다지다.

도두치다통 실제보다 많게 셈을 치다.

달구치다통 무엇을 알아내거나 어떤 일을 재촉하려고 꼼짝 못하게 몰아치다.

대받치다통 남의 말에 반항하여 강하게 들이대다.

돌라치다≒**돌라방치다**통 무엇을 살짝 빼돌리고 그 자리에 다른 것을 대신 넣다.

둘러치다통 ①휘둘러 세차게 내던지다. ②메나 몽둥이 따위를 휘둘러 세게 내리치다.

번드치다통 ①물건을 한 번에 뒤집다. ②마음 따위를 변하게 하여 바꾸다.

설치다통 필요한 정도에 미치지 못한 채로 그만두다.

쏠치다통 살이 몹시 문질러서 살갗이 벗어지다.

안아치다통 ①뒤로 돌아서서 어깨 너머로 망치질을 하다. ②씨름에서, 상대편의 몸통을 안고 메어치다.

안치다통 ①어려운 일이 앞에 밀리다. ②앞으로 와 닥치다.

에둘러치다≒**에두르다**통 바로 말하지 않고 짐작하여 알아듣도록 둘러대다.

에우치다통 둘러서 가리거나 막다.

얼러치다통 ①둘 이상의 것을 한꺼번에 때리다. ②둘 이상의 물건값을 <u>함께 셈하다</u>.

조리치다통 졸음이 올 때에 <u>잠깐 졸고 깨다</u>.

쥐어치다통 조리 없이 쓸데없는 말을 함부로 자꾸 지껄이다.

쫍치다통 ①너그럽지 못하고 옹졸하게 만들다. ②깨뜨리어 부수다.

톡탁치다〈**툭탁치다**〉통 옳고 그름을 가리지 아니하고 모두 쓸어 없애다.

풀치다통 맺혔던 생각을 돌려 너그럽게 용서하다.

헐치다통 ①가볍게 하다. ②허름하게 하다.

---

(2)한자, 명사, 혹은 명사형 어근+'-치다': '뒷걸음치다(O)/뒷걸음하다(O); 뒷걸음질하다(O)/뒷걸음질치다
(×)/뒷걸음질 치다(O)'에서 보듯 일부 활용에서는 조심해야 할 것들이 많음. '-질'이 붙은 말에 '치다'
와의 수의적 결합을 용인하면 '구역질치다(×)'와 같은 괴이한 말도 나올 수 있기 때문임. 참고로, 2~3
음절의 어근에 '-질+치다'가 결합된 말로는 '달음질치다/도망질치다'와 '곤두박질치다/달음박질치다'
정도임. ☞'**뒷걸음치다**', '**발버둥**' 항목 참조.

O가동이**치다**/각-/간나위-/거덕-형/거장-/격(格)-/겸-/경(更)-/경(黥)-/고동-/고함-/곤두박질-/곤
두-≒곤두박이-/곱-/공(空)-/공갈-/깻박-/꺼덕〉거덕-형/껑짜-형/놀-≒놀치다/농-/농탕-/눈웃
음-/능갈-/달음질-≒달음박질-/덧게비-/덧뵈기-/도련-/도망질-/도망-/독판-≒독장-≒외장-/
돈-/돌라방〈둘러방-/동댕이-/뒤넘기-/뒤뿔-/뒤재주-/뒤통수-/둔(屯)-/뒷북-/등걸음-/등-/땡땡이-/
맞장구-/매장(買臟)이-/맴돌이-/메아리-/면(面)-/몸부림-/몸서리-/몽태-/물결-/물장구-/물탕(湯)-/
바디-/벽(壁)-/비비대기-/비사-1/비사-2/비틀걸음-/빗발-/뺨-/뺑소니-/뺑-/삭(削)-/살인-≒살인내
다/살줄-/살-/석(釋)-/선(先)소리-/설레발-/소용돌이-/손꼽이-/손-1/손-2/순(筍)-/아우성-/악장-/야
나-형/야단-/어녹이-/어리-/어림-≒어림잡다/얼러방-/얼-1/얽이-/엔굽이-/여울-/외딴-1/외딴-2/외
봉-/외장-≒독장-/왜장독장-/왜장-/요동-/용솟음-/우물당-/이아-/장난-/장-1/장-2/장3-≒독장-/
재곤두-/재장구-/쟁-≒재양-/점-/조바심-/죽살이-/줄달음-/줄랑랑-/지음-/질탕-/즉(卽)-/채-/추경
(秋耕)-//큰소리-/탕-/태-≒태질-/털써기-/파도-/판-/패대기-/평미리-/평다리-/풍경-/하청-/한통-/
합수-/합-/해-/헛걸음-/헤물장-/헤엄-/호통-/홀랑이-/환롱-/환방(換房)-/환-/홰-/회오리-/홀링
이-/휘갑-/흙탕-. [주의] '눈보라치다'는 없는 말. 단, '파도치다/회오리치다/여울치다' 등은 옳은 말.

〈주의해야 할 말들〉

돌라방치다〈**둘러방치다**통 무엇을 살짝〈슬쩍 빼돌리고 그 자리에 다른 것을 대신 넣다.

독장(獨場)[독판]치다≒**외장(場)치다**통 ①어떠한 판을 혼자서 휩쓸다. ②다른 사람은 무시하듯 혼자서

고래고래 떠들다.

왜장독장치다[통] 제 위에 아무도 없는 듯이 혼자서 마구 큰소리를 치다.

왜장치다[통] 쓸데없이 큰 소리로 마구 떠들다.

지음치다[통] 사이에 두다.

이아치다[통] ①자연의 힘이 미치어 손해를 입다. 그렇게 하다 ②거치적거려 방해가 되거나 손실을 입다. 그렇게 하다.

각치다[통] ①말질을 하여 화를 돋우다. ②≒할퀴다(날카로운 물건/손톱으로 긁어 상처를 내다).

간나위치다[통] 간사한 짓을 하다.

꺼덕치다〉**거덕치다**[형] 모양 따위가 거칠고 막되어 어울리지 않다.

거장치다[통] 크게 거들먹거리며 세상을 어지럽히고 괴롭히다.

덧게비치다[통] ①다른 것 위에 다시 엎어 대다. ②다른 연이 서로 얼린 위에 더 덮어 얼리다.

뒤재주치다[통] ①물건을 함부로 던져 거꾸로 처박히게 하다. ②함부로 이리저리 뒤집어 놓다.

뒤뿔치다[통] 남의 밑에서 그 뒤를 거들어 도와주다.

등걸음치다[통] ①시체를 옮겨 가다. 시체가 누워서 가는 데서 유래한다. ②등덜미를 잡아 쥐고 몰고 가다.

비비대기치다[통] ①비좁은 곳에서 많은 사람이 몸을 맞대고 비비적거리다. ②바쁜 일을 처리하기 위하여 부산하게 움직이다.

비사치다[통] 직설적으로 말하지 않고, 에둘러 말하여 은근히 깨우치다.

살치다[통] 잘못되었거나 못 쓰게 된 글/문서 따위에서 '×' 자 모양의 줄을 그어 못쓴다는 뜻을 나타내다.

어리치다 독한 냄새나 밝은 빛 따위의 심한 자극으로 정신이 흐릿해지다.

악장치다[통] 악을 쓰며 소동을 일으키다.

손꼽이치다[통] 손에 꼽을 만큼 상위권에 들다.

손치다[통] ①물건을 매만져 바로잡다. ②가지런히 되어 있는 물건의 일부가 없어지거나 어지럽게 되다.

야나치다[형] 영락없고 매몰하다.

얼러방치다[통] ①두 가지 이상의 일을 한꺼번에 하다. ②일을 얼렁뚱땅하여 넘기다.

얽이치다[통] ①이리저리 얽어서 매다. ②일의 순서나 배치를 대강 잡아 보다.

어녹이치다[통] 여기저기 널리 얼다가 녹다가 하다.

엔굽이치다[통] 물이 굽이진 데서 휘돌아 흐르다.

재(再)장구치다[통] 두 번째로 서로 마주쳐 만나다.

죽살이치다[통] 어떤 일에 모질게 힘을 쓰다.

즉(卽)치다[통] 서슴없이 대번에 냅다 치다.

탕(蕩)치다[통] ①재산을 다 없애다. ②갚아야 할 빚을 면제해 주다.

평(平)다리치다[통] 편하게 앉아서 다리를 쭉 펴다.

홀랑이치다〈**훌렁이치다**〉 함부로 마구 쑤시거나 훑는 짓을 자꾸 하다.

환방(換房)치다[통] 물건을 바꿈질하다.

겸(兼)치다[통] ①두 가지 이상의 일이 함께 생기다. ②두 가지 일을 겸하여 하거나 겸하게 하다.

격(格)치다[통] 윷놀이에서, 가장 가까운 밭으로 말이 들어서도록 바라는 끗수대로 윷짝을 내다.

껑짜치다[형] 열없고 어색하여 거북하다.

능갈치다 교묘하게 잘 둘러대다. [형] ①교묘하게 잘 둘러대는 재주가 있다. ②아주 능청스럽다.

삭(削)치다[통] ①뭉개거나 지워서 없애 버리다. ②셈할 것을 서로 비기다.

몽태치다[통] 남의 물건을 슬그머니 훔쳐 가지다.

외(外)봉치다[통] 물건을 훔쳐 딴 곳으로 옮겨 놓다.

외딴치다통 능히 앞지르다.

◆주가가 하락세로 **치닫고** 있다: **(~를/-가) 잇고/잇닫고** (혹은 **지속되고**) 등으로 바꿔야 함.

　[설명] '치닫다'에 쓰인 '치-'는 '치사랑(손아랫사람이 손윗사람을 사랑함. 또는 그런 사랑)', '치받이(비탈진 곳에서 위쪽으로 향한 방향)' 등에서 보듯, '아래(쪽)에서 위(쪽)으로'를 뜻하는 접사임. 따라서 '하락세(下落勢. 물가/시세 따위가 떨어지는 추세)'와 같이 아래로 내려가는 의미의 경우에는 쓸 수 없는 부적절한 말임.

　치닫다통 ①위쪽으로 달리다. 또는 위쪽으로 달려 올라가다. ②힘차고 빠르게 나아가다. ③생각/감정 따위가 치밀어 오르다.

◆네가 날 그렇게 똑바로 **치떠보면** 어쩔 테냐: **칩떠보면**의 잘못. ←**칩떠보다**[원]

　[참고] 네가 눈을 그리 **치켜들면** 어쩔 테냐: **치켜뜨면**의 잘못.

　치떠보다통 '**칩떠보다**(눈을 치뜨고 노려보다)'의 잘못.

　치켜들다통 위로 올려 들다. ¶양손을 번쩍 치켜들다; 깃발을 높이 치켜들다.

　치켜뜨다통 눈을 아래에서 위로 올려 뜨다. ¶눈을 치켜뜨고 상대를 노려보던 그.

◆비싼 대가를 **치룬** 뒤에야 잘못을 깨닫다: **치른**의 잘못. ←**치르다**[원]

　돈을 다 **치뤄야** 네 물건이랄 수 있지: **치러야**의 잘못. ←**치르다**[원]

　사람은 **치뤄 봐야** 안다: **치러 봐야**의 잘못. ←**치르다**[원]

　내일 시험을 **치를** 녀석이 이처럼 태평해서야: **칠**이 더 적절. ←**치다**[원]

　[설명] ①'치루다'는 '치르다'의 잘못. 표준어 사정에서 제외된 말로 사전에 없는 말. ②'치르다'에는 '무슨 일을 겪어 내다'의 뜻이 있고(예: 시험을 치르다/잔치를 치르다/장례식을 치르다), '치다'에는 '시험을 보다'라는 뜻이 있음(예: 대학 입학시험을 치다; 오늘 시험 잘 쳤니?). 위의 예문의 경우에는 내일 시험을 볼 사람이므로 '치르다'에 비해서는 '치다'가 더 적절함.

◆♣**치마의 종류가 아닌, 색깔로 구분되는 치마는 띄어 씀.**

　[예제] 한여름에 반바지도 더운데 발목까지 오는 **긴 치마**라니: **긴치마**의 잘못.

　　　　세모시 **옥색치마**야 유명한 노랫말 아닌가: **옥색 치마**의 잘못. 두 낱말.

　[설명] ①치마의 종류에 해당되는 것은 한 낱말. 〈예〉겉치마/긴-/몽당-/스란-/속-/위-/이동-/큰-. ② 그러나, 색깔로 수식하는 치마는 '빨강 치마', '옥색 치마' 등으로 띄어 적음. [주의] '다홍치마(≒홍치마)'는 아래와 같은 의미로 특정되어 한 낱말. 붙여 씀.

　겉치마명 ①↔**속치마**. 치마를 껴입을 때 맨 겉에 입는 치마. ②전통 혼례 때에, 신부가 치마 위에 덧입는 다홍치마.

　긴치마명 ①발목까지 가리도록 길게 만든 치마. ②예전에, 한복 차림에서 맨 겉에 입던 치마.

　큰치마명 여자들이 주로 예식 때에 입을 목적으로 땅에 끌리도록 길게 여러 폭으로 만든 치마.

　다홍치마(≒홍치마)명 ①짙고 산뜻한 붉은빛 치마. ②위의 절반은 희고, 아래의 절반은 붉게 칠한 **연**.

　　☞'분홍치마[粉紅-]'의 경우에도 '연'을 뜻할 때는 한 낱말이므로 붙여 씀.

◆**치맛고름**을 움켜잡고 놓지 않더구나: **치마끈**의 잘못. ⇐치마에는 '고름'이 없음.

　저고리고름(저고릿고름): 옷고름의 잘못. ⇐고름≒옷고름(O)/고름끈(×).

　[설명] '저고리고름'(×)은 없는 말. 그러나, '저고리 고름'은 가능함. '속저고리 고름' 등으로 사용. ¶여인은

속저고리 고름과 겉저고리 고름 모두를 끌렀다.

고름뗑 ≒**옷고름**(저고리/두루마기의 깃 끝과 그 맞은편에 하나씩 달아 양편 옷깃을 여밀 수 있도록 한 형겊 끈).

◆**'치이다'** 중 아래의 두 말은 피동형이 아니라, 본래 자동사임.

[예제] 요의 솜이 한 쪽으로 **치어** 뭉쳤다: **치여**의 잘못. ←**치이다**[원]. 자동사.

요즘 외손자에게 **치어** 지낸다: **치여**의 잘못. ←**치이다**[원]. 자동사.

수박 한 통에 만 원 꼴로 **치었다**: **만 원꼴**, **치였다**의 잘못. ←**'치다'**의 피동형 '치이다'의 활용.

[설명] ①'치여 뭉쳤다', '치여 지낸다'에 쓰이는 '치여는 **자동사** '치이다'의 활용임. 즉, '치이('치이다'의 어간)+ㅡ 어(어미)→치여' 꼴의 활용. ②'만 원꼴로 치였다'에서의 '치였다'는 '치이('치다'의 **피동형** '치이다'의 어간)+ㅡ 었(과거를 뜻하는 어미)+다(종결어미)→'치이었다'→'치였다' 꼴의 활용으로 처음 두 예문과는 다름.

치이다1통 피륙의 올이나 이불의 솜이 한쪽으로 쏠리거나 뭉치다. ¶이 옷은 올이 한쪽으로 치였다; 이 이불은 솜이 한쪽으로 치였다.

치이다2통 ①부딪히거나 깔리다. ¶돌/차에 치이다; 기계 톱니에 치이다. ②덫에 걸리다. ¶멧돼지가 덫에 치였다. ③구속/방해를 받다. ¶일에/아이에게 치이다.

치이다3통 '치다(셈을 맞추다)'의 피동형. ¶한 개에 천 원씩 치였다.

◆하루종일 비가 **치적치적** 내렸다: **하루 종일**, **추적추적**의 잘못.

[설명] '하루 종일'이 무더기 말로 쓰이기는 하나, 글자 그대로의 뜻뿐이어서 복합어에 이를 기준/근거는 없음. '하루 종일' ≒ '해종일/온종일'뗑.

◆♣[친척 명칭] 박근혜 대통령이 가수 은지원의 **고모래**: **고모뻘이**의 잘못.

[설명] 고모가 아니며, 군이 표현하자면 5촌이므로 '고모뻘'이라고 표기할 수는 있음. 은지원의 할머니가 박정희 전 대통령의 큰누나이므로, 박근혜 대통령은 은지원 아버지의 외사촌누이임. 아버지의 친사촌누이인 경우에는 '종고모'(혹은 '당고모'. 5촌)지만, 외사촌누이일 때는 우리말 사전에 오른 명칭이 없음. 다만, 민간에서는 종고모/당고모 앞에 '외'를 붙여 '외종고모/외당고모'라 부르기도 함. 아래 계촌표와 설명 참조.

〈계촌표〉

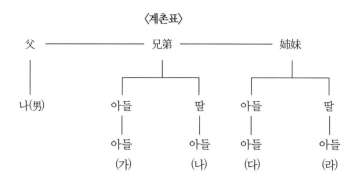

종고모[從姑母]≒**당고모[堂姑母]**뗑 아버지의 사촌 누이.

외당숙[外堂叔]≒**외종숙**뗑 어머니의 사촌 오빠나 남동생.

[참고1] 나(男)와 (가)(나)(다)(라)와의 관계

(가)는 나에게 '당질=종질'. (가)가 딸일 경우에는 나에게 '당질녀=종질녀'.

(나)는 나에게 무엇이 되는지 뚜렷한 말이 없음. 다만 논리적으로는 '종생질'을 생각해 볼 수 있으나 그런 낱말 자체가 없음.

(다)는 나에게 '내종질=고종질'. (다)가 딸일 경우에는 나에게 '고종 질녀'.

(라)는 나에게 무엇이 되는지 뚜렷한 말이 없음. 논리상으로는 '내종 생질=고종 생질'이 되어야 할 것이나 실제로 그러한 말이 있는지는 불분명.

[참고2] (가)(나)(다)(라)가 나(男)를 부르는 말

(가)에게 나는 '당숙(堂叔)=종숙(從叔)'. (가)가 나를 가리키는 지칭어는 '당숙, 종숙, 오촌 아저씨, 아저씨(당사자에게, 또는 듣는 사람이 누구를 가리키는지 알 경우)' 등이며, 호칭어는 '아저씨'.

(나)에게 나는 '외당숙=외종 숙부'. (나)가 나를 가리키는 지칭어는 '외당숙, 외종 숙부, 아저씨(당사자에게, 또는 듣는 사람이 누구를 가리키는지 알 경우)' 등이 무난하며, 호칭어는 '아저씨'가 무난함.

(다)에게 나는 '진외오촌=진외당숙'. (다)가 나를 가리키는 지칭어는 '진외당숙, 진외가 아저씨(당사자에게, 또는 듣는 사람이 누구를 가리키는지 알 경우)' 등이 무난하며, 호칭어는 '아저씨'가 무난함.

(라)에게 나는 무엇이 되는지 뚜렷한 말이 관련 문헌에 보이지 않음. 논리상으로는 내가 (다)에게 '진외당숙'(진외가 쪽의 당숙이라는 뜻)이 되는 것에 비추어 (라)에게 나는 외외가(어머니의 외가) 쪽의 당숙이 되므로 '외외당숙'이라고 할 수 있을 것으로 보이지만 그 정확한 근거는 없음. (라)가 나를 부르는 호칭어는 '아저씨'. 참고로 '당숙'을 제외한 나머지의 경우 지칭어로 지역 이름을 넣어 '○○ 아저씨'(강릉 아저씨, 포항 아저씨 등)라고 해도 괜찮을 것임.

◆사냥꾼은 **피칠갑/피칠겁**을 하고 나타났다: **피 칠갑**의 잘못. ⇐한 낱말이 아님.

아이는 옷이고 뭐고 온통 **흙칠갑**이었다: **흙 칠갑**의 잘못.

칠갑囝 물건의 겉면에 다른 물질을 흠뻑 칠하여 바름. 또는 그런 겉더께. 한자를 빌려 '漆甲'으로 적기도 함. ¶먹 칠갑; 흙 칠갑.

◆정강이 밑까지 오는 걸 보니, **칠부 바지**인가 보다: **칠부바지**의 잘못.

[설명] 순화대상이긴 하지만(→'칠푼 바지'), 《표준》의 표제어인 표준어.

◆요즘엔 **칠순잔치**도 잘 안 하지: **칠순 잔치**의 잘못.

[참고] **생일 잔치**는 친구들 보려고 하는 거지: **생일잔치**의 잘못. ⇐복합어.

[설명] '칠순 잔치'는 글자 그대로 '칠순에 하는 생일잔치'라는 뜻밖에 없어서 두 낱말이지만, '생일잔치'는 '생일에 음식을 차려 놓고 여러 사람이 모여 즐기는 일'을 뜻하기 때문에 1낱말의 복합어임. '칠순잔치'를 인정하면 '팔순~/구순~...'등도 쏟아짐. ☞(예) '-잔치'가 들어간 복합어(합성어)들: 빗잔치/돌잔치/술잔치/밥잔치/말잔치/밤잔치≒야연(夜宴)/노래잔치/동네잔치/민요잔치/백일잔치/고별잔치... 등등.

빗잔치囝 ①부도/파산 따위로 빚을 갚을 능력이 없을 때, 돈을 받을 사람에게 남아 있는 재산을 빚돈 대신 내놓고 빚을 청산하는 일. ②(비유) 갚을 형편이 되지 못함에도 과도하게 빚을 끌어다 쓰는 일.

술잔치囝 술을 마시며 즐겁게 노는 간단한 잔치.

◆**칠칠맞게** 젊은 처녀가 하고 다니는 꼴이 그게 뭐냐: **칠칠맞지 못하게**의 잘못.

나잇값 좀 하시게. **칠칠맞게** 굴지 말고: **칠칠찮게**의 잘못.

[설명] ①'칠칠맞다'는 아래에 풀이된 '칠칠하다'의 속칭으로 좋은 뜻임. 위의 예문에서는 '칠칠맞지 못하다'(혹은 '칠칠찮다')가 되어야 문맥과 어울림. 〈예〉칠칠맞지 못하게(혹은 '칠칠찮게') 그런 중요 문서를 잃어버리고 다니냐그래? ②그러므로, 탓하기 위해서 '칠칠맞지 못하다(혹은, 칠칠찮다)'라고 써야 할 곳에 '칠칠맞다'로 쓰면 잘못. '칠칠맞다'는, 그와 반대로, 좋은 뜻이므로. ¶그 꼴이 뭐냐, '칠칠맞게'(×) ↔ '칠칠맞지 못하게'(○); 나잇값 좀 해라, '칠칠맞게 굴지 말고'(×) ↔ '칠칠찮게 굴지 말고'(○).

칠칠하다〔형〕①나무/풀/머리털 따위가 잘 자라서 알차고 길다. ②주접이 들지 아니하고 깨끗하고 단정하다. ③성질/일 처리가 <u>반듯하고 야무지다</u>. ¶검고 칠칠한 머리; 칠칠하지 못한 사람; 숲은 세월이 흐를수록 칠칠하고 무성해졌다; 칠칠치 못한 속옷 차림인 채 연락부절로 서성거리며.

칠칠찮다〔형〕①깨끗하고 단정하지 아니하고 주접이 들다. ②성질/일 처리가 반듯하고 야무지지 아니하다. ¶칠칠찮은 사람; 옷매무새가 칠칠찮다; 칠칠찮게 그 중요한 문서를 아무 데나 흘리고 다니느냐.

◆'칭칭 감았다'의 **'칭칭'**은 **'친친'**의 잘못인가?: 둘 다 쓸 수 있음.

[설명] 전통적으로 '실로 찬찬 매어 주다'의 뜻인 '친친'은 '찬찬'의 큰말로 표준어였으나, 지금은 현실적으로 '친친'보다는 '칭칭'을 많이 쓰고 있기 때문에 비표준어로 처리하기 어려움.《표준》에서는 이런 점을 반영하여 '친친'과 '칭칭'을 모두 표준어로 인정하고 있음. ¶붕대를 친친 감았다(○)≒붕대를 칭칭 감았다(○). 이와 비슷한 예로, '개르다/게르다', '졸가리/줄거리'도 있으며, 뒤의 말이 강한(센) 느낌을 줌.

◆'크리스마스 **캐롤**'인가, '**캐럴**'인가?: '**캐럴**'이 맞음.

  [설명] 'carol'의 'o' 때문에 '캐롤'로 말하거나 적는 경향이 있음. 그러나 외래어 표기법에 따르면 원지음을
   기준으로 적어야 하므로 'carol'은 '캐롤'이 아닌 '캐럴'로 적어야 함.

  [유사] portal은 '**포털**'인가, '**포탈**'인가?: '**포털**'이 맞음. 외래어 표기법은 원지음을 따라 적는 것이 원칙으
   로서, '포털, 토털'의 'ㅓ'는 그에 따른 것. 표기상의 'a' 때문에 많은 사람들이 'portal/total'을 '포탈/토
   탈'로 쓰기도 하는데, 이는 잘못. 각각 '포털/토털'로 적어야 맞음. ☞♣**주의해야 할 외래어** 표기들 항
   목 참조.

◆'눈앞이 **캄캄하다**'와 '눈앞이 **깜깜하다**': 둘 다 쓸 수 있음.

  [설명] 이때는 '희망이 없는 상태에 있다'를 뜻하며, '캄캄하다<깜깜하다'의 관계임.

◆저도 속으로는 몹시 **캥기는** 모양이지?: **켕기는**의 잘못. ←**켕기다**[원]

  제가 그처럼 **캥겨봤자** 얼마나 가려고: **켕겨봤자**의 잘못.

  켕기다톰 ①단단하고 팽팽하게 되다. ②마음속으로 겁이 나고 탈이 날까 불안해하다. ③마주 버티다. ¶
   그는 켕긴 연줄을 힘껏 당겼다가 다시 놓아주었다; 힘을 주면 상처 근처가 잡아당기듯이 뻣뻣하게 켕
   겼다.

◆**밥은 커녕** 죽도 ; **만나기는 커녕** 얼굴조차도: **밥은커녕, 만나기는커녕**의 잘못.

  [설명] '-ㄴ(는)커녕'은 보조사. ☞**보조사** 종합 정리 항목 참조.

◆물이 자꾸 **커는데** 짠 걸 먹어서 그런가: **켜이는데(키는데)**의 잘못. ←**켜이다**[원]

  [비교] 아이가 짜게 먹어서인지 자꾸만 물을 **켰다**: 맞음. ⇐'켜다'는 타동사.

  [설명] '켜다'는 목적어를 필요로 하는 타동사이며 '켜이다'는 그 피동형. '켜이다'의 준말은 '키다'. 따라서
   '물이 켜진다(×)/물이 켜인다(○)≒물이 킨다(○)'지만, '켜다'는 타동사이므로 '물이 컨다(×)/물을 켠다
   (○). ¶짠 것을 먹었더니 물이 자꾸 켜인다(≒킨다); 왜 물이 이리 켜일까(≒킬까).

  켜다톰 ①물/술 따위를 단숨에 들이마시다. ¶막걸리 한 사발을 쭉 켜다. ②갈증이 나서 물을 자꾸 마
   시다. ¶짜게 먹어선지 아이가 자꾸만 물을 켰다.

  켜이다톰 '켜다'(타동사)의 피동사. 준말은 '**키다**'.

◆안 쓰는 건 **한켠**으로 치워라. **뒤켠**에 뒤: **한편(한쪽), 뒤편(뒤쪽)**의 잘못.

  [설명] '켠'은 대표적인 비표준어로 사전에 없는 말. '편'(혹은 '쪽')의 잘못.

◆그건 **케케묵은/캐캐묵은** 이야기야: **케케묵은**의 잘못. [표준어 규정 제10항]

  [참고] '쩨쩨하다(×)/째째하다(○)'; '켸켸묵다(×)/케케묵다(○)'.

  [주의] 이와 반대로 복모음을 살려야 하는 경우도 있음: ①'콩케팥케(×)/콩켸팥켸(○)' ⇐이때의 '계'는 '켜
   (어원)'에서 온 말이므로 단모음화해서는 안 됨. ②'퍅성[愎性]/퍅하다/강퍅~/암퍅~/오퍅~/한퍅~'

등도 복모음 유지. 단 '괴팍'(○). ③기타, '갸-/걍-/뱌-/뱐-/뱝-' 등을 살려 표기하는 경우들도 있음. ☞상세 내역은 ♣모음 단순화 형태를 표준어로 삼은 예들 항목 참조.

◆<u>코리코리한/꼬리꼬리한</u> 발냄새가 어찌나 지독한지: **코린/고린**의 잘못. 북한어. ←**코리다〉고리다**[원] ☞ '**구리구리**' 항목 참조.

  [설명] ①'꼬리꼬리하다'는 없는 말. '쿠리쿠리하다/코리코리하다'는 북한어로서 '쿠리다'와 '코리다'의 잘못.   ②'쿠리다/코리다'는 '구리다/고리다'의 센말.

  구리다〈쿠리다[형] ①똥/방귀 냄새와 같다. ②하는 짓이 <u>더럽고 지저분하다.</u> ③행동이 <u>떳떳하지 못하고</u>   <u>의심스럽다.</u>

  고리다〈코리다[형] ①썩은 풀/달걀 따위에서 나는 냄새와 같다. ②마음씨나 하는 짓이 아니꼬울 정도로   <u>옹졸하고 인색하다.</u>

◆그의 **코밑수염**은 명품이라고 해야 해: 맞음. '콧수염'과 동의어. 함께 쓰임.

◆그러다가 **콧방아** 찧으면 그 **콧배기**가 성하겠냐: **코방아**, **코빼기**의 잘못. ☞[비교] '코노래(×)/콧노래(○)'   요즘 그 친구 **콧배기/콧빼기**도 못 보겠어: **코빼기**의 잘못. ⇐사이시옷 원칙.

  그는 **콧망울**이 참으로 오똑해: **콧방울**의 잘못. 없는 말.

  코싸배기를 쥐어박지 그랬어?: **콧사배기**의 잘못.

  콧중배기를 쥐어박지 그랬어 ?: **코쭝배기**(코싸등이≒콧사등이/콧등)의 잘못.

  [참고] '코싸등이≒콧사등이'('콧등'의 속칭)에서 보듯 어원이 불분명한 '-싸등이/-사등이' 모두를 인정하   면서도, '코싸배기(×)/콧사배기(○)'이고, 나아가 '<u>코싸배기(×)/콧중배기(×)</u>'인 것으로 보아 통일된 기준   이 불분명함. 암기 외에는 다른 방법이 없을 듯.

  ☞콧방아(×)/고방아(○); 콧베기(×)/코빼기(○). 단, '코배기(○)'는 다른 뜻.   콧망울(×)/콧방울(○); 콧줄기(×)/콧대(○).

  콧사배기[명] '코'의 낮은말. ≒코쭝배기/코빼기.

  코배기[명] 코가 유난히 큰 사람의 놀림조 말. 주로 서양 사람을 이름.

◆<u>콩깍지</u>를 까면 콩이 나온다?: **콩꼬투리**의 잘못.

  콩꼬투리가 붙어 있는 **콩대**를 털면 콩이 떨어진다?: **콩**(혹은 **콩 포기**)의 잘못.

  [설명] ①'콩깍지'는 여문 콩을 다 털어낸 껍질. 그런 껍질을 다시 깔 필요는 없음. ②'콩대'는 콩을 털고   <u>남은 것.</u> 불이 잘 붙어서 땔감으로 쓰며, '콩짚'이라고도 함.

  콩꼬투리[명] 콩알이 들어 있는 콩의 꼬투리.

  깍지[명] 콩 따위의 꼬투리에서 알맹이를 까낸 껍질. ¶콩깍지.

  콩대[명] <u>콩을 떨어내고 남은,</u> 잎을 제외한 나머지 부분.

  콩짚[명] 깍지가 달린 콩대.

  콩동[명] 콩을 꺾어 수수깡으로 싸서 묶은 덩이.

  콩부대기[명] 완전히 여물지 아니한 콩을 콩꼬투리째 불에 굽거나 찐 것. 또는 그렇게 하여 먹는 일.

◆장판에 **콩땜 하면** 깨끗하고 질기고: **콩땜하면**의 잘못. ←**콩땜하다**[원]

  콩땜[명] 불린 콩을 갈아서 들기름 따위에 섞어 장판에 바르는 일. 장판이 오래가고 윤과 빛이 남.

◆일이 어찌 이리 **콩케팥케** 엉망이냐?: **콩케팥케**(≒뒤죽박죽)의 잘못.
  [설명] '콩켜팥켜'가 원말이며, '케'는 '켜'에서 온 말. 이 어원을 살려야 하므로 '모음 단순화 형태를 표준
    어로 삼은 예'와는 반대.
  콩케팥케몡 사물이 뒤섞여서 뒤죽박죽된 것을 이름.

◆**콩튀듯** 야단한다고 뭐가 되냐?: **콩 튀듯**(≒콩 튀듯 팥 튀듯)의 잘못. 없는 말.

◆**쾌지나칭칭**과 **쾌지나칭칭나네**는 같은 이름이고 띄어 써도 된다?: ⇐**쾌지나칭칭**은 **쾌지나칭칭나네**의 잘못.
  [설명] ①'쾌지나 칭칭 나네'(×): 띄어 쓰면 안 됨. 민요 명칭이므로 모두 붙여 씀. ②'쾌지나칭칭'은 표준어
    가 아님. '쾌지나칭칭나네'만 표준어. ③'쾌지나칭칭나네≒칭칭이'(O). 준말 이름으로 '칭칭이'는 인정.

◆**쿵덕쿵**: **쿵더쿵**의 잘못.
  [설명] ①원칙: 유의(有意)한 의미소 기능이 없을 때는 소리 나는 대로 표기. ②표기는 간소하게: '딱딱
    이/짝짝꿍/짬짬이'(×) →'딱따기/짝짜꿍(이)/짬짜미'(O).

◆**쿵작쿵작 쿵적쿵적** 흥겨운 음악 소리: 맞음. **쿵작쿵작/쿵적쿵적/콩작콩작**(O). ⇐소리 나는 대로, 관행
  에 따라 적을 때는 모음조화 무시. 〈예〉깡충깡충.

◆계단을 급히 내려가는 소리가 **쿵탕쿵탕** 요란했다: **쿵쾅쿵쾅**의 잘못. 없는 말.
  [설명] 의성어/의태어는 다양하게 최대한 수용되지만, '쿵탕쿵탕'은 북한어인데다 'ㅋ' 음 계열끼리의 어울
    림이 더 자연스러움.

◆코를 찌르는 **퀴퀘한/쾌쾌한** 냄새: **퀴퀴한/쾨쾨한**의 잘못. ⇐'쾨쾨한〈퀴퀴한'.
  [참고] 'ㅗ' 모음의 큰말이나 센말은 'ㅜ' 모음이며, 'ㅙ'와 같은 복모음으로 변화하지 않음. 이에 따라 'ㅚ'의
    센말은 'ㅟ'이며, 'ㅙ'가 아님.
  퀴퀴하다〉쾨쾨~혱 상하고 찌들어 비위에 거슬릴 정도로 냄새가 구리다〉고리다.

◆**크나 큰** 감동의 물결; **크나 큰** 은혜: **크나큰**의 잘못. ←**크나크다**[원]
  [유사] **머나 먼** 고향: **머나먼**의 잘못. ←**머나멀다**[원]
  크나크다혱 사물/사건의 크기/규모가 보통 정도를 훨씬 넘다. [유]**크디크다**.

◆**큰대자(큰댓자)**로 뻗었다: **큰대자**가 올바름.
  [구분] 갈짓 자 [걸음]인 걸 보니 한잔한 모양이군: **갈지자**[걸음]의 잘못.
  [설명] ①[개정] '자(字)'는 별도의 낱말인 명사이므로 《표준》은 '큰 대 자'로 표기해 왔으나 [→'큰댓자(×)/
    큰대자(×)/큰 대 자(O)] 2014년 문헌 정보 수정을 통하여 '큰대자' 표제어를 신설하였음. 그러나, 다른
    한자 풀이(예: 乙, '새 을 자')와 같은 경우는 여전히 띄어 적어야 함. ☞[주의] 이것을 '큰대나 '새을'로
    표기할 때는 부수 이름의 명사(한 낱말)이므로 붙여 적음. ②'갈지자'의 경우는 '지'의 뜻풀이가 아니
    라 걸음에 대한 비유이기 때문에 붙여 적는 것이며, 뜻풀이인 경우에는 띄어 적어야 함. 〈예〉之는 갈
    지 자이다. ☞[참고] 연속되는 단음절 낱말은 붙여쓰기가 허용되므로, '갈 지 자'나 '큰 대 자', 혹은
    '새 을 자'는 문맥에 따라 각각 '갈지자'나 '큰대자', '새을자'로 붙여 적을 수도 있을 것임.
  갈지자[─之字]몡 (비유) 이리저리 굽어 있거나 좌우로 내디디며 걷는 모양.

큰대자[-大字]명 (주로 '큰대자로' 꼴로 쓰여) 한자 '大'자와 같이 팔과 다리를 양쪽으로 크게 벌린 모양. ≒**대자**.

◆저놈 이젠 **큰머슴**이야, 더 이상 **푿머슴/풀머슴**이 아니야: **상머슴**, **꼴머슴**의 잘못.

　상머슴명 일을 잘하는 장정 머슴.

　꼴머슴명 땔나무/꼴을 베는 일을 하는 어린 사내종. '깔머슴'은 방언.

　반머슴≒반머슴꾼명 머슴은 아니지만 거의 머슴이나 마찬가지로 일을 거드는 사람.

◆제발 **큰 소리**부터 앞세우지 <u>말아라</u>: **큰소리**의 잘못(문맥에 따라서는 쓸 수도 있음).

　그렇게 **큰소리 치던** 놈이 꼬리를 내리냐: **큰소리치던**의 잘못. ←**큰소리치다**[원]

　그는 **큰소리**로 방안이 떠나가듯 웃었다: **큰 소리**, **방 안**의 잘못.

　큰 소리 하면서 장담할 때는 언제고: **큰소리하면서**의 잘못. ←**큰소리하다**[원]

　[설명] 다음과 같은 뜻일 때는 '큰소리'가 한 낱말. 〈예〉①목청을 돋워 가며 야단치는 소리. ¶어른이 계시니 애들 앞에서 큰소리 내지 마시게. ②남 앞에서 잘난 체하며 뱃심 좋게 장담하거나 사실 이상으로 과장하여 하는 말. ¶문제없다고 큰소리를 치긴 쳤다만... ③남한테 고분고분하지 않고 당당히 대하여 하는 말. ¶지은 죄가 있는지라 큰소리도 못 치고 있었다.

　[참고] '큰소리하다'도 '큰소리치다'와 마찬가지로 한 낱말. ¶그리 큰소리하던(=큰소리치던) 놈이 그 꼴이 뭐냐?

　[참고] 전에는 '~지 말아/말아라'는 '~지 마/마라'의 잘못이었으나, 어법 수정으로 이 두 가지 모두를 올바른 표기(복수표준어)로 인정[국립국어원. 2015.12].

◆**큰애기 보고** <u>시간내서</u> 한번 들러 가라고 해라: **큰아기보고**, **시간 내서**의 잘못.

　[설명] ①'큰에기': '큰아기'의 방언(전라도/충남). ②'-보고'는 격조사. ③'시간-'이 붙어 만들어진 동사는 없음. ¶시간 가는 줄 모르고.

　큰아기명 ①다 자란 계집아이. 다 큰 처녀. ②맏딸/맏며느리를 정답게 부르는 말.

◆아이고. 이거 **큰일났네 큰일났어**: **큰일 났네 큰일 났어**의 잘못.

　워낙 **큰 일**을 치르고 났더니 녹초가 되더군: **큰일**의 잘못.

　큰일날 뻔 했다: **큰일 날 뻔했다**의 잘못. ←**뻔하다**[원]

　[유사] 자디잔 **잔 일**과 중대한 **큰 일**은 구분해야: **잔일**, **큰일**의 잘못.

　[설명] ①'큰일나다'는 없는 말. '큰일 나다'로 적음. ¶결국 큰일이 나고야 말았다. ②'큰일'은 아래와 같이 두 가지 뜻이 있으며, 모두 한 낱말. '큰일'의 상대어가 '잔일'임. ③'뻔하다'는 한 낱말.

　잔일명 잔손이 많이 드는 자질구레한 일.

　큰일1명 다루는 데 힘이 많이 들고 범위가 넓은 일. 또는 중대한 일.

　큰일2명 결혼/회갑/초상 따위의 큰 잔치/예식을 치르는 일. ¶큰일을 치르다.

◆우리집 **큰 자식**이 골골거려서 걱정일세: **우리 집**, **큰자식**의 잘못.

　큰 언니가 우리 집 맏이야: **큰언니**의 잘못.

　[참고] **작은 형[아버지]**이 먼저 돌아가셨어: **작은형[아버지]**의 잘못.

　　　이번에 결혼하는 건 **큰 동생**이 아니라 **작은 동생**: **큰동생**, **작은동생**의 잘못.

　　　사촌동생과 **육촌형**을 한꺼번에 봤어: **사촌 동생**, **육촌 형**의 잘못.

[설명] ①'우리나라/우리말/우리글' 등과 달리 '우리 엄마/우리 학교/우리 집' 등은 모두 띄어 씀. '우리-'가
　　복합어 접두어로 쓰인 그 밖의 명사는 '우리사주저축, 우리사주조합'이 전부임. ②'큰자식'이 '맏아들/
　　큰아들'의 의미일 때는 붙여 씀. [주의] '다 큰 자식'(O). ③'큰-'은 접두사로 굳어진 다음 말 이외에는
　　모두 띄어 씀: '큰사위/큰손녀/큰손자/큰시누/큰아가씨/큰아들[딸]/큰자식/큰아이/큰어미/큰어머니(큰
　　엄마)/큰언니/큰이'. 이러한 말들의 상대어는 '작은-' 한 낱말인 이유는 글자 그대로 몸/키 등이 크거
　　나 작아서가 아니라 순서를 이르기 때문임. ④'사촌 동생, 육촌 형, 팔촌 누이' 등은 글자 그대로의 뜻
　　이므로 두 낱말. 다만, 육촌 형과 같은말인 '재종형(再從兄)'은 한 낱말.
큰이[명] ①남의 형제 중에서 맏이가 되는 사람. ②남의 본부인을 그의 첩에 상대하여 이르는 말.

◆저러다가 한 번 **큰 코 다칠** 게야: **큰코다칠**의 잘못. ←**큰코다치다**[원]
　그 **큰코**를 내세우더니 결국 **큰코 다쳤군**, 잘코사니: **큰 코**, **큰코다쳤군**의 잘못.
　[설명] '큰코'는 없는 말. '큰코다치다'는 '큰 코'와 '다치다'가 결합하여 제3의 의미를 만들어 낸 겹낱말. 이
　　와 유사한 것으로는 '말달리다' 등도 있음.
　[참고] ①말 달리다(O)≒말이 내닫다. 말달리다(O)≒말을 타고, 몰거나 달리다.
　큰코다치다[동] 크게 봉변을 당하거나 무안을 당하다. [유]봉변하다.

◆**큰탈없이** 끝나서 다행이다: **큰 탈 없이**의 잘못.
　요즘 **탈없이** 지내고 있지?: **탈 없이**의 잘못.
　[설명] '큰탈없이'를 인정하면, '(그냥) 탈 없이, 작은 탈 없이, 어중간한 탈 없이' 등의 경우에 곤란해짐.

◆**큰힘**이 되었습니다. 고맙습니다: **큰 힘**의 잘못. 없는 말.
　[참고] '**간힘/견딜힘**'[명]은 복합어로 한 낱말.
　간힘[명] 숨 쉬는 것을 억지로 참으며 고통을 견디려고 애쓰는 힘. 발음 {간힘}.

◆떡을 **큼직히** 베어 주셨다: **큼직이(큼직하게)**의 잘못.
　떡을 **큼지막히** 베어 주셨다: **큼지막이(큼지막하게)**의 잘못. ←모두 어간 받침이 'ㄱ'이므로, '히'가 아닌
　　'이'. ☞**♣-이'로 끝나는 부사들 중 유의해야 하는 것들** 항목 참조.

◆간이역에 **키작은** 나무 하나: **키 작은**의 잘못. ¶키 작은 꽃/사람.

◆도토리 **키재기**지 뭐: **키 재기**의 잘못. ←'키재기'는 없는 말.
　[참고] 그렇게 **키돋움**을 한다고 키가 커지니?: **발돋움**의 잘못. 없는 말.
　발돋움[명] ①키를 돋우려고 발밑을 괴고 서거나 발끝만 디디고 섬. ②키를 돋우려고 발밑에 괴는 물건.
　　③어떤 지향(志向)하는 상태/위치 따위로 나아감.

ㅋ

◆**타고 난** 복은 남에게 **못준다**: **타고난, 못 준다**의 잘못. ←**타고나다**[원]

  [참고] **들고 날** 일과 그렇지 않을 일이 있다: **들고날**의 잘못. ←**들고나다**[원]

  [설명] ①'타고나다'는 한 낱말. 흔히 '타고난' 꼴로 많이 쓰임. ¶타고난 팔자/재주. ②이처럼, '-고나다'의 꼴인 '타고나다/들고나다/안고나다/열고나다'는 모두 한 낱말로 그 뜻이 적잖게 까다로움.

  들고나다[통] ①남의 일에 참견하다. ②집 안의 물건을 팔려고 가지고 나가다.

  안고나다[통] 남의 일이나 잘못을 도맡아 짊어지다.

  열고나다[통] ①몹시 급하게 서두르다. ②몹시 급한 일이 생기다.

◆그의 잘못이 분명한데 그걸 **타 내는** 사람이 없다: **타내는**의 잘못. ←**타내다**[원]

  타내다[통] ①남의 잘못/결함을 드러내어 탓하다. ②남에게서 꾸중을 듣거나 모욕 혹은 아니꼬운 일을 당할 때 언짢고 창피하게 생각하여 마음을 쓰다. ⇐'탓하다'와 '드러내다'의 두 가지 뜻을 잘 아우르는 말.

◆그의 **성공 사례를 타산지석으로 삼아**: **타산지석**의 부적절한 사용.

  [설명] '타산지석'은 부정적인 경우에 씀. 따라서, 위의 문장에서 실패 사례의 경우에는 타산지석이 될 수 있으나, 성공 사례는 타산지석과 맞지 않음.

  [대조] 카사노바는 희대의 바람둥이로 인구에 **회자**되고 있다: **회자**의 부적절한 사용. ⇐'회자'는 칭찬 받을 일에 사용함.

    그 착하던 사람이 **표변**하여 악한이 되었다: **표변**의 부적절한 쓰임. ⇐'표변'은 허물 등을 고치는 긍정적인 경우에 쓰는 말임.

  [참고] 그의 참담한 영락을 **반면교사** 삼자: 맞음. '반면교사'도 '타산지석'과 비슷하게 쓰임. 칭찬 받을 일이나 좋은 사례 등에는 쓰지 못함.

  타산지석[他山之石][명] (비유) 다른 산의 나쁜 돌이라도 자신의 산의 옥돌을 가는 데에 쓸 수 있다는 뜻으로, 본이 되지 않은 남의 말/행동도 자신의 지식/인격을 수양하는 데에 도움이 될 수 있음.

  표변[豹變][명] 표범의 무늬가 가을이 되면 아름다워진다 →허물을 고쳐 말/행동이 뚜렷이 달라짐.

  회자[膾炙][명] 회와 구운 고기라는 뜻으로, 칭찬을 받으며 사람의 입에 자주 오르내림을 이름.

  반면교사[反面敎師][명] ①사람/사물 따위의 부정적인 면에서 얻는 깨달음이나 가르침을 주는 대상을 이르는 말. ②극히 나쁜 면만을 가르쳐 주는 선생이란 뜻으로, 중국에서 제국주의자·반동파·수정주의자를 이르는 말.

◆**탁배기** 한잔 하고 가지: **막걸리, 한잔하고**의 잘못. ←**한잔하다**[원]

  [주의] 보아하니 **한잔 한/걸친** 얼굴이다: **한잔한**(혹은 **한잔 걸친**)의 잘못.

  [설명] '탁배기'는 방언(경상)이자 북한말.

  [참고] ①'한잔하다'는 한 낱말이지만 '한잔 걸치다/마시다' 등은 두 낱말. ②'한잔하다'처럼 한 낱말인 것으로는 '한턱내다/한턱쓰다/한턱하다'도 있음.

◆[고급]금방 **탄로날** 줄 알았어: **탄로 날**의 잘못. ⇐한 낱말이 아님.

　[유사] 그 회사는 **파탄나고** 말았어: **파탄 나고**의 잘못. ⇐한 낱말이 아님.

　[해설] '탄로(綻露)'는 '숨긴 일을 드러냄'을 뜻하는 타동사적 명사로, 자연스럽게 접속할 수 있는 접사들은 '−되다(피동), −하다(능동)'임. 따라서 자동사적 용법인 '탄로 나다'는 두 낱말이 될 수밖에 없음. 이와 비슷한 유형의 낱말로 '파탄(破綻)' 등도 있으며 '파탄되다/파탄하다'는 성립하지만, '파탄 나다'는 두 낱말.

　파탄[破綻]图 ①찢어져 터짐. ②일/계획 따위가 원만하게 진행되지 못하고 중도에서 어긋나 깨짐. ¶파탄 위기. ③상점/회사 따위의 재정이 지급 정지의 상태가 됨. ¶재정 파탄

◆**'탕비실(湯沸室)'**의 순화어는?: **'준비실'** ⇐순화한 용어만 쓰도록 하고 있음.

　[참고] 각급 행정기관에서는 가능한 한 〈국립국어원〉이 순화어로 지정한 말들을 사용하여야 하며, 관련 법규는 다음과 같음.

〈국어기본법〉

제10조(국어책임관의 지정) ①국가기관 및 지방자치단체의 장은 국어의 발전 및 보전을 위한 업무를 총괄하는 국어책임관을 그 소속공무원 중에서 지정할 수 있다.

제17조(전문용어의 표준화 등) 국가는 국민이 각 분야의 전문용어를 쉽고 편리하게 사용할 수 있도록 표준화하고 체계화하여 보급하여야 한다.

〈국어기본법 시행령〉

제3조(국어책임관의 지정 및 임무) ②국어책임관의 임무는 다음과 같다.

1. 해당 기관이 수행하는 정책의 효과적인 대국민 홍보를 위한 알기 쉬운 용어의 개발과 보급 및 정확한 문장의 사용 장려. 2. 해당 기관의 정책 대상이 되는 사람들의 국어사용환경 개선 시책의 수립과 추진. 3. 해당 기관 직원의 국어능력 향상을 위한 시책의 수립과 추진. 4. 기관 간 국어와 관련된 업무의 협조.

◆**태고적**부터 우리나라는: **태곳적**의 잘못. ⇐태고(太古)+적.

◆그 옷을 입으니 **태없는** 사람이 갑자기 **태나더만**: **태 없는, 태(가) 나더만**의 잘못.

　[설명] ①'태없다'를 인정할 경우, '태있다'도 인정해야 하나 마땅한 기준/근거 부족. ②'태 나다'≒'태(가) 나다'. ¶귀부인 태가 나다; 멋 부린 태가 나더군.

　태[態]图 ①≒맵시(아름답고 보기 좋은 모양새). ②겉에 나타나는 모양새. ③일부러 꾸며 드러내려는 태도. [유]매무새/맵시.

◆**택**도 없는 짓. **턱 없는** 소린 하지도 마라: **턱, 턱없는**의 잘못. ←**턱없다**[원]

　턱없다图 ①이치에 닿지 아니하거나, 그럴 만한 근거가 전혀 없다. ②수준/분수에 맞지 아니하다.

◆**택견**이나 **태견**이나 그게 그저 뭐: 둘 다 쓸 수 있음.

　[설명] 예전에는 '택견'이 '태견'의 잘못이었으나 복수표준어로 인정.

　택견≒태견图 우리나라 고유의 전통 무예 가운데 하나. 유연한 동작을 취하며 움직이다가 순간적으로 손질/발질을 하여 그 탄력으로 상대편을 제압하고 자기 몸을 방어함. 중요 무형 문화재 제76호. [유]각희(脚戲)/수박희(手搏戲).

ㅌ

◆**터무니 없는** 소리 하지 마라: **터무니없는(엉터리없는)**의 잘못.

　[유사] '엉터리같은'(×). '엉터리같다'는 없는 말. 굳이 쓰려면, '엉터리 같은'.

　터무니몡 ①터를 잡은 자취. ②정당한 근거/이유.

　터무니없다혱 허황하여 전혀 <u>근거</u>가 없다. ⇒엉터리<u>없다</u>(○)/'엉터리같다'(×).

　엉터리없다혱 정도/내용이 전혀 <u>이치</u>에 맞지 않다.

　엉터리몡 ①대강의 윤곽. ¶한 달 만에야 일이 겨우 엉터리가 잡혔다. ②터무니없는 말/행동. 또는 그런
　　말/행동을 하는 사람. ¶그의 말이 전혀 엉터리는 아니었다. ③보기보다 매우 실속이 없거나 실제와
　　어긋나는 것.

◆그녀는 남편과 한 살 **터울**이다: **차이**의 잘못.

　[설명] '터울'을 쓰면 큰일 남. 터울은 같은 어머니 배에서 태어난 아이들의 나이 차이를 뜻하는 말.

　터울몡 <u>한 어머니의</u> 먼저 낳은 아이와 다음에 낳은 아이와의 나이 차이.

◆**승진턱**을 내기 어려우면 **생일턱**이라도 내시게: **승진 턱**, **생일 턱**의 잘못.

　망발을 했으면 **망발턱**을 내서라도 사과를 해야지: **망발풀이**의 잘못.

　한턱 낸다고 했으면 약속을 지켜야지: **한턱낸다고**의 잘못. ←**한턱내다**웬

　[설명] ①'턱'은 좋은 일이 있을 때에 남에게 베푸는 음식 대접을 뜻하는 명사. '승진/생일 턱'은 각각의
　　두 낱말. '-턱'이 쓰인 합성어로는 '돌림턱/생남턱'이 있음. ②'망발턱'은 없는 말로서 '망발풀이'의 잘못.
　　③'-풀이'에는 '화풀이/감정풀이/독살풀이(毒煞-)' 등에서처럼 마음 속에 품고 있던 나쁜 감정을 풀
　　어내기 위해 실제 행동으로 나타낸다는 뜻과, '망발풀이/미안풀이/댕기풀이/은혜풀이' 등에서와 같이
　　좋은 뜻으로 사죄하거나 한턱내는 일의 두 가지 뜻이 있음.

　돌림턱몡 여러 사람이 일정한 시간을 두고 차례로 돌아가며 내는 턱.

　생남턱[生男-]몡 ≒생남례(아들을 낳은 것을 자축하는 의미에서 사람들에게 한턱냄).

　망발풀이[妄發-]몡 망발한 것을 씻기 위하여, 그 말을 듣거나 그 행동을 당한 사람에게 <u>한턱을 내어</u> 사
　　과하는 일.

　미안풀이[未安-]몡 남에게 폐를 끼쳐 <u>사죄하는 일</u>.

　댕기풀이몡 예전에, 관례를 지낸 사람이 친구들에게 한턱내던 일.

　은혜풀이[恩惠-]몡 남에게서 받은 <u>은혜를 갚는 일</u>.

　독살풀이[毒煞-]몡 마음에 품고 있던 악독한 살기를 목적한 대상에게 <u>실제 행동으로 나타내는 일</u>.

◆의자에 **떡 하니/턱하니** 앉았다: **떡하니**웁의 잘못.

　떠억/터억 하니 버티고 서서는 호령만 했다: **떡하니**(혹은 **턱 하니**)의 잘못.

　떡하니 벌어진 어깨가 이미 다 큰 장정이었다: 맞음. 혹은 **떡 하니**도 가능.

　[설명] '떡하니'웁는 한 낱말. 그러나 '턱하니(×)/턱 하니(○)'. '떡 하니'도 쓸 수는 있으나 '떡하니'가 있으므
　　로 꼭 써야 할 경우가 아니면, 굳이 쓸 필요 없음.

　[참고] '-하니'가 들어간 파생어 부사: **멍하니/떡하니/봐하니≒보아하니/횅하니/설마하니**.

　떡하니웁 보란 듯이 의젓하거나 여유가 있게. ⇐근래에 한 낱말로 인정된 말.

　떡>딱웁 ①훨쩍 바라지거나 벌어진 모양. ¶어깨가 떡>딱 바라지다; 입을 떡>딱 벌리다. ②매우 빈틈없이
　　맞닿거나 들어맞는 모양. ¶소풍 가기에 딱 좋은 날씨; 딱 굶어 죽기 알맞다; 딱 일 년만 공부하고 싶
　　다고 했다. ③갑자기 마주치는 모양.

　턱>탁웁 ①긴장 따위가 갑자기 풀리는 모양. ②무슨 행동을 <u>아주 의젓하거나 태연스럽게</u> 하는 모양. ¶
　　의자에 턱 걸터앉다; 여러 해 소식이 없던 친구가 20년 만에 사장이 되어 턱 나타났다; 여인은 선글라

스를 턱 끼고선 다가왔다. ③어깨/손 따위를 갑자기 세게 짚거나 붙잡는 모양. ☞[주의] 구어체로 흔히 쓰는 '떠억'은 사전에 없는 말.

◆그 **털등거리** 참 따뜻하겠네: **털배자**의 잘못.
  [설명] '털배자'는 배자 안에 털을 댄 것. '털등거리'는 가죽으로 만든 등거리이며 <u>등거리는 홑옷</u>. 배자는 겉은 양단, 속은 털일 때가 많음. 둘 다 소매 없음. 문제는 '털배자'를 보고 '털등거리'라고 잘못 부르는 일이 흔해서 나온 것.
  배자[褙子]명 추울 때에 저고리 위에 덧입는 옷. 조끼와 비슷하나 주머니와 소매가 없으며, 겉감은 흔히 양단을 쓰고 안에는 토끼, 너구리 따위의 털을 넣음.

◆그 **털복숭이/털보숭이** 얼굴이 싫어: **털북숭이**의 잘못.
  [설명] 이것은 털이 '북슬북슬하다'는 것과 연관되는 말로, 어원과 관련되는 '북'을 살려 적으며, '복숭/보숭'과는 무관한 말임.

◆학교 교실에 **털이개**가 없는데: **먼지떨이(총채)**의 잘못. 없는 말.
  [설명] '떨이개'도 없는 말. '먼지털이'는 '먼지떨이'의 잘못. ☞**재떨이** 항목 참조.

◆**텃구렁이**는 잡는 게 아냐. 모셔야지: **업구렁이**(혹은 **긴업**)의 잘못.
  업구렁이≒긴업[-業]명 집안의 재산을 늘려 준다는 구렁이.

◆복지관 옥상에 두어 평의 **텃밭**을 만들었다: **터앝**이 더 적절함. '텃밭'은 잘못.
  [설명] '텃밭'은 아래에서 보듯, 옥상에 있을 수 없음(집터에 딸리거나 해야 하므로 반드시 1층의 지상에 있어야 함).
  터앝명 집의 울안에 있는 작은 밭.
  텃밭명 집터에 딸리거나 집 가까이 있는 밭.

◆**텅빈** 집: **텅 빈**의 잘못. ⇐'텅비다'는 없는 말. '텅'은 부사.
  모든 집들이 **텡텡** 비어 있었다: **텅텅**의 잘못.

◆**테** 먹은 그릇들 있으면 갖고 와서 **테 매는** 사람에게 부탁해요: **태 먹은**, **테메우는**의 잘못. ←**테메우다**[원]
  태(를) 먹다관 질그릇/놋그릇이 깨져서 금이 가다.
  태명 질그릇/놋그릇의 깨진 금.
  테메우다통 틈 벌어진 그릇의 둘레를 철사 따위로 둘러서 감다.

◆**테설맞게** 덜렁이지 말고 좀 차분하게 하렴: **테설궂게/데설궂게**의 잘못.
  [설명] '테설맞다'는 없는 말. '테설궂다'의 잘못.
  [참고] '-맞다'는 '그것을 지니고 있음'의 뜻을 더하고 형용사를 만드는 접미사. 한편 '-궂다'는 '매우 ~스럽다', 즉 '그러한 성질이 매우 많음'의 뜻을 더하는데, 이 두 말이 붙는 말들은 대체로 구분되어 쓰임. 다만, 아래의 말들만 서로 유의어로 쓰임: **곰살맞다≒곰살궂다, 청승맞다≒청승궂다, 새실맞다/새살-/시설-≒새실궂다/새살-/시설-.**
  테설궂다>데설궂다형 성격/행동이 자상하지 못하고 덜렁거리다.

ㅌ

테설이명 성질이 거칠고 심술궂은 사람.

◆내 말에 일일이 **토달지** 말고 국으로 좀 있게: **토(를) 달지**의 잘못. ⇐관용구.
   [설명] '토 달다≒토 붙이다'는 관용구이며, '토달다'는 없는 말.

◆**토란대**로 끓인 **토란탕**도 일품이지: '토란대'는 맞음. **토란국**의 잘못.
   [참고] 소고깃국 중에서는 **간막탕** 맛이 별미지: **간막국**의 잘못.
   [설명] ①예전에는 '토란대'가 '고운대'의 잘못이었으나, 복수표준어로 인정. ②'-탕(湯)'이 붙는 말과 '-국'
     이 붙는 말: '탕'은 '탕국'과 동의어로서 '제사에 쓰는, 건더기가 많고 국물이 적은 국'을 뜻함. 즉, '국
     (고기/생선/채소 따위에 물을 많이 붓고 간을 맞추어 끓인 음식)' 중에서도 제사에 쓰는 것을 '탕'이라
     함. 또한 '닭볶음탕'의 경우는 건더기가 많고 국물이 적기 때문에 '국'이 아닌 '탕'. 대체로 '-탕(湯)'은
     한자어와 결합될 때가 많지만, '꺽지탕/꺽저기탕/닭탕/갈비탕'과 같은 것들도 있음.
   간막국명 소의 머리/꼬리/가슴/등/볼기/뼈/족/허파/염통/간/처녑/콩팥 따위를 조금씩 고루 다 넣고 끓인
     국.
   닭탕[-湯]명 잘게 토막 친 닭고기를 양념에 재웠다가 끓인 탕국.
   탕국[湯-]≒탕명 제사에 쓰는, 건더기가 많고 국물이 적은 국.

◆발이 **닳토록** 돌아다녔다: **닳도록**의 잘못. ⇐'도록'은 연결어미.
   [비교] 그날그날 배운 것을 학습토록 하는 게 효과적: **학습도록**의 잘못.
   [설명] '-도록'은 동사 어간이나 일부 형용사 어간 또는 어미 '-으시-' 뒤에 붙어 앞의 내용이 뒤에서 가
     리키는 사태의 목적/결과/방식/정도 따위가 됨을 나타내는 연결어미. ¶나무가 잘 자라도록; 손님이
     편히 주무시도록; 길을 안전하게 건널 수 있도록 보살펴야 한다.
   [주의] '-하다' 꼴에서 '하가 줄며 연결될 때, '~하다' 앞 빈침이 **무성음**일 때도 비교 예문에서처럼 '-도록'
     의 꼴을 취함. 그러나, '~하다' 앞이 **모음/유성자음일 때는 '-토록**'이 됨. ⇐[원칙] 어간 끝음절 '-하'에
     서 'ㅏ'가 줄고 '하' 다음 음절의 첫소리와 어울려 거센소리로 될 때는 거센소리로 적음. 〈예〉연구하+-
     도록→'연구토록'. '실망하+-도록→'실망토록'. ☞**어간 '하'의 단축형** 참조.
   [참고] '토록'이 보조사로 쓰일 때도 있음. ¶평생토록; 종일토록; 그토록.
   토록조 앞말이 나타내는 정도/수량에 다 차기까지라는 뜻을 나타내는 보조사.

◆**짚토막**명 '**짚단**'의 잘못.
   짚단≒짚뭇명 볏짚을 묶은 단.
   도막명 ①짧고 작은 동강. ②짧고 작은 동강을 세는 단위.
   토막명 ①크고 덩어리가 진 도막. ②다른 것에 비하여 아주 짤막한 내용/물건. ③말/글/생각/기간 따위
     에서 잘려지거나 떼어 낸 한 부분.
   [참고] '짚 도막'의 경우는 '짚단'과 달리, 짚의 동강이므로 사용 가능함.

◆♣잘못되었거나 공인되지 않은 **토박이말** 혹은 그 유래들 〈예〉
   가온명 '중심', '가운데'를 뜻하는 의미로 흔히들 사용하고 있으나, 현재 사전에는 오르지 않은 말. 그러
    나 다음과 같이 복합어 일부에서는 사용되고 있고, 특히 국립국어원에서도 '컨트롤 타워'의 순화어로
    '가온머리'를 채택하고 있음. [주의] 그럼에도 '가온'은 독립명사가 아니므로 '가온'만을 떼어 사용할 수
    는 없음. [참고] '가운뎃소리'의 옛말은 '가온덧소리'였음.

가온북몡 작은북과 큰북의 중간 크기의 북.

가온음자리표(-音-標)몡 높은음자리표와 낮은음자리표 사이에 있는 음자리표.

가온머리몡신 공항의 관제탑처럼 일 전체를 총괄하여 중심적인 역할을 하는 사람이나 조직이나 기구. '컨트롤 타워'의 순화어.

그니대 '그이'의 방언. 비표준어. 단, 상대어인 '그미'는 표준어로 인정.

그미대 주로 소설에서, '그녀'를 멋스럽게 이르는 말.

그림내몡 '내가 그리워하는 사람' 곧 정인(情人)의 의미. 사전에 없는 말.

단미몡 '달콤한 여자, 아름다운 여자를 뜻하며, 최현배 선생의 창작 낱말. 사전에 없는 말.

그린비몡 그리운 선비를 뜻하며 최현배 선생의 창작 낱말. 사전에 없는 말.

누리몡 표준어임. '세상'(世上)을 예스럽게 이르는 말.

어처구니몡 표준어이지만 '맷돌 손잡이'로 보는 뜻풀이는 잘못. '상상 밖의 엄청나게 큰 사람/사물'을 뜻하는 말.

다솜몡 '사랑(함)'의 옛말로서 살려 쓸 말이기는 하나 사전에 없는 말. '다솜'은 '닷(모음은 아래아)옴'을 지금 말로 적은 것이며, '닷옴'은 '닷(모음은 아래아)다'의 명사형으로서 '사랑함'의 뜻. 〈월인석보〉에 '모다 닷(모음은 아래아)고 공경하(모음은 아래아)야' 등의 쓰임이 보이는 옛말임.

미르몡 [고어] '용'(龍)의 옛말. ⇐옛말이므로 표준어가 아님.

미리내몡 '은하수(은하를 강(江)에 비유하여 일상적으로 이르는 말)'의 제주 방언. ⇐사전에 오른 표준어가 아님!

살사리꽃몡 '코스모스'의 잘못. 사전에 없는 말.

아리아리부 '아자아자' 등의 대용으로 쓰고 있으나 잘못. '아리'를 '사랑하는 임'으로 풀이하기도 하나 전혀 전거가 없음. '아리아리'는 '아리아리하다(여럿이 다 모두 뒤섞여 또렷하게 분간하기 어렵다)'의 어근일 뿐임. 〈아리랑〉의 가사에 나오는 '아리아리 스리스리'의 경우도, 흥을 맞추기 위해 삽입된 무의미한 어구일 뿐이며, 그때도 의미상으로는 '아리아리하다'의 어근에 가까움.

흥청망청부 '①흥에 겨워 마음대로 즐기는 모양. ②돈/물건 따위를 마구 쓰는 모양'을 뜻하는 부사. 일부에서 이 어원을 '흥청(興淸, 연산군 10년(1504)에 나라에서 모아들인 기녀(妓女)'으로 보아 '천과흥청(天科興靑, (연산군 시절에) 임금과 잠자리를 한 기생'이라는 말도 나오는데, 근거가 없음. 따라서, 현재의 《표준》에서는 '흥청망청'을 '흥청망청(興淸–)'으로 보지 않고 고유어로 봄.

◈아이가 밤새 **토사광난/토사광란**으로 고생했어: **토사곽란**의 잘못.

　　[설명] '토사'와 '곽란'이 합쳐진 말. '토사'는 '상토하사(上吐下瀉)'의 준말로 위로는 토하고 아래로는 설사하는 것. '곽란(癨亂)'은 배가 놀라고 아픈 한의학상의 병.

　　[참고] **'난'과 두음법칙**: 피난(避難)/피란(避亂)'의 경우에서 보듯, 난리를 뜻하는 '난(亂)'은 두음법칙에 해당하므로 '곽란(癨亂)'으로 적음. 즉, 홀로 쓰일 때는 '난(亂)'이지만, 한자어 뒤에서의 '란(亂)'은 독립된 낱말이 아닌 형태소이므로 '란'으로 표기. ¶홍경래의 난; 동란/무신란/임진란. 그러나, 재난을 뜻하는 '난(難)'은 두음법칙에 해당되지 않고, 언제나 '난'. 주의!

토사곽란[吐瀉癨亂]몡 위로는 토하고 아래로는 설사하면서 배가 질리고 아픈 병.

◈생이로 담근 **토화젓**은 입맛 없을 때 최고: **토하젓**의 잘못. ⇐'토화젓'과 다름.

토하젓[土蝦–]몡 ≒생이젓(생이로 담근 젓).

토화젓[土花–]몡 미네굴(굴/토굴과 비슷하나 훨씬 크고 긴 타원형이며 맛이 좋음)로 담근 젓. ¶미네굴 젓.

◆우리 가족은 **난리통**에 뿔뿔이 흩어졌지: **난리 통**의 잘못.

　[설명] '통'은 의존명사. ¶때는 장마 통이라 비는 주룩주룩 내리고; 영감은 하 반가운 통에, 하마터면 여인의 손을 덥석 잡을 뻔하였다.

◆**통메는** 통메장이가 왔어. 얼른 쪽판 빠진 통들 고치게: **통메우는**의 잘못. [유사] 테메우는. ←**통메우다**[원]

　[설명] '통메다/테메다'는 모두 '통메우다/테메우다'의 잘못.

　통메우다(桶-)[통] ①나무쪽을 맞추어서 테를 끼우다. ②좁은 장소에 많은 사람이 몰려 들어가다. ¶**통메장이**.

　테메우다[통] 틈 벌어진 그릇의 둘레를 철사 따위로 둘러서 감다.

◆**통방구리** 하나 가득 물을 채웠단 말이지: **동방구리**의 황해도 방언.

　동방구리[명] 동이보다 작고 배가 더 부른 질그릇. ⇐'동이' 모양의 질그릇 방구리. 즉, '동이+방구리 →동방구리'로, '통(桶)'과는 무관한 말.

◆시장에 나온 마늘을 **통채로** 다 샀다: **통째로**의 잘못.

　[설명] ①째[접] '그대로/전부'의 뜻을 더하는 접미사. 〈예〉그릇째/뿌리째/껍질째/통째/밭째. ②차례를 뜻할 때도 접사임. 〈예〉몇째/며칠째/사흘째/두 잔째/여덟 바퀴째/다섯 달째/둘째'. ③'채'는 의존명사. 이미 있는 상태 그대로 있다는 뜻을 나타내는 말. ¶옷을 입은 채로 물에 들어갔다; 노루를 산 채로 잡았다; 벽에 기대앉은 채로 잤다.

　[참고] 어법상 '통 채로'라는 말은 성립되지는 않으나, 구어에서 '통에 넣은[담은] 채로, 새 통을 손대지 않고 그대로인 채로' 등의 의미로 굳이 쓸 경우에는 의존명사 형태로 띄어 써야 함.

◆그것 전부 **통처서** 얼마요?: **한통쳐서**의 잘못. ←**한통치다**[원]

　그냥 서로 없는 걸로 **통치세**: **퉁치세**의 잘못. ←**퉁치다**[원]

　[설명] ①'통치다'는 없는 말로 '한통치다'의 잘못. [한통치다[통] 나누지 아니하고 한곳에 합치다.] ②'퉁치다'는 '줄 것과 받을 것을 서로 없는 것으로 치다'를 뜻하는 준표준어로 아직 ≪표준≫에는 없는 말.

◆그것 전부 **통털어서** 얼마요?: **통틀어(서)**의 잘못. ⇐'통털다(×)/**통틀다**(○)'

　통틀다[통] 있는 대로 모두 한데 **묶다**.

◆**퇴주그릇**들하고 **퇴줏잔** 좀 이리 내놓아라: **퇴줏그릇**, **퇴주잔(退酒盞)**의 잘못.

　[설명] '퇴주(退酒)+그릇→퇴줏그릇'. 반면, '퇴주잔'은 모두 한자어.

◆계속 **퇴박(툇자)놓으면** 올 신부감 하나도 없지: **퇴박(을)/퇴짜(를) 놓다**의 잘못.

　번번히 **툇짜**만 맞다보니 이젠 지쳤어: 번번이 **퇴짜**의 잘못.

　[설명] ①'툇자'는 '퇴짜'의 잘못이며, '퇴박[퇴짜]놓다'는 없는 말. 대신, '퇴박하다'는 가능하며, '퇴박맞다'는 한 낱말. ②엄격히 구분하면 '퇴짜'는 물건을 물리치는 것이고, 퇴박은 사람까지도 포함. 비유적으로는 둘 다 사용 가능.

　퇴박(退-)[명] 마음에 들지 아니하여 물리치거나 거절함. ¶**~하다**[통], **~맞다**[통].

　퇴[退][명] ①≒**퇴짜**(바치는 물건을 물리치는 일). ②싫증이 나거나 물리는 느낌. ¶**퇴(를) 놓다**[관] ≒**퇴짜(를) 놓다**[관].

퇴박(을) 놓다囝 마음에 들지 아니하여 물리치거나 거절하다.

◆둘이서 자꾸 그렇게 **투닥**거릴래?: **투덕**의 잘못. ⇐맞춤법만 고친 것.

　[설명] ①'서로 사이가 틀어져서 잘게 부딪치며 자꾸 다투다'라는 뜻으로 흔히 쓰는 '투닥거리다'는 없는 말이며, 가장 유사한 말로 '투덕거리다'를 들 수 있으나 아래에서 보듯 예문의 뜻과는 다름. '토닥거리다' 역시 '투덕거리다'의 작은말일 뿐임. '툭탁거리다/툭탁대다' 또한 마찬가지. ⇐《표준》의 뜻풀이 보완이 필요함. ②위의 예문에서 문맥상 쓸 수 있는 말로는 '자그락거리다[-대다]'와 '아옹다옹하다' 등이 있으나 적확한 말들은 아님.

　투덕거리다〉두덕거리다통 잘 울리지 아니하는 물체를 조금 세게 두드리는 소리를 잇따라 내다.

　툭탁거리다통 단단한 물건을 조금 가볍게 두드리는 소리가 잇따라 나다.

　[참고] 그 밖에 서로 잘게 다투는 것에는 '올근볼근하다, 자그락거리다/-대다, 아옹다옹하다, 옥신각신하다' 등이 있으나 예문의 문맥과는 모두 차이가 있음.

　올근볼근하다통 서로 사이가 틀어져서 맞서서 잘 다투다.

　자그락거리다/-대다통 하찮은 일로 옥신각신하며 다투다.

　아옹다옹하다통 대수롭지 아니한 일로 서로 자꾸 다투다.

◆♣사전에 없는 **'투덜이'**는 비표준어인가, 표준어인가?: 표준어.

　[설명] 사전에 없는 말이라고 해서 표준어가 아니라고 볼 수 없음. 합성/파생의 방법으로 말을 만들어 쓸 수도 있고, 의성어/의태어와 같은 경우 세상에 존재하는 모든 말을 다 사전에 수록할 수는 없기 때문. 《표준》의 표제어 중 '-이'의 용법을 확인해 보면, '투덜이'라는 말을 만드는 것은 가능함.

　-이접 몇몇 명사/어근/의성·의태어 뒤에 붙어 '사람/사물'의 뜻을 더하고 명사를 만드는 접미사. ¶절름발이/애꾸눈이/멍청이/똑똑이/뚱뚱이/딸랑이/덜렁이/덩달이/짝짝이.

◆말들이 맘에 <u>안드는지</u> 죄다 **투르르**했다: <u>안 드는지</u>, **투루루**의 잘못. ¶**투레질**명

　[설명] '안들다'는 없는 말. '안'은 부사.

◆그 시절 내 인생은 **실수 투성이었어**: **실수투성이였어**의 잘못.

　고쳐야 할 **것들 투성이이었어**: **것들투성이이었어**의 잘못.

　[설명] ①제대로 풀어쓰면, '실수투성이+<u>이었</u>어'→'실수투성이+<u>였</u>어'. ⇐'투성이'는 접사. ②'-들'은 앞말에 붙여 적어야 하는 보조사.

　[참고] '전문가이다'→[과거형] '전문가+<u>이었</u>다→전문가<u>였</u>다'. 따라서, '전문가+<u>이였</u>다'는 '<u>이었</u>다'의 잘못 붙임 꼴. ¶그게 우리의 우정의 끝<u>이였</u>다니(×)/끝<u>이었</u>다니(○); 그건 그 아이의 정성<u>이였</u>다는(×) 걸 기억해→정성<u>이었</u>다는 걸(○)~.

◆**툭 하면** 내게 달려오곤 하던 녀석이: **툭하면**의 잘못. ←**툭하면**부

　[유사] '제꺽 하면'(×)/'제꺽하면'(○); '걸핏 하면'(×)/'걸핏하면'(○)

　제꺽하면≒걸핏하면/쩍하면/뻔쩍하면부 조금이라도 일이 있기만 하면 곧.

　툭하면부 조금이라도 일이 있기만 하면 버릇처럼 곧.

　쩍하면≒뻔쩍하면부 조금이라도 일이 있기만 하면 곧.

◆<u>바이얼린</u>은 <u>키고</u>, <u>기타줄</u>은 **퉁기는/튕기는** 거야: **바이올린**, **켜고**, **기타 줄**의 잘못. 맞음.

퉁기다≒팅기다[동] 기타/하프 따위의 현을 당겼다 놓아 소리가 나게 하다.

켜다[동] ①나무를 세로로 톱질하여 쪼개다. ②현악기의 줄을 활 따위로 문질러 소리를 내다. ③누에고치에서 실을 뽑다.

◆앞뒤도 모르는 놈이 **퉁어리쩍은** 소리로 말을 자르기나 하고: **퉁어리적은**의 잘못.

퉁어리적다[형] 옳은지 그른지도 모르고 아무 생각 없이 행동하는 데가 있다.

[설명] 어근인 '퉁어리'의 뜻은 불명. 표준어에 없는 말. 그러나 '퉁어리'가 '둥우리'의 방언(전북)으로 쓰이고 있고, '**어리**(문을 다는 곳. 문 위틀과 문지방, 좌우 문설주의 총칭)', '**불어리**(불티가 바람에 날리는 것을 막으려고 화로에 들씌우는 제구. 위에는 바람이 통하도록 <u>구멍</u>이 뚫려 있음)' 등에 쓰이는 '어리'의 뜻으로 미뤄, 둥우리 '<u>입구</u>'가 작은 것과 관련이 있는 게 아닌가 추측됨. [둥우리적다(小)→퉁어리적다(小)]

◆길에다 가래침을 **퉤 하고** 뱉었다: **퉤하고**의 잘못. ←**퉤하다**(침 등을 뱉다)[원]

그는 **퉤퉤 하면서** 고개를 절레절레 저었다: **퉤퉤하면서**의 잘못. ←**퉤퉤하다**[원]

[참고] '길에 가래침을 퉤 하니 뱉었다'도 가능. 이때의 '퉤'는 부사.

퉤[부] 침이나 입 안에 든 것을 뱉는 소리. 또는 그 모양. ¶**~하다**[동]

퉤퉤하다/~거리다[동] 침이나 입 안에 든 것을 자꾸/잇따라 뱉다.

◆불꽃 **튕기는/튀는** 논쟁이 이어졌다: **퉁기는**의 잘못. ←**퉁기다**[원]

내 얼굴에 침을 **퉁기며** 말했다: **튀기며**의 잘못. ←**튀기다**[원]

차가 흙탕물을 **퉁기며** 지나갔다: **튀기며**의 잘못. ←**튀기다**[원]

주판알이나 **퉁기는/튀기는** 주제에: 둘 다 맞음. ⇐이때는 '퉁기다≒튀기다'.

화살이 방패를 맞고 **튀겨** 나갔다: **퉁겨**의 잘못. ←**퉁기다**[원]

[설명] ①수판알을 움직일 때를 제외하고는 '퉁기다'와 '튀기다'는 다름. 아래 뜻풀이 참조. ②'튀기다'의 경우에도 '튀다'의 사동사일 때가 있음. 불꽃처럼 <u>공중으로 순간적으로</u> 튀게 하는 것은 '퉁기다'이며, 흙탕물처럼 <u>위나 옆으로 세게 흩어지게</u> 하는 것은 '튀기다'임. ③특히, 불꽃은 **퉁기**지 **튀기**지는 않음. ⇐'튀기다'와 비슷한 '튀다'에도 불꽃이 튀는 것과 같은 뜻이나 용례는 없음.

튀기다[동] ①힘을 모았다가 갑자기 탁 놓아 내뻗치거나 튀게 하다. ¶물방울을 튀기다; 손가락을 튀기다. ②도둑/짐승 따위를 건드려서 갑자기 튀어 달아나게 하다. ¶노루를 튀기다. ③≒**퉁기다**(수판알을 올리거나 내림으로써 수판알을 움직이게 하다). ¶주판알을 튀기다. ④'튀다(탄력 있는 물체가 <u>솟아오르다</u>)'의 사동사. ¶바닥에 공을 튀기다. ⑤'튀다(어떤 힘을 받아 작은 물체나 액체 방울이 <u>위나 옆으로세게 흩어지다</u>)'의 사동사. ¶<u>얼굴에 침을 튀기며</u> 열변을 토했다; <u>차가 흙탕물을 튀기며</u> 지나갔다.

퉁기다[동] ①엄지손가락 끝으로 다른 손가락 끝을 안쪽으로 힘주어 눌렀다가 놓음으로써 <u>다른 손가락이 힘 있게 앞으로 나가게 하다</u>. ¶손가락으로 구슬을 퉁기다. ②다른 물체에 부딪치거나 힘을 받아서 <u>튀어 나오다</u>. ¶화살이 퉁겨 나갔다. ③외부의 힘에 의하여 변형되었던 탄력이 있는 물체가 본래의 상태로 돌아가려고 힘 있게 움직이다. 또는 그렇게 움직이게 하다. ¶대나무는 휘었다가 퉁기는 힘이 세다; 고무줄을 퉁기다. ④액체에 강한 힘을 가하여 <u>순간적으로 공중에 튀는</u> 상태가 되게 하다. ¶물을 퉁기며 장난을 쳤다. ⑤강한 물체가 서로 부딪쳐 <u>불꽃과 같은 것이 생겨 사방으로 튀게</u> 하다. ¶칼끼리 부딪치면서 불꽃을 퉁겼다; 논쟁이 불꽃을 퉁기고 있다. ⑥≒**퉁기다**(다른 사람의 요구/의견을 거절하다).

◆**트름**을 할 때는 입을 막고 좀 하렴: **트림**의 잘못. [표준어 규정 제17항]

◆두통이 **특히나** 밤에 더 심해요: 맞음.
  [유사] 그 소원이 이뤄진다면 **작히나** 좋을까: 맞음.
  [설명] '특히/작히+나'로 분석되며, '-나'는 받침 없는 체언/부사어 뒤에 붙어서 수량/정도를 나타내는 보
      조사. ¶달걀을 다섯 개나 먹었대; 어린애가 시를 백 수나 외운대; 그렇게나 많이 주세요? [참고] 받침
      이 있는 경우에는 '-이나' 꼴을 사용함. ¶벌써 반이나 끝냈지; 열 명이나 죽었다고?; 여인은 예상외로
      퍽이나 상냥했다.
  [참고1] '특히'는 '-하다'가 붙는 어근 '특별'에 '-히'가 결합하여 된 부사인 '특별히'가 준 형태임. 이와 같은
      것에는 '익히'도 있음. '익숙하다→익숙히→익히'.
  [참고2] 이와 달리 '익히'에 대해서는, 한글 맞춤법 제19항 '어간에 '-이'나 '음/-ㅁ'이 붙어서 명사로 된 것
      과 '-이/히'가 붙어서 된 것은 <u>원형을 밝혀 적는다</u>'와 관련하여, '익히'의 어원을 '익다'의 옛말인 '닉다'
      의 '닉-' 뒤에 '-이'가 붙은 것으로 해설하기도 함. 이와 관련되는 것들로는 '밝히/익히/작히' 등이 있
      으며, 어간 뒤에 붙은 '히'를 파생접사로 봄. ⇐'작히'는 '작히나'의 준말. ☞♣**원형을 밝혀 적는 것과 밝
      혀 적지 않는 것** 항목 참조.

◆**틀어진** 옷 좀 꿰메 줘: **뜯어진**(혹은 **타진**), **꿰매 줘**의 잘못. ←**꿰매다**[원]
  봉투가 **틀어져** 안의 물건이 다 쏟아졌어: **터져**의 잘못. ⇐'틀어지다'는 없는 말.
  [설명] ①'틀어지다'는 없는 말로, '뜯어지다' 혹은 '타지다/터지다'의 잘못. ② '꿰매다[≒꿰어 매다]'이며 '꿰
      어 메우다→꿰메다'가 아님. ③'뜯어지다'는 '뜯다'의 피동형. '뜯다'의 피동사로는 '뜯기다'도 있는데, 이
      '뜯기다'는 아래와 같이 피동과 사동을 겸하는 낱말임. ☞**뜯기다** 항목 참조.
  타지다[동] 꿰맨 데가 터지다.
  뜯기다[동]≒뜯다'의 **사동사**. ¶나물을 뜯으러 간다고 핑계를 대고 나왔지만, 나물은 진이에게 뜯기고 나
      는 놀았다; 아이들에게 갈비를 뜯기다.
  뜯기다[동]≒뜯다'의 **피동사**. ¶장사를 해도 깡패들에게 돈을 뜯기고 나면 남는 게 없었다. ①털 따위가
      뽑히다. ¶녀석은 동네 아이들에게 머리카락이 여기저기 뜯긴 채 혼자 울고 있었다.

◆애시당초 **틀려먹은** 놈이야, 넌: **애당초(애초)**의 잘못. 맞음. ⇐'틀려먹다'는 '틀리다'의 속된 표현.
  틀려먹다[동] '틀리다'의 속칭.
  덜먹다[형] 하는 짓이 온당하지 못하고 제멋대로 함부로 나가다.

◆♣'**-틈**'의 띄어쓰기
  [예제] **문 틈**으로 방안을 들여다보니: **문틈**, **방 안**의 잘못.
          빼놓지 말고 **새새 틈틈** 꼭꼭 막도록: **새새틈틈**의 잘못.
          이틈에 한탕하는 게 어때: **이 틈**, **한탕 하는**의 잘못. ⇐'한탕하다'는 없는 말. '한탕 하다[치다]'(O).
  [설명] ①'-틈'이 접사로 쓰인 복합어들: 문틈(門-)/빈틈/실틈/이틈/창틈(窓-)/바위틈/북새틈≒북새통/뒤
      틈/새새틈틈. ②'이틈'은 '이와 이 사이의 틈'을 뜻하는 말.
  실틈[명] 실같이 좁고 가느다랗게 벌어진 사이.
  뒤틈[명] 톱니바퀴가 물릴 때 이와 이 사이의 틈.
  새새틈틈[명] 모든 사이와 모든 틈.

ㅌ

◆날씨가 **틉틉해서** 그런지 눈도 **틉틉하구나**: 텁텁해서, 텁텁하구나의 잘못.

　이 모시는 감이 무척이나 **틉틉하구나**: 톡톡하구나의 잘못. ←**톡톡하다**[원]

　[설명] ①'틉틉하다'는 '텁텁하다'의 전라도 방언. ②피륙의 올이 성기지 않고 촘촘하다는 뜻으로 잘못 쓰기도 하는 '틉틉하다'는 '톡톡하다'의 잘못.

　텁텁하다[형] ①입안이 시원하거나 깨끗하지 못하다. ②눈이 흐릿하고 깨끗하지 못하다. ③음식 맛 따위가 시원하거나 깨끗하지 못하다. [유]텁지근하다.

　꺼림텁텁하다[형] 마음이나 배 속이 언짢고 시원하지 않다.

　톡톡하다[형] ①피륙 따위가 단단한 올로 고르고 촘촘하게 짜여 조금 두껍다. ②옷에 솜을 많이 넣어 조금 두껍다. ③국물이 바특하여 묽지 아니하다.

　톡배다[톡빼다][형] 천 따위의 짜임새가 고르게 탄탄하고 촘촘하다.

◆형제들끼리 **티격거리는** 집안치고 잘 되는 집 없다: **티격태격하는**의 잘못.

　[설명] '티격거리다'는 없는 말. '티격태격하다'의 잘못. 단, '티격나다'는 있음.

　티격나다[동] 뜻이 맞지 아니하여 사이가 벌어지다.

　티격태격하다[동] 서로 뜻이 맞지 아니하여 이러니저러니 시비를 따지며 가리다. [유]시비하다/옥신각신하다. ¶**티격태격**[부]

◆그걸 꼭 그처럼 **티내야** 하겠니?: **티(를) 내야**의 잘못. ⇐'티(를) 내다'.

　[활용] '의붓어미가 티를 내는 것이 아니라 의붓자식이 티를 낸다': 속담.

◆그리 **티미[트미]해서야** 어찌 믿고 거래를 하나: **투미해서야**의 잘못. ←**투**미하다[원].

　투미하다[형] 어리석고 둔하다.

◆그렇게 **튕기면** 값이 좀 올라가나?: **튕기면/퉁기면**의 잘못. ←**튕**기다/**퉁**기다[원].

　드물지만 바이올린도 **튕겨서** 연주할 때가 있어: 맞음.

　[설명] '퉁기다/튕기다' 모두 가능. 이 두 말은 다음 두 가지 의미로는 동의어.: ①기타/하프 따위의 현을 당겼다 놓아 소리가 나게 하다. ②다른 사람의 요구/의견을 거절하다.

　[참고] '가야금은 뜯고, 하프는 퉁기며/튕기며, 바이올린은 켠다'.

　　　　뜯다: '현악기의 줄을 퉁겨서 소리를 내다'.

　　　　퉁기다/튕기다: '기타, 하프 따위의 현을 당겼다 놓아 소리가 나게 하다'.

　　　　켜다: '현악기의 줄을 활 따위로 문질러 소리를 내다'.

　퉁기다[동] ①버티어 놓거나 잘 짜인 물건을 틀어지거나 쑥 빠지게 건드리다. ¶지게 작대기를 퉁기자 지게가 넘어졌다. ②≒튕기다(다른 사람의 요구/의견을 거절하다). ③뼈의 관절을 크게 어긋나게 하다. ¶한 번만 더 튕기면 네 팔꿈치를 퉁겨 버릴 거야. ④≒튕기다(기타/하프 따위의 현을 당겼다 놓아 소리가 나게 하다).

◆수풀 속에서 참새가 **파다닥** 하고 날아올랐다: **파드닥**의 잘못.

　펑이 **푸드득** 하고 날아갔다: **푸드덕**의 잘못.

　어린 새가 **파드득** 하고 날개를 떨었다: **파닥**(혹은 **파닥파닥**)의 잘못.

　[설명] ①흔히 쓰는 '파다닥/푸드득'은 '파드닥/푸드덕'의 잘못임. ②'파드득'은 모양을 뜻하는 말이 아니라 소리를 뜻하는 부사임. 아래 뜻풀이 참조.

　푸드덕〉포드닥쀠 ①큰 새가 힘 있게 날개를 치는 소리. 또는 그 모양. ②큰 물고기가 힘 있게 꼬리를 치는 소리. 또는 그 모양.

　파드닥〈퍼더덕쀠 ①작은 새가 힘차게 날개를 치는 소리. 그 모양. ②작은 물고기가 힘차게 꼬리를 치는 소리. 그 모양. ¶**파드닥파드닥**쀠, **파드닥대다/~거리다**툉 ☞[주의] 이와 달리, '파다닥/파다닥파다닥/파다닥거리다/-대다' 등은 모두 북한어. 그러나, '**파닥거리다**툉 **파닥파닥〈퍼덕퍼덕**쀠'은 모두 표준어.

　파드득〉바드득쀠 ①단단하고 질기거나 반드러운 물건을 거세게 문지를 때 되바라지게 나는 소리. ②무른 똥을 눌 때 되바라지게 나는 소리.

◆**파라디파란(×)**: **파랗디파란**의 잘못.

　[유사] '**하야디하얗다(×)/하얗디하얗다(○)**'; '**누러디누렇다(×)/누렇디누렇다(○)**'

　[설명1] '-디'는 '-디 -은'의 구성으로 쓰여 형용사 어간을 반복하여 그 뜻을 강조하는 연결어미. 그러므로, '파랗다'의 어간 '파랗-'과 '-디'가 결합하여야 하며, '파라디'는 어간과 결합한 것이 아니므로 잘못.

　[주의] 위와 다른 경우도 있음. '**달디달다(×)/다디달다(○)**'; '**잘디잘다(×)/자디잘다(○)**'. '다디달다/자디잘다'의 경우는 형용사 어간 반복 어미 '-디-'와 결합한 꼴이 아니라, 새로운 어근 '다디달-/자디잘-'을 인정한 경우임. (⇐'**달다/잘다**' 등과 같이 단음절 어간의 경우에만 적용됨). '**멀디멀다(×)/머다랗다(○)**'; '가늘디 랗다(×)/가느다랗다(○)'의 경우도 마찬가지. ☞'**-다랗다'가 들어간 말 중 주의해야 할 것들** 항목 참조.

◆가을 하늘의 **파랑빛**은 참으로: **파랑**(혹은 **파란빛**)의 잘못.

　푸른 빛[색]과 **파랑색**은 같은 것 아닌가?: **푸른빛[푸른색]**, **파랑[파란색]**의 잘못

　[설명] '파랑'은 그 자체로 명사이며 '파랑≒파란색'. 따라서 '빨강≒빨간색'. '빨강색'이나 '빨강빛'은 잘못(굳이 사용하려면 '빨강 색'). ☞**♣색깔 표기에서 유의해야 할 사항** 항목 참조. ②'파랑≒파란색'은 '파란 빛깔이나 물감'을 뜻하며, '푸른빛≒푸른색'은 맑은 가을 하늘이나 깊은 바다, 풀의 빛깔과 같이 맑고 선명한 빛을 이르는 말임.

◆**파르레한** 새싹: **파르래한**의 잘못. ⇐모음조화

　[설명] ①'파르래하다'는 '파르랗다'+'-어(아)하다' 꼴로 분석되는 바, 모음조화 원칙에 따른 표기임. ②이와 유사한 조어법으로는 '-어(아)지다'도 있는데, 이 두 가지와 결합할 때는 앞말의 모음에 따라 대체로 모음조화가 적용됨. 〈예〉좋아지다/좋아하다; 나빠지다/나빠하다; 예뻐하다/예뻐지다

◆너 이렇게 **파토[破-]** 놓을래?: **파투(破鬪)**의 잘못.

　[참고] 너 이렇게 **깽판칠래**?: **깽판 칠래**의 잘못. ⇐깽판은 속어지만 표준어.

614

[기억도우미] 화투[花鬪]를 치다가 판이 깨졌으니 파투.
파투[破鬪]명 ①화투 놀이에서, 잘못되어 판이 무효가 됨. 그렇게 되게 함. 장수가 부족하거나 순서가 뒤
바뀔 경우에 일어남. ¶파투가 나다; 파투를 놓다. ②(비유) 일이 잘못되어 흐지부지됨. ¶파투하다통
깽판명 (속) 일을 훼방하거나 망치는 짓. ¶깽판(을) 치다/놓다/부리다.

◆그리 **팍성/팩성**을 낼 까닭이 뭐 있소?: **팩성(愎性)**의 잘못.
　[설명] '괴팩[乖愎](×)/괴팍(○)→괴팍스럽다(○)/괴팍하다(○).' ♣**모음 단순화** 형태를 표준어로 삼은 예
　들 항목 참조.
　[주의] 위의 '괴팍'을 제외하고는 아래 낱말들은 모두 '-팍'을 살림.
강팍하다[剛愎-]형 성격이 까다롭고 고집이 세다.
암팍[暗愎]하다형 성질이 엉큼하면서 까다롭고 고집이 세다.
오팍하다[傲愎-]형 교만하고 독살스럽다.
한팍하다[狠愎-]형≒**한려하다(狠戾-)**. 성질이 고약하고 사납다.
팍1부 가냘픈 몸이 갑자기 힘없이 쓰러지는 모양. ¶**팍팍1**부
팍2부 갑자기 성을 내는 모양.
팍팍2부 ①자꾸 성을 내는 모양. ②지지 아니하려고 강팍하게 자꾸 대드는 모양.
팩성[愎性]명 너그럽지 못하고 까다로워 걸핏하면 화를 내는 성질.

◆**판대기** 몇 장이라도 있어야 뭘 어떻게 해볼 텐데: **판때기**의 잘못.
판자데기 몇 장만 구할 수 없을까: **판자때기**의 잘못.
　[설명] '-때기'는 비하의 뜻을 더하는 접사. ¶귀때기/볼때기/배때기; 이불때기/거적때기; 송판때기/판자때
　기; 표때기. ♣**~떼기**, '~데기'와 '-때기' 항목 참조.
판때기[板-]명 '널빤지'의 속칭.
판자때기[板子-]명 '판자'(板子)의 속칭.

◆이것으로 이번 씨름판의 **판마감**을 합니다: **판막음/판막이**의 잘못. 북한어.
판막음≒판막이명 ①마지막 승리. ②마지막 겨룸.

◆그 친구 하는 짓으로 보니 완전히 **판박이상놈**일세그려: **판상놈**의 잘못.
판상놈[-常-]명 아주 못된 상놈이라는 뜻으로, 남을 비속하게 이르는 말.

◆팔씨름은 **팔굽/팔꿉**을 제대로 정확하게 대는 게 중요: **팔꿈치**의 잘못. 없는 말.
　[참고] **뒷굽치**랑 **팔굽치**랑 안 아픈 데가 없어: **뒤꿈치, 팔꿈치**의 잘못.
발꿈치/발뒤꿈치/발뒤축은 같은 말 아닌가?: 거의 비슷함. 뜻풀이 참조.
　[설명] 팔에는 '굽(발톱/발·받침)'이 없다! '팔굽대기/팔굽받이' 등은 북한말.
발꿈치≒발뒤꿈치명 발의 뒤쪽 발바닥과 발목 사이의 불룩한 부분.
발뒤축명 발 뒤쪽의 둥그런 부분 가운데 맨 뒤쪽의 두둑하게 나온 부분.

◆요즘 누가 **팔뚝시계**를 챙겨서 차고 다니니?: **손목시계**의 잘못.
　60년대에는 날짜가 나오는 **팔목시계**는 드물었어: **손목시계**의 잘못.

◆짐을 옮겼더니 **팔목쟁이/팔목아지**가 시큰거리는구나: **팔목/팔모가지**의 잘못.

  [설명] ①'목쟁이'는 '목정강이(목덜미를 이루고 있는 뼈)'의 잘못으로, '팔목쟁이'는 '팔목'의 잘못. 없는 말. '손목쟁이' 역시 마찬가지. ☞[주의] '발목쟁이'는 '발모가지'와 동의어. ②'팔모가지/발모가지'에 쓰인 '모가지'가 속어이긴 하나, 표준어. ¶모가지가 잘리다: **손모가지/발모가지**명

  모가지명 ①'목'의 속어. ②'해고(解雇)/면직(免職)'의 속어. ③(비유) 곡식의 이삭이 달린 부분.

  손모가지명 ①손(사람의 팔목 끝에 달린 부분)'을 낮잡는 말. ②손목(손과 팔이 잇닿은 부분)'을 낮잡는 말.

  팔모가지명 '팔목'의 속칭.

◆**팔**을 **걷어부치고** 나섰다: **소매를 걷어붙이고**의 잘못. ←**걷어붙이다**[원]

  [설명] '팔'은 걷어붙이지 못하므로, 팔을 덮은 '소매'를 걷어붙인다고 해야 함. '걷어부치다(×)/걷어붙이다(○)'.

◆**팔장**만 끼고서 바라볼래?: **팔짱**의 잘못. ⇐소리 나는 대로!

◆금**팔지** 하나가 뭐라고 신나서 몸을 판 여자도 있으니 참: **팔찌**의 잘못.

  [설명] '반지(半指/斑指)'는 손가락(指)에 끼므로 '지'를 쓰지만, '팔찌'는 손가락과 무관하게 팔목에 하므로 '찌'. 그러므로 발목에 차는 것도 '발찌'.

◆**팔힘**이 워낙 약하다 보니 그것도 못 들겠어: **팔심**의 잘못.

  [참고] '힘'의 뜻을 '심'으로 표기하는 말들: '주먹심/헛심/뚝심/뱃심/뒷심/뼛심/입심/허릿심/고갯심/알심/붓심≒필력(筆力)/쇠심=소심/윗심/좆심/활심' 등.

◆**팬티차림[바람]**으로 연병장 집합!: **팬티 차림[바람]**의 잘못.

  [설명] '팬티차림[바람]'은 없는 말. '팬티 차림[바람]'의 잘못. '–차림'이 들어간 복합어로는 '옷차림/몸차림(≒몸치장)/차림차림/상차림' 정도가 있으며, '팬티차림'의 경우는 복합어로 인정해야 할 이유, 곧 의미 특정의 필요가 없는 말임. '수영복 차림', '허드레옷 차림', '평상복 차림' 등도 마찬가지임.

  옷차림명 ①옷을 갖추어 입음. ②옷을 차려입은 모양. [유]복장/의용.

  몸차림명 ≒몸치장(몸을 보기 좋고 맵시 있게 하려고 하는 치장). [유]몸단장.

  차림차림명 ①차림새의 이모저모. ②여럿의 차림새.

◆[고급] 목선이 깊게 **팼다**: **패었다**의 잘못. ⇐'파이다'의 준말 '패다'의 활용.

  풍상을 겪어 움푹 **패인** 얼굴: **파인/팬**의 잘못. ⇐파이다(○)/패다(○)/패이다(×).

  세찬 비바람에 내 몸이 **패이고**: **파이고**의 잘못.

  [설명] ①'패다'는 '파다'의 피동사 '파이다'의 준말. ¶마당에 팬 구덩이; 고적지마다 돌에 사람들의 이름이 패어 있어 보기 흉하다; 각진 얼굴에는 목선이 둥글게 팬(파인) 옷이 어울린다. 이와 같이 <u>어간 모음 'ㅏ'</u> 뒤에 접미사 '–이'가 결합하여 'ㅐ'로 줄어지는 경우는, 활용어미 '어'가 줄어지지 않는 게 원칙(한글 맞춤법 제34항 붙임1)이기 때문에 '패다'는 '패어/패었다' 등으로 활용하며, '팼다'는 잘못. ②이와 같은 활용을 하는 것으로는 '차이다→채다(준말)'에서 '차였다≒채었다(←차이었다)'와 '누이다→뉘다'(준말)에서 '누였다≒뉘었다(←누이었다)' 등이 있음. ☞♣**이중 피동의 잘못된 쓰임들** 항목 참조.

◆당시엔 **퍼떡** 생각이 안 나는 거야: **퍼뜩**의 잘못.

  그 순간 그 생각이 **퍼뜩이는** 거야: **퍼뜩하는**의 잘못. ←**퍼뜩하다**[원]

[설명] ①'퍼떡'은 날개/꼬리를 치는 뜻만 있음. ②[주의] '퍼뜩이다'는 북한어.

퍼떡〉퍼덕, 파딱〉파닥[부] 큰 새/물고기가 가볍고 크게 날개를 치는 소리. 그 모양. ¶황새가 날개를 퍼덕 치며 날아올랐다.

퍼뜩[부] ①어떤 생각이 갑자기 아주 순간적으로 떠오르는 모양. ②어떤 물체/ 빛 따위가 갑자기 아주 순간적으로 나타나는 모양. ③갑자기 정신이 드는 모양. ¶퍼뜩이다(×)/**퍼뜩하다**(○)[동]

퍼뜩하다[동] ①어떤 생각이 아주 순간적으로 갑자기 떠오르다. ②어떤 물체/빛 따위가 아주 순간적으로 갑자기 나타나다.

◆다 큰 놈이 **퍼뜩하면** 부모에게 손이나 내밀고: **걸핏하면**(혹은 **뻔쩍하면**)의 잘못.

  [설명] ①예문에서는 '퍼뜩하면'을 '걸핏하면≒뻔쩍하면/쩍하면/제꺽하면'으로 착각한 것. ②'퍼뜩하면'은 '퍼뜩하다'의 활용으로 '어떤 생각이 아주 순간적으로 갑자기 떠오르면'이거나 '어떤 물체/빛 따위가 아주 순간적으로 나타나면'이라는 뜻. 따라서 문례와는 어울리지 않음. 설사 이를 '퍼뜩('갑자기 정신이 드는 모양'을 뜻하는 부사) + 하면'의 꼴로 분석해도 적합하지 않은 문례임.

  걸핏하면≒뻔쩍하면/쩍하면/제꺽하면[부] 조금이라도 일이 있기만 하면 곧.

◆**퍼릇퍼릇 싹터 오른** 보리밭 풍경: **푸릇푸릇, 싹 터 오른**의 잘못.

  [설명] ①'퍼르스름/푸르스름, 파릇파릇'(○) 등 다양하지만, '퍼릇퍼릇'은 없는 말. ②식물의 움/싹/순 등은 '싹 트다'로 쓰고 '기운/생각 따위가 새로이 일어나다'의 뜻으로는 '싹트다'임.

◆**퍽으나** 안쓰러워하면서도: **퍽이나(무척)**의 잘못. 없는 말.

  [설명] ①'퍽으나(×)/퍽이나(○)/퍽(○)'. ②'이나'는 체언/부사 뒤에 붙을 수 있는 보조사. ¶무척이나. ☞♣ **'ㅡ' 모음이 쓰여야 할 곳에 'ㅣ' 모음이 잘못 쓰인 경우들** 참조.

◆그때 **펀뜩(펀뜻)** 뇌리를 스치고 지나가는 생각: **퍼뜩(언뜻)**의 잘못. ☞**퍼떡** 및 **언뜻** 항목 참조.

  [비교] 때마침 멋진 생각이 **건뜻** 떠올랐다: **언뜻**의 잘못.

  [설명] '펀뜻'은 '언뜻'의 잘못으로 없는 말. '펀뜩'은 '퍼뜩'의 잘못으로 북한어.

  [참고] 이와 비슷한 꼴의 '건뜻〉건듯'[부]과 '얼결'[명]은 '언뜻≒얼핏'과 뜻이 다르며, 특히 '얼결(≒얼떨결)'은 명사로서 '얼결에(≒얼떨결에)'가 그 부사어임.

  건뜻〉건듯[부] ①일 따위를 빠르게 대강 하는 모양. ②행동/상황 따위가 갑작스럽게 일어나거나 바뀌는 모양. ③바람이 가볍게 슬쩍 부는 모양.

  언뜻≒얼핏[부] ①지나는 결에 잠깐 나타나는 모양. ②생각/기억 따위가 문득 떠오르는 모양.

  퍼뜩[부] ①어떤 생각이 갑자기 아주 순간적으로 떠오르는 모양. ②어떤 물체/빛 따위가 갑자기 아주 순간적으로 나타나는 모양. ③갑자기 정신이 드는 모양.

◆**피케이전(PK戰)**은 **페널티킥**으로 하는 승부차기야: **페널티 슛아웃**의 잘못.

  [설명] '페널티킥'은 페널티 에어리어 안에서 수비수가 직접 프리 킥에 해당하는 반칙을 하였을 때에 공격 측이 얻는 킥으로 '벌칙차기'와 같은 말. 여기서 문제가 되는 것은 '승부차기'에서 차는 것은 반칙과 무관한 것이므로 '페널티킥'이라 하지 않고 '페널티 슛아웃(Penalty Shootout)'이라고 한다는 것을 간과한 것. 그러므로, 《표준》에서 승부차기를 '피케이전(PK戰)'으로 표기한 것은 실수로 보임(굳이 약어 표기를 한다면 Penalty Shootout의 약자인 'PS전'이라 해야 함).

◆제 맘대로 **펴락쥐락** 할 수 있으리라 했겠지만: **쥐락펴락**의 잘못.

[설명] 앞뒤 없는 의미일 때는 선후가 바뀌어도 되지만(예: 가리산지리산≒지리산가리산) '쥐락펴락'의 경우는 쥐어야 그 뒤에 펼 수 있으므로, '펴락쥐락'은 말이 안 됨.

[유사] '올데갈데없다(O)/갈데올데없다(×)'. '붉으락푸르락/푸르락누르락/풍금땡금'(O)도 마찬가지 ⇒푸르락붉으락(×)/누르락푸르락(×)/땡금풍금(×)'. 속담에도 적용됨 ⇒감 놓아라 배 놓아라(O)/배 놓아라 감 놓아라(×)'.

◆[고급] 죽어라 펴지 않던 손도 돈을 주자 슬그머니 **펴지고**: **펴이고**의 잘못. ⇐**펴지고**도 쓸 수 있는 표현. 설명 참조.

[설명] 어려운 낱말임! '펴다'의 피동형은 '펴이다'. ('펴지다'는 피동형이 아니라 자동사). 위의 문례에서는 능동사 '펴다'의 상대어로서 피동사 '펴이다'를 굳이 써야 하는 것으로 본 것이지만, 문맥상으로는 자동사 '펴지다'의 활용 '펴지고'를 써도 됨. ⇐자동사 '펴지다'와 피동사 '펴이다'의 뜻은 대동소이함.

펴다[통] ①접히거나 개킨 것을 젖히어 벌리다. ②구김/주름 따위를 없애어 반반하게 하다. ③굽은 것을 곧게 하다. ④생각/감정/기세 따위를 얽매임 없이 자유롭게 표현하거나 주장하다.

펴이다[통] ①'펴다'의 피동사. ¶개킨 이불이 펴이다(≒펴지다); 주름이 펴이다(펴지다). ②순조롭지 못한 일이 제대로 잘되어 가다. ¶형편/살림/사업이 펴이다.

펴지다[통] ①접히거나 개킨 것이 젖혀져 벌어지게 되다. ②구김/주름 따위가 반반하게 되다. ③굽은 것이 곧게 되다. ¶우산/구김살/살림이 펴지다; 다리가 펴지지 않는다. ④순조롭지 못한 일이 나아지다. ¶형편이 다시 펴질 날을 기다린다.

◆[고급] ♣'-편' 중에 띄어 쓰는 말들과 붙여 쓰는 복합어. 유의!

[예제] **우리편** 이겨라!: **우리 편**의 잘못.

　　　　자기 편인 줄도 모르고 공격했대: **자기편**의 잘못. 한 낱말.

　　　　이편 저편 가리지 말고 함께: **이편저편**의 잘못. 한 낱말.

[설명] '-편'이 들어간 말 중에는 띄어 써야 할 것과, 붙여 써야 할 복합어들이 있음.

-띄어 쓰는 것: 어느 편(어느 쪽), 우리 편, 이쪽 편, 한 편(다른 한 편).

-복합어: 이편/그편/저편, 한편(같은 편[명], 한쪽[명][부]), 자기편/상대편, 건너편/맞은편, 아래편, 뒤편(≒후편(後便)/뒤편짝), 이편저편≒이쪽저쪽.

◆그렇게 **편가름**을 하면 뭐가 나오기라도 하나: **편 가르기** (혹은 **편 가름**)의 잘못.

[설명] '편가름'은 없는 말. '편(을) 가르다'를 이용하여 명사형을 만들 수는 있음.

편싸움[便–][명] ①편을 갈라서 하는 싸움. ②음력 정월에 마을과 마을이 편을 갈라서 돌을 던지고 방망이를 휘둘러 승부를 겨루는 놀이.

◆글줄깨나 쓴다는 사람의 **편짓글** 중에서도 머릿글이 그 모양이어서야: **편지글**, **머리글**의 잘못. ☞♣**사이시옷에서 주의해야 할 말들** 항목 참조.

◆나야 언제나 이기는 **편쪽**을 편들지, 하하하: **편짝**(혹은 **편/쪽**)의 잘못. 없는 말.

[설명] '편/쪽'은 표준어지만, 이를 합한 '편쪽'은 중복으로 보아, 불인정. 대신 '**편짝**'(O). ¶왼편짝/바른편짝/위편짝/아래편짝/맞은편짝[명].

◆형제간에 그렇게 야박하게 **평미레치십니까?**: **평미레질하십니까**의 잘못.
  [설명] ①'평미레치다'는 없는 말. '평미레'는 나무 막대이므로 평미레를 '치면' 평미레 막대를 '치거나 깎는다'는 뜻이 됨. 고로 '평미레질하다(○)'. '−질'은 '하는' 것이지, '치는' 것이 아님. ☞'**버둥질/발버둥질**' 항목 참조. ②'평미**리**'는 '평미레질'과 '평밀이(대패로 평면이 되도록 밂)'의 북한어. '평밀이하다'는 '평평하게 밀다'. 즉 '나무를 평면이 되도록 평밀이 대패로 밀다'의 뜻.
  평미레질[쭈−]명 곡식을 될 때 평미레로 되나 말을 미는 일.

◆그렇게 **평발치고** 앉아 있으면 뭐가 나온대?: **도사리고**의 잘못. ←**도사리다**[원]
  [설명] '평발치다'는 '도사리다'의 비표준어. 표준어 사정에서 '도사리다'만 인정받고, '평발치다'는 제외되어 복수표준어에서 탈락.
  [참고] '평발치다'에 보이는 '평발'은 '발바닥에 오목 들어간 데가 없이 평평하게 된 발'이라는 뜻 외의 다른 뜻은 없음. 따라서, '평발치다'는 무의미한 말.

◆**평방미터**와 **제곱미터** 중 어느 것을 써야 하나: **제곱미터**.
  [유사] **입방미터**와 **세제곱미터** 중에서 어느 게 옳은 말?: **세제곱미터**.
  [설명] '평방[입방]미터'는 '제곱[세제곱]미터'의 전 용어. 공식적인 도량형 용어는 '제곱[세제곱]미터'.

◆기껏해야 **평생 소원**이 누룽지라니.: **평생소원**의 잘못. ⇐합성어임.
  평생 직장도 이젠 옛말이야: **평생직장**의 잘못. ⇐합성어임.
  [설명] 다음과 같은 말들이 '평생−'의 복합어임: '평생직장/∼소원≒∼지원(∼之願)/∼지기(∼知己)/∼회원/∼지계(∼之計)/∼토록/∼교육/∼고용제도'.
  평생소원이 누룽지속 (비유) 기껏 요구하는 것이 너무나 하찮은 것.

◆그는 **폐쇄공포증**이 있어서 닫힌 곳에 있으면 식은땀을 흘리곤 했다: **폐소공포증**의 잘못.
  폐소공포증(閉所恐怖症)명 ≒폐소공포/폐실공포증/폐실공포(꼭 닫힌 곳에 있으면 두려움에 빠지는 강박 신경증).

◆밀가루 반죽이 너무 **포실포실해서** 물 좀 더 쳐야겠다: **포슬포슬해서**의 잘못.
  [참고] 유사 낱말의 경우에도 '실'은 '슬'의 잘못인 경우가 많음. 〈예〉고실고실하다(×)/고슬고슬하다(○); '까실까실하다(×)/까슬까슬하다(○); '까실하다(×)/까슬하다(○); '어실하다(×)/어슬하다(○, 조금 어둡다)'. ☞♣'**ㅡ' 모음이 쓰여야 할 곳에 'ㅣ' 모음이 잘못 쓰인 경우들** 항목 참조.
  [주의] '포슬포슬하다'는 아래의 뜻풀이에서 보듯 바스러지기 쉬운 상태를 뜻하는 말인데, 북한어에서는 '포실포실하다'를 이와 비슷한 의미로 쓰지만, 우리말에서는 인정하지 아니함. 한편, 이와 비슷한 '포실하다'는 아래에서 보듯 '포슬포슬하다'와 전혀 다른 뜻임.
  포슬포슬하다〉**보슬보슬하다**형 덩이진 가루 따위가 물기가 적어 엉기지 못하고 바스러지기 쉬운 상태이다.
  포실포실하다형 [북한어] 물건이 꽤 바싹 말라서 매우 잘게 바스러지기 쉽거나 잘 엉기지 않는 데가 있다.
  포실하다형 ①살림/물건 따위가 넉넉하고 오붓하다. ②몸에 살이 적당히 올라 통통하고 부드럽다. ③감정/마음이 너그럽고 편안하다.

◆그건 우리가 하기엔 지나치게 **폭 넓은** 일이야: **폭넓은**의 잘못. ←**폭넓다**[원]
  공부란 **폭 넓게** 해야 편협해지지 않아: **폭넓게**의 잘못.

[비교] **넓디 넓은** 벌판에서 뛰놀던 시절: **넓디넓은**의 잘못. ←**넓디넓다**[원]

　　　주제넓게 아무 데서나 나서지 마라: **주제넘게**의 잘못. '주제넓다'는 없는 말.

폭넓다[幅–][형] ①어떤 일의 범위/영역이 크고 넓다. ②어떤 문제를 고찰하는 것이 다각적/다면적이다. ③사람들을 대할 때 아량을 베푸는 마음이 크다.

주제넓다[형] '주제넘다(말/행동이 건방져 분수에 지나친 데가 있다)'의 잘못.

[참고] 위의 말들 외에 '–넓다'가 들어간 것들로는 '드넓다/크넓다(사물의 넓이/부피/양 따위가 매우 크고 넓다)/휘넓다(탁 트인 듯이 아주 넓다)' 등이 있음.

◆**폭팔물** 처리반이 올 때까지 기다리자: **폭발물(暴發物)**의 잘못.

[주의] 올바른 발음은 {폭빨물}이며 {폭팔물}이 아님. 발음 관행 때문에 잘못 적게 되는 말.

[유사] '단발마(×)/단말마(○)[斷末魔]'. '찰라(×)/찰나(○)[刹那]'.

◆담배는 흡연구역이라는 **표말**이 있는 곳에서 피워야 해: **푯말**의 잘못.

푯말[標–]≒**표목(標木)**[명] 어떤 것을 표지하기 위하여 세우는 말뚝. ¶푯말을 세우다; 그는 흡연 구역 푯말을 확인하고서 담배를 피웠다.

◆♣현재의 단수 표준어와 비표준어, 그리고 추가된 복수표준어

[예제] 꼭두각시(○)/꼭둑각시(×); 본새(○)/뽄새(×); 봉숭아(○)/봉숭화(×); 상판대기{상판때기}(○)/쌍판대기(×); 오금팽이(○)/오금탱이(×); 천장(天障)(○)/천정(×); 며느리발톱(○)/뒷발톱(×); 짧은작(○)/짜른작(×); 새앙손이(○)/생강손이(×); 샛별(○)/새벽별(×); 선머슴(○)/풋머슴(×); 짓고땡이(○)/짓고땡(×).

[원칙] 단수 표준어[표준어 규정 제17항]: '비슷한 발음의 몇 형태가 쓰일 경우, 그 의미에 아무런 차이가 없고, 그중 하나가 더 널리 쓰이면, 그 한 형태만을 표준어로 삼는다.'

[설명] 단수 표준어란 약간의 발음 차이로 두 형태, 또는 그 이상의 형태가 쓰이는 것들에서 더 일반적으로 쓰이는 형태 하나만을 표준어로 삼는 것. 아래에 보일 복수표준어와 대립되는 처리인데 복수표준어로 인정되려면 그 발음 차이가 이론적으로 설명되든가 두 형태가 비등하게 널리 쓰이든가 하여야 함. 단수 표준어로 처리한 것들은 두 형태를 다 표준어로 인정하면 국어를 풍부하게 하는 쪽보다는 혼란을 야기한다고 판단한 것들임.

표준어	비표준어	비 고
거든그리다	거둥그리다	①거든하게 거두어 싸다.
		②작은말은 '가든그리다'.
구어박다	구워박다	사람이 한 군데에서만 지내다.
귀고리	귀엣고리	
귀지	귀에지	
꼭두각시	꼭둑각시	
내숭스럽다	내흉스럽다	
냠냠거리다	얌냠거리다	
냠냠이	얌냠이	
네[四]	네	–돈, –말, –발, –푼.
넉[四]	너/네	–냥, –되, –섬, –자.
댑싸리	대싸리	

ㅍ

–(으)려고	–(으)ㄹ려고/–(으)ㄹ라고	
–(으)려야	–(으)ㄹ려야/–(으)ㄹ래야	
반빗아치	반비아치	'반빗' 노릇을 하는 사람. 찬비(饌婢). '반비'는 밥짓는 일을 맡은 계집종.
본새	뽄새	
봉숭아	봉숭화	'봉선화'도 표준어.
뺨따귀	뺨따귀/뺨따구니	'뺨'의 비속어.
뻐개다[斫]	뻐기다	두 조각으로 가르다.
뻐기다[誇]	뻐개다	뽐내다.
상판대기	쌍판대기	
세[三]	세/석	–돈, –말, –발, –푼.
석[三]	세	–냥, –되, –섬, –자.
–습니다	–읍니다	모음 뒤에는 '–ㅂ니다'.
씀벅씀벅	썸벅썸벅	
아궁이	아궁지	
어중간	어지중간	
오금팽이	오금탱이	
–올시다	–올습니다	
우두커니	우두머니	작은말은 '오도카니'.
잠투정	잠투세/잠주정	
짚북데기	짚북세기	
쪽	짝	편(便). 이~, 그~, 저~. 다만, '아무 짝'은 '짝'임.
천장(天障)	천정	'천정부지(天井不知)'는 '천정–'.
흉업다	흉헙다	
–게끔	–게시리	
골목쟁이	골목자기	
광주리	광우리	
괴통	호구	자루를 박는 부분.
국물	멀국/말국	
군표	군용어음	
길잡이	길앞잡이	'길라잡이'도 표준어.
까다롭다	까닭스럽다/까탈스럽다	
까치발	까치다리	선반 따위를 받치는 물건.
꼬창모	말뚝모	꼬챙이로 구멍을 뚫으면서 심는 모.
꼬챙이	꼬창이	
농지거리	기롱지거리	다른 의미의 '기롱지거리'는 표준어.
다사스럽다	다사하다	간섭을 잘 하다.
다오	다구	이리 다오.
담배꽁초	담배꼬투리/–꽁치/–꽁추	
대장일	성냥일	

뒤져내다	뒤어내다	
뒤통수치다	뒤꼭지치다	
등나무	등칡	
등때기	등떠리	'등'의 낮춤말.
똑딱단추*	딸꼭단추	
매만지다	우미다	
면발치	면발치기	
며느리발톱	뒷발톱	
명주붙이	주사니	
목메다	목맺히다	
밀짚모자	보릿짚모자	
바가지	열바가지/열박	
바람꼭지	바람고다리	튜브의 바람을 넣는 구멍에 붙은, 쇠로 만든 꼭지.
반나절	나절가웃	
반두	독대	그물의 한 가지.
버젓이	뉘연히	
본받다	법받다	
부각	다시마자반	
부끄러워하다	부끄리다	
부스러기	부스럭지	
부항단지	부항항아리	
붉으락푸르락	푸르락붉으락	
비켜덩이	옆사리미	
빙충이	빙충맞이	작은말은 '뱅충이'.
빠뜨리다	빠치다	'빠트리다'도 표준어.
뽐내다	느물다	
사로잠그다	사로채우다	자물쇠나 빗장 따위를 반 정도만 걸어 놓다.
살풀이	살막이	
상투쟁이	상투꼬부랑이	상투 튼 이를 놀리는 말.
새앙손이	생강손이	
샛별	새벽별	
선머슴	풋머슴	
속말	속소리	국악 용어 '속소리'는 표준어.
손목시계	팔목시계/팔뚝-	
손수레	손구루마	'구루마'는 일본어.
쇠고랑	고랑쇠	
수도꼭지	수도고동	
숙성하다	숙지다	
술고래	술꾸러기/술부대/술보/술푸대	

식은땀	찬땀	
신기롭다	신기스럽다	'신기하다'도 표준어.
쌍동밤	쪽밤	
쏜살같이	쏜살로	
아주	영판	
안걸이	안낚시	씨름 용어.
안다미씌우다	안다미시키다	제가 담당할 책임을 남에게 넘기다.
안쓰럽다	안슬프다	
안절부절못하다	안절부절하다	
앉은뱅이저울	앉은저울	
알사탕	구슬사탕	
암내	곁땀내	
앞지르다	따라먹다	
애벌레	어린벌레	
얕은꾀	물탄꾀	
언뜻	편뜻	
언제나	노다지	
얼룩말	워라말	
에는	엘랑	
입담	말담	
자배기	너벅지	
전봇대	전선대	
주책없다	주책이다	
쥐락펴락*	펴락쥐락	
-지만	-지만	[←지마는]
짓고땡	지어땡/짓고땡이	
짧은작	짜른작	
찹쌀	이찹쌀	
청대콩	푸른콩	
칡범	갈범	

새로 추가된 표준어 목록 (2011년 8월 31일)

o 현재 표준어와 같은 뜻으로 추가로 표준어로 인정한 것(11개)

추가된 표준어	현재 표준어
간지럽히다	간질이다
남사스럽다	남우세스럽다
등물	목물
맨날	만날
묫자리	묏자리
복숭아뼈	복사뼈
세간살이	세간
쌉싸름하다	쌉싸래하다
토란대	고운대
허접쓰레기	허섭스레기
흙담	토담

o 현재 표준어와 별도의 표준어로 추가로 인정한 것(24개)

추가된 표준어	현재 표준어	뜻 차이
~길래	~기에	**~길래**: '~기에'의 구어적 표현.
개발새발	괴발개발	**괴발개발**은 '고양이의 발과 개의 발'이라는 뜻이고, **개발새발**은 '개의 발과 새의 발'이라는 뜻임.
나래	날개	**나래**는 '날개'의 문학적 표현.
내음	냄새	**내음**은 향기롭거나 나쁘지 않은 냄새로 제한됨.
눈꼬리	눈초리	• **눈초리**: 어떤 대상을 바라볼 때 눈에 나타나는 표정. 예) '매서운 눈초리' • **눈꼬리**: 눈의 귀 쪽으로 째진 부분.
떨구다	떨어뜨리다	**떨구다**에 '시선을 아래로 향하다'라는 뜻이 있다.
뜨락	뜰	**뜨락**에는 추상적 공간을 비유하는 뜻이 있다.
먹거리	먹을거리	**먹거리**: 사람이 살아가기 위하여 먹는 음식의 총칭.
메꾸다	메우다	**메꾸다**에 '무료한 시간을 적당히 그럭저럭 흘러가게 하다.'라는 뜻이 있음
손주	손자(孫子)	• **손자**: 아들의 아들. 딸의 아들. • **손주**: 손자와 손녀를 아울러 이름.

어리숙하다	어수룩하다	'**어수룩하다**'는 '순박함/순진함'의 뜻이 강한 반면에, '**어리숙하다**'는 '어리석음'의 뜻이 강함.
연신	연방	'**연신**'이 반복성을 강조한다면, '**연방**'은 연속성을 강조.
휭하니	휭허케	**휭허케**: '휭하니'의 예스러운 표현.
걸리적거리다	거치적거리다	자음 모음의 차이로 인한 어감 및 뜻 차이 존재
ㄸ적거리다	끼적거리다	〃
두리뭉실하다	두루뭉술하다	〃
맨숭맨숭/ 맹숭맹숭	맨송맨송	〃
바둥바둥	바동바동	〃
새초롬하다	새치름하다	〃
아웅다웅	아옹다옹	〃
야멸차다	야멸치다	〃
오손도손	오순도순	〃
찌뿌둥하다	찌뿌듯하다	〃
추근거리다	치근거리다	〃

ㅇ 두 가지 표기를 모두 표준어로 인정한 것(3개)

추가된 표준어	현재 표준어
택견	태껸
품새	품세
짜장면	자장면

* 2014~2019년에 새로 추가/수정된 표준어/복수표준어는 부록 참조.

◆순경은 지게의 **푸나무**를 보며 뉘 산에서 벤 거냐고 물었다: **풋나무**의 잘못.

　풋나무들이 어우러져 아주 무성하게 자란 숲에서: **푸나무**의 잘못.

　[설명] '푸나무'와 '풋나무': 둘 다 맞는 말이나, 의미가 다름. 즉, '푸나무'는 '풀+나무→푸나무'이고, '풋나무'의 '풋-'은 '풋사랑/풋잠/풋것' 등에서 보이는 것처럼 미숙하거나 질이 좀 떨어지는 것을 이름. 즉, 땔나무로서는 장작 등에 비하여 좀 떨어진다는 뜻.

　푸나무뗑 풀과 나무를 아우르는 말. ¶푸나무가 무성하게 자라다; 물오른 푸나무들이 파르르하게 윤기를 띠고 있다.

　풋나무뗑 갈잎나무, 새나무, 풋장 따위의 나무(땔감)의 총칭.

◆**푸닥꺼리/푸다꺼리**의 뒤치다꺼리 일도 만만치 않아요: **푸닥거리**의 잘못.

　[설명] 명사 뒤에 붙거나 어미 '-을' 뒤에 쓰여 내용이 될 만한 재료를 뜻할 때는 주로 '-거리'이며, 어원이 불분명할 때는 소리 나는 대로 쓴다는 원칙에 따라 표기한 '뒤치다꺼리'와 같은 '-꺼리'는 아주 드묾. '입치다꺼리/뒤치다꺼리/치다꺼리' 정도이며, 나머지 말들은 방언이거나 비표준어.

농지꺼리: '농지거리[농지꺼리]'의 잘못.

때꺼리: '땟거리/끼닛거리'의 잘못. 방언(강원도).

밥더꺼리: '밥풀/밥뚜껑'의 방언.

[참고][고급] 위에서 쓰인 '거리'는 의존명사. 그러므로, '푸닥거리'와 같은 조어법은 '의존명사는 앞말과 띄어 쓴다'는 대원칙[한글 맞춤법 제42항]과 상치되는 것으로 볼 수도 있음. 그러나 이 경우는 '거리'를 복합어를 만드는 데에 필요한 실질형태소로 취한 것임. 〈예1〉'거리'가 합성어에서 형태소로 쓰인 말: 국거리/논문거리/반찬거리/비웃음거리/일거리/푸닥거리/이야깃거리/읽을거리/볼거리. 〈예2〉'거리'가 의존명사일 때(주로 어미 '−을' 꼴의 관형형 뒤에 쓰임): ¶여기, 마실 거리 좀 없을까; 이건 충분히 토의할 거리가 되는 듯싶군; 농한기에 일할 거리가 어디 있을라고; 발표할 거리를 각자 알아서 재주껏 찾아보도록.

◆시멘트 한 **푸대**도 못 메나: **부대/포대**의 잘못.

쌀 한 **포** 정도야 가볍게 둘쳐메야지: 맞음. **둘러메야지**의 잘못.

[설명] ①'푸대'는 '부대[負袋]'의 방언. ②'부대[負袋]'는 '포대[包袋]/포[包]'와 같은 말로 '종이/피륙/가죽 따위로 만든 큰 자루'. [주의] '포대[包袋]'와 한자가 다른 '포대[布袋]'도 있는데, 차이는 그 재료로서 베(布)로 만든 자루를 이름.

포대[布袋][명] ①베로 만든 자루. ②물건을 '베자루에 담아 그 분량을 세는 단위.

포대[包袋]≒부대[負袋]/포[包][명] 종이/피륙/가죽 따위로 만든 큰 자루.

◆얼굴이 **푸르딩딩하게** 멍이나 들고, 어디서 **쥐여터졌구나**: **푸르뎅뎅하게. 쥐어(쥐여) 터졌구나**의 잘못.

[설명] ①'푸르딩딩/누르딩딩하다'는 '푸르뎅뎅/누르뎅뎅하다'의 잘못. 북한어. ②'쥐여터지다'는 없는 말. 그러나 어법[조어 구조]상으로는 맞는 말. 즉, '쥐여(쥐다'의 피동사 '쥐이다'의 활용)+터지다'. 그러나 '쥐어박다'의 피동사로 '쥐어박히다'가 인정된 것에 비춰볼 때 '쥐어터지다'도 가능한 표현. 하지만, 현재로는 '쥐여터지다/쥐어터지다' 모두 사전에 없는 말이므로 원칙적으로 띄어 적음. 단, 아래에 설명하는 보조형용사로 볼 경우에는 붙여 쓸 수도 있음[허용].

[주의] 《표준》에서는 '터지다'를 '빠지다'(앞말의 성질/상태가 아주 심한 것을 못마땅하게 여김을 나타내는 말)와 같은 뜻을 지니는 보조형용사로 사용할 수 있고 그 구성은 일부 형용사 뒤에서 쓰인다고 되어 있으나, 실제로 제시된 예문에서는 동사와 형용사를 가리지 않고 두루 그 뒤에 쓰고 있어, 설명과 일관되지 않음. 〈예〉¶물러 터지다; 국수가 불어 터지다; 느려 터지다; 물바가지가 얼어 터지다.

◆언젠가는 **푸르를** 하늘. **푸르른** 청춘의 꿈: 맞음. 쓸 수 있음.

[설명] '푸르를/푸르른'의 활용이 가능하려면 원형 '푸르르다'가 있어야 하나 없는 말이어서 '푸르다'의 잘못으로 삼았으나, 2015년 '푸르르다'를 '푸르다'의 강조형으로 인정. ☞[참고] '이쁘다' 역시 예전에는 '예쁘다'의 잘못이었으나 현재는 둘 다 같은 말로 인정[국립국어원 개정. 2015].

◆겉은 물론 속까지 푸른 **푸른콩** 밥을 처음 먹어본다: **푸르대콩**의 잘못.

[설명] 단순히 콩이 푸르다는 뜻일 때는 '푸른 콩'. '푸르대콩'은 콩의 품종명.

푸르대콩≒청대두/청대콩/청태[명] 콩의 한 품종. 열매의 껍질과 속살이 다 푸름.

◆아직 다 크지 못한 **푸서리배추**에 무서리가 내려서: **얼갈이배추**의 잘못.

[설명] '푸서리'는 '무서리(늦가을에 처음 내리는 묽은 서리)' 등과는 전혀 무관한 말로 땅을 이르며, '푸서

리배추'는 없는 말.

푸서리阌 잡초가 무성하고 거친 **땅**.

얼갈이배추阌 늦가을이나 초겨울에 심어 가꾸는 배추.

◆마누라가 어찌나 **푸악스럽게** 몰아대던지: **포악(暴惡-)스럽게**의 잘못.

그누무 여편네의 **푸악질**엔 당해 낼 재간이 없지: **그놈의, 포악질**의 잘못.

포악스럽다[暴惡-]혤 보기에 사납고 악한 데가 있다.

포악질[暴惡-]阌 사납고 악한 짓.

◆이런 **푼수덩이/푼수덩어리**를 봤나, 하는 짓하고는: **푼수데기**의 잘못.

이런 **푼수때기**를 봤나: **푼수데기**의 잘못. 없는 말.

이런 **푼수 노릇하고는** 쯧쯧: 맞음. ⇐푼수노릇(×), '-하고는'은 보조사.

[설명] 흔히 쓰는 '푼수덩이/푼수덩어리'는 없는 말. '푼수'가 '생각이 모자라고 어리석은 <u>사람</u>에 대한 놀림조 말'이므로, 거기에 낮춤의 뜻을 더하는 '-데기'는 붙일 수 있으나 '~인 사람'의 뜻을 더하는 '-덩이/-덩어리' 등을 붙이는 것은 무의미한 중복. ☞**'재간덩이' 항목의 '-덩이/-덩어리'** 설명 참조.

[참고] **보조사 '-하고는'과 격조사 '-하고'**: ①위의 예문에 보이는 '하고는'는 흔히 쓰는 격조사 '하고'와는 다른, 얕잡아 보거나 못마땅하여 지적하는 대상을 나타내는 말에 붙어 '~은 (정말 못나서)'의 뜻을 나타내는, 구어체 보조사. ②조사 '하고'는 다음과 같이 격조사와 접속조사로 쓰임. 〈예〉아이는 아빠<u>하고</u> 닮았다(격조사); 나<u>하고</u> 놀자(격조사); 애인<u>하고</u> 헤어졌다(격조사); 사과<u>하고</u> 감하고 둘 다 사자(접속조사). ☞**♣-하고**조**와 보조사 '하고는'** 항목 참조.

푼수데기阌 생각이 모자라고 어리석은 사람을 <u>낮잡는</u> 말.

◆퇴비가 없어서 풀을 베어다 **풀거름**으로 때웠어: **풋거름**(혹은 **풀 거름**)의 잘못.

[설명] '풀거름'은 사전에 없는 말. 풀로 만든 거름이라는 뜻의 '풀+거름→풀거름'도 사전에 없으며, '풋거름'은 아래와 같이 '풀 거름'과는 조금 거리가 있음.

풋거름阌 생풀/생나무 잎으로 만든, 충분히 썩지 않은 거름.

퇴비[堆肥]阌≒두엄(풀/짚/가축의 배설물 따위를 썩힌 거름).

◆덜 삶았는지, 무침에서 **풀내**가 많이 나네: **풋내**(혹은 **풀 냄새**)의 잘못.

[주의] '새로 나온 푸성귀/풋나물 따위로 만든 음식에서 나는 풀 냄새'는 '풋내'이며, '풀내/푼내'는 모두 없는 말.

[암기도우미] '풋내기'에서는 풋내가 많이 나므로, <u>풋나기</u>가 아닌 풋내기(○). '신출내기(○)'도 마찬가지. '냄비(○)/동댕이치다(○)/<u>동당이치다(×)</u>'도 같은 이유. 단, '아지랑이(○)/손잡이(○)'.

◆짐을 다 **풀르고** 나서, 책을 **가질러** 갔다: **풀고, 가지러**의 잘못. ⇐**풀다/가지다**원]

[설명] ①'풀다'는 '풀고/풀어/푸니/푸오'로 활용. '풀르고'는 '풀고'에 불필요한 '르'를 덧붙인 것. ②**준말에 모음 어미 연결될 때의 원칙**: '가지러'는 '가지다'의 준말인 '갖다'에 어미 '-으러'가 연결된 것인데, 이때 준말인 '갖다'에는 모음 어미가 연결될 수 없고 본말에만 연결될 수 있으므로(표준어 규정), 본말 '가지다'의 어간 '가지'+-(으)러→'가지러'가 된 것. 따라서, '가질러'는 어간에 없는 'ㄹ'이 덧붙은 잘못된 활용. 이는 '서투르다/머무르다/서두르다' 등과 같이 어간에 'ㄹ'이 들어가 있는 것들의 활용 습관에서 비롯된 것. 〈예〉서투르(어간)+어(모음 어미)→서툴러. ☞**♣준말 용언의 활용형 연결: 모음 어미일 때와**

자음 어미일 때 항목 참조.

◆**풀뭇간/풀무간**에 맡긴 연장을 찾으러 갔다: **대장간**의 잘못. 북한어.

◆**'문제풀이'**(×), **어휘풀이**(×)'의 띄어쓰기: **문제 풀이**, **어휘 풀이**의 잘못.
  [설명] ①한 낱말(복합어)이 아니므로 띄어 씀. ②이와 달리, '–풀이'가 들어간 복합어로서, 붙여 써야 하는 것들: '심심풀이/이름풀이/그림풀이/댕기풀이/되풀이/망발풀이/부정풀이/진풀이/살풀이/성주풀이/신명풀이/십자말풀이/제석풀이'.

◆잔뜩 **풀죽은** 목소리로: **풀 죽은**의 잘못. ⇐풀(이) 죽다. '풀죽다'는 없음.

◆태권도에서는 **품새**와 겨루기 두 가지로 시험한다: 맞음. **품세**와 복수표준어.
  요즘에는 **품새**나 **품세**나 같은 말이야: 둘 다 쓸 수 있음.
  [설명] 품새→품세→품새/품세의 과정을 거쳐 '품새'도 복수표준어로 인정됨.
  품새1≒품[의] 행동/말씨에서 드러나는 태도/됨됨이.
  품새2≒품세[명] 태권도에서, 공격과 방어의 기본 기술을 연결한 연속 동작.

◆**'품속**의 자식'이라고, 크면 소용없어. 그때뿐이야: **품 안**의 잘못.
  [설명] '품속'은 품(윗옷을 입었을 때 가슴과 옷 사이의 틈. 두 팔을 벌려서 안을 때의 가슴)의 속으로 '품어서 감출 수 있는 속이고, '품 안'은 품으로 안을 수 있는 공간. '품안'은 '품 안'의 잘못.
  품속[명] 품의 속.
  품 안의 자식[송] (비유) 자식이 어렸을 때는 부모의 뜻을 따르지만 자라서는 제 뜻대로 행동하려 함.

◆**'풋–'과 '푿–'**
  [예제] 여름에 생풀만 먹고 사는 소는 '**풋소**'인가 '**푿소**'인가: '**푿소**'
  [설명] ①풋–': '풋사랑/풋사과'의 '풋'은 '새로운 것, 덜 익은 것' 등의 뜻을 나타내는 접두사. ②푿소': 여름에 생풀만 먹고 사는 소. '푿–≒풀'. ③푿소와 같이 'ㄷ' 소리로 발음되는 낱말들의 예: '반짇고리/삼짇날/사흗날/숟가락' 등.

◆**풋나기**[명] '**풋내기**'의 잘못.
  [암기도우미] '풋내기'에서는 풋내가 난다. ☞'ㅣ' 모음 역행동화 인정 사례 참조.

◆형의 도박으로 집안이 **풍지박산/풍지박살** 났다: **풍비박산(風飛雹散)**의 잘못.
  [설명] '바람이 날고(풍비, 風飛), 우박이 흩어진다(박산, 雹散)'는 말에서 나온 말. 줄여서 '풍산(風散)'이라고도 함.

◆다른 처녀가 **풋머슴**같이 하는 짓이 그게 뭐냐: **다 큰**, **선머슴**의 잘못.
  [설명] ①'다크다'는 없는 말: '다 크다(○). ②풋머슴은 표준어에서 배제된 말. '꼴머슴(땔나무/꼴을 베는 일을 하는 어린 사내종)'은 문맥에 어울리지 않으므로, '선머슴'. ☞'–머슴에 대해서는 '**큰머슴**' 항목 참조.
  선머슴[명] 차분하지 못하고 매우 거칠게 덜렁거리는 사내아이.

◆허드레 고치로 만든 **풋솜**이라서 <u>맥아리</u>는 좀 없어도 명주: **풀솜**, **매가리**의 잘못.

풀솜명 실을 켤 수 없는 허드레 고치를 삶아서 늘여 만든 솜. 빛깔이 하얗고 광택이 나며 가볍고 따뜻함. ¶**풀솜할머니≒외할머니**명

매가리명 '맥(기운이나 힘)(脈)'의 낮잡음 말.

[설명] ①'-이/-음(-ㅁ)' 이외의 모음으로 시작되는 접미사가 붙어서 된 말은 그 원형을 밝혀 적지 않음. ②'맥+아리→매가리'와 똑같이 의미소를 무시하고 소리 나는 대로 적는 것에는 '쪼가리/오가리'도 있음: '쪽+아리→쪼가리'; '옥+아리→오가리'. ('옥'의 의미는 아직도 '옥다'와 같은 말에 남아 있음.) ☞♣ **원형을 밝혀 적는 것과 밝혀 적지 않는 것** 항목 참조.

쪼가리명 ①작은 조각. ②그것이 아주 하찮음을 이름.

오가리명 ①무/호박 따위의 살을 길게 오리거나 썰어서 말린 것. ②식물의 잎이 병들거나 말라서 오글쪼글한 모양.

◆어렸을 땐 **풍댕이(풍뎅이)**를 갖고 많이 놀았지: **풍뎅이**의 잘못.

[설명] '-뎅이'가 붙은 표준어는 드문 편으로, 그 밖으로는 '더뎅이(부스럼 딱지나 때 따위가 거듭 붙어서 된 조각)' 정도뿐임.

[참고] '풍뎅이'는 '머리에 쓰는 방한구'의 하나이기도 함. 모양이 남바위와 비슷하나 가를 좁은 모피로 꾸민 점이 다름.

◆**하고푼** 일; **먹고푼** 음식; 어쩌나 **하고팠던지**: 가능함. 쓸 수 있는 표현.

[설명] 예전에는 '-고프다'의 꼴을 인정하지 않아 '-고 싶다'의 잘못으로 삼았으나, '-고프다'를 '~고 싶다'의 준말로 인정했음[국립국어원. 2016].

◆**피끓는** 애국청년들이 한 자리에 모여서: **피 끓는**, **애국 청년**의 잘못.

[설명] '피끓다'는 관용구 '피(가) 끓다'의 잘못. '-끓다'가 들어간 말 중 흔히 쓰이는 한 낱말로는 '들끓다/애끓다' 정도임.

◆**피난**과 **피란**: 둘 다 쓸 수 있음. 의미 조심.

6.25 동란 중 **피난길**에서: **피란길**이 더 나음. 난리(전쟁)를 피한 것이므로.

대지진에서 **피란민**들이 많이 발생했다: **피난민**의 잘못.

[참고] ①환난[患難]과 환란[患亂]: 둘 다 쓸 수 있음. '환난(근심과 재난의 총칭)'이 '환란(근심과 재앙의 총칭)'보다 더 포괄적. ②難의 발음은 언제나 '난'. 두음법칙과 무관함.

피난[避難]명 재난을 피하여 멀리 옮겨 감. ¶피난길[避難-].

피란[避亂]명 난리를 피하여 옮겨 감. ¶피란길[避亂-].

환난[患難]명 근심과 <u>재난</u>(뜻밖에 일어난 재앙과 고난)의 총칭.

환란[患亂]명 근심과 <u>재앙</u>(뜻하지 아니하게 생긴 불행한 변고. 또는 천재지변으로 인한 불행한 사고)의 총칭.

◆**피납자** 가족 대표들과의 면남: **피랍자**의 잘못. ⇐두음법칙 적용 대상.

[설명] 납치(拉致) →피랍(被拉); 납월(臘月) →구랍(舊臘).

[주의] '피난(避**難**)'의 경우에는 두음법칙에 해당되지 않음. ⇒재난/고난/수난.

납월(臘月)명 음력 섣달을 달리 이르는 말.

구랍(舊臘)명 지난해의 섣달.

◆♣**피동형 어간 '이'를 잘못 남용하는 사례들**: 자체로 자동사이기 때문에, 피동형 어간이 불필요한 말들.

①날이 개<u>이</u>고(×)/개고(○); 목이 메<u>이</u>는(×)/메는(○); 찾아 헤매<u>이</u>다가(×)/헤매다가(○); 마음이 설레<u>이</u>네 (×)/설레네(○); 습관이 몸에 배<u>이</u>다(×)/배다(○); 같은 말을 되뇌<u>이</u>다(×)/되뇌다(○).

②[구별] 피동형이지만 '이'가 들어간 뒤 역행동화로 잘못 쓰이는 것 :

　　-발에 **채<u>이</u>는**(×) 게 여자들: **차이는/채는**(○). ←**차이다[원]** ㈜ **채다.**

　　-깊게 **패<u>인</u>**(×)주름살: **파인/팬**(○). ←**파이다[원]** ㈜ **패다.**

　　-아이를 **뉘<u>인</u>**(×)뒤에야: **누인/뉜**(○). ←**누이다[원]** ㈜ **뉘다.**

[중요] 위 말의 과거형 표기는 각각 '차였다/채었다(←차이었다)'; '파였다/패었다'; '누였다/뉘었다(←누이 었다)'임. 어간 모음 'ㅏ' 뒤에 접미사 '-이'가 결합하여 'ㅐ'로 줄어지는 경우는, '어'가 줄어지지 않는 게 원칙(한글 맞춤법 제34항 붙임1). ☞♣**이중 피동의 잘못된 쓰임들** 항목 참조.

◆내가 **피래미**에 불과한 너를 굳이 상대하랴: **피라미**의 잘못.

[설명] '동그래미(×)/동그라미(○)'와 같은, 불필요한 'ㅣ' 모음 역행동화의 사례. '-라미' 꼴을 선택한 것은 '동그라미'의 어원과 관련되는 '동그랗다'의 의미를 살리기 위해서임. 이처럼 '-래미'를 버리고 '-라미'를 택한 것으로는 '맨드라미/쓰르라미/귀뚜라미/나라미(물고기의 가슴지느러미의 일상적 명칭)' 등도 있음.

[주의] '오무래미(이가 다 빠진 입으로 늘 오물거리는 늙은이를 낮잡는 말)'는 'ㅣ' 모음 역행동화를 인정해 도 뜻에 영향이 없으므로, '오무라미(×)/오무래미(○)'.

◆**피로회복제**로 그것만 한 것도 없지: **피로해소제** (혹은 **원기회복제**)의 잘못. ⇐논리의 오류.

[설명] 피로를 회복하면 다시 피로해지므로 피로는 '해소'되어야 하며, 회복되어야 할 것은 원기임.

◆밤 껍질을 까지 않은 **피밤**은 맨질맨질해서 좋아: **겉밤**, **만질만질**의 잘못.

[설명] ①'피밤[皮-]'은 '겉밤(껍질을 벗기지 않은 밤)'의 잘못으로, '피잣'에서 잘못 유추한 것. '피잣'도 '겉 잣'으로 순화 대상. ②'맨질맨질'은 '만질만질'의 잘못된 'ㅣ' 모음 역행동화 발음 결과.

피잣[皮-]명 ≒**겉잣**(껍질을 벗겨 내지 않은 잣). '겉잣'으로 순화.

실백[實柏]명 ≒**실백잣**(껍데기를 벗긴 알맹이 잣).

◆요즘 아들 덕분에 살림이 활짝 **피었어: 펴이었어/펴졌어**의 잘못. (혹은 **폈어**㈜)

[설명] ①'피다'에는 '살림이 펴이다/펴지다'의 의미가 없음. (얼굴이 좋아지는 정도임.) ②'펴이었어'는 사동 사 '펴다'의 피동사인 '펴이다'에 과거 시제 요소('었')을 결합한 것. '펴이었'의 준말 꼴인 '폈'을 택할 경 우는, '펴이었어→폈어'가 됨. ③피동사 '펴이다'와 자동사 '펴지다'의 뜻은 대동소이하므로 '펴이다' 대 신 '펴지다'를 쓸 수도 있음. ☞상세 설명은 '**펴지다**' 항목 참조.

펴이다동 ①'펴다'의 피동사. ¶개킨 이불이 펴이다(≒펴지다); 주름이 펴이다(펴지다). ②순조롭지 못한 일이 제대로 잘되어 가다. ¶형편/살림/사업이 펴이다.

펴지다동 ①접히거나 개킨 것이 젖혀져 벌어지게 되다. ②구김/주름 따위가 반반하게 되다. ③굽은 것이 곧게 되다. ¶우산/구김살/살림이 펴지다; 다리가 펴지지 않는다. ④순조롭지 못한 일이 나아지다. ¶ 형편이 다시 펴질 날을 기다린다.

◆담배 **피면서** 하는 말이.: **피우면서**의 잘못. ←**피우다[원]**

딴청 **피지** 말고 여기 좀 봐: **피우지**의 잘못. ←**피우다[원]**

바람피는 놈이 어디 예고편 상영하고 하던?: **바람피우는**의 잘못.

[유사] 꽃을 피우려면(○. 피게 하려면); 웃음꽃을 피웠다(○).

[설명] '피다'는 자동사(동작/작용이 주어에만 미치는 동사)이고, '피우다'는 '피다'의 사동사/타동사.

◆♣'-피우다'가 들어간 복합어: 한 낱말. 떼어 쓰면 잘못.

  [예제] 중년은 인생에서 **꽃 피우는** 시기: **꽃피우는**의 잘못. ←**꽃피우다**[원].

    녀석이 감추지 못하고 **냄새 피워서** 실패했어: **냄새피워서**의 잘못.

    바람 피는 녀석이 미리 말하고 하든?: **바람피우는**의 잘못.

  [설명] 예문에서 '꽃(을) 피우는, '냄새(를) 피우는'으로 써도 되지만 한 낱말이 있으므로 붙여 적는 것이

    언어 경제적으로 득.

    ○'-피우다': 꽃피우다/기세(氣勢)-≒기세부리다/꾀-/냄새-/맛-≒맛부리다/바람-/옴-.

  냄새피우다[동] 어떤 티를 드러내다.

  맛피우다[동] ≒맛부리다(맛없이 싱겁게 굴다).

◆그 **피잣집** 음식은 맛이 별로던데: **피자집**의 잘못.

  [설명] 합성어이기는 하나, 합성어 요소가 외래어일 때는 사이시옷 불가함.

◆여기에 '**확인 필**' 도장을 꼭 받아오라고 해서요: '**확인필**'의 잘못.

  [설명] '-필(畢)'은 '이미 마쳤음'의 뜻을 더하는 접미사.

◆배에서 물이야말로 **필수불가결**이지: **필수 불가결**의 잘못. ⇐합성어가 아님.

  [설명] '불가결'은 독립명사로서 '불가결'이 들어간 복합어는 사전에 없음.

  불가결[不可缺][명] 없어서는 아니 되고 반드시 필요함. 또는 그런 것.

◆**핑게**도 **핑게**다운 걸 대야지: **핑계**의 잘못. ⇐형태를 밝히어 적어야 함.

  [설명] ①표준발음법에 의하면 {핑계}에서 {-ㅖ}로 발음되어야 하지만 실제로는 {-ㅔ}로 발음되는 형편임.

    그러나 표기는 형태를 밝혀 적어야 하므로 '-계'. 이와 같이 형태를 밝혀 적는 것에는 '사례/폐품/혜

    택' 등이 있음. ②반대로 '게(揭/憩)'의 뜻을 살려 적어야 하는 것도 있음. 〈예〉게양/게시(판)/휴게(실)'.

  [암기도우미] '핑계'를 대려면 이것저것 자꾸 갖다 붙여야 하니까, '핑게'보다는 '핑계'가 어울림.

◆[중요] ♣어간 '-하'의 단축형: 어간 뒤에서 '-하' 또는 'ㅏ'가 줄 때

[예제] 생각타 못해(×)/생각다 못해(○); 섭섭치 않게(×)/섭섭지 않게(○); 그런 일은 흔타(○) 할 것이야; 우
리 실망케(○) 하지는 않을 거야.

[설명] ①어간 '-하' 뒤에서 '하'가 통째로 줄어든 용언은 준 대로 적음. 단, 앞말 받침이 'ㄱ/ㄷ/ㅂ/ㅅ'와 같
은 무성음일 때 [한글 맞춤법 제40항 붙임2]: 갑갑하지 않다→갑갑지 않다→갑갑잖다; 거북하지 않
다→거북지 않다→거북잖다; 깨끗하지 않다→깨끗지 않다→깨끗잖다; 넉넉하지 않다→넉넉지 않다;
답답하지 않다→답답지 않다→답답잖다; 떳떳하지 않다→떳떳지 않다; 못하지 않다→못지않다(→
못잖다); 생각하건대→생각건대; 생각하다 못하여→생각다 못해; 섭섭하지 않게→섭섭지 않게; 익숙
하지 않다→익숙지 않다. ☞'하' 앞의 어간이 모음이거나, 그 밖의 받침일 때는 '-치-'로 적는다: 무심
하지 않다→무심치 않다; 허송하지→허송치; 관계하지→관계치.

②어간 끝음절 '-하'에서 'ㅏ'가 줄고 'ㅎ' 다음 음절의 첫소리와 어울려 거센소리로 될 때는 거센소리로 적
음. 단, 앞말의 받침이 'ㄱ/ㄷ/ㅂ/ㅅ'와 같은 무성음이 아닐 때 [한글 맞춤법 제40항]: 간편하게→간편케;
다정하다→다정타; 연구하도록→연구토록; 정결하다 →**정결타**; 가하다→**가타**; 흔하다→**흔타**; 무능하
다→**무능타**; 부지런하다→부지런타; 감탄하게→감탄케; 실망하게→실망케.

◆우리가 일본을 이긴다는 **전제 하**에 계산해보면 이렇다: **전제하**의 잘못.

그건 모든 걸 그가 책임진다는 **약속 하**에 추진된 것: **약속하**의 잘못.

그 불법은 장관의 **묵인 하**에 저질러졌다: **묵인하**의 잘못.

[설명] ①'하(下)'는 1음절의 독립 명사로 쓰일 경우가 아닐 때는 명사(주로 한자어) 뒤에 붙어서 파생어를
만드는 파생 접사로 기능함. 즉, 1음절어로 쓰일 때가 아니면 예외 없이 모두 파생 접사로 보면 됨. ②
'하(下)'의 대응어인 '상(上)'도 이와 흡사함. ☞**상** 항목 참조.

[주의] 여기서, '전제하(前提下)', '약속하(約束下)', '묵인하(黙認下)'라는 낱말들은 사전에 나오지 않음.
사전에 모든 활용어를 표제어로 담을 수는 없기 때문. 한편, 아래 낱말들은 '하'의 파생력과 사용 빈
도를 고려하여 아예 한 낱말로 삼은 것들.

백일하[白日下]몡 온 세상 사람들이 다 알도록 뚜렷하게.

중시하[重侍下]몡 부모와 조부모가 다 살아 있어서 모시는 처지.

구경하[具慶下]몡 부모가 모두 살아 계신 기쁜 처지.

영감하[永感下]몡 부모가 모두 죽고 없는 슬픈 처지.

엄시하[嚴侍下]몡 어머니는 돌아가시고 아버지만 살아 계신 사람. 그런 처지.

◆♣조사 '-하고'와 보조사 '하고는'

[예제] **누구 하고** 함께 갈 테냐: **누구하고**의 잘못. ⇐격조사.

강도 하고 도둑 하고 나란히 가다군: **강도하고, 도둑하고**의 잘못. ⇐접속조사.

못된 **버르장머리 하고는**: **버르장머리하고는**의 잘못. ⇐'하고는'은 보조사.

[설명] ①조사 '하고'는 다음과 같이 격조사와 접속조사로 쓰임. ㉮격조사: ¶아이는 아빠하고 닮았다; 나하
고 놀자; 사소한 오해로 그는 애인하고 헤어졌다. ㉯접속조사: ¶배하고 사과하고 감을 모두 사자. ②'하

고는'은 얕잡아 보거나 못마땅하여 지적하는 대상을 나타내는 말에 붙어 '~은 (정말 못나서)'의 뜻을 나타내는, 구어체 보조사. ¶성질머리하고는; 하는 짓하고는 원. ⇐ 이 '하고는'에 대해서 《표준》에는 표제어는 물론 설명도 누락되어 있음.

◆네 나이가 몇인데 **생쥐들 하고** 놀고 있냐?: **생쥐들하고**의 잘못.
 [설명] '~하고'는 격조사. ¶너하고 나하고; 언니하고 엄마하고; 붓하고 먹하고.
 [주의] ①"쉿" 하고 내가 말했다; "얼른 오라니까" 하고 말했다. ⇐이때는 조사가 아님. 본동사이며, 반드시 띄어 써야 함. ②"조용히 해"라고 그가 말했다. ⇐이때의 '라고'는 직접 인용을 나타내는 격조사이므로 붙여 써야 함.
 [참고] **버르장머리 하고는**: **버르장머리하고는**의 잘못. ⇐'-하고는'은 보조사.
    말버릇**하고** 버르장머리**하며**: '하고는'과 비슷한 유형의 구어체 조사들.
 [설명] 보조사 '하고는'은 격조사 '하고'의 활용으로서, 얕잡아 보거나 못마땅하여 지적하는 대상을 나타내는 말에 붙어 '-은 (정말 못나서)'의 뜻을 나타내는, 입말에 쓰이는 보조사. 〈예〉성질머리하고는; 하는 짓하고는; 원, 사람하고는. ☞[주의] '표정/태도 따위를 짓거나 나타내다'는 뜻의 동사 '하다'일 때는 띄어 써야 함. 〈예〉어두운 얼굴을 하고 날 바라보았다.

◆**하고말고가** 어딨어. 이건 선택사항이 아니야: **하고 말고가**의 잘못.
 [설명] '하다'와 '말다'의 활용형이 이어진 형태. '말다'는 보조용언으로 쓰이기도 하지만, 그럴 경우에도 '-지 말다', '-고(야) 말다'와 같이 특정 구성으로만 쓰이는 낱말이며, 보조용언으로 쓰일 때에도 보조용언 붙여쓰기 허용 원칙에 해당되지 않아 붙여 쓸 수 없는 특수어. ☞**하다 말다**' 항목의 상세 설명 참조.

◆도와주는 이 **하나없다**: **하나 없다**의 잘못.
 [설명] '하나없다'는 없는 말. 예문의 구성은 '개미 새끼(도) 하나 없다; 발 들여놓을 자리(조차) 하나 없다; 손해될 거(는) 하나 없다' 등에서와 같이 '하나' 앞의 것(존재)이 하나도 없다는 말이므로, 의미상으로도 당연히 띄어 적어야 함.

◆바람에 **하나 둘** 흩어진 기억 속으로: **하나둘**의 잘못.
 [설명] ①흔히 사용되는 수사적 관용 표현을 하나로 묶은 것임: **하나둘≒한둘**. ¶이런 경험을 가진 사람이 어디 한둘(≒하나둘)인가. ②이와 같이 흔히 사용되는 수사적 관용 표현을 복합어로 한 것에는 '하나하나'도 있음.
 [참고] '한둘/하나둘'과 같은 형식으로 묶인 수사들: 두세, 두서너/두서넛, 서너/서넛, 너덧/네댓/너더댓, 대여섯, 예닐곱, 일고여덟(일여덟).
 [구분] '하루이틀/하루종일' 등은 '하루 이틀, 하루 종일'의 잘못. 합성어가 아님.

◆넌 어째서 **하나마나한** 일에 매달려 있냐?: **하나 마나 한**의 잘못.
 [설명] ①'하나마나하다'라는 낱말 없음. ②'하다'와 '말다'의 두 동사 활용형.

◆**하나씩하나씩** 하도록 해라: **하나씩 하나씩(하나하나/일일이)**의 잘못.
 [설명] ①'하나씩': '-씩'은 접사. ¶조금씩/며칠씩/하나씩/가끔씩. ②일부에서는 '하나씩 하나씩'이 '하나하나, 일일이'의 잘못이라고 하나, 의미상으로는 같다고 할지라도 어감상의 차이가 있으므로, 잘못이라

고는 할 수 없음. ③띄어쓰기에서, 첩어 부사이기는 하나 사전에 한 낱말로 올라있지 않으므로 띄어 씀.

[참고]《표준》에 잘못으로 규정되지도 않았고, 다음과 같이 뜻풀이 설명에 사용되고 있음.

일일이[부] ①하나씩 하나씩. ②한 사람씩 한 사람씩. ¶주민들을 일일이 만나 봤다. ③이것저것 자세히. 또는 꼬박꼬박 세심한 정성을 들여. ¶꼭 일일이 말해 줘야 알아듣겠니? ④여러 가지 조건에 그때그때 마다. [유]**하나하나**.

◆하릴없어 **하냥** 우옵니다: **늘**(혹은 **마냥**)의 잘못. ⇐방언(전북. 충청).
　마냥[부] ①언제까지나 줄곧. ②부족함이 없이 실컷. ③보통의 정도를 넘어 몹시.

◆이제부터 통행을 금지**하노니**: 맞음. ⇐그러나, 이 표현은 지나치게 예스러우므로, 현대어법에서는 '금지**하 니**'로 고치는 게 나음.
　-노니[끝] ①(예스러운 표현) 앞말이 뒷말의 원인/근거/전제 따위를 나타내는 연결어미. 근엄하게 말하는 태도가 드러남. '-나니'보다 엄숙한 문어적 말투. ¶오늘은 취하는 것을 허락하노니 마음껏 마시고 즐기도록. ②(예스러운 표현) 어떤 사실을 먼저 진술하고 이와 관련된 다른 사실을 이어서 설명할 때 쓰는 연결어미. 근엄하게 말하는 태도가 드러남. '-나니'보다 엄숙한 문어적 말투. ¶내가 너희에게 이르노니, 너희는 각자 신명을 다하여 국가를 보위하라.

◆**하느니마느니, 가느니마느니하면서**: **하느니 마느니, 가느니 마느니 하면서**의 잘못.
　[설명] '하느니마느니 하다'의 경우, '하다'와 '말다'의 두 동사 활용 연결인데다 '하느니 마느니'가 구 형태로 '하다'를 꾸며 주므로 띄어 적어야 함.
　[유사] ①**옳으니그르니** 하다(×)/**옳으니 그르니** 하다(○). ②'**가니마니**(×)하면서 **실랑이 하다가**(×)': '**가느니 마느니**(○), **실랑이하다가**(○)'.

◆**하는둥마는둥하는** 녀석이야: **하는 둥 마는 둥 하는**의 잘못. ⇐'둥'은 의존명사.
　[설명] '하는 둥 마는 둥'이 구의 꼴로 뒤의 '하는'을 꾸며줌.

◆[주의] 보고 **싶어하는** 사람에겐 보게 해야지: **보고 싶어 하는**의 잘못.
　[설명] ①보조용언 중 '-지다/-하다'는 본용언에 붙여 씀. 〈예〉'써지다/예뻐지다/예뻐하다/행복해하다/부끄러워하다' ②그러나, '-아/어 하다'의 보조용언 구성이 구(句)에 통합되거나 연결될 때는 띄어 씀. 〈예〉'**구하고 싶어 하다**; **마음에 들어 하다**; **어쩔 줄 몰라 하다**'.

◆**하늘같은** 그 은혜를 어찌 다 갚을까: **하늘 같은**의 잘못.
　[설명] ①'하늘같다'는 없는 말. '대쪽같다/번개같다/개떡같다/개똥같다/둥덩산같다/지랄같다/호박같다' 역시 잘못. 사전에 없는 말들로 모두 띄어 써야 함. ¶띄어 써야 하는 말들: 가시 같다/감방 –/강철 –/개 –/개돼지 –/개미 떼 –/개 –/발싸개 –/거미줄 –/거울 –/거인 –/거지 –/거지발싸개 –/거짓말 –/거품 –/걸레 –/곤죽 –/하늘 –. ②그러나 '-같다'가 붙어 만들어진 형용사가 적지 않음. ☞♣'**-같 다**'가 명사 뒤에 붙어 만들어진 복합어들 참조.

◆불교 신자에게도 **하늘나라**가 있는 건가: **하늘 나라**의 잘못.
　[설명] '하늘나라'는 기독교 용어로서 '천국(天國)'과 동의어. 그러나 일반적인 의미로 하늘에 있는 나라를

뜻할 때는 '하늘 나라'로 띄어 적어야 함. 즉, <u>전문용어로서</u>는 붙여 쓸 수 있지만, 일반적인 용어로는 띄어 적어야 함.

[유사] '밝은이'가 대종교에서 도가 높은 철인을 뜻할 때는 전문용어로서 붙여 적지만, '감각이나 지각의 능력이 뛰어난 사람'이라는 뜻의 일상용어로 쓰일 때는 '밝은 이'로 띄어 적는 것과 같음. ¶그는 이재에 아주 밝은 이야; 잠귀/밤눈이 밝은 이.

◆여름철에 **하늬바람**이 불면 참 시원하지: **하니바람**(혹은 **하니**)의 잘못.

　[참고1] 우리말에 '**-늬가 들어간 말**' 중 주요한 말은 '무늬/보늬/오늬/하늬≒하늬바람' 등이며, 그중 '**-무늬**' 꼴로 쓰이는 낱말은 170개가 넘음.

　보늬⑲ 밤/도토리 따위의 속껍질.

　오늬⑲ 화살의 머리를 활시위에 끼도록 에어 낸 부분.

　하늬⑲ ≒하늬바람(서쪽에서 부는 바람).

　[참고2] '**늴–**'이 들어간 말에는 다음과 같이 '늴리리–' 계통뿐임.

　늴리리⑼ 퉁소/나발/피리 따위 관악기의 소리를 흉내 낸 소리.

　늴리리야≒**늴리리타령**⑲ '늴리리야'를 후렴구로 가진 경기 민요의 하나.

　늴리리쿵더쿵⑼ 퉁소/나발/피리 따위의 관악기와 장구/꽹과리 따위의 타악기가 뒤섞여 내는 소리.

　[참고3] '**닁 –**'이 들어간 말은 아래의 두 말뿐임.

　닁큼⑼ 머뭇거리지 않고 단번에 빨리. ⇐**냉큼**⑼ 머뭇거리지 않고 <u>가볍게</u> 빨리.

　닁큼닁큼⑼ 머뭇거리지 않고 잇따라 빨리.

◆♣'**~하다**'가 들어간 복합어로, 띄어쓰기에서 주의해야 할 말들

　[예제] 예전엔 날 **본체만체 하더니만**: **본체만체하더니만**의 잘못. 한 낱말.

　　울고 불고 할 때는 언제고: **울고불고할**의 잘못. 한 낱말.

　　몇 시간째 **옥신각신 하고** 있는 중이야: **옥신각신하고**의 잘못.

　　뒷전에서 **이러쿵저러쿵 하는** 사람들 싫더라: **이러쿵저러쿵하는**의 잘못.

　　사과문을 **대문짝만 하게** 써서 붙이도록: **대문짝만하게**의 잘못.

　　그 친구 **안절부절 하더군**: **안절부절못하더군**의 잘못.

　　손주를 너무 **오냐오냐 하면** 못써: **오냐오냐하면**의 잘못.

　　헐레벌떡헐레벌떡 하면서 뛰어 오더군: **헐레벌떡헐레벌떡하면서**의 잘못.

　　깎은 머리가 그처럼 **들쑥날쑥 해서야**: **들쑥날쑥해서야**가 더 적절.

　[주의] **뭐니뭐니해도/뭐니뭐니 해도** 구관이 명관: **뭐니 뭐니 해도**의 잘못.

　　뭐라뭐라하긴/뭐라뭐라 하긴 하더라만: **뭐라 뭐라 하긴** 잘못.

　[설명] ①우리말에는 용언을 만드는 접미사 '**–하다**'가 붙은 복합어들이 약 1만여 개나 되는데, 특히 다음 말들은 띄어쓰기에서 실수하기 쉬운 말들임: 들쑥날쑥하다/오르락내리락하다/엎치락뒤치락하다/이러쿵저러쿵하다/두리번두리번하다; 네모반듯하다/본체만체하다(≒본척만척하다)/안절부절못하다/오냐오냐하다/울고불고하다/걱정걱정하다/옥신각신하다/티격태격하다; 대문짝만하다/눈곱자기만하다; 가들막가들막하다/가드락가드락하다/내치락들이치락하다≒들이치락내치락하다. ②'뭐니 뭐니 해도'나 '뭐라 뭐라 하다'는 관용구. 즉, '뭐니뭐니하다, 뭐라뭐라하다'는 없는 낱말임.

　[참고] 고유어 중 '–하다'가 붙은 가장 긴 10음절어: 시근벌떡시근벌떡하다〉새근발딱새근발딱하다〈쌔근팔딱쌔근팔딱하다/헐레벌떡헐레벌떡하다〉할래발딱할래발딱하다/흘근번쩍흘근번쩍하다〈훌근번쩍훌근번쩍하다.

◆♣형용사 어미가 '∼하다'인 것 중 '∼이'로 끝나는 부사들

[기준] 표준 발음이 '이'이며, 어간 끝이 각각 'ㄱ/ㅁ/ㅅ'임.

①어간 끝이 'ㄱ'이며 모두 '이'가 '기'로 분명하게 발음됨: 가뜩이(≒가뜩)/가뜩가뜩이(≒가뜩가뜩)/가직이/갭직이/갭직갭직이(≒갭직갭직)/걀찍이/고즈넉이/길쭉이/깊숙이/끔찍이/나직이/나지막이/납작이/느지막이/멀찍이/비죽이/빽빽이/뻐죽이/뾰족이/삐죽이/수북이〉소복이/자옥이/자욱이/축축이〉촉촉이/큼직이.

②어간 끝이 'ㅁ'임: 걀쯤이/갸름이/야틈이. 〈주의〉촘촘히(O)/황감히(惶感−)(O).

[참고] 명사 첩어 뒤에서는 무조건 '−이': 간간이/겹겹이/길길이/나날이/땀땀이/번번이/샅샅이/알알이/일일이/틈틈이/짬짬이/철철이/집집이/줄줄이.

③어간 끝이 'ㅅ'이며 모두 끝 발음이 '시'로 분명하게 남: 가붓이〈가뿟이/거뭇거뭇이(≒거뭇거뭇)/깨끗이/꼿꼿이/꼿긋이/남짓이/느긋이/따듯이/따뜻이/또렷이/뚜렷이/반듯이〈번듯이/버젓이/비슷이/빳빳이〉뻣뻣이/오롯이/오붓이/지긋이.

◆[고급] ♣ '−하다, − 하다'의 올바른 표기법

[예제] **다시하지** 뭐; **따라하지** 마: **다시 하지, 따라 하지**의 잘못.

　　　곧잘하더구만: **곧잘 하더구면**의 잘못.

　　　슬퍼 하지 마; **행복해 하는** 여인: **슬퍼하지, 행복해하는**의 잘못.

　　　오라 가라하지 마; **오라가라 하지** 마: 모두 **오라 가라 하지**의 잘못.

　　　방안은 **청결해야해**: **방 안, 청결해야 해**의 잘못.

[설명] ①'다시 하다, 곧잘 하다'에 쓰인 '다시'와 '곧잘'은 독립 부사로 '하다'를 수식. ②'따라 하다'의 '따라'와 '하다'는 동격의 본동사. '따라서 하다'로 생각하면 동격임을 쉽게 알 수 있음. ③'슬퍼하다'는 한 낱말(전성동사)로서 이때의 '하다'는 형용사 에 '−아/어+하다' 꼴로 결합하여 동사로 만드는 접사: (예) 초조해하다/조마조마해하다. ④'오라가라하다'라는 동사가 없을 뿐만 아니라, '오라 가라 하다'는 관용구. 아울러 '오라 가라'가 구 형태로 '하다'를 수식하고 있으므로 '하다' 앞에서 띄어야 함.

[참고] 주의해야 할 '하다'의 띄어쓰기 사례들

①'하다'가 접사로 쓰일 때는 붙여 쓴다: '생각+하다→생각하다', '고민+하다→고민하다'에서처럼 명사(혹은 명사적 성질을 가진 말)+접미사 '−하다' 꼴일 때는 접미사이므로 붙여 씀.

②**'예뻐하다, 미워하다'** 등과 같이 **'형용사(−어) + 하다'의** 꼴로, 형용사가 사동사로 품사가 비꾸어질 때도 붙여 쓴다: 이와 같은 '(−어) 하다' 꼴은 '맛있어하다/자랑스러워하다' 등과 같은 경우에도 가능하며, 동사 어간에도 붙여서, 새로운 낱말을 만들 수 있음. 〈예〉겁나하다('겁나다'의 어간 '겁나−'+'−어 하다'). '고마워하다/그리워하다/행복해하다' 등도 '겁나하다'와 같은 과정을 거친 말들임. 아울러, 이와 비슷한 '(−어) 지다' 꼴과 결합하여 만들어지는 '그리워지다/행복해지다'와 같은 것도 한 낱말로서 붙여 적음. [참고: 이와 같이 품사를 바꾼 낱말들은 사전에 모두 나오지 않을 때가 많음.]

[고급] '겁나하다/놀라워하다/당혹해하다/망연자실해하다' 등은 한 낱말: 이는 각각 동사인 '겁나다/놀라다/당혹하다/망연자실하다'의 '−아/−어' 활용형에 '하다'가 붙어 형용사로 전성된 특이한 경우들임. 이것들의 공통점은 형용사적 동사(상태동사)라는 것으로서 이러한 말들은 사전에 표제어로 등재되기도 하지만('겁나하다/놀라워하다'), 일일이 등재되지 않는 경우가 더 많음.

③'준첩어+하다' 꼴의 용언들은 한 낱말이므로 붙여 쓴다: 준첩어에 '−하다'가 붙어 만들어진 용언은 대단히 많은데, 다음은 그중 일부임. 〈예〉오늘내일**하다**/티격태격−/본체만체−/들락날락−/옥신각신−/오락가락−/얼키설키−/갈팡질팡−/엎치락뒤치락−/우네부네−/늘울고불고−/우물쭈물−/아기자기−/왈가왈부−/네모반듯−/새콤달콤−/무지막지(無知莫知)−/어리둥절−/이러저러−/와자지껄−/올망졸망−/시시껄

렁–/시끌벅적–/아득바득–/오목조목–/우락부락–/겅성드뭇–/긴가민가–/들쑥날쑥–/싱글벙글–/오톨도톨–/이상야릇–/흐리멍덩–/간간짭짤–.

④'하다'를 띄어 쓰는 특수 사례:

㉮'공부하다, 이야기하다, 운동하다, 걸레질하다, 구역질하다'와 같이 명사(혹은 명사적 성질을 가진 말)+접미사 '–하다' 꼴일 때는 붙여 쓰는 것이 원칙이지만, 그 앞에 명사나 명사의 성질을 가진 말이 **목적어로 쓰일 때는** (본동사이므로) 붙여 쓰지 않음. 앞의 목적어 여부 구분은 그 뒤에 '–를/을'을 붙여 보면 됨. 또한 명사 앞에 꾸밈말이 올 때도 붙여 쓰지 않음. ¶몇 등분(을) 하였습니까?; 재미있는 이야기(를) 하시오; 첫나들이(를) 하다 ㊂; 힘든 운동(을) 하지 마시오; 한글 공부(를) 하기가 재미있다; 그런 권고(를) 하러 갔었다; 쓸데없는 싸움(은) 하지 마시오; 무슨 생각 하느라고 말이 없나?; 좋은 일 하였구나. ㊟[주의] '소경노릇하다(×)/대장노릇하다(×)/배우노릇하다(×)→소경 노릇 하다(○)/대장 노릇 하다(○)/배우 노릇 하다(○)'. ⇐'노릇하다'라는 동사가 없으며, '~ 노릇'이 구 형태로 '하다'를 수식함.

㉯'–고 싶어하다'(×)는 '–고 싶어 하다'(○)로 띄어 쓴다: '(–어) 하다'가 '가고 싶다', '이야기하고 싶다'와 같은 구 구성 뒤에 연결되어, 구 구성이 뜻하는 상태가 그러함을 나타내는 경우에는 '가고 싶어 하다', '이야기하고 싶어 하다'와 같이 띄어 씀. 즉, '하다' 앞에 구 형태의 꾸밈이 올 때는 그 구 전체가 '하다'를 수식하는 것이므로 '하다' 앞에서 띄어 적어야 함: (예) 보는 둥 마는 둥 하다; 줄 듯 말 듯 하다. 이와 비슷한 구성으로는 '–어야 하다'도 있음. 구성이므로 '하다'는 반드시 본용언과 띄어 적어야 함: (예) 공부해야 한다; 건강해야 한다.

[참고] '첫사랑을 못 잊어한다(×)/못 잊어 한다(○); 그걸 못 견뎌했다(×)/못 견뎌 했다(○)': 이 경우도 '못 잊어'와 '못 견뎌'의 구 구성이 각각 '한다'와 '했다'를 수식하는 형태이기 때문에 띄어 적어야 함.

㉰[주의] '접어/준접어 +하다'의 구성과 비슷하게 보일지라도 관용구일 때는 의미가 특정되어 일반적인 뜻이 아니므로, 붙여 쓰지 아니함. 〈예〉'보자 보자 하다㊾(마음에 들지 않지만 참고 또 참다)'; '오라 가라 하다㊾(어떤 사람이 다른 사람을 성가시게 오가게 하다)'; '왔다 갔다 하다㊾(정신이 맑았다 흐렸다 하다)'; '난다 긴다 하다㊾(재주나 능력이 남보다 뛰어나다)'; '늘고 줄고 하다㊾(융통성이 있다는 말)'; '뭐라 뭐라 하다㊾(똑똑히 알 수 없게 무어라고 말하다)'.

㉱연결어미 뒤에서의 '하다'는 본동사이므로 띄어 씀: '살다시피 하다', '떨어질락 말락 하다', '못 간다느니 하면서' 등에서처럼 일부의 연결어미들('–다시피/–ㄹ락/–ㄴ다느니') 뒤에 오는 '하다'는 본동사임. 따라서 띄어 써야 함.

◆배 한 개에 3000원**이나하다니**: **이나 하다니**의 잘못. ⇐'이나'는 보조사.
물하면 역시 우리나라 물이 최고다: **물 하면**의 잘못. ←**하다**[원]
[설명] 위의 예와 같이 목적어를 필요로 하지 않는 문형을 이루는 '하다'의 쓰임도 있음. ¶신혼여행 하면 제주도가 제일 먼저 떠오르기 마련이지.
하다⑧ '하면' 꼴로 명사 다음에 쓰여, 이야기의 화제로 삼다. ¶우리나라에서 가수왕 하면 단연 조용필이지; 축구 하면 영국이 원조라고 해야 해.

◆그걸 **하다말고** 왜 또 딴 걸 손대니?: **하다 말고**의 잘못. ⇐'하다말다'는 없음.
[설명] '말다'는 보조용언이기도 하지만, 쓰임이 제한되어 있을 뿐만 아니라, '하다 말고'의 경우에는 '하다'와 '말다'의 두 본동사가 대등하게 연결된 꼴로서 보조용언에 해당되지 않아, 붙여쓰기도 허용되지 않음.
[비교] 그 좋은 자리를 **마다 하다니**, 세상에: **마다하다니**의 잘못. '마다하다'는 한 낱말.

마다하다图 거절하거나 싫다고 하다.

◆**하다 못해**, 막일이라도 해야지: **하다못해**의 잘못. ←**하다못해**튀
　하다(가) 못해? 중도에 그만두면 어떡하나?: **하다(가) 못 해?**의 잘못.
　하다못해튀 제일 나쁜 경우라고 하더라도.

◆**하든말든간에** 알아서 하시게: **하든 말든 간에** (혹은, **하든지 말든지**)의 잘못.
　[참고] '먹든지 말든지 간에 밥값은 내야 하네(O)'.

◆[고급] ♣'**하루**'와 '**하룻-**'이 접두어로 들어간 낱말들(복합어): 띄어 쓰면 잘못.
　[예제] **하루 걸러** 꼭 이걸 드세요: **하루걸러**튀의 잘못.
　　　　하룻만에 마음을 바꾸다니: **하루 만**에의 잘못. ⇐'하룻만'은 없는 말.
　　　　하룻새에 마음을 바꾸다니: **하루 새(사이)**에의 잘못. ⇐'하룻새'는 없는 말.
　　　　하루 빨리/하루 속히 그 버릇 고치도록: **하루빨리**튀/**하루속히**튀의 잘못.
　　　　어느 날 **하루 아침**에 거지가 됐어: **하루아침**에의 잘못 ⇐'하루아침'은 합성어.
　[설명] ①'**하루-**'가 들어간 복합어: 하루바삐/하루속히≒하루빨리/하루건너≒하루걸러/하루아침/하루하
　　　루; 하루치/하루돌이/하루살이꽃≒채송화/하루살이꾼/하루살잇과; 하루장(-葬)≒일장(-葬)/하루치
　　　기/하루먹이양(-量). ②'**하룻-**'이 들어간 복합어: 하룻날/초하룻날/하룻낮/하룻밤/하룻저녁; 하룻길/
　　　하룻볕; 하룻강아지/하룻망아지/하룻비둘기.

◆그동안 우리가 알고 지낸 게 어디 **하루이틀**인가: **하루 이틀**의 잘못.
　하루종일 비가 치적치적 내렸다: **하루 종일**, **추적추적**의 잘못.
　[설명] ①'하루 이틀/하루 종일'이 무더기 말로 쓰이기는 하나, 복합어에 이를 기준/근거가 없음. ②하루
　　　종일≒**해종일/온종일**图
　[구분] '하나둘≒한둘/하나하나'는 복합어.

◆**하룻강아지**는 태어난 지 하루 된 강아지를 뜻한다: 틀림. ⇐[어원]**하릅강아지**.
　[설명] '하룻강아지'는 '하릅강아지'가 변한 것. 곧, '하룻'은 '하릅(동물의 나이 한 살을 뜻함)'의 변형으로
　　　태어난 지 하루를 뜻하는 것은 아님. '하룻강아지'는 '난 지 얼마 안 되는 어린 강아지'의 통칭.
　[참고] 마소(동물)의 나이(1~10살) 호칭: 한습≒하릅/두습≒이듭≒두릅/사릅≒세습/나릅/다습/여습/이롭
　　　[이릅(×)]/여듭/아습≒구릅/여릅≒열릅≒담불.
　하릅图 나이가 한 살 된 소, 말, 개 따위를 이르는 말. ¶하릅강아지/하릅망아지/하릅송아지/하릅비둘기.
　하릅강아지图 나이가 한 살 된 강아지.
　하룻강아지图 ①난 지 얼마 안 되는 어린 강아지. ②사회적 경험이 적고 얕은 지식만을 가진 어린 사람
　　　에 대한 놀림조 말.
　발탄강아지图 '걸음 걷기 시작한 강아지'라는 뜻으로, 일없이 이리저리 쏘다니는 사람에 대한 놀림조 말.

◆물건이 **하룻밤새** 싹그리 없어졌어: 각각 '**하룻밤 새**, **깡그리**'의 잘못.
　하룻새에 얼굴이 팍 갔군 갔어: **하루 새(하루 사이)**의 잘못.
　[설명] ①'하룻-' 꼴이 제법 있으나('하룻밤/하룻거리' 등), '하룻새'는 아직 《표준》에 미등재. ☞♣'**하루**'와
　　　'**하룻-**'이 접두어로 들어간 낱말들 항목 참조. [참고] '사이'의 준말 '-새'가 쓰인 말로는 '요새/밤새/그

새/어느새/잇새' 등이 있음. ②'싸그리'는 '깡그리(≒송두리째, 죄다)'의 방언(전라도).

    [유사] '하룻만에(×)/하루 만에(○)'; '하룻거리(×)≒하루 거리(○)'(하루거리≒학질); '하룻나절(×)/한나절(○)'; '하루종일(×)≒하루 종일(○)≒해종일/온종일(○)'.

◈**하릴없어서** 허송세월이나 하려니 미치겠더구만: **할 일 없어서**가 더 적절함.

    [비교] 돈 잃고 사람 잃고 졸지에 **할일없는** 처지가 되었다: **하릴없는**의 잘못.

        비를 맞고 문간에 기대선 그는 **할일없는** 거지였다: **하릴없는**의 잘못.

    [설명] ①'할일없다'는 없는 말로, '할 일 없다'로 적어야 함. ¶할 일 없으면 낮잠이나 자라(俗). ②첫 예문에서 '달리 어떻게 해볼 수 없어서 어쩔 수 없이 허송세월을 할 수밖에 없는 상황'이라는 뜻으로는 '하릴없어'를 쓸 수도 있으나, '할 일이 전혀 없거나 할 만한 일이 없어서 허송세월'이라면 '할 일 없어'를 써야 함.

    하릴없다[형] ①달리 어떻게 할 도리가 없다. ②조금도 틀림이 없다. [유]틀림없다.

◈**하마나** 오실까 싶어서 내내 기다렸지요: **하마**(혹은 **이제나저제나**)의 잘못. 방언.

    하마[부] 바라건대. 행여나 어쩌하면. ⇐'하마'는 표준어지만, '하마나'는 비표준어.

    하마하마[부] ①어떤 기회가 자꾸 닥쳐오는 모양. ②어떤 기회를 자꾸 기다리는 모양. ¶하마하마(≒자꾸만) 칼집으로 손이 가는 것을 그는 이를 악물고 참았다; 하마하마(≒내내+행여나) 기다려도 그녀는 오지 않았다.

◈**하마트면** 일 낼 뻔 했지 뭐냐: **하마터면**, **뻔했지**의 잘못.

    [설명] ①'뻔하다'는 보조형용사로 한 낱말. ¶차에 치일 뻔했다; 하마터면 낭떠러지 아래로 떨어질 뻔했다. ②'-트면'이 들어간 우리말은 없으며, '-터면'도 '하마터면'이 유일함. [암기도우미] '-터면'은 '-더라면'의 준말 꼴이므로, '-트면'은 잘못된 '-드라면'의 준말 꼴을 용인하는 셈.

◈♣'**-하면**'이 들어간 복합어들: 모두 부사로, 띄어 쓰면 잘못!

    ○ '**-하면**': 왜냐하면/야다하면/적이나하면/까딱하면/걸핏하면≒제꺽하면≒뻔쩍하면≒쩍하면/툭하면/까딱하면/언뜻하면/자칫하면. [주의] 건뜻>건듯하면(×)/건뜻>건듯 하면(○).

    〈뜻풀이에 유의해야 할 말들〉

    제꺽하면≒**걸핏하면**≒**뻔쩍하면**≒**쩍하면**[부] 조금이라도 일이 있기만 하면 곧.

    까딱하면[부] 조금이라도 실수하면. 자칫하면.

    언뜻하면[부] ①무엇이 지나가는 결에 잠깐 나타나기만 하면. ②무슨 생각/기억 따위가 문득 떠오르기만 하면.

    야다하면[부] 어찌할 수 없이 긴급하게 되면.

    적이나하면[부] 형편이 다소나마 된다면.

    [참고] '자칫하면'은 '자칫하다'[동]의 활용형.

◈너 같은 **하발이/핫바리/하빨이** 주제에 감히 대들다나: **하바리**의 잘못.

    [설명] '하바리(下-)'는 품위/지위가 낮은 사람을 낮잡는 말인데, 여기서 보이는 '-바리'는 '쪽발이'에서 보이는 '발(足)'이'와는 무관하며, '군바리(군인을 낮잡는 말)'에서 보이는 '-바리'와 같이 낮잡음의 뜻을 지닌 말.

    하바리[下-][명] 품위/지위가 낮은 사람을 낮잡는 말. 발음은 {하:바리}.

◆시절이 **하수상하다** 보니: **하 수상하다**의 잘못. ⇐'하(아주, 몹시)'는 부사.

　[설명] 이 '하(아주, 몹시)'의 강조어가 '하도'임. ¶하도 졸라대는 바람에.

　[유사] **알고보니 영딴판**이더군: **알고 보니, 영 딴판**의 잘못. ⇐'영'은 부사.

　하 심심하여 길군악이나 하지송 심심풀이로 한가한 놀이라도 하자는 말.

◆함박눈이 와서 온 세상이 **하예진** 뒤에: **하얘진**의 잘못. ⇐하얘지다[원]

　얼굴이 금세 **허얘졌다**: **허예졌다**의 잘못.

　[설명] '하얗다'/'허옇다+**-아/-어** 지다' →하얘지다/허예지다. ⇐모음조화.

◆친구가 숙제를 같이 **하재**: **하재**의 잘못. ⇐[참고]'재'는 '저 아이'의 준말.

　그냥 한번 시험 삼아 **해보재**: **해보재**의 잘못. ⇐'해 보자고 해'의 준말.

　[유사] 재 이름은 **철수레**: **철수래**의 잘못. ⇐'라고 해'의 준말은 '래'

　[설명] '-다고 해'가 줄면 '-대'이듯, '-자고 해'가 준 말은 '-재'임.

◆**불안해 하지마**, 내가 있잖아: **불안해하지 마**의 잘못(원칙). ←**불안해하다**[원]

　[설명] '불안해하다': 한 낱말. '불안하다'형의 전성 동사로, 반드시 붙여 써야 함. 이와 비슷한 것들로는 '기쁘다/슬프다→기뻐하다/슬퍼하다/슬퍼지다'. '서럽다/기껍다→서러워하다/기꺼워하다'. '행복하다→행복해하다/행복해지다'. 이처럼 형용사에서 동사로 전성된 말들은 한 낱말이므로 붙여 써야 함. ☞**'-하다, - 하다'의 올바른 표기법** 참조.

◆**'말하지 마**'와 '**맘에도 없는 말 하지 마**'의 차이

　[설명] '말하지 마'는 '말하다'의 단순 금지어. '맘에도 없는 말 하지 마에서는 '맘에도 없는 말(을/은) 하지 마'로서, 밑줄 그은 부분이 구 형태로 '하지'를 수식하고 있음. 따라서 '하다' 앞에서 구 형태로 수식할 때는 띄어 쓴다는 원칙을 따른 것임. 밑줄 그은 부분 전체를 목적어로 생각하면 이해하기 쉬움. ☞[고급]♣ **'-하다, - 하다'의 올바른 표기법** 중 **'하다'를 띄어 쓰는 특수 사례** 항목 참조.

◆제발 그런 짓 좀 **하지 말아(하지 말아라)**: 쓸 수 있음. ☞**'말아라'** 항목 참조.

◆**학공치[하꽁치]**도 맛있는 생선이야: **학꽁치**의 잘못.

　[설명] 일부에서는 '학꽁치'로 표기할 근거가 없으며 '공미리/공어(공어)' 등의 속명을 들어 '학(鶴)공치' 표기를 주장하고 있으나 《표준》에서는 '학꽁치[鶴-]'.

　학꽁치[鶴-]명 학꽁칫과의 바닷물고기.

◆♣**'한'(접두사)이 붙은 주요 낱말들**: 한 낱말이므로 당연히 붙여 씀.

　○**한-**접 ①'큰'의 뜻을 더하는 접두사. ②'정확한' '한창인'의 뜻을 더하는 접두사. ③'같은'의 뜻을 더하는 접두사.

　○**한-**접 ①'바깥'의 뜻을 더하는 접두사. ②'끼니때 밖'의 뜻을 더하는 접두사. ☜이때는 '한'을 {한:}으로 길게 발음함. 〈예〉한데{한:데}, 한저녁{한:저녁}.

(1)'큰'

한가락명 어떤 방면에서 썩 훌륭한 재주/솜씨. ¶**한가락 하다.**

한걱정[명] 큰 걱정.

한근심[명] 큰 근심/걱정.

한시름[명] 큰 시름.

한고비[명] 어떤 과정에서 가장 중요하거나 어려울 때.

한골[-骨][명] 썩 좋은 지체. 신라 때에 임금과 같은 성씨의 귀족을 이르던 풍속에서 비롯되었음. ¶**한골 나가다** 판 썩 좋은 지체로 드러나다.

한길1≒**행로**[명] 사람/차가 많이 다니는 넓은 길. [주의] '행길'은 잘못!

한길2[명] 하나의 길. 같은 길.

한동안[명] 꽤 오랫동안. [참고] '그동안/오랫동안'(○)

한물1[명] 채소/과일/어물 따위가 한창 수확되거나 쏟아져 나올 때.

한철[명] 한창 성한 때. [유]한물/한때/한창.

한물2[명] ①≒큰물. ②미세기에서 육지 쪽으로 바닷물이 한 번 들어왔다가 나가는 동안. 그 동안의 바닷물. 음력 9, 10일과 24, 25일에 해당함.

한밑천[명] 한몫할 만한 밑천이란 뜻으로, 일을 이루는 데 큰 도움이 될 만한 돈/물건.

한몫하다[통] 한 사람으로서 맡은 역할을 충분히 하다.

한바다[명] ①매우 깊고 넓은 바다. ②(비유) 매우 넓고 방대한 것.

한바닥[명] 번화한 곳의 중심이 되는 땅.

한바탕[명] 크게 벌어진 한판. 부 크게 한 판.

한사리≒**큰사리**[명] 음력 보름과 그믐 무렵에 밀물이 가장 높은 때. ≒대고조/대기[大起]/대사리/대조[大潮]/사리/삭망조.

한소나기[명] 한바탕 내리는 소나기.

한자리[명] ①같은 자리. ②중요한 직위나 어느 한 직위. ③도예에서, '외손'의 전문적 호칭.

한터[명] 넓은 빈터.

(2)'하나[一]의, 같은'

한가맛밥≒**한솥밥/한솥엣밥**[명] (주로 '먹다'와 함께 쓰여) 같은 솥에서 푼 밥.

한가슴[명] 온 가슴.

한걸음[명] '한걸음에' 꼴로, 쉬지 아니하고 내처 걷는 걸음/움직임.

한겻[명] ≒반나절(하룻낮의 반).

한곳[명] 일정한 곳. 같은 곳.

한구석[명] ①한쪽으로 치우쳐 구석진 곳. ②한쪽 면. 한쪽 부분.

한가지[명] 형태/성질/동작 따위가 서로 같은 것.

한것기≒**한개끼**[명] 썰물과 밀물의 차를 헤아릴 때, 음력 닷새와 스무날.

한군데[명] 어떤 일정한 곳.

한길2[명] 하나의 길. 같은 길.

한길1≒**행로**[명] 사람/차가 많이 다니는 넓은 길.

한끝[명] 한쪽의 맨 끝.

한꽃[명] 〈佛〉한 송이의 꽃. 특별한 의미 없이 꽃 하나도 소중하게 여기기 위해.

한나절[명] ①하룻낮의 반(半). ≒반나절/반날/반일(半日). ②하룻낮 전체.

한날[명] 같은 날. ¶**한날한시**[명]

한눈1[명] ①한 번 봄. 잠깐 봄. ②한꺼번에, 일시에 보는 시야.

한눈2명 잠을 자려고 잠깐 붙일 때의 눈.

한눈3명 마땅히 볼 데를 보지 아니하고 딴 데를 보는 눈.

한뉘명 ≒한평생

한달음명 중도에 쉬지 아니하고 한 번에 달려감.

한대중명 전과 다름없는 같은 정도.

한돌림명 어떤 물건을 사리거나 둥글게 감을 때 처음과 끝을 마주 댄 한 번.

한동아리명 떼를 지어 행동하는 무리.

한동치마명 한 폭의 피륙으로 된 치마.

한둘수 하나나 둘쯤 되는 수. ≒하나둘

한때명 ①어느 한 시기. ②('한때에' 꼴로) ≒일시. 부≒일시

한뜻명 같은 뜻.

한마디명 짧은 말. 간단한 말.

한마을명 같은 마을.

한마음명 ①하나로 합친 마음. ②변함없는 마음.

한맛명 얼마간 더하거나 덜한 때의 맛.

한맛비명 〈佛〉(비유) 모든 중생에게 고루 끼치는 부처의 설법.

한목명 한꺼번에 몰아서 함을 나타내는 말. [주의] '한몫'이 아님!

한몫명 ①한 사람 앞에 돌아가는 배분. ②한 사람이 맡은 역할.

한목소리명 ①여럿이 함께 내는 하나의 목소리. ②(비유) 같은 견해/사상의 표현.

한목숨명 하나밖에 없는 목숨이라는 뜻으로, 귀중한 생명.

한무날명 무수기를 볼 때 열흘과 스무닷새.

한무릎명 한 차례의 무릎걸음을 하는 것.

한발부 어떤 동작/행동이 다른 동작/행동보다 시간/위치상으로 약간의 간격을 두고 일어남을 나타내는 말. ¶한발 늦게, 한발 일찍

한발돋음명 무당춤에서, 제자리에서 한 발로 뛰는 춤사위.

한배명 ①어미의 한 태(胎)에서 남. 그런 새끼. ②'동복(同腹)'의 속칭.

한사람명 같은 사람.

한소리명 ≒동음

한소큼부 '한소끔'의 잘못.

한속명 ①같은 마음. 같은 뜻. ②같은 셈속.

한손잡이명 ≒외손잡이

한술명 숟가락으로 한 번 뜬 음식이라는 뜻으로, 적은 음식.

한숨명 ①숨을 한 번 쉴 동안. 잠깐 동안. ②잠깐 동안의 휴식/잠.

한습명 마소의 한 살.

한옆명 한쪽 옆.

한이레명 ≒첫이레.

한잔[-盞]명 간단하게 한 차례 마시는 차/술 따위.

한잠명 잠시 자는 잠.

한주먹명 한 번 때리는 주먹. ¶한주먹감도 안 되는 게.

한줄기명 ①한 번 세게 쏟아지는 소나기 따위의 빗줄기. ②같은 계통.

한집명 ①같은 집. ②≒한집안.

한집안≒한집명 ①한집에서 사는 가족. ≒**일가**. ②혈연관계가 있는 같은 집안. ¶한집안 간.

한쪽≒편측[片側]/한편명 어느 하나의 편이나 방향.

한축≒한차례[−次例]명 어떤 일이 한바탕 일어남을 나타내는 말. [유]한참/한바탕/한번.

한카래꾼≒한카래명 가래질을 할 때, 한 가래에 쓰는 세 사람의 한 패.

한칼명 ①한 번 휘둘러서 베는 칼질. ②한 번 베어 낸 고깃덩이.

한통속≒한통명 서로 마음이 통하여 같이 모인 동아리.

(3)'정(正), 한창인'

한가운데≒정중[正中]/한중간명 공간/시간/상황 따위의 바로 가운데.

한더위명 한창 심한 더위.

한가을명 ①한창 무르익은 가을철. ②농사일이 한창 벌어지는 때.

한겨울명 ①추위가 한창인 겨울. ≒성동[盛冬]/심동[深冬]. ②겨울 내내.

한여름≒성하[盛夏]명 더위가 한창인 여름.

한낮≒낮명 낮의 한가운데. 곧, 낮 열두 시를 전후한 때.

한밤명 ≒**한밤중**

한복판명 '복판'을 강조하는 말.

한봄명 봄이 한창인 때.

한잠1명 깊이 든 잠.

한잠2명 잠시 자는 잠.

한철명 한창 성한 때.

한추위≒성한[盛寒]명 한창 심한 추위.

한허리명 길이의 한가운데.

(4)'한데, 밖[外], 따로'

한데명 한곳이나 한군데.

한데아궁이명 한뎃솥에 딸린 아궁이.

한데우물명 집 울타리 밖에 있는 우물.

한뎃뒤주명 농가의 안채 귀퉁이 공간에 짜 붙인 붙박이 뒤주.

한뎃마루명 칸으로 둘러막히지 아니한 한데에 만들어 놓은 마루.

한뎃부뚜막명 건물 바깥에 따로 만들어 놓은 부뚜막.

한뎃부엌명 방고래와 상관없는 한데에 따로 솥을 걸고 쓰는 부엌.

한뎃솥명 한뎃부엌에 걸어 놓은 솥.

한뎃잠≒한둔명 한데에서 밤을 지새움. ≒초숙[草宿]/초침[草寢]

노숙≒노차명 한데에서 자는 잠.

한동자명 끼니를 마친 후에 새로 밥을 짓는 일.

한밥명 끼니때가 지난 뒤에 차리는 밥.

한저녁명 끼니때가 지난 뒤에 간단하게 차리는 저녁.

한점심[−點心]명 끼니때가 지난 뒤에 간단히 먹는 점심.

◆그래봬도/이래봬도 그 사람 그 동네에서 **한가닥하는** 사람이야: **그래/이래 봬도, 한가락 하는**의 잘못.
　[설명] ①'그래'는 '그러하여'의 준말이며, '봬도'는 '뵈어도(보이어도)'의 준말이므로 낱말들은 띄어 써야 한

다는 원칙에 따라 띄어 적음. '그래 봤자'도 마찬가지. ②'한가닥'은 '한가락'의 잘못. '한가닥하다'는 없는 말. '한가락 하다(○)'는 준관용구.

한가락䱜 어떤 방면에서 썩 훌륭한 재주/솜씨.

◆나는 요즘 바쁜 일이 없어 **한갓되게** 지내: **한갓지게**의 잘못. ←한갓지다[원]

　[참고] **한갓** 머슴 따위가: **한갓**의 잘못. ☞'한갓'은 없는 말.

　[설명] '한갓'은 하찮은 것을 뜻하는 '한갓되다'와 관련되어, '겨우/고작'의 뜻

한갓지다䔶 한가하고 조용하다.

한갓되다䔶 ①겨우 하찮은 것밖에 안 되다. ②≒헛되다(아무 보람/실속이 없다). ¶사람은 만능한 존재도 아니려니와 한갓된 동물도 아니다; 한갓된 욕망에 사로잡히다; 한갓되이 풀잎만 맺으려 하는가.

◆나는 그저 이름 없는 **한 개** 민초일 뿐이오: **한개**䱷(≒한낱)의 잘못.

　[참고] 그건 **한낯** 몽상일 뿐: **한낱**의 잘못.

　　　　한갇 서생의 옹알이일 뿐이야: **한갓**의 잘못.

한낱䱷 ≒한개. 기껏해야 대단한 것 없이 다만.

한갓䱷 다른 것 없이 겨우.

◆수술 후 겨우 **한걸음** 내딛기가 얼마나 힘들던지: **한 걸음**의 잘못.

　대뜸 **한 걸음**에 달려가 맞아들일 일이지 그래: **한걸음**의 잘못.

　[설명] 걸음의 횟수를 명확히 표시하는 경우에는 '한 걸음'.

한걸음䱜 (주로 '～에'의 꼴로) 쉬지 아니하고 내쳐 걷는 걸음/움직임.

◆겨우 **한고비** 넘겼지만, 또 **한고비** 더 남았어: 맞음, **한 고비**의 잘못.

　[설명] 앞의 '한고비'는 명사로, 가장 중요하거나 어려울 때. 뒤의 '한 고비'는 단위의 꾸밈을 받아 하나의 고비라는 뜻. 이때의 '고비'는 일이 되어 가는 과정에서 가장 중요한 단계/대목. 막다른 절정. 즉, 의미가 특화되지 않고 글자 그대로의 뜻일 때는 복합어가 아님. 아래의 유사 사례들 참조.

　–한곳≒같은 곳: ¶한곳에 오래 머무르지 않는 그.

　　한 곳: ¶한 곳 더 들러야 해.

　–한군데: ¶눈길이 내내 한군데로만 쏠리고 있다.

　　한 군데: ¶다른 한 군데에는 그림 대신 유물이 있었다.

　–한그루: ¶몇 년을 한그루 농사만 짓는 그.

　　한 그루: ¶소나무 한 그루만 딸랑 서 있었다.

　–한끝: ¶침대 한끝에 걸터앉았다; 멍석 한끝으로 덮어두고 말았다.

　　한 끝: ¶명주/모시/베 한 끝이라도 아껴서.

◆우리 셋은 태어나기도 **한 날 한 시**에 태어나서 세 쌍둥이 같다: **한날한시**, **세쌍둥이**의 잘못.

　[설명] ① '한날한시'(같은 날 같은 시각)와 같이 '한–'이 '같은'의 뜻일 때는 붙여 적는다고 생각하면 쉬움. ②세쌍둥이≒삼생아(三生兒). 상세 설명은 '쌍둥이' 참조.

쌍동배[雙胴–]≒쌍동선[雙胴船]䱜 두 개의 선체를 갑판 위에서 결합한 배.

◆**한눈 팔다** 다쳐서 **한눈(이) 먼** 사람: **한눈팔다**, **한 눈 먼**의 잘못. ←한눈팔다[원]

한 눈 먼 사람에다, **두 눈 먼** 사람도 둘이나 있었다: 문맥에 따라 처리.

[설명] ①'한 눈먼 사람'(O): 눈먼 사람(이) 하나. ②'한 눈 먼 사람'(O): 한쪽 눈이 먼 사람; ('두 눈 먼 사람': 양쪽 눈이 먼 사람). 즉, 문맥에 따라서 '한 눈 먼 (사람)', '한 눈먼 사람'으로 달리 써야 함.

[참고] ①'한눈': 한눈파는 눈. 한눈 붙이는 눈(잠깐 잠). 한 번(한꺼번에) 보는 눈. ②<u>한눈팔다</u>(O)/한눈팔다(×). '눈 멀다(×)/<u>눈멀다</u>(O)'.

◆그 집에서 **한 동안** 붙여지냈어: 한동안, 부쳐지냈어의 잘못. ←**부쳐지내다**[원]

　장가까지 든 놈이 여동생에게 **붙어살다니**: 맞음. ←**붙어살다**[원]

[설명] 예문에서 '붙여지내다(×)'는 '부쳐지내다(O)'의 잘못이지만, 다른 뜻으로 '붙어살다'(O)는 옳은 말.

부쳐지내다[동] 한집에 기거하면서 밥을 먹고 살다.

붙어살다[동] ①남에게 의지하여 얹혀살다. ②어떤 곳에 머물러 살다.

◆**한마디**도 맞고 **한 마디**도 맞다; **한마디**도 없이 자리를 뜨다.: 문맥에 따라 처리.

　딱 **한마디**만 할게: 맞음. (또는 **한 마디**도 가능).

[설명] ①'옆에서 한마디 거들다. 대꾸 한마디 안 하다'에 쓰인 '짧은 말, 간단한 말'의 뜻으로는 '한마디'와 같이 붙여 씀. 그러나, '나는 그와 한두 마디 말만 했을 뿐 잘 아는 사이는 아니다'에 쓰인 '한두 마디'와 같이, 관형사 '한/두/한두' 등과 명사 '마디'가 결합된 것은 '한 마디'로 띄어 씀. 즉, '한 마디'를 쓸 것인지 '한마디'를 쓸 것인지는 문맥에 따라 결정. ②'딱 한마디'의 경우에도, '짧은 말, 간단한 말'을 뜻할 때는 '한마디'로, 딱 한 마디의 말(일언)을 뜻할 때는 '한 마디'로 띄어 적음.

일언[一言][명] 한 마디의 말. 또는 한 번 한 말.

◆이번 기회에 **한목/한 몫** 잡아 보지그래: 한몫, 잡아 보지 그래의 잘못.

　한몫 해서 한몫끼는 사람두 있고: **한몫해서**, 한몫 끼는의 잘못. ←**한몫하다**[원]

[설명] ①'한몫 잡아 보다'에서 '한몫'은 '한 사람 앞에 돌아가는 배분'을 뜻하는 복합어. ②'한몫하다(O)'는 한 낱말. 그러나, '한몫 끼다/~ 잡다/~ 들다/~ 보다/~ 챙기다'는 모두 관용구로서, 띄어 씀. 이러한 단순 목적어+단순동사 형태의 짧은 관용구들은 언중들의 사용 습관과 언어 경제면을 고려하여, 점진적으로 한 낱말로 처리하도록 허용하는 것이 옳을 듯함.

[유사] '두레 먹다'는 현재 관용구지만, '두레먹다'로 사용하는 언중이 많음. ¶두레상에 둘러앉아 '두레먹고' 싶다. 어머니랑 동네 사람들이랑. ☞현재로는 '두레먹다'는 잘못. [참고] '두레반상'은 '두레상/두리반'의 잘못.

두레(를) 먹다 [관] ①여러 사람이 둘러앉아 먹다. ②농민들이 음식을 장만하여 모여 놀다.

◆**한목에** 몰아서 하지 그걸 따로따로 한단 말이야?: **한목에**의 잘못.

[설명] ①'한몫에': '한목에'의 잘못. '한목에'는 《표준》에 독립 표제어로는 없으나, 예문으로는 나옴. '한목+에≒한목에'의 부사형이 가능하므로, 표제어 생략은 그 때문인 듯. ②[주의] 《표준》에서는 '한목'[명]의 유의어로 '한꺼번에'[부]를 표기하고 있으나 이는 잘못. '한목'은 명사이고 '한꺼번에'는 부사('한꺼번'이라는 명사도 없음)이므로, 부사격조사를 붙이지 않은 명사를 부사의 유의어로 표기할 수는 없음. '한꺼번에'[부]의 동의어가 '한목에'[부]임. 《표준》의 실수로 보임.

한목[명] 한꺼번에 몰아서 함을 나타내는 말. ¶한목에≒한꺼번에[부]

한몫[명] ①한 사람 앞에 돌아가는 배분. ②한 사람이 맡은 역할.

한몫하다[동] 한 사람으로서 맡은 역할을 충분히 하다.

한꺼번에튀 몰아서 한 차례에. 또는 죄다 동시에.

◈말과 기수는 **한몸**이 되어 장애물을 넘었다: **한 몸**의 잘못.
  [설명] '암수한몸'과 같이 복합어에 쓰인 경우가 아니고는, 한 몸이 된 부부라고 할지라도 '한몸'을 쓰지
    못할 정도로, '한 몸'은 언제나 '한 몸'으로만 쓰임. '한몸'이라는 낱말로 특정된 뜻이 아예 없음. 짐작
    과는 전혀 다름. ¶한 몸이 되다.

◈그 사람 **한물간** 사람이지? 이젠 **한물넘었다고** 할 수 있을 거야: 맞음. **한물갔다**의 잘못.
  [설명] '한물넘다'는 '채소/과일/어물 따위의 한창 나오는 때가 지나다'의 의미일 때만 '한물가다'와 같은
    뜻임.
  한물가다통 ①≒한물넘다. 채소/과일/어물 따위의 한창 나오는 때가 지나다. ②어물 따위가 싱싱한 정
    도가 떨어지다. ③한창때가 지나 기세가 꺾이다.
  한물지다통 채소/과일/어물 따위가 한창 나오는 때가 되다. ☞강/개울에 물이 많이 불어난다는 의미는
    없음. 주의!

◈장마통에는 저 개울에 **한물지는** 일이야 다반사지: **장마 통, 한물 지는**의 잘못.
  [설명] ①'장마 통'의 '통'은 의존명사. ¶난리 통에; 법석 통에. ②'한물지다↔한물가다/한물넘다': 한창 나
    오는 때가 되다. ③'한물(큰물/장마) 지다': 비가 많이 와서 갑자기 강/개울에 물이 많이 붇다.

◈**한 바탕** 난리법석을 피우더니만: **한바탕, 난리 법석**의 잘못.
  우리 여기서 씨름 **한바탕만** 벌여볼까: **한 바탕만**의 잘못.
  [설명] 한바탕: 크게 벌어진 한판. 크게 한판. ¶한바탕의 곡성/난리 법석/웃음.
      한 바탕: ①한 바탕 거리(활쏘기의 거리). ②씨름 한 바탕≒씨름 한 판.
  바탕의 ①길이의 단위. 한 바탕은 활을 쏘아 살이 미치는 거리 정도의 길이. ②어떤 일을 한 차례 끝내
    는 동안을 세는 단위. ③어떤 무렵/때.
  [참고] '난리 법석'은 '야단법석'과 달리 합성어가 아님. 즉, 두 낱말.

◈**한 발** 뒤진 출발; **한 발** 늦게: **한발**의 잘못. 한 낱말의 복합어
  한발튀 어떤 동작/행동이 다른 동작/행동보다 시간/위치상으로 약간의 간격을 두고 일어남을 나타내는
    말. ¶한발 늦게, 한발 일찍

◈뜻밖의 문제에 모두 **한방** 먹은 꼴이었다: **한 방**의 잘못. ⇐없는 말. 관용구.
  한 방(을) 먹다관 ①(속) 세게 한 번 맞다. ②말 따위로 상대방으로부터 충격을 받다.

◈[중요] ♣'**한 번**'과 '**한번**'
  [예제] 우리 어쩌나 보게 **한 번** 그냥 해볼까: 한번의 잘못.
        우리 집에 **한 번** 놀러 오세요: 한번의 잘못.
        우리 집에 **한번**도 안 와 본 사람 있나: 한 번의 잘못.
  [설명] ①횟수를 나타내는 '한 번, 두 번'의 경우는 띄어 씀. ¶마지막으로 한 번만 더 해보자; 한 번만이
    라도 성공했으면. ②'한번': 아래의 예문에서처럼 명사나 부사로 쓰일 때는 붙여 씀.
  〈예〉'한번'인 경우들

－명 (주로 '한번은' 꼴로 쓰여) 지난 어느 때나 기회. ¶한번은 그런 일도 있었지; 언젠가 한번은 길에서 그와 우연히 마주친 적이 있어; 한번은 거기서 큰 사고를 낼 뻔했어.

－부 (주로 '–어 보다' 구성과 함께 쓰여) 어떤 일을 시험 삼아 시도함. ¶한번 해 보다; 한번 먹어 보다; 일단 한번 해 보지 뭐.

－부 기회 있는 어떤 때에. ¶우리 집에 한번 놀러 오세요; 시간 날 때 낚시나 한번 갑시다; 내 언제 한번 찾아가 볼게.

－부 (명사 바로 뒤에 쓰여) 어떤 행동/상태를 강조. ¶춤 한번 잘 춘다; 공 한번 잘 찬다; 너, 말 한번 잘 했다.

－부 일단 한 차례. ¶한번 물면 절대 놓지 않지; 한번 먹으면 멈출 수 없는 맛.

◆이제 **한 번쯤은** 먹어봄직한데: **한번쯤은 먹어봄 직한데**의 잘못.

[설명] ①한 번: '한 번, 두 번'처럼 회수를 명확히 뜻할 때는 띄어 씀. 그러나, '한번 해보자'처럼 시험 삼아서나 기회가 왔을 때 등은 붙여 씀. ②'~직하다'는 보조용언으로, 띄어 씀. 보조용언 붙여쓰기 허용 조건에 해당 안 됨. ☞상세 설명은 ♣**보조용언 붙여쓰기 허용** 항목 참조.

한번명 지난 어느 때나 기회.

　　　부 ①어떤 일을 시험 삼아 시도함. ②기회 있는 어떤 때에. ③어떤 행동/상태를 강조. ④일단 한 차례.

◆**한입 거리/한입거리**도 안 되는 음식: **한 입 거리**의 잘못. ⇐'거리'는 의존명사.

그건 **한 사람거리**의 일도 안 된다: **한 사람 거리**의 잘못.

[참고] **반나절거리**도 안 되는 일을 종일 하고 있네: **반나절 거리**의 잘못.

[설명] ①예문에 쓰인 '거리'는 '제시한 시간 동안 해낼 만한 일' 또는 '제시한 수가 처리할 만한 것'을 뜻하는 의존명사. ②'한입'이라는 명사가 있을 때는 '한입거리'라는 복합어 조어도 '거리'의 문법성(생산성)에서 벗어나지 않으므로 가능하나, '한입'이 없기 때문에 '한 입 거리'. ☞♣**의존명사 종합 정리** 및 **푸닥거리** 항목 참조.

◆♣**한자를 잘 모르면 이런 실수들을 다반사로 하게 된다!**

○이번 시험은 **고난이도** 문제들이 많아서 점수들이 낮아: **고난도**의 잘못.

이번 시험은 **난이도**가 높아서 합격 점수가 낮아: **난도**의 잘못.

이번 시험은 **난이도** 조절이 잘된 편: 맞음. 쓸 수 있음.

[설명] '난이도(難易度)'는 '어려움과 쉬움의 정도'. '난도(難度)'는 '어려움의 정도'. 따라서 매우 어려운 것은 '고난도(高難度)'여야 하며 '고난이도'는 논리적 오류를 포함하고 있어서 적절하지 아니하고 혼란스러운 표현. '난이도가 높다'는 말 역시 논리적 오류가 담겨 있음.

고난도[高難度]명 어려움의 정도가 매우 큼. 또는 그런 것.

난도[難度]명 ①어려움의 정도. ②〈운동〉≒**난이도**(체조 따위의 경기에서, 선수가 구사하는 기술의 어려운 정도).

난이도[難易度]명 어려움과 쉬움의 정도.

○말 되는 소릴 해. 그런 **괴변** 늘어놓지 말고: **궤변**의 잘못.

[설명] '괴변(怪變)'은 예상하지 못한 괴상한 재난/사고. '궤변(詭辯)'은 상대편의 사고(思考)를 혼란시키거나 감정을 격앙시켜 거짓을 참인 것처럼 꾸며 대는 논법.

○**단발마**의 비명: **단말마**의 잘못. ⇐末: 끝 말.

단말마[斷末摩]명 ①'임종'(臨終). ②〈불〉숨이 끊어질 때의 모진 고통.

○그는 새소리 흉내내기 **성대묘사**를 아주 잘한다: **성대모사**의 잘못.

　[설명] '모사[模寫]'는 사물을 형체 그대로 그리거나 본을 떠서 똑같이 그림. 또는 원본을 베끼는 것. '묘사[描寫]'는 어떤 대상을 언어나 그림 따위로 표현하는 것. 따라서 목소리로 흉내를 내는 일은 '성대모사'가 올바른 표현임.

성대모사[聲帶模寫]명 자신의 목소리로 다른 사람의 목소리나 새, 짐승 따위의 소리를 흉내 내는 일.

○영수증을 끊으면 10%의 **부과세**를 내야 해: **부가세**의 잘못.

　[설명] '부과[賦課]'는 '세금/부담금 따위를 매기어 부담하게 함'의 뜻. '부가세[附加稅]'는 '①부가가치세'의 준말. ②국세/지방세를 본세(本稅)로 하여 지방 자치 단체가 다시 첨가하여 부과하던 세금'을 뜻함.

○그처럼 주견 없이 **부화내동**해서야: **부화뇌동**의 잘못.

　[설명] '내동'은 없는 말로 '뇌동(雷同)'의 잘못. '뇌동(雷同)'은 '우레 소리(雷)에 맞춰 함께하다'라는 뜻으로 '부화뇌동'의 준말.

부화뇌동[附和雷同]/뇌동부화[雷同附和]≒뇌동[雷同]/부동[附同]명 줏대 없이 남의 의견에 따라 움직임.

○**순국선혈**들의 희생 덕분에 나라가 있다: **순국선열**의 잘못. '선혈'은 없는 말.

선열[先烈]명 나라를 위하여 싸우다가 죽은 열사(烈士).

순국선열[殉國先烈]명 나라를 위하여 목숨을 바친 윗대의 열사.

○어른 앞에서 존대말을 가려서 하는 **앞존법**이 거의 폐지된 거나 마찬가지라던데: **존댓말, 압존법**의 잘못.

압존법[壓尊法]명 문장의 주체가 화자보다는 높지만 청자보다는 낮아, 그 주체를 높이지 못하는 어법(語法). '할아버지, 아버지가 아직 안 왔습니다.'라고 하는 것 따위.

○**유관 확인/검사**로 해도 될 일: **육안 확인/검사**의 잘못.

육안[肉眼]명 ≒맨눈(안경/망원경/현미경 따위를 이용하지 아니하고 직접 보는 눈).

○**인상 실험/임상실험**이 완전히 끝나지 않은 신약이라서: **임상 시험**의 잘못.

　[설명] '시험'은 구체적인 사물의 기능/성질을 검증하고자 하는 것이고, '실험'은 이론/현상을 검증하고자 하는 것. 따라서 새로 개발한 신약의 효능을 확인하기 위한 절차를 가리킬 때에는 '임상 시험'이 적절하며, 신약 개발을 위하여 예컨대, 바이러스와 면역체와의 관계 등을 파악하기 위해서 행하는 절차를 가리킬 때에는 '임상 실험'이 적절함.

임상[臨床]명 ①환자를 진료하거나 의학을 연구하기 위하여 병상에 임하는 일. ②≒**임상 의학**(환자의 치료를 목적으로 하는 의학).

○**인파선**이 부었다고 하더군: **임파선**의 잘못.

임파선[淋巴腺]명 '림프선('림프샘'의 전 용어)'의 음역어.

○**절대절명**의 위기에서 탈출했다: **절체절명**의 잘못.

절체절명[絕體絕命]명 (비유) 몸(體)도 목숨(命)도 다 되었다(絕)는 뜻으로, 어찌할 수 없는 궁박한 경우.

○**중구남방**으로 떠들어대어 정신이 없더군: **중구난방**의 잘못.

중구난방[衆口難防]명 뭇사람의 말(衆口)을 막기(防)가 어렵다(難)는 뜻으로, 막기 어려울 정도로 여럿이 마구 지껄임.

○저 자투리 땅은 **기부 채납**용: **기부 채납**의 잘못. ⇐採: 캘 채, 納: 들일 납

　[설명] '체납(滯納)'은 세금 등의 납부가 밀리는 것. '채납(採納)'은 의견/사람/물건 등을 수락하거나 받아들이는 것.

○퇴직금은 **통산임금**으로 따져서 지급해야 하는 법이야: **통상임금**의 잘못.

　[설명] '통산(通算)' 임금이 아니라 **통상(通常)** 임금임. '통산(通算, 전부를 통틀어 계산함) 임금'이란

말이 법에는 없음. 근로기준법 시행령에 따르면 '통상임금'은 근로자에게 정기적이고 일률적으로 소정(所定) 근로 또는 총 근로에 대하여 지급하기로 정한 시간급 금액, 일급 금액, 주급 금액, 월급 금액 또는 도급 금액을 말함(6조). 여기에는 기본급 외에 직무수당·직책수당·기술수당·면허수당·위험수당·벽지수당·물가수당 등과 같이 실제 근무일이나 실제 수령한 임금에 구애됨이 없이 사업주가 고정적이고 일률적으로 지급하는 임금이 모두 포함됨.

○그런 **폐륜아**는 따끔하게 혼내야 해: **패륜아**의 잘못. ⇐悖: 거스를 패.

　　패륜아[悖倫兒]⑲ 인간으로서 마땅히 하여야 할 도리에 어그러지는 행동을 하는 사람. [유] **패륜자[破倫者]**.

○**홀홀단신**으로 월남했다: **혈혈단신**의 잘못. ⇐子: 외로울 혈

　　혈혈단신[子子單身]/혈연단신[子然單身]⑲ 의지할 곳이 없는 외로운 홀몸.

○**횡경막** 근처의 배가 몹시 땡기고 아파: **횡격막**의 잘못. ⇐膈: 가슴 격

　　[설명] '횡경막'은 '횡**격**막(橫膈膜/橫隔膜)(배와 가슴 사이를 분리하는 근육)'의 잘못.

○저 아이의 병은 **희귀병**이야: **희소(질)병/희유병**(혹은 **드문 병**) 등의 표현이 적절함.

　　[설명] ①희귀하다(稀貴−)는 '골동품(骨董品, 오래되었거나 희귀한 옛 물품)'이나 '진약(珍藥, 희귀한 약)' 등에서 보듯, <u>'드물어서 매우 진귀하다'</u>를 뜻하는 말로 '귀하다, 드물다, 진기하다'와 비슷한 말임. 따라서, '희귀병'이란 명칭은 지극히 부적절한 표현임. ②매우 드물다는 뜻으로는 '희귀' 대신 '희소(稀少)'가 어울리지만, '희소가치' 등으로 쓰이고 있어서 '희소(질)병'이라는 명칭과는 의미 충돌의 우려가 있긴 함. '드문 병' 또는 '희유병(稀有病)' 정도가 어떨까 싶음.

○참으로 **희안한** 일이야: **희한한**의 잘못. ⇐稀: 드물 희, 罕: 드물 한

　　희한하다[稀罕−]⑲ 매우 드물거나 신기하다.

◆**한소리** 들을 줄 알았어: **한 소리**의 잘못.

　약속이나 한 듯이 **한 소리**로 외쳐댔다: **한소리**의 잘못.

　[설명] '한소리'는 '동음(同音)'과 같은 말로 '같은 소리. 또는 동일한 음'을 뜻하며, '크게 지르는 외마디 소리'의 의미로는 현재 준표준어. '한 소리'는 짧은 잔소리.

◆이젠 늦었으니 마지막으로 딱 **한잔만** 하지: **한 잔만**의 잘못.

　오늘 비도 오는데 **한 잔** 어때?: **한잔**의 잘못.

　퇴근길에 간단히 **한잔 하고** 갈까?: **한잔하고**의 잘못. ←**한잔하다**[원]

　보아 하니 **한잔 한/걸친** 얼굴이다: **한잔한**(혹은 **한잔 걸친**)의 잘못.

　[설명] ①'한−'과 '마디/번/잔'이 어울려서, 각각의 원래의 뜻과는 다른 '짧은 말, 또는 간단한 말', '어떤 일을 시험 삼아 시도함을 나타내거나, 기회 있는 어떤 때', '간단하게 한 차례 마시는 차/술 따위'와 같은 뜻을 나타내는 경우에는 복합어임. 따라서, '한마디/한번/한잔'과 같이, 모든 음절을 붙여 적음. ②그러나, '한'이 명확하게 '그 수량이 하나'임을 나타낼 때는 관형사로서 개별적인 낱말이므로, '한 마디/한 번(한 차례)/한 잔'과 같이, 각각의 낱말인 '한'과 '마디/번/잔'을 띄어 적음.

　[참고] ①'한잔하다'는 한 낱말이지만 '한잔 걸치다/마시다' 등은 두 낱말. ②'한잔하다'처럼 한 낱말인 것으로는 '한턱내다/한턱쓰다/한턱하다'도 있음.

◆**한주먹 감(한 주먹감)**도 안 되는 게 까불어: **한주먹감**의 잘못.

　[설명] '한주먹'(복합어)+'감'(접사적 명사)→'한주먹감'. 이때의 '감'은 명사로, 일부 명사 등에 붙어 복합어를 만듦. ¶한복감/양복감; 신랑감/며느릿감/사윗감/장군감/대통령감; 구경감/놀림감/땔감. ☞**'감'의 활용** 항

목 참조.

◆소나기가 **한 줄기** 쏟아진 덕분에 좀 시원해졌다: **한줄기**의 잘못.

　그 순간 **한줄기**의 빛살이 쏟아졌다: **한 줄기**의 잘못.

　[설명] 한줄기가 복합어일 때는 아래와 같은 뜻을 지님.

　한줄기똉 ①한 번 세차게 쏟아지는 빗줄기. ⇐소나기나 비는 줄기를 셀 수 없음. ②같은 계통. ¶퉁구스/몽골/터키 말은 본디 한줄기이다.

◆**한 쪽**으로 약간 비스듬하게 쓸어진/쓰러진 기와지붕: **한쪽**, **쓸린**의 잘못. ←쓸리다[원]

　한쪽똉 어느 하나의 편/방향.

　쓸리다똉 ①쓸다의 피동사. ②풀 먹인 옷 따위에 살이 문질려 살갗이 벗겨지다. ③한쪽으로 비스듬히 기울어지다. ⇐쓰러지다'는 완전히 기울어진 것이므로, 문맥에 맞지 않음.

◆**한 차례의** 태풍/폭소가 휩쓸고 지나갔다: **한차례**의 잘못. ⇐'한차례'는 한 낱말.

　한차례[−次例]≒**한축**똉 어떤 일이 한바탕 일어남. [유]한참/한바탕.

◆지금이 **한참** 제일 붐빌 시각이다: **한창**의 잘못.

　그곳은 지금 가을 단풍이 **한참**이겠군요: **한창**의 잘못.

　한참똉 시간이 상당히 지나는 동안. ¶거기서 한참이나 서서 기다렸다.

　한창똉/뿐 어떤 일이 가장 활기 있고 왕성하게 일어나는 때/모양. 또는 어떤 상태가 가장 무르익은 때/모양. ¶한창때/한창나이; 벼가 한창 무성하게 자란다.

◆이틈에 우리 **한탕하는** 게 어때: **이 틈**, **한탕 하는**의 잘못.

　[설명] ①'한탕하다'는 '한탕(을) 하다[치다]'의 잘못. ②'이틈'(×): '이틈'은 '이와 이 사이의 틈'.

　한탕똉 (속) '한바탕'이라는 뜻으로, 한 번의 일거리.

　한탕 치다관 부정행위나 범죄 행위 같은 못된 짓을 한바탕 무분별하게 저지르다.

◆승진 기념으로 **한 턱 낸다고** 해서 **한턱 먹어** 줬지: **한턱낸다고**, **한턱먹어**의 잘못. 단, 설명 참조.

　[참고] **생일턱**을 낸다고? 그거 좋은 일이지: **생일 턱**의 잘못. ☞'**턱**' 항목 참조.

　[설명] '한턱내다/한턱하다/한턱먹다' 등은 모두 한 낱말. 그러나 '한턱(을) 내다/먹다/하다' 등으로 볼 경우에는 띄어 쓸 수도 있겠으나, 한 낱말로 있는 말들이므로 언어경제학상 붙여 적는 것이 나음.

　한턱똉 한바탕 남에게 음식을 대접하는 일.

◆이번에 아예 **한판씨름**으로 한 번만 더 해보자: **단판씨름**의 잘못.

　아예 크게 **한 판** 승부를 겨루자: **한판**의 잘못.

　딱 이번 **한판**만 하고 그만하자: **한 판**의 잘못.

　[설명] '한판'과 '한 판'은 다름. '한판'은 복합어이고 '한 판'의 '한'은 판의 횟수/양을 이르는 수관형사.

　한판똉 ①한 번 벌이는 판. ②유도 경기에서 내리는 판정의 하나.

　단판씨름[單−]똉 ①단 한 번에 승부를 내는 씨름. ②(비유) 일의 성사를 가르는 결정적 대목에서 힘을 모아 마지막으로 하여 보는 일.

◆걘 너무 어리고 기술도 떨어져. 내겐 **한판접이**밖에 안 돼: **한팔접이**의 잘못.

　한팔접이몡 (비유) 적수가 되지 아니하는 상대에게 한 팔을 접어 줄 수 있다는 뜻으로, 씨름/경기/내기 따위에서 힘과 기술이 매우 부족한 사람.

◆♠'**한편**'과 '**한 편**'

　한편몡 뜻을 함께 하는 편. 같은 편. 같은 동아리. 한쪽. 일방. ¶우리는 한편이다.

　한편튀 다른 방면으로. 한편으로. ¶그는 변호사인 한편(으로) 훌륭한 시인이기도.

　한편으로: '한편으로'라는 부사가 있는 것이 아니라, '한편(명사)+으로' 꼴의 부사형임.

　[설명] '**한 편**'[수사+명사] ①서로 상대하는 여러 무리로 나누었을 때 그 한 무리. ②문학 작품이나 이야기, 논문/영화/연극을 세는 단위. ¶우리들끼리 한 편을 먹으면 충분히 이길 수 있다; 영화 한 편을 만들기 위해서 우린 몇 해를 고생해야 했다.

◆**한해** 만에 **핼쓱한** 얼굴로 나타난 그녀는: **한 해**, **핼쑥한**의 잘못. ←핼쑥하다[원]

　[참고] 며칠 만에 **해쓱해진** 여인은 기침을 몹시 했다: 맞음. ←해쓱해지다[원]

　해쓱하다혱 얼굴에 핏기나 생기가 없어 파리하다.

　핼쑥하다혱 얼굴에 핏기가 없고 파리하다.

◆가리고 자시고 **할것없이** 그냥 하나로: **할 것 없이**의 잘못.

◆내가 **할께**. 제가 **할께요**: 할게, 할게요의 잘못. ⇐발음대로 표기한 탓임.

　[구별] 내가 할 **거야**(O); 이번엔 기필코 그녀를 볼 **거야**(O): '거'는 의존명사.

　[참고] 진료가 끝난 후 **입원실로 올라가실게요** ; 체중 **재실게요**: 각각 **입원실로 올라가실 겁니다**(혹은 **올라가게 되십니다**); **체중을 잴 것입니다**(혹은 **재게 되십니다**)의 잘못.

　[설명] '−ㄹ게(요)'는 어떤 행동을 할 것을 약속하는 뜻을 나타내는 종결어미 '−ㄹ게'에 '−요'(존대 보조사)가 붙은 꼴로서 **말하는 사람이 행동의 주체**가 되는 어법임. 그러므로 '입원실로 올라가실게요'의 경우는 환자가 올라갈 것을 간호사가 행동의 주체가 되어 '올라가실' 거라는 뜻으로 말하는(즉, 환자가 아닌 간호사가 입원실로, 그것도 '올라가는' 게 아니라 '올라가시는') 괴상한 어법이 됨. 따라서, 위에서와 같이 '−겁니다' 등의 꼴로 바꾸는 것이 적절함.

◆**할둥말둥 할듯말듯하더니** 그냥 가데: **할 둥 말 둥 할 듯 말 듯 하더니**의 잘못.

　[주의] '할 듯 말 듯 하더니'의 경우, '할 듯했다'와 같이 '−ㄹ 듯하다'의 꼴이라면 '할 듯 말 듯하더니'가 되어야 하지만, 이 경우는 '할 둥 말 둥'과 '할 듯 말 듯'이 구의 형태로 '하더니'를 수식하기 때문에 '하더니'와 띄어 써야 함. 낱 낱말 붙여쓰기 허용을 적용할 경우에도 '하더니'와는 띄어야 함. 즉, '할둥 말 둥 할듯 말듯 하더니'(O).

◆뭐 **할려고** 그리 서두르나? 어디 **갈려고**?: **하려고**, **가려고**의 잘못.

◆**할말 못할 말** 다했어: **할 말 못 할 말 다 했어**의 잘못.

　[정리] '못하다': 불가능과 비교의 의미일 때만 붙여 쓰고, 다른 경우에는 띄어 씀. 금지의 경우에도 띄어 씀. ¶못 할 짓을 해선 안 되지.

　[주의] 위 예문의 경우, 낱 낱말이 연속될 때 붙여쓰기도 허용하므로, '할말 못 할말, 또는 할말 못할말'

로 붙여 쓸 수도 있음. 그러나 '할말 못할 말'로 적으면 '못하다'의 의미가 들어가게 되어 의미 혼란이 올 수도 있고, '할말 못할'이 그 뒤의 '말'을 수식하게 되는 것처럼 보일 수도 있음.

◆**할 지 말 지** 얼른 정해: **할지 말지**의 잘못. ⇐'~ㄹ지'는 어미.

  [비교] 그가 **온지도** 벌써 : **온 지도**의 잘못. ⇐'지'는 '동안'을 뜻하는 의존명사

  [설명] ①'~ㄹ지'는 추측에 대한 막연한 의문이 있는 채로 그것을 뒤 절의 사실이나 판단과 관련시키는 데 쓰는 연결 어미, 또는 해할 자리나 간접 인용절에 쓰여 추측에 대한 막연한 의문을 나타내는 종결 어미임. ¶무엇부터 해야 할지 모르겠어; 내가 시부모 마음에 들게 될지. ②의존명사로서의 '지'는 위의 예문에서처럼 어떤 일이 있었던 때로부터 지금까지의 동안을 나타냄.

◆돈 잃고 사람 잃고 졸지에 **할일없는** 처지가 되다: **하릴없는**의 잘못.

  쫄딱 비를 맞고 문간에 기대선 그는 **할일없는** 거지였다: **하릴없는**의 잘못.

  하릴없다〈형〉 ①달리 어떻게 할 도리가 없다. ②조금도 틀림이 없다. [유]틀림없다.

◆그런 상황에서도 우리와 **함께 하려는** 뜻이 정말 고맙네: **함께하려는**의 잘못.

  힘을 모아 **함께하면** 이 쓰레기도 금방 치울 텐데: **함께 하면**의 잘못.

  함께하다≒같이하다〈동〉 ①경험/생활 따위를 얼마 동안 더불어 하다. ②서로 어떤 뜻/행동/때 따위를 동일하게 가지다. ☜[주의] '같이하다'라는 뜻으로만 한 낱말.

◆영감이 돈을 건네자 여인은 **함박** 웃었다: **함빡**의 잘못.

  [설명] '함박'은 부사가 아닌 명사일 뿐이며, 부사는 '함빡'임. 단, 함빡 웃는 웃음은 '함박웃음'.

  함박〈명〉 ①≒함지박(통나무의 속을 파서 큰 바가지같이 만든 그릇). ②(주로 '함박만 하다' 구성으로 쓰여) 벌어진 입이 매우 크다. ¶여인은 돈 액수를 듣자 입이 함박만 해졌다.

  함박웃음〈명〉 크고 환하게 웃는 웃음.

  함빡〈흠뻑〉〈부〉 ①분량이 차고도 남도록 넉넉하게. ②물이 쪽 내배도록 젖은 모양.

◆집에서도 안 하는데 **항차** 밖에서야: **황차**(하물며/더구나/더군다나)의 잘못.

  황차(況且)≒하물며〈부〉 '더군다나'의 뜻을 가진 접속 부사.

  더더군다나〈부〉 '더군다나'의 강조. ⇐[유사] '더더욱(≒더욱더)'.

◆♣'**해**'가 들어간 말 중 복합어와 복합어가 아닌 것

  [예제] **지난 해**에 베풀어주신 후의에 감사드립니다: **지난해**의 잘못. 한 낱말.

        올 한 해 베풀어주신 후의에 감사드립니다: **올해**로 충분함.

  [복합어] '묵은해/새해/안해(바로 전 해)/올해/이듬해/전해(前-)/첫해/여러해살이'.

  [독립어] 이 해; 그 해; 어느 해; 여느 해; 한 해. 저지난 해/지지난해(≒재작년).

  [참고] '지난-'이 시간/시기를 나타내는 명사(명사형)와 결합한 낱말들은 대부분 복합어임. ⇐복합어인 이유는 '지난-'이 '지나다'의 의미와는 달리 쓰였기 때문임: '지난달/지난주/지난해/지난번/지난날/지난밤/지난봄/지난적/지난여름/지난겨울/지난가을/지난적끝남≒과거 완료/지난적나아가기≒과거 진행'.

◆♣'**해-**'와 '**햇-**'

[예제] **햇콩**을 넣어 밥을 해먹자: **해콩**의 잘못.

　　　햇쌀밥은 정말 맛있지: **햅쌀밥**의 잘못.

　　　햅보리가 벌써 나왔다고?: **햇보리**의 잘못.

①**해-**囵 어두음이 된소리/거센소리인 일부 명사 앞에 붙어, '그해에 난'의 뜻을 더하는 접두사.

　해깍두기명 봄에 새로 담근 깍두기.

　해쑥명 그해에 새로 자란 여린 쑥.

　해암탉명 그해에 새로 난 암탉. <u>어두음이 된소리/거센소리가 아닌데도 '해'임.</u>

　해콩명 그해에 난 콩.

　해팥명 그해에 난 팥.

②**햇-**囵 어두음이 예사소리인 일부 명사 앞에 붙어, '그해에 난'의 뜻을 더하는 접두사.

　'햇감자/햇강아지/햇것/햇고구마/햇고사리/햇과일≒햇과실/햇실과/햇김/햇담배/햇김치/햇나물/햇누룩≒신국(新麴)/햇돝/햇마늘/햇박/햇밤/햇닭/햇벼/햇보리/햇비둘기/햇새/햇소/햇솜'.

　햇가지≒신지(新枝)/신초(新梢)명 그해에 새로 나서 자란 가지.

　햇거지명 그해에 새로 생긴 거지.

　햇동명 햇곡식이 나올 때까지의 동안.

　햇밥명 ①그해에 새로 난 쌀로 지은 밥. ②새로 지은 밥을 찬밥에 상대하여 이르는 말.

　햅쌀≒신미(新米)명 그해에 새로 난 쌀.

　햅쌀밥명 그해에 새로 난 쌀로 지은 밥.

　햇병아리명 ①새로 부화된 병아리. ②(비유)'풋내기'.

　솜병아리명 알에서 깬 지 얼마 안 되는 병아리. 털이 솜처럼 부드럽다.

　햇잎명 새로 돋아난 잎.

[참고] '쌀'의 경우에만 '햅-'이 되는 것은 본래 '쌀'의 옛말이 초성 'ㅄ'+(아래아)+'ㄹ'로 표기되었기 때문에 복합어를 이룰 때에도 어원을 밝히기 위해 초성 중의 'ㅂ'을 살려 적기 때문임.

◈감나무는 유실수로 다 좋은데 **해갈이/해걸이**를 해서…: **해거리**의 잘못.

　[설명] 이때의 '-거리'는 '주기적으로 일어나는 동안'을 뜻하는 접미사. '이틀거리/하루거리/달거리/해거리' 등으로 쓰임. 흔히 쓰는 '해갈이'는 방언.

　해거리명 ①한 해를 거름. 그런 간격. ②한 해를 걸러서 열매가 많이 열림. 그런 현상.

◈♣조개를 담가 해감을 제거할 때, **해감을 시키다**인가 **해감하다**인가: **해감하다**

　[설명] '해감(海-)'은 '바닷물 따위에서 흙과 유기물이 썩어 생기는 냄새나는 찌꺼기'지만, '해감하다(海-)'를 '해감을 뱉어 내게 만들다'의 뜻으로 규정하였으므로, '해감하다'를 사용함. '해감시키다'는 '~찌꺼기를(?) 시키다'가 되어 무척 어색함. [참고] '해감을 빼다'가 가장 적절한 표현.

◈남을 **해꼬지/해꽂이**하려는 사람들이 흔히 제 발등을 찍곤 하지: **해코지**의 잘못.

　[참고] 호랑 **말꼬지** 같으니라고: **말코지**의 잘못.

　　　　아이 고소하다. **잘코서니/잘코산이**!: **잘코사니**의 잘못.

　[설명] 위 표기에 쓰이는 '코지'는 '말코지'의 뜻풀이에서 보이듯 가지가 여러 개 돋친 갈고리에서 온 듯하며, 거기에 걸려 넘어지거나 다치게 하는 용도로 쓰인 듯함. 꽂거나 꽂아두는 용도로 쓰이는 '꽂이'와는 전혀 무관하므로 '코지'로 표기함.

말코지[명] 물건을 걸기 위하여 벽 따위에 달아 두는 나무 갈고리. 흔히 가지가 여러 개 돋친 나무를 짤막하게 잘라 다듬어서 노끈으로 달아맨다.

해코지[害−][명] 남을 해치고자 하는 짓.

◆**해낙락한** 표정으로 보아 일이 잘된 듯: **해낙낙한**의 잘못. ←**해낙낙**하다[원]

  [참고] 이와 비슷한 발음/뜻으로 한자어에서 온 '낙락하다'가 있어, 혼동하기 쉬움. 특히 '해낙락하다'(없는 말)를 '낙락하다'의 앞에 '해'만 덧붙인 것으로 볼 경우 틀리기 쉬움. [주의] '낙낙하다'와 '해낙낙하다'는 고유어임.

  해낙낙하다[형] 마음이 흐뭇하여 만족한 느낌이 있다.

  낙락하다[樂樂−][형] 매우 즐겁다.

  낙낙하다[형] 크기/수효/부피 따위가 조금 크거나 남음이 있다.

◆♠'**해내다**'와 '**해 내다**'

  [예제] **생각해낸다**는 게 겨우 그거야: **생각해 낸다**는의 잘못[원칙].

    그 어려운 일을 **해 내다니** 장하다: **해내다니**의 잘못. ←**해내다**[원]

    죽든 살든 한번 **해 보자** 이거야?: **해보자**의 잘못. ←**해보다**[원]

    그거야 **해봐야** 알지: **해 봐야**의 잘못[원칙].

  [설명] ①한 낱말로서의 '해내다/해보다'는 의미 특정이 된 말들로, 아래와 같이 각각 '해 내다/해 보다'와는 다른 뜻. ②'생각해 내다'와 '해 보다'의 경우, '−내다/−보다'는 보조용언이며 보조용언 붙여쓰기 조건에 해당되므로 붙여 쓸 수도 있음.

    ○**해내다**: 이겨 내다. 능히 처리해 내다. ¶큰소리치던 놈을 해낸 게 가장 통쾌하더군; 그 어려운 일을 너끈히 해낸 네가 자랑스럽다.

    해 내다: ¶애개, 기껏 생각해 내는 게 겨우 그런 거?

  [유사] **해보다**: 맞겨루다. 대들어 싸우다. ¶죽든 살든 어디 한번 해보자; 그래, 할 테면 한번 해보자.

    해 보다: ¶해 봐야 알겠는걸; 해 보지 않은 사람이 알 턱이 있나.

  해내다[동] ①상대편을 여지없이 이겨 내다. ②맡은 일이나 닥친 일을 능히 처리하다. [유]승리하다/처리하다.

  해보다[동] 대들어 맞겨루거나 싸우다.

◆'**해님**'과 '**햇님**' 중 맞는 표기는?: '**해님**'

  [참고] **나랏님**조차도 그 모양으로 대소사 구분을 못해서야: **나라님**의 잘못.

  [설명] 사이시옷은 자립적인 말과 접미사가 결합되는 구성에서는 쓰이지 않음. 즉, 합성명사에만 해당되는 조건임. 그러므로 '해'를 인격화하여 높이거나 다정하게 이르기 위해 접미사 '−님'을 붙인 '해님'의 경우는 사이시옷이 받쳐질 자리가 아님. '나랏님'도 마찬가지이며, '토끼님/별주부님'을 '토낏님/별주붓님'으로 하지 않는 것과 같음. ☞♠**사이시옷**에서 주의해야 할 말들 항목 참조.

◆**해도해도 너무 한다**: **해도 해도 너무한다**의 잘못. ←**너무하다**[원]

  뭐니뭐니해도 돈이 최고야: **뭐니 뭐니 해도**(≒**무어니 무어니 해도**)의 잘못.

  [설명] '~해도'가 붙은 복합어는 없으며, 모두 띄어 적음. 〈예〉뭐라 뭐라 하다; 먹고 죽자 해도 없다; '도무지'는 '아무리 해도'라는 뜻이다.

◆**해돋는** 집이 뭐야, 해가 어떻게 돋나? **해뜨는** 집이지: **해 돋는**, **해 뜨는**의 잘못.

[참고] **해 난 날**에 이불 빨래하는 법: **해난 날**의 잘못. ←**해나다**[원]

　　　　해질녘/해질 녘의 석양: **해 질 녘**의 잘못. ←'해지다'는 없는 말.

[설명] '해뜨다(×)/해 뜨다(○)'; '해돋다(×)/해 돋다(○). 단, '해뜨기≒해돋이'로서 한 낱말. 주의!

해나다⑧ ①날씨가 흐리지 아니하고 개다. ②해가 구름 속에서 나와 볕이 나다.

해지다⑧ '**해어지다**(닳아서 떨어지다)'의 준말. ☞'해가 지다'의 뜻으로는 없는 말.

◆<u>암돌쩌귀</u>가 **해벌어져서** 문짝이 자주 빠진다: **암톨쩌귀**, **헤벌어져서**의 잘못.

[설명] ①'해벌어지다'는 '헤벌어지다'의 잘못. 큰말도 아니며 없는 말. ②'암돌쩌귀'는 ♣'**암·수−**' 다음에 격

　음으로 표기되는 것들 항목 참조.

헤벌어지다⑧ 어울리지 아니하게 넓게 벌어지다. 휑 어울리지 아니하게 넓다.

◆죽든 살든 어디 한번 **해 보자: 해보자**의 잘못. ←**해보다**[원]

　해보지도 않은 사람이 알 턱이 있나: **해 보지도**의 잘못[원]. ←**해 보다.**

[설명] ①'해보다'는 '대들어 맞겨루거나 싸우다'는 뜻. ¶그래, 할 테면 한번 해보자; 어디 한번 해보겠다

　는 거야? ②'해 보다'는 '어떤 행동을 시험 삼아 함'이라는 보조용언 '보다'의 뜻을 포함하여, '되는 데

　까지, 혹은 되는지 안 되는지, 한번 시험 삼아 해 보다'라는 뜻. ¶해 봐야 알겠는걸; 해 보고 나서 결

　과를 알려줄게. ☞♣'**해내다**'와 '**해 내다**' 항목 참조.

◆<u>**해솟병**</u>을 지병으로 안고 있던 영감은: **해수병**의 잘못.

[설명] '해소'는 '해수(咳嗽)'가 변한 말로, 표준어. 그러나, '해솟병/해소병'은 잘못.

[암기도우미] 기침은 '해소', 기침 병은 '해수병'!

◆예전에는 **해우차**라는 멋진 말도 있었는데: **해웃값(해웃돈)**의 잘못. 없는 말.

[설명] ①'해웃**값**/해웃**돈**/놀음차'(○)이나 '해우차'는 현재 사전에 없는 말. 여기서 '−차'는 '신발차/요기차

　[療飢次] 등에서처럼 어떤 대가로 주는 돈의 의미이며, 예전에는 '조복차[朝服−]/소일차[小日次] 등에

　서 쓰인 것처럼 어떤 일/물건을 뜻하던 접사. ②[참고] 만약 '해우차'가 인정된다 할 경우에도 그 표기

　는 '해웃차'가 됨.

놀음차몡 ①잔치 때 기생/악사에게 놀아 준 대가로 주는 돈/물건. ②≒**해웃값/해웃돈**(기생/창기 따위와

　관계를 가지고 그 대가로 주는 돈).

신발차몡 심부름하는 값으로 주는 돈.

요기차[療飢次]몡 ①요기를 하라고 하인에게 주는 돈. ②상여꾼에게 쉴 참마다 주는 돈.

조리차몡 알뜰하게 아껴 쓰는 일.

조복차[朝服−]몡 조복을 지을 옷감.

소일차[小日次]몡 조선 시대에, 왕실의 반찬거리를 매일 진상하게 하던 일.

해웃값≒해웃돈/놀음차/꽃값≒화대[花代]/**화채**[花債]몡 기생/창기 따위와 관계를 갖고 그 대가로 주는 돈.

◆자꾸 **해적거려서** 허뜨리면 정리는 누가 하니?: **헤적(해작)거려서**, **헤뜨리면**의 잘못.

[참고] 밥을 그리 **께작거리며/깨적거리며** 먹을래?: **깨적/깨작거리며**의 잘못.

[설명] ①'헤적거리다/헤뜨리다' 모두 '헤치거나 헤쳐서' 흩어지게 하므로 '헤−'. 작은말이 '해−'. ②모음조

　화: 헤적/해작−; 께적/깨작−.

헤적거리다1)**해작거리다**1⑧ ①무엇을 찾으려고 자꾸 들추거나 파서 헤치다. ②탐탁하지 아니한 태도로

무엇을 자꾸 께적거리며 헤치다.

헤적거리다2〉해작거리다2[통] 활개를 벌려 거볍게 저으며 걷다. ¶**헤적질〉해작질**[명]

헤뜨리다[통] ①마구 흩어지게 하다. ②일 따위를 흐지부지 만들다. ③자세 따위를 흐트러지게 하다.

께적거리다〉깨작거리다[통] '**께지럭거리다** (①달갑지 않은 음식을 자꾸 억지로 굼뜨게 먹다. ②달갑지 않은 듯이 자꾸 게으르고 굼뜨게 행동하다)'의 준말.

◆**해진** 옷을 입고 다니다니: 맞음. ←**해지다/해어지다**[원]

해어진 옷은 꿰매서라도 입어야지: 맞음. ←**해어지다**[원]

[참고] **헤지자** 보내온 그녀의 편지: 맞음. ←**헤지다/헤어지다**[원]

[설명] '해지다'는 '해어지다(닳아서 떨어지다)'의 준말. '헤지다'는 '헤어지다'의 준말.

◆**햇콩**: '**해콩**'의 잘못.

[설명] '햇-'과 '해-'의 구별: '해-'는 다음 첫소리가 격음/경음일 때 쓰임. ¶해**콩**/해**팥**/해**깍**두기≒신흥저/해**쑥**/해**암**탉(예외). ¶햇밤/햇보리. 단, **햅**쌀.

◆**애정행각**의 끝은 불행; **도피행각** 끝에 자살: **애정 행각**, **도피 행각**의 잘못.

[설명] 흔히 '애정/구걸/친일/도피/범죄/사기' 등의 뒤에 붙이는 '행각(行脚)'은 본래 '스님이 여기저기 돌아다니며 수행함'을 뜻하는 말. 예문의 경우는 주로 부정적인 의미로 쓰여 어떤 목적으로 여기저기 돌아다님을 뜻하며, 한 낱말이 아니므로 모두 띄어 적음.

◆빨래할 때는 잘 **행구는** 게 제일 중요: **헹구는**의 잘못. ←**헹구다**[원]

행가레질/행가래질 할 때도 뜻이 맞아야 해: **헹가래질**의 잘못.

[참고] 우리말 중 '헹-'이 붙은 말은 '헹구다/헹가래/헹가래질/헹글하다' 정도이며, 이때의 '헹-'은 '헹구다'에서 보듯 (좌우로) 흔드는 것을 뜻함.

[암기도우미] 가래질하듯('가래') 좌우로 흔드니까('헹'), 헹+가래.

헹구다≒헤다[통] 물에 넣어 흔들어 씻다. 물을 넣어 젓거나 흔들어 씻다. 흔히 세제 따위를 이용하여 한 번 씻은 것을 다시 씻는 것.

헹글하다[형] 입거나 끼우는 것이 커서 들어맞지 아니하고 헐겁다. ¶**헹글헹글**[부]

◆**허구많은** 날들인데 하필 오늘만 고집하니?: **하고많은**의 잘못. ←**하고많다**[원]

나머지는 앞으로 남은 **허구한** 날에 마저 하렴: **하고한**의 잘못. ←**하고하다**[원]

그동안 **허구헌** 날을 노름으로 지새더니 결국: **허구한**의 잘못. ←**허구하다**[원]

[설명] '하고많다≒하고하다'로서 '많고 많다'는 뜻. 그러나 '허구(許久)하다'는 매우 오래라는 뜻으로 과거와 관련된 말이며, '많고 많다'는 뜻과는 거리가 멂. 즉, '앞으로 많은 하고한 날'은 말이 되지만, '앞으로 남은 허구한 날'은 말이 되지 않음.

하고많다≒하고하다[형] 많고 많다. ⇐객관적인 수치. 현재에서 미래 중심.

허구하다(許久-)[형] 날, 세월 따위가 매우 오래다. ⇐과거에서 현재까지.

◆**허구장천/주야장창** 놀고만 지내면 어떡하나: **주야장천**(혹은, **영구장천**)의 잘못.

[참고] 흔히 쓰는 '주야장창/주구장창'은 '주야장천'의 잘못.

주야장천[晝夜長川][부] 밤낮으로 쉬지 아니하고 연달아.

영구장천[永久長川]명 한없이 길고 오랜 세월. 부 언제까지나 늘.

◆**허구헌** 세월을 내내 기다리기만 하다가: **허구한**의 잘못. ←**허구하다(許久-)**[원]

　허구헌 날을 주정으로 지샐 작정이냐: **하고한**의 잘못. ←하고하다[원]

　허구하다(許久-)형 날/세월 따위가 매우 오래다.

　하고많다≒하고하다형 많고 많다.

◆**허나** 사람들은 한 발자국도 움직이지 않았다: **하나**의 잘못.

　지금 내가 바쁘다. **허니** 너 혼자 가거라: **하니**의 잘못.

　헌데 자네의 셈이 좀 틀린 것 같군: **한데**의 잘못.

　허면 내가 오늘은 일찍 들어가 볼게: **하면**의 잘못.

　[설명] '헌데'는 '한데'의 잘못. 한데≒그러**한데**. '하다'의 특수 활용. ☞상세 설명은 '**허나**' 항목 참조.

　[설명] ①'그런데←그러**한데**'. '그러나←그러**하나**'. '하나←그러**하나**'. 즉, 모두 '-하다'가 결합되어 준 말들이므로, 줄일 때도 '-**하**(O)←**허**(×)'임. ②이 '하나'는 '하다'의 용례 중 '하나/하니/하면/하여/한데/해서' 따위의 꼴로 쓰여서 부사적 으로 '그러나/그러니/그러면/그리하여/그런데/그래서'의 뜻을 나타내는 특이한 경우임.

　하다통 문장 앞에서 '하나/하니/하면/하여/한데/해서' 따위의 꼴로 쓰여, '그러나/그러니/그러면/그리하여/그런데/그래서'의 뜻을 나타내는 말. ¶일찍 가도 좋다. 하나 내일은 오늘보다 일찍 오너라; 내가 지금 바쁘다. 하니 너 혼자 가거라; 꾸준히 하여라. 하면 어느 순간에 성공해 있을 것이다.

◆그거 **허드래** 일인데 뭐: **허드렛일**의 잘못. ⇐허드래(×)/허드레(O).

◆쌀자루가 손 탔는지 **허름해졌다**: **허룩해졌다**의 잘못. ⇐**허룩해지다**[원]

　[비교] 쌀자루를 그토록 **허수룩하게/헙수룩하게** 묶어서야: **허술하게**의 잘못.

　[설명] ①'허룩해지다'는 '허룩하다'형에서 온 말. '**허룩하다**(≒줄거나 없어져 적다)'는 '헙수룩하다/허름하다' 등과는 전혀 다름. ②'허수룩하다'는 '헙수룩하다(털이 텁수룩하거나 외양이 허름하다)'의 잘못. 없는 말.

　허름하다형 ①좀 헌 듯하다. ②값이 좀 싼 듯하다. ③사람/물건이 표준에 약간 미치지 못한 듯하다. [유]낡다/너절하다/싸다. ¶허름한 간판/술집/옷차림/사무실; 허름한 양복을 한 벌 구입했다; 허름한 몰골.

　허술하다형 ①낡고 헐어서 보잘것없다. ②치밀하지 못하고 엉성하여 빈틈이 있다. ③무심하고 소홀하다.

　허투로부 허투루(아무렇게나 되는 대로)의 잘못.

◆아이를 업고 지내느라 잔등이 다 **허무렀다/허물렀다**: 잔등이가, **허물었다**의 잘못. ←**허물다**[원]

　[설명] ①'잔등'은 '등'의 잘못이며, '등'의 속어는 '잔등**이**'임. 주의! ☞'**잔등**' 항목 참조. ②'**허물다**'는 '헌데가 생기다'의 뜻으로, '허물어/허무니/허무오'로 활용하므로 과거형은 '허물었다(O)/허물렀다(×)'. '허물렀다'는 '허물다'의 원형을 '허무르다'(없는 말)로 착각한 데서 온 잘못.

◆우리야 서로 **허물 없는** 이야기를 나누는 **허물 없는** 사이야: **허물없는**의 잘못. (둘 다 붙여 씀).

　[구별] **허물 없는** 사람은 없다(O): '허물' 다음에 주격조사 '이'가 생략된 꼴.

　허물없다형 서로 매우 친하여, 체면을 돌보거나 조심할 필요가 없다. [유]막역하다/스스럼없다/친하다.

◆담장은 이미 **허물은** 뒤여서, 이른바 **허무러진** 담장이었다: **허문, 허물어진**의 잘못. ←**허물다**[원]. 활용: '허물어/허무니/허무오'.

허물다2통 ①쌓이거나 짜이거나 지어져 있는 것을 헐어서 무너지게 하다. ②꼿꼿하고 방정한 표정/자세/태도 따위를 그대로 유지하지 아니하고 구부리거나 느른하게 하다. ③사회적으로 이미 주어져 있는 규율/관습 따위를 없어지게 하다. ④심리적으로 이미 주어져 있는 생각/믿음 따위를 없앤다.

◆**허발나다/허벌나다**: '**허발하다**'의 잘못.
  그렇게 **허발들리게** 먹으면 체해: **허발하게**(혹은 **걸신들리게**)의 잘못.
  [설명] ①'허발'은 체면 없이 함부로 먹거나 덤비는 것이므로 그 동사는 '-하다'가 되어야 하며, '-나다'는 부적절함. 없는 말. 특히 흔히 쓰는 '허벌나게' 역시 잘못(뒤 항목 참조). ②'허발들다'는 '걸신들리다'로 부터의 잘못된 유추.
  허발명 몹시 굶주려 있거나 궁하여 체면 없이 함부로 먹거나 덤빔. ¶**~하다**통
  걸신들리다[乞神─]통 굶주리어 음식을 탐하는 마음이 몹시 나다.

◆그건 아무리 해봤자 **허방치기/헛방치기**야: **허방 치기**의 잘못. ←**허방(을) 치다.**
  헛방치지 말고 이제 정신차리게: **허방 치지(헛방놓지), 정신 차리게**의 잘못.
  [유사] 늘 **허탕치는** 짓을 왜 되풀이하나: **허탕 치는**의 잘못. ←**허탕(을) 치다.**
  [설명] ①'허방치다/허탕치다'는 없는 말. 각각 관용구 '허방(을) 치다'와 '허탕(을) 치다(≒허탕하다)'의 잘못. 즉 **허탕하다≒공치다≒허탕 치다**의 관계. ②총질/총탄과 관련되는 '헛방'은 '헛방(을) 놓다; 헛방 놓다'이며 '헛방'을 '치다'는 어울리지 않음. ③'정신차리다(x)'는 '정신(을) 차리다(o)'의 잘못.
  허방명 땅바닥이 움푹 패어 빠지기 쉬운 구덩이. ¶**허방(을) 치다**관
  허탕명 어떤 일을 시도하였다가 아무 소득이 없이 일을 끝냄. 또는 그렇게 끝낸 일. ¶**허탕하다**통. **허탕 (을) 치다**관
  헛방[─放]명 ①쏘아서 맞히지 못한 총질. ②실탄을 재지 아니하고 하는 총질. ③발사되었지만 터지지 아니한 총탄. ¶**헛방놓다**통

◆과연 여인의 젖통은 소문대로 **허벅지게** 컸다: **흐벅지게**의 잘못. ←**흐벅지다**[원]
  오랜만의 술인지라 **허벅지게** 부어라 마셔라 했다: **흐벅지게**의 잘못.
  흐벅지다형 ①탐스럽게 두툼하고 부드럽다. ②푸지거나 만족스럽다.

◆**허벌나게** 얻어 터져서 아구창이 나갔어: **엄청, 얻어터져서, 입**의 잘못.
  [설명] ①'허벌나다'는 '엄청/대단히/매우'를 뜻하는 전라도 방언으로, 《표준》에는 수록되지 않은 말. ② '얻어터지다'는 한 낱말. ③'아구창'은 '입'의 잘못(방언)이며, '아구창(鵝口瘡)'은 어린아이의 입안에 생기는 병명일 뿐임.

◆물 속에서 **허비적(하부작)**거리기에 건져냈더니만: **물속, 허우적**의 잘못.
  [설명] ①'물속'은 언제나 붙여 씀. ¶물속식물/~줄기/~뿌리/~생물. '가슴속≒마음속'의 경우에도 붙임. 그러나 '기계 속' 등과 같이 구체적이고 구분이 가능한 경우는 붙이지 않음. ☞**속**의 띄어쓰기 항목 참조. ②'허비적거리다'는 다른 뜻.
  허비적거리다)하비작~/~대다통 날카로운 물건/손톱 따위로 자꾸 긁어 헤치다.

◆차림이 그처럼 **허수룩**했으니 문전박대를 당할 만도: **헙수룩**의 잘못. ←**헙**수룩하다[원]. ←'허수룩하다' 는 없는 말. ☞'허름해졌다' 항목 참조.

　[참고] 더부룩한 턱수염을 깎지 않아 더욱 **헙수룩해** 보인다: 맞음.

　헙수룩하다톙 ①머리털/수염이 자라서 텁수룩하다. ¶헙수룩한 머리; 수염이 헙수룩한 늙은이. ②옷차 림이 어지럽고 허름하다. ¶헙수룩하게 차린 아주머니; 자신의 헙수룩한 몰골 때문인지, 그는 지레 주 눅 든 표정이었다.

　텁수룩하다톙 수염/머리털이 배게 나 어수선하거나 더부룩하다.

◆그토록 **허수룩하게** 보관해서야; **허수룩하게** 여민 앞가슴: **허술하게**의 잘못.

　[설명] 이때의 '허수룩하다'는 '헙수룩하다'와도 거리가 멂. '허술하게'의 잘못으로, '허투루'(≒아무렇게나 되는 대로)에 가까움. ¶그 소중한 걸 그처럼 허수룩하게(×)/허술하게(○) 보관했으니 도둑맞지.

　허술하다톙 ①낡고 헐어서 보잘것없다. ②치밀하지 못하고 엉성하여 빈틈이 있다. ③무심하고 소홀하다. ¶이 집은 손님 대접이 허술하군; 이건 허술하게 웃어넘길 일이 아니야.

　허투로튀 허투루(아무렇게나 되는 대로)의 잘못.

◆모두 떠나고 나니 마음이 **허술해지면서** 집이 빈 것 같아: **허수해지면서**의 잘못.

　허수하다톙 ①마음이 허전하고 서운하다. ②짜임새/단정함이 없이 느슨하다.

　허술하다톙 ①낡고 헐어서 보잘것없다. ②치밀하지 못하고 엉성하여 빈틈이 있다. ③무심하고 소홀하다.

◆'즐거운 듯 **허우적임**'은 무슨 뜻인지, 말이 안 되는 듯한데?: 쓸 수 있는 말임.

　[설명] '허우적거리다/~대다. 허우적이다. 허우적허우적하다': 모두 맞음. '허우적임'은 '허우적이다'의 명사 형.

◆사내는 **허우허우** 산을 올랐다: **허위허위**의 잘못.

　허위허위튀 ①손발 따위를 이리저리 내두르는 모양. ②힘에 겨워 힘들어하는 모양. ¶여인은 두 팔을 허 위허위 내저으며 허위허위 고개를 올랐다.

◆**허접쓰레기/허섭쓰레기**명 '허접쓰레기'는 맞음. '허**섭쓰**레기'는 '허섭스레기'의 잘못. '허**접쓰**레기'는 '허섭스 레기'의 복수표준어. [주의]일부 사전에서 '허**섭쓰**레기'를 표준어로 잘못 규정한 사례 많음.

　허섭스레기≒허접쓰레기명 좋은 것이 빠지고 난 뒤에 남은 허름한 물건.

◆**허접한** 곳까지 찾아주셔서 영광입니다: **허접스러운**의 잘못. ←**허접스럽다**[원]

　[설명] '허접(許接)하다'는 동사로서, 역사 관련 한자어.

　허접스럽다톙 허름하고 잡스러운 느낌이 있다.

　허접하다[許接–]통 〈역〉도망친 죄수/노비 등을 숨기어 묵게 하다.

◆**허청 대고** 장사를 시작하면 어떡해: **허청대고**튀(≒공중대고, **무턱대고**)의 잘못.

　허청대고튀 확실한 계획이 없이 마구. ←[주의] '허청대다'의 부사형이 아님.

　[주의] **허청대다/~거리다**통 다리에 힘이 없어 잘 걷지 못하고 비틀거리다. [유]허청허청하다/비틀거리다.

◆남의집 살이를 하니까 여인네 옷차림이 **허출**할 밖에: **남의집살이**, **허줄**의 잘못. ←**허줄하다**[원]

허줄하다[형] 차림새가 초라하다. **허출하다**[형] 허기가 지고 출출하다.

◆**허튼맹세**: **헛맹세**(혹은 **허튼 맹세**)의 잘못. ⇐'허튼 맹세'로 띄어 쓰면 가능함.
　헛맹세[-盟誓▽][명] 지키지 못할 것을 거짓으로 맹세함. 그런 맹세.
　허튼[관] 쓸데없이 헤프거나 막된. ¶허튼 일/말/소리/생각/놈/맹세/약속.

◆그 따위 **허튼 수작**에 넘어갈 내가 아니야: **허튼수작**의 잘못.
　그 따위 **허튼 짓**을 하지 말고, 그 시간에 공부나 해라: **허튼짓**의 잘못.
　[참고] 아래 말들은 '허튼'이 붙은 복합어들. 띄어쓰기 주의!
　허튼수작[-酬酌][명] 쓸데없이 함부로 하는 말/행동. ¶~하다[동]
　허튼짓[명] 쓸데없이 아무렇게나 되는대로 하는 짓.
　허튼소리[명] 함부로 지껄이는 말. [유]망발/망언/헛소리.
　허튼가락[명] ≒산조(민속 음악에 속하는 기악 독주곡 형태의 하나).
　허튼계집[명] 정조가 없이 몸가짐이 헤픈 여자.
　허튼고래[명] 불길이 이리저리 통하여 들어가도록 괸돌을 흩어서 놓은 방고래.
　허튼구들[명] 골을 켜지 아니하고 잔돌로 괴어 놓은 구들.
　허튼굿[명] 농악 십이채 판굿의 하나. 치배들이 사방으로 흩어지며 풍물놀이를 함.
　허튼모≒**막심기/벌모**[명] 못줄을 쓰지 아니하고 손짐작대로 이리저리 심는 모.
　허튼목[명] 사냥에서, 지형이 평탄하여 짐승들의 달아날 방향이 일정하지 아니한 곳.
　허튼발[명] 사냥에서, 다치거나 하여 일정하지 아니한 짐승의 발자취.
　허튼뱅이[명] 허랑하고 실속이 없는 사람을 낮잡는 말.
　허튼사람[명] ≒낭객[浪客](허랑하고 실속이 없는 사람).
　허튼춤[명] 일정한 형식에 매이지 아니하고 자유로이 추는 흐트러진 춤. 여럿이 어울려 추되 각자가 흥과
　　멋에 겨워 추는 것으로, 크게 입춤과 병신춤인 잡기춤으로 나뉨.
　허튼톱[명] 톱니의 생김새가 동가리톱과 내릴톱의 중간이어서 나무를 켜기도 하고 자르기도 하는 톱.

◆**헌 신짝** 같은 신세라고 너무 박대하지 마시게: **헌신짝**의 잘못. ⇐복합어
　[설명] ①'짝'은 일부 명사 뒤에 붙어 '비하'의 뜻을 더하는 접미사. ¶낮짝/등짝/볼기짝/신짝/얼굴짝/짚신
　　짝/헌신짝. ②'헌신짝'은 '헌+신짝(신+짝)'으로 분석되는 복합어로, 한 낱말. ☞**'짚신짝'** 항목 참조.
　헌신짝[명] (비유) 값어치가 없어 버려도 아깝지 아니한 것.
　헌신짝 버리듯[관] 요긴하게 쓴 다음 아까울 것이 없이 내버리다.

◆어찌 **헌출한지/훤출한지** 한 번 보기만 해도: **헌칠한지/훤칠한지**의 잘못. ⇐**헌칠하다/훤칠하다**[원]
　헌칠하다[형] 키/몸집 따위가 보기 좋게 어울리도록 크다. [유]건장하다/미끈하다.
　훤칠하다[형] ①길고 미끈하다. ②막힘없이 깨끗하고 시원스럽다.

◆**헐개**가 헐거워졌는지 풀렸는지 줄이 아주 느슨해졌어: **흘게**의 잘못.
　흘게[명] 매듭/사개/고동/사북 따위를 단단하게 조인 정도나, 어떤 것을 맞추어서 짠 자리. ¶흘게가 늦다/
　　풀리다/빠지다.

◆상황이 그래서 어떻게도 **헐 수 할 수 없으니**, 어쩌냐?: **헐수할수없으니**, **어쩌느냐**(혹은 **어쩌지**)의 잘못.

←**헐수할수없다**[원]

[설명] ①'헐 수 할 수 없다'는 '헐수할수없다'의 잘못. 한 낱말. ②'-냐'는 '이다'의 어간, 받침 없는 형용사 어간, 'ㄹ' 받침인 형용사 어간 또는 어미 '-으시-/ -었-/-겠-' 뒤에서만 쓸 수 있는 종결어미. 일반 동사의 경우에는 '-느냐'를 써야 하며, '어쩌다'는 '어찌하다'의 준말로 동사. 그런 표현이 부적절할 때에는 다른 어미형으로 바꿔서 씀(위의 경우에는 '어쩌지'). ¶바다가 푸르냐?; 얘가 네 누이동생이냐?; 너는 도대체 누구냐?

헐수할수없다[형] ①어떻게 해 볼 도리가 없다. ②매우 가난하여 살아갈 길이 막막하다.

◆험담하기로 말하면, 살아오면서 **험집** 하나 없는 사람이 어딨냐: **흠집**의 잘못.

[참고] **흠결** 없는 사람은 없다: **흠**이 적합. ⇐'흠결'은 축나서 모자란다(缺)는 뜻.

흠[欠][명] 사람의 성격/언행에 나타나는 부족한 점.

흠집[欠-][명] 흠이 생긴 자리/흔적.

흠결[欠缺]≒흠축[欠縮][명] 일정한 수효에서 부족함이 생김.

◆네 말을 들으니 더 **헷갈린다**: 맞음. ⇐'헷갈리다/헛갈리다'는 복수 표준어.

헷갈리다/헛갈리다≒섞갈리다[동] 갈피를 잡지 못하게 여러 가지가 한데 뒤섞이다.

◆계단을 **헛딛었다**: **헛디뎠다**의 잘못. ←**헛디디**다[원]

[참고] 첫발을 **내딛었다**: **내디뎠다**의 잘못. ←**내디디**다[원]

[설명] ①'헛딛다'는 사전에 없는 말. '헛디디다'가 표준어. ▣[주의] '딛다'가 '디디다'의 준말이므로 '헛딛다'는 '헛디디다'의 준말로 인정해도 좋을 듯하나 《표준》에 없는 말. 《표준》의 실수로 보임. ②반면 '내딛다'는 '헛딛다'와 달리 '내디디다'의 준말로 인정하고 있음. '벋딛다/뻗딛다'도 준말로 인정. ②그러나, '헛딛다'를 '헛디디다'의 준말로 볼 경우에도 준말에 모음이 연결될 때는 본말과 결합하므로 결과는 마찬가지. 즉, '헛디디(어간)+었+다→'헛디디었다'→'헛디뎠다'.

◆**헛말** 하는 거 아니야. 목 걸고 약속하지: **빈말[허언/헛소리]**의 잘못. 없는 말.

[설명] '헛말'이 표제어에서 누락된 것은 《표준》의 실수로 보임. 예컨대, '공언[空言]'의 경우 뜻풀이는 이러함: '내용에 근거나 현실성이 없는 **헛말**'.

빈말[명] 실속 없이 헛된 말.

헛소리[명] ①실속이 없고 미덥지 아니한 말. ②잠결/술김에 하는 말. ③앓는 사람이 정신을 잃고 중얼거리는 말.

허튼소리[명] 함부로 지껄이는 말.

허언[虛言][명] ①실속이 없는 빈말. ②≒**거짓말.**

◆그래 봤자 **헛불질**이야. 그 여잔 이미 딴 남자 있어: **헛총질**의 잘못.

헛총질[-銃-][명] 공연히 총을 쏘는 일. [참고] 문례에서는 '헛짓'이 더 어울림.

◆**헛솥자리**에 아주 큰 솥이 있어: **한뎃부엌**의 잘못. 없는 말. 단, '헛솥'은 있음.

한뎃부엌[명] 방고래와 상관없는 한데에 따로 솥을 걸고 쓰는 부엌.

헛솥[명] 헛부엌(평소에는 쓰지 아니하는 부엌)에 걸려 있는 솥.

◆**헛탕**: **허탕**의 잘못. ⇐'탕'이 이미 격음이므로, 사이시옷 불필요함.

◆**헛힘** 쓰지 마. 죄다 헛일이니까: **헛심**의 잘못.
 [참고] '힘'을 '심'으로 표기하는 말들에는 '주먹심/팔심/뚝심/밥심/뱃심/뒷심/뼛심/입심/허릿심/고갯심/알심/붓심≒필력(筆力)/쇠심=소심/윗심/좆심/활심' 등이 있음.

◆실이 한 번 **헝크러지면** 실마리 찾기가 힘들지: **헝클어지면**의 잘못.
 [설명] 본동사 '<u>헝클다</u>+'-어/아지다(보조용언 '지다'의 통사적 결합 꼴)→'헝클어지다'. 즉 어간이 '헝클-'이므로.

◆윤동주의 별 **헤는/혜는** 밤: **세는**(≒헤아리는)의 잘못.
 [설명] '헤다/혜다'는 '세다/헤아리다'의 방언.

◆아무 때나 **해롱거리면** 못써: **해롱거리면**의 잘못. ⇐모음조화.
 그렇게 자꾸 **희룡거리면** 사람 값이 떨어지는 법이야: 맞음. **사람값**의 잘못.
 여인네가 사내들 앞에서 **희룡해룡하면** 이미 끝난 여자지: 맞음.
 [참고] '사람값'의 용례. ¶사람값에 들다; 사람값에 들지 못하다. **사람값에 가다**팬 사람으로 쳐줄 만한 가치를 지니다.
 [설명] '해롱-'〈'희룡-'이지만 '희룡해룡'(O)/'희룡해룡'(×)임.
 해롱거리다〈**희룡거리다**통 버릇없이 경솔하게 자꾸 까불다. ¶**해롱해롱/희룡해룡**부
 희룡해롱하다통 ←[희룡+해롱]. 실없이 경솔하게 자꾸 까불다. 단, '희룡해롱하다'는 북한어. ¶**희룡해롱**부

◆어둠속에 **헤메이는** 외로운 등불: **어둠 속**('어둠속'은 없는 말), **헤매는**의 잘못.
 [설명] ①'헤메이다(×)/헤매다(O)'. '헤메이다(×)/헤매다(O)'. ☞♣**피동형 어간 '이'를 잘못 남용하는 사례들** 항목 참조. ②헤매이다와 같이 불필요하게 음절을 추가해 발음상의 편의를 추구하는 잘못된 사례들: '설레다' 대신 '설레이다', '날다'의 관형사형 '나는' 대신에 '날으는', '삼가다' 대신에 '삼가하다' 등.

◆예전에 **헤진** 양말에 헝겊을 덧대어 기운 볼붙임도 흔했지: **해진**, **볼받이**의 잘못.
 어머니는 **헤진** 치마를 '기워 입곤 하셨다: **해진**의 잘못. ←**해지다**[원]
 어머니는 **해어진** 양말을 <u>기우곤</u> 하셨다: **해어진**, **깁곤**의 잘못. ←**해어지다**[원]
 [설명] ①'해지다'는 '해어지다(닳아서 떨어지다)'의 준말이며, '헤지다'는 '헤어지다(뭉치거나 붙어 있는 물체가 따로따로 흩어지거나 떨어지다)'의 준말. ②'깁다'는 '깁고/기워서/기우니'로 활용.

◆**행가레/행가래** 칠 때는 여럿이 호흡을 맞추는 것도 중요해: **헹가래**의 잘못.
 [설명] 여럿이 힘을 함께 쓰는 '가래'에서 온 말이므로 '헹가래'. 이 말은 '**허(虛)**+가래(빈 가래 연습)→헛가래→헌가래→헹가래'로 변화해온 것으로 봄.
 [참고] 우리말 중 '헹-'이 쓰인 말은 '헹구다/헹가래/헹가래질/헹글하다' 정도임. '헹구다'(×) 항목 참조.

◆'**혀밑**에 죽을 말'이란 '**혀밑**에 도끼'의 다른 말이다: 둘 다 **혀 밑**의 잘못.
 [설명] '혀 아래'는 '혀 밑'이며 '혀밑/혓밑'은 잘못. 또한 '혓밑'은 '섯밑(소의 혀 밑에 붙은 <u>살코기</u>)'의 원말.

◆♣가로로 걸린 플래카드도 현수막이라 할 수 있는가: 맞음.

　[설명] 본래 '현수막(懸垂幕)'은 '극장 따위에 드리운 막이나 선전문·구호문 따위를 적어 드리운 막'으로서 위에서 아래로(즉, 세로로) 드리운(懸垂) 형태를 뜻하였으나, 현재는 국립국어원에서 현수막의 형태와 관계없이, 긴 천에 표어 따위를 적어 양쪽을 장대에 매어 높이 들거나 길 위에 달아 놓은 표지물을 이르는 '플래카드(placard)'의 순화어를 '현수막'으로 하였으므로, 가로로 걸린 플래카드도 현수막이라 할 수 있음.

◆여인은 현해탄[玄海灘]을 사이에 두고 그를 그리워했다: **대한해협**의 잘못.

　[설명] '현해탄[玄海灘]'은 '대한해협 남쪽, 일본 후쿠오카 현(福岡縣) 서북쪽에 있는 바다의 지명'으로서, 일본어 발음은 '겐카이나다'. 즉 우리로서는 굳이 일본의 바다 이름을 빌려 한국과 일본 사이의 바다를 이를 필요가 없을 뿐만 아니라, 대한해협을 뜻할 경우에도 '대한해협의 남쪽'일 뿐인 현해탄을 쓰면 잘못. 그러나, 사전에 등재되어 있고 뜻풀이는 위에 적은 바와 같음.

◆혈육간에 칼부림을 하다니: **혈육 간**의 잘못.

　[설명] '부자간/모녀간/형제간/자매간'과 같이 한 낱말로 굳어져 쓰임에 따라 복합어로 인정된 경우에만 붙여 적음. 위의 경우는 '혈육'과 '간'이 각각의 낱말이므로, '혈육 간'과 같이 띄어 적어야 함. 즉, 파생어로 굳어진 때에는 접미사지만, 그렇지 않은 경우는 별개의 낱말로 보아야 함. '부모 자식 간'에서의 의존명사 기능과 유사하다고 볼 수 있음. ☞**'간(間)'** 항목 참조.

◆[고급] 형용사의 어간 끝 받침 'ㅎ'이 줄 때의 표기

　[예제] 서슬이 아직도 **시퍼렇냐: 시퍼러냐**의 잘못. ⇐준 대로 적음.
　　　　내 앞니들이 아직도 **누렇냐: 누러냐**의 잘못. ⇐위와 같음.
　　　　듣고 보니 **그렇네: 그렇네/그러네**이 둘 다 맞음.

　[설명] 형용사의 어간 끝 받침 'ㅎ'이 어미 '-니/냐' 등이나 모음 앞에서 줄어지는 경우, 준 대로 적음(한글 맞춤법 제18항). 〈예〉'시퍼렇-'(어간)+어미 '-으냐'(어미)→'시퍼러냐'. 그러나 어미 **'-네'**와 결합할 때는 어간 끝의 'ㅎ'이 탈락하기도 하고 탈락하지 않기도 함. 이때만은 둘 다 복수표준어[2015년 개정].

　[활용 사례] 그렇다: 그러네/그렇네/그러니/그러냐/그럴/그러면/그러오
　　　　　　　까맣다: 까마네/까맣네/까마니/까마냐/까말/까마면/까마오
　　　　　　　동그랗다: 동그라네/동그랗네/동그라니/동그라냐/동그랄/동그라면/동그라오
　　　　　　　퍼렇다: 퍼러네/퍼렇네/퍼러니/퍼러냐/퍼럴/퍼러면/퍼러오
　　　　　　　하얗다: 하야네/하얗네/하야니/하야냐/하얄/하야면/하야오
　　　　　　　누렇다: 누러네/누렇네/누러니/누러냐/누럴/누러면/누러오

　[주의] 'ㅎ' 받침이 있는 형용사 중 '좋다'는 예전부터 '좋네'.

◆♣형용사에는 허용되지 않는 (있을 수 없는) 활용형

　①명령형: '착하라/예뻐라/건강하라/착하시게나'(×)→모두 잘못.
　②청유형: '예쁘자/건강하자/예쁘세/좋자'(×)→모두 잘못.
　③현재 진행상의 어미 '-고': '맑고 있다, 예쁘고 싶다, 기쁘고 싶어'(×)→모두 잘못. 맑아지고图 있다(○), 예뻐지고图 싶다(○), 기뻐하고图 싶어(○).
　④현재 관형형 어미: 예쁘는(×) 여자 ↔먹는图(○) 사람.
　⑤현재 시제 선어말 어미 '-ㄴ(다)': 예쁜다(×) ↔먹는다(○)图

⑥목적형: 몸이 <u>검으러</u> 왔다(×)→검어지려고(○), 검게 하려고(○).

⑦의도형: 몸을 <u>튼튼하려</u> 달린다(×)→튼튼하게 하려고(○), 몸이 튼튼해지려고(○).

[주의] ①형용사인 '예쁘다/행복하다/착하다'의 명령형 '예뻐라/행복해라/착해라'는 잘못이지만, '예뻐져라/행복해져라/착해져라' 등은 가능함. 이유는 '예뻐지다/행복해지다/착해지다'가 동사이기 때문(형용사 어간+'-아/어 지다'→동사). 즉 동사이므로 동사의 명령형인 '예뻐져라/행복해져라/착해져라'가 가능한 것. 따라서 형용사의 잘못된 명령형을 무리하게 사용하려 하지 말고, 이처럼 형용사를 이용하여 동사로 만든 뒤에 그것을 명령형으로 활용하는 것도 좋은 방법임. 〈예〉건강하세요(×)→(건강해지다)→건강해지세요(○)/건강해지시길(○). 행복하세요(×)→(행복해지다)→행복해지세요(○)/행복해지시길(○). 아름다우세요(×)→(아름다워지다)→아름다워지세요(○)/아름다워지시길(○). ②'-아/어 지다' 외에 형용사 어간에 '-아/어 하다'를 붙여 동사로 만들 수도 있으므로 ('예뻐하다/기뻐하다/슬퍼하다' 등) '기쁘고 싶어'(×)→'기뻐하고 싶어'(○) 등과 같은 비문법적인 표현에 활용하면 좋음. ☞[참고] '~을까 싶다'의 꼴로는 동사 외에 형용사 뒤에서도 쓰일 수 있음[국립국어원 수정. 2014].

[참고] **기원문 형태는 가능**: 즉, '건강하시길/행복하시길' 등은 가능한 표현. '건강하/행복하+'시'(존칭 보조어간)+기를 바라다'의 <u>기원문</u> 어법에서 '바라다'가 생략되고 '기를'이 '길'로 준 형태임. '-기를 바라다'는 '생각/바람대로 어떤 일/상태가 이루어지거나 그렇게 되었으면 하고 생각하다'라는 의미.

◆[고급]**형용사 활용형 +하다**는 한 낱말의 동사가 된다

[예제] 그토록 **슬퍼해 하다니**: 슬퍼하다니의 잘못. ←**슬퍼하다**[원]

　　　궁금해 하거든 직접 가보라 해: **궁금해하거든**의 잘못. 한 낱말

　　　어찌나 **감격해하던지**: 감격해 하던지의 잘못. 두 동사

　　　어찌나 **감격스러워 하던지**: 감격스러워하던지의 잘못. 한 낱말

　　　궁금해 할지도 모르겠다: **궁금해할지도**의 잘못. ←**궁금해하다**[원]

　　　뭘 보든 **당황해 하지** 마시오: **당황해하지**의 잘못. ←**당황해하다**[원]

[설명] ①'슬퍼하다'는 형용사 '슬프다'에서 비롯한 말로 '슬프(어간)+어(활용어미)+하다'의 구성으로서, 동사로 문법적 성질이 변한 말. 따라서 한 낱말의 동사이므로 붙여 적음. '궁금해하다' 역시 형용사 '궁금하다'의 '궁금하(어간)+어+하다'의 구성이므로 한 낱말. ②'감격해 하다'는 '감격하다(동사)+하다(동사)'로서 두 동사의 구성이므로 띄어 적음. 그러나 '감격스러워하다'는 형용사인 '감격스럽다'에서 비롯된 동사로서 위와 같은 구성이므로 한 낱말이 되는 것임(예: 궁금하다/놀랍다/불안하다 →궁금해하다/놀라워하다/불안해하다. 당혹스럽다/당황스럽다/창피스럽다/곤욕스럽다 →당혹스러워하다/당황스러워하다/창피스러워하다/곤욕스러워하다. ③'궁금해할지도'는 위와 같은 방식으로 전성동사가 된 '궁금해하다'에 어미 '-ㄹ지도'가 붙은 활용형이므로 한 낱말임. ④'당황하다'는 동사임에도 '당황해하다'는 예외적으로 한 낱말로 삼은 경우임. 이는 의미소인 '당황(놀라거나 다급하여 어찌할 바를 모름)'이 심정 관련어인지라 '당황하다'는 형용사적 성격이 강하지만 '당황해하다'는 구체적으로 특정 대상[목적어] 앞에서의 타동사적 행위를 뜻하므로 한 낱말의 동사로 삼은 것으로 추측됨.

◆죄인을 **형틀**에 묶고 곤장을 쳤다: **장판[杖板]**(혹은 **장대[杖臺]**)의 잘못.

[설명] '형틀'은 죄인을 신문할 때 앉히던 <u>의자</u> 모양의 형구이며, 곤장 등을 칠 때 쓰던 것은 '장판[杖板](혹은 장대[杖臺])'임.

형틀[刑−]᠍명᠍ 죄인을 신문할 때에 앉히던 형구(刑具).

장판[杖板]≒장대[杖臺]᠍명᠍ 장형(杖刑)을 집행할 때에, 죄인을 엎드리게 하여 팔다리를 매던 'T'자 모양의 틀.

◆이번 잡지는 신년 **특별호**라서 판형이 크다: **특별 호**의 잘못. '호'는 의존명사.

다음 달로 지령 **1백호**가 된다: **1백 호**의 잘못. '호'는 의존명사.

이 그림은 **백호짜리**는 되는 걸: **백 호짜리**의 잘못. '호'는 의존명사.

[설명] '호'는 순서나 차례, 신문/잡지 따위의 정기 간행물이 간행된 차례나 그 성격, 또는 캔버스/활자의 크기 등을 나타내는 의존명사. ¶174번지의 5호; 101호 강의실; 제17권 제2호; 이번 호에 실릴 논문; 다음 호에는 별책 부록이 나온다; 5호 활자; 30호 캔버스.

◆천안의 명물 **호도과자**: **호두과자**의 잘못.

호도나무에는 **호도**가 열리지 다른 게 달릴까: **호두나무**, **호두**의 잘못.

[참고] 표준어 규정 제8항: '호두/호도'처럼 양성 모음이 음성 모음으로 바뀌어 굳어진 단어는 음성 모음 형태를 표준어로 삼는다. 〈예〉깡충깡충(○)/깡총깡총(×); −둥이(○)(귀~/막~/선~/쌍~/검~/바람~/흰~)/−동이[←童−이](×); 뻗정다리(○)/뻗장다리(×); 아서·아서라(○)/앗아·앗아라(×); 오뚝이(○)/오똑이(×); 주추[←柱礎](○)/주초(×).

◆**호도독/후두둑** 소리가 나면서 떨어졌다: **호드득/후드득**의 잘못.

[설명] ①'−도독←두둑'으로 착각하기 쉬우나 이는 모두 '−드득'의 잘못으로, 그 앞말을 변화시켜 큰말(혹은 거센말), 작은말로 만드는 구성임. 〈예〉보드득〈뽀드득; 아드득〈으드득; 바드득〈파드득/빠드득; 호드득〈후드득; 깨드득/캐드득. [원칙] 큰말/거센말 등은 원칙적으로 주된 의미부를 변화시켜 만듦. ☜이와 같은 변화의 상세 설명은 **홀쭉〈홀쭉** 항목 참조. ②'후두둑'은 북한어.

◆**호들기/호두기**를 꺾어 불던 동무들: **호드기**의 잘못.

호드기명 봄철에 물오른 버드나무 가지의 껍질을 고루 비틀어 뽑은 껍질이나 짤막한 밀짚 토막 따위로 만든 피리. [유]버들피리.

◆**호로병(胡虜瓶)**에 담긴 음식을 여우가 먹도록 한 동화: **호리병**의 잘못.

호리병[−瓶]명 호리병박(길쭉하며 가운데가 잘록한 박) 모양으로 생긴 병.

[참고] '호로병(胡虜瓶)**박**≒호리병박'(○)은 맞는 말.

◆어느 세월에 이 많은 이불 **호청**을 다 빨지?: **홑청**의 잘못.

홑청명 요/이불 따위의 겉에 씌우는 **홑**겹으로 된 껍데기. [유]홑이불.

◆어찌나 **혼구멍 나게/혼꾸녕나게** 혼쭐 났던지: **혼꾸멍나게**의 잘못. ←**혼꾸멍나다**[원]

혼꾸멍이 나봐야 제정신 차리지: **혼꾸멍나 봐야**의 잘못. ←**혼꾸멍나다**[원]. 단, '혼꾸멍'이라는 명사는 없음.

저 녀석 한번 **혼꾸멍 내줄까?**: **혼꾸멍내 줄까**의 잘못[원칙]. ←**혼꾸멍내다**[원]

[설명] ①'혼구멍−/혼꾸녕−' 등은 '혼꾸멍−'의 잘못. ②'혼꾸멍'이라는 명사는 없으며, '혼꾸멍나다/혼꾸멍내다'의 동사만 있음. 따라서 '혼꾸멍 나다/내다'로 띄어 쓰면 잘못. 또한 '혼꾸멍나다/혼꾸멍내다'의 경우 '혼에 구멍이 나다/구멍을 내다'로 볼 수도 없는 말이므로, 어원이 불분명한 경우는 소리 나는 대로 적는다는 원칙에 따라 표준어를 삼은 것.

[참고] 혼꾸멍나다/−내다≒혼바람나다/−내다. [유]혼쭐나다/−내다; 혼뜨검하다≒혼뜨검 나다; 혼띰하다≒혼돌림하다. ¶혼띰 내다/주다.

혼꾸멍나다≒혼바람나다동 '혼나다(①매우 놀라거나 힘들거나 시련을 당하거나 하여서 정신이 빠질 지

경에 이르다. ②호되게 꾸지람을 듣거나 벌을 받다)'의 속된 표현. ¶~내다동

혼쭐나다[魂—]동 ①몹시 혼나다. ②매우 훌륭하여 정신이 흐릴 정도가 되다.

혼뜨검하다[魂—]동 단단히 혼나다.

혼띔하다[魂—]≒혼돌림하다동 단단히 혼내다. [유]혼꾸명내다.

◆남편을 잃고 **혼잣몸**이 되었다: **홀몸**의 잘못. 없는 말.

　남편을 잃고 **혼잣손**으로 세 아이를 키웠다: 맞음.

　결혼 후 3년이 지났지만, 아내는 아직 애가 없이 **홑몸**이다: **홀몸**의 잘못.

　일가친척 하나 없는 **홀몸**이니 홀가분할 거라고?: **홑몸**의 잘못.

　[주의] ①'혼잣몸'은 '홀몸'의 잘못이지만, '혼잣손'은 맞는 말이며 동의어는 '단손'. ②'혼잣—'이 들어간 겹
　　말: 혼잣손/혼잣말/혼잣소리/혼잣속.

　홑몸명 ①딸린 사람이 없는 혼자의 몸. ②아이를 배지 아니한 몸.

　홀몸≒척신[隻身]명 배우자나 형제가 없는 사람. [유]혈혈단신/단신.

　단신[單身]명 ①≒홀몸(배우자나 형제가 없는 사람). ②혼자의 몸.

　혼잣손≒단손[單—]명 혼자서만 일을 하거나 살림을 꾸려 나가는 처지.

　홀앗이명 살림살이를 혼자서 맡아 꾸려 나가는 처지/그런 사람.

　[암기도우미] '홀'은 '홀아비/홀어미/홀로/홀씨/홀뿔/홀수(2로 나누어 1이 남는 수)'에서 보듯 존재 자체가
　　하나(1)라는 의미가 주된 의미. 반면 '홑'은 '홑눈/홑옷(한 겹으로 지은 옷)/홑집(한 채만으로 된, 구조
　　가 간단한 집)/홑잎=單葉'에서 보듯, 단출/단순하거나 복잡하지 않은 하나(1)를 뜻함. 따라서 '홑몸'은
　　딸린 사람이(뱃속의 아이를 포함하여) 없이 단출하게 혼자라는 뜻이 강하고, '홀몸'은 그저 하나로만
　　남았거나 배우자가 없는, 홀로인 1인을 뜻하게 됨. 즉 '홀아비'는 아내가 없으니 '홀—'. 그래서 남편이
　　없는 여자도 '홀몸'.

◆저 녀석 이번엔 단단히 **혼줄**이 나 봐야 해: **혼쭐**의 잘못.

　혼쭐(魂—)명 '혼'의 강조어.

　혼쭐나다(魂—)동 ①몹시 혼나다. ②매우 훌륭하여 정신이 흐릴 정도가 되다.

　혼쭐내다(魂—)동 몹시 꾸짖거나 벌을 주다.

◆'**홀대(忽待)**'의 올바른 발음은?: {홀때}.

　[설명] 한자어에서 'ㄹ' 받침 뒤에 연결되는 'ㄷ/ㅅ/ㅈ'은 된소리로 발음한다는 규정에 의거함. (표준 발음법
　　제26항) 〈예〉홀수{홀쑤}; 홀시(忽視){홀씨}; 점불정(點佛睛){점불쩽}; 갈증{갈쯩}; 멸종{멸쫑}.

◆민들레 **홀씨**처럼: **씨**(혹은 **갓털**)의 잘못.

　[설명] '홀씨'는 식물이 무성생식을 하기 위하여 형성하는 생식 세포로, 흔히 '포자(胞子)'라 불림. 민들레
　　는 이 홀씨와는 전혀 무관하게 유성생식을 하는 종자식물임에도, 꽃의 씨를 매달고 있는 낱개의 갓
　　털(관모)에 착안하여 비전문가들이 '홀 씨'로 부르는 과정에서 '홀씨'로 잘못 유통된 것. '갓털이 달린
　　(민들레) 홑 씨' 또는 '갓털이 달린 낱개의 (민들레) 씨'를 잘못 이름한 것임.

◆앓고 나더니 **홀쭉**해져서는: **홀쭉**〈홀쭉의 잘못.

　[비교] **뾰쭉/뾰쭉** 내민 못에 찔렸다: **뾰쪽/뾰족**의 잘못. ⇐모음조화.
　　　　　뾰쭉구두를 신고 으시댈 때 알아봤지: **뾰족구두**의 잘못. ⇐모음조화.

[설명] ①흔히 '-쭉/-죽'이 '-쪽/-족'의 큰말일 때가 많으나(예: 뀨쭉〉뽀쪽, 깐죽〉깐족), 그와 달리 '-쭉'을 살리고 접두어를 바꾸어 큰말/작은말을 구분하는 경우도 적지 않음: '삐쭉〉비쭉/비죽'(ㅇ); '씰쭉〉실쭉〉샐쭉'(ㅇ)/'샐쪽'(×); '움쭉〉옴쭉'(ㅇ)/'옴쪽'(×); '뻘쭉〉벌쭉'(ㅇ). ②이와 같은 '-쭉'의 경우는 접두어나 어근이 양성모음일 경우에도 모음조화와 무관하게 '-쭉'을 따름: 샐쭉(ㅇ)/샐쪽(×); 옴쭉(ㅇ)/옴쪽(×). 〈예외〉'뽀쭉'(×)'뽀쪽'(ㅇ), '빼쭉'빼쪽'(ㅇ).

[참고] '-쭉'을 살리고 접두어를 바꾸어 큰말/작은말을 구분하는 경우는 대체로 부사로서의 '쭉'이 가진 뜻(윤곽/모양이 눈에 띄는 모양)이 주된 의미의 말일 때이며('삐쭉/씰쭉/샐쭉/움쭉/뻘쭉' 등), '뀨쭉〉뽀쪽, 깐죽〉깐족' 등의 경우에는 반대로 '뀨-/뽀-/깐-' 등이 주된 의미를 지니고 있을 때임.

[암기도우미] 홀쭉해지는 데는 정신이 없어서, 모음조화고 뭐고 간에...

◆그는 **홀홀단신**으로 월남했어: **혈혈단신(孑孑單身)**의 잘못. 없는 말.
혈혈단신[孑孑單身]≒혈연단신[孑然單身]명 의지할 곳이 없는 외로운 홀몸.

◆냄비 안의 물기가 바짝 **홅아서** 많이 줄었다: **홅여서**의 잘못. ←**홅이다**[원]
[설명] '졸아들다'의 뜻으로는 원형이 '홅다'가 아닌, '홅이다'임.
홅이다동 ①부피가 조금 크고 많던 것이 다 빠져서 조금 졸아들다. ②'홅다(붙어 있는 것을 떼기 위하여 다른 물건의 틈에 끼워 죽 잡아당기다)'의 피동사. ③'홅다(속에 붙은 작은 것을 깨끗이 다 씻어 내다)'의 피동사.
홀태명 ①'벼홅이'의 방언(강원, 충청). ②'탈곡기(벼/보리 따위의 이삭에서 낟알을 떨어내는 농기계)'의 방언(전남). ☞이 '홀태'는 '홅+이(애)'에서 온 듯함.

◆한겨울에 **홑겆**을 걸쳤으니 말 그대로 **홑벌사람**이군그래: **홑겆**은 **홑옷**의 잘못.
한겨울에 **홑겹옷/홑벌**을 입었으니 좀 추울까: **홑옷**의 잘못. 없는 말.
[설명] ①'홑겆'은 '홑옷(한 겹으로 지은 옷)'의 잘못. '홑겆/홑겹옷/홑벌' 등은 없는 말. 북한어에 '홑벌(-罰)'은 있으나 다른 뜻. ②'홑벌사람'은 '속이 깊지 못하고 소견이 얕은 사람을 낮잡는 말'로서, '난사람/큰사람'의 상대어임. 즉, 홑옷을 걸친 사람이 아님. 위 예문에 사용된 '홑벌사람'의 마땅한 대체어는 없음. 군이 창작하면 '홑옷거리' 정도임.
[참고] **홑사람≒홑벌사람**명 속이 깊지 못하고 소견이 얕은 사람을 낮잡는 말. ↔'난사람(ㅇ)/큰사람(ㅇ)'; '된사람(×)/든사람(×)'은 잘못. 없는 말.
[유사] 홑겹실(×)≒외올실(ㅇ)/홑실(ㅇ). ⇐**홑겹**명 여러 겹이 아닌 한 겹.

◆음식에서 **화근내/화덕내**가 많이 나는구나: **화독내**(혹은 **탄내**)의 잘못.
화독내[火毒-]명 음식 따위가 눋다가 타게 되어 나는 냄새.
탄내명 어떤 것이 타서 나는 냄새.
탄내[炭-]명 연탄/숯 따위를 피울 때 나는 독한 냄새.

◆8년이나 화냥질한 **화냥끼**가 하루아침에 사라진다던?: **화냥기**(또는 **끼**)의 잘못.
[설명] ①'광기(狂氣)/화냥기(-氣)/바람기(-氣)' 등과 같이 한자어 '-기(氣)'가 나쁜 뜻으로 쓰일 때는 발음이 {끼}로 나고, '용기(勇氣)/정기(精氣)'와 같이 좋은 의미일 때는 '기'로 나지만, 표기는 모두 '기'. ②[주의] '끼'로만 적을 경우에도 '바람기'의 뜻이 있음.
끼명 ①(속) 연예에 대한 재능/소질. ②≒**바람기**(이성과 함부로 사귀거나 관계를 맺는 경향/태도).

화냥기[-氣]**명** 남자를 밝히는 여자의 바람기.

◈놀라서 **화다닥** 뛰어 나갔더니: **화닥닥**의 잘못. 북한어.

밀창을 **화다닥** 열어 젖혔다: **화닥닥**의 잘못.

[고급] 문을 **와닥닥** 열었더니 년놈들이 얼마나 놀라던지: **와다닥**의 잘못.

[설명] ①갑자기 또는 빠르게 움직임을 뜻할 때는 '후다닥/후닥닥'(○), '와다닥/와닥닥'(○) 등에서처럼 두 말은 유의어지만, '**화**다닥'만은 북한어로서, '화닥닥'의 잘못. 즉, '와다닥/후다닥'은 표준어로 인정되었지만, '화다닥'은 제외되었음. ②문 따위를 갑자기 여는 소리의 뜻으로는 '**화닥**닥〉**와다**닥'.

화닥닥[부] ①갑자기 뛰거나 몸을 일으키는 모양. ②일을 급하게 서둘러 빨리 해치우는 모양. ③문 따위를 갑자기 조금 세게 열어젖히는 소리. 또는 그 모양.

와닥닥[부] ①놀라서 갑자기 뛰어가거나 뛰어오는 소리. 또는 그 모양. ②일을 매우 빠르게 해치우는 모양.

와다닥[부] ①갑자기 뛰어가거나 뛰어오는 소리. 또는 그 모양. ②문 따위를 갑자기 닫거나 여는 소리. 또는 그 모양. 즉, **화닥**닥〉**와다**닥.

◈♣'-화 되다[하다]'(×)와 '-화되다[하다]'(○)

[예제] '참되다'는 **형용사화 된**[**한**]: **형용사화된**[**한**]의 잘못. 한 낱말.

무조건 **일반화 하는** 일은 위험해: **일반화하는**의 잘못.

[설명] ①'형용사화되다'는 '형용사화+되다'로 분석되며, '-화(化)'는 일부 명사 뒤에 붙어 '그렇게 만들거나 됨'의 뜻을 더하는 접미사. 즉, '형용사화되다'는 '형용사+화되다'가 아니라, '형용사+화+되다→'형용사화+되다'의 변화임. ②'-되다'는 '-하다'와 마찬가지로 서술형 명사 또는 어근/부사 뒤에 붙어, 동사나 형용사로 만드는 접미사. **☞'-당하다'** 항목 참조. ③많은 낱말들이 '~화되다/~화하다' 꼴로 《표준》의 표제어로 등재되어 있음. 〈예〉일반화(一般化)하다[되다]/보편화(普遍化)-/구체화(具體化)-/구조화(構造化)-/본격화(本格化)-/현실화(現實化)-/조직화(組織化)-/대중화(大衆化)-/상품화(商品化)-/전문화(專門化)-/민주화(民主化)-/미분화(未分化)-/생활화(生活化)-/선진화(先進化)-/세분화(細分化)-/정당화(正當化)-/제도화(制度化)-/차별화(差別化)-/추상화(抽象化)-/활성화(活性化)-/자유화(自由化)-/장기화(長期化)-/간소화(簡素化)-/규격화(規格化)-/대상화(對象化)-/실용화(實用化)-.

-화[化]**접** 일부 명사 뒤에 붙어 '그렇게 만들거나 됨'의 뜻을 더하는 접미사. 〈예〉기계화/대중화/도시화→기계화되다/대중화되다/도시화되다.

-되다[접] ①서술성을 가진 일부 명사 뒤에 붙어, 피동의 뜻을 더하고 동사를 만드는 접미사. ¶가결되다/사용되다/형성되다; 액화되다/격화되다. ②몇몇 명사, 어근, 부사 뒤에 붙어, 형용사를 만드는 접미사. ¶거짓되다, 참되다, 어중되다.

-하다[접] 동사/형용사를 만드는 접미사. ¶공부하다/생각하다/밥하다/사랑하다/절하다/빨래하다; 순수하다/정직하다/진실하다/행복하다; 덜컹덜컹하다/반짝반짝하다/소곤소곤하다; 돌연하다/빨리하다; 따뜻하다/뻔하다. ☞[주의]형용사 뒤에서 '-어하다' 구성으로 동사를 만들 때의 '하다'는 보조용언인데, 구성이므로 한 낱말로 붙여 적음. 〈예〉'아파하다, 두려워하다, 불쌍해하다'.

◈풀숲에서 새가 **화르륵** 날아 올랐다: **화르르**, **날아올랐다**의 잘못.

화르르[부] ①마른 나뭇잎이나 종이 따위가 기세 좋게 타오르는 모양. ②새 떼가 날개를 마구 치며 날아오르는 소리. 또는 그 모양. [주의] '화르륵'은 북한어.

◆엉뚱한 데에 **화풀이 하지** 마: **화풀이하지**의 잘못. ←**화풀이하다**[원]

　화 내지 말고 좀 차분하게 말해 봐: **화내지**의 잘못. ←**화내다**[원]

　화풀이하다(火-)[동] 오히려 다른 사람에게 화를 내다. '화난 감정을 푼다'에서 나온 말.

　성질부리다(性質-)[동] 분노/불만 따위를 이기지 못하고 몹시 화를 내다. [참고] '화나다/화내다'[동]: 모두 한 낱말.

◆네. **확실한 것 같아요**: **확실합니다**의 잘못. ⇐논리적 오류.

　[설명] 흔히 아무 데에나 붙여서 잘못 쓰고 있는 '같다'는 '-ㄴ/는 것', '-ㄹ/을 것' 뒤에 쓰여 추측이나 불확실한 단정을 나타내는 말이므로, '확실한 것'에는 사용하면 안 됨.

◆**환난**[患難]과 **환란**[患亂]: 둘 다 쓸 수 있음.

　[참고] **피난길**과 **피란길**: 둘 다 쓸 수 있음.

　[설명] ①엄밀하게는 '환난(근심과 재난의 총칭)'이 '환란(근심과 재앙의 총칭)'보다 더 포괄적임. '피난[避難]/피란[避亂]'도 둘 다 쓸 수 있는 말로 재난을 피하거나(피난) 난리를 피한다는(피란) 뜻. ②[주의] '난(難)'은 어떤 경우에도 발음이 {난}임.

　환난[患難][명] 근심과 재난(뜻밖에 일어난 재앙과 고난)의 총칭.

　환란[患亂][명] 근심과 재앙(뜻하지 아니하게 생긴 불행한 변고. 또는 천재지변으로 인한 불행한 사고)의 총칭.

　피난[避難][명] 재난을 피하여 멀리 옮겨 감. ¶피난길[避難-].

　피란[避亂][명] 난리를 피하여 옮겨 감. ¶피란길[避亂-].

◆**홧병**이 나고 말았다: **화병(火病)**의 잘못. 한자어

　[설명] 다음의 예외적인 6낱말 외에는 한자어는 사이시옷을 받치지 못함: 곳간(庫間)/셋방(貰房)/숫자(數字)/찻간(車間)/툇간(退間)/횟수(回數). ☞[중요]♣**사이시옷에서 주의해야 할 말들** 항목 참조.

◆아니 **황새기젓**이 뭔지도 모른단 말이야?: **황석어젓**의 잘못.

　황석어젓[黃石魚-][명] 황석어(=참조기)로 담근 젓.

◆**황소눈깔** 만한 큰 눈이 **흰창**을 드러내고: **황소 눈깔만 한**, **흰자위**의 잘못.

　[설명] ①'소눈깔'은 '쇠눈'/'큰 눈'의 속어로 한 낱말이지만 '황소 눈깔'은 두 낱말. ②'-눈깔'이 들어간 복합어들: 말눈깔/생눈깔/소눈깔/외눈깔/개눈깔.

　말눈깔[명] 말의 눈처럼 눈이 큰 사람을 놀림조로 이르는 말.

　생눈깔[生-][명] '생눈(아프지도 다치지도 아니한 멀쩡한 눈)'을 낮잡는 말.

　소눈깔[명] (속) ①'쇠눈'. ②큰 눈.

　외눈깔[명] ①(속) '외눈'. ②'애꾸눈이(한쪽 눈이 먼 사람을 낮잡는 말)'의 잘못.

　개눈깔[명] (속) 잘 보지 못하는 눈.

　흰창[명] '흰자위(눈알의 흰 부분)'의 방언(경상, 충청).

◆아무리 뒷담이지만 저게 뭐냐, 완전 **황칠**을 해놨군: **환칠**의 잘못. 방언(경상).

　환칠[-漆][명] 되는대로 얼룩덜룩하게 칠함. 그런 칠. ¶~하다[동]

◆비가 오니 길바닥이 온통 **황토물** 천지네: **붉덩물**(혹은 **황토 물**)의 잘못.

[설명] ①'황토물'은 아래와 같이 한의학에서 쓰는 '지장(地漿)'을 뜻하며 '황톳물'과는 다름. ②근사한 표준어로는 '붉덩물'이 있으나 정확히 일치하지는 않음.

[의견] '황토로 흐려진 물'을 뜻하는 '황톳물'이《표준》의 표제어에 없으나, 신어 목록에 올라와 있고, 다음과 같은 말들이 현재 '-물'의 합성어로 되어 있으므로 '황톳물'도 인정하는 것이 적절할 것임: 흙탕물/진흙물; 바닷물/시냇물/개울물; 비눗물/수돗물/소금물/아랫물.

붉덩물명 붉은 황토가 섞여 탁하게 흐르는 큰물.

황토물[黃土-]≒지장[地漿]명 황토(黃土)로 된 땅을 석 자쯤 팠을 때에 그 속에 고이는 <u>맑은 물</u>.

◆정신이 **홰까닥/해까닥** 하는 바람에 그만 일을 망쳤다: **회까닥**의 잘못.

회까닥부 갑자기 정신이 이상해지는 모양의 속칭.

◆<u>회도리</u>란 말은 아예 없어. 회두리 아니면 회돌이지: **회두리/회돌이**의 잘못.

회두리(≒회): 맨 나중 차례. 맨 끝. ⇐어원 불분명하므로 소리 나는 대로 적음.

회돌이: 강물/냇물이 굽이도는 곳. 바둑 기술의 하나. ⇐의미소 '돌(曲)'을 살림.

◆<u>회록색</u>으로 뒤덮인 기와가 세월의 옷인 셈이었다: **회녹색**의 잘못.

[설명] ①연록색/담록색/회록색(×)에서 '연(軟)-/담(淡)-/회(灰)-'는 색깔의 정도를 꾸미는 접두어. 고로, '록'은 두음법칙이 적용되어 '녹'. '등용문'과 같은 경우임. ☞**두음법칙** 참고. ②[주의] 그러나, '청록(○)/청록색(○)'. 이유는 '청'이 녹색의 정도를 꾸미는 접두어가 아니라, '청록'을 하나의 독립된 색으로 만드는 형태소이기 때문. ☞**색깔 표기** 항목 참조.

◆이번이 고시 <u>3회차</u> 도전이야: **3회**(또는 **3차**나 **세 번째**)의 잘못.

[설명] 기본적으로 '회차(回次)'는 사전에 없는 말로 동의 중복어. '회(回)'는 횟수를 나타내는 의존명사이고, '차(次)'는 '번/차례'의 뜻을 나타내는 의존명사이며, '기(期)'는 일정한 기간씩 되풀이되는 일의 하나하나의 과정을 나타내는 명사. 따라서 정기적인 일에 대해서는 '회/기/차'를 모두 쓸 수 있지만, 부정기적인 일에 대해서는 '회'나 '차'만 쓸 수 있을 것임[국립국어원의 답변]. 참고로 '번(番)'은 일의 차례를 나타내거나 일의 횟수를 세는 단위(의존명사)이므로 위의 예문은 '3번째/세 번째'로 표기해도 좋음.

◆<u>횡경막</u> 근처의 배가 몹시 땡기고 아파: **횡격막**의 잘못.

[설명] '횡경막'은 '횡격막(橫膈膜/橫隔膜)(배와 가슴 사이를 분리하는 근육)'의 잘못.

◆**후덥지근하다, 후텁지근하다**: 둘 다 쓸 수 있음.

[설명] 일부에서 '후덥지근-'을 '후텁지근-'의 잘못으로 보았으나,《표준》은 둘 다 인정.

후덥지근하다형 열기가 차서 조금 답답할 정도로 더운 느낌이 있다.

후텁지근하다형 조금 불쾌할 정도로 끈끈하고 무더운 기운이 있다.

◆<u>후두둑후두둑</u> 빗방울 듣는 소리가 들렸다: **후드득후드득**의 잘못.

[설명] '-두둑'으로 착각하기 쉬우나 이는 모두 '-드득'의 잘못으로, 그 앞말을 변화시켜 큰말, 작은말로 만드는 구성임. 〈예〉보드득〈뿌드득; 아드득〈으드득; 바드득〈파드득; 호드득〈후드득; 깨드득/캐드득. ☜이와 같은 변화의 상세 설명은 **홀쭉〈훌쭉** 항목 참조. ②후두둑은 북한어.

◆이런 **순후래아들**을 봤나: **순 후레아들**의 잘못. ⇐'순'은 부사.

　이런 **호로자식**같으니라고: **호노자식/호래자식**의 잘못.

　[설명] ①'호래자식'의 어원은 [홀+-의+자식(子息)]. 아비 없이 혼자 커서 버릇이 없다는 뜻에서 그와 같이 버릇없는 경우를 '호노자식(胡奴子息)'으로도 표기. 여기서 한 발 더 나아가서 '호로자식(胡虜子息)'으로까지 잘못 유추하여 통용되기에 이르러 표준어 사정에서 이를 버린 것임. ⇐'호로자식'은 오랑캐의 포로가 되어 낳은 자식이라는 나쁜 뜻을 지니게 되므로. ②바른 말은 '호래아들/호래자식/호노자식'(○). '후레자식/후레아들'(○).

　[암기도우미] '후래아들'(×)/'후레아들'(○)은 모음조화 위배.

　후레자식[-子息]≒후레아들❲명❳ 배운 데 없이 제풀로 막되게 자라 교양/버릇이 없는 사람을 낮잡는 말.

◆**후줄그레한** 옷차림: **후줄근한**의 잘못. ←**후줄근하다**[원]

　[참고] **횡뎅그레한** 집 안: **횡뎅그렁한**의 잘못. ←**횡뎅그렁하다**[원]

　　　　 넙더그레한 얼굴: **너부데데한**의 잘못. ←**너부데데하다**[원]

　[설명] ①'후줄그레하다'는 없는 말로 '후줄근하다'의 잘못. '후줄근하다〉호졸근하다'의 관계. ②'넙더그레하다'는 '너부데데하다'의 방언.

◆어디선가 **후르르** 하는 호르라기 소리가 났다: **후루루, 호루라기**의 잘못.

　풀 숲에서 새가 **후르룩** 날아 올랐다: **풀숲, 후루룩**의 잘못.

　[설명] '후루루'와 '후루룩'은 'ㅡ' 모음이 쓰여야 할 곳에 'ㅜ/ㅗ'이 잘못 쓰이는 현상과는 반대의 경우로서, 모음조화가 우선하는 경우임. 여기에 속하는 것들로는 '-구루루'가 붙은 '때구루루〉대구루루; 떼구루루〉데구루루; 땍대구루루〉댁대구루루; 떽떼구루루〉떽데구루루〉덱데구루루' 등도 있음.

◆요즘 같은 SNS 시대에 난 아직도 **후진** 블로그를 한다: 맞음. ←**후지다**[원]

　[설명] '후지다'는 '(속되게) 품질/성능이 다른 것에 비해 뒤떨어지다'를 뜻하는 표준어임. ☞♣**사투리로 착각하기 쉬운 표준어 중 유의할 것들** 항목 참조.

◆키만 **훤출**했지, 알맹이는 꽝. 머리엔 돌맹이만 가득할걸: **훤칠, 돌멩이**의 잘못.

　[설명] '훤출하다/헌출하다'는 모두 '훤칠하다/헌칠하다'의 잘못.

　훤칠하다❲형❳ ①길고 미끈하다. ②막힘없이 깨끗하고 시원스럽다.

　헌칠하다❲형❳ 키/몸집 따위가 보기 좋게 어울리도록 크다.

　헌칠민틋하다❲형❳ 몸집 따위가 보기 좋게 어울리도록 크고 반듯하다.

◆자꾸 일에 **훼살**을 놓을 거야?: **훼사**의 잘못. 없는 말.

　[참고] 자꾸만 **회방/해방**을 놓을 건가?: **훼방**의 잘못.

　훼사[毁事]❲명❳ 남의 일을 훼방함. '훼살'은 '훼사'의 잘못.

　훼방[毁謗]❲명❳ ①남을 헐뜯어 비방함. 또는 그런 비방. ②남의 일을 방해함.

◆명절 뒤 자식들이 떠나니 집 안이 **횡뎅그레하다**: **횡뎅그렁하다**의 잘못.

　횡뎅그렁하다〉횅댕그렁하다❲형❳ ①속이 비고 넓기만 하여 매우 허전하다. ②넓은 곳에 물건이 아주 조금밖에 없어 잘 어울리지 아니하고 빈 것 같다.

◆마을을 **휘감아도는** 강: **휘감아 도는**의 잘못. 두 낱말

  [해설] '휘감아돌다'는 없는 말로 '휘감다'와 '돌다'는 동격의 본동사. '-돌다'가 들어간 일반적인 복합어
    들: 감싸고돌다, 끼고돌다, 싸고돌다, 남아돌다.

◆두 눈이 **휘둥그래**지더니: **휘둥그레**의 잘못. ⇐모음조화 기억.

  [비교] 두 눈이 **회동그래지더니**: 맞음. ←**회동그랗다/회동그래지다**[원]

  [설명] ①'휘둥그래지다'는 '휘둥그레지다(놀라거나 두려워서 눈이 크고 둥그렇게 되다)'의 잘못. ②'회동-'
    의 경우에는 모음조화에 따라 '-그래지다/-그랗다'와 연결.

  [참고] **뎅그렇다**[동] 무엇에 놀라서 눈이 휘둥그레지다.

◆거리의 불빛들이 **휘양찬란**했다: **휘황찬란(輝煌燦爛)**의 잘못.

  [설명] '휘양'은 '추울 때 머리에 쓰던 모자의 하나'. 한자어로는 없는 말.

◆'봉탱이'란 별명은 친구들이 **휘투루** 내게 붙인 것: **휘뚜루**의 잘못.

  휘뚜루[부] 닥치는 대로 대충대충.

  휘뚜루마뚜루[부] 이것저것 가리지 아니하고 닥치는 대로 마구 해치우는.

  [참고] '봉탱이'는 '봉퉁이(≒봉퉁아리. 부러진 데에 상처가 나면서 살이 고르지 않게 붙어 도톰해진
    것)'의 방언.

◆그 소릴 듣자 머리가 **횅하게** 돌더니만: **횡하게**의 잘못(≒정신이 없을 정도로).

  한 마디만 들어도 **횡하게/휑하게** 알아채더군: **횡하게**의 잘못. ←**횡하다**[원]

  횅하다[형] '횡하다'의 잘못. 다른 뜻은 없음.

  횡하다[형] 놀라거나 피곤하거나 머리가 어지러워서 정신을 못 차릴 정도로 머리가 띵하다.

  휑하다[형] ①무슨 일에나 막힘이 없이 다 잘 알아 매우 환하다. ②구멍 따위가 막힌 데 없이 매우 시원
    스럽게 뚫려 있다. ③≒휑뎅그렁하다〉횡댕그렁하다. 속이 비고 넓기만 하여 [매우] 허전하다.

  휑하다[형] 눈이 쑥 들어가 크고 기운 없어 보이다.

◆**횡하니** 다녀오너라: 맞음. 복수표준어로 인정.

  횡하게 다녀올 일이지, 어째 그리 군말이 많은고?: **횡하니/횡허케**의 잘못.

  [설명] 전에는 '횡하니'를 '횡허케'의 잘못으로 보았으나, 복수표준어로 인정. 다만, '횡허케'는 '횡하니'의 예
    스러운 표현으로 규정.

  횡허케≒횡하니[부] 중도에서 지체하지 아니하고 곧장 빠르게 가는 모양. ¶한눈팔지 말고 횡허케 다녀오
    너라.

◆**휴지조각**도 함부로 버리면 안 된다: **휴지 조각**의 잘못. ⇐두 낱말.

  [비교] **종이 조각**도 모으면 돈 돼: **종잇조각**의 잘못. ⇐한 낱말.

  [설명] '-조각'이 붙은 한 낱말들: 뼛조각/쇳조각/댓(←竹)조각/덧조각/앞조각/표조각(票-)/널조각/산산
    조각(散散-)/조각조각/나뭇조각/종잇조각≒종이쪽/통조각.

  통조각[명] 여러 조각을 한데 잇지 아니한, 하나로 이루어진 조각.

◆짓다 만 건물이 도시의 **흉물**이 되었다: '흉물'은 사람/동물에게만 쓸 수 있는 말.

[설명] '흉물(凶物/兇物)'은 '성질이 음흉한 사람'이나 '모양이 흉하게 생긴 사람/동물'이라는 뜻으로 사람/동물에게만 쓸 수 있는 말. 따라서 '흉물'은 의인화 문장이 아닌 한은 위와 같이 사용해서는 안 됨. 꼭 '흉물'의 뜻을 살리고자 한다면 '흉물스러운 것' 등으로 바꿔 쓰는 것이 좋음. 〈예〉짓다 만 채 세월의 때가 낀 그 건물은 그 도시의 흉물스러운 풍광으로 자리 잡게 되었다.

◆꼴이 얼마나 **흉칙**하던지, 끔찍했어: **흉측(凶測)**의 잘못. ←**흉측**하다[원]
  [설명] '흉측하다'는 '흉악망측하다'의 준말. '망측(罔測)'은 몹시 심해서 이루 <u>말할/헤아릴('測)</u> 수 <u>없다</u> (<u>'罔)</u>는 뜻으로, 의미소는 '칙'이 아닌 '측'임.
  [유사] '–망측'이 들어간 말들: '해괴(駭怪)망측하다/괴상(怪常)–/기구(崎嶇)–/기괴(奇怪)–/흉악(凶惡)–/괴괴(怪怪)–/괴악(怪惡)–'.
  흉측(凶測/兇測)하다≒흉악망측하다[형] 몹시 흉악하다.

◆그렇게 **흐리멍텅**해서야 어디에 쓰겠나: **흐리멍덩**의 잘못. ←**흐리멍덩하다**[원].
  [설명] ①'흐리멍텅–'은 북한어. 부사는 '흐리멍덩히'. ②'흐리멍텅하다'는 '–멍텅'을 '멍텅구리'나 '멍청–' 등과 결부시켜 생기는 오해/착각. '흐리멍덩하다'는 옛말 '흐리뭉등하다'에서 온 말로 '하리망당하다'가 그 작은말로, 형용사 '하리다〈흐리다'도 같은 계열에 듦.
  하리망당하다〈흐리멍덩하다[형] ①정신이 맑지 못하고 조금 흐리다. ②옳고 그름의 구별이나 하는 일 따위가 흐릿하여 분명하지 아니하다. ③기억이 분명하지 아니하고 흐릿하다.
  하리다〈흐리다[형] ①기억력/판단력 따위가 조금 분명하지 아니하다. ②하는 일이 똑똑하지 못하다.

◆<u>흐리면서</u> 비가 조금 내리겠습니다: <u>흐리고</u>의 잘못. ⇐접속 구성의 오류.

◆**흐트리지/흐뜨리지** 말고 얌전히 봐: **흩트[뜨]리지**의 잘못. ←**흩트[뜨]리다**[원]
  어지럽게 **흐트린/흗드린** 장난감들을 도로 모으느라: **흩뜨린/흐트러뜨린**의 잘못.
  [구별] **흩으러진** 정신을 추스려; **흩으러진** 머리칼을: **흐트러진**의 잘못.
  [설명] ①'흐트러지다'는 자동사. '흩트(트)리다'는 사동사. ②'흩트리다'와 '흩뜨리다'는 '흩(의미소)+–트[뜨]리다(강세 접미사)'의 꼴로서 '트/뜨'를 바꾸어 쓸 수 있으므로, 여기에 '–어지다'(피동법)를 결합시키면 '흩트[뜨]러지다'가 됨. 즉, '흩트러지다'와 '흩뜨러지다' 모두 맞음. ③[중요] 그러나 '흐트러지다'는 '흩트러지다'와 별도로 본래의 옛말인 '흐트러지다'가 이미 중세어로 존재하였고 이 말이 구개음화하여 현재에 이른 형이므로 '흐뜨러지다'는 잘못(없는 말)으로 처리하게 된 것임.
  [참고] 위의 ③항 설명과는 별도로(이해를 쉽게 하기 위해서), '흐트러지다'는 어근 '흩–'과 거리가 멀어져 소리 나는 대로 적게 된 것으로도 볼 수 있음. 이와 같이 동사 뒤에서 보조용언 '–(어)지다'의 변화형인 '–(러)지다'와 결합할 때 소리 나는 대로 표기하는 것들 중 대표적인 것으로는 다음과 같은 것들이 있음. (괄호 안에 표기된 것들이 거리가 멀어진 어근들): 어우러지다('어울–'); 흐트러지다('흩–'); 구부러지다('굽–'); 수그러지다('숙–'); 간드러지다('간들–'); 둥그러지다('둥글–'); 버드러지다('벋–'); 아우러지다('아울–'); 얼크러지다('얽–'); 문드러지다('문들–'); 가무러지다('가물–'); 거스러지다('거슬–').
  흐트러지다≒헝클어지다[동] ①여러 가닥으로 흩어져 이리저리 얽히다. ②옷차림/자세 따위가 단정하지 못한 상태가 되다. ③정신이 산만하여 집중하지 못하다. ¶흐트러진 머리칼; 책상에는 잡지 권이 되는 대로 흐트러져 있고; 흐트러진 자세.
  흐트러뜨리다[동] '흐트러지다'의 사동사.

흩뜨(트)리다≒흘어뜨(트)리다图 ①흩어지게 하다. ②태도/마음/옷차림 따위를 바르게 하지 못하다.

◆<u>칠흙</u> 같은 밤에 놀란 **흑빛** 얼굴들로 나타나니, 구분이 되겠냐?: **칠흑, 흙빛**의 잘못.
  [설명] '칠흑'은 漆黑(옻칠처럼 검음). '흙빛'은 글자 그대로 놀라서 **흙**빛으로 변한 얼굴을 가리키며, 검은 얼굴이라는 뜻이 아니므로 '흙–'.
  [주의] '흙빛'은 아래와 같은 뜻이며, '흑(黑)빛'은 없는 말로 검은빛으로 표기함. 그러나 '담흑빛(淡黑–. 엷은 검은빛), 칠흑빛(漆黑–)' 등은 표준어임.
  흙빛图 ①흙의 빛깔과 같은 빛. ②푸른빛을 약간 띤 검은빛. (비유)흔히 어둡고 경직된 표정이나 얼굴빛.

◆방은 전체를 황토로만 도배한 소박한 **흙구들방**이었다: **흙방**(혹은 **흙[황토] 구들방**)의 잘못. 없는 말.
  [설명] 황토로 꾸민 '흙방'에(다른 난방 대신) 구들을 놓을 수도 있음. 그런 때는 '황토 구들방'(혹은 '흙 구들방')으로 표기. '구들방'은 온돌방이라는 뜻이며, '흙방'은 장판과 도배를 하지 아니한 방을 이름.
  흙방图 방바닥과 벽에 장판과 도배를 하지 아니하여 흙이 드러나 있는 방.
  구들방[–房]图≒**온돌방**(온돌을 놓아 난방 장치를 한 방).

◆요즘 누가 **흙담**을 하나, 벽돌도 흔한데: 맞음.
  [설명] 예전에는 '흙담'이 '토담'의 잘못이었으나, 복수표준어로 인정[2011년].

◆까보면 **흠결** 하나 없는 사람은 없다: **흠**이 적절함. 설명 참조.
  [설명] 흔히 '흠결'을 '단점/결점/잘못'이나 '흠'의 뜻으로 쓰지만, '흠결'은 축나서 모자라거나 부족할 때 쓰는 말로 비유적으로는 가능하나, '흠'이 더 적절함.
  흠결[欠缺]≒흠축[欠縮]图 일정한 수효에서 <u>부족함</u>이 생김.
  흠[欠]图 ①어떤 물건의 이지러지거나 깨어지거나 상한 자국. ②어떤 사물의 <u>모자라거나 잘못된 부분</u>. ③사람의 성격/언행에 나타나는 <u>부족한 점</u>.

◆**흠뻑** 두들겨 맞았어: **흠씬**의 잘못.
  고국의 정취에 **흠씬** 젖어 지내다 보니 어느새 휴가 끝: 맞음. 쓸 수 있음.
  [설명] '흠뻑'과 '흠씬'은 물에 젖은 상태와 같이 '온통/충분히'를 뜻할 때는 둘 다 바꾸어 쓸 수 있으나 매를 <u>심하게</u> 맞거나 할 때는 '흠씬'만 쓸 수 있음. ⇐매를 '충분히' 맞는다는 것도 어색하지만 '충분'의 기준도 없으므로. 〈예〉흠뻑(흠씬) 젖다(○); 정이 흠뻑(흠씬) 들다(○); 잠에 흠뻑(흠씬) 빠지다(○); 고국의 향취를 흠뻑(흠씬) 느끼고 싶다.(○)
  흠씬囝 ①아주 꽉 차고 남을 만큼 넉넉한 상태. ②물에 푹 젖은 모양. ③<u>매 따위를 심하게 맞는 모양</u>.
  흠뻑〉함빡囝 ①분량이 차고도 남도록 아주 넉넉하게. ②물이 쭉 내배도록 몹시 젖은 모양. [유]온통/충분히.

◆[고급] 그렇게 **흠잡힐** 짓을 애초에 하지 말았어야지: **흠 잡힐**의 잘못.
  [설명] ①현재 '흠잡히다'는 사전에 없는 말. 그러나, '흠잡다'도 있고 '잡히다'는 '잡다'의 피동사이므로 '흠잡히다'도 가능할 듯도 싶으나, 독립동사로 오르지 않은 말.《표준》의 예문으로 제시된 '약점이 잡히다/트집을 잡히다/실마리가 잡히다' 등으로 미루어 '흠(이/을) 잡히다' 꼴로 써야 함. ☞그러나, 이는 《표준》의 실수로 인한 누락일 수도 있으며, 피동형 보조어간이 올바르게 사용된 낱말들은 일일이 표

제어로 올리지 않는 경우도 흔하므로, 반드시 띄어 써야 한다고는 할 수 없는 말이기도 함. 더구나, '책잡다/흠잡다'의 피동사인 '책잡히다/흠잡히다'도 표제어로 올라 있는 점에서 형평성도 맞지 않음. ②현재 명사(형)+'-잡히다' 형태로 사전에 올라 있는 말들: 감잡히다/돌잡히다/책잡히다(責-)/흠잡히다/되술래잡히다/여릉귀잡히다/부개비잡히다.

흠잡다[欠-]图 사람의 언행이나 사물에서 흠이 되는 점을 집어내다. ¶이번 일은 대충 넘어가시게. 흠잡으려면 끝이 없는 법이니까.

감잡히다图 남과 시비(是非)를 다툴 때, 약점을 잡히다.

돌잡히다图 첫돌에 돌상에 차려 놓은 음식/물건을 아이가 마음대로 잡게 하다.

되술래잡히다图 '되술래잡다(범인이 순라군을 잡는다는 뜻으로, 잘못을 빌어야 할 사람이 도리어 남을 나무람을 이르는 말)'의 피동사.

부개비잡히다图 하도 졸라서 본의 아니게 억지로 하게 되다.

◆나도 모르게 **흠칠** 놀라고 말았다: **흠칫**의 잘못. 없는 말.

◆눈을 **흡뜨고** 노려보는 품새가 마치: **홉뜨고**의 잘못. ←**홉뜨다**[원]
[참고] 어디서 눈을 **부르뜨고** 대들어?: **부릅뜨고**의 잘못. 방언.
[설명] '흡뜨다(×)/홉뜨다(○)'는 '부릅뜨다'로부터 잘못 유추한 것으로 보임.
홉뜨다图 눈알을 위로 굴리고 눈시울을 위로 치뜨다. [유]뒤집다/치뜨다.
부릅뜨다图 무섭고 사납게 눈을 크게 뜨다.

◆그 소설은 독자를 빨아들이는 **흡입력**이 강하다: 맞음.
그 진공청소기의 **흡인력/흡입량**은 대단하다: **흡입력/흡입량**이 더 적절함.
강한 권력은 악인들까지 끌어 모으는 **흡인력**이 있다: 맞음.
[설명] ①'흡입력(빨아들이는 힘)'과 '흡인력(빨아들이거나 끌어당기는 힘)'에 대해서 일부에서는 '마음을 끌어들이다'의 뜻으로는 '흡입력'을 쓰지 않는 것이 좋다고 하고 있으나, '흡입력'과 '흡인력'의 실제 쓰임을 보면 이 두 단어의 분포가 명확히 구별되지는 않음. 다만, 명확히 기술적 의미일 때는 '흡입-'이 적절함. ②더구나 《표준》의 용례에서, '빨아들이는 힘'의 뜻을 비유적으로 나타내는 문맥에서 '흡입력'을 쓰는 것이 확인되므로 '마음을 끌어들이다'라는 뜻을 나타내는 경우에도 '흡입력'을 쓸 수 있다고 봄(국립국어원 답변).

◆괜히 곁다리 삼아 **홍야홍야/홍야부야** 하지 말게: **홍야항야/홍이야항이야**의 잘못.
[참고] 쉽게 **홍야홍야/옹야옹야** 하다가 크게 당하기 십상: 없는 말. 비표준어.
[설명] ①'홍야항야'는 쓸데없이 간섭하는 경우이고, '홍야홍야/옹야옹야'는 기분과 관련되는 것으로 전혀 다른 계통의 말들임. ②'홍야홍야'는 현재로는 비표준어인데, 국립국어원에서 '즐거움에 들뜨거나 술 또는 분위기에 취해서 나른한 모양'의 의미로 표준어 편입을 검토 중임. '홍야홍야/옹야옹야'는 어린아이의 어리광이나 투정을 받아 줄 때 하는 감탄사 '오냐오냐'에서 온 것으로 추정되나 그 전거가 뚜렷하지 않음.
홍이야항이야图 쓸데없이 이래라저래라 하는. ⇒'**홍야항야**'는 '홍이야항이야'의 준말.

◆**흩으러진** 정신을 **추스리고** **흩으러진** 머리칼을: **흐트러진**, **추스르고**의 잘못.
[주의] **흐뜨러진** 머리칼: **흐트러진**의 잘못. ⇐'흐뜨러지다'는 없는 말.

[설명] ①'흐트러지다'는 자동사. '흩뜨(트)리다'는 사동사. ②'흐뜨러지다'는 없는 말. ☞**흐트러지/흐뜨리지** 항목 참조.

흩뜨(트)리다≒흩어뜨(트)리다동 ①흩어지게 하다. ②태도/마음/옷차림 따위를 바르게 하지 못하다. ¶ 정신없이 노느라 흩뜨린(흩뜨려진) 장난감들.

흐트러지다≒헝클어지다동 ①여러 가닥으로 흩어져 이리저리 얽히다. ②옷차림/자세 따위가 단정하지 못한 상태가 되다. ③정신이 산만하여 집중하지 못하다. ¶흐트러진 머리칼; 방에는 잡지들이 되는대 로 흐트러져 있고; 흐트러진 자세.

◆'천방지축마골피'는 **희귀성**들을 모은 거야: **희성**의 잘못.

그 아이 병은 **희귀 질병**이라고나 할까: **희소병**(혹은 **드문 병**)의 잘못.

[설명] '희귀(稀貴)'는 '희귀하다'의 어근으로서, '희귀하다'는 '드물어서 매우 진귀하다'는 뜻. 드문 성이라 고 할 때는 '희성'이어야 하고, 아주 드문 병일 때도 그에 알맞은 말로 바꾸어 표현하는 게 옳음.

희성[稀姓]명 매우 드문 성(姓). 우리나라에서는 정(程), 석(昔), 태(太) 등이 있음.

◆희지도 않고 회색도 아닌 게 **희끄스름(희우스름)해서**: **희읍스름해서**의 잘못.

희끄무리한 게 눈앞을 스쳐갔다: **희끄무레한**의 잘못. ←**희끄무레하다**[원]

[설명] ①'-스름/-스레'는 '희읍-'과 어울리고, '희끄-'는 '-무레'와 어울려 연결됨. ②이와 관련, '-끄/-그 **무리**하다'는 '-끄/-그**무레**하다'의 잘못. 〈예〉끄무**리**하다(×)/끄무**레**하다(○); 해끄무**리**하다(×)/해끄무**레** 하다(○); 희끄무**리**하다(×)/희끄무**레**하다(○); 누르무**리**하다(×)/누르무**레**하다(○); 새크무**리**하다(×)/새크 무**레**하다(○).

[참고] ①'희끄스름-'(×)과 관련, '-끄스름'은 '약간/조금'의 뜻을 더하는 '-그스름'의 잘못이며 이 때문에 '-끄무레'와 연결되는 것임. ②'-그스름'의 예: 볼그스름하다〈뽈~; 불그스름하다〈뿔~; 발그스름하다 〈빨~; 벌그스름하다〈뻘~.

[주의] 접사 '-하다'가 없는 '희읍스름(희읍스레)/희끄무레' 꼴은 부사가 아니라 어근일 뿐임. 단, 북한어 에서는 부사로 다룸.

끄무레하다〉그무레하다형 날이 흐리고 어두침침하다.

까무레하다〉가무레하다형 엷게 까무스름하다〉가무스름하다.

희끄무레하다형 ①생김새가 번듯하고 빛깔이 조금 희다. ②어떤 사물의 모습이나 불빛 따위가 선명하 지 아니하고 흐릿하다.

해끄무레하다형 생김새가 반듯하고 빛깔이 조금 하얗다.

누르무레하다〉노르무레하다형 선뜻하지〉산뜻하지 않고 엷게 노르다. [유]누르스름하다.

새크무레하다〉새그무레하다형 조금 신 맛이 있는 듯하다.

희읍스레하다≒희읍스름하다형 산뜻하지 못하게 조금 희다.

◆인간사 **희노애락**은 정말 일장춘몽이야: **희로애락**의 잘못. ☞**두음법칙** 참조.

◆그렇게 **희떱은** 짓이나 하고 다니니: **희떠운**의 잘못. ←**희떱다**[원]

[설명] ①[희떨-ㅂ-따]로 발음하는 습관 때문이며, '희떱다'는 어원이 불분명한 경우에 소리 나는 대로 적는다는 원칙에 따른 것. '희떠워/희떠우니'로 활용.

희떱다형 ①실속은 없어도 마음이 넓고 손이 크다. ②말/행동이 분에 넘치며 버릇이 없다.

떫다형 ①설익은 감의 맛처럼 거세고 텁텁한 맛이 있다. ②말/행동이 덜되고 못마땅하다. ⇐올바른 발음은 {떨:따}.

◆증오에 차서 **희번득이던** 눈: **희번덕이던**의 잘못. 북한말. ←**희번덕이다**[원]

희번덕이다≒희번덕거리다/-대다통 ①눈을 크게 뜨고 흰자위를 번득이며 움직이다. 또는 그렇게 되게
하다. ②물고기 따위가 몸을 젖히며 번득이다.

[참고] 위에 나온 '번득이다'와 관련하여, '번뜩이다'는 '번득이다'의 센말이기도 하지만, 아래와 같이 다른
뜻도 있음.

번뜩이다통 ①**번득이다.** 물체 따위에 반사된 큰 빛이 잠깐씩 나타나다. 또는 그렇게 되게 하다. ¶번뜩
이는 번개; 두 눈에는 푸른 광채가 번뜩였다. ②생각 따위가 갑자기 머릿속에 떠오르다.

◆날이 밝는지 창문이 **희부윰**해졌다: '**희붐**'의 잘못. ←**희붐하다**[원]. '희부윰-'은 없는 말.

눈앞이 갑자기 **희부연해졌다**: **희부예졌다**의 잘못. ←**희부예지다**[원]

산 모습이 **희뿌연한** 게 안개가 짙은가 보다: **희뿌연**의 잘못. ←**희뿌옇다**[원]

[참고] 차창이 갑자기 **뿌얘졌다**: **뿌예졌다**의 잘못. ←**뿌예지다**[원].

　　　　길이 안개로 **싯뿌예졌다/시뿌얘졌다**: **시뿌예졌다**의 잘못.

　　　　비온 뒤 **샛뿌얘진/새뿌예진** 하늘: **비 온, 새뿌얘진**의 잘못.

[설명] ①'희부옇다(희끄무레하게 부옇다)'에 '-아/-어 지다' 꼴이 붙으면 '희부예지다'가 되며 '희부연해지
다'는 잘못. '희부연해지다'가 성립하려면 '희부연하다'가 있어야 하나, 없는 말. 한편, '희붐해지다'는
'희붐하다'가 있으므로 가능함. ②'희부연하다'가 없는 것과 마찬가지로, '희뿌연하다'도 없는 말로, '희
뿌옇다'의 잘못. '희뿌옇다'는 '희뿌예/희뿌여니/희뿌옇소' 등으로 활용.

[참고] ①표기에서의 모음조화: '말개지다/멀게지다, 뽀얘지다/뿌예지다, 파래지다/퍼레지다' 등에서처럼
이러한 말들의 표기에서는 모음조화가 반영됨. ②'싯뿌-/샛뿌-'는 이중 경음화로 '시뿌-/새뿌-'의 잘
못. 소리 나는 대로 적음. ③'비오다'는 없는 말. 비(가) 오다의 잘못.

희붐하다≒붐하다형 날이 새려고 빛이 희미하게 돌아 약간 밝은 듯하다.

희부예지다통 희부옇게 되다.

새뽀얘지다통 빛깔이 산뜻하고 뽀얗게 되다.

◆그 친구 **희죽희죽** 웃는 게 주특기지: **히죽히죽**의 잘못. ←'희죽희죽'은 없는 말!

히죽히죽부 만족스러운 듯이 자꾸 슬쩍 웃는 모양. ¶**~하다**통

◆여기저기 **희칠희칠** 미어지고, 벗겨진 마루 칠이 영: **희치희치**의 잘못. 없는 말.

희치희치부 ①피륙/종이 따위가 군데군데 치이거나 미어진 모양. ②물건의 반드러운 면이 무엇에 스쳐서
드문드문 벗어진 모양. ¶**~하다**형

◆그처럼 **희희낙낙**할 때 알아봤지: **희희낙락(喜喜樂樂)**의 잘못. ←두음법칙.

[비교] ①'유유상종(類類相從)/연연불망(戀戀不忘)'(O)'유류상종/연련불망'(×): 위의 경우와는 달리 두음
법칙이 적용되지 않는데, 그 이유로는 언중의 발음 관행과, '한 낱말 안에서 같은 음절이나 비슷한
음절이 겹쳐 나는 부분은 같은 글자로 적는다'는 한글맞춤법 원칙을 따른 것임. ②한편, '늠름/냉
랭/낙락장송' 등은 각각 {늠:늠/냉:냉/낭낙짱송}으로 발음되는데 이것은 둘째 음절의 'ㄹ'이 앞 음절
의 'ㅁ/ㅇ/ㄱ'에 동화되어 'ㄴ'으로 나는 것일 뿐이지 본음이 그러한 것은 아니기 때문에 본음대로 적는
것임. '열렬/낭랑' 등의 경우는 발음도 {열렬/낭랑}. ☜상세 설명은 ♣**두음법칙** 관련 종합 정리 항목
참조.

[참고] **해낙낙하다**휑 마음이 흐뭇하여 만족한 느낌이 있다. ←고유어임.

◆**희희덕거리지** 말고 일 좀 해라: **시시덕거리지**의 잘못. ←**시시덕거리다**웬

[설명] '희희덕거리다'는 '시시덕거리다'의 수의적(隨意的) 구개음화 표현으로, 경남 방언이자 북한어. '시시덕거리다〉새새덕거리다'의 관계.

시시덕대다/~거리다통 실없이 웃으면서 조금 큰 소리로 계속 이야기하다.

시시대다/~거리다통 실없이 웃으며 거볍게 자꾸 지껄이다.

◆**흰머리가 히끗히끗** 보였다: **희끗희끗**의 잘못.

[설명] '히끗/히끗히끗'은 '희끗/희끗희끗'의 잘못인데, '희끗희끗'에는 다음과 같이 여러 가지 뜻이 있음.

희끗희끗1튀 ①군데군데 흰 모양. ②어떤 것이 자꾸 빠르게 잠깐잠깐 보이는 모양. [유]희끗희끗이.

희끗희끗2튀 현기증이 나서 매우 어지러우며 까무러칠 듯한 모양.

◆♣[참고] **힐끔〉할끔, 흘낏/힐끗, 그리고 흘끔**

할끔〉할금튀 곁눈으로 살그머니 한 번 할겨 보는 모양.

힐끔〉힐금튀 거볍게 곁눈질하여 슬쩍 한 번 쳐다보는 모양.

흘끔〉흘금튀 곁눈으로 슬그머니 한 번 흘겨보는 모양.

할낏〉할깃튀 가볍게 한 번 할겨 보는 모양.

흘낏〉흘깃튀 가볍게 한 번 흘겨보는 모양.

힐끗〉힐긋튀 ①거볍게 슬쩍 한 번 흘겨보는 모양. ②눈에 언뜻 띄는 모양.

[주의] ①'흘낏'은 '힐끗/흘끗'의 잘못이라고 한 이도 있으나, 위에서 보듯 《표준》은 모두 인정. ②'할-'과 '흘-'의 차이는 아래에서 보듯 정도의 차이로서, '조금 못마땅하게'와 '못마땅하게'. ③흔히 쓰는 '힐끔거리다'와 '흘끔거리다'는 모두 표준어.

할기다통 눈동자를 옆으로 굴려 조금 못마땅하게 노려보다.

흘기다통 눈동자를 옆으로 굴리어 못마땅하게 노려보다.

힐끔거리다/~대다〉힐금거리다/~대다통 거볍게 곁눈질하여 자꾸 슬쩍슬쩍 쳐다보다.

흘끔거리다/~대다〉흘금거리다/~대다통 곁눈으로 슬그머니 자꾸 흘겨보다.

◆되든 안 되든 **힘껏해 보겠습니다: 힘껏 해보겠습니다**의 잘못. ⇐'힘껏'은 부사.

[설명] ①'힘껏하다'는 없는 말. '힘껏'은 부사이므로 '힘껏 하다'로 적어야 함. '기껏해야' 하나만 '-껏해-' 꼴이 들어간 말로 이 또한 부사이며, '기껏하다'는 없는 말. ②'-껏'은 일부 명사 뒤에 붙어, '그것이 닿는 데까지'의 뜻을 더하고 부사를 만드는 접미사. 이 접미사 '-껏'이 붙어 만들어진 말에는 '힘껏' 외에도 '기껏/마음껏/성의껏/열성껏/욕심껏/정성껏/지성껏' 등이 있으며, 사전에 없는 말 '역량껏' 등도 이러한 생산성과 부합되므로 쓸 수 있는 말. ☞**기껏** 항목 참조.

◆**힘드는** 일을 여자에게 시켜서 되나: **힘든**의 잘못. ←**힘들다**[형용사]

[고급] **힘드므로** 그런 일은 쉬엄쉬엄 하렴: **힘들므로**의 잘못. ←**힘들다**웬

[유사] 내가 **서투르므로** 잘 좀 부탁하네: **서툴므로**의 잘못. ⇐'-므로'는 어미.

[설명] ①'힘드는(×)/힘든(○)': 형용사이므로 '-는'이 아닌 '-ㄴ'이 붙음. 원형 '힘들다'는 '힘드니/힘든/힘들어'로 활용. 어미 '-ㄴ/-느니' 꼴에서는 'ㄹ'이 탈락됨. ②'힘드므로(×)/힘들므로(○)': 어간 '힘들-' 뒤에 까닭/근거를 나타내는 연결어미 '-므로'가 붙은 것일 뿐이므로, 어간에서 'ㄹ'이 탈락한 '힘드므로'

는 잘못. 즉 어간인 '힘들'은 그대로여야 함. 어미 '-므로'는 '서툴다/힘들다/졸다'와 같이 'ㄹ' 받침이 있는 용언의 경우에 어간 뒤에 바로 붙으므로 '힘들(어간)+므로(어미)→힘들므로'; '서툴(어간)+므로(어미)→서툴므로'; '졸(어간)+므로(어미)→졸므로'가 됨. 따라서, 어간에서 'ㄹ'이 탈락한 '서투르므로/힘드므로/조르므로'는 모두 잘못. ♣'-므로'의 연결 시 주의사항 항목 참조.

[참고] '-므로': 까닭/근거를 나타내는 연결어미로서, '이다'의 어간, 받침 없는 용언의 어간, 'ㄹ' 받침인 용언의 어간 또는 어미 '-으시-' 뒤에 붙음. ¶상대가 아주 힘이 세고 기술이 좋은 선수<u>이</u>므로 조심해야 해; 그는 엄청 부지런<u>하</u>므로 곧 성공할 것이다; 그 사람은 은근히 게으르므로 감독을 철저히 하도록; 비가 <u>오</u>므로 외출하지 않았다; 아직 모든 게 서<u>툴</u>므로 일은 조금만 시키도록.

[암기도우미] 어간에 '-는'을 붙여 말이 되면 동사이고, 되지 않으면 형용사임. 〈예〉①'작는(×) 사람' ⇒고로 '작다'는 형용사. '죽는(○) 사람' ⇒고로 '죽다'는 동사. 위의 경우도 '힘들(어간)+는'이 말이 되지 않<u>으</u>므로 형용사이며, 이와 같이 헷갈리는 형용사에는 '걸맞다/알맞다/기막히다' 등이 있음. 즉, '걸맞<u>는</u>(×)/알맞<u>는</u>(×)/기막<u>히는</u>(×)'이며 '걸맞은(○)/알맞은(○)/기막힌(○)'임. ②[예외] 대표적인 것으로는 '-없다/-있다'와 결합하여 만들어진 형용사들인데, 그 까닭은 '없다/있다'가 동사와 형용사 두 가지 성격을 갖고 있는 말들이기 때문. 〈예〉맛있는/멋있는/멋없는(○) ♣'<u>있다</u>'는 동사인가, 형용사인가? 항목 참조.

◆**힘 들면** 쉬었다 하게: **힘들면**의 잘못. ←**힘들다**[원]

여러분 도움에 **힘 입어** 끝내 이걸 해냈습니다: **힘입어**의 잘못. ←**힘입다**[원]

힘 세다고 으스대다가 큰코 다치지: **힘세다고, 큰코다치지**의 잘못. 모두 한 낱말.

힘 닿는 대로 도와주마: **힘닿는**의 잘못. ←**힘닿다**[원]

힘 내서 얼른 이 일을 마치세: **힘내서**의 잘못. ←**힘내다**[원]

[설명] ①예문의 표현들을 흔히 '힘(이) 들면/힘(이) 세다고/힘(이) 닿는 대로/힘(을) 내서' 등처럼 격조사를 붙여 사용하는 경우가 많기 때문에 두 낱말로 생각하기 쉬운데, 격조사가 없을 때에는 한 낱말이므로 붙여 써야 함. ②다음 말들은 모두 한 낱말인 복합어임: **힘겹다**[형]**/힘들다**[형]**/힘차다**[형]**/힘없다**[형]**/힘세다**[형]**/힘지다**[형] ; **힘내다/힘닿다/힘주다/힘입다/힘쓰다**.

힘입다[동] ①어떤 힘의 도움을 받다. ②어떤 행동/말 따위에 용기를 얻다. ③어떤 것의 영향을 받다.

힘지다[형] ①힘이 있다. ②힘이 들 만하다.

◆**힘 없는** 어른들처럼, 난 그냥 믿고 살 테야: **힘없는**의 잘못. ←**힘없다**[형]

힘없다[형] ①기운/의욕 따위가 없다. ②힘/권세/위력 따위가 없다. ¶그는 힘없는 목소리로 대답했다; 힘없는 걸음; 늙은 귀부인 손같이 힘없고 고운 손을 내밀어 악수를 청했다. ☞[주의]일부 책자에 '힘없다'를 '힘 없다'로 설명하고 있으나, 근래 〈국립국어원〉에서 복합어로 인정한 낱말이므로, 붙여 써야 함.

[주의] '힘없다'(○)이지만, '힘있다(×)/힘 있다(○)'; '힘있게(×)/힘 있게(○)'.

[참고] '재미있다/재미없다, 맛있다/맛없다, 멋있다/멋없다'는 이미 한 낱말의 복합어이므로 붙여 씀. 하지만, '흥미 있다/흥미 없다, 힘 있다'는 조사가 생략된 형태로 널리 쓰이기는 하지만, 아직 복합어가 아니므로, 각각의 낱말을 띄어 적음.

[참고] ①다음 말들은 '-없이'가 들어간 복합어 부사들로 모두 한 낱말임: 너나없이≒네오내오없이; 간곳없이; 갈데없이; 난데없이; 본데없이; 쓸데없이≒소용없이; 간데온데없이≒온데간데없이; 철없이; 물샐틈없이; 하잘것없이; 보잘것없이; 어처구니없이; 아랑곳없이. ②'-있다'가 접사로 쓰인 낱말들은 다음에 보이는 것들 정도임: 맛있다/재미있다/멋있다/가만있다[동]/관계있다≒상관있다[형]/뜻있다/값있다/

빛있다/지멸있다/다기있다(多氣-)≒다기지다.

뜻있다[형] ①일 따위를 하고 싶은 생각이 있다. ②<u>겉으로 드러나지 않은 사정/실상이 있다.</u> ③가치/보람이 있다.

값있다[형] ①물건 따위가 상당히 가치가 있다. ②보람/의의 따위가 있다.

빛있다[형] 곱거나 아름답다.

지멸있다[형] 꾸준하고 성실하다. 또는 직심스럽고 참을성이 있다.

다기있다(多氣-)≒다기지다[형] 마음이 굳고 야무지다.

부록

[부록 1] 한글 맞춤법 규정 해설

―문교부 고시 제88―1호(1988/1/19) 및 한글 맞춤법 해설(국어연구소, 1988)

제1장 총칙

제1항 한글 맞춤법은 표준어를 소리대로 적되, 어법에 맞도록 함을 원칙으로 한다.

[해설] 한글 맞춤법은 표준어를 소리대로 적되, 어법에 맞도록 함을 원칙으로 한다. 한글 맞춤법의 대원칙을 정한 것이다. '표준어를 소리대로 적는다'라는 근본 원칙에 '어법에 맞도록 한다'는 조건이 붙어 있다.

표준어를 소리대로 적는다는 것은 표준어의 발음 형태대로 적는다는 뜻이다. 맞춤법이란 주로 음소 문자(音素文字)에 의한 표기 방식을 이른다. 한글은 표음 문자(表音文字)이며 음소 문자다. 따라서 자음과 모음의 결합 형식에 의하여 표준어를 소리대로 표기하는 것이 근본 원칙이다. 예컨대 '구름/나무/하늘/놀다/달리다' 따위는 표준어를 소리 나는 대로 적는 형식이다.

그런데 표준어를 소리대로 적는다는 원칙만을 적용하기 어려운 경우도 있다. 예컨대 '꽃(花)'이란 단어는 그 발음 형태가 몇 가지로 나타난다.
(1)[꼬치]: (꽃이) [꼬치]; (꽃을) [꼬츨]; (꽃에) [꼬체]
(2)[꼰]: (꽃나무) [꼰나무]; (꽃놀이) [꼰노리]; (꽃망울) [꼰망울]
(3)[꼳]: (꽃과) [꼳꽈]; (꽃다발) [꼳따발]; (꽃밭) [꼳빧]

이것을 소리대로 적는다면, 그 뜻이 얼른 파악되지 않고, 따라서 독서의 능률이 크게 저하된다. 그리하여 어법에 맞도록 한다는 또 하나의 원칙이 붙은 것이다. 어법(語法)이란 언어 조직의 법칙, 또는 언어 운용의 법칙이라고 풀이된다. 어법에 맞도록 한다는 것은, 결국 뜻을 파악하기 쉽도록 하기 위하여 각 형태소의 본 모양을 밝히어 적는다는 말이다. 형태소는 단어의 기초 단위가 되는 요소인 실질형태소(實質形態素)와 접사(接辭)나 어미, 조사처럼 실질형태소에 결합하여 보조적 의미를 덧붙이거나 문법적 관계를 표시하는 요소인 형식 형태소(形式形態素)로 나뉜다. 맞춤법에서는 각 형태소가 지닌 뜻이 분명히 드러나도록 하기 위하여, 그 본 모양을 밝히어 적는 것을 또 하나의 원칙으로 삼은 것이다. 예컨대 '(늙고)→[늘꼬], (늙지)→[늑찌], (늙는)→[능는]'처럼 발음되는 단어를 '늙―'으로 쓰는 것은, '(늙어)→[늘거], (늙은)→[늘근]'을 통하여 실질형태소(어간)의 본 모양이 '늙―'임을 인정하게 되기 때문이다.

그러나 이 원칙은 모든 언어 형식에 적용될 수는 없는 것이어서, 형식 형태소의 경우는 변이 형태(變異形態)를 인정하여 소리 나는 대로 적을 수 있도록 한 것이다. 예컨대, '막-아/먹-어', '소-가/말-이' 따위와 같이, 음운 형태가 현저하게 다른 것을 한 가지 형태로 통일할 수는 없기 때문이다. '어법에 맞도록 한다'가 아니라, '어법에 맞도록 함을 원칙으로 한다'라는 표현에는 예외가 있을 수 있다는 뜻이 담겨 있다. [예외] 한자어의 경우는, 예컨대 '국어(國語) 〈나라+말〉, 남아(男兒) 〈남자+아이〉'처럼, 결합한 글자가 각기 독립적인 뜻을 표시하는 것이므로, 각 글자의 음을 밝히어 적는 것이다.

제2항 문장의 각 단어는 띄어 씀을 원칙으로 한다.

[해설] 단어는 독립적으로 쓰이는 말의 단위이기 때문에, 글은 단어를 단위로 하여 띄어 쓰는 것이 가장

합리적인 방식이라 할 수 있다. [예외] 우리말의 조사는 접미사 범주(範疇)에 포함시키기 어려운 것이어서 하나의 단어로 다루어지고 있으나, 형식 형태소이며 의존 형태소(依存形態素)이므로, 그 앞의 단어에 붙여 쓰는 것이다.

외래어 표기도 여기서 다루어야 할 것이다. 그러나 외래어의 표기에서는 각 언어가 지닌 특질이 고려되어야 하므로, 외래어 표기법을 따로 정하고(1986년 1월 7일 문교부 고시), 그 규정에 따라 적도록 한 것이다.

제3항 외래어는 '외래어 표기법'에 따라 적는다.

[해설] 외래어 표기도 여기서 다루어야 할 것이다. 그러나 외래어의 표기에서는 각 언어가 지닌 특질이 고려되어야 하므로, 외래어 표기법을 따로 정하고(1986년 1월 7일 문교부 고시), 그 규정에 따라 적도록 한 것이다.

제2장 자모

제4항 한글 자모의 수는 스물넉 자로 하고, 그 순서와 이름은 다음과 같이 정한다: ㄱ(기역)/ㄴ(니은)/ㄷ(디귿)/ㄹ(리을)/ㅁ(미음)/ㅂ(비읍)/ㅅ(시옷)/ㅇ(이응)/ㅈ(지읒)/ㅊ(치읓)/ㅋ(키읔)/ㅌ(티읕)/ㅍ(피읖)/ㅎ(히읗)/ㅏ(아)/ㅑ(야)/ㅓ(어)/ㅕ(여)/ㅗ(오)/ㅛ(요)/ㅜ(우)/ㅠ(유)/ㅡ(으)/ㅣ(이).

[붙임1] 위의 자모로써 적을 수 없는 소리는 두 개 이상의 자모를 어울러서 적되, 그 순서와 이름은 다음과 같이 정한다: ㄲ(쌍기역)/ㄸ(쌍디귿)/ㅃ(쌍비읍)/ㅆ(쌍시옷)/ㅉ(쌍지읒)/ㅐ(애)/ㅒ(얘)/ㅔ(에)/ㅖ(예)/ㅘ(와)/ㅙ(왜)/ㅚ(외)/ㅝ(워)/ㅞ(웨)/ㅟ(위)/ㅢ(의).

[붙임2] 사전에 올릴 적의 자모 순서는 다음과 같이 정한다.
자음: ㄱ/ㄲ/ㄴ/ㄷ/ㄸ/ㄹ/ㅁ/ㅂ/ㅃ/ㅅ/ㅆ/ㅇ/ㅈ/ㅉ/ㅊ/ㅋ/ㅌ/ㅍ/ㅎ
모음: ㅏ/ㅐ/ㅑ/ㅒ/ㅓ/ㅔ/ㅕ/ㅖ/ㅗ/ㅘ/ㅙ/ㅚ/ㅛ/ㅜ/ㅝ/ㅞ/ㅟ/ㅠ/ㅡ/ㅢ/ㅣ

[해설] 한글 자모(字母)의 수와 차례 및 이름은 통일안(한글 맞춤법 통일안)에서와 마찬가지로 하였다. 글자 이름에서, 'ㄱ/ㄷ/ㅅ'도 나머지 글자의 경우처럼 '기윽/디읃/시읏'으로 하자는 의견이 있었으나, 기억하기 쉽도록 한다는 것이 오랜 관용(慣用)을 바꾸어야 할 이유가 되지 않기 때문에, 관용대로 '기역/디귿/시옷'으로 하였다.

[붙임1] 한글 자모 24자만으로 적을 수 없는 소리들을 적기 위하여, 두 개 자모를 어우른 글자인 'ㄲ/ㄸ/ㅃ/ㅆ/ㅉ', 'ㅐ/ㅒ/ㅔ/ㅖ/ㅘ/ㅚ/ㅝ/ㅟ/ㅢ'와, 세 개 자모를 어우른 글자인 'ㅙ/ㅞ'를 쓰고 있는 것이다.

[붙임2] 사전에 올릴 적의 차례를 정했는데, 글자(특히 겹글자)의 차례가 일정하지 않기 때문에 사전 편찬자가 임의로 배열하는 데 따른 혼란을 막기 위한 것이다. 받침 글자의 차례가 다루어지지 않았으나, 그 순서는 다음과 같다.
- ㄱ/ㄲ/ㄳ/ㄴ/ㄵ/ㄶ/ㄷ/ㄹ/ㄺ/ㄻ/ㄼ/ㄽ/ㄾ/ㄿ/ㅀ/ㅁ/ㅂ/ㅄ/ㅅ/ㅆ/ㅇ/ㅈ/ㅊ/ㅋ/ㅌ/ㅍ/ㅎ

제3장 소리에 관한 것

제1절 된소리
제2절 구개음화
제3절 'ㄷ'소리 받침
제4절 모음
제5절 두음 법칙
제6절 겹쳐 나는 소리

제5항 한 단어 안에서 뚜렷한 까닭 없이 나는 된소리는 다음 음절의 첫소리를 된소리로 적는다: ①두 모음 사이에서 나는 된소리: 소쩍새/어깨/오빠/으뜸/아끼다/기쁘다/깨끗하다/어떠하다/해쓱하다/가끔/거꾸로/부썩/어찌/이따금. ②'ㄴ/ㄹ/ㅁ/ㅇ' 받침 뒤에서 나는 된소리: 산뜻하다/잔뜩/살짝/훨씬/담뿍/움찔/몽땅/엉뚱하다.

[예외] 'ㄱ, ㅂ' 받침 뒤에서 나는 된소리는, 같은 음절이나 비슷한 음절이 겹쳐 나는 경우가 아니면 된소리로 적지 아니한다. 〈예〉국수/깍두기/딱지/색시/싹둑(~싹둑)/법석/갑자기/몹시.

[해설] 여기서 말하는 '한 단어 안'은 하나의 형태소 내부를 뜻하는 것으로 풀이된다. 예시어 중, '소쩍-새, 아끼-다' 따위는 두 개 형태소로 분석되는 구조이긴 하지만, 된소리 문제는 그중 한 형태소에만 해당하는 것이다. 그리고 '뚜렷한 까닭 없이 나는 된소리'란, 발음에 있어서 경음화의 규칙성이 적용되는 조건(환경)이 아님을 말하는 것이다. 바꾸어 말하면, 본디 예사소리인 것이 환경에 따른 변이음(變異音)으로서의 된소리로 나타나는 현상이 아님을 말한다.

(1) 한 개 형태소 내부에 있어서, 두 모음 사이에서(곧 모음 뒤에서) 나는 된소리는 된소리로 적는다. 예컨대 '소쩍(-새)'은 그 새의 울음소리를 시늉(음성 상징)한 의성어(擬聲語)이므로, '솟/적'처럼 갈라질 수 없고, '어깨'는 '엇개, 억개'처럼 적을 이유가 없는 것이다. '꾀꼬리/메뚜기/부뚜막/새끼/가꾸다/가까이/부쩍' 등은 다 이 규정이 적용된다.

'숫제[숟쩨]'(거짓이 아니라 참말로, 무엇을 하기 전에 차라리)는 흔히 {수쩨}로 발음되지만, 이 경우의 '숫'은 '숫-되다, 숫-접다, 숫-지다' 등과 연관되며, '숫접-이 →숫저비→숫저이→숫제'처럼 분석되는 것이므로, '수쩨'로 적지 않는다.

[예외] '기쁘다(나쁘다, 미쁘다, 바쁘다)'는 어원적인 형태가 '깃-브다(낮-브다, 믿-브다, 밫-브다)'로 해석되는 것이지만, 현실적으로 그 원형(原形)이 인식되지 않으므로, 본 항에서 다룬 것이다.

(2) 역시 한 개 형태소 내부에 있어서, 울림소리 'ㄴ/ㄹ/ㅁ/ㅇ' 뒤에서 나는 된소리는 된소리로 적는다. 받침 'ㄴ/ㄹ/ㅁ/ㅇ'은 예사소리를 경음화시키는 필연적인 조건이 되지 않기 때문이다. 예컨대 '단짝/번쩍/물씬/절뚝거리다/듬뿍/함빡/껑뚱하다/뭉뚱그리다' 따위는 '단작/번적/물신/절둑거리다/듬북/함박/껑둥하다/뭉둥그리다'처럼 적을 이유가 전혀 없는 것이다.

[예외] 한 개 형태소 내부에 있어서도, 'ㄱ, ㅂ' 받침 뒤는 경음화의 규칙성이 적용되는 환경이므로, 된소리

로 나더라도 된소리로 적지 않기로 한 것이다. 곧, '늑대[늑때]/낙지[낙찌]/접시[접씨]/납작하다[납짜카다]'처럼 필연적으로 경음화 현상이 일어나기 때문에, 된소리로 적는 것이 무의미하기 때문이다. 그러나 하나의 형태소 내부에 있어서도, 예컨대 '똑똑(-하다), 쓱싹(-쓱싹), 쌉쌀(-하다)' 따위처럼 같은 음절이나 비슷한 음절이 거듭되는 경우에는 (첫소리가) 같은 글자로 적는다. (제6절 겹쳐 나는 소리 제13항 참조.)

제6항 'ㄷ/ㅌ' 받침 뒤에 종속적 관계를 가진 '-이(-)'나 '-히-'가 올 적에는, 그 'ㄷ/ㅌ'이 'ㅈ/ㅊ'으로 소리나 더라도 'ㄷ/ㅌ'으로 적는다. 〈예〉맏이(ㅇ)/마지(×); 핥이다(ㅇ)/할치다(×); 해돋이(ㅇ)/해도지(×); 걷히다(ㅇ)/거치 다(×); 굳이(ㅇ)/구지(×); 닫히다(ㅇ)/다치다(×); 같이(ㅇ)/가치(×); 묻히다(ㅇ)/무치다(×); 끝이(ㅇ)/끄치(×).

[해설] '종속적(從屬的) 관계'란, 형태소 연결에 있어서 실질형태소인 체언, 어근, 용언 어간 등에 형식 형태 소인 조사, 접미사, 어미 등이 결합하는 관계를 말한다. 이 경우, 형식 형태소는 실질형태소에 딸려 붙는 (종속되는) 요소인 것이다.

실질형태소의 끝 받침 'ㄷ/ㅌ'이 구개음화(口蓋音化)하여 [ㅈ, ㅊ]으로 발음되더라도, 그 기본 형태를 밝히어 'ㄷ/ㅌ'으로 적는다. 그런데 앞(제1항 해설)에서 말한 바와 같이, 형식 형태소의 경우는 변이 형태를 인정하 여 소리 나는 대로 적지만, 실질형태소의 경우는 그 본 모양을 밝히어 적는 것이 원칙이므로, [ㅈ, ㅊ]으로 소리 나더라도 'ㄷ/ㅌ'으로 적는 것이다.

'곧이(-곧대로/-듣다)/(미-여-)닫이/(해-)돋이/맏이/(휘-)묻이/(땀-/물-/씨-)받이/굳히다/닫히다/묻히다/ 낱낱이/(겨레-/살-/일가-/피-)붙이/샅샅이/붙이다/벼훑이/핥이다/훑이다' 따위처럼 'ㄷ/ㅌ/ㄾ' 받침 뒤에 조사나 접미사의 '-이/-히'가 결합되는 구조에도 적용된다.

한편, 명사 '맏이(昆)'를 '마지'로 적자는 의견이 있었으나, '맏-아들, 맏-손자, 맏-형' 등을 통하여 '태어난 차례의 첫 번'이란 뜻을 나타내는 형태소가 '맏'임을 인정하게 되므로, '맏이'로 적기로 하였다.

제7항 'ㄷ소리로 나는 받침 중에서 'ㄷ'으로 적을 근거가 없는 것은 'ㅅ'으로 적는다. 〈예〉덧저고리/돗자리/엇 셈/웃어른/핫옷/무릇/사뭇/얼핏/자칫하면/뭇[衆]/옛/첫/헛.

[해설] 'ㄷ' 소리로 나는 받침이란, 음절 끝소리로 발음될 때 [ㄷ]으로 실현되는 'ㅅ/ㅆ/ㅈ/ㅊ/ㅌ' 등을 말한다. 이 받침들은, 뒤에 형식 형태소의 모음이 결합될 경우에는 제 소리값대로 뒤 음절 첫소리로 내리 이어져 발음되지만, 단어의 끝이나 자음 앞에서는 ─ 음절 말음으로 실현될 때는 모두 [ㄷ]으로 발음된다.

'ㄷ'으로 적을 근거가 없는 것이란, 그 형태소가 'ㄷ' 받침을 가지지 않는 것을 말한다. 예컨대 '걷-잡다(거두 어 붙잡다), 곧-장(똑바로 곧게), 낟-가리(낟알이 붙은 곡식을 쌓은 더미), 돋-보다(←도두 보다)' 등은 본 디 'ㄷ' 받침을 가지고 있는 것으로 분석되고, '반짇-고리, 사흘-날, 숟-가락' 등은 'ㄹ' 받침이 'ㄷ'으로 바뀐 것으로 설명될 수 있다. 이런 경우는 'ㄷ'으로 적을 근거가 있는 것이지만, '갓-스물/걸핏-하면/그-까짓/기 껏/놋-그릇/덧-셈/빗장/삿대/숫-접다/자칫/짓-밟다/풋-고추/햇-곡식' 따위는 'ㄷ'으로 적을 근거가 없는 것이다.

표준어를 소리대로 적는다는 원칙을 적용하면 '덛저고리, 돋자리, 얻셈, ……'처럼 적어야 할 것이지만, 고래의 관용 형식에 따라 'ㅅ'으로 적기로 한 것이다. 표기법은 보수성을 지닌 것이어서, 특별한 이유가 없는 한 재래의 형식을 바꾸지 않는 게 통례로 되어 있다.

한편, 사전에서 '밭–'형으로 다루고 있는 '밭사돈, 밭상제'를 '밧사돈, 밧상제'로 적자는 의견이 있었으나, '바깥'과의 연관성을 살리기 위하여 '밭–'형을 취하기로 하였다. '표준말 모음'(사정한 조선어 표준말 모음)에서는 '(바깥쪽→)밭쪽'이 '밧쪽'으로 되어 있다. 그러나 현실적으로 '밧'은 '바깥'의 뜻으로 인식되지 않으므로, '밭벽/밭부모/밭사돈/밭상제/밭어버이/밭쪽'처럼 적기로 한 것이다.

제8항 '계, 례, 몌, 폐, 혜'의 'ㅖ'는 'ㅔ'로 소리나는 경우가 있더라도 'ㅖ'로 적는다. 〈예〉계수(桂樹)(○)/게수(×); 혜택(惠澤)(○)/헤택(×); 사례(謝禮)(○)/사레(×); 계집(○)/게집(×); 연몌(連袂)(○)/연메(×); 핑계(○)/핑게(×); 폐품(廢品)(○)/페품(×); 계시다(○)/게시다(×).

[예외] 다음 말은 본음대로 적는다. 〈예〉게송(偈頌)/게시판(揭示板)/휴게실(休憩室).

[해설] '계/례/몌/폐/혜'는 현실적으로 {게/레/메/페/헤}로 발음되고 있다. 곧, '예' 이외의 음절에 쓰이는 이중 모음 'ㅖ'는 단모음화하여 {ㅔ}로 발음되고 있는 것이다. (표준 발음법 제5항 다만 2 참조.)

이 중, '례(禮)'의 경우는, 같은 한자음을 단어 첫머리에서는 'ㅖ'로, 제2음절 이하에서는 'ㅔ'로 적을 수는 없는 것이므로 논의의 대상에서 제외되었으나, 그 밖의 '계, 몌, 폐, 혜'는 발음대로 'ㅔ'로 적자는 의견이 있었다. 그러나 철자 형태와 발음 형태가 반드시 일치하는 것은 아니고, 또 사람들의 인식이 'ㅖ'형으로 굳어져 있어서, 그대로 'ㅖ'로 적기로 하였다.

[예외] 한자 '偈, 揭, 憩'는 본음인 'ㅔ'로 적기로 하였다. 따라서 '게구(偈句)/게기(揭記)/게방(揭榜)/게양(揭揚)/게재(揭載)/게판(揭板)/게류(憩流)/게식(憩息)/게제(偈諦)/게휴(憩休)' 등도 '게'로 적는 것이다.

한편, '으례, 켸켸묵다'는 표준어 규정(제10항)에서 단모음화한 형태를 취하였으므로, '으레, 케케묵다'로 적어야 한다.

제9항 '의'나, 자음을 첫소리로 가지고 있는 음절의 'ㅢ'는 'ㅣ'로 소리나는 경우가 있더라도 'ㅢ'로 적는다. 〈예〉의의(意義)(○)/의이(×); 본의(本義)(○)/본이(×); 무늬(紋)(○)/무니(×); 보늬(○)/보니(×); 오늬(○)/오니(×); 하늬바람(○)/하니바람(×); 늴리리(○)/닐리리(×); 닁큼(○)/닝큼(×); 띄어쓰기(○)/띠어쓰기(×); 씌어(○)/씨어(×); 틔어(○)/티어(×); 희망(希望)(○)/히망(×); 희다(○)/히다(×); 유희(遊戱)(○)/유히(×).

[해설] 'ㅢ'의 단모음화 현상을 인정하여, 표준 발음법(제1절 된소리 제5항 다만 3, 4)에서는 ①자음을 첫소리로 가지고 있는 음절의 'ㅢ'는 {ㅣ}로 발음하고, 〈예〉늴리리{닐리리}/띄어{띠어}/유희{유히} ②단어의 첫음절 이외의 '의'는 {ㅣ}로, 조사 '의'는 {ㅔ}로 발음할 수 있다. 〈예〉 주의{주의/주이}/우리의{우리의/우리에}.

그러나 현실적으로 'ㅢ'와 'ㅣ', 'ㅢ'와 'ㅔ'가 각기 변별적 특징(辨別的 特徵)을 가지고 있으며, 또 발음 현상보다 보수성을 지니는 표기법에서는 변화의 추세를 그대로 반영할 수는 없는 것이므로, 'ㅢ'가 {ㅣ}나 {ㅔ}로 발음되는 경향이 있더라도 'ㅢ'로 적기로 한 것이다.

'띄어(←뜨이어), 씌어(←쓰이어), 틔어(←트이어)' 등은 'ㅡ ㅣ'가 줄어진 형태이므로 '늬'로 적으며, '희다/희떱다/희뜩거리다' 등은 관용에 따라 '늬'로 적는다. [예외] '널리리/닁큼/무늬/보늬/하늬바람' 등의 경우는, '늬'의 첫소리 'ㄴ'이 구개음화하지 않는 음([n])으로 발음된다는 점을 유의한 표기 형식이다. 'ㄴ'은 'ㅣ/ㅑ/ㅕ/ㅛ/ㅠ' 앞에 결합하면, '어머니/읽으니까'에서의 {니}처럼 경구개음(硬口蓋音) {ɲ}으로 발음된다. 그런데 '널리리, 무늬' 등의 '늬'는 구개음화하지 않는 'ㄴ', 곧 치경음(齒莖音){n}을 첫소리로 가진 음절로 발음되는 것이다. 그리하여 그 발음 형태는 {니}를 인정하면서도, 재래의 형식대로 '늬'로 적는 것이다.

제10항 한자음 '녀/뇨/뉴/니'가 단어 첫머리에 올 적에는, 두음 법칙에 따라 '여/요/유/이'로 적는다. 〈예〉여자(女子)(○)/녀자(×); 유대(紐帶)(○)/뉴대(×); 연세(年歲)(○)/년세(×); 이토(泥土)(○)/니토(×); 요소(尿素)(○)/뇨소(×); 익명(匿名)(○)/닉명(×).

[예외] 다음과 같은 의존명사에서는 '냐/녀' 음을 인정한다. 〈예〉 냥(兩)/냥쭝(兩-)/년(年)(몇 년).

[붙임1] 단어의 첫머리 이외의 경우에는 본음대로 적는다. 〈예〉 남녀(男女)/당뇨(糖尿)/결뉴(結紐)/은닉(隱匿).

[붙임2] 접두사처럼 쓰이는 한자가 붙어서 된 말이나 합성어에서, 뒷말의 첫소리가 'ㄴ' 소리로 나더라도 두음 법칙에 따라 적는다. 〈예〉 신여성(新女性)/공염불(空念佛)/남존여비(男尊女卑).

[붙임3] 둘 이상의 단어로 이루어진 고유명사를 붙여 쓰는 경우에도 붙임2에 준하여 적는다. 〈예〉 한국여자대학/대한요소비료회사.

[해설] 단어 첫머리에 위치하는 한자의 음이 두음 법칙에 따라 달라지는 것은 달라지는 대로 적는다. 음소 문자인 한글은 원칙적으로 1자 1음(소)의 체계를 취하지만, 표의 문자인 한자의 경우는, 국어의 음운 구조에 따라 두 가지 형식을 취한 것이다. 본음이 '녀/뇨/뉴/니'인 한자가 첫머리에 놓일 때는 '여/요/유/이'로 적는다. 〈예〉 연도(年度)/열반(涅槃)/요도(尿道)/육혈(衄血)/이승(尼僧)/이토(泥土)/익사(溺死).

[예외] 의존명사인 '냥(←兩), 냥쭝(←兩-), 년(年)' 등은 그 앞의 말과 연결되어 하나의 단위를 구성하는 것이므로, 두음 법칙을 적용하지 않고 소리 나는 대로 적기로 한 것이다. 〈예〉 금 한 냥/은 두 냥쭝/십 년. '년(年)'이 '연 3회'처럼 '한 해 (동안)'란 뜻을 표시하는 경우엔 의존명사가 아니므로, 두음 법칙이 적용된다.

한편, 고유어 중에서도 다음 의존명사에는 두음 법칙이 적용되지 않는다. 〈예〉 녀석(고얀 녀석)/년(괘씸한 년)/님(바느질 실 한 님)/닢(엽전 한 닢, 가마니 두 닢)

[붙임1] 단어의 첫머리가 아닌 경우에는 두음 법칙이 적용되지 않으므로, 본음대로 적는 것이다. 〈예〉소녀(少女)/만년(晚年)/배뇨(排尿)/결뉴(結紐)/비구니(比丘尼)/운니(雲泥)/은닉(隱匿)/탐닉(耽溺).

[붙임2] '접두사처럼 쓰이는 한자'란, 사전들에서 접두사로 다루어지는 게 통례이긴 하나, 그 성격상 접두사로 단정하기 어려운 한자어 형태소를 말한다. 예컨대 '신(新), 구(舊)'는 의존 형태소라는 점에서 접사적 성격을 띠는 것이지만 '신구(新舊)'와 같이 양자가 대등한 관계로 결합된 구조에서는 명사적 성격을, '신인(新

부
록

人), 신참(新參)'과 같이 수식·피수식의 관계로 결합된 구조에서는 형용사 또는 부사적 성격을 띠는 것이다. 따라서 한자어의 구조적 특질을 고려할 때, '신-세계, 신-여성'처럼 독립성을 지닌 단어 앞에 결합한 구조에서만 접두사로 분석하는 게 과연 합리적인 처리이냐 하는 의문이 제기될 수 있다는 견해에서, 이와 같이 표현한 것이다.

독립성이 있는 단어에 접두사처럼 쓰이는 한자어 형태소가 결합하여 된 단어나, 두 개 단어가 결합하여 된 합성어 (혹은 이에 준하는 구조)의 경우, 뒤의 단어에는 두음 법칙이 적용된다. '신-여성, 구-여성, 공-염불'은 독립성이 있는 단어 '여성, 염불'에 접두사적 성격의 한자어 형태소 '신-, 구-, 공-'이 결합된 구조이므로 '신녀성, 구녀성, 공념불'로 적지 않으며, '남존-여비, 남부-여대(男負女戴)' 등은 각각 단어 (혹은 절) 성격인 '남존, 남부'와 '여비, 여대'가 결합한 구조이므로, '남존녀비, 남부녀대'로 적지 않는다.

한편, 예컨대 '신년도, 구년도' 등은 그 발음 형태가 [신년도, 구ː년도]이며 또 '신년-도, 구년-도'로 분석되는 구조이므로, 이 규정이 적용되지 않는다.

[붙임3] 둘 이상의 단어로 이루어진 고유명사를 붙여 쓰는 경우에도, '한국 여자 약사회→한국여자약사회'처럼 결합된 각 단어를 두음 법칙에 따라 적는다. 이것은 합성어의 경우에 준하는 형식이다.

제11항 한자음 '랴/려/례/료/류/리'가 단어의 첫머리에 올 적에는, 두음 법칙에 따라 '야/여/예/요/유/이'로 적는다. 〈예〉양심(良心)(○)/량심(×); 용궁(龍宮)(○)/룡궁(×); 역사(歷史)(○)/력사(×); 유행(流行)(○)/류행(×); 예의(禮儀)(○)/례의(×); 이발(理髮)(○)/리발(×).

[예외] 다음과 같은 의존명사는 본음대로 적는다. 〈예〉리(里): 몇 리냐?; 리(理): 그럴 리가 없다.

[붙임1] 단어의 첫머리 이외의 경우에는 본음대로 적는다. 〈예〉 개량(改良)/선량(善良)/수력(水力)/협력(協力)/사례(謝禮)/혼례(婚禮)/와룡(臥龍)/쌍룡(雙龍)/하류(下流)/급류(急流)/도리(道理)/진리(眞理).

[예외] 모음이나 'ㄴ' 받침 뒤에 이어지는 '렬, 률'은 '열, 율'로 적는다. 〈예〉 나열(羅列)(○)/나렬(×); 치열(齒列))(○)/치렬(×); 비열(卑劣))(○)/비렬(×); 분열(分裂)(○)/분렬(×); 선열(先烈))(○)/선렬(×); 진열(陳列))(○)/진렬(×); 규율(規律)(○)/규률(×); 비율(比率))(○)/비률(×); 실패율(失敗率)(○)/실패률(×); 선율(旋律))(○)/선률(×); 전율(戰慄))(○)/전률(×); 백분율(百分率))(○)/백분률(×).

[붙임2] 외자로 된 이름을 성에 붙여 쓸 경우에도 본음대로 적을 수 있다. 〈예〉 신립(申砬)/최린(崔麟)/채륜(蔡倫)/하륜(河崙).

[붙임3] 준말에서 본음으로 소리나는 것은 본음대로 적는다. 〈예〉 국련(국제연합)/대한교련(대한교육연합회).

[붙임4] 접두사처럼 쓰이는 한자가 붙어서 된 말이나 합성어에서, 뒷말의 첫소리가 'ㄴ' 또는 'ㄹ' 소리로 나더라도 두음 법칙에 따라 적는다. 〈예〉 역이용(逆利用)/연이율(年利率)/열역학(熱力學)/해외여행(海外旅行).

[붙임5] 둘 이상의 단어로 이루어진 고유명사를 붙여 쓰는 경우나 십진법에 따라 쓰는 수(數)도 붙임4에 준하여 적는다. 〈예〉 서울여관/신흥이발관/육천육백육십육(六千六百六十六).

[해설] 본음이 '랴/려/례/료/류/리'인 한자가 단어 첫머리에 놓일 때는 '야/여/예/요/유/이'로 적는다. [예외] 의존명사 '량(輛), 리(理, 里, 厘)' 등은 두음 법칙과 관계없이 본음대로 적는다. 〈예〉객차(客車) 오십 량(輛); 2푼 5리(厘).

[붙임1] 단어 첫머리 이외의 경우는 두음 법칙이 적용되지 않으므로, 본음대로 적는다. 예시어 중 '쌍룡(雙龍)'에 대해서는, 각기 하나의 명사로 다루어지는 '쌍'(한 쌍, 두 쌍, ……)과 '용'이 결합한 구조이므로 '쌍용'으로 적어야 한다는 견해도 있었으나, '쌍룡'의 '쌍'은 수량 단위를 표시하지 않으며, 또 '쌍룡'이 하나의 단어로 익어져 쓰이고 있는 것이므로, '쌍룡'으로 적기로 하였다.

[예외] 모음이나 'ㄴ' 받침 뒤에 결합되는 '렬(列, 烈, 裂, 劣), 률(律, 率, 栗, 慄)'은 발음 형태가 [나열, 서:열, ……]이므로, 관용에 따라 '열, 율'로 적는다. 〈예〉 나열(羅列)/서열(序列)/분열(分列)/전열(前列)/의열(義烈)/치열(熾烈)/선열(先烈)/사분오열(四分五裂)/균열(龜裂)/분열(分裂)/비열(卑劣)/우열(優劣)/천열(賤劣)/규율(規律)/자율(自律)/운율(韻律)/선율(旋律)/비율(比率)/이율(利率)/백분율(百分率)/외율(煨栗)/조율(棗栗)/전율(戰慄). '율(率)'을 독립적인 단어로 다루어 '명중율(命中率), 합격율(合格率)'처럼 적기도 하였으나, '율'로 쓰는 것은 모음이나 'ㄴ' 받침 뒤에 국한시켰으므로, '명중률, 합격률'로 적어야 한다.

[붙임2] 한 글자(음절)로 된 이름을 성에 붙여 쓰는 경우, 본음대로 적는 것을 허용하였다. 역사적인 인물의 성명에 있어서, 사람들의 발음 형태가 '申砬[실립]', '崔麟[최린]'처럼 익어져 있으므로, 표기 형태인 '신입, 최인'과 동떨어지기 때문이다.

[붙임3] 둘 이상의 단어로 이루어진 말이 줄어서서 두 개 단어로 인식되지 않는 것은, 뒤 한자의 음을 본음대로 적는다. 이 경우, 뒤의 한자는 하나의 단어가 아니기 때문에, 두음 법칙이 적용되지 않는 것이다. 〈예〉 국제 연합(두 개 단어) →국련(國聯) (두 단어로 인식되지 않음); 교육 연합회(두 개 단어)→교련(敎聯) (두 단어로 인식되지 않음)

[붙임4] 전항 붙임2의 규정과 마찬가지로, 독립성이 있는 단어에 접두사처럼 쓰이는 한자어 형태소가 결합하여 된 단어나, 두 개 단어가 결합하여 된 합성어 (또는 이에 준하는 구조)의 경우, 뒤의 단어에는 두음 법칙이 적용된다. 〈예〉 몰-이해(沒理解)/과-인산(過燐酸)/가-영수(假領收)/등-용문(登龍門)/불-이행(不履行)/사-육신(死六臣)/생-육신(生六臣)/선-이자(先利子)/소-연방(蘇聯邦)/청-요리(淸料理)/수학-여행(修學旅行)/낙화-유수(落花流水)/무실-역행(務實力行)/시조-유취(時調類聚).

그러나 사람들의 발음 습관이 본음의 형태로 굳어져 있는 것은 예외 형식을 인정한다. 〈예〉미-립자(微粒子)/소-립자(素粒子)/수-류탄(手榴彈)→총-유탄(銃榴彈)/파-렴치(破廉恥)→몰-염치(沒廉恥)〉.

[예외] 고유어 뒤에 한자어가 결합한 경우는 뒤의 한자어 형태소가 하나의 단어로 인식되므로, 두음 법칙을 적용하여 적는다. 〈예〉 개-연(蓮)/구름-양(量)[雲量]/서울-여관/허파숨-양(量)[肺活量]/수-용[雄龍].

[붙임5] '육육삼십육(6×6=36)' 같은 형식도 이에 준하여 적는다. [예외] '오륙도(五六島), 육륙봉(六六峰)' 등은 '오/육, 육/육'처럼 두 단어로 갈라지는 구조가 아니므로, 본음대로 적는다.

제12항 한자음 '라/래/로/뢰/루/르'가 단어의 첫머리에 올 적에는 두음 법칙에 따라 '나/내/노/뇌/누/느'로 적는다. 〈예〉낙원(樂園)(○)/락원(×); 뇌성(雷聲)(○)/뢰성(×); 내일(來日)(○)/래일(×); 누각(樓閣)(○)/루각(×); 노인(老人)(○)/로인(×); 능묘(陵墓)(○)/릉묘(×).

[붙임1] 단어의 첫머리 이외의 경우에는 본음대로 적는다. 〈예〉쾌락(快樂)/극락(極樂)/거래(去來)/왕래(往來)/부로(父老)/연로(年老)/지뢰(地雷)/낙뢰(落雷)/고루(高樓)/광한루(廣寒樓)/동구릉(東九陵)/가정란(家庭欄).

[붙임2] 접두사처럼 쓰이는 한자가 붙어서 된 단어는 뒷말을 두음 법칙에 따라 적는다. 〈예〉내내월(來來月)/상노인(上老人)/중노동(重勞動)/비논리적(非論理的).

[해설] 본음이 '라/래/로/뢰/루/르'인 한자가 첫머리에 놓일 때는 '나/내/노/뇌/누/느'로 적는다.

[붙임1] 단어 첫머리 이외의 경우는 두음 법칙이 적용되지 않으므로, 본음대로 적는다. '릉(陵)'과 '란(欄)'은 독립적으로 사용되기도 한다는 뜻에서 '능, 난'으로 써야 한다는 의견도 있었으나, '왕릉(王陵), 정릉(貞陵), 동구릉(東九陵)'처럼 쓰이는 '릉'이나, '독자란(讀者欄), 비고란(備考欄)'처럼 쓰이는 '란'은 한 음절로 된 한자어 형태소로서, 한자어 뒤에 결합할 때에는 통상 하나의 단어로 인식되지 않기 때문에, 본음대로 적기로 한 것이다. 〈예〉강릉(江陵)/태릉(泰陵)/서오릉(西五陵)/공란(空欄)/답란(答欄)/투고란(投稿欄).

[예외] 예컨대 '어린이-난, 어머니-난, 가십(gossip)-난'과 같이 고유어나 (구미) 외래어 뒤에 결합하는 경우에는, 제11항 붙임4에서 보인 '개-연(蓮), 구름-양(量)'의 경우처럼 두음 법칙을 적용하여 적는다.

[붙임2] 접두사처럼 쓰이는 한자어 형태소가 결합하여 된 단어나, 두 개 단어가 결합하여 된 합성어(또는 이에 준하는 구조)의 경우, 뒤의 단어는 두음 법칙에 따라 적는다. 〈예〉반-나체(半裸體)/실-낙원(失樂園)/중-노인(中老人)/육체-노동(肉體勞動)/부화-뇌동(附和雷同)/사상-누각(砂上樓閣)/평지-낙상(平地落傷). 한편, '고랭지(高冷地)'는 '표고(標高)가 높고 찬 지방'이란 뜻을 나타내는 단어이므로, '고-냉지'로 적지 않고 '고랭-지'로 적는 것이다.

제13항 한 단어 안에서 같은 음절이나 비슷한 음절이 겹쳐 나는 부분은 같은 글자로 적는다. 〈예〉딱딱(○)/딱닥(×); 꼿꼿하다(○)/꼿곳하다(×); 쌕쌕(○)/쌕색(×); 놀놀하다(○)/놀롤하다(×); 씩씩(○)/씩식(×); 눅눅하다(○)/능눅하다(×); 똑딱똑딱(○)/똑닥똑딱(×); 밋밋하다(○)/민밋하다(×); 쓱싹쓱싹(○)/쓱삭쓱삭(×); 싹싹하다(○)/싹삭하다(×); 연연불망(戀戀不忘)(○)/연련불망(×); 쌉쌀하다(○)/쌉살하다(×); 유유상종(類類相從)(○)/유류상종(×); 씁쓸하다(○)/씁슬하다(×); 누누이(屢屢-)(○)/누루이(×); 짭짤하다(○)/짭잘하다(×).

[해설] '딱딱, 쌕쌕' 등은 의성어 '딱, 쌕'이 겹쳐진 첩어(疊語)이며, 한자어 '연연(-불망)/유유(-상종)/누누(-

이' 등도 첩어적 성격을 지닌 것이다. 그런데 '꼿꼿하다/눌눌하다' 등에서의 '꼿/눌' 따위는 의미적 단위가 아니기 때문에, 성격상의 차이가 있는 것이다. 그러나 두 가지(왼쪽 예시어와 오른쪽 예시어) 유형이 마찬 가지로 동일 음절, 혹은 유사 음절이 중복되는 형식이므로, 본 항에서 함께 다루었다.

[예외] '연연불망/유유상종/누누이'는 제11항 붙임1 규정을 적용하면 '연련(-불망)/유류(-상종)/누루(-이)' 로 적을 것이지만, 사람들의 발음 형태가 {여:년-}/{유유-}/{누:누-}로 굳어져 있는 것이므로, 관용 형식을 취하여 '연연-/유유-/누누-'로 적기로 한 것이다. 이런 예로 '노노법사(老老法師)/요요무문(寥寥無聞)/요 요(寥寥)하다' 등도 있다.

그러나 그 밖의 경우는 (제2 음절 이하에서) 본음대로 적는 것이 원칙이다. 〈예〉낭랑(朗朗)하다/냉랭(冷冷) 하다/녹록(碌碌)하다/늠름(凜凜)하다/연년생(年年生)/염념불망(念念不忘)/역력(歷歷)하다/인린(燐燐)하다/ 적나라(赤裸裸)하다.

제14항 체언은 조사와 구별하여 적는다. 〈예〉 떡이/떡을/떡에/떡도/떡만; 손이/손을/손에/손도/손만; 팔이/ 팔을/팔에/팔도/팔만; 밤이/밤을/밤에/밤도/밤만; 집이/집을/집에/집도/집만; 여덟이/여덟을/여덟에/여덟 도/여덟만; 곬이/곬을/곬에/곬도/곬만; 값이/값을/값에/값도/값만.

[해설] 실질형태소인 체언의 형태를 고정시키고, 조사도 모든 체언에 공통적으로 결합하는 통일된 형식을 유지시켜 적기로 한 것이다. 예컨대 '값(價)'에 조사가 결합한 형태를 소리 나는 대로 적는다면, '갑씨/갑쓸/ 갑또/감만'처럼 되어서, 실질형태소(체언)의 본 모양이 어떤 것인지, 또 형식 형태소인 조사와의 경계가 어 디인지 알아보기가 어렵게 된다. 실질형태소의 형태가 여러 가지로 표기되면 그 의미 파악이 어려워지고, 따라서 독서의 능률이 크게 저하될 것이다.

체언과 조사를 구별하여 적는다는 것은 결국 체언의 끝 받침을 조사의 첫소리 자리로 내리 이어 적지 않 는 것을 말한다. 예컨대 '밭-이'를 '바티' 혹은 '바치'로 적는다고 하면, 체언의 형태가 파괴될 뿐 아니라, 주 격(主格)을 표시하는 조사의 형태가 불분명해진다. 그리하여 '田'이란 뜻을 표시하는 실질형태소를 '밭'으 로 고정시키고, 여기에 주격을 표시하는 '이'가 결합한 형태는 '밭이'로 적는 것이 합리적인 방식이다. 〈예〉 '젖[乳]/꽃[花]/부엌[廚]/앞[前]/흙[土]/값[價]' + '은/의/을/에/으로/이다'.

제15항 용언의 어간과 어미는 구별하여 적는다. 〈예〉 먹다/먹고/먹어/먹으니; 울다/울고/울어/(우니); 좋다/ 좋고/좋아/좋으니; 읊다/읊고/읊어/읊으니; 있다/있고/있어/있으니.

[붙임1] 두 개의 용언이 어울려 한 개의 용언이 될 적에, 앞말의 본뜻이 유지되고 있는 것은 그 원형을 밝 히어 적고, 그 본뜻에서 멀어진 것은 밝히어 적지 아니한다: ①앞말의 본뜻이 유지되고 있는 것: 넘어지다/ 늘어나다/늘어지다/돌아가다/되짚어가다/들어가다/떨어지다/벌어지다/엎어지다/접어들다/틀어지다/흩어지 다. ②본뜻에서 멀어진 것: 드러나다/사라지다/쓰러지다.

[붙임2] 종결형에서 사용되는 어미 '-오'는 '요'로 소리나는 경우가 있더라도 그 원형을 밝혀 '오'로 적는다. 〈예〉 이것은 책이오.(○) ↔ 이것은 책이요.(×); 이리로 오시오.(○) ↔ 이리로 오시요.(×); 이것은 책이 아니 오.(○) ↔ 이것은 책이 아니요.

부
록

[붙임3] 연결형에서 사용되는 '이요'는 '이요'로 적는다. 〈예〉 이것은 책이요, 저것은 붓이요, 또 저것은 먹이다.(○) ↔ 이것은 책이오, 저것은 붓이오, 또 저것은 먹이다.(×)

[해설] 전항과 마찬가지로, 실질형태소인 어간의 형태를 고정시키고, 형식 형태소인 어미도 모든 어간에 공통적으로 결합하는 통일된 형식을 유지시켜 적기로 한 것이다. 예컨대 어간 형태소 '늙-'에 어미가 결합한 형태를 소리 나는 대로 적는다면, '①늘꼬/늘께 ②늑찌/늑쏘 ③능는/능네 ④늘그니/늘거서'처럼 되어서, 어간의 형태가 어떤 것인지, 어미와의 경계가 어디인지 알아보기가 어려워진다. 이 경우 역시, '늙-고, 늙-지, 늙-는, 늙-으니'처럼 어간과 어미의 형태를 분명히 구별함으로써, 어간이 표시하는 어휘적 의미와 어미가 표시하는 문법적 의미가 쉽게 파악될 수 있는 것이다. 〈예〉 '꺾[折]/잊[忘]/덮[覆]/긁[搔]/읊[咏]/잃[失]' + '-는다/-느냐/-으니/-어서/-도록/-거든'.

[붙임1] 두 개 용언이 결합하여 하나의 단어로 된 경우, 앞 단어의 본뜻이 유지되고 있는 것은 그 어간의 본 모양을 밝히어 적고, 본뜻에서 멀어진 것은 소리 나는 대로 적는다. '본뜻에서 멀어진 것'이란, 그 단어가 단독으로 쓰일 때 표시되는 어휘적 의미가 제대로 인식되지 못하거나 변화되었음을 말한다. 예시어 중, '늘어나다, 되짚어가다, 접어들다, 틀어지다'는 통일안에서 안 다루어졌던 것을 추가하였다.

(1)의 '늘어나다-늘다[增]/늘어지다-늘다[延]/돌아가다-돌다[回]/들어가다-들다[入]/떨어지다-(밤을) 떨다/벌어지다-(아람이) 벌다/엎어지다-엎다[覆]/틀어지다-틀다[妨]/흩어지다-흩다[散]' 따위는 앞 단어의 본뜻이 유지되고 있는 것이다. '되짚어가다' (및 '되짚어오다')는 '되짚어'라는 단어(부사)가 사전에서 다루어지고 있다. [예외] '넘어지다, 접어들다'의 경우는 그 의미 구조가 좀 모호하긴 하지만, 어원적인 형태를 '넘어-지다', '접어-들다'로 해석하는 관례에 따라 여기서 다룬 것이다. 한편, '돌아가다[歸], 접어들다[移入]' 따위는 예컨대 '산모퉁이를 돌아(서) 간다', '우산을 접어(서) 든다' 같은 형식과는 구별된다.

(2)의 '드러나다, 사라지다, 쓰러지다' 등은 '들다/나다', '살다/지다', '쓸다/지다'처럼 분석되지 않는다. 사전에서는 '(방을) 쓸다'의 피동형은 '쓸리다'로 다루고 있으나, '지다' 결합 형식은 '쓸어지다'(비가 좋으니, 방이 잘 쓸어진다.)로서, '쓰러진다[靡]'와 구별된다. (2)의 규정이 적용되는 단어로는 '나타나다/바라보다/바라지다[坼]/배라먹다[乞食]/부서지다[碎]/불거지다[凸]/부러지다[折]/자라나다[長]/자빠지다[沛]/토라지다[少滯]' 등도 있다.

[붙임2] 통일안 부록 Ⅰ 표준말 5에는, 연결형(連結形)이나 종지형(終止形)이나 마찬가지로 '이요'로 한다고 규정되어 있다. 그런데 현행 표기에서는 연결형은 '이요' 종지형은 '이오'로 적고 있어서, 관용 형식을 취한 것이다. 연결형의 경우는, 옛말에서 '이고'의 'ㄱ'이 묵음화(默音化)하여 '이오'로 굳어진 것이긴 하지만, 다른 단어의 연결형에 '오' 형식이 없으므로(연관시킬 필요가 없으므로), 소리 나는 대로 '요'로 적는 것이다. 그러나 종지형의 경우는, '나도 가오.', '집이 크오.'처럼 모든 용언 어간에 공통적으로 결합하는 형태가 '오'인데, '이-' 뒤에서만 예외적인 형태 '요'를 인정하는 것은 체계 있는 처리가 아니므로, '오'로 적는 것이다.

제16항 어간의 끝음절 모음이 'ㅏ, ㅗ'일 때에는 어미를 '-아'로 적고, 그 밖의 모음일 때에는 '-어'로 적는다: ①'-아'로 적는 경우: 나아/나아도/나아서; 막아/막아도/막아서; 보아/보아도/보아서. ②'-어'로 적는 경우: 되어/되어도/되어서; 베어/베어도/베어서; 쉬어/쉬어도/쉬어서; 주어/주어도/주어서.

제17항 어미 뒤에 덧붙는 조사 '요'는 '요'로 적는다. 〈예〉읽어/읽어요; 참으리/참으리요; 좋지/좋지요.

[해설] 이 경우의 '요'는, 그것만으로 끝날 수 있는 어미 뒤에 결합하여 높임의 뜻을 더하는 성분인데, 어미에 결합하는 조사로 설명되고 있다. 이 '요'는 의문형 어미 뒤에도 결합한다. 〈예〉 가리-요/가지-요/가나-요/가는가-요.

제18항 다음과 같은 용언들은 어미가 바뀔 경우, 그 어간이나 어미가 원칙에 벗어나면 벗어나는 대로 적는다.
1. **어간의 끝 'ㄹ'이 줄어질 적:** 갈다→가니/간/갑니다/가시다/가오; 놀다→ 노니/논/놉니다/노시다/노오; 불다→부니/분/붑니다/부시다/부오; 어질다→어지니/어진/어집니다/어지시다/어지오. [붙임] 다음과 같은 말에서도 'ㄹ'이 준 대로 적는다. 〈예〉 마지못하다/마지않다/(하)다마다/(하)자마자/(하)지 마라/(하)지 마(아).
2. **어간의 끝 'ㅅ'이 줄어질 적:** 긋다→그어/그으니/그었다; 낫다→나아/나으니/나았다; 잇다→이어/이으니/이었다; 짓다→지어/지으니/지었다.
3. **어간의 끝 'ㅎ'이 줄어질 적:** 그렇다→그러니/그럴/그러면/그러오; 까맣다→까마니/까말/까마면/까마오; 동그랗다→동그라니/동그랄/동그라면/동그라오; 퍼렇다→퍼러니/퍼럴/퍼러면/퍼러오; 하얗다→하야니/하얄/하야면/하야오.
4. **어간의 끝 'ㅜ, ㅡ'가 줄어질 적:** 푸다→퍼/펐다; 뜨다→떠/떴다; 끄다→꺼/껐다; 크다→커/컸다; 담그다→담가/담갔다; 고프다→고파/고팠다; 따르다→따라/따랐다; 바쁘다→바빠/바빴다.
5. **어간의 끝 'ㄷ'이 'ㄹ'로 바뀔 적:** 걷다[步]→걸어/걸으니/걸었다; 듣다[聽]→들어/들으니/들었다; 묻다[問]→물어/물으니/물었다; 싣다[載]→실어/실으니/실었다.
6. **어간의 끝 'ㅂ'이 'ㅜ'로 바뀔 적:** 깁다→기워/기우니/기웠다; 굽다[炙]→구워/구우니/구웠다; 가깝다→가까워/가까우니/가까웠다; 괴롭다→괴로워/괴로우니/괴로웠다; 맵다→매워/매우니/매웠다; 무겁다→무거워/무거우니/무거웠다; 밉다→미워/미우니/미웠다; 쉽다→쉬워/쉬우니/쉬웠다.
   [예외] '돕-, 곱-'과 같은 단음절 어간에 어미 '-아'가 결합되어 '와'로 소리 나는 것은 '-와'로 적는다. 〈예〉돕다[助]→도와/도와서/도와도/도왔다; 곱다[麗]→고와/고와서/고와도/고왔다.
7. **'하다'의 활용에서 어미 '-아'가 '-여'로 바뀔 적:** 하다→하여/하여서/하여도/하여라/하였다.
8. **어간의 끝음절 '르' 뒤에 오는 어미 '-어'가 '-러'로 바뀔 적:** 이르다[至]→이르러/이르렀다; 노르다→노르러/노르렀다; 누르다→누르러/누르렀다; 푸르다→푸르러/푸르렀다.
9. **어간의 끝음절 '르'의 'ㅡ'가 줄고, 그 뒤에 오는 어미 '-아/-어'가 '-라/-러'로 바뀔 적:** 가르다→갈라/갈랐다; 부르다→불러/불렀다; 거르다→걸러/걸렀다; 오르다→올라/올랐다; 구르다→굴러/굴렀다; 이르다→일러/일렀다; 벼르다→별러/별렀다; 지르다→질러/질렀다.

[해설] 어휘적 형태소인 어간이 문법적 형태소인 어미와 결합하여 이루어지는 활용의 체계에는 (1)어간의 모양은 바뀌지 않고, 어미만이 교체된다(변화한다). (2)어미는 모든 어간에 공통되는 형식으로 결합한다.라는 원칙이 있다. '원칙에 벗어나면'이란, 이 두 가지 조건에 맞지 않음을 뜻하는 것이니, ①어미가 예외적인 형태로 결합하는 것 ②어간의 모양이 달라지고, 어미도 예외적인 형태로 결합하는 것 등, 두 가지 형식을 들 수 있다.

1. 어간 끝 받침 'ㄹ'이 어미의 첫소리 'ㄴ/ㅂ/ㅅ' 및 '-(으)오/-(으)ㄹ' 앞에서 줄어지는 경우, 준 대로 적는다. 〈예〉살다→(살네)사네/(살세)사세/(살으오)사오/(살을수록)살수록; 빌다→(빌네)비네/(빌세)비세/(빌으오)

비오/(빌읍시다)빕시다/(빌을뿐더러)빌뿐더러. 어간 끝 받침이 'ㄹ'인 용언은 모두 이에 해당한다. [붙임] 어간 끝 받침 'ㄹ'은 'ㄷ, ㅈ, 아' 앞에서 줄지 않는 게 원칙인데, 관용상 'ㄹ'이 줄어진 형태가 굳어져 쓰이는 것은 준 대로 적는다. 〈예〉(-다 말다)-다마다; (말지 못하다)마지못하다; (멀지 않아)머지않아; (-자 말자)-자마자; (-지 말아)-지 마(아); (-지 말아라)-지 마라.

'(-지 말아라→-지 마라)'의 경우는, 예전에는 비표준어로 보았으나, 두 가지 모두를 인정하기로 함 (2015.12.). 한편, '-다마다'는 사전에 따라 '-고말고'의 방언으로 다루어지기도 하였으나, 표준어로 인정한 것이다. (표준어 규정 제 26항 참조.)

2. 어간 끝 받침 'ㅅ'이 어미의 모음 앞에서 줄어지는 경우, 준 대로 적는다. 어간 끝에 'ㅅ' 받침을 가진 용언 중, '긋다/낫다/붓다/잇다/잣다/젓다/짓다' 등이 이에 해당되고 '벗다/빗다/빼앗다/솟다/씻다/웃다' 등은 'ㅅ' 받침이 줄어지지 않는다. 〈예〉붓다→(붓으니)부으니/(붓어도)부어도/(붓었다)부었다. '줏다'가 상당히 널리 사용되고 있으나, '줍다'의 방언으로 다루어진다. 어원적으로 '줏다'에서 파생된 부사 '주섬주섬'은 '주엄주엄'으로 적지 않는다.

3. 형용사의 어간 끝 받침 'ㅎ'이 어미 '-네'나 모음 앞에서 줄어지는 경우, 준 대로 적는다. [예외] 어미 '-아/-어'와 결합할 때는 '-애/-에'로 나타난다. 〈예〉노랗다→(노랗네)노라네/(노랗은)노란/(노랗으니)노라니/(노랗아)노래/(노랗아지다)노래지다; 허옇다→(허옇네)허여네/(허옇을)허열/(허옇으면)허여면/(허옇어)허예/(허옇어지다)허예지다. ⇒[2015년 개정] 단, '-네'와 결합할 때는 '노랗네/노라네'와 같은 두 가지 표기를 허용함. 즉, 두 말은 복수표준어.

4. 어간이 모음 'ㅜ'로 끝나는 동사 '푸다'와, 어간이 모음 'ㅡ'로 끝나는 용언 중 8, 9에 해당하는 단어 이외의 단어들은, 뒤에 어미 '-어'가 결합하면 'ㅜ, ㅡ'가 줄어진다. 〈예〉푸다→(푸어)퍼/(푸어서)퍼서/(푸었다)펐다; 바쁘다→(바쁘어)바빠/(바쁘어도)바빠도/(바쁘었다)바빴다. 'ㅜ'가 줄어지는 단어는 '푸다' 하나뿐이며, 'ㅡ'가 줄어지는 단어로는 '끄다/담그다/따르다/뜨다/잠그다/치르다/트다/가쁘다/고프다/기쁘다/나쁘다/미쁘다/바쁘다/슬프다/아프다/예쁘다/크다' 등이 있다.

5. 어간 끝 받침 'ㄷ'이 모음 앞에서 'ㄹ'로 바뀌어 나타나는 경우, 바뀐 대로 적는다. 〈예〉일컫다→(일컫으면)일컬으면/(일컫어서)일컬어서/(일컫었다)일컬었다. 어간 끝에 'ㄷ' 받침을 가진 용언 중, '걷다[步]/긷다/깨닫다/눋다/닫다[走]/듣다/묻다[問]/붇다/싣다/일컫다' 등이 이에 해당되고 '걷다[收/撒]/닫다[閉]/돋다/뜯다/묻다[埋]/믿다/받다/벋다/뻗다/얻다/곧다/굳다' 등은 'ㄷ'이 'ㄹ'로 바뀌지 않는다.

6. 어간 끝 받침 'ㅂ'이 모음 앞에서 '우'로 바뀌어 나타나는 경우, 바뀐 대로 적는다. 〈예〉눕다→(눕으니)누우니/(눕어)누워/(눕었다)누웠다; 덥다→(덥으면)더우면/(덥어)더워/(덥었다)더웠다. 어간 끝에 'ㅂ' 받침을 가진 용언 중, '굽다[炙]/깁다/눕다/줍다/가깝다/가볍다/간지럽다/괴롭다/그립다/노엽다/더럽다/덥다/맵다/메스껍다/무겁다/미덥다/밉다/사납다/서럽다/쉽다/아니꼽다/어둡다/역겹다/즐겁다/지겹다/차갑다/춥다' 등과, 접미사 '-답다/-롭다/-스럽다'가 결합하여 된 단어들이 이에 해당되고, '(손-)꼽다[屈指]/뽑다/씹다/업다/잡다/접다/집다/(손이)곱다/굽다[曲]/좁다' 등은 'ㅂ' 받침이 '우'로 바뀌지 않는다. [예외] 모음조화의 규칙성에 따라 'ㅏ, ㅗ'에 붙은 'ㅂ' 받침 뒤에 어미 '-아(았)'가 결합한 형태는 '가까와/가까와서; 아름다와/아름다와야; 괴로와도/괴로왔다'처럼 모두 '와(왔)'로 적었으나, 이번에는 현실적인 발음 형태를

취하여, 모음이 'ㅗ'인 단음절 어간 뒤에 결합하는 '-아'의 경우만 '와'로 적고, 그 밖의 경우는 모두 '워'로 적기로 하였다.

> '와'형: 돕다 →도와/도와라/도와서/도와도/도와야/도왔다
> 곱다 →고와/고와서/고와도/고와야/고왔다
> '워'형: 괴롭다 →괴로워/괴로워서/괴로워도/괴로워야/괴로웠다
> 아름답다 →아름다워/아름다워서/아름다워도/아름다워야/아름다웠다

7. 제16항 규정을 적용한다면, 어간 '하-' 뒤에는 어미 '-아'가 결합되어야 한다. 그런데 '하-' 뒤에서는 분명히 [여]로 발음되기 때문에, 예외적인 형태인 '여'로 적는 것이다. 〈예〉(하아)하여/(하아라)하여라/(하아도)하여도/(하았다)하였다.

8. 제16항 규정을 적용한다면, '이르-, 노르-' 뒤에는 어미 '-어'가 결합되어야 한다. 그런데 '이르다[至], 누르다, 푸르다' 따위의 경우는 분명히 [러]로 발음되기 때문에, 예외적인 형태인 '러'로 적는다. 〈예〉(푸르어)푸르러/(푸르어서)푸르러서/(푸르었다)푸르렀다/(푸르어지다)푸르러지다. 어간 끝 음절이 '르'인 용언 중, '노르다/누르다/푸르다' 등이 이에 해당된다.

9. 어간 끝 음절 '르' 뒤에 어미 '-어'가 결합할 때, 어간 모음 'ㅡ'가 줄면서 'ㄹ'이 앞 음절 받침으로 올라붙고, 어미 '어'가 '라/러'로 나타나는 경우, 바뀐 대로 적는다. 〈예〉나르다→(나르어)날라/(나르어서)날라서/(나르었다)날랐다; 누르다→(누르어)눌러/(누르어도)눌러도/(누르었다)눌렀다.

어간 끝 음절이 '르'인 용언 중, 4나 8에 해당하는 단어 이외의 것들은 다 이에 해당된다. 그리고 어간 끝 음절 '르' 뒤에 피동사화, 사동사화 접미사 '-이'가 결합하는 경우에도 역시 어간 모음 'ㅡ'가 줄면서 'ㄹ'이 앞 음절의 받침으로 올라붙고, '이'가 '리'로 바뀌어 나타난다. 〈예〉(누르이다)눌리다/(오르이다)올리다/(흐르이다)흘리다.

이 밖에, 예외적인 형태의 어미가 결합하는 형식으로 '가다→(가아라)가거라; 자다→(자아라)자거라; 오다→(오아라)오너라'가 더 있으나, 예외 형식이 단지 명령형 한 가지에 국한되는 것이므로, 여기서 다루어지지 않았다.

제19항 어간에 '-이'나 '-음/-ㅁ'이 붙어서 명사로 된 것과 '-이'나 '-히'가 붙어서 부사로 된 것은 그 어간의 원형을 밝히어 적는다: ①'-이'가 붙어서 명사로 된 것: 길이/깊이/높이/다듬이/땀받이/달맞이/먹이/미닫이/벌이/벼훑이/살림살이/쇠붙이. ②'-음/-ㅁ'이 붙어서 명사로 된 것: 걸음/묶음/믿음/얼음/엮음/울음/웃음/졸음/죽음/앎/만듦. ③'-이'가 붙어서 부사로 된 것: 같이/굳이/길이/높이/많이/실없이/좋이/짓궂이. ④'-히'가 붙어서 부사로 된 것: 밝히/익히/작히.

[예외] 어간에 '-이'나 '-음'이 붙어서 명사로 바뀐 것이라도 그 어간의 뜻과 멀어진 것은 원형을 밝히어 적지 아니한다. 〈예〉굽도리/다리[髢]/목거리(목병)/무녀리/코끼리/거름(비료)/고름[膿]/노름(도박).

[붙임] 어간에 '-이'나 '-음' 이외의 모음으로 시작된 접미사가 붙어서 다른 품사로 바뀐 것은 그 어간의 원

형을 밝히어 적지 아니한다: ①명사로 바뀐 것: 귀머거리/까마귀/너머/뜨더귀/마감/마개/마중/무덤/비렁뱅이/쓰레기/올가미/주검. ②부사로 바뀐 것: 거뭇거뭇/너무/도로/뜨덤뜨덤/바투/불긋불긋/비로소/오긋오긋/자주/차마. ③조사로 바뀌어 뜻이 달라진 것: 나마/부터/조차.

[해설] 명사화 접미사 '–이, –음'은 비교적 널리(여러 어간에) 결합하며, 또 본디 어간 형태소의 뜻이 그대로 유지된다. 〈예〉(굽다) 굽이/(걸다) 귀걸이/(밝다) 귀밝이/(넓다) 넓이/(놀다) 놀음놀이/(더듬다) 더듬이/(뚫다) 대뚫이/(받다) 물받이/(뿜다) 물뿜이/(앓다) 배앓이/(놀다) 뱃놀이/(맞다) 손님맞이/(잡다) 손잡이/(막다) 액막이/(닫다) 여닫이/(걸다) 옷걸이/(박다) 점박이/(살다) 하루살이/(돋다) 해돋이/(씻다) 호미씻이/(묻다) 휘묻이/(갈다) 갈음(–하다)/(볶다) 고기볶음/(그을다) 그을음/(모질다) 모질음/(살다) 삶/(섧다) 설움/(솎다) 솎음/(수줍다) 수줍음/(갚다) 앙갚음/(엮다) 엮음/(솟다) 용솟음/(일컫다) 일컬음/(놀다) 탈놀음/(막다) 판막음.

'겨레붙이, 쇠붙이, 일가붙이, 피붙이'의 '–붙이'를 '부치'로 적자는 의견이 있었으나, 이 경우 '붙–'에는 '붙다, 딸리다'란 뜻이 유지되고 있는 것으로 해석되기 때문에, '붙이'로 적기로 하였다.

부사화 접미사 '–이/–히'도 비교적 규칙적으로 널리(여러 어간에) 결합한다. 〈예〉(곧다) 곧이(–듣다)/(없다) 덧없이/(옳다) 옳이/(적다) 적이/(밝다) 밝히/(익다) 익히/(작다) 작히. '밝히'는 그 뒤에 '증명하다(되다)' 같은 말이 연결되긴 하지만, '만들다, 비치다, 빛나다' 같은 말이 자연스럽게 연결되지 않는 제약성을 지니므로, 부사적 기능이 약한 단어이며, '작히(작하나)'는 그 어근(어간)의 본뜻과 상당히 멀어진 단어다. 그러나 용언 어간 '밝–, 작–'에 부사화 접미사가 결합하여 된 단어이므로, 여기서 다룬 것이다.

[예외] 명사화 접미사 '–이, –음'이 결합하여 된 단어라도, 그 어간의 본뜻과 멀어진 원형(原形)을 밝힐 필요가 없으므로, 소리 나는 대로 적는다. 예시어들은 '돌(다)/달(다)/걸(다)/열(다)/길(다)/놀(다)' 같은 어간 형태소의 뜻이 유지되고 있지 않으므로 '굽돌이/달이/목걸이(딴 단어)/문열이/코길이(코낄이)/굶음/놀음(딴 단어)'처럼 적을 이유가 없는 것이다. '너비/도리깨/두루마리/목도리/빈털터리/턱거리(언턱거리, 종기)' 따위도 이 규정이 적용된다. 한편, '거름[肥料]/노름[賭博]/어름[物界]' 등은 '걸음[步]/놀음[遊]/얼음[氷]'과 달리 적는 동음이의어(同音異義語)인 것이다.

[붙임] 비교적 널리(여러 어간에) 결합하는 '–이, –음'과는 달리, 불규칙적으로 결합하는, 모음으로 시작된 접미사가 붙어서 다른 품사로 바뀐 것은, 그 원형을 밝히지 않고 소리 나는 대로 적는다.
(1) 명사로 된 것: (꾸짖웅) 꾸중/(남어지) 나머지/(눈웅지) 누룽지/(늙으막) 늘그막/(돌앙) 도랑/(돌으래) 도르래/(동글아미) 동그라미/(붉엉이) 불겅이/(뻗으렁) 뻐드렁니/(옭아미) 올가미/(짚앙이) 지팡이/(뚫에) 코뚜레.
(2) 부사로 된 것: (늘우) 느루/(돈우) 도두/(돌오) 도로/(맞우) 마주/(비뚤오) 비뚜로/(밟암) 발밤발밤/(잡암) 자밤자밤/(굿엄) 주섬주섬. '넘어/너머/너무'는 '산을 넘어(동사) 날아간다; 산 너머(명사)에 있는 마을; 사람이 너무(부사) 많다'처럼 구별 되며, '참아, 차마'는 '괴로움을 참아(동사) 왔다; 차마(부사) 때릴 수는 없었다.'처럼 구별된다.
(3) 조사로 된 것: 동사 '남다/붙다/좇다'의 부사형 '남아, 붙어, 좇아'가 허사화(虛辭化)한 것인데, 형식 형태소인 조사이므로 소리 나는 대로 적는다. '마저(←마자←맞아)'도 이에 해당된다.

제20항 명사 뒤에 '-이'가 붙어서 된 말은 그 명사의 원형을 밝히어 적는다. ① 부사로 된 것: 곳곳이/낱낱이/몫몫이/샅샅이/앞앞이/집집이. ② 명사로 된 것: 곰배팔이/바둑이/삼발이/애꾸눈이/육손이/절뚝발이/절름발이.

[붙임] '-이' 이외의 모음으로 시작된 접미사가 붙어서 된 말은 그 명사의 원형을 밝히어 적지 아니한다. 〈예〉꼬락서니/끄트머리/모가치/바가지/바깥/사타구니/싸라기/이파리/지붕/지푸라기/짜개.

[해설] 명사에 접미사 '-이'가 결합하여 다른 품사로 바뀌거나 뜻만 달라지는 경우에도, 명사의 본 모양을 밝히어 적는다. 이 경우의 '이'는 어간에 붙는 '이'처럼 규칙적으로 널리 결합하는 것은 아니지만, 1의 예와 같이 명사가 중복되면서 '이'가 결합하여 부사화하는 형식은 꽤 널리 적용된다. 〈예〉 간간이/겹겹이/길길이/눈눈이/땀땀이/번번이/사람사람이/옆옆이/줄줄이/참참이/철철이/첩첩이/틈틈이/나날이/다달이/골골샅샅이/구구절절이/사사건건이.

품사는 달라지지 않으면서 뜻만 달라지는 것으로는 '각설이/검정이/고리눈이/네눈이/딸깍발이/맹문이/생손이/왕눈이/외톨이/외팔이/우걱뿔이/통방울이' 따위도 있다. '외톨이'는 '외톨(←외돌토리)'에 '-이'가 결합한 구조이므로, '외톨이'로 적는 것이다.

[붙임] 명사 뒤에 '-이' 이외의 모음으로 시작된 접미사가 결합하여 된 단어의 경우는, 그것이 규칙적으로 널리 결합하는 형식이 아니므로, 명사의 형태를 밝히어 적지 아니한다. 〈예〉 (골앙) 고랑/(굴엉) 구렁/(끝으러리) 끄트러기/(목아지) 모가지/(샅애) 사태-고기/(속아지) 소가지/(솔앵) 소댕/(올아기) 오라기/(털억) 터럭.

'모가치'는 '몫'에 '-아치'가 붙어서 된 단어다. 따라서 본 규정을 적용하여 '목사치'로 적을 것이지만, 사람들이 그 어원적인 형태를 인식하지 못하며, 또 발음 형태도 [모가치]로 굳어져 있기 때문에, 관용에 따라 '모가치'로 적는 것이다.

이와 같은 유형으로 '값어치'가 있다. '값어치'에서의 '어치'는 사전들에서 접미사로 다루어지고 있다. 그렇게 보면 본 규정을 적용하여 '갑서치'로 적을 것이고, '모가치'의 경우와 같이 발음 형태를 취한다면 '가버치'로 적어야 할 것이다. 그러나 '한 푼어치, 십 원어치, 백 불(달러)어치, 천 엔어치, 만 프랑어치, 십만 마르크어치, …… '처럼 쓰이는 '어치'는 (의존) 명사적 성격을 강하게 지니고 있을 뿐 아니라, 사람들은 '어치'가 붙는 '푼, 원, ……, 값' 등의 형태를 분명하게 인식하고 있어서, '푸너치, 워너치, …… ' 같은 표기 형태에 거부감을 가지게 된다. 그리하여 본 규정을 적용하지 않는 예외 형식으로 다루어서, 관용에 따라 '값어치'로 적는 것이다.

예외 형식으로는 '벼슬아치'도 있다. 이 경우의 '-아치'(동냥아치, 장사아치)는 접미사로 다루어진다. 따라서 본 규정을 적용하면, '벼스라치'로 적을 것이지만, 역시 사람들이 '벼슬(동냥, 장사)'의 형태를 분명하게 인식하고 있기 때문에, 관용에 따라 '벼슬아치'로 적는다.

또, 표준어 규정 제17항에서 다루어진 '반빗아치'는 '반빗'(반찬 만드는 일)에 '-아치'가 붙어서 된 단어이지만, 발음 형태가 [반비다치]로 굳어져 있어서 '반비사치'로 적을 수 없는 것이므로, 관용에 따라 '반빗아치'

로 적는다. 본 규정에 따라 해석하면, 원칙적인 형식(목사치/갑서치/벼스라치/반비사치)을 버리고 예외적인 형식(모가치/값어치/벼슬아치/반빗아치)을 취한 것이다.

제21항 명사나 혹은 용언의 어간 뒤에 자음으로 시작된 접미사가 붙어서 된 말은 그 명사나 어간의 원형을 밝히어 적는다: (1)명사 뒤에 자음으로 시작된 접미사가 붙어서 된 것: 값지다/홑지다/넋두리/빛깔/옆댕이/잎사귀. **(2)어간 뒤에 자음으로 시작된 접미사가 붙어서 된 것:** 낚시/늙정이/덮개/뜯게질/갉작갉작하다/갉작거리다/뜯적거리다/뜯적뜯적하다/굵다랗다/굵직하다/깊숙하다/넓적하다/높다랗다/늙수그레하다/얽죽얽죽하다.

[예외] 다음과 같은 말은 소리대로 적는다. ①겹받침의 끝소리가 드러나지 아니하는 것: 할짝거리다/널따랗다/널찍하다/말끔하다/말쑥하다/말짱하다/실쭉하다/실큼하다/얄따랗다/얄팍하다/짤따랗다/짤막하다/실컷. ②어원이 분명하지 아니하거나 본뜻에서 멀어진 것: 넙치/올무/골막하다/납작하다.

[해설] 명사나 어간에 자음으로 시작된 접미사가 결합하여 된 단어는, 그 명사나 어간의 형태를 밝히어 적는다. 〈예〉(값) 값지다/(꽃) 꽃답다/(끝) 끝내/(맛) 맛깔스럽다/(멋) 멋지다/(밑) 밑지다/(볕) 볕뉘/(부엌) 부엌데기/(빚) 빚쟁이/(빛) 빛깔/(숯) 숯쟁이/(숲) 숲정이/(앞) 앞장(-서다)/(옆) 옆구리/(잎) 잎사귀/(흙) 흙질(-하다)/(굵) 굵적거리다, 굵죽거리다/(넓) 넓죽하다/(높) 높다랗다/(늙) 늙다리, 늙바탕, 늙수그레하다/(맑) 맑숙하다, 맑스그레하다/(얽) 얽적얽적하다/(엎) 엎지르다/(읊) 읊조리다.

[예외] 2에 딸린 규정으로서, (1)은, 겹받침에서 뒤엣것이 발음되는 경우에는 그 어간의 형태를 밝히어 적고, 앞엣것만 발음되는 경우에는 어간의 형태를 밝히지 않고 소리 나는 대로 적는다는 것이다. 따라서 '굵다랗다([국-]), 굵적거리다([극-]), 늙수그레하다([늑-])' 따위는 어간의 형태를 밝히어 적지마는, '할짝거리다, 말끔하다, 실쭉하다' 따위는 어간의 형태(핥-, 맑-, 싫-)를 밝히지 않고 소리 나는 대로 적게 된다. '넓적하다/넓적다리'를 '넙적하다/넙적다리'로 적지 않는 이유는, 겹받침 'ㄼ(넓-)'에서 뒤의 'ㅂ'이 발음되는 형태이기 때문이다. [예외] '널따랗다/널찍하다'는 '넓다'에서 파생된 것이냐 '너르다'에서 파생된 것이냐 하는 데 이견(異見)이 있을 수 있다. '너르다'(공간으로 넓다.)와 대응시켜 볼 수도 있으나, '넓다'에서 파생된 것으로 해석하여 (1)에서 다루었다.

(2)는, 어원이 분명하지 않거나 본뜻에서 멀어진 것은 소리 나는 대로 적는다는 것이다. '넙치'는 한자어 '광어(廣魚)'와 대응시켜 볼 때 '넓다'와 결부되는 것으로 생각되긴 하지만, 그 어원적 형태가 인식되지 않는 것이므로, 소리 나는 대로 '넙치'로 적는다. 그리고 '올무'(새나 짐승을 잡는 올가미)도 '옭다'와 연관되는 것으로 해석되지만, 역시 어원적 형태가 인식되지 않는 것이므로, '올무'로 적는다. 이와는 달리, '골막하다'는 '곯다'와 연관되지 않고, '납작하다'는 '넓적하다'의 작은말로 설명되지만, '납다, 낢다' 같은 단어가 없으므로, 어원이 불분명한 것으로 다루어 소리 나는 대로 적는 것이다.

제22항 용언의 어간에 다음과 같은 접미사들이 붙어서 이루어진 말들은 그 어간을 밝히어 적는다: ①'-기-/-리-/-이-/-히-/-구-/-우-/-추-/-으키-/-이키-/-애-'가 붙는 것: 맡기다/옮기다/웃기다/쫓기다/뚫리다/울리다/낚이다/쌓이다/핥이다/굳히다/굽히다/넓히다/앉히다/얽히다/잡히다/돋구다/솟구다/돋우다/갖추다/곧추다/맞추다/일으키다/돌이키다/없애다. [예외] '-이-/-히-/-우-'가 붙어서 된 말이라도 본뜻에서 멀어진 것은 소리대로 적는다. 〈예〉도리다(칼로 ~)/드리다(용돈을 ~)/고치다/바치다(세금

을 ∼)/부치다(편지를 ∼)/거두다/미루다/이루다. ②'-치-/-뜨리-/-트리-'가 붙는 것: 놓치다/덮치다/떠받치다/받치다/밭치다/부딪치다/뻗치다/엎치다/부딪뜨[트]리다/쏟뜨[트]리다/젖뜨[트]리다/찢뜨[트]리다/흩뜨[트]리다.

[붙임] '-업-/-읍-/-브-'가 붙어서 된 말은 소리대로 적는다. 〈예〉 미덥다/우습다/미쁘다.

[해설] ①이 접미사들은 다만 피동, 사동 등의 의미와 기능을 표시하는 요소이므로, 실질형태소인 (본디의) 어간과는 분명하게 구별된다. 곧, '(본디의) 어간+피동화·사동화 요소+어미'의 구조에 있어서 피동화, 사동화 요소의 첨가는 규칙적인 형식으로 성립되는 것이다. 피동화, 사동화 접미사가 파생어의 어간을 형성하는 성분이면서도 본디의 어간과 분명히 구별되며, 규칙적인 형식으로 결합하는 요소이기 때문에, 본디 어간의 형태를 밝히어 적음으로써, 그 의미가 쉽게 파악되도록 하는 것이다.

'낚다'의 피동사나 사동사는 마찬가지로 '낚이다'로 적으며, '녹다, 눅다[柔, 軟], 썩다'의 사동사는 '녹이다(×녹히다), 눅이다(×눅히다), 썩이다'로 적는다. 그리고 '돋우다, 돋구다'는, 안경의 도수(度數) 따위를 높게 하다란 뜻으로는 '돋구다'를, 높아지게 하다, 끌어올리다란 뜻으로는 '돋우다'를 쓰는 게 통례다. 흔히 사용되고 있는 '늘구다(→늘리다, 늘이다), 떨구다(→떨어뜨리다)' 등은 비표준어로 다루어지는 것이다. [예외] 어원적인 형태는 어간에 접미사 '-이/-히/-우'가 결합한 것으로 해석되더라도, 본뜻에서 멀어졌기 때문에 피동이나 사동의 형태로 인식되지 않는 것은 소리 나는 대로 적는다. 예시어 '도리다/드리다/고치다/바치다/부치다/거두다/미루다/이루다'는 '돌[廻]이다/들[入]이다/곧[直]하다/받[受]히다/붙[附]이다/걷[撤/捲]우다/밀[推]우다/일[起]우다'와 같은 사동의 형태로 해석할 수 없는 것이다.

②이 경우는 자음으로 시작된 접미사가 결합하는 형식이므로, 전항(제21항) 규정의 적용 대상이기도 하다. '-뜨리, -트리'는 지금까지 '뜨리'만을 취했으나, 표준어 규정(제26항)에서 두 가지를 다 인정한 것이다. 그리고 '뻗치다(∼까지 미치다, 닿다), 뻗치다('뻗지르다'의 강세어)'는 구별 없이 '뻗치다'로 적는다. (제55항 참조.) 또, '부딪다/부딪치다/부딪히다/부딪치이다'는 다음과 같이 구별된다. 〈예〉부딪다(힘있게 마주 닿다, 또는 그리 되게 하다.) 부딪치다(부딪다'의 강세어.) 부딪히다('부딪다'의 피동사. 부딪음을 당하다의 뜻.) 부딪치이다('부딪치다'의 피동사. 부딪침을 당하다의 뜻.) [붙임] '미덥다/우습다/미쁘다'는 '(믿다) 믿업다, (웃다) 웃읍다, (믿다) 믿브다'처럼 형성된 단어인데, 제19항 붙임 규정이 적용되는 것이므로 소리 나는 대로 적는다. 역사적인 현상으로는, '고프다(←곯브다), 기쁘다(←깃브다), 나쁘다(←낮브다), 바쁘다(←밫브다), 슬프다(←슳브다)' 따위도 이런 유형이다.

제23항 '-하다'나 '-거리다'가 붙는 어근에 '-이'가 붙어서 명사가 된 것은 그 원형을 밝히어 적는다. 〈예〉
깔쭉이(○)/깔쭈기(×); 살살이(○)/살사리(×); 꿀꿀이(○)/꿀꾸리(×); 쌕쌕이(○)/쌕쌔기(×); 눈깜짝이(○)/눈깜짜기(×); 오뚝이(○)/오뚜기(×); 더펄이(○)/더퍼리(×); 코납작이(○)/코납자기(×); 배불뚝이(○)/배불뚜기(×); 푸석이(○)/푸서기(×); 삐죽이(○)/삐주기(×); 홀쭉이(○)/홀쭈기(×).

[붙임] '-하다'나 '-거리다'가 붙을 수 없는 어근에 '-이'나 또는 다른 모음으로 시작되는 접미사가 붙어서 명사가 된 것은 그 원형을 밝히어 적지 아니한다. 〈예〉개구리/귀뚜라미/기러기/깍두기/꽹과리/날라리/누더기/동그라미/두드러기/딱따구리/매미/부스러기/뻐꾸기/얼루기/칼싹두기.

[해설] 통일안에는 '-하다'가 붙은 어근으로 되어 있는데, '-거리다'가 붙는 어근까지 포함시켰다. 접미사 '-하다'나 '-거리다'가 붙는 어근이란, 곧 동사나 형용사가 파생될 수 있는 어근을 말한다. 제19항 및 제24항과 연관되는 규정인데, 예컨대 '깜짝깜짝-깜짝하다, 깜짝거리다, 깜짝이다, (눈)깜짝이'와 같이 나타나는 형식에 있어서, 실질형태소인 어근 '깜짝-'의 형태를 고정시킴으로써, 그 의미가 쉽게 파악되도록 하는 것이다.

'(더펄거리다) 더펄이[輕率人], (삐죽거리다) 삐죽이[易怒人], (살살거리다) 살살이[奸人], (푸석하다) 푸석이[脆物]'는 통일안에서 '더퍼리, 삐쭈기, 살사리, 푸서기'로 하였던 것을 이번에 바꾸었다. 그리고 '(깔쭉거리다) 깔쭉이[銀錢]'는 사전에서 '깔쭈기'로 다루어지던 것이다. '(홀쭉하다) 홀쭉이'는 몸이 야위어 가냘픈 사람을, '(꿀꿀거리다) 꿀꿀이'는 게검스럽고 욕심이 많은 사람, 또는 꿀꿀이죽(의 준말)을 이르는 말이다.

한편, '오뚝이[不倒翁]'는 사전에서 '오똑이'로 다루던 것인데, 표준어 규정(제8항)에서 '오뚝이'로 바꾸었으며, 부사도 '오뚝이(〈우뚝이)'로 적는다.(제25항 참조.) 또, '(쌕쌕거리다) 쌕쌕이'는 'Z기'를 이르는 말이다. '쌕쌕'이란 울음소리를 시늉하여 지은 것이긴 하지만, '쌕쌕거리다'와 거리가 먼 곤충의 이름은 '쌕쌔기'로 적는다. 같은 음절이 겹쳐 나는 구조이므로, '쌕새기'로 적지 않는다.(제18항 참조.)

[붙임] '-하다'나 '-거리다'가 붙을 수 없는 어근에 '-이'나 또는 다른 모음으로 시작된 접미사가 결합하여 파생된 명사의 경우는, 그 어근 형태를 밝혀 적지 않는다.
'딱따구리'는 통일안(제22항)에서 '딱다구리'로 하였던 것을 이번에 바꾸었다. 의성어 '딱딱'에 접미사 '-우리'가 결합한 형태로 분석되기 때문이다. 그리고 '얼룩이[斑點]/얼루기[斑毛獸]'로 다루어지고 있는 단어는 구별 없이 '얼루기'로 적는다.

한편, '깍두기/칼싹두기[切麵]'에서의 '깍둑/싹둑'은 '깍둑거리다(〈꺽둑거리다), 싹둑거리다(〉삭둑거리다)'에서의 '깍둑-/싹둑-'과 연관시켜 볼 수도 있으나, 어근의 본뜻이 인식되지 않는 것이므로, 그 형태를 밝히어 적지 않는다. 그리고 '부스러기'는 '부스럭거리다'란 의성어와는 무관한 것이므로, '부스럭이'로 적지 않는다.

제24항 **'-거리다'가 붙을 수 있는 시늉말 어근에 '-이다'가 붙어서 된 용언은 그 어근을 밝히어 적는다.**
〈예〉 깜짝이다(○)/깜짜기다(×); 속삭이다(○)/속사기다(×); 꾸벅이다(○)/꾸버기다(×); 숙덕이다(○)/숙더기다(×); 끄덕이다(○)/끄더기다(×); 울먹이다(○)/울머기다(×); 뒤척이다(○)/뒤처기다(×); 움직이다(○)/움지기다(×); 들먹이다(○)/들머기다(×); 지껄이다(○)/지꺼리다(×); 망설이다(○)/망서리다(×); 퍼덕이다(○)/퍼더기다(×); 번득이다(○)/번드기다(×); 허덕이다(○)/허더기다(×); 번쩍이다(○)/번쩌기다(×); 헐떡이다(○)/헐떠기다(×).

[해설] 접미사 '-이다'는 규칙적으로 널리(여러 어근에) 결합한다. 예컨대 '꾸벅하다, 꾸벅거리다, 꾸벅이다'처럼 나타나는 형식에서 실질형태소인 '꾸벅'의 형태가 고정되지 않으면, 의태어(擬態語)인 '꾸벅꾸벅'과의 연관성이 이해되기 어려워진다. 그리하여 어근과 '이다'가 구별되게 적는 것이다. 〈예〉(간질간질) 간질이다/(깐족깐족) 깐족이다/(꿈적꿈적) 꿈적이다/(끈적끈적) 끈적이다/(끔적끔적) 끔적이다/(덜렁덜렁) 덜렁이다/(덥적덥적) 덥적이다/(뒤적뒤적) 뒤적이다/(들썩들썩) 들썩이다/(펄럭펄럭) 펄럭이다/(홀쩍홀쩍) 홀쩍이다.

제25항 '-하다'가 붙는 어근에 '-히'나 '-이'가 붙어서 부사가 되거나, 부사에 '-이'가 붙어서 뜻을 더하는 경우에는 그 어근이나 부사의 원형을 밝히어 적는다: ①'-하다'가 붙는 어근에 '-히'나 '-이'가 붙는 경우: 급히/꾸준히/도저히/딱히/어렴풋이/깨끗이. [붙임] '-하다'가 붙지 않는 경우에는 소리대로 적는다.: 갑자기/반드시(꼭)/슬며시. ②부사에 '-이'가 붙어서 역시 부사가 되는 경우: 곰곰이/더욱이/생긋이/오뚝이/일찍이/해죽이.

[해설] '-하다'가 붙는 어근이란, '급(急)하다, 꾸준하다, 도저(到底)하다'처럼 접미사 '-하다'가 결합하여 용언이 파생되는 어근 형태소를 말한다. 그리고 부사에 '-이'가 붙어서 뜻을 더하는 경우란, 품사는 바뀌지 않으면서 발음 습관에 따라, 혹은 감정적 의미를 더하기 위하여, 독립적인 부사 형태에 '-이'가 결합하는 형식을 말한다.

①'-이'나 '-히'는 규칙적으로 널리(여러 어근에) 결합하는 부사화 접미사다. 그리하여 명사화 접미사 '-이'나 동사, 형용사화 접미사 '-하다', '-이다' 등의 경우와 마찬가지로, 그것이 결합하는 어근의 형태를 밝히어 적는다. 〈예〉(나란하다) 나란히/(넉넉하다) 넉넉히/(무던하다) 무던히/(속하다) 속히/(뚜렷하다) 뚜렷이/(버젓하다) 버젓이. 그러나 '-하다'가 붙지 않는 경우는 어근과 접미사의 결합체로 분석되지 않으므로, 소리 나는 대로 적는 것이다. '반듯하다[正, 直]'의 '반듯-'에 '-이'가 붙은 '반듯이(반듯하게)'와 '반드시[必]'는 뜻이 다른 단어다. 〈예〉반듯이(반듯하게) 서라; 그는 반드시(꼭) 돌아온다.

②발음 습관에 따라, 혹은 감정적 의미를 더하기 위하여 독립적인 부사 형태에 '-이'가 결합된 경우는, 그 부사의 본 모양을 밝히어 적는 것이다. '곰곰이'는 '곰곰'을 표준으로 삼았으나, 이번에 '곰곰이'도 인정하였다.(표준어 규정 제26항 참조.) 그리고 '더욱이/일찍이'는 '더우기/일찌기'('더욱/일찍'은 준말로)로 적던 것을 이번에 바꾸었다. '더욱-이, 일찍-이'처럼 '부사+-이'의 구조로 설명된다. 또, '오뚝이'는 명사와 부사의 (표기) 형태가 동일한데, 표준어의 형태가 '오똑이(《우뚝이)'였던 것을 '오뚝이(《우뚝이)'로 바꾸었다.(표준어 규정 제8항 참조.) 부사화 접미사 '-이/-히'의 구별은 제51항에서 다루었다.

제26항 '-하다'나 '-없다'가 붙어서 된 용언은 그 '-하다'나 '-없다'를 밝히어 적는다: ①'-하다'가 붙어서 용언이 된 것: 딱하다/숱하다/착하다/텁텁하다/푹하다. ②'-없다'가 붙어서 용언이 된 것: 부질없다/상없다/시름없다/열없다/하염없다.

[해설] ①예시어 중 '숱하다'는 어원적으로 명사 '숱[物量]'에 형용사 '하다[多]'가 결합하여 된 단어이지만, 현실적으로는 숱에 접미사 '-하다'가 결합된 구조로 인식되고 있다. '숱하다' 이외의 단어들에 있어서는 어근(및 접미사)이 명확하게 인식되지 않는다. 그러나 '-하다'는 어근 뒤에 결합하여 동사나 형용사가 파생되게 하는 요소이므로, 이 단어들에서의 '딱, 착' 따위도 어근으로 다루어지는 것이다. 앞에서 말한 바와 같이, '-하다'는 규칙적으로 널리 결합하는 접미사다. 그러므로 '-하다'가 결합된 형식임을 밝히어 적음으로써 형태상의 체계를 유지하는 것이다. 〈예〉꽁하다/눅눅하다/단단하다/멍하다/뻔하다/성하다/욱하다/찜찜하다/칠칠하다/털털하다.

②'부질없이[부지럽씨]/상없이[상업씨]/시름없이[시르멉씨]/열없이[여ː럽씨]/하염없이[하여멉씨]' 등을 통하여 '-없다'가 결합된 형식임을 알 수 있다. '상없다/시름없다' 따위를 파생어로 다룰 것이냐 합성어로 다룰 것이냐 하는 데 이견(異見)이 있을 수 있겠지만, 통례에 따라 접미사(-없다) 결합 형식으로 잡아 본 항에서

다루었다.

제27항 둘 이상의 단어가 어울리거나 접두사가 붙어서 이루어진 말은 각각 그 원형을 밝히어 적는다.: 국말이/꺾꽂이/꽃잎/끝장/물난리/밑천/부엌일/싫증/옷안/웃옷/젖몸살/첫아들/칼날/팥알/헛웃음/홀아비/홀몸/흙내/값없다/겉늙다/굶주리다/낮잡다/맞먹다/받내다/벋놓다/빗나가다/빛나다/새파랗다/샛노랗다/시꺼멓다/싯누렇다/엇나가다/엎누르다/엿듣다/옻오르다/짓이기다/헛되다.

[붙임1] 어원은 분명하나 소리만 특이하게 변한 것은 변한 대로 적는다.: 할아버지/할아범.

[붙임2] 어원이 분명하지 아니한 것은 원형을 밝히어 적지 아니한다.: 골병/골탕/끌탕/며칠/아재비/오라비/업신여기다/부리나케.

[붙임3] '이[齒, 虱]'가 합성어나 이에 준하는 말에서 '니' 또는 '리'로 소리날 때에는 '니'로 적는다.: 간니/덧니/사랑니/송곳니/앞니/어금니/윗니/젖니/톱니/틀니/가랑니/머릿니.

[해설] 예시한 단어들은 두 개의 실질형태소가 결합한 것(합성어)과 접두사가 결합한 것(파생어)로 나누어진다.

(1)두 개의 실질형태소가 결합한 것(합성어): 꽃잎/물난리/부엌일/옷안/젖몸살/칼날/팥알/흙내/끝장/밑천/싫증/값없다/겉늙다/국말이/빛나다/옻오르다/굶주리다/꺾꽂이/낮잡다/받내다/벋놓다/엎누르다.
(2)접두사가 결합한 것(파생어): 웃옷/헛웃음/홀몸/홀아비/맞먹다/빗나가다/새파랗다/샛노랗다/시꺼멓다/싯누렇다/엇나가다/엿듣다/짓이기다/헛되다

(1)에서 보인 '끝장, 밑천, 싫증'이 합성어냐 하는 데 이견이 있을 수 있을 것이다. '끝장'의 '장'을 '초장(初場), 파장(罷場)'의 '장(場)'과 같은 것으로 볼 때, 이 '장'은 하나의 어휘(한자어) 형태소로 해석되므로, '끝장'을 고유어와 한자어가 결합한 합성어로 다룬 것이라고 설명된다. 그리고 '밑천'의 '천'은 '전(錢)'이 바뀐 형태라고 볼 때, '밑(←밑절미)-천'에서의 '천'도 하나의 어휘 형태소로 해석되기 때문에 합성어로 다룬 것이라고 설명된다. 또, '싫증'의 '증(症)' 역시 단어 문자인 한자로 이루어진 어휘 형태소로 해석되기 때문에(그리하여 [실층]으로 발음되지 않는 것이기 때문에) 합성어로 다룬 것이라고 설명된다.

둘 이상의 어휘 형태소가 결합하여 합성어를 이루거나, 어근에 접두사가 결합하여 파생어를 이룰 때, 그 사이에서 발음 변화가 일어나더라도 실질형태소의 본 모양을 밝히어 적음으로써, 그 뜻이 분명히 드러나도록 하는 것이다. 예컨대 '꺾꽂이'는 '꺾다, 꽂다'란 뜻이 드러나게 하기 위하여 '꺽꽂이, 꺾곶이'로 적지 않고, '받내다'는 '받다, 내다'란 뜻이 드러나게 하기 위하여 '반내다, 밧내다'로 적지 않는 것이다.

접두사 '새-/시-, 샛-/싯-'의 구별은, '새까맣다/시꺼멓다; 새빨갛다/시뻘겋다; 새파랗다/시퍼렇다/새하얗다/시허옇다'처럼 된소리나 거센소리 앞에는 '새-/시-'를 붙이되, 어간 첫 음절이 양성 계열 모음일 때는 '새-', 음성 계열 모음일 때는 '시-'로 적으며, '샛노랗다, 싯누렇다'처럼, 울림소리 앞에는 '샛-/싯-'으로 적도록 하였다. 따라서 '새노랗다, 시누렇다'는 바른 표기 형태가 아닌 것이다.

[붙임1] '할아버지/할아범'은 '한아버지/한아범'이 바뀐 형태다. 곧, 옛말에서 '큰'이란 뜻을 표시하는 '한'이 '아버지, 아범'에 결합한 형태가 바뀐 것이다. 이 규정은, ①'한-아버지; 한-아범'처럼 어원은 분명하나 ② 소리만 특이하게 변한 것은 변한 대로 적는다. '한→할'. ③[예외] 실질형태소의 기본 형태를 밝히어 적는다. →(할)아버지/(할)아범와 같이 해석된다.

[붙임2] '골병'은 사전에서 '속 깊이 든 병, 심한 타격을 받은 손해', '골탕'은 '소의 등골이나 머릿골에 녹말을 묻히고 달걀을 씌워, 맑은장국이 끓을 때 넣어 익힌 국'이라고 풀이되어 있어서, 그 어원적 형태가 '골(골수)-병(病), 골(골수)-탕(湯)'인지, '곯-병(病), 곯-탕(湯)'인지, 혹은 '골병(骨病), 골탕(骨湯)'인지 분명하지 않은 것이다. 그리고 '끌탕'(속을 끓이는 걱정)의 앞부분은 '끓-'로 분석되지만, 뒷부분은 '탕(湯)'인지 '당'인지, 단정하기 어려운 것이다.

또, '며칠'은 '몇-일(日)'로 분석하기 어려운 것이니, 실질형태소인 '몇'과 '일(日)'이 결합한 형태라면 [(면닐→)면닐]로 발음되어야 하는데, 형식 형태소인 접미사나 어미, 조사가 결합하는 형식에서와 마찬가지로 'ㅊ'받침이 내리 이어져 [며칠]로 발음된다. '이틀[二日]'도 어원이 분명하지 않은 단어다. 이 단어를 '인흘'이나 '잇흘'로 적는다면, '흘'은 '사흘, 나흘' 등의 '흘'과 공통되는 것으로 볼 수 있지만, '인, 잇'은 무슨 뜻의 형태소인지 알 수가 없다. 한자어 '이(二)'와 결부시키기도 어려운 것이다.

'아재비'는 그 옛 형태가 '아자비'였으므로, '아제(弟)-아비→(제아비)아제비→아자비→아재비'처럼 해석될 수 있지만, 현대어 '아재비'를 '앗애비'로 분석하여 적을 수는 없는 것이다. '오라비'도 접두사 '올-'과 '아비'로 분석되지 않는다.

'업신여기다'(교만한 마음으로 남을 내려다보거나 없는 것과 같이 생각하다.)는 '없이 여기다'에서 온 것으로 생각되지만, 'ㄴ' 음이 첨가될 환경(조건)이 아니라는 점에서 '없이 여기다→[업:씬녀기다]'에 대한 설명이 어려워진다.

'부리나케'(급하고 빠르게)는 '화급(火急)하게'와 대응되는 말이므로 '불이 나게' 바뀌어 된 것으로 볼 수도 있으나, 발음 형태 [부리나케]로 볼 때는 '불이 낳게'와 결부되는 것이다. 이와 같이 어원이 불분명한 단어들은, 그 원형을 밝히려 하지 않고 소리 나는 대로 적는 것이다. 한편, '섣부르다'(솜씨가 설고 어설프다.)도 이 규정에 따라 '서뿌르다'로 적자는 의견이 있었으나, '설다'(경험이 없어 서투르다.)와의 연관성이 인정되는 구조이므로, 제29항 규정을 적용하여 '(설부르다→)섣부르다'로 적기로 하였다.

[붙임3] 합성어나 이에 준하는 구조의 단어에서 실질형태소는 본 모양을 밝히어 적는 것이 원칙이지만, '이[齒, 虱]'의 경우는 예외로 다룬 것이다. '이[齒]'는 옛말에서 '니'였으나, 현대어에서는 '이'가 표준어로 되어 있다. 따라서 '간이, 덧이'처럼 적고, [니]로 발음되는 것은 'ㄴ' 음 첨가 현상으로 설명하는 게 본 항 규정에 맞는 일이지만, '송곳이, 앞이'처럼 적으면 '송곳, 앞'에 주격 조사 '이'가 붙은 형식과 혼동됨으로써 [송고시, 아피]로 읽힐 수도 있으며, 새끼 이를 '가랑이'로 적으면 끝이 갈라져 벌어진 부분을 이르는 '가랑이'와 혼동될 수 있다. 그리하여 다른 단어나 접두사 뒤에서 [니] 또는 [리]로 소리 나는 '이'는 '간니[代生齒], 덧니, 틀니, ……가랑니[幼虱], 머릿니[頭髮蟲], ……'처럼 적기로 한 것이다.

제28항 끝소리가 'ㄹ'인 말과 딴 말이 어울릴 적에 'ㄹ' 소리가 나지 아니하는 것은 아니 나는 대로 적는다: 다달이(달-달-이)/따님(딸-님)/마되(말-되)/마소(말-소)/무자위(물-자위)/바느질(바늘-질)/부나비

(불−나비)/부삽(불−삽)/부손(불−손)/소나무(솔−나무)/싸전(쌀−전)/여닫이(열−닫이)/우짖다(울−짖다)/화살(활−살).

[해설] 합성어나 (접미사가 붙은) 파생어에서 앞 단어의 'ㄹ' 받침이 발음되지 않는 것은 발음되지 않는 형태로 적는다. 이것은 합성어나, 자음으로 시작된 접미사가 결합하여 된 파생어의 경우는 실질형태소의 본 모양을 밝히어 적는다는 원칙에 벗어나는 규정이지만, 역사적인 현상으로서 'ㄹ'이 떨어져 있기 때문에, 어원적인 형태를 밝혀 적지 않는 것이다. 'ㄹ'은 대체로 'ㄴ/ㄷ/ㅅ/ㅈ' 앞에서 탈락하였다.

'ㄹ' 받침이 떨어진 단어로는 '(날날이) 나날이/(물논) 무논/(물수리) 무수리/(밀닫이) 미닫이/(불넘기) 부넘기/(아들님) 아드님/(줄낚시) 주낙/(찰돌) 차돌[石英]/(찰조) 차조/(찰지다) 차지다/(하늘님) 하느님' 따위도 있다. 그리고 한자 '불(不)'이 첫소리 'ㄷ, ㅈ' 앞에서 '부로 읽히는 단어의 경우도 'ㄹ'이 떨어진 대로 적는다. 〈예〉부단(不斷)/부당(不當)/부동(不同/不凍/不動)/부득이(不得已)/부등(不等)/부적(不適)/부정(不正/不貞/不定)/부조리(不條理)/부주의(不注意), ……

제29항 끝소리가 'ㄹ'인 말과 딴 말이 어울릴 적에 'ㄹ' 소리가 'ㄷ' 소리로 나는 것은 'ㄷ'으로 적는다: 반짇고리(바느질~)/사흗날(사흘~)/삼짇날(삼질~)/섣달(설~)/숟가락(술~)/이튿날(이틀~)/잗주름(잘~)/푿소(풀~)/섣부르다(설~)/잗다듬다(잘~)/잗다랗다(잘~).

[해설] 'ㄹ' 받침을 가진 단어(나 어간)가 다른 단어(나 접미사)와 결합할 때, 'ㄹ'이 [ㄷ]으로 바뀌어 발음되는 것은 'ㄷ'으로 적는다. 이 경우 역시 합성어나, 자음으로 시작된 접미사가 결합하여 된 파생어는 실질형태소의 본 모양을 밝히어 적는다는 원칙에 벗어나는 규정이지만, 역사적 현상으로서 'ㄷ'으로 바뀌어 굳어져 있는 단어는 어원적인 형태를 밝히어 적지 않는 것이다. 그리고 이 규정의 대상은 'ㄹ'이 'ㄷ'으로 바뀐 것이므로, 제7항 규정이 적용되지 않는다.

'ㄹ' 받침이 'ㄷ'으로 바뀐 단어로는 '(나흘날) 나흗날/(잘갈다) 잗갈다/(잘갈리다) 잗갈리다/(잘널다) 잗널다/(잘다랗다) 잗달다/(잘타다) 잗타다' 따위도 있다.

제30항 사이시옷은 다음과 같은 경우에 받치어 적는다.
(1) 순 우리말로 된 합성어로서 앞말이 모음으로 끝난 경우: ①뒷말의 첫소리가 된소리로 나는 것: 고랫재/귓밥/나룻배/나뭇가지/냇가/댓가지/뒷갈망/맷돌/머릿기름/모깃불/못자리/바닷가/뱃길/볏가리/부싯돌/선짓국/쇳조각/아랫집/우렁잇속/잇자국/잿더미/조갯살/찻집/쳇바퀴/킷값/핏대/햇볕/혓바늘. ②**뒷말의 첫소리 'ㄴ/ㅁ' 앞에서 'ㄴ' 소리가 덧나는 것:** 멧나물/아랫니/텃마당/아랫마을/뒷머리/잇몸/깻묵/냇물/빗물. ③**뒷말의 첫소리 모음 앞에서 'ㄴㄴ' 소리가 덧나는 것:** 도리깻열/뒷윷/두렛일/뒷일/뒷입맛/베갯잇/욧잇/깻잎/나뭇잎/댓잎.
(2) 순 우리말과 한자어로 된 합성어로서 앞말이 모음으로 끝난 경우: ①뒷말의 첫소리가 된소리로 나는 것: 귓병/머릿방/뱃병/봇둑/사잣밥/샛강/아랫방/자릿세/전셋집/찻잔/찻종/촛국/콧병/탯줄/텃세/핏기/햇수/횟가루/횟배. ②뒷말의 첫소리 'ㄴ, ㅁ' 앞에서 'ㄴ' 소리가 덧나는 것: 곗날/제삿날/훗날/툇마루/양칫물. ③뒷말의 첫소리 모음 앞에서 'ㄴㄴ' 소리가 덧나는 것: 가욋일/사삿일/예삿일/훗일.
(3) 두 음절로 된 다음 한자어: 곳간(庫間)/셋방(貰房)/숫자(數字)/찻간(車間)/툇간(退間)/횟수(回數).

[해설] (1)고유어끼리 결합한 합성어(및 이에 준하는 구조) 또는 고유어와 한자어가 결합한 합성어 중, 앞 단어의 끝모음 뒤가 폐쇄되는 구조로서, ① 뒤 단어의 첫소리 'ㄱ/ㄷ/ㅂ/ㅅ/ㅈ' 등이 된소리로 나는 것 ② 폐쇄시키는 음([ㄷ])이 뒤의 'ㄴ, ㅁ'에 동화되어 [ㄴ]으로 발음되는 것 ③ 뒤 단어의 첫소리로 [ㄴ]이 첨 가되면서 폐쇄시키는 음([ㄷ])이 동화되어 [ㄴㄴ]으로 발음되는 것. (2)두 글자(한자어 형태소)로 된 한자 어 중, 앞 글자의 모음 뒤에서 뒤 글자의 첫소리가 된소리로 나는 6개 단어에 사이시옷을 붙여 적기로 한 것이다.

사이시옷 용법을 알기 쉽게 설명하면 다음과 같다. ①개-구멍, 배-다리, 새-집[鳥巢], 머리-말[序言]. ② 개-똥, 보리-쌀, 허리-띠, 개-펄, 배-탈, 허리-춤. ③개-값, 내-가[川邊], 배-가죽[腹皮], 새(←사이)- 길[間路], 귀-병(病), 기(旗)-대, 세(貰)-돈, 화(火)-김. ④배-놀이[船遊], 코-날[鼻線], 비-물[雨水], 이- 몸[齒齦], 무시(無市)-날, 보(洑)-물, 패(牌)-말. ⑤깨-잎, 나무-잎, 뒤-웇, 허드레-일, 가외(加外)-일, 보 (洑)-일. ⑥고-간(庫間), 세-방(貰房), 수-자(數字), 차-간(車間), 퇴-간(退間), 회-수(回數).

①~⑤는 모두 합성어이며, ⑥은 이에 준하는 한자어다. 그런데 ①의 경우는, 앞 단어의 끝이 폐쇄되는 구 조가 아니므로, 사이시옷을 붙이지 않는다. ②의 경우는, 뒤 단어의 첫소리가 된소리나 거센소리이므로, 역시 사이시옷을 붙이지 않는다. ③의 경우는, 앞 단어의 끝이 폐쇄되면서 뒤 단어의 첫소리가 경음화하 여 [갣:깝, 낻:까]로 발음되므로, 사이시옷을 붙이어 '갯값/냇가/뱃가죽/샛길; 귓병/깃대/셋돈/홧김'으로 적 는다.

④의 경우는, 앞 단어의 끝이 폐쇄되면서 자음 동화 현상(ㄷ+ㄴ→ㄴ+ㄴ, ㄷ+ㅁ→ㄴ+ㅁ)이 일어나 [밴노리, 빈물]로 발음되므로, 사이시옷을 붙이어 '뱃놀이/콧날/빗물/잇몸; 무싯날/봇물/팻말'로 적는다. '팻말, 푯 말'은, 한자어 '패(牌), 표(標)'에 '말(말뚝)'(옛말에서 'ㅎ' 곡용어)이 결합된 형태이므로, 2의 규정을 적용하여 '팻말, 푯말'로 적는 것이다. ⑤의 경우는, 앞 단어 끝이 폐쇄되면서 뒤 단어의 첫소리로 [ㄴ음이 첨가되고, 동시에 동화 현상이 일어나 [깬닙→깬닙, 나묻닙→나문닙]으로 발음되므로, 사이시옷을 붙이어 '깻잎/나 뭇잎/뒷윷/허드렛일/가욋일/봇일'로 적는다. ⑥의 경우는, 한자어에는 사이시옷을 붙이지 않는 것을 원칙 으로 하되, 이 6개 단어만은 '곳간/셋방/숫자/찻간/툇간/횟수'로 적는다.

이 설명에 따르면, '내과(內科)/이과(理科)/총무과(總務課)/장미과(薔薇科)' 등은 3에서 다루어진 6개 이 외의 한자어이므로 사이시옷을 붙이지 않으며, '나리-과(科), 말선두리-과(科)' 등은, '과'가 비교적 독립 성이 약한 형태소이긴 하지만, 앞의 고유어와의 사이에 경계가 인식되는 구조이므로, 2의 규정을 적용하 여 '나릿과/말선두릿과'로 적는 것이다. 한편, 예시어 '찻잔, 찻종'에서의 '차'가 순 우리말이냐 하는 의 문이 있을 수 있겠으나, 예로부터 '茶' 자의 새김[訓]이 '차'였으므로, 한자어 '다(茶)'와 구별한 것으로 해 석된다.

제31항 두 말이 어울릴 적에 'ㅂ' 소리나 'ㅎ' 소리가 덧나는 것은 소리대로 적는다: ①'ㅂ' 소리가 덧나는 것: 댑싸 리(대ㅂ싸리)/멥쌀(메ㅂ쌀)/볍씨(벼ㅂ씨)/입때(이ㅂ때)/입쌀(이ㅂ쌀)/접때(저ㅂ때)/좁쌀(조ㅂ쌀)/햅쌀(해ㅂ쌀). ② **'ㅎ'소리가 덧나는 것:** 머리카락(머리ㅎ가락)/살코기(살ㅎ고기)/수캐(수ㅎ개)/수컷(수ㅎ것)/수탉(수ㅎ닭)/안팎 (안ㅎ밖)/암캐(암ㅎ개)/암컷(암ㅎ것)/암탉(암ㅎ닭).

[해설] ①'싸리[荊], 쌀[米], 씨[種], 때[時]' 등은 단어 첫머리에 'ㅂ' 음을 가지고 있었던 단어다. 이 단어들이

다른 단어 또는 접두사와 결합하는 경우, 두 형태소 사이에서 'ㅂ' 음이 발음되기도 한다. 그런데 이런 구조의 합성어나 파생어에 있어서는 뒤의 단어가 주장이 되는 것이므로, '싸리/쌀/씨/때' 따위의 형태를 고정시키고, 첨가되는 'ㅂ'을 앞 형태소의 받침으로 붙여 적는 것이다. 이런 단어로는 '냅뜨다/부릅뜨다/칩떠보다/휩싸다/휩쓸다' 등도 있다. 한편, '댑싸리'는 사전에서 '대싸리'로 다루어지던 단어인데, 표준어 규정(제17항)에서 '댑싸리'로 정하였다.

②옛말에서 'ㅎ' 곡용어였던 '머리[頭]/살[肌]/수[雄]/암[雌]/안[內]' 등에 다른 단어가 결합하여 이루어진 합성어 중에서, [ㅎ] 음이 첨가되어 발음되는 단어는 소리 나는 대로(뒤 단어의 첫소리를 거센소리로) 적는다. 한편 '암-, 수-'가 결합하는 단어의 경우는, 표준어 규정(제7항 다만)에서 '수캉아지/수캐/수컷/수키와/수탉/수탕나귀/수톨쩌귀/수퇘지/수평아리; 암캉아지/암캐/암컷/암키와/암탉/암탕나귀/암톨쩌귀/암퇘지/암평아리'를 예시하였다.

제32항 단어의 끝모음이 줄어지고 자음만 남은 것은 그 앞의 음절에 받침으로 적는다. 〈예〉기러기야(본말)/기럭아(준말); 어제그저께(본말)/엊그저께(준말); 어제저녁(본말)/엊저녁(준말); 가지고, 가지지(본말)/갖고, 갖지(준말); 디디고, 디디지(본말)/딛고, 딛지(준말).

[해설] 단어 또는 어간의 끝음절 모음이 줄어지고 자음만 남는 경우, 그 자음을 앞 음절의 받침으로 올려 붙여 적는다. 곧, 실질형태소가 줄어진 경우에는 줄어진 형태를 밝히어 적는 것이니, '어제그저께'에서 '어제'의 'ㅔ'가 준 형태는 '엊'으로, '가지고'에서 '가지'의 'ㅣ'가 준 형태는 '갖'으로 적는 것이다.
그런데 줄어지는 음절의 첫소리 자음이 올라붙지 않고 받침소리가 올라붙는 형식도 있다. 〈예〉 바둑-장기→박장기(준말); 어긋-매끼다→엇매끼다(준말); 바깥-벽→밭벽(준말); 바깥-사돈→밭사돈(준말). 이 규정을 적용하면, '아기야'에서 '아기'의 'ㅣ'가 줄면 '악아'가 된다. 그러나 일반적으로 '아가, 이리 오너라.'처럼 표현하는 형식에서의 '아가'는 '아가야'에서의 '야'가 줄어진 형태로 설명될 수 있다.

제33항 체언과 조사가 어울려 줄어지는 경우에는 준 대로 적는다. 〈예〉그것은→그건(준말); 그것이→그게(준말); 그것으로→그걸로(준말); 나는→난(준말); 나를→날(준말); 너는→넌(준말); 너를→널(준말); 무엇을→뭣을/무얼/뭘(준말); 무엇이→뭣이/무에(준말).

[해설] 체언과 조사가 결합할 때 어떤 음이 줄어지거나 음절의 수가 줄어지는 것은, 그 본 모양을 밝히지 않고 준 대로 적는다. 〈예〉 (그 애→걔) 그 애는→걔는→걘, 그 애를→걔를→걜; (이 애→얘) 이 애는→얘는→얜, 이 애를→얘를→얠; (저 애→쟤) 저 애는→쟤는→쟨, 저 애를→쟤를→쟬; 그리로→글로, 이리로→일로, 저리로→절로, 조리로→졸로; 그것으로→그걸로, 이것으로→이걸로, 저것으로→저걸로.

[예외] '아래로→알로'는 비표준어로 처리하였다.(표준어 규정 제15항 붙임 참조.)

제34항 모음 'ㅏ, ㅓ'로 끝난 어간에 '-아/-어, -았-/-었-'이 어울릴 적에는 준 대로 적는다. 〈예〉 가아→가, 가았다→갔다; 나아→나, 나았다→났다; 타아→타, 타았다→탔다; 서어→서, 서었다→섰다; 켜어→켜, 켜었다→켰다; 펴어→펴, 펴었다→폈다.

[붙임1] 'ㅐ/ㅔ' 뒤에 '-어/-었-'이 어울려 줄 적에는 준 대로 적는다. 〈예〉개어→개, 개었다→갰다; 내어→내, 내었다→냈다; 베어→베, 베었다→벴다; 세어→세, 세었다→셌다.

[붙임2] '하여'가 한 음절로 줄어서 '해'로 될 적에는 준 대로 적는다. 〈예〉하여→해, 하였다→했다; 더하여 →더해, 더하였다→더했다; 흔하여→흔해, 흔하였다→흔했다.

[해설] 모음 'ㅏ, ㅓ'로 끝나는 어간에 어미 '-아/-어'가 붙는 형식에서는 '아/어'가 줄어지며, '-았/-었'이 붙 는 형식에서는 '아/어'가 줄어지고 'ㅆ'만 남는다. 〈예〉따아→따; 따아서→따서; 따아도→따도; 따았다→땄 다; 건너어→건너; 건너어서→건너서; 건너어도→건너도; 건너었다→건넜다.

[예외] 'ㅅ' 불규칙 용언의 어간에서 'ㅅ'이 줄어진 경우에는 '아/어'가 줄어지지 않는 게 원칙이다. 〈예〉 낫다 →나아/나아서/나아도/나아야/나았다; 젓다→저어/ 저어서/저어도/저어야/저었다.

[붙임1] 어간 끝모음 'ㅐ/ㅔ' 뒤에 '-어/-었'이 붙을 때 '어'가 줄어지기도 한다. 〈예〉 매어→매; 매어라→매라; 매었다→맸다; 매어 두다→매 두다; 떼어→떼; 떼어라→떼라; 떼었다→뗐다; 떼어 놓다→떼 놓다.

[예외] 어간 모음 'ㅏ' 뒤에 접미사 '-이'가 결합하여 'ㅐ'로 줄어지는 경우는, '어'가 줄어지지 않는 게 원칙이 다. 〈예〉 빈틈없이 (짜이어→)째어 있다; 우묵우묵 (파이어→)패어 있다.

[붙임2] '하다'는 '여' 불규칙 용언이므로, '하아'로 되지 않고 '하여'로 된다. 이 '하여'가 한 음절로 줄어진 형 태는 '해'로 적는다. 〈예〉하여→해; 하여라→해라; 하여서→해서; 하였다→했다.

제35항 모음 'ㅗ, ㅜ'로 끝난 어간에 '-아/-어, -았-/-었-'이 어울려 'ㅘ/ㅝ, 왔/웠'으로 될 적 에는 준 대로 적는다. 〈예〉꼬아→꽈, 꼬았다→꽜다; 보아→봐, 보았다→봤다; 쏘아→쏴, 쏘았다→쐈다; 두어→둬, 두었 다→뒀다; 쑤어→쒀, 쑤었다→쒔다; 주어→줘 주었다→줬다.

[붙임1] '놓아'가 '놔'로 줄 적에는 준 대로 적는다.

[붙임2] 'ㅚ' 뒤에 '-어, -었-'이 어울려 'ㅙ, 왰'으로 될 적에도 준 대로 적는다. 〈예〉괴어→괘, 괴었다→괬다; 되어→돼, 되었다→됐다; 뵈어→봬, 뵈었다→뵀다; 쇠어→쇄, 쇠었다→쇘다; 쐬어→쐐, 쐬었다→쐤다.

[해설] 모음 'ㅗ, ㅜ'로 끝난 어간에 어미 '-아/-어'가 붙어서 'ㅘ/ㅝ'로 줄어지는 것은 'ㅘ/ㅝ'로 적는다. 〈예〉 오아→와, 오아도→와도, 오아서→와서, 오았다→왔다; 추어→춰, 추어서→춰서, 추어야→춰야, 추었다→ 췄다.

[예외] 제18항 4에서 다루어진 '푸다'의 경우는 '푸어→퍼'처럼 어간 모음 'ㅜ'가 줄어지므로, '풔'로 적지 않 는다.

[붙임1] 예컨대 '좋다'의 어간 '좋-'에 어미 '-아'가 붙으면 '좋아'가 되는데, 이 '좋아'가 줄어져서 '좌'가 되 지는 않는다. 그러나 '놓다'(규칙 동사)의 경우는 '놓아→(노아→)놔; 놓아라→(노아라→)놔라'처럼, 어 간 받침 'ㅎ'이 줄면서 두 음절이 하나로 줄어진다. 그리하여 '놓다'의 경우는 예외적인 형식을 인정한 것 이다.

[붙임2] 어간 모음 'ㅚ' 뒤에 '-어'가 붙어서 'ㅙ'로 줄어지는 것은 'ㅙ'로 적는다. 〈예〉 되다 —일이 뜻대로 (되

어→)돼 간다; 만나게 (되어서→)돼서 기쁘다; 일이 잘 (되어야→)돼야 한다; 나도 가게 (되었다→)됐다.

예컨대 '죄다, 쬐다' 따위도 다음과 같이 적는다. 〈예〉죄다: 나사를 (죄어→)좨 본다. 나사를 (죄어야→)좨야 한다. 나사를 (죄었다→)좼다; 쬐다: 볕을 (쬐어라→)쫴라. 볕을 (쬐어야→)쫴야 한다. 볕을 (쬐었다→)쫬다.

제36항 'ㅣ' 뒤에 '－어'가 와서 'ㅕ'로 줄 적에는 준 대로 적는다. 〈예〉가지어 →가져, 가지었다 →가졌다; 견디어 →견뎌, 견디었다 →견뎠다; 다니어 →다녀, 다니었다 →다녔다; 막히어 →막혀, 막히었다 →막혔다; 버티어 →버텨, 버티었다 →버텼다; 치이어 →치여 치이었다 →치였다.

[해설] 접미사 '－이/－히/－기/－리/－으키/－이키' 뒤에 '－어'가 붙은 경우도 이에 포함된다. 〈예〉녹이어→녹여; 먹이어서→먹여서; 숙이었다→숙였다; 업히어→업혀; 입히어서→입혀서; 잡히었다→잡혔다; 굶기어→굶겨; 남기어야→남겨야; 옮기었다→옮겼다; 굴리어→굴려; 날리어야→날려야; 돌리었다→돌렸다; 일으키어→일으켜; 돌이키어→돌이켜.

제37항 'ㅏ/ㅕ/ㅗ/ㅜ/ㅡ'로 끝난 어간에 '－이－'가 와서 각각 'ㅐ/ㅖ/ㅚ/ㅟ/ㅢ'로 줄 적에는 준 대로 적는다. 〈예〉 싸이다 →쌔다; 누이다 →뉘다; 펴이다 →폐다; 뜨이다 →띄다; 보이다 →뵈다; 쓰이다 →씌다.

[해설] 어간 끝모음 'ㅏ/ㅕ/ㅗ/ㅜ/ㅡ' 뒤에 '－이'가 결합하여 'ㅐ/ㅖ/ㅚ/ㅟ/ㅢ'로 줄어지는 것은 'ㅐ/ㅖ/ㅚ/ㅟ/ㅢ'로 적는다. 〈예〉까이다[被孵]→깨다; 켜이다[被鋸]→켸다; 쏘이다→쐬다; 꾸이다[現夢]→뀌다; 트이다→틔다.

'놓이다'가 '뇌다'로 줄어지는 경우도 '뇌다'로 적는다. 또, 형용사화 접미사 '－스럽(다)'에 '－이'가 결합한 '스러이'가 '－스레'로 줄어지는 경우도 준 대로 적는다. 〈예〉 새삼스러이→새삼스레; 천연스러이→천연스레.

제38항 'ㅏ/ㅗ/ㅜ/ㅡ' 뒤에 '－이어'가 어울려 줄어질 적에는 준 대로 적는다. 〈예〉싸이어 →쌔어/싸여; 뜨이어 →띄어/뜨여; 보이어 →뵈어/보여; 쓰이어 →씌어/쓰여; 쏘이어 →쐬어/쏘여; 트이어 →틔어/트여; 누이어 →뉘어/누여.

[해설] 어간 끝모음 'ㅏ/ㅗ/ㅜ/ㅡ' 뒤에 '－이어'가 결합하여 줄어질 때는 두 가지 형식으로 나타난다. 곧, '이'가 앞(어간) 음절에 올라붙으면서 줄어지기도 하고, 뒤(어미) 음절에 내리이어지면서 줄어지기도 한다. 〈예〉 까이어→깨어/까여; 꼬이어→꾀어/꼬여; 누이어→뉘어/누여; 뜨이어→띄어/(눈이) 뜨여; 쓰이어→씌어/쓰여; 트이어→틔어/트여.

'놓이다'의 준말 '뇌다'의 경우는 '뇌어'로 적지만, '놓이어'가 줄어진 형태는 '놓여'로 적는다. [예외] '띄어쓰기, 띄어 쓰다, 띄어 놓다' 따위는 관용상 '뜨여쓰기, 뜨여 쓰다, 뜨여 놓다' 같은 형태가 사용되지 않는다. 그리고 '(뜨이우다)띄우다, (쓰이우다)씌우다, (트이우다)틔우다'처럼 '－이' 뒤에 다시 '－우'가 붙는 형식에서는, '이'를 앞 음절에 올려붙여 적는다.

제39항 어미 '－지' 뒤에 '않－'이 어울려 '－잖－'이 될 적과 '－하지' 뒤에 '않－'이 어울려 '－찮－'이 될 적에는

준 대로 적는다. 〈예〉그렇지 않은 →그렇잖은; 만만하지 않다 →만만찮다; 적지 않은 →적잖은; 변변하지 않다 →변변찮다.

[해설] 제36항 규정을 적용하면, '-지 않-', '-치 않-'이 줄어지면 '쟎, 챦'이 된다. 그러나 줄어진 형태가 하나의 단어처럼 다루어지는 경우에는, 구태여 그 원형과 결부시켜 준 과정의 형태를 밝힐 필요가 없다는 견해에서, 소리 나는 대로 '잖, 찮'으로 적기로 한 것이다.

실상, 사전에서 준말로 다루어지고 있는 '(깔밋하지 않다→)깔밋잖다; (깨끗하지 않다→)깨끗잖다; (남부럽지 않다→)남부럽잖다; (의젓하지 않다→)의젓잖다; (대단하지 않다→)대단찮다; (만만하지 않다→)만만찮다; (시원하지 않다→)시원찮다' 따위와, 준말로 다루어지지 않고 있는 '그렇지 않다→그렇잖다; 적지 않다→적잖다; 무심하지 않다→무심찮다; 편안하지 않다→편안찮다' 따위와의 구별은 임의적인 해석에 의하여 좌우되기 쉬운 것이며, 또 표기에 있어서 혼란을 일으킬 요인이 되는 것이다. 그리하여 이번 개정에서는 '-지 않-', '-치 않-'이 한 개 음절로 줄어지는 경우는 모두 '잖, 찮'으로 적도록 하였다. 〈예〉두렵지 않다→두렵잖다; 많지 않다→많잖다; 예사롭지 않다→예사롭잖다; 의롭지 않다→의롭잖다; 성실하지 않다→성실찮다; 심심하지 않다→심심찮다; 평범하지 않다→평범찮다; 허술하지 않다→허술찮다.

[붙임] '귀찮-, 점잖-'처럼 어간 끝소리가 'ㅎ'인 경우는, [찬]으로 소리 나더라도 '귀찮지 않다→귀찮잖다, 점잖지 않다→점잖잖다'로 적는다.

제40항 어간의 끝음절 '하'의 'ㅏ'가 줄고 'ㅎ'이 다음 음절의 첫소리와 어울려 거센소리로 될 적에는 거센소리로 적는다. 〈예〉간편하게 →간편케; 다정하다 →다정타; 연구하도록 →연구토록; 정결하다 →정결타; 가하다 →가타; 흔하다 →흔타.

[붙임1] 'ㅎ'이 어간의 끝소리로 굳어진 것은 받침으로 적는다. 〈예〉않다/않고/않지/않든지; 그렇다/그렇고/그렇지/그렇든지; 아무렇다/아무렇고/아무렇지/아무렇든지; 어떻다/어떻고/어떻지/어떻든지; 이렇다/이렇고/이렇지/이렇든지; 저렇다/저렇고/저렇지/저렇든지.

[붙임2] 어간의 끝음절 '하'가 아주 줄 적에는 준 대로 적는다. 〈예〉거북하지→거북지; 생각하건대→생각건대; 생각하다 못해→생각다 못해; 깨끗하지 않다→깨끗지 않다; 넉넉하지 않다→넉넉지 않다; 못하지 않다→못지않다; 섭섭하지 않다→섭섭지 않다; 익숙하지 않다→익숙지 않다.

[붙임3] 다음과 같은 부사는 소리대로 적는다. 〈예〉결단코/결코/기필코/무심코/정녕코/필연코/한사코; 하마터면/하여튼/아무튼; 요컨대.

[해설] 제15항에서는 실질형태소인 어간과 형식 형태소인 어미를 구별하여 적도록 규정하고 있다. 이 규정에 따르면, 통일안(제56항)에서와 같이 '흔하다'가 준 형태는 '흔ㅎ다' 또는 '흜다'로 적어야 할 것이다. 그러나 준 소리 'ㅎ'을 사이 글자로 적는 데는 문제점이 있다.

첫째는, 한글 맞춤법의 체계에 있어서 예외적인 형식이 된다. 곧, 한글 맞춤법의 체계는 말소리를 음절 단위로 적는 것인데, 다만 이 준 소리 'ㅎ'만은 한 개 자음이 독립적인 위치에 놓이게 되는 것이다. 그리하여

필기의 형식이나 인쇄물의 체재에서 시각적으로 부자연스러운 느낌을 주게 된다.

둘째는, 대중이 사이 글자 'ㅎ'의 용법을 익히는 데 어려움이 있다. 맞춤법은 교양인을 대상으로 하는 규정의 성격을 띠는 게 통례이긴 하지만, 현대 사회에 있어서는 근본적으로 대중을 위한 규정을 지향(指向)하는 것이므로, 대중이 이해하고, 대중이 준용(準用)할 수 있는 규정이 되도록 하는 일이 중요한 것이다.

"어간 끝음절 '하—'의 'ㅏ'가 줄고 'ㅎ'이 남는 경우"를 이해하고 사이 글자 'ㅎ'을 쓰는 일은, 아무래도 대중에게 있어서는 어려운 규정이라고 생각된다. 이런 까닭으로, 통일안 제56항(준 소리 'ㅎ' 관계)은 교과서 표기에서나 제대로 지켜졌을 뿐, 유야무야(有耶無耶)한 규정이었다고 할 것이다. 그리하여 이번 개정에서는 이 경우도 예외로 다루어, 소리 나는 대로 적기로 한 것이다. 〈예〉가(可)하다 부(否)하다→가타 부타(→가타부타); 무능하다→무능타; 부지런하다→부지런타; 아니하다→아니타; 감탄하게→감탄케; 달성하게→달성케; 실망하게→실망케; 당(當)하지→당치; 무심하지→무심치; 허송하지→허송치; 분발하도록→분발토록; 실천하도록→실천토록; 추진하도록→추진토록; 결근하고자→결근코자; 달성하고자→달성코자; 사임하고자→사임코자; 청하건대→청컨대; 회상하건대→회상컨대.

[붙임1] 준말에 있어서, 'ㅎ'이 어간의 끝소리로 굳어져 있는 것은 받침으로 붙여 적는다. 이 경우, 한 개 단어로 다루어지는 준말의 기준은 관용에 따르는데, 대체로 지시 형용사(指示形容詞) '이러하다/그러하다/저러하다/어떠하다/아무러하다' 및 '아니하다' 등이 줄어진 형태가 이에 해당된다. 〈예〉이러하다→이렇다/이렇게/이렇고/이렇지/이렇거나/……; 아니하다→않다/않게/않고/않지/않든지/않도록/……

[붙임2] 어간의 끝음절 '하'가 줄어진 형태로 관용되고 있는 형식을 말하는데, 안울림소리 받침 뒤에서 나타난다. 〈예〉갑갑하지 않다→갑갑지 않다 →갑갑잖다; 깨끗하지 않다→깨끗지 않다→깨끗잖다; 넉넉하지 않다→넉넉지 않다→넉넉잖다; 답답하지 않다→답답지 않다→답답잖다; 못하지 않다→못지않다(→못잖다); 생각하다 못하여→생각다 못해; 생각하건대→생각건대; 익숙하지 못하다→익숙지 못하다.

[붙임3] 어원적인 형태는 용언의 활용형으로 볼 수 있더라도, 현실적으로 부사로 전성된 단어는, 그 본모양을 밝히지 않고 소리 나는 대로 적는다. 이들 단어는 용언적 기능(서술 기능)을 지니지 않을 뿐 아니라, 불변화사(不變化詞)인 부사는 활용의 형태와 연관시켜 생각할 필요가 없는 것이기 때문이다. 이 것은, 제19항 붙임2 (3)에서 다루어진 조사 '나마, 부터, 조차'의 경우와도 상통하는 규정이다. 이런 단어의 경우는 대개 원형이 사용되지 않으므로, 준말의 유형에서 제외할 만한 것이지만, 그 표기 방식에 대하여 의문을 가지기 쉬운 것이어서, 여기서 다루어 놓았다. 예시어 중, '아무튼/하여튼'은 사전에서 '아뭏든, 하옇든(지)'으로 다루어지고 있는 것인데, 이번에 바꾸었다. 그러나 '이렇든(지)/그렇든(지)/저렇든(지)/아무렇든(지)/어떻든(지)' 따위는 '이렇다/그렇다/저렇다/아무렇다/어떻다'의 활용형이므로, '튼(지)'으로 적지 않는다. 이 경우, 부사 '어떻든'은 형용사 '어떻든(지)'이 부사로 전성되는 것으로 설명된다. 한편, '—하다'형 용언과 결부되는 것은 아니지만, '이토록/그토록/저토록/열흘토록/종일토록/평생토록' 등도 소리 나는 대로 적는다.

제5장 띄어쓰기
제1절 조사
제2절 의존명사, 단위를 나타내는 명사 및 열거하는 말 등
제3절 보조용언
제4절 고유명사 및 전문 용어

제41항 조사는 그 앞말에 붙여 쓴다. 〈예〉꽃이/꽃마저/꽃밖에/꽃에서부터/꽃으로만/꽃이나마/꽃이다/꽃입니다/꽃처럼; 어디까지나/거기도/멀리는/웃고만.

[해설] 앞에서 말한 바와 같이, 조사는 독립성이 없기 때문에 다른 단어 뒤에 종속적(從屬的)인 관계로 존재한다. 조사는, 그것이 결합되는 체언이 지니는 문법적 기능을 표시하므로, 그 앞의 단어에 붙여 쓰는 것이다. 조사가 둘 이상 겹쳐지거나, 조사가 어미 뒤에 붙는 경우에도 붙여 쓴다. 〈예〉집에서처럼/"알았다."라고/학교에서만이라도/여기서부터입니다/어디까지입니까/나가면서까지도/들어가기는커녕/옵니다그려.

제42항 의존명사는 띄어 쓴다. 〈예〉아는 것이 힘이다; 나도 할 수 있다; 먹을 만큼 먹어라; 아는 이를 만났다; 네가 뜻한 바를 알겠다; 그가 떠난 지가 오래다.

[해설] 의존명사는 의미적 독립성은 없으나 다른 단어 뒤에 의존하여 명사적 기능을 담당하므로, 하나의 단어로 다루어진다. 독립성이 없기 때문에, 앞 단어에 붙여 쓰느냐 띄어 쓰느냐 하는 문제가 논의의 대상이 되었지만, 문장의 각 단어는 띄어 쓴다는 원칙에 따라 띄어 쓰는 것이다.

동일한 형태가 경우에 따라 다르게 쓰이는 예를 들어 보면 다음과 같다.

⑴ '들'이 '남자들/학생들'처럼 하나의 단어에 결합하여 복수를 나타내는 경우는 접미사로 다루어 붙여 쓰지만, '쌀/보리/콩/조/기장 들을 오곡(五穀)이라 한다.'와 같이, 두 개 이상의 사물을 열거하는 구조에서 '그런 따위'란 뜻을 나타내는 경우는 의존명사이므로 띄어 쓴다. 'ㅂ/ㄷ/ㄱ 등은 파열음이다.'처럼 쓰이는 '등'도 마찬가지다.

⑵ '뿐'이 '남자뿐이다, 셋뿐이다'처럼 체언 뒤에 붙어서 한정의 뜻을 나타내는 경우는 접미사로 다루어 붙여 쓰지만, '웃을 뿐이다.'와 같이, 용언의 관형사형 '-을' 뒤에서 '따름'이란 뜻을 나타내는 경우는 의존명사이므로 띄어 쓴다.

⑶ '대로'가 '법대로/약속대로'처럼 체언 뒤에 붙어서 '그와 같이'란 뜻을 나타내는 경우는 조사이므로 붙여 쓰지만, '아는 대로 말한다; 약속한 대로 이행한다.'와 같이, 용언의 관형사형 뒤에서, '그와 같이'란 뜻을 나타내는 경우는 의존명사이므로 띄어 쓴다.

⑷ '만큼'이 '여자도 남자만큼 일한다. 키가 전봇대만큼 크다.'처럼 체언 뒤에 붙어서 '그런 정도로'라는 뜻을 나타내는 경우는 조사이므로 붙여 쓰지만, '볼 만큼 보았다; 애쓴 만큼 얻는다.'와 같이, 용언의 관형사형 뒤에서 '그런 정도로' 또는 '실컷'이란 뜻을 나타내는 경우는 의존명사이므로 띄어 쓴다.

⑸ '만'이 '하나만 알고, 둘은 모른다. 이것은 그것만 못하다.'처럼 체언에 붙어서 한정 또는 비교의 뜻을 나타내는 경우는 조사이므로 붙여 쓰지만, '떠난 지 사흘 만에 돌아왔다; 온 지 1년 만에 떠나갔다.'와 같이 경과한 시간을 나타내는 경우는 의존명사이므로 띄어 쓴다.

부록

(6) '집이 큰지 작은지 모르겠다.'처럼 쓰이는 '-지'는 어미의 일부이므로 붙여 쓰지만, '그가 떠난 지 보름이 지났다; 그를 만난 지 한 달이 지났다.'와 같이, 용언의 관형사형 뒤에서 경과한 시간을 나타내는 경우 는 의존 명사이므로 띄어 쓴다.

(7) '차(次)'가 '연수차(研修次) 도미(渡美)한다.'처럼 명사 뒤에 붙어서 '~하려고'란 뜻을 나타내는 경우는 접미사로 다루어 붙여 쓰지만, '고향에 갔던 차에 선을 보았다.'와 같이, 용언의 관형사형 뒤에서 '어떤 기회에 겸해서'란 뜻을 나타내는 경우는 의존 명사이므로 띄어 쓴다.

(8) '판'이 '노름판/씨름판/웃음판'처럼 쓰일 때는 합성어를 이루는 명사이므로 붙여 쓰지만, '바둑 한 판 두자; 장기를 세 판이나 두었다.'와 같이, 수 관형사 뒤에서 승부를 겨루는 일의 수효를 나타내는 경우 는 의존 명사이므로 띄어 쓴다.

제43항 단위를 나타내는 명사는 띄어 쓴다. 〈예〉한 개; 차 한 대; 금 서 돈; 소 한 마리; 옷 한 벌; 열 살; 조기 한 손; 연필 한 자루; 버선 한 죽; 집 한 채; 신 두 켤레; 북어 한 쾌. [예외] 순서를 나타내는 경우나 숫자와 어울리어 쓰이는 경우에는 붙여 쓸 수 있다. 〈예〉두시 삼십분 오초; 제일과; 삼학년; 육층; 1446년 10월 9일; 2대대; 16동 502호; 제1실습실; 80원; 10개; 7미터.

[해설] 단위를 나타내는 의존 명사(수량 단위 불완전 명사)는 그 앞의 수 관형사와 띄어 쓴다. 〈예〉나무 한 그루; 고기 두 근; 열 길 물 속; 은 녁 냥(-쭝); 바느질 실 한 남; 엽전 두 닢; 금 서 돈(-쭝); 토끼 두 마리; 논 두 마지기; 쌀 서 말; 물 한 모금; 실 한 바람; 장작 한 바리; 열 바퀴; 새끼 두 발; 국수 한 사리; 벼 석 섬; 밥 한 술; 흙 한 줌; 집 세 채; 밤 한 톨; 김 네 톳; 풀 한 포기.

[예외] 수 관형사 뒤에 의존 명사가 붙어서 차례를 나타내는 경우나, 의존 명사가 아라비아 숫자 뒤에 붙는 경우는 붙여 쓸 수 있도록 하였다. 〈예〉제일 편→제일편; 제삼 장→제삼장; 제칠 항→제칠항. '제-'가 생략 된 경우라도, 차례를 나타내는 말일 때는 붙여 쓸 수 있다. 〈예〉(제)이십칠 대→이십칠대; (제)오십팔 회→ 오십팔회; (제)육십칠 번→육십칠번; (제)구십삼 차→구십삼차.

다음과 같은 경우에도 붙여 쓸 수 있다. 〈예〉(제)일 학년→일학년; (제)구 사단→구사단; (제)칠 연대→칠 연대; (제)삼 층→삼층; (제)팔 단→팔단; (제)육 급→육급; (제)16 통→16통; (제)274 번지→274번지; 제1 연구실→제1연구실.

또, 연월일, 시각 등도 붙여 쓸 수 있다. 〈예〉일천구백팔십팔 년 오 월 이십 일→일천구백팔십팔년 오월 이 십일; 여덟 시 오십구 분→여덟시 오십구분.

[예외] 수효를 나타내는 '개년, 개월, 일(간), 시간' 등은 붙여 쓰지 않는다. 〈예〉삼 (개)년 육 개월 이십 일 (간) 체류하였다.' 그러나 아라비아 숫자 뒤에 붙는 의존 명사는 모두 붙여 쓸 수 있다. 〈예〉35원; 70관; 42 마일; 26그램; 3년 6개월 20일간.

제44항 수를 적을 적에는 '만(萬)' 단위로 띄어 쓴다. 〈예〉십이억 삼천사백오십육만 칠천팔백구십팔; 12억 3456만 7898.

[해설] 십진법(十進法)에 따라 띄어 쓰던 것을 '만'단위로 개정하였다. 따라서 '만, 억, 조 및 '경(京), 해(垓),

자(秭)’ 단위로 띄어 쓰는 것이다.

십진법에 의하여 띄어 쓰면, 그것이 합리적인 방식이긴 하지만, 너무 작게 갈라 놓는 것이 되어서, 오히려 의미 파악에 지장이 있다는 의견이 많았다. 그리하여 아라비아 숫자로 금액을 표기할 때 쉼표를 치는 것처럼 세 자리 단위로 띄어서, ‘십 이억삼천사백 오십육만칠천 육백구십팔(1,234,567,698)’과 같이 띄느냐 하는 문제도 검토되었으나, ‘십’과 ‘이억’, ‘사백’과 ‘오십육만’이 떨어지는 등 불합리한 형식이 되므로, ‘만, 억, 조, ……’ 단위로 띄어 쓰기로 한 것이다. 〈예〉삼천이백사십삼조 칠천팔백육십칠억 팔천구백이십칠만 육천삼백오십사; 3243조 7867억 8927만 6354.

[예외] 금액을 적을 때는 변조(變造) 등의 사고를 방지하려는 뜻에서 붙여 쓰는 게 관례로 되어 있다. 〈예〉일금: 삼십일만오천육백칠십팔원정; 돈: 일백칠십육만오천원임.

제45항 두 말을 이어 주거나 열거할 적에 쓰이는 말들은 띄어 쓴다. 〈예〉국장 겸 과장; 열 내지 스물; 청군 대 백군; 책상, 걸상 등이 있다; 이사장 및 이사들; 사과, 배, 귤 등등; 사과, 배 등속; 부산, 광주 등지.

[해설] ①‘겸(兼)’은 한 가지 일 밖에 또 다른 일을 아울러 함을 뜻하는 한자어 형태소다. ‘국장 겸 과장’ 같은 경우, 한문 구조에서는 ‘겸’이 뒤의 ‘과장’을 목적어로 취하는 타동사로 설명되는 것이지만, 국어에서는 ‘뽕도 딸 겸 임도 볼 겸’처럼 관형어의 수식을 받는 구조로도 사용되므로, 의존명사로 다루어지고 있다. 〈예〉장관 겸 부총리; 친구도 만날 겸 구경도 할 겸. ②‘청군 대 백군’의 경우도, 한문 구조에서는 ‘대(對)’가 뒤의 ‘백군’을 목적어로 취하는 타동사로 설명되지만, 예컨대 ‘윗마을 대 아랫마을, 다섯 대 셋’처럼 고유어 사이에서 ‘상대하는’, 또는 ‘짝이 되는, 비교되는’ 같은 뜻을 나타내기도 하므로, 의존명사로 다루어지고 있다. 〈예〉한국 대 일본; 남자 대 여자; 5 대 3. 그러나 ‘대(對)를 이룬다.’처럼 쓰이는 경우는 자립 명사이며, 또, ‘대미(對美) 수출, 대일(對日) 무역’과 같이, ‘대’가 앞뒤 두 단어에 관계되지 않는 구조일 때는, 뒤의 형태소와 결합하여 하나의 단어를 형성하는 것으로 해석된다. ③‘내지(乃至)’는, 순서나 정도를 나타내는 데 그 중간을 줄일 때 쓰는 말이라고 풀이되고 있으나, 흔히 ‘혹은, 또는’ 같은 뜻을 표시하므로, 접속 부사로 다루어 띄어 쓴다. 〈예〉하나 내지 넷; 열흘 내지 보름; 경주 내지 포항. ④‘및’은 ‘그 밖에도 또, ~와 또’처럼 풀이되는 접속 부사이므로 띄어 쓰는 것이다. 〈예〉위원장 및 위원들; 사과 및 배, 복숭아. ⑤‘등(等)/등등(等等)/등속(等屬)/등지(等地)’ 따위는 열거의 뜻을 표시하는 의존명사이므로 띄어 쓴다. 〈예〉ㄴ/ㄹ/ㅁ/ㅇ 등은 울림소리다; 과자, 과일, 식혜 등등 먹을 것이 많다; 사과, 배, 복숭아 등속을 사 왔다; 충주, 청주, 대전 등지로 돌아다녔다.

제46항 단음절로 된 단어가 연이어 나타날 적에는 붙여 쓸 수 있다. 〈예〉그때 그곳; 좀더 큰것; 이말 저말; 한잎 두잎.

[해설] 앞에서 말한 바와 같이, 글을 띄어 쓰는 것은 그 의미를 쉽게 파악할 수 있도록 하려는 데 목적이 있다. 그런데 한 음절로 이루어진 단어가 여럿 이어지는 경우, ‘좀 더 큰 이 새 집’처럼 띄어 쓰면 기록하기에도 불편할 뿐 아니라, 시각적 부담을 가중시킴으로써 독서 능률이 감퇴(減退)될 염려가 있는 것이다. 그리하여 ‘좀더 큰 이 새집’처럼 붙여 쓸 수 있도록 한 것이다. 〈예〉이 곳 저 곳→이곳 저곳; 내 것 네 것→내 것 네것; 이 집 저 집→이집 저집; 한 잔 술→한잔 술.

그러나 이 허용 규정은 단음절어인 관형사와 명사, 부사와 부사가 연결되는 경우와 같이, 자연스럽게 의미적으로 한 덩이를 이룰 수 있는 구조에 적용되는 것이므로, '훨씬 더 큰 새 집→(×)훨씬 더큰 새집', '더 큰 이 새 책상→(×)더큰 이새 책상'처럼, 한 개 음절로 된 단어는 무조건 붙여 쓸 수 있는 것이 아니다. 단음절어이면서 관형어나 부사인 경우라도, 관형어와 관형어, 부사와 관형어는 원칙적으로 띄어 쓰며, 또 부사와 부사가 연결되는 경우에도 '더 못 간다(×더못 간다); 꽤 안 온다(×꽤안 온다); 늘 더 먹는다(×늘더 먹는다)'와 같이, 의미적 유형이 다른 단어끼리는 붙여 쓰지 않는 게 원칙이다.

제47항 보조용언은 띄어 씀을 원칙으로 하되, 경우에 따라 붙여 씀도 허용한다. 〈예〉불이 꺼져 간다. →불이 꺼져간다(허용); 내 힘으로 막아 낸다. →내 힘으로 막아낸다(허용); 어머니를 도와 드린다. →어머니를 도와드린다(허용); 그릇을 깨뜨려 버렸다. →그릇을 깨뜨려버렸다(허용); 비가 올 듯하다. →비가 올듯하다(허용); 그 일은 할 만하다. →그 일은 할만하다(허용); 일이 될 법하다. →일이 될법하다(허용); 비가 올 성싶다. →비가 올성싶다(허용); 잘 아는 척한다. →잘 아는척한다(허용).

[예외] 앞말에 조사가 붙거나 앞말이 합성 동사인 경우, 그리고 중간에 조사가 들어갈 적에는 그 뒤에 오는 보조용언은 띄어 쓴다. 〈예〉잘도 놀아만 나는구나!; 책을 읽어도 보고……; 네가 덤벼들어 보아라; 강물에 떠내려가 버렸다; 그가 올 듯도 하다; 잘난 체를 한다.

[해설] 여기서 말하는 보조용언은, (1)'-아/-어' 뒤에 연결되는 보조용언, (2)의존명사에 '-하다'나 '-싶다'가 붙어서 된 보조용언을 가리킨다.

(1) '-아/-어' 뒤에 연결되는 보조용언: 제15항 붙임1에서 다루어진 '늘어나다, 돌아가다, 접어들다'처럼, '-아/-어' 뒤에 다른 단어가 붙어서 된 단어의 예가 퍽 많다. 그리고 예컨대 '놀아나다, 늘어나다'에서의 '나다'와 '고난을 겪어 났다.'에서의 '나다'는 차이가 있는 것이지만, 얼른 생각하기로는 양자의 구별이 쉽게 이해되지 않는다. '-아/-어'뒤에 딴 단어가 연결되는 형식에 있어서, 어떤 경우에는 하나의 단어로 다루어 붙여 쓰고, 어떤 경우에는 두 단어로 다루어 띄어 써야 하는지, 명확하게 분별하지 못하는 곤혹을 겪기가 쉽다. 그리하여 '-아/-어' 뒤에 붙는 보조용언을 붙여 쓰자는 의견이 많았으나, 각 단어는 띄어 쓴다는, 일관성 있는 표기 체계를 유지하려는 뜻에서, 띄어 쓰는 것을 원칙으로 하되, 붙여 쓰는 것도 허용한 것이다.

보조용언	원칙	허용
가다(진행)	늙어 간다, 되어 간다	늙어간다, 되어간다
가지다(보유)	알아 가지고 간다	알아가지고 간다
나다(종결)	겪어 났다, 견뎌 났다	겪어났다, 견뎌났다
내다(종결)	이겨 낸다, 참아 냈다	이겨낸다, 참아냈다
놓다(보유)	열어 놓다, 적어 놓다	열어놓다, 적어놓다
대다(강세)	떠들어 댄다	떠들어댄다
두다(보유)	알아 둔다, 기억해 둔다	알아둔다, 기억해둔다
드리다(봉사)	읽어 드린다	읽어드린다
버리다(종결)	놓쳐 버렸다	놓쳐버렸다
보다(시행)	뛰어 본다, 써 본다	뛰어본다, 써본다

쌓다(강세)	울어 쌓는다	울어쌓는다
오다(진행)	참아 온다, 견뎌 온다	참아온다, 견뎌온다
지다(피동)	이루어진다,	써진다, 예뻐진다

그러나 '-아/-어' 뒤에 '서'가 줄어진 형식에서는 뒤의 단어가 보조용언이 아니므로, 붙여 쓰는 게 허용되지 않는다. 〈예〉(시험삼아) 고기를 잡아 본다→잡아본다; 고기를 잡아(서) 본다(×잡아본다); (그분의) 사과를 깎아 드린다→깎아드린다; 사과를 깎아(서) 드린다(×깎아드린다).

(2) 의존명사에 '-하다'나 '-싶다'가 붙어서 된 보조용언: 의존명사 '양/척/체/만/ 법/듯' 등에 '-하다'나 '-싶다가 결합하여 된 보조용언(으로 다루어지는 것)의 경우도 앞 말에 붙여 쓸 수 있다.

보조용언	원칙	허용
양하다	학자인 양한다.	학자인양한다.
체하다	모르는 체한다.	모르는체한다
듯싶다	올 듯싶다.	올듯싶다.
뻔하다	놓칠 뻔하였다.	놓칠뻔하였다.

[예외] 의존명사 뒤에 조사가 붙거나, 앞 단어가 합성 동사인 경우는 (보조용언을) 붙여 쓰지 않는다. 조사가 개입되는 경우는, 두 단어(본 용언과 의존명사) 사이의 의미적, 기능적 구분이 분명하게 드러날 뿐 아니라, 제42항 규정과도 연관되므로, 붙여 쓰지 않도록 한 것이다. 또, 본 용언이 합성어인 경우는, '덤벼들어 보아라, 떠내려가버렸다'처럼 길어지는 것을 피하기 위하여 띄어 쓰도록 한 것이다. 〈예〉 아는 체를 한다(×아는체를한다); 비가 올 듯도 하다(×올듯도하다); 값을 물어만 보고(×물어만보고); 믿을 만은 하다(×믿을만은하다); 밀어내 버렸다(×밀어내버렸다); 잡아매 둔다(×잡아매둔다); 매달아 놓는다(×매달아놓는다); 집어넣어 둔다(×집어넣어둔다). '물고늘어져 본다, 파고들어 본다' 같은 경우도 이에 준한다.

그런데 합성 동사 뒤에 연결되는 보조용언을 붙여 쓰지 않도록 한 것은, 그 표기 단위가 길어짐을 피하려는 것이므로, 예컨대 '나-가 버렸다→나가버렸다; 빛-나 보인다→빛나보인다; 손-대 본다→손대본다; 잡-매 준다→잡매준다' 따위처럼, 단음절로 된 어휘 형태소가 결합한 합성어 뒤에 연결되는 보조용언을 붙여 쓸 수 있다. 그리고 '기억해 둘 만하다; 읽어 볼 만하다; 도와 줄 법하다;되어 가는 듯하다'처럼 보조용언이 거듭되는 경우는 '기억해둘 만하다; 읽어볼 만하다; 도와줄 법하다; 되어가는 듯하다'와 같이, 앞의 보조용언만을 붙여 쓸 수 있다.

제48항 성과 이름, 성과 호 등은 붙여 쓰고, 이에 덧붙는 호칭어, 관직명 등은 띄어 쓴다. 〈예〉김양수(金良洙); 서화담(徐花潭); 채영신 씨; 최치원 선생; 박동식 박사; 충무공 이순신 장군. [예외] 성과 이름, 성과 호를 분명히 구분할 필요가 있을 경우에는 띄어 쓸 수 있다. 〈예〉남궁억/남궁 억; 독고준/독고 준; 황보지봉(皇甫芝峰)/황보 지봉.

[해설] 성명에 있어서, 성과 이름은 별개 단어의 성격을 지니고 있다. 곧, 성은 혈통을 표시하며, 이름은 특정한 개인에게만 부여된 식별부호(識別符號)이므로, 순수한 고유명사의 성격을 지니는 것이다. 이렇게 볼 때, 성과 이름을 띄어 쓰는 게 합리적이긴 하지만, 한자 문화권에 속하는 나라들에서는 성명을 붙여 쓰는

것이 통례이고, 우리나라에서도 붙여 쓰는 게 관용 형식이라 할 것이다. 더구나, 우리 민족의 성은, 예외가 있긴 하지만, 거의 모두 한 글자(음절)로 되어 있어서, 보통 하나의 단어로 인식되지 않는다. 그리하여 성과 이름은 붙여 쓰기로 한 것이다. 이름과 마찬가지 성격을 지닌 호(號)나 자(字)가 성에 붙는 형식도 이에 준한다. 〈예〉최학수(崔學洙); 김영애(金榮愛); 유버들(柳~); 정송강(鄭松江) ('송강'은 호); 이태백(李太白) ('태백'은 자). [예외] 예컨대 '남궁수, 황보영' 같은 성명의 경우, '남/궁수, 황/보영'인지 '남궁/수, 황보/영'인지 혼동될 염려가 있는 것이므로, 성과 이름을 분명하게 밝힐 필요가 있을 때에는 띄어 쓸 수 있도록 한 것이다.

한편, 성명 또는 성이나 이름 뒤에 붙는 호칭어나 관직명(官職名) 등은 고유명사와 별개의 단위이므로 띄어 쓴다. 호나 자 등이 성명 앞에 놓이는 경우도 띄어 쓴다. 〈예〉강인구 씨; 강 선생; 인구 군; 총장 정영수 박사; 백범 김구 선생; 계 계장(桂係長); 사 사장(史社長); 여 여사(呂女史); 주 주사(朱主事). 우리 한자음으로 적는 중국 인명의 경우도 본 항 규정이 적용된다. 〈예〉소정방(蘇定方); 이세민(李世民); 장개석(莊介石).

제49항 성명 이외의 고유명사는 단어별로 띄어 씀을 원칙으로 하되, 단위별로 띄어 쓸 수 있다. 〈예〉대한 중학교(원칙) →대한중학교(허용); 한국 대학교 사범 대학(원칙) →한국대학교 사범대학(허용).

[해설] 예컨대, '한국 정신 문화 연구원'처럼 단어별로 띄어 쓰면, '한국, 정신, 문화, 연구원'의 네 개 단어가 각각 지니고 있는 뜻은 분명하게 이해되지만, 그것이 하나의 대상으로 파악되지 않는 단점도 있는 것이다. 그리하여 둘 이상의 단어가 결합하여 이루어진 고유명사는 단어별로 띄어 쓰는 것을 원칙으로 하되, 단위별로 붙여 쓸 수 있도록 한 것이다.

여기서 말하는 '단위'란, 그 고유명사로 일컬어지는 대상물의 구성 단위를 뜻하는 것으로 설명된다. 다시 말하면, 어떤 체계를 가지는 구조물에 있어서, 각각 하나의 독립적인 지시 대상물로서 파악되는 것을 이른다. 예컨대 '서울 대학교 인문 대학 국어 국문학과'는 '서울 대학교/인문 대학/국어 국문학과'의 세 개 단위로 나누어지고, '한국 상업 은행 재동 지점 대부계'는 '한국 상업 은행/재동 지점/대부계'의 세 개 단위로 나누어진다. 〈예〉서울 대공원 관리 사무소 관리부 동물 관리과(원칙) →서울대공원관리사무소 관리부 동물관리과(허용); 한국 방송 공사 경영 기획 본부 경영 평가실 경영 평가 분석부(원칙) →한국방송공사 경영기획본부 경영평가실 경영평가분석부(허용)

'부설(附設), 부속(附屬), 직속(直屬), 산하(傘下)' 따위는 고유명사로 일컬어지는 대상물이 아니라, 그 대상물의 존재 관계(형식)를 나타내는 말이므로, 원칙적으로 앞뒤의 말과 띄어 쓴다. 〈예〉학술원 부설 국어 연구소(원칙) →학술원 부설 국어연구소(허용); 대통령 직속 국가 안전 보장 회의(원칙) →대통령 직속 국가 안전보장회의(허용).

[예외] '부속 학교, 부속 국민 학교, 부속 중학교, 부속 고등 학교' 등은 교육학 연구나 교원 양성을 위하여 교육 대학이나 사범 대학에 부속시켜 설치한 학교를 이르므로, 하나의 단위로 다루어 붙여 쓸 수 있는 것이다. 〈예〉서울 대학교 사범 대학 부속 고등 학교(원칙); 서울대학교 사범대학 부속고등학교(허용). 의학 연구나 의사 양성을 위하여 의과 대학에 부속시켜 설치한 병원의 경우도 이에 준한다. 〈예〉한국 대학교 의과 대학 부속 병원(원칙); 한국대학교 의과대학 부속병원(허용)

제50항 전문 용어는 단어별로 띄어 씀을 원칙으로 하되, 붙여 쓸 수 있다.

원칙	허용
만성 골수성 백혈병	만성골수성백혈병
중거리 탄도 유도탄	중거리탄도유도탄

[해설] 전문 용어란, 특정의 학술 용어나 기술 용어를 말하는데, 대개 둘 이상의 단어가 결합하여 하나의 의미 단위에 대응하는 말, 곧 합성어의 성격으로 되어 있다. 따라서 붙여 쓸 만한 것이지만, 그 의미 파악이 쉽도록 하기 위하여 띄어 쓰는 것을 원칙으로 하고, 편의상 붙여 쓸 수 있도록 하였다.

원칙	허용
만국 음성 기호 (萬國音聲記號)	만국음성기호
모음 조화 (母音調和)	모음조화
긴급 재정 처분 (緊急財政處分)	긴급재정처분
무한 책임 사원 (無限責任社員)	무한책임사원
배당 준비 적립금 (配當準備積立金)	배당준비적립금
손해 배상 청구 (損害賠償請求)	손해배상청구
관상 동맥 경화증 (冠狀動脈硬化症)	관상동맥경화증
급성 복막염 (急性腹膜炎)	급성복막염
지구 중심설 (地球中心說)	지구중심설
탄소 동화 작용 (炭素同化作用)	탄소동화작용
해양성 기후 (海洋性氣候)	해양성기후
두 팔 들어 가슴 벌리기	두팔들어가슴벌리기
무릎 대어 돌리기	무릎대어돌리기
여름 채소 가꾸기	여름채소가꾸기

[예외] 명사가 용언의 관형사형으로 된 관형어의 수식을 받거나, 두 개(이상)의 체언이 접속 조사로 연결되는 구조일 때는 붙여 쓰지 않는다. 〈예〉간단한 도면 그리기; 쓸모 있는 주머니 만들기; 아름다운 노래 부르기; 바닷말과 물고기 기르기.

두 개(이상)의 전문 용어가 접속 조사로 이어지는 경우는 전문 용어 단위로 붙여 쓸 수 있다. 〈예〉감자찌기와 달걀삶기; 기구만들기와 기구다루기; 도면그리기와 도면읽기.

제6장 그 밖의 것

제51항 부사의 끝음절이 분명히 '이'로만 나는 것은 '-이'로 적고, '히'로만 나거나 '이'나 '히'로 나는 것은 '-히'로 적는다: ①'이'로만 나는 것: 가붓이/깨끗이/나붓이/느긋이/둥긋이/따뜻이/반듯이/버젓이/산뜻이/의젓이/가까이/고이/날카로이/대수로이/번거로이/많이/적이/헛되이/겹겹이/번번이/일일이/집집이/틈틈이. ②'히'로만 나는 것: 극히/급히/딱히/속히/작히/족히/특히/엄격히/정확히. ③'이/히'로 나는 것: 솔직히/가만히/간편히/나른히/무단히/각별히/소홀히/쓸쓸히/정결히/과감히/꼼꼼히/심히/열심히/급급히/답답히/섭섭히/공평히/능히/당당히/분명히/상당히/조용히/간소히/고요히/도저히.

[해설] "분명히 {이}로만 나는 것은 '이'로 적고, {히}로만 나거나 {이}나 {히}로 나는 것은 '히'로 적는다."라는 규정은 모호하게 해석될 수도 있다. {이}로만 나는 것 {히}로만 나는 것이란, 실상 발음자의 습관에 따라 다르게 인식될 수 있고, 따라서 예시된 단어 이외의 경우는 자칫 기록자의 임의적인 해석에 의하여 좌우될 수도 있을 것이다.

이 규정의 해석에는 다음과 같은 규칙성이 제시될 수 있다. 음운 형태는 발음자의 습관에 따라 다르게 인식될 수 있는 것이므로, 이 규칙성에 대해서도 이견(異見)이 없지 않으리라 생각되지만, 단어 하나하나를 가지고 논의하여 결정하는 방식을 취하지 않는 한, 문제의 근본적인 해결을 기대하기는 어려울 것이다.

(1) '이'로 적는 것: ①(첩어 또는 준첩어인) 명사 뒤: 간간이/겹겹이/골골샅샅이/곳곳이/길길이/나날이/다달이/땀땀이/몫몫이/번번이/샅샅이/알알이/앞앞이/줄줄이/짬짬이/철철이. ②'ㅅ' 받침 뒤: 기웃이/나긋나긋이/남짓이/뜨뜻이/버젓이/번듯이/빠듯이/지긋이. ③'ㅂ' 불규칙 용언의 어간 뒤: 가벼이/괴로이/기꺼이/너그러이/부드러이/새로이/쉬이/외로이/즐거이/-스러이. ④'-하다'가 붙지 않는 용언 어간 뒤: 같이/굳이/길이/깊이/높이/많이/실없이/적이/헛되이. ⑤부사 뒤(제25항 2 참조): 곰곰이/더욱이/생긋이/오뚝이/일찍이/히죽이.
(2) '히'로 적는 것: ①'-하다'가 붙는 어근 뒤(단, 'ㅅ' 받침 제외.): 극히/급히/딱히/속히/족히/엄격히/정확히/간편히/고요히/공평히/과감히/급급히/꼼꼼히/나른히/능히/답답히. 예시된 단어 중, '도저히, 무단히, 열심히' 등은, '-하다'가 결합한 형태가 널리 사용되지는 않지만, '도저(到底)하다, 무단(無斷)하다, 열심(熱心)하다' 등이 사전에서 다루어지고 있는 것이다. ②'-하다'가 붙는 어근에 '-히'가 결합하여 된 부사가 줄어진 형태: (익숙히→)익히; (특별히→)특히. ③어원적으로는 '-하다'가 붙지 않는 어근에 부사화 접미사가 결합한 형태로 분석되더라도, 그 어근 형태소의 본뜻이 유지되고 있지 않은 단어의 경우는 익어진 발음 형태대로 '히'로 적는다. 〈예〉작히(어찌 조그만큼만, 오죽이나).

부사화 접미사 '이/히'의 구별 문제는, 표준어 사정('표준어 모음' 발간)에서 더 검토될 것이므로, 현재로서는 이 규칙성이 모든 경우에 반드시 적용된다고 단정하지 못한다.

제52항 한자어에서 본음으로도 나고 속음으로도 나는 것은 각각 그 소리에 따라 적는다.

<u>본음으로 나는 것</u>	<u>속음으로 나는 것</u>
승낙(承諾)	수락(受諾), 쾌락(快諾), 허락(許諾)
만난(萬難)	곤란(困難), 논란(論難)
안녕(安寧)	의령(宜寧), 회령(會寧)
분노(忿怒)	대로(大怒), 희로애락(喜怒哀樂)
토론(討論)	의논(議論)
오륙십(五六十)	오뉴월, 유월(六月)
목재(木材)	모과(木瓜)
십일(十日)	시방정토(十方淨土), 시왕(十王), 시월(十月)
팔일(八日)	초파일(初八日)

[해설] 속음은 세속에서 널리 사용되는 익은소리(습관음)이므로, 속음으로 된 발음 형태를 표준어로 삼게

되며, 따라서 맞춤법에서도 속음에 따라 적게 된다. 표의 문자인 한자는 하나하나가 어휘 형태소의 성격을 띠고 있다는 점에서, 본음 형태와 속음 형태는 동일 형태소의 이형태(異形態)인 것이다.

이 밖에도, 불교 용어의 '보리(菩提)/제공(提供); 보시(布施)/공포(公布); 도량(道場)(불도를 닦는 깨끗한 마당)/도장(道場)(무예를 닦는 곳)' 따위라든가, '본댁(本宅), 시댁(媤宅), 댁내(宅內)/자택(自宅); 모란(牧丹)/단심(丹心); 통찰(洞察)/동굴(洞窟); 사탕(砂糖), 설탕(雪糖)/당분(糖分)' 등과 같이, 속음으로 적는 단어가 많이 있다.

제53항 다음과 같은 어미는 예사소리로 적는다. 〈예〉-(으)ㄹ거나(○)/-(으)ㄹ꺼나(×); -(으)ㄹ걸(○)/-(으)ㄹ껄(×); -(으)ㄹ게(○)/-(으)ㄹ께(×); -(으)ㄹ세(○)/-(으)ㄹ쎄(×); -(으)ㄹ세라(○)/-(으)ㄹ쎄라(×); -(으)ㄹ수록(○)/-(으)ㄹ쑤록(×); -(으)ㄹ시(○)/-(으)ㄹ씨(×); -(으)ㄹ지(○)/-(으)ㄹ찌(×); -(으)ㄹ지니라(○)/-(으)ㄹ찌니라(×); -(으)ㄹ지라도(○)/-(으)ㄹ찌라도(×); -(으)ㄹ지어다(○)/-(으)ㄹ찌어다(×); -(으)ㄹ지언정(○)/-(으)ㄹ찌언정(×); -(으)ㄹ진대(○)/-(으)ㄹ찐대(×); -(으)ㄹ진저(○)/-(으)ㄹ찐저(×); -올시다(○)/-올씨다(×).

[예외] 의문을 나타내는 다음 어미들은 된소리로 적는다. 〈예〉-(으)ㄹ까?/-(으)ㄹ꼬?/-(스)ㅂ니까?/-(으)리까?/-(으)ㄹ쏘냐?

[해설] 형식 형태소인 어미의 경우, 규칙성이 적용되지 않는 현상일 때는 변이 형태를 인정하여 소리 나는 대로 적는 것을 원칙으로 삼았다. 그러므로 '-ㄹ꺼나, -ㄹ껄, -ㄹ께, ……'처럼 적을 것으로 생각하기 쉬우나, 'ㄹ' 뒤에서 된소리로 발음되는 것은 된소리로 적지 않기로 하였다.

[예외] '-ㄹ까/-ㄹ꼬/-ㄹ쏘냐(-나이까/-더이까/-리까/-ㅂ니까/-습니까 -ㅂ디까/-습디까)' 등은 된소리로 적는다. 이것은, 1957년 6월 30일 한글 학회 총회에서 결정한, 통일안 보유(補遺)에서 그렇게 정해져서 이미 널리 익어져 있는 형식이기 때문에, 관용을 따른 것이다. 그리고 '-ㄹ게'는 'ㄹ께'로 적던 것인데, 예외를 인정할 이유가 없는 것이므로, 예사소리 형태로 통일한다는 뜻에서 'ㄹ게'로 바꾼 것이다.

제54항 다음과 같은 접미사는 된소리로 적는다. 〈예〉심부름꾼(○)/심부름군(×); 귀때기(○)/귓대기(×); 익살꾼(○)/익살군(×); 볼때기(○)/볼대기(×); 일꾼(○)/일군(×); 판자때기(○)/판잣대기(×); 장꾼(○)/장군(×); 뒤꿈치(○)/뒷굼치(×); 장난꾼(○)/장난군(×); 팔꿈치(○)/팔굼치(×); 지게꾼(○)/지겟군(×); 이마빼기(○)/이맛배기(×); 때깔(○)/땟깔(×); 코빼기(○)/콧배기(×); 빛깔(○)/빛갈(×); 객쩍다(○)/객적다(×); 성깔(○)/성갈(×); 겸연쩍다(○)/겸연적다(×).

[해설] (1) '-군/-꾼'은 '꾼'으로 통일하여 적는다. 〈예〉개평꾼/거간꾼/곁꾼/구경꾼/나무꾼/낚시꾼/난봉꾼/내왕꾼/노름꾼/농사꾼/도망꾼/땅꾼/막벌이꾼/만석꾼/말썽꾼/목도꾼/몰이꾼/봉죽꾼/사기꾼/사냥꾼/소리꾼/술꾼/씨름꾼/장타령꾼/정탐꾼/주정꾼/짐꾼/투전꾼/헤살꾼/협잡꾼/훼방꾼/흥정꾼.

(2) '-갈/-깔'은 '깔'로 통일하여 적는다. 〈예〉맛깔/태깔(態-)

(3) '-대기/-때기'는 '때기'로 적는다. 〈예〉거적때기/나무때기/등때기/배때기/송판때기(松板-)/-판때기(널~)/팔때기

(4) '-굼치/-꿈치'는 '꿈치'로 적는다. 〈예〉발꿈치/발뒤꿈치

(5) '-배기/-빼기'가 혼동될 수 있는 단어는, 첫째, {배기}로 발음되는 경우는 '배기'로 적고 [예: 귀퉁배기/나이배기/대짜배기/육자배기(六字-)/주정배기(酒酊-)/포배기/혀짤배기], 둘째, 한 형태소 내부에 있어

서, 'ㄱ/ㅂ' 받침 뒤에서 {빼기}로 발음되는 경우는 '배기'로 적으며(제5항 다만 참조.) [예: 뚝배기/학배기], 셋째, 다른 형태소 뒤에서 [빼기]로 발음되는 것은 모두 '빼기'로 적는다. 〈예〉고들빼기/그루빼기/대갈빼기/머리빼기/재빼기[嶺頂]/곱빼기/과녁빼기/밥빼기/악착빼기/앍둑빼기/앍작빼기/억척빼기/얽둑빼기/얽빼기/얽적빼기

(6) '-적다/-쩍다'가 혼동될 수 있는 단어는, 첫째, {적다}로 발음되는 경우는 '적다'로 적고[예: 괘다리적다/괘달머리적다/딴기적다/열퉁적다], 둘째, '적다[少]'의 뜻이 유지되고 있는 합성어의 경우는 '적다'로 적으며 [예: 맛적다(맛이 적어 싱겁다)], 셋째, '적다[少]'의 뜻이 없이, {쩍다}로 발음되는 경우는 '쩍다'로 적는다. 〈예〉맥쩍다/멋쩍다/해망쩍다/행망쩍다.

제55항 두 가지로 구별하여 적던 다음 말들은 한 가지로 적는다. 〈예〉맞추다(입을 맞춘다. 양복을 맞춘다)(○)/마추다(×); 뻗치다(다리를 뻗친다. 멀리 뻗친다)(○)/뻐치다(×).

[해설] '주문(注文)하다'란 뜻의 단어는 '마추다'로, '맞게 하다'란 뜻의 단어는 '맞추다'로 쓰던 것을, 두 가지 경우에 마찬가지로 '맞추다'로 적는다. 〈예〉양복을 맞춘다/구두를 맞춘다/맞춤 와이셔츠/입을 맞춘다/나사를 맞춘다/차례를 맞춘다.

그리고, '이 끝에서 저 끝까지 닿다, 멀리 연하다'란 뜻일 때는 '뻐치다'로, '뻗다, 뻗지르다'의 강세어는 '뻗치다'로 쓰던 것을, 구별 없이 '뻗치다'로 적는다. 〈예〉세력이 남극까지 뻗친다/다리를 뻗친다.

제56항 '-더라, -던'과 '-든지'는 다음과 같이 적는다: ①지난 일을 나타내는 어미는 '-더라, -던'으로 적는다. 〈예〉지난 겨울은 몹시 춥더라(○). 지난 겨울은 몹시 춥드라(×); 깊던 물이 얕아졌다(○). 깊든 물이 얕아졌다(×); 그렇게 좋던가?(○) 그렇게 좋든가?(×); 그 사람 말 잘하던데!(○) 그 사람 말 잘하든데!(×); 얼마나 놀랐던지 몰라(○). 얼마나 놀랐든지 몰라(×). **②물건이나 일의 내용을 가리지 아니하는 뜻을 나타내는 조사와 어미는 '(-)든지'로 적는다.** 〈예〉배든지 사과든지 마음대로 먹어라(○). 배던지 사과던지 마음대로 먹어라(×); 가든지 오든지 마음대로 해라(○). 가던지 오던지 마음대로 해라(×).

[해설] (1)지난 일을 말하는 형식에는 '-더'가 결합한 형태를 쓴다. 그런 형태로는 '-더구나/-더구려/-더구먼/-더군(←더구나/더구먼)/-더냐/-더니/-더니라/-더니만(←더니마는)/-더라/-더라면/-던/-던가/-던걸/-던고/-던데/-던들/-던지' 등이 있고, 이 밖에 '더'형 어미로 '-더라도' 따위가 있다.

(2)'-던'은 지난 일을 나타내는 '-더'에 관형사형 어미 '-ㄴ'이 붙어서 된 형태이며, '-든'은 내용을 가리지 않는 뜻을 표시하는 연결어미 '-든지'가 줄어진 형태다. 〈예〉어렸을 때 놀던 곳; 아침에 먹던 밥; 그 집이 크던지 작던지 생각이 안 난다; 그가 집에 있었던지 없었던지 알 수 없다; 가든(지) 말든(지) 마음대로 하렴; 많든(지) 적든(지) 관계없다.

제57항 다음 말들은 각각 구별하여 적는다: 가름(둘로 가름)/갈음(새 책상으로 갈음하였다); 거름(풀을 썩인 거름)/걸음(빠른 걸음); 거치다(영월을 거쳐 왔다)/걷히다(외상값이 잘 걷힌다); 걷잡다(걷잡을 수 없는 상태)/겉잡다(겉잡아서 이틀 걸릴 일); 그러므로/그러니까(그는 부지런하다. 그러므로 잘 산다)/그럼으로(써)(그렇게 하는 것으로)/그는 열심히 공부한다. 그럼으로(써) 은혜에 보답한다; 노름(노름판이 벌어졌다)/놀음[놀이](즐거운 놀음); 느리다(진도가 너무 느리다)/늘이다(고무줄을 늘인다)/늘리다(수출량

을 더 늘린다); 다리다(옷을 다린다)/달이다(약을 달인다); 다치다(부주의로 손을 다쳤다)/닫히다(문이 저절로 닫혔다)/닫치다(문을 힘껏 닫쳤다); 마치다(벌써 일을 마쳤다)/맞히다(여러 문제를 더 맞혔다); 목거리(목거리가 덧났다)/목걸이(금 목걸이, 은 목걸이); 바치다(나라를 위해 목숨을 바쳤다)/받치다(우산을 받치고 간다. 책받침을 받친다)/ 받히다(쇠뿔에 받혔다)/밭치다(술을 체에 밭친다); 반드시(약속은 반드시 지켜라)/반듯이(고개를 반듯이 들어라); 부딪치다(차와 차가 마주 부딪쳤다)/부딪히다(마차가 화물차에 부딪혔다); 부치다(힘이 부치는 일이다. 편지를 부친다. 논밭을 부친다. 빈대떡을 부친다. 식목일에 부치는 글. 회의에 부치는 안건. 인쇄에 부치는 원고. 삼촌 집에 숙식을 부친다)/붙이다(우표를 붙인다. 책상을 벽에 붙였다. 흥정을 붙인다. 불을 붙인다. 감시원을 붙인다. 조건을 붙인다. 취미를 붙인다. 별명을 붙인다); 시키다(일을 시킨다)/식히다(끓인 물을 식힌다); 아름(세 아름 되는 둘레)/알음(전부터 알음이 있는 사이)/앎(앎이 힘이다); 안치다(밥을 안친다)/앉히다(윗자리에 앉힌다); 어름(두 물건의 어름에서 일어난 현상)/얼음(얼음이 얼었다); 이따가(이따가 오너라)/있다가(돈은 있다가도 없다); 저리다(다친 다리가 저린다)/절이다(김장 배추를 절인다); 조리다(생선을 조린다. 통조림/병조림)/졸이다(마음을 졸인다); 주리다(여러 날을 주렸다)/줄이다(비용을 줄인다); 하노라고(하노라고 한 것이 이 모양이다)/하느라고(공부하느라고 밤을 새웠다); –느니보다(어미)(나를 찾아오느니보다 집에 있거라)/–는 이보다(의존명사)(오는 이가 가는 이보다 많다); –(으)리만큼(어미)(나를 미워하리만큼 그에게 잘못한 일이 없다)/–(으)ㄹ 이만큼(의존명사)(찬성할 이도 반대할 이만큼이나 많을 것이다); –(으)러(목적)(공부하러 간다)/–(으)려(의도)(서울 가려 한다); –(으)로서(자격)(사람으로서 그럴 수는 없다)/–(으)로써(수단)(닭으로써 꿩을 대신했다); –(으)므로(어미)(그가 나를 믿으므로 나도 그를 믿는다)/(–ㅁ, –음)으로(써)(조사)(그는 믿음으로(써) 산 보람을 느꼈다).

[해설] 제55항과는 반대로, 발음 형태는 같거나 비슷하면서 뜻이 다른 단어를 구별하여 적음으로써 달리 적는 동음이의어(同音異義語)로 다루는 것이다.

①'가름'은 '가르다'의 어간에 '–ㅁ'이 붙은 형태이며, '갈음'은 '갈다(代替)'의 어간에 '–음'이 붙은 형태. '가름'은 나누는 것을, '갈음'은 대신하는 것, 대체하는 것을 뜻한다. 〈예〉가름→둘로 가름. 편을 가름. 판가름; 갈음→연하장으로 세배를 갈음한다. 가족 인사로 약혼식을 갈음한다. ②'거름'은 '(땅이) 걸다'의 어간 '걸–'에 '–음'이 붙은 형태로, '걸음'은 '걷다'의 어간 '걷–'에 '–음'이 붙은 형태로 분석되는 것이지만, '거름'은 '(땅이) 건 것'을 뜻하는 게 아니라 비료를 뜻하므로, 본뜻에서 멀어진 것으로 다루어진다. 그리하여 소리 나는 대로 '거름'으로 적어서, 시각적으로 '걸음'과 구별하는 것이다.(제19항 참조.) 〈예〉거름→밭에 거름을 준다. 밑거름, 거름기; 걸음→걸음이 빠르다. 걸음걸이, 걸음마. ③'거치다'는 '무엇에 걸려서 스치다, 경유하다'란 뜻을 나타내며, '걷히다'는 '걷다'의 피동사다. 〈예〉거치다 →대전을 거쳐서 논산으로 간다. 가로거치다; 걷히다 →안개가 걷힌다. 세금이 잘 걷힌다. ④'걷잡다'는 '쓰러지는 것을 거두어 붙잡다'란 뜻을 나타내며, '겉잡다'는 '겉가량하여 먼저 어림치다'란 뜻을 나타낸다. 〈예〉걷잡다 →걷잡을 수 없게 악화한다. 걷잡지 못할 사태가 발생한다; 겉잡다 →겉잡아서 50만 명 정도는 되겠다. ⑤'그러므로'는 '그러하기 때문에, 그렇게 하기 때문에'란 뜻을 나타내며, '그럼으로(써)'는 대개 '그렇게 하는 것으로(써)'란 뜻을 나타낸다. 곧, '그러므로'는 '(그러하다→)그렇다'의 어간 '그렇→그러('ㅎ' 불규칙)'에 까닭을 나타내는 어미 '–므로'가 붙은 형태, 또는 '(그렇게 하다→)그러다'의 어간 '그러–'에 까닭을 나타내는 어미 '–므로'가 결합한 형태이며, '그럼으로'는 '(그렇게 하다→)그러다'의 명사형 '그럼'에 조사 '–으로(써)'가 붙은 형태다. 〈예〉그러므로 →㉮(그러하기 때문에) 규정이 그러므로, 이를 어길 수 없다. ㉯(그리 하기 때문에) 그가 스스로 그러므로, 만류하기가 어렵다. ㉰(그렇기 때문에) 그는 훌륭한 학자다. 그러므로 존경을 받는다; 그럼으로(써) →(그렇게 하

는 것으로써) 그는 열심히 일한다. 그럼으로써 삶의 보람을 느낀다. 조사 '-(으)로써'가 이유를 표시하기도 한다. 그리하여 '그럼으로(써)'가 '그렇게 하는 것 때문에'로 풀이되기도 한다. 〈예〉그럼으로(써) →(그렇게 하는 것 때문에) 네가 그럼으로(써), 병세가 더 악화하였다. ⑥'노름[賭博]'도 어원적인 형태는 '놀-'에 '-음'이 붙어서 된 것으로 분석되지만, 그 어간의 본뜻에서 멀어진 것이므로, 소리 나는 대로 적는다.(제19항 붙임1 참조.) 그리고 '놀음'은 '놀다'의 '놀-'에 '-음'이 붙은 형태인데, 어간의 본뜻이 유지되는 것이므로, 그 형태를 밝히어 적는다.(제19항 2 참조.) 〈예〉노름 →노름꾼, 노름빚, 노름판(도박판); 놀음 →놀음놀이, 놀음판(←놀음놀이판). ⑦'느리다'는 '속도가 빠르지 못하다'란 뜻을, '늘이다'는 '본디보다 길게 하다, 아래로 처지게 하다'란 뜻을, '늘리다'는 '크게 하거나 많게 하다'란 뜻을 나타낸다. 〈예〉느리다 →걸음이 느리다. 느리광이; 늘이다 →바지 길이를 늘인다. (지붕 위에서 아래로) 밧줄을 늘여 놓는다; 늘리다 →마당을 늘린다. 수효를 늘린다. ⑧'다리다'는 '다리미로 문지르다'란 뜻을, '달이다'는 '끓여서 진하게 하다, 약제에 물을 부어 끓게 하다'란 뜻을 나타낸다. 〈예〉다리다 →양복을 다린다. 다리미질; 달이다 →간장을 달인다. 한약을 달인다. ⑨'다치다'는 '부딪쳐서 상하다, 부상을 입다'란 뜻을 나타내며, '닫히다'는 '닫다[閉]'의 피동사이니, '닫아지다' 대응하는 말이다. 〈예〉 다치다 →발을 다쳤다. 허리를 다치었다; 닫히다 →문이 닫힌다. '닫치다'는 '닫다'의 강세어이므로, '문을 닫치다(힘차게 닫다)'처럼 쓰인다. ⑩'마치다'는 '끝내다'란 뜻을, '맞히다'는 '표적(標的)에 맞게 하다, 맞는 답을 내놓다, 침이나 매 따위를 맞게 하다, 눈·비·서리 따위를 맞게 하다'란 뜻을 나타낸다. 〈예〉마치다 →일과(日課)를 마친다. 끝마치다; 맞히다 →활로 과녁을 맞힌다. 답을 (알아)맞힌다. 침을 맞힌다. 비를 맞힌다. ⑪'목거리'는 '목이 붓고 아픈 병'을, '목걸이'는 '목에 거는 물건(목도리 따위), 또는 여자들이 목에 거는 장식품'을 이른다. 〈예〉목거리 →목거리(병)가 잘 낫지 않는다; 목걸이 →그 여인은 늘 목걸이를 걸고 다닌다. ⑫'바치다'는 '신이나 웃어른께 드리다, 마음과 몸을 내놓다, 세금 따위를 내다'란 뜻을, '받치다'는 '밑을 괴다, 모음 글자 밑에 자음 글자를 붙여 적다, 위에서 내려오는 것을 아래에서 잡아 들다' 등의 뜻을 나타내며, '받히다'는 '받다[觸]'의 피동사, '밭치다'는 '밭다'(체 따위로 쳐서 액체만 받아내다)의 강세어이다. 〈예〉바치다 →재물을 바친다. 정성을 바친다. 목숨을 바친다. 세금을 바친다; 받치다 →기둥 밑을 돌로 받친다. 'ㅗ' 아래 'ㄴ'을 받쳐 '손'이라 쓴다. 우산을 받친다('받다'의 강세어). 받침, 밑받침; 받히다 →소에게 받히었다; 밭치다 →체로 밭친다. 술을 밭친다. ⑬'반드시'는 '꼭, 틀림없이'란 뜻을, '반듯이'는 '비뚤어지거나 기울거나 굽지 않고 바르게'란 뜻을 나타낸다. 〈예〉반드시 →그는 반드시 온다. 성(盛)한 자는 반드시 쇠할 때가 있다; 반듯이 →반듯이 서라. 선을 반듯이 그어라. 반듯이(번듯이. ⑭'부딪치다'는 '부딪다'(물건과 물건이 서로 힘있게 마주 닿다, 또는 그리 되게 하다.)의 강세어이고, '부딪히다'는 '부딪다'의 피동사다. 〈예〉부딪다 →뒤의 차가 앞 차에 부딪는다. 몸을 벽에 부딪는다; 부딪치다 →자동차에 부딪친다. 몸을 벽에 부딪친다; 부딪히다(부딪음을 당하다) →자전거에 부딪혔다; 부딪치이다(부딪침을 당하다) →자동차에 부딪치이었다. ⑮'부치다'는 '힘이 미치지 못하다/부채 같은 것을 흔들어서 바람을 일으키다/편지 또는 물건을 보내다/논밭을 다루어서 농사를 짓다/번철에 기름을 바르고 누름적, 저냐 따위를 익혀 만든다/어떤 문제를 의논 대상으로 내놓다/원고를 인쇄에 넘기다/몸이나 식사 따위를 의탁하다' 등의 뜻을 나타내며, '붙이다'는 '붙게 하다/ 서로 맞닿게 하다/두 편의 관계를 맺게 하다/암컷과 수컷을 교합(交合)시키다/불이 옮아서 타게 하다/노름이나 싸움 따위를 어울리게 만들다/딸려 붙게 하다/습관이나 취미 등이 익어지게 하다/이름을 가지게 하다/뺨이나 볼기를 손으로 때리다' 등의 뜻을 나타낸다.

㉮부치다 →힘에 부치는 일. 책을 소포로 부친다. 그 문제를 토의에 부친다. 부채로 부친다. 남의 논을 부친다. 원고를 인쇄에 부친다. 편지를 부친다. 저냐를 부친다. 당숙 댁에 몸을 부치고 있다. ㉯붙이다 →포스터를 붙인다. 접을 붙인다(→접붙인다). 경호원을 붙인다. 이름(호, 별명)을 붙인다. 찬장을 벽에 붙인다.

불을 붙인다. 단서(但書)를 붙인다. 한 대 올려 붙인다. 흥정을 붙인다. 싸움을 붙인다. 습관을 붙인다. ㉱ 부치이다('부치다'의 피동사, 곧 '부치어지다') → 바람에 부치이다. 풍구로 부치이다. '부치다(몸이나 식사 따위를 의탁하다)'는 '붙이다'로 적던 것을 바꾸었다. 이 단어는 '기숙(寄宿)'(남의 집에 몸을 부쳐 있음), '기식(寄食)'(밥을 남의 집에 부쳐 먹음)과 상통하는 말이다. 그리고 '붙이다'가 '부치다'로 바뀜에 따라 '붙여-지내다'도 '부쳐-지내다'로 적게 된다.

'시키다'는 '하게 하다'란 뜻을 나타내며, '식히다'는 '식다'의 사동사(식게 하다)다. 〈예〉시키다 →공부를 시킨다. 청소를 시킨다[[예외] 공부-시키다, 청소-시키다'처럼 쓰일 경우는, '시키다'를 사동화 접미사로 다루어 붙여 쓴다]; 식히다 →뜨거운 물을 식힌다.
'아름'은 '두 팔을 벌려서 껴안은 둘레의 길이'를 나타내며, '알음'은 '아는 것'이란 뜻을 나타낸다. '알음'은 '알다'의 어간 '알-'에 '-음'이 붙은 형태인데, 그것이 한 음절로 줄어지면 '앎'이 된다. 〈예〉아름 →둘레가 한 아름 되는 나무[밤, 상수리 따위가 저절로 충분히 익은 상태를 이르는 '아람'과 구별된다. 아람-벌다]; 알음 →서로 알음이 있는 사이. 알음알음, 알음알이; 앎 →바로 앎이 중요하다. 앎의 힘으로 문화를 창조한다.

'안치다'는 '끓이거나 찔 물건을 솥이나 시루에 넣다'란 뜻을 나타내며, '앉히다'는 '앉다'의 사동사(앉게 하다)다. '앉히다'는 또 '버릇을 가르치다, 문서에 무슨 줄거리를 따로 잡아 기록하다'란 뜻으로 풀이되기도 한다. 〈예〉안치다 →밥을 안치다. 떡을 안치다; 앉히다 →자리에 앉힌다. 꿇어앉히다. 버릇을 앉히다.
'어름'은 '두 물건의 끝이 닿은 데'를 뜻하며, '얼음'은 '물이 얼어서 굳어진 것'을 뜻한다. '얼음'은 '얼다'의 어간 '얼-'에 '-음'이 붙은 형태이므로, 어간의 본 모양을 밝히어 적는다.(제19항 2 참조.) 〈예〉어름 →바다와 하늘이 닿은 어름이 수평선이다. 왼쪽 산과 오른쪽 산 어름에 숯막(-幕)들이 있었다; 얼음 →얼음이 얼다. 얼음과자, 얼음물, 얼음장, 얼음주머니, 얼음지치기.

'이따가'는 '조금 지난 뒤에'란 뜻을 나타내는 부사이고, '있다가'는 '있다'의 '있-'에 어떤 동작이나 상태가 끝나고 다른 동작이나 상태로 옮겨지는 뜻을 나타내는 어미 '-다가'가 붙은 형태다. '이따가'도 어원적인 형태는 '있다가'로 분석되는 것이지만, 그 어간의 본뜻에서 멀어진 것이므로, 소리 나는 대로 적는다. 〈예〉이따가 →이따가 가겠다. 이따가 만나세; 있다가 →여기에 있다가 갔다. 며칠 더 있다가 가마.

'저리다'는 '살이나 뼈 마디가 오래 눌리어 피가 잘 돌지 못해서 힘이 없고 감각이 둔하다'처럼 풀이되며, '절이다'는 '절다'의 사동사(염분을 먹여서 절게 하다)다. 〈예〉저리다 →발이 저리다. 손이 저리다; 절이다 →배추를 절이다. 생선을 절인다.

'조리다'는 '어육(魚肉)이나 채소 따위를 양념하여 국물이 바특하게 바짝 끓이다'란 뜻을, '졸이다'는 '속을 태우다시피 마음을 초조하게 먹다'란 뜻을 나타낸다. 〈예〉조리다 →생선을 조린다. 장조림, 통조림; 졸이다 →마음을 졸인다.

'주리다'는 '먹을 만큼 먹지 못하여 배곯다'란 뜻을 나타내며, '줄이다'는 '줄다'의 사동사(줄게 하다)다. 〈예〉주리다 →오래 주리며 살았다. 주리어 죽을지언정, 고사리를 캐 먹는단 말인가? 굶주리다; 줄이다 →양을 줄인다. 수효를 줄인다. 줄임표(생략부)

'–노라고'는 말하는 이의 말로, '자기 나름으로는 한다고'란 뜻을 표시하며, '–느라고'는 '하는 일로 인하여' 란 뜻을 표시한다. 〈예〉–노라고 →하노라고 하였다. 쓰노라고 쓴 게 이 모양이다; –느라고 →소설을 읽느라고 밤을 새웠다. 자느라고 못 갔다.

현행 맞춤법에서는 어미 '–느니보다'를 다루지 않기 때문에 '–는 이보다'로 적어야 할 것이지만, 현대 국어에서는 의존명사 '이'가 사람을 뜻할 뿐 사물을 뜻하지는 않으므로, 이것을 어미로 처리하여 '–느니보다'로 적기로 하였다. 〈예〉–느니보다 →마지못해 하느니보다 안 하는 게 낫다.당치 않게 떠드느니보다 잠자코 있어라; –는 이보다 (세 개의 단어임) →아는 이보다 모르는 이가 더 많다. 바른말하는 이보다 아첨하는 이를 가까이 한다.

'–(으)ㄹ이만큼'으로 적던 것을 '–(으)리만큼'으로 바꾸었다. 사람을 뜻하는 경우에만 의존명사 '이'를 밝히어 적도록 한 것이다. '–(으)리만큼'은 '–ㄹ 정도만큼'이란 뜻을 표시하는 어미로 다루어지며, '–ㄹ 이만큼 (세 개 단어)'은 '–ㄹ 사람만큼'이란 뜻을 표시한다. 〈예〉–(으)리만큼 →싫증이 나리만큼 잔소리를 들었다.배가 터지리만큼 많이 먹었다; –(으)ㄹ 이만큼 →반대할 이는 찬성할 이만큼 많지 않을 것이다.

'–(으)러'는 그 동작의 직접 목적을 표시하는 어미이고, '–(으)려(고)'는 그 동작을 하려고 하는 의도를 표시하는 어미다. 〈예〉–(으)러 →친구를 만나러 간다.책을 사러 간다; –(으)려 →친구를 만나려(고) 한다.무엇을 하려(고) 하느냐?

'–(으)로서'는 '어떤 지위나 신분이나 자격을 가진 입장에서'란 뜻을 나타내며, '–(으)로써'는 '재료, 수단, 방법을 나타내는 조사다. 〈예〉(으)로서 →①(~가 되어서) 교육자로서, 그런 짓을 할 수 있나? 사람의 자식으로서, 인륜을 어길 수는 없다. 정치인으로서의 책임과 학자로서의 임무. ②(~의 입장에서) 사장으로서 하는 말이다. 친구로서, 가만히 있을 수가 없다. 피해자로서 항의한다. ③(~의 자격으로) 주민 대표로서 참석하였다. 위원의 한 사람으로서 발언한다. ④(~로 인정하고) 그를 친구로서 대하였다. 그분을 선배로서 예우(禮遇)하였다; (으)로써 →①(~를 가지고) 톱으로(써) 나무를 자른다. 꾀로(써) 이긴다. 동지애로(써) 결속(結束)한다. ②(~ 때문에) 병으로(써) 결근하였다.

'–(으)므로'는 까닭을 나타내는 어미이며, '–(으)ㅁ으로(써)'는 명사형 어미 또는 명사화 접미사 '–(으)ㅁ'에 조사 '–으로(써)'가 붙은 형태다. 어미 '–(으)므로'에 '써'가 붙는 형식은 없다. 〈예〉–(으)므로 →날씨가 차므로, 나다니는 사람이 적다. 비가 오므로, 외출하지 않았다. 책이 없으므로, 공부를 못 한다; –(으)ㅁ으로(써) →그는 늘 웃음으로(써) 대한다. 책을 읽음으로(써) 시름을 잊는다. 담배를 끊음으로써 용돈을 줄인다.

문장부호

주요 변경 사항 요약[필자] :

1) 한글 맞춤법 부록. 문화체육관광부 고시 제2014–0039호(2014. 12. 5.)로 개정. 2015.1.1.부로 시행.
2) 계통으로 묶어 분류했던 예전 방식과 달리, 문장 부호에 대하여 개별적으로 용례를 규정하였음.
3) 예전의 '온점/반점'대신 '마침표/쉼표'등의 용어도 쓸 수 있도록 하였고, 줄임표를 점 세 개로도 줄여 쓸

수 있게 하였으며, 가운뎃점의 용례를 확장하였음. 쌍반점은 인정하지 않았음.

* 규정 내용은 원문에 충실하게 따랐으나, 예문은 가독성과 지면 절약을 위하여 표기 방식을 일부 바꿨음. 즉, 독립된 문장 사이에는 빗금(/) 또는 쌍반점(;)을 써서 붙였고, 주요 변경 부분에는 밑줄 처리를 하였음.

문장 부호는 글에서 문장의 구조를 드러내거나 글쓴이의 의도를 전달하기 위하여 사용하는 부호이다. 문장 부호의 이름과 사용법은 다음과 같이 정한다.

1. 마침표(.)

(1) 서술, 명령, 청유 등을 나타내는 문장의 끝에 쓴다. 〈예〉 젊은이는 나라의 기둥입니다./제 손을 꼭 잡으세요./집으로 돌아갑시다./가는 말이 고와야 오는 말이 곱다.

[붙임 1] 직접 인용한 문장의 끝에는 쓰는 것을 원칙으로 하되, 쓰지 않는 것을 허용한다.(ㄱ을 원칙으로 하고, ㄴ을 허용함.)

ㄱ. 그는 "지금 바로 떠나자."라고 말하며 서둘러 짐을 챙겼다.
ㄴ. 그는 "지금 바로 떠나자"라고 말하며 서둘러 짐을 챙겼다.

[붙임 2] 용언의 명사형이나 명사로 끝나는 문장에는 쓰는 것을 원칙으로 하되, 쓰지 않는 것을 허용한다.(ㄱ을 원칙으로 하고, ㄴ을 허용함.)

ㄱ. 목적을 이루기 위하여 몸과 마음을 다하여 애를 씀.
ㄴ. 목적을 이루기 위하여 몸과 마음을 다하여 애를 씀

ㄱ. 내일 오전까지 보고서를 제출할 것.
ㄴ. 내일 오전까지 보고서를 제출할 것

다만, 제목이나 표어에는 쓰지 않음을 원칙으로 한다. 〈예〉 압록강은 흐른다/꺼진 불도 다시 보자/건강한 몸 만들기

(2) 아라비아 숫자만으로 연월일을 표시할 때 쓴다. 〈예〉 1919. 3. 1./10. 1.~10. 12.

(3) 특정한 의미가 있는 날을 표시할 때 월과 일을 나타내는 아라비아 숫자 사이에 쓴다. 〈예〉 3.1 운동/8.15 광복

[붙임] 이때는 마침표 대신 가운뎃점을 쓸 수 있다. 〈예〉 3·1 운동/8·15 광복

(4) 장, 절, 항 등을 표시하는 문자나 숫자 다음에 쓴다. 〈예〉 가. 인명/ㄱ. 머리말/. 서론/1. 연구 목적

[붙임] '마침표' 대신 '온점'이라는 용어를 쓸 수 있다.

2. 물음표(?)

(1) 의문문이나 의문을 나타내는 어구의 끝에 쓴다. 〈예〉 점심 먹었어?/이번에 가시면 언제 돌아오세요?/제가 부모님 말씀을 따르지 않을 리가 있겠습니까?/남북이 통일되면 얼마나 좋을까?/다섯 살짜리 꼬마가 이 멀고 험한 곳까지 혼자 왔다?/지금?/뭐라고?/네?

[붙임 1] 한 문장 안에 몇 개의 선택적인 물음이 이어질 때는 맨 끝의 물음에만 쓰고, 각 물음이 독립적일 때는 각 물음의 뒤에 쓴다. 〈예〉 너는 중학생이냐, 고등학생이냐?/너는 여기에 언제 왔니?/어디서 왔니?/무엇하러 왔니?/

[붙임 2] 의문의 정도가 약할 때는 물음표 대신 마침표를 쓸 수 있다. 〈예〉 도대체 이 일을 어쩐단 말이냐./이것이 과연 내가 찾던 행복일까.

다만, 제목이나 표어에는 쓰지 않음을 원칙으로 한다. 〈예〉 역사란 무엇인가/아직도 담배를 피우십니까

(2) 특정한 어구의 내용에 대하여 의심, 빈정거림 등을 표시할 때, 또는 적절한 말을 쓰기 어려울 때 소괄호 안에 쓴다. 〈예〉 우리와 의견을 같이할 사람은 최 선생(?) 정도인 것 같다./30점이라, 거참 훌륭한(?) 성적이군./우리 집 강아지가 가출(?)을 했어요.

(3) 모르거나 불확실한 내용임을 나타낼 때 쓴다. 〈예〉 최치원(857~?)은 통일 신라 말기에 이름을 떨쳤던 학자이자 문장가이다./조선 시대의 시인 강백(1690?~1777?)의 자는 자청이고, 호는 우곡이다.

3. 느낌표(!)

(1) 감탄문이나 감탄사의 끝에 쓴다. 〈예〉 이거 정말 큰일이 났구나!/어머!

[붙임] 감탄의 정도가 약할 때는 느낌표 대신 쉼표나 마침표를 쓸 수 있다. 〈예〉 어, 벌써 끝났네./날씨가 참 좋군.

(2) 특별히 강한 느낌을 나타내는 어구, 평서문, 명령문, 청유문에 쓴다. 〈예〉 청춘! 이는 듣기만 하여도 가슴이 설레는 말이다./이야, 정말 재밌다!/지금 즉시 대답해!/앞만 보고 달리자!

(3) 물음의 말로 놀람이나 항의의 뜻을 나타내는 경우에 쓴다. 〈예〉 이게 누구야!/내가 왜 나빠!

(4) 감정을 넣어 대답하거나 다른 사람을 부를 때 쓴다. 〈예〉 네!/네, 선생님!/흥부야!/언니!

4. 쉼표(,)

(1) 같은 자격의 어구를 열거할 때 그 사이에 쓴다. 〈예〉 근면, 검소, 협동은 우리 겨레의 미덕이다./충청

도의 계룡산, 전라도의 내장산, 강원도의 설악산은 모두 국립 공원이다./집을 보러 가면 그 집이 내가 원하는 조건에 맞는지, 살기에 편한지, 망가진 곳은 없는지 확인해야 한다./5보다 작은 자연수는 1, 2, 3, 4이다.

다만, (가) 쉼표 없이도 열거되는 사항임이 쉽게 드러날 때는 쓰지 않을 수 있다. 〈예〉 아버지 어머니께서 함께 오셨어요./네 돈 내 돈 다 합쳐 보아야 만 원도 안 되겠다. (나) 열거할 어구들을 생략할 때 사용하는 줄임표 앞에는 쉼표를 쓰지 않는다. 〈예〉 광역시: 광주, 대구, 대전……

(2) 짝을 지어 구별할 때 쓴다. 〈예〉 닭과 지네, 개와 고양이는 상극이다.

(3) 이웃하는 수를 개략적으로 나타낼 때 쓴다. 〈예〉 5, 6세기/6, 7, 8개

(4) 열거의 순서를 나타내는 어구 다음에 쓴다. 〈예〉 첫째, 몸이 튼튼해야 한다./마지막으로, 무엇보다 마음이 편해야 한다.

(5) 문장의 연결 관계를 분명히 하고자 할 때 절과 절 사이에 쓴다. 〈예〉 콩 심은 데 콩 나고, 팥 심은 데 팥 난다./저는 신뢰와 정직을 생명과 같이 여기고 살아온바, 이번 비리 사건과는 무관하다는 점을 분명히 밝힙니다./떡국은 설날의 대표적인 음식인데, 이걸 먹어야 비로소 나이도 한 살 더 먹는다고 한다.

(6) 같은 말이 되풀이되는 것을 피하기 위하여 일정한 부분을 줄여서 열거할 때 쓴다. 〈예〉 여름에는 바다에서, 겨울에는 산에서 휴가를 즐겼다.

(7) 부르거나 대답하는 말 뒤에 쓴다. 〈예〉 지은아, 이리 좀 와 봐./네, 지금 가겠습니다.

(8) 한 문장 안에서 앞말을 '곧', '다시 말해'등과 같은 어구로 다시 설명할 때 앞말 다음에 쓴다. 〈예〉 책의 서문, 곧 머리말에는 책을 지은 목적이 드러나 있다./원만한 인간관계는 말과 관련한 예의, 즉 언어 예절을 갖추는 것에서 시작된다./호준이 어머니, 다시 말해 나의 누님은 올해로 결혼한 지 20년이 된다./나에게도 작은 소망, 이를테면 나만의 정원을 가졌으면 하는 소망이 있어.

(9) 문장 앞부분에서 조사 없이 쓰인 제시어나 주제어의 뒤에 쓴다. 〈예〉 돈, 돈이 인생의 전부이더냐?/열정, 이것이야말로 젊은이의 가장 소중한 자산이다./지금 네가 여기 있다는 것, 그것만으로도 나는 충분히 행복해./저 친구, 저러다가 큰일 한번 내겠어./그 사실, 넌 알고 있었지?

(10) 한 문장에 같은 의미의 어구가 반복될 때 앞에 오는 어구 다음에 쓴다. 〈예〉 그의 애국심, 몸을 사리지 않고 국가를 위해 헌신한 정신을 우리는 본받아야 한다.

(11) 도치문에서 도치된 어구들 사이에 쓴다. 〈예〉 이리 오세요, 어머님./다시 보자, 한강수야.

(12) 바로 다음 말과 직접적인 관계에 있지 않음을 나타낼 때 쓴다. 〈예〉 갑돌이는, 울면서 떠나는 갑순이를 배웅했다./철원과, 대관령을 중심으로 한 강원도 산간 지대에 예년보다 일찍 첫눈이 내렸습니다.

(13) 문장 중간에 끼어든 어구의 앞뒤에 쓴다. 〈예〉 나는, 솔직히 말하면, 그 말이 별로 탐탁지 않아./영호는 미소를 띠고, 속으로는 화가 치밀어 올라 잠시라도 견딜 수 없을 만큼 괴로웠지만, 그들을 맞았다.

[붙임 1] 이때는 쉼표 대신 줄표를 쓸 수 있다. 〈예〉 나는 — 솔직히 말하면 — 그 말이 별로 탐탁지 않아./영호는 미소를 띠고 — 속으로는 화가 치밀어 올라 잠시라도 견딜 수 없을 만큼 괴로웠지만 — 그들을 맞았다.

[붙임 2] 끼어든 어구 안에 다른 쉼표가 들어 있을 때는 쉼표 대신 줄표를 쓴다. 〈예〉 이건 내 것이니까 — 아니, 내가 처음 발견한 것이니까 — 절대로 양보할 수 없다.

(14) 특별한 효과를 위해 끊어 읽는 곳을 나타낼 때 쓴다. 〈예〉 내가, 정말 그 일을 오늘 안에 해낼 수 있을까?/이 전투는 바로 우리가, 우리만이, 승리로 이끌 수 있다.

(15) 짧게 더듬는 말을 표시할 때 쓴다. 〈예〉 선생님, 부, 부정행위라니요?/ 그런 건 새, 생각조차 하지 않았습니다.

[붙임] '쉼표' 대신 '반점'이라는 용어를 쓸 수 있다.

5. 가운뎃점(·)

(1) 열거할 어구들을 일정한 기준으로 묶어서 나타낼 때 쓴다. 〈예〉 민수·영희, 선미·준호가 서로 짝이 되어 윷놀이를 하였다./지금의 경상남도·경상북도, 전라남도·전라북도, 충청남도·충청북도 지역을 예부터 삼남이라 일러 왔다.

(2) 짝을 이루는 어구들 사이에 쓴다. 〈예〉 한(韓)·이(伊) 양국 간의 무역량이 늘고 있다./우리는 그 일의 참·거짓을 따질 겨를도 없었다./하천 수질의 조사·분석/빨강·초록·파랑이 빛의 삼원색이다.

다만, 이때는 가운뎃점을 쓰지 않거나 쉼표를 쓸 수도 있다. 〈예〉 한(韓) 이(伊) 양국 간의 무역량이 늘고 있다./우리는 그 일의 참 거짓을 따질 겨를도 없었다./하천 수질의 조사, 분석/빨강, 초록, 파랑이 빛의 삼원색이다.

(3) 공통 성분을 줄여서 하나의 어구로 묶을 때 쓴다. 〈예〉 상·중·하위권/금·은·동메달/통권 제54·55·56호

[붙임] 이때는 가운뎃점 대신 쉼표를 쓸 수 있다. 〈예〉 상, 중, 하위권/금, 은, 동메달/통권 제54, 55, 56호

[참고: 필자] 예전에 가운뎃점은 같은 계열의 단어 사이에만 사용하되, 한 단어로 되어 있는 것 사이에서는 쓰지 아니한다가 원칙이었으나, '짝을 이루는 어구들 사이, 또는 공통 성분을 줄여서 하나의 어구로 묶을 때는 가운뎃점을 쓰거나 쉼표'를 쓸 수 있도록 개정되었음(2015.1.1.부터 시행). 즉, 적용 대상이 예전의 낱말 단위에서 이제는 '어구'나 '공통 성분'들까지도 포함되기 때문에 아주 폭넓게 사용할 수 있음. 따라

서, 개정안에 따르면 '실·국·과장급', '입·출구', '융·복합' 등의 표현이 가능함. 단, 본래 한 단어인 것들은 지금도 가운뎃점 표기는 잘못. 〈예〉'좌·우(×)/좌우; 여·야(×)/여야(○); 육·해·공군(×)/육해공군(○)'.

6. 쌍점(:)

(1) 표제 다음에 해당 항목을 들거나 설명을 붙일 때 쓴다. 〈예〉 문방사우: 종이, 붓, 먹, 벼루/일시: 2014년 10월 9일 10시/흔하진 않지만 두 자로 된 성씨도 있다.(예: 남궁, 선우, 황보)/올림표(#): 음의 높이를 반음 올릴 것을 지시한다.

(2) 희곡 등에서 대화 내용을 제시할 때 말하는 이와 말한 내용 사이에 쓴다. 〈예〉 김 과장: 난 못 참겠다./아들: 아버지, 제발 제 말씀 좀 들어 보세요.

(3) 시와 분, 장과 절 등을 구별할 때 쓴다. 〈예〉 오전 10:20(오전 10시 20분)/두시언해 6:15(두시언해 제6권 제15장)

(4) 의존명사 '대'가 쓰일 자리에 쓴다. 〈예〉 65:60(65 대 60)/청군:백군(청군 대 백군)

[붙임] 쌍점의 앞은 붙여 쓰고 뒤는 띄어 쓴다. 다만, (3)과 (4)에서는 쌍점의 앞뒤를 붙여 쓴다.

7. 빗금(/)

(1) 대비되는 두 개 이상의 어구를 묶어 나타낼 때 그 사이에 쓴다. 〈예〉 먹이다/먹히다; 남반구/북반구; 금메달/은메달/동메달; ( )이/가 우리나라의 보물 제1호이다.

(2) 기준 단위당 수량을 표시할 때 해당 수량과 기준 단위 사이에 쓴다. 〈예〉 100미터/초; 1,000원/개

(3) 시의 행이 바뀌는 부분임을 나타낼 때 쓴다. 〈예〉 산에 / 산에 / 피는 꽃은 / 저만치 혼자서 피어 있네

다만, 연이 바뀜을 나타낼 때는 두 번 겹쳐 쓴다. 〈예〉 산에는 꽃 피네 / 꽃이 피네 / 갈 봄 여름 없이 / 꽃이 피네 // 산에 / 산에 / 피는 꽃은 / 저만치 혼자서 피어 있네

[붙임] 빗금의 앞뒤는 (1)과 (2)에서는 붙여 쓰며, (3)에서는 띄어 쓰는 것을 원칙으로 하되 붙여 쓰는 것을 허용한다. 단, (1)에서 대비되는 어구가 두 어절 이상인 경우에는 빗금의 앞뒤를 띄어 쓸 수 있다

8. 큰따옴표("")

(1) 글 가운데에서 직접 대화를 표시할 때 쓴다. 〈예〉 "어머니, 제가 가겠어요."/"아니다. 내가 다녀오마."

(2) 말이나 글을 직접 인용할 때 쓴다. 〈예〉 나는 "어, 광훈이 아니냐?"하는 소리에 깜짝 놀랐다./밤하늘에 반짝이는 별들을 보면서 "나는 아무 걱정도 없이 가을 속의 별들을 다 헬 듯합니다."라는 시구를 떠올

렸다./편지의 끝머리에는 이렇게 적혀 있었다./"할머니, 편지에 사진을 동봉했다고 하셨지만 봉투 안에는 아무것도 없었어요."

9. 작은따옴표(' ')

(1) 인용한 말 안에 있는 인용한 말을 나타낼 때 쓴다. 〈예〉 그는 "여러분! '시작이 반이다.'라는 말 들어 보셨죠?"라고 말하며 강연을 시작했다.

(2) 마음속으로 한 말을 적을 때 쓴다. 〈예〉 나는 '일이 다 틀렸나 보군.'하고 생각하였다./'이번에는 꼭 이기고야 말겠어.'호연이는 마음속으로 몇 번이나 그렇게 다짐하며 주먹을 불끈 쥐었다

10. 소괄호(( ))

(1) 주석이나 보충적인 내용을 덧붙일 때 쓴다. 〈예〉 니체(독일의 철학자)의 말을 빌리면 다음과 같다./2014. 12. 19.(금)/문인화의 대표적인 소재인 사군자(매화, 난초, 국화, 대나무)는 고결한 선비 정신을 상징한다.

(2) 우리말 표기와 원어 표기를 아울러 보일 때 쓴다. 〈예〉 기호(嗜好), 자세(姿勢)/커피(coffee), 에티켓(étiquette)

(3) 생략할 수 있는 요소임을 나타낼 때 쓴다. 〈예〉 학교에서 동료 교사를 부를 때는 이름 뒤에 '선생(님)'이라는 말을 덧붙인다./광개토(대)왕은 고구려의 전성기를 이끌었던 임금이다.

(4) 희곡 등 대화를 적은 글에서 동작이나 분위기, 상태를 드러낼 때 쓴다. 〈예〉 현우: (가쁜 숨을 내쉬며) 왜 이렇게 빨리 뛰어?/"관찰한 것을 쓰는 것이 습관이 되었죠. 그러다 보니, 상상력이 생겼나 봐요." (웃음)

(5) 내용이 들어갈 자리임을 나타낼 때 쓴다. 〈예〉 우리나라의 수도는 (   )이다./다음 빈칸에 알맞은 조사를 쓰시오. 민수가 할아버지( ) 꽃을 드렸다.

(6) 항목의 순서나 종류를 나타내는 숫자나 문자 등에 쓴다. 〈예〉 사람의 인격은 (1) 용모, (2) 언어, (3) 행동, (4) 덕성 등으로 표현된다./(가) 동해, (나) 서해, (다) 남해

11. 중괄호({ })

(1) 같은 범주에 속하는 여러 요소를 세로로 묶어서 보일 때 쓴다.

〈예〉 주격조사
{이
 가}
국가의 성립 요소

{영토
국민
주권}

(2) 열거된 항목 중 어느 하나가 자유롭게 선택될 수 있음을 보일 때 쓴다. 〈예〉 아이들이 모두 학교{에, 로, 까지} 갔어요.

12. 대괄호([ ])

(1) 괄호 안에 또 괄호를 쓸 필요가 있을 때 바깥쪽의 괄호로 쓴다. 〈예〉 어린이날이 새로 제정되었을 당시에는 어린이들에게 경어를 쓰라고 하였다.[윤석중 전집(1988), 70쪽 참조]/이번 회의에는 두 명[이혜정(실장), 박철용(과장)]만 빼고 모두 참석했습니다.

(2) 고유어에 대응하는 한자어를 함께 보일 때 쓴다. 〈예〉 나이[年歲]/낱말[單語]/손발[手足]

(3) 원문에 대한 이해를 돕기 위해 설명이나 논평 등을 덧붙일 때 쓴다. 〈예〉 그것[한글]은 이처럼 정보화 시대에 알맞은 과학적인 문자이다./신경준의 ≪여암전서≫에 "삼각산은 산이 모두 돌 봉우리인데, 그 으뜸 봉우리를 구름 위에 솟아 있다고 백운(白雲)이라 하며 [이하 생략]"/그런 일은 결코 있을 수 없다.[원문에는 '업다'임.]

13. 겹낫표(『 』)와 겹화살괄호(≪ ≫)

책의 제목이나 신문 이름 등을 나타낼 때 쓴다. 〈예〉 우리나라 최초의 민간 신문은 1896년에 창간된 『독립신문』이다./『훈민정음』은 1997년에 유네스코 세계 기록 유산으로 지정되었다./≪한성순보≫는 우리나라 최초의 근대 신문이다./윤동주의 유고 시집인 ≪하늘과 바람과 별과 시≫에는 31편의 시가 실려 있다.

[붙임] 겹낫표나 겹화살괄호 대신 큰따옴표를 쓸 수 있다. 〈예〉 우리나라 최초의 민간 신문은 1896년에 창간된 "독립신문"이다./윤동주의 유고 시집인 "하늘과 바람과 별과 시"에는 31편의 시가 실려 있다.

14. 홑낫표(「 」)와 홑화살괄호(〈 〉)

소제목, 그림이나 노래와 같은 예술 작품의 제목, 상호, 법률, 규정 등을 나타낼 때 쓴다. 〈예〉 「국어 기본법 시행령」은 「국어 기본법」에서 위임된 사항과 그 시행에 필요한 사항을 규정함을 목적으로 한다./이 곡은 베르디가 작곡한 「축배의 노래」이다./사무실 밖에 「해와 달」이라고 쓴 간판을 달았다./〈한강〉은 사진집 ≪아름다운 땅≫에 실린 작품이다./백남준은 2005년에 〈엄마〉라는 작품을 선보였다.

[붙임] 홑낫표나 홑화살괄호 대신 작은따옴표를 쓸 수 있다. 〈예〉 사무실 밖에 '해와 달'이라고 쓴 간판을 달았다./'한강'은 사진집 "아름다운 땅"에 실린 작품이다.

부
록

15. 줄표(—)

제목 다음에 표시하는 부제의 앞뒤에 쓴다. 〈예〉 이번 토론회의 제목은 '역사 바로잡기 — 근대의 설정 —' 이다./'환경 보호 — 숲 가꾸기 —'라는 제목으로 글짓기를 했다.

다만, 뒤에 오는 줄표는 생략할 수 있다. 〈예〉 이번 토론회의 제목은 '역사 바로잡기 — 근대의 설정'이다./ '환경 보호 — 숲 가꾸기'라는 제목으로 글짓기를 했다.

[붙임] 줄표의 앞뒤는 띄어 쓰는 것을 원칙으로 하되, 붙여 쓰는 것을 허용한다.

16. 붙임표(-)

(1) 차례대로 이어지는 내용을 하나로 묶어 열거할 때 각 어구 사이에 쓴다. 〈예〉 멀리뛰기는 도움닫기-도 약-공중 자세-착지의 순서로 이루어진다./김 과장은 기획-실무-홍보까지 직접 발로 뛰었다.

(2) 두 개 이상의 어구가 밀접한 관련이 있음을 나타내고자 할 때 쓴다. 〈예〉 드디어 서울-북경의 항로가 열렸다./원-달러 환율/남한-북한-일본 삼자 관계

17. 물결표(~)

기간이나 거리 또는 범위를 나타낼 때 쓴다. 〈예〉 9월 15일~9월 25일/김정희(1786~1856)/서울~천안 정도 는 출퇴근이 가능하다./이번 시험의 범위는 3~78쪽입니다.

[붙임] 물결표 대신 붙임표를 쓸 수 있다. 〈예〉 9월 15일-9월 25일/김정희(1786-1856)/서울-천안 정도는 출퇴근이 가능하다./이번 시험의 범위는 3-78쪽입니다.

18. 드러냄표(˙)와 밑줄(＿＿)

문장 내용 중에서 주의가 미쳐야 할 곳이나 중요한 부분을 특별히 드러내 보일 때 쓴다. 〈예〉 한글의 본 디 이름은 훈민정음이다./중요한 것은 왜 사느냐가 아니라 어떻게 사느냐이다./지금 필요한 것은 지식이 아니라 실천입니다./다음 보기에서 명사가 아닌 것은?

[붙임] 드러냄표나 밑줄 대신 작은따옴표를 쓸 수 있다. 〈예〉 한글의 본디 이름은 '훈민정음'이다./중요한 것은 '왜 사느냐'가 아니라 '어떻게 사느냐'이다./지금 필요한 것은 '지식'이 아니라 '실천'입니다./다음 보기에 서 명사가 '아닌'것은?

19. 숨김표(○, ×)

(1) 금기어나 공공연히 쓰기 어려운 비속어임을 나타낼 때, 그 글자의 수효만큼 쓴다. 〈예〉 배운 사람 입에 서 어찌 ○○○란 말이 나올 수 있느냐?/그 말을 듣는 순간 ×××란 말이 목구멍까지 치밀었다.

(2) 비밀을 유지해야 하거나 밝힐 수 없는 사항임을 나타낼 때 쓴다. 〈예〉 1차 시험 합격자는 김○영, 이○준, 박○순 등 모두 3명이다./육군 ○○ 부대 ○○○ 명이 작전에 참가하였다./그 모임의 참석자는 김××씨, 정××씨 등 5명이었다.

20. 빠짐표(□)

(1) 옛 비문이나 문헌 등에서 글자가 분명하지 않을 때 그 글자의 수효만큼 쓴다. 〈예〉 大師爲法主□□賴之大□薦

(2) 글자가 들어가야 할 자리를 나타낼 때 쓴다. 〈예〉 훈민정음의 초성 중에서 아음(牙音)은 □□□의 석 자다.

21. 줄임표(……)

(1) 할 말을 줄였을 때 쓴다. 〈예〉 "어디 나하고 한번……."하고 민수가 나섰다.

(2) 말이 없음을 나타낼 때 쓴다. 〈예〉 "빨리 말해!" "……."

(3) 문장이나 글의 일부를 생략할 때 쓴다. 〈예〉 '고유'라는 말은 문자 그대로 본디부터 있었다는 뜻은 아닙니다. …… 같은 역사적 환경에서 공동의 집단생활을 영위해 오는 동안 공동으로 발견된, 사물에 대한 공동의 사고방식을 우리는 한국의 고유 사상이라 부를 수 있다는 것입니다.

(4) 머뭇거림을 보일 때 쓴다. 〈예〉 "우리는 모두…… 그러니까…… 예외 없이 눈물만…… 흘렸다."

[붙임 1] 점은 가운데에 찍는 대신 아래쪽에 찍을 수도 있다. 〈예〉 "어디 나하고 한번......"하고 민수가 나섰다./"실은...... 저 사람...... 우리 아저씨일지 몰라."

[붙임 2] 점은 여섯 점을 찍는 대신 세 점을 찍을 수도 있다. 〈예〉 "어디 나하고 한번…"하고 민수가 나섰다./"실은... 저 사람... 우리 아저씨일지 몰라."

[붙임 3] 줄임표는 앞말에 붙여 쓴다. 다만, (3)에서는 줄임표의 앞뒤를 띄어 쓴다.

[부록 2] 표준어 규정 해설 ('제2부 표준 발음법'은 제외)

—문교부 고시 제88-2호(1988/1/19) 및 표준어 규정 해설(국어연구소, 1988)

제1장 총칙

제1항 표준어는 교양 있는 사람들이 두루 쓰는 현대 서울말로 정함을 원칙으로 한다.

[해설] 표준어 사정(査定)의 원칙이다. 조선어 학회가 1933년 '한글 맞춤법 통일안' 총론 제2항에서 정한 "표준말은 대체로 현재 중류 사회에서 쓰는 서울말로 한다."가 이렇게 바뀐 것이다.

① '표준말'을 '표준어'로 바꾼 것은 비표준어와의 대비에서 '표준말-비표준말'이 말결에 맞지 않기 때문이다.

② '중류 사회'는 그 기준이 모호하여 세계 여러 나라의 경향도 감안하여 '교양 있는 사람들'로 바꾼 것이다. 이 구절의 또 하나의 의도는, 이렇게 정함으로써 앞으로는 표준어를 못하면 교양 없는 사람이 된다는 점의 강조도 포함된 것이다. 표준어는 국민 누구나가 공통적으로 쓸 수 있게 마련한 공용어(公用語)이므로, 공적(公的) 활동을 하는 이들이 표준어를 익혀 올바르게 사용하는 것은 너무나 당연한 필수적 교양인 것이다. 그러기에 영국 같은 데서는 런던에 표준어 훈련 기관이 많이 있어 국회의원이나 정부 관리 등 공적인 활동을 자주 하는 사람들에게 정확하고 품위 있는 표준어 발음을 가르치는 것이다. 표준어 교육은 학교 교육에서 그 기본이 닦여야 한다. 그러기에 모든 교육자는 무엇보다도 정확한 표준어를 말할 줄 알아야 한다. 이렇게 볼 때, 표준어는 교양의 수준을 넘어 국민이 갖추어야 할 의무 요건(義務要件)이라 하겠다.

③ '현재'를 '현대'로 한 것은 역사의 흐름에서의 구획을 인식해서이다.

④ '서울말'에 대해서 어떤 이는 3대 이상 서울에 뿌리박고 사는 인구가 서울 인구의 불과 20%도 못되는 현실에 비추어, 차라리 79년 국어심의회안에서처럼 '서울 지역에서 쓰이는 말'이라 할 것을 주장하기도 한다. 그러나 서울 지역에서 가장 보편적으로 쓰이는 말은 확실히 어떤 공통적인 큰 흐름이 있어, 지방에서 새로 편입해 온 어린이가 얼마 안 가 그 흐름에 동화되는 예를 자주 본다. 이 공통적인 큰 흐름이 바로 서울말인 것이다. 지방에서 서울로 옮겨 와 살 때 2세, 3세로 내려갈수록 1세의 말씨와는 확연히 구분되는 서울 지역에서 쓰이는 큰 흐름의 말에 동화되는 현상도 서울말의 엄연한 존재를 웅변적으로 증명해 준다. 그리하여 '서울 지역에서 쓰이는 말'에서 선명하게 '서울말'이라고 굳혀진 것이다.

⑤ 그런데 제1항의 개정으로 표준어 선정의 기준이 바뀐 것은 없다. 다시 말하면, '현재'가 '현대'로 바뀌고, '중류 사회'의 말이 '교양 있는 사람들'의 말로 바뀐 것이 이번의 개정에 영향을 준 것은 없다고 할 수 있다. 제1항의 개정은 내용보다는 표현의 개정이라고 봄이 옳을 것이다.

이번 개정의 실제적인 대상은 (가) 그동안 자연스러운 언어 변화에 의해 1933년에 표준어로 규정하였던 형태가 고형(古形)이 된 것. (나) 그때 미처 사정의 대상이 되지 않아 표준어로서의 자격을 인정받을 기회가 없었던 것. (다) 각 사전에서 달리 처리하여 정리가 필요한 것. (라) 방언, 신조어 등이 세력을 얻어 표준어 자리를 굳혀 가던 것. 등이었다.

제2항 외래어는 따로 사정한다.

[해설] 외래어는 표준어 사정의 중요한 대상이다. 물밀듯이 쏟아져 들어오는 외래어는 그때그때 사정하여 국어의 일원으로 수용할 것인가의 여부를 결정해 주어야 한다. 그럼에도 이번 사정에서는 외래어는 보류하였다. 그 필요성은 충분히 인식하면서도 짧은 시일에 끝내야 하는 이번 사정에서 성격이 다른 외래어의

사정은 일단 보류하기로 한 것이다. 외래어는 수시로 밀려오므로 퍽 유동적인 성격을 지녀 앞으로 그때그때 적절히 사정하여야 할 것이다.

외래어 표기법은 문교부 고시 제85-11호(1986. 1. 7.)로 공표되었다. 외래어 표기법은 외국의 고유명사의 표기까지 포괄하는 표기법으로서 표준어 규정과는 성격을 달리한다.

제2장 발음 변화에 따른 표준어 규정

제1절 자음
제2절 모음
제3절 준말
제4절 단수 표준어
제5절 복수 표준어

제3항 다음 단어들은 거센소리를 가진 형태를 표준어로 삼는다. 〈예〉끄나풀(○)/끄나불(×); 나팔꽃(○)/나발-꽃(×); 녘(동~, 들~, 새벽~, 동틀 ~)(○)/녁(×); 부엌(○)/부억(×); 살쾡이(○)/삵괭이(×); 칸(~막이, 빈~, 방 한 ~)(○)/간(×)(단, '초가삼간, 윗간'의 경우에는 '간'임); 털어먹다(재물을 다 없애다)(○)/떨어먹다(×).

[해설] 제2장은 언어 변화 중 발음의 변화가 현저하여 종래의 표준어를 그대로 고수할 수 없는 것을 정리한 부분이다. 표준어 개정은 표기의 개정도 수반하므로, 언어의 변화를 모두 표준어 개정에 반영하는 일은 쉽지도 않고 바람직하지도 않다. 그러나 그 차이가 워낙 현저하여 도저히 고형(古形)을 더 이상 유지하기 어려운 것은 새 형태를 표준어로 삼은 것이다.

① '나발꽃'이 '나팔꽃'으로 바뀌었으나, '나발'과 '나팔'은 각각 독립적으로 쓰인다.
② '녘, 부엌'은 현행 표준어이므로 제3항의 다른 단어들과 성격을 달리하며, 또 이 표준어 규정에 들어 있을 성질의 단어가 아니다. 그럼에도 여기에 삽입된 것은 다음과 같은 사정 때문이다.

'녘, 부엌'은 1979년 국어심의회안(이하 79안이라 하겠음.)에서는 '녘, 부엌'으로 되었던 것이 1984년 학술원안(이하 84안이라 하겠음.)에서는 '녘, 부엌'으로 환원되고, 1987년 국어연구소안(이하 87안이라 하겠음.)에서는 다시 '녁, 부억'과 같이 예사소리로 돌아갔던 것을 1987년 국어심의회에서 거센소리로 되돌려 놓은 것이다. 결과가 이렇게 된 이상 제3항에서 이 두 단어는 빠져도 좋을 것이다.
③ '삵괭이'의 발음 {삭괭이}는 언어 현실과 다르므로 '살쾡이'로 현실화하였다. 제26항에는 '살쾡이/삵'과 같이 복수 표준어를 인정하고, '삵피'는 종래대로 그대로 두었다.
④ '칸'과 '간'의 구분에서 '칸'은 공간(空間)의 구획이나 넓이를 나타내며, '간'(間)은 '초가삼간, 대하천간(大廈千間)' 등 관습적인 표현에만 쓰기로 하였다. 그 결과 '일등 칸, 한 칸 벌린다' 등 일반적인 용법에서는 '칸'만 쓰기로 된 것이다.

제4항 다음 단어들은 거센소리로 나지 않는 형태를 표준어로 삼는다. 〈예〉가을갈이(○)/가을카리(×); 거시기(○)/거시키(×); 분침(○)/푼침(×).

부록

[해설] 제3항과 같은 취지로 개정한 것들이나 발음 변화의 방향이 반대인 것들이다. 〈예〉①'거시키'는 79, 84, 87 모든 안에서 다 '거시기'로 고쳐졌다. ②'분침'은 '分針'이다.

제5항 어원에서 멀어진 형태로 굳어져서 널리 쓰이는 것은, 그것을 표준어로 삼는다. 〈예〉강낭-콩(○)/강남-콩(×); 고삿(겉~, 속~)(○)/고샅(×); 사글세('월세'는 표준어임)(○)/삭월세(×); 울력성당(떼를 지어서 으르고 협박하는 일)(○)/위력성당(×).

[예외] 어원적으로 원형에 더 가까운 형태가 아직 쓰이고 있는 경우에는, 그것을 표준어로 삼는다. 〈예〉갈비(~구이, ~찜, 갈빗-대)(○)/가리(×); 갓모(사기 만드는 물레 밑고리)(○)/갈모('갈모'는 갓 위에 쓰는, 유지로 만든 우비)(×); 굴젓(○)/구젓(×); 말곁(○)/말겻(×); 물수란(○)/물수랄(×); 밀뜨리다(○)/미뜨리다(×); 적이(○)/저으기(×); 적이나(○)/적이나하면(×); 휴지(○)/수지(×).

[해설] 어원(語源)이 뚜렷한데도 언중(言衆)들의 어원 의식이 약하여져 어원으로부터 멀어진 형태를 표준어로 삼고, 아무리 어원에 충실한 형태이더라도 현실적으로 쓰이지 않는 것은 표준어 영역 밖으로 밀어낼 것을 다룬 항이다.
① '강남콩(江南-)'은 '남비'(제9항)와 함께 이미 어원을 인식하지 않고 '강낭콩, 냄비'로 쓰이고 있는 언어 현실을 그대로 반영한 것이다.
② '지붕을 이을 때에 쓰는 새끼'와 '좁은 골목이나 길'을 다 함께 '고샅'으로 써 오던 것을 분화시켜 앞의 것을 '고삿'으로 바꾼 것이다.
③ '월세(月貰)'의 딴 말인 '삭월세'를 '朔月貰'의 뜻으로 잡아 '사글세'란 말과 함께 써 오던 것을, '朔月貰'는 단순한 한자 취음(漢字取音)일 뿐으로 취할 바가 못 된다 하여 '사글세'만을 표준어로 삼은 것이다.

[예외] 어원 의식이 남아 있어 그쪽 형태가 쓰이는 것들은 그 짝이 되는 비어원적인 형태보다 우선권을 줄 것을 다룬 항이다.
① '휴지'가 그 대표적인 예로서, 한자음 '休紙'에 대한 의식으로 종래 표준어로 인정되었던 '수지'보다 널리 쓰이게 되어 이번에 '휴지'만을 단일 표준어로 인정한 것이다.
② 같은 이유로 '갈비'가 채택되고 그동안 표준어로 인정되었던 '가리'를 버리게 되었다.
③ 이 중 '적이'는 특이하다. '적이'는 의미적으로 '적다'와는 멀어졌다. (오히려 반대의 의미를 가지게 되었다.) 그 때문에 그동안 한편으로는 '저으기'가 널리 보급되기도 하였다. 그러나 '적다'와의 관계를 부정할 수 없어 이것을 인정하는 쪽으로 결정하였다.

제6항 다음 단어들은 의미를 구별함이 없이, 한 가지 형태만을 표준어로 삼는다. 〈예〉돌(○)(생일, 주기)/돐(×); 둘째(○)('제2, 두 개째'의 뜻)/두째(×); 셋째(○)('제3, 세 개째'의 뜻)/세째(×); 넷째(○)('제4, 네 개째'의 뜻)/네째(×); 빌리다(○)(빌려 주다, 빌려 오다)/빌다(×)('용서를 빌다'는 '빌다'임).

[예외] '둘째'는 십 단위 이상의 서수사에 쓰일 때에 '두째'로 한다. 〈예〉열두-째(○)(열두 개째의 뜻은 '열둘째'로); 스물두-째(○)(스물두 개째의 뜻은 '스물둘째'로).

[해설] 그동안 용법의 차이가 있는 것으로 규정해 온 것 중 그 구별이 어려워 혼란을 일으켜 오던 것을 정리한 것이다.

① '돌'은 생일, '돐'은 '한글 반포 500돐'처럼 주기의 의미로 세분해 썼던 것을, 그러한 구분이 얼마간 인위적인 데다가 불필요한 세분이라 판단되어 '돌' 하나로 통합한 것이다.

② '두째, 세째'는 '첫째'와 함께 차례를, '둘째, 셋째'는 '하나째'와 함께 "사과를 벌써 셋째 먹는다."에서와 같이 수량을 나타내는 것으로 구분하여 왔다. 그러나 언어 현실에서 이와 같은 구분 역시 인위적인 것으로 판단되어 이번에 '둘째, 셋째'로 통합한 것이다. 따라서 앞으로 '두째, 세째, 네째'와 같은 표기는 어느 경우에도 볼 수 없게 되었다.

③ '빌다'에는 '乞, 祝'의 뜻이 있기에, '借'의 뜻으로는 '빌려 오다'로, '貸'의 뜻으로는 '빌려 주다'로 하여, '빌리다'에는 '借, 貸'의 뜻이 다 들어 있는 것으로 처리한 것이다.

[예외] 차례를 나타내는 말로 '열두째, 스물두째, 서른두째' 등 '두째' 앞에 다른 수가 올 때에는 받침 'ㄹ'이 분명히 탈락하는 언어 현실을 살려 부득이 종래의 구분을 살렸다.

제7항 수컷을 이르는 접두사는 '수-'로 통일한다. 〈예〉수꿩(○)/수퀑/숫꿩(×)('장끼'도 표준어임); 수나사(○)/숫나사(×); 수놈(○)/숫놈(×); 수사돈(○)/숫사돈(×); 수소(○)/숫소(×)('황소'도 표준어임); 수은행나무(○)/숫은행나무(×).

[예외] 다음 단어에서는 접두사 다음에서 나는 거센소리를 인정한다. 접두사 '암'이 결합되는 경우에도 이에 준한다. 〈예〉수캉아지(○)/숫강아지(×); 수캐(○)/숫개(×); 수컷(○)/숫것(×); 수키와(○)/숫기와(×); 수탉(○)/숫닭(×); 수탕나귀(○)/숫당나귀(×); 수톨쩌귀(○)/숫돌쩌귀(×); 수퇘지(○)/숫돼지(×); 수평아리(○)/숫병아리(×).

[예외] 다음 단어의 접두사는 '숫-'으로 한다. 〈예〉숫양(○)/수양(×); 숫염소(○)/수염소(×); 숫쥐(○)/수쥐(×).

[해설] '암-수'의 '수'는 역사적으로 명사 '숳'이었다. 오늘날 '수캐, 수탉' 등에 받침 'ㅎ'의 자취가 남아 있다. 그러나 오늘날 '숳'은 명사로 쓰이는 일은 '암수'라는 복합어 정도 이외에는 거의 없어지고 접두사로만 쓰이게 되었고, 그로써 받침 'ㅎ'의 실현이 복잡하게 되었다. 그리하여 접두사 '숳~수'의 처리는 오랫동안 진통을 겪었다.

[예외1] 받침 'ㅎ'이 다음 음절 첫소리와 거센소리를 이룬 단어들로서 역사적으로 복합어가 되어 화석화한 것이라 보고 '숳'을 인정하되 표기에서는 받침 'ㅎ'을 독립시키지 않기로 한 것이다. 여기에서 어느 단어까지가 이 유형으로 화석화한 것인지의 경계를 긋기가 어려운 점이 남아 있다. '수탉, 수캐' 등은 혼란의 여지가 없지만, '수탕나귀'는 서툴러하는 사람들이 있고, 또 여기에 제시되지 않은 '개미, 거미'도 '수캐미, 수커미'가 자연스럽게 느껴질 사람이 있을 것이다. 그러나 이번에는 거센소리를 [다만1]에 제시된 단어에 한하여 인정하였다.

[예외2] 발음상 사이시옷과 비슷한 소리가 있다고 판단하여 '숫-'의 형태를 취하였다.

[예외1]과 [예외2]에 제시된 이외의 단어에서는 '수-'로 통일하였다. 이 접두사의 기본형을 '수-'로 잡은 것이다. 여기 제시된 이외의 어떤 단어, 가령 '거미, 개미, 할미새, 나비, 술' 등은 모두 '수거미, 수개미, 수할미새, 수나비, 수술'로 통일한 것이다. 여기에서 '수놈, 수소'의 현실음이 과연 아무 받침이 없이 이렇게 발음

되는지, 아니면 '숫놈, 숫소'인지 하는 것이 문제로 남는다. '숫쥐, 숫양'은 '수쥐, 수양'이 아니면서 '수놈, 수소'는 '숫놈, 숫소'가 되지 못하는 불균형이 드러나기도 한다.

제8항 양성 모음이 음성 모음으로 바뀌어 굳어진 다음 단어는 음성 모음 형태를 표준어로 삼는다. 〈예〉깡충깡충(○)(큰말은 '껑충껑충'임)/깡총깡총(×); −둥이(○)(귀~/막~/ 선~/쌍~/검~/바람~/흰~)/−동이[←童−이](×); 발가숭이(○)(센말은 '빨가숭이', 큰말은 '벌거숭이, 뻘거숭이'임)/발가송이(×); 보퉁이(○)/보통이(×); 봉죽[←奉足](○)(~꾼, ~ 들다)/봉족(×); 뻗정다리(○)/뻗장다리(×); 아서·아서라(○)(하지 말라고 금지하는 말)/앗아·앗아라(×); 오뚝이(○)(부사도 '오뚝이'임)/오똑이(×); 주추[←柱礎](주춧돌)(○)/주초(×);

[예외] 어원 의식이 강하게 작용하는 다음 단어에서는 양성 모음 형태를 그대로 표준어로 삼는다. 〈예〉부조(扶助)(○)(~금, 부좃~술)/부주(×); 사돈(査頓)(○)(밭~, 안~)/사둔(×); 삼촌(三寸)(○)(시~, 외~, 처~)/삼춘(×).

[해설] 국어는 모음조화(母音調和)가 있는 것을 특징으로 하는 언어다. 그러나 모음조화 규칙은 후세로 오면서 많이 무너졌고, 현재에도 더 약해지고 있는 편이다. 이 규칙의 붕괴는 대체로 한쪽 양성 모음이 음성 모음으로 바뀌면서 나타난다.

이 항에서 다룬 것들도 대부분 그러한 예들이다. 애초 양성 모음이던 발음이 음성 모음으로 바뀐 단어들인 것이다. 지금까지 모음조화 규칙에 얽매여 이 변화를 인정하지 않았던 것을 현실 발음을 받아들여 음성 모음화 현상을 인정한 것이다.

① 종래의 '깡총깡총'은 언어 현실에 따라 '깡충깡충'으로 했다. 그리고 '오똑이'도 명사나 부사에서 다 '오뚝이'로 했다.
② '−동이, 발가송이, 보통이'도 음성 모음화를 인정하여 '−둥이, 발가숭이, 보퉁이'로 했다.
③ '봉족(奉足), 주초(柱礎)'는 한자어로서의 형태를 인식하지 않고 쓸 때 '봉죽, 주추'와 같이 음성 모음 형태를 인정했다.
④ '뻗정다리'는 언어 현실의 수용이다.
⑤ 종래의 금지사(禁止辭) '앗아, 앗아라'는 '빼앗는다'는 원뜻과는 멀어져 단지 하지 말라는 뜻이므로 발음대로 쓰기로 하고, 다시 언어 현실에 따라 음성 모음 형태를 취하여 '아서, 아서라'로 한 것이다.

[예외] 현실적으로 '부주, 사둔, 삼춘'이 널리 쓰이는 형태이나 이들은 어원을 의식하는 경향이 커서 음성 모음화를 인정하지 않았다. '査頓'은 우리나라에서만 쓰이는 단순한 한자 취음어(漢字取音語)이므로 '사둔' 형태를 취하자는 의견도 있었으나, 한자 표기 의식이 아직 강하게 남아 있으므로 그대로 '사돈'으로 하기로 한 것이다.

제9항 'ㅣ' 역행 동화 현상에 의한 발음은 원칙적으로 표준 발음으로 인정하지 아니하되, 다만 다음 단어들은 그러한 동화가 적용된 형태를 표준어로 삼는다. 〈예〉−내기(○)(서울−, 시골−, 신출−, 풋−)/−나기(×); 냄비(○)/남비(×); 동댕이치다(○)/동당이치다(×);

[붙임 1] 다음 단어는 'ㅣ' 역행 동화가 일어나지 아니한 형태를 표준어로 삼는다. 〈예〉아지랑이(○)/아지랭이(×).

[붙임 2] 기술자에게는 '-장이', 그 외에는 '-쟁이'가 붙는 형태를 표준어로 삼는다. 〈예〉미장이(○)/미쟁이 (×); 유기장이(○)/유기쟁이(×); 멋쟁이(○)/멋장이(×); 소금쟁이(○)/소금장이(×); 담쟁이−덩굴(○)/담장이−덩굴 (×); 골목쟁이(○)/골목장이(×); 발목쟁이(○)/발목장이(×).

[해설] 'ㅣ' 역행 동화는 전국적으로 매우 일반화되어 있는 현상이다. 그러나 대부분 주의해서 발음하면 피할 수 있는 발음이어서 그 동화형(同化形)을 표준어로 삼기가 어려운 실정이다. 게다가 이 동화 현상이 너무 광범위하여 그것을 다 표준어로 인정하면 너무 큰 변혁이어서 혼란을 야기할 우려도 있다. 가령 '손잡이, 먹이다'까지 '손잽이, 멕이다'로 바꾼다면 여간 큰 변혁이 아닐 것이다. 그리하여 이번의 개정에서 'ㅣ' 역행 동화 현상을 인정하는 표준어의 개정은 극소화하였다.
① '-나기'는 서울에서 났다는 뜻의 '서울나기'는 그대로 쓰임직하나, '신출나기, 풋나기'는 어색하므로 일률로 '-내기'로 한것이다.
② '남비'는 종래 일본어 '나베(鍋)'에서 온 말이라 하여 원형을 의식해서 처리했던 것이나, 이제 와서는 제5 항에서 '강남콩'을 '강낭콩'으로 처리한 것과 마찬가지로 '냄비'로 한 것이다.
'아지랑이'는 사전에서 '아지랭이'로 고쳐져 교과서에 반영되어 그동안 '아지랭이'가 표준어로 행세해 왔으나, 현실 언어가 '아지랑이'이므로 36년에 정한 대로 '아지랑이'로 되돌린 것이다.

'-장이'는 논란이 많았던 항목인데, 하나의 타협안으로서 '匠人'이란 뜻이 살아 있는 말은 '-장이'로, 그 외는 '-쟁이'로 하기로 한 것이다.따라서 '미장[泥匠], 유기장(鍮器匠)'은 '미장이, 유기장이'로 한 것이다. 갓을 만드는 것을 업으로 하는 사람은 '갓장이', 갓을 멋들어지게 쓰는 사람은 '멋쟁이'의 경우에 준하여 '갓쟁이'로 분화되는 것이다.

제10항 다음 단어는 모음이 단순화한 형태를 표준어로 삼는다. 〈예〉괴팍하다(○)/괴퍅하다/괴팩하다(×); 구면(○)/구면(×); 미루나무(←美柳~)(○)/미류나무(×); 미륵(←彌勒. ~보살. ~불, 돌~)(○)/미력(×); 여느(○)/여늬(×); 온달(만 한 달)(○)/왼달(×); 으레(○)/으례(×); 케케묵다(○)/켸켸묵다(×); 허우대(○)/허위대(×); 허우적허우적(허우적거리다)(○)/허위적허위적(×).

[해설] 이중 모음을 단모음으로 발음하고, 특히 'ㅚ, ㅟ, ㅘ, ㅝ' 등의 원순 모음을 평순 모음으로 발음하는 것은 일부 방언의 특징이다. '벼→베, 사과→사가' 등. 그러나 이 항에서 다룬 단어들은 표준어 지역에서도 모음의 단순화 과정을 겪고, 이제 애초의 형태는 들어 보기 어렵게 된 것들이다. 한 예로 '미루나무(美柳~)'는 어원적으로 분명히 '미류~'인데 이제 '미류~'라는 발음은 듣지 못하게 되었다. '으레' 역시 원래 '의례(依例)'에서 '으례'가 되었던 것인데 '례'의 발음이 '레'로 바뀌었고, 나머지들도 모두 모음이 단순화된 예들이다 그러한 변화를 수용하여 새 형태를 표준어로 삼은 것이다.

여기에서 '괴팍하다'는 얼마간 문제다. 이 단어의 발음도 분명히 '괴팍하다'로 바뀌었다. 그런데 같은 계열의 단어로서 '강퍅하다. 퍅하다. 퍅성' 등이 이번의 개정에서 빠진 것이다. 후자들은 '괴팍하다'만큼 자주 쓰이지 않는 단어이므로 현실적으로 별 문제는 일으키지 않을 것이나 얼마간의 불균형은 안고 있는 셈이다.

제11항 다음 단어에서는 모음의 발음 변화를 인정하여, 발음이 바뀌어 굳어진 형태를 표준어로 삼는다.
〈예〉-구려(○)/-구료(×); 깍쟁이(서울 ~, 알~, 찰~)(○)/깍정이(×)(도토리, 상수리 등의 받침은 '깍정이'임);

나무라다(○)/나무래다(×); 미수(미숫가루)(○)/미시(×); 바라다(○)('바램[所望]'은 비표준어임)/바래다(×); 상추(~쌈)(○)/상치(×); 시러베아들(○)/실업의아들(×); 주책(←主着. ~망나니, ~없다)(○)/주착(×); 지루하다(○)(←支離)/지리하다(×); 튀기(○)/트기(×); 허드레(허드렛물, 허드렛일)(○)/허드래(×); 호루라기(○)/호루루기(×).

[해설] 제8항~제10항에서 모음 변화처럼 어느 한 현상으로 묶기 어려운 모음 변화에 의한 것들을 모은 항이다.

① '-구려'와 '-구료'는 미묘한 의미차가 있는 듯도 하나 확연치 않아 '구려' 쪽만 살린 것이다.

② '깍정이→깍쟁이'는 'ㅣ' 역행 동화의 일종이나, '깍젱이'가 아니라 '깍쟁이'를 표준어로 삼음으로써 제9항에 넣지 않고 여기에서 다루었다. 비고에서 보듯이 도토리 등의 '깍정이'는 그대로 두었다.

③ '나무래다, 바래다'는 방언으로 해석하여 '나무라다, 바라다'를 표준어로 삼았다. 그런데 근래 '바라다'에서 파생된 명사 '바람'을 '바램'으로 쓰는 경향이 있다. '바람(風)'과의 혼동을 피하려는 심리 때문인 듯하다. 그러나 동사가 '바라다'인 이상 그로부터 파생된 명사가 '바램'이 될 수는 없어, 비고에서 이를 명기하였다.

④ '미수→미시'나 '상추→상치'는 치찰음 다음에서의 'ㅣ' 모음화로 보고 '미수, 상추'를 표준어로 삼은 것이며, '튀기→트기'는 모음의 단순화 현상일 터인데 아직 원형이 쓰이고 있다고 보아 제10항에서와는 달리 '튀기'를 표준어로 삼은 것이다.

⑤ '주책(←주착, 主着), 지루하다(←지리하다, 支離)'는 한자어 어원을 버리고 변한 형태를 취한 것이다.

⑥ '시러베아들(←실업의아들), 허드레(←허드래), 호루라기(←호루루기)'는 현실 발음을 받아들인 것이다.

제12항 '웃-' 및 '윗-'은 명사 '위'에 맞추어 '윗-'으로 통일한다. 〈예〉윗넓이(○)/웃넓이(×); 윗눈썹(○)/웃눈썹(×); 윗니(○)/웃니(×); 윗당줄(○)/웃당줄(×); 윗덧줄(○)/웃덧줄(×); 윗도리(○)/웃도리(×); 윗동아리(준말은 '윗동')(○)/웃동아리(×); 윗막이(○)/웃막이(×); 윗머리(○)/웃머리(×); 윗목(○)/웃목(×); 윗몸(~ 운동)(○)/웃몸(×); 윗바람(○)/웃바람(×); 윗배(○)/웃배(×); 윗벌(○)/웃벌(×); 윗변(수학 용어)(○)/웃변(×); 윗사랑(○)/웃사랑(×); 윗세장(○)/웃세장(×); 윗수염(○)/웃수염(×); 윗입술(○)/웃입술(×); 윗잇몸(○)/웃잇몸(×); 윗자리(○)/웃자리(×); 윗중방(○)/웃중방(×).

[예외1] 된소리나 거센소리 앞에서는 '위-'로 한다. 〈예〉위짝(○)/웃짝(×); 위쪽(○)/웃쪽(×); 위채(○)/웃채(×); 위층(○)/웃층(×); 위치마(○)/웃치마(×); 위턱(~ 구름[上層雲])(○)/웃턱(×); 위팔(○)/웃팔(×).

[예외2] '아래, 위'의 대립이 없는 단어는 '웃'으로 발음되는 형태를 표준어로 삼는다. 〈예〉웃국(○)/윗국(×); 웃기(○)/윗기(×); 웃돈(○)/윗돈(×); 웃비(~걷다)(○)/윗비(×); 웃어른(○)/윗어른(×); 웃옷(○)/윗옷(×).

[해설] 그동안 극심하게 혼란을 일으켜 온 '웃'과 '윗'을 한쪽으로 통일하고자 한 결과다. 이들은 명사 '위'에 사이시옷이 결합된 것으로 해석하여 '윗'을 기본으로 삼았다. (고시본에 예시되었던 '윗통'은 [예외1]의 규정에 어긋나는 잘못이므로 삭제하였다.)

된소리나 거센소리 앞에서는 사이시옷을 쓰지 않기로 한 한글 맞춤법의 규정에 맞춘 것이다.

발음이 워낙 '웃'으로 굳은 단어들이어서 예외로 처리한 것이다. 이때 그 경계를 긋는 문제가 쉽지 않다. 대체로 '윗목/아랫목, 윗자리/아랫자리'처럼 '위/아래'의 대립이 있을 때에는 '윗'을 취하고 그렇지 않을 때에만 '웃'을 인정하였지만, '웃어른'은 절대로 '윗어른'이 아니라든가, '윗목'은 '웃목'으로 굳어져 쓰이는 것이 아니라는 경계가 그리 분명하지 않은 것이다. 그러나 '웃'으로 표기되는 단어를 최대한 줄이고 '윗'으로 통일함으로써 웃~윗의 혼란은 한결 줄어든 셈이다.

제13항 한자 '구(句)'가 붙어서 이루어진 단어는 '귀'로 읽는 것을 인정하지 아니하고, '구'로 통일한다. 〈예〉구법(句法)(○)/귀법(×); 구절(句節)(○)/귀절(×); 구점(句點)(○)/귀점(×); 결구(結句)(○)/결귀(×); 경구(警句)(○)/경귀(×); 경인구(警人句)(○)/경인귀(×); 난구(難句)(○)/난귀(×); 단구(短句)(○)/단귀(×); 단명구(短命句)(○)/단명귀(×); 대구(對句)[~법(對句法)](○)/대귀(×); 문구(文句)(○)/문귀(×); 성구(成句)[~어(成句語)](○)/성귀(×); 시구(詩句)(○)/시귀(×); 어구(語句)(○)/어귀(×); 연구(聯句)(○)/연귀(×); 인용구(引用句)(○)/인용귀(×); 절구(絕句)(○)/절귀(×);

[필자 주: 규정에 보이는 '경인구(警人句)'는 어법상으로는 '경인구(驚人句)'로 표기돼야 올바름.]

[예외] 다음 단어는 '귀'로 발음되는 형태를 표준어로 삼는다. 〈예〉귀글(○)/구글(×); 글귀(○)/글구(×).

[해설] 종래 '구'와 '귀'로 혼동이 심했던 '句'의 음을 '구'로 통일한 것이다.

[예외] '句'의 훈과 음은 '글귀 구'이다. 따라서 '글귀, 귀글'의 경우는 예외로 한다.

제14항 준말이 널리 쓰이고 본말이 잘 쓰이지 않는 경우에는, 준말만을 표준어로 삼는다. (빗금 부호 앞의 말이 표준어인 준말임.) 〈예〉귀찮다(○)/귀치 않다(×); 김(~매다)(○)/기음(×); 똬리(○)/또아리(×); 무(~강즙, ~말랭이, ~생채, 가랑~, 갓~, 왜~, 총각~)(○)/무우(×); 미다(①털이 빠져 살이 드러나다. ②찢어지다)(○)/무이다(×); 뱀(○)/배암(×); 뱀장어(○)/배암장어(×); 빔(설~, 생일~)(○)/비음(×); 샘(~바르다, ~바리)(○)/새암(×); 생쥐(○)/새앙쥐(×); 솔개(○)/소리개(×); 온갖(○)/온가지(×); 장사치(○)/장사아치(×).

[해설] 이론적으로만 존재하는, 또는 사전에서만 밝혀져 있을 뿐 현실 언어에서는 전혀 또는 거의 쓰이지 않게 된 본말을 표준어에서 제거하고 준말만을 표준어로 삼은 것이다. 가령 '귀치 않다'나 '온가지'는 현실 언어에서 사라진 지 오래고 '귀찮다, 온갖'이 벌써부터 유일한 형태로 쓰여 왔다. 준말 형태를 취한 이들 말 중 2음절이 1음절로 된 음절은 대개 긴소리로 발음된다. 그러나 '귀찮다, 솔개, 온갖, 장사치'에서는 짧은소리로 난다.

제15항 준말이 쓰이고 있더라도, 본말이 널리 쓰이고 있으면 본말을 표준어로 삼는다. (빗금 부호 뒤의 말이 비표준어임.) 〈예〉경황없다(○)/경없다(×)(이하 같음.); 궁상떨다(○)/궁떨다; 귀이개(○)/귀개; 낌새(○)/낌; 낙인찍다(○)/낙하다/낙치다; 내왕꾼(○)/냉꾼; 돗자리(○)/돗; 뒤웅박(○)/뒝박; 뒷물대야(○)/뒷대야; 마구잡이(○)/막잡이; 맵자하다(모양이 제격에 어울리다)(○)/맵자다; 모이(○)/모; 벽돌(○)/벽; 부스럼(○)/부럼(정월 보름에 쓰는 '부럼'은 표준어임); 살얼음판(○)/살판; 수두룩하다(○)/수둑하다; 암죽(○)/암; 어음(○)/엄; 일구다(○)/일다; 죽살이(○)/죽살; 퇴박맞다(○)/퇴맞다; 한통치다(○)/통치다.

[붙임] 다음과 같이 명사에 조사가 붙은 경우에도 이 원칙을 적용한다. 〈예〉아래로(○)/알로(×).

[해설] 본말이 훨씬 널리 쓰이고 있고, 그에 대응되는 준말은 쓰인다 하여도 그 세력이 극히 미미한 경우

본말만을 표준어로 삼은 것이다. 준말들이 얼마간이라도 일반적으로 쓰인다면 복수 표준어로 처리하였겠으나 그 쓰임이 워낙 적을 뿐만 아니라 품위 있는 형태도 아닌 것들이 대부분이어서 준말 형태를 버린 것이다.

이 중 '귀개'는 '귀이개'와 더불어 복수 표준어로 인정해 줄 법도 하나 '귀개'로 표기하면 단음으로 읽힐 염려도 있어 '귀이개'만을 취하였다.

이 항에는 제시되어 있지 않으나, '마음→맘, 다음→담'의 준말은 표준어로 인정되어 있는데 '어음→엄'은 인정하지 않은 것이 균형을 깨는 처리로 생각될 수도 있다. 그러나 '어음'은 사무적인 용어인 만큼 '맘, 담'과 같은 생활 용어보다는 정확을 기할 필요가 있어 '엄'을 취하지 않은 것이다.

제16항 준말과 본말이 다 같이 널리 쓰이면서 준말의 효용이 뚜렷이 인정되는 것은, 두 가지를 다 표준어로 삼는다. (빗금 부호 앞의 말이 본말임.) 〈예〉거짓부리/거짓불(작은말은 '가짓부리, 가짓불'임); 노을/놀(저녁~); 막대기/막대; 망태기/망태; 머무르다/머물다(모음 어미가 연결될 때에는 준말의 활용형을 인정하지 않음); 서두르다/서둘다; 서투르다/서툴다; 석새삼베/석새베; 시누이/시뉘 · 시누; 오누이/오뉘 · 오누; 외우다/외다(외우며/외워: 외며/외어); 이기죽거리다/이죽거리다; 찌꺼기/찌끼('찌꺽지'는 비표준어임).

[해설] 앞의 제14항, 제15항과는 달리 본말과 준말을 함께 표준어로 삼은 단어들이다. 두 형태가 다 널리 쓰이는 것들이어서 어느 하나를 버릴 이유가 없다고 판단한 것이다.

이들 중 '외우다→외다'의 관계는 좀 특이하다. 종래에는 '외다'만을 표준어로 삼은 것인데 '외우다'가 이번에 새로 표준어로 인정된 것이다. 준말에서 본말이 다시 살아난다는 것이 특이한 것인데 둘의 관계가 여느 본말-준말이 관계와 비슷하여 여기에서 함께 다루었다. 비슷한 경우로 '개다'와 함께 '개이다, 개임'의 형태도 꽤 널리 쓰이는데 이 경우에는 후자를 표준어로 인정하지 않았다. 단순한 잘못된 발음으로 판단하였기 때문이다.

비고란에 "모음 어미가 연결될 때에는 준말의 활용형을 인정하지 않음."이라고 단서를 붙여 준말의 활용형에 제한을 가하고 있는데, '가지다'의 준말 '갖다'의 모음 어미 활용형 '갖아, 갖아라, 갖았다, 갖으오, 갖은' 따위가 성립하지 않는 현상에 유추하여 준말의 활용형을 제한한 것이다. 따라서 '머물어, 서둘어서, 서툴었다'는 '머물러, 서둘러서, 서툴렀다'로 표기하는 것이 옳다. 다만 '머물어, 머물었다, 머무오'가 현재 꽤 널리 쓰이고 있는 현실은 앞으로 재고되어야 하리라 본다. 참고로 '머무르다'와 같은 형인 '짓무르다'는 준말 '짓물다'형을 인정하지 않았다(제17항). '무르다'가 '물다'로 줄 수 없는 것과 같은 이유에서다.

제17항 비슷한 발음의 몇 형태가 쓰일 경우, 그 의미에 아무런 차이가 없고, 그중 하나가 더 널리 쓰이면, 그 한 형태만을 표준어로 삼는다. (빗금 부호 뒤의 말은 비표준어임.) 〈예〉거든그리다(①거든하게 거두어싸다. ②작은말은 '가든그리다'임)(O)/거둥그리다(×)(이하 같음); 구어박다(사람이 한 군데에서만 지내다)(O)/구워박다; 귀고리(O)/귀엣고리; 귀띔(O)/귀팀; 귀지(O)/귀에지; 까딱하면(O)/까땍하면; 꼭두각시(O)/꼭둑각시; 내색(감정이 나타나는 얼굴빛)(O)/나색; 내숭스럽다(O)/내흉스럽다; 냠냠거리다(O)/얌냠거리다; 냠냠이(O)/얌냠이; 네[四](~ 돈, ~ 말, ~ 발, ~ 푼)(O)/너; 넉[四](~ 냥, ~ 되, ~ 섬, ~ 자)(O)/너 · 네; 다다르다(O)/다닫다; 댑싸리(O)/대싸리; 더부룩하다(O)/더뿌룩하다 · 듬뿌룩하다; -던(O)/-든[선택, 무관의 뜻

을 나타내는 어미는 '-든'임. 가든(지) 말든(지), 보든(가) 말든(가)]; -던가(ㅇ)/-든가; -던걸(ㅇ)/-든걸; -던고(ㅇ)/-든고; -던데(ㅇ)/-든데; -던지(ㅇ)/-든지; -(으)려고(ㅇ)/-(으)ㄹ려고 · -(으)ㄹ라고; -(으)려야(ㅇ)/-(으)ㄹ려야 · -(으)ㄹ래야; 망가뜨리다(ㅇ)/망그뜨리다; 멸치(ㅇ)/며루치 · 메리치; 반빗아치('반빗' 노릇을 하는 사람. 찬비(饌婢)(ㅇ)/반비아치 ('반비'는 밥짓는 일을 맡은 계집종); 보습(ㅇ)/보십 · 보섭; 본새(ㅇ)/뽄새; 봉숭아('봉선화'도 표준어임)(ㅇ)/봉숭화; 뺨따귀('뺨'의 비속어임)(ㅇ)/뺨따귀 · 뺨따구니; 뻐개다[斫](두 조각으로 가르다)(ㅇ)/뻐기다; 뻐기다[誇](뽐내다)(ㅇ)/뻐개다; 사자탈(ㅇ)/사지탈; 상판대기(ㅇ)/쌍판대기; 서[三](~ 돈, ~ 말, ~ 발, ~ 푼)(ㅇ)/세 · 석; 석[三](~ 냥, ~ 되, ~ 섬, ~ 자)(ㅇ)/세; 설령(設令)(ㅇ)/서령; -습니다(먹습니다, 갔습니다, 없습니다, 있습니다, 좋습니다)(ㅇ)/-읍니다(모음 뒤에는 '-ㅂ니다'임); 시름시름(ㅇ)/시늠시늠; 씀벅씀벅(ㅇ)/썸벅썸벅; 아궁이(ㅇ)/아궁지; 아내(ㅇ)/안해; 어중간(ㅇ)/어지중간; 오금팽이(ㅇ)/오금탱이; 오래오래(돼지 부르는 소리)(ㅇ)/도래도래; -올시다(ㅇ)/-올습니다; 옹골차다(ㅇ)/공골차다; 우두커니(작은말은 '오도카니'임)(ㅇ)/우두머니; 잠투정(ㅇ)/잠투세 · 잠주정; 재봉틀(발~, 손~)(ㅇ)/자봉틀; 짓무르다(ㅇ)/짓물다; 짚북데기(ㅇ)/짚북세기; 쪽(이~, 그~, 저~)(ㅇ)/짝 편(便)([예외] '아무짝'은 '짝'임); 천장(天障)(ㅇ)/천정['천정부지(天井不知)'는 '천정'임]; 코맹맹이(ㅇ)/코맹녕이; 흉업다(ㅇ)/흉헙다.

[해설] 약간의 발음 차이로 두 형태, 또는 그 이상의 형태가 쓰이는 것들에서 더 일반적으로 쓰이는 형태 하나만을 표준어로 삼은 것이다. 다음 항의 복수 표준어와 대립되는 처리인데 복수 표준어로 인정하려면 그 발음 차이가 이론적으로 설명되든가 두 형태가 비등하게 널리 쓰이든가 하여야 하는데, 여기에서 처리한 것들은 두 형태를 다 표준어로 인정하면 국어를 풍부하게 하는 쪽보다는 혼란을 야기한다고 판단되는 것이어서 단수 표준어로 처리한 것이다.

① '구어박다(←구워박다)'는 '사람이 한군데서만 지내다'의 뜻으로 쓰일 경우 원뜻과 멀어져 원형을 안 밝힌 것이다.

② '-습니다'는 종래 '-습니다, -읍니다' 두 가지로 적고 '-습니다' 쪽이 더 깍듯한 표현이라고 해 왔으나, 이 규정에서는 '-습니다'와 '-읍니다' 사이의 그러한 의미차가 확연하지 않고 일반 구어(口語)에서 '-습니다'가 훨씬 널리 쓰인다고 판단하여 '-습니다' 쪽으로 통일한 것이다. '-올습니다, -올시다'에서도 마찬가지 이유로 '-올시다'를 표준으로 삼았다.

③ '썸벅썸벅'은 '씀벅씀벅'의 뜻으로는 버리나 '잘 드는 칼에 쉽사리 계속해서 베어지는 모양이나 그 소리'의 뜻으로는 표준어다.

제18항 다음 단어는 빗금 부호 앞말을 원칙으로 하고, 그 뒤의 말도 허용한다. 〈예〉네/예; 쇠-/소-(-가죽, -고기, -기름, -머리, -뼈); 괴다/고이다(물이 ~, 밑을 ~); 꾀다/꼬이다(어린애를 ~, 벌레가 ~); 쐬다/쏘이다(바람을 ~); 죄다/조이다(나사를 ~); 쬐다/쪼이다(볕을 ~).

[해설] 앞에서 밝힌 대로 비슷한 발음을 가진 두 형태를, 그 발음 차이가 국어의 일반 음운 현상으로 설명되면서 두 형태가 다 널리 쓰이는 것들이라는 이유로 모두 표준어로 삼은 규정이다. 이번 표준어 규정의 큰 특징 중 하나는 복수 표준어를 많이 허용하여 국어의 폭을 넓히려 한 것인데, 제18항에 해당되는 예는 많지 않지만, 이 항도 그러한 정신의 일단이 발로된 규정이라 할 만하다.

① 대답하는 말 '네/예'에서 지금까지는 '예'만을 표준어로 인정하였으나 서울말에서는 오히려 '네'가 더 보편적으로 쓰여 왔고 또 쓰이고 있으므로, 그것을 앞에 내세워 '예'와 함께 쓰기로 한 것이다.

② '쇠-/소-'에서 '쇠-'는 전통적 표현이나, '소-'도 우세해져 두 가지를 다 쓰게 한 것이다.

부록

제19항 어감의 차이를 나타내는 단어 또는 발음이 비슷한 단어들이 다 같이 널리 쓰이는 경우에는, 그 모두를 표준어로 삼는다. 〈예〉거슴츠레하다/게슴츠레하다; 고까/꼬까(~신, ~옷); 고린내/코린내; 교기(驕氣)/갸기(교만한 태도); 구린내/쿠린내; 꺼림하다/께름하다; 나부랭이/너부렁이.

[해설] 어감(語感)의 차이를 나타내는 것으로 판단되어 복수 표준어로 인정된 단어들이다. 어감의 차이가 있다는 것은 엄밀히 별개의 단어라고 할 수도 있으나, 워낙 기원을 같이하는 단어이면서 그 어감의 차이가 미미한 것이어서 복수 표준어로 처리한 것이다.

이 중 '나부랭이/너부렁이'에서 '너부렁이'를 '나부랭이'에 견주어 '너부렝이'로 처리하지 않은 것은 언어 현실이 아직 거기까지 이르지 않은 것으로 판단하였기 때문이다.

제20항 사어(死語)가 되어 쓰이지 않게 된 단어는 고어로 처리하고, 현재 널리 사용되는 단어를 표준어로 삼는다. (빗금 부호 뒤의 것이 고어임.) 〈예〉난봉(○)/봉(×)(고어. 이하 같음.); 낭떠러지(○)/낭; 설거지하다(○)/설겆다; 애달프다(○)/애닯다; 오동나무(○)/머귀나무; 자두(○)/오얏.

[해설] 여기에서부터는 발음상의 변화가 아니라 어휘적으로 형태를 달리하는 단어들을 사정의 대상으로 삼은 것이다.
① '설겆다'를 버린 것은 '설겆어라, 설겆으니, 설겆더니'와 같은 활용형이 안 쓰여 어간 '설겆-'을 추출해 낼 길이 없기 때문이었다. 그리하여 명사 '설거지'를 '설겆-'에서 파생된 것으로 보지 않고 (따라서 표기도 '설겆이'로 하지 않고) 원래부터의 명사로 처리하고 '설거지하다'는 이 명사에 '-하다'가 결합된 것으로 해석하였다.
② '애닯다'는 노래 등에는 '애닯다 어이하리' 식으로 쓰이고 있으나 고어(古語)의 잔재일 뿐, 이 용언 역시 '애닯으니, 애닯아서, 애닯은(/애달운)' 등의 활용형이 실현되는 일이 없어 고어로 처리하고 '애달파서, 애달픈' 등의 활용형을 가진 '애달프다'를 표준어로 삼았다.
③ '머귀나무'는 '오동나무'의 뜻으로는 버리나 '운향과에 딸린 갈잎큰키나무'의 뜻으로는 표준어다.
④ '오얏'은 '李 오얏 리' 등에 남아 있으나 역시 고어의 화석화일 뿐 현대 국어의 일원으로 쓰이지 않아 고어로 처리하였다.

제21항 고유어 계열의 단어가 널리 쓰이고 그에 대응되는 한자어 계열의 단어가 용도를 잃게 된 것은, 고유어 계열의 단어만을 표준어로 삼는다. (빗금 부호 뒤의 말이 비표준어임.) 〈예〉가루약(○)/말약(×)(이하 같음.); 구들장(○)/방돌; 길품삯(○)/보행삯; 까막눈(○)/맹눈; 꼭지미역(○)/총각미역; 나뭇갓(○)/시장갓; 늙다리(○)/노닥다리; 두껍닫이(○)/두껍창; 떡암죽(○)/병암죽; 마른갈이(○)/건갈이; 마른빨래(○)/건빨래; 메찰떡(○)/반찰떡; 박달나무(○)/배달 나무; 밥소라(큰 놋그릇)(○)/식소라; 사래논(묘지기나 마름이 부쳐 먹는 땅)(○)/사래답; 사래밭(○)/사래전; 삯말(○)/삯마; 성냥(○)/화곽; 솟을무늬(○)/솟을문(~紋); 외지다(○)/벽지다; 움파(○)/동파; 잎담배(○)/잎초; 잔돈(○)/잔전; 조당수(○)/조당죽; 죽데기(○)/피죽('죽더기'도 비표준어임); 지겟다리(지게 동발의 양쪽 다리)(○)/목발; 짐꾼(○)/부지군(負持-); 푼돈(○)/분전 · 푼전; 흰말(○)/백말 · 부루말 ('백마'는 표준어임); 흰죽(○)/백죽.

[해설] 이번 개정에서 단순히 한자어라는 이유 하나로 표준어에서 제거한 것은 없다. 본 항의 한자어들은 우리 국어 생활에서 그 쓰임을 보기 어렵게 되었기 때문에 정리된 것이다. 대응되는 고유어 계열이 더 자연

스러운 국어로 느껴져 더 큰 세력을 얻은 결과일 것이다.

제22항 고유어 계열의 단어가 생명력을 잃고 그에 대응되는 한자어 계열의 단어가 널리 쓰이면, 한자어 계열의 단어를 표준어로 삼는다. (빗금 부호 뒤의 말이 비표준어임.) 〈예〉개다리소반(○)/개다리밥상(×)(이하 같음.); 겸상(○)/맞상; 고봉밥(○)/높은밥; 단벌(○)/홑벌; 마방집(馬房~)(○)/마바리집; 민망스럽다 · 면구스럽다(○)/민주스럽다; 방고래(○)/구들고래; 부항단지(○)/뜸단지; 산누에(○)/멧누에; 산줄기(○)/멧줄기 · 멧발; 수삼(○)/무삼; 심돌우개(○)/불돌우개; 양파(○)/둥근파; 어질병(○)/어질머리; 윤달(○)/군달; 장력세다(○)/장성세다; 제석(○)/젯돗; 총각무(○)/알무 · 알타리무; 칫솔(○)/잇솔; 포수(○)/총댕이.

[해설] 앞의 제21항과 대립적인 규정이다. 앞 항에서 한자어라고 하여 버리지 않았던 것과 같은 정신으로, 고유어라고 부당한 특혜를 주어 표준어로 삼는 일을 삼간 것이다. 고유어라도 일상 언어생활에서 쓰이는 일이 없어 생명을 잃은 것들은 버리고 그에 짝이 되는 한자어만을 표준어로 삼은 것이다.

비고란에 한자가 나타나지 않은 말 중 한자가 뜻 이해에 도움이 되는 것들을 참고로 다음에 정리해 둔다: 개다리소반(−小盤), 겸상(兼牀), 고봉(高捧)밥, 단(單)벌, 민망(憫惘)스럽다/면구(面灸)스럽다, 방(房)고래, 부항(附缸)단지, 수삼(水蔘), 심(心)돌우개, 양(洋)파, 윤(閏)달, 장력(壯力)세다, 제석(祭席), 총각(總角)무, 칫(齒)솔, 포수(砲手).

'심−돌우개'는 '심−도두개'로 고시되었던 것인데 그 표기가 잘못이었으므로 바로잡았다.

제23항 방언이던 단어가 표준어보다 더 널리 쓰이게 된 것은, 그것을 표준어로 삼는다. 이 경우, 원래의 표준어는 그대로 표준어로 남겨 두는 것을 원칙으로 한다.(빗금 부호 뒤의 것도 표준어로 남겨 둠.) 〈예〉멍게/우렁쉥이; 물방개/선두리; 애순/어린순.

[해설] 방언 중에서 세력을 얻어 표준어보다 더 널리 쓰이게 된 것을 표준어로 추인(追認)해 주는 성격의 규정이다. 일례로 '멍게/우렁쉥이'에서 '우렁쉥이'가 표준어이나 '멍게'가 더 널리 쓰이게 됨에 따라 표준어로 삼은 것이다. 말하자면 방언이 표준어의 자격을 인정받은 예이다. 이때 애초의 표준어도 학술 용어 등에 쓰이는 점을 감안하여 표준어로 남겨 두었다.

제24항 방언이던 단어가 널리 쓰이게 됨에 따라 표준어이던 단어가 안 쓰이게 된 것은, 방언이던 단어를 표준어로 삼는다. (빗금 부호 뒤의 것이 비표준어임.) 〈예〉귀밑머리(○)/귓머리(×); 까뭉개다(○)/까무느다; 막상(○)/마기; 빈대떡(○)/빈자떡; 생인손(○)/생안손 (준말은 '생손'임); 역겹다(○)/역스럽다; 코주부(○)/코보.

[해설] 제23항과 마찬가지로 방언을 표준어로 승격시킨 규정이나, 여기에서는 애초의 표준어를 아예 버린 것이 다르다. 가령 '빈자떡'은 이제 '빈대떡'에 완전히 밀려 쓰이지 않게 되었다고 판단되어 방언이던 '빈대떡'만 표준어로 남긴 것이다. '역스럽다'를 버리고 '역겹다'만 살린 것도 그렇고 나머지도 마찬가지다. '코주부'는 만화 주인공의 이름에서 세력을 얻은 것이라 생각되는데 어떻든 '코보'를 밀어내고 표준어 자리를 차지하게 되었다.

746

생인손(←생안손)에서 '생'으로 앓게 된 손(가락)'이란 뜻의 '생안손'보다 '생인손'이 더 보편적으로 쓰이게 된 것을 현실화한 것이다. 손가락의 모양이 새앙처럼 생긴 '새앙손이'(제25항)와는 구별해서 써야 한다.

제25항 의미가 똑같은 형태가 몇 가지 있을 경우, 그중 어느 하나가 압도적으로 널리 쓰이면, 그 단어만을 표준어로 삼는다. (빗금 부호 뒤의 것이 비표준어임.) 〈예〉-게끔(○)/-게시리; 겸사겸사(○)/겸지겸지 · 겸두겸두; 고구마(○)/참감자; 고치다(병을 ~)(○)/낫우다; 골목쟁이(○)/골목자기; 광주리(○)/광우리; 괴통(자루를 박는 부분)(○)/호구; 국물(○)/멀국 · 말국; 군표(○)/군용어음; 길잡이('길라잡이'도 표준어임)(○)/길앞잡이; 까다롭다(○)/까닭스럽다 · 까탈스럽다; 까치발(선반 따위를 받치는 물건)(○)/까치다리; 꼬창모(꼬창이로 구멍을 뚫으면서 심는 모)(○)/말뚝모; 나룻배(○)/나루('나루[津]'는 표준어임); 납도리(○)/민도리; 농지거리(다른 의미의 '기롱지거리'는 표준어임)(○)/기롱지거리; 다사스럽다(간섭을 잘 하다)(○)/다사하다; 다오(이리 ~)(○)/다구; 담배꽁초(○)/담배꼬투리 · 담배꽁치 · 담배꽁추; 담배설대(○)/대설대; 대장일(○)/성냥일; 뒤져내다(○)/뒤어내다; 뒤통수치다(○)/뒤꼭지치다; 등나무(○)/등칡; 등때기('등'의 낮은 말)(○)/등떠리; 등잔걸이(○)/등경걸이; 떡보(○)/떡충이; 똑딱단추(○)/딸꼭단추; 매만지다(○)/우미다; 먼발치(○)/먼발치기; 며느리발톱(○)/뒷발톱; 명주붙이(○)/주사니; 목메다(○)/목맺히다; 밀짚모자(○)/보릿짚모자; 바가지(○)/열바가지 · 열박; 바람꼭지(튜브의 바람을 넣는 구멍에 붙은, 쇠로 만든 꼭지)(○)/바람고다리; 반나절(○)/나절가웃; 반두(그물의 한 가지)(○)/독대; 버젓이(○)/뉘연히; 본받다(○)/법받다; 부각(○)/다시마자반; 부끄러워하다(○)/부끄리다; 부스러기(○)/부스럭지; 부지깽이(○)/부지팽이; 부항단지(부스럼에서 피고름을 빨아내기 위하여 부항을 붙이는 데 쓰는, 자그마한 단지)(○)/부항항아리; 붉으락푸르락(○)/푸르락붉으락; 비켜덩이(김맬 때에 흙덩이를 옆으로 빼내는 일, 또는 그 흙덩이)(○)/옆사리미; 빙충이(작은말은 '뱅충이')(○)/빙충맞이; 빠뜨리다('빠트리다'도 표준어임)(○)/빠치다; 뻣뻣하다(○)/왜긋다; 뽐내다(○)/느물다; 사로잠그다(자물쇠나 빗장 따위를 반 정도만 걸어 놓다)(○)/사로채우다; 살풀이(○)/살막이; 상투쟁이(상투 튼 이를 놀리는 말)(○)/상투꼬부랑이; 새앙손이(○)/생강손이; 샛별(○)/새벽별; 선머슴(○)/풋머슴; 섭섭하다(○)/애운하다; 속말(○)/속소리(국악 용어 '속소리'는 표준어임); 손목시계(○)/팔목시계 · 팔뚝시계; 손수레(○)/손구루마('구루마'는 일본어임); 쇠고랑(○)/고랑쇠; 수도꼭지(○)/수도고동; 숙성하다(○)/숙지다; 순대(○)/골집; 술고래(○)/술꾸러기 · 술부대 · 술보 · 술푸대; 식은땀(○)/찬땀; 신기롭다('신기하다'도 표준어임)(○)/신기스럽다; 쌍동밤(○)/쪽밤; 쏜살같이(○)/쏜살로; 아주(○)/영판; 안걸이(씨름 용어)(○)/안낚시; 안다미씌우다(제가 담당할 책임을 남에게 넘기다)(○)/안다미시키다; 안쓰럽다(○)/안슬프다; 안절부절못하다(○)/안절부절하다; 앉은뱅이저울(○)/앉은저울; 알사탕(○)/구슬사탕; 암내(○)/곁땀내; 앞지르다(○)/따라먹다; 애벌레(○)/어린벌레; 얕은꾀(○)/물탄꾀; 언뜻(○)/펀뜻; 언제나(○)/노다지; 얼룩말(○)/워라말; 에는(○)/엘랑; 열심히(○)/열심으로; 입담(○)/말담; 자배기(○)/너벅지; 전봇대(○)/전선대; 주책없다('주착→주책'은 제11항 참조)(○)/주책이다; 쥐락펴락(○)/펴락쥐락; 지만(←지마는)(○)/지만서도; 짓고땡(○)/지어땡 · 짓고땡이; 짧은작(○)/짜른작; 찹쌀(○)/이찹쌀; 청대콩(○)/푸른콩; 칡범(○)/갈범.

[해설] 제17항에서와 같은 정신으로 단수 표준어를 규정한 것이다. 즉, 복수 표준어로 인정하는 것이 국어를 풍부하게 하기보다는 혼란을 야기한다는 판단에서 어느 한 형태만을 표준어로 삼은 것이다. 가령 '참감자'를 '고구마'와 병용시키는 일이 바람직하지 않다고 보아 버리고 '고구마'만 살린 것이 그 일례이다. 제17항은 발음상으로 기원을 같이하는 단어였음에 반해 여기에서 다루어진 단어들은 '고구마'와 '참감자'의 관계처럼 어원을 달리하는 단어들이다.

① '-게끔/-게시리'의 '-게시리'는 꽤 많이 쓰이는 편이나 역시 방언 냄새가 짙다고 판단되어 표준어에서 버

렸다. 더구나 이들과 같은 의미의 어미로 '-도록'이 널리 쓰이고 있어 '-게끔' 하나만 추가하는 것으로 족하다고 판단한 것이다.

② '고치다/낫우다'의 '낫우다'는 일부 방언에서만 쓰이고 서울에서는 전혀 쓰이지 않아 표준어로 인정되지 않았다.

③ '다오/다구'는 어감의 차이를 동반하면서 다 쓰일 수도 있을 법하나 역시 '다오'가 정상적인 단어로 인정되어 '다구'는 버렸다.

④ '등나무/등칡'의 '등칡'은 '등나무'의 뜻으로는 버리나 '쥐방울과에 속하는 갈잎덩굴나무'의 뜻으로 표준어다.

⑤ '반나절/나절가웃'의 '나절가웃'은 '반나절'의 뜻으로는 버리나 '하루의 3/4'이라는 뜻으로는 표준어로 두었다.

⑥ '붉으락푸르락/푸르락붉으락'은 두 개가 다 인정될 법도 하나 '오락가락'이나 '들락날락'이 '가락오락'이나 '날락들락'이 되지 못하듯이 이 종류의 합성어에는 일정한 어순(語順)이 있는 까닭에 더 널리 쓰이는 '붉으락푸르락'만 표준어로 삼은 것이다. '쥐락펴락/펴락쥐락'의 경우 전자만을 표준어로 삼은 것도 마찬가지다.

⑦ '안절부절못하다/안절부절하다'와 '주책없다/주책이다'의 '안절부절하다, 주책이다'는 부정사(不定辭)를 빼고 쓰면서도 의미는 반대가 되지 않고 부정사가 있는 '안절부절못하다, 주책없다'와 같은 의미로 쓰이는 특이한 용법인데, 오용(誤用)으로 판단되어 표준어로 인정하지 않은 것이다.

⑧ '-지만/-지만서도'의 '-지만서도'도 '-게시리'와 마찬가지로 꽤 널리 쓰이는 편이나 방언 냄새가 짙다 하여 표준어에서 제거하였다.

⑨ 참고로 앞에 예시된 단어의 뜻풀이를 몇 개 덧붙인다.

ㄱ'대장일'은 '대장간에서 쇠붙이를 다루어 기구(器具)를 만드는 일'이다.

ㄴ'며느리발톱'은 '사람의 새끼발톱 바깥쪽에 붙은 작은 발톱이나, 새 또는 길짐승의 뒷발톱'이다.

ㄷ'부각'은 '다시마를 기름에 튀긴 반찬'이다.

ㄹ'빙충이'는 '똑똑지 못하고 어리석게 수줍어하기만 하는 사람'이다.

ㅁ'살풀이'는 '타고난 살(煞)을 미리 막는 굿'이다.

ㅂ'새앙손이'는 '손가락의 모양이 새앙처럼 생긴 사람'으로 '생인손'(제24항)과는 다른 말이다.

ㅅ'안쓰럽다'는 '손아랫사람이나 형편이 넉넉지 못한 사람에게 폐를 끼치거나 도움을 받아 썩 미안하고 딱하다'의 뜻이다. '안'의 어원이 불분명하므로 '-스럽다'를 밝히지 아니하고 소리 나는 대로 적은 것이다.

ㅇ'입담'은 '말재주나 말솜씨'를 뜻한다.

ㅈ'자배기'는 '운두가 과히 높지 않고 아가리가 둥글넓적한 질그릇'이다.

ㅊ'짓고땡'은 '노름 방식의 하나'다.

ㅋ'짧은작'은 '기장이 짧은 화살'이다.

제26항 한 가지 의미를 나타내는 형태 몇 가지가 널리 쓰이며 표준어 규정에 맞으면, 그 모두를 표준어로 삼는다. (빗금 부호 앞과 뒤의 말 모두 표준어.) 〈예〉가는허리/잔허리; 가락엿/가래엿; 가뭄/가물; 가엾다/가엽다(가엾어/가여워, 가엾은/가여운); 감감무소식/감감소식; 개수통/설거지통('설겆다'는 '설거지하다'로); 개숫물/설거지물; 갱엿/검은엿; -거리다/-대다(가물-, 출렁-); 거위배/횟배; 것/해(내 ~, 네 ~, 뉘 ~); 게을러빠지다/게을러터지다; 고깃간/푸줏간(고깃관, 푸줏관, 다림방은 비표준어임); 곰곰/곰곰이; 관계없다/상관없다; 교정보다/준보다; 구들재/구재; 귀퉁머리/귀퉁배기('귀퉁이'의 비어임); 극성떨다/극성부리다; 기세부리다/기세피우다; 기승떨다/기승부리다; 깃저고리/배내옷/배냇저고리; 꼬까/때때/고까(~신, ~옷); 꼬

리별/살별; 꽃도미/붉돔; 나귀/당나귀; 날걸/세뿔(윷판의 쨀밭 다음의 셋째 밭); 내리글씨/세로글씨; 넝쿨/덩굴('덩쿨'은 비표준어임); 녘/쪽(동~, 서~); 눈대중/눈어림/눈짐작; 느리광이/느림보/늘보; 늦모/마냥모(←만이앙모); 다기지다/다기차다; 다달이/매달; -다마다/-고말고; 다박나룻/다박수염; 닭의장/닭장; 댓돌/툇돌; 덧창/겉창; 독장치다/독판치다; 동자기둥/쪼구미; 돼지감자/뚱딴지; 되우/된통/되게; 두동무니/두동사니(윷놀이에서, 두 동이 한데 어울려 가는 말); 뒷갈망/뒷감당; 뒷말/뒷소리; 들락거리다/들랑거리다; 들락날락/들랑날랑; 딴전/딴청; 땅콩/호콩; 땔감/땔거리; -뜨리다/-트리다(깨-, 떨어-, 쏟-); 뜬것/뜬귀신; 마룻줄/용총줄(돛대에 매어 놓은 줄; '이어줄'은 비표준어임); 마파람/앞바람; 만장판/만장중(滿場中); 만큼/만치; 말동무/말벗; 매갈이/매조미; 매통/목매; 먹새/먹음새('먹음먹이'는 비표준어임); 멀찌감치/멀찌가니/멀찍이; 멱통/산멱/산멱통; 면치레/외면치레; 모내다/모심다(모내기, 모심기); 모쪼록/아무쪼록; 목판되/모되; 목화씨/면화씨; 무심결/무심중; 물봉숭아/물봉선화; 물부리/빨부리; 물심부름/물시중; 물추리나무/물추리막대; 물타작/진타작; 민둥산/벌거숭이산; 밑층/아래층; 바깥벽/밭벽; 바른/오른[右](~손, ~쪽, ~편); 발모가지/발목쟁이('발목'의 비속어임); 버들강아지/버들개지; 벌레/버러지('벌거지, 벌러지'는 비표준어임); 변덕스럽다/변덕맞다; 보조개/볼우물; 보통내기/여간내기/예사내기('행내기'는 비표준어임); 볼따구니/볼통이/볼때기('볼'의 비속어임); 부침개질/부침질/지짐질('부치개질'은 비표준어임); 불똥앉다/등화지다/등화앉다; 불사르다/사르다; 비발/비용(費用); 뾰두라지/뾰루지; 살쾡이/삵; 삽살개/삽사리; 상두꾼/상여꾼('상도꾼, 향도꾼'은 비표준어임); 상씨름/소걸이; 생/새앙/생강; 생뿔/새앙뿔/생강뿔('쇠뿔'의 형용); 생철/양철(①'서양철'은 비표준어임. ②'生鐵'은 '무쇠'임); 서럽다/섧다('설다'는 비표준어임); 서방질/화냥질; 성글다/성기다; -(으)세요/-(으)셔요; 송이/송이버섯; 수수깡/수숫대; 술안주/안주; -스레하다/-스름하다(거무-, 발그-); 시늉말/흉내말; 시새/세사(細沙); 신/신발; 신주보/독보(櫝褓); 심술꾸러기/심술쟁이; 씁쓰레하다/씁쓰름하다; 아귀세다/아귀차다; 아래위/위아래; 아무튼/어떻든/어쨌든/하여튼/여하튼; 앉음새/앉음앉음; 알은척/알은체; 애갈이/애벌갈이; 애꾸눈이/외눈박이('외대박이, 외눈퉁이'는 비표준어임); 양념감/양념거리; 어금버금하다/어금지금하다; 어기여차/어여차; 어림잡다/어림치다; 어이없다/어처구니없다; 어저께/어제; 언덕바지/언덕배기; 얼렁뚱땅/엄벙떵; 여왕벌/장수벌; 여쭈다/여쭙다; 여태/입때('여직'은 비표준어임); 여태껏/이제껏/입때껏('여직껏'은 비표준어임); 역성들다/역성하다('편역들다'는 비표준어임); 연달다/잇달다; 엿가락/엿가래; 엿기름/엿길금; 엿반대기/엿자박; 오사리잡놈/오색잡놈('오합잡놈'은 비표준어임); 옥수수/강냉이(~떡, ~묵, ~밥, ~튀김); 왕골기직/왕골자리; 외겹실/외올실/홑실('홑겹실, 올실'은 비표준어임); 외손잡이/한손잡이; 욕심꾸러기/욕심쟁이; 우레/천둥(우렛소리, 천둥소리); 우지/울보; 을러대다/을러메다; 의심스럽다/의심쩍다; -이에요/-이어요; 이틀거리/당고금(학질의 일종임); 일일이/하나하나; 일찌감치/일찌거니; 입찬말/입찬소리; 자리옷/잠옷; 자물쇠/자물통; 장가가다/장가들다('서방가다'는 비표준어임); 재롱떨다/재롱부리다; 제가끔/제각기; 좀처럼/좀체('좀체로, 좀해선, 좀해'는 비표준어임); 줄꾼/줄잡이; 중신/중매; 짚단/짚뭇; 쪽/편(오른~, 왼~); 차차/차츰; 책씻이/책거리; 척/체(모르는 ~, 잘난 ~); 천연덕스럽다/천연스럽다; 철따구니/철딱서니/철딱지('철때기'는 비표준어임); 추어올리다/추어주다('추켜올리다'는 비표준어임); 축가다/축나다; 침놓다/침주다; 통꼭지/통젖(통에 붙은 손잡이); 파자쟁이/해자쟁이(점치는 이); 편지투/편지틀; 한턱내다/한턱하다; 해웃값/해웃돈('해우차'는 비표준어임); 혼자되다/홀로되다; 흠가다/흠나다/흠지다.

[참고: 필자] 이 표준어 규정은 1988년에 제정되었기 때문에 2011.8.31. 추가된 39개의 복수표준어와 그 이후에 추가된 것들은 다뤄지지 않았으며, 이들 낱말에 관해서는 본문 중 '♣<u>현재의 단수 표준어와 비표준어, 그리고 추가된 복수표준어</u>' 항목을 참조하기 바람.

[해설] 제18항에서와 같은 정신으로 복수 표준어를 규정한 것이다. 종래에는 '출렁거리다/출렁대다'의 '-거리다/-대다'가 널리 쓰임에도 불구하고 '-거리다'만을 표준어로 삼았었는데, 이번에는 둘을 다 표준어로 삼아 국어를 풍부하게 하는 데 기여할 뿐만 아니라 표준어가 인위적으로 부자연스럽게 결정되는 산물이라는 관념을 불식시키도록 하였다.

① '가뭄/가물' 중에서는 '가뭄'이 점점 더 큰 세력을 얻어 가고 있으나 '가물에 콩 나듯 한다'에서 보듯 '가물'도 아직 명맥을 유지하고 있다고 보아 복수 표준어로 처리하였다.

② '가엾다/가엽다'는 활용형에서 '아이, 가엾어라'와 '아이, 가여워'가 다 쓰이므로 복수 표준어로 삼은 것이다. '서럽다/섧다'나 '여쭙다/여쭈다'가 복수 표준어로 인정된 것이 다 같은 근거에 의해서다. '서럽게 운다'와 '섧게 운다', '여쭈워 보아라'와 '여쭈어 보아라'가 다 쓰이고 있는 것이다.

③ '늦모/마냥모'의 '마냥모'는 종래 '만이앙(晩移秧)-모'에서 온 말이라 하여 '만양모'로 적었던 것인데 이번에 원형을 살리지 않고 발음대로 표기를 고쳤다.

④ '되우/된통/되게'의 '되우'는 이제 그 쓰임이 활발치 못한 형편이기는 하나 고어로 처리하기에는 이르다 하여 복수 표준어의 하나로 인정한 것이다.

⑤ '-뜨리다/-트리다'는 '-거리다/-대다'와 마찬가지로 둘 다 널리 쓰이므로 복수 표준어로 처리하였다. 이들 사이의 어감의 차이가 있는 듯도 하나 그리 뚜렷하지 않다.

⑥ '-(으)세요/-(으)셔요, -이에요/이어요'에서 전통 어법은 '-(으)세요, -이에요'였는데, 광복 후 국민학교 국어 교과서에서 '-(으)셔요, 이어요'형을 씀으로써 특히 젊은 층에 그것이 상당히 보편화하였다. 그리하여 대답 소리 '네'와 함께 비표준어로 돌려졌던 전통 어법을 이번에 되살릴 때, 인위적인 교과서 어법도 복수 표준어로 흡수하기로 한 것이다.

⑦ '신발'은 단음절인 '신'만으로는 의미 전달이 모호함을 보족하는 수단으로 '비'를 '빗자루'라 하는 식으로 만들어진 말로서 너무 보편화되어 있는 점을 감안해서 현실화한 것이다. '신류 수출'보다는 '신발류 수출'이라 함이 특히 음성 언어의 경우 뜻 전달이 분명하기 때문이다.

⑧ '알은-척/-체'의 '알은'은 'ㄹ' 불규칙 용언이므로 '안'으로 해야 마땅할 것이로되, '알은'으로 굳어 버린 관용을 존중해서 '알은'형을 그대로 둔 것이다.

⑨ '우레/천둥'의 '우레'는 본래가 '울다'의 어간 '울-'에 접미사 '-에'가 붙어서 된 말이었는데, 어느 결에 한자어식 표기로 바뀌어 '우뢰(雨雷)'라 씌어 왔던 것이다. 이번 규정에서는 고어에도 '우레'로 나타나는 점을 감안하여 '우레'로 되돌려 처리한 것이다.

⑩ 참고로 위에 예시된 단어의 뜻풀이를 몇 개 보인다.

　㉠'기세부리다/기세피우다(氣勢~)'는 '남에게 자기의 기운과 세력을 드러내 보이다'의 뜻이다.

　㉡'기승떨다/기승부리다(氣勝~)'는 '성미가 억척스러워 남에게 굽히지 않는 성질을 부리다'의 뜻이다.

　㉢'다기지다/다기차다(多氣~)'는 '보기보다 당차서 좀처럼 겁을 내지 아니하다'의 뜻이다.

　㉣'다박나룻/다박수염'은 '다보록하게 난 수염'이다.

　㉤'동자기둥(童子~)/쪼구미'는 '들보 위에 세워 다른 들보를 받쳐 주는 짧은 기둥'이다.

　㉥'뜬것/뜬귀신'은 '떠돌아 다니는 못된 귀신'이다.

　㉦'마파람/앞바람'은 '남쪽에서 불어오는 바람'이다.

　㉧'매갈이/매조미(~糙米)'는 '겉벼를 매통으로 겉껍풀만 벗긴 쌀'이다.

　㉨'매통/목매'는 '둥근 통나무 두 짝으로 만든 나무매로, 곡식의 겉껍풀을 벗길 때 쓰는 기구'이다.

　㉩'먹통/산멱/산멱통'은 '살아 있는 동물의 목구멍'이다.

　㉪'면치레/외면치레(外面~)'는 '속은 어떻든 겉으로만 꾸며 체면을 닦는 일'이다.

부
록

ⓔ '물타작/진타작(~打作)'은 '벼를 베어 채 마르기도 전에 떠는 일'이다.

ⓟ'불똥앉다/등화앉다(燈火~)'는 '촛불이나 등잔불의 심지 끝에 엉긴 덩어리가 빨갛게 타다'의 뜻이다.

ⓗ'아귀세다/아귀차다'는 '마음이 꿋꿋하여 남에게 잘 꺾이지 아니하다'의 뜻이다.

[부록 3] 맞춤법 공부에 도움이 되는 문법 용어 몇 가지

□ 문법 단위
- 문법 단위의 단계: 음운 → 음절 → 형태소 →단어(낱말) →어절 →구/절 →문장 →문단 → 글

1) **음운**: 말의 뜻을 구별해 주는 소리의 가장 작은 단위. 모음과 자음이 있음.
  - **모음 (21개)**
    [단모음] ㅏ ㅐ ㅓ ㅔ ㅗ ㅚ ㅜ ㅟ ㅡ ㅣ(10개)
    [이중모음] ㅑ ㅒ ㅕ ㅖ ㅘ ㅙ ㅛ ㅝ ㅞ ㅠ ㅢ (11개)
  - **자음 (19개)**: ㄱ ㄴ ㄷ ㄹ ㅁ ㅂ ㅅ ㅇ ㅈ ㅊ ㅋ ㅌ ㅍ ㅎ ㄲ ㄸ ㅃ ㅆ ㅉ
  [참고]
  - **음성과 음운**: 음성은 여러 가지의 서로 다른 개인차(음색의 차이, 미세한 발음의 차이)가 있지만 음운은 그러한 개인차에도 불구하고 동일한 의미 전달을 가능하게 하는 음성적 요소를 뜻함. 따라서 음성학은 의사소통에 있어서 기능과는 관계없는 음성 요소를 연구하지만 음운학은 동일한 의미 전달을 전제로 하는 음성적 요소를 다루며 크게 운소론과 음소론으로 나뉨.
  - **음운 현상**: 음운 현상이란 어떤 언어에서의 음운 변화 현상을 뜻하는데, 국어에서의 음운 현상은 크게 나누어 '동화, 교체, 탈락, 축약, 첨가'가 있으며, (혹자는 자음동화와 구개음화를 교체로 보아 '교체, 탈락, 축약, 첨가'의 4유형으로 구분) 동화, 이화, 삽입, 탈락, 강화, 도치, 치환으로 나누기도 함.
2) **음절**: 한 번에 소리 낼 수 있는 소리마디. 자음과 모음이 모여 이루어짐.
  - (모음) ㅏ = 아
  - (모음)+(자음) ㅏ + ㄱ = 악
  - (자음)+(모음) ㄱ + ㅏ = 가
  - (자음)+(모음)+(자음) ㄱ + ㅏ + ㅇ = 강
3) **형태소** : 뜻을 가진 가장 작은 말의 단위. 실질적인 의미를 가지고 있느냐 없느냐에 따라 실질형태소와 형식형태소로, 혼자 설 수 있느냐 없느냐에 따라 자립형태소와 의존형태소로 나누어짐. '그 꽃이 예쁘다.'를 대상으로 나누어 보면, 아래와 같으며, 뒤에 나올 <u>합성어들은 이 실질형태소들의 결합</u>으로 이뤄짐.

  - **실질형태소**: 그, 꽃, 예쁘–
  - **형식형태소**: 이, –다
  - **자립 형태소**: 그, 꽃
  - **의존 형태소**: 이, 예쁘–, –다
  [참고] 어미와 형태소와의 관계: 어미는 용언 및 서술격 조사가 활용하여 변하는 부분으로, '점잖다/점잖으며/점잖고'에서 '다/으며/고' 따위인데, 형태소로는 형식 형태소에 속함.
4) **낱말**: 홀로 자립적으로 쓰일 수 있는 가장 작은 말의 단위 또는 이에 준하는 말. 형태소가 모여 이루어짐. 단일어와 복합어가 있으며, 복합어는 합성어 + 파생어.
  - (단일어) 밤/하늘/어머니; · (합성어) 꽃병/밤나무; · (파생어) 햇밤/욕심쟁이
5) **어절**: 끊어 읽는 대로 나누어진 도막도막의 마디. 낱말이 모여 이루어지며, 띄어쓰기의 단위가 됨. 어절은 단어보다는 크고 구(句)보다는 작은 문장의 구성 단위인데, '그 꽃이 예쁘다.'는 '그/꽃이/예쁘다'

부록

의 세 어절로 이뤄진 문장.

[참고] 어절이 띄어쓰기의 단위가 되는 이유: '그 꽃이 예쁘다.'는 '그(낱말 '그', 관형사)', '꽃이(낱말 '꽃' + 형태소/조사 '이') ', '예쁘다(어간/실질형태소 '예쁘' + 어미/형식형태소 '다')의 세 어절로 나누어(띄어) 적은 것처럼, 실제로는 단어에 조사나 어미 등의 의존(비자립) 형태소가 붙어 한 마디를 이룬 것(어절)들을 구분하여 띄어 적으므로, 띄어쓰기의 단위는 어절이 됨.

6) **구/절**: ①'구(句)'는 주술관계(主述關係)가 나타나지 않은 두 단어 이상의 통합체. [예] 서울 친구; 나의 새 친구; 근래 새로 사귄 친구. ②'절(節)은 '주어–서술어' 구조를 가진 두 단어 이상의 통합체. 주어와 서술어를 갖고 있지만 독립적으로 사용되지 못한다는 특징이 있음. 예를 들어, "선생님은 철수가 범인임을 아신다."라는 문장에서 '철수가 범인임'은 그 자체에 주어 '철수가'와 서술어 '범인이–'를 갖고 있으나 독립적으로 쓰이지 못하고 전체 문장 속의 일부로 있을 뿐임. 문장은 독립적, 절은 비독립적 성격을 갖고 있다는 점에서 다름.

[참고]

- **관용구**: 구 중에 좀 특이한 것으로 '관용구'가 있음. 예컨대, '발이 넓다(사교적이어서 아는 사람이 많다)'와 같이 두 개 이상의 단어로 이루어져 있으면서 그 단어들의 의미만으로는 전체의 의미를 알수 없는, 특수한 의미를 나타내는 어구(語句)를 뜻함. 일견 문장 형태로 되어 있는 듯하지만, 예문과 같은 경우에도 '그는 발이 넓다'와 같이 써야만 주어+서술어 구조를 완전하게 갖춘 것으로 되기때문에 관용구에 듦.
- **구성**: 보통 둘 또는 그 이상의 단어로 형성된 어구(phrase)를 통사론적으로 부르는 명칭. 이러한 구성은 어순이라는 관용적/문법적 방식에 따라 이뤄지는데, 특히 용언의 활용에서는 굳어진 표현으로 보아 띄어쓰기 등에서 반드시 이 구성을 지켜야 함. 예컨대, '하루가 멀다 하고서'는 '–다 하다'의 구성이 들어 있는 어구이므로 '멀다하고서'로 붙여 적을 수 없음.

7) **문장**: 생각이나 느낌을 완결된 내용으로 표현하는 가장 작은 단위. 어절이 모여 이루어짐.

8) **문단**: 여러 개의 문장이 모여서 하나의 중심 생각을 나타내는 단위.

9) **글**: 여러 개의 문단이 모여서 하나의 통일된 생각을 나타내는 단위.

□ 음운과 관련하여 알아두면 좋은 용어들

–모음: 전설(前舌)모음+후설(後舌)모음; 평순(平脣)모음+원순(圓脣)모음

- **전설모음**: 입속 혀의 앞쪽에서 소리 나는 모음 ⇒ㅣ/ㅔ/ㅐ+ㅟ/ㅚ
- **후설모음**: 입속 혀의 뒤쪽에서 소리 나는 모음 ⇒ㅡ/ㅓ/ㅏ +ㅜ/ㅗ
- **평순모음**: 입술을 평평하게 해서 소리 내는 모음 ⇒ㅣ/ㅔ/ㅐ+ㅡ/ㅓ/ㅏ
- **원순모음**: 입술을 동그랗게 해서 소리 내는 모음 ⇒ㅟ/ㅚ+ㅜ/ㅗ

–자음

1) **무성음(파열음+파찰음+마찰음) + 유성음(비음+유음)**

- **파열음**: 순음(ㅂ/ㅃ/ㅍ)+설단음(ㄷ/ㄸ/ㅌ)+연구개음(ㄱ/ㄲ/ㅋ)
- **파찰음**: 경구개음(ㅈ/ㅉ/ㅊ)
- **마찰음**: 설단음(ㅅ/ㅆ)+후두음(ㅎ)
- **유성음**: 비음(ㅁ/ㄴ/ㅇ)+유음(ㄹ) ⇐**[암기도우미]** '마누라야(ㅁ/ㄴ/ㄹ/ㅇ)'

[참고] 모든 모음은 유성음.

＊ 다른 명칭의 동의어들: 순음(脣音 또는 兩脣音)≒두 입술소리/입술소리; 설단음(舌端音)≒혀끝소리/윗잇몸소리; 경구개음(硬口蓋音)≒딱딱한 입천장소리/혓바닥소리; 연구개음(軟口蓋音)≒말랑말랑한 입천

장소리/혀뒤소리; 후두음(喉頭音)≒목구멍소리/목청소리; 비음(鼻音)≒콧소리; 유음(流音)≒흐름소리

2) 격음, 경음 및 활음

- 격음(激音/氣音, 거센소리): 숨이 거세게 나오는 파열음으로 'ㅊ/ㅋ/ㅍ/ㅌ' 따위.
- 경음(硬音, 된소리): 후두(喉頭) 근육을 긴장하거나 성문(聲門)을 폐쇄하여 내는 음으로, 'ㄲ/ㄸ/ㅃ/ㅆ/ㅉ' 따위.
- 활음(滑音): 조음 기관이 한 음의 위치에서 다른 음의 위치로 옮겨 갈 때에, 그 자체의 소리가 분명히 드러나지 아니하고 인접한 소리에 곁들어 나타나는 소리. 국어의 반모음 따위.

3) 음운 용어를 활용하여 음운 현상들을 이해하기

- 비음화(鼻音化): 비음이 아닌 소리가 비음으로 바뀌는 자음 동화 현상.
  〈예〉 앞문[암문]/밥물[밤물]/섭리[섬니]; 종로[종노]/닫는[단는]/겉문[건문]/국민[궁민]/부엌만[부엉만]/깎는[깡는]. ⇒즉 원음이 각각 'ㅂ/ㅍ', 'ㄷ/ㅌ/ㄹ', 'ㄱ/ㅋ/ㄲ'인 것이 각각 'ㅁ/ㄴ/ㅇ'의 비음으로 변하였음.
- 유음화(流音化): 유음이 아닌 'ㄴ'이 유음인 'ㄹ'로 바뀌는 자음 동화 현상.
  〈예〉칼날[칼랄]/달님[달림]/설날[설랄]; 천리[철리]/난로[날로]/신라[실라]. ⇒즉, 앞말의 받침과 뒷말의 초성이 'ㄹㄴ'이나 'ㄴㄹ'의 순서로 연결될 때 'ㄴ'이 'ㄹ'로 바뀌는 현상.
  [유음화의 예외] 그러나, 'ㄴㄹ'의 순서로 연결될 때 다음과 같은 말들은 유음화를 인정할 경우 현저하게 청취 변별력이 곤란해지므로 유음화를 인정하지 않도록 표준발음법에 정해져 있음. 〈예〉 결단력[결딴녁]/공권력[공꿘녁]/구근류[구근뉴]/동원령[동:원녕]/상견례[상견녜]/생산량[생산냥]/의견란[의:견난]/이원론[이:원논]/임진란[임:진난]/입원료[이붠뇨]/횡단로[횡단노].
- 유성음화: 유성음(울림소리)이 아닌 자음이 유성음을 만나 울림소리(유성음)로 나는 현상.
- 구개음화(口蓋音化): 끝소리가 'ㄷ/ㅌ'인 형태소가 모음 'ㅣ'나 반모음 'ㅣ[j]'로 시작되는 형식 형태소와 만나면 그것이 구개음 'ㅈ/ㅊ'이 되거나, 'ㄷ' 뒤에 형식 형태소 '히'가 올 때 'ㅎ'과 결합하여 이루어진 'ㅌ'이 'ㅊ'이 되는 현상. '굳이'가 '구지'로, '굳히다'가 '구치다'로 되는 것 따위.
- 받침법칙=말음법칙/받침규칙/종성규칙[終聲規則]: 국어의 자음이 종성(終聲)으로 쓰일 때에, 제 음가(音價)를 내지 아니하고 특수한 음가를 가지게 되는 법칙. 종성이 어말(語末)이나 다른 자음 앞에서 파열되지 않고 폐쇄 상태로 끝나는 불파(不破) 현상과 밀접한 관련을 가지며, '낫/낮/낱/났-'이 모두 '낟'으로, '부엌'이 '부억'으로 소리 나는 것 따위. 국어에는 19개의 자음이 있지만 받침에서는 'ㄱ/ㄴ/ㄷ/ㄹ/ㅁ/ㅂ/ㅇ'의 7개로만 소리 나는 것을 이름.
- 음운의 축약: 두 음운이 합쳐서서 한 음운으로 줄어들어 소리 나는 현상. 흔히 모음 축약을 생각하는데, 자음 축약도 있음. 자음 축약은 두 음운이 합해져 한 음운으로 줄어들며 발음으로만 실현되고, 모음 축약은 두 음절이 한 음절로 줄어들며 표기에도 반영됨. 〈자음 축약의 예〉 • 국화[구콰](ㄱ+ㅎ→ㅋ); • 많다[만타](ㅎ+ㄷ→ㅌ); • 눕히다[누피다](ㅂ+ㅎ→ㅍ); • 노랗지[노라치](ㅎ+ㅈ→ㅊ). 〈모음 축약의 예〉 • 오-+-아→와(ㅗ+ㅏ→ㅘ); • 맞추-+-어→맞춰(ㅜ+ㅓ→ㅝ); • 되-+-어→돼(ㅚ+ㅓ→ㅙ); • 먹이-+-어→먹여(ㅣ+ㅓ→ㅕ).
- 음운의 탈락: 두 음운이 만나면서 한 음운이 아예 사라져 소리 나지 않는 현상. 자음 탈락을 먼저 떠올리지만, 모음 탈락도 흔한 현상임. 〈자음 탈락의 예〉•솔+나무→소나무('ㄹ' 탈락); •바늘+질→바느질('ㄹ' 탈락); • 둥글-+-니→둥그니('ㄹ' 탈락); • 넣-+-어 →너어('ㅎ' 탈락); • 낫-+-아→나아('ㅅ' 탈락). 〈모음 탈락의 예〉 • 가-+-아서→가서(동음 'ㅏ' 탈락); • 서-+-었다→섰다(동음 'ㅓ' 탈락); • 푸-+-어도→퍼도('ㅜ' 탈락); • 담그-+-아→담가('ㅡ' 탈락); • 기-+-으면→기면('으' 탈락); • 살-+-으면→살면('으' 탈락).
- 모음조화의 예외가 늘어감. 〈예〉 괴롭-+-아/어 →괴로와(×)/괴로워(○); 아름답-+-아/어 →아름다

와(×)/아름다워(○); 안타깝−+−아/어 →안타까와(×)/안타까워(○); 고맙−+−아/어 →고마와(×)/고마워(○); 깡총깡총(×)/깡충깡충(○); 오똑이(×)/오뚝이(○); −동이[←童−이](×)/−둥이(○)(귀~, 막~, 선~, 쌍~, 검~, 바람~, 흰~)

- **전설모음화('ㅣ' 모음 역행동화/움라우트)**: 전설모음이 아닌 모음이 전설모음을 만나 전설모음으로 소리 나는 모음 동화 현상. 표준어에서는 원칙적으로 인정하지 않고(예. '지팽이(×)/지팡이(○)'), 다음과 같은 것들만 예외적으로 인정함. 〈예〉서울내기/풋내기/냄비/멋쟁이/담쟁이/골목쟁이 따위.
- **활음화(滑音化)**: 음절이 축약하면서 단모음이던 것이 활음으로 변하는 현상으로 대표적인 수의적 현상. 〈예〉비비−+−어 →비벼; 기−+−어 →겨.
- *** 수의적(隨意的) 현상**: 환경만 갖추면 반드시 일어나는 '필수적 현상'의 상대어로서, 환경을 갖추어도 일어나기도 하고 일어나지 않기도 하는 현상.
- **경음화**: 경음이 아닌 소리가 경음으로 바뀌는 현상으로 다음과 같이 네 가지 경우가 있음.
  ① 받침 'ㄱ/ㄷ/ㅂ'의 뒤에 오는 예사소리: 국밥[국빱]/먹고[먹꼬]/먹보[먹뽀]/입고[입꼬]/법석[법썩]/닭장[닥짱]/탁상[탁쌍]. ⇒받침 'ㄱ/ㄷ/ㅂ'+'ㄱ/ㄷ/ㅂ/ㅅ/ㅈ' →'ㄲ/ㄸ/ㅃ/ㅆ/ㅉ'.
  ② 'ㄴ/ㅁ' 받침의 어간에 'ㄱ/ㄷ/ㅅ/ㅈ'으로 시작되는 어미가 올 때: 감고[감꼬]/남고[남꼬]/닮고[담꼬]/담고[담꼬]/숨고[숨꼬]/신고[신꼬]/안고[안꼬]. ⇒어간 받침 'ㄴ/ㅁ'+어미 첫소리 'ㄱ/ㄷ/ㅅ/ㅈ' →'ㄲ/ㄸ/ㅆ/ㅉ'.
  ③ 받침이 'ㄹ'로 끝나는 한자어 뒤에 오는 예사소리 초성: 갈등[갈뜽]/결정[결쩡]/말살[말쌀]/물가[물까]/물질[물찔]/발동[발똥]/발설[발썰]/절도[절또]. ⇒받침 'ㄹ'(한자어)+첫소리 'ㄱ/ㄷ/ㅅ/ㅈ' →'ㄲ/ㄸ/ㅆ/ㅉ'. [예외]결과/물건/불복/설계/열기/절기/출고/팔경/활보.
  ④ 합성어로서 '문고리[문의 고리]'처럼 앞말에 사이시옷 표기가 없어도 '−의'의 뜻이 있는 말일 때: 강줄기[강쭐기]/굴속[굴쏙]/길가[길까]/눈동자[눈똥자]/문고리[문꼬리]/산새[산쌔]. [주의]김밥[김빱](×)/[김밥](○) ⇐'김의 밥'이 아니므로.
- **국어의 음운 현상**: 크게 '동화, 교체, 딜락, 축약, 첨가'로 나누며, 구체적으로는 말음법칙, 자음동화(비음화/설측음화), 구개음화, 모음조화, 'ㅣ'모음 역행동화(전설모음화/움라우트), 원순모음화, 음운 축약 · 탈락, 사잇소리 현상, 경음화 등이 국어의 대표적인 음운 현상에 속함.

□ **체언(體言)이란**
- **체언**: 문장에서 <u>주어의 기능</u>을 하는 문장 성분. 명사, 대명사, 수사가 있음.
- **명사** : 사물의 이름을 나타내는 품사. 특정한 사람/물건에 쓰이는 이름이냐 일반적인 사물에 두루 쓰이는 이름이냐에 따라 고유명사와 보통명사로, 자립적으로 쓰이느냐 그 앞에 반드시 꾸미는 말이 있어야 하느냐에 따라 자립명사와 의존명사로 나뉨.

[정리] 명사 : 보통명사+고유명사, 자립명사+의존명사.

*명사형(名詞形): 용언이 명사와 같은 구실을 하게 하는 <u>활용형</u>. 용언의 어간에 '−ㅁ/−음/−기' 따위가 붙어서 이루어짐. '놀람/아름다움/먹음/읽기' 따위.

* 명사구(名詞句): 명사의 구실을 하는 구. '저 성실한 학생이 철수다'에서 '저 성실한 학생' 따위.

* '체언 구실을 하는 말': 명사형/명사구들을 포괄함.

*행위성 명사와 서술성 명사: ①'행위성 명사'란 사람이 의지를 가지고 가지고 하는 성질이 있는 명사로 행동이 핵심 요소임. 행위성 명사는 그 뒤에 존칭 접미사 '−드리다'와 같은 것을 붙이면 존칭의 뜻을 지닌 동사가 됨. 〈예〉 '감사드리다/답변−/말씀−/문안−/부탁−/불공−늑공양−/사과−/사죄−/약속−/인사−/세배−/예배−/질문−/축하−'. ②이와 상대적인 '서술성 명사'는 '사건/생각 따위를 차례대

로 말하거나 적는 것'을 뜻하며, 설명적인 것이 그 핵심 요소라 할 수 있음. 서술성 명사는 그 뒤에 피동 접미사 '−받다/−되다' 등을 붙여 피동형을 만들 때 쓰이는 것이 대표적 사례임. 〈예〉'오해받다/오해되다; 생각되다'.

* **유정명사와 무정명사**: 유정명사(有情名詞)는 '감정을 나타내는, 사람/동물을 가리키는 명사'. 반면 무정명사(無情名詞)는 '감정을 나타내지 못하는, 식물/무생물을 가리키는 명사'임. 이 구분은 조사의 쓰임에서 유용한데, 예컨대 '(으)로부터'는 유정명사나 무정명사에 모두 붙여 쓸 수 있지만 '에게서'는 유정명사에만 쓰이고, '−에'는 무정물에, '−에게'는 유정물에 쓰이는 식임.

* **의존명사의 특징**: ①홀로 쓰이지 못하고 반드시 그 앞에 꾸밈말이 있어야 하며, 꾸밈말은 관형사, 관형형, 명사 등 다양함. ②같은 낱말이라도, 의존명사 외에 명사/조사/접사 등의 기능을 겸하고 있는 것들도 있음. 〈예〉'대로/수/간/거리/뿐' 등. ③의존명사였지만, 복합어를 이루어 완전히 붙은 꼴로 굳어진 것들도 많음. 〈예〉'−것/거/쪽/번' 등이 들어간 복합어들. ☞상세 내역은 본문 중 '의존명사 종합 정리' 항목 참조.

- **대명사**: 사람/사물의 이름을 대신 나타내는 말. 또는 그런 말들을 지칭하는 품사. 인칭대명사와 지시대명사로 나뉘는데, 인칭대명사는 '저/너/우리/너희/자네/누구' 따위이고, 지시대명사는 각각 사물/장소/시간을 뜻하는 '무엇/그것/이것/무엇', '거기/저기/어디', '언제/하시(何時)' 따위 가 있음.

[정리] 대명사: 인칭대명사+지시대명사

- **수사**: 사물의 수량/순서를 나타내는 품사. 양수사와 서수사가 있음.

· **서수사(序數詞)**: 순서를 나타내는 수사. '첫째/둘째/셋째' 따위의 고유어 계통과 '제일/제이/제삼' 따위의 한자어 계통이 있음.

[주의] ①'첫째/둘째/셋째'와 같은 서수사가 명사를 겸할 때가 있는데, 예컨대 '둘째/셋째'는 각각 '맨 앞에서부터 세어 모두 두/세 개가 됨'을 이르는 명사이기도 함. 즉, '새치를 벌써 둘째 뽑는다/벌써 빵을 셋째 먹었다' 등과 같이 쓰일 때가 그러함. ②표준어 규정에서 '두째/세째/네째'를 인정하지 아니하고 '둘째/셋째/넷째'만 표준어로 삼았기 때문에, '오는 길에 두째네 집에 들렀다'에서 '두째네'(×)는 잘못이고 '둘째네'(○)로 표기해야 함.

· **양수사(量數詞)≒기수사(基數詞)**: 수량을 셀 때 쓰는 수사로, '하나/둘/셋' 따위.

[정리] 수사: 서수사+양수사.

[참고] 수관형사(數冠形詞): 사물의 수/양을 나타내는 관형사. '두 사람'의 '두', '세 근'의 '세' 따위.

* **체언과 격조사와의 관계**: 격조사란 체언이나 '체언 구실을 하는 말' 뒤에 붙어 앞말이 다른 말에 대하여 갖는 일정한 자격을 나타내는 조사. 주격조사, 서술격조사, 목적격조사, 보격조사, 관형격조사, 부사격조사, 호격조사 따위가 있음. 격조사는 체언/체언류에만 붙을 수 있다는 점에서, 체언/부사/**활용어미** 따위에 두루 붙여 쓸 수 있는 '보조사'와는 다름. ☞추가 사항은 '조사와 보조사' 항목 참조.

□ 용언(用言)이란

−**용언**: 문장에서 서술어의 기능을 하는 문장 성분으로, 동사, 형용사가 있음. 서술격조사와 더불어, 형태 변화(활용)를 하는 것이 가장 큰 특징. 문장 안에서의 쓰임에 따라 본용언과 보조용언으로 나눔.

[정리] ①용언: 동사+형용사. 본용언+보조용언. ②동사: 사동사+피동사. 자동사+타동사+중립동사*.

* **중립동사/능격동사(能格動詞)**: 접사가 결합하지 않고 동사 그대로의 꼴로 자동사와 타동사 모두로 쓰이는 동사. 〈예〉움직이다/그치다/멈추다/다치다.

* **이중 피동**: '잡혀지다/쓰여지다/읽혀지다/보여지다/잊혀지다/찢겨지다' 등은 피동 접미사 '−어'에 의한

피동과 '지다'에 의한 피동이 겹쳐진 것으로 이를 이중 피동이라 하며, 현재는 바람직하지 아니한 것으로 보아 '잡히다/쓰이다/읽히다/보이다/잊히다/찢기다'의 잘못으로 봄. '잊혀진(×)/잊힌(○)'의 경우가 대표적임.

(1) **본용언(本用言)**: 문장의 주체를 주되게 서술하면서 보조적연결어미[補助的連結語尾]*로 연결되어 보조용언의 도움을 받는 용언. '나는 사과를 먹어 버렸다', '그는 잠을 자고 싶다'에서 '먹다', '자다' 따위.

   * **보조적연결어미[補助的連結語尾]**: 본용언에 보조용언을 연결하는 어말어미로 '-아/어-/-게/-지/-고' 따위 (예전에는 부사형 어미로 분류되었음). 위의 예문에 보이는 '먹어'의 '-어'와 '자고'의 '-고'가 이에 해당함.

(2) **보조용언(補助用言)**: 본용언과 연결되어 그것의 뜻을 보충하는 역할을 하는 용언. 보조동사, 보조형용사가 있으며, '가지고 싶다'의 '싶다', '먹어 보다'의 '보다' 따위. 한 낱말로 굳어진 복합동사/복합형용사*와는 띄어쓰기에서 다름.

   · **보조동사(補助動詞)**: 본동사와 연결되어 그 풀이를 보조하는 동사. '감상을 적어 두다'의 '두다', '그는 학교에 가 보았다'의 '보다' 따위로서, 본용언과 결합할 때는 그것이 의존하는 어미와 함께 제시됨. 〈예〉 '-아/어 가다/오다/내다/주다/드리다/보다/두다/놓다/가지다/지다/대다/보이다'; '-고 있다/계시다/나다/(야) 말다'; '-게 하다/만들다/되다'; '-지 아니하다/말다/못하다'; '-기는 하다' 등.

   · **보조형용사(補助形容詞)**: 본용언과 연결되어 의미를 보충하는 역할을 하는 형용사. '먹고 싶다'의 '싶다', '예쁘지 아니하다'의 '아니하다' 따위. 보조동사와 같이 일정한 어미 형태에 의존하여 본용언과 결합함. 〈예〉 '-고 싶다'; '-지 아니하다/못하다'; '-(으)ㄴ가/-는가/-나 보다'; '-는가/-나/-(으)ㄹ까 싶다'; '-아/어 있다/계시다'; '-기는 하다'.

   [참고] 보조용언은 어미 '-아(어)' 활용 뒤에서만 붙여 쓸 수 있기 때문에(허용), '-게 하다/만들다/되다'; '-지 아니하다/말다/못하다'; '-기는 하다'; '-(으)ㄴ가/-는가/-나 보다'; '-는가/-나/-(으)ㄹ까 싶다' 등과 같은 꼴(이를 '구성'이라 함)에서는 **붙여 쓰지 못하고 반드시 띄어 써야 함**.

   * **합성동사(合成動詞)≒복합동사(複合動詞)**: 둘 이상의 말이 결합되어 만들어진 하나의 동사. '본받다/앞서다/들어가다/가로막다' 따위.

   합성형용사≒복합형용사: 둘 이상의 말이 결합하여 만들어진 하나의 형용사. '손쉽다/눈설다/깎아지르다/붉디붉다' 따위. [주의] 이 합성 용언들은 한 낱말이므로 결합 이전의 형태로 띄어 적어서는 안 됨.

   ―활용: 용언의 어간이나 서술격 조사('이다')에 변하는 말이 붙어 문장의 성격을 바꿈. 또는 그런 일. 국어에서는 동사/형용사/서술격조사의 어간에 여러 가지 어미가 붙는 형태를 이르는데, 이로써 시제·서법 따위를 나타냄.

   ―활용형: 용언 어간 또는 서술격 조사('이다') 어간에 붙는 <u>어미 변화</u>의 형식.

[활용형의 종류]

   · **종결형(終結形)**: 종결어미로 끝나는 용언의 활용형. 〈예〉 '-거라'(의도); '-ㄴ고/-ㄴ가/-노'(물음); '-에라/-으새라/-누먼/-여라'(감탄); '-ㅂ시오/-거라'(명령); '-자니까'(청유) 따위.

   · **감탄형(感歎形)**: '-구나/-도다' 따위.

   · **의문형(疑問形)**: 종결어미 '-느냐/-ㄴ가' 따위가 붙은 꼴.

   · **의도형(意圖形)**: '-려/-고자' 따위.

   · **부사형(副詞形)**: 활용어미 '-아/어/-게/-지/-고' 따위가 붙어 부사와 같은 구실을 하는 활용형.

   · **방임형(放任形)**: '-어(아)도/-더라도' 따위.

   · **설명형(說明形)**: '-는데/-으되/-으니/-나니/-ㄹ세/-더니' 따위.

- **도급형(到及形)**: '밤이 새도록 잘 수가 없었다'에서 '-도록' 따위.
- **구속형(拘束形)**: '-(으)면/-거든/-기에/-아야/어야/여야' 따위.
- **익심형(益甚形)**: '철수는 갈수록 의젓해진다'에서 '-ㄹ수록' 따위.
- **첨가형(添加形)**: '비가 올뿐더러 바람도 분다'에서의 'ㄹ뿐더러' 따위.
- **명사형(名詞形)**: 용언의 어간에 '-ㅁ/-음/-기' 따위가 붙어서 명사와 같은 구실을 하게 하는 활용형. '놀람', '아름다움', '먹음', '읽기' 따위.
- **청유형(請誘形)**: '-자/-자꾸나/-세/-읍시다' 따위가 붙는 꼴.
- **명령형(命令形)**: '다녀와라/다녀오게/다녀오오/다녀옵시오'의 '-아라(어라)/-게/-오/-ㅂ시오' 따위.
- **관형사형(冠形詞形)**: 관형사처럼 체언을 꾸미는 용언의 활용형. 앞의 말에 대해서는 서술어, 그 뒤의 말에 대해서는 관형어 구실을 하는 것으로, '-(으)ㄴ/-(으)ㄹ' 따위.
- **전성형(轉成形)**: 문장의 기능을 전성시키는 활용형. 다른 품사의 자격을 가지게 하는데, 명사형/관형사형/부사형으로 나뉨. '과자를 먹는 아기가 많다'의 '먹는', '과자를 먹기 싫어하는 아기도 있음'의 '먹기', '과자를 먹어 이가 상했다'의 '먹어' 따위.

─불규칙활용(不規則活用): 용언이 활용할 때 어간 또는 어미의 모습이 달라지는 일. '돕다→도와', '오다→오너라'로 되는 것 따위.

- **ㄷ불규칙활용**: 어간 말음인 'ㄷ'이 모음으로 시작되는 어미 앞에서 'ㄹ'로 변하는 활용. 〈예〉 '묻다(물으니/물어)', '듣다(들으니/들어)', '붇다(불으니/불어)' 따위.
- **ㄹ불규칙활용**: 어간의 끝소리인 'ㄹ'이 'ㄴ/ㄹ/ㅂ/오/시' 앞에서 무조건 탈락하는 활용. '길다→기니/깁니다/기오'로 바뀌는 따위. 현재는 단순한 소리의 탈락으로만 봄.
- **르불규칙활용**: 어간의 끝음절 '르'가 어미 '-아/-어' 앞에서 'ㄹㄹ'로 바뀌는 현상. '자르다→잘라', '부르다→불러'로 바뀌는 따위. 〈예〉 가르다(갈라/갈랐다), 거르다(걸러/걸렀다), 오르다(올라/올랐다), 구르다(굴러/굴렀다), 이르다(일러/일렀다), 바르다(발라/발랐다), 벼르다(별러/별렀다), 지르다(질러/질렀다), 흐르다(흘러), 기르다(길러), 마르다(말라) 등.
- **러불규칙활용**: 어미 '-어/-어서'의 '-어'가 '-러'로 바뀌는 활용. '이르다→이르러', '푸르다→푸르러'로 활용되는 따위. ⇐여불규칙과 더불어, 어간이 아닌 어미가 바뀌는 불규칙 범주.
- **ㅅ불규칙활용**: 어간의 끝소리 'ㅅ'이 모음으로 시작하는 어미 앞에서 탈락하는 활용. '짓다→지어', '젓다→저어', '낫다→나아', '잇다→이어'로 바뀌는 따위.
- **ㅂ불규칙활용**: 어간의 말음인 'ㅂ'이 '아/아'로 시작되는 어미 앞에서는 '오'로, '어/어'로 시작되는 어미 및 매개 모음을 요구하는 어미 앞에서는 '우'로 변하는 불규칙 활용. '-와/-워/-우니'의 형태로 결합되어 나타나며, '돕-+-아→도와', '굽-+-어→구워', '아름답-+-(으)니→아름다우니' 따위가 있음.
- **ㅎ불규칙활용**: 일부 형용사에서 어간의 끝 'ㅎ'이 어미 'ㄴ/ㅁ' 위에서 줄어 활용하는 형식. '파랗다→파라니/파라면/파래', '노랗다→노라니/노라면/노래'으로 변하는 것 따위 ⇐어간+어미 모두 변하는 불규칙.
- **여불규칙활용**: 어미 '-아'가 '-여'로 변하는 불규칙 어미 활용. '하다' 및 접미사 '-하다'가 붙는 모든 용언은 여불규칙 활용을 함.
- **으불규칙활용**: 용언의 어간 '으'가 '-아/-어' 앞에서 탈락하는 활용. 현행 '통일 학교 문법'에서는 이를 규칙적인 음운 탈락 현상으로 보아 불규칙 활용으로 처리하지 않는데, '크다→커', '담그다→담가' 등의 경우.
- **우불규칙활용**: 어간 끝의 '우'가 어미 '-어' 앞에서 탈락하는 활용. '푸다→퍼'로 활용하는 따위.
- **거라불규칙활용**: 동사의 명령형 어미가 '-아라/-어라'로 되지 않고 '-거라'로 바뀌는 활용. '가다/돌아

가다→가거라/돌아가거라'로 바뀌는 것. [주의] 현재 학교 문법에서는 과거의 거라불규칙을 규칙으로 처리하고 있음.

- **너라불규칙활용**: 동사의 명령형 어미가 '-아라/-어라'로 되지 않고 일정한 어간 뒤에서 '-너라'로 바뀌는 활용. '오다/가져오다'→오너라/가져오너라'로 활용하는 것.

□ 관형사와 관형사형 및 관형어

-관형사: 체언 앞에 놓여서, 그 체언의 내용을 자세히 꾸며 주는 품사. <u>조사도 붙지 않고 어미 활용도 하지 않음.</u>

(1) **관형사의 종류**: ①'순 살코기'의 '순'과 같은 성상/성질 관형사, '저 어린이'의 '저'와 같은 지시 관형사, '한 사람'의 '한'과 같은 수 관형사, 그리고 원래 관형사가 아니었던 것이 관형사로 바뀐 전성관형사(轉成冠形詞)가 있는 바, '한 말/두 말/서 말'에서 '한/두/서'와 같이 수사에서 전성한 것과 '그 사람이 성실한가?'의 '그'와 같이 대명사에서 전성한 것이 있음. ②둘 이상의 말이 결합된 관형사로 합성관형사(合成冠形詞)/복합관형사(複合冠形詞)도 있으며, '한두 사람/서너 사람만 있어도/여남은 명'에서 '한두/서너/여남은' 따위가 이에 해당됨.

(2) **주의해야 할 관형사 용법**

- 관형사 '몇'이 다음과 같이 막연한 숫자 개념으로 쓰일 때는 붙여 씀. <예>몇몇 사람; 몇십 개; 몇백 년; 몇천 마리; 몇십만 냥; 몇억 마리.
- '각(各)/전(全)/본(本)/총(總)/해(該)' 등이 독립성이 없는 단음절의 말과 어울려 굳은 말이 되었을 때는 붙여 씀. 그렇지 않은 경우는 관형사이므로 띄어 써야 함. <예>각급/각자 ↔각 학급; 본교/본관 ↔본 사건; 전교/전신 ↔전 가족; 총계/총원↔총 5천만 원; 해교(該校)/해인(該人).
- 품사로는 관형사지만 뒤의 말과 어울려 접두사가 된 것은 붙여 씀. <예> 뭇년/뭇놈/뭇사내/뭇사람/뭇소리; 헌것/헌계집/헌신짝; 온몸/온종일.
- '가장'의 뜻을 가진 '맨'은 관형사이고, '비다(空)'의 뜻을 가진 '맨'은 접두사임. '온통'의 뜻으로는 부사. <예>맨 처음/끝/꼴찌/나중; 맨손/맨주먹/맨입; 구경거리는 없고 맨 구경꾼뿐이다.
- 접두사로 쓰인 '한-'은 모두 붙여 씀. <예> 한가지/한걱정/한겨울/한동안/한허리

-관형사형(冠形詞形): 관형사처럼 체언을 꾸미는 용언의 활용형. 앞의 말에 대해서는 서술어, 그 뒤의 말에 대해서는 관형어 구실을 하는 것. 관형사형어미* '-(으)ㄴ'이 붙은 '읽은/본', '-(으)ㄹ'이 붙은 '갈/잡을', '-는'이 붙은 '먹는' 따위.

 * **관형사형어미(冠形詞形語尾)**: 문장에서 용언의 어간에 붙어 관형사와 같은 기능을 수행하게 하는 어미. '-ㄴ/-는/-던/-ㄹ' 따위.

-관형어(冠形語): 체언 앞에서 체언의 뜻을 꾸며 주는 구실을 하는 문장 성분. 관형사, 체언, 체언에 관형격 조사 '의'가 붙은 말, 동사와 형용사의 관형사형, 동사와 형용사의 명사형에 관형격 조사 '의'가 붙은 말 따위. 몇 가지 예를 들면 아래와 같은 것들임.

- **관형사**: '첫 단추'의 '첫', '이 사람'의 '이', '구 시민회관'의 '구', '귀 신문사/귀 소'의 '귀' 따위. 띄어쓰기의 실제 사례에서는 무척 까다로운 편임.
- **체언**: '앞뒤 글'의 '앞뒤', '독립 만세'의 '독립', '만세 운동'의 '만세' 따위.
- **용언의 관형형**: 용언에 관형사형 어미 '-ㄴ/-는/-던/-ㄹ' 따위가 붙은 것. '녹슬은(×)/녹슨(○) 기찻길'의 '녹슨', '가늘은(×)/가는(○) 철사'의 '가는' 따위. 다음과 같은 것들은 어미 '-ㄴ/-는'이 붙은 활용형 중 아주 흔하게 잘못된 표기 사례로 꼽힘. <예> 거칠은(×)/거친(○) 들판; 걸맞는(×)/걸맞은(○); 낮설은(×)/낮선(○); 그을은(×)/그은(○) 얼굴; 외따른(×)/외딴(○) 동네; 때에 절은(×)/전(○) 옷가지; 허물은

(×)/허문(○) 담장 너머로; 서둘은(×)/서둔.서두른(○) 발걸음.

□ **부사와 부사형 및 부사어**

－**부사(副詞)**: 용언 또는 다른 말 앞에 놓여 그 뜻을 분명하게 하는 품사. 활용하지 못하며 성분 부사와 문장 부사로 나뉨. '매우/내일/안/과연/그리고' 따위.

(1) **성분 부사**: 성상부사+지시부사+부정부사. ⇐전성부사도 대부분 성상부사임.

· **성상부사(性狀副詞)**: 사람/사물의 모양, 상태, 성질을 한정하여 꾸미는 부사. '잘/매우/바로' 따위.

· **지시부사(指示副詞)**: 처소/시간을 가리켜 한정하거나 앞의 이야기에 나온 사실을 가리키는 부사. '이리/ 그리/내일/오늘' 따위.

· **부정부사(否定副詞)**: 용언의 앞에 놓여 그 내용을 부정하는 부사. '아니/안/못' 따위.

· **복합부사**: 둘 이상의 말이 결합하여 된 부사. '밤낮/곧이어/곧잘/왜냐면' 따위.

－두 개의 부사를 겹친 것으로 다음과 같은 말들이 있음. 〈예〉곧바로/곧잘/그냥저냥/이냥저냥/더욱더/더 더욱/더한층/똑같이/똑바로/또다시/<u>바로바로</u>/아주아주/너무너무. [주의]좀더(×)/좀 더(○); 한층더(×)/ 더한층(○)/한층 더(○); 매우매우(×)/매우 매우(○).

－**간주 부사**: 한 낱말의 부사로 간주하여 붙여 적음. 〈예〉곧이어/그런고로/그런대로/명실공히/세상없이/ 오랜만에/왜냐하면/이를테면/제멋대로/하루빨리/하루바삐/한시바삐. ⇐'오랜만에'는 '오랜만**명**+−에' 의 꼴.

[주의] 보다못해(×)/보다 못해(○); 다름아니라(×)/다름(이) 아니라(○); 아니나다를까[다르랴](×)/아니나 다를까[다르랴](○); 적지않이(×)/적지 않이(○).

＊ **전성부사(轉成副詞)**: 원래 부사가 아니었던 것이 부사로 바뀐 것. '급히/빨리/가까이' 따위.

(2) **문장 부사**: 양태 부사 + 접속 부사

· **양태 부사**: 문장 전체를 꾸미며 화자(話者)의 태도를 나타냄. '과연/설마/제발/정말/결코/모름지기/응 당/어찌/아마/정녕/아무쪼록/하물며' 따위.

· **접속 부사**: 단어와 단어, 문장과 문장을 이어 줌. '그러나/그런데/그리고/하지만/그러므로/즉/곧/및/혹 은/또는' 따위.

－**부사형(副詞形)**: 동사/형용사 따위의 어간에 '부사형 활용 어미'＊ '−아/어−/−게/−지/−고' 따위가 붙어 부사와 같은 구실을 하는 활용형.

＊ **부사형어미(副詞形語尾)**: 문장에서 부사어 구실을 하게 하는 활용 어미. 학교 문법에서는 보조적 연 결어미로 봄.

－**부사구**: 문장에서 부사처럼 용언을 수식하는 구. '나는 오늘도 열심히 일한다/널 하늘 끝까지라도 쫓 아가리라'에서 '오늘도 열심히'와 '하늘 끝까지라도' 따위.

＊ <u>**부사구가 수식할 때의 띄어쓰기**</u>: 앞에서 구의 형태로 수식할 때는 띄어 씀. 예컨대, '죽을 뻔 살 뻔 하면서 견뎠다'의 경우, '뻔하다'는 붙여 쓸 수 있는 한 낱말이지만 '죽을 뻔 살 뻔'이라는 부사구가 '하면서'를 수식하므로 띄어 써야 함(붙여 쓰면 뒤의 말만 수식하게 됨). '올 둥 말 둥 하여라'의 경 우도 마찬가지로 '하여라' 앞에서 띄어 쓰지만(원칙), 연속되는 단음절 낱말은 붙여쓰기가 허용되 므로 '올둥 말둥 하여라'라고 붙여 쓸 수 있으나, 이때도 '하여라' 앞에서는 띄어 적어야 함.

－**부사어**: 용언의 내용을 한정하는 문장 성분. 부사와 부사의 구실을 하는 단어/어절/관용어, 그리고 체 언에 부사격 조사가 붙은 말, 어미 '−게'로 활용한 형용사, 부사성 의존명사구 따위.

□ **조사와 보조사: 관계언(關係言)**

　－조사(助詞): 체언/부사/어미 따위에 붙어 그 말과 다른 말과의 문법적 관계를 표시하거나 그 말의 뜻을 도와주는 품사. 크게 격조사, 접속조사, 보조사로 나눔.

　・격조사(格助詞): 체언이나 체언 구실을 하는 말(명사형/명사구, 명사절 따위) 뒤에 붙어 앞말이 다른 말에 대하여 갖는 일정한 자격을 나타내는 조사. 주격조사('－이/－가/－께서/－에서' 등), 서술격조사('－이고/－이니/－이라(고)/－이면/－이지' 따위로 활용하는 '이다'. 조사 중 유일하게 활용을 함.), 목적 격조사('－을/를'), 보격조사('그는 위대한 학자가 되었다'에서 '－가', '만인의 스승이 되다'에서 '－이' 따위), 관형격조사/소유격조사('－의'), 부사격조사('－에/－에서/－(으)로/－와/－과/－보다' 따위), 호격조사('－아/－야/－이시어') 등이 있음. [참고] 일부 학자는 이들을 체언에 붙는 곡용어미, 곧 격어미(格語尾)로 보기도 하지만 학교 문법에서는 이를 인정하지 않고 격조사로 봄. 참고로, 《표준》에는 '격어미(格語尾)'라는 용어조차 등재되어 있지 않음.

　　＊ 부사+격조사: 가장 흔히 문제가 되는 사례로서, '언제나처럼/본 지 오래이다/멀리에서도' 등과 같이 부사에는('언제나/오래/멀리') 격조사를 붙일 수 없으므로, 모두 잘못된 표현임. ('오래이다'는 '오래다[형]'의 잘못.)

　・접속조사(接續助詞): 두 낱말을 같은 자격으로 이어 주는 구실을 하는 조사. '와/과/하고/(이)나/(이)랑' 따위.

　－보조사(補助詞): ①체언/부사/활용어미 따위에 붙어서 어떤 특별한 의미를 더해 주는 조사. '은/는/도/만/요/까지/마저/마다/(이)나/조차/커녕/부터'와 같이 단순한 꼴에서부터 'ㄹ랑은/을랑은/일랑은; 이라야(만); 야말로/이야말로' 등과 같이 복잡한 형태의 것들도 있음. ②보조사는 조사에 속하는 격조사, 접속조사, 보조사 중의 하나로서 조사보다는 하위의 개념이지만, 쓰임은 조사 중 가장 광범위함. 즉, 체언이나 체언 구실을 하는 말 뒤에만 붙을 수 있는 것이 격조사이고, 접속조사는 낱말 간에서만 쓰이는 데 비하여, 보조사는 체언/부사/활용어미 따위에 붙어서 두루 쓰일 수 있음. ☞[참고] 보조사가 붙을 수 없는 품사는 관형시와 감탄사(독립언)뿐임.

[보조사의 종류] 대체적으로 구분하면 아래와 같음.

・**단독보조사:** '－만' 따위. ¶너만 좋다면 그렇게 해라.

・**선택보조사:** '－(이)나/－(이)거나' 따위. ¶흰색이나 검정색이거나 상관없어.

・**종결보조사:** '－요/－그래/－그려' 따위. ¶나는요; 지금 해야 해요; 일이 참 잘됐어요; 잘됐구먼그래.

・**첨가보조사:** '－조차/－까지(도)(는)' 따위. ¶너조차 그럴 줄은; 비까지 내리고.

・**통용보조사:** 명사/부사 및 용언의 활용어미에 두루 붙는 보조사. 가장 쓰임이 많고 널리 쓰임. 〈예〉'－커녕/－새로에/－ㄹ(일)(을)랑(은)/－이라야(만)/－(이)야말로/－마다/－엔들/－치고는' 따위. ¶눈물은커녕 웃음만 나오더라; 밥은새로에 죽도 못 먹었다; 그놈이야말로 원수; 첫행보치고는 괜찮았다; 인터넷 중독 현상은 청소년들에게서뿐만 아니라; 집에서만큼이라도 쉽게 해주지그래.

・**혼동보조사:** '－서껀' 따위. ¶김 선생서껀 함께 왔다.

・**개산보조사:** '－(이)나' 따위. ¶돈이 얼마나 될까?; 사람이 몇이나 올까.

・**도급보조사:** '까지' 따위. ¶한국에서 미국까지; 할 수 있는 데까지 해 보자.

[주의] '까지'는 부사격조사가 아니며, '－에/－에서/－(으)로' 등만 부사격조사.

＊ **보조사의 특징:** ①어미 뒤에도 붙을 수 있음. 〈예〉'잘됐구먼그래'는 '잘되(어간)+었(어미)+구먼(어미)+그래(보조사)'. ②연속되는 조사/보조사는 아무리 길어도 붙여 씀. 〈예〉'일터에서뿐만 아니라'는 '일터(체언)+에서(격조사)+뿐(보조사)+만(보조사)+아니라(형용사)'로, '집에서만큼이라도'는 '집(체언)+에서(격조사)+만큼(격조사)+이라도(보조사)'로 분석됨.

□ 어간과 어미

–어간(語幹): 활용어가 활용*할 때에 변하지 않는 부분. '보다/보니/보고'에서 '보–'와, '먹다/먹니/먹고'에서 '먹–' 따위. [주의] 불규칙활용에서는 '어간'도 불규칙적으로 변할 수 있음.

> *** 활용:** 용언의 어간/서술격조사('이다')에 변하는 말이 붙어 문장의 성격을 바꾸는 것. 국어에서는 용언/서술격조사의 어간에 여러 가지 어미가 붙는 형태를 이르는데, 이로써 시제·서법 따위를 나타냄.

–어미(語尾): 용언 및 서술격 조사가 활용하여 변하는 부분. '점잖다/점잖으며/점잖고'에서 '–다/–으며/–고' 따위. [주의] ①일부 불규칙활용에서는 '어미'도 불규칙적으로 변함. ②이와 같이 단순한 어미 꼴에서부터 아래에 '주의해야 할 어미' 항목에 보인 것과 같은 복잡한 꼴까지 어미의 형태는 아주 다양함.

–어미의 종류

- **선어말어미(先語末語尾):** 어말어미 앞에 나타나는 어미. '–시–/–옵–' 따위와 같이 높임법에 관한 것(주체/객체/상대 높임)과, '–았/었–/–는–/–더–/–겠–' 따위와 같이 과거/현재/미래/회상을 뜻하는 시제(時制)에 관한 것이 있음.

- **어말어미(語末語尾):** 활용 어미에 있어서 맨 뒤에 오는 어미. 선어말어미와 대립되는 용어로서 보통은 어미라고 불리며, 종결어미·연결어미·전성어미 따위로 나뉨.

- **전성어미(轉成語尾):** 용언의 어간에 붙어 다른 품사의 기능을 수행하게 하는 어미. 명사 전성어미('–기–/–(으)ㅁ' 따위), 관형사 전성어미('–ㄴ/–ㄹ' 따위), 부사 전성어미('–아/어/–게/–지/–고' 따위)로 나뉨.

- **연결어미(連結語尾):** 어간에 붙어 다음 말에 연결하는 구실을 하는 어미. '–아/어/–지/–게/–고/–(으)며/–(으)면/–(으)니/–듯이/–ㄴ바/–ㄹ망정/–ㄹ뿐더러' 따위.

  (1) **대등적연결어미(對等的連結語尾):** 의미적으로 대등한 두 절(節)을 이어 주는 연결어미. '–고/–(으)며/–(으)나/–듯이' 따위.

  (2) **보조적연결어미(補助的連結語尾):** 본용언에 보조용언을 연결하는 어말어미. 예전에는 부사형 어미로 분류되던 '–아/어/–게/–지/–고' 따위.

  (3) **종속적연결어미(從屬的連結語尾):** 앞의 문장을 뒤의 문장에 종속적으로 이어 주는 어말어미. '봄이 오면, 꽃이 핀다'에서 '–면', '겨울이 되니, 날씨가 춥다'에서 '–니' 따위.

- **종결어미(終結語尾):** 한 문장을 종결되게 하는 어말어미. 동사에는 평서형/감탄형/의문형/명령형/청유형이 있고, 형용사에는 평서형/감탄형/의문형이 있음.

–주의해야 할 어미: 괄호 안에 표기된 것들. 〈예〉 크나큰 은혜('–나 –ㄴ'); 크디큰 나무('–디 –ㄴ'); 얼어 죽을망정('–ㄹ망정'); 뭐라도 할라치면('–ㄹ라치면'); 시키는 대로 할밖에/내놓으려면 내놓을밖에('–ㄹ밖에'); 재주도 없을뿐더러('–ㄹ뿐더러'); 밥도 먹지 못하리만치(≒못하리만큼); 지나치리만큼 친절하다; 너는 학생이니만큼; 모두 다 내놔야만 할진대('–ㄹ진대'); 서울에 가거들랑('–거들랑'); 그리 말하는데야('–는데야'. '야'는 보조사); 눈치챌세라('–ㄹ세라'); 내가 주인일세말이지('–ㄹ세말이지'); 뺨까지 잡아먹을쏘냐('–ㄹ쏘냐'); 뭘 해야 할지 몰라('–ㄹ지'); 모두 알다시피('–다시피'); 입사하자마자('–자마자') 부도라니; 말할 것도 없이 좋고말고('–고말고'); 죽는 일이 있더라도('–더라도'); 확인한바('–ㄴ바') 사실이더군; 곧 해드릴게요('–ㄹ게'); 들어 본즉슨('–ㄴ즉슨).

[주의] 어미와 혼동하기 쉬운 것으로 보조사가 있으며, 특히 보조사는 어미 뒤에도 붙을 수 있기 때문에 어미로 혼동하기 쉬움. 보조사에는 '–은/는/도/만/까지/마저/조차/커녕/부터'와 같이 단순한 꼴에서부터, '–랑은/을랑은/일랑은; –이라야(만); –야말로/이야말로' 등과 같이 복잡한 것들도 있음.

–보조사와의 붙여쓰기: 보조사는 어미 뒤에도 붙을 수 있으므로(예: ①'그걸 할지도 몰라'에서 '할지도'는 어간 '하'+어미 '–ㄹ지'에 보조사 '도'가 결합한 것. ②'해드릴게요'는 어간 '해드'+어미 '–ㄹ게'에 보조사

부
록

'요'가 결합한 것), 어미 뒤에 보조사가 올 때는 반드시 붙여 써야 함.

–**의존명사와의 구분**: 어미 '–듯이/–ㄹ망정/–ㄹ밖에/–ㄹ뿐더러/–리만큼[만치]/–ㄴ바/–ㄹ게'에 쓰인 '듯/망정/밖/뿐/만큼[만치]/바/게('거'의 변형)'은 독자적으로 쓰일 때 의존명사이기도 하므로, 이의 구분에 유의해야 함.

□ **복합어(겹낱말)**
–**복합어(複合語)**: 하나의 실질형태소에 접사가 붙거나, 두 개 이상의 실질형태소가 결합된 말. '덧신/먹이'와 같은 파생어와, '집안/공부방'과 같은 합성어로 나뉨. 즉, 복합어: 파생어+합성어.
–**합성어(合成語)**: 둘 이상의 실질형태소가 결합하여 하나의 단어가 된 말. 즉, 독립된 뜻을 가진 두 말이 결합하여 이룬 새로운 단어(혹은 어근과 어근의 결합으로 만들어진 단어). '집안/돌다리' 따위. 이러한 조건에 합치되면 체언뿐만 아니라 용언, 부사 등도 가능함. 즉, 합성어: 실질형태소 + 실질형태소.
 * **형태소(形態素)**: ①뜻을 가진 최소의 단위(minimal meaning form). '이야기책'에서 '이야기'와 '책'. ② 문법적 또는 관계적인 뜻만을 나타내는 단어나 단어 성분. 〈예〉 조사와 어미는 의존형태소이자 문법[형식]형태소임.
 * **단어**: 최소 자립 형식의 말(minimal free form) 혹은 이에 준하는 말. 또는 그 말의 뒤에 붙어서 문법적 기능을 나타내는 말. [특징] 우리말에서는 조사도 단어로 봄.
 * **실질형태소(實質形態素)** ↔형식형태소/문법형태소: ①구체적인 대상/동작/상태를 표시하는 (실질적으로 의미를 갖는) 형태소. '소녀가 책을 읽었다.'에서 '소녀', '책', '읽' 따위. ②발음 시 말음법칙에 따라 명확하게 발음하며 연음하지 아니함. 〈예〉 옷 안(온+안 →오단)(O)/(옷+안 →오산)(×)
 * **형식형태소(形式形態素)**≒문법형태소: ①실질형태소에 붙어 주로 말과 말 사이의 관계를 표시하는 형태소. 조사/접사/어미 따위. ②발음 시 연음이 되므로, 파생어 판정에 중요한 기준이 되기도 함. 〈예〉 몇 일(며칠)(O)/(며딜)(×). 고로 '며칠'은 접사 '몇'이 붙은 파생어.
 * **의존형태소(依存形態素)** ↔자립형태소: 다른 말에 의존하여 쓰이는 형태소. 어간, 어미, 접사, 조사 따위.
 * **의미소(意味素)/의의소**: 실질 의미, 즉 관념을 표시하는 언어 요소. 어근/어간과 일치함.
 · **반복합성어(反復合成語)**: 하나의 어근이 겹쳐서 이루어진 합성어. '사람사람/집집/철썩철썩/구불구불' 따위. ⇐이들을 '첩어'라고 함.
 · **병렬합성어(竝列合成語)**: 두 개 이상의 실질형태소가 각각 뜻을 지니고 있으면서 서로 어울려 하나의 단어로 된 말. '마소/안팎/높푸르다/여닫다' 따위.
 · **융합합성어(融合合成語)**: 둘 이상의 낱말이 서로 어울려 그 각각의 원래의 뜻을 벗어나 한 덩어리의 새 뜻을 나타내는 합성어. 〈예〉강산(江山)'은 국토, '밤낮'은 항상, '춘추(春秋)'는 나이, '내외(內外)'는 부부를 뜻하는 따위.
 · **통사적 구성에 의한 합성어**: 우리말의 일반적 단어 배열법과 같은 방식으로 만들어진 합성어. [특징] 통사적 합성어는 물리적 분리는 가능하지만, 억지로 분리하면 단어 고유의 뜻이 사라짐. 〈예〉 '마소/뱃노래/산울림/돌다리/문법책'(명+명); '늙은이/어린이/빈주먹/작은집/큰물'(관+명); '이것/저것/이분/그분/저분'(관+의); '하나하나/서너/대여섯'(수+수); '힘들다/본받다/장가들다/시집오다'(명+동); '나오다/돌아가다/빌어먹다/지나가다/젊어지다'(동+동); '허여멀겋다'(형+형); '가로지르다/그만두다/마주서다/막되다/못나다'(부+동); '곧잘/이리저리/좌다'(부+부). ⇒'돌아가신(O)/돌아 (곧장) 가신(×) 할아버지가 보고 싶다'. 분리 불가능이므로 '돌아가시다'는 합성어; '저 모퉁이를 돌아가시면(O)/돌아 (곧장) 가시면(O) 됩니다'. 분리 가능. 고로 '돌아 가시다'는 구(句).

- **통사적 구성**: 자립적 언어형식(일정한 뜻이 들어 있는 일정한 소리의 결합)이 하나 또는 둘 이상 모여서 더 큰 자립적 언어형식을 이루는 것.
- **비통사적 합성어**: 일반적인 단어 배열법을 지키지 아니하고 어미가 생략된 채 어근과 어근이 직접 연결된다든지 하는 방식으로 만들어진 합성어 〈예〉 '감발/꺾쇠/늦더위/늦잠/덮밥/혼잣말'(어근+몡); '여닫다/맞서다/우짖다'(어근+돔); '검붉다/검푸르다/굳세다/높푸르다'(어근+혱); '부슬비/출랑새/헐떡고개'(부사+몡).

─파생어: 실질형태소에 접사가 결합하여 품사가 바뀌거나 뜻이 덧붙어진 하나의 단어. 명사 '부채'에 접미사 '─질'이 붙은 '부채질', 동사 어간 '덮─'에 접미사 '─개'가 붙은 '덮개', 명사 '버선' 앞에 접두사 '덧─'이 붙은 '덧버선', 어간 '먹─'에 접사 '─이'가 붙은 '먹이' 따위. 즉, 파생어: 실질형태소 + 접사.

- **접사**: 단독으로 쓰이지 아니하고 항상 다른 어근(語根)이나 단어에 붙어 새로운 단어를 구성하는 부분. 접두사(接頭辭)와 접미사(接尾辭)가 있음.

[참고] 접요사(接腰辭): 학자에 따라서는 피동이나 사동의 뜻을 더하는 접미사(예컨대, '─이/─히/─리/─기' 따위)를 접요사로 보기도 하나 국어에서는 인정하지 않고, 접미사로 봄. 즉, 일반적으로 접사라고 할 경우 단어의 형성에 관여하는 파생접사, 곧 어근에 붙어 그 뜻을 제한하는 주변 부분을 가리킴.

- **접두사**: 파생어를 만드는 접사로, 어근이나 단어의 앞에 붙어 새로운 단어가 되게 하는 말. '맨손/숫양/왕고모/차조/올벼/풋고추'의 '맨─/숫─/왕─/차─/올─/풋─', '들볶다/처먹다/설든다'의 '들─/처─/설─', '샛노랗다/시퍼렇다/먹구름'의 '샛─/시─/먹─' 따위. 어떤 뜻을 더하는 역할이 주이며, 품사가 바뀌기도 하는 접미사와는 달리 품사가 바뀌는 일은 거의 없음.

[참고] ①접두사는 합성어의 앞 어근 또는 관형사와 명확하게 구별되지 않기도 함. 그리하여 '올벼, 풋고추'의 '올─', '풋─'을 관형사로 처리하기도 하지만, 《표준》에서는 이들을 관형사가 아닌 접두사로 봄. ②고유어의 접두사가 비교적 비생산적인 데 비하여 한자어의 접두사는 매우 생산적임. '불(不)─/총(總)─/무(無)─/비(非)─/미(未)─' 등의 접두사가 그 예임.

- **접미사**: 파생어를 만드는 접사로, 어근이나 단어의 뒤에 붙어 새로운 단어가 되게 하는 말. '선생님/먹보/지우개/손질/송아지'의 '─님/─보/─개/─질/─아지', '먹히다/보이다'의 '─히/─이', '끄덕이다'의 '─이다', '높다랗다'의 '─다랗다', '꽃답다/정답다'의 '─답다', '복스럽다/다정스럽다'의 '─스럽다', '해롭다/슬기롭다'의 '─롭다', '놓치다/받치다'에서 강세의 뜻을 더하는 '─치─', '갑순이/갑돌이'의 '─이(어조 고르는 기능)', '많이/같이/나날이/다달이'의 '─이' 따위.

이 밖에도 용언 어근에 덧붙어서 체언을 만드는 '─(으)ㅁ(춤/꿈), '─이'(놀이/먹이), '─기'(크기/크기), '─개'(덮개/지우개), '─웅'(맞웅→마중) 따위도 접미사임. 즉, 다른 어근(語根)이나 단어에 접사를 붙여 다양하게 명사/용언/부사 등을 만들거나 뜻을 더하는 데 쓰임. 품사가 바뀌는 품사전성*에도 이 접미사들이 쓰이고, 같은 품사 내에서 다른 뜻을 더하기도 함(사동/피동으로의 변화 따위).

접미사 여부를 판별하는 데에 요긴한 것 중의 하나는 연음법칙(連音法則). 앞 음절의 받침에 모음으로 시작되는 형식 형태소가 이어지면, 앞의 받침이 뒤 음절의 첫소리로 발음되는 음운 법칙. '하늘이'가 '하느리'로 소리 나는 것 따위)이 적용되는지 여부. 예컨대, '깨끗이'의 경우 {깨끄시}로 연음되므로 '─이'는 접미사이며, 반대로 '싫증'의 경우 {실층}으로 연음되지 않으므로 '─증'은 실질형태소이며 '싫증'은 합성어로 분류됨.

- **사동접미사**: '─이/─히/─리/─기'가 대표적이며 '─[이]우/─애/─히우/─이[으]키/─구/─추/─시키다' 따위도 있음.
- **피동접미사**: '─이/─히/─리/─기' 외에 '─우/─히우/─당하다/─되다/─받다' 따위가 있음. 이처럼 국어에는 '─이/─히/─리/─기/─우/─히우'와 같이 사동과 피동을 겸하는 접미사들이 적지 않음.

* **전성(轉成)≒품사전성(品詞轉成):** 어떤 품사가 다른 품사로 바뀌는 일. 예를 들어 동사 '울다'가 명사 '울음'으로 바뀌거나, 형용사 '예쁘다'가 '예뻐지다/예뻐해하다'의 동사로 바뀌는 따위.

* **생산성과 접사:** 생산성이란, '형태론, 특히 조어법에서 어떤 접사가 새로운 어휘를 파생시킬 수 있는 정도'를 뜻하는 말로, 복합어를 만들어내는 파생력이라 할 수 있음. 여기에는 사전에 접사로 규정된 말들(예: '-성(性)/-적(的)/-실(室)/-하다/-다랗다/-쩍하/-답' 따위)이 있는가 하면, 명사나 의존명사로만 규정되었지만 생산성이 부여된 말들도 있음(예: '먹을거리'에서 '-거리'는 의존명사. '신랑감/장군감' 등에서의 '-감'은 명사). 따라서, 이러한 생산성이 인정된 일부 낱말이 기능상 접사로 쓰인 경우에는 사전에 표제어로 오르지 않는 경우도 있으므로, 유의할 필요가 있음.

[부록 4] 새로 추가/변경된 표준어들 [2014.8.29. ~ 2024.5.31.]

2014년 새로 추가된 표준어 목록 [2014.8.29.]

ㅇ 복수표준어: 현재 표준어와 같은 뜻을 가진 표준어로 인정한 것(5개)

추가된 표준어	현재 표준어
구안와사	구안괘사
굽신	굽실
눈두덩이	눈두덩
삐지다	삐치다
초장초	작장초

ㅇ 별도 표준어: 현재 표준어와 뜻이 다른 표준어로 인정한 것(8개)

추가 표준어	현재 표준어	뜻 차이
개기다	개개다	**개기다**: (속되게) 명령이나 지시를 따르지 않고 버티거나 반항하다. (※개개다: 성가시게 달라붙어 손해를 끼치다.)
꼬시다	꾀다	**꼬시다**: '꾀다'를 속되게 이르는 말. (※꾀다: 그럴듯한 말이나 행동으로 남을 속이거나 부추겨서 자기 생각대로 끌다.)
놀잇감	장난감	**놀잇감**: 놀이 또는 아동 교육 현장 따위에서 활용되는 물건이나 재료. (※장난감: 아이들이 가지고 노는 여러 가지 물건.)
딴지	딴죽	**딴지**: (주로 '걸다, 놓다'와 함께 쓰여) 일이 순순히 진행되지 못하도록 훼방을 놓거나 어기대는 것. (※딴죽: 이미 동의하거나 약속한 일에 대하여 딴전을 부림을 비유적으로 이르는 말.)
사그라들다	사그라지다	**사그라들다**: 삭아서 없어져 가다. (※사그라지다: 삭아서 없어지다.)
섬찟※	섬뜩	**섬찟**: 갑자기 소름이 끼치도록 무시무시하고 끔찍한 느낌이 드는 모양. (※섬뜩: 갑자기 소름이 끼치도록 무섭고 끔찍한 느낌이 드는 모양.)
속앓이	속병	**속앓이**: ①속이 아픈 병. 또는 속에 병이 생겨 아파하는 일. ②겉으로 드러내지 못하고 속으로 걱정하거나 괴로워하는 일. (※속병: ①몸속의 병을 통틀어 이르는 말. ②'위장병'을 일상적으로 이르는 말. ③화가 나거나 속이 상하여 생긴 마음의 심한 아픔.)
허접하다	허접스럽다	**허접하다**: 허름하고 잡스럽다. (※허접스럽다: 허름하고 잡스러운 느낌이 있다.)

[참고] '섬찟'이 표준어로 인정됨에 따라, '섬찟하다, 섬찟 섬찟, 섬찟 섬찟하다'등도 표준어로 함께 인정됨.

ㅇ 표준어 추가에 따른 해설 (필자)

〈복수표준어 정리〉

– 구안와사(口眼喎斜)≒구안괘사(口眼喎斜): 얼굴 신경 마비 증상. 입과 눈이 한쪽으로 틀어지는 병.
  ≒구면괘사·구안괘벽·구안와사·구안편사
  [참고] '구안와사/구안괘사' 모두 한자 표기는 '口眼喎斜'임. 이유는 '喎'가 '입 비뚤어질 괘, 입 비뚤어질
  와, 화할 화, 가를 과' 등으로 읽히기 때문임. 따라서 '구면괘사·구안괘벽·구안와사·구안편사' 모두
  같은 말임. [참고] 喎: 입 비뚤어질 괘, 입 비뚤어질 와, 화할 화, 가를 과
– 굽신≒굽실 →'굽신거리다/~대다/~하다/~굽신/~굽신하다' 등도 표준어.
  [참고] '굽신'이 표준어로 인정됨에 따라, '굽신거리다, 굽신대다, 굽신하다, 굽신굽신, 굽신굽신하다' 등도
  표준어로 함께 인정됨.
– 눈두덩이≒눈두덩
– 삐지다≒삐치다
– 초장초(酢漿草) 작장초(酢漿草)≒괭이밥
  [참고] '초장초(酢漿草)/작장초(酢漿草)' 등은 모두 식물 이름 '괭이밥'의 한자어 표기.

〈새로 추가된 표준어와 관련되는 낱말들〉

개기다[동] (속) 명령이나 지시를 따르지 않고 버티거나 반항하다.
개개다[동] 성가시게 달라붙어 손해를 끼치다.

꼬시다[동] '꾀다'를 속되게 이르는 말.
꾀다[동] 그럴듯한 말/행동으로 남을 속이거나 부추겨서 자기 생각대로 끌다.

놀잇감[명] 놀이 또는 아동 교육 현장 따위에서 활용되는 물건/재료.
장난감[명] 아이들이 가지고 노는 여러 가지 물건.

딴지[명] (주로 '걸다, 놓다'와 함께 쓰여) 일이 순순히 진행되지 못하도록 훼방을 놓거나 어기대는 것.
딴죽[명] (비유) 이미 동의하거나 약속한 일에 대하여 딴전을 부림.

사그라들다[동] 삭아서 없어져 가다.
사그라지다[동] 삭아서 없어지다.

섬찟[부] 갑자기 소름이 끼치도록 무시무시하고 끔찍한 느낌이 드는 모양. ⇒ '섬찟하다/섬찟 섬찟/섬찟 섬
찟하다' 등도 표준어.
섬뜩[부] 갑자기 소름이 끼치도록 무섭고 끔찍한 느낌이 드는 모양.

속앓이[명] ①속이 아픈 병. 또는 속에 병이 생겨 아파하는 일. ②겉으로 드러내지 못하고 속으로 걱정
하거나 괴로워하는 일.
속병[명] ①몸속의 병을 통틀어 이르는 말. ②'위장병'을 일상적으로 이르는 말. ③화가 나거나 속이 상

하여 생긴 마음의 심한 아픔.

허접하다[형] 허름하고 잡스럽다.
허접스럽다[형] 허름하고 잡스러운 느낌이 있다.

2015년 새로 추가된 표준어 목록 [2015.12.14.]

○ 복수 표준어: 현재 표준어와 같은 뜻을 가진 표준어로 인정한 것(4개)

추가 표준어	현재 표준어	뜻 차이
마실	마을	–'이웃에 놀러 다니는 일'의 의미에 한하여 표준어로 인정함. '여러 집이 모여 사는 곳'의 의미로 쓰인 '마실'은 비표준어임. –'마실꾼, 마실방, 마실돌이, 밤마실'도 표준어로 인정함.
이쁘다	예쁘다	–'이쁘장스럽다, 이쁘장스레, 이쁘장하다, 이쁘디이쁘다'도 표준어로 인정함.
찰지다	차지다	–사전에서 〈'차지다'의 원말〉로 풀이함.
–고프다	–고 싶다	–사전에서 〈'–고 싶다'가 줄어든 말〉로 풀이함.

○ 별도 표준어: 현재 표준어와 뜻이 다른 표준어로 인정한 것(5개)

추가 표준어	현재 표준어	뜻 차이
꼬리연	가오리연	**꼬리연**: 긴 꼬리를 단 연.
의론	의논	**의론(議論)**: 어떤 사안에 대하여 각자의 의견을 제기함. 또는 그런 의견. (※의논(議論): 어떤 일에 대하여 서로 의견을 주고 받음.) –'의론되다, 의론하다'도 표준어로 인정함.
이크	이키	**이크**: 당황하거나 놀랐을 때 내는 소리. '이키'보다 큰 느낌을 준다. (※이키: 당황하거나 놀랐을 때 내는 소리. '이끼'보다 거센 느낌을 준다.)
잎새	잎사귀	**잎새**: 나무의 잎사귀. 주로 문학적 표현에 쓰인다. (※잎사귀: 낱낱의 잎. 주로 넓적한 잎을 이른다.)
푸르르다	푸르다	**푸르르다**: '푸르다'를 강조할 때 이르는 말. (※푸르다: 맑은 가을 하늘이나 깊은 바다, 풀의 빛깔과 같이 밝고 선명하다.) –'푸르르다'는 '으불규칙용언'으로 분류함.

부록

ㅇ 복수 표준형: 현재 표준적인 활용형과 용법이 같은 활용형으로 인정한 것(2개)

추가 표준어	현재 표준어	뜻 차이
말아/말아라/말아요	마/마라/마요	−'말다'에 명령형어미 '−아/−아라/−아요' 등이 결합할 때는 어간 끝의 'ㄹ'이 탈락하기도 하고 탈락하지 않기도 함. (예문) 내가 하는 말 농담으로 듣지 마/말아. 　　　애야, 아무리 바빠도 제사는 잊지 마라/말아라. 　　　아유, 말도 마요/말아요.
노랗네/동그랗네/조그맣네…	노라네/동그라네/조그마네…	−ㅎ불규칙용언이 어미 '−네'와 결합할 때는 어간 끝의 'ㅎ'이 탈락하기도 하고 탈락하지 않기도 함. −'그렇다, 노랗다, 동그랗다, 뿌옇다, 어떻다, 조그맣다, 커다랗다' 등등 <u>모든 ㅎ불규칙용언의 활용형에 적용됨.</u> (예문) 생각보다 훨씬 노랗네/노라네. 　　　이 빵은 동그랗네/동그라네. 　　　건물이 아주 조그맣네/조그마네.

2016년 주요 변경 사항

1. 표제어 신설

- **랍스터**: '랍스터'(바닷가재)가 현재까지는 외래어 표기 원칙에 따라 '로브스터'의 잘못으로 되어 있었으나, 외래어로 인정.
- 다음 9 낱말을 표제어로 신설/추가: **고름요(−尿)/도로명주소/무리수(無理手)/본음(本音)/사부[님](師夫)/산후조리/수화언어/한국수어/한국수화언어**
  [참고] **고름요**명 고름이 섞인 오줌. 늑농뇨. ※고름뇨→고름요. 예전 표기 '고름뇨'를 '고름요'로 표기만 고친 것임.

2017년 주요 변경 사항

1. **'상/하'**: 지금까지는 접미사와 명사로 구분하여, 추상적인 공간에서는 붙여 쓸 수 있지만, 구체적이고 가시적인 것들을 뜻할 때는 명사로 사용하여 띄어 쓰도록 하던 것을 모두 접미사로 통일하여, 경우의 구분 없이 붙여 쓸 수 있도록 하였다.
   (변경 전) 지구 상의 온갖 생물/지도 상의 한 점/도로 상의 차들
   (변경 후) 지구상…/지도상…/도로상…

'하'의 경우에도 예전에는 추상적인 공간을 뜻할 때만 붙여 쓸 수 있도록 하였으나, 이제는 '상'과 같이 그 구분 없이 모두 접미사로 인정하여 붙여 쓸 수 있다.

2. 언어 현실을 인정하여 논리상 부적절한 말들도 인용(認容)하거나, 뜻풀이 보완

– '**분리배출**': 예전에는 논리상 '분리 배출'이 아니라 '분류 배출'이어야 옳은 까닭에 인정되지 못하였음.
– '**차선**': '차선'은 차로를 구분하기 위하여 그어 놓은 선이기 때문에 '차로'를 뜻할 수 없으나, 언어 현실을 반영하여 '차로(車路)'의 의미로도 인정.
– '**기호품**': 예전에는 식품으로 뜻풀이하였으나, 담배 등과 같은 문제적 물품도 있어서(필자가 〈열공 우리말〉에서 지적했던 사항), '물품'으로 뜻풀이 변경.
– '**표준어**': 공용어 외에 공통어 개념 반영. 이 역시 〈열공 우리말〉에서 지적했던 사항.

3. 표제어 신설/추가

– '**기(旣)/개사(改詞)/기다래지다/이보십시오**': 이에 따라 '이보세요/이보쇼/이보시게/이봅시오/이봐요' 등도 신규 표제어가 됨.

4. **경음 발음/복수 발음 허용**: 그동안 경음 발음이나 복수 발음이 인정되지 않았던 15개 낱말에 대하여 복수 발음을 인정. 중요한 것들로는 '**관건/교과/효과/안간힘/인기척**' 등이 있음. 이를테면, 이제까지는 '관건/효과' 등은 {관껀/효꽈}의 발음이 잘못이었지만 가능하게 되었고, '안간힘/인기척'은 {안깐힘/인끼척} 외에 {안간힘/인기척}의 발음도 허용.

부록

2018년 주요 변경 사항

1. 표제어(표준어) 추가: '배춧잎/양반다리' 외 4개

– **궂다[접]**: ¶심술궂다/앙살궂다/왁살궂다/험궂다.
– **금쪽같이[부]**: 매우 귀하고 소중하게. ¶많은 농민들이 금쪽같이 여기던 땅을 버리고 달아난 까닭도 비로소 알 수 있을 것 같았다.
– **기반하다[基盤–][동]**: (…에) 바탕이나 토대를 두다. ¶그는 오랜 경험에 기반하여 사건을 해결했다/요즘엔 실화에 기반한 영화가 인기다.
– **배춧잎[명]**: 배추의 잎. ¶배춧잎을 넣고 국을 끓였다/절인 배춧잎에 고기를 싸서 먹었다.
– **양반다리[兩班–][명]**: =책상다리. ¶양반다리로 너무 오래 앉아 있었더니 다리가 저리다.
– **합격점[合格點][명]**: 시험/검사/심사 따위에서 합격을 할 수 있는 점수. ¶이번 시험에서 합격점을 얻지 못하면 유급이다.

2019년 주요 변경 사항: 뜻풀이 수정(변경 후 사항만 정리함)

1. 2019.3.25. 공지 분 중 주요 사항

- **땜하다**: ④어떤 액운을 넘기거나 다른 고생으로 대신 겪다.
- **먹통**: ①사리에 밝지 못하면서 자기 생각만 고집스럽게 주장하는 답답한 사람을 놀림조로 이르는 말.
②물건/서비스 따위가 제대로 작동하지 않음.
- **진액[津液]**: ②재료를 진하게 또는 바짝 졸인 액체.
- **깔끔[명]**: 생김새 따위가 매끈하고 깨끗함. ⇦ 품사 추가
- **난장[亂場]**: ②길가에 물건을 임시로 벌여 놓고 파는 장.
- **내돌리다**: 물건/사람을 함부로 내놓아 여러 사람의 손이 가게 하다.
- **동네**: 사람들이 생활하는 여러 집이 모여 있는 곳.

2. 2019.9.18. 공지 분 중 주요 사항

- **가입[加入]**: ①조직/단체 따위에 들어가거나, 서비스를 제공하는 상품 따위를 신청함.
- **그러다**: ①'그리하다'의 준말. ②'그리되다'의 준말. ③[-고]그렇게 말하다.
- **그리하다**: ①그렇게 하다. ②[…을]('ㄹ 것을 그리하다'구성으로 쓰여) 앞말과 반대되게 행동하다. ¶열
차가 떠났다니, 조금만 더 서두를 것을 그리했어.
- **됨됨이**: ①사람으로서 지니고 있는 품성/인격. ≒됨됨. ②사물 따위의 드러난 모양새/특성.
- **배차[配車]**: 일정한 선로/구간에 자동차/기차 따위를 나누어 두거나 나누어 보냄.
- **엉덩이**: ①볼기의 윗부분. ≒둔부/히프. ②볼기의 윗부분과 아랫부분의 총칭.
- **예민하다[銳敏-]**: ③어떤 문제의 성격이 여러 사람의 관심을 불러일으킬 만큼 중대하고 그 처리에 많
은 갈등이 있는 상태에 있다.

2020년 ~ 2022년 주요 변경 사항: 아래 말들이 표제어 항목에 추가되었음

병역판정검사(兵役判定檢查)[명] 〈軍〉 징집 대상자를 소집하여, 군대에서 복무할 자격이 되는지 신체나
신상 따위를 검사하는 일.
길고양이[명] 주택가 따위에서 주인 없이 자생적으로 살아가는 고양이.
남북쪽(南北쪽)[명] ≒남북. ①남쪽과 북쪽을 아울러 이르는 말. ②남쪽에서 북쪽으로 향하는 방향.
대체역(代替役)[명] 〈法〉 병역법에서, 병역 의무자 중 대한민국 헌법이 보장하는 양심의 자유를 이유로 현
역, 보충역 또는 예비역의 복무를 대신하여 병역을 이행하고 있거나 이행할 의무가 있는 사람. 또는 그런
병역.
질입구주름(膣入口주름)[명] 〈醫〉 여성의 질 구멍을 부분적으로 닫고 있는, 막으로 된 주름 또는 구멍이
난 막.
헛딛다[동] ('발을'을 목적어로 하여) '헛디디다'의 준말.

2023.10.24. 표준국어대사전에 추가된 표제어[표준어] 500개

*뜻 구분과 이해의 편의를 위해 필요한 경우에만 최소한으로 필자가 한자와 뜻풀이를 괄호 안에 부기했음.

- 가까워지다/가을옷/개병제(皆兵制)/게을러지다/결제창(決濟窓)/경고음(警告音)/공인 중개사 사무소/관념어(觀念語)/국기함/금강송(金剛松)/기본율(基本率)/김장배추/깨끗해지다

- 나누어지다/나무문/날궂이(①궂은 날씨에, 쓸데없는 일이나 행동을 함. ②날이 궂기 전에 몸이 아프거나 쑤시는 등의 증상이 나타남. ③궂은 날씨에, 음식을 장만하여 서로 나누어 먹거나 소일거리로 시간을 보냄).날궂이하다/남주인공(男主人公)/낮아지다/내려보다/내리깎다/내리뻗치다/내버려두다/노무사(勞務士)/늦새벽/늪지

- 단답식(單答式)/대오다(정한 시간에 맞추어 목적지에 오다)/대접받다/대화창/덮어쓰기/도가니탕/도로명/도소매/도시형/도주범/도취감/독널무덤(≒독무덤. 시체를 큰 독이나 항아리 따위의 토기에 넣어 묻는 무덤)/독학사(獨學士)/돈가방/돈봉투/돌려막기.돌려막다/돌려보다/돌솥밥/동료의식/되갚다/되돌려받다.되돌려주다/동물병원/돼지코/두문자어(頭文字語)/두벌식/둥굴레차/드라이기/등번호/등원(登院. '원(院)'의 이름이 붙은 곳에 출석하거나 출두함. 주로 국회 의원이 국회에 나가는 것을 이른다. ≒출원).등원하다/등하교(登下校)/딩동.딩동거리다.딩동대다.딩동댕.딩동딩동.딩동딩동하다/떼부자(−富者. 한꺼번에 떼돈을 번 사람)/똘망똘망.똘망똘망하다/띵동.띵동거리다.띵동대다.띵동띵동.띵동띵동하다

- 라섹/러닝머신/리모델링.리모델링되다.리모델링하다/롤케이크

- 막바로/막창(−腸. 소, 양 따위의 네 번째 위나 돼지의 창자 끝 부위)/만세삼창.만세삼창하다/만차(滿車)/말씀드리다/말종(末種. 종의 맨 마지막이라는 뜻으로, 행실이 아주 못된 사람을 비유적으로 이르는 말)/맞춤복/맞춤형/매실청/맥아엿/맨얼굴/머리끈/메추리알/면접관.면접자/면회장/명세표/모객(募客).모객하다/모녀지간/모독죄/모방범/모병제(募兵制)/모색기(摸索期)/모자지간/목베개/목숨줄/목심/목조물/목회자(牧會者)/몸고생.몸고생하다/몸치(춤에 대한 감각이나 지각이 매우 무디어 춤을 잘 못 추는 사람)/무개념/무게감/무사안일주의/무속인/무슬림/묵은때/문어발식/문전박대.문전박대하다/문화제(文化祭)/물구나무/물대포/물류(物流)/물먹이다/물잔/물질만능.물질만능주의/물포(−砲)/물풍선/미니시리즈/미항(美港)/민방위 훈련/민족관/밀면(−麵.밀가루와 전분을 넣고 반죽하여 만든 국수. 또는 그것을 삶은 음식)/밑손질

- 바가지머리/바꿔치다/바탕화면/박치(拍癡. 박자에 대한 감각이나 지각이 매우 무디어 박자를 제대로 맞추지 못하는 사람)/반기납(半期納)/반려견. 반려묘/반송함(返送函)/반수(半修. 대학에 입학한 상태에서 다른 대학이나 학과에 입학하기 위하여 공부함). 반수생.반수하다/반지갑/발냄새/발레리노/발

족식(發足式)/발화자(發話者)/발효액/방범창/방어막/방지턱/방학식/배꼽인사(두 손을 배꼽 언저리에 모으고 허리를 굽혀서 하는 인사)/배란일(排卵日)/배속(配屬)/배송비.배송지/백분위/백일상(百日床)/번역어/범주화.범주화하다/변천사/병원비/병음(拼音. 표준 중국어의 발음을 로마자로 표기한 발음 부호)/병의원/보습(補濕. 피부 따위에 수분을 보충함).보습하다/보양식/보장성/보호대.보호복.보호소/복개천(覆蓋川)/복비(福費. '부동산 중개 수수료'의 일상어)/복지관/복층/복코/복합기(複合機. 인쇄, 복사, 전송 따위의 기능을 두루 갖춘 기계)/본방.본방송/부녀지간/부동산 중개 수수료/부양자/부전공/분기납(分期納)/붙임머리(머리의 색이나 길이, 모양 따위를 색다르게 보이기 위하여 붙이는 가짜 머리)/비대화(肥大化).비대화하다/비영리/비호감/빅뱅/빙속(氷速. 속도로 승부를 겨루는 스케이팅)/빨간날/빨래걸이/빨랫거리/빵(죄수들의 은어로, '감방')/빵칼/뺑소니범/뽁뽁이/뽕('필로폰'의 속칭)/뿌리잎

- 사각이다/사구체(社構體. '사회 구성체'의 준말)/사기범/사돈간.사돈지간/사막화.사막화하다/사육사/사정권/사제간.사제지간/사촌간.사촌지간/사행성(射倖性)/산교육/산낙지/산책길/살처분(殺處分).살처분되다.살처분하다/삼급(三級).삼급수/삼수생/상근자/상담사/상담실/상담량/상복(賞福.상을 받게 되는 복)/상설화.상설화하다/상업도시/상영관/상용화.상용화하다/상위법/상하위/상황극/새출발.새출발하다/생면(生麵.말리거나 튀기지 않은 면)/생물종(生物種)/생선구이/생중계.생중계하다.생중계되다/생협(生協. '생활 협동조합'의 준말)/샤부샤부/서류봉투/서리태/서술식.서술자.서술형/서식처(棲息處)/서커스단/서탁(書卓. 책이나 작은 물건 따위를 놓아두는 데 쓰는 길쭉하고 낮은 탁자)/석박사(碩博士)/석조물/선거구제/선임병/성과금/성과주의/성 소수자/성장판(成長板. 뼈가 성장할 때 길이가 주로 늘어나는 부분)/세대차(世代差)/세발낙지/세불식/센불/소상공인/소액권/속쌍까풀.속쌍꺼풀/속엣것/속이야기/손짓발짓.손짓발짓하다/수공예품/수납장(受納欌)/수목장(樹木葬)/수미상관(首尾相關).수미쌍관(首尾雙關)/수백수천/수산시장/수성펜/수식어구/수싸움/수정액.수정테이프/수족구병(手足口病. 주로 소아의 손, 발, 입속에 작은 수포가 생기는 병)/수취함/수타(手打. 면을 만들 때 직접 손으로 치고 늘여서 가닥을 뽑는 일)/숙제장/순한글/숯불구이/스노클링/스토킹/슬러시(slush. 주스, 과즙, 탄산음료 따위를 떠먹거나 마실 수 있도록 살짝 얼린 것)/시군구(市郡區)/시리얼/시의성(時宜性)/식감(食感)/식재료/신문물(新文物)/신용도/신청금/신통찮다/신호음/실기시험/실평수(實坪數)/심해지다/십구체(十句體)/십이지지(十二地支)/쌍끌이/쌍화차/썩어나다/쓰나미

- 아기띠/아래첨자(--添字. 소리의 차이나 변수 따위를 나타내기 위하여 문자의 아래쪽에 덧붙이는 작은 글자)/아웃렛/아쭈구리/아파트촌/안개등/안경닦이/안보의식/안장식(安葬式)/안전문/안타까움/알감자/알권리(-權利. 국민 개개인이 정치적·사회적 현실이나 국가가 시행하고 관리하는 정책에 관한 정보 따위를 자유롭게 알 수 있는 권리)/알림.알림창/알바/암반수(巖盤水)/압력밥솥/앞꿈치/앞접시/애플리케이션.앱/야광봉(夜光棒)/약기운/약불/양념갈비/양말짝/어버버.어버버거리다.어버버대다.어버버하다/어쭈구리/어찌저찌.어찌저찌하다/어판장(魚販場. 잡아 오거나 수확한 수산물을 모아 경매에 부치거나 도매로 거래하는 곳)/얼음땡/엘피/여간일/여우짓/여차저차.여차저차하다/역동성/역삼투압/연근해(沿近海)/연납(年納)/연세(年貰)/연애사/연월차(年月次)/열댓/열받다/영아기/영양밥/영업일/영유아/옆걸음.옆걸음질/예고음/예뻐하다/옛글자/옛한글/오남용(誤濫用)/오만가지/오에스티/오탈자(誤脫字)/오폐수(汚廢水)/옥내외/올려보다/외꺼풀/외로워하다/외증조부모/웅성이다/월납(月納)/웹 브라우저/위첨자(-添字. 소리의 차이나 변수 따위를 나타내기 위하여 문자의 위쪽에 덧붙이는 작은 글자)/

유성잉크.유성펜/유소아/유에스비/의무병/의붓남매.의붓누나.의붓누이.의붓동생.의붓아빠.의붓언니.의붓엄마.의붓오빠.의붓자매.의붓형.의붓형제/이급수(二級水)/이두문(吏讀文)/이복남매.이복누나.이복누이.이복언니.이복오빠.이복자매/이뻐하다/이사떡/익숙해지다/일인극(一人劇)/입냄새/입엣말/입출국(入出國)

－ 자기소개서/자료화.자료화하다/자연음/자율형/자존감/장지갑(長紙匣. 지폐를 펴서 넣을 수 있을 만큼 긴 지갑)/저축성/저화질/전월세/절밥/정자세(正姿勢)/정직원(正職員)/조개무덤/조미김(調味－)/존비속/좁씨(조의 씨)/종성자(終聲字)/종이책/좋아지다/주소창/주전공(主專攻)/준설토/줄임말/중개사/중개업소/중동부(中東部)/중등 교사/중범죄/중불/중서부/중선거구제/중성자(中聲字)/즉결 처분/증명원/증손주/지구대(地區隊. 경찰서보다 작고 파출소보다 큰 규모의 지역 경찰 관서)/지성(脂性. 기름기가 많이 있는 성질).

－ 차고.차고지/착신자(着信者)/체질화.체질화하다/초등 교사.초등 교원/초성자(初聲字)/추동복(秋冬服)/취재단/측두(側頭. 머리뼈의 양쪽 옆면)/치위생사(齒衛生士. 치아, 치주 조직, 입안, 치아와 연결된 턱이나 얼굴 등의 질환의 예방과 위생에 관한 업무에 종사하는 의료 기사)/친누나.친자매.친형제자매

－ 커다래지다/켜지다/콧볼(≒콧방울. 코끝 양쪽으로 둥글게 방울처럼 나온 부분)

－ 탄산수소

－ 팔구체(八句體)/팔동작/퍼먹이다/편지봉투/풋내음/피부양자

－ 하락기/하원(下園. 원생이 어린이집, 유치원, 학원 따위에서 집으로 돌아옴).하원하다/하위법/한랭기/환송객/후임병/훈련사

2024.5.31. 표준국어대사전에 추가된 표제어[표준어] 128개

－ 간장게장/갑질/갑질하다/계란프라이/고열량/고칼로리/공포물/과학실/관리소/관리실/국문판/국보급/급식실/기록장/기록지
－ 남고01/남자고등학교/남자중학교/남중01/낭독회/논리력/농산품
－ 다득점/다득점하다/다실점/다실점하다/달걀프라이/대피령/도와드리다/동점자/돼지국밥/득점왕/등반객/
－ 마감날/마감일/마트/면제자/멸치볶음/모금액/무농약/미등록/미등록되다/미등록하다
－ 벌떼/비대면
－ 상영작/생라면/성평등/세탁비/세트장/수산품/순종적/심령술사/심층적/심혈관/
－ 악의적/알람/압축적/양념게장/양면적/어학원/역술01/역술인/영문판/영업점/영입되다/영향권/예약

석/예약제/외국계/외동01/요금제/웹툰/유골함/유명인/은둔형/응모권/이임식/이적료/인생사/입단속하다

- 자살률/잠재되다/재발급/재발급되다/재발급하다/저공해/저열량/접이식/조사실/주도자/주제문/주제어/주차비/중고교/중고교생/중고등학교/중고등학생/진미채/진실되다/찜닭
- 차기작/참가비/청양고추/초현실/촬영지/최강자/축산품
- 퇴임식/퇴출되다/투명성/특기자/특성화/특성화하다
- 파급력/판매용/폰01/핑크빛/핑크색/
- 학교생활 기록부/학생부01/학생부02/학생회장/학습용/학원비/화제성/활용법

달인의 띄어쓰기·맞춤법

초   판 발행 2014년 4월 25일
2차 개정판 발행 2017년 1월 3일
3차 개정판 발행 2018년 4월 20일
4차 개정판 발행 2020년 1월   1일
5차 개정판 발행 2021년 8월 20일
6차 개정판 발행 2024년 10월 1일

편저자 최종희

펴낸이 김영철
펴낸곳 국민출판사
등록 제6-0515호
주소 서울특별시 마포구 동교로 12길 41-13 (서교동)
전화 (02)322-2434(대표)
팩스 (02)322-2083
블로그 http://blog.naver.com/kmpub6845
홈페이지 http://www.kukminpub.com

편집 임여진, 한수정
표지 디자인 최치영
내지 디자인 블루디자인
경영지원 한정숙

ⓒ 최종희, 2016
ISBN 978-89-8165-608-9 01710